LE
SIÈCLE
DE
TITIEN

Grand Palais
9 mars - 14 juin 1993

LE
SIÈCLE
DE
TITIEN

L'âge d'or de la peinture à Venise

Édition revue et corrigée

Réunion
des Musées
Nationaux

Cette exposition a été organisée
par la Réunion des musées nationaux.

Elle a bénéficié du soutien d'I.C.I. en France

La présentation a été conçue et réalisée par
Richard Peduzzi
assisté de Bernard Giraud
avec la collaboration de Jean-Baptiste Auffret
et de Gilles Viaud,
éclairages Jean-Luc Chanonnat,
graphisme Rudi Meyer,
avec le concours des équipes techniques
des Galeries nationales du Grand Palais et du
musée du Louvre.

Catalogue

Coordination éditoriale
Gilles Fage

Secrétariat de rédaction
Claire Marchandise

Conception graphique
Jean-Pierre Rosier

Fabrication
Jacques Venelli

En couverture : Titien, *Le Concert champêtre* (détail) Paris, musée du Louvre
ISBN 2 7118 2804 2, 2e édition revue et corrigée (ISBN 2 7118 2610 4, 1re édition)
© Éditions de la Réunion des musées nationaux. Paris, 1993
49, rue Étienne-Marcel, 75001 Paris

Que toutes les personnalités qui ont permis par leur généreux concours la réalisation de cette exposition trouvent ici l'expression de notre gratitude, et tout particulièrement :

S.M. La Reine Élizabeth II
Duke of Devonshire and Chatsworth Settlement Trustees
Fondazione Magnani Rocca, Mamiano di Traversetolo
The Halifax Collection
Sammlung Heinz Kisters
G. Rossi, Milan
The Thyssen Bornemisza Collection
Dian and Andrea Woodner

ainsi que toutes celles qui ont préféré garder l'anonymat.

Nos remerciements s'adressent également aux responsables des collections suivantes :

ALLEMAGNE

Augsbourg, Städtische Kunstsammlungen Augsburg
Berlin, Staatliche Museen zu Berlin, Gemäldegalerie
Berlin, Staatliche Museen zu Berlin, Kupferstichkabinett
Darmstadt, Hessisches Landesmuseum Darmstadt
Dresde, Staatliche Kunstsammlungen Dresden, Gemälde-
    galerie, Alte Meister
Francfort, Städelsches Kunstinstitut und Städtische Galerie
Munich, Bayerische Staatsgemäldesammlungen
    Alte Pinakothek
Munich, Staatliche Graphische Sammlung

AUTRICHE

Vienne, Gemäldegalerie der Akademie
    der bildenden Künste
Vienne, Graphische Sammlung Albertina
Vienne, Kunsthistorisches Museum, Gemäldegalerie

BELGIQUE

Anvers, Musée royal des Beaux-Arts

CANADA

Ottawa, musée des Beaux-Arts

DANEMARK

Frederikssund, J.-F. Willumsens Museum

ESPAGNE

Madrid, musée du Prado
San Lorenzo de El Escorial, Real Monasterio
    de San Lorenzo de El Escorial, Patrimonio Nacional

ÉTATS-UNIS D'AMÉRIQUE

Detroit, The Detroit Institute of Arts
Hartford, Wadsworth Atheneum
Malibu, The Paul Getty Museum
New Orleans, New Orleans Museum of Art
New York, The Metropolitan Museum of Art
New York, The Pierpont Morgan Library
Philadelphie, Philadelphia Museum of Art
San Diego, San Diego Museum of Art
Saint-Louis, Saint-Louis Art Museum
Washington, National Gallery of Art

FRANCE

Amiens, musée de Picardie
Besançon, musée des Beaux-Arts
Besançon, musée du Temps
Caen, musée des Beaux-Arts
Dijon, musée des Beaux-Arts
Lille, musée des Beaux-Arts
Lyon, musée des Beaux-Arts
Nîmes, musée des Beaux-Arts
Orléans, musée des Beaux-Arts
Paris, Bibliothèque nationale, département des estampes
    et de la photographie
Paris, Bibliothèque de l'École nationale supérieure
    des Beaux-Arts
Paris, Fondation Custodia, Institut Néerlandais
Paris, musée Jacquemart-André
Paris, musée du Louvre, département des arts graphiques :
    cabinet des dessins, collection Edmond de Rothschild
Paris, musée du Louvre, département des peintures
Paris, musée du Petit Palais
Rennes, musée des Beaux-Arts
Strasbourg, musée des Beaux-Arts

GRANDE-BRETAGNE

Cambridge, The Fitzwilliam Museum
Glasgow, Glasgow Art Gallery and Museum
Kingston Lacy, The Bankes collection (National Trust)
Londres, The British Museum
Londres, The National Gallery
Hampton Court Palace
Oxford, Ashmolean Museum
Oxford, Christ Church, Picture Gallery
Windsor Castle, The Royal Library

HONGRIE

Budapest, Szépmüvészeti Múzeum

ITALIE

Ancône, Comune di Ancona, église San Domenico
Bassano del Grappa, Museo - Biblioteca - Archivio
Belluno, église San Pietro
Bergame, Accademia Carrara
Florence, Galleria degli Uffizi et Gabinetto Disegni e
    Stampe
Florence, Galleria Palatina di Palazzo Pitti
Mantoue, Soprintendenza per i Beni Artistici e Storici per
    le province di Brescia-Cremone-Mantova
Milan, Pinacoteca di Brera
Naples, Église San Domenico Maggiore
Naples, Museo e Gallerie nazionali di Capodimonte e Gabi-
    netto dei Disegni e delle Stampe
Pordenone, Concattedrale San Marco
Rome, Galleria Borghese
Rome, Galleria Spada
Rome, Pinacoteca Capitolina
Rome, Museo di Palazzo Venezia
Sienne, Pinacoteca Nazionale di Siena
Venise, église Sant'Andrea della Zirada
Venise, église San Bartolomeo
Venise, église San Giovanni Elemosinario
Venise, église San Salvador
Venise, église San Giovanni Crisostomo
Venise, église Santa Maria dei Carmini
Venise, église San Lazzaro dei Mendicanti
Venise, église San Pantaleone

Venise, église San Giorgio Maggiore
Venise, église Santo Stefano
Venise, Gallerie dall'Accademia
Venise, Museo Correr
Venise, Scuola grande di San Rocco
Vicence, église S. Croce Carmini
ainsi que les surintendances de Brescia-Cremone-Mantoue,
Florence, Milan, Naples, Parme, Rome, Sienne, Venise, du
Frioul, des Marches et de la Vénétie.

PAYS-BAS

Amsterdam, Rijksmuseum
Rotterdam, Museum Boymans-van Beuningen

PORTUGAL

Lisbonne, Museu Nacional de Arte Antigua

RÉPUBLIQUE TCHÈQUE

Kroměříž, château archiépiscopal

RUSSIE

Saint Petersbourg, Musée de l'Ermitage

SUÈDE

Stockholm, Nationalmuseum

SUISSE

Zürich, Kunsthaus, Cabinet des Estampes

Remerciements

« L'ÉCOLE VÉNITIENNE, entre toutes celles de l'Italie, est, pour le plus grand nombre des amateurs de l'art, celle qui exerce l'attrait le plus durable et la séduction la plus vive ». La phrase célèbre de Berenson qui ouvre les « Peintres Italiens de la Renaissance » (1894) rend bien compte d'un phénomène rare de l'histoire du goût. Les maîtres de la Renaissance à Venise n'ont jamais cessé de plaire et d'émouvoir, bien au-delà des cercles éclairés. Sauf peut-être les Flandres de Rubens et de Van Dyck qui leur doivent tant, il est peu d'écoles qui n'aient attendu quelques temps la reconnaissance européenne ou n'aient plus tard pâti dans l'admiration universelle de refroidissements, d'éclipses ou, pire, de révérences académiques.

Appréciés des amateurs dans l'Europe entière dès leur apparition, les œuvres des grands vénitiens constituent, dans toutes les galeries princières de l'Ancien Régime (Vienne, Madrid, Paris, Dresde, Munich, Rome, Saint-Pétersbourg) aussi bien que dans celles constituées au XIXᵉ siècle (Londres, Berlin) ou au XXᵉ siècle (New York, Washington) un fonds central, un point de référence, autour desquels tout s'ordonne. Les églises, les musées, les collections privées qui conservent aujourd'hui ces toiles ou ces dessins les comptent parmi leurs biens les plus précieux.

C'est dire que nous ne pouvions envisager d'organiser une exposition sur le XVIᵉ siècle vénitien sans l'appui et même l'engagement des autorités, des conservateurs et des collectionneurs du monde entier. En outre, le thème que nous avions choisi d'illustrer — Giorgione, Titien et leur influence tout au long du XVIᵉ siècle —, impliquait la présence de certaines œuvres, difficilement remplaçables par d'autres. Dépassant la manifestation de prestige, l'exposition se proposait d'offrir une démonstration précise, reposant sur un jeu de comparaisons qu'il sera vraisemblablement malaisé de renouveler. C'est sans doute ce qui a convaincu tous ceux qui ont soutenu notre projet, persuadés qu'un tel rassemblement d'œuvres rares se justifie non seulement par le plaisir qu'il procure aux visiteurs, mais par le durable enrichissement scientifique qu'il apporte à la connaissance et que seule la confrontation directe des œuvres entre elles permet vraiment.

Notre reconnaissance s'adresse d'abord au gouvernement italien. Sous l'autorité du directeur général des Biens Culturels, M. Sisinni, acquis au projet dès son origine, les Surintendants concernés, aussi bien que les directeurs des musées ou les autorités civiques et religieuses ont répondu avec une générosité vraiment exceptionnelle à nos demandes les plus audacieuses.

Le fonds du Louvre était capital pour notre sujet. Nous avons pu compter sur la bienvaillance de M. Pierre Rosenberg qui nous a permis d'en disposer intégralement, mettant à profit une circonstance opportune qui ne se retrouvera plus, le « réaccrochage » général des tableaux italiens dans la Grande Galerie et la Salle des États à la fin du printemps 1993.

Les directeurs et conservateurs constituent entre eux, on le sait, un vaste réseau confraternel d'échanges intellectuels et techniques, fondé sur la réciprocité des services rendus et la confiance. Il s'y mêle parfois l'amitié. Nous en voyons ici le témoignage. Que nos collègues d'Europe et d'Amérique en soient de tout cœur remerciés.

Michel Laclotte
Giovanna Nepi Scirè

Notre gratitude s'adresse en outre à tous ceux et à toutes celles qui nous ont aidé dans nos travaux de recherche ou lors de la préparation de l'exposition :
Giovanni Agosti, Christine André, Claude Astor, Elisa Avagnina, Roseline Bacou, Georges Baer, Dominique Bard, Matthieu Bard, Juan de Beistegui, Feliciano Benvenuti, Maurice Bernard, Maria Grazia Bernadini, Alessandro Bettagno, Umberto Bile, Irène Bizot, Lionello Boccia, Béatrice de Boisseson, Giulio Bora, Evelina Borea, Donella Bossi

Pucci, Barbara Brejon de Lavergnée, Maurice Brock, David Alan Brown, Christopher Brown, Emmanuelle Brugerolles, Sophie de Buissierre, Guillaume Cassegrain, Giulio Cattin, Görel Cavalli-Bjorkman, Bénédicte Chantelard, Marco Chiarini, Christophe Clément, Ute Collinet, Dominique Cordellier, Nathalie Coural, Joël Courtemanche, Philippe Couton, Patrick Cyrille, Emmanuella Daffra, Evelyne David, Enrico De Pascale, Alain Deplagne, Gianvittorio Dillon, Attilia Dorigatto, Vincent Ducourau, Joëlle Ducré, Régine Dupichaud, Valérie Durey, Andrea Emiliani, Everett Fahy, Sir and Lady Fergusson, Sylvia Ferino-Pagden, Claire Filhos-Petit, Hermann Fillitz, Roberto Fontanari, Véronique Fournier, Aline François, Alena Galard, Alberto Galaverni, Maria Gerbaud van Berge, Creighton Gilbert, Dorota Giovannoni, George R. Goldner, Dominique Goix, Cecil Gould, Julio De La Guardia Garcia, Mina Gregori, Silvana Grosso, Martine Guichard, Clarine Guillou, Carlos van Hasselt, Mrs Rudolf J. Heinemann, Gretchen Hirschauer, Johann Georg von Hohenzollern, Eribert Hutter, Marie Jaccottet, Michael Jaffé, Pierrette Jean-Richard, Françoise Jestaz, Paul Joannides, Jennifer Jones, Bjorn Kommer, Gode Krämer, Keith Kristiansen, Alastair Laing, Anne Laguarigue, Patrick Le Chanu, Linda de Lépine, André Le Prat, Christopher Lloyd, Françoise Lombardi, Irène Lorentz, Magdalena de Luca, Antonin Lukas, Annie Madec, Alain Madeleine-Perdrillat, Jean-François Malle, Anne de Margerie, Alessia Margiotta Broglio, Paula Marini, Élisabeth Martin, Harald Marx, Juan Martinez, Laura Mattioli, Ian McClure, Neil McGregor, Manuela Meña-Marques, Eva Menei, Ghislaine Millioud, Eric Moinet, Catherine Monbeig Goguel, Sergio Momesso, Sylvie Montillon, Theresa-Mary Morton, Rossana Muzii, Alessandro Nova, Xavier North, Michel Née, Serena Padovani, Laura Parenzan Roncalli, Kelly M. Pask, Bruno Passamani, Nicholas Penny, Alfonso Luis Perez Sanchez, Françoise Perraud, Ursula Perruchi, Pietro Petraroia, Annamaria Petrioli Tofani, Sophie Pichard, Paolo Dal Poggetto, Norbert Pradel, Maxime Préaud, Claudie Ressort, Jean-Paul Rioux, Joseph Rishel, Francine Robinson, Vittoria Romani, Jean-Pierre Rosier, Andrea Rothe, Marie-Catherine Sahut, Nicolas Sainte-Fare-Garnot, Cécile Scailliérez, Brigitte Scart, Eric Schleier, Werner Schmidt, Lydia M. A. Schoonbaert, Karl Schutz, David Scrase, Maurice Solier, Anna Maria Spiazzi, Nicola Spinosa, Alice Steiner, Emmanuel Starcky, Carl Brandon Strehlke, Claudio Strinati, Margret Stuffmann, Yvonne Szafran, Anchise Tempestini, Shirley Thomson, Elisa Tittoni Monti, Simona Tosini Pizzetti, Johanna Vakkari, Colette Vasselin, Germain Viatte, Paolo Viti, Jean Walsh, John Walsh, George Wanklyn, Christiane van Wersch-Cot, Catherine Whistler, Michèle Wittwer, Jayne Wrightsmann, Jeannette Zwingenberger, les services de documentation du département des Arts graphiques et du département des peintures.

L'exposition a donné lieu à une importante campagne de restauration menée par le service de restauration des musées de France sous la direction de Nathalie Volle et France Dijoud assistées de Christiane Naffah, Jacqueline Bret, Jean Fouace, Annick Lautraite, Marie-Odile Petit, Clarisse Delmas, Michèle Gysels, Géraldine Taillard, Jeanine Menei, Joël Requilé.

Œuvres ayant été restaurées :

Paris, musée Jacquemart-André ; Bellini et son atelier, *La Vierge et l'Enfant* (cat. **2**). Support : Daniel Jaunard. Couche picturale : Annie Hochard. Restauration réalisée grâce au concours généreux des sociétés Cofilp et Sanara.

Paris, musée du Louvre

Bonifacio Veronese, *Sainte Conversation* (cat. **62**). Support : Daniel Jaunard. Couche picturale : Thérèse Prunet.
Palma Vecchio, *L'Adoration des bergers* (cat. **59**). Couche picturale : Jeanne Amoore.
Jacopo Bassano, *La Déposition* (cat. **277**). Couche picturale : Nicole Tournay.
Titien, *La Vierge et l'enfant avec Saint Étienne, Saint Jérôme et Saint Maurice* (cat. **51**). Couche picturale : Laurence Callegari.
Titien, *La Vierge à l'Enfant avec Sainte Catherine* dite *Vierge au lapin* (cat. **160**). Couche picturale : Agnès Malpel.
Titien, *Les Pèlerins d'Emmaüs* (cat. **161**). Couche picturale : Agnès Malpel.
Titien, *Le Couronnement d'épines* (cat. **171**). Couche picturale : Nicole Delsaux.
Titien, *Saint Jérôme pénitent* (cat. **162**). Support : Yves Lepavec. Couche picturale : Régina Da Costa Pinto Dias Moreira (nettoyage) ; Jan-Stefan Ortmann (réintégration).
Titien, *Allégorie* dite à tort *d'Alphonse d'Avalos* (cat. **163**). Couche picturale : Sarah Walden.
Titien, *La jeune fille au miroir* (cat. **48**). Couche picturale : Régina Da Costa Pinto Dias Moreira.
Titien, *Portrait d'homme* (cat. **56**). Couche picturale : Geneviève Lepavec (nettoyage) ; Jan-Stefan Ortmann (réintégration).

Strasbourg, musée des Beaux-Arts ; Véronèse, *La mort de Procris* (cat. **204**). Couche picturale : Régina Da costa Pinto Dias Moreira.

Œuvres des musées étrangers ayant été restaurées :

Florence, Galleria degli Uffizi ; Titien, *Flore* (cat. **49**), Alfio del Serra.
Madrid, Real Monasterio de San Lorenzo de El Escorial ; Titien, *Saint Jérôme* (cat. **262**), Esperanza Rodríguez Arana et Maria Luisa Cruz López.
Madrid, musée du Prado ; Titien, *Vénus avec Cupidon et un organiste* (cat. **176**), Clara Quintanilla.
Mamiano, fondation Magnani-Rocca ; Titien, *La Vierge à l'Enfant avec Sainte Catherine, Saint Dominique et un donateur* (cat. **47**), Ottorino Nonfarmale.
Oxford, Christ Church ; Jacopo Bassano, *La Dérision du Christ* (cat. **279**), Candy Kuhl.
Philadelphie, Philadelphia Museum of Art ; Dosso Dossi, *La Sainte Famille* (cat. **76**), Suzanne Penn.
Rome, Galleria Borghese ; Titien, *L'Education de l'Amour* (cat. **258**), Anna Maria Brignardello.
San Diego Museum of Art, Fine Arts Gallery ; Giorgione, *Portrait d'homme* (cat. **28**), Yvonne Szafran.
Venise, Eglise San Giovanni Crisostomo ; Sebastiano del Piombo, *Saint Jean Chrysostome* (cat. **38**), Luigi Sante Savio.
Vicence, Eglise Santa Croce Carmini ; Jacopo Bassano, *La Mise au tombeau* (cat. **272**), Alessandra Cottone.
Vienne, Kunsthistorisches Museum.
Giorgione, *Francesco Maria della Rovere* (cat. **18**), Bettina Fischer.
Paris Bordon, *Vénus, Mars et Cupidon couronnés par la victoire* (cat. **180**), Friederike Rollé.
Tintoret, *Portrait d'homme dit Lorenzo Soranzo* (cat. **194**), Robert Wald.

La restauration des dessins conservés au musée du Louvre a été effectuée par André Le Prat. Le montage et l'encadrement ont été réalisés par l'atelier de montage du Service des travaux muséographiques. Les cadres, conçus par Richard Peduzzi, ont été exécutés par l'atelier d'encadrement, sous la direction de Michel Née.

Sommaire

Avant-propos

Sur le titre : le siècle de Titien

Nous reprochera-t-on d'avoir cédé au désir d'attirer le public par un titre banalement séducteur ? Ce ne serait guère justifié, car ce que nous proposons aux visiteurs du Grand Palais, c'est bien cela : l'évocation d'un siècle de peinture à Venise, dominé de bout en bout par la personnalité de Titien. Il faut rappeler que sa carrière artistique commence vers 1505-1506 et qu'il peint sans doute jusqu'à ses derniers jours, exerçant une influence profonde sur plusieurs générations de peintres, bien après sa disparition en 1576.

A vrai dire, ce titre offre pourtant un inconvénient. Il ne rend pas compte de l'importance du second protagoniste de l'exposition, Giorgione, l'artiste révolutionnaire qui lance « la manière moderne » à Venise et auquel Titien doit tant. N'est-il pas pour ce dernier ce que Masaccio fut pour Piero della Francesca, bien davantage que ce que fut Perugin pour Raphaël ? La représentation de Giorgione à l'exposition est exceptionnelle lorsqu'on connaît la rareté de ses œuvres, et même si l'on ne suit pas A. Ballarin pour les peintures, et K. Oberhuber pour les dessins, dans toutes les attributions qu'ils soutiennent. Mais soyons francs, il y manque cependant quelques chefs-d'œuvre uniques, la *Tempête*, la *Pala de Castelfranco*, les *Trois Philosophes*, irremplaçables et intransportables, et l'image qu'on peut se faire du peintre est pour cette raison moins complète et moins équilibrée que celle que nous offrons de Titien.

Sur le thème de l'exposition

Il est peu d'expositions vénitiennes qui ne commence par une vue de la ville, généralement la gravure panoramique de Jacopo de Barbari (1500). Ce n'est pas le cas ici. Contrairement à l'exposition organisée par la Royal Academy à Londres en 1983, qui voulait montrer l'ensemble de la production artistique du XVIᵉ siècle vénitien, et qui le fit fort brillamment en composant un tableau de la civilisation de Venise à son apogée, celle que nous proposons aujourd'hui se limite à la peinture et aux arts graphiques et met l'accent sur un courant, parmi ceux qui font de Venise l'un des plus riches foyers de la peinture européenne.

Il s'agit de montrer comment, sur la trace de Giovanni Bellini, Giorgione et Titien ont inventé une nouvelle peinture au cours de la première décennie du siècle; comment ils ont ainsi ouvert une voie royale suivie, jusqu'au milieu du siècle, par la plupart des peintres vénitiens et empruntée également durant quelque temps par certains artistes de Brescia (Romanino, Savoldo, Moretto), de Ferrare (Dosso Dossi) ou du Frioul (Pordenone), enrôlés dans le mouvement d'avant-garde que fut le giorgionisme; comment les jeunes de la seconde moitié du siècle, Tintoretto, Bassano, Véronèse, s'écartant de cette voie, l'ont pourtant cotoyée parfois, pour, à la fin de leur vie, d'une certaine manière la rejoindre.

Le propos est donc de suggérer le formidable enchaînement de créations picturales qu'a connu Venise, de génération en génération au cours du XVIᵉ siècle, dans le sillage de Giorgione puis sous l'autorité de Titien. Le choix des œuvres et le « découpage » de l'exposition, dans la succession des salles aussi bien que dans le catalogue, répondent au désir de rendre perceptible ce lien des artistes entre eux, à travers leur style comme à travers les thèmes qu'ils traitent.

Ces portraits vibrants et parfois tourmentés, ces paysages arcadiques ou sauvages, ces pastorales, ces scènes d'amour profane ou de Passion sacrée expriment une vision lyrique, à la fois naturelle et poétique, du monde, servie par une technique somptueuse, tirant de la matière picturale des accords chromatiques dont l'audace et l'harmonie n'ont jamais été surpassées.

Certaines tendances, certains moments (la fameuse « crise » maniériste) ou certains aspects de l'œuvre de tel ou tel maître sont donc volontairement laissés de côté, puisqu'ils échappent à l'emprise de Titien : la période parmigianinesque de Schiavone ou les caprices architecturaux de Paris Bordon pour ne citer que deux exemples. Pour les grands maîtres de la seconde moitié du siècle, Véronèse et Tintoretto, le grand décor monumental, part d'ailleurs essentielle de leur œuvre, sort en tant que tel de notre sujet. Mais nous avons voulu montrer, par quelques toiles, qu'à la fin de leur vie, l'un et l'autre rejoignent parfois le dernier Titien et le dernier Bassan, loin de tout triomphalisme décoratif ou dramatique, dans l'expression de sentiments qui se voilent de mélancolie et même d'angoisse.

Le cas de Lorenzo Lotto est singulier. Nous avons tenu à faire une place dans l'exposition, un peu en contrepoint, à ce grand indépendant, qui refuse le titianisme, sinon le giorgionisme, et doit faire carrière malgré lui loin de Venise.

Grâce à certains textes du catalogue, on percevra le rôle qu'ont pu jouer les commanditaires (gouvernement, grandes familles, paroisses, confréries, étrangers), l'importance des courants de pensée, de l'humanisme des débuts du siècle à la Contre-Réforme, ainsi que l'influence déterminante des vicissitudes politiques et économiques de la République. Mais soulignons-le, le point de vue historique n'est pas celui que nous avons choisi pour éclairer notre démonstration. Que dans le *parti-pris* qui soustend le programme de l'exposition, il y ait l'intention toute simple d'exalter avant tout les phénomènes propres à la création picturale — et le terme s'applique évidemment autant au dessin qu'à la peinture —, pourquoi le nier ?

Sur le problème des attributions et les auteurs du catalogue

Parmi les grands champs de bataille où s'affrontent les historiens d'art depuis qu'existe la discipline, certains sont pacifiés, au moins provisoirement, ou se sont déplacés — la présence de Giotto à Assise suscite aujourd'hui moins de bagarres que celle de Simone Martini au Palais Public de Sienne ! —, d'autres sont toujours brûlants, d'autres enfin se sont ouverts sur de nouveaux motifs de discorde : les escarmouches portent aujourd'hui davantage sur l'interprétation iconographique des œuvres que sur leurs attributions.

La peinture de Venise au début du XVIe siècle demeure un « point chaud » sur les deux fronts. On discute passionnément sur le « sujet caché » de la *Tempête* et du *Concert Champêtre*, tandis qu'on s'affronte toujours pour savoir si ce dernier tableau est de Titien ou de Giorgione.

La reconstitution de l'œuvre de Giorgione, indissociable de celle de Titien et de Sebastiano del Piombo durant leur jeunesse, de celle des Campagnola et d'autres artistes tel Palma Vecchio, a donné lieu, on le sait, à d'innombrables hypothèses. Le catalogue de l'exposition en rend minutieusement compte puisqu'il comporte un grand nombre des tableaux et des dessins qui ont fait ou font toujours l'objet de ces discussions. La comparaison de ces œuvres permettra-t-elle d'y voir plus clair ? Nous l'espérons. C'est en fournissant l'occasion de telles confrontations directes que les expositions gagnent leurs lettres de noblesse.

On verra grâce aux textes d'A. Ballarin qu'un historien d'art un peu oublié a joué un rôle de pionnier dans l'opération de défrichage qui a permis de débroussailler le problème Giorgione-Titien-Sebastiano (avant que d'autres broussailles ne repoussent) et de le résoudre dans le sens qui sera celui de Longhi. C'est Louis Hourticq (1875-1944), fort critiqué ou moqué de son vivant pour avoir osé débaptiser le *Concert Champêtre*. Il paraît aujourd'hui, avec Louis Demonts et avant Charles Sterling, comme l'un des plus vifs historiens-connaisseurs français de son temps.

Pour la période suivante, mis à part des divergences sur tel ou tel tableau ou dessin ou sur des points de chronologie, divergences importantes, mais pas plus que celles concernant d'autres écoles ou d'autres périodes, le champ de la recherche est plus calme.

Il est facile de se gausser de ces incertitudes, de ces revirements, souvent spectaculaires, qui autorisent certains à tenir « l'attribution » pour un jeu futile — une sorte de bonneteau —, ou pernicieux — un roman policier à coupables multiples —, qui ébranlerait inutilement les certitudes de l'histoire. Nous ne partageons pas ce scepticisme, on l'aura compris.

C'est ce qui nous a engagé à totalement respecter l'avis des différents spécialistes que nous avons réunis pour composer le comité scientifique de l'exposition et rédiger le catalogue. Le lecteur constatera ainsi de fortes différences d'opinion d'une notice à l'autre à propos de l'attribution ou de la datation de telle ou telle œuvre, même fort célèbre. Pour ne prendre qu'un exemple, la *Vénus* de Dresde est attribuée à Giorgione dans certains textes, à Titien dans d'autres. Il aurait été absurde de gommer ces divergences par on ne sait quel compromis. En revanche, il importait de garantir l'unité et l'équilibre général du catalogue, séquence après séquence, en confiant la responsabilité scientifique de chacune des sections à un seul auteur dont l'autorité assurerait la cohérence interne de la démonstration. Il va de soi que l'attribution proposée par chaque auteur du catalogue n'engage que lui, et non les autres spécialistes composant le comité scientifique.

Sur les restaurations

Comme on l'a déjà souligné, l'exposition a donné lieu à de nombreuses restaurations.

Nous ne saurions assez rendre grâce aux collègues du Prado, du Kunsthistorisches Museum de Vienne, du Philadelphia Museum of Art, du Museum of Fine Arts de San Diego, de la Galerie Borghèse, du musée Jacquemart André, de la Fondation Magnani, de la Surintendance de Venise, qui non seulement ont eu la générosité de se séparer quelque temps d'œuvres précieuses mais ont voulu qu'elles soient montrées dans le meilleur état de présentation possible.

Il est certain qu'une peinture telle que celle inventée par Giorgione et Titien, qui joue sur l'éclat chromatique, la finesse des passages et la virtuosité visible de la touche gagne à être examinée dans sa vérité physique, si l'on peut dire, sans masques. Il n'est pas moins certain qu'il ne paraît pas toujours facile d'ôter ces masques sans défigurer ce qu'ils maquillent. Tant de toiles ont été malmenées au cours des siècles, certaines recoupées, agrandies, repeintes, soumises à des nettoyages brutaux... Réduire, quand c'est possible, les traces de ces incidents ou de ces traitements abusifs pour retrouver la peinture originale demande une immense circonspection, — mieux vaut parfois renoncer à toute intervention —, et du temps, beaucoup de temps.

La campagne de restauration entreprise au Louvre par le service de Restauration des musées de France s'est étendue sur plusieurs années. On aurait aimer y inclure la *Mise au Tombeau*, substantiellement en bon état, mais dont les vernis ont roussi, et surtout la *Vénus du Pardo*, qui, elle, a beaucoup souffert et appellera de longs examens. Ce sera pour plus tard. Il a paru également déraisonnable d'engager les restaurateurs romains de l'*Amour sacré et l'Amour profane* à hâter leur travail pour terminer à temps. L'illustre tableau, que nos collègues étaient disposés à nous prêter, est soumis à des analyses et à un traitement minutieux et infiniment prudent qui lui permettra de retrouver son harmonie chromatique, mais qui exige encore quelques semaines de travail. Le respect de l'œuvre et de ceux qui s'attachent à sa résurrection l'a emporté ici sur toute autre considération.

Sur la « scénographie » de l'exposition

Lorsque j'ai demandé à Richard Peduzzi de concevoir la présentation de l'exposition, fort d'une vieille complicité, je me suis d'emblée mis d'accord avec lui : pas question de reconstituer un décor qui évoquerait, même allusivement, les splendeurs palatiales de la « *Cité des Doges* ». La présence si forte des peintures elles-mêmes et des images qu'elles font naître suffisent à suggérer la richesse et l'harmonie vénitiennes. Une architecture savante, sobre et colorée organise l'espace pour articuler, de salle en salle, un parcours convaincant. La mise en scène suit les indications du livret :

La scène est à Venise
Le sujet est la peinture.

Michel Laclotte

Illustrations

Le début du siècle à Venise
Giovanni Bellini, les dernières années
Peintures et dessins

1 à **14**

8, détail

I
GIOVANNI BELLINI
La Vierge et l'Enfant bénissant
MILAN, PINACOTECA DI BRERA

4
GIOVANNI BELLINI
Le Christ mort
VENISE, SCUOLA GRANDE DI SAN ROCCO

3
GIOVANNI BELLINI
La Dérision de Noé
BESANÇON, MUSÉE DES BEAUX-ARTS

2
GIOVANNI BELLINI
et son atelier
La Vierge à l'Enfant
PARIS, MUSÉE JACQUEMART-ANDRÉ

5
ANONYME
Portrait de deux jeunes hommes
PARIS, MUSÉE DU LOUVRE

7
VINCENZO CATENA
Portrait de Giangiorgio Trissino,
PARIS, MUSÉE DU LOUVRE

8
LORENZO LOTTO
Saint Jérôme au désert
PARIS, MUSÉE DU LOUVRE

6
CIMA DA CONEGLIANO
La Vierge à l'Enfant avec saint Jean-Baptiste et sainte Madeleine
PARIS, MUSÉE DU LOUVRE

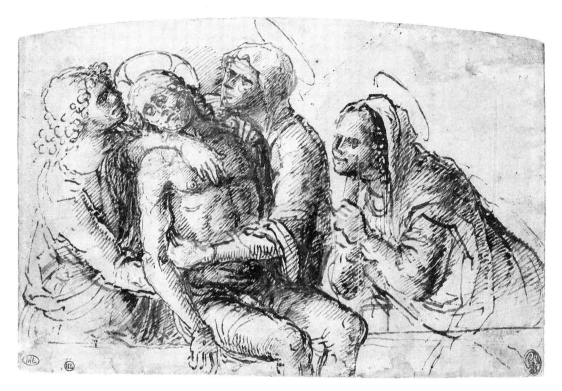

9
GIOVANNI BELLINI
Lamentation sur le corps du Christ
PARIS, MUSÉE DU LOUVRE

9, verso

12
MARCO BASAITI
Paysage avec une côte rocheuse
FLORENCE, GALLERIA DEGLI UFFIZI

10
GIOVANNI BELLINI
Deux Hommes vêtus à l'antique, tournés vers la gauche
PARIS, INSTITUT NÉERLANDAIS, FONDATION CUSTODIA

13
ANDREA PREVITALI
Tête d'homme, de face
FLORENCE, GALLERIA DEGLI UFFIZI

11
ALVISE VIVARINI
La Vocation des apôtres
VIENNE, GRAPHISCHE SAMMLUNG ALBERTINA

14
BARTOLOMEO MONTAGNA
Trois Femmes debout
PARIS, MUSÉE DU LOUVRE

Giorgione
Peintures

15 à 32

20, détail

15
GIORGIONE
La Sainte Famille
WASHINGTON, NATIONAL GALLERY OF ART

19
GIORGIONE
Jeune Garçon à la flèche
VIENNE, KUNSTHISTORISCHES MUSEUM

17
GIORGIONE
La Vierge à l'Enfant dans un paysage
SAINT-PETERSBOURG, MUSÉE DE L'ERMITAGE

16
GIORGIONE
Portrait de jeune homme
BERLIN, STAATLICHE MUSEEN, GEMÄLDEGALERIE

18
GIORGIONE
Francesco Maria della Rovere
VIENNE, KUNSTHISTORISCHES MUSEUM

20
GIORGIONE
Il Tramonto
LONDRES, THE NATIONAL GALLERY

22
GIORGIONE
Soldat et page (Gattamelata)
FLORENCE, GALLERIA DEGLI UFFIZI

23
GIORGIONE
Double Portrait
ROME, MUSEO DI PALAZZO VENEZIA

21
GIORGIONE
Les Trois Ages de l'homme
FLORENCE, PALAZZO PITTI

24
GIORGIONE
La Vecchia
VENISE, GALLERIE DELL'ACCADEMIA

26
GIORGIONE
Gerolamo Marcello avec son serviteur
VIENNE, KUNSTHISTORISCHES MUSEUM

25
GIORGIONE
Portrait de jeune homme
BUDAPEST, SZÉPMÜVÉSZETI MÚZEUM

28
GIORGIONE
Portrait d'homme
SAN DIEGO MUSEUM OF ART

27
GIORGIONE
Laura
VIENNE, KUNSTHISTORISCHES MUSEUM

30
GIORGIONE
Le Chanteur
ROME, GALLERIA BORGHESE

31
GIORGIONE
Le Joueur de flûte
ROME, GALLERIA BORGHESE

29
GIORGIONE
Le Concert
MILAN, COLLECTION PARTICULIÈRE

45

32
GIORGIONE
Jeune Berger à la flûte
HAMPTON COURT, LENT BY HER MAJESTY QUEEN ELIZABETH II

Sebastiano del Piombo à Venise
Peintures
33 à 39

38, détail

33
SEBASTIANO DEL PIOMBO
Le Jugement de Salomon
KINGSTON LACY, THE BANKES COLLECTION

34
SEBASTIANO DEL PIOMBO
« L'Appel »
DETROIT, THE DETROIT INSTITUTE OF ARTS

35
SEBASTIANO DEL PIOMBO
La Vierge à l'Enfant avec saint Jérôme, saint Antoine de Padoue,
sainte Barbe, saint François et deux donateurs
NEW YORK, THE METROPOLITAN MUSEUM OF ART

36
SEBASTIANO DEL PIOMBO
La Vierge à l'Enfant avec sainte Catherine, saint Sébastien et un donateur
PARIS, MUSÉE DU LOUVRE

37a
SEBASTIANO DEL PIOMBO
Saint Louis de Toulouse
VENISE, GALLERIE DELL'ACCADEMIA

37b
SEBASTIANO DEL PIOMBO
Saint Sinibald
VENISE, GALLERIE DELL'ACCADEMIA

37c
SEBASTIANO DEL PIOMBO
Saint Barthélemy
VENISE, GALLERIE DELL'ACCADEMIA

37d
SEBASTIANO DEL PIOMBO
Saint Sébastien
VENISE, GALLERIE DELL'ACCADEMIA

38
SEBASTIANO DEL PIOMBO
Saint Jean Chrysostome entre les saintes Catherine, Madeleine,
Lucie et les saints Jean-Baptiste, Jean l'Évangéliste et Théodore
VENISE, ÉGLISE SAN GIOVANNI CRISOSTOMO

39
SEBASTIANO DEL PIOMBO
Portrait d'homme en armure
HARTFORD, WADSWORTH ATHENEUM

Titien jeune
Peintures

40 à 56

43, détail

40
TITIEN
Jacopo Pesaro présenté à Saint Pierre
ANVERS, KONINKLIJK MUSEUM VOOR SCHONE KUNSTEN

41
TITIEN
Portrait d'homme
WASHINGTON, NATIONAL GALLERY OF ART

42a
TITIEN
Suzanne et Daniel
GLASGOW, GLASGOW ART GALLERY AND MUSEUM

42b
TITIEN
Tête d'homme
GLASGOW, GLASGOW ART GALLERY AND MUSEUM

44
TITIEN
La Vierge à l'Enfant avec saint Antoine et saint Roch
MADRID, MUSEO DEL PRADO

43
TITIEN
Le Concert champêtre
PARIS, MUSÉE DU LOUVRE

45
TITIEN
Le Concert
FLORENCE, PALAZZO PITTI

46
TITIEN
Noli me tangere
LONDRES, THE NATIONAL GALLERY

47
TITIEN
La Vierge à l'Enfant avec sainte Catherine, saint Dominique et un donateur
MAMIANO DI TRAVERSETOLO, FONDAZIONE MAGNANI ROCCA

48
TITIEN
La jeune fille au miroir
PARIS, MUSÉE DU LOUVRE

51
TITIEN
Portrait d'un musicien
ROME, GALLERIA SPADA

49
TITIEN
Flore
FLORENCE, GALLERIA DEGLI UFFIZI

50
TITIEN
La Vierge à l'Enfant avec saint Étienne, saint Maurice et saint Jérôme
PARIS, MUSÉE DU LOUVRE

52
TITIEN
Portrait de jeune homme
YORK, THE HALIFAX COLLECTION

53
TITIEN
Portrait de jeune homme
MUNICH, ALTE PINAKOTEK

54
TITIEN
L'Homme au gant
PARIS, MUSÉE DU LOUVRE

55
TITIEN
Portrait d'homme
PARIS, MUSÉE DU LOUVRE

56
TITIEN
Portrait de Laura Dianti
SAMMLUNG HEINZ KISTERS

L'influence de Giorgione et de Titien jeune
Peintures
57 à 85

81, détail

57
PALMA VECCHIO
La Bella
MADRID, THE THYSSEN-BORNEMISZA COLLECTION

59
PALMA VECCHIO
L'Adoration des bergers
PARIS, MUSÉE DU LOUVRE

58
PALMA VECCHIO
Nymphes au bain
VIENNE, KUNSTHISTORISCHES MUSEUM

60
PALMA VECCHIO
Jacob et Rachel
DRESDE, GEMÄLDEGALERIE

61
PALMA VECCHIO
Portrait d'homme
SAINT-PÉTERSBOURG, MUSÉE DE L'ERMITAGE

62
BONIFACIO VERONESE
Sainte Famille avec saint François, saint Antoine, sainte Marie-Madeleine,
saint Jean-Baptiste et sainte Élisabeth
PARIS, MUSÉE DU LOUVRE

63
GIOVANNI ANTONIO PORDENONE
Vierge de la Miséricorde
PORDENONE, CONCATTEDRALE SAN MARCO

64
GIOVANNI CARIANI
Le Concert
NEW YORK, COLLECTION PARTICULIÈRE

65
GIOVANNI CARIANI
Portrait dit de la famille Albani
BERGAME, COLLECTION PARTICULIÈRE

66
GIOVANNI CARIANI
Les Musiciens
BERGAME, ACCADEMIA CARRARA

67
GIOVANNI CARIANI
Portrait de Giovanni Antonio Caravaggi
OTTAWA, MUSÉE DES BEAUX-ARTS DU CANADA

68
GIROLAMO ROMANINO
La Vierge à l'Enfant
PARIS, MUSÉE DU LOUVRE

69
GIROLAMO ROMANINO
Portrait d'un homme en armure
NEW ORLEANS, MUSEUM OF ART

71
GIROLAMO ROMANINO
La Vierge à l'Enfant avec deux donateurs
SIENNE, PINACOTECA NAZIONALE

70
GIROLAMO ROMANINO
Portrait d'homme
BUDAPEST, SZÉPMŰVÉSZETI MÚZEUM

73
GIOVAN GEROLAMO SAVOLDO
Portrait de jeune homme (saint Jean l'Évangéliste?)
ROME, GALLERIA BORGHESE

72
GIOVAN GEROLAMO SAVOLDO
Tobie et l'archange Raphaël
ROME, GALLERIA BORGHESE

74
GIOVAN GEROLAMO SAVOLDO
Portrait d'homme en armure
PARIS, MUSÉE DU LOUVRE

75
GIOVAN GEROLAMO SAVOLDO
Portrait de femme en sainte Marguerite
ROME, PINACOTECA CAPITOLINA

76
DOSSO DOSSI
La Sainte Famille
PHILADELPHIE, PHILADELPHIA MUSEUM OF ART

77
DOSSO DOSSI
Portrait de l'homme au chapeau noir
STOCKHOLM, NATIONALMUSEUM

78
DOSSO DOSSI
Les Trois Ages de l'homme
NEW YORK, THE METROPOLITAN MUSEUM OF ART

79
DOSSO DOSSI
Portrait d'homme
PARIS, MUSÉE DU LOUVRE

80
DOSSO DOSSI
Saint Guillaume
HAMPTON COURT, LENT BY HER MAJESTY QUEEN ELIZABETH II

81
DOSSO DOSSI
Pan et Écho
MALIBU, THE J. PAUL GETTY MUSEUM

83a
ALESSANDRO MORETTO
Prophète « en armure »
MANTOUE

83b
ALESSANDRO MORETTO
Prophète « mélancolique »
MANTOUE

83c
ALESSANDRO MORETTO
Prophète « à la manche rose »
MANTOUE

82
ALESSANDRO MORETTO
Portrait d'homme à la clepsydre
NEW YORK, THE METROPOLITAN MUSEUM OF ART

84
PARIS BORDON
Les Amants vénitiens
MILAN, PINACOTECA DI BRERA

85
PARIS BORDON
Saint Jérôme au désert
PHILADELPHIE, PHILADELPHIA MUSEUM OF ART

Giorgione, Titien jeune, leur influence
Dessins et gravures
86 à 152

128, détail

86
GIORGIONE
Paysage maritime avec un groupe de voyageurs
PARIS, MUSÉE DU LOUVRE

87
GIORGIONE
Paysage avec un fleuve
PARIS, MUSÉE DU LOUVRE

88
GIORGIONE
L'Adoration des bergers
WINDSOR CASTLE, ROYAL LIBRARY, LENT BY HER MAJESTY QUEEN ELIZABETH II

89
GIORGIONE
et main plus tardive pour la figure
Saint Jean-Baptiste dans un paysage
PARIS, MUSÉE DU LOUVRE

90
GIORGIONE
Groupe de bâtiments au bord d'un fleuve
FLORENCE, GALLERIA DEGLI UFFIZI

91
GIORGIONE
Le Joueur de viole
PARIS, BIBLIOTHÈQUE DE L'ÉCOLE NATIONALE SUPÉRIEURE DES BEAUX-ARTS

92
GIORGIONE
Vue du château San Zeno de Montagnana
ROTTERDAM, MUSEUM BOYMANS-VAN BEUNINGEN

93
GIORGIONE
Paysage avec deux hommes à l'orée d'un bois (recto), *esquisse de paysage* (verso)
PARIS, MUSÉE DU LOUVRE

93, verso

94
GIORGIONE ET TITIEN
Couple de musiciens
LONDRES, TRUSTEES OF THE BRITISH MUSEM

95
GIORGIONE ET TITIEN (cercle de)
Saint Jérôme dans un paysage
NEW YORK, DIAN AND ANDREA WOODNER

96
TITIEN
La Sainte Famille dans un paysage
VIENNE, GRAPHISCHE SAMMLUNG ALBERTINA

97
TITIEN
Saint Jérôme lisant dans un paysage
FLORENCE, GALLERIA DEGLI UFFIZI

98
TITIEN
Un Miracle de saint Antoine de Padoue
PARIS, INSTITUT NÉERLANDAIS, FONDATION CUSTODIA (COLL. F. LUGT)

99
TITIEN
Deux Satyres avec un disque astrologique, dans un paysage
COLLECTION PARTICULIÈRE

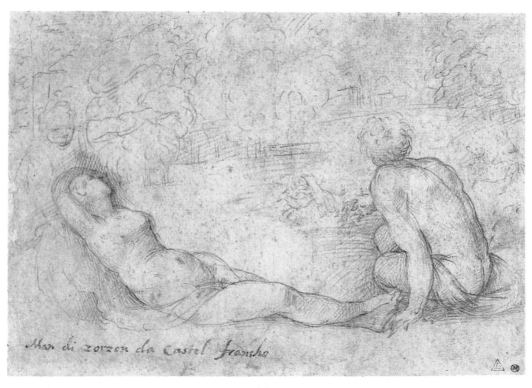

100
TITIEN (d'après)
Nymphe et berger dans un paysage
DARMSTADT. HESSISCHES LANDESMUSEUM

101
TITIEN
Paysage à la chèvre
PARIS, MUSÉE DU LOUVRE

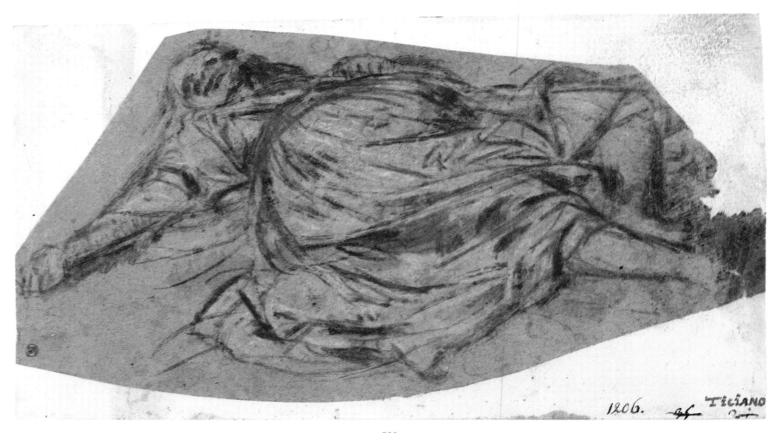

102
TITIEN (attribué à)
Femme allongée sur le dos
STOCKHOLM, NATIONALMUSEUM

103
TITIEN
Paysage au bouquet d'arbres
NEW YORK, THE METROPOLITAN MUSEUM OF ART

104
SEBASTIANO DEL PIOMBO OU BATTISTA FRANCO
Polyphème
LILLE, MUSÉE DES BEAUX-ARTS

107
DOMENICO CAMPAGNOLA
Paysage avec deux jeunes gens
LONDRES, TRUSTEES OF THE BRITISH MUSEUM

105
DOMENICO CAMPAGNOLA
Paysage avec fabriques
PARIS, MUSÉE DU LOUVRE

106
DOMENICO CAMPAGNOLA
Paysage avec une forêt
PARIS, INSTITUT NÉERLANDAIS, FONDATION CUSTODIA (COLL. F. LUGT)

108
DOMENICO CAMPAGNOLA
La Vierge à l'Enfant entourée de saints (recto),
Trois Putti musiciens, couple enlacé, buste de vieillard (verso)
PARIS, BIBLIOTHÈQUE DE L'ÉCOLE NATIONALE SUPÉRIEURE DES BEAUX-ARTS

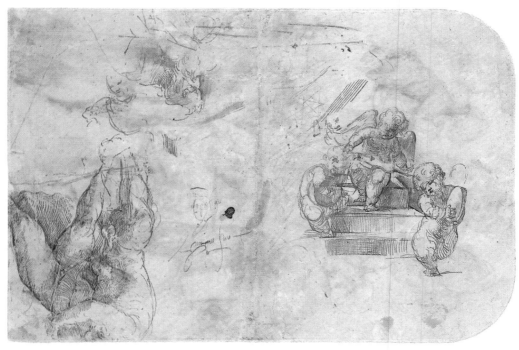

108, verso

109
DOMENICO CAMPAGNOLA
David et Bethsabée (recto),
études de femme agenouillée et de jambes d'hommes (verso)
PARIS, BIBLIOTHÈQUE DE L'ÉCOLE NATIONALE SUPÉRIEURE DES BEAUX-ARTS

109, verso

110
DOMENICO COMPAGNOLA
Scène de meurtre
PARIS, BIBLIOTHÈQUE DE L'ÉCOLE NATIONALE SUPÉRIEURE DES BEAUX-ARTS

113
DOMENICO CAMPAGNOLA
Putti
PARIS, MUSÉE DU LOUVRE

113, verso

III
DOMENICO CAMPAGNOLA
Paysage avec deux bergers
VIENNE, GRAPHISCHE SAMMLUNG ALBERTINA

112
DOMENICO CAMPAGNOLA
Groupe d'apôtres
PARIS, MUSÉE DU LOUVRE

114
DOMENICO CAMPAGNOLA
Le Jugement de Pâris
PARIS, MUSÉE DU LOUVRE

116
ANONYME VÉNITIEN
Trois Études de têtes
FLORENCE, GALLERIA DEGLI UFFIZI

115
ANONYME VÉNITIEN
Le Suicide de Lucrèce
FLORENCE, GALLERIA DEGLI UFFIZI

120
PALMA VECCHIO
Lucrèce
ZURICH, KUNSTHAUS

118
PALMA VECCHIO
La Sainte Famille avec sainte Catherine et le petit saint Jean
LONDRES, TRUSTEES OF THE BRITISH MUSEUM

119
PALMA VECCHIO
Tête de femme de profil
PARIS, MUSÉE DU LOUVRE

117
GIOVANNI CARIANI
Sainte en présence d'un dignitaire
VENISE, GALLERIE DELL'ACCADEMIA

121
GIOVANNI ANTONIO PORDENONE
Scène mythologique
PARIS, MUSÉE DU LOUVRE

124
GIULIO CAMPAGNOLA
Saint Jean-Baptiste dans un paysage
PARIS, MUSÉE DU LOUVRE, COLLECTION ED. DE ROTHSCHILD

123
GIULIO CAMPAGNOLA
Saturne
PARIS, MUSÉE DU LOUVRE, COLLECTION ED. DE ROTHSCHILD

122
MARCANTONIO RAIMONDI
Le Songe de Raphaël
PARIS, MUSÉE DU PETIT PALAIS

125
GIULIO CAMPAGNOLA
Jeune Berger
PARIS, MUSÉE DU LOUVRE, COLLECTION ED. DE ROTHSCHILD

126
GIULIO CAMPAGNOLA
Vénus
PARIS, MUSÉE DU LOUVRE, COLLECTION ED. DE ROTHSCHILD

127
GIULIO CAMPAGNOLA
L'Astrologue
PARIS, MUSÉE DU LOUVRE, COLLECTION ED. DE ROTHSCHILD

128
GIULIO CAMPAGNOLA
Le Christ et la Samaritaine
PARIS, MUSÉE DU LOUVRE, COLLECTION ED. DE ROTHSCHILD

129
GIULIO CAMPAGNOLA
Vieux Berger dans un paysage avec une chèvre
PARIS, MUSÉE DU LOUVRE, COLLECTION ED. DE ROTHSCHILD

133
GIULIO CAMPAGNOLA
Bergers et musiciens
PARIS, MUSÉE DU LOUVRE, COLLECTION ED. DE ROTHSCHILD

130
TITIEN
Le Triomphe de la Foi
PARIS, BIBLIOTHÈQUE NATIONALE,
DÉPARTEMENT DES ESTAMPES ET DE LA PHOTOGRAPHIE

130a

130b

130c

130d

130e

132
TITIEN
Le Passage de la mer Rouge
VENISE, COLLECTION PARTICULIÈRE

SAGRIFICIO DEL PATRIARCA
ABRAMO

DEL CELEBRE TIZIANO.

131
TITIEN
Le Sacrifice d'Abraham
BASSANO DEL GRAPPA, MUSEO-BIBLIOTECA-ARCHIVIO

134
DOMENICO CAMPAGNOLA
Paysage avec deux arbres et un groupe de maisons
PARIS, MUSÉE DU LOUVRE, COLLECTION ED. DE ROTHSCHILD

135
DOMENICO CAMPAGNOLA
Vénus
PARIS, MUSÉE DU LOUVRE, COLLECTION ED. DE ROTHSCHILD

137
DOMENICO CAMPAGNOLA
Jeune Homme et vieux guerrier
PARIS, MUSÉE DU LOUVRE, COLLECTION ED. DE ROTHSCHILD

139
DOMENICO CAMPAGNOLA
Douze Putti dansant
PARIS, MUSÉE DU LOUVRE, COLLECTION ED. DE ROTHSCHILD

136
DOMENICO CAMPAGNOLA
L'Assomption
PARIS, MUSÉE DU LOUVRE, COLLECTION ED. DE ROTHSCHILD

138
DOMENICO CAMPAGNOLA
Bataille d'hommes nus
PARIS, MUSÉE DU LOUVRE, COLLECTION ED. DE ROTHSCHILD

140
DOMENICO CAMPAGNOLA
La Descente du Saint-Esprit
PARIS, MUSÉE DU LOUVRE, COLLECTION ED. DE ROTHSCHILD

141
LORENZO LOTTO
La Déposition
PARIS, MUSÉE DU LOUVRE

142
PARIS BORDON
Homme avec une viole
NEW YORK, THE PIERPONT MORGAN LIBRARY

143
PARIS BORDON
Adam et Ève
PARIS, MUSÉE DU LOUVRE

144
PARIS BORDON
Étude d'homme barbu en buste
PARIS, COLLECTION PARTICULIÈRE

145
PARIS BORDON
Homme nu assis
RENNES, MUSÉE DES BEAUX-ARTS

146
PARIS BORDON
La Vierge de l'Annonciation
PARIS, MUSÉE DU LOUVRE

147
PARIS BORDON
Homme nu debout
PARIS, MUSÉE DU LOUVRE

148
GIOVAN GEROLAMO SAVOLDO
Tête de saint Jérôme
PARIS, MUSÉE DU LOUVRE

150
GIOVAN GEROLAMO SAVOLDO
Tête de vieillard aux yeux clos
PARIS, MUSÉE DU LOUVRE

149
GIOVAN GEROLAMO SAVOLDO
(attribué à)
Tête d'homme
DIJON, MUSÉE DES BEAUX-ARTS

151
GIROLAMO ROMANINO
Tête d'homme de profil à gauche
FLORENCE, GALLERIA DEGLI UFFIZI

152
GIROLAMO ROMANINO
Concert champêtre avec deux femmes, un faune et un chevalier
NEW YORK, THE PIERPONT MORGAN LIBRARY

Lorenzo Lotto
Peintures
153 à 158

155, détail

154
LORENZO LOTTO
Vénus et Cupidon
NEW YORK, THE METROPOLITAN MUSEUM OF ART

153
LORENZO LOTTO
Le Christ portant sa croix
PARIS, MUSÉE DU LOUVRE

156
LORENZO LOTTO
Le Christ et la femme adultère
PARIS, MUSÉE DU LOUVRE

157
LORENZO LOTTO
Sainte Famille. L'Adoration de l'Enfant Jésus avec la Vierge Marie et Joseph, Élisabeth,
Zacharie et trois anges ou la *Reconnaissance de la nature divine de l'Enfant Jésus*
PARIS, MUSÉE DU LOUVRE

158
LORENZO LOTTO
Portrait de Mercurio Bua
ROME, GALLERIA BORGHESE

155
LORENZO LOTTO
Saint Nicolas en gloire avec saint Jean-Baptiste et sainte Lucie
VENISE, ÉGLISE SANTA MARIA DEI CARMINI

Titien, la maturité
Peintures
159 à 178

162, détail

159
TITIEN
La Mise au tombeau
PARIS, MUSÉE DU LOUVRE

160
TITIEN
La Vierge au lapin
PARIS, MUSÉE DU LOUVRE

161
TITIEN
Les Pèlerins d'Emmaüs
PARIS, MUSÉE DU LOUVRE

162
TITIEN
Saint Jérôme pénitent
PARIS, MUSÉE DU LOUVRE

164
TITIEN
Allégorie dite à tort *d'Alphonse d'Avalos*
PARIS, MUSÉE DU LOUVRE

163
TITIEN
Allégorie dite à tort *d'Alphonse d'Avalos*
PARIS, MUSÉE DU LOUVRE

166
TITIEN
Portrait d'Alphonse d'Avalos
AXA, GROUPE FRANÇAIS D'ASSURANCES, PRÊT AU MUSÉE DU LOUVRE

165
TITIEN
Jupiter et Antiope dit *La Vénus du Pardo*
PARIS, MUSÉE DU LOUVRE

168
TITIEN
Portrait de Francesco Maria della Rovere
FLORENCE, GALLERIA DEGLI UFFIZI

167
TITIEN
Portrait d'Eleonora Gonzaga
FLORENCE, GALLERIA DEGLI UFFIZI

169
TITIEN
Portrait de François Ier
PARIS, MUSÉE DU LOUVRE

172
TITIEN
Portrait du Pape Paul III Farnèse
NAPLES, MUSEO DI CAPODIMONTE

170
TITIEN
Saint Jean-Baptiste
VENISE, GALLERIE DELL'ACCADEMIA

171
TITIEN
Le Couronnement d'épines
PARIS, MUSÉE DU LOUVRE

174
TITIEN
et atelier (Lambert Sustris?)
Portrait de Nicolas Perrenot de Granvelle
BESANÇON, MUSÉE DU TEMPS

175
TITIEN
Saint Jean l'Aumônier
VENISE, GALLERIE DELL'ACCADEMIA

173
TITIEN
Portrait de l'Arétin
FLORENCE, PALAZZO PITTI

176
TITIEN
Vénus avec Cupidon et un organiste
MADRID, MUSEO DEL PRADO

177
TITIEN
Danaé
MADRID, MUSEO DEL PRADO

178
TITIEN
Vénus à sa toilette
WASHINGTON, NATIONAL GALLERY OF ART

Le rayonnement de Titien à Venise
Peintures

179 à **204**

184, détail

179
PARIS BORDON
Portrait dit *de Jérôme Kraffter*
PARIS, MUSÉE DU LOUVRE

180
PARIS BORDON
Vénus, Mars et Cupidon couronnés par la Victoire
VIENNE, KUNSTHISTORISCHES MUSEUM

181
GIOVANNI CALCAR
Portrait de Melchior von Brauweiler
PARIS, MUSÉE DU LOUVRE

182
ANDREA SCHIAVONE
Diane et Callisto
AMIENS, MUSÉE DE PICARDIE

183
ANDREA SCHIAVONE
Le Christ et la femme adultère
MILAN, COLLECTION G. ROSSI

184
ANDREA SCHIAVONE
L'Annonciation
BELLUNO, ÉGLISE SAN PIETRO

185
ANDREA SCHIAVONE
Le Christ devant Hérode
NAPLES, MUSEO DI CAPODIMONTE

186
LAMBERT SUSTRIS
Vénus
AMSTERDAM, RIJKSMUSEUM

187
LAMBERT SUSTRIS
Le Baptême du Christ
CAEN, MUSÉE DES BEAUX-ARTS

188
JACOPO BASSANO
L'Annonce faite aux bergers
COLLECTION DU DUKE OF RUTLAND

189
JACOPO BASSANO
Pastorale
MADRID, THE THYSSEN-BORNEMIZSA COLLECTION

190
JACOPO BASSANO
L'Adoration des bergers
COLLECTION PARTICULIÈRE

191
TINTORET
Autoportrait
PHILADELPHIE, PHILADELPHIA MUSEUM OF ART

192
TINTORET
Caïn et Abel
VENISE, GALLERIE DELL'ACCADEMIA

193
TINTORET
Portrait du procurateur Jacopo Soranzo
VENISE, GALLERIE DELL'ACCADEMIA

195
TINTORET
Danaé
LYON, MUSÉE DES BEAUX-ARTS

194
TINTORET
Portrait d'homme dit *Lorenzo Soranzo*
VIENNE, KUNSTHISTORISCHES MUSEUM

196
VÉRONÈSE
Vénus et Adonis
AUGSBOURG, STÄDTISCHE KUNSTSAMMLUNGEN

197
VÉRONÈSE
Portrait de gentilhomme à la pelisse
FLORENCE, PALAZZO PITTI

198
VÉRONÈSE
Persée et Andromède
RENNES, MUSÉE DES BEAUX-ARTS

199
VÉRONÈSE
Crucifixion avec la Vierge et saint Jean
VENISE, ÉGLISE SAN LAZZARO DEI MENDICANTI

200
VÉRONÈSE
Saint Jérôme pénitent
VENISE, GALLERIE DELL'ACCADEMIA

201
VÉRONÈSE
Hercule et Déjanire
VIENNE, KUNSTHISTORISCHES MUSEUM

202
VÉRONÈSE
Vénus et Adonis
VIENNE, KUNSTHISTORISCHES MUSEUM

203
VÉRONÈSE
Vénus et Adonis dormant
MADRID, MUSEO DEL PRADO

204
VÉRONÈSE
La Mort de Procris
STRASBOURG, MUSÉE DES BEAUX-ARTS

Titien, la maturité et les dernières années
Dessins et gravures

205 à 234

215, détail

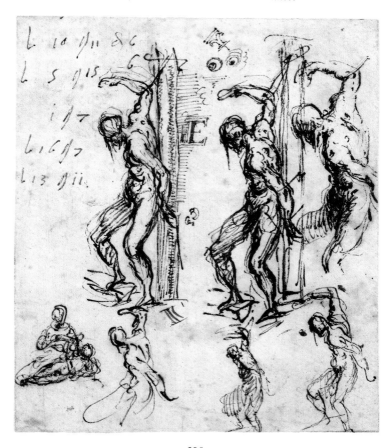

205
TITIEN
Études pour un Saint Sébastien et pour une Vierge à l'Enfant
BERLIN, STAATLICHE MUSEEN PREUSSISCHER KULTURBESITZ, KUPFERSTICHKABINETT

206
TITIEN
Études pour un Saint Sébastien (recto), *Études d'une tête, de pieds et d'un bras* (verso)
FRANCFORT, STÄDELSCHES KUNSTINSTITUT, GRAPHISCHE SAMMLUNG

207
TITIEN
Aigles attaquant un dragon
ORLÉANS, MUSÉE DES BEAUX-ARTS

208
TITIEN
La Vision de saint Eustache
LONDRES, TRUSTEES OF THE BRITISH MUSEUM

209
TITIEN
Paysage à la laitière
PARIS, MUSÉE DU LOUVRE

210
GIOVANNI BRITTO
Paysage à la laitière
VENISE, MUSEO CIVICO CORRER

211
GIOVANNI BRITTO
Saint Jérôme dans le désert
VENISE, COLLECTION PARTICULIÈRE

212
DOMENICO CAMPAGNOLA
Saint Jérôme dans le désert
PARIS, MUSÉE DU LOUVRE, COLLECTION ED. DE ROTHSCHILD

213
DOMENICO CAMPAGNOLA
Paysage arcadien
PARIS, MUSÉE DU LOUVRE

214
DOMENICO CAMPAGNOLA
L'Enlèvement d'Europe
PARIS, MUSÉE DU LOUVRE

216
TITIEN
Buissons au bord d'une mare
COLLECTION PARTICULIÈRE

215
TITIEN
Paysage avec un cheval effrayé par un serpent d'eau
CHATSWORTH, DUKE OF DEVONSHIRE AND CHATSWORTH SETTLEMENT TRUSTEES

217
TITIEN
l'Été, ou paysage avec un berger endormi
PARIS, MUSÉE DU LOUVRE

218
TITIEN
L'Automne, ou la lamentation de Vénus
MALIBU, CALIFORNIE, COLLECTION OF THE J. PAUL GETTY MUSEUM

224
GIOVANNI ANTONIO PORDENONE
L'Annonciation
WINDSOR CASTLE, ROYAL LIBRARY, LENT BY HER MAJESTY QUEEN ELIZABETH II

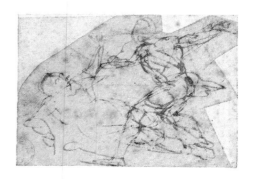

219
TITIEN
Études pour la Mort de saint Pierre Martyr
LILLE, MUSÉE DES BEAUX-ARTS

221
PALMA VECCHIO
Étude pour la Mort de saint Pierre Martyr
PARIS, MUSÉE DU LOUVRE

220
PALMA VECCHIO
Étude pour la Mort de saint Pierre Martyr
PARIS, MUSÉE DU LOUVRE

222
GIOVANNI ANTONIO PORDENONE
Étude pour la Mort de saint Pierre Martyr
MALIBU, CALIFORNIE, COLLECTION OF THE J. PAUL GETTY MUSEUM

223
GIOVANNI ANTONIO PORDENONE
La Mort de saint Pierre Martyr
FLORENCE, GALLERIA DEGLI UFFIZI

225
TITIEN
La Bataille de Spolète
PARIS, MUSÉE DU LOUVRE

226
TITIEN
Cavalier tombant de cheval
OXFORD, THE ASHMOLEAN MUSEUM

227
TITIEN
Cavalier terrassant un ennemi
MUNICH, STAATLICHE GRAPHISCHE SAMMLUNG

228
TITIEN
Le Sacrifice d'Abraham
PARIS, ÉCOLE NATIONALE SUPÉRIEURE DES BEAUX-ARTS

229
TITIEN
Deux Prophètes
FLORENCE, UFFIZI

230
TITIEN
Étude de casque
FLORENCE, UFFIZI

230 verso
TITIEN
Esquisses pour un « Apollon tuant les enfants de Niobé »

231
TITIEN
Homme nu portant un gouvernail sur les épaules
MALIBU, CALIFORNIE, COLLECTION OF THE J. PAUL GETTY MUSEUM

232
TITIEN
Le Christ au jardin des Oliviers
FLORENCE, GALLERIA DEGLI UFFIZI

232 verso
TITIEN
Esquisse pour (?) Persée et Andromède

234
TITIEN
Couple enlacé
CAMBRIDGE, LENT BY THE SYNDICS OF THE FITZWILLIAM MUSEUM

233
TITIEN
L'Ange de l'Annonciation
FLORENCE, GALLERIA DEGLI UFFIZI

233 verso
TITIEN
Études pour une Crucifixion

Le rayonnement de Titien à Venise
Dessins

235 à 249

240, détail

235
ANDREA SCHIAVONE
L'Annonciation
PARIS, MUSÉE DU LOUVRE

236
ANDREA SCHIAVONE
L'Adoration des bergers
RENNES, MUSÉE DES BEAUX-ARTS

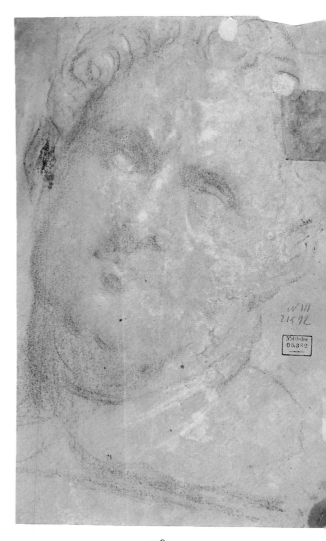

237
TINTORET
Homme nu assis
PARIS, MUSÉE DU LOUVRE

238, verso
TINTORET
Étude d'après un moulage de la tête dite de Vitellius

238
TINTORET
Étude d'homme nu allongé
PARIS, MUSÉE DU LOUVRE

240
TINTORET
La bataille sur le Taro
NAPLES, MUSEO DI CAPODIMONTE

239
TINTORET
Étude d'après un moulage de la sculpture de Michel-Ange dite « Le Jour » (recto et verso)
PARIS, MUSÉE DU LOUVRE

241
VÉRONÈSE
Étude de chapeau et de manche
PARIS, MUSÉE DU LOUVRE

244
VÉRONÈSE
La Chasteté
PARIS, MUSÉE DU LOUVRE

242
VÉRONÈSE
Cinq Hommes nus
PARIS, MUSÉE DU LOUVRE

243
VÉRONÈSE
Tête de jeune noir
PARIS, MUSÉE DU LOUVRE

245
VÉRONÈSE
Un Miracle de saint Pantaléon
PARIS, MUSÉE DU LOUVRE

246
JACOPO BASSANO
L'Arrestation du Christ
PARIS, MUSÉE DU LOUVRE

247
JACOPO BASSANO
Un Évangéliste
COLLECTION PARTICULIÈRE

248
JACOPO BASSANO
Abraham
PARIS, MUSÉE DU LOUVRE

248 verso
Tête, dite de Vitellius

249 verso
Saint Pierre dormant

249
JACOPO BASSANO
Le Bon Larron, Saint Jean l'Évangéliste dormant
PARIS, MUSÉE DU LOUVRE

Titien, les dernières années
Peintures

250 à 265

250, détail

251
TITIEN
L'Annonciation
NAPLES, MUSEO DI CAPODIMONTE

250
TITIEN
Sainte Marguerite
SAMMLUNG HEINZ KISTERS

252
TITIEN
La Crucifixion
ANCÔNE, ÉGLISE SAN DOMENICO

254
TITIEN
Portrait d'homme à la palme
DRESDE, GEMÄLDEGALERIE

253
TITIEN
La Mise au tombeau
MADRID, MUSEO DEL PRADO

255
TITIEN
Autoportrait
BERLIN, STAATLICHE MUSEEN, GEMÄLDEGALERIE

257
TITIEN
L'Annonciation
VENISE, ÉGLISE SAN SALVADOR

258
TITIEN
L'Éducation de l'Amour (Vénus bandant les yeux de l'Amour)
avant restauration
ROME, GALLERIA BORGHESE

258, détail après restauration

256
TITIEN
Vénus et Adonis
NEW YORK, THE METROPOLITAN MUSEUM OF ART

260
TITIEN
Judith
DETROIT, THE DETROIT INSTITUTE OF ART

261
TITIEN
Ecce Homo
SAINT LOUIS (MISSOURI), THE SAINT LOUIS ART MUSEUM, MUSEUM PURCHASE

262
TITIEN
Saint Jérôme
SAN LORENZO DE EL ESCORIAL

259
TITIEN
La Vierge à l'Enfant
LONDRES, THE NATIONAL GALLERY

264
TITIEN
Tarquin et Lucrèce
VIENNE, GEMÄLDEGALERIE DER AKADEMIE DER BILDENDEN KÜNSTE

263
TITIEN
Jeune Garçon aux chiens
ROTTERDAM, MUSEUM BOYMANS-VAN BEUNINGEN

265
TITIEN
Le Supplice de Marsyas
KROMĚŘÍŽ, CHÂTEAU ARCHIÉPISCOPAL

La fin du siècle à Venise
Tintoret, Véronèse, Jacopo Bassano, les dernières années
Peintures

266 à **279**

270, détail

266
TINTORET
Le Christ au jardin des Oliviers
VENISE, ÉGLISE SANTO STEFANO

267
TINTORET
Le Martyre de saint Laurent
OXFORD, CHRIST CHURCH PICTURE GALLERY

268
TINTORET
La Mise au tombeau
VENISE, ÉGLISE SAN GIORGIO MAGGIORE

269
VÉRONÈSE
Le Paradis
LILLE, MUSÉE DES BEAUX-ARTS

270
VÉRONÈSE
La Prière du Christ au jardin des Oliviers
MILAN, PINACOTECA DI BRERA

271
VÉRONÈSE
Saint Pantaléon guérissant un enfant
VENISE, ÉGLISE SAN PANTALON

272
JACOPO BASSANO
La Mise au tombeau
VICENCE, ÉGLISE S. CROCE CARMINI

273
JACOPO BASSANO
La Mise au tombeau
VIENNE, KUNSTHISTORISCHES MUSEUM

274
JACOPO BASSANO
La Flagellation du Christ
FREDERIKSSUND (DANEMARK), J.F. WILLUMSENS MUSEUM

275
JACOPO BASSANO
Suzanne et les vieillards
NÎMES, MUSÉE DES BEAUX-ARTS

276
JACOPO BASSANO
La Déposition
PARIS, MUSÉE DU LOUVRE

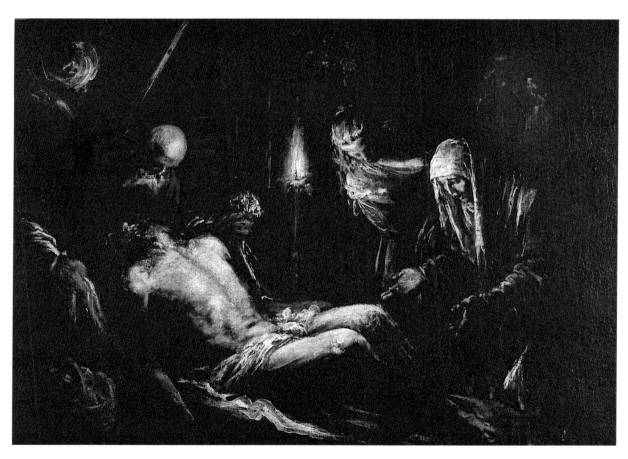

277
JACOPO BASSANO
La Déposition (esquisse)
LISBONNE, MUSEU NACIONAL DE ARTE ANTIGA

278
JACOPO BASSANO
La Dérision du Christ
ROME, COLLECTION PARTICULIÈRE

279
JACOPO BASSANO
La Dérision du Christ
OXFORD, CHRIST CHURCH PICTURE GALLERY

Auteurs du catalogue

G.A.   Giovanni Agosti
L.A.   Luisa Attardi
A.A.   Adriana Augusti
A.B.   Alessandro Ballarin
S.B.   Sylvie Béguin
F.F.   Francesco Frangi
J.H.   Jean Habert
M.L.   Michel Laclotte
C.L.   Catherine Legrand
E.M.   Ettore Merkel
G.N.S.   Giovanna Nepi Scirè
K.O.   Konrad Oberhuber
A.P.   Alessandra Pattanaro
T.P.   Terisio Pignatti
W.R.R.   W. Roger Rearick
V.R.   Vittoria Romani
F.S.   Fiorella Spadavecchia
A.P.T.   Annalisa Perissa Torrini
F.V.   Francesco Valcanover
F.Vi.   Françoise Viatte
G.W.   George Wanklyn
C.Z.   Carlo Zani

Traduction :
Yves Abrioux, Sophie Bajard, Jacqueline Biscontin, Sabine Bosio,
Jeanne Bouniort, Florence Cadouot, Marie-Geneviève de La Coste-Messelière, Colette Deroche,
Lydie Echasseriaud, Dominique Férault, Rossella Pezone, Renaud Temperini.

Les notices **18, 22** à **31, 40** à **46, 48, 64** à **71, 76** à **82** ont été rédigées avec le concours de Sergio Momesso,
les notices **15, 16, 17, 20, 21** avec celui de Johanna Vakkari.

La réalisation du catalogue a été coordonnée par Varena Forcione
avec l'aide de Dominique Cordellier, Cécile Scailliérez, Bernadette Py, Constance Rubini, Renaud Temperini.

Catalogue

Giovanni Bellini
et la "maniera moderna"

par Michel Laclotte

DE VENISE, où il effectue un long séjour, Dürer écrit dans une lettre à son ami Pirckheimer (février 1506) qu'il a reçu la visite de Giovanni Bellini. Visiblement flatté des louanges publiques du peintre vénitien, qui souhaiterait même acquérir l'une de ses œuvres, il dit : « Il est très vieux et c'est encore le meilleur en peinture. » L'année suivante (février 1507), Marino Sanuto note dans son *Journal*, mentionnant la mort de Gentile Bellini, que Giovanni Bellini est le « peintre le plus excellent d'Italie » et lorsque ce dernier meurt à son tour (novembre 1516) que « sa réputation était universelle, tout vieux qu'il était, il peignait avec excellence ».

Ces témoignages, souvent cités, prouvent bien qu'à la fin de sa vie Giovanni Bellini faisait figure de patriarche, toujours en activité, de la peinture vénitienne. Son beau-frère Mantegna et son frère Gentile venaient de mourir (1506 et 1507), ainsi que le chef de l'autre grand atelier, Alvise Vivarini (1505). Tous les jeunes de la « nouvelle vague » étaient passés dans son atelier ou avaient accepté son influence directe. Du grand retable de San Zaccaria (1505), qui affirme son autorité au cœur de Venise, au *Festin des dieux* (1514) peint pour le duc de Ferrare et à la *Madone* que le Consiglio dei Dieci se propose d'offrir à la sœur du roi de France, la duchesse d'Alençon (1516), les commandes qu'il reçoit prouvent son importance et sa notoriété.

Ces années sont celles d'une révolution profonde dans la peinture vénitienne, menée dès les dernières années du Quattrocento par Giorgione et à laquelle participe d'enthousiasme, à partir sans doute de 1506, le jeune Titien suivi de près par Sebastiano Luciani, puis par des peintres comme Cariani et Romanino. Giorgione lui-même évolue au cours

de sa carrière si brève, ce que Vasari consigne en datant de 1507 un changement dans sa manière.

Comment situer l'œuvre de Bellini au cours de cette période de recherches et d'intense création, durant laquelle une accélération fiévreuse de l'histoire fait que chaque année compte ? Quelles furent ses relations avec ces jeunes artistes qui, s'ils ne furent pas tous ses élèves au sens strict du terme, devaient du moins le reconnaître comme le chef respecté de l'école vénitienne ? La réponse à ces questions dépend évidemment beaucoup, pour les premières années du siècle, de la chronologie relative des œuvres prises en considération. Si l'on admet les propositions d'A. Ballarin, qui situe entre 1499 et 1505 la *Pala de Castelfranco*, la *Tempête* et les *Trois Philosophes* de Vienne, on peut supposer que Bellini a déjà eu le temps d'intégrer les réflexions que la vue de ces œuvres et d'autres du jeune artiste pouvaient lui inspirer, dans les pensées nouvelles que traduisent ses grandes compositions des années 1502-1505 : le *Baptême du Christ* de Santa Corona de Vicence (vers 1502) et la *Pala de San Zaccaria* (1505). Les figures des vieillards dans ce dernier retable (saint Pierre et saint Jérôme) s'inspireraient alors de celles de la *Nativité Allendale* (Washington) et du vieux philosophe de Vienne, et non le contraire, comme on le dit d'ordinaire.

Qu'on admette ou non cette antériorité, il est certain que durant les dix dernières années de sa carrière, Bellini a sensiblement évolué dans le sens indiqué par Giorgione et ses « *creati* », Titien et Sebastiano.

Ce ne fut pas le cas de Vittore Carpaccio, pourtant beaucoup plus jeune, qui avait déjà fixé l'essentiel de son style et défini son univers poétique — auxquels d'ailleurs le jeune Giorgione fut sensible comme l'a remarqué W.R. Rea-

Fig. 1
Giovanni Bellini, *La continence de Scipion*,
Washington, National Gallery of Art, 1514.

rick —, avant 1502-1505 et n'en changera guère. C'est ce qui explique que nous ne l'ayons pas inclus dans notre exposition. Y figure en revanche le troisième des grands Vénitiens du Quattrocento encore en activité du temps de Giorgione et du jeune Titien, Cima da Conegliano, qui traduit légèrement, mais sensiblement, l'esprit nouveau dans certaines de ses dernières œuvres (cat. 6).

Que Bellini ait changé, au cours de sa dernière période, sous l'influence de Giorgione, on retrouve cette idée dans nombre de textes anciens inspirés par l'idée de progrès. «Ce fut avec plus de bonheur encore que Bellini exécuta ses œuvres après avoir vu celles de Giorgione. Il eut alors des idées plus neuves» (Lanzi 1795). Connaisseur mieux assuré de la peinture vénitienne, A.M. Zanetti (1771) avait écrit : «Certains ont cru que le principal mérite de Giovanni Bellini était dû, non à l'amélioration générale de l'ancienne manière, mais au fait qu'il avait vu de belles œuvres de Giorgione, et ils ont pensé que l'élève avait ouvert les yeux au maître. Mais ils n'ont pas fait attention aux dates et ils n'ont pas considéré que de belles œuvres de Giovanni furent exécutées durant l'enfance de Giorgione [...]. Il est indéniable d'autre part que l'élève devenu adulte n'ait donné finalement plus d'audace au maître dans sa manière de colorer et d'ombrer.»

L'«*aggiornamento*» de Bellini se manifeste de plusieurs façons. D'abord il élargit son répertoire iconographique. Alors qu'il n'avait traité auparavant que des sujets religieux, allégoriques ou historiques (les peintures de la salle du Gran Consiglio détruites en 1577) et des portraits, il peint des scènes profanes, antiques (*Continence de Scipion* pour le Palazzo Corner, Washington, National Gallery; Fig. 1), mythologiques (*Festin des dieux, Bacchus enfant*) et même une «scène de genre» (*Jeune Fille nue au miroir*, Vienne, Kunsthistorisches Museum). En cela, il répond de toute évidence aux appétits nouveaux de clients férus d'humanisme. Il adopte aussi les nouvelles pratiques techniques des ateliers. Ainsi il utilise la toile (jusqu'alors réservée aux grandes séries

des Scuole) pour plusieurs de ses tableaux de chevalet tardifs (*Festin des dieux; Fra Teodoro da Urbino*, Londres, National Gallery; *Noé*, cat. 3; *Christ mort*, cat. 4) et des formats en largeur, souvent préférés par les jeunes (Titien), pour des thèmes qu'il traitait autrefois en hauteur (*Madone* de 1509, Detroit; *Madone* de 1510, Brera, cat. 1; *Christ mort*, cat. 4). Pour son dernier portrait connu, *Fra Teodoro da Urbino* (1515, Londres, National Gallery; Fig. 2), la mise en page est celle des portraits giorgionesques, qui montre le modèle à mi-corps, les mains visibles. Ce mode de présentation qu'Alvise Vivarini avait d'ailleurs employé à Venise (*Portrait d'homme*, 1497, Londres, National Gallery) avant que Giorgione ne le généralise, est nouveau pour lui.

On a constaté également qu'il avait regardé attentivement les œuvres des jeunes peintres, en relevant çà et là des emprunts possibles ou certains. Le saint Louis de Toulouse monumental qui figure dans le retable de San Giovanni Crisostomo (et peut-être aussi le même saint dans l'*Immaculée Conception* de San Pietro Martire de Murano) pourrait rappeler celui peint par Sebastiano (cat. 37a) pour les orgues de San Bartolomeo di Rialto (Pallucchini, 1959). Plus intéressant, puisqu'il s'agit d'une idée de composition vraiment neuve, le rapprochement des deux retables de San Giovanni Crisostomo, le premier peint par Sebastiano (cat. 38), le second plus tard (1513) par Bellini. On y voit le vieux maître reprendre pour le saint principal de son retable (Jérôme) la pose de profil qu'avait inventée Sebastiano pour son saint Jean Chrysostome. Selon A. Ballarin, la *Jeune Fille au miroir* (1515) de Vienne ne peut que s'inspirer de celle de Titien (cat. 48), au moins pour le thème.

Tous ces traits n'offriraient qu'un intérêt limité, la preuve que Bellini a examiné l'œuvre des jeunes et qu'il s'adapte à la mode, s'ils ne s'accompagnaient d'un changement plus profond, attestant qu'il a compris ce que proposait la nouvelle peinture. Si l'on compare la grande *Pala de San Zaccaria* (1505) à celle peinte vingt ans plus tôt pour San

Giobbe (Gallerie dell' Accademia), on voit qu'il donne à la composition un souffle, une aération nouvelle, grâce à l'éclairage naturel qui vivifie les formes et adoucit la rigueur, toujours intacte, de la construction en perspective. C'est aussi la façon dont la lumière pénètre la pâte picturale qui donne aux *cangianti* des vêtements des saintes et de l'ange une telle somptuosité, qui s'épanouit dans les splendeurs polychromes du *Festin des Dieux*. Dans la *Madone* de la Brera (1510, cat. 1), les pigments colorés paraissent comme imprégnés par la chaleur du soleil.

Bellini a trouvé un nouvel accord entre forme, couleur et lumière qui le rapproche de Giorgione et du jeune Titien dans leur découverte de la fusion chromatique et du « tonalisme ». En outre son pinceau a gagné encore en souplesse et en légèreté, ce qui lui permet de suggérer les transparences voilées de l'atmosphère (paysage de la *Madone* de la Brera), la délicatesse vaporeuse d'une chevelure (*Christ* de San Rocco, cat. 4) ou d'un visage dans la pénombre (les fils de *Noé*, cat. 3), bref de pratiquer la manière moelleuse, fondue, le « *sfumato* » de Giorgione.

On sait le rôle joué par le paysage dans toute l'œuvre de Bellini. Dans ceux de sa dernière période, suivant une évolution évidente depuis la *Pala* de Pesaro, la communion entre les personnages et la nature grâce à la lumière s'accentue encore. En même temps, le paysage occupe une place prépondérante en montant davantage à l'arrière-plan de la composition (*Baptême du Christ*, Vicence, Santa Corona; *Mort de Saint Pierre Martyr*, Londres, National Gallery; *Immaculée Conception*, Murano, San Pietro Martire; *Festin des dieux*) au point de saturer presque entièrement l'espace (*Sainte Conversation Dolfin*, 1507, Venise, San Francesco della Vigna; *Dérision de Noé*). On a parfois dit, en confrontant la *Tempête* par exemple aux compositions de Bellini comportant d'importants paysages, que le vieux maître se contentait d'insérer graphiquement les personnages dans la nature, alors que chez Giorgione l'intégration était véritablement organique. La distinction semble trop tranchée, voire simpliste. C'est que la technique du jeune peintre lui permet d'opérer une fusion plus sensible des formes, quelles qu'elles soient, dans l'espace pictural. Mais on ne peut oublier que vingt ans plus tôt, avec les moyens qui étaient alors les siens, — la construction en perspective, la vision « calibrée » du Quattrocento —, Bellini, avec le *Saint François* de la Frick Collection de New York, avait donné l'exemple le plus parfait de l'immersion harmonieuse de l'homme dans son milieu naturel.

Plus que l'emprunt avéré de motifs ou de certains types de compositions (Madones à l'Enfant, *Saintes Conversations*, etc.), c'est bien cette vision synthétique et lyrique de la réalité sensible que les rénovateurs ont appris de lui. Autre-

Fig. 2
Giovanni Bellini, *Fra Teodoro da Urbino*,
Londres, National Gallery.

Fig. 3
Giovanni Bellini, *Saint Jérôme, Saint Christophe*
et Saint Louis de Toulouse, 1513,
Venise, église de San Giovanni Crisostomo

ment dit, on ne peut apprécier le modernisme de Giorgione et de ses amis sans reconnaître certaines de leurs sources essentielles et directes dans l'œuvre de leur grand aîné. Lorsqu'à la fin de sa vie, le vieux peintre rejoint parfois ses jeunes disciples, il ne fait donc que suivre assez naturellement la route qu'il leur avait lui-même tracée. Une telle situation paraît finalement rare. Entendons-nous, qu'un artiste déclinant «récupère» dans ce qui est à la mode ce qui peut lui ramener le succès, le cas est fréquent. Bellini ne répond évidemment pas à cette définition. On le comparerait plus justement peut-être, en se méfiant bien sûr de ces rapprochements à travers les siècles, à Manet, rattrapant à la fin de sa vie les peintres de plein air plus jeunes, qui avaient reconnu en lui près de vingt ans auparavant un modèle, et devenant, mais seulement alors, impressionniste.

La longue carrière de Bellini est jalonnée de rencontres décisives avec de grands artistes, qui, chaque fois, font office de révélateurs et enrichissent de façon déterminante son style

et sa pensée : Mantegna, Piero della Francesca, Antonello de Messine. La dernière rencontre avec les jeunes sortis de son atelier n'est pas la moins émouvante ni la moins fructueuse.

Revenons aux dernières créations de Giovanni Bellini. La *Madone* de 1510 de la Brera (cat. **1**) constitue comme l'aboutissement idéal des réflexions de toute une vie sur un thème tant de fois célébré. En même temps, elle appartient bien au moment le plus «classique» du mouvement des rénovateurs vénitiens, touchés par les idées venues d'Italie centrale, à l'époque du manifeste du Fondaco dei Tedeschi, autour de 1508-1509. Bellini retrouve ici Raphaël.

Les œuvres majeures qui rythment les années suivantes sont toutes d'un genre nouveau sans précédent dans son œuvre. Dans la pala qu'il exécute pour San Giovanni Crisostomo en 1513 (Fig. 3), il se souvient, on l'a dit, pour camper son saint Jérôme, du saint Chrysostome de profil représenté deux ans plus tôt par Sebastiano Luciani sur le maître-autel de la même église (cat. **38**). Mais il en tire un parti tout différent, en séparant clairement par une balustrade les deux plans en profondeur. Il ne s'agit en rien d'une sainte conversation; chaque saint délivre un «message» particulier. Saint Christophe et saint Louis de Toulouse appellent à l'action et à l'apostolat; l'ascète, isolé au sommet de son rocher, à la vie contemplative. La puissance de la construction pyramidale — qui n'est pas sans rapport, on l'a souvent noté, avec celle du *Saint Marc avec des saints* peint par Titien un ou deux ans plus tôt —, est allégée par un éclairage infiniment subtil. L'exécution picturale est aussi d'une extrême richesse. Certes la composition ne s'articule pas vraiment, comme alors chez Titien, sur des plages colorées, mais la palette chromatique est plus limitée qu'auparavant.

Viennent ensuite des œuvres profanes, le *Festin des dieux* (1514) peint pour le *Camerino* d'Alfonso d'Este au château de Ferrare (Fig. 4) et la *Jeune Fille nue au miroir* (1515) de Vienne (Fig. 5). On sait que l'artiste avait résisté pendant des années aux demandes pressantes d'Isabelle d'Este qui souhaitait le voir participer aux côtés de Mantegna, à la décoration de son *studiolo* de Mantoue. Craignait-il de se mesurer à son beau-frère? N'était-il pas encore assez imprégné du nouvel esprit humaniste qui se répandait alors à Venise sous l'influence des *Asolani* et de Pietro Bembo et

qui enthousiasmait les plus jeunes? Fut-il tout simplement agacé par l'insistance d'Isabelle d'Este qui, bas-bleu piquée d'érudition, aurait voulu lui imposer un sujet? La réponse fameuse qu'il fit transmettre à la marquise est souvent citée comme l'une des premières affirmations de la liberté de l'artiste face à son client : «il plaît à (Bellini) que l'on ne donne pas de limites très tranchées à son style, car il est habitué comme il dit, à toujours vaguer à son gré dans ses peintures» (Lettre de Bembo à Isabelle d'Este, 1ᵉʳ janvier 1505). En 1514 en tous cas, il terminait pour le frère d'Isabelle, Alfonso d'Este, le *Festin des dieux*. Le type de composition n'est pas très différent de ceux adoptés par Mantegna à Mantoue. Mais, pour cette éblouissante fête picturale, cette élégie pastorale, le Vénitien ne s'encombre guère d'allégories pédantes; il n'est pas doué pour le thème latin. L'histoire est racontée avec une finesse psychologique et une cordialité qui n'excluent pas l'ironie, si bien qu'on pense davantage ici aux attendrissants villageois travestis du *Songe d'une nuit d'été* ou plutôt de *Falstaff* qu'aux Olympiens désincarnés dans leur perfection que recrée au même moment Raphaël à Rome. Telles sont les limites de l'adhésion de Bellini à l'esprit nouveau. Lorsque Titien remplace le rideau d'arbres du fond par un paysage magnifique mais intensément dramatique, il

Fig. 4
Giovanni Bellini, *Le festin des Dieux*, 1514,
Washington, National Gallery of Art

met au jour le contraste entre les générations et ce qui distingue un tranquille pique-nique sylvestre d'une célébration païenne des sens. Même délicieux décalage dans la *Jeune Fille nue au miroir* qu'il signe en 1515. Comparée à la pulpeuse jeune femme au miroir de Titien au Louvre (cat. **48**), on ne peut imaginer plus chaste image. Le cadre architectural est exactement celui que Bellini utilisait pour la mise en page de ses *Madones* (celle de Detroit de 1509, reprise par Titien dans sa *Zingarella* de Vienne deux ou trois ans plus tard dans le même sens que la *Jeune Fille* viennoise).

L'œuvre serait-elle une allégorie de la Vue, comme le suggère R. Goffen (1989)? Elle illustre en tous cas un des thèmes favoris du giorgionisme, celui du miroir, du reflet, du double, du «paragone» des arts visuels.

Avec la *Dérision de Noé* (cat. **3**), Bellini n'est plus lié par aucune tradition iconographique ni par aucun souci de s'accorder aux goûts thématiques contemporains. Il invente librement. C'est probablement par cette dernière création, sans doute plus subjective, plus intime, qu'il adhère finalement le plus étroitement à la «manière moderne». Il termine sa longue vie en peignant l'homme outragé, livré à la cruauté et à la pitié des autres, au sein d'une nature désormais étouffante. N'est-ce pas par un poème tragique comparable et non moins singulier, le *Supplice de Marsyas* (cat. **265**), que Titien achèvera lui aussi son parcours, mais sans trace de compassion, dans l'angoisse?

M.L.

Fig. 5
Giovanni Bellini, *La Vénus au miroir*, 1515,
Vienne, Kunsthistorisches Museum

Le début du siècle à Venise
Giovanni Bellini, les dernières années
Peintures et dessins

1 à 14

page 17

1

Giovanni Bellini
Connu à Venise en 1459 - Venise, 1516

La Vierge et l'Enfant bénissant

Toile (transposé d'un panneau sur bois en 1893). H. 0,85; L. 1,15. Signé et daté sur l'autel à gauche : *IOANNES/BELLINVS/MDX.*

MILAN, PINACOTECA DI BRERA

HISTORIQUE
Sans doute la *Madone* datée 1510 citée en 1769 au Palazzo Monti de Bologne (Humfrey, 1990); coll. Giacomo Sannazzari, Milan; légué à l'Ospedale Maggiore de Milan en 1804; acquis de l'Ospedale Maggiore en 1806.

EXPOSITION
Venise, 1949, n° 120.

BIBLIOGRAPHIE
Crowe et Cavalcaselle, 1871 (éd. Borenius), 1912, I, pp. 181-182; Berenson, 1894, p. 86; Ricci, 1907, p. 25; Venturi, 1907, p. 389; Gronau, 1909, p. 144; Gronau, 1930, p. 216; Berenson, 1932, p. 71; Gamba, 1937, pp. 165-166; Dussler, 1949, pp. 115-117; Pallucchini, 1949, p. 198; Pallucchini, 1959, pp. 198-199; Heinemann, 1962, I, p. 21; Bottari, 1963, II, p. 35; Bonicatti, 1964, pp. 122-123, 209; Robertson, 1968, pp. 122-123; Pignatti, 1969 (Bellini), n° 194; Huse, 1972, p. 98; Goffen, 1975, p. 493; Wilde, 1985 (1974), pp. 46; Tardito, 1987, pp. 20-29; Goffen, 1989, pp. 64-66; Humfrey, 1990, pp. 56-58 (avec bibl. ant.); Gentili, 1991(2), pp. 51-57; Tempestini, 1992, pp. 282-283.

L'attribution de cette œuvre à Giovanni Bellini lui-même, d'abord admise sans discussion (Cavalcaselle, 1871; Berenson, 1894) a été naguère remise en cause : certains historiens l'ont donnée, au moins pour l'exécution, à l'un ou l'autre des suiveurs de l'artiste (Bissolo, pour Ricci, 1907; Rocco Marconi, pour L. Venturi, 1907; Pseudo-Basaiti pour G. Gronau, 1909), comme ce fut quelque temps le cas pour plusieurs des peintures tardives. Le tableau est aujourd'hui reconnu unanimement comme une œuvre ca-

pitale (Pallucchini, 1949) de Bellini à la fin de sa vie.

Comme il l'avait fait quelques années auparavant pour la *Madone du pré* (Londres, National Gallery), Bellini utilise ici un format en largeur, jusqu'alors réservé aux *Saintes Conversations* à plusieurs personnages, afin de donner toute son importance au paysage dont les lignes parfaitement équilibrées reprennent sans raideur celles du groupe sacré. L'écran du traditionnel drap d'honneur (identique à celui de la *Madonna degli Alberetti* de 1487 des Gallerie dell'Accademia) projette en avant la Vierge et l'Enfant, créant un effet de « gros plan » d'autant plus sensible que l'habituel parapet placé au bas de la composition dans les *Madones* précédentes (sauf déjà, dans la *Madone* de l'Institute of Arts de Detroit, également en largeur et qui date de 1509) a disparu. R. Goffen (1989) reconnaît dans cette suppression la volonté d'abolir tout obstacle entre le spectateur et l'image peinte, « représentation » (peinture) et non plus « apparition »; l'expression et l'attitude de la Vierge et de l'Enfant n'évoqueraient plus alors, comme dans beaucoup de *Madones* antérieures de Bellini, les souffrances futures de la Passion, mais, directement visibles, la bienveillance divine et les promesses de la Rédemption. On peut en ce sens ajouter que la *Madone* de la Brera est dans l'œuvre de l'artiste, l'une des seules, sinon la seule, où la Vierge et l'Enfant regardent tous deux le spectateur.

Le petit animal juché sur l'autel à l'antique qui porte la signature de l'artiste a donné lieu à plusieurs interprétations. On y a d'abord vu un singe (Robertson, 1968) qui aurait symbolisé la peinture (*Scimia Naturae*), jusqu'à ce que la restauration, terminée en 1986 (Tardito, 1987), permette d'y reconnaître un chat (R. Goffen, 1989), ou plus vraisemblablement un guépard. Selon A. Tempestini (1992), l'artiste a pu s'inspirer d'un dessin représentant cet animal qui figure (fol. 89 v.) dans le livre de dessins de Jacopo Bellini (Londres, British Museum) que Giovanni avait hérité de son frère Gentile (mort en 1507).

Pour A. Gentili (1992), qui cite de nombreux textes sacrés pour éclairer son analyse sémiotique, l'animal est un léopard, portant les taches du péché, qui personnifie la férocité de la persécution. Dans deux tableaux de Carpaccio, consacrés à l'*Eucharistie* et à la *Passion du Christ* (le *Christ de la Passion*, Udine, Museo Civico; le *Christ mort entre saint Jérôme et Job*, New York, Metropolitan Museum), un léopard at-

taque un cervidé, symbolisant l'innocence. Le même historien étudie la signification de l'oiseau pris au piège dans l'arbre englué à droite et qui tente en vain de reprendre son vol (pour Robertson, 1968, il illustre le même symbole que le *Muscipula Diaboli*) et évoque à son propos le Psaume 124, 7 et les pièges qu'offrent les tentations ou les illusions du monde dont le pécheur ne peut se libérer seul. Un troisième détail, non moins pessimiste (mais pour lequel, avouons-le, un « décryptage » biblique paraît moins nécessaire) est offert à l'interprétation d'A. Gentili par la brebis égarée au-dessus du berger endormi auprès de son troupeau. Tous ces signes symboliseraient les pièges, les attaques, les dangers auxquels le chrétien est soumis en attendant une lointaine rédemption, et corroboreraient la tristesse qu'A. Gentili lit dans le regard de la Vierge et celui de l'Enfant. Cette « lecture » est, on le voit, fort différente de celle proposée par R. Goffen, comme de celle de Bonicatti (1964) qui estime que l'optimisme de Bellini exalte ici la richesse de la nature, immuable rempart contre la précarité des situations politiques.

Au cours de sa longue carrière, Giovanni Bellini a inventé au moins cinquante compositions différentes représentant la Vierge et l'Enfant à mi-corps, le sujet le plus courant de l'iconographie chrétienne, qu'il renouvelle chaque fois, notamment grâce aux jeux divers des regards et des mains, en imprégnant l'interprétation d'une charge émotionnelle retenue mais souvent intense. Pour ce qui fut l'une des dernières de ses créations, il innove encore. Il compose une sorte de triptyque naturel; le paysage a remplacé les saints latéraux des *Saintes Conversations*, renforçant la signification du groupe sacré (Wilde, 1974). En élargissant ainsi la composition sur les côtés (alors qu'avant celle de Detroit de 1509, ses *Madones* étaient peintes sur un panneau vertical), il adopte un parti plus « moderne » de présentation, qui est celui de Titien dans ses *Madones* de jeunesse (Bergame, Accademia Carrara; Metropolitan Museum; *Zingarella* de Vienne). Cette dilatation de l'espace joue également en profondeur. Son paysage, l'un des plus poétiques qu'il ait jamais créé, s'enfonce doucement jusqu'aux lointains bleutés grâce à une utilisation subtile des « *velature* ».

Comme on a pu l'observer à l'occasion de la restauration réalisée en 1986, certaines de ces « *velature* » superficielles (ou certains glacis) ont disparu. Mais on peut encore apprécier l'extrème richesse du traitement pictural. Bellini a cherché ici un effet nouveau de fusion chromatique bien proche de la « tonalité » des peintres de la jeune génération.

M.L.

page 20

2

Giovanni Bellini et son atelier
Connu à Venise en 1459 - Venise, 1516

La Vierge à l'Enfant
Bois. H. 1,31; L. 1,03
PARIS, MUSÉE JACQUEMART-ANDRÉ

HISTORIQUE
Coll. de Mme Jacquemart-André, léguée à l'Institut de France en 1912.
BIBLIOGRAPHIE
Berenson, 1932, p. 72; Van Marle, XVIII, 1935, p. 375; Gamba, 1937, p. 196; Berenson, 1957, p. 33; Heinemann, 1962, p. 108; Bottari, 1963, II, p. 34; Robertson, 1968, p. 153; Pignatti, 1969 (Bellini), n° 203.

Attribuée seulement à un peintre anonyme vénitien vers 1510 dans les anciens catalogues du musée Jacquemart-André (n° 671), l'œuvre est considérée comme l'une des dernières peintures de Giovanni Bellini par Berenson (1932, 1957). Passée sous silence dans les monographies de G. Gronau, Pallucchini, R. Goffen et A. Tempestini, elle est attribuée à l'un des élèves du maître par R. Van Marle (Rocco Marconi) et F. Heinemann (Pietro degli Ingannati). En revanche S. Bottari (1963) et G. Robertson (1968) soutiennent que, malgré certaines faiblesses et l'état de conservation incertain, on peut effectivement y reconnaître une création tardive de Bellini. Robertson, tout en admettant une participation de l'atelier, va même jusqu'à émettre l'hypothèse qu'il peut s'agir de la *Madone* commandée par la Serenissima à l'intention de la sœur du roi de France, la duchesse d'Alençon, et qui était presque terminée en janvier 1516.

La restauration réalisée à l'occasion de l'exposition permet aujourd'hui de mieux juger l'état de la surface picturale, qui a sans doute

souffert autrefois de nettoyages excessivement abrasifs. Une fois débarrassée des jus teintés et des repeints qui masquaient les usures, la peinture révèle certes des zones irrémédiablement élimées (le ciel et le paysage, la robe rouge de la Vierge qui a perdu une bonne partie des glacis qui la modelaient, le revers du manteau), mais aussi la remarquable qualité de certains morceaux mieux conservés (le voile blanc, les chairs).

L'attribution de l'œuvre, rendue à sa vérité, à Giovanni Bellini aidé dans l'éxécution par quelque membre de son atelier peut, nous semble-t-il, être retenue.

Le panneau, qui paraît quelque peu réduit à la partie inférieure mais est intact sur les côtés, constituait-il le centre d'un triptyque analogue à celui peint par Giovanni Bellini pour Pietro Priuli à San Michele in Isola à Venise (Düsseldorf, Kunstsammlungen der Stadt)? C'est possible. Il appartient en tous cas à la série de *Madones trônant* dont font partie le triptyque cité, la *Madone entourée de saints et de donateurs procurateurs* (peut-être 1510, Baltimore, Walters Art Gallery) et l'admirable *Sacra Conversazione Vernon* (Birmingham, City Art Gallery). Il s'agit de retables de dimensions relativement réduites peints par Giovanni Bellini et son atelier après la grandiose *Pala de San Zaccaria* (1505).

Les dispositions architecturales de la composition reprennent celles de la grande *Pala Barbarigo* de 1488 (Murano, San Pietro Martire): un trône monumental, derrière lequel est suspendue une draperie, installé sur une terrasse à pilastres devant un vaste paysage.

Accroché plus bas que celui de la *Pala Barbarigo*, le lourd drap d'honneur dégage le ciel (notons que dans sa *Sainte Conversation* de la National Gallery d'Édimbourg peinte vers 1505-1506, Lotto le surbaisse encore davantage pour dévoiler, comme l'avait fait Giorgione dans sa *Pala de Castelfranco*, un paysage fort animé). En fait cet agencement est complexe: le point de vue en surplomb au-dessus des hautes marches du piédestal, le triple écran du trône, du drap et de la balustrade qui séparent en profondeur le premier plan de celui du paysage, les contrastes lumineux, tout indique que la conception spatiale, subtile et neuve, est l'œuvre d'un maître. La structure fortement géométrique du dispositif et sa raideur cruciforme sont assouplies, atténuées par le groupe de la Vierge juvénile et de l'Enfant; la longue coulée du manteau oppose ses courbes et ses contrecourbes en saccades à l'orthogonalité de l'installation architecturale. C'est bien là que l'on retrouve le Giovanni Bellini des dix dernières années, fidèle aux thèmes iconographiques de toute sa carrière (ici, pour ne donner qu'un exemple, les deux arbres de l'arrière-plan, de chaque côté du groupe divin, comme ceux de la *Madonna delgi Alberetti* de l'Accademia ou de la *Madone* de la Brera, voir cat. 1) mais renouvelant encore son inspiration pour traiter un sujet si souvent abordé, dans l'atmosphère adoucie du « giorgionisme ». On a

d'ailleurs reconnu parfois dans le caractère à la fois monumental et élancé de la composition l'influence directe du *Retable de Castelfranco* de Giorgione.

Peut-on situer l'œuvre avec plus de précision? Pour notre part, nous inclinerions (tout en renouvelant les nécessaires réserves sur l'état actuel de la peinture et en reconnaissant une collaboration de l'atelier) à la dater plutôt après 1510. Sans exagérer l'importance des comparaisons purement typologiques, on ne peut qu'être frappé par la ressemblance des visages de l'Enfant dans ce tableau et dans la *Madone* de la Galleria Borghese. Par ailleurs le visage juvénile de la Vierge rappelle beaucoup celui de l'une des nymphes debout dans le *Festin des dieux* de Washington.

M.L.

page 19

3

Giovanni Bellini
Connu à Venise en 1459 - Venise, 1516

La Dérision de Noé
Toile. H. 1,03; L. 1,57
BESANCON, MUSÉE DES BEAUX-ARTS
ET D'ARCHÉOLOGIE

HISTORIQUE
Coll. du peintre Jean Gigoux (1806-1894), Paris; léguée au musée en 1896.
EXPOSITIONS
Venise, 1949, n° 126; Schaffhouse, 1953, n° 18; Amsterdam, 1953, n° 17; Paris, 1956, n° 48; Paris, 1957, n° 5; Stockholm, 1962, n° 60; Paris, 1965-66(I), n° 43; Nice, 1979, n° 6; Los Angeles, 1979-80, n° 4.
BIBLIOGRAPHIE
Longhi, 1927, p. 134 (éd. 1967, p. 182); Berenson, 1932, p. 127; Gamba, 1937, pp. 177-178; Dussler, 1949, p. 63; Pallucchini, 1949, n° 126; Gilbert, 1956, pp. 296-297; Longhi, 1956, p. 9; Berenson, 1957, p. 30; Pallucchini, 1959, pp. 112, 158; Heinemann, 1962, pp. 271-272; Bonicatti, 1964, pp. 123, 125, 209-210; Rosenberg, 1965, n° 43 (avec bibl. ant.); Meiss, 1966 (1976), p. 226; Huse, 1972, n° 271; Freedberg, 1975, p. 170; Pignatti, 1979(2), n° 4; Béguin, 1979, n° 6 (avec bibl. ant.) Coltellacci, 1981, pp. 80-87; Wilde, 1985 (1974), p. 56; Goffen, 1989, pp. 250-251; Coltellacci, 1991, pp. 119-156; Arasse et Sveva Barberis, 1991, pp. 157-183; Heinemann, 1991, p. 92; Tempestini, 1992, p. 300.

L'attribution de cette œuvre à Bellini, réaffirmée par R. Longhi (1927) — c'est sous le nom de cet artiste que l'œuvre figurait dans la collection Gigoux — a convaincu l'ensemble des spécialistes, à commencer par Berenson (1957) qui l'avait d'abord (1932) inscrite dans son catalogue de Cariani. F. Heinemann (1962 et 1991) y reconnaît pourtant Titien dans ses toutes premières années, terminant une composition de Bellini (qui aurait conçu le personnage de Noé) et C. Gilbert (1956), par comparaison avec le *Saint Jérôme* du Louvre (cat. **8**), préfère donner le tableau à Lotto, vers 1507, ce qu'approuve N. Huse (1972). Dussler (1949) y voit la main du peintre des *Trois Ages de l'homme* du Palazzo Pitti (cat. **21**).

La prise de position de Longhi, qui fait de l'œuvre le pivot d'une phase « giorgionesque », ouvrait la voie à un nouvel examen des dernières années de Bellini, au cours desquelles le vieil artiste élargit son répertoire et modifie sa technique.

Par comparaison avec *Saint Jean Chrysostome* (1513, Venise, San Giovanni Crisostomo), le *Festin des dieux* (1514, Washington, National Galery) et la *Dame à la toilette* (1515, Vienne, Kunsthistorisches Museum), *Noé* paraît se situer à la fin de cette phase ultime, en même temps, nous semble-t-il, que le *Christ mort* de San Rocco (cat. **4**).

Pour interpréter un sujet aussi neuf en peinture, Bellini construit une composition originale, une sorte de *Pietà* biblique, qui masse Noé et ses fils sur le premier plan, un peu comme il l'avait fait dans le *Festin des dieux*, et comme le fait alors Titien dans certaines de ses toiles, mais cette fois en limitant le champ de vision aux seuls personnages, sans aucune échappée vers le haut ni vers le fond, bouché par un rideau serré de vignes. Une telle concentration met clairement en évidence la signification des gestes et des mimiques. Les rapports psychologiques des trois fils de Noé se traduisent ainsi par un jeu de mains infiniment subtil. Le « vilain » Cham, au centre, retient ses deux frères qui vont recouvrir la nudité vulnérable de leur père, mais avec une telle délicatesse que seul son rictus faunesque dénonce le forfait.

Par l'expressivité nuancée de ces visages — ceux de Sam et Japhet traduisent fort différemment la compassion —, on voit que Bellini a compris les ressources nouvelles offertes à la narration par Giorgione, au moins à travers certaines de ces « têtes d'expression » tardives (cat. **29**, **30**, **31**). A vrai dire, il avait toujours su transcrire les sentiments les plus variés de ses personnages, notamment grâce au jeu des regards, et cela mieux qu'aucun peintre du Quattrocento, mais rarement, sauf pour les scènes douloureuses de la Passion, par une déformation ni même une animation des traits. L'exemple de son disciple lui ouvre ici la voie. Sur un autre plan, formel celui-ci, le vieux maître prouve qu'il a compris en profondeur la jeune peinture. Utilisant la toile, comme il le fait pour plusieurs autres œuvres au cours de ces dernières années, et non plus le panneau de bois comme support, il donne à l'exécution une ductilité nouvelle. A cet égard, le traitement de la draperie rose — tout à fait comparable à celles du *Festin des dieux*, du *Saint Jean Chrysostome* et de la *Dame à la toilette* —, révèle une technique plus riche et libre que jamais. Même si on tient compte des usures graves qui ont aminci la couche picturale et l'ont dépouillée de certains glacis, on sent partout la vivacité gestuelle du coup de pinceau.

Jouant, comme il l'a toujours fait sur les variations de l'ombre et de la lumière, mais cette fois avec un souci nouveau d'utiliser les demi-tons et les passages les plus légers, dans une gamme chromatique restreinte, des bruns, des vert olive, des blancs, éclairés par un rose sonore, il donne à la composition une parfaite unité atmosphérique et rejoint ainsi ses jeunes amis Giorgione et Titien dans l'invention d'une peinture « tonale », peu de temps sans doute avant de disparaître.

Il est significatif de l'évolution de la recherche que le tableau, jusqu'alors essentiellement analysé du point de vue stylistique, ait fait récemment l'objet de travaux iconographiques nombreux et approfondis. On a cherché si la posture « faunesque » de Noé pouvait avoir des sources antiques, autrement dit si Bellini avait pu étudier quelque sculpture dyonisiaque de la Grèce classique ou hellénistique analogue au *Faune Barberini* (Munich, Glyptothèque; Goffen, 1989) ou au satyre dormant du Cratère de bronze de Derveni (Salonique, musée archéologique; Wagner, 1983), puisque ces deux œuvres n'étaient pas connues au XVIᵉ siècle. Pour Bonicatti (1964), l'analogie avec les sujets bacchiques s'impose et Bellini célèbre ici la fécondité de la nature.

Depuis que M. Meiss (1966) y a reconnu une illustration du thème du sommeil à Venise, à côté des sommeils mythologiques ou de celui de l'Enfant, S. Coltellacci (1981 et 1991), R. Goffen (1989), D. Arasse et O. Sveva Barbaris (1991) notamment, ont fourni de savantes et ingénieuses « lectures » de l'épisode biblique tel que Bellini a choisi de le traiter.

S. Coltellacci (1981) a ainsi montré que, s'inspirant plus ou moins directement des représentations de l'histoire de Noé qu'il pouvait voir à Venise même (mosaïques du XIIIᵉ siècle dans l'atrium de la Basilique San Marco, haut-reliefs exécutés autour de 1400 sur la façade du palais des Doges, xylographie dans une *Bible* publiée à Venise en 1493), Bellini a en fait traité de façon très originale l'épisode de la *Dérision de Noé* (et non celui de son ivresse), c'est-à-dire le moment où Sam l'aîné (à gauche) tend au cadet Japhet le manteau qui couvrira la nudité de leur père endormi par le sommeil de l'ivresse, cependant que le deuxième des fils, Cham, ricanant sardoniquement, tente d'empêcher ses frères d'accomplir leur pieux devoir filial, mais n'est pas séparé d'eux.

A partir de cette première « lecture » littérale, des analyses iconographiques précises, certaines (Coltellacci, 1981 et 1991) étayées par une forte documentation puisée dans les textes religieux ou historiques, ont peu à peu enrichi notre connaissance du tableau. Faute de pouvoir les résumer dans toute leur complexité, signalons seulement que ces interprétations se proposent d'éclairer essentiellement la symbolique religieuse de la composition (Noé, nouvel Adam, préfigure le Christ, victime de la dérision de ses bourreaux; le vin, symbole eucharistique), le traitement psychologique du sujet et éventuellement ses implications autobiographiques (Goffen, 1989), les diverses facettes de l'« invention » chez Bellini à la fin de sa vie (Arasse, 1991), et enfin le contexte politique et moral dans lequel l'œuvre a été conçue : elle comporterait un message de conciliation, un appel au refus de toute violence, au moment où Venise défaite risque de s'en prendre aux « ennemis de l'intérieur » (Coltellacci, 1991).

Qu'ils soient tous également convaincants ou non, ces commentaires démontrent en tous cas la richesse, l'originalité et la profondeur de l'interprétation picturale que Bellini a donnée du thème biblique, pour composer ce qu'un jour d'enthousiasme (1956), R. Longhi a désigné comme le « premier tableau de la peinture moderne ».

M.L.

page 18

4

Giovanni Bellini (attribué à)
Connu à Venise en 1459 - Venise, 1516

Le Christ mort
Toile. H. 0,56; L. 0,81
VENISE, SCUOLA GRANDE DI SAN ROCCO

HISTORIQUE
Scuola Grande di San Rocco, depuis une date inconnue.
EXPOSITION
Venise, 1935, nº 1.
BIBLIOGRAPHIE
Crowe et Cavalcaselle, 1877, I, p. 47-49; Fischel, 1911, pl. I; Berenson, 1911, p. 144; Berenson, 1932, p. 575; Suida, 1935, p. 21; Tietze, 1936, II, p. 314; Coletti, 1955, p. 61; Pignatti, 1955, p. 491; Berenson, 1957, p. 191; Heinemann, 1962, p. 51; Wethey, 1969, p. 115; Pignatti, 1978, p. 141; Lucco, 1983, p. 453; Lucco, 1988, p. 156; Herding, 1988, p. 79; Heinemann, 1991, p. 92; Tempestini, 1992, p. 268.

A l'exposition Titien organisée à Venise en 1935, ce tableau était présenté comme l'une des toutes premières œuvres de l'artiste, autour de 1500. Cette attribution avait été proposée par Cavalcaselle (1877) et acceptée par plusieurs historiens (notamment Fischel, 1911; Berenson, 1911, 1932, 1957, avec un doute; Suida, 1935; Coletti, 1955). Depuis que l'hypothèse d'une naissance de l'artiste autour de 1477 est abandonnée et qu'on date ses débuts artistiques des années 1505-1506 au plus tôt, la recomposition de cette période 1506-1510 (qu'elle comprenne ou non le groupe de peintures autour du *Concert champêtre* et de *Suzanne*) exclut l'introduction du *Christ* de San Rocco dans l'œuvre de Titien. Wethey (1969) l'y maintient pourtant aux environs de 1510, ainsi que Heinemann (1962 et 1991). Le tableau est situé plus généralement dans l'entourage de Giorgione (Pignatti, 1955, 1978) mais relativement peu étudié ni même pris en considération, bien qu'il soit présenté dans un lieu illustre et fort fréquenté.

Il revient à M. Lucco (1988) le mérite d'avoir souligné l'importance de l'œuvre en la donnant fermement à Giovanni Bellini à l'extrême fin de sa carrière, attribution qui nous avait toujours semblé la plus juste et que vient également de conforter A. Tempestini (1992).

La comparaison stylistique avec *Saint Jean Chrysostome* et surtout avec la *Dérision de Noé*, peinte aussi sur toile, est probante.

La construction formelle et la mise en perspective du corps du Christ sont bien celles d'un artiste du Quattrocento, mais d'un artiste qui a étudié l'œuvre de Giorgione. Fondu du modelé, légèreté vaporeuse de la chevelure, l'exécution, qu'on peut encore juger malgré les usures qui atténuent certainement la plasticité des volumes, rappelle celle des dernières peintures de Giorgione, notamment le *Jeune Berger à la flûte* d'Hampton Court (cat. 32), comme l'avait noté T. Pignatti (1978).

Pour la composition, Bellini reprend textuellement le schéma iconographique de l'*Imago Pietatis* traditionnelle (Belting, 1985), qu'il avait déjà utilisé dans sa jeunesse en l'associant au thème du Christ au tombeau (Milan, Museo Poldi Pezzoli). Cette fois, il le traite en largeur, transposant la composition, généralement en hauteur, qu'implique le sujet, comme il l'avait fait pour la *Vierge et l'Enfant bénissant* de la Brera (cat. 1).

Le « giorgionisme » n'est pas seulement de caractère technique, il marque le contenu expressif. Baigné par une lumière délicate, le *Christ* sort doucement de l'ombre nocturne. Le sentiment de douleur pacifiée, de fragilité aussi, qui imprègne l'image n'est pas très différent de celui, plus complexe, on l'a vu, qu'on décèle dans la *Dérision de Noé*, cette autre pietà.

M.L.

page 20

5

Peintre anonyme vénitien, début du XVIᵉ siècle

Portrait de deux jeunes hommes
Toile. H. 0,45; L. 0,63
PARIS, MUSÉE DU LOUVRE,
DÉPARTEMENT DES PEINTURES

HISTORIQUE
Coll. Gabriele Vendramin, Venise, 1569 (?); coll. E. Jabach, vendu à Louis XIV en 1662.
BIBLIOGRAPHIE
Crowe et Cavalcaselle, 1871 (éd. Borenius) 1912, pp. 134-135; Berenson, 1899, p. 100; Philipps, 1913, pp. 157-158; Longhi, 1927, p. 233; Berenson, 1932, p. 72; Troche, 1932, p. 2; Gamba, 1937, p. 173; Pallucchini, 1944, p. 36; Berenson, 1957, p. 33; Heinemann, 1962, p. 228; Gould, 1966, p. 45; Safarik, 1972, p. 528; Gamulin, 1972, p. 193; Mariacher, 1975, p. 292; Pallucchini et Rossi, 1983, pp. 26 et 135-136 (avec bibl. ant.); Fossaluzza, 1985, p. 51; Brejon de Lavergnée, 1987, pp. 167-168 (avec bibl. des catal. du Louvre); Goffen, 1989, p. 320.

Ce tableau fut longtemps célèbre et admiré. C'était la peinture vénitienne la plus ancienne des collections royales. Delacroix et Degas l'ont copiée. Sa notoriété était aussi due au fait qu'on y reconnaissait les deux frères Bellini, peints soit par Giovanni (Inventaire Le Brun, 1683; et autres inventaires jusqu'à Villot), soit par Gentile (Félibien, 1666; Villot, 1849), jusqu'à ce que Crowe et Cavalcaselle (1871) suggèrent une attribution à Cariani et que soit définitivement abandonnée l'identification des modèles avec les frères Bellini.

On remarquera que si le tableau est bien celui qui figure dans l'inventaire de la collection de Gabriele Vendramin à Venise en 1569 (ce qui n'est pas prouvé), il porte le nom de Giovanni Bellini mais les modèles sont seulement désignés comme « deux nobles vénitiens ».

L'attribution à la jeunesse de Cariani a généralement été acceptée par les spécialistes de l'artiste (notamment Berenson, 1899; Philipps, 1913; Troche, 1932; Pallucchini, 1944 et 1966; Gamulin, 1972; Safarik, 1972; Mariacher, 1975). Dans la monographie de Cariani (1983) qu'il établit avec F. Rossi (ce dernier accueille l'œuvre dans le catalogue de l'artiste), R. Pallucchini avoue pourtant ses incertitudes récentes sur l'attribution en raison des rapports stylistiques étroits qu'il décèle avec Giovanni Bellini. C'est à ce maître que R. Longhi (1927), B. Berenson (1932; 1957) et C. Gamba (1937)

donnent le tableau, qui est attribué à la jeunesse « bellinienne » de P. Bordon par F. Heinemann.

Il existe une deuxième version du tableau au Museum of Fine Arts de Boston, qui nous paraît plutôt une copie ancienne. Le Museum of Fine Arts de Houston (collection Straus, autrefois au musée de Berlin) conserve de son côté un double portrait très proche de celui du Louvre, sauf que les deux personnages sont inversés, que leur expression est différente, et que le fond ne comporte pas de paysage. Ce tableau (ainsi que celui de Boston) est le plus souvent attribué à Vittore Belliniano, élève de Bellini qui termina en 1525 la grande toile du *Martyre de saint Marc* (Venise, Ospedale Civile) laissée inachevée par le maître. C'est au même Belliniano qu'est attribué (Botta, 1936, cité par Fossaluzza, 1985) un portrait (collection Agosti) copié d'après le jeune homme à droite dans le tableau du Louvre.

L'attribution à Belliniano de ces diverses versions entraînerait-elle celle du double portrait du Louvre ? Pour notre part, nous ne le croyons pas. Les œuvres certaines de Belliniano (la toile de *Saint Marc* citée, actuellement en restauration; le *Jeune Homme en prière devant un crucifix* de l'Accademia Carrara de Bergame signé et daté 1526) nous paraissent d'un caractère différent. Si l'on exclut également l'attribution à Cariani, peut-on prononcer un troisième nom ou encore revenir à celui de Giovanni Bellini proposé, rappelons-le, par Longhi, Berenson et Gamba ? Nous serions tentés de suivre cette voie, si l'incertitude sur l'état original de la surface picturale (il est difficile de juger aujourd'hui des modelés fortement aplatis et masqués par d'épais vernis) ne nous inclinait à la prudence. Signalons qu'un autre portrait bellinesque (ancienne collection Martin-Leroy) dont nous ne connaissons qu'une reproduction (Gronau, 1930, pl. 165) mériterait d'être étudié aux côtés de ceux du Louvre et de Houston. La draperie qui ceint le buste du modèle rappelle fort celles qu'on voit dans les dernières œuvres de Bellini.

L'intérêt principal du tableau du Louvre dans le cadre de l'exposition, est d'offrir un exemple rare du double portrait vénitien antérieur par sa conception, sinon par son exécution, à ceux créés par Giorgione. La formule est celle du portrait de trois quarts en buste d'Antonello et de Giovanni Bellini, simplement doublé. Les deux modèles réunis devant un drap d'honneur (on trouve des exemples analogues de draps d'honneur curieusement « profanes » dans certains portraits de Carpaccio, tels ceux du Museum of Fine Arts de Boston) sont figés dans la pose. Le rapport spatial et psychologique entre les deux personnages relève de la juxtaposition. C'est un peu comme s'ils avaient été extraits des rangées de patriciens qui assistent aux grandes scènes collectives peintes par Gentile et Giovanni Bellini, Carpaccio, puis Vittore Belliniano, pour les Scuole de San Marco et de San Giovanni Evangelista (Brera, Accademia et Ospedale Civile de Venise).

Ce qui fait la différence et la nouveauté, c'est

précisément l'isolement, en une même composition unifiée, de ce duo masculin.

On trouvait déjà au XVᵉ siècle en Flandres, en Allemagne, en Italie, des exemples picturaux de doubles portraits d'époux; à Venise, les couples mythologiques sculptés par Tullio Lombardo (Ca' d'Oro et Kunsthistorisches Museum de Vienne) illustrent encore ce modèle « conjugal ».

Un type nouveau de représentation se développe à Venise au tout début du XVIᵉ siècle : la figuration en gros plan de deux personnages à mi-corps, en cadrage serré, qui illustrent sinon une action, du moins une relation personnelle. C'est le cas d'un très curieux *Portrait* dit *d'un maître avec son élève* qui se trouvait autrefois dans la collection de Lord Kinnaird en Écosse (Berenson, 1957, fig. 254), et qui, attribué parfois à Giovanni Bellini, nous paraît plus proche d'Alvise Vivarini. C'est surtout le cas, à la génération suivante, des duos masculins de Giorgione et de ses amis, dont l'exposition offre de frappants exemples (cat. **22, 23, 26**). On sait que le jeune Titien exploitera les possibilités de ces confrontations en gros plan pour illustrer un dialogue érotique (cat. **48**) ou une rencontre dramatique (*Il Bravo*, Vienne; le *Christ au denier*, Dresde).

M.L.

page 22

6

Cima da Conegliano
Conegliano, 1459/1460 - 1517/1518

*La Vierge à l'Enfant
avec saint Jean-Baptiste
et sainte Marie Madeleine*

Bois cintré. H. 1,67; L. 1,10. Signé sur un cartellino : *IOANIS BAPTE/CONEGLANES* [IS] */OPUS.*

PARIS, MUSEÉ DU LOUVRE,
DÉPARTEMENT DES PEINTURES

HISTORIQUE
Église du couvent des dominicains, San Domenico, Parme; transféré à Paris en 1803; exposé au Louvre en 1812.
EXPOSITIONS
Paris, 1935, n° 107; Paris, 1978, n° 41.
BIBLIOGRAPHIE
Affo, 1796, p. 111; Burckhardt, 1905, pp. 73-76; Ricci, 1913, p. 45; Crowe et Cavalcaselle (éd. Bore-

nius), 1913, p. 244; Berenson, 1957, p. 66; Coletti, 1959, p. 56, n° 131; Arb, 1963, p. 121; Menegazzi, 1981, pp. 52, 129 (avec bibl. ant.); Humfrey, 1983, p. 47, n° 113.

R. Burckhardt (1905) a situé aux environs de 1513 la réalisation de ce retable, en le comparant, pour certains détails stylistiques, au grand polyptyque daté de cette année qui était conservé avant la guerre à Santa Anna de Capodistria (Kopar). On retrouve plusieurs de ces traits (exécution raffinée, chromatisme éclatant et précieux) dans la *Vierge à l'Enfant* qui constitue le panneau central du triptyque conservé au musée des Beaux-Arts de Caen et qui est daté 1511. Cette datation, vers 1511-1513, est retenue par l'ensemble des historiens qui voient dans l'œuvre l'une des réussites majeures de Cima durant la dernière période de son activité.

Le retable se trouvait jusqu'en 1803 dans l'église du couvent des dominicains de Parme. Le rosaire qui pend sous la main de la Vierge paraît bien un repeint (Burckhardt, 1905); il ne peut donc confirmer l'origine dominicaine de la commande comme le suggère Humfrey (1981). Le fait que l'œuvre n'est citée dans les descriptions de Parme qu'à la fin du XVIIIᵉ siècle (Affo, 1796) peut indiquer qu'elle était placée dans la clôture, non accessible aux visiteurs.

Cima a exécuté deux autres retables pour Parme, l'un pour l'église SS. Annunziata, vers 1496-1498, l'autre pour le Duomo, vers 1506-1508 (Humfrey, 1982), qui sont tous deux aujourd'hui à la Galleria Nazionale. Plusieurs historiens estiment que les trois œuvres, qui comptent parmi les plus importantes de l'artiste, ont exercé une certaine influence à Parme. B. Berenson (1916) a noté qu'une *Vierge à l'Enfant* de la Walters Art Gallery de Baltimore, due à un artiste parmesan anonyme, dérivait du groupe central du tableau aujourd'hui au Louvre. De façon moins convaincante, R. Arb (1963) reconnaît dans un berger de la *Nativité* peinte à fresque en 1515 par Baldassarre Peruzzi à San Rocco de Rome un souvenir du jeune saint Jean du retable du Louvre.

Plus généralement, on s'est parfois interrogé sur les rapports de Cima avec l'art émilien, en supposant que les travaux exécutés pour Parme ont dû conduire l'artiste à des séjours dans la région. L. Coletti (1959) et L. Menegazzi (1981) estiment que Cima n'a pu manquer de mettre à profit ces relations pour connaître le milieu artistique émilien, entièrement différent de celui de Venise, milieu alors dominé par le classicisme d'un Francia et d'un Costa et ouvert aux nouveautés de l'Italie centrale, celles de Pérugin (connu d'ailleurs à Venise) et de Raphaël. Coletti évoque à ce propos la douceur et la clarté linéaire de la composition du Louvre, dont « l'harmonie est digne, encore plus que de celle d'un Pérugin, d'un Raphaël ». Il n'exclut pas que Corrège, poussé par une « profonde affinité spirituelle » s'en soit inspiré pour sa *Madone de saint François* (1514-15, Dresde, Gemäldegalerie).

Mais la poésie délicate qui imprègne la peinture du Louvre a souvent été attribuée à une autre source d'inspiration, celle de Giorgione (rappelons en passant que Longhi a toujours insisté sur les composantes émiliennes de l'art de Giorgione). On a ainsi suggéré que la composition n'était pas sans rapport avec celle du *Retable de Castelfranco*. Le point de vue, dans les deux tableaux, dégage en effet largement le paysage séparé du premier plan, par un rideau chez Giorgione, par une balustrade chez Cima. Mais chez ce dernier, la vue en perspective plongeante embrasse logiquement tous les plans de la composition, ce qui n'est pas le cas chez Giorgione. Tous deux affirment la verticalité du trône de la Vierge, mais en tirent un parti inverse : Giorgione rend le groupe sacré inaccessible, Cima le rapproche des deux saints pour composer une sainte conversation intime, protégée par le haut dais d'honneur.

Cima reste bien un artiste du Quattrocento par sa fidélité aux structures de la perspective telles qu'Antonello et Giovanni Bellini en avaient donné l'exemple dans les années 70, et surtout par son chromatisme. Les couleurs du premier plan, variées, lumineuses et fort riches (avec des effets soyeux de « *cangianti* ») se détachent précieusement sur les bruns et les verts du paysage. On est là à l'opposé de la fusion tonale de Giorgione et de ses amis.

Malgré ces différences et même si le retable de Castelfranco n'est en rien le modèle de celui du Louvre, il n'en reste pas moins qu'à travers cette dernière composition (et quelques autres), Cima témoigne d'une compréhension sensible des changements survenus à Venise au cours de la première décennie du siècle grâce à Giorgione. Le paysage, qui a toujours joué un rôle essentiel dans ses compositions, revêt un aspect plus générique, d'une poésie qui touche presque au fantastique dans la partie droite, en tous cas moins descriptif que dans certaines œuvres antérieures. Les lointains, moins précis, s'allègent même quelque peu dans l'atmosphère, à l'horizon. Saint Jean n'est plus un ascète hirsute et inquiétant, mais un jeune berger venu d'Arcadie participer à une scène d'effusion sentimentale.

M.L.

page 21

7

Vincenzo Catena
Connu en 1506 - Venise, 1531

Portrait de Giangiorgio Trissino
Toile. H. 0,72; L. 0,63
PARIS, MUSÉE DU LOUVRE,
DÉPARTEMENT DES PEINTURES

HISTORIQUE
Coll. des comtes Trissino, Vicence; acquis chez Italico Brass, Venise, en 1908 par le baron Schlichting; légué au Louvre en 1913.
EXPOSITION
Londres, 1983-84, n° 33.
BIBLIOGRAPHIE
Hadeln, 1912, p. 182; Berenson, 1932, p. 139; Van Marle, XVIII, 1936, p. 394; Robertson, 1954, p. 67 n° 46; Berenson, 1957, p. 63; Robertson, 1983, p. 167; Heinemann, 1991, p. 106.

Figurant sous le nom de Giovanni Bellini lorsqu'il se trouvait dans la famille Trissino, ce portrait a été donné à Vincenzo Catena par D. von Hadeln (1912), attribution retenue depuis lors par tous les historiens.

Les traditions des comtes Trissino identifiaient le modèle avec le plus fameux des membres de cette famille de Vicence, Giangiorgio (1478-1550). Une gravure reproduite dans un ouvrage publié à Padoue en 1645 (*Jacobi Philippi Tomasini Elogia*) montre d'ailleurs ce personnage, en buste seulement et en sens inverse, tel qu'on le voit dans le portrait aujourd'hui au Louvre.

Originaire d'une famille noble de Vicence, Trissino est une figure importance de l'histoire littéraire italienne. Dramaturge (*Sofonisba*, première tragédie classique en italien, 1524), poète (*La Italia liberata da' Gothi*, à partir de 1547), linguiste et grammairien (nombreux textes, dont certains fort discutés à l'époque), il fut aussi un architecte « dilettante » et, à ce titre, contribua à lancer Andrea Palladio, qu'il chargea d'agrandir sa villa de Cricoli, près de Vicence (vers 1530-1537). Résidant à Vicence et dans les environs, Trissino fit plusieurs séjours à Rome, notamment auprès de Clément VII, ainsi qu'à Padoue et à Venise.

On sait que Catena fréquentait les milieux humanistes de Venise et peut-être de Rome. Divers documents, à partir de 1515, témoignent de ses relations avec des personnalités telles que Antonio di Marsilio, Giovanni Battista Egnazio, Marc Antonio Michiel et Pietro Bembo, ainsi que Sebastiano del Piombo. On ne s'étonne donc pas que Giangiorgio Trissino ait pu lui commander son portrait.

L'inscription qui désigne Catena, au dos du portrait de *Laura* (cat. **27**), comme un « collègue » de Giorgione est surprenante. En 1506 en effet, date lisible sur cette inscription, les œuvres connues de Catena, encore fortement marquées par les modèles de Giovanni Bellini et de Cima, ne révèlent aucune influence de Giorgione. A moins, comme le propose F. Heinemann (1991) sans nous convaincre, d'avancer à ces années 1507-1510 certaines œuvres où l'on a décelé des traces de « giorgionisme » comme la *Sainte Famille avec un guerrier* de la National Gallery de Londres, généralement datée des années 20. Pour G. Robertson (1954), cette mention pourrait s'expliquer si le terme de « collègue » est interprété dans le sens de « partenaire ». On suppose que Catena disposait de ressources personnelles, indépendantes des émoluments que lui valait sa production artistique. Aurait-il soutenu financièrement Giorgione, lié aux cercles humanistes comme lui, grâce à une sorte d'association ? On notera cependant que les accointances de Catena avec ces milieux ne sont connues qu'à partir de 1515, après la mort de Giorgione.

F. Heinemann (1991) situe le portrait de Tissino à la fin des années 1510. G. Robertson (1954 et 1983), comme la plupart des autres historiens, le date plus tard, des années 1525-1527, compte tenu de l'âge apparent du modèle, qui avait quarante-sept ans en 1525. Les rapprochements stylistiques avec d'autres œuvres qui dateraient de la dernière décennie de l'activité de Catena sont également convaincants, notamment avec le *Portrait d'un sénateur vénitien* du Metropolitan Museum et la *Judith* de la Fondation Querini-Stampalia de Venise.

Cette dernière période de Catena serait marquée par une sorte de « néogiorgionisme » classicisant. L'artiste emprunte certains motifs (*Nativité* du Metropolitan Museum) ou certains effets (les visages dans l'ombre dans la *Sainte Famille avec un guerrier* de Londres) à Giorgione, à Titien ou à Sebastiano. Ses modelés sont plus doux et ses éclairages moins coupants, mais il reste fidèle aux leçons bellinesques de rigueur graphique et de netteté plastique, à l'opposé de la manière essentiellement picturale pratiquée par Titien et les « jeunes » des années 20.

Après le *Portrait d'homme tenant un livre* du Kunsthistorisches Museum de Vienne, son chef-d'œuvre dans le domaine du portrait, qui paraît antérieur à 1520, le *Portrait de Trissino* marque ainsi une sorte de « revival » archaïsant. Ce type de portrait, la présentation du personnage de trois quarts et à mi-corps, les mains visibles, avait été celui imposé à Venise vingt ans plus tôt par Giorgione (*Portrait de jeune homme*, Berlin; cat. **16**), puis par le jeune Titien (*Portrait d'homme*, Washington; cat. **41**), qui d'ailleurs donnera vite plus de dynamisme à ses modèles. Le vieux Bellini lui-même avait suivi ses jeunes disciples en abandonnant le cadrage plus serré sur le visage qu'il avait toujours préféré (et qu'avait utilisé Catena dans ses premiers portraits) pour la mise en page de son dernier portrait (*Fra Teodoro d'Urbino*, 1515, Londres, National Gallery). Le parapet qui figure au premier plan de tous ces portraits est absent de celui de Trissino, mais la position même du livre implique un tel support. Signalons qu'aucun indice ne permet d'identifier le contenu du livre que Trissino présente avec ostentation. Le type du volume n'est pas récent, comme nous l'a indiqué M. J. Toulet : il est relié en tissu, avec des éléments métalliques (charnières, fermoirs, ombilic), alors que vers 1520-1530, les milieux humanistes de l'Italie du Nord avaient depuis plusieurs décennies adopté les reliures en cuir à décor doré.

La manière dont Catena situe son personnage dans l'espace n'est pas le seul trait « giorgionesque » du tableau. La stabilité et l'équilibre formel de la composition sont animés, et en quelque sorte contredits, par la mobilité fascinatrice du regard de Trissino. Un tel effet d'attraction psychologique, qu'on remarque avec des intentions expressives chaque fois différentes dans maints portraits de peintres « giorgionesques », ne se retrouve dans aucun autre portrait de Catena, sauf peut-être dans le *Portrait de jeune femme* du Museum of Art d'El Paso. Mais cette fois l'enjôlement n'a plus rien d'intellectuel !

M.L.

page 21

8

Lorenzo Lotto
Venise, 1480 - Lorette, 1557

Saint Jérôme
Bois. H. 0,58; L. 0,40. Signé et daté sur le rocher à droite *L. LOTUS 1500* (ou *1506*, le dernier chiffre, affecté d'un repeint, est très difficile à lire).

PARIS, MUSÉE DU LOUVRE,
DÉPARTEMENT DES PEINTURES

HISTORIQUE
Probablement le tableau mentionné dans les inventaires des tableaux de l'évêque Bernardo Rossi, emballé à Trévise le 17 mars 1510; destiné au Convento

eremitano de l'île de Santo Spirito à Venise (4 juillet 1511) envoyé à Parme, avec d'autres biens Rossi; coll. du cardinal Fesch en 1814; vente coll. Fesch, Rome, 1841; coll. du peintre M. Moret; acquis par le Louvre à sa vente (Paris, 12 février 1857, n° 39).

EXPOSITIONS
Venise, 1946, n° 13; Lausanne, 1947, n° 13; Venise, 1953, n° 13.
BIBLIOGRAPHIE
Camuccini et Borrani, 1841, n° 1357; Villot, 1849, n° 1238 bis; Tarral, 1850, p. 20; Tauzia, 1888, n° 227; Crowe et Cavalcaselle, 1871, p. 399; Morelli, 1891, pp. 59-61; Crowe et Cavalcaselle, 1912, VIII, p. 399; Ricci, 1913, n° 1350; Hautecœur, 1926, n° 1350; Longhi, 1946, p. 46; Wilde, 1950, pp. 350-351; Banti et Boschetto, 1953, n° 12; Berenson, 1957, I, p. 101; Ballarin, 1962, pp. 483-486; Liberali, 1963, pp. 27-28; Pallucchini et Canova, 1975, n° 15; Sgarbi, 1977, p. 45; Longhi, 1978, p. 56; Liberali, 1981, p. 75; Sgarbi, 1981, p. 230; Volpe, 1981, p. 128; Pignatti, 1981, p. 95; Béguin, 1981, pp. 99-100; Brejon de Lavergnée et Thiébaut, 1987, p. 196; Dülberg, 1990, pp. 164-165, 293, n° 330.

Lotto a traité avec prédilection le thème de saint Jérôme tout au long de sa carrière. La lecture de la date (1500 ou 1506) intervient, évidemment, dans les différentes hypothèses que l'on peut proposer pour l'identification du tableau du Louvre dont l'origine n'est pas connue.

La signature et la date du *Saint Jérôme* ont été apposées sur le rocher, à droite, au-dessous du livre ouvert du saint, l'endroit le plus sombre de toute la peinture. Tarral (1850), lorsque le *Saint Jérôme* était encore «chez Mr George», parle d'un «petit tableau dans le genre de Bellini, signé *Lotus 1500*». Cependant ni le catalogue de vente Fesch (1841), ni celui de la vente Moret (1857) ne parlent de signature ni de date. Seymour de Ricci les mentionne bien (1913). Crowe et Cavalcaselle les jugeaient «un évident repeint» (1871) alors que pour Morelli (1891), elles étaient authentiques.

Si on date le *Saint Jérôme* de 1506, il a sans doute été peint à Trévise où la présence de Lotto est documentée dès le 10 juin 1503 jusqu'au 18 octobre 1506 (Liberali, 1963, 1981). Le tableau aurait pu appartenir à l'évêque Bernardo Rossi, protecteur et grand amateur de Lotto dans cette période : saint Jérôme était l'un de ses saints préférés. Plusieurs *Saint Jérôme* sont cités dans les inventaires de ses biens en 1510, 1511 et 1512, toutefois sans nom d'artiste (Liberali, 1963; 1987). Un *Saint Jérôme* de Lotto apparaît encore dans un lot de tableaux de provenance inconnue, de diverses localités italiennes, en vente au XVIIIe siècle (Campori, 1870). Un *Saint Jérôme dans le désert* et une *Tête de femme* existaient dans la collection Bettana à Bergame (Tassi, 1793, p. 125). Il serait tentant d'identifier ces tableaux avec le *Saint Jérôme* du Louvre et le *Portrait de femme* de Dijon (musée des Beaux-Arts), l'hypothèse que le *Saint Jérôme* puisse être le «couvercle» du *Portrait* de Dijon, pourrait être intéressante dans les nouvelles controverses sur la date du tableau. En effet, si l'on suppose que le portrait de Dijon représente la «magnifica madona

Zuana Rossa», veuve Malaspina, sœur de l'évêque Rossi qui habita avec son frère à Belluno (depuis 1493) et à Trévise jusqu'à sa mort (1502), le portrait fut nécessairement exécuté avant 1502 (Liberali, 1963, 1981), comme vraisemblablement, aussi, son couvercle; cependant les inventaires Rossi ne font aucune référence au portrait de «Zuana Rossi» (ni à son couvercle) qui resta sans doute en possession des héritiers Malaspina, tandis que l'on admet que le *Saint Jérôme* du Louvre correspond sans doute au *Saint Jérôme* des inventaires Rossi. Si c'est le cas, on peut le suivre à Trévise (en 1510), au couvent de Santo Spirito, à Venise (en 1511), à Parme (où mourut Rossi), avant d'arriver dans la collection du cardinal Fesch à Rome (Liberali, 1981). Le thème du *Saint Jérôme* paraît d'ailleurs difficile à associer avec un portrait de femme : il conviendrait mieux au portrait d'un humaniste ou d'un lettré, comme le proposait déjà Berenson (1957), hypothèse reprise par A. Dülberg (1990) qui voit dans le tableau du Louvre la «glissière» ou le «couvercle» d'un portrait de lettré, non encore identifié.

Pour Wilde (1950), le dernier chiffre de la signature est un six, bien que le début et la courbe du six soient particulièrement faibles. Il observait la différence avec le zéro, distinctement plus large que la partie ovale du six. Cependant, le style du *Saint Jérôme* rappelle celui de l'*Assomption* du dôme d'Asolo, que Lotto termina en 1506 : les rochers, dans les deux tableaux sont les mêmes (Béguin, 1987), celui aussi, de *Pluton et la nymphe Rodi* (Washington, National Gallery) de juillet 1505. La lecture de Wilde a été, généralement jusqu'ici retenue : en 1980, un nouvel examen de laboratoire de la date du tableau ne parut pas la contredire. Cependant pour Cortesi Bosco (comm. écrite du 29.9.92), le dernier chiffre, comparé à l'écriture de Lotto, ne permet pas d'imaginer qu'il puisse être un six. Enfin, lors d'un récent examen au Louvre, Alessandro Ballarin a, de son côté, retenu cette nouvelle lecture. Grâce à un récent examen au laboratoire organisé par P. Le Chanu, le dernier chiffre vu au microwatcher qui le grossit cent fois, rend évident ce que l'on discernait déjà à l'œil nu et qui complique beaucoup la lecture, c'est-à-dire l'existence d'un repeint sur la partie supérieure du zéro, le «chapeautant» en quelque sorte. L'époque de ce repeint est difficile à préciser. Il fut sans doute effectué par quelqu'un qui avait lu la date 1500... Était-ce à bon escient? Ce qui est au-dessous du repeint est invisible et la zone au-dessus du repeint, confuse, pourrait comporter l'ébauche de la courbe du six. Mais la condition de toute cette partie est trop indistincte pour permettre de l'affirmer.

Roberto Longhi (1946) préfère placer le *Saint Jérôme* en 1500. Dater de 1500 le *Saint Jérôme* de Lotto oblige à reconstruire toute la première phase d'activité de l'artiste ou à imaginer, faute de documents et d'œuvres datées, enfin à reconsidérer sa position par rapport aux tendances les plus modernes de la peinture vé-

nitienne faisant de Lotto un singulier précurseur de Giorgione dans le développement de l'art du paysage et de l'expresssion de la lumière. Comme la confrontation du *Saint Jérôme* avec d'autres tableaux de Lotto en 1500 est malheureusement impossible, la lecture de la date demeure une question d'interprétation personnelle qu'exprime avec force C. Volpe : «réapparaît le chiffre 1500 qui, du reste, semble être l'année convenant parfaitement à ce tableau, car c'est le point de départ de l'évolution stylistique de l'artiste» (1981). Dans cette hypothèse, dès 1500, Lotto est un artiste de premier plan, — il est en effet dès 1505 mentionné à Trévise comme «pictor celeberrimus», un des innovateurs de génie dans le renouvellement de la peinture vénitienne. Les influences diverses dont témoigne le *Saint Jérôme au désert* (en particulier celle de Dürer dont un burin, vers 1496-97, a fourni le motif à Lotto) ont été soigneusement relevées : cependant dans le grand dialogue Bellini-Lotto, le dialogue Giorgione-Lotto, qui s'y entend déjà, fait tout le prix de ce tableau exceptionnel.

S.B.

page 23

9

Giovanni Bellini
Connu à Venise en 1459 - Venise, 1516

Recto :
Lamentation sur le corps du Christ
Verso :
Dessins ornementaux
Plume et encre brune (recto et verso), sur papier ivoire, cintré dans la partie supérieure H. max. 0,130; L. 0,182.

PARIS, MUSÉE DU LOUVRE,
DÉPARTEMENT DES ARTS GRAPHIQUES

HISTORIQUE
G. Vallardi (L. 1223); A.-Ch.-H. His de La Salle (L. 1333), Inv. ms. n° 19; legs au Musée du Louvre en 1878; marque du Louvre (L. 1886a). Inventaire RF 436.
EXPOSITIONS
Paris, 1881, n° 20; Paris, 1931, n° 121; Paris, 1935(I), n° 516; Venise, 1949, n° 134; Paris, 1962(I), n° 5.
BIBLIOGRAPHIE
Tauzia, 1881, p. 23; Morelli, 1907, p. 271; Hadeln, 1925(I), n° 69, p. 49; Rouchès, 1931, p. 55; Dussler, 1935(I), p. 160; Sterling, 1935(I), p. 225; Van Marle, 1935, p. 352; Tietze et Tietze-Conrat, 1944, n° 319, pp. 79, 88-89; Pallucchini, 1949, p. 221; Bouchot-Saupique, 1962, p. 14; Bacou, 1968, n° 6; Ames-Lewis, 1982, p. 119.

Le thème du Christ mort soutenu par les anges, ou encore par la Vierge et saint Jean, apparaît à plusieurs reprises dans les dessins et les peintures de Giovanni Bellini. Si, en ce qui concerne les tableaux, la question de l'attribution au maître ou à son atelier est en grande partie résolue, les dessins à la plume soulèvent un tout autre problème, pour lequel aucune solution n'a encore été proposée. Giovanni avait une demi-sœur, Nicolosia, qui, en 1453, avait épousé Andrea Mantegna. Plusieurs dessins-clés, exécutés à partir de cette date, ont été attribués alternativement à Giovanni et à son beau-frère. Les plus anciens de ces dessins sont probablement la *Lamentation* du British Museum, à Londres (n° 1909-4-6-3 recto et verso) et la *Mise au tombeau* de la Pinacoteca Tosio Martinengo, à Brescia (n° 147 recto et verso), l'un et l'autre très influencés par les dessins de Mantegna datant de 1460-1465, mais plus spontanés, plus libres et plus expressifs. Le *Christ mort soutenu par les Saintes Femmes* des Gallerie dell'Accademia, à Venise (n° 115), qui lui est postérieur de dix ans au moins, est très proche, par la clarté de sa composition, du classicisme du *Christ mort soutenu par des anges* de Berlin (Staatliche Museen Preussischer Kulturbesitz), datable de 1480 environ. Ces trois dessins ont récemment été rendus à Mantegna (Ekserdjian, 1992, pp. 177-182). Il existe enfin une autre petite esquisse, inédite, à la plume, du *Christ mort soutenu par la Vierge et les Saintes Femmes* (Londres, collection privée), provenant de la collection Sagredo à Venise. Ce dessin, rapidement exécuté, d'une plus grande force expressive que l'étude de Venise, est très proche de la *Mise au tombeau* de Brescia. C'est de cette esquisse à la plume, moins achevée et de proportions plus modestes, que l'on peut rapprocher, de façon convaincante, l'étude du Louvre.

Vers 1490, Bellini avait entrepris de peindre une *Lamentation*, à plusieurs figures (Florence, Uffizi), qu'il abandonna après avoir reporté au pinceau le dessin préparatoire sur le support. Cette œuvre, dont il n'était manifestement pas satisfait, ne donna lieu à aucune copie d'atelier. Son clair-obscur soigneusement indiqué diffère totalement de celui de l'étude exposée. Peu de temps après, Bellini entreprit une nouvelle composition, dont la feuille du Louvre conserve la trace : le Christ est déplacé vers la gauche, soutenu par saint Jean, la Vierge contemple le visage de son Fils et Marie-Madeleine, les mains jointes, se penche vers lui. Le flacon d'onguent est placé sur le rebord du sarcophage, où se trouve le Christ, déjà à demi enseveli. Il est probable que Giovanni Bellini réalisa à la même époque une variante de cette composition, aujourd'hui perdue, car il en existe une version peinte, très élaborée, comportant de nombreuses variantes et deux personnages supplémentaires (Stuttgart, Staatsgalerie), exécutée en grande partie par l'atelier. Une seconde variante (Tolède, sacristie de la cathédrale), où la figure du Christ rappelle de près celle de ce dessin, ne porte, elle, aucune

trace de la main du maître. D'autres reprises, exécutées par l'atelier, se succéderont au cours de la dernière décennie du siècle. Autant d'éléments qui permettent de proposer pour l'esquisse du Louvre une date entre 1490 et 1492.

Dans l'ensemble de l'œuvre dessiné de Bellini, c'est du très beau dessin de Berlin, pour *Saint Marc guérissant Anian* (Staatliche Museen Preussischer Kulturbesitz, Kupferstichkabinett, n° KdZ 1357), que l'on peut facilement rapprocher le dessin du Louvre pour des raisons de style. Les ombres sont rendues, comme dans ses études à la plume plus anciennes, par des hachures parallèles, d'une rigueur qui trouve son origine chez Mantegna, appliquées en diagonale de droite à gauche. Elles sont toutefois plus libres, le trait est brisé d'une façon moins systématique pour obéir aux changements de direction des lignes courbes, un clair-obscur beaucoup plus savant donne à l'image une grande qualité. Les études du Louvre et de Berlin révèlent des détails de facture propres à Bellini, comme les lignes courtes terminées en accents, que l'artiste utilise pour rendre l'expression des yeux et la bouche. Il y a tout lieu de croire que ces deux dessins sont d'une seule et même main, celle de Giovanni Bellini et qu'ils sont presque contemporains. La Scuola Grande di San Marco de Venise avait été détruite par un incendie en 1485, et le relief sculpté sur sa façade par Antonio Rizzo en 1476, d'après un dessin de Gentile Bellini, *Saint Marc guérissant Anian*, avait donc disparu. La famille Lombardo fut chargée de reconstruire cette façade entre 1489 et 1490, date à laquelle elle perdit cette commande, confiée à Mauro Coducci, mais, cet architecte n'ayant aucune compétence en matière de sculpture, les reliefs situés de part et d'autre du portail droit furent exécutés par Tullio Lombardo. Son *Saint Marc guérissant Anian* fait clairement référence à l'esquisse de Bellini conservée à Berlin, même s'il ne la suit pas dans tous les détails. La reconstruction de la Scuola ayant été assurée une première fois par Gentile Bellini en 1476, rien n'aurait été plus normal que de confier à Giovanni, en 1490, une responsabilité déjà assumée par son frère.

Giovanni ne peindra plus de *Lamentation* du type de celle représentée dans l'étude du Louvre, mais son attachement à ce thème lui inspira, ultérieurement, deux esquisses très belles, à la plume et au lavis (Londres, British Museum, n° 1895-9-15-791 et Rennes, musée des Beaux-Arts, n° 794.1.2503). Toutes deux reprennent des éléments du petit dessin de la collection privée de Londres, mais les figures sont plus nettement inspirées de celles de la feuille du Louvre. La délicatesse de la touche et la vibration de la lumière permettent de proposer une date postérieure au début du XVIe siècle pour ces dessins. On peut les rapprocher de la peinture du *Christ mort*, du Nationalmuseum de Stockholm, datable de 1510-1512 environ.

W.R.R.

page 25

10

Giovanni Bellini
Connu à Venise en 1459 - Venise, 1516

Deux Hommes vêtus à l'antique, tournés vers la gauche
Pinceau, aquarelle, huiles, lavis brun, papier préparé brun orangé. H. 0,414; L. 0,266. Bords coupés de façon irrégulière et complétés. La partie plus foncée sur la gauche est un rajout plus tardif.

PARIS, INSTITUT NÉERLANDAIS,
FONDATION CUSTODIA

HISTORIQUE
F. Calzolari; L. Moscardo (av. 1905); acquis de ses héritiers en 1905 par L. Grassi; F. Lugt (L. 1028), acquis le 20 oct. 1920; Fondation Custodia. Inventaire n° 4145.
EXPOSITIONS
Amsterdam, 1934, n° 462; Paris, 1962(2), n° 30; Venise, 1981(1), n° 24.
BIBLIOGRAPHIE
Tietze et Tietze-Conrat, 1944, n° 339, p. 92; Bacou, 1962, pp. 56-57; Heinemann, 1962, I, n° MB.142, p. 306; Jaffé, 1962, p. 234; Shapley, 1979, pp. 53-54; Byam Shaw, 1981, pp. 19-20; Byam Shaw, 1983, n° 217, pp. 218-219; Pallucchini et Rossi, 1983, p. 317; Tempestini, 1992, p. 286.

Cette feuille exceptionnelle, que l'on trouve dès le XVIIe siècle dans de grandes collections de Vérone, était attribuée à Marco Basaiti (voir cat. **12**) lorsqu'elle fut achetée par Frits Lugt. Berenson l'attribua à Niccolò Rondinelli (comm. orale, 1930) et les Tietze furent les premiers à la publier sous le nom de Giovanni Bellini. Ils la mirent en relation, ainsi qu'un autre dessin (Kroměříž, palais archiépiscopal, n° 218, H. 0,400; L. 0,230), avec un tableau autrefois dans une collection particulière à Novare, attribué à Giovanni Cariani : le *Christ et la femme adultère*, publié comme une des premières œuvres du maître par G. Gamulin (1972, pp. 193-194). J. Byam Shaw (1981, 1983) a ajouté un troisième dessin à cet ensemble (marché de l'art, H. 0,382; L. 0,220) et a donné une synthèse des rapports que l'on peut établir entre ces feuilles, le tableau de Novare et la *Continence de Scipion* (Washington, National Gallery of Art) de Giovanni Bellini. Il attribua la feuille de la Fondation Custodia à Giovanni

Bellini lui-même. A. Tempestini l'a récemment rapprochée de la *Vierge à l'Enfant en trône, avec des saints et des donateurs* (Baltimore, Walters Art Gallery).

Dans une lettre du 15 mars 1505, le cardinal Marco Cornaro demandait au marquis Francesco Gonzaga de Mantoue d'autoriser Mantegna à accepter la commande d'une série de tableaux représentant divers épisodes de la vie du héros romain Publius Cornelius Scipio, dont les Cornaro prétendaient descendre. L'autorisation fut accordée et dès janvier 1506 l'artiste travaillait à ces tableaux, mais à sa mort, en septembre de la même année, un seul était terminé : l'*Introduction du culte de Cybèle à Rome* (Londres, National Gallery). Il restait à peindre trois toiles en longueur, en forme de frise, et il est évident que Giovanni Bellini avait oublié les réticences qu'il avait émises en 1501, à l'idée de se voir comparer à son beau-frère dans l'exécution de sujets antiques, car en 1507, ou peut-être même avant, il accepta de s'engager à peindre les tableaux manquants. Il semble n'en avoir achevé qu'un seul, mais il y a de fortes présomptions pour que ce dessin et deux autres qui lui font pendant, soient préparatoires à une troisième toile, ou peut-être à une quatrième partie de la frise. Les seuls éléments de la frise Cornaro qui soient conservés se trouvent à Londres et à Washington, mais il existe, avant le début du XIXe siècle, plusieurs mentions d'une frise entière consacrée à *Scipion* et toujours en place dans le *camerino* du Palazzo Corner à San Polo, à Venise. Aussi est-il possible que les quatre éléments de la frise y aient été finalement placés. Deux des tableaux, mesurant 0,75 m sur 3,75 m, auraient pu être installés sur les murs les plus longs, et les deux autres, de 0,75 m sur 3,20 m, auraient occupé les murs à chaque extrémité de la salle.

Dans cette feuille, ainsi que dans les deux autres qui lui sont associées, Giovanni Bellini emploie une technique picturale qu'on ne retrouve nulle part ailleurs dans son œuvre dessiné. Cette technique est une sorte d'hommage à Mantegna. Elle ressemble à celle des dessins tardifs du maître de Mantoue, d'une exécution très élaborée, comme la *Virtus combusta* (Londres, British Museum, n° Pp. I-23). Bellini n'a évidemment pas utilisé la plume, dont l'emploi n'est pas nécessaire dans cette technique où le pinceau joue un rôle prépondérant. La couleur, et plus particulièrement le fond brun orangé, anticipe déjà l'effet de grisaille de la sculpture en trompe-l'œil placée devant un mur de même couleur, qui se voit dans le tableau de Washington. L'échelle des figures est proche, dans le dessin, de celle des plus petites figures, sur la droite du tableau. Il ne peut cependant s'agir d'un carton, car le dessin ne porte pas de trace de transfert, et que l'on voit, esquissée à droite dans la feuille de Kroměříž, l'amorce d'une troisième figure. Au contraire, le métier très soigné de ces dessins peut être considéré comme le témoignage du luxe de précautions dont s'entourait Bellini dans l'exécution d'ouvrages qu'il savait devoir être immédiatement

comparés à une peinture de Mantegna. Comme dans le tableau de Washington, le peintre, dans sa recherche d'un langage classique, s'est ici directement inspiré des modèles fournis par les sculptures de son ami Tullio Lombardo. En effet, ces dessins, qui simulent le relief, font écho à l'élégante harmonie des formes de Tullio. Bien qu'il n'y ait aucun dessin en clair-obscur de Giovanni Bellini qui soit directement comparable à ces feuilles extrêmement élaborées, son atelier et lui-même ont employé cette technique pour des *ricordi* de tableaux achevés. Dans le cas présent, il est probable qu'il s'agit de dessins préparatoires au tableau, puisque certaines parties présentent de légères esquisses pour d'autres figures.

Le tableau du *Christ et la femme adultère* n'est pas de Cariani, mais d'un apprenti qui travaillait, vers 1510, pour Giovanni Bellini. La main de cet artiste est identifiable dans la *Vierge à l'Enfant en trône, avec des saints et des donateurs* de Baltimore, autrefois datée de 1510, dans la *Sainte Conversation* de Feltre et sa réplique (Urbino, Galleria Nazionale delle Marche), entièrement de sa main, dans l'*Allégorie de l'Immaculée Conception* (Murano, San Pietro Martire), ainsi que dans nombre d'œuvres produites par l'atelier entre 1507 et 1516. Le dessin exposé a servi pour les deux figures qui se trouvent à droite de la femme adultère. Un motif de brocart a été ajouté sur la jupe et la couronne en feuilles de chêne a été supprimée. Le dessin de Kroměříž a été utilisé pour les deux figures placées à la gauche du Christ. L'étude qui se trouvait autrefois sur le marché de l'art a été, après de nombreuses modifications, employée pour les figures situées de chaque côté du Christ, au second plan de la composition. Comparées au raffinement et à la précision des originaux de Bellini, ces adaptations semblent d'une facture sommaire et presque caricaturales dans l'expression. Le tableau qui se trouvait autrefois à Novare, a pu avoir été conçu à partir de ces trois dessins, et peut-être d'autres originaux de Bellini réalisés entre 1508 et 1512. Bien que leur utilisation du vivant du maître ne semble pas avoir été chose courante, l'atelier de Bellini, au cours de ces années, s'est servi librement des dessins du peintre, même pour des projets auxquels le maître n'était pas associé. Contrastant avec l'écriture nerveuse et expressive des dessins de cette même époque (voir cat. **9**), cette feuille imposante illustre la veine classique de l'œuvre de Bellini, et témoigne de sa dette envers Mantegna et Tullio Lombardo.

W.R.R.

page 26

II

Alvise Vivarini
Murano, après 1446 - 1505/1506

La Vocation des apôtres

Plume et encre marron foncé sur papier ivoire. H. 0,257; L. 0,192. Annoté à la plume d'une main du XVIIIe siècle : *Jean Bellini*.

VIENNE, GRAPHISCHE SAMMLUNG ALBERTINA

HISTORIQUE
Graphische Sammlung Albertina. Inventaire Nr. : 1455.
EXPOSITION
Venise, 1961, n° 7.
BIBLIOGRAPHIE
Wickhoff, 1891, n° 15; Gronau, 1894, p. 328; Schönbrunner et Meder, 1895-1908, p. 257; Burckhardt, 1905, p. 125; Hadeln, 1925(I), n° 72, pp. 51-52; Stix et Fröhlich-Bum, 1926, n° 20 p. 18; Van Marle, 1935, p. 498; Dussler, 1935(I), p. 160; Tietze et Tietze-Conrat, 1944, n° 353, pp. 93-94; Benesch, 1961, n° 7, pp. 18-19.

L'attribution de cette belle feuille a toujours été problématique. Wickhoff, Stix et Fröhlich-Bum, Borenius (ce dernier de manière dubitative) l'ont donnée à Marco Basaiti (voir cat. **12**) et rapprochée du retable de la *Vocation des fils de Zébédée* (Venise, Gallerie dell'Accademia), peinture signée et datée 1510. Gronau l'a attribuée à Giulio Campagnola, mais Hadeln, suivi par les Tietze, a proposé le nom de Giovanni Bellini ou plus probablement de l'un de ses disciples. Burckhardt rapprocha le dessin du *Paysage* (Londres, British Museum, n° 1900-5-15-1 recto et verso) qui portait alors une attribution erronée à Cima da Conegliano.

Le thème même du dessin n'est pas clair. Le Christ s'adresse à trois apôtres nimbés d'une auréole et qui, de toute évidence, ne sont pas les fils du pêcheur Zébédée. Il ne s'agit pas non plus du Christ exhortant les apôtres à veiller pendant qu'il prie à Gethsémani, comme on l'affirme aujourd'hui à l'Albertina. Il semble plutôt qu'il s'agirait d'une scène moins précise évoquant la vocation de trois apôtres, celui du centre étant vraisemblablement Pierre, les deux autres André et Simon.

La récente restauration du grand retable de la *Vocation des fils de Zébédée* des Gallerie dell'Accademia de Venise permet de mieux comprendre ce dessin. Il est maintenant évident que le tableau devait à l'origine être de dimensions plus réduites et avoir un format rectangulaire, dont les proportions auraient été semblables à celles du dessin de l'Albertina. Restée inachevée, l'œuvre a ensuite été agrandie sur tout le pourtour, et par un bord arrondi à la partie supérieure, puis terminée par Marco Basaiti, qui l'a signée et datée 1510. Seule la figure du Christ avait presque été achevée par le premier artiste, à qui revient sans doute également certaines des autres figures et la conception d'ensemble du paysage lacustre. Ce premier maître était sans nul doute Alvise Vivarini, et le retable devait être inachevé à sa mort à la fin de l'année 1506, ou au début de 1507. Dans des circonstances analogues, Basaiti avait eu l'autorisation de terminer le magnifique *Saint Ambroise en majesté avec des saints* de l'église des Frari à Venise, commandé à Alvise en 1503 et presque terminé lors de la mort du maître. Le choix de Basaiti, élève d'Alvise, qu'il essayait d'imiter, était évident. Sa participation à la *Vocation des fils de Zébédée*, était suffisamment importante pour qu'il s'autorise à signer l'œuvre. Il est toutefois peu probable que Basaiti soit l'auteur du dessin exposé. Le *Paysage avec une côte rocheuse*, à peu près contemporain (cat. **12**), révèle une conception du paysage attentive au rendu de la lumière, plus naturelle, plus sensible aux innovations récentes, comme, par exemple, les aquarelles de Dürer. La technique et la mise en page du dessin de l'Albertina appartiennent à la tradition de la fin du XVᵉ siècle, opinion partagée par les historiens qui attribuaient la feuille à Bellini. Le dessin de Florence (Uffizi, n. 156 F), réalisé vers 1500-1505 et dont l'attribution à Basaiti est certaine car il est préparatoire au *Christ mort* (Venise, Gallerie dell'Accademia), est différent en tous points de la feuille exposée.

L'œuvre dessiné d'Alvise Vivarini présente un caractère fragmentaire. On lui attribue, en toute certitude, les *Études de mains* de la Fondation Custodia à Paris (n° 2223), pour la *Vierge à l'Enfant et des saints* de 1480 (Venise, Gallerie dell'Accademia). La *Tête d'homme âgé* du British Museum à Londres (n° 1876-12-9-619), qui présente certains rapports avec des œuvres datant de 1480-1485, est moins certaine, bien que probablement originale. Les dessins des vingt-cinq dernières années de sa carrière demeurent inconnus. Cette lacune a été en partie comblée par l'hypothèse avancée par J. Steer (1982, pp. 165, 170-171) qui a attribué à Alvise Vivarini une *Vierge en majesté avec des saints* (Windsor Castle, Royal Library, n° 069), comparable à un retable (Berlin, Staatliche Museen Preussischer Kulturbesitz) peint vers 1499 pour l'église San Cristoforo della Pace. Les figures du dessin de Windsor ont le même rendu schématique, propre à Alvise Vivarini, des traits du visage, et les mêmes drapés un peu raides aux contours secs que dans la feuille de Vienne. La mise en place architecturale est arrêtée avec la même délicatesse dans l'utilisation de la plume que dans le paysage de l'Al-

bertina. Je proposerais donc de voir dans le dessin de l'Albertina une première idée d'ensemble pour le retable commandé en 1503. Cette idée sera précisée dans la première version de la *Vocation des fils de Zébédée*, commencée vers 1505 et achevée par Basaiti entre 1507 et 1510. A cette date, le jeune artiste a peint le *modello* (Vienne, Kunsthistorisches Museum) qu'il a soumis à l'approbation des commanditaires. En développant ce raisonnement, on peut admettre que la feuille du British Museum, où se trouvent des études de paysage au recto et au verso, soit de la même main que le dessin exposé, témoignant des recherches d'Alvise Vivarini sur ce même thème, à une date légèrement antérieure, soit vers 1500.

W.R.R.

page 24

12

Marco Basaiti
Venise (?), vers 1470 - Venise, après 1530

Paysage avec une côte rocheuse
Aquarelle sur papier légèrement jauni. H. 0,203; L. 0,274. Annoté à la plume et encre brune au recto, d'une main du XVIᵉ siècle (?): *40*, au verso : *Marco Basaitti* (sic).

FLORENCE, GALLERIA DEGLI UFFIZI, GABINETTO DISEGNI E STAMPE

HISTORIQUE
Coll. Médicis-Lorraine; marque des Uffizi (L. 930). Inventaire n. 1700 F.

EXPOSITIONS
Nuremberg, 1971, n° 190; Munich, 1972, n° 22; Florence, 1976(1), n° 12.

BIBLIOGRAPHIE
Inv. Ms. 1793, I, XII, Universali n° 6; Ferri, 1890, p. 230; Tietze et Tietze-Conrat, 1936(2), p. 34; Degenhart, 1940, pp. 423-428; Tietze et Tietze-Conrat, 1944, n° A-76, p. 43; Panofsky, 1948, II, p. 136; Wilckens, 1971, p. 110; Koschatzky, 1972, p. 31; Rearick, 1976(1), pp. 31-33.

Cette aquarelle est une rareté. Le nom de Basaiti y fut inscrit à une date précoce, attribution acceptée jusqu'au jour où les Tietze l'attribuèrent à Dürer, dans un période très « vénitienne » de sa carrière. B. Degenhart et Panofsky rejetèrent l'attribution à Dürer et remarquèrent qu'il s'agissait d'une des rares aquarelles peintes à Venise. L'auteur de ces lignes estime que le style et la conception de cette aquarelle sont en accord avec l'œuvre de

Basaiti, tout en notant l'absence d'œuvres de comparaison.

Avant son premier séjour à Venise en 1494-95, Albrecht Dürer avait peint des aquarelles de paysages d'une fraîcheur et d'une originalité extraordinaires. Mais s'il réalisa des œuvres de ce type à Venise, celles-ci ne furent pas remarquées par les Vénitiens : car ni pendant ni après ce premier séjour, on ne trouve trace de leur influence. Lorsque Dürer reviendra en 1505, la situation aura changé radicalement. Précédé par sa réputation de graveur, il fut désormais l'objet d'un mouvement de curiosité intense de la part des Vénitiens, eu égard surtout à son habileté de dessinateur. Paradoxalement, il n'existe pas davantage d'aquarelles du maître de Nuremberg attribuables à ce séjour vénitien de 1505-1507, mais il y a tout lieu de penser que Dürer en aura réalisé et que leur nouveauté aura fasciné les Vénitiens. La feuille qui nous intéresse ici est un témoignage capital de cette influence.

A la mort d'Alvise Vivarini en 1505 ou au début de 1506, Marco Basaiti, son principal élève, eut l'honneur de terminer plusieurs des œuvres majeures du maître, dont la *Vocation des fils de Zébédée* (Venise, Gallerie dell'Accademia) que Basaiti signa et data 1510 (voir cat. **11**). Il peut être intéressant de noter qu'Alvise entretenait des rapports étroits avec Jacopo de' Barbari, le dessinateur vénitien le plus proche de Dürer. C'est dans ce contexte qu'il convient de placer l'aquarelle des Uffizi. Bien que la démarche des Tietze, tentant de combler une lacune dans l'évolution de Dürer en lui attribuant cette feuille, soit concevable, la stylisation abstraite des formations géologiques, que l'on voit sur la droite, est plus redevable au type de formule établi par Mantegna, que de l'observation de la nature telle qu'elle était pratiquée par Dürer. De même, le traitement linéaire de l'aquarelle s'oppose aux maniérismes graphiques de Dürer, dont les volutes et les arabesques sont perceptibles même dans ses paysages les plus objectifs. Qui plus est, la tonalité beige aux nuances de rouille ou de mousse de cette aquarelle concorde parfaitement avec la gamme chromatique très personnelle de Basaiti, où dominent les tons cannelle. Vraisemblablement réalisée comme une œuvre autonome, sur le modèle des aquarelles de paysages de Dürer, cette étude n'a été directement utilisée dans aucun des tableaux de Basaiti. Des vues de rivage assez semblables apparaissent néanmoins dans nombre des œuvres de l'artiste, telle que la *Madone avec saint Jean-Baptiste et saint Marc* (localisation actuelle inconnue). On peut donc penser que Marco conserva cette feuille dans son atelier, afin de l'étudier et de s'y référer à l'occasion. Bien que l'on ne puisse le prouver, l'attribution traditionnelle à Basaiti de cette feuille exceptionnelle semble convaincante; une date entre 1507 et 1512 paraît probable.

W.R.R.

page 26

13

Andrea Previtali
Bembate di Sopra (?), vers 1480 -
Bergame, 1528

Tête d'homme, de face

Pierre noire ou fusain, avec rehauts de craie
blanche, sur papier bleu légèrement passé.
H. 0,433; L. 0,322. Annoté au verso à la plume et encre brune, sans doute de la main du
cardinal Leopoldo de'Medici: *di Mano di Giorgione / et è il Ritratto di Gio. Bellini.* Pli horizontal vers le centre.

FLORENCE, GALLERIA DEGLI UFFIZI,
GABINETTO DISEGNI E STAMPE

HISTORIQUE
Cardinal Leopoldo de' Medici, Florence (1667); coll.
Médicis-Lorraine; marque des Uffizi (L. 930). Inven-
taire n. 688 E.
EXPOSITIONS
Florence, 1911, p. 42; Udine, 1939, n° IV, p. 138;
Florence, 1976(1), n° 13.
BIBLIOGRAPHIE
Inv. Ms., 1793, II, Piccoli, 3, 12 ou 18, sous Gior-
gione; Ferri, 1890, p. 228; Frizzoni, 1905(2), p. 84;
Gamba, 1909, p. 38; Gamba, 1914, n° 19; Fiocco,
1939, pp. 105, 153; Fiocco, 1941, pp. 105, 153; Tietze
et Tietze-Conrat, 1944, n° A-1310, p. 236; Fiocco,
1969, I, p. 177; Ballarin, 1965(1), p. 65; Lucco, 1975,
p. 24; Petrioli-Tofani, 1976, p. 69; Rearick, 1976(1),
pp. 33-34; Rearick, (1976) 1977, n° 3, pp. 22-23;
Cohen, 1980, p. 132; Furlan, 1988, DA-19, p. 345.

Ce dessin d'après le modèle vivant et son pendant (Florence, Uffizi, Gabinetto Disegni e
Stampe, n. 685 E), qui représente le même sujet
de profil, furent tous deux considérés par Baldinucci (note sur le dessin des Uffizi) comme
des originaux de Giovanni Bellini, attribution
modifiée par Leopoldo de' Medici qui proposa
celui de Giorgione. Frizzoni, qui l'attribua à
Pordenone, fut soutenu avec enthousiasme par
G. Fiocco et, plus récemment par A. Ballarin
et M. Lucco. Les Tietze proposèrent d'y reconnaître la main de Boccaccio Boccaccino, et
l'auteur de ces lignes, celle de Previtali.
Ch. Cohen et C. Furlan ont rejeté toute espèce
de lien avec Pordenone, sans toutefois émettre
une autre hypothèse.
    Andrea Previtali naquit près de Bergame
quelques années avant Palma Vecchio, mais ses
choix furent toujours plus traditionnels que

ceux de son compatriote. La *Vierge à l'Enfant
avec un donateur* (Padoue, Museo Civico), signée et datée 1502, est une imitation habile du
style de Giovanni Bellini, mais témoigne d'un
goût pour la couleur vive et les effets décoratifs
que son maître se serait refusé d'afficher aussi
ouvertement. Dès 1512, Previtali était de retour
à Bergame, où il demeura jusqu'à sa mort en
1528, la même année que Palma, exception faite
de quelques séjours à Venise. Cariani fut sa
principale source d'inspiration dans sa recherche d'un style plus moderne, jusqu'à l'arrivée à Bergame de Lorenzo Lotto en 1513. A
partir de cette date, il se contentera de rajouter
quelques éléments décoratifs empruntés à
Lotto, à des tableaux dont la formule restait
proche de celles du Quattrocento. Son style de
dessinateur est mal connu, puisque le *Moïse*
(Florence, Uffizi, Gabinetto Disegni e Stampe,
n. 337 E), qui servit pour le *Passage de la mer
Rouge* (Venise, Gallerie dell'Accademia), est en
fait de la main d'un autre artiste dont Previtali
reprit simplement la figure dans le tableau.
    La tradition du grand portrait dessiné à la
pierre noire rehaussée de blanc semble remonter à Mantoue, et en particulier à Mantegna,
mais les exemples qui nous sont parvenus sont
très divers et d'attribution incertaine. Il semble
néanmoins possible de distinguer deux catégo-
ries: celle des portraits achevés, sans rapport
avec un projet peint, et celle des portraits dessinés en vue d'une œuvre peinte. De toute évidence, cette feuille, comme son pendant, appartient à la seconde catégorie. Pendant la
première décennie de sa carrière, Previtali
conféra un certain hiératisme à ses portraits de
donateurs, campés de profil; mais à partir de
1515, il exécutera ses portraits de face, à mi-
corps, sous l'influence directe de Lorenzo
Lotto. Ni l'une ni l'autre des feuilles des Uffizi
ne peut être reliée directement à un tableau.
L'attribution à Previtali repose donc essentiellement sur des comparaisons d'ordre morphologique qui constituent des éléments d'appréciation plutôt aléatoires. Il n'empêche
qu'Andrea élabora très tôt une gamme de types
physionomiques assez caractéristiques. L'orbite
des yeux soulignée par une forte ossature, la
pommette haut placée, les rides qui entourent
la bouche, les lèvres pincées et un peu compas-
sées : tout cela se retrouve aussi bien dans les
tableaux à sujet religieux que dans les portraits.
Plusieurs des figures masculines vues de face,
exécutées par Andrea Previtali, pourraient être
rapprochées de l'homme qui a posé pour ce
dessin. La technique, en revanche, est plutôt
novatrice par la sobriété des moyens utilisés
dans le rendu presque abstrait des passages secondaires et par la douceur picturale du modelé
du visage. Dans cet écho un peu provincial des
portraits analogues dessinés par Titien, tels que
celui de la *Femme en buste* de Florence (Uffizi,
Gabinetto Disegni e Stampe, n. 718 E), on peut
deviner l'ascendant exercé sur le peintre par les
dessins à la pierre noire de Cariani et de Lotto,
réalisés autour de 1515. Même s'il est difficile
de le prouver et que la prudence s'impose, cette

feuille exceptionnelle nous semble devoir trouver sa place dans le contexte bergamasque de
l'œuvre d'Andrea Previtali.

W.R.R.

page 27

14

Bartolomeo Cincani, dit Montagna
Vicence, vers 1450 - 1523

Trois Femmes debout

Pinceau et lavis gris avec rajouts à la plume et
encre brune, rehauts de gouache blanche, sur
papier bleu passé. H. 0,313; L. 0,219. La
feuille est coupée au ras des figures sur la droite,
le contour de la dernière figure étant repassé à
la pierre noire. Annoté à la plume et encre
brune d'une main du XVII° (?) siècle : *Dosso da
ferrara* et *la duchessa*.

PARIS, MUSÉE DU LOUVRE,
DÉPARTEMENT DES ARTS GRAPHIQUES

HISTORIQUE
E. Jabach, Inv. ms. Jabach, III, n° 355 (Dosso Dossi);
entré dans le Cabinet du Roi en 1671, paraphe des
dessins remontés (L. 2961); marques de la Commission du Museum (L. 1899) et du premier Conservatoire (ancien L. 2207). Inventaire 8224.
EXPOSITIONS
Paris, 1977-78, n° 5; Londres, 1983-84, n° D28.
BIBLIOGRAPHIE
Inventaire Ms. Morel d'Arleux, IV, n° 5909 (Dosso
Dossi); Morelli, 1893, p. 100; Borenius, 1909,
pp. 110-111; Foratti, 1931, p. 75; Puppi, 1962,
p. 152; Viatte, 1977, p. 50; Byam Shaw, (1976) 1978,
n° 17 p. 20; Scrase, 1983, p. 263.

Morelli a rectifié l'attribution traditionnelle de
cette feuille à Dosso Dossi en la donnant à
Bartolomeo Montagna, ce que la critique a été
unanime à accepter. Borenius, L. Puppi,
D. Scrase et d'autres auteurs ont proposé une
date proche de 1512, estimant qu'il pouvait
s'agir d'une des premières idées pour la fresque
de la *Découverte de la tombe de saint Antoine*
(Padoue, Scuola del Santo) peinte cette année là.
    Montagna occupe une position particulière
dans le développement du dessin en Vénétie au
début du XVI° siècle. Formé à Venise, sans
doute dans l'atelier de Giovanni Bellini, il fit
très tôt carrière dans sa ville natale, Vicence,
où il passa presque toute sa vie. A sa mort, en
1523, les innovations de Giorgione, de Titien

et d'autres maîtres plus jeunes, avaient fait de lui un représentant provincial d'une tradition remontant au Quattrocento et déjà démodée. Son œuvre dessiné est toutefois significatif de ce moment de transition. Influencé dans un premier temps par Mantegna et Giovanni Bellini, Montagna se tourna rapidement vers un naturalisme plus prosaïque, mais original, qui rappelle le style des dessins de Carpaccio tout en semblant s'en démarquer. Il y joignit une utilisation particulière de la pierre noire, très picturale et rehaussée de blanc, au grain fort, mais doucement appliquée, qui ressemble, avant la lettre, à celle du jeune Titien. Le fragment de carton représentant *Saint Sigismond* (Florence, Uffizi, Gabinetto Disegni e Stampe,

n. 13362 F), que l'on peut dater de 1499, témoigne de la vigueur et de l'assurance avec lesquelles Montagna se servit de la pierre noire.

Bien que loin d'être certain, le rapprochement entre la feuille exposée et la fresque de Padoue est assez convaincant. Sur la droite de la fresque, un groupe de femmes élégantes, qui sont certainement des portraits, observe le clergé occupé à identifier les reliques de saint Antoine. Dans cette étude les personnages sont différents, dans leurs poses et leur type physionomique, de ceux qui figurent dans la peinture, mais leurs gestes, leur expression de bonheur calme, leur allure, toute profane, sont bien en accord avec les attitudes finalement adoptées. Faisant preuve d'une attention particulière

pour équilibrer les valeurs et d'une grande délicatesse dans le rendu des détails, cette feuille remarquable, pleine d'intelligence dans les études de caractère, représente un courant distinct de celui qui était alors en vogue à Venise. Mais, grâce au talent d'un maître aussi éminent que Montagna, elle témoigne d'une intelligence approfondie des nouveaux courants qui se développaient dans la Sérénissime. Si, comme c'est probablement le cas, ce dessin fut réalisé à Padoue en 1512, il convient de noter que le dessin de Titien, une *Étude de femme* (Florence, Uffizi, Gabinetto Disegni e Stampe, n. 718 E), date précisément de la même époque et servit de projet pour une autre fresque de la même salle.

W.R.R.

Une nouvelle perspective sur Giorgione : les portraits des années 1500-1503

par Alessandro Ballarin

LA FORMATION DE GIORGIONE prend ses racines dans une série de faits étrangers à la tradition picturale vénitienne du dernier quart du Quattrocento mais qui semblent s'être donné rendez-vous à Venise vers le milieu de la dernière décennie du siècle. Ces faits auxquels je fais allusion sont les suivants : la présence de Pérugin à Venise en 1494, en 1495 et très probablement en 1497; le séjour de Dürer entre l'automne 1494 et le printemps 1495; la circulation des tableaux de Bosch, comme le *Triptyque du martyre de sainte Julie* et le *Triptyque des ermites* (Venise, palais des Doges), et peut-être même, comme je le crois, la présence du maître néerlandais en personne, qui pourrait avoir exécuté à Venise ces deux triptyques à une date que, pour des raisons inhérentes à la chronologie des œuvres et à la documentation sur la biographie de l'artiste, on pourrait fixer aux alentours de 1495, et en tout cas, pas après. L'année 1495 pouvait être décisive dans la formation d'un peintre vénitien qui aurait alors eu dix-sept ans et, pour cette raison au moins, ne pouvait partager ce qui, à cette époque encore, devait apparaître comme la certitude indestructible du vieux Bellini d'un renouvellement à peu près éternel de la tradition picturale du Quattrocento fondée sur la perspective. Et ce fut en effet une année décisive pour Giorgione. La tendance protoclassique de Pérugin, telle qu'il pouvait l'étudier dans au moins un tableau exécuté à Venise, le grand *telero* pour la Scuola di San Giovanni Evangelista avec le *Miracle de la croix qui sauve deux navires de Vendramin d'une tempête de mer,* détruit par un incendie peu après le milieu du Cinquecento, et la tendance néogothique, le *Spätgotik,* comme disent nos collègues allemands, très visible dans les gravures de Schongauer et de Dürer et surtout dans les tableaux de Bosch cités plus haut (par exemple dans un détail de la *Sainte Julie,* le gouverneur Félix et son ministre ordonnant le martyre de la sainte, mais

il faut aussi considérer un instant, à côté des visages de l'*Épreuve de Moïse,* le détail d'un tableau plus ancien, l'*Ecce Homo* de Francfort, avec lequel s'ouvre la crise néogothique de Bosch entre 1485 et 1490, à savoir les visages en haut à gauche, pour avoir la confirmation que le Bosch qui influence les débuts de Giorgione n'est pas celui des triptyques de Lisbonne ou de Vienne et dont l'iconographie est la plus connue, mais un Bosch plus ancien) ces deux tendances, protoclassique et néogothique, deviennent à partir de ce moment les pôles culturels entre lesquels évolue la formation de Giorgione. Attaquée sur deux fronts, la civilisation perspective de Bellini et de Carpaccio est désormais dépassée, du moins aux yeux du jeune Giorgione. C'est la crise, même à Venise, où semblait s'être réfugié l'héritage de Piero della Francesca et d'Antonello da Messina, de cette civilisation et le début d'une phase de transition, qui se situe historiquement entre cette crise et l'affirmation du classicisme : on peut dire que c'est une phase protoclassique, expérimentale par excellence et qui, précisément à cause de cet expérimentalisme, se distingue du classicisme normatif du début du Cinquecento. La nature «expérimentale» de ce protoclassicisme fin de siècle («expérimental» entre guillemets, comme d'autres termes que j'emploierai par la suite, parce que je les emprunte à des études modernes sur la langue et le style de la littérature de Cour et que je tiens à ce qu'ils restent dans leur contexte; et parce qu'ils doivent entrer dans les propos des historiens de l'art avec toute la richesse de significations acquise dans ces études, selon le souhait que Giovanni Romano exprimait en 1978) est démontrée par le rôle même que joue dans ce phénomène la tendance néogothique, qui a connu dans le dernier quart du siècle un grand *revival* en Allemagne (il suffit de penser à Schongauer ou au Maître du Hausbuch), et produit des développements originaux aux

Fig. 1
Giorgione, *Judith*, vers 1498,
Saint-Pétersbourg, musée de l'Ermitage.

Fig. 2
Giorgione, *La Vierge et l'Enfant*, vers 1499,
Oxford, Ashmolean Museum.

Pays-Bas, principalement dans la peinture de Bosch. L'interférence d'une telle tendance dans cette phase protoclassique de la peinture italienne est particulièrement visible, on le sait, à Florence, mais c'est à Bologne, pendant la dernière décennie du siècle, qu'elle produit des résultats singulièrement proches des toutes premières œuvres de Giorgione, avec le changement de style de Costa, tel qu'il mûrit entre la *pala* Rossi de 1492 (Bologne, San Petronio) et celle de sainte Thècle, de 1496 (Bologne, Pinacoteca Nazionale), et se déclare ouvertement entre cette dernière et la prédelle de l'*Adoration des Mages*, en 1499 (Brera). La vocation précoce de Francia, déjà mûre autour de 1490, en faveur d'un protoclassicisme néoattique dégagé, au moins pour le moment, des tentations courtoises, l'ascendant qu'acquit Pérugin dans les milieux bolonais de la première moitié des années 1490, et donc bien avant l'arrivée de la *pala* pour San Giovanni in Monte, l'importation des tendances néogothiques de Filippino par Costa, la circulation probable à Bologne aussi des gravures de Schongauer, tous ces faits font de Bologne un lieu de référence influent pour ceux qui, après avoir tourné le dos au passé, au moment le plus vif de la conjoncture vénitienne en 1495, voulaient avancer sur la route d'une peinture moderne, et je crois qu'elle dut apparaître comme telle à Giorgione en ce moment crucial et qu'elle l'est restée encore par la suite, puisqu'on en retrouve l'écho jusque dans la *pala* de Castelfranco, comme s'en aperçut Longhi il y a longtemps. Mais le premier contact avec les milieux bolonais, et je tiens à cette précision, dut se produire pour Costa au moment où le nouveau cours de sa peinture prenait forme, après 1492 (avec des œuvres comme la *Circoncision* de Berlin, qui date de 1492-1494, ou comme la lunette représentant *Saint Jean l'Évangéliste qui boit le calice du poison*, à la chapelle Bentivoglio, de 1494 environ) et certainement pas au moment où il se cristallisera, autour de 1500. L'étincelle de la personnalité de Giorgione s'allume donc à l'occasion de la rencontre, à Venise, des deux principaux courants de la peinture européenne de cette fin de siècle : d'un côté, Pérugin, l'artiste le plus demandé de la dernière décennie du Quattrocento et aussi le plus mobile, principal promoteur de la diffusion en Italie de la tendance protoclassique; de l'autre, Bosch, bastion le plus avancé du *revival* néogothique de l'Europe transalpine, et le jeune Dürer, avide de connaissances classiques, mais tout juste rentré d'un voyage d'études au cœur de l'Allemagne néogothique; et cette étincelle s'alimente dans les milieux bolonais, car, dans la façon dont la rencontre de tendances aussi différentes se fait avec la conscience concrète d'un nouveau langage, l'influence de Costa a dû être décisive.

Si les deux tableaux des Uffizi (l'*Épreuve de Moïse* et le *Jugement de Salomon*), et en particulier le premier, qui est entièrement de la main de Giorgione, laissent transparaître tout cela aux alentours de 1496, et ouvrent le premier chapitre, l'*Hommage au poète* de la National Gallery de Londres, plus ancien qu'eux et même la première œuvre de Giorgione, aux alentours de 1494-1495, nous permet d'étudier le peintre à un moment qui précède cette singulière année 1495 et de le surprendre plutôt orienté vers le Carpaccio du cycle de sainte Ursule (à l'époque, en cours d'achèvement), bien qu'avec une culture déjà bien définie et imperméable aux habitudes perspectives de la fin du Quattrocento, clairement influencée dès ses débuts par l'admiration pour les témoins de la manière flamande présents à Venise dans les collections privées, admiration destinée à durer pendant toute la jeunesse de Giorgione, jusqu'à la *Pala de Castelfranco*.

Ce premier chapitre, qui commence donc vers 1496 avec les tableaux des Uffizi, la *Madeleine* en demi-figure (autrefois dans une collection privée de Milan, et autant influencée par Carpaccio que par les œuvres de Costa citées plus haut) et la fresque de Casa Pellizzari, se poursuit vers 1497 avec la *Sainte Famille* Benson (cat. **15**), l'*Adoration des Mages* de Londres, le dessin représentant le *Martyre d'un saint* de Chatsworth (inv. 742), le *Portrait de jeune homme* Giustiniani de Berlin-Dahlem (cat. **16**); vers 1498, avec la *Vierge lisant* d'Oxford (Fig. 2), dont la vue de Venise montre que Giorgione a tout de suite enregistré la mise en œuvre, entre les pinacles de la basilique et la silhouette du campanile, du couronnement de la tour de l'Horloge, mis en place en dé-

Fig. 4
Giorgione, *Pala* de Castelfranco, vers 1500,
Castelfranco Veneto, Duomo.

Fig. 3
Giorgione, l'*Adoration des bergers*, vers 1499,
Washington, National Gallery of Art.

cembre 1497; puis il se poursuit, entre 1498 et 1499, avec la *Sainte Conversation* des Gallerie dell' Accademia (c'est-à-dire la *Vierge avec saint Jean-Baptiste et sainte Catherine*) (Fig. 5), la *Judith* (Fig. 1), le *Jeune Garçon à la flèche* de Vienne (cat. **19**), les trois panneaux provenant d'un *cassone* répartis entre Padoue et Washington; et il s'achève vers 1499 avec la *Vierge* d'une collection privée de Bergame et les deux versions de la *Nativité* (la version Allendale (Fig. 3) et celle, inachevée de Vienne), ainsi que le dessin préparatoire de Windsor (cat. **88**). Tout le chapitre ne peut être lu à la lumière de ce qui est arrivé en 1495 : il faut présumer qu'entre le groupe constitué par la *Sainte Famille*, l'*Adoration des Mages* et la *Vierge lisant*, et celui constitué par la *Sainte Conversation*, la *Judith* et le *Jeune Garçon à la flèche*, donc pendant l'année 1498, est intervenu un premier contact avec l'œuvre de Léonard, alors à Milan. Cette expérience a pour effet de renforcer les connotations protoclassiques de son langage et sans elle on ne comprendrait pas, par exemple, comment il se fait qu'au milieu du XIXe siècle encore (exception faite, pour la période qui précède, des réserves de Mariette), la *Judith* était prise pour une œuvre de Raphaël; on ne comprendrait pas non plus la maturation de Giorgione entre les premières et les dernières œuvres du chapitre, comme la *Vierge* de Bergame ou la *Nativité* Allendale. Il faut toutefois préciser que ce premier contact avec Léonard ne semble pas provoquer la crise de cette singulière conjoncture culturelle, faite de protoclassicisme timide et de gothique tardif, qui avait commencé en 1495; cela est prouvé par la *Judith* elle-même, où vit encore la fascination pour cet étendard dressé sur la croix du martyre qu'est la *Sainte Julie* de Bosch.

L'expérience de l'œuvre de Léonard s'approfondit et produit de tout autres conséquences dans les premiers mois de l'année 1500, quand le maître toscan est à Venise. Mieux encore, ce séjour de Léonard ouvre à mon avis le deuxième chapitre de la vie de Giorgione, qui durera jusqu'à la fin de 1503. Giorgione abandonne la spécialité du petit tableau de dévotion, comme la *Vierge* ou la *Sainte Famille,* aux figures entières, dans un paysage ou un intérieur, indissolublement liée à la fascination pour le répertoire figuratif du gothique tardif; il se révèle un grand portraitiste et se spécialise dans les demi-figures, rassemblées autour d'une partition, des instruments du savoir humaniste, des symboles de la nouvelle parole néoplatonicienne, ou bien seules avec leur vie intérieure. Il invente ainsi une thématique et une iconographie très personnelles, où, dès le milieu du Cinquecento, Dolce et Vasari reconnaîtront sa manière propre. Le Giorgione moderne commence en 1500, à la suite de la rencontre avec Léonard. C'est l'époque où Giorgione intervient dans la problématique soulevée par Léonard, par ses œuvres, mais surtout par ses écrits et, très probablement, par les discussions entre les deux peintres : les spéculations sur la lumière et sur l'ombre qui enveloppent chaque corps dans la nature, sur la lumière *universelle* et la lumière *particulière*, sur les ombres *originaires* et les ombres *dérivées*, ou encore le problème de l'imitation de la maîtrise technique des Anciens dont parlait Pline, et par conséquent le sens de la distinction qu'établit ce dernier entre d'un côté *tonos* et *harmogè* (Landino : *armogè*) et de l'autre, entre *lumen* et *splendor*; ou encore les interventions dans le «*paragone*» entre les Anciens et les Modernes, entre la peinture et la sculpture. C'est justement le moment où Giorgione se pose le problème de la Beauté, en termes néoplatoniciens, comme grâce qui naît de l'harmonie du multiple et en même temps «une certaine ressemblance spirituelle de la chose plutôt que corporelle» (Ficin) et où, à partir de la définition ficinienne d'une Beauté triple (des âmes, des corps et des voix), de la prise de position de l'humaniste florentin, plus explicite sur la musique que sur les arts figuratifs, et de sa propre expérience de musicien (Giorgione était joueur de luth), il se penche sur le problème du rapport entre musique et peinture et, par exemple, entre la *consonantia* théorisée par Ficin et l'*armogè* dont parle Pline, entre l'harmonie des voix (ou, pour s'en tenir à la définition de la *consonantia* par Ficin, l'union qui résulte d'une certaine fusion modérée des voix, c'est-à-dire ce mélange de grave et d'aigu qui arrive uniformément et suavement à l'oreille, puis à l'esprit, dont il aiguise la prédisposition à écouter la musique divine) et celle des couleurs, qui elle aussi, pourrait-on dire en paraphrasant, mais avec la certitude de transcrire la pensée de Giorgione, arrive uniformément et suavement à l'esprit à travers les yeux et le prédispose à chercher la vraie Beauté; Giorgione acquiert donc désormais une pleine conscience des implications néoplatoniciennes de son langage

Fig. 5
Giorgione, *Sainte Conversation*, vers 1500,
Venise, Gallerie dell'Accademia.

pictural, des problèmes techniques qui s'annoncent, et de sa manière même de se situer face au texte de Pline. C'est en effet à ce moment qu'il s'approprie la problématique des *Asolani*, imprimés en 1505, mais rédigés entre 1497 et 1502, le néoplatonisme et le pétrarquisme du jeune Bembo, sur le fondement d'une aspiration commune à vivre dans une dimension existentielle de Cour, qui ne pouvant trouver satisfaction à Venise à cause de la structure sociale et politique de la cité, se projette dans la petite cour d'Asolo, en construit jusqu'à un certain point le mythe, et se reconnaît dans la société intellectuelle, dans l'amitié, dans la «*Compagnia degli Amici*», pour évoquer l'extraordinaire document retrouvé par Dionisotti (signé non seulement par Bembo, mais aussi par Nicolò Tiepolo, Vincenzo Querini, Trifone Gabriele) et que ce dernier situe entre 1500 et 1505. Et voici qu'apparaissent dans l'œuvre de Giorgione les portraits de ces amis, «jeunes et de cœur noble», comme les présente Bembo dans les *Asolani*, «exercés depuis leur plus jeune âge aux activités des Muses et leur consacrant le plus clair de leur temps, ils joignaient aux ornements des lettres tout ce qui était digne de louange et convenait à des jeunes gens bien nés». Apparaît alors un art du portrait «courtisan», néoplatonicien et «*stilnovista*» (les deux mots sont entre guillemets pour les mêmes raisons que précédemment), fortement idéalisé et emblématique, qui n'a plus rien à voir avec les portraits réalistes d'Antonello, Bellini, Vivarini et Carpaccio. Ce sont enfin les années où, dans le cadre de cette nouvelle conscience d'un style de vie courtois et des habitudes et thèmes qui lui sont liés, Giorgione semble renouer avec les milieux bolonais, même si le saut, pour ainsi dire qualitatif, qu'effectue sa personnalité au tournant du siècle, à la suite de la rencontre avec Léonard, est destiné à marquer la rupture plutôt que la continuité ou simplement le parallélisme avec ces milieux, portés à se fermer de plus en plus sur eux-mêmes et au mieux à se compliquer d'inflexions bigotes, sous l'influence croissante de Ferrare. Par conséquent, même les expériences culturelles de cette période le poussent hors de l'ornière de la tradition figurative vénitienne; et les rencontres humaines sont toutes significatives en ce sens : elles le mettent en face d'un modèle de vie politique et sociale différente de celle qu'il a sous les yeux, avec lequel il se mesure courageusement, mais en restant à Venise, avec la conscience précise des conséquences de son enracinement dans la cité lagunaire; Léonard, rescapé de presque vingt ans de service à la cour des Sforza, et avec lui, outre les membres les plus chers de son atelier milanais, Boltraffio peut-être, qui avait vécu les dix dernières années de splendeur de la cour de Ludovic le More, et qui pourrait l'avoir accompagné sur la route de

Venise et de Florence, et s'être arrêté à Bologne, où sa présence est attestée en 1500; et Bembo lui-même, vénitien, mais avec les inquiétudes dont on a parlé et une expérience de cour derrière lui, celle des Este, à laquelle il était très attaché, au point de vouloir la renouveler, entre 1502 et 1503, toujours à Ferrare, puis, à partir de 1506, à Urbino.

Examinons maintenant les œuvres de ce deuxième chapitre. Vers 1500, sont exécutées la *Pala de Castelfranco* (Fig. 4), la *Vierge à l'Enfant dans un paysage* de l'Ermitage (cat. **17**), le petit tableau *Pâris avec la pomme d'or* Knoedler : elles semblent encore imprégnées par la problématique des cinq années précédentes, et elles le sont effectivement — la *Vierge* de l'Ermitage sera la dernière Vierge de Giorgione — mais cela ne fait que prouver la difficulté de toute périodisation. En réalité, la *pala*, étonnante synthèse de *tonos* et d'*armogé*, de relief acquis grâce au *splendor* (c'est-à-dire le *tonos*, selon l'identification entre *splendor* et *tonos* dans le texte de Pline traduit par Landino) et d'union des couleurs grâce à des *commisurae* et des *transitus* (c'est-à-dire l'*armogé*), nous amène au cœur des discussions que le séjour de Léonard dut provoquer, à tel point que les problèmes que Giorgione y affronte (à partir du texte de Pline et des gloses de Léonard), continueront à se développer jusqu'en 1503; en attendant, la *pala* s'impose (je tiens à l'affirmer) comme une référence obligatoire qui influence le travail de Bellini sur le *Baptême du Christ* de Santa Corona, entre 1500 et 1502. Elle ouvre donc ce nouveau chapitre, qui se poursuit, entre 1500 et 1501, avec les *Trois Ages de l'homme* du Palazzo Pitti (cat. **21**) : les *Trois Ages* ou la *Leçon de musique*, c'est-à-dire le motif néoplatonicien de la musique, et surtout du chant, expression la plus directe de l'âme, comme mémoire et imitation de la musique divine, et donc instrument d'élévation de l'esprit (de ceux qui chantent et de ceux qui écoutent) vers les sphères de l'harmonie céleste, entrelacé à l'autre motif, qu'on pourrait aussi dire néoplatonicien, des différents âges de la vie, qu'on le comprenne comme une ascèse de la faiblesse de la jeunesse à la santé de la vieillesse (quand la raison peut enfin guider les sens et l'âme dominer le corps, avec un éloge, au goût cicéronien, de cet âge de la vie, qui semble très approprié à la dignité de la figure du vieillard — dont le regard montre une sérénité désormais imperturbable — à l'ascèse même de la lumière, qui couvre partiellement le visage du plus jeune, illumine frontalement celui de l'homme adulte, enveloppe et imprègne la tête du plus âgé, selon la même lecture du motif des trois âges que celle que l'Ermite nous livre à la fin des *Asolani* pour la compréhension des événements qui précèdent) ou qu'on y voie un échange et une intégration nécessaire entre plusieurs beautés, la beauté corporelle de la jeunesse dont le vieillard jouit avec les yeux et la beauté spirituelle de la vieillesse que le jeune homme perçoit avec l'esprit, selon la perspective de l'amour socratique; cette seconde lecture convient mieux à certains dessins de Léonard comme celui des Uffizi (n° 423 E, que Popham date vers 1500) mais d'un autre côté, on ne peut en aucun cas, indépendamment de la date de ce dessin, la considérer comme étrangère à Giorgione, à ce moment précis. Car on ne dira jamais assez combien ce tableau du Palazzo Pitti est profondément influencé par le Léonard de la période milanaise, entre la première version de la *Vierge aux rochers* et la *Cène;* que l'on songe aux rapprochements suivants : le vieillard de dos qui se retourne et le dessin de Léonard à Turin, *Étude d'une tête de jeune femme* (n° 15572 D.C.), rapprochement encore plus pertinent si l'on se souvient que le dessin n'est pas une étude pour l'ange de la *Vierge aux rochers* mais pour un portrait; l'homme adulte sur la droite, le tuteur du jeune garçon, et le saint Philippe de la *Cène* ou son dessin préparatoire de Windsor (n° 12551). Et c'est précisément grâce à la comparaison avec le *Concert Bentivoglio* de Costa (coll. Thyssen) (qu'on pense par exemple à la moitié inférieure de ce tableau), qui date de la dernière décennie du siècle, et qui constitue le précédent le plus important, avec le *Concert* Salting (du même Costa, et plus ancien, à la National Gallery de Londres) du tableau de Giorgione, que l'on peut toucher du doigt aussi bien la nécessité de laisser ouvert, même après les débuts de Giorgione, le réseau Bologne-Venise, et de l'examiner à fond, que la nécessité de ne pas trop niveler le panorama de cette phase de transition de la peinture vénitienne, autrement dit, d'y voir aussi bien le moment d'accord avec une certaine iconographie courtoise dans le sens recherché par Costa, que le moment de rupture, qui réinvente le thème et déplace le discours en écartant le ton de chronique mondaine, particulièrement fidèle à l'esprit de la cour (et qui ne déplaira pas à Isabelle d'Este) et en mettant l'accent sur une peinture aux contenus et aux formes néoplatoniciens, dans la lignée de Léonard, telle qu'elle pouvait librement se développer à Venise dans la nouvelle conjoncture de l'an 1500. A la même époque que les *Trois Ages* (cat. **21**) sont probablement peints : l'*Autoportrait* perdu, connu par la gravure de Hollar et les copies de Brunswick et Hampton Court (qui datent du XVIIe siècle) où Giorgione, âgé de vingt-deux ou vingt-trois ans, au plus fort de la tension intellectuelle créée par la rencontre avec Léonard, s'était représenté en David triomphant de Goliath et où l'art du portrait est tout aussi léonardesque, très différent du *Jeune Homme* Giustiniani (qui lui est antérieur de trois ou quatre ans seulement; cat. **16**), et influencé par des exemple

comme la *Belle Ferronnière* de Léonard; et, dans le genre complètement différent du paysage avec de petites figures, *Il Tramonto* de Londres (cat. **20**).

Je pense qu'il faut faire remonter à 1501 environ l'*Homme en armure avec son page* (cat. **22**) des Uffizi, appelé aussi « *Gattamelata* », le plus extraordinaire exemple que je connaisse de construction à peu près exclusive de la forme par le *splendor* (opposé au *lumen*) ou, pour parler comme Léonard, de *lustri* opposés aux *lumi*, et en même temps de renforcement et de contrôle (« [...] mettre en valeur la clarté des couleurs... donner une austérité discrète aux couleurs trop éclatantes ») des effets de *splendor* à travers la technique de l'*atramentum* ou au moins à travers l'imitation des résultats tels que les produisait (à ce qu'on pouvait imaginer) l'emploi de ce vernis noir transparent (« comme si on la voyait [la peinture] de loin à travers une pierre transparente », comme le dit Pline, traduit par Landino), technique dont Pline attribuait la découverte et l'achèvement à Apelle; c'est-à-dire une œuvre avec laquelle Giorgione (dans le sillage, je le répète, d'une problématique ouverte par Léonard) se mesurait à l'héritage d'Apelle (pour évoquer l'étude de Gombrich, *The Heritage of Apelles*, parue dans le volume portant le même titre, qui m'a suggéré certaines de ces considérations) et plus généralement, à l'héritage de la peinture de l'Antiquité qu'on pouvait présumer issue de la technique d'Apelle (que l'on pense, par exemple, à la restitution « philologique » que Giorgione fait de certains artifices en trompe-l'œil de la peinture de l'Antiquité, fondés sur la technique du *splendor* : par exemple, en comparant la masse d'armes, qui dans le portrait en question (cat. **22**) est en équilibre instable sur le rebord du tableau, et la lance de Penthée dans la fresque *Penthée tué par les Ménades* de la Casa dei Vettii de Pompéi, qui date du Ier siècle ap. J.-C.). C'est aussi une œuvre avec laquelle, pour que cette comparaison fût encore plus explicite, il décidait de refaire justement une peinture d'Apelle, ce tableau qui, dans la traduction italienne par Landino d'une passage de Pline manifestement corrompu, était ainsi décrit : « Clito [un personnage de l'histoire grecque, contemporain d'Alexandre le Grand, et donc d'Apelle] allait à la guerre en toute hâte et demandait son casque à son écuyer, qui le lui tendait » − et en effet, le croisement compliqué des bras du *condottiere* entend représenter le geste par lequel ce dernier, sur le point de monter à cheval − il y a même ses éperons sur le devant − pour aller à la bataille, indique son casque à l'écuyer. Le *Portrait* des Uffizi (cat. **22**) se présente donc comme la clef de voûte d'une préoccupation qui traverse toute la période dont je parle, celle qui va de la *pala* à la *Tempête*. Mais ce *Portrait* est aussi un exemple de ce que j'appelle le portrait «*stilno-vista*» (ou pétrarquiste) et néoplatonicien de Giorgione. Face à l'éblouissante vénusté androgyne de ce portrait, il faut rappeler que pour Ficin la Beauté est «une certaine grâce, vivace et spirituelle, qui, à travers le rayon divin, passe d'abord chez les Anges, puis chez les Ames des hommes, puis dans les figures et les voix corporelles. Et cette grâce, aidée par la raison, la vue et l'ouïe, émeut et charme notre esprit; et en le charmant, l'emporte; et en l'emportant, l'enflamme d'amour ardent». C'est le rayon de la Beauté qui descend dans le corps d'un homme jeune (et les protagonistes de ces portraits de Giorgione sont d'une jeunesse emblématique, la même que celle des héros des *Asolani*), surgit essentiellement par les yeux, vole dans l'air et frappe le regard, l'âme et l'appétit de l'homme adulte, et de là entraîne l'amant et l'aimé au point d'où il est parti, à travers les degrés par lesquels il est descendu, maintenant parcourus à l'envers. C'est la poursuite d'Alcibiade par Socrate, mais le tableau ne s'épuise pas dans ce thème. La stylisation raffinée des gestes, qui nous restitue l'image idéale d'un chevalier des temps anciens, certes prêt à s'enflammer et à enflammer d'un Éros néoplatonicien, mais aussi à vibrer d'un amour courtois, au cœur noble et aux belles manières, pour parler comme Bembo, se révèle aussi comme l'équivalent de l'opération linguistique et stylistique du Bembo des *Asolani*, dans la prose plus encore que dans la poésie, une prose si rigoureusement inspirée du modèle de Boccace, en réaction contre la langue littéraire du Quattrocento, surtout si on la regarde non pas du point de vue des *Prose della Volgar Lingua*, en projetant en arrière, comme il est permis de le faire, cette conscience de la nécessité de fonder la dignité de l'italien sur des bases normatives analogues à celles du latin, mais du point de vue de ce qu'elle dut être et sembler au moment où Bembo la réalisait : en ce sens, c'est une opération qui selon moi ne se résume pas entièrement dans la thèse rhétorique des *Prose* ou dans une telle conscience, dans la mesure où cette opération plongeait ses racines dans une expérience qui demeure poétique, dans cette aspiration à une dimension de vie courtoise et dans une problématique (les différentes natures de l'amour) exquisement néoplatonicienne. Cette stylisation des gestes se présente donc comme l'équivalent figuratif de ces effets extrêmement recherchés, de ces préciosités archaïques, de ces mots et de ces constructions désuets, bref, de cette affectation que Castiglione condamnera peu de temps après, en se référant très probablement à l'expérience des *Asolani*, et que Bembo lui-même aura l'occasion de corriger dans une édition ultérieure de l'œuvre (1530), en adaptant la langue aux règles qu'il s'était entre-

temps données dans les *Prose*, mais qui est pourtant une donnée essentielle de l'opération des *Asolani* et en tout état de cause une qualité délibérément recherchée par Bembo aux alentours de 1500. D'autre part, on ne peut exclure que par cette sophistication des gestes, qui apparaît dans un tableau construit sur l'émulation d'Apelle, Giorgione ait voulu aussi rivaliser avec la *charis* du maître grec, cette vénusté qu'Apelle avait la réputation de posséder à un degré supérieur à celui de tous ses contemporains. Ce problème aussi devait être présent à l'esprit de Léonard, puisque la *charis* de ses figures est probablement un autre aspect de l'héritage d'Apelle. Dans tous les cas, les références à la Beauté néoplatonicienne, à la grâce du peintre grec et à l'affectation courtoise de la langue et du style du jeune Bembo, ne doivent surtout pas être comprises comme des hypothèses alternatives, précisément à cause de ce que j'ai dit du caractère extrêmement ouvert et expérimental de cette phase de la culture figurative italienne à la fin du siècle : à ce moment, la *charis* d'Apelle pouvait recevoir une interprétation semblable à celle de Giorgione dans l'*Homme en armure* des Uffizi (cat. **22**) et par conséquent se résoudre en une affectation de manières qui n'a rien de classique. Je suis certain que Giorgione devait être convaincu, comme Apelle, de posséder une *charis* qu'aucun de ces contemporains vénitiens n'avait — et il suffit de rapprocher ses portraits de n'importe lequel des portraits de Bellini pour comprendre l'exceptionnelle vénusté de ses images — et qu'il pouvait aussi penser que leur vénusté était justement la *charis* d'Apelle. On sait que les versions de la «grâce» du maître grec ont été nombreuses dans l'histoire : disons que Giorgione en a donné une interprétation «*stilnovista*» et néoplatonicienne. Nous ne savons pas pour le compte de qui Giorgione a créé cet extraordinaire portrait : il s'agit évidemment d'un homme d'armes qui voulait se faire représenter non pas en habit de ville ou de cour (comme tout le monde l'avait fait pendant le Quattrocento le plus ardemment humaniste, même ceux qui auraient pu se vanter de leurs prouesses militaires) mais en tenue de guerre et sur le point de la faire, ce qu'on avait rarement vu dans la peinture du siècle précédent, tout au plus, les dernières années, à la cour des Montefeltro, des Gonzaga, des Sforza, habituée à voir dans l'exercice des armes «la principale et véritable profession du courtisan» (Ludovico da Canossa, au chap. XVII du Livre premier du *Courtisan* de Castiglione) et certainement pas dans les villes humanistes telles que Florence et Venise; donc d'un soldat qui était avant tout un homme de cour. Mais il faut reconnaître que la situation dans laquelle on lui demandait de s'identifier était sans précédent : il ne s'agissait pas tellement pour lui de se voir dans le portrait réaliste de son visage et de son arsenal de guerre (comme cela était arrivé à Federico da Montefeltro devant la *Pala* de Piero della Francesca aujourd'hui à la Brera ou le *scomparto* de son *studiolo* à Urbino dessinée par Berruguete, ou à Gian-franco Gonzaga devant la *Pala della Vittoria* de Mantegna aujourd'hui au Louvre) que de se reconnaître dans celui, si romantiquement construit, d'une épopée chevaleresque, où le protagoniste jouait le rôle de Clito, le frère de lait d'Alexandre le Grand, mais enflammé d'amour comme Pétrarque et engoncé dans son armure comme Uguccione dalla Faggiuola.

Deux autres portraits datent de 1501 environ : le *Portrait de jeune homme* autrefois dans la collection Koudachev et depuis longtemps disparu, et le *Portrait de jeune homme à la main reflétée dans son armure* de la National Gallery d'Édimbourg (Fig. 6). Derrière ce dernier, celui qui vient d'être analysé et celui qui suit, on croirait entendre les discussions relatives au primat de la peinture sur la sculpture. C'est certainement dans ces circonstances que Giorgione a peint deux célèbres tableaux aujourd'hui perdus, *Saint Georges* et l'*Homme nu,* qui tous deux se reflétaient dans des miroirs.

L'année 1502 s'ouvre avec le *Portrait de Francesco Maria della Rovere* (cat. **18**) de Vienne. Je pense qu'il a été commandé pour célébrer la nomination du jeune garçon (alors âgé de douze ans et depuis quelques années héritier présomptif du duché d'Urbino) à la dignité de préfet de Rome, laissée vacante par la mort de son père en 1501, nomination qui a lieu solennellement à Urbino le 24 avril 1502; le tableau a donc très probablement été exécuté d'après un dessin et non pas à l'occasion de l'événement, probablement lors du séjour de la tante du jeune garçon, Elisabetta Gonzaga, duchesse d'Urbino, à Venise, aux mois de février et mars 1502. Elle se poursuit avec le *Double Portrait* (cat. **23**) du Museo di Palazzo Venezia, construit cette fois exclusivement sur une lumière rasante plutôt que brillante, sur le *lumen* plutôt que sur le *splendor*, ou, comme aurait dit Léonard, sur une lumière *particulière* et même *étroite*, puisqu'elle entre par une fenêtre en haut, hors du cadre. Ce renversement radical montre que le tableau se situe encore dans la problématique si bien illustrée par l'*Homme en armure* des Uffizi (cat. **22**) et en effet, comme ce dernier, et peut-être plus pour lui, il est *unique* : je ne connais aucun autre exemple construit entièrement sur un effet aussi radical de lumière rasante, jusqu'à Caravage. Mais ici, par rapport à l'*Homme en armure* des Uffizi, le moment de virtuosité et d'émulation, si visible dans ce dernier, s'affaiblit soudain, vaincu par l'exigence d'une qualification en termes néoplatoniciens du faisceau de lumière, compris dans une perspective ficinienne, comme la lumière qui descend d'une cause plus haute et qui rencontre, dans l'esprit justement embrassé par elle, l'ascèse intérieure de la conscience vers les degrés contemplatifs les plus hauts, ascèse qui n'est pas possible sans l'Éros ficinien :

Fig. 6
Giorgione, *Jeune homme dont la main se reflète dans la cuirasse,* vers 1501,
Edimbourg, National Galleries of Scotland.

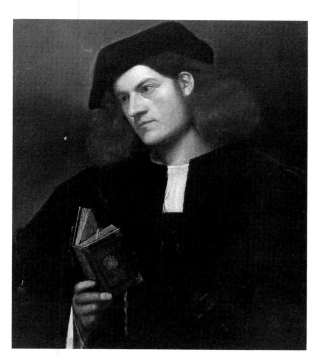

Fig. 7
Giorgione, *Portrait d'homme,* vers 1502,
San Francisco, M.H. de Young Memorial Museum.

Fig. 8
Giorgione, *La Tempête*, vers 1502-1503,
Venise, Gallerie dell'Accademia.

et en effet, la bigarade, qui devrait être ici, comme la pomme, un hiéroglyphe de l'amour, même s'il s'agit d'un amour à forte connotation courtoise, s'offre au premier plan, sur la trajectoire du faisceau de lumière, qui là encore (et ce n'est pas un hasard), relie avec une forte suggestion poétique ce symbole et ce geste à l'esprit, lieu de la contemplation et de l'ascèse. Le faisceau de lumière, si bien matérialisé, ne peut être que le rayon divin dont parle Ficin, qui illumine l'intelligence et enflamme son appétit inné, au moment même où ce dernier, poussé par l'amour, se tourne vers Dieu; mieux encore, l'amour est lui-même cet appétit de l'intelligence («amour... cet appétit de l'esprit»), et en vertu de la disposition spéciale de la lumière, l'offrande amoureuse de la main déclare, mieux que tout, cet appétit naturel de l'intelligence à s'unir avec l'être suprême, appétit que le rayon divin modèle et achève : je veux dire la naissance de l'amour dans l'intelligence, ici visualisée comme offrande amoureuse, sa nourriture et son accroissement à travers le rayon divin. Mais ici aussi, comme je l'ai déjà dit, il n'est pas douteux que nous sommes proches du Bembo des *Asolani*, en ce sens que l'ascèse intérieure et la vie contemplative se présentent avec les stigmates de la «fière tristesse» de Perottino, le héros du premier livre des *Asolani*. Ce qui veut dire que la théorie de l'amour selon Ficin se problématise, au contact d'une manière plus spécifiquement courtisane de comprendre l'Éros néoplatonicien, avec un écart inévitable entre la spé-

culation philosophique et la poésie, de sorte que l'Éros néoplatonicien est aussi l'amour de Pétrarque et des «*stilnovisti*», et même, en certaines occasions, avec un dérapage vers la vie vécue, ces deux amours, dans le cadre du nouveau rôle social reconnu à la femme par les sociétés courtisanes, peuvent aussi être l'amour de tous les jours — je fais ici encore allusion à l'expérience personnelle du jeune Bembo, en particulier aux lettres d'amour enflammées entre lui et Maria Savorgnan, dans les années 1500-1501. Le *Double Portrait* (cat. **23**), la *Tempête* (Fig. 8), la *Vecchia* (cat. **24**), m'apparaissent depuis longtemps comme des œuvres en substance contemporaines : pour les deux tableaux des Gallerie dell' Accademia, je serais tenté d'avancer la date de 1502-1503, environ. Si avec l'*Homme en armure avec son page* (cat. **22**), Giorgione s'est révélé comme un maître du *splendor*, avec la *Tempête*, il tient à nous apparaître comme le maître de l'*armogé* et de la *consonantia*. Du reste, ce tableau est une nouvelle occasion pour lui, comme d'autres l'ont déjà observé, de se mesurer à Apelle, qui «peignit même les choses qu'on ne peut peindre, le tonnerre, les éclairs et la foudre...» (Pline, traduit par Landino). Je crois que personne, face à ce morceau *unique* lui aussi, qu'est l'éclair de la *Tempête*, et après ce qu'on a dit sur ce chapitre de son histoire, ne peut douter que le tableau, en plus des nombreuses choses qu'il peut être, soit aussi cela. On aura peut-être plus de mal à me suivre sur ce qui suit : je crois que le jaillissement de lumière que Giorgione trace dans le ciel d'orage du tableau de Venise présuppose le moment plus virtuose de la ligne de lumière sur la masse d'armes du tableau des Uffizi (cat. **22**). De même, je pense que la *Vecchia* (cat. **24**), qui, dans l'inventaire Vendramin de 1567-1569, est mentionnée comme «le portrait de la mère de Giorgione», a réellement voulu être le portrait de la mère de l'artiste, naturellement voilé par la signification emblématique, encore une fois d'inspiration néoplatonicienne, suggérée par le *Portrait de la mère d'Aristote* que, toujours selon Pline, Protogène, le grand rival contemporain d'Apelle, aurait peint. Mais quelle signification ? Il faut inverser le sens habituellement donné au papier que tient la femme, le comprendre positivement et non plus négativement : le *memento mori* n'entend pas être, comme l'a cru une interprétation pour une fois distraite de Panofsky, une évocation de la corruption du corps, du pouvoir destructeur du temps, avec pour conséquence la négation des valeurs de la vie terrestre, comme les transis des tombes médiévales, mais au contraire, comme le vieillard des *Trois Ages* (cat. **21**), un éloge de la vieillesse, comme moment de libération des appétits caducs de la jeunesse et de jouissance du seul amour parfait et inépuisable, celui de Dieu, comme cela est du reste signifié par le geste de la femme, qui de la main droite, celle qui tient le papier, et donc avec un lien qui signifie seulement ce que je suis en train de dire, nous indique sa poitrine : *col tempo* on atteint l'*Amor Dei*. Le dessin de Rotterdam (cat. **92**), *Vue du château de San Zeno de Montagnana*, lui aussi de 1502-1503 environ. La technique de la sanguine qui est une nouveauté à Venise, et le trait montrent (par comparaison avec les dessins plus anciens de Chatsworth et Windsor (cat. **88**) si bien intégrés dans la tradition vénitienne, en particulier celle de Carpaccio) la manière dont le contact avec Léonard a renouvelé aussi ce moment de l'activité créative de Giorgione, sur lequel nous sommes malheureusement si mal informés. Ce deuxième chapitre se conclut avec le *Portrait de jeune homme* de Budapest (cat. **25**), appelé aussi *Brocardo*. Il doit être lu, surtout si l'on tient présents à l'esprit les repentirs de la première version, selon la même optique néoplatonicienne que le *Double Portrait* (cat. **23**) et la *Vecchia* (cat. **24**); c'est encore un exemple de contemplation et d'ascèse − et le geste de la main droite qui ouvre les agrafes du vêtement est plus explicite que celui de la *Vecchia* −, qui cette fois est guidée par la Prudence, dont le symbole est présent au centre de la balustrade, la seule des quatre vertus morales qui, d'après Ficin, nous montre la Béatitude, les trois autres étant plutôt des moyens pour y parvenir, et donc celle qui a le droit de figurer, avec la Sagesse et la Science, parmi les vertus intellectuelles, lesquelles sont plus nobles et plus difficiles à pratiquer que les vertus morales, et représentent le degré supérieur de la Vérité qui elle-même introduit à la suprême Beauté de l'Esprit. Mais à ce moment, Giorgione, tout en continuant à se déclarer néoplatonicien, semble désormais avoir tourné le dos au portrait «*stilnovista*», et nous sommes pourtant probablement encore en 1503.

Fig. 9
Giorgione, *Les trois philosophes*, vers 1504-1505,
Vienne, Kunsthistorisches Museum.

Fig. 10
Giorgione, *Portrait d'un Fugger*, vers 1506,
Munich, Alte Pinacothek.

Des *Trois Ages* (cat. **21**) à l'*Homme en armure* (cat. **26**) puis au *Double Portrait* (cat. **23**) : il ne faut pas perdre le fil, très tendu, du discours de Giorgione. Aussi bien le moment de grande virtuosité technique du *Portrait* des Uffizi (cat. **21**) que celui d'approfondissement, d'intériorisation de la lumière, d'affinement des possibilités expressives de cette dernière (le *Double Portrait*, cat. **23**), ont été décisifs : Giorgione parvient au sommet de son luminisme, à la *Tempête*, à

la *Vecchia* (cat. **24**) au *Portrait de jeune homme* de Budapest (cat. **25**), en partant de l'exemple de Léonard et en passant par la *splendor* de Pline et la lumière intérieure de Ficin.

Le *Portrait d'Homme en armure avec son serviteur* (cat. **26**) de Vienne, que je serais tenté de situer en 1504, se rapporte à une situation différente. Même l'expérience luministe des années 1501-1503 est désormais dépassée. Dans le profil de Marcello intervient une référence classique si

Fig. 11
Federico Zuccaro (d'après le tableau de Giorgione, 1507-1510, qui était chez les Grimani),
Portrait d'homme avec un bonnet rouge à la main,
Berlin, Kupferstichkabinett.

Fig. 12
Copie du XVIᵉ siècle d'après Giorgione,
Portrait d'homme en Saül avec David près de lui
(l'original peint vers 1510 a disparu),
Rome, Galleria Borghese.

explicite qu'elle suffirait à marquer la distance qui nous sépare du *Double Portrait* (cat. **23**), sans parler de la disposition des deux figures, telle qu'on la comprend à partir de l'illustration du *Theatrum Pictorium*, qui répond à une ambition de classicisme inconnue jusqu'alors. Face à un tel phénomène, dans un portrait qui fait de nouveau penser à certains dessins de Léonard, il faut avancer l'hypothèse que Giorgione ait médité sur des tableaux et des dessins du maître toscan, dans un contexte différent de celui que je viens de reconstruire et peut-être même qu'il ait eu l'occasion de voir certaines œuvres postérieures au séjour vénitien, entre le retour à Florence et la commande pour la *Bataille d'Anghiari*, au moment où Léonard a certainement eu l'occasion d'effectuer une visite à Rome et de rendre son langage plus classique. Mais ici les trajets, les modes de développement du classicisme, et en l'occurrence, par exemple, les incitations à se servir de camées de l'Antiquité, peuvent avoir été multiples. Le classicisme au goût si léonardesque de l'*Homme en armure avec son serviteur* (cat. **26**) ne doit toutefois pas être confondu avec le classicisme de 1507-1508, celui du vestibule du palais Loredan et de la façade du Fondaco dei Tedeschi, avec lequel nous sommes désormais à la hauteur de celui qui est sur le point de s'instaurer à Rome avec Michel-Ange et Raphaël, et dont nous sépare encore l'épisode de la présence de Dürer à Venise entre fin 1505 et début 1507; cette présence aura une profonde influence, en des termes bien sûr très différents de ceux du premier séjour, sur l'histoire de Giorgione.

A.B. (1978)

Ce texte est une traduction de la communication « Una nuova prospettiva su Giorgione : la ritrattistica degli anni 1500-1503 », faite lors du congrès Giorgione de 1978, et publiée dans les Actes du Congrès *(Asolo, 1979). Les datations proposées dans le texte correspondent donc à la chronologie de l'auteur établie en 1978. On trouvera dans les notices correspondant à cette période les modifications apportées depuis par A. Ballarin et auxquelles sont conformes les dates indiquées dans les légendes des figures. Enfin, le* Post-Scriptum *fait état de nouvelles propositions de l'auteur, notamment sur le* Portrait d'homme avec un bonnet rouge à la main *qui se trouvait dans la collection Grimani.*

Post-scriptum

Le texte de la communication au Congrès de 1978, qui est ici traduit pour la première fois en français, a été publié avec les *Actes du Congrès*, où il est accompagné d'un ample appareil de notes, auxquelles on ne peut que renvoyer.

Parmi les notes, une au moins doit être repêchée, la vingtième, qui concerne l'état de nos connaissances sur la date de la *pala* de Castelfranco : «Peu de gens semblent se souvenir que le lien entre la mort de Matteo Costanzo à l'été 1504 et la commande de la *pala* par son père Tuzio a été indiqué par un article anonyme, paru dans *Il Quotidiano Veneto* du 2 décembre 1803. Il faut donc relire la conclusion exemplaire de Richter (1937, p. 212) dans la fiche de son catalogue, qui évoque avec tant de force une époque des études sur Giorgione, que je regarde avec beaucoup de sympathie : "La plupart des auteurs pensent que le tableau appartient à la jeunesse du maître, mais beaucoup d'entre eux ont été influencés par l'histoire selon laquelle il aurait été exécuté en 1504-1505. Cette histoire ne repose sur aucun document. Gronau a montré qu'il aurait très bien pu être commandé avant cette date. A mon avis, il a été peint à la fin de la période bellinienne de Giorgione, et ne devrait pas être daté après 1500". Récemment J. Anderson a montré que, s'il n'existe aucun document en faveur de telle ou telle date pour l'exécution de la *pala*, il existe cependant une série de données relatives à l'installation de Tuzio Costanzo à Castelfranco, qui rendent largement plus vraisemblable l'hypothèse d'une construction de la chapelle familiale dès la dernière décennie du siècle et d'une commande de la *pala* juste après son achèvement, vers 1500 (1973, pp. 290-299)».

Quinze ans après la publication de ce texte, je ressens le besoin de le retoucher sur certains points. Parmi les Madones réalisées avant et autour de la *pala* de Castelfranco, je suis aujourd'hui convaincu que la *Sainte Conversation* de l'Accademia est la plus tardive, aux alentours de 1500, après la *pala* elle-même. La *Vierge lisant* et l'*Adoration des bergers* me semblent toutes deux pouvoir être datées immédiatement avant la *pala*, vers 1499. J'ai aussi révisé mon opinion sur le *Jeune Garçon à la flèche* (cat. **19**), qui dans l'essai était daté aux alentours de 1498-1499, à côté de la *Judith* et de la *Sainte Conversation*, et compris comme un document, au même titre que ces deux œuvres, d'une première connaissance de l'œuvre de Léonard. Mais les occasions que j'ai eues, en 1984 et en 1992, de réétudier le tableau de l'Ermitage m'ont convaincu qu'il est opportun de laisser un certain intervalle de temps entre ce tableau et les deux autres. J'ai parlé de la *Sainte Conversation*, et je renvoie pour d'autres considérations aux notices 18 et 20. Le *Jeune Garçon à la flèche* témoigne d'un degré d'assimilation de l'enseignement de Léonard bien plus élevé que la *Judith* — la résolution de la forme en termes de lumière est différente, de même que le *sfumato* de la tête du *Jeune Homme* diffère de l'ombre qui couvre le visage de l'héroïne biblique — un degré plutôt comparable à celui des *Trois Ages* (cat. **21**), et aujourd'hui en effet, en déplaçant autour de 1500 l'exécution de ce petit bijou, j'entends souligner la proximité du tableau de la Galleria Palatina, l'un et l'autre étant pareillement significatifs du rôle joué par la rencontre avec Léonard dans les premiers mois de 1500. Il me semble désormais que l'effet d'immatérialité recherché dans les cheveux − un mélange d'air et de pénombre travaillé, si possible, *di cesello* − qui entourent les visages de l'Apollon jeune garçon et de l'homme adulte, et l'invention de la « coupe » des mains sont les mêmes. Ce reclassement a pour effet d'isoler la *Judith* derrière les œuvres que j'ai mentionnées, aux alentours de 1498. J'ai également résolu une légère contradiction qui se cachait dans la séquence de portraits des années 1500-1503 : je veux parler de la place occupée par le *Portrait de Francesco Maria della Rovere*, cat. **18**, tableau à la composition décidément géniale et innovatrice, mais qui doit précéder cette séquence; je préfère donc aujourd'hui le dater autour de 1500, en même temps que la *pala*. Ce grand moment de l'art du portrait giorgionesque l'enrichit d'un nouveau personnage fascinant, le *Jeune Homme* Onigo, qu'il vaudrait mieux appeler *Lecteur des éditions aldines* (Fig. 7, pp. 288) et dont je parle à la notice nº 25. Au-delà des limites chrologiques de l'essai, dans la séquence d'images qui l'illustrent, et donc à un moment tout à fait différent de son art du portrait, se situent le *Fugger qui se retourne en fourrure de renard* (vers 1506) (Fig. 10, p. 291), dont je parle dans la notice nº 28, et un extraordinaire *Portrait d'homme avec un bonnet rouge à la main* dont nous savions qu'il était perdu, mais dont nous ne savions pas jusqu'à aujourd'hui que nous pouvons le connaître grâce à une importante copie du Cinquecento (Fig. 11, p. 291). Le copiste est Federico Zuccaro, l'étude, réalisée, comme d'habitude, à la sanguine et à la craie noire, est une feuille du Kupferstichkabinett des musées de Berlin (Kdz 23473), de 199 × 150 mm. Je m'étais aperçu depuis des années que ce dessin reproduisait un *Portrait* perdu de Giorgione, datant de 1507-1510. Pourquoi de Giorgione et pas de Titien ou de quelqu'un parmi les giorgionesques et les titianesques de la *terra ferma*? Le réalisme direct, pointu et agressif, sans demi-mesures et sans aucun soupçon de classicisme, décidément excité par la confrontation avec le portrait vénitien de Dürer, me semblait suffire. Cette manière de se tourner de côté, hargneuse, de la tête puissante, énorme, et de regarder en biais de derrière le profil du nez, la bouche entrouverte qui laisse apparaître la rangée de dents, le dessin de la tempe et de la mâchoire, l'ondulation des cheveux, la négligence de l'habillement (en parfait accord avec celle de la coiffure) la façon même, presque embarrassée, de tenir le bonnet des

deux mains, tout cela était le signe très reconnaissable de la personnalité de Giorgione telle qu'on la reconnaît déjà dans le *Fugger* et dans le chanteur du *Concert* (cat. **29**). Dans les derniers jours de travail pour le catalogue de cette exposition, je me suis tout à coup aperçu que ce *Portrait* de Giorgione copié par Zuccaro lors d'un de ses séjours à Venise n'était autre que la « grosse tête, peinte sur le vif, qui tient à la main un bonnet rouge de *commandatore*, avec un col de fourrure et en-dessous un vêtement à l'antique; on pense que le tableau a été fait pour un général » que Vasari voit dans le *studio* du patriarche Giovanni Grimani (mort en 1592), à l'occasion de sa visite à Venise en 1566, qui est donc un des trois Giorgione de la maison Grimani, les deux autres étant l'*Autoportrait en David* et le *Putto avec des cheveux "a uso di velli"* (éd. Bettarini, Barocchi, IV [texte], 1976, p. 43). Je connaissais le passage par cœur, mais, je le répète, il y a quelques jours seulement, j'ai eu l'idée de le mettre en relation avec le dessin, à partir de l'évidence de ce geste par lequel le jeune homme tient son bonnet à la main. J'ai couru vers mes notes, et il s'est trouvé que le bonnet était rouge; dans le catalogue de 1973 d'une exposition de nouvelles acquisitions et de nouvelles attributions, Winner (p. 46, nº 62) avait pour la première fois fait connaître le dessin, justement comme une copie de Zuccaro d'après un maître vénitien du premier quart du XVIᵉ siècle, peut-être Bernardino Licinio, et j'ai remarqué qu'il l'avait intitulé *Herrenbildnis mit roter Kappe in den Händen*! Tout le reste en découlait : depuis le bonnet de « *commandatore* », du même type que celui du portrait « *Borgia* » d'Altobello à la Pinacoteca Carrara, jusqu'au col de fourrure et au vêtement à l'antique, qui apparaît abondamment sous les manches. La familiarité entre Zuccaro et le patriarche Grimani étant bien connue (entre 1563 et 1564, deux ans avant que Vasari visite le *studio* du palais de Santa Maria Formosa, il est à Venise pour peindre dans la chapelle Grimani à San Francesco della Vigna) on pourrait faire remonter à ce séjour le moment où Zuccaro copie le tableau de Giorgione, ou bien à celui de 1582. Le tableau est à Anvers en 1648, dans la collection des frères Jean et Jacques Van Veerle, avec l'*Autoportrait*, le *Jeune homme à la main qui se reflète sur son armure*, aujourd'hui à Édimbourg (Fig. 6, p. 288), que Garas a voulu identifier avec le *Putto* Grimani, le *Fugger* et l'*Ignudo pensoso*, qui ont une autre provenance. C'est Ridolfi qui nous le décrit : « le portrait d'un *commandatore* avec un revêtement à l'antique et un bonnet rouge à la main, que certains prennent pour un Général » (éd. von Hadeln, 1914-1924, I, pp. 105-106). Il est par la suite dans la collection du joaillier portugais Diego Duarte, toujours à Anvers, en même temps que le tableau d'Édimbourg, et on le trouve mentionné dans l'inventaire de 1682, au n° 13 : «Un portrait d'homme à mi-corps avec un bonnet rouge à la main dont on dit qu'il a été Général d'une armée» (Müller, 1870, p. 397; Garas, 1964, pp. 56-57). A partir de là, on perd sa trace. Ce que signifie la découverte de ce *Portrait,* même à travers une copie, et ce qu'elle confirme de la *nouvelle perspective sur Giorgione* tracée en 1978, je laisse à d'autres le soin d'en juger. Je n'ai plus le temps pour d'autres considérations. Qu'il me suffise d'affirmer une chose : la conception du portrait que ce dessin

nous livre est celle dont nous avons l'habitude de penser qu'elle a été inventée par Titien, alors qu'il s'est contenté de l'approfondir et de l'interpréter, avec son génie propre. Au point où nous en sommes, je ne peux imaginer de confrontation plus spectaculaire que celle entre le *Commandatore* Grimani et le *Portrait de jeune homme* Frick. Du reste, les ressources du dernier Giorgione en matière de portrait sont visibles dans l'*Autoportrait en Saül à côté de David,* que nous connaissons grâce à la copie de la Galleria Borghese (Fig. 12, p. 291).

A.B.

page 29

15

Giorgio da Castelfranco, dit Giorgione
Castelfranco Veneto, vers 1476/1478 - Venise, 1510

La Sainte Famille
vers 1497

Bois (transposé sur masonite). H. 0,372; L. 0,454

WASHINGTON, NATIONAL GALLERY OF ART

HISTORIQUE

Londres, coll. Robert H. and Evelyn Benson (Berenson, 1894): acquise par Henry Willett à Brighton «échangé par RHB contre la *Vierge à l'Enfant avec trois anges* du Maître de Moulins (aujourd'hui à Bruxelles, Musées Royaux des Beaux-Arts, n° 681) et £ 50», comme nous en informe une note autographe de Benson dans son exemplaire du catalogue de Borenius (1914). L'œuvre fut en fait trouvée vers 1887 dans un magasin de curiosités à Brighton, où elle fut achetée par une personne anonyme, à la mort de laquelle elle fut mise aux enchères et acquise par Henry Willett. Celui-ci la céda ensuite à Benson, en contre-partie d'un échange (Borenius, 1914); New York, Duveen (acquis de Benson en 1927) (Richter, 1937); New York, Samuel H. Kress (acquis chez Duveen en 1949); Samuel H. Kress Collection à partir de 1951 (K 1660). Selon Richter (1937), le tableau, attribué à Cima da Conegliano, aurait appartenu au XIXᵉ siècle à une collection particulière française (la source de ces informations est cependant inconnue), et pourrait être le tableau que possédait à Amsterdam le peintre hollandais Allard Van Everdingen (1621-1675) et qui fut mis aux enchères après le décès de son épouse le 19 avril 1709, n° 2 du catalogue de vente: «Marie, Joseph et l'Enfant par Giorgione da Castelfranco, de petites figures, le tableau le plus connu dans ce pays». Cette hypothèse est également envisagée par Shapley (1968, 1979). Dans l'inventaire de Charles Iᵉʳ publié par Waagen (1854, p. 471), à la fin du second volume des *Trésors*, figure un tableau de Giorgione libellé ainsi: «La Vierge, l'Enfant et Saint Joseph, collection mantouane» Shapley propose de l'identifier comme la *Sainte Famille* exposée ici,

qui aurait donc fait partie des collections des Gonzague à Mantoue, puis de Charles Iᵉʳ d'Angleterre.

EXPOSITIONS

Londres, 1894-95, n° 148; Londres, 1905-1906, n° 43; Londres, 1909-10, n° 81; Londres, 1912, n° 17; Manchester, 1927; New York, 1939, n° 144; Detroit, Mich., 1941, n° 21; New York, 1941, n° 8; Baltimore, Md, 1942, n° 2; Washington, 1951-1952.

BIBLIOGRAPHIE

Berenson, 1894 (3ᵉ éd. 1897), p. 103; Grueber, Spielmann, 1894-95, p. 28, n° 148; *Venetian Art*, 1894-1895, p. 32; Berenson, 1895 (éd. 1901), p. 133; Ffoulkes, 1895, p. 77; Gronau, 1895, pp. 261-262; von Seidlitz, 1895, p. 212; Cook, 1900, p. 96; *BFAC Catalogue*, 1905, p. 11, n° 43; Reinach, 1905, p. 179; Cust, 1907, p. 12; Gronau, 1908, pp. 508-509; Justi, 1908, I, pp. 120, 278; Schmidt, 1908, p. 117; Holmes, 1909, p. 72; C. Phillips, 1908-1909, p. 337; Monod, 1910, p. 59; von Beckerath, 1910, p. 280; *BFAC Catalogue*, 1912, n° 17; Borenius, 1912 (*La mostra di dipinti veneziani*), p. 92; Borenius, 1912 (éd. *Crowe et Cavalcaselle*), III, note 1 p. 11; Venturi, 1913, pp. 229-231; Borenius, 1914, pp. 167-168, n° 83; Berenson, 1916 (éd. 1919), p. 237; Gronau, 1921, p. 88, n° 20; Holmes, 1923, pp. 237-238; Justi, 1926, I, pp. 86-88; Longhi, 1927 (éd. 1967), p. 236; A. Venturi, 1928(1), IX, 3, pp. 58-61; Hermanin, 1933, p. 84; Richter, 1934, pp. 273-274; Suida, 1935, p. 80; van Marle, 1936, XVIII, p. 398; D. Phillips, 1937, p. 37; Richter, 1937, pp. 75-76, 230-231, n° 56, p. 330; Gronau, 1938, pp. 95-96, 101; Scharf, 1939, p. 287-289; Valentiner, 1939, p. 71, n° 144; Fiocco, 1941, pp. 23-24; Richardson, 1941, p. 8, n° 21; Batz, 1942, p. 24, n° 2; Morassi, 1942, pp. 29, 62; Richter, 1942 (*Giorgione's Evolution*), p. 15; Richter, 1942 (*Lost and Rediscovered Works*), p. 143; Fiocco, 1947, pp. 141-142; Gronau, 1947, p. 183; Tietze, 1947, p. 140; Pallucchini, 1949, pp. 178-180; Douglas, 1950, pp. 26, 29-30; Morassi, 1951, pp. 212, 215-216; Gamba, 1954, p. 173; Suida, 1954, p. 153; Coletti, 1955, pp. 38, 54; Della Pergola, 1955, p. 28; Justi, 1955, p. 175; Morassi, 1955, pp. 149, 154; Pignatti, 1955, pp. 37-39; Shapley, 1955, pp. 384-389; Zampetti, 1955 (2ᵉ éd.) (*Catalogo*), p. XXVIII; Zampetti, 1955 (*Postille*), pp. 56, 58; Berenson, 1957, I, p. 85; Salvini, 1961, p. 230; Volpe, 1963, s.n.; Baldass et Heinz, 1964, pp. 10, 115; Shapley, 1968, pp. 150-151, n° K 1660; Zampetti, 1968, p. 88; Pignatti, 1969, pp. 48-50, 95-96, n° 3; Battisti, 1970, p. 211; Calvesi, 1970, p. 180; Magugliani, 1970, pp. 74, 157; Freedberg, 1971, p. 91, note 40 pp. 477-478; Fredericksen et Zeri, 1972, p. 87; Pochat, 1973, p. 396; Wilde, 1974, p. 87; Tschmelitsch, 1975, p. 92; Ballarin, (1976), 1980, note 3 p. 494; Hornig, 1976 (*Cavazzola*), pp. 20, 114; Hornig, 1976 (*Spätwerk*), pp. 282, 924; Oberhuber, 1976, p. 50; Parronchi, 1977, p. 10; Pignatti, 1978 (*Gli inizi*) pp. 9-11, Pignatti, 1978 (*Giorgione*) pp. 44, 97; Settis, 1978, p. 41; Sheard, 1978, pp. 199-200; Ballarin, 1979, p. 229; Muraro, 1979, pp. 178- 179, note 16; Rearick, 1979, p. 161; Shapley, 1979, pp. 211-213; Pignatti, 1981 (*Il «corpus» pittorico*), I, p. 136; Hornig, 1987, pp. 48, 68, 195-196; Freedberg, 1988 (éd. italienne), p. 199, note 40, pp. 198-199.

Si la *Sainte Famille* peut être identifiée comme l'œuvre de Giorgione citée dans l'inventaire de la collection de Charles Iᵉʳ d'Angleterre, cette attribution au maître bénéficie dans ce cas d'une longue tradition, à laquelle restent fidèles les nombreuses expositions qui se déroulèrent en Angleterre à partir de 1894-1895. C'est précisément à cette époque que Berenson (1894, 1895) ouvre le débat critique selon une nouvelle perspective qui jouera un rôle non négligeable dans les études futures. Accordant à Catena une grande importance comme représentant du giorgionisme, l'historien d'art associe à l'*Adoration des bergers* de l'Earl of Bronlow (New York, Metropolitan Museum) et au *Guerrier en adoration de la Vierge à l'Enfant* (Londres, National Gallery), dans lequel il voit de fortes affinités avec le retable de Castelfranco, l'*Adoration des Mages* (à l'époque déjà à la National Gallery de Londres et auparavant dans la collection Miles à Leight Court, Londres) et la *Sainte Famille Benson*, ainsi que peut-être l'*Adoration des bergers* Beaumont-Allendale (Washington, National Gallery of Art). Ce rapprochement permet ainsi à Berenson de reconstituer la phase tardive de l'artiste au cours de la troisième décennie. Dans le compte rendu de l'exposition de 1895, où seule la *Sainte Famille* est exposée, sous le nom de Giorgione, il confirme l'attribution à Catena de ce tableau «qui n'atteindra jamais le caractère magique des œuvres de Giorgione». Berenson est donc le premier à deviner la cohérence du groupe qui sera peu à peu l'enjeu de longues batailles critiques sur la jeunesse problématique de Giorgione, et à détourner la référence au peintre de Castelfranco.

Excepté l'*Adoration des Mages*, imputée auparavant à Giovanni Bellini, ces œuvres avaient été traditionnellement attribuées à Giorgione. Cette thèse s'était vue confirmée par le portrait du peintre tracé avec compétence par Cavalcaselle dans son *History of North Italian Painting*. L'*Adoration des bergers* Allendale et l'*Adoration des Mages* y figurent en bonne place comme œuvres de jeunesse, après les petites peintures *Moïse, Salomon*, des Uffizi et avant le retable de Castelfranco, que Cavalcaselle date déjà de 1504, en relation avec la mort de Matteo Costanzo, fils du commanditaire Tuzio. L'étude de Berenson, peut-être influencée par Morelli qui avait précédemment attribué l'*Adoration des Mages* à Catena, appauvrit considérablement le catalogue de jeunesse de Giorgione, si bien exposé par Cavalcaselle (1871, III, pp. 10-11). Ce dernier livre sur ces problèmes d'attribution les réflexions suivantes : «Qu'il soit justifié de classer toutes ces peintures que Vasari définit en général comme des compositions de Giorgione représentant "notre Dame" est une question digne de considération. Nous pouvons nous interroger sur quelle base chacune d'entre elles doit être acceptée comme authentique, seule la tradition confirmant cette nomenclature. Il serait vain d'affirmer sur ce point que le débat est prêt de se conclure; mais nous devons garder à l'esprit que le style de Giorgione coïncide avec celui des tableaux que les historiens lui attribuent, que la plupart des caractéristiques importantes se retrouvent dans des œuvres mentionnées par les plus anciennes autorités, comme Barbarella (*Giorgione*), et que les paysages se ressemblent tous et rappellent la région de Castelfranco».

L'autre aspect de la proposition de Berenson qui mérite réflexion est la date très tardive, de toute évidence peu crédible, que l'attribution à un Catena de la dernière période implique pour le groupe Allendale. Cette datation explique les réserves immédiatement formulées par Gronau, dans le compte rendu de l'exposition de 1894, qui, tout en reconfirmant la cohérence du groupe, préféra le juger anonyme, le rattachant toutefois au début du siècle. L'historien a longtemps insisté sur cette question de datation, comme nous en informe un passage de son intervention de 1938, lorsque, acceptant finalement l'attribution à Giorgione, il récapitule ainsi ses impressions passées sur l'*Adoration des bergers* Allendale : «J'ai toujours eu le même sentiment profond d'être en présence d'une des plus admirables peintures exécutées à Venise entre 1500 et 1510 (si je donne les deux dates extrêmes possibles)». Un autre avis intéressant dans le compte rendu de l'exposition de 1894 est celui de C.J. Ffoulkes (1895), qui s'oppose à la proposition de Berenson : l'auteur de la *Sainte Famille*, qui est aussi celui de l'*Adoration des Mages*, «paraît être un artiste de caractère différent (de Catena), tant dans son esprit que dans sa facture»; il est probable que la *Vierge à l'Enfant avec saint Jean-Baptiste et sainte Catherine* (Gallerie dell'Accademia), attribuée à Previtali, soit également de sa main. Ce fut la première fois, si je ne me trompe, que la *Sainte Conversation* des Gallerie dell'Accademia fut associée au groupe Allendale.

En 1900, Cook relance le débat en critiquant vivement la proposition de Berenson : «Le nom de Catena (...) ne peut être plus longtemps sérieusement toléré» (nous verrons plus loin qu'il se trompait). Mais, sa véritable cible, bien qu'elle ne soit pas explicitement mentionnée, est en fait la notion, élaborée par Gronau, d'un groupe d'œuvres anonymes auquel on pourrait provisoirement associer le nom du «Maître de l'*Adoration* Beaumont» : «Ce système, qui vise à étiqueter certains groupes de peintures présentant des caractéristiques communes, se révèle tout à fait adéquat dans des cas où l'histoire d'une école ou d'une période artistique particu-

lière est encore obscure, et où quelques noms seulement, dans le meilleur des cas, sont parvenus jusqu'à nous; mais, dans le cas présent, il est singulièrement inapproprié». Sur cette base, Cook démolit avec humour l'hypothèse du peintre anonyme. Après en avoir souligné les affinités avec des œuvres comme les petites peintures sur bois des Offices, la *Tempête* et le retable de Castelfranco, il conclut : «Je n'hésite donc pas à reconnaître cette *Adoration des Bergers* comme une œuvre authentique de Giorgione, et plus encore comme le chef-d'œuvre de cette première période où l'influence de Bellini exerçait encore sur lui un fort attrait». Cette restitution à Giorgione s'étend aussi bien entendu à l'*Adoration des Mages* et à la *Sainte Famille*. Cette dernière, «[...] plus que tout autre peinture de la même époque [...], annonce le retable de Castelfranco par les courbes audacieuses des draperies, le jeu de la lumière sur les surfaces horizontales, et l'exquise gaieté des couleurs». Cook rétablit ainsi la perspective initiale de Cavalcaselle, en menant cette entreprise de restitution à partir de ce même tableau du groupe dont doutait Berenson et qu'à l'avenir certains considéreront comme étranger à Giorgione. Ce qui paraît aussi évident à Cook ne sera toutefois approuvé que par Justi (1908) et Cust (1907), et la thèse du groupe anonyme connaîtra encore de beaux jours devant elle.

Elle sera tout d'abord reconfirmée par Gronau en 1908 dans son intervention, davantage destinée à nier le nom de Catena en faveur d'un artiste d'une génération plus jeune qu'à discuter les thèses de Cook. Il propose toutefois à cette occasion l'adjonction au groupe, déjà suggérée par Ffoulkes, d'un autre important tableau, la *Sainte Conversation* des gallerie dell'Accademia : «J'ai malgré tout l'impression d'être ici en présence d'un tempérament différent, d'un membre de la plus jeune génération. C'est un peintre précieux, élégant, qui possède un goût choisi : de grands formats n'auraient pas convenu à ses capacités. Un tel format se trouve, je crois, à l'Académie vénitienne : il s'agit d'une *Vierge avec saints* en demi-figures (...) Nous ne devons pas situer le groupe trop tôt : l'année 1500, qui est la plus souvent citée, est trop précoce, comme nous le démontre le paysage du tableau».

Après la présentation de la *Sainte Famille* comme tableau de Giorgione aux Grafton Galleries (1909-1910), Holmes (1909) se déclara en faveur d'un «associé très talentueux de Giorgione qui mourut jeune». Du groupe, le panneau de la National Gallery (l'*Adoration des Mages*) montre la relation la plus directe avec Giorgione. La *Sainte Famille* Benson, par sa fraîcheur exquise de couleur, l'ampleur délibérée de son dessin, et la rondeur de son modelé, évoque, elle, Catena, auquel les premiers critiques l'ont attribuée, et suggère une date consécutive de peut-être quelques années au décès de Giorgione. L'artiste auquel pensait Holmes pourrait donc être Catena lui-même, surtout si Fry (1909, p. 6) a raison d'inclure parmi les œuvres de Catena le *Jugement de Salomon* de Kingston Lacy (cat. **33**).

Cette vision déformée de Catena, qui nous étonne aujourd'hui, circule aussi au début du siècle en dehors de ces milieux. La thèse de Berenson sur cet artiste se renforce avec le soutien de Schmidt (1908) et de L. Venturi (1913), qui reprend les mêmes termes de la proposition de Berenson : une datation tardive, dans les années vingt, du groupe, auquel il greffe le tableau des Gallerie dell'Accademia, déjà signalé par Gronau, ouvrant ainsi une nouvelle brèche dans la jeunesse de Giorgione. Cette thèse se voit de nouveau confirmée par Berenson dans un portrait de Catena inclus dans son *Venetian Painting in America* (1916). Afin de mieux comprendre les développements de la pensée de Berenson et des autres historiens sur cette question, nous devons cependant signaler qu'il explicite à présent ce point d'interrogation censé distinguer, dans les *Elenchi* de 1894, l'*Adoration des bergers* Allendale des deux autres tableaux. Tandis qu'il maintient l'attribution de l'*Adoration des Mages* et de la *Sainte Famille* à Catena, toujours plus à la remorque de Giorgione, l'*Adoration des bergers* est maintenant imputée à un autre artiste.

C. Phillips (1909) préfère plus sagement se ranger à l'avis de Gronau : l'auteur des trois tableaux, «Le Maître de l'*Adoration* Beaumont», très proche du premier style de Giorgione, doit être un artiste sorti de scène assez rapidement. Apparaît alors, même si c'est pour peu de temps, et avec beaucoup de prudence, la référence alternative à Cariani, proposée par Borenius (1912), à laquelle on serait tenté de ne pas prêter attention, puisqu'à peine deux ans plus tard, dans le catalogue de la collection Benson, il emprunte la voie royale de l'attribution à Giorgione des trois œuvres du groupe; mais il se trouve que Cariani deviendra, dans une perspective pas moins déformée que celle de Catena, et encore une fois à l'initiative de Berenson, un nouveau nom destiné à mettre en cause le catalogue du jeune Giorgione. Holmes tenta encore en 1923 de résoudre le problème, pour lui toujours ouvert, en proposant le nom de Bonifacio de' Pitati.

Au cours des années 1920, ce fut toutefois la *Cartella tizianesca* de R. Longhi (1927) qui ramena tout le groupe sous le nom de Giorgione, y compris la *Sainte Conversation* des gallerie dell'Accademia, à une époque contemporaine du retable de Castelfranco, vers 1505. A partir de cet instant, les partisans de la thèse giorgionesque furent toujours plus nombreux, même si nous devons signaler quelques résistances significatives comme celle d'A. Venturi. Celui-ci maintient l'attribution de la *Sainte Famille* et de l'*Adoration des bergers* «à un interprète sincère de l'art giorgionesque», tandis qu'il juge plus médiocre l'*Adoration des Mages*, qui lui rappelle les œuvres des débuts de Pordenone. Hourticq (1930, pp. 80-81), si attentif au problème des rapports entre Giorgione et Titien, reste plutôt prudent et peu concerné par cette question : «Que pourrait ajouter une étude sur quelques charmants tableautins de collections anglaises ou sur les tableaux si connus du Pitti (des Uffizi), l'*Épreuve du Feu* et le *Jugement de Salomon*? Malgré des gentillesses, le précieux du paysage, des œuvres aussi secondaires, s'il faut y reconnaître Giorgione, indiquent alors une telle régression sur les Bellini et Carpaccio que le renom du maître de Castelfranco en devient de plus en plus inexplicable. »

Richter (1937) exclut du catalogue l'œuvre la plus importante des trois, en raison d'« une certaine note bellinesque dans le tableau Allendale (l'*Adoration des bergers*) qui m'incite à croire qu'il fut exécuté par un assistant, disciple à l'origine de Giovanni Bellini ». Il considère toutefois la *Sainte Famille* comme une œuvre authentique, et très bellinienne, de Giorgione, et pense qu'elle fut peut-être achevée par Sebastiano del Piombo, uniquement à un certain endroit du paysage, au niveau de la tour et de la saillie rocheuse, d'après une esquisse du maître. Il formule la même opinion sur l'*Adoration des Mages*, bien que plus ancienne, et estime que Giorgione aurait pu la peindre lorsqu'il était encore dans l'atelier de Giovanni Bellini. Il ne prend en revanche aucune position concernant la *Sainte Conversation*. La *Sainte Famille*, après son entrée à la National Gallery de Washington, fut par la suite restaurée et examiné aux rayons X. Quelques années plus tard, il est convaincu que l'*Adoration des bergers* est elle aussi une œuvre authentique de Giorgione, peinte dans l'atelier de Bellini avant 1495, et motive son jugement en la comparant avec l'*Adoration des bergers* Bronlow de Catena (1942 [*Giorgione's Evolution*], 1942 [*Lost and Rediscoverd Works*]).

Dans son intervention de 1938, Gronau assimile son « Maître de l'*Adoration* Beaumont (Allendale) » au jeune Giorgione, peu après 1500 (nous devons signaler toutefois que la légende de la reproduction de l'*Adoration des Mages* l'attribue à l'« École de Giorgione »). Quant à Suida (1935), le problème de l'attribution désormais résolu, il ouvre de nouvelles perspectives de lectures pour la *Sainte Conversation*, à propos de laquelle il signale l'influence de Léonard de Vinci, ainsi que pour la *Sainte Famille* et l'*Adoration des bergers* Allendale, à propos desquels le problème des rapports avec l'art nordique, surtout avec Schongauer, est pour la première fois convenablement mis en lumière. Fiocco (1941) inaugure le catalogue de son Giorgione avec l'*Adoration des bergers* Allendale (vers 1500), et juge plus tardive la *Sainte Famille*, contemporaine en fait du retable Costanzo. Il attribue en revanche L'*Adoration des Mages* et la *Sainte Conversation* à un autre peintre, le premier à Palma et le second à Sebastiano (vers 1506), en accord avec Pallucchini sur ce deuxième point. Nous devons également faire remarquer que les *Elenchi* de Berenson des années 30 (1932, 1936) sont devenus plus prudents : seule l'*Adoration des Mages* reste sujette à caution dans le catalogue de Catena, tandis qu'on ne trouve plus aucune trace de la *Sainte Famille* et de l'*Adoration des bergers* Allendale. Cette attitude peut s'expliquer par une rupture finale de ses rapports avec Duveen due précisément à ce dernier tableau, que Berenson,

convaincu qu'il s'agit de la première œuvre connue de Titien, refuse d'authentifier comme une œuvre de Giorgione.

Dans l'après-guerre, à partir de l'importante monographie de Morassi, se fixe le catalogue de jeunesse de Giorgione, tel qu'il restera jusqu'à une époque récente : il est avant tout constitué par le groupe Allendale, inséré après les petites peintures sur bois des Offices, et par la *Judith* (Ermitage), située avant le retable de Castelfranco. Dans ce catalogue figure également la *Vierge dans un paysage* (cat. **17**), sur laquelle les avis furent jusque-là plutôt rares et indécis, et que l'historien rattache sans hésiter au corpus de la jeunesse de Giorgione. Nous n'insisterons pas sur les opinions concordantes formulées sur le groupe Allendale par Pallucchini (1944), Longhi (1946), Morassi (1951, [1961], 1967), Douglas (1950), Gamba (1954), les monographies de Coletti (1955) et de Pignatti (1955), l'exposition giorgionesque de 1955 (Zampetti, 1955, [*Catalogo*] 1955, [*Postille*], où toutefois aucun des trois tableaux cités ne figure, les bilans et réflexions sur la chronologie et le catalogue de Giorgione par Suida (1956), Wilde (1974), Salvini (1961), Ballarin ([1976] 1980, 1979), les *Elenchi* de Berenson (1957) et les monographies plus récentes de Pignatti (1969, 1978), Tschmelitsch (1975) et Hornig (1987).

Signalons plutôt le succès plus limité de l'attribution à Giorgione de la *Sainte Conversation*, que Pallucchini (1935, 1944) a entretemps détournée sur Sebastiano, inaugurant une longue querelle toujours actuelle. Signalons également l'acquisition en 1949 par l'Ashmolean Museum d'Oxford de la *Vierge lisant*, dont Pallucchini (1949) et Morassi (1951) ont précisé chacun à leur manière les liens avec le groupe Allendale, et signalons enfin la meilleure connaissance acquise depuis 1955 de la *Vierge dans un paysage*, grâce à sa présence à l'exposition du palais des Doges. Sur la poursuite des discussions sur les œuvres de jeunesse de Giorgione après cette date, et sur son enrichissement par de nouveaux apports, on se reportera ici à la notice concernant le tableau de Saint-Pétersbourg (cat. **17**).

Il nous reste à mentionner, par souci d'exhaustivité, quelques oppositions dignes d'intérêt à la solution qui semble désormais partagée par le plus grand nombre, problème sur lequel on se référera plus amplement à la même notice. Je veux parler ici des désaccords de Baldass (1964), Freedberg (1971, 1988) et Rearick (1979). Baldass distingue plusieurs mains dans le corpus des œuvres présumées de la jeunesse de Giorgione, y compris les deux peintures des Uffizi. Selon lui, aucune ne peut être identifiée comme celle du maître de Castelfranco. Freedberg (1971) suppose que nous sommes confrontés à une première phase de Titien, vers 1506, dans l'entourage de Bellini, qui concernerait les trois peintures du groupe Allendale, et à une phase parallèle de Sebastiano, vers 1506-1507, bellinienne et giorgionesque, qui de la *Vierge dans un paysage*, en passant par la *Vierge lisant*, se conclurait par la *Sainte Conversation* et le *Portrait de Francesco Maria della*

Rovere (cat. **18**). Rearick opère, quant à lui, une distinction dans le groupe Allendale entre l'*Adoration des bergers* de Titien, vers 1506, et l'*Adoration des Mages* et la *Sainte Famille* de Sebastiano, respectivement de 1506 et 1508 environ. Cette distinction est également partagée par Freedberg (1988), qui, tout en maintenant sa double proposition, effectue une légère correction au sujet de la *Sainte Famille*, qui devient une œuvre de Sebastiano des années 1506-1507. Ces deux historiens d'art américains sont convaincus que l'*Adoration des bergers* Allendale est une œuvre authentique de Titien. De cette conviction, formulée par lui dans les années 30 et reprise par Waterhouse en 1974 (Titien, vers 1506), Berenson ne s'est jamais départi. Il supposait en effet encore en 1957 que la main de Titien était reconnaissable dans le paysage et dans la Vierge de ce tableau de Giorgione.

A.B.

page 31

16

**Giorgio da Castelfranco,
dit Giorgione**
Castelfranco Veneto, vers 1476/1478 -
Venise, 1510

Portrait de jeune homme
vers 1497

Toile. 0,58; L. 0,46. Inscription non originale sur le parapet *VV*.

BERLIN, STAATLICHE MUSEEN,
GEMÄLDEGALERIE

HISTORIQUE
Coll. Giustinani, Padoue, jusqu'en 1884; coll. J.-P. Richter, Florence, de 1884 à 1891; acquis en 1891 par W. Bode pour la Gemäldegalerie.
EXPOSITIONS
Venise, 1955, n° 25.
BIBLIOGRAPHIE
Lermolieff (Morelli), 1891 (éd. anglaise, 1893), p. 219; Berenson, 1894, (éd. 1897), p. 107; Bode, 1898, p. 125; Cook, 1900, pp. 30-32; Gronau, 1900 (éd. anglaise, 1904), p. 19; Monneret de Villard, 1904, p. 41; Justi, 1908, I. pp. 133-137, ill. 23; Boehn, 1908, pp. 56-58; Gronau, 1908, p. 418; Wickhoff, 1909, p. 37; Ffoulkes, 1911, p. 161-162; L. Venturi, 1913, pp. 71-73; Dreyfous, 1914, pp. 28-31; Schrey, 1914-15, p. 572; Hetzer, 1920, p. 118; Gronau, 1921, p. 87, n° 13; Hartlaub, 1925, p. 66; A. Venturi, 1927, p. 128; A. Venturi, 1928, IX, 3, pp. 25-28; Berenson, 1932, p. 232; G.M. Richter, 1932, p. 123; Wilde,

1934, p. 210; Berenson, 1936, p. 200; Mather, 1936, p. 193; G. M. Richter, 1937, pp. 81, 126-127, 209, n° 7; Fiocco, 1941, pp. 32-33; Morassi, 1942, p. 97; G. M. Richter, 1942, p. 16; Pallucchini (*Pittura*), 1944, p. IX; Pallucchini, 1953, p. 17; Gamba, 1954; p. 174; L. Venturi, 1954, p. 47; Baldass, 1955, pp. 113, 127; Coletti, 1955, pp. 38, 59; Della Pergola, 1955, pp. 36, 38; Justi, 1955, pp. 165 ss.; Pignatti (*Giorgione*), 1955, p. 144; Zampetti, 1955 (*Giorgione*) [2e éd.], p. 58, n° 25; Zampetti, 1955 (*Postille*), p. 64; Dussler, 1956, p. 1; Baldass, 1957, p. 138; Berenson, 1957, I, p. 83; Auner, 1958, p. 159; Paatz, 1959, p. 19; Keller, 1960, p. 293; Salvini, 1961, pp. 230-231; Steer, 1961, p. 221; Volpe, 1963, s.p.; Baldass et Heinz, 1964 (éd. anglaise, 1965), pp. 155-156, n° 17; Pope-Hennessy, 1966, p. 132; Morassi, 1967, p. 199; Zampetti, 1968, p. 92, n° 23; Pignatti, 1969, pp. 59, 100, n° 11; Battisti, 1970, p. 211; Magugliani, 1970, p. 140; Calvesi, 1970, pp. 231-233; Wethey, 1971, II, p. 10; Freedberg, 1971, pp. 78, 85, p. 476 note 27; Ruckelshausen, 1975, pp. 82-83; Tschmelitsch, 1975, pp. 122-124; Pignatti, 1975, pp. 314-317; Thomson de Grummond, 1975, p. 346; Hornig, 1976 (*Spätwerk*), p. 925; Muraro, 1977, p. 86; Mucchi, 1978, p. 37; Pignatti, 1978, pp. 103-104 n° 12; Rosand, 1978, p. 66; Schleier, 1978 (2e éd.), pp. 176-177; Anderson, 1979, p. 154; Ballarin, 1979, p. 229; Muraro, 1979, p. 178; Anderson, 1981, p. 652; Ballarin, 1980, p. 494 note 3; Pignatti, 1981 (*Il «Corpus» pittorico*), p. 143; Pignatti, 1981 (*Il primo Giorgione*), p. 10; Schleier, 1984 (éd. anglaise, 1986), p. 330; *Gemäldegalerie Berlin*, 1986, p. 35; Hornig, 1987, pp. 54, 193-195, n° 14.

Dans un catalogue aux limites aussi fuyantes et discutées que celui de Giorgione, le *Portrait de jeune homme* de Berlin, bien que non mentionné par les sources ni attesté par aucun document d'un autre ordre, fait partie d'un cercle restreint de tableaux sur lesquels le consensus de la critique est presque unanime. Son état de conservation demande quelques éclaircissements. L'œuvre a été restaurée une première fois par Hauser en 1925; une deuxième intervention, plus complète, a été réalisée par H. Ruhemann en 1931; elle est connue grâce à des documents conservés dans les archives du musée. Le tableau a été récemment réexaminé par le restaurateur en chef du musée, Lobodzinski (1978) et soumis à une analyse radiographique et de la couleur. Des rapports qu'E. Schleier a eu la gentillesse de mettre à ma disposition, il ressort que le fond a été repeint : — à gauche, le repeint altère le contour original de la manche, — et les quatre angles de la toile ont subi des pertes de pigment pictural, parce qu'ils ont été repliés, ce qui a laissé des manques très visibles. Le parapet semble lui aussi avoir été retouché et les lettes VV ont été complètement repeintes de manière grossière, sans qu'il soit possible de savoir s'il existe en dessous une trace de peinture originale. Des retouches apparaissent sur le visage et les cheveux, tandis que l'aspect original du vêtement est reconnaissable sur deux brèves bandes d'à peu près un ou deux centimètres de large, le long des bords gauche et droit de la toile, qui, couvertes par le passé d'un cadre plus petit que l'actuel, visible sur la photo du salon de la maison Richter (archives du musée), et probablement acquis par le collectionneur lui-même, se sont mieux conservées et qui, à l'analyse, laissent apparaître une couche de laque rouge couverte par un glacis de bleu outremer. Le reste de la veste est peint de la même manière, mais il semble éclairci et presque voilé par une tonalité grise, souvent imputée aux restaurations. Dans cette zone du tableau, selon l'analyse du chimiste Kühn (1979), s'est manifestée une altération, due peut-être au climat ou à la lumière, qui a produit de nombreuses et très fines fissures, sur le médium à l'huile du glacis bleu outremer. Elles reflètent la lumière et produisent une réverbération grisâtre.

Comme on l'a déjà dit, l'attribution du tableau à Giorgione n'a jamais posé de problèmes; elle est attestée à partir de Morelli (1891) qui le considère comme « un des rares portraits que seul Giorgione et éventuellement Titien étaient capables de produire, hautement suggestif et exerçant sur le spectateur une irrésistible fascination » et qui en reconnaît implicitement le caractère de portrait désormais moderne. L'attribution est partagée par Berenson (1894) et, après quelques incertitudes, par Gronau (1895, 1900) et Cook (1900). Dans sa monographie sur Titien, Gronau l'analyse comme un texte significatif pour restituer au plus jeune maître l'« Arioste » de Londres, que Cook en revanche maintient encore dans le catalogue de Giorgione. Cook pose le problème de la chronologie à partir de dates précoces, dans le courant de la dernière décennie du Quattrocento, en y reconnaissant l'influence de Bellini. Selon Justi, favorable à une datation aux alentours de 1500 ou peut-être un peu avant, il s'agirait de la plus ancienne expérience de portrait chez Giorgione, liée aux modèles de Bellini et d'Antonello qui la précédèrent immédiatement, mais en même temps distinct d'eux : au réalisme minutieux d'Antonello, Giorgione oppose le choix d'une peinture douce, ronde et indéfinie, et le motif du parapet, d'inspiration bellinienne, est utilisé pour créer une spatialité plus ample, à travers la solution de la main en raccourci qui repose sur lui. Le portrait n'est plus lié « à la fidélité et au soin pour ainsi dire historico-anthropologiques », mais cette tête exprime quelque chose de différent : l'âme. En la regardant, on a envie de savoir « ce qu'elle dit ou ressent, ce que sa musique joue ou ce qu'elle rêve ». La solution de la main en raccourci sur le parapet qui crée une nouvelle spatialité est soulignée aussi par Gronau, dans une intervention de 1908, où pour fixer une indication chronologique précoce, il souligne les affinités existant entre le jeune homme et les personnages masculins au centre de l'*Épreuve de Moïse* des Uffizi. En revanche, L. Venturi (1913) insiste sur une lecture du portrait qui insiste sur la richesse nouvelle du contenu psychologique : « sous la froideur apparente se cache un voile de mélancolie, et les chairs délicates, les traits fins du nez et du menton, les lèvres qui apparaissent à peine, suggèrent l'idée d'une nature délicate, d'un jeune homme gracile, presque malade, de haut lignage, orgueilleux, qui garde ses distances et s'éloigne, non sans regret. Le portrait peut être

de l'histoire aussi bien que du roman. » Face à un tel consensus sur la paternité de l'œuvre et sur son importance comme avant-courrier du portrait moderne, il faut signaler les opinions discordantes de Wickhoff (1909), qui pense à une attribution à Sebastiano del Piombo, et de Hetzer (1920), qui refuse le nom de Giorgione. La confrontation, proposée par Richter (1937) avec la *Judith* de Saint-Pétersbourg (qu'il date de 1504) renvoie l'exécution de l'œuvre en direction de l'expérience de la *pala* de Castelfranco, et inaugure une tendance qui sera par la suite celle d'une bonne partie de la critique. Morassi (1942) cite comme comparaison le détail de la main de la Vierge en raccourci sur le trône de la *pala* et souligne la modernité de la peinture du visage « avec des touches douces en demi-tons, en glacis continus, d'une légèreté inégalable ». Les jugements de Pallucchini (1944 [*Pittura*]), de Zampetti (1955 [*Giorgione*]), puis de Baldass et Heinz et de Freedberg (1971) vont dans le même sens. La tendance à avancer la date du tableau et à y reconnaître un exemple désormais accompli de la manière moderne du maître se manifeste clairement dans le jugement de Pignatti (1955, 1969, [1978] 1981, 1979) qui le rapproche de la *Laura* de Vienne (1506) et en arrive à le commenter avec les mots de Vasari (1568), qui écrit que Giorgione se mit à colorer de manière tout à fait particulière et à tacheter de teintes crues ou douces, selon ce que la réalité montrait; il reconnaît dans le jeune homme « un objet cueilli sur le vif, dans une réalité d'espace lumineux ».

Il me semble qu'on peut opposer efficacement à une telle conviction les mots de Pope-Hennessy (1966) qui, affirmant avec force une datation aux alentours de 1505, parle du tableau comme du premier exemple de cette découverte des « motions of mind », caractéristique du portrait moderne. Pour une nouvelle génération de commanditaires qui lisent l'*Arcadia* de Sannazaro, éditée clandestinement à Venise en 1502, Giorgione modifie le portrait tel qu'il lui est légué par la tradition, la figure de trois quarts, enfermée par un parapet contre le ciel, en conférant une dimension plus ample au buste, mais surtout en entourant le personnage avec un mystérieux arrière-plan indéfini, et en relâchant la prise directe sur le visage, au point de lui conférer « un manque de définition » capable d'exprimer « que le modèle a été peint comme un participant à la littérature poétique qui circulait à l'époque ». C'est précisément dans le tableau de Berlin, selon l'historien, que Giorgione étend pour la première fois au portrait son « art de la demi-figure », pour l'approfondir ensuite avec des expériences comme le *Brocardo* de Budapest ou le double portrait du Palazzo Venezia. Il s'agit donc d'une recherche qui va dans une direction tout à fait autre que la « représentation à partir de ce que la réalité montrait » dont parlait Vasari, une expérience qui, comme j'ai déjà essayé de l'expliquer et que je répète une fois encore, intervient dans l'histoire de Giorgione à la suite de la rencontre avec Dürer en 1506 et qui donne des résultats tels que le *Portrait de Jeune homme à la fourrure* de Munich et celui de San Diego. Le *Portrait* de Berlin se situe dans la direction des recherches indiquées par Pope-Hennessy, mais il s'agit d'une réalisation moins aboutie de ce que croit l'historien; elle appartient encore au Quattrocento, vers 1497, mais elle diverge de la tradition du portrait en perspective et réaliste d'Antonello et Bellini et regarde plutôt en direction des expériences de l'aire proto-classique; Giorgione pose ainsi les prémisses de l'épanouissement de l'art du portrait stilnoviste et courtisan des toutes premières années du Cinquecento. Le tableau appartient encore à la « conjoncture de 1495 » (Ballarin 1979), à côté d'œuvres comme la *Sainte Famille* Benson et l'*Adoration des Mages* de Londres, et un peu avant la *Judith* de l'Ermitage, qui est touchée par les premiers symptômes de l'influence de Léonard, qui témoignent désormais des nouveaux développements de l'histoire du peintre. Pour toutes ces raisons, des dates aussi tardives que celle proposée par Pignatti et reprise par Salvini (1961) ou encore celle indiquée par Della Pergola, 1507-1508 (1955) me semble inacceptables, de même que l'attribution au jeune Titien, au moment où il est encore dans l'atelier de Bellini, proposée par Muraro (1977; en 1979, l'historien se contente de nier la paternité de Giorgione) et soutenue aussi par Rosand (1978). En revanche, Hornig (1976, [*Spätwer*], 1986) est favorable à une date précoce, mais à l'intérieur du Cinquecento.

Pour ce qui est du long débat autour de l'interprétation des deux lettres VV qui, comme on l'a dit en commençant, sont totalement repeintes – ce dont Anderson (1978-1981) et Schleier (1984) ont déjà rendu compte après les récents examens du tableau, mais que Justi (1908) avait déjà signalé – j'en parle dans la fiche du *Portrait* Goldman de Titien.

A.B.

page 30

17

Giorgio da Castelfranco, dit Giorgione
Castelfranco Veneto, vers 1476/1478 - Venise, 1510

La Vierge à l'Enfant dans un paysage
vers 1500

Toile. (à l'origine, sur bois; reporté sur toile par A. Sidorov en 1872). H. 0,44; L. 0,365.
SAINT-PÉTERSBOURG, MUSÉE DE L'ERMITAGE

HISTORIQUE
Saint-Pétersbourg, coll. du médecin de cour Creighton; acquis par l'Ermitage en 1817 (Artemieva, 1990).

EXPOSITIONS
Venise, 1955, n° 138; Belgrade, 1968-69, n° 3; Leningrad, 1973, n° 9; Milan, 1990, n° 13.

BIBLIOGRAPHIE
Waagen, 1864, p. 30; Penther, s.d., p. 17; Phillips, 1895, p. 347; Harck, 1896, p. 423; Phillips, 1899; Somov, 1899, p. 26, n° 6; Cook, 1900, pp. 102, 136; Justi, 1908, I, pp. 122-123, II, pl. 16; Liphart, 1910, p. 17; Weiner, 1910, pp. 145, 148; Liphart, 1912, n° 6; L. Venturi, 1912, pp. 134-135; Liphart, 1916, n° 6; Justi, 1926, II, pp. 273-274; Berenson, 1932, p. 593; Suida, 1935, p. 81; Berenson, 1936, p. 510; Richter, 1937, p. 223, n° 40; Fiocco, 1941, p. 25; Morassi, 1942, pp. 29, 70, 72-73, 164-165; Pallucchini, 1944 (*Pittura*), p. XI; Douglas, 1950, p. 31; Morassi, 1951, p. 215; Berenson, 1954, pp. 146-152; Coletti, 1955, p. 66; Justi, 1955, p. 165; Pignatti, 1955 (*Giorgione*) pp. 126, 164; Zampetti, 1955 (*Giorgione*) (2e éd.), p. 288; Zampetti, 1955 (*Postille*), pp. 59-60; Dussler, 1956, p. 2; Suida, 1956, p. 148; Berenson, 1957, I, p. 54; Moschini, 1958, p. 360; Bazin, 1958, pp. 58-59, 213-214 note 56; Heinemann, 1962, p. 116, n° 185; Morassi, 1967, p. 196; Stuffmann, 1968, p. 70; Zampetti, 1968, p. 89, n. 10; Pignatti, 1969, pp. 60, 100-101, n. 12; Battisti, 1970, p. 211; Calvesi, 1970, p. 182; Magugliani, 1970, p. 145; Freedberg, 1971, p. 91; Tschmelitsch, 1975, p. 97; Hornig, 1976 (*Spätwerk*), p. 924; Pignatti, 1978 (*Giorgione*), pp. 56, 104, n° 13; Sgarbi [1978] 1981, p. 32; Ballarin, 1979, p. 231; Muraro, 1979, p. 179; Ballarin, 1980, p. 494 note 3, Lucco, 1980, pp. 132-133, n° 180 Pignatti, 1981 (*Il corpus*) p. 142; Vsevolozkaja, 1981, n° 54; Pallucchini et Rossi, 1983, p. 355, n° 41; Hornig 1987, pp. 176-177; Artemieva, 1990, p. 60, n° 13.

M. Stuffmann (1968) considère que ce tableau est le même que celui mentionné dans le catalogue de Crozat (1740): « 444. Un tableau peint sur bois, sans bordure, de treize pouces de haut sur dix pouces de large, représentant une Vierge, peint dans le goût du Giorgion »;

en calculant le pouce à 2,7 cm, cela revient à 35,1 × 27 cm. Il aurait été vendu en 1751 sous le nom de Procaccini, ce qui conduit à l'identifier avec le n° 114 du catalogue de la vente Crozat fait par Mariette. Il est probable que Stuffmann ait eu l'idée de cette identification du catalogue de Somov (1899), où il est question d'une provenance Crozat à propos du tableau de l'Ermitage. Les mesures du tableau giorgionesque de Crozat semblent toutefois trop différentes de celles de la *Vierge*. Cook (1900) dit qu'elle a été « acquise à Paris en 1819 par le prince Troubetzkoy comme un Titien, sous le nom de qui elle est encore mentionnée »; il est évident qu'il se trompe.

Le tableau entre à l'Ermitage comme une œuvre de Garofalo, une attribution intelligente, si l'on considère tout ce qui dépend de tableaux comme celui-ci dans le giorgionisme du peintre de Ferrare entre 1500 et 1510, à tel point que cette fois, la proposition de Waagen de l'attribuer à l'école de Giovanni Bellini, dans son essai de 1864 sur les tableaux de l'Ermitage (qui ouvre formellement l'histoire critique de l'œuvre), semble en banaliser la lecture. Cette attribution est accueillie par les premiers catalogues du musée et Somov, en 1889 (mais également dans les éditions ultérieures du catalogue, 1891-1909) essaie de la préciser en avançant le nom de Francesco Bissolo. Harck (1896), quant à lui, s'oriente en direction de Previtali. Phillips (1895) est le premier à proposer le nom de Giorgione; mais en 1899, après avoir examiné personnellement le tableau, il conclut qu'il s'agit d'une copie d'après un original perdu du maître de Castelfranco. Cook (1900) prend acte de ces opinions de Phillips et réserve son jugement. C'est Justi (1908) qui prend résolument position en faveur de Giorgione, en raison de la qualité de la peinture et de comparaisons précises avec les œuvres plus anciennes du maître (le groupe Allendale et les deux tableaux des Uffizi). Justi propose en effet une date précoce, vers 1495.

Les incertitudes demeurent pendant presque toute la première moitié du XXe siècle; elles sont causées, à l'origine, par Justi qui, dans la deuxième édition de sa monographie (1926) reprend l'attribution, mais exprime des doutes; il souligne le mauvais état de conservation et estime que les deux figures ont été très repeintes au XIXe siècle. A l'en croire (et il semble qu'entre-temps il ait eu l'occasion de voir le tableau) seul le paysage est bien conservé. On retrouve la même incertitude dans l'opinion de Liphart qui dans un premier temps (1910, 1912), est d'accord avec Justi, mais qui, quelques années plus tard (1916) attribue le tableau à Bartolomeo Veneto. Nous nous retrouvons dans l'orbite de Bellini : L. Venturi, en 1912, le considère comme l'œuvre d'un « médiocre imitateur de Giambellino ». Berenson (1932 et 1936) le classe parmi les anonymes giorgionesques. Richter (1937) ne le connaît pas personnellement et, en ce qui concerne son état de conservation, est tributaire de Justi et d'une opinion de K. Clark, qui semble l'avoir vu. Il remarque que de nombreux détails du paysage sont particulièrement caractéristiques de Giorgione et que la Vierge tient la tête de l'Enfant de la même manière que dans la *Sainte Famille* Benson (cat. **15**). Il propose donc de le situer entre la *Judith* et la *Tempête*, à l'intérieur de ce qu'il appelle la période bellinienne du maître et qu'il considère achevée, vers 1500, avec la *pala* de Castelfranco. Fiocco (1941) entrevoit la main de Giorgione dans le paysage, encore lisible, mais il estime impossible d'aller plus loin, à cause des repeints du XIXᵉ siècle qui altéraient tant la physionomie du tableau. Fiocco est clairement influencé par la dernière opinion de Justi. Il est évident que l'évaluation de ce précieux tableau souffre de ce que peu d'historiens ont pu le voir avant sa présentation à l'exposition vénitienne de 1955. Suida lui-même (1935) avoue qu'il ne veut pas se prononcer à partir d'une reproduction.

L'attribution à Giorgione semble devenir plus constante dans les années 1940, au moment où Morassi (1942), qui n'a pourtant pas vu l'original, le rapproche avec autorité du groupe Allendale et le situe le premier chapitre de l'histoire de Giorgione, avant la *pala* de Castelfranco, entre 1500 et 1504; ce chapitre, ouvert par la *Judith*, continue avec la *Vierge dans un paysage* de l'Ermitage, la *Sainte Famille* Benson (cat. **15**), la *Vierge avec saint Jean-Baptiste et sainte Catherine* de Venise, l'*Adoration des Mages* de Londres et l'*Adoration des bergers* Allendale. Morassi perçoit d'ailleurs parfaitement les relations qui existent aussi avec la *Tempête*. Dans son texte, il reconnaît à Cavalcaselle le mérite d'avoir avancé le nom de Giorgione pour cette « œuvre mineure », mais ce doit être une erreur, puisque dans la fiche il mentionne à juste titre le nom de Justi. Pallucchini (1944) est lui aussi d'accord avec cette attribution. Il faut cependant remarquer qu'il ne mentionne pas le tableau dans le premier chapitre, celui qui s'achève avec la *pala* de Castelfranco et auquel appartiennent la *Sainte Famille* Benson (cat. **15**), la *Nativité* Allendale et la *Judith*, mais dans le chapitre suivant, après la *Pala* et tout de suite avant la *Tempête*, vers 1505. Prennent ainsi forme deux opinions entre lesquelles on verra osciller la suite des études.

Douglas, dans son article sur quelques œuvres de la jeunesse de Giorgione (1950), à savoir les trois tableaux du groupe Allendale, est enclin à voir également dans celui de Saint-Pétersbourg (même à partir d'une simple photographie) un des « nombreux portraits de Notre Dame » que Giorgione, à en croire Vasari, aurait réalisés « à ses débuts »; il exclut par ailleurs celui de Venise, qui lui semble plutôt de Palma Vecchio. En 1949, Parker, Pallucchini et H.D. Gronau annoncent la découverte d'un nouveau Giorgione, la *Vierge lisant avec l'Enfant et une vue de Venise*, tout juste acquise par l'Ashmolean Museum d'Oxford. Pallucchini fait alors le point sur le problème des trois tableaux du groupe Allendale, auxquels il voit désormais s'ajouter la nouvelle *Vierge* comme un précieux lien entre d'un côté ce groupe et, de l'autre, la

Judith et la *pala*. L'historien, alors qu'il ne dit rien de la *Vierge* de l'Ermitage, profite de l'occasion pour réaffirmer l'extériorité à ce groupe de la *Vierge avec les deux saints* de Venise et son attribution à Sebastiano del Piombo (déjà soutenue par lui en 1935 et 1944), ce tableau étant désormais mieux compris comme la dérivation directe d'un prototype giorgionesque semblable au tableau d'Oxford. La découverte de cette belle œuvre aurait dû mettre fin à toutes les réserves relatives à la définition du catalogue des premières œuvres de Giorgione, puisqu'elle permettait de mieux relier entre elles les œuvres du groupe Allendale, en comblant la distance qui sépare, d'un côté, la *Sainte famille* Benson (cat. **15**) et l'*Adoration des Mages*, et, de l'autre, l'*Adoration des bergers* Allendale, distance qui avait poussé certains historiens à les considérer comme de deux artistes différents; le tableau d'Oxford permettait également de mieux relier le groupe Allendale à la *pala* de Castelfranco, mais en même temps elle confirmait que devaient en faire partie la *Vierge avec sainte Catherine et saint Jean-Baptiste* des Gallerie dell'Accademia et la *Vierge* de l'Ermitage.

On a vu comment Pallucchini fait la distinction entre la *Vierge* d'Oxford et celle de Venise. Morassi est en revanche poussé, en voyant la *Vierge lisant*, à repenser la chronologie de son « Giorgione »: la nouvelle œuvre lui semble d'une composition monumentale et d'une peinture étonnamment moderne (bien différentes de la *Sainte Famille* Benson [cat. **15**], de l'*Adoration des Mages* et de la *Judith*) postérieure à la *pala* elle-même (vers 1505), presque à la hauteur des fresques du Fondaco, à propos desquelles « il vaut la peine de remarquer que le « style monumental » de Giorgione en 1508 n'était pas aussi exceptionnel que ce que certains critiques ont essayé de faire croire »; l'*Adoration des bergers* Allendale, en qui il veut voir la « nocte » qu'Isabelle d'Este voulait acquérir à la mort du maître, serait une œuvre des dernières années; les *Trois Philosophes* (que, dans la monographie de 1942 il situait peu après la *pala*, vers 1506-1507) appartiennent désormais, avec la *Tempête*, aux dernières œuvres du maître. On voit ainsi se constituer un chapitre allant de 1506 à 1510 et qui inclut la *Laura* (1506; cat. **27**) et le *Portrait* Terris (1508; cat. **28**), la *Vierge lisant* et la *Sainte Conversation* (1507-08), la *Nativité* Allendale, les *Trois Philosophes* et la *Tempête*. Le groupe des *Vierges*, construit autour du tableau Allendale, est donc amené à s'étendre sur l'ensemble de la vie de Giorgione; la *Vierge lisant*, au lieu de rapprocher la *Sainte Famille* Benson (cat. **15**) de l'*Adoration des bergers* Allendale, a fini par les éloigner encore plus. Autant la monographie de 1942 a été une étape importante dans les études sur Giorgione, autant l'article de 1951, suscité par l'étude de la *Vierge lisant*, risque d'en ternir les mérites.

Berenson, en 1954, prend à son tour position à propos de la nouvelle *Vierge*. Il commence par une remarque de méthode : « Ma conviction actuelle est que ce qui compte dans l'art de l'at-

tribution n'est pas telle ou telle comparaison précise, mais le sens de la personnalité artistique du peintre. Cela ne peut provenir que d'une longue et amoureuse intimité et n'admet pas de raccourcis; et certainement pas de la comparaison de minutieux détails à la pertinence douteuse ». A partir de là, il distingue entre les trois tableaux qui constituaient à l'origine le groupe Allendale (et qu'il finit par attribuer à Giorgione, même s'il n'exclut pas que la main de Titien soit intervenue sur la Vierge et sur le paysage de la *Nativité*) et les trois tableaux qui se sont ajoutés par la suite (la *Sainte Conversation* de Venise, la *Vierge* de l'Ermitage et la *Vierge lisant*) et que, par comparaison avec des œuvres de Cariani datant de la fin de la troisième décennie (Berenson a dit vouloir faire abstraction des comparaisons trop minutieuses) il propose de considérer comme des œuvres de jeunesse du peintre bergamasque — et suggère, dans ses *Elenchi* de 1957, de dater le tableau anglais aux alentours de 1510. Il rapproche de ce dernier la *Vierge dans un paysage face à un laurier* (Londres, National Gallery, nᵒ 2495), qu'il attribue au même peintre et qui est en réalité une œuvre de jeunesse de Palma Vecchio influencée par celles de Giorgione (le tableau de Venise, comme l'avait dit Longhi — 1927 [1967], p. 236 — ou celui de Saint-Pétersbourg) et une *Vierge* de la collection Viezzoli de Gênes, à son tour influencée par le tableau de Palma et qui relève simplement du bon artisanat. Cette construction est reprise dans les *Elenchi* de 1957. J'avoue que ce qui me surprend le plus n'est pas tant le recours à Cariani comme entité méta-historique, que l'idée selon laquelle la *Vierge* d'Oxford pourrait, en faisant abstraction de toute considération relative à son auteur, avoir été peinte autour de 1510. On a vu d'autre part comment Morassi lui-même s'est engagé dans cette voie.

H.D. Gronau (1949) est plus perspicace. Rappelant l'attribution à Cariani lors de la vente londonienne, il observe qu'elle est invraisemblable « à cause de la date du tableau, qu'on peut situer entre 1500 et 1505 ». L'exposition du palais des Doges (1955) ne permet pas de voir ensemble les six pièces du puzzle : les trois plus importantes étant absentes, et la *Nativité* Allendale remplacée par la version inachevée de Vienne, la comparaison n'est possible qu'entre le tableau de Venise et celui d'Oxford, accrochés l'un près de l'autre dans une des salles de l'exposition; et entre ces deux tableaux et la *Vierge* de l'Ermitage, d'ailleurs arrivée avec beaucoup de retard et par conséquent mentionnée seulement dans la deuxième édition du catalogue et ignorée par certains comptes rendus. L'absence de la *Judith* n'aide pas à éclairer les nombreux problèmes pesant sur les débuts du peintre. Zampetti, dans les fiches du catalogue, laisse ouverte la possibilité de reconnaître la main du même peintre dans la *Sainte Conversation* et dans la *Vierge lisant*, à un moment qui précède la *Pala de Castelfranco* et il en est sans aucun doute convaincu lorsqu'il écrit les *Postille alla mostra* (1955); il profite de cette occasion pour revenir sur les restaurations de la *Vierge* de l'Ermitage, moins étendues, même sur les figures, que ce qu'on a dit et répété, et pour en déclarer le caractère totalement autographe. Il observe, à juste titre, à propos du paysage intact, qu'il « fait partie des plus beaux que le peintre ait créés : un paysage qui passe des détails du premier plan (par exemple la superbe fleur en bas à droite) à la synthèse panoramique du fond. Le tout réalisé avec une peinture à la couleur désormais si dense, à la matière si riche, à la lumière si vibrante : une peinture véritablement tonale, au sens le plus large du terme ». Il date le tableau aux alentours de la *Pala de Castelfranco*. Je ne suis en revanche plus d'accord avec Zampetti lorsqu'il perçoit (même en 1968) une certaine influence de Raphaël, par référence aux *Madones* de la période florentine.

Robertson, dans son compte rendu de l'exposition (1955), ne dit rien de la *Vierge* de l'Ermitage (arrivée, comme on l'a dit, trop tard); quant aux œuvres exposées, bien qu'il admette, à propos du tableau d'Oxford, qu'il « semble possible, mais pas certain, qu'il soit de la même main » que celui de Venise, il préfère faire sien le point de vue de Pallucchini et, en désaccord avec Morassi, il poursuit : « Mais si nous acceptons le tableau Tallard [la *Vierge lisant*] comme un authentique Giorgione, nous devons assurément le situer à l'extrême début de sa carrière. L'extraordinaire maladresse de la construction du tableau, particulièrement dans la figure de la Vierge, peut difficilement être expliquée par une autre hypothèse, et cela réfute selon moi les arguments de Morassi en faveur d'une datation tardive ». Il reprend la même idée plusieurs années après, dans son compte-rendu de la monographie de Pignatti, où le point de vue de Morassi sera exacerbé : « Il est très difficile d'accepter une datation aux alentours de 1508, pour une peinture si primitive et si maladroitement construite que la *Vierge* d'Oxford, bien qu'il y ait d'évidentes difficultés à l'intégrer parmi les toutes premières œuvres » (1971). Même Pallucchini ne dit pas un mot de la *Vierge* de l'Ermitage dans son *Guide de l'exposition* (1955). Dussler, dans son compte rendu (1956), préfère la maintenir dans l'entourage de Giorgione, tandis qu'il fait sienne l'attribution de la *Sainte Conversation* au jeune Sebastiano, défendue par Pallucchini. La dernière contribution de Suida sur cette question remonte à 1956; il s'agit d'un commentaire à l'exposition, qui lui offre l'occasion d'une révision du catalogue et de la chronologie des œuvres de Giorgione : si on se limite aux tableaux les plus proches de la *Vierge* de Saint-Pétersbourg, on peut dire qu'il en situe les débuts avant 1500, avec des œuvres telles que la *Vierge lisant*, la *Sainte Conversation* de Venise, l'*Adoration des Mages* de Londres, la *Sainte Famille* Benson (cat. **15**); il considère comme à peine plus tardives (après 1500), à l'intérieur d'un chapitre désormais dominé par les portraits et les demi-figures, l'*Adoration des bergers* Allendale et la *Vierge* de l'Ermitage.

Morassi a l'occasion d'exposer sa pensée, après l'exposition, dans son profil de Giorgione datant de 1961 ([1961] 1967) : les six *Vierges* sont toutes présentées, à l'instar du bilan de Suida, comme des œuvres de Giorgione; l'*Adoration des Mages* et la *Sainte Famille* retracent l'histoire de Giorgione avant la *Vierge* de Castelfranco (1504-05), mais Morassi me semble éluder le problème de la date de la *Nativité*, tandis qu'il est certain qu'il continue de considérer la *Vierge lisant* comme postérieure de quelques années à la *pala*, mais pas la *Vierge avec les deux saints*, qu'il suggère de situer en même temps que la *pala* ou peu de temps après. Quant à la *Vierge* de Saint-Pétersbourg : « même les couleurs du vêtement de la Madone sont celles que Giorgione adopte dans ses représentations de la Vierge (il suffit de citer la *Pala de Castelfranco*) : la robe verte, et non pas rouge, comme dans la tradition, et le manteau rouge, et non pas bleu. Il s'agit d'une œuvre [...] appartenant certainement aux tout débuts du peintre; je veux dire qu'on peut la situer dans les toutes premières années du XVIᵉ et peut-être même les dernières du XVᵉ, quand Giorgione venait peut-être de sortir de l'atelier de Bellini. »

Wilde, dans ses leçons londoniennes sur Giorgione des années 1950 (éd. posthume 1974), ne parle pas de la *Vierge* de l'Ermitage : il situe le premier chapitre de l'histoire de Giorgione avant la *Pala de Castelfranco*, avec la *Judith*, les trois tableaux du groupe Allendale et la *Vierge lisant*, à propos de laquelle il affirme catégoriquement que « ce doit être une des toutes premières œuvres », entre autres à cause des maladresses de la perspective et du dessin. Le tableau de l'Ermitage n'est pas non plus cité par L. Venturi (1958) dans son article de l'*Enciclopedia Universale dell'Arte*, qui pourtant mentionne la découverte de la *Vierge lisant*; Baldass et Heinz n'en parlent pas non plus dans leur monographie de 1964; il faut cependant ajouter que Baldass, dans son chapitre *Putative Early Works* ne parle pas de la *Vierge lisant* et de la *Sainte Conversation*; il exclut le groupe Allendale, ainsi que l'*Épreuve de Moïse* et le *Jugement de Salomon* des Uffizi, que Robertson écarte lui aussi dans son compte rendu, pour les diriger vers l'école de Ferrare. Plus précisément, Baldass voit trois artistes : le premier, principal auteur des deux tableaux des Uffizi, ne serait pas actif avant la fin de la première décennie; le deuxième aurait peint la *Sainte Famille* et l'*Adoration des Mages*, en imitant le jeune Giorgione; le troisième, l'auteur du plus beau tableau du groupe, l'*Adoration des bergers*, semblerait déjà connaître les *Trois Philosophes*, mais ce ne serait pas Titien, dont Baldass reconnaît en revanche la main, comme Berenson (1932) dans la version inachevée de cette *Adoration* au Kunsthistorisches Museum de Vienne. Heinz, dans les fiches du catalogue, traite de la question plus prudemment et laisse ouverte la possibilité que ces cinq tableaux soient des œuvres de la jeunesse de Giorgione; il exclut en revanche la *Sainte Conversation* (peut-être de Sebastiano) et la *Vierge lisant*, qui n'est d'ailleurs même pas reproduite.

T. Pignatti (1969), dans son catalogue de Giorgione, laisse uni ce groupe de tableaux — à l'exception de la *Sainte Conversation*, pour laquelle il accepte la thèse de Pallucchini — mais le date très tard dans la décennie, dépassant la *Pala de Castelfranco* (1504-1505) avec la *Nativité* (1505-1506) et allant même plus loin, au-delà des fresques du Fondaco, avec la *Vierge lisant* qu'il considère, à l'instar de Morassi, comme une œuvre exemplaire de la « manière moderne » du dernier Giorgione. La *Vierge* de l'Ermitage, qu'il juge sans hésiter pleinement autographe, est comprise comme une œuvre plus tardive que le tableau Allendale : « Elle conserve [...] quelques résidus d'art gothique dans le drapé sinueux du vêtement, mais la maturité de la couleur et son rapport harmonieux avec le vert de la nature qui l'entoure, montrent qu'on est bien au-delà de la *Sainte Famille* Benson (cat. **15**) et même de l'*Adoration* Allendale. On remarquera en particulier le frémissement de la couleur à la surface, déjà visible sur le laurier de la *Laura* (cat. **27**) : il s'agit presque d'une fragmentation de la matière chromatique sous l'impact de la lumière, qui l'absorbe quasiment ». En conséquence, il la situe entre la *Laura* et la *Tempête*, vers 1506-1507. Pignatti revient par la suite sur ce rapprochement avec la *Tempête* ([1978] 1981), mais il reste perplexe face à la persistance du gothique dans le drapé, et n'exclut donc pas que le tableau de l'Ermitage soit plus ancien.

Freedberg (1971) partage en ce sens la position de Berenson : les trois *Vierges* de Saint-Pétersbourg, Oxford et Venise ne sont pas de Giorgione. Mais elles sont du même auteur : Cariani, à la fin de la première décennie, selon Berenson; Sebastiano del Piombo, entre 1506 et 1507, selon Freedberg. L'hypothèse de Freedberg, me semble-t-il, repose sur la *Sainte Conversation* de Venise (vers 1507) « qui est plus facilement attribuable à Sebastiano », et qui représente le lien entre le *corpus* attesté de Sebastiano et les deux autres *Vierges*, celle d'Oxford (vers 1506-1507), bellinienne et giorgionesque, et, en remontant le temps, celle de Saint-Pétersbourg (vers 1506), bien plus nettement bellinienne. Il faut ajouter que selon Freedberg, les trois œuvres du groupe Allendale ne seraient pas non plus de Giorgione : elles représenteraient les débuts belliniens de Titien, autour de 1506, mais, dans ce cas, sans qu'il y ait d'œuvre assurant le lien avec le noyau des œuvres de jeunesse les plus attestées. La distinction entre ces deux groupes parallèles est toutefois difficile à défendre, puisque un peu plus loin il classe la *Sainte Famille* parmi les œuvres de Sebastiano. W.R. Rearick lui aussi distingue plusieurs mains à l'intérieur du groupe Allendale : d'un côté, la *Sainte Famille* et l'*Adoration des Mages*, de Sebastiano, respectivement datées de 1506 et 1508 environ; de l'autre, la *Nativité*, de Titien, datant environ de 1506.

La *Vierge* de l'Ermitage est présentée comme une œuvre de la jeunesse de Giorgione aussi bien par Tschmelitsch (1975) que par Hornig (1987), ainsi que les autres tableaux dont nous avons parlé, à l'exception de la *Sainte Conversation* de Venise, que tous deux attribuent à Sebastiano. Lucco (1980) le donne lui aussi à Giorgione, et il a été présenté comme tel à l'exposition milanaise de 1990, dans une notice d'Irina Artemieva.

A.B.

page 32

18

Giorgio da Castelfranco, dit Giorgione
Castelfranco Veneto, vers 1476/1478 - Venise, 1510

Portrait de Francesco Maria della Rovere
vers 1500

Bois transposé sur toile. H. 0,73; L. 0,64

VIENNE, KUNSTHISTORISCHES MUSEUM, GEMÄLDEGALERIE

HISTORIQUE

Coll. ducs della Rovere, Urbino (inv. du Palazzo e Guardaroba de Pesaro (1623-1624, fol. 57 r.) probablement jusqu'en 1631, année de la mort du dernier duc, Francesco Maria II della Rovere; coll. Bartolomeo della Nave, Venise (cat. envoyé en Angleterre par lord Basil, viscount Feilding, 1636); Coll. marquis de Hamilton, Londres, 1638-1649; coll. archiduc Léopold-Guillaume, Bruxelles, vers 1650; puis Vienne (inv. 1659, n° 36); par héritage, coll. empereur Léopold-Guillaume Ier.

EXPOSITION

Venise, 1955, n° 45.

BIBLIOGRAPHIE

Astorffer, 1720, I, n° 114; *Prodromus*, 1735, n° 5; Mechel, 1783, p. 11, n° 37; Rosa, 1796, p. 34; Krafft, 1849 (3e éd.: 1re éd. 1837), p. 8; Crowe et Cavalcaselle, 1871, II, p. 488; Engerth, 1872, p. 1, n° 10; Engerth, 1882, I, p. 230, n° 328; Lermolieff (Morelli), 1890 (éd. anglaise 1893), p. 36; Berenson, 1894 (3e éd. 1897), p. 98; Glück, 1908, p. 52, n° 212; Borenius, 1912, (Crowe) III, p. 383 note 1; L. Venturi, 1913, pp. 242-243, 385; *Katalog der Gemäldegalerie*, 1928, p. 242; Berenson, 1932, p. 364; Borenius, 1932, pp. 363 ss.; Suida, 1935, pp. 82-86; Berenson, 1936, p. 313; *Katalog der Gemäldegalerie*, 1938, p. 185; Pallucchini, 1941, p. 454; Morassi, 1942, pp. 101-102, 169-170; Pallucchini, 1944 (*Sebastiano*), pp. 20, 22, 25, 153; Longhi, 1946, p. 65; Suida, 1954, p. 164; Coletti, 1955, p. 67; Perocco, 1955, p. 12; Pignatti, (*Giorgione*) 1955, p. 144; Zampetti, 1955 (2e éd.), p. 102, n° 45; Suida, 1956, pp. 147-148; Berenson, 1957, p. 85; *Katalog der Gemäldegalerie*, 1960, I, pp. 61-62, n° 554; Baldass et Heinz, 1964 (éd. anglaise, 1965),

p. 53; Garas, 1964, p. 79; Pallucchini, 1966, s.p.; Garas, 1967, p. 57; Berenson, 1968, I, p. 273; Garas, 1968, p. 204; Zampetti, 1968, p. 99, n° 72; Pignatti, 1969, pp. 138-139, n° A 63; Magugliani, 1970, p. 156; Freedberg, 1971, p. 478 note 44; Demus, 1973, p. 191; Pignatti, 1975, p. 318; Ruckelshausen, 1975, p. 88; Tschmelitsch, 1975, p. 342; Sangiorgi, 1976, pp. 356-357 note 3; Pallucchini, 1978, pp. 20-21; Pignatti, 1978 (*Giorgione*), p. 144, n° A 67; Salvini, 1978, p. 98; Ballarin, 1979, pp. 234-235; Tempestini, 1979, pp. 159-160; Ballarin, 1980, p. 494 note 3; Lucco, 1980, p. 143, n° 250; Volpe, 1980, p. 6; Ballarin, 1983, fig. 355; *Verzeichnis der Gemälde*, 1991, p. 129; Ferino Pagden, 1992, pp. 17-21; Fischer, 1992, pp. 21-23.

L e tableau était à Urbino dans la collection des ducs della Rovere (inventaire du Palazzo e Guardaroba de Pesaro de 1623-24, f. 57 r.: « Un tableau de dimensions moyennnes avec le portrait d'un des [membres] sérénissimes de la Maison d'Urbino en jeune garçon avec un casque à la main vêtu à l'ancienne et cadres de noyer : autour du casque des branches de chêne, qu'on dit du duc Guido Baldo » [éd. Sangiorgi, 1976, en appendice, p. 356, qui, toutefois, ajoute la note suivante, étant en désaccord avec Suida au sujet de l'identification et de l'attribution : « On pourrait ajouter, vu l'indication que nous fournit notre inventaire, que le jeune garçon représenté est effectivement Guidobaldo della Rovere (né de Francesco Maria Ier, préfet de Rome en 1514) peint par Sebastiano durant la période remontant au *Martyre de sainte Agathe* de la Galleria du Palazzo Pitti (…) »].

Le tableau fut mis sur le marché, selon toute probabilité, après la mort du dernier duc, Francesco Maria II della Rovere (1631), et il se trouvait à Venise dans la collection de Bartolomeo della Nave jusqu'en 1636, date probable de sa mort et, en tout cas, de la mise en vente de ses peintures (catalogue de la collection ou liste des tableaux mis en vente, envoyé en 1636 par lord Basil, vicomte Feilding [env. 1608-1675], ambassadeur à Venise entre 1635 et 1638, comte de Denbigh à partir de 1643, au marquis de Hamilton en Angleterre [éd. Waterhouse, 1952, *List A*], « 1. Une peinture de Guido Ubaldi [d]ella Rovere Duc d'Urbin carrée de trois palmes de côté faite par Raphaël » [66,9 × 66,9 cm environ, en calculant que le palme romain, assez peu fréquent comme unité de mesure à Venise, correspond à 22,3 cm]). Toute la collection Della Nave est achetée par Feilding pour le marquis en 1638, mais après la guerre civile durant laquelle Hamilton s'est rangé du côté du roi, le Parlement confie cette dernière à la garde de Feilding à Londres (inv. Hamilton n°5, *A Catalogue of my Lo Marquesses Pictures* [rédigé avant le 12 avril 1643 : Shakeshaft, 1986, p. 114], « La vingt-huitième boîte ? » : « Un jeune homme tenant un casque. Coregio » [éd. Garas, 1967, p. 72]; inv. Hamilton 1649 : « Coregio, 6. Le pourtrait de Duc d'Urbin après le naturel (h. 3, la. 2 1/2 pa.) » [éd. Garas, 1967, p. 75]; les mesures de 66,9 × 55,7 cm environ, en évaluant le palme à 22,3 cm,

sont omises parce que supposées être les mêmes que celles du tableau classé n° 5, attribué lui aussi à Corrège : « Retratto d'une femme après le naturel, h. 3, la. 2 1/2 pa. », conçu erronément en couple, identifié par Garas [1967] avec le n° 327 de l'inv. du Kunsthistorisches Museum de Vienne, attribué à Parmigianino. Le tableau fut acheté pour la collection de l'archiduc Léopold-Guillaume (1614-1662), Bruxelles, de 1650 à 1656 (la collection Hamilton, mise probablement en vente immédiatement après la mort du marquis [exécuté en 1649], se trouve déjà à Bruxelles vers 1650; toutefois, le tableau ne figure dans aucune des représentations de la *Galerie de l'archiduc Léopold-Guillaume à Bruxelles* de David Téniers le Jeune). Ensuite, il passe à Vienne dans la collection de l'archiduc Léopold-Guillaume (1656-1662) (inv. 1659, « Portrait à l'huile, sur bois, d'un jeune homme dans un habit noir et un manteau rouge sur son épaule gauche, et un casque dans ses deux mains. Dans un cadre noir, avec listel intérieur doré, haut de 4 empans et 1 pouce, large de 3 empans et 7 pouces. Considéré comme un original de Corrège » [éd. Berger, 1883, p. LXXXVIII; Garas, 1968, p. 204]; les mesure données, si l'on calcule que l'empan équivaut à 20,8 cm et le pouce à 2,08 cm [cf. Garas, 1968, p. 201] sont d'environ 85,3 × 77 cm, comprenant le cadre, comme tous les tableaux dans l'inventaire de 1659; reproduit dans le *Theatrum Pictorium*, 1660, n° 191 avec la légende : « 1. *Palma Senior p. 5 Alta. 3 Lata. 191 L. Vorsterman f.* » qui donne un format, erroné en hauteur, de 104 × 62,4 cm environ). Le tableau passe ensuite dans les collections de l'empereur Léopold Ier, Vienne (à partir de 1662 par legs testamentaire de l'archiduc Léolpold-Guillaume). Le *Verzeichnis der Gemälde* du musée (1991) adopte cette provenance. Suida (1935, 1954), ignorant encore le passage de propriété Della Nave-Hamilton, avait cru pouvoir identifier le *Francesco Maria* avec le tableau de Giorgione cité par Ridolfi, se trouvant chez Jean et Jacob Van Voert (ou Veerle) d'Anvers (1648, éd. Hadeln, 1914-1924, I, p. 106) : « [...] autre [portrait] d'un jeune homme également avec une chevelure souple et une armure, dans laquelle se reflète sa main d'une beauté exquise [...] », mais vingt ans plus tard, ayant découvert les qualités toutes giorgionesques du prétendu *Archer* de la National Gallery of Scotland d'Édimbourg (inv. n° 690), c'est avec ce dernier qu'il identifiera justement le tableau Van Veerle, en l'ajoutant au catalogue des œuvres de Giorgione de la période du *Francesco Maria della Rovere* (1956, p. 148) (Pour la confirmation de la provenance et de la paternité giorgionesque de ce tableau, voir respectivement Garas, 1964, pp. 52-58, Ballarin, 1979, p. 247 note 41. Pignatti (1955, mais encore en 1969), reprenant l'idée de Suida, se demande si le tableau de Vienne ne doit pas être identifié avec le « jeune homme avec une chevelure souple et une armure » que Ridolfi mentionne non pas à Venise, comme il dit, mais à Anvers.

Le tableau a beaucoup souffert de l'appauvrissement de la matière et des repeints dans la zone du visage et des cheveux. Il a été restauré et soumis à des contrôles radiographiques entre 1992 et 1993. La radiographie de la tête a fait apparaître un plus beau dessin et même une autre expression, et si les retouches ne nous trompent pas, une rotation initialement différente, au point que Ferino Pagden (1992) l'a comparée avec celle de la copie de l'*Autoportrait* de Brunswick. Les traits sont plus aigus, la tête plus osseuse et le modelage de la lumière sur la tempe, la pommette, le nez, beaucoup plus fin. Aujourd'hui le modelage de la tête par la lumière est trop plat et les traits sont trop doux. Du reste, Suida avait déjà prévenu que l'on ne pouvait faire aucune attribution à partir de la tête. La radiographie a aussi révélé l'existence d'un petit écriteau accroché sur le mur du fond, imitant les plis du papier et le racornissement des coins, donc terminé, mais sur lequel on n'a rien pu lire. La restauration s'est concentrée sur cette zone du tableau et a permis de retirer facilement la couche de couleur marron chaud qui la recouvrait et qui remontait d'anciennes restaurations. Une couche de couleur vert-de-gris, qui laissait transparaître l'écriteau, est apparue, mais elle était très liée à la couche de blanc de plomb avec lequel ce dernier a été peint, et donc très ancienne, probablement du XVIe siècle : c'est pourquoi on a décidé de ne pas l'enlever. On s'est aperçu que cette couche avait été abîmée par une tentative de nettoyage antérieure, sans doute afin de lire la signature sur l'écriteau. On a aussi vérifié que le morceau de papier est posé à son tour sur un fond de couleur vert-de-gris. En ce qui concerne l'existence éventuelle d'une inscription, B. Fischer (1992), qui a restauré le tableau et rédigé le premier compte rendu de l'opération, pense qu'il existe trois possibilités : ou bien l'inscription n'a jamais été écrite sur l'écriteau, par ailleurs terminé; ou bien elle a été détruite par des tentatives maladroites d'effacer l'écriteau; ou bien enfin elle existe toujours, mais elle est constituée d'une matière qui reste invisible aux rayons infrarouges. Elle conclut que la disparition de la couche marron a créé un nouveau rapport spatial entre la figure et l'arrière- plan. La spatialité du tableau a indubitablement été régénérée par cette intervention : l'arrière-plan, au lieu de pousser vers l'avant et d'écraser la figure, comme c'était le cas avant la restauration, est devenu un vrai mur entrant dans la composition du tableau, au fond de ce dernier, et par rapport auquel la mise au point optique de la figure, du casque et surtout de la main gauche au premier plan devient beaucoup plus subtile. Il reste alors à savoir si Giorgione a terminé son tableau avec la feuille de papier froissée accrochée dans la pénombre du mur ou si au dernier moment, il a décidé de la cacher. J'avoue pencher pour la première hypothèse parce que j'imagine que Giorgione a voulu enrichir la perception optique de l'espace en jouant sur la plus ou moins grande visibilité des objets en fonction de leur distance des yeux de l'observateur, ouvrant ainsi la voie aux expériences de Lotto et de Savoldo dans ce domaine. Dans ce cas, la couche vert-de-gris que nous voyons maintenant aurait été ajoutée plus tard dans le courant du siècle, en tout cas avant que le tableau n'apparaisse dans la collection de Léopold Guillaume, puisque l'écriteau ne figure pas dans la gravure de Van Troyen.

L'identification du jeune garçon avec Francesco Maria della Rovere, né le 25 mars 1490 de Giovanni della Rovere, neveu de Sixte IV et frère du futur Jules II, et de Giovanna di Montefeltro, fille de Federico et sœur de Guidobaldo, ne peut être ni prouvée, ni démentie par la comparaison avec les portraits qui rappellent sans erreur possible la physionomie du duc lorsqu'il était enfant. Le *Jeune Jomme à la pomme* de Raphaël (Uffizi), que Durand-Gréville (1905, pp. 377-386) et Gronau (1912, I-II, pp. 52-53) ont proposé d'identifier avec Francesco Maria, rencontrant l'accord de plusieurs spécialistes de Raphaël (Fischel, 1948, I, pp. 56, 358; mais plus récemment aussi Shearman, 1970, pp. 72-78, note 5 des pp. 72, 75; Sangiorgi, 1973, p. 95; Oberhuber, 1982, p. 32; Jones et Penny, 1983, p. 2; par contre, Dussler, 1971, p. 8, est d'un avis différent), ne peut être considéré comme un point de référence sûr, comme Shearman le reconnaît d'ailleurs lui-même. Il n'est pas identifié sous ce nom dans les inventaires urbinates, qui parlent sans plus de précision d'un « portrait de jeune homme sans barbe avec une fourrure doublée de rouge, béret rouge, avec zazara » (inventaire de 1631, f. 7 r.; voir aujourd'hui Sangiorgi, 1976, p. 207, no 35 du doc. *D* et note 2, où l'identification avec Francesco Maria est toutefois donnée comme certaine); on n'y trouve pas non plus d'allusions internes au personnage ou à la famille, et l'âge qu'il semble avoir, entre quinze et vingt ans, s'adapte assez mal à la chronologie des œuvres de Raphaël : cette dernière, y compris selon ceux qui ont vu dans ce portrait le jeune Della Rovere, ne permettrait pas de situer le tableau au-delà de 1504-1505, sauf pour Shearman (1970) qui a proposé de le dater du printemps 1507. Litta, auteur des *Famiglie celebri italiane*, accompagne les planches de textes consacrées à la famille Della Rovere (pl. I-VII, 1863-1866) d'illustrations (IIe Partie, fasc. 151, pl. II) comprenant deux ducats d'or à l'effigie du jeune duc : dans l'un (no 1), on découvre son profil droit avec la « zazzera, et dans l'autre (no 2) son profil gauche avec son casque. Le revers, qui est le même pour les deux médailles, permet de dater la frappe puisque Francesco Maria y porte le titre de capitaine général de l'Église sous Jules II, charge que le pape lui a conférée le 4 octobre 1508 (Dennistoun, 1851, II, p. 311) : les pièces pourraient donc remonter à la fin de 1508 et nous montrer la physionomie du duc entre dix-huit et dix-neuf ans. Gronau, qui compare le tableau de Raphaël avec le ducat présentant le profil avec la « zazzera », le date précisément de 1509. Les deux effigies, comme le montrent les gravures de Litta, sont très différentes l'une de l'autre, et même opposées par certains aspects : on ne pourrait pas dire qu'il s'agit de la même personne, s'il n'y avait les inscriptions. Le personnage du profil avec le casque a d'ailleurs l'air plus jeune que l'autre : ce qui pourrait bien être le cas et que Reposati (1772-1773, pp. 143-144) a supposé, en cataloguant et en reproduisant ces deux pièces dans le chapitre *Des monnaies frappées à Urbin au temps du duc Francesco Maria Ier* (voir les gravures pl. de p. 143). Voici ce qu'il disait à propos du ducat portant l'effigie du duc avec le casque : « L'effigie du duc à un jeune âge sur cette monnaie indique qu'elle a été frappée en l'an 1509, ou du moins peu de temps après cette époque, année où (mais, nous l'avons dit, il s'agit en fait d'octobre 1508) il fut déclaré par Jules II Capitaine Général de la S. Église ». Il pensait que l'autre, avec la « zazzera » (no 2), était « d'une frappe différente de celui susmentionné, montrant le duc à un âge plus avancé, raison pour laquelle on pense qu'il a été frappé avant l'année 1516, date où le duc fut privé de la dignité de Capitaine général de l'Église par Léon X ». En regardant bien les gravures de Litta, on pourrait percevoir une vague ressemblance — ce qui fut d'ailleurs le cas de Gronau — entre l'effigie sans le casque et le *Portrait* de Raphaël, due à la proéminence du nez, à la minceur des lèvres et à la coiffure, mais aucune entre ce dernier et l'effigie avec le casque, qui pourrait tout au plus, et d'une façon encore plus vague, faire penser au *Portrait* de Giorgione. Il est clair que ces comparaisons ne permettent d'aboutir à aucune conclusion.

Reste le fait que le *Jeune Garçon* de Vienne représente sans aucun doute un Della Rovere : la branche de chêne dorée autour du casque est celle du rouvre (*rovere* en italien) d'or déraciné sur fond bleu qui constitue les armoiries de la famille. Et que ce « putto », c'est-à-dire ce jeune garçon, de la famille Della Rovere soit Francesco Maria est une conséquence inévitable de l'âge qu'il semble avoir — je disais autrefois douze ans, mais c'est au maximum dix, et probablement entre huit et dix — et du fait que le tableau, quel qu'en soit son auteur, reste une œuvre située au tournant du siècle. Personne n'a jamais fait attention au costume, mais les manches découpées en longueur et attachées par des nœuds qui laissent ressortir la chemise à travers en bouffant ainsi que le col très près du cou appartiennent plus à la mode de la fin du XVe siècle qu'à celle du début du XVIe. La disproportion entre le casque et la tête du personnage est très probablement voulue afin de souligner son jeune âge et de contraster avec ses traits de bambin, au même titre que la différence d'échelle entre lui et l'imposante colonnade derrière son dos. D'autre part, le casque et les colonnes constituent des symboles que l'on a voulu associer au caractère et au destin du jeune garçon. Or on connaît les prophéties de victoires militaires qui ont accompagné la croissance de Francesco Maria et on sait quelle importance l'exercice des armes et de toutes les vertus militaires et chevaleresques a eu de fait sur son éducation, que ce soit à la cour de

Guidobaldo ou à celle de Louis XII, où il obtint la confiance de Gaston de Foix et du roi l'Ordre de saint Michel (Dennistoun, 1851, II, p. 303). En même temps, il est évident que le peintre et bien sûr les commanditaires ont voulu mettre l'accent sur son jeune âge, avant que l'exercice des armes et du pouvoir ne trempent son caractère : la délicatesse et en même temps l'embarras avec lequel il maintient le grand casque sur son plan d'appui sont inoubliables. C'est l'un des grands portraits de la série des enfants de cour, qui ne fait d'ailleurs ici que débuter ! Face à cet ensemble d'indices et d'évidences, on voudrait que ceux qui ne voient pas dans ce jeune Della Rovere le portrait de Francesco Maria fassent des propositions différentes. Il est étonnant que le tableau n'ait jamais été pris en considération non plus par les spécialistes de Raphaël qui se sont efforcés de reconnaître Francesco Maria dans le *Jeune Homme à la pomme* des Uffizi, sans nous dire toutefois sur la base de quelles évidences internes ou externes au tableau. On ne peut exclure que les deux tableaux représentent le portrait de la même personne, mais on ne peut pas le prouver non plus. L'hypothèse que le *Portrait d'un chevalier dans un paysage* (Madrid, coll. Thyssen) de Carpaccio daté de 1510 soit celui de Francesco Maria à l'âge de vingt ans (Zampetti, 1966, p. 82, sur une suggestion de Weiss, puis Sangiorgi, 1976, p. 160 note 4, qui pense même pouvoir retrouver le tableau dans les inventaires urbinates, et à nouveau Zampetti dans le catalogue de l'exposition de Raphaël à Urbino de 1983, pp. 303-304, n° 89) manque d'arguments solides. Par ailleurs, le *Portrait* de Vienne a été identifié au XVIIIe et au XIXe siècle avec celui de *Gaston de Foix*, neveu de Louis XII, mort en 1512 (Mechel, 1783; Rosa, 1796; Krafft, 1849; Crowe et Cavalcaselle, 1871), d'un *Jeune Héros* (Engerth, 1882; Berenson, 1894), d'un *Écuyer* (*Kat.*, 1928), d'un *Page des Della Rovere* (*Kat.*, 1960), d'un *Enfant au casque* (*Verzeichnis*, 1991).

Attribué à Raphaël à cause de son origine urbinate dans la collection Della Nave, puis à Corrège dans celle de Hamilton et pendant un certain temps dans celle de l'archiduc, on s'aperçoit ensuite que le tableau appartient plutôt à l'école vénitienne : c'est ainsi que dans le *Theatrum Pictorium*, il figure parmi les œuvres de Palma Vecchio, une paternité qu'il gardera dans le *Gemaltes Inventarium* d'Astorffer (1720) et dans tous les catalogues de la collection impériale jusqu'à Engerth (1882). Crowe et Cavalcaselle (1871) l'orientent vers Bernardino Licinio, Morelli (1991) vers Pellegrino da San Daniele durant la période où il est influencé par Palma, Berenson (1894) vers Domenico Capriolo. La proposition de Morelli aura un grand succès : elle sera adoptée par le catalogue du musée de 1907, puis par L. Venturi (1913), Borenius (1932), Coletti (1955). Le catalogue de 1928 juge plus prudent de lui attribuer une paternité anonyme au sein de l'école vénitienne, à une date très tardive vers 1520, en citant l'avis de Planiscig qui opte pour Catena. L'édition de

1938 fait de même. Berenson en 1932 et en 1936 avance à la forme interrogative le nom de Michele da Verona, mais ajoute en 1957 et en 1968 qu'il s'agirait d'une copie d'un tableau perdu de Giorgione.

Les *Nouvelles Attributions* de Suida de 1935 ouvrent un nouveau chapitre de l'histoire du tableau : Suida est en effet le premier à comprendre ses qualités hors de l'ordinaire et à viser haut, Giorgione en personne. La tête, dit-il, a souffert, dans la zone du visage et des cheveux, ce qui ne facilite pas l'attribution, mais la peinture de l'épaule jusqu'en bas est bien conservée et là, il s'agit de Giorgione : « La main gauche, posée sur le cimier du casque, est traitée de la même façon que celle de la Madone de Castelfranco. On retrouve le même motif sur le portrait de Berlin et sur le garçon à la boule d'or (le jeune Paris, d'après Wilde) de l'Ambrosiana. Les plis très particuliers du manteau rouge-vin sont apparentés à d'autres tableaux de Giorgione, comme la *Judith* de l'Ermitage ». Le motif de la colonnade lui fait penser au *Jugement de Salomon* (*cat. 33*) et au retable San Giovanni Crisostomo (cat. 38). Il présente aussi les conclusions auxquelles est arrivé Gronau à propos de la provenance urbinate du tableau : l'identification du jeune garçon avec le « putto » de la maison Della Rovere; la reconnaissance dans le casque ceint de branches de chêne dorées des armoiries de la famille; la correction de l'erreur faite par les rédacteurs de l'inventaire à propos de l'identité du « putto » représenté de la seule manière possible puisque « d'après la date d'exécution de la peinture, il ne saurait être question que de Francesco Maria, né le 25 mars 1490 »; enfin, l'hypothèse, en l'absence de documents sur d'éventuels séjours du jeune garçon à Venise durant les années précédant et suivant immédiatement 1500, que l'exécution du portrait remonte aux séjours prolongés de son oncle Guidobaldo da Montefeltro et de sa tante Elisabetta Gonzaga dans la ville en 1502 et 1503, fuyant Urbin tombée aux mains du duc de Valentinois (Cesare Borgia) tandis que leur neveu est en sécurité en France, et qu'il s'agisse donc d'un portrait non pas d'après nature, mais d'après un modèle. Suida adopte ces conclusions qui correspondent bien à sa redécouverte des qualités picturales du tableau et conclut à son tour : « D'ailleurs, nous ne savons rien de la vie de Giorgione en ces années-là, et nous ne saurions rien dire de certain sur les circonstances dans lesquelles aurait été exécuté le portrait du jeune Francesco Maria ». Des années plus tard (1956), il précisera le schéma chronologique qui permet de rendre plausible cette hypothèse audacieuse : il dira que l'on peut tenter d'établir l'existence d'une seconde phase de la production de Giorgione datant des cinq premières années du siècle, 1500-1505, à partir du *Francesco Maria* précisément, peint en 1502-1503 et qui s'avère pourtant déjà « le travail d'un maître pleinement accompli », auquel associer le *Jeune Homme dont la main se reflète dans la cuirasse* d'Édimbourg, particulièrement proche par son style de celui

de Vienne, les *Trois Ages* (cat. 21), le *Marcello*, (cat. 26), le *Giovanni Borgherini avec son tuteur* Cook, et enfin la *Vecchia* (cat. 24), tous ces portraits et ces figures en buste étant à mettre en parallèle avec la *Nativité* Allendale, la *Vierge et l'Enfant dans un paysage* (cat. 17), la *pala* et la *Judith*: des œuvres dont le *terminus ante quem* est la *Laura* de 1506. Dans sa monographie de 1942, Morassi se montre assez séduit par cette nouvelle découverte et bien sûr par la date qu'elle implique, 1500-1505, qui convient bien au style du tableau parce que, observe-t-il, « les concordances de style entre cette figure et les œuvres les plus sûres de Giorgione ne sont pas négligeables : du motif typique de la main posée de travers, comme dans le *Portrait* de Berlin et dans la *Madone* de Castelfranco, aux plis anguleux qui se brisent, caractéristiques de sa première manière, au jeu des reflets sur la surface métallique du casque luisant, comme dans le *Saint Libéral* de Castelfranco et dans le petit tableau de Londres », mais il préfère garder une réserve prudente sur laquelle, si je ne me trompe, il n'est jamais plus revenu. La réaction de Pallucchini, annoncée en 1941 et motivée en 1944 dans sa monographie sur Sebastiano del Piombo, est complètement différente; pour la comprendre, il faut d'ailleurs savoir que dès 1935, il avait pensé résoudre le problème de la *Sainte Conversation* n° 70 des Gallerie dell'Accademia en prononçant le nom de cet élève de Giorgione, un nom qui lui semble maintenant en mesure de résoudre aussi le problème du *Francesco Maria*: « Dans le cadre d'une mise en page empruntée aux portraits giorgionesques, l'auteur du tableau de Vienne a su créer une charpente formelle plus robuste, solidifiée en couches de couleur d'une densité presque coagulée et grumeleuse. Les traits physionomiques sont caractérisés avec une insistance fort distante de cet accent contemplatif qui isole en elles-mêmes les créatures et les portraits de Giorgione. Le visage a la même construction ferme que celui du saint Louis du volet de l'orgue de San Bartolomeo de Venise : non seulement, mais la ressemblance de la mise en place des deux bustes est vraiment parfaite. La main appuyée sur le casque est plus proche de la main bien charpentée du Baptiste de la *Sainte Conversation* n° 70 des Gallerie de Venise que de celle très fine de la Madone de Castelfranco ». D'où une proposition chronologique situant le portrait en 1506-1507, à la deuxième place dans le catalogue du peintre, après la *Sainte Conversation* de Venise (1506 env.) et avant la *Sainte Conversation* du Louvre (cat. 36, 1507-1508 env.), le *Jugement de Salomon* (cat. 33, 1508 env.) et les volets d'orgue (cat. 37, 1508-1509), déplaçant donc bien plus tard le moment de sa réalisation par rapport à la chronologie née des raisonnements de Gronau et de Suida. La chose ne semble guère préoccuper Pallucchini parce que « la datation 1502-1503, proposée par Suida, n'était pas suggérée par des preuves péremptoires; la retarder de quelques années permettrait d'autre part de donner un âge plus convaincant au personnage qui, né en 1490, semble avoir quinze ou seize ans ». Si l'on fait exception du désaccord explicite de Longhi (1946) en faveur d'un peintre venitien anonyme de la *terra ferma* qui, peu après, dans une communication orale citée par Zampetti (1955 *[Catalogue]*), sera identifié avec Francesco Caroto − donc une piste véronaise parallèle à celle de Berenson − et de la reproposition de la part de Coletti (1955) du nom désormais un peu obsolète de Pellegrino da San Daniele, la proposition de Pallucchini aura beaucoup de succès, mais bien entendu par ricochet du consensus réalisé autour de son autre proposition concernant la *Sainte Conversation*. Baldass (Baldass et Heinz, 1964) pense que le *Portrait* est une œuvre giorgionesque de Sebastiano. Pignatti (1969, 1975, 1978), qui accepte lui aussi cette paternité, pour ce tableau comme pour celui des Gallerie vénitiennes, estime en parlant du *Portrait* que « la peinture (...) révèle un style étranger à Giorgione, quelle que soit sa période. La comparaison avec le *Portrait* de Berlin, qui devrait en effet être faite, vaut seulement, à notre avis, pour une datation après 1506 (1506 environ est la date attribuée par Pignatti au *Portrait* Giustiniani) ». Freedberg (1971) le juge de la même période que la *Sainte Conversation*, mais cette dernière, comme je l'ai expliqué dans les notices sur la *Sainte famille* Benson (cat. 15) et la *Madone dans un paysage* (cat. 17), entraîne avec elle d'autres œuvres du catalogue de Giorgione; dans ce cas, le premier catalogue de Sebastiano serait le suivant : *Madone dans un paysage*, 1506 environ; *Vierge lisant*, 1506-1507 environ; *Sainte Conversation*, 1507 environ; le prétendu *Francesco Maria della Rovere*, 1507 environ; *Jugement de Salomon*, 1508 environ; volets de San Bartolomeo, 1508-1509 environ. Tschmelitsch (1975) attribue lui aussi le tableau de Vienne et celui de Venise à Sebastiano. Volpe (1980) est le seul critique, il me semble, qui ait été persuadé de la paternité giorgionesque de la *Sainte Conversation* et qui ait pourtant trouvé encore plausible, « vraisemblable », l'attribution du nom de Sebastiano au *Francesco Maria*. On sent toutefois que son intelligence critique ne se satisfait pas de la chose et que la *Sainte Conversation*, située du côté de Giorgione, le gêne : « Ici, l'image ou la typologie du portrait est plutôt de caractère belliniano-sébastianesque, si bien qu'il me paraît juste de ne pas donner tort à Pallucchini quand il indique la toute première période de Luciani, ce à quoi je n'ajouterais pour l'instant que le signe de l'incertitude, très forte en ce qui concerne ce casque et ces mains admirables, qui semblent vus avec l'œil brillant de Giorgione lui-même, entre 1505 et 1506, si ce n'est encore plus tôt, étant donné aussi l'âge du personnage ». Le tableau de Venise et celui de Vienne n'ont pas été considérés par tous comme étant du même auteur; au contraire, des historiens comme Berenson et Longhi, dont je viens tout juste de donner l'avis à propos du *Francesco Maria* − tous deux suivaient la piste véronaise −, pensaient qu'ils appartenaient à des cercles figuratifs assez différents l'un de l'autre : le premier

voyait dans la *Sainte Conversation*, comme dans d'autres œuvres provenant du catalogue du jeune Giorgione, les débuts vénitiens du bergamasque Cariani, le second une œuvre de Giorgione lui-même. Dans sa monographie sur Sebastiano (1981), M. Hirst ouvre le catalogue de ce dernier par le tableau vénitien, bien qu'à une date plus ancienne que celle de Pallucchini et de Freedberg, mais ne dit rien de celui de Vienne − ce qui semble en tout cas étonnant. Lucco (1980) est l'un des rares à croire dans la paternité giorgionesque du tableau des Gallerie dell'Accademia, mais il voit dans celui de Vienne « un esprit de formation plus archaïque que ne l'est Giorgione; et qui sur cette matrice "antonellienne", superpose un traitement chromatique dérivé du maître de Castelfranco », ainsi que des affinités formelles avec les œuvres du groupe que Longhi (1927) a associé à la dernière période de Giovanni Bellini et que Berenson (1957) a attribué au « Maître des Trois Ages (Giorgione jeune?) » telles que le *Concert* et le *Portrait de femme* de Hampton Court (cat. Shearman, nᵒˢ 38 et 39, respectivement « Atelier » et « Disciple de Giovanni Bellini »). Il est en tout cas intéressant que Lucco y reconnaisse un point de culture figurative situé en amont de la formation de Sebastiano. Tempestini (1979) parle lui aussi d'un « giorgionesque de la première génération, qui pourrait être Vincenzo Catena ». Comme on le voit, l'attribution à Giorgione de Suida, hormis l'adhésion avec réserve de Morassi, n'a eu aucun succès; et chose plus étrange encore, personne n'a pris au sérieux l'identification faite par Gronau, d'autant plus étrange qu'entre-temps, dans le cadre de ses travaux sur le collectionnisme des œuvres de Giorgione au XVIIᵉ siècle, parus entre 1964 et 1968, Mme Garas avait bien établi où se trouvait ce tableau à cette époque, si bien que l'on ne pouvait plus douter de l'identification du jeune garçon qui y était représenté avec le « putto » Della Rovere cité dans l'inventaire urbinate. L'affirmation de Lucco (1980), selon laquelle « il n'existe (...) aucun motif sérieux de rapprochement avec della Rovere », est significative à cet égard. Le catalogue de 1960 du musée de Vienne, dont la période Renaissance a été confiée à F. Klauner, accepte toutefois l'attribution à Giorgione et reconnaît dans le rouvre du casque l'emblème de la famille Della Rovere, mais, interprétant de façon assez singulière le fait que le casque soit trop gros pour la tête du petit garçon qui est censé le porter, invente la thèse totalement improbable d'un portrait de page tenant le casque de son maître. Le catalogue de 1973, dirigé par Demus, fera immédiatement marche arrière (« École vénitienne, vers 1510-1520 ») et c'est ainsi que le tableau ("vers 1510") apparaîtra dans le *Verzeichnis* de 1991, où l'on lira encore que l'identification avec un membre de la famille Della Rovere n'est pas certaine et où l'on donnera au tableau le titre vague de *Jeune Garçon au casque*. Toutefois, je vois que l'horizon est en train de se dégager du côté du musée aussi puisque Ferino Pagden (1992), qui a suivi la restauration

du tableau (1992-93), écrit : « La grande qualité de la peinture révélée par la restauration, en particulier dans les reflets des surfaces miroitantes du casque aux glands d'or peints avec finesse, et en outre le surprenant et gracieux drapé nordique aux formes subtilement angulaires nous mènent probablement plus dans la direction de la technique de Giorgione que de celle de Sebastiano del Piombo. La technique de la peinture de Sebastiano est dès le début, et dans une mesure toujours croissante, caractérisée par de grands effets picturaux et une optique plus sommaire. La poésie de l'expression de cette figure est encore plutôt un concentré de l'esprit d'observation du Quattrocento, le même que celui que l'on trouve dans des œuvres de Giorgione comme le *Bravo* et la *Laura*. »

Je me suis moi-même battu fermement pour la paternité de Giorgione dans une série d'interventions allant de 1976 à 1983 ([1976] 1980, 1979, 1983), en proposant une perspective chronologique différente qui situe ses débuts vers 1495 et la pleine révélation de ses qualités de peintre moderne − de son talent de portraitiste en particulier − vers 1500. En ce qui concerne le *Francesco Maria*, je pense que les circonstances historiques de la commande sont bien celles retracées par Gronau et Suida : la décision, dès 1498, du duc Guidobaldo d'adopter son neveu Francesco Maria dans la perspective d'en faire l'héritier du duché; le transfert du jeune garçon à la cour d'Urbino au lendemain de la mort de son père Giovanni Della Rovere, seigneur de Senigallia (6 novembre 1501); le séjour très secret d'Isabella d'Este, Elisabetta Gonzaga et Emilia Pia à Venise après les fêtes ferraraises du début du mois de février 1502 pour les noces de Lucrèce Borgia et d'Alphonse d'Este; la conquête du duché de la part du duc de Valentinois en juin 1502 et la fuite de l'oncle et du neveu, Francesco Maria en direction de Savone, chez son autre oncle, le cardinal Giuliano della Rovere, le futur Jules II, et de là en France à la cour de Louis XII, Guidobaldo en direction de Mantoue, puis de Venise où il restera en exil avec son épouse jusqu'à la fin de l'été 1503 (Leoni, 1605; Dennistoun, 1851; Ugolini, 1859). Je fais en outre l'hypothèse que, dans le tableau de Vienne, le jeune garçon, alors âgé de douze ans, est représenté en qualité de préfet de Rome, un titre qui avait appartenu à son père et avec lequel il sera toujours indiqué jusqu'au moment où il deviendra duc d'Urbino au lendemain de la mort de Guidobaldo (11 avril 1508), le portrait ayant été réalisé justement à l'occasion de cette nomination (18 mars 1502), non d'après nature évidemment, mais d'après un modèle, comme l'avait déjà conclu Suida, puisque les documents de cette période ne nous permettent aucunement d'imaginer la présence de Francesco Maria à Venise avec ou sans ses oncles (1979). En 1978, Pallucchini revient sur le profil des deux « creati » (disciples, « créatures ») de Giorgione et, saisissant précisément l'occasion du *Portrait* de Vienne, qu'il continue d'attribuer à Sebastiano dans les termes de sa monographie de 1944, exprime son total désaccord à propos de la reconstitution que je viens d'exposer : « Encore récemment, durant les rencontres de Castelfranco, on a entendu prononcer à nouveau le nom de Giorgione à propos du tableau de Vienne, inséré dans une série de portraits privée de toute cohérence organique ». A cette occasion, Pallucchini déformera la pensée de Suida avec lequel il est en désaccord : l'historien autrichien n'avait pas basé l'attribution du *Portrait* à Giorgione sur ses affinités avec le *Jugement de Salomon* − qu'il estimait en effet être du même auteur, mais d'une toute autre période −, mais avec la *Madone* de Castelfranco, le *Portrait* Giustiniani, la *Judith*, le *Jeune Homme à la main réfléchie dans l'armure* et les *Trois Ages*, c'est-à-dire des œuvres qu'il considérait comme contemporaines de ce *Portrait*. Quoi qu'il en soit, il y avait une incohérence dans mon discours de 1978, mais qui n'était pas celle dénoncée par Pallucchini : elle concernait précisément la présentation du *Francesco Maria*. Je ne me suis décidé qu'aujourd'hui, retournant plus de dix ans après sur ces problèmes à l'occasion de cette exposition, à donner de l'importance au soupçon, qui était déjà le mien alors, que ce portrait ne correspondait pas aux portraits « *stilnovista* » et néo-platoniciens des années 1500-1503, un soupçon que j'avais apaisé à ce moment-là avec l'argument des circonstances et des exigences particulières qui avaient probablement déterminé la commande du tableau, puis totalement abandonné face à la beauté du casque, qui semblait être le manifeste de ces études sur le *lustro* et sur le *lumen*, sur le *tonos* et sur l'*armogé*, que Giorgione, dans ma chronologie, avait entreprises à l'époque de la *Pala de Castelfranco* (vers 1500) et tout de suite après, jusqu'au *Portrait d'homme en armures avec son page* (cat. **22**, vers 1501), raison pour laquelle une datation du *Francesco Maria* au printemps 1502 semblait ne pas le conduire trop loin encore du cœur de ces études. En réalité, le tableau est plus ancien, plus lié au Quattrocento, comme le montre sa récente restauration et l'artifice de l'écriteau : il ne peut donc que précéder l'*Homme en armure avec son page* (vers 1501) et même les *Trois Ages* (vers 1500-1501), portraits et figures en buste marqués par une assimilation personnelle de l'enseignement de Léonard, tandis que dans le *Francesco Maria* on sent encore le peintre des œuvres du groupe Allendale, du *Portrait* Giustiniani (cat. **16**), de la *Judith*, de la pala de Castelfranco, de la *Vierge à l'Enfant dans un paysage* (cat. **17**) et surtout de la *Sainte Conversation* des Gallerie vénitiennes. On ne peut faire autrement que de constater encore une fois les affinités du *Portrait* avec cette dernière œuvre. Ce tableau de Giorgione, si souvent incompris des spécialistes du peintre qui ont préféré le nom de Sebastiano au sien, et avec des datations si tardives dans le courant de la première décennie qu'elles en gâchent et qu'elles en rendent incompréhensible la beauté, ce tableau, qui dans les Gallerie dell'Accademia continue d'être exposé et cata-

logué comme une œuvre de son école, figurait dans mon intervention de 1978 avec une date qui me semble aujourd'hui trop précoce, 1498-1499 environ. Je profite donc de l'occasion pour rectifier sa chronologie en le situant à la hauteur de la pala de Castelfranco. Je pense en effet aujourd'hui que non seulement cette dernière et la *Vierge à l'Enfant dans un paysage* (cat. **17**), mais aussi la *Sainte Conversation* datent de 1500 env., représentant d'un côté les derniers fruits de la première période de l'artiste, de cette production de tableaux de madones, au départ d'un goût assez nordique, qui fut la sienne pendant les cinq dernières années du XVᵉ siècle, et de l'autre ceux de la maturation plus ou moins grande de problématiques formelles que Giorgione abordera durant les premières années du nouveau siècle, à partir d'un renouvellement profond des thèmes eux-mêmes. C'est donc à ces trois tableaux que j'ai l'intention d'associer maintenant le *Della Rovere*, en le situant au début de cette période de réflexion sur le « lustro » qui a permis à Giorgione de s'affirmer comme un grand peintre moderne. Cette génèse du *Portrait* de Vienne, contemporain du saint Libéral de la *Pala de Castelfranco*, de la *Sainte Conversation* et de la *Vierge à l'Enfant dans un paysage*, permet, il me semble, de pallier aux incohérences qu'il y avait dans ma reconstitution de 1976-1978. Rien n'empêche maintenant de supposer que le portrait a été fait d'après nature, à l'occasion d'un séjour de Francesco Maria à Venise sur l'initiative de ses oncles ou même de sa mère, Giovanna Feltria Della Rovere dont le nom, comme on le sait, est lié aux entreprises les plus importantes dans le domaine de la peinture pendant les années de transition entre le XVᵉ et le XVIᵉ siècle, un nom familier aux spécialistes de Raphaël puisqu'elle a parrainé ses débuts et qu'elle a été l'un de ses commanditaires, et familier aux spécialistes du Pérugin, puisque c'est à elle qu'Isabella d'Este s'adresse au cours de l'automne 1500 afin qu'elle persuade ce dernier de réaliser « *per essere suo domestico* » un tableau pour son cabinet de travail (Canuti, 1931, p. 208 ; Sangiorgi, 1973, pp. 94-95). Peut-être est-ce à travers elle que Raphaël a découvert pour la première fois la peinture de Giorgione ? Que l'artiste urbinate ait pu être intéressé par ce *Portrait* vénitien est une éventualité que l'on doit prendre en considération, précisément à partir du *Jeune Homme à la pomme*, le portrait présumé de Francesco Maria quelques années plus tard. Il n'y a pas de témoignages de la présence à Venise de ces protagonistes de la cour d'Urbin à l'époque qui nous intéresse, mais je ne vois pas de raisons qui puissent invalider cette hypothèse. Nous savons que Guidobaldo a effectué une visite officielle à Venise en juin 1499, avec une large suite et l'offre de prestations militaires à la Sérénissime République (Dennistoun, I, pp. 362-363), mais cela n'est pas suffisant. Il est beaucoup plus important, dans la perspective du cadre culturel où j'ai situé Giorgione à cette époque (1979, 1983), de suivre de près les relations et les amitiés urbinates de la « *Compa-*

gnia degli Amici », de Pietro Bembo et de Nicolo Tiepolo, de Vincenzo Quirini et de Tommaso Giustiniani, particulièrement vives et intenses durant le séjour prolongé d'Elisabetta Gonzaga et d'Emilia Pia à Venise entre 1502 et 1503, mais qui, pour certains d'entre eux au moins, Bembo par exemple, pourraient être plus anciennes (1983, pp. 493-495, en particulier les notes 21 et 22).

Une copie du XVIᵉ siècle de *Francesco Maria della Rovere*, que je connais seulement en photographie et qui était jadis dans une collection privée à Bellheim en Allemagne, interprète le tableau dans un sens plus proche de Bellini. La colonnade y est déplacée vers la droite et une fenêtre est ouverte sur la gauche, fenêtre coupée en son angle droit par la masse des cheveux du jeune homme. J'en ignore les dimensions.

A.B.

page 29

19

Giorgio de Castelfranco, dit Giorgione

Castelfranco Veneto, vers 1476/1478 - Venise, 1510

Jeune Garçon à la flèche

vers 1500

Bois. H. 0,48 ; L. 0,42

VIENNE, KUNSTHISTORISCHES MUSEUM, GEMÄLDEGALERIE

HISTORIQUE

Sans doute le tableau signalé par M.A. Michiel à Venise chez Giovanni Ram en 1531 (« *La testa del garzone, che tiene in mano la saetta... fu di mano de Zorzo da Castelfranco* ») qui passa de Ram (qui en conserva une copie considérée par certains comme le tableau de Vienne) chez Antonio Pasqualino en 1532 ; coll. de l'archiduc Sigismond, Innsbrük, puis château d'Ambras (Inv. 1663) ; passé dans les collections impériales de Vienne en 1773. Transféré à Paris de 1809 à 1815.

EXPOSITIONS

Amsterdam, 1947 ; Amsterdam, Bruxelles, 1953, n° 43 ; Venise, 1955, n° 17.

BIBLIOGRAPHIE

Berenson, 1894, p. 95 ; Ludwig, 1903, p. 1 ; Boehn, 1908, p. 211 ; Gronau, 1908, p. 439 ; Justi, 1908, p. 211 ; L. Venturi, 1913, p. 73, 355 ; Gronau, 1921, p. 87 ; A. Venturi, 1928(1), IX, p. 42 ; Berenson, 1932, p. 311 ; Richter, 1937, p. 252 ; Fiocco, 1941, p. 36 ; Morassi, 1942, p. 157 ; L. Venturi, 1954, p. 45 ;

Buschbeck, 1954 ; Pignatti, 1955, p. 143; Zampetti, 1955, p. 38-39; Coletti, 1955, p. 58; Pallucchini, 1955, p. 4; Berenson, 1957, p. 84; Gioseffi, 1959, p. 47; Baldass-Heinz, 1964, p. 154; Zampetti, 1968, p. 20; Pignatti, 1969, p. 67, 108; Wilde, 1974, p. 81-82; Tschmelitsch, 1975, p. 115-116, 449 ; Freedberg, 1975, p. 678; Pignatti, 1978, p. 67, 112; Mucchi, 1978, p. 46; Anderson, 1979, p. 154; Ballarin, 1979, p. 229; Pignatti, 1981, p. 151; Sgarbi, 1981, p. 34; Shearman, 1983, p. 255; Lucco, 1983, p. 472; Zampetti (Brock), 1988, p. 89; Lucco, 1989, p. 20; Lucco, 1990, p. 476; Humfrey, 1992, p. 40.

Ce tableau était attribué à Andrea del Sarto au château d'Ambras (1663), puis à Schedone (1783) après qu'il eut été transféré à Vienne. Les catalogues du musée du XIXᵉ siècle le donnent à Corrège ou à son école. Berenson (1894) le situe en Vénétie en l'attribuant à Cariani. C'est Ludwig qui l'introduisit dans l'œuvre de Giorgione en l'identifiant au tableau signalé par M.A. Michiel chez Ram, puis chez Pasqualino. L'attribution a depuis lors été ratifiée par la grande majorité des spécialistes, après que Justi (1908) et L. Venturi (1913, 1954) aient pensé qu'il pouvait s'agir de la copie de l'original perdu (ce que n'exclut pas Freedberg, 1975). Berenson, qui l'avait placé dans ses listes de Lorenzo Lotto (1932, 1936) se rallie finalement (1957) à l'attribution à Giorgione. L'extrême qualité de l'œuvre a été révélée depuis la restauration exécutée à l'occasion de l'exposition de 1955.

Pour certains historiens, le jeune garçon, vêtu à l'antique pourrait personnifier Éros, tenant la flèche de l'amour (Richter, 1937; Pignatti, 1969; Tschmelitsch, 1975) ou plutôt le jeune Apollon (Wilde, 1974; Ballarin, 1979; Lucco, 1983).

L'œuvre est l'une de celles où transparaît avec le plus d'évidence l'influence de Léonard de Vinci : façon dont le personnage émerge du fond obscur, technique qui utilise les transparences et les passages du *sfumato*; attitude et type même du personnage qui évoquent les jeunes saints Jean-Baptiste léonardesques. Cette influence est-elle directe ou transmise par des élèves de Léonard ? S'exerça-t-elle directement au moment du passage de Léonard à Venise en 1500, ou de façon plus diffuse? La réponse à ces questions dépend aussi de la chronologie de l'artiste proposée par les divers spécialistes. Pour Pignatti (1969), la douceur du visage répond à l'idéal de «beauté praxitélienne» de la *Vénus* de Dresde et le chromatisme à celui des *Trois Philosophes*; l'œuvre daterait donc de la dernière période (1508-1510). Pour Wilde (1974), le style est proche de celui de la *Pala de Castelfranco*, donc le tableau se situe nettement plus tôt dans la carrière de Giorgione. Pour Ballarin (1979) l'œuvre doit dater des années 1498-99 où il peint la *Sainte Conversation* des Gallerie dell'Accademia et la *Judith* de l'Ermitage, ce qui implique que le jeune artiste ait pu déjà connaître des peintures ou des dessins de Léonard avant le séjour du maître à Venise au printemps 1500. Il compare cette figure en buste avec celle de deux autres

adolescents porteurs de flèches, figurant saint Sébastien, peintes respectivement par Boltraffio (vers 1499, Moscou, musée Pouchkine) et Raphaël (vers 1501, Bergame, Accademia Carrara). Giorgione inaugure ainsi un nouveau type de portrait allégorique, inspiré par Léonard ou ses élèves, tel Boltraffio qui, lui aussi, passa par Venise. L'œuvre appartient avec les *Trois Ages* (cat. **21**), au moment où Giorgione est le plus profondément impressionné par l'exemple de Léonard et en même temps rejoint un courant plus général «protoclassique» en Italie.

Ces propositions sont suivies par M. Lucco (1989, 1990). Aujourd'hui (1993), A. Ballarin propose de dater le *Jeune garçon à la flèche* plus précisément vers 1500.

page 33

20

Giorgio di Castelfranco, dit Giorgione
Castelfranco Veneto, vers 1476/1478 -
Venise, 1510

Il Tramonto
vers 1500-1501
Toile. H. 0,733; L. 0,915
LONDRES, THE NATIONAL GALLERY

HISTORIQUE
Le tableau a été retrouvé en 1933 par Giulio Lorenzetti (1934) dans la Villa Garzoni de Ponte Casale, qui avait appartenu jadis à la famille Michiel, celle de l'écrivain Marcantonio, l'auteur de la *Notizia delle opere di disegno,* témoignage contemporain d'une importance capitale, on le sait, pour la connaissance des œuvres de Giorgione. Au moment de cette découverte, la villa était la propriété des Donà delle Rose auxquels Vitale Bloch acheta le tableau personnellement avant la vente globale de la collection, qui donna lieu à la rédaction d'un catalogue par Lorenzetti. Coll. privée londonienne en 1955. La National Gallery l'a acquise en 1961.

EXPOSITIONS
Venise, 1955, n° 30.

BIBLIOGRAPHIE
Sangiorgi, 1933 (*Giornale d'Italia*); Sangiorgi, 1933 [*Rassegna Italiana*], p. 789; Sangiorgi, 1933 (*Illustrated London News*), p. 741; Fiocco, 1934, p. 787; Longhi, 1934 [éd. 1956], p. 79; Lorenzetti, 1934, p. VII; D. Phillips, 1937, pp. 43-44, 135; Richter, 1937, p. 250, n° 88; Fiocco, 1941, p. 31; Morassi, 1942, pp. 148-149, 188; Pallucchini, 1944, I, p. XIII; Longhi, 1946, pp. 22, 63; Gamba, 1954, pp. 174, 176; Coletti, 1955, pp. 52-53; Della Pergola, 1955, p. 33; Pallucchini, 1955 (*Giorgione*), pp. 3-4; Pignatti, 1955 (*Giorgione*), p. 129, n. 106; Pignatti, 1955

(*Giorgione pittore aristocratico*), p. 501; Robertson, 1955, p. 275; Zampetti, 1955 (*Giorgione*), [2° éd.], pp. XXVI, XLII, 68-70, n° 30; Zampetti, 1955 (*Postille*), p. 64; Dussler, 1956, pp. 2-3; L. Venturi, 1958, col. 212; Gioseffi, 1959, p. 50; Morassi, [1961] 1967, pp. 200-201; *National Gallery Reports*, 1960-1962, p. 80; Gould, [1962], pp. 32-35; Volpe, 1963, s.p.; Bonicatti, 1964, p. 200; Lombardo Petrobelli, 1966, p. 37; Zampetti, 1968, p. 91, n. 18; Bonicatti, 1969, pp. 120-121; Pignatti, 1969, pp. 65, 106-107, n. 21; Calvesi, 1970, pp. 181-184, 219; Waterhouse, 1974, pp. 22-23; Gould, 1975, p. 106; Tschmelitsch, 1975, pp. 235-240; Ballarin 1980, p. 494, n. 3; Anderson, 1978, p. 72; Gandolfo, 1978, pp. 88-90; Mucchi, 1978, pp. 44-45; Pignatti, 1978 [*Giorgione*], pp. 65, 110-111, n. 22; Salvini, 1978, p. 98; Ballarin, 1979, p. 232; Gould, 1979, pp. 253-255; Pellizzari, 1979, pp. 67-69; Gentili, 1981, pp. 12-25; Pignatti, 1981 [*Il «corpus» pittorico*], p. 148; Mamino, 1982; Hoffmann, 1984, pp. 238-244; Rosand, 1988, pp. 33,50, 59; Pignatti, 1990, p. 68.

Quand le tableau a été retrouvé en 1933, son état de conservation médiocre permettait toutefois de reconnaître «son importance et la valeur de ses qualités picturales», selon le témoignage même de Lorenzetti (1934), auteur de la découverte. La toile fit aussitôt l'objet d'une première restauration, à Florence par les soins de Vermeeren. En publiant dans l'*Illustrated London News* (1933), l'ensemble des dossiers établis avant et après cette intervention, Sangiorgi fit connaître l'œuvre, qu'il attribuait à Giorgione. D'importantes chutes de couleur apparaissaient dans les feuillages de l'arbre de gauche, ainsi qu'au niveau de l'éperon rocheux et de la mare au-dessous, à droite; seules les deux figures du premier plan étaient clairement lisibles. Une seconde restauration, plus poussée, réalisée l'année suivante à Rome par Dumler, dégagea la figure de saint Georges à cheval combattant le dragon, celle de saint Antoine abbé abrité dans une anfractuosité à droite et, plus bas, un porcelet sauvage blotti dans sa tannière près de la mare. La photographie prise alors ne fut publiée qu'en 1946, parmi les planches commentées par R. Longhi dans son *Viatico*. La nécessité de montrer cette reproduction lui avait paru s'imposer pour une œuvre dont la trace s'était égarée dans des collections privées et que la critique continuait à juger au vu de documents anciens. De plus, elle passait pour à peu près illisible, en raison surtout d'un jugement péremptoire de D. Phillips (1937), fondé uniquement sur les vieilles photographies («une ruine... complètement repeinte» qui lui paraissait pourtant refléter «le charme attirant d'un Giorgione»). Une étude directe, lors de l'exposition vénitienne de 1955, favorisa une évaluation plus juste du problème et s'avéra décisive, nous le verrons quant à son attribution. Après l'achat de l'œuvre par la National Gallery, une troisième restauration effectuée par A. Lucas mit au jour le caparaçon bleu du cheval de saint Georges; à cette occasion, on fit aussi une analyse radiographique qui révéla un repentir dans les bâtiments du village, et on exécuta un relevé précis des zones repeintes, parfaitement visibles également sur les clichés aux rayons infrarouges pris en 1956. Elles coïncident exactement avec les lacunes repérées sur la photo de 1933, où la toile est dans son état original. Ceci permet de rectifier la thèse de Phillips reprise par Gentili (1981) pour qui le tableau est « une chose très proche d'un faux », exécutée à des fins mercantiles et promue par la complicité tacite d'illustres historiens d'art, comme des fonctionnaires du musée londonien. (Sur ce point, voir les comptes rendus de Gould ([1962] puis 1975) et la documentation du *National Gallery Report*).

Partant d'une lecture fragmentaire de la peinture, limitée d'abord aux deux figures du premier plan, Sangiorgi, qui fut le premier à la publier, suggérait d'y reconnaître « la grande toile à l'huile de l'Enfer avec Enée et Anchise » vue par Marcantonio Michiel chez Taddeo Contarini en 1525 (éd. Frizzoni, 1884, p. 165), identification hâtive à coup sûr, ne serait-ce que pour les dimensions, comme l'a signalé Richter (1937). Dès 1934, Longhi avait d'ailleurs écarté l'hypothèse, et forgé – évidemment en parallèle à la *Tempête* Gallerie dell'Accademia – le titre de *Tramonto* donné depuis lors au tableau, dont il souligne l'un des aspects les plus fascinants. La « redécouverte » de l'œuvre grâce à l'exposition de 1955 a suscité des interprétations nombreuses et variées, après celle de Bonicatti (1964), qui la situe dans la veine des œuvres de Giorgione dont l'amour est le thème implicite, les tentations de saint Antoine s'opposant au combat de saint Georges pour la défense de la chasteté. L'historien a fait ensuite (1969) un rapprochement avec le traitement du même sujet par Jérôme Bosch, pour souligner la différence de l'inspiration culturelle et religieuse. Calvesi de son côté (1970) y voyait un triomphe de la continence, en se référant à la pensée de Léon l'Hébreu sur l'amour tempéré. J. Anderson, dont les thèses sont développées et partagées par Gandolfo (1978), revient à Bosch : elle reconnaît dans l'homme âgé du premier plan un antonite soignant un jeune homme frappé du « feu de saint Antoine », avec le vin sacré contenu dans le petit tonneau, tandis que le monstre émergeant de la mare évoque soit les hallucinations des victimes de ce mal, soit les tourments de saint Antoine, représenté dans les rochers. Gentili (1981) est d'un tout autre avis : se limitant à la seule partie de la toile considérée par lui comme autographe, il identifie les figures du premier plan à deux pèlerins, incarnations de l'âme, parvenant, épuisés, à la croisée des chemins, au choix moral symbolisé par la source purificatrice à gauche et par la présence inquiétante, dans les eaux mortes de la mare, du monstre qui les intrigue. Pour Hoffmann (1984), c'est un autre pèlerinage qui est illustré ici, celui des trois âges de la vie : la jeunesse, avec le personnage du premier plan, la vigueur et la sagesse de la maturité incarnées par saint Georges, enfin la vieillesse, avec saint Antoine abbé. Plus simplement, Gould (1962), soulignant la disposition inédite des figures de saints dans un paysage qui joue un rôle dominant, propose de reconnaître, outre saint Georges et saint Antoine abbé – dont l'identité n'est pas contestable – la figure de saint Roch dans le jeune homme assis, caractérisé par sa courte barbe et ses attributs de pélerin, le bâton et la besace posés par terre près de lui. Le saint serait représenté au moment où, atteint de la peste, il abandonne Plaisance pour se retirer dans la campagne, où une fontaine, surgie miraculeusement, lui permet d'étancher sa soif, tandis que saint Gothard, un homme mûr mais non pas un vieillard, s'est agenouillé pour soutenir sa jambe et prendre soin de lui. Selon cette hypothèse, le tableau pourrait avoir été peint pour commémorer l'épidémie de peste survenue à Venise en 1504, chronologie en accord avec le style du tableau, à situer, pour Gould, vers 1505, peu après la *Tempête*. Waterhouse admet lui aussi qu'il s'agit bien de saint Roch.

Nous avons dit que la réapparition de l'œuvre à l'exposition vénitienne de 1955 a été déterminante pour le problème de son attribution. Jusqu'alors, parmi ceux qui avaient pu l'étudier directement, seul Longhi, dans un bref passage de l'*Officina ferrarese* (1934) sur Garofalo, « ami de Giorgione », en avait donné la paternité au peintre de Castelfranco. Lorenzetti, qui l'avait découverte, s'était montré extrêmement prudent, et après avoir observé les affinités des deux personnages du premier plan avec la gravure du *Jeune Berger* de Giulio Campagnola (cat. 125) suspendait son jugement, « malgré l'inspiration évidente de l'art du maître, facilement reconnaissable, et la beauté de certains morceaux, notamment des figures qui constituent la partie centrale ». La même année (1934), Fiocco, lui, se prononçait en faveur de Giulio Campagnola. C'est alors qu'un jugement tout à fait négatif sur la toile lui permettait de quitter le territoire italien sous le nom de Giulio Campagnola. L'épisode a été raconté bien des années plus tard par Gamba (1954) : une commission nommée par le gouvernement et composée de G. Fogolari et d'E. Modigliani, auquel fut adjoint Gamba lui-même, de passage à Venise, avait été priée de délibérer sur la valeur de l'œuvre, dans l'éventualité d'une vente à l'étranger ; soucieuse de rendre un verdict équitable, « elle fit porter la *Tempête* au palais Donà et on plaça les deux tableaux près d'une haute fenêtre donnant sur le Grand Canal. Le soleil glissait sur les arbres et les figures de la *Tempête* qu'il faisait étinceler comme jamais auparavant dans une salle mal éclairée. Près d'elle, l'autre tableau paraissait opaque, sans perspective chromatique, suggérant une imitation ou une copie. Et c'est ainsi que nous l'avons jugé ». Le silence de Richter (1937), pourtant frappé par « la composition très giorgionesque », est motivé par l'examen des seules photographies, de même que l'opinion de Phillips (1937) qui juge le tableau presque entièrement repeint et, du coup, le donne à l'atelier de Giogione, vers 1503. L'impossibilité d'une étude directe influe aussi sur le jugement de Morassi (1942) : il mentionne la toile comme « attribuée à Giorgione » et observe que les proportions réduites des figures par rapport au paysage sont plutôt typiques de Campagnola, auquel, l'année précédente, Fiocco, revenant sur sa première opinion, avait enlevé l'œuvre pour la rendre au maître de Castelfranco. Désormais, les assises rocheuses lui paraissent celles des *Trois Philosophes*, les pierres du premier plan lui rappellent la *Nativité* Allendale, et c'est de ce Giorgione-là que s'inspirent, selon lui, les gravures de Campagnola. Le *Tramonto* figure également dans la liste des œuvres autographes dressée par Pallucchini en 1944, tandis que Longhi, dans son *Viatico* (1946) ouvre une perspective élargie en situant la toile à l'époque des fresques du Fondaco, près de la *Vénus* de Dresde et des *Trois Philosophes*, pour y déceler, bien que sur un mode mineur, un premier accent de classicisme chromatique. Pour cette reconstruction de la manière moderne de Giorgione, qui sera déterminante dans les études ultérieures, je renvoie à la notice consacrée à *Laura* (cat. 27), où je traite amplement le sujet. Dans le catalogue de l'exposition vénitienne, Zampetti reprend les thèses de Longhi, se pose en champion convaincu de son authenticité, insiste sur l'importance de la découverte et renvoie aux jugements de Morassi (qui devait y revenir dans son intervention de [1961] 1967), de L. Venturi (voir la notice ultérieure de l'*Enciclopedia universale dell'Arte*, 1958), de Pallucchini (également dans *Guida* de 1955), de Moschini et Coletti (voir aussi la monographie de 1955), qui s'accordent tous sur le nom de Giorgione. Et Pignatti, d'abord indécis (1955, [*Giorgione*]) abandonne finalement ses précédentes réserves (1955, [*Giorgione pittore aristocratico*]). Robertson (1955) se montre moins affirmatif (en raison notamment de l'état de conservation), mais plutôt favorable, tandis que Dussler (1955) et Della Pergola (1955) gardent une attitude prudente, celui-ci pensant plutôt à un émule.

Quant à la chronologie, l'avis de Longhi est partagé par Zampetti et Pignatti (1969), légèrement retouché par Salvini (1978), qui penche pour 1507 environ, avant les *Trois Philosophes* et, en tout cas, après la *Tempête*. Gould, on l'a vu, situe le tableau vers 1505 ; l'œuvre lui paraissant « nettement moins élaborée que la *Tempête* » dont il accepte la datation traditionnelle près de la *Laura* de Vienne, qui doit être de 1506 selon l'inscription du revers. Waterhouse (1974) s'est prononcé pour une période plus antérieure encore, celle des premières œuvres du peintre, donc avant la pala de Castelfranco, considérée généralement comme de 1504. Les opinions de Gould et de Waterhouse font exception dans le panorama des arbitrages sur le *Tramonto*, car ils ont été les seuls à s'apercevoir qu'il ne peut être rapproché des *Trois Philosophes*. Je les ai rejoint en retraçant la carrière de Giorgione lors de mes communications de 1976 et 1978 (1980, 1979). J'ai suggéré de placer le *Tramonto* vers 1500-1501, après l'expérience du paysage de la *Pala de Castelfranco* (vers 1500), mais précédant le luminisme de la *Tempête* (vers 1502-1503) et à une certaine distance des *Trois Philosophes* (vers 1504-1505).

L'extraordinaire effet lumineux qui envahit le ciel, exalté par le contraste avec la superbe masse des arbres en contre-jour − intuition qui ouvre la voie aux spectacles de nature d'Elsheimer et de Lorrain − nous achemine vers celui des *Trois Philosophes;* pourtant, une certaine gracilité dans les éléments du paysage, une certaine stylisation dans leur mise en page comme dans la succession des plans empêchent de placer l'œuvre après la *Tempête.* Les exquises délicatesses graphiques et décoratives qui enrichissent la qualité picturale du *Tramonto* sont encore sous-jacentes dans la *Tempête,* mais pas dans les *Trois Philosophes.* Tel est l'ordre dans lequel ces trois paysages doivent être lus : une succession qui décrit et, pour ce que nous en savons aujourd'hui, achève la révolution accomplie par Giorgione en ce domaine. La datation proposée ici n'éloigne guère notre tableau des œuvres du groupe Allendale. Dans la salle de la National Gallery de Londres où sont exposés le *Tramonto* et l'*Adoration des mages,* on voit bien que les petites figures des pèlerins sont encore proches des personnages représentés sur les tableaux de la série en question. La morphologie du paysage du *Tramonto* reste, pour une bonne part, celle de la *Nativité* Allendale (vers 1499). La parenté s'impose si l'œil s'arrête à certains détails (par exemple, les deux sources, les toits découpés sur le ciel, etc.). A coup sûr, l'extraordinaire effet de soleil levant dans le tableau de Washington ne baigne pas les formes du paysage comme l'éclairage crépusculaire de l'autre, il reste à la surface des choses, il n'en dissout pas les contours dans le rayonnement de la lumière. On pourrait dire que le *Tramonto* est une reprise du paysage de la *Nativité* après la pala de Castelfranco, et après tout ce qu'a signifié l'année 1500 dans l'évolution de Giorgione. Au long de ce parcours, qui cerne les toutes premières recherches de Giorgione sur le paysage, de la *Nativité* au *Tramonto* à travers la pala de Castelfranco, on doit donner une place de choix à la trouée intense du ciel, véritable « beauté météorologique » dans la *Sainte conversation* de Venise (vers 1500), un jalon entre le paysage de la pala et celui du *Tramonto.* A la même période, entre le *Saint Jérôme* du Louvre et les deux *Allégories* de la National Gallery de Washington, la première étant celle peinte pour De' Rossi (1505) et la seconde étant connue sous le titre de *Danaé* (vers 1505), Lotto accomplit sa révolution dans la peinture de paysage. Je suis aujourd'hui convaincu que le Saint-Jérôme date de 1500, et non pas de 1506. Les raisons stylistiques qui me poussent à le rétrodater ont été confirmées par le contrôle de la date qu'il porte en bas à droite, contrôle au microscope effectué par moi en septembre 1992. Je suis très reconnaissant à la Conservation du Musée de m'avoir permis cette expérience. Naturellement, une révision aussi forte de la situation du tableau entend mettre en valeur et presque redécouvrir la beauté météorologique du paysage situé derrière saint Pierre Martyr dans le tableau de Capodimonte (1503), qui doit certes être jugée

en fonction de ses qualités les plus spécifiques et les plus originales, celles d'un « védutisme » tout à fait digne d'émouvoir Ruisdael ou van Goyen, mais dans le cadre d'une comparaison et d'une assimilation des expériences de Giorgione comprenant le *Moïse* et le *Salomon* des Offices, l'*Adorations des bergers* Allendale, la *Vierge dans le paysage* (cat. **17**), le *Tramonto* (cat. **20**), la *Tempête.* Une fois définis les moments de maturation des deux artistes dans les termes indiqués ici, il sera en effet extraordinaire de suivre leurs développements ultérieurs dans le renouvellement de la conception du paysage.

Il faut enfin souligner ici une ordonnance qui pourrait être « moralisante » et allégorique : tandis qu'à droite, le décor est horrible et infernal, hostile à l'homme, et inspiré des *Visions* Grimani par Bosch (Venise, Palais ducal), à gauche, il se fait attrayant et paisible, quasiment idyllique pour s'ouvrir, se purifier de tout cauchemar, dans la vision sereine du crépuscule, au-delà des bancs rocheux qui définissent le premier et le second plan. A cet égard, rappelons que Giulio Campagnola, avec ses deux gravures, le *Jeune Berger* (cat. **125**) et l'*Astrologue* (cat. **127**), illustre les deux aspects du tableau, l'une développant en un sens décidément arcadien le motif des petites figures assises près d'une source, l'autre mettant davantage en lumière les éléments de l'allégorie. Ceci ne suffit pas à résoudre le problème. Gentili (1981), je l'ai dit, a observé que « le contexte est celui du « bivio » : les deux protagonistes ont fait évidemment un long chemin à la recherche de la source vive qui doit les purifier (par terre on voit le petit tonneau); celle-ci est désormais toute proche, mais ils devraient se retourner pour la voir, alors qu'ils regardent vers les eaux mortes d'où émerge l'inquiétante apparition ». Cette hypothèse de lecture touche à une problématique chère à Giorgione et explique la structure bipartite du paysage, mais non l'attitude des deux figures : contrairement à ce que dit l'auteur, le plus âgé paraît tout occupé à soigner la plaie sur la jambe du plus jeune. D'où la proposition de Gould d'y reconnaître saint Roch. Mais on ne peut négliger l'objection de Gentili, pertinente à mon avis, selon laquelle la blessure de l'ermite est toujours à l'aine, non au mollet. D'autre part, cette explication nous laisserait devant une œuvre d'une conception vraiment trop simpliste...

A.B.

page 36

21

Giorgio da Castelfranco, dit Giorgione

Castelfranco Veneto, vers 1476/1478 - Venise, 1510

Les Trois Ages de l'homme
vers 1500-1501
Bois. H. 0,62; L. 0,775
FLORENCE, PALAZZO PITTI, GALLERIA PALATINA

HISTORIQUE
Coll. de Nicolas Régnier (1591-1667), Venise (Sansovino [éd. Martinioni], 1663, I, p. 378 : « De Palma Vecchio, il y a un Marc Aurèle, qui étudie entre deux philosophes; [...] »; *Ordini et Regole,* 1666: « G. 9. Un Tableau de la main de Palma Vecchio, qui représente Marc Aurèle qui étudie entre deux philosophes, grandeur nature; tableau sur bois, d'une largeur de cinq *quarte* et d'une hauteur de quatre *quarte,* avec un cadre entièrement doré » [le tableau, mesuré avec le cadre, a des dimensions de 68,3 cm environ × 85,4 cm, en calculant la *quarta di braccio* à 17,08 cm] [Campori, 1870, p. 445; Savini Branca, 1965, p. 100]; Florence, coll. du grand-duc Ferdinand de Médicis (Garde-robe médicéenne, n° 1067, *Inventario di Quadri ed altro,* 1698, c. 22 r : « un tableau sur bois d'excellente manière lombarde, qui représente trois têtes au naturel, qui symbolisent les trois âges, haut de 1,2 *braccio* et large de 6 *braccio,* avec un ornement doré − n° 235/n° 1 » [64,2 × 75,9, si l'on calcule le *braccio* florentin à 58,36 cm, le *soldo,* à un vingtième de *braccio* [Lucco, 1989, p. 26 note 2]; Garde-robe médicéenne, n° 1185, *Quadri del R. Palazzo Pitti,* vol. II, c. 431 [vers 1702-1710] : « n° 235. Un tableau d'excellente manière lombarde, sur bois, qui représente trois têtes au naturel, qui symbolisent les trois âges, c'est-à-dire une tête de vieillard, une tête d'homme adulte et une de jeune homme, haut de un *braccio* et un *soldo* et large de un *braccio* et six *soldi,* avec un ornement doré » [Lucco, 1989, p. 26 note 2]; Garde-robe médicéenne n° 1222, *Inventario dei Mobili, e Masserizie della Proprietà del Ser. mo Sig.r Principe Ferdinando di Gloriosa Ricordanza, ritrovate dopo la di lui morte nel suo appartamento nel Palazzo de' Pitti* [...], 1713, c. 31r. : « Un tableau sur bois haut de un *braccio* et un *soldo* et large de un *braccio et six soldi,* où sont peintes d'excellente manière lombarde trois têtes : celles d'un vieillard, celle d'un homme adulte et celle d'un jeune homme, qui représentent les trois âges, avec un ornement semblable au précédent [« de bois tout doré »]. N 235 » (éd. Chiarini, 1975, p. 77; Lucco, 1989, p. 26 note 2); le tableau reste à Florence jusqu'à notre époque, sauf entre 1799 et 1815, lorsqu'il est ramené à Paris à cause des réquisitions napoléoniennes (Wescher, 1988, p. 85).

EXPOSITIONS
Venise, 1949, n° 127; Venise, 1955, n° 41; Venise, 1992(1), n° 66.

BIBLIOGRAPHIE
Inghirami, 1828, p. 40; Crowe et Cavalcaselle, 1871, II, p. 502; Gronau, 1895, p. 284; Lermolieff (Mo-

relli), 1880 [éd. 1886], pp. 162-163; Morelli, J.-P Richter [1881] (Lettre de Richter), 1960, pp. 148-149, 188; Logan, 1894, p. 1; Berenson, 1895, p. VI; Frizzoni, 1895, p. 326; Cook, 1900, p. 42; Della Rovere, 1903, p 93; Justi, 1908, I, pp. 266; Giglioli, 1909, p. 150; A. Venturi, 1910, p. 375; L. Venturi, 1913, pp. 260-261; Dreyfous, 1914, p. 89; Ravà, 1920, p. 177; Prunières, 1922, pp. 195-198; Cook, 1926, pp. 23-24; Justi, 1926, II, p. 154; Lesser, 1926, p. 112; Longhi, 1927 (éd. 1967), p. 182; A. Venturi, 1928, IX, 3, p. 560; Berenson, 1932, p. 349; Ferriguto, 1933, p. 357; Suida, 1935, pp. 86-87; Berenson, 1936, p. 285; Gamba, 1937, p. 31; Richter, 1937, p. 235; Fiocco, 1941, p. 30; Morassi, 1942, pp. 106-107, 170-171, 215; Pallucchini, 1944 *(Pittura)*, I, p. XVI; Wischnitzer Bernstein, 1945, p. 193; Longhi, 1946, p. 13; Dussler, 1949, p. 47; Einstein, 1949, I, pp. 155-156; Longhi, 1949 (éd. 1978), p. 107; Pallucchini, 1949, pp. 212-213, n° 127; Hartlaub, 1953, p. 57; Alazard, 1953-54, p. 38; Gamba, 1954, pp. 173-174; Castelfanco, 1955, p. 310 note 19; Coletti, 1955, pp. 46, 65; Della Pergola, 1955, p. 64; Francini Ciaranfi, 1955, p. 66; Klauner, 1955, p. 145; Pallucchini, 1955 *(Guida)*, p. 22; Pignatti, 1955, pp. 33, 121; Robertson, 1955, p. 277; Zampetti, 1955 *(Giorgione)* 2e éd., pp. 94-97, n° 41; *(Postille)*, p. 67; Berenson, 1957, I, p. 84; Gioseffi, 1959, p. 47; Egan, 1961, pp. 190-191; Salvini, 1961, p. 231; Heinemann, 1962, I, p. 202; Baldass et Heinz, 1964 (éd. anglaise, 1965), p. 53; Savini Branca, 1965, p. 100; I. Furlan, 1966, p. 9; Robertson, 1968, p. 117; Zampetti, 1968, p. 95 n° 36; Morassi, 1967, p. 205; Pignatti, 1969, pp. 67-69, 110-111, n° 28; Calvesi, 1970, p. 184; Magugliani, 1970, pp. 43, 143; Hugelshofer, 1971, pp. 106-110; Meijer, 1972-73, p. 104; Fantelli, 1974, p. 85; M. Chiarini, 1975, p. 77; Tschmelitsch, 1975, pp. 147-153, 449; Anderson, 1978, p. 73; Gentili, 1978, p. 98; Mucchi, 1978, pp. 38-39; Pignatti, 1978 *(Giorgione)*, pp. 69-70, 114, n° 28; Pignatti, 1978 *(Gli inizi)*, pp. 9, 11; Anderson, 1979 *(Inventory)*, pp. 643-644; Ballarin, 1979, pp. 231-232; Garas, 1979, pp. 165-170; Muraro, 1979, p. 178; Pozzi, 1979, p. 337; Volpe, 1979, p. 221; Ballarin, 1980, p. 494 note 3; Gentili, 1980, pp. 41-42, 199-200; Pignatti, 1981 *(Il corpus pittorico)*, p. 139; Pignatti, 1981 *(Il primo Giorgione)*, p. 10; Sgarbi, 1981, p. 34; Volpe, 1981, pp. 401-402, 419; Ballarin, 1983, p. 523; Pedretti, 1983, p. 104; Shearman, 1983, pp. 43-47; Hoffman, 1984, pp. 239-240; Dundas, 1985, p. 39: C. Furlan, 1988, p. 333, A 10; Simonetto, 1988, p. 74; Wescher, 1988, p. 85; Moro, 1989, p. 35; Lucco, 1989, pp. 11-29; Lucco, 1990, p. 476; Tanzi, 1991, p. 18; Bora, 1992, pp. 125, 358; Brown, 1992, pp. 85-88, 338, n° 66; Humfrey, 1992, pp. 42-43, 386; Marani, 1992, p. 345, Nepi Scirè, 1992, p. 81.

La provenance de la collection Régnier, proposée par K. Garas (1979) et par J. Anderson (1979, [*Inventory*]) est acceptée aussi par Lucco (1989). K. Garas (1979) a également proposé d'identifier comme premier propriétaire du tableau Gabriele Vendramin; elle croit en effet pouvoir reconnaître le tableau passé de la collection Régnier à la collection Médicis dans les « trois grosses têtes qui chantent » mentionnées dans l'inventaire du « *Camerino delle antigaglie* » de Gabriele Vendramin (1567-1569). L'insistance de l'article de l'inventaire sur la grandeur des trois têtes semblait en elle-même exclure une telle possibilité; une solution définitive en ce sens a été apportée grâce à la découverte par J. Anderson du second inventaire de la collection Vendramin, celui de 1601 (Anderson, 1979). A la différence du premier, il donne les

mesures des tableaux et a enfin permis de déterminer le format du tableau en question, qui est incompatible avec les dimensions des *Trois Ages* (pour l'identification de cet article de l'inventaire avec le *Concert*, se reporter au cat. **29**).

A son tour, J. Anderson a proposé de reconnaître le *Marc Aurèle* Régnier, dont on a vu qu'il mesure à l'intérieur de son cadre « tout doré » 68,3 × 85,4 cm et qu'il est attribué à Palma Vecchio, avec le tableau Vendramin qui au n° XXIV de l'inventaire de 1601 est décrit ainsi : « Un tableau avec trois têtes, avec ses *soaze dorade* haut de cinq *quarte* et large de cinq *quarte* et demie à peu près » [donc haut de 85,40 et large de 93,90 cm] (éd. Anderson, 1979). Dans l'inventaire plus ancien, il est décrit comme « Un autre tableau à trois personnages qui chantent, avec des *zoaze dorade* sans indication d'auteur (éd. Ravà, 1920, p. 177). Toutefois, si pour la *demi-quarta* de différence de largeur avec le tableau Régnier, on peut invoquer le fait que c'était l'unité de mesure minimale, l'écart d'une *quarta* en hauteur ne peut être pris pour une simple approximation. Le tableau Régnier semble être plus petit que le tableau Vendramin. Enfin, si l'on admet que le tableau Régnier est celui de la Galleria Palatina et que l'on accepte son attribution à Giorgione, on doit ajouter qu'on ne voit pas comment un tableau de Giorgione appartenant à Gabriele Vendramin pourrait avoir perdu le souvenir de sa paternité en continuant à rester accroché aux murs de la maison et seulement quinze ans après la mort du collectionneur. Et je ne crois pas qu'il se soit agi de réattribuer les tableaux en faisant abstraction des noms qu'ils portaient ou en opposition avec eux : « Aussi bien Tintoretto qu'Orazio étaient trop prudents pour attribuer ce tableau obsédant et troublant à tout peintre précis, et surtout pas à Giorgione (Anderson, 1979). » En réalité, il est plus facile à l'historienne de faire cette hypothèse, car elle ne croit pas, ou en tout cas elle ne croyait pas en 1979 que les *Trois Ages de l'homme* fussent une œuvre de Giorgione. M. Lucco se dit d'accord avec cette provenance Vendramin (1989), pp. 11-12), alors qu'il considère le tableau comme un Giorgione.

Il existe une gravure du tableau par Claessens d'après un dessin de Jacques B. Touzé intitulée *La leçon de chant*, exécutée pour le Musée Napoléon et, comme l'observait Garas (1979) « pour autant que nous le sachions, c'est, la première fois qu'apparaît le nom de Giorgione ».

Le premier historien à avoir affronté ce fascinant tableau est Cavalcaselle (1871) : il l'interprète comme une œuvre de jeunesse de Lotto, à côté de la *pala* d'Asolo, de la *Sainte Conversation* d'Édimbourg, du *Saint Jérôme* du Louvre (cat. **8**), au moment où le peintre se rapproche de la manière de Giorgione et de Palma Vecchio; bien que les figures soient abîmées par les restaurations, elles sont peintes « avec une virtuosité giorgionesque », en particulier celle de droite. Dix ans plus tard, cette habileté giorgionesque apparaît à Morelli (1890)

comme digne de Giorgione lui-même : « la tête du garçon à moitié dans l'ombre, lequel tient à la main une partition, et malgré cela (bien que dévoilée par la retouche) encore magnifique et tout à fait giorgionesque, de sorte que même en l'absence d'autres documents à l'appui de mon opinion, j'ose attribuer ce tableau à Giorgione ». Si l'on considère à quel point l'histoire critique de ce tableau sera tourmentée – en 1950 encore, Longhi défendra l'attribution à Bellini, comme nous le verrons – pour arriver enfin, à notre époque à une attribution à Giorgione dont plus personne ne semble douter, il faut dire que cette intuition critique a été une des plus belles de Morelli, qui, à l'époque, a mis en difficulté même ceux qui étaient alors très proches de lui et qui avaient l'habitude d'accorder le plus grand crédit à ses jugements.

Cook (1900) est sans aucun doute favorable à l'attribution à Giorgione, et situe le tableau parmi les œuvres tardives. Mais l'avis divergent de Gronau est digne d'être noté : il l'attribue à Morto da Feltre, ce même peintre à qui l'année précédente M. Logan, dans son guide d'Hampton Court, avait attribué le *Concert à quatre*, qui dans la galerie portait le nom de Giorgione, et – ce qui ne laisse pas de me surprendre – elle n'en parlera plus, pas même lorsqu'en 1908 et en 1921, elle discutera, dans une perspective assez vaste, l'ensemble des œuvres attribuées au maître de Castelfranco. Aujourd'hui, ce n'est qu'au prix d'un grand effort pour la replacer dans son contexte que nous arrivons à comprendre le succès qu'a pu avoir, à cheval sur les deux siècles, cette attribution à Morto, qui est partagée par Justi (1908) et par L. Venturi (1912, 1913). Certains historiens (Pignatti, 1969; Lucco, 1989) classent Justi parmi les partisans de la paternité giorgionesque, alors qu'il l'exclut catégoriquement et qu'il accueille celle suggérée par Logan. L. Venturi est décidément embarrassé : l'auteur lui semble être un disciple de Giorgione, « un maître qui à l'intérieur de la gamme de Giorgione développa avec un amour particulier ce qui est lumière et ombre; qui regarda la vie humaine avec une sensibilité délicate, un peu maladive, avec une tristesse qui n'est pas encore du tourment » auquel il ne donne pour le moment aucun nom. L'attribution à Morto da Feltre lui paraît être la moins absurde parmi celles proposées jusqu'alors, « mais dans les tableaux certains de Morto il n'y a pas cette sensibilité maladive, cette nervosité ultra citadine, moderne, qui est le point d'arrivée de notre inconnu », de sorte que le nom de Lotto ne lui semble pas trop éloigné : « l'imagination du peintre inconnu est celle d'un frère spirituel de Lotto ». La prise de position résolue de Justi, les incertitudes de Venturi et le silence de Gronau marquent le destin du tableau dans les premières décennies du siècle, où on a cependant l'impression que même l'attribution au peintre de Feltre perd de sa valeur, y compris auprès de ceux qui l'avaient proposée ou soutenue. Justi, dans la seconde édition de son livre (1926) maintient avec fermeté son refus, mais il renonce à avancer des hypothèses alternatives.

Une attention nouvelle, qui équivaut à une véritable redécouverte des qualités remarquables du tableau de Florence, se produit vers la fin des années vingt; elle est due à Cook, Longhi, Berenson, Suida, et les noms autour desquels le débat se resserre sont ceux de Bellini et de Giorgione. Cook (1926) revient sur le problème pour faire part de la découverte d'un tableau qui vient d'entrer dans la collection de Doughty House à Richmond, le *Double portrait Borgherini*, qu'il juge de la même main que ceux d'Hampton Court et de la Galleria Palatina, même s'il laisse transparaître la perception de niveaux qualitatifs différents dans les trois tableaux: le discours est empreint d'une grande prudence, bien supérieure à celle qui apparaît dans les légendes des illustrations, car le problème lui paraît plus que jamais ouvert, certes pas dans la direction de Morto, mais éventuellement dans celle de Lotto et surtout de Giorgione, puisque le hasard veut que le tableau qui s'ajoute désormais au groupe et qui lui semble provenir *ab antiquo* de la famille Borgherini de Florence, pourrait être le même que celui dont parle Vasari dans la biographie de Giorgione. Longhi (1927) dans « Vita artistica » ouvre un front totalement nouveau, et redécouvre les *Trois Ages* comme une des dernières œuvres de Giovanni Bellini : « et pour finir, nous attribuerons aux toutes dernières années de Giovanni Bellini, qui est alors, je vous assure, giorgionesque, le *Noé ivre* de Besançon et les deux œuvres, si longtemps énigmatiques, que sont le *Concert* à Hampton Court et les *Trois Ages* du Palais Pitti ».

Berenson (1932, 1936) invente le « maître des Trois Ages du Palais Pitti », un vénitien actif autour de 1510 entre Bellini et Giorgione, peut-être Bellini lui-même : font partie du groupe les deux tableaux bien connus, plus le troisième ajouté par Cook, plus un quatrième de la même collection d'Hampton Court, une *Tête de Jeune Femme*, plus deux autres tableaux mal assimilés à ces quatre œuvres. Suida (1935) est en revanche très prompt à tirer les conséquences de la découverte de la *Vecchia* (cat. **24**), une œuvre de Giorgione entrée en scène au début des années 1930, et c'est une preuve de grande intelligence critique, car même dans la suite des études, quel que soit le point de vue dont on regardera le tableau de Florence, sa datation, son langage, ses sources figuratives, ou sa signification, le lien entre la *Vecchia* et les *Trois Ages* se révèlera indissoluble. Suida lui-même, d'autre part, à propos des sources figuratives, va droit au cœur du problème, en mentionnant Léonard. Ainsi, il voit bien qu'il existe un certain laps de temps entre les deux tableaux (les *Trois Ages* sont évidemment antérieurs) mais aussi que les deux tableaux, comme il le précisera en 1956, appartiennent à un même chapitre de l'histoire de Giorgione avant la *Laura* (cat. **27**), les années 1500-1505. Avec les *Trois Ages* il accueille aussi dans le catalogue de Giorgione le *Concert à quatre* et le *Borgherini*. Dans cette confrontation entre ces deux prises de position, celle de Longhi en faveur de Bellini vers

1515, et celle de Suida en faveur de Giorgione, vers 1500-1505 (confrontation qui se reproduira par la suite, lorsque Longhi réaffirmera sa conviction en 1949 et que Suida, en 1956, donnera un résumé du profil-catalogue de l'œuvre de Giorgione et qu'il y inclura ces trois tableaux à des dates aussi précoces), il y a certainement quelque chose à découvrir quant à la façon dont Longhi se représentait l'histoire de Giorgione, entre 1927 et 1946, entre la *Cartella tizianesca* et le *Viatico*, ce qui, comme je l'ai expliqué dans d'autres notices, ne facilitera pas une position correcte du problème dans les études de l'après-guerre. Il y a de quoi réfléchir sur le fait que Longhi, à qui on doit plus qu'à aucun autre la restitution de la véritable physionomie de Giorgione, ne l'ait pas reconnue dans ce tableau de la Galleria Palatina qui me semble (mais je ne suis peut-être pas le seul aujourd'hui) exprimer la quintessence de son monde spirituel et de son langage figuratif, du moins à une certaine période de sa vie, et que ce soit précisément à propos de ce tableau qu'il se soit trouvé exposé à une objection de méthode, dont nous savons à quel point il en a été un maître insurpassable : « Si ces deux tableaux », écrit Suida, « sont des œuvres giorgionesques des dernières années de Giovanni Bellini, il faut les placer un peu après 1516. Si ce sont là des ouvrages de jeunesse de Giorgione, ils datent de peu après 1500. Cette dernière hypothèse, indépendamment de tout ce qui parle en faveur de la paternité de Giorgione, a pour elle, du point de vue chronologique, la plus grande vraisemblance ». Le discours rouvert par Suida se poursuit avec la monographie de Morassi (1942) où l'on distingue par ailleurs, à partir d'observations faites par A. Venturi (1928), entre les *Trois Ages* dont l'attribution à Giorgione se renforce précisément à cause des fortes affinités avec la *Vecchia*, et les deux autres tableaux d'Hampton Court et de Richmond, considérés comme des tableaux d'atelier. A toutes fins utiles, il faut tout de suite dire que Morassi tend à déplacer trop en avant la date d'exécution du tableau de Florence, après la *Laura*, au début d'un chapitre 1506-1510, une tendance qui, nous le verrons, sera constante et de plus en plus accentuée chez ceux qui étudieront ce tableau à l'intérieur de la production de Giorgione.

En comparaison du niveau élevé où se situe désormais la discussion, on ne sait que dire d'autres propositions avancées ces années-là, si ce n'est qu'elles partent clairement d'une incompréhension des qualités sublimes du tableau, incompréhension qui est peut-être due à ce qu'on en traite toujours en même temps que du tableau d'Hampton Court : Richter (1937), suggère le nom de Pennacchi, Fiocco (1941) donne à Torbido le groupe des *Trois Ages*, du *Concert à quatre*, du *Borgherini*, c'est-à-dire, à ce même peintre véronais à qui il attribue, ce qui n'est pas un hasard, la *Vecchia*; Pallucchini (1944) lui-même partage l'opinion de Fiocco et précise justement qu'il aperçoit dans ces œuvres « un substrat substantiel de langage véronais, auquel s'ajoute un caractère vénitien oscillant

d'emprunt et de trouvaille, entre le romantisme et l'ésotérisme ». Selon Pallucchini « une des étincelles du grand feu giorgionesque a pu susciter chez Torbido, entre 1510 et 1520 ce petit feu d'expressionnisme romantique, où la mode du sujet hermétique semble glisser vers le caractéristique et le typique, tandis qu'elle trouve sa justification dans la matière picturale aux teintes pâles et froides à l'empâtement rugueux et épidermique, avec un intérêt luministe mal dissimulé ».

Le tableau est exposé aussi bien à l'exposition sur Bellini (1949) qu'à celle sur Giorgione (1955); dans son compte rendu de la première pour le « Burlington Magazine », Longhi considère à nouveau la *Dérision de Noé* (cat. **3**) et les *Trois Ages* comme des chefs-d'œuvre de la vieillesse de Bellini, représentatifs de sa capacité de renouvellement face à Lotto, Giorgione et le jeune Titien. L'autorité de son jugement et de celui de Berenson se fait encore sentir au moment de l'exposition sur Giorgione. Pour Zampetti (1955 [*Postille*]) on ne peut même pas imaginer que « Giorgione soit l'auteur de ces toiles pourtant très belles avec des groupes de figures encore timides, encore belliniennes : je veux parler du *Concert* d'Hampton Court et des *Trois Ages* du Palais Pitti (cette dernière est, à vrai dire, sur bois). Ces deux tableaux sont du même artiste, ils furent créés peut-être par Giambellino lui-même dans sa vieillesse alors qu'il était pris par l'enchantement giorgionesque ». Pour Robertson (1955) les *Trois Ages* « ne révèlent aucun rapport précis avec Giorgione », tandis que le *Concert à quatre* pourrait être une copie ancienne, d'après un original perdu du même maître que l'auteur du tableau de Florence. Que ce maître soit Bellini lui-même est une possibilité que l'historien examine en ces termes dans sa monographie de 1968 : « d'une certaine manière cette peinture est plus proche des têtes des saintes du tableau de San Zaccaria que quoi que ce soit d'autre dans l'œuvre de Giovanni. Toutefois, l'hypothèse d'une communauté d'auteur, bien qu'attirante, ne semble pas convaincante ». Baldass (Baldass et Heinz, 1964) considère que les deux tableaux, mais aussi le *Buste de Jeune Fille*, sont d'un artiste d'une génération plus vieille que Giorgione, un artiste sorti de l'atelier de Bellini et attiré, vers 1510, dans l'orbite giorgionesque. Dans ces années qui précèdent et qui suivent l'exposition, le fait le plus intéressant à relever, outre l'intervention de Suida (1956) dont on a parlé, est la dynamique de la pensée de Berenson qui, dans ses *Elenchi* de 1957, repropose la figure du Maître des *Trois Ages*, mais en laissant désormais entendre qu'il pourrait s'agir de Giorgione lui-même dans sa jeunesse. Dans cette perspective il faut rappeler la position de Gamba (1954), surtout à cause de la date « précoce » qu'il propose pour les *Trois Ages* dans l'œuvre de Giorgione, entre les tableaux des Offices et la *Nativité* de Washington, et celle de Pignatti (1955) pour qui l'attribution est acceptable si l'on fait naître le tableau dans l'atelier de Bellini, en supposant que le jeune élève ait travaillé sur une œuvre reposant déjà sur le style du dernier Bellini qui aurait peut-être même peint la tête du vieillard.

On a vu que les jugements de Suida, de Gamba et de Berenson s'accordent sur un point, la nature d'œuvre de jeunesse du tableau Pitti, et j'ai mis en évidence la façon dont Morassi tend à en faire une œuvre de la maturité, en la situant après la *Laura* (cat. **27**). Salvini (1961), à propos du problème des deux dernières années d'activité du maître, pense le résoudre en ces termes : « je pense qu'appartiennent à cette dernière phase de Giorgione les *Trois Ages* Pitti, le *Portrait de Girolamo Marcello* de Vienne, la *Vecchia* de Venise, l'*Autoportrait* de Brunswick, le *Christ portant sa Croix* de San Rocco, le *Concert champêtre* du Louvre ». Dans sa monographie de 1969 Pignatti va dans le même sens : « Grâce à la nouvelle vision de la dernière période de Giorgione qui découle de la datation de 1510 du *Portrait Terris* de San Diego il nous semble désormais pouvoir faire taire nos réserves (1955) et attribuer pleinement les *Trois Ages* à Giorgione [...]. La tête du vieillard à gauche, impressionnante par sa force suggestive (n'oublions pas qu'on l'a estimé digne de Bellini) est en rapport avec ce que nous considérons comme le dernier pas de Giorgione, avant sa disparition : ce « nouveau réalisme » qui lui inspirera les chefs-d'œuvre que sont la *Vecchia*, le *Christ* de San Rocco et le *Portrait* Goldman ». Le tableau figure en effet parmi ceux que Pignatti date de 1510. Plusieurs auteurs sont d'accord pour attribuer le tableau à Giorgione : Tschmelitsch (1975), mais avec une datation différente, après la *pala* de Castelfranco et avant la *Laura;* K. Garas (1979) qui en étudie la provenance ancienne; Volpe ([1978] 1981) qui accueille dans sa totalité la perspective tracée par Pignatti et donc une datation du tableau de Florence à la hauteur du *Portrait* Terris, vers 1510.

Après l'exposition Giorgione en effet, et au cours des années soixante, on parle de moins en moins de Bellini, tandis qu'on continue à en parler pour les deux autres portraits d'Hampton Court, le *Concert à quatre* et le *Buste de Jeune Fille*, qui semblent d'une autre main et d'un autre degré de qualité, et que Pignatti (1969) par exemple, attribue à un disciple de Giorgione encore fortement bellinien et que Shearmann, dans son catalogue (1983) considère le premier comme un produit de l'atelier de Bellini, entre 1510 et 1515, le second, comme l'œuvre d'un artiste proche de Cima et de Bellini. L'autre tableau, le *Borgherini*, à propos duquel les radiographies ont entre temps mis en évidence une série de repentirs qui exclut que ce puisse être une copie, tend à acquérir sa propre histoire, naturellement au milieu d'influence giorgionesque, et Pignatti (1969) propose de le rapprocher de Mancini, à qui il attribue avec point d'interrogation le petit *Pâris*, qui appartenait alors à la collection Strode-Jackson d'Oxford et qu'il publiera en 1975 comme une œuvre de Giorgione.

C'est à ce moment, entre 1976 et 1978, que se situent mes thèses sur Giorgione, où le tableau de la Galleria Palatina est présenté comme une œuvre immédiatement postérieure à la *pala* de Castelfranco (vers 1500), et représentative du profond renouvellement qui se produit dans la peinture de Giorgione autour de 1500, à cause, entre autres, de la présence de Léonard à Venise. Les *Trois Ages* sont compris comme le texte le plus significatif de cet intérêt de Giorgione pour le maître florentin. S'ouvre alors une nouvelle phase de l'histoire critique du tableau qui va du congrès de 1978 à aujourd'hui. Pignatti, dans ses interventions de l'automne, change de point de vue sur le tableau à cause semble-t-il des résultats des analyses radiographiques (Mucchi, 1978) : ce ne serait plus une des dernières œuvres de Giorgione, exemplaire du « nouveau réalisme » par lequel il rivalise avec la peinture de Titien et de Sebastiano, mais plutôt une œuvre de jeunesse acerbe et bellinienne, avant ou aux alentours de la *pala* de Castelfranco (vers 1504-1505). Cette thèse réduit la complexité formelle et spirituelle du tableau, en le ramenant dans un milieu, celui de Bellini et du Quattrocento, auquel, avec tout le respect dû à Longhi, il n'appartient pas.

Ce tableau est l'un des chefs-d'œuvre de Giorgione et du nouveau siècle et le seul moyen de l'approcher est de tenir compte d'une part, du moment bref mais intense du proto-classicisme, d'autre part, de la peinture de Léonard et de Boltraffio à Milan. A partir de ce tableau justement, j'ai tenté de reconstruire une trame de relations qui caractérisent une phase bien précise de la peinture à Venise, dont le cœur se situe vers 1500, son point de départ étant l'année 1495 et sa conclusion, l'année 1506; elle a pour protagonistes Giorgione et autour de lui deux lombards, Giovanni Agostino da Lodi (le pseudo-Boccaccino), de formation milanaise, bramantesque et léonardesque, à Venise dès 1495 environ, et le crémonais Boccaccio Boccaccino, qui arrive à Venise aux alentours de 1500 après s'être formé à Milan et avoir travaillé à Ferrare pendant trois ans comme peintre de cour du duc Ercole, dans le milieu de la tradition de Roberti, modernisée par les apports de Costa et de Francia. Mes recherches sont entrées en circulation à travers mes cours universitaires et une conférence intitulée *Autour de Giorgione en l'an 1500*, (*Giovanni Agostino da Lodi e la cultura figurativa nell'Italia settentrionale*, Journée d'étude, Milan, Finarte, 15 avril 1988; *Per Giovanni Previtali*, Deux journées d'études d'histoire de l'art et d'archéologie, Université de Sienne, 28-29 septembre 1989; *Boccaccio Boccaccino: tecnica e stile*, Journée d'étude pour la restauration de l'abside de la cathédrale de Crémone, Crémone, 21 juin 1990). A cette occasion ont été examinées les relations entre Giorgione et Boccaccino et à partir de la chronologie de l'histoire de Giorgione exposée en 1978, on a récupéré celle du peintre crémonais au moment où il séjourne à Venise entre 1500 et 1506, époque à laquelle, et particulièrement les alentours de 1502, on a fait remonter l'exécution du retable de l'église de San Zulian.

Dans la lignée de cette thèse, ont été situés à des dates différentes de celles qu'on leur attribuait par le passé, des œuvres comme la petite *Adoration des Bergers* de Capodimonte (vers 1500), la remarquable *Vierge* Crespi Fuller de Boston (vers 1500), la *Sainte Famille avec le berger* de la Pinacoteca Estense (1500-1501) relue en relation avec le tableau de Florence et dans le cadre d'une circulation culturelle proto-classique et léonardesque dont Boccaccino lui-même est un véhicule, les deux tableaux autrefois dans la collection Contini-Bonacossi et maintenant aux Offices avec *Saint Matthieu* et *Saint Jean l'Évangéliste* (vers 1502-1503) regardés à travers un jeu malicieux de recoupements avec le *Double portrait* Ludovisi (cat. **23**) pour démontrer que sur un fond de culture marqué par De Roberti et Costa, la peinture est indéniablement infuencée par Giorgione, la *Zingarella* des Offices et surtout le groupe des *Saintes Conversations* jusqu'à la dernière, en figures entières dans le paysage et juste avant le retour à Crémone avec le *Mariage de sainte Catherine* (vers 1506); il a également été possible de reconnaître la main de Boccaccino dans le beau dessin à la sanguine du Musée Fogg de Cambridge avec l'*Hallebardier de dos* (inv. 1932, 279 : disciple de Giorgione; Morassi, 1942, pl. 135 : Giorgione ?) autant marqué par Costa que par Giorgione, mais dans une technique qui à l'époque s'apprenait à Milan, lu, mais on devrait dire projeté, en comparaison avec la *Vue du château San Zeno de Montagnana* (cat. **92**), lui aussi à la sanguine, de Rotterdam. La compréhension de Giorgione, du Giorgione de la *pala* de Castelfranco, des *Trois Ages*, du *Double portrait*, par Boccaccino dans les années immédiatement postérieures à 1500, change quelque peu le cadre de nos connaissances sur la peinture vénitienne du premier quinquennat du siècle, avec la présence à Venise, avant et après 1500 de Giovanni Agostino da Lodi, autre véhicule, et bien plus important, d'informations léonardesques et de la *Cène*, avec des moments d'entente avec Giorgione comme celui qui apparaît si l'on confronte les *Trois Ages*, encore une fois et le *Saint Jean l'évangéliste entre deux apôtres* des Gallerie dell'Accademia, un exercice sur le motif des trois âges de la vie dont la date d'exécution ne peut que concorder avec celle du *Lavement de pieds* lui aussi à l'Accademia, et daté de 1500. Il suffit de penser à des œuvres comme le *Mariage de sainte Catherine avec un donateur* de la sacristie de Santo Stefano (vers 1502), ou la *Vierge entre deux donateurs* de Capodimonte, ou encore l'*Adoration des Bergers* Kress à Allentown (Penn.). A partir de ces thèses il a été possible de reconstruire *autour de Giorgione en 1500* une circulation culturelle léonardesque et protoclassique, importée de Milan et des centres de l'Emilie à Venise, avec laquelle tous ceux qui veulent étudier Giorgione doivent compter. L'histoire de Giorgione à partir de 1500, lorsqu'il abandonne le moment « *ponentino* » (nordique) et devient un grand peintre moderne, passe par cette conjoncture culturelle singulière et jusqu'alors inexplorée, à l'intérieur de laquelle se situe son expérience de la peinture et des idées de Léonard, expérience directe et sans médiation. (Pour les développements de cette problématique, voir les contributions de Lucco, 1983 et 1990; de Simonetto, 1988; Moro, 1989; Pattanaro, 1991; Tanzi, 1991; Bora, 1992).

L'essai de Lucco en 1989 est entièrement consacré au tableau à l'occasion de sa présentation au public après la restauration; il y discute des problèmes de la provenance, du sujet, de la date et de l'attribution et à ce propos, il conclut, en accord avec ce qui est dit plus haut, en faveur de Giorgione autour de 1500. Dans le même ouvrage, on rend également compte des résultats importants de l'analyse réflectographique, qui a mis en évidence sous la couche picturale, une Vierge agenouillée qui adore l'Enfant, sur le bord inférieur du tableau selon un dessin comparable à celui que nous voyons sur la *Nativité* Allendale (vers 1499), et sur la gauche, un seau appuyé à une structure de soutien : il semble donc qu'à l'origine le tableau ait été conçu pour représenter une Nativité.

A.B.

page 34

22

Giorgio da Castelfranco, dit Giorgione

Castelfranco Veneto, vers 1476/1478 - Venise, 1510

Portrait d'un homme en armure avec son page (Gattamelata)
vers 1501
Toile. H. 0,90; L. 0,73
FLORENCE, GALLERIA DEGLI UFFIZI

HISTORIQUE
Prague, collection du château, première moitié du XVIIIe siècle (*Inventarium über die in der allhiesigen kais, schatz-und khunstcammer befundenen mahlerein und anderen sachen nemblich : In ihre kais, maj. retirada*, du 8 avril 1718 : «*No 281 Scola Titian : Zwei armirte männer mit einem schlachtschwert*» [«Deux hommes en armure avec une épée de combat»; éd. Köpl, 1889, p. CXXXVI; Garas, 1965, p. 52]; *Inventar der Kunst-und Schatzkammer auf dem Prager Schlosse*, du 5 octobre 1737 : «*N. 317 / Nahm: Zwei armirte männer mit einem schlachtschwert [...] / hoch : Elen I, Zoll 12 / breit : Ellen I, Zoll 5 / Ramen : vergoldt und schwarz [...] / Materi : Leinwand / Orig : orig. [...] /*

Nahmen denen Mahler von : Scola Titian» [éd. Köpl, 1889, p. CLIV], dimensions équivalant à peu près à 88,3 × 71,5 cm, en comptant 59,5 cm pour l'*Ellen* et 2,4 cm pour le *Zoll*); Vienne, Musées impériaux (Mechel, 1783 : Giorgione, *Bildnis des venezianischen Helden Gattamelata;* transporté à Vienne probablement après le milieu du siècle [voir Neumann, 1967, pp. 39-42, 47, pour les nombreux transferts des tableaux de Prague à Vienne à partir de 1721]); Florence, Galleria degli Uffizi, à la suite d'un échange en 1821 avec les Musées impériaux de Vienne [toutefois Heinz (Baldass et Heinz, 1964) situe cet échange encore au XVIIIe siècle] (inventaire manuscrit de la Galleria degli Uffizi de 1825 : il y est attribué à Giorgione [*Catalogo Generale*, 1980, p. 213]).

Dans la *Nota de' quadri buoni che sono in Guardaroba d'Urbino* établie en 1631 (éd. Gotti, 1872, pp. 333-336), le numéro un est un «*Soldat en armure*, qu'on croit être Uguccione della Faggiola, de la main de Giorgione da Castelfranco», le même tableau que celui mentionné sans nom d'auteur, mais avec l'indication du support et des dimensions, dans l'inventaire des biens mobiliers se trouvant dans le palais ducal d'Urbino à la mort du dernier duc, Francesco Maria II della Rovere, dressé lui aussi en 1631, publié par Sangiorgi (1976, voir le document *D*), qui souligne la cohérence des deux inventaires. Le tableau y est décrit ainsi : «*Quadro uno simile con il ritratto di Uguccione Fagiolano*» («Un tableau de mêmes dimensions, représentant le portrait d'Uguccione Fagiolano»; fol. 27 v. : p. 235). Comme il est exclu que Giorgione ait peint un portrait commémoratif de ce célèbre condottiere du Moyen Age, partisan de l'Empereur et ami de Dante (qui lui adressa la première partie de sa *Divine Comédie*), il est permis de supposer qu'un tableau comme celui de la Galleria degli Uffizi a pu, au fil des ans et des changements de propriétaires et suivant le goût de plus en plus répandu pour les galeries de portrait historiques, apparaître à un certain moment comme le portrait d'un chevalier d'une époque lointaine, et que le souvenir du plus célèbre de ces chevaliers a pu apporter une réponse à la question de l'identité du personnage représenté. C'est sans doute par un raisonnement semblable, quoique beaucoup plus banal, que ce tableau fut baptisé dans les Musées impériaux de Vienne *Portrait de Gattamelata, général des Vénitiens, avec son fils Antonio*. Il me semble que doit rester ouverte la possibilité que l'*Uguccione* des inventaires d'Urbino ne fasse qu'un avec le *Gattamelata* des collections impériales de Vienne et de la Galleria degli Uffizi ensuite, étant donné que le tableau, bien qu'en tête de la *Nota de' quadri buoni*, ne fut manifestement pas mis dans les caisses expédiées d'Urbino à Florence en octobre 1631 avec l'héritage de Vittoria della Rovere (Ballarin, 1979).

Vasari rapporte que Giorgione aurait fait le portrait du «*gran Consalvo armato*» («grand Consalvo en armure») lorsque celui-ci vint à Venise pour y rencontrer le doge Agostino Barbarigo (mort le 20 septembre 1501). Cette rencontre n'est attestée par aucune autre source, mais elle pourrait avoir eu lieu dans la perspective alors imminente de la guerre franco-espagnole pour le partage du royaume de Naples, dont on sait qu'elle fut menée avec l'assentiment des Vénitiens, alors très proches de Louis XII. Consalvo entra en campagne dans les Pouilles à partir de septembre 1501 et les Français avaient déclenché les hostilités dès juillet. La rencontre rapportée par Vasari pourrait donc avoir eu lieu en 1501, avant septembre. C'est aussi l'avis de Richter (1937, p. 267). Le *Portrait* de Consalvo est perdu. À cette même occasion, Giorgione aurait aussi fait le portrait de l'un des capitaines de la suite de Consalvo, et Vasari (1568) aurait vu ce tableau à Florence : «Chez Anton de' Nobili se trouve une autre tête d'un capitaine en armure, pleine de vie et de vivacité, dont on dit qu'il est l'un des capitaines que Consalvo Ferrante emmena avec lui à Venise

quand il y rendit visite au doge Agostino Barbarigo [...]» (éd. Barocchi, Bettarini, IV *[Testo]*, 1976, p. 43). Une autre possibilité à prendre en considération est donc justement celle-ci : que l'homme en armure du tableau de la Galleria degli Uffizi soit l'un des capitaines de Consalvo, naturellement à condition de juger fondée l'histoire rapportée par Vasari et d'accepter la date supposée pour ce tableau (P. Della Pergola, 1967, III, p. 417; Ballarin, 1979). Il n'est au contraire plus pertinent de rapprocher ce portrait de la Galleria degli Uffizi du tableau vu par Michiel chez Giovanni Antonio Venier en 1528 : «Le soldat en armure [représenté] jusqu'à la taille, mais sans casque, fut peint de la main de Giorgione da Castelfranco» (éd. Frizzoni, 1884, p. 185), puisqu'on doit à présent prendre en sérieuse considération l'éventualité que ce tableau soit le *Portrait d'un homme en armure avec son serviteur* de Vienne (voir la notice relative à ce tableau, cat. 26).

EXPOSITIONS
Venise, 1955, no 36; Brescia, 1990, no IV 2.

BIBLIOGRAPHIE
Mechel, 1783, p. 5 no 10; Rosini, 1843, pp. 157-172; Burckhardt, 1855, p. 962; Crowe et Cavalcaselle, 1871, I, p. 511, II, p. 163; Eroli, 1879, pp. 165-170; Morelli, J.-P. Richter, [1880 (lettre de Morelli)] 1960, p. 110; Lermolieff [Morelli, 1880; éd. italienne : 1886], pp. 54-55; Lermolieff [Morelli], 1891 [éd. anglaise : 1893], pp. 68-69; Gamba, 1905, pp. 39-40; Berenson, 1907, p. 192; von Boehn, 1908, p. 62; Justi, 1908, I, pp. 212-216; Breck, 1910, p. 146; Borenius, 1912, (éd. Crowe et Cavalcaselle) II, note 3 de la page 218; Gamba, 1912, p. 231; L. Venturi, 1913, pp. 323-234; Justi. 1926, II, pp. 342-350; Wittkower, 1927, pp. 191, 215; A. Venturi, 1928(2), IX, 3, pp. 900-901; Fiocco, 1929, p. 132; G.-M. Richter, 1929, p. 91, Berenson, 1932, p. 141; Viana, 1933, pp. 32-33; Wilde, 1933, p. 132; Berenson, 1936, p. 122; Longhi, 1946, pp. 22, 63-64; Fiocco, 1948 (deuxième édition), p. 33; Salvini, 1952, p. 47; Gamba, 1954, pp. 176-177; Coletti, 1955, p. 65; Pallucchini, 1955 *[Guida]*, p. 9; Perocco, 1955, p. 12; Pignatti, 1955, p. 123, no 101; Riccoboni, 1955 *[Un-'altra restituzione]*, pp. 59-64; Riccoboni, 1955 *[Giorgione]*, pp. 169, 171; Robertson, 1955, p. 276; Zampetti, 1955 *[Giorgione*, deuxième édition], pp. XLIII, 82, no 36; Zampetti, 1955 *[Postille]*, p. 68; Dussler, 1956, p. 3; Rava, 1956, p. 61; Paatz, 1959, note 25 des pages 19-20; Keller, 1960, p. 293; Salvini, 1961, p. 238; Volpe, 1963, s.p.; Baldass, Heinz, 1964 [éd. anglaise, 1965], p. 170, no 30; Puppi, 1964, p. 419, note 19 de la page 426; Garas, 1965, p. 52; Ceschi 1967, III, p. 417; Berenson, 1968, I, p. 83; Zampetti, 1968, p. 99, no 68; Pignatti, 1969, p. 119, no A 13; Magugliani, 1970, p. 144; Pace, 1970, pp. 18-19, no 9; Tschmelitsch, 1975, pp. 343-344, 450; Ballarin, 1976, (1980), page 494 note 3; Hornig, 1976 *[Cavazzola]*, pp. 75-79, 113-116, no A 35; Mucchi, 1978, p. 64; Pignatti, 1978 *[Giorgione]*, pp. 123-124, no A 15; Salvini, 1978, p. 98; Anderson, 1979, p. 157; Ballarin, 1979, pp. 232-236; Boccia, 1980, p. 107; *Catalogo Generale della Galleria degli Uffizi*, 1980, p. 213, no P. 396; Ballarin, 1983, pp. 498, 503-509, 514-525; Repetto Contaldo, 1984, pp. 62-63, no A 12; Norman, 1986, p. 40; Lucco, 1990, p. 89; Rognoni, 1990, p. 245, no IV. 2; Scalini, 1990-1991, p. 11.

Si ce tableau est celui qui, à Prague au début du XVIIIe siècle, se trouve attribué à l'école de Titien, il faut remarquer qu'il est mentionné sous le nom de Giorgione à Vienne dans le catalogue de Mechel (1783). Cette paternité sera contestée — le tableau étant alors exposé à la Galleria degli Uffizi — par les premiers connaisseurs de peinture italienne, tous d'accord pour le considérer comme une œuvre de l'école véronaise. C'est là un changement de lecture auquel son caractère collectif confère le plus grand intérêt. Cavalcaselle (1871) penche en faveur de Torbido, peintre dont on pensait qu'il s'était formé dans l'entourage de Giorgione, tandis que Morelli (1880, 1891) est convaincu qu'il s'agit d'un artiste qui n'a eu aucun rapport avec Giorgione ou le giorgionesques, donc pas Torbido, mais peut-être bien Caroto, comme l'avait dit Mundler, ou Cavazzola, ou, mieux que tous ceux-là, Michele da Verona, dont les œuvres se confondent encore avec celles de Cavazzola.

Cette attribution à l'école véronaise résulte d'une profonde incompréhension de la qualité picturale du tableau, comme cela ressort bien de l'appréciation de Cavalcaselle : « [...] il présente la double caractéristique de l'art vénitien greffé sur l'art véronais; la teinte des chairs est crue et sombre, rendue selon une seule et même facture avec des ombres d'un ton roux foncé, dont la monotonie est rompue par une touche de rouge en demi-teinte posée çà-et-là dans les reflets; la surface est terne et sans éclat. C'est indubitablement une œuvre de Torbido, comme l'indique bien le tracé, ferme et non dénué d'affectation, assez net dans le clair-obscur, mais tranché dans les contrastes de teintes, régulier dans les proportions, et ressemblant en cela à celui de Bonsignori, mais manquant de la puissance et de la modulation des Vénitiens » (I, p. 511). Et encore : « [...] nous eûmes la preuve de la facilité avec laquelle la netteté de l'artiste véronais, comme taillée dans la pierre, fut prise pour le fini de Giorgione. »

La reconstitution du parcours de Cavazzola par Gamba dans la *Rassegna d'arte* (1905) et dans la notice du *Künstler-Lexikon* (1912) consacre l'attribution du tableau de la Galleria degli Uffizi à cet artiste (vers 1486/1488 - 1522), dont les rares œuvres connues consistaient alors et consistent aujourd'hui encore dans les toiles du cycle de la Passion du Christ de l'église San Bernardino, datées de 1517, en quelques *Vierges*, datées entre 1514 et 1519, et en quelques *Portraits*, remontant aussi à la fin des années 1510. Gamba laisse ouverte la possibilité que ce tableau soit une version dérivée d'un original perdu de Giorgione, et il propose une datation proche du cycle de 1517. Berenson (1907), Breck (1910), Borenius (1912) et Lionello Venturi (1913) partagent cet avis.

Ce n'est qu'en se replongeant dans les études critiques de ces années-là que l'on peut apprécier l'éclairage nouveau que l'analyse de Justi (1908, 1926) projette soudain sur le tableau en dissipant ses « ombres d'un ton roux foncé » et en insufflant la chaleur de la vie, de « l'humain », dans la « netteté comme taillée dans la pierre » de l'école véronaise. Justi parle du tableau dans un chapitre sur les « portraits en armure », où, pour la première fois avec tant de clarté, il met en lumière cet aspect de l'art de Giorgione en examinant les œuvres des élèves de celui-ci et les sources documentaires. C'était bien la voie à emprunter pour saisir la spécificité de Giorgione par rapport à Titien et à Sebastiano del Piombo, voie que Justi n'était pas en mesure de suivre, mais dont il a posé les premiers jalons en cherchant à brosser un portrait aussi ample de la personnalité du maître.

L'éclat des armures a retenu l'œil d'artiste de Giorgione et de ses élèves et suiveurs, et l'autorité de son enseignement en la matière a abouti, par l'intermédiaire de Sebastiano del Piombo, à la *Libération de saint Pierre* de Raphaël. Pour Justi, il y a des portraits en buste d'hommes revêtus d'une armure qui ne sont pas de Giorgione mais qui peuvent être riches d'informations sur l'enseignement de celui-ci, du *Saint Guillaume* de Dosso Dossi (Hampton Court; cat. **80**) au *Gaston de Foix* de Savoldo (Louvre; cat. **74**), du *Saül et David* (Galleria Borghese), que Justi considère comme une œuvre de Dosso Dossi, au *Soldat avec un page qui lui attache son armure*, dont on connaît plusieurs exemplaires; il est toutefois probable qu'ait subsisté un modèle original de ce type de portraits, et ce modèle est précisément le portrait dit *Gattamelata*. Pour Justi, l'attribution de ce tableau aux peintres véronais cités jusqu'ici est dépourvue de signification, et, bien au contraire, tout dans ce tableau lui semble militer contre l'hypothèse de l'école véronaise. L'état de conservation le gêne et la surface lui semble trop repeinte, mais l'invention et la mise en page sont à ses yeux tout entières de Giorgione, de sorte qu'on ne peut dire s'il s'agit pour lui d'un original du maître ou bien de la copie d'un original perdu. La légende accompagnant la reproduction dans l'édition de 1926 de l'ouvrage de Justi plaide en faveur de la première hypothèse : « Autrefois Giorgione (?) ».

Dans sa conclusion, digne de mémoire, Justi attribue à ce tableau un rôle central non seulement dans l'histoire de Giorgione et de la peinture issue de l'enseignement de celui-ci, mais aussi dans l'histoire de la culture occidentale, et il le lave en quelque sorte des humiliations qu'il a subies et qu'il devra subir encore : « Le fascinant portrait de condottiere de la Galleria degli Uffizi est, parmi les portraits en armure de Giorgione, peut-être le plus abouti, et le seul conservé, même si ce n'est pas avec sa surface originale. Si nous portons notre regard plus avant dans le siècle, nous voyons que ce portrait est, parmi les nombreuses représentations d'homme en armure, le premier chef-d'œuvre — et le plus important : parce que la charge d'humanité y est très intense. C'est cette caractéristique que Gœthe conférait dans son *Gœtz* au véritable chevalier romantique et *Teutschtümelei*, mais ce premier modèle est le plus grand, aucune œuvre postérieure n'est aussi riche et substantielle, aussi empreinte de fantaisie et d'humanité que celle-ci. » La lecture que je ferai du tableau en 1978 entendra lui reconnaître le même rôle.

Quelles conséquences eurent entre-temps les analyses de Justi? Aucune, semblerait-il : le nom de Cavazzola est de nouveau proposé par Wittkower (1927), Adolfo Venturi (1928), Berenson (1932, 1936) et G.M. Richter (1937), et celui de Torbido par Wilde (1933). Mais le magnifique commentaire d'A. Venturi est tel qu'il se révèle en contradiction flagrante avec le nom de Cavazzola (qu'il maintient) et que, avec l'ouvrage de Justi, il ouvre la voie à une manière différente d'aborder le tableau. Après avoir parlé de la *Flagellation*, l'une des toiles du cycle de l'église San Bernardino, A. Venturi poursuit : « A ce resplendissant tableau correspond parfaitement un chef-d'œuvre de Cavazzola, attribué par Justi à Giorgione : le portrait dit *Gattamelata* de la Galleria degli Uffizi, l'une des rares œuvres de l'artiste véronais où l'on perçoive nettement une influence giorgionesque. Le chevalier inconnu incline sur l'épaule un fier visage d'archange et croise les bras, se tournant en biais vers le spectateur et s'inscrivant en arc de cercle entre les limites verticales de son épée et de la hampe d'un étendard tenue par un page vu de profil. Il en résulte une succession de plans de lumière et d'ombre, succession presque restreinte à la surface du tableau et en une profondeur limitée, mais succession complexe à l'extrême, et compliquée davantage encore par les orientations différentes des armes et des pièces d'armure posées sur le parapet. La palette est réduite au minimum, comme étouffée, et l'artiste consacre tout son soin aux effets lumineux des étincelantes armures brunies. L'étoffe claire du bonnet et le tissu traité avec une magistrale simplicité de coupe et de pli sur le bras du page atténuent à peine l'éclat guerrier des lumières. Les têtes elles-mêmes, admirables par leur construction large, sûre, solide, paraissent éclairées par les reflets scintillants du métal. Le thème principal du tableau ne réside pas dans les deux personnages, mais dans les réfractions de la lumière sur les pièces d'armure qui les entourent et les revêtent. »

En 1946, Longhi ouvre une phase nouvelle de l'étude critique de ce tableau, comme on le verra par la suite. Il vient après Justi et A. Venturi. Mais, si je ne me trompe, il en arrive au *Gattamelata* après s'être aussi intéressé au *Double Portrait* (cat. **23**) qui est entré en scène autour de 1920, à la suite du legs Ruffo à l'État, et dont il a confirmé l'attribution à Giorgione en 1927. Ce *Double Portrait* présente un aspect tout à fait nouveau de l'art de portraitiste de Giorgione par rapport au *Portrait de jeune homme* Giustiniani (cat. **16**), et, en se fondant sur lui, on ne pourra pas ne pas rattacher à Giorgione le présent *Homme en armure avec un page*. On doit toutefois dire, pour mieux saisir par quelles vicissitudes passera encore la compréhension de ces deux tableaux, que Justi, qui avait juste eu le temps de prendre connaissance du *Double Portrait* Ruffo avant la deuxième édition de sa monographie, ne s'était pas rendu compte que celui-ci ne pouvait qu'être de la même main que le *Gattamelata* qu'il aimait tant, et il avait exprimé son accord avec l'attribution à Sebastiano del Piombo qui avait été proposée entre-temps. Il n'allait donc pas de soi de penser que les deux tableaux pouvaient dès lors s'éclairer l'un l'autre.

Voici ce que Longhi dit du *Gattamelata* dans son *Viatico* : « A cette présence "flagrante" pleine de couleur et de vie [caractéristique d'œuvre comme l'*Autoportrait en David* ou comme le *Guerrier avec un page qui lui attache son armure*], Giorgione s'était exercé pendant des années en peignant, dans l'ordre, le *Portrait* de Berlin et celui dit *Brocardo* de Budapest, le *Double Portrait* du Palazzo Venzia et le *Gattamelata* de la Galleria degli Uffizi, aujourd'hui encore présenté avec la sotte attribution à Cavazzola que lui donna Morelli. » Et encore, dans l'appareil de notes accompagnant les planches : après la *Laura* cat. 27, après le *Jeune Faune* de Munich, « certainement en rapport avec la "gymnastique formelle" du Fondaco dei Tedeschi », et après le *Il Tramonto* (cat. 20), « le *Double Portrait* du Palazzo Venezia et le *Guerrier avec un page* de la Galleria degli Uffizi (auquel non seulement Morelli et ses fidèles, mais même le grand Cavalcaselle donnèrent tour à tour tous les noms de l'école véronaise, de Michele da Verona à Caroto, à Cavazzola et à Torbido) se succèdent dans cet ordre jusqu'à pratiquement la toute dernière période du maître ». Il est donc clair que Longhi considère les deux tableaux du Palazzo Venezia et de la Galleria degli Uffizi comme des œuvres datant des années 1508-1510, après lesquelles Giorgione a dû cependant avoir encore le temps de réaliser quelques « demi-figures "sans dessin", faites seulement de couleurs », où se manifeste le « naturalisme sensuel de ses portraits, animés comme en pleine action », c'est-à-dire des œuvres qui appartiennent aux derniers mois de sa vie et qui sont justement l'*Autoportrait* et le *Guerrier avec un page qui lui attache son armure*, même si Longhi n'exclut pas que ce dernier tableau puisse se révéler de la main de Titien lui-même le jour où l'original se distinguera des si nombreuses copies. Les prolongements de la position de Longhi se feront jour au moment de l'exposition de Venise en 1955.

Il faut cependant noter auparavant la première réaction de Fiocco : en appendice à la deuxième édition de son *Giorgione* parue deux ans après le *Viatico* de Longhi, il présente les photographies des deux tableaux du Palazzo Venezia et de la Galleria degli Uffizi, absent de la première édition de 1941, et il rattache ce deuxième tableau au groupe réuni déjà en 1941 sous le nom de Torbido et constitué de la *Vecchia* (cat. 24), des *Trois Ages* (cat. 21), du *Concert à quatre personnages* de Hampton Court et du *Double Portrait Borgherini* (cat. 23), groupe auquel à présent « [il] agrégerai[t] aussi le portrait dit *Gattamelata avec son page* de la Galleria degli Uffizi, de teintes trop métalliques et d'un dessin trop tranchant (à la manière de l'école véronaise, à laquelle il a toujours été attribué, de Morelli à Berenson et à Gamba) pour revenir à Giorgione lui-même ».

La proximité de l'exposition de 1955 fournit l'occasion de quelques prises de position tranchées. Riccoboni (1955), tout à fait isolé, suggère, en solution de rechange, une attribution à l'école bresciane et il cite le nom de Romanino, ce qui constitue surtout une reconnaissance des qualités toutes giorgionesques de l'invention et de la facture picturale du tableau, à

l'encontre de l'attribution à l'école véronaise qui repose toujours sur une lecture réductrice de ces qualités (la dernière en date étant celle de Fiocco). Gamba affirme de nouveau sa conviction de jeunesse en faveur de Cavazzola et il se déclare même certain que Longhi lui-même, en voyant le *Gattamelata* exposé à côté des chefs-d'œuvre de Giorgione, devra réviser son jugement. Pour Coletti (1955), c'est l'attribution à Cavazzola, tout juste réaffirmée par Gamba, qui semble la plus digne de crédit : « Le coloris plutôt métallique, la lourdeur des reflets, les modelés passablement secs et durs (si par exemple on les compare avec ceux du *Chevalier de Malte*) semblent s'écarter non seulement de la manière qu'ici l'on suppose être celle du dernier Giorgione, mais aussi de la facture, si légère dans l'utilisation de la pâte maigre de la couleur, si palpitante de reflets insaisissables, du *Chanteur* et du *Joueur de flûte* de la Galleria Borghese. »

Entre-temps, en 1954, a en effet pour ainsi dire explosé l'affaire de ces deux grandes *Têtes* de la Galleria Borghese, le *Chanteur* (cat. 30) et le *Joueur de flûte* (cat. 31), considérées elle aussi comme des œuvres ultimes de Giorgione, et même comme tout à fait représentatives de ces « demi-figures sans dessin » dont Longhi a parlé en 1946, si bien que les prises de position sur les deux tableaux de la Galleria degli Uffizi et du Palazzo Venezia s'entremêlent à présent avec les appréciations portées sur ces deux-ci. Ces quatre tableaux sont montrés à l'exposition de Venise, ainsi qu'un cinquième, présenté par Longhi dans son *Viatico*, celui qui était alors appelé le *Samson bafoué* et que nous appelons, aujourd'hui le *Concert* (cat. 29). Zampetti (1955 [*Catalogo*]; 1968) incline à accepter les deux « doubles » portraits du Palazzo Venezia et de la Galleria degli Uffizi au nombre des œuvres de Giorgione qu'il recense dans sa propre liste imprimée dans la deuxième édition du catalogue. L'incertitude que Justi avait éprouvée devant le *Gattamelata* − original ou copie ? − se fait de nouveau jour chez Zampetti et chez Paatz (1959). Pallucchini (1955 [*Guida*]) refuse à Giorgione la paternité de ces cinq tableaux au nom de raisons diverses, et en particulier du *Gattamelata* précisément au motif qu'il s'agirait plutôt d'une imitation contemporaine d'un original de Giorgione. Salvini (1961, 1978) n'est pas non plus d'accord pour inscrire au catalogue de Giorgione ce groupe de tableau − qui comprend le *Gattamelata* mais pas le *Double Portrait* du Palazzo Venezia, duquel il ne parle jamais − parce que « ces quatre tableaux, avec des accents différents, supposeraient en effet une évolution de la peinture de Giorgione vers l'expression d'un lyrisme pathétique que ni son art ni les fresques mêmes du Fondaco dei Tedeschi ne laissaient prévoir et qui ne trouve pas d'ailleurs de fondements suffisants dans les œuvres sûrement ou probablement de sa dernière période ». Pour Baldass, dont l'avis est rapporté par Heinz (Baldass et Heinz, 1964), « ce double portrait devrait être considéré comme l'interprétation très libre de l'une des

idées de Giorgione, bien que n'y soit perceptible aucune parenté technique avec les propres œuvres du maître ». Son jugement sur le tableau du Palazzo Venezia n'est pas différent. T. Pignatti (1969, 1978) situe ces deux tableaux dans le très proche entourage de Giorgione et conteste à juste titre qu'on puisse considérer comme une copie le tableau de la Galleria degli Uffizi.

Si l'on exclut Robertson (1955), qui propose de nouveau Torbido pour leur auteur, on voit comment, à la suite de l'exposition de Venise en 1955, les spécialistes tiennent pour désormais dépassée l'hypothèse de l'école véronaise et examinent les deux tableaux en relation avec Giorgione, relevant leur caractère nettement giorgionesque, mais finissant toujours par les attribuer à l'entourage anonyme du maître ou bien par imaginer la solution de la copie. Comme Suida (1956) et Morassi ([1961] 1967) se taisent sur ce point, le seul spécialiste dont on puisse dire qu'il accepte ces deux tableaux comme œuvres de Giorgione est Volpe (1963), qui se demande aussi si le *Gattamelata* peut être antérieur à la *Laura*. Dans sa monographie, Tschmelitsch (1975) les situe tous deux après les fresques du Fondaco dei Tedeschi.

J'ai dit que l'évolution des études critiques semblait avoir périmé l'hypothèse de l'école véronaise. Et pourtant, en 1968, les derniers *Elenchi* de Berenson, consacrés à l'Italie du Nord, proposent de nouveau d'attribuer à Cavazzola le *Portrait* de la Galleria degli Uffizi; en 1976, Hornig publie sa monographie sur Cavazzola, qui présente ce tableau comme une sorte de synthèse de tous les caractères stylistiques les plus reconnaissables du peintre véronais et le situe à la fin de sa brève carrière, en 1518-1522; en 1979, J. Anderson elle-même se prononce aussi en faveur de Cavazzola; et en 1980, paraît le *Catalogo generale della Galleria degli Uffizi*, qui classe le tableau conformément à l'avis de Hornig.

Dans la pensée de Longhi (1946) sur Giorgione, il y a une contradiction que je ne crois pas marginale et dont je ne sais d'ailleurs pas m'expliquer les raisons. J'ai déjà dit, à propos de la *Laura*, combien Longhi a contribué à accréditer une appréciation erronée des *Trois Philosophes*. Or, quand on en vient à la question de ces « portraits » ou « demi-figures », on touche du doigt cette contradiction lorsque, dans le même passage de son *Viatico*, Longhi présente le *Samson bafoué* (c'est-à-dire le *Concert*; cat. 29) comme une œuvre inédite de Giorgione datant « de l'époque des fresques du Fondaco dei Tedeschi », présentation décisive pour comprendre enfin qui est le dernier Giorgione et pour mettre de l'ordre dans la chronologie de ses œuvres, mais seulement à condition de déclarer d'une tout autre époque des tableaux comme le *Brocardo* (cat. 25), ou le *Gattamelata*, ou le *Double Portrait*. La même contradiction se fera jour lorsque les deux *Têtes* (cat. 30 et 31) de la Galleria Borghese entreront en scène : ces deux fragments et les deux « doubles » portraits ne peuvent être de la même main que s'ils appartiennent à deux époques très différentes l'une de l'autre. Longhi a fondé toute la redécouverte du dernier Giorgione sur les jugements critiques que Vasari et Zanetti ont inventé pour en caractériser le langage à l'époque des fresques du Fondaco dei Tedeschi, et seule la confiance qu'il accordait à ces jugements lui a permis de restituer le *Concert* (cat. **29**) et ces deux *Têtes* au catalogue de Giorgione. Mais comment est-il possible d'analyser le *Double Portrait* (cat. **23**) et le *Gattamelata* avec les mêmes outils critiques? La «présence "flagrante" pleine de couleur et de vie» dont on doit penser qu'elle caractérise la manière de Giorgione à l'époque des fresques du Fondaco dei Tedeschi et de ses dernières œuvres, et que l'on perçoit dans le *Concert* et les deux *Têtes*, ne connaît pas encore son plein épanouissement à l'époque des deux «doubles» portraits.

Il s'est passé pour ceux-ci la même chose que ce qui s'est produit du fait d'autres spécialistes pour la *Vecchia* : cette œuvre a été aussi considérée comme représentative de la manière tardive de Giorgione, et elle fut parfois même lue avec les mots mêmes de Vasari et de Zanetti, alors qu'en réalité son langage est en contradiction patente, non seulement avec ces mots-là, mais aussi avec ce que, à voir le fragment de *Nu féminin*, on peut penser qu'a été la manière de Giorgione dans les fresques du Fondaco dei Tedeschi, et avec ce qu'on doit présumer qu'a été le langage d'un maître qui avait pour élèves Titien et Sebastiano del Piombo. Ni la *Vecchia*, ni le *Double Portrait*, ni le *Gattamelata* ne peuvent être les tableaux que Giorgione peignait au moment où Titien et Sebastiano del Piombo se formaient à ses côtés.

Il fallait découvrir, avant la dernière manière de Giorgione, mais pourtant toujours après le retable de Castelfranco, qui a beaucoup d'égards concluait le chapitre des débuts, une autre époque de sa peinture, ou peut-être simplement de la peinture tout court, dont Giorgione avait été un grand protagoniste solitaire, une époque déjà moderne, mais pas encore aussi extraordinairement moderne que celle qui s'ouvrira après la rencontre avec Dürer et avec le classicisme et qu'il vivra en même temps que ses deux élèves. Cette exigence-là correspondait à cette autre exigence : ancrer sa formation dans la conjoncture des années autour de 1495, et donc faire remonter à 1500 environ le retable de Castelfranco lui-même. Cette année 1500, celle du bref séjour de Léonard de Vinci à Venise, devenait alors, tout comme l'année 1495 et les années 1506-1507, une année charnière dans l'histoire de Giorgione qui permettait enfin de lire la *Vecchia*, le *Double Portrait* et le *Gattamelata* dans leurs particularités stylistiques, autres que celles du *Concert* et des *Musiciens*. On peut mieux voir comment a été dissipée la contradiction qui se trouvait dans la pensée de Longhi en se reportant à ma communication *Nuova prospettiva su Giorgione*, présentée en 1978 et publiée dans le présent catalogue. Je renvoie donc aussi à cette communication pour l'analyse du *Gattamelata*, que je date vers 1501 ([1976] 1980, 1979, 1983).

Ce tableau a été présenté à l'exposition Savoldo, dans la section des œuvres montrées à des fins comparatives, avec l'attribution à un artiste anonyme de l'entourage de Giorgione (Rognoni, 1990). Dans son compte rendu de cette exposition, Lucco exprimait son accord sur la paternité de Giorgione et sur la datation de cette œuvre, «au début du siècle». Le tableau a été restauré à l'occasion de cette exposition. De nombreuses années auparavant, avaient été effectuées des radiographies qui ont été publiées par Mucchi (1978).

Ce tableau a été naturellement examiné par les spécialistes d'armures, et il existe une petite bibliographie sur ce point. L'armure est d'origine lombarde, marquée d'une influence allemande, et elle pourrait être datée vers 1515. Il a surtout été noté que le casque sur le parapet, complet avec sa visière à ventail, correspond à celui conservé dans la Wallace Collection de Londres sous le numéro A 72 du catalogue de Mann (1962, I, p. 94), que cet auteur disait justement provenir de l'Italie du Nord et datait de 1480-1500, mais que l'on tend aujourd'hui à situer à une date plus tardive. Boccia (1980), qui reproduit le casque Wallace face au tableau, le date vers 1515 et le reconnaît aussi sur la tête d'un des fantassins du *Martyre des dix mille chrétiens* de Carpaccio (Venise, Gallerie dell'Accademia), tableau justement daté 1515. Dans le *Supplément* du catalogue de la Wallace collection (1986), à propos du *sallet* n° A 72, qui est de nouveau reconnu comme celui du tableau de la Galleria degli Uffizi, Norman corrige ainsi l'appréciation qu'en avait donnée Mann : «Tous les éléments qui servent à la datation donnent à penser que ce type de casque italien muni d'une grande visière à ventail serait plus tardif que ce que suggère le *Catalogue* de 1962», et ce casque est aussi rapproché de ceux qu'on voit dans différents tableaux, non seulement le *Gattamelata* de la Galleria degli Uffizi, mais aussi le *Jeune Chevalier dans un paysage* de Carpaccio (1510) de la collection Thyssen (le page à cheval au fond à gauche) et le *Saint Guillaume* de Dosso Dossi à Hampton Court (années 1520; cat. **80**). La date la plus tardive des visières de ce type, qui venaient de Rhodes, serait 1522, année où l'île est conquise par les Turcs. Il me semble qu'il en résulte pour ce casque une période située entre 1510 et 1520. Scalini (1990-91) reproduit le tableau sans autre commentaire que cette légende : Giorgione, *Portrait de Jacopo Pesaro*, 1500-1501. Après avoir reculé au début du siècle la date de ce *Gattamelata* de la Galleria degli Uffizi, j'imagine que l'on devra envisager pour le casque une période plus étendue, 1500-1520 (le *Saint Guillaume* de Dosso Dossi est daté vers 1523 dans le présent catalogue). Le casque de Jacopo Pesaro, posé au premier plan du petit retable de Titien à Anvers (daté vers 1506; cat. **40**) semble être le même que celui du *Gattamelata*, sans sa visière à ventail.

Il existe des copies datant du XIXᵉ siècle, une dans la collection Gattamelata de Rome (90,5 × 75,5 cm), une autre conservée au Palazzo Comunale de Narni (Pace, 1970).

A.B.

page 35

23

Giorgio da Castelfranco, dit Giorgione

Castelfranco Veneto, vers 1476/1478 - Venise, 1510

Double Portrait

vers 1502
Toile. H. 0,77; L. 0,665
ROME, MUSEO DI PALAZZO VENEZIA

HISTORIQUE

Rome, coll. du cardinal Ludovico Ludovisi (1595-1632) dispersée au XVIᵉ siècle par son frère Niccolò, prince de Piombino (liste de tableaux de 1623 [éd. Felici, 1952 p. 88], p. 142) : «Un portrait avec un bonnet sur la tête» attribué à Giorgione; *Inventario delle Massaritie , quadri, statue, et altro, che sono alla vigna dell'eccmo Pñpe di Venosa a Porta Pinciana rivisto questo di 28 Genn° 1663* [éd. Garas, 1967 (*Ludovisi*), II, p. 343]) n° 43 : «Un tableau avec deux portraits en demi-figures — l'un a la joue posée sur une main, et tient de l'autre main un bigaradier — avec un cadre noir profilé et orné d'arabesques d'or, de la main de Giorgione»); Ferrare, coll. du cardinal Tommaso Ruffo, dès 1734 (J. Agnelli, *Galerie de peintures de son Excellence le cardinal Tommaso Ruffo*, Ferrare [1734], p. 88 : « deux demi-figures dont l'une, une main à la joue, tient de l'autre une bigarade ») où il est attribué à Dosso Dossi; entré dans la coll. Ruffo en même temps que le n° 45 de l'inv. de 1633 de la coll. Ludovisi : «Un homme qui tient le poignet d'une femme, tableau de cinq palmes de haut et six palmes de large, cadre doré et entaillé; de la main de Giorgione»; Rome, Museo di Palazzo Venezia, depuis 1915.

EXPOSITIONS

Venise, 1955, n° 35; Brescia, 1990, n° IV.3.

BIBLIOGRAPHIE

Agnelli, [1734], p. 88; Ravaglia, 1922, pp. 474-477; Friedberg, 1925, p. 25; Hermanin, 1925, p. 68; Justi, 1926, II, pp. 104-105; Longhi, 1927 (éd. 1967), p. 244 note 15; Fiocco, 1929, pp. 133-134; Berenson, 1932, p. 325; Wilde, 1933, p. 97; Berenson, 1936, p. 288; Dussler, 1942, p. 157 n° 104, p. 163 n° 134; Pallucchini, 1944 (*Sebastiano*), p. 188; Longhi, 1946, pp. 22, 63; Fiocco, 1948 (2ᵉ éd.), p. 20; Santangello, s.d. (1948) p. 9, n° 902; Gamba, 1954, p. 176; Coletti, 1955, p. 62; Pallucchini, 1955 (*Guida*), p. 9; Perocco, 1955, p. 12; Robertson, 1955, p. 276; Zampetti, 1955 (*Giorgione*) [2ᵉ éd.], pp. XLIII, 80, n° 35; Zampetti, 1955 [*Postille*], p. 68; Dussler, 1956, p. 3; Rava, 1956, p. 62; Berenson, 1957, I, p. 107; L. Venturi, 1958, col. 213; Salvini, 1961, p. 239 note 24; Volpe, 1963, s.p. ; Baldass et Heinz; 1964 (éd. anglaise, 1965), p. 169; Garas, 1965, pp. 48-57, 51-54; Pallucchini, 1965, p. 266; Gould, 1966, p. 50; Pope-Hennessy, 1966, pp. 132, 135; Garas, 1967 (*Ludovisi*), I, p. 289, II, p. 343; Zampetti, 1968, p. 99 n° 69; Pignatti, 1969, p. 133, n° A 52; Magugliani, 1970, pp. 115, 153;

Tschemlitsch, 1975, pp. 344-345, 450; Anderson, 1978, p. 73; Mucchi, 1978, p. 65; Pignatin, 1978 (*Giorgione*), pp. 138-139 n° A 53; Ballarin, 1979, pp. 234-235; Ballarin, 1980, p. 494 note 3; Lucco, 1980, pp. 138-139, n° 218; Volpe, 1981, pp. 402-403, note 9; Ballarin, 1983, pp. 479-541; Lucco, 1990, p. 89; Rognoni, 1990, pp. 245-246, n° IV, 3.

Le tableau, comme on l'a vu, perd sa paternité au moment du passage de la collection Ludovisi de Rome à la collection Ruffo de Ferrare, où il est attribué au principal peintre ferrarais du Cinquecento, Dosso Dossi. A Rome, au début des années 1920, il est d'abord étudié par Ravaglia (1922), à qui il apparaît comme une « œuvre étroitement liée à l'enseignement de Giorgione, au point de ne pouvoir être attribuée à personne d'autre qu'à Sebastiano del Piombo ». Certes, Ravaglia, qui est le premier à publier le tableau, a présent à l'esprit le profil de Sebastiano tracé par L. Venturi en 1913, un profil où justement, entre les œuvres les plus certaines de la période vénitienne (comme les volets d'orgue de San Bartolomeo [cat. **37**] ou le retable de San Giovanni Crisostomo [cat. **38**]) et celles de la période romaine, l'historien avait supposé la maturation d'un moment d'extraordinaire rapprochement avec Giorgione, avec des œuvres comme la *Suzanne* (cat. **42**), le *Jugement de Salomon* (cat. **33**), ou le *Concert champêtre* (cat. **43**). Toutefois, cela ne semble pas justifier sa proposition de situer le *Double Portrait* à l'intérieur de ce moment, proposition d'ailleurs partagée par Hermanin (1925) et Justi (1926), mais qui n'eut pas de suite. On ne peut exclure que Ravaglia se soit laissé tenter par le désir d'identifier le tableau avec le *Portrait du Français Verdelot et de son compagnon le chanteur Ubretto*, tableau que d'après Vasari, Sebastiano aurait peint pendant sa période vénitienne et qui est à Florence au moment où il prépare la seconde édition des *Vies*; cette identification a d'ailleurs tout de suite été démentie (voir cat. **45**).

Longhi, dans sa *Cartella tizianesca* (1927), après avoir mentionné en note la *Laura* (cat. **27**) — et nous sommes aux débuts de la redécouverte de cette œuvre — et avoir dit qu'elle lui semble encore liée au groupe de tableaux Allendale, qu'il a mentionné dans le texte pour l'enrichir de la *Sainte Conversation* des Gallerie dell'Accademia, du moment de la *Pala de Castelfranco*, vers 1505, parle dans cette même note de la dernière période du peintre — et nous sommes donc bien au-delà de la *Laura* : « Il faudra aussi faire quelques autres concessions, sauf erreur de ma part, au Giorgione si fuyant de la dernière période, une « période » si brève et qui pourtant, de l'avis unanime des anciens auteurs, a bien dû exister : le Giorgione *acceso e d'impasto*. L'admirable *Faunetto* de Munich, attribué à Palma Vecchio, à Lotto, à Corrège, représenterait le passage de la timidité des premières œuvres à la désinvolture des dernières, auxquelles nous serions tenté d'ajouter le *Double Portrait* de la Galleria Nazionale de Rome (collection Ruffo), publié comme un Sebastiano; et aussi le *Brocardo* de Budapest; mais

pas le *Portrait* Altman du Metropolitan Museum, qui nous semble plutôt une œuvre du jeune Titien. » L'intuition de Longhi recevra une belle confirmation quarante ans après, avec la publication des inventaires Ludovisi par Garas (1967).

Après la disparition de l'attribution à Sebastiano, apparaît l'attribution à Domenico Mancini, qui est formulée par Fiocco (1929, 1948) et tout de suite reprise par Berenson (1932, 1936). Mancini est le peintre qui, à l'époque, n'était connu que par la *Vierge à l'Enfant en trône avec un ange joueur de luth* de la cathédrale de Lendinara, datée de 1511. Cependant, il est très difficile de voir quel rapport il peut y avoir entre le tableau de Rome et ce retable, dont la composition est bellinienne, mais dont la peinture tient compte des développements de l'enseignement plus tardif de Giorgione et de celui du jeune Titien. L'augmentation du catalogue Mancini, à qui Berenson semble attaché, en direction de la *Sainte Conversation* du Louvre (cat. **36**) (dès les *Elenchi* des années 30) et de celle autrefois dans la collection du duc de Cumberland et aujourd'hui au Metropolitan Museum (dans les *Elenchi* de 1957), deux œuvres de jeunesse de Sebastiano del Piombo, semble aller dans un sens opposé à celui du *Double Portrait*. Mancini, ou plutôt le problème Mancini, est le sujet d'un essai de Wilde de 1933, où le tableau de Rome est déplacé vers Vérone et attribué à Torbido. Il faut rappeler que dans ce même article, le *Portrait d'homme en armure avec son page* (cat. **22**) est lui aussi attribué à ce peintre. Wilde s'est évidemment aperçu que les deux tableaux sont de la même main. Il est le premier à le faire, et plus tard, Longhi les regroupera dans le catalogue de Giorgione, à l'occasion du *Viatico* de 1946, où les deux tableaux (dans cet ordre : d'abord le *Double Portrait*, puis le *Portrait d'homme en armure*) sont présentés comme des œuvres tardives — à ce qu'il me semble comprendre, après les fresques du Fondaco. Le nom de Mancini est à nouveau proposé, deux ans après le *Viatico*, par Fiocco, dans la deuxième édition de son *Giorgione*, puis par Gamba en 1954, et enfin, mais avec un point d'interrogation, par Berenson, dans ses derniers *Elenchi*. Il vaut la peine de souligner un point qui continue à me paraître surprenant : pour les trois historiens, mais aussi pour Coletti, et qui sait pour combien d'autres encore, il n'y a évidemment aucun rapport entre les « doubles » portraits, puisque l'un, l'*Homme en armure avec son page* (cat. **22**) apparaît dans le catalogue de Cavazzola (Gamba, Berenson) ou de Torbido (Fiocco), et l'autres, dans celui de Mancini. Quoi qu'il en soit, l'attribution à Mancini n'a pas eu non plus de suite.

Au moment de l'exposition du palais des Doges, à l'exception de Robertson (1955), qui repropose pour les deux tableaux l'attribution à Torbido, le nom dont on discute enfin est celui de Giorgione lui-même, mais, comme on le verra, pour l'exclure. Pour Coletti (1955)

« l'attribution à Giorgione proposée par Longhi [...] semble probable, si on situe le tableau à côté du *Portrait* Terris ». Zampetti accueille avec enthousiasme les deux tableaux dans le catalogue de l'exposition, mais cet enthousiasme me paraît s'atténuer en 1968. Pallucchini (1955 [*Guida*]) reconnaît que le tableau est « de très haute qualité, mais d'une substance chromatique qui n'est plus giorgionesque », ce qui veut dire qu'il est peut-être plus tardif. Il revient sur le problème en 1965 et semble bien plus disposé à l'admettre parmi les œuvres autographes du maître. Si Pallucchini en fait une question de substance chromatique, Salvini (1961) y voit quant à lui du « lyrisme qui tourne au sentimental ». Selon l'historien, « c'est précisément ce giorgionisme plus relâché et plus sentimental qui devrait empêcher d'accepter comme œuvres authentiques de Giorgione des portraits comme le « *Brocardo* » ou « *Cappello* » de Budapest (cat. **25**), les deux *Musiciens* du Palazzo Venezia, la *Courtisane* Duveen et le *Matteo Costanzo* autrefois dans la collection Gentili. » L. Venturi (1958) le considère comme l'œuvre d'un imitateur tardif de Giorgione; Baldass (Baldass et Heinz, 1964), comme celle d'un imitateur qui s'inspire d'une idée de Giorgione lui-même. La fortune du tableau dans les études qui suivent l'exposition de 1955 ainsi que celle du tableau des Uffizi (cat. **22**) est résumée par le jugement de T. Pignatti (1969, 1978) : un anonyme qui évolue dans un cercle très proche du maître, à une date qui dépasse désormais la fin de sa vie. Il juge en effet le *Double Portrait*, comparé au *Portrait* Terris (cat. **28**), « beaucoup plus évolué, et par conséquent datable après la mort de Giorgione ». Dans la période qui va de l'exposition à mes interventions des années 1976-1978, le seul à prendre ouvertement parti pour Giorgione est, si je ne me trompe, Carlo Volpe (1963, 1978, 1981). On a parlé plus haut du prudent revirement de Pallucchini. Le tableau apparaît comme une œuvre tardive de Giorgione, après les fresques du Fondaco, dans la monographie de Tschmelitsch (1975). Entre- temps, de 1965 à 1967, Klara Garas étudie la provenance Ludovisi et apporte des documents à ce propos ainsi que l'ancienne attribution à Giorgione. Observant les nombreux liens avec le « *Gattemalata* » (cat. **22**) et le *Brocardo*, elle est encline à accepter l'attribution des anciens inventaires. A la même période, le tableau apparaît aussi dans le livre de Pope-Hennessy sur le portrait à la Renaissance (1966) au chapitre *The Motion of the Mind*, mais l'auteur le lit comme l'aboutissement de modes littéraires et picturales sur le point de devenir conventionnelles. Gould quant à lui le met en relation avec le *Double Portrait Della Torre* de Lotto, mais sans qu'on puisse entrevoir de prise de position sur sa qualité réelle et son véritable auteur. Au moment du congrès de 1978, Mucchi publie et commente les radiographies du tableau. Outre cela, je vois seulement, mais j'espère ne pas me tromper, l'intervention de Lucco en 1980 (qui est favorable à l'attribution à Giorgione « à une date très précoce, avant la *pala* de Castelfranco »), l'exposition Savoldo à Brescia (Rognoni, 1990), où le tableau est présenté, parmi les œuvres de comparaison, comme de l'école de Giorgione; le compte-rendu de Lucco (1990) réaffirme la paternité de Giorgione, « au début du siècle ».

En 1978, j'ai reconstruit le catalogue et la chronologie de Giorgione, selon une perspective tout à fait différente de ce qui avait été fait auparavant, et mis en évidence un chapitre de son histoire (entre 1500 et 1503), et en particulier de son art du portrait, dont le contexte pourrait être le nœud de culture qui s'exprime dans les *Asolani* et les *Leggi della Compagnia degli Amici* et dont le *Portrait d'homme en armure avec son page* (cat. **22**) et le *Double Portrait* sont les textes les plus significatifs. Dans la séquence des œuvres de ces années-là, demi-figures et portraits, le *Double Portrait* est daté de 1502 environ; j'ai souligné les liens qui l'unissent au *Portrait d'homme en armure*, qui lui est antérieur (vers 1501), aussi bien dans le sens de la continuité que du renouvellement, à l'intérieur d'une même problématique formelle; mais j'ai aussi mis en évidence les rapports avec la *Vecchia* (cat. **24**) et la *Tempête*, qui datent de 1502-1503, dans la recherche d'une lumière qui soit à la fois emblématique et naturelle. Dans un essai de 1983, j'ai approfondi l'étude de ce contexte, précisément à partir de l'analyse du *Double Portrait*. Il en résulte une meilleure caractérisation de ceux qui à mon avis en sont les protagonistes : de jeunes hommes comme Pietro Bembo (1470-1547), Vincenzo Quirini (1478-1514), Tommaso Giustiniani (1476-1528), Nicolò Tiepolo (vers 1475/1477-1551); leurs études à l'université de Padoue, où l'enseignement de la philosophie naturelle est ébranlé par de profondes exigences de renouvellement, sous la double influence de la philologie humaniste et de la pensée néoplatonicienne; leurs aspirations à une vie de Cour, qui les rendent étrangers aux obligations de la vie civile et politique, auxquelles il sont tenus par leur naissance; leurs amours (*Il Carteggio d'amore Savorgnan-Bembo*, 1500-1501); leurs amitiés et leurs sociétés intellectuelles, qui finissent par s'exprimer dans les statuts de la *Compagnia degli Amici* (vers 1500-1502), fondés sur l'amour et l'amitié mutuels, sur la solidarité qui peut lier les hommes et les femmes, l'homme « docte et lettré » et la femme « noble et à l'esprit clair et valeureux », et donc imités d'un modèle de société courtoise; leurs œuvres littéraires et poétiques, en particulier *Gli asolani di Messer Pietro Bembo* (Venise, 1505); leurs thèses philosophiques élaborées à l'université de Padoue et discutées à la cour de Rome (les *Conclusiones Vincentii Quirini patritii Veneti Romae disputatae* [sans indication typographique, mais : Venise, 1502]); leurs crises spirituelles, qui les isolent de toute relation sociale et mondaine (les *Cogitationes quotidiane de amore Dei* [1506] de Tommaso Giustianiani).

Le jeune homme tient dans sa main une bigarade, variété d'orange au goût quelque peu âpre et amer. Le fruit est identifié ainsi dans l'inventaire de la collection Ludovisi à Rome datant de 1633. On attribuait à l'orange (fruit exotique qui dans les textes en latin de la Renaissance est désigné comme *citrium* ou *malum Medicum* ou *Assyrium*, parce qu'on lisait dans Pline et dans Virgile qu'il avait été transplanté de Médie en Italie, mais aussi plus simplement *pomum* ou *malum aureum*) la même valeur symbolique qu'à la pomme, le fruit de Vénus. La pomme, le « hiéroglyphe par excellence de l'amour », peut-on lire dans les *Hieroglyphica* de Valérien, par référence à la pomme classique. En revanche, dans les *Emblemata* d'Alciati, le commentaire qui accompagne l'illustration de la *Malus Medica* dans la section *Arbores* de son recueil, explique que la pomme dorée de Vénus, celle qui lui fut offerte par Pâris, est l'orange, véritable fruit de la déesse, car l'expérience de l'amour est quelque chose de doux-amer – les Grecs ont d'ailleurs compris l'amour ainsi : « Les pommes d'or de Vénus signifient une agréable amertume. L'amour est qualifié par les Grecs de γλυκυπικρος ». La nature douce-amère de l'amour, celle-là même dont les Grecs (en réalité, Platon) ont parlé, trouve donc son emblème dans l'orange. Dans les éditions posthumes des *Emblemata*, enrichies d'imposantes paraphrases, le xylographe, au moment où se renouvelait le répertoire des images, introduit au pied de l'arbre Vénus nue avec une orange à la main, comme celle justement à qui ce fruit est consacré, et l'Amour *Mellilegus* de Théocrite. Les commentateurs quant à eux n'ont aucune difficulté à gloser cette référence d'Alciati à la conception que les Grecs se faisaient de l'amour, en citant le chapitre huit du second discours du *Commentarium in Symposium sive de Amore* de Marsile Ficin : « Platon écrit, comme en témoigne Marsile Ficin, dans le *Banquet*, que l'amour est une chose amère; et ce n'est certes pas une injustice, car tous ceux qui aiment meurent. Même Orphée dit que l'amour est γλυκυπικρος, c'est-à-dire doux-amer, puisqu'il est une mort volontaire. Comme la mort, c'est une chose amère, mais parce qu'elle est volontaire, elle est douce; par conséquent tous ceux qui aiment meurent. Ainsi parle Ficin. » Le geste du jeune homme qui montre le bigaradier déclare dons sans équivoque l'objet de ses pensées : l'amour γλυκυπικρος. Il a derrière lui un mur gris, éclairé par un flot de lumière froide qui tombe en diagonale du haut du tableau, sans aucun doute d'une fenêtre ouverte sur le mur gauche de la pièce, dont nous percevons le présence mieux que si elle était représentée dans le tableau. Une zone de pénombre, plus dense sous la fenêtre, puis de plus en plus incertaine, s'éteint lentement sur la droite, mais pour resurgir un peu plus loin, sur la colonne qui ferme le mur et au-delà duquel est située l'ouverture qui laisse apparaître, différemment éclairé, un autre jeune homme.

Cette lumière rasante a la capacité d'évoquer avec concision une extraordinaire situation intérieure. L'espace acquiert du même coup une signification intimiste. C'est un fait absolument original, préparé par les valeurs intérieures de la *Sainte Conversation* des Gallerie dell'Accademia, qui cependant sont ici reformulées avec une tout autre conscience des possibilités évocatrices de la lumière et de ses implications symboliques. La lumière s'affirme comme lumière d'intérieur pour pouvoir être distinguée de la lumière naturelle du dehors et se révéler comme lumière intellectuelle. Il faut insister sur l'audace de cette immersion dans l'ombre du rebord et du centre du tableau, ne serait-ce que parce que ce vide est précisément ce qui nous livre toute la magie de cette avancée de la main, qui sort de l'ombre dans l'imminence du premier plan. Grâce à cette solution, le visage marqué par les stigmates de la mélancolie et la main qui tient l'emblème de l'amour sont mis dans une extraordinaire correspondance et liés au delà de l'ombre, par le trajet de la lumière. Il faut bien comprendre le renversement dans le traitement du premier plan par rapport à l'*Homme en armure* (cat. **22**). Autant dans ce dernier tableau, Giorgione était poussé par les raisons du luminisme de ce moment à remplir le premier plan d'occasions de faire briller l'artifice du *splendor*, autant il est ici poussé par les raisons d'un luminisme inverse à vider le premier plan; autant dans le tableau des Uffizi, les objets s'offrent en substance pour la beauté de leur matière (voyez comment Giorgione joue, avec une virtuosité désinvolte, toujours dans la perspective du « double portrait », du contraste entre la cuirasse du cavalier, qui renvoie la lumière et le lourd manteau du page, qui l'absorbe), autant ils se consument ici, s'enrichissent de significations intérieures et acquièrent donc une nouvelle magie, qui n'est plus tant celle de la virtuosité, du morceau de bravoure, que celle de l'écho que la réalité a en nous, de sa réfraction sentimentale et de sa durée émotive. La lumière est l'héroïne de cette maturation, et elle a en effet acquis plus de pouvoir, surtout par rapport au dessin et à la couleur. Je ne veux pas dire que le dessin soit dépassé au sens où le dira Vasari à propos des dernières œuvres, mais seulement que son rôle est moins important et qu'il y a des traits de peinture, construits entre l'ombre et la lumière, où est très perceptible la contemporanéité avec la *Tempête*, en tenant compte du format différent des figures et de ce que la *Tempête* est un tableau de paysage. D'un autre côté, les subtilités du dessins que nous avons observées ici comme dans l'*Homme en armure* (cat. **22**) doivent être appréciées dans le contexte d'une intention précise, motivée, de stylisation, qui constitue la physionomie du « portrait sentimental ». Quant à la couleur, il n'est pas douteux qu'elle compte maintenant moins que dans le tableau des Uffizi : on peut dire que la couleur du *Double Portrait* est pauvre, de même qu'on peut le dire de celle de la *Tempête* ou de la *Vecchia* (cat. **24**) par comparaison avec la *Pala de Castelfranco* et la *Vierge* de l'Ermitage (cat. **17**). Et il ne reste plus rien ici de cette beauté de la matière et de la surface picturale, de cette beauté « flamande », dont le reflet est perceptible de la *Pala de Castelfranco* jusqu'à l'*Homme en armure* (cat. **22**), mais pas au-delà; mieux encore, on a vu comment certains morceaux peuvent sembler pauvres, sans ornements, Giorgione voulant essayer jusqu'au bout la nouvelle force de la lumière.

Le discours pictural et luministe est donc devenu plus essentiel, plus dépouillé. Mais on mesure maintenant le pouvoir accru de la lumière aussi bien à la capacité de découvrir de nouvelles vérités naturelles qu'à celle de leur insuffler une nouvelle vie emblématique. C'est le moment où Giorgione parvient à un langage plus subtilement allusif, capable de courir sur le fil d'un difficile équilibre entre nature et emblème, entre vérité et style. J'ai parlé du geste inoubliable du jeune homme, rendu avec tant de réalisme qu'on dirait du Lotto, mais soustrait au devenir phénoménal de la lumière elle-même, qui le fait apparaître si naturel, lumière disposée de façon à l'isoler et à le suspendre dans l'ombre, dans l'imminence du premier plan. Les gestes du cette figure, comparés à ceux de l'*Homme en armure avec son page* (cat. **22**), ont perdu en sophistication et gagné en naturel et en prégnance expressive. Le pas ultérieur sur ce chemin, désormais imminent, sera le geste de la *Vecchia* (cat. **24**). Pour que le discours puisse devenir si allusif, il faut cette nouvelle conscience de la nature variable, et même ambiguë, du *lumen*. Et le milieu de mécénat et de société intellectuelle où évolue Giorgione autour de 1500, traversé par un sentiment de malaise et d'insatisfaction envers l'aristotélisme traditionnel et très enclin à s'ouvrir, dans une perspective de concorde philosophique, aux instances métaphysiques du néoplatonisme florentin, ce milieu a dû compter dans la maturation de cette conscience.

J'ai parlé de la bigarade et de sa signification. Elle contribue sans aucun doute à déplacer l'accent de l'Éros néoplatonicien vers l'amour pétrarquisant et courtois. « car on ne peut aimer sans amertume », et « toutes les amertumes et toutes les souffrances ne viennent que de l'amour », telles sont les deux thèses que Perottino proclame au premier livre des *Asolani*, après avoir expliqué, quelques lignes plus haut, l'étymologie d'« amour » par « amer ». Dans ces conditions, il est plus que probable que le choix de ce fruit rare ait été dicté par un simple jeu de mots *melancholicus-melangolo* (= bigarade) ou au moins qu'il ait été fait avec la pleine conscience d'une telle implication : ce qui nous conduirait au cœur du goût pour le jeu de mots des poètes courtois de la fin du siècle et du jeune Bembo lui-même, au deuxième livre des *Asolani*. Giorgione et son commanditaire révèlent à cette occasion une très grande familiarité avec la poésie et la littérature d'amour de leur époque, avec l'amour chanté par les poètes et leur répertoire d'images.

On doit parler d'*outrance* psychologique, aussi bien à propos du *Portrait d'homme en armure* (cat. **22**) que du *Double Portrait*, et nous devons de même penser qu'une telle accentuation était inacceptable aux yeux des commanditaires des années suivantes, et même aux alentours de 1510. On a parlé du jeune homme mélancolique. Mais il faut maintenant examiner l'autre jeune homme qui, disais-je, apparaît à une porte, derrière le premier. La façon dont Giorgione détermine l'espace réservé à la deuxième tête ne diffère pas le moins du monde de ce qu'il a fait pour l'*Homme en armure* (cat. **22**), où la lance tenue par l'écuyer définit, sur la surface cette fois uniforme du mur du fond, l'espace qui lui réservé. Le second jeune homme reste sur le seuil de cette ouverture et par conséquent participe à une situation de lumière différente. Sa tête mérite une attention particulière : de la tignasse courte qui encadre le visage et effleure à peine les épaules, à la séparation, fil à fil, des cheveux à peine ébouriffés sur le front, qui nous rappelle, précisément à cause de l'insistance réaliste, ce que Giorgione fera pour la *Vecchia* (cat. **24**); le trait inoubliable de la ligne courbe qui les sépare sur la nuque; les grands yeux sombres en amande, doux et veloutés, protégés par le dur enfoncement des orbites sur le front; le nez écrasé que nous retrouverons aussi chez la *Vecchia*; la grande bouche sensuelle, à la lèvre inférieure colorée d'un troublant rose chair; l'élargissement du visage grâce aux pommettes très prononcées; la fermeté de la carnation et le gonflement luisant de l'épiderme − bref, une tête d'un naturel mis en valeur par la lumière sur le fond compact du ciel, digne d'émouvoir Caravage et qui nous fait pressentir les achèvements les plus mûrs de Giorgione (le *Portrait Fugger* de Munich, les deux « *testoni* » de la Galleria Borghese, cat. **30, 31**) mais que nous devons toutefois nous efforcer de comprendre dans le contexte de l'ensemble du tableau, et donc d'une mentalité encore éloignée de la liberté moderne de ce moment plus tardif.

Si l'on revient à l'analyse de Floriani (1966, 1974), la sensualité enflammée de cette seconde tête et la description des lèvres qui évoquent le baiser sont des audaces qui valent certains passages expurgés des *Asolani* lors de la révision par Bembo de son texte de jeunesse pour l'édition de 1530. Floriani a, par exemple, observé que les corrections sont particulièrement visibles à certains passages où le discours devenait trop autobiographique et laissait transparaître « une certaine *outrance* psychologique, justifiable dans le climat de "Cour" de la fin du Quattrocento », mais destinée à créer « des effets désagréables » pour le goût plus retenu du Bembo de la maturité. Des inflexions de sensualité très ardente, comme le recours au sens du toucher (peu noble aux yeux de Platon) ou la description d'un baiser, qui, comme l'observe Floriani, pouvaient ne pas faire scandale au début du siècle, ne seront plus tolérées par la suite, quand on regardera les douceurs de l'amour avec plus de détachement et de dignité. C'est le traitement de ces deux têtes qui permet de situer le tableau dans les toutes premières années du siècle. Pensons à la façon dont s'opposent la noblesse, la douceur et la spiritualité des traits de la première et la dureté, l'agressivité et la sensualité de la seconde. Il y a une touche de désordre, d'absence de forme, dans l'habillement et la coiffure du personnage du fond, par rapport à la tenue impeccable de celui du premier plan : la chemise s'ouvre comme un sac au lieu d'être aplatie sur le torse et les cheveux, coiffés en tignasse courte, ne sont pas ornés d'un chapeau, quelque peu décoiffés sur le front, et supportent mal la comparaison avec la coiffure élaborée, en boucles entrelacées, ornant le front de l'autre jeune homme, qui ne s'accorde même pas ce minimum de négligence que nous admirons sur le visage pourtant très noble de l'*Homme en armure* (cat. **22**), où quelques cheveux sont délicieusement mal mis sur les tempes. Ce contraste de situations psychologiques si exaspérées, minutieux jusqu'au paradoxe, me paraît se situer sur le même plan que les états d'âme, traités eux aussi paradoxalement, de la poésie de cour; je veux parler des effets d'émerveillement et des miracles d'amour rendus par des substantifs et des adjectifs symétriquement opposés, dont est riche la phénoménologie amoureuse courtoise, telle qu'elle s'exprime dans la première rédaction des *Asolani*. L'opposition entre les deux têtes se fait également en termes de lumière, grâce à l'emploi de deux sources : une qui se donne comme lumière d'intérieur, justement pour être différente de la lumière naturelle et pouvoir se révéler comme lumière intellectuelle qui enveloppe et ravit avec la complicité de ces valeurs modernes d'intériorité; et une autre qui est la lumière d'extérieur, naturelle, directe, crue, complice d'une manière d'être qui s'épuise entièrement dans l'apaisement des sens, dans la plénitude de la vie physique et sensuelle. Autant, une tête nous est enlevée par la lumière, autant l'autre nous est restituée par elle.

L'apogée de cette société intellectuelle entre Quirini et Bembo, aux alentours de 1500, et donc de la *Compagnia degli Amici* elle-même, est probablement le moment où il faut situer la genèse et vraisemblablement la commande du tableau Ludovisi. Le rôle de premier plan, de protagoniste, reconnu au jeune homme mélancolique inscrit le tableau dans le genre typiquement humaniste et néoplatonicien de l'*exhortatio ad iuvenem*, exhortation que nous pouvons facilement imaginer à partir de celle de Romito à Lavinello. C'est donc un examen d'ensemble des *Asolani*, depuis les aventures de Perottino jusqu'à celles de Romito, qui permet de saisir la collimation la plus substantielle entre le tableau de Giorgione et le chef-d'œuvre de la jeunesse de Bembo. Dans le *Double Portrait*, où demeure une singulière adhésion à l'opération des *Asolani*, la signification philosophique néoplatonicienne provient des réunions de l'Académie, et sinon des salles de l'Université, où officiellement elle n'était jamais entrée, des cercles philosophiques et humanistes qui à la fin du siècle s'étaient développés autour d'elle; elle endosse les vêtements sophistiqués et mondains de la conversation de Cour, se mesure avec les expériences de l'amour pétrarquisant et la forte charge autobiographique qui les imprègne. Donisotti a saisi les conséquences de cette confrontation dans les *Asolani*, dans la tension entre « la recherche de la vérité » et le « réalisme de l'œuvre [qui] n'est pas seulement dans la mise en scène, mais aussi dans la tentative de donner une évidence dramatique, comme dans une confession autobiographique, à l'opposition des idées », et ses observations à ce propos me semblent encore une fois éclairer l'ingénieuse trame de relations sur laquelle est construit le *Double Portrait*.

En conclusion, dans le tableau de Rome comme dans les *Asolani*, le portrait de deux amis, tellement engagés sur le front de l'amour qu'ils pourraient être des poètes, et des poètes qui écrivent en *volgare*, est l'occasion d'une réflexion exquisement néoplatonicienne sur les divers degrés et expériences de l'Amour, degrés et expériences qui se différencient et s'opposent, mais aussi s'attirent et se concilient dans l'expérience totale de l'Amour, comme les différents visages d'un même portrait « sentimental ». Mais avec ce portrait de l'amitié, qui est en même temps un portrait de l'Amour, nous sommes très probablement ramenés à l'apogée de la *Compagnia degli Amici*, avant l'apparition de toute fissure.

A.B.

page 37

24

Giorgio da Castelfranco, dit Giorgione

Castelfranco Veneto, vers 1476/1478 - Venise, 1510

La Vecchia

vers 1502-1503

Toile de lin transposée sur toile de chanvre. H. 0,68; L. 0,59 (sans le cadre) - H. 0,96; L. 0,875 (avec le cadre). Le cartouche porte l'inscription : *COL. TEMPO.*

VENISE, GALLERIE DELL'ACCADEMIA

HISTORIQUE
Venise, coll. de Gabriele Vendramin (1484-1552) puis de ses héritiers (dans l'inventaire du « *Camerino delle antigaglie* » datant de 1567-1569, il est répertorié comme « *il retrato della madre de Zorzon de man de Zorzon con suo fornimento depento con l'arma de chà Vendramin* » [Ravà, 1920, p. 178]; l'inventaire de 1601 [Anderson, 1979 (*Inventory*), p. 647] le décrit comme suit : « VII. *Un quadro di una Donna Vechia con le sue*

soaze de noghera depente, alto quarte cinque e meza, e largo quarte cinque incirca con l'arma Vendramin depenta nelle soaze, il coperto del detto quadro depento con un' homo con una vesta de pella negra », par conséquent, le quart de bras équivalant à 17,08 cm, ce tableau mesure environ 93,9 × 85,4 cm, cadre inclus); Venise, coll. du marquis Girolamo Manfrin où le portrait se trouve probablement à partir de la fin du XVIIIᵉ siècle; dans cette collection, au moment de l'acquisition faite par l'Accademia, il apparaît sous le libellé : « portrait de la mère de Titien, dans la manière de Giorgione »; Venise, Gallerie dell'Accademia depuis 1856.

EXPOSITIONS
Venise, 1955, n° 23; Sydney, 1988, n° 16; Venise, 1992, n° 63.

BIBLIOGRAPHIE
Zanotto, 1856, p. 346; *Catalogo Gallerie dell'Accademia*, 1887, p. 103; Berenson, 1894 [3ᵉ éd.], 1897), p. 101; Jacobsen, 1897, p. 335; Della Rovere, 1903, p. 94; Monneret de Villard, 1904, pp. 72,75, 132; Bernardini, 1908; Rava, 1920, p. 178; *Catalogo Gallerie dell'Accademia*, 1924, p. 61, n° 272; Paschini, 1926-27, p. 171; A. Venturi, 1928(1), IX, 3, p. 920; Arslan, 1932, pp. 210-213; Berenson, 1932, p. 233; Viana, 1933, pp. 25-26, 72, n° 21; Fogolari, 1935, p. 5; Suida, 1935, pp. 86-87; Berenson, 1936, p. 200; Mather. 1936, p. 484; Richter, 1937, pp. 12, 240-241, n° 79, 264; Tietze, Tietze-Conrat, 1937-38; Morassi, 1939, pp. 567-570; Suida, 1939, p. 284; Fiocco, 1941, pp. 30, 45; Morassi, 1942, pp. 103-106, 171, 215; Richter, 1942 (*Giorgione's Evolution*), p. 16; Richter, 1942, (*Lost and Rediscovered Works*), p. 151; Pallucchini, 1944 (*Pittura*), I, p. XVI; Moschini, 1949, pp. 181-182; Berenson, 1954, p. 145; Gamba, 1954, p. 174; Baldass, 1955, pp. 112, 123, 137; Castelfranco, 1955, p. 305; Coletti, 1955, pp. 39, 58; Della Pergola, 1955, pp. 54, 67; Pallucchini, 1955 (*Guida alla mostra*), p. 4; Pallucchini, 1955 (Giorgione), pp. 11, 13, pl. XVIII; Pignatti, 1955, pp. 71, 140; Robertson, 1955, p. 275; Zampetti, 1955 [2ᵉ éd.] (*Giorgione*), p. 54, n° 23; Zampetti, 1955 (*Postille*), p. 64; Dussler, 1956, p. 1; Suida, 1956, p. 148; Baldass, 1957, p. 133; Berenson, 1957, I, p. 84; L. Venturi, 1958, col. 213; Battisti, 1960, p. 155; Salvini, 1961, pp. 231-233; Moschini Marconi, 1962, pp. 124-125, n° 199; Muraro, 1963, p. 168; Volpe, 1963, s.p.; Baldass et Heinz, 1964 [éd. anglaise, 1965], pp. 36, 159-160; Ottino Della Chiesa, 1968, p. 106; Pope-Hennessy, 1966, p. 228; Zampetti, 1968, p. 91, n° 20; Clark, 1969, pp. 115-116; Panofsky, 1969, pp. 90-91; Pignatti, 1969, pp. 67-71, 111, n° 29; Pignatti, 1978(2), pp. 39-40; Calvesi, 1970, pp. 184, 220; Freedberg, 1971, p. 78, p. 476 note 27; Ruckelshausen, 1975, p. 85; Tschmelitsch, 1975, pp. 345-350; Hornig, 1976 (*Spätwerk*), p. 926; Roskill, 1976, p. 90; Muraro, 1977, p. 86; Anderson, 1978, p. 73; Lazzarini, 1978, pp. 45, 48-49, 55; Moschini Marconi, 1978, pp. 143-147; Mucchi, 1978, pp. 48-49; Pignatti, 1978 (*Giorgione*), pp. 69-72, 114-115, n° 29; Pignatti, 1978 (*Gli inizi*), pp. 12-13; Salvini, 1978, p. 98; Valcanover, 1978, pp. 64-65; Anderson, 1979 (*The Giorgionesque Portrait*), p. 156; Anderson, 1979 (*Inventory*), pp. 643, 647; Ballarin, 1979, pp. 235-236; Meller, 1979, pp. 109-118; Muraro, 1979, p. 178 note 16; Rearick, 1979, p. 191; Robertson, 1979, p. 198 Ballarin, 1980, p. 493 note 3; Ballarin, 1981, p. 26; Pignatti, 1981 (*Il « corpus » pittorico*), pp. 152-153; Ballarin, 1983, pp. 498, 506, 507, 520; Pallucchini et Rossi, 1983, p. 368, n° V 83; Del Bravo, 1987, I, p. 243; Hornig, 1987, pp. 205-208, n° 20; Nepi Scirè, 1987, pp. 22-29; Nepi Sciré, 1988, n° 16; Lucco, 1989, p. 12; Nepi Sciré, 1991, p. 142-143; Brown, 1992, p. 93; Cogliati Arano, 1992, p. 326; Nepi Sciré, 1992, pp. 328-329, n° 63, 351.

L'identification de ce portrait comme étant celui de la collection de Gabriele Vendramin,

proposée par Fogolari dès 1935, et communément acceptée comme hypothèse très plausible par les études ultérieures (ce tableau aurait la même provenance que la *Tempête*), fut confirmée par J. Anderson (1979 [*Inventory*]) consécutivement à la découverte de l'inventaire de 1601 qui dresse la liste des tableaux de la collection Vendramin, sans en mentionner les auteurs, mais en précisant les dimensions des oeuvres. Ce portrait n'étant pas cité par Marcantonio Michiel parmi les tableaux de Giorgione qu'il vit lors de sa visite en la demeure de Gabriele Vendramin en 1530 (éd. Frizzoni, 1884, pp. 214-223), Meller en déduisit (1979) que ce tableau, avant d'entrer dans la collection Vendramin, pouvait avoir appartenu à la collection Grimani, ce qui suppose qu'il s'agirait de l'oeuvre décrite comme suit dans la liste des tableaux appartenant au cardinal Marino Grimani (neveu du cardinal Domenico, mort en 1523, et l'héritier d'une partie des collections de ce dernier), liste dressée à Venise en 1528 (publiée par Paschini, 1926-27) : « *Una testa di donna vecchia con vello intorno al capo* », mais dont on ne mentionne pas l'auteur. Dès 1955, Castelfranco avançait cette possibilité, que G. Nepi Scirè (1987) elle-même semble ne pas exclure, dans un passage où toutefois sont confondus les divers membres de la famille Grimani : Vasari indique que l'*Autoportrait* appartient au patriarche Giovanni, neveu du cardinal Domenico, et non à ce dernier, bien que nous ne puissions exclure le fait que Domenico fut le premier propriétaire de ce tableau tout comme des autres oeuvres de Giorgione avant qu'elles ne se retrouvent entre les mains des frères Marino et Giovanni; la liste de 1528 est celle des œuvres appartenant à Marino et non à Giovanni. Dans cette même liste figurent, comme on le sait, « *il ritratto di Zorzon di sua man fatto per David e Golia* » et « *una testa di puto ritrato di man di Zorzon* », qui sont deux des « *bellissime teste a olio* » vues par Vasari (1568) dans le cabinet du patriarche d'Aquilée, Giovanni Grimani, dans le palais vénitien de Santa Maria Formosa, « *una fatta per Davit – e per quel che si dice, é il suo ritratto [...]* » et « *la terza é d'un putto, bella quanto si puo fare, con certi capelli a uso di velli* ». Le premier peut être identifié comme l'*Autoportrait en David*, connu grâce à la gravure de Hollar et à la copie de Brunswick, et le second peut être comme le *Jeune Homme* dont la main se reflète sur la cuirasse. On peut imaginer que si la « tête de vieille femme » avait été de Giorgione, on aurait saisi l'occasion pour en rappeler l'auteur, et il très probable que nous l'aurions trouvée mentionnée par Vasari au nombre des œuvres vues dans la demeure du patriarche Giovanni. Nous n'avons nulle raison de penser, en l'état actuel de nos connaissances, que des tableaux peints par Giorgione soient passés de la collection de Marino ou Giovanni Grimani aux mains de Gabriele Vendramin. Par ailleurs, le fait que ce tableau ne soit pas mentionné parmi ceux que Michiel recense dans la demeure de Gabriele Vendramin ne suffit pas à exclure la possibilité selon laquelle il aurait déjà fait partie de cette collection à l'époque (Lucco [1989] est également de cet avis). Rien ne vient contrarier, pour le moment semble-t-il, l'hypothèse selon laquelle la *Vecchia* aurait été commandée par le jeune Gabriele à Giorgione; bien au contraire, la *Vecchia* et la *Tempête* présentent des affinités picturales qui permettent de croire que ces deux œuvres sont contemporaines, ce qui autorise à penser qu'elles entrèrent en même temps dans la collection Vendramin. On ne peut exclure que le cadre lui-même, très certainement ancien et remontant au début du XVIe siècle, soit né en même temps que le tableau; il s'agirait donc du « *fornimento depento con l'arma de chà Vendramin* » dont parle l'inventaire de 1567-1569. Les armes de la famille Vendramin ne sont plus identifiables aujourd'hui sur l'emblème (Moschini Marconi, 1978), et on émet à présent l'hypothèse selon laquelle elles n'y auraient jamais figuré : « En ce qui concerne le cadre [.], celui-ci consiste en un placage de chêne encollé sur une âme de sapin, où l'artiste a peint directement, sans préparation, exploitant l'effet chromatique du bois. Les dorures ont été appliquées en partie à la feuille, avec des fils d'or en coquille sur les motifs décoratifs. Une légère couche de gomme-laque en explique l'extraordinaire conservation. En revanche, que ce soit au moyen des ultraviolets ou des infrarouges, aucune trace n'a été découverte sur l'emblème qui ne porte par ailleurs aucun signe d'abrasion » (Nepi Scirè, 1992). Nous ne pouvons naturellement rien dire au sujet du « *coperto del detto quadro depento con un'homo con una vesta de pella negra* », ni être certains que Giorgione en est l'auteur. Après la restauration de 1949 dont rend compte Moschini (1949), il a été procédé, en 1984, à une autre intervention pour la conservation du tableau, travail dont les résultats nous sont communiqués dans un *Quaderno* de la Surintendance : « La dernière restauration a montré, de façon évidente, [...] que la peinture avait déjà été transférée, probablement au cours du XIXe siècle, sur un nouveau support de chanvre. Cette peinture fut à l'origine exécutée sur une toile caractérisée par une trame très fine, du même type que celle de la *Tempête* et qui transparaît encore au dos de la couche préparatoire de gesso. Ceci explique en grande partie l'appauvrissement de la couche picturale et en particulier la longue coupure qui traverse le front de la *Vecchia* pour rejoindre l'oreille, provoquée par un arrachage peu soigneux du revers de la toile originale » (Nepi Scirè, 1987). Il a été ensuite précisé que le transfert remontait à 1881 (Nepi Scirè, 1992). Après les radiographies commandées par Morassi à Pelliccioli en 1939 (Morassi, 1942) et sur lesquelles se penchèrent de nombreux spécialistes à partir de cette date, d'autres radiographies furent faites en 1978. Il convient à leur sujet de consulter les écrits de Moschini Marconi (1978), Mucchi (1978) et Spezzani (1978); les repentirs que ces radiographies ont révélés se limitent au bonnet, initialement plus long derrière la nuque, au décolleté du vêtement, qui était antérieurement à

peine plus prononcé, à la main qui était initialement plus inclinée, au parapet qui s'est révélé avoir été peint par dessus le personnage. Ce que Richter avait déchiffré en regardant les premières radiographies (1942 *[Lost and Rediscovered Works]*), à savoir que le sein de la femme était à l'origine découvert, n'a pu être confirmé.

Dans la collection Manfrin, le tableau est désigné comme le « portrait de la mère de Titien, dans la manière de Giorgione » et c'est en tant que tel qu'on le retrouve dans les catalogues des *Gallerie dell'Accademia* jusqu'en 1887. Della Rovere (vers 1888) est le premier à signaler une certaine affinité entre ce portrait et la sainte Anne présente dans la *Sainte Conversation* de l'église San Zeno de Vérone, tableau peint par Torbido, et à l'attribuer au peintre véronais, mais il sera aussi le premier (1903) à le compter au nombre des tableaux de Giorgione, en le rapprochant de la femme nue dans la *Tempête*. Entre-temps, Berenson (1894) le cite parmi les œuvres de Cariani. En revanche, l'attribution à Giorgione est immédiatement acceptée par Monneret de Villard (1904) qui rappelle également les affinités que présente cette œuvre, du point de vue technique, avec la *Tempête*. La référence à Torbido conserve toutefois une certaine faveur de la part des spécialistes et on la retrouve chez Bernardini (1908), dans le catalogue des *Gallerie* de 1924, chez Dirce Viana dans sa monographie de Torbido parue en 1933; A. Venturi (1928), Arslan (1932), Fiocco (1941) et Pallucchini (1944 *[Pittura]*) sont également convaincus de cette attribution; en revanche, ni L. Venturi (1913) ni Gronau (1921) ne le mentionnent ni parmi les œuvres de Giorgione ni parmi celles des « giorgionesques ». En 1932, Berenson ouvre la voie en direction d'une plus large adhésion au nom de Giorgione, suivi par Suida (1935 et 1939), Fogolari (1935), Morassi (1942), Moschini (1949), et plus tard par Pallucchini (1955). Richter (1937) estime que la conception picturale alliée à une certaine « précision structurale » du dessin et de la touche sont très giorgionesques; cependant, le tableau lui paraît dans son ensemble « trop dur et cru » pour être l'œuvre de ce maître, et devant la grande qualité de l'ornementation du cadre, il va jusqu'à se demander si l'original, de Giorgione, n'aurait pas été vendu et remplacé par une copie. Mais dans une note qu'il ajoute à sa monographie après avoir personnellement examiné le portrait, Richter affirme être davantage enclin à voir là un "original endommagé", impression qu'il confirme en 1942 (*Lost and Rediscovered Works*), après avoir vu les radiographies demandées par Morassi. L'*Allégorie de l'avarice*, peinte par Dürer au revers du *Portrait* de Vienne en 1507, s'inspirerait de la *Vecchia* de Giorgione que Richter fait remonter à la période 1500-1505 dans l'aperçu qu'il donne de l'évolution du peintre, texte rédigé quelques mois auparavant à l'occasion de l'exposition de Baltimore. Suida (1935) est l'un des premiers à souligner l'importance de ce nouvel acquis : « Le tableau, malgré son sujet qui n'est pas attirant, produit

un effet fascinant, je dirais volontiers que sa grandeur tragique désigne son auteur comme un artiste de premier plan ». Selon lui, la vieille femme n'a pas été conçue isolément; une jeune femme dans la fleur de l'âge devait l'accompagner, provoquant un vif contraste entre les deux personnages. Suida n'oublie pas Léonard ni l'interprétation de thèmes léonardesques que l'on trouve chez Giorgione dans des tableaux tels que les *Trois Ages* de la Galleria Palatina (cat. **21**) ou le *Concert* de Hampton Court, l'attribution de ces dernières œuvres au maître de Castelfranco ayant été à nouveau proposée par Cook quelques années auparavant (1962). Alors qu'il discute la chronologie de la *Vecchia*, il ressent le besoin de souligner la distance qui sépare ce portrait des deux autres tableaux : « Comparée au vieillard du tableau des *Trois Ages* du Palazzo Pitti, la vieille femme de Venise fait preuve d'un maniement de la brosse large et hardi. Ceci n'est pas en contradiction avec l'exécution soignée de la main et le dessin minutieux des franges du fichu blanc. Il y a assurément une assez grande distance chronologique entre le tableau à trois figures et le tableau aux quatre figures d'une part, et le tableau de Venise de l'autre ». En 1956, alors qu'il revient une dernière fois sur le sujet, il précise que, quoi qu'il en soit, la *Vecchia* trouve aussi son *ante quem* avec la *Laura* (cat. **27**) de Vienne. A cette occasion, il individualise une séquence chronologique allant de 1500 à 1506, époque à laquelle remontent des œuvres telles que l'*Adoration des bergers* Allendale, la *Vierge à l'Enfant dans un paysage* (cat. **17**), le retable de Castelfranco, *Judith*, mais également une série de portraits et de tableaux dans lesquels les personnages sont représentés à mi-corps, à savoir le *Portrait de Francesco Maria della Rovere* (cat. **18**), le *Jeune Homme dont la main se reflète dans l'armure* d'Édimbourg, les *Trois Ages* (cat. **21**), le *Portrait de Gerolamo Marcello* (cat. **26**), le *Portrait de Giovanni Borgherini avec son précepteur* (publié par Cook en 1929, aujourd'hui conservé à la National Gallery de Washington), et la *Vecchia*. Morassi (1942) place dans une même séquence chronologique qui va de 1504 à 1506 aussi bien l'*Autoportrait* que le *Portrait de Jeune Homme* Giustiniani (cat. **16**) et la *Vecchia*, et il situe les *Trois Ages* au début de la période suivante (1505-1510). Après l'exposition de 1955 sur Giorgione, manifestation qui permit d'examiner à nouveau et de comparer le tableau, entre-temps restauré, avec des œuvres attribuées au maître avec certitude, tous s'accordèrent pour dire qu'il s'agissait-là d'une peinture autographe de Giorgione. Seuls quelques spécialistes manifestèrent un avis différent. Muraro (1963, 1977, 1979) et Panofsky (1969) préfèrent y voir une œuvre de jeunesse de Titien (vers 1505). Pour L. Venturi (1957), il s'agit d'un tableau exécuté par un peintre de l'entourage de Bellini, influencé par Dürer. Battisti (1960) n'exclut pas, pour sa part, le nom de Jacopo de'Barbari. Heinz (Baldass et Heinz, 1964) voit dans ce portrait l'influence trop marquée de Dürer (la nature impitoyablement « non classique » du tableau permet de le cataloguer comme une œuvre influencée sans l'ombre d'un doute par la peinture allemande, l'*Avaritia* de Dürer étant le modèle qui s'en rapproche le plus) et il ne peut admettre qu'une telle influence ait à ce point transformé Giorgione : « Étant donné le mystère qui enveloppe toujours les tableaux des dernières années de la vie de Giorgione, le problème ne peut être résolu ». Panofsky met l'accent sur la *terribilità* de ce portrait, qualité expressive qui lui paraît inconciliable avec l'univers de Giorgione : « Cette puissance, cette inexorable véracité dans le rendu des traits du visage qui furent beaux autrefois, et qui, maintenant, sont déformés et altérés (davantage endurcis et vigoureux qu'adoucis et mous) par la vieillesse, le dotent d'une *terribilità* qui [...] milite contre son attribution à l'aimable maître de Castelfranco. » A l'inverse de Giorgione qui n'est jamais à même de « terrifier », Titien dispose d'un vaste registre de possibilités d'expression; la *Vecchia* semble ainsi, pour l'auteur, appartenir à la même race de personnages que la « vieille aux œufs » dans la *Présentation de la Vierge au temple* ou la nourrice dans la *Danaé* (cat. **177**). En parcourant aujourd'hui les études parues sur le sujet depuis 1955, j'entends accorder une attention particulière à l'appréciation que les divers spécialistes donnent du tableau dans le but de l'intégrer à l'histoire de la peinture de Giorgione. La *Vecchia* aurait pu constituer un extraordinaire moyen permettant de mettre de l'ordre dans cette histoire, surtout si l'on considère que le tableau fit son entrée dans le circuit de la critique au même moment que la *Laura* de Vienne (cat. **27**), et que les deux œuvres se prêtaient admirablement à une comparaison dont auraient dû découler certaines conséquences susceptibles d'être décisives pour esquisser le nouveau profil de Giorgione, une fois les anciennes théories abandonnées. Si ce n'est que l'occasion fut manquée. Tous ne furent pourtant pas dans ce cas puisque nous venons de voir la manière dont Suida avait posé le problème. Pallucchini (1955 *[Giorgione]*) qui, consécutivement à la restauration de la fin des années quarante, avait entre-temps reconnu sans hésiter la paternité de Giorgione, reste prudent; on a l'impression qu'il considère la *Vecchia* comme une œuvre tardive dans la carrière du peintre puisque dans sa monographie de l'artiste, les *Trois Philosophes* se trouvent une page avant la *Vecchia*.

Coletti (1955) laisse entendre une date aux alentours de 1506-1508, même chose pour la *Tempête*. Zampetti reste pour sa part silencieux sur ce point, que ce soit à l'époque de l'exposition du Palazzo Ducale (1955) ou ultérieurement (1968). Robertson partage le point de vue de Coletti (1955) (nous voici arrivés au temps des recensions qui portent sur l'exposition vénitienne) et propose la date approximative de 1507, c'est-à-dire une date postérieure à la *Laura* et à la *Tempête* (vers 1506) mais antérieures aux *Trois Philosophes* et au Fondaco (1508). Dans ses *Elenchi* de 1957, Berenson

juge le tableau tardif. Salvini (1961) y voit certains liens avec la *Tempête* mais le portrait lui semble postérieur à celle-ci, et il le situe vers 1508-1510, séquence chronologique qui englobe aussi selon lui les *Trois Ages de l'homme*, le *Portrait de Gerolamo Marcello*, l'*Autoportrait*, le *Christ portant sa croix*, le *Concert champêtre* et le *Portrait d'antiquaire* de la collection Lansdowne dont la présentation fait l'objet de son article : « Quant à la *Vecchia*, les éléments qui rappellent la Tempête ne manquent pas, particulièrement en ce qui concerne le drapé "antonellien" posé sur l'épaule, mais le caractère grandiose de l'arrangement architectonique, la complexité-même de la situation du personnage en perspective avec sa grosse main épaisse, et la couleur éteinte de l'incarnat apparaissent plus plausibles s'il s'agit de l'époque du Fondaco ». L'*Avaritia* de Dürer n'est pas nécessairement un *ante quem* de cette « invention » de Giorgione, car les caricatures de Léonard pourraient bien constituer la source commune de ces deux œuvres. En 1978, il confirmera la date qu'il avait ainsi avancée et qui place le tableau après le Fondaco. Pour sa part, Baldass (1955, mais aussi Baldass et Heinz, 1964), tout en constatant que la technique picturale employée renvoie sous bien des aspects aux œuvres précédentes de Giorgione, situe ce tableau à la fin de la carrière du peintre, avant le *Christ portant sa croix* et la *Vierge avec saint Antoine et Saint Roch* du Prado (cat. **44**); il ne fait pour lui aucun doute que le maître vénitien fut profondément impressionné par le réalisme de Dürer et peut-être, plus précisément, par l'*Avaritia* représentée au dos de son *Portrait*. Pignatti (1969) élabore le dernier chapitre de la vie de Giorgione en y regroupant la *Vecchia*, le *Portrait* Terris (cat. **28**), le *Portrait* Goldman (cat. **41**), le *Berger à la flûte* (cat. **32**), les *Trois Ages* (cat. **21**), le *Christ portant la croix* et l'*Autoportrait* disparu : nous nous trouvons aux alentours de 1510, alors que Giorgione tente de retrouver sa propre identité après s'être confronté à Titien sur les échafaudages du Fondaco. Le spécialiste étudie en particulier simultanément le vieillard des *Trois Ages de l'homme* et la *Vecchia*: « Un laps de temps bien court doit séparer cette tête tourmentée [du tableau de Palazzo Pitti] et le personnage presque angoissant de la *Vecchia* [...]. Certes copiée d'après nature lors d'un voyage à Trévise, elle correspond au point culminant du "nouveau réalisme" de Giorgione, intégrant même certaines suggestions présentes dans l'*Avaritia* de Dürer à Vienne ». Dans la notice qui se rapporte au *Portrait* Goldman (cat. **41**), je reviens sur le point de vue de T. Pignatti à propos des dernières années de la vie de Giorgione. En ce qui concerne l'appréciation de la *Vecchia*, on constate que le processus entamé vers 1955 parvient à sa conclusion dans la monographie de T. Pignatti. La contribution apportée à cet égard par Salvini en 1961 semble avoir pesé sur ce processus. La date du tableau n'a cessé d'être déplacée pour le situer de plus en plus tard dans la carrière de Giorgione, jusqu'à ce que ce portrait apparaisse comme l'un

des ultimes aboutissements de la production de l'artiste. Ce n'est pas un hasard si Pignatti lui-même, dans sa monographie succincte parue en 1955, date le tableau de 1506 environ, adoptant un courant d'opinion toujours d'actualité à l'époque et qui avait pris naissance avec la monographie de Morassi parue en 1942. Il m'est difficile de comprendre comment une peinture si solidement structurée du point de vue du dessin et qui fait l'objet d'un travail si soigné des surfaces peintes puisse se situer non seulement avant la *Laura* et les *Trois Philosophes*, mais avant le Fondaco. Dans cette optique, la *Vecchia* entre en contradiction de la manière la plus flagrante avec les mots qu'emploie Vasari pour tenter de décrire en quoi consiste, selon lui, la « manière moderne » qui se développe peu à peu chez Giorgione à partir de 1507, c'est-à-dire essentiellement à partir des fresques du Fondaco : « Puis vers l'an 1507 [...] il commença à donner à ses œuvres plus de douceur et un plus grand relief, avec une belle manière. Il avait toutefois pour habitude de représenter les choses vivantes et naturelles et de les contrefaire, du mieux qu'il savait, par les couleurs, en les tachant de teintes crues ou douces, conformément à ce que le vivant montrait, mais sans faire de dessin; il tenait en effet pour certain que la vraie et la meilleure façon de faire, et le vrai dessin, c'était de peindre exclusivement par les couleurs, sans aucun dessin d'étude sur le papier » (1568, éd. Bettarini, Barocchi, VI [Testo], p. 155).

Même contradiction vis-à-vis des mots qu'emploie Zanetti, fin connaisseur de la peinture vénitienne, pour tenter de caractériser le nouveau langage qui régit les figures du Fondaco et de Palazzo Loredan; afin de mieux s'exprimer sur ce point, Zanetti a parfois recours au langage de Titien pour décrire celui de Giorgione : « [...] cette teinte sanguine et flamboyante [...] le coloris, dans lequel on semble voir "Un vif rayon de soleil brûlant" [...] le manège sophistiqué des ombres [...] le grand feu [...] dans les ombres puissantes; et dans le rougeoiement excessif des teintes [...] » (Zanetti, 1760, pp. 4-5). Néanmoins, Salvini (1978) en vient à justifier la datation de la *Vecchia* à l'époque du Fondaco, ou juste après, « ne serait-ce que par la couleur des carnations qui paraît correspondre au "grand feu" et au "rougoiement excessif des teintes" que Zanetti pouvait encore observer dans les fresques du Fondaco. Mieux encore, Gamba (1954) qui, doutant de l'attribution de la *Vecchia* à Giorgione, remarque que l'"on n'y voit pas le feu vespéral des teintes giorgionesques, alors que ce type de technique picturale me semble bien postérieur". Pignatti s'appuie naturellement sur les opinions émises par Vasari et Zanetti afin de restituer l'apparence des fresques disparues du Fondaco et, de manière plus générale, afin de caractériser la période qui commence après 1507. Mais à la différence de Salvini, conscient des difficultés que présente la lecture du tableau par le biais de ces instruments critiques, il invente une sorte de *neue Sachlichkeit*, d'influence du langage plus réaliste de Titien qui serait intervenue dans la peinture de Giorgione après que celui-ci ait atteint les sommets de son propre classicisme avec les *Trois Philosophes* et la *Vénus endormie* (1507-1508). Il ne voit pas, cependant, que les jugements de Vasari et de Zanetti pré-supposent une approche de type naturaliste, une imitation du vrai avec les couleurs seules et en l'absence de dessin, déjà en soi difficilement conciliables avec l'esthétique du classicisme et au-delà desquels ne pouvait en tout cas exister aucune forme de « neue Sachlichkeit », si ce n'est la peinture moderne de Caravage, de Velázquez, ou de Manet. Par ailleurs, il suffisait de partir de la constatation suivante, que semble volontairement encourager la disposition côte à côte des deux tableaux Vendramin, dans la petite salle des Gallerie dell'Accademia : le drapé blanc de la femme nue dans la *Tempête* est identique en tous points à celui de la *Vecchia*, tant sur le plan des valeurs que du point de vue du dessin ; de plus, ces deux tableaux correspondent à un même moment de profonde réflexion sur les pouvoirs de la lumière, d'où ce contrôle de la couleur « flamande ». Les affinités sont telles que nous sommes en droit de penser que Giorgione travailla aux deux œuvres en même temps, placées sur des chevalets différents dans son atelier. Et puisqu'on pouvait tenir pour certain le fait que la *Tempête* était plus ancienne que les *Trois Philosophes*, on aurait obtenu par ce biais les raisons d'une datation antérieure au Fondaco, vers 1506-1507 ; c'est à cette date que la majeure partie des spécialistes a voulu situer la *Tempête*, solution adoptée par Morassi, Coletti, Robertson et Pignatti en 1955, et que l'on retrouve également dans la notice de Moschini Marconi pour le catalogue des *Gallerie* (1962 et aussi 1978). Parvenu à ce stade, le problème de la comparaison avec le portrait de *Laura* (cat. **27**), se serait évidemment posé. Dans la notice qui se rapporte au tableau de Vienne, j'explique comment les affinités établies entre la *Tempête* et *Laura* sont devenues l'un des *topoi* des études giorgionesques et ont constitué le pire obstacle à une bonne compréhension de l'histoire du peintre. J'évoque aussi la manière négative dont ces affinités ont interféré dans la datation des *Trois Philosophes*. Les *Trois Ages de l'homme* (cat. **21**) qui commence à être pris en considération par les spécialistes de Giorgione dans les années trente, c'est-à-dire en même temps que la *Vecchia*, aurait pu permettre de situer ce dernier avec précision, grâce au « vieillard » qui s'y trouve représenté et qui offre de puissantes affinités avec le tableau de l'Accademia, affinités qui furent immédiatement perçues par la critique.

On a vu comment Suida, le premier si je ne m'abuse à avoir parlé des deux œuvres, les relie et les distingue à la fois, mais en les situant toujours dans une même séquence chronologique, avant *Laura*. Nous avons vu aussi la manière dont Morassi rapproche les deux tableaux l'un de l'autre dans le temps et les date aux environs de 1506-1507. Mais nous avons

également constaté que pour Salvini et Pignatti, les deux tableaux vont de pair et sont postérieurs au Fondaco. Le fait qu'à un moment donné, le tableau du Palazzo Pitti, que des experts tels que Cavalcaselle et Longhi avaient pris pour une œuvre de jeunesse de Lotto ou un tableau tardif de Bellini, ait pu apparaître comme l'exemple parfait de la manière de Giorgione à la fin de sa vie stigmatise de la façon la plus extraordinaire, selon moi, cette voie sans issue dans laquelle les études d'après-guerre avaient progressivement engagé le cas Giorgione. Même un spécialiste de l'intelligence de Volpe (1978) a soutenu cette thèse. Je veux dire enfin que la chose est plus extraordinaire lorsqu'il s'agit des *Trois Ages de l'homme*, car il est vrai que les deux tableaux se ressemblent, sans être identiques, ce qu'avait déjà remarqué Suida, et qu'il importe de les différencier dans la mesure ou le tableau de la Galleria Palatina porte l'empreinte et exerce toute la fascination d'une œuvre enracinée dans une époque transitoire, à la charnière du XVᵉ et du XVIᵉ siècle, époque qui conserve encore les charmes d'une période proto-classique, marquée par les foudres de Léonard, où l'on ressent l'influence d'un Pérugin ou d'un Boltraffio, tandis qu'on ne peut en dire autant de la *Vecchia* qui nous entraîne plus avant dans la maturité de Giorgione. En 1978, T. Pignatti réalise que les *Trois Ages* doivent remonter à la phase initiale, qu'il appelle bellinienne, et qui va de 1500 à 1504. Or c'est précisément parce qu'il persiste à lire le tableau de cette façon, tableau qui lui était tout d'abord apparu comme un cas de « neue Sachlichkeit » post-classique et qui lui semble à présent bellinien, contemporain des premières *Vierges* de Giorgione, voire antérieur à elles (1978), et qu'il ne voit pas les raisons de la nouvelle ère qui s'ouvre consécutivement à la rencontre avec Léonard en 1500 (rencontre dont les *Trois Ages* sont le fruit le plus émouvant) qu'il rectifie sa chronologie, sans remettre la *Vecchia* en question, et place au début du catalogue des œuvres de Giorgione le « vieillard » des *Trois Ages*, et à la fin, la *Vecchia*. Entre-temps, les deux congrès qui eurent lieu en 1976 et 1978 me donnèrent l'occasion d'exposer mes théories, évidemment étroitement imbriquées, sur la première période de Titien et sur Giorgione ([1976] 1980, 1979). La date de 1500 proposée pour le retable de Castelfranco permet d'ouvrir un nouveau chapitre de l'histoire du peintre, chapitre central au cours duquel l'artiste, après des débuts *ponentini* (nordiques), qui se limitent aux cinq dernières années du XVᵉ siècle, et avant d'affronter avec ses élèves les problèmes posés par le réalisme de Dürer et le classicisme de Florence, accomplit en solitaire, mais en jouissant de l'estime d'un cercle culturel très restreint dont il partage les velléités de renouveau littéraire et philosophique, l'une des plus grandes révolutions figuratives de l'histoire de la peinture occidentale « inventant » la peinture de paysage, le tableau avec des demi-figures, le portrait moderne. La *Tempête* (vers 1502-1503) et les *Trois Philosophes*

(vers 1504-1505), les *Trois Ages* (vers 1500-1501) et la *Vecchia* (vers 1502-1503), l'*Homme en armure avec son page* (vers 1501) et le *Double Portrait* (vers 1502), le *Lecteur des éditions aldines* (vers 1502) et le *Brocard* (vers 1503) remontent à cette période bornée d'un côté par le retable de Castelfranco et le séjour de Léonard à Venise, de l'autre par les *Trois Philosophes*, *Laura* (cat. **27**), et le séjour de Dürer. L'interprétation léonardesque et néoplatonicienne des *Trois Ages* ou la *Leçon de musique* (cat. **21**) impliquent une interprétation de la *Vecchia* non pas comme *Vanitas* ou *Memento senescere* (Panofsky) mais comme éloge ou mausolée de la vieillesse. Je laisse donc complètement de côté la comparaison souvent établie entre la *Vecchia* et l'*Avaritia* de Dürer, et je considère que tous les jugements qui entendaient souligner la dépendance de la *Vecchia* par rapport à ce document ou qui, d'une manière plus générale, voulaient y voir une œuvre réaliste au sens du réalisme du maître de Nuremberg, en ont travesti la signification, même sur le plan formel. Ceux qui ont réagi de la sorte n'ont pu comprendre, d'un côté la conjoncture historique et le nœud culturel qui ont vu naître cette « invention », conjoncture et nœud culturel qui se situent à une époque bien antérieure à l'influence du réalisme de Dürer dans la culture italienne, et ils n'ont pu par ailleurs identifier les véritables conséquences de cette influence chez Giorgione et chez le jeune Titien. La comparaison établie d'une part avec la *Belle Ferronnière* en ce qui concerne le portrait, et d'autre part avec les apôtres de la *Cène* pour ce qui est de l'étude physionomique et de l'expressivité spirituelle du geste, nous amène bien davantage au cœur de l'« invention » de Giorgione. En empruntant cette voie, on découvre que la véritable conjoncture à laquelle appartient le tableau correspond à cette première circulation des idées de Léonard à Venise, moment qui doit remonter à la présence de Léonard en ce lieu au début de l'année 1500, et peut-être à d'autres visites faites par l'artiste sur le territoire de la Sérénissime au cours des dernières années du XVᵉ siècle, circulation décisive pour l'évolution de Giorgione en direction d'une maturité intellectuelle et que l'on perçoit *attorno a Giorgione l'anno 1500* pour citer le titre de l'une de mes conférences. C'est à cette occasion que j'ai étudié, dix ans plus tard, ce nœud fascinant qui voit se regrouper autour du peintre de Castelfranco deux Lombards, Agostino da Lodi (le Pseudo-Boccaccino) et Boccaccio Boccaccino de Crémone (*Giovanni Agostino da Lodi e la cultura figurativa in Italia settentrionale*, Journée d'études, Milan, Finarte, 15 avril 1988 ; *Per Giovanni Previtali*, Deux Journées d'études d'histoire de l'art et d'archéologie, Università degli Studi, Sienne, 28-29 septembre 1989; *Boccaccio Boccaccino: tecnica e stile*, Journée d'études pour la restauration de l'abside dans la cathédrale de Crémone, Crémone, 21 juin 1990). Ruckelshausen (1975) compare à juste titre le geste de l'apôtre Philippe dans la *Cène* de Léonard avec celui de la *Vecchia*, comparaison qui vient rejoindre l'optique de lecture que j'avais indiquée en 1978, tant pour les *Trois Ages* que pour la *Vecchia* et dans laquelle le saint Philippe et son dessin préparatoire, conservé à Windsor (n° 125551), sont confrontés à l'homme d'âge moyen du tableau du Palazzo Pitti, d'ailleurs il est certain que ce personnage fut repris pour modèle par Giorgione lorsqu'il peignit la *Vecchia*. En ce qui concerne la relation entre le tableau de la Galleria Palatina et celui des Gallerie dell'Accademia, rappelons-nous que ces deux œuvres permettent de mesurer la distance parcourue par Giorgione pendant ce chapitre ouvert en 1500, et nous ne pouvons qu'être d'accord avec l'analyse de Suida en 1935 : si les *Trois Ages* évoquent encore le retable de Castelfranco, la *Vecchia*, avons-nous dit, est peinte en utilisant le même langage que la *Tempête*. La comparaison de ces œuvres va, à merveille, dans le sens des recherches poursuivies par Giorgione après le retable : il se concentre sur les pouvoirs de la lumière, sur ses aptitudes à découvrir de nouvelles vérités naturelles qu'il investit d'une vie emblématique et spirituelle supérieure. On comprend mieux ce point en considérant qu'entre ces deux tableaux, Giorgione a peint le *Portrait d'homme en armure avec son page* (cat. **22**) et le *Double Portrait* (cat. **23**) : le passage de l'un à l'autre, comme je l'ai souligné en 1978 (1979) et en 1983, est la clef qui permet de comprendre le luminisme de la *Vecchia* et de la *Tempête*. Le parcours que Giorgione accomplit depuis le retable jusqu'à ces deux tableaux est extraordinaire s'il s'effectue, comme je le pense, en l'espace de deux ou trois ans; mais on ne peut en comprendre les raisons et il ne devient plausible que si l'on convient de la séquence des œuvres que j'ai proposée pour ces années-là et de leur interprétation.

Avant de clore ce bilan des études portant sur le tableau, nous devons rappeler que Freedberg (1971) l'a daté de 1505-1506 environ, entre le retable de Castelfranco (vers 1505) et les *Trois Philosophes* (vers 1506), mais aussi que la *Tempête* se situe, selon cette même chronologie, aux alentours de 1503-1504, antérieurement au retable. Comme je l'ai expliqué dans les notices relatives à la *Sainte Famille* de Washington (cat. **15**) et à la *Vierge au paysage* (cat. **17**) de Saint-Pétersbourg, Freedberg, en refusant d'attribuer à Giorgione les trois tableaux Allendale, la *Vierge* de Saint-Pétersbourg, celle d'Oxford et la *Sainte Conversation* de Venise, refuse en conséquence de voir dans le retable le début d'une nouvelle phase mais aussi la conclusion d'une série d'expériences dans le goût « *ponentino* » qui se stigmatisent dans ces tableaux. Giorgione aurait déjà réalisé, au moment où il peint le retable Costanzo, un tableau aussi moderne que la *Tempête*, et auparavant l'*Épreuve de Moïse* et le *Jugement de Salomon* (1500-1501). Je ne parviens pas à comprendre comment la *Tempête* peut lui sembler plus ancienne que la *Vierge* de Castelfranco, ni comment cette dernière peut s'intercaler entre les deux tableaux des Gallerie dell'Accademia. W.R. Rearick

(1979) qui exclut de l'œuvre de Giorgione les mêmes tableaux que Freedberg et qui propose une date identique pour la *Tempête*, situe chronologiquement la *Vecchia* avant le retable, « vers 1503, ou à l'époque de la *Tempête* ». Il parvient à cette conclusion en partant, semble-t-il, de la comparaison avec la vieille nourrice assise sur les marches dans l'*Arrivée des ambassadeurs à la Cour de Bretagne* de Carpaccio qui révélerait une tendance stylistique analogue. Dans sa monographie (1976, 1987), Hornig place le tableau aux environs de 1505, mais ce qu'il en pense est inévitablement conditionné par la conviction selon laquelle, vers 1507, Giorgione aurait peint le *Concert champêtre*, c'est-à-dire par une vue toute autre de l'histoire du peintre après 1506.

La *Vecchia* a fait l'objet de diverses interprétations iconographiques : citons, outre celle de Panofsky (1969), les interprétations données par Battisti (1960), Calvesi (1970), Meller (1979) et Del Bravo (1987) et pour lesquelles il convient de se reporter à la récapitulation faite par Nepi Scirè (1987, 1992).

A.B.

page 39

25

Giorgio da Castelfranco, dit Giorgione
Castelfranco Veneto, vers 1476/1478 - Venise, 1510

Portrait de jeune homme
vers 1503

Toile, H. 0,725; L. 0,54 (si, comme il est probable, le médaillon était situé au centre, le bord droit de la toile a été amputé de quelques centimètres.

BUDAPEST, SZÉPMŰVÉSZETI MÚZEUM

HISTORIQUE
Venise, coll. du cardinal Johann Ladislaus Pyrker, patriarche de Venise (qui l'aurait acheté à Venise au début du XIX⁰ siècle comme étant d'Orazio Vecellio; au musée de Budapest depuis 1836 par don de Pyrker.
EXPOSITIONS
Londres, 1930, n° 155; Paris, 1935(1), n° 192; Lugano, 1985, n° 10; Venise, 1992, n° 68.
BIBLIOGRAPHIE
Màtray, 1851; Lermolieff (Morelli), 1880 (éd. italienne, 1886), p. 164; Janitschek, 1882, p. 81; Tschudi et Pulszky 1883; Thausing, 1884, pp. 313 ss.;

Schaufuss, 1884, pp. 32, 49, 77; Lermolieff (Morelli), 1891 (éd. anglaise, 1893), pp. 218, 224; Frimmel, 1892, I, pp. 233-234; Berenson, 1894 (3⁰ éd. 1897), p. 107; Conti, 1894, p. 62; Berenson, 1895 (3⁰ éd. 1901), pp. 75, 82-84, 87, 143; Gronau, 1895, p. 233; Cook, 1900, pp. 31-33, 125; A. Venturi, 1900 (*Budapest*), pp. 221, 223-225; A. Venturi, 1900 (*Galleria Crespi*), pp. 138-139; Térey, s.d. vers 1902, n° 21; Schmidt, 1903, p. 3; Monneret de Villard, 1904, pp. 132-133, 135; C. Phillips, 1905-1906, p. 301; C. Phillips, 1905 pp. 1, 4, 8, 9; Lederer, 1906, pp. 272-276; Boehn, 1908, p. 58; Cook, 1908, p. 58; Gronau, 1908, pp. 430-431, n° XVII; Justi, 1908, I, pp. 134-135, 171-175, 279, II, pl. 31; Schmidt, 1908, p. 118; Wickhoff, 1909, pp. 38-39; Borenius, 1912, III, note 3 de pp. 36-37; L. Venturi, 1913, pp. 256-259, 389, n° VIII; Kenyon Cox, 1913, pp. 116-117; Van Dyke, 1914, p. 130; Gronau, 1921, p. 88, n° 34; Jacobs, 1922, p. 423; Hartlaub, 1925, pp. 67 ss.; Justi, 1926, II, pp. 332-333; Cook, 1926, p. 312; Hartlaub, 1927, pp. 240-241, 247-248; Longhi, 1927 (éd. 1967), note 15 de p. 244; A. Venturi, 1928(1), IX, 3, pp. 69-70; Van Marle, 1929, p. 102; Suter, 1929-30, p. 186; Clark, 1930, p. 137; Morassi, 1930, pp. 143, 146; Suida, 1930, p. 42; Balniel, Clark et Modigliani, 1931, pp. 113-114; Richter, 1932, p. 123; Berenson, 1932, p. 232; Hermanin, 1933, pp. 167, 173; Ferriguto, 1933, p. 352; Troche, 1934, p. 104; Hourticq, 1935, p. 30; Berenson, 1936, p. 200; Delogu, 1936, p. 185; Gombosi, 1937 (*Palma Vecchio*), p. XIV; Gombosi, 1937 (*Venezianische Bildnisse*) pp. 103-104; Richter, 1937, p. 211, n° 11; Delogu, 1939, pp. 168-169; Fiocco, 1939, p. 137; Fiocco, 1941, p. 29; Morassi, 1942, pp. 102-103, 170; Richter, 1942 (*Lost and Rediscovered*), p. 223; Pallucchini, 1944 (*Pittura*), I, p. XII; Longhi, 1946, p. 22; Douglas, 1949, pp. 3-7; Gamba, 1954, pp. 174, 176; Pigler, 1954, I, pp. 230-232; Szabó Kàkay, 1954, pp. 87, 137; Coletti, 1955, p. 65; Della Pergola, 1955, pl. 107; Pignatti, 1955, p. 117, n° 94; Berenson, 1957, I, p. 83; Auner, 1958, pp. 159-168; Garas, 1960, pl. 12; Szabó Kàkay, 1960, pp. 320-324; Salviani, 1961, p. 239 note 24; Morassi, (1961) 1967, p. 205; Volpe, 1963, s.p.; Baldass, Heinz, 1964 (éd. anglaise, 1965), p. 54; Bousquet, 1964, pp. 239, 317; Garas, 1966, p. 82; Pope-Hennesy, 1966, pp. 132, 135-136; Ballarin, 1968(3), p. 237; Pigler, 1968, I, pp. 264-265; Zampetti, 1968, . 98, n° 62; Pignatti, 1969, p. 116, n° A 7; Mravik, 1971, pp. 47-60; Garas, 1974 pl, 4-5; Thomson De Grummond, 1975, p. 346; Tschmelitsch, 1975, pp. 337-343; Garas, 1977, p. 62; Anderson, 1978, p. 73; Pignatti, 1978(1), pp. 120-121, n° A 8; Ballarin, 1979, p. 236; Gould, 1979, p. 254; Ballarin, 1980, p. 494 note 3; Ballarin, 1983, pp. 510-511; Pallucchini, 1983, pp. 280-281; Pallucchini et Rossi, 1983, p. 350, n° V 23; Richardson, 1983, n° V 37; *Capolavori dai musei ungheresi*, 1985, n° 10; Hornig, 1987, p. 53 note 188, p. 119; Anderson, 1989, p. 433; Tatrai, 1991, p. 49; Brown, 1992, pp. 93, 342, n° 68.

Sur le parapet : au centre, un médaillon entouré d'une petite couronne de fleurs et de fruits avec à l'intérieur une figure tricéphale, à gauche un emblème représentant un chapeau haut de forme avec un « V », à droite une petite plaque ansée avec une inscription aujourd'hui illisible (reproduits dans Mravik, 1971); une inscription (aujourd'hui décolorée et fragmentaire) court au-dessus de ces symboles : « *ANTONIUS BROKARDVS MAR* [...] » (Pigler, 1968). A. Venturi (1900), Cook (1900) et Justi (1926) lisaient dans la partie finale « *MARII F.* ». S'il n'y a aucune raison de douter de l'authenticité du chapeau, du médaillon et de la plaque, il faut considérer l'inscription, écrite d'une main incertaine et placée maladroitement dans un espace pour lequel elle n'était pas prévue, comme ultérieure aux symboles. C'est d'ailleurs l'avis de la plupart des spécialistes qui se sont occupés du tableau, à commencer par Janitschek (1882) (Justi, 1926, avec un point d'interrogation; Gronau, 1908, 1921; Gombosi, 1937; Richter, 1937; Fiocco, 1941; Morassi, 1942; Coletti, 1955; Pope-Hennessy, 1966; Zampetti, 1968; Pignatti, 1969 et Richardson, 1983, tous deux avec un point d'interrogation; Brown, 1992). Selon Mravik (1971), seul le nom « ANTONIVS » serait ultérieur tandis que les deux mots du centre « BROKARDVS MAR [...] » à gauche et à droite du médaillon, écrits avec des caractères plus sûrs et d'une couleur homogène au médaillon, pourraient être authentiques. J. Anderson (1989) pense, que tout ce qui se trouve sur le parapet, emblèmes et inscription, est faux. Parmi les critiques de ce siècle, Auner (1958) est le seul à considérer toute l'inscription comme authentique. Mais il faut dire que les catalogues et les publications du musée de Budapest (Pigler, 1954, 1968; Garas, 1965, 1973) n'ont rien de précis non plus sur l'authenticité de l'inscription, même après l'analyse radiographique de Kàkay Szabó (1954, 1964). Sauf dernièrement, puisque Tatrai affirme en 1991 qu'il s'agit d'un « fragment d'une inscription peut-être ultérieure ».

L'inscription avait très probablement pour but d'identifier le personnage représenté avec le poète et juriste vénitien Antonio Brocardo (Venise, début du XVIe siècle-1531), fils du médecin Marino, étudiant à Bologne en 1525 et à Padoue, puis résidant à Venise, connu essentiellement pour avoir participé à une polémique avec Pietro Bembo en 1531, l'année de sa mort (Auner, 1958; Mutini, 1972, pp. 383-384). Auner (1958) a suivi cette piste qui conduit toutefois à dater le tableau vers 1525 au plus tôt puisque la personne représentée semble avoir entre vingt et vingt-cinq ans : conséquence qui suffirait à elle seule à enlever toute crédibilité à l'inscription. Mais il faut dire que par le passé, on a pu croire de même que ce *Portrait* était aussi tardif, ce qui réduisait les doutes sur l'originalité de l'inscription. Gronau (1908), en s'appuyant sur une hypothèse de Jacobs, un bibliothécaire de Berlin dont il rapporte l'avis, ouvre une nouvelle voie à la recherche de l'identification du personnage : le V inscrit sur le chapeau pourrait faire allusion à un membre de la famille Cappello, et l'emblème tricéphale (trois visages) dans le médaillon à la ville de Trévise; il s'agirait donc de Vincenzo ou Vittore Cappello de Trévise. Justi (1908) cite cette hypothèse avant même qu'elle ne soit publiée. L'idée que le symbole tricéphale puisse faire référence à Trévise était déjà contenue dans le catalogue de Màtray de 1851. Les trois emblèmes sont ensuite étudiés par Hartlaub (1927) qui y voit les signes de reconnaissance d'une confrérie à laquelle le commanditaire et un peintre auraient appartenu : le chapeau serait le symbole du « maître libre », de l'« *homo liber* »; le V dans le chapeau (Hartlaub y lit aussi

un *Y*, mais par erreur) un signe distinctif des membres de cette société; la couronne un très ancien symbole des confréries, comme toutes les couronnes, les chaînes et les guirlandes; la triple tête probablement Hécate, déesse de la magie; la plaque ansée la même que celle qui apparaît dans la *Melancholia* de Dürer. M. Auner (1958) suit un chemin assez proche de celui de Hartlaub. Il part lui aussi de l'hypothèse que le médaillon fasse référence à Hécate et qu'il soit possible que le commanditaire ait connu l'épigramme d'Antiphilos de Byzance, contemporain d'Auguste, dans l'*Anthologia graeca* (publiée en 1503 et en 1521 comme *Florilegium diversorum epigrammatum* par Aldo Manuzio), dans laquelle l'auteur dit avoir laissé son chapeau à Hécate comme symbole du voyage qu'il vient d'effectuer, don d'initiation et de reconnaissance envers la divinité qui le protège, un chapeau, le « *pileus libertatis* » des romains, symbole d'une origine noble et libre, remis à Hecate-Enodia ou Trivia, protectrice des routes et des pèlerins. De façon analogue, Antonio Brocardo − nous avons dit qu'Auner pense que l'inscription est originale − se serait fait représenter avec son chapeau placé à côté d'une Hécate entourée de guirlandes en souvenir d'un voyage heureusement conclu, peut-être à Bologne, dans un portrait destiné à montrer à la fois sa culture littéraire et son adoration pour la déesse Hécate. Les signes sur la plaque seraient alors « MDXXX » ou « MDXXXI » (mais en réalité, ils sont illisibles aujourd'hui) tandis qu'on pourrait lire l'inscription de la façon suivante : « *ANTONIUS BROKARDUS MAK*[TAVIT] » (*mactare* = honorer une divinité par un sacrifice), se référant justement à son adoration pour Hécate (si ce n'est que la troisième lettre du troisième mot est sûrement un R, et non un K [Mavrik, 1971]). Auner interprète cela comme un geste de remerciement et de vénération, mais cette lecture fait violence à ce que l'on voit effectivement et ne rend pas raison de la lettre V. J'ai personnellement une autre interprétation, que j'exposerai plus tard. Avec plus de vraisemblance, Richter (1937), sans exclure que le *signum triceps* puisque indiquer Trévise, avance d'autres hypothèses : Saturne, Prudence, Serapis, renvoyant à l'analyse du tableau de Titien, l'*Allégorie de la Prudence*, de la National Gallery de Londres, faite par Panofsky et Saxl en 1926. Enfin, Mravik (1971) interprète le personnage comme celui d'un juriste, mais qui ne serait pas Antonio Brocardo parce que le tableau ne peut être daté, selon lui, vers 1525-1530 et que le mot « brocardus », authentique à son avis, désignerait non pas le nom de la personne, mais son titre (*broccardo* ou *broccarda* = question juridique controversée, digeste), ce que confirmerait le geste (mais ceci n'est pas démontré) tandis que le camée tricéphale (Hécate) sur le parapet ferait allusion à la sagesse ainsi que le chapeau (mais pourquoi?), que le V pourrait signifier *Virtus* et que la plaque pourrait évoquer la science juridique (autre affirmation non démontrée). Pour conclure sur ce point, je dirais qu'il me paraît assez probable,

en relation avec l'interprétation néoplatonicienne et spirituelle que ce portrait semble exiger (dont nous parlerons plus loin), que le médaillon central désigne simplement la Prudence et que les symboles latéraux aient un autre rôle, celui de donner des informations sur la personne représentée; il faut se résigner à ne pouvoir rien dire sur la plaque, devenue muette, mais on ne peut exclure que le signe de gauche serve à nous informer du prénom : un membre prénommé Vincenzo ou Vittore de la noble famille vénitienne des Cappello. Nous connaissons les physionomies d'au moins deux Cappello, tous deux amiraux, immortalisées par des artistes célèbres : celle de Vittore (1400-1467) sculptée par Rizzo dans le monument funèbre de l'église de Sant'Elena à Venise, et celle de Vincenzo (1467-1541) peinte par Titien dans le tableau de la National Gallery de Washington (1540). C'est une piste que Gronau a déjà essayé de suivre (1908) sans résultat, mais qui mérite d'être à nouveau vérifiée.

Tout le monde s'est plaint du mauvais état de conservation qui, pour certains, gênerait même l'appréciation de la qualité du tableau et l'attribution. Je crois que l'on a donné plus d'importance qu'il ne faut à ce problème. Le tableau a été radiographié pendant les années cinquante par Kàkay Szabó (1954, 1960). Cela a permis de voir clairement ce que l'on constatait déjà à l'œil nu et mieux encore sur certaines photographies à la lumière normale : dans la version primitive, une fenêtre étroite s'ouvrait à la gauche du jeune homme, à travers laquelle on voyait une chaîne de montagnes et des nuages blancs dans le ciel; ces nuages continuaient d'ailleurs vers la droite au-delà de l'encadrement de la fenêtre. Ce qui a fait dire à Kàkay Szabó que le fond avait été repeint deux fois : à l'origine, l'auteur avait peint une fenêtre derrière laquelle s'ouvrait un paysage; puis il avait éliminé la fenêtre en étendant le ciel vers la tête du personnage (mais avec l'idée d'une fenêtre plus grande, je suppose, dont le montant serait passé derrière la tête, et non d'un paysage couvrant tout l'arrière-plan, puisqu'il n'y a aucune trace de ciel à droite de la tête). Les yeux du jeune homme étaient initialement tournés vers le haut; il y a eu d'autres repentirs dans le dessin de l'oreille, peut-être du nez, sans aucun doute de la masse des cheveux qui ne descendait pas de façon aussi verticale de l'oreille le long du cou; la main aurait été ébauchée un peu plus haut. « L'inscription [...] n'est pas du tout perceptible dans la radiographie. En regardant au microscope, on voit un tout composé de petits points bruns très épars. Vraisemblablement cela aussi a été peint après, sur le tableau, mais à cause des nombreux nettoyages, la peinture n'est restée que dans les creux minuscules ». Par contre, les trois emblèmes sont visibles. Kàkay Szabó déduit du comportement de la matière picturale soumise aux rayons X que l'auteur (dont il ne sait s'il s'agit de Giorgione ou de Titien) a probablement remis au commanditaire un tableau avec un arrière-plan de paysage et de ciel qui aurait remplacé l'idée initiale de la petite fenêtre, et un personnage dont le regard aurait été tourné vers le haut. La modification des yeux et la couverture du paysage pour simuler un mur continu dateraient du XIXᵉ siècle, ce qui le pousse à se demander s'il ne faudrait pas enlever ces repeints. K. Garas (1973) semble nous dire quelque chose d'autre : « Toute décision est rendue plus difficile par le fait que la peinture nous est parvenue dans un très mauvais état : la fenêtre sur la gauche et le paysage à l'arrière-plan, par exemple, sont tellement décolorés qu'ils sont à peine visibles à l'œil nu. » J'espère en tout cas que ces repeints ne seront pas enlevés parce qu'il n'y a aucune raison de croire qu'ils ne remontent pas à Giorgione ; l'abaissement du regard et l'élimination de la fenêtre ou du paysage sont des idées très cohérentes et essentielles à la beauté du tableau ; la matière des paupières abaissées, vue à l'œil nu, semble homogène avec le reste tandis que celle avec laquelle Giorgione a recouvert l'arrière-plan, suffisante lorsqu'il l'a étalée pour couvrir la première version, est devenue si mince avec le temps qu'elle l'a faite visiblement transparaître. Gould (1979) a étudié avec beaucoup d'attention les craquelures du tableau, et nous renvoyons le lecteur à son travail pour découvrir les conclusions qu'il en a tirées.

Dans le catalogue de 1851 de Màtray, quelques années après la donation de Pyrker au musée de Budapest, le tableau est classé avec la même attribution que celle qu'il avait dans la collection du patriarche : Orazio Vecellio (Coletti, 1955, en parle comme étant de Titien dans la collection Pyrker, mais cela n'apparaît pas dans les catalogues du musée). Morelli (1880) est le premier à associer le tableau à Giorgione : « On se détache à contrecœur de cette figure mélancolique ; avec son visage très expressif, ce jeune homme nous fascine, comme s'il voulait nous confier le secret de sa vie. » Mais il lui semble difficile d'apprécier complètement la qualité du tableau vu l'état de conservation, aussi préfère-t-il ne pas le compter parmi les œuvres authentiques du peintre. Dans la réédition de son livre limitée aux Gemäldegalerie de Dresde et de Munich (1891), il retouche son texte dans un sens bien plus favorable à la paternité de Giorgione et inclut le *Portrait* dans la liste des œuvres du maître hors d'Italie. Morelli parle aussi de critiques compétents qui entretemps auraient vu le tableau et qui l'auraient considéré comme un Giorgione authentique. Janitschek (1882) et Thausing (1884) l'attribuent à Giorgione. Thausing, en particulier, ne voit pas de contradiction avec le fait que l'homme du portrait soit le poète Antonio Brocardo, et partant d'une fausse information selon laquelle ce dernier serait juif, pense que la mélancolie du jeune homme si bien rendue par Giorgione est l'expression de toute la tragédie de ce peuple. Je ne citerais pas ce jugement de Thausing si la structure somatique particulière de la tête du jeune homme n'avait intrigué les critiques et si elle n'était l'une des clés de la séduction de ce tableau. Berenson dans ses *Elen-*

chi de 1894 (et dans tous les suivants) l'inclut dans le catalogue restreint des œuvres de Giorgione, et dans celui encore plus restreint des portraits, avec le « Giustiniani » de Berlin, le *Chevalier de Malte* et la *Femme au mouchoir* de la Galleria Borghese. Dans son compte rendu (1895) de l'exposition de peinture vénitienne de la New Gallery en 1894 à Londres, il polémique contre la méthode de Morelli à propos de ces « mains fatales » qui auraient le pouvoir de guider notre jugement face aux tableaux et il cite le cas du *Portrait* de Budapest qui, s'il dépendait de la main, devrait être attribué à Cariani ou à Pordenone, surtout à Pordenone, parce que l'on retrouve cette tonalité grise générale et cette mélancolie si complaisante dans certaines œuvres de ce dernier, alors qu'il est certain que seul Giorgione peut avoir peint un tel chef-d'œuvre. A. Venturi est le premier critique à prendre position contre une surestimation excessive de la qualité du tableau et contre l'attribution à Giorgione dans son essai sur les œuvres italiennes de Budapest (1900) et dans son petit texte sur Giorgione dans la *Galleria Crespi* (1900) : « Mais surtout on ne trouve pas la forme fine, ni la couleur lumineuse et gaie du très grand artiste dans cet homme qui ressemble à une femme triste et malade » (1900 *[Budapest]*). Il y voit des ressemblances avec des portraits de Bernardino Licinio, auquel il finit par proposer d'attribuer le tableau, donnant du crédit à l'inscription et à la possibilité que cette dernière fasse référence à Antonio Brocardo di Marino, étudiant à Bologne en 1525, dont nous avons parlé plus haut. L'opinion de Venturi est relayée par Schmidt (1903, 1908). En en faisant une œuvre tardive de Licinio ou, pire encore, une œuvre de l'école de Bonifacio Veronese, vers 1530 (Wickhoff, 1909), on déplace le tableau loin de l'aire chronologique qui est la sienne, quel qu'en soit l'auteur, une erreur d'évaluation qui se répétera encore, mais qui apparaîtra, au cours du siècle, de plus en plus grossière, car le *Portrait* porte l'empreinte de son époque − le tout début du XVIᵉ siècle − dans le style, le *Stimmung* (l'atmosphère) et le costume, un fait que quiconque veut tenter de résoudre l'énigme, si énigme il y a, doit commencer par prendre en compte. On ne peut donc pas ne pas partager cette fois les réactions de Cook (1900) au jugement de Venturi : « l'une de ces inexplicables perversions du jugement auxquelles même les meilleurs critiques sont parfois exposés ». Cook parle d'un « chef-d'œuvre de l'art du portrait ». « L'art vénitien n'a rien de plus beau à montrer, que ce soit par ses qualités d'interprétation que par la subtilité de son exécution. Ici Giorgione annonce vraiment Velázquez, dont il anticipe étrangement l'argenté des tons ; toutefois la véritable magie de Giorgione se sent à un degré que l'Espagnol impersonnel n'a jamais atteint » − une citation sur laquelle je trouve bon d'insister parce que dès les commentaires au tableau (nous l'avons vu dans celui de Venturi), on entend quelquefois parler de l'insuffisance de la couleur comme d'une raison pour refuser

de l'attribuer à Giorgione, alors que, de ce point de vue, il est d'une finesse extraordinaire, d'une sobriété étudiée pour faire ressortir au maximum la qualité spirituelle de la lumière. Cook conclut en le datant vers 1508. Comme Morelli et plus tard les rédacteurs du catalogue de 1930, il pense que les cheveux noirs sont probablement enfermés dans une résille brune, certainement frappé par leur bichromie − une autre particularité fascinante du tableau − noirs de jais, presque bleus sur la nuque, et bruns dans les masses latérales ; c'est une possibilité, mais il en existe une autre : qu'ils soient teints. Justi (1908) discute et catalogue le tableau comme étant de Giorgione, faisant partie des « œuvres les plus libres » de sa dernière période (1508-1510), mais avec un point d'interrogation dû à l'état de conservation, mis à mal par trop de restaurations. Il pense que l'attribution à Giorgione est d'autant plus vraisemblable que le *Portrait*, si l'on regarde le costume, ne peut pas être postérieur à 1510, et que l'on ne voit pas quel autre giorgionesque, si ce n'est Giorgione lui-même, aurait pu à cette époque, tout en révélant dans l'application de la couleur une formation encore enracinée dans l'enseignement des maîtres de Quattrocento, arriver à la fois à une telle grandeur et une telle simplicité dans la composition et dans l'expression. Cependant, il ne la donne pas pour certaine, et il semble avoir encore plus de doutes dans la seconde édition (1926). Gronau (1908) date le tableau vers 1508 et le compare avec le *Portrait* de Berlin (cat. **16**), de huit ans plus ancien environ, pour en confirmer l'attribution, mais aussi pour mesure l'évolution du « portrait » giorgionesque vers des formes de plus en plus libres. Gronau perçoit parfaitement l'importance dramatique du geste, la coordination entre le mouvement de la main et l'expression de la tête, la découverte d'une nouvelle dimension du portrait, prenant en compte la vie intérieure de la personne représentée : « Un message est donné qui ne vient pas du monde extérieur, mais de l'image représentée. Cette idée artistique, qui est extrêmement fructueuse, va être reprise par d'autre (Lotto, surtout) : elle enrichit la peinture de portrait de moyens de représentations nouveaux et très significatifs ». L'intervention de L. Venturi en 1913 ne confirme pas le nom de Giorgione, mais sa haute évaluation de la qualité du tableau et sa conviction que son auteur, pour l'instant anonyme, doive être cherché dans le cercle le plus proche de Giorgione ou des jeunes Titien et Sebastiano, constituent une contribution positive à l'histoire du *Portrait*. D'autant plus que Venturi est certain que le *Portrait de jeune homme tenant un livre vert* ex-Onigo, et alors à Londres dans la collection de Frederich Cook (aujourd'hui à San Francisco, M.H. De Young Memorial Museum of Art) est du même auteur. Ce portrait avait été présenté pour la première fois à la Winter Exhibition du Burlington Fine Art Club de 1907 (nᵒ **4**) sous le nom de Giorgione, puis à l'exposition de peinture italienne des Grafton Galleries de 1909-1910 (nᵒ **60**), et

Herbert Cook (1908) l'avait fait connaître comme une œuvre de ce peintre, en observant « une certaine ressemblance de style avec le pseudo *Brocardo* de Budapest », mais en citant déjà un certain nombre d'avis contraires : « La paternité de Giorgione sera certainement discutée : certains veulent dire qu'il est de Cariani, d'autres de Pordenone, d'autres de Licionio, et ainsi de suite » ; et en effet la ronde des attributions ne tardera pas à commencer, de Licinio (Holmes, 1909, p. 73, qui pense qu'il s'est inspiré de celui de Budapest ; Cook, 1909-1910, pp. 328, 333, qui donne à Phillips (1909) la responsabilité de cette attribution, qu'il partage désormais lui-même avec quelques réserves) à Cariani (Borenius, 1913, I, pp. 162-163, n° 137) et à Pordenone (Berenson, 1932, p. 470 ; Fiocco, 1939, pp. 56, 137, 145), nom qui lui restera longtemps attaché, malgré certaines réserves et interrogations (Coletti, 1955, p. 63 ; Pallucchini, 1955, p. 22, Ballarin, 1965, pp. 64-65 ; Shapley, 1968, p. 172, n° K 2060) et qui continue de l'être aujourd'hui (C. Furlan, 1984, n° 2.48). Ajoutons que le *Census* de Fredericksen et Zeri (1972, p. 45) le classe dans les attributions à Cariani, et que Morassi est de cet avis (1942, pp. 170-171). Mais il ne faudra pas oublier ce lien que certains – surtout L. Venturi – ont établi entre les deux *Portraits*, un lien qui s'est atténué au fil du temps, sans toutefois disparaître, et sur lequel il nous faudra revenir. Dans sa *Storia* (1928), A. Venturi apprécie la qualité du *Portrait* de Budapest et en donne en même temps – comme on pouvait le prévoir – une évaluation chronologique correcte ; et s'il reste anonyme, il est parmi les œuvres giorgionesques les plus proches du maître : « Il s'agit du portrait dit d'Antonio Brocardo, image sombre en habit noir sur un arrière-plan nuageux : l'habit, à petits « cumulus » giorgionesques, s'accorde avec ce ciel voilé et avec la flamme triste du regard. La tête modelée avec une fermeté superbe, toute dans la pâleur livide des nuages qui montent en kyrielles pour l'envelopper et obscurcir le ciel, prend un ton d'une pâleur olivâtre, sur lequel ressort, funèbre, le noir des yeux et des sourcils. Les passages de tons entre l'arrière-plan et la figure sont lents, très délicats ; l'unité spirituelle entre le ciel sombre, sans trouées de lumière, couvert d'un voile de deuil, et l'infinie tristesse d'un regard qui se replie sur lui-même est digne de Giorgione. » Il termine lui aussi par une comparaison avec le *Portrait* Onigo, qui lui paraît toutefois superficiel et forcé, et pas nécessairement de la même main. Le *Portrait* de Budapest est présenté en 1930 à l'exposition de la Royal Academy et en 1935 à celle du Petit Palais à Paris comme étant de Giorgione. Quelques années plus tôt, Longhi (1927) s'était lui aussi prononcé dans ce sens, en le considérant comme une œuvre tardive, de la même époque que le *Double Portrait* du Palazzo Venezia (cat. **23**). Mais ni Morassi (1930), ni Suida (1930), ni Hourticq (1935), dans leurs comptes rendus des expositions, ne sont convaincus : Suida et Hourticq n'ont toutefois pas d'alternative à proposer, et Suida

n'est pas revenu, me semble-t-il, sur l'argument ; quant à Morassi, il s'oriente vers Cariani. Richter (1937) est lui aussi contraire et ne publie même pas de reproduction de tableau. Il récupère la datation tardive et naturellement la possibilité que l'inscription, rajoutée, dise de toute façon quelque chose de vrai sur l'identité du personnage : « Quant au style, la composition montre une tension rigide inhabituelle dans les travaux de Giorgione, et la forme de la main est tout à fait en contradiction avec les mains peintes dans les tableaux authentiques de Giorgione. La composition semble trop théâtrale. L'insensibilité à la couleur irait aussi à l'encontre de l'identification avec Giorgione. A mon avis, il est plus probable que le portrait ait été peint durant la deuxième ou la troisième décennie que pendant la première du XVIᵉ siècle. » Fiocco (1941), Pallucchini (1944), Longhi (1946), Gamba (1954) le considèrent tous comme un Giorgione de la dernière période. Quant à Morassi, il a l'occasion de préciser sa pensée dans sa monographie de 1942 : « Chez ce jeune homme aux traits égyptiens (les yeux en amande, un peu gonflés et à la fleur de peau, les sourcils noirs simiesques, la bouche très large lui donne un air de métis, équivoque) et à l'attitude trop pathétique, il nous semble percevoir un goût formel et sentimental postérieur d'au moins une décennie à celui de Giorgione. » La main lui paraît trop efféminée, très différente de celle de la *Vecchia* (cat. **24**). Toutefois le nom de Cariani, qu'il donne à ce tableau comme à son « frère », l'« *Onigo* » Cook – les deux reproductions se font face – n'est aucunement motivé. Morassi ([1961] 1967) ne changera toutefois pas d'avis. Coletti (1955) perçoit lui aussi de profondes affinités entre les deux *Portraits*, mais il préfère la paternité de Pordenone, déjà retenue par Fiocco pour l'« *Onigo* ». Pour Della Pergola (1955), le « *Brocardo* » est d'un anonyme giorgionesque. L'absence du tableau à l'exposition de 1955 est une occasion manquée. Le tableau continue de figurer dans les catalogues du musée de Budapest (Pigler, 1954, 1968 ; Tatrai, 1991) et dans plusieurs publications de Mme Garas (1960, 1965, 1973) comme de Giorgione, mais aussi comme portrait du poète Antonio Brocardo. Mme Garas (1965) attire l'attention sur un point que trop de critiques ont omis : « En ce qui concerne sa datation, le costume, les cheveux longs formant une masse compacte, dite *zazzera*, le visage et le menton rasés, tout nous renvoie à la première décennie du XVIᵉ siècle. La composition avec la figure représentée jusqu'à la ceinture, placée sur un plan relativement étroit entre le mur et le parapet, relève également de cette période. » Pour Mravik (1971), « Le plus probable est la paternité de Giorgione, éventuellement de Titien » (dans la note 1, p. 47, l'auteur, tout à fait par erreur, m'impute une attribution au jeune Titien). Volpe (1963) le mentionne parmi les portraits de Giorgione dans son beau profil de l'artiste des « *Maestri del Colore* », mais je le soupçonne d'avoir changé d'avis en 1978 car dans la note où il déclare son accord avec le

Giorgione de Pignatti, il se limite à ne citer que deux points de dissentiment, concernant le *Double Portrait* Ludovisi et la *Sainte Conversation* des Gallerie Veneziane ([1978] 1981, note 9 de p. 402). John Pope-Hennessy (1966) se demande face ce portrait « encore plus franchement littéraire (...) avec sa main pressée sur son cœur » : « Sont-ce les angoisses de l'inspiration ou les tourments de l'amour ? Est-ce de l'espoir, de la dévotion ou du désespoir ? » ; il en fait l'exemple de ce qu'est l'art du portrait de Giorgione par rapport à celui du jeune Titien : « A Venise, au début du XVIᵉ siècle, deux conceptions de la fonction du portrait étaient possibles. Devait-on représenter le modèle, comme Giorgione le fait dans le portrait de jeune homme de Budapest, en train de montrer une émotion qui révèle un aspect de sa personnalité comme un rayon de lumière révèle un visage, ou devait-on représenter l'homme tout entier, dégagé des contingences locales et du temps extérieur, pour étudier le genre humain ? A peine Giorgione était-il mort que cette seconde conception du portrait trouvait son représentant en Titien [...] ». Du côté des travaux spécifiquement consacrés à Giorgione, on a toutefois l'impression que les désaccords et les perplexités augmentent. Salvini trouve le tableau d'un giorgionisme trop sentimental, et donc à rayer du catalogue (1961, 1978) ; Baldass, qui le date de la seconde décennie et qui ne le reproduit pas dans sa monographie de 1964, est du même avis (Baldass et Heinz, 1964). Pignatti (1969, 1978) le situe dans le cercle des giorgionesques, comme le *Portrait* Onigo. Zampetti (1968) semble partir du présupposé qu'il date de la seconde décennie. Pour Anderson, il est anonyme (1978). Le tableau ne peut être présenté au dernier moment à l'exposition *The Genius of Venice* de 1983, mais il est présent dans le catalogue avec une notice de Richardson (1983) qui, après avoir restreint la période de datation à 1507-12, « sur la base à la fois du style et de facteurs tels que le format, le costume et la coiffure », propose de l'attribuer à Vittore Belliniano (connu par des témoignages couvant la période 1507-29), par comparaison avec le *Portrait d'homme en prière devant un crucifix dans un paysage*, daté de 1518, de l'Accademie Carrara de Bergame – une proposition qui suscite à juste titre la réaction de Pallucchini (1983) pour lequel, d'autre part, « la paternité du *Portrait* de Budapest est un problème encore ouvert » ; cette affirmation constitue d'ailleurs un revirement par rapport au jugement exprimé dans son texte de 1944. C. Hornig (1987) consacre deux notes au tableau dans sa monographie sur les œuvres tardives de Giorgione pour dire que l'attribution est probable et pour citer les arguments – costume, style – qui pourraient la justifier, mais il ne l'inclut pas dans son catalogue puisqu'il n'en est pas totalement convaincu. Dans une présentation du livre, Anderson (1989) écrit que la question de l'autographie giorgionesque du « *Brocardo* » est réouverte par la constatation que l'inscription et les emblèmes ont été ajoutés par la suite, alors que, comme il ressort de ce compte rendu, cela fait un siècle que l'on discute de cette autographie sans tenir compte d'une inscription que Janitschek (1882) avait déjà jugée tardive, d'autant plus que l'on ne voit pas comment l'authenticité des emblèmes (d'ailleurs authentiques) peut interférer avec le problème de l'autographie. Le tableau est présent à l'exposition vénitienne de 1992 où il est présenté comme « atribué à Giorgione ». Dans cette exposition, on traite des rapports entre Giorgione et Léonard. La présentation dans le catalogue est confiée à D. A. Brown (1992) qui fait comprendre qu'il ne croit pas trop à l'attribution du « Brocardo ». Il observe que « Giorgione (ou un de ses disciples) donna au *Portrait de jeune homme* de Budapest l'aspect passionné de l'apôtre léonardesque (le saint Philippe de la *Cène*), y compris son geste d'émotion sincère ». Dans la chronologie des œuvres de Giorgione que j'ai établie en 1976 et 1979, la première occasion de comparaison avec les modèles de la Cène de Léonard, et précisément avec le saint Philippe, se situe à hauteur des *Trois âges* (cat. 21; 1500-01 env.). Giorgione s'inspire aussi de Léonard pour la *Vecchia* (cat. 24) (vers 1502-1503), mais à un niveau plus complexe. Lorsqu'il peint le *Portrait* de Budapest (vers 1503), il a déjà ces expériences à son actif. La séquence *Vecchia* – « *Brocardo* » est d'ailleurs l'un des pivots de la *Nuova prospettiva su Giorgione* de 1978. Dans ce texte, je parle du tableau comme du résultat d'une série d'expériences conduites durant les années 1500-1503 dans le domaine du portrait et de la figure en buste à la suite de la rencontre avec Léonard à Venise au cours des premiers mois de l'année 1500 et de la fréquentation de commanditaires particulièrement sensibles à la nouvelle culture littéraire et philosophique, expériences destinées à renouveler radicalement la tradition du Quattrocento. Cette interprétation du *Portrait* était reprise en ces termes dans l'essai de 1983 : « Pour mieux se convaincre de la qualité néoplatonicienne de la lumière dans l'œuvre étudiée (le *Double Portrait* Ludovisi), il faut avoir à l'esprit un portait de l'année suivante, le pseudo *Brocardo* de Budapest, à lire comme un cas évident et impressionnant de contemplation et d'ascèse au sens néoplatonicien, surtout si l'on considère les repentirs de la première version, révélant qu'au départ le geste de la main droite en train d'ouvrir les attaches de l'habit sur la poitrine, conservé dans la version définitive, allait de pair avec un regard dirigé vers le haut, vers la lumière, en relation avec une fenêtre ouverte sur le bord gauche du mur du fond. C'est la situation qui, pour Ripa, est l'image de l'amour envers Dieu, de l'*Amor Dei*: un « Homme respectueux avec le visage tourné vers le Ciel, qu'il indique avec sa main gauche, et qui avec sa main droite montre sa poitrine ouverte ». Cette fois la Prudence préside, dont le symbole est présent au centre du parapet, c'est-à-dire la seule des quatre vertus morales qui, selon Ficin, nous montre la Béatitude, les autres étant plutôt les voies pour y parvenir;

nous ne pouvons l'atteindre que si nous avons désiré retrouver la lumière surnaturelle. C'est-à-dire notre autre moitié, et cette lumière ne nous secourt que si, par l'exercice du Courage ou de la Température ou de la Justice, nous nous disposons à une vie vertueuse; c'est la condition pour que la lumière divine resplendisse à nouveau en nous, et la Prudence a la charge de nous conduire à la Béatitude [...] Et l'élimination même de la fenêtre et du ciel dans la dernière version de l'œuvre a indubitablement voulu renforcer cette qualité de la lumière. [...] Le gentilhomme du tableau de Budapest, qui maintenant concentre si fortement son esprit sur le but vers lequel Romito (dans les *Asolani* de Pietro Bembo) avait exhorté Lavinello à diriger le sien, a d'ailleurs renoncé aux manières plus sophistiquées et courtoises du « damoiseau » du Palazzo Venezia [...] ». Ce qui ne veut pas dire que l'on ne retrouve pas encore ce mélange de manières courtoises et de penchants pour la spéculation abstraite et les sentiments, de respect, voire d'adoration, pour sa propre intériorité et de culte de son apparence, mélange qui donne un caractère ineffable à l'art du portrait giorgionesque de cette époque, tel que je l'ai reconstitué alors, du *Portrait d'homme en armure avec son page* (cat. 22; « *Gattamelata* ») au *Double Portrait* (cat. 23). Cette outrance psychologique a conduit ceux qui se sont occupés de l'« *Égyptien* », y compris ceux qui s'en sont occupés assez récemment – à une époque où certains problèmes semblaient déjà résolus –, à le situer au-delà de l'histoire de Giorgione, alors qu'au-delà il n'y a d'autre histoire que celle du jeune Titien, et plus en aval encore qu'une histoire de mouvements excentriques, à situer du côté de la plaine du Pô plutôt que de la lagune, avec laquelle personne aujourd'hui ne voudrait confondre ce *Portrait;* alors que c'est justement cette outrance qui nous conduit en amont de l'art du portrait de Titien, au cœur de celui de Giorgione, durant cette courte saison, au beau milieu de sa vie, qui dura sans doute de sa rencontre avec Léonard au début de l'an 1500 à celle de Dürer en 1506. Les liens avec le *Double Portrait* et avec la *Vecchia* sont puissants, à mon avis, et je n'ai pas de doute sur le fait que des trois tableaux, le *Double Portrait* soit le plus ancien, et le « *Brocardo* » le plus récent. La structure physique particulière de la tête, qui a troublé Morassi, ne peut avoir été inventée que par l'auteur qui a conçu la seconde tête du *Double Portrait*, à tel point que le contexte littéraire (les *Asolani* de Bembo) qui a entouré la première pourra servir maintenant à mieux comprendre la seconde. Une fois qu'on en a saisi le sens – le jeune homme ouvre les brides de son habit à hauteur de sa poitrine – et la valeur symbolique, le geste de la main devient l'un des plus mémorables de Giorgione, et le portrait lui-même devient portrait d'un geste, comme le *Double Portrait* et la *Vecchia*. La fine texture luministe du « *Brocardo* », pour reprendre un thème dont nous avons parlé plus haut à propos d'un jugement de Cook, est l'aboutissement des expériences faites dans la

Tempête et la *Vecchia*. Je profite de l'occasion pour dire que les affinités de style entre la *Tempête* et la *Laura* (cat. 27) – sur lesquelles on a si souvent insisté par le passé et qui ont fourni des arguments pour dater le tableau vénitien de l'époque de celui de Vienne, déplaçant de la sorte vers l'avant toute l'histoire de Giorgione et finissant par la rendre incompréhensible – n'existent pas, du moins dans le sens dont nous venons de parler. Elles sont en revanche évidentes avec la *Vecchia*, au point que l'on peut supposer, si le commanditaire des deux tableaux est bien le même (très probablement ce Gabriele Vendramin dont on sait qu'il en a été le propriétaire), qu'ils ont été commandés en même temps. Ces affinités sont bien perceptibles aussi avec le *Double Portrait* et le « *Brocardo* ». Le luminisme de la texture du visage est fondamentalement exalté par le contraste entre le noir de jais, presque bleu, des cheveux sur le sommet de la tête, que la lumière fait briller et où les cheveux peuvent presque se compter, couleur aussi des cils très fournis, et le châtain fauve chaud et compact des masses latérales de la chevelure. Cette lumière imprègne la carnation à partir de certains pôles et se répand en nervures sous la peau comme des frissons. La tête en est baignée tout entière, mais selon une pénétration capillaire et nerveuse. La main a une bulle de lumière, juste après la coupure sombre du poignet, qui s'étale et qui semble s'évanouir absorbée par la peau, à laquelle elle donne une transparence qui laisse voir – détail d'une très grande beauté – le dessin des veines bleues, avant de retourner légèrement en surface pour souligner le mouvement des doigts.

Au groupe de portraits de Giorgione que j'ai recensés en 1976 et que j'ai examinés en 1978 (1979), il faut maintenant en ajouter un autre, l'« *Onigo* » de San Francisco, que j'ai eu l'occasion d'étudier à Passariano en 1984 à l'exposition consacrée à Pordenone. Il me faudra parler ailleurs de cet ajout, mais il me semble juste de l'annoncer dans cette notice où l'on a vu que l'idée d'un lien entre les deux *Portraits* – le « *Brocardo* » et l'« *Onigo* » – a parcouru leur histoire critique. Je dois dire aussi que l'attribution à Pordenone avec une datation vers 1515, que j'ai soutenue en 1965, me paraît aujourd'hui une impardonnable erreur de jeunesse : et plus encore que le nom, l'idée qu'un tel portrait puisse remonter à la seconde décennie. Situé au cœur des expériences de Giorgione dans l'art du portrait, c'est-à-dire entre 1500 et 1503 – toutes les clés de lecture que l'on a forgées pour interpréter les portraits de cette période fonctionnent pour ce tableau – on voit bien que l'« *Onigo* » est destiné à devenir l'un des exemples les plus extraordinaires de la révolution introduite par Giorgione dans l'histoire du portrait. D'autre part, le tableau a toutes les qualités nécessaires pour jouer ce rôle : sa couleur précieuse est orchestrée sur le noir et le gris argenté : le fond du mur est gris, magnifiquement éclairé par une lumière rasante provenant du haut, comme dans le *Double Portrait*, le chapeau et l'habit de velours sont noirs avec des reflets bleuâtres, dont le ton froid contraste avec la teinte chaude des cheveux châtains, une lumière argentée caresse la carnation sur la tempe et le long de l'arête du nez, et nous fait prendre conscience de la beauté de l'oreille et du duvet qui passe devant elle. Le petit livre en maroquin vert avec ses coins métalliques en or, comme le cabochon au centre du plat, et ses fermoirs lilas et argent, flotte en raccourci dans l'espace, rapproché de notre œil par la main au-dessus du rebord, autrefois plus haut, un miracle optique aussi réussi que l'éclair de la *Tempête*, ou que les éclats ou les reflets dans les miroirs des armures de cette même période. Le geste est mémorable : c'est le geste des premiers lecteurs des éditions aldines, notre geste; comme est mémorable la coordination entre le geste et le mouvement de la tête, cette façon de lever le regard du livre pour suivre une pensée suscitée par la lecture, qui révèle tous les manies du lecteur moderne, à peine né et déjà tellement professionel! La main, gantée de gris froid, mais dont la pointe du médius ressort avec la couleur de la vie, est la même que celle qui indique le casque dans *Portrait d'homme en armure avec son page* (cat. **22**) (vers 1501), la même que celle qui se reflète dans l'armure du *Portrait de jeune homme* d'Édimbourg (vers 1501), la même que celle qui offre une orange amère dans le *Double Portrait* (vers 1502). Quant à la date, elle devrait justement être identique à celle de ce dernier tableau, 1502 environ.

A.B.

page 38

26

Giorgio da Castelfranco, dit Giorgione
Castelfranco Veneto, vers 1476/1478 - Venise, 1510

Portrait d'homme en armure avec son serviteur
vers 1504

Toile. H. 0,72; L. 0,565 (*Catal.* 1991 : coupé sur les quatre côtés) (1660 *[Theatrum Pictorium]* : 1,04; 0,832 : si la gravure de Van Troyen reproduit fidèlement le format, la toile pourrait

avoir perdu une trentaine de cm en hauteur et un peu moins en largeur; 1937 [Richter]: 0,80; 0,67 [mesures prises avant la restructuration des années 1950]).

VIENNE, KUNSTHISTORISCHES MUSEUM GEMÄLDEGALERIE

HISTORIQUE
Coll. de l'archiduc Léopold-Guillaume à Vienne (inv. 1659, nº 13); coll. de l'empereur Léopold Iᵉʳ, à partir de 1662.

EXPOSITIONS
Venise, 1955, nº 34; Venise, 1992, nº 67.

BIBLIOGRAPHIE
Arstorffer, 1733, III, p. 131; *Prodromus*, 1735, nº 19; Mariette, 1774, p. 316; Mechel, 1783, p. 11, nº 41; Rosa, 1796, p. 33 nº 37; Krafft, 1854, p. 9 nº 4; Engert, 1864, p. 169; Crowe et Cavalcaselle, 1871, II, p. 166; Engerth, 1882, p. 171, nº 244; Gluck, 1908, p. 71 nº 206; Borenius, 1912, (éd. Crowe) III, p. 53; Berenson, 1932, p. 594; Berenson, 1936, p. 511; Richter, 1937, pp. 28, 254, nº 97, 321, 323, 338; Suida, 1954, p. 165; Castelfranco, 1955, p. 308; Coletti, 1955, p. 67; Pallucchini, 1955 *(Guida)*, p. 4; Pignatti, 1955, p. 145 : Zampetti, 1955 (2ᵉ éd.) *(Giorgione)*, pp. XLIII, 78, nº 34; Zampetti, 1955 *(Postille)*, pp. 59, 64, 67; Suida, 1956, p. 148; Berenson, 1957, I, p. 85; L. Venturi, 1958, col. 211; Bialostocki, 1959, pp. 22, 31; Paatz, 1959, p. 19; *Cat. Kunsthistorisches Museum*, 1960, p. 62, nº 555; Salvini, 1961, pp. 226, 231; Baldass et Heinz, 1964 (éd. anglaise, 1965), pp. 53-54; Oberhammer, 1964, p. 134; Garas, 1967, p. 59; Garas 1968, p. 202; Zampetti, 1968, p. 93, nº 25; Pignatti, 1969, p. 139, nº A 64; Battisti, 1970, p. 119; Freedberg, 1971, note 27 de la p. 476; Tschmelitsch, 1975, pp. 65, 125; Hornig, 1976 *(Spätwerke)*, p. 925; Anderson, 1978, p. 73; Pignatti, 1978(1), p. 145, nº A 68; Salvini, 1978, p. 98; Anderson, 1979 *(The Giorgionesque Portrait)*, pp. 154-155, 157; Ballarin, 1979, pp. 236-237; Anderson, 1980, p. 341; Ballarin, 1980, page 494, note 3; Hirst, 1981, p. 78; Ballarin, 1983, p. 523; Holberton, 1985-86, pp. 188-193; Hornig, 1987, pp. 57, 196, 198, nº 16; Anderson, 1989, p. 443; *Verzeichnis der Gemälde*, 1991, p. 63; Brown, 1992, p. 340, nº 67.

Le tableau était à Bruxelles, dans la collection de l'archiduc Léopold-Guillaume. La collection Hamilton mise sans doute en vente après la mort du marquis (exécuté en 1649) se trouve déjà à Bruxelles vers 1650 (voir notice *Laura*, cat. **27**). Le tableau ne figure toutefois dans aucune œuvre représentant la *Galerie de l'Archiduc à Bruxelles*. Il est ensuite à Vienne, dans la collection de l'archiduc (1656-1662), nº 13 de l'inventaire de 1659 («Un portrait, huile sur bois. Un homme en armes, tenant une pique dans la main gauche et à côté de lui, un autre personnage (masculin), dans un cadre doré uni; 4 empans, 5 pouces de haut et 5 empans, 7 pouces de larges; original de Giorgione» [éd. Berger, 1883, p. LXXXVII; Garas, 1968]). On doit supposer que c'est par erreur que le support est identifié avec un bois; les mesures de la hauteur et de la largeur sont interverties : 1,185; 0,936 (si l'on compte 20,8 cm pour une palme et 2,08 cm pour un pouce : cf. Garas, 1968, p. 201; Wilde, 1931, p. 91), mesures comprenant le cadre, comme toujours dans l'inventaire de 1659. L'œuvre figure dans le recueil de gravures *Theatrum Pictorium*, 1660, réalisé

par Téniers le Jeune. Elle porte le nº 24, et l'inscription «*Giorgione p. 5 Alta 4 Lata 24 I. Troyen f.*», ce qui donne un format d'environ 1,04 m × 0,832 m. A partir de 1662, le tableau passe, par legs de l'archiduc Léopold-Guillaume, dans collection de l'empereur Léopold I à Vienne.

On a fait différentes hypothèses sur sa provenance antérieure. La mieux étayée est celle proposée par K. Garas, qui a retrouvé sa trace dans la collection du marquis Hamilton à Londres (5ᵉ inventaire Hamilton, *A Catalogue of my Lo Marquesses Pictures*, [rédigé avant le 12 avril 1643 : Shakeshaft, 1986, p. 114]: «Deuxième caisse : Un homme en armure, portant une hallebarde» (édition Garas, 1967, p. 60); inventaire Hamilton de 1649 : «Giorgion. 55. Un homme armé à toutes pièces h. 5 la. 3 pa.» (environ 1,115; 0,669, en comptant 0,223 m pour une palme) (Garas, 1967, p. 76). Ces mesures ne correspondant pas pour la largeur mais on peut soupçonner qu'elles ont été prises de façon approximative dans le second inventaire (voir celles de *Laura*, cat. **27**). Plus haut dans le temps, K. Garas est remontée à la collection vénitienne de Michele Priuli, procurateur de Saint-Marc (mort en 1638). Ses tableaux, parmi lesquels occupaient la première place la *Sainte Marguerite* de Raphaël (Vienne, nº 171 de l'inventaire) et *Il Bravo* dit de Giorgione (Vienne, nº 64 de l'inventaire) ont été acquis, on le sait, par lord Basil, viscount Feilding, ambassadeur anglais à Venise, entre l'automne 1535 et l'été 1538, pour le marquis Hamilton (lettre du Vénitien Gabriele Naudeo à Cassiano dal Pozzo à Rome (Lumbroso, 1875, p. 241; Garas, 1967, p. 59 note 39 : l'ambassadeur anglais a acheté, entre autres, au procurateur Priuli une «[...] une *Sainte Marguerite* de Raphaël d'Urbin et des figures à mi-corps de Giorgione [...];» [Shakeshaft, 1986, p. 119]; lettre de Feilding à Hamilton, datée du 7 août 1637 : «Je peux acheter maintenant au Procurateur Priulis la Sainte Marguerite de Raphaël, et un tableau de Giorgione [...], l'un des meilleurs qui soient sortis de la main de ce dernier» [Shakeshaft, 1986, Appendice I, lettre XXXIII, p. 126 *idem* dans la lettre du 5 décembre 1637 : «Les tableaux que je vais transporter chez moi, la semaine prochaine, au début de laquelle l'argent sera prêt. Il s'agit des maîtres suivants : la Sainte Marguerite est de Raphaël et deux pièces sont de Giorgione [...]») [Shakeshaft, 1986, Appendice I, lettre L, p. 129]; (*Liste des tableaux* (destinée au Roi ?) (Œuvres faisant partie du cabinet du Procurateur Priuli) (sans date) : «Sainte Marguerite de Raphaël [...] Un géomètre par Geo Jone. Une Nativité de sa main. Un Bravo de Geo Jone [...]») (Shakeshaft, 1986, Appendice III, p. 132). Toujours en remontant dans le temps, elle a retrouvé sa trace dans la collection de Gianantonio Venier (1477-1550). Celle-ci, à en juger par le parcours au XVIᵉ siècle de la *Sainte Marguerite* (Boschini, 1660, p. 45), pourrait être entrée en partie ou en totalité dans celle de Priuli, à sa mort après le mariage de son fils Marino avec Laura Priuli (Garas, 1967;

Holberton, 1985-1986, pp. 186-188) (« 1528. La toile de Sainte Marguerite, presque grandeur nature a été peinte par Raphaël d'Urbin [...] Le soldat revêtu d'une armure, peint jusqu'à la ceinture mais sans casque, est de la main de Zorzi da Castelfranco. Les deux figures à mi-corps qui se battent sont de Titien [...] » [Marcantonio Michiel, éd. Frizzoni 1884, pp. 182-188]. On ne peut donc exclure que le *Soldat* de la collection Venier ait fait partie des tractations entre Michele Priuli et Feilding et qu'il ait suivi le même parcours que la *Sainte Marguerite* et *Il Bravo*, même s'il n'est jamais mentionné. On parle en effet de tableaux de Giorgione avec des figures à mi-corps et peut-être y en a-t-il deux. Il est dit aussi que l'un des Giorgione appartenant à Priuli était l'un des meilleurs que l'artiste ait fait. Si l'on en vient à ce que représentent ces figures à mi-corps, c'est un *Géomètre* et un *Bravo*. Cette provenance est acceptée à présent par le musée (*Verzlichnis des Gemälde*, 1991). L'hypothèse de Mareš est différente (1887, p. 346) : « On sait que l'archiduc (Léopold-Guillaume) acquit, à Anvers, en 1648, le *Guerrier* de Giorgione, provenant de la collection du duc de Buckingham [...]; il s'agirait dans ce cas du n° 1 du catalogue de la collection de George Villiers, duc de Buckingham, vendue à Anvers, en 1648. » (« N° 1. par Georgione. Une *Dame et un soldat* de Giorgione. 2 pieds, 6 pouses × 2 pieds », 0,75 × 0,60 m., en comptant 30 centimètres pour un pied et deux centimètres et demi pour un pouce [*Duke of Buckingham Collection*, 1758] briele Nandeo à Cassiano del Pozzo à Rome [Lumbroso, 1875], p. 241; Garas, 1967, p. 59). Richter (1937, p. 97 et 320) qui intitule le tableau *Soldat et vieille femme*, en interprétant de cette façon la gravure du *Theatrum Pictorium*, car dans les années 1930, la seconde figure était encore cachée (voir plus loin), accepte cette provenance. Mais la description du tableau ne semble pas pertinente, ni les mesures. Richter, qui attribuait le tableau à Cariani (voir plus loin), n'excluait pas la possibilité que ce soit une copie de ce dernier d'après le tableau de Giorgione de la collection Venier.

Différente est l'hypothèse de Suida (1954). Reprenant une remarque de Engerth (1882), selon lequel il s'agirait du tableau vu par Michiel en 1525 à Venise, chez Gerolamo Marcello (né en 1476-mort après 1547) à San Tommaso « Le portrait de M. Jeronimo, en armes, vu de dos, jusqu'à la taille, la tête tournée, est de la main de Zorzo da Castelfranco » [Michiel, édition citée, pp. 168-169]. Cette proposition est une alternative par rapport à celle de Venier et non pas à celle d'Hamilton, bien qu'on ne puisse documenter le transfert de tableaux de Marcello dans la collection anglaise.

L'œuvre a été restaurée à l'occasion de l'exposition à Venise en 1955, ce qui a fait réapparaître la figure de droite, cachée par de larges repeints, comme on le voit sur les photos antérieures à la restauration (Suida, 1954, fig. 179; Zampetti, 1955 *[Giorgione]*, fig. p. 79). Attestée par la gravure de Van Troyen, elle avait incité

Richter (1937) et Suida (1954) à supposer que les bords de la toile avaient été coupés. L'usure de la matière picturale n'empêche pas, encore aujourd'hui, d'apprécier la noblesse du dessin et de la facture. La restauration a restitué le dessin original de l'arme que la figure porte appuyée sur son épaule et qui avait été repeinte selon l'interprétation donnée par Téniers ou Van Troyen dans la gravure du *Treatrum Pictorium* : il s'agit d'une hallebarde (identifiée comme telle même dans le plus ancien des deux inventaires Hamilton cités). Elle est semblable à celle que tient, renversée, la *Diligenza* peinte à fresque dans le vestibule du palais Loredan, connue par la gravure de Zanetti, ou à celle sur laquelle s'appuient les « soldats » dans l'allégorie de l'ancienne collection du marquis de Northampton à Compton Wynyates (Warwickshire), appartenant aujourd'hui à un collectionneur de New York, et dans celle du musée de Phildelphie : réinterprétations de la *Tempête* respectivement par le jeune Sebastiano del Piombo (Ballarin, [1976] 1980, p. 497 note 6: 1507 environ) et par Palma Vecchio. Ces rappels permettent d'expliquer le sens symbolique de la hallebarde dans le contexte d'une image aussi explicitement classique. Ce sens peut être mis en corrélation avec celui du profil de camée et de la couronne de feuilles de laurier, semblet-il, même si Van Troyen les a interprétés autrement. Tout comme les « soldats » de ces deux *Idylles* et de la *Tempête* (Wind, 1969), le patricien vénitien peint ici − nous ignorons encore s'il s'agit de Marcello ou de Venier − veut rassembler autour de sa personne les idées de *Fortitudo* (vaillance) et de *Constantia* (constance).

Les expériences de Giorgione dans le domaine du portrait, au moment où il peint celui-ci, sont toutes orientées vers le portrait allégorique (voir *l'Homme en armure avec son page*, cat. **22** et le *Double Portrait*, cat. **23**). D'autre part, le modèle de Léonard, avec lequel il veut rivaliser à présent, est un dessin dans le genre des *Cinq Têtes* de Windsor, où la dignité impériale de la tête de profil, couronnée de feuilles de chêne, s'oppose au grotesque des quatre autres têtes (Gombrich, 1976). Aussi exclurai-je l'idée qu'il faille découvrir une histoire au-delà de ce qui a été dit. L'opposition entre les deux têtes trouve sa justification dans l'intention allégorique et dans la source figurative sur laquelle il s'appuie. La proposition de K. Garas (1967) ne nous paraît donc pas nécessaire ni de toute façon pertinente par rapport à ce que l'on voit : elle conseille, là aussi, de lire l'histoire de Claudius (Caius Lusius) qui moleste Caelius Plotius, histoire que Ridolfi, puisant chez Valerius Maximus (VI, i, 12) a vu dans le *Bravo* de Vienne et que Wind, s'appuyant sur l'interprétation qui en est donnée dans ce tableau, et remontant à Plutarque (*Vita Marii*, XIV) a intitulé *La Guirlande de Trebonius* (Wind, 1969).

L'identité du personnage représenté dépend de la plus ancienne provenance que l'on assigna au tableau. Nous pensions autrefois qu'il s'agissait très probablement de Girolamo Marcello, à l'âge de 28 ans environ. A présent, nous

croyons que la documentation réunie par K. Garas oblige à suspendre notre jugement. L'autre solution propose d'y voir un portrait de ce même Zuanantonio Venier, hypothèse qui conviendrait pour l'âge, car il avait seulement un an de moins que Marcello. Mais il est probable que Michiel l'aurait précisé.

Encore attribué à Giorgione, à la fin du XVIIIe siècle (Mechel, 1783), puis à la manière de Giorgione au XIXe siècle (Engert, 1864; Engerth, 1882), le tableau n'a intéressé la critique qu'à partir des années 1930 sans doute à cause des importants repeints qui ont conduit à tromper ceux qui voulaient bien s'y intéresser. C'est le cas de Cavalcaselle qui le prend pour un tableau postérieur d'un siècle : « On a supposé que cette production d'un artiste médiocre du début du XVIIe siècle représentait Gonzalvo de Cordoue. A aucun titre, on ne peut y voir un Giorgione, même s'il a été manifestement appelé ainsi autrefois dans la collection Bonduri à Vérone » (Crowe et Cavalcaselle, 1871, II, p. 166), allusion à la galerie de peinture de Francesco Bonduri, commerçant bergamasque, établi à Vérone, galerie où Dal Pozzo (1718, p. 289) signalait : « Un portrait de soldat, revêtu d'une cuirasse, tenant une pique, et peint à mi-corps. De Giorgione. » Il est curieux également que Cavalcaselle ait eu l'idée de voir un seul et même tableau dans celui de Vienne qui remontait à la collection de Léopold-Guillaume et dans celui qui est à Vérone au début du XVIIIe siècle. L'opinion attribuée par Pignatti et Hornig à Crowe et Cavalcaselle ne peut être contrôlée, en tout cas certainement pas à la page qu'ils indiquent. Quant au nom de Consalvo, il se trouve indiqué sous une forme interrogative dans les notes des *Vite* de Vasari (éd. Le Monnier; 1845-56) à propos du *Portrait de Consalvo* qui aurait été peint par Giorgione, selon Vasari (voir l'édition de Milanesi, 1878-1885, qui englobe cet ensemble de notes, IV). Borenius (1912) l'indique comme attribué officiellement à Cariani, mais le catalogue de Engerth (1882) continue à le désigner comme une œuvre « à la manière de Giorgione ». Le tableau, magré son illustre provenance, reste, comme nous l'avons dit, exclu du grand débat sur Giorgione qui part de Morelli et va jusqu'à Justi. Cook n'en parle pas, ni Gronau, ni Justi, ni Lionello Venturi. Berenson (1932, 1936) l'indique finalement comme une copie d'un tableau de Giorgione. Richter (1937) partage cette opinion mais il trouve plausible le nom de Cariani que le tableau porte, nous dit-il, au musée. Son histoire critique commence avec Suida (1954); celui-ci reconnaît le même peintre que celui des *Trois Ages* (cat. **21**) et tout en gardant présent à l'esprit le fait qu'il y avait un *Soldat en armes sans casque* également chez Venier, il pense que cette façon de montrer son dos et de tourner la tête du *Portrait Marcello* correspond tout à fait au tableau de Vienne. Il ajoute même que cela est parfaitement documenté. Nous sommes aujourd'hui plus exigeants, et surtout nous avons la documentation de K. Garas qui plaide en faveur d'une provenance différente. Sauf erreur, seul Richter avait tenté de reconstituer le parcours du *Marcello* de Michiel (1942, *Lost and Rediscovered Works*, p. 157). Selon ce dernier, le *Portrait d'homme en armes* dont on voit les trois quarts de la silhouette (Amsterdam, Rijksmuseum, inv. A 3035 : école de Brescia, première moitié du XVIᵉ siècle), alors attribué à Lotto, à un peintre de Brescia ou à un copiste de Titien, pourrait donner une « idée juste des compositions de Giorgione ».

Le tableau de Vienne fut présenté en cours de restauration à l'exposition de 1955 dans une petite salle d'études. Zampetti (1955, *Catalogo*) le commente très bien : « [...] Il faut reconnaître qu'il s'agit d'une œuvre d'une très grande finesse. Le profil du guerrier est proche de celui du jeune homme assis dans le tableau des *Trois Philosophes*. En outre, on peut trouver un précédent de ce portrait dans le guerrier de profil (peint comme l'autre sens) de l'*Adoration des Mages* de Londres. Selon toute vraisemblance, ce tableau est une œuvre autographe de Giorgione, exécutée durant la dernière période de sa vie, celle des grandes figures ». L'identification est sans réserves de la part de Castelfranco (1955). Pour lui, ce tableau et l'*Autoportrait* de Brunswick marquent le début d'une ère nouvelle dans le portrait italien, à la fin de la première décennie du XVIᵉ siècle. Castelfranco est également convaincu que le tableau doit être identifié comme étant le portrait Marcello. Pour Pallucchini aussi (*Guide* de l'exposition de 1955), il constitue un témoignage de la dernière période du peintre et « un indiscutable maillon, permettant l'entrée éventuelle et peut-être nécessaire dans le catalogue de Giorgione du *Christ portant la croix*, de l'église de San Rocco. C'est un point soulevé aussi par Zampetti dans la notice du catalogue. Mais il faut prendre ses distances par rapport ces deux affirmations, qui voient là un tableau tardif de Giorgione. Car dans les deux cas, c'est le contraire qui nous semble exact : la composition très élaborée de l'image, encore toute proche du monde de Léonard nous conduit vers une date antérieure à la présence de Dürer à Venise. Une comparaison avec le *Christ portant la croix*, d'autre part, nous montre bien par quelles médiations, Titien a participé au léonardisme du début de la décennie. Suida, pertinent comme toujours, au moment où il reconsidère le problème de la chronologie de Giorgione (1956), après l'exposition, perfectionne sa contribution à la connaissance de ce *Portrait*, en le situant entre les *Trois Ages* (cat. **21**) et la *Vecchia* (cat. **24**) dans la période allant de 1500 à 1505. Les silences ne manquent pas (Coletti, 1955; Della Pergola, 1955; Robertson, 1955; Morassi, 1942, et, ce qui compte davantage à présent, [1961], 1967) ni les déclarations résolument contraires : Pignatti (1955) penche pour une copie puis (1969, 1978) pour « l'interprétation sommairement « giorgionesque » d'un disciple cependant proche de lui »; Berenson (1957), maintient le jugement exprimé dans les *Elenchi;* L. Venturi (1958) invente des imitateurs de Giorgione qui, à partir du milieu du siècle seulement auraient peint

des portraits comme celui de Vienne ou celui du Palazzo Venezia; Baldass (Baldass et Heinz, 1964) voit dans ce tableau, comme dans les *Trois Ages* et dans le *Concert* d'Hampton Court, une œuvre à la manière de Giorgione peinte vers 1510 mais avec un reste encore de l'esprit du XVᵉ siècle, comme si elle avait été peinte par un artiste sorti de l'atelier de Bellini; Battisti (1970) suggère le nom de Titien, en établissant une comparaison avec le soldat au pied de Judith dans la fresque du Fondaco dei Tedeschi. Baldass est hostile à la provenance Marcello : « Michiel [...] pensait, cela est clair, non pas à un portrait vraiment de profil mais à une figure avec une rotation prononcée de l'épaule comme le *David* de Brunswick ou le *Portrait de jeune homme* de Munich. » Il parle des repeints du XVIIᵉ siècle comme s'ils existaient encore sur le tableau, alors qu'ils avaient été enlevés. Le catalogue du musée de 1960 auquel travaillent Klauner et Heinz le classe parmi les œuvres de Giorgione mais dit qu'à part la tête du guerrier, tout le reste ne peut être jugé à cause des détériorations et des repeints. Paatz (1959) et Salvini (1961) acceptent cette attribution dans la perspective d'une datation tardive (1508-1510). Pour Salvini, cela signifie qu'il est à situer dans la période des *Trois Ages* (cat. **21**), de la *Vecchia* (cat. **24**), de l'*Autoportrait*, du *Christ portant la croix* et du *Concert champêtre* (cat. **43**). L'identification avec le tableau Marcello lui paraît tellement chose acquise que la citation de Michiel sert à documenter le caractère autographe de l'œuvre. Son estimation ne change pas en 1978, lorsqu'il anticipe par rapport aux fresques du Fondaco dei Tedeschi les *Trois Ages* et le *Christ portant la croix,* au moment où il considère la chronologie de Giorgione. Le *Portrait* de Vienne, dont il est moins sûr et qui pourrait, à la suite des recherches de K. Garas, nous semble-t-il, même s'il ne le dit pas, être le *Soldat* de la collection Venier, est interprété, aussi bien que la *Vecchia*, comme un exemple de ce « grand feu » et de « ce rougeoiement exagéré des teintes » dont parle Zanetti pour les fresques du Fondac dei Tedeschi. C'est un rôle que notre *Guerrier*, qui manque un peu de naturel à cause d'une recherche excessive des profils, ne peut en aucun cas tenir. Freedberg (1971) accepte l'attribution (date retenue par lui : 1507 environ). Tschmelitsch (1975) est convaincu de l'exactitude de la provenance indiquée par Suida. Ce n'est pas le cas pour Hornig (1976, 1987). Il avance la datation à une période antérieure à la *Pala de Castelfranco* (1504-1505) mais en se référant à une chronologie générale de l'œuvre de Giorgione confuse, impossible à résumer ici. J. Anderson (1980, 1978, 1979 *[The Portrait]*) fait observer que « Girolamo Marcello est habillé comme un Romain de l'Antiquité, peut-être comme l'un de ses ancêtres, issus de l'illustre famille romaine Marcellus » et se demande si à son intention de commander un portrait ne se mêle pas quelque histoire qui nous échappe : « Mais quel que soit le sujet représenté, la composition est si nettement inhabituelle pour un portrait qu'il est dif-

ficile de ne pas conclure que Giorgione a créé ici intentionnellement un portrait qui est aussi une peinture d'histoire. C'est une composition qui intrigue s'il s'agit d'un portrait car la relation entre les deux figures n'est pas explicitée; elle est cependant réussie car la noblesse de l'attitude du patricien Marcello serait considérablement diminuée sans l'autre figure, plutôt grotesque qui lorgne dans l'obscurité » (1979). Peut-être ce *Portrait* semblerait-il moins insolite à J. Anderson, si elle convenait avec nous qu'avant ce tableau, Giorgione a peint les *Trois Ages* (cat. **21**) l'*Homme en armure avec son page* (cat. **22**), le *Double Portrait* (cat. **23**). La date proposée correspond à la période du *Christ portant sa croix* (1508-1509), senti comme proche, sur le plan stylistique, alors qu'est soulignée la source léonardesque du contraste entre le profil noble de la tête grotesque, en renvoyant aux *Cinq Têtes* de Windsor ([1976], 1980). Cette interprétation sera reprise par Holberton (1985-1986), par D.A. Brown (1992). Cependant toutes les conséquences, nous semble-t-il, n'ont pas été tirées. La noblesse du dessin fait comprendre que nous ne sommes pas très loin des *Trois Ages*, autre citation de Léonard, et la manière de peindre est certainement antérieure à celle de *Laura* (cat. **27**) et des *Trois Philosophes*. Plus précisément, l'analogie est si forte avec le plus jeune des philosophes qu'elle devrait faire réfléchir ceux qui, comme Hirst, croient pouvoir reconnaître dans cette figure la main de Sebastiano del Piombo (1981, p. 8). Ce classicisme si proche de Léonard marque des distances par rapport à l'art du portrait « *stilnovista* » des années postérieures à 1500. D'autre part, il ne peut être confondu avec ce que sera le classicisme du Fondaco dei Tedeschi. D'où la date que nous proposons, autour de 1504 ([1976], 1980).

A.B.

page 41

27

Giorgio da Castelfranco, dit Giorgione

Castelfranco Veneto, vers 1476/1478 -
Venise, 1510

Laura
1506

Toile marouflée sur bois. H. 0,41; L. 0,336.
(Le tableau a été dit « transposé sur toile » par
erreur.) Inscription au dos du panneau : « *1506
adj primo zugno fo fatto questo de mã de maistro
zorzi da chastel fr[ancho] / cholega de maistro
vizenzo chaena ad instanzia de mis giac^mo* […] »
(« Le 1er juin 1506, ce fut fait de la main de
maître Zorzi da Castelfranco / collègue de
maître Vincenzo Chaena à la demande de messire Giacomo […] »).

VIENNE, KUNSTHISTORISCHES MUSEUM,
GEMÄLDEGALERIE

HISTORIQUE
Coll. Bartolomeo Della Nave, Venise (inv. envoyé en
Angleterre par Basil viscount Feilding, 1636 n° 50;
coll. marquis de Hamilton, 1638, Angleterre (inv.
1649, n° 56); coll. archiduc Léopold-Guillaume,
Bruxelles, vers 1650; puis Vienne (inv. 1659, n° 176);
coll. empereur Léopold Ier par héritage.
EXPOSITIONS
Londres, 1949, n° 67; Venise, 1955, n° 15.
BIBLIOGRAPHIE
Astorffer, 1733, III, n° 45; *Prodromus*, 1735; Mechel,
1783, p. 19, n° 13; Rosa, 1796, p. 207; Krafft, 1849
(3e éd.), p. 11; Engert, 1864, p. 6; Engerth, 1882,
p. 171 n° 393; Glück, 1908, p. 76; Justi, 1908,
pp. 262-263; A. Venturi, 1915, IV, 4, pp. 675-676;
Longhi, 1927 (éd. 1978) p. 244 note 15; A. Venturi, 1928(I), IX, 3, pp. 797-798; Hourticq, 1930,
pp. 58-60; Wilde, 1931, pp. 91-100; Berenson, 1932,
p. 489; Richter, 1932, pp. 123, 129; Ferriguto, 1933,
p. 368; Hermanin, 1933, pp. 70-76; Wilde, 1934,
pp. 206-212; Suida, 1935, p. 83; Berenson, 1936,
p. 200; Phillips, 1937, p. 58; Richter, 1937, pp. 53,
251-252, n° 91, 322; Fiocco, 1941, p. 25; Morassi,
1942, pp. 96-97, 168; Pallucchini, 1944 (*Pittura*),
I, p. X; Longhi, 1946, pp. 20, 63; Robertson, 1949,
pp. 222-223; Waterhouse, 1952, pp. 1-23; Pallucchini, 1953, p. 19; Gamba, 1954, p. 173; Hartlaub,
1954, pp. 123-124; Robertson, 1954, pp. 5, 12, 25;
L. Venturi, 1954, p. 37; Baldass, 1955, pp. 106, 109-
110; Coletti, 1955, pp. 33, 39, 55; Della Pergola,
1955, pp. 30, 32; Pallucchini, 1955 (*Giorgione*),
p. VII; Pallucchini, 1955 (*Guida*), p. 4; Pignatti,
1955, pp. 71, 143; Robertson, 1955, p. 275; Zampetti,
1955 (*Giorgione*) [2e éd.], p. 32, n° 15; Zampetti, 1955
(*Postille*), p. 64; Berenson, 1957, I, p. 84; L. Venturi,

1958, col. 207, 212; Paatz, 1959, pp. 11-13; *Katalog
der Gemäldegalerie*, 1960, pp. 58-59, n° 550; Noë,
1960, pp. 1-35; Salvini, 1961, pp. 229-231; Baldass,
1961, p. 83; Heinemann, 1962, p. 146; Volpe, 1963,
s.p.; Baldass et Heinz, 1964 [éd. anglaise, 1965],
pp. 16, 29, 130-131, n° 9; Pope Hennessy, 1966,
p. 218; Morassi, 1967, pp. 198, 200; Verheyen, 1968,
pp. 220-227; Zampetti, 1968, pp. 89-90, n° 13; Gould,
1969, p. 208; Mellencamp, 1969, p. 177 note 17;
Pallucchini, 1969, I, p. 6; Pignatti, 1969, pp. 58-59,
99-100, n° 10; Calvesi, 1970, pp. 203-204; Freedberg,
1971, p. 77, p. 476 note 27; Wilde, 1974, pp. 70-72,
85; Waterhouse, 1974, p. 10; Tschmeltisch, 1975,
pp 322-329; Hornig, 1976 (*Spätwerk*), p. 926; Roskill,
1976, pp. 88-90; Anderson, 1978, p. 72; Ballarin,
1980, p. 493, p. 494 note 3; Mucchi, 1978, p. 40;
Pignatti, 1978 (*Giorgione*), pp. 54, 103, n° 11; Pignatti, 1978 (*Giorgione*) pp. 54, 103, n° 11; (*Gli inizi*),
pp. 12-13; Salvini, 1978, pp. 93, 97; Anderson (*The
Portrait*),, 1979, pp. 154, 156; Klauner, 1979, pp. 264-
267; Ballarin, 1981, p. 26; Pignatti, 1981 (*Il «corpus»
pittorico*), pp. 143-144; Pozzi, 1981, pp. 334-335;
Sgarbi, 1981, p. 32; Hirst, 1981, p. 96 note 25; Ost,
1981, p. 138; Hornig, 1987, pp. 55, 70, 208-209,
n° 21; Fletcher, 1989, pp. 813; Haskell, 1989, pp. 208,
218; *Verzeichnis der Gemälde*, 1991 pp. 62-63; Díaz
Padrón Royo Villanova, 1992, pp. 64-65.

Ce tableau fait partie de la collection de Bartolomeo Della Nave, à Venise, jusqu'en 1636,
date présumable de la mort et en tout cas de la
mise en vente des peintures de celui-ci (catalogue de la collection ou liste des tableaux présentés à la vente, adressé en 1636 au marquis
d'Hamilton, en Angleterre, par lord Basil viscount Feilding [vers 1608-1675], ambassadeur
à Venise entre 1635 et 1638, et comte de Denbigh à partir de 1643 [éd. Waterhouse, 1952,
List A], n° 50 : « *Petraces Laura pal 2 & 1 1/2
idem [Giorgione]* », environ 44,6 × 33,4 cm, en
calculant 22,3 cm pour le palme romain, unité
de mesure rare à Venise); la collection Della
Nave est tout entière acquise par Feilding pour
le compte d'Hamilton en 1638, mais, à la suite
de la guerre civile, dans laquelle Hamilton, se
range du côté du roi, elle est confiée par le
Parlement à la garde de Feilding, Londres (inventaire Hamilton, n° 5, *A Catalogue of my Lo
Marquesses Pictures: [rédigé avant le 12 avril
1643 : Shakfeshaft, 1986, p. 114]: «29 case*».
« *A Weoman in a red gowne lined with furr
with Laurell behind her* » (« Une femme en robe
rouge bordée de fourrure avec une branche de
laurier derrière elle »; éd. Garas, 1967, p. 73);
inventaire Hamilton, 1649 : « *Gergion. 56. La
pourtrait de Madame Laura de Petrarcha, 2 pa.
quarre* » [environ 44,6 × 44,6 cm, selon une
mesure très approximative de la largeur; éd.
Garas, 1967, p. 76]); Bruxelles, collection de
l'archiduc Léopold-Guillaume (1614-1662) (la
collection Hamilton, probablement mise en
vente aussitôt après la mort du duc, exécuté en
1649, se trouve déjà à Bruxelles vers 1650; à
partir de 1651, les tableaux Della Nave-Hamilton sont accrochés dans la « galerie » de
l'archiduc Léopold-Guillaume, gouverneur à
Bruxelles des Pays-Bas espagnols de 1646 à
1656, comme il apparaît dans les diverses reconstitutions de cette galerie que donne David
Téniers le Jeune et qui remontent aux années

1651-53 : *La Galerie de l'archiduc Léopold-Guillaume à Bruxelles*, versions de Madrid [Prado,
inv. n° 1813], de Vienne [Kunsthistorisches
Museum, inv. n° 739 et n° 9008], de Munich
[Alte Pinakothek, inv. n° 1819, n° 1840 et
n° 1841], de Bruxelles [Musées Royaux des
Beaux-Arts inv. n° 2569], de Petworth House
[The National Trust], et de Londres [Sothe-
by's, 13 juillet 1977, n° 37]); Vienne, collection
de l'archiduc Léopold-Guillaume [1656-1662]
(inventaire de 1659, n° 176 : « Un petit portrait
à l'huile sur toile, maroufié sur bois, d'une
femme vêtue d'une robe rouge bordée de fourrure, le sein droit entièrement découvert; sur
la tête, un voile qui descend jusqu'à sa poitrine;
et derrière elle et de chaque côté, des branches
de laurier. Dans un cadre lisse, avec le listel
intérieur doré. Haut de 2 empans et 4 doigts,
et large de 2 empans et 1 doigt. Par un peintre
inconnu » [éd. Berger, 1883, p. XCVI; Garas,
1968, p. 212], où les mesures données, en
comptant ici l'empan pour 20,8 cm et le doigt
ou pouce pour 2,08 cm [cf. Garas, 1968, p. 201;
Wilde, 1931, p. 91], soit environ 49,9 × 43,7
cm, comprennent un cadre de 5 cm environ
(dans l'inventaire de 1659, les tableaux sont
mesurés avec leur cadre); ce portrait n'est pas
reproduit dans le recueil de gravures, *Theatrum
pictorium*, de 1660, composé par David Téniers,
mais dans les tableaux de celui-ci reconstituant
la *Galerie* […], dans les versions citées de Madrid [avec l'inscription «GOURGON» sur le
cadre] et de Munich, inv. n° 1840; Heinz, 1964
[1965], pp. 130-131, dit qu'il est aussi reproduit
dans une des versions de Vienne, mais c'est une
erreur; le tableau est à Vienne à partie de 1662,
par legs testamentaire de l'archiduc Léopold
Guillaume).

Dans la *Galerie…* de Madrid, ce tableau est
reproduit avec son cadre plat, noir et brillant,
garni d'une listel intérieur doré, comme dans
la description de l'inventaire, mais visiblement
agrandi en bas, au point de montrer la main
gauche de la jeune femme posée sur son ventre
et un pan de la robe, et en haut, jusqu'à
comprendre en entier les branches de laurier;
certains spécialiste (Pignatti, 1969) en ont déduit que tel était le format originel du tableau
et que Giorgione y avait donc peint la jeune
femme apparemment « enceinte, la main posée
sur le ventre », peut-être sous l'influence du
Portrait des époux Arnolfini de Van Eyck;
Tschmeltisch (1975) et C. Hornig (1987) sont
de cet avis; Berenson lui-même (1957) dit que
le tableau a été coupé et il le reproduit dans le
volume des illustrations vis-à-vis de cette copie
de Téniers « *before mutilation* » (« avant mutilation »). Mais puisque les mesures de l'inventaire
de 1659, déduction faite du cadre, correspondent à celles du catalogue Della Nave et que
celles-ci correspondent aux mesures actuelles,
il faut supposer que cet agrandissement, d'un
portrait en buste à un portrait aux trois quarts,
est une fantaisie de Téniers. C'est ce que Wilde
avait déjà affirmé (1931). D'autre part, Téniers
reproduit le tableau selon son format originel,
c'est-à-dire son format actuel, entouré du même

cadre, dans la version de la *Galerie* [...] de Munich, mais en prenant ici le soin de couvrir le sein nu de la jeune femme. Wilde (1931) semble exclure qu'il s'agisse en l'occurrence d'un choix arbitraire du peintre flamand, mais toujours est-il qu'il n'y a pas de chemise dans l'autre reproduction.

Au début du XVIIIe siècle, on donna au tableau une forme ovale en coupant ses coins et en l'agrandissant sur ses quatre côtés, ovale qui s'inscrit ensuite dans un rectangle agrandi au moyen d'ajouts aussi bien de bois que de toile, ce qui donne au portrait l'air d'être présenté dans un passe-partout (Wilde, 1931), comme on peut le voir dans les petites illustrations de l'inventaire colorié d'Astorffer (1733) et dans *Prodromus* (1735). Le tableau a cette forme ovale, entouré d'un cadre rectangulaire peint en trompe-l'œil, sur les premières reproductions photographiques du début du siècle (Justi, 1908, II, pl. 65; Venturi, 1915, fig. 427; 1928, fig. 539), lesquelles montrent aussi la légère inclinaison de l'axe de la figure vers la droite dont parle Wilde (1931) et qui a été corrigée lors de la restauration de 1933 (cette correction explique l'inclinaison, visible au revers aujourd'hui encore, du passe-partout du support du XVIIIe siècle). La restauration effectuée au début des années 1930, en réduisant le passe-partout et en restituant les coins manquants peints en un ton sombre, a redonné au tableau sa forme et ses dimensions originales. Les repeints du XVIIIe siècle ont été aussi supprimés (Wilde, 1931). Les seules parties originales de la main du modèle sont par conséquent le pouce et la moitié de l'index. La forme ovale donnée au XVIIIe siècle est assez bien visible sur la radiographie (Mucchi, 1978).

L'authenticité de l'inscription, déchiffrée pour la première fois par H. Dollmayr au début des années 1880, a été soutenue par Wilde (1931) avec des arguments de valeur, fondés principalement sur l'aspect ancien de sa graphie; mais Wilde a aussi observé que le nom de l'artiste, «Zorzi», n'apparaît sous cette forme que dans les documents du temps de Giorgione et que le peintre Catena n'écrit son nom «Chaena» qu'une seule et unique fois, dans la *Sainte Conversation avec deux donateurs* alors dans la collection Mond de Londres (auparavant à Venise, collection Pospisil; Robertson, 1954, cat. n°3), l'une de ses premières œuvres (1500-1505), tandis qu'il l'écrira «Chadena» ou «Catena» dans les œuvres suivantes. Wilde a noté encore que la collaboration avec Catena, implicitement suggérée par le mot «*cholega*» («collègue»), aurait pu difficilement être inventée par un faussaire puisqu'elle n'est mentionnée dans aucune source, et qu'il semblerait que doive être exclue toute falsification effectuée au XVIIe siècle dans le but d'accroître la valeur de l'œuvre puisque cette inscription était totalement ignorée lorsque le tableau se trouvait dans les collections de l'archiduc Léopold-Guillaume.

En ce qui concerne le double support — une toile très fine marouflée sur un panneau de bois

de sapin —, déjà mentionné par l'inventaire de 1659, Wilde (1931) incline à considérer qu'il est d'origine. Heinz conclut ainsi son examen de la question (1964): «Il est impossible de déterminer quand la toile originelle fut marouflée sur un panneau d'épicéa, ou bien si, comme Wilde l'a supposé [1931], tel est son état d'origine. Dans ce dernier cas, l'inscription serait elle aussi d'origine; dans le cas d'un marouflage ultérieur, comme Baldass le présume, elle serait la copie fidèle d'un texte écrit au dos de la toile originelle. Quelle que soit la vérité, la présente graphie pourrait aisément dater de la première moitié du XVIe siècle [cf. Baldass, 1955].» Pour en savoir davantage sur l'utilisation du double support, on se reportera à ce que J. Shearman dit du *Portrait de Baldassare Castiglione* de Raphaël au Louvre (1979, [trad. it. 1983], p. 101).

A part quelques réserves exprimées dans le courant des années 1930, tous les spécialistes ont accordé le plus grand crédit à cette inscription, en considérant que, même dans l'hypothèse avancée par Baldass, il s'agirait toujours d'une inscription datant de la première moitié du XVIe siècle qui en recopierait une datant de l'époque de Giorgione. Roskill (1976) est le seul, me semble-t-il, à penser que «la date, quelque exacte qu'elle paraisse, peut cependant ne pas être tout à fait digne de foi, vu le développement précoce du mythe sur la vie de Giorgione», motif quelque peu incompréhensible. A l'opposé, et de manière tout aussi incompréhensible, Hornig (1976 [*Spätwerk*]) rapproche cette inscription précise de celle que Dürer fait figurer sur l'écriteau du *Christ au milieu des docteurs* et selon laquelle cette œuvre est l'«*opus quinque dierum*» (le «travail de cinq jours»): Hornig en conclut que la *Laura* aurait pu être exécutée en un seul jour. En réalité, la seule information que cette inscription peut donner à cet égard est que le tableau a été achevé ou, plus simplement, remis à son commanditaire le 1er juin 1506; son exécution devrait par conséquent remonter au printemps 1506 ou à l'hiver 1505-1506.

La mention d'une collaboration avec Catena a soulevé un problème qui n'a pas encore trouvé de solution satisfaisante selon moi. Vincenzo Catena (1475/1480-1531), peintre à peu près du même âge que Giorgione, naît et grandit dans les ateliers vénitiens de la fin du XVe siècle, et c'est seulement vers la fin des années 1510 que son œuvre témoigne qu'il a pris conscience que le monde de la peinture a été changé par Giorgione: longtemps, il produit exclusivement, et avec une mentalité tout artisanale, des *Saintes Conversations* à demi-figures et des *Vierges à l'Enfant*, toutes influencées par les modèles belliniens de la dernière décennie du siècle. Le petit retable Loredan, aujourd'hui au palais des Doges, la *Vierge sur un trône entre saint Marc et saint Jean-Baptiste avec le doge Leonardo Loredan*, de 1506 environ, peut être utile pour se représenter visuellement le langage de Catena dans l'année même de cette collaboration supposée avec Giorgione. Robertson, dans sa monographie sur Catena (1954), au lieu de se

rendre à l'évidence que cette inscription nous dit sur les rapports entre Giorgione et Catena quelque chose non seulement de tout à fait incompréhensible en soi mais aussi d'invérifiable dans le contexte vénitien, a construit une histoire de goût victorien, présupposant un Giorgione qui, à près de trente ans, n'aurait pas encore trouvé un cercle de commanditaires qui lui soit propre ni son indépendance financière: «Alors que Catena était un homme riche qui n'avait manifestement pas besoin de son art pour vivre, la tradition représente Giorgione comme quelqu'un qui dut faire son chemin à partir de débuts très modestes. En tenant compte de toutes ces considérations, nous voyons que Giorgione et Catena auraient pu faire connaissance dans des milieux humanistes et collaborer d'une manière qui offrait à Giorgione une situation financière solide jusqu'à ce qu'il eût suffisamment établi sa position pour être assuré de tirer un revenu convenable de son activité indépendante.» L'esquisse de ce roman se trouve déjà dans l'article de Wilde (1931), et celui-ci la reprendra plus tard ([«En 1506 encore, Giorgione travaillait toujours dans l'atelier d'un sien collègue aisé, Vincenzo Catena»], 1974), mais cela n'est guère admissible.

Le nom de Giorgione apparaît pour la première fois dans la liste qu'a fait dresser Lord Basil Feilding et il réapparaît dans l'inscription sur le cadre du tableau dans la *Galerie* [...] de Téniers à Madrid; cependant, dans tous les inventaires de la collection de l'archiduc Léopold-Guillaume d'abord et ensuite des collections impériales de Vienne, ce nom n'est jamais cité; on préféra longtemps des attributions à Palma Vecchio ou à son école (respectivement Astorffer, 1733, et Mechel, 1783), à Bassano (*Prodromus*, 1735) ou à une école vénitienne générique (Krafft, 1849), et même à Romanino, nom proposé par Engerth (1882) précisément au moment où Dollmayr, conservateur du musée de Vienne, découvre, mais sans en écrire la nouvelle à quiconque, qu'on peut encore lire assez bien au dos du panneau une inscription qui indique que Giorgione fit ce tableau à la date du 1er juin 1506.

Justi apprend l'existence de cette inscription par l'intermédiaire de Glück après la mort de Dollmayr, mais la transcription et l'interprétation qu'il en donne dans sa monographie sur Giorgione (1908) se révéleront ultérieurement partielles et entachées d'erreurs; sur la base de cette inscription, Justi est en tout cas le premier à proposer, bien qu'avec une prudence qu'il dit motivée par les nombreuses restaurations, l'attribution du tableau à Giorgione. Il examine cette œuvre dans le chapitre intitulé «*Mögliche und unmögliche Zuschreibungen*» («Attributions possibles et impossibles») qui sert d'appendice à son ouvrage, et il se rend compte que si le tableau devait réellement s'avérer de la main de Giorgione, nous serions devant l'archétype de nombreux tableaux à venir. Justi voit bien le charme, non seulement pictural mais aussi érotique, émanant du rapprochement de la fourrure et de la robe d'un rouge lumineux avec la peau de la jeune femme, dont la couleur paraît du coup particulièrement délicate et douce, ainsi que le bel effet de contraste du vert du laurier avec ce rouge. Une erreur de transcription dans la deuxième ligne — «[...] *ad instanzie de mia (?) gia (??) maestra (??)*»: «à la demande de mon (?) ancienne (??) maîtresse (??)» — l'induit à interpréter ce portrait comme celui d'une «maîtresse», poétesse aussi (aucune dame noble ne se serait fait représenter le sein nu), peut-être l'amante du commanditaire du tableau, ou, mieux, une femme que celui-ci a aimée à une époque désormais révolue; mais Justi laisse aux auteurs de monographies sur Giorgione où l'on parle davantage de «choses amoureuses» que de peinture le soin de broder un roman autour de ce visage et de cette inscription. Il est singulier que la *Laura* ne soit plus mentionnée dans la deuxième édition de sa monographie (1926), tandis qu'elle reparaît dans la postface de la troisième (1936), époque où elle appartient désormais au domaine des études de Giorgione. Dans la première édition (1908), Justi indique que Wickhoff attribue aussi ce tableau à Giorgione, mais, là aussi, il est singulier que Wickhoff n'en dise mot dans son compte rendu du livre de Justi (1909).

L. Venturi ne fait pas mention de la *Laura* dans sa vaste étude de 1913. A. Venturi (1915) propose, manifestement sur la suggestion d'Engerth, de l'attribuer à Boccaccio Boccaccino, idée intelligente quoique erronée, et plus intelligente encore si on la considère à la lumière de ce qui se dit aujourd'hui sur les rapports de Giorgione et Boccaccino au début du XVIᵉ siècle : «On trouve encore un souvenir de formes ferraraises dans un portrait de femme du musée de Vienne, attribué à Romanino, mais conçu avec toute l'élégance recherchée de l'artiste crémonais. Dans un médaillon sombre, la jeune femme se tient de biais, le buste à demi nu barré d'une étroite et molle bande de tissu en écharpe; son visage aux grands yeux brillants est encadré, comme par des bandeaux de soie, de ses cheveux lisses et plats, coiffés d'un voile fin. Magistralement mis en lumière sur la blancheur des chairs, un ample vêtement de fourrure s'ouvre sur une épaule; un fil de lumière suit l'ourlet festonné du voile et les contours des feuilles de laurier, disposées avec art autour du buste massif de la jeune femme, avec une recherche décorative typique du tempérament de Boccaccino.» Et c'est avec cette même attribution à Boccaccino qu'A. Venturi reproduit et mentionne ce tableau en 1928 au début de son portrait de Romanino.

Entre-temps cependant, R. Longhi reprend l'idée de Justi sans plus aucune réserve dans sa *Cartella tizianesca* (1927) où, en une rapide mise en ordre du corpus de Giorgione, il se demande si le «très subtil buste de *Laura*» ne doit pas être mis aussi en relation avec le retable de Castelfranco et le groupe d'œuvres qui entourent celui-ci, vers 1505, la *Sainte Famille* Benson (cat. **15**), l'*Adoration des Mages* de la National Gallery de Londres, la *Nativité* Allendale et la *Vierge avec saint Jean-Baptiste et sainte Cathe-*

rine de Venise, et Hourticq exprime en 1930 des observations précises qui rapprochent la jeune femme de Vienne de celle représentée dans la *Tempête* : «Même si les deux dames de Vienne et de Venise n'étaient pas la même, il resterait qu'elles ont subi le même portraitiste. S'il peut y avoir doute pour les traits du visage, il ne peut guère en rester quand on examine les cheveux, la coiffure, la longue mèche qui coule sur la tempe, devant l'oreille; il est difficile de résister à la persuasion de tant d'identités et d'analogies. La peinture de Vienne est exécutée comme par un miniaturiste, par touches menues comme des traits de plume. C'est précieux, appliqué, tout le contraire d'une manière large et visant à l'effet. Mais l'analyse atteint à une ressemblance que l'on sent très serrée : cet art plonge dans la personnalité profonde. Par de frêles moyens, le peintre atteint à un effet d'une si fine pénétration que l'on croit à la présence d'une pensée. On admire sans doute l'harmonie rouge et noire de cette image, car parmi toutes ces blondes vénitiennes de Titien et Palma, la jeune femme de Vienne est une brune avérée qui ne s'est point dorée au soleil. Mais ce n'est pas à la peinture que l'on est attentif tant l'art a rendu sensible la vie de la pensée dans la lumière de ce regard curieux et la mobilité de cette jeune bouche. [...] Et sur le fond noir, le peintre a déployé une gerbe de laurier dont l'héroïque feuillage donne soudain à cette gentille petite bourgeoise on ne sait quel style d'allégorie ou bien d'apothéose.» Hourticq, qui a, dix ans auparavant, bâti sa *Jeunesse de Titien* contre Giorgione, est alors fasciné par les tableaux authentiques de ce maître.

A cette époque, la restauration dirigée par Wilde (1933) redonne au tableau sa forme originelle et permet une meilleure lecture de ses valeurs picturales et une transcription exacte de l'inscription au dos du panneau. Wilde (1931), qui analyse pour la première fois le tableau dans toute sa richesse, examine longuement ses qualités picturales, qui, abstraction faite de l'inscription, soutiennent à elles seules l'attribution du tableau à Giorgione : il met l'accent sur la nouveauté de la mise en page par rapport au portrait italien du XVᵉ siècle, sur la façon dont la figure s'abandonne, pour ainsi dire, dans l'espace environnant et s'ouvre à celui-ci, sur la mobilité de la touche, sur la façon dont les couleurs s'harmonisent en un ton chaud unifié. A cet égard, il observe que le châtain des cheveux, le marron plus clair et virant à l'ocre de la fourrure, le cinabre ardent du manteau marqué d'ombres d'un noir d'encre et le vert olive tirant sur le marron des feuilles de laurier encadrent la carnation de la jeune femme où toutes ces couleurs se retrouvent avec d'autres valeurs tonales. Wilde insiste enfin sur l'importance de la date retrouvée — la seule date certaine attachée à une œuvre subsistante de Giorgione — pour mettre de l'ordre dans le catalogue et dans la chronologie du maître : la *Tempête* et les *Trois Philosophes* se révèlent alors des créations plus anciennes que la *Laura*. Dès lors qu'on reconnaît que le langage de Gior-

gione atteint à la maturité en 1506, s'ouvrent des possibilités nouvelles de reconstituer ce qu'on appelle son «style tardif»: Wilde ne traite pas cette question, mais le fait qu'il vient tout juste de mentionner comme plus tardifs que la *Laura* le *Portement de croix* de la Scuola di San Rocco et la *Vénus endormie* de Dresde, c'est-à-dire deux œuvres de Titien, et le fait que, en 1934, il attribue à Giorgione le *Portrait de femme*, dit *La Schiavona*, de la collection Cook (aujourd'hui à Londres, National Gallery), laissent entendre quelle réponse il se proposait de donner à cette question de la chronologie des dernières œuvres.

L'attribution de la *Laura* à Giorgione est immédiatement acceptée par Hermanin (1933) et par Suida (1935), et Berenson lui-même, qui a accrédité le nom de Romanino dans ses *Elenchi* de 1932, range le tableau sous le nom de Giorgione dans ses *Elenchi* italiens de 1936. Ferriguto (1933), qui n'a pas vu le tableau original, n'est guère disposé en faveur de l'attribution à Giorgione par l'inscription, dans laquelle «*cholega*» («collègue») ne lui semble pas un mot usité à l'époque du peintre, mais il est forcé d'admettre que «l'expression du visage [...] doit à vrai dire davantage à Giorgione qu'à Boccaccino». La réaction de D. Phillips (1937) est confuse : d'une part, il récuse la paternité de Giorgione à cause de la qualité du tableau qu'il trouve indigne de ce peintre, et, d'autre part, il conteste la véridicité de l'inscription en ce qu'elle affirme la collaboration avec Catena.

La réaction de Richter (1937) est d'une tout autre classe, mais ses arguments sont les mêmes : il est à juste titre perplexe devant le sort fait au tableau dans la collection de l'archiduc Léopold-Guillaume (où l'œuvre a perdu la si illustre paternité qu'elle conservait pourtant à son arrivée à Bruxelles et qui était garantie par l'inscription au dos du panneau), mais il est aussi perplexe devant les qualités du tableau. «Le caractère giorgionesque de ce portrait est évident. Nous devons cependant nous souvenir qu'aucun critique moderne n'a jamais songé à attribuer ce portrait à Giorgione avant que l'inscription ne fût redécouverte par Dollmayr. La facture picturale n'est pas en effet d'une très grande qualité. Il faut remarquer une espèce de dureté et de raideur que l'on ne rencontre dans aucun tableau authentique de ce maître. De surcroît, l'expression du visage manque de cette noblesse spirituelle qui distingue les portraits de Giorgione de ceux de ses disciples.» La première réaction de Richter en 1932, lorsqu'il publiait comme une œuvre de Giorgione le *Portrait de femme* de la collection de lord Melchett (aujourd'hui dans la collection Norton Simon) et jugeait la *Laura* d'après une première photographie, avait laissé supposer de sa part une attitude plus favorable. Mais il n'était par ailleurs pas possible que Richter réservât un accueil bienveillant à ce tableau nouveau, dont la date de 1506, si elle était authentique, venait contredire si ouvertement ses thèses sur la chronologie des œuvres de Giorgione — que l'on se rappelle qu'il datait vers

1506 le *Concert champêtre*. Il est significatif que, dans le texte de présentation de l'exposition de Baltimore de 1942, intitulé *Giorgione's Evolution in the Light of Recent Discoveries*, Richter ignore totalement la découverte que la postérité peut dire la plus importante des années 1930; il l'ignore aussi bien lorsqu'il examine de nouveau pour les vérifier les points de repère attestés du parcours de Giorgione que lorsqu'il passe en revue les œuvres de son catalogue. Et il est significatif qu'il l'ignore encore dans son essai, qui est son écrit ultime, datant de cette même année 1942, *Lost and Rediscovered Works by Giorgione*.

On vient de voir combien fut contrasté l'accueil fait à la *Laura* dans les études des années 1930 sur Giorgione. Il en alla autrement par la suite. Ce tableau figure comme une œuvre attestée de Giorgione dans les monographies de Fiocco (1941) et de Morassi (1942), et, dans le bref portrait de Pallucchini (1944), il apparaît déjà dans le rôle, qu'il aura toujours à l'avenir, de point fixe de la chronologie de Giorgione dans la période qui s'étend de 1504, année du retable de Castelfranco, à 1508, date des fresques du Fondaco dei Tedeschi. Je dirais que la date même du retable de Castelfranco, considérée par Richter comme nullement liée à celle de la mort du fils du commanditaire, Matteo Costanzo, et oscillant par conséquent entre 1500 et 1504, semble avoir été confirmée par celle inscrite au dos du tableau de Vienne.

Aussi bien Morassi que Pallucchini insistent sur les ressemblances entre la *Laura* et la *Tempête*, mais c'est Pallucchini qui en tire toutes les conséquences en donnant des œuvres de ces années-là une chronologie qui aura un grand succès: il date la *Tempête* de l'époque de la *Laura*, tandis qu'il fait des *Trois Philosophes* le modèle par rapport auquel apprécier la maturation du classicisme de Giorgione à l'époque des fresques (perdues) du Fondaco dei Tedeschi. Deux ans auparavant, Morassi avait indiqué cet ordre-ci: les *Trois Philosophes* et la *Tempête* après le retable de Castelfranco (1504-1505) et la *Laura* (1506), et avant les fresques du Fondaco (1508). Pallucchini se fonde pour sa part sur la conviction que les *Trois Philosophes* sont une œuvre plus « moderne » que la *Tempête*: cette analyse, déjà largement partagée par les études critiques et avec laquelle Longhi exprimera aussi son accord avec son *Viatico*, est indispensable en elle-même pour comprendre l'histoire du langage de Giorgione, mais elle est viciée en l'occurrence par la conviction que l'on peut reconnaître dans le tableau de Vienne la manière des fresques du Fondaco, et donc le Giorgione soudain moderne dont a parlé Vasari.

Ce point mérite attention parce qu'il est crucial dans l'histoire des études sur Giorgione. Pallucchini tire, et à partir de la *Laura*, dirait-on, des conclusions opposées à celles de Wilde: il estime que la *Laura* ne vient pas après les *Trois Philosophes* et avant la période du « style tardif » dont les œuvres devront être identifiées, mais que les *Trois Philosophes* sont eux-mêmes représentatifs de ce style. On ne peut pas même

dire que cette divergence d'opinions résulte d'une différence d'appréciation des qualités de la *Laura* puisque Pallucchini (1944) met aussi l'accent sur la modernité de la facture picturale: « Une densité chromatique nouvelle, due à une pâte plus substantielle utilisée pour sa valeur tonale, est l'élément stylistique qui caractérise ce portrait. La chaude carnation de la jeune femme ressort sur la fourrure, d'un gris virant au brun, d'une richesse de pigment qui n'a d'égale que chez Jan Van Eyck; à leur tour, ces tons gris font valoir le rouge sang de la robe. La sensualité de cette image féminine est comme retenue par le symbole des branches de laurier, qui semblent émerger d'un souvenir ou d'une pensée secrète. » Il est donc probable que cette divergence d'opinions entre Wilde et Pallucchini tienne à la différence d'appréciation des *Trois Philosophes*.

Le temps me manque pour retracer le tournant qui se produit dans les études sur Giorgione entre les années 1930 et les années 1940 et 1950 — que l'on compare le texte où Richter récapitule sa pensée dans le catalogue cité de 1942 et le portrait de Morassi dans le volume de la collection « Valori plastici » qui paraît cette même année —; ce tournant, où la découverte de la *Laura* a indubitablement joué un rôle, a ouvert une nouvelle phase dans la manière de traiter la question de Giorgione par rapport à la ligne suivie dans les études de Cook, Justi et Richter, mais il laissait aussi entrevoir dès le début l'impasse dans laquelle cette question allait se fourvoyer.

Longhi est en partie responsable de ce processus. Il était surtout préoccupé de reconstituer la dernière manière de Giorgione d'une façon qui exclurait désormais toute confusion avec les débuts de Titien et de Sebastiano del Piombo; dans son *Viatico* (1946), il considère par conséquent la *Laura* comme une œuvre cruciale, en se fondant évidemment sur une appréciation de ce tableau différente de celle de Wilde, et, après avoir observé que « la persistance de l'attribution à Boccaccino de la *Laura* de Giorgione du musée de Vienne pouvait trouver une excuse dans l'ascendant précoce exercé par le Vénitien sur le Ferrarais », il poursuit: « La *Laura* de Vienne, datée de 1506, pourtant archaïque encore et avec un feuillage "léonardesque", peut du reste servir aussi à plutôt avancer la date d'œuvres relativement primitives de Giorgione [la *Nativité* Allendale et les autres œuvres de ce groupe]. La même date ou à peu près doit par conséquent convenir aussi aux parties giorgionesques du couple de tableaux voisins de cimaise à la Galleria degli Uffizi [l'*Épreuve de Moïse* et le *Jugement de Salomon*]. » L'assignation d'une date aussi avancée aux œuvres du groupe Allendale et à ces deux tableaux des Uffizi avait été déjà proposée par Longhi en 1927, et elle mérite réflexion, non pas parce qu'elle pourrait être exacte, mais parce qu'elle peut aider à comprendre ce qui a pu tromper un spécialiste si perspicace: Longhi perçoit bien que la *Laura*, désormais fixée en 1506 en vertu de l'inscription au dos du pan-

neau, finit par repousser au-delà du retable de Castelfranco lui-même l'époque de l'épanouissement de la personnalité du peintre en nous conduisant, avec une œuvre encore imprégnée de la culture « préraphaélite » de ses débuts, jusqu'au « renversement » de ses expériences antérieures que constituera la manifestation de sa « manière moderne », en œuvre déjà à l'époque des fresques du Fondaco mais peut-être en réalité même dès 1507, « renversement » dont a parlé Vasari et dont Longhi indique les rares œuvres subsistantes. Ce n'est pas que Longhi ne voie pas les liens entre la *Laura* et la *Tempête*, mais que, comme il le dit, les « premiers essais prudents du Giorgione "préraphaélite" se prolongent jusqu'à la *Tempête*, œuvre elle aussi quelque peu empreinte de raideur et, en quelques parties, d'une lecture peu aisée, et œuvre qui n'est pas tout à fait débarrassée des derniers souvenirs émiliens; mais en même temps œuvre qui annonce déjà le retour au goût chromatique traditionnel de Venise et le tout proche changement et même renversement des expériences antérieures ». Longhi en arrive donc à ce « renversement » suggéré par Vasari: « A suivre le fil des œuvres [après la *Laura*], on peut dire qu'il [Vasari] parle alors du Giorgione qui — après avoir essayé de donner un corps de chair vive et ardente aux figures du Fondaco dei Tedeschi pourtant conçues selon des schémas non vénitiens relevant, pourrait-on presque dire, d'une gymnastique formelle, après avoir aussi tenté de jeter, en grand poète, un pont entre mouvement ample et palette élargie et palpitante dans la *Vénus* de Dresde (pont fragile, cependant, au soutien duquel Titien dut vite se porter avec l'admirable draperie blanche), et après avoir aussi entonné, dans les *Trois Philosophes* et dans *Le Tramonto* (cat. **20**) Donà dalle Rose, mais sur un mode mineur, les premiers accents du classicisme chromatique que le jeune Titien fera retenir peu après — se lance finalement dans les demi-figures "sans dessin", faites seulement de couleurs, et donne naissance au naturalisme sensuel de ses portraits, animés comme en pleine action, tels que l'*Autoportrait en David*, l'*Homme en armure avec son page* de Castle Howard et d'autres portraits semblables, qui existèrent certainement, peints dans les derniers mois de la vie du maître, et qui étaient quasi modernes, quasi du Caravage, du Vélasquez, du Manet. »

On voit bien comment l'appréciation des *Trois Philosophes* constitua l'autre point crucial (on le comprenait aussi à lire le portrait de Pallucchini datant de deux ans auparavant, en 1944): avec cette œuvre, Giorgione, ayant déjà expérimenté les effets de « chair vive et ardente » dans les figures du Fondaco dei Tedeschi, s'essayait alors, bien que timidement, à faire allusion au classicisme chromatique du jeune Titien. A suivre cette voie, le problème Giorgione deviendra insoluble: qu'on se rappelle que Morassi lui-même en 1951, conduit par la découverte de la *Vierge lisant* d'Oxford à réviser la chronologie de Giorgione qu'il avait donnée en 1942, considère ce tableau comme représentatif de la dernière manière de l'artiste et les *Trois Philosophes* comme son œuvre ultime. Les possibilités nouvelles de donner consistance à un nouveau Giorgione qui semblaient s'être ouvertes dans les années 1920 et 1930 – où, en traçant une frontière tranchée entre son histoire et celle de ses élèves, on tournait la page du Giorgione imaginé par une tradition critique datant alors d'un demi-siècle au moins – se sont fermées dans l'espace de quelques années dans l'immédiat après-guerre.

Les positions de Pallucchini, de Longhi et de Morassi eurent pour suite les interventions multipliées sur Giorgione et sur la *Laura* avant et après l'exposition du palais des Doges de 1955, où le tableau de Vienne fut précisément présenté. Salvini (1961, 1978), qui estime que la *Laura* « marque d'une certaine façon les débuts du style de la maturité de Giorgione » et qui croit même reconnaître dans l'année 1506, autour de ce tableau, une période où le peintre prête attention à Léonard de Vinci en ce sens que sa « délicatesse picturale nouvelle » (cette fusion chromatique résultant de l'épaississement de la pâte où les formes perdent leur netteté et s'imprègnent de lumière) serait « due à la greffe discrète et tout à fait géniale – et pour cette raison difficilement identifiable à première vue – du "sfumato" de Léonard sur le "tonalisme local" auquel Giorgione était parvenu dans le sillage de Bellini et de Bosch », Salvini, donc, ne doute pas que la *Tempête* et les *Trois Philosophes* sont postérieurs à la *Laura* et doivent être datés de 1506-1508. Suida est aussi de cet avis dans sa dernière intervention sur ce sujet (1956). La monographie de Pignatti de 1969 fera, comme on le sait, le point des études et proposera cet ordre : le groupe Allendale avec les deux tableaux des Uffizi serré autour du retable de Castelfranco (1504-1505) et après celui-ci, jusqu'à la *Laura;* la *Vierge dans un paysage* et la *Tempête* après la *Laura;* la *Vierge lisant* et les *Trois Philosophes* situés à l'époque des fresques du Fondaco dei Tesdeschi.

Les considérations de Robertson (1949), suscitées par l'exposition de la *Laura* à la Tate Gallery au milieu des *Art Treasures from Vienna*, peuvent être intéressantes en ce qu'elles proviennent d'un secteur des études critiques que nous pourrions dire dominé encore par le « Giorgione » de Richter et de Berenson. Le spécialiste anglais perçoit dans ce tableau quelque chose de semblable à ce qu'y a vu Longhi trois ans auparavant : « Cette délicatesse [dans ce tableau] évoque celle que nous trouvons dans la *Tempête*, et elle est associée à une précision de forme semblable à celle qui brille encore à travers le réseau de retouches sur la *Vénus* de Dresde, et dont nous voyons dans les gravures des fresques du Fondaco par Zanetti qu'elle distingue les nus féminins de Giorgione de ceux de Titien. Cette précision de forme, qui pourrait presque être décrite comme de la dureté, se retrouve dans toutes les œuvres de Giorgione qui sont authentiques et elle révèle chez celui-ci, bien plutôt que l'innovateur, l'artiste qui a porté à son apogée la peinture vénitienne du quinzième siècle [...] mais si ces qualités davantage propres à la manière ancienne sur lesquelles j'ai appelé l'attention apparaissent avec tant de vigueur dans une œuvre de 1506, il semble raisonnable de supposer qu'on en retrouvera quelque trace dans les œuvres des quatre dernières années de la vie de Giorgione. » Je ne vois cependant pas comment il est possible, sur la base de ces prémisses, d'en arriver à conclure que peuvent donc être des œuvres ultimes de Giorgione la *Suzanne* de Glasgow et la *Vierge entre saint Antoine de Padoue et saint Roch* de Madrid, tableaux « dans lesquels ces qualités de finesse et de précision sont encore nettement visibles » et auxquels Robertson ajoutera en 1955 le *Concert champêtre :* en l'occurrence, les équivoques de l'« ancien Giorgione », celui que la *Laura* a contribué à enterrer, s'additionnent manifestement avec les difficultés du « nouveau ». En 1955, Robertson précisera que ces œuvres pourraient être représentatives de la dernière période (1509-10), alors que, pour la période 1506-1508, il se situera lui-même dans la perspective critique dont nous avons retracé l'histoire : « En laissant de côté le fragment en grande partie indéchiffrable des fresques du Fondaco dei Tedeschi [...], la *Laura* de Vienne nous fournit notre seule date fixe, celle de 1506, et nous pouvons situer la *Tempête* approximativement à la même époque, la *Vecchia* (ou *Col tempo*, cat. 24) un peu plus tard et les *Trois Philosophes* environ à l'époque des fresques du Fondaco. »

Dans ses cours londoniens des années 1950 (1974), Wilde reste sur ses positions : il souligne de nouveau la modernité de la mise en page (« Au lieu du parapet traditionnel des portraits du Quattrocento, cette demi-figure a trouvé une base d'appui propre dans l'avant-bras au repos (la figure est manifestement assise), le grand pli retroussé du manteau et la main droite comme posée sur le rebord inférieur du cadre ») et de la facture picturale (« Bien que le fond soit sombre, la figure se tient librement dans l'espace et semble enveloppée de l'atmosphère – effet produit principalement par la manière dont les branches et feuilles de laurier, avec leurs tons de brun et de vert olive, ont été disposées derrière la figure. Toutes les formes invitent l'œil à tourner autour de la figure »), au point que la *Laura* continue de lui apparaître comme une œuvre plus tardive que la *Tempête* et que les *Trois Philosophes* eux-mêmes (vers 1505). Il subsiste d'ailleurs chez Wilde, même à l'époque de ces cours, une grande interrogation sur ce qui suit la *Laura*, puisque, une fois qu'il a tracé les portraits de Titien et de Sebastiano del Piombo, il ne parvient pas à montrer à ses étudiants, à part les documents sur les fresques du Fondaco dei Tedeschi, autre chose que la *Vénus endormie* et la *Suzanne*.

Dans mes travaux sur Giorgione des années 1976-1978, la rétrodatation du retable de Castelfranco à l'année 1500 environ me permet de donner une nouvelle physionomie aux années 1500-1506, période qui se révèle centrale dans la courte vie de Giorgione – entre une période plus ancienne, marquée encore par le style du siècle précédent (1494-1500), et une période plus tardive (1506-1510) – et suivant le déroulement de laquelle on peut à présent comprendre le développement du peintre, du retable de Castelfranco à la *Tempête* (1502-1503) et de celle-ci aux *Trois Philosophes* (1504-1505), dont les dernières phrases d'exécution nous conduisent à l'époque de la *Laura*. Ces thèses reposent notamment sur deux présupposés : en premier lieu, la conviction que la *Tempête* et les *Trois Philosophes* appartiennent à deux moments bien distincts de cette période et que les différences entre l'un et l'autre de ces moments doivent être bien marquées, et bien davantage que par une simple succession de dates, et, en second lieu, la conviction que les *Trois Philosophes* sont entièrement antérieurs aux événements qui dessineront entre 1506 et 1507 la physionomie du dernier Giorgione. Ces thèses font aussi allusion à l'influence de la présence de Dürer à Venise, influence qui se fera plus profonde dans le *Portrait* Terris (cat. 28) et dans le *Portrait d'un membre de la famille Fugger*, mais qui pourrait être déjà perceptible dans la *Laura*: il faut insister sur ce point parce que le réalisme du portrait de la jeune femme (les traits de son visage, son geste, la rondeur de ses épaules et de son buste) pas moins que de la mise en page ou des revers de fourrure lustrée et du sein qu'ils encadrent – réalisme souligné par le contraste avec l'introduction allégorique du laurier, mais combien vrai et physiquement présent lui aussi – ne peut être correctement apprécié que par comparaison avec des *Portraits* vénitiens de Dürer tels que ceux de Vienne et de Berlin.

On se souvient que l'inventaire de Bartolomeo Della Nave identifie la jeune femme du tableau avec la « Laure de Pétrarque ». Wilde fait aussi de même (1931). C'est une solution qui ne doit pas être écartée si l'on considère le regain de l'intérêt pour la poésie de Pétrarque dans le milieu culturel que fréquentait Giorgione ainsi que l'existence d'une tradition de portraits de Laure (l'un était alors très célèbre, dû à Jacopo Bellini) qui remonte à celui de Simone Martini mais n'explique pas le geste de la jeune femme qui ouvre sa fourrure pour montrer son sein nu : ce geste joue un rôle majeur dans le tableau, tout autant que le laurier, et, comme il ne peut être interprété en termes naturalistes, il fait rentrer le tableau dans le genre de l'allégorie. Justi, on l'a dit, y a vu le portrait d'une « maîtresse », peut-être une poétesse, la femme aimée par le commanditaire. A. Venturi (1928) l'a intitulé *La Poétesse*. Richter (1937) croit qu'il peut s'agir du portrait d'une courtisane représentée en Daphné, où le laurier sert à indiquer son nom, Daphné justement, ou bien la pratique de la poésie : ce serait donc le portrait d'une courtisane cultivée et lettrée, personnage qui n'était pas exceptionnel dans la Vénise de l'époque. Paatz (1959) pense que le tableau appartient au genre léonardesque du « portrait de la femme aimée du commanditaire » (en l'occurrence « messire Giacomo ») comme d'autres tableaux célèbres de Léonard, tels que le *Portrait de Ginevra de' Benci*, où le genévrier, placé en une position analogue à celle du laurier dans le portrait de Vienne, fait référence au prénom de la jeune fille (Guenièvre). J. Anderson (1979) parle aussi du portrait d'une courtisane, qui a probablement pris le nom de Laura assez courant dans cette profession, et elle ajoute : « La couronne de laurier derrière Laure semble être une référence significative à sa profession, aussi significative que le sont les fleurs tenues par la *Flore* de Titien. » Ost (1981) et Hornig (1987) sont de cet avis. Mais j'avoue ne pas être convaincu par ces interprétations.

Selon H. Noë (1960), la *Laura* pourrait appartenir au genre du « portrait de couple » et donc avoir été conçue comme le pendant d'un portrait, aujourd'hui perdu, du « messire Giacomo » désigné par l'inscription comme le commanditaire de l'œuvre. Noë imagine un double portrait de mariage, où le laurier joue un rôle majeur, dont les significations principales seraient, selon cette tradition, celles de la chasteté et de la fidélité, et elle cite le cas du *Portrait des deux époux* de Lotto à Madrid, où Cupidon unit le couple avec un joug mais aussi avec une branche de laurier.

Il ne semble pas nécessaire de supposer l'existence d'un diptyque alors qu'il s'agit d'insister sur les valeurs allégoriques du tableau et de s'interroger plus profondément sur sa fonction même de portrait au sens traditionnel. C'est ce que fait Verheyen (1968), qui considère le laurier non pas comme une référence au nom de la jeune femme, ou à son activité de poétesse, ou à sa profession de courtisane, mais comme l'emblème symbolique de sa vertu. Entre autres œuvres du genre du « portrait de mariage » où le laurier est entendu comme un symbole des vertus conjugales, Verheyen cite, outre le *Portrait des deux époux* de Lotto, l'exemple, plus pertinent encore, de la médaille frappée en 1502 pour le mariage de Lucrezia Borgia avec Alfonso d'Este (Berlin, Staatliche Museen) : l'avers représente la mariée et le revers porte un laurier auquel est attaché Cupidon Antéros avec l'inscription suivante : « *Virtuti ac formae pudicitia preciosissimum* » (« La chasteté [est le bien] le plus précieux pour la vertu et la beauté »). S'agissant d'un tableau conçu comme une allégorie de la conjugalité, le motif du sein couvert et de l'autre découvert par la jeune femme même renverrait, comme dans le *Portrait de femme* de Bartolomeo Veneto à Francfort, à l'antithèse entre « *pudicitia* » (ou « *castitas* », « chasteté ») et « *voluptas* » (« plaisir, volupté »), toutes deux indispensables à l'harmonie conjugale. (Voir certaines remarques de Mellecamp, 1969, sur cette hypothèse.) Pour Pope-Hennessy (1966) aussi, il est davantage probable que le laurier fasse allusion à la vertu et à l'inspiration, et que le sein nu ait « une signification allégorique et non pas professionnelle ». Sur le laurier comme symbole de la vertu dans le mariage, M.W. Roskill (1976) est aussi d'accord : le sein nu introduit l'idée de la fécondité de la femme dans le mariage, et il s'agit d'un sein nourricier, comme celui de la

femme nue dans la *Tempête*. Dans la perspective d'une interprétation allégorique, il n'est peut-être pas sans signification que la jeune femme porte un vêtement d'un rouge particulièrement lumineux. C'est là un point sur lequel M. Hirst appelle aussi l'attention (1981). Enfin, G. Pozzi (1979) étudie les rapports éventuels entre le « canon des beautés » en littérature, c'est-à-dire les procédés descriptifs et métaphoriques avec lesquels les poètes parlent de la beauté féminine, et le portrait pictural de cette beauté à l'époque de Giorgione, et il n'exclut pas que la *Laura* puisse constituer une réponse assez originale à ce canon.

A.B.

page 40

28

Giorgio di Castelfranco, dit Giorgione
Castelfranco Veneto, vers 1476/1478 -
Venise, 1510

Portrait d'homme
vers 1506

Bois. H. 0,299; L. 0,266. Inscription au dos du panneau : « *−15..−/di man de M° Zorzi da Castel Fr[anco]* » (« *−15..−/de la main de maître Giorgio de Castelfranco* »).

SAN DIEGO (CALIFORNIE),
SAN DIEGO MUSEUM OF ART

HISTORIQUE
Coll. David Curror, Angleterre, au XIXᵉ siècle; coll. Alexander Terris, Londres; donné en 1941 au musée de San Diego par Anne R. et Amy Putnam.

EXPOSITION
Los Angeles, 1979-80, n° 9.

BIBLIOGRAPHIE
Richter, 1937, pp. 95, 124, 226-227, n° 48, 253-254; Fiocco, 1941, pp. 14, 30; Frankfurter, 1942, p. 13; Morassi, 1942, pp. 99-100, 169, 215; Richter, 1942 (*Giorgione's Evolution*), pp. 10, 16; Andrews, 1947, pp. 50-53; L. Venturi, 1954, pp. 38, 47; Baldass, 1955, p. 114, note 18; Coletti, 1955, pp. 44, 62; Della Pergola, 1955, pp. 29-30, 139; Pallucchini, 1955 (*Giorgione*), p. XV; Pignatti, 1955, pp. 99-100, 139; Pignatti, 1955 (*Giorgione Pittore aristocratico*), p. 499; Zampetti, 1955 (*Postille*). p. 64; Suida, 1956, pp. 148-152; Baldass, 1957, p. 138; Berenson, 1957, I, p. 125; L. Venturi, 1958, col. 212; Morassi [1961] 1967, pp. 198-199; Salvini, 1961, p. 231; Volpe, 1963, s.p.; Baldass, Heinz, 1964 [éd. anglaise, 1965], pp. 35, 156; Mariacher, 1968, p. 107; Petersen, 1968, ill.; Zampetti,, 1968, pp. 92-93, n° 24; Pignatti, 1969, pp. 67-68, 109-110, n° 26; Calvesi, 1970, p. 184;

Magugliani, 1970, p. 153; Robertson, 1971, p. 477; Freedberg, 1971, p. 476, note 27; Fredericksen et Zeri, 1972, pp. 87, 525, 361; Garas, 1972, pp. 125-135; Turner, 1973, p. 457; Tschmelitsch, 1975, pp. 336-337, 343; Ballarin [1976] 1980, p. 493; Pignatti [1976] 1978, p. 39; Hornig, 1976 [*Spätwerk*], p. 926; Anderson, 1978, p. 73; Ballarin [1978] 1981, p. 26; Pallucchini, 1978, p. 15; Pignatti, 1978 [*Giorgione*], pp. 69, 113, n° 26; Pignatti, 1978 [*Gli inizi*], pp. 12-14; Pignatti [1978] 1981 [*Il «corpus» pittorico*], pp. 151, 153; Mucchi, 1978, p. 56; Schupbach, 1978, pp. 164-165; Muraro, 1979, p. 179; Pignatti et Donahue, 1979, p. 49, n° 9; Sgarbi, 1981, p. 34; Volpe, 1981, pp. 401-402, 419; Hornig, 1987, pp. 56, 164, 231-232, n° 30.

Pour ce qui concerne les chiffres manquants de l'inscription, le troisième est entièrement lisible et le quatrième partiellement; de ce dernier n'est visible qu'une sorte de demi-cercle, qui pourrait être ce qui subsiste d'un 6, ou d'un 8, ou d'un 0. Le troisième chiffre devait être un 0 ou un 1. L'intervalle entre le deuxième chiffre et ce qui reste du quatrième est tel qu'il paraîtrait mieux rempli par un 0 que par un 1. Selon Richter (1942 [*Giorgione's Evolution*]) : « Le troisième chiffre est tout à fait effacé; et seule une petite partie du quatrième est encore visible. Naturellement, le troisième devrait être un zéro. Les traits anguleux subsistants du quatrième semblent indiquer que celui-ci aurait pu être un 2 ou un 4. » Selon Morassi (1942) « le quatrième [chiffre] subsiste à moitié et fait plutôt penser à un 8 qu'à un 5 ». Selon Pignatti, « l'observation directe du panneau a avant tout conduit à une constatation importante : contrairement à ce qu'on croyait, la date n'est pas illisible, et elle se termine non pas par un 8, mais bien par un 0 » (1969), ou bien encore : « Cette date de 1510 est, selon moi, indiscutable, bien que les chiffres lisibles ne soient que trois (15.0) et que manque au milieu d'eux le deuxième 1. Mais le dernier chiffre, un 0, est si net qu'il est impossible de le prendre pour un 6 ou pour un 8 » ([1978] 1981). Plus prudemment, Andrews, dans le catalogue de 1947, ne lisait que les deux premiers chiffres et renonçait à faire des conjectures sur les deux autres. Comme je l'ai dit plus haut, le quatrième chiffre peut être un 0 tout aussi bien qu'un 6 ou 8, tandis que je ne vois nulle possibilité qu'il s'agisse d'un 2, ou d'un 4, ou d'un 5. Hornig (1987) rapporte une communication orale de Hope (1980): d'après celui-ci, si la date était 1510, il devrait y avoir un petit point au-dessus du deuxième 1 comme au-dessus du premier, mais il n'y a aucune trace d'un tel petit point dans la zone bien conservée au-dessus du troisième chiffre manquant.

Pignatti s'est aussi demandé si l'inscription est autographe (1969) et il a parfois donné l'impression de vouloir la tenir pour telle (1978 [*Gli inizi*]: « signé et daté 1510 »), mais les autres spécialistes inclinent tous à la considérer seulement comme contemporaine du tableau (Richter, 1937). Tel est aussi mon avis. Andrews (1947) considère qu'au moins la date, pour ce qu'il en subsiste, est de la main même de Giorgione. Fiocco (1941) est le seul qui mette en doute l'ancienneté de l'inscription. La récente restauration effectuée dans les laboratoires de Getty Museum de Malibu n'a pas concerné le dos du panneau.

Ce tableau a été diversement identifié : comme un autoportrait par Frankfurter (1942) et par Andrews (1947), comme le portrait de Christophe Fugger par Garas (1972) et, plus récemment, par Schupbach (1978), comme celui de Gian Giacomo Bartolotti, médecin et rimailleur, actif de 1491 à 1530 et probablement né entre 1465 et 1470 à Parme. La proposition de Garas est examinée plus loin. Pour ce qui concerne celle de Schupbach, s'il est correct d'accorder crédit à l'indication, remontant à Ridolfi (1648, éd. Hadeln, 1914-1918, I, p. 169), selon laquelle le *Portrait*, dit justement *Parma*, de Titien, conservé à Vienne, serait celui-là même que Ridolfi vit chez Bartolomeo Della Nave et di être le « *ritratto del medico suo [di Tiziano], detto il Parma* » (« portrait de son médecin [celui de Titien], dit Parma »), représenté à l'âge d'environ cinquante ans, on ne voit pas ce qui obligerait à reconnaître la même physionomie dans le *Portrait* Terris : Schupbach opère cette identification en se fondant uniquement sur la comparaison des visages, laquelle ne paraît pas en réalité si probante. Une certaine ressemblance avait été déjà relevée par Richter (1937), et c'est d'elle qu'a dû partir Schupbach. Une autre raison de repousser l'hypothèse de celui-ci est qu'elle contraindrait à donner quarante ans au personnage, ce qui serait beaucoup plus qu'il n'en paraît.

Della Pergola (1955) mentionne une copie de ce tableau à la Galleria Borghese (inv. n° 82, cat. Della Pergola, n° 203 : sur toile, 38 × 30 cm), avec une attribution à Bronzino datant du XIXᵉ siècle.

Richter (1937) est le premier à présenter ce tableau, qu'il a vu dans la collection d'Alexander Terris à Londres, mais non sans contradiction : initialement, il le présente comme une œuvre tardive, datant de 1509-1510, comparable au *Jeune Berger à la flûte* de Hampton Court (cat. 32), à l'*Autoportrait* de Brunswick et au *Christ portant sa croix* de la Scuola di San Rocco, alors qu'en 1942, dans l'introduction du catalogue de l'exposition de Baltimore, il considère que les tableaux dont il est le plus proche sont la *Vecchia* (cat. 24) et le *Portrait de jeune homme* Giustiniani (cat. 16), et il le date donc des années 1500-1505, deuxième étape du parcours de Giorgione tel qu'il le retrace. En tout cas, à l'appui de cette appréciation stylistique nouvelle, il croit à présent pouvoir lire le dernier chiffre de la date inscrite au dos du panneau comme un 2 ou un 4.

La première réaction suscitée par la publication de Richter est celle de Fiocco (1941), et c'est un refus : « De même que l'attribution à Giorgione de la *Vecchia* de Venise est impropre à cause de la solidité de sa construction et à cause de son "écorce", de même tout aussi impropre, sinon davantage, à cause de son manque de forme contraire à la vision extrê-

mement équilibrée de Giorgione, est l'attribution à ce maître de l'éclatant *Portrait* Terris de Londres, qui pourrait revenir, au mieux à un Palma il Vecchio. » Ainsi, tandis que la paternité de la *Vecchia* est confirmée à Torbido, ce nouveau *Portrait* a tout au plus la qualité d'un Palma. Cette opinion reste toutefois isolée, et elle n'aura d'écho que dans les derniers *Elenchi* de Berenson (1957), où le tableau figurera justement parmi ceux de Palma, mais sous forme interrogative.

A ces exceptions près, les spécialistes se trouveront tous d'accord sur l'appréciation exprimée en 1942 par Morassi et aussi, pendant un certain temps, sur la lecture de la date proposée par celui-ci : « Plus qu'à tout autre portrait du maître, conviennent à celui-ci les mots que Vasari utilisa pour décrire le portrait du beau-père du peintre de Castel Bolognese : "parce qu'on y voit une union vaporeuse des couleurs, de sorte que le portrait semble en relief plutôt que peint". [...] Il faut ici prononcer une fois encore le nom de Vermeer. Il y a dans cette peinture une préfiguration surprenante du grand coloriste hollandais, précisément dans les aspects les plus maîtrisés de sa facture, avec cette lumière diffuse, qui semble avoir été absorbée en profondeur par les surfaces, et cette pâte compacte et épaisse qui donne la sensation de la matière. Pas de contours définis, mais des passages de ton au moyen de taches et de stries. La grosse tête carrée de cet homme volontaire et sensuel, à l'œil en même temps vif et songeur, est rendue dans sa franche matérialité, mais avec une immense puissance de transfiguration, comme en une apparition fantomatique de lumière, selon une vision de l'art qui transcende la conception commune du portrait telle qu'elle pouvait alors avoir cours chez un Carpaccio, chez un Alvise, et même encore chez le vieux Giambellino. [...] C'est de là que partira Titien, mais sa peinture, si elle a davantage d'élan dramatique et une plus grande énergie plastique, manquera de cette magique et subtile légèreté qui rend les créatures giorgionesques infiniment plus suggestives. » Morassi situe ce portrait en 1508 environ, conformément à la date qu'il lui semble devoir lire au dos du panneau.

La première notice de catalogue consacrée au tableau, après l'entrée de celui-ci au musée de San Diego, est de J.G. Andrews (1947), qui le présente comme un *Autoportrait* de Giorgione, faisant sien le point de vue exprimé par Frankfurter quelques années auparavant (1942), et elle mentionne une série d'avis favorables à l'attribution à Giorgione formulés par des spécialistes dans les années 1930 lorsque le tableau se trouvait à Londres dans la collection Terris; parmi ces spécialistes, Borenius, Gronau, von Hadeln et Suida s'accordent à considérer le tableau comme une des œuvres les plus tardives de Giorgione; et L. Venturi voit en lui le seul *Portrait* authentique à côté de celui de Berlin.

Par la suite, l'accord général se fera sur ce raisonnement : le tableau pourrait être daté de 1508 selon ce que rapporte Morassi, et son style, essentiellement tardif, semble le confir-

mer, il est donc de 1508. C'est ce que pensent L. Venturi (1954), Coletti (1955), qui le considère même comme un point de repère sûr de l'art de portraitiste de Giorgione, « dans lequel le grain extrêmement fin du clair-obscur nous rappelle le *sfumato* léonardesque de l'*Autoportrait* », Pallucchini (1955), pour qui « le portrait de San Diego témoigne du nouveau tournant du style de Giorgione vers 1508 », Suida (1956), Salvini (1961, ainsi que Baldass et Heinz (1964).

Selon Suida, le tableau, qui « donne une très bonne idée de la finesse du maître dans l'utilisation du *sfumato* », est strictement contemporain de la tête de l'homme dans l'« *Appel* » (cat. 34) de Detroit (dans l'hypothèse — qu'il avance — d'un tableau peint par trois mains différentes, où cette tête reviendrait à Giorgione), de l'*Autoportrait* de Brunswick, du *Jeune Berger à la flûte* de Hampton Court (cat. 32) et du *David* de Vienne, c'est-à-dire d'une série d'œuvres qu'il situe dans la dernière période de l'activité de Giorgione. Et il note encore, à propos des trois visages qui se succèdent au long d'une période bien plus longue, que « personne n'oubliera la tristesse profonde et presque tragique dans le regard de la veille femme de *Col Tempo*, du vieil homme des *Trois Ages* et du modèle inconnu du portrait de San Diego ».

Pignatti, se fondant sur une vérification personnelle de l'inscription, propose une lecture différente et construit autour de ce *Portrait d'homme*, qu'il date à présent de 1510, le chapitre ultime de la vie de Giorgione : ce portrait est flanqué du *Berger à la flûte* (cat. 32), de la *Vecchia* (cat. 24) des *Trois Ages* (cat. 21), du *Christ portant sa croix*, du *Portrait* Goldman (cat. 41) et de l'*Autoportrait* perdu, tous représentatifs du réalisme nouveau qui caractérise les derniers mois de la vie du maître. Pignatti ne manque pas d'observer que Giorgione retrouve ici « une facture archaïque nordique ».

Cette proposition de Pignatti n'a pas reçu l'accord de tous les spécialistes. Robertson (1971), dans son compte rendu de l'ouvrage de Pignatti, déclare qu'il ne trouve pas si évident que la date soit 1510 et il laisse entendre qu'il maintient sa préférence pour la lecture de Morassi. Selon Freedberg (1971), l'activité de portraitiste de Giorgione se déroule entre deux pôles extrêmes, le *Portrait de jeune homme* de Berlin, situé à l'époque de la *Pala de Castelfranco* (1504-1505), et l'*Autoportrait* (1508-1510), en passant par le *Portrait* Terris (1505 [?]), la *Laura* (1506), la *Vecchia* (1505-1506), mais on ne comprend pas si cette proposition de Freedberg concerne aussi la date du *Portrait* Terris, qu'il lirait ainsi : 1505. Tschmeltisch (1975) préfère continuer à lire 1508, même si cette lecture n'est en rien certaine. Hornig (1976, 1987) juge arbitraire la lecture de Pignatti et affirme d'autre part que « la date, d'après l'inscription au dos, se présente comme 1509 ou 1510 » : peut-être veut-il dire qu'on pourrait lire un 9 à la place du 0 de Pignatti, mais contre toute évidence.

Volpe est d'accord ([1978] 1981), non seulement avec la date extrême de 1510 mais aussi, plus généralement, avec la reconstitution que Pignatti propose pour la dernière période de Giorgione : dans cette œuvre et dans les *Trois Ages*, « nous voyons se dévoiler le mystère des deux dernières années du maître, période ombrageuse et peut-être marquée d'une introversion passionnée ». Pallucchini (1978) semble aussi d'accord et, comme l'a déjà fait Suida, il rapproche cette tête de San Diego de celle au centre de l'« *Appel* ».

Dans mes communications de 1976 et 1978, je situe le *Portrait* Terris en 1506 environ, après la *Laura* (cat. 27) et avant le *Portrait d'un membre de la famille Fugger* de Munich, et j'appelle l'attention sur les conséquences que la confrontation avec l'art de portraitiste de Dürer a dû avoir sur Giorgione dans le courant de cette année 1506 : « Ces conséquences sont perceptibles dans le *Portrait* Terris de San Diego, également de 1506 environ, pourtant essentiellement peint encore à la manière des *Trois Philosophes* [...], tandis que c'est dans le *Portrait du jeune Fugger avec une fourrure de renard se tournant vers le spectateur* de Munich, datant de la fin de cette année 1506, que Giorgione, à l'occasion surtout du portrait d'un marchand allemand, s'engage dans un véritable *tour de force* pour peindre à la manière de Dürer, manière dont il donne, dans le genre du portrait, une interprétation profondément personnelle et qui sera riche de conséquences » ([1978] 1981).

Les spécialistes ne semblent pas avoir prêté intérêt à l'influence de Dürer dans le petit panneau de San Diego, quoique Frankfurter (1942) l'eût interprété comme un autoportrait en se fondant sur la comparaison avec certains autoportraits du maître allemand où ce dernier montre toute sa capacité d'autoanalyse, et quoique Garas (1972) l'eût étudié en le confrontant avec le *Portrait d'homme* de Dürer de la Galleria di Palazzo Rosso, signé et daté 1506, pour en tirer la conclusion qu'un seul et même personnage, alors âgé de trente à trente-cinq ans, que Garas identifie avec Christoph Fugger, est représenté sur ces deux tableaux, par Dürer en 1506 et par Giorgione en 1510. Garas se fonde plus exactement en premier lieu sur la conviction que ces deux visages, dans les panneaux de Gênes et de San Diego, se ressemblent au point de pouvoir être celui d'une même personne vu par deux artistes différents, en deuxième lieu sur l'hypothèse que le petit panneau de San Diego serait la « tête peinte à l'huile, représentant un Allemand de la famille Fugger qui était alors au nombre des marchands les plus importants du Fondaco de' Tedeschi » dont Vasari dit qu'elle se trouve « dans [son] livre [...] avec d'autres croquis et dessins à la plume faits par lui [Giorgione] » (1568, éd. Barocchi, Bettarini, 1976, IV [*Testo*], pp. 46-47) et qu'il aurait achetée à Venise en 1566 auprès de quelqu'un qui en conservait le souvenir, vague toutefois, de l'identité du personnage représenté (un « Allemand de la famille Fugger »), et en troisième lieu enfin sur cette autre hypothèse selon laquelle la personne représentée se-

rait le Christoph Fugger dont Sansovino (1583) dit qu'il a commandé à Dürer la *Fête du Rosaire*, et dont nous savons qu'il résidait à Venise, qu'il épousa une Gradenigo en 1520, qu'il fut enterré dans ladite église en 1554 et qu'il pourrait avoir joué un rôle de premier plan dans la gestion même du Fondaco dei Tedeschi, peut-être comme agent résidant à Venise de la maison Fugger, situation qui l'aurait naturellement mis en rapport avec Giorgione lorsque celui-ci travaillait à la décoration du Fondaco.

On vient de voir que l'un des deux termes de cette confrontation est le *Portrait d'homme* du Palazzo Rosso, dont on sait qu'il provient du « *camerino delle antigaglie* » (cabinet des antiquités ») de Gabriele Vendramin, où il était considéré comme un autoportrait du maître de Nuremberg. Suter (1929-30) et Richter (1942) avaient déjà parlé de ce tableau en faisant référence à Giorgione, mais c'était pour illustrer l'influence du peintre vénitien sur l'artiste allemand dans le domaine du portrait. Richter ne mentionne pas alors le tableau Terris, mais, puisqu'il vient de l'étudier dans un autre texte de la même année 1942 comme une œuvre datant de la période 1502-1504, il est clair que c'est à lui qu'il se réfère quand il parle de modèles de Giorgione qui auraient pu intéresser Dürer. Il est par ailleurs bien connu que Richter ne voyait nulle trace d'une influence de Dürer chez Giorgione, si ce n'est peut- être dans les paysages, où l'influence flamande lui semblait toutefois prédominante. Que retenir de la proposition suggestive de K. Garas ? Tandis qu'on ne peut exclure que le personnage représenté soit le même dans les deux portraits en question, et en ce cas il s'agirait plus probablement d'un Allemand résidant à Venise, il reste hautement hypothétique qu'il s'agisse d'un membre de la famille Fugger, cette éventualité reposant entièrement sur la supposition que le tableau de San Diego provient du « Livre » de Vasari, supposition à l'appui de laquelle il me semble n'y avoir aucune preuve : tout laisse à penser que la *Tête d'un membre de la famille Fugger* dont parle Vasari a été exécutée sur papier.

D'autre part, K. Garas ne croit pas que le *Portrait de jeune homme qui se tourne vers le spectateur* de Munich représente un membre de la famille Fugger. On sait que Ridolfi présente ce tableau, qui figurait alors dans la collection de Jean et de Jacques van Voert (van Verle) à Anvers, comme le portrait d'un membre de cette famille peint par Giorgione (« [...] *uno d'un Tedesco di Casa Fuchera con pellicia di volpe in dosso, in fianco in atto di girarsi* [...] »; « [...] un [portrait] d'un Allemand de la maison Fugger avec une fourrure de renard sur le dos, de biais et se retournant [...] »; 1648, éd. cit., I, pp. 105-106), et on sait également que Hollar (1650), qui grave ce tableau parmi d'autres de cette même collection, reprend aussitôt l'indication de Ridolfi à son compte sur quelques tirages de sa gravure, « Portrait d'un Allemand de la maison Fugger », alors que, sur d'autres tirages, peut-être les premiers, il le présente comme le « Portrait de Bonamico Buffalmaco,

peintre de Venise ». K. Garas (1966, pp. 84-86) est au contraire convaincue, comme du reste de nombreux autres spécialistes depuis Cavalcaselle, que ce tableau de Munich doit être identifié avec l'*Autoportrait* de Palma Vecchio dont parle Vasari (« [...] cette [peinture] est meilleure que toutes les autres et assurément superbe, où, en se regardant dans une sphère, il se peignit lui-même sur le vif, avec quelques peaux de chameau autour et certaines touffes de cheveux, avec tant de vie qu'on ne peut imaginer mieux; [..] parce que, en plus des autres choses, on voit ici un mouvement des yeux si bien fait, que Léonard de Vinci et Michel-Ange Buonarotti n'auraient pas fait autrement. Mais il est mieux de taire la grâce, la gravité et les autres qualités qu'on voit dans ce portrait car on ne saurait dire de sa perfection tout ce qu'elle mérite » [1568, éd. cit., pp. 551-552] et que Ridolfi donne pour perdu (1648, éd. cit., I, p. 140); et K. Garas pense aussi que la précision de Vasari à propos de la *Tête* peinte à l'huile en sa possession est la source littéraire du titre donné au tableau Van Verle vers le milieu du XVIIᵉ siècle : elle veut manifestement dire que le jeune homme du portrait aurait été à un certain moment baptisé membre de la famille Fugger sur le fondement de ce passage des *Vite* (1964, note 21 de la page 60). Mais je ne crois pas que ce baptême ait visé à faire passer le portrait pour la *Tête* même que possédait Vasari, car celle-ci devait être entendue alors comme nous l'entendons aujourd'hui, c'est-à-dire exécutée sur papier. Je ne suis donc pas persuadé que le texte de Vasari ait joué un rôle dans l'identification du personnage.

Toujours est-il que le tableau de Munich était attribué à Giorgione dans la collection Van Verle indépendamment de l'identité du personnage, et il était attribué ainsi sur le fondement d'une inscription qu'on pouvait lire au dos du panneau et qu'on peut encore y lire, et que Kultzen et Eikemeier (1971, pp. 202-205) jugent tracée par une main de la fin du XVIᵉ siècle; « *Giorgion de Castel Franco. F/Maestro de Ticiano* » (Giorgio de Castelfranco, maître de Titien, fit [ce tableau] »). Il faut donc croire que Ridolfi, qui le dit aussi de Giorgione, connaissait ce tableau avant que celui-ci ne parvînt à Anvers. Et l'on ne saurait se convaincre que l'*Autoportrait* de Palma — auquel Vasari donne une telle importance qu'il le déclare « d'une totale perfection, davantage que n'importe quelle œuvre qui fut faite par un peintre vénitien jusqu'à cette époque » et qui était présenté au public « presque chaque année dans l'exposition de l'Ascension » — ait pu perdre son identité en l'espace de quelques décennies. Mis à part l'énorme écart de qualité même par rapport au meilleur Palma — il faut quand même bien reconnaître que ce tableau de Munich est l'un des chefs-d'œuvre du siècle —, et mis à part les différences qui ressortissent au domaine du style, si ce tableau était un autoportrait de Palma, et puisque le jeune homme représenté n'a pas plus de vingt ans, Palma devrait l'avoir peint en 1500 environ !

Rylands (1988) a de nouveau proposé l'attribution à Palma de ce tableau de Munich en le datant de 1516-1518, et il l'étudie sans évoquer le contraste entre l'âge que Palma devrait paraître à cette date-là, de trente-six à trente-huit ans, et l'âge du jeune homme représenté sur ce tableau. Rylands situe ce portrait, avec cette datation inacceptable entre la *Femme en vert* et la *Femme en bleu* de Vienne et la *Bella* (cat. 57). De surcroît, cet auteur ne mentionne pas dans la notice l'inscription ancienne au dos du panneau.

Garas (1966, p. 84) date le portrait de Munich vers 1510 et semble dire que cette datation est celle qui convient le mieux, compte tenu du costume et du style : mais, d'une part, en 1510, Palma avait trente ans, ce qui est trop par rapport au modèle de ce portrait, et, d'autre part, date de cette année 1510 le petit *Portrait de jeune homme*, de la Galleria Borghese, et viennent peu après les deux petites *Têtes de jeunes gens couronnées*, de Budapest, un peu belliniennes et un peu giorgionesques, trois œuvres qui font comprendre à quel point le peintre était incapable d'atteindre à la qualité du portrait de Munich non seulement à cette date de 1510 mais aussi après.

L'attribution à Titien du tableau de Munich par Suida (1935), par Morassi (1942), qui le rapproche du *Bravo* de Vienne, par Pallucchini (1969), qui le date vers 1512, et par Pignatti (1969), qui le situe vers 1515, nous éloigne trop et ne tient pas compte du fait que, comme je vais le montrer, il n'y a dans ce tableau rien qui relève du classicisme, et que nous nous trouvons donc dans un univers spirituel et stylistique tout autre que celui auquel appartient le *Bravo*, avec lequel il a été confondu ; et il se trouve en tout cas que nous connaissons l'interprétation que Titien lui-même donnera à cette époque, vers 1513, de ce *Portrait d'un membre de la famille Fugger* de Munich : le *Portrait d'un musicien* de la Galleria Spada (cat. 51).

L'attribution à Sebastiano del Piombo n'est pas davantage convaincante (proposée par Lucco, 1980, avec la date de 1508 environ) parce que ce peintre n'a jamais témoigné, pas même pendant ses années vénitiennes, de la vocation au réalisme qui est la caractéristique prépondérante et même exclusive de ce *Portrait*, et parce que, des trois protagonistes de l'époque à laquelle appartient ce tableau, Sebastiano del Piombo est celui qui a le moins ressenti l'influence de Dürer. Cette proposition d'attribution à Sebastiano a cependant le mérite de bien saisir le moment de la genèse de ce portrait. En tout cas, la façon de porter les cheveux longs sur les épaules et d'avoir le visage rasé ainsi que la manche brodée de petits losanges indiquent un état des modes qui incite à ne pas dépasser l'année 1510.

Mais c'est seulement quand on se rend compte à quel point ce *Portrait* de Munich a sa source dans les œuvres vénitiennes de Dürer, et en est d'ailleurs une interprétation géniale au point d'influer en retour sur Dürer lui-même, que l'on comprend la vanité de toute datation à une époque autre que celle de la présence du peintre allemand à Venise. La parenté est étroite avec les portraits de la *Fête du rosaire*, notamment avec l'autoportrait (surtout si l'on compare celui-ci avec la radiographie du tableau de Munich), avec le *Christ parmi les docteurs* (coll. Thyssen) en particulier avec la tête du dernier des trois personnages sur la gauche, qui s'écarte du Christ tout en se tournant vers le spectateur, ou avec l'*Étude pour un portrait de l'architecte* qui est le premier personnage à droite dans la *Fête du Rosaire* (Berlin, Kupferstichkabinett : Winkler, n° 382).

On ne peut tout comprendre de ce *Portrait d'un membre de la famille Fugger* de Munich que si l'on admet que Giorgione avait l'intention de s'y mesurer avec le langage de Dürer, et seul un grand maître comme Giorgione pouvait ne pas succomber en s'engageant dans cette confrontation : regardons la rêche écorce réaliste, la vérité, excessive même, de la fourrure de renard, de la manche brodée de petits losanges, des cheveux de jais, des traits du visage, l'attitude véhémente et un peu sauvage, peut-être due à la torsion, intentionnellement exagérée, de la tête sur le buste, la force hypnotique du regard, avide et inquiétant, la beauté romantique et fatale de la tête, l'aspect un peu ombrageux et même cette espèce d'ambiguïté psychologique et physique qui fait que l'on ne sait guère où passe la distinction entre mâle et efféminé. A considérer, du haut du sommet atteint par ce chef-d'œuvre, je ne dis pas tout le portrait du XVe siècle jusqu'à Bellini compris, mais simplement les portraits de Giorgione des années 1500-1505, on éprouve une sensation de vertige, tant l'émulation avec Dürer lui a permis de s'élever.

On peut cependant suivre le fil d'une continuité, des portraits de ces années-là jusqu'à ce tableau de Munich, et je pense même que Giorgione n'aurait sans aucun doute pas pu, sans être vaincu, affronter ainsi Dürer sur le terrain du portrait s'il n'avait lui-même, dans les années précédentes, renouvelé radicalement la tradition du portrait du siècle précédent. Comment ne pas voir la continuité avec le *Lecteur des éditions aldines* et avec la *Vecchia*? Comment ne pas voir que celui qui a imaginé la beauté ravissante et ambiguë de cet *Épervier* est le même peintre qui a conçu celles de l'*Archange*, du jeune homme derrière le *Mélancolique* (cat. 21) et de l'*Égyptien* (cat. 25)?

Et pourtant Giorgione sort tout à fait transformé de cette confrontation avec Dürer. Voici ce que je disais en 1978 ([1978] 1981) : «Avec le *Portrait d'un membre de la famille Fugger* de Munich, Giorgione introduit dans le portrait une charge de réalisme et d'animation dont il serait inutile de chercher la préfiguration dans sa peinture précédente (par exemple, dans le réalisme, d'une tout autre nature, du vieillard des *Trois Ages* ou de la *Vecchia*). L'art du portrait « stilnovista » (pétrarquiste) de quatre ou cinq ans auparavant se révèle d'une époque désormais révolue » — je veux dire les figures un peu figées, les attitudes *cortigiane* (de cour) et emblématiques, les mises en page étudiées, les éclairages extrêmement artificiels. A présent, il aborde le personnage directement, sans médiation, dans une situation qui est plus que jamais celle d'une tranche de vie, animée, en mouvement. Dans le *Portrait d'un membre de la famille Fugger* de Munich, le jeune homme passe devant la fenêtre que constitue le tableau, et il nous montre bien plus que son épaule ; il se tourne vers nous en nous regardant dans les yeux d'un air impérieux : toute médiation est abolie entre le personnage et nous. Il porte des gants et sur les épaules une fourrure de renard qui occupe tout le premier plan et sort presque du tableau.

Ce portrait de Munich est peint de dos, comme l'étaient certains autres des années précédentes [le vieillard des *Trois Ages*, le *Portrait d'homme en armure avec son serviteur* (cat. 26)], mais comment ne pas voir que toutes différentes sont les motivations et les sources figuratives, qu'elles proviennent là de Léonard et ici de Dürer ? Comment ne pas comprendre à présent que le réalisme de la *Vecchia* n'a rien à voir avec celui de Dürer et appartient à une tout autre époque de la peinture ? Tout se passe comme si Giorgione avait un moment tourné le dos au modèle culturel suivi dans la *Compagnia degli Amici* et était passé à la psychanalyse. Seule la confrontation avec Dürer pouvait le conduire à ce point, et à l'occasion, comme je l'ai dit, du portrait d'un Allemand, car je ne vois aucune raison de récuser les indications de Ridolfi.

A beaucoup d'égards, ce tableau de Munich est un *unicum* : c'est ce qu'on peut dire à voir le *Portrait d'un joueur de flûte qui se retourne*, tableau perdu et connu par de nombreuses copies (Wilton House, Earl of Pembroke ; Bowood, marquis de Lansdowne [sur papier] ; Naples, Gallerie di Capodimonte ; etc.), que Giorgione devrait avoir peint aussi vers la fin de cette année 1506 : «L'écart par rapport au *Portrait d'un membre de la famille Fugger* de Munich est des plus significatifs, au point, non pas d'affaiblir, mais d'accréditer davantage l'hypothèse selon laquelle ces deux portraits sont contemporains ; [le *Portrait d'un joueur de flûte qui se retourne*] nous montre que Giorgione, après avoir répondu aux exigences très particulières du marchand allemand, adapte la mobilité de son registre expressif à celles d'un gentilhomme italien cultivé, probablement vénitien, qui, ayant pris sa flûte, s'apprête "à aller en Arcadie" — naissance d'un goût qui se répandra dès lors de plus en plus et qui trouvera peu après son expression achevée dans le *Concert champêtre* (cat. 43). Le réalisme ardent et véhément du *Portrait* de Munich s'en trouve par conséquent atténué, mais l'attitude de la figure, sinon son humeur, est désormais celle du *Joueur de flûte* (cat. 31) de la Galleria Borghese et de l'autre *Joueur de flûte* connu seulement par la copie à l'aquarelle dans l'inventaire de la collection d'Andrea Vendramin de 1627 (British Museum, Sloane Ms. 4004 ; f. 27)» ([1978] 1981, pp. 26-27).

J'ai indiqué plus haut qu'il est possible que ce *Portrait d'un membre de la famille Fugger* de Giorgione ait en retour influé sur Dürer lui-même. Il suffit de regarder ensemble au musée de Vienne le *Portrait de jeune femme* de l'automne 1505 et le *Portrait d'homme* de janvier 1507 pour comprendre ce que je veux dire : la facture légère, de la chevelure et du duvet qui encadre le menton et les lèvres, la délicatesse des ombres sur les chairs, la vérité des revers de fourrure qui teintent d'une ombre transparente la chemise immaculée, sont les signes que, comme l'on dit, les deux artistes ont fait au moins jeu égal dans cette partie où ils se sont confrontés.

Bien qu'avec quelques réserves, Justi a attribué le *Portrait* de Munich à Giorgione et il l'a daté des années 1508-1510 (1908, I, pp. 20, 175-181); par la suite, il a accentué ses réserves et il a considéré ce portrait comme une œuvre exécutée en collaboration par Giorgione et Palma Vecchio (1926, II, pp. 114, 336-342). L'attribution à Giorgione, jugée probable par deux spécialistes de Palma comme Spahn (1932, pp. 131, 174) et Gombosi (1937, p. 139), a été reprise dans les années 1970 non seulement par moi mais aussi par Wethey (1971, p. 165, n. X-42) et par Hornig (1976, pp. 918, 921, 926; 1987, pp. 116, 121, 222, 224), tous deux le datant vers 1510. Le catalogue de l'Alte Pinakothek de Munich (Kultzen, Eikemeier, 1971, pp. 202-205) recense ce tableau comme l'œuvre d'un peintre anonyme du premier quart du XVIe siècle.

Pour le *Portrait d'un joueur de flûte qui se retourne*, dont l'invention est habituellement attribuée à Sebastiano del Piombo, voir Hirst, 1981, pp. 29-30, et Lucco, 1980, pp. 93-94, n° 12.

A.B.

page 44

29

Giorgio da Castelfranco, dit Giorgione

Castelfranco Veneto, vers 1476/1476 -
Venise, 1510

Le Concert

vers 1507

Toile. H. 0,86; L. 0,70

COLLECTION PARTICULIÈRE

HISTORIQUE

Venise, collection de Gabriele Vendramin (n. 1484 – m.1552) et héritiers (jusqu'en 1657) (inventaire du « cabinet des antiquités », 1567-1569 (éd. Ravà, 1920, p. 155) : «Un tableau de la main de Zorzon de Castelfranco, avec trois grandes têtes qui chantent»; inventaire de 1601 (Anderson, 1979 [*Inventory*], p. 647) : «XIV. un tableau avec une grande tête et deux autres têtes une sur chaque côté, dans l'ombre comme il semble, avec son cadre de noyer aux fils d'or haut de six *quarte* et large de cinq *quarte* environ» [102,5 cm de hauteur et 85,4 cm de largeur, une *quarta* – un quart de brasse italienne – équivalant à 17,08 cm et une demi-quarta à 8,54 cm]); Venise, collection de Nicolò Renieri (n. 1590 – m. 1667) (1657-1666) (Sansovino (éd. Martinioni), 1663, I, p. 377 : «Enfin Nicolò Renieri, grand et Excellent peintre [...] a une grande collection de Tableaux des Peintres les plus estimés du siècle passé, et du présent [...] Il a de Giorgione trois Tableaux : dans l'un est peinte une Vierge avec un Christ Enfant dans ses bras; dans un autre Samson, qui s'appuie d'une main sur une pierre, exprimant son regret de sa chevelure coupée, avec derrière deux figures qui se moquent de lui; dans le troisième, il y a les âges de l'hommes; [...]»); *Ordres et règles établis par les Illustrissimes Provéditeurs de la Commune le 4 Décembre 1666 en vertu du Décret de l'Excellent Conseil des X en matière d'un lot de Tableaux de D. Nicolò Renieri*, Biblioteca Marciana, Misc. I. 841, opusculo n° 15 : «G. 7. Un tableau de la main de Giorgione da Castel Franco, représentant Samson, en demi-buste plus grand que nature, qui d'une main s'appuie sur une pierre et montre son regret de sa chevelure coupée, avec derrière deux figures qui se moquent de lui, haut de 5 *quarte* et demie et large de 5. Dans un Cadre de noyer peint avec de l'or» (c'est-à-dire 93,9 cm × 85,4 cm) (Campori, 1870, p. 444; Savini Branca, 1965, p. 99) (dans l'inventaire Vendramin de 1601 comme dans celui-ci, le cadre est compris dans les dimensions du tableau : la différence de hauteur est due à l'unité de mesure utilisée, la *quarta* et la demi-*quarta*, qui oblige à arrondir par excès ou par défaut de 4 cm environ : si la hauteur dans le premier cas est calculée par excès et dans le second par défaut, et si largeur des deux est calculée légèrement par excès, on obtient des mesures correspondant environ à 98 × 82 cm, qui incluent un cadre d'une largeur de 6 cm : il n'y a pas de raison de penser que le cadre ne soit pas le même dans les deux collections, un cadre de noyer «aux filets d'or» correspondant bien à un cadre de noyer «peint avec de l'or»); Milan, collection particulière, à partir de 1944 (lettre de R. Longhi au propriétaire du 30 mars 1944, publiée plus loin (voir aussi Bora, 1992, pp. 378-379); l'absence totale de documentation entre 1666 et 1944 rend évidemment ce lien hypothétique). Si l'on accepte l'hypothèse – qui semble la seule possible à partir du moment où l'on superpose les deux inventaires – que le n° XIV de l'inventaire de 1601 est le même tableau que celui avec les «trois grandes têtes qui chantent» de Giorgione de l'inventaire de 1567-1569, on ne peut éviter de supposer aussi que ce n° XIV, la «grande tête et deux autres têtes, une sur chaque côté dans l'ombre» soit le «Samson en demi-figure plus grand que la réalité (...) avec derrière deux figures qui se moquent de lui» de Giorgione, décrit dans le catalogue Renieri de 1666, aucune indication en sens contraire ne pouvant être déduite de la comparaison des dimensions ou des cadres, ou de ce que l'on connaît sur la dislocation de la collection Vendramin et sur la formation de celle de Renieri, tout au contraire favorisant une telle identification, à commencer par le fait que la collection Vendramin a été dispersée en 1657, à l'époque où Renieri était en train de constituer la sienne, et que l'on sait que d'autres tableaux sont passées de l'une à l'autre à cette occasion (Garas, 1972; Anderson, 1979; Garas, 1979). Du reste, Longhi pensait

déjà que le *Samson bafoué* Renieri était le même tableau que celui qui se trouve aujourd'hui dans une collection particulière, une hypothèse appuyée elle aussi sur la comparaison des dimensions. Il est donc très probable, du moins pour ceux qui sont convaincus que cette œuvre est de Giorgione, que le *Samson bafoué*, interprété depuis sa restauration comme un *Concert*, ne soit autre que le tableau avec les «trois grandes têtes qui chantent» que Gabriele Vendramin avait fait accrocher au mur de son cabinet comme étant une œuvre de Giorgione. J. Anderson (1979, [*Inventory*] p. 644) conteste cette identification en soutenant que les dimensions du tableau Mattioli sont proches, mais ne correspondent pas exactement à celles du tableau Vendramin (il se peut qu'elle ait adopté les dimensions du tableau présenté ici, données dans le catalogue de l'exposition de Venise où les chiffres ont été intervertis par erreur (Zampetti, 1955), et reprises dans les deux éditions de la monographie de Pignatti (1969, 1978; voir aussi l'éd. anglaise 1971, p. 127, A 28), c'est-à-dire 68 × 70 cm, au lieu de 86 × 70 cm) avant de conclure que, dans tous les cas, ni l'une ni l'autre des descriptions des deux œuvres de l'inventaire de 1567-1569, les «trois grosses têtes qui chantent» de Giorgione et les «trois têtes» d'après Giorgione, ne pourraient correspondre au tableau Mattioli, qu'elle ne considère d'ailleurs pas comme autographe. L'hypothèse d'une identification avec le tableau Vendramin est aujourd'hui renforcée par les résultats de la restauration de 1985, effectuée par Giovanni Rossi; elle a permis d'y reconnaître un sujet complètement différent de celui que décrit l'inventaire Renieri : l'objet que nous avons longtemps cru être une pierre sur laquelle s'appuyait d'un air douloureux le héros biblique présumé, rasé et bafoué, s'est révélé être, au moment où la restauration en a découvert le creux le long du profil gauche, une *lira da braccio* (instrument du XVe et XVIe siècle, intermédiaire entre la vielle et le violon) vue de derrière et renversée, dont le fond de la caisse tourné vers nous présente une décoration marquetée ou peinte rouge laque formant un dessin géométrique. Le professeur Francesco de Grada de l'université de Milan, auquel je me suis adressé alors (mai 1985) pour identifier l'objet que je viens de décrire, n'a pas hésité à y reconnaître précisément une *lira da braccio*. Par conséquent, le personnage central est en fait un chanteur, un musicien représenté, dirait-on, en train de chanter, avec deux figures derrière lui, dont l'une semble se moquer de lui. Il faut donc penser que Renieri a donné un titre à un tableau qui n'en possédait déjà plus à la date de second inventaire Vendramin et imaginer qu'il ait peut-être lui-même camouflé l'instrument musical en «pierre» pour rendre son titre plus crédible. Se reporter aux notices **21, 30, 31** pour d'autres lectures faites autrefois de ce tableau Vendramin.

EXPOSITIONS

Venise, 1955, n° 39; Venise, 1992, n° 82.

BIBLIOGRAPHIE

Sansovino (éd. Martinioni), 1663, I, p. 377; Campori, 1870, pp. 443-444; Ravà, 1920, p. 155; Longhi, 1946, p. 64; Pallucchini, 1955 (*Guida*), p. 9; Pignatti, 1955, p. 13; Robertson, 1955, p. 276; Valsecchi (*L'Enigma*), 1955, p. 58; Valsecchi, 1955 (*Giorgione*), pp. 27-31; Zampetti, 1955 (*Giorgione*), pp. 88-89, n° 39; Zampetti, 1955 (*Postille*), pp. 65-66; Dussler, 1956, p. 4; L. Venturi, 1958, col. 213; Salvini, 1961, p. 238; Tschmelitsch, 1962, pp. 20-21; Volpe, 1963, s.p.; Savini Branca, 1964, p. 266; Riccomini, 1966, p. 36; Tschmelitsch, 1966; Zampetti, 1968, p. 96, n° 40; Pignatti, 1969, pp. 68, 124, n° A 28; Calvesi, 1970, p. 233; Tschmelitsch, 1975, pp. 350-357, 450; Ballarin, 1980, p. 493, p. 494 note 3; Pignatti, 1978 (*Giorgione*), p. 129, n° A 29; Carpeggiani, 1978, p. 75; Anderson, 1979 (*Inventory*), p. 647; Ballarin, 1981, pp. 27-28; Bertelli, 1983, p. 11; Lucco, 1983, p. 462; Bora, 1992, pp. 358, 378-379, n° 82.

La première mention de cette œuvre capitale pour les travaux sur Giorgione se trouve dans l'appareil de notes du *Viatico* (1946), sans que le tableau soit d'ailleurs reproduit. Avec un brin de nonchalance délibérée, comme à son habitude, Longhi termine ainsi sa note: «Je rappelle en outre qu'à l'époque du Fondaco remonte aussi le *Samson bafoué*, en demi-figure, d'une collection particulière milanaise [...]». Dans une de ses lettres au propriétaire d'alors, datée du 30 mars 1944, que les actuels collectionneurs m'ont fait lire en 1985 et m'ont autorisé à publier, on apprend que le critique connaissait ce tableau depuis des années et qu'il avait eu l'occasion de l'examiner plusieurs fois par le passé, «en renforçant à chaque fois ma conviction qu'il faille vraiment l'attribuer à la main de Giorgione, vers 1508-1510»: «Vous désirez connaître mon avis sur la toile (86 × 70 cm) avec *Samson bafoué par les Philistins*. Je peux vous dire tout de suite que je connais le tableau depuis des années, que je l'ai même examiné plusieurs fois avec attention; et en renforçant à chaque fois ma conviction qu'il faille vraiment l'attribuer à la main de Giorgione, vers 1508-1510. Quant à rendre compte de façon détaillée d'une affirmation aussi lourde de responsabilité critique, ce n'est pas le rôle d'une simple lettre. Je souhaite pouvoir le faire avec plus de calme, dans un essai spécialement consacré à cela, où mes anciennes opinions sur le maître, souvent exploitées (et quelquefois sans la citation voulue) par la critique récente, pourront être justifiées de façon plus strictement personnelle. Car, dans l'épineux domaine des attributions, prononcer un nom, et un grand nom, n'a pas de poids si l'on n'a d'abord vérifié le bon droit de l'«émetteur» (si l'on peut dire). Et surtout dans le cas de Giorgione, artiste tellement évasif et d'une culture si complexe et si variable qu'elle semble souvent insaisissable. Il n'est donc pas indiscret de ma part de rappeler quelques-uns de mes précédents positifs dans ce domaine; par exemple, la restitution à Giorgione, dès 1927, de cette *Laura* de Vienne (cat. 27), au revers de laquelle, quelques années plus tard seulement, Wilde déchiffrait l'inscription originale qui l'attribue au maître; la restitution nette à ce dernier de tout le groupe que la critique attribuait essentiellement à Catena, y compris de la *Sainte Conversation* des Gallerie vénitiennes, aujourd'hui acceptée aussi, sans citer aucun précédent critique, dans la monographie de Morassi; et je pourrais continuer avec d'autres exemples».

Il s'agissait dans ces cas-là d'œuvres à situer essentiellement durant la première période du maître; ici, par contre, nous parlons d'une œuvre qui me semble concerner la dernière période, la plus obscure aussi, de l'artiste; car, après la destruction presque totale des fresques du Fondaco dei Tedeschi (1508) et de l'original du *David*, il ne reste, pour une maigre comparaison, que de vieilles gravures et de vieilles copies. La *Vénus* de Dresde, dont la majeure partie a été exécutée par Titien, sur un début de Giorgione, ne nous aide pas beaucoup non plus.

Sur quoi donc se fonder? La très grande qualité, en soi évidente dans l'œuvre, ne suffirait pas s'il n'y avait le secours bienvenu des qualités immanentes (si l'on peut dire) et donc plus internes et moins traduisibles en mots, du style du maître. D'abord, l'empâtement des couleurs, inimitable dès les premières œuvres, qui ressemble à un mystérieux tissu de chair et de violettes; et dans la casaque, cet éclat soudain des tons, qui s'expriment avec une liberté presque «vélasquézienne», reflète bien ce «flamboiement des couleurs» que les critiques du XVIe siècle (qui disposaient encore de toute l'œuvre de l'artiste) définissaient comme caractéristique de sa dernière période, en y voyant avec perspicacité comme le début d'une peinture à venir; ce fut en effet le cas.

De cette constatation interne découlent ensuite plus facilement les autres intentions, elles aussi très personnelles, du tableau. La préférence de Giorgione pour le traitement voilé, presque ésotérique et romantique, du sujet biblique, est assez connue; et rien ne peut mieux l'illustrer que la manière évasive avec laquelle l'artiste a représenté ici le *Samson* rasé et bafoué; d'autant plus qu'il aurait été bien difficile d'en établir le sujet si l'on n'avait eu le secours de l'opuscule exceptionnel de la Biblioteca Marciana, où, dans le catalogue des tableaux de l'héritage de Nicolò Renieri est cité précisément, comme étant une œuvre de Giorgione, un tableau sur cet argument. Non seulement, mais la description et même les mesures correspondent parfaitement à sa toile; on peut donc penser que, sinon du même tableau, il s'agit au moins d'une vieille copie de ce dernier. Je pourrais ajouter beaucoup d'autres choses pour confirmer ma conviction; par exemple, que la dimension presque gigantesque de la tête de Samson ne me paraît pas être seulement une exigence du sujet, mais aussi, et plus encore, une disposition naturelle de la part de quelqu'un dont la main se souvenait encore, si l'on peut dire, du grand format de la figure du Fondaco; que la difficulté exceptionnelle du raccourci de la tête du protagoniste semble avoir inspiré le jeune Titien (vers 1510) pour la demi-figure de l'*Évangéliste Marc* de la collection Contini-Bonacossi de Florence, ce qui justifie encore mieux la datation de l'œuvre avant cette année (peu de temps avant, vu les caractères et les limites du «giorgionisme» chez le jeune Titien). Mais je tiens surtout à faire remarquer combien à ce point de notre examen c'est le tableau lui-même qui nous parle de son histoire la plus profonde, montrant encore une fois une variante de la culture complexe de Giorgione, au moment précis où il repense ce sujet rare. En effet, les fréquents emprunts du premier Giorgione à la gravure nordique étaient déjà connues, par exemple dans le drapé de la *Judith* de Leningrad; mais ici, dans ces deux Pharisiens qui ricanent dans la pénombre de l'arrière-plan, une nouvelle source culturelle se dessine visiblement: Dürer; et précisément celui des œuvres vénitiennes de 1505. La chose est importante non seulement parce que nous obtenons ainsi un *terminus post quem* pour le tableau; mais aussi, et plus encore, parce que la filtration subtile grâce à laquelle cette page d'«expressionnisme» nordique (ou comme on le dit en Italie, de «caricature») se transforme discrètement en une légère veine satirique, est une chose digne d'un grand esprit uniquement; et franchement typique de l'élaboration mentale raffinée propre à Giorgione».

En publiant les *Têtes des deux musiciens* (cat. 30, 31) de la Galleria Borghese, Mme Della Pergola (1954) dira que Longhi avait fait savoir dès 1945 qu'il les attribuait non plus à Mancini, comme il l'avait fait en 1927, mais à Giorgione. Nous savons qu'il connaissait déjà le *Concert* et cela l'a conduit à revoir la situation des deux autres tableaux. D'autre part, on pourrait inverser l'ordre des idées: l'intuition de la qualité totalement et uniquement giorgionesque de l'une des deux *Têtes*, rattachée que très provisoirement au nom de Mancini, peut l'avoir aidé à reconnaître la main de Giorgione dans le *Concert*. Une nouvelle conception de la dernière manière de Giorgione semble donc faire son chemin dans l'esprit de Longhi au cours des années trente; c'est pourquoi je suis surpris qu'elle n'éclate pas au grand jour dans le *Viatico*, et plus précisément que la note du *Viatico* dont j'ai parlé au début ne dise rien des *Têtes des deux musiciens* et qu'elle ait l'air d'introduire le *Concert* au dernier moment sans en faire le pivot autour duquel réorganiser la chronologie de Giorgione et résoudre les contradictions qu'elle contenait; voir pour le développement de ce raisonnement, la notice concernant l'*Homme en armure avec son page* (cat. 22). Cette problématique va devenir objet de discussion publique à l'occasion de l'exposition du palais des Doges (1955), où le *Concert* et les deux *Musiciens* seront exposés ensemble après avoir été restaurés et être passés une première fois au crible de la critique. C'est donc dans le catalogue de l'exposition que l'on trouve la première reproduction du *Concert*. Je crois qu'il y a de quoi réfléchir sur les réactions des spécialistes de Giorgione face à ces trois tableaux. Je ne pense pas qu'on puisse le faire maintenant parce que cela comporte des implications d'un ordre plus général qui nous amèneraient trop loin; pour l'instant, contentons-nous de dire que ces réactions photographient, comme aucun autre bilan historiographique ne saurait le faire, l'état des recherches sur Giorgione après quatre-vingt cinq ans de réflexion sur la question, si l'on prend comme point de départ l'*History of Painting in North of Italy* de Crowe et Cavalcaselle. Les critiques de Giorgione ne sont souvent pas prêts à comprendre des tableaux comme ceux-ci. Le Giorgione que la critique de l'après-guerre a construit, en tournant le dos à celui de Richter, en lui enlevant ce qui appartenait à Titien et à Sebastiano et, comme on pouvait le penser, en le restituant pour ainsi dire à lui-même, n'est absolument pas reconnaissable dans ce *Concert*. Quelque chose n'a pas bien fonctionné, et le discours qui semblait finalement ouvert à la découverte de la vraie personnalité de Giorgione s'est à nouveau refermé.

Zampetti présente les trois œuvres d'une façon assez ouverte dans le catalogue de l'exposition, mais dans les *Postille*, où il lui est plus facile de parler à la première personne, il prend ses distances : « Mais on a voulu ensuite aller un peu au-delà du chemin parcouru par le peintre, en lui attribuant les deux grandes *Têtes* de la Galleria Borghese et ce *Samson bafoué* : des œuvres qui, toutes, poussent presque jusqu'à la caricature le profond pathos des créations giorgionesques ». Robertson (1955) trouve assez improbable que les deux *Musiciens* puissent avoir fait partie d'un seul et même tableau à trois figures et qu'ils aient donc quelque chose à voir avec le tableau aux « trois grandes têtes qui chantent » de l'inventaire Vendramin. « En ce qui concerne la qualité, il me semble que leur composition est faible, leur exécution grossière et leur sentiment vulgaire, et qu'ils sont de tous les points de vue impossibles à concevoir comme une évolution du peintre que nous connaissons à travers ses œuvres authentiques. Que sont-ils donc ? [...] Je ne crois pas, quant à moi, qu'ils soient si anciens (les années 1530 où Wilde situait autrefois les œuvres tardives du "Maître des Autoportraits" ou d'autres attributions au domaine de la tradition giorgionesque) ni qu'ils appartiennent à la tradition giorgionesque vivante de la première moitié du XVIᵉ siècle. Ils me semblent plutôt représenter le travail d'un artiste habile du début du XVIIᵉ siècle qui, exactement comme Van Meegeren s'est mis à créer un nouveau type de Vermeer désiré par les critiques, a lui aussi créé un type de Giorgione correspondant plus étroitement que les travaux authentiques qui avaient survécu à l'idée que les critiques de l'époque s'étaient fait de sa signification, à partir de la tradition littéraire. Il est significatif que maintenant, alors que le Seicento est en train de devenir tellement à la mode, l'attribution de ces travaux à Giorgione refasse surface ». Quant au *Concert*, « (il) semble plutôt appartenir à la seconde moitié du XVIᵉ siècle ». Dussler (1956) exprime un point de vue analogue : les deux œuvres de la Galleria Borghese remontent à la période baroque, tandis que le *Concert* ne peut être daté avant les années 1560-1570. Pour le critique, l'exposition aurait dû présenter un plus grand nombre de pseudo-Giorgione du XVIIᵉ siècle, et il n'aurait pas été difficile de trouver d'autres tableaux comme les deux de Rome. Pour L. Venturi aussi (1958), les trois œuvres ne peuvent être datées d'avant la seconde moitié du XVIIᵉ siècle. Pallucchini (1955 *[Guida]*) n'a pas de propositions de rechange, mais dit clairement que seul le Seicento « dans son interprétation mirobolante de Giorgione » pouvait considérer de telles œuvres comme étant du peintre, mais certainement pas nous. Plus prudent, Salvini (1961, 1978) s'accroche à l'excès de pathos, au manque de retenu qui ne trouveraient aucune place dans les œuvres certaines ou probables de la dernière période de Giorgione. Baldass (Baldass et Heinz, 1964), qui ne parle pas du troisième tableau, pense

que les deux *Musiciens* sont peut-être basés sur des originaux perdus du maître, mais qu'ils n'ont « probablement pas (été peints) avant le XVIIᵉ siècle ». Pignatti (1969, 1978) se sert de la date 1510 du *Portrait* Terris (cat. **28**), qu'il considère comme sûre et certaine, pour faire obstacle à ces tableaux : cette date et tout ce que l'on a construit autour empêchent d'imaginer une évolution de Giorgione dans les termes indiqués par ces trois œuvres, produits tardifs du « giorgionisme » et d'un « giorgionisme de province », datant d'au moins quelques décennies après la disparition du maître. Ce compte rendu peut être complété par quelques prises de positions « favorables » : de Valsecchi, (1955) à propos du *Concert* ; de Tschmelitsch (1962, 1966), qui dans sa monographie de 1975 aussi considère le *Concert* comme une œuvre extrême de Giorgione tout en le distinguant des *Musiciens*, dans lesquels il perçoit déjà une attitude maniériste ; de Volpe (1963) ; et de Zampetti (1968). En 1963, Volpe n'a aucun doute sur les trois tableaux en précisant d'ailleurs à propos du *Concert* que « le jour où [...] on organisera une exposition sur le giorgionisme ferrarais, cette toile en sera la prémisse nécessaire, accompagnée précisément du nom de Giorgione », mais en 1978 ([1978] 1981) il fait marche arrière, de façon explicite sur les *Musiciens*, et par extension sur l'autre tableau aussi, puisqu'il confesse avoir été autrefois « conduit hors du juste chemin par des propositions récentes, et intelligentes, dans lesquelles je ne crois plus maintenant (je fais référence au moins au deux *Chanteurs* de la Galleria Borghese) ». Il est aujourd'hui d'accord sur les positions de la monographie de Pignatti. Quant à Zampetti, il fait preuve, il me semble, d'une attitude plus ouverte maintenant, mais seulement en ce qui concerne le *Concert*.

Dans mes thèses sur la jeunesse de Titien présentées aux rencontres de Venise de 1976, en particulier sur la période qui précède le Fondaco dei Tedeschi et qui nous amène pratiquement au séjour de Dürer à Venise, le *Concert* et les deux *Musiciens* (cat. **30**, **31**) deviennent le pivot de tout le système. Le fait de reculer la date de la *Suzanne* (cat. **42**) et d'un groupe d'œuvres qui lui sont apparentées, à 1507 environ contraint à repenser le rythme de l'évolution de Giorgione durant la présence de Dürer à Venise. Les impressions éprouvées par le peintre vénitien face à la *Fête du rosaire*, au *Christ parmi les docteurs*, aux *Portraits* ont dû être particulièrement fortes, et peut-être même bouleversantes. On suit le parcours de cette expérience le long de l'année 1506 à travers le *Portrait* Terris (cat. **28**) et le *Fugger*. Ce tableau présuppose la connaissance du *Christ parmi les docteurs*. Il me semble qu'aujourd'hui encore les critiques allemands n'ont pas pris de décision concordante quant au lieu où Dürer aurait peint cette toile, s'il s'agit de Venise, et dans ce cas d'une datation avant la fin septembre, ou de Rome, et par conséquent plus tard dans l'année – ce qui est l'avis d'Anzelewski (1980, p. 132) tandis que Strieder (1982, p. 128) s'en tient à

l'opinion traditionnelle ; reste le fait qu'il est certain que ce tableau devait être bien connu à Venise, et l'impression qu'il a dû faire sur Giorgione est en une preuve ultérieure. Le *Concert*, qui justement en porte les marques, ne peut d'un côté être trop éloigné de la date de ce tableau, l'automne 1506, mais de l'autre, précisément parce que Titien est face à cette interprétation de Dürer lorsqu'il élabore la sienne au moment de la *Suzanne* (cat. **42**), ne peut que remonter à 1507, et non au-delà. Toutes les propositions faites à l'occasion de ces rencontres sur l'histoire de Giorgione et de Titien après 1506 partent de la conviction que la présence de Dürer à Venise a profondément modifié la physionomie du langage de Giorgione et influencé tout autant la formation de celui de Titien, mais aussi de celle que l'élève a trouvé dans son maître un formidable point de référence durant cette période de renouvellement extraordinaire des horizons de la peinture. 1507 a dû marquer un tournant dans la vie de Giorgione. Vasari avait déjà vu que cette année correspondait au début d'une nouvelle manière : « Puis vers l'an 1507, Giorgione da Castelfranco commença à donner à ses œuvres plus de souplesse et plus de relief avec beaucoup de science ; il avait aussi l'habitude de se placer devant les choses vivantes et naturelles, et de les rendre aussi excellemment que possible avec les couleurs, et suivant le modèle que lui montrait la nature, il les peignait de teintes vives ou douces, sans faire de dessin ; tenant pour certain que peindre rien qu'avec les couleurs, sans dessin préparatoire, était la meilleure méthode et la vraie manière de dessiner ». Le fait que Vasari divise ainsi en périodes l'histoire de Giorgione, non pas dans la biographie de ce dernier, mais au début de celle de Titien, est un signe de la grande perspicacité de l'historien arétin. En effet, dès cette époque, il n'est plus possible de faire l'histoire de Giorgione sans faire aussi celle de Titien, et, ajouterais-je, celle de Sebastiano del Piombo, l'autre créature de Giorgione. Or, des œuvres comme le *Concert* ou les deux *Musiciens*, qu'il faut dater vers 1507 pour les raisons que je viens d'exposer, ne font que confirmer le cheminement élaboré par Vasari. De cette même année devraient être aussi les décorations à fresque de l'entrée du palais Loredan à San Marcuola, par la suite Vendramin-Calergi, si l'on en juge par la gravure de Zanetti représentant la présumée *Diligence* et par le commentaire très subtil qu'il consacre aux fresques qui étaient encore lisibles à son époque. Il est alors très probable que la différence que l'on note entre le *Concert* et les deux *Musiciens*, entre la façon de remplir l'espace et de faire tourner les têtes dans le tableau Mattioli et la mise en page plus espacée et plus monumentale des deux fragments de la Galleria Borghese, s'explique par l'expérience de cette grande décoration à fresque commencée entretemps sur les murs du palais Loredan. Dans la *Diligence*, on reconnaît ce réalisme de matrice « dürerienne » qui distingue les figures du *Concert* et que les mots de Zanetti décrivent bien : « Giorgione (...) la caractérisa avec cette espèce de hache, qu'elle tient dans la main; par ailleurs seules les beautés de la nature l'intéressaient si bien que, faisant peu de cas de la bienséance , il peignit ici une de ces femmes Frioulanes, qui viennent servir à Venise; en ne transformant même pas son habit et en la représentant avec un certain âge, telle qu'il la voyait probablement; sans vouloir tenir compte du fait que pour représenter les Vertus, les peintres ont l'habitude d'imaginer de belles et fraîches jeunes filles » (1760, p. 5). Cette *Diligence* est elle aussi une figure à laquelle on ne peut renoncer si l'on veut comprendre jusqu'à quel point le Titien de la période de la *Suzanne* opère sous l'influence de la leçon de Giorgione. D'autre part, ces fresques Loredan, telles qu'on les découvre aussi dans la description plus complète de Boschini, devaient être un bel exemple de la nouvelle orientation de Giorgione vers le classicisme, et même très probablement le tout premier de ce genre à Venise. En effet, à peine Dürer avait-il quitté la ville au début de 1507 qu'une nouvelle expérience se profilait à l'horizon, tout aussi décisive, l'expérience du classicisme florentin. Les œuvres de Titien datables de 1507, telles que la *Suzanne* justement, ou celles du début de l'année suivante, comme la xylographie représentant le *Triomphe du Christ*, prouvent qu'à partir de cette année-là circulaient à Venise des dessins de Michel-Ange pour le carton de la *Bataille de Cascina*, ou bien des copies de ces dessins ou de figures du carton. Mais, dans ce cas aussi, c'est Giorgione qui semble avoir été le point de référence de Titien. Durant les rencontres de Castelfranco, Smyth a attiré l'attention sur le fait que Michel-Ange avait résidé à Bologne de novembre 1506 à mars 1508 pour travailler à la statue de bronze de Jules II, en imaginant qu'il ait pu faire un voyage à Venise durant cette période et y rencontrer Giorgione. Mais la réflexion sur les œuvres du Léonard de la seconde période florentine et du retour à Milan a dû être tout aussi importante pour Giorgione. Si les « demi-figures » de 1507 sont d'une part, comme on l'a dit, une réaction à vif à la présence de Dürer à Venise — et le *Concert* est l'œuvre la plus significative à cet égard —, d'autre part — et je pense surtout ici aux deux *Musiciens* — elles représentent les premières tentatives d'une nouvelle « grande manière », dues à la rencontre historiquement unique de la monumentalité implicite dans l'expérience du classicisme et du réalisme né de l'étude de l'œuvre du maître allemand. Le *Chanteur* cat. **30** révèle lui aussi ce retour à Léonard, caractérisé par cette façon de nuancer ses peintures et de donner « un formidable mouvement aux choses, grâce à l'obscurité bien comprise des ombres », pour reprendre les mots utilisés par Vasari afin de définir la contribution de Giorgione, à la suite de Léonard, à la « manière moderne »; des mots qui, à mon avis, ne conviennent précisément qu'aux trois tableaux dont nous en sommes en train de parler et à la *Figure de femme nue* du Fondaco (*Proemio alla parte terza*, éd. Bettarini,

Barocchi, IV *[Testo]*, 1976, p. 8). Mais cette géniale interprétation du clair-obscur léonardesque s'accompagne maintenant d'une reprise du climat néoplatonicien. Le *Chanteur*, avec sa main sur sa poitrine, la tête penchée vers l'arrière, ses yeux entrouverts et son regard perdu dans une vision intérieure, est un puissant portrait de l'*excessus mentis*, c'est à dire de cet état d'altération de l'esprit lorsqu'il est envahi par l'inspiration divine. Et l'on ne peut exclure que le *Joueur de flûte* (cat. **31**) qui contraste nettement avec le *Chanteur*, au point qu'il semble son contraire, représente la *Musique Vulgaire* qui flatte les oreilles, à opposer à la *Musique Divine*. La nature fragmentaire des *Têtes* empêche par ailleurs de s'engager plus à fond dans cette direction. Pour revenir à notre point de départ, à cette rencontre entre le réalisme d'origine allemande et la monumentalité exaltée par l'expérience du classicisme et par la pratique même de l'art de la fresque, grâce à laquelle Giorgione construit le naturel de ses figures en 1507, c'est bien elle qui caractérise durant la même période la peinture de ses deux créatures, Titien et Sebastiano. Telle était mon analyse en 1976 et en 1978 ([1976] 1980; 1978 [1981]). La publication de l'inventaire Vendramin de 1601 par J. Anderson en 1979 m'a permis de formuler une nouvelle hypothèse, sans que le tableau perde sa désignation de *Samson bafoué*: qu'il puisse être la même chose que le tableau aux « trois grandes têtes qui chantent » du cabinet des antiquités de Gabriele Vendramin (cours de l'année universitaire 1981-82). En 1985, lors d'une conférence à l'université de Bologne à la mémoire de Carlo Volpe (*La « maniera moderna » di Giorgione*, le 16 mai 1985), j'ai eu l'occasion de donner le premier rôle au *Concert* qui venait d'être restauré et qui avait, grâce à cela, retrouvé son sujet d'origine et renforcé en conséquence l'hypothèse d'une provenance Vendramin-Renieri.

En 1989, Lucco (pp. 11-12) partagera lui aussi l'attribution des trois tableaux à Giorgione. Parronchi (1989) parlera à son tour des deux *Musiciens* de la Galleria Borghese en présentant des considérations qui renforcent les miennes : « les deux "grandes têtes" de la Borghese, sur lesquelles le désaccord des spécialistes ne pourrait être plus évident et strident, constituent un exemple typique pour comprendre le dernier Giorgione. On ne peut les accepter comme des Giorgione sans admettre que le peintre se soit posé le problème des "dimensions plus grandes que dans la réalité" : un problème qui ne trouve certes pas sa place dans cette "Arcadie" où l'on voudrait le confiner et le restreindre. La main du *Chanteur* (cat. **30**) dans son déploiement en forme de coupole, reste traitée dans les termes de la couleur tonale propre à Giorgione, mais il la verse, avec la légèreté d'une matière qui tomberait d'un sablier, dans un dessin qui tente des amplifications inhabituelles, en se servant du clair-obscur comme jamais auparavant. Il ne me semble pas improbable que ceci soit une conséquence de l'impression produite par le *David*

et par les *Batailles* (...) ». En 1992, le *Concert* seul sera présenté à Venise et donné sans discussion à Giorgione, dans une exposition où, remarquons-le, le présumé *Brocardo* (cat. **25**) ne sera qu'« attribué »: dans sa notice, G. Bora fondera ses certitudes sur la lettre de Longhi et sur mes propres convictions, dont il anticipera la partie concernant la provenance Vendramin du tableau.

A.B.

page 42

30

Giorgio da Castelfranco, dit Giorgione
Castelfranco Veneto, vers 1476/1478 - Venise, 1510

Le Chanteur
(fragment) vers 1507
Toile. H. 1,02; L. 0,78
ROME, GALLERIA BORGHESE

HISTORIQUE

Rome, collection du cardinal Scipione Borghese (Manilli, 1650, p. 68, mentionné comme « les deux Bouffons de Giorgione »: *Inventaire*, 1693, salle III, n° 30: « A côté du susdit [un Bassano], sous la Corniche un tableau de 4 palmes d'un portrait d'un Bouffon du n° 42 avec cadre doré de Giorgione »; n° 38 : « A côté de la Corniche un toile de 4 palmes de hauteur avec un Bouffon du n° 421 avec cadre doré de Giorgione » [tous deux ayant une hauteur de 89,2 cm, le palme romain équivalant à 22,3 cm] [éd. Della Pergola, 1964, I, p. 226, n° 138 et n° 146]: l'*Inventaire* de 1693 et les suivants reprennent à la fois la désignation et l'attribution, qui reste inchangée jusqu'au fideicommis de 1833, où ils apparaissent par contre comme une œuvre de Giovanni Bellini » [Della Pergola, 1955]; Rome, Galerie Borghese. L'hypothèse de P. Della Pergola (1954), selon laquelle le *Chanteur* et le *Joueur de flûte* sont, l'un à gauche, l'autre à droite, deux fragments d'un seul tableau identifiable avec celui qui dans l'inventaire de l'ex-collection de Gabriele Vendramin (1484-1552) de 1567-1569 est décrit comme étant « de la main de Zorzon da Castelfranco, avec trois grandes têtes qui chantent » (Ravà, 1920, p. 155), n'a pas de sens car les deux têtes reçoivent la lumière de directions opposées (Ballarin, [1976] 1980, p. 493 note 2). L'autre hypothèse consistant à dire que la tête centrale manquante est identifiable avec le *Joueur de flûte* présenté comme étant une œuvre de Giorgione dans l'inventaire illustré (1627) de la collection d'Andrea Vendramin de San Gregorio, conservé au British Museum (*De picturis*, Mss. n° Sloane 4004, f. 27) et édité par

Borenius en 1923, partait de la supposition erronée que la collection des héritiers Vendramin, qui au début du XVIIᵉ siècle était dans les mains d'Andrea, fils de Luca, lui-même fils d'Andrea, c'est à dire d'un Andrea neveu du frère de Gabriele – qui a vraisemblablement été l'un des commanditaires de Giorgione et qui avait construit, jalousement conservé et transmis cette collection avec interdiction de la disperser à ses héritiers, en l'abritant dès le départ dans le palais de Santa Fosca –, pouvait être la même que la collection que cet autre Andrea, fils de Filippo, mort en 1627, avait constituée au début du XVIIᵉ siècle dans son palais de San Gregorio et dont nous connaissons le contenu en ce qui concerne les peintures – qui ne sont d'ailleurs qu'un aspect de la collection – grâce à l'inventaire figuré dans lequel les tableaux sont représentés par de petites reproductions sommaires à l'aquarelle. Il n'est pas possible de croire non plus que des tableaux de l'une aient conflué dans l'autre parce que la collection des héritiers de Gabriele est restée sous obligation de non dispersion et sous scellés jusqu'à la moitié du XVIIᵉ siècle. (Sur la collection Vendramin de San Gregorio, voir Scamozzi, 1615, pp. 305 ss.; Borenius, 1923; Jacobs, 1925; Garas, 1979. Sur la collection de Santa Fosca, voir Scamozzi, 1615; Ravà, 1920; Anderson, 1979.) Mme Della Pergola avait fait une troisième hypothèse : que les deux fragments, qui ne sont pas présents dans l'inventaire de 1627, ont été donnés ou vendus par le cardinal Francesco Vendramin, mort en 1619, au cardinal Scipione Borghese, mais, comme le fait remarquer K. Garas (1979), rien ne prouve que Francesco Vendramin ait pu disposer des tableaux de l'une ou de l'autre collection. En 1979, J. Anderson a retrouvé l'inventaire Vendramin de 1601, qu'Andrea, fils de Luca, avait fait rédiger après que son oncle l'ait accusé d'avoir fait sortir du palais plusieurs tableaux de l'héritage de Gabriele, ce qui a permis de prouver une fois pour toutes que l'hypothèse d'une provenance des Vendramin de Santa Fosca était fausse. Ce document qui, contrairement au premier, donne les dimensions des tableaux, mais pas le nom des auteurs, et qui décrit quelquefois de façon différente les mêmes tableaux, a permis à l'historienne de conclure que «Ces nouvelles descriptions et mesures de tableaux de Giorgione ne suggèrent aucune nouvelle identification, mais elles nous permettent de rejeter une fois pour toutes les deux *Chanteurs* de la Galleria Borghese qui ont encombré les travaux sur Giorgione depuis que Mme Della Pergola les a proposés en 1954. La somme des dimensions des *Chanteurs* de la Borghese – on a suggéré qu'ils constituaient deux fragments des "trois grandes têtes qui chantent" – dépasse de beaucoup les mesures des trois peintures avec trois têtes décrites dans l'inventaire de 1601. Le rejet de la provenance Vendramin par des preuves documentées sera une bonne surprise pour tous les spécialistes qui ont refusé ces attributions». J. Anderson se félicite d'avoir démontré que les deux *Têtes* qui ont «encombré» les travaux sur Giorgione ne puissent vanter une provenance aussi illustre que celle que leur avait donnée Mme Della Pergola et à laquelle certains avaient cru : le «*camarino delle antigaglie*», le cabinet des antiquités de Gabriele Vendramin. Mais le hasard veut que, grâce à l'inventaire qu'elle a retrouvé, le troisième de ces trois tableaux qui ont «encombré» ces travaux, le *Concert*, en fasse maintenant partie. Ce dernier pourrait bien être justement le «tableau de la main de Zorzon de Castelfranco, avec trois grosses têtes qui chantent» dont Mme Della Pergola a cru pouvoir reconnaître des fragments dans les deux *Musiciens* de la Galleria Borghese (cat. **29**). L'inventaire de 1601 a aussi démonté l'hypothèse formulée par Mme Garas (1979) en alternative à celle de Mme Della Pergola, selon laquelle on pouvait identifier ce tableau avec les *Trois Ages* de la Galleria Palatina (cat. **21**).

EXPOSITION
Venise, 1955, n° 37.
BIBLIOGRAPHIE
Manilli, 1650, p. 68; Roisecco, 1745 (éd. 1750), p. 158; A. Venturi, 1893, p. 97; Berenson, 1894 (3ᵉ éd. 1897), p. 91; Longhi, 1927 (éd. 1967), pp. 152, 299-300; Longhi, 1928, pp. 87, 91, 190; Fiocco, 1929, pp. 124-125; Wilde, 1933, p. 112; Lorenzetti et Planiscig, 1934, p. 17, n°ˢ 59, 60; Suida, 1934-1935, pp. 100-101; De Rinaldis, 1948, p. 21; Della Pergola, 1950, p. 10; Della Pergola, 1954, pp. 27-35; Berenson, 1954 (éd. 1957), pp. 117-124; Collobi Ragghianti, 1954, pp. 630-632; Ferrara, 1954, p. 569; Fiocco, 1954, p. 11; Gamba, 1954, pp. 176-177; Gnudi, 1954, p. 7; Grassi, 1954, p. 11; Longhi, 1954, p. 13; Wittgens, 1954, pp. 11-13; Zeri, 1954, pp. 6-7; Milton Gendel, 1954, p. 48; Ferrara, 1954, p. 569; Coletti, 1955, p. 67; Della Pergola, 1955 (*Galleria Borghese*), pp. 111-113, n° 201, 202; Della Pergola, 1955 (*Giorgione*), pp. 34, 48, 50, 52, 54; Pallucchini, 1955 (*Guida*), p. 9; Perocco, 1955, p. 206; Pignatti, 1955, p. 138; Robertson, 1955, p. 276; Zampetti, 1955 (*Giorgione*), [2ᵉ éd.] pp. 84-86, n° 37-38; Zampetti, 1955 (*Postille*), pp. 66-67; Dussler, 1956, p. 4; Berenson, 1957, I, p. 52; L. Venturi, 1958, col. 213; Salvini, 1961, p. 238; Volpe, 1963, s.p.; Baldass et Heinz, 1964 (éd. anglaise 1965), p. 35; Della Pergola, 1964-65, I, p. 226; Zampetti, 1968, pp. 95-96, n° 38, 39; Pignatti, 1969, pp. 68, 132, n° A 47, A 48; Robertson, 1971, p. 477; Tschmelitsch, 1975, pp. 355-357; Ballarin, (1976) 1980, pp. 493-495; Ballarin, (1978) 1981, pp. 27-28; Mucchi, 1978, pp. 66; Pignatti, 1978 (*Giorgione*), pp. 137-138, n° A 50 et A 51; Salvini, 1978, p. 98; Anderson, 1979 (*The Portrait*), p. 155; Anderson, 1979 (*Inventory*), pp. 643-644; Garas, 1979, pp. 165-166; Ballarin, 1983, p. 520; Lucco, 1989, pp. 11-12; Parronchi, 1989, pp. 75-76.

La restauration de 1953 a permis d'enlever de lourds repeints très anciens qui remontaient à l'époque où les toiles ont été coupées en morceaux. Les tableaux sont entrés dans la collection Borghese avec le format que nous leur connaissons aujourd'hui, et qui était sans doute celui qu'ils avaient déjà à Venise entre la fin du XVIᵉ siècle et le début du XVIIᵉ, si l'on en juge par les deux copies qui appartenaient aux Donà Delle Rose et qui furent cataloguées par Lorenzetti et Planiscig en 1934 (comme étant de l'école vénitienne, 69 × 57 cm, non illustrées) et vendues en 1937 à Rome chez Guglielmi avec une attribution à Domenico Capriolo, soutenue par un avis de Fiocco (Della Pergola, 1954, Fig. 18a, 18b); le *Chanteur* est le *Portrait d'homme* n° 558 de la p. 50 et de la pl. XV du catalogue Guglielmi. Ces copies montrent que les fonds avaient déjà été peints en noir et que certains détails qui pouvaient révéler le fait qu'il s'agissait de fragments avaient été modifiés. Les photos Anderson 31248 (*Chanteur*) et 31249 (*Joueur de flûte*) nous montrent l'aspect le plus ancien des deux tableaux. Il existe deux photos du Gabinetto Fotografico Nazionale, E 26491 et E 28414 respectivement, auxquelles il serait nécessaire d'attribuer une date : la seconde, qui sera utilisée par Wilde dans son essai de 1933, révèle qu'entretemps le tableau a été partiellement nettoyé; Wilde lui associe, si je ne me trompe, la vieille photo Anderson de l'autre fragment; la seconde photo GFN devait pourtant déjà exister puisque c'est celle que publient

Longhi en 1927 et Fiocco en 1929 : elle montre d'ailleurs un tableau nettement amélioré par rapport à la photo Anderson. La documentation concernant la restauration de 1953 a été faite par le Gabinetto Fotografico Nazionale. Je renvoie à ce propos aux comptes rendus de Mme Della Pergola (1954, 1955 [*Galleria Borghese*]) : quiconque étudie sérieusement ces tableaux doit tenir compte de leur état de conservation et mettre de l'ordre dans les anciennes photos. Les radiographies faites à cette occasion ont été publiées dans sa monographie de 1955; elles ont ensuite été étudiées par Mucchi (1978). Derrière le chanteur est apparue une autre tête, ébauchée sur la toile dans l'autre sens. L'historienne attire l'attention sur la couture verticale qui se trouve à la même distance sur les deux tableaux, à 14-15 cm environ du bord gauche, et observe que «les dimensions de ces châssis, s'ils étaient originaux, n'auraient pas comporté la nécessité d'un rajout»; l'ébauche faite, le peintre «eut l'idée d'agrandir les figures et retourna le châssis, en y assemblant au moins trois toiles» (1954, p. 30). Il me semble juste de dire que la présence de ces coutures indique que le format des tableaux n'est pas l'original; mais je ne vois pas comment on peut en déduire que les deux toiles actuelles étaient à l'origine unies pour former avec une troisième figure au centre un seul tableau (1954, pp. 30-31; 1955 [*Galleria Borghese*], p. 112). L'expérience que nous avons de ces coutures tout au long du siècle montre qu'elles étaient de préférence horizontales, et non verticales; c'est pourquoi ces jointures verticales pourraient démontrer, comme l'ébauche, que Giorgione a réutilisé de la toile destinée à d'autres projets. Il n'en est pas moins vrai toutefois que nous nous trouvons face à des fragments. La preuve en est un détail auquel personne n'a jamais fait attention parce qu'il a été camouflé, sciemment ou par inadvertance, par la restauration de 1953. Le drapé sur le bord droit du chanteur, que Mme Della Pergola interprète, et fait peut-être interpréter au restaurateur ou vice-versa, comme un manteau «jeté à mi-épaule» du chanteur, appartient en réalité à une figure se trouvant à ses côtés. L'épaule gauche présentait une rondeur ceinte de la chemise blanche, que l'on a truquée afin de suggérer une ligne beaucoup plus longue qui n'a absolument pas l'air naturelle. La pire conséquence de cette «interprétation», toutefois, est d'avoir modifié la légère inclinaison du buste en biais, en lui donnant une frontalité qu'il n'avait pas; l'idée de génie de l'auteur résidait dans la poussée vers l'avant de la figure de derrière, dans le mouvement de son buste, relié à celui de son bras, de sa tête et de ses yeux et visualisé avant tout par son écart léger, mais sensible, par rapport à la frontalité du tableau : or, il faut que la perspective du buste du chanteur fuie à l'intérieur de l'espace du tableau derrière l'épaule d'un autre personnage en premier plan pour que l'on apprécie ce mouvement vers l'avant, si fort qu'on a l'impression qu'il va sortir du tableau, avec le raccourci puissant du bras, ainsi que la rotation de la tête et des yeux, et surtout le naturel de son attitude. L'extériorisation des mouvements profonds de l'âme du personnage, de ses passions, a besoin elle aussi de cette poussée vers l'avant de sa figure en biais. La beauté de la coupe de la figure sur la gauche est telle qu'il faut supposer qu'elle concluait la composition de ce côté-là. Il est par ailleurs impossible de dire comment cette dernière se développait sur la droite, si ce n'est qu'elle ne pouvait inclure le joueur de flûte pour les raisons que nous avons exposées plus haut. Ce dernier concluait très probablement à droite une composition analogue. En 1976, j'ai suggéré qu'il aurait pu y avoir deux tableaux à trois têtes, nés pour former une paire, mais aussi peut-être pour être placés en face l'un de l'autre parce que la lumière vient de directions opposées ([1976] 1980). En 1954, Mme Della Pergola précise que les vraies dimensions des tableaux sont 105 × 77 cm; toutefois dans le *Catalogo* de 1955, elle donne les mesures de 102 × 78 cm, qui sont celles que nous avons adoptées.

On peut dire que l'attribution à Giorgione date de 1927, lorsque Longhi découvre les sublimes qualités giorgionesques du *Chanteur* dans une très belle page où il finit par attribuer provisoirement le tableau à Domenico Mancini, mais où de fait il pose le problème de la dernière manière de Giorgione, et donc les prémisses pour un pas ultérieur, lourd de conséquences: « Mais il est une œuvre vraiment très grande, si grande qu'elle ne peut être mise en rapport dans le cercle giorgionesque qu'avec le peintre fougueux de l'angelot de Lendinara: le *Berger passionné* n° 132 de la Galleria Borghese, qui, avec une autre demi-figure d'une qualité très inférieure — conséquence de nombreuses restaurations ou bien d'une main différente —, se voit attribuer à Domenico Capriolo, de Trévise, quelquefois confondu avec Mancini; et il est dans les réserves. L'œuvre a beaucoup souffert — et nous regrettons de devoir la présenter en photographie dans l'état d'altération et d'obscurcissement dans lequel elle se trouve — mais nous avons confiance dans le fait qu'après une sage opération de restauration, on voudra l'exposer à nouveau, et de près, aux yeux du public. Notre conviction à cet égard est qu'elle obtiendra au contraire rapidement la renommée qu'elle mérite, c'est à dire non seulement celle de la plus belle "pièce" des premières vingt années du Cinquecento vénitien se trouvant dans la collection de la Borghese — après, s'entend, l'*Amour sacré et l'Amour profane* —, mais aussi celle d'un tableau qui serait extraordinaire partout. Grand comme dans la réalité et peut-être un peu plus, de sorte qu'il assume pour le spectateur un sens plus fort de proximité formelle, ce berger qui pose sa main sur sa poitrine pour donner une efficacité visible au début de la phrase mélique qui va se libérer de sa gorge, ou comme pour comprimer ou calmer une angoisse totalement humaine et charnelle, nous donne vraiment, à travers la peinture, ce frisson ébloui qui ne peut surgir que d'un fragment exceptionnel d'une véracité très réussie. Nous sommes vers 1515, et la peinture est déjà celle

ou à la hauteur de celle du meilleur Caravage et du meilleur Velázquez; l'un de ces prodiges où il n'y a rien à expliquer et où le commentaire devient une désagréable répétition. Sur le fond sombre, ce grand chapeau réellement couleur de fraise; la chair qui tremble vraiment comme si le pinceau avait tracé des fibrilles, et non des touches; les cils non pas comptés, mais le battement des cils, sûrement; la bouche non pas ouverte, mais en train de s'ouvrir; les ombres brûlées dans le creux de la gorge, et, çà et là, l'afflux contenu du sang. Contre cette chair brûlée, un blanc frais nous avertit du contact avec la chemise de toile; empâtée et tissée "de première main", comme je n'en ai jamais vu; et, de nouveau, sur le blanc, le contraste de la chaleur de cette main, un énorme château de nerfs, de muscles et, pour tout dire, de chair et d'os; non pas plastique, ni chromatique, par bonheur, seulement peinte comme sait peindre quelquefois la vie même "en faisant rougir avec délicatesse certaines parties des membres où le sang est le plus nécessaire et où s'exerce la fatigue" (Ridolfi sur Giorgione). Caravage et Velázquez se seraient tenus à distance ou auraient tiré l'un son béret, l'autre son sombrero devant cet Aristée passionné, qui avec sa gigantesque et flamboyante image nous console de la douleur de la perte des fresques du Fondaco dei Tedeschi et sert, pour tout dire, non seulement à mieux comprendre Mancini — auquel probablement il appartient — mais même Giorgione; ainsi qu'à nous aider à mieux saisir à quelles parties du giorgionisme ont fait appel, un siècle plus tard, les rénovateurs de la peinture. » Longhi fera ce pas en 1945, dans une communication au directeur de la Galleria, Aldo De Rinaldis, et il ne faut pas oublier que la lettre au propriétaire dans laquelle il attribue le *Concert* (cat. **29**) à Giorgione date de 1944. Entre-temps, avant et après cette page de « Vie artistique », il n'y a rien de vraiment intéressant à signaler. Le nom de Domenico Capriolo (1494-1528), mentionné par A. Venturi (1893) et par Berenson (1894) à propos de ces deux *Caricatures d'homme* ou *Caricatured Heads*, a été repris par Fiocco (1929), qui l'avait prononcé aussi pour les copies Donà Delle Rose, tandis que Wilde dans son essai sur Mancini de 1933 avait daté plus tardivement, 1530-1540, et laissé dans l'anonymat les deux *Bergers, Passionné et Joyeux*, qui s'appelaient ainsi après l'intervention de Longhi. Suida (1935-1936), dans un *excursus* sur Mancini à la fin de son article sur Palma, sans entrer dans le vif du problème, se limitera à signaler un tableau représentant un *Jeune Guerrier avec la main sur la garde d'une épée et un béret rouge* qui pouvait peut-être former un groupe avec deux autres tableaux de la Galleria Borghese, reproduit parmi les tableaux de la collection van der Geest à Anvers dans l'*Atelier d'Apelle* — qui, pense-t-on, représente justement la galerie van der Geest —, signé Willem Van Haecht (1593-1637) et conservé à la Mauritshuis de la Haye, une information à prendre au sérieux puisqu'il s'agit très probablement d'un Giorgione perdu de l'époque des

Chanteurs. Rien d'autre. Après que Longhi se fut prononcé en faveur de Giorgione, les deux tableaux ont été restaurés et publiés comme étant des œuvres tardives de Giorgione par Mme Della Pergola dans le numéro de janvier 1954 de la revue *Paragone*. Le 15 avril de cette même année, Berenson publiera un article sur le *Corriere della Sera* dans lequel, en partant de cette proposition, il raisonnera finement sur les *attributions nostalgiques* en profitant de l'occasion pour confirmer le nom de Capriolo, avec lequel les deux tableaux apparaîtront dans les *Elenchi* de 1957, accompagnés toutefois d'un point d'interrogation. La revue *Scuola e Vita* prendra alors l'initiative d'une confrontation dans ses pages entre les différents critiques à propos la paternité des deux *Musiciens*: le petit dossier qui en résulte comprend des interventions de Fiocco, Grassi, Wittgens, Zeri, Gnudi et Longhi. Fiocco continue de ne pas comprendre « comment leur rusticité inquiète, rendue plus évidente par le nettoyage, pourrait s'accorder avec la délicatesse du dernier Giorgione ». Grassi observe justement que les mots avec lesquels Vasari caractérise la contribution de Giorgione à la « manière moderne » sur les traces de Léonard — « Vint après lui [...] Giorgione da Castel Franco, qui nuança ses peintures et donna un formidable mouvement à ses choses, grâce à une obscurité bien comprise des ombres » — ne peuvent se référer aux œuvres les plus connues et les plus sûres de Giorgione tandis qu'ils semblent bien saisir la substance figurative des deux *Têtes* en discussion. Zeri dit que sa conviction que les deux peintures sont « des originaux très importants de la dernière période » de Giorgione remonte à 1946; il observe aussi, pour renforcer sa thèse, qu'« elles sont en fait les seules œuvres connues jusqu'à maintenant qui présentent, avec toutes les caractéristiques propres à la fraîcheur authentique des rédactions de première main, ce module de composition basé sur une « demi-figure » grandeur nature ou plus grande que dans la réalité; module qui fait son apparition à Venise vers 1505-1510, qui se répand en province jusque vers 1535, et qui présuppose l'existence de prototypes dus à une personnalité de premier plan, douée d'une énorme force d'attraction, comme ce fut précisément le cas du peintre de Castelfranco. Longhi, tout en prenant ses distances de cette sorte de *referendum*, exprime par écrit son plein accord avec l'attribution des deux tableaux à Giorgione. Ce dossier ne parle pas des prises de positions de Gamba (1954) et de Coletti (1955), plutôt orientées vers le giorgionisme de province, vers « ces disciples de Giorgione, d'origine provinciale, qui intensifient ses vibrations sentimentales et qui amplifient ses formes, comme Savoldo, peut-être Pordenone, mais spécialement Dosso [...] » (Coletti). Outre ce dossier, il faut citer la présentation des deux tableaux à l'exposition de Venise de 1955, avec le *Concert* (cat. **29**). A partir de cette date, l'évaluation de deux *Musiciens* est étroitement liée à celle du *Concert*: la suite du débat est donc exposée dans la notice sur ce tableau.

A.B.

page 43

31

Giorgio da Castelfranco, dit Giorgione
Castelfranco Veneto, vers 1476/1478 - Venise, 1510

Le Joueur de flûte
(fragment) vers 1507
Toile. H. 1,02; L. 0,78
ROME, GALLERIA BORGHESE

HISTORIQUE
Voir cat. **30**.
EXPOSITION
Venise, 1955, n° 38.
BIBLIOGRAPHIE
Voir cat. **30**.

page 45

32

Giorgio da Castelfranco, dit Giorgione
Castelfranco Veneto, vers 1476/1478 - Venise, 1510

Jeune Berger à la flûte
vers 1508
Toile. H. 0,61; L. 0,46
HAMPTON COURT, LENT BY,
HER MAJESTY QUEEN ELIZABETH II

HISTORIQUE
Coll. Charles Ier (Giorgione); vendu à De Critz and Co, 1650; récupéré par la couronne à la Restauration (1660); Whitehall (comme Giorgione); Kensington (comme Giorgione); transféré à Hampton Court en 1833.
EXPOSITIONS
Londres, 1894-95, n° 112; Londres, 1946, n° 189; Venise, 1955, n° 18; Londres, 1960, n° 1.

BIBLIOGRAPHIE
Crowe et Cavalcaselle, 1871, II, p. 164; Richter et Morelli (éd. 1960), p. 149; Morelli, (1890) 1893, p. 219; Berenson, 1894, p. IX, 100; Phillips, 1896, p. 87; Cook, 1900, p. 47-49; Monneret de Villard, 1904, p. 62, 135; Justi, 1908, I, p. 188; L. Venturi, 1913, p. 74; Justi, 1926, II, p. 276; A. Venturi, 1928(1), IX, p. 916; Berenson, 1932, p. 233; Hermanin, 1933, p. 84; Richter, 1937, p. 94, 220; Phillipps, 1937, p. 60, 175; Morassi, 1942, p. 54; Fiocco, 1948, p. 32; Gilbert, 1949, p. 107; Zampetti, 1955, p. 40; Della Pergola, 1955, p. 28; Berenson, 1957, p. 84; Baldass et Heinz, 1965, p. 35, 156; Zampetti, 1968, p. 90; Pignatti, 1969, p. 110; Tschmelitsch, 1975, p. 116; Freedberg, 1975, p. 678; Muchi, 1978, p. 54; Pignatti, 1979, p. 69, 114; Ballarin (1978), 1981, p. 28; Sgarbi, (1978) 1981, p. 34; Pignatti, 1981, p. 151; Shearman, 1983, p. 253-256 (avec bibl. ant.); Zampetti (Brock), 1988, p. 89.

L'attribution traditionnelle du tableau à Giorgione a été confirmée par G. Morelli (1890, sur indication de J.-P. Richter), puis par Berenson, suffisamment enthousiasmé pour le reproduire en tête de son ouvrage sur les peintres vénitiens de la Renaissance (1894), comme «le tableau qui peut-être mieux qu'aucun autre exprime la Renaissance au point le plus fascinant de son développement».

Certains historiens ont pourtant exprimé quelques doutes sur l'attribution à Giorgione (Phillips, 1896), soit à cause de l'état de conservation qui rend difficile un jugement (Justi, 1908; Richter, 1937), soit en préférant y voir une copie ancienne d'un original disparu (c'était déjà l'opinion de Crowe et Cavalcaselle, 1871; Hermanin, 1933; Fiocco, 1948). La proposition d'attribution à Torbido faite par H. Cook (1900) a été suivie par L. (1913) et A. Venturi (1928). Le nom de Morto da Feltre a également été prononcé (Gilbert, 1949).

Aujourd'hui, de façon générale, le tableau est inclus dans le catalogue de Giorgione par la plupart des spécialistes. J. Shearman (1983) l'attribue à Titien, fortement influencé par Giorgione, vers 1512.

Les propositions (Berenson (1895), 1920; Frimmel, 1896; Phillips, 1937) d'identifier le tableau à l'un de ceux cités par M.A. Michiel, un «petit berger qui tient un fruit» vu chez Ram en 1531 en même temps que le «Jeune Garçon à la flèche» (cat. **19**) ont été à juste titre contredites. C'est plutôt le tableau du *Jeune Pâris avec la pomme* autrefois chez Knœdler à New York qui aujourd'hui est parfois reconnu dans cette citation (Lucco, 1989).

La radiographie du tableau (Mucchi, 1978) montre clairement que la composition a été sensiblement reprise par l'artiste qui, dans un premier temps avait peint un véritable portrait, avec un vêtement contemporain. L'œuvre a d'autre part souffert d'anciennes restaurations. L'un des repeints anciens affecte la flûte. Il n'est donc pas tout à fait certain qu'à l'origine, l'objet tenu par le jeune garçon ait été cet instrument de musique (Shearman, 1983).

Le *Jeune Berger à la flûte* a souvent été rapproché (Zampetti, 1968; Pignatti, 1969) du *Jeune Garçon à la flèche* (cat. **19**), l'un et l'autre

témoignant de l'influence de Léonard de Vinci. Ces œuvres sont pourtant fort différentes, correspondant à deux moments de l'évolution de Giorgione et à deux interprétations distinctes des leçons de Léonard. Si la plupart des historiens datent le *Jeune berger* de la fin de la carrière de Giorgione (Pignatti, 1969), le *Jeune Garçon à la flèche* est ici daté vers 1499-1500.

Pour A. Ballarin ([1978], 1981), l'œuvre date d'environ 1508 au moment où «Giorgione s'est désormais détourné du réalisme violent des "demi-figures" de l'année précédente et s'oriente alors vers un classicisme arcadique qui connaitra un grand succès à Venise à partir de l'année suivante à travers la peinture de Titien.»

Sebastiano del Piombo à Venise
Peintures

33 à 39

page 47

33

**Sebastiano Luciani,
dit Sebastiano del Piombo**
Venise, vers 1485 - Rome, 1547

Le Jugement de Salomon
Toile. H. 2,08; L. 3,15
THE NATIONAL TRUST, KINGSTON LACY,
WIMBORNEMINSTER, THE BANKES COLLECTION

HISTORIQUE
Coll. Grimani Calergi, Casa Grimana de Santo Ermacora (ancien palais de San Marcuola) en 1648 (Ridolfi) et en 1664 (inventaire des biens de Giovanni Grimani Calergi); acquis en 1820 chez l'antiquaire Mariscalchi à Bologne, par William Bankes, propriétaire de Kingston Lacy.

EXPOSITIONS
Londres, 1983-84, n° 97; Cambridge, 1988, pp. 23-29.

BIBLIOGRAPHIE
Ridolfi, 1648 (éd. Hadeln, 1914, I, p. 102); Crowe et Cavalcaselle, 1871, II, p. 138; Cook, 1900, p. 25; Berenson, 1903, II, p. 233; Justi, 1908, p. 146; Venturi, 1913, p. 162; Hourticq, 1919, p. 39; Longhi, 1927, p. 218; Venturi, 1928(1), IX-III, p. 502; Richter, 1937, p. 222; Fiocco, 1941, p. 28; Pallucchini, 1941, p. 454; Dussler; 1942, p. 144, n° 63; Morassi, 1942, p. 136; Pallucchini, 1944, p. 155; Fiocco, 1948, p. 32; Pignatti, 1955, p. 125; Berenson, 1957, p. 84; Gould, 1969, p. 208; Pignatti, 1969 (rééd. 1978), pp. 125-126, n° A19, pl. 190; Freedberg, 1971 (rééd. 1975), pp. 139, 142-143, fig. 54, p. 680, n. 46; Wilde, 1974, pp. 99-101; Hornig, 1976; p. 894; Oberhuber, 1976, p. 20; Hirst, 1979, pp. 257-262; Ballarin, 1980, p. 497 note 6; Lucco, 1980, n° 6, pp. 91-92; Ballarin 1981, p. 28; Hirst, 1983, pp. 210-211, n° 97; Anderson, 1984, pp. 18-20; Rearick, 1984, pp. 61-62; Laing et Hirst, 1986, pp. 273-282; Hornig, 1987, pp. 83-104, cat. 26, pp. 220-223; Laing, 1988, pp. 23-29; Lucco, 1987, pp. 4-11; Lucco, 1988, I, pp. 149-150, 154, 167 n° 8, fig. 208 p. 155, II, p. 835; Brown, 1992, p. 92.

L'attribution traditionnelle de ce tableau à Giorgione a été dès 1903 mise en doute par Berenson au profit de Sebastiano del Piombo.

Elle était fondée sur une mention de Ridolfi, qui, en 1648, dans la vie de Giorgione incluse dans ses *Maraviglie...*, le décrit en effet sous ce nom dans la Casa Grimana de Santo Ermacora. Les critiques de la fin du XIXe siècle l'étayèrent en mettant l'œuvre en relation avec un document d'archives publié par Lorenzi en 1868 signalant un « tableau de jugement » que Giorgione aurait peint en 1507-1508 pour la Sala del Consiglio dei Dieci au palais des Doges et dont il aurait laissé inachevée la « figure du ministre ». L'inachèvement toutefois ne concerne pas ici une seule figure, tant s'en faut, puisque aucune, à l'exception des deux mères, ne semble vraiment menée à terme et puisque surtout manquent à la fois l'arme du bourreau et les deux enfants, le mort et le vif, qui sont des motifs indispensables de l'histoire du Jugement de Salomon. Seules les radiographies et la restauration récente du tableau, en mettant en évidence un impressionnant réseau de repentirs et quelques éléments de dessin sous-jacent, ont permis de situer précisément, par exemple, l'enfant mort sur le dallage au centre de la composition.

Visiblement conçue avec de nombreuses alternatives, puis laissée inachevée et d'autant plus fragilisée par le temps, cette œuvre est particulièrement difficile à juger aujourd'hui. Outre Sebastiano, les noms des deux peintres fort proches de Giorgione ont été avancés sans convaincre : celui de Titien par Hourticq (1919) et celui de Campagnola par Venturi (1928). Bien que plusieurs critiques italiens (Morassi, 1942; Fiocco, 1948; Pignatti, 1955), finalement suivis par Berenson lui-même (1957) aient prudemment opté pour l'hypothèse d'une œuvre de collaboration de Giorgione avec Sebastiano del Piombo, et bien que Gould (1969) et Oberhuber (1976) soient revenus à l'idée initiale de la paternité de Giorgione, l'attribution du *Jugement de Salomon* à ce dernier, énoncée tardivement et de manière certainement générique par Ridolfi, n'a plus, depuis que l'œuvre a été exposée à Londres en 1983-84, que de rares défenseurs : Hornig, qui a réitéré en 1987 l'attribution à « Giorgione tard » qu'il soutenait déjà en 1976, fait à cet égard un peu figure de cavalier seul. Malgré un giorgionisme bien sensible dans la plénitude des silhouettes et dans certaines physionomies songeuses et baignées d'ombre, ni la rigueur de la géométrie spatiale de l'architecture basilicale classicisante, ni le dynamisme global de la scène, ni même les types physionomiques, féminins surtout, n'ont

en fait de véritables équivalents chez Giorgione. On pressent déjà ici, en un mot, tout ce qui prédisposait Sebastiano à s'insérer si bien après 1511 dans le milieu romain : le modèle de la statuaire antique qui sous-tend l'invention du bourreau (le *Guerrier combattant* de la Galleria Borghese, ou une figure des *Niobides*, selon Freedberg, 1971, ou encore le *Gladiateur d'Agasias* au Louvre, selon Wilde, 1974 et Lucco, 1988) ou l'attitude classique du jeune homme au bouclier, sur la droite de Salomon, qui réapparaît chez Raphaël à Rome en 1515 dans la *Conversion du proconsul Sergius Paulus*, de la tenture *des Actes des Apôtres* (Hirst, 1981). Chef-d'œuvre évanescent de la jeunesse vénitienne de Sebastiano, le *Jugement de Salomon*, probablement entrepris dès 1506-1507, selon Lucco (1987), est même daté dès 1505-1506 par A. Ballarin (1990-91). Un écho de la figure du roi Salomon se retrouve très vite dans l'attitude du saint Marc de *Saint Marc avec saint Damien, saint Côme, saint Roch et saint Sébastien* peint par Titien en 1511 à Santa Maria della Salute (Lucco, 1987).

Les efforts de la critique moderne pour doter cette toile manifestement ambitieuse d'un historique ancien précis ont échoué en même temps qu'achoppait, sur des critères stylistiques, son attribution à Giorgione. Les circonstances de sa création demeurent donc énigmatiques, autant que les raisons de son interruption. M. Hirst a émis l'hypothèse d'une commande d'Andrea Loredan, constructeur du palais de San Marcuola, future Casa Grimana, d'où provient le tableau, soit pour le palais même, soit pour une salle officielle du palais des Doges, puisqu'Andrea Loredan fut membre du Consiglio dei Dieci à plusieurs reprises entre 1506 et sa mort en 1513.

page 48

34

Sebastiano Luciani, dit Sebastiano del Piombo
Venise, vers 1485 - Rome, 1547

L'« Appel »

Toile. H. 0,84; L. 0,69

Au revers, inscription ancienne, aujourd'hui cachée par le rentoilage : *Fra Bastian del Piombo-Giorzon-Titian*

DETROIT, THE DETROIT INSTITUTE OF ARTS

HISTORIQUE
Coll. Nicolas Sohier, Amsterdam (n° 1642); coll. prince Guillaume III d'Orange, Amsterdam, 1713; coll. comte de Schönborn, Pommersfelden, vente Schönborn, Paris, 1867; coll. du grand-duc d'Oldenburg; Munich, Böhler, 1923; Lucerne, Fine Arts Company; acquis en 1926 par le musée de Detroit.

EXPOSITIONS
Baltimore, 1942, n° 15; Columbus, 1946; Venise, 1955, n° 43; Los Angeles, 1979-80, n° 13.

BIBLIOGRAPHIE
Mündler, 1867, p. 14; Crowe et Cavalcaselle, 1871; II, p. 553; Morelli, 1891; p. 32; A. Venturi, 1900, p. 151; Benkard, 1908, p. 573; Forati, 1910, pp. 185-186; Crowe et Cavalcaselle, 1912, vol. 3, pp. 454-455; Borenius, 1913, pp. 26-28; L. Venturi, 1913, pp. 234-235; Valentiner, 1926, pp. 62-65; Schubring, 1926, pp. 35-40; Mather, 1926-27, pp. 70-75; A. Venturi, 1928(1), IX-III, p. 462, pl. 305; Berenson, 1932, p. 10; Suida, 1933, p. 29; Gombosi, 1937, p. 135; Richter, 1937; De Batz, 1942, p. 31, n° 15, pl. 15; Dussler, 1942, p. 151, n° 85; Morassi, 1942, p. 172; Fiocco, 1948, p. 14; Robertson, 1954, p. 25; Pallucchini, 1955, p. 12; Pignatti, 1955; p. 120; Robertson, 1955, p. 276; Zampetti, 1955(1), pp. 96-97, n° 43; Zampetti, 1955(2), pp. 65, 67-68, fig. 73; Suida, 1956, p. 72-74, pl. 69; Berenson, 1957, I, p. 184; Volpe, 1964, p. 6; Zampetti, 1968, p. 94; Pallucchini, 1969, I, p. 238, II, fig. 52-53; Pignatti, 1969, n° A 10, pl. 203; Valcanover et Cagli, 1969, n° 19; Wethey, 1971, p. 152, n° X. 5; Pignatti, 1979, n° 13; pp. 58-59 et p. 159; Ballarin, 1980, p. 497 note 6; Lucco, 1980, pp. 96-97, n° 19; Pallucchini et Rossi, 1983, pp. 288-290, Garas, 1985, pp. 111-112; Furlan, 1988, n° A 8, p. 332; Rylands, 1988, n° A 22, p. 275.

L'histoire de ce tableau au XVIe siècle nous est totalement inconnue et son attribution précise, au sein du milieu giorgionesque, fait encore à ce jour l'objet de thèses très divergentes.

Le nom sous lequel il est apparu dans la bibliographie est celui de Giorgione qu'il portait à Pommersfelden jusqu'au milieu du XIXe siècle. Lors de la dispersion de cette col-lection en 1867, Mündler l'attribua à Cariani et cette idée reçut d'abord d'assez nombreux suffrages, de Crowe et Cavalcaselle (1871) à Berenson (1932) en passant par Morelli (1891), Lionello puis Adolfo Venturi (1913 et 1928). Mais à l'occasion de l'acquisition du tableau par le musée de Detroit, Valentiner renouvela le débat en apportant sa caution à une inscription ancienne alors lisible au revers de la toile — masquée depuis par le rentoilage —, associant les trois noms de Sebastiano del Piombo, Giorgione et Titien. Très vraisemblablement apocryphe, car Sebastiano y est désigné du surnom romain que lui valut à partir de 1531 la charge des plombs pontificaux alors que le tableau a toutes les chances, quelle que soit l'attribution retenue, d'appartenir aux années 1510-1515, cette inscription a paru avoir du moins la valeur d'une tradition, et à ce titre, elle a considérablement influencé l'approche ultérieure du problème. On peut dire, a posteriori, qu'elle a eu la force d'une évidence car tous les critiques se sont dès lors accordés à prononcer les mêmes noms devant les mêmes figures, non pas tant pour des raisons de facture que pour des raisons de type stylistique : de l'avis de tous, la femme de gauche appartient au monde rayonnant de Titien, l'homme à celui, mélancolique, de Giorgione, la femme de droite à celui, plus robuste et sévère, de Sebastiano. Cette prise de conscience a entraîné plusieurs attitudes.

Les uns ont dénoncé un pastiche, de la fin du XVIe siècle, voire plus tardif encore. C'était l'idée polémique de Mather dès 1926, adoptée par Dussler (1942), Robertson (1955) et Valcanover (1969); et dans la même perspective, Pignatti (1969 et 1979), défendant l'opinion, intellectuellement séduisante, d'un tableau-manifeste, d'une « vision académique » du giorgionisme, en a crédité Palma Vecchio vers 1525-1530. Mais l'attribution à Palma, proposée en 1942 par Morassi, soutenue par Pignatti, n'a pas été retenue récemment par Rylands dans son catalogue de Palma de 1988.

D'autres, de loin les plus nombreux, se sont convaincus de l'hypothèse d'une collaboration des trois artistes, surtout à la suite de la présentation du tableau à Venise en 1955 dans le cadre de l'exposition *Giorgione e i Giorgioneschi* (Zampetti, 1955; Suida, 1956; Volpe, 1964; Fredericksen et Zeri, 1972). C'est ainsi que l'œuvre est apparue simultanément comme autographe dans les corpus de Titien par Pallucchini (1969), de Giorgione par Zampetti (1968), et un peu plus tard dans celui de Sebastiano del Piombo par Lucco (1980). Ce dernier y reconnaît, dans la figure masculine, le Giorgione qui peignit le *Portrait Terris* de San Diego (cat. **28**), dans la femme vue de trois quarts à gauche, une prémonition du Titien des fresques de Padoue de 1511, et dans la figure vue de profil à droite la contrepartie de la sainte peinte à l'extrême gauche de la *Sainte Conversation* de Sebastiano à San Giovanni Crisostomo. En somme, la rencontre matérialisée, en 1510, des trois maîtres de la peinture vénitienne. Plusieurs mentions anciennes, citées par Furlan (1988), de tableaux présentant trois figures peintes par trois artistes différents, montrent en tout cas que cette pratique n'était pas inconcevable à Venise au XVIe siècle.

Beaucoup plus rares ont été les défenseurs d'une attribution à un seul des trois maîtres. Jamais l'historiographie moderne n'a repris l'attribution ancienne au seul Giorgione. Berenson, de son côté, pensait en 1957 que Titien en était le principal auteur. Quant à rendre toute l'invention à Sebastiano, Adolfo Venturi le fit en 1900, suivi en 1906 par Schmidt-Degener et en 1908 par Benkard, mais il revint sur son opinion en 1928 en faveur de Cariani, et le tableau est totalement absent de l'ouvrage de M. Hirst sur Sebastiano (1981). Récemment, C. Furlan (1988), reprenant une idée de I. Furlan, ne renonçait pas à le cataloguer parmi les œuvres attribuées à Pordenone. Pour A. Ballarin (1980), il s'agit d'une œuvre de Sebastiano seul, datée de 1509.

Le sens du tableau n'est pas une question moindre que sa paternité. Suida (1956) en a cherché la clef dans les trois lettres ACH entrelacées sur le rebord du chapeau du personnage central, qui pourraient correspondre à *Amor, Charitas et Humanitas*, la devise de la Scuola Grande della Carità à Venise. Cette hypothèse expliquerait peut-être, en permettant d'identifier un prestigieux commanditaire, le nombre relativement important des copies repérées de cette composition. Souvent intitulé l'« *Appel* » ou la *Séduction*, il a parfois aussi été interprété, mais sans convaincre, comme une allégorie mythologique telle qu'Hercule entre le Vice et la Vertu, ou, ce qui revient presque au même, comme une représentation de Jason entre la séduisante Créuse et la droite Médée. C'est à coup sûr plus qu'un triple portrait, comme en témoignent non seulement le geste de la main, l'échange des regards, la disposition même des trois figures entre elles, mais aussi le caractère idéal des physionomies, qui sont chacune un peu la quintessence d'un style.

page 49

35

Sebastiano Luciani,
dit Sebastiano del Piombo
Venise, vers 1485 - Rome, 1547

*La Vierge à l'Enfant entre saint Jérôme,
saint Antoine de Padoue,
sainte Barbe (?), saint François
et deux donateurs*
Bois. H. 0,66; L. 1,01
NEW YORK, THE METROPOLITAN MUSEUM
OF ART

HISTORIQUE
Coll. du comte Wallmoden, Hanovre; coll. David
Bernard Hausmann, Hanovre, 1820; coll. du roi
Georg V de Brunswick-Lüneberg, Hanovre, de 1857
à 1878; coll. du duc Ernest August de Brunswick-
Lüneberg, comte de Cumberland, 1878-1923 (en dépôt au Provinzial Museum de Hanovre à partir de
1902); vente de sa coll., Berlin (Cassirer), 27-28 avril
1926, n° 127; coll. Mrs. Siegfried Bieber; legs Jose-
phine Bieber au Metropolitan Museum of Art, New
York, 1973.

BIBLIOGRAPHIE
Anonyme, *Verzeichnis der Hausmannschen Gemälde-
sammlung in Hannover*, Hanovre, 1831, n° 3, p. 2;
Parthey, II, 1864, p. 221, n° 29; Eisenmann, 1905,
n° 281, p. 100; A. Venturi, 1928, IX-III, p. 84; Gombosi, 1933, p. 74; Wilde, 1933, p. 115; Pallucchini,
1935, p. 42; Dussler, 1942, p. 21, n° 19, pp. 131-132,
pl. 13; Pallucchini, 1944 (Sebastiano), pp. 15, 26, 29,
114, n. 43, fig. 18a; Berenson, 1957, p. 107; Pallucchini, 1978, p. 20; Ballarin, 1980, p. 497, n. 6; Baetjer, 1980, I, p. 113; fig. p. 121; Lucco, 1980; n° 20,
p. 94; Hirst, 1981, p. 4 note 17; Ballarin, 1990-91, I,
p. 26.

Toute trace de ce tableau est perdue antérieurement à son apparition dans la collection Wallmoden à Hanovre au début du XIXᵉ siècle où il
passait pour une œuvre de Palma Vecchio.
L'idée de restituer cette composition à Sebastiano
del Piombo a tout d'abord été exprimée
par Bode dans le catalogue de la collection
du duc de Brunswick-Lüneberg, comte de
Cumberland, dans laquelle elle était passée
entre-temps, lorsqu'elle fut dispersée à Berlin
en 1926. Cette hypothèse séduisit la majorité
des spécialistes (A. Venturi, 1928; Wilde, 1933;
Gombosi, 1933, Pallucchini, 1935 et 1944,
Dussler, 1942), mais dans la mesure où la trace
de l'œuvre elle-même semble s'être perdue dès
cette date, la plupart d'entre eux, ne la connaissant que par de médiocres photographies, restèrent prudents dans leurs affirmations. Lucco,
en 1980 avouait être encore gêné, en particulier
par les visages de la sainte de profil et de la

donatrice. Relativement isolé, M. Hirst (1981),
non convaincu par ailleurs de l'appartenance de
la *Sainte Conversation* du Louvre (cat. **36**) au
corpus de Sebastiano, préféra ne pas prendre
parti.

Toute la bibliographie postérieure à 1926
considère le tableau comme disparu — et ce
jusqu'aux ouvrages de M. Lucco (1980) et
M. Hirst (1981) — alors qu'il était venu entre-
temps enrichir, mais sous le nom de Domenico
Mancini, le fonds vénitien du Metropolitan
Museum de New York grâce au legs de Jose-
phine Bieber en 1973 (Baetjer, 1980). Cette
nouvelle appellation révélait, sans doute, la
simple contamination de l'attribution à Mancini
prononcée dès 1932 par Berenson à propos de
la *Sainte Conversation* du Louvre. Mais les arguments qui invalident cette dernière thèse
pour l'une valent aussi pour l'autre et la *Sainte
Conversation* de New York doit être rattachée à
la période vénitienne de Sebastiano. A. Ballarin
a confirmé l'attribution à Sebastiano en voyant
le tableau au Metropolitan Museum de New
York en 1992 (comm. orale). Non loin de la
version du Louvre, globalement plus giorgionesque de ton, elle apparaît comme un maillon
essentiel dans la transformation de la *Sainte
Conversation* d'ascendance bellinienne, plus statique, groupant distinctement sur un fond de
paysage des figures coupées aux trois quarts en
Sainte Conversation plus dynamique, ici presque
turbulente, où les figures multiplient les variations sur la disposition de face, de profil, de
trois quarts et se détachent sur un fond rigoureusement partagé entre la clarté de l'air libre
et l'opacité d'un écran d'architecture. Il est par
conséquent tentant de la dater elle aussi des
environs immédiats de 1507 et de la considérer
comme une réponse, novatrice, à la *Sainte
Conversation* peinte cette année-là par Bellini
pour San Francesco della Vigna (Ballarin, 1980,
1990-91).

L'identification des saints n'est que partielle :
saint Jérôme à gauche et saint François à droite
sont clairement identifiables; on ne peut que
présumer que le troisième saint masculin est
saint Antoine de Padoue, de l'ordre franciscain.
Quant à la figure de sainte, rien ne la caractérise
et ne permet donc de la reconnaître. Le couple
de donateurs demeure anonyme, mais on peut
raisonnablement supposer que le mari se pré-
nommait Girolamo et que sa femme, ostensi-
blement protégée par saint François, s'appelait
Francesca.

page 49

36

Sebastiano Luciani,
dit Sebastiano del Piombo
Venise, vers 1485 - Rome, 1547

*La Sainte Famille avec sainte Catherine,
saint Sébastien et un donateur*
Bois. H. 0,95; L. 1,36 (agrandi en 1683;
H. 1,13; L. 1,35 et en 1695 : H. 1,27; L. 1,45)
PARIS, MUSÉE DU LOUVRE,
DÉPARTEMENT DES PEINTURES

HISTORIQUE
Acquis par Charles Iᵉʳ d'Angleterre par l'intermédiaire
de lord Cottington (qui l'avait peut-être acquis en
Espagne); coll. de Charles Iᵉʳ, 1649; vendu à Linch-
beck le 7 mai 1650; coll. Jabach; coll. de Louis XIV.

EXPOSITIONS
Bruxelles, 1953; Venise, 1955, n° 79; Paris, 1960,
n° 175; Paris, 1961, n° 717; Paris, 1978-79, pp. 23-
29.

BIBLIOGRAPHIE
Crowe et Cavalcaselle, 1871, II, pp. 147, 160, 205-
207; Cavalcaselle, 1876, p. 63; Crowe et Cavalcaselle,
1876, VI, pp. 187, 202, 259, 529; Cook, 1900,
pp. 105-106, p. 131; Berenson, 1901, p. 140; Jacobsen, 1902, p. 180; Justi, 1908, I, pp. 163-170; Berenson, 1911, I, p. 140; Crowe et Cavalcaselle, 1912, III,
pp. 28, 44, 96-99; Ricci, 1913, n° 1135; L. Venturi,
1913, p. 253; Borenius, 1920, p. 95; Hourticq, 1923,
pp. 341-352; Justi, 1926, I, p. 254; A. Venturi,
1928(1), IX-III, p. 465; Baldass, 1929, p. 100; Hourticq, 1930, pp. 105-114; Borenius, 1932, p. 363; Gombosi, 1933, p. 74; Günther-Troche, 1934, pp. 115-
123; Pallucchini, 1935, p. 42; Suida, 1935, pp. 75,
78, p. 77, fig. 2; Richter, 1937, p. 232, n° 60; Fiocco,
1941, p. 18; Dussler, 1942, p. 148, n° 75; Morassi,
1942, p. 101; Pallucchini, 1944 (Sebastiano), pp. 15-
17, pp. 153-154; Longhi, 1946, p. 65; Berenson,
1951, p. 67; Pallucchini, 1955, p. 24; Perocco, 1955,
p. 12; Zampetti, 1955(1), p. 182; Zampetti, 1955(2),
n° 79, pp. 174-175; Robertson, 1955, p. 277; Berenson, 1957; p. 107, pl. 693; Maguoliani, 1970, p. 151;
Freedberg, 1971 (réed. 1975), pp. 165-166; Cavalcaselle-Bergamini, 1973, p. 51; Pallucchini, 1978, p. 20;
Tempestini, 1979, n° 28, pp. 151-152, fig. 170; Ballarin, 1980, pp. 495, 497, et note 6; Lucco, 1980,
n° 15 p. 95, pl. XII-XIII; Hirst, 1981, p. 4 note 17;
Pallucchini et Rossi, 1983, n° V65; Brejon de Lavergnée, 1987, n° 34, pp. 115-116; Laing, 1988, pp. 23-
29; Ballarin, 1990-91; I, p. 26

De la collection de Charles Iᵉʳ d'Angleterre,
dans laquelle elle entra à une date indéterminée
grâce à lord Cottington et sans provenir de
Mantoue comme on l'a abusivement répété, à
celle de Louis XIV, dans laquelle elle entra en
1662 avec la collection de Jabach, cette *Sainte
Conversation* a logiquement porté le nom de
Giorgione, et elle est certainement en effet l'une

des œuvres les plus giorgionesques que l'on puisse aujourd'hui attribuer au jeune Sebastiano. C'est encore sous l'étiquette de Giorgione que Seymour de Ricci la catalogua en 1913 parmi les peintures italiennes du Louvre et Justi, en 1926, devant la belle qualité du tableau, le considérait comme un possible Giorgione à part entière. Manifestement insatisfaisante, cette attribution a vite été combattue et plusieurs autres noms prononcés : Martino da Udine, dit Pellegrino da San Daniele, par Crowe et Cavalcaselle (1876), Bonifacio de' Pitati par Jacobsen (1902), Cariani par Berenson en 1911 — et cette thèse fit école auprès de Lionello et Adolfo Venturi, de Baldass et de Günther-Troche —, enfin Domenico Mancini dont le véritable apôtre fut Berenson entre 1932 et 1957. Mais cette hypothèse est désormais presque unanimement considérée, à l'exception de Magugliani (1970) et surtout de Freedberg (1971, rééd. 1975), comme une fausse piste en regard de la seule œuvre sûre conservée de cet artiste, la *pala* de Lendinara, près de Rovigo, datée de 1511.

L'attribution ici retenue à Sebastiano del Piombo a été pour la première fois exprimée franchement par Hourticq en 1923, même si l'on peut dire qu'elle avait été pressentie par Cook en 1900 lorsqu'il supposait dans cette œuvre une intervention de Sebastiano aux côtés de Giorgione. Ce pas n'a pas toujours été franchi sans hésitation : Longhi, par exemple, en 1946, n'excluait pas Sebastiano mais songeait autant à un peintre bergamasque du XVIᵉ siècle, et Dussler, en 1942, répertoriait le tableau parmi les œuvres douteuses et sans le reproduire. Il n'a même pas toujours été tout simplement franchi puisque M. Hirst n'a pas retenu la *Sainte Conversation* du Louvre dans sa monographie de 1981.

Renchérissant sur les arguments de Hourticq, Suida (1935), Pallucchini (1944, 1978) et Zampetti, en 1955, lors de l'exposition *Giorgione e i giorgioneschi*, ont souligné la solide aisance de la composition, l'autorité de sa mise en page, la robustesse anatomique des figures, et la richesse chromatique de toute l'œuvre comme autant de caractères déjà spécifiques de Sebastiano lorsqu'il côtoyait Giorgione. Suida cependant l'opposait clairement à la *Sainte Conversation avec sainte Catherine et saint Jean-Baptiste* des Gallerie dell'Accademia de Venise, qu'il conservait à Giorgione lui-même, tandis que Pallucchini, persuadé, comme Pignatti, de la paternité de Sebastiano pour les deux œuvres, les comparait et les datait relativement l'une à l'autre, plaçant ainsi la *Sainte Conversation* du Louvre plus tard, non dans l'un des volets d'orgue de San Bartolomeo di Rialto, et y décelant, à juste titre, dans la figure de sainte Catherine, un rapport avec le *Portrait de femme* de Berlin peint par Dürer pendant son séjour vénitien de 1506-1507. En revanche, comme Suida, Lucco (1980) a rendu à Giorgione jeune la *Sainte Conversation* de Venise, et lui a opposé le tableau du Louvre, y reconnaissant une œuvre déjà mûre de Sebastiano à Venise, postérieure à 1508

dans la mesure où elle constituerait un écho des fresques toutes récentes de Giorgione au Fondaco dei Tedeschi. A Ballarin (1980, 1990-91) a adopté une datation très voisine, vers 1507-1508, en l'associant à la *Sainte Conversation* du Metropolitan Museum (cat. **35**).

L'hypothèse d'identification du donateur avec un autoportrait de Sebastiano, que Hourticq a avancée en 1923, en se laissant sans doute inconsciemment impressionner par la présence du saint Sébastien, était trop fantaisiste pour être aujourd'hui conservée.

pages 50, 51

37, a, b, c, d

Sebastiano Luciani, dit Sebastiano del Piombo
Venise, vers 1485 - Rome, 1547

Saint Louis de Toulouse
Saint Sinibald
Saint Barthélemy
Saint Sébastien
Toile. H. 2,93; L. 1,37
VENISE, SAN BARTOLOMEO DI RIALTO
(EN DÉPÔT AUX GALLERIE DELL'ACCADEMIA)

HISTORIQUE
Volets d'orgue de l'église San Bartolomeo di Rialto à Venise; l'orgue d'origine fut remplacé après 1733 et avant 1771, année où saint Louis et saint Sinibald se trouvaient sur « les côtés de l'orgue », tandis que saint Barthélemy et saint Sébastien n'étaient plus exposés

au public; ceux-ci furent de nouveau présentés après une restauration faite par le peintre Giambattista Mengardi, réalisée avant 1788; depuis 1941, les saints Louis et Sinibald se trouvaient à côté du deuxième autel de droite, saint Barthélemy et saint Sébastien dans la nef de gauche, à côté de la porte, jusqu'à la mise en dépôt aux Gallerie dell'Accademia (1978).

EXPOSITIONS
Venise, 1946, nᵒˢ 61-64; Venise, 1955, nᵒˢ 81-84; Venise, 1978, sans nᵒˢ; Los Angeles, 1979-80, nᵒ 11; Londres, 1983-84, nᵒˢ 95-96; Sydney, 1988, sans nᵒˢ; Séville, 1992, nᵒˢ 112-113.
BIBLIOGRAPHIE
Vasari (éd. Milanesi, V, p. 566 note 2); Scannelli, 1657, p. 235; Boschini, 1660, pp. 396-397; Boschini, 1674, p. 109; Zanetti, 1733, p. 191; Zanetti, 1771, p. 203; Nardini, 1788, pp. XL-XLI; Moschini, 1815, I, pp. 560-565; Crowe et Cavalcaselle, 1871 (éd. Borenius), 1912, III, p. 206 note 2; Propping, 1892, pp. 16-17; Berenson, 1897, p. 115; Benkard, 1907, pp. 20-25; D'Achiardi, 1908, pp. 33-36; Bernardini, 1908, pp. 12-13; Justi, 1908, I, p. 230; Wickhoff, 1908, p. 29; Borenius, 1912, III, p. 206-207 note; L. Venturi, 1913, p. 366; A. Venturi, 1915, VII, 3, p. 773; A. Venturi, 1928, IX, 3, pp. 74-77; Berenson, 1932, p. 523; A. Venturi, 1932, IX, 5, p. 18; Gombosi, 1933, pp. 71-74; Berenson, 1936, p. 419; Richter, 1937, pp. 241-242; Fiocco, 1939, p. 120 note; Pallucchini, 1941, pp. 448-456; Dussler, 1942, pp. 23-24; Pallucchini, 1944 (*Sebastiano*), pp. 7-12, 19; Pallucchini, 1945, pp. 60-61; Zampetti, 1955 [1ᵉʳ id.] (*Giorgione*), pp. 178-183; Berenson, 1957, I, p. 164; Lorenzetti, 1956, p. 390-393 Gould, 1969, pp. 207-208; Pignatti, 1969, (*Giorgione*), pp. 134-135; Freedberg, 1971, p. 92, note 47 p. 478; Wilde, 1974, pp. 94-99; Hornig, 1976 pp. 894-907; Erffa, 1976, pp. 8-11; Meller, 1977, p. 144; Merkel, 1978, pp. 154-157; Pallucchini, 1978, pp. 17-18; Spezzani, 1978, p. 23, fig. 34, 39; Lazzarini, 1978, p. 49, fig. G p. 53; Pignatti, 1979(2), pp. 52-54; Ballarin, 1980, p. 497; Lucco, 1980, pp. 87, 92-93; Hirst, 1981, pp. 6-13; Hirst, 1983, p. 210; Bertini, 1985, p. 29; Gentili et Bertini, 1985, pp. 7-8; Lucco, 1987, pp. 9-10; Hornig, 1987, p. 95; Lucco, 1988, p. 150; Nepi Scirè, 1988, p. 38; Sureda i Pons, 1992, pp. 195-196.

Les quatre tableaux constituaient les faces internes (saint Louis et saint Sinibald) et externes (saint Barthélemy et saint Sébastien) des volets d'orgue du XVIᵉ siècle de l'église vénitienne de San Bartolomeo di Rialto, qui, depuis 1506, abritait la plus prestigieuse *pala* d'autel exécutée par Albrecht Dürer durant son second séjour italien. Les saints figurés en orateurs dans une structure architecturale monumentale représentent respectivement Louis, patron du commanditaire, et Sinibald, patron de la ville de Nuremberg (identifié par le blason et patrie de nombreux marchands allemands en rapport avec Venise [Erffa, 1976]), Barthélemy, le saint titulaire, Sébastien, patron d'une compagnie d'archers membres de l'église (Battisti, Bertini).

Mentionnés ni par les sources vénitiennes du début du XVIᵉ siècle, ni par Sansovino ou par Ridolfi, les volets furent cités en premier lieu par Scannelli avec l'attribution correcte à Sebastiano del Piombo (« [...] et dans l'église de San Bartolomeo on voit les volets d'orgue avec plusieurs saints, et surtout un saint Sébastien nu d'une beauté exquise »). Reprise par Boschini, la mention des tableaux est absente aussi des éditions critiques de Sansovino par Stringa et par Martinioni, pour être ensuite récupérée par Zanetti et par les sources successives qui maintiennent l'attribution correcte, formulée par Scannelli.

En 1788, le chanoine de San Bartolomeo, Antonio Nardini, révélait le nom d'Alvise Ricci, dont le blason avec les rosettes et le hérisson apparaît à peine aujourd'hui au centre des deux volets externes, comme étant le commanditaire de « *quatuor tabulas eximias, nostris temporibus instauratas* » (« quatre tableaux de grande qualité exécutés à notre époque »), confiées à ses frais à « *Frati Sebastiano a Plumo* », et les dates limites durant lesquelles se déroula son vicariat dans l'église du 7 octobre 1507 à 1509, année de sa mort. La restauration effectuée par le peintre Giambattista Mengardi (1738, vers 1796), provoqua dans la critique quelques doutes concernant l'attribution. Dans le vaste panorama de ceux qui souscrivaient pleinement à la paternité suggérée par Scannelli et Boschini (Propping, D'Achiardi, Bernardini, Justi, A. Venturi, Berenson, Gombosi, Wilde et Pallucchini), on remarquait les hypothèses de Crowe et Cavalcaselle – qui suggéraient le nom de Rocco Marconi, de Wickhoff, opposé à la paternité traditionnelle – de Benkard – qui imaginait pour les compartiments externes l'intervention d'un maître de l'entourage de Titien –, de L. Venturi – qui attribuait seulement les saints Louis et Sinibald tandis que les deux autres « semblent l'œuvre d'un maniériste tardif », jusqu'à la suggestion désormais célèbre de Richter qui attribuait l'élaboration des volets extérieurs à Sebastiano dans une phase michelangélesque, dans les années 1527-28; ce que complétait une communication ultérieure de Fiocco (1939), reconnaissant seulement dans les parties internes les caractéristiques de la première période vénitienne de Luciani. Même les partisans de l'attribution complète, cependant, finiront par souligner un hiatus dans la conception plus monumentale des figures des volets extérieurs, en se référant à la rencontre que fit Sebastiano à Venise en 1508 (Wilde, 1933) avec l'art de Fra Bartolommeo. Dans ce panorama, apparaissait ensuite l'hypothèse de Justi fondée sur une vision « pangiorgionesque » (pangiorgionisme) qui reconnaissait dans la réalisation de Sebastiano un projet de Giorgione.

Fort importante pour la compréhension des quatre tableaux et du débat critique tumultueux qu'ils suscitèrent, s'avéra la restauration dirigée par Mauro Pelliccioli entre les mois d'octobre 1940 et de janvier 1941, suivie et analysée par Pallucchini (1941). On comprit bien que jusqu'à ce moment-là, le jugement de la critique était déformé par l'aspect visuel des volets extérieurs altéré par les repeints de Mengardi, sur lesquels du reste Moschini, se référant à la figure de saint Barthélemy, avait même signalé : « Si l'on ne reconnaît plus rien de l'auteur, il ne faut pas en rejeter la faute sur Giambattista Mengardi qui l'arrangea, alors qu'il était complètement perdu. » En substance, le peintre du XVIIIe siècle, face à un état de conser-

vation fortement altéré par la saleté et l'humidité – la figure de Sébastien avait dû déjà subir des retouches au cours du XVIIe siècle – avait supprimé quelques zones irrécupérables des deux toiles, réduisant ainsi les surfaces des peintures, et avait réutilisé d'autres parties pour reconstituer un faux montage architectonique reproduisant la structure de niche des panneaux internes; la grandeur primitive des figures étant conservée, il avait fini par leur donner une puissance plus grande par rapport aux deux autres. Pellicioli a donc réparé dans le saint Barthélemy, le tissu pictural originel. Pour le saint Sébastien, ayant examiné les superpositions de couches du XVIIe siècle sur le cou et sur le menton, il décidait de ne pas les détacher pour ne pas laisser apparaître l'esquisse préparatoire et redonna aux volets intérieurs leur couleur.

Pour Pallucchini, les quatre tableaux étaient l'aboutissement d'une démarche nouvelle et expérimentale. Le rapport avec l'art de Giorgione au « Fondaco dei Tedeschi » apparaissait aussi plus direct (1941). Sur la foi de Ridolfi, qui remarque la présence sur les murs du Fondaco de « perspectives de colonnes », mais aussi de Zanetti, qui reproduit la femme nue de Giorgione dans une niche et le jeune homme nu proche d'éléments architectoniques, les volets de Sebastiano sont le reflet de la « grande manière » de Giorgione reprise « avec une cadence plus soutenue [...] peut-être soutenu par des idées formelles toscanes » (Pallucchini, 1941).

La monographie de Dussler (1942) tendra à l'inverse à marquer la différence stylistique entre les couples de volets en termes de modernité « majeure » et « mineure », soulignant pour les volets internes la relation existant encore entre le monde de Bellini et celui de Giorgione, fondée sur la correspondance des poses inverses entre les deux saints; les faces externes au contraire révèlent la mise en place solitaire des figures, détachées dans une incommunicabilité « héroïque ». Tout ce qui résulte avec clarté est l'incontestable ouverture d'esprit manifestée par le jeune peintre aux ferments de renouvellement. Si l'attribution complète à Sebastiano se confirmait (Longhi, Zampetti, Berenson), Gould (1969), à la suite de la publication de radiographies de la partie centrale de la *pala* de San Giovanni Crisostomo, reprenait en compte l'indication vasarienne d'une intervention directe de Giorgione et étendait prudemment une telle possibilité aux faces internes. Tandis qu'une telle suggestion resta lettre morte, dans les années 1970 s'ouvrait un nouveau débat critique visant plutôt à expliquer les choix stylistiques de Luciani et à fixer l'exécution des volets dans les limites chronologiques données par la documentation; la critique se déclarait unanime pour admettre que derrière les œuvres se cachait une disposition naturelle au dépassement du style de Giorgione et elle entamait un processus de revalorisation critique de la personnalité artistique siècle Sebastiano, destiné à des développements plus récents. Il faut remarquer, pour leur importance, les études de Freedberg (1971) et de Wilde (1974). Le pre-

mier, qui situe l'exécution des volets entre 1508 et 1509, y reconnaît encore une incohérence interne, déjà remarquée dans le *Jugement de Salomon* de Kingston Lacy (cat. **33**), encore envahi par une « mentalité paratactique » bellinienne. Les figures internes sont traitées dans le style de Giorgione mais marquées par une recherche illusionniste qui semble rattachée à la *pala* de San Zaccaria. Les figures des faces externes, plus modernes, sont en analogie parfaite avec celles du Fondaco dont elles reprennent la force « de présence dans une atmosphère de lumière fortement colorée ». Sebastiano associe au bagage artistique issu de Giorgione un autre propre à sa modernité personnelle. Pour Wilde, les saints Louis et Sinibald sont l'expression de la méditation sur des types de Giorgione, comme le saint en armure de Castelfranco ou le plus vieux des *Trois Philosophes*, mise en œuvre grâce à une recherche de plus grande solidité qui augmente les contrastes et les convexités, comme si l'artiste se fût acheminé sur une nouvelle voie de recherche. Les volets clos sont significatifs du changement amorcé, la couleur plus atténuée correspond à une nouvelle exigence de représentation. La possibilité que l'artiste ait eu connaissance de la statuaire antique, en particulier celle de l'*Apollon* du Belvédère, réapparaît, à confronter avec la figure du saint Sébastien – même grâce aux dessins, comme celui exécuté par Amico Aspertini, aujourd'hui à la British Library (Wilde, 1974).

Le débat critique des années soixante-dix atteint son point culminant lors des expositions consacrées à l'art de Giorgione en 1978, en particulier celle de Venise, et dans deux monographies modernes sur l'artiste (Lucco 1980, Hirst 1981). Dans l'exposition de Castelfranco furent exposés les résultats des radiographies et les analyses des pigments exécutées sur le visage de saint Louis (Spezzani, Lazzarini), à celle de Venise, où les volets étaient exposés, s'ajoutèrent les clichés radiographiques de saint Sinibald. Les radiographies de saint Louis révèlent une position initiale plus frontale; celles de saint Sinibald, une conception originelle de profil, rectifiée ensuite dans un trois quarts. Les analyses confirment l'adaptation de Sebastiano à une technique picturale innovatrice, sans dessin, par « *impasto* », prévoyant une ébauche du sujet : « les visages aux ombres profondes, travaillés par grumeaux de couleur et par taches tels des "protoplasmes" utiles à la mise en œuvre picturale définitive » (Merkel, 1978).

Dans la monographie sur le peintre, M. Lucco interprète la différence entre les paires de volets comme un problème spatial résolu de façon géniale, avec la complicité de la granulation chromatique, « à la diversité des exigences optiques exercée par l'ouverture ou la fermeture des volets d'orgue, en mettant au point avec justesse les aspects d'un organisme compact ou ouvert », selon un processus qui avait déjà eu d'illustres précédents dans la tradition picturale vénitienne, dans les panneaux d'orgue de Bellini à Santa Maria dei Miracoli, mais recherchant désormais «un rapport d'égale dignité hiérarchique entre la figure et l'architecture» (1980). M. Lucco montre avec insistance chez Sebastiano cet «amour pour le rythme précis des espaces», qui manifeste une mentalité plus passionnée de perspective que ne l'a démontré Giorgione.

Pour M. Hirst, la différence de style apparaissant à la confrontation des quatre toiles, ne doit pas faire croire à une longue interruption entre l'exécution d'une paire et l'autre. Plus qu'à un rapport avec Fra Bartolommeo, il croit à la possibilité pour Sebastiano d'avoir voyagé hors de Venise : il lui semble plus fructueux en fait de rechercher des rapports du peintre avec la statuaire antique. Dans le *Jugement de Salomon* (cat. **33**), englobant le tableau dans une lecture bien étayée, il étudie comment les architectures sont plus puissantes, les formes plus monumentales, mais comment le style des figures est le même, à tel point qu'on pourra sans difficulté substituer le saint Barthélemy avec un personnage de la cour de Salomon. Il se pourrait que Sebastiano ait commencé le Jugement en 1508-1509, avant que ne fussent commencés les volets externes.

Sur la spéculation des volets d'orgue, un autre chapitre semble s'ouvrir depuis précisément la restauration du *Jugement de Salomon* (Laing et Hirst, 1986) qui a induit à anticiper le tableau anglais à la période 1506-1507 (Lucco, 1987). Les volets sont ainsi chronologiquement différés «pour la gamme chromatique très variée et la technique d'exécution picturale différente» (Lucco, 1987).

Là où dans le *Jugement*, l'immense montage perspectif s'appuie encore sur le fond et le groupe emplit le premier plan, dans les volets d'orgue, les figures sont appelées à vivre dans l'espace et à le contrôler avec puissance dans le double jeu d'espace clos (les volets internes) et ouvert, celui-ci communiquant de manière illusionniste avec le reste de l'église (volets externes). Sebastiano se mesure avec ces problèmes spatiaux, en vivant personnellement l'expérience du classicisme qui apparaît dans le même temps sur les murs du Fondaco dei Tedeschi. Ainsi en est-il dans l'interprétation renouvelée de la figure humaine, où il profite de l'expérience que peut-être Giorgione a depuis peu laissée derrière lui. Dans celle-ci sont unis le classicisme de l'Italie centrale et la «charge de réalisme inaugurée par la connaissance de Dürer» (Ballarin, 1980) et les premiers essais de «grand style» vasarien s'accomplissent, que le peintre de Castelfranco, selon une reconstruction établie par Longhi, puis amplifiée et complétée par Ballarin, aurait réalisés dans la création des demi-figures de 1507. Des exemples éloquents de ce style sont le *Concert*, le *Chanteur* et le *Joueur de flûte* de la Galleria Borghese (cat. **29, 30, 31**).

Si l'on accorde à ces œuvres la considération qu'elles méritent, les quatre saints des volets de Sebastiano pourront mieux se comprendre, surtout le passionnant Barthélemy qui rappelle le personnage central du *Concert* (cat. **29**), et le

contemplatif Sébastien, qui fait penser au type sentimental du *Chanteur* Borghese (cat. **30**).

A.P.

page 52

38

Sebastiano Luciani, dit Sebastiano del Piombo
Venise, vers 1485 - Rome, 1547

Saint Jean Chrysostome entre sainte Catherine, sainte Madeleine, sainte Lucie et saint Jean-Baptiste, saint Jean l'Évangéliste (?) et saint Théodore (?)
Toile. H. 2,00; L. 1,65
VENISE, SAN GIOVANNI CRISOSTOMO

HISTORIQUE
Maître-autel de l'église San Giovanni Crisostomo à Venise.

EXPOSITIONS
Venise, 1946, n° 65; Venise, 1955, n° 80; Venise, 1978, sans n°.

BIBLIOGRAPHIE
Vasari, 1550 (éd. Barocchi, 1976, IV, p. 45); Vasari, 1568 (éd. Barocchi, 1984, V, p. 86); Sansovino, 1581, éd. Stringa, 1604, p. 143); Boschini, 1660, p. 397; Martinioni, 1663, p. 154; Boschini, 1674, p. 3; Zanetti, 1733, p. 378; Zanetti, 1771, p. 203; Biagi, 1826, p. 12; Burckardt, 1855, p. 963; Scolari, 1860; Crowe et Cavalcaselle, 1871 (éd. Borenius, 1912), III, p. 205; Wolff, 1876, pp. 171-172; Lermolieff (Morelli), 1890, p. 50; Propping, 1892, p. 18; Milanesi, 1875-85 (éd. 1906), V, n° 2 p. 566; Berenson, 1897, p. 115; Cook, 1900, pp. 13, 106; Gronau, 1900, p. 31; Berenson, 1903, p. 231; Benkard, 1907, pp. 20-25; Bernardini, 1908, pp. 12-13; D'Achiardi, 1908, pp. 33-36; Gronau, 1908, p. 409; Justi, 1908, pp. 20, 70, 226; Hadeln, 1910, p. 158; Fiocco, 1912, p. 298; L. Venturi, 1913, p. 366; Hetzer, 1920, p. 138; Gronau, 1921, p. 87; Justi, 1926, I, p. 240, II, pp. 104, 109; A. Venturi, 1928(1), IX, 3, pp. 78-81, 91; Hourticq, 1930, pp. 106-107, 109; Berenson, 1932, p. 523; Richter, 1932, p. 129; A. Venturi, 1932, IX, 4, p. 18; Gombosi, 1933, p. 71; Richter, 1934, p. 277; Pallucchini, 1935, p. 82; Suida, 1935(3), p. 82; Berenson, 1936, p. 449; Tietze, 1936, I, p. 78; Richter, 1937, pp. 12, 19-20, 92, 244; Fiocco, 1941, pp. 18, 44; Dussler, 1942, pp. 25-28, 141-142; Morassi, 1942, p. 137; Oettinger, 1944, p. 120; Pallucchini, 1944 (*Sebastiano*), pp. 7, 11-14, 25, 155-156; Pallucchini, 1944 (*Pittura*), I, p. XIV; Pallucchini, 1945, pp. 61-62; Longhi, 1946, p. 19; Gallo, 1953, p. 152; Pallucchini, 1953,

p. 24; Della Pergola, 1955, (*Giorgione*), p. 63; Robertson, 1955, p. 277; Zampetti, 1955 (*Giorgione*), p. 156; Baldass, 1957, pp. 147-55; Berenson, 1957, I, p. 84; Valcanover, 1960, I, p. 17; Baldass, 1961, p. 70; Braunfels, 1964, p. 26; Baldass et Heinz, 1964, p. 49; Lorenzetti, 1963, p. 357; Tramontin, 1968, pp. 23-25; Gould, 1969, pp. 206-209; Pallucchini, 1969, I, p. 20; Pignatti, 1969, pp. 134-135; Freedberg, 1971, p. 93; Wilde, 1974, pp. 95, 101-102; Gould, 1975, p. 225; Tschmelitsch, 1975, p. 195; Oberhuber, 1976, p. 21; Hornig, 1976, p. 60; Meller, 1977, p. 144; Lazzarini, 1978, pp. 45, 49-50; Settis, 1978, p. 122; Merkel, 1978, pp. 158-162; Pallucchini, 1978, pp. 18-19; Pignatti, 1978(1), p. 140; Spezzani, 1978, pp. 23, 40; Muraro, 1979, note 16 pp. 178-179; Ballarin, 1980, p. 497, note 6; Lucco, 1980, pp. 97-98; Macandrew, 1980; p. 313, note 13; Hirst, 1981, pp. 23-29; Ballarin, 1981-82, pp. 94-95; Lucco, 1983, p. 475; Bertini, 1985, pp. 23-31; Gentili et Bertini, 1985, pp. 1-30; Laing et Hirst, 1986, p. 282; Hornig, 1987, pp. 240-242; Lucco, 1987, pp. 9-10; Lucco, 1988, p. 154; Huse, 1989, pp. 252-254; Humfrey, 1990, pp. 195-196.

A l'occasion de cette exposition le tableau a été soumis à une importante intervention de nettoyage menée sous l'autorité de la Soprintendenza de Venise. Il semble enfin possible de donner sur une œuvre vénitienne capitale, un jugement libéré des doutes concernant les interprétations en faveur de Giorgione qui s'appuyaient sur les précédentes restaurations (Gentili et Bertini, 1985). En 1969, le tableau avait été radiographié (Gould, 1969) et les images, présentées au public à l'occasion de l'exposition *Giorgione* de 1978 avec l'apport de quelques analyses de pigments, révélèrent un grand nombre de repentirs (Merkel, 1978). La *pala* est aujourd'hui débarrassée, dans la limite du possible, des repeints ajoutés en 1860-1862 par le comte Bernardino Corniani degli Algarotti (Scolari, 1860) qui n'avaient pas été enlevés par Pellicioli (1955) — ainsi que de la couche d'encrassement et de noir de fumée. Ainsi sont apparus les coloris originels, longtemps masqués. Les dommages les plus lourds, de nature mécanique, sont les importantes chutes de couleur cachées jusque-là par des reprises de type varié. Particulièrement abîmée est apparue la figure de sainte Catherine, spécialement le visage, sur lequel la matière originale est réduite — c'est aussi le cas des têtes de saint Jean Chrysostome et de son vieux compagnon. Certains ajouts, du XIXe siècle, comme la colonnade finissant en une fausse perspective architecturale ou le complément du vêtement de Jean-Baptiste et du paysage ont été enlevés. La matière des chairs du saint en armes s'est révélée plus intacte. Quelques repentirs importants sont apparus : la correction du contour du vêtement du saint principal, imaginée plus ample tout d'abord et la présence, aux pieds du Baptiste, d'un agneau dont la tête apparaît aujourd'hui plus visible alors qu'elle était auparavant cachée par le marbre moucheté des gradins. Le visage à l'antique, sur le bouclier du saint en armes, ressort avec plus de force.

La restauration semble éliminer tout soupçon sur la possibilité d'une collaboration entre Giorgione et Sebastiano, déclenchée par la correction que Vasari apporta en 1568 à un passage de la première édition des *Vite*. En 1550, il déclarait en effet comme étant une œuvre de Giorgione la *pala* du grand autel de l'église de San Giovanni Crisostomo à Venise – pour démentir ensuite un tel jugement, quand par un habile jeu de mots, il l'attribua à Sebastiano : « Il fit encore en ces temps-là à San Giovanni Crisostomo à Venise, un tableau avec quelques figures, qui s'apparentent tellement à la manière de Giorgione, qu'elles ont été parfois attribuées à la main même de celui-ci, par qui n'a pas grand savoir dans les choses de l'art. Ce tableau est très beau et fait avec une façon de traiter la couleur qui a beaucoup de relief » (1568, V, p. 86). Sansovino contribua à compliquer le débat, affirmant que Giorgione « commença la grande *pala* avec les trois vertus théologales, et qu'elle fut ensuite terminée par Sebastiano, qui fut Frère du plomb à Rome, où il peignit à fresque la voûte de la tribune » (éd. Martinioni, p. 154). Tandis que Stringa et Martinioni n'intervinrent pas pour commenter le texte de Sansovino et que Ridolfi ignora le tableau, Boschini et Zanetti reconfirmèrent l'entière attribution à Sebastiano, suivis au XIXᵉ siècle par Biagi, Crowe et Cavalcaselle, Morelli, Wolf, Propping, et au XXᵉ par Cook, Gronau, Berenson, Benkard, D'Achiardi, Bernardini, Fiocco, L. Venturi, Hetzer, A. Venturi, Hourticq, Gombosi, Pallucchini, Tietze, Della Pergola, Pignatti, Lucco, Hirst, Gentili et Bertini. Reprenant l'hypothèse d'une intervention de Giorgione, Justi, Hadeln, Suida, Richter, Robertson, Berenson (1957) – qui attribuait Jean-Baptiste et le saint en armes à Giorgione – et Gould (1969) qui redonnait à Sebastiano le Baptiste et les trois saints, surévaluèrent au contraire le texte de Sansovino. D'autres comme Morassi, Hornig, Settis estiment que le projet revient à Giorgione, tandis que l'exécution serait de Sebastiano.

La datation du tableau s'appuie sur des documents d'archives, c'est-à-dire sur le testament de Caterina Contarini, daté du 13 avril 1509, dans lequel elle laisse vingt ducats pour la *pala* du grand autel « *post mortem dicti dominj nicolaj mariti mei predicti* » (« après la mort dudit seigneur Nicolas mon mari pré- cité ») et celui de son mari Niccolò Morosini, daté du 19 mars 1510, dans lequel l'époux stipule vouloir être enseveli là où repose le corps de sa femme et de son fils Alvise (Gallo, 1953, p. 152) : et sur deux codicilles, datés du 4 et du 18 mai 1510 (Hirst, 1981 ; Gentili et Bertini, 1985 ; Bertini, 1985, p. 23), bien que malade (« *corpore languens* ») Niccolò est dit encore vivant. De tels éléments démontrent que la *pala* fut commencée après le mois de mai 1510 et fut menée à terme avant le mois d'août 1511, quand Sebastiano embarque à Chioggia pour Rome. Une ample étude récente a établi que Caterina, descendante de la branche « Contarini de Londres » (Bertini, 1985), n'a aucune parenté avec Gasparo Contarini, protagoniste des vicissitudes de la Réforme catholique vénitienne, déjà cité

comme l'inspirateur possible du tableau, et avec Taddeo Contarini, commanditaire des *Trois Philosophes* (Bertini, 1985). Dans les testaments de Caterina et Niccolò apparaît au contraire, le nom de Gerolamo di Bertuccio Contarini, nommé exécuteur testamentaire des deux époux, personnage public de premier plan à Venise, mais aussi à Trévise et à Padoue ; tandis que dans la restructuration de l'église, domine le nom du curé Alvise Talenti, notaire et personnage essentiel du « *revival* » gréco-byzantin qui marque de son sceau le changement de l'édifice, culminant peu après dans la commande passée à Giovanni Bellini de la *pala* pour l'autel Diletti. De telles considérations portent à croire que « les raisons et les sources d'inspiration de la *pala* – et naturellement ses données économiques (…) doivent être évidemment recherchées en dehors des époux Morosini » (Gentili et Bertini, 1985). Dans cette optique, l'iconographie de la toile a aussi été révisée. Les trois figures féminines n'ont pas créé trop de problèmes. Il s'agit des saintes Catherine, Madeleine, Agnès (Dussler, 1942 ; Pallucchini) – identifiée aussi à Cécile (Tramontin, 1968), mais plus vraisemblablement aujourd'hui à Lucie (Lucco, Gentili et Bertini) –. A l'inverse, la lecture du saint en armes derrière Jean-Baptiste et du personnage âgé privé d'attribut, près de saint Jean Chrysostome, crée plus de difficulté. Pour celui-ci, identifié autrefois avec Paul (Tramontin, 1968), saint Onuphre (Gould, 1969 ; Hirst, Ballarin) saint Nicolas (Lucco), il a été proposé une nouvelle clé de lecture. Réexaminant le rôle du saint principal, la nouveauté de la composition de la *pala* a été récemment interprétée à la lumière de l'exigence de « représenter saint Jean Chrysostome écrivant et simultanément de rendre visible, lisible, la page de son livre » (Gentili et Bertini, 1985 ; pour l'interprétation du sens des lettres grecques lisibles sur le livre comme « des saints » ou des « choses sacrées », voir Bertini, 1985). Celui-ci est un docteur de l'Église grecque et son image marque la persistance d'une forte tradition byzantine ; patriarche et éducateur du peuple de Constantinople, il s'associe bien à Jean-Baptiste, éloquent prophète. Dans cette optique, le saint âgé pourrait être saint Jean l'Évangéliste, « patron des théologiens et des écrivains » ; dans le territoire vénitien, l'image de l'évangéliste âgé, avec la barbe et des cheveux blancs, est du reste répandue (Torcello, cathédrale, mosaïque de l'abside, et Venise, Saint-Marc, mosaïque de l'atrium) (Gentili et Bertini, 1985). Reste à expliquer le saint en armes, plusieurs fois interprété comme étant San Liberale. Il est identifié plutôt maintenant à saint Théodore, saint guerrier et ancien patron de Venise, « associé aux cultes de la lagune à partir de 1450, dans le vaste programme de la réactivation idéologique de Venise comme d'une nouvelle Constantinople », et aussi saint titulaire d'une école, ouverte près du couvent voisin de San Salvador dont le siège, dans les années qui intéressent le travail de Sebastiano, n'est pas encore terminé.

La critique a unanimement souligné l'autonomie du style de la *pala* par rapport à Giorgione. Pallucchini a souligné la nouveauté de la composition du tableau, avec les saints, – « masses articulées » et « chromatiques » liées entre elles par la lumière du couchant – encerclant le personnage principal de profil dans l'espace rythmé par la cadence architectonique. L'historien remarque que la personnalité de l'artiste s'affirme dans cette œuvre (1944). Pour Freedberg, plus que dans les volets de Rialto (cat. **37**), apparaissent les traits et les caractères spécifiques de Sebastiano « romain » et, par rapport au Giorgione tardif, le canon de la figure classique s'amplifie jusqu'à requérir une certaine gravité. A. Ballarin montre comment Sebastiano est « entraîné par l'interprétation du classicisme que Titien exprimera au cours de l'année 1509, descendant de ce piédestal de classicisme formel qu'il avait atteint au moment des volets de San Bartolomeo et se repliant vers un classicisme spécifiquement vénitien dans le sens propre à Titien (1980).

M. Hirst examine plusieurs possibilités, afin d'expliquer la nouveauté de la composition de la *pala* : il étudie l'éventualité d'un échange avec la culture de l'Italie du Centre, se basant sur l'exemple d'un dessin de Fra Bartolomeo à Chantilly (musée Condé, n° 39) préparatoire pour une composition de profil, et révélateur sinon d'une connaissance directe de la part de Sebastiano, au moins d'une recherche semblable dans ce genre de composition. Il envisage la possibilité d'une confrontation directe avec le *Zacharie* de Michel-Ange à la Sixtine ; il suppose la connaissance de la *pala* avec la *Madone entre saint André et saint Michel* exécutée par Cima da Conegliano pour Parme. Même s'il s'éloigne de Giorgione, Sebastiano poursuit une ligne de recherche indiquée par le maître (le saint âgé et Jean-Baptiste dérivent morphologiquement des types de Giorgione). Il ne néglige pas la confrontation avec des peintres liés à la tradition du XVᵉ siècle (il indique une relation d'emprunt avec la *Présentation au temple* de Carpaccio datée de 1510, aujourd'hui aux Gallerie dell'Accademia) et avec la plastique compacte de la sculpture de Tullio Lombardo (Hirst, 1981).

Une nouvelle attention doit maintenant être portée au témoignage, isolé dans l'ensemble des sources vénitiennes, de Sansovino qui attribue à Luciani la mission de compléter le chantier décoratif de la zone du chœur de San Giovanni Crisostomo (« la voûte de la tribune »). L'aménagement de la partie absidale de l'église actuelle, entièrement recouverte de toiles du XVIIᵉ siècle, doit remonter à des travaux de décoration commencés après 1604, comme Stringa aide à les reconstituer par voie indirecte. Le commentateur de Sansovino ignore en fait les deux toiles inspirées de la vie de saint Jean Chrysostome, exécutées par Alvise Benfatto del Friso (1544-1609), vues *in situ* par Ridolfi (éd. Hadeln, II, p. 143), qui marquèrent le début de la nouvelle décoration. Le plafond du chœur, revêtu de toiles représentant le *Père*

Éternel entouré d'anges, fut terminé par Giuseppe Diamantini avant 1674 (Pallucchini, 1981). Aucune trace ne subsiste donc d'éventuelles fresques du XVIe siècle — peut-être réduites à un très mauvais état et recouvertes — sauf la modeste peinture pariétale de l'abside avec les *Trois Vertus théologales*, peinte en 1857-1860, par le peintre Eugenio Moretti Larese (Tramontin, 1968, n° 22, p. 17), probablement à partir d'une récupération « philologique » des peintures perdues. La critique a négligé le problème posé par Sansovino, qui peut nous faire saisir le lien direct entre la dernière activité vénitienne de Sebastiano et la première commande obtenue à Rome, émanant d'Agostino Chigi qui, certainement pas par hasard, charge le peintre d'exécuter pour sa villa privée suburbaine, un cycle de fresques. On ne peut imaginer s'il y eut, et de quelle manière, des liens entre les peintures et la *pala*, mais la récupération, après la restauration, des couleurs originelles, ainsi que des détails au préalable cachés, rend plus évident le rapport stylistique entre la toile et les lunettes romaines. On observe, à ce point de vue, l'analogie entre la tête en faux relief sur le bouclier du saint armé et la belle tête gigantesque peinte en monochromie sur une lunette de la Villa Farnesina.

A.P.

page 53

39

Sebastiano Luciani, dit Sebastiano del Piombo
Venise, vers 1485 - Rome, 1547

Portrait d'homme en armure
Toile. H. 87; L. 66, H. 0,87; L. 0,66.
HARTFORD, WADSWORTH ATHENEUM,
THE ELLA GALLUPS SUMNER
AND MARY CATLIN SUMNER COLLECTION

HISTORIQUE
Coll. James Brydges, premier duc de Chandos, avant 1723; vendu à Londres, Covent Garden, 7 mai 1747, n° 68; coll. sir Thomas Sebright, Beechood Park, Hertfordshire, avant 1857; sir Giles Sebright; vendu à Londres, Christie's, 2 juillet 1937, n° 118, acquis par Bates; acquis à New York, F. Kleinerger & Co. par le Wadsworth Atheneum, avec le fonds Ella Gallup Sumner et Mary Catlin Sumner, en 1960.
EXPOSITION
Los Angeles, 1979-80, n° 12.
BIBLIOGRAPHIE
Vasari 1568 (éd. Milanesi), V, p. 574 note 2; Waagen, 1857, p. 329; Richter, 1936, pp. 88-91; Dussler, 1942, pp. 41, note 41 pp. 113, 134-135; Pallucchini, 1944 (*Sebastiano*), pp. 40-41, note 35 p. 122, 160; Berenson, 1957, I, p. 164; Cunningham, 1960, pp. 15-167; Freedberg, 1961, I, p. 370; Pallucchini, 1966 (*Sebastiano*); Fredericksen et Zeri, 1972, p. 185; Anderson, 1979, pp. 153-158; Pignatti, 1979(2), p. 56; Lucco, 1980, p. 104; Hirst, 1981, notes 28 et 29 p. 97 ; Silk et Greene, 1982, pp. 32-33; Lucco, 1983, fig. 368; Cadogan 1991, pp. 197-200.

Ce portrait d'homme en armes était attribué à Giorgione dans la collection Brydges et fut acheté comme tel par sir Thomas Sebright dans la maison duquel put le voir Waagen. Selon ce dernier, la main trop grande et l'atmosphère générale de la peinture excluent la probabilité d'une exécution par ce peintre. Waagen reconnaissait entièrement les qualités de la toile, en maintenant son appartenance à l'aire vénitienne : « Elle est toutefois de quelque habile maître de l'École vénitienne. » Omis dans les *Elenchi* de Berenson et négligé par la critique relative à Giorgone, le tableau fut correctement attribué à Sebastiano del Piombo par Richter (1936), dans le cadre d'une revalorisation générale de tout l'œuvre, mais surtout de l'art du portrait de Luciani. On ne sait pas pourquoi, même en cherchant dans la description que Waagen fit de l'œuvre, le personnage représenté

fut identifié par Richter avec le capitaine Francesco Ferruccio. Ce ne fut qu'en 1527 que celui-ci, d'après le récit de Varchi, « de citoyen totalement effacé, tenu en si grande réputation pour ses vertus, il atteignit une telle gloire dans la guerre de Florence, qu'à lui seul fut donné par la République dans son extrême besoin, une autorité telle qu'aucun autre citoyen, d'aucune ville libre à nulle époque n'obtint jamais ». Comme Ferruccio entra dans la carrière militaire bien après la période 1516-1519 (période proposée par Richter pour l'exécution du tableau), la critique douta rapidement de cette identification, encore influencée par la célébration romantique de la geste du capitaine florentin. Dussler et Pallucchini, notant la présence à Florence, au Palazzo Pitti, d'une ancienne copie du tableau de Hartford (Inv. n° 6037) qui pouvait contribuer à reconstituer l'histoire de cette peinture, virent plutôt une relation entre le tableau de Hartford et le témoignage de Vasari qui affirmait avoir vu de Sebastiano del Piombo « un je ne sais quel capitaine armé » dans la maison de Giulio de' Nobili à Florence (1568, éd. Milanesi, V, p. 574) avait par erreur identifié la peinture vue par Vasari avec une autre des Uffizi (Inv. n° p. 551) — aujourd'hui attribuée à un artiste du cercle de Dosso (Lucco, 1980, p. 130) — peut-être parce que les anciens inventaires de la collection florentine l'attribuaient à Sebastiano. Cunningham, Pignatti, Lucco, Silk, Greene, Cadogan confirment une relation entre le tableau en possession de Nobili et celui-ci, et excluent l'identification avec le Ferruccio, que Vasari aurait certainement dû reconnaître, puisqu'il était l'un de ses contemporains (Lucco, 1980). Mais le fait que ni Vasari, ni par la suite Borghini, qui mentionne encore le tableau dans la maison de Giulio de Nobili (« qui comme personne de qualité et perspicace le tient en grande estime » (1584), ne connaissent l'identité du personnage, incite à exclure qu'il s'agisse d'un membre de cette famille. Hirst tend à suggérer comme identification celle d'Attilio di Ruberto de' Nobili, cité par Varchi parmi les capitaines de la milice florentine en 1528 (Hirst, 1981). Une telle identification semble hasardeuse pour Cadogan (1990), selon qui les informations sur les membres de la maison des Nobili sont trop lacunaires. Remarque qui reste valable, même après les recherches récentes conduites sur le nom de famille de' Nobili (comparer les articles correspondants in *Dizionario Biografico degli Italiani*, 38, 1990, en particulier les pp. 741-743 et 757). Il est important, par ailleurs, de rappeler qu'à Florence, dans la maison du diplomate Antonio de' Nobili, père de Giulio, se trouvait, de Giorgione, le portrait d'un capitaine, compagnon de Consalvo Ferrante quand celui-ci vint à Venise à l'époque du doge Agostino Barbarigo, identifiable avec le supposé « Gattamelata » des Uffizi (cat. **22**) — mais qu'on ne peut confondre avec le portrait de Hartford (comme semble disposé à le faire Cadogan) qui ne peut se référer par son style à la période 1496-1501, époque du gouvernement de Barbarigo.

La restauration effectuée en 1982 a révélé sur la couche préparatoire la présence d'une deuxième tête, à gauche du portrait, recouverte ensuite par le peintre avec la couleur verte du fond (Silk et Greene, 1982); le premier projet prévoyait donc qu'une autre figure, peut-être un serviteur, parût auprès de l'homme d'armes rappelant de façon plus explicite le présumé « Gattamelata » des Uffizi. Du reste, la critique n'a pas manqué de souligner comment Sebastiano a eu « recours à un schéma vénitien à la manière de Giorgione, le concrétisant naturellement avec une énergie de construction plastique, modelée par des masses d'ombre et de lumière, qui est le fruit de l'expérience romaine » (Pallucchini, 1944). Selon Pallucchini, qui anticipe ainsi la date proposée par Richter et confirmée par Dussler, aux environs de 1515, le portrait s'inscrit en fait dans un contexte artistique postérieur à l'expérience de la Farnesina, en relation avec une ample expérimentation et finissant avec la « conversion profane » représentée par le quadruple portrait autrefois à Harewood (aujourd'hui à Washington, National Gallery), daté 1516; dans cette période, Sebastiano « s'appuie presque avec désinvolture sur les schémas du portrait de circonstance, offerts par la tradition vénitienne et romaine, mais sans en être prisonnier » et il s'affronte de façon particulière à l'art du portrait de Raphaël, comme déjà le suggère le *Portrait du cardinal Carondelet* (coll. Thyssen), datable avant 1512, marqué par « une nouvelle retenue, une fermeté plus digne et classicisante dans la représentation d'une physionomie » (1944). La datation du portrait a été depuis anticipée par Freedberg, un peu avant 1515, par Pignatti dans la période 1511-1515, par Lucco en 1513 : « Mise à part la consistance volumétrique s'apparentant à la manière de Michel-Ange, woon perçoit bien peu de caractère romain dans cette toile magnifique, – c'est pourquoi une datation qui la rapproche des années vénitiennes nous semble amplement justifiée [...] entre la Fornarina et le Carondelet » (Lucco, 1980).

A.P.

Le problème des œuvres de la jeunesse de Titien
Avancées et reculs de la critique

par Alessandro Ballarin

L'ÉTAT des études sur Giorgione et Titien fait apparaître bien des divergences entre auteurs et bien des incertitudes. Cela vient sans doute de ce que les tableaux de jeunesse de Titien sont à la fois proches du style de Giorgione et marqués par l'émergence d'une nouvelle personnalité. L'étude des rapports entre les deux peintres implique donc l'examen de la pensée des différents auteurs, des cas limites de leurs catalogues et du destin d'au moins quatre œuvres cruciales dans ce rapport maître-élève. Le *Concert champêtre* d'abord (cat. **43**) qu'A. Venturi continue d'attribuer à Giorgione. L'attribution traditionnelle de ce tableau au maître de Castelfranco a été plusieurs fois mise en doute au cours du XIXᵉ siècle, à partir d'attributions qui aujourd'hui nous laissent sans voix par leur degré d'incompréhension à l'égard des qualités sublimes de la peinture; par exemple celles de Waagen (1839) pour Palma Vecchio, de Wickhoff (1893) pour Domenico Campagnola, de Cavalcaselle (1871) qui l'avait par la suite rabaissé au niveau d'un imitateur ou suiveur de Sebastiano del Piombo, introduisant ainsi un nom qui aura un certain écho dans les recherches du XXᵉ siècle; à partir de L. Venturi (1913) qui l'attribuera à Sebastiano même, jusqu'à F. Heinemann (1928) et à H. Tietze (1936), d'accord pour dire que cet artiste est intervenu sur un projet laissé incomplet par Giorgione. Mais l'attribution traditionnelle a été reprise par Morelli (1893), par Berenson (1894), par Cook (1900), par Gronau (1900, 1911), par Justi (1908, 1926) et aura encore la vie longue dans la suite des études.

De même, l'histoire du *Concert champêtre* ne peut se détacher de celle d'autres œuvres, comme la *Suzanne* de Glasgow (cat. **42**), la *Vierge à l'Enfant avec saint Antoine de Padoue et saint Roch* du Prado (cat. **44**), le *Jugement de Salomon* de Kingston Lacy (cat. **33**) qui, dans quelques publications sur Giorgione apparues après les précisions de Morelli (1880) au sujet des deux premières, et de Berenson (1903) au sujet de la troisième, étaient placées auprès du *Concert champêtre* comme œuvres tardives du peintre. C'était le cas de la monographie de Cook (1900) et de Justi (1908), qui attribuaient aussi à Giorgione le *Concert* Pitti, et de la petite monographie de Gronau (1911) qui reproposait la séquence « petit *pala* du Prado − *Concert champêtre* » et réintroduisait sous forme interrogative le tableau du Palazzo Pitti. Avec ce bagage d'œuvres, mais sans le *Concert* du Palazzo Pitti, le Giorgione des dernières années sortait même du chapitre qui lui était dédié dans la monographie de Ricketts sur Titien (1910). Mais la page qui en fait le bilan mérite d'être citée car on y remarque un certain embarras, qui semble annoncer une phase nouvelle de recherches, différente de celle adoptée à la fin du XIXᵉ siècle sur la trace de Morelli : « Aux dernières années d'activité de Giorgione, appartient une série de travaux autour desquels la critique s'est largement déployée, où son art avançait, bien que nous puissions imaginer qu'avec le développement ou l'élargissement de sa méthode, une certaine faiblesse originelle dans la nature de l'homme devînt évidente et pourrait alors justifier de son état d'inachèvement : ces travaux sont cependant d'une grande beauté. Il reste aussi des dessins que nous pouvons lui attribuer, interprétés ou utilisés par des mains moins expertes. Le *Jugement de Salomon* (Bankes Collection) n'est pas terminé, avec des repentirs et des retouches apparents. La *Femme adultère* (*Suzanne et Daniel*, cat. **42a**) de Glasgow passe pour être une copie ou une imitation exécutée par Cariani, mais sans raison suffisante. Le *Chevalier de Malte*

Fig. 1
Titien, *La fuite en Égypte*
Saint-Pétersbourg, musée de l'Ermitage.
Vers 1506.

Fig. 2
Titien, *Jacopo Pesaro présenté à saint Pierre*
(cat. **40**).
Vers 1506.

Fig. 3
Titien, *La circoncision*
New Haven, Yale University.
Vers 1506-1507.

Fig. 4
Titien, *La Vierge à l'Enfant*
New York, Metropolitan Museum, Bache collection.
Vers 1506-1507.

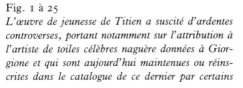

Fig. 5
Titien, *Portrait d'homme*
(cat. **41**).
Vers 1507.

Fig. 6
Titien, *Suzanne et Daniel*
(cat. **42a**).
Vers 1507.

Fig. 1 à 25
L'œuvre de jeunesse de Titien a suscité d'ardentes controverses, portant notamment sur l'attribution à l'artiste de toiles célèbres naguère données à Giorgione et qui sont aujourd'hui maintenues ou réinscrites dans le catalogue de ce dernier par certains spécialistes. A. Ballarin expose ici la « fortune critique » de ce débat toujours ouvert, qu'il analyse par ailleurs tableau par tableau dans les notices du catalogue (nᵒˢ 40 à 46). La chronologie des œuvres a donné lieu d'autre part à des propositions sensiblement différentes, puisqu'aucune peinture conservée, même parmi celles reconnues par tous, n'est datée avec certitude avant les fresques de la Scuola del Santo à Padoue (*1511*). Pour éclairer le lecteur, il a paru utile de reproduire ici une bonne partie des peintures en cause, en les situant dans l'ordre chronologique proposé par A. Ballarin.

des Uffizi, en mauvais état, est considéré d'un commun accord comme un chef-d'œuvre de Giorgione; dans ce noble travail, plus que dans aucun autre, son génie instaure un style de peinture que Titien s'appropriera, car dans cette œuvre qui n'a aucun précédent, Giorgione peint le premier portrait magistral à la manière du XVIᵉ siècle. Parmi de vieilles gravures, nous entrevoyons des peintures perdues sans doute de lui; mais en dépit des trois plus belles œuvres qui lui sont attribuées unanimement, à savoir la *Madone et des saints* de Madrid, inachevée, le *Concert champêtre* du Louvre et la *Vénus endormie* de Dresde, la connaissance que nous avons de lui devient de moins en moins claire; c'est comme si une nouvelle influence était apparue. Nous avons accepté le *Chevalier de Malte* presque sans preuve, le tableau de Madrid, sur des preuves internes, le *Concert champêtre* en dépit de certaines particularités techniques (Titien ne collabora-t-il pas à cette peinture?) et la *Vénus* de Dresde, bien que ce qui n'est pas modifié par le patient travail et la laborieuse minutie d'un restaurateur habile, révèle l'exécution et les amendements faits par Titien. Les caractéristiques techniques de Giorgione deviennent moins claires, elles semblent traversées par une nouvelle influence : je crois que cette influence est celle de Titien. »

Berenson, en 1903, avait suscité des remous en donnant à Sebastiano le *Jugement de Salomon* (cat. **33**) et *Suzanne et Daniel* (cat. **42**) et Gronau l'avait suivi sur le premier point. A. Venturi à son tour, avait entrevu quelque chose de vrai dans le jugement de Cavalcaselle sur le *Concert champêtre* et avait prononcé le nom de Sebastiano. Il semblait à ce moment-là que cette «créature» de Giorgione eût pu résoudre les contradictions qui commençaient à se faire jour dans le corpus des œuvres de Giorgione. L. Venturi, dans son étude sur le «Giorgionisme» de 1913, était de cet avis. Tandis que la «petite *pala* du Prado» (cat. **44**) et le *Concert* Pitti y figurent comme œuvres de Titien, avec le *Chevalier de Malte*, *Suzanne* et le *Jugement de Salomon* y sont attribués à Sebastiano, ainsi que le *Concert champêtre*. Il est étrange que Venturi ne s'aperçoive pas que le rapprochement qui avait été essayé plusieurs fois dans le catalogue de Giorgione (*Vierge et saints* du Prado et *Concert champêtre* du Louvre) ne pouvait pas être mis en discussion, et qu'il ne voie pas, comme ne l'avait pas vu Berenson, que si *Suzanne* et le *Jugement de Salomon* devaient sortir du catalogue de Giorgione, ils devaient en sortir pour prendre des directions différentes. De très loin supérieure, la réponse que, quelques années après, Hourticq donne dans sa *Jeunesse de Titien* (1919), à l'embarras exprimé par Ricketts et précisément en accord avec les attentes, pourrions- nous dire, de ce dernier : Hourticq insiste sur l'autre «créature» de Giorgione, et d'un seul coup en fait l'auteur du *Concert champêtre*, de *Suzanne*, de la *Vierge et deux saints*, de la *Vénus* de Dresde. Les points de comparaison sur lesquels il s'appuie sont les fresques de Padoue, le *Baptême du Christ* de la Pinacoteca Capitolina, la xylographie avec le *Triomphe de la Foi* (cat. **130**) qu'il considère comme exécutée pendant la période padouane, le *Saint Marc* et aussi, mais cela compte peu car l'argument est surabondant, des dessins qu'il donne à Titien et qui par la suite se sont révélés être de Domenico Campagnola, à tel point qu'il propose pour les tableaux de Paris et de Glasgow une date dans la succession immédiate des fresques, vers 1512, et pour celui du Prado, qui par l'aisance de l'exécution lui paraît supérieur au *Concert champêtre* lui-même, la date 1512-1514. Quant à la *Vénus*, il n'arrive pas encore à refuser l'identification du tableau avec celui de la maison Marcello qu'avait faite Morelli, et il s'efforce donc de sauver ce qui révèle une première idée de Giorgione, mais il sent monter le désir de s'affranchir de toute mise en condition pour pouvoir reconduire le tableau tout entier à la paternité de Titien, lui reconnaissant aussi le *Jugement de Salomon*, sans que tout lui paraisse clair dans ce tableau.

Dans l'histoire des recherches sur les rapports entre Giorgione et Titien, il n'existe rien d'aussi important que l'intervention de Hourticq, malheureusement assombrie par la préoccupation de l'auteur de refuser à Giorgione, une fois enlevé ce corpus d'œuvres étrangères, le rôle, que lui reconnut Vasari, de principal initiateur de la manière moderne, même par rapport à Titien, et il exagère celui joué par Palma Vecchio, ce qu'il héritait de Cavalcaselle. La volonté de redonner à Giorgione sa vraie place marque aussi le volume suivant, *Le Problème de Giorgione* (1930). Il y prend position sur le *Concert* Pitti (cat. **45**). Tandis que le nom de Sebastiano del Piombo a fait son chemin dans l'intervalle, poussé par la tentation de l'identifier avec le double portrait que Vasari (1568) attribue à Sebastiano pendant sa jeunesse à Venise, «ceui du Français Verdelot, excellent musicien, qui était alors maître de chapelle à Saint-Marc, et dans le même tableau celui d'Ubretto (Obrecht), son compagnon chanteur; Verdelot emporta ce tableau à Florence quand il devint maître de chapelle de Saint-Jean et aujourd'hui, Francesco Sangallo sculpteur, l'a chez lui» (*Le Vite*, éd. Barocchi, V, 1984, p. 86). Ce sont Friedeberg (1917) et Poppelreuter (1917) qui ont soulevé la question et Hourticq (1923) les suit, après avoir eu l'idée excellente de revendiquer pour le jeune Sebastiano, sous l'influence du style de Giorgione, la *Vierge à l'Enfant avec sainte Catherine, saint Sébastien et un donateur* du Louvre (cat. **36**) en comparaison avec la *pala* de San

Fig. 7
Titien, *La naissance d'Adonis*
Padoue, Museo Civico.
Vers 1507.

Fig. 8
Titien, *La Vierge à l'Enfant*
Bergame, Accademia Carrara.
Vers 1507.

Fig. 9
Titien, *Le triomphe de la Foi*, détail
(cat. **130**).
Vers 1508.

Fig. 10
Titien, *Tobie et l'Ange*
Venise, Gallerie dell'Accademia.
Vers 1508.

Fig. 11
A.M. Zanetti d'après Titien. *Judith*
(fresque du Fondaco dei Tedeschi).
Vers 1508.

Crisostomo (cat. **38**). Les observations qu'il fait ont un certain intérêt, même si on ne voit pas comment elles peuvent être utilisées en faveur d'une attribution à Sebastiano : « Une figure de ce maître [Titien] n'apparaît jamais comme une vive transcription de la réalité; un travail appliqué vient toujours lui donner de l'élévation et du style et lui ôter la crudité de la nature. L'*Homme au gant*, comme tous les portraits de Titien, a mûri lentement, en l'absence du modèle. Il est visible que notre claveciniste n'a pas subi cette élaboration. Cette facile esquisse montre l'aisance d'une improvisation d'après le vif; elle en a aussi le détail concret et un peu vulgaire. » Et quant à la couleur : « Chez Sebastiano, ils [ses portraits] sont toujours de couleur ardente et, suivant qu'elle est lourde ou fine, elle rappelle la terre cuite ou la flamme. Même dans les chairs amorties, on sent comme le souvenir de l'incandescence éteinte. L'*Homme au gant* de Titien est un nerveux, au teint mat, dont le sang n'affleure pas à l'épiderme. Dans nos trois musiciens, la couleur est montée à un tel degré de chaleur que le peintre a pu poser des touches de vermillon, comme s'il peignait de la braise. » Même E. Tietze-Conrat (1946), sans examiner le bien-fondé de cette identification relative au passage de Vasari, mettra en évidence une preuve certaine de la participation de Sebastiano, dans le pathos de la tête et dans le dessin des mains du joueur de clavecin.

Les années autour de 1930 sont décisives pour une révision du corpus « historique » de Giorgione, plus méthodique et radicale. Jusque-là, si l'on exclut l'intervention de Hourticq, on avait procédé par coups partiels, ce corps étant donc toujours prêt à reprendre, à tirer à lui les morceaux qui lui avaient été enlevés. On s'en rend compte dans les révisions de Gronau et d'A. Venturi — dont on se rappelle également la restitution à Giorgione du *Concert champêtre* — et dans les révisions de Berenson qui, en 1903, établit d'abord l'attribution à Sebastiano du *Jugement de Salomon*, mais revient sur ses pas en 1957 et qui, dans les *Elenchi* de 1932, classe *Suzanne* parmi les œuvres de Titien et, dans celles de 1957, avec celles de Giorgione. Et L. Venturi qui, dans ses révisions de 1954, propose de nouveau comme œuvre de la dernière période de Giorgione, le *Concert champêtre* et celui de Pitti, deux œuvres qu'il avait en 1913, données respectivement à Sebastiano et à Titien. Longhi dans la *Cartella tizianesca* de 1927, donnant désormais pour certaine l'attribution à Titien du *Concert* Pitti, convient avec Venturi et Hourticq de la restitution à ce maître de la *Vierge entre deux saints* du Prado et il ajoute, mais ici aussi à la suite de Hourticq, « les deux chefs-d'œuvre qui, pour leur esprit formel, sont la même chose que les fresques de Padoue, nous

voulons parler de la *Femme adultère* de Glasgow et du *Concert champêtre* du Louvre », tandis qu'il confirme l'attribution à Sebastiano du *Jugement de Salomon*. Suida, à son tour dans la monographie de 1933, mais déjà auparavant dans l'article de 1927, ajoute à des repères sûrs de la jeunesse du peintre (les fresques de Padoue, la petite *pala* votive de Jacopo Pesaro à Anvers [cat. **40**], la *pala* avec saint Marc), le *Concert* Pitti, *Suzanne*, la *Vierge entre deux saints*, le *Concert champêtre*, mais aussi, qu'on y fasse attention, la *Vénus*.

Suida, à ce propos, fait siennes les deux convictions que Hourticq (1930), a exprimées de manière si déterminée quelque temps auparavant : la *Vénus* est un tableau entièrement de Titien, elle n'est pas le tableau vu par Michiel chez Marcello, et il conclut par un commentaire lapidaire sur lequel la majeure partie des chercheurs qui se sont occupés de ces questions n'ont malheureusement pas réfléchi : « Le peintre de la *Vénus* de Dresde est le créateur d'une image idéale de la beauté féminine; à la suite de Praxitèle, il a triomphé de l'Olympe. » Parmi les nombreux mérites que l'on peut attribuer à Giorgione, je crois que personne, vraiment personne, ne voudrait lui reconnaître celui-ci. L'opération de chirurgie que Hourticq, Longhi et Suida accomplissent sur le « corps » de Giorgione, ouvre une phase nouvelle pour les recherches. Dans la monographie de G.M. Richter sur Giorgione de 1937, se retrouve condensé tout le Giorgione que la critique des premières décennies du siècle avait essayé de mettre en pièces. L'opération entre dans la nouvelle perspective : Richter, en rassemblant autour de la *Vénus* de Dresde, le *Jugement de Salomon* (cat. **33**), le *Concert* Pitti (cat. **45**), le *Concert champêtre* (cat. **43**), la *Vierge entre deux saints* (cat. **44**), *Suzanne* (cat. **42a**) — celle-ci considérée comme une simple œuvre de collaboration entre le maître et l'élève — répète à sa manière le point de vue de Longhi et Suida : ce groupe doit rester intact, lié par une cohérence interne, et devra être ou entièrement de Giorgione comme il le pense, ou entièrement de Titien, à l'exception du *Jugement* comme le voulaient les deux autres chercheurs.

La monographie de Tietze de 1936 émet des conclusions tout à fait opposées à celles de Suida sur le problème de la jeunesse de Titien, mais il finit cependant par compter dans l'ouverture d'une nouvelle orientation. Tietze commence son histoire de Titien par les fresques de Padoue, précédées par le *Jacopo Pesaro* (cat. **40**) et le chantier du Fondaco : en ce sens, le récit qu'il fait de la jeunesse de Titien finit par être étroitement complémentaire de celui que Richter fait au moment de la phase ultime de l'œuvre de Giorgione, au point que les deux thèses n'ont en commun qu'une seule des œuvres disputées entre les deux maîtres, le *Concert* de

Fig. 12
Titien, *Le concert champêtre*
(cat. **43**).
Vers 1509.

Fig. 13
Titien, *Tête de femme*
Pasadena, Norton Simon Museum.
Vers 1509.

Fig. 14
Titien, *Dérision du Christ*
Venise, Scuola di San Rocco.
Vers 1509.

Fig. 15
Titien, *La Vierge à l'Enfant avec saint Antoine et saint Roch*
(cat. **44**).
Vers 1509-1510.

Fig. 16
Titien, *Portrait d'homme dit l'Arioste*
Londres, National Gallery.
Vers 1510.

Fig. 17
Titien, *Vénus endormie*
Dresde, Gemäldegalerie.
Vers 1510.

Pitti — et ce n'est pas un hasard. Celle-ci est en effet, dans ce groupe, l'œuvre la plus tardive et celle par laquelle se sont faits, désormais imparables, les relations avec le corpus attesté des œuvres de Titien, celui précisément qui commence avec les fresques de Padoue. Le vide créé par la rigueur puriste de Tietze, avant les fresques du Santo, est maintenant comblé par ce groupe d'œuvres que Richter a regroupées sous le nom de Giorgione en montrant sa cohérence interne. C'est ce qui se dégagera dans la suite des études les plus remarquables, à commencer par l'admirable monographie de Morassi sur Giorgione (1942) et par les leçons bolonaises de Pallucchini sur Titien de 1952-53, rassemblées dans la monographie de 1969. Tandis que seul Morassi démontrera qu'il a compris la signification de l'éclaircissement apporté par Hourticq et par Suida sur le problème de la *Vénus*, les autres chercheurs préférant se rallier au jugement de Morelli, Pallucchini (1977) continuera à rester attaché à l'idée que dans le trio de musiciens du *Concert champêtre,* on doit voir un noyau d'intervention originelle de Giorgione lui-même. L'exposition du palais des Doges sous la direction de P. Zampetti (1955), la monographie de F. Valcanover sur Titien (1960), celle de T. Pignatti sur Giorgione (1969), les brefs essais de S.J. Freedberg dans son *Painting in Italy* (1971), les interventions de W.R. Rearick (1976) et de K. Oberhuber (1976) à partir des dessins de jeunesse de Titien, ma communication au congrès *Titien à Venise* ([1976] 1980) s'inscrivent dans la perspective de cette interprétation. Ces auteurs, d'autre part, voient avec lucidité que le problème du *Jugement de Salomon* ne peut être résolu que par le nom de Sebastiano, non pas tous cependant, car K. Oberhuber (1976) le considère de Giorgione, tandis que W.R. Rearick (1984) pense de nouveau à l'éventualité d'un premier projet de Giorgione pour le Consiglio dei Dieci, entrepris et laissé inachevé par Sebastiano.

A l'intérieur de ce courant de pensée, le problème qui reste ici posé est, du côté de Titien, celui d'une relecture des œuvres de jeunesse, qui sache retrouver la cohérence qui les unit, mais aussi les raisons de leur diversité, dans un bref espace de temps, mais riche évidemment d'aventures intellectuelles et d'accélérations extraordinaires, jusqu'au point limite des fresques du Santo (1511). Du côté de Giorgione, le problème est celui d'une réinvention de sa vraie personnalité historique, libérée d'un « corps » qui n'était pas le sien, et qui sache trouver ailleurs, dans d'autres œuvres et à d'autres dates, les raisons de sa grandeur, mais qui sache aussi en suivre les développements, dans une durée brève mais intense, pour finir par expliquer comment grâce à cette grandeur et par elle seulement, ce « corps » à un certain moment put prendre forme. C'est ce que j'ai tenté de faire

à l'occasion des Congrès sur Titien et Giorgione dans les années 1976 et 1978, à partir d'un indice relevé dans le *Viatico* de Longhi (1946) et la *Polemica su Giorgione* de 1954. Le progrès des études n'est cependant pas aussi linéaire qu'il peut sembler d'après cette mise au point d'ensemble.

Fiocco (1941) sépare à nouveau : d'un côté, l'œuvre de Giorgione, le *Concert champêtre* et avec lui l'autre *Concert,* au moins dans la figure du joueur de clavecin, et d'un autre, la *Vierge et les saints* du Prado et avec elle *Suzanne*. On a montré comment dans la dernière version du *Giorgione* de L. Venturi (1954), les œuvres finales du peintre sont les deux *Concerts.* Gamba (1954) pense que l'apogée du style de Giorgione est le *Concert champêtre* et lui attribue avec cohérence la *Vierge et deux saints* qu'il juge très différente de la *Suzanne* de Titien, tandis qu'il est prudent à l'égard du *Jugement de Salomon* car il ne le connaît pas, si ce n'est par des photographies. Le *Giorgione* de Coletti (1955) se situe dans la même perspective, mais se montre disposé par ailleurs à discuter et, dans certains cas, à accueillir prudemment quelques-unes des propositions faites par Longhi dans le *Viatico* (1946). Baldass (1957, 1961, 1964) exprime une position décidément originale — qu'il faut distinguer attentivement de celle de Heinz qui dans la monographie de 1964 rédige l'appareil des fiches de catalogues, et qu'il faut distinguer des légendes des planches qui, dans le cas du *Concert champêtre,* mentionnent les deux noms associés de Giorgione et Titien, une solution de compromis qui ne reflète l'opinion d'aucun des deux auteurs du livre. Pour Baldass, Titien est certainement l'auteur du *Concert champêtre,* de *Suzanne,* du *Concert* Pitti, mais la petite *pala* du Prado est une œuvre autographe de Giorgione. Je présume que ce qui aux yeux de Baldass pouvait encore intégrer dans le corpus de Giorgione le tableau du Prado, devait être la *Vénus endormie* présentée, comme toujours, comme une œuvre de Giorgione, terminée par l'élève.

Pour E. Tietze Conrat (1946), *Suzanne* — identifiée à cette occasion comme telle, car jusqu'à cette époque elle passait pour une représentation de l'*Adultère* — est certainement de Giorgione et constitue très probablement une des quatre histoires de Daniel, commandées par Alvise De Sesti en février 1508, d'après un document perdu et d'authenticité douteuse. Berenson, dans la dernière édition de ses *Elenchi* vénitiens (1957) propose de nouveau le Giorgione de la dernière période de Richter (mais l'attribution à Giorgione de la *Suzanne* est confirmée en faisant abstraction d'une quelconque intervention de Titien, tandis que le *Concert* Pitti est éliminé) ainsi que la période de jeunesse de Titien selon Tietze. Même le *Jugement de Salomon* qui trouve sa place

Fig. 18a
Titien, *Le miracle du nouveau-né*
Padoue, Scuola del Santo.
1511.

Fig. 18b
Titien, *Saint Antoine guérit un jeune homme*
Padoue, Scuola del Santo.
1511.

Fig. 18c
Titien, *Le mari jaloux*
Padoue, Scuola del Santo.
1511.

Fig. 19
Titien, *Portrait de femme*, dit *la Schiavona*
Londres, National Gallery.
Vers 1511.

Fig. 20
Titien, *Le Concert*
(cat. **45**).
Vers 1511.

Fig. 21
Titien, *Noli me Tangere*
(cat. **46**).
Vers 1511-1512.

Fig. 22
Titien, *Saint Marc avec les saints Damien, Côme, Roch et Sébastien*
Venise, église de la Salute.
Vers 1511.

dans les monographies de Dussler (1942) et de Pallucchini (1944), revient parmi les œuvres de Giorgione. Wilde, dans ses leçons vénitiennes données au Courtauld Institute dans les années 1950 (éditées en 1974), explique à ses étudiants comment, face au *Concert champêtre* et à la *Suzanne* présentés l'un à côté de l'autre à l'exposition de 1955 au palais des Doges à Venise, il n'a pas eu de doute en reconnaissant chez le premier «dans chaque trait [...] et aussi dans son dessin» l'esprit de Titien, mais chez le second, davantage par la conception et par le dessin que par l'exécution où pourrait être intervenu l'atelier, il a senti la présence d'un esprit différent, celui de Giorgione. Et au *Concert champêtre*, il associe comme étant de la même main la *Vierge entre les saints* du Prado qui cependant n'était pas parmi les tableaux exposés à Venise. C'est donc le contraire de Gamba et, si nous allons à l'essentiel, la polarité *Concert champêtre-Suzanne*, c'est aussi le contraire de Fiocco. Robertson, dans son compte rendu de l'exposition (1956), face à ces deux mêmes peintures de Paris et de Glasgow, conclut qu'elles sont toutes les deux de Giorgione. C'est donc plutôt la ligne Richter-Berenson, qui vaut aussi pour Hendy (1954). Wethey (1969 et 1975) montre comment revient à Giorgione aussi bien la *Vierge et les saints* du Prado que la *Suzanne*, et il est ainsi inévitable que même le *Concert champêtre* lui semble seulement achevé par Titien, mais en réalité construit par le même auteur que celui de ces deux tableaux et de la *Vénus*. Ici surgit l'ombre portée du *Giorgione* de Richter. Et il est inévitable que son histoire de Titien, comme celle de Tietze, parte des fresques du Santo et de l'année précédente, mais avec des œuvres comme la *Sainte Famille avec saint Jean-Baptiste* d'Édimbourg ou la *Sainte Famille avec un berger* de Londres, qui sont de la deuxième décennie. C. Hope (1980) semble faire remonter les études bien plus en arrière dirait-on, à ces années entre le XIXᵉ et le XXᵉ siècle où quelques chefs-d'œuvre de la peinture vénitienne du début du XVIᵉ siècle étaient attribuées à Mancini, Francesco Vecellio, Cariani ou Domenico Campagnola; selon C. Hope, ni le tableau du Prado, ni celui de Glasgow, ni le *Concert champêtre* ne peuvent être attribués à Titien. «Ce n'est pas parce qu'elles doivent être exclues du catalogue de Titien, que pour autant une quelconque de ces œuvres ait des raisons d'être attribuées à Giorgione»: de nouveau les trois œuvres se trouvent livrées à un même destin. Mais lequel ? C. Hope ne le dit pas. Et ce n'est pas un hasard non plus si son histoire de Titien dans la première décennie est composée d'œuvres telles que le *Baptême du Christ* de la Pinacoteca Capitolina, la *Sainte Famille avec saint Jean-Baptiste* d'Édimbourg, le *Noli me Tangere* de Londres, les *Trois Ages* d'Edim-

bourg, la *Sainte Famille avec un berger* de Londres, échelonnées entre 1507 et 1510, qui dans les études sur Titien apparaissent, justement, comme la suite de l'expérience de Padoue.

Pour les publications relatives à Giorgione, parler de progrès des études est vraiment impossible.

La monographie de Tschmelitsch (1975) est la somme de tous les «Giorgione» possibles et pour cette raison même, figure parmi les œuvres du maître, le *Concert* Pitti. Hors de cette somme, reste *Suzanne*, attribuée à Titien, mais parce qu'y est incluse la copie libre présentant les figures en buste d'une collection privée de Berlin, comme étant le prototype de Giorgione.

La monographie de C. Hornig (1987) suit une ligne plus classique, qui est encore celle de G.M. Richter. Entre 1507 et 1510, Giorgione, tout en restant aux œuvres dont nous avons suivi l'histoire, aurait peint le *Concert champêtre*, le *Jugement de Salomon*, la façade du Fondaco, la *Vénus*, la *Vierge entre deux saints* et *Suzanne*. On pourrait dire que dans la critique anglo-saxonne (nous avons cependant le cas isolé de Freedberg), mais aussi dans celle de langue allemande, la tentation de maintenir ces trois œuvres de Madrid, Glasgow et Paris dans le catalogue de Giorgione, est encore très forte. Et il est significatif des orientations de cette critique que dans l'exposition de la Royal Academy de 1983, les deux tableaux de Madrid et Glasgow soient prudemment présentés comme «Cercle de Giorgione. Attribué à Titien». Les chercheurs anglo-saxons tendent à rester fidèles, pourrions-nous dire, au modèle de Richter — et si dans certains cas ils s'en détachent, n'étant pas disposés à se reconnaître dans le modèle Hourticq-Longhi-Suida-Morassi, ils préfèrent reconnaître le vrai visage de Giorgione dans *Suzanne* plutôt que dans la petite pala du Prado (ou dans le *Concert champêtre*) où ils voient éventuellement la main du jeune Titien (c'est le cas de Wilde, en admettant qu'on puisse l'inclure parmi les chercheurs du groupe anglo-saxon); la critique italienne, quand elle trouve trop radicale la construction de Suida ou de Morassi, et qu'elle essaie à son tour de départager les œuvres, tend à reconnaître dans le *Concert champêtre* l'aboutissement de la maturité de Giorgione et, dans la *Suzanne*, l'apparition de la nouvelle personnalité de Titien.

Je me demande si la tentative que j'ai faite en 1976 aura quelque chance de succès; je proposais de situer ces deux tableaux à deux moments quelque peu différents d'une même histoire, significatifs de deux épisodes des débuts de Titien, en amont des fresques de Padoue, avant et après l'entreprise du Fondaco dei Tedeschi.

Quatre-vingts ans après l'embarras de Ricketts et

soixante-dix ans après les propositions de Hourticq, les recherches n'ont pas réussi, sauf rares exceptions, à libérer Giorgione d'un corps constitué d'œuvres qui ne lui appartiennent pas (non pas qu'il ne soit pas à leur origine, mais en ce sens qu'elles ne sont pas de lui). Quand elles l'ont fait, elles l'ont fait partiellement, avec peu de conviction et sont revenues volontiers sur leurs pas pour se retrouver au point d'où elles étaient parties : les estimations de Morelli — pour leur époque extrêmement pénétrantes —, surtout comparées à celles de Cavalcaselle, évidemment conditionnées, comme l'a expliqué Longhi (1927), par une bonne dose de préjugés académiques. Je crois que tout cela dépend avant tout du fait que ces recherches, sur la foi de Morelli, ont toujours considéré l'attribution à Giorgione de la *Vénus* de Dresde comme certaine, alors qu'elle ne l'est pas; c'est pourquoi cette œuvre, qui est comprise comme un point d'ancrage authentifié par Michiel — tout comme les *Trois Philosophes*

et la *Tempête* —, a fini par rendre inutile, comme de juste, toute tentative d'écarter définitivement de ce catalogue des œuvres telles que le tableau du Prado ou celui du Louvre, aussi intrinséquement liées à la *Vénus* de Dresde : ces œuvres sont revenues tôt ou tard au catalogue de Giorgione et parfois, comme on l'a vu, chez un même chercheur, ou bien, de toute façon, leur amputation n'a pas convaincu. Et cela tient aussi à la peur de se trouver, une fois ces œuvres écartées, face à ce Giorgione qui ne serait pas à la hauteur du rôle que lui reconnurent Vasari et la tradition, celui de grand maître du style moderne, et de Titien lui-même, face à une histoire qui n'aurait pas de sens, trop mince et incohérente pour assurer la responsabilité qu'on avait voulu lui reconnaître, trop avancée dans le temps pour trouver sa propre autonomie face au progrès rapide d'élèves si audacieux. Il faut donc une nouvelle réflexion sur Giorgione.

A.B.

Fig. 23
Titien, *Les trois âges de la vie*
Coll. du duc de Sutherland (en dépôt à la National Gallery d'Édimbourg).
Vers 1512.

Fig. 24
Titien, *L'Amour sacré et l'Amour profane*
Rome, Galleria Borghese.
Vers 1514.

Fig. 25
Titien, *L'Assomption de la Vierge (l'Assunta)*, 1516-1518
Venise, église des Frari.

Fig. 23 à 25
Dans les essais qu'on lira plus loin de G. Nepi-Sciré sur la maturité de Titien (1520-1550) et de *F. Valcanover sur sa dernière période sont reproduites certaines des peintures qui ne figurent pas dans l'exposition mais qui sont souvent citées par* *les auteurs du catalogue. Pour la période 1512-1520, c'est le cas des trois tableaux qu'il paraît nécessaire de reproduire ici.*

page 55

40

Tiziano Vecellio, dit Titien
Pieve di Cadore, vers 1488/1490 - Venise, 1576

L'Évêque Jacopo Pesaro
présenté à saint Pierre par
le pape Alexandre VI
vers 1506

Toile. H. 1,45; L. 1,84 (parfois, le tableau a été dit sur bois, mais par erreur). En bas au centre, un écriteau du XVIIᵉ siècle avec l'inscription : *RITRATTO DI UNO DI CAᔆᴬ PESARO / IN VENETIA CHE FV FATTO / GENERALE DI S.ᵀᴬ CHIESA. / TITIANO F.* (Portrait d'un [membre] de la maison Pesaro / de Venise qui fut nommé / général de la Sainte Église. / Titien fit [ce tableau]).

ANVERS, KONINKLIJK MUSEUM
VOOR SCHONE KUNSTEN

HISTORIQUE
Venise, coll. Jacopo Pesaro (1460-1547); Van Dyck (vers 1623) en fait une copie libre dans son *Italian Sketchbook* (Londres, British Museum; éd. Adriani, 1940 [éd. 1965] folio 19), en y ajoutant des indications de couleurs et le nom de l'auteur («*Titian*»), malheureusement sans indiquer dans quel lieu de Venise il a fait cette étude (au verso du folio 18 se trouve l'étude d'une *Sainte Famille avec sainte Catherine et saint Jean-Baptiste enfant*, perdue, de Titien, dont on suppose qu'elle se trouvait dans le palais Widman à Venise [Wethey, 1969]); Londres, collection de Charles Iᵉʳ d'Angleterre, dans les appartements privés du roi à Whitehall Palace (Van der Doort, 1639: (éd. Millard, 1958-60, p. 14) «Un tableau où le pape présente le général de sa flotte à saint Pierre, trois figures entières un peu plus petites que grandeur nature, dans un cadre entièrement peint à l'or. Fait par Titien. [Haut de] 4 [pieds] 9 [pouces], [large de] 5 [pieds] 11 [pouces]»), c'est-à-dire 144,1 × 180 cm, le *foot* valant 30,5 cm et l'*inch* 2,5 cm. [Wethey donne une mesure erronée pour la hauteur : 6 *feet* et 3 *inches*, faisant confusion avec celle du tableau qui précède dans l'in-

ventaire]); exposé à Somerset House en mai 1650, après l'exécution de Charles Iᵉʳ (comte de Cosnac, 1885, p. 414), et vendu pour 100 livres le 23 octobre 1651 à un Mister Buggley, en réalité Thomas Bagley, verrier («*Pope Alexander and Burgeo and Ceaser Burgeo his son by Tytsian*» [«Le pape Alexandre Borgia et César Borgia son fils, par Titien»] : Wethey, 1969; Nuttall, 1965, p. 307); Madrid, collection de Don Juan Gaspar Henríquez de Cabrera, duc de Medina de Rioseco, amiral de Castille (mort en 1691), qui le lègue avec d'autres œuvres d'art aux religieuses du couvent San Pascual à Madrid (Madoz, 1847, X, p. 730); Madrid, couvent San Pascual, depuis la fin du XVIIᵉ siècle et durant tout le XVIIIᵉ (Ponz, 1776, t. V, Iʳᵉ partie, p. 38, qui cite aussi l'inscription; Townsend, *Viages de extranjeros por España*, 1786-87 [éd. 1962, III, p. 1403]; Ceán Bermúdez, 1800, V, p. 41; C. Justi, 1889, pp. 181-186, nᵒ 34]; Madrid, collection Godoy, 1808, inventaire de Frédéric Quilliet (Perez de Guzmán, 1900, p. 123); apparemment vendu après la mort de Godoy avec l'aide de Quilliet (Saltillo, 1935, p. 35); acquis à Paris par le roi Guillaume Iᵉʳ de Hollande, qui le donne en 1823 au musée d'Anvers. L'indication selon laquelle le tableau, lorsqu'il se trouvait en Espagne, aurait été exposé non seulement dans le couvent San Pascual mais aussi dans le Palais Royal de Madrid, et, en ce dernier endroit, à l'époque de Mengs et de Conca (1792, I, p. 168), et aurait pu faire partie des collections de Philippe IV, est donnée par Waagen (1854) et par Cavalcaselle (1877-78), et elle est reprise dans les catalogues du musée (1948, 1958), mais elle est démentie par Beroqui (1946).

EXPOSITIONS
Londres, 1930, nᵒ 158; Venise, 1935, nᵒ 3; Londres, 1983-84, nᵒ 113; Venise 1990(1), nᵒ 4.

BIBLIOGRAPHIE
Waagen, 1854, II, pp. 479-480; Crowe et Cavalcaselle, 1877-78, I, pp. 60- 64; Morelli, 1880 (éd. 1886), pp. 29-30 note 2; Berenson, 1897 (3ᵉ éd.), p. 140; Phillips, 1897, pp. 26-27, 58, 62; Gronau, 1990 (éd. anglaise, 1904) pp. 14-15, 278; Fischel, 1907 (3ᵉ éd.), pp. 2, 229; Lafenestre, 1909 (2ᵉ éd.), pp. 23-24, 27-28; Ricketts, 1910, p. 30; Ludwig, 1911, p. 133; L. Venturi, 1913, pp. 127-131, 357-358; Hourticq, 1919, pp. 78-81, 128-129, 140, 309; Hetzer, 1920, pp. 34-37; Hetzer, [1924-1930] 1985, pp. 320, 497-498; Hetzer, 1929, pp. 115 ss.; Longhi, 1927 (éd. 1967), p. 237; A. Venturi, 1928(1), IX, 3, pp. 183-188; Balniel, Clark et Modigliani, 1931, nᵒ 356; Berenson, 1932, p. 568; Mayer, 1932, p. 369; Ozzola, 1932, pp. 128-130; Suida, 1933 (éd. italienne), pp. 24-25; Barbantini et Fogolari, 1935, p. 25, nᵒ 3; Hetzer, 1935, pp. 85-87, 156-157; Saxl, 1935 [1957], I, pp. 163-164; Berenson, 1936, p. 488; Tietze, 1936, I, pp. 58-60, II, p. 283; D. Phillips, 1937, p. 55; Curtius, 1938, pp. 235-238; Mather, 1938, pp. 18-19, 24; Wittkower, 1938-39, pp. 202-203; Hetzer, 1940, p. 161; Pallucchini, 1944 (*Pittura*), I, p. XVII; Beroqui, 1946, p. 175; Longhi, 1946, pp. 22, 64; *Catalogue*, 1948, p. 254 (2ᵉ éd. 1958, p. 218); Langton Douglas, 1948, pp. 144-152; Tietze, 1950 (éd. française), pp. 4-5, 365; Pallucchini, 1953, pp. 48-50; Morassi, 1954, p. 194; Brendel, 1955, pp. 115-116;

Dell' Acqua, 1955, pp. 55, 56, 105; Baldass, 1957, pp. 143-144; Berenson, 1957, I, p. 183; Marini, 1958, pp. 3 ss.; Valcanover, 1960, I, pp. 14-15, 46; Sinding-Larsen, 1962, pp. 159-161; Morassi, 1964, p. 11; Baldass, 1965, p. 54; Kahr, 1966, p. 119; Morassi, 1966, col. 21; Pope-Hennessy, 1966, pp. 275-278; Dell' Acqua, 1967, p. 216; Pallucchini, 1969, pp. 11, 235; Panofsky, 1969, pp. 178-179; Pignatti, 1969 (*Bellini*), p. 107; Valcanover, 1969, pp. 90-91; Wethey, 1969, pp. 12, 152-153 nᵒ 132; Freedberg, 1971, p. 479 note 55; Huse, 1972, pp. 91-92 note 286; Wilde, 1974, pp. 108-109, 133; Wethey, 1975, III, p. 269; Bialostocki, 1977, p. 68; Pallucchini, 1977, p. 16; Chastel, 1978, II, p. 346 (éd. italienne 1988, p. 130); Pallucchini, 1978, p. 27; Walther, 1978, pp. 31, 187; Tressider, 1979, I, pp. 142-159; Hope, 1980 (1), p. 117; Hope, 1980 (2), pp. 23-26, 37; Meyer zur Capellen, 1980, pp. 144-152; Pignatti, 1982, p. 139; Robertson, 1983, p. 210 nᵒ 113; Rearick, 1984, p. 64; Brown, 1990, pp. 59-61; Vandamme, 1990, pp. 148-150, nᵒ 4.

Jacopo Pesaro (vers 1460-1547) est présenté à saint Pierre par le pape Alexandre VI (Rodrigo Borgia) : à genoux devant le chef de l'Église chrétienne, il reçoit la bénédiction de celui-ci; il tient dans ses mains une bannière aux armes des Borgia, et il a posé son casque à côté de lui sur le pavement; il est vêtu d'un habit ecclésiastique noir par-dessus une tunique blanche, et il porte la tonsure; à l'arrière-plan, on aperçoit la mer avec des galères.

Entré dans l'ordre des Dominicains, Jacopo Pesaro est nommé par Alexandre VI évêque de Paphos, dans l'île de Chypre, le 3 juillet 1495; en avril 1501, il est légat pontifical et affecté au commandement de vingt galères papales pour la croisade contre le Turc, et, le 20 avril 1502, il est porté à la tête de la flotte papale qui, conjointement à celles d'Espagne et de Venise, se prépare à reconquérir l'île de Santa Maura, l'antique Leucadie (Lefkas, au nord de Céphalonie), depuis cinq ans aux mains des Turcs qui l'ont arrachée aux Vénitiens (Cicogna, 1824-1853, II, p. 120). La bataille de Santa Maura a lieu le 23 août 1502 et elle est remportée par les flottes alliées, commandées par un autre Pesaro, Benedetto, capitaine général des Vénitiens; les historiens contemporains, aussi bien romains que vénitiens, s'accordent à dire qu'une grande part du mérite de cette victoire revient à Jacopo Pesaro : celui-ci aurait en personne hissé sur la forteresse enlevée les drapeaux de l'Église romaine et d'Alexandre VI. C'est là le dernier fait d'armes de la guerre contre les Turcs des années 1499-1502, après laquelle sera conclu un accord de paix (1503), qui prévoira notamment la restitution aux Turcs par les Vénitiens de la forteresse de Santa Maura qui venait d'être prise.

Il s'agit donc d'un tableau votif et commémoratif, que Jacopo Pesaro a sans aucun doute commandé pour sa demeure vénitienne : il s'y fait représenter dans un habit ecclésiastique et non pas en armes – mais le casque, le drapeau et les galères à l'arrière-plan font allusion à ses mérites militaires –, remerciant saint Pierre de sa protection et lui dédiant la victoire de Santa Maura, et il imagine que c'est Alexandre VI qui le présente au saint, pape par lequel il a été nommé évêque et amiral et pour lequel il a combattu et vaincu. Hope (1980) a noté que le fait qu'Alexandre VI est représenté debout devant saint Pierre devrait signifier qu'il n'était plus vivant à l'époque de l'exécution du tableau; j'ajoute que l'ensemble de la scène conçue par Jacopo Pesaro n'a de sens que si, des trois personnages représentés, il est le seul qui soit encore chargé de sa dépouille mortelle, avec ses navires, sa bannière et son casque. Si le pape était vivant, la signification de ce tableau demandé par Jacopo Pesaro pour l'ornement et le prestige de sa demeure vénitienne serait d'une extrême immodestie et aurait presque l'allure d'un affront à l'égard du pape, à la personne de qui Jacopo Pesaro devait être lié au contraire par une affection et une reconnaissance toutes particulières puisque, longtemps après Santa Maura, il prendra dans son testament une disposition aux termes de laquelle une messe devait être célébrée six jours par semaine « pour l'âme et en heureuse remémoration du pape Alexandre VI » (Ludwig, 1911). La « *felice recordatione* » de l'âme d'Alexandre VI avait déjà commencé, me semble-t-il, avec ce retable. L'intérêt de celui-ci réside précisément dans la pensée, à laquelle Jacopo Pesaro donne ainsi forme, que le pape, n'étant plus au nombre des vivants, peut mieux protéger son évêque devant saint Pierre (d'où la primauté de l'habit ecclésiastique et de la tonsure sur les autres attributs), évêque qui fut aussi le vainqueur de Santa Maura. Dans le retable qu'il commandera bien plus tard (1519) pour être présenté en public dans l'église Santa Maria Gloriosa dei Frari, il n'imaginera rien de différent, à ceci près que c'est saint Pierre qui présentera à la Vierge non seulement l'ecclésiastique – les armoiries de sa famille sommées de la mitre épiscopale sont soutenues par les anges en haut du cadre –, mais aussi celui qui, en qualité d'amiral d'Alexandre VI, hissa le drapeau du pape sur la forteresse de Santa Maura.

Le retable d'Anvers est donc un tableau d'action de grâce après la victoire, mais peut-être pas davantage qu'il n'est un tableau à la mémoire du pape et pour le salut de l'âme du donateur. Ce point a été souligné à juste titre par Panofsky (1969), lorsqu'il écrivait : « J'incline donc à croire que le retable d'Anvers n'a pas été commandé plus tard que 1503, peut-être comme tableau commémoratif en l'honneur d'Alexandre VI qui mourut le 18 août de

cette année-là, alors que le souvenir de Santa Maura était encore proche ». Le *terminus post quem* du tableau devrait donc être la mort d'Alexandre VI. Auparavant, entre la fin du XIXe siècle et le début du XXe, on estimait plutôt, en se fondant sur une date de naissance de Titien située vers 1477, qu'il convenait de considérer la mort du pape comme le *terminus ante quem*, ce qui restreignait donc la durée d'exécution du tableau à la période comprise entre la victoire de Santa Maura et la mort d'Alexandre VI, et certains, supposant que le tableau avait été commandé en un geste propitiatoire pour l'heureuse issue de l'expédition militaire, pensaient même avancer encore un peu sa date d'exécution et la situer avant la bataille elle-même puisqu'on n'y voit représentés nul combat naval ni les lauriers qui sont le signe de toute victoire. L'argument – sur lequel on a beaucoup insisté alors – selon lequel, même à Venise, on n'aurait pas vu d'un bon œil après sa mort le portrait d'un pape si détesté de son vivant, a perdu peu à peu de son crédit, d'une part, devant la constatation, fait pour la première fois, si je ne me trompe, par Ricketts (1910), que Jacopo Pesaro lui-même, lorsqu'il a en 1519 commandé à Titien le grand retable de sa famille pour l'église des Frari (qui sera mis en place sur l'autel le 8 décembre 1526), n'a pas hésité à y faire figurer la bannière des Borgia et des références précises justement à cet épisode de sa vie passé à l'ombre d'Alexandre VI, ainsi que, d'autre part, en raison du culte que Jacopo Pesaro vouait à la mémoire de ce pape et dont témoigne son testament de 1547.

Pour déterminer la date du tableau d'Anvers, on a aussi invoqué l'argument de l'âge de Jacopo Pesaro, en confrontant son portrait avec celui du retable des Frari, à l'époque duquel on sait qu'il devait avoir entre soixante et soixante-cinq ans. Ceux qui ont perçu un important écart d'âge entre les deux visages, celui du tableau d'Anvers leur semblant âgé de quarante à quarante-cinq ans, et eux-mêmes se plaçant dans une perspective critique qui situait l'œuvre après l'événement représenté, en 1502-1503, se sont sentis confortés par cet argument (par exemple, Cavalcaselle). Ceux qui ont été conduits, pour des motifs inhérents à une perspective critique différente, à retarder beaucoup l'exécution du tableau, ou pour le moins de ce visage, ont trouvé une raison supplémentaire à l'appui de leur position dans le fait que les deux visages ne leur paraissaient pas très différents (par exemple, Hourticq). Mais ce fait était affirmé contre l'évidence : si Jacopo Pesaro a dans le tableau d'Anvers un visage frais et plein qu'on ne lui voit plus dans le retable des Frari, c'est qu'il y a des différences qu'il faut bien marquer. Il me semble qu'on fait violence à ce qu'on voit si l'on dit que Jacopo Pesaro a, dans le premier de ses deux portraits, plus de cinquante ans : c'est plus précisément le visage d'un homme entre quarante et quarante-cinq ans, ce qui exclut donc, si cet argument a un sens, toute datation du tableau postérieure à

1510. Ce point avait été affirmé par Cavalcaselle; il a été par la suite réaffirmé par Panofsky : « Le donateur dans le retable d'Anvers a l'air d'un homme âgé de pas plus de quarante à quarante-cinq ans et il semble être de quinze à vingt ans plus jeune qu'il ne l'est dans le *Retable Pesaro* de 1519-1526 [...] ».

Un autre argument a été avancé par Ozzola en 1932, selon lequel un casque comme celui représenté dans le tableau d'Anvers ne peut être que postérieur à 1505 et, mieux même, situé vers 1510. Mais, dans ce domaine aussi, on en apprend toujours davantage et l'on n'est pas surpris que Meyer zur Capellen (1980) rapporte l'avis d'un expert bien connu, Ortwin Gamber, qui dit le contraire : le casque daterait plutôt des années 1490, ou peut-être même du début de la décennie suivante. A toutes fins utiles, je rappelle que ce casque est identique, notamment dans ses finitions – on dirait le même transmis d'un atelier à l'autre et en l'occurrence débarrassé de sa visière –, à celui qu'on voit au premier plan à gauche du portrait de Giorgione dit *Gattamelata* (cat. **22**) que j'ai daté vers 1501, casque sur lequel ne manquent pas les avis d'experts dans ce domaine (Mann, Boccia, Norman, Scalini).

Le bas-relief qui orne l'estrade du trône – un autre moins visible orne le socle du siège proprement dit –, et qui occupe une place extrêmement importante dans l'économie du tableau, vient en enrichir la signification. Depuis l'époque où Cavalcaselle se demandait, horrifié, comment Titien avait pu asseoir saint Pierre sur un trône orné d'un bas-relief illustrant un thème amoureux, on a beaucoup progressé pendant l'entre-deux-guerres. Hourticq fut le premier, si je ne me trompe, à relever le rapport entre le sacrifice à l'Amour représenté sur ce bas-relief et le fait qu'est agenouillé à côté de celui-ci « Baffo », à savoir Jacopo Pesaro, appelé, comme c'était alors l'usage, du nom du diocèse dont il était titulaire, celui, comme on l'a dit, de Baffo ou Pafo (en italien), c'est-à-dire Paphos, dans l'île de Chypre, célèbre pour avoir abrité le plus illustre sanctuaire consacré à l'Amour : « Ce bas-relief n'est là que pour donner une précision de plus à l'action représentée. » Saxl, dans sa conférence donnée au Warburg Institute sur *Titien and Pietro Aretino* en mai 1935 ([1935], 1957), pousse plus avant l'analyse des raisons de la présence de ce morceau à l'antique : « Jacopo Pesaro, qui est représenté agenouillé, était évêque de l'île de Paphos, qui dans l'Antiquité appartenait à Aphrodite. Saint Pierre est assis sur une sculpture qui renvoie à cette déesse, ce qui signifie symboliquement que le paganisme fut vaincu par l'Église. L'évêque, qui gouverne à présent là où Aphrodite régna autrefois, se tient à genoux et reçoit la bannière de saint Pierre. »

Peu après, Wittkower (1938-39) examine ce bas-relief dans son étude sur les changements de signification de la figure de Minerve dans l'iconographie de la Renaissance, en l'occurrence celle de la *Minerva Pacifica* dans l'iconographie de la *Vénus Victrix*. Aussi bien Wittkower que Curtius (1938) s'avisent que la figure féminine de dos qui s'approche de l'autel à droite est calquée sur le type antique de la *Vénus Victrix*, motif récurrent sur les monnaies de César et d'Auguste ou sur de petites plaques gravées de bronze doré. Dans ce rôle nouveau, Vénus a emprunté à Mars l'épée et le casque, à Minerve la cuirasse et le bouclier à tête de Méduse, et elle se trouve entourée de petits Amours qui portent ses attributs guerriers : déesse de la victoire en amour, et pas seulement à la guerre. Wittkower suit les moindres traces de ce thème dans l'iconographie de la Renaissance, et prend des exemples chez Marco Zoppo et Agostino Veneziano. La cuirasse à côté de Vénus sur le bas-relief, dont Kahr (1966) supposera de nombreuses années plus tard qu'il s'agit d'une copie inspirée d'une des gravures sur bois de l'*Hypnerotomachia Poliphili* (1499), remonte à cette iconographie de la *Venus Victrix*, tandis que le casque, qui manque sur ce bas-relief, mais qui appartient aussi à cette iconographie, pourrait être remplacé ici par le casque de Jacopo Pesaro, et ce n'est peut-être pas un hasard si ce casque est placé juste dans le dos de la Vénus du bas-relief, symétriquement à la cuirasse. Nous nous trouverions en l'occurrence devant un habile jeu de renvois du tableau au bas-relief.

Dans ce contexte, Wittkower propose de finalement lire ainsi la signification du bas-relief : « Ce qui peut être à présent établi, c'est qu'un côté du bas-relief – à savoir celui qui est le plus proche de Jacopo Pesaro – représente à travers l'image de Vénus-Minerve les idées de victoire, de paix et de vertu, tandis que l'autre côté, avec les jeunes hommes tenant des grappes de raisin et le couple d'amoureux, représente la passion des sens. Entre les deux côtés, Cupidon se tient sur un autel. Son rôle est révélé par les clefs de saint Pierre, placées de manière étonnante juste au-dessus de sa tête : celles-ci indiquent qu'il est essentiellement le symbole de l'amour divin, et c'est pour cette raison que les personnages qui se trouvent du côté de la vertu s'approchent de lui les bras tendus, tandis qu'il se tourne vers eux comme pour les encourager à la plus grande vertu par son ardeur divine [...]. Les personnages sur la gauche du bas-relief sont possédés par la passion de la luxure, dont le divin Cupidon se détourne pour regarder du côté de l'amour céleste. La justesse de cette interprétation est confirmée par le fait que le côté droit du bas-relief répète en termes allégoriques le sujet du tableau. De même que le représentant du Christ bénit le vainqueur qui lui est présenté par le pape, de même Cupidon lance la flèche de l'amour divin à Vénus-Minerve, symbole de la victoire et de la vertu ». Les études qui ont suivi n'ont rien ajouté à cette lecture exemplaire. Il faut seulement signaler les travaux de W. Tressider (1979) sur les rapports de ce bas-relief avec les sculptures d'Antonio Lombardo et avec l'art antique, travaux qui ont permis de préciser certains aspects de cette lecture.

Tietze (1950) et Pallucchini (1969) ont dit

que le tableau d'Anvers est bien signé par Titien, mais on ne peut pas ne pas être d'accord avec ce qu'a fait observer S. Sinding-Larsen (1962) : « Il semble cependant très improbable qu'une inscription de l'époque désignant une personne aussi célèbre que Jacopo Pesaro puisse présenter celui-ci comme « *uno di casa Pesaro* » [« un membre de la maison Pesaro »]. De surcroît, cette mention, comme celle précisant que cette famille est *in Venetia* [de Venise], serait superflue en l'occurrence. Ce libellé conviendrait mieux si le tableau devait être admiré par des connaisseurs non vénitiens, et le *cartellino* fut probablement ajouté lorsque le tableau entra dans les collections de Charles I⁰ʳ d'Angleterre. (Ce *cartellino* ne figure pas sur la copie de Van Dyck à Chastworth, mais comme ce dessin omet de nombreux autres détails, cette absence n'est pas une preuve décisive.) ». Cette hypothèse, qui me paraît la seule possible, n'est pas contredite par le fait que, lors de la vente de 1651, quelqu'un, ayant reconnu dans le profil du personnage du pape celui tout à fait unique d'Alexandre VI, a aussitôt imaginé que le tableau représentait ce pontife avec son fils, César Borgia.

Pallucchini (1953) s'est demandé si le tableau a été raccourci en hauteur parce que la tête de saint Pierre se trouve trop près du bord actuel et parce que la bannière est coupée. Mais il ne semble pas que ce soit le cas. Les mesures données dans l'inventaire de Charles I⁰ʳ correspondent aux dimensions actuelles. Ajoutons que Cavalcaselle connaissait une copie sur toile, presque contemporaine de l'original selon lui, dans le palais Lazzara à Padoue (peut-être s'agit-il plutôt d'une copie que les Pesaro auraient fait faire au XVIIᵉ siècle lorsqu'ils vendirent l'original), copie dont on doit penser, Cavalcaselle n'y ayant relevé aucune différence, qu'elle reproduisait le tableau tel que nous le voyons aujourd'hui.

Waagen (1854) parle de ce retable d'Anvers à l'occasion de la publication de l'inventaire des tableaux de Charles I⁰ʳ d'Angleterre à la fin du deuxième volume de ses *Treasures*, et il fixe dès lors les termes du problème de sa datation : selon lui, ce tableau appartient à « la première période du maître, lorsqu'il avait encore quelque chose du style de Bellini ». Cavalcaselle (1877-78) précise : pas après 1503, et conservant encore beaucoup de la manière du Quattrocento de Bellini et de Carpaccio dans la figure de saint Pierre ; mais il situe ce retable après *l'Amour sacré et l'Amour profane* (vers 1500) et avant des œuvres comme la *Vierge aux cerises*, ou la *Vierge avec trois saints* du Louvre (cat. 50), où la *Vierge de saint Antoine abbé* (ou *aux roses*), ou la *Vierge de saint Oulph* ou le *Christ au denier*, qu'il considère comme représentatives de la manière de la jeunesse de Titien au cours de la première décennie du siècle, et aussi comme représentatives, à l'instar de ce petit retable d'Anvers, de la séduction que dut exercer sur lui la peinture de Palma. A cette époque, les historiens tiennent pour assuré que Titien est né vers 1477, et, s'agissant de l'histoire de Palma, ils ont l'es-

prit obnubilé par la date de 1500 qu'on lit à côté de la signature de cet artiste sur un cartouche dans une *Sainte Conversation* ayant appartenu au duc d'Aumale et passée aussitôt après au musée Condé à Chantilly.

Il n'est toutefois pas prouvé qu'on n'eût pas pu dès cette époque raisonner de manière différente. Morelli (1880) polémique avec Cavalcaselle sur la manière juste de reconstituer les rapports entre Titien et Palma : toute la chronologie initiale de l'œuvre de Palma et de Titien doit être, selon Morelli, déplacée d'environ dix ans plus tard que ce que pense Cavalcaselle – par exemple, il faut situer la *Vierge de saint Oulph* en 1510 ou 1512, *l'Amour sacré et l'Amour profane* vers 1509, ainsi que le tableau Aumale lui-même, dont l'inscription est déclarée apocryphe –, et c'est en tout cas Titien qui influence Palma, non l'inverse. Pour Morelli, le petit retable de Jacopo Pesaro est lui aussi postérieur à 1503. Cette proposition est du plus grand intérêt parce qu'elle est formulée indépendamment de toute considération sur la date de naissance de Titien, que Morelli ne met pas en question. Elle portera lentement ses fruits.

Phillips (1897) situe le tableau d'Anvers entre ancien et nouveau, entre l'ancien de Giovanni Bellini (le saint Pierre), de Gentile Bellini et de Carpaccio (le pape), et le nouveau de Giorgione (Jacopo Pesaro), et il le date vers 1503, après la *Zingarella*, la *Vierge* ayant autrefois appartenu à Robert Benson (aujourd'hui au Metropolitan Museum), l'*Ecce Homo*, le *Portement de croix* de San Rocco et le *Christ enfant entre saint André et sainte Catherine* de l'église San Marcuola à Venise, et avant le moment proprement giorgionesque, dans le courant de la première décennie du siècle, constitué par le *Baptême du Christ* Ram, la *Vierge de saint Oulph*, les *Trois Ages* et *l'Amour sacré et l'Amour profane*.

La position de Lafenestre (1909, mais la première édition date de 1886) n'est pas très différente : selon lui, il faut étudier la formation de Titien entre 1499 et 1508 d'après cinq tableaux, la *Zingarella*, l'*Ecce Homo* et le *Portement de croix* de San Rocco, le retable de Jacopo Pesaro et *l'Amour sacré et l'Amour profane*. Dans le retable d'Anvers (1501-03), à côté du saint Pierre de style bellinien, la manière de Giorgione se reconnaîtrait dans le casque de Jacopo Pesaro. Il faudrait certes demander à Phillips et à Lafenestre quel est le Giorgione qu'ils ont en tête lorsqu'ils font référence à cet artiste pour expliquer la datation de ce retable d'Anvers en 1502-1503.

Gronau (1900) tient ce tableau pour la première œuvre de Titien et le date de 1502-03, avec de fortes traces de la manière de Giovanni et Gentile Bellini, et il fait suivre du *Saint Marc* (vers 1504), de la *Zingarella* (vers 1504), de la *Vierge de saint Oulph* (vers 1505), de la *Vierge de saint Antoine abbé* (vers 1506), du *Portrait d'homme* (dit *L'Arioste*), alors à Cobham Hall, et du *Portrait de femme* (dit *La Schiavona*), alors dans la collection Crespi, datés tous deux de la période la plus giorgionesque (1506-1508), du *Christ enfant entre saint André et sainte Ca-*

therine de l'église San Marcuola (situé à l'époque des fresques du Fondaco dei Tedeschi, 1508), de la *Vierge avec trois saints* du Louvre (cat. **50**) (vers 1508-1510) et de la *Salomé* Doria (vers 1508-1510). Gronau a bien l'intuition que le chapitre que Phillips avait situé sous le signe de Giorgione dans la seconde moitié de la première décennie pouvait plutôt représenter la suite immédiate des expériences de Padoue, et il voit bien comment à partir de là l'activité de Titien se poursuit vers l'*Assomption*, mais il lit mal, car manifestement encore sous l'influence de l'autorité de Cavalcaselle, les trois *Vierges* du Prado, des Uffizi et du Louvre, et surtout il rapproche trop de la manière du Quattrocento le retable de *Saint Marc*, dont il pense qu'il est nécessairement lié, non pas à la peste de 1510, mais à celle moins grave de 1504.

En 1910, Ricketts fait bien le point des études sur le tableau d'Anvers et en ouvre une nouvelle phase : « Tous les spécialistes s'accordent à y voir une œuvre peinte vers 1503, puisque l'on suppose que personne, après la mort du pape Alexandre VI, n'aurait souhaité être associé à celui-ci, même dans un tableau. » Mais d'après Ricketts : « Les historiens de l'art ont surestimé la ressemblance que cette œuvre présente avec la manière des maîtres précédents, tels que Carpaccio et même Bellini. Je ne peux pas déceler une telle ressemblance. » La seule influence dont Ricketts voie la trace est celle de Giorgione. Il conclut par conséquent : « N'eussions-nous aucune preuve indirecte, fondée ou supposée, je situerais ce tableau, approximativement, en 1508 et non à une date antérieure ». Pour lui, il n'y a, avant le petit retable votif d'Anvers, que deux *Vierges* — la *Zingarella* et la *Vierge Benson* — et le *Putto au tambourin* de Vienne, tandis que suivent entre 1508 et 1511 les deux *Portraits* Cobham et Crespi, le *Portement de croix*, peut-être la *Salomé*, mais pas le retable de l'église San Marcuola, à juste titre attribué à Francesco Vecellio, manifestement grâce à la lumière jetée sur ce frère de Titien par l'article de Cook quelques années auparavant (1906-1907). Que deviennent pour Ricketts d'autres œuvres qui encombraient les débuts du peintre ? La *Vierge de saint Oulph* s'ajoute aux œuvres déjà situées par Gronau au lendemain des fresques pour la Scuola del Santo, avec lesquelles elle fait effectivement corps, vers 1512; la *Vierge et trois saints*, étudiée surtout dans la version de Vienne que Ricketts considère comme meilleure et plus ancienne que celle du Louvre (cat. **50**), s'ajoute aux œuvres qui, déjà dans la chronologie de Gronau, en progressant dans les années 1510, nous emmenaient près de l'*Assomption*, de la *Vierge aux cerises*, du *Christ au denier* et de la *Sainte Conversation* de Dresde, toutes datées des années 1514-16; tandis que la *Vierge de saint Antoine abbé* trouve sa place, aujourd'hui encore inexpugnable, près du retable Gozzi d'Ancône, vers 1520. Est ainsi suivie l'invitation de Morelli de retarder l'histoire de Titien d'une dizaine d'années environ. Ricketts ne discute pas la date traditionnelle de naissance — il fait

naître Titien vers 1478-79 —, mais il est clair que le vide qui se crée avant les fresques du Fondaco dei Tedeschi, à la suite d'une lecture et d'une comparaison plus correcte des œuvres et grâce à l'établissement d'une meilleure concordance entre le trajet de Titien et celui de Giorgione, et surtout la décision, dans cette perspective nouvelle, de mettre en question la relation jusqu'alors établie entre l'exécution du retable d'Anvers et l'événement que celui-ci se proposait de commémorer, ne pouvaient que susciter aussi, chez un tempérament de polémiste comme Hourticq, la mise en question de la date de naissance de Titien.

Je voudrais souligner les affirmations de Ricketts citées ci-dessus — selon lesquelles le tableau d'Anvers n'est pas aussi marqué par le style du Quattrocento qu'on l'a dit, et la seule influence évidente dont il porte l'empreinte est celle de Giorgione — parce qu'elles se rapprochent de mon point de vue, bien que je ne croie pas que leur auteur eût été d'accord avec les conséquences qu'elles devaient avoir dans les études ultérieures et que je désapprouve aussi. Alors que l'ouvrage de Lionello Venturi, *Giorgione e il giorgionismo*, de 1913, constitue une étape importante de l'histoire des études sur le maître de Castelfranco en ce qu'il met en question la façon dont celui-ci avait été étudié par Cook et par Justi, il ne se situe pas très bien dans la dynamique des études sur Titien : on ne perçoit aucune influence des idées de Ricketts sur la reconstitution des débuts du peintre que L. Venturi établit dans ce volume et on ne relève aucune contribution originale par rapport aux positions de Gronau, dont il tient compte, sinon l'important ajout au corpus des œuvres de jeunesse de Titien de la *Vierge entre saint Antoine de Padoue et saint Roch* du Prado (cat. **44**), ajout qui résulte justement de ce changement dans la manière d'étudier Giorgione. Venturi date le retable Pesaro de 1502 environ — il fixe la date de naissance de Titien en 1477 — et il le juge davantage influencé par Cima da Conegliano que par Bellini, et dénué de tout signe qui révèle que Titien ait étudié Giorgione.

Hetzer (1920, [1924-1930] 1985, 1935) réduit drastiquement le nombre des œuvres du catalogue de jeunesse de Titien et, dans le chapitre qui aboutit à l'*Assomption*, une fois bien fixés les points de repère attestés par des documents que constituent les fresques du Fondaco dei Tedeschi, celles de la Scuola del Santo et l'*Assomption*, il distingue deux phases, l'une avant 1511, à laquelle appartient le petit retable Pesaro d'Anvers, œuvre la plus ancienne et non postérieure à 1505 ou 1506, le *Saint Marc sur un trône*, la *Zingarella* et la *Vierge aux cerises*, et l'autre phase après 1511, avec les *Trois Ages*, l'*Amour sacré et l'Amour profane*, la *Jeune Fille au miroir* (*cat.* **48**) et la *Flore* (cat. **49**), tandis que le *Christ au denier* se situe au début d'un nouveau chapitre. Pour Hetzer non plus, on ne percevrait pas dans le retable d'Anvers la trace de l'influence de Giorgione.

Hourticq (1919) est le premier spécialiste de Titien qui, comme on le sait, ait retardé la date

de sa naissance à 1490; je dis : « le premier spécialiste de Titien », parce qu'on ne doit pas oublier de donner sa juste importance à la discussion sur cette date entre Cook et Gronau au début de ce siècle, Cook (1901, 1902, 1904 [*Appendix*], 1906-1907, p. 102 note 3) voulant nettement la déplacer à 1489, Gronau (1901) insistant pour la maintenir à 1477 ou tout au plus à 1477-1480. Que ce soit un « pan-giorgioniste » comme Cook qui ait pris cette initiative ne peut pas être sans signification, et Mather (1938) a eu raison de le noter. Mais ce dont Mather a mal apprécié l'importance lorsqu'il a repris en 1938 les éléments de la discussion pour conclure au rétablissement de la date traditionnelle, c'est le fait, extraordinaire en lui-même, que Hourticq, au moment même où il s'apprêtait à inaugurer une sorte de « pan-titianisme », est convenu de raccourcir de beaucoup plus de dix ans la période de jeunesse de Titien qui précède la réalisation attestée par des documents des fresques de Padoue. Je veux dire que Mather ne semble pas avoir mesuré la force qu'a eue, davantage que l'examen des sources, la dynamique interne des études sur la jeunesse du peintre, dynamique fondée exclusivement sur l'analyse stylistique des œuvres durant la période allant de Cavalcaselle à Hourticq et qui devait justement aboutir à cette énergique prise de position du spécialiste français : « [...] il est étonnant que l'on ait pu placer dans les premières années du siècle, 1500-1505, des œuvres comme le *Saint Pierre* du musée d'Anvers, *l'Amour sacré et l'Amour profane* de la galerie Borghèse, les *Trois Ages* de la galerie Bridgewater, le *Saint Marc entouré des saints* de la Salute [...] il fallait aussi ne pas laisser absolument vide une longue adolescence conduite jusque après la trentaine; on a donc récolté quelques œuvres de Titien pour ne pas le laisser inoccupé de vingt à trente ans. Il n'y a pas d'autre raison qui puisse expliquer comment ces historiens ont placé avec la révolution attribuée par eux à Giorgione des peintures d'un caractère si moderne qu'elles supposent cette révolution depuis longtemps achevée. »

A cette époque des études sur Titien, la question de la jeunesse de l'artiste se trouve étroitement liée au réexamen du catalogue de Giorgione à partir d'œuvres capitales comme *Suzanne*, (cat. **42**), et le *Concert champêtre* (cat. **43**), la *Vierge à l'Enfant avec Saint Antoine et Saint Roch* (cat. **44**) et le *Concert* (cat. **45**), et l'on me permettra de renvoyer sur ce point aux notices relatives à ces œuvres. Sur le point particulier du tableau d'Anvers, la publication alors récente du testament de Jacopo Pesaro (Ludwig, 1911) avait fourni à Hourticq un argument supplémentaire pour se dégager du cadre contraignant de l'événement commémoré par le tableau et pour ne juger celui-ci que selon les valeurs formelles, mais, à la différence de Ricketts, Hourticq est convaincu que si, comme Ricketts le pensait aussi, le retable de *Saint Marc* est lié par sa commande à la peste de 1510 et par son style aux fresques de Padoue, et si *l'Amour sacré et l'Amour profane* date de 1512-

1514, le *Saint Pierre* du retable d'Anvers doit être situé « plus près de 1512 que de 1502 ». A l'évidence embarrassé par certains aspects particuliers du tableau, Hourticq envisage la possibilité que la commande en ait été faite à Bellini alors âgé et que Titien, vers 1515, ait eu à finir une œuvre commencée par celui-ci. Je dois dire que Hourticq est assez peu clair sur ce point. Toujours est-il qu'il inaugure une façon de lire le tableau qui voit davantage de convergences que de contrastes avec les œuvres centrales de la période classique de Titien, ces œuvres qui étaient désormais toutes venues se rassembler dans les années 1511-1516, au terme du processus que nous avons décrit.

Dans cette nouvelle phase des études sur Titien, Suida (1933) est le premier à scinder en deux temps l'exécution du retable par le peintre : « Le fait que le tableau votif d'Anvers n'a pas du tout le caractère d'une œuvre de jeunesse de Titien est décisif pour sa datation. [...] Mais on ne pourrait dire que celui-ci a été fait d'un seul mouvement. La figure du saint Pierre siégeant sur un trône et le dessin de l'ensemble pourraient dater de 1512 environ, alors que les portraits du donateur et de son protecteur, comme le panorama de la lagune, très proches du retable d'Ancône de 1520, ne devraient avoir été achevés qu'à cette époque. » J'ai déjà dit comment la seule comparaison des deux portraits de Jacopo Pesaro dans le retable d'Anvers et dans le grand *Retable Pesaro* des Frari aurait dû suffire à exclure que de telles solutions fussent proposées à l'énigme de la date du premier de ces tableaux.

En 1927, Longhi a plus adroitement repris les conclusions de Ricketts : le retable a été exécuté avant 1510, pas aussi tôt qu'on l'a cru pendant un temps, mais pas après 1510; et, en 1946, lorsqu'il dresse la liste des œuvres de Titien qu'il situe avant 1510 en se fondant sur une date de naissance située vers 1487, la première est le *Saint Pierre* d'Anvers, qui reste la clef pour comprendre comment Titien commence à peindre en prenant ses distances avec la culture proto-classique que Giorgione avait développée à Venise : « Le jeune Titien se libère entièrement de la timidité de Giorgione. A cette fin, il supprime tout reste de nuance préraphaélite et médite de nouveau sur les peintres locaux représentatifs du style du Quattrocento, sur Bellini et sur Carpaccio, comme le montre clairement le tableau d'Anvers, si archaïsant. » Pour Longhi, à ce tableau font suite la *Lucrèce* Fleischmann, la *Vierge* et l'*Orphée* de Bergame, la *Circoncision* Jarves et la *Vierge* Benson-Bache à la fin de cette première décennie — c'est presque la reconstitution que j'établis moi-même, sinon que la durée de la maturation de l'artiste imaginée par Longhi est trop étirée et semble ne tenir aucun compte de l'étape attestée du Fondaco dei Tedeschi comme *terminus ante quem* pour ces œuvres.

Dans sa *Storia* (1928), A. Venturi donne une reconstitution des débuts de Titien qui n'enrichit guère la connaissance qu'on en avait et qui ne reflète rien du radical changement d'orientation marqué par l'ouvrage de Hourticq. Il confirme la date de 1502 pour le retable d'Anvers, de manière compatible avec une date de naissance qu'il maintient à 1477, mais il ne situe, dans les années qui séparent ce retable des fresques de Padoue, que la *Zingarella*, la *Vierge de saint Antoine abbé* et le *Portrait d'homme* ex-Cobham de la National Gallery de Londres. Il perçoit assez bien les contradictions du tableau d'Anvers : « Dans sa gaucherie de débutant, Titien révèle les magnifiques possibilités de son génie lorsqu'il sort du domaine de la construction pour s'abandonner à la joie de faire vibrer les couleurs : il fait éclater les coups de blanc de céruse sur les manches du chef militaire, et il laisse voir les stries du pinceau sur les gants clairs; il déploie sa puissance de coloriste dans les rouges de la bannière et leurs changements de ton, dans le bleu-noir de l'habit de Jacopo Pesaro, dans la pluie d'or sur le vert de la chape pontificale, dans le blanc lumineux de l'aube, dans l'or de l'étole qui poudroie dans la lumière. On ne perçoit de l'inclination pour Giorgione que dans le vêtement froissé de saint Pierre, qui révèle toutefois un tempérament de peintre bien différent par la vive complexité des plis désordonnés et la variation tumultueuse des reflets ainsi produits. Le ciel plat, avec ses lumières comme alanguies et ses nuages pâles et légers, ne suffit pas non plus à nous faire inscrire le Titien peintre de ce tableau d'Anvers dans la troupe des disciples de Giorgione. »

Mather (1938) affirme que le tableau peut difficilement avoir été fini plus tard que 1502, « car il ne s'y trouve nulle célébration de la victoire remarquable » de Santa Maura, et il le considère même comme l'une des preuves à l'appui d'une date de naissance située vers 1477 (mais pourquoi devrait-il être une preuve?).

Dans la monographie de Tietze (1936), l'histoire de Titien commence pour l'essentiel par les fresques de Padoue, lorsque le peintre était âgé, selon les calculs de cet auteur, de vingt et un à vingt-quatre ans; après ces fresques, selon Tietze, on rencontre trois portraits, isolés, le *Portrait d'homme* de la National Gallery de Londres, le *Portrait de femme* Cook (autrefois Crespi) et le *Portrait d'homme* Goldman (cat. **41**), vers 1508, et, plus isolé encore, situé en 1506, le tableau de Jacopo Pesaro, Les thèses de l'auteur exprimées dans la première édition de son ouvrage ne sont guère renouvelées dans la réédition abrégée parue en plusieurs langues en 1950, à ceci près que, justement dans le cas du tableau qui nous occupe, la date de 1506 répétée sous la reproduction de ce retable d'Anvers ne correspond plus à la révision de la pensée de l'auteur telle qu'il l'exprime dans l'introduction et dans la notice.

Je voudrais souligner les conclusions initiales de Tietze avant tout parce qu'elles ne sont jamais reprises, mais bien plutôt éclipsées par les études ultérieures consacrées à ce tableau, et aussi parce qu'il se trouve que ces conclusions correspondent aux miennes, au moins sur un point. Selon Tietze, Titien aurait exécuté cette œuvre en deux fois mais en un laps de temps assez bref, 1505-1507, au sein d'une seule et même période prolongée de travail : lorsqu'il a commencé à y travailler — et le saint Pierre remonterait à ce moment-là —, Titien se serait encore trouvé dans la mouvance de Giovanni Bellini, et Tietze mentionne à juste titre comme grande œuvre de référence le retable alors à Cornbury Park, et aujourd'hui à la City Art Gallery de Birmingham, daté 1505 par le vieux maître; mais, dans la lente progression de ses travaux, Titien aurait eu le temps de voir la *Fête du Rosaire* de Dürer (Prague), mise en place à la fin de l'été 1506, et on en percevrait les conséquences dans la partie droite avec Jacopo Pesaro et le pape, où Titien se hisse tout à coup au-dessus des créations les plus abouties de Bellini, précisément le retable cité de Cornbury Park. C'est ce qui pourrait expliquer le contraste entre l'archaïsme de la partie gauche et la vitalité et la monumentalité qui caractérisent la partie droite. La date de 1506 environ pourrait d'autre part justifier l'absence de toute trace de l'influence de Giorgione, laquelle se manifestera en 1508. En 1950, pour Tietze, Giorgione, davantage que Dürer, explique la singularité de ce tableau : « Aujourd'hui cependant, il me semble que cela [l'influence de Dürer] ne suffit pas à expliquer une différence de style aussi marquée et j'inclinerais à dater cette peinture entre 1510 et 1520, lorsque Titien, grâce à ses rapports avec Giorgione, commençait à se former un style monumental. » Le tableau aurait donc été terminé après une interruption de quelques années. Cette proposition corrigée de Tietze se rapproche de la manière dont Hourticq et Suida ont posé la question.

Baldass (1957, 1964) est d'accord avec le retardement de la date de naissance et la position ultime de Tietze sur le *Saint Pierre* du retable d'Anvers : « Un tableau votif commandé par l'évêque Jacopo Pesaro date du début de la carrière de Titien [...]. Celui-ci travailla à ce tableau pendant des années et y apporta de nombreuses modifications qui entraînèrent la juxtaposition de différentes phases stylistiques. La phase préclassique représentée par la figure de l'apôtre-prince sur la gauche contraste avec une phase classique illustrée par les figures du pape et de l'évêque. Ne serait-ce qu'en raison de son thème, ce tableau a peu de rapport avec des motifs giorgionesques, et cette œuvre fut achevée dans la période postérieure à la mort de Giorgione » (1964).

Selon Pallucchini (1953), la structure du retable, plutôt typique d'un tableau votif des dernières décennies du siècle précédent (le retable Barbarigo de 1488 par Giovanni Bellini), et le dessin de saint Pierre, qui fait plutôt penser à Cima da Conegliano, sont différents du fond et du bas-relief, mais ne peuvent pas être postérieurs à 1511 — référence évidente à Suida —, si l'on tient compte de la *Sainte Conversation* aujourd'hui Magnani (cat. **47**), tandis qu'on ne peut exclure que, comme le dirait Suida, Titien ait, même après 1520, modernisé la facture du paysage marin et du bas-relief. Pallucchini ne voit pas non plus de marque évidente d'une influence de Giorgione. En 1969 et en 1977, il propose de nouveau de dater de 1510 et 1520 environ les deux phases d'exécution du retable, mais l'importance de la seconde phase se réduit de plus en plus, limitée à présent à la réfection du paysage marin. Il fait donc remonter à 1510 environ l'essentiel du tableau tel que nous le voyons.

Valcanover hésite d'abord (1960) à situer le retable d'Anvers avant ou après les fresques de Padoue et il incline à envisager l'hypothèse selon laquelle le bas-relief et le paysage marin auraient été ou achevés ou repris à la fin des années 1510, tandis que, plus tard (1969), il en situe l'exécution intégrale vers 1509.

Dans toutes ses études (1954, 1964, 1966), Morassi a soutenu une thèse qui se résume ainsi : après avoir affirmé que *Suzanne et Daniel* (cat. **42**) et la *Vierge à l'Enfant avec Saint Antoine de Padoue et Saint Roch* (cat. **44**) sont des essais effectués par le peintre avant que ne lui soient confiées les fresques de la Scuola del Santo, où le style des draperies se fait plus ample et monumental, il conclut : « Par conséquent, il est clair qu'on doit considérer comme postérieur aux fresques de Padoue (et non pas comme antérieur ou même comme datant de la toute jeunesse) le retable d'Anvers qui, par la composition, l'ampleur du traitement pictural et d'autres éléments, est déjà semblable à la *Sainte Conversation* Balbi de Gênes », datant donc de 1512-1513.

Wethey (1969) est également d'accord avec la date de 1512 environ.

Freedberg (1971) semble aussi prêter attention au dessin des draperies pour conclure d'une manière guère différente : « Le caractère du style des draperies peut aider à dater le retable d'Anvers, objet de nombreuses discussions, pour lequel les dates proposées vont de 1501 à 1515 environ. Je hasarderais que ce tableau peut avoir été commencé vers 1511-12, mais achevé légèrement plus tard, vers 1515. »

Pour que l'on ne perde pas de vue le lien entre la date de naissance du peintre et la date de ce retable, il faut dire que Pallucchini, Morassi, Valcanover, Wethey et Freedberg s'accordent à faire naître Titien entre 1488 environ et 1490. Il me paraît évident que, dans cette phase de son histoire critique, de Hourticq à Freedberg, ce tableau a davantage soulevé de difficultés que procuré des satisfactions; qu'il ait été dégagé du cadre limitatif des événements historiques qu'il voulait commémorer n'a pas servi à en améliorer la compréhension : par exemple, on ne voit pas comment Pallucchini, qui ne perçoit pas d'influence évidente de Giorgione dans ce tableau, peut situer celui-ci deux ans après les fresques du Fondaco dei Tedeschi, dans lesquelles il ne devait pas être facile, sinon pour les personnes de la sensibilité de Zanetti, de distinguer entre maître et élève, et aussitôt après la *Vierge entre deux saints* du Prado (cat. **44**), que Baldass considérait encore en 1964 comme un tableau de Giorgione, et on ne voit pas non plus pourquoi Titien aurait dû s'appuyer sur un schéma structurel archaïque pour

la conception de l'ensemble et d'une seule figure (saint Pierre) alors qu'il avait déjà adhéré aux valeurs du classicisme à l'époque des fresques du Fondaco dei Tedeschi. Je ne comprends pas non plus comment la genèse et l'exécution de ce tableau peuvent être situées au cœur de sa période la plus classique, à côté de la *Vierge de saint Oulph*, de la *Sainte Conversation Magnani* (*La Vierge à l'Enfant avec sainte Catherine, saint Dominique et un donateur*; cat. **47**), de la *Sainte Famille avec un berger* ou de l'*Amour sacré et l'Amour profane*.

En 1948, Langton Douglas est l'auteur d'une intervention qui va à contre-temps des études citées ci-dessus, mais qui conclut dans le même sens qu'elles. Il est d'accord sur les deux phases d'exécution indiquées par Suida, mais il pense que n'a pas été mis en valeur un argument qui prouverait que le retable d'Anvers date du début des années 1510, et cet argument est l'influence de Palma — on a l'impression de retourner à l'époque de Cavalcaselle et de Gronau : il n'y aurait pas d'œuvre de Titien qui révèle davantage que celle-ci sa dette à l'égard de Palma Vecchio, la période marquée par Palma ne commencerait pas avant le retour de Padoue, et les modèles de Palma suivis en l'occurrence seraient la *Sainte Conversation* Thyssen ou celle ayant appartenu à la collection Benson puis au maréchal Tito, œuvres qui témoignent bien au contraire de l'influence de Titien et de la *Sainte Conversation* Magnani.

Marini (1958) fonde sur le *Saint Pierre* d'Anvers, pour lequel il accepte la date de 1506 proposée par Tietze, et sur le *Triomphe de la Foi* (1508; cat. **130**) sa thèse selon laquelle le premier Titien ne serait pas giorgionesque jusqu'aux fresques de Padoue, alors qu'il le deviendrait, jusqu'à risquer de perdre son identité, pendant la période entre ces fresques et l'*Assomption*. La clef qui permet de comprendre le petit retable d'Anvers, son audace chromatique sans égale dans la Venise de ces années-là (« L'habit de Jacopo Pesaro, à peine modelé de reflets de lumière et de zones d'ombre qui ont la valeur d'une couleur pure, se détache, dense et noir, sur les pans éclatant d'ors, de verts et de vermeils de la bannière et de la chape papale. Et, audace inouïe à cette époque et de la part d'un peintre adolescent, les manches du personnage se découpent sur toute cette masse noire comme des coulées blanches superposées, resplendissantes, péremptoires » tout comme le réalisme des portraits et le dessin du saint Pierre, c'est l'art de Dürer, et en particulier la *Fête du Rosaire* (1506) : « Cette toile montre que le séjour de Dürer à Venise eut pour le jeune Titien une importance capitale. [...] seul l'art du grand Allemand peut expliquer la différenciation tranchée de ce langage vis-à-vis à la fois de la manière de Bellini et de celle de Giorgione » La thèse fondamentale de Marini, erronée en ce que cet auteur ne se rend pas compte que Titien n'est pas moins original dans les *Trois Ages* que dans le dessin pour le *Triomphe de la Foi*, a toutefois le mérite de souligner l'importance de Dürer, et de son retable au-

jourd'hui à Prague, non pas tant dans la formation de Titien, ce que d'autres avaient déjà mis en évidence, que dans la genèse du petit retable pour Jacopo Pesaro. Cette conviction de Marini, qui n'a cependant pas de conséquences sur sa chronologie des œuvres de jeunesse de Titien, se trouve singulièrement contredite par ses notes, où il accepte l'idée de Suida selon laquelle le portrait de Jacopo Pesaro aurait été justement refait au début des années 1520, ainsi que l'idée de Mauroner (1941) selon laquelle le *Triomphe de la Foi* pourrait être de quelques années plus tardive.

Dans son ouvrage sur le portrait à la Renaissance (1966), Pope-Hennessy appelle l'attention sur l'influence que la *Fête du Rosaire* — ce « sentiment d'être personnellement concerné que Dürer imprimait aux [visages des] participants » — a pu avoir sur la tradition vénitienne de la fin du XVᵉ siècle du tableau d'autel et du petit retable votif, influence que Pope-Hennessy relève dans les développements que ces types de tableaux connurent au XVIᵉ siècle dans la peinture de Titien, dans le *Retable Pesaro* des Frari et dans le retable Vendramin. A propos du retable d'Anvers, Pope-Hennessy considère que Titien, lorsqu'il en reçut la commande en 1505 environ, s'est inspiré de l'exemple du retable Barbarigo de Giovanni Bellini, mais la différence entre la tête de Jacopo Pesaro et le reste du tableau — « L'impression de drame [...] limitée à cette seule tête » — donne à penser que cette tête ne date pas de la première phase d'exécution, mais a été repeinte environ dix ans plus tard, vers 1515, à la demande du commanditaire lui-même. « Dans l'intervalle, la *Fête du Rosaire* était terminée et Titien lui-même, dans toute une série de portraits individuels, a affiné son style. Dans la tête de Jacopo Pesaro, ces modifications concernent pour la première fois le portrait votif vénitien. » Pope-Hennessy semble avoir repris le fil de la pensée de Tietze en passant de la première à la deuxième édition de sa monographie. Mais puisque la *Fête du Rosaire* fut mise en place à la fin de l'été 1506, pourquoi ne pas supposer que le portrait de Jacopo Pesaro est antérieur à cette « série de portraits individuels » ?

Panofsky (1969), dans une digression sur la date de naissance de Titien qui accompagne les textes de ses *Wrightsman Lectures* des années 1960, constatant l'impossibilité de toute conclusion sur ce point fondée sur les sources écrites, s'appuie sur le tableau d'Anvers, dont il lui semble impossible que l'exécution soit de beaucoup postérieure à 1503, pour en tirer argument en faveur d'une date de naissance intermédiaire située vers 1480-1485: pour Panofsky aussi, à l'appui de cette datation ainsi anticipée, « le retable d'Anvers — d'un style toujours plutôt bellinien — ne révèle pas encore l'influence de Giorgione ».

Wilde, dans ses cours des années 1950 au Courtauld Institute (1974), présente le retable comme l'œuvre la plus ancienne qui nous soit restée de Titien, exécutée en une seule fois, vers 1504, et il le compare au type du retable votif vénitien de la fin du XVe siècle, par exemple celui du doge Mocenigo de l'atelier des deux Bellini à la National Gallery de Londres. Wilde se prononce aussi pour une date de naissance intermédiaire, vers 1485. Font suite à cette première œuvre le retable de *Saint Marc* non daté précisément – déjà Gronau avait vu une certaine continuité entre ces œuvres –, le *Tobie et l'ange* Bembo des Gallerie dell'Accademia (provenant de l'église Santa Caterina de Venise), qui a, après les remarques faites par Ricketts (1910) et par Hadeln (1914), joui d'une excellente considération de la part de nombreux spécialistes de Titien (Hourticq, 1919; Suida, 1933; Tietze, 1950; Morassi, 1954), et que Wilde date de 1508 ou 1509, et la *Zingarella*, désormais située juste avant les fresques de Padoue, vers 1510.

C. Hope (1980), qui se prononce aussi pour une date de naissance située vers 1485, pense que Titien a exécuté le tableau votif de Jacopo Pesaro après avoir quitté l'atelier de Bellini, vers 1506. Ce serait là son œuvre la plus ancienne, en aucune manière giorgionesque – la liberté d'exécution du bas-relief ne le serait pas non plus –, donc antérieure à la période giorgionesque qu'il circonscrit aux années 1507-1510 et qu'il fait reposer sur trois œuvres, le *Baptême du Christ*, le *Noli me tangere* (cat. **46**) et les *Trois Ages*. L'ordre de reconstitution qu'il propose renvoie les études sur Titien au point où elles en étaient à l'époque de Phillips : on ne voit pas comment cet ordre se concilie avec les documents qui nous restent sur les fresques du Fondaco dei Tedeschi ou bien avec la gravure sur bois du *Triomphe de la Foi* (cat. **130**), que pourtant C. Hope date de 1508, ni comment ces trois tableaux peuvent être jugés les plus giorgionesques de Titien. La continuité que C. Hope perçoit, quoique à travers l'hiatus du rapport nouveau avec Giorgione, entre le retable Pesaro et le *Baptême du Christ* Ram est évidemment celle-là même qui, de Morassi à Freedberg, a été perçue entre ce retable et les œuvres du groupe auquel appartient le *Baptême*, et qui a conduit ces spécialistes à proposer pour ce retable d'Anvers une date située vers 1512. C. Hope a le mérite d'appeler notre attention sur les déplacements de Jacopo Pesaro après la victoire de Santa Maura : celui-ci quitte Venise peu après le 26 janvier 1503 et on ne le voit plus mentionné dans les *Diari* de Sanuto jusqu'au 20 mai 1506. S'il était possible d'être sûr d'une absence aussi longue, on pourrait faire remonter la commande de l'œuvre au printemps 1506.

La datation du tableau en 1506 et sa place de numéro un dans le catalogue de l'œuvre de Titien sont le fait de G. Robertson (1983) et de E. Vandamme (1990), à l'occasion des deux expositions dans lesquelles le tableau a été présenté, à Londres et à Venise, ainsi que le fait de Brown (1990). Selon ce dernier aussi, l'intérêt de Titien pour Giorgione commencerait à se manifester après cette œuvre encore bellinienne, en 1507, conformément à l'indication de Vasari; mais pour D.A. Brown, d'une manière différente de celle proposée par C. Hope,

les œuvres qui font suite au retable d'Anvers, caractérisées par la persistance de l'influence des modèles de Bellini et par cet intérêt nouveau pour Giorgione, seraient la petite *Circoncision* de la Yale University Art Gallery et, datant de l'époque des fresques du Fondaco dei Tedeschi ou de peu après, la *Zingarella* (vers 1508-1509), tandis que ce n'est que vers la fin 1510, après la mort de Giorgione, que Titien aurait fait preuve d'une compréhension plus complète du langage de ce maître. Une telle reconstitution de l'activité de Titien suppose que l'influence de Bellini sur le jeune artiste continue, parallèlement à celle de Giorgione, de s'exercer profondément sur les fresques du Fondaco dei Tedeschi, alors que ce que nous connaissons de celles-ci ne montre aucune trace d'une influence de Bellini, et alors qu'entre 1506 et 1508 se bousculent sur la scène de la peinture vénitienne, en une succession quelque peu tumultueuse, des événements destinés à en changer la physionomie, à accentuer les différences vis-à-vis de la génération de la fin du siècle précédent, et à accélérer vertigineusement le rythme des réactions et des développements. La *Zingarella* est regardée comme une œuvre avec laquelle Titien resterait encore dans l'ombre – estimée plus longue qu'en réalité – de Giovanni Bellini ou commencerait tout au plus à s'en dégager, alors qu'elle constitue une reprise hardie de thématiques formelles belliniennes (la *Vierge* de Detroit, qui venait d'être peinte [1509]) – après des expériences qui l'ont conduit bien loin de ce maître, à l'époque, ou juste avant, des *Miracles de saint Antoine de Padoue* ou du *Portrait de femme* de la National Gallery de Londres –, reprise qui n'est pas différente de celle à laquelle il se livrera vers 1516 dans la *Vierge aux cerises*. La *Circoncision* représente bien un pas de plus après le *Saint Pierre* d'Anvers, mais ce petit tableau de New Haven est si peu bellinien, pour ce qui est de la facture picturale, qu'il est peint comme la *Vierge* Bache du Metropolitan Museum, et presque comme *Suzanne* (cat. **42**) ou la *Vierge* de l'Accademia Carrara Bergame, avec toutes les conséquences qui en découlent, même rétrospectivement, notamment pour une analyse du retable d'Anvers qui ne reste pas trop obnubilée par la considération de ses archaïsmes présumés.

Dans son compte rendu de l'exposition de Londres de 1983, W.R. Rearick (1984) est d'un tout autre avis; dans l'exécution du retable d'Anvers, il ne discerne pas moins de cinq interventions successives entre 1508 et 1513, et il inverse l'ordre proposé jusque-là : l'exécution commencerait à droite et finirait à gauche, l'évêque et le pape se trouvant donc parmi les parties les plus anciennes, antérieures au séjour à Padoue, tandis que c'est après ce séjour que Titien peindrait « en un style différent et plus avancé » le saint Pierre et en dernier lieu le bas-relief, mais non pas le casque, qui au contraire, pour être aussi « fermement représenté », ressortirait encore avec le pavement à la manière du Quattrocento et remonterait par conséquent à la première étape de l'exécution, avant la

commande des fresques du Fondaco dei Tedeschi. C'est donc dans le saint Pierre que résideraient les raisons de situer ce tableau au cœur de la période classique de Titien. Mais le saint Pierre n'est-il pas dans ce retable la figure considérée comme la plus bellinienne et archaïsante? Quant au casque, n'est-il pas ce détail qui m'a toujours semblé le plus giorgionesque? A la suite des observations de Wittkower, Bialostocki (1977) découvre une autre signification au rapprochement du casque et du bas-relief, qui confirme à quel point le jeune Titien élovue désormais sous l'influence de Giorgione. La signification n'est plus désormais de l'ordre de l'iconographie, mais de la nouvelle virtuosité technique, rendue possible par la découverte de la technique à l'huile et par une meilleure connaissance de la peinture flamande. Le rendu de ce que Léonard appelle le *lustro* se juxtapose au répertoire le plus courant de motifs classiques, cultivé par la peinture du Quattrocento. Le tableau Pesaro lui paraît extrêmement représentatif de ce « double aspect de la Renaissance » : « En bas à gauche apparaît un bas-relief classique, apparemment le devant d'un sarcophage romain, et sur le sol est posé un casque de métal, où se reflète un motif typique de l'intérêt flamand pour le rendu de la lumière – une fenêtre lumineuse. L'habileté à utiliser le langage classique et à représenter les gestes, le mouvement et les expressions, a été mise ici en relation avec l'adaptation du langage artistique flamand, ce qui ouvrit au peintre le monde de la matière différenciée, mate et brillante ».

On a dit comment Hourticq avait assez peu clairement examiné la possibilité que le *Saint Pierre* d'Anvers ait été commencé par Giovanni Bellini à la fin de sa vie. S. Sinding-Larsen (1962), impressionnée par les ressemblances de composition de ce retable avec le bas-relief votif du doge Loredan de Pietro Lombardo dans le palais des Doges, qu'il suppose réalisé d'après un dessin de Bellini, tente de démontrer que ce maître est aussi responsable du dessin du retable Pesaro, comme le prouverait la figure de saint Pierre.

J. Meyer zur Capellen (1980), en se fondant sur l'étrangeté de la tête de ce saint par rapport au reste du tableau, propose une solution différente du même problème : Bellini, à la suite d'une commande remontant aux années 1502-03, aurait commencé le tableau en y peignant la tête de saint Pierre et le mur derrière celui-ci; Titien aurait achevé le saint (duquel existait déjà la tête) suivant le dessin du vieux maître, mais se serait senti libre de repenser le dessin d'ensemble – ce qu'il aurait fait à la mort de Bellini, car l'état final du retable est l'œuvre d'un artiste désormais mûr, à l'époque de *L'Amour sacré et l'Amour profane*. J. Meyer zur Capellen suppose que l'achèvement du tableau à cette époque-là, vers 1515-16, si longtemps après sa commande et le début de son exécution, a été voulu par Jacopo Pesaro alors que des tensions se manifestaient entre Venise et Rome sur la question de la croisade contre les Turcs, croisade qui tenait à cœur à Léon X, particulièrement après 1516, mais pas aux Vénitiens. En 1972, Huse ne peut répondre qu'à S. Sinding-Larsen : la conception d'ensemble et le dessin du saint Pierre ne remonteraient pas à Giovanni Bellini, mais seraient dus au jeune Titien qui travaille sous l'influence de Bellini dans les années 1502-1503; environ vingt ans plus tard, Titien aurait achevé le retable avec les figures de Jacopo Pesaro et du pape et aurait uniformisé toute la surface picturale du tableau.

F. Valcanover (1969) est le premier, si je ne me trompe, à tenir compte des radiographies, « qui ont révélé », dit-il, « un tissu chromatique uniforme ». J. Meyer zur Capellen, qui publie trois de ces radiographies, aboutit à une conclusion différente : il tire argument de l'examen de ces radiographies, et pas seulement de l'analyse de la surface picturale, pour discerner dans ce tableau l'intervention de Giovanni Bellini.

Ces radiographies, au nombre total de cinq, sont celles que j'ai examinées en juillet 1977 au Koninklijk Institut, Kunstpatrimonium de Bruxelles; elles concernent des zones diverses et sont bien loin de constituer la mosaïque intégrale dont on voudrait pouvoir disposer. On doit dire tout d'abord que ces radiographies révèlent des repentirs minimes et non essentiels. L'un concerne la position du pouce de la main du pape, et peut-être toute la main, esquissée initialement de façon qu'on en voie le dos, non la paume. Un autre repentir se trouve dans le vêtement de saint Pierre : il est possible que son bras droit, avec lequel il donne la bénédiction, ait été d'abord conçu différemment et qu'ait été également différent le dessin du drapé sur son épaule droite, car on distingue, même à l'œil nu, la bordure d'un vêtement en travers de sa poitrine. D'autres repentirs sont visibles dans la moitié droite de l'estrade : les bords supérieur et inférieur de celle-ci ont été tracés plusieurs fois, et celui du bas a été initialement situé environ six centimètres plus haut qu'actuellement, et cette trace du bord inférieur aussi bien que l'esquisse de la figure derrière Vénus se prolongent sous le casque, qui a donc été peint en dernier par-dessus le bas-relief. En attendant une documentation radiographique complète, dont on sent bien la nécessité au moins pour la figure de saint Pierre, il semble qu'on puisse dire que toutes les hypothèses qui ont été formulées sur les reprises ou des modifications effectuées après des laps de temps plus ou moins longs sont démenties par cette série de radiographies. Du reste, Panofsky (1969) rapportait déjà le témoignage de Coremans pour qui le bas-relief de l'estrade du trône est « indissociable du reste de ce tableau entièrement homogène ». Quant au point soulevé par J. Meyer zur Capellen, il est vrai que la tête de saint Pierre n'a pas d'image radiographique alors que les deux autres têtes en ont une, et plutôt belle, mais cela ne suffit pas pour dire qu'y ont travaillé deux artistes différents ou le même artiste à des moments différents (c'est aussi l'avis de Robertson, 1983).

A.B.

page 56

41

Tiziano Vecellio, dit Titien
Pieve di Cadore, vers 1488/1490 - Venise, 1576

Portrait d'homme
vers 1507

Toile. H. 0,76; L. 0,64 (le bas de la toile a été raccourci de quelques centimètres). Inscription sur le parapet : V[IRTUS] V[INCIT] O[MNIA] (révélée par la restauration de Modestini en 1962).

WASHINGTON, NATIONAL GALLERY OF ART,
SAMUEL H. KRESS COLLECTION

HISTORIQUE
Robert P. Nichols, Londres (*Duveen Pictures*, 1941); William Graham (Christie's, Londres, 10 avril 1886, n° 450 comme *Portrait of a Lawyer* de Giorgione, et acheté par Colnaghi); Henry Doetsch, Londres (Christie's, Londres, 22 juin 1895, n° 48, comme de Licinio); Lt. Col. George Kemp, Lord Rochdale, Beechwood Hall (Rochdale, Lancashire), à partir de 1897 (Berenson, 1897; BFAC, cat. 1905); Duveen's, New York; Henry Goldman, New York (Valentiner, 1922); Duveen's, New York, à qui Samuel H. Kress l'achète en 1937; Samuel H. Kress Collection, New York à partir de 1939 (K 475); National Gallery of Art, Washington depuis 1941.

EXPOSITIONS
Londres, 1905, n° 41; New York, 1920; New York, 1924, n° 47.

BIBLIOGRAPHIE
Berenson, 1897 (éd. anglaise, 1901), pp. 79-84; *BFAC Catalogue*, 1905, n° 41; Reinach, 1905, I, p. 463; Cook, 1905-1906, p. 338; Gronau, 1908, p. 505; L. Venturi, 1913, pp. 366-367; *Fiftieth Anniversary Exhibition*, 1920, p. 8; *Bulletin of the Metropolitan Museum of Art*, 1920, p. 158; Gronau, 1921, pp. 88-89; Valentiner, 1922, n° 5; Offner, 1924, p. 264; Valentiner, 1926, n° 4; Berenson, 1932, p. 573; L. Venturi, 1933 (éd. anglaise), III, n° 505; Suida, 1933 (éd. italienne), pp. 16, 147; Tietze, 1935, p. 85; Berenson, 1936, p. 493; Tietze, 1936, I, p. 63, II, p. 303; Phillips, 1937, pp. 54-56; Burroughs, 1938, pp. 116 ss.; *Duveen Pictures*, 1941, n° 15; *Preliminary Catalogue*, 1941, p. 80, n° 369; Morassi, 1942, pp. 144, 184; Richter, 1942 (*Lost and Rediscovered Works*), pp. 151-152; Richter, 1942 *Giorgione's Evolution*), pp. 18-19; Hahn, 1946, p. 200; Douglas, 1949, pp. 3 ss.; Tietze, 1950 (éd. française), p. 404; Pallucchini, 1953, pp. 53-54; Dell'Acqua, 1955, pp. 52, 105; Pignatti, 1955, p. 147; Coletti, 1955, p. 67; Berenson, 1957, I, p. 192; L. Venturi, 1958, col. 213; Valcanover, 1960, I, p. 45; Salvini, 1961, p. 237; Pallucchini, 1962, pp. 234-237; Morassi, 1966, col. 19; Ballarin, 1968(3), p. 244; Shapley, 1968, pp. 178-179; Zampetti, 1968, p. 100, n° 74; Pallucchini, 1969, I, pp. 12-13, 233-234; Pignatti, 1969, pp. 67, 69-71, 112-114 (n° 31); Valcanover, 1969, p. 89, n° 2; Calvesi,

1970, p. 231-233; Freedberg, 1971, p. 89, pp. 477-478 note 40; Mravik, 1971, p. 56; Robertson, 1971, p. 477; Wethey, 1971, II, pp. 185-186, n° X-109; Fredericksen et Zeri, 1972, p. 203; Dussler, 1973, p. 337; Maxon, 1973, p. 255; Ruckelshausen, 1975, pp. 83-84; Thomson de Grummond, 1975, pp. 346-356; Pallucchini, 1977, p. 17; Anderson, 1978, p. 73; Pignatti, 1978(1), pp. 71-72, 116-118, n° 31; Pignatti, 1978(2), p. 39; Mucchi, 1978, p. 57; Pallucchini, 1978, pp. 27-28; Salvini, 1978, p. 98; Shapley, 1979, pp. 213-217; Ballarin, 1980, pp. 495, 499 note 7; Lucco, 1980, pp. 143-144, n° 252; Padoan, 1981, n. 10 de p. 430; Pignatti, 1981, pp. 152-153; Rosand, 1981, p. 300; Ballarin, 1981, p. 28; Zampetti, 1988, p. 13; Brown, 1990, p. 66 note 17; Pignatti, 1990, p. 73.

Nancy Thomson de Grummond (1975) a rassemblé les tableaux − tous vénitiens du début du XVIᵉ siècle − sur lesquels on retrouve, comme dans ce cas, les lettres V ou V V inscrites sur le parapet. Elle les a étudiées à la lumière des inscriptions placées sur les six *Portraits* gravés de Dürer (Meder, 100-105) et en a conclu : « Je crois que l'on peut démontrer que dans ces inscriptions la lettre V représente dans tous les cas une forme de l'adjectif latin *vivus*, "vivant", ou du verbe de la même famille *vivere*, "vivre", et que Giorgione, en utilisant les lettres VV dans le *Portrait* Giustiniani, faisait revivre les traditions de l'art du portrait romain classique ». Elle a donc proposé d'interpréter les lettres V V du *Jeune Homme* Giustiniani et du *Luigi Grasso* (lieu de conservation aujourd'hui inconnu, daté de 1508) comme V[ivus] V[ivo], les V V O du *Portrait* Goldman comme V[ivus] V[iv]O, les V V P sur le mur du fond − et non sur le parapet − de la copie de Téniers de la *Jeune Fille au miroir* de la Galerie du Château de Prague, réplique d'atelier de l'original du Louvre (cat. **48**), comme V[ivus] V[ivae] P[osuit], et le V sur la copie de la Galleria Estense de Modène du *Portrait de jeune femme* de Budapest (je ne connais pas l'autre version de Boston, qui dépend probablement de l'original de Budapest) comme V[ivae]. Elle a aussi inclu le V inscrit sur le chapeau, l'un des emblèmes sur le parapet du pseudo « *Brocardo* » de Budapest (cat. **25**), mais à tort, car, en admettant que ces derniers soient authentiques, il devrait faire allusion au nom du personnage représenté. Elle a justement laissé de côté les lettres T. V. sur les parapets des deux *Portraits* de Titien de la National Gallery de Londres, l'*Homme en bleu* (dit l'*Arioste*) et la *Femme au camée* (dite *La Schiavona*), parce qu'elles représentent la signature du peintre. Il semble bien qu'elle ait essayé de résoudre, et d'une façon en tout cas erronée, un problème dont l'existence n'a pas vraiment été établie : les lettres V V du *Portrait* Giustiniani ne sont probablement pas originales (voir cat. **16**); celles du *Grasso* se trouvent sur un tableau que personne n'a plus vu depuis cinquante ans et qui, jugé d'après la photographie, et en tenant compte de la date inscrite, apparaît peu compréhensible : on ne pourra donc rien dire de correct à son propos tant qu'il ne réapparaîtra pas. Les lettres V V P de la copie de Téniers ne sont pas situées sur le parapet, ce qui suffit à les rendre moins assimilables encore à des inscriptions funéraires : quoi qu'il en soit, elles ne se trouvent aujourd'hui ni sur le tableau copié par Téniers, ni sur le tableau Cambó à Barcelone, ni sur l'original de Paris, dont les versions de Prague et de Barcelone sont des copies d'atelier; sans compter que le tableau n'est pas un portrait, même si les textes du XIXᵉ siècle le considéraient comme tel. Il n'est pas exclu que le *V* sur la copie de Modène ait existé sur l'original de Budapest, dont les dimensions ont été fortement réduites par des coupures anciennes, y compris à hauteur du parapet, mais avant d'essayer d'en comprendre le sens, il faudrait chercher qui est vraiment l'auteur du tableau (pas Cariani, comme on le dit habituellement). Pour le moment, l'unique inscription authentique et contrôlable est celle du *Portrait* Goldman, et il semble plus judicieux de l'interpréter comme nous l'avons fait plus haut, c'est-à-dire en se référant à l'usage humaniste d'abréger avec des initales des aphorismes moralisants. M. Calvesi (1970) a étudié ces inscriptions à la lumière de la cabale et de l'alchimie, mais sans trop de conviction, avant de se souvenir que sur la fresque de Giorgione de l'ex-maison Pellizzari de Castelfranco il est écrit : *Virtus vincit omnia.* M. Lucco (1980) et G. Padoan ([1978] 1981) sont aussi de cet avis.

Berenson parle pour la première fois du tableau dans un article de la *Gazette des Beaux-Arts* de 1897 dans lequel il réunit plusieurs copies d'originaux disparus de Giorgione. Après avoir présenté comme copies la *Judith* de l'Ermitage, qui venait d'être redécouverte par Morelli, le *David* de Vienne et l'*Orphée* de Bergame, il éprouve le besoin de polémiquer contre la « méthode historique », soucieuse de mettre l'accent sur les débuts de l'artiste, sur la façon dont il devient ce qu'il est, au détriment de ce qu'il est effectivement dans ses œuvres les plus mûres et les plus originales : dans le cas de Giorgione, notre image de l'artiste, pense-t-il, ne peut se réduire à l'*Épreuve de Moïse* ou au *Retable de Castelfranco;* il existe un Giorgione plus tardif, proche des splendeurs du vieux Titien et même de Rubens, que l'on comprend encore assez mal puisque l'on met en discussion des œuvres comme le *Chevalier de Malte*, le *Concert champêtre*, la *Vénus*, la *Tempête en mer*, et à ce Giorgione, qui nous emmène de plus en plus loin de ses débuts, appartiennent les originaux dont notre *Portrait d'homme*, alors dans la collection Kemp, et le *Portrait de femme* Crespi (aujourd'hui à Londres, National Gallery) sont des copies. C'est en comparant le *Portrait* Kemp avec le « *Brocardo* » de Budapest et avec le *Portrait* Giustiniani de Berlin que Berenson démontre qu'il s'agit d'une copie d'un tableau de Giorgione. Ni le *Portrait* Kemp, ni le tableau Crespi ne se trouvent dans ses *Index* de l'époque, tandis que le *Portrait d'homme* signé, attribué au premier Titien, alors à Cobham Hall (maintenant à Londres, National Gallery) y figure, portrait que J.-P. Richter (1895, p. 90) a proposé d'identifier avec le *Barbarigo*

dont parle Vasari, que Titien aurait peint à dix-huit ans. Dans sa monographie de 1900, Cook déplace le *Portrait* de Cobham Hall dans le catalogue de Giorgione, contre l'évidence de la signature, déclarée apocryphe ou plus tardive; il l'associe au *Portrait* Crespi, interprété assez arbitrairement comme celui de Caterina Cornaro, dans ce cas aussi contre l'évidence de la signature, les proposant tous deux comme des œuvres du maître de Castelfranco des années 1495-1500 — ce qui signifie, dans sa chronologie de Giorgione, avant la *Judith* et la *Pala de Castelfranco*. Il situe aussi à la même époque le *Portrait de jeune homme* (dit le *Poète*) de la National Gallery de Londres et le *Portrait d'homme dans une niche* de la Galleria Querini Stampalia de Venise, dont Morelli et Berenson étaient déjà pratiquement persuadés qu'ils étaient de Palma Vecchio, puis, peut-être comme étant plus tardif, le *Portrait de jeune homme avec chapeau et gants* de Temple Newsam (aujourd'hui à Halifax; cat. **53**), apparu depuis peu sur la scène des travaux d'attribution comme étant de Titien, et en effet l'un de ses chefs-d'œuvre, et enfin, mais d'une époque beaucoup plus tardive, le *Portrait du médecin Parma* de Vienne, qui figurait déjà comme une œuvre de jeunesse de Titien dans les index de Morelli et de Berenson. On se souviendra que ces portraits s'ajoutent au *Jeune Homme* Giustiniani (avant 1500), au *Chevalier de Malte* (1500-1504), au « *Brocardo* » (vers 1508) et au *Portrait de femme au mouchoir* de la Galleria Borghese, c'est-à-dire aux quatre tableaux que Morelli et Berenson ont acceptés comme étant de Giorgione, et aux portraits du *Concert d'épinette* (après 1504) que en revanche, ces derniers ont attribué à Titien, mais que Cook continue de rattacher au nom traditionnel. Après de telles premisses, il n'est guère significatif que Cook (1905-1906) ajoute quelques années plus tard au catalogue de son Giorgione le *Portrait* Kemp, présenté entre-temps à l'exposition de 1905 comme étant de lui, un avis partagé par Reinach (1905); tandis qu'il peut être intéressant de se demander comment Berenson, à partir d'un index aussi rigoureux que le sien, a pu créditer Giorgione de la composition de portraits comme ceux de Crespi ou de Kemp. Mais il changera de point de vue par la suite. Justi (1908) cite le *Portrait* que nous étudions parmi les attributions possibles, mais ne se prononce pas parce qu'il ne connaît pas l'original et qu'il ne semble pas être au courant de l'article de Cook, mais uniquement de celui de Berenson. Justi hésite en outre entre Giorgione et Titien pour les *Portraits* Cobham et Crespi et pour le *Médecin Parma*, tandis qu'il pense que la paternité de Palma ne peut être mise en doute dans le cas des portraits de la National Gallery et de la Galleria Querini Stampalia, et que l'attribution du *Chevalier de Malte* à Titien de l'inventaire du cardinal Léopold de Médicis en 1675 est exacte. La certitude avec laquelle il accepte au contraire le *Portrait* de Temple Newsam est surprenante. Dans sa monographie de 1900, Gronau considère les portraits Cobham et Crespi comme étant de

Titien dans sa période la plus giorgionesque, en les datant, du moins le premier des deux, vers 1506-1508, et en conservant comme possible l'identification faite par Richter. C'est dans les *Kritische Studien zu Giorgione* de 1908 qu'il discute du *Portrait* Kemp : il trace un profil de Giorgione pratiquement identique à celui qui ressortait des index de Morelli et de Berenson, y compris dans le domaine de l'art du portrait, apparement plus rigoureux que celui de Justi en ce qui concerne les œuvres tardives, c'est-à-dire la délimitation des frontières avec Sebastiano et Titien, mais qui inclut en fait des œuvres comme la *Vierge et deux saints* (cat. **44**), le *Chevalier de Malte*, le *Concert champêtre* (cat. **43**), l'*Orphée*, la *Vénus* et le *Christ portant sa croix*. Il est par contre moins ouvert en ce qui concerne les œuvres de jeunesse puisque, encore une fois sur l'exemple de Morelli et surtout de Berenson, il exclut le groupe récemment constitué autour de l'*Adoration des bergers* Beaumont. Il parle du *Portrait* Kemp dans la section des œuvres attribuées à Giorgione : « Une contribution remarquable à la peinture de portrait, rendant cette nature de Shylock d'une manière très intense, très caractéristique et très incisive. C'est sans aucun doute un tableau grandiose qui, s'il est bien de Giorgione, nous révèle des traits nouveaux de la nature si riche de ce dernier. Mais la diversité de tout ce que nous savons de lui jusqu'ici nous empêche aujourd'hui (je ne connais pas l'original) d'affirmer qu'il en est l'auteur. » En 1921, il proposera une comparaison avec le saint Pierre du retable de Susegana et le saint Prodocime de Collalto, tous deux de Pordenone. Tandis que L. Venturi (1913), qui n'a pas non plus de doute sur l'attribution à Titien des portraits Cobham et Crespi, et dont le catalogue des portraits de Giorgione s'est réduit à un seul tableau, celui de Berlin, après avoir rendu à Titien le *Chevalier de Malte* et à des anonymes les portraits du Szépművészeti Múzeum de Budapest et de la Galleria Borghese, propose de l'attribuer à Sebastiano : il n'y a pas dans les œuvres vénitiennes du peintre d'autres essais de portrait, et la comparaison qu'il fait avec la *Salomé* Salting (Londres, National Gallery) et avec la *Vierge sage* Cook (Washington, National Gallery) lui semble convaincante; je ne sais pas comment on peut imaginer qu'une telle psychologie à la Shylock — pour reprendre le commentaire de Gronau — ait pu être rendue par Sebastiano, mais il ne faut pas oublier que Venturi dilate et altère la vraie physionomie du peintre en lui attribuant des tableaux tels que la *Suzanne* (cat. **42**) et le *Concert champêtre* (cat. **43**), et l'on ne peut exclure que le *Portrait* Kemp ait reçu cette nouvelle paternité à la suite de la première des deux œuvres.

Valentiner (1922) ouvre une nouvelle phase dans l'appréciation du tableau — après que ce dernier est passé dans la collection Goldman de New York et qu'il a été présenté au Metropolitan Museum à l'exposition du Cinquantenaire du musée — à partir d'une analyse qui peut sembler aujourd'hui un peu décevante. Il met l'accent, tout en reconnaissant un type de composition indubitablement giorgionesque, sur l'énergie passionnée qui anime la figure : «Nous pensons que l'esprit de ce tableau est plutôt celui de Titien, avec l'expression intense, presque cruelle, des yeux et du menton, correspondant si bien à la main agrippant la bourse, car Titien connaissait mieux les pulsions dangereuses du comportement humain que le maître de Castelfranco qui était étranger au monde». Offner (1924), dans son compte rendu de l'exposition de peinture italienne dans la galerie Duveen, accepte lui aussi la nouvelle paternité du tableau et suggère une datation vers 1510. Tous deux voient dans le personnage représenté un marchand serrant dans sa main une petite bourse posée sur un livre qui est sans doute un livre de comptes : une interprétation contredite par les contrôles radiographiques qui suivront. L'attribution à Titien proposée par les deux critiques, et qui était d'ailleurs déjà celle du tableau lors de l'exposition de 1920, sera acceptée par L. Venturi (1933), Berenson (1932, 1936, 1957), Suida (1933), Tietze (1935, 1936, 1950), Pallucchini (1953, 1962, 1969, 1977, 1978), Dell'Acqua (1955), Coletti (1955), Valcanover (1960, 1969), Salvini (1961), Ballarin (1968), Shapley (1968). D'autres critiques, dont Longhi et Fiocco, ont accepté oralement cette attribution, comme le montre la documentation de la galerie (Shapley, 1968, 1979). En 1942, Morassi, bizarrement en retard sur ce point, attribue de façon incertaine le tableau à Giorgione et n'exclut pas la possibilité qu'il soit de Cariani : «extrêmement giorgionesque est aussi le *Portrait d'homme* (…) apparenté dans sa conception au prétendu *Brocardo* de Budapest et au *Giovanni Onigo* de la galerie Cook (tous deux attribués à Cariani), mais un peu plus tardif, d'une facture plus large, en vérité assez proche ici aussi de Cariani»; mais il reconnaîtra ensuite (1966, 1967) la paternité de Titien. Dans les interventions soucieuses de motiver leur jugement, la comparaison avec le *Portrait de femme* de Londres est constante, et il est difficile de résister à la tentation de publier les deux illustrations côte à côte. Suida les situe tous deux à l'époque de Padoue et discute du premier en l'associant à la *Suzanne* et au dessin préparatoire du *Christ et la Samaritaine* : «Le motif des marches dérive de Giorgione et fut utilisé par plusieurs autres peintres vénitiens de cette époque. Mais personne ne l'a souligné et accentué d'une manière aussi voyante que Titien dans ces premiers tableaux». Tietze date ces deux portraits, en y ajoutant le *Portrait d'homme en bleu* de Londres, de 1508 environ dans la légende des reproductions, et de 1508-1510 dans les notices. Pour Pallucchini (1953, 1969), «la conception du portrait est de Giorgione, mais simplifiée au maximum. (…) Titien oppose au pathétique de Giorgione une dureté volontaire, presque emphatique. Du point de vue chromatique aussi, il y a une simplification d'accords le plus souvent orchestrés sur des tonalités un peu froides (le gris-bleu de l'arrière-plan et le gris clair de la balustrade mis en rapport avec le noir de l'habit) de façon à

marquer presque avec violence l'échelonnement des plans, par comparaison avec le tonalisme complexe, modulé avec tant de douceur et de raffinement par Giorgione». Pallucchini perçoit avec justesse le tableau de Washington comme étant plus ancien que les deux autres, «par son caractère giorgionesque plus accentué, et en même temps par l'acerbité de sa réalisation» (1953); il tend donc à le placer vers 1508, marquant la distance avec les deux tableaux de Londres, maintenus à la période des fresques de Padoue, et en particulier avec l'*Homme en bleu*, qui lui semble le plus proche du classicisme chromatique de la deuxième décennie (1953). Pallucchini introduit dans la trame des comparaisons, comme étant plus ancien que l'*Homme en bleu* et très giorgionesque, le *Portrait d'homme enlevant son gant* Altman du Metropolitan Museum, attribué à Giorgione par Berenson (1932) et d'autres, et à Palma par Richter (1937), mais orienté sur Titien par Longhi dès 1927, puis par Suida (1933) et Morassi (1942). En 1960, F. Valcanover pense que le *Portrait* Goldman est proche des fresques du Fondaco et des deux portraits de Londres. Mais en 1969, après la restauration de 1962 qui a fait ressortir ses caractères giorgionesques, il le date vers 1507, pour le différencier nettement de ces derniers (vers 1510) et plus encore du *Portrait* Altman (vers 1512).

Ni Justi dans la réédition de sa monographie (1926), ni Richter (1937) ne discutent le *Portrait* Goldman, pas même dans les tableaux attribués : il faut pourtant se souvenir, afin de comprendre la prise de position de Richter en 1942, que, pour eux, le domaine de Giorgione portraitiste paraît encore susceptible de déborder largement sur celui contigu du jeune Titien : chose inévitable tant que continuaient d'y demeurer des œuvres de Titien comme le *Chevalier de Malte* ou le *Concert d'épinette* ou encore le *Buste de femme* Melchett (Norton Simon Museum, Pasadena). Il est vrai que Richter met un point d'interrogation au *Portrait* des Uffizi, mais après l'avoir revu, il s'empresse de l'enlever dans un *post-scriptum* : «J'ai ressenti encore une fois le puissant caractère giorgionesque du visage. Ce portrait, le *Portrait* Lopez et le *Concert* forment un groupe qui est étroitement relié au *Noli me tangere* et à la *Pastorale* (le *Concert champêtre*).» Cette déclaration de Richter montre bien où se trouvaient les racines du mal, mais aussi de quelles façons on pouvait y remédier. A partir du *Chevalier de Malte* et du *Concert*, le problème des deux *Portraits* de Londres s'était de nouveau posé, encore une fois contre l'évidence des signatures. Pour l'*Homme en bleu*, «Lopez», du nom de l'ambassadeur espagnol aux Pays-Bas qui en avait été le propriétaire au XVIIᵉ siècle, «on ne peut douter, je pense, que la composition de ce portrait a dû être une invention de Giorgione et non de Titien. Le style de peinture et la touche, à mon avis, indiquent Giorgione. […] C'est peut-être l'un des tableaux qui, après la mort de Giorgione, sont passés dans l'atelier de Titien et qui ont été terminés par lui, et que,

selon la coutume de cette époque, il considérait alors comme normal de signer». Quant à l'autre : «Je pense qu'on peut aller jusqu'à dire qu'il peut avoir été peint par Titien lorsqu'il était encore l'élève de Giorgione ou son assistant, et que Giorgione avait été chargé de sa composition.» Il n'est donc pas étonnant que, tandis que les deux *Portraits* de Londres refont leur apparition, le «Brocardo», l'un des sommets de l'art du portrait de Giorgione, disparaisse, que le *Jeune homme* Giustiniani et l'*Autoportrait* de Brunswick apparaissent comme totalement isolés et que l'*Homme en armure avec son serviteur* (cat. 26) continue de rester hors du catalogue, sans autre paternité que celle de Cariani. Quant au petit *Portrait* vu par Richter dans la collection Terris de Londres (aujourd'hui à San Diego; cat. 28), il constitue une belle nouveauté. De ce point de vue aussi, donc, le *Giorgione* de Richter n'a pas ses racines dans les années 1930 où il est rédigé, mais dans les premières années du siècle. En 1926 paraît d'ailleurs la seconde édition d'une monographie née durant la même période : Justi y confirme l'attribution à Giorgione du *Jeune Homme* Giustiniani, de la *Schiavona*, de l'*Autoportrait*, du *Concert*, et crée une frange de «Giorgione» problématiques où, à côté de problèmes réels (la *Femme au mouchoir*, le «Brocardo», le *Fugger*, le pseudo *Gattamelata* [cat. 22]), on retrouve des problèmes qui n'étaient plus tels depuis longtemps pour une bonne partie de la critique (le *Portrait de jeune homme avec chapeau et gants* de Temple Newsam, l'*Homme en bleu*, le *Médecin Parma*). Il ne faut toutefois pas oublier qu'un spécialiste de la valeur de Wilde pouvait accepter en 1934 l'attribution de la *Schiavona* à Giorgione. Ce qui ne veut pas dire que la pousse fragile des portraits de Giorgione n'allait pas devenir plus robuste, et sur son propre terrain, pendant les années 1930 justement − en effet, la *Cartella tizianesca* de Longhi, qui signale pour la première fois le *Double Portrait* du Palazzo Venezia, est de 1927; et les *Nouvelles Attributions* de Suida, de 1935, contiennent trois pièces qui n'étaient pas encore vraiment entrées dans les écrits sur l'artiste : la *Vecchia* (cat. 24) des Gallerie dell'Accademia de Venise, apparue sans suite dans la monographie de Monneret de Villard (1904), mais entrée depuis dans les derniers *Elenchi* de Berenson (1932), la *Laura* de Vienne (cat. 27), introduite par Justi en 1908 comme probablement réalisée d'après Giorgione, puis proposée à nouveau par Longhi (1927), Hourticq (1930), Wilde (1931) et acceptée dans l'edition italienne des *Elenchi* (1936), enfin le *Francesco Maria della Rovere*, lui aussi de Vienne (cat. 18), une idée de Suida proposée pour la première fois dans cet essai − mais que ces éléments arriveront trop tard pour influencer la façon de voir de Richter qui termine son ouvrage en 1935: il ne discute donc pas le *Della Rovere*, il recense, mais n'illustre pas la *Laura* et accepte *La Vecchia* avec une réserve qu'il abandonne ensuite. Du reste, le *Giorgione* de Morassi (1942) montre bien ce que signifie une monographie sur l'artiste se nourrissant de l'état des recherches des années 1920 et 1930; et mieux encore, le *Viatico* de Longhi (1946) montre comment cette plante du portrait pouvait continuer à croître *iuxta propria principia*.

En 1937, le *Portrait* Goldman devient la propriété de Kress et en 1941, il entre à la National Gallery de Washington. Il subit une première série de radiographies en 1938, dont Borroughs rend compte des résultats (1938): face aux nombreux repentirs – la zone de la main a été retravaillée trois fois! – et à l'aspect de l'image radiographique elle-même, il émet l'hypothèse que la première version de l'image est de la main de Giorgione et que les suivantes sont de Titien. C'est pourquoi la formulation du *Preliminary Catalogue* de 1941 reste prudente: Giorgione et Titien. Il faut dire qu'en 1937, Duncan Phillips avait exagéré la qualité du tableau et sa pertinence avec Giorgione dans un livre que l'on pourrait être en droit de ne pas inclure dans une bibliographie raisonnée, si ce n'est que j'ai choisi de privilégier l'exhaustivité de l'information. D'autre part, Phillips le considère comme «l'un des grands trésors de l'art d'Amérique»: il est surtout frappé par l'habileté avec laquelle l'auteur représente la psychologie particulière du personnage («qui ne regarde pas vers nous, mais au-delà de nous du coin d'un œil qu'on dirait de hibou. [...] Dans son regard distrait, il nous semble voir sa détermination d'être ferme à propos de quelque chose qui n'a pas encore été réglé de façon satisfaisante dans son esprit»). Constestant Suida, il le date de 1505, entre le *Retable de Castelfranco* et la *Vénus* («Son cou est une colonne simplifiée, archaïque et structurelle, une indication évidente du Giorgione de 1505, et non du Titien de 1509»). A la page suivante, il dévalorise la qualité du «*Brocardo*» en le mettant au niveau de la *Femme au mouchoir* et l'interprète comme un travail commencé par Giorgione en 1506-1507 et terminé après sa mort par quelqu'un comme Pordenone ou Licinio! Richter adopte le point de vue de Borroughs en 1942 (*Lost and Rediscovered Works*). Il confesse sa gêne depuis toujours face au tableau, du moins devant sa version définitive: s'il lui semblait d'une part que la composition pouvait être de Giorgione, il n'a jamais compris d'autre part la relation entre la puissance d'expression donnée au visage et l'objet – un mouchoir – que la figure serre dans sa main, «une stupide chute de ton» indigne d'un tel maître. Mais maintenant les radiographies lui permettent d'entrevoir la solution de l'énigme: «La première version de la composition peut, à mon avis, être sûrement attribuée à Giorgione. Les rayons X confirment cette théorie». Il exprime la même opinion dans son autre texte de 1942 (*Giorgione's Evolution*) en précisant une date aux environs de 1508 pour la première version. En 1949, Douglas reparlera toutefois de Giorgione comme de l'unique auteur du tableau dans une étude sur la période tardive de l'artiste.

En 1962, le tableau est restauré par Modestini et soumis à cette occasion à de nouvelles radiographies. Pallucchini (1962) rendra

compte de la restauration et de la lecture des radiographies, dont F.R. Shapley reparlera à l'occasion de ses deux catalogues (1968, 1979): «Une première rédaction montre que la main tendue vers l'avant empoignait une garde d'épée: élément révélateur qui explique cette attitude fière, presque brutale du personnage. Évidemment le portrait esquissé de cette façon ne devait prévoir ni le livre, ni le degré du parapet, étant donné que le bras était appuyé sur l'épée. Mais intervient un changement de conception: et, à la place de la garde, la main tient une cartouche: évidemment, dans ce cas, il ne suffisait plus de cacher l'épée, mais il était nécessaire de créer un support à la main. C'est alors qu'ont été ajoutés le livre posé en biais sur la balustrade de marbre et à droite son rehaussement [...]. Mais il y a eu un troisième repentir et la cartouche a disparu, remplacée par un mouchoir roulé en boule "serré avec colère dans le poing" (Modestini). [...] La radiographie révèle un autre repentir: le bord de la chemise a été abaissé d'au moins deux centimètres.» La restauration a aussi permis d'améliorer la lecture de la vue – on a retrouvé, une fois enlevés les repeints du XIXᵉ siècle, la perspective de la rive avec le Palazzo Ducale et le Pont de la Paglia – et de l'habit, peut être repeint au XVIIᵉ siècle, qui a révélé son étoffe de satin découpé à fleurs d'un noir lumineux; et sur le parapet, devenu plus lumineux, d'un gris clair qui contraste avec le gris plus acier du mur du fond, sont apparues les lettres de l'inscription. Mais en même temps l'état général de conservation s'est révélé être très mauvais, comme le constatent les notes de F.R. Shapley (1979): «Il faut insister sur la piètre conservation du tableau: les rayons X montrent que des morceaux du pigment original manquent un peu partout. [...] Outre la grave abrasion des couches de peinture sur toute la surface, il y a des zones avec des pertes de plus grosses dimensions dans l'arrière-plan, dans les parties sombres du tissu, et le long du parapet». Le pigment bleu de l'eau a aussi disparu. Sur le rôle des radiographies dans la recherche de l'attribution, voir aussi ce que disent L. Mucchi (1978) et F.R. Shapley (1979).

Dans sa petite monographie sur Giorgione de 1955, T. Pignatti avait accepté l'attribution à Titien. Dans celle de 1969, il revient décidément sur le nom de Giorgione. Fait d'autant plus singulier que son profil de Giorgione suit une voie qui n'empiète jamais, à l'exception du *Christ portant sa croix* et de la *Vénus*, sur les territoires de Titien et de Sebastiano, raison pour laquelle certains conditionnements auxquels nous nous étions habitués à avoir recours ne comptent plus ici. Les portraits qu'il donne pour certains sont la *Laura* (1506), le *Jeune Homme* Giustiniani (daté vers 1506, beaucoup plus tard que dans les travaux précédents sur Giorgione), le *Portrait* Terris de San Diego (l'inscription fragmentaire sur le revers porte une date dont il est sûr qu'il s'agit de 1510), *La Vecchia* (comme œuvre ultime, vers 1510). Peut-être, voire sûrement, doit-on regretter que

T. Pignatti, après avoir si bien délimité le champ du côté de Titien et de Sebastiano en accord avec une tradition qui de Pallucchini et Morassi remonte à Suida et à Longhi, ne l'ait pas gardé ouvert dans d'autres directions, vers ce que l'on a appelé le cercle de Giorgione, à considérer justement d'un œil nouveau grâce à Longhi et à Suida au moment où – pour être clair – Giorgione cessait d'être l'auteur du *Chevalier de Malte*. Dans sa monographie de 1969, même visuellement, le meilleur de l'art du portrait de Giorgione est resté sur le seuil de la porte. Les cinq premières planches pleine page qui inaugurent la section des *Œuvres attribuées*, tout de suite après *La Vecchia* et le *Portrait* Goldman dont les reproductions concluent celle des *Œuvres autographes*, offrent cinq des *Portraits* les plus fascinants de cette époque, attribués au «cercle de Giorgione», qui présentent de puissantes affinités de style et de *stimmung*, de main et de date, et sur lesquels la personnalité de Giorgione pèse tout autant que sur la *Laura* ou sur le *Jeune Homme* Giustiniani ou sur le *Portrait* Terris; ils constituent en fait le chapitre dont le manque se fait sentir dans la section des *autographes* qui précède, une fois les Titien rendus à Titien: il s'agit du «*Brocardo*», un tableau que les spécialistes de Giorgione n'aiment pas beaucoup, mais qui a joui des faveurs de Morelli, Berenson, Longhi et Fiocco, du *Double Portrait* Ludovisi du Palazzo Venezia, du pseudo *Gattamelata* des Uffizi que Longhi a accueilli en 1946, du *Gerolamo Marcello* que Suida a réévalué en 1954 et enfin du *Jeune homme tenant un livre* (Onigo) du De Young Memorial Museum de San Francisco dont l'attribution à Giorgione de la part de Cook en 1908 n'a pas eu de suite, pas même de ma part, mais à laquelle je pense qu'il faut retourner. Une physionomie de portraitiste fuyante, comme celle qui ressort de la monographie de T. Pignatti, a sans aucun doute créé les conditions pour le retour de l'ancienne attribution à Giorgione du *Portrait* Goldman. Autre chose intéressante dans la prise de position de T. Pignatti: cette œuvre, considérée comme la plus tardive de Giorgione, ne représente pas dans son catalogue les développements possibles de son art du portrait durant la toute dernière période de sa vie, dont autrement nous ne savons rien, mais elle vient s'ajouter au *Portrait* Terris, à *La Vecchia* et à d'autres œuvres qui, dans le dispositif de Pignatti, sont datées de 1510 environ: le *Jeune Berger à la flûte* d'Hampton Court (cat. **32**), les *Trois Ages* de la Galleria Palatina (cat. **21**), le *Christ portant sa croix* et l'*Autoportrait* perdu. Les ressemblances, destinées à déterminer si la main est identique, ne sont plus ici avec les deux *Portraits* de Londres, mais avec le *Portrait* de San Diego, avec le vieillard des *Trois Ages* et avec *La Vecchia*; et si l'on peut établir une relation avec l'*Homme en bleu*, dont T. Pignatti pense qu'il pourrait justement s'agir du *Barbarigo* que Titien aurait peint en 1507-1508, c'est parce que Giorgione, durant la période qui tout à fait par hasard s'est révélée être la dernière de sa vie, s'est efforcé d'adapter son propre langage à celui de son jeune élève, de surmonter la crise ouverte par la confrontation avec ce dernier sur les échafaudages du Fondaco, qui a entamé sa créativité, son énergie et sa capacité de travail, « conquérant sa "dernière manière" sur le terrain d'un naturalisme crépusculaire » (1969). Titien lui aurait montré le chemin de la réalité, et il aurait cherché à le parcourir avec sa propre originalité. La reconnaissance de la main de Giorgione dans le tableau de Washington présuppose la construction d'un moment final durant lequel le peintre, réagissant très vivement à Titien, aurait exploré personnellement les possibilités d'un nouveau réalisme. Mais la comparaison entre le *Portrait* Goldman et celui de Titien à Londres « démontre l'effort pour se rapprocher de Titien et la distance infinie qui le sépare de la fermeté, de l'agressivité de la figure titianesque dans le graphisme, la composition et la couleur » (1981). La période la plus difficile de cette confrontation semble se situer, d'autre part, en amont de ces toutes dernières œuvres, vers 1508 au moment où « Giorgione est plus profondément sensible à Titien, au point d'en rester probablement inhibé, et même de laisser inachevées des œuvres capitales, d'authentiques chefs-d'œuvre comme la *Vénus* et le *Christ* Vendramin » (1969). Je suis le moins apte à comprendre, et donc à présenter, la thèse de T. Pignatti, car les œuvres qu'il rassemble comme étant de l'année 1510 sont, à mon avis, différentes les unes des autres, deux sont de Titien, le *Portrait* Goldman et le *Christ portant sa croix*, et celles qui sont de Giorgione sont dans certains cas — les *Trois Ages* et *La Vecchia* — représentatives d'un tout autre moment de son histoire, les années 1500-1503, en amont de tout rapport avec Titien ou Sebastiano, tandis que les œuvres dans lesquelles T. Pignatti voit mûrir la crise, le *Christ mort* et la *Vénus*, sont absentes de mon histoire de Giorgione, le premier étant une œuvre beaucoup plus tardive et anonyme, la seconde une œuvre appartenant totalement à Titien. Dans mon profil de Titien avant 1511 ([1976] 1980), le *Portrait Goldman* se situe à la hauteur de la *Suzanne* (cat. **42**), vers 1507, à cause d'analogies que je trouve particulièrement fortes avec la *Lucrèce* autrefois dans la collection Fleischmann et le *Christ et la Samaritaine* gravé par Giulio Campagnola d'après un tableau ou un dessin de Titien. Comme dans ces deux œuvres, on y remarque la volonté d'explorer les nouvelles voies ouvertes à la peinture en direction du réalisme par les exemples vénitiens de Dürer; le rapprochement doit ici être fait avec deux études préparatoires pour la *Fête du Rosaire*, la *Tête d'ange musicien* (Albertina, inv. 3099; Winkler n° 385), pour la rotation de la tête et du regard, et le *Portrait d'un architecte* (Berlin, inv. Kdz 2274, Winkler, n° 382), pour l'énergie avec laquelle le personnage empoigne le mouchoir. Naturellement, Titien a sous les yeux les interprétations données par son maître de ces mêmes dessins, par exemple dans le *Portrait Fugger* ou dans le *Concert* (cat. **29**). La datation du *Portrait Goldman* avant le Fondaco

dei Tedeschi est confirmée par la comparaison avec le *Portrait Altman* du Metropolitan Museum qui, contemporain du *Concert champêtre* (cat. **43**), traduit les développements de l'art titianesque du portrait après le Fondaco. T. Pignatti est resté fidèle à la thèse de sa monographie dans ses interventions suivantes (1981, 1990), bien qu'il ait constaté lui-même que l'une des œuvres cruciales de sa comparaison, les *Trois Ages*, était bien plus ancienne.

Quelle est, par ailleurs, la suite des recherches sur le *Portrait* Goldman ? Pour G. Robertson (1971), qui n'est pas convaincu que l'inscription au revers du *Portrait* Terris soit *1510* — mais peut-être *1508* comme le pensait Morassi —, « il n'est pas évident que la datation du *Portrait* Terris confirme l'attribution du *Portrait* Goldman de Washington à la dernière période d'activité de Giorgione ». Pour Freedberg (1971), dans les deux portraits de Washington et de Londres, « la dépendance de la manière de Giorgione ne doit pas cacher la personnalité de l'auteur (Titien) » : dans la séquence des *Portraits* de jeunesse, le portrait Goldman est le plus ancien, vers 1509, suivi par les deux de Londres, vers 1510, et par le *Chevalier de Malte*, vers 1510-11. B. Fredericksen et F. Zeri, dans le *Census* de 1972, le mettent dans la liste des œuvres de Titien. Pallucchini, lui, aura l'occasion en 1977 et 1978 de confirmer sa conviction. M. Lucco (1980) se montre favorable à la proposition de T. Pignatti, mais avec des rectifications de la chronologie qui, me semble-t-il, ne la rendent pas plus plausible : il ne voit aucune possibilité d'insérer le tableau dans le parcours du jeune Titien, « toujours olympien et serein dans ses années de formation ». En effet, « ni le portrait Altman, ni l'Eissler (Pasadena) ne proposent une telle fermeture mélancolique, saturnienne et hautaine ». Et s'il est de Giorgione, il faudrait le reculer de quelques années, à la période du « Brocardo », non loin des *Trois Ages* ou des *Trois Philosophes*, pour qu'il ait plus de sens. Cette rectification correspond évidemment à un agencement différent de la chronologie de Giorgione, mais il me semble que les tableaux avec lesquels il faudrait le comparer et qui permettraient de confirmer la thèse de T. Pignatti seraient toujours les mêmes.

Certains ont cherché des solutions hors de l'alternative Giorgione-Titien. Hahn (1946, cité par Tietze, 1950) y voit la main d'un imitateur nordique de Giorgione; L. Venturi (1958) celle de Pordenone, donc une troisième solution par rapport à celles de 1913 et 1933. Zampetti (1968) l'a donné à Palma Vecchio (mais sans doute en le confondant avec un autre tableau : il parle d'une attribution de Berenson à Palma en 1894 qui n'a jamais existé, et d'une unanimité de la critique sur ce nom), puis finalement à Titien en 1988. Wethey (1971), peu convaincu de la qualité de la peinture, a pensé à un giorgionesque mineur, vers 1510, ainsi que Dussler (1973), Maxon (1973) à Catena, J. Anderson (1978) à un anonyme giorgionesque, D.A. Brown (1990) à Cariani, et F.R. Shapley (1979),

qui dans le nouveau catalogue a préféré retourner à la classification prudente de celui de 1941 — « Giorgione et Titien (attribué à) » — s'est demandée elle aussi si sa qualité était vraiment digne de ces deux noms.

A.B.

page 57

42a

Tiziano Vecellio, dit Titien
Pieve di Cadore, vers 1488/1490 - Venise, 1576

Suzanne et Daniel
vers 1507
Toile. H. 1,392; L. 1,817
(dimensions actuelles)

La toile a été amputée, à une époque qui reste indéterminée mais qui n'est pas antérieure au XVIIe siècle, d'une bande de 40 cm environ sur le côté droit où était représenté un personnage masculin en pied, vu de dos, portant un couvre-chef, la tête tournée vers nous, le gilet moulant, les manches larges, les hauts-de-chausses à rayures. La restauration de 1954 a mis au jour le genou de ce personnage. Une copie de la fin du XVIe siècle, conservée à l'Accademia Carrara de Bergame (n° 161), de 1,49 x 2,19, mais légèrement rognée sur le côté gauche, nous renseigne sur l'état d'origine de la toile. Le fragment correspondant à la partie supérieure de la figure manquante, retrouvé en 1928 (cat. **42b**), mesure 0,47 x 0,406. La toile devait donc, à l'origine, mesurer au moins 2,223 de large, comme celle de Bergame. Il se pourrait que quelques centimètres manquent en hauteur, au niveau du bord inférieur de la toile.

GLASGOW, ART GALLERY AND MUSEUM

HISTORIQUE
Glasgow, coll. McLellan; à la Corporation Art Gallery and Museum de Glasgow à partir de 1856.
EXPOSITIONS
Londres, 1893-94, n° 119; Londres, 1909-10, n° 85; Londres, 1930, n° 162; Londres, 1950-51, n° 214; Londres, 1953; Venise, 1955, n° 47; Londres, 1980, n° 11; Londres, 1983-84, n° 35.
BIBLIOGRAPHIE
Waagen, 1857, pp. 459-460 (n° 95); Crowe et Cavalcaselle, 1871, II, pp. 159, 547-548; Molmenti, 1878, p. 17; Morelli et J.P. Richter, (1883 et 1885 [lettres]), 1960, p. 281, 420; Phillips, 1893, I, p. 227; Berenson, 1894 (3e éd, 1897), p. 99; Gronau, 1894, p. 331; Granberg, 1896, pp. 21, 126; Cook, 1900, p. 102; Berenson, 1903, p. 233; Monneret de Villard, 1904, pp. 94, 125; Bernardini, 1908, pp. 13, 73; von Boehn, 1908, p. 67; Gronau, 1908, p. 507; Justi, 1908, I,

pp. 21, 107, 157-163, 279; Holmes, 1909, pp. 72-74; Wickhoff, 1909, p. 38, n° 2; Foulkes, 1910, p. 300; Fry, 1910, p. 37; Bode, 1913, pp. 230-231; Justi, 1913, p. 393; Stryienski, 1913, p. 152 (n° 56); L. Venturi, 1913, pp. 157-159, 367; L. Venturi, 1914, p. 171; Hourticq, 1919, pp. 37-39; Gronau, 1921, p. 88; Justi, 1926, I, pp. 173-190, II, pp. 75, 95, 147, 155, 235; Schubring, 1926, p. 71; von der Bercken, 1927, pp. 170 ss.; Longhi, 1927 (éd. 1967), pp. 234-235; Berenson, 1928, pp. 147-154; A. Venturi, 1928(I), IX, 3, pp. 811-813; Morassi, 1930, p. 146; Balniel, Clark et Modigliani, 1931, p. 115 (n° 333) (avec bibl. suppl.); Berenson, 1932, p. 570; Mayer, 1932, p. 376; Richter, 1932, pp. 124-129; Hermanin, 1933, p. 160; Suida, 1933 (éd. italienne), pp. 16-17, 147; Richter, 1934, pp. 286-289; *Catalogue Glasgow*, 1935, pp. 116-117; Berenson, 1936, p. 490; Mather, 1936, p. 220; Richter, 1937, pp. 100-101, 219-220; Fiocco, 1941, p. 36; Morassi, 1942, pp. 130-131, 178; Oettinger, 1944, p. 120; Tietze-Conrat, 1945, pp. 189-190; Tietze-Conrat, 1948, p. 75; Morassi, 1951, p. 216; Pallucchini, 1951, p. 219; Pallucchini, 1953, pp. 58-60; Gamba, 1954, p. 174; Hendy, 1954, p. 167; Morassi, 1954, pp. 192-194; Ruhemann, 1954, pp. 13-21; Coletti, 1955, pp. 46, 66-67; Dell'Acqua, 1955, pp. 52, 106; Della Pergola, 1955, p. 63; Pignatti, 1955, p. 124; Robertson, 1955, p. 276; Ruhemann, 1955, pp. 278-282; Zampetti, 1955 (2e éd.) (*Giorgione*), pp. 110-113; Zampetti, 1955 (*Postille*), p. 68; Plesters, 1955-56, p. 120; Dussler, 1956, p. 3; Suida, 1956, p. 126; Baldass, 1957, pp. 122 ss.; Berenson, 1957, p. 84; L. Venturi, 1958, col. 213; Valcanover, 1960, I, pp. 16, 47; Morassi, 1967, pp. 188; Baldass et Heinz, 1964 (éd. anglaise, 1965), pp. 56-57, 176-177; Braunfels, 1964, pp. 24 ss.; Morassi, 1964, p. 16; Oberhammer, 1964, pp. 101-136; Clark, 1966, p. 114; Morassi, 1966, col. 18; Valcanover, 1967, pp. 266-268; Zampetti, 1968, p. 94; Gould, 1969, p. 209; Pallucchini, 1969, I, pp. 14, 19, 236; Pignatti, 1969, p. 120, A 16; Valcanover, 1969, p. 92; Wethey, 1969, pp. 5, 8-9, 169-170 (n° X-4); Battisti, 1970, p. 211; Calvesi, 1970, p. 183; *Catalogue of Italian Paintings*, 1970, p. 17; Dussler, 1970, p. 550; Maguglliani, 1970, p. 144; Maxon, 1970, p. 831; Freedberg, 1971, pp. 88, 478; Hannah, 1971, p. 17; Pochat, 1973, p. 397; Waterhouse, 1974, pp. 3-4, 22-25; Wilde, 1974, pp. 115-120; Tschmelitsch, 1975, pp. 407 ss.; Wethey, 1975, pp. 6, 264; Hornig, 1976(I), p. 59; Hornig, 1976(2), pp. 907-910, 926; Oberhuber, 1976, pp. 21-22, 61, 63; Rearick, 1976(I), pp. 39-40; Ballarin, 1977, p. 71; Pallucchini, 1977, pp. 17-18, 20, pl. III; Rearick, 1977, p. 175; Anderson, 1978, p. 73; Pallucchini, 1978, pp. 28-30; Pignatti, 1978(I), pp. 124-125, A 16; Valcanover, 1978(2), p. 150; Muraro, 1979, p. 179; Pignatti 1979(2), p. 38; Ballarin, 1980, pp. 493-499; Hope, 1980(2), p. 40 note 19; Lucco, 1980, p. 131, n° 169; Hirst, 1981, p. 15 note 66, p. 20 note 93; Ballarin, 1981, p. 32; Pallucchini, 1983, p. 281; Richardson, 1983, pp. 169-170, n° 35; Anderson, 1984, p. 66; Davis, 1984, p. 48; Goldfarb, 1984, p. 420; Rosenauer, 1984, p. 305; Hornig, 1987, pp. 105-115, 234-236, n° 32; Lucco, 1987, p. 150; Zampetti, 1988, p. 13; Brown, 1990, p. 66 note 19; Brown, 1992, p. 92.

Pour le moment, nous ne pouvons rien dire de la provenance du tableau avant le milieu du XIXe siècle, mais, tout discours en ce sens suppose que le sujet de l'œuvre ait été clarifié au préalable. On l'a toujours intitulé, depuis Waagen (1857), la *Femme adultère conduite devant le Christ*. En 1945 (puis en 1948), E. Tietze-Conrat fait observer, dans le cas où nous voudrions y voir le thème de la femme adultère traînée par les scribes et les pharisiens jusqu'au temple où le Christ prêchait, l'étrangeté de la représentation par rapport au texte de l'Évangile (Jean, 8, 1-11) et à l'iconographie traditionnelle. Elle propose d'y voir représentée l'histoire de Suzanne, conduite à la mort, lapidée par les officiers, les soldats et les deux vieillards, et sauvée par l'intervention impromptue du jeune Daniel (Daniel, 13, 45-49). Voici le passage : « Le Seigneur l'entendit et, comme on l'emmenait à la mort, il suscita l'esprit saint d'un jeune homme, Daniel, qui se mit à crier : "Je suis pur du sang de cette femme !" Tout le monde se retourna vers lui et on lui demanda : "Que signifient les paroles que tu as dites ?" Debout, au milieu de l'assemblée, il répondit "Vous êtes donc assez fous, enfants d'Israël, pour condamner sans enquête et sans évidence une fille d'Israël ? Retournez au lieu du jugement car ces gens ont porté contre elle un faux-témoignage" ». La spécialiste ajoute : « Si l'auréole, qui, cela dit en passant, est associée à Daniel dans une peinture presque contemporaine de Raffaellino dei Carli (1470-1526), conservée à la Walters Art Gallery de Baltimore, pouvait abuser les spécialistes, le soulier quelque peu particulier aurait dû faire douter de cette identification ». Les peintures auxquelles elle fait référence consistent en trois panneaux de *cassone* qui narrent l'histoire de Suzanne répertoriés comme du maître de la Légende de Daphné et Apollon (fin du XVe siècle, école florentine : F. Zeri, 1976, n°s 66, 67, 68). Daniel y figure, en effet, avec un nimbe polygonal ou cruciforme. Quelques années plus tard, J. Wilde venait appuyer l'observation de E. Tietze-Conrat par ces mots : « Le fait que le personnage précédemment cité soit paré d'une auréole ne constitue pas un obstacle à cette interprétation, les prophètes et autres héros de l'Ancien Testament ayant été vénérés comme des saints, en particulier à Venise où on trouve des églises de St Moïse, St Jérémie, St Job, mais aussi de St Daniel (cette dernière a aujourd'hui disparu) » (1974). E. Hendy (1954) observait très justement : « En choisissant pour Daniel la longue robe de couleur rose et le manteau bleu outremer, couleurs traditionnelles de la représentation du Christ, l'artiste peut parfaitement avoir eu l'intention de le dépeindre comme un précurseur ». La proposition de E. Tietze-Conrat n'a été retenue que par quelques spécialistes (Hendy, 1954; Wilde, 1974; Pallucchini, 1953; Coletti, 1955; Ballarin, [1976] 1980), tandis qu'elle a été soit ignorée, soit rejetée par la majeure partie d'entre eux, avec pour seul argument la présence, vérifiée par la restauration de 1954, d'un nimbe cruciforme derrière la tête du jeune homme assis au centre. Le nimbe, qui convient au Christ et non au prophète (Baldass, 1957, 1964; Pignatti, 1969; Valcanover, 1969; Waterhouse, 1974; Hornig, 1987), interdirait d'identifier le personnage comme étant Daniel. La croix de lumière était déjà visible auparavant, et E. Tietze-Conrat avait répondu à cela, la restauration ayant seulement permis de constater que cette croix se révélait homogène du reste de la peinture. Même chose pour Ruhemann, dans son rapport de 1955, à qui la présence de cette croix avait semblé plus que suffisante pour réfuter la proposition de Tietze-Conrat. En attendant que la thèse contraire soit prouvée — les spécialistes doivent comprendre qu'à partir du moment où l'écart par rapport au texte évangélique et à la tradition iconographique est aussi flagrant, il est de leur devoir de démontrer qu'il s'agit de la *Femme adultère*, et qu'ils ne peuvent plus se contenter de l'affirmer — la proposition de Tietze-Conrat reste très convaincante. Elle répond parfaitement au texte apocryphe de l'histoire de Suzanne et elle est confirmée par les premières comparaisons iconographiques : le panneau central de la série de trois de la Walters Art Gallery de Baltimore, le dessin de Lotto au Christ Church College d'Oxford (inv. 0278; Ballarin, 1970, fig. 68, 70, 71; Bergame, début des années 1520), le cycle de fresques de Nosadella illustrant l'histoire de Suzanne au Palazzo Poggi de Bologne (Romani, 1988, fig. 14; Bologne, début des années 1550). Le premier situe l'épisode en extérieur, dans la campagne : Daniel intercepte, hors les murs, le détachement des hommes d'armes, jeunes gens moulés dans leurs gilets, portant des hauts-de-chausses à rayures bigarrées. Le second montre Suzanne qui s'avance, d'un pas rapide, la main droite sur la poitrine, tenue par le bras de part et d'autre par deux hommes d'armes, deux lansquenets, et le jeune Daniel qui la bénit et l'absout sur le pas de la porte du temple, et qui préfigure clairement le Christ. Le troisième montre Daniel assis. Quant au nimbe, ce qui a déjà été dit reste valable. Ajoutons cependant que lorsqu'un restaurateur dit que ce nimbe résiste aux solvants, on devrait aussi lui demander si de telles propriétés ne seraient pas identiques au cas où, sur une peinture du début du XVIe siècle, ce nimbe aurait été ajouté quatre-vingts ou quatre-vingt dix ans plus tard. Quoi qu'il en soit, et comme nous l'avons vu, penser que le nimbe s'y trouvait dès l'origine ne gêne en rien. Tietze-Conrat, dans l'optique de la nouvelle lecture proposée, et avec la conviction que le tableau était dû à Giorgione, offrait de redonner du crédit au texte de la commande passée au maître par Alvise de Sesti, le 13 février 1508, de « *quatro quadri in quadrato con le geste di Daniele* ». L'authenticité du document retrouvé sur le marché de l'art par Urbani de Gheltoff en 1869, et publié par Molmenti qui n'a pas vu personnellement le document en 1878, fut réfutée par Della Rovere et Gronau (voir Richter, 1937) qui opposent de solides arguments. Hendy (1954) partageait lui aussi le point de vue de E. Tietze-Conrat. Les sources ne fournissent aucune information concernant d'autres tableaux représentant les histoires de Daniel ou de Suzanne par Giorgione ou Titien. Il faut croire que l'œuvre a donc été bien vite perçue comme une interprétation, peu orthodoxe, de l'épisode évangélique de la femme adultère, et que par conséquent, son histoire ancienne peut se dissimuler parmi les nombreuses *Femme adultère* de Giorgione mentionnées dans les textes du XVIIe siècle. Le cas des deux copies anciennes qui sont parvenues jusqu'à nous est significatif. L'une est celle de l'Accademia Carrara. De mêmes dimensions que la toile originale, elle peut avoir été peinte dans le but de la remplacer au moment de sa mise en vente; elle apporte des modifications à l'apparence juvénile du Christ, à son visage dans l'ombre, au nimbe peu prononcé, au geste brusque, et au soulier «quelque peu particulier» qui devaient apparaître comme des abus intolérables.

L'autre est celle qui, dans la bibliographie des trois premières décennies du vingtième siècle, nous est connue comme faisant d'abord partie de la collection Turner à Londres, puis de la collection Friedeberg à Berlin, reproduite pour la première fois dans l'ouvrage de Berenson en 1928 (toile, 101 x 137 cm). Cook (1900) la jugeait comme étant «une version vénitienne, presque contemporaine, du même sujet, dont l'agencement a été remanié. Cette peinture [...] peut être considérée comme un développement de la version de Glasgow. Il est fort probable qu'elle soit issue d'un dessin préparatoire proposant une autre alternative pour l'œuvre originale». Justi (1908), en désaccord avec Cook, préférait y voir une copie de l'original de Glasgow. Berenson (1928) faisait la distinction entre cette version qu'il qualifiait de «version presque contemporaine» du tableau de Glasgow et l'œuvre bergamasque qu'il qualifiait cette fois de «copie presque contemporaine». Richter (1937) l'énumère parmi les copies. Pour Tschmelitsch (1975), il s'agirait d'une œuvre originale de Giorgione représentant Isabelle d'Este à un moment difficile de son existence, *Die Bedrängte*, et dont le tableau de Glasgow, peint par Titien, proposerait une autre version, avec personnages en pied. Settis s'est lui aussi intéressé à ce tableau à la fin des années 1970. Il en a fait l'objet d'une conférence à la Siemens-Stiftung de Munich, en mai 1992 (voir le compte rendu de Gustav Seibt dans *Frankfurter Allgemeine Zeitung* du 20 mai, p. 5), le présentant comme une copie plutôt fidèle, faite au début du XVIIᵉ siècle, d'une *Femme adultère* de Giorgione, aujourd'hui perdue, dont le tableau de Glasgow serait une variante contemporaine de l'original, avec personnages en pied. Je suis reconnaissant à Settis de m'avoir donné l'occasion d'étudier le tableau, au début des années 1980, dans la collection où il se trouve encore aujourd'hui. Remontant à la première moitié du XVIIᵉ siècle, et à une époque où l'original était intact, dû à la main d'un artiste peut-être influencé par le néo-titianisme de Padovanino, ce tableau copie, coupés aux trois quarts, tous les personnages du tableau de Glasgow, à l'exception de celui qui devait, à l'évidence, apparaître comme un Christ trop insolite, et les combine selon un ordre différent. Le personnage féminin considéré comme la femme adultère est placé au centre, et dans l'ombre derrière lui apparaît, nous faisant face, un Christ inventé pour l'occasion. Les radiographies apportent la preuve que les huit personnages ont tous été copiés dans un premier temps, en montrant qu'il y avait, sous la tête du soldat de gauche,

celle du prêtre avec le collier d'or, et sous la tête du Christ, celle du vieillard chauve à côté du jeune officier. Je reviendrai plus loin sur la provenance de cette peinture. En attendant, comment ne pas convenir de cette observation faite par Hendy (1954): «Si ces altérations impliquaient une remise en question de la composition originale, alors le titre de départ de l'œuvre aurait déjà été perdu, et nous sommes autorisés à suivre la piste de la *Femme adultère* dans les archives contemporaines de cette copie.» L'information souvent répétée, tantôt de façon affirmative (Hendy, 1954; Zampetti, 1955 [*Catalogue*], 1968; Baldass, Heinz, 1964; Pallucchini, 1969; Pignatti, 1969; Valcanover, 1969; Hirst, 1981; Martinioni, 1983; Richardson, 1983; Hornig, 1987), tantôt sous forme d'une hypothèse (Crowe et Cavalcaselle, 1871; Wethey, 1969), selon laquelle la peinture de Glasgow proviendrait des collections romaines de la reine Christine de Suède (1626-1689), ne résiste pas à un examen attentif des faits. Le tableau auquel on se réfère serait celui décrit comme suit dans l'inventaire des tableaux de la reine, rédigé à Rome en 1689, au lendemain de sa mort: «Un autre tableau représentant l'histoire du Christ et de la femme adultère, avec diverses figures de pharisiens et de soldats, de la main de Giorgione, sur toile longue de sept palmes et demi, haute de quatre palmes et demi, avec un cadre doré sculpté à la gênoise» (Campori, 1870, p. 348); ce qui donne, le palme romain équivalant à 22,3 cm, un tableau de 1,004 × 1,673. C'est ce même tableau qui, après un bref passage entre les mains du cardinal Decio Azzolino (1689) puis du marquis Pompeo Azzolino (1689-1692), figure dans les inventaires de la collection du prince Livio Odescalchi (1692-1713). Dans celui de 1692, folio 467, tout comme dans celui de 1713, folio 75, nᵒ 136, il est attribué à Titien; puis dans une *Nota dei quadri* non datée, de cette même collection, vol. V, B I, nᵒ 16, folio 123, il apparaît sous l'attribution à Bordone, avec des dimensions identiques à celles indiquées dans l'inventaire de 1689. Par la suite propriété des héritiers Odescalchi, à savoir le prince Baldassare et le cardinal Benedetto (1713-1721), il figure sous le nᵒ 47 du folio 4 de l'*Inventario de' quadri della Galleria Memorabile della Regina di Svezia*, dressé en 1721, au moment où ces tableaux furent cédés au duc d'Orléans. Ce dernier s'était proposé, dès 1714, comme acquéreur potentiel, par l'intermédiaire de Pierre Crozat. Dans le document en question, cette peinture est attribuée à Bordinon avec des «figures à mi-corps». Or ce tableau, selon les spécialistes qui l'identifient comme étant celui de Glasgow, n'aurait pas fait partie des collections du régent Philippe, duc d'Orléans, au Palais-Royal, et «il est donc probable qu'ayant quitté les collections de Christine de Suède, il ait gagné la Grande-Bretagne en empruntant d'autres voies qui restent pour le moment obscures» (Martinioni). Mais en réalité, on ne voit pas pourquoi il ne s'agirait pas du même tableau que celui décrit par Dubois de Saint-Gelais

comme étant de Pordenone, autrefois propriété de la reine Christine, dans le catalogue de la collection rédigé à la mort du duc en 1727: «LA FEMME ADULTÈRE. Peint sur toile, haut de trois pieds sept pouces, large de cinq pieds dix pouces. Fig. de grandeur naturelle, et presque à mi-corps. Notre Seigneur est à gauche qui paroît écouter un homme qui s'avance vers lui, tenant la femme adultère qui est liée & suivie des juifs. Le fond représente la Perspective du Temple avec un bout de Paisage dans le lointain.». Ce tableau est le premier d'une suite de trois peintures de Pordenone illustrées dans le tome II de la *Galerie du Palais Royal*, grand recueil de planches gravées dont Couché conçut le projet en 1785 et pour lequel il fit préparer, dès les débuts, tous les dessins, mais qui ne vit le jour qu'en 1808, commenté par l'abbé de Fontenay. Cette *Femme adultère* devrait être la même, à moins que l'on ne veuille en faire une question de dimensions: celle d'Orléans, en tenant compte du pied français égal à 32,5 cm, mesure 1,163 × 1,894 m. Ce tableau qui, en l'espace de quarante ans, s'est vu successivement attribué à Giorgione, Titien, Bordone, Bordinon et Pordenone, est aujourd'hui perdu. Certains spécialistes (Wethey, 1969; Martinioni, 1983) identifient le tableau de la reine Christine comme étant celui que possédait, au début du XVIIᵉ siècle, l'homme de lettre gênois Gian Vincenzo Imperiale (1582-1648). D'autres (Zampetti, 1955 [*Catalogue*], 1968; Hornig, 1987) tendent à exclure cette solution pour des raisons de dimensions: le tableau de Gian Vincenzo Imperiale serait en effet trop petit par rapport à celui de Glasgow. Un tel argument me semble incompréhensible si on considère que le tableau de la reine Christine, qu'ils identifient avec certitude comme étant celui de Glasgow, était encore plus petit. A son tour, Tschmelitsch (1975) suggère la possibilité selon laquelle le tableau de la reine Christine (on ne comprend pas si, à l'instar des autres, il le considère comme ne faisant qu'un avec le tableau de la collection McLellan) aurait une tout autre provenance: peut-être avait-il appartenu à Rodolphe II et fit-il partie du butin de guerre de la reine à Prague. On sait qu'un lot de quarante tableaux, provenant tous de Gênes, autrefois propriété de Gian Vincenzo Imperiale, entre au Palazzo Riario de Rome en 1667 et on s'en souvient comme du «plus grand achat d'œuvres d'art qu'elle ait conclu à Rome». Martinioni (1983) a récemment éclairé d'un jour nouveau la personnalité de Gian Vincenzo Imperiale et sa collection de tableaux. Il nous a en particulier informé, pour la première fois, de l'existence d'un *Inventario de' quadri della casa de Genova* [...] auquel fait suite l'*Inventario de' quadri di Villa* et l'*Inventario de' quadri di Savona*, daté de 1648, année de la mort de Gian Vincenzo Imperiale, mais rédigé, du moins en ce qui concerne les tableaux conservés au palais de Campetto et dans la Villa de Sampierdarena, entre 1638 et 1640 par le collectionneur lui-même, avec l'aide de Fiasella. «La Dultère de Giorgione» y figure sous le nᵒ 52, haute de 5 palmes et demi, large de sept palmes, d'une valeur de 150 écus d'argent (p. 232). Ce qui s'est passé durant la vingtaine d'années qui sépare la mort de Gian Vincenzo Imperiale du transfert d'une partie de ses tableaux au palazzo Riario à Rome apparaît aujourd'hui plus clair. De 1659 à 1664, c'est Carlo II, duc de Mantoue, qui s'intéresse à l'acquisition du meilleur de la collection, et ce sont les deux frères Castiglione, Salvatore et le peintre Giovan Benedetto, qui sont chargés de mener les négociations avec les fils de Gian Vincenzo Imperiale. Ceux-ci envoient à Mantoue, le 22 octobre 1661, une liste comprenant trente-sept tableaux choisis, parmi lesquels figure « La Femme adultère de Giorgione » de cinq palmes et demi sur sept (Luzio, 1913; Martinioni, 1983).

Les pourparlers avec Mantoue n'aboutirent pas. Nous savons à présent, consécutivement aux recherches de Martinioni, que Charles II étant mort en 1665, le 29 août de cette même année, cinquante-neuf tableaux furent vendus aux enchères et acquis par le Gênois Francesco Maria Balbi. Dans la liste des tableaux devenus sa propriété, dressée le 2 septembre et que nous signale Martinioni, se trouve aussi « La Femme adultère de Giorgione ». Deux ans plus tard, ces peintures, dont nombre d'entre elles avec leurs cadres sculptés à la génoise, seront transférées au Palazzo Riario. Le fait que dans l'inventaire de 1689, la *Femme adultère* de Giorgione soit décrite avec son cadre doré, sculpté à la génoise, semblerait confirmer sa provenance de la collection Gian Vincenzo Imperiale. Certes, l'écart de dimensions est évident et particulièrement sensible concernant la hauteur : 1,364 × 1,736 m pour le tableau de Gian Vincenzo Imperiale (en comptant le palme génois à 24,8 cm), 1,004 × 1,673 m pour celui de Christine de Suède et, on l'a vu, 1,163 × 1,894 m pour celui de la collection d'Orléans. Il ne reste, à la fin, que deux possibilités : soit le tableau de Gian Vincenzo Imperiale est le même que celui de Christine de Suède et des Orléans, auquel cas il ne peut s'agir du tableau de Glasgow, soit il s'agit d'un autre tableau. Dans ce second cas, il devient hasardeux d'y voir le tableau de la collection McLellan, une telle possibilité ne reposant que sur les dimensions de cette peinture qui correspondent aux dimensions actuelles de l'œuvre de Glasgow, mais aux dimensions actuelles seulement, ce qui nous amènerait à penser que la réduction de quarante centimètres sur la droite serait survenue avant que le tableau n'entre dans la collection de l'homme de lettre génois. On ne peut puiser aucune indication dans les recherches de Martinioni qui permette de remonter plus loin dans l'histoire des peintures vénitiennes du XVIe siècle appartenant à cette collection. On sait que Gian Vincenzo Imperiale fit trois voyages à Venise, en 1612, 1622 et 1635, et qu'il était un familier de Palma Giovane. Peut-être faut-il souligner certains épisodes comme la lettre du 10 novembre 1612 envoyée de Venise par Camillo Sordi (Luzio) et qui signale au duc Francesco Gonzaga un groupe de tableaux

à vendre, propriété de Lorenzo et Giovanni Antonio Sala, parmi lesquels une *Vénus et Adonis* de Titien et un *Christ et la femme adultère* de Giorgione. Puisque cette offre intervient précisément en 1612, année pendant laquelle Gian Vincenzo Imperiale se trouve à Venise, et puisque l'on sait qu'elle n'eut aucune suite, on ne peut exclure, observe Martinoni, que Gian Vincenzo Imperiale ait succédé à Gonzague pour les acquérir, d'autant que deux peintures portant ces titres et exécutées par ces mêmes artistes se retrouvent plus tard dans sa collection. La probabilité pour qu'il s'agisse du tableau de Glasgow a été envisagée par Morassi (1942), Coletti (1955) et Wilde (1974). On sait par ailleurs qu'une *Femme adultère* « qui vient de Giorgione » se trouvait en 1656 chez Michele Spietra à Venise (Levi, 1900; Savini Branca, 1965), et qu'il pourrait s'agir, selon Wethey (1969), du même tableau que celui des Sala. Martinoni en signale une autre, du même auteur, en 1663, dans le palais des frères Girolamo et Barbon Pesaro, campo San Benedetto (Martinoni, 1663 *[Additione],*) que le *Commemorative Catalogue* de 1931 rattache de façon hypothétique au tableau de Glasgow. Une *Femme adultère* de Giorgione était aussi en vente à Florence à peu près à la même époque. Livio Meus en parle avec enthousiasme à Ciro Ferri dans une lettre du 24 avril 1672, expédiée de Florence; il le juge être plutôt l'œuvre de Giorgione, « et si elle n'est pas de Giorgione, je l'estime de Titien ». Ce tableau ne peut pas non plus être identifié comme celui de Glasgow, possibilité qui avait été avancée par Richter (1934), car « il y a la tête d'un jeune homme dont le couvre-chef est orné d'un panache blanc qui vient fouetter le visage [de la femme adultère] » (Bottari, Ticozzi, 1822, II, lettre XXV). Une autre *Femme adultère* de Giorgione se trouvait dans la collection du marquis Vincenzo Giustiniani (1564-1637) à Rome, sous le n° 26 dans l'inventaire de 1638 (Salerno, 1960). C'est un tableau avec des personnages à mi-corps, haut de cinq palmes et large de sept palmes environ (1,015 × 1,673 m), mais comme K. Garas l'a démontré (1965), il s'agit là du tableau des musées de Berlin (cat. 196, toile, 1,00 × 1,40, *Beschreibendes Verzeichnis* [...], 1931: Rocco Marconi [?]), précédemment attribué à Sebastiano del Piombo et à un imitateur de Pordenone ou de Giulio Campi, que j'ai joint au catalogue de Giampietro Silvio en 1991. Parvenu à ce stade, il convient de rappeler les conclusions de Garas à laquelle on doit d'excellentes études sur le collectionnisme des œuvres de Giorgione au XVIIe siècle (1964-66) : « Le tableau du *Christ et la femme adultère* qui a passé de la collection de Vincenzo Imperiale (1661) en la possession de la reine Christine de Suède, et qui est cité dans l'inventaire de 1689, nous est au moins connu par le volume de gravures faites d'après la collection Orléans, tableau duquel nous sommes en mesure de constater qu'il n'est pas identique à celui de Chantilly, comme on l'avait supposé. [...] Par contre, la seule représentation du *Christ et la femme adultère*, qui peut être

considérée comme une création sortie de la main du maître, le tableau de Glasgow très discuté, fait son apparition au XIXe siècle sans aucun antécédent » (1965).

Nous ne pouvons qu'approuver cette conclusion. Ni les deux versions précédemment citées, ni celle de la collection Giacomo Carrara conservée à l'Accademia Carrara de Bergame depuis 1796 et autrefois attribuée à Cariani, attribution que réitère Berenson en 1957 (voir la fortune critique de ce tableau dans la fiche de Rossi in Pallucchini, Rossi, 1983, pp 263-264, n. A 7), ni celle autrefois dans la collection Friedeberg de Berlin ne nous aident à retracer, de façon circonstanciée, l'histoire ancienne du tableau de Glasgow. On considère habituellement (Richter, 1937; Tschmelitsch, 1975) que celui de la collection Friedeberg et le tableau attibué à Giorgione, que Waagen (1854, III) voit dans la collection de lord Northwick à Thirlestaine House, ne font qu'un; Waagen en confirme l'attribution à Giorgione tout en déplorant l'emplacement de l'œuvre, située en hauteur, et le fait qu'elle soit recouverte d'une vitre. Mais, étant donné la description qu'il en donne, on ne voit pas pour quelle raison on devrait confondre les deux tableaux : « La Femme arrêtée pour adultère, entourée de quatre hommes [...] les visages, en particulier celui de la femme, avec son expression de pénitence, les mains croisées, sont si nobles, le dessin si juste, et les tonalités si chaudes, intenses et saturées, que le nom [de Giorgione] me paraît y être associé à juste titre. » Ce tableau ne peut en aucun cas être celui de la collection Friedeberg mais celui qui se trouve aujourd'hui au musée Condé de Chantilly (0,80 × 0,94 m, de Boissard, Lavergne-Durey, 1988, n° 95 : attribué à l'école vénitienne, début du XVIe siècle), vendu à Chiltenham (Londres) lors de la vente Northwick en 1859 (n° 1687), acquis par Chr. Jo. Nieuwenhuis, puis cédé au duc d'Aumale à Twickenham en Angleterre en 1860, et de là, parvenu à Chantilly en 1870 (voir aussi Garas, 1965). Crowe et Cavalcaselle (1871, II), qui en donnent la provenance correcte (collection Northwick), émettent l'hypothèse selon laquelle la *Femme adultère* de Chantilly serait celle que Martinoni avait vu chez les Pesaro à Venise. Tschmelitsch voudrait en revanche y voir une autre *Femme adultère* attribuée à Giorgione à Thirlestaine House, et pour laquelle Waagen, en louant la beauté de son paysage, (II, 1838), conserve dans un premier temps le nom de Giorgione, puis retient ensuite (1854, III) celui de Romanino : « Une riche et belle composition, admirablement exécutée dans les tons les plus chauds », sans plus d'ailleurs évoquer le paysage. Cette *Femme adultère* ne peut pas non plus être identifiée comme celle de la collection Friedeberg (c'est ce que fait Wethey, 1969, me semble-t-il), si passée en vente à Chiltenham le 26 juillet 1859 sous le n° 1577, on la retrouve, comme le dit Garas (1965), à la vente de la collection Erle Drax chez Christie's Londres le 19 février 1910 (n° 27, 51 × 66 *inches*). Tandis que le tableau Friedeberg, si on en croit l'inscription à la plume, datant de la fin du XVIIIe siècle, portée au dos du châssis [« *Georgione/La Femme accusée/d'adultère/Ramené d'Italie par Sir Joshua Reynolds/ En possession duquel elle se trouvait à sa mort* »] aurait été emmené en Angleterre par Reynolds et aurait suivi ce parcours : sir Charles Turner (Cook, 1900); vente de cette collection à Berlin par Lepke en 1908 sous le libellé école de Giorgione; acquis auprès de Lepke par le Dr. Max Friedeberg (Berenson, 1928) et vendu par les héritiers de ce dernier en 1936; ensuite dans une collection particulière de Berlin. Settis me dit l'avoir repéré parmi les peintures dans la vente Reynolds de 1795, sous le nom de Giorgione, et en avoir reconstitué le cheminement au travers des différents propriétaires dans les collections anglaises du XIXe siècle, jusqu'à sir Charles Turner; il rendra compte de ses recherches à l'occasion de la publication de la conférence citée plus haut. Il existait aussi une copie partielle du tableau de Glasgow, représentant la femme à mi-corps et les deux personnages à ses côtés, chez le baron Donnafugata de Raguse en 1960, œuvre signalée par Camesasca à Zampetti (1968).

Waagen (1854, pp. 286-291) ne parle pas de la *Suzanne* dans son compte rendu portant sur les tableaux qu'il vit dans la collection d'Alexander McLellan à Glasgow et qui fait une sélection des plus remarquables d'entre-eux. Il se peut qu'il ait vu la *Suzanne* pour la première fois à la McLellan Gallery qui regroupe la collection, au sein du nouveau musée municipal (1857) dont elle forme le noyau : le tableau y est attribué avec un point d'interrogation à Bonifazio, mais « à en juger par la conception très originale des personnages, la sensibilité et la profondeur des couleurs, je suis enclin à considérer cette peinture comme une bel exemple de la maturité de Giorgione. Elle s'accorde en particulier avec *la Sainte Famille* du Louvre » (cat. 36). Il est intéressant que Waagen s'appuie sur ce dernier tableau car, selon ce que j'ai pu reconstituer, les deux œuvres remontent à 1507, et bien qu'étant de deux artistes différents, Titien et Sebastiano, elles ont beaucoup en commun. Les premières appréciations qui furent données du tableau montrent quelque incompréhension. Cavalcaselle (1871) le considère comme une réplique, probablement exécutée par Cariani lui-même, du tableau de l'Accademia Carrara attribué sans hésitation à ce même peintre. J.-P. Richter écrit à Morelli le 27 août 1883 qu'il s'agit d'« une scène de village vénitienne, rustique et sans grande valeur, datant du début du XVIe siècle »; mais deux ans plus tard, au retour d'un voyage en Écosse, il nuance son jugement dans une lettre adressée de Londres au même correspondant et datée du 15 juillet 1885, définissant le tableau comme « une œuvre authentique de Domenico Campagnola ». Phillips en 1893, puis Gronau en 1894, penchent pour ce nom; tandis qu'il est significatif que Berenson classe le tableau parmi les œuvres de Cariani dans ses *Elenchi* (1894). Bode (1913), Cook (1900), et Justi (1908, 1926) sont convaincus qu'il est de la main de Gior-

gione, et ils sont du reste également convaincus que Giorgione a peint le *Jugement de Salomon* et le *Concert champêtre*. Il s'agit, pour Bode, de l'une de ses dernières œuvres; tandis que pour Justi, elle n'est pas postérieure à 1508. Ce dernier soulignera l'importance de ce tableau pour la réalisation des fresques de Padoue par Titien. L'argumentation de Cook présente un certain intérêt : il éprouve le besoin de mettre en garde contre une certaine conception de l'art de Giorgione trop basée sur la pureté du dessin, la perfection de la composition, sur le sublime de l'expression : Giorgione, peintre génial, n'est pas seulement cela : « Le manque de sérénité dans la personne du Christ choque, l'aspect théâtral de l'ensemble rebute [...] », mais « la magnificence de la couleur, la splendeur de son éclat, la maîtrise du clair-obscur, et la brillante technique sont des qualités qui conduisent à de la grande peinture [...] ». Les résistances perdurent, même après ces prises de position exprimées dans des monographies qui firent immédiatement autorité, à savoir celles de Cook et de Justi. Gronau (1908), par exemple, persiste à y voir la qualité d'un imitateur provincial de Giorgione, et affirme son opinion défavorable dans l'article du *Künstler-Lexikon* de Thieme et Becker en 1921; de même Fry (1910) dans le compte rendu de l'exposition des Grafton Galleries à Londres (1909-1910) où l'œuvre est attribuée à Giorgione. A l'occasion de la même exposition, Holmes (1909) ressent le besoin, à l'instar de Cook, de défendre Giorgione « par-dessus tout passionnément innovateur », mais propose en fin de compte l'éventualité d'un projet de Giorgione, conçu vers 1505, dans lequel Daniel, le vieillard et le paysage auraient été peints par l'artiste en personne, mais qui aurait été terminé des années plus tard par Cariani.

Le silence de Schmidt (1908) paraît singulier. En 1903, Berenson modifie l'attribution de la *Suzanne* et du *Jugement de Salomon* en faveur de Sebastiano. Cette attribution sera reprise par L. Venturi dans son ouvrage de 1913 où il présente les deux tableaux, ainsi que le *Concert champêtre* (cat. 43), comme le résultat extrême du giorgionisme de Sebastiano, avant le départ de l'artiste pour Rome poussé bien plus avant que dans le retable de San Giovanni Crisostomo. Quelques-unes des observations que fait Venturi et qui préparent le terrain à une future attribution du tableau à Titien (attribution qui ne devait plus tarder) méritent d'être soulignées : « A Glasgow, il n'y a plus seulement "unité" mais aussi intensité de la couleur; la gamme est donc rehaussée, le problème est posé d'une façon plus complexe, et malgré cela l'harmonie s'accomplit [...]. Toutefois on remarque, même du point de vue de la couleur, des caractéristiques qui ne sont pas giorgionesques. La lumière devient partout capricieuse, elle rebondit [...] elle est plus tortueuse, plus complexe, bien que moins efficace que chez Giorgione. Or nous avons évoqué une semblable complexité de la lumière à propos du *Saint Marc* de Titien à la Salute. Outre cela, les taches lumineuses, les coups de pinceau rapides

se succèdent, par exemple sur l'armure, suggérant une matière plus fruste que chez Giorgione. Grâce à la technique assimilée auprès de Giorgione et à ces débordements requis par cette nouvelle tendance, l'objectif est atteint, à savoir le mouvement [...]. La scène est conçue par un esprit violent, qui n'est ni fin, ni observateur. » Après toute la noblesse déployée dans l'attitude des personnages du retable de San Giovanni Crisostomo, Venturi se sent autorisé à justifier son hypothèse par la violence que Sebastiano exprimera, juste après, dans les fresques de la Farnesina. En 1919, Hourticq ouvre un nouveau chapitre de cette histoire par quelques observations fulgurantes : « La *Femme adultère* est une composition heurtée, touffue, où les personnages sont à l'étroit dans leur cadre et où les lumières et les reflets éclatent avec des violences subies, sur des ombres profondes. Dès l'abord, on reconnaît l'atmosphère où se déroulent les miracles de saint Antoine. On se les rappelle encore mieux en examinant cette foule agitée où de grandes figures inclinent leur visage vers le centre. [...] Elle [la femme adultère] porte vivement une jambe en avant du même geste que la Sibylle de Cumes, dans le *Triomphe de la Foi*, et sa robe dessine le même mouvement. » Toutefois, dans la *Storia dell'arte italiana* (1928), A. Venturi mise sur Romanino, peintre de la *terra ferma* qui fut le principal interprète de la culture figurative issue de l'enseignement des dernières années de la carrière de Giorgione et des débuts de Titien, à une époque qui se situe entre les retables de Santa Giustina et de San Francesco et les fresques de Crémone. Peut-être hérite-t-il en cela des opinions émises à la fin du siècle précédent; quoi qu'il en soit, il est évident qu'il perçoit, en regard du classicisme lagunaire, des excès qui lui semblent mieux s'expliquer chez un artiste de la *terra ferma*. Soulignons qu'il porte le même jugement sur les deux panneaux de *cassoni* avec la *Naissance d'Adonis* et la *Forêt de Polydore*, conservés au Museo Civico de Padoue, que sur la *Suzanne*. Ces panneaux qu'il attribue à Giorgione (1893) et qui paraissent sous ce même nom dans les monographies de Cook (1900) et de Justi (1908), pour ensuite être attribués au peintre de Brescia par L. Venturi en 1913, seront restitués à juste titre au jeune Titien par Morassi en 1942. La manière de peindre les deux coffres et la *Suzanne* est absolument identique; c'est là l'une des rares évidences dont nous devons tous convenir, et il est important que Venturi l'ait signalée à cette époque, même si c'est à propos de Romanino. L'opinion de Hourticq est partagée par Longhi (1927) qui se limite à constater l'identité d'« esprit formel » entre la *Suzanne* et les fresques de Padoue, par Morassi (1930) dans le compte rendu de l'exposition sur la peinture italienne qui se tint à Londres en 1930 et où l'œuvre fut exposée sous le nom de Giorgione, par Suida (1933) qui en débat aussi dans le cadre des fresques de la Scuola del Santo (il est étrange que Suida (1933), tout comme Pallucchini après lui (1953), puis Pignatti (1969), accorde la paternité de l'attribution à Longhi alors qu'elle revient à Hourticq), et par Morassi (1942). Ce dernier, à la différence de Hourticq qui juge le retable du Prado représentant la *Vierge à l'Enfant avec saint Antoine de Padoue et saint Roch* (cat. **44**) plus évolué et plus raffiné techniquement que le *Concert champêtre* (cat. **43**), estime que «les trois œuvres, si semblables entre elles, *Concert, Noli me tangere* (cat. **46**), et la *Femme adultère* sont en effet à rattacher à une même période, contemporaine des fresques de Padoue», tandis que la *Vierge* lui semble antérieure à ces fresques, «davantage liée à certains modes giorgionesques, et pour l'ensemble de sa composition [...] quelque peu archaïque et traditionnelle». Berenson (1928) s'est lui-même entre-temps prononcé en faveur de cette attribution, faisant observer que le peintre du retable de Castelfranco, de la *Tempête* et du *Concert champêtre* ne peut pas être le même que celui de cette *Suzanne*. Il donne pour preuve de cette nouvelle paternité le *Miracle du nouveau-né* de Padoue, et pour le personnage de Suzanne, la *Vierge* de l'ancienne collection Benson, puis Bache, aujourd'hui au Metropolitan Museum. Le fait d'avoir retrouvé la partie supérieure de la bande manquante dans la collection Arthur Sachs à New York, «*the missing head*», lui donne l'occasion de prendre ainsi position, ce qu'il fera à nouveau dans les *Elenchi* de 1932 et 1936. Si l'on considère que, dans une lettre de 1928 adressée aux frères Duveen, Berenson attribue à Titien le *Buste de femme* de lord Melchett (aujourd'hui à Pasadena) qu'il situe aux environs de 1510 en s'appuyant sur le tableau de Glasgow, immédiatement postérieur, et qu'il insère la *Circoncision* Jarves de New Haven, l'estimant «tôt d'époque», dans ses *Elenchi* de 1932; si l'on considère que Hourticq (1919) identifie un dessin de Titien comme ayant servi de modèle à la gravure de Giulio Campagnola avec le *Christ et la Samaritaine au puits* (cat. **128**), et que Longhi (1927, éd. 1967, pp. 239-240) redécouvre dans la collection Chiesa de Milan le *Christ ressuscité*, qui avait appartenu autrefois à l'archiduc Léopold-Guillaume; si l'on considère par ailleurs que, pour la période 1508-1511, Suida (1933) met en lumière la *Lucrèce* du legs Fairfax Murray, prenant pour preuve la femme assassinée par le mari jaloux dans la fresque de Padoue, mais la datant de l'époque du Fondaco comme étant peut-être «la toile la plus ancienne de Titien que l'on ait conservée»; si l'on considère enfin que Morassi (1942) déplace l'attribution des histoires de Polydore et d'Adonis du Museo Civico de Padoue en faveur de Titien, on en conclut qu'au fil de ces études, une toile s'est tissée autour du tableau de Glasgow, qui finira par l'ancrer solidement au nom de Titien. Elle comprend la gravure sur bois avec le *Triomphe de la Foi* (cat. **130**), la *Samaritaine* gravée par Giulio Campagnola, la *Lucrèce*, les panneaux de *cassoni* de Padoue, la *Vierge* Benson-Bache, le *Christ ressuscité* Chiesa, le *Buste de femme* Melchett, la *Circoncision*. La *Vierge à l'Enfant* de Bergame, qui constitue une autre pièce impor-

tante du puzzle, vient se mettre en place à cette époque: Berenson l'introduit dans les *Elenchi* comme œuvre de jeunesse, tout en la soupçonnant d'être une copie; Suida (1933) en parle comme d'un original, mais très tardif; dans le *Viatico* (1946), Longhi l'inclura parmi les œuvres antérieures à 1510 aux côtés de la *Lucrèce*, de la *Circoncision* et de la *Vierge* Bache.

D'un autre côté, il est fort significatif que Tietze omette de parler de la *Suzanne* dans sa monographie de 1936. Pour sa part, Richter, qui dans les années 1930 reprend à son propre compte la conception de la dernière manière de Giorgione élaborée par la critique aux alentours de 1900, juge qu'aucune autre œuvre mieux que celle-ci ne permet d'étudier les tendances de la pensée de l'artiste au moment de sa mort: «Le problème du mouvement et celui de la lumière semblent avoir été les préoccupations dominantes des dernières années de Giorgione [...] La lumière commence à jouer un rôle semblable à celui qu'elle joue dans la dernière période de Rembrandt. Un mystérieux clair-obscur domine le côté gauche de l'image, mais des lueurs solaires scintillent dans l'obscurité et se reflètent dans les pièces d'armures et les parures dorées.» Cette façon «rythmique et endiablée» lui semble parler en faveur de Giorgione; toutefois il n'est pas certain qu'il s'agisse bien de ce peintre: il perçoit des différences entre le traitement des trois figures sur la gauche, peut-être de la main du maître, et celui de tous les personnages à la droite de Daniel ainsi que du paysage, dûs sans aucun doute à Titien. Il écrivait en 1934: «Je suis par conséquent d'accord avec les spécialistes qui attribuent l'exécution de cette peinture principalement à Titien.» Mais en 1932, Sebastiano lui était apparu comme le possible collaborateur de Giorgione. On a l'impression que la monographie de Richter, en ce qui concerne la façon dont il établit la dernière période de Giorgione et la relation Giorgione-Titien, se place en dehors de la dynamique des études de l'entre-deux-guerres. La critique réempruntera néanmoins cette voie après la Seconde Guerre mondiale: Morassi (1951, 1954, [1961] 1967, 1964, 1966), Pallucchini (1953, 1969, 1977, 1978), Gamba (1954), Pignatti (1955, 1969, 1978), Baldass (1957, 1964), Valcanover (1960, 1967, 1969, 1978), Freedberg (1971), Ballarin ([1976] 1980, 1977), Oberhuber (1976), Rearick (1976, 1977). La position de Richter fera toutefois aussi école, surtout en Angleterre. Avant d'en parler, souvenons-nous qu'en 1945 (puis en 1948) E. Tietze-Conrat était intervenue à propos du thème du tableau et était parvenue à la conclusion selon laquelle il pourrait s'agir de l'une des histoires de Daniel commandées à Giorgione en 1508; souvenons-nous aussi que le tableau fut présenté, entre 1950 et 1955, dans trois expositions au moins, dont deux à Londres et une à Venise. Rappelons encore que la restauration de la peinture date de 1954, et qu'elle eut lieu sous la direction de Helmut Ruhemann qui en parle dans un article du *Burlington Magazine* de l'année suivante, auquel il faut évidemment se

reporter. Qu'il nous suffise ici de dire que ce n'est qu'à partir de cette restauration que la couleur retrouve ces effets de brillance, voir d'éblouissement que nous voyons aujourd'hui: le bleu outremer du manteau de Daniel ou le blanc teinté de mauve de la jupe de Suzanne ressortent à présent. Ruhemann signale de nombreux repentirs révélés par les radiographies et sur lesquels nous reviendrons plus loin, mais il est utile de retenir dès à présent la constatation qu'il fait au cours de son article, afin de la comparer avec ce qu'on observera dans le *Concert champêtre*: «Tous les endroits où se trouvent les repentirs montrent une craquelure particulièrement large au niveau de la couche superficielle. L'une des explications possibles pourrait être que le maître a peint sur une couche sous-jacente qui n'était pas encore sèche.» Mais reprenons le fil du discours critique de ce côté anglais des études. Dans ses derniers *Elenchi* (1957), Berenson réattribue à Giorgione des œuvres telles que la *Suzanne*, le *Buste de femme* Melchett, le *Jugement de Salomon*. Wilde parle, dans les cours qu'il donne au Courtauld Institute pendant les années cinquante (édités en 1974), au lendemain de l'exposition du palais des Doges, de conception et de dessin de Giorgione, mais d'une exécution peut-être en grande partie confiée à l'atelier de l'artiste; par ailleurs, il n'exclut pas la possibilité selon laquelle le tableau pourrait avoir été commandé à Giorgione par le Consiglio dei Dieci, en 1507, et exécuté entre 1507 et 1508. Robertson se dit certain, dans son compte rendu de l'exposition (1955), que le *Concert champêtre* et *Suzanne* sont de Giorgione: «L'appartenance du tableau de Glasgow à la phase finale de la carrière de Giorgione peut, je pense, être raisonnablement déduite de l'influence qu'il exerça sur Titien dans les fresques de Padoue en 1511 où, bien que la structure de base des images soit tout à fait différente (et beaucoup plus conventionnelle), les réminiscences du style de Giorgione tel qu'il apparaît dans le tableau de Glasgow abondent dans les détails.» Hendy (1954) est le premier historien à parler du tableau après la restauration dont s'occupa Ruhemann en 1954, et il faut se reporter à son article en tant que complément du rapport de ce dernier. Hendy n'a pas de doutes au sujet de la paternité de Giorgione et tire ses arguments de la couleur et de la composition. Il est convaincu de la nouvelle identité du sujet fournie par Tietze-Conrat et il conclut tout comme elle que ce tableau doit être l'une des quatre histoires de Daniel commandées par Alvise de Sesti. En revanche, le *Jugement de Salomon* serait celui exécuté par Giorgione entre 1507 et 1508 pour le Consiglio dei Dieci, et qui, pour une raison quelconque, ne fut ni achevé ni livré. Waterhouse (1974) partage les réactions de Robertson à l'exposition de 1955: le *Concert champêtre* et la *Suzanne* sont tous deux de Giorgione, et avec le second, Giorgione entre dans une nouvelle phase qu'il n'aura pas le loisir de poursuivre, une nouvelle manière «officielle» de peindre des tableaux historiques ou religieux:

« C'est comme si la vie de Raphaël avait brusquement pris fin alors qu'il entamait la Chambre d'Héliodore ». En marge de son travail sur Titien, Wethey (1969) attribue la *Suzanne* à Giorgione et la date de 1505, comme le retable du Prado (cat. **44**). On est alors curieux de savoir quelle histoire de Giorgione, Wethey peut bien avoir en tête, pour parvenir à une datation à la fois si précoce et plausible de ces tableaux ; or, à peine trouve-t-on dans le second volume le *Portrait de jeune homme* de Berlin daté de 1504-1506 que notre curiosité s'évanouit ! On comprend bien qu'à l'instar de Hans Tietze (1936), il n'envisage pas l'existence d'une période, antérieure aux fresques de Padoue, durant laquelle Titien n'est pas encore le Titien qu'on connaît le plus, pour ainsi dire le Titien « habituel », mais le peintre qui n'en est qu'à ses débuts et qui, comme tout artiste génial ayant mûri dans un contexte riche en provocations, a de violentes réactions qui ne sont pas toujours linéaires et ressent le besoin de s'essayer dans plusieurs directions pour trouver sa propre identité : « Les couleurs aux tonalités plutôt vives de jaune, de rouge, de vert et de blanc, n'apparaissent pas dans les compositions normalement plus harmonieuses de Titien. »

J. Anderson (1978) penche également en faveur de Giorgione, mais elle me semble avoir ensuite évité de se prononcer (1984, 1987). Hornig (1976, 1987) considère *Suzanne* comme l'une des œuvres qui marquent la fin de la carrière de ce maître, vers 1509-10. Dans l'optique de ces spécialistes, anglais pour la plupart, il me semble finalement comprendre chez un certain nombre d'entre eux que Giorgione, après avoir produit à l'époque du Fondaco des tableaux agencés de manière classique comme la *Vénus endormie*, le *Concert champêtre* ou la *Vierge et l'enfant avec saint Antoine de Padoue et saint Roch* du Prado, se serait acheminé vers une nouvelle manière qui conduit à la *Suzanne*, vecteur des consignes transmises à son élève au moment même où ce dernier s'apprêtait à peindre les miracles de Saint-Antoine à Padoue. Après la guerre, mais surtout de nos jours, certains ont tenté de sortir de la bi-polarité Giorgione-Titien. Ainsi Coletti (1955) et L. Venturi (1958) qui pensent à Sebastiano, Zampetti (1955 [*Catalogo*], 1955 [*Postille*], 1968, 1988) qui se prononce en faveur de Domenico Mancini (qui aurait copié une œuvre de Titien, ce que révèlerait la comparaison avec le retable signé de Lendinara et la *Sainte Conversation* du Louvre (cat. **36**) attribuée à cet artiste par Berenson [1951]), Hope (1980) qui ne fait toutefois aucune proposition mais qui, semble-t-il, pense à Mancini, lequel serait aussi l'auteur de la toile de Madrid (ce que nous indique Anderson, 1984). En 1983-84, lors de l'exposition de la Royal Academy, la *Suzanne* figurait, et ce n'est pas par hasard, avec la légende, très prudente : « Entourage de Giorgione. Attribué à Titien » (Richardson, 1983) ; selon certains observateurs (Rosenauer, 1984 ; Davis, 1984), la comparaison avec le tableau du Prado, exposée dans la même salle et portant la même légende,

confirmait la paternité de Titien pour cette dernière, mais rejetait la première dans l'entourage de Giorgione. D. A. Brown (1990) était lui aussi d'accord pour attribuer à Mancini non seulement la *Suzanne* mais aussi la *Vierge* Bache et la *Fuite en Égypte* de l'Ermitage.

Je souhaite à présent revenir sur l'autre versant de la critique afin de vérifier dans quelle mesure, les certitudes qui ont peu à peu pris corps quant à la paternité de Titien concernant la *Suzanne* et d'autres œuvres telles que le *Concert champêtre* ou la *Vierge à l'Enfant avec saint Antoine de Padoue et saint Roch* de Madrid, ont contribué à éclairer d'un jour nouveau la jeunesse du peintre et ses rapports avec Giorgione et Sebastiano del Piombo. Pour Pallucchini (1953), « dans cette œuvre si éloquente et passionnelle, la distance prise par rapport à Giorgione est proclamée presque avec violence […]. Il est probable qu'il faille situer le moment de cette distanciation si nette aux environs de 1510, du vivant de Giorgione, et la fresque représentant le *Miracle du nouveau-né* en est une conséquence directe ». Rappelons que lorsque Pallucchini élabore son chapitre sur le Titien de la période qui sépare les fresques du Fondaco de celles de la Scuola del Santo, chapitre qui fait suite à celui sur la décoration du Fondaco, il est guidé par la conviction selon laquelle, au cours de ces années, la réaction de l'élève par rapport au maître mûrit pour aboutir à la première des fresques de Padoue. En conséquence, et dans la même optique, la *Vierge et l'Enfant avec saint Antoine et saint Roch* du Prado vient se situer aux environs de 1509-10, suivie de la *Suzanne*, datée pour sa part de 1510-11 dans la monographie de 1969, ceci afin d'acréditer la thèse selon laquelle ce tableau et le *Miracle du nouveau-né* seraient contemporains. Toujours selon ce même raisonnement, Titien se serait subitement rapproché du maître, au lendemain de la mort de celui-ci, alors que les fresques de Padoue étaient en cours d'exécution. C'est à ce moment que Pallucchini fait remonter l'achèvement du *Concert champêtre* et de la *Vénus endormie*. Tandis que la *Suzanne* est, une fois de plus, mise en parallèle avec le *Miracle du nouveau-né* ou considérée comme un prélude à ce dernier, d'autres œuvres comme la Lucrèce ou les deux panneaux de *cassoni* de Padoue, que leur qualité picturale rattache indiscutablement à la *Suzanne*, et qui pourraient contribuer à mettre en évidence non pas tant ce qui l'apparente au *Miracle du nouveau-né* mais ce qui l'en différencie, sont datés différemment : le tableau de l'ancienne collection Fleischmann est estimé de la même époque que le Fondaco et les deux *cassoni* sont jugés antérieurs, peints vers 1506-1508. Dans son « portrait » de Titien de 1964, Morassi, tout en avançant la date de la *Suzanne* aux années 1508-1510, et celle du tableau de Madrid et du *Concert champêtre* (1508-1509 pour celui-ci) laisse entendre à son tour que le tableau de Glasgow est le plus tardif des trois, lorsqu'il observe que celui-ci « est déjà en net contraste avec le recueillement contemplatif des créatures

giorgionesques et qu'il révèle la rupture conceptuelle par rapport au maître ». Pignatti (1969) semble aussi considérer le retable du Prado comme plus ancien, antérieur à 1510 et il situe le *Concert champêtre* et *Suzanne* à l'époque des fresques de Padoue. Dans les études qu'il mène dans les années 50-60, et dont le point culminant est la monographie de Giorgione (1964), Baldass situe pareillement ces deux dernières œuvres, tandis qu'il considère le tableau du Prado comme étant l'œuvre de Giorgione. Lors de son analyse et de la datation de la *Suzanne* et du *Concert champêtre* (respectivement de 1509-10 et 1510-11), Freedberg (1971) note deux moments précis dans l'histoire de Titien et de ses rapports avec Giorgione avant le cycle des fresques de Padoue. Il est même le premier, si je ne m'abuse, a considérer le tableau de Glasgow comme une entité formelle différente des fresques de ce cycle. Après avoir dit qu'au Fondaco, « ce que Titien suggère par des moyens qu'il emprunte à Giorgione, c'est une plus grande présence physique mais pas encore un idéal de forme classique », il observe que « aucune œuvre antérieure n'affirme avec autant de puissance une présence physique aussi franche, tant il renchérit de manière presque exagérée sur la matérialité des personnages qui sont prêts à bouger, à s'élancer l'un vers l'autre ». Freedberg insiste sur les qualités illusionnistes de la couleur, exprimée avec une violence particulière, mais aussi sur sa valeur esthétique non descriptive, abstraite et suggestive : « La présence physique pleine de vitalité qu'on retrouve dans la *Femme adultère*, ainsi que la recherche d'un illusionnisme pictural constituent des caractéristiques qui pourraient être à la base d'un style baroque alors qu'au même moment la couleur atteint un niveau d'abstraction qui tend davantage vers l'idéalisation classique ». En revanche, le *Christ portant la croix* de San Rocco intervient à un moment immédiatement postérieur à la *Suzanne*, alors que Titien « évolue de manière plus délibérée et toujours plus mimétique dans l'orbite du style de Giorgione. Tempérant son potentiel agressif, Titien recherche davantage de discipline à mesure qu'il mûrit, et accepte l'autorité de Giorgione pour se donner les moyens de parvenir à ses fins ». Et c'est sur cette voie que le spécialiste place le *Concert champêtre*, « non plus comme une imitation, mais un exemple de création dans le style de Giorgione, selon ses règles les plus poussées et à un niveau comparable ». « Titien ne mûrit pas seulement, il entre en communion délibérée avec la pensée du maître disparu, le tout imposant une retenue, d'essence classique, à sa capacité d'affirmer la présence physique des personnages et introduisant une pudeur, déjà présente chez Giorgione, dans sa force d'expression ». Certes, les conséquences de la brillante technique illusionniste élaborée dans la *Suzanne* sont toujours visibles, par exemple dans les vêtements du joueur de luth, mais ce qui est à présent totalement nouveau, c'est l'arrivée à maturité du classicisme de Titien : « Dans les plus anciennes œuvres de

Titien, comme par exemple dans la *Femme adultère*, cette mobilité a souvent été impulsive et parfois maladroite. Dans le *Concert champêtre*, la mobilité des formes, qui s'inscrit dans le cadre de cette retenue qui lui vient de Giorgione, se transforme, chez Titien, en fluidité. Celle-ci concerne non seulement les personnages mais aussi les éléments de la composition. L'ensemble pictural devient une belle arabesque, vive et travaillée, élaborée de façon complexe et soutenue, qui surpasse toute composition de Giorgione. »

Et c'est cette amplitude de forme et de conception que nous trouvons dans les trois fresques de 1511, mais parvenu à ce point, Titien revient sur ses propres pas : « La troisième, le *Mari jaloux*, renvoie d'une toute autre manière au départ de Titien de l'atelier de Bellini, et à sa quête d'énergie dans l'action qui frise un côté impulsif et violent presque baroque. Dans les trois fresques, Titien dépasse le stade, encore récent, de son étroite dépendance à l'égard de Giorgione. Ces trois fresques se rapprochent plûtot du style et de l'ambition manifestés dans la *Femme adultère*. » On doit toutefois observer que dans la chronologie que Freedberg donne des œuvres de Titien avant 1511, celles qui forment un groupe conséquent autour de la *Suzanne* sont trop disséminées entre 1507 et 1510 (1507-1508 les panneaux de Padoue, la *Circoncision* Yale et la petite *Nativité* Kress de Raleigh, que Suida joint au catalogue des œuvres de jeunesse du maître en 1954; 1508 la *Lucrèce* anciennement Fleischmann; 1508-1509 la *Vierge* de Bergame; 1509 le *Portrait* Goldman de Washington (cat. 41); 1509-1510 la *Vierge* Bache et la *Suzanne*), ce qui empêche de déterminer une nouvelle périodisation de ces années-là. Elles sont en outre mélangées à d'autres, comme *Le Repos pendant la fuite en Égypte* du marquis de Bath, le *Buste de femme* Norton Simon, le *Christ portant la Croix* de San Rocco, ou la *Vierge avec Saint Jean-Baptiste et le donateur* de Munich, qui, soit sont comme les trois premières, antérieures à 1511, mais pourraient constituer, ajoutées à d'autres œuvres encore, un chapitre supplémentaire des débuts de l'artiste, soit sont comme la quatrième, beaucoup plus tardives (vers 1520).

Quoi qu'il en soit, l'hypothèse de Freedberg selon laquelle la *Nativité* Allendale et l'*Adoration des Mages* de la National Gallery à Londres auraient été exécutées par Titien à ses tous débuts et pourraient dater de 1506 interdit toute possibilité de poser correctement le problème du Titien de la période antérieure au Fondaco dei Tedeschi. Partant de l'étude des premiers dessins de Titien, K. Oberhuber (1976) prend conscience des liens profonds qui unissent la *Suzanne* aux panneaux de Padoue, à la *Circoncision*, à la *Nativité*, à la *Vierge* Bache, et au dessin pour la *Samaritaine* de Campagnola, non seulement du point de vue de leur auteur mais aussi de la structure de l'image et de l'époque. Il s'agit là d'un ensemble d'œuvres qui doivent être considérées comme les toutes premières de Titien, bien plus anciennes que les fresques

de Padoue et pour lesquelles K. Oberhuber semble proposer les dates de 1506-1509, 1506-1507 étant la date des fresques de Padoue, 1509 celle du dessin et de la peinture correspondante qui représente *Saint Jérôme lisant dans un paysage* (cat. 97). Pour les histoires d'Adonis et de Polydore : « Titien se sert des éléments verticaux et horizontaux du paysage pour constituer une sorte de grille devant laquelle se dilatent les grandes masses de couleur des personnages dont les teintes vives sont certainement inspirées de Dürer », tandis que la *Suzanne* est « pure évocation du plan du tableau, libre mouvement de grandes plages de couleur, devant un paysage à l'horizon élevé et une structure qui crée le support architectonique de la scène ». La façon dont il déchiffre la structure formelle des deux dessins, la *Sainte Famille dans un paysage* (cat. 96) et le *Saint Jérôme lisant dans un paysage* (cat. 97), reliés au groupe des œuvres de jeunesse de Titien, s'applique à définir un *Jugendstil* non seulement antérieur aux fresques de Padoue, mais aussi aux œuvres qui les précèdent comme la *Vierge à l'Enfant avec saint Antoine et saint Roch* du Prado. La *Suzanne* est bien en effet perçue comme précédant le tableau de Madrid.

Ultérieurement, il apparaîtra de façon plus manifeste que la fortune critique du tableau, pris dans le contexte des œuvres de jeunesse de Titien, se déroule en deux temps. La première phase, qui se développe dans les années 1920, consiste à découvrir les fortes analogies qui rattachent le tableau aux fresques de Padoue, celles-ci servant de levier pour imposer le nom de Titien. La question s'éclaircit à partir de Hourticq, en passant par Longhi, Suida, Morassi, et enfin Pallucchini. La seconde phase, qui se développe dans les années 1970, alors que l'attribution est désormais un fait acquis, amène à constater que ce tableau appartient, ainsi que d'autres œuvres qui s'y rattachent par leurs modes picturaux, à un moment de la jeunesse du peintre différent de celui des fresques de Padoue, épisode que l'on aurait mieux compris s'il s'était placé avant le Fondaco. Étant donné le manque de documents visuels concernant la part de décoration assumée par Titien au Fondaco, les fresques de la Scuola del Santo de Padoue étaient apparues comme l'unique point fixe autour duquel articuler les débuts du peintre et à partir duquel entamer un discours sur l'artiste. Au cours de ces études apparaît un cas très significatif, susceptible d'éclairer le sort réservé à la *Suzanne*. Il s'agit de la gravure représentant le *Triomphe de la Foi* (cat. 130) qui, du point de vue du langage, offre de nombreux points communs avec ce tableau. Vasari, en datant la gravure de 1508, fournissait un solide point d'appui sur la base duquel tenter de remonter le temps. Mais la majeure partie des spécialistes de Titien avait fini par la dater de l'époque des fresques de Padoue, accréditant l'information fournie par Ridolfi, selon laquelle Titien aurait gravé une fresque qu'il aurait réalisée sur les murs de la maison dans laquelle il avait élu domicile pendant la durée des travaux

de Padoue. En réalité, la critique s'est trouvée pendant longtemps dans l'impossibilité de poser correctement la question des débuts de Titien avant 1511; tandis qu'elle venait grossir, avec brio, le catalogue de ses œuvres, elle ne parvenait pas à trouver le fil conducteur qui lui permettrait d'interpréter ce matériel tout en valorisant sa richesse et sa variété. Nul besoin de rappeler combien l'histoire même de Giorgione, en complet déséquilibre, mettait un frein à toute rétrospection concernant la première décennie du XVIᵉ siècle, les *Trois Philosophes* du maître étant généralement considérés comme l'équivalent, sur toile, de la manière qui s'exprime au Fondaco, et donc datés de 1508. C'est à partir de la *Suzanne*, de sa physionomie irréductible au classicisme des fresques de Padoue, qu'une nouvelle place devait être ménagée dans l'histoire des débuts de Titien. Si l'on pouvait imaginer que ce classicisme, tellement accompli et resplendissant du temps des fresques de Padoue, au point de pouvoir engendrer simultanément des œuvres sur toile ou sur panneau comme le retable de San Marco, le *Baptême du Christ* de la Pinacoteca Capitolina ou les *Trois Âges de l'homme* d'Édimbourg, à peine postérieur, s'était développé durant les années qui suivirent le Fondaco, ou mieux, sur les échafaudages de ce dernier, ce que plusieurs indices laissaient à penser et comme surtout devait le faire croire les portes d'orgue de Sebastiano pour l'église San Bartolomeo (cat. 37), traditionnellement datées entre 1507 et 1509, il ne restait plus qu'à explorer la possibilité selon laquelle la *Suzanne* remonterait à une époque antérieure au Fondaco. Elle aurait fait suite au long séjour de Dürer à Venise (été/automne 1505 - janvier 1507) et se serait située au cœur de cette année 1507 dont Vasari parlait comme d'une année particulièrement cruciale dans l'histoire de Giorgione, d'autant plus que la présence de Dürer à Venise, les tableaux peints durant ce séjour et surtout la *Fête du Rosaire*, ainsi que les gravures qu'il avait amenées en grand nombre avec lui, étaient les éléments dont nous avions exactement besoin pour expliquer la physionomie si particulière de la *Suzanne* comme du *Triomphe de la Foi* et l'écart par rapport au classicisme de Padoue. Pourquoi, parvenus à ce point, ne pas convenir de l'hypothèse, plus simple, selon laquelle cette grande expérience intellectuelle serait survenue au moment-même où Dürer était à Venise ou au lendemain de son départ, ce dont on aurait trouvé une première confirmation avec la date suggérée par Vasari pour la gravure du *Triomphe*? Ceci aurait permis de relever l'écart opportun par rapport au *Concert champêtre*, ce qu'il fallait faire si l'on voulait simplement s'expliquer les buts différents poursuivis par le personnage de Suzanne et celui de la *Femme nue* près de la fontaine du *Concert champêtre*, l'une née de l'intention d'imiter Dürer, et l'autre d'imiter l'antique. On aurait pu objecter que le *Concert champêtre* avait été très souvent assimilé, par les spécialistes qui l'attribuaient dans sa totalité à Titien, aux fresques de Padoue, et que donc, afin de bien souligner la distance le séparant de la *Suzanne*, il n'était pas nécessaire de ramener celle-ci à une époque antérieure au Fondaco. Le fait est que, dans ce cas aussi, on constate un extraordinaire aplatissement de la lecture stylistique des textes picturaux. Si nous pouvions convenir que Titien sortait de l'expérience de Padoue, c'est-à-dire de celle de *Saint Antoine guérissant un jeune homme* (vraisemblablement peint en dernier), et qu'il était prêt à réaliser des œuvres comme *Noli me tangere* (cat. **46**) ou les *Trois Ages de l'Homme*, et si le retable de San Marco, le *Baptême du Christ* ou le *Concert* (cat. **45**) pouvaient être perçus comme en tous points comparables à la première des fresques, à savoir *Le Miracle du nouveau-né*, comment persister à vouloir dater si tard le *Concert champêtre*? Cela avait été fait par Hourticq, Longhi, Suida, mais au cours des années 20 de ce siècle, alors qu'il s'agissait d'en affirmer l'attribution à Titien contre celle en faveur de Giorgione. On aurait dû, immédiatement après, soupçonner que le degré de maturité du classicisme de ce tableau était davantage comparable à celui manifesté sur les murs du Fondaco qu'à celui des *Trois Ages de l'homme*.

Il est vrai que l'on touchait là le point sensible des études concernant cette phase de la peinture vénitienne, la disparition des fresques du Fondaco, mais nous disposions heureusement des gravures de Zanetti et, avec l'aide de l'une d'elles, on pouvait encore déchiffrer le fragment de la *Justice*, ce qui aurait pu être suffisant. Mais il y aurait eu en réalité une autre possibilité, celle de tirer le plus grand parti possible de la comparaison entre le *Concert champêtre* et la *Vierge à l'Enfant avec saint Antoine de Padoue et saint Roch*. On a vu comment ces deux tableaux, de la part des quelques spécialistes qui les avaient attribués à Titien et qui avaient tenté d'établir entre eux une distinction, avaient été placés dans l'ordre chronologique inverse, Hourticq faisant seul brillamment exception. C'est de là qu'on aurait dû partir, car il était indubitable qu'ils étaient voisins dans le temps, et même qu'ils se succédaient, mais avec en premier le *Concert champêtre* puis la *Vierge*, séparés par un intervalle sensible, car c'est dans cette dernière œuvre qu'on perçoit les premiers germes du classicisme chromatique qui parviendra à maturité en 1511. En somme, on aurait donc pu entrevoir que le *Concert* tendait à s'assimiler à la manière présumée du Fondaco tout comme la *Vierge* apparaissait comme le prélude aux fresques de la Scuola del Santo. La simple confrontation de ces deux œuvres, sans discuter aucun autre point, aurait pu, à mon avis, articuler les années 1508-1511 comme une période de maturation progressive du classicisme de Titien, démontrant qu'il n'y avait là aucune place pour la *Suzanne*. En 1976, lors de mon intervention au congrès Titien ([1976] 1980), j'individualisai deux moments bien distincts relatifs aux débuts de l'artiste, avant et après le Fondaco dei Tedeschi. Après avoir rappelé les premiers exemples d'une nouvelle «grande» manière, peints par Giorgione au cours de l'an-

née 1507 et montrant des «figures à mi-corps», à savoir le «Samson» (par la suite identifié comme le *Concert* [cat. **29**]), le *Chanteur* (cat. **30**) et le *Joueur de flûte* (cat. **31**) de la Galleria Borghese, je disais qu'il «existe un groupe d'œuvres qui nous montre bien comment Titien suit le virage amorcé par Giorgione, à partir de 1507. Il s'agit, dans l'ordre, du *Saint Jérôme lisant dans un paysage* et appartenant à une collection privée de Vienne, du *Portrait d'homme* Goldman de Washington (cat. **41**), du dessin du *Christ et la Samaritaine* (cat. **128**) gravé par Giulio Campagnola, de la *Résurrection du Christ* autrefois Contini-Bonacossi, de la *Lucrèce* ex-Fleischmann, de la *Suzanne et Daniel* de Glasgow et de la *Tête d'homme* (cat. **42b**) aujourd'hui aussi à Glasgow, des deux panneaux de Padoue avec la *Naissance d'Adonis* et la *Mort de Polydore*, du *Paysage* n° 1695 de la National Gallery de Londres (sans les quatre personnages de droite qui ont été ajoutés au XVIIᵉ siècle), de la *Vierge* de Bergame. Donc un groupe assez fourni et compact qui individualise de manière catégorique la physionomie de l'année 1507, même si ses morceaux les plus prestigieux que sont la *Lucrèce* et la *Suzanne* se situent à la fin. Les œuvres de Giorgione précédemment citées sont essentielles à la compréhension de cette période [...]. Rapprochons les éléments de tableaux comme suit: plaçons à côté de «Samson» la tête du prêtre à l'extrême gauche de la *Suzanne*, ou les deux têtes des personnages qui dialoguent sur la droite, ou la tête de Suzanne elle-même, ou bien encore celle du *Portrait* Goldman (cat. **41**); plaçons à côté du *Joueur de flûte*, le fragment avec la *Tête d'homme* de la collection Sachs et provenant de la *Suzanne*». A partir de ce moment, les apports du réalisme de Dürer, et les signes d'une expérience classique précoce, reflet des premières informations qui étaient parvenues jusqu'à Venise sur les progrès de la peinture à Florence (Michel-Ange, Raphaël) apparaissaient plus clairs, pour conclure cependant qu'une telle période ne pouvait paraître sous la définition de classicisme, terme sous lequel on avait habituellement englobé la jeunesse de Titien jusqu'à *L'Amour sacré et l'amour profane*. «Ce groupe d'œuvres trouve sa conclusion dans la gravure représentant le *Triomphe de la Foi* que Vasari date de 1508 et que j'estime avoir été exécuté dans la première moitié de l'année en question. Cette gravure qui montre une forte dépendance par rapport à Dürer et des emprunts au répertoire toscan ne peut être comprise que dans le cadre de ce moment pré-classique de l'histoire de Titien. L'énergie qui se dégage de cette gravure est la même que dans la *Suzanne*, et les personnages de *Suzanne* et de *Lucrèce* (anciennement collection Fleischmann) annoncent les Sibylles. Procédons aux comparaisons suivantes: d'un côté [...] le personnage de Suzanne ou de Lucrèce, de l'autre la sibylle de Cumes ou d'Érythrée.» J'attirais en particulier l'attention sur la comparaison entre les drapés de Suzanne et ceux de la Sibylle de Cumes et de Samos. Dans le premier cas, on pouvait voir

combien le dessin et la couleur, reconnaissable même dans la gravure en noir et blanc, étaient identiques, une couleur à plans lumineux, couleur plus que lumière. Dans le second cas, on voyait combien la façon d'accidenter le plan au moyen d'un système graphique d'ombres servait à exalter le «cangiantismo» de la couleur, de la même façon que dans la partie du tableau considérée. En revanche, je plaçais avant ce groupe, aux alentours de 1506, la grande *Fuite en Égypte* de l'Ermitage, et entre 1506 et 1507, la *Nativité* du même musée (n° 230), celle de la collection Kress de Raleigh, la *Circoncision* de New Haven, la *Vierge Bache*, le *Portrait de jeune femme en blanc* de Budapest (inv. 84). Dans cette perspective, la décoration du côté de la Mercería du Fondaco, entreprise dans la seconde moitié de l'année 1508, isolait le moment auquel Titien avait orienté, de manière plus décisive, son langage pictural vers le classicisme; *Tobie et l'ange* des Gallerie dell'Accademia, peint pour les Bembo juste avant de monter sur les échafaudages du Fondaco, venait prendre place au début de la période classique du jeune Titien qui s'étend de 1508 à 1516 environ.

Le Fondaco ouvrait donc, après les années 1507-1508, une autre phase de la jeunesse de Titien qui se poursuivait, en 1509, avec le *Concert champêtre*, le *Buste de femme* Norton Simon, le *Portrait d'homme* Altman, et le *Christ portant la croix* de San Rocco, entre 1509 et 1510, avec le retable du Prado, et en 1510, avec le *Portrait d'homme* de la National Gallery de Londres et la *Vénus endormie* de Dresde. Deux moments se profilaient alors, révélant des aspects différents et même antithétiques de la personnalité de Titien, à la fois originaux par rapport à l'enseignement de Giorgione, et où il était pourtant possible de voir reflétée, à divers degrés, une grande partie du magistère de ce maître. Le moment de la confrontation la plus directe avec le maître se trouvait stigmatisé dans la *Suzanne*, sorte de tête-à-tête avec la manière de Giorgione qui était sortie du virage amorcé en 1507 et de la rencontre avec le réalisme de Dürer et les premiers signes du classicisme, partageant, pour ainsi dire, les mêmes motivations. Le *Concert champêtre*, au-delà de la campagne de décoration du Fondaco où maître et élève s'étaient trouvés face à face sur les grands thèmes classiques, avait correspondu à un moment de plus grande autonomie et originalité, mais seulement dans la mesure où parvenu à ce stade, Titien, en prenant du recul par rapport à Giorgione, voyait s'étaler devant lui toute la carrière du maître. A l'époque de ce tableau, alors qu'il allait s'engager sur la voie du classicisme et de l'Arcadie, si conformes à sa nature, et qui l'auraient emporté loin de l'enseignement de son maître, Titien avait compris qu'il devait tout d'abord assimiler complètement Giorgione, parcourant la carrière de cet artiste à rebours, jusqu'aux premiers fondements de la manière moderne, c'est-à-dire jusqu'à 1500. Il avait fait preuve d'une plus forte capacité d'assimilation alliée à une plus grande capacité de recréation personnelle. *Suzanne* et le *Concert champêtre* étaient des œuvres originales et incomparables à l'égard du magistère de Giorgione, mais restaient cependant profondément giorgionesques, bien que d'une manière différente, et il ne pouvait y avoir aucun doute, à moins de n'avoir rien compris à l'histoire de Giorgione, sur celle des deux qui montrait la plus grande maturité. Ces deux tableaux, et ces deux façons de faire face à Giorgione faisaient par ailleurs, et dans la même proportion, partie intégrante de sa personnalité. D'où la conclusion : « *Le Miracle du nouveau-né qui proclame l'innocence de la mère*, dont le dessin préparatoire se trouve à l'Institut Néerlandais de Paris [cat. **98**], et déjà réalisé au début du mois de mai 1511, se présente comme une extraordinaire synthèse des deux périodes de la jeunesse de Titien qui retrouve là, en effet, dans le contexte du cycle narratif et de la fresque historique, toute la vivacité dramatique des tableaux de 1507-1508 qu'il revit cette fois à la lumière des valeurs classiques savourées dans les tableaux de 1508-1510. Cette opération de synthèse peut justifier le fait que les spécialistes aient fini par rapprocher la *Suzanne* des fresques de Padoue, mais [...] la *Suzanne* remonte à une époque antérieure où la poétique du classicisme que nous avons l'habitude de reconnaître au jeune Titien ne s'était pas encore révélée. »

Je n'avais pas eu le loisir, lors de ma communication, d'aller au cœur d'une analyse de la peinture qui aurait dû se faire en ces termes. Les personnages, et en particulier leurs vêtements, encombrent l'espace comme c'est encore le cas dans *Tobie*, mais plus dans le *Concert champêtre*. A l'époque de cette œuvre, les personnages commencent à entrer dans le tableau, ils s'accomodent des plans du paysage et deviennent eux-mêmes paysage. Tandis que dans la *Suzanne*, les personnages ont une extraordinaire présence physique. La couleur, saturée et brillante, riche en clair-obscur et exaltée par les « cangianti », est chargée d'expressivité, comme chez un peintre « *fauve* », mais est aussi traitée de façon illusionniste. Intempérance du clair-obscur et fréquence des « cangianti » sont certainement des aspects constitutifs du langage particulier de ce tableau. Comme l'observait Ruhemann (1955) il est vrai que la tête de Daniel qui se trouve dans l'ombre, à la suite de retouches faites sur des premières couches encore humides, apparaît aujourd'hui trop estompée, mais il ne fait aucun doute que Titien avait prévu cet effet de « disparition » de la tête relativement à l'accumulation de matière et au caractère tactile et illusionniste de la manche à larges revers, complètement éclairée, d'un rose-rouge légèrement violacé rehaussé par des éclairages dorés dans sa partie supérieure. La manche jaune d'or du jeune homme est elle aussi fortement mise en relief, entaillée de forts « cangianti » sur fond du mur sombre d'où surgit le buste du vieillard enfouis dans l'ombre. Le jeune homme se trouve pour ainsi dire écartelé à la jonction du champ obscur de la paroi et de l'étendue claire du paysage, le visage de profil

et la manche éclairée sur le fond sombre, le couvre-chef bleu foncé modelé à contre-jour sur la portion de pré qui correspond au vert le plus lumineux. Ce sont là des chiasmes de clair-obscur que les spécialistes de Titien connaissent bien. Et il est clair que la tête du vieillard à côté est construite volontairement de façon différente, non pas par contrastes ou inversions, mais par émergence graduelle de l'ombre, comme chez Giorgione, afin de réaliser une transition, une médiation entre la pleine lumière, l'éblouissement de la manche, et l'obscurité. De la même façon que là où il réalise le contraste maximal avec le couvre-chef sur fond de pré, Titien se soucie d'atténuer le contraste entre la pente de la butte et le vêtement du jeune homme pour créer une pause de pénombre d'où faire jaillir la *Suzanne* en pleine lumière. Sur le blanc de céruse de la jupe, à peine tempéré d'ombres violettes et décoré dans le bas d'une bande dorée, se trouve le vert aux « cangianti » jaune d'or du drapé. Derrière elle, les têtes des deux vieillards sont placées dans l'ombre, et là, le pré qui fait office de fond est lui aussi privé de lumière, de manière à ce que ces têtes se fondent avec l'arrière-plan bigarré, disposées avec audace sur la trame vibrante, peinte en clair-obscur du ciel, avec de nets contrastes de bleu azur et de blanc, de vert et de brun. A cette zone d'ombre des vieillards correspond celle du buste du jeune homme à gauche de Suzanne, ces deux plages de pénombre s'alliant pour mettre en relief de façon éblouissante le personnage de Suzanne. Les trois figures centrales, hautes en couleurs et exposées à la lumière, sont bornées par des couples de figures qui s'équilibrent, construites sur le principe d'inversion prisé par Titien. A gauche, l'homme d'armes marque un temps de pause dans l'image, avec les valeurs chromatiques plus sobres de sa cuirasse et de sa tunique qui font ressortir l'incarnat empourpré et sanguin de la jambe et du cou. Notons ici le remarquable état de conservation de la couche picturale au niveau de la jambe, modelée directement en pleine lumière par une couleur chaude, sans consistance pour les parties dans l'ombre si ce n'est celle qui lui vient du reflet de la plasticité des parties éclairées. A la pause extérieure représentée par le soldat, fait suite, à l'intérieur, la reprise de la couleur avec le personnage du prêtre, vêtu d'un grand froc rouge sombre et d'un manteau d'un rouge un peu plus vif, posé sur les épaules, ainsi que d'un capuche gris-bleu à ombres lilas, mais ces couleurs fortement contrastées par le clair-obscur, d'une grande violence, qui comporte de sombres lueurs, suggèrent à Titien ces grains d'or du collier brutalement appliqués au vêtement, et cette bordure d'or froid de la capuche. A droite, en revanche, à en juger par la copie de Bergame, le temps de pause marqué cette fois par les deux têtes des vieillards est interne à la composition, tandis que la reprise de la couleur est assurée par le spadassin disparu qui se trouve devant et qui ferme le tableau. Remarquons enfin le sentier traité de façon très

réaliste au premier plan, en gardant présent à l'esprit que quelques centimètres de toile pourraient manquer plus bas, avec ces plages d'herbe et de terre battue, et la touffe de plantes sur le devant. La forte impression que la *Fête du Rosaire*, et plus exactement la couleur de ce tableau, dut faire sur le très jeune Titien constitue, alliée à sa familiarité avec le répertoire de gravures, la vrai clef permettant d'accéder à ce que la *Suzanne* a de très particulier par rapport aux fresques de Padoue.

En ce qui concerne la familiarité avec les estampes, il suffit de considérer le soldat qui, de dos, ferme le tableau à droite, engoncé dans son costume multicolore : il s'agit d'une structure de composition à laquelle Dürer est très attaché, au point que l'insertion de ce personnage doit être perçue comme un hommage au maître de Nuremberg : c'est ce que montre l'*Ecce Homo* ou la *Montée au calvaire* de la « Grande Passion » (Meder, n° 118, n° 119; vers 1497-98), la *Montée au calvaire* de la « Passion de l'Albertina » (Meder, n° 111; vers 1495), et le *Martyre de sainte Catherine* (Meder, n° 236; vers 1497-98). Celle-ci en particulier doit avoir inspiré les personnages de Suzanne et de l'homme vu de dos, la façon dont ils s'écartent et s'articulent dans le plan, les vêtements encombrant de Suzanne se prolongeant derrière pour venir se placer entre les jambes de l'homme. Le détail du drapé soulevé et ramassé à la ceinture n'est pas tant un costume vénitien que la citation des gravures de Dürer qu'on retrouve aussi dans le *Triomphe* (par exemple dans Abraham) : il suffit de voir la sainte Élisabeth de la *Visitation* de la « Vie de la Vierge » (Meder, n° 196; vers 1503-04). Impensable aussi, sans Dürer, le jeune homme au centre. Par ailleurs, le fait que d'une part, Titien ferme le tableau par un personnage qui dérive par excellence du répertoire *Spätgothik* de Dürer, mais que d'autre part il fasse la même chose avec un personnage qui provient sûrement des dessins de Michel-Ange pour la *Bataille de Cascina* (1504-1505) est un signe extraordinaire de la culture composite et de l'attitude expérimentale du jeune Titien à ce moment-là. La *Bataille de Cascina* nous est connue grâce à des copies, tantôt du carton dans sa totalité, tantôt partielles. Considérons par exemple, dans la copie peinte du carton et attribuée à Aristotile da Sangallo de l'Earl of Leicester à Holkman Hall le personnage, en train de monter sur la rive, qu'on appelle le *Grimpeur*, qui sera gravé par Marcantonio Raimondi vers 1508 (B. XIV, 363, 488; Shoemaker, 1981, pp. 6-7, 90-92) et combiné avec deux autres nus du projet en 1510 (B. XIV, 361, 487), mais dont Titien aurait aussi pu avoir connaissance au travers des propres dessins de Michel-Ange, du type de ceux conservés au Museum Teylers de Haarlem (inv. A 18 recto et A 19 recto), et qui sont des dessins préparatoires pour d'autres personnages du même projet. Cette citation a également tout l'air d'une profession de foi envers le classicisme naissant, et c'est sûrement là l'autre clef permettant d'expliquer la physionomie particulière de la *Suzanne* respectivement aux fresques de Padoue, le degré et les modes d'assimilation du classicisme qui sont les mêmes que dans le *Triomphe de la Foi* et pas encore, dirait-on, ceux de la façade du Fondaco. De ce point de vue aussi, la *Suzanne* s'interprète donc, selon les mêmes critères que le *Triomphe*, où saint Christophe et Dismas, le bon larron qui porte la croix devant le char triomphal, sont la ré-élaboration d'idées de Michel-Ange consignées sur le carton de la *Bataille de Cascina*. De même le *Saint Christophe*, pour lequel la solution donnée en son temps par Fischel n'est plus acceptable. En 1925, Fischel (pp. 191 et suivantes) s'était aperçu, en étudiant un ensemble de dessins de Raphaël pour une *Résurrection* perdue, que dans l'enchevêtrement de soldats dessinés à la plume sur le folio d'Oxford (P II. 559 verso) se détachait l'un d'eux, s'appuyant sur la hampe d'un étendard, que Raimondi aurait repris dans son *Porte-drapeau* (B. XIV, 357, 481), en partant non pas de ce dessin mais d'une étude de figure, plus travaillée, exécutée à la pierre noire par Raphaël. Il s'était par la même occasion rendu compte que Titien avait reproduit ce personnage, évidemment connu par l'intermédiaire de la gravure de Raimondi, dans le saint Christophe de la gravure. La date supposée par Fischel pour ce projet de Raphaël (vers 1511) semblait venir au devant de la tentation qu'avaient les spécialistes de Titien d'accorder davantage de crédit à Ridolfi qu'à Vasari à propos de l'époque de cette gravure. Le rapport établi par Fischel (répété dans sa monographie sur Raphaël en 1948 et repris par Parker dans le catalogue des dessins de l'Ashmolean Museum de 1953) devait, quoi qu'il en soit, peser de tout son poids dans le renvoi à 1511 de la gravure qui devint à un certain moment lieu commun des études sur Titien (Suida, 1933 : « Mais les emprunts, certifiés, à Raphaël et à Dürer la renvoient à une date postérieure à 1511 »; Tietze, 1936; Pallucchini, 1953; Panofsky, 1969). Hirst (1961), pour sa part, identifia le projet comme celui du retable que Raphaël aurait dû faire pour la chapelle Chigi à Santa Maria della Pace, mais qu'en fin de compte il ne fit pas, se bornant à peindre à fresque les Sibylles et les Prophètes de la partie au-dessus de l'abside, et y vit un argument pour dater ce projet de l'époque des travaux de la seconde chambre de l'appartement de Jules II au Vatican (1511-1514). Ne pouvant pas déplacer davantage la date de la gravure de Titien, on fut contraint d'émettre d'autres hypothèses. M. Hirst tenta l'explication opposée : Raphaël et Marcantonio auraient eu connaissance de cette gravure et lui auraient témoigné un intérêt pour le Saint-Christophe. Dans ce cas, Raimondi qui se trouvait à Venise à l'époque où la gravure fut publiée, en aurait emmené avec lui un exemplaire tout juste sorti des presses. Mais considérant que le *Porte-drapeau* a un fort accent de michelangélisme, plus précisément du Michel-Ange de la *Bataille de Cascina* (Petrucci, 1937; Panofsky, 1969), et que dans la gravure, comme l'observe Suida

(1933; de même Panofsky, 1969), le personnage de Dismas s'inspire des nus du carton de la *Bataille de Cascina* (Panofsky suggérait celui qui s'incline en avant pour tenir les mains de son compagnon dans l'eau ou celui qui entre précipitamment par la droite), l'existence d'un dessin de Michel-Ange montrant un personnage dans cette attitude, peut-être précisément un porte-drapeau, fait pour ce même projet, me semble plus probable. Titien et Raphaël auraient ainsi tiré leur inspiration de ce dessin, indépendamment l'un de l'autre. Il existe une œuvre qui permet de mieux mesurer la culture du jeune artiste dans la *Suzanne* et le *Triomphe* tant en ce qui concerne ses ouvertures précoces sur le classicisme que son enthousiame pour Dürer *avant* le Fondaco : il s'agit de la *Lucrèce* (anciennement collection Fleischmann). Elle nous surprend par l'encombrement des vêtements, la torsion du buste par rapport au plan dans lequel sont placées les jambes, le réalisme des gestes et des expressions. Elle est, à tous points de vue, la sœur de Suzanne et des sibylles du *Triomphe*. L'énergie du geste qu'elle fait lorsqu'elle brandit le poignard est la même que celle avec laquelle Daniel arrête le détachement de soldats dans la *Suzanne*. Lorsque Dürer se retrouva à Nuremberg, immédiatement après son retour de Venise, en 1508, il dessina une *Lucrèce* debout devant une niche et en train de se poignarder (Vienne, Albertina, inv. 17533; D. 82; Winkler n° 436). Une telle invention nous aide à comprendre la physionomie particulière de la *Lucrèce* de Titien, que nous ne dirons pas proprement classique, nonobstant le médaillon ancien et la mise en page qui est celle à laquelle le classicisme de Titien nous habituera. La comparaison avec la *Judith* du Fondaco peut marquer l'époque de cette évolution, dans le sens où, l'arc de cercle décrit par les bras du personnage de la fresque révèle maintenant la préoccupation de décrire ce même arc dans l'espace. L'arc ne se contracte pas pour concentrer l'énergie dans le geste, mais se détend pour conquérir l'espace; il relie harmonieusement les plans de la figure à ceux de l'architecture, et est lui-même architecture. La comparaison semble montrer un avant et un après sans appel. Et s'il peut sembler qu'avec la *Lucrèce* nous sommes aux portes du *Mari jaloux*, c'est seulement parce qu'à l'époque des fresques, Titien reconsidère, dans le contexte de cette commande spéciale, tout ce qu'il avait de dynamique et d'expressif dans les peintures de 1507. On ne doit pas moins insister sur le rôle que dut jouer Giorgione dans l'interprétation que Titien donne de Dürer et du classicisme. Le *Concert* (cat. **29**), les deux *Têtes de chanteurs* de la Galleria Borghese, et les peintures du vestibule du palais Loredan forment le contexte dont nous avons besoin pour comprendre dans quelle mesure le maître a pu guider l'élève dans cette conjoncture cruciale de la peinture vénitienne, mais aussi dans quelle mesure l'élève, en apprenant la leçon, a révélé une personnalité impérieuse.

Ce n'est que par l'étude comparative du

Concert et de la *Suzanne* que nous sentons toute la richesse des motivations qui engendrent une nouvelle manière de peindre, mais aussi l'écart de générations, le relais pris d'une époque de la peinture à l'autre et le regret de la disparition trop précoce du père, partiellement compensée par l'extraordinaire génie du fils. Le réalisme de ces « figures à mi-corps » de Giorgione du point de vue de la couleur, des gestes, des incarnats, des coupures, est indispensable. Nous avons déjà indiqué des éléments de comparaison. Mais encore : ce n'est qu'à partir de l'invention mémorable de cette sorte de robe de chambre multicolore jetée négligemment sur la manche argentée et garnie de franges luminescentes du joueur de « lira da braccio » que l'on peut comprendre le chromatisme, à présent devenu trop cru, des vêtements de Suzanne et du jeune homme à ses côtés. C'est aussi seulement à partir du bras mêlé d'ombre et de sang du chanteur qu'on peut comprendre la jambe de l'homme en armure, trop façonnée par le clair-obscur. C'est encore à la manière de juxtaposer la blancheur "crue" du bandeau jeté sur les cheveux noirs de jais du joueur de flûte à la « douceur » de l'incarnat empourpré et pétri d'ombre, que l'on doit la façon de plaquer, sans aucune transition, les grains d'or du collier sur le rouge sombre du vêtement du prêtre ou de bigarrer la manche du jeune homme par des encoches de lumière vive ou par d'autres hardiesses techniques, moins proches de Manet que les tableaux de Giorgione. Prenons garde en effet à la manière dont Giorgione progresse dans le contexte de ce nouveau réalisme en employant une couleur « unie », estompée d'ombre et optiquement modulée par la lumière, là où Titien donne une splendeur à la couleur, une beauté plus abstraite et plus agressive, en l'enveloppant de clair-obscur et en l'exaltant grâce à l'artifice des « cangianti », tache de couleur libérée par un espace optique tri-dimensionnel et qui s'étend sur des structures de composition rabattant l'espace sur le front du tableau. Il suffit de mettre côte à côte la *lumière modulée* avec raffinement sur les surfaces colorées des vêtements du joueur de « *lira da braccio* » dans le *Concert* et la jupe verte de Suzanne pour comprendre comment la lumière de ces « cangianti » dorés est ramenée ici à un fait purement graphique et abstrait, à un phénomène de couleur et non de lumière. Par rapport aux passages raffinés qui se font d'une couleur à l'autre et au passage de la lumière des vêtements à l'ombre du cou de ce même personnage, la technique au moyen de laquelle Titien enfouit dans l'ombre la tête d'un personnage en créant un plan de couleur, tandis qu'il fait saillir une manche en pleine lumière, construisant à côté un plan de couleur éclatant, apparaît toute autre. Le fait est que dans les limites du magistère de Giorgione, Titien se place seul face aux œuvres de Dürer et en donne une interprétation qui lui est propre et qui ne pourra qu'être différente, Titien n'ayant rien derrière lui, ni la longue habitude de la manière flamande, ni la brève mais fulgurante expérience de la personnalité de Léonard, et devant lui la saison naissante du classicisme.

Voici l'état de mes connaissances concernant le tableau à propos duquel ont été formulées les conclusions de 1976. Tout de suite après sont apparues de nouvelles données, issues des contributions respectives apportées par d'autres spécialistes, qui m'ont semblé confirmer les conclusions en question. J'en ai fait un bilan à l'occasion de la série de cours donnés pendant l'année universitaire 1981-82 et où j'ai repris la totalité de la matière disponible, l'histoire de Giorgione et de ses deux émules, Titien et Sebastiano, dans les années 1506-1510, et à nouveau lors de la conférence donnée à l'Université de Bologne à la mémoire de Carlo Volpe le 16 mai 1985, avec pour titre *La Manière moderne de Giorgione*. En 1976, j'avais inclus, comme on l'a vu, le *Saint Jérôme lisant dans un paysage* dans le groupe des œuvres rassemblées autour de la *Suzanne*: le dessin des Uffizi (cat. **97**), que Middeldorf (1958) avait étudié comme étant de Giulio Campagnola et ayant été gravé par Marcantonio Raimondi (B. XIV, 88, 102), ensuite identifié comme une œuvre de Titien par K. Oberhuber (1973), et la peinture, apparue dans une collection particulière de Vienne, dont j'avais eu connaissance par l'intermédiaire de Pallucchini et que W.R. Rearick faisait connaître cette année-là à l'occasion de conférences tenues à Venise et à Padoue (1976, 1977), dont le dessin se révélait être l'étude préparatoire. Pour K. Oberhuber comme pour W.R. Rearick, le dessin semblait de la même main et de la même époque que celui de Titien gravé par Giulio Campagnola pour la *Samaritaine* (cat. **128**), et cela ne pouvait être remis en question. K. Oberhuber (1976) revenait sur l'appartenance du dessin au groupe des œuvres les plus anciennes de Titien, et W.R. Rearick sur les affinités formelles du tableau avec la *Suzanne*. Middledorf avait remarqué que seul le saint, la table, le siège, l'arbre et le livre avaient les mêmes dimensions dans le dessin et dans la gravure, tandis que le reste avait subi des modifications, se transformant en interprétation plus libre à partir du modèle. A son tour, B.W. Meijer, (1974) en étudiant le revers de la feuille, s'apercevait que la partie du dessin correspondant exactement à la gravure avait été entourée au fusain, évidemment de la main de Marcantonio qui voulait renverser l'image pour pouvoir la reproduire à la gravure dans le même sens que le dessin; il était ainsi en mesure de démontrer qu'il s'agissait du dessin de Titien que Marcantonio avait eu entre les mains pour en tirer la gravure. K. Oberhuber, B.W. Meijer, W.R. Rearick étaient d'accord sur l'hypothèse selon laquelle Titien l'aurait à cette fin lui-même donné à Marcantonio, alors à Venise, et s'accordaient sur la date (Meijer: avant 1510; Rearick: 1509-10; Oberhuber: vers 1509), calculée sur la base du séjour vénitien de Raimondi, traditionnellement fixé aux années 1506-1509. La confirmation de la datation vers 1507 que je proposais en 1976 pour ce *saint Jérôme* et pour tout le groupe qui aboutissait à

la *Suzanne*, est venue des spécialistes du graveur bolonais, enclins à avancer de deux ans son arrivée à Rome. Sheard (1978, n° 56) mettait en lumière, dans la gravure représentant *Mars, Vénus et Cupidon* (B. XIV, 137, 345) et datée de décembre 1508, la façon dont le personnage de Mars était influencé par le *Torse du Belvédère*, et non par le dessin d'un autre artiste, mais sur la base d'une connaissance propre de la statue. Le torse, qui n'était plus dans la demeure de Bregno (mort en 1503), avait déjà, selon toute probabilité, été acquis par Jules II pour la cour du Belvédère où il se trouve effectivement pendant tout le siècle. Raimondi se trouvait donc peut-être à Rome avant décembre 1508. Trois ans plus tard, I.H. Shoemaker (1981, pp. 76-79) tendait à voir, dans le dieu Mars de cette gravure, un écho de l'interprétation que Michel-Ange pouvait avoir donnée de cette statue dans quelque dessin connu de Marcantonio, sinon à Rome, alors à Florence, et confirmait en conséquence l'anticipation de la date. L'hypothèse est la suivante: il aurait quitté Venise courant 1508, se serait arrêté à Bologne, puis à Florence pour étudier le carton de la *Bataille de Cascina* [les dessins exécutés à cette occasion donneront le *Grimpeur* (vers 1508) et les *Trois Grimpeurs* (1510)] pour ensuite rejoindre Rome dès l'automne ou juste après. Le séjour à Venise viendrait en conséquence se situer dans les années 1506-1508. Si cette hypothèse se tient, et elle ne me semble pas démentie par le catalogue de l'exposition de Bologne de 1988, publication dirigée par Faietti et Oberhuber, catalogue dans lequel il me semble comprendre que si le graveur n'est pas à Rome à la fin de l'année 1508, il n'est plus à Venise, Titien aurait donné son dessin à Marcantonio au plus tard pendant le printemps-été 1508. L'autre confirmation nous

a été apportée par les recherches de J. Anderson (1977) sur l'époque du *Christ portant la croix* pour la Scuola de San Rocco. J. Anderson a démontré que la peinture fut probablement exécutée entre le 25 mars 1508, alors qu'on venait de donner l'autorisation au marchand de soie Jacomo de' Zuanne d'établir le caveau de sa famille dans la petite chapelle della Croce à l'église San Rocco, de la meubler avec des bancs, et d'y faire le tableau d'autel, vraisemblablement le *Christ portant la croix*, et 1509, date de la consécration de la chapelle rapportée par Palferio. Si, comme le pense la spécialiste, le retable est de Giorgione (aucune preuve de cette paternité n'a malheureusement pu être mise en évidence), nous aurions une œuvre datée de 1509, fondamentale pour juger des orientations du peintre après le Fondaco. Mais ceux qui pensent que c'est Titien qui l'a peint devraient alors tous être d'accord sur le fait que la *Suzanne*, la *Lucrèce* ou le *Saint Jérôme* appartiennent à un autre chapitre de la jeunesse de l'artiste, tandis que la date proposée pour le *Portrait* Altman, le *Concert champêtre*, le petit retable de Mabrid, me semble confirmée sur la base de leur caractère contemporain du *Christ portant la croix*.

En 1954, la peinture fut restaurée sous la direction de Ruhemann qui rend compte de l'opération, l'année suivante, dans un article du *Burlington Magazine*. Ruhemann mentionne de nombreux repentirs révélés par les radiographies, l'un concernant la tête de Suzanne, située dans un premier temps à cinq centimètres environ plus à gauche, d'autres concernant la tête de Daniel, modifiée à plusieurs reprises et qui se présentait à un certain moment presque frontalement. En réalité, personne n'a jamais bien décrit l'état du tableau tel qu'il résulte de la campagne de radiographies. Daniel tourne la

Radiographie de l'ensemble. Clichés du laboratoire Glasgow Art Gallery and Museum, remontés par le Laboratoire de recherche des musées de France

tête, totalement exposée à la lumière, par-dessus son épaule dans la direction opposée au bras, tandis qu'il arrête du bras droit le jeune homme qui entraîne Suzanne. Il tourne la tête vers le soldat qui, de dos par rapport à nous, s'avance vers lui. Ce mouvement en « *contrapposto* » de la tête et du bras s'accompagne d'un dessin plus souple du bras lui-même et d'un développement plus frontal et placé en pleine lumière du manteau qui lui couvre les jambes. Le genou gauche est lui aussi en effet exposé à la lumière, toutefois la masse du manteau, est entièrement modulée par la lumière avec l'ébauche d'un pan de tissu souple et continu sur le devant du tableau. Dans la version finale, la tête, tournée vers le bras, se trouve dans l'ombre, touchée par la lumière seulement sur la pointe du nez, tandis que le bras et la jambe émergent de l'obscurité comme des éléments structuraux de la composition, comme si le premier projet était sacrifié à la nécessité de formaliser et de styliser davantage l'image. Toute l'énergie de Daniel est à présent concentrée dans le bras éclairé qui arrête le détachement de soldats. L'homme d'armes, vu de dos, est initialement plus ramassé sur lui-même : la tête surgit de derrière la masse du dos, le bras droit colle au buste et disparaît devant, le coude appuyé sur le genou, la tunique qui sort de dessous l'armure lui arrive jusqu'au mollet. Au niveau de la tête, on devine une toute première esquisse tracée bien plus haut. Ce n'est que dans un second temps que vient l'idée d'inscrire la figure dans une grande arcature, ce qui signifie libérer la jambe du vêtement, car cette arcature est établie précisément à partir du long profil de cette jambe, d'abaisser l'épaule droite en déplaçant vers l'extérieur le bras qui pointe à présent en direction de Suzanne, faire ressortir la tête en mettant le cou en relief. A ce stade, la tête du personnage finit par dépasser en hauteur celle de Daniel. Le changement est simultané avec Daniel : celui-ci rentre, recule, pourrions-nous dire, dans le tableau, et il est entièrement tourné vers le centre, tandis que la grande arcature formée par l'homme d'armes, passe par-dessus Daniel et clôt la composition de ce côté. Le pharisien vêtu de rouge avec le collier d'or se trouve initialement plus à gauche et plus bas. La capuche effleure le bord de la toile; il est ensuite reconsidéré de manière à participer lui-aussi à ce mouvement de convergence vers le centre. L'éventualité de la présence d'une autre tête dans cette zone n'est pas claire. Le changement intervenu pour la tête de Daniel implique que celle du vieillard chauve soit légèrement déplacée vers la droite, jusqu'à effleurer celle du jeune homme et paraître en pleine lumière. Nous verrons pourquoi. Le jeune homme s'élance davantage vers la gauche dans le premier projet, et l'écart entre la tête de profil et le buste paraît plus brutal et moins naturel. Puis le dessin s'adoucit, et il semble maintenant se balancer sur ses jambes. Cette correction est certainement complémentaire de celle apportée au personnage de Daniel, car il doit maintenant opposer une résistance à l'éner-

gie du prophète, au bras qui l'arrête, au regard de ce visage situé dans l'ombre. En conséquence, le personnage se positionne mieux sur ses jambes et se dispose à dialoguer, assisté à présent du scribe qui est l'interprète de la loi sur le principe de laquelle Suzanne a été condamnée à mort. En conséquence, le profil du jeune homme, lui aussi, exposé à la lumière, sort davantage de dessous les cheveux et le couvre-chef dont le dessin est modifié à cet effet, couvre-chef que le jeune homme portait initialement plus horizontalement et appuyé sur le front, maintenant rejeté en arrière pour recouvrir la nuque. Le déplacement de Suzanne de cinq centimètres environ vers la droite, observé par Ruhemann, est évidemment lié au fait que l'artiste a reconsidéré Daniel et le soldat vu de dos, et donc au besoin de mieux équilibrer le mouvement de Daniel vers la droite, soulignant en même temps la centralité, le rôle de protagoniste joué par le jeune officier. Même par rapport à la seconde position de la tête de Suzanne, une retouche ultérieure intervient dans la version finale, concernant la rotation de la tête et ayant pour but de rendre plus lisible l'inscription du personnage et de la tête au sein de l'arcature. On voit également un repentir dans le dessin du drapé de couleur verte : initialement, le bord supérieur monte sur la hanche et descend vers le nœud au niveau du bassin, tandis que le bord inférieur descend plus bas, sous le doigt de la main. Titien a de toute évidence ressenti le besoin de réduire cette zone de couleur criarde. Il n'est pas certain que le corsage ait été compartimenté et bordé : on voit en effet la trace d'une tunique qui traverse le buste. En conséquence, je n'exclus pas le fait que, dans un premier temps, le bras droit de Suzanne ait été visible en raccourci, tandis qu'il disparaît ensuite derrière le buste.

Disons pour conclure, que la nécessité de donner de l'importance aux éléments structuraux et architectoniques de la composition prévaut dans le déroulement de l'exécution du tableau, mais ceci dans le but d'exalter le noyau dramatique de l'histoire, la brusque intervention de Daniel pour arrêter le détachement d'hommes d'armes, résumée par la rencontre conflictuelle des deux jeunes gens, dont les gestes sont essentiels, ainsi que les regards échangés. La grille des éléments structuraux est, maintenant, pleinement en évidence ; ce qui est génial, c'est d'avoir reconsidéré les deux personnages de manière à parvenir à ce face-à-face de gestes péremptoires qui se découpent dans la lumière, mais ce qui est encore plus génial c'est d'avoir placé la tête du jeune prophète dans l'ombre, de l'avoir soustraite au face-à-face avec le profil éclairé de son adversaire, la rendant plus mystérieuse et insondable. Il est extraordinaire que Titien ait découvert, à la fin du processus de création de cette œuvre, et ceci pour la première fois peut-être, le grand thème qui lui est si familier, du face-à-face dramatique des têtes de personnages, du dialogue, un face-à-face qui est aussi fait de gestes puis-

sants ou délicats, quoi qu'il en soit significatifs, et d'un contact physique, mais surtout de regards, et qu'il en ait fait le protagoniste du tableau. C'est ici que voit le jour le dialogue entre le musicien et le berger du *Concert champêtre*, (cat. **43**) entre le joueur d'épinette et le violoniste du *Concert* de la Galleria Palatina (cat. **45**), entre le Christ et la canaille du *Tribut*. L'amputation qu'a subie le tableau en a grandement altéré la lecture, nous empêchant de percevoir avec exactitude le dynamisme de Suzanne par contraste avec l'homme d'armes vu de dos à droite, la place excentrée occupée par Daniel, comme l'histoire l'exige et telle qu'elle apparaît de manière constante dans les représentations, la scansion des plans, c'est-à-dire la disposition des personnages sur des plans différents, à commencer par celui qui manque et qui était le plus à l'extérieur, finissant par placer au centre de l'image le dialogue entre Daniel et l'officier, tandis que c'est ce cernier qui devait être le cœur du tableau, Daniel et Suzanne à ses côtés, occultant aussi partiellement la belle trouvaille du sentier de terre battue sur lequel marche le groupe d'hommes d'armes.

A.B.

page 57

42 b

Tiziano Vecellio, dit Titien
Pieve di Cadore, vers 1488/1490 - Venise, 1576

Tête d'homme
(fragment), vers 1507
Toile. H. 0,47; L. 0,406
GLASGOW, ART GALLERY AND MUSEUM

HISTORIQUE
Coll. Arthur Sachs en 1928; Mrs. D.M. Alnatt en 1962; acquis par le musée le 30 juin 1971 (vente Sotheby's, Londres).
EXPOSITIONS
Cambridge (Mass.), 1953; Cleveland, 1956-57; Londres, 1980, n° 12; Londres, 1983-84, n° 36.
BIBLIOGRAPHIE
Berenson, 1928, pp. 147-154.

Ce tableau a été publié par Berenson (1928) comme étant un fragment de *Suzanne et Daniel*. Voir la notice précédente pour l'étude critique.

page 59

43

Tiziano Vecellio, dit Titien
Pieve di Cadore, vers 1488/1490 - Venise, 1576

Le Concert champêtre
vers 1509
Toile. H. 1,05; L. 1,365
En 1683, H. 1,30; L. 1,46
En 1709, H. 1,21; L. 1,69
PARIS, MUSÉE DU LOUVRE,
DÉPARTEMENT DES PEINTURES

HISTORIQUE
Coll. de Jabach; vendu à Louis XIV en 1671; coll. de Louis XIV.

EXPOSITIONS
Paris, 1945, n° 67; Venise, 1955, n° 46, Paris, 1966, n° 9; Paris, 1976 (Louvre), n° 1; Paris; 1981-82, n° 4; Berlin, 1983, n° 2.

BIBLIOGRAPHIE
Richardson, 1722, p. 8; Crozat, 1742, II, pl. 138; Lépicié, II, 1754, p. 46; Schlegel, 1803 (éd. Eichner, 1959, p. 19); Lavallée, 1804, III, pl. 213; Landon, 1824 (2ᵉ éd.), *Éc. it.* IV, p. 48; Nagler, 1835, p. 252; Waagen, 1837-1839, III, pp. 461 ss.; Ruskin, 1844 (éd. 1956, p. 315); Villot, 1849, I, n° 44; Crowe et Cavalcaselle, 1871, II, pp. 146-147; Pater, 1877 (éd. Hill., 1980), p. 114; Morelli et J.-P. Richter (1878 [lettres]), 1960, pp. 39, 46; Lermorlieff [Morelli], 1880 (éd. 1886, p. 163); Burckhardt (1880-1883 [lettres]), 1949-1974, VII, p. 210, VIII, p. 108; Lermorlieff [Morelli], 1891, p. 283; Wickhoff, 1893, p. 135; Gronau, 1894, p. 332; Berenson, 1894 (3ᵉ éd. 1897, p. 108); Berenson, 1897, p. 274; Engerand, 1899, pp. 64-65; Cook, 1900, pp. 39-42, 131; Gronau, 1900 (éd. anglaise, 1904, p. 35); A. Venturi, 1900, p. 133; Jacobsen, 1902, p. 180; Della Rovere, 1903, p. 94; Monneret de Villard, 1904, p. 57; Schmidt, 1908, p. 117; Gronau, 1908, p. 428; von Boehn, 1908, p. 66; Justi, 1908, I, pp. 21, 107, 141-146; 336; Wickhoff, 1909, p. 39, n° 2; Ricketts, 1910, pp. 24-25; Borenius, 1912, p. 28 note 1; Phillips, 1912, pp. 270-272; Reymond, 1913, pp. 431-436; Ricci, 1913, n° 1136; L. Venturi, 1913, pp. 163-166, 369; L. Venturi, 1914, p. 171; Hourticq, 1914, pp. 81-100, 1919, pp. 1-31; Gronau, 1921, p. 88; Hervey, 1921, p. 479; Hartlaub, 1925, p. 56; Hautecœur, 1926, n° 1136; Schubring, 1926, p. 71; Justi, 1926, I, pp. 223-238, II, pp. 95, 140, 217; Kurth, 1926-27, pp. 288-293; Hartlaub, 1927, p. 251; Longhi, 1927 (éd. 1967, pp. 234-235, 237); A. Venturi, (*Giorgione*) 1927, p. 130; Justi, 1927-28, pp. 79-84; Heinemann, 1928, pp. 34 ss.; Conway, 1929, pp. 39, 56; Sargeaunt, 1929, pp. 164-186; Hourticq, 1930, p. 27, 150; Berenson, 1932, p. 233; Richter, 1932, p. 123; Ferriguto, 1933, p. 356; Hermanin, 1933, pp. 34, 159, 165; Suida, 1933 (éd. italienne), pp. 26, 148; Wilde, 1933, p. 106; Berenson, 1936, p. 200; Mather, 1936, p. 202; Tietze, 1936, I, p. 85; Clark, 1937, p. 205; Gombosi, 1937, (*Palma*) p. XI; G.M. Richter, 1937, pp. 87, 232;

Hetzer, 1940, p. 161; Fiocco, 1941, pp. 33-36; Dussler, 1942, p. 17; Morassi, 1942, p. 129; Oettinger, 1944, p. 120; Pallucchini, 1944 (*Sebastiano*), p. 26; Pallucchini, 1944 (*Pittura*), I, p. XII; Tietze et Tietze-Conrat, 1944, n° 1928; Rannells, 1945, p. 370; Longhi, 1946 (éd. 1978, pp. 19, 58); Clark, 1949, p. 59; Langton Douglas, 1950, p. 32; Morassi, 1951, p. 216; Christoffel, 1952, p. 80; Nordenfalk, 1952, p. 106; Pallucchini, 1953, pp. 60-63; Hartlaub, 1953-54, p. 82; Gamba, 1954, p. 174; Hendy, 1954, p. 170; Hulftegger, 1954, p. 127; Morassi, 1954, p. 185; L. Venturi, 1954, p. 50; Castelfranco, 1955, pp. 308-309; Coletti, 1955, pp. 45, 60-61; Dell'Acqua, 1955, pp. 56-57; Della Pergola, 1955, pp. 39-42; Hours, 1955, p. 310; Justi, 1955, p. 181; Pignatti, 1955, pp. 97-99; 136-137; Robertson, 1955, p. 276; Zampetti, 1955 (*Giorgione*), pp. XXX, 104; Zampetti, 1955 (*Postille*), p. 68; Dussler, 1956, p. 3; Ferriguto, 1956, p. 248; Suida, 1956, p. 126; Baldass, 1957, p. 124; Berenson, 1957, p. 84; Fedal, 1957; Fehl, 1957 (éd. 1992, pp. 18-29); Drost, 1958, p. 47; Klauner, 1958, p. 142; L. Venturi, 1958, col. 212; Egan, 1959, pp. 303-313; Gould, 1959, p. 36; Paatz, 1959, p. 13; Hartlaub, 1960, p. 80; Valcanover, 1960, I, pp. 15, 48; Baldass, 1961, p. 82; Salvini, 1961, p. 231; Kennedy, 1963, p. 11; Volpe, 1963, s.p.; Baldass et Heinz, 1964, pp. 55, 163; Bonicatti, 1964, pp. 87, 196; Braunfels, 1964, pp. 24-26; Hours, 1964, p. 155; Morassi, 1964, p. 16, pl. I; Mirimonde, 1966, pp. 277-279; Künstler, 1966, p. 140; Morassi, 1966, col. 18; Turner, 1966, p. 98; Klein, 1967 (éd. 1975, pp. 200-211); Morassi, 1967, p. 188; Valcanover, 1967, p. 268; Wind, 1967, p. 143 note 7; Ballarin, 1968(1), p. 37; Zampetti, 1968, p. 95; Clark, 1969, pp. 113-114; Gould, 1969, p. 208; Pallucchini, 1969, I, pp. 9, 20-22, 239; Pignatti, 1969, p. 129 n. A 42; Valcanover, 1969, p. 93; Wind, 1969, pp. 7, 19, 41; Calvesi, 1970, pp. 182-183, 206; Bonicatti, 1971, pp. 226-227; Freedberg, 1971, p. 89, 477; Haskell, 1971, pp. 141-153; Wethey, 1971, p. 92; von Einem, 1972, pp. 46-48; Moretti, 1973, p. 105; Oberhuber, 1973; p. 415; Pochat, 1973, p. 415; Fischer, 1974, p. 71; Waterhouse, 1974, pp 20-22; Wilde, 1974, p. 20; Heydenreich et Passavant, 1975, p. 287; Tschmelitsch, 1975, pp. 57, 288-302; Wethey, 1975, pp 10-15, 167; Hornig, 1976(1), pp. 20, 88; Hornig, 1976(2), pp. 887-894, 926; Hours, 1976, pp. 30 ss.; Oberhuber, 1976, pp. 31, 84-86, 177, 124; Rearick, 1976(1), p. 93; Ballarin, 1977, p. 71; Brown, 1977, p. 38; Chastel, 1977, pp. 15-16; Dell'Acqua, 1977, p. 207; Lee, 1977, p. 48; Pallucchini, 1977, pp. 20-21, Rearick, 1977, p. 181; Zampetti, 1977, p. 31, 33; Anderson, 1978, pp. 72-73; Bonicatti, 1980, pp. 465, 467, 468; Ballarin, 1980, pp. 489-499; Ballarin, 1981, p. 29; Buckley, 1978, pp. 47-80; Oberhuber, 1978, p. 117; Pallucchini, 1978, p. 31; Pignatti, 1978(2), pp. 34, 40-41; Pignatti, 1978(1), p. 133; Rosand, 1978, pp. 13, 16;, Salvini, 1978, p. 98; Valcanover, 1978(1), p. 49; Valcanover, 1978(2), p. 150; Zampetti, 1978, p. 93; Brandi, 1979; p. 81; Chastel, 1979, p. 9; Fomiciova, 1979, pp. 160-161; Hartt, 1979, p. 596; Muraro, 1979, p. 176; Pignatti et Chiari, 1979, p. 8 et pl. XIV; Tanner, 1979, pp. 61-66; Volpe, 1979, pp. 221-223; Winternitz, 1979, p. 50; Hope, 1980(2), p. 40 note 19; Lucco, 1980, p. 137; Brejon de Lavergnée et Thiébaut, 1981, p. 245; Hirst, 1981, p. 78; Krumrine, 1981, pp. 5-9; Rosand, 1981, p. 307, note 12; Benzi, 1982, pp. 183-187; Chastel, 1983, s.p.; Broun, 1986, pp. 29-38; Brejon de Lavergnée, 1987, pp. 254-255 (n° 205); Francastel, 1987, pp. 215-221; Hornig, 1987, pp. 215-219 (n° 25); Wethey, 1987, pp. 153-154; Wollheim, 1987, pp. 310-315; Chiari Moretto Wiel, 1988(1), pp. 64-66; Rosand, 1988, pp. 30-45; Zampetti, 1988, p. 13; Chiari Moretto Wiel, 1989, pp. 15, 18; Gentili, 1990, p. 65; Emison, 1991, pp. 195-196; Emison, 1992, pp. 281-282, 286-287; Fenlon, 1992, p. 194.

Apparu pour la première fois dans la collection de Jabach (Grouchy, 1894, p. 23 [n° 44]), le *Concert champêtre* aurait fait partie du lot de tableaux de cette collection vendus directement à Louis XIV en 1671 (Hulftegger, 1954). Il est mentionné ensuite dans l'inventaire le Brun de 1683 (n° 205) comme un Giorgione. Selon Villot (1849) et Engerand (1899), il aurait été vendu par Jabach à Mazarin, mort en 1661, et par ce dernier au roi : mais cette information est démentie par les études de Hulftegger sur l'inventaire Le Brun, où elle a reconnu « un ordre chronologique de prise en charge » (1954) qui permet de dire que le lot des 101 tableaux de Jabach acquis en 1671 est entièrement compris entre les numéros 193 et 293 : le *Concert champêtre* y figure au n° 205; par conséquent, le passage du premier tome des *Entretiens* imprimé en 1666 où Félibien mentionne « dans le Cabinet du roy [...] un tableau de plus de quatre pieds de long, sur trois pieds demy de haut, composé de plusieurs figures si admirablement peintes, qu'on les prend souvent pour être du Corège, tant le Giorgion s'est surpassé lui-même dans cet Ouvrage » (éd. Trévoux, 1725, I, p. 273) dont F. Haskell (1971) s'était déjà demandé s'il pouvait se référer au *Concert Champêtre* et que Brejon a mis explicitement en relation avec la *Sainte Conversation* de Sebastiano del Piombo (cat. **36**), il ne peut que se référer au tableau de Sebastiano alors attribué à Giorgione, et entré dans la collection du roi avant 1666. Le contrôle des dimensions (113,7 × un peu plus de 130 cm pour le tableau vu par Félibien) pourrait nous laisser incertains : le *Concert champêtre* mesurait 130 × 146 cm en 1683, mais il est probable qu'il conservait encore son format original, à peu près celui actuel de 105 × 136,5 cm, au moment de son entrée dans les collections de Louis XIV, à en juger d'après les dessins de De Bisschop et la gravure de Blooteling, dont nous parlerons plus loin. La *Sainte Conversation* mesure aujourd'hui 95 × 136 cm, mais 113 × 135 cm en 1683, et nous ne savons pas quand sa hauteur a été augmentée; la vérification des mesures n'est pas déterminante, tandis que pourraient l'être leurs différentes dates d'entrée dans les collections royales, et en ce sens, la *Sainte Conversation* (cat. **36**) a plus de chances d'être le tableau dont parle Félibien. Le *Concert champêtre* décore l'appartement du duc d'Antin, de 1715 à 1736, puis il revient à Versailles; il est déposé par la suite à la Surintendance des Bâtiments (inventaire Du Rameau, 1788), où il restera jusqu'à son transfert au Louvre, en septembre 1792.

A propos de son histoire avant Jabach, la provenance, longtemps accréditée de la collection Gonzague à Mantoue, vendue en 1627 au roi Charles Iᵉʳ d'Angleterre − provenance qui avait fait espérer que la commanditaire ait été Isabelle d'Este elle-même (Justi, 1908; Waterhouse, 1974) − n'est aucunement prouvée par les inventaires détaillés des deux collections, et semble trouver son origine, au moins quant à la provenance anglaise, chez Mariette (Haskell, 1971). P. Egan (1959) a observé que cette provenance mantouane et anglaise est une pure légende. Quelques années auparavant, Hulftegger (1955) avait repris une hypothèse alternative formulée par M. Hervey en 1921 et acceptée ensuite par beaucoup d'historiens : on ne peut exclure que le tableau provienne de la collection de Thomas Howard, comte d'Arundel (1585-1646). Un argument en faveur d'une telle provenance serait la position qu'il occupe dans l'inventaire Le Brun, immédiatement avant les *Portraits* de Holbein aujourd'hui au Louvre et qui avaient la même origine, les numéros 206 à 211. Haskell a confirmé à son tour le caractère infondé de la provenance Mantoue-Angleterre et a appelé l'attention sur l'existence de deux dessins d'après le *Concert champêtre* du Hollandais Jan de Bisschop (1621-1671) (Fondation Custodia de Paris; Rijksuniversteit Prentenkabinet de Leyde, le dernier daté du 16 janvier 1668), et d'une gravure en contrepartie du Hollandais A. Blooteling (1640-1690), et aussi d'un tableau «représentant des joueurs de luth et des femmes, très artistique et remarquablement beau» provenant de la collection de lady Arundel, vendu à Amsterdam en 1684 comme tableau de Giorgione, dont l'historien n'exclut pas qu'il ait pu être une copie du *Concert* du Louvre. Tout cela pourrait être l'indice, selon F. Haskell, de la présence du tableau en Hollande, dans la collection de la comtesse d'Arundel, venue d'Angleterre en Hollande (Amersfoort puis Amsterdam) en 1643. Jabach aurait pu acheter le tableau à ses héritiers à l'occasion de la vente de la collection à Utrecht en 1662. Wethey (1975) a repoussé la provenance mantouane et présenté l'hypothèse hollandaise comme très probable.

Deux observations doivent être faites. Les dessins de De Bisschop, et bien sûr la gravure de Blooteling, sont réalisés à un moment où le tableau n'était plus en Hollande, mais à Paris — le dessin Lugt n'est pas daté, mais Van Gelder (1971 [éd. 1972] p. 15, note 58) le date comme l'autre, aux alentours de 1668; par conséquent, ou bien l'artiste hollandais a reproduit le *Concert champêtre* d'après une copie existant en Hollande dans la seconde moitié du siècle (ce pourrait être celle de lady Arundel vendue en 1684) ou bien il a copié l'original à l'occasion d'un séjour à Paris, dont on ne garde d'ailleurs aucune trace et auquel Van Gelder, dans son étude sur De Bisschop de 1971 ([éd. 1972], pp. 11-12) ne semble pas accorder beaucoup de crédit. Il met toutefois l'accent sur l'invitation que le médecin Christian Huyghens, frère du peintre Constantin le Jeune, adresse de Paris, en janvier 1661, à De Bisschop pour qu'il vienne y faire des dessins d'après les tableaux qui allaient être exposés dans la bibliothèque de Mazarin, mais «on n'a trouvé à ce jour aucune preuve décisive qu'il ait répondu à l'invitation. Il existe des copies, vraisemblablement de lui, d'après des tableaux qu'il n'a pu voir qu'à Paris, mais elles pourraient aussi bien avoir été faites d'après des copies de quelqu'un d'autre, dont on n'a pas plus de traces». L'historien cite comme exemple les copies du

Concert champêtre et la copie (Amsterdam, coll. Van Regteren Altena) de la *Judith* de Giorgione, qu'il croit, à tort, appartenir alors à la collection de Jabach : le tableau était en France depuis longtemps lorsque Crozat en fit l'acquisition (Mariette) mais n'est jamais passé, pour autant qu'on le sache, par les mains de Jabach. Fomiciova (1973, pp. 417, 420) supposait même que cette copie avait été faite à l'occasion d'un voyage de De Bisschop en Italie au cours des années 1650. L'existence d'un dessin d'après la *Judith*, tableau qui n'a jamais été à Amsterdam, ne peut qu'influencer les conclusions sur le sens à donner aux dessins d'après le *Concert champêtre* : ils ne peuvent prouver la présence de l'original en Hollande entre 1643 et 1662.

E. Buckley (1978), qui a étudié le problème de la provenance du *Concert champêtre* et confronté les deux dessins et la gravure, entre eux et avec le tableau qu'ils copient, en a conclu que «la présence, dans les trois, d'un étang [à droite de la femme assise], absent dans le tableau du Louvre, me semble démontrer que les trois copies ont été faites d'après une copie où une zone indéfinie dans l'original du Louvre était rendue par le copiste avec de l'eau». E. Buckley cite le cas, qui pourrait être analogue, du dessin de Bisschop d'après les *Trois Ages* de Titien (localisation inconnue : Van Gelder, fig. 52), fait à partir de la copie, ou d'une autre version autographe, présente dans la collection de lady Arundel et dans l'inventaire de 1655 (Cox, 1911, p. 304: «Titien. Un pasteur avec une femme et trois putti»). Un autre argument est rappelé par Brejon (1987): dans la liste de tableaux compilée en 1655 à Amsterdam, après la mort de lady Arundel (1654), figure sous le nom de Giorgione un *Bain de femmes* (Cox, 1911, p. 284) que Hervey commentait ainsi : «Pourrait-il être le *Concert* du Louvre?» Brejon, à partir de cela et des autres indices rappelés plus haut, semble considérer comme certaine la provenance de la collection de Thomas Howard. Mais pouvons-nous réellement être sûrs que le tableau décrit est le *Concert champêtre*? Dans la liste de 1655, on a plus de trente tableaux attribués à Titien, dont certains sous le titre de *Musique*, et quinze à Giorgione. Il faut ajouter que même le tableau de Giorgione vendu en 1684, mis à part le fait qu'il est qualifié d'exceptionnellement beau, pourrait tout aussi bien être que ne pas être une copie du *Concert champêtre*, et nous ne savons même pas s'il était vraiment de Giorgione, ou de Palma Vecchio, ou d'un giorgionesque de la même période. En réalité, l'histoire du tableau avant Jabach reste enveloppée de mystère. E. Buckley (1978) est du même avis : «Certes il serait agréable, après avoir retiré les noms illustres de Mantoue et de Charles Iᵉʳ à l'histoire de la *Fête champêtre*, de les remplacer par celui, tout aussi célèbre, du comte d'Arundel; mais il n'existe aucune raison décisive de le faire.»

Pastorale, tel est le titre du tableau dans l'inventaire Le Brun (1683) et pendant tout le XVIIIᵉ siècle; *Concert* ou *Fête champêtre*, celui

qui prévaudra à partir du début du XIXᵉ. Pour le XVIIIᵉ siècle, il faut mettre l'accent, à côté de la brève annotation de Richardson (1722): «Giorgione : quatre figures, manière brillante, bien conservé», sur le commentaire de Mariette dans le *Recueil d'estampes* (1742) : «[...] ce grand Peintre (Giorgione) y a représenté dans une campagne agréable, des gens qui forment un concert; mais sacrifiant à l'Art les règles de la bienséance, il a hazardé d'y introduire, sans trop de raison, des femmes nues qui accompagnent deux jeunes hommes vêtus suivant la mode qui était en usage en Italie dans le commencement du seizième siècle. Il est vrai qu'au moyen de cette licence, il a pu faire valoir tous ses talents pour la couleur; car les étoffes qu'il a employé aux habits de ces deux jeunes gens sont de nature à faire beaucoup valoir les carnations des deux figures nues, qui sont sur le premier plan du Tableau.» F. Haskell (1971) a retracé la fortune du tableau aux XVIIIᵉ et XIXᵉ siècles, à travers ses copies et ses reflets chez les peintres français et anglais, de Watteau à Turner, Delacroix et Manet : elle oscille entre l'enthousiasme et quelques critiques moralisantes. Il a montré comment, dans la France de Delacroix, Courbet, Corot et Manet, on y voit une «tranche de vie» moderne, comment on le copie en tant que tel, mais aussi comment l'attention que lui porte Dante Gabriele Rossetti au milieu du siècle, et qui aboutit au sonnet *For a Venetian Pastoral by Giorgione*, finit par déplacer dans une autre direction, qui sera celle des peintres préraphaélites, de Pater et John Addington Symonds, l'appréciation portée sur le tableau et la personne même de Giorgione.

Le tableau, au moment même où il jouit d'une si grande popularité auprès des lettrés, des poètes et des peintres (le *Déjeuner sur l'herbe* est de 1863; l'essai de Pater, *The School of Giorgione*, de 1877) est mal compris par les premiers grands connaisseurs de la peinture italienne. Waagen (1837-1839) le juge trop faible pour un Giorgione et l'attribue à Palma Vecchio; Crowe et Cavalcaselle (1871), à un imitateur anonyme de Sebastiano del Piombo. En marge de sa copie à l'aquarelle dans les carnets conservés à la Biblioteca Marciana, Cavalcaselle note le nom de Morto da Feltre. Wickoff (1893, 1909), von Seidlitz et encore Gronau (1894), parlent de Domenico Campagnola. Dans son *History*, c'est la comparaison avec le *Concert* du Palazzo Pitti (cat. **45**) qui semble à Cavalcaselle mettre en évidence les différences de qualité et de technique picturale : «Dans l'un, dessin parfait, forme aristocratique, empâtement sobre et subtiles modulations; dans l'autre, dessin négligent, substance fluide, épaisseur uniforme de texture, formes rebondies, séduisantes, mais manquant de noblesse.» La richesse de la couleur et le paysage lui paraissent être les meilleures qualités du tableau, mais Giorgione aurait peint avec plus de noblesse de sentiment et sans les défauts formels. Dans les brouillons de l'*History* conservés à la Biblioteca Marciana, l'accent est mis sur le réalisme excessif de l'imitation, sur les défauts du dessin, sur le manque d'élévation, sur la technique picturale : « [...] nous avons un ton quelque peu bas de teinte, qu'on dirait être celui de quelqu'un qui s'inspire plutôt du ton de Sebastiano que de celui de Giorgione. La touche du pinceau a une teinte grasse et peut-être excessivement grasse (...) » (Moretti, 1973). Il est singulier qu'il insiste sur l'influence de Corrège dans le paysage, à partir d'observations faites sur la technique picturale.

On a vu comment l'attribution traditionnelle à Giorgione était bien près d'être remise en cause. Le témoignage le plus ancien en ce sens et qui mérite d'être jugé plus attentivement ailleurs est offert par un jugement de Friedrich Schlegel (1803), remarqué par Erik Fischer (1974). Lorsque Schlegel est à Paris, en 1802, et visite le Louvre, il voit, non pas dans les salles du musée, mais dans l'atelier de restauration, un tableau qui ne me semble pas pouvoir être un autre que le *Concert champêtre*, et en parle comme d'un tableau de Titien de la première manière, en le comparant avec les deux *Vierges à l'Enfant* qu'il vient de voir exposées dans les salles et qui appartiennent à la jeunesse du peintre, la *Vierge au lapin* (cat. **160**) et la *Vierge avec sainte Agnès*, aujourd'hui à Dijon. Le passage de la lettre que j'imagine avoir été écrite de Paris à un ami de Dresde à l'automne 1802 (1803), est le suivant : « *J'ai vu, dans une pièce où on était et en train de restaurer des tableaux, une autre belle peinture de Titien, certainement de sa première manière, et à la même échelle réduite que les deux Madones dont j'ai parlé plus haut. Elle représente quelques femmes nues dans un paysage, où des hommes sont assis par terre et font de la musique. Les formes féminines sont plutôt larges et opulentes, mais l'exécution est vigoureuse. Je crois qu'on peut, à ce propos remarquer une caractéristique générale de ce peintre : sa propension pour les carnations sensuelles ne le conduit pas, contrairement à Corrège, à représenter la chair en transparence et par conséquent à exprimer et à susciter en nous le sentiment de la lascivité; Titien cherche au au contraire, à travers les formes opulentes, à imposer à nos yeux la solidité, la masse et la diversité la plus pure de la couleur. En revanche, la recherche d'une telle transparence conduit inéluctablement Corrège loin de la carnation idéale et l'oblige à rendre la vraie couleur d'origine de la chair par des ombres qui tendent au vert au bleu ou au rouge.* » Titien exprime sa propension pour les carnations sensuelles sans susciter en nous aucune sensation érotique, car à travers l'opulence des formes, il n'impose à nos yeux que la masse et la plus pure réalité de la couleur, à l'inverse de Corrège, qui, en cherchant à rendre la transparence des chairs et leur vraie couleur avec des ombres colorées, s'éloigne d'une conception idéale de la carnation. Schlegel, en mettant l'accent sur un langage qui s'exprime essentiellement par masses chromatiques, ouvre une période de lecture des valeurs formelles de l'œuvre qui laisse de côté « les règles de la bienséance » et toute idée de « licence » prise envers ces règles, il va au cœur des raisons qui ont conduit la critique du XXᵉ siècle à miser sur le nom de Titien.

Je n'arrive pas pour le moment à saisir le contexte du témoignage de Schlegel, qui survient comme la foudre dans un ciel serein. Quelques années après, Landon, dans les *Annales du Musée*, reproduira le tableau (IV, pl. 29) comme de Giorgione. Il est cependant probable que dès cette époque on ait proposé le nom de Titien. En 1878, le peintre J.-J. Henner peut dire que « les gens prétendent maintenant qu'il est de Titien » (cité par Haskell, p. 153). Il est possible que cette même année, il soit apparu à J.-P. Richter, qui l'a étudié à Paris, comme l'œuvre d'un maître plus récent que Giorgione, et identique à un Titien qu'il vient de voir à Hampton Court (lequel ?), comme il le dit dans une lettre du 24 mars 1878 adressée de Londres à son ami Morelli. Ce dernier, dans sa réponse du 5 avril, se dit profondément convaincu qu'il s'agit d'une des œuvres les plus caractéristiques et les plus estimables de Giorgione, datant de 1508-1510, lui indique la citation qu'en fait Titien dans le *Saint Antoine guérit un jeune homme*, et précise que dans ce cycle de fresques de Padoue, Titien se montre encore fasciné par l'esprit de Giorgione, que cette influence de Giorgione durera jusque vers 1520 et que sont peints, dans ce style les *Trois Ages de l'homme*, *L'Amour sacré et l'Amour profane*, les quatre (sic) *Bacchanales*, la *Sainte Conservation* du Palazzo Balbi de Gênes. Dans le texte imprimé en 1880, il le classe parmi les œuvres de Giorgione : « merveilleuse idylle malheureusement très abîmée par la retouche ».

Berenson fait de même dans ses premières listes vénitiennes (1894) et dans toutes celles qui suivent (1932, 1936, 1957). Le *Concert champêtre*, attribué à Giorgione par les autorités conjuguées de Morelli et de Berenson, est traité comme une œuvre hautement significative de la dernière manière du peintre dans les monographies de Cook (1900) et de Justi (1908, 1926). Gronau lui-même (1900) le considère désormais comme un Giorgione et en parle, dans sa monographie sur Titien, lorsqu'il traite des *Trois Ages de l'homme* et de *L'Amour sacré et l'Amour profane*, comme d'un « incomparable tableau de Giorgione, plein d'une beauté rêveuse, à la fois le modèle de ce style [celui de Titien dans les deux tableaux en cause] et sa plus parfaite expression ». Dans les *Kritische Studien* (1908), il le date comme les fresques du Fondaco dei Tedeschi, vers 1508, donc après le petit retable du Prado, qui remonte à 1506-1508.

En ce début de XXᵉ siècle, si marqué par l'autorité de Morelli et de Berenson, il faut mettre l'accent sur les notes laconiques de Wilhelm Schmidt, qui témoignent d'une pensée très indépendante. Cariani, Palma, Catena, Licinio, sont des entités aux contours encore mal définis et elles finissent par absorber des tableaux qui ne semblent pas trouver leur place chez Giorgione et Titien, dont l'historien préfère donner des profils secs, assurément en opposition avec les dimensions que prend le catalogue de Giorgione dans les monographies de Cook et de Justi. Il faut remarquer qu'il attribue à Titien : le petit retable du Prado (« une

œuvre de jeunesse de Titien »), probablement plus ancien que la *Zingarella* elle-même, mais une œuvre où certains éléments annoncent de façon triomphale la fin du Quattrocento et l'arrivée de la *Hochrenaissance* à Venise; le *Concert champêtre*, proche des fresques de Padoue; le *Christ portant sa croix* de San Rocco, à propos duquel se créait à l'époque une certaine unanimité autour du nom de Giorgione, défendu par Berenson (1894), Cook (1900) et Justi (1908); le *Concert* du Palazzo Pitti (cat. **45**).

Ricketts (1910), peu satisfait par l'idée d'un *Concert champêtre* entièrement de la main de Giorgione, se demande, face à certaines particularités techniques du tableau : « Titien n'a-t-il pas collaboré à l'œuvre ? ». Phillips (1912), quant à lui, avance l'hypothèse d'un paysage achevé par Palma Vecchio. La réaction de Lionello Venturi (1913) contre le « pangiorgionisme » de Cook et de Justi est plus affirmée, même si ses analyses, comme le fera remarquer Hourticq (1919), sont trop exclusivement sentimentales. L'historien construit un moment intensément giorgionesque chez Sebastiano del Piombo, entre le retable de San Giovanni Crisostomo (cat. **37**), et le départ pour Rome; après *Suzanne et Daniel* (cat. **42**) de Glasgow et le *Jugement de Salomon* (cat. **33**) de Kingston Lacy, le *Concert champêtre* en serait le fruit le plus mûr. Une telle opération laisse perplexe aujourd'hui. En particulier, on ne comprend pas comment reconnaître l'esprit et la main de cet autre élève de Giorgione dans la *Pastorale* du Louvre. Cela venait peut-être de ce que Venturi héritait de Calvalcaselle quelques réserves (du reste déclarées) quant aux qualités du tableau. L'attribution à Sebastiano del Piombo avait d'autre part été proposée par Adolfo Venturi dans la *Galleria Crespi* (1900).

C'est donc Hourticq qui inaugure un nouveau chapitre de l'histoire du tableau, après celui ouvert par Morelli. On a parlé de la prise de position de Schmidt, mais les trente pages de l'historien français tendant à démontrer la paternité de Titien ont un tout autre poids que les quelques lignes de l'historien allemand, dont la contribution ne figure d'ailleurs pas dans l'utile bibliographie que Hourticq met à la fin de son livre. Exécuté en 1511-1512, le tableau aurait été retouché plus tard, vers 1530, au moment où Titien décide d'en faire cadeau à Federico Gonzaga. Hourticq voudrait en effet l'identifier avec le tableau des femmes nues au bain, dont on sait qu'il était dans l'atelier de Titien, « mais seulement dessiné », en même temps que la *Vierge au lapin* (cat. **160**), en février 1530, deux œuvres que Federico attendait avec impatience. « Cette hypothèse d'une œuvre de jeunesse abandonnée par le peintre et reprise par lui dans sa maturité, n'est pas justifiée seulement par le désir de reconnaître le *Concert champêtre* dans un tableau de Titien signalé en 1530. Elle doit être retenue parce qu'elle explique les contradictions internes de ce chef-d'œuvre, cette inégalité d'exécution qui nous a, un moment, arrêtés à l'hypothèse d'une collaboration entre deux peintres [...]. Mais si, par sa couleur grasse et chaude, le *Concert champêtre* doit être daté de 1530 environ, les formes des figures présentent une naïveté qui nous fait remonter jusque vers 1510. »

L'hypothèse d'un travail en deux temps n'aura pas de suite, mais on sait que cette nouvelle perspective sur la jeunesse de Titien, où s'inscrivait cette analyse du *Concert champêtre*, sera reprise par Longhi (1927, 1946) et par Suida (1933, 1956). Pour Longhi, le tableau est peint les mêmes mois que les fresques de Padoue. A la même époque, dans la *Storia* de Venturi (1928), la *Vénus*, la *Vierge à l'Enfant entre saint Antoine de Padoue et saint Roch* (cat. 44) et le *Concert champêtre* composent le dernier chapitre de l'histoire de Giorgione, en même temps que le *Christ portant sa croix* de San Rocco, qu'aussi bien Hourticq que Suida attribuaient à Titien.

On le sait, le catalogue de la dernière manière du maître est encore plus ample dans la monographie de G.M. Richter (1937), où le *Concert champêtre* figure entre la *Vénus* et les fresques du Fondaco dei Tedeschi (1508). Heinemann (1928) et Tietze (1936) le considèrent comme une œuvre de Giorgione, terminée par Sebastiano. Avant que le monde évoqué par Adolfo Venturi puisse apparaître à la communauté scientifique et à l'opinion publique comme celui du jeune Titien, beaucoup d'eau devra couler sous les ponts : « L'ombre de l'arbre tombe sur l'autre femme nue, mais ici encore sans les contrastes titianesques de lumière, par passages lents et doux d'ombres à pénombres baignées de soleil; et dans cette atmosphère estivale, le torse surgit de l'enveloppe collante de l'étoffe, dans la simplicité majestueuse de l'ovoïde typique de Giorgione, même si plus développé et grandiose que dans les premières œuvres. Grave, absorbée, la femme incline l'amphore de cristal, qui reflète dans son voile de lumière perlée les tons blonds et vert doré de l'herbe et du marbre. Seules, les coupoles illuminées par l'éclair à l'arrière-plan de la *Tempête* Giovanelli pourraient rivaliser avec la splendeur magique de cette bulle d'air iridescent. Les deux jeunes hommes, assis sur l'herbe à côté de la flûtiste, discutent, l'un enveloppé dans la vapeur blonde des champs, l'autre penché dans l'ombre : les vêtements du premier, vert et jaune, accordent l'image dorée à l'atmosphère vert et or du pré; l'autre a des manches de ce rouge et or rayé de lumières qui fait toute la richesse de la *Vierge* du Prado. Les personnages assis sur l'herbe parlent à voix basse, ou plutôt parlent avec leurs regards, sans bouger les lèvres, dans le grand silence de la campagne, où deux troncs filiformes prennent feu à l'or du crépuscule, comme les tours et les coupoles dans la *Tempête* Giovanelli, et les herbes scintillent, légères, en grains, poussière et lumière, comme dans le dessin des murs de Castelfranco. Tout respire le recueillement contemplatif de Giorgione : le lieu paradisiaque, les figures ornées par leur beauté et leur jeunesse. »

La paternité de Giorgione sera réaffirmée par Fiocco (1941), Pallucchini (1944), Clark (1949), Langton Douglas (1951), Lionello Venturi (1954), Hendy (1954), Gamba (1954), Coletti (1955), et Robertson (1955). Il faut toutefois remarquer que, malgré cette convergence d'opinions sur le tableau du Louvre, presque ressenti comme l'aboutissement de l'histoire de Giorgione, les avis divergent sur d'autres œuvres cruciales de cette même période, en des termes qui éclairent la suite de ces études elles-mêmes. Pour Fiocco et Pallucchini, la *Vierge à l'Enfant entre saint Antoine de Padoue et saint Roch* (cat. 44) du Prado est de Titien, mais Gamba et Coletti l'associent au *Concert champêtre*, tandis que la *Suzanne* (cat. 42) sur laquelle Pallucchini prendra position plus tard, est attribuée à Titien par Fiocco, Gamba et Coletti. Hendy et Robertson, qui nous conduisent déjà aux comptes rendus de l'exposition du palais des Doges en 1955, se distinguent en laissant entrevoir, par exemple à partir de la façon dont ils résolvent le problème du tableau de Glasgow, des limites au catalogue où l'on sent l'influence du Giorgione de Richter.

Le courant qui commence avec Hourticq, Longhi et Suida est plus linéaire. Il trouve dans les interventions de Morassi (1942, 1951, 1964, 1966) un point de référence important. L'article de 1951 s'achève sur ces interrogations : « Si l'on met les unes à côté des autres [...] les œuvres de la maturité de Giorgione (1506-1510) c'est-à-dire *Laura* (cat. 27), le *"Portrait Terris"*, la *Nativité* Allendale, les *Trois Philosophes* et la *Tempête*, on peut se demander s'il y a encore place dans son œuvre pour des tableaux comme le *Concert* du Palazzo Pitti (cat. 45), *Suzanne et Daniel* de Glasgow (cat. 42), le *Chevalier de Malte* des Offices, le *Noli me tangere* de Londres (cat. 46), la *Vierge à l'Enfant entre saint Antoine de Padoue et saint Roch* du Prado (cat. 44), la *Fête champêtre* du Louvre et la *Vénus* de Dresde, qui lui ont été attribués à tort. Comment pourrait-on imputer à un seul artiste le changement de style représenté par le passage de la *Tempête* à la *Fête champêtre* ? Comment peut-on attendre d'un seul homme qu'il passe, en deux ou trois ans (en supposant une marge de temps à peine admissible) du concept de "petites figures dans un grand paysage" à celui de "grandes figures dans un petit paysage"? Je laisse le lecteur décider lui-même. »

Ces questions ne devaient pas perdre de leur force, même à l'intérieur d'une chronologie différente des œuvres de Giorgione, qui se développa peu de temps après. Les conclusions de Pallucchini (1953, 1969, 1977, 1978), de Pignatti (1955, 1969, 1978), de Zampetti (1955 *[Postille]*, 1968, 1988), de Wilde dans les leçons des années 50 à Londres (1974), de Valcanover (1960, 1969), de Baldass (1957, 1961, 1964), de Freedberg (1971), de Rearick (1976, 1977), de Oberhuber (1976), s'inscrivent dans le même ordre d'idées, mais renoncent à mettre en cause la *Vénus*. J'ai moi aussi construit mes thèses sur la jeunesse de Titien à l'intérieur de cette perspective. Je suis d'accord pour dire, avec Hourticq, Suida et Morassi, que cette opération de chirurgie, si elle voulait éviter retours en arrière ou revirements, ne pouvait s'arrêter face à la *Vénus* (1968, [1976] 1980, [1978] 1981). Il faut toutefois préciser certaines positions. Wilde était d'accord pour attribuer à Titien le *Concert champêtre* et la *Vierge à l'Enfant* du Prado (cat. 44) mais pas la *Suzanne* (cat. 42), qu'il préférait maintenir dans le catalogue de Giorgione. Baldass attribuait à Titien le *Concert champêtre* et la *Suzanne*, mais pas la *Vierge* (cat. 44), qu'il croyait de Giorgione. Pallucchini, contrairement aux historiens mentionnés ici, n'a jamais cessé de penser que le *Concert champêtre*, par la substance de l'invention, par la structure de la composition, par la façon même dont est résolu le rapport des figures avec le paysage et dont est composé le trio des musiciens, appartenait à Giorgione et que par conséquent Titien avait porté à son terme, pendant les mois où il travaillait aux fresques de Padoue, une œuvre laissée inachevée par son maître. Pallucchini voyait le signe tangible de cette intervention dans la discontinuité de la surface picturale — celle-là même qui avait suggéré à Hourticq l'hypothèse d'un retour de Titien sur l'œuvre vers 1530 — mise en évidence par la comparaison entre le trio du centre et la femme à la fontaine ou le paysage. Mais il semble qu'il ait considéré comme plus titianesques que giorgionesques la morphologie même du paysage, depuis le pasteur avec son troupeau jusqu'aux arbres en champignon, aux montagnes en dents de scie, au tronc d'arbre sur la gauche, et le dessin même de la femme debout, comparé à celui, plus timide, de la femme assise.

J'avoue que face à la sublime cohérence interne du tableau, où chaque détail se rapporte à un même principe formel et poétique, j'ai toujours eu du mal à comprendre cette position, qui a d'ailleurs eu une fortune remarquable dans les recherches qui l'ont immédiatement suivie, ce qui nous conduit à dépasser l'exposition du palais des Doges (1955) : Castelfranco (1955), Dell'Acqua (1955), Dussler (1956), Klauner (1958), Paatz (1959), Braunfels (1964), Gould (1969), Wethey (1975), Chastel (1977, 1983), Salvini (1978). L'évidence de l'intervention de Titien est d'ailleurs reconnue par les historiens de manières très différentes. Pour Castelfranco (1955), « la partie gauche du tableau, pour un tiers à peu près, n'est pas de Giorgione : depuis l'arbre, très beau mais d'une exécution moins assurée, un peu trop artificiel dans le tronc, et trop dentelé dans les feuillages, comme dans les arrière-plans des fresques de Padoue, jusqu'à la femme, qui est chromatiquement très semblable à l'autre, mais d'un modelé différent, au visage un peu lourd, comme celui de la femme poignardée des fresques de Padoue, au vêtement, au mouvement même, à l'évidence sculpturale qu'a la figure, à sa façon de venir si en avant, si grande ». Lui aussi prête beaucoup d'attention à la discontinuité de la matière picturale, après avoir observé « de petites craquelures sur la toile elle-même » chez la femme assise et « une craquelure à fines et larges fissures à l'allure généralement courbe, aux bords faisant relief » chez la femme debout. Pour Dussler, c'est le paysage, pour Klauner, l'arbre et la femme près de la source, pour Braunfels, le paysage et peut-être les deux jeunes hommes, qui révèlent la seconde main. Gould, plus résolument que Braunfels, renverse le point de vue de Pallucchini et met le doigt sur un point crucial, qui devrait faire réfléchir sur la confusion que continue d'apporter la présence de la *Vénus* dans le catalogue de Giorgione : la femme près de la source, par la structure même de son dessin, ne peut être que de Giorgione, car elle est identique à la femme endormie de Dresde, tandis que le paysage au loin est hautement titianesque, de même que les deux jeunes hommes, et « mieux encore, si l'on regarde avec attention, on peut voir que certaines parties des deux jeunes hommes assis sont peintes en dessus du paysage. Le vert apparaît à travers le chapeau rouge du jeune homme au centre et à travers le manteau de celui qui est en face de lui, nu-tête »; par conséquent, Giorgione pourrait avoir laissé inachevé un tableau qui prévoyait seulement deux figures féminines. Wethey à son tour considère que la main de Titien est particulièrement visible dans le berger avec son troupeau, une véritable signature, et dans le joueur de luth, qui annonce le *Jeune Homme* de la Frick Collection, mais aussi dans la femme près de la source et dans toute la composition du paysage, où il voit même prendre forme un concept qui intéressera la peinture de Titien jusque vers 1530, tandis que pourraient être des créatures de Giorgione la femme à la flûte et le jeune berger, qu'il compare respectivement avec la femme de *la Tempête* et l'*Autoportrait en David* de Brunswick.

On assiste, effrayé, à ce jeu des deux mains à l'intérieur d'un ensemble stylistique aussi compact. La seule figure que tous s'accordent à refuser à Titien est la femme à la flûte. On en possède pourtant un dessin préparatoire avec la feuille du British Museum, *Femme nue avec une flûte et joueur de viole dans un paysage (Couple de musiciens*, cat. **94**) gravée par Le Febre comme de Titien pour son volume *Opera Selectiora* [...] (1682). Ce dessin a été réalisé en deux temps : au premier remonte l'étude de la femme nue, sans drapé, exécutée avec une plume fine et une encre gris-noir, bien perceptible sur le dos et la tête, qui n'ont pas été modifiés par la suite; au second, le développement autour de cette figure d'une sorte de concert à deux dans le paysage. L'analyse technique confirme l'impression du premier regard : la stratification de deux moments stylistiques bien distincts, le deuxième se situant probablement à la hauteur du polyptyque Averoldi et du *Bacchus et Ariane* (1520-1522). Que par ailleurs le dessin de la femme ne soit pas une copie du tableau, mais une étude qui le prépare, cela est prouvé, outre l'observation de bon sens de Tietze (un copiste n'utilise pas des plumes et des encres aussi différentes), par une comparaison attentive des deux images, qui met en relief une série de variations minimes mais significatives et surtout

cohérentes, en relation avec une attitude du corps autour d'une position moins droite, qui ne semblent pas avoir de sens si on les rapporte à un copiste, tandis qu'elles pourraient avoir été dictées par l'exigence, apparue lors de la conception du tableau, de lier davantage cette figure aux deux autres. Que cette étude soit de Titien et non de Giorgione n'est pas tant prouvé par le fait que Titien l'ait eue entre les mains vers 1520 et qu'il construise autour d'elle un autre *Concert* (car il aurait aussi bien pu effectuer cette opération sur une feuille de Giorgione dont il aurait hérité) que par le style graphique qui, à en juger par les parties intactes, non retouchées, est celui du jeune Titien, tel que nous avons désormais appris à le connaître grâce à des feuilles comme le *Saint Jérôme dans un paysage* (cat. **97**) des Uffizi et les *Deux satyres dans un paysage* (cat. **99**). La bibliographie de ce dessin s'est beaucoup enrichie ces dernières années à la suite de l'exposition de 1976 et on en tire l'impression que sur ce point aussi les avis divergent (voir la discussion dans la notice de M.A. Chiari [1988], qui comme Wethey [1987], ne le considère pas autographe [1989]). Qu'il me suffise de rappeler ici les deux étapes qui ont conduit à l'apprécier à sa juste valeur. Les Tietze (1944, n° 1928) ont les premiers réfléchi sur la différence des encres et des styles, et conclu que dans un premier moment Titien aurait copié un dessin de Giorgione pour la femme du *Concert champêtre* et que plusieurs années après il aurait construit autour de cette figure un *Concert* qui lui serait propre. K. Oberhuber (1973, 1976) a fait un pas supplémentaire en y voyant une étude préparatoire de Titien pour la femme du *Concert champêtre*.

A partir de 1955, sont intervenues dans les discussions sur l'attribution du tableau du Louvre les conclusions que M. Hours a tirées des examens effectués par le laboratoire du Louvre (1955, 1964, 1976). Les examens aux rayons X ont révélé une image radiographique de densité très faible sur tout le tableau, et cependant un repentir très visible dans le dessin de la femme près de la source, représentée dans un premier temps de face et droite, les jambes parallèles et non pas croisées, la tête de profil vers la droite, le bras tenant la carafe tendu en direction du trio central. La discontinuité de surface, et plus précisément cet épaississement de la matière avec des craquelures concentriques en relief sur le corps de la femme debout, ont été expliqués comme la conséquence de reprises effectuées avec une matière grasse et chargée d'huile qui aurait ensuite séché sur une surface encore fraîche. Ces données sont apparues à certains historiens (Pallucchini, Castelfranco, Wethey) comme la confirmation d'une intervention de Titien sur la partie du tableau en cause, et M. Hours elle-même, qui dans un premier temps (1955) ne semblait pas croire que ces examens démontrassent une collaboration, a par la suite (1964) épousé cette cause : Titien aurait repeint la femme debout et le paysage, tandis que (1976) le groupe central ne serait pas de lui. La seule chose que l'on

puisse dire à ce propos est que les remaniements sur une première surface encore fraîche, s'ils doivent prouver quelque chose quant au caractère autographe, prouvent que première version et remaniement sont l'œuvre d'un même artiste, plutôt que le contraire. Ces dernières années, les prises de position en faveur d'un tableau entièrement de la main de Giorgione n'ont d'ailleurs pas manqué, mais toujours dans la perspective d'une ultime manière de Giorgione où l'on sent trop la nostalgie d'un catalogue semblable à celui dressé par Richter : Waterhouse (1974), Tschmelitsch (1975), Hornig (1976, 1987), Anderson (1978). Ce n'est pas un hasard si pour certains d'entre eux (Waterhouse, Hornig), la *Suzanne* (cat. **42**), et non pas le *Concert champêtre*, serait la dernière œuvre de Giorgione.

Ces quarante dernières années, plusieurs auteurs se sont interrogés sur la signification du tableau. Toutefois, en 1975, Wethey pouvait encore en parler ainsi : « Dans tous les cas, la femme debout est certainement la compagne de l'aristocratique joueur de luth, pour qui, du moins à ce moment, elle ne montre pas le moindre intérêt. On peut formuler l'hypothèse que la fortune en amour du plus âgé des deux jeunes hommes était moins constante et sûre que celle du paysan, à qui sa maîtresse grassouillette témoigne une attention exclusive. Assurément, le contraste entre les deux couples fournit un symbole de la fidélité en amour chez les humbles et du degré d'inconstance chez l'aristocratie plus sophistiquée. » Dans le passé, on a plusieurs fois évoqué la tradition de la poésie pastorale classique, Théocrite et Virgile, et moderne, Sannazaro et Bembo (Richter, 1937), même parmi les philologues classiques (Sargeaunt, 1929). A une époque plus proche de nous, et par référence à la personnalité de Giorgione, le problème a rebondi à la suite de l'intervention de Wittkower (1955) *Giorgione and Arcady* : selon l'historien, « Giorgione, en véritable artiste qu'il était, essaya de ressusciter par des moyens purement visuels les différents aspects du monde arcadien » et « nous avons raison de penser que les *cognoscenti* vénitiens ne cherchaient aucune signification cachée dans de telles peintures mais les aimaient pour leur message direct et évident. Nous sommes bien loin (comme l'a dit Fiocco) de la sphère de l'allégorie traditionnelle de la Renaissance ». Wittkower, d'autre part, laissait de côté le *Concert champêtre* et avec lui quelques autres œuvres de Giorgione, qui lui semblaient au contraire présenter d'innombrables problèmes d'interprétation.

Fehl (1957) est conscient de la nécessité de prendre ses distances envers les conséquences que notre lecture du *Déjeuner sur l'herbe* (il cite la défense de Zola) a eues sur celle du *Concert champêtre*. Il insiste sur l'apparente extériorité des deux femmes nues au dialogue entre les deux jeunes hommes et la justifie en ces termes : « Mon hypothèse est simplement celle-ci : les deux femmes ne sont pas humaines. Ce sont des nymphes de la forêt qui, attirées par la musique et le charme des deux jeunes hommes, se sont jointes à leur concert. Elles leur sont aussi *invisibles* qu'elles sont, dans la beauté accomplie du paysage qu'elles représentent corporellement, *visibles* pour nous. » Waterhouse (1974) lui répondra : « Il me semble plutôt que le joueur de luth ne paraît pas leur prêter attention parce qu'il considère leur présence comme allant de soi. » Quant à la femme debout qui, dit-il, verse certainement de l'eau dans le puits, elle est la nymphe de cette source. Quelques années auparavant, Hartlaub (1953-54) a considéré les femmes, précisément à cause de leur nudité, comme des figures divines ou semi-divines, des personnifications des Idées élyséennes, et l'harmonie musicale du concert comme un reflet de l'harmonie divine. Pour Wind (1957) aussi, « Les nymphes, distinguées des musiciens par l'absence de vêtements, doivent être reconnues comme des "présences divines", des esprits supérieurs à la fontaine desquels les mortels musiciens se nourrissent. »

C'est à P. Egan qu'il revient d'avoir inauguré une approche plus subtile de la complexité iconographique du tableau. L'historienne part de la représentation de la Poésie dans ce qu'il est convenu d'appeler les *Tarocchi del Mantegna* (Ferrara, vers 1468), déjà signalée par Fehl, sur une suggestion de J. Held : une jeune femme qui de la main droite joue de la flûte et de la main gauche verse de l'eau prise à la source Castalie près d'elle dans une mare à ses pieds, deux gestes attribués aux deux femmes du premier plan. Elle lit le tableau comme une allégorie de la Poésie fondée sur les théories d'Aristote, sur la distinction entre poésie tragique et poésie comique, représentées ici respectivement par le luth (équivalent de la lyre) et la flûte (équivalent moderne de l'*aulos*), donc entre sons « haut » et « bas ». P. Egan croise cette première distinction avec d'autres : le contraste entre le jeune courtisan joueur de luth et le jeune berger, ainsi qu'une série d'oppositions non fortuites qu'elle croit reconnaître dans l'organisation du paysage. Mais sur ce point il est difficile d'être d'accord avec elle : « Quand ces différents contrastes sont associés les uns avec les autres, et avec les deux figures féminines du premier plan, le tableau apparaît divisé en deux moitiés : la partie gauche comprend la *muse* qui verse de l'eau, le beau et jeune joueur de luth, le bâtiment blanc à pignon près du lac, et le paysage au loin; le paysage clos, sur la droite, contient la "muse" qui joue de la flûte, le berger, la ferme, la grotte et le chevrier avec son troupeau. [...] Tous ces contrastes sont renforcés par les idées de statut "élevé" ou "inférieur", et justifiés en outre par les attitudes des deux "muses" — car bien que les deux figures fassent les mêmes gestes que leurs prototypes dans les *Tarocchi*, leurs positions debout et assise ajoutent maintenant au tableau leur correspondance respective avec une tradition, acceptée pendant des siècles, d'illustration des valeurs morales du "haut" et du "bas". » P. Egan propose donc d'associer la muse « haute » au joueur de luth et la muse « basse » au berger, d'interpréter l'intense dialogue de

regards entre les deux jeunes hommes comme la transmission d'une forme de musique ou de poésie supérieure à l'autre, et donc le tableau entier comme une représentation de l'expérience poétique des deux jeunes hommes en présence des personnifications de la Poésie (les deux « muses ») et d'un majestueux décor naturel résolument arcadien.

R. Klein (1967), à partir de la description que Giraldi fait, au milieu du Cinquecento, d'un tableau (peut-être de Tura) sur le thème de la Poésie qui couronne les poètes et de Peitho qui les inspire, qui décorait avec d'autres la bibliothèque du château de Pic de la Mirandole (le cycle ayant d'ailleurs déjà disparu à l'époque), entend corroborer par de nouveaux arguments la thèse de P. Egan. Mais l'hypothèse sur laquelle repose toute l'interprétation du tableau, selon laquelle le berger serait un chanteur saisi au moment d'une pause, n'est pas convaincante (Hornig, 1987, est du même avis que Klein) de même que l'affirmation selon laquelle les trois figures centrales, caractérisées par le luth, le chant et la flûte, représenteraient les trois genres de la poésie (héroïque, bucolique et érotique). Pourquoi donc la voix humaine, qui en tant qu'expression de la musique *harmonique* a depuis saint Augustin la prééminence sur la musique *organique* des instruments à vent et la musique *rythmique* des instruments à percussion, devrait-elle représenter la poésie bucolique ? On doit en revanche accorder à Klein que Peitho, comme compagne de la Poésie ou comme figure de la Poésie elle-même, dans le tableau de Tura, telle qu'elle ressort de la description de Giraldi — « La déesse Peitho offrait à boire à quelques chanteurs une liqueur très fluide puisée à la source d'Orchomène, consacrée aux Grâces. » — présente une extraordinaire ressemblance avec la figure de la femme debout du *Concert champêtre* dans sa première formulation révélée par les rayons X. De même, je retiendrai l'objection que R. Klein fait au schéma de lecture de P. Egan : « En cherchant à rapprocher le joueur de luth de la "nymphe" debout, et le chanteur paysan de celle qui joue de la flûte, on fausse nettement le tableau, et pas seulement du point de vue formel. Le groupe ternaire formé par les figures assises présente des contrastes significatifs : le musicien noble face au musicien campagnard, le luth face à la flûte. La nymphe nue et l'élégant joueur de luth sont tous les deux entièrement tournés vers le chanteur au centre et tous les deux semblent s'occuper de lui de manière discrète, avec plus ou moins de succès. » Klein a le mérite de saisir le rôle central que joue le berger dans le trio, même s'il a tort d'en faire un chanteur : « On ne doit pas voir en lui Hercule entre le Vice et la Vertu, mais l'heureux résultat d'une éducation éthique et musicale », conclusion pas trop éloignée de celle de P. Egan.

Hartlaub (1953-54) a ouvert la lecture du *Concert champêtre* vers les problématiques d'une culture néoplatonicienne, lecture reprise par Calvesi en 1970 et Bonicatti en 1971. Calvesi

déplace l'accent sur la doctrine néoplatonicienne des deux Amours et de leur tempérament. La femme debout est la figure de la Tempérance, c'est-à-dire de l'amour tempéré, qui apparaît chez l'homme lorsque la raison, alors que perdurent les aiguillons de la sensualité, penche à tel point vers l'amour intellectuel que sa vertu les domine. Calvesi cite les *Dialoghi d'Amore* de Léon l'Hébreu, mais on pourrait citer les *Conclusiones* de Vincenzo Quirini (Venise, 1502), qui, s'inspirant du *De Amore* de Plotin, distingue l'amant tempérant, qui jouit correctement de la beauté terrestre et se satisfait d'elle, sans nécessairement se préoccuper de l'existence d'une Idée supérieure dont notre beauté ne serait qu'un pur reflet, et l'amant obscène, qui à travers le beau glisse vers l'amour charnel, et observer qu'au même moment, dans les *Asolani* de Bembo (Venise, 1505) la figure de l'amant tempérant, dans la perspective de l'Ermite, était personnifiée par Lavinello (Ballarin, 1983).

L'introduction, dans l'exégèse du *Concert champêtre*, du motif de la tempérance, central dans *L'Amour sacré et l'Amour profane* (qui date de quelques années plus tard) à travers le Cupidon qui remue les eaux dans le sarcophage, tempère et transforme les deux Amours, est intéressante. Mais il reste à établir si la femme nue, clef de l'allégorie, peut représenter cette vertu. Les auteurs ne sont pas unanimes quant au geste de la femme, qui en réalité est ambigu : certains croient qu'elle puise de l'eau dans le bassin avec sa carafe de cristal; d'autres, qu'elle la verse. A mon avis, c'est seulement dans ce dernier cas que nous pourrions la considérer comme une Tempérance. Si toutefois on garde à l'esprit la première attitude de cette figure telle que la révèle l'examen radiographique, je serais tenté de dire qu'on doit exclure une semblable identification. Dans la première version, la figure semble verser l'eau recueillie dans le bassin, c'est-à-dire ce que faisait Peitho dans le tableau de Tura et ce que fait la Poésie dans les tarots. Mais on ne peut pas exclure que la forte modification apportée au premier dessin ait voulu rendre le message plus ambigu, en y faisant transparaître aussi le concept de tempérance. Notre jugement dépend aussi de la façon dont nous interprétons ce bassin de marbre, à l'aspect antique et quelque peu usé par le temps : s'il contient — mais que peut-il contenir d'autre ? — les eaux pures de la source Castalie ou de la source Hippocrène, consacrées aux Muses, et qu'il correspond donc à celui à côté duquel est assise la Poésie des tarots, le geste de la femme ne peut pas être d'y verser une autre eau qui, n'étant pas sacrée, souillerait la pureté de la source. C'est des eaux sacrées de cette source que tirerait son inspiration la musique ou la poésie, et la première attitude de la figure aurait souligné un concept ensuite formulé sous une forme plus savante, en éclairant les deux noyaux de l'allégorie, en conférant un isolement plus sacré aux préparatifs du rite d'inspiration, de purification et peut-être de tempérance, et en laissant la forme fermée, où s'inscrivent les trois figures, mieux encerclée par le solennel spectacle naturel.

Le trio central n'est pas plus facile à déchiffrer. La nudité de la femme assise en fait, comme l'autre, une présence supérieure, transcendante, ou bien une forme symbolique des Idées (Hartlaub) ou des niveaux contemplatifs de la *mens* (Gentili). Mais le hasard veut qu'elle tienne dans sa main droite une flûte à bec, un instrument que Platon (*La République*, III) associait à la sensualité dyonisiaque, en opposition avec les valeurs tempérées, éthiques et pédagogiques de la lyre et de la cithare, et que même Aristote (*Politique*, VI) considérait destiné à guérir les passions et trop excitant pour avoir des fins éducatives (Egan). Dans le livre II du *Cortegiano* de Castiglione, Gaspare Pallavicino demande quelle est la meilleure des nombreuses sortes de musique vocale instrumentale; Federico Fregoso lui répond: «Ce me semble une belle musique [...] que de bien chanter *a cappella*, avec assurance et de belle manière, mais plus encore, de chanter en s'accompagnant d'une viole, car toute la douceur consiste pour ainsi dire en un seul chant et l'on remarque et entend avec beaucoup plus d'attention la belle manière et l'air, les oreilles n'étant pas occupées par plus d'une voix; et l'on discerne encore mieux la moindre erreur, ce qui n'arrive pas lorsque l'on chante à plusieurs, car l'un aide l'autre. Mais il me semble plus agréable que tout de chanter une poésie en s'accompagnant à la viole; cela ajoute aux mots tant de grâce et d'effet, que c'en est pure merveille. Tous les instruments à clavier sont harmonieux aussi, car ils ont des consonances parfaites et on peut y faire avec facilité bien des choses qui emplissent l'esprit de musicale douceur. La musique des quatre instruments à cordes n'est pas moins délectable; elle est très douce et savante. La voix humaine donne beaucoup d'ornement et de grâce à tous ces instruments, dont il suffira à notre courtisan d'avoir connaissance; cependant, plus il y excellera et mieux cela vaudra, sans qu'il se mêle trop de ceux que Minerve et Alcibiade refusèrent, car on dit qu'ils sont disgrâcieux (II, chap. XIII, éd. Maier, 1964, pp. 208-209).

Winternitz (1979) observe en conséquence: «Il semble remarquable que ce soit l'un des hommes qui tienne le noble luth, tandis que l'instrument à vent, moins convenable, pour ne pas dire indigne d'une dame, est tenu par une jeune fille.» Gentili (1980) interprète la femme nue comme *musica coelestis* ou cosmique et le musicien de cour comme *musica instrumentalis* ou mondaine, tous deux occupés à réaliser l'harmonie à son degré le plus haut, harmonie interrompue par l'arrivée d'un intrus, le berger − les deux musiciens ont cessé de jouer − ce qui expliquerait l'acte de purification accompli à la source par l'autre femme. Les niveaux élevés de la musique «réservée» seraient, selon Gentili, troublés par la présence de l'élément populaire. La musique, en dépassant les frontières rigides de certaines classes sociales, risquerait la corruption ou le silence. Tel serait le

message du tableau, dans la lignée de l'opération de Bembo dans les *Prose* et de Petrucci dans les dernières éditions (1514) de son recueil de *strambotti* et de *frottole* où l'on assiste à une progressive ascèse du niveau littéraire des textes.

Je ne crois pas qu'on puisse partager une telle lecture. Il est avant tout évident que le berger ne joue pas le rôle de l'intrus. Il est le véritable habitant de ce paysage d'Arcadie, en symbiose avec tout ce qui l'entoure, et s'il y a un intrus, c'est le musicien de cour. Toutefois, la relation qui s'établit entre les deux jeunes hommes est très intense, et pour ceux qui connaissent les iconographies de Giorgione, dont Titien dépend ici, la relation entre ces deux têtes est de nature à signifier un moment de profonde syntonie, de véritable communication d'émotions et de pensées, avec la complicité de la musique tempérée et «éthique», pour ainsi dire, du luth. Je veux dire que la relation entre ces deux têtes doit être lue à la lumière de celle qui unit le garçon et l'adulte dans les *Trois Ages de l'homme* (cat. **21**) et mieux encore, de celle qui unit les deux jeunes hommes du *Double Portrait* Ludovisi (cat. **23**). Ce sont deux têtes qui s'opposent et s'attirent, chacune étant le contraire mais aussi la moitié de l'autre, et l'unité se réalise à travers un processus d'ascèse, de «conversion» de l'une à l'autre, opérée en l'occurrence par les valeurs «éthiques» de la musique du luth. Le musicien de cour a sans aucun doute chanté sur son instrument un amour intellectuel, désir d'une beauté supérieure, et le rouge de ses vêtements, une tache qui ressort sur ce décor de paysage et entre les deux zones d'ocre doré des nudités féminines, ne peut que vouloir déclarer, comme le rouge du manteau de l'«Amour sacré» dans le tableau de la Galleria Borghese, le caractère passionné de son désir d'une beauté exclusivement spirituelle. L'inspiration d'une musique ou d'une poésie aussi élevée provient assurément des eaux sacrées de la source à côté de laquelle il est assis, de même que l'inspiration de la poésie bucolique vient de la nature, des bois, de la vie des bergers, de ce décor dans le dos du berger et dont ce dernier semble s'être éloigné depuis peu au moment de la rencontre avec le musicien de cour. Si l'âme de Giorgione est dans cette œuvre, comme on l'a dit mille fois, c'est bien chez ces deux jeunes hommes (Pallucchini); elle l'est par référence au Giorgione des *Trois Ages* (cat. **21**) ou du *Double Portrait* (cat. **23**), sans que cela implique une remise en cause de la paternité du tableau. Toute interprétation qui ne rendrait pas compte de cette relation entre les deux têtes, qui du reste explique en grande partie le charme du tableau, serait irrecevable.

La femme elle-même n'est pas étrangère aux deux jeunes hommes, contrairement à ce qu'on a parfois dit, principalement parce que Titien s'est engagé dans un véritable tour de force formel pour visualiser à l'intérieur de cette unité une trame de divergences et de convergences imperceptibles avec lesquelles aucun interprète du tableau ne peut faire l'économie

d'une confrontation. Je veux dire que la complexité des trames de la composition est entièrement dans la lignée de la haute maîtrise de Giorgione dans ses tableaux à trois «demifigures» (nous retrouvons les *Trois Ages*) et telle qu'elle manifeste la concorde, non seulement dans la chaleur des sentiments, mais même dans la palpitation des âmes, et en même temps un mouvement, une circulation de pensée qui, à l'intérieur de cette concorde, en suivant le geste de la tête du berger, se déplacent de la femme au musicien de cour. Sans aucun doute, la femme regarde dans la direction du berger, son corps se penche au-delà de l'axe de la jambe dans cette direction, mais un fait nouveau est intervenu: le jeune berger est maintenant fasciné par la présence d'un tiers, presque du même âge, en habit de cour, et qui lui fait écouter la musique du luth. La mimique des têtes est claire: le penchant de la femme pour le berger, le mouvement de tête de ce dernier vers le jeune courtisan qui s'est assis à côté de lui, l'inclinaison de ce troisième personnage face à ce mouvement de la tête et l'intense communication établie entre les regards, qui (trait de génie, véritablement digne d'un disciple de Giorgione) ne se rencontrent pas mais s'effleurent simplement, tout cela raconte une relation interrompue par le commencement d'une autre. A tel point que Fischer (1984) avait proposé d'y reconnaître l'histoire d'amour entre Orphée et Calaïs, fils de Borée, quand, après la mort d'Eurydice, Orphée décide de ne plus aimer aucune femme et se consacre à l'amour de très jeunes hommes, ce qui provoquera la colère meurtrière des femmes de Thrace; il se réfère à un fragment d'élégie du poète alexandrin Phanocle conservé dans le *Florilegium* de Stobaeus (ve siècle après J.-C.), dont l'*editio princeps* est imprimée à Venise en 1536, mais dont un manuscrit du XVe ou du XVIe siècle est conservé à la Biblioteca Marciana. L'écart entre les deux têtes, le profil de la femme complètement perdu, le trois quarts de l'homme, qui met presque en contact les deux masses de cheveux, sont aussi parlants que la rencontre entre le trois quarts presque de profil et le profil de l'autre tête. Le casque de cheveux du berger est le sommet de cette composition, ce qui confirme le rôle central de cette figure dans le trio. La femme n'y est pas étrangère, ne fût-ce que parce qu'elle-même tient la flûte − mieux encore elle vient de cesser d'en jouer. La flûte est le complément du luth, comme instrument au son aigu qui s'accorde avec celui au son plus doux, et donc comme condition de l'harmonie musicale − les deux personnages ont tout juste cessé de jouer −, mais aussi condition pour que se réalise la conversion de l'amour dyonisiaque célébré par la flûte en amour apollinien glorifié par le luth, conversion où le berger joue le rôle essentiel. La femme tient la flûte, instrument de la poésie pastorale, instrument par excellence, avec la musette, des bergers d'Arcadie, donc du berger face à elle et du paysage qui les entoure, l'instrument avec lequel ils chantent leurs amours et celles des faunes et des nymphes de leurs bois. Face à elle le musicien de cour tient l'instrument de la poésie pétrarquiste; il entre dans ce contexte arcadien comme un étranger, mais il en devient une partie organique au moment où il est la condition de l'harmonie musicale et par là-même du processus de sublimation du berger et de sa muse pastorale.

Waterhouse (1974) a observé que « le tableau est une allégorie du pouvoir qu'a la musique d'unir les éléments disparates de la vie dans l'harmonie ». L'unité du trio est en effet dans l'harmonisation des contraires, dans la *concordia discors*, dans les valeurs de passage, et non d'opposition, d'un plan à l'autre de l'expérience musicale, représentées par la figure centrale du berger, dont le degré naturel d'expérience musicale est celui symbolisé par la femme, mais qui est désormais entré dans une syntonie si profonde avec le degré représenté par le musicien de cour. La relation hiérarchique entre les deux instruments ne peut être différente de celle qu'on voit dans le dessin de Christ Church (inv. 0273), un dessin de Giulio Campagnola datant de 1512 environ, inspiré d'un côté par les *Trois Ages* d'Édimbourg et de l'autre par le *Concert champêtre* : le couple des deux jeunes flûtistes du tableau écossais se transforme, sous l'influence du *Concert champêtre*, en un couple composé d'un courtisan joueur de luth et d'une jeune fille à la flûte. L'harmonie comme *concordia discors*, comme accord entre son « haut » et son « bas », entre son doux et son aigu discordants, à l'intérieur de la musique instrumentale : le message vaut aussi pour le *Concert champêtre*, en ce sens qu'ici plus que jamais l'accent est mis autant sur l'harmonie musicale qui se réalise dans l'accord des deux instruments, que sur la conversion de l'expérience d'un instrument *bas* en celle d'un instrument *haut*, comme ascèse vers la contemplation de la beauté intellectuelle. La femme fait partie intégrante du trio, mais en même temps − et c'est là une grande invention, et la raison pour laquelle ce rôle est confié à une femme nue − elle est l'autre pôle du couple de figures symboliques.

Le tableau doit en effet être lu en percevant dans leur contexte, formel et conceptuel, le fait que la femme près de la source se tienne à l'écart du trio, mais aussi la puissante attraction existant entre les deux femmes, présences différentes des deux jeunes hommes, formant elles aussi un couple. Je veux dire que la flûtiste est une figure dont le trio a besoin, mais dont n'a pas moins besoin la femme près de la source pour que le sens de l'allégorie soit clair. Les deux femmes sont en quelque sorte des sœurs, mais elles s'opposent. La femme à la flûte est la *Voluptas* musicale, source d'un hédonisme qui attend d'être sublimé, et on a vu comment cette catharsis advient à l'intérieur du trio, mais elle se produit avec une connotation symbolique plus forte à l'intérieur du couple, sur le plan, pourrait-on dire, des Idées ou de la vie contemplative de la *mens*, en ce sens que la femme près de la source préside, en puisant aux eaux sacrées des Muses, à des rites d'inspiration poé-

tique (et donc de la passion intellectuelle du musicien), et par là-même de purification de la *Voluptas*. Elle pourrait être une figure de la *Virtus* ou de la *Poésie* au sens des tarots (mais avec ce dédoublement par lequel jouer de la flûte est devenu synonyme de *Voluptas*) ou de Peitho au sens du tableau de Pic de la Mirandole. S'il devait y avoir une allusion au concept de Tempérance, cela ne nous conduirait pas hors du propos.

Les deux femmes s'opposent aussi visuellement. L'une est debout, près de la source des Muses, l'autre est assise sur le pré et a derrière elle, comme le berger, le bois de chênes verts, le gardien et son troupeau, tandis que la première a derrière elle un paysage ouvert jusqu'à l'horizon lointain délimité par un lac. Mais il est clair qu'elles aussi s'attirent visuellement, car elles sont deux moments de la même expérience poétique et musicale. Selon cet ordre d'idées, il se trouve que le musicien passionné est la figure sur laquelle les deux allégories convergent, en ce sens que sa musique sublime et rend harmonieuse la *Voluptas*, car elle tire son inspiration de la Poésie, et ce n'est pas un hasard s'il est au centre entre les deux femmes et si, tandis que le berger a derrière lui le paysage d'Arcadie, il est assis près de la source de marbre. Les trames de la composition sont de plus en plus complexes : le berger est le personnage principal du trio, mais le musicien est la figure centrale de tout le tableau.

Si tel est le point de vue de l'allégorie, et d'une allégorie qui a ses racines dans la culture néoplatonicienne, il en existe un autre, que nous pourrions appeler celui de l'*historia* et de la vraisemblance des lieux et des personnages. A cet égard, on dirait que le tableau a été construit à partir de l'*Arcadia* de Sannazaro, imprimée à Naples par Mayr en mars 1504 dans l'édition de Summonte, mais dont une première édition interdite, faite à partir d'une première rédaction d'ailleurs incomplète des deux dernières *Prose* (XI et XII), des deux *Ecloghe* correspondantes et de l'envoi *A la Sampogna*, avait été réalisée à Venise par l'éditeur Bernardino da Vercelli en juin 1502. La magnificence de la nature dans le *Concert champêtre* − rien de semblable chez Giorgione − a derrière elle l'expérience du paysage à la Dürer tel qu'on le lit derrière la forêt monumentale de la *Fuite en Égypte* de l'Ermitage, mais tout se passe comme si cette expérience était devenue plus classique pour déboucher sur un paysage d'Arcadie. La différence entre les deux paysages va dans le sens d'un virage arcadien, comme si désormais la réflexion sur cette expérience se faisait à la lumière d'expériences littéraires. Mais c'est au début de la sixième prose de l'*Arcadia* (éd. Mauro, 1952, pp. 40-42) qu'il faut aller pour mettre le doigt sur un moment de coïncidence singulière entre tableau et poème. Le groupe des bergers, dont fait partie Sincero (Sannazaro lui-même) vient de quitter le sépulcre d'Androgeo et est allé « près d'une claire fontaine, qui coulait au pied d'un pin très haut ». A ce moment, Sincero parle tout à coup à la première

personne et accapare l'attention avec l'histoire de sa vie : « malheureux et mécontent au-delà de toute mesure », « à cause de l'éloignement de sa chère patrie, et d'autres justes maux », il voit venir vers lui « un berger apparemment très jeune, enveloppé dans une cape de la couleur des grues, à la gauche de laquelle pendait une belle bourse en cuir de veau; et sur sa longue chevelure, plus blonde que le jaune de la rose, et qui lui tombait en-dessous des épaules, il portait un chapeau hirsute fait, comme je m'en aperçus par la suite, d'une peau de loup; et il tenait de sa main droite un très beau bâton à la pointe garnie de cuivre brillant [...]. Et son aspect le faisait beaucoup ressembler au Troyen Pâris, quand dans les hautes forêts, parmi les simples troupeaux, en cette première rusticité, il habitait avec sa Nymphe, et couronnait souvent les béliers vainqueurs ». Carino (tel est son nom) s'est approché du groupe car il a perdu sa vache blanche au front noir et la cherche en ce lieu. Suit le chant de Serrano et Opico, la rencontre entre Sincero et Carino étant renvoyée à la septième prose. Carino lui demande de se présenter et de dire « pour quelle raison il demeurait en Arcadie ». Sincero explique qu'il est né à Naples « non pas d'un sang obscur » mais « d'une lignée très ancienne et noble », qu'il a aimé dès l'âge de huit ans une jeune fille « de haut rang » sans jamais avoir eu le courage de se déclarer, étant sûr de sa très grande affection, mais pas de son amour, « car il me semblait que l'amour, la bienveillance et la très grande affection qu'elle me portait n'avaient pas le but que j'aurais désiré », qu'il a décidé de se suicider mais qu'ensuite, effrayé, il s'est réfugié « parmi ces solitudes d'Arcadie, où, sauf votre respect, il me semble que non seulement les jeunes hommes élevés dans les nobles cités, mais même les bêtes sauvages ne peuvent vivre avec plaisir ». C'est donc une expérience amoureuse dans la lignée de la poésie de Pétrarque, avouée par le poète en même temps que la nostalgie pour sa patrie et les craintes pour son avenir, au moment où, assez soudainement, il prend ses distances envers le monde d'Arcadie et déclare son malaise dans ces solitudes : il a pris les habitudes des bergers, mais il est resté un exilé et, comme on le dira dans la prose finale *A la Sampogna* : « Quand il vint en Arcadie ce n'était pas un berger rustique, mais un jeune homme très raffiné, bien qu'inconnu et pèlerin d'amour ». Carino lui demande alors de chanter les vers écrits en leur temps pour la dame aimée et se propose de le récompenser en lui donnant sa musette de sureau « avec laquelle, j'espère, tu chanteras à l'avenir dans un style plus élevé les amours des Faunes et des Nymphes ». Sincero commence seul son chant, « en jouant de sa lyre habituelle ». A la fin du chant, Carino, et nous sommes à la huitième prose, exhorte Sincero à faire confiance aux Dieux, car la découverte de la génisse blanche intervenue entre-temps est de bon augure : « Ne vois-tu pas notre Ursacchio faire des signes joyeux de la main droite et, en compagnie de la génisse retrouvée, réjouir les forêts voisines de sa douce musette ? » Carino raconte à son tour son histoire d'amour avec une bergère chasseresse, gardienne du temple de Diane; cette histoire, par la description des longues parties de chasse passées ensemble dans l'adolescence, le trouble de la bergère face à la révélation de l'amour de Carino, les projets de mort et enfin l'heureux finale, dénote, en forte opposition avec celle qui précède, une expérience amoureuse entièrement confinée dans le désir d'une beauté dont on jouit avec les sens. Il faut de plus tenir compte de ce que, dans la neuvième et la dixième prose, ont lieu les épisodes de la montée au temple de Pan, de la rencontre avec Enareto, le prêtre du temple (« le saint vieillard, qui se reposait au pied d'un arbre, quand il les vit s'approcher de lui, se leva immédiatement pour les saluer et vint à leur rencontre. Son front ridé était digne de beaucoup de respect; sa barbe et ses cheveux, longs et plus blancs que la laine des brebis de Tarente; et il avait dans une main un très beau bâton de genévrier ») et de la purification de l'amoureux Clonico « berger plus docte que les autres et expert en musique ». La visite au sépulcre de Massilia, mère d'Ergasto, « laquelle fut, durant sa vie, considérée par les bergers comme une Sybille divine », et les jeux funèbres autour du sépulcre occupent la fin de la dixième prose et toute la onzième. Au début de la douzième, le rêve de Sincero (un oranger coupé à la racine par la hache des Parques, présage de la mort de la femme aimée) et le long voyage souterrain jusqu'aux sources de tous les fleuves et aux eaux du Sebethos puis chez lui, en compagnie d'une « jeune et très belle donzelle, aux gestes et à l'allure véritablement divins; sa robe était un drap très fin et si brillant que, si je n'en avais vu les plis, j'aurais dit qu'elle était de cristal; ses cheveux, magnifiquement coiffés, étaient surmontés d'une guirlande verte; elle avait à la main un petit vase de marbre très blanc », qui se présente comme la Nymphe du lieu et qui, en réalité, a une forte connotation symbolique. On doit même se demander si le voyage souterrain n'aurait pas la signification d'une purification de l'expérience arcadienne.

Rares sont les cas d'une telle complicité entre un texte littéraire et un texte pictural. Cet aspect, seulement effleuré dans le passé, est le point de départ des analyses d'E. Buckley dans sa thèse de 1977 (1978), qui se réfère aux mêmes passages des sixième et septième proses, et à l'envoi *A la Sampogna*. Elle est convaincue que « c'est cette tradition, et particulièrement l'œuvre de Sannazaro, qui a inspiré l'iconographie de la *Fête champêtre* de Titien » et elle en conclut que ce tableau « représente probablement sa première et sa plus littérale version d'une pastorale; c'est une évocation peinte de la poésie pastorale telle que revue par Sannazaro ». Elle observe également au cours de son analyse qu'à « cause de l'élément autobiographique dans l'*Arcadia*, les contrastes entre le citadin et le berger, entre instruments à cordes et instruments à vent, qui ne sont pas caractéristiques de la forme pastorale en général, sont

hautement significatifs et hautement remarquables » et encore que « c'est précisément la sorte de dislocation littéraire du genre pastoral – qui apparaît lorsque Sannazaro s'introduit lui-même à travers Sincero dans le monde hors du temps et fermé sur lui-même des créatures de fiction – qui est saisi par Titien. Le jeune dandy, dans le tableau, dérange la relation normale entre le berger et son environnement ». On peut discuter l'interprétation d'E. Buckley lorsqu'elle s'interroge sur l'identité des deux femmes : celle de la source serait une nymphe du lieu, et l'autre, une muse du chant pastoral : « Momentanément oubliées par les poètes-chanteurs, les nymphes, comme les arbres ou les rochers, continuent d'agir selon leur nature. Elles n'expriment aucune émotion et peu d'intérêt [...]. Elles peuvent être ou ne pas être invisibles. Elles sont certainement, quoi qu'il en soit, les habitantes naturelles de l'Arcadie, mais ici, comme dans la poésie d'*Arcadia*, il est clair qu'elles jouent un rôle secondaire ». A notre avis, la projection trop littérale du texte pictural sur le modèle littéraire, par ailleurs très bien identifié, et l'indifférence envers les modèles de comportement offerts par la culture néo-platonicienne, l'ont empêché d'accéder aux clefs de l'allégorie.

Quelques années plus tard, lors d'un congrès de l'Université de Toronto sur le néo-platonisme florentin (1984), Francis Broun (1986) a effectué l'opération inverse et plaqué le texte pictural sur le modèle philosophique, identifié dans le *De Amore* de Marsile Ficin (éd. Marcel, 1956); il croit reconnaître dans les deux jeunes hommes les deux personnifications de l'Amour, qui, né de *Poros* et de *Pénia*, se présente justement tantôt comme le fils de *Poros* et tantôt comme le fils de *Pénia* (pp. 208-213), et dans les deux femmes, la double nature de Venus, Céleste (proche de Dieu et « *consilii fons* », p. 208) et Terrestre (p. 154). Le fait que « les Venus montrées ici ont un physique si ressemblant qu'elles peuvent être vues comme deux aspects d'un même modèle, de même que leurs caractères sont deux facettes d'un même être » lui a paru confirmer leur dépendance envers la théorie de Ficin sur les deux Venus, où « chacune en effet représente une image divine » (p. 155). Il proposait en conséquence d'intituler le tableau *Allégorie de l'Amour et de la Beauté néo-platoniciens*. Cette lecture stylise la complexité du texte pictural, sous-évalue l'aspect arcadien, sous-évalue l'allégorie musicale et poétique et ne cerne pas le principe néo-platonicien par excellence, celui de la « conversion », mais le hasard veut que la théorie ficinienne de la *Venus duplex* et des deux déguisements de l'Amour, de même que d'autres observations sur la lumière ou les regards (« On raconte que l'empereur Auguste avait les yeux si clairs et si brillants que, lorsqu'il regardait quelqu'un, il le forçait, comme les rayons du soleil, à baisser le visage » [p. 247]) semblent rendre compte de l'image picturale, l'éclairer d'une certaine manière, même si ce n'est pas dans le sens trop littéral indiqué par Broun.

Le *Concert champêtre* donne corps à un besoin, ressenti fortement à l'époque, d'aller en Arcadie, de s'évader de la contingence historique – cette époque est en effet, si l'on tient compte de la date ici proposée pour l'exécution du tableau, celle de la bataille d'Agnadello – mais il se préoccupe en même temps d'offrir un cadre de valeurs où situer cette expérience, et il est naturel qu'il soit suggéré par la spéculation académique. Du reste, le *Portrait d'homme à la flûte*, connu sous le titre de *Prince de Salerne*, peint par Giorgione et aujourd'hui perdu, mais connu grâce à de nombreuses copies, était déjà à lui seul un extraordinaire document sur ce voyage en Arcadie d'une partie évidemment élitaire du patriciat vénitien; mais le discours qui construit le *Concert champêtre*, à travers l'instrument de l'allégorie, sur cette vocation, est sans aucun doute plus complexe. On pourrait conclure, en étant volontairement schématique, que son aspect renvoie à l'*Acardia* de Sannazaro mais que sa signification la plus cachée se réfère aux *Asolani* de Bembo et au *De Amore* de Ficin.

A.B.

page 58

44

Tiziano Vecellio, dit Titien
Pieve di Cadore, vers 1488/1490 - Venise, 1576

*La Vierge à l'Enfant
avec saint Antoine de Padoue
et saint Roch*
vers 1509-1510
Toile. H. 0,92; L. 1,33
MADRID, MUSEO DEL PRADO

HISTORIQUE
Offert (?) par le vice-roi de Naples, le duc de Medina de las Torres à Philippe IV d'Espagne vers 1650, mentionné en 1657 dans la sacristie du monastère San Lorenzo de El Escorial; au Museo del Prado en 1839.
EXPOSITIONS
Genève, 1939, n° 130; Londres, 1983-84, n° 34.
BIBLIOGRAPHIE
Santos, 1657 (éd. 1933) p. 239; *Inventario general*, 1849, n. 418 (éd. 1990) p. 127; Crowe et Cavalcaselle, 1871, II, p. 292; Lermolieff [Morelli], 1880 (éd. Ital., 1886), p. 162; Morelli, Richter (1880 [lettre]), 1960, pp. 135-136; Morelli, 1890, p. 58; Morelli, 1891, p. 281; Frizzoni, 1893, p. 282; Berenson, 1894, (3e éd. 1897) p. 108; Cook, 1900, pp. 45-46, 137; Frizzoni, 1902, p. 299; Schmidt, 1904, p. 160; Monneret de Villard, 1904, pp. 46, 115; Halden, 1907, pp. 52 ss.; Schmidt, 1908, p. 116; Gronau, 1908, pp. 425-426; Boehn, 1908, p. 62; Justi, 1908, I, pp. 108, 140-141, 279; Wickhoff, 1909, p. 37; Ricketts, 1910, p. 24;

Gronau, 1911, pp. 7-8; Borenius, 1912, III, p. 37; Bode, 1913, p. 232; Madrazo, 1913, p. 43; L. Venturi, 1913, pp. 134-135, 358; Hourticq, 1919, pp. 38, 112; Hetzer, 1920, pp. 94-96; Gronau, 1921, pp. 88; Hartlaub, 1925, p. 41; Justi, 1926, I, pp. 140-146; Longhi, 1927 (éd. 1967), p. 235; A. Venturi, 1927, p. 130; A. Venturi, 1928(1), IX, 3, p. 33; Hourticq, 1930, p. 68; Berenson, 1932, p. 233; Richter, 1932, p. 123; Wilde, 1933, p. 99; Suida, 1933, pp. 21-22, 25, 147; Richter, 1934, p. 285; Suida, 1935, p. 81; Berenson, 1936, p. 200; Tietze, 1936, I, pp. 88, II, 297; Mather, 1936, p. 218; Richter, 1937, pp. 93, 228-229; Fiocco, 1941, p. 34; Morassi, 1942, pp. 131, 178-179; Pallucchini, 1944 (*Pittura*), I, p. XVII; Oettinger, 1944, pp. 122, 136; Beroqui, 1946, p. 6; Morassi, 1951, p. 216; Pallucchini, 1953, I, pp. 56-58; Gamba, 1954, p. 174; Morassi, 1954, p. 194; Baldass, 1955, p. 116; Coletti, 1955, pp. 44, 61; Dell'Acqua, 1955, pp. 52-53, 106; Della Pergola, 1955, p. 58; Robertson, 1955, p. 276; Zampetti, 1955 (*Giorgione*), p. 130; Zampetti, 1955 (*Postille*), p. 64; Suida, 1956, p. 125; Baldass, 1957, pp. 106, 143; Berenson, 1957, I, p. 84; Marini, 1958, p. 13; L. Venturi, 1958, col. 213; Valcanover, 1960, I, pp. 15, 48; Morassi, (1961) 1967, pp. 187-188; Baldass et Heinz 1964 (éd. anglaise, 1965), pp. 49, 160-161; Braunfels, 1964, p. 24; Morassi, 1964, pp. 10, 60; Morassi, 1966, col. 18; Ballarin, 1968, p. 37; Zampetti, 1968, p. 94; Pignatti, 1969, p. 124, A 27; Pallucchini, 1969, I, pp. 8, 11-12, 235; Valcanover, 1969, p. 93; Wethey, I, 1969, pp. 9, 174, n° X-19; Dussler, 1970, p. 550; Freedberg, 1971, pp. 94-95; Wilde, 1974, p. 118; Tschmelitsch, 1975, pp. 106-107, 140; Ballarin, 1980, pp. 498-499; Hornig, 1976(2), p. 926; Oberhuber, 1976, pp. 62-63; Rearick, 1976(1), p. 125; Ballarin, 1977, p. 71; Dell'Acqua, 1977, p. 217; Pallucchini, 1977, p. 17; Anderson, 1978, pp. 72-73; Pallucchini, 1978, p. 27; Pignatti, 1978(1), p. 128, A 27; Pignatti, 1978(2), p. 40; Pignatti, 1979(2), p. 38; Hope, 1980(2), p. 40, note 19; Lucco, 1983, fig. 370; Pallucchini, 1983, p. 282; Richardson, 1983, pp. 168-169, n° 34; Davis, 1984, p. 48; Rearick, 1984, p. 64; Rosenauer, 1984, p. 305; Hornig, 1987, pp. 228-231, n° 29; Zampetti, 1988, pp. 12-13.

Selon Justi (1908, p. 140), ce tableau fut offert vers 1650 à Philippe IV par le vice-roi de Naples, le duc de Medina de las Torres, mais j'ignore si cette information est fondée; comme la *Vierge au poisson* de Raphaël a la même provenance, les deux tableaux auraient pu être donnés au roi à la même occasion. Il est mentionné pour la première fois en 1657 par le père de los Santos au-dessus de la porte de la sacristie du monastère San Lorenzo de El Escorial comme étant « de la main de Bordonon » et où l'aurait vraisemblablement placé Velázquez; on le voit ainsi accroché au-dessus de la porte dans le tableau de Claudio Coello *Carlos II y su corte adorando la Sagrada Forma* (El Escorial, Nuevos Museos; 1685-1690) et se trouve encore dans la sacristie du monastère en 1773 (Ponz, t. II, c. 3, 47: « Bordonon »; voir Wethey, 1969. Il est transféré de l'Escorial au musée du Prado en 1839; dans l'*Inventario general* du musée du Prado (1849, n° 418), il est attribué à Pordenone (éd. 1990, p. 127); dans les éditions du *Catálogo* au XXᵉ siècle, il apparaît toujours sous le nom de Giorgione. Selon Beroqui, (1946), repris par Heinz (Baldass, Heinz, 1964 [1965], p. 160) « "Bordonon" devrait être interprété comme une transformation du nom de Giorgione, tout comme "Pordon", version du même nom don-

née par Francisco de Hollanda. Cela n'a rien a voir avec Bordone ou Pordenone. (La divergence frappante entre les descriptions du *David* de la collection de l'archiduc Léopold-Guillaume — tantôt cité comme "Bordonone" et tantôt comme "Giorgione" — peut aussi plaider en ce sens. »)

En 1871, Cavalcaselle perçoit le caractère titianesque du langage de ce tableau, mais non les qualités, et le définit comme étant « davantage dans la manière de Francesco Vecelli que dans celle de Pordenone auquel il est attribué ». Quelques années plus tard, Morelli (1880) écrit : « Je dois confesser que, mince ne fut pas ma satisfaction d'avoir reconnu au premier coup d'œil, lors de ma visite à Madrid, ce chef-d'œuvre de l'art vénitien comme étant une création de notre Giorgione. » Au même moment et dans le même musée se trouvait exposée une peinture attribuée à Giorgione, la *Vierge avec sainte Brigitte et saint Oulph* dont Cavalcaselle (1877) venait tout juste de modifier l'attribution en faveur de Titien en raison des affinités de cette œuvre avec la *Vierge aux cerises*, la *Vierge aux roses*, la *Vierge avec saint Étienne, saint Jérôme et saint Maurice* (cat. **50**), et le *Christ au denier*, groupe situé dans la seconde moitié de la première décennie du XVIᵉ siècle. A cette occasion, le problème cher à Cavalcaselle, d'une influence de Palma sur Titien, d'une « période palmesque de Titien » qui concernerait la période allant de la formation du peintre aux fresques de Padoue se trouvait à nouveau posé; la *Violante* de Vienne, qui se prêtait à la comparaison avec la *Sainte Brigitte*, était attribué à Palma et ne fut attribué à Titien qu'en 1927, par Longhi, précisément grâce à la confrontation avec le tableau du Prado. En 1890, Morelli en profite pour faire une rectification chronologique, plaçant plus tard l'histoire de Titien et de Palma, et renverse ce rapport, faits qui, pour ces années-là, sont remarquables mais aussi fondamentaux pour la suite : « Titien peignit probablement le tableau [celui de Saint Oulph] entre 1512 et 1514, par conséquent à une époque où Palma formait son style entièrement sur la base des œuvres de ce maître [...]. Le développement artistique de Titien et de Palma [...] ne fut pas aussi rapide que Messieurs Crowe et Cavalcaselle voudraient nous le faire croire. Si Titien avait produit des œuvres aussi admirables que celles mentionnées plus haut [l'*Amour sacré et l'Amour profane*, le tableau d'autel de Jacopo Pesaro] dès 1500 ou 1503, il serait certainement entré au service de la République à cette date, et Dürer l'aurait mentionnée en 1506. Mais ce n'est pas avant 1510 et 1511 qu'il donne des preuves de son remarquable talent dans les fresques de la Scuola del Santo à Padoue, qui demeurent tout à fait giorgionesques quant au style. » Juste après, Frizzoni passe en revue les chefs-d'œuvre du Prado pour l'*Archivio storico dell'arte* (1893) et traite simultanément de ces deux tableaux, mettant en lumière la portée des précisions données par Morelli, la précision chronologique concernant la *Vierge avec sainte Brigitte et saint Oulph* et

l'attribution de la *Vierge à l'Enfant entre saint Antoine de Padoue et saint Roch* à Giorgione; il tente de cerner une première fois cette œuvre en observant combien l'ovale du visage correspond à celui de la *Vénus* de Dresde, mais aussi à celui de la *Vierge* dans la *Pala de Castelfranco*. L'attribution est immédiatement acceptée par Berenson dans ses *Elenchi* (1894), par les premières monographies de Giorgione (Cook, 1900; Monneret de Villard, 1904; Justi, 1908; Gronau, 1908 et 1911) et par Borenius dans les notes qu'il apporte à la réédition du texte de Cavalcaselle (1912). Gronau se prononce sur la datation du tableau : 1505-1506, au début de la seconde période stylistique du peintre. Il observe que la confrontation avec la *Pala de Castelfranco* fait apparaître très clairement l'évolution de Giorgione vers des formes plus libres et pleines de vie, sans que soit pour autant altérée cette délicatesse typique du maître. L'Enfant Jésus qui s'agite sur les genoux de la Vierge tend vers le style de jeunesse de Titien, mais les putti de ce peintre sont plus replets, plus en chair, ils ont un caractère plus animal qu'intellectuel, preuve en est la comparaison entre ce tableau et la *Vierge avec sainte Brigitte et saint Oulph*. Justi situe le tableau avant 1508, au début de la dernière phase de la carrière du peintre. De toute évidence, l'attribution à Giorgione ne convainc pas Hadeln (1907) pour lequel il s'agit, de même que le *Concert* Pitti (cat. **45**) d'une œuvre de Domenico Campagnola. Enfin, le nom de Titien est prononcé par Schmidt à l'occasion de deux communications sur Giorgione (1904, 1908) et par Wickoff dans le compte rendu du livre de Justi (1909), puis il est repris par L. Venturi (1903). Déjà lors de la première de ses deux interventions, Schmidt jugeait le tableau comme étant « une œuvre de jeunesse de Titien », exécuté avant la *Zingarella* du Kunsthistorisches Museum de Vienne, et un document extraordinaire sur la base duquel régler la question de la fin du XVᵉ siècle et des débuts de la *Hochrenaissance* à Venise. Venturi insiste sur les ressemblances avec la *Zingarella* de Vienne, bien que voyant des différences dans le dessin de la Vierge : « Ou mouvement, ou parade; voilà le résultat de l'imagination de Titien, opposé à l'attitude spontanée de recueillement typique de la Vierge de Castelfranco. » Les deux œuvres lui paraissent sans l'ombre d'un doute « soit toutes deux de Giorgione, soit toutes deux de Titien ». Gronau avait déjà porté son attention sur l'Enfant Jésus et L. Venturi enchaînait : « A Madrid, l'enfant se lance directement dans l'action, comme pour conquérir l'univers. En le créant, l'artiste joue avec lui et le montre hardi et vigoureux »; les deux œuvres sont jugées antérieures aux fresques de Padoue. Quiconque examine d'une part les photographies du *Concert champêtre* (cat. **43**) et du retable du Prado dans l'opuscule monographique de Gronau sur Giorgione (1911), où ces œuvres sont attribuées à l'artiste, et d'autre part les photos de ce même retable et de la *Zingarella* de Vienne dans le livre de Venturi où ces tableaux sont attribués à Titien, a le sentiment que les conditions favorables à une « opération » plus radicale pourraient se trouver réunies d'un instant à l'autre, et réalise le rôle de jonction qu'a dû jouer et que joue encore le retable du Prado qui établit un lien entre des tableaux plus documentés comme le *Concert champêtre* (cat. **43**) ou la *Suzanne* (cat. **42**) et le corpus des œuvres de Titien, avec ce qui en résulte aujourd'hui pour la chronologie de l'un et des deux autres dans le catalogue des œuvres de ce peintre.

La *Jeunesse de Titien* de Hourticq, parue en 1919, montre le degré de maturité auquel les études étaient parvenues. Le spécialiste français établit des comparaisons avec les fresques de Padoue, le *Saint Marc*, aujourd'hui à la Salute et la gravure du *Triomphe de la Foi* (cat. **130**); il en conclut à une datation qui se situe au lendemain des fresques en question, et il fait aussi, à juste titre, la distinction entre le saint Antoine du Prado et le même saint peint par Giorgione dans la *Pala de Castelfranco*, entre la Vierge du tableau du Prado et celle de la *Pala de Castelfranco*. Par exemple : « En admettant que la finesse de sa jolie figure évoque un peu le souvenir de la Vierge de Castelfranco, il est impossible de ne pas reconnaître le type qui va s'épanouir dans les splendides *Bella* ou *Flora* prenant plus de robustesse, tout en conservant sa douceur langoureuse. » Rappelons-nous ce que Gronau et Venturi disaient de l'Enfant; Hourticq ajoute : « l'Enfant Jésus avec sa tête bien ronde, son petit corps cambré, bien appuyé sur une hanche, les attitudes décidées et franches de ses membres potelés, est le premier de ces *bambini* que nous retrouverons constamment, remuant, volant, sous forme d'amours ou d'anges, dans les *Fêtes de Vénus* ou dans les *Assomptions de la Vierge*. » L'analyse qu'en fait cet auteur doit être considérée comme un chef-d'œuvre qui abonde en observations très pénétrantes, dont celle qui suit et qui ne me semble pas la moins importante pour une meilleure articulation chronologique des œuvres de jeunesse de Titien; il fait la comparaison avec le *Concert champêtre* : « C'est bien le même coloriste que celui du *Concert* : mais on dirait que le peintre est devenu plus sage, plus méthodique, plus correct. Dans le tableau du Louvre, il est visible que l'artiste, improvisant suivant le procédé de Giorgione décrit par Vasari, a cherché la forme avec le pinceau; les retouches et les tâtonnements y sont visibles; Dans le tableau de Madrid, le dessin a été d'un pinceau sûr; l'œuvre était si bien étudiée que l'exécution, légère comme celle d'une esquisse, est pourtant raffinée comme dans une œuvre achevée; elle ne sent pas l'huile et l'atelier, mais il y passe la fraîcheur parfumée d'une matinée de printemps. » L'observation faite par Suida quelques années plus tard (1933) s'inscrit dans la même lignée : « L'ovale du visage de la Vierge avec les yeux baissés est giorgionesque. Mais ce type de beauté harmonique aux traits allongés est, malgré la ressemblance extérieure, fondamentalement différent de l'ovale plus doux et délicat de Giorgione (*Vierge de Castelfranco*, *Judith*). » Suida, de même que Hourticq, estime que le

petit retable a été peint au lendemain du séjour à Padoue, et situe le *Concert champêtre* et la *Vénus endormie* à cette même époque; il est intéressant de noter que la *Suzanne* lui semble plus ancienne, mais qu'elle lui paraît correspondre à un degré de maturité (parce qu'elle est aux portes des fresques de la Scuola del Santo) supérieur à celui des œuvres qu'il rassemble au sein de la période 1508-1511 et après lesquelles il la place. Il s'agit de la *Lucrèce*, du *Triomphe de la Foi*, de *Tobie et l'ange*, du *Repos pendant la fuite en Égypte* du marquis de Bath, de la *Samaritaine*, du *Buste de femme* de Norton Simon, d'*Orphée et Eurydice*.

Nous aurions pu penser qu'après les premières relectures faites par L. Venturi et Hourticq, après que celles-ci eurent été confirmées par Longhi et Suida vers la fin des années 1920, et après les mises au point ultérieures de ces deux spécialistes concernant la personnalité et le catalogue des œuvres de jeunesse de Titien, une étape précise de l'histoire des études récentes face à l'héritage de la tradition transmise par le XIXᵉ siècle était sur le point de se conclure; notre discipline pouvait même estimer s'en être bien sortie, qu'il s'agisse des tenants (Morelli) ou des aboutissants. Eh bien, parvenus à ce stade, on recommence tout du début, le processus s'arrête. Venturi, dans la *Storia* (1928) dont le chapitre sur Giorgione avait été publié antérieurement dans *Vita artistica* (1927), voit bien que la *Vierge et l'Enfant avec saint Antoine de Padoue et saint Roch* et le *Concert champêtre* sont de la même main; il remarque par exemple que le jeune musicien du *Concert* « a des manches de cette couleur or ou rouge strié de lumière qui constitue toute la richesse de la Vierge du Prado », mais il fait une distinction entre cette Vierge et la *Zingarella* de Vienne, remettant donc en cause le lien, établi par Schmidt et L. Venturi, avec les œuvres de Titien qui lui sont attribuées avec certitude. Dans la monographie de Richter (1937 mais aussi 1932 et 1934), le tableau du Prado est l'un des piliers de la manière de Giorgione à la fin de sa carrière, vers 1507. Pour Wilde il s'agit également de Giorgione; il découvre même, à l'occasion de son essai sur Mancini, l'interprétation que ce dernier donne du tableau dans son retable de Lendinara, daté de 1511, repère chronologique surtout utile aux partisans de la paternité de Titien. Dans sa monographie de Titien (1936), Tietze juge le tableau plus proche de Giorgione que de Titien, mais il ne semble pas non plus totalement convaincu par cette solution. Il l'inclut pourtant dans le catalogue final des œuvres de Titien, mais pour dire que « aussi bien la conception des figures que leur arrangement sont contraires à sa manière. La comparaison de ce tableau avec la *Zingarella* de Vienne et avec le tableau de *Saint Marc* de la Salute, œuvres qu'il rappelle par certains motifs, ne fait que mettre en relief le contraste qu'il présente avec la manière du Maître ». Dans ses *Elenchi* (1932, 1936, 1957), Berenson continue de faire figurer le tableau comme œuvre de Giorgione, ainsi que le *Concert*

champêtre. Même chose pour Gamba (1954). Dans sa monographie de 1964, tout comme dans les essais qui la précèdent (1955, 1957), Baldass perçoit le tableau comme étant à la fois l'une des dernières œuvres de Giorgione et la première où l'on constate la continuation du style des fresques du Fondaco, la proximité du classicisme et le fait qu'elle tend à s'accorder avec les premières phases de la *High Renaissance* en Italie. Souvenons-nous de l'analyse de Schmidt qui avait toutefois conclu différemment. Baldass poursuit en disant que dans ce tableau, Giorgione développe de manière cohérente le discours commencé avec la *Judith* et la *Pala de Castelfranco*, en éliminant à présent les éléments non classiques qui s'y trouvaient initialement. Il en résulte dans tous les cas une datation non antérieure à 1508, à savoir 1508-1510. Il faut rappeler que Baldass n'a aucun doute sur la paternité de Titien pour le *Concert champêtre*; il représente donc un cas isolé : devant faire la distinction de paternité entre les deux œuvres, ce qui n'est pas fréquent, il attribue le *Concert* à Titien, et la *Vierge* à Giorgione; Heinz qui, entre autres, attribue le *Concert champêtre* à Giorgione, donne une appréciation différente dans sa notice dans le livre de Baldass : les affinités techniques entre la *Vierge* et les *Trois Philosophes* lui suggèrent la date de 1506-1508. L'insistance de Baldass sur le fait que la composition du tableau dérive directement de celle du retable Costanzo est aussi présente dans l'essai de 1955, et elle ne cesse pas de me surprendre à chaque fois que je rencontre cette affirmation chez les spécialistes de l'artiste. Il est probable que ce soit là le sentiment de Wethey (1969) lorsqu'il suggère la date approximative de 1505 pour le retable qu'il inclut dans l'œuvre de Giorgione. C. Hornig (1976, 1987) le considère comme étant de Giorgione, aux alentours de 1509, après le *Concert champêtre* (vers 1507) et la *Vénus endormie* (vers 1508) mais avant la *Suzanne* (vers 1510). Braunfels (1964) et Tschmelitsch (1975) sont les seuls, me semble-t-il, à suggérer la possibilité selon laquelle le tableau aurait été commencé par Giorgione et fini par Titien. En revanche, C. Hope (1980) revient sur la position de Hetzer (1920) selon lequel le tableau aurait été peint par un artiste de moindre importance que Giorgione et Titien.

Le processus de restitution du tableau à Titien, dans l'optique d'une définition plus radicale des frontières entre les personnalités respectives du maître et de l'élève, qui nous avions quitté puisqu'il s'était interrompu du temps des interventions de Suida et de Longhi, a trouvé un plus vaste écho dans les contributions apportées en particulier par la critique italienne, mais pas seulement par cette dernière : Fiocco (1941) qui, cependant, distingue le retable du *Concert champêtre* attribué à Giorgione, et l'assimile davantage à la *Suzanne*; Morassi (1942, 1951, 1964, 1966), Pallucchini (1944, 1953, 1969, 1977, 1978), Dell'Acqua (1955), Wilde (cours des années 1950 édités en 1974) qui l'apparente au *Concert champêtre*, mais pas à la *Su-*

zanne attribuée à Titien; L. Venturi (1958) qui reste fidèle au jugement qu'il portait en 1913, en distinguant le retable, à l'instar de Fiocco, du *Concert champêtre* qu'il juge être de Giorgione, mais aussi de la *Suzanne* pour laquelle il maintient le nom de Sebatiano del Piombo; Zampetti (1955 [*Postille*], 1968, 1988), Valcanover (1960, 1969), Pignatti (1969, 1978, 1979), Freedberg (1971), Rearick (1976), Oberhuber (1976), Ballarin (1968, [1976], 1980, 1977), Anderson (1978), Lucco (1983).

Le retable a été présenté à l'exposition de la Royal Academy en 1983-84, prudemment classifié : « entourage de Giorgione. Attribué à Titien », mais il me semble que l'attribution ait rencontré la faveur de l'auteur de la notice (Richardson) et des critiques (Rosenauer, 1984; Davis, 1984). Lors de son compte rendu, W.R. Rearick (1984) propose d'y voir un tableau « commencé à Padoue fin 1510 comme ex-voto de la peste, interrompu à cause des fresques de la Scuola del Santo, et finalement abandonné lorsque le peintre rentra brusquement à Venise fin 1511 ». En effet, comme cela fut remarqué à plusieurs reprises, notamment par les rédacteurs des catalogues du musée, l'œuvre n'a jamais été achevée (les zones du fond sur lesquelles sont campés les personnages, le manteau de la Vierge). La peinture est par ailleurs dans un bon état de conservation et se trouve sur un support de très fine toile.

En 1976, dans le cadre d'une nouvelle perspective de la jeunesse de Titien avant les fresques de Padoue (1511) qui envisageait la possibilité de discerner des périodes, avant et après le Fondaco dei Tedeschi (1508), j'ai proposé de dater le retable du Prado de 1509-10. Je reste convaincu que l'histoire de Titien entre 1508 et 1511 doit se construire essentiellement sur la base de trois œuvres, à tel point semblables que toute discrimination entre elles du point de vue de leur auteur finirait par démanteler l'un des groupes formels les plus compacts et cohérents de l'histoire de la peinture occidentale, mais pas au point d'occulter les raisons permettant de les sérier dans un intervalle de temps par ailleurs bref : le *Concert champêtre*, tout juste sorti de l'expérience du Fondaco et qu'on pourrait dater de 1509, la *Vierge et l'Enfant entre saint Antoine et saint Roch* où, je disais alors « on entrevoit les premiers germes de ce classicisme chromatique qui s'épanouira dans le courant de 1510 » et à laquelle en conséquence la date de 1509-10 conviendrait, la *Vénus endormie* qui nous place avec superbe au seuil des années 1511-16, c'est-à-dire des expériences les plus célèbres de la période classique de l'artiste, et à laquelle on donnerait donc la date de 1510. Je me permets de renvoyer à ce que j'ai dit dans les notices consacrées à la *Suzanne* (cat. **42**) de Glasgow, au *Concert champêtre* (cat. **43**) du Louvre et dans l'essai consacré à cette question pour un bilan de l'orientation des études relatives au problème des débuts de Titien et de ses rapports avec Giorgione et pour un exposé plus organisé de mes convictions du moment.

A.B.

page 60

45

Tiziano Vecellio, Titien
Pieve di Cadore, vers 1488/1490 - Venise, 1576

Le Concert
vers 1511

Toile. H. 0,865; L. 1,235 (après l'enlèvement, à l'occasion de la restauration de 1976, de la bande de 23,5 cm ajoutée dans la partie supérieure au début du XVIIIe siècle, puisqu'elle apparaît déjà dans la gravure de Theodor Verkruys datant d'avant 1723).

FLORENCE, PALAZZO PITTI, GALLERIA PALATINA

HISTORIQUE

Coll. du Florentin Paolo Del Sera à Venise en 1632 (Ridolfi, 1648, et pour la documentation sur del Sera G. Chiarini de Anna dans *Paragone*, 1975, 307; note 2 pp. 58-60); acquis par Leopoldo de' Medici en 1654 avec l'ensemble de la collection qu'il conserva dans son appartement du Palazzo Pitti jusqu'à sa mort en 1675; exposé dans la tribune des Uffizi de 1677 à 1697; au Palazzo Pitti, d'abord dans l'appartement du grand-prince Ferdinand, puis dans celui du grand-duc, au cours du XVIIIe siècle; transféré à Paris entre 1799 et 1815 puis dans la Galleria di Palazzo Pitti.

EXPOSITIONS

Venise, 1955, n° 54; Florence, 1978-79, n° 54; Venise, 1990(1), n° 3.

BIBLIOGRAPHIE

Ridolfi, 1648 (éd. von Hadeln, 1914, I, p. 99 et note 2); Boschini, 1660 (éd. A. Pallucchini, 1966, p. 397); Burckhardt, 1855 (éd. 1952, p. 1048); Crowe et Cavalcaselle, 1871, II, pp. 144-147; Pater, 1877 (éd. Hill, 1980), pp. 102-122; Lermolieff [Morelli], 1880 (éd. 1886), p. 158; Wickhoff, 1893, pp. 135-136 : Berenson, 1894 (3e éd. 1897), p. 141; Phillips, 1897, pp. 61-62; Cook, 1900, pp. 49-51, 133; Gronau, 1900 (éd. anglaise, 1904), pp. 19-21, 291; Hadeln, 1907, pp. 52 ss.; Gronau, 1908, pp. 514-515; Justi, 1908, I, pp. 253-261, 279, 294, 299, 311, 324, II, n° 64; Ricketts, 1910, pp. 38-39; Gronau, 1911, pp. 5-6, 8; Borenius, 1912, III, note 2, pp. 26-27; L. Venturi, 1913, pp. 149-150, 362-364; Hadeln, 1914, I, note 2, p. 99; Friedberg, 1917, pp. 169-176; Basch, 1918 (1927) p. 40; Hetzer, 1920, pp. 133-138; Hartlaub, 1925, pp. 57-58; Justi, 1926, I, pp. 263-274, II, n° 41; Schubring, 1926, pp. 69-70; Heinemann, 1928, pp. 27-29; A. Venturi, 1928, IX, 3, pp. 209-210; Hourticq, 1930, pp. 114-127; Berenson, 1932, p. 570; Ferriguto, 1933, pp. 352-354; Gombosi, 1933, p. 73; Suida, 1933 (éd. italienne), pp. 30, 148; Richter, 1934, pp. 285-286; Brunetti, 1935, pp. 119-124; Berenson, 1936, p. 490; Tietze, 1936, I, pp. 85-87, II, p. 288; Richter, 1937, pp. 216-217; Hetzer, 1940, p. 162; Fiocco, 1941, pp. 34-35; Dusslze, 1942, p. 152; Morassi, 1942, p. 179; Pallucchini, 1944 (*Pittura*), I, p. XVII; Longhi, 1946, p. 22; Tietze-Conrat, 1946, p. 83; Brendel, 1947, p. 69, Pallucchini, 1953, I, pp. 70-71; Venturi. 1954, pp. 50-55; Castelfranco, 1955, p. 310; Dell'Acqua, 1955, p. 108; Zampetti, 1955 (*Giorgione*) (2e éd.), pp. 127-128, n° 54; Zampetti, 1955 (*Postille*), p. 19; Berenson, 1957, I, p. 185; L. Venturi, 1958, col. 213, 217; Valcanover, 1960, I, p. 52; Egan, 1961, p. 191; Baldass et Heinz, 1964 (éd. anglaise, 1965), p. 179; Francini Ciaranfi, 1964, p. 56, n° 185; Morassi, 1964, pp. 17-18, pl. 4; Gould, 1966, pp. 49-50; Morassi, 1966, col. 19; Zampetti, 1968, p. 94 (n° 33); Pallucchini, 1969, I, pp. 24-25, 241; Pignatti, 1969, pp. 118, A 11; Valcanover, 1969, p. 95 (n° 42); Maxon, 1970, p. 831; Wethey, 1971, II, p. 91-92, n° 23; Freedberg, 1971, p. 97; Meijer, 1972-73, pp. 96-97, n° 12; Tschmelitsch, 1975, pp. 302-308; Wethey, 1975, III, p. 269; Garberi, 1977, p. 17; Pallucchini, 1977, p. 21; G. Chiarini, 1978, pp. 196-208; Mucchi, 1978, p. 63, Pignatti, 1978(1), pp. 41, 122-123 A 13; Settis, 1978, p. 56; Fomiciova, 1979, p. 161; Meijer, 1979, pp. 106-107; Rossi, 1979, p. 191; M. Chiarini, 1980, pp. 293-294; Gentili, 1980(2); pp. 43-44; Hope, 1980(2), p. 172; Pignatti, 1982, pp. 141-142; Tieri, 1982, p. 170; Ramsden, 1983, pp. 5-75; Hoffman, 1984, pp. 243-244; Boehm, 1985, p. 131; Rapp, 1987, pp. 361, 364; Lucco, 1989, pp. 11-28; Parronchi, 1989, pp. 54-56; Gentili, 1990, p. 65; Padovani, 1990, pp. 144-146; Fenlon, 1992, p. 203.

Ridolfi (1648) est le premier à parler du tableau vu chez Paolo del Sera à Venise, jugé comme l'un des chefs-d'œuvre de Giorgione, et comme le rare exemple de sa capacité d'imiter la nature : « trois portraits », écrit-il, « d'un moine augustinien, qui joue du clavecin avec beaucoup de grâce, et regarde un autre Frère, au visage bien en chair, avec un rochet et une cape noire, qui tient la viole. De l'autre côté un jeune homme très allègre, avec sur la tête un béret orné d'un plumet blanc ». Le tableau a joui d'une grande considération au XIXe siècle, auprès de Burckhardt (1855), de Pater (1877) et de d'Annunzio. Pater a construit autour de ce tableau son étude sur l'école de Giorgione : le *Concert* est le meilleur exemple de la catégorie du « *Giorgionesque* » que Pater veut défendre contre la remise en question de l'importance de Giorgione opérée par le « nouveau Vasari », c'est-à-dire l'*History of Painting in North Italy* de Crowe et Cavalcaselle. Mais il se trouvait que l'admiration de Cavalcaselle pour cette œuvre fut inconditionnelle (« Il n'y a pas de peinture plus simple ni plus frappante que celle-ci, qui doit être classée parmi les chefs-d'œuvre du XVIe siècle ») au point de lui faire apparaître le *Concert champêtre* comme indigne de la même attribution. Et il est très étonnant qu'une nouvelle phase dans l'appréciation du tableau ait été suscitée par un jugement de Morelli (1880) exprimé de façon quelque peu hâtive, celui-ci ne considérant pas qu'on pût s'exprimer sur une œuvre si repeinte; « Si on enlevait le masque qui le cache, il en sortirait probablement une œuvre de jeunesse de Titien ». Le doute exprimé par Morelli trouve un écho immédiat dans les *Elenchi* vénitiennes de Berenson (1894) et une belle réponse dans la monographie de Gronau (1904) : « Il semble, en effet, que le peintre ait eu dans l'esprit des intentions plus hardies que celles que l'on peut attribuer à la nature tranquille et réservée de Giorgione. Cette peinture nous donne, peut-être, la plus haute expression que la musique et l'émotion qu'elle provoque aient jamais apportée dans le domaine de la peinture. Deux moines, selon l'habitude de leur ordre augustinien, viennent de jouer un duo. [...] Le plus âgé des deux a posé sa viole sur le côté et pose doucement sa main sur l'épaule de l'autre – qui l'a accompagné à l'épinette et laisse maintenant ses belles mains expressives sur les notes à l'endroit où elles avaient touché la dernière corde, tandis qu'il se retourne et fixe son compagnon avec des yeux qui trahissent l'élévation jusqu'où s'étaient égarées ses pensées. L'âme s'illumine à travers ces fins visages, ces yeux creusés profondément, le blanc éclatant, d'où vient la plus grande luminosité dans la peinture, attirant aussitôt et fixant l'attention. [...] Comment est-il possible, qu'en dépit de la lumière massée sur les deux côtés, la tête de l'homme au centre (et pendant un moment, elle seule) soutienne l'effet – tel est le problème immense posé par le plus grand génie artistique. »

Gronau se demande si nous sommes vraiment en présence de portraits.

« Ici la limite entre le portrait et la scène de genre, au meilleur sens du terme, est indéfinie ». Il croit que Titien a pu vouloir représenter les effets de la musique, une sorte d'allégorie de celle-ci. A la fin de sa *List of Pictures*, il évoque aussi la possibilité que le tableau ait été commencé par Giorgione, en se référant à la figure du jeune homme, qui semble d'une époque à peine plus ancienne, et qu'il ait été terminé par Titien à la mort du maître. Il insiste en ce sens dans les *Kritische Studien* (1908), convaincu que les origines profondes du tableau s'enracinent beaucoup plus qu'on ne le pensait dans le milieu de Giorgione : le plus jeune pourrait être de Giorgione et de son premier style, tandis que Titien aurait pu terminer l'œuvre plusieurs années après, de 1512 à 1515, à en juger par l'art du portrait du frère augustinien au milieu, qui est désormais celui des deux portraits du Louvre (cat. **54, 55**) : celle-ci est la seule tête qui lui semble certainement de Titien, la « gloire du tableau », parce que le joueur de viole est plus proche du jeune page. En 1911, alors qu'il rédige l'étude sur Giorgione dans la collection « *Altmeister der Kunst* », il conclut : « En conséquence, il apparaît comme une solution possible du problème traité, que la peinture appartienne au petit groupe des œuvres que Titien a achevées après la mort de Giorgione. » Le tableau est reproduit avec la légende : « Giorgione ? ». Et en 1921, dans le *Kunstler-Lexikon*, il parlera d'œuvre projetée et organisée sur la toile par Giorgione. Tandis que Phillips (1897), sous forme interrogative, Cook (1900) et Justi (1908) restent fidèles à la tradition, Ricketts (1910) et Borenius (1912), dans les notes aux rééditions de Cavalcaselle, se déclarent favorables sans réserve à la nouvelle attribution à Titien. Hadeln exprime la même opinion (1914) dans le commentaire aux *Vite* de Ridolfi ; cependant, quelques années auparavant (1907), il avait proposé Domenico Campagnola, comme Wickhoff (1893). Seul Hetzer (1920) discutera du tableau en dehors du bi-

nôme Giorgione-Titien, et l'attribuera à un anonyme influencé par Titien jeune. Borenius met l'accent sur le fait que « l'atmosphère de la scène est plus dramatique, comme chez Titien, que lyrique, comme Giorgione » et établit, comme Ricketts, des rapports avec le *Baptême du Christ* de la Pinacoteca Capitolina, avec les fresques de la Scuola del Santo, la *pala* avec *Saint Marc* c'est-à-dire avec des œuvres qui sont en effet apparentées au *Concert*. Pour L. Venturi (1913), la passion ardente et l'action, indissociables dans ce tableau, sont des caractéristiques de Titien, et A. Venturi (1928) revient sur cette idée : « La liberté du pinceau, l'intensité des contrastes d'ombre et de lumière, la plénitude du modelé que Titien exprime dans les *Saintes Conversations* du Louvre (cat. **50**) et du Prado, surtout l'ardeur des passions humaines sur le visage de saint Étienne et de saint Georges (c'est le saint chevalier pris parfois pour saint Oulph) conduisent à placer, à côté de ces deux tableaux, une œuvre de plus haute qualité : le *Concert* Pitti, chef-d'œuvre de la période d'influence de Giorgione [...]. « Le corps même du moine disparaît presque dans l'ombre noire de la tunique, les mains d'acier, qui appuient nerveusement sur le clavier, le visage fébrile, vivent ainsi d'une vie surnaturelle. C'est l'onde de la musique qui vibre dans cette image toute âme et nerfs : instrument vivant d'harmonie. La pose, fixée dans la tension, construit le visage avec une force de synthèse jamais plus retrouvée chez Titien, mettant en relief les traits essentiels, et instaure une puissante continuité de vie entre les mains spasmodiques et le regard électrique. La passion ardente se mêle à l'action et le moine vêtu de noir, aux yeux dilatés par un feu intérieur, s'inscrit en nous comme la plus sublime personnification de la musique et de ses émotions vertigineuses ». Ce rappel au saint Oulph de la *Sainte Conversation* du Prado, apparaît aujourd'hui encore très fort, de même que le rapport photographique qu'il propose entre le visage du joueur de clavecin et l'*Homme au gant* (cat. **54**), déjà établi du reste par d'autres chercheurs. Mais dans la note du texte, Venturi, comme Gronau, avoue que le tableau, tellement disputé entre Giorgione et Titien, est toujours en quête d'auteur.

Il a progressivement pris place dans le catalogue de Titien, avec des dates qui oscillent autour des fresques de Padoue (Pallucchini, 1969, 1511-1512 ; Wethey, 1971, 1510-1512), ce qui n'a pas empêché de réapparaître la tentation d'une paternité donnée à Giorgione, affirmée avec assurance (Tschmelitsch, 1975 ; Fomiciova, 1979 ; Parronchi, 1989) ou discutée en se limitant à la figure de gauche (Castelfranco, 1955 ; Mucchi, 1978) ou posée comme une problématique encore ouverte (Gould, 1966).

Sur la nature, plus proche de Giorgione que de Titien, du jeune homme à gauche, Gronau (1900, 1908, 1911, 1921) avait déjà attiré l'attention et conclu que Titien avait dû exécuter une œuvre conçue par Giorgione. Wethey (1971) s'est également rangé à cet avis, mais

sans mettre en doute l'attribution du tableau à Titien ; tandis que face à la différence d'ardeur inventive et d'exécution picturale perceptible entre cette figure (à gauche) et les deux musiciens, Pallucchini (1953 et 1969) et Valcanover (1969), la jugeant de facture médiocre, se sont demandés si elle ne serait pas d'un collaborateur de Giorgione. Richter (1934), réfléchissant sur le tableau dans le cadre du catalogue de Giorgione, avait trouvé étrange la figure du prêtre à droite. La restauration et les radiographies exécutées à cette occasion et publiées par L. Mucchi (1977, 1978), ont finalement prouvé la totale appartenance du jeune homme à l'invention d'origine et peut-être une certaine usure de la surface picturale sur la tête (Chiarini, 1980). La restauration a aussi restitué la vraie couleur de l'habit de claveciniste, bleu profond et non noir. Hourticq avait déjà remarqué que « rien, en réalité, ne désigne ici un frère augustin. Cette robe noire n'est pas celle d'un moine ; elle est bordée de fourrure ; c'est une simarre confortable, comme on en portait beaucoup à Venise. La coiffure ne révèle aucune tonsure, elle est de coupe laïque ». Quant à l'hypothèse que le *Concert* ne soit rien d'autre que le double portrait de Verdelot et Obrecht dont a parlé Vasari et de toute manière considéré comme perdu, Ramsden (1983) revient avec de nombreux arguments. Elle est naturellement favorable à ce que la paternité de Sebastiano del Piombo soit prise de nouveau en considération. Cette direction, avait déjà été prise par Hourticq (1930) ; mais n'ayant pas compris, tout comme Friedeberg, qui était « Ubretto », il avait pensé l'identifier au plus jeune de la compagnie, un chanteur de ce nom et élève de Verdelot, portraituré comme joueur d'épinette, tandis qu'était relégué dans l'ombre, d'après l'état des connaissances de Vasari, le prêtre, « le prêtre de Saint-Marc de Venise ». Ramsden explore de nouveau cette possibilité avec un tout autre bagage d'informations historiques. Le musicien français Philippe Delouges, appelé Verdelot ou Verdelotto, « peut-être le premier et certainement le maître le plus prolifique de la première grande période du madrigal » (Einstein, 1949, I, pp. 154-157, 246-257, citation p. 257), connu à Florence dès 1521 et de 1523 à 1525, chanteur et maître de chapelle du baptistère San Giovanni à Florence, le foyer musical le plus important de la ville, et très connu dans le milieu des Médicis, mort on ne sait quand ni où, mais sans aucun doute après 1529 et bien avant 1552, serait représenté dans la figure du joueur d'épinette, un laïc qui porte une sorte de *cappa choralis* (cape de chant) que les laïcs portaient dans le chœur quand ils se plaçaient auprès des ecclésiastiques. Tandis que Jacob Obrecht, appelé en Italie Ubretto, un des maîtres reconnus, avec Josquin des Prés, de l'école polyphonique flamande de la deuxième moitié du XVᵉ siècle, présent en 1487 pour quelques mois à la cour d'Ercole I d'Este et de nouveau en 1504, en qualité de « chanteur de l'illustre seigneur Duc », mort de la peste à Ferrare pendant l'été 1505 à l'âge de cinquante-deux ans (Murray, 1957; Lockwood, 1984 [éd. ital., 1987], pp. 254-256), serait le prêtre avec la viole de gambe, portant le rochet et la cape courte noire de chœur (on sait qu'Ubretto était entré jeune dans les ordres à Louvain et avait été chanoine de l'église de Notre-Dame d'Anvers). Dans la troisième figure, un jeune homme vêtu avec élégance et en tenue d'apparat, avec sur la tête un chapeau orné d'une plume d'autruche, étranger au dialogue entre les deux autres personnages, serait peut-être reconnaissable un chanteur dans le genre des « chanteurs au luth » ou « à la lyre ». L'historienne cherche à aplanir ingénieusement une série de difficultés : Verdelot n'aurait jamais été maître de chapelle à la basilique Saint-Marc (c'est à ce titre qu'il aurait été à Venise selon Vasari), et il est vrai qu'il n'existe pas de document qui le prouve (en admettant qu'il ait été là dans les premières années du siècle, fait à son tour attesté par aucun document, il se peut tout au plus qu'il ait été chanteur du chœur de la basilique). Mais il prendra cette charge de maître de chapelle à Florence, et Vasari pourrait la lui avoir attribuée rétrospectivement pour la période pendant laquelle il a été à Venise. Le tableau se trouverait chez Del Sera à Venise dans les années 1630, mais serait à Florence dans la deuxième moitié du Cinquecento, d'abord chez Sangallo (Vasari, 1568), puis à la mort de ce dernier (1576), chez Ridolfo Sirigatti (Borghini, 1584, pp. 452-453). Toutefois, Del Sera est florentin et pourrait l'avoir emmené avec lui à Venise. Vasari ne mentionnerait que deux figures, non trois, mais la troisième n'est pas nécessairement un portrait ou plutôt le portrait d'une personne mémorable. La thèse (de Ramsden) se heurte cependant à la fin à deux difficultés majeures, et insurmontables : la date, que l'on devrait donner au tableau, 1505, année de mort d'Ubretto et aussi l'année où il pourrait être venu à Venise en provenance de Ferrare (comme accompagnateur du duc Alfonso, suggère Ramsden, mais cela ne semble pas nécessaire) et y avoir rencontré Verdelot, et la paternité du tableau — difficultés qui d'ailleurs n'en sont pas pour l'historienne, disposée à la considérer comme une des premières œuvres de Sebastiano, en 1505. Quelle importance donner à cette thèse ? Dans l'attente de démentis plus précis, nous devons garder l'idée que Vasari nous transmet quelque chose de vrai concernant l'identité des deux musiciens dans le tableau qu'il a vu à Florence, c'est-à-dire qu'il ait vraiment existé un double portrait de Verdelot et d'Obrecht exécuté à Venise par Sebastiano. A.-M. Bragard (1957, 1961, 1964), dans ses recherches sur Verdelot, en l'absence de preuves dans les registres d'ailleurs conservés seulement en partie dans la chapelle ducale, est encline à ne pas donner trop de poids au témoignage de Vasari : on doit cependant observer qu'avant qu'elle-même ne retrouvât les preuves, dans les archives d'État de Florence (1957), que Verdelot a été effectivement chanteur et maître de la chapelle San Giovanni, durant les années 1523-

1525, nous ne savions de sa charge que ce qu'en dit le passage de Vasari, et nous aurions pu également douter de sa véridicité. Même l'origine « française » du musicien, affirmée par Vasari dans son texte, a été vérifiée. Verdelot était une personne bien connue dans le milieu florentin, comme le démontrent *I Marmi* de Anton Francesco Doni (1552) et les *Raggionamenti Accademici* [...] de Cosimo Bartoli (1567) et on peut même se demander si Vasari ne l'a pas connu en personne; il était certainement ami de Bartoli. Cela suffit pour prendre au sérieux le témoignage du biographe arétin à propos de son séjour à Venise du rôle qu'il y joua, sinon de maître de chapelle ducale, au moins de simple chanteur et de l'existence même de son portrait dans un tableau vénitien des années 1505-1511 même s'il manque des preuves documentaires. Je constate une attitude plus ouverte envers ce témoignage dans les travaux les plus récents des historiens du madrigal italien (Slim, 1972, I, pp. 45-69, 1980, p 631; Fenlon, Haar, 1988, p. 38), même si d'autres recherches d'archives sur l'histoire de la chapelle de Saint Marc continuent à se révéler, de ce point de vue, infructueuses (Ongaro, 1988). Il est plus difficile d'admettre que ce portrait ait été exécuté à l'occasion d'une rencontre dans cette ville des deux musiciens, si dans « Ubretto son compagnon de chant », on doit comprendre Obrecht — et là le témoignage de Vasari se ferait donc flou mais pour des raisons évidentes, car cette rencontre avec le plus âgé et alors très célèbre compositeur néerlandais, ne pourrait être arrivée qu'en 1505, à l'occasion d'un bref séjour à Venise par Ferrare, où il habite de septembre 1504 à août 1505, et où il meurt de la peste. Obrecht est invité à revenir à Ferrare par le vieux duc Ercole I, à qui il était particulièrement cher, et succède à Josquin des Prés dans la charge de maître de chapelle, seulement pour quelques mois, car, comme l'a précisé Lockwood (1984), à la mort d'Ercole en février 1505, il cesse d'être au service de la cour, peut-être parce que son fils Alphonse s'intéresse davantage à la musique profane de la nouvelle génération, et par conséquent, bien que continuant à habiter Ferrare, durant le mois de mai, sur présentation d'une lettre de l'autre fils d'Ercole, Ferrante, il tente sa chance pour la même charge à la cour de Gonzague, mais sans succès. Au moment même où Ercole le fait appeler à Anvers, il semble qu'à la cour de Rome, tout de suite après l'élection de Jules II, on soit favorable à son éventuelle accession à la direction de la chapelle pontificale (Lockwood, 1984, p. 265, note 163). A Venise, il était également connu, comme en témoignent les éditions d'Ottaviano Petrucci : en 1504, sortent chez cet éditeur cinq *Messes*. Il est donc très probable qu'Obrecht soit venu à Venise ces jours-là : mais je me demande si, à la lumière de tout ce qu'on connaît aujourd'hui des deux musiciens et du peintre qui, selon Vasari, en aurait fait leur portrait, on ne doit pas supposer qu'Obrecht ait été représenté dans ce tableau *post mortem*, quelques années après 1505, naturellement

sur l'initiative de Verdelot — ceci, je veux dire, en faisant abstraction de l'identification avec le tableau de la Galleria Palatina (cat. **21**). Qu'est-ce qui nous empêcherait d'insister sur cette hypothèse une fois qu'avec Hourticq et Ramsden nous nous trouvons face à ce tableau ? L'âge que tous deux semblent avoir, vingt-cinq et cinquante ans environ, ne serait pas en contradiction avec ce qui a été suppose ou ce que l'on sait de leur date de naissance (Verdelot aurait pu naître vers 1480 environ [Einstein, 1949, I, p. 246], bien qu'il faille prendre acte de la tendance de Slim (1972) à faire remonter cette date vers 1470; Obrecht est né en 1453 [Murray, 1957, pp. 500 ss.]), ni avec les vêtements qu'ils portent, d'après ce qu'on sait de leur statut social, tandis que malheureusement rien n'atteste entre les deux compositeurs, qui appartiennent à deux époques différentes de l'histoire de la musique, une relation d'amitié ou seulement d'estime aussi touchante que celle qui apparaît dans ce tableau, il est vrai que l'on sait peu de choses de leur vie.

Quant à la dernière difficulté, je n'écarte pas la possibilité que la peinture, laissée à Florence chez Verdelot, et peut-être passée de main en main, ait perdu sa vraie paternité et en ait trouvé une qui lui ressemblât, pour ensuite en prendre une autre encore plus proche de la réalité à Venise. Il est inutile de rappeler que dans la distinction entre Giorgione et ses deux élèves, Vasari s'est parfois trompé, même en face d'œuvres qui se trouvaient dans les églises vénitiennes, comme la pala de San Giovanni Crisostomo ou le petit tableau avec le *Christ portant la croix* de San Rocco. En outre, du côté des historiens de la musique et des historiens d'art, tandis qu'on a ignoré la thèse d'Hourticq et celle de Poppelreuter et de Friedeberg, qui avait pour objet ce *Concert*, reprise uniquement par Ramsden dans les années 1980, avec la rectification dont on a parlé, on a discuté, à l'inverse, de celle, indigne de toute considération, d'Henry Prunières (1922). Celui-ci prétendait reconnaître les physionomies de Verdelot et d'Obrecht, respectivement dans l'homme mûr et l'homme âgé des *Trois Ages* de la même Galleria Palatina (cat. **21**). Selon cette interprétation, le tableau est reproduit dans l'ouvrage d'Einstein sur le madrigal italien (1949, I), qui pour sa part, identifie l'auteur du tableau avec le « putto » du centre. Le tableau est l'objet de discussion par Bragard (1957), par Reese (1969) et par Bonicatti (1976, 1980). La situation, s'aggrave lorsque Sindona (1957) estime qu'il ne s'agit pas de Jacob Obrecht, mais de Hubert Naich, un compositeur de madrigaux plus jeune que Verdelot (Einstein, I, pp, 429-430; Quintin, 1990) et veut l'identifier, compte tenu de son très jeune âge, aux années du portrait de Vasari, en la personne du « putto » des *Trois Ages*. Slim (1972, 1980) adopte cette solution, mais il a assurément en tête des dates de naissance et de mort de Naich très différentes de celles habituellement supposées, dont il ne dit d'ailleurs rien; il la réfère au *Double portrait* autrefois au Kaiser-Friedrich-Museum de Berlin (cat. **152**), que quelques années auparavant Freedberg (1961, I, pp. 337, 374, II, fig. 459) a identifié avec le tableau mentionné dans les Vite, où selon Slim, Verdelot serait représenté dans la figure de face, et Naich, dans celle de profil. Cette proposition de Freedberg, reprise en 1971 (p. 479 notes 49 et 59) et en 1988 (note 44 p. 199) est jugée raisonnable par Wethey (1971, p. 187), mais elle refusée par Hirst (1981, p. 93), et en effet elle ne résiste pas aux vérifications, à la lumière des données historiques résumées par Ramsden, tandis que la précédente selon laquelle le tableau serait de Titien et daterait des années 1510-1520 continue à séduire davantage, rendue convaincante par Longhi (1927) et accueillie par Suida (1934). Quant à une autre tentative, faite cette fois en direction du *Double portrait* du Palazzo Venezia (cat. **23**) par Ravaglia en 1922, il suffit de dire qu'elle a eu lieu.

Reste toutefois le problème de la signification du tableau. Nous sommes certainement en présence d'un double portrait — à moins que la tête du plus jeune ne soit aussi un portrait — où l'accent est porté sur l'allégorie morale, ou plutôt sur la représentation d'une expérience d'ascèse et de communion spirituelle vécue dans la pratique de la musique. On a souvent insisté sur l'expressivité des mains et de la tête du claveciniste; j'avoue que la figure du prêtre n'est pas pour moi moins impressionnante et mémorable : je pense au naturel et à la simplicité avec laquelle il tient la viole, à la façon délicate et affectueuse d'effleurer l'épaule du claveciniste, à la parfaite coordination de tout son comportement. Cette main qui effleure l'épaule n'est pas pour moi moins expressive que les mains contractées sur l'épinette, qui véhiculent elles aussi, comme les regards, de puissants mouvements de l'âme, à ce moment différents chez l'un et l'autre, mais sur le point de se rencontrer et de s'unir. L'onde des émotions que la musique a suscitée, une vraie tourmente dans l'âme du claveciniste, trouve par le truchement du regard, une sorte de résonance dans celui du joueur de viole, en ce sens qu'elle s'amplifie mais aussi se sublime dans la tranquillité imperturbable de cette figure, et revient à lui sous forme de vie spirituelle dans ce geste discret et mystérieux de la main. C'est un courant intense qui traverse les regards et les gestes, provoquée par l'expérience de la musique et qui part précisément des mains sur l'épinette pour s'achever dans les mains sur l'épaule. L'énergie fébrile des mains contractées sur les touches, de la tête, brusquement tournée vers le buste, du regard à la pupille dilatée, s'apaise dans les gestes calmes et graves du prêtre joueur de viole. Ce n'est pas un concert interrompu, comme il a été très improprement écrit, « par l'intrusion du temps mondain impérieux dans l'espace idéal du temps harmonique » ou « par le rappel discret mais déterminé du prêtre au temps sublimé autrement, mais toujours aussi réel, présent, scandé par l'heure de la dévotion institutionnalisée » (Gentili, 1980, 1990, respectivement), mais un

concert achevé, en ce sens que l'expérience de l'ascèse spirituelle par l'exercice de la musique a accompli son chemin. Portrait de deux musiciens, allégorie de la musique capable de susciter ainsi de grandes énergies spirituelles et de les sublimer dans la paix et l'harmonie de l'esprit, de mettre en contact et de faire vibrer si intensément deux âmes à l'unisson. Portrait aussi d'une amitié, mais également d'un sentiment de vénération du plus jeune à l'égard du plus âgé. Dans quelle mesure cette lecture peut-elle éclairer ou, à l'inverse, être expliquée par l'hypothèse d'un portrait à la mémoire d'Obrecht demandé par Verdelot ? Cela reste en suspens. Un tout jeune homme vêtu en habit de fête, qu'on ne doit pas interpréter comme un chanteur, car le peintre aurait été plus explicite, nous fait sentir, de manière surprenante, toute l'exclusivité de cette communion spirituelle : il ne pourrait pas ne pas y être, et il est inouï que dans le passé, on se soit tant interrogé sur sa manière d'être si différente, et donc sur sa présence plus ou moins opportune. De manière différente, Wethey (1971) qui s'est aperçu que le tableau développe le thème des trois âges, observe : « Ces hommes de trois âges différents agissent l'un sur l'autre pour produire l'effet émotionnel global. » P. Egan (1961) avait déjà porté cet aspect au premier plan : « [...] Le thème des *Trois Ages* participe pour la plus grande part du sujet principal. Les trois hommes ne lisent plus la musique. Ils sont soutenus par un accord du clavecin, et selon leur âge s'en font l'écho entre les intervalles. [...] Le message libéré par l'instrument a le pouvoir de rendre visibles les tensions différentes de chaque auditeur qui semble lié plutôt qu'uni vaguement par la loi harmonique. » L'aspect exagérément adolescent de cette troisième figure, son costume ostentatoire et mondain explicitent en fait la clé de lecture de l'allégorie morale : le thème central du culte de l'intériorité individuelle par l'expérience musicale s'imbrique inévitablement avec celui des trois âges de la vie auxquels on fait allusion ici dans les limites acceptées par les contraintes du portrait, dans une durée qui va de l'adolescence à la maturité avancée en passant par le début de la maturité, mais même avec celui, exprimé aussi dans le respect de ces contraintes mais suffisamment clair, des trois types de vêtements significatifs de trois choix de vie différents. Le contraste entre le vêtement mondain du jeune homme et ecclésiastique du plus âgé, est trop important pour ne pas être significatif. La lecture va donc de la gauche vers la droite, à cause de l'importance donnée à la figure du prêtre dans le tableau. Un tel rôle a été saisi par Hoffman (1984) à l'occasion d'une présentation de quelques œuvres de Giorgione et de son entourage, qui dans l'étude du thème des trois âges de l'homme insiste sur celui de l'harmonisation des premières promesses de la vie dans le cadre de l'existence matérielle avec les refuges extrêmes dans le monde de l'intériorité individuelle. Mais l'absence d'une référence quelconque au contexte culturel néoplatonicien

entraîne une interprétation trop schématique et des abus : par exemple, quand il note dans le *Concert* « un sentiment d'interruption, d'un processus s'achevant brusquement » ou quand il observe que « l'homme au centre représente les caractères des deux autres : l'activité physique en jouant d'un instrument, et le regard spirituel qui atteint celui qui l'interrompt », ou quand précisément il caractérise le prêtre : « L'injonction de la figure sacerdocale est discrète au point d'être à peine perceptible, pourtant elle porte en elle toute la force d'une sommation sans appel à l'Au-delà, comparable certainement en émotion sinon en intensité à la sommation du squelette grimaçant dans les *Danses des Morts* de Hans Holbein [...]. » Même Wethey, observant que la Musique est le thème de la peinture, ne va pas au-delà de la constatation que celle-ci « est ici présentée comme essentielle à la vie d'un homme de qualité, de la jeunesse jusqu'à la vieillesse », c'est-à-dire comme un des attributs du *Cortegiano*. Si celle que nous avons dite est la clé de lecture, nous sommes devant un tableau qui appartient au genre de ceux de Giorgione, des *Trois Ages* de la Galleria Palatina (cat. **21**) aux *Trois Philosophes* — non pas rappelés par hasard par Hoffman — et qui présuppose le même milieu de commande et les mêmes cercles de culture néoplatonicienne : je crois qu'on en comprend mieux toutes les qualités si on le considère comme une sorte de réinterprétation par Titien, dix ans après — et quels dix ans ! – des *Trois Ages* de Giorgione : là les trois âges et la leçon de musique, ici les trois âges et l'exécution musicale. Mais il faut tenir tout aussi présente à l'esprit la problématique du *Double Portrait* du Palazzo Venezia (cat. **23**) et du *Brocardo* de Budapest (cat. **25**; Ballarin, 1979, 1983). A ce sujet, on doit mettre en relief l'interprétation suggérée par Brendel dans l'échange de lettres avec Middeldorf, en marge de son essai de lecture de la *Vénus avec le joueur de luth*, Holkham du Metropolitan Museum (1946-47), parce qu'elle vient parfaitement à la rencontre de celle proposée ici : « Il existe un précédent évident au musicien qui écoute et regarde en même temps, le joueur d'épinette du Concert de Giorgione au palais Pitti. Lui aussi, tandis qu'il joue, se retourne pour voir non pas une déesse allongée, mais un prêtre d'un certain âge, derrière lui, son compagnon de musique. La peinture est un portrait de groupe, pour autant que permette d'en juger l'état présent de conservation. Mais elle comporte un certain nombre de contrastes symboliques, social (la tenue d'apparat de la figure du fond) et humain (une différence d'âge accentuée : les trois âges ?). Me pardonnera-t-on de citer une fois de plus Ficino ? Dans un passage sur l'amitié il observe, en digne néoplatonicien : "Le plus âgé avec les yeux se délecte de la beauté du plus jeune, et le plus jeune goûte spirituellement la beauté du plus âgé [...]." Beauté, c'est-à-dire vision et musique : elle est achevée dans la vue et l'ouïe mais elle a finalement sa plénitude dans l'esprit. Faut-il comprendre qu'ici la pensée prend une forme ascétique et que l'œil du joueur passe du visible à la beauté impalpable d'une amitié spirituelle? Pourtant la musique le poursuit, accompagnement discret ou peut-être thème principal d'une entente muette. Ceci ne peut fournir une explication complète, mais peut donner une indication de recherche pour trouver la bonne interprétation. »

A.B.

page 61

46

Tiziano Vecellio, dit Titien
Pieve di Cadore, vers 1488/1490 - Venise, 1576

Noli me tangere
vers 1511-1512
Toile. H. 1,09; L. 0,91
LONDRES, THE TRUSTEES
OF THE NATIONAL GALLERY

HISTORIQUE
Coll. de Cristoforo et Francesco Muselli, Vérone, de 1648 à 1662 (Ridolfi, 1648, voit la *Marie-Madeleine avec le Christ au jardin* de Titien dans le palais Muselli; inventaire de la coll. Muselli de 1662 [Campori, 1870]: «Notre Seigneur Jésus-Christ qui apparaît en jardinier à Marie-Madeleine, et celle-ci, agenouillée en un mouvement d'adoration, pose une main sur un vase et l'autre sur son sein, dans un très beau paysage, les figures d'un *braccio*, de Titien et [d'une] hauteur de presque deux *braccia* et une largeur d'un *braccio* et demi»; Crozat [1742, II], indique que ce tableau est de Titien et se trouve à l'époque dans la collection des Orléans, et il reproduit la gravure de Nicolas Tardieu à l'envers [n° 143] et mentionne les provenances: Muselli, Seignelay, Bertin); coll. marquis du Seignelay (mort en 1690); coll. Pierre Vincent Bertin (mort en 1711); coll. Philippe, duc d'Orléans, Paris, en 1727 (Dubois de Saint-Gelais, 1727: Titien); coll. Louis et Philippe (Philippe Égalité), ducs d'Orléans, par héritage, Paris, de 1727 à 1790 (Couché, II, 1808: Titien, n° 17, gravé à l'envers par F. Trier); coll. Édouard Walkuers, Paris, vers 1790; coll. Laborde de Mereville, Paris, puis en Angleterre, au début des années 1790; coll. Jeremiah Harman, qui le confie, avec les autres tableaux de la coll. des Orléans apportés en Angleterre par Mereville, au duc de Bridgewater, lord Carlisle et lord Gower; vente Bryan, antiquaire londonien, 26 décembre 1798, n° 119, où l'acquiert lord Gower (1798-1802); vente anonyme à Londres les 12 et 13 mai 1802, n° 55; coll. Arthur Champernowne, qui le met en vente le 30 juin 1820, n° 91, en indiquant qu'il provient de la coll. des Orléans (provenance confirmée par Buchanan, I, 1824); coll. Samuel Rogers de 1820 à 1856 (Waagen, 1854); à la National Gallery depuis 1856 (legs Samuel

Rogers); pour des précisions complémentaires, voir Gould, 1959, p. 110, à qui l'on doit la reconstitution détaillée de cette provenance.

BIBLIOGRAPHIE
Ridolfi, 1648 (éd. Hadeln, 1914, I, p. 198); Dubois de Saint-Gelais, 1727, p. 477; Crozat, II, 1742, p. 59; Couché, II, 1808, n° 17; Buchanan, 1824, I, p. 114; Waagen, 1854, II, pp. 76-77; Campori, 1870, p. 178; Crowe et Cavalcaselle, 1877-78, I, 1877, pp. 176-178; J.-P. Richter, 1883; Redford, 1888, II, p. 257; Berenson, 1894 (3e éd., 1897), p. 142; Philipps, 1897, pp. 36-37 note 1, p. 52; Knackfuss, 1898; Gronau, 1900 (éd. anglaise, 1904), pp. 31-32, 280; Hamel, 1903, p. 14; Fischel, 1907, pp. XVII, 21; Lafenestre, 1909, pp. 87-88; Ricketts, 1910, pp. 40-45; L. Venturi, 1913, p. 152; Basch, 1918, pp. 68-69; Hourticq, 1919, pp. 110-111; Hetzer, 1920, p. 107; A. Venturi, 1928(1), IX, 3, p. 202; Berenson, 1932, p. 571; Richter, 1933, pp. 211-223; Suida, 1933, pp. 22-23, 148; G.M. Richter, 1934 (*The Problem...*), pp. 4-16; G.M. Richter, 1934 (*Unfinished Pictures...*), pp. 282-283; Berenson, 1936, p. 491; Tietze, 1936, I, pp. 84-85, II, p. 292, 1950, p. 12, 379; Meyer, 1937; G.M. Richter, 1937, pp. 225, 263; Hetzer, 1940, p. 162; Morassi, 1942, pp. 129, 177; Clark, 1949, p. 60 note 1; Babelon, 1950, p. 46; Pallucchini, 1953, I, pp. 66-69; Morassi, 1954, p. 192; Dell'Acqua, 1955, p. 107. Baldass, 1957, pp. 128-130; Berenson, 1957, I, p. 187; Gould, 1958, pp. 44-48; Gould, 1959, pp. 109-111; Valcanover, 1960, I, pp. 17-18, 51; Baldass et Heinz, 1964 (éd. anglaise, 1965), pp. 57, 175-176 (n° 40); Morassi, 1964, pp. 16, 60; Salmina, 1964, p. 22; Kahr, 1966, p. 124; Morassi, 1966, col. 18; Ballarin, 1968(1), p. 37; Pallucchini, 1969, I, pp. 23-24, 240-241; Valcanover, 1969, p. 94; Wethey, 1969, p. 9 note 46, p. 119 (n° 80); Maxon, 1970, p. 830; Brion, 1971, p. 171; Freedberg, 1971, p. 94; Wilde, 1974, pp. 122; Wethey, 1975, p. 269; Chastel, 1976, p. 16; Meller, 1976, p. 147; Pallucchini, 1977, p. 21; Rearick, 1977, p. 182; Walther, 1978, p. 33; Hope, 1980(2), pp. 17-21; Joannides, 1990, pp. 25-26.

Tenu pour une œuvre de Titien déjà lorsqu'il se trouvait dans le palais Muselli à Vérone au milieu du XVIIe siècle, rendu célèbre par son appartenance durant tout le XVIIIe à la collection des Orléans au Palais-Royal, deux fois gravé au cours de ce siècle, exposé depuis le milieu du XIXe à la National Gallery de Londres, ce tableau a fort bien résisté aux premiers examens auxquels l'a soumis la critique moderne. Waagen (1854), qui le voit dans la demeure londonienne du poète Samuel Rogers, le définit comme «le joyau de toute la collection» et le considère comme une œuvre de la première période de l'artiste, remarquable par son très beau paysage. Cavalcaselle (1877-1878) et Philipps (1897) l'étudient dans leurs monographies. Philipps remarque que «la toile est d'une couleur exquise, la seule teinte locale d'un caractère bien défini étant le rouge sombre de la robe de Marie-Madeleine» et il la date après les fresques de Padoue, des années 1512-1514, mais il est difficile de comprendre pourquoi il ne la situe pas à une date antérieure puisque sa reconstitution comporte avant les *Miracles* une période giorgionesque qui comprend des œuvres comme le *Baptême du Christ* ou les *Trois Ages*. Toujours est-il que Philipps perçoit un certain contraste entre le caractère giorgionesque du paysage et une extraordinaire liberté picturale insolite pour cette époque, une cer-

taine affectation dans le mouvement des draperies et dans les attitudes des figures, qui risquerait de refroidir au premier abord l'enthousiasme de l'observateur pour les beautés exceptionnelles de la toile. Berenson mentionne celle-ci dans ses *Elenchi* vénitiens (1894, et éditions suivantes).

Peu après, au début du XXe siècle, dans les deux monographies de Gronau (1900) et de Ricketts (1910), le tableau acquiert une place que l'on peut dire définitive à la lumière des études qui ont suivi. Gronau (pp. 30-34) situe cinq œuvres au retour de Titien à Venise après ses travaux de Padoue: la *Sainte Famille avec un berger* de la National Gallery de Londres, le *Baptême du Christ* de la Galleria Capitolina, les *Trois Ages*, alors à Bridgewater House, appartement au duc d'Ellesmere, le *Noli me tangere*, *L'Amour sacré et l'Amour profane*, et il en ajoute une sixième dans son catalogue (p. 281), la *Sainte Famille avec saint Jean-Baptiste* appartenant aussi au duc d'Ellesmere; il date par conséquent le présent tableau de 1511-12. C'est une proposition que toute la critique, à de rares exceptions près, fera sienne. Il est seulement regrettable que Gronau, partant évidemment d'une date de naissance vers 1476-1482, ait hérité de Cavalcaselle, d'une part, d'une datation des débuts du peintre située dans la première décennie du siècle et entièrement fondée sur des œuvres qui se révéleront appartenir en réalité à la deuxième décennie et, d'autre part, une surestimation du rôle de Palma à l'égard de Titien, et qu'il n'ait pas assez tiré bénéfice des observations de Morelli sur ces deux points (1890, p. 58). Gronau estime en effet que le retour à Venise fin 1511 est marqué par l'influence du peintre bergamasque, influence qui se serait conjuguée avec de nouvelles réflexions sur l'enseignement de Giorgione suscitées par l'achèvement de quelques œuvres de ce maître, interrompues par la disparition soudaine de celui-ci.

Ricketts tient alors pour acquise la reconstitution de ce chapitre donnée par Gronau, mais, à la différence de ce dernier qui juge le *Saint Marc sur un trône entre quatre saints* composé encore selon la conception de l'espace du XVe siècle et qui a par conséquent daté ce retable vers 1504 (pp. 17-18), il considère que ce chapitre s'ouvre justement avec ce retable (p. 39): «Il est à présent généralement accepté que *L'Amour sacré et l'Amour profane* doit être situé dans les quelques années qui suivent le retour de Titien à Venise et que ce tableau, avec les *Trois Ages*, le *Baptême du Christ* et le *Noli me tangere*, appartient à un groupe d'œuvres qui se rattachent les unes aux autres par des détails de paysage et, dans une certaine mesure, de technique d'exécution; à ces tableaux de toute première importance, peuvent être ajoutées la *Sainte Famille avec un berger* de la National Gallery de Londres et une série de *Saintes Conversations* de caractère décoratif» (pp. 42-43), parmi lesquels la *Sainte Famille avec saint Jean-Baptiste* de la collection Ellesmere que Ricketts rapproche des *Trois Ages* de la même collection, situant ces deux œuvres en 1511-1513. Mais en se fondant justement sur les éclatantes qualités picturales du *Noli me tangere*, en raison desquelles il considérera ce tableau comme le plus tardif du groupe, Ricketts éprouve le besoin de marquer les distances vis-à-vis de Palma : « Dans le *Noli me tangere*, nous sommes en présence d'une plus grande liberté d'allure générale; dans le traitement des chairs du Sauveur et de l'étoffe qui ceint les reins de celui-ci, cette œuvre atteint un degré de liberté et d'aisance que Titien lui-même ne dépassera pas. [...] dans le *Noli me tangere*, l'art pictural s'est enrichi d'une qualité aérienne nouvelle due à la souplesse ou à l'expression de la touche elle-même. Nous en prenons conscience lorsque nous constatons l'impossibilité d'imaginer un autre artiste capable d'imiter cet art pictural. Nous prenons conscience de l'ineptie de toute comparaison avec Palma lorsque nous évoquons n'importe lequel de ses tableaux de cette époque que nous pouvons voir à Vienne. Je ne pense pas exagérer l'importance de cette peinture en affirmant qu'elle manifeste l'apparition d'un coloris tendre et miraculeux que d'autres artistes s'efforceront d'égaler − Van Dyck par exemple. Ce tableau n'est pas seulement peint à la perfection − c'est le cas de la plupart des œuvres dont j'ai parlé −, il est aussi chargé d'une beauté nouvelle pleine d'allant et de légèreté, la beauté de la touche, la beauté de la manière. » On ne pouvait dire et on ne dira pas mieux sur la technique prodigieuse de ce tableau. Notons en passant que, de Ricketts, dont il m'est plus d'une fois arrivé de mettre la pensée en relief dans ces notices, les spécialistes de Titien ont pris l'habitude de ne pas lire l'œuvre, même s'ils la mentionnent dans leurs bibliographies.

Hourticq (1919), autre auteur assez peu lu − « pas assez étudié parmi nous », déplorait Longhi en 1927 (éd. 1967, p. 235) −, au point qu'il est devenu habituel de lui retirer la paternité d'idées fondamentales sur l'histoire des relations entre Giorgione et Titien pour l'attribuer à Longhi ou à Suida *à l'encontre* des intentions de ces deux spécialistes (mais on se reportera sur ce point aux notices concernant les tableaux capitaux pour les relations entre les deux peintres), Hourticq, disais-je, nous offre une observation assez subtile qui nous fait pénétrer dans les secrets de la composition des deux figures : « Son Christ est sorti du tombeau en traînant son linceul et, pour que la Madeleine ne le touche pas, d'un geste gracieux il ramène la longue draperie blanche, en s'inclinant légèrement. Il laisse tomber un regard d'une douceur indéfinissable; Madeleine, se traînant à genoux, s'est jetée en avant, d'un geste passionné de tout le corps [...] ». Des années après, Baldass (1964) fera observer la même chose : « Bien qu'elles se conforment au sujet du tableau en ne se touchant pas, les figures, dans cette rencontre entre sainte Marie-Madeleine et le Christ ressuscité, sont fondues en une unité formelle. »

On perçoit toutefois quelque perplexité dans les commentaires : on a parlé de celle de Philipps, mais on sent aussi des réserves chez les deux Venturi (1913 et 1928). Il n'est cependant pas significatif que Hetzer (1920), tout à fait isolé, exclue ce tableau du catalogue de Titien, l'interprétation du sujet lui paraissant trop légère et trop superficielle pour correspondre au tempérament grave de l'artiste.

Dans les années 1930, G.M. Richter (1934) introduit dans l'appréciation de ce tableau une complication inutile, qui a d'ailleurs sa logique si l'on considère que, comme on le sait, figurent dans son *Giorgione* quelques œuvres fondamentales de la jeunesse de Titien; et c'est justement sur celles-ci, sur le *Concert champêtre* (cat. **43**) et la *Vierge entre deux saints* du Prado (cat. **44**), qu'il se fonde pour inscrire le *Noli me tangere* au catalogue de Giorgione, cependant que la comparaison avec le *Saint Antoine guérissant un jeune homme* ou avec le *Baptême du Christ* démontrerait à ses yeux que Titien ne peut en être l'auteur. L'année précédente (1933), reprenant une thèse déjà avancée par d'autres auteurs, G.M. Richter avait soutenu que Titien aurait peint la colline et les maisons de la *Vénus endormie*, et c'est dans cette zone qu'il reconnaissait l'intervention de Titien dont avait parlé Michiel; il observe alors que celui qui a peint la colline de la *Vénus endormie* ne peut avoir peint celle du *Noli me tangere*. Il ajoute une remarque qui lui semble prouver la paternité de Giorgione : « [...] ici, apparemment pour la première fois dans l'histoire de l'art religieux, la figure humaine n'est pas un élément dominant de la composition mais elle est insérée dans le paysage comme une partie de l'ensemble »; et encore : « L'interprétation profondément spirituelle et lyrique du sujet [...] semble exclure la paternité de Titien [...]. » Comme dans toutes les œuvres de Giorgione, dans celle-ci aussi s'exprimerait « une personnalité toute de grâce, d'harmonie musicale et de rythme ». Il est assez probable qu'ait pesé d'un grand poids dans cette position de G.M. Richter le commentaire de Jean-Paul Richter formulé cinquante ans auparavant (1883) : ce dernier, bien que ne mettant pas en question l'attribution à Titien, avait insisté non seulement sur le giorgionisme du paysage mais aussi sur la non moins giorgionesque « finesse gracieuse » des figures. Giorgione aurait peint le *Noli me tangere* avant les fresques du Fondaco dei Tedeschi à Venise, entre la *Vénus endormie* ou le *Concert champêtre* et la *Vierge entre deux saints;* mais, n'ayant jamais été terminé par Giorgione, à la mort de celui-ci, le *Noli me tangere* aurait abouti dans l'atelier de Titien, qui l'aurait achevé et retouché des années plus tard, pas avant 1515. En 1937, G.M. Richter dira que Titien aurait eu l'occasion non pas tant d'achever le *Noli me tangere* que de *reconsarlo* (le ré-arranger) vers 1514. Ces interventions, que l'on peut repérer dans le visage, le voile et la tunique blanche de Marie-Madeleine, dans le manteau du Christ et l'étoffe qui lui ceint les reins ainsi que dans quelques détails du paysage, auraient assurément fini par gâter un chef-d'œuvre de Gior-

gione ! C'est dans le même sens − et non pas par hasard si l'on réfléchit à ce qui manque dans les débuts de Titien tels qu'il les retrace dans sa monographie, et, de manière plus générale, si l'on relève la complémentarité profonde de son *Titien* avec le *Giorgione* de G.M. Richter − que s'exprime Hans Tietze (1936) : Giorgione aurait commencé ce tableau, et Titien l'aurait fini entre 1511 et 1515. Hetzer est aussi de cet avis (1940). Cette proposition de G.M. Richter n'a pas été suivie par d'autres spécialistes. Dans sa monographie (1933), Suida fait figurer le *Noli me tangere* comme une œuvre de jeunesse de l'artiste, située au début du chapitre qui s'ouvre après le séjour à Padoue. Dans son compte rendu du *Tizian* de Tietze, Mayer (1937) exprime son opposition à cette hypothèse nouvelle de G.M. Richter.

En 1957, le tableau est restauré et fait l'objet d'un examen aux rayons X : on se reportera à l'article de Gould (1958) pour l'analyse de cette restauration, la publication des radiographies et l'examen des très nombreux repentirs (trois surtout : la position du Christ s'écartant de Marie-Madeleine, la colline avec les maisons située à gauche et non pas à droite, l'arbre à peine plus haut que le niveau des maisons) ainsi que des ajouts apportés aux XVIIe et XVIIIe siècles et supprimés lors de cette restauration. C'est aussi à Gould que l'on doit, l'année suivante, une notice de catalogue à laquelle on se reportera également pour d'autres indications (par exemple, la liste des copies). Pour Gould, cette restauration et ces examens n'apportent rien qui puisse appuyer nettement l'hypothèse de G.M. Richter. La paternité de Titien est réaffirmée dans les études de Morassi (1942, 1954, 1964, 1966), de Pallucchini (1953, 1969, 1977), de Dell'Acqua (1955), de Baldass (1957, 1964), de Wilde (1974), de Valcanover (1960, 1969), de Ballarin (1968), de Wethey (1969), de Freedberg (1971), de Walther (1978) et de Hope (1980). Pallucchini (1969) n'exclut pas la possibilité d'une esquisse laissée par Giorgione − peut-être est-il poussé à formuler cette hypothèse par l'idée, à laquelle il continue d'être attaché, que l'invention du *Concert champêtre* serait de Giorgione. Toutes les études critiques s'accordent à relier le *Noli me tangere* avec le *Saint Marc sur un trône entre quatre saints*, le *Baptême du Christ*, la *Sainte Famille avec saint Jean-Baptiste* et les *Trois Ages* d'Édimbourg, la *Sainte Famille avec un berger* de Londres et *L'Amour sacré et l'Amour profane*, et à considérer que ce tableau, tout comme ces œuvres, a été exécuté après 1511. On perçoit même, en plus d'un cas, la tendance à vouloir souligner la parenté avec les fresques de cette année-là en proposant la date 1511-12.

Il faut souligner le point de vue différent de Morassi, qui s'est développé tout au long de ses travaux entre 1942 et 1966 : il détache le *Noli me tangere* de ce groupe d'œuvres et le relie au *Concert champêtre*, à *Suzanne*, à la *Vierge entre deux saints*, au *Portement de croix*, c'est-à-dire à des œuvres dont il considère qu'elles constituent le chapitre 1508-1511. En 1942, il insiste sur les ressemblances, dans le dessin de la figure et de la draperie, entre le nu de gauche du *Concert champêtre* et le Christ du *Noli me tangere*. En 1954, il appuie sa proposition de datation antérieure sur l'hypothèse selon laquelle la série des tableaux de paysages avec figures gravés par Le Febre en 1682 remonterait aux années 1506-1508. Et sur cette hypothèse se fonde sa conviction que, « avec le dépassement de la phase giorgionesque, Titien cédera de moins en moins à la séduction du paysage, qui, bien que restant présent dans beaucoup de ses chefs-d'œuvre, prendra un caractère marginal par rapport à la figure humaine, laquelle est au centre de l'art de Titien [...] » (1966).

Tout autre est la perspective que Hope a présentée à l'esprit (1980) lorsqu'il fait commencer l'histoire de Titien par trois tableaux, le *Baptême du Christ* (vers 1507), le *Noli me tangere* (vers 1508) et les *Trois Ages* (vers 1509), jugeant que ce sont les plus giorgionesques et donc les plus anciens. A qui a voulu ou veut trop mettre l'accent sur Giorgione, Baldass a ainsi répondu : « Bien que le paysage s'ouvre profondément dans le tableau et occupe une grande partie de sa surface, les éléments dominants sont les deux figures situées au centre du premier plan » (1964); et Freedberg a noté par la suite : « La référence directe de Titien à Giorgione à cette époque est moins probable que le rappel de sa propre transposition de Giorgione dans la *Pastorale* (cat. 43). Il apparaît que c'est le cas du *Noli me tangere* (1511-1512), où l'attitude du Christ et le principe de la composition sont inspirés de ce tableau antérieur. [...] Les marques de gaucherie ou de tension violente qui étaient fréquentes dans les œuvres de jeunesse de Titien (et dont on perçoit la trace jusque dans la *Pastorale*) ont disparu. Les formes acquièrent une grâce plus aisée, et le souple mouvement du pinceau est si preste et précis qu'il fait penser à la dextérité d'un tour de passe-passe. Il s'agit d'une nouvelle prise de distance vis-à-vis de l'exemple de Giorgione, mais la filiation avec celui-ci est encore éminemment perceptible ». Titien se développe désormais de lui-même, en s'appuyant sur sa propre histoire qui devient de plus en plus riche.

Cela ne veut pas dire qu'il ne continue pas à se nourrir des modèles importants du classicisme moderne. Quelques spécialistes ont prêté attention à un aspect du *Noli me tangere* qui mérite d'être soigneusement examiné. On se souvient que Philipps avait noté une affectation excessive : « On dirait qu'une vague d'une éphémère influence étrange a submergé Titien à ce moment-là pour se dissiper ensuite. » Richter (1937) a implicitement répondu à cette remarque en relevant dans ce tableau des ressemblances avec celui de Fra Bartolommeo sur le même sujet conservé au Louvre (1506), et Hope a insisté sur ce rapprochement en fonction de la date qu'il assignait au *Noli me tangere* et qui lui permettait de situer précisément cette influence aux jours mêmes de la présence de Fra Bartolommeo à Venise, au printemps 1508 : le *Noli me tangere* « présente quelques aspects ty-

piquement florentins qui peuvent très facilement s'expliquer comme des effets de l'influence de Fra Bartolommeo ». Richter (1934) et C. Hope ont aussi appelé l'attention sur la rareté de ce sujet à Venise au XVᵉ siècle, et même sur son caractère exceptionnel dans le domaine de la dévotion privée, pour en tirer un argument supplémentaire en faveur de la paternité de Giorgione selon le premier, en faveur de l'influence de Fra Bartolommeo selon le second. Wilde (1974) a fait un raisonnement différent : pour lui, la version finale du Christ résulte de l'étude d'une gravure, *Vénus et l'Amour* (B. XIV, 311, 234), que Marcantonio Raimondi fit d'après un dessin de Raphaël dans lequel celui-ci aurait repris à Rome les études effectuées à Florence d'après la *Léda* de Léonard. Or cette étude de la part de Titien d'un canon classique aussi nouveau semble témoigner, aux yeux de J. Wilde, d'une orientation de la peinture vénitienne vers les valeurs de la « High Renaissance ». Joannides (1990) est revenu sur ce raphaélisme du dessin des figures.

Il n'y a aucune raison de refuser l'une ou l'autre des propositions des spécialistes. Celles concernant Fra Bartolommeo ne perd pas son sens si le tableau de Titien est de quelques années postérieur au séjour à Venise de l'artiste florentin : il devient seulement plus difficile d'en donner la justification, qui pourrait cependant résider dans la rareté du sujet et dans le fait que Titien a pu disposer de quelques dessins de cet artiste. Il faut en effet garder présent à l'esprit que, dans la lecture que Gould fait de la radiographie, « le Christ, dans le projet primitif de Titien, était représenté s'éloignant de Marie-Madeleine au lieu de faire un pas vers elle », et que Fra Bartolommeo, à un certain moment du long cheminement préparatoire du tableau du Louvre, a lui aussi représenté le Christ s'écartant vivement de Marie-Madeleine (Uffizi, 468 E verso). Quant au rapprochement établi avec Léonard, Raphaël et Raimondi, l'hypothèse de Wilde est plus intéressante encore si l'on considère que la figure du Christ est avant tout une reprise du nu de gauche du *Concert champêtre*, mais une reprise exécutée justement avec un raffinement esthétique à la manière de la « High Renaissance » qui pourrait bien être dû à l'étude de la gravure de Marcantonio Raimondi. Cependant n'apparaît pas fondée la proposition avancée par Paatz (1959), lequel considérait le *Noli me tangere* comme une œuvre de Giorgione, de voir déjà dans le nu de gauche du *Concert champêtre* le résultat d'une étude de la *Léda* de Léonard.

Si, comme je le crois, le *Saint Antoine guérissant un jeune homme*, la dernière des trois fresques de la Scuola del Santo à Padoue, a été peint en novembre 1511, il devrait en résulter que le *Noli me tangere* remonte à l'hiver 1511-12. Ce tableau pourrait-être, pour ce que j'en vois, le premier que peint Titien à son retour dans son atelier à Venise : il essaie d'appliquer au format réduit du tableau de chevalet les conceptions formelles mises en œuvres dans les fresques de dimensions plus vastes. Et le

deuxième tableau pourrait être l'*Allégorie des trois âges de l'homme*, à tous égards parfaitement contemporain du *Noli me tangere*. Pour la datation des *Trois Ages*, il faut à présent tenir compte du progrès des études sur Dosso, en particulier de la certitude – exprimée dans ma conférence de 1986 (voir la *Sainte Famille au chat* [cat. 77]) et que je vois largement partagée aujourd'hui – selon laquelle le *Bain* du Castel Sant'Angelo est justement le tableau commandé à Dosso par le marquis Francesco Gonzaga et déjà livré en avril 1512. On a reconnu à juste titre dans le couple au centre du *Bain* une citation des *Trois Ages* de Titien : ce dernier tableau était donc déjà connu dans l'hiver 1511-12. Naturellement, il n'est pas sûr que Dosso ait eu sous les yeux précisément la version des *Trois Ages* conservée à Édimbourg. L'examen combiné des radiographies de cette version, de la gravure de Le Febre (1682) et des copies datant du XVIIᵉ siècle conservées à la Galleria Borghese et à la Galleria Doria a conduit G. Robertson (1971) à conclure que Titien a peint plusieurs versions des *Trois Ages*, au moins trois, et que la version qui nous en est restée n'est certes pas la plus ancienne. (Sur ce tableau, voir les études récentes de Dundas, 1985, et de Joannides, 1991).

Si les expériences entreprises à Padoue se prolongent donc bien à Venise avec des œuvres telles que le *Noli me tangere* et les *Trois Ages*, il s'en trouve confirmé ce qu'on disait, dans la notice consacrée au *Concert* de la Galleria Palatina (cat. 45) à propos du *Baptême du Christ* et du *Saint Marc sur un trône entre quatre saints* : ces deux tableaux-ci, plus ancrés encore au cœur des expériences de Padoue et à l'évidence plus anciens que le *Noli me tangere* et les *Trois Ages*, devraient avoir été réalisés dans l'intervalle de quelques mois entre la première et la troisième fresque, entre avril, dont date l'exécution du *Miracle du nouveau-né*, et octobre ou novembre, date à laquelle Titien retourne à Padoue pour y achever le dernier des trois *Miracles* avant l'hiver et y peindre, selon toute probabilité, comme on l'a dit, le *Baptême du Christ* à la fin du printemps, le *Mari jaloux* en juillet et le retable de *Saint Marc sur un trône* entre l'été et l'automne, en guise d'introduction au *Saint Antoine guérissant un jeune homme*.

Cette dernière fresque semble jouer en effet un rôle particulier de charnière entre l'année 1511, qui est alors sur le point de s'achever et qui a été marquée par les expériences de ces fresques pour la Scuola del Santo et du retable de *Saint Marc sur un trône* destiné à l'église vénitienne Santo Spirito in Isola, et l'année 1512, qui aura une tout autre physionomie. On voit très bien que cette troisième fresque vient après ce retable et avant le *Noli me tangere* : que l'on se rappelle ce qui a été dit sur la recherche d'un espace plus ouvert que Titien semble avoir entreprise dans ledit retable et poursuivie dans la troisième fresque, et que l'on observe la profonde ressemblance entre le couple formé par saint Côme et saint Damien dans le retable de *Saint Marc* et le couple formé par un gentilhomme et un moine confrère de saint Antoine qui ferme sur la droite la composition de la fresque, couples caractérisés par un même naturalisme plein de vigueur et par une même attention consacrée aux têtes traitées comme des portraits, et que l'on remarque aussi qu'il est possible de retrouver les têtes davantage idéalisées du saint Roch et du saint Sébastien du retable parmi celles qui se trouvent de l'autre côté de la fresque. C'est justement dans ces têtes serrées derrière saint Antoine et à sa droite que la trame de la peinture – lumières et ombres tissées de la pointe du pinceau – devient extrêmement aérienne et immatérielle, telle que l'on ne la retrouve jamais dans les deux autres fresques, et qui résulte, évidemment, du nouveau traitement du paysage, de cet extraordinaire déplacement d'accent qui, entre les deux premières fresques et la troisième, se produit du cœur du drame (le miracle lui-même ou les événements qui l'ont précédé) à la beauté du paysage, où le miracle continue bien d'avoir lieu mais comme dissous dans une espèce de fête champêtre, et présenté sous des aspects qui sont presque ceux d'une scène de genre. On dirait que le peintre, après avoir fixé son regard sur les misères humaines, les soupçons d'infidélité nourris par le mari à l'encontre de sa femme et la violence du jaloux, levait à présent les yeux sur la beauté saisissante du paysage, indifférent au caractère dramatique du récit et au dénouement du miracle. Les figures mêmes de la fresque sont par conséquent peintes selon un registre ample et varié qui va de la précision puissante de quelques visages, comme celui du gentilhomme au premier plan à droite, à la quasi-dissolution dans l'air de têtes un peu plus éloignées au second plan.

Il est dès lors sûr que font immédiatement suite à cette troisième fresque de Padoue le *Noli me tangere* et les *Trois Ages*, tout comme il est sûr que le *Concert* (cat. **45**) fait suite au *Miracle du nouveau-né*. La comparaison qu'on peut faire entre le *Baptême du Christ* et le *Noli me tangere* prouve d'ailleurs que Titien expérimente pour l'exécution de cette troisième fresque une technique picturale nouvelle, qu'il développera plus nettement lorsque, rentré à Venise, il l'appliquera sur toile et sur bois en exploitant toutes les ressources de la peinture à l'huile. Dans le *Baptême du Christ*, l'espace est encore fermé, resserré sur le premier plan, les formes elles-mêmes sont plus compactes, dotées d'une plus grande consistance illusionniste et finement individualisées dans leurs détails ; c'est que ne sont pas encore apparus ce puissant élargissement du champ visuel, ce vide des premiers plans, cette lumière circulante, cette écriture picturale ouverte et tachiste, volante et légère, de touche « impressionniste », cette capacité de faire de la peinture d'une couleur exquise mais presque sans couleur, pour reprendre le mot de Philipps. Du reste, pour mesurer les différences entre le *Baptême du Christ* et le *Noli me tangere*, il suffit de comparer les deux étoffes qui ceignent les reins du Christ ou bien ses deux vêtements (les vêtements rouge et blanc déposés

au premier plan du *Baptême* et donc tout proches de l'œil du spectateur, détail qui a justement la facture précieuse d'une nature morte) avec les vêtements de Marie-Madeleine, sa robe rouge et sa chemise blanche. Les vêtements du *Baptême* ne sont d'ailleurs pas peints différemment de la robe de la femme tuée par son mari jaloux dans la fresque de Padoue ni du rochet et du camail noir de l'ecclésiastique à droite du *Concert à l'épinette*. La comparaison entre le saint Sébastien du *Saint Marc sur un trône* et le Christ du *Noli me tangere* est aussi du plus grand intérêt ou, mieux, l'*était* avant la maladroite restauration du retable il y a quelques années : on voyait bien que ce saint Sébastien était davantage proche du Christ du *Baptême* que du Christ du *Noli me tangere* ou du jeune flûtiste des *Trois Ages de l'homme*, et la même observation valait pour tout le retable. Non pas que ces qualités picturales ne soient pas celles de la troisième fresque : nous les avons vues chez le gentilhomme à droite, mais dans le contexte d'un langage qui se révèle différent.

En prolongeant ces distinctions qui visent à saisir dans quelle direction s'orientaient les pensées de Titien au moment où il s'apprêtait à achever ses expériences de Padoue, on voudrait pouvoir s'assurer que remonte à cette époque-là l'extraordinaire version du thème de Vénus se reposant dans un paysage, en un cadre élargi et ouvert tel que ce paysage n'était possible qu'après le *Saint Antoine guérissant un jeune homme*, version qui nous a été transmise par une gravure de Le Febre (1682, n° 30) dont nous ignorons si elle a été faite d'après un tableau ou d'après un dessin de Titien. Les rapports avec le *Noli me tangere* et les *Trois Ages* sont très étroits, et c'est pourquoi je serais tenté de considérer ce thème de Vénus dans un paysage comme un document, qui se révélerait en l'occurrence, davantage que tout autre, significatif des orientations de Titien à la fin de 1511 – particulièrement significatif parce qu'on pourrait le comparer avec la première version du même thème qu'il avait donnée, guère plus de deux ans auparavant, dans la *Vénus endormie* aujourd'hui à Dresde. Pallucchini (1969, p. 341) avait déjà observé qu'« il s'agit certainement d'une composition avec paysage qui ne date pas d'après le début des années 1510 », en se référant justement aux *Trois Ages* d'Édimbourg, tandis que Morassi (1954, pp. 187-188) avait daté cette composition des années 1506-1508, tout comme les panneaux de *cassone* de Padoue, en arguant que « le tableau reproduit par Le Febre correspond davantage aux œuvres d'une période plus ancienne qu'elle ne le semble dans la *Vénus* de Dresde ». Je crois que c'est sans doute le contraire qui est vrai : nous nous trouvons en présence d'une nouvelle version de cette *Vénus*, mise à jour en fonction des nouvelles recherches menées fin 1511, recherches qui conduisent Titien à se concentrer sur le thème giorgionesque par excellence du paysage.

Mais l'argument de Morassi mérite attention ; le signataire de ces lignes a eu, tout au long de

ses propres travaux, de nombreuses occasions de se rendre compte de la validité des thèses de cet auteur en la matière. On ne doit pas exclure que Titien ait à ce moment-là repris en considération certains types de paysages conçus quelques années auparavant, par exemple précisément ceux des panneaux de *cassone* de Padoue, qui datent de 1507 environ. Mais c'est justement la comparaison qui permet de marquer les différences. Dans le *Noli me tangere*, dans les *Trois Ages* et, pour ce qu'on en comprend d'après la gravure de Le Febre, dans la *Vénus*, la richesse de *sfumato* qui font les verts et les bleus, quoique pleins d'éclat, en des vapeurs suggérant des espaces profonds, la variété et la densité atmosphérique des ciels, la finesse d'observation dans les effets de contre-jour et dans le rendu des lointains, la diffusion et la transparence de la lumière, et la morphologie même de la nature riche d'inventions séduisantes et même pittoresques, comme il convenait à un esprit imaginatif alors nourri des mythes de l'Arcadie, font paraître les paysages des deux panneaux de *cassone* de Padoue ainsi que ceux de *Suzanne* et de la *Vierge* de Bergame comme trop construits en fonction de l'énergie qui peut se dégager du contraste entre les masses claires-obscures et les éléments structuraux, comme trop schématiques et rudimentaires. Les paysages postérieurs révèlent une profonde compréhension des exemples de Giorgione, non pas parce que, à ce moment-là, l'automne 1511, Titien se serait finalement confronté avec son maître, mais parce que toutes ses recherches sur le paysage en cours en 1512 se développent à partir des acquis de l'époque du *Concert champêtre* – qui a constitué le véritable moment de réflexion systématique sur l'enseignement de son maître –, par comparaison avec les expériences qu'il a précédemment faites entre la *Fuite en Égypte* et *Suzanne* (cat. **42**).

On a dit plus haut comment Gronau et Ricketts ont défini au début de ce siècle un groupe d'œuvres représentatives de la manière de Titien après les fresques de Padoue, groupe sur lequel une grande partie de la critique s'est trouvée d'accord. Dans les pages de son ouvrage sur Titien relatives à cette période, Pallucchini lui-même (1969, pp. 23-28, 240-243) rapproche le retable de *Saint Marc sur un trône* du *Noli me tangere* et celui-ci du *Concert à l'épinette* (cat. **45**) de la Galleria Palatina, les *Trois Ages* du *Baptême du Christ*, et celui-ci de la *Sainte Famille avec saint Jean-Baptiste*, œuvres qu'il situe en 1511-12 et 1512. On peut à présent préciser que le *Concert à l'épinette*, ou le *Baptême du Christ*, ou le *Saint Marc sur un trône* nous donnent plutôt à voir la manière du peintre dans sa production sur toile ou sur bois en 1511, entre la première fresque de Padoue et la troisième, tandis que le *Noli me tangere*, les *Trois Ages* et la *Sainte Famille avec saint Jean-Baptiste* nous présentent sa manière après la troisième fresque, pendant l'hiver 1511-12 et l'année 1512.

Peut-être cette précision peut-elle aider à comprendre un point qui m'a toujours tenu beaucoup à cœur : le caractère entièrement autographe et la datation exacte de deux tableaux du Kunsthistorisches Museum de Vienne (respectivement inv. 67 et 68), le *Tarquin et Lucrèce* et la *Jeune Femme au manteau noir*, attribués à Titien par Longhi (1927 [1967]) et par Suida (1927 : 1512-1515; 1933 pour le premier, par Suida (1933 : 1913-14, mais qui rend à Longhi la paternité de cette attribution) pour le second, attributions qui ont été favorablement accueillies par quelques spécialistes (Ballarin, 1968; Pallucchini, 1969; Valcanover, 1969), et qui toutefois font encore l'objet de réserves ou même de refus de la part de quelques autres (Berenson, 1957 : Palma Vecchio; Wethey, 1975 : Palma, vers 1525; 1971 : Palma, vers 1520), tout comme le *Portrait de jeune fille*, dit *Violante,* du même musée (inv. 65), que Longhi, aussitôt suivi par Suida, avait rendu à Titien à la suite de l'examen des deux tableaux précédents et qui en effet ne pouvait être d'aucune façon séparé de la sainte Catherine de la *Sainte Conversation* Magnani (cat. **47**) (Berenson, 1957 : Palma; Wethey, 1971 : Palma, vers 1520). Dans sa monographie sur Palma (1988), Rylands rejette la paternité du peintre bergamasque pour ces deux premières œuvres, en raison de leurs très nombreuses parentés de technique picturale avec le *Noli me tangere* et les *Trois Ages* de Titien; mais l'importance de cette prise de position est fortement amoindrie par le fait qu'il inclut la *Violante* au nombre des œuvres autographes de Palma.

En 1968, j'écrivis que le portrait de la *Jeune Femme au manteau noir* « atteint à l'immédiateté et à la fraîcheur d'un Manet, morceau parmi les plus stupéfiants du premier Titien, où la simplicité de la palette chromatique, du manteau noir qui glisse de l'épaule et que la main retient, de la chemise délacée sur le sein, du teint jeune et de la masse blonde et brillante des cheveux, est la clef de cette présence si vivement rendue visible et toute proche ». La question de la datation de cette *Jeune Femme au manteau noir* comme du *Tarquin et Lucrèce* me préoccupe tout autant que celle de la reconnaissance de leur attribution à Titien, notamment parce qu'il est assez probable que ces deux questions soient liées. Pallucchini, qui a compris la qualité de ces deux tableaux, les a datés vers 1515-16, nettement séparés des œuvres qu'il situe en 1512. F. Valcanover n'a pas une position différente (vers 1515). Mais il faut dire que situer ces deux œuvres entre *L'Amour sacré et l'Amour profane* et le *Christ au denier* aboutit à mettre en question la possibilité même qu'elles soient de la main de Titien. En réalité, aucune distinction, ni de main ni d'époque, ne semble possible entre le linceul du Christ du *Noli me tangere* et la chemise de Lucrèce, entre la tête de Tarquin, qui émerge de l'ombre derrière l'or étincelant des cheveux de Lucrèce, et celles du jeune flûtiste des *Trois Ages,* ou du saint Jean-Baptiste du *Baptême du Christ,* ou du saint Joseph de la *Sainte Conversation* Ellesmere. Il y a dans toutes ces têtes la même finesse de dessin, la même délicatesse

dans la pose de la couleur. Tout comme dans le *Noli me tangere*, Titien insiste dans ces deux tableaux de Vienne sur le contraste entre l'éclat éblouissant de la lumière sur le lin de la chemise et la carnation nacrée et transparente, comme constituée d'une substance immatérielle, qui rappelle aussi la pureté classique du marbre de Phidias, tout en étant vivante et quasi palpitante. La technique picturale qui a enthousiasmé Ricketts dans le *Noli me tangere* est la même que celle avec laquelle sont peints ces deux tableaux, qu'il convient par conséquent de dater vers 1512. Et le nombre des repentirs, en grande partie visibles à l'œil nu, laisse aussi deviner un processus d'élaboration et d'exécution analogue à celui du *Noli me tangere*.

A ces deux tableaux de Vienne, on doit ajouter le *Portrait d'homme barbu à la fourrure* d'Alnwick Castle (Alnwick, Northumberland). Pallucchini et moi le vîmes en octobre 1967 et il nous fit grande impression : sans aucun doute de la main de Titien, et non pas de celle de Palma comme l'avait proposé Pallucchini lui-même en 1951 dans le compte rendu de l'exposition de la Royal Academy de l'hiver 1950-51, *Holbein and Other Masters* (dans laquelle il était présenté avec cette attribution : « *Titien or Giorgione* »), comme le mentionnait Berenson dans ses *Elenchi* de 1957, et comme l'étudiera Rylands (1988, n° A 1 : Palma ?). On apprit par la suite sa provenance illustre (Aldobrandini) et une attribution ancienne à Titien (en 1603). Pallucchini l'a publié en 1969 avec la date 1512-1515. Ce portrait se situe, à côté de celui de la *Jeune Femme au manteau noir*, vers 1512.

On peut apprécier le nouveau cours que prend la peinture de Titien à l'époque de la troisième fresque de Padoue en s'appuyant sur une série de dessins qui, peut-être pas par hasard, sont des études de paysage. La Fondation Custodia de Paris conserve le dessin préparatoire malheureusement fragmentaire, de toute la composition du *Miracle du nouveau-né* (cat. **98**); le Nationalmuseum de Stockholm l'étude pour la femme tuée du *Mari jaloux* (cat. **102**); nous ne connaissons pas d'études préparatoires du *Saint Antoine guérissant un jeune homme,* mais on pourrait rapprocher de cette troisième fresque le *Paysage avec un petit satyre portant une amphore et une tête de chèvre* de la Frick Collection (inv. A 286), tant cette étude pour une citadelle fortifiée vue de biais au loin dans un paysage, sur un fond de montagnes et de nuages amoncelés dans le ciel, semble un exercice fait en marge des études pour le large paysage de cette fresque. Les *Deux Satyres tenant un disque astrologique dans un paysage* (cat. **99**), devraient remonter à 1511, à l'époque du *Baptême du Christ,* ou du *Saint Marc sur un trône,* ou, au plus tard, des *Trois Ages :* ce dessin, ou d'autres semblables à lui, pourrait avoir fait partie de ceux que Dosso connaissait lorsqu'il peignit le *Bain*.

La *Vision de saint Eustache* du British Museum (cat. **208**) est peut-être une étude préparatoire pour un tableau perdu dont on a tenté d'imaginer qu'il devait ressembler aux *Trois*

Ages. Les zones fortement hachurées créent au premier plan autour des trois protagonistes de l'histoire, saint Eustache, la biche et le cheval, des taches d'un ton plus dense, par contraste avec lesquelles le paysage de collines s'ouvre au loin dans une lumière qui le prive de toute matérialité. La façon dont Titien construit la figure de saint Eustache, en opposant la zone lumineuse de son vêtement et les taches d'ombre aux hachures serrées du sol alentour, correspond parfaitement aux procédés d'échange et d'inversion entre la pleine lumière et l'ombre qui sont typiques de la syntaxe de Titien dans sa période « classique » (par exemple, dans la *Sainte Conversation* Magnani, cat. **47**). La manche de saint Eustache, faite d'un seul champ de ton lumineux sur l'ombre du fond, et cependant modulée en valeurs diverses afin de rendre la consistance du tissu, serait pour ainsi dire, si elle était peinte, l'équivalent de la manche de la marquise de Ferrare dans le *Miracle du nouveau-né*. La manière des fresques de Padoue est donc encore présente, mais l'espace élargi et les coups de pinceau ouverts et clairsemés sont ceux des *Trois Ages* et du *Noli me tangere*. Saint Eustache ressemble par ailleurs au saint Joseph de la *Sainte Conversation* Ellesmere et au commanditaire de la *Sainte Conversation* Magnani, et le bois qui ferme l'espace à gauche renvoient encore aux tableaux cités jusqu'ici. Il faut donc dater ce dessin vers 1512-13.

Le *Château sur un coteau* du British Museum (inv. 1895-9-15-832) doit aussi être situé à cette époque : ce très beau dessin saisit avec des moyens qui vont à l'essentiel la circulation de l'air et de la lumière autour de la colline isolée sur le ciel, et, avec ce dessin, peut-être sans plus s'en rendre compte, Titien se confrontait avec les exemples de Dürer restés dans sa mémoire dès ses débuts, en l'occurrence, dans le *Monstre marin* (Meder 66 : vers 1498), un château au sommet d'une montagne qui se détache sur la blancheur des nuages.

Pourrait aussi dater de 1511 un dessin perdu, connu par les copies de Watteau et de Rembrandt (toutes deux à la Fondation Custodia, respectivement inv. 3803 et 6854), représentant un *Ours attaquant une chèvre dans un paysage :* la petite figure du garçon qui a cherché refuge sur le haut rebord du sentier est caractérisée par un classicisme qui la rapproche du satyre vu de dos du dessin (cat. **99**) et du saint Jean-Baptiste du *Baptême du Christ,* et elle laisse aussi transparaître le souvenir des nus de Michel-Ange dans la *Bataille de Cascina* (le troisième à partir de la gauche, assis et contortionné, sur la rive, dans la copie qui est attribuée à Aristotele da Sangallo).

A.B.

page 62

47

Tiziano Vecellio, dit Titien
Pieve di Cadore, vers 1488/1490 - Venise, 1576

*La Vierge à l'Enfant
avec sainte Catherine,
saint Dominique et un donateur*
Toile. H. 1,38; L. 1,85
MAMIANO DI TRAVERSETOLO,
FONDAZIONE MAGNANI ROCCA

HISTORIQUE
Signalé dans la coll. Balbi di Piovera, Gênes, à partir
de 1761; l'existence d'une copie par un peintre génois
du XVIIIᵉ siècle permet de penser, selon Morassi
(1951), que la toile se trouvait à Gênes un siècle plus
tôt; coll. Luigi Magnani, Reggio Emilia depuis 1952.
EXPOSITIONS
Gênes, 1946, n° 53; Gênes, 1952, n° 37; Reggio Emilia, 1984, sans n°; Rome, 1988, n° 79; Washington,
1990, n° 9.
BIBLIOGRAPHIE
Ratti, 1761, p. 167; Ratti, 1780, p. 187; Alizeri, 1847,
II, p. 75; Alzeri, 1875, p. 417; Mündler, 1870,
p. 75; Cavalcaselle et Crowe, 1877-78, II, pp. 414-
415 note 1; Morelli et Richter (1878 [Lettre]), 1960,
p. 46; Morelli, 1890, p. 317 note 1; Berenson, 1894,
p. 124; Berenson, 1897, p. 136; Gronau, 1900 (éd.
anglaise, 1904), p. 292; Ricketts, 1910, p. 183; Morassi, 1946(3), pp. 207-226; Morassi, 1946(1), pp. 65-
66, n° 53; Morassi, 1946(2), pp. 3-6; Morassi, 1946(3),
pp. 207-226; Morassi, 1951, pp. 21, 64-65; Rotondi,
1952, n° 37; Pallucchini, 1953, p. 74; Dell'Acqua,
1955, pp. 60-62, 109; Berenson, 1957, p. 186; Berenson, 1958, p. 192; Valcanover, 1960, I, pp. 19-20, 54,
n° 53; Sinding Larsen, 1962, pp. 149, 150; Morassi,
1964, pp. 20, 22; Ballarin, 1965(4), s.p.; Morassi,
1966, col. 21; Ballarin, 1968(1), pp. 11-12; Pallucchini, 1969, pp. 27-28, 30, 32, 33, 39, 244; Valcanover, 1969, pp. 96, n° 46; Wethey, 1969,
pp. 106-107, n° 61; Freedberg, 1971, pp. 95, 96;
Pallucchini, 1977, p. 22; Valcanover, 1978(1), pp. 52-
53; Hope, 1980(2), p. 34; Sgarbi, 1984, pp. 102-103;
Rearick, 1984, p. 64; Lucco, 1987, I, p. 156; Freedberg, 1988, p. 164; Lattanzi, 1988 pp. 125-126, n°
79; Valcanover, 1990(1), pp. 162-164, n° 9.

Aprés avoir contribué à mettre le tableau à
l'abri pendant la dernière guerre, Morassi, au
lendemain du conflit, attirait l'attention sur ce
chef-d'œuvre de la jeunesse de Titien, que la
critique de notre temps semblait avoir oublié.
Mentionnée avec admiration dans les guides de
Gênes à partir du XVIIIᵉ siècle, l'œuvre est citée
par Cavalcaselle et Crowe (1877-78) comme
peinte par Titien «au temps de sa jeunesse,
peut-être à l'époque où il exécuta les *Bacchanales* pour le duc de Ferrare», et aussi par
Morelli (1878) dans une lettre à Richter (1878).

Le critique y fait le point sur l'épineuse question de la relation entre Giorgione et Titien:
donnant au premier le *Concert champêtre* du
Louvre (cat. **43**), il détermine dans l'évolution
du second une période giorgionesque qui dure
jusqu'aux environs de 1520, en y incluant
L'Amour sacré et l'Amour profane, les *Bacchanales* pour Alphonse d'Este et «le charmant
tableau de la Vierge» du Palazzo Balbi, décrit
de façon inexplicable comme très endommagé.
En 1890, Morelli revenait sur le tableau pour
écarter catégoriquement l'attribution erronée
à Licinio proposée par Mündler (1870), et d'ailleurs abandonnée par la suite, puisque la toile
figure sans réserve parmi les œuvres autographes de la jeunesse de Titien dans les listes
de Berenson (1894, 1897) et dans la monographie de Gronau (1900). Elle disparaît ensuite
des études sur Titien, mise à part une mention
du catalogue donné en appendice à la monographie de Ricketts (1910).
En redécouvrant le tableau, Morassi (1946/3)
le situait juste après la période giorgionesque
de Titien, dans cette phase commençant avec
les fresques de la Scuola del Santo, à Padoue,
alors que le peintre «est déjà pleinement lui-
même, et maître d'un art qui s'affirme dans des
mises en pages puissamment structurées. Il
laisse désormais peu de place au paysage (élément singulièrement lyrique) pour donner la
primauté aux figures, qui prennent une ampleur, un pathétique nouveaux. On pense, par
antithèse, à la *Madone de Castelfranco* dont aucune voix, aucune rumeur ne vient troubler le
mystérieux silence, ce silence qui enveloppe encore la *Vierge* du Prado, l'une des toutes premières œuvres de Titien. Ici, la *Conversation* est
engagée: saint Dominique plaide la cause de
son protégé; la Vierge écoute, dans une attitude
détendue, empreinte même d'une bienveillante
sollicitude. L'Enfant, lui, se tourne vers sainte
Catherine, attentive également aux paroles du
saint et l'on perçoit, de l'un à l'autre, une tension psychologique intense». Morassi suggérait
de situer l'œuvre vers 1512-1514, mais insistait
sur ses rapports avec le retable votif de Jacopo
Pesaro (cat. **40**), aujourd'hui à Anvers, et surtout avec *L'Amour sacré et l'Amour profane* de
la Galleria Borghese, daté de 1515 environ; soulignant l'analogie entre le mouvement de la
Vierge «qui semble toucher de la tête le bord
de la toile» et celui de la figure nue assise sur
le sarcophage, l'auteur concluait: «A coup sûr,
par le style pictural comme par l'inspiration, le
chef-d'œuvre de la Galleria Borghese doit être
tenu pour à peu près contemporain de notre
Sainte Conversation.» Ce jugement qui place le
tableau parmi les réalisations les plus accomplies du classicisme chromatique de Titien, a
été adopté par Dell'Acqua (1955), Ballarin
(1968), Freedberg (1971, 1988) et Hope
(1980/2) pour qui *L'Amour sacré et l'Amour profane* représente l'équivalent profane du tableau
Magnani. Selon Pallucchini (1953, 1969), le tableau Balbi se situe plutôt au début de cette
même période, à l'époque des *Trois Ages de
l'homme* d'Édimbourg et du *Baptême du Christ*

(Pinacoteca Capitolina): le critique y voit le
premier exemple – vers 1513 – de la méditation du peintre sur le thème de la *Sainte Conversation*, précédant apparemment la *Vierge à l'Enfant avec saint Jean-Baptiste et un donateur* de la
National Gallery d'Édimbourg où «une intimité
nouvelle unit les figures divines et sacrées à
celles de la terre, abolissant la réserve qui donnait encore une certaine austérité à la *Sainte
Conversation* Magnani». Le thème est ensuite
repris dans les *Saintes Conversations* de Glasgow, de Londres et de Munich. Le conditionnel
s'impose pour la toile d'Édimbourg car les notices du catalogue, dans la monographie de
1969, semblent contredire le texte en situant
l'œuvre un peu avant le tableau Balbi, daté de
1513 environ. «Une certaine gaucherie de construction dans les deux figures féminines», qui
rappelle un peu le tableau votif de Jacopo Pesaro (Anvers), poussa d'abord F. Valcanover à
adopter le point de vue de Pallucchini (1960);
plus tard (1978), notant que le tableau Balbi
«reprend l'inversion des rapports de tons et
d'espace instaurée dans le *Miracle du nouveau-
né* à Padoue», l'historien penche pour une antériorité de quelques années par rapport à la
Sainte Famille avec un berger de Londres, où
affleurent «un sens plus maîtrisé des formes et
un éclat plus vif des tons» (1978). La critique
n'a pas retenu la datation proposée par Wethey
(1969): 1515-1520, ni l'hypothèse de W.R.
Rearick (1984) qui suggérait une exécution en
trois phases successives, de 1510 à 1514.
Plusieurs auteurs ont souligné l'importance
de la tradition figurative des tableaux votifs
dans l'élaboration de cette *Sainte Conversation*:
on a cité, outre le tableau Pesaro d'Anvers, le
relief en marbre de Pietro Lombard au Palais
des Doges de Venise, le *Doge Leonardo Loredan
aux pieds de la Vierge à l'Enfant*, dont la *Madone*
Balbi constituerait une adaptation «dramatisée», marquant une étape significative vers la
typologie de la *Pala Pesaro* des Frari (Sinding
Larsen, 1962). L'hypothèse selon laquelle la
Sainte Conversation Balbi comporterait une allusion nuptiale ne peut être retenue, car elle
aurait imposé la présence de l'épouse (Wethey,
1969). Plus récemment Lattanzi (1988) a attiré
l'attention sur les plantes représentées aux pieds
du donateur: on y reconnaît l'ancolie, symbole
des dons du Saint-Esprit, qui, grâce à l'intervention de saint Dominique, permettent au fidèle d'accéder à l'*hortus conclusus* de la contemplation, évoqué par l'aridité du sol pierreux,
symbole de l'ascèse et du dénuement propres à
la *virtus* salvatrice. Cette interprétation rejoint
les thèses d'A. Gentili (1985, pp. 94-117), selon
lesquelles les peintures religieuses du début du
siècle en Vénétie donnaient une place importante à l'oraison mentale, moyen d'accès pour
le fidèle à la vision mystique.
La construction du tableau en masses chromatiques soumises au principe dynamique de
la juxtaposition, inauguré par Titien avec le
Miracle du nouveau-né à Padoue, en 1511, atteint avec la *Sainte Conversation* Magnani un
nouveau degré de maturité, une autorité exem-

plaire : la composition prend une extraordinaire cohérence grâce au mouvement tournant — « michelangélesque » – de la Vierge qui relie la ferveur de saint Dominique et du donateur, exprimée dans l'élan des deux personnages, à la concentration sereine et pensive de sainte Catherine « tandis que les valeurs chromatiques s'équilibrent par l'alternance entre le fond coloré du paysage derrière les figures monochromes et le fond monochrome de la paroi brune derrière les figures polychromes » (Morassi) en un dosage subtil des zones de lumière et d'ombre. La présence de ces différents éléments soutient la datation un peu antérieure des *Saintes Conversations* d'Édimbourg et de Glasgow. Celles-ci portent encore l'empreinte de certaines solutions dynamiques expérimentées à Padoue : l'idée de l'Enfant qui se jette vers le donateur dans la toile d'Édimbourg et le mouvement impétueux de saint Jérôme dans celle de Glasgow; les deux scènes prennent place devant des paysages très proches de celui des *Trois Ages de l'homme*, par le même sens pénétrant de la nature, traitée en touches denses et fluides qui soulignent le rythme de la composition, et par la luminosité rayonnante de la couleur. Les figures renvoient, elles aussi, à des œuvres qu'on s'accorde désormais à situer parmi celles qui suivent immédiatement les fresques de Padoue : le saint Jean d'Édimbourg reprend le jeune homme des *Trois Ages* mais rappelle en même temps le profil du Christ dans le *Noli me tangere* (cat. **46**) et celui de saint Roch sur le retable de *Saint Marc*, aujourd'hui à l'église de la Salute à Venise. La *Vierge à l'Enfant avec sainte Dorothée et saint Oulph* du Prado constitue un pas de plus dans la genèse de la *Sainte Conversation* Balbi. Le tableau de Madrid, sur un parti différent d'une composition à demi-figures, offre une cohérence plus élaborée des formes dilatées par l'épanouissement des drapés et la gradation plus nuancée, plus animée, de la couleur, grâce à l'artifice des tentures qui permet au peintre de faire alterner les zones de clair-obscur vibrant et l'échappée sur les nuages ensoleillés. Ce procédé suscite des morceaux comme la tête de saint Oulph placée entre l'ombre de la tenture et le ciel lumineux ou celle de sainte Dorothée dont la chevelure blonde se détache contre la masse des nuages : c'est un prélude aux riches valeurs de clair-obscur modelant la figure de saint Dominique et celle du donateur dans notre tableau; de même, l'éclat chromatique du manteau de la Vierge sur le fond sombre sera utilisé à nouveau pour la toile Magnani. L'élégante typologie de sainte Dorothée reparaît dans la *Violante* du Kunsthistorisches Museum de Vienne, déjà évoquée par Morassi à propos de la sainte Catherine Balbi, et celle-ci, assise avec une aisance toute classique sur une architrave antique ornée d'un rinceau sculpté, préfigure, tout comme la Vierge, les figures allégoriques de *L'Amour sacré et l'Amour profane*. Le contre-jour de l'éperon rocheux couronné de feuillages sombres qui se découpent sur le ciel nuageux où s'accroche la lumière baigne aussi le paysage, plus vaste du

tableau Borghèse. On a pu récemment (Wethey, 1975) fixer son exécution en 1514 : il a été peint très probablement pour le mariage, célébré en mai de cette année-là, entre Nicolò Aurelio et Laura Bagarotto, dont les armoiries respectives figurent sur la toile : l'évolution que nous venons de retracer s'accomplit donc de 1511, date des fresques de Padoue, à 1514, ce qui place notre peinture en 1513-14.

Le sommet de classicisme chromatique atteint ici par Titien est une référence décisive dans le développement ultérieur des *Saintes Conversations,* dont témoigne l'art de Palma Vecchio à partir de celle de la collection Thyssen. Conçue et structurée sur le modèle de Titien, comme l'a indiqué A. Ballarin (1965), Palma y abandonne l'atmosphère rêveuse des petits tableaux giorgionesques de sa jeunesse, pour adhérer aux compositions plus tendues, plus saisissantes, inaugurées par Vecellio et « pour dilater les plans de couleur claire, scintillante, sur l'étendue du ciel, des collines, des villages, qu'aucune perturbation de l'atmosphère ne pourra jamais troubler, pas même le crépuscule rougeoyant de Titien ». Palma, finalement, demeurera étranger aux développements dynamiques et dramatiques de Titien que laisse déjà pressentir, dans la *Sainte Conversation* Magnani l'audace du passage abrupt de la paroi sombre au paysage saturé de lumière où s'inscrivent en clair-obscur les visages du donateur et de saint Dominique.

V.R.

page 63

48

Tiziano Vecellio, dit Titien
Pieve di Cadore, vers 1488/1490 - Venise, 1576

La Jeune Fille au miroir
Toile. H. 0,93; L. 0,76
PARIS, MUSÉE DU LOUVRE,
DÉPARTEMENT DES PEINTURES

HISTORIQUE
Coll. des Gonzaga, Mantoue, jusqu'en 1627; coll. de Charles Ier d'Angleterre(?); coll. du peintre Van Dyck jusqu'en 1644; coll. de Charles Ier d'Angleterre jusqu'en 1649 (il n'est pas sûr que le tableau qui figure dans l'*Inventaire des tableaux* des Gonzaga (1627) présentés en vente à Charles Ier). « Un tableau où est peinte une femme dépeignée avec un *putto* qui tient une sphère de la main avec un cadre doré, de la main

de Titien » (Luzio, 1913, n° 328), soit celui décrit dans le catalogue de la coll. de Charles Ier établi par Van der Doort en 1639 puisque son origine mantouane n'y est pas indiquée et qu'il y est attribué à Parmigianino; comme Van Dyck possédait un tableau de Titien sur le même sujet, « Une courtisane avec un miroir et un homme », Wethey n'exclut pas que ce dernier soit le tableau des Gonzaga, donné à Van Dyck par Charles Ier et retourné dans les collections royales en 1644 à la mort du peintre; vendu à Murray le 23 octobre 1651; coll. de Jabach, qui le vend à Louis XIV en 1662; coll. de Louis XIV.

EXPOSITIONS
Venise, 1935, n° 10; Paris, 1976 (Louvre), n° 2.

BIBLIOGRAPHIE
Lépicié, 1754, II, pp. 35-36; Villot, 1874, p. 289, n° 471; Crowe et Cavalcaselle, 1877, I, pp. 266-270; Engerand, 1899, pp. 74-75; Gronau, 1904, p. 285; Ricci, 1913, n° 1590; Hourticq, 1919, pp. 220-226; Hetzer, 1920, pp. 54-56; Waldmann, 1922, pp. 217-218; Fischel, 1924, p. 32; Hautecœur, 1926, n° 1590; Longhi, 1927 (éd. 1967), p. 239; Heinemann, 1928, pp. 51-52; A. Venturi, 1928(1), IX, 3, p. 230; Barbantini et Fogolari, 1935, n° 10; Dussler, 1935, pp. 236 ss.; Norris, 1935, pp. 127-131; Suida, 1935, pp. 30, 158; Tietze, 1936, II, p. 305; Tietze, 1950, p. 392; Dell'Acqua, 1955, p. 110; Hulftegger, 1955, p. 128; Berenson, 1957, p. 189; Valcanover, 1960, I, p. 55; Morassi, 1966, col. 19; Verheyen, 1966, pp. 95-96; Hours, 1968, pp. 52-53; Pallucchini, 1969, p. 246; Panofsky, 1969, pp. 91-94; Valcanover, 1969, n° 52; Maxon, 1970, p. 831; Millar, 1972, p. 315, n° 269; Wethey, 1975, pp. 162-163, n° 22; Brejon de Lavergnée et Thiébaut, 1981, p. 247; Schnapper, 1982, p. 85; Goodman-Soellner, 1983, pp. 426-442; Brejon de Lavergnée, 1987, pp. 112-113, n° 31; Ballarin, 1990, pp. 296-312, n° 29.

LA *Jeune Fille au miroir* est l'une des créations les plus remarquables du classicisme du jeune Titien. Celui-ci fait ici le bilan des expériences d'une décennie ou presque, mais il semble vouloir revenir aussi sur certains thèmes qui avaient été, au moins pendant un certain temps, chers à son maître, celui du « double portrait » et celui de la figure « encerclée » par le regard du peintre grâce à l'artifice du miroir. L'équilibre entre la légère et presque imperceptible inclinaison en arrière du buste, sa posture oblique afin de trouver la bonne position entre les deux miroirs et la présentation du corps de la jeune femme qui se déploie de manière totalement frontale à partir de sa main gauche posée sur un flacon de parfum au premier plan; la composition harmonieuse des formes et le mouvement fluide de l'une à l'autre en une sorte de circularité – du bras qui sort de la large manche retroussée au buste qui s'épanouit dans la corolle du corsage –; la science avec laquelle le motif « flamand » du miroir et le traiement éminemment optique de l'espace sont incorporés à ce dense et complexe ensemble de formes d'inspiration classique qui intègre le dessin de ce miroir dans la circularité des formes et concentre toute la lumière, comme l'aurait fait Giorgione, au sommet de sa surface convexe, de façon que l'œil ne la pénètre pas et glisse sur elle tout comme il le fait de l'autre côté sur la touche de lumière posée à la tempe de l'homme dans l'ombre : telles sont quelques-unes des qualités qui font de la *Jeune Fille au miroir* du Louvre l'un des chefs-d'œuvre de Titien et que l'on peut apprécier dans toute leur intégrité en dépit des restaurations anciennes.

Titien parvient à ce résultat au terme d'un itinéraire dont les étapes sont le *Concert* (cat. **45**) (vers 1511), la *Salomé* Doria (vers 1510-1511), *Lucrèce et Tarquin* de Vienne (vers 1512), le tableau dit la *Vanitas* de Munich (vers 1514) et l'*Amour sacré et l'Amour profane* de la Galleria Borghese (vers 1514). C'est d'ailleurs justement par comparaison avec ces deux derniers tableaux, où il pourrait sembler que Titien a désormais acquis la maturité nécessaire pour imaginer la *Jeune Fille au miroir*, qu'on mesure le chemin qu'il a parcouru, en partie en revenant sur sa propre histoire (le *Concert champêtre*, cat. **43**) et sur celle de Giorgione : ce tableau témoigne d'une maîtrise de la forme classique, qui permet à Titien d'inventer une composition assez complexe mais en même temps extraordinairement simple, ainsi que de l'exigence de subordonner la forme chromatique à la création d'un espace plus riche d'imperceptibles clairs-obscurs. Par rapport à *Lucrèce* et à la *Vanitas*, la *Jeune Fille au miroir* revient à un traitement de l'espace enveloppant et immatériel, auquel concourent l'artifice retrouvé du rebord-repoussoir et celui, pas moins giorgionesque, du miroir. Différente est alors la palpitation des chairs – qu'on regarde la légère ombre portée des cheveux sur l'épaule –; différente aussi est la valeur des blancs de la chemise à cause du peu de lumière et la prédominance des demi-tons; différente encore est la façon dont ces blancs tendent à présent à se fondre avec l'ocre de la chair sur le sein; enfin, plus généralement, différent est le registre entier des couleurs. Que dire de cette note somptueuse du damas rouge dans l'ombre et des reffets du miroir qui forment une niche pour la chair de la femme, ou bien de cette cascade de vibrations argentées saupoudrées d'or fauve de la chevelure, qui, entre le rebord du premier plan et le corps de la jeune femme, nous font prendre conscience d'une conception nouvelle de l'espace ? L'étape suivante sera la *Flore* (cat. **49**), où le peintre renoncera à tout artifice.

La restauration à laquelle ce tableau a été soumis pour cette exposition a révélé une facture plus délicate et plus raffinée encore que prévu. La palpitation puissante des chairs, et en particulier du sein superbe que l'on sent se soulever sous le voile protecteur de la chemise, n'est en fait suggérée que par des passages de rose, de gris et d'ocre, ou par de légères rougeurs de la peau entre des zones de pénombre et des zones de lumière plus dorée, passages qu'on dirait presque dépourvus de matérialité au point que, saisis par l'œil quand on les regarde à la bonne distance, ils s'effacent quand on veut les observer de trop près. L'ombre du cou et de la joue n'est pas aussi chaude et colorée que l'ombre portée de la tresse de cheveux, dont la masse, par rapport au blanc de la chemise et à la roseur de la chair, scintille avec des vibrations d'or chaud, mais aussi avec des effets de réfraction de la couleur – on

dirait qu'il y a du vert dans cet or de la chevelure ! –, comme si un rayon de soleil avait fait réfléchir la couleur tout alentour. La maîtrise technique du jeune Titien atteint son comble dans les passages de lumière et d'ombre sur les blancs de la chemise. La tête de l'homme a été, peut-on dire, découverte par cette restauration : vaporeuse, impalpable, elle reçoit la vie, de manière inoubliable, de ces touches raffinées de lumière sur la tempe et sur le nez, de ces reflets qui lui réchauffent les joues, manifestement par l'effet du rouge du vêtement avivé par la lumière sur les épaules contre le fond noir du mur; cette tête, qui ressort comme en négatif par rapport aux jeux de la lumière sur l'épaisseur du damas et sur la main tout éclairée qui tient le miroir de biais, est une présence délicate et discrète, qui tressaille et rougit. Que de retenue dans cette tête ! On peut aussi distinguer à présent dans le miroir le reflet de la femme de dos, avec une autre tresse tombante, et celui de l'homme qui, comme une anamorphose, la barbe de profil et le bras étiré, grimpe le long du bord du miroir.

Les observations de Cavalcaselle (1877) gardent tout leur bien-fondé aujourd'hui encore : « Nous passons avec une surprenante rapidité des plus délicates gradations argentées de la chair et des étoffes en pleine lumière aux profondeurs mystérieuses d'une obscurité presque insondable, et nous nous trouvons devant un équilibre modulé de lumière et d'ombre qui rappelle Léonard de Vinci, enchantés par un accord de tonalités aussi doux et saisissant que la plus belle harmonie qu'ait jamais produite un artiste de l'école vénitienne. » Et encore : « Ce qui distingue la toile du Louvre des autres dans lesquelles Titien a peint avec une certaine liberté les charmes des femmes, c'est l'air chaste et empreint de candeur des personnes qu'il y a représentées. » Grande synthèse de l'ensemble d'expériences accomplies entre le *Concert champêtre* et *L'Amour sacré et l'Amour profane*, la *Jeune Fille au miroir* du Louvre, dont la date ne peut être que 1515, conduit à la *Flore* et à la *Vierge aux cerises* de Vienne, qui appartiennent à la période de l'*Assomption*.

Il est émouvant que le premier écho de cette invention de Titien se perçoive dans une œuvre de Bellini alors plus qu'octogénaire : un an avant sa mort, celui-ci peint une interprétation non moins remarquable de ce même thème de la femme à sa toilette, et la date 1515 inscrite sur ce tableau du musée de Vienne est une preuve qui confirme la date suggérée pour le tableau de Titien.

Ce sujet et l'invention formelle connaîtront un grand succès : le tableau de Titien sera étudié par Palma, Paris Bordon, Savoldo, et vers 1540 encore Bordon s'essaiera à reprendre cette thématique suivant la veine d'un érotisme correspondant au goût tout à fait renouvelé de l'époque (la *Femme à sa toilette avec un homme qui lui tient un miroir* de la collection Spencer à Althorp).

Il est plus que probable que Titien et son atelier aient répété cette composition de la *Jeune*

Fille au miroir, et c'est en fonction du tableau de la collection Cambó, légué depuis 1949 au Museu d'Art de Catalunya de Barcelone (toile; 0,89 × 0,71 m). Même en tenant le plus grand compte des repeints déjà relevés par l'abbé de Fontenay (1808) alors que ce tableau se trouvait dans la Galerie du Palais-Royal (il provient de la collection romaine de la reine Christine de Suède et antérieurement de la collection génoise de Gian Vincenzo Imperiale) ainsi que de l'éraflure sur les visages faite en 1936, ce tableau n'a pas les qualités que nous venons d'observer dans celui du Louvre, et il faut donc le considérer comme une version d'atelier, très proche du maître mais non autographe; il donne pour la main gauche de la femme une solution différente, bien perceptible dans le dessin de deux doigts (le médius et l'annulaire), mais représentée comme en raccourci et d'une manière plus épaisse, et il modifie le modelé du drapé à droite et sa couleur, non plus bleue, mais d'un ton rouge doré (Ballarin, 1990). Ce tableau Cambó entre dans l'histoire des études sur Titien au début du siècle (Fischel, 1911; Hourticq, 1919) comme une variante ou une copie ancienne de l'exemplaire du Louvre, mais il connaît une période de grand succès au cours des années 1920: Waldmann, en 1922, le dit un original de la main de Titien dont la toile du Louvre serait une réplique, et A. Venturi, en 1928, le reproduit et l'étudie même comme tel dans sa *Storia dell'arte italiana* rabaissant la version du Louvre, pourtant reproduite également, au niveau d'une imitation à la manière de Dosso. Au cours des années 1930, marquées par la parution des deux ouvrages fondamentaux de Suida et de Tietze et par l'exposition de Venise, la question de la *Jeune Fille au miroir* va être l'objet d'une appréciation plus équilibrée. Bien que, rendant compte de l'exposition citée ci-dessus, aussi bien Norris (1935) que Dussler (1935) veuillent voir l'intervention d'un assistant dans le tableau du Louvre, celui-ci prend dans les études sur Titien le rang d'une œuvre indiscutablement autographe datant des années 1512-13.

Les années 1960 voient le fait nouveau de la découverte à Prague d'une autre version de la *Jeune Fille au miroir* – dont rendent compte Gottheiner (1965) et, très en détail, Neumann (1967) – qui semble poser un analogue problème d'atelier. On retrouve la trace de cette œuvre à partir de la fin du XVIIe siècle dans les inventaires des collections pragoises où elle est donnée comme un original de Titien. Il faut dire que les diminutions subies par le tableau, surtout en haut (la toile mesure aujourd'hui 0,83 × 0,79 m), ainsi que son très mauvais état général ne facilitent pas un examen précis de cette œuvre, qui est de toutes façons assez éloignée du modèle du Louvre. On relève même ici quelques modifications qui viennent altérer les valeurs de la composition originelle de manière telle qu'il faut en tout cas laisser ouverte la question d'une intervention personnelle du maître. L'homme barbu est remplacé par un jeune homme coiffé d'un turban; le miroir que celui-ci tient de la main gauche est beaucoup plus grand, peut-être compris en partie seulement dans les limites de la toile originelle, et d'une convexité assez sensiblement moins marquée; la main gauche de la jeune femme, le poignet dégagé de la manche, saisit à présent la boule de verre, tandis qu'auparavant le doigt s'appuyait sur le goulot du flacon pour humecter les cheveux de parfum; et un collier est posé à côté d'un peigne. L'examen radiographique a bien montré comment le dessin de cette main gauche de la femme a été en un premier temps tracé suivant le modèle du Louvre. Neumann a mentionné une copie du tableau de Prague, datant du XVIe siècle, vendue par Christie's le 27 novembre 1957 (n° 115), qui avait été auparavant la propriété du comte de Durham (toile, 1,093 × 0,915 m), particulièrement utile pour retrouver le format original du tableau (Wethey, 1975, n° 23; copies : n° 2). Est encore plus précieuse à cet égard une autre copie sur bois (0,969 × 0,787 m), toujours, dirait-on, d'après le tableau de Prague, qu'a fait connaître une vente plus récente de Christie's à Londres (30 novembre 1979, n° 66) signée Barthel Beham (1502-40) et datée 1534, acquise en 1982 par les Städtische Kunstsammlungen d'Augsbourg; cette copie tendrait à accréditer davantage l'hypothèse d'un voyage de Beham en Italie (Venise) avant celui qu'on sait qu'il y fit en 1540 — hypothèse du reste déjà examinée par des spécialistes (von der Osten, Vey, 1969, p. 232) — que l'hypothèse de la présence du tableau de Prague à la cour de Bavière au début des années 1530. Il faut enfin rappeler qu'une autre dérivation, nettement plus tardive, postérieure d'environ quinze ans au modèle du Louvre, et aussi plus lointainement imitée de Titien, mais dont il a été beaucoup question, et même comme d'un autographe du maître, dans les études consacrées au tableau du Louvre aux XIXe et XXe siè-cles, la *Jeune Fille nue courtisée par un homme qui lui tient un miroir dans un paysage*, de la National Gallery de Washington (toile, 0,915 × 0,82 m), était, dans sa première version, d'après les examens radiographiques dont F.R. Shapley a rendu compte dans la notice de son catalogue, assistée d'un homme qui, lui, tenait deux miroirs placés comme le tableau du Louvre. «C'était alors presque une copie du tableau du Louvre, à ces différences près que la femme est représentée vêtue dans ce dernier et que le rebord est ici prolongé sur toute la largeur du bas du tableau.» Cette constatation est plus intéressante encore si l'on considère que l'on retrouve ce même dessin (la jeune femme nue qui se coiffe les cheveux dans le miroir derrière une petite table où est posé le flacon de parfum) dans un tableau vendu par Christie's le 14 mai 1971 (n° 24; 0,98 × 0,749 m), que l'on dirait de la main d'un artiste hollandais travaillant en Italie au cours des années 1540, lequel artiste se montre fidèle au motif originel de l'homme barbu vêtu d'un justaucorps de damas rouge et tendant à la femme les deux miroirs sur un fond sombre — motif qui, comme je l'ai dit, se trouve aussi sous la version finale du tableau de Washington. Nous ignorons quand

le tableau du Louvre, dont la provenance la plus ancienne se situe à Mantoue, est entré dans les collections des Gonzaga : pas avant 1523, année au cours de laquelle Titien a noué avec ceux-ci des relations de travail, mais peut-être pas non plus beaucoup après cette date. C'est pourquoi il est probable que cette invention de la *Jeune Fille au miroir* ait continué à être étudiée à Venise, y compris par des artistes étrangers, d'après des versions comme le tableau Cambó ou celui de Prague.

Pour une recension des interprétations romanesques du sujet de ce tableau prisées par la critique du XIXe siècle, après l'interprétation renvoyant à la vie même de Titien qui en fut donnée entre le XVIIe et le XVIIIe siècle, je conseillerais de se reporter à la notice de Wethey (1975), en rappelant qu'au XXe siècle Hourticq lui-même (1919) s'en tenait encore à ce type d'interprétation et proposait de reconnaître le couple de Federico Gonzaga et d'Isabella Boschetti dans les acteurs de cette cour amoureuse que les spécialistes avaient voulu voir dans ce tableau depuis le XVIIe siècle. Panofsky donne le point de vue de l'iconographie moderne dans son volume *Problems in Titian, Mostly Iconographic* de 1969. Il est déjà significatif en soi qu'il en parle dans son chapitre intitulé « Réflexions sur le temps »: « L'homme est plongé dans une ombre si profonde — motif sans équivalent dans l'œuvre de Titien, et probablement révélateur par lui-même — que, malgré sa présence, la femme semble seule avec ses pensées; et le sens de ces pensées est indiqué par la tristesse apparemment sans raison de son regard. Ce que nous avons devant nous, c'est la beauté qui se regarde dans un miroir et qui soudain y voit la fugacité et la mort. » On ne peut guère être d'accord avec cette lecture, en particulier avec cette observation, qui semble commander tout le propos, selon laquelle le regard de la jeune fille serait empreint de tristesse. Cavalcaselle (1877) faisait une remarque correspondant mieux au tableau : («[...] une délicieuse simplicité pleine de malice brille dans le coup d'œil qu'elle lance à son reflet dans le miroir »). A la fin de son étude consacrée à la *Jeune Fille au miroir* de Munich, dite aussi la *Vanitas*, Verheyen (1966) confère au tableau du Louvre une signification analogue de vanité en se fondant sur le seul fait que l'homme présente le miroir à la jeune femme, mais cette interprétation n'est pas moins arbitraire. E. Goodman-Soellner (1983) en donne une lecture nettement plus séduisante, qui s'appuie sur la thématique répandue par la poésie de Pétrarque. Cette spécialiste évoque en particulier le sonnet *Il mio adversario* (Mon Adversaire; R.V.F., 45) dans lequel le poète envie le miroir de l'aimée parce que celui-là, et non pas lui, est l'objet du regard amoureux de celle-ci. Je me demande toutefois dans quelle mesure la suppression de tout partenaire dans la version de Bellini citée ci-dessus ou le remplacement de l'homme adulte par un jeune homme dans la variante de Prague peuvent influencer la compréhension de l'invention originelle de Titien, puisque ce remplacement

opéré dans le tableau de Prague ne saurait résulter d'une erreur s'il a son origine dans l'atelier de Titien et se situe à une date assez proche de celle du modèle du Louvre. D'autre part, il ne faut pas sous-estimer le fait — plus manifeste encore dans la version de Prague, où le miroir derrière la jeune femme est si grand et si peu convexe que le dos du personnage s'y reflète, de la taille à la tête, à une échelle minimement réduite — que le cœur du tableau n'est pas que la femme se regarde dans son miroir, mais que, dans ce miroir, elle regarde son image renvoyée par l'autre miroir dans lequel nous regardons nous-même : l'accent semble donc mis sur l'habileté technique de l'artiste et, pour ainsi dire, sur les possibilités de la Peinture même — donc sur une problématique formelle éminemment giorgionesque, celle-là même qui inspirera peu après la virtuosité de Savoldo dans le portrait dit *Gaston de Foix* (cat. 74) —, pas moins que sur le culte de la beauté, pas nécessairement ternie en l'occurrence par l'idée de transcendance ou de *vanitas*, ainsi que sur le rapport sentimental compliqué emprunté à la poésie de Pétrarque, qui se joue dans le triangle aimée-miroir-amant.

A.B.

page 65

49

Tiziano Vecellio, dit Titien
Pieve di Cadore, vers 1488/1490 - Venise, 1576

Flore
Toile. H. 0,797; L. 0,635

FLORENCE, GALLERIA DEGLI UFFIZI

HISTORIQUE
Coll. A. Lopez au XVIIe siècle; coll. impériales de Vienne; échangé entre la Galerie impériale de Vienne et la Galleria degli Uffizi en 1793.

EXPOSITIONS
Paris, 1935(1), n° 462; Venise, 1935, n° 9; Amsterdam, 1953, n° 109; Bruxelles, 1954, n° 102; Paris, 1954(1), n° 49; Florence, 1978-79, n° 100.

BIBLIOGRAPHIE
Mechel, 1783 (éd. française, 1784), p. 29; Jameson, 1838, p. 87; Burckhardt, 1860 (éd. it. 1927, II, n. 3, p. 112; Colet, 1862-1864, II, 1862, p. 86; Cavalcaselle et Crowe, 1877-78, I, pp. 238-240; Engerth, 1882 p. LXIX; Zimmerman, 1888, p. XXXV; Berenson, 1894, p. 141; Goncourt, 1894, p. 122; Philipps, 1898, p. 52; Frimmel, 1899, pp. 256-257; Gronau, 1900 (éd. anglaise, 1904), pp. 44, 289; Fischel, 1904 (éd. 1906), pp. XVIII, 247; Ricketts, 1910, pp. 53-54, 181;

L. Venturi, 1913, p. 149; Hourticq, 1919, pp. 130, 136, 276; Hetzer, 1920, pp. 56-58; A. Venturi, 1928(1), IX, 3, p. 230; Berenson, 1932, p. 570; Spahn, 1932, pp. 44-45, 48, 127; Suida, 1933, pp. 31, 150; Barbantini et Fogolari, 1935, p. 37, n° 9; Berenson, 1936, p. 490; Tietze, 1936, I, pp. 90-91, II, p. 290; Mayer, 1938, p. 308; Pallucchini, 1944 (*Pittura*), I, p. XVIII; Bloch, 1946, pp. 183-186; Tietze, 1950 (*Titian*), pp. 14, 373; Cleveringe et Meijer, 1953, p. 59, n° 109; Pallucchini, 1953, pp. 78-79, 80; Florisoone, 1954, n° 49; Dell'Acqua, 1955, pp. 62-63, 110; Berenson, 1957, p. 186; Valcanover, 1960, pp. 20, 55; Held, 1961, pp. 212, 213; Morassi, 1964, p. 20; Pope-Hennessy, 1964, p. 240; Morassi, 1966, col. 19; Ballarin, 1968(1), pp. 7-8; Verheyen, 1968, p. 226 note 22; Mellencamp, 1969, pp. 174-177; Pallucchini, 1969, pp. 32-33, 247; Valcanover, 1969, p. 97, n° 60; Freedberg, 1971, p. 97; Wethey, 1975, pp. 36, 154-155, 270; Pallucchini, 1977, p. 23; Gregori, 1978, p. 16; Incerpi, 1978, pp. 341-346, n° 100 (avec bibl. ant., notamment pour les cat. du musée); Valcanover, 1978(1), pp. 53-54; *Gli Uffizi. Catalogo generale*, 1980, p. 548; Hope, 1980(2), pp. 61-62; Ballarin, 1990-91, pp. 128-129.

Le tableau a été gravé en contre-partie par Sandrart à Amsterdam, où il séjourna de 1637 à 1642, avec l'indication suivante : «*Joachinus Sandrart incid. et excud. Amsterd. E. Titiani Prototypo in aedibus Alph. Lopez*». Il appartenait donc à la collection de l'Espagnol Alfonso Lopez, qui s'était établi en France en 1610, y devint l'homme de confiance du cardinal de Richelieu et exécuta pour lui de nombreuses missions (Bloch, 1946). Entre 1636 et 1640, il fut envoyé à Amsterdam, avec le titre de maître d'Hôtel du roi et conseiller d'État. C'est alors qu'ont été gravées certaines des œuvres les plus prestigieuses de sa collection, dont on connaît, en fait, peu de pièces : outre la *Flore*, le portrait de *Baldassarre Castiglione* par Raphaël, acquis justement à Amsterdam en 1639, lors des ventes de la collection Luca van Uffelen, et un autre Titien, le portrait d'homme dit *l'Arioste*, aujourd'hui à la National Gallery de Londres. La collection Lopez a été vendue à Amsterdam, ou plus probablement à Paris, à la fin de 1641 (Gould, 1975, p. 282). On ne sait rien de la *Flore* avant cette époque; Bloch assure que Lopez l'apporta aux Pays-Bas un peu avant 1640 et affirme ailleurs, sans le prouver, qu'il la posséda de 1638 à 1641. Le tableau appartint ensuite aux collections impériales de Vienne; sa présence y est attestée par les gravures de Prenner, d'abord dans le *Theatrum artis pictoriae*, où il figure sous le nom de Palma (1728, «*Palma pinxit U. Prenner inc.*»), puis cette fois sans attribution, dans le *Prodromus*, publié en 1735 avec Stampart; la tradition veut qu'il ait été acquis par l'archiduc Léopold-Guillaume à la vente de la collection Lopez, mais les inventaires de l'archiduc ne le mentionnent pas, et il ne paraît pas non plus parmi les gravures du *Theatrum Pictorum*. Le tableau passa de Vienne à Florence en 1793, à la faveur d'un échange entre la Galerie impériale et celle des Uffizi.

«Rien d'impudique dans cette figure ne vient heurter le regard. Elle porte une chemise blanche qui tombe négligemment d'un côté en découvrant une partie du sein. Sa riche chevelure, dont les boucles d'un blond doré, retenues en partie sur le haut de la tête par un bandeau de soie bleue, tombent en vague opulentes et libres le long des épaules; quelques mèches s'égarent sur la poitrine… Elle incline la tête et ses yeux se détournent comme si quelqu'un, près d'elle, voulait attirer son regard et s'apprêtait à lui tendre la main; pendant que les doigts de sa main gauche cherchent à retenir la chemise blanche et le vêtement rouge damassé qui glisse de son épaule, elle semble offrir, de l'autre main, un bouquet de roses, de jasmin et de violettes à l'amant invisible. L'expression et l'attitude de cette femme exhalent la sensualité. Mais à cette sensualité émanant de toute sa personne, Titien a su joindre des formes et des proportions d'une si merveilleuse élégance qu'elles évoquent la pureté de style des plus délicats artistes de l'Antiquité. Ses traits et sa pose lui donnent une apparence assez semblable à celle du tableau dont nous avons parlé (*Jeune Fille au miroir* du Louvre; cat. **48**). Ici pourtant, au lieu de couleurs vives, de puissants effets d'ombre et de clarté, nous avons une telle douceur, une telle plénitude de lumière que, malgré l'absence de contrastes accentués, elle se détache admirablement sur la tonalité froide du fond.» Dans ce commentaire précis, Cavalcaselle et Crowe (1877) présentaient l'un des plus célèbres chefs-d'œuvre de la jeunesse de Titien, cité par d'innombrables catalogues et guides de la Galleria degli Uffizi (Incerpi, 1978), et copié non moins fréquemment, mais dont les documents d'archives ne font pas mention. Les plus anciens indices sont fournis par les gravures : l'une de Peter de Jode (1570-1636), montrant le modèle avec un sein complètement dénudé et portant l'attribution à Titien (Catelli Isola, 1965, p. 63, n° 159), l'autre de Sandrart, qui a vu la peinture dans l'importante collection d'Alfonso Lopez à Amsterdam, où celui-ci résida de 1636 à 1640. Mais la preuve la plus évidente de la célébrité de l'œuvre dès cette époque est fournie par les interprétations qu'en a données Rembrandt − à partir de la *Flore* aujourd'hui à la National Gallery de Londres − depuis le *Portrait de Saskia en Flore* de la Gemäldegalerie de Dresde, qui est de 1641, jusqu'à son ultime réincarnation, vers 1665, cette fois sous les traits d'Hendrikje (New York, Metropolitan Museum), l'une et l'autre abondamment commentées par la critique. (Rappelons seulement ici l'intervention de Clark en 1964; pour une mise à jour, voir les notices 23 et 41 dans le récent catalogue de l'exposition *Rembrandt* à Berlin, 1991).

Avant Cavalcaselle et Crowe, on le voit, les débats sur le tableau étaient à peu près inexistants, si l'on exclut quelques descriptions de ton «littéraire» dues aux voyageurs du XIXe siècle (Louise Colet, 1862; les Goncourt, 1855-1856, éd. 1894), la plupart des discussions portant d'ailleurs sur le sujet représenté. Les légendes en vers qui accompagnent les estampes du XVIIe siècle lui donnent effectivement le nom de Flore et insistent sur les fleurs printanières, en y voyant une métaphore amoureuse et Sandrart va jusqu'à identifier la jeune femme à la maîtresse de Titien («*Vere viret tellus placido perfusa liquore / A Zephyro et blando turgida flore viget / Flora modo veris, Titiani perctus amore / Implet et huic similes allaquaere parat*»). L'étape suivante sera d'y reconnaître Violante, fille de Palma Vecchio à laquelle les sources attribuent ce rôle (l'indication se trouve notamment dans le catalogue de Mechel, en 1783, et a été longuement commentée par Hourticq en 1919, pp. 230-237). Cavalcaselle et Crowe rejettent ces interprétations : «Mais que savait Sandrart sur la vie privée de Titien? Pourquoi abaisse-t-il *Flore* au rang d'une Phryné? *Flore* est l'un de ces portraits où Titien a su joindre à la beauté du modèle quelque chose de grand et de noble qui rappelle l'art antique.» Entre-temps, Burckhardt (1859), se basant sur un passage de Francesco Sansovino, qui décrit les mariées vénitiennes «*vestite per antico uso di bianco con chiome sparse giù per la spalle con teste con filie d'oro*», y voyait précisément l'image d'une jeune fille en vêtements de noce, hypothèse reprise ensuite par Pope-Hennessy (1964) mais déjà réfutée par Tietze (1936) et finalement exclue par Mellecamp (1969); celle-ci a relevé l'interprétation fautive de l'expression «*vestite per antico uso*», qui correspond en fait à «*secondo l'uso tradizionale*» (selon la tradition) et ne veut pas dire qu'elle est habillée «*a l'antica*» comme l'avait pensé Burckhardt. Elle a démontré aussi que Flore porte en réalité une chemise d'un usage courant sous les robes dans la mode italienne à partir de la fin du Quattrocento, et utilisée seule en tant que vêtement «à l'antique» pour les nymphes et les déesses dans les représentations théâtrales aux XVe et XVIe siècles. «Titien a vêtu sa Flore comme une nymphe» concluait l'historienne, mais en ajoutant que «le sens le plus profond du tableau restait à découvrir». Sur ce problème, on en revient généralement à l'opinion de Julius Held (1961) qui propose de reconnaître dans la *Flore* de Titien et dans celle de Palma Vecchio (Londres, National Gallery) moins l'image de la «*dea Florum et Zefiri coniuge*» décrite par Ovide (*Fastes*, V, p. 183 ss.) que celle de la «*meretrice*» (prostituée) transmise par la tradition patristique et recueillie par Boccace, en soulignant la nudité des seins et l'offrande des fleurs. Cette iconographie, élaborée pour la première fois autour de Léonard, peut-être à partir d'un prototype du maître lui-même (Held cite le tableau de Basildon Park, attribué à Gianpietrino, mais on peut penser aussi au Luini de Hampton Court) aurait été reprise dans l'art du portrait vénitien, qui associa au thème de la *Flora meretrix*, l'idée de la courtisane (sur laquelle Rylands est revenu récemment, avec d'autres arguments, à propos des demi-figures féminines de Palma Vecchio). Jusqu'à maintenant, on accorde moins de crédit à la proposition de Verheyen (1968), qui refuse l'interprétation assez répandue de la peinture dite *Laura* de Giorgione (cat. **27**), comme le portrait d'une courtisane, pour y reconnaître une allégorie nuptiale, en se fondant sur le symbolisme conjugal du laurier, sur l'union de *voluptas* et de *pudicitia* — attributs de l'épouse idéale — traduite par l'opposition entre un des seins couvert et l'autre nu, enfin sur la présence du voile en arrière de la tête. Ces éléments réapparaissent sur le *Portrait allégorique* de Bartolomeo Veneto (Francfort, Städelsches Kunstinstitut) où l'offrande du bouquet implique une allusion à Flore et évoque, dans ce contexte, l'harmonie conjugale, par référence aux *Fastes* d'Ovide, où la déesse déclare « *inque meo non est ulla querela toro* ». Chez Titien et chez Palma, Flore doit être interprétée aussi, selon Verheyen, comme une allégorie conjugale, parce que son buste est en partie nu, en partie voilé, contrairement à la *Flore* au buste complètement découvert, plus fréquent, et répandu en Italie à partir du milieu léonardesque. Cette interprétation, suggérée à nouveau par E. Panofsky (1969, pp. 137-138) à propos du tableau de Bartolomeo Veneto, a le mérite de valoriser l'aspect allégorique de l'image, peut-être celui qui a conduit Rembrandt, un siècle plus tard, à représenter Saskia et Hendrikje en Flore, à partir, justement, du modèle de Titien.

Revenons maintenant au jugement de Cavalcaselle et Crowe. La comparaison avec la *Jeune Fille au miroir* du Louvre, dont la *Flore* constituerait, dans la même veine, « la suite et le développement » les amène à des observations non moins intéressantes sur le premier itinéraire de Titien — depuis *L'Amour sacré et l'Amour profane* de la Galleria Borghese, considéré comme une œuvre précoce, jusqu'aux *Trois Ages* d'Édimbourg et aux *Ménades* de la *Bacchanale* de Madrid, cette dernière proche de la *Flore*, il s'y affirme « une technique, un art plus raffiné, un coloris plus riche, un modelé plus ample et dilaté, aux ombres plus transparentes, en même temps qu'une gradation plus élaborée dans les passages subtils des demi-teintes et des reflets » : les auteurs en arrivent ainsi à situer les deux œuvres vers 1520, désormais dans l'époque des *Bacchanales* pour Alfonso I. Pour Gronau (1900), la série des demi-figures féminines de Titien se situe entre 1510 et 1515, datation un peu prématurée, mais correcte quant à la succession des œuvres envisagées. La plus ancienne serait la *Salomé* de la Galleria Doria — étrangement attribuée par Cavalcaselle à Pordenone — puis la *Vanitas* de Munich, la *Jeune Fille au miroir* du Louvre et enfin, en 1515, la *Flore*, au terme d'une évolution qui « commence dans la manière de Giorgione et s'achève dans un art complètement mûri de Titien ». Cette séquence est admise, pour l'essentiel, par Ricketts (1910) qui analyse, parmi les premiers, le déroulement des expériences menées par Titien dans les années 1510-1520 et précise les différentes étapes en marquant une coupure plus nette entre *Salomé*, à peine postérieure aux fresques de la Scuola del Santo à Padoue, et le reste du groupe, repoussé vers la seconde moitié de la décennie, période où l'historien place également des œuvres comme le *Christ au denier* et la *Sainte*

Conversation, tous deux à Dresde. A propos de *Flore*, qu'il situe en 1516-1518, le critique observe : « Elle serait tout à fait à l'aise parmi les nymphes des "Bacchanales." » Alors que Hourticq (1919) penche pour 1520 environ, Hetzer (1920) souligne la nouveauté de la mise en page, construite, sans éléments architectoniques ni paysage, avec une économie et une efficacité extraordinaire de moyens expressifs, concluant que l'œuvre est contemporaine de l'*Assomption* des Frari. Au cours des années 1930, la date de 1515 est confirmée par Tietze (1936) ainsi que par Suida, semble-t-il (1933) et continuera à recueillir la majorité des suffrages parmi lesquels ceux de Pallucchini (1944, 1953, 1969) et Valcanover (1960, 1969, 1978). C'est aussi la date généralement admise pour *L'Amour sacré et l'Amour profane*. D'où la tendance à remonter la série des demi-figures de Titien dans la première moitié de la décennie, en mettant en avant leurs rapports et leurs ressemblances, plutôt que leurs différences. En revanche, à partir d'une thèse que C. Hope publia ensuite dans sa monographie de 1980, Wethey (1975) propose d'identifier *Flore* à une « peinture de femme » mentionnée, sans plus de détails, dans une lettre écrite par Tebaldi, agent d'Alfonso I d'Este, le 9 décembre 1522 (Campori, 1874, p. 596) : il revenait ainsi à une datation plus tardive — entre 1520 et 1522 — dont on ne peut certainement pas dire qu'elles soit documentée, étant donné le vague du passage cité). L'hypothèse s'appuie plutôt sur des arguments de caractère stylistique, qui conduisent le savant américain à déplacer aussi la *Vanitas* de Munich vers 1520 et la *Lucrèce* de Vienne vers 1525. A. Ballarin (1968, 1990-91) a insisté au contraire, et récemment encore, sur la relation chronologique avec l'*Assomption*; à partir d'une argumentation précise, il rétablit la séquence des demi-figures dans un ordre qui remet en valeur les thèses de Gronau et plus encore celles de Ricketts.

Flore représente, à coup sûr, l'œuvre la plus accomplie de Titien sur le thème giorgionesque par excellence des sujets allégoriques à demi-figures, et l'une de ses dernières expériences dans ce genre si apprécié des collectionneurs vénitiens, avant qu'il ne laisse le champ libre à Palma et à Paris Bordone. On y trouve une autorité suprême, une véritable « désinvolture » dans la domination de la forme classique, qui lui permettent d'exprimer une fois de plus sa réaction à l'art de Phidias par un degré intense de naturel et par l'apparente simplicité issue en réalité d'une mise en page soigneusement calculée. Le mouvement, qui monte des hanches, fait tourner la figure sur un rythme circulaire relayé par le drapé, élude subtilement la présentation purement frontale, et se conclut dans le geste d'offrande de la main; il s'accorde à la clarté de la carnation allégée par la lumière et à l'écoulement souple du vêtement. Tout participe à ce « rythme lent, organique, d'où va naître l'image » (Ballarin, 1968) et grâce auquel le peintre construit la forme par des plans opposés de couleurs, selon les modes élaborés dès

sa jeunesse. Cet aboutissement, qui confère une puissance nouvelle à la figure et à l'espace, est le reflet des expériences menées dans l'*Assomption* (1516-1518) et l'on en perçoit la nouveauté en comparant la *Flore* à *L'Amour sacré et l'Amour profane* de la Galleria Borghese, datant très vraisemblablement de 1514. Le contraste très net entre l'ocre doré des chairs et le rouge du manteau de la jeune femme nue assise sur le bord du sarcophage s'atténue dans la *Flore* où la texture lumineuse plus riche estompe les limites entre les différentes zones et en atténue les passages, pour donner à la couleur une qualité atmosphérique inédite, plus sensible encore depuis le nettoyage très léger qui a été récemment exécuté à l'occasion de l'exposition. Titien y parvient au cours d'une maturation progressive dont le point de départ, pour les tableaux à demi-figures, est la *Salomé* de la collection Doria — à mettre en parallèle avec les fresques padouanes de 1511 — suivie par la *Lucrèce* du Kunsthistorisches Museum de Vienne, de composition plus libre et dynamique, malgré la pose encore frontale; le contraste entre la cascade blanche de la chemise et le ton nacré des chairs révèle une plus grande recherche de naturel et une audace picturale accrue. Ces qualités paraissent se rassembler dans la *Vanitas* de Munich pour atteindre un classicisme de la forme et de la couleur plus mûr et médité, qui rejoint désormais celui de *L'Amour sacré et l'Amour profane*. La présence du miroir annonce d'autre part cet ultime retour à certains thèmes giorgionesques qui culmine, comme l'a indiqué Ballarin, dans la *Jeune Fille au miroir* du Louvre (cat. **48**) : Titien y perfectionne l'harmonie circulaire des formes; il explore une nouvelle profondeur de l'espace, tout en enrichissant les valeurs chromatiques et celles du clair-obscur, prélude nécessaire à l'élaboration de la *Flore*. Ici, le même effet magistral est obtenu sans recours aux artifices du rebord de pierre ou des miroirs, dans une œuvre extraordinaire de simplicité et de naturel.

V.R.

page 66

50

Tiziano Vecellio, dit Titien, et atelier
Pieve di Cadore, vers 1488/1490 - Venise, 1576

La Vierge à l'Enfant,
avec saint Étienne, saint Jérôme
et saint Maurice
Toile. H. 1,10; L. 1,37.
Restes de signature, en bas à gauche
PARIS, MUSÉE DU LOUVRE,
DÉPARTEMENT DES PEINTURES

HISTORIQUE
Coll. ducs d'Este, Ferrare; coll. cardinal Pietro Aldobrandini, Rome, à partir de 1598 (inv. 1603, n° 16 :
« Une Madone avec saint Jérôme et d'autres saints,
du susnommé Titien »; inv. 1626, n° 16 : « Une Madone avec saint Jérôme et d'autres saints, de la main
de Titien »); Coll. Olimpia Aldobrandini Borghese
Pamphilli, par héritage, à partir de 1638; donné en
1665 par le prince Camillo Pamphili, le mari d'Olimpia, à Louis XIV et apporté à Paris par Bernini (l'épisode est écrit par Chantelou [1655] qui rappelle que
le tableau a été abîmé par l'eau pendant le voyage :
« le tableau de Titien qui est une Vierge avec un petit
Christ et quelques autres saints à demi corps. Ils se
sont trouvés tous si gâtés qu'on n'y reconnaissait presque plus rien »; il est relaté aussi dans une lettre du
2 avril 1665 transcrite par Gärms, 1972, p. 142); coll.
Louis XIV à Versailles (inv. Le Brun 1683, n° 188 :
« Un tableau de Titien représentant notre Seigneur, la
Vierge, st. Estienne et saint Hiérosme, haut de 3 pieds
4 pouces 1/2 sur 4 pieds 4 pouces de large, peint sur
toile »; les mesures correspondent à 108 × 140 cm).
EXPOSITION
Paris, 1976 (Louvre), n° 3.
BIBLIOGRAPHIE
Ridolfi 1648 (éd. Hadeln, 1914, I, p. 197); Chantelou,
1665 (éd. 1885, p. 185); Lepicié, 1752-1754, II,
pp. 21-22; Villot, 1874, p. 282 (n° 1458); Schlegel,
1806 (éd. Eichner, 1959, p. 201); Cavalcaselle et
Crowe, 1877-78, I, p. 87; Berenson, 1894, p. 143;
Phillips, 1898, p. 54; Engerand, 1899, p. 80; Gronau,
1900 (éd. anglaise, 1904), pp. 16, 282-283; Fischel,
1904, (éd. française, 1924), pp. XVI, 248; Ricketts,
1910, pp. 50, 178; Ricci, 1913, p. 157, n° 1577; Hourticq, 1919, p. 101; Hetzer, 1920, pp. 86-88; Hautecœur, 1926, n. 1577; Heinemann, 1928, p. 40; Venturi, 1928(1), IX, 3, pp. 205-207; Berenson, 1932,
p. 574; Suida, 1933, p. 155; Berenson, 1936, p. 493;
Tietze, 1936, II, pp. 305, 315-316; Pallucchini, 1953,
I, p. 111; Hulftegger, 1955, pp. 125-126; Berenson,
1957, p. 189; Della Pergola, 1960, p. 428; Valcanover,
1960, I, p. 99; D'Onofrio, 1964, p. 18; Jaffé, 1966,
I, p. 63; Morassi, 1966, col. 22; Valcanover, 1969,
p. 102, n° 103; Wethey, 1969, pp. 113-114 (n° 162);
Wethey, 1975, p. 270; Béguin, 1976, n° 3; Hours,
1976, pp. 25-26; Béguin, 1980, pp. 479-480; Brejon
de Lavergnée et Thiébaut, 1981, p. 245; Brejon de
Lavergnée, 1987, p. 239; Ballarin, 1990-91, p. 125.

Comme l'a démontré A. Hulftegger (1954)
l'identification de l'œuvre avec la *Sainte Famille
avec saint Jean* (tableau de Titien envoyé à
Louis XIII par Charles Ier d'Angleterre, en
même temps que le *Portrait d'Érasme* de Holbein, en échange du *Saint Jean-Baptiste* de Léonard, qui est redevenu plus tard propriété de
la couronne française lors de l'acquisition de la
collection Jabach), bien que récurrente dans les
vieux catalogues du Louvre et reprise par quelques études au XXᵉ siècle, est erronée. L'historienne a rétabli l'identification correcte (avec
le tableau donné par le prince Pamphili) et proposé également d'y reconnaître le tableau mentionné par Ridolfi (1648) à Rome chez les héritiers Aldobrandini (« chez les héritiers de
Monseigneur le Cardinal Aldobrandini, la figure de la Vierge Marie avec saint Jérôme et
saint Laurent habillé en diacre ») que Halden
(1914-1924, note 17, p. 197) croyait perdu,
mais qu'on a parfois identifié avec la version du
même thème, sur bois, aujourd'hui à Vienne
(Kunsthistorisches Museum, inv. 93). La provenance du tableau de Vienne est toutefois
connue, depuis la collection vénitienne de Bartolomeo della Nave, vendue en 1636, en passant
par celle du duc de Hamilton, jusqu'à la collection de Léopold-Guillaume (inv. 1659, n° 129);
il est ensuite gravé dans le *Theatrum Pictorium*
(1660). Della Pergola (1963, pp. 176, 190) a
soutenu que « le tableau sur bois de Titien, de
dimensions moyennes, avec la Madone assise
qui tient l'Enfant sur ses genoux et trois autres
saints, dont l'un tient à la main un livre, de
deux palmes et demi de haut, avec un cadre
doré » qui apparaît dans l'inventaire de la collection Aldobrandini de 1682 serait le même
que celui mentionne au n° 16 de l'inventaire de
1626, et devrait être identifié avec la version de
Vienne, dont le tableau du Louvre serait une
copie. Cette hypothèse est exclue, non seulement par la provenance du tableau de Vienne,
mais aussi par les dimensions des deux tableaux. L'œuvre présente dans la collection Aldobrandini en 1682 est en effet d'un format
bien plus petit, sa hauteur étant de deux palmes
et demi, c'est-à-dire environ 55 cm (le palme
romain correspond à 22,3 cm).

Lors d'une visite au Louvre, dont il rend
compte sous forme de lettre, au cours d'un
voyage entrepris pendant l'hiver 1804-1805,
Friedrich Schlegel (1806), muni du guide du
*Supplément à la notice des Tableaux des trois
écoles, exposées dans la grande Galerie du Musée
Napoléon* [Paris, AN XIII (1804)] s'attarde devant
« une Sainte Famille de Titien, n° 1226, en
demi-figures où saint Étienne tient une grande
palme ». Il observe avec pertinence que l'œuvre
« est entièrement de sa première manière,
simple, agréable et belle, légère, presque aérienne, et pourtant sans aucune théâtralité, extrêmement vigoureuse mais sereine et pleine de
sentiment ». Il est utile de préciser qu'il s'agit
certainement du tableau examiné ici, car la version de Vienne, en ces premières années du
XIXᵉ siècle, précisément en 1809, fut apportée
au Louvre, puis rendue à l'Autriche en 1815.

Cavalcaselle et Crowe (1877) soulèvent, vers
la fin du siècle, le problème de la confrontation
entre les deux œuvres. Ils soulignent la supériorité de la version de Vienne, jugement repris
par Ricketts (1910). Gronau (1900), au contraire, exprime sa préférence pour la toile du
Louvre, que Phillips (1898) et Fischel (1904)
éloignent encore plus nettement de son pendant
sur bois, qu'ils considèrent comme une copie
d'atelier. Le caractère autographe du tableau
du Louvre est défendu également par Berenson
(1894), mais l'apogée de sa fortune critique est
lié à Venturi (1927), qui le réintègre dans le
catalogue de Titien, après que Hetzer (1920)
l'eut confiné dans l'anonymat (« anonyme vénitien, vers 1530, influencé par Titien »); il le
commente avec émotion : « Saint Jérôme, majestueux patriarche, feuillette les pages du volume que Maurice, derrière lui, parcourt d'un
regard attentif; la Madone tend le sein à l'Enfant potelé et florissant comme dans la *Vierge
aux cerises;* clef de voûte sentimentale du tableau, le regard ardent de saint Étienne monte
vers la Vierge comme un chant d'amour passionné. Les nuages eux-mêmes, qui s'immobi-
lisent, lumineux, au-dessus de la tête du martyr, désignent en lui le nœud de la scène. L'or
et le feu flambent au sommet des nuages, qui
envahissent, telles des vagues, le ciel bleu-vert,
et toute cette ardeur est reprise dans le visage
du saint cardinal, illuminé par le reflet de son
chapeau et de son manteau rouge flamme; Le
visage d'Étienne est modelé par l'or des nuages,
monochrome, entre l'ombre des cheveux bruns
et le cercle solaire de son aube, dont surgit,
telle une fleur, le visage ardent, inspiré. » Aucun élément de ce dynamisme de la lumière ne
se retrouve dans la version de Vienne, où l'historien voit une œuvre d'atelier. Suida est du
même avis, tandis que par la suite les jugements
redeviennent discordants : Tietze (1936), et
déjà avant lui Heinemann (1928), considèrent
que les deux tableaux sont des copies d'après
un original perdu, conviction réaffirmée par
Pallucchini (1953; dans la monographie de
1969, les deux tableaux ne sont plus cités) et
par Valcanover (1960; en 1969, la version de
Vienne, entre-temps restaurée, lui semble par
endroits digne de la main de Titien), tandis que
Morassi (1966) défend à nouveau le caractère
autographe de la version parisienne, idée que
Wethey partage et qu'il étend à la version de
Vienne. L'œuvre figure également sous le nom
de Titien dans les catalogues du musée et dans
la publication de S. Béguin (1980), qui, après
un examen radiographique (Hours, 1976) ayant
fait apparaître une signature partiellement lisible, soutient que le tableau est autographe.

Schlegel situe le tableau dans la « première
manière » du peintre; Cavalcaselle et Crowe le
datent entre 1500 et 1510 et le rapprochent,
avec beaucoup de finesse, de la *Vierge aux cerises*
de Vienne, ainsi que de la *Sainte Conversation*
du Prado. Au petit groupe ainsi constitué, Gronau ajoute la *Sainte Conversation* de Dresde et
suggère pour le tableau du Louvre une datation
trop tôt à l'intérieur du chapitre giorgionesque,

avec un commentaire qui garde toutefois son intérêt et qui souligne l'humanité et la vitalité que Titien donne aux schémas, belliniens et de la fin du Quattrocento, caractéristiques du genre de la Sainte Conversation, ainsi que l'importance de la solution de la position excentrée de la Vierge, qui permet de nombreuses variantes dans la composition. Ricketts eut le premier l'intuition que les deux tableaux de Paris et de Vienne appartiendraient à un chapitre plus tardif de l'histoire du peintre, entre 1514 et 1516 environ, à côté du *Christ au denier* de Dresde, et juste avant l'*Assomption* des Frari. Suida est du même avis, tandis que les interventions les plus récentes (Pallucchini, Valcanover, Morassi, Wethey) déplacent la création du tableau aux alentours de 1520. A. Ballarin a récemment insisté, à partir de nouveaux arguments, sur sa contemporanéité avec l'expérience du retable des Frari, à l'occasion d'un commentaire du tableau de Vienne, qu'il considère de la main de Titien.

L'enrichissement, en termes de monumentalité, de dynamisme et de complexité des rapports formels, que représente l'*Assomption* (1516-1518), provoque la crise de l'espace fermé et intime, entièrement étalé au premier plan, sur lequel repose le schéma des Saintes Conversations dans les années 1510-1515, encore perceptible dans la *Vierge à l'Enfant avec les saints Brigitte et Oulph* du Prado, pourtant déjà construite à partir de la position excentrée de la Vierge. Avant d'abandonner définitivement la tradition, Titien lui rend un dernier hommage avec la *Vierge aux cerises* de Vienne, où, à l'intérieur d'une composition archaïque et frontale, encore bellinienne, une tension nouvelle est créée par la résonance spatiale imprimée aux figures et par la richesse de la texture picturale, faite de larges coups de pinceau, qui dilate les formes et tire le maximum des effets naturalistes et de lumière dérivant de la situation en plein air, contre le bleu du ciel. Mais c'est surtout dans la *Sainte Conversation* de Dresde que l'expérience de composition protobaroque réalisée dans le grand retable des Frari devient sensible, à travers la libre disposition des saints, représentés presque en pied, et engagés dans un vif dialogue, dramatisé par des contrastes très nets d'ombres et de lumière. Ce schéma plus ouvert et dilaté se retrouve dans le tableau du Louvre, dont l'originalité par rapport à la toile du Prado est facile à comprendre. Titien revient sur le thème de la position latérale de la Vierge, que Bellini et son atelier avaient expérimentée les premiers (voir la *Sainte Conversation* de la Pierpont Morgan Library), et il en exploite au maximum les possibilités dynamiques, grâce au contraste entre le somptueux déploiement, à gauche, de la robe de la Vierge, contre la tenture réduite au minimum, et l'ouverture du « grand espace de ciel [...] de sorte que la composition chromatique [...] acquiert, alimentée par cette lumière, un timbre particulier » (Pallucchini). De là découlent la belle trouvaille du visage pathétique de saint Étienne, qui « semble planer parmi les

nuages » (Ballarin), effleuré par une touche de lumière sur l'œil, trouvaille déjà soulignée par A. Venturi dans le passage rappelé plus haut, ou encore la forme puissante du front de saint Jérôme, qui tourne de l'ombre à la lumière, mais aussi le contraste entre le rouge sombre du vêtement de saint Jérôme et celui, plus clair, du vêtement de la Vierge, contraste sur lequel le tableau est construit (Ballarin). Ces éléments trouvent leur équivalent pictural dans l'*Assomption* et on peut les apprécier pleinement dans la version viennoise du thème. Le tableau du Louvre a été soumis, à l'occasion de l'exposition, à une restauration qui a permis de découvrir un agrandissement de la toile d'à peu près quatre centimètres de chaque côté; l'inscription [*T*] *ICIAN* [*US*] déjà révélée par la radiographie de 1976 est située sous le repeint ancien du drapé bleu de la Vierge et a été exécutée avec du blanc de plomb. On perçoit quelque raideur dans la représentation des têtes, certains endroits du drapé semblent aplatis et d'une couleur moins lumineuse, ce qui conduit à reconnaître la collaboration de l'atelier à côté de la main du maître. Si l'Enfant enveloppé dans son vêtement blanc reste dans les limites du grand artisanat, le vêtement de saint Jérôme est en revanche très beau, riche et chargé dans les zones de lumière, strié en bas par le passage de l'ombre.

L'esquisse du *folio 63 verso* de ce qu'il est convenu d'appeler «*Antwerper Sketchbook*» de Van Dyck, ne peut représenter, contrairement à ce que soutient Wethey, le tableau du Louvre, qui aurait été copié lorsqu'il se trouvait encore à Rome, dans la collection Aldobrandini, non seulement parce que le cahier est habituellement daté de 1615-1620, et donc avant le voyage du peintre en Italie (Jaffée, 1966), mais aussi parce que de nombreuses différences séparent le dessin du tableau; en particulier, la figure du saint à côté de la Vierge, ne porte pas de vêtement de diacre, mais quelque chose qui ressemble à une armure; cela rend impossible l'identification avec saint Laurent. Il faut donc supposer l'existence d'une troisième version comportant des modifications substantielles.

V.R.

page 64

51

Tiziano Vecellio, dit Titien
Pieve di Cadore, vers 1488/1490 - Venise, 1576

Portrait d'un musicien
Toile. H. 0,99; L. 0,818
ROME, GALLERIA SPADA

HISTORIQUE
Habituellement identifié avec le «portrait d'un joueur de violoncelle, de Van Dyck» mentionné dans la liste fidéicommissaire postérieure à 1816, par laquelle la coll. Spada fut mise sous tutelle en application de la loi Pacca, puis confiée à l'État italien; acquis par l'État en 1926, en même temps que la coll. et le palais qui l'abrite; aucune certitude quant aux conditions d'entrée dans la coll. Spada, malgré la publication récente (Cannatà et Vicini, s.d. [1992]) d'une grande quantité de documents d'archives sur l'activité de collectionneurs des Spada.
EXPOSITION
Venise, 1955, n° 76.
BIBLIOGRAPHIE
Vasi, 1792, p. 574; Barbier de Montault, 1870, p. 445; *Beiblatt zur Zeitschrift für bildende Kunst*, 7 juillet 1871, n° 18; G. Frizzoni, 1871, p. 242; Cantalamessa, 1894, p. 84; Hadeln, 1911 (*Tizians Bildnis..*), p. 72; Fiocco, 1914, p. 383; Hetzer, 1920, pp. 121-122; Hermanin, 1925, n° 194; Porcella, 1931, pp. 35, 233; Hermanin, 1931, p. XLI; Spahn, 1932, p. 162; Hermanin, 1933, pp. 147-153; Suida, 1933, pp. 33, 153; Mayer, 1937(2), p. 306; Morassi, 1942, pp. 132-133, 180; Santangelo, 1946, p. 11; Hermanin, 1948, p. 221; Pallucchini, 1953, I, p. 102; Zeri, 1954, pp. 144-145, n° 194; Pallucchini, 1955 (*Guida*), p. 15; Zampetti, 1955(2), p. 168, n° 76; Baldass, 1957, p. 138 note 64, p. 152; Pallucchini, 1958, pp. 64, 66; Valcanover, 1960, I, pp. 27, 58; Morassi, 1964, p. 18 et pl. 7; Morassi, 1966, col. 20; Ballarin, 1968, p. 38; Pallucchini, 1969, pp. 11, 250; Valcanover, 1969, p. 100, n° 89; Dussler, 1970, p. 550; Wethey, 1971, p. 188; Paolucci, 1990, p. 106; Cannatà et Vicini, s.d. [1992], p. 206.

Bien qu'attribué tantôt à Giorgione et tantôt à Titien, le *Musicien* de la Galleria Spada n'a pas connu la même fortune critique que les portraits Altman et Goldman (cat. 41), l'*Arioste* ou le *Chevalier de Malte*. A quelques exceptions près, il est en effet absent de la littérature la plus importante sur Giorgione et Titien, du moins jusqu'au second après-guerre. Peut-être identifiable avec le «Portrait aux gants» de Titien, mentionné dans l'*Itinéraire instructif de Rome* de Vasi (1792) et avec le «*Portrait d'un joueur de violoncelle* de Van Dyck» dans la liste fidéicommissaire (après 1816), le tableau est encore mentionné comme un Titien dans le *Guide aux Musées romains* de Barbier de Montault (1870). Il existe donc une tradition favorable à l'attribution à Titien, qui est soumise à un examen attentif par Frizzoni (1871), dans une réponse provoquée par la nouvelle, diffusée par les *Zeitschrift für Bildende Kunst* selon laquelle Eisenmann, au cours de son travail de compilation d'un catalogue des treize galeries de Rome visibles à l'époque, avait retrouvé à la Galleria Spada un portrait de Dürer peint par Titien. Frizzoni demande qu'on publie au moins une photo, car il ne croit pas que l'œuvre puisse être identifiée avec le tableau examiné ici « admirable pour la vivacité de l'expression et la splendide harmonie des couleurs », pour lequel cependant l'attribution à Titien ne peut être jugée « absolument erronée... si l'on tient compte des qualités éminemment picturales qui rappellent l'impulsion reçue de cet esprit innovateur dans l'art de la couleur que fut Giorgione da Castelfranco ». L'historien ajoute que l'œuvre, abîmée par une récente restauration, et « privée des glacis d'origine qui distinguent tant les peintres primitifs de Vénétie » est réduite à « une splendide ruine ». La belle description de Cavalcaselle et Crowe (1878) succède au jugement admiratif mais prudent de Frizzoni. Captivés eux aussi par « l'œil très animé » et par « la couleur aux teintes vives et fortes », ainsi que par les « justes proportions », ils sont les premiers à s'apercevoir qu'il s'agit d'une œuvre inachevée, mais au moment de conclure, ils n'osent pas prononcer le nom de Titien : « Bien qu'on trouve dans cette œuvre beaucoup d'habileté et de virtuosité, ainsi qu'une technique énergique et audacieuse, il nous semble cependant que ce n'est pas une œuvre originale du célèbre Maître, mais que ce pourrait être en revanche un travail de son fils Orazio qui, selon Vasari, au moment de son voyage à Rome en compagnie de son père, eut justement à peindre le portrait de "Messer Battista Ceciliano, excellent joueur de *violone;* ce fut une excellente œuvre" ». Ces débuts incertains du débat critique, ainsi que le problème de l'état du tableau — inachevé ou mal conservé — ont certainement, d'une manière ou d'une autre, déterminé en partie le silence sur l'œuvre des nombreuses monographies consacrées à Titien. Seul Hadeln y fait une brève allusion, à propos du portrait de Laura Dianti (cat. **56**), pour corriger en faveur du jeune Titien l'attribution de Cavalcaselle, tandis que Fiocco, à l'occasion de l'exposition du Burlington Fine Arts Club de 1914, le rapproche, en l'attribuant à Palma Vecchio, du *Portrait d'homme* (collection Benson, puis collection du maréchal Tito), et de l'*Arioste* (National Gallery de Londres). Hetzer (1920), à cause de son attitude négative face au problème des portraits exécutés par le jeune Titien, est assurément l'historien le moins enclin à comprendre les raisons d'une éventuelle attribution à ce peintre. Il pense cependant qu'une telle attribution a plus de sens que celle de l'*Arioste* ou du *Portrait du médecin Parma* de Vienne et met en évidence des élé-

ments titianesques, comme la main gantée, mais son jugement final est, comme on pouvait s'y attendre, défavorable, plutôt réducteur, et indifférent à la noblesse de la pose, soulignée par Cavalcaselle : « On regrette avant tout l'absence du volume et du poids caractéristiques de Titien. Le corps n'est pas, comme dans beaucoup des toutes premières œuvres, telle une masse jetée sur la surface du tableau. Il n'est pas non plus, comme dans les œuvres de la maturité, étiré sur le cadre. Il est si léger qu'on a l'impression de pouvoir l'effacer d'un coup d'éponge. » L'attribution à Giorgione par Hermanin (1933; dans les brèves communications de 1925 et 1931, l'historien avait accepté la paternité de Titien) est très inattendue, aussi bien par référence à ce qui précède, que par rapport à l'histoire des études sur Giorgione, qui, précisément à cette époque, tendaient à délimiter avec plus de certitude les frontières entre le catalogue de Giorgione et celui de Titien. Toutefois, bien qu'inacceptable, elle a au moins le mérite de souligner, ce que jusqu'alors on avait oublié de faire, l'influence de Giorgione sur l'*invenzione* et sa qualité : « Le front haut, le regard vif, le visage nerveux et qui cherche presque à retrouver sur le visage des auditeurs l'impression faite par une musique dont les derniers accords se sont tout juste achevés, toute l'agilité de la figure svelte nous font sentir que nous sommes en face d'un chef-d'œuvre. » La même année, Porcella essaie de relancer le nom d'Orazio Vecellio, mais avec des contradictions mises en lumières par Pallucchini (1953) et Zeri (1954), tandis que Suida (1933) l'insère dans le catalogue des portraits exécutés par Titien dans la deuxième décennie du siècle, entre 1515 et 1517, à côté du *Portrait de jeune homme* (qu'il connaît seulement par une gravure et dont l'original fut retrouvé par la suite dans une collection privée par Pallucchini et Morassi), du *Portrait de jeune homme* Halifax (cat. **52**) et des portraits du *Jeune Homme à la fourrure* de la Frick Collection et du *Jeune Homme au béret rouge* de Francfort. Il est ainsi le premier à établir une chronologie souvent reprise par la suite. A partir de là, les auteurs sont presque tous d'accord pour attribuer le tableau à Titien. Il en est ainsi de Mayer (1937), de Morassi, à plusieurs occasions à partir de sa monographie sur Giorgione de 1941 (1964 et 1966), de Pallucchini (1953, 1955, 1958, 1968), de Zeri (1954), qui fait état d'une opinion favorable de Longhi remontant à 1949. L'œuvre est présentée comme de Titien à la grande exposition vénitienne consacrée à Giorgione en 1955. Baldass (1957), Valcanover (1960), Ballarin (1968) et plus récemment Paolucci (1990) l'attribuent eux aussi à Titien. Désormais accepté par la tradition critique italienne, le portrait ne semble pas remporter beaucoup de succès en dehors d'elle : peu ou pas mentionnée, son attribution à Titien est très douteuse pour Dussler, et refusée par Wethey, qui porte un jugement très sévère sur sa qualité : « Ce tableau extrêmement médiocre, très mal conservé, ne mérite pas d'être donné à Titien. »

Les hypothèses de datation sont très diverses. Morassi avait d'abord proposé les années 1520-1525, puis (en 1964) 1515-1518 environ; Zeri le situe entre 1515 et 1520, tandis que Zampetti est favorable à une datation antérieure, entre 1510 et 1515. Dans sa chronologie des portraits peints par Titien pendant les années 1515-1520, Pallucchini le situe en 1516, après l'expérience du *Chevalier de Malte* des Uffizi, dont il juge le schéma encore giorgionesque, et en même temps que les *Portraits* Halifax et Frick — en 1969 il y ajoutera le *Jeune Homme au chapeau à plumes* de Petworth House; il donne à ce groupe de tableaux une grande importance dans la recherche d'un rapport nouveau et plus monumental entre les figures et ce qui les entoure, en parallèle avec l'expérience des demi-figures féminines. Le problème est ici « audacieusement résolu », grâce à la torsion inattendue du personnage, dont la pose « est calculée de telle sorte qu'entre la tête et la main se forme comme un grand arc qui imprime à la figure un rythme particulièrement grandiose, innervé dans l'espace : de cette situation thématique jaillit ainsi comme un brusque sentiment de vie, décrit et exprimé par la lumière. »

L'attribution à Titien de cet impressionnant portrait doit tenir compte de son caractère inachevé, déjà indiqué par Cavalcaselle et clairement réaffirmé par Zeri, qui rend compte d'une restauration remontant au début des années 1930; la critique a en effet souvent commis l'erreur de prendre l'inachèvement du tableau pour un mauvais état de conservation. La restauration de 1980 a non seulement débarrassé le tableau de repeints grossiers mais aussi révélé le caractère apocryphe des lettres C A qu'on lisait autrefois sur le parapet et qui étaient interprétées à tort comme la traduction latine du nom de Battista Ceciliano, le joueur de *violone* cité par Vasari comme le modèle du portrait d'Orazio Vecellio. Il semble qu'à leur place on ne puisse plus rien lire, même s'il n'est pas exclu qu'elles aient repris ou intégré une inscription plus ancienne.

La beauté et la singularité de l'œuvre sont liées à l'expressivité intense, tourmentée et romantique, du visage qui émerge dans la lumière, encadré par la barbe et la longue chevelure, légèrement ondulée et défaite sur les épaules. Elles tiennent aussi à la position du personnage, qui, bien que retraduite dans la dilatation vitale des plans de couleur, habituelle chez Titien depuis l'expérience des fresques de Padoue, est reliée sans équivoque au thème du portrait de dos. Tout cela nous conduit au cœur de certaines expériences du portrait chez Giorgione. Je fais ici allusion au *Portrait de jeune homme à la fourrure* de l'Alte Pinakothek de Munich, qui a donné lieu à de nombreuses discussions, et qui « tourne le dos » au spectateur — c'est d'ailleurs ainsi qu'est décrit un portrait dont on ignore l'auteur dans l'inventaire des biens du cardinal Bernardino Spada (1661) récemment publié (Cannatà et Vicini, s.d. [1992], p. 63) — et porte de longs cheveux. Je pense aussi, d'un autre point de vue, à certaines demi-figures réalisées par Giorgione sous l'influence de la présence de Dürer à Venise, et plus précisément celles du *Concert* (cat. **29**), dont la symbolique musicale, dans une perspective néoplatonicienne, nous conduit encore plus près du tableau examiné ici. Mais il existe une autre œuvre de Giorgione, perdue, qui a certainement été déterminante, ce *Portrait d'homme en Orphée*, intense et tourmenté, au clair de lune, qui a fait partie de la collection de Léopold-Guillaume, et qu'on connaît grâce à la gravure du *Theatrum Pictorium* et à la copie de Téniers (collection Suida). Il est clair que c'est une certaine interprétation de l'histoire du maître de Castelfranco, liée aux études de Ballarin (1978, 1979) et à laquelle cette exposition accorde beaucoup de place, qui nous permet de comprendre pleinement la vitalité de l'héritage de Giorgione dans ce portrait, essentielle à la réflexion sur sa place dans l'histoire du jeune Titien. Des créations telles que ce musicien, animées par une charge sentimentale aussi forte et réaliste, sont de moins en moins fréquentes dans l'histoire de Titien à partir des années où est peint *L'Amour sacré et l'Amour profane*. Cela nous conduit à rechercher les compagnons de route de ce portrait dans la période qui précède de peu le tableau de la Galleria Borghese, période caractérisée, à l'intérieur de l'histoire du peintre telle que reconstruite par Ballarin (1990-91, pp. 35-40), par une plus grande mobilité des expériences, pas encore complètement mises en ordre dans l'apogée du classicisme chromatique. Les précédents du portrait se retrouvent en effet dans des créations telles que le jeune homme des *Trois Ages* d'Édimbourg et un rapprochement très précis est offert par le saint Oulph de la *Sainte Conversation* du Prado, autre personnage fortement inspiré de Giorgione, et que sa puissante caractérisation conduit à interpréter comme le portrait du commanditaire. Le dynamisme de la position « de dos » remonte à une date plus ancienne; il est complémentaire de la caractérisation psychologique du musicien et résolu dans cette ample mais momentanée dilatation du personnage au premier plan, à travers la manche, le bouffant de la chemise et la main gantée, qui s'estompe ensuite dans la pénombre de l'arrière-plan, avec le geste du bras qui tient l'instrument. Ce geste, naturel et désinvolte seulement en apparence, mais en réalité très étudié, fait penser à des œuvres comme le *Tarquin et Lucrèce* et la *Femme en noir* du Kunsthistorisches Museum de Vienne, caractérisées par une composition tout aussi libre et audacieuse. Parlons pour finir de la mode : les cheveux défaits et d'une longueur telle qu'ils touchent les épaules, ainsi que la barbe touffue, sont représentatifs d'une mode très répandue dans la première décennie du Cinquecento, mais qu'on ne retrouve pas tellement au-delà, puisque par la suite (comme on peut facilement le constater grâce à un examen des portraits peints par Titien à partir, à peu près, de 1515, si ce n'est avant) prévaudront des coiffures plus courtes et plus soignées. On serait donc tenté de proposer

pour le *Musicien* Spada une datation antérieure à celle habituellement proposée : un peu avant des portraits tels que le *Jeune Homme* Halifax, enfermé dans la richesse des zones de couleur, et le *Jeune Homme au chapeau à plumes* de Petworth House. L'hypothèse doit cependant être avancée avec prudence, et tenir compte de l'inachèvement du tableau (ce qui n'est pas exceptionnel dans l'histoire de Titien, si l'on admet la paternité du *Jeune Homme au chapeau* de Vienne) ainsi que de l'aspect monumental de la figure, en relation avec le fond gris, saturé d'ombre, que la récente restauration a permis de retrouver.

V.R.

page 67

52

Tiziano Vecellio, dit Titien
Pieve di Cadore, vers 1488/1490 - Venise, 1576

Portrait de jeune homme
Toile. H. 1,003; L. 0,838
YORK, GARROWBY HALL,
THE HALIFAX COLLECTION

HISTORIQUE
Connu pour la première fois par la copie qu'en fit John Downman dans son carnet d'esquisses (auj. à Bowood), faite à Temple Newsam vers 1780; selon Russel (1985, p. 325), acheté par Henry, 7th Viscount of Irwing (1691-1766); Frances, veuve du 9th Viscount of Irwing le laisse en héritage à sa fille, Elizabeth, épouse de Hugo Meynell, dans l'inventaire duquel il figure (1808, n° 76); par héritage à son petit-fils Hugo Francis Meynell Ingram, jusqu'à sa mort en 1871; par héritage, à sa femme Emily Charlotte, fille du Ier Viscount of Halifax; dans la famille Halifax depuis cette date (Russel, 1985, p. 325).
EXPOSITIONS
Londres, 1909-10, n° 84; Londres, 1914, n° 14; Londres, 1937-38, n° 37; Leeds, 1948, Londres, 1950-51, n° 213; Manchester, 1957, n° 62; Londres, 1960, n° 68; Londres, 1976 (sans cat.); Washington, 1985-86, n° 248.
BIBLIOGRAPHIE
Waagen, 1854, III, p. 334; Cook, 1900, pp. 86-87, 130-131; Gronau, 1908, p. 514; Justi, 1908, I, pp. 138-139, 174-175, II, n° 25; Holmes, 1909, p. 73; Fry, 1910, p. 36; Ricketts, 1910, pp. 45-46; Venturi, 1913, p. 175; *Venetian Pictures...*, 1915, p. 38, n° 15; Hetzer, 1920, p. 127; Fischel, 1924, p. 281; Justi, 1926, II, pp. 331-332; Debrunner, 1928, pp. 116-127; Berenson, 1932, p. 571; Suida, 1933, pp. 33, 161; Berenson, 1936, p. 491; Tietze, 1936, I, pp. 124-125, II, p. 293; Pallucchini, 1937, p. 332; Phillips, 1937,

pp. 82-83; Richter, 1937, pp. 238-239; Tietze, 1950, p. 376; Pallucchini, 1953, I, pp. 101-102; *Art Treasures*, 1957, n° 62; Berenson, 1957, p. 186; Pallucchini, 1957(2), p. 257; Pallucchini, 1958, pp. 64, 66; Valcanover, 1960, I, pp. 20, 55; *Italian Art...*, 1960, p. 39, n° 68; Morassi, 1964, p. 18; Morassi, 1966, col. 19; Pope-Hennessy, 1966, pp. 137-138; Mariacher, 1968, p. 101; Morassi, 1969, p. 34; Pallucchini, 1969, pp. 41, 251; Valcanover, 1969, pp. 97-98, n° 64; Freedberg, 1971, pp. 97-98; Wethey, 1971, pp. 14, 149 n° 115; Wethey, 1975, p. 269; Gould, 1976, p. 6; Smith, 1976, p. 259; Pallucchini, 1977, p. 28 Russell, 1985, p. 325, n° 248; Paolucci, 1990, p. 106; Valcanover, 1990, pp. 10, 164.

Lorsqu'il signala le tableau dans la collection Ingram, à Temple Newsam, Waagen (1854) y reconnut le réformateur Martin Bucer — identification abandonnée par la suite — et le donna sans hésitation à Titien, en le situant dans ses œuvres de jeunesse, près du *Christ au denier* de Dresde. Ignorant cette première prise de position, Cook (1900), à partir d'une mauvaise reproduction publiée sous le nom de Titien dans le numéro d'avril 1893 du *Magazine of Art*, ne fut pas moins péremptoire en faveur de Giorgione : « Son caractère giorgionesque saute aux yeux... L'intensité de l'expression, l'accent dramatique, le regard lointain, empreint de mélancolie nous rappellent d'emblée le portrait de Budapest... Le modelé du visage évoque irrésistiblement la figure centrale du *Concert* du Palazzo Pitti. Le rebord de pierre au premier plan, la chevelure ondoyante, le crâne développé sont autant de traits qui manifestent à l'évidence l'esprit de Giorgione; nul autre n'aurait pu créer une telle richesse dans le contraste des couleurs, de tels effets de lumière et d'ombre. C'est vraiment Giorgione, le grand maître, le magicien qui nous envoûte et nous fascine tous. » Dans la foulée, Cook attribuait au peintre le portrait dit du *Médecin Parma* de Vienne, en se basant sur les hésitations de Cavalcaselle et Crowe, qui ne pouvaient se résoudre à y reconnaître Titien et sur celles de Wickhoff (1893, p. 135). Ce dernier le tenait pour « incontestablement de la même main que les « Concerts » du Palazzo Pitti et du Louvre, qui portent tous les deux le nom de Giorgione »; Cook observait que si les « Concerts » étaient de Titien, comme le suggérait Morelli, le *Parma* lui revenait aussi, mais il préférait donner les trois œuvres à Campagnola. Ainsi, au début de notre siècle, le portrait de Temple Newsam, tellement sensible et intuitif, prenait place parmi les œuvres les plus discutées de la relation Giorgione-Titien, comme le confirmaient Gronau et Justi en 1908. Le premier juge le tableau « caractéristique de ce que va devenir l'art du portrait dans la période qui suit Giorgione ». Il y perçoit d'étonnantes affinités avec celui de Vienne et avec l'*Écrivain* d'Hampton Court, qui figurait déjà sous le nom de Titien, vers 1511, dans sa mongraphie (1900). Quant à Justi, si son attribution à Giorgione n'est pas surprenante, sa proposition de placer l'œuvre dans une phase encore quattrocentesque de la carrière du peintre — à laquelle appartiendrait aussi le *Jeune Homme* de Berlin (cat. **16**) — permet de mesurer la complexité de la question posée par sa datation. L'exposition du portrait à la Grafton Gallery en 1909 aurait pu permettre de résoudre le problème de son auteur : le nom de Giorgione sous lequel il figurait, était contesté en faveur de Titien dans les comptes rendus de Fry (1910) et de Holmes (1909). Celui-ci concluait : « Une certaine densité de la matière, la science réfléchie que trahit le modelé de la tête et l'exécution du vêtement désignent indubitablement le jeune maître. » Pour les mêmes raisons, le critique inclinait à lui accorder aussi la paternité d'un autre chef-d'œuvre présent à l'exposition, le *Jeune Homme à la fourrure et au béret rouge* de la collection Lane (aujourd'hui Frick). L'un et l'autre étaient assignés aux années suivant les fresques de Padoue – 1511 –, dans la monographie de Ricketts (1910), qui y trouvait quelque chose de la ferveur et du mystère du *Concert* Pitti (cat. **45**), donné lui aussi à Titien. Lors de la grande exposition consacrée à Titien et à ses contemporains par le Burlington Fine Art Club en 1914, l'auteur du catalogue, probablement Benson, pouvait affirmer que l'attribution de notre portrait au maître prévalait désormais; le nom de Giorgione semblait en effet perdre du terrain, mais celui de son émule avait du mal à s'imposer. Ainsi, alors que Justi (1926) paraissait moins affirmatif dans son attribution au peintre de Castelfranco, et qu'un autre « giorgionesque » inconditionnel, Richter (1937), penchait pour un disciple, peut-être Palma, selon une hypothèse formulée entre-temps par Venturi (1913), Hetzer (1920), puis Fischel (1924) excluaient Titien, en soulevant des objections assez incompréhensibles sur la qualité du tableau, et Debrunner (1921) proposait le nom de Lotto. Il fallut attendre l'arbitrage de Berenson (1932), Suida (1934) et Tietze (1936) pour que le débat soit tranché en faveur de Titien; parallèlement, alors que s'estompaient les raisons des hésitations antérieures en faveur de Giorgione, on tendait vers une date plus tardive dans la seconde décennie. Observant la couleur et la richesse des costumes, les larges manches, les cols de fourrure apparus vers 1515 et un peu plus tard, Suida regroupait près de notre portrait le *Jeune Homme* autrefois dans la collection Lane (Frick Collection), le *Musicien* (cat. **51**) de la Galleria Spada, autre tableau d'attribution fluctuante – et le *Jeune Homme au béret rouge* de Francfort – dont le revers porte une inscription avec la date de 1516 – les quatre toiles se situaient avant que n'intervienne la sobriété chromatique des portraits de Munich et du Louvre. Cette chronologie fut ensuite adoptée par l'ensemble de la critique, avec des nuances diverses pour le tableau étudié ici, placé soit avant l'*Assomption* des Frari (Pallucchini, 1953 et 1969 : vers 1516; Valcanover, 1960 et 1969 : vers 1515; Pope-Hennessy, 1966 : vers 1514; Wethey, 1971 : vers 1512-1513) soit au même moment (Freedberg, 1971 : 1516-1518). Seul, Morassi soutint une date précoce, liée à l'expérience de Padoue. Préconisant une

lecture plus attentive à l'esprit de Giorgione, le critique – de façon un peu romanesque, avouait-il lui-même –, était tenté de reconnaître les traits du maître qui venait de mourir, dans la noble et intense physionomie des jeunes modèles sur les toiles Halifax, de la Frick Collection et de Petworth House (le *Gentilhomme au chapeau à plume*, dont il avait à juste titre soutenu l'attribution à Titien).

La puissante valeur de « portrait » qu'offre les fresques de la Scuola del Santo à Padoue – en particulier le *Miracle du nouveau-né* ou le *Saint Antoine guérissant un jeune homme*, invite à définir avec précision cet aspect de l'activité de Titien vers 1511; elle comprend, outre l'*Arioste* et la *Schiavona* de la National Gallery de Londres, des œuvres plus discutées comme le *Gentilhomme* revêche de Copenhague. Sur cette peinture, au-delà d'une typologie qui suggère à Wilde (1974, pp. 213-216) d'y reconnaître un des confrères de la *Scuola* padouane, la pose du modèle répète la rotation soudaine de la tête du musicien dans le *Concert* Pitti (cat. **45**) et de saint Antoine dans le *Miracle du nouveau-né* auquel renvoie aussi le paysage à gauche, au-delà du mur. Selon Wilde il faudrait rattacher à cette même période un autre portrait enlevé à Giorgione et que la critique récente a souvent rapproché du *Jeune Homme* Halifax, vers 1515 : le *Chevalier de Malte* des Uffizi. Toutefois la comparaison de cette toile avec le musicien et le page du *Concert* Pitti, ou avec le saint Roch et le saint Sébastien du retable de *Saint Marc*, aujourd'hui à la Salute, justifie une anticipation dans le temps par rapport à notre portrait, qui inaugure une phase évidemment plus évoluée, mais difficile à cerner. Cette manière de saisir la figure dans un espace dilaté, en l'individualisant par le déploiement des larges plans de couleur qui en traduisent la vitalité et l'énergie, est devenue moins ostentatoire, moins agressive, et fait place à un idéal d'élégance plus recherchée, plus intériorisée. Le personnage émerge de la pénombre d'une niche délimitée à gauche par un pilastre orné d'un cartouche d'où monte un rinceau encadrant un masque. Vu de trois quarts, le jeune homme pose la main gauche tenant un gant sur une allège de pierre, qui laisse voir la figure à mi-corps, tandis que la main droite saisit un chapeau. Le buste légèrement redressé s'anime d'une énergie presque insemble, mais exprimée dans l'extraordinaire concentration du visage décharné, éclairé par la lumière qui souligne les pommettes saillantes, les lèvres serrées, la mâchoire à peine contractée par la réflexion, et le regard tourné vers un sondable lointain. La tension réaliste et l'ébauche de mouvement ne sont pas évidents comme dans les œuvres précédentes, mais paraissent disciplinées par la recherche d'un comportement maîtrisé et prennent un sens nouveau par une certaine résonnance spirituelle. Ce faisant, Titien médite une fois encore la leçon de Giorgione, en ajoutant à la dimension physique et vitale qu'il avait atteinte dans ses portraits de 1511, la subtilité et la profondeur psychologique des modèles du

maître – d'où le rapprochement proposé par Cook avec le *Brocardo* de Budapest (cat. **25**); mais il y introduit aussi la distinction, l'élégance de certaines mises en page comme celle du *Portrait de Francesco Maria della Rovere* de Vienne, (cat. **18**) par un sentiment de l'espace et de forme désormais pleinement classique et « renaissant ». Comment ne pas voir, en marge de la luminosité qui baigne le visage, très éloignée de Giorgione, un hommage au maître que le peintre s'apprête désormais à dépasser ? Dans la subtilité avec laquelle il éclaire les cheveux chatains en les tirant de la pénombre, et fait ressortir en transparence le rose de l'oreille. La riche texture chromatique et lumineuse des vêtements, où le rouge de la manche, après le repos du noir aux reflets bleutés réapparaît contre le blanc de la chemise et où la brillance du pourpoint alterne avec la douceur feutrée du manteau, atteint à la hauteur de la *Sainte Conversation* Magnani (cat. **47**) ou de *L'Amour sacré et l'Amour profane* de la Galleria Borghese. Comme son équivalent de Petworth House, le portrait semble donc précéder un peu la date de 1516 portée au dos du portrait de *Jeune homme* de Francfort, qui devait être aussi celle du *Gentilhomme* Frick, où la délicatesse et la fluidité nouvelles de la matière annoncent les œuvres de la seconde moitié de la décennie.

V.R.

page 68

53

Tiziano Vecellio, dit Titien
Pieve di Cadore, vers 1488/1490 - Venise, 1576

Portrait de jeune homme
Toile sur bois. H. 0,893; L. 0,743. Au dos, en bas à droite, un cachet non identifié.

MUNICH, BAYERISCHE

STAATSGEMALDESAMMLUNGEN,

ALTE PINAKOTHEK

HISTORIQUE
Galerie du Prince-Électeur de Düsseldorf (n° 314 du catalogue de 1719); à Munich, Hofgartengalerie à partir de 1806; à l'Alte Pinakothek depuis 1836.
EXPOSITIONS
Londres, 1949, n° 119; Berne, 1949-50, n° 67.
BIBLIOGRAPHIE
Forster, 1868; I, p. 77; Crowe et Cavalcaselle, 1876-77; II, pp. 433-434; Morelli, 1891, II, p. 78 (éd. anglaise, 1893, p. 59); Berenson, 1894, p. 143; Reber,

1895, p. 224 (n° 1111); Phillips, 1898, pp. 63-64 note 1; Gronau, 1900 (éd. anglaise, 1904), pp. 43, 287, 292; Fischel, 1904, p. 45; Fischel, 1906, p. 36; Ricketts, 1910, pp. 46, 180; Venturi, 1913, p. 150; Hetzer, 1920, pp. 66, 68 note 1; Heinemann, 1928, p. 59; Venturi, 1928, p. 215; Berenson, 1932, p. 573; Suida, 1933, pp. 33-34, 153; Berenson, 1936, p. 492; Tietze, 1936, I, pp. 124-125, II, p. 335; Hetzer, 1940, pp. 162-163; Pallucchini, 1944 (*Pittura*), I, p. XXI; *Masterpieces from the Alte Pinakothek…*, 1949, p. 63, n° 119; Dell'Acqua, 1955, pp. 70, 114; Berenson, 1957, p. 188; Pallucchini, 1958, p. 68; Valcanover, 1960, I, pp. 27, 63; Morassi, 1964, p. 26; Morassi, 1966, col. 20; Valcanover, 1969, n° 93; Pallucchini, 1969, pp. 59, 258; Kultzen et Eikemeier, 1971, pp. 173-175; Wethey, 1971, pp. 16, 105-106, n° 45; Wilde, 1974, p. 216; Habert, 1990, p. 192; Habert, 1991, p. 120.

D'une exécution «très minutieuse et appliquée… (c'est) l'une de ces créations aristocratiques de Titien, dans l'esprit de Giorgione, que Van Dyck a tant aimé étudier». Cavalcaselle et Crowe (1876-77) assignaient ainsi un premier cadre chronologique à ce portrait; ils rejetaient du même coup la tradition remontant à l'époque où le tableau se trouvait dans la galerie du Prince-Électeur de Düsseldorf — et reprise par Forster — selon laquelle il représenterait l'Arétin. Peu après (1891), Morelli acceptait l'attribution en termes louangeurs et, tout en refusant l'identification avec l'Arétin, jugeait hasardeux d'y voir — comme le proposait le catalogue de la Pinacothèque (1888) — le même modèle que celui du *Chevalier de Malte* des Uffizi, donné à Giorgione. Après que Berenson (1894) l'eut inclus parmi les œuvres de jeunesse de Titien, Phillips (1898), sans se prononcer nettement sur la date, le rapprochait du portrait du *Médecin Parma*, de Vienne; il situait les deux œuvres dans une phase postérieure aux fresques de la Scuola del Santo à Padoue (1511), encore marquée par l'influence de Giorgione, et comprenant aussi le *Gentilhomme* de la National Gallery de Londres, un temps identifié à l'Arioste, le *Concert* du Palazzo Pitti (cat. **45**) — où il voyait le fragment d'un portrait de groupe —, et l'*Homme au gant* du Louvre (cat. **54**). L'intervention pertinente de Gronau (1900; éd. angl., 1904) vint mettre de l'ordre dans ce groupe hétérogène. Le critique soulignait la distance séparant une première période de stricte observance giorgionesque, antérieure à 1510 — comprenant le tableau du Palazzo Pitti, celui de Londres, et le *Portrait* dit de *La Schiavona*, également à la National Gallery — d'une seconde phase durant laquelle Titien acquiert une autonomie progressive vis-à-vis de son maître en peignant des portraits comme celui de Vienne (vers 1511), puis le portrait d'un *Écrivain* d'Hampton Court, l'*Homme au gant* (cat. **54**) et le *Portrait d'homme* de Paris (cat. **55**) (entre 1510 et 1520), enfin le *Jeune Homme* de la Galleria Palatina, identifié hypothétiquement avec Tomaso Mosti (et placé une dizaine d'années avant la date de 1526 inscrite au dos de la toile). Gronau rapproche ce dernier tableau de notre *Portrait de jeune homme* situé

de ce fait «à la fin de sa période giorgionesque, quand il élabore un style plus personnel». Avec un remarquable discernement, il définissait le nouveau langage créé par Titien, «l'extrême simplicité des vêtements, de la composition et des moyens mis en œuvre. Le manteau noir, parfois modulé de gris ou de gris-brun, tombe en plis épais autour des épaules et compte seulement comme une zone chromatique; il est dégrafé près du cou, laissant voir un morceau de chemise blanche qui fait transition pour l'œil entre les tonalités chaudes de la tête et les teintes sombres du vêtement. La silhouette se détache sur un fond neutre. La lumière éclaire le modèle, lui donne sa chaleur et relègue dans l'ombre, à peine modulée de lueurs, les parties de la figure qui lui échappent». Gronau formule enfin une autre observation non moins juste: sur ces portraits «les mains deviennent une caractéristique essentielle de la personnalité. Un bras repose sur la hanche, une main (la gauche) se tend vers le bord inférieur du tableau, au premier plan; elle saisit la garde de l'épée (Munich) ou se pose légère, d'un seul doigt sur la ceinture (Louvre)… Dans le plus fameux de ces portraits, le jeune et élégant *Homme au gant* du Louvre, les mains ont une forme d'expression singulière, peut-être excessive. Celle de droite, qui crée une tache de lumière calculée, ébauche un geste significatif dans la même direction que les yeux inquisiteurs du modèle; la main gauche tient le gant de cuir qu'il vient d'enlever et retombe dans un geste plein d'aisance sur le parapet où il est accoudé. Cette nouvelle chronologie des premiers portraits peints par Titien a été admise par Fischel (qui avait d'abord situé après 1520 le présent tableau, compte tenu de la date, 1526, figurant au dos du *Mosti*), Ricketts (1910), Venturi (1929) et Suida (1933): s'ils varient sur la position relative des portraits de la série, ceux du Louvre, de Vienne, de Munich et du Palazzo Pitti — ils les maintiennent avant 1520. C'est ensuite la chronologie proposée par Hetzer (1920) qui semble avoir prévalu: les deux peintures du Louvre et notre tableau trahissant une plus grande maturité, devraient se situer au plus tôt en 1520, ou même après. Pour celui de Munich, notamment, apparu d'abord à Pallucchini (1944) comme le plus évolué de la série, la critique se rallia à une date entre 1520 et 1522 (Tietze, 1936 et 1950: vers 1520; Pallucchini, 1953 et 1969: 1520-22; Valcanover, 1960: vers 1520; Wethey, 1971: 1520-22; Habert, 1990: vers 1520), généralement avant *Mosti*, l'*Homme au gant* et le *Portrait d'homme* du Louvre. Wilde est revenu à l'hypothèse d'une date antérieure, plaçant le *Jeune Homme à l'épée* à l'époque de l'*Assomption* des Frari, tandis que Morassi, enclin d'abord (1964) à le situer, avec le *Gentilhomme* du Louvre, près du *Federico Gonzaga* du Prado, en 1523 ou un peu après, a préféré par la suite (1966) le remonter à la deuxième décennie du siècle.

Représenté un peu plus qu'à mi-corps, de façon à montrer entièrement sa main, le personnage inconnu prend corps sur le fond chargé

d'ombre; la torsion du buste, amplifiée par l'arc des bras esquisse une rotation qui donne au modèle une attitude pleine d'aisance et de naturel. On comprend toute l'importance de cette inflexion si l'on sait que des repentirs apparaissent précisément dans les avant-bras, l'épaule droite et dans la poignée de l'épée. Le rythme curviligne monte de la main gauche, posée sur la garde de l'épée au premier plan, se poursuit dans la pénombre créée autour du bras, accompagne l'inclinaison de la tête sous la lumière, vers la gauche, où se dirige aussi le regard, et détermine une légère gravitation diagonale de la figure; puis le mouvement s'équilibre et s'achève dans le bras droit qui va rejoindre la hanche où s'appuie la main. Cette exploitation de l'espace dans l'architecture de la figure humaine présuppose, à coup sûr, un sens nouveau de la construction dynamique élaboré par Titien avec l'expérience de l'*Assomption* des Frari (1516-18) et qu'il transpose dans le domaine du portrait en accordant «le même degré d'expression au corps et au visage» (Pope-Hennessy, 1966, p. 143). On doit aussi souligner l'angle formé par la ligne du visage et celle de l'épaule droite, dont l'écart donne une impression de vitalité, de «présence» psychologique; le dialogue des mains agit de même: la gauche affleure dans la lumière au tout premier plan, à peine animée par son geste sur l'épée; la droite, gantée, fondue dans la pénombre et serrant le gant, est à peine éclairée par la fine corolle qui orne le poignet de la chemise. Après avoir peint les portraits inquiets et sensibles du *Jeune Homme* de la collection Halifax (cat. **52**) et du *Musicien* de la collection Spada (cat. **51**), Titien semble s'être préparé à cette évolution avec le *Médecin Parma*: on y voit bien comment l'espace est engendré par un processus de croissance de l'image qui «en concentrant la substance atmosphérique du fond… aboutit à l'affirmation d'une réalité vibrante, mais investie dans une durée soustraite aux dimensions temporelles de notre expérience» (Ballarin, 1968, p. 9); par là, l'œuvre annonce déjà une économie et un raffinement nouveau de l'expression chromatique. L'*Écrivain* de Hampton Court et l'*Homme au gant* d'Ajaccio (dépôt du Louvre) devraient se situer à un moment très proche du *Jeune Homme* de Munich, qui annonce, comme l'a indiqué Pallucchini (1969), le *Portrait d'homme* du Louvre (cat. **55**); il faut toutefois envisager un intervalle plus important que celui proposé par le critique: la touche de réserve dans l'expression et l'attitude qui le sépare de l'élégance plus mondaine, de la maîtrise, de la liberté dans la mise en page propres aux deux tableaux de Paris, suggère une date antérieure à 1520. C'est également ce que semble indiquer un détail du costume, la chemise fermée par une bordure plate, antérieure aux cols froncés que portent les modèles sur les deux portraits du Louvre et sur celui de *Mosti*.

V.R.

page 69

54

Tiziano Vecellio, dit Titien
Pieve di Cadore, vers 1488/1490 - Venise, 1576

Portrait de jeune homme
dit *L'Homme au gant*

Toile. H. 1,00; L. 0,89. Signé en bas à droite
sur le bloc de pierre : *TICIANVS.*

PARIS, MUSÉE DU LOUVRE,
DÉPARTEMENT DES PEINTURES

HISTORIQUE

Coll. Jabach (tableaux acquis aussi bien de la coll. de
Thomas Howard, comte d'Arundel, vendue à Utrecht
en 1662, ou de celle du peintre Van Dyck, vendue à
Londres après la mort de l'artiste en 1641, que de
celle de Charles Ier d'Angleterre); coll. Louis XIV,
acquis à la seconde vente Jabach en 1671 (Inv. Le
Brun, 1683, n° 248); transporté au Louvre en 1792.

EXPOSITIONS

Venise, 1935, n° 7; Paris, 1976, n° 4; Paris, 1978-79;
Los Angeles, 1979-80, n° 19; Venise, 1990(I), n° 17;
Tokyo, 1991, n° 56.

BIBLIOGRAPHIE

Lépicié, II, 1754, p. 37; Villot, I, 1864; p. 290,
n° 473; Crowe et Cavalcaselle, 1877, II, p. 421; Tauzia, 1888, I, p. 254, n° 454; Engerand, 1899, pp. 78-
79 (publie par erreur le texte de Le Brun n° 94, c'est-
à-dire Louvre Inv. 885 bis, *Portrait d'homme aux gants*,
en dépôt à Ajaccio, musée Fesch, depuis 1956); Gronau, 1900, pp. 43-44; Fischel, 1911, pp. XVII, 250,
265, 273, 280; Ricci, 1913, pp. 164-165, n° 1592;
Hourticq, 1919, pp. 48, 202, 206-214, 216, pp. 267-
268; Hautecœur, 1926, p. 136, n° 1592; Venturi,
1928, IX, 3, pp. 211-212, pp. 215, 278; Tietze, 1936,
I, pp. 125, 141, 162, II, p.306; Mayer, 1938, pp. 289-
290; Tietze, 1950, p.32; Hulftegger, 1955, p. 128;
Berenson, 1957, I, p. 190, n° 1592; Valcanover, 1960,
I, p. 63; Pallucchini, 1969, I, pp. 59-62, 122, 258-
259; Valcanover, 1969 (1970, p. 103, n° 114); Wethey,
II, 1971, pp. 12, 15-16, 105, 118, n° 64, III, 1975,
p. 266; Hope, 1980(2), pp. 64-68; Brejon de Lavergnée et Thiébaut, 1981, p. 247, Inv. 757; Brejon de
Lavergnée, 1987, pp.34, 58-59, 287-288, n° 248; Habert, 1991, p. 120.

Le tableau est réputé provenir de la collection
des Gonzague à Mantoue, mais le n° 324 de
l'inventaire de la vente, dressé en 1627 (Luzio,
1913), ne convient pas, car il mentionne une
figure de jeune homme nu : «... *un giovanetto
iniudo...* »; les indications données dans l'inventaire de la collection de Charles Ier d'Angleterre
de 1649-1651 (n° 235) et de la vente londonienne de cette collection en 1651 (n° 234) sont
également trop vagues pour être prises en
compte («*A man by Tytsian*» annoté «*Mantua
Piece*»).

Le Brun, dans son inventaire de la collection
des tableaux de Louis XIV rédigé en 1683 (Brejon, 1987), émet un avis restrictif sur l'attribution du tableau, puisqu'il classe l'œuvre sous
la mention «manière de Titien», répétée en
1695 dans l'inventaire de Paillet. Le Brun note
en outre les mêmes dimensions pour l'*Homme
au gant* et le *Portrait d'homme, la main à la
ceinture* (Louvre; cat. 55) : 3 pieds 9 pouces sur
3 pieds (soit H. 1,21; L. 0,97), et catalogue les
deux toiles l'une après l'autre; elles semblent
ainsi avoir la même origine, suivre des fortunes
matérielles parallèles et être considérées comme
des pendants : leurs dimensions originales sont
également identiques, les deux peintures ayant
été agrandies avant 1683 dans les mêmes proportions. Les mesures indiquées par Le Brun
pour les deux tableaux correspondent à celles
constatées actuellement sur l'autre *Portrait
d'homme* du Louvre, mais les agrandissements
sont dissimulés par le cadre.

L'*Homme au gant* se trouve ensuite relégué
en 1696 au «magasin». Bien que l'inventaire
de Bailly établisse l'attribution correcte à partir
de 1709-1710, le doute initial exprimé à propos
d'un des plus beaux portraits de la Renaissance
et son exil au dépôt ou dans des lieux secondaires pendant une partie de l'Ancien Régime
demeurent inexpliqués. A la fin du XVIIIe siècle,
alors que le tableau se trouve à l'hôtel de la
Surintendance à Versailles, une note de Du
Rameau, ajoutée en 1788 sur l'inventaire de la
collection royale dressé par lui en 1784, porte
la mention : «Tableau mal rentoilé et à remettre
dans sa première forme qui est plus petite»;
l'œuvre a été rétablie dans ses dimensions d'origine, celles d'aujourd'hui, dans le premier tiers
du XIXe siècle.

Gronau (1900) place l'œuvre à juste titre dans
la période charnière entre 1510 (mort de Giorgione) et 1520, durant laquelle Titien passe du
giorgionisme de stricte obédience à un art plastiquement plus ferme de type classique, attei-
gnant dans ses portraits un équilibre entre élégance aisée et concentration intérieure, exprimé
par la vision plus frontale du modèle; cet auteur
situe le tableau vers 1516-1520, entre le *Portrait
d'un homme de la famille Mosti* (Florence, Palazzo Pitti) et l'autre *Portrait d'homme* du
Louvre (cat. 55). Hourticq (1919) recule la date
à 1527, pensant identifier le modèle à un gentilhomme génois, Girolamo Adorno, qui servit
comme ambassadeur extraordinaire de Charles
Quint à Venise en 1522-1523 : trois lettres,
l'une de Titien envoyée le 22 juin 1527 par
l'intermédiaire de l'Arétin à Frédéric II de Gonzague, marquis de Mantoue, et deux autres
adressées par ce prince le 8 juillet de la même
année respectivement au peintre et à l'écrivain
(publiées par Crowe et Cavalcaselle 1877, I,
p. 317-320, 443-444), indiquent que Titien a
bien offert alors au marquis un portrait
d'Adorno, en même temps qu'un autre de
l'Arétin (cat. 173).

Venturi (1928) rapproche judicieusement
l'œuvre de la version de la *Vierge à l'Enfant avec
saint Étienne, saint Maurice et saint Jérôme*
conservée au Louvre (cat. 50), où le romantisme de la position et du regard du jeune diacre
près de la Madone rappelle celui de l'*Homme
au gant*. Tietze (1936) resserre autour de 1520
la datation, pour laquelle Mayer (1938) avance
d'utiles arguments vestimentaires : le pourpoint
ouvert en pointe, depuis la gorge jusqu'à la
ceinture, sur la chemise blanche plissée à manchettes débordantes et à collerette ronde fron-
cée en corolle, d'où émerge la tête, et serrée par
un cordon coulissant autour du cou, apparaît
vers cette date; cet auteur propose de fixer par
conséquent l'exécution en 1523, parce qu'il
identifie l'*Homme au gant*, ou son compagnon
supposé (cat. 55), à un ambassadeur de la cour
de Mantoue auprès de la Sérénissime, Giambattista Malatesta, qui envoie en effet de Venise
en août de cette année à Frédéric de Gonzague
un portrait exécuté par Titien dont le marquis
lui accuse réception le 15 août, mais aucun des
deux correspondants ne révèlent l'identité du
modèle (voir Crowe et Cavalcaselle, 1877, I,
p. 282-283, 442). Wethey (1971) suggère enfin
une datation intermédiaire, vers 1520-1522, re-
marquant avec raison que la date de 1527 proposée par Hourticq (1919) est trop tardive
quant au style de l'œuvre, qu'Adorno mourut
en 1523 à l'âge de trente-trois ou quarante ans
(selon des témoignages contradictoires), alors
que l'*Homme au gant* ne paraît pas avoir plus
de dix-huit ou vingt ans, et que les lettres de
cette année-là reçues et envoyées par Frédéric de
Gonzague ne précisent pas, comme on pourrait
s'y attendre, que le modèle est Malatesta. Hope
(1980/2), suivi par A. Brejon (1987), retient lui
aussi la date de 1523, mais propose, sans preuve
véritable, d'identifier le personnage à Ferdinand de Gonzague (1507-1557), frère de Frédéric, qui part cette année-là pour un séjour à la
cour d'Espagne à l'âge de seize ans : la question
est de savoir si le modèle peut être aussi jeune.

Les arguments de datation stylistiques de
Venturi (1928), de Tietze (1936) et vestimentaires de Mayer (1938) portent à placer le tableau dans un ensemble serré de portraits exécutés par Titien autour de 1520. La séquence
de ces effigies, généralement caractérisées,
comme la plupart des figures des tableaux de
Titien de la décennie 1510-1520, par leurs «visages inclinés comme des fleurs trop lourdes»
(R. Huyghe), peut s'établir ainsi : un peu avant
1520, l'élégant *Portrait d'un homme de la famille
Mosti* (1519?, Florence, Palazzo Pitti), encore
dépendant de la leçon de Giorgione par la persistance du rebord, la posture du modèle, le
cadrage rapproché, mais présentant déjà la
moustache et la barbe en collier, attributs
masculins à la mode en Italie du Nord depuis 1515
environ, avec les gants retroussés et échancrés
auxquels Titien est le premier à conférer un
rôle symbolique, et montrant une ouverture aux
innovations des portraits de Raphaël par la pose
redressée et la sobre gamme colorée en harmonie avec le fond modulé par la lumière; suivi,

juste avant 1520, du *Portrait de jeune homme* (cat. **53**), représenté en assez gros plan, sans parapet, nettement détaché du fond sombre et vêtu d'un pourpoint s'entrouvrant déjà, comme chez l'*Homme au gant*, sur la chemise, dont l'encolure reste cependant large et basse à l'ancienne mode, son mouvement étant suggéré par des gestes plus étalés et par les mains, qui commencent à jouer un rôle expressif, et surtout par la position de la tête, qui se tourne en sens inverse du torse, procédé apparu autour de 1510 avec le personnage du joueur d'épinette placé au centre du *Concert* (Florence, Palazzo Pitti; cat. **45**); suivi, en 1520, par l'*Homme au gant* lui-même, vu d'un peu moins près et dans une position presque frontale permettant de développer la gestuelle en largeur; enfin, l'autre *Portrait d'homme* du Louvre (cat. **55**), exécuté peu après 1520, vu d'un peu plus loin encore, jusqu'aux cuisses, dans un espace plus large et plus creusé que celui où se meut l'*Homme au gant*, le rebord ayant définitivement disparu et l'énergie de la posture excluant les dernières traces du songe de Giorgione.

Dans ce groupe d'œuvres, Titien abandonne progressivement le mystère contemplatif des portraits du maître de Castelfranco pour privilégier la réalité naturelle et la psychologie du modèle par des moyens simples; il montre la figure dans un isolement austère contre un fond neutre, indistinct, généralement sombre et sans modulation de lumière, vêtue de vêtements sobres sur lesquels éclate le blanc du col et des manchettes de la chemise, de manière à mettre l'accent sur les détails les plus expressifs de la personnalité, c'est-à-dire les mains et la tête tournée de trois quarts pour donner au visage son relief, mises en évidence par une douce lumière du soir qui semble irradier de la chair translucide. L'insistance sur les mains placées au premier plan est une idée florentine issue de Léonard et de Raphaël, et développée dans un sens expressif par Pontormo. Pour l'*Homme au gant*, ces principes permettent d'opposer la finesse et la transparence presque féminines de la peau du visage, encadré de cheveux châtains mi-longs soigneusement coupés en frange sur le front, la lèvre et le menton s'ourlant d'un duvet naissant, à l'énergie virile de la main droite au « derme soulevé par les tendons et veiné de lignes bleues » (Hourticq, 1919). Pallucchini (1969) y ajoute le contraste des mains, un peu trop grandes par rapport au corps, l'une retenant avec inquiétude un pan de la cape, l'autre tenant un gant dans un semi-abandon. Ces oppositions permettent, dans une démarche typique de Titien, de caractériser à travers la personnalité complexe, enfantine et virile, aimable et énergique, d'un individu précis, l'homme à peine sorti de l'adolescence et prenant conscience de sa force. Quant au rang élevé du modèle, il est discrètement révélé à l'observateur comme l'effet d'une élégance involontaire : la chaîne d'or terminée par un médaillon décoré d'un saphir et d'une perle pendant sur la chemise, la chevalière sur l'index fièrement tendu de la main droite et surtout les

gants de cuir fin gris clair savamment échancrés et retroussés. Le doigt de la main dégantée, tendu dans la même direction que le regard, oriente la composition vers la droite et implique que ce tableau avait bien un pendant de ce côté: mais on attendrait, plutôt que le compagnon du Louvre, un portrait de fiancée ou d'épouse, surtout si l'on interprète le gant enlevé révélant la chevalière comme un symbole de la foi donnée. Tous ces indices rendent séduisante l'identification du modèle, proposée par Hope (1980/2), au jeune frère du marquis de Mantoue, Ferdinand de Gonzague, fondateur de la branche des comtes de Guastalla, mais il faut alors que le jeune homme n'ait que seize ans, que la toile provienne bien de Mantoue et que l'année 1523 ne soit pas une date trop tardive pour le style de l'œuvre.

L'*Homme au gant* constitue historiquement le portrait le plus important de la série fondamentale créée par Titien autour de 1520 et l'une des effigies les plus émouvantes de la peinture parce qu'il est le témoin privilégié d'une nouvelle conception de l'individu et d'une relation inédite, par son intensité, entre le peintre et son modèle : si le personnage témoigne de cette « mélancolie ardente » (Hourticq, 1919), qui fascine visiblement Titien, par son regard encore empreint de la nostalgie passionnée de l'homme du *Concert* Pitti (Fogolari, 1935), l'effacement du rebord derrière lequel la figure était confinée jusqu'à la taille se réduit ici à un bloc de pierre sur lequel il s'appuie (où Titien a gravé son nom en trompe-l'œil) et permet de montrer le sujet dans une proximité moins inquiétante et une pose plus naturelle favorisant une monumentalisation sans raideur. Cette attitude du modèle, debout ou assis le soir dans un lieu extérieur indécis, vêtu pour sortir et familièrement accoudé sur quelque chose, est nouvelle, inspirée peut-être, selon Hope (1981), du portrait en plein air d'*Angelo Doni* exécuté par Raphaël en 1506 (Florence, Palazzo Pitti), dont Titien modifie le sens par l'audacieuse nonchalance de la position et le subtil jeu des gants. Il s'agit cependant d'une pose que le peintre n'a pas répétée et dont la puissante postérité ne s'est affirmée qu'à la fin du XVIIIe siècle dans le portrait préromantique.

J. H.

page 70

55

Tiziano Vecellio, dit Titien
Pieve di Cadore, vers 1488/1490 - Venise, 1576

*Portrait de jeune homme,
la main à la ceinture*
Toile. H. 1,18; L. 0,96 (agrandi des quatre côtés, surface originale : H. 1,03; L. 0,90).
PARIS, MUSÉE DU LOUVRE,
DÉPARTEMENT DES PEINTURES

HISTORIQUE
Coll. Jabach, Paris (tableaux acquis aussi bien de la coll. de Thomas Howard, comte d'Arundel, vendue à Utrecht en 1662, ou de celle du peintre Van Dyck, vendue à Londres après la mort de celui-ci en 1641, que de celle de Charles Ier d'Angleterre); coll. Louis XIV, acheté à la seconde vente Jabach en 1671 (inv. Le Brun, 1683, n° 247)
EXPOSITION
Paris, 1976, n° 5.
BIBLIOGRAPHIE
Lépicié, II, 1754, p. 37, n° XX; Villot, 1864, I, p. 290, n° 472; Crowe et Cavalcaselle, 1877, II, p. 421; Both de Tauzia, 1883, p. 254, n° 453; Engerand, 1899, p. 79; Gronau, 1900, pp. 42-43; Fischel, 1911, pp. 265, 273, 280,; Seymour de Ricci, 1913, p. 164, n° 1591; Hourticq, 1919, pp. 207-211; Hautecœur, 1926, p. 135, n° 1591; Venturi, 1928, pp. 211-212; Suida, 1935, pp. 34, 161; Tietze, 1936, II, p. 306; Mayer, 1938, pp. 289-290; Hulftegger, 1955, pp.128; Berenson, 1957, I, p. 190; Valcanover, 1960, I, p. 66; Pallucchini, 1969, I, pp. 59-60, 62, 258, II, Valcanover, 1969 (1970, p. 101, n° 93; p. 103, n° 113); Wethey, 2, 1971, p. 105, n° 44; Hope, 1980 (2), p. 66; Brejon de Lavergnée et Thiébaut, 1981, p. 247, INV. 756; Brejon de Lavergnée, 1987, p. 286, n° 247; Habert, 1990-91, p. 190.

Le tableau est réputé provenir de la collection des Gonzague à Mantoue, mais les indications de portraits d'homme par Titien données dans cet inventaire, dans ceux de la collection de Charles Ier d'Angleterre de 1649-1651 et de la vente londonienne de cette collection en 1651 sont trop vagues pour être prises en compte.

Le Brun, dans son inventaire de la collection des tableaux de Louis XIV rédigé en 1683 (Brejon, 1987), cite l'œuvre comme peinte « à la manière de Titien » et indique des dimensions de 3 pieds 9 pouces sur 3 pieds (H. 1,21; L. 0,97), soit à peu près les mesures actuelles, alors que la surface de la toile originale (H. 1,03; L. 0,90) correspond à peu de choses près à celle de l'*Homme au gant* (cat. **54**); ce dernier tableau présentait autrefois les mêmes agrandissements que l'*Homme à la ceinture*, mais ils ont été enlevés dans le premier tiers du XIXᵉ siècle, alors que ceux de l'inconnu du Louvre sont conservés, actuellement dissimulés par le cadre. Les deux œuvres, traitées comme des pendants dès leur première mention certaine due à Le Brun, semblent avoir la même origine, mais n'ont pas eu la même fortune critique : l'attribution à Titien de l'*Homme à la ceinture* n'est affirmée une première fois qu'en 1715 dans l'*Inventaire des tableaux du Roy placés dans les appartemens de Monseigneur le Duc d'Antin en son hôtel à Paris*, mais elle est remise en cause par Lépicié en 1754. C'est Villot (1864) qui établit définitivement l'attribution, tout en mettant en doute une tradition probablement ancienne identifiant le personnage à l'Arétin, identité qu'il est le premier à mentionner; l'image a été utilisée au XIXᵉ siècle pour figurer l'écrivain, notamment par Ingres. Villot remarque que l'aspect connu de l'homme de lettres, en particulier par le portrait de Titien au Palazzo Pitti à Florence (vers 1545; cat. **173**), ne rappelle en rien le modèle. Crowe et Cavalcaselle (1877, p. 319-321) signalent de leur côté que deux portraits montrant l'Arétin jeune, une toile ruinée attribuée à Tintoret, mais peut-être de Titien (Padoue, collection du comte Sebastian Giustiniani), et une gravure de Raimondi d'après ce peintre, mais plutôt d'après Giulio Romano (cuivre à Berlin, Kupferstichkabinett), ne ressemblent pas à l'inconnu du Louvre.

Gronau (1900) place celui-ci dans la décennie 1510-20 et Fischel (1911) resserre la datation à 1520. Hourticq (1919) revient à une identification à l'Arétin, donnant corps à l'hypothèse d'une origine Gonzague du tableau et datant l'œuvre de 1527 parce que Titien écrit, dans une lettre du 22 juin de la même année adressée à Frédéric II, marquis de Mantoue, qu'il fait parvenir le portrait de l'homme de lettres, en même temps que celui d'Adorno, en cadeau au prince; celui-ci en accuse réception le 8 juillet suivant (voir cat. **54**); l'Arétin, dans une lettre à Federico Gonzaga du 6 août 1527, mentionne également le portrait envoyé par Titien. Hourticq signale en outre qu'une image de l'Arétin gravée par Pierre de Jode peut avoir été inspirée du tableau du Louvre, ce qui montrerait l'ancienneté de la tradition.

Venturi (1928) ne mentionne pas cette thèse et place l'œuvre en dernier dans la série des effigies de 1520 regroupées autour de l'*Homme au gant;* il rapproche aussi le tableau de la *Vierge à l'Enfant avec saint Oulph et sainte Brigitte* de Titien (vers 1516, Madrid, Prado), probablement par analogie avec la figure du saint. Mayer (1938) accepte l'origine Gonzague, mais propose d'identifier, sans raison valable, le personnage, ou son compagnon supposé l'*Homme au gant,* à un chargé d'affaires du marquis de Mantoue à Venise, Giambattista Malatesta, et date le tableau de 1523. Pallucchini (1969) retient la même datation sans se prononcer sur l'identification et situe le tableau après le *Portrait d'un*

homme de la famille Mosti (Florence, Palazzo Pitti), mais avant l'*Homme au gant*. Wethey (1971), enfin, suivi de Hope (1980/2), applique à l'inconnu du Louvre l'hypothèse Adorno de Hourticq (1919) pour l'*Homme au gant*, mais l'argument est mince : parce qu'il est plus âgé que ce dernier, l'*Homme à la ceinture* serait en fait ce Girolamo Adorno, gentilhomme génois envoyé en mission à Venise par Charles Quint en 1523 et mort la même année à l'âge de trente-trois ou quarante ans (selon des témoignages contradictoires); cette proposition daterait l'œuvre, comme il a été dit plus haut, de 1527, ce qui paraît tardif.

La restauration du tableau révèle en effet que le style est encore proche de celui de l'*Homme au gant*, donc de 1520, et que la barbe juvénile du jeune homme, quoique plus avancée que celle de l'*Homme au gant*, suggère qu'il n'a pas plus de vingt-cinq ans, ce qui exclut l'hypothèse Adorno; la sobriété ostentatoire de la veste noire élégamment damassée est en outre redevenue visible sous le manteau enveloppant le corps et marque le statut élevé du modèle, dont les gestes se font, comme ceux de la *Sainte Conversation* du Prado et, peut-on ajouter, de l'*Assomption* (1518, Venise, Frari) et du *Polyptyque Averoldi* (1522, Brescia, Santi Nazaro e Celso), plus amples, annonçant l'auguste lenteur des portraits d'apparat; la figure, montrée pour la première fois jusqu'aux cuisses, est campée debout, vue de trois quarts dans une posture fière et dynamique, le poing gauche sur la hanche, comme le *Gentilhomme à l'épée* de Munich (cat. **53**), la main droite ornée d'une chevalière à l'index, comme l'*Homme au gant*, et le pouce énergiquement passé dans l'écharpe qui sert de baudrier juste en-dessous de ce qui semble être le pommeau d'un poignard ou d'une épée. Ce type de représentation paraît influencé par le portrait florentin, notamment les poses dynamiques de Pontormo. L'habillement présente en outre le même raffinement de tons noirs et blancs et la même coiffure mi-longue et à frange que l'*Homme au gant;* le visage, aux yeux réalistement rougis, est tourné vers la gauche, dans une direction différente de celle du torse pour accentuer le dynamisme de la posture comme dans cette dernière œuvre, mais la tête n'est plus penchée et se redresse comme celle du saint dans la Sainte conversation du Prado.

L'étalement gestuel dans un espace sombre sans modulation, c'est-à-dire sans limites perceptibles, d'où toute idée de rebord a définitivement disparu, permet de développer la figure et le vêtement en largeur, de manière à ampli-fier la monumentalité du personnage par rapport à l'*Homme au gant*, en suggérant un mouvement tournant. Conformément aux idées humanistes, seule importe la figure saisie dans son individualité, donc sans attributs voyants, comme on le voit dans le *Portrait de Baldassarre Castiglione* de Raphaël au Louvre, les indices du rang social ne se révélant qu'après un examen attentif. Ainsi, l'inconnu semble bien être un gentilhomme et, si l'origine Gonzague de l'œuvre

pouvait être attestée, on serait tenté de croire qu'il s'agit d'un autre jeune homme de la famille régnante de Mantoue. Venturi (1928) considère cette toile comme le premier jalon posé par Titien dans le genre du portrait officiel, qui va faire la fortune du peintre à compter de 1530.

Après l'*Homme au gant*, le besoin de caractérisation a définitivement éloigné Titien de l'extravagance poétique des portraits de Giorgione; si la forme qu'il imagine se rapproche du portrait classique de l'Italie centrale, une impérieuse lucidité lui fait cependant adopter, à la différence de Raphaël, une idéalisation nuancée : pour lui, une physionomie, un comportement ou une mode vestimentaire constituent les signes objectifs de la personnalité plutôt que des exemples à imiter. Cette démarche, privilégiant la vérité d'un caractère plutôt que la fonction sociale et évitant l'« idéalisme hautain » (Hourticq, 1919) ou l'exaltation héroïque, tient autant de la philosophie que de l'art et reflète les préoccupations des cercles humanistes que fréquente le peintre : sensible aux contradictions d'une individualité, qui constituent le mouvement même de la vie, l'idéalisme de Titien interprète les modèles en termes de « caractères », remarquables moins par leur valeur morale que comme témoins de leur temps; cette recherche crée une galerie de types humains qui nourrit, amplifiée par Véronèse, toute la tradition vénitienne jusqu'à la fin du XVIIIᵉ siècle.

Hourticq (1919) conclut que la logique naturaliste porte irrésistiblement le peintre à montrer les sentiments que lui inspirent ses personnages, à se projeter dans leur image : chaude sympathie pour l'*Homme au gant*, admiration sincère ou simple respect pour d'autres modèles, révérence critique voire répulsion voilée, plus tard, avec les commandes des puissants; ce subjectivisme forme l'ingrédient spécifique du classicisme de Titien : il insuffle une telle force vitale à ses figures qu'elles paraissent se détacher des individus qui les inspirent et acquérir une vie indépendante, prendre en somme une valeur éternelle. Depuis l'*Assomption*, le peintre a pris conscience que le portraitiste peut assumer un rôle que Giorgione ne soupçonnait pas, qui dépasse la simple commémoration amicale ou officielle et élève le genre au rang d'un art à part entière; portrait après portrait, il se fait le juge adulé, puis redouté, de l'humanité. A la suite de l'intensification des relations avec les cours de Ferrare et de Mantoue autour de 1523, les grands commencent à se bousculer pour soumettre leur âme au verdict de son pinceau.

J. H.

page 71

56

Tiziano Vecellio, dit Titien
Pieve di Cadore, vers 1488/1490 - Venise, 1576

Portrait de Laura Dianti
Toile. H. 1,18; L. 0,93
Signé sur le bijou qui orne la manche droite :
TICIANVS F.
SAMMLUNG HEINZ KISTERS

HISTORIQUE
Coll. des ducs d'Este, Ferrare; donné par Cesare d'Este à Rodolphe II; mentionné à Prague dans l'inventaire de 1599 («Une Turque avec un petit Maure, de Titien», Perger, 1864, p. 105) et dans celui de 1621 (n° 860 : «une Turque avec un petit Maure, original de Titien», Zimmermann, 1905, p. XXXVIII); à la suite du sac de Prague en 1648, entre dans les coll. de la reine Christine de Suède (inv. 1648, n° 217; Geffroy, 1855, p. 184), avec lesquelles il est transporté d'abord à Anvers (inv. 1656 : «une fille avec un maure», Denucé, 1932, p. 179) puis à Rome, au Palazzo Riario (inv. 1662, n° 21, *Christina...*, 1966, p. 482; inv. 1689, n° 30 : «le portrait d'une femme vêtue de bleu avec un voile jaune sur les épaules, qui montre une partie de sa chemise sur la poitrine et sur les bras, dont la main droite tient sa jupe, et qui pose la main gauche sur l'épaule d'un petit Maure qui la regarde, tableau de Titien, sur toile, haut de quatre palmes et deux tiers, et large de trois palmes et trois-quarts, avec un cadre doré lisse, à la romaine», Campori, 1870, p. 342; Granberg, 1897, p. 36, n° 38 et appendice, n° 30); après un bref passage dans la coll. du cardinal Decio Azzolino en 1689, et celle du marquis Pompeo Azzolino, de 1689 à 1692, il parvient au prince Livio Odescalchi, de 1692 à 1713, toujours à Rome (inv. 1692, folio 466 v., n° 30; *Nota dei quadri*, s.d., n° 42, inv. 1713, folio 85 v., n° 197; aux n°s 99-103 sont inventoriées cinq copies du tableau); vendu par les héritiers Odescalchi au duc d'Orléans en 1721, il est transféré à Paris, où il reste de 1722 à 1798 (Dubois de Saint-Gelais, 1727, p. 474; Couché, 1768-1808, pl. XVIII : gravé par Malœuvre sous le titre d'*Esclavonne*); coll. Walkner, Bruxelles; vente Bryan, Londres, 14 janvier 1800, n° 35; coll. du comte de Suffolk, avant 1824 (Buchanan, 1824, I, p. 114, n° 35 et p. 157); Edward Gray, Harrington House (Hornsey), de 1824 à 1839; J.-H. Smyth Pigot, Brockley Hall, vendu le 10 octobre 1849, (n° 20); Waterhouse, 1966, p. 374, n° 63); J. Dunnington Fletcher, de 1849 à 1876; vendu par Colnaghi le 15 janvier 1876; coll. Cook, Richmond; Rosenberg and Stiebel, New York, de 1955 à 1956.

EXPOSITIONS
Londres, 1914, n° 31; Stuttgart, 1958-59, n° 214; Bregenz, 1965, n° 116; Stockholm, 1966, n° 1189.

BIBLIOGRAPHIE
Vasari, 1568, VII, p. 435; Ridolfi, 1648 (éd. Hadeln, 1914, I, p. 161, 195-196); Dubois de Saint-Gelais, 1727, p. 474; Couché, 1786-1808, pl. XVIII; Buchanan, 1824, I, p. 114, n° 35, et p. 157; Geoffroy, 1855, p. 184; Perger, 1864, p. 105; Campori, 1870, p. 342; Campori, 1874, pp. 612-614; Cavalcaselle et Crowe, 1877-78, I, pp. 154-158; Yriarte, 1891, p. 122-123; Granberg, 1897, p. 36, n° 38 et appendice, n° 30; Justi, 1899, pp. 183-192; Gronau, 1900 (éd. anglaise, 1904), pp. 44, 52, Fischel, 1904 (éd. française, pp. XXII, 46; Cook, 1905, pp. 449-455; Ricketts, 1910, pp. 70, 178; Hadeln, 1911 (*Tizians Bildnis*), pp. 65-72; Cook, 1912, pp. 80-87; Borenius, 1913, I, pp. 168-169; Hadeln, 1914-24, I, p. 161 note 1, p. 196 note 1; Berenson, 1932, p. 574; Denucé, 1932, p. 179; Suida, 1933, pp. 43, 154; Berenson, 1936, p. 494; Tietze, 1936, I, pp. 138-139, II, p. 307; Gombosi, 1937, p. 106; Hetzer, 1936, I, pp. 138- 139, II, p. 307; Gombosi, 1937, p. 106; Hetzer, 1940, p. 162; Tietze, 1950 (*Titian*), pp. 28, 392; Pallucchini, 1953, I, pp. 161-162; Berenson, 1957, p. 190; Suida, 1956, p. 78; *Meisterwerke...*, 1958, pp. 91-92, n° 214; Valcanover, 1960, I, p. 97; Pallucchini, 1961, p. 290; *Meisterwerke der Malerei...*, 1965, pp. 82-83, n° 116; Morassi, 1966, col. 24; Pallucchini, 1969, pp. 62, 262; Valcanover, 1969, p. 104, n° 118; Wethey, 1971, pp. 92-94, n° 24; Wethey, 1975, p. 271; Gould, 1976, p. 19; Smith, 1976, pp. 258-259; Hope, 1980(2), p. 72 note 14; Fehl, 1987, éd. 1992, pp. 288-290.

Après avoir mentionné un portrait du duc Alfonso I d'Este exécuté par Titien, Vasari (1568) rapporte que le peintre « fit de même le portrait de la Signora Laura, qui devint par la suite la femme de ce duc; c'est une œuvre admirable ». Un peu moins d'un siècle plus tard, Ridolfi (1648) écrit : « Le duc voulut également être peint avec Madame la Duchesse, que Titien représenta habillée de vêtements très rares, de voiles et bijoux, avec une robe de velours noir aux manches découpées, séparées par de nombreux nœuds; d'un geste majestueux, elle posait la main gauche sur l'épaule d'un page éthiopien, que l'on voit gravé sur cuivre par Edigio Sadeler, excellent dans cette technique ». Les premières tentatives faites pour identifier ce portrait sont très confuses : Ticozzi (1817, p. 58 et pp. 58-63 note 1), en se fondant sur le texte de Vasari, croit reconnaître Laura Dianti, d'abord la maîtresse, puis peut-être l'épouse du duc, dans la célèbre *invenzione* de la *Jeune Fille au miroir* (cat. **48**), qu'il connaît par une version vue à Venise; il pense que la description de Ridolfi se réfère plutôt à un autre portrait, celui de Lucrezia Borgia, deuxième femme d'Alfonso, morte en 1519. Cette identification était déjà apparue dans une édition de la gravure de Sadeler. Pour Campori (1874), évidemment influencé par le costume, le portrait connu grâce aux gravures représenterait plutôt la « Femme du Grand Turc » ou « la Cameria, sa fille, avec des vêtements et une coiffure superbes », mentionnée aussi par Vasari dans sa Vie de Titien. Crowe et Cavalcaselle, plus prudents, considèrent comme très peu probable l'hypothèse de Campori et, toujours par référence à la figure gravée par Sadeler et décrite par Ridolfi, restent très circonspects envers l'identification avec Lucrèce; ils font remarquer que, puisqu'aucune des sources anciennes n'en mentionne le nom, il est possible

qu'elles fassent allusion à Laura Dianti. Ils se rapprochent encore plus de la vérité lorsque, à un autre endroit, à partir du témoignage de Vasari, ils ne se laissent pas complètement convaincre que le portrait de Laura Dianti puisse être identifié avec la *Jeune Fille au miroir* et en viennent à soupçonner la solution la plus logique : le portrait cité par l'Arétin pourrait être celui décrit par Ridolfi et gravé par Sadeler.

Yriarte, dans son étude des représentations de Lucrezia Borgia, contrairement à ce qu'on lui fait parfois dire, refuse lui aussi cette possibilité d'identification. Mais c'est avec l'essai de Justi (1899) que le problème trouve la solution que Cavalcaselle avait pressentie, la seule possible, étant donné l'invraisemblance iconographique de l'alternative Lucrezia Borgia. En outre, à partir d'un autre passage de Ridolfi, négligé jusqu'alors, où il est dit que « le duc Cesare di Modena envoya comme cadeau à Sa Majesté Impériale Ferdinand II le portrait, déjà mentionné, de la Duchesse de Ferrare, que possède maintenant l'invincible Empereur Ferdinand », l'historien démontre que le portrait mentionné par Ridolfi et gravé par Sadeler passa dans les collections impériales de Prague à la fin du Cinquecento, offert par Cesare d'Este, le petit-fils de Laura. Il ne fut toutefois pas donné à Ferdinand, contrairement à ce que croit Ridolfi, mais à Rodolphe II, qui, dans la succession mouvementée du duché de Ferrare, avait réussi à garantir à Cesare, en qui l'on voyait un héritier illégitime (il était fils d'Alfonso, l'aîné de Laura elle-même et du duc Alfonso I, dont les noces, si tant est qu'elles aient eu lieu, n'avaient jamais été officiellement reconnues), ses droits sur Modène, Reggio et Carpi, après la revendication de Ferrare par le pape. Justi retrace ensuite l'histoire du tableau à travers les collections de la reine Christine, des Odescalchi, du prince Azzolino et de Philippe d'Orléans et le reconnaît dans l'exemplaire, très connu, conservé à l'époque dans la collection Cook, qui, bien que repeint sur le visage et les mains, « ne donne pas l'impression d'être une copie tardive », ce qui est en revanche le cas de la version de la Galleria Estense à Modène. A l'appui de sa thèse, l'historien cite la signature qui orne le bijou sur la manche, mais fait aussi état de l'opinion de J.-P. Richter, qui hésitait à accepter la paternité de Titien.

Une fois résolu le problème de l'identification du portrait, et après que, parmi les nombreuses versions connues, la version Cook fut consacrée comme celle qui offrait, au vu de sa provenance, les meilleures garanties d'authenticité, c'est paradoxalement Justi, alors qu'il en avait reconstitué l'histoire de façon convaincante (précédé en cela par les indications de Yriarte) qui hésitait à faire le dernier pas. Du reste, le tableau ne figurait pas dans les premières listes de Berenson, et n'apparaissait pas dans la monographie de Gronau sur Titien. Cook, en revanche, n'avait aucun doute; en 1905 (puis à nouveau en 1912) il appelait l'attention sur le tableau, qu'il connaissait bien, et il décrivait avec précision les problèmes de sa conservation, surtout sur le visage, mais il concluait : « ce n'est qu'en des endroits tels que la main et le poignet droits, la délicate batiste de la chemise, le merveilleux bleu de la robe, et le costume versicolore du page noir, que la main du maître peut être réellement reconnue ». Dans son intervention, l'historien citait aussi une opinion – apparemment orale, puisque n'est indiquée aucune référence bibliographique – de Ricketts, favorable elle aussi : « c'est une magnifique épave, mais les mains, la jupe, et le nègre sont quand même de Titien ». L'historien reparla du tableau dans sa monographie ; il confirmait et développait son jugement : « La riche harmonie en bleu de la robe, égayée par une écharpe couleur primevère et, surtout, le rendu délicat de la chemise de lin, nous pousseraient à le situer dans la période où le rendu des matières comptait énormément pour Titien, comme par exemple dans le *Bacchus et Ariane* ou la *Vierge au lapin* (cat. **160**). » Tout aussi intéressante est la proposition d'une comparaison avec le *Portrait de Federico Gonzaga* du Prado (qu'on a à tort considéré comme le portrait d'Alfonso I, et comme une sorte de « pendant » de celui que nous examinons en ce moment), en ce qu'elle souligne les affinités existant entre ces deux portraits de Titien, pour lesquels il suggère une datation entre 1523 et 1528, « les plus anciens parmi ce qui reste de la série des somptueux portraits de cour exécutés par Titien ».

Face à ces opinions convergentes, partagées également par Fischel (1904) et Borenius (1913), et à la présentation du tableau à l'exposition londonienne de 1914 sous le nom de Titien, on peut remarquer la tentative de Hadeln (1914) en faveur d'une revalorisation de la version de Modène, qu'il considère supérieure en qualité, plus proche de la gravure de Sadeler, et plus ancienne que le tableau de la collection Cook, que l'historien admet toutefois ne pas avoir vu directement, ce qui le dissuade de le considérer comme une copie. La tentative est renouvelée dans les années 1930 par Suida (1933), tandis que Tietze (1936) et Hetzer (1940) pensent que les deux versions sont des copies d'après un original perdu. En ces années d'éclipse momentanée de la version Cook, ce sont Berenson (1932, 1936) et Gombosi (1937) qui en défendent l'authenticité, tandis qu'après 1945 elle est de nouveau appréciée à sa juste valeur, notamment grâce à une restauration qui en améliore la lisibilité. Aussi bien Suida (1957) que Tietze (1954 : « un magnifique original avec les qualités duquel la version de Modène peut difficilement rivaliser, quoi que puisse suggérer l'aspect extérieur ») reviennent sur leur jugement. L'attribution à Titien est réaffirmée par Berenson (1957), mais aussi par Pallucchini (1953, 1961, 1969), Morassi (1966), Valcanover (1969), qui avait dans un premier temps préféré classer le tableau parmi les œuvres « attribuées à Titien » (1960) et enfin par Wethey (1971), Gould (1976) et Hope (1980/2).

Il y a eu essentiellement deux propositions de datation de ce tableau, à situer durant la période des relations entre Titien et Alfonso I. Selon Pallucchini, après des essais tels que le *Portrait de Vincenzo Mosti* de Palazzo Pitti et l'*Homme au gant* du Louvre (cat. **54**), réalisés durant la première moitié des années 1520, le peintre travaille à la définition d'un portrait de type commémoratif, dont le premier exemple est celui d'Alfonso d'Este – connu dans sa version très discutée du Metropolitan Museum, dont l'auteur pense qu'il s'agit probablement d'une copie –, suivi du *Portrait de Federico Gonzaga* du Prado (vers 1525-1528), où l'aisance plus grande de la pose s'accompagne d'une détermination plus marquée de la figure, et le *Castiglione* de Dublin. C'est à l'intérieur de ce groupe, vers 1528-1530, que naît le tableau, « l'un des plus beaux résultats de l'art titianesque du portrait de parade de cette période », qui reprend avec plus de magnificence le schéma inauguré dans le portrait d'Alfonso, reliant la figure féminine au page maure qui lui tend des gants et « dont le profil se grave sur le rebras blanc de la manche et sur la carnation rouge de la main de la femme ». C. Hope arrive à des conclusions semblables puisqu'il propose de compter le portrait d'Alfonso, connu par la copie du Metropolitan Museum, – peut-être exécutée par Rubens – et celui de Laura parmi les « trois choses » réalisées par Titien pour le duc durant l'hiver 1527-28 (Campori, 1874, p. 599). Gould semble suggérer une datation encore plus tardive. Dans la chronologie proposée par Wethey, l'expérience des portraits « de cour » est anticipée, immédiatement après les portraits masculins du Louvre et de Munich, à dater entre 1520 et 1522 : *Laura Dianti* est située vers 1523, l'année où Titien est à Ferrare pour remettre son *Bacchus et Ariane* destiné au *studiolo* du duc ; elle est suivie entre 1523 et 1525 du portrait d'Alphonse que le critique pense pouvoir reconnaître dans la toile du Metropolitan Museum dont nous avons parlé plus haut, malgré son mauvais état. *Laura Dianti* est datée de 1523 par Berenson (1957), par le catalogue de l'exposition de 1965, par Valcanover (1969) et par Smith (1976). Pour Fehl (1987), le portrait fut probablement réalisé en même temps que celui du duc en 1525 lorsque Titien vint remettre le dernier tableau destiné au cabinet de travail, les *Andriens* : « ce sont, en quelque sorte, des portraits officiels ; ils célèbrent l'union de Laura et du duc. C'est comme si ces peintures continuaient l'histoire du *studiolo* dans le monde de la réalité et dans celui de la représentation. »

La toile présente une bande repeinte en bas, et même l'arrière-plan qui, à l'origine, devait être plus clair et plus détaillé, donne l'impression d'avoir été repeinte. Le visage de la jeune femme et certaines parties de son vêtement sont détériorés tandis que la qualité extraordinaire de la matière est encore bien lisible dans le détail du page qui, retenu par le geste de sa maîtresse, se retourne pour lui tendre les gants. On parle officiellement pour la première fois du rapport entre Laura Dianti et le duc quelques années après la mort de la seconde épouse de ce dernier, Lucrèce Borgia, en 1519 ; en 1524, précisément, dans un acte de donation à la jeune femme de plusieurs biens de la part de la « camera ducale » (Pellizzer, 1991 ; pp. 660-661 ; la date de naissance de Laura est inconnue, mais on sait qu'elle mourut en 1573, probablement âgée de 70 ans). En 1527 et en 1530 naissent respectivement Alfonso et Alfonsino, que le duc reconnaîtra dans son testament rédigé en août 1533, tandis qu'on manque de preuves incontestables sur la question fort débattue de la régularisation de l'union, bien que son caractère public ne fasse pas de doute. C'est d'ailleurs avec un habit somptueux, probablement pas inventé, mais correspondant bien à celui d'une princesse, que Titien représente la jeune femme, comme le faisait déjà remarquer Justi, en soulignant en même temps sa volonté d'idéalisation, son intention de comparer Laura, qui affiche sa beauté radieuse et son charme dans des détails tels que la chemise dénouée sur son sein, voilé par une écharpe dorée, à Vénus. Fehl est revenu sur le double registre de l'image, observant, d'après une suggestion de Shearman, que Titien « peut avoir en fait basé la représentation de son habit et de sa pose sur une possession d'Alphonse de grande valeur, le carton (aujourd'hui perdu) de Raphaël pour le portrait de Jeanne d'Aragon, célébrée comme la merveille de son époque pour sa beauté, son esprit et sa conduite », tout en établissant une comparaison avec l'Ariane du tableau du *studiolo*, aujourd'hui à la National Gallery de Londres : « le fait qu'elle nous rappelle l'*Ariane* de Titien dans le *Camerino* n'est peut-être pas un hasard. Le visage d'Ariane suggère – mais bien sûr ne souligne pas – une ressemblance avec le visage, ou la vitalité du visage, dans le portrait de Laura de' Dianti ». Ces deux rapprochements servent aussi à expliquer d'autres aspects de ce portrait qui révèle, dans sa richesse, son élégance et le raffinement de sa composition, une déviation de trajectoire dans la problématique de l'art titianesque du portrait, liée à ses fréquentations de plus en plus intenses des cours princières, à travers lesquelles passe aussi son contact plus large, plus direct et plus informé avec la culture de l'Italie centrale. En même temps, l'œuvre soutient la comparaison au niveau du style avec le *Bacchus et Ariane* du *studiolo* d'Alphonse, remis en janvier 1523 après deux années de travail. Tout le prouve : le dynamisme de la composition et la complexité des deux figures aux mouvements en torsade magnifiquement contre-balancés, avec des plans de trois quarts qui s'accordent dans un équilibre subtil, la grâce des gestes de Laura, et l'intonation vibrante de la couleur, jouant sur le contraste entre le ton froid du bleu outremer de l'habit et le jaune doré de l'écharpe que l'on retrouve dans les manches aux reflets changeants du page et, légèrement atténué, dans les rayures du costume. Le détail extraordinaire de la tête brune se découpant sur le blanc de la chemise, qui sort de la manche bleue, est l'une des inventions les plus belles de cette époque de ferments protobaroques dans l'art de Titien.

Que la toile soit née pour faire pendant au portrait du duc Alphonse — que nous connaissons grâce à ce qui est probablement une copie du XVIIᵉ siècle conservée au Metropolitan Museum (Zeri, 1973, pp. 82-83) — est une hypo-thèse soutenue par plusieurs auteurs qui mériterait un plus long discours. Elle me semble, en tout cas, convaincante, que ce soit par l'analogie des mesures, ou par les ressemblances dans la composition des deux œuvres. Il existe un autre portrait probablement de Laura Dianti réalisé par Dosso: (voir *Pan et Écho, cat.* **81**). Wethey (1971) a répertorié les copies de ce tableau.

V.R.

L'influence de Giorgione et de Titien jeune
Peintures

57 à 85

page 73

57

Jacopo Nigreti, dit Palma Vecchio
Serina (Bergame), vers 1480 - Venise, 1528

La Bella
Toile. H. 0,95; L. 0,80. Inscription sur le parapet: *AMB/ND.*

MADRID, THE COLLECTION
THYSSEN-BORNEMISZA

HISTORIQUE
Coll. de l'archiduc Léopold-Guillaume, gouverneur des Pays-Bas, Bruxelles; coll. Sciarra-Colonna, Rome (attribué à Titien au XIXᵉ siècle); coll. du baron Edouard de Rothschild, Paris; vendu par le baron Guy de Rothschild au baron Heinrich von Thyssen-Bornemisza en 1959.
EXPOSITIONS
Rotterdam, 1959-60, n° 42; Essen, 1960, n° 42; Londres, 1961, n° 83; Washington (exp. itinérante aux États-Unis) 1979-1981, n° 14; Paris, 1982, n° 15; Moscou, Leningrad, Kiev, n° 23; Madrid, 1988, n° 33; Londres, 1988, n° 36.
BIBLIOGRAPHIE
Teniers, 1658, pl, 185; Passavant, 1853, p. 163, note; Crowe et Cavalcaselle, 1871, II, p. 478; Lübke, 1878, II, p. 505; Lemorlieff [Morelli], 1880 (éd. 1886), p. 184; Vicchi, 1889, n° VI; Locatelli, 1890, pp. 12, 16-17; A. Venturi, 1890, p. 67; Lemorlieff [Morelli], 1890, pp. 50, 384-385; Berenson, 1894 (éd. 1897), p. 113; Frizzoni, 1896, p. 218; Wölfflin, 1899 (éd. 1924), p. 136; Reinach, 1905-23, I, 1905, p. 306; Phillips, 1910, p. 268; Foratti, 1912, pp. 29,31; A. Ven-turi, 1928, IX, 3, p. 437; Suida, 1931, p. 141; Berenson, 1932, p. 410; Gombosi, 1932, pp. 173, 174; Spahn, 1932, pp. 25-27, 115-116; Suida, 1934-1935, p. 94; Berenson, 1936, p. 352; Gombosi, 1937, pp. XIV, XVII, 49, 135; Berenson, 1957, I. p. 125; Gamulin, 1963, p. 96; Hendy, 1964, p. 83; Maria-cher, 1968, pp. 74-75; Heinemann, 1969, I, p. 262 (n° 244); Freedberg, 1971 (éd. 1979), p. 163; Wethey, 1971, p. 154; Mariacher, 1975, p. 208 (n° 14); Rosenbaum, 1979, pp. 101-102 (n° 14); Rylands, 1988, pp. 110, 115, 217 (n° 45).

Attesté dans la collection de l'archiduc Léopold-Guillaume par la gravure de Troyen (pl. 185) dans le *Theatrum pictorium Davidis Teniers Antwerpiensis*, édité à Anvers en 1658, comme une œuvre de Titien, le tableau garda cette attribution quand il passa dans la collection romaine Sciarra-Colonna, en raison d'une forte ressemblance avec la « beltà ornata » de *L'Amour sacré et l'Amour profane* de Titien (Rome, Galleria Borghese). C'est à Passavant que revient le mérite d'avoir reconnu le premier dans le portrait − connu comme la « Bella de Titien » −, la main de Palma Vecchio, hypo-thèse acceptée ensuite par tous les chercheurs successifs, à l'exception de Vicchi et de Wölff-lin. Le problème de la datation est, en revanche, plus discuté. D'un côté, les coloris voyants et la façon de sculpter la figure dans une lumière nette et cristalline ont été interprétés comme un reflet de l'art de Lotto et ont fait pencher en faveur d'une datation vers les débuts de la deuxième décennie (1510-1514 environ pour Morelli, 1510-1512 selon Gombosi et Spahn); d'un autre côté, au contraire, les références aux figures féminines à mi-corps de Titien de la deuxième décennie ont fait ad-mettre une datation du tableau de Palma retar-dée aux années 1518-1520 (Freedberg et Ry-lands) ou au-delà (1520-1525 : Mariacher, Wethey).

Imitant précisément Titien, Palma com-mence autour de 1515 à exécuter des portraits idéalisés de figures féminines, fort recherchés par les collectionneurs et destinés à augmenter sa renommée. Contrairement au modèle encore bellinien du *Portrait de femme* du musée de Budapest, de 1510-11 environ (Ballarin, 1968), Palma conçoit, dès le milieu de la décennie, dans les deux splendides portraits conservés à Vienne, la *Dame en bleu* et la *Dame en vert*, des formes plus souples et plus amples, qui corres-pondent au langage de la *Violante* de Vienne de Titien (1513 environ). Les détails précieux de l'exécution, la finesse du dessin et la tranquillité des images démontrent pourtant l'incapacité de Palma à comprendre l'impétuosité de la cons-truction, l'ampleur des rythmes et de l'exécu-tion picturale de Titien: ce sont les premiers exemples de Palma « faisant du Titien » (Longhi, 1927 [éd. 1967], p. 237).

Dans les années suivantes, Palma continue à suivre avec attention les développements de la peinture contemporaine, d'un côté, en regar-dant les peintures bergamasques de Lotto, comme le prouve la *Jeune Femme vue de dos* de Vienne, peinte sous l'influence de la *Pala de San Bartolomeo* de 1513-1516; de l'autre, en se renouvelant à partir des nouvelles mises en page des *Belles* de Titien qui avait recomposé dans le classicisme l'audace de la composition et du chromatisme de 1512-13, comme le montrent la *Vanité* de Munich ou la *Jeune Fille au miroir* du Louvre (cat. **48**). Les figures féminines exé-cutées par Palma à la fin de la décennie, comme la *Sybille* d'Hampton Court, la *Femme à sa toi-lette* autrefois à Chicago (The Art Institute) et la *Flore* de la National Gallery de Londres, sont fortement influencées par Titien par leur posi-tion, mais sans l'adaptation opportune au lan-gage plus moderne du maître de Cadore. Les figures dans le calme déroulement des plans, ne sont pas comparables aux modèles de Titien pour le naturel et le classicisme de la composi-tion. Dans la *Flore* de Londres, comparée à celle des Uffizi que Titien peignit en 1516 (cat. **49**), en l'absence de cette énergie intérieure qui met la figure en mouvement et la place solide-ment dans l'espace, Palma représente une

« beauté sans âme, calme et sensuelle (Pallucchini, 1944 [*Pittura*], p. XXXVI), dans une structure nette étendue à tout l'espace du tableau ; c'est une image qui s'ouvre à la lumière et ralentit l'exécution dynamique de Titien. La *Bella* offre, dans sa position de trois quarts, avec une large superficie picturale, une effigie nette par somptueux plans chromatiques, riches de lumière mais comme émaillés et abstraits. Par rapport à la *Jeune Fille au miroir* qui, enveloppée dans la pénombre du fond, plongée dans une pensée mélancolique et profonde, exerce un effet simple et poétique (Ballarin, 1965), dans le portrait Thyssen la forme vise à la sensualité des accords chromatiques et à la recherche du traitement des tissus, mais sans mouvement ou sentiment psychologique énergiques. L'absence d'intimité ou de retenue classique risque ainsi de faire basculer le peintre « dans une série de beautés blondes, sensuellement développées dans une dilatation superficielle d'étoffes précieuses et bruissantes » (Pallucchini, 1944 [*Pittura*], p. XXXVI). Le goût pour un coloris vif, le rouge brillant et le bleu outremer, s'accorde avec les incarnats très lustrés, presque traités en facettes à la lumière comme les plis du vêtement, différents de la matière chromatique des surfaces de Titien, à laquelle Palma prêtera plus d'intérêt au début des années 1520, comme dans l'*Adoration des bergers* du Louvre (cat. **59**). Le portrait peut dater de la fin de la décennie. Dans les dernières années, l'artiste fera preuve d'une construction plus monumentale, avec des figures plus vibrantes, sous l'influence de l'art de Pordenone, comme dans la *Judith et la tête d'Holopherne* des Offices.

Derrière la jeune femme est représenté un bas-relief avec un cavalier piétinant un homme nu. La signification de cette scène n'est pas claire ; selon Mariacher, c'est un motif décoratif d'inspiration classique suggéré par les milieux humanistes fréquentés par Palma ; selon Rosenbaum, ce pourrait être aussi un sujet lié au thème de la Vanitas, valeur éphémère à laquelle ferait allusion aussi le mur en ruine sur lequel est fixé le bas-relief et le coffret à bijoux, et dont le portrait serait la représentation allégorique. L'hypothèse que l'inscription apposée sur le parapet puisse se référer à une signification symbolique de l'image n'est pas confirmée, pas plus que ne semble acceptable l'hypothèse de Rylands selon laquelle il s'agirait de la dédicace du peintre au personnage représenté.

Le Portrait de dame à la pomme (Paris, collection privée ; Rylands, n° 36), datable vers le milieu de la deuxième décennie, comme les portraits de Vienne de la *Dame en bleu* et de la *Dame en vert*, témoigne qu'une fois au moins, Palma a représenté la beauté féminine en lui donnant un sens platonicien — la pomme est un fruit cher à Vénus — mais tous les chercheurs sont d'avis que le tableau Thyssen est une célébration de la beauté féminine. Les lettres ajoutées à l'inscription le long du rebord gauche au XIXᵉ siècle, quand le tableau était conservé dans la collection Sciarra-Colonna,

comme en témoigne l'illustration publiée par Vicchi (pl. 6), qui transformait l'inscription en « TAMB/END », ont été supprimées quand l'œuvre passa dans la collection Thyssen.

L.A.

page 75

58

Jacopo Nigreti, dit Palma Vecchio
Serina (Bergame), vers 1480 - Venise, 1528

Nymphes au bain
Transposé de bois sur toile. H. 0,775 ; L. 1,24
VIENNE, KUNSTHISTORISCHES MUSEUM,
GEMÄLDEGALERIE

HISTORIQUE
Coll. Bartolomeo della Nave, Venise (Liste A de 1637 environ, n° 55, comme Palma Vecchio) ; coll. du premier duc de Hamilton, Grande-Bretagne (inv. 1639, n° 43 ; inv. précédent celui de 1643, 14ᵉ caisse, comme Palma Vecchio ; inv. 1649, n° 58, comme Palma Vecchio) ; coll. archiduc Léopold-Guillaume, Bruxelles (inv. 1659, omis, mais gravé dans le *Theatrum pictorium*, 1658, pl. 206, comme Palma Giovane) ; legs à l'empereur Léopold Iᵉʳ d'Autriche en 1662 ; Stallbourg, Vienne, 28 octobre 1781 envoyé au château de Pozsony à Bratislava (n° 76) et de là au château de Buda en 1781 ; revenu à la Hofburg de Vienne en 1849 (?) ; Belvédère, Vienne ; transféré au Kunsthistorisches Museum en 1930.

EXPOSITIONS
Los Angeles, 1979-80, n° 14 ; Londres, 1983-84, n° 77.

BIBLIOGRAPHIE
Teniers, 1658, pl. 206 ; Storffer, 1720-1733, II, p. 197 ; Stampart-Prenner, 1735, pl. 26 ; Wilde, 1930, pp. 248-249 ; Wilde, 1931, pp. 100-102 ; Suida, 1931, p. 135 ; Gombosi, 1932, p. 174 ; Spahn, 1932, pp. 197-198 ; Berenson, 1936, n° 354 ; Gombosi, 1937, pp. 101, 137 ; Richter, 1937, p. 605 ; Waterhouse, 1952, p. 16, n° 55 ; Berenson, 1957, I, p. 127 ; Battisti, 1962, p. 143 ; Ballarin, 1965, pl. XII ; Garas, 1967, p. 67 n° 143, p. 70, boîte 14a, p. 76 n° 58 ; Ballarin, 1968(3), p. 252 ; Mariacher, 1968, p. 77 ; Garas, 1969, p. 118, n° 76 ; Freedberg, 1971 (éd. 1979), p. 336 ; Demus, 1973, p. 129 ; Mariacher, 1975, p. 217, n° 64 ; Klauner, 1978 (éd. 1981) pp. 114-116 ; Pignatti, 1979(2), p. 60, n° 14 ; Rylands, 1983, pp. 197-198 ; Rylands, 1988, pp. 151, 246, n° 85 ; Vienne, *Catalogue*, 1991, pl. 33.

Selon une ancienne tradition, le tableau est attribué à Palma, à partir de l'inventaire de la collection vénitienne de Bartolomeo della Nave, rédigé en 1637, même si dans la reproduction gravée par Boel (pl. 206), dans le *Theatrum pictorium Davidis Teniers Antwerpiensis*, édité à Anvers en 1658, il est catalogué sous le nom de

Palma Giovane. L'attribution à Palma Vecchio est acceptée par la critique moderne, à l'exception de Spahn qui penche pour une œuvre de l'entourage de Bonifacio Veronese, exécutée après 1530. Même Wilde, qui, en faisant connaître le tableau — resté inconnu des chercheurs jusqu'au transfert au Kunsthistorisches Museum en 1930 —, avait pensé à Cariani autour de 1530, revient l'année suivante (1931), à l'hypothèse traditionnelle. Quelques doutes sur la totale autographie du tableau ont été avancées par Berenson (1957) et par Mariacher (1968), qui le considère comme un tableau « non des plus heureux » parmi ceux exécutés pendant la maturité par Palma : « L'exécution rapide dirait-on et peut-être pas du tout achevée, est molle et la mise en page quelque peu désordonnée, les figures paraissent posées par hasard, répétant souvent des poses et des gestes déjà utilisés ailleurs. »

Le thème représenté est le plus souvent interprété comme *Diane et Callisto* ou le *Bain de Diane*. Récemment Rylands a critiqué ces lectures iconographiques, car les attributs de Diane manquent et son visage n'exprime ni « frayeur, scandale ou colère à la vue de Callisto » ; l'historien conclut que, même en relation avec les anciennes descriptions du tableau qui ne font pas référence à un sujet particulier, il est plus opportun de l'intituler *Nymphes au bain*. La présence des satyres au fond à gauche, remarquée par Rylands, prouve qu'il s'agit d'un thème mythologique ; la représentation des nymphes de la suite de Diane qui, occupées par le bain, ne s'aperçoivent pas de l'approche furtive des satyres, doit être interprétée comme une allégorie de la Chasteté. Titien, à cette époque, préparait un tableau de sujet analogue, *Le Bain*, qu'il avait promis d'exécuter pour Alfonso d'Este en 1517 (Campori, 1874, p. 585 ; lettre du 19 février 1517). On apprend par ailleurs qu'un tableau semblable était en préparation, dans une lettre du 3 février 1530 de Giacomo Malatesta à Federico Gonzaga où il est écrit que « les Femmes du Bain ne sont que dessinées » (Crowe et Cavalcaselle, 1877, I, p. 446).

Si initialement Gombosi (1932) avait proposé une datation précoce, vers 1515-1518, dans la monographie suivante (1937) il avait situé le tableau vers 1525 — cette date est celle acceptée par les chercheurs. Seul Freedberg pense à un léger recul (vers 1523), tandis que récemment Rylands s'est exprimé en faveur d'une période plus tardive, entre 1525 et 1528.

Aux débuts de la deuxième décennie, après la mort de Giorgione et le départ de Sebastiano del Piombo pour Rome, Palma réfléchit sur le langage de Giorgione et se rapproche prudemment de la manière moderne avec une série de petits tableaux de sujets idylliques ou pastoraux, comme les *Deux Nymphes dans un paysage* de Francfort, où l'attitude languide et le regard ébahi (Ballarin, 1965) s'accordent avec une conception de la forme encore timide, qui ouvre des plans de couleur bidimensionnels, plaçant les corps de face ou de profil, sans aucun mouvement interne et avec une vision analytique du paysage caractéristique du XVe siècle. La *Vénus* du musée de Dresde (n° 190, que Rylands préfère identifier comme une *Nymphe*) – très souvent évoquée par les chercheurs pour sa similitude de composition avec le nu étendu au premier plan dans le tableau de Vienne, s'étale sur la surface picturale doucement traitée par l'ombre et la lumière et avec une plus grande impulsion dynamique. Même l'organisation du paysage est plus moderne et plus attentive aux développements de la peinture de Titien de la deuxième décennie; le contraste entre le fond obscur d'arbres épais, avec la spatialité lumineuse et dégradée sur la droite et avec le plan lumineux du corps de la femme, indiquent chez Palma l'intelligence du clair-obscur dynamique des peintures exécutées par Titien à l'époque de l'*Assomption* des Frari et de l'*Offrande à Vénus*, la première des *Bacchanales* pour le *Camerino* du duc Alfonso I d'Este à Ferrare. Le tableau de Dresde peut être daté du début des années 1520 (Ballarin, 1968) et la forte similitude avec la figure déjà citée des *Nymphes au bain* suggère une proximité chronologique entre les deux œuvres, même si la morphologie du paysage de la *Vénus* semble un peu avancée par rapport à celle du tableau de Vienne.

La recherche des différentes poses des nymphes a été plusieurs fois soulignée par la critique qui s'est efforcée de préciser l'origine des citations de Palma, tout en relevant négativement le caractère éclectique du tableau (Spahn) et la composition « dispersive » (Rylands). Parmi toutes les hypothèses, la plus solide est celle proposée par Wilde (1930) pour la nymphe qui se coiffe, dérivée, avec une petite variante dans la pose des mains, du dessin attribué à Raphaël ou à Penni représentant *Pan et Syrinx* (Louvre, inv. 4035), exécuté pour les fresques de la Stufetta du cardinal Bibbiena et diffusé par la gravure de Marcantonio Raimondi (Bartsch, XIV, n. 325), qui est inversée par rapport à la figure de Palma. La nymphe allongée au centre, qui, selon Rylands, dépend de la gravure de Domenico Campagnola datée de 1517 (cat. **135**), se confond avec l'illustre précédent de la *Vénus* de Titien à Dresde. Selon Wilde (1930), la femme debout sur la gauche tire son origine d'une Vénus antique, la *Vénus Callipyge*, très connue dans les milieux artistiques de l'Italie du centre, si on peut en saisir un reflet dans la figure de Vénus dans l'écoinçon représentant *Vénus avec Junon et Cérès* de la Loggia de Psyché à la Villa Farnesina, mais peut-être aussi dans la *Lucrèce* de Titien conservée à Hampton Court, que Wethey date de 1520 environ (1975, III, notice n° 26). Le recours à des formes tirées de la statuaire antique et à des modèles diffusés dans l'art de l'Italie du Centre est prouvé aussi par les nymphes du fond; celles qui sortent de l'eau rappellent les nus du carton de la *Bataille de Cascina* de Michel-Ange, celle assise à gauche la *Galatée* de Raphaël, tandis que celle qui est à genoux au centre semble se référer à la statue antique de la *Vénus accroupie* connue par ailleurs grâce à

une gravure de Raimondi (Bartsch, XIV, n° 313). En dernier lieu, le nu de dos au premier plan, que Rylands estime provenir d'une gravure de Caraglio d'après Rosso Fiorentino (1526), Pignatti du type de la *Vénus de Milo* et Klauner du groupe des *Trois Grâces*, me semble dépendre plutôt de la *Vénus pudique* connue au début du Cinquecento en plusieurs versions (Bober et Rubinstein, 1987).

Comme Titien à partir de la fin de la deuxième décennie, Palma tire ainsi de nouvelles sources d'inspiration de l'étude de l'antique et de la peinture de l'Italie du Centre; par ailleurs la technique consistant à représenter la même figure sous plusieurs points de vue, remarquée par Rylands, doit être étudiée à la lumière d'une tradition très répandue dans la peinture italienne de la deuxième moitié du Quattrocento (Summers, 1977; Fusco, 1982), qui illustre la confrontation entre peinture et sculpture et la capacité particulière de la peinture à montrer en même temps plusieurs points de vue d'une image unique. Titien s'inspire à la même période du même principe de juxtaposition dans le *Polyptyque Averoldi* de 1520-1522 pour l'église Santi Nazaro e Celso de Brescia où il reprend les figures du Laocoon, tantôt dans la vision frontale du Christ ressuscité, tantôt dans celle latérale du saint Sébastien (Agosti, 1991).

Les formes recherchées du dessin et la construction monumentale et complexe, avec de nombreuses figures échelonnées dans le paysage, éloignent Palma du langage des idylles giorgionesques peints au début de la deuxième décennie et le rapprochent du style narratif et dramatique du Titien des *Bacchanales*. L'œuvre manque cependant de tension dynamique; le rythme se disperse calmement dans la légèreté atmosphérique de l'espace naturel « en mouvements linéaires » (Freedberg), selon une conception du récit qui réintègre le sens de la nature du paysage selon Giorgione. L'influence de Titien s'entrevoit encore dans la tendance de Palma à adoucir la matière lisse et compacte des figures peintes au cours de la décennie précédente – comme la *Flore* de Londres (National Gallery) ou le *Portrait de femme à sa toilette* autrefois à Chicago (The Art Institute) – en formes davantage absorbées dans l'atmosphère, mais la lumière inonde les plans avec une uniformité d'effets, sans le dynamisme des clairs-obscurs vibrants du Titien contemporain.

La proposition de dater le tableau vers 1520, juste avant l'*Adoration des bergers* du Louvre. (cat. **59**) et de la *Vénus* de Dresde, tableau où se retrouvent une même modulation progressive des passages de tonalités et une conception des formes moins cernées par le dessin, s'appuie sur la confrontation avec une œuvre exécutée vers le milieu de la troisième décennie, comme *Jacob et Rachel* de la Gemäldegalerie de Dresde (cat. **60**), où une idée analogue de composition – des figures dans un ample espace naturel – est traitée par l'établissement d'un premier plan beaucoup plus fermé et une vision plus analytique de la profondeur du paysage.

L.A.

page 74

59

Jacopo Nigreti, dit Palma Vecchio
Serina (Bergame), vers 1480 - Venise, 1528

L'Adoration des bergers
Toile. H. 1,40; L. 2,10
PARIS, MUSÉE DU LOUVRE,
DÉPARTEMENT DES PEINTURES

HISTORIQUE
Coll. Anelot de La Houssaye (?), XVIIe siècle, France; acquis par Louis XIV en 1685 auprès du peintre et marchand Benoist pour 2 200 livres; coll. de Louis XIV (Inv. Le Brun, partie succédant à celle de 1683, n° 448, Palma Vecchio); Versailles, Grande Antichambre, en 1695; Versailles, grand Appartement du Roi, en 1709; transporté au Louvre en 1789.
BIBLIOGRAPHIE
Lépicié, 1754, II, p. 126; Dezallier d'Argenville, 1762, I, p. 281; Tassi, 1793, I, p. 99; Kugler, 1847, p. 35; Villot, 1849, I, p. 135 (n° 277); Mündler, 1869, p. 305; Crowe et Cavalcaselle, 1871, II, pp. 472-473; Tauzia, 1878, p. 166; Lemorlieff [Morelli] 1880 (éd. 1886), p. 34; Locatelli, 1890, pp. 63-64; Lemorlieff [Morelli], 1890, p. 387, note 1 p. 390; Berenson, 1894 (éd. 1897), p. 113; Berenson, 1895 (éd. 1905), pp. 114, 246; Foratti, 1912, pp. 12, 25-26; Ricci, 1913, I, pp. 94-95, n° 1399; Hautecœur, 1926, p. 90, n° 1399; A. Venturi, 1928(1), IX, 3, pp. 419-420, 436; Suida, 1931, p. 142; Berenson, 1932, p. 410; Gombosi, 1932, p. 174; Spahn, 1932, pp. 55-58, 132-134; Suida, 1934-35, p. 89; Berenson, 1936, p. 352; Gombosi, 1937, pp. 55-57; Berenson, 1955, p. 54; Berenson, 1957, I, p. 125; Ballarin, 1965(1), pl. IX; Mariacher, 1968, p. 66; Ballarin, 1970, p. 47; Freedberg, 1971 (éd. 1979), p. 334; Mariacher, 1975, p. 212, n° 42; Goldfarb, 1976, pp. 133-134; Rearick, 1976-77, V. p. 41; Brejon de Lavergnée et Thiébaut, 1981, p. 211; Brejon de Lavergnée, 1987, pp. 429-430, n° 448; Rylands, 1988, pp. 99-100, 250 (n° 91).

L'attribution à Palma Vecchio, avec laquelle le tableau fut acquis en 1685 par Louis XIV, n'a jamais été mise en doute par les chercheurs – seul Mündler l'attribue à Lotto –, qui ont exprimé en revanche des avis discordants sur la date d'exécution. Morelli (1880), qui propose de situer l'œuvre dans les débuts de la deuxième décennie (1510-1515) « à cause du coloris inspiré de Giorgione, des lumières intenses et vives qui caractérisent Lotto », suivi par Gombosi (vers 1515) et Venturi, ce dernier soulignant le ton giorgionesque et observant comment « l'atmosphère immobile des tableaux de Palma commence à s'agiter » le dynamisme de la Vierge et du berger et le clair-obscur vibrant sont « presque de Titien ». Selon Spahn, au contraire, l'atténuation accrue des transitions de clair-obscur, comme dans le polyptyque de sainte Barbe à Santa Maria Formosa, et l'harmonie de la composition, organisée en triangle, repoussent l'exécution à la fin de la décennie, opinion approuvée par Pallucchini et Mariacher. Enfin, au léger avancement vers les années vingt proposé par Freedberg (vers 1522), donc vers une date où Palma aurait assimilé les influences non vénitiennes qui s'étaient infiltrées dans son langage après 1518 et s'étaient manifestées par une préoccupation excessive pour la pureté de la forme et la clarté plastique, succède l'opinion de Rylands, qui remarque « la sinuosité exaspérée des figures et le drapé surabondant », inspiré de Lotto, s'exprimant dans le langage du peintre revenu de Bergame à Venise en 1525.

Deux signatures apocryphes, « *Titiannus* » et « *Ticianno* » sont inscrites le long du bord inférieur (Villot, Rylands). Rylands a proposé de reconnaître dans le tableau acquis par Louis XIV en 1685 une *Sainte Famille avec des saints* de Palma cité par Ridolfi (1648 [éd. Hadeln], I, p. 140) et ensuite par Félibien (1672 [éd. 1688], I, p. 371) dans la collection française d'Anelot de La Houssaye, qui avait été ambassadeur à Venise, mais il conclut : « Le fait que l'*Adoration* du musée du Louvre fut attribuée à Titien quand elle fut acquise par Louis XIV (et la fausse signature remonte certainement à cette époque) plaide contre l'éventualité qu'il ait été l'un des Palma Vecchio possédés par La Houssaye, cités par Ridolfi en 1648 ». En réalité, il n'y a aucun indice prouvant que le tableau était alors attribué à Titien, car, comme on l'a dit, dans l'inventaire Le Brun (n° 448) il est donné au « Vieux Palma », ce qu'atteste aussi l'ordre de paiement, du 24 février 1685 au peintre Antoine Benoist (Brejon de Lavergnée, 1987); il est probable à l'inverse que les signatures apocryphes remontent à une phase précédente, quand l'œuvre était sur le marché entre Venise et la France.

Davantage peintre de tableaux d'amateur plutôt que d'œuvres pour la commande officielle, Palma dut la gloire internationale dont il jouit dès le XVI⁰ siècle auprès des collectionneurs et aussi des historiens, au genre des *Sacre Conversazioni*.

Après les traces de persistance du Quattrocento qui subsistaient dans la première décennie du XVI⁰ siècle, où il exprime déjà cette « paisible étendue chromatique sur le tableau toute évidente, large et ostensible » (Longhi, 1926-27 [éd. 1967], p. 287) qui caractérise son langage, Palma élabore ce thème de dévotion privée sur les exemples de la manière moderne de Giorgione et de Titien. Le cheminement des nouveautés imposées par Titien pour ce sujet durant la deuxième décennie, depuis la *Sainte Conversation* de la National Gallery d'Édimbourg, et celle avec les figures en pied de la collection Magnani Rocca (cat. **47**) jusqu'à la *Sainte Conversation* de la Gemäldegalerie de Dresde, peut être suivi parallèlement dans la production de Palma et constitue une base importante pour les propositions de datation des

tableaux exécutés par le peintre bergamasque durant les années presque entièrement privées d'appuis chronologiques sûrs.

A partir de la *Sainte Conversation* de Dresde (n° 188) et de la *Sainte Famille avec deux saintes* de Vaduz (collection Liechtenstein), Palma modifie déjà l'exécution plus timide de la période giorgionesque où le paysage avait un rôle de protagoniste (Ballarin, 1968 : *Sainte Famille avec sainte Catherine et le petit saint Jean-Baptiste*, Dresde, Gemäldegalerie, n° 191), sous l'influence du dynamisme interne de la *Sainte Conversation* (cat. **47**) de Titien. Mais c'est la *Sainte Conversation avec un donateur* de la collection Thyssen-Bornemisza qui met en évidence « l'adhésion à une exécution formellement plus tendue, plus énergique », à la manière de Titien (Ballarin, 1965), tandis que les coloris de Palma restent lumineux et brillants, presque cristallins, et privés de clair-obscur, de sorte que l'effet est plus décoratif et superficiel : « Si Titien comprend la « *sacra conversazione* » comme un dialogue intense, comme une action, Palma traite le thème sous forme de paysage telle une rencontre de saints et de saintes dans la nature. » En conséquence l'esprit puissamment naturaliste et dramatique des œuvres de Titien proches de l'*Assomption des Frari* (1516-1518), comme la *Sacra Conversazione* de Dresde, reste étranger à la mentalité de Palma, tandis que la grande richesse des valeurs de clair-obscur le pousse à la recherche d'une nouvelle dynamique de contrastes entre les parties touchées par la lumière et celles absorbées dans la pénombre dans la *Sainte Conversation* de Poznán datable vers 1516-17 (Ballarin, 1968).

Même sans comprendre à fond la portée révolutionnaire du langage de Titien, Palma adopte donc, dans son exécution ordonnée et harmonieuse, une plus grande aisance dans les schémas de construction, d'expressivité dans les visages et de liberté dans la conduite picturale. Dans la *Sainte Conversation* de Vienne, les formes monumentales sont construites selon des mouvements ouverts et variés qui rendent dynamiques les amples surfaces de couleur. Dans cette structure de composition plus libre se greffe l'influence de Lotto au moment de la *pala* de San Bartolomeo à Bergame (1513-1516), qui non seulement répand sur les formes des vibrations lumineuses, mais s'exerce aussi sur la tête de saint Sébastien du tableau de Poznán (Ballarin, 1968) et la sainte Catherine de la *Sainte Conversation* de Vienne, sœur du *Portrait de femme vue de dos* conservé dans le même musée.

Les expériences récentes se concentrent dans l'*Adoration des bergers*; l'urgence du mouvement, créé dans un schéma triangulaire qui se ferme au centre sur la figure de saint Joseph, donne lieu à une nouvelle dilatation des formes par grands arcs imbriqués et «avec un enrichissement de la couleur en sens tonal qui prélude à Bonifacio» (Ballarin, 1965). En substance, si la composition ne présente pas dans l'ensemble de changements radicaux en réponse

aux nouveautés proposées par Titien, la palette plus somptueuse et les qualités picturales qui animent les surfaces, les immergeant dans la densité atmosphérique, rendent compte du progrès dont témoigne ce tableau par rapport aux œuvres qui s'échelonnent au long de la deuxième décennie. Même si déjà dans la *Sainte Conversation* de Poznan les plans de couleur sont «habilement ondulés, aux liserés crêpelés et soulevés de pénombre» (Ballarin, 1968), ce n'est qu'au moment de l'*Adoration des bergers* du Louvre que les formes dépassent la mise en facettes des plans — les «dentelures, quoique plus subtiles, qui cisèlent encore les bords, là où Palma a ainsi atteint à la plus grande dilatation des plans» (Longhi, 1927 [éd. 1967], p. 238) — et le caractère graphique acquièrent une plus grande liberté dans le modelé des formes de la *pala* de sainte Barbe, dans l'église Santa Maria Formosa à Venise. La recherche d'une peinture plus attentive aux valeurs atmosphériques — qui envahit de sa chaleur lumineuse le premier plan — est évidente dans l'ouverture du paysage sur la droite qui, si on la compare avec des œuvres précédentes comme la *Sainte Conversation* de Vienne, est réalisée avec une technique de « *macchia* » (tache) moins descriptive et plus fondue dans les intonations chaudes qui s'estompent jusqu'à la lumière dorée tout le long de la ligne d'horizon. Ce qui semble être une estampe est accroché au mur derrière les personnages; le sujet de celle-ci n'est pas encore identifié. Le très beau détail de la femme orante, peut-être la commanditaire du tableau, est presque un morceau de bravoure à lui seul, qui a été valorisé par l'intervention de la restauration exécutée à l'occasion de l'exposition par le Service de restauration des Musées de France. Même si Palma, comme toujours dans les visages féminins, est guidé par un idéal de beauté qui tend à les rendre tous semblables, la douceur des chairs et l'humanité de l'expression donnent à l'image un caractère de portrait, tandis que l'opulence de la mise en page ouvre la voie à un tableau de quelques années postérieur, les *Trois Sœurs* de Dresde.

Ce bref parcours démontre que le tableau n'appartient pas à l'histoire de Palma au cours de la deuxième décennie et se situe entre des œuvres documentées comme, en 1523-1525, la *pala* de l'église de la Madonna dell'Orto à Venise avec *Saint Vincent, saint Dominique et sainte Hélène* – d'appréciation difficile à cause de son état de conservation – et en 1525-26, l'*Adoration des Mages*, provenant de l'église vénitienne de Sant'Elena in Isola (Milan, Brera). Une datation trop tardive, vers la fin des années vingt, ne s'accorde pas avec les caractères formels de l'*Adoration des bergers* du Louvre. Dans ces années-là, Palma semble s'apercevoir de la nouveauté de l'art de Pordenone, et, face à la difficulté évidente d'adaptation à la direction désormais si différente de Titien, cherche une autre voie d'inspiration et de renouvellement. L'imposante monumentalité des figures de la *Sainte Conversation* de Naples (Capodimonte), qui date d'après le milieu de la décennie et les

« *pale* » citées, exprime la réponse de Palma au plasticisme de Pordenone, qui complique ce langage « de mouvement corporel à effet musculeux sous-jacent » (Pallucchini, 1944 [Pittura], PXXXVII). A peu près au même moment, le peintre bargamasque expérimente dans une nouvelle confrontation avec Titien, la traduction de la mise en page monumentale et classicisante de la *Pala Pesaro* dans l'exécution plus détendue du tableau d'amateur, qu'est la *Sainte Conversation* des Gallerie dell' Accademia de Venise.

Le dessin représentant la *Madone et les saintes (ou les donatrices)* du Teylers Museum de Haarlem (inv. B. 21) a été mis en relation stylistique avec le tableau du Louvre (Spahn, Ballarin, Goldfard); l'effet pictural du trait dynamique et la douceur des formes témoignent de l'évolution du langage de Palma après 1520 environ (Ballarin, 1970).

L.A.

page 75

60

Jacopo Nigreti, dit Palma Vecchio
Serina (Bergame), vers 1480 - Venise, 1528

Jacob et Rachel
Toile. H. 1,465; L. 2,505. Inscription sur la bourse au premier plan à gauche : *G.B.F.*

DRESDE, STAATLICHE KUNSTSAMMLUNGEN, GEMÄLDEGALERIE, ALTE MEISTER

HISTORIQUE
En 1684 dans le couvent des moniales, Trévise (Gualandi); Palazzo Malipiero, Venise, acquis avant 1747 par Guarienti pour les coll. de l'Électeur de Saxe (inv. Guarienti, 1747-50, n° 438, Giorgione).

EXPOSITIONS
Varsovie, 1968, n° 70; Washington, 1978, n° 515.

BIBLIOGRAPHIE
Dresde, *Catalogue*, 1765, p. 223 (n° 223); Lehninger, 1782, p. 60 (n° 290); Hirt, 1830, p. 60; Gualandi, 1844-56, III, pp. 179, 194; Crowe, et Cavalcaselle, 1871, II, pp. 545-555; Hübner, 1880, p. 129; Molmenti, 1880 (éd. 1927-29), II, p. 133; Morelli, 1880 (éd. 1886), pp. 153-154, pp. 153-154 note 3; Woermann, 1887, pp. 96-97 (n° 192); Locatelli, 1890, pp. 71-75; Berenson, 1894 (éd. 1897), p. 112; Berenson, 1895 (éd. 1905), p. 112; Richter, 1910, I, p. 129; Borenius, 1912, III, p. 387 note 2; Foratti, 1912, p. 12; Singer, 1913, pl. 46; Schubring, 1916, pp. 28-34; Posse, 1924, pl. 49; A. Venturi, 1928, IX, 3, pp. 401-402, 435, 436; Posse, 1929; Berenson, 1932, p. 409; Gombosi, 1932, p. 174; Spahn, 1932, pp. 84-86, 156-157; Mazza, 1934, p. 196; Berenson, 1936, p. 352; Gombosi, 1937, pp. 66-67, 136; Berenson, 1955, p. 54; Berenson, 1957, I, p. 123; Garas, 1966, p. 86 note 35; Ballarin, 1968, p. 252; Mariacher, 1968, pp. 67-68; Menz, 1968, pp. 87-92; Walther, 1968, pp. 76-77 (n° 70); Mariacher, 1975, p. 209 (n° 21); Dresde, *Catalogue*, 1983, p. 250; Pallucchini et Rossi, 1983, p. 350 (n° V28); Rylands, 1988, pp. 97-99, 240 (n° 74).

Dans une lettre de Matteo del Taglia du 22 juillet 1684, publiée par Gualandi, on apprend que le tableau était conservé dans un couvent de moniales de Trévise, comme une œuvre de Giorgione. Il fut acquis par Guarienti avec cette attribution, confirmée par l'inscription apocryphe apposée sur la bourse au premier plan, qui pouvait signifier « *Giorgio Barbarella fecit* ». Mais la même inscription fut plus tard déchiffrée ainsi par Cavalcaselle : « *Giovanni Busi fecit* » et le tableau passa sous le nom de Cariani, parce qu'il en remarqua le caractère plus proche de Palma que de Giorgione. Déjà Hirt avait observé que l'œuvre ne présentait pas les caractères spécifiques de Giorgione et qu'elle pouvait avoir été peinte aussi bien par Palma que par Pordenone. L'attribution n'a plus été mise en doute par les chercheurs, après que Morelli eut reconnu le style de Palma des années 1520-25. Seule voix discordante, celle de Woermann, qui suppose l'intervention d'un élève comme Bonifacio. A l'exception de Venturi, qui le situe entre la première et la deuxième décennie à cause de la minutie nordique du paysage, loin de celui imaginé par Giorgione, et Gombosi, qui pense à une date aux environs de 1515 (1937; mais en 1932 il avait proposé une date autour de 1520), le tableau est unanimement situé dans les années de la maturité du peintre, dans le début des années vingt.

Au début du siècle, Schubring avait mis en doute l'identification traditionnelle du thème, celui de la Rencontre de Jacob et Rachel auprès du puits où celle-ci s'était rendue pour abreuver le troupeau de son père (Genèse, 29, 9-12), car le puits, d'où Jacob prit la pierre pour aider la femme n'est pas représenté, tandis que le berger à gauche tient une double flûte qui ferait penser plutôt à un sujet mythologique; c'est pourquoi cet auteur propose d'y voir la rencontre de Pâris avec la nymphe Oenoné racontée par Ovide. Cette hypothèse a été réfutée de manière convaincante par Spahn, puis par Menz et par Walther et n'a pas eu de suite.

La scène biblique est représentée comme un récit pastoral dans un paysage déployé de manière à pousser le regard en profondeur pour suivre les détails narratifs; de cette manière, la dimension du réel n'est plus un développement émotionnel ou esthétisant, répondant aux sollicitations poétiques et intimistes des paysages pastoraux de Giorgione et du jeune Titien, mais investit le lieu choisi pour le déroulement de l'événement. Palma suit encore une fois les innovations introduites par Titien : l'exigence essentiellement naturaliste des deux premières œuvres exécutées pour le *Camerino* d'Alfonso d'Este avait amené le maître de Cadore à modifier sa conception du paysage, animé maintenant par un nouveau dynamisme de contrastes d'ombre et de lumière, et rendu ainsi plus libre. A partir de là le passage est bref vers la représentation d'un espace naturel qui se creuse progressivement en profondeur, mûri par le classicisme des œuvres tardives de Raphaël, comme le montre le *Bacchus et Ariane* de Londres.

Dans la *Bacchanale des Andriens* achevée en 1524 et envoyée à Ferrare probablement en janvier 1525 (Campori, 1874, p. 598; Gould, 1969, p. 12) l'évolution vers le classicisme est accomplie de telle sorte que les figures sont absorbées dans l'atmosphère du paysage. A cette époque, Titien développe la recherche du rendu de la profondeur dans des dessins de collection et dans les dessins préparatoires à la gravure, qui sont caractérisés par une minutie du trait et un rendu accentué des volumes, comme dans le *Paysage avec un berger endormi* (cat. **217**), daté par K. Oberhuber (1976, p. 30) d'une date proche du *Bacchus et Ariane*, à la fin de 1522; ou dans le *Paysage à la laitière* (cat. **209**), et dans la gravure du même sujet (cat. **210**).

Des *Andriens*, Palma reprend l'attitude du berger qui donne à boire (Spahn, qui mentionne une observation d'Hetzer); la courbe de son dos prolonge celle des collines, tandis que les lignes horizontales des plans de verdure soulignent la frontalité de la scène, parallèle à la surface picturale. Dans le même temps, les bosquets d'arbres sur les côtés créent des verticales parallèles aux deux figures bibliques. L'étreinte dynamique des protagonistes au premier plan et le schéma en diagonale des bergers, souligné par des poses recherchées, reflètent, tout en gardant la détente tranquille des récits de Palma, la structure organisatrice du tableau de Titien. Ainsi la lumière qui souligne la rencontre est directe mais pas violente comme celle des *Bacchanales*. L'illumination du paysage se dégrade en tonalités crépusculaires et adoucit les contours; les coloris ont la même intensité atténuée de la *Pala de sainte Barbe* de Santa Maria Formosa, de peu antérieure, le rouge de la veste de Rachel s'éteignant dans l'effet changeant et dans l'accord avec la manche cuivrée, comme dans la sainte Barbe. Les tonalités des vêtements de Jacob et du berger à gauche s'harmonisent, se confondant avec celles de la nature. Si la citation directe du tableau peint pour le *Camerino* ferrarais oblige à ne pas situer le tableau avant 1524-25, l'idée de moduler par une progression calculée la profondeur de l'espace sur lequel les figures se détachent, apparaît bien éloignée du paysage majestueux et idéalisé des *Nymphes au bain* de Vienne (vers 1520, cat. **58**), où ce sont les figures qui, par leur dimension, créent la séparation entre le premier et le second plan, tandis que, derrière, un bosquet d'arbres et les lignes des collines lointaines se découpent brusquement.

La datation proposée, qui se fonde sur des raisons stylistiques, situe le tableau juste après l'*Adoration des Mages* de Brera provenant de l'église vénitienne de Sant' Elena in Isola, qui fut commandée par Orsa, veuve de Simeone

Malipiero, le 3 juillet 1525, et devait être terminée pour Pâques de l'année suivante (Stefani, 1871, p. 166-168). La *pala* semble déjà refléter la somptuosité chromatique de la *Pala Pesaro* de Titien de 1526, mais rappelle le *Jacob et Rachel* par la recherche des poses et les rythmes ouverts des formes.

L.A.

page 76

61

Jacopo Nigreti, dit Palma Vecchio
Serina (Bergame), vers 1480 - Venise, 1528

Portrait d'homme
Toile. H. 0,935; L. 0,72
SAINT-PÉTERSBOURG, MUSÉE DE L'ERMITAGE

HISTORIQUE
Acquis en 1886 par le musée Galitzine de Moscou.
EXPOSITIONS
Leningrad, 1938, n° 133; Leningrad, 1972, n° 367; Moscou, 1972, n° 1; Tokyo-Kyoto, 1977, n° 5; Washington, 1979-80, p. 59; New Delhi, 1987, n° 8; Sydney, 1988, n° 4; Milan, 1990, n° 15.
BIBLIOGRAPHIE
Harck, 1896, p. 245; Somof, 1899, p. 85, n° 1657; Justi, 1908, I. p. 178; Liphart, 1910, p. 20; Phillips, 1910, p. 268; Weiner, 1910, p. 147; Borenius, 1912, III, p. 387, note 2; L. Venturi, 1912, p. 136; Weiner, 1923, pl. 48; A. Venturi, 1928, IX, 3, pp. 430, 436; Berenson, 1932, p. 409; Gombosi, 1932, p. 174; Spahn, 1932, pp. 27, 116; Suida, 1934-35, p. 93; Berenson, 1936, p. 352; Gombosi, 1937, pp. 48, 135; Berenson, 1957, I, p. 124; Levison Lessing, 1957 (éd. 1967), p. XI, pl. 39; Bazin, 1958, p. 60; Leningrad, *Catalogue*, 1958, I, pp. 147, n° 258; Salvini, 1961, p. 237; Smirnova, 1964, p. 42; Garas, 1966, p. 86; Mariacher, 1968, p. 49; Fomiciova, 1974, p. 473; Mariacher, 1975, p. 210 (n° 29); Leningrad, *Catalogue*, 1976, p. 119, n° 258; Fahy, 1979, p. 50; Rylands, 1988, p. 245, n° 83; Artemieva, 1990, p. 64, n° 15.

Acquis de la collection Galitzine par le musée comme l'œuvre d'un artiste vénitien du XVIᵉ siècle, le portrait a été reconnu par Harck comme appartenant à l'époque la plus tardive de Palma. L'attribution a été accueillie par tous les chercheurs, tandis que la datation n'a eu aucune suite dans la critique moderne, à l'exception de la récente monographie de Rylands, qui situe le tableau dans les années 1525-1528. A partir de Phillips et de L. Venturi il y avait eu une

concordance dans la lecture stylistique du portrait, considéré comme l'une des œuvres de Palma les plus proches de Giorgione par l'expression intérieure et mélancolique, à situer donc entre 1512 et 1515 et non au-delà de cette date. Parmi les tableaux de comparaison qui confirment ces hypothèses chronologiques, ont été mentionnés *La Bella* (cat. 57) de la collection Thyssen-Bornemisza (Phillips, Gombosi) ou le *Portrait de gentilhomme* du musée de Berlin (n° 174), le *Portrait d'homme* de la collection du duc d'Albe à Madrid et le *Portrait de Francesco Querini* de la Galleria Querini-Stampalia à Venise (A. Venturi, Suida, Levison Lessing, Artemieva), ou encore le *Portrait de poète* de la National Gallery de Londres (Phillips), mais la différence stylistique entre tous ces tableaux introduit des divergences sur leur datation.

Il n'est pas facile de reconnaître dans les portraits connus du peintre bergamasque un reflet direct de Giorgione, sauf dans le dessin conservé à Édimbourg (collection Andrews) figurant une *Tête d'homme*, à cause de la forte idéalisation du visage et de la découpe des épaules — mais on ne peut pas affirmer qu'il s'agisse d'un dessin préparatoire pour un portrait. Si, dans le *Portrait de poète* de Londres, dit l'*Arioste*, l'expression absorbée et distante rappelle les portraits de Giorgione, la position de la figure qui occupe l'espace avec assurance, offrant une ample surface à la lumière qui provient de la gauche, trahit l'intérêt de Palma pour les portraits de Titien, comme le *Chevalier de Malte* des Uffizi, datable des débuts de la deuxième décennie (Pallucchini, 1969, I, p. 247 : 1515 environ : Wethey, 1971, II, p. 113, n. 56 : 1510 environ, « Titien (?) »). Les coloris vifs et lumineux rappellent aussi le maître de Cadore. On ne peut donc pas le considérer comme très postérieur aux deux portraits féminins du musée de Vienne, la *Dame en bleu* et la *Dame en vert*, des environs de 1515.

Le tableau de l'Ermitage est caractérisé au contraire par une grande sobriété chromatique, caractérisée par « l'accord de tonalités très douces entre le manteau et la brume grise du fond d'où surgit à la lumière le beau visage éclatant de jeunesse » (A. Venturi) et par une structure monumentale dans un espace dilaté où la figure se place avec aisance, animée par une délicate énergie intérieure. Si la pose peut renvoyer à des exemples de Titien comme le *Portrait de Vincenzo Mosti* (Palazzo Pitti), qui date des débuts de la troisième décennie, la qualité picturale libre et déliée, débarrassée de la minutie du dessin, et la dilatation de la forme, rappellent le *Portrait de Francesco Querini* de Venise que Palma a probablement laissé inachevé dans son atelier au moment de sa mort, advenue en 1528. Ce principe de grandeur formelle, qui exprime une présence physique plus importante par rapport aux habitudes de Palma, rappelle surtout le *Portrait d'homme* déjà cité de la collection du duc d'Albe, d'une puissante ampleur influencée par Pordenone.

Après le milieu de la troisième décennie,

quand Palma exécute l'*Adoration des Mages* documentée en 1525-26 (Stefani, 1871, pp. 166-168), provenant de l'église vénitienne de Sant'Elena in Isola (Brera), le peintre élargit son intérêt pour l'art de Pordenone afin de renouveler son langage en mêlant à ses schémas d'organisation traditionnels l'énergie physique des mouvements amples, comme le prouve la *Sacra Conversazione* du musée de Naples (Pallucchini, 1944 [Pittura], p. XXXVII). Le portrait de Saint-Pétersbourg manifeste les premiers effets de cette nouvelle tendance stylistique, et il est donc datable peu après la *pala* de la Brera, comme le propose aussi Rylands pour le tableau de la collection d'Albe. Cet historien a proposé de reconnaître, dans le personnage représenté dans le tableau espagnol, Girolamo Capra, commanditaire probable de la pala de la *Madone sur un trône entre saint Georges et sainte Lucie*, placée dans la chapelle de la famille Capra dans l'église Saint-Étienne à Vicence, en raison de sa ressemblance avec le visage de saint Georges dans la *pala*, qui est datée vers 1527-28.

L.A.

page 77

62

Bonifacio de' Pitati, dit Bonifacio Veronese
Vérone, vers 1487 - Venise, 1553

Sainte Famille avec saint François, saint Antoine abbé, sainte Marie-Madeleine, saint Jean-Baptiste et sainte Élisabeth
Bois. H. 1,55; L. 2,05. Inscription sur la plinthe derrière la Vierge : *IΔOY H ΔOYΛH/.KYPIOY* et plus bas : *.OP.P [...] / .V.M.*

PARIS, MUSÉE DU LOUVRE,
DÉPARTEMENT DES PEINTURES

HISTORIQUE
Coll. du cardinal Ludovico Ludovisi jusqu'en 1633 (inv. 1633, n° 18), Rome; coll. Mazarin, Paris (inv. 1653, n° 262; inv. 1661, n° 1092); acquis en 1661 par Louis XIV aux héritiers de Mazarin; coll. Louis XIV (inv. Le Brun, 1683, n° 133).
BIBLIOGRAPHIE
Félibien, 1672, I, pp. 118-119; Le Comte, 1699, II, p. 131; Lépicié, 1754, II, p. 127; Dezallier d'Argenville, 1762, I, p. 281; Tassi, 1793, I, p. 99; Villot, 1849, I, p. 41, n° 82; Aumale, 1861, p. 323, n° 262; Tauzia, 1878, p. 63, n° 74; Cosnac, 1884, p. 317,

n° 1092; Berenson, 1894 (éd. 1897), p. 85; Ricci, 1913, I, pp. 21-22, n° 1171; Hautecœur, 1926, p. 36, n° 1171; Venturi, 1928, IX, 3, pp. 1037-1039; West-phal, 1931, pp. 33-36; Berenson, 1932, p. 95; Berenson, 1936, p. 82; Pallucchini, 1944 (*Pittura*), II, p. VI; Berenson, 1957, I, p. 43; Faggin, 1963, p. 94 note 4; Garas, 1967, p. 340, n° 18; Freedberg, 1971 (éd. 1979), pp. 347-348; Constans, 1976, p. 167, n° 29; Brejon de Lavergnée et Thiébaut, 1981, p. 155; Simonetti, 1986, pp. 91, 99, n° 9; Brejon de Laver-gnée, 1987, pp. 192-193, n° 133; Rylands, 1988, p. 288, n° A52.

Le témoignage contemporain de Félibien et les inventaires de la collection du cardinal Mazarin (Aumale, Cosnac) attestent la provenance et le passage dans les collections royales de cette peinture, habituellement attribuée à Palma Vecchio. Puisque Mazarin avait acheté plu-sieurs œuvres lors de la vente des biens du cardinal Ludovisi, l'hypothèse (Simonetti) se-lon laquelle cette toile aurait précédemment ap-partenu, elle aussi, à la collection romaine, de-vient très probable; l'œuvre pourrait alors être alors identifiée, grâce aux correspondances dans la description des mesures et de l'attribution, avec le n° 18 de l'inventaire Ludovisi de 1633 : « Un tableau haut de pieds X cadre doré sur lequel est représentée une Madone avec le petit Jésus dans ses bras, et un Saint Jean enfant accompagné de nombreux saints et saintes avec une petite bande de taffetas rouge, et des den-telles dorées avec un cordon de soie de la main de Palma Vecchio » (Garas). A Villot revient le mérite d'avoir reconnu en Bonifacio l'auteur de cette *Sainte Conversation*, opinion qui a été par-tagée par tous les historiens postérieurs.

L'absence, encore aujourd'hui, d'une re-constitution satisfaisante du catalogue et de la chronologie de l'artiste a des conséquences sur les réflexions critiques concernant son activité, que l'on fait débuter après 1515, quand Boni-facio était déjà âgé de trente ans, et qui s'éche-lonne selon des grandes lignes dans les décen-nies suivantes. Venturi et Pallucchini affirment que la peinture en question est l'une des pre-mières œuvres de l'artiste parmi celles datées d'avant 1530, toutes caractérisées par la ré-flexion à partir des « modèles de composition et des mélanges de couleur de Palma Vieux » (Pal-lucchini) et de Titien. D. Westphal le situe après la *Madonna dei Sartori* et le *Jugement de Salomon* pour le Palazzo dei Camerlenghi, datés de 1533 (Venise, Gallerie dell'Accademia), parce qu'elle y discerne une plus grande liberté de mouvements et de structure, le recours à des types inspirées de Raphaël et des contrastes de couleurs qui ne s'accordent plus à l'intérieur des seuls tons chauds.

Cette datation a été anticipée par Faggin qui, en tentant de reconstituer une activité de jeunesse crédible du peintre à partir de la deuxième décennie, relève des correspondances étroites entre le tableau du Louvre et les *Saintes Conversations* exécutées par Titien vers 1515, surtout celle appartenant à la Fondation Ma-gnani Rocca (cat. **47**). Récemment, Simonetti a proposé de situer l'œuvre entre 1525 et 1530,

parce que s'il est vrai que le relief des formes renvoie à Titien, la structure de la disposition, tentative de perspective « tournante », reflète « la connaissance des modèles de Raphaël ». La lecture de S.J. Freedberg du style de Bonifacio s'éloigne de ces positions critiques; après une première phase (environ 1528-1533) influencée par le Palma plus proche de Titien, l'historien relève en effet dans le peintre véronais un in-térêt renouvelé pour l'emphase et la rhétorique de la forme, qui lui viendrait des gravures de l'Italie centrale et d'un regard jeté en arrière, vers l'usage que Palma même avait fait de ces modèles. Ainsi la *Sainte Conversation*, datée vers 1535, attesterait la recherche d'une grâce que Bonifacio déciderait de rendre par des formes amples et plastiquement définies, mar-quées par l'influence du raffinement ornemen-tal de Lotto et par la majesté de Pordenone.

Dans cette toile, la structure de la composi-tion aux formes équilibrées et monumentales, se situe dans un contexte spatial plus complexe que ceux des exemples contemporains de Palma : en effet l'arrangement de la *Sainte Conversation* de Vienne du peintre bergamasque (que l'on peut dater de la fin de la seconde décennie) révèle une dilatation des premiers plans et du fond et un plus grand intérêt natu-raliste dans les physionomies des saints. L'ouverture du paysage, construit sur la gauche et reprenant la verticalité des profils monta-gneux en correspondance avec la position toute en hauteur des figures, se dilate vers l'horizon lumineux, plus bas sur la droite, où la compo-sition du premier plan descend vers Élisabeth et Joseph. La réalisation picturale se ressent des paysages peints par Titien dans les années 20, mais sans leur dynamisme crépusculaire et le ton, s'éclaircissant, se détend dans la dégra-dation des plans en profondeur. D'une manière analogue, les éléments de la composition qui proviennent de Titien − par exemple la Vierge, par sa typologie et par sa forme majestueuse, ou par le mouvement de son buste, opposé à celui de l'Enfant − se recomposent à l'intérieur d'une disposition équilibrée et symétrique, que rend moins rigide le dialogue serré et dyna-mique des prototypes, les *Saintes Conversations* de la deuxième décennie. Au contraire, les rap-ports chromatiques des bruns et des bleus sur le costume de Joseph s'éloignent de la tradition vénitienne et rappellent plutôt les exemples de Savoldo; à la peinture lombarde renvoie aussi la description analytique de l'épiderme du cou du même personnage et la lumière venant du haut vers saint François, expédients qui per-mettent à l'artiste de rendre le relief de la tête de façon rapide et expressive, grâce au rappro-chement serré des plans de clair-obscur. Cet intérêt pour les incidences de lumière provo-quant des effets naturels, s'oppose à la lumière diffuse qui frappe les figures au centre de la toile, tandis que le dynamisme des lumières sur le drapé de la Vierge et d'Élisabeth a été in-fluencé par les rehauts à trame plus serrée et mouvementée de certains des personnages peints par Titien dans la *Bacchanale des An-*

driens, terminée en 1524 pour le *Camerino* d'Al-phonse d'Este.

En héritant des commandes de Palma Vec-chio, Bonifacio s'insère très probablement dès ses débuts dans le courant fort apprécié des peintres de *Saintes Conversations*, dont le même Palma était devenu le représentant le plus im-portant à partir du moment où Titien avait abandonné cette thématique, vers la fin de la deuxième décennie. L'artiste véronais main-tient toutefois une certaine autonomie par rap-port à Palma et démontre une plus grande ou-verture au langage de Titien, ce qui lui permet d'enrichir ses « tons par des gradations riches en luminosité » (Pallucchini). Certes, dans les œuvres de jeunesse de ce genre, Bonifacio in-troduit encore avec circonspection les nou-veautés de composition proposées par Titien; par exemple la *Sainte Conversation* conservée à Florence (Palazzo Pitti), que l'on peut dater de la deuxième décennie, remonte à des prototypes de Titien, comme la toile de la Fondation Ma-gnani Rocca (cat. **47**) à Reggio Emilia, et à l'interprétation qu'en donne Palma autour de 1515 (collection Thyssen-Bornemisza).

Le peintre véronais se soustrait dans les an-nées 1520 aux influences de Palma et semble parcourir la voie des suiveurs de Titien de *terra ferma*, de Lotto ou de Savoldo, sans toutefois renier son éducation vénitienne, qui reste le caractère dominant de son style. Le *Repos pen-dant la fuite en Égypte* de la Pinacoteca Ambro-siana de Milan, de composition analogue à celle du tableau exposé, bien que son espace soit moins dilaté, reflète dans la figure de l'ange des suggestions provenant de Lotto, qui lui inspire aussi l'interprétation sentimentale de l'*Adora-tion des bergers* conservée à Birmingham. Le *Repos pendant la fuite en Égypte* du Palazzo Pitti appartient au même moment. La contiguïté sty-listique de ces peintures avec la *Sainte Conver-sation* du musée de San Francisco qui, à cause de sa manière proche de Bonifacio et de Lotto, était attribuée au peintre véronais, nous fournit une confirmation indirecte de l'intérêt de ce dernier, dans la période comprise entre 1525 et 1530, pour la peinture de Lotto (qui était rentré à Venise à la fin de 1525). La paternité du tableau américain est donnée cependant à Giampietro Silvio, artiste attentif dans ces mêmes années aux expériences contemporaines de Bonifacio, mais d'un langage plus décidé-ment lié au milieu culturel de Brescia (Ballarin, 1991, p. 133).

Au début de la quatrième décennie, Bonifa-cio s'éloigne des modèles lombards et s'ouvre à des nouvelles influences : dans la *Sainte Conver-sation* de la Kress Collection (Columbia, Mu-seum of Art), la composition se referme sur elle-même à la surface et les figures latérales dénotent une plasticité proche de Pordenone. Dans les premières peintures exécutées pour le Palazzo dei Camerlenghi, telles que l'*Adoration des bergers* ou le *Jugement de Salomon* (Venise, Gallerie dell'Accademia), les scènes se suivent de façon narrative et sont somptueusement ar-rangées (Pallucchini). Les peintures des débuts des années 1530, même le retable pour la Scuola dei Sartori de 1533, sont moins liées à la conception classique rigoureuse qui marque l'œuvre que nous analysons. Ce classicisme naît d'un côté des rapports avec les expériences artistiques de l'Italie centrale — de nombreux historiens ont signalé que le visage d'Élisabeth est inspiré de Raphaël connu peut-être grâce aux gravures de Marcantonio Raimondi — de l'autre côté des traces laissées par Titien, qui peignait dans cette même période la dernière *Bacchanale* et le *Retable Pesaro*. Cette tendance à un langage plus équilibré est présente en outre dans certaines peintures qui peuvent être considérées contemporaines de la *Sainte Conversation* du Louvre (datée vers 1525-1530) telles que le *Mariage mystique de sainte Catherine, avec d'autres saints* autrefois dans la collection Lansdowne, la *Sainte Conversation* de la National Gallery de Londres, l'*Adoration des bergers* du Prado (n° 269) et celle du musée de Los Angeles. L'œuvre du Louvre, «magnifique chef-d'œuvre» (Faggin) de Bonifacio, est caractérisée par une surface picturale brillante et riche, comme la restauration récente faite à l'occasion de l'exposition, l'a mis en évidence; elle prouve aussi une plus grande capacité par rapport à Palma, de comprendre l'art de Titien, ses qualités de couleur et de composition.

L'inscription en grec se rapporte à l'épisode de l'Annonciation et en particulier à la réponse donnée par la Vierge à l'ange: «Voici la servante du Seigneur», citée par l'Évangile de saint Luc (I, 38). L'inscription fragmentaire au-dessous est restée sans explication. Les ruines classiques derrière la Vierge font allusion à la fin du paganisme et reviennent souvent dans l'iconographe de la *Nativité* ou de l'*Adoration des Mages*. La présence des ruines de l'Antiquité classique et des paroles de l'Évangile souligne la signification symbolique de la réunion sacrée qui prenait souvent un caractère plus mondain dans les interprétations de Palma Vecchio, de Bonifacio même, de Paris Bordon et de Polidoro da Lanciano, comme le voulait la mode à Venise dans la deuxième et la troisième décennie du siècle.

Une autre version de cette peinture, qui répète la composition sans aucune variante, appartenait à la collection de lord Barrymore à Marbury Hall — où Waagen la vit (1857), l'attribuant à Paris Bordon — et qui fut vendue à Stockholm en 1933 (vente Bukowski, 20-21 sept. 1933, lot 56, fig. 7, attribuée à Bonifacio Veronese; toile, 1,51 × 1,98). Selon Rylands, il s'agirait d'une copie, mais à en juger par la photographie, la qualité de l'exécution semble-rait digne de Bonifacio lui-même.

Cette peinture a été gravée en 1682 par Étienne Picard (Villot).

L.A.

page 78

63

Giovanni Antonio de' Sacchis, dit Pordenone
Pordenone, v. 1483 - Ferrare, 1539

La Vierge de la Miséricorde
Toile. H. 2,91; L. 1,46
PORDENONE, CONCATTEDRALE DI SAN MARCO

HISTORIQUE
Commandé le 8 mai 1515 par Francesco Tiezzo, le retable a du être livré pour Pâques de l'année 1516.
EXPOSITIONS
Udine, 1939, n° 34; Udine, 1948; Venise, 1955, n° 122; Passariano, 1976; Passariano, 1984, n° 2.4.

BIBLIOGRAPHIE
Ridolfi, 1648 (éd. Hadeln, 1914-1924, I, p. 117); Altan, 1772, p. 20; De Renaldis, 1798, p. 27; Lanzi, 1808 (éd. Capucci, 1970), II, p. 58; di Maniago, 1819, pp. 42, 133, 218; Crowe et Cavalcaselle, 1871 (éd. Borenius, 1912), III, p. 144; Cavalcaselle, 1876 (éd. Bergamini, 1973), p. 65; Candiani, 1881, p. 21; Di Manzano, 1884-87, p. 167; Joppi, 1892, p. 31; Berenson, 1897, p. 118; Borenius, III, 1912, p. 144; L. Venturi, 1913, pp. 185-187; Fiocco, 1921, pp. 195-196; Degani, 1924 (1977), p. 541; Longhi, 1927, p. 14; A. Venturi, 1928(1), IX, 3, pp. 649-651; Berenson, 1932, p. 470; Arslan, 1933, p. 271; Schwarzweller, 1935, pp. 32-34, 138-139; Berenson, 1936, p. 404; Bettini, 1939 (*Giovanni Antonio*), p. 66; Bettini, 1939 (*La pittura*), p. 473; Fiocco, (1939), pp. 42, 136, 159; Molajoli, 1939, pp. 74-77; Pallucchini, 1944 (*Pittura*), I, p. XXXIV; Someda De Marco, 1948, pp. 48-50; Pallucchini, 1955, p. 22; Zampetti, 1955 (*Giorgione*), pp. 248-249; I. Furlan, 1956, p. 45; Morassi, 1956-57, pp. 127-128; Muzzati, 1956, p. 24; Berenson, 1957, I, p. 145; Marchetti, 1959, p. 220; Ballarin, 1965(2), pp. 62-66; I. Furlan, 1966, p. 9; I. Furlan, 1969, p. 219; Freedberg, 1971, pp. 191-192; Muraro, 1971, p. 169; Dell'Agnese Tenente, 1972, pp. 41, 44; Bergamini, 1973, p. XL; Lucco, 1975, p. 22; Volpe, 1975, p. 102; Rizzi, 1976, pp. 44-45; Cohen, 1978, p. 115; Nonis, 1978, p. 50; Rizzi, 1978, p. 182; Querini, 1979, p. 129; Rizzi, 1979, pp. 134-135; Bergamini, 1980, p. 1625; Cohen, 1980, p. 97; Cova, 1981, pp. 165-166; Pilo, 1980, pp. 156-157; Lucco, 1981, p. 40; Sgarbi, 1981 (*Pordenone*), p. 67; Furlan et Bonelli, 1982, p. 56; C. Furlan, 1983, pp. 86, 90-91, 95-96; Lunghi, 1983, p. 176; Bergamini et Tavano, 1984, p. 340; C. Furlan, 1984(1), pp. 58-60; C. Furlan, 1984(2), pp. 92-93; C. Furlan, 1984(3); 16-17, 23-24; Levi, 1984, p. 178; Pallucchini, 1984, p. 14; Rearick, 1985(1), p. 127; C. Furlan, 1985, p. III; Casadio, 1988, II, p. 810; C. Furlan, 1988, pp. 18-19, 74-78; C. Furlan, 1988 (*La pittura*), p. 221; Goi, 1988, pp. 354-367; C. Furlan, 1990, p. 459.

Ridolfi est le premier à mentionner ce tableau et à l'attribuer correctement à Pordenone. Après Altan, De Rinaldis nous apprend l'intérêt que montre pour le retable, à la fin du XVIIIe siècle, un «étranger intelligent», disposé à acquérir la toile au lieu d'une copie «exécutée par une main habile». Les informations fondamentales fournies par di Maniago (1819) permettent de donner à l'œuvre un important support supplémentaire et de la considérer comme un point de référence certain pour la première activité de l'artiste.

Le retable est mentionné pour la première fois dans le testament de Giovan Francesco, dit Cargnelutto di Tiezzo, fils de Niccolò Piazza, rédigé le 15 décembre 1514. Ce document nous renseigne sur les dispositions précises prises au sujet de la qualité et de l'iconographie du tableau, destiné à l'autel de la Miséricorde dans l'église San Marco à Pordenone. Les armoiries de la ville sont en effet visibles sur la porte d'entrée, au fond du tableau. Celui-ci devait être exécuté par un peintre habile et devait représenter «*unam divinam Mariam in formam Matris Misericordiae*», entre les saints Christophe et Joseph. Le 8 mai 1515, Tiezzo cède à Pordenone quelques terres pour la valeur des 47 ducats dus pour le retable. Celui-ci destiné à l'autel «*introeundo ecclesiam ad columnam sinistram*», devait être fidèle au dessin présenté et terminé pour Pâques de l'année 1516. Les relations entre commanditaire et peintre s'achèvent à la fin de l'année 1515, au moment où l'artiste reçoit probablement une grande partie, ou la totalité, de l'argent stipulé pour le tableau (les documents ont été récemment vérifiés par Paolo Goi, 1988). Bien que les documents concernant cette œuvre soient nombreux, il n'est pas possible de réduire la «fourchette» chronologique comprise entre le 8 mai 1515 et le mois de mars-avril 1516, dans laquelle elle se situe.

Les commentateurs du siècle dernier montrent toujours quelques réserves à apprécier complètement ce tableau et tendent le plus souvent à en exalter le «beau coloris», tout en reconnaissant «plusieurs incorrections» dans la composition (Lanzi). Si Cavalcaselle évoque le souvenir des «belles figures de Giorgione et de Titien», particulièrement «dans la pose tranquille et majestueuse» de la Vierge, il porte toutefois un jugement défavorable sur l'exécution du paysage, que di Maniago trouve déjà «d'un style plutôt rigide». La critique contemporaine a en revanche formulé un jugement stylistique plus péremptoire sur ce tableau, dont Longhi continue à souligner la veine giorgionesque, comme la modernité, dans ce «mouvement arqué des formes» qui connaîtra des développements futurs. Le saint Christophe, surtout, excite l'enthousiasme d'A. Venturi, qui voit là un sujet particulièrement cher au peintre. Celui-ci serait d'ailleurs amené à le répéter, isolant le saint dans un tableau, peut-être un fragment de triptyque, aujourd'hui à Bloomington, Indiana. Sur cette version, admirée et jugée autographe par A. Venturi avec l'approbation de Berenson, la critique a également donné un avis plutôt négatif. C. Furlan a même récemment proposé le nom du peintre Pomponio Amalteo, attribuant la toile au strict milieu de l'atelier de Pordenone (C. Furlan, 1988). L'invention du saint Christophe trouve probablement son origine dans le *Porte-drapeau*, gravé par Marcantonio Raimondi, d'après un dessin de Raphaël, inspiré peut-être des nus michelangélesques de la *Bataille de Cascina*. Titien pouvait avoir eu connaissance de ces études de nus, à l'époque où il exécutait la xylographie du *Triomphe de la Foi* (cat. **130**) (à ce sujet, on se référa ici à la notice relative à la *Suzanne* de Glasgow (cat. **42**).

Le caractère giorgionesque du tableau, déjà souligné par Bettini et Fiocco, fut officiellement reconnu lors de sa présentation à l'exposition giorgionesque de 1955, organisée par Zampetti. Le retable de la Miséricorde fut considéré par la suite comme une sorte d'aboutissement dans l'adaptation de l'artiste au langage de la peinture vénitienne. Ce processus, déjà esquissé en 1511 dans le petit retable de Collalto, aujourd'hui à Venise (Gallerie dell'Accademia) se déroula entre 1511 et 1516. Ballarin y voit une adaptation progressive aux styles de Giorgione, Titien et Sebastiano, qui se développe à travers le retable de Vallenoncello, les fresques de l'abside de Sant' Antonio Abate à Conegliano et du chœur de Villanova, le retable de Susegana. Ce processus atteindra précisément son apogée dans le retable de la cathédrale San Marco, « une œuvre assez inhabituelle dans la production du peintre [...], par la liberté avec laquelle les figures sont placées dans le paysage et par l'amplitude même du paysage, construit en de larges plages dans une facture rapide, sans être tributaire des schémas du Quattrocento. Les figures sont représentées en mouvement : saint Joseph berce l'Enfant, tandis que saint Christophe passe le fleuve à gué, en s'appuyant sur une longue perche [...]. [Celui-ci] apporte un motif de tension dans le tableau, une secousse née d'une urgence sensible et dynamique qui s'amplifie dans le paysage, dont les volumes sont comme façonnés par le vent » (1965).

Il est important de souligner ici, dans l'esquisse critique de la période 1511-1516, une nuance apportée récemment, et à plusieurs reprises, par C. Furlan. Celle-ci voit en effet une brusque transition dans l'évolution de la manière vénitienne de l'artiste, lorsqu'elle parle du retable de la Miséricorde comme d'une sorte de conversion à la « manière moderne » de Giorgione et Titien. L'historienne d'art remarque que, dans les fresques du chœur de Villanova en 1514, le peintre friulan a déjà commencé, avant même la peinture de chevalet, où cette maturation « se manifeste entre 1515-1516, donc plus tardivement [...] », à décliner son propre style de manière giorgionesque, et que cela l'a amené à créer « un langage "spécifique" de la fresque » (C. Furlan, 1988).

On compare habituellement à l'œuvre ici exposée, en raison d'une même délicatesse d'atmosphère, la *Transfiguration* de la Pinacoteca di Brera, pour laquelle une datation de 1515-1516 a été récemment proposée (C. Furlan, 1990, pp. 456-459). On note cependant dans ce tableau une veine lottesque plus marquée, beaucoup moins perceptible dans la « grâce encore juvénile » de la *Vierge de la Miséricorde*, hommage plutôt personnel au classicisme titianesque.

La peinture fut endommagée à la fin du siècle dernier, si l'on en croit un dessin de Cavalcaselle, aujourd'hui conservé à la Biblioteca Marciana de Venise. Volée en 1962, l'œuvre fut par la suite restaurée.

A.P.

page 79

64

Giovanni de' Busi, dit Cariani

San Giovanni Bianco, près de Fuipiano al Brembo (Bergame), vers 1485-1490 - Venise, après 1547

Le Concert

Toile. H. 0,92; L. 1,30
COLLECTION PARTICULIÈRE

HISTORIQUE
Coll. de sir Charles Reed Peers, Chiselhampton House, Stadhampton (Oxford); coll. part., New York, 1962; coll. part. depuis 1966.

BIBLIOGRAPHIE
Cappi Bentivegna, 1962, p. 202; Pallucchini, 1966, pp. 87-92; Ballarin, 1968(3), p. 244; Gamulin, 1972, p. 193; Martini, 1978, p. 69; Fomiciova, 1979, p. 162; Brejon de Lavergnée, 1980, p. 54; Sgarbi, 1982, p. 9; Pallucchini et Rossi, 1983, pp. 40-48, 120, 125, n° 46 (avec bibl. ant.); Ballarin, 1988, p. 32; Gentili, 1990, p. 65.

Après que Cappi Bentivegna (1962) eut mentionné ce tableau pour la première fois du point de vue de l'histoire du costume (il figurait dans ce contexte comme d'un artiste vénitien vers 1520), R. Pallucchini (1966) est le premier historien à en avoir donné une appréciation scientifique. A cette époque, les limites du catalogue carianesque étaient floues et la jeunesse vénitienne du peintre entièrement à reconstituer. Pallucchini l'estima légèrement antérieur au *Portrait dit de la famille Albani* (1519, cat. **65**), première œuvre datée alors connue, qui constitua un préambule à la partie la mieux documentée de sa biographie, après son retour à Bergame. Déjà abordé vers 1515 dans le *Joueur de luth* du musée de Strasbourg au style titianesque, le thème musical d'origine giorgio-nesque fut repris par Cariani dans une dilatation de la forme qui annonçait désormais, dans l'esprit de l'historien, le *Portrait Albani*, par sa simplification chromatique en plages étendues de couleurs radieuses et dans un réalisme de tons et de lumière, presque « une forme solidifiée par la lumière », comme la main du joueur qui tient le manche du luth, « avec une intuition picturale digne du Caravage ».

Dans sa monographie sur l'artiste (1983), Pallucchini renforça le lien entre les deux œuvres, jugeant qu'elles étaient en réalité contemporaines; F. Rossi, dans la fiche technique de la même monographie, partageait cet avis. Il en soulignait « l'étonnante connotation réaliste, jamais aussi "radicale", même dans le *Portrait "Albani"* », liée au naturalisme lombard à l'intérieur duquel évoluait désormais Cariani. Elle transparaissait dans certaines exagérations expressionnistes ainsi que dans son étude de la lumière. A la même époque, dans la notice sur le *Violoniste* pour le catalogue du musée Magnin de Dijon (1980), A. Brejon de Lavergnée avait suggéré une datation antérieure, entre 1512 et 1515.

A. Gentili (1990) a plus récemment analysé le thème du tableau selon la tradition iconographique qui remonte aux *Trois Ages* de Giorgione et au *Concert* de Titien, tous deux au Palazzo Pitti (cat. **21** et **45**), en proposant d'y voir représenté le moment de la reprise du concert après une interruption accidentelle. Le luthiste, après avoir remplacé une corde à son instrument, recréerait cette harmonie qui, dans la conception pythagorico-platonicienne, reflète l'harmonie universelle, en présence d'un chanteur attendant d'ouvrir le livre de sa partition musicale, et d'un jeune homme attirant l'attention du spectateur. Les personnages, au caractère évident de portraits, rapprocheraient en outre le tableau d'un genre répandu sur le territoire vénitien. De jeunes aristocrates cultivés y exprimaient leur adhésion à la conception néoplatonicienne de la musique comme métaphore de l'amour, en des termes développés par Bembo dans *Gli Asolani*. A ce courant appartiendrait également le *Joueur de luth* de Strasbourg, qui, par son regard intense et les notes de son luth, lance un appel amoureux à une personne hors du tableau, l'invitant à le rejoindre.

Après avoir accepté de situer cette œuvre dans la période bergamasque (1968), j'ai récemment relu le *Concert* et l'ensemble de la jeunesse de Cariani dans une perspective tout à fait différente qui découle d'une nouvelle interprétation du parcours de Giorgione, Titien et Sebastiano dans la première décennie du XVIe siècle, ainsi que de la réapparition sur le marché londonien de deux œuvres inédites de Cariani, la *Judith*, auparavant dans la collection Needl de Grittleton, et la *Sainte Agathe* (Ballarin, 1988). La *Sainte Agathe* est d'une grande utilité pour éclairer une phase de la biographie de Cariani pas encore comprise ni située avec exactitude. Ce tableau est en effet lié à un autre, de qualité exceptionnelle, qui, malgré sa mention par Berenson, n'a été redécouvert que récemment : la *Judith*, exposée en 1982 par Colnaghi.

Les deux œuvres sont loin de s'inscrire avec évidence dans une période précise du catalogue carianesque. Elles se distinguent également du style plus typique dessiné à la fin de la seconde décennie du XVIᵉ siècle dans la série des œuvres du séjour bergamasque (1517-1524), postérieur à la jeunesse vénitienne : le retable avec la *Vierge et les sept saints* (1517-18), auparavant à San Gottardo et aujourd'hui à la Brera, le *Portrait Albani* (1519) et la *Résurrection du Christ*, peinte en 1520 pour les Vimercati de Crema et aussi à la Brera. La *Judith* et la *Sainte Agathe* semblent plutôt se rapporter, avec une intelligence d'une précocité remarquable, la conjoncture culturelle de Venise autour de 1510, marquée par l'affirmation de la manière moderne de Giorgione, parvenu désormais à sa dernière période, de Titien et de Sebastiano.

La plénitude épanouie des membres potelés des deux protagonistes évoque la *Salomé* de la National Gallery de Londres, datée de 1510, et le *Portrait de femme symbolisant une Vierge sage*, à la National Gallery de Washington, de Sebastiano. Si ces modèles sont suggérés de manière presque littérale dans l'arrondi marqué de la joue, souligné par l'ombre, ils sont toutefois réinterprétés avec une instantanéité plus réaliste qui en atténue le caractère idéalisateur. La construction des deux figures par plans diagonaux permet d'offrir des surfaces plus étendues et dilatées à la couleur accentuée par la lumière. Elle montre aussi chez Cariani une compréhension rapide de la nouvelle mise en espace, marquée par quelques amples plages de couleur, élaborée par Titien des fresques du Fondaco dei Tedeschi à celles de Padoue. Cette conception sera reprise précisément par Sebastiano, en dehors des œuvres déjà citées, dans le retable de San Giovanni Crisostomo (cat. **38**).

Les rapports étroits entre la *Salomé* de Sebastiano et la *Judith* de Cariani, ainsi qu'entre la *Salomé* de Titien et la *Sainte Agathe*, me paraissent à cet égard significatifs : l'attitude des deux figures et la solution de l'ouverture, au-delà de laquelle apparaît le paysage, sont en effet comparables. Il nous faut toutefois relever la qualité plus naturaliste de la couleur chez Cariani, tantôt imprégnée et presque saturée de lumière, tantôt accentuée par des changements soudains, tantôt atténuée par l'ombre. C'est précisément cette qualité qui alimente la réflexion sur les œuvres de la grande manière de Giorgione, à partir des « demi-figures » de 1507 : le *Concert* (cat. **29**), le *Chanteur* et le *Joueur de flûte*, de la Galleria Borghese (cat. **30**, **31**), c'est à dire des œuvres nées de la rencontre entre le réalisme d'origine allemande, dürerien, et la monumentalité exaltée par le classicisme florentin.

La référence à Giorgione, après celle à Sebastiano, est particulièrement présente dans la *Judith*. L'attitude de la femme qui tourne le dos à une seconde figure s'inspire des dernières œuvres du maître, comme le *Portrait d'un homme sous les traits de Saül avec David*, œuvre

aujourd'hui disparue, mais connue grâce à une copie de la Galleria Borghese. Nous pouvons en déduire que de cette peinture, ainsi que d'autres sur le thème de David réalisées par Giorgione, Cariani tire son inspiration pour ce morceau de bravoure qu'est la tête d'Holopherne, dilatée dans l'ombre, auréolée d'une tignasse brune ébouriffée. Le détail de l'écharpe colorée qui ceint sous sa poitrine la robe blanche de Judith et entrelace le brun et le rouge, accentués par l'or de la frange scintillant sous la lumière, paraît inconcevable sans le précédent des vêtements bigarrés du chanteur du *Concert* (cat. **29**). Si l'on considère ce détail, ainsi que le caractère météorologique, giorgionesque, de la trouée du paysage, on doit en conclure que l'œuvre est une sorte d'hommage au grand maître depuis peu disparu.

La *Sainte Agathe* paraît, en comparaison, plus proche des demi-figures, rappelées plus haut, de Titien et Sebastiano. On peut remarquer l'utilisation classique du bas-relief avec la scène de bataille. La lumière qui illumine le front de la sainte, s'insinuant dans la bande des cheveux, et le morceau de paysage, confirme cependant chez le peintre une profonde connaissance de l'univers giorgionesque.

Au noyau de culture originel caractérisé par la *Judith* et la *Sainte Agathe*, appartient une autre œuvre exceptionnelle de Cariani, qui lui a été attribuée par Pallucchini, le *Christ bénissant entre les saints Jean-Baptiste, Pierre, Paul et Roch* d'une collection bergamasque. La coupure franche et monumentale qui touche la figure du Christ à son plus grand déploiement et concrétise sa présence plastique par la succession des plages de couleur, montre la participation complète et consciente du peintre à la poétique du classicisme vénitien. La niche constituée par les têtes des saints qui affleurent de l'ombre à la lumière et s'imposent par leur étonnant regard réaliste, rappelle à travers Giorgione le Dürer du *Christ entre les docteurs* de la collection Thyssen, exécuté lors de son séjour italien.

A cette époque doit appartenir également la *Femme avec le petit chien dans un paysage* de Berlin-Dahlem, un tableau attribué par Longhi à Sebastiano. La robustesse potelée de la figure couchée dans cet étonnant paysage, de même que l'équerre de son visage, évoquent sans doute le peintre vénitien; mais l'interprétation anticonventionnelle du thème classique de la Vénus — on pense en comparaison à la *Vénus* de Dresde de ces mêmes années —, saisie de dos, la tête explicitement tournée vers le spectateur, correspond tout à fait à l'agressivité réaliste des tableaux cités.

Une comparaison entre ces dernières œuvres permet en outre d'évaluer leur véritable place dans la chronologie et de valoriser l'importance de deux dessins attribués depuis longtemps à Cariani : la *Circoncision* du musée Bonnat de Bayonne (inv. n° 118) et le *Groupe de personnages* (cat. **117**). La technique à la plume y crée des effets d'intense clair-obscur qui reproduisent cette manière de tacheter les figures « par

teintes crues et douces », décrite par Vasari comme typique de Giorgione à partir de 1507, tandis que le mélange entre monumentalité classique des formes et urgence dramatique de l'action est lié aux fresques de Titien à Padoue.

Du groupe d'œuvres constitué ici, le *Christ mort soutenu par les anges* d'une collection de La Spezia et ce *Concert* sont parmi les plus significatives. Dans ce tableau affleurent brusquement des préoccupations qui ressurgissent de nouveau au moment de la plus intense méditation de Giorgione sur Dürer, et que Cariani greffe sur le modèle titianesque du Palazzo Pitti. La tête du musicien coupée de trois quarts et vue d'en bas, agressive et passionnée, s'inspire du chanteur central du *Concert* (cat. **29**). La forte influence exercée par le peintre allemand sur le milieu vénitien transparaît en revanche dans le réalisme du personnage en droite, le front haut, les tempes dégarnies, les cheveux longs et lisses retenus derrière les oreilles, le menton massif fendu par une fossette.

Ce remarquable et authentique portrait rappelle le *Portrait de jeune homme se retournant* de Giorgione à l'Alte Pinakothek de Munich, dont la fourrure de renard roux, exposée au premier plan, doit avoir influencé Cariani. Une insistance identique sur les rouges chauds des vêtements, auxquels s'accordent les bruns roux des fourrures, indique en outre le choix d'un registre chromatique giorgionesque par excellence (*Laura*, cat. **27**).

La manière dont le peintre bergamasque « encombre » l'espace avec la figure du musicien, la rapproche de notre regard en la plaçant légèrement de biais, et attire notre attention sur le réalisme des gestes et des physionomies, sur l'évidence de ces amples vêtements rouges aux revers de fourrure, des rubans roses qui parent le béret, de l'énorme luth, tout cela nous éloigne de manière décisive de notre point de départ, le *Concert* du Palazzo Pitti, et plus généralement du classicisme déterminé de Titien et Sebastiano. L'idée même d'un plan en profondeur, qui permet de disposer d'autres objets sur plusieurs niveaux, insiste sur cette accumulation de réalisme et sur la restitution d'un espace qui possède sa propre épaisseur. Ce sont également la subtilité et le naturalisme de la lumière giorgionesque, davantage que l'intensité arrogante de celle de Titien ou de Sebastiano, qui suggèrent des motifs comme la boîte au premier plan ou le mouchoir déployé, ou encore le détachement, à travers l'ombre, de la main qui pince les cordes du luth doré.

Par l'intensité avec laquelle il s'associe aux manifestations picturales vénitiennes autour de 1510, ce groupe d'œuvres semble appartenir aux années immédiatement postérieures à cette date. Ceci nous est d'ailleurs confirmé par une comparaison avec les œuvres bergamasques de l'artiste, dont quelques-unes sont datées et forment une étape sans aucun doute moins originale et moins créative. Au cours de cette période, le peintre abandonna en effet l'intensité plastique inspirée par Sebastiano et le réalisme agressif des premières années vénitiennes pour s'adapter au langage de Titien, des fresques de Padoue à *L'Amour sacré et l'Amour profane*. Il tient compte aussi de l'interprétation, plus facile, mais toujours de qualité, que Palma donne de ce langage, sans en comprendre toutefois ni le classicisme, ni la vitalité, et sans du reste réussir à faire fructifier ce fond de hargne réaliste et d'excentricité auquel se réduisait désormais la grande aventure des années vénitiennes.

Contrairement à ce que pensait Pallucchini, il me paraît clair aujourd'hui que le *Concert* ici exposé et le *Portrait* dit *de la famille Albani* caractérisent deux périodes précises de la peinture carianesque au cours de la seconde décennie. Les œuvres de la période postérieure à 1510 semblent donc former un épisode de créativité, jamais plus atteint, une phase déjà épanouie et autonome de son développement, qui nous oblige ainsi à reconsidérer le problème de sa formation vénitienne.

L'arrivée à Venise du peintre bergamasque, né entre 1485 et 1490, est habituellement située autour de 1509. L'intensité avec laquelle Cariani évoque dans les œuvres citées des réminiscences de Dürer et de Giorgione nous conduit toutefois à avancer cette date au moins jusqu'en 1506, afin de lui permettre d'assister directement à cette brève et particulière conjoncture qui voit les plus grands peintres vénitiens du moment réagir à la présence de Dürer dans la ville. Si l'on examine à nouveau le catalogue de jeunesse de l'artiste, on rencontre en effet une série de peintures sans doute antérieures à 1510, mais déjà orientées vers les intérêts développés par Cariani à ce moment.

Parmi les plus anciennes, on compte probablement la *Sainte Conversation* des Gallerie dell' Accademia, copiée sur la *Vierge avec l'Enfant Jésus, les saints Jérôme, Antoine de Padoue, Barbe (?) et François, et deux donateurs* (cat. **35**), peinte par Sebastiano en 1507 : on remarque en effet des ressemblances dans l'attitude particulière de la Vierge et le profil de la sainte, dans les deux œuvres. L'intérêt de Cariani pour Sebastiano remonte donc à ses premiers pas dans le milieu vénitien et constitue un fil conducteur de son parcours.

Celui-ci s'enrichit progressivement d'autres manifestations de cette inspiration, comme le montre la *Vierge avec l'Enfant Jésus entre les saints Jean-Baptiste et Jérôme*, de la National Gallery of Ireland, à peine plus tardive. Cariani semble avoir à nouveau étudié la *Sainte Conversation* de Sebastiano du Louvre (cat. **36**), dont il perçoit plus en profondeur la richesse chromatique, comme l'indique l'éclat du voile jaune de la Vierge. Le réalisme intense, inspiré, des visages des deux saints semble dépasser le modèle et présuppose une méditation autonome et plus agressive du peintre sur les expériences de Dürer à Venise. Ceci est particulièrement visible dans la belle tête de saint Jérôme, à la longue barbe et au nez aquilin, illuminée par une pluie de lumière qui souligne le subtil réseau de rides autour des yeux et sur le front. L'énergie avec laquelle les mains du saint tiennent le crucifix et le livre, en les agrippant presque, est également

significative. Si cette figure annonce d'autres saints autour du *Christ bénissant*, œuvre un peu plus tardive (Bergame, collection particulière), elle est également parallèle aux réflexions contemporaines du jeune Lotto sur Dürer.

Un autre tableau lié à la *Sainte Conversation* de Sebastiano au Louvre est la *Vierge avec l'Enfant Jésus et saint Pierre* de la Galleria Borghese, qui montre un enrichissement décisif de la densité des empâtements dans les incarnats modelés par l'ombre, et de la luminosité de la couleur, appliquée par plages plus amples et plus vives. A l'arrière-plan du tableau, au-delà de l'arche, apparaît un premier essai météorologique, giorgionesque, de trouée du paysage, semblable à celle qui s'ouvre derrière la *Sainte Agathe*.

Nous sommes ici très proches du groupe de peintures carianesques postérieures à 1510. Le *trait d'union* le plus significatif nous est fourni par la *Sainte Conversation* de la collection Stramezzi de Crema (*Vierge à l'Enfant Jésus entre saint Antoine abbé, une sainte non identifiée et un couple de donateurs*), encore une fois liée au Sebastiano de la *Sainte Conversation* du Louvre. Cette dernière constitue un précédent indispensable à des peintures comme la *Sainte Agathe* et la *Judith*, car elle ouvre la voie à une plus grande monumentalité de la composition et à la traduction des figures en plages de couleur. La rusticité réaliste de la tête barbue aux cheveux ébouriffés du saint Antoine abbé trouve une place convaincante entre le Saint Jérôme de la *Sainte Conversation* de Dublin et le Saint Pierre du *Christ bénissant entre quatre saints* d'une collection bergamasque. La position de trois quarts de la sainte sur la droite annonce en revanche celle de la *Sainte Agathe*. R. Pallucchini (1982, p. 192; 1983, pp. 24-25) a identifié cette peinture signée, mais non datée, avec le tableau que Tassi décrit à la fin du XVIIIᵉ siècle sur l'autel du Rosaire de la Parrocchiale de Lonno dans la Val Seriana, signé par le peintre et daté de 1514 : une *Vierge avec l'Enfant Jésus entre les saints Antoine abbé et Catherine, un couple de donateurs, et deux anges volant dans les airs et portant une guirlande de fleurs*. L'historien pensait posséder ainsi une référence chronologique précieuse pour reconstruire la jeunesse de Cariani. Nous devons cependant remarquer que la grande diffusion du thème de la Sainte Conversation avec donateurs et la popularité des deux saints représentés (il n'est pas non plus certain que la sainte du tableau Stramezzi soit bien une Catherine) laissent planer un doute sur cette identification rendue en outre problématique par le fait que le tableau de Lonno comportait deux anges couronnant la Vierge de fleurs. Or, si ce détail était réintégré de manière idéale dans la toile Stramezzi, où il n'apparaît pas aujourd'hui, il en augmenterait la verticalité, ce qui serait alors contraire à l'indication de Tassi qui décrit le format « à l'horizontale » du tableau de Lonno. La largeur mentionnée par Tassi, environ deux *braccia*, coïncide toutefois avec celle du tableau examiné par Pallucchini (1,04 x 1,25).

A.B.

page 80

65

Giovanni de' Busi, dit Cariani
San Giovanni Bianco, près de Fuipiano al Brembo (Bergame), vers 1485/1490 - Venise, après 1547

Portrait dit *de la famille Albani*
Toile. H. 1,17; L. 1,17. Signé sur la balustrade à gauche : *IO. CARIANVS. B[ER]GOMEUS. M.D.XVIIII.*
BERGAME, COLLECTION PARTICULIÈRE

HISTORIQUE
Coll. Albani, Bergame (Angelini, 1720); «casa Albani al Salvecchio» Bergame, (Pasta, 1775); coll. part., Bergame, (Tassi, 1793, mentionne le transfert de propriété, effectué dans l'année par Giuseppe Albani).
EXPOSITIONS
Bergame, 1799; Bergame, 1870; Bergame, 1875, n° 37; Lausanne, 1947, n° 43; Zurich, 1948, n° 735; Londres, 1983-84, n° 27.
BIBLIOGRAPHIE
Angelini, 1720 [éd. Locatelli Milesi, 1928], p. 35; Pasta, 1775, p. 68; Tassi, 1793, I, p. 38 *Catalogo dei quatri*, 1799; Lanzi, 1809, [3e éd.], III, pp. 87-88, [éd. Capucci, II, pp. 55-56]; *Esposizione provinciale bergamasca*, 1870, p. 43; Crowe, Cavalcaselle, 1871, II, pp. 549-540; *Esposizione d'arte antica*, 1875, p. 6, n° 37; Lermolieff, [Morelli], 1891, p. 35; Berenson, 1894, [3a, ed. 1897], p. 99; Foratti, 1910, pp. 182-183; Hadeln, 1911, p. 595; Borenius, 1912, III, pp. 451-452; Longhi, 1927 (éd. 1967), p. 240; A. Venturi, 1928, IX, 3, p. 465; Baldass, 1929, pp. 93-94, 109; Fiocco, 1931, p. 6; Berenson, 1932, p. 128; Troche, 1932, pp. 4, 7, n° 7; Troche, 1934, pp. 99, 104, 120, n° 20; Berenson, 1936, p. 110; Pallucchini, 1944, I, p. XXXVIII; Pallucchini, 1947, p. 74, n° 43; Baroni, Dell'Acqua, 1948, p. 269, n° 735; Gallina, 1954, pp. 39, 65 ss., 82, nota 6 di p. 95, 107; Berenson, 1957, I, p. 53; Pallucchini, 1966, p. 90; Freedberg, 1971, nota 25 di p. 495; Mariacher, 1975, p. 287, n° 20; Fomiciova, 1979, p. 163; Zampetti, 1979, p. 301; Pallucchini, Rossi, 1983, pp. 27, 32, 36 ss., 112-113, n° 22 (avec bibl. compl.); Rossi, 1983, p. 162, n° 27.

La tradition qui voit dans ce tableau un portrait de groupe de la famille Albani remonte au moins à la fin du XVIIIᵉ siècle (Pasta). Sa présence dans la maison Albani est en revanche attestée dès le début du même siècle. Francesco Albani, qui joua un rôle important dans la défense de Bergame en faveur de Venise au cours des années tourmentées qui précédèrent la paix de Noyon (1516), entre en relation avec Cariani au moins à deux reprises. Il sert d'intermédiaire dans la commande du retable de San Gottardo, aujourd'hui à Brera, première œuvre après le retour à Bergame ("documentée" entre 1517 et 1520), et lui fait exécuter son portrait, conservé à la National Gallery de Londres. Ces circonstances, comme la provenance du tableau, rendent plausible l'hypothèse d'une deuxième commande d'Albani (Rossi, 1983). Si cette supposition s'avère, elle pourrait en éclairer le sujet qui reste énigmatique.

L'hypothèse du portrait de groupe, selon laquelle la famille réunie fêterait les fiançailles de sa fille cadette, vêtue de blanc avec une fleur sur la poitrine, a été reprise récemment par Zampetti (1979) et Fomiciova (1979). L'interprétation de Baldass (1929), développée par Pallucchini et Rossi (1983), tend en revanche à y voir une rencontre entre courtisanes et gentilshommes. Les termes de cette lecture me paraissent toutefois trop approximatifs et contradictoires. Selon Rossi, les trois jeunes filles alignées au premier plan seraient sur le point d'être présentées aux trois gentilshommes à droite de la figure du fond, au grand chapeau empanaché, probablement l'entremetteuse. Pallucchini, en revanche, estime à cinq le nombre des courtisanes, la plus âgée, dissimulée dans l'ombre, pouvant être l'entremetteuse, et à deux le nombre des gentilshommes. Tous deux insistent sur un climat de sensualité, sous-entendue, mais bien réelle, perceptible dans le miroir tenu par la jeune fille en blanc, symbole de *vanitas*, et dans l'écureuil qui grignote une poire sur la balustrade. Symbole de lascivité, comme tous les rongeurs, mais aussi de parcimonie et d'avidité pour Rossi, il est plutôt pour Pallucchini un signe de sagesse. Cette dernière interprétation ne me semble pas cependant convenir au contexte supposé.

La présence de ces symboles, récurrents dans les portraits de l'époque, ne contredit pas l'hypothèse qui me semble encore la plus convaincante, selon laquelle il serait possible de mettre un nom sur quelques-uns de ces personnages, sinon sur tous. Les deux figures masculines sur la droite, l'homme mûr au béret en biais et le jeune homme au « *balzo* » (chapeau de forme tubulaire rembourré) plissé sont sans doute des portraits, de même que la jeune fille assise, le miroir à la main, envers laquelle le premier adopte une attitude affectueuse.

Il serait sans doute utile de relire ici Cavalcaselle (1871), qui a examiné le tableau avec attention : « Le groupe comprend quatre dames et trois gentilshommes réunis artificiellement, assis ou debout sur un balcon. A l'arrière-plan, une tenture damassée masque en partie un paysage. L'esprit qui émane de cette peinture est propre aux peintres giorgionesques, en particulier à Bernardino Licinio, dont chaque figure s'apparente à un portrait. Sur la droite, une jeune femme de profil à l'attitude charmante et souple relève la tête, accoudée à la balustrade du balcon, où un écureuil audacieux grignote une poire. Sa main droite repose sur un miroir carré. Elle paraît consciente de la proximité de son mari, un homme d'âge moyen, coiffé d'un béret, qui se tient derrière elle et dont les doigts jouent avec les boucles ondulées de son abondante chevelure. Au centre du tableau, une femme munie d'un éventail de plumes serre gracieusement une étoffe sur sa poitrine. Derrière sa plantureuse personne se détachent deux femmes et deux hommes, portant divers couvre-chefs. Un début de sourire anime les têtes rondes et épanouies. Toutes les silhouettes, malgré leur aspect de matrones corpulentes, ne manquent ni de délicatesse ni de tenue. L'aspect technique le plus caractéristique apparaît dans les tons chaleureux et l'effet des teintes pêche uniformes des chairs. Si les charmes rebondis rappellent l'école de Pordenone, et le traitement celle de Giorgione et Palma, les contours et le jeté de draperie dénotent, en revanche, attention, précision et réflexion. »

En 1944, Pallucchini décrivait le tableau en ces termes : « Une dilatation excessive des formes, obtenue grâce à la superposition des poses de trois quarts et à la rigidité des drapés aux contours géométriques, détermine la solidité de la composition, plus agressive que chez Palma. Dans le paysage transparaît au contraire une recherche d'effets fondus. La couleur, plus acide, tend à rapprocher par dissonances les orange, les jaunes et les verts dans une marqueterie aux subtiles variations. Le *Portrait Albani* est un excellent exemple de cette couleur intense qui devait accréditer Cariani, particulièrement dans l'arrière-pays, comme le représentant de la peinture vénitienne. »

Le texte souligne très justement l'importance que revêtait à cette époque pour Cariani l'épanouissement de Titien, des fresques de Padoue (en particulier le *Miracle du nouveau-né*) à *L'Amour sacré et l'Amour profane* de la Galleria Borghese. Il tente de se rapprocher de cette dernière œuvre à travers l'interprétation donnée par son compatriote Palma Vecchio à partir de 1515 environ. Cette expérience transparaît dans la construction bipartite de l'espace avec d'un côté la tenture rouge sur laquelle se détache l'incarnat des figures féminines, et de l'autre le paysage au coucher du soleil qui encadre d'une lumière plus intense le groupe des têtes masculines. Elle est également visible dans l'habile juxtaposition des bustes féminins, où les superpositions d'épaules, frontales ou latérales, sont traduites en plages de couleur, dilatées dans les manches amples des vêtements.

A l'harmonie et la grâce des demi-figures de Palma se substitue toutefois une plus grande matérialité et agressivité des formes. Certes, ces formes remplissent l'espace d'une manière savante, mais qui dépasse les limites d'une cadence intimement classique, et elles semblent définies par une ligne plus brusque et plus anguleuse, particulièrement dans les drapés, très éloignée des profils aux courbes molles des belles de Palma, parmi le déploiement des cascades de vêtements. Les tonalités d'albâtre des incarnats de Palma, balayées par des pénombres cendrées, sont remplacées par une lumière plus crue qui se conforme aux exigences du portrait. Elle irradie le gentilhomme barbu à droite, dont le profil se découpe sur le rebord noir du chapeau.

Nous devons cependant évaluer la distance entre cette interprétation du classicisme vénitien, inscrite dans la géographie culturelle disparate et tourmentée de l'arrière pays de la plaine du Pô, et l'épisode significatif du *Concert* (cat. **64**), auquel a été comparé à tort le *Portrait Albani*. Pallucchini (1966), qui a insisté sur ce rapprochement, considère le tableau Albani comme « rythmé par un *timing* inspiré de Sebastiano, quoique de manière tout à fait originale ». Or, c'est précisément de cette comparaison avec Sebastiano, dont on a vu qu'elle marque la jeunesse du peintre à Venise, et qui par rapport à la *Sainte Agathe* ou à la *Judith*, apparaît comme le pâle reflet d'expériences réalisées d'ailleurs avec tout autre détermination, qu'il faut partir pour articuler l'histoire de Cariani dans la seconde décennie.

A mon avis, il faut en revanche insister, si l'on veut comparer le *Concert* Heinemann au *Portrait Albani*, sur un écart de conjoncture historique et de contexte artistique. Derrière le *Concert* se profile une situation culturelle ouverte où l'expérience de la manière moderne s'identifie autant avec Giorgione et Dürer qu'avec Titien et Sebastiano, les porte-drapeaux d'un classicisme encore *in fieri* (en puissance); en revanche, le *Portrait Albani* reflète l'hégémonie désormais acquise des solutions de Titien et de Palma, au lendemain de la mort de Giorgione et du départ de Sebastiano pour Rome, mais sans que Cariani sache y comprendre le classicisme dont est capable Palma, Bergamasque désormais complètement intégré dans le milieu lagunaire, et sans qu'il réussisse par ailleurs à prendre ses distances envers ces solutions et à jouer un rôle d'envergure dans ces mouvements inquiets d'opposition au classicisme lagunaire qui traversent le territoire padan, bien qu'il soit, à Bergame, au cœur de ces tendances. Une comparaison entre Romanino, à Brescia depuis 1516, et Cariani, à Bergame depuis 1517, ou plutôt entre les fresques du Brescian à Crémone en 1519 et ce *Portrait Albani* de la même date, ne serait certainement pas favorable au Bergamasque.

Ce tableau reste tout de même une des œuvres les plus significatives de ces années à Bergame, parmi les plus connues et admirées. Nous ne pouvons cependant conclure sans évoquer sa condamnation par Longhi (1927), insérée dans un jugement global repris dans la *Storia* d'Adolfo Venturi, qui apparaît aujourd'hui trop réducteur de la personnalité de Cariani.

A.B.

page 81

66

Giovanni de' Busi, dit Cariani

San Giovanni Bianco, près de Fuipiano
al Brembo (Bergame), vers 1485/1490 -
Venise, après 1547

Couple de musiciens
Toile. H. 1,06; L. 0,85
BERGAME,
PINACOTECA DELL'ACCADEMIA CARRARA

HISTORIQUE
Coll. Guglielmo Lochis, Mozzo (Bergame); legs Lochis à l'Accademia Carrara, 1859.

EXPOSITION
Tokyo (puis Kyoto et Osaka), 1973-74, n° 9.

BIBLIOGRAPHIE
Cat. Carrara, 1881, n° 156; Berenson, 1894 (3ᵉ éd. 1897), p. 99; Berenson, 1895 (éd. 1901), p. 140; Monneret de Villard, 1904, p. 83; Foratti, 1910, p. 185; Hadeln, 1911, p. 596; Borenius, 1912, III, p. 459, note; L. Venturi, 1913, pp. 233-234; Logan et Berenson, 1915, p. 28; A. Venturi, 1928(I), IX, 3, p. 465; Baldass, 1929, pp. 100, 110; Berenson, 1932, p. 127; Morassi, 1934, p. 31; Troche, 1934, pp. 114, 122 n° 65; Berenson, 1936, p. 110; Berenson, 1951, pp. 67-76; Berenson, 1954, p. 152; Gallina, 1954, pp. 64, 81, 105; Berenson, 1957, I, p. 53; Bonicatti, 1964, p. 87; Safarik, 1972, p. 529; Freedberg, 1971, pp. 224-225; Mariacher, 1975, p. 284, n° 2; Rossi, 1979, p. 142; Zampetti, 1979, p. 301; Gentili, 1980, pp. 25-26; Sgarbi, 1982, p. 9; Pallucchini et Rossi, 1983, pp. 52, 104-105, n° 7 (avec bibl. compl.).

Attribué à Giorgione dans la collection Lochis, ce tableau figure sous le nom de Cariani dans le catalogue de l'Accademia Carrara en 1881. Dans un compte rendu de l'exposition vénitienne de 1895, Berenson en souligne l'esprit giorgionesque en attribuant à Cariani le *Concert* de la collection Lansdowne (en fait, un tableau de Palma Vecchio aujourd'hui à Ardencraig, collection de lady Colum Crichton Stuart), présenté à cette occasion sous le nom de Giorgione. A la suite de Berenson, L. Venturi (1913) cite le *Couple de musiciens* comme « l'œuvre la plus importante de cette période giorgionesque, avec le *Concert* de Lansdowne ». Foratti (1910) juge toutefois que « le dessin bâclé du violoniste montre l'incapacité du peintre à rendre le nu ». Cette peinture plaisait certainement à Berenson. Il l'a d'ailleurs souvent citée dans ses interventions pour insister sur le style giorgio-

nesque de Cariani et lui attribuer des tableaux de Giorgione comme la *Vierge lisant* d'Oxford ou la *Vierge à l'Enfant dans un paysage* de Saint-Pétersbourg (cat. **19**) : « Cariani peut être tout à fait giorgionesque, comme le montre une de ses plus délicieuses créations inspirées par ce style, l'*Homme endormi sur son luth et femme jouant de la musique* de Bergame. » (1954).

La notoriété de ce tableau a sans doute diminué au cours de notre siècle. Il est à cet égard significatif qu'il n'ait pas participé à l'exposition sur Giorgione de 1955. Cette baisse d'intérêt s'explique en partie par une attention plus grande portée à son état de conservation. Peu représentatif de la personnalité de Cariani, il est également difficile à dater et peut-être plus tardif que le sujet giorgionesque ne pourrait le laisser supposer. Reprenant le jugement formulé au début du siècle par Berenson et L. Venturi, Mariacher (1975) le considère comme une œuvre de jeunesse, précisément à cause de son style giorgionesque. Troche (1934) l'associe cependant au retour supposé du peintre à Bergame vers 1528-1530, tandis que Baldass (1929), Gallina (1954), Pallucchini et Rossi (1983) le situent dans la période bergamasque (1517-1523). Pallucchini, en particulier, tout en reconnaissant la difficulté d'une datation, le rapproche du *Saint Jérôme* de la collection Suardi et des *Trois saints* du musée de Marseille, vers ou peu après 1520. Rossi le différencie en revanche du *Concert*, plus ancien, du musée de Varsovie.

La théorie de Freedberg (1971) découle d'une hypothèse non fondée sur la jeunesse de Cariani, théorie selon laquelle le peintre aurait été de nouveau attiré par des thèmes giorgionesques après son retour à Venise en 1523. « Leur *reprise* dans la deuxième moitié de la troisième décennie poussa Cariani vers une complète assimilation du style du Cinquecento. » Selon l'historien, « les peintures de cette veine ne relèvent pas d'une aberration réactionnaire qui lui serait propre, mais appartiennent à un courant perceptible dans le goût vénitien de son époque ». Le tableau de l'Accademia Carrara serait donc représentatif du début des années 1530 : plus proche de l'univers du jeune Titien que de celui de Giorgione, il en a désormais assimilé la technique, « avec une grâce et une unité formelle typiques du Cinquecento ».

Le style giorgionesque décoratif du *Couple de musiciens* interdit sans doute de le comparer au *Concert* d'Ardencraig, qui appartient sans aucun doute au début de la seconde décennie, quel qu'en soit l'auteur (Palma en l'occurrence). Il est également probable que les différences iconographique, mises en lumière par Gentili (1980), corroborent cette nécessaire distinction. Je ne peux cependant pas suivre le raisonnement de S.J. Freedberg : dans cette reprise d'un style giorgionesque, je n'entrevois ni le contexte vénitien de l'époque, ni des similitudes picturales avec des tableaux que Cariani devrait avoir peints vers 1530. Nous sommes confrontés à une sorte de style néogiorgiones-

que, hors du lieu et de l'époque où naquirent ces thèmes. On ne peut donc qu'être d'accord avec la chronologie proposée par Pallucchini.

A.B.

page 82

67

Giovan de' Busi, dit Cariani

San Giovan Bianco, près de Fuipiano
al Brembo (Bergame), vers 1485/1490 -
Venise, après 1547

*Portrait de Giovanni
Antonio Caravaggi*
Toile. H. 0,935; L. 0,937. Signé sur la feuille de papier accrochée au muret à gauche : *.IO[HANNES]. CARIANVS. / .DE. BUSIS. B[ER]GO / ME[N]SIS. P[IN]X[I]T*; un peu plus haut deux écus à cartouche sont suspendus par un seul fil rouge à une branche de laurier. Celui du bas étant un écu coupé avec en chef, un aigle noir couronné sur champ or et en pointe, un char tiré par deux chevaux sur champ sable. L'écu du haut, qui présente son revers, porte l'inscription : *.IO.[HANNES]. ANT. / CAR. CAN.*

OTTAWA, NATIONAL GALLERY OF CANADA

HISTORIQUE
Coll. de la marquise Maria Serra, Sampierdarena (Gênes); Grandi, Milan, en 1905; coll. Adolph Thiem, San Remo, en 1905 (Cagnola, 1905); coll. Julius Böhler, Munich; Knoedler, New York; vendu à A.W. Mellon, mais restitué par celui-ci à Knœdler lors d'un échange; Knoedler, New York, en 1928; vendu au musée d'Ottawa la même année.

EXPOSITIONS
New York, 1926, n° 1; Londres, 1930, n° 382; Montréal, 1949; Los Angeles, 1979-80, n° 15; Londres, 1983-84, n° 29.

BIBLIOGRAPHIE
Cagnola, 1905, pp. 61, 79; Hadeln, 1911, p. 595; Borenius, 1912, III, p. 460 note; A. Venturi, 1928(I), IX, 3, p. 466 note; Baldass, 1929, pp. 104, 110; Constable, 1929-30, p, 750; Borenius, 1930, p. 92; Constable, 1930, p. 293; Morani, 1930, p. 150; Suida, 1930, p. 43; Balniel, Clark et Modigliani, 1931, p. 136 n° 392; Berenson, 1932, p. 128; Troche, 1932, pp. 4, 7, n° 15; L. Venturi, 1933, pl. 497; Troche, 1934, pp. 110 et 121, n° 45; Suida, 1934-35, p. 178; Berenson, 1936, p. 111; Tietze, 1936, p. 184; Pallucchini, 1944, I, p. XXXVIII; Gallina, 1954, pp. 40, 105, 121; Berenson, 1957, I, p. 55; Jarvis, 1957, p. 11; Dessy, 1960-61, pp. 81, 146; Grohn, 1968, I, p. 310; Boggs, 1971, p. 22; Freedberg, 1971, p. 495 note 25; Fredericksen et Zeri, 1972, p. 45; Safarik,

1972, p. 528; Bonomi, 1973; Gould, 1975, p. 47; Mariacher, 1975, pp. 291-292, n° 50; Pignatti, 1979(2), p. 62, n° 15; Pallucchini, 1982, p. 196; Sgarbi, 1982, p. 6; Pallucchini et Rossi, 1983, pp. 134-135, n° 62; Rossi, 1983, pp. 163-164, n° 29; Laskin et Pantazzi, 1987, I, pp. 56-58 (avec bibl. compl.).

Cagnola est le premier à mentionner ce tableau, dans le numéro d'avril 1905 de sa *Rassegna d'Arte*, au moment où le célèbre collectionneur Adolph Thiem l'achetait aux frères Grandi, antiquaires milanais, pour sa ville de San Remo. Il figure peu de temps après dans la première littérature spécifique sur le peintre, dans une rubrique du *Künstler-Lexikon* de Hadeln (1911), puis dans la mise à jour de Borenius pour le texte de Cavalcaselle (1912). A l'exposition de peinture italienne de la Royal Academy à Londres en 1930, il est présenté avec comme propriété de la National Gallery of Canada, avec beaucoup de succès, à en juger par l'écho recueilli dans les comptes rendus autorisés (Constable, Borenius, Morassi, Suida).

Il est devenu depuis l'une des œuvres de Cariani les plus reproduites et les plus appréciées. Il sera d'ailleurs choisi pour représenter les portraits du peintre aux expositions de Los Angeles en 1979-80 et de Londres en 1983-84. A partir de 1932, il figure dans les listes de Berenson. Cette même année donne naissance à la première tentative d'étude systématique des portraits de Cariani par Troche, qui examine le tableau et en propose une première datation. Le jugement formulé par Pallucchini en 1944 sur les portraits bergamasques repose en partie sur le tableau d'Ottawa : « De cette première période bergamasque date la célèbre série de portraits où le peintre concrétise ses penchants avec plus d'agressivité et de fantaisie : du *Portrait de Giovanni Benedetto da Caravaggio* de l'Accademia Carrara de Bergame au *Portrait de gentilhomme* de la National Gallery d'Ottawa, où l'équilibre de la composition en biais, typiquement vénitienne, confère une grande dignité au rendu tout en finesse des personnages. Les paysages du fond aux ciels agités, parcourus d'une lumière électrique phosphorescente, rappellent Romanino et Dosso. Ces arrière-plans capricieux semblent reprendre, dans un esprit plus nordique et fantasque, quelques éléments du naturalisme humaniste de Giorgione. La noblesse provinciale bergamasque pouvait se flatter d'avoir trouvé son Giorgione. »

Plus récemment, on a discuté de l'identité du personnage, à partir des écus suspendus derrière lui. Cagnola pensait que Cariani avait représenté un membre de sa propre famille. Gallina (1954) remarque cependant que les armoiries sont identiques à celles peintes derrière Giovan Benedetto da Caravaggio dans le tableau signé de Bergame. Celles-ci s'accompagnent précisément d'une légende qui l'identifie à « *IO BENED. CARRAVAG.s / PHILOS.s ET MEDICUS / AC STUDY PATAVINI / RECTOR ET LECTOR* ». Des recherches d'I. Bonomi (1973) et de E. De Pascale (réunies dans la monographie de Pallucchini et Rossi en 1983) ont établi l'identifi-

cation des armoiries avec celles de la famille Caravaggi de Crema. Elles permettent également de formuler l'hypothèse selon laquelle le personnage représenté serait le Crémasque Giovanni Benedetto, fils de Francesco Caravaggi, professeur de grammaire. Présent à Padoue le 18 novembre 1503 comme témoin à la soutenance de doctorat d'Antonio Castelli au titre d'« étudiant », il aurait obtenu son propre doctorat de médecine le 27 août 1507. Que le comte Guglielmo Lochis ait acquis ce tableau à Crema avant 1833 semble confirmer cette hypothèse.

Il me paraît improbable que les armoiries, de médiocre facture, ainsi que l'inscription, soient contemporaines de l'exécution du portrait. Elles pourraient avoir été ajoutées plus tard, au cours du XVIᵉ siècle, et conserver ainsi leur valeur de document. La manière dont à la même époque, Cariani était capable d'introduire les armoiries de son commanditaire et faire allusion à son nom, est très nette dans la version d'Ottawa. Les contrôles effectués par E. De Pascale sur les arbres généalogiques ont attiré l'attention sur un frère du médecin, Giovanni Antonio, qui pourrait être le personnage représenté dans le tableau d'Ottawa. Présent lui aussi à Padoue en 1503, mais non au titre d'étudiant, il pourrait être un frère aîné. On sait seulement de lui qu'il a épousé une Bresciane, Clelia Ocanoni.

Avant cette dernière hypothèse, Mariacher (1975) supposait que les deux tableaux représentaient la même personne, à environ vingt ans d'écart. Mises à part les conséquences sur la datation du tableau d'Ottawa, repoussée à la fin de la vie de Cariani, l'historien ne semble pas s'être rendu compte que l'écu supérieur identifiait le personnage à un Giovanni Antonio, et non à un Giovanni Benedetto. Cette inscription n'est en effet pas citée dans sa notice. Si Rossi et Pallucchini la mentionnent, ils la situent toutefois dans le document ouvert que l'homme tient en main et remarquent que les dernières lettres sont sujettes à caution (« CAN »). Comme le catalogue récent de la National Gallery (1987) l'a démontré, l'inscription, tout à fait lisible, est un peu dissimulée dans l'ombre, sur le revers de l'écu supérieur, au-dessus des armoiries.

Il nous reste maintenant à reconstituer la phrase finale de l'inscription, qui pourrait faire allusion à quelque charge de ce Giovanni Antonio. On a supposé en effet que l'encrier et les documents scellés bien en vue sur la balustrade, dont l'un vient d'être ouvert et lu, indiquent que l'homme détient une importante charge publique. Les historiens cherchent également à confirmer par quelque document l'existence d'une grande différence d'âge entre les deux frères. Cette différence dépend des hypothèses, acceptées, semble-t-il, par les historiens, selon lesquelles leurs portraits ont été exécutés soit simultanément, soit tout au plus à quelques années de distance.

On aborde ici la question de la datation de ces tableaux. Considérés par quelques auteurs (Pallucchini) comme les exemples les plus réus-

sis de portraits carianesques, ils nous conduisent au cœur de sa période bergamasque. Pallucchini (1966) pense qu'ils sont contemporains et forment une sorte de diptyque idéal, peu après la *Résurrection du Christ* de 1520 (Brera). Troche (1932) avait déjà rapproché le portrait Vimercati dans ce dernier du tableau d'Ottawa, tout en situant celui de Bergame beaucoup plus tard dans la décennie. Les études plus récentes convergent davantage vers une séquence inversée. Les historiens situent le *Giovanni Benedetto Caravaggi* plutôt avant qu'après 1520 (pour Gallina [1954] et Mariacher [1975] vers 1516; pour Freedberg [1971] vers 1518) et considèrent qu'il correspond encore au style de Cariani à la fin de la seconde décennie, entre le *Portrait dit de la famille Albani* (cat. 65) et la *Résurrection* de Brera. Mise à part la datation tardive proposée par Mariacher, à partir de l'hypothèse d'un seul et même personnage, ils placent en revanche le *Giovanni Antonio Caravaggi* dans la troisième décennie : Pallucchini vers 1521-22, Freedberg autour de 1525, Pignatti (1979) dans les années 1525-1530 et L. Venturi (1933) vers 1530.

Freedberg semble être le plus conscient de la nécessité de distinguer les deux tableaux, à la lumière de l'évolution qu'il discerne dans la biographie du peintre. « Les portraits que Cariani peignit dans cette troisième décennie montrent une même évolution : du style dépassé, quoique brillant, du *Giovanni Benedetto Caravaggi* (vers 1518), du *Portrait Albani* ou du *Francesco Albani* (Londres, National Gallery, vers 1522), au style plus en clairs-obscurs du *Giovanni Antonio Caravaggi* (vers 1525) et plus inspiré de Titien et de Palma du *Portrait d'homme en fourrure* (Venise, Gallerie dell'Accademia, signé et daté 1526), de *La Schiavona* (Bergame, Accademia Carrara, vers 1530) ». Cette courbe de développement qu'il propose est cependant compromise par une appréciation trop réductrice des débuts vénitiens du peintre, qui finit par se répercuter aussi sur les premiers portraits bergamasques. Un tel jugement est démenti aujourd'hui par de nouvelles perspectives ouvertes précisément sur ces années vénitiennes. La démonstration pâtit également de l'évocation du *Portrait d'homme en fourrure* daté 1526 qui n'est en réalité pas signé et avait déjà été supprimé du catalogue carianesque par Morassi (selon l'avis de Zampetti, 1955, p. 218) et par Pallucchini (d'après Moschini Marconi, 1962, p. 105).

J'approuve tout à fait la nécessité de distinguer les deux tableaux, en les plaçant au début et à la fin du séjour bergamasque (1517-1523). Le *Giovanni Benedetto Caravaggi* possède une qualité picturale et une manière de délimiter les formes par plages de couleur qui sont typiques de la deuxième décennie et le rapprochent du retable de San Gottardo (Brera, 1517-18) comme du *Portrait Albani* (1519). Le *Giovanni Antonio Caravaggi* présente en revanche davantage de clairs-obscurs et moins de plages de couleur : la tenture est ainsi supprimée et la figure placée au centre d'un paysage météorologique mouvementé; la colline dominée par la forteresse se dresse, spectrale, dans un ciel crépusculaire gonflé de nuages et transpercé d'éclairs de lumière froide. Des effets lumineux sur les écus suspendus au laurier, sur le document ouvert et les objets tachetés d'ombre sur la balustrade, font intensément vibrer les clairs-obscurs et la luminosité du tableau.

La mise en scène du personnage diffère également : le tableau de Bergame présente une position de trois quarts presque frontale qui se traduit par d'amples plages de couleur. Dans celui d'Ottawa, au contraire, la position des épaules vise à atténuer l'importance des plages de couleur et permet une insertion plus efficace de la figure dans le paysage. La toge brun-roux moirée sous l'effet de la lumière, la sobriété des tons du vêtement qui soulignent le caractère spectral de la colline, participent de la même intention. La justesse du rendu de la tête, figée dans ce ciel de tempête, avec ses cheveux gris-blonds pâles, ses chairs rosées encore fraîches et ce léger effet de strabisme dans les yeux, renforce encore le climat fantastique du tableau, qui rejoint les penchants giorgionesques du territoire vénitien à la fin de la seconde décennie.

Dans la comparaison entre ces deux portraits se réfléte sans doute une problématique formelle abordée par Titien entre la deuxième et la troisième décennie. Le *Giovanni Antonio Caravaggi* devrait être étudié à la lumière du retable Gozzi pour Ancône (1520) ou du polyptyque Averoldi pour Brescia (1520-1522). Il est en tout cas postérieur à la *Résurrection* de Brera. La fourchette 1520-1525 qui pourrait lui correspondre, en attendant une nouvelle étude systématique des portraits carianesques, peut être ramenée à 1523, si le tableau date du séjour bergamasque. Le débat sur la différence d'âge entre les deux frères, qui découle de cette datation, reste ouvert. Le plus jeune ne peut être né après 1485 s'il obtient son doctorat en 1507. Il serait donc représenté à l'âge d'environ trente-deux ans, quoique je serais tenté de le croire plus jeune (Rossi lui donne à tort trente-cinq ou quarante ans). L'aîné, en revanche, auquel nous ne pouvons donner moins de cinquante-cinq ans, et peut-être même soixante, devrait être né en 1465, vingt ans environ avant son frère.

A.B.

page 83

68

Girolamo di Romano, dit Romanino
Brescia, 1484/1487 - après 1559

La Vierge à l'Enfant
Toile. H. 0,76; L. 0,61
PARIS, MUSÉE DU LOUVRE,
DÉPARTEMENT DES PEINTURES

HISTORIQUE
Acquis sur le marché d'art parisien en 1984.
EXPOSITION
Paris, 1987, pp. 197-198.
BIBLIOGRAPHIE
La Revue du Louvre et des Musées de France, 1984, n° 3, p. 212; Frangi, 1986, pp. 168-169; Nova, 1986, pp. 203-204 et 226-227; Béguin, 1987, pp. 197-198; Frangi, 1988, p. 396.

Ce tableau n'a pas d'histoire critique, et on ignore sa provenance. Peint avec une matière légère sur une toile très fine, il a subi un appauvrissement général de sa surface picturale : notons seulement que le rouge orange très vif du manteau de la Vierge n'est que la préparation pour la couche finale de laque rouge, presque entièrement perdue; on voit encore la peinture originale sur la tunique vert pomme de l'Enfant et, par endroits, sur le beau rideau de verdure derrière la Vierge et dans le paysage qui s'ouvre sur la gauche. Les repentirs visibles à l'œil nu sont très nombreux. Malgré son état de conservation, ce tableau exerce encore une vive séduction : que le regard se pose sur la finesse du dessin du visage de la Vierge — les fentes des yeux, les commissures relevées de la bouche —, sur ces coups de lumière qui font briller comme de l'or les mèches des cheveux à côté du feuillage luisant, sur la richesse des effets de lumière et d'ombre des frondaisons derrière la Vierge, sur le paysage voilé et comme griffé de lumière dans les prairies en pente au pied des maisons, sur l'effet de contre-jour du tronc qui sépare le hameau du ciel, et qui rend celui-ci plus lumineux.

En 1984, j'ai émis auprès du musée du Louvre l'hypothèse qu'il peut s'agir d'une œuvre de jeunesse de Romanino. S. Béguin et M. Gregori ont exprimé à l'époque un avis semblable. Cette proposition demandait l'appui d'arguments. J'eus l'occasion de les exposer lors d'une journée d'études, organisée le 11 juin

1985 par l'université de Padoue, où, reprenant mes travaux sur la jeunesse de Romanino, je présentai une communication intitulée « La *Salomé* de Romanino quinze ans après : ajouts et corrections ». Je résume ici les principaux points de cette première étude.

Ce tableau constitue un document assez rare dans l'histoire du giorgionisme. S'y reflète l'activité du maître de Castelfranco pendant la période qui va des *Vierges* de jeunesse, appartenant encore au Quattrocento, aux *Trois Philosophes* (vers 1504-1505), sans que s'y annonce aucun des développements du giorgionisme dans les premières œuvres de Titien et de Sebastiano del Piombo. La Vierge se tient assise sur un rebord naturel formé par le terrain, comme une *Vierge d'Humilité*, telle que Giorgione avait aimé à la représenter à la fin du XVᵉ siècle sous l'influence des gravures de Schongauer et de Dürer, par exemple dans le tableau dit Cook (Bergame, coll. part.), et au début du XVIᵉ dans le tableau de l'Ermitage (cat. **17**). Derrière elle, le mur est recouvert d'une riche frondaison, constituée notamment de vigne et de laurier, deux attributs de la Vierge, *vitis superrima* (vigne suprême) et *regalis laurea* (laurier royal), avec laquelle contraste le tronc dépouillé qui s'écarte du mur pour se détacher sur le ciel. La couleur du manteau, non pas bleu mais rouge sur le vert de la tunique — rareté qui remonte encore aux prédilections nordiques (« *ponentine* ») du jeune Giorgione, à la *Vierge* Cook et surtout à celle de Castelfranco —, et le dessin des plis, de style gothique tardif, poussent à situer cette œuvre, quel qu'en soit l'auteur, à une date reculée, mais naturellement pas trop proche de ces œuvres de Giorgione. On y remarque aussi la connaissance d'œuvres plus modernes de ce maître, en particulier des *Trois Philosophes* — manifestement cités dans le tronc à contre-jour et plus précisément dans le passage du rideau de verdure au tronc dépouillé, au paysage voilé et au mouvement des nuages violets dans le ciel — ainsi que de *Laura* (cat. **27**) et de la *Femme nue endormie* gravée par Giulio Campagnola (cat. **126**) vraisemblablement d'après Giorgione, ce qui fait penser à la reprise de modèles iconographiques du premier Giorgione, reprise encouragée par la présence de Dürer à Venise et par des œuvres comme la *Fête du Rosaire* commencée à la fin de l'été 1506. Un argument de poids démontrant le giorgionisme du tableau est aussi fourni par la nature du support de la peinture : non pas le panneau habituel, mais la toile très fine que Giorgione préférait utiliser.

On doit aussi avoir présent à l'esprit le cercle extrêmement intéressant qui semble se former autour de Giorgione en 1500 avec deux Lombards présents à Venise, Giovanni Agostino da Lodi (Pseudo-Boccaccino), et Boccaccio Boccaccino, de Crémone : ce cercle forme durant les cinq premières années du siècle à Venise se défait au moment où, vers 1506, ces deux peintres retournent en Lombardie, le premier à Milan, le second à Crémone. Je pense au très beau figuier qui croît entre lumière et ombre, entre intérieur et extérieur, dans le *Saint Jérôme* de la Pinacoteca de Crémone, peut-être exécuté par Boccaccino à la fin de son séjour à Venise comme la *Sainte Conversation* Contarini des Gallerie dell'Accademia, d'un giorgionisme marqué par les *Trois Philosophes*, ou bien, de l'autre côté de ce cercle, au grand rosier du *Mariage mystique de sainte Catherine en présence d'un donateur* que Giovanni Agostino da Lodi a dû exécuter vers 1502 pour une famille vénitienne, et aujourd'hui dans la sacristie de Santo Stefano à Venise. Le peintre de la *Vierge* du Louvre a dû regarder ce dernier tableau, probablement séduit par cette rencontre de la culture milanaise, de Bramante ou Bramantino et de Léonard ou Boltraffio, et de la culture vénitienne sous le signe de Giorgione. L'accent à la Bramantino que l'on remarque dans la tête de l'Enfant a pu être transmis *via* ce tableau du peintre de Lodi. Ce n'est pas par hasard que c'est ce détail et celui qui ouvre la voie à l'hypothèse de la paternité de Romanino, qu'on le rapproche de la tête de sainte Marguerite du petit retable de San Rocco ou de têtes choisies parmi celles des fresques de Ghedi (province de Brescia). A partir de ces rapprochements, on découvre d'autres ouvertures possibles sur le monde du premier Romanino : la Vierge, même si elle est plus ancienne, pourrait être de la main qui a peint celle du petit retable de San Rocco ou Marie agenouillée à la gauche du Christ dans la *Déploration*, tandis que le paysage aux plans inclinés et griffés de lumière pourrait annoncer des caractéristiques stylistiques bien connues de sa peinture.

Les débuts de l'artiste de Brescia ont depuis toujours été fixés à la *Déploration du Christ* peinte pour San Lorenzo à Brescia (Venise, Gallerie dell'Accademia); les études les plus récentes ont mis en lumière que ce tableau est au cœur de ce qui est désigné comme le premier chapitre de la jeunesse du peintre, les années 1508-1512, période qui va du petit retable de l'église San Valentino à Breno et des fresques de Ghedi jusqu'à la fresque de Tavernola Bergamasca. Et pourtant, en 1508, le peintre n'en est certainement pas à ses premières expériences, comme le démontre l'importante commande d'Orsini pour son palais de Ghedi, et comme l'a démontré un document publié par Boselli (1977, vol. I, p. 271; vol. II, pp. 80-81), d'où il ressort que Romanino et son frère sont cette année-là à la tête d'un atelier. Le peintre a donc alors entre vingt et un et vingt-quatre ans.

On peut avancer à propos de la *Vierge* du Louvre l'hypothèse suivante : tandis que les petits retables de San Valentino et de San Rocco ainsi que le triptyque de San Simeone (celui composé de la *Vierge* anciennement Rabinowitz, du *Saint Jean l'Évangéliste* Lechi et du *Saint Siméon* Bettoni précisément) et toutes les œuvres qui suivent jusqu'à Tavernola témoignent d'une expérience à cheval sur le Milan de Bramante et de Bramantino et sur la Venise de Giorgione et de Titien, cette *Vierge* mettrait en lumière une phase plus ancienne enracinée

dans la peinture vénitienne, manifestement identifiée avec la peinture moderne de Giorgione par le jeune artiste, phase pendant laquelle il prête la plus vive attention aux expériences qui se développèrent en accord avec cette peinture mais en se fondant sur des œuvres d'origines culturelles différentes et pas moins modernes, lombardes et émiliennes, telles que celles de Boccaccino et de Giovanni Agostino da Lodi, ainsi que sur les œuvres mêmes de Dürer alors présent à Venise.

Cette perspective ouverte par le tableau du Louvre s'accorde avec une appréciation différente de la *Sainte Catherine* de Francfort, tableau que j'ai présenté dans mon étude sur la *Salomé* comme une œuvre du jeune Altobello Melone, mais qu'une révision du profil du peintre crémonais tracé dans cette étude me conduit à lui retirer. J'estime à présent que ce tableau séduisant doit plutôt ouvrir le catalogue de Romanino et appartenir, comme la *Vierge* du Louvre, à un chapitre plus ancien que celui par lequel débutent habituellement les études consacrées au peintre. C'est la même main qui peint quelques années plus tard la *Sainte Catherine* du Fogg Art Museum de Cambridge : attribuée à Altobello et à Gian Francesco Bembo, celle-ci doit-être rendue à Romanino, qui s'essaie entre 1510 et 1511 à donner une nouvelle version stylistiquement mise à jour du tableau de Francfort. Dans la première version, la sainte se présente derrière la roue de son martyre sur laquelle elle appuie timidement les mains, comme sur le parapet d'un portrait, en faisant attention à ne pas se blesser; le feuillage des lauriers masque en partie l'ouverture sur le paysage et crée une zone de pénombre sur le fond de laquelle se déroule en cascade l'or des cheveux, peints un à un de la pointe du pinceau comme pourrait le faire Dürer lui-même; un rameau de laurier ceint les tempes de la sainte, symbolisant son triomphe sur la mort, et les petites feuilles, recourbées comme les piquants de la roue, projettent des ombres légères sur son front d'ivoire. Nous nous trouvons face à un tableau d'une maîtrise technique de tout premier ordre et d'une culture totalement vénitienne, entre Giorgione et Dürer, à un moment de la décennie qui, encore une fois, ne peut être située avant la *Laura* ni avant le séjour de Dürer à Venise, mais pas non plus tellement après celui-ci, c'est pourquoi j'inclinerais à dater de 1506 cette *Sainte Catherine* et de 1507 la *Vierge* du Louvre.

Telles sont les grandes lignes de ma communication de 1985, à laquelle il me semble ne rien pouvoir ajouter. L'attribution à Romanino a été immédiatement acceptée par Nova dans sa thèse de doctorat (1986) avec une datation entre la fin de 1507 et le début de 1508, et par Frangi (1986); S. Béguin (1987) la présentait comme une œuvre de jeunesse de ce peintre, en reprenant les arguments exposés ci-dessus.

A.B.

page 83

69

Girolamo di Romano, dit Romanino
Brescia, 1484/1487 - après 1559

Portrait d'homme en armure
Toile. H. 0,797; L. 0,68
LA NOUVELLE-ORLÉANS (LOUISIANE),
ISAAC DELGADO MUSEUM OF ART

HISTORIQUE
Bavière, coll. comte Ruprecht Hohenlohe; Florence, coll. Contini Bonacossi; New York, coll. Kress (acquis en 1950); La Nouvelle-Orléans, Isaac Delgado Museum of Art (depuis 1954).
EXPOSITIONS
Washington, 1951-52, n° 40; Venise, 1955, n° 106.
BIBLIOGRAPHIE
Suida, 1951, p. 100; Suida, 1954, p. 166; Gregori, 1955, p. 24; Zampetti, 1955 (2° éd.), p. 224, n° 106; Ferrari, 1961, pp. 17, 29; Bossaglia, 1963, pp. 1040 ss.; Kossoff, 1963, p. 77; Arslan, 1964, p. 105, n° 2; Antonelli Trenti, 1964, p. 409; Wescher, 1966, p. 50; Berenson, 1968, I, p. 368; Malagutti, 1968, p. 29; Shapley, 1968, p. 87; Ballarin, 1970-71, pp. 47-48; Fredericksen et Zeri, 1972, p. 176; Frangi, 1986, p. 170; Nova, 1986, p. 215.

Longhi le premier a attribué ce tableau à Romanino en le datant de l'époque du grand retable pour l'église Santa Giustina à Padoue (Museo Civico) et en le rapprochant en particulier des *tondi* de l'encadrement, comme le rapporte Suida (1954). Cette attribution et cette datation ont été reprises par Suida et confirmées par les études ultérieures, à l'exception de celles de Bossaglia (1963) et d'Arslan (1964), qui mettent en doute cette paternité, et de Malagutti (1968), qui la refuse nettement. Avec les *tondi* du retable de Padoue, ce tableau avait représenté le peintre dans l'exposition sur *Giorgione e i giorgioneschi* de 1955 à Venise, mais il ne figure pas dans l'exposition *Romanino* dix ans plus tard. Suida, qui l'avait présenté à l'exposition de 1951, en avait repris l'étude dans ses *Spigolature giorgionesche* de 1954 : il l'avait reproduit significativement à côté d'un autre portrait d'homme en armure avec une épée et un grand chapeau, celui de Dosso Dossi alors dans la collection Ventnor et depuis au Fogg Art Museum de Cambridge, les considérant l'un et l'autre comme des œuvres de peintres de la Vénétie de *terra ferma* faisant nettement écho à certaines «demi-figures» du dernier Giorgione sur ce même thème, par exemple David avec la tête de Goliath, dont il donnait un exemple en reproduisant la gravure de Vorsterman (pour le *Theatrum Pictorium*) du *David* en assez mauvais état du Kunsthistorisches Museum de Vienne. Enchaînement d'images avec lequel on ne peut qu'être d'accord aujourd'hui encore, et que le spécialiste commentait ainsi : « Alors qu'on peut indéniablement reconnaître la marque des œuvres de Titien dans le caractère pictural et dans les contrastes de lumière dans les reflets des armures, les lignes fondamentales de la composition sont toujours celles de Giorgione. Ainsi peut-on appeler giorgionesques au sens propre ces deux portraits [celui-ci et celui de Dosso Dossi]. » Je suis aussi d'accord avec l'affirmation selon laquelle ce *Portrait* est davantage proche de Giorgione que de Titien, non pas tant par ses moyens picturaux, désormais inspirés de l'exemple de Titien, que par son esprit et par sa mise en page; et l'on doit surtout accepter la relation que Suida établit avec le *David* de Vienne, que Romanino avait certainement présent à l'esprit lorsqu'il peignait ce portrait. J'ai moi-même noté dans ma communication sur la *Salomé* (1970-71) qu'est « singulière dans ce *Portrait*, et propre à mettre en lumière une attitude qui est celle du retable [de Santa Giustina], la présentation frontale du buste et au chapeau à plumes, fermement découpés et étalés au premier plan, de sorte qu'il n'y a pas de profondeur de champ, présentation à peine contredite par l'inclination du visage [et par le raccourci du bras gauche] – à comparer avec les articulations que Titien imprime à ses portraits sous la pression d'un besoin impérieux d'action et de réalité, de réalisation de la figure dans un espace. Les portraits du jeune Titien ne sont jamais absolument frontaux. L'exemple le plus proche de ce *Portrait* de Romanino est le *Portrait* inachevé de Vienne (n° 337), où est néanmoins bien manifeste le poids d'agressivité dont Titien chargeait les premiers plans. Je dirais en somme que ce *Portrait* Kress se rapporte aux portraits contemporains de Titien comme le retable de Santa Giustina à celui de la Salute. »

Il reste cependant à mieux analyser le « giorgionisme » de ce *Portrait*. Romanino ne se soucie pas de placer la figure de façon équilibrée dans l'espace du tableau ni d'étudier des présentations de côté ou de face qui, tout en conférant une grande vitalité aux plans de la forme, les distingueraient les uns des autres et les combineraient en une composition de goût classique et donc inévitablement distante; il se situe plutôt sous le modèle, presque à mi-buste, et regardant légèrement de bas en haut, de sorte que la cuirasse comme attaquée par de larges plaques de lumière et le grand chapeau orné de plumes d'autruche occupent tout l'espace du tableau et rehaussent de leurs harmonies de noirs et de bleus les tons chauds du visage, ainsi que la fragrance de la chair ombrée et la légèreté vaporeuse de la barbe rousse, rendues plus proches et plus vives encore par le faible mais net écart de la position de la tête par rapport au buste de face. En ce sens, ce *Portrait*, d'apparence archaïque parce qu'il renonce à la sa-

vante composition selon le langage qui se veut classique de l'art du portrait à la manière de Titien, est plus proche des « tranches de vie » du dernier Giorgione, qu'il interprète avec une humeur quelque peu excentrique et fantasque, si bien qu'à la date qui est la sienne, vers 1513-14, il pourrait bien être le premier exemple d'une certaine interprétation dans la Vénétie de *terra ferma* des portraits ou demi-figure de Giorgione – on en arrive à présent à l'autre pôle, pour ainsi dire, du montage photographique de Suida, la comparaison avec le *Guerrier* de Dosso Dossi – notamment parce que cette interprétation, en ce qui concerne la technique picturale, se révéla toujours informée des expérimentations de Titien, et c'est le cas de cette œuvre, dont nous avons dit qu'elle naît au cœur de ce chapitre de la jeunesse de Romanino, entre le retable de Santa Giustina à Padoue et celui de San Francesco à Brescia (où il montre la plus grande intelligence du langage du jeune Titien), et qui a parfois été aussi définie comme un « exemple magnifique du meilleur art du portrait à la manière de Titien dans la *terra ferma* » (Gregori, 1955).

Quelques années plus tard, Romanino en donnera un autre exemple, plus spectaculaire encore, dans le *Portrait d'homme* de Buckingham Palace à Londres, remarquable par la fantaisie du vêtement et par l'expression du visage où Maria Luisa Ferrari (1961) a reconnu de manière suggestive « une espèce de corsaire, froid, calculateur, d'un cynisme total ». La comparaison de ces deux portraits est de plus grand intérêt parce que celui-ci, quoique dépouillé, comme l'autre, de tout artifice de composition de type classique – le buste et la tête légèrement tournés de trois quarts, dans une niche – est bien plus manifestement proche de Titien par ses moyens picturaux. La compréhension du langage du Titien des années 1510 est celle-là même que l'on observe dans le retable de San Francesco et dans la *Salomé* du Bodemuseum de Berlin, c'est-à-dire dans deux œuvres exécutées au retour à Brescia en 1516 après les quelques années passées à Padoue, ou entre Padoue et Venise; et l'on pourrait même dire que la maturation dans ce sens par rapport au *Portrait* Kress reproduit, dans le format plus petit des portraits, le développement que, dans mon texte de 1970-71, j'avais tracé du retable de Santa Giustina à celui de San Francesco. On doit aussi ajouter qu'on perçoit dans le *Portrait* de Londres un goût fantastique plus débridé encore, à l'évidence sous l'influence des graveurs allemands, d'Altdorfer surtout, et d'un environnement alors plus nettement padan, au point qu'on a souvent compris ce portrait comme un prélude à ceux des fresques de Crémone ou même comme une œuvre datant de cette époque. Je l'avais moi-même compris ainsi (1970-71), mais je pense à présent qu'il est plus juste de le dater du lendemain du retour de Romanino à Brescia, à la même époque que la *Salomé* (vers 1516-17) et que le deuxième petit retable pour San Francesco avec la *Vierge entre saint Louis de Toulouse et saint Roch* (vers

1517), autrefois au Kaiser Friedrich-Museum de Berlin.

Dans ce chapitre de la jeunesse de Romanino lié aux commandes des moines bénédictins de Santa Giustina, auxquelles ont vraisemblablement dû faire suite dans les années 1513-1516 des déplacements entre Padoue et Venise en attendant que la situation politique et militaire s'éclaircisse à Brescia, il est bien possible que le *Portrait* Kress soit la seule œuvre à ajouter à ce qui subsiste de ces commandes bénédictines, la *Cène* pour le réfectoire et le retable pour le maître-autel du chœur de la vieille église.

Dans mon étude sur la *Salomé*, et encore dans la version révisée de ce texte en 1985, j'avais daté des années de Padoue (vers 1514-1516) la *Sainte Famille avec deux donateurs* autrefois dans la collection Benson de Londres, considérée comme l'une des œuvres les plus giorgionesques de Romanino depuis que Longhi l'avait attribuée à cet artiste (1940). Mais, à la faveur d'une reconstitution de l'activité de jeunesse de Moretto dont j'ai rendu compte dans une communication, présentée lors de la Deuxième Journée d'études organisée par l'université de Padoue le 22 juin 1988, sous le titre « La cappella del Sacramento in San Giovanni Evangelista a Brescia », j'ai dû sans hésitation replacer cette *Sainte Famille* dans le catalogue de cet autre peintre brescian, vers 1516, en raison de ses affinités manifestes avec d'autres œuvres de ce même artiste, que je réunissais alors en puisant en grande partie dans le catalogue de Romanino : la petite *Vierge* du musée Pouchkine de Moscou (vers 1514-15) extrêmement proche de Titien et de Palma et qui, quoique marquée d'un accent personnel, témoigne d'une profonde connaissance directe de la peinture vénitienne acquise sous l'autorité immédiate de Romanino à l'occasion du séjour de celui-ci à Padoue et à Venise, le petit retable avec le *Mariage mystique de sainte Catherine* dans une collection privée de Lombardie (vers 1516), qui témoigne déjà, comme la *Sainte Conversation* Benson, du retour de Romanino à Brescia, le petit retable Cook-Kress d'Atlanta (Géorgie) avec la *Vierge entre saint Jacques le Majeur et saint Jérôme*, celui pour l'église Sant'Eufemia della Fonte à Brescia, aujourd'hui à la Pinacoteca de cette ville avec *Saint Roch entre saint Côme, saint Damien, saint Nicolas de Bari et saint Antoine abbé*, et le *Saint Jérôme dans un paysage* d'une autre collection privée de Lombardie, œuvres plus marquées encore par la présence de Romanino à Brescia dans le courant de 1517. La *Vierge et l'Enfant avec un chien* autrefois dans la collection Vittadini à Arcore (province de Milan), citée dans les études sur Romanino mais considérée comme perdue par Ferrari (1961, p. 315) et encore inédite, ressemblerait tout à fait à la *Sainte Conversation* Benson et daterait de la même époque selon Nova (1986), qui en aurait retrouvé la photographie dans les archives de Zeri et de Berenson, et qui la considère comme une œuvre de Romanino datant des années 1514-1516 : si cette *Vierge* Vittadini, que je ne connais pas, même en photographie, est si semblable à ce tableau perdu, je n'exclus pas qu'elle doive être rangée sous le nom de Moretto.

A.B.

page 85

70

Girolamo di Romano, dit Romanino
Brescia, 1484/1487 - Après 1559

Portrait d'homme
Bois. H. 0,825; L. 0,715
BUDAPEST, SZÉPMÜVÉSZETI MÚZEUM

HISTORIQUE
Brescia, coll. comtes Fenaroli au début du XIXe siècle (Brognoli); Venise, Luigi Resmini, auprès de qui C. Pulzski l'acquiert pour le musée de Budapest en 1895.
EXPOSITIONS
Londres, 1930, n° 36; Paris, 1935(1), n° 406; Brescia, 1965, n° 21.
BIBLIOGRAPHIE
Brognoli, 1826, p. 207; Lermolieff (Morelli), 1880 (éd. ital. 1896), p. 415; Layard, 1887, p. 576; Lermolieff (Morelli), 1890 (éd. ital. 1897), p. 290 (éd. Anderson 1991, pp. 300, 475); Meller, 1901, p. 211; Berenson, 1907, p. 284; Borenius, 1912, III, p. 284; Van Terey, 1916, p. 188, 1924, p. 140; Gábor, 1924, p. 140; Nicodemi, 1925, pp. 76, 82, 197; A. Venturi, 1927, p. 292; A. Venturi, 1928(1), IX, 3, p. 810; Berenson, 1932, p. 487; Suida, 1934, p. 551; Berenson, 1936, p. 418; Fiocco, 1936, p. 561; Nicodemi, 1939, p. 372; Gengaro, 1940, p. 624 (2e éd. : D'Ancona et Gengaro, 1955, p. 630); Pigler, 1954, p. 479; Gilbert, 1959, p. 263; Ferrari, 1961, pp. 29-30, pl. 37; Bossaglia, 1963, p. 1 046; Boselli, 1965, p. 205; Panazza, 1965 (2e éd.), p. 60 n° 21; Berenson, 1968, I, p. 367; Pigler, 1968, I, pp. 583-584; Garas, 1974, pp. 20-21, n° 17; Garas, 1977, p. 82; Frangi, 1986, p. 175; Tatrai, 1991, p. 103.

Brognoli le premier mentionne dans son *Guide* de la ville de Brescia la présence de ce tableau dans le palais des comtes Fenaroli, où il était déjà attribué à Romanino. Cette paternité est affirmée par Morelli (1886) et par Layard (1887), qui ont encore vu ce tableau à Brescia chez les héritiers des Fenaroli. Acheté en 1895 à Venise pour le musée de Budapest, il est cité dans les premiers recensements dressés par Berenson (1907), dans les notes apportées par Borenius à l'ouvrage de Crowe et Cavalcaselle (1912) ainsi que dans les premières monographies consacrées au peintre (Nicodemi, 1925; Venturi, 1928; Suida, 1934; Fiocco, 1936; Gil-

bert, 1959; Ferrari, 1961). Il est choisi pour représenter Romanino dans les grandes expositions de Londres en 1930 et de Paris en 1935, et il figure naturellement dans l'exposition monographique de Brescia en 1965. Il s'agit peut-être du plus connu des portraits de ce peintre. Quant à la date de son exécution, après la proposition de Morelli tendant à la placer dans la période 1515-1520, elle est souvent située dans les années 1516-1519, cependant que parfois (Ferrari, 1961; Bossaglia, 1963; Frangi, 1986) il est souligné qu'elle est contemporaine de celle des fresques de Crémone (1519), par comparaison avec des figures de ces fresques, comme, par exemple, celle derrière Jésus dans *Le Christ devant Caïphe* ou celles au pied de l'escalier dans l'*Ecce Homo*.

Klara Garas (1974), qui date ce portrait de 1516-1519, en fait une description très précise. C'est un homme d'une quarantaine d'années, au visage rond, qui porte, sur une chemise blanche au col brodé, une lourde robe de brocart d'or à amples manches, et est coiffé d'un couvre-chef rond, doré, le *balzo* porté indifféremment par les hommes et par les femmes. Il est représenté jusqu'à la ceinture, tourné vers la gauche, les bras, les épaules et la tête inclinée formant une courbe ondulante, largement évasée. La main tient la poignée de l'épée d'un geste qui contredit singulièrement l'expression du visage, au regard songeur, perdu au loin, à l'attitude passive de la contemplation. L'épée n'est ici qu'un accessoire secondaire, un décor complémentaire du costume, sans pour autant indiquer la profession du modèle. » On pourrait remarquer seulement que l'homme a sans aucun doute moins de quarante ans et que l'épée n'est peut-être pas un détail accessoire. Le contraste entre le geste qui appelle notre attention sur l'épée et l'attitude d'allure sentimentale, superbement représentée par l'inscription de la figure dans une « courbe ondulante, largement évasée » — on ne saurait mieux dire —, qui semble se prolonger dans la direction du regard au-delà de la fenêtre et abstraire le personnage de son environnement, ce contraste pourrait être voulu et se situer dans le sillage de l'iconographie giorgionesque bien connue, qui était à l'époque de cette œuvre considéré comme datant d'un âge révolu, mais que Romanino aurait pu vouloir reprendre, pour quelque raison peut-être cachée dans les termes de la commande, dont nous ignorons la teneur. Il est sûr que l'influence de Giorgione est ici très marquée — le tableau paraît à Boselli (1965) « encore profondément giorgionesque » —, et il suffira de rappeler que la première idée dans le *Portrait* de Giorgione à Budapest (cat. **25**) prévoyait que la figure lève un regard absorbé allant se perdre au-delà d'une fenêtre. Ce portrait, avec cette figure saisie en un moment de réflexion concentrée sur ses pensées ou ses sentiments, est aussi d'un colorisme somptueux et d'une mise en page raffinée : la tenture de velours vert, éclairée dans la pénombre d'un intérieur, est drapée de manière à prolonger le souple mouvement de la figure.

Ces considérations me conduisent à juger infondée la lecture que M.L. Ferrari fait de ce *Portrait* (1961) qu'elle dit « arrangé en vain pour rechercher une expression pathétique, qui ne saurait troubler qui déchiffre la malice subtile de la boube en pointe si bien entretenue, la froideur intraitable de l'œil distrait »; et je ne partage pas non plus l'hypothèse d'une datation à l'époque des fresques de Crémone. Il me paraît impensable que ce *Portrait* puisse être le fruit des dispositions d'esprit particulières dans lesquelles se trouvait Romanino lorsqu'il travaillait à ces fresques; et je ne crois pas qu'il en aille différemment si nous considérons les tableaux de Brescia qui précèdent ou accompagnent ces fresques, car l'évolution de Romanino dans les années 1516-1519 est à la fois uniforme et linéaire, en ce sens qu'elle aboutit avec cohérence et par degrés à ce comble de fantaisie effrénée qui marque l'époque de Crémone. Par comparaison avec l'éclairage fantastique, l'écriture fortement expressive, l'exubérance des formes et l'hypertrophie des traits naturels, toutes caractéristiques stylistiques qui sont assurément mises en relief par la technique et la dimension de la fresque mais que l'on retrouve aussi dans le *Mariage de la Vierge* pour San Giovanni Evangelista à Brescia, panneau contemporain de ces fresques, on perçoit dans ce *Portrait* l'aspiration à une forme plus contrôlée, qui ne recherche pas par hasard le motif de l'intérieur et le goût pour un rendu des choses, de la chair comme des vêtements, plus ferme et plus objectif.

Je pense que cette œuvre appartient déjà au chapitre tout à fait nouveau qui s'ouvre dans l'histoire de Romanino au lendemain de son séjour à Crémone, plus exactement au lendemain de la *Pentecôte* peinte à fresque dans San Francesco de Brescia, qui date de 1520 et ressortit encore à l'humeur de l'année précédente, alors qu'il peint la *Messe de saint Apollonius* pour Santa Maria in Calchera et l'*Institution du saint sacrement* pour la chapelle du Saint-Sacrement dans San Giovanni Evangelista. Ayant satisfait sur les murs de la cathédrale de Crémone à cet impérieux besoin d'expressivité qui s'était de nouveau manifesté lors du retour à Brescia après la parenthèse du séjour à Padoue, Romanino, vers 1521, à l'époque de la commande des travaux pour la chapelle de San Giovanni qui date justement de cette année-là, se détourne en quelque sorte de lui-même et ouvre un chapitre nouveau de son histoire, qui durera jusqu'au moment de son voyage à Trente pour y travailler avec les Dossi dans le palais de Clesio (1531). Des tableaux tels que l'*Institution du saint sacrement* ou la *Messe de saint Apollonius* sonnent comme des reniements du comble de fantaisie représentatif de l'époque de Crémone : la confrontation avec Moretto — qui, après avoir payé son dernier tribut à la civilisation des excentriques de la plaine du Pô avec les *Saint Faustin et saint Jovite à cheval* des volets d'orgue pour l'ancienne cathédrale (1517-18; aujourd'hui dans Santa Maria in Valvendra à Lovere), s'était entre-temps rendu de nouveau pour son propre compte à Venise et à Brescia et peignait alors à Brescia des œuvres comme la *Bannière des croix* de la Pinacoteca Tosio Martinengo (1520), la *Vierge entre saint Antoine abbé et saint Sébastien et un ange musicien* de Francfort (vers 1520-21), la grande bannière *la Vierge du carmel* (Gallerie dell'Accademia, Venise, vers 1521) et *Le Christ mort apparaissant au-dessus du tombeau entre saint Jérôme et sainte Dorothée* pour Santa Maria in Calchera à Brescia (vers 1522) –, la confrontation avec Moretto, donc, ne dut pas moins compter que l'influence du milieu environnant et de certains secteurs de la commande, facteurs tous deux destinés à le faire réfléchir sur l'opportunité de renouer avec la tradition de son lieu d'origine, représentée, comme on le sait, par Foppa, d'ailleurs disparu seulement depuis peu (1515-16).

Ce changement n'a pas été suffisamment mis en lumière dans les études sur Romanino, notamment parce que le caractère linéaire du développement de sa peinture, comme de celle de Moretto, au début des années 1520, a été brouillé et rendu incompréhensible par la conviction, d'ailleurs unanimement partagée, que toutes les toiles pour la chapelle du Saint-Sacrement de San Giovanni Evangelista auraient daté des années 1521-1524, conformément aux dispositions du contrat signé par Romanino et Moretto en mars 1521. Dans ma conférence de 1988 sur cette chapelle (voir cat. **69**) à laquelle, comme je l'ai dit, remontent aussi ces précisions sur la jeunesse de Moretto, j'ai présenté une conviction ancienne (acquise à l'époque de mes études sur Romanino à la suite de l'exposition de 1965) selon laquelle Romanino et Moretto, à l'occasion de cette commande, n'auraient exécuté, en 1522 ou entre 1522 et 1523, que les deux grandes lunettes du registre supérieur, respectivement l'*Institution du saint sacrement* et la *Cène*, et les douze *Prophètes*, six chacun, des arcs qui les encadrent, et que c'est seulement après une pause de quelque vingt ans, précisément entre 1543 et 1544, qu'ils auraient réalisé les toiles du registre inférieur, Romanino la *Résurrection de Lazare* et le *Repas chez le pharisien* entre les évangélistes *Matthieu* et *Jean*, Moretto *La Manne dans le désert* et *Élie visité par l'ange* entre les évangélistes *Luc* et *Marc*. Cette clarification a entraîné une série de remises en ordre dans l'œuvre des deux artistes et devrait finalement permettre de mieux apprécier quelles ont été leurs recherches respectives au cours de la première moitié des années 1520, et, s'agissant de Romanino, dans quelle mesure ses recherches se sont différenciées de celles de la fin des années 1510.

La compréhension de certaines œuvres à cheval sur les années 1510 et 1520 devrait aussi bénéficier de cette clarification : j'ai dit que ce *Portrait* de Budapest, que je daterais ici de 1521-22, en faisant remarquer que la superbe pièce de brocart noir et or est d'une facture d'un réalisme objectif qui la rapproche davantage des vêtements des donateurs dans la lunette de la chapelle du Saint-Sacrement que du

manteau bleu et or de la Vierge dans le *Mariage de San Giovanni*, et que c'est précisément à cause de cette exigence de maîtrise et de pureté de la forme, si l'on peut parler ainsi à propos d'une page d'un colorisme si somptueux, que ce *Portrait*, tout comme ces donateurs, mérite de figurer au nombre des œuvres qu'Holbein vit lors de son voyage en Italie. Mais je citerais aussi l'exemple de la belle *Vierge aux œillets* de l'Ermitage, parce que je pense que celle-ci peut éclairer l'appréciation portée sur le *Portrait* de Budapest. Cette *Vierge* a été rapprochée par Frizzoni (1909) de celle de la Brera, par M.L. Ferrari (1961) du petit retable autrefois au musée de Berlin et de celui de la cathédrale de Salò, et donc située dans la seconde moitié des années 1510, et datée aussi par Kossoff (1963) de cette époque (la fin de la deuxième décennie) comme les *Vierges* de la Brera et de la Galleria Doria Pamphily à Rome. Or justement la comparaison avec ces deux *Vierges*, sans aucun doute des années 1517-18, avec leurs efflorescences d'ocre lumineux sur les chairs, comme chez Titien ou chez Palma, leurs étendues de couleur brillante, mais comme figées et griffées sur leurs bords en une recherche d'expressivité qui évoque les modèles de Cranach, permet de saisir en quoi l'atmosphère de la *Vierge* de l'Ermitage est différente : un puissant rayon de lumière qui tombe obliquement de la gauche éclaire les deux figures au premier plan, découvrant en même temps l'existence d'un intérieur; une tenture verte tirée dans la pénombre de la pièce laisse entrevoir la table sur laquelle est posée la carafe de verre de Murano avec les œillets; il se dégage de ce tableau une sorte d'intimisme tout à fait absent des *Vierges* des années 1510. Nous devrions nous trouver ici au moment où, après l'ivresse fantasque de Crémone, Romanino, de retour à Brescia, retrouve certaines valeurs typiques de la tradition lombarde. Ce changement, radical par rapport à son langage de Crémone qui était encore substantiellement marqué par Titien, prépare ou accompagne l'*Institution du saint sacrement* et la *Messe de saint Apollonius*.

Comme on le sait, Morelli conservait dans sa collection une version de ce *Portrait*, environ de la même taille (H. 0,81; L. 0,71), mais sur toile, et différente par quelques points : l'absence d'un intérieur, et donc de la tenture, la suppression des mains et de la garde de l'épée, le remplacement du *balzo* par un béret garni d'une plume, la modification de l'expression du visage – au point que Boselli (1965) estime que la personne représentée n'est pas la même. Cette toile, entrée avec la collection Morelli à l'Accademia Carrara à Bergame, a joui d'une aussi grande renommée que le tableau de Budapest : de Morelli à Gilbert, elle a été considérée comme une œuvre tout autant autographe, et c'est elle que Lionello Venturi (1913) cite dans son *Giorgione e il giorgionismo* et qui figura à l'exposition de 1939 sur la *Pittura bresciana del Cinquecento* (Lechi, Panazza, 1939, p. 283). Ils ont été présentés tous deux dans l'exposition de 1965, et cette confrontation a eu

raison des soupçons émis en 1961 par M.L. Ferrari sur l'authenticité de la version Morelli, qu'on préfère aujourd'hui considérer comme une copie ancienne, sans que puisse être résolue, en raison des différences indiquées, la question de la nature véritable de sa relation avec l'original de Budapest.

A.B.

page 84

71

Girolamo di Romano, dit Romanino
Brescia, 1484/1487 - après 1559

*La Vierge à l'Enfant
avec deux donateurs*
Toile. H. 1,08; L. 1,26
SIENNE, PINACOTECA NAZIONALE

HISTORIQUE
Don Spannocchi.
EXPOSITION
Sienne, 1979, n° 78.
BIBLIOGRAPHIE
Torriti, 1978, p. 241; Conti, 1979, p. 103; Torriti, 1979, p. 208; Nova, 1986, pp. 294-295; Sciolla, 1989, p. 203; Fossaluzza, 1989, p. 232; Nova, 1989, p. 876; Torriti, 1990, p. 448.

Ce tableau a été publié en 1978 dans le catalogue de la Pinacoteca de Sienne établi par Torriti, puis présenté en 1979 dans une exposition d'œuvres restaurées de ce musée organisée par le même Torriti, comme une œuvre de Calisto Piazza parmi les plus proches du style de Romanino et datant plutôt de sa jeunesse.

C'est à l'occasion de cette exposition que j'ai rendu ce tableau à Romanino « à l'époque précisément du Cicala du retable de Salò et de certains portraits qu'il fera peu après au château de Buonconsiglio à Trente », donc vers 1530. De cet avis Torriti rend aimablement compte dans la deuxième édition du catalogue (1990), où il reprend la notice de la première édition mais en laissant ouverte la possibilité d'une autre solution. Par la suite, j'ai rectifié la datation proposée, et, dans ma conférence de 1988 sur la chapelle du Saint-Sacrement (voir cat. **69**), consacrée dans sa première partie à la reconstitution de l'activité de Romanino dans les années 1539-1545, dates des toiles du registre inférieur de ladite chapelle, j'ai commencé mon propos par ce tableau dont la situation se trouvait tout à fait incertaine entre l'époque de Pisogne et de Breno et celle dont je m'apprêtais à parler. Cette attribution avait été entre-temps acceptée par A. Nova (1986) avec une datation vers 1540. Elle fut aussi reprise dans le catalogue de l'exposition de 1989 sur les Piazza, dans les contributions de Sciolla, sous forme interrogative, et de Fossaluzza, de manière plus nette, et avec une datation proposée après 1540, et elle fut confirmée par A. Nova (1989) dans son compte rendu de cette exposition.

Il s'agit certainement de l'un des tableaux les plus remarquables de Romanino, de l'un des sommets de son art du portrait et d'un bel exemple de son talent de conteur. Non pas qu'il soit inhabituel de donner des rôles différents aux commanditaires dans les « saintes conversations » – par exemple, pour rester à Brescia, dans le tableau de Moretto de la Johnson Collection de Philadelphia, l'épouse dialogue du regard avec la Vierge cependant que l'Enfant se tourne de l'autre côté vers le mari recueilli en une dévotion contrite – mais, et c'est précisément là une marque du talent de Romanino, il est plutôt original de différencier aussi nettement les mimiques, et l'éclairage lui-même. Romanino raconte probablement une histoire bien connue des commanditaires, et qui nous échappe, laquelle prévoyait sans doute une telle différenciation des rôles entre la femme et le mari; ou bien il l'a inventée de son propre chef pour conférer une note de vivacité et de vérité au thème de la « sainte conversation », ancien alors et ne lui convenant guère (contrairement à Moretto) au point que c'en est le seul exemple qui nous reste. La femme adresse une supplique à la Vierge, qu'en fait elle apostrophe avec énergie et le visage levé, en pleine lumière, le cou tendu, le profil dur et acéré, sur lequel, après un dernier regard à son modèle alors que la toile était finie, Romanino a voulu marquer la désagréable vérité de cette bosse sur le nez, extériorisent, avec beaucoup de *vis comica*, le sentiment d'attente de l'intervention salvatrice de la Vierge et de l'Enfant. Ceux-ci répondent avec des gestes pleins de vivacité et de réalisme qui, étant adressés au mari ombrageusement recueilli dans sa prière, ont l'air d'un reproche visant la femme. C'est du moins ce qu'il nous semble, quoiqu'il nous échappe trop de mots de cette conversation. Une tenture verte derrière la Vierge est suffisamment tirée pour laisser voir, au-delà de la tête de l'homme, une colline couronnée d'une cité fortifiée qui rappelle le château de Brescia.

Ce tableau devrait donc se situer à mi-chemin entre le chapitre qui se clôt avec les fresques de Breno et celui qui s'ouvre avec l'*Annonciation* de Rovato et les volets d'orgue du *Duomo Nuovo* de Brescia. Il me paraît en effet qu'y est à peine engagée cette expérience d'un luminisme voilé et d'une modulation raffinée de la couleur qui, à partir de ces volets, se poursuivra tout au long d'une bonne partie des années 1540; mais, par ailleurs, on y sent encore le Romanino de Breno et de Pisogne, sa façon de peindre la vérité des matières et des substances, chargée et comme gauchie par un impérieux besoin d'expressivité et de narration, de communication et d'engagement. L'énergie des gestes, la désarticulation des mouvements et le puissant réalisme des portraits sont encore ceux des années 1530, mais la vérité de la lumière sur le cou et la mosette de fourrure de l'homme, la finesse des passages dans l'ombre transparente du visage, innovent par rapport à l'époque de Breno. Et le paysage nous fait déjà venir à l'esprit celui très beau de la *Visitation* des volets d'orgue du Duomo Nuovo de Brescia.

Mais, à parler en ces termes du tableau de Sienne, je me rends compte que j'évoque une histoire de l'activité de Romanino au cours des années 1530 et 1540 fondée sur mes convictions personnelles acquises en 1965 lors de l'exposition de Brescia, histoire tout à fait différente de celle présentée dans la monographie de M.L. Ferrari (1961) ou dans le catalogue de l'exposition susdite, ou, encore dans le volume sur la peinture de Brescia au XVIe siècle paru dans la collection dirigée par M. Gregori (1986). J'ai partiellement rendu compte de ces travaux dans ma conférence de 1988 à propos du chapitre qui s'ouvre en 1539 dans l'activité de Romanino avec les volets d'orgue du Duomo Nuovo de Brescia et dont font partie les toiles du registre inférieur de la chapelle du Saint-Sacrement dans l'église San Giovanni Evangelista. Ces études ne permettent pas de saisir l'évolution de Romanino après 1520, et je ne doute pas que la source d'une si grande incompréhension doive résider dans le contrat de 1521 relatif aux travaux commandés pour cette chapelle. C'est à dire qu'à partir de ce moment-là s'est introduit un facteur de discontinuité qui a fini par toucher toute la reconstitution de l'histoire du peintre. Ainsi, par exemple, des œuvres comme la *Vierge entre sainte Catherine, épouse mystique du Christ, et un saint évêque* de l'église paroissiale de Calvisano, ou la *Vierge à l'Enfant couronnée par deux anges* de la Congrega della Carità Apostolica à Brescia, ou la *Nativité* de la Pinacoteca Tosio Martinengo, ou le retable de l'église paroissiale de San Felice del Benaco avec *Saint Félix entre saint Adauct, un autre saint non identifié, saint Antoine abbé et saint Jean l'Évangéliste, avec la Vierge et l'Enfant en gloire*, ou le *Mariage mystique de sainte Catherine, avec saint Laurent, sainte Ursule et une religieuse identifiée avec sainte Angela Merici* de Memphis, ou le retable pour San Domenico avec le *Couronnement de la Vierge avec des saints* de la Pinacoteca de Brescia, ou la bannière avec la *Résurrection du Christ* au recto et *Saint Apollonius entre saint Faustin et saint Jovite* au verso pour l'église dédiée aux deux saints cavaliers à Brescia, ou bien la *Cène* de l'église paroissiale de Montichiari, qui, j'en suis convaincu, forment un ensemble d'œuvres comparables et même homogènes situées avant et après 1545, ont été datées diversement et pour ainsi dire éparpillées entre 1525 et 1535, intercalées entre des ensembles de fresques qui développent avec cohérence un propos tout différent.

Il y a de bonnes raisons pour dire que, s'agissant de l'aspect « vénitien » de la peinture de Romanino, on a confondu, d'une part, le chromatisme qui provient de manière originale mais directe de l'enseignement du jeune Titien, et qui est toujours plus vraie que chez les Vénitiens – pour être clair : le chromatisme qui resplendit dans le *Saint Alexandre* du polyptyque de la National Gallery de Londres (1525) –, et, d'autre part, le chromatisme, fait de modulations raffinées de la couleur, qui découle du principe du luminisme voilée, qui n'a rien à voir avec la technique de la peinture pratiquée sur la Lagune durant les premières décennies du siècle. Romanino met au point ce chromatisme à la fin de sa maturité – par réaction vis-à-vis des interprétations, différentes mais parallèles, que Savoldo et Moretto ont entretemps données de la couleur des Vénitiens et de la lumière des Lombards – mais pas avant d'avoir usé, au cours des années 1530 et encore sur les murs de Sant'Antonio à Breno, de toutes les ressources de cette civilisation de la couleur apprise à Venise dans sa jeunesse. Seule une telle confusion peut expliquer que le retable de Calvisano, ou la *Vierge* de la Congrega della Carità Apostolica, ou la *Nativité* de la Pinacoteca de Brescia, ou le retable de San Domenico, aient été situés entre le polyptyque de Sant'Alessandro (1525) et le retable de la cathédrale de Salò avec *Saint Antoine de Padoue et le commanditaire, le comte Segala* (1529), ou bien entre ce retable et le cycle de Trente (1531-32), et que le *Mariage mystique de sainte Catherine* de Memphis, ou le retable de San Felice del Benaco, ou la bannière de l'église Santi Faustino e Giovita aient été datés de l'époque de Pisogne (vers 1534-35) et de Breno (vers 1536).

Depuis ma reconstitution de cette époque et de celle qui a suivi, je n'ai trouvé que des raisons de confirmer mon point de vue, qu'on peut résumer ainsi : le chapitre des années 1520 s'ouvre avec l'*Institution du saint sacrement*, après le polyptyque de Sant'Alessandro – à compléter avec la cimaire, une *Pietà*, autrefois dans la collection Averoldi et par la suite dans une collection privée de Florence (Panazza, 1965, fig. 48) –, déjà en cours d'exécution en 1524 car cité par Piazza dans son triptyque de cette année-là (Brescia, coll. part.), et en tout cas ayant porté autrefois la date de 1525, ce qui permet de dater de la même époque les fresques fragmentaires du chœur de San Francesco, après ce polyptique et après les travaux, attestés par des documents, pour l'orgue de la cathédrale d'Asola (les volets en 1525, puis les petits panneaux du garde-corps de la tribune des chantres et les fresques du soubassement en 1526), et la *Résurrection du Christ* de l'église paroissiale de Capriolo (vers 1526); ce chapitre des années 1520 se poursuit seulement avec les fresques de la chapelle de Saint-Obizio de l'église San Salvatore avec la vie du saint (vers 1527-28) et avec les fresques de la chapelle de Saint-Roch à Villongo San Filastrio (province de Bergame), et il se clôt sur deux œuvres datées 1529, le *Retable Segala* de Salò et la *Cir-*

concision de la Brera, et sur une troisième, environ de la même année, la *Vierge entre saint Antoine de Padoue, saint François et un donateur* du Castello Sforzesco de Milan.

Le chapitre suivant, qui concerne les années 1530, voit le peintre peu présent à Brescia, occupé d'abord à Trente, puis dans le Val Camonica : les fresques du château de Buonconsiglio à Trente (1531-32), le beau panneau, malheureusement perdu, pour la chapelle du Saint-Sacrement de Santi Faustino e Giovita et autrefois conservé au Kaiser-Friedrich-Museum de Berlin avec la *Déploration du Christ* (vers 1532), les fresques de l'abbaye de Rodengo (vers 1533), de Santa Maria della Neve à Pisogne (vers 1534-35), de Sant'Antonio à Breno (vers 1536), de la *loggia* du château Colleoni à Malpaga (vers 1536) et du cloître des Morts du couvent San Domenico (fresques perdues mais que l'on peut dater de la même époque que celles de Malpaga et de Breno en se fondant sur deux dessins préparatoires du Museo Civico de Bassano, ainsi que sur un document publié par Boselli (1977, II. p. 83) une procuration du prieur datée du 5 janvier 1534 pour pousser le peintre à exécuter le travail selon les accords déjà signés), et enfin les panneaux de la chaire de la cathédrale d'Asola (1536).

Dans ma conférence de 1988, j'ai expliqué comment un nouveau chapitre s'ouvre vers 1539 par l'*Annonciation* de Santa Maria Annunciata sopra Rovato (vers 1539) et les volets d'orgue du Duomo Nuovo de Brescia avec le *Mariage de la Vierge*, la *Visitation* et la *Nativité de la Vierge* (œuvres situées par des documents en 1539-41, mais datant en réalité de 1539-40), et se poursuit jusque vers 1545 — terme choisi pour mon propos et non pas fin de ce chapitre — par les volets d'orgue de San Giorgio in Braida à Vérone avec *Saint Georges devant le juge*, le *Supplice de la roue* et le *Supplice de l'huile bouillante* (datés 1540), les fresques de Santa Maria Annunciata à Bienno avec des épisodes de la *Vie de la Vierge* (vers 1541), la *Cène* de l'église paroissiale de Montichiari (vers 1542-43), le *Mariage mystique de sainte Catherine, entre saint Laurent, sainte Ursule et une religieuse* de la Brooks Memorial Gallery de Memphis (vers 1542-43) le *Christ portant la Croix* d'une collection privée de Milan (vers 1542-43), la *Vierge* du Santuario della Madonna della Stella sopra Cussago (vers 1542-43), la fresque de l'église paroissiale de Roncadelle avec la *Vierge en gloire avec saint Sébastien, saint Bernardin, saint Dominique et saint Roch* (vers 1542-43), le *Crucifix avec Marie-Madeleine* de la collection Lanfranchi de Bergame (vers 1542-43), la *Résurrection de Lazare*, le *Saint Jean l'Évangéliste*, le *Saint Matthieu*, le *Repas chez le pharisien* de la chapelle du Saint-Sacrement de l'église San Giovanni Evangelista (vers 1543-44), la bannière de l'église Santi Faustino e Giovita avec *Saint Apollonius entre saint Faustin et saint Jovite à cheval* au verso et la *Résurrection du Christ* au recto (vers 1544), la *Nativité* de la Pinacoteca de Brescia (vers 1545), la *Vierge à l'Enfant cou-*

ronnée par deux anges de la Congrega della Carità Apostolica (vers 1545). Ce n'est qu'à ce moment, vers ou après 1545, que Romanino aurait peint le retable de San Domenico, l'*Assomption de la Vierge* de Sant'Alessandro in Colonna à Bergame, le *Mariage mystique de sainte Catherine* de l'église paroissiale de Calvisano, les deux *tondi* de la *Vierge* de l'hôpital de Brescia et le *Christ portant la Croix* de la Pinacoteca de Brescia, la *Vierge entre saint Laurent et saint Étienne* de l'église paroissiale de Pralboino, le *Saint Vincent entre saint Pierre et saint Jérôme* de la collection Brunelli de Brescia, la *Pietà* de la Pinacoteca de Brescia, et, entre 1548 et 1550, au terme de cet avant-dernier chapitre de son activité, le retable avec *Saint Paul entre quatre saints* de la Pinacoteca, celui de San Felice del Benaco et la *Vierge entre saint Nicolas et sainte Emerentienne avec un chanoine* du Museo Nazionale de Trente.

Je n'ai pas voulu dresser ici un catalogue des œuvres de Romanino, mais tirer un fil conducteur qui, en énumérant les plus connues, permette de comprendre la perspective que j'ai suivie. J'y ajoute la très belle bannière de Romanino depuis peu acquise par le Metropolitan Museum, que j'ai vue il y a quelques mois, avec au recto la *Flagellation du Christ*, et au verso la *Vierge de miséricorde abritant les membres d'une confrérie entre saint François et saint Antoine de Padoue;* peinte comme les fresques de Bienno, comme la toile de Montichiari, comme les volets d'orgue de Vérone, comme la fresque de Roncadelle, elle est peinte aussi comme la *Résurrection de Lazare* de San Giovanni.

La toile de Sienne, restée longtemps roulée, a subi de graves dégâts dans sa partie inférieure, réparés lors de la restauration effectuée en 1978, dont M.R. Cavari rend compte dans la *Relazione tecnica* jointe à la notice de Torriti établie pour l'exposition de 1979.

A.B.

page 87

72

Giovan Gerolamo Savoldo
Brescia, vers 1480/1485 - ?, après 1548

Tobie et l'archange Raphaël
Toile. H. 0,96; L. 1,24
ROME, GALLERIA BORGHESE

HISTORIQUE
Peut-être dans le Palazzo Alfani, à Pérouse; en 1910 chez Riccardo Pompili à Tivoli; acquis en 1912 par la Galleria Borghese.

EXPOSITIONS
Londres, 1930, n° 123; Paris, 1935(1), n° 416; Brescia, 1939, n° 171; Venise, 1955, n° 114; Londres, 1983-84, n° 86; Brescia-Francfort, 1990, n° I.24.

BIBLIOGRAPHIE
D'Achiardi, 1912, pp. 92-93; L. Venturi, 1913, pp. 220-221; Longhi, 1927 (éd. 1967), pp. 153, 155; A. Venturi, 1928(1), pp. 771-773; Suida, 1935(2), p. 511; Capelli, 1951, pp. 17-18, 20, 24; Gilbert, 1955 (éd. 1986), pp. 184-185, 370-371, 440-444 ss.; Bossaglia, 1963, pp. 1030-1033; Ballarin, 1990; Begni Redona, 1990, p. 160 (avec bibl. ant.); Brown, 1990; Lucco, 1990, p. 88, 91; Nova, 1990, p. 432; Frangi, 1992, pp. 12-13, 48; Papetti, 1992, pp. 141-146.

Traditionnellement donnée à Titien, cette toile fut rendue à Savoldo par Cantalamessa qui, en 1910, la vit chez Riccardo Pompili à Tivoli et en sollicita l'acquisition pour la Galleria Borghese, malgré la méfiance initiale d'A. Venturi, enclin en un premier temps à considérer cette peinture comme copie du XVIIe siècle d'après Savoldo (Papetti, 1992). Il n'est pas possible de trouver une confirmation de l'indication fournie par Pompili et reprise par Achiardi (1912) suivant laquelle cette toile proviendrait du Palazzo Alfani (plus connu sous le nom de Palazzo Alfani-Florenzi) à Pérouse. Promptement acceptée par L. Venturi (1913), l'attribution au peintre de Brescia n'a plus été mise en doute depuis.

Généralement datée (Longhi, 1927; Venturi, 1928; Suida, 1935; Gilbert, 1955; Bossaglia, 1963) entre 1527 (date qui s'est révélée ensuite apocryphe, et toutefois en substance acceptable, de l'*Adoration de l'Enfant* de Hampton Court) et 1533, année de l'exécution du retable de Santa Maria in Organo à Vérone, la toile est par contre située par Capelli (1951) à une date proche de celle du retable de San Nicolò à Trévise, donc autour de 1521.

A l'appui de son hypothèse de datation tardive (premières années de la quatrième décennie), Gilbert propose d'identifier l'œuvre, avec le *Saint Matthieu* du Metropolitan Museum, comme l'un des «quatre tableaux de nuits et de feux» signalés par Vasari (1568, VI, p. 507) appartenant à la Zecca de Milan et exécutés, selon le témoignage de Pino (1548; éd. 1946, p. 71), pour le duc Franceso II Sforza, qui régna à Milan entre 1522 et 1524, en 1525, et entre 1530 et 1535. A partir de considérations historiques convaincantes, qui reposent entre autres sur la découverte récente (Prestini, 1990, p. 321) d'un document daté du 9 juin 1534 attestant les relations de Savoldo avec l'État de Milan, C. Gilbert en déduit que Sforza aurait commandé à Savoldo les toiles de la Zecca précisément dans le dernier quinquennat de son règne. L'identification de la toile de la Galleria Borghese avec une de celles qui ont été signalées par Vasari trouverait une confirmation ultérieure, selon C. Gilbert, dans la fortune qu'avait le thème du voyage de Tobie et Raphaël auprès des marchands et des banquiers qui, par cette image, sollicitaient la protection de leurs fils lorsqu'ils étaient en voyage d'affaires.

Nombre de difficultés s'opposent cependant à l'hypothèse de C. Gilbert. Tout d'abord l'absence d'une correspondance précise entre les caractéristiques de la peinture et le texte de Vasari qui, signalant des «tableaux de nuits et de feux», semblent clairement se référer à des peintures dont les traits distinctifs étaient les effets spectaculaires de lumière artificielle, sur le genre de ceux du *Saint Matthieu* du Metropolitan Museum. L'identification de cette dernière toile avec l'une des peintures de la Zecca paraît effectivement plausible, ainsi que l'identification d'une autre toile de la même série avec l'*Adoration des bergers* de la National Gallery de Washington. D'autre part, le rapprochement du *Tobie* et du *Saint Matthieu* de New York n'a rien de convaincant. Les deux toiles ont effectivement des dimensions très proches, mais leur appartenance à une même série est démentie aussi bien par la diversité du style, que par la disproportion considérable entre les figures. Mais l'obstacle le plus sérieux qui s'oppose à l'hypothèse de C. Gilbert réside dans l'impossibilité de dater la toile de la Galleria Borghese du début des années 30, c'est-à-dire d'une une phase de l'art de Savoldo qui trouve son point de repère fondamental dans le retable de Santa Maria in Organo à Vérone, datée 1533. Dans cette œuvre, la qualité picturale, plus laconique, par larges aplats de couleurs juxtaposés, que l'on retrouve aussi dans le tableau afin de la *Transfiguration* de la Pinacoteca Ambrosiana de Milan, offre peu de rapports avec les jeux de lumière et les modulations raffinés du clair-obscur du *Tobie*.

A cause précisément de ses qualités d'exécution et de ses subtilités lumineuses dans le rendu des costumes, la toile de la Galleria Borghese révèle plutôt une affinité profonde avec l'*Adoration des bergers* conservée dans la Galleria Sabauda de Turin, caractérisée entre autres par un cadre nocturne assez semblable. Avec perspicacité, A. Venturi (1928) avait proposé de rap-

procher les deux peintures, proposition suivie par Capelli (1951); revient à ce dernier, comme nous l'avons signalé, l'hypothèse d'une datation précoce à l'intérieur du parcours connu de Savoldo, en rapport avec le retable de San Nicolò à Trévise, commencé par Fra Marco Pensaben et terminé par le peintre de Brescia en 1521. L'hypothèse de Capelli a été récemment reprise et précisée par A. Ballarin (1990) qui, en reconsidérant l'ensemble du parcours du peintre de Brescia, s'est prononcé en faveur d'une convaincante datation du *Tobie* et de l'*Adoration des bergers* de la Galleria Sabauda autour des années 1522-23. Une telle date tient compte aussi de la source possible du visage de Tobie, identifiée déjà par Suida (1935) dans le visage de l'ange de l'*Annonciation* du *Polyptyque Averoldi* de Titien. Le type d'éclairage choisi par Savoldo, obtenu par la source lumineuse placée à l'arrière-plan, est étonnamment proche de celui de Titien, qui laisse le profil du visage de l'ange voilé dans la pénombre. Commencé par le peintre vers 1520, le *Polyptyque Averoldi* ne fut exposé sur l'autel de l'église San Nazaro e Celso à Brescia qu'en 1522. A la lumière de cette hypothèse, la peinture de la Galleria Borghese deviendrait donc un précieux témoignage de cette phase de transition décisive qui amène Savoldo au retable de Trévise, au grand tableau d'autel destiné à l'église San Domenico à Pesaro, actuellement conservé à la Pinacoteca di Brera, et qu'il est possible de dater, grâce à des documents, entre 1524 et 1525. La richesse de la pâte et la fusion des tons, provenant évidemment de Titien, qui caractérisent les larges interventions de Savoldo du retable de Trévise, laissent la place, dans celui de la Brera, à une pratique plus méticuleuse, de type naturaliste, sans doute encouragée par la connaissance des œuvres exécutées par Lotto dans cette même période. On en trouve la trace surtout dans la définition très étudiée des valeurs lumineuses des draperies et des chairs et dans l'illusionnisme évident qui marque les figures. *Tobie* trouve sa place sur la ligne de faîte de ce tournant. Dans cette toile apparaissent certainement des suggestions inspirées par Titien, qui ne sont pas limitées à la seule figure de Tobie mais que l'on trouve aussi dans la description atmosphérique du cadre naturel, voisine de celles présentes dans les œuvres de Moretto à cheval entre la deuxième et la troisième décennie, et donc à peu près contemporaines du *Christ portant la croix avec un donateur* de l'Accademia Carrara à Bergame au *Saint Jean-Baptiste dans le désert* du County Museum à Los Angeles. Les fonds naturels de toutes ces peintures seraient inconcevables sans l'exemple de ceux de Titien, comme c'est le cas pour le groupe d'arbres qui sert de toile de fond dans le *Baptême du Christ* de la Pinacoteca Capitolina à Rome.

Malgré ces références indiscutables à Titien, la toile déploie tous les caractères propres au langage de l'artiste de Brescia. Elle nous aide à comprendre la position, toujours autonome et différenciée, assumée par Savoldo dans le

contexte de la peinture vénitienne, même dans une œuvre comme celle-ci qui appartient au moment de la plus intense participation du peintre au climat artistique vénitien. En témoigne en premier lieu la physionomie de l'archange, sur le visage duquel on a voulu lire, à partir de L. Venturi (1913), une référence à des modèles de Léonard de Vinci. Récemment D.A. Brown (1990) a précisé cette idée en comparant la figure de l'archange avec celle du saint Sébastien du *Retable Casio*, exécuté par Boltraffio pour l'église de Santa Maria della Misericordia à Bologne (Paris, Louvre). Mais au-delà de ce rapport typologique, l'indépendance culturelle de Savoldo se manifeste surtout dans la recherche des effets réalistes presque en trompe-l'œil, qui caractérise le rendu des costumes des deux figures, fouillés (avec une attention qui suppose une étude d'après nature) dans les plus subtils et imperceptibles parcours des ombres et des reflets le long des plis des drapés, traitement analogue à celui des vêtements des anges musiciens aux côtés de la Vierge dans le retable de la Brera. La netteté de ces notations naturalistes accentue le relief tridimensionnel des deux personnages, auquel contribue aussi l'éclairage particulier de la peinture, au moyen d'une source de lumière qui enveloppe le côté gauche des deux figures, et isole cette partie de l'ensemble du paysage (avec finesse, Venturi, 1928, remarquait à ce propos que dans cette toile «les images ne se confondent pas, comme chez Giorgione et ses suiveurs, dans un seul souffle avec le magnifique décor»). Ce procédé permet à Savoldo de mettre en évidence, par de lents passages de clair-obscur sur la peau rugueuse, la fermeté des membres de Tobie, et surtout de souligner le rôle décisif, de protection divine, de la figure de l'archange, frappé en plein par le rayon lumineux, juste au moment où il ordonne à Tobie de capturer le poisson dans le Tigre et de le couper en morceaux afin d'exploiter les miraculeuses propriétés thérapeutiques de ses organes. A ce propos, on doit rappeler que les recherches récentes de Pardo (1989, pp. 67-91), concernant les célèbres *Madeleines* du peintre de Brescia, ont mis l'accent sur la signification complexe attribuée à la lumière par Savoldo dans ses œuvres sacrées. En ce sens, la peinture de Savoldo s'écarte des interprétations les plus diffusées du thème de l'Ancien Testament; elles privilégient d'ordinaire la représentation des deux figures en marche pour reprendre l'argent prêté par Tobie à Gabaël, ou la scène (inexistante dans le texte biblique) dans laquelle Raphaël aide Tobie à capturer le poisson dans le fleuve, que l'on peut voir, par exemple, dans la toile autrefois dans la collection Viezzoli à Gênes, attribuée à Savoldo par Longhi (1946) mais justement rendue par O. Magnabosco (1986) aux années de jeunesse de Moretto.

F.F.

page 86

73

Giovan Gerolamo Savoldo
Brescia, vers 1480/1485 - ?, après 1548

*Buste de jeune homme
(Saint Jean l'Évangéliste?)*
Toile. H. 0,60; L. 0,40
ROME, GALLERIA BORGHESE

HISTORIQUE
Déjà à la Galleria Borghese en 1790.
EXPOSITIONS
Brescia, 1939, n° 172; Schaffhouse, 1953, n° 38; Bruxelles, 1953-54, n° 80; Paris, 1954, n° 36; Brescia, 1990, n° I. 28; Florence, 1991-92.
BIBLIOGRAPHIE
Morelli, 1876, p. 136; Frizzoni, 1889, p. 32 note 1; A. Venturi, 1893, p. 100; Longhi, 1927 (éd. 1967), p. 155; A. Venturi, 1928, p. 766; Suida, 1935(2), p. 511; Della Pergola, 1955, pp. 127-128; Gilbert, 1955 (éd. 1986), pp. 184, 360-361; Boschetto, 1963, pl. 31; Bossaglia, 1963, pp. 1024, 1030; Begni Redona, 1990, p. 170 (avec bibl. ant.); Lucco, 1990, p. 91; Frangi, 1991, pp. 54-55; Frangi, 1992, p. 72.

Mentionnée en 1790 dans un inventaire de la Galleria Borghese comme une œuvre de Titien, cette toile fut recensée dans l'inventaire du fidéicommis en 1833 avec une curieuse attribution à Pier Francesco Mola (Della Pergola, 1955); elle était exposée dans la Galleria en tant qu'œuvre de Giovan Battista Moroni, lorsque Morelli (1876) la rendit à Savoldo. L'attribution au peintre de Brescia a été acceptée par Frizzoni (1889) et par A. Venturi (1893) et n'a plus été mise en discussion. Outre l'évidence des données stylistiques, la paternité de Savoldo trouve une preuve irréfutable dans la ressemblance (remarquée déjà par Venturi, 1893) des traits physionomiques et de la position du jeune homme avec ceux du Saint Jean Évangéliste qui soutient le Christ, dans la *Déposition* de Savoldo du Kaiser Friedrich-Museum de Berlin détruite en 1945. Objet des hypothèses chronologiques les plus disparates (Longhi, 1927 [éd. 1967]: avant 1521; A. Venturi, 1928 : vers 1527-1533; Suida, 1935, et Gilbert, 1955 [éd. 1986], vers 1527; Boschetto, 1963, pl. 19 : œuvre de jeunesse; Bossaglia, 1963 : œuvre de la maturité tardive), la toile jadis à Berlin doit être certainement identifiée avec la peinture signalée par les guides locaux dans l'église de Santa Croce à Brescia; un document publié par Boselli (1977,

II) nous apprend d'ailleurs que le 2 juin 1537 l'abbesse Caterina Castelli commanda à Savoldo une *Déposition* pour l'église de Santa Croce, payée au peintre le 6 juillet 1538 (pour plus d'éclaircissements sur cette question assez complexe se rapporter à Gilbert, 1986, pp. 510-513; Lucchesi Ragni, 1990, pp. 122-124; Frangi, 1992, pp. 113-115).

L'affinité incontestable entre le jeune homme de la Galleria Borghese et le saint Jean du retable autrefois à Berlin peut nous laisser supposer l'utilisation, de la part de Savoldo, d'un même modèle et nous faire donc considérer la tête de la toile Borghese comme un portrait. Cette hypothèse a été récemment soutenue par Dillon (1990/2, p. 206); il propose aussi de reconnaître le personnage représenté dans les deux peintures dans le *Jeune Homme* d'un dessin, sûrement autographe, conservé au Uffizi (inv. 572 F). S'il en était ainsi, la toile de la Galleria Borghese aurait une date proche de la *Déposition*, puisque le personnage montre le même âge dans les deux peintures. Cependant, il ne faut pas sous-estimer les pièges cachés dans des rapprochements de ce genre, si l'on considère l'habitude de Savoldo de reprendre et réutiliser continuellement dans son œuvre, même après de nombreuses années, non seulement des modèles de composition mais aussi des modèles typologiques et physionomiques invariables ou presque. Témoins d'une telle pratique sont, par exemple, la répétition de l'image bien connue de la Madeleine, ou les rapports étroits entre la *Pietà* de Vienne, œuvre de jeunesse, et la *Déposition* plus tardive autrefois à Berlin, ou encore la présence, dans les *Adorations* de Hampton Court et de Turin (que l'on peut situer peu après la moitié des années 20) d'un Enfant Jésus dont on retrouve la silhouette, presque identique, dans l'*Adoration des bergers* de la Pinacoteca Tosio Martinengo de Brescia (à dater probablement vers 1540).

D'autre part nous ne devons pas oublier qu'aussi bien le jeune homme de la Galleria Borghese que le saint Jean de la *Déposition* montre des traits physionomiques plutôt idéalisés, qui ne font pas penser à la référence exacte à un modèle. C'est justement à cause de ses qualités moins intenses et moins incisives que celles d'un portrait, que le personnage de la Galleria Borghese, dans son attitude méditative et absorbée, se présente comme l'une des images de Savoldo les plus étroitement liées au répertoire de Giorgione; nous pensons au jeune homme de profil, au centre des *Trois Philosophes* de Vienne. Malgré son accent contemplatif, la peinture Borghese révèle clairement la sévère discipline naturaliste qui est toujours la marque des œuvres de Savoldo; on l'aperçoit dans le passage délicat des clairs-obscurs qui modèlent les chairs de l'adolescent, rendues par une matière picturale dense et contenue, bien différente de la «*pittura di macchia*» de Titien et visant à la réalisation d'effets précieux de vérité dans l'épiderme et dans la lumière. Cette propension à l'illusionnisme, constamment présente dans les œuvres du peintre de Brescia, est

encore explicitement confirmée par le magnifique raccourci de la main réalisé, comme toujours chez Savoldo, par un dessin sans emphase et par «un jeu serré des plans d'ombre et de lumière qui rendent la consistance matérielle dense et la perception visuelle rapide» (Ballarin, 1966). L'avance sur Caravage est ici évidente et elle est documentée de façon surprenante et ponctuelle par la comparaison de la main du jeune homme Borghese avec celle, presque superposable, du *Saint François* en extase, œuvre de jeunesse de Caravage conservée au Wadsworth Atheneum de Hartford.

Pour revenir à la question concernant la datation de la peinture, il nous semble que l'exactitude mimétique même de certains détails, confirmée aussi par la netteté optique qui caractérise le rendu du costume, nous empêche de situer la toile à une période tardive, c'est à dire vers les années de la *Déposition* autrefois à Berlin. Nous faisons justement remarquer que, avant la découverte du document relatif à la *Déposition*, presque tous les historiens s'étaient prononcés, quant à la toile Borghese, en faveur d'une datation comprise à l'intérieur de la troisième décennie, ou même plus tôt (Longhi, 1927 : avant 1521; Venturi, 1928 : vers 1527-33; Suida, 1935 : vers 1520; Gilbert, 1955 : 1528-31); récemment encore, Lucco a proposé de situer la toile antérieurement à l'intervention de Savoldo dans le retable de Trévise (1521). Quelques accents proches de Lotto, sensibles surtout dans la description pleine de souplesse de l'échancrure et des manches froncées de la chemise, me semblent fournir toutefois un indice crédible pour une datation autour de la moitié des années 20, dans la phase de plus forte adhésion de Savoldo à la manière du peintre vénitien.

L'interprétation iconographique de la peinture reste incertaine; de nombreux historiens, à partir d'A. Venturi (1893), ont proposé d'y voir une image de saint Jean l'Évangéliste, sur la base évidemment du rapport avec le saint dans la toile jadis à Berlin. La présence du livre ouvert en second plan sur la droite pourrait rendre crédible cette hypothèse, mais l'absence de l'aigle et des autres attributs du saint ainsi que le costume même du jeune homme, sous la main duquel est étalé un précieux tissu piqué d'or, ne permettent pas, à notre avis, de dissiper les doutes sur l'identité du personnage représenté.

F.F.

page 88

74

Giovan Gerolamo Savoldo
Brescia, vers 1480/1485 - ?, après 1548

Portrait d'homme en armure
Toile. H. 0,91; L. 1,23
Signé en bas à gauche : *Opera de Jouani
Jeronimo de Bressa di Savoldi*
(inscription postérieure)
PARIS, MUSÉE DU LOUVRE,
DÉPARTEMENT DES PEINTURES

HISTORIQUE
Probablement coll. François Iᵉʳ; mentionné, à partir
de 1625, dans le Cabinet des peintures du château de
Fontainebleau; transporté à Paris entre 1679 et 1681;
mentionné en 1683 (inv. Le Brun n° 394) parmi les
peintures de la coll. Louis XIV; en 1695 à Versailles;
en 1706 dans le Cabinet de la Surintendance; en 1709
dans les appartements de la duchesse de Berry.
EXPOSITIONS
Paris, 1935, n° 417; Venise, 1955, n° III; Brescia,
1990, n° I. 26.
BIBLIOGRAPHIE
Cassiano dal Pozzo, 1625 (in Müntz, 1885), p. 269;
Rascas de Bagarris, 1625 (in Ricci, 1899), p. 342;
Dan, 1642, I, pp. 137-138; Lepicié, 1754, p. 45;
Mündler, 1850, pp. 199-200; Tauzia, 1883, p. 219;
Longhi, 1927 (éd. 1967), p. 156; A. Venturi, 1928(1),
pp. 763, 790; Gilbert, 1955 (éd. 1986), pp. 181-182,
377-380, 428-434; Boschetto, 1963, pl. 30; Ballarin,
1966, pl. IX; Wazbinski, 1979, pp. 141-149; Shearman, 1983, p. 224; Gilbert, 1985, pp. 23-26; Rossi,
1985, pp. 100-104; Gilbert, 1986, pp. 545-546; Brejon
de Lavergnée, 1987, pp. 390-391; Agosti, 1990,
pp. 163 note n° 26; Lucchesi Ragni, 1990,
pp. 164-166 (avec bibl. ant.); Lucco, 1990, p. 92;
Nova, 1990, p. 432; Gilbert, 1991, pp. 42-44; Frangi,
1992, pp. 13, 54-55; Scailliérez, 1992, p. 118.

Cette toile faisait très probablement partie des
collections de François Iᵉʳ, puisque en 1625 Cassiano dal Pozzo (Müntz, 1885) et Rascas de
Bagarris (Seymour de Ricci, 1899) signalent sa
présence dans le Cabinet des peintures du château de Fontainebleau, avec d'autres peintures
appartenant déjà à la collection du Roi (Brejon
de Lavergnée, 1987; Scailliérez, 1992). Cette
provenance est d'ailleurs explicitement affirmée
par Both de Tauzia (1883) et l'existence d'une
copie du tableau, rappelée par Dan (1642) dans
l'appartement des Bains du château de Fontainebleau, devrait le confirmer.
   Donnée par Rascas de Bagarris à Titien, la
toile est inexplicablement attribuée à Pontormo
par Cassiano dal Pozzo. Peu de temps après,
Dan (1642) la cite pour la première fois en la

référant correctement à Savoldo, mais cette indication eut peu de fortune et par la suite la
peinture fut attribuée à Giorgione (Le Brun,
dans Brejon de Lavergnée, 1987; Lepicié, 1754).
L'œuvre fut définitivement rendue à Savoldo
par Mündler (1850) et cette attribution n'a
jamais été mise en doute depuis. Les divergences dans la littérature du XVIIᵉ et du XVIIIᵉ siècle
à propos de la paternité de l'œuvre, à cette
époque unanimement considérée comme le portrait de Gaston de Foix, nous sont difficilement
compréhensibles, compte tenu de la présence
de la signature de l'artiste, sur la marge inférieure de la toile et que seul Dan semble apercevoir. Certes l'inscription paraît assez différente des signatures sûres de Savoldo et, comme
C. Gilbert l'a soutenu (1985), elle ne peut pas
être considérée comme autographe. Il est toutefois possible qu'elle reprenne la signature originale du peintre, devenue illisible, et placée
peut-être sur le cartouche visible dans le miroir
du fond, en haut à droite, sur lequel on aperçoit
des traces d'une inscription indéchiffrable.
   La question des anciennes attributions de
l'œuvre est encore ultérieurement compliquée
par la citation de Félibien (1666, I, p. 231) qui
mentionne une peinture de Giorgione représentant Gaston de Foix, dans la collection Jabach
à Paris, provenant de la collection Liancourt.
Peut-être s'agissait peut-être de la copie, réalisée par Sébastien Bourdon et qui passait pour
un original, qu'au XVIIᵉ siècle Brienne dit avoir
vu dans la collection Liancourt à Paris (Brejon
de Lavergnée, 1987).
   Ouvrage parmi les plus recherchés et sophistiqués de Savoldo, cette toile présente un jeune
homme en armure, assis devant une table, dans
un espace clos dans lequel deux grands miroirs
reflètent de divers angles de vue l'image de la
figure. Les deux épaulières de l'armure et le
hausse-col sont appuyés sur la table, on reconnaît clairement sur la surface métallique de celui-ci le reflet de la main et de la manche du
jeune homme. La présence insistante de l'image
multipliée par des surfaces réfléchissantes nous
invite à mettre en relation cette peinture avec
les assertions de Pino (1548; éd. 1946, pp. 139-
140) et de Vasari (1566; éd. 1906, IV, p. 98)
relatives aux expériences analogues menées par
Giorgione. Le débat sur le *paragone* des arts
portant sur supériorité de la peinture ou de la
sculpture, fut inauguré à la fin du XVᵉ siècle et
se prolongea jusqu'à l'époque du maniérisme.
Les deux écrivains se réfèrent à un tableau de
Giorgione représentant une figure debout dont
l'image se réfléchissait dans l'eau et dans des
miroirs placés sur les côtés du tableau, démontrant ainsi la capacité qu'avait la peinture de
reproduire « une figure dans son intégrité par
un seul coup d'œil » (Pino, 1548; éd. 1946,
p. 140) et donc sa supériorité sur la sculpture.
Les discordances évidentes entre la description
de l'œuvre faite par Pino et celle donnée par
Vasari sont difficilement explicables (le premier, par exemple, parle d'un saint Georges
armé, et le second d'un « homme nu »). Pour
Wazbinski (1979), qui les avait déjà soulignées,

les assertions des deux écrivains ne doivent pas
être interprétées comme une description d'un
tableau précis du peintre vénitien, mais comme
une libre lecture des tentatives de Giorgione
dans le sens des choix nouveaux faits par les
maniéristes, dictés à mesure qu'avançait le débat sur le *paragone* des arts. Cependant on ne
peut mettre en doute la réalisation, par Giorgione, de ce genre de virtuosités optiques, qui
sont certainement la source du tableau de Savoldo. On peut d'ailleurs relever une correspondance entre le détail du hausse-col en premier plan dans la toile du Louvre avec le reflet
du bras du jeune homme, et un extrait de la
description faite par Vasari de l'« homme nu »,
dans lequel il indique la présence, dans la peinture de Giorgione, du « corselet » que l'homme
vient d'enlever, et il précise que « l'on pouvait
tout voir, réfléchi dans le miroitement de ces
armes ».
   L'apport incontestable de l'art de Giorgione
ne doit pas nous empêcher de saisir les diverses
sources du tableau, marqué aussi bien par des
éléments provenant de toute évidence de l'art
de Titien (perceptible surtout dans les touches
denses de laque rouge sur les manches de velours), que par le rapport certain avec le langage
de Lotto. Cette dernière affinité, déjà signalée
par Lucchesi Ragni (1990), est prouvée en particulier par le *Portrait de Gentilhomme* du Museum of Art de Cleveland, exécuté par Lotto
en 1525 et dans lequel le personnage est représenté avec un bras levé et dans une posture
oblique, presque instable, qui anime la disposition spatiale de la toile. En tenant aussi
compte de cette confrontation, le tableau parisien, généralement situé dans la troisième décennie du siècle (Longhi, 1927 : 1521-1527;
Venturi, 1928 : avant 1527; Boschetto, 1963
vers 1521; Ballarin, 1966 : vers 1525; Gilbert,
1986 : 1528-1530) semble pouvoir recevoir une
datation proche de 1525, qui serait confirmée
aussi par le rapport certain entre la facture des
manches de velours du jeune homme et les
amples drapés des anges musiciens à côté de la
Vierge, dans le retable de la Brera, exécuté
entre 1524 et 1525. La proposition de Rossi
(1985) qui, sur la base de la typologie de l'armure, a formulé l'hypothèse d'une datation de
l'œuvre autour de 1515, n'est pas acceptable.
   L'identification traditionnelle du personnage
figuré avec Gaston de Foix responsable entre
autre, en 1512, du sac de Brescia, paraît devoir
être écartée, comme l'affirme G. Agosti (1990),
sur la base de la confrontation avec les rares
images sûres de ce condottiere, neveu de
Louis XII et duc de Nemours. C. Gilbert a
proposé à maintes reprises (1955, 1991) d'identifier dans le tableau un autoportrait de Savoldo. En l'absence d'autoportraits certains du
peintre, l'hypothèse ne peut pas être confirmée;
il me semble cependant que les traits physionomiques du jeune homme du Louvre ne correspondent pas à ceux de San Liberale dans le
retable de San Nicolò à Trévise, identifié à son
tour par des historiens comme un autoportrait
possible de Savoldo, ou à ceux, tout à fait

proches, du *Prophète* du Kunsthistorisches Museum de Vienne.

Il existe une copie de cette peinture, de format légèrement réduit, conservée dans les collections royales de Hampton Court, et déjà mentionnée au XVIIᵉ siècle dans les collections du roi Charles II (Shearman, 1983).

F.F.

page 89

75

Giovan Girolamo Savoldo
Brescia, vers 1480/1485 - ?, après 1548

Portrait de femme en sainte Marguerite
Toile. H. 0,92, L. 1,23
ROME, PINACOTECA CAPITOLINA

HISTORIQUE
Presque certainement dans la coll. du cardinal Pio de Savoia (1612-1689), légat pontifical à Ferrare; la collection fut acquise en 1750 par Benoit XIV, fondateur de la Pinacoteca Capitolina.
EXPOSITIONS
Brescia, 1939, n° 166; Londres, 1983-84, n° 88; Brescia, 1990, n° I.33.
BIBLIOGRAPHIE
Venuti, 1766, p. 336; Venuti, 1767, p. 799; Tofanelli, 1817, p. 26; Tofanelli, 1819, p. 107; Crowe et Cavalcaselle, 1871, p. 162; Frizzoni, 1889, p. 32; A. Venturi, 1889, p. 449; Longhi, 1927 (éd. 1967), p. 155; Venturi, 1928, p. 781; Suida, 1935(2), p. 511; Nicco Fasola, 1940, pp. 57, 75, 78; Capelli, 1950, p. 410; Gilbert, 1955 (éd. 1980), pp. 185-186; Boschetto, 1963, pl. 47-49; Bossaglia, 1963, p. 1021; Freedberg, 1971, p. 226; Gilbert, 1983, p. 205; Ballarin, 1990; Begni Redona, 1990, p. 182 (avec bibl. ant.); Lucco, 1990, p. 92; Guarino, 1991, p. 59, n° 58; Frangi, 1992, pp. 75-76.

Comme on peut l'apprendre grâce aux recherches récentes de Guarino (1991), cette peinture doit être vraisemblablement le « tableau représentant un Portrait de femme non identifié, original des Dosso de Ferrare », mentionné dans l'inventaire de la collection du cardinal Pio de Savoia; cet inventaire fut rédigé à l'occasion de la vente de la collection à Benoit XIV (1750), et donc à son entrée dans la Pinacoteca Capitolina, nouvellement fondée. Par la suite cette toile doit être certainement reconnue (Guarino, comm. orale) dans le « Portrait d'une femme, à la manière de Giorgione », signalé par Venuti (1766, 1767) comme faisant partie de la Pinacoteca. La référence à Giorgione est du reste réaffirmée dans les catalogues

de Tofanelli (1817, 1819); elle fut écartée pour la première fois par Cavalcaselle (Crowe et Cavalcaselle, 1871), qui rapprocha avec perspicacité cette peinture aux œuvres de Savoldo. Le tableau fut ensuite définitivement attribué au peintre de Brescia par Morelli (voir Frizzoni, 1889), dont l'avis fut immédiatement partagé par Frizzoni (1889) et par A. Venturi (1889), sans être remis en question par la suite.

Considérée comme postérieure au retable de Santa Maria in Organo de Vérone, daté 1533 par Longhi (1927), Venturi (1928), Capelli (1950) et Begni Redona (1990), la peinture est située vers 1530 par Boschetto (1963) et par Freedberg (1971) et à la fin des années 1520 par Bossaglia (1963). Gilbert, enclin dans un premier temps à la situer vers 1523-24, s'est montré favorable par la suite (1983) à une datation plus tardive, vers 1540, en accord avec l'opinion de Suida (1935). Dernièrement Ballarin (1990) a proposé de situer l'œuvre peu après la moitié de la troisième décennie, opinion qu'il faudrait sans doute partager. En effet l'œuvre se situe bien dans cette phase du parcours de Savoldo, inaugurée par le retable de San Domenico à Pesaro, actuellement à la Pinacoteca de Brera à Milan (1524-25) et qui a été profondément marqué par la rencontre avec Lorenzo Lotto. Témoins de ce moment particulier sont des œuvres comme l'*Adoration de l'Enfant avec saint François et saint Jérôme* de la Galleria Sabauda de Turin, l'*Adoration de l'Enfant avec deux donateurs* de Hampton Court (dont la datation de 1527 apocryphe et disparue après la restauration de 1966-1969, reprenait peut-être une inscription analogue), le *Portrait de flûtiste* de la collection Sharp de New York (sur lequel Gilbert, 1985, p. 25, a proposé de lire la date de 1539, en réalité inexistante, comme Christiansen l'a démontré, 1987, pp. 80-81) et le *Repos pendant la fuite en Égypte*, jadis dans la collection Castelbarco Albani à Milan : toutes ces œuvres sont directement à rapprocher du *Portrait* de la Pinacoteca Capitolina, dans lequel Boschetto (1963) avait déjà relevé « un certain air de familiarité avec Lotto ».

La ressemblance, en termes de subtilité d'exécution et d'individualisation psychologique, entre le visage de la dame de cette peinture et celui de la donatrice de l'*Adoration* de Hampton Court, semble spécialement éloquente; d'ailleurs l'affinité des physionomies est telle que l'on est amené à ne pas écarter l'hypothèse de l'identité des deux personnages. Cependant ce qui rapproche les œuvres citées auparavant du *Portrait* de la Pinacoteca Capitolina est surtout la tendance à un naturalisme plus précieux et riche en subtilités optiques; d'autre part la nouvelle sensibilité à la lumière rend Savoldo prêt à saisir cet élément dans sa mobilité atmosphérique et à mettre en rapport, à travers elle, le personnage et le milieu qui l'environnent. Cette volonté est aisément reconnaissable dans le *Portrait de flûtiste* de la collection Sharp, immergé dans les variations lumineuses raffinées d'un intérieur domestique qu'éclaire un faible rayon, variations qui constituent la don-

née essentielle du *Portrait* de la Pinacoteca Capitolina. Dans ce dernier tableau, Savoldo choisit de privilégier une distribution différente mais également complexe de l'éclairage, jouant surtout sur le rapport entre la lumière intérieure et la lumière extérieure. Le personnage est situé dans un espace indéfini et à moitié fermé, éclairé par une ample ouverture sur la gauche, à peine visible. Sur la droite au contraire se déploie un paysage ouvert dans lequel, comme souvent dans les peintures de Savoldo, les ruines d'un grand édifice classique servent de toile de fond pour une scène rustique. En créant « un espace d'un genre nouveau, qui n'est plus ni paysage ni intérieur » (Nicco Fasola, 1940), l'artiste cherche à en pénétrer la luminosité particulière et instable, précieusement enrichie par la description du vêtement de la dame. Il rend avec une surprenante précision optique − que l'on ne retrouvera plus dans Savoldo après la troisième décennie, comme Boschetto l'a justement remarqué (1963) − les dentelles sur la mousseline transparente, ainsi que les fils en or piqués sur les manches de brocart rouge (tandis que la partie inférieure de l'étole de la dame est plus difficile à juger car elle a été usée par d'anciens nettoyages). Il est intéressant de remarquer l'analogie entre ces recherches de Savoldo et celles menées par Moretto justement dans la seconde moitié des années 1520. Ces expériences de Moretto, illustrées entre autres par le célèbre *Portrait de gentilhomme* en pied de la National Gallery de Londres, daté 1526, et dans lequel le personnage est déjà situé dans un espace à moitié ouvert et dans une lumière mobile et variable, confirmeraient l'hypothèse de datation proposée auparavant. L'ascendant exercé par les œuvres produites par Lorenzo Lotto autour de la moitié de la troisième décennie du siècle dut être décisif aussi bien pour Moretto que pour Savoldo. Du peintre vénitien, Savoldo avait dû sûrement connaître les peintures exécutées dans les Marches et à Bergame; il est toutefois certain que le retour de Lotto dans la lagune en décembre 1525 fut pour Savoldo, à cette époque installé à Venise, l'occasion d'une confrontation continuelle. Par ailleurs ce rapport est confirmé par la prédilection que Savoldo manifeste en ces années pour les portraits sur toile de format horizontal, prédilection évidente déjà dans le *Portrait* de jeune homme en armure du Louvre et ultérieurement attestée par le *Portrait de flûtiste* et par le tableau de la Pinacoteca Capitolina; ce choix doit être mis en rapport avec les solutions analogues adoptées par Lotto dans le *Portrait d'Andrea Odoni* (Hampton Court, collections royales), dans le *Portrait de l'évêque Tommaso Negri* (Split, Monastero delle Paludi), tous deux datés de 1527, et dans le *Portrait de gentilhomme* dans le cabinet des Gallerie dell'Accademia de Venise, considéré généralement comme appartenant à la même période.

L'interprétation du sujet du tableau (anciennement considéré, sans raison, comme le portrait de la duchesse Eleonora d'Urbino) comme un portrait de dame en Sainte Marguerite, se base sur la présence du dragon, attribut de la sainte d'Antioche, que la femme tient attaché par une chaîne (d'ailleurs les marguerites brodées sur la mousseline font clairement allusion au nom de la sainte). Les vêtements bourgeois de la dame nous empêchent de lire la peinture comme une simple représentation de sainte Marguerite et nous permettent de la rapprocher des portraits où Savoldo ennoblit le personnage par les attributs d'un saint, choisi vraisemblablement selon le prénom de la personnalité en question, comme c'est le cas pour le *Portrait de femme en sainte Catherine*, ou pour le *Portrait* (peut-être un autoportrait) *en saint Jérôme* (les deux jadis à Bergame, collection Pesenti), ou pour le *Portrait de gentilhomme en saint Georges* de la National Gallery de Washington. La fréquence de ces « déguisements » devient un indice important de l'intensité de la sensibilité religieuse du Brescian et de ses mécènes vénitiens, restés pour nous, malheureusement, presque tous inconnus, mais parmi lesquels il est intéressant de retrouver un personnage tel que Pietro Contarini, dont la riche production littéraire est marquée par un engagement explicite en faveur d'un renouvellement moral et religieux. A ce propos il est intéressant de rappeler que les études les plus récentes (Lucchesi Ragni, 1990, pp. 174-176) ont tendance à donner un sens religieux même à des images qui n'ont apparemment qu'un caractère profane, comme celle du *Berger à la flûte*, connu par les exemplaires du J. Paul Getty Museum de Malibu et de la collection de lord Wemyss de Longniddry; dans le *Portrait de flûtiste* Sharp cité plus haut, l'incipit manuscrit sur la partition (bien que différemment interprété : Barezzani, 1985, pp. 117-119; Slim, 1985, pp. 398-406) indique par ailleurs sans possibilité d'équivoque le caractère sacré de la musique que le gentilhomme s'apprête à jouer.

Ainsi, il est improbable que le détail de la branche brisée de l'arbre, à la gauche du paysage, soit une allusion religieuse; on retrouve en effet un motif analogue dans le *Repos pendant la fuite en Égypte*, jadis dans la collection Castelbarco Albani à Milan.

F.F.

page 90

76

Giovanni de Lutero, dit Dosso Dossi

San Giovanni del Dosso (Quistello, Mantoue)(?), vers 1489/1490 - Ferrare, 1542

La Sainte Famille

Toile. H. 0,968; L. 1,158. Inscription sur le socle de la colonne : *LX*.

PHILADELPHIE, PHILADELPHIA
MUSEUM OF ART,
JOHN G. JOHNSON COLLECTION

HISTORIQUE

Munich, coll. prince Leuchtenberg, sous l'attribution à Moroni (1851); coll. Sully, Londres; acquis par Johnson chez l'antiquaire Trotti, à Paris, en 1910, sur l'indication de Berenson. Volpe (1974) suppose que le tableau était à l'origine dans la coll. Martinengo, à Brescia, « si dit vrai une annotation manuscrite au dos d'une photographie en [sa] possession, prise au début du siècle lorsque le tableau se trouvait à Paris chez Trotti ».

BIBLIOGRAPHIE

Passavant, 1851, pl. 23 (gravée par Muxel); Berenson, I, 1913, pp. 122-123; Longhi, 1927 (1967), pp. 306-311; Longhi, 1928, pp. 113-117; A. Venturi, 1928(I), IX, 3, p. 976; Berenson, 1932, p. 594; Longhi, 1934 (1956), p. 82; Berenson, 1936, p. 511; Longhi, 1940 (1956), p. 158; Marceau, 1941, p. 5; Lazareff, 1941, p. 132; Friedmann, 1946, p. 95; Berenson, 1956, pp. 140-143; Berenson, 1957, I, p. 206; Antonelli Trenti, 1964, pp. 406 ss.; Dreyer, 1965, pp. 23 ss.; Mezzetti, 1965, pp. 8-10, 108, n° 148; Puppi, 1965, s.p.; Sweeny, 1966, p. 27; Gibbons, 1968, p. 193, cat. n° 52; Puppi, 1968, p. 360; Calvesi, 1969, p. 168; Volpe, 1974, pp. 21, 23-24; Mezzetti, 1975, p. 12; Volpe, 1981, pp. 137-155; Volpe, 1982, p. 9; Trevisani, 1984, pp. 155-158; De Marchi, 1986, pp. 20 ss.; Ballarin, 1987, pp. 18-20; Macioce, 1987, p. 50; Pfeiffer, 1987, p. 36; Rossi, 1987, pp. 15-16; Leone De Castris, 1988, pp. 3 ss.; Pujmannová, 1988, p. 163.

Cette œuvre, que l'on croyait de Moroni lorsqu'elle était dans la collection Leuchtenberg, à Munich (où elle fut gravée par Muxel), fut pour la première fois attribuée à Dosso Dossi par R. Longhi (1927, 1934, 1940), qui, en réexaminant la période d'« initiation » du peintre, rangea ce tableau dans un groupe de *Saintes Conversations*, autrement attribuées auparavant, comme celles de la Galleria Nazionale di Capodimonte à Naples, de l'Art Gallery à Glasgow et de la Pinacoteca Capitolina à Rome, qu'il data entre 1510 et 1515, et auxquelles il ajouta par la suite la *Bacchanale* du château Saint-Ange et la *Salomé* autrefois Lazzaroni, découvrant un Dosso nouveau et surprenant, un Dosso qui « se serait formé à Venise sous l'influence directe du duo Giorgione-Titien [...] à côté de ces originaux giorgionesques de *terraferma*, qui vont et viennent entre Trente et le Frioul [...], à côté d'artistes originaires de Brescia, de Bergame, de Lodi, comme Palma, Romanino, Piazza », sans oublier les artistes les plus intéressants de sa patrie ferraraise, qui sont à cette époque Ortolano et Garofalo. Cette période de formation sur la lagune aurait commencé avant que les campagnes militaires consécutives à la formation de la ligue de Cambrai ne rendissent plus difficiles les communications entre Ferrare et Venise, donc avant 1509, et elle se serait achevée en 1512, date à laquelle le peintre se trouve à Mantoue. La proposition de Longhi fut par la suite acceptée, parfois avec l'ajout d'autres œuvres, par A. Venturi (1928, bien que sous forme interrogative), Antonelli Trenti (1964), Mezzetti (1965, avec quelques réserves, levées en 1975), Gibbons (1968), Volpe (1974, 1982), De Marchi (1986), Leone De Castris (1988) et Pujmannová (1988), ainsi que par les auteurs des catalogues de la collection Johnson, Marceau (1941) et Sweeny (1966). Pour sa part, Berenson estima la proposition de Longhi dénuée de sens et il resta toujours attaché à l'appréciation du tableau qu'il avait donnée dans le catalogue de cette collection établi par ses soins en 1913; il continua de considérer ce tableau comme une œuvre d'une remarquable qualité propre à intriguer les connaisseurs, (« une œuvre de quasi premier ordre, d'une composition monumentale, encore qu'imprégnée d'un sentiment simple et presque ordinaire, d'un dessin soigné mais non méticuleux, peinte avec aisance et liberté »), très proche de Lotto, réalisée entre Venise et la *terraferma* vers 1530 (1913, 1956, 1957), peut-être d'une main véneto-flamande (1932); mais il convint en 1956 que la *Sainte Conversation* de la Galleria Capitolina était du même peintre. Outre Berenson, d'autres spécialistes ne partagèrent pas l'opinion de Longhi : Lazareff (1941), qui découvre dans ce tableau des caractères brescians et crémonais, Dreyer (1965), Puppi (1968), qui cependant était d'accord trois ans plus tôt, Trevisani (1984). Ainsi qu'on l'a observé plusieurs fois, l'inscription : « LX », interprétée comme un nombre en chiffres romains, ne peut se rapporter ni à la date de l'œuvre ni à l'âge du donateur; elle attend donc toujours une explication.

La découverte de la main de Dosso par C. Volpe (1981) dans le retable de *Saint Matthieu entre quatre saints et la Vierge en gloire*, provenant de la chapelle des Da Varano dans l'église Santa Maria in Vado à Ferrare et conservé aujourd'hui à l'archevêché de cette ville, a enrichi le groupe réuni par R. Longhi dans *Officina ferrarese* d'une œuvre exceptionnelle. Ce retable, en venant s'ajouter à ces « saintes conversations » de petit format et destinées à la dévotion privée, s'est révélé l'œuvre la plus importante de cette période et la plus aboutie stylistiquement, et donc la plus récente.

En outre, le fait, qu'on constate d'emblée avec évidence, que ce retable est un reflet de la *Sainte Cécile* de Raphaël, arrivée à Bologne, me semble-t-il, au printemps de 1514, permet d'en situer la date pas avant cette année-là, mais pas non plus après car on doit se souvenir que Dosso travaillait en 1515 à la *Fête de Cybèle* pour le cabinet des peintures du duc Alfonso d'Este dans le château de Ferrare (aujourd'hui à la National Gallery de Londres) ou à des œuvres comme la *Femme poursuivie par un satyre* de la Galleria Palatina de Florence, qui inaugurent une phase nouvelle de sa jeunesse; du reste, tout de suite après, vers 1517, le peintre commence à aller et venir entre la Rome de Raphaël, la Florence de Fra Bartolommeo et la Venise de Titien, et à donner les premiers exemples de sa manière la plus originale et la plus connue. Alors qu'il n'y a ainsi aucun doute que ce premier chapitre de son histoire doive être entièrement situé avant le milieu des années 1510, la restitution à son catalogue du retable Da varano a aussi permis de clarifier et d'ordonner la succession des tableaux à l'intérieur dudit groupe d'œuvres: tandis que la *Sainte Conversation* de Naples marque, vers 1512, l'apogée de l'expérience vénitienne de ces années-là, précédée par *Gygès, Candaule et Rhodopé* de la Galleria Borghese, par la *Salomé* autrefois Lazzaroni et ensuite dans une collection privée de Milan, et par la *Sainte Conversation* de Glasgow, les *Saintes Conversations* de la collection Johnson de Philadelphie et des Musei Capitolini de Rome témoignent d'un bref moment de réflexion sur cette expérience, et peut-être de détachement vis-à-vis d'elle, qui aboutit, en 1514, a-t-on dit, aux accents «lombards» du retable Da Varano.

Le *Bain* du château Saint-Ange, qui doit aussi être ajouté au groupe des œuvres de jeunesse dont nous parlons et qui est le fruit d'une importante commande, émanant d'une cour, me semble-t-il, et très probablement d'une cour qui n'a rien à voir avec les Este mais plutôt avec les Gonzague, atteste, encore une fois la *Sainte Conversation* de Naples et que l'*Homme en armure avec une joueuse de flûte* autrefois dans la collection Cini à Venise, que le jeune Dosso était extrêmement bien informé du classicisme vénitien tel qu'il s'était épanoui chez le dernier Giorgione ainsi que chez Sebastiano del Piombo, du *Jugement de Salomon* de Kingston Lacy (cat. **33**) au retable de San Crisostomo (cat. **38**), et chez Titien, du *Concert champêtre* (cat. **43**) du Louvre aux *Trois Ages de l'homme* d'Édimbourg. Même les références à Michel-Ange que l'on perçoit çà et là dans le dessin des nus, et particulièrement dans celui de dos à gauche, rattachent aussi le *Bain* à la culture vénitienne de ces années-là, autour de 1508, dont il n'y a aucun doute que le carton de la *Bataille de Cascina* était connu avec précision dès 1507. Dosso avait évidemment atteint un tel degré d'information lors d'un nouveau séjour à Venise (le deuxième, je crois) dans le courant de 1511, et rien dans le *Bain* n'autorise à situer ce tableau à une date trop éloignée de

cette époque, les années 1506-1511 comme on l'a vu, où Dosso s'insère étroitement dans le contexte de la culture vénitienne, au point que, dans la conférence intitulée «*Osservazioni sul percorso di Dosso*» (université de Padoue, 10 juin 1986; université de Bologne, 28 janvier 1987), dans laquelle j'ai présenté ma reconstitution de la chronologie du peintre, que ces notices me donnent l'occasion de résumer, je n'ai pu m'empêcher de céder à la tentation de l'identifier avec le grand tableau comptant onze figures dont on sait qu'il fut commandé à Dosso par le marquis de Mantoue, Francesco Gonzaga, pour son palais situé à côté de l'église San Sebastiano, et qu'il était payé en avril 1512. Cette hypothèse n'est pas démenti par le fait qu'un détail de ce tableau est indéniablement tiré des *Trois Ages* d'Édimbourg de Titien, puisque ce dernier a dû peindre ce tableau, ou une autre version, à son retour à Venise, après le *Miracle de la guérison du pied*, dernière des fresques de la Scuola del Santo à Padoue, et donc peut-être dès fin 1511 ou pendant l'hiver 1511-12; et, si besoin était, cette hypothèse est confirmée par la présence dans l'inventaire des objets d'art de Charles II de Nevers, duc de Mantoue, conservés à la Favorita (1665), d'«un tableau de bacchanales de Dosso de Ferrare», à l'évidence le même que la «bacchanale de Moretto de Brescia», de «*quarte 9 per quarte 10*», citée dans l'inventaire des biens du duc Ferdinand Charles que le Sénat de la République sérénissime fit dresser au lendemain de la mort de celui-ci (1708) — exilé à Venise avec tous ses biens — pour décider du sort de cet héritage, qui reviendra finalement au duc de Lorraine (ces deux inventaires ont été publiés par Luzio, 1913, respectivement pp. 314-316 et 316-318). Les dimensions de cette *Bacchanale*, environ 1,44 × 1,60 m, ne sont pas très différentes de celles du tableau du château Saint-Ange, 1,09 × 1,62 m; il suffirait d'admettre que ce dernier a perdu une trentaine de centimètres en hauteur. Le *Bain*, situé à cette date, nous offre un précieux point de repère pour la reconstitution des débuts du peintre, dont les premières œuvres remontent en tous les cas à une époque encore plus ancienne, aux années 1500, et font suite à un séjour à Venise dont il n'y a aucune raison de penser qu'il ait eu lieu après 1508.

Le petit tableau avec *Gygès, Candaule et Rhodopé*, qui tire son sujet d'une vulgarisation d'Hérodote rédigée par Boiardo pour le duc Ercole d'Este et encore à l'état de manuscrit à cette époque, raison pour laquelle ce tableau est une commande d'origine certainement ferraraise, et très vraisemblablement émanant déjà de la cour ou de personnes très proches de celle-ci, est en quelque sorte un reflet, timide mais très informé, des grandes nouveautés de Venise, du nouveau classicisme de Giorgione à l'époque du Fondaco dei Tedeschi, connu et compris, dirait-on à travers l'interprétation qu'en donne Sebastiano del Piombo dans des œuvres comme l'"*Appel*" (cat. **34**) de Detroit ou la petite *Cérès* de Berlin. Les horizons des tableaux de Dosso s'élargissent à l'époque de la

Salomé autrefois Lazzaroni: les œuvres qu'il a alors en tête ne sont pas, je crois, les *Miracles de saint Antoine* pour la Scuola del Santo à Padoue, que Titien n'a d'ailleurs peut-être pas encore peints, mais le *Concert* de Giorgione (cat. **29**), ou la *Suzanne* de Titien (cat. **42**), ou des tableaux semblables de cette même année 1507. Comme Titien l'a fait dans ce tableau aujourd'hui à Glasgow, Dosso relève le plan d'appui dans la *Salomé* et il y dispose, selon une syntaxe qui n'a plus rien de celle du siècle précédent, des masses de couleur, de pâte dense et étincelantes de lumières. Il juxtapose les lueurs déchirées de l'armure et la grande tache de lumière sur les vêtements du bourreau, qui l'absorbent tout entière et sur lesquels les fentes des braies s'ouvrent avec une évidence illusionniste, et il contraste avec l'ombre oblique du bras en raccourci, levé pour rengainer, ainsi qu'avec l'effet encore différent de la lumière qui glisse sur les soies de Salomé: c'est là une tentative, encore une fois timide mais d'un charme émouvant, qui résulte du regard posé sur ces tableaux «terribles» de l'année 1507 pour y apprendre les fondements de la manière moderne. Il n'en va pas autrement dans l'*Arche de Noé* de Providence, à condition de regarder les zones encore lisibles de ce tableau très appauvri dans l'ensemble, peintes en un clair-obscur plein d'énergie et qu'on ne peut qu'interpréter comme une tentative de rivaliser avec le Giorgione et le Titien de cette époque. Ce tableau devrait se situer vers 1510, pas avant, car il faut aussi que le Ferrarais Mazzolino ait eu le temps de se révéler aux yeux de Dosso Dossi, lorsque celui-ci peint ces deux tableaux, comme un héritier autorisé de la tradition des Este du siècle précédent.

En 1511, un nouveau séjour à Venise permettra à Dosso de se mettre au courant du plein développement du classicisme vénitien dont il avait entrevu l'aube lors de son voyage précédent, et révélera ses premiers résultats, avant même que dans le *Bain*, dans la *Sainte Conversation* de Glasgow, qui suppose la connaissance d'œuvres comme le retable de San Crisostomo de Sebastiano del Piombo (cat. **38**), ou comme la *Vierge entre saint Antoine de Padoue et saint Roch* (cat. **44**) ou la *Vierge à L'Enfant*, dite la *Zingarella* (Vienne), de Titien. Les deux tableaux de Capodimonte et du château Saint-Ange sont de 1512; par conséquent, l'*Homme en armure avec une joueuse de flûte* autrefois Cini et les deux *Saintes Conversations* de Rome et de Philadelphie sont de 1513, dans la ligne qui conduit au retable Da Varano.

J'ai dit que Dosso semble s'être livré à une réflexion critique sur l'expérience du classicisme vénitien à l'époque de ces tableaux des années 1513-14. La structure même de cette *Sainte Famille* de Philadelphie adorée par un couple de donateurs n'est pas vénitienne: que l'on se rappelle que la *Sainte Conversation* Magnani de Titien (cat. **47**) est de 1513 environ. Dans le tableau autrefois Cini, dont l'iconographie est par ailleurs inspirée de Giorgione, la tête du jeune homme en armure a des ombres épaisses, tandis que la lumière est pleine et vive sur les gants et sur la main qui tient ceux-ci. De la même façon dans ce tableau Johnson, le partage des lumières et des ombres et l'affermissement de la matière picturale témoignent que le propos de Dosso a changé depuis le grand épanouissement chromatique typiquement vénitien de ses tableaux de Naples et de Rome. Ici, le chromatisme est sobre, l'éclairage vif et plein vient de côté, les objets sont d'une substance quasi palpable, les ombres sont denses et profondes, comme celle entre la lourde tenture et la colonne sur laquelle le donateur se détache en pleine lumière. C'est une idée très ingénieuse que de présenter à contre-jour la tenture et saint Joseph sur le paysage d'une côte, vu de haut et au-dessus duquel s'amoncellent des nuages d'été — idée qui montre bien que Dosso a compris la modernité du contre-jour de Titien dans le retable de *Saint-Marc et quatre saints* (vers 1511), mais de façon originale, car son contre-jour devient plus dense et plus tranché, et acquiert un caractère naturaliste et même météorologique, ouvrant ainsi la voie aux interprétations que Ludovico Carracci et Guercino donneront de la manière vénitienne; le paysage lui-même, qui s'étire en profondeur avec l'anse de la côte et se perd dans les brumes du lointain, est différent de ceux qu'il a pu voir chez Titien ou chez Sebastiano del Piombo. Berenson (1913) observait à juste raison que « ce paysage exerce un charme émouvant que l'on peut définir comme "romantique" au meilleur sens du terme ». Cette impression est certainement due en partie au motif de la colonne tronquée à contre-jour sur le ciel assombri par les nuages derrière saint Joseph : on ne peut exclure que Dosso, au-delà du paysage arcadien de Titien, ait eu en tête la *Tempête* de Giorgione.

Les commanditaires eux-mêmes sont représentés avec un réalisme qui n'est pas celui de la peinture humaniste vénitienne de ces années-là, mais qui veut manifester sa continuité avec le siècle précédent des Este. Berenson notait encore que « peu de portraits sont dotés d'individualité d'une manière plus convaincante que celui du donateur », et en effet les deux donateurs, à l'allure imposante, agenouillés devant le trône, ont quelque chose du réalisme des personnages des *Déplorations* de terre cuite. Il est évident, me semble-t-il, que Dosso s'efforce de tenir compte de sa tradition d'origine, et donc d'Ercole de' Roberti. Comment ne pas croire en effet que cette invention du chat en arrêt au tout premier plan du tableau veut être un rappel explicite de l'aigle et du lion du retable d'Ercole qui se trouvait à San Lazzaro ? Ce chat sort du reste de l'*Arche* de Providence, mais il se trouvait déjà dans quelques tableaux de Mazzolino. Les références au contexte ferrarais sont bien évidentes et en particulier, dans cette manière d'orienter l'éclairage et d'allonger les ombres, la référence à un autre protagoniste de la nouvelle génération, Ortolano. La *Vierge au lait* de la Národni Galeri de Prague, qui a été récemment ajoutée à ce groupe d'œuvres

qui tournent autour du retable Da Varano, donne un extraordinaire exemple d'entente avec Ortolano, à l'époque de tableaux comme la *Vierge et saint Jean-Baptiste* autrefois dans la collection Robiati à Milan ou de cette très belle *Nativité* qui se trouvait en 1934 chez Lilienfeld à New York sous le nom de Garofalo. Le raphaélisme particulier qui anime le dessin de la Vierge, de l'Enfant et de saint Jean-Baptiste enfant n'est pas non plus vénitien, mais ferrarais. Longhi s'en était déjà rendu compte : « [...] qui ne perçoit que la forme un peu épaisse et contournée du petit saint Jean-Baptiste, bien que coulée en une matière vénitienne, est d'un raphaélisme graphique particulier qui n'a d'équivalent qu'à Ferrare, chez Garofalo ? » Dans le dessin de la Vierge et de l'Enfant de la *Sainte Conversation* de Glasgow, on peut aussi noter une citation de la *Vierge dans la prairie* de Raphaël, qu'on aurait pu mieux déchiffrer si l'on avait eu présente à l'esprit la citation que Garofalo lui-même en fera quelques années plus tard dans le retable de l'église San Valentino a Castellarano à Reggio Emilia. A l'évidence, les deux peintres ont regardé le même modèle, et il n'y a d'ailleurs pas d'autre raison de dire que celui-ci était à Ferrare : et même, pour ce que nous en savons, ce tableau sort de la maison Taddei au milieu du XVIIᵉ siècle pour entrer au château d'Ambras. Garofalo était allé à Rome en 1512. Dosso ira regarder la *Sainte Cécile* dès qu'il apprendra son arrivée à Bologne. En attendant, quelques *Vierges* de Garofalo exécutées entre 1512 et 1514, inspirées de la *Vierge au poisson*, ou de la *Vierge aux chandeliers*, ou de la *Vierge Aldobrandini*, peuvent être utilement comparées à la Vierge du tableau Johnson.

L'importance de la signification théologique du chat nous éloigne du climat humaniste de la peinture vénitienne de cette époque : l'animal, au pied du trône entre les deux donateurs, veut évidemment signifier que l'homme, conçu dans le péché originel, est la proie du diable, mais le chardonneret, symbole de l'âme, que le chat vient probablement de chercher à attraper, se trouve à présent en sécurité dans les mains de l'Enfant et de la Vierge. Ce chat est donc le même que celui qui se trouve au pied de l'arbre du Mal entre Adam et Ève dans la gravure de Dürer de 1504 (Macioce, 1987; Pfeiffer, S.J., 1987). C'est de cette même manière que Friedmann (1946) avait vu dans le petit oiseau et le chat la représentation des faces spirituelle et animale de l'âme humaine.

Dans la première édition de ce catalogue, j'ai rendu compte des documents retrouvés par O. Baracchi (Benati, 1990) à l'Archivio di Stato de Modène, qui, correctement lus et interprétés, devaient modifier radicalement nos connaissances sur la date et le lieu de naissance de Dosso. Un autre chercheur de Modène, C. Giovannini (1992) démontre cependant que cette construction est erronée. Les deux documents utilisés pour prouver l'origine modénaise de Dosso et une date de naissance antérieure à 1479 se réfèrent à une famille Luteri qui demeurait à Modène à la fin du Quattrocento mais

qui n'a rien à voir avec la famille Dosso; quant au troisième, dont Dosso est sans aucun doute protagoniste, à savoir le contrat du 5 janvier 1518 pour la *pala* de saint Sébastien de la cathédrale de Modène, il n'y figure pas comme « *de Mutina nunc vero habitator inclite civitatis Ferrarie* », mais comme « *de Mantua [...]* ». Des documents retrouvés par Giovannini à l'Archivio di Stato de Mantoue confirment et enrichissent ce qui résultait déjà de la documentation connue : le père de Dosso, Nicolò, fils d'Alberto de Costantino de Lutero, originaire de Trente, résidait et possédait des terres à Villa Dossi (aujourd'hui San Giovanni del Dosso) dans le vicariat de Quistello (Mantoue), localité qui valut au peintre son surnom. Rien de précis n'est apparu sur la date du transfert de Nicolò Luteri de Trente à Quistello, et par conséquent sur le lieu de naissance de son fils (dont il est fort probable qu'il s'agisse de Villa Dosso), ni quoi que ce soit qui nous conduise à modifier l'habitude, établie depuis l'*Officina ferrarese* de Longhi, de le considérer comme né vers la fin des années 80, si ce n'est la suggestion de remonter à 1487 ou peu de temps avant. Je suis reconnaissant à l'historien et à la rédaction de « Prospettiva » de m'avoir permis de disposer de l'article, qui doit être publié incessamment.

A.B.

page 91

77

Giovanni de Lutero, dit Dosso Dossi
San Giovanni del Dosso (Quistello, Mantoue)(?), vers 1489/1490 - Ferrare, 1542

Portrait de l'homme au chapeau noir
Toile. H. 0,855; L. 0,71
STOCKHOLM, NATIONALMUSEUM

HISTORIQUE
Coll. Christine de Suède, Rome jusqu'en 1689 (inv. 1662, n° 188, et inv. 1689, n° 43), comme un *Portrait de César Borgia* par Corrège; à la mort de la reine, la coll. de peintures italiennes appartient brièvement au cardinal Decio Azzolino, Rome (1689); par héritage, le marquis Pompeo Azzolino, Rome (1689-1692); prince Livio Odescalchi, Rome de 1692 à 1713 (inv. 1713, n° 116, et inv. de 1721, n° 20); héritiers Odescalchi, le prince Baldassarre et le cardinal Benedetto, Rome (1713-1721); duc Philippe d'Orléans, Paris (1721-1727); par héritage, Louis et Philippe, duc d'Orléans, Paris (1727-1790); achat par le banquier belge

Édouard Walkuers (Paris vers 1790); Laborde de Mereville, Paris (début des années 1790), qui l'emporte avec lui en Angleterre; elle y est dispersée par l'intermédiaire de Bryan, antiquaire à Londres (cat. 1798, n° 58); tableau acquis par Thomas Hope, de Londres, encore comme *Portrait de César Borgia* par Corrège, pour 500 guinées (Waagen, 1838); il parvient finalement à Stockholm, où il est donné au Nationalmuseum en 1919 par Hjalmar Linder.

EXPOSITIONS

Brescia, 1939, n° 152; Stockholm, 1966, n° 1178.

BIBLIOGRAPHIE

Dubois, 1727, p. 58; Couché, 1786-1808; Buchanan, 1824, I, p. 63; Waagen, 1838, I, p. 322; Granberg, 1896, n° 9; Stryienski, 1913, n° 188; Benesch, 1926, p. 98; Berenson, 1932, p. 488; Sirén, 1933, p. 145; Berenson, 1936, p. 420; Lechi et Panazza, 1939, p. 285, n° 152; Nicodemi, 1939, p. 370; Nordenfalk, 1949, p. 171; Gregori, 1955, p. 24; Longhi, 1956, p. 190; Nordenfalk, 1958, p. 171; Gilbert, 1959, p. 263; Ferrari, 1961, p. 311; Bossaglia, 1963, pp. 1045-6, n. 1; Puppi, 1964, p. 32; Karling, 1965, pp. 42-59; Mezzetti, 1965, p. 117, n° 183; Grate, 1966, p. 477 (avec bibl. ant.); Waterhouse, 1966, pp. 372-375; Gibbons, 1968, p. 263; Shapley, 1968, p. 76; Shearman, 1979 (1983), p. 108; Cavalli Björkman, 1990, p. 307.

La partie inférieure du dos de la main gauche et des doigts de la main droite a été repeinte : cela est confirmé par la radiographie (comm. écrite de G. Cavalli Björkman). Quant au bandeau qui encadre le tableau, elle écrit: « la bande le long des quatre côtés consiste en un pliage de la toile qui a été déplié. Cette bande avait été peinte avec un ton plus foncé que celui du tableau original; nous avons enlevé ce qui était ajouté sur l'original et nous avons couvert la bande avec de l'aquarelle noire. »

Ce tableau est encore classé comme « attribué à Girolamo Romanino » dans le récent catalogue des peintures européennes du musée (Cavalli Björkman, 1990). Il en était ainsi dans le précédent catalogue (Nordenfalk, 1958), qui signalait cependant une autre attribution : en 1956, en effet, Longhi le premier l'avait rendu à Dosso en observant que « l'admirable paysage vaporeux, qui annonce presque le Constable le plus inattendu, renvoie nettement à la main "joyeuse" de Dosso », et cette hypothèse fut acceptée par Gregori (qui avait fait connaître l'avis de Longhi dès 1955), Ferrari (1961), Berenson lui-même (1968), qui avait cru en 1936 qu'il s'agissait au contraire d'une œuvre de jeunesse de Romanino, Puppi (1964), Mezzetti (1965) et Shapley (1968). Avant la proposition de Longhi, d'autres spécialistes s'étaient prononcés en faveur de l'attribution au maître brescian : Benesch (1926), qui tenait ce tableau pour une œuvre tardive, Lechi et Panazza (dans la notice du catalogue de l'exposition de Brescia en 1939), qui notaient toutefois, suivant une suggestion de Benesch que de tout le tableau émane une impression de haut romantisme qui rappelle certaines œuvres de Dosso Dossi ». D'autres spécialistes ne s'écartent pas de cette attribution traditionnelle : Nicodemi (1929), Nordenfalk (1939), et, même après que le nom de Dosso eut été proposé, Gilbert (1959), qui le considère comme une œuvre de jeunesse da-

table des années 1513-1516, Gibbons (1968), qui le situe vers 1529, et Grate (1966), qui, dans la notice pour l'exposition de Stockholm en 1966, non seulement contribue à la reconstitution de l'histoire de la collection des peintures italiennes de la reine Christine de Suède, mais croit aussi, en s'appuyant sur les indications de Karling, que la broche agrafée au chapeau ressemble à celle réalisée par Benvenuto Cellini en 1528 à Florence, peut-être d'après un dessin de Michel-Ange, pour Girolamo Marretti, de Sienne, et qu'il s'agit donc du portrait de celui-ci. Plus récemment, J. Shearman, qui le croit encore de Romanino, observe que c'est « l'une des premières œuvres de l'Italie septentrionale qui s'inspirent de façon évidente » du *Portrait de Baldassarre Castiglione* de Raphaël (Louvre).

Pour mettre de l'ordre dans la partie centrale du corpus des œuvres de Dosso, je suis convaincu — comme je l'ai déjà exposé plusieurs fois, arguments à l'appui, à commencer par ma conférence de 1986 (voir cat. **76**) — que l'on doit partir de l'analyse comparée de trois retables assez connus, mais jusqu'alors pas très bien compris : l'un à Florence, l'*Apparition de la Vierge à saint Jean l'Évangéliste et à saint Jean-Baptiste* de Codigoro (Uffizi), et les deux autres à Modène, l'*Apparition de la Vierge à saint Georges et à saint Michel* de l'église Sant'Agostino (Pinacoteca Estense) et l'*Apparition de la Vierge entre saint Laurent et saint Jacques le Majeur aux saints Jean-Baptiste, Sébastien et Job* pour l'un des autels de la cathédrale. De ces trois retables, seul le dernier est daté : il fut mis en place le 28 juin 1522. Ce témoignage, qui émane du chroniqueur modénais Lancellotti, est du plus grand prix : cette œuvre est ainsi la première qui doit datée dans l'activité de Dosso. Aujourd'hui nous savons aussi (Baracchi, in Benati, 1990) que le contrat le concernant fut signé le 5 janvier 1518. Si l'on consulte les études consacrées à Dosso, on se rend compte que les trois retables que j'ai cités y sont généralement considérés comme contemporains et que la date de 1522 attestée pour celui de la cathédrale y est aussi assignée aux deux autres. Or ceux-ci appartiennent au contraire à des moments très différents, si nous les examinons en tenant compte de l'évolution du contexte culturel de ces années-là, avant et après 1520. Et c'est justement l'étude comparée de ces trois retables qui permet d'apprécier autrement le rôle de Dosso dans l'histoire de la peinture italienne.

La comparaison des deux retables de Modène fait ressortir dans celui de saint Michel un accent raphaélesque, et d'un raphaélisme tardif, que nous chercherions en vain dans celui de saint Sébastien, plutôt influencé par Michel-Ange. S'il convient de dater le premier vers 1519 (en se fondant sur une série de raisonnements pour lesquels je renvoie au cat. **79**), je crois que le retable des deux saints Jean provenant de Codigoro nous fait faire un pas supplémentaire en arrière dans les années 1510. Le grand point de repère est ici la *Vierge de Foligno*, que Dosso a manifestement étudiée lors d'un

voyage à Rome, son premier : il ne peut certainement pas avoir acquis la connaissance de cette œuvre par l'intermédiaire du retable Suxena de Garofalo, qui date de 1514, ni de celui de Filippo da Verona pour l'église San Pietro à Modène, qui date aussi de 1514. C'est précisément la présence du grand disque orangé du soleil derrière la Vierge, absent des deux œuvres citées ci-dessus, qui nous assure que Dosso a vu avec un regard extrêmement personnel, l'original dans l'église Santa Maria in Aracoeli à Rome. Il faut en outre tirer toutes les précieuses conséquences d'une intuition de C. Volpe renversant la perspective d'une opinion qui s'était par ailleurs révélée infructueuse; je veux parler de l'observation selon laquelle le paysage de la *Vierge de Foligno* — qu'on avait soupçonné de la main d'un peintre originaire de la vallée du Pô, de Ferrare, actif dans l'atelier de Raphaël, et dont nous sommes aujourd'hui sûrs qu'il est de la main de Raphaël lui-même dans sa période la plus giorgionesque, où il s'approprie dans le courant de 1512 la manière vénitienne d'après les tableaux de Giorgione et de Titien apportés à Rome par Chigi et d'après les premières œuvres romaines de Sebastiano del Piombo — a pu contribuer à former le paysagisme particulier de Dosso : la connaissance de la magnifique interprétation que Raphaël y donne du paysage de Giorgione et de Titien, de la *Tempête* et du *Concert champêtre*, a fait mûrir l'interprétation que Dosso donnera de ce même paysage. Au demeurant, Longhi lui-même, qui avait, dans le sillage de Cavalcaselle, posé de nouveau « le problème si intéressant [...] du fond de la *Vierge de Foligno* qui évoque tout à fait la manière de Dosso », avait conclu : « [...] quoi qu'il en soit des parties de la *Vierge de Foligno* à la manière de Dosso, il est sûr que, si une œuvre de Raphaël pouvait être du goût de ce peintre, c'est précisément celle-ci, avec la vision vaporeuse du halo et de l'arc-en-ciel : si bien que, dans les premiers retables de Dosso, surtout dans celui de *Saint Georges et saint Michel* à Modène, c'est toujours le souvenir de la *Vierge de Foligno* qui réémerge. » Mais, au-delà de ce modèle, et à en juger par le dessin des figures de cette *pala*, je dirais que le style Renaissance de Dosso est marqué par la *Stanza della Segnatura* ou par des œuvres de Fra Bartolommeo à Florence. La référence à ce maître florentin n'est pas dénuée de pertinence si l'on considère sa participation à la décoration du cabinet du duc Alfonso d'Este à partir de 1516, sa présence à Ferrare au printemps de cette année-là et les deux tableaux de dévotion qu'il envoie à Alfonso et à Lucrezia à la fin du printemps de l'année suivante, les voyages de Dosso à Florence (l'un, par exemple, est attesté à l'automne 1517), et le fait même que Garofalo a ses œuvres bien présentes à l'esprit à l'époque du retable de San Guglielmo (ce point a été éclairci par A. Pattanaro [1985-1986]).

Dans le retable des deux saints Jean, l'influence vénitienne n'est pas moins nette que dans celui de saint Michel, et si l'on regarde la texture du clair-obscur de la tête de saint Jean l'Évangéliste à contre-jour sur la blancheur des nuages, on constate que cette influence vénitienne découle de l'*Assomption*, en cours d'exécution entre 1516 et 1518, et d'œuvres contemporaines de l'*Assomption* comme la *Sainte Conversation* de Dresde, donc d'œuvres que Titien avait à peine fini de peindre ou était encore en train de peindre s'il est vrai que nous devons reculer ce retable de Dosso dans les années 1510. Cette influence ne doit pas nous surprendre si nous considérons que depuis 1516 les occasions n'avaient pas manqué à Titien et à Dosso de faire connaissance, et de nouer probablement une véritable amitié : au début de cette année 1516, Titien avait séjourné quelques semaines à Ferrare où il était l'hôte du duc, il y avait probablement peint le *Christ au denier* et reçu d'autres commandes à exécuter à son retour chez lui (parmi lesquelles le *Bain*, dont je pense qu'il faut l'identifier avec la *Vénus anadyomène* d'Édimbourg), et à l'automne 1517, Fra Bartolommeo étant mort, la charge confiée à ce maître florentin de peindre la *Fête de Vénus* pour le cabinet du duc lui était échue, cependant que Dosso faisait de fréquents voyages à Venise pour le compte d'Alfonso d'Este (il est attesté qu'il en fit un par an entre 1516 et 1519, et le premier date précisément de mars 1516). Cette influence vénitienne est même, s'il est possible, plus marquée encore dans le retable des deux saints Jean que dans celui de saint Michel parce qu'elle y est imprégnée d'une humeur fantastique et excentrique qui, si je ne me trompe, devrait provenir de la peinture de la plaine du Pô des années 1516-1519, et qui est sur le point, non pas par hasard, de s'altérer à l'époque du premier de ces deux retables modénais.

Ces considérations pourraient conduire à situer le retable des deux saints Jean vers 1517, et le fait qu'il n'y ait pas de documents prouvant la présence de Dosso à Ferrare entre janvier et juin 1517 pourrait nous autoriser à supposer que c'est pendant ce semestre que le peintre a accompli son voyage à Rome. Cette datation situerait ce retable nettement dans cette période de reprise des contacts, des invitations à la cour, des allées et venues entre Ferrare et d'autres villes nécessaires à l'ambitieuse politique culturelle du duc pour la décoration de son cabinet, à laquelle Dosso, en sa qualité de peintre de cour, a été associé de près — reprise qui, comme on l'a dit, après la commande à Bellini du premier des six tableaux pour ce cabinet sans doute dès 1511, et après les premiers contacts établis à Rome avec Michel-Ange et Raphaël entre 1512 et 1513, se fait particulièrement intense précisément à partir de 1516 —; mais cette datation situerait aussi ce retable au cœur, au moment le plus critique, l'année 1517 précisément, de cette brève mais intense période de digressions excentriques par rapport au classicisme romain et vénitien, période de mouvements de fronde proprement anticlassiques qui parcourent la plaine du Pô, de la Crémone de Bembo et d'Altobello à la Brescia de Romanino et de Moretto, de la Bergame de Lotto au Frioul

de Pordenone, de la Padoue de Domenico Campagnola à la Bologne d'Aspertini. A l'époque du retable des deux saints Jean, Dosso est l'un des protagonistes de cette culture classique patronnée par le duc, qui cherchait à donner dans la décoration de son cabinet une sorte de résumé, comme une vue en coupe, de la grande manière italienne; mais Dosso appartient aussi à cette culture davantage propre à la plaine du Pô qui, au lendemain de la paix de Noyon (1516), après des années de guerre, de pillages et de paralysie de la vie civile, s'est chargée d'inquiétude et a pris conscience que son aire de diffusion forme un ensemble solidaire, culture qui se développe en dehors des cours et dans laquelle l'humeur « expressionniste » répandue par les gravures transalpines s'épanouit à la faveur de la vocation atavique des « Lombards » pour le naturel.

Ce que je viens de dire peut tout aussi bien s'appliquer au *Portrait de l'homme au chapeau noir*, qui appartient à un contexte stylistique tout à fait semblable à celui que j'ai analysé pour le retable des deux saints Jean de Florence, et auquel je serais tenté de donner la même date, 1517 environ. La connaissance des portraits de Titien se conjugue ici avec l'étude des portraits romains de Raphaël, et plus précisément, ainsi que l'a noté J. Shearman, du *Baldassarre Castiglione* (vers 1514). Toutefois, la disposition d'esprit dans laquelle Dosso se situe par rapport au classicisme vénitien et romain est marquée par l'excentricité propre à la plaine du Pô. Ce portrait de Stockholm donne un excellent exemple du giorgionisme et du titianisme de *terraferma* des années 1510 où l'influence précoce du classicisme romain coexiste avec la forte pression du naturalisme et des tensions expressives du goût nordique. La lumière sert ici à révéler une inquiétude qui ne se reconnaît pas dans les règles du classicisme; elle marque les formes justement en les modifiant dans un sens fortement expressif, mais aussi en leur apportant des notations ponctuelles de vérité.

Longhi a appelé à juste titre l'attention sur la beauté de l'atmosphère du paysage, où des lumières inattendues brillent aux arêtes des maisons entre les arbres, au-delà de prairies scintillantes, sur la lueur rosée d'un ciel dominé par un tourbillon de nuages. C'est ici que naît le paysagisme le plus typique de Dosso, au fond de ce portrait ainsi que dans les paysages du retable des deux saints Jean ou de la bannière de l'*Apparition de la Vierge à saint Roch et à saint Sébastien* de Budrio : trois essais interchangeables d'un tableau à l'autre, voudrait-on presque dire pour en forcer la lecture dans le sens que le paysage aura au XIXe siècle, trois visions sous un angle différent du même site, pour le moins des mêmes bois, et qu'il faut par ailleurs considérer comme distincts des résultats auxquels aboutira l'épanouissement de ce paysagisme dans des œuvres du même groupe, mais à peine plus tardives, comme les *Argonautes*, ou les *Trois Ages de l'homme*, ou *Circé*, dans lesquelles se déploient, sous l'influence de l'art

graphique d'Altdorfer, l'artifice du dessin, l'étincellement de la couleur et les transformations fantastiques de lieux connus, bien que la beauté météorologique s'y amoindrisse.

L'éclairage par la droite et la pose oblique du personnage, qui est reprise du *Portrait de Baldassarre Castiglione* et que Dosso accentue en présentant le visage davantage de trois quarts, ont pour effets que la figure se détache d'un côté sur le mur et de l'autre, se dilate dans l'ombre devant le paysage. Tandis que les formes à contre-jour de l'épaule et du grand chapeau bleu répondent merveilleusement à celles du paysage à l'arrière-plan, sur le devant la lumière fait étinceler les bandes de brocart d'or et d'argent de la chemise sur la masse sombre du pourpoint bleu et attire notre attention sur le détail superbe des mains serrées sur l'épée : ici, la lumière est dense, et denses sont les ombres sur la matière à l'apparence réelle (mais pas au point qu'on ne voie pas un début d'alteration de cette apparence). Tout est donc ici comme dans le retable des deux saints Jean : ce retable et ce portrait attestent l'intérêt porté à Raphaël, le premier à la *Vierge de Foligno*, le second au *Portrait de Baldassarre Castiglione*, intérêt qui a dû naître lors du même séjour à Rome, en 1517, a-t-on dit.

Ce portrait est le plus ancien de Dosso que nous connaissions, à moins que nous ne voulions considérer comme un portrait l'*Homme en armure avec une joueuse de flûte* autrefois dans la collection Cini (vers 1513) — et la confrontation de ces deux tableaux est en tout cas du plus grand prix — puisque nous ne pouvons le comparer avec les portraits insérés dans les « saintes conversations » de Philadelphie et de Naples qui obéissent à une autre tradition, celle de la représentation réaliste dans les tableaux religieux; le hasard veut que d'autres portraits aient aussitôt suivi celui-ci, tous marqués par cette influence raphaélesque, mais ils ont alors dû se succéder en un bref laps de temps car, comme je le dis plus loin (cat. **79**), vers 1520 l'art de Dosso portraitiste semble prendre une autre voie. Citons tout d'abord le *Portrait d'homme au chapeau rouge avec une épée* du Fogg Art Museum de Cambridge, que Suida a jadis publié (1954) à côté du portrait Kress de Romanino comme un exemple de portrait inspiré de Titien pour ses moyens mais de Giorgione pour sa composition. La couleur y est somptueuse, comme on la voit rarement dans un portrait, et justement comme elle l'est dans les *Argonautes*, dans *Circé* — du brillant vif du métal de l'armure au bleu-gris acier et or des empiècements de la manche, des reflets dorés aussi vifs et bigarrés de la poignée rouge feu de l'épée aux broderies d'or du *balzo* et au brillant des touches de matière sur le visage —, mais c'est aussi une couleur pleine de séductions nocturnes, sur le fond brun, comme dans l'*Adoration des Mages* de Londres, et le rouge ombré du grand chapeau est une idée tirée du *Chanteur passionné* de Giorgione. Il s'agit assurément d'un portrait différent de celui de Stockholm, mais il appartient tout autant au corpus des œuvres les plus authentiques de Dosso et il est tout autant influencé par Raphaël, en l'occurence, pourrait-on dire, comme l'avait déjà dit Antonelli Trenti (1964, p. 409), par le *Portrait de Julien de Médicis* (connus par la copie du Metropolitan Museum), exécuté entre 1513 et 1516 (le duc meurt le 17 mars 1516, et ce *Portrait* est mentionné avec ceux de *Castiglione* et de *Tebaldeo* dans la lettre de Bembo à Bibbiena du 19 avril 1516), peut-être pour la nomination du frère du pape à la charge de capitaine général des armées de l'Église en janvier 1515.

Si l'on perçoit, dans ces deux portraits de Stockholm et de Cambridge, si ouverts et extravertis, que tous deux, chacun de manière différente, ressortirent à une culture d'origine vénitienne, mais fortement marquée par celle de la plaine de Pô, et appartiennent à une époque imprégnée d'une humeur excentrique et anti-classique où les noms de Dosso, de Bembo, d'Altobello et de Romanino peuvent être confondus, et l'ont été dans le passé, les deux autres portraits avec lesquels se conclut ce bref chapitre de l'activité de portraitiste de Dosso, à la fin des années 1510, ont un ton bien différent : d'une part, le *Portrait d'homme portant une branche de laurier*, vibrant d'intensité, autrefois Contini Bonacossi, puis Kress, de l'Art Association de Wichita (Kansas), que l'on peut encore regarder comme une interprétation du *Portrait de Baldassarre Castiglione* ou du *Portrait de Navagero* dans le *Double Portrait avec Beazzano* de la Galleria Doria (1516), mais à l'opposé du portrait de Stockholm car est tout à fait différent le Giorgione qui revient ici à la mémoire de Dosso, carrément celui du *Double Portrait* (cat. **23**); et, d'autre part, le *Portrait d'homme* du Louvre (cat. **79**), dont l'air dolent nous emporte loin aussi du portrait de Stockholm, bien qu'il soit encore influencé par Raphaël et loin des modèles rappelés ci-dessus, mais le souvenir d'un autre Giorgione affleure ici aussi, tandis que s'y affirme la confrontation avec les portraits de Titien de la fin des années 1510.

Du portrait de Stockholm à celui de Paris, s'écoule une brève période de l'activité de portraitiste de Dosso, ainsi que de l'histoire de toute la peinture de la plaine du Pô, et nous devrions donc être toujours dans les années 1510. Cette période qui va de l'un à l'autre de ces deux portraits pourrait peut-être (en simplifiant, certes, mais pour rappeler une histoire avec laquelle celui de Stockholm a été à tort confondu et continue de l'être) trouver un parallèle chez Romanino dans la période qui va du portrait de Hampton Court à celui de Budapest (cat. **70**) — parallèle qui montre d'ailleurs en quel sens ces deux histoires ont été confondues, et confondues à tort justement parce que l'orientation nettement raphaélesque de l'activité de portraitiste de Dosso, qui débute, pourrait-on dire, avec le *Portrait* de Stockholm, nous tient assez éloignés des horizons de Romanino et de la peinture brescienne elle-même, qui s'ouvrira à Raphaël tardivement, et seulement avec Moretto, dans le courant des années 1520 (voir cat. **82**, le *Portrait*

de Moretto), cependant que cette orientation raphaélesque nous conduit au cœur de l'activité de Dosso en sa qualité de peintre du duc Alfonso d'Este, dès la seconde moitié des années 1510.

On pourrait objecter que nous ne pouvons pas savoir avec certitude si en 1517 le *Portrait de Baldassarre Castiglione* était encore à Rome ou déjà à Mantoue. Ce que nous savons, c'est que Castiglione se trouve à Rome en qualité d'ambassadeur du duc d'Urbino de février 1513 à juin 1516 — bien qu'avec de nombreuses absences, que l'édition du premier tome des *Lettere* par Guido La Rocca (Milan, 1978) a permis de déterminer avec précision —, qu'il quitte la ville au début de l'été 1516 lorsque Francesco Maria della Rovere, à qui Léon X a retiré la charge de capitaine général des armées de l'Église en janvier 1515, est excommunié et dépossédé du duché d'Urbino en faveur de Laurent II de Médicis, et qu'il accompagne les Della Rovere en exil à Mantoue, où il épouse en octobre 1516 Ippolita Torelli et demeure jusqu'en 1519. A la fin du printemps de cette année-là, il retourne à Rome pour le compte du jeun Federico Gonzaga, qui vient d'être élu marquis à la mort de son père, et il y reste son ambassadeur, à l'exception de quelques rares absences, jusqu'à l'automne 1524, date à laquelle il part pour l'Espagne en qualité de nonce du pape Clément VII. Il est donc probable que son *Portrait*, dont nous savons qu'il est dans les mains de son fils Camillo durant les décennies suivantes, ait été emporté à Mantoue en 1516 et y soit resté lors de son retour à Rome et de son séjour en Espagne. Cette hypothèse est confirmée par l'*Elegia qua fingit Hippolytem suam ad se ipsum scribentem* (*Élégie où il imagine son Ippolita en train de lui écrire*) qui parle du réconfort que sa femme Ippolita, en l'absence de son mari alors à Rome, tire du *Portrait* de Raphaël, dans lequel son fils Camillo a désormais pris aussi l'habitude de reconnaître son père. Camillo étant né en août 1517 et Ippolita étant morte en août 1520, cette scène imaginaire décrite dans l'*Elegia* devrait se situer entre 1519 et 1520. Il est donc possible que Dosso ait vu le *Portrait* à Mantoue. Shearman (1979; éd. 1983, p. 111) écrit que « Titien eut l'occasion de voir le tableau de Raphaël à Mantoue dès 1523 quand, à son tour, il fit le portrait de Castiglione »; on doit penser que Titien l'a connu dès 1519 lorsqu'il alla pour la première fois à Mantoue en compagnie de Dosso, si l'on convient de dater vers 1520 le *Portrait de Vincenzo Mosti* de la Galleria Palatina. Il est en revanche probable que le *Double Portrait de Navagero et Beazzano*, qui me semble aussi avoir été étudié de près par Dosso, ait été encore à Rome en 1517, et non pas déjà à Padoue : peint, comme il le semble, pour Bembo au printemps 1516, à Padoue, où le verra Michiel, Bembo devrait l'y avoir rapporté lorsqu'il s'y établit au début des années 1520. En considérant ce que je dis ici et dans le cat. **79** (*Portrait d'homme* du Louvre) sur la nécessité de supposer un séjour du peintre à Rome au vu du retable des deux saints Jean de Florence, de l'*Adoration des*

Mages de la National Gallery de Londres et d'autres œuvres de ce groupe, ainsi que des projets eux-mêmes d'Alfonso d'Este, il est clair que l'intérêt de Dosso pour les portraits de Raphaël a dû en tout cas se développer à l'occasion de ce séjour; mieux : je pense que l'ensemble des portraits de Dosso que j'ai rapprochés, justement en raison de cette nette orientation raphaélesque qui les singularise dans le panorama de la peinture septentrionale de la fin des années 1510, constitue en lui-même une sorte d'impressionnant document attestant ce séjour.

A.B.

page 92

78

Giovanni de Lutero, dit Dosso Dossi
San Giovanni del Dosso (Quistello, Mantoue)(?), vers 1489/1490 - Ferrare, 1542

Les Trois Ages de l'homme
Toile. H. 0,775; L. 1,118
NEW YORK, THE METROPOLITAN MUSEUM
OF ART,
MARIA DEWITT JESUP FUND, 1926

HISTORIQUE
Milan, coll. L. Bernasconi (1909); New York, Ehrich Galleries (1909-1918); Stockholm, Oswald Sirén, et peut-être Londres, Edward Hutton (1918-1926); acquis par le Metropolitan Museum en 1926 avec le Maria Dewitt Jesup Fund.

EXPOSITIONS
New York, 1934, n° 2; Worcester, 1948; Cleveland, 1956, n° 12; Seattle, 1957; n° 44; Indianapolis, 1970-71, n° 70; Bologne, 1986, n° 35; Washington, 1988(2), n° 13.

BIBLIOGRAPHIE
Bernath, 1914, pl. 91; Mendelsohn, 1914, p. 72; Mason Perkins, 1915, pp. 123, 125; A. Venturi, 1925, pp. 108 ss.; Burroughs, 1926, p. 152 ss.; Longhi, 1927 (1967), p. 160; A. Venturi, 1928(1), IX, 3, pp. 966 ss., 977; Berenson, 1932, p. 175; Van Marle, 1932, II, p. 156; Buscaroli, 1935, p. 215; Tietze, 1935, p. 331; Berenson, 1936, p. 151; Longhi, 1940 (1956), p. 159; Wehle et Salinger, 1940, p. 148; Lazareff, 1941, pp. 131, 135; Bodmer, 1943, p. XXXIX; Tietze-Conrat, 1948, pp. 129, 136, note; Gilbert, 1952, p. 205; Allen et Gardner, 1954, p. 31; Arslan, 1957, p. 260; Antonelli Trenti, 1964, p. 410; Dreyer, 1964, pp. 365 ss., 371; Puppi, 1964, p. 33; Dreyer, 1965, p. 24; Gibbons, 1965, p. 495; Mezzetti, 1965, pp. 23, 71, 104, cat. n° 126; Puppi, 1965, s.p.; Puppi et Gibbons, 1965, pp. 315 ss.; Berenson, 1968, I, p. 112; Gibbons, 1968, pp. 11 ss., 102, 110, 114, 123, 244-245, n° 130; Freedberg, 1971, p. 209; Dundass, 1985, pp. 39-40; Humfrey, 1986, p. 112. Zeri, 1986, pp. 11-12.

Ce tableau, attribué à Dosso par Berenson, fut publié par Mendelsohn (1914) qui y voyait des affinités avec la *Circé* de la Galleria Borghese, qu'elle datait vers 1516. Depuis lors, ce tableau a toujours été considéré comme typique de la manière la plus connue de Dosso, même si l'on y a parfois soupçonné la collaboration de son frère Battista (Tietze-Conrat, 1948; Gibbons, 1968). La plupart des spécialistes l'ont diversement daté au sein de la période 1518-1525 en raison de sa proximité manifeste avec *Circé*, le *Saint Jérôme* de Vienne, les *Argonautes* de Washington, la *Vierge bohémienne (Zingarella)* de Parme. Certains se sont à juste titre interrogés sur la relation du tableau avec les *Scènes de l'Énéide* de Birmingham et d'Ottawa; Mezzetti croit plus juste de le situer peu après ces scènes, toujours entre 1520 et 1525, tandis qu'Humfrey (1986) le place un peu avant ceux-ci, vers 1518-1520, reprenant la proposition d'Antonelli Trenti (1964) et de Freedberg (1971). Tietze-Conrat (1948) a avancé l'hypothèse que le tableau, sous sa forme actuelle, pourrait être un fragment découpé dans une toile beaucoup plus grande; cette proposition a été peu suivie, et le catalogue du Metropolitan Museum note en 1968 (Zeri) que les bords inférieur et supérieur seraient intacts, non les bords gauche et droit. Reste donc ouverte la possibilité qu'il ait été réduit en largeur, mais dans une mesure peu importante.

C'est Adolfo Venturi (1925) qui a reconnu dans cette «idylle champêtre» le thème des trois âges de la vie de l'homme.

Le retable de l'*Apparition de la Vierge à saint Jean l'Évangéliste et à saint Jean-Baptiste*, provenant de Codigoro et aujourd'hui à Florence (Uffizi), me semble appartenir pleinement à la seconde moitié des années 1510 (voir cat. **77**): c'est ce que confirment les œuvres que l'on peut rapprocher de lui en un groupe resserré, à mon avis, autour des années 1517-18, et comprenant, pour ne citer que les plus remarquables, le *Portrait d'homme au chapeau noir* (cat. **77**), le *Portrait d'homme au chapeau rouge* du Fogg Art Museum de Cambridge, la bannière de l'*Apparition de la Vierge à saint Roch et à saint Sébastien* de Budrio, l'*Adoration des Mages la nuit* de la National Gallery de Londres, le petit *Mariage mystique de sainte Catherine dans des nuées* d'une collection privée italienne (Volpe, 1974), la petite *Vierge* de la Galleria Borghese, le *Porte-drapeau* d'Allentown, la *Déploration du Christ* de la National Gallery de Londres, le *Saint Jérôme* (signé) de Vienne, les *Argonautes* de la National Gallery de Washington, les *Trois Ages de l'homme* du Metropolitan Museum, la *Circé* de la Galleria Borghese. Le lecteur sera surpris de trouver dans un groupe auquel on veut donner une datation aussi reculée l'*Adoration des Mages* que les spécialistes ont toujours datée de beaucoup plus tard. Longhi lui-même, dans ses *Ampliamenti*, faisant référence à ce tableau pour le rapprocher du *Porte-drapeau*, avait laissé entendre une date très avancée dans les années 1520, «encore avant 1530»; tandis que, dans *Officina ferrarese*, quelques autres œuvres de ce groupe se trouvaient diversement situées «dans

les années 1510, et peut-être certaines se situent-elles même au-delà de ce terme»; mais l'une de ses observations m'intéresse davantage, laquelle aurait dû, à mon avis, concerner aussi l'*Adoration des Mages*: «La *Pietà* Phillips à Londres, le *Repos pendant la fuite en Égypte* du Palazzo Pitti, la petite *Vierge à l'Enfant* de la Galleria Borghese, le *Saint Jérôme* de Vienne, ont été depuis longtemps déjà nourris de tout le suc du giorgionisme et du premier Titien, suc auquel se sont de surcroît mêlées d'autres sources modernes, y compris même les rythmes de Rome et l'élégance pompéienne des Loges […].» Longhi percevait dans ces œuvres un mélange subtil du classicisme de Raphaël avec la manière vénitienne, alors transfusée dans le sang du peintre depuis des années, et il les situait donc après ce voyage à Rome qui avait été surtout l'occasion de la découverte de la *Vierge de Foligno* et dont il laissait entendre qu'il avait eu lieu dans la seconde moitié des années 1510, sinon déjà vers 1515, comme il le dira dans les *Ampliamenti*.

Or je ne peux imaginer un autre tableau, de Dosso ou de qui que ce soit, qui exprime avec davantage de vivacité que cette *Adoration des Mages* l'émotion de la première rencontre avec la Rome antique et moderne: qu'est-ce donc que ce tableau sinon la première interprétation romantique, c'est-à-dire nordique, d'un clair de lune romain? La Vierge se penche pour saluer les Rois mages comme une sibylle raphaélesque au seuil de son antre antique; derrière les nuages et le feuillage touffu des arbres, annoncée par une lueur jaune soufre qui embrase le ciel, perce une énorme pleine lune enflammée comme un soleil. Dosso a vu le nocturne éclairé par la lune de la *Libération de saint Pierre* et il y a admiré la magie des lumières; peut-être, sur le chemin de Rome, s'est-il arrêté à Viterbe et y a-t-il aussi vu l'autre nocturne de Sebastiano del Piombo; il a aussi observé et retenu, pour toujours, la singularité de l'arc-en-ciel et de la météorite du retable peint pour Sigismondo de' Conti de l'église Santa Maria in Aracoeli, et davantage encore le soleil derrière la Vierge; et il s'est certainement souvenu d'avoir vu resplendir la lune, et pas seulement un éclair, dans quelques tableaux de Giorgione; mais il a l'imagination vive, le tempérament romantique, et sa culture est riche d'autres expériences: pour lui, la lune, celle de Rome aussi, monte dans le ciel comme dans les tableaux d'Altdorfer. Il ne reste qu'à imaginer comment Dosso a connu ces derniers, car il est sûr qu'il y a une relation très étroite avec les panneaux du polyptyque de saint Florian, que le maître allemand peint pour Ratisbonne entre 1517 et 1518, en particulier avec le *Départ du saint*, qui se trouve à Florence (Uffizi). Dosso aura eu entre les mains des œuvres plus petites et plus facilement transportables, comme la *Nativité nocturne* du musée de Berlin Dahlem (n° 638 E), ainsi que des dessins et des gravures, surtout des dessins sur fonds préparés qui, aux yeux d'un peintre méridional au tempérament fantasque comme le sien, devaient donner l'image d'une nature en perma-

nence ensorcelée par la lune. Nous reviendrons d'ailleurs sur l'importance d'Altdorfer pour cette période de la peinture de Dosso. Cette *Adoration des mages* de Londres est donc une œuvre exceptionnelle dans le panorama de la peinture italienne de ces années-là, surtout si on lui reconnaît une date aussi reculée, vers 1517, bien en-deçà du seuil au-delà duquel le classicisme commence à devenir plus normatif, et à réduire la place laissée à l'imagination, malheureusement même pour un artiste originaire de la plaine du Pô comme Dosso. D'autre part, les formes figuratives dont est composée cette *Adoration*, pour ne pas parler du climat fantastique, sont absolument les mêmes que dans le retable des deux saints Jean des Uffizi, et il me semble évident que cette invention de la lune-soleil pouvait naître dans l'imagination du peintre après seulement qu'il eut appréhendé en ce sens le modèle de la *Vierge de Foligno*, mais immédiatement après. Le Roi mage qui s'avance à droite est l'un des deux saints Jean, tandis que la Vierge peut facilement être remplacée par celle du petit tableau déjà cité de la Galleria Borghese, toutes deux en vêtements rouges avec des reflets dorés.

Il semble sûr que des modèles comme ceux d'Altdorfer, de Baldung Grien et d'autres artistes danubiens de la nouvelle génération, peut-être de Cranach, mais non de Dürer, ont favorisé l'épanouissement de l'imagination des artistes de la plaine de Pô après 1516. A cette époque, Dürer devait sembler trop italien, trop formé selon les canons de la Renaissance italienne. Des dessins d'Altdorfer me semblent indispensables pour expliquer la distance que Dosso prend à un certain moment vis-à-vis du paysage humaniste vénitien, littéraire et moralisé, mais aussi vis-à-vis de son propre type de paysage. Que l'on prenne, parmi les nombreux exemples possibles, la feuille de British Museum n° 1904-7-11-1 (W. 47) avec *Saint Jérôme dans un paysage*: c'est dans des dessins comme celui-ci, qui représentent une nature animée d'une débordante vitalité, mais aussi imprégnée d'une beauté propre, mystérieuse, ensorcelée, ai-je dit, submergeant et effaçant presque la présence de l'homme, qu'on doit rechercher l'origine de cette interprétation particulière du paysage de Giorgione et de Titien à laquelle Dosso s'applique dans les années 1517 et 1518, et c'est dans le trait courbe et oblique, délicat et magique, expressif et ornemental, sérieux et amusé, dans les véritables hiéroglyphes de l'encre et des rehauts de blanc, de la lumière et de l'ombre, du grand maître allemand, que naît l'impulsion qui le pousse à inventer, au sein même de la manière moderne de Giorgione, ces «véritables intuitions picturales et cette manière rapide, qui va à l'essentiel, et quasi hiéroglyphique de définir la forme, que l'on croyait l'apanage d'une peinture plus récente», et que Longhi lisait dans l'esquisse des *Argonautes*. Il y a en somme des dessins d'Altdorfer (le *Martyre de saint Sébastien* du Herzog Anton Ulrich-Museum de Brunswick, n° Z1, de 1511; le *Combat entre un cavalier et un lansquenet* du musée Boymans-van Beuningen de Rotterdam, n° MB 248, de 1512; le *David et Abigaïl* du Kupferstich-kabinett de Berlin-Dahlem, n° KdZ 93, Meister der Vita, de 1514) qui ont marqué Dosso pas moins que Romanino au cours de ces années 1510, dessins qui semblent destinés à déchaîner cette «extravagance de la couleur» (Longhi), ces hiéroglyphes, ce bouleversement des plans colorés de la forme classique vénitienne; et que ces dessins aient pu être connus dans l'Italie de la plaine du Pô n'étonne pas si l'on considère que ces feuilles sur fonds préparés, à l'encre brune et rehauts de blanc, au tracé très soigné, très net, ont toutes les qualités d'un *Reinzeich-nung*, d'un dessin de mise au net, d'un dessin de présentation, destiné à circuler comme une œuvre autonome.

D'autre part, si le modèle vénitien que Dosso a à l'esprit lorsqu'il peint les *Trois Ages de l'homme* du Metropolitan Museum est le tableau homonyme de Titien à Édimbourg, c'est-à-dire l'une des œuvres les plus représentatives de ce classicisme grec, à la Phidias, et de cette vision arcadienne de la nature dont Titien donna l'exemple dans sa jeunesse, et une œuvre que le ferrarais connaissait bien pour avoir cherché à y saisir ce classicisme quand il travaillait au *Bain* Gonzaga, on peut admettre que, manifestement comme pour une polémique amusée et volontairement limitée à un tableau de petites figures dans un paysage, il oppose alors à ce classicisme une iconographie transalpine qui lui est devenue familière grâce à ces gravures et à ces dessins: les embrassements du couple d'adultes à la lisière du bois, encouragés par une chèvre symbolique, ne sont rien d'autre que les amours du lansquenet au milieu des bois et des champs de blé mûr, et le thème du couple d'enfants épiant les adultes reprend celui des lansquenets attendant leur compagnon qui, un peu à l'écart, conte fleurette à une jeune fille (dessins d'Altdorfer, respectivement les feuilles de Kupferstichkabinett de l'Oeffentliche Kunst-sammlung de Bâle, n° U.XVI.31, et du Kong-elike Kobberstiksamling du Statens Museum for Kunst de Copenhague, n° TU 90,1, tous deux de 1508). Ce n'est pas un hasard si apparaissent dans ce groupe d'œuvres un *Porte-drapeau* (la version de la collection Kress) après les si nombreux *Fahnenträgeren* allemands, et une *Déploration*, celle autrefois dans la collection Phillips, qui avoue aussi manifestement ses modèles, pour autant qu'on doive laisser ouverte la possibilité que, mêlées aux feuilles d'origine transalpine passées dans les mains de Dosso à cette époque-là, il y en ait eu quelques-unes de Campagnola ou d'Aspertini.

Il s'agit à présent d'établir le moment où s'est révélé cet engouement fou pour la couleur, cette «extravagance de la couleur» (Longhi). On doit tout d'abord observer que c'est seulement à l'époque de la *Fête de Cybèle* de la National Gallery de Londres que l'on voit prendre forme dans la peinture de Dosso le type de paysage sur lequel s'exercera son imagination, dans des tableaux comme les *Trois Ages de l'homme*, ou les *Argonautes*, ou *Circé*. On dirait qu'en 1515,

environ la date de cette *Fête de Cybèle* vraisemblablement destinée au cabinet de peintures d'Alfonso d'Este, Dosso a regardé avec des yeux neufs le feuillage du bosquet du *Concert champêtre* (cat. **43**) ou les grands arbres monumentaux de la *Fuite en Égypte* (Ermitage), qui se trouvait au palais Loredan, c'est-à-dire des paysages que le tout jeune Titien avait peints dans les années 1506-1509 sous l'influence de ceux de Dürer – au point que Vasari dira, à tort, que, pour cette partie du tableau Loredan, Titien se serait fait aider par des assistants allemands qu'il avait dans son atelier –, paysages dont il s'était détourné au cours de la première moitié des années 1510, entre les *Trois Ages* d'Édimbourg et l'*Amour sacré et l'Amour profane* de Rome, pour cultiver une vision plus arcadienne de la nature. Lorsqu'il peint le bosquet de la *Fête de Cybèle*, Dosso repart donc de là, des grands arbres de la *Fuite en Égypte*; et combien d'ouvertures annonçant le Dosso plus adulte peut-on en effet reconnaître dans ces trouées de lumière entre les troncs serrés du bois, dans ces contrastes des cimes touffues des arbres sur la texture vibrante du ciel! On peut assurément observer que ce retour à certains aspects du premier Titien se situe dans le contexte d'un profond réexamen de la peinture vénitienne, après la digression «lombarde» du retable Da Varano, et peut-être aussi en relation avec l'arrivée à Ferrare fin 1514 du *Festin des dieux* de Bellini. Il faudra continuer de s'interroger sur ce retour à l'humeur vénitienne dans la peinture de Dosso entre 1514 et 1515, quasi reprise *da capo* de modèles situés autour de 1510; il est cependant hors de doute qu'une telle reprise a bien eu lieu, non seulement dans la *Fête de Cybèle*, mais aussi dans ce chef-d'œuvre séduisant, malheureusement amoindri par son état de conservation, qu'est la *Femme poursuivie par un satyre* de la Galleria Palatina, qu'on dirait construit selon des idées accumulées durant la phase de conception du tableau pour le cabinet du duc et qui ne peut se situer qu'*avant* le tableau de Codigoro et *après* le retable Da Varano; il est également hors de doute que le *Festin des dieux* a joué un grand rôle dans cette reprise, car une grande partie de la séduction exercée par le tableau de la Galleria Palatina tient au fait qu'il constitue une réponse originale, et en réalité marquée par l'Arioste, à la thématique figurative et à l'iconographie de la toile de Bellini.

Pour en revenir aux tableaux de figures, et de petites figures, dans un paysage, l'éclosion d'une interprétation si originale des modèles de Giorgione et de Titien est perceptible dans trois tableaux qui devraient se situer entre 1515 et 1516, sinon encore en 1515: le *Repos pendant la fuite en Égypte* des Uffizi, la *Zingarella* de Parme, la *Sainte Famille* de Detroit. Les arbres y deviennent plus enveloppants, les effets de lumière plus pittoresques, la facture picturale plus ramassée, mais ce serait une erreur d'en discuter dans le chapitre où l'on parle de la *Vierge* de la Galleria Borghese ou des *Argonautes*. Comment ne pas se rappeler avec émo-

tion, dans la *Zingarella*, le soudain blondissement du feuillage dans un rayon de lumière glissant sur la haute masse ombrée des arbres, ou bien ces deux arbustes qui s'ouvrent comme des parasols en éclaboussures de touches infiniment variées sur le lointain qui se dissout derrière un épais voile de brume, ou bien la tendresse de la chair rose et ocre grise entre les blancs vaporeux des langes bordés de franges d'or? Le fait est que ces tableaux – si l'on considère que Dosso regarde loin en arrière dans le cours de la peinture vénitienne, je veux dire dans la première décennie du siècle – se révèlent davantage proches de Giorgione que de Titien. La couleur n'a pas la luminosité solaire de celle de Titien, et elle ne s'étend pas en larges plages; rien n'y rappelle la syntaxe de Titien, ou de Palma, en 1514. Dosso recherche des effets de luminisme plus proches de Giorgione: comme on l'a dit, la couleur fortement ombrée brille sur les franges et les garnitures des vêtements, sur les auréoles, sur les blancs vifs et moelleux, au point que je me demande si Dosso pouvait peindre ainsi alors que Titien avait déjà été l'hôte de la cour de Ferrare durant quelques semaines au début de 1516 et y avait laissé un modèle aussi exemplaire que le *Christ au denier*, et qu'il était lui-même allé à Venise en mars de cette même année 1516.

Qu'il convient en tout cas de ne pas situer ces trois petits tableaux à un moment trop avancé de cette année marquée par tant de nouveautés, c'est ce que démontrent quelques faits, dont je présente ici au moins l'un, qui concerne l'histoire de Garofalo. Celui-ci peint un petit tableau représentant la *Vierge à l'Enfant avec saint Jérôme* (Naples), qui est compréhensible *seulement* si on le met en parallèle avec les tableaux de Dosso dont nous avons parlé ou si on le considère comme le reflet de ceux-ci – quant à moi, je pense qu'il s'agit d'un reflet –; et qui connaît l'histoire de Garofalo jusqu'en 1514 (le retable Suxena) et à partir de 1517 (le retable de San Guglielmo) ne peut hésiter à affirmer que le petit tableau de Naples ne peut dater que des années 1515-16. De la même manière, le délicieux petit retable miniature de l'Accademia Carrara de Bergame représentent la *Vierge sur un trône entre saint Sébastien et saint Roch* manifeste un tel accord avec la poétique giorgionesque de Dosso à l'époque de ces tableaux qu'il doit être considéré lui aussi comme une preuve de l'ordre chronologique que nous proposons; et même on ne voit pas où pourrait se situer cette petite œuvre sinon aussitôt après le retable Suxena, dans le contexte d'une crise passagère des expériences raphaélesques réalisées entre 1512 et 1514 et d'un accord – si jamais celui-ci fut possible de la part de Garofalo – avec le giorgionisme de *terraferma*, et bien avant la reprise du style Renaissance, suivant l'axe Titien-Raphaël-Fra Bartolommeo, dans le retable de San Guglielmo.

Il y a en revanche d'autres œuvres de cette période qui, en raison de leur écriture plus ouverte et plus relâchée et de leur couleur plus lumineuse, c'est-à-dire plus proche de celle de

Titien, doivent être situées très avant dans l'année 1516, ne serait-ce que pour les différencier du *Repos pendant la fuite en Égypte* ou de la *Zingarella* : c'est le cas de la *Sainte Famille dans un paysage* d'une collection privée de Milan, publiée par Antonelli Trenti et présentée à l'exposition de Matthiesen en 1984, ou de la *Vierge avec un saint évêque à qui un ange présente une donatrice* de Budapest, ou du *Repos pendant la fuite en Égypte* de l'Art Museum de Worcester. Je crois en effet que, dans le courant de l'année 1516, Dosso a commencé à prendre en compte la manière de Titien telle qu'il pouvait la connaître par un tableau comme le *Christ au denier* et par d'autres vus à Venise. C'est pourquoi j'incline à donner de l'importance à une œuvre qui jusqu'à présent n'en a pas eu dans les études sur le peintre : la *Vierge entre saint Joseph et saint François* du Bodemuseum de Berlin. Ce tableau de petite taille, est particulièrement précieux pour éclairer une phase délicate de l'histoire de Dosso. Il est sûr, par exemple, que nous nous trouvons après la *Femme poursuivie par un satyre* de la Galleria Palatina, mais il est tout aussi sûr que nous nous trouvons avant le retable de Codigoro. L'influence de Titien y est extrêmement marquée, au point que qui voit ce tableau pour la première fois en entrant dans la salle du musée a l'impression de voir un Romanino de 1516, de l'époque de la Vierge du retable de l'église San Francesco à Brescia. La luminosité de la couleur, de l'ocre épanouie de la chair au rouge doré de la robe, l'articulation des plans, par exemple de celui de la tête avec celui du buste, l'utilisation des revers pour étendre le champ de la couleur, le dessin de la main en forme de croissant, la façon dont les plans occupent l'espace du tableau, tout me semble y témoigner d'une réflexion sur le Titien des demi-figures féminines — que l'on compare avec la *Vanitas* de Munich — ou justement du tableau qui se trouvait dans le cabinet du duc. On y voit aussi la marque de Raphaël, et du Raphaël romain, dans le dessin de la Vierge ou dans la tête de saint Joseph, qui rappelle immédiatement la tête du même saint dans la *Vierge à la promenade* d'Édimbourg, mais pas au point de me conduire à penser que cette œuvre se situe après le voyage à Rome. Peut-être cette marque raphaélesque justifie-t-elle l'attribution singulière à Sodoma que le tableau avait reçue au XIXᵉ siècle et qui m'a intrigué pendant ces années de réflexions sur Dosso. Sodoma n'était pas un nom inconnu à la cour de Ferrare, bien au contraire, même si aujourd'hui les spécialistes l'ont oublié : le duc l'avait fait approcher précisément en 1516, et je n'exclus pas que ce soit dans la perspective de le faire participer au projet de décoration de son cabinet; il lui avait en tout cas commandé un tableau, que Sodoma apporta lui-même à Ferrare dans l'été 1518, et c'est le *Saint Georges et la princesse* de Washington. Il fut envoyé vers Mantoue où il devait remettre une *Lucrèce*, que je crois être celle de la Pinacoteca Sabauda, que Francesco Gonzaga lui avait demandée et qu'au dernier moment

Julien de Médicis retint pour lui. Enfin, dans cette *Vierge entre saint Joseph et saint François*, le classicisme est déjà soumis à un début d'altération des plans donc des physionomies : sur le visage de la Vierge tombe comme une ombre, qui en écrase la beauté tout en conférant davantage d'intensité au sentiment qu'il exprime, cependant que, sur le fond sombre, la lumière détache le profil de saint François avec de petites mais extraordinaires déformations expressives, comme si c'était Aspertini lui-même qui l'avait peint — deux têtes parmi les plus remarquables du peintre ferrarais ! Donc un tableau petit, mais du plus grand intérêt, qui témoigne de cette appropriation de la forme classique à la Titien, où commence déjà à poindre l'altération de celle-ci, et auquel il est difficile de donner une date autre que 1516, compte tenu de ce que fait parallèlement Romanino, le plus grand des peintres de *terraferma* à la manière de Titien, de retour à Brescia venant de Venise entre le second des deux retables pour l'église San Francesco (celui autrefois à Berlin) et le retable de Salò.

A.B.

page 93

79

Giovanni de Lutero, dit Dosso Dossi
San Giovanni del Dosso (Quistello, Mantoue)(?), vers 1489/1490 - Ferrare, 1542

Portrait d'homme
Toile. H. 0,95; L. 0,77
PARIS, MUSÉE DU LOUVRE,
DÉPARTEMENT DES PEINTURES

HISTORIQUE
Selon Gibbons (1968), coll. du cardinal Mazarin, dont l'inventaire (1661), comprenait un portrait d'homme, portant un chapeau gris et tenant un sceau à la main, attribué à « Dossy ». S. Béguin (1970), écarta cette hypothèse au motif que les descriptions données dans les deux inventaires de la collection Mazarin ne correspondent pas au tableau du Louvre, dont on ignore donc la provenance.
EXPOSITION
Paris, 1960, nᵒ 162.
BIBLIOGRAPHIE
Villot, 1849, nᵒ 520; Ricci, 1913, p. 185; Hautecœur, 1926, nᵒ 1646; Berenson, 1932, p. 447; Berenson, 1936, p. 384; Longhi, 1956, p. 190; Puppi, 1964, p. 32; Mezzetti, 1965, p. 106, cat. nᵒ 139; Gibbons, 1968, p. 193, nᵒ 51; Béguin, 1970, p. 59; Richardson, 1970, p. 310; Brejon de Lavergnée et Thiébaut, 1981, p. 173.

Traditionnellement attribué à Giorgione et à « l'école de Venise » par Villot (1849) et par Seymour de Ricci (1913), ce tableau a été donné à l'école de Sebastiano del Piombo par Hautecœur (1926) et à C. Piazza da Lodi par Berenson (1936), mais à Dosso par Longhi (1956) dans ses *Nuovi Ampliamenti*, où il établit un catalogue, bref mais dense, des portraits de ce peintre, en regrettant que l'on n'ait pas saisi l'occasion de l'exposition sur *Giorgione e i giorgiones chi* de l'année précédente pour « rassembler les meilleurs exemples de l'art de portraitiste de Dosso » et surtout ce portrait du Louvre « où Dosso le cède à peine au seul Giorgione ». C'était exprimer là une assez haute appréciation des qualités de ce tableau qui, me semble-t-il, n'a pas été correctement comprise par la suite. Il est significatif que, dans l'exposition *700 Tableaux tirés des réserves du département des peintures* du Louvre en 1960, celui-ci ait été présenté comme attribué à Dosso, qu'il n'ait pas été reproduit dans la monographie de Mezzetti (1965) et n'y ait fait l'objet que d'une sèche notice de catalogue, et qu'il ait figuré dans l'étude de Gibbons, et y ait même été reproduit, mais avec une datation — vers ou après 1530 — qui témoigne par elle-même de l'incompréhension de la qualité de ce portrait. Puppi (1964) lui donnait aussi une date tardive, située à l'époque des figures de la bibliothèque du château du Buonconsiglio à Trente.

La comparaison entre les deux retables de Modène, l'*Apparition de la Vierge à saint Georges et à saint Michel* de l'église Sant'Agostino (Pinacoteca Estense) et l'*Apparition de la Vierge entre saint Laurent et saint Jacques le Majeur à saint Jean-Baptiste, saint Sébastien et saint Job*, mis en place sur l'un des autels de la cathédrale de Modène le 28 juin 1522, fait ressortir dans celui de saint Michel un accent raphaélesque, et d'un raphaélisme tardif, que nous chercherions en vain dans celui de saint Sébastien, plutôt marqué par l'influence de Michel-Ange. Il faut ajouter que ces deux retables se réfèrent à des aspects tout à fait différents de la peinture vénitienne — vaste domaine utile pour mettre au point et vérifier la chronologie d'un peintre aussi lié que Dosso à l'histoire de Titien — et de la peinture de ce maître vénitien : tandis que les œuvres de celui-ci qui marquent encore le retable de saint Michel sont l'*Assomption* des Frari et d'autres tableaux de la même époque, les œuvres avec lesquelles Dosso se confronte dans le retable de saint Sébastien sont justement le retable Gozzi d'Ancône (1520), le polyptyque Averoldi de Brescia (1520-1522) et *Bacchus et Ariane* placé dans le cabinet du duc à Ferrare début 1523. Il faut relever que, des peintres nés à l'ombre du magistère de Giorgione et du jeune Titien, Dosso est le seul qui puisse se mesurer avec le Titien de ces années 1520-1523 : sont éclairantes à cet égard toutes les comparaisons que l'on peut mener, même en ce qui concerne la matière picturale, entre les trois saints du retable de la cathédrale de Modène, d'une part, et, d'autre part, le Christ ressuscité ou le saint Sébastien du polyptyque Averoldi, ou les satyres de la suite de Bacchus du tableau pour le cabinet d'Alfonso d'Este. On constate ainsi que l'influence de Michel-Ange se diffusait largement ; mais se fait jour aussi cette idée que le retable de saint Sébastien se nourrit, d'une manière difficile à découvrir et peut-être par là même plus profonde, d'une méditation sur le *Laocoon* semblable à celle à laquelle Titien s'est livré lorsqu'il peignit le polyptyque de Brescia et la tableau mythologique de Ferrare — idée qui me séduit beaucoup parce qu'elle conduit précisément à établir une correspondance encore plus étroite entre ce retable et le *Bacchus et Ariane* qui était sur le point d'arriver de Venise à Ferrare, et dans lequel les Ferrarais pensèrent, et non pas par hasard, au long du XVIe siècle, qu'était représenté Laocoon lui-même (sur l'influence de ce dernier, sur la *pala* de Modène, voir aussi Freedberg [1971, p. 210] et Trevisani [1984, pp. 153-155]).

Si, dans le retable de saint Sébastien de 1522, en accord, dirait-on, avec le maître vénitien, Dosso est déjà préoccupé de dissoudre la forme de Michel-Ange dans l'atmosphère dense du paysage et du ciel envahi par la blancheur des nuages, dans le retable de saint Michel prévalent une emphase quasi ornementale dans le dessin des figures et un dynamisme protobaroque dans la composition, qui renvoient à une époque de la peinture de la plaine du Pô assurément plus ancienne, marquée par l'autorité de deux œuvres de Raphaël, la *Madone de Foligno* et la *Madone Sixtine*, et d'une œuvre de Titien, l'*Assomption*. Entre-temps, toutefois, au moins en ce qui concerne Dosso, ce contexte s'est compliqué et enrichi du fait de l'arrivée à la cour de Ferrare de quelques œuvres représentatives de la manière tardive de Raphaël — que celui-ci envoie en présents au duc, de plus en plus impatient de recevoir le *Triomphe de Bacchus aux Indes* promis pour son cabinet —, ce qui explique cet accent de raphaélisme tardif dont j'ai parlé dans le retable de saint Michel. Ces œuvres envoyées en présents sont justement le *modelletto* de ce tableau tant attendu (connu par une copie du XVIIIe siècle) qui arrive dans l'été 1517, le carton de l'un des épisodes de la vie de Léon IV, à mon avis celui de l'*Incendie du Bourg* et non pas celui de la *Bataille d'Ostie*, qui arrive à la fin de cette même année, et le carton de *Saint Michel* (grand tableau envoyé entre-temps à François Ier) qui arrive en novembre 1518. On aimerait aussi savoir qui est « ce garçon [assistant] de Raphaël d'Urbino, que connaît Votre Excellence [le duc Alfonso] car il a été plusieurs fois à Ferrare », dont Costabili, représentant des Este à Rome, annonce l'arrivée à la cour le 22 septembre 1518, faisant étape sur le chemin de Venise où il va acheter des couleurs pour le compte de Raphaël. La rafale de vent qui balaie toute la partie droite de l'*Incendie du Bourg* inspire au ferrarais ce mouvement protobaroque typique de la peinture de la plaine du Pô, si bien qu'on ne sait s'il faut rapprocher le saint Michel du retable pour l'église Sant'Agostino de la porteuse d'eau de ce carton, ou du saint homonyme de l'autre

carton, ou de la *Sainte Marguerite* (Vienne, Kunsthistorisches Museum) qui se trouvait dans le palais Venier à Venise en 1528 selon Marcantonio Michiel mais peut-être dans cette ville dès son exécution (vers 1518), où Dosso aurait donc pu la voir. Il résulte de ces considérations que ce retable de saint Michel ne se situe pas avant 1519, mais pas non plus après, compte tenu des observations que nous ferons à propos de l'autre retable de Modène et du groupe d'œuvres qui le précède vraisemblablement ainsi que du fait que le *Massacre des Innocents* de Garofalo date de 1519.

La crise que traverse cet autre peintre ferrarais entre son retable de San Guglielmo, attesté en cours d'exécution en 1517 mais aussi encore en 1518, et ce *Massacre des Innocents*, de l'été 1519, ne peut pas être riche d'enseignements sur l'histoire de Dosso seulement. Le retable de San Guglielmo a constitué une sorte de splendide bilan d'une culture Renaissance qui conjuguait les influences de Venise, de Florence et de Rome, celles du jeune Titien, de Fra Bartolommeo et d'un certain Raphaël, le Raphaël que Garofalo avait connu en 1512 lorsqu'il était allé à Rome pour la première fois. Le *Massacre des Innocents* est entièrement construit selon la manière tardive de Raphaël, selon son style tragique, c'est-à-dire justement celui de l'*Incendie du Bourg* — c'est une des raisons pour lesquelles je pense que c'est le carton de cet épisode de la vie de Léon IV qui a été connu à Ferrare et non pas celui de la *Bataille d'Ostie* —, mais aussi selon le style protomaniériste du *Saint Michel*. On comprend plus clairement le retable de Dosso pour l'église Sant'Agostino si l'on considère qu'il est exécuté pendant la même année que ce tableau de Garofalo. C'est ce qu'on peut dire aussi de la *Didon* de la Galleria Doria, tableau dans lequel Dosso lui-même se mesure avec le style tragique de Raphaël, tout en prêtant attention à l'interprétation que Garofalo en a donnée ou est en train d'en donner dans son *Massacre des Innocents*. Si j'insiste sur cette lecture du retable de saint Michel, ce n'est pas pour estomper les qualités, à la manière de Giorgione et de Titien, de sa facture picturale, extraordinaires et même mises en relief par la comparaison avec le retable de Garofalo — les éclairs de la cuirasse de saint Georges dans les plis du grand drapeau vert, les gerbes polychromes des plumes du saint Michel à l'allure bohémienne, l'explosion des couleurs dans la soudaineté impétueuse de l'apparition de la Vierge —, mais c'est pour saisir comment cette culture vénitienne, après les sommets atteints dans le retable de l'*Apparition de la Vierge à saint Jean l'Évangéliste et à saint Jean-Baptiste* (vers 1517, Uffizi), dans l'*Adoration des Mages* (Londres, National Gallery) et dans la *Circé* (Rome, Galleria Borghese), s'enrichit de nouvelles expériences.

L'aspect différent du retable de saint Sébastien se trouve éclairé par une série d'œuvres qui, comme je le dirai, se situent avant ce retable lui-même, entre 1520 et 1521, et qui sont plus nettement encore marquées par l'influence

de Michel-Ange. C'est en premier lieu le cas des cinq *Astronomes*, dont trois ont été présentés en 1984 dans l'exposition ferraraise de Matthiesen à Londres, et l'un de ces trois-ci dans l'exposition de Bastianino à Ferrare en 1985. Ils ont toujours été situés très tard, parfois même à la fin de la vie de Dosso, alors que je suis convaincu que la connaissance de Michel-Ange que supposent ces figures — elles en portent même la marque si accusée qu'elles ont dû être peintes au lendemain d'un deuxième voyage de Dosso à Rome, qui lui a fait découvrir Michel-Ange, le Michel-Ange de la voûte de la chapelle Sixtine, s'entend — est celle-là même dont témoignent les trois saints du retable de saint Sébastien, mais comme s'il s'agissait d'une expérience qui, justement à l'époque de ce retable, est déjà achevée et commence à être dépassée pour laisser place à d'autres recherches formelles sur le conflit entre la matière et la lumière, entre la représentation véridique de la réalité et le pouvoir transfigurant de cette lumière, recherches auxquelles l'appelait la confrontation avec Titien. On retrouve ici celle de mes thèses sur Dosso, exposées dans la conférence de 1986 déjà citée (voir cat. 76), à laquelle je suis le plus attaché et qui finit d'ailleurs par commander toute la reconstitution chronologique avant et après cette époque.

A partir de ces impressionnants *Astronomes*, s'ouvre une série d'œuvres qui présentent toutes une profonde homogénéité commune. Il s'agit d'abord des deux frises d'Ottawa et de Birmingham qui illustrent des épisodes de la vie d'Énée, deux des dix pièces destinées à orner le haut des murs du cabinet du duc, entre les *Scènes mythologiques* et le plafond. Ces deux frises ne sont malheureusement pas datées. A. Mezzetti pensait que pouvaient se rapporter à cette décoration « quelques documents de la comptabilité des Este d'août et novembre 1520 et de janvier 1521, desquels il ressort que Dosso reçut à ces dates-là le paiement "de tableaux pour les pièces de notre très illustre seigneur dans la via Coperta" ». En fait, seul pourrait se rapporter à cette décoration le document d'août 1520 qui s'exprime dans les termes cités ci-dessus, mais ceux-ci sont bien généraux, et moins éclairants encore si l'on considère qu'entre 1520 et 1521 s'étalent des paiements relatifs à des « *quadri per la Camera de lo Ill. mo n.s. a la Via Coperta* » — cette « *camera* » était la chambre à coucher du duc, la première, en venant du château, des cinq pièces qui formaient la suite de l'appartement dans cette sorte de passage (la Via Coperta) reliant le château au palais — ainsi qu'à des « tableaux pour les plafonds des pièces de la via Coperta ». Je reviendrai plus loin sur ceux de ces paiements qui attestent la réalisation de peintures pour l'appartement de la via Coperta et qui datent justement des années 1520 et 1521, pas avant, et de la fin de l'année 1524, mais ces derniers se réfèrent avec précision au seul plafond de la chambre du balcon, la troisième, située au milieu, ainsi que sur ceux de la fin de l'année 1529, qui concernent des peintures sur toile destinées encore au plafond de ces pièces et dont nous ne réussissons vraiment pas à imaginer ce qu'elles pouvaient être. Goodgal a cependant très bien mis en lumière que le cabinet ou « camerino » des peintures n'était pas dans la via Coperta, c'est-à-dire n'était pas la deuxième pièce de cette « suite » entre la chambre à coucher et la chambre du balcon, mais se trouvait dans une salle du « rivellino » (bâtiment à l'extérieur) du château immédiatement adjacente à la via Coperta. Nous ne disposons donc pas de documents précis qui puissent être rapportés à cette frise, à moins qu'on ne veuille s'appuyer sur un document du 4 mars 1521, qui signale des paiements relatifs à la peinture en or et en bleu de quelque cent neuf pieds de petits encadrements « posés dans le cabinet de son Excellence au château où était autrefois le "Torlo" », pour supposer que ces cadres sont bien ceux de la frise du cabinet — la présence de cadres dorés a été attestée au-dessus et au-dessous de la frise de la chambre à coucher de la via Coperta —, hypothèse que je ne voudrais pas écarter au seul motif que les quarante-quatre mètres de cet encadrement correspondent à environ le double du périmètre du cabinet; ou bien à moins qu'on ne s'appuie sur un autre document du 20 septembre 1522, qui atteste un paiement « pour avoir fait coudre la toile du *tondo* du cabinet doré de notre seigneur le duc », pour supposer, en l'occurrence de manière moins aventureuse, que cette pièce n'est nulle autre que le cabinet « *adorato* » (doré) dans lequel l'inventaire de 1559 situe le *Christ au denier*, donc le cabinet des peintures dans lequel Vasari vit ce tableau de Titien. Ce dernier document ne se rapporterait donc pas à la frise, mais à un *tondo* sur toile, d'assez grande taille si la toile doit être cousue, à placer au centre du plafond; il pourrait cependant nous indiquer que Dosso travaille dans cette pièce, pour en achever la décoration, juste avant que n'arrive de Venise l'avant-dernier des tableaux destinés aux murs. D'autre part, connaissant le soin inquiet avec lequel le duc se préoccupait de la décoration de son cabinet et la durée effective de la réalisation de la partie la plus importante de celle-ci — de 1514 à 1524 : la première des six toiles, le *Festin des dieux*, arrive à Ferrare fin 1514, et la dernière, les *Andriens*, début 1525 —, personne ne voudra penser que Dosso a réalisé les compartiments de la partie supérieure bien après 1520. Les petites figures de ces frises ont une allure qui évoque Michel-Ange de manière saisissante, et elles ne sont en effet rien d'autre qu'une version réduite des *Astronomes*. Je laisse chacun imaginer à sa façon l'enchaînement de ces œuvres. Si la comptabilité des Este nous permet un jour de découvrir la date de la frise du cabinet, nous connaîtrons du même coup la date des *Astronomes*, manifestement destinés à décorer les murs de quelque autre salle du château, et également celle de l'*Allégorie de la Musique* Horne (Florence), tant il est patent que nous retrouvons les deux nus féminins de celle-ci dans le compartiment d'Ottawa, cependant que Vulcain est l'un des astronomes.

Un autre tableau important doit être réinséré dans cette succession d'œuvres : l'*Étreinte* du musée d'Éger (Hongrie), compartiment octogonal pour un plafond (mais quel plafond ? Contrairement à ce qui a été dit, assurément pas celui de la chambre à coucher). Il est évidemment contemporain des *Astronomes* et de l'*Allégorie* Horne. On passe sans solution de continuité au petit retable de *Saint Côme et saint Damien* pour l'hôpital Sant'Anna de Ferrare (Galleria Borghese), à condition de préciser aussitôt que l'auteur en est Battista Dossi ou, plus prudemment, que la qualité moindre de la facture et le relâchement de la tension inspirée de Michel-Ange sont dus à la large collaboration de Battista; on ne saurait en tout cas concevoir aucune différence d'époque entre le malade torse nu vu de dos et, par exemple, l'*Astronome avec le compas et le carton de dessins astronomiques* ou les nus allongés dans les Champs Élysées de la frise d'Ottawa.

L'acceptation de cette affirmation, à savoir que ce retable appartient au groupe d'œuvres suivant les *Astronomes*, ne serait pas sans importance, car il existe un ensemble d'œuvres tout à fait homogène, notamment sous l'aspect de la qualité, et cohérent avec ledit petit retable de l'hôpital Sant'Anna : c'est le groupe des cinq rhombes de la Galleria Estense de Modène. Ceux-ci proviennent, comme on le sait, de la chambre à coucher du duc dans l'appartement de la via Coperta, de la pièce que les documents dénomment la « *camera de lo Ill. mo signor nostro* », et ils étaient à l'origine au nombre de neuf. Or il existe un document, parmi ceux déjà publiés, qui peut être mis en rapport avec les travaux de décoration de cette chambre. Les spécialistes ne semblent pas s'en être aperçus. Il s'agit d'un paiement global relatif à divers travaux de Dosso, dont « *li quadri al solaro e suxo de la Cam. de lo Ill. mo s.n.* », c'est-à-dire les peintures du plafond et celles en haut des murs, donc les neuf caissons du plafond et les seize paysages, aujourd'hui perdus, dont nous savons qu'était composée la frise. Ce document est daté du 11 octobre 1522. Et d'autres documents attestent des paiements entre 1520 et 1521 pour ces mêmes œuvres, alors en cours d'exécution : le paiement à Battista daté du 22 novembre 1520, pour le bleu avec lequel « peindre des tableaux pour la chambre *de lo Ill. mo s.n. de la via coperta* », ainsi que celui à Dosso daté du 11 janvier 1521, pour faire des tableaux dans la même pièce, ne peuvent que concerner les seize paysages, cependant qu'il est seulement probable, mais très probable, que le paiement fait à Dosso le 26 juin 1521, pour « les tableaux du plafond doré de la via coperta », se réfère aux neuf rhombes, dont cinq se trouvent à Modène. Pour bien comprendre l'affectation de ces dépenses inscrites dans la comptabilité des Este, il faut avoir présent à l'esprit que seuls deux des cinq plafonds de l'appartement de la via Coperta avaient dès peintures illusionnistes à caissons, celui de la chambre à coucher avec les neuf losanges et celui de la pièce du balcon avec le *tondo* central, et qu'il a été procédé à la

décoration du plafond de cette dernière pièce fin 1524, les travaux ayant été réalisés en progressant du château vers le palais.

A mon avis, ces rhombes ont été peints en collaboration par Dosso et Battista, et même, quoiqu'il faille être prudent dans la délimitation de l'œuvre propre de Battista pendant les années 1510 et 1520, j'incline à penser que la main de celui-ci est prédominante. Le niveau de qualité y semble en effet celui que j'ai indiqué pour le retable de *Saint Côme et saint Damien*. Mais ce qui nous intéresse davantage pour l'instant, c'est que les figures sont aussi tout à fait semblables : les quatre têtes du retable sont interchangeables avec celles des rhombes, et, pour ne prendre qu'un seul exemple, le Bacchus de l'un des *caissons* n'est autre que le saint de face de ce petit retable, ce pourquoi la date attestée des *caissons* — en cours d'exécution entre 1521 et 1522 et déjà payés en octobre 1522 — doit être aussi celle du retable de la Galleria Borghese, et donc être tenue pour une preuve que le groupe d'œuvres commençant par les *Astronomes* se situe bien au début des années 1520. Une autre preuve nous en est offerte par une œuvre de Calzolaretto, peintre ferrarais qui travailla dans l'entourage de Dosso, le retable de l'*Apparition de la Vierge à saint Jean-Baptiste et à saint Jean l'Évangéliste en présence de Ludovico Arivieri et de sa femme*, provenant de la confrérie de San Giovanni Battista à Ferrare, et aujourd'hui conservé à l'archevêché : ce retable, qui porte la date de 1522, fait écho à l'histoire que j'ai relatée jusqu'ici.

Pour ma part, je ne doute nullement qu'à l'origine de ce dialogue inattendu avec Michel-Ange se trouve un deuxième voyage de Dosso à Rome après un premier que j'ai proposé de situer en 1517 (cat. 77). De même que, à voir le retable de Dosso représentant les deux saints Jean (Uffizi) et l'*Adoration des Mages* (Londres), on n'a pas pu se contenter de supposer entre le Dosso et le Raphaël d'alors la seule médiation d'autres peintres de la plaine du Pô, de même on ne le peut davantage à présent à voir les *Astronomes*, sans vouloir sous-estimer l'importance de la peinture de la plaine du Pô imprégnée de l'influence de Michel-Ange. Au-delà des rapprochements ponctuels (très étroits entre l'*Astronome avec le livre et le bras droit levé* d'une collection privée et l'*Ignudo* qui se trouve ci-dessus du *Prophète Isaïe* (de Tolnay, fig. 94), et entre l'*Astronome avec les éphémérides* du Chrysler Museum de Norfolk et l'*Ignudo* qui se trouve au-dessus de la *Sibylle de Cumes* (de Tolnay, fig. 99), je dirais que Dosso n'aurait pas pu répondre avec tant d'originalité à un modèle si séduisant et paralysant — la qualité plastique de Michel-Ange niée et rendue dans sa vérité avec une aisance spectaculaire et presque insolente — s'il n'avait eu l'occasion, et le courage, de se mesurer à lui directement *de visu*, tout en s'appuyant sur la profonde conscience, émouvante, de la valeur de sa culture d'origine, en l'occurrence celle de la plaine du Pô, face au classicisme. Et je dirai une fois encore que je ne vois pas comment, dans l'histoire de la peinture de la plaine du Pô de ces années-là, et dans l'histoire des artistes qui vivent dans des villes sièges de pouvoir et foyer d'une culture qui veut être celle de la métropole, de telles affirmations de liberté vis-à-vis du modèle romain peuvent trouver à s'exprimer à une époque si postérieure à 1520 : ce n'est certes pas dans l'histoire de Dosso peintre de cour des Este, histoire marquée très tôt, au moins depuis 1527, par une confrontation avec le postclassicisme qui à la longue finira par user et gâcher les grandes qualités dont ce peintre était initialement doué. Ferrare n'est pas Rodengo, ni Pisogne, ni un autre centre du Val Camonica, où Romanino, pour prolonger une époque alors révolue ailleurs, pourra se réfugier après 1530, après avoir travaillé dans les appartements de Clesio à Trente avec Dosso et avoir vu chez celui-ci, artiste originaire de la plaine du Pô qui a grandi comme lui à l'ombre du magistère de Giorgione, la dégradation des dons provoquée par la confrontation quotidienne avec les poétiques du classicisme et du post-classicisme.

Dosso est donc allé à Rome une deuxième fois. Son frère Battista s'y trouve fin janvier 1520, et ce devait être aussi son deuxième voyage, car j'ai des raisons de croire, en me fondant sur la reconstitution hypothétique du catalogue de l'œuvre de Battista dont je parlerai ailleurs, que les deux frères étaient allés ensemble à Rome en 1517. Raphaël meurt subitement début avril 1520, et il est établi que Dosso était, dans les semaines qui précèdent, bien connu de Raphaël. Celui-ci avait, le 20 août 1519, proposé d'aller passer un mois à Ferrare, évidemment sur l'invitation du duc Alfonso. Je ne parviens pas à comprendre le rôle de Dosso dans ce passage de la lettre écrite au lendemain de la mort de Raphaël par Paolluci au duc, dont il était l'ambassadeur à Rome. « Dans le testament de Raphaël d'Urbino, je ne crois pas que celui-ci ait fait mention des ducats reçus au nom de Votre Excellence, sinon qu'il a laissé les modèles de la peinture, comme Votre Seigneurie illustrissime l'entendra de Dosso ». La façon la plus simple d'interpréter ce passage serait de penser que Dosso se trouvait à Rome, avec son frère Battista, pendant les mois précédant la mort de Raphaël et s'apprêtait alors à retourner à Ferrare, et que la lettre, que Raphaël entendait écrire à Dosso autour du 20 mars afin que celui-ci transmette au duc ses excuses pour le retard apporté à la livraison du tableau destiné au cabinet, devait être remise au maître ferrarais encore à Rome mais sur le point de partir. Quoi qu'il en soit, il reste assez probable que Dosso ait séjourné à Rome dans le premier semestre de cette année 1520, avant ou après la mort de Raphaël – éventualité qui a été du reste prise plusieurs fois en considération par les spécialistes de Dosso, même si c'est dans le cadre de reconstitutions de son œuvre sensiblement différentes de celle qui résultera de mon étude –, et qu'à cette occasion il ait pour ainsi dire découvert à son tour la chapelle Sixtine alors qu'une sensibilité nouvelle attentive à Michel-Ange commençait à se

manifester de plusieurs parts dans l'Italie du Nord. Les œuvres de Dosso que nous avons citées, des *Astronomes* au retable de saint Sébastien pour la cathédrale de Modène, témoignent en effet d'une superbe harmonie avec d'autres œuvres qui définissent au début des années 1520 une aire considérable d'influence de Michel-Ange dans la peinture de la plaine du Pô – du Pordenone des *Scènes de la Passion du Christ* de la cathédrale de Crémone (1520-1522) au Corrège de la coupole de San Giovanni Evangelista (vers 1520), du Parmigianino du *Martyre de sainte Agathe* dans cette même église (1520-21, avant le séjour à Viadana, comme le voulait Vasari, et donc avant le retable de Bardi) à l'Aspertini du retable de l'église Saint-Nicolas-des-Champs à Paris et de la *Vierge entre sainte Hélène et saint François* autrefois à Holkham Hall et aujourd'hui au musée de Cardiff (vers 1522, avant les travaux de sculpture de San Petronio) –, influence à laquelle Titien, comme on le sait, est aussi sensible à sa façon à l'époque du polyptyque Averoldi de Brescia (1520-1522).

Cette réorganisation de la chronologie de Dosso avant et après 1520 permet de porter un regard neuf sur la question du *Portrait d'Annibale Saracco*, majordome du duc Alfonso d'Este. Cette peinture sur bois a appartenu à lord Wimborne, c'est-à-dire à une collection qui comprenait, comme on le sait, d'autres œuvres authentiques de Dosso provenant toutes, comme ce *Portrait*, de la collection Costabili. Si je ne connaissais pas ce tableau seulement par une photographie, je l'aurais mentionné bien plus tôt en raison de la date inscrite de 1520, qui n'a pas l'air d'être authentique – il se peut que toute l'inscription ait été ajoutée dans le courant du siècle –, mais qui pourrait bien être celle que je lui donnerais finalement en me fondant sur les raisonnements développés jusqu'ici. Dans le domaine du portrait, Dosso traduit avec ingéniosité l'étude de la figure à la manière de Michel-Ange qu'il est en train de faire : la dilatation cubique de la forme à quoi cette étude l'a habitué lui suggère cette pose solide, monumentale et légèrement oblique, d'où ressort une image d'un réalisme puissant qui laisse stupéfait : c'est le portrait d'un tempérament humain et moral ombrageux, et pas seulement d'une complexion physique représentée sans complaisance. Dosso se détourne ici de l'art du portrait à la manière de Giorgione, de Titien et de Raphaël dans lequel nous avons vu qu'il s'est reconnu pendant les années 1510 et qui appartient à une époque désormais révolue, et les portraits suivants, dont le *Portrait d'homme aux cinq bagues* de Hampton Court, se révéleront en effet profondément marqués par ce tournant.

J'ai cherché à expliquer l'existence de deux périodes dans l'histoire de Dosso, avant et après 1520, en raisonnant sur les deux retables de Modène, mais on pourrait l'expliquer tout aussi bien en raisonnant sur la succession des portraits si l'on était sûr de l'authenticité et de la date de ce tableau de l'ancienne collection

Wimborne. Pour ce que je vois sur la photographie, et compte dûment tenu de sa provenance illustre et du fait qu'à un certain moment (1934) – c'est là que sa trace disparaît – il a été acquis par Tancred Borenius, j'incline à penser que ce tableau, pour l'instant perdu, est un original de Dosso, et non pas une copie, que l'inscription est l'indication véridique de la date de sa réalisaiton, et qu'il peut donc être tenu pour l'une des preuves de ma thèse, et par conséquent, s'agissant du point qui nous intéresse en l'occurrence : l'histoire des portraits de Dosso, considéré comme un *terminus ante quem* pour la datation du *Portrait* du Louvre. Le contexte auquel renvoie ce dernier – les exemples de Giorgione, du jeune Titien et de Raphaël à Rome – détermine une manière stylistique différente non seulement de celle du *Portrait d'Annibale Saracco*, que nous jugeons mal sur photographie, mais aussi de celle de l'*Homme aux cinq bagues* d'Hampton Court, qui, si ne sont pas erronées les propositions de datation avancées ci-dessus pour le groupe d'œuvres réuni autour des *Astronomes* et avant le retable de saint Sébastien, devrait nous éclairer sur le Dosso portraitiste du début des années 1520. Ce contexte délimite en tout cas par lui-même une période qui ne peut être que la fin des années 1510, et donc la période même à laquelle (cat. 78) appartiennent le *Portrait de l'homme au chapeau noir* de Stockholm (cat. 77), le *Portrait d'homme au chapeau rouge* de Cambridge et le *Portrait d'homme portant une branche de laurier*, dit aussi le *Poète*, de Wichita. Il faut toutefois souligner ce qui sépare les deux premiers portraits, qui témoignent profondément de certaines tendances du giorgionisme de *terraferma* peu après le milieu des années 1510, et le troisième. Ce dernier, avec celui du Louvre, tout en continuant à s'inspirer du giorgionisme mais évidemment sous un autre angle, marque que le peintre abandonne cette expérience, avant la fin des années 1510, sous l'effet d'une commande émanant d'un membre de la cour, ou d'un personnage proche de la cour, qui aimait se voir représenté avec une allure empreinte précisément des manières dites de cour, allure qui se veut quasi naturelle, innée, comme éclairée par la lumière de l'âme, et en tout cas sans nulle affectation. Le costume même du personnage ne semble pas devoir nous conduire très au-delà de 1520. La coiffure et l'habit ont aujourd'hui perdu un peu de leur beauté chromatique, mais on comprend que la construction de ce tableau repose sur le contraste entre les bruns plus chauds du fond et les bleus noirs plus froids du chapeau et du vêtement, entre l'ocre chaud des chairs, l'or brûlé du collier et le blanc argenté de la chemise. Par rapport aux portraits de Stockholm (cat. 77) et de Cambridge (cat. 77), il se produit ici un profond changement du registre chromatique, de la facture picturale et de l'interprétation psychologique, changement qui manifestement s'accorde parfaitement avec l'orientation nouvelle du portrait chez Titien après 1516, que nous pourrions définir en un sens courtois et interpréter comme le reflet de la fréquentation et des rapports de travail qui se sont établis entre Titien et la cour de Ferrare à partir de cette année 1516 : le *Portrait de jeune homme* de la Frick Collection, le *Portrait* dit de *Bartoletti da Parma* de Vienne, l'*Homme au livre*, dit l'*Humaniste*, de Hampton Court, l'*Homme au gant* d'Ajaccio, l'*Homme à l'épée* de Munich (n° 54) donnent autant d'exemples d'une humanité cultivée (autant par l'exercice de l'étude que par l'extraction sociale) et raffinée chez laquelle nous ne devons donc pas nous étonner que puisse briller encore par moments la lumière du monde de Giorgione.

C'est le cas du *Portrait* de Dosso au Louvre. Outre l'attitude contemplative, il faut relever l'invention de l'ombre en premier plan, devant la fourrure d'hermine qui, chaude et rosée sous la lumière, se teinte de bleu dans la pénombre : c'est là une idée très ingénieuse, davantage inspirée de Giorgione que de Titien; il faut aussi noter d'autres aspects, liés à cet éclairage provenant de l'arrière, qui aident à distinguer ce *Portrait* de ceux de Titien et à en déterminer l'originalité : la vivacité de la lumière qui éclaire en plein le profil du visage merveilleusement tourné vers l'ombre, la finesse du dessin des traits de ce visage, depuis l'œil jusqu'aux lèvres serrées, la vérité de quelques notations, l'oreille, la lumière qui frappe la tempe sous le bord du chapeau, la transformation duveteuse des cheveux en poils de barbe, la fosse d'ombre qui s'ouvre sous la gorge, modèle le cou puissant comme s'il était façonné au tour et fait ressortir le blanc de la chemise, les tâches d'ombres − ombres portées ou non − éparses sur la fourrure à l'épaule.

L'examen des portraits de Wichita et de Paris me conduit à penser que date de la même époque le *Portrait de vieillard*, de la collection Saibene de Milan, assez peu connu sinon même inédit. La figure est cette fois mise en page frontalement sur un fond vert et derrière un mince parapet peint au dernier moment par-dessus le vêtement. L'étude des effets de lumière est remarquable, tout comme elle l'était sur les feuilles de laurier du tableau de Wichita, et elle témoigne d'une assimilation plutôt originale du langage du Titien des années 1510, suivant la voie ouverte par les autres portraits : elle fait ressortir la crispation et presque l'explosion de la matière même dans les phalanges de la main serrée sur l'instrument (difficilement identifiable) le duvet argenté aux reflets fauves de la fourrure bien étalée, grâce à cette pose frontale, sur l'habit mauve, la barbe neigeuse qui s'effile légèrement sur le blanc argenté de la chemise, la texture luministe des chairs, la netteté et la vérité même des moindres détails, des petites rides autour des yeux du vieillard aux cordonnets qui ferment la chemise, des piquets de l'instrument à la bague de la main, et jusqu'aux bigarrures d'or de la manche.

A.B.

page 94

80

Giovanni de Lutero, dit Dosso Dossi
San Giovanni del Dosso (Quistello, Mantoue)(?), vers 1489/1490 - Ferrare, 1542

Saint Guillaume
Toile. H. 0,845; L. 0,732
HAMPTON COURT, ROYAL COLLECTION,
LENT BY HER MAJESTY QUEEN ELIZABETH II

HISTORIQUE
Coll. du duc d'Hamilton; 1620, coll. de Charles Ier, comme le prouverait la marque (vue par Redgrave, 1866) d'un cachet au fer chaud avec les initiales *CR* apposée au dos du panneau sur lequel la toile a été marouflée à partir d'une certaine date et jusqu'à la fin du XIXe siècle (Shearman a mis en lumière que, parmi les tableaux de Charles Ier, outre un *Portrait de Charles le Téméraire, duc de Bourgogne* de Michel Coxcie, très probablement une copie hollandaise du Saint Guillaume, n° 38, il y avait aussi deux *Portraits du duc de Bourgogne*, l'un de Giorgione et l'autre de Sebastiano del Piombo, tous deux vendus au milieu du XVIIe siècle, dont l'un devrait être identifié avec ce n° 38 évidemment racheté pendant la Restauration [1660]); coll. de Charles II, comme tableau de « Dorze [Dosso] » − mais attribué à Giorgione dans les catalogues et inventaires successifs des collections royales jusqu'à ce qu'Eastlake propose l'attribution à Dosso (Redgrave, 1866) − et comme *Portrait du duc de Bourgogne* − mais à partir de la fin du XVIIIe siècle comme *Saint Guillaume*. A ce propos, Baker (1929) mentionne l'existence au dos d'une inscription ancienne : « *St. William [...] Giorgione* ». K. Garas (1964) n'exclut pas qu'il s'agisse du n° 222 du catalogue de la collection vénitienne de Bartolomeo della Nave (mort vers 1636), envoyé par lord Basil, au marquis de Hamilton : « *A picture of a man of Giorgione or of Gio. Gerolamo Bresciano* ».

EXPOSITIONS
Londres, 1894, n° 61; Londres, 1946, n° 224; Londres, 1964, n° 20.

BIBLIOGRAPHIE
Délices des Châteaux Royaux, 1785, p. 29; West, 1818, (éd. Faulkner, 1820) p. 365; *The Stranger's Guide*, 1839, p. 17; Jameson, 1842, II. p. 298; Powell, 1853, p. 21; Waagen, 1854, II, p. 355; Crowe et Cavalcaselle, 1871, II, p. 167; Lermorlieff (Morelli), 1880 (éd. 1886), pp. 118-119 note 3; Law, 1881, n° 183; Benson, 1894, pp. XXX-XXXI, 20, n° 61; Harck, 1894, p. 315; Gruyer, 1897, II, p. 282, Law, 1898, n° 183; A. Venturi, 1900, p. 42; Weizsäcker, 1900, I, pp. 87-89; Berenson, 1907, p. 209; Justi, 1908, I, p. 213; L. Venturi, 1909, p. 36; Gardner, 1911, pp. 153, 233; Zwanziger, 1911, pp. 55, 56, 116; Borenius, 1912, III, p. 53, note 5; Mendelsohn, 1914, pp. 35, 97, 98; Borenius, 1923, p. 34; Justi, 1926, II, p. 342-350; A. Venturi, 1928(1), IX, 3, p. 976; Collins Baker, 1929, p. 35; Berenson, 1932, p. 174; Berenson, 1936, p. 150; Richter, 1937, p. 221; Mezzetti, 1965, pp. 90-91, n° 77; Berenson, 1968, I, p. 112; Gibbons, 1968, pp. 130, 181-182, n° 30; Ruckelshausen, 1975, p. 88; Guillaume, 1980, pp. 26-27; Shearman, 1983, pp. 89-91, n° 82 (avec bibl. ant.).

Le tableau représente un saint en armure qui n'a été identifié qu'à une certaine époque avec saint Guillaume d'Aquitaine dans les inventaires des collections royales anglaises. Il n'y a aucune raison de ne pas accepter cette identification, que Shearman retient dans son catalogue en la préférant à d'autres (saint Georges [Mezzetti, 1965], saint Maurice). il y avait à Ferrare une église consacrée à ce saint, soldat puis ermite, au-dessus du maître-autel de laquelle se trouvait un important retable de Garofalo représentant le saint, à gauche du trône, en jeune soldat revêtu d'une armure mais la tête nue et une longue lance à la main (Londres, National Gallery). Il se pourrait que le casque soit mis en évidence dans ce portrait pour appeler l'attention sur cet attribut du saint, qui est d'ailleurs parfois représenté le casque à la main quoique vêtu en moine ermite. Le personnage est ici un chevalier comme dans le retable de Garofalo, parti iconographique manifestement à l'honneur à Ferrare, qui avait pour saint patron un autre chevalier, saint Georges. On ne peut exclure que ce tableau soit aussi le portrait d'un personnage historique nommé Guglielmo (Guillaume), ou vouant un culte à ce saint, ou dont la biographie présente quelque trait commun avec celle du saint, par exemple le renoncement à un passé militaire glorieux en faveur de la vie contemplative (selon L. Venturi [1909], il pourrait s'agir du portrait d'un prince de la maison d'Este).

Ce tableau connut d'emblée une immense popularité, en particulier aux Pays-Bas, comme le prouvent les nombreuses répliques du XVIe siècle, presque toutes de l'école flamande et sur bois, recensées par Weizsäcker (1900), Mezzetti (1965) et Gibbons (1968), et examinées aussi par J. Shearman (1983). Quelques-unes reproduisent fidèlement ce tableau de Hampton Court et ne semblent pas en modifier la signification originelle − le portrait de saint Guillaume −, se bornant à rendre plus précieux le parapet en le transformant en un marbre richement veiné (Vienne, inv. n° 995 attribué à l'entourage de Hemessen, vers 1540; Milan, coll. Saibene; Francfort, de forme cintrée) et à ajouter au fond un mur avec une corniche de marbre et une colonne cannelée (Florence, coll. Frascione, 1972, avec cette provenance : Londres, Thomas Harris; Londres, Sotheby's, (vente Vernon, 12 mai 1927, n° 17); Londres, Saville Gallery, 1928; Londres Christie's, (29 novembre 1963, n° 12); d'autres répliques transforment le portrait du saint en celui de Charles le Téméraire, duc de Bourgogne, en inscrivant ce nom sur la balustrade, en ajoutant au cou du personnage le collier de la Toison d'or et en ouvrant le fond sur un paysage où est représentée la scène biblique de Gédéon et la toison (Vienne, inv. n° 781 d'après Hemessen, milieu du XVI⁰ siècle; Versailles, Dijon, musée des Beaux-Arts, la version de Coxcie, de la collection de Charles I⁰ʳ, devait appartenir aussi à ce groupe, et sa présence dans cette collection dut influer sur l'identification du sujet des deux portraits attribués à Giorgione et à Sebastiano del Piombo). Comme l'observe Shearman (1983), « Il semble très vraisemblable que le n⁰ 82, ou, plus probablement, une copie faite aussitôt en Italie par un artiste néerlandais, ait été très bien connu dans l'Europe du Nord et que l'erreur d'identification ait été délibérée ». Il faut citer parmi les répliques plus anciennes le *Portrait de John, Lord Mordaunt of Turvey* (Angleterre, coll. privée), à la manière d'Holbein vers 1540 (*Italian Art in the Royal Collections*, 1964), Une des copies les plus anciennes, et due encore à une main nordique, est un dessin portant au dos l'inscription : « *1536 julig* » (Londres, Sotheby's, 10 décembre 1979, n⁰ 363, d'après Dosso, *St. George*). Que le tableau de Hampton Court est bien à l'origine de ces copies, c'est ce que prouvent d'ailleurs non seulement ses qualités propres, mais aussi le résultat des examens radiographiques, dont Shearman rend compte, qui ont révélé un repentir important dans le dessin des mains.

Il subsiste une zone d'ombre dans l'historique de ce portrait. On ne comprend pas comment ce tableau, attribué à Giorgione ou à Sebastiano del Piombo dans la collection de Charles I⁰ʳ et vendu comme tel, a pu reparaître quelques années plus tard dans la collection de Charles II sous le nom de Dosso. Personne n'était à l'époque en mesure d'attribuer à Dosso un tableau portant le nom de Giorgione. Alors que ne surprend pas le changement en sens inverse : le tableau, entré dans la collection royale sous le nom de Dosso, perd ce nom au profit de celui de Giorgione, puis le retrouve lorsque les connaissances historico-artistiques se développent dans la seconde moitié du XIX⁰ siècle (Eastlake, Morelli). L'exposition de 1894 contribue à l'imposer comme une œuvre de Dosso. Certains ont par la suite débattu de la possibilité que ce tableau dérive d'un original perdu de Giorgione, plus ou moins librement interprété (Justi, 1908; Borenius, 1923; Richter, 1937; Mezzetti, 1965); et ont aussi discuté de sa date. Selon Mezzetti (1965), « tandis que la lévitation irréelle et inquiétante du superbe manteau vert rayé d'argent, qui se gonfle dans le dos du guerrier comme sous l'effet d'une magie mystérieuse, rappelle en effet certains détails du tableau de Providence [*L'Arche de Noé*] et des *Scènes de la vie d'Énée* entre la fin des années 1510 et le début des années 1520, l'ampleur monumentale de la figure et les vibrations coloristes des très belles mains (le visage paraît quelque peu abîmé et peut-être a-t-il été retouché) semblent se rapprocher de certains aspects de la peinture de Dosso autour de 1530 tels qu'on peut les percevoir, par exemple, dans quelques parties du polyptyque de Sant' Andrea ». Pour Gibbons (1968), « *Saint Guillaume* est plutôt comparable au *Portrait d'homme aux cinq bagues*, également à Hampton Court :

tous deux pourraient être situés à peu près au milieu des années 1520 »). Shearman observe prudemment qu'« à la fois par la facture et par l'humeur, il ressemble de plus près au *Saint Georges* de Dosso dans le polyptyque exécuté conjointement avec Garofalo, aujourd'hui à la Pinacoteca de Ferrare, et habituellement situé au début des années 1530, qu'au portrait qu'il fait de ce même saint dans la *Vierge avec saint Georges et saint Michel*, aujourd'hui à la Galleria Estense de Modène, datant apparemment du début des années 1520 ».

Le terme de ce chapitre de la vie de Dosso, après le retable de la cathédrale de Modène mis en place au printemps 1522, est un autre retable, conservé à la Galleria Nazionale di Palazzo Barberini, représentant *Saint Jean l'Évangéliste et saint Barthélemy avec deux membres de la famille Della Sale*, dit aussi *Retable Chigi* d'après le nom de la famille qui en fut propriétaire à Rome pendant plus de deux siècles, provenant d'un autel de la cathédrale de Ferrare sur lequel ou au-dessous duquel aurait, selon le témoignage de Baruffaldi (début du XVIII⁰ siècle), figuré l'inscription : « des calendes du mois de mars de l'année 1527 après la naissance du Christ », indiquant évidemment la date d'exécution du retable. Un point de repère intermédiaire nous est fourni par le *tondo* avec les cinq têtes au centre du plafond de la chambre du balcon dans la « suite » de la via Coperta : des documents attestent des paiements à Dosso en septembre et décembre 1524 et en janvier 1526 précisément pour ce *tondo*, cependant que d'autres paiements lui sont faits en octobre 1526, à lui et à ses assistants, pour avoir peint, c'est-à-dire doré, « le plafond de la chambre du balcon ». Ce *tondo*, passé à Rome dans la collection Borghèse à la fin du XVI⁰ siècle, puis en Angleterre à la fin du XVIII⁰, fut à une certaine date, dans le courant de la première moitié du XIX⁰, divisé en fragments et mis sur le marché : le tableau de la National Gallery de Londres connu sous le titre *Le Poète de cour et la Muse* s'est révélé être l'un de ces fragments (Braham, Dunkerton, 1981), et on a supposé qu'en est un autre le tableau dit le *Fleuriste du duc Alfonso* de la collection Longhi (Galli, 1977).

Il y avait tout lieu de supposer que date de cette période 1522-1527 le grand polyptyque commandé à Dosso et à Garofalo par Antonio Costabili pour l'église Sant'Andrea : au contraire, comme on le sait, de nombreux spécialistes ont persisté à le considérer comme datant de 1530 environ, contre l'évidence découlant de l'analyse stylistique — laquelle n'est peut-être pas un argument très décisif quand on voit avec quelles incertitudes et contradictions le parcours de Dosso a été retracé jusqu'aux dernières monographies de Mezzetti (1965) et de Gibbons (1968) —, mais aussi contre l'évidence d'une donnée historique élémentaire, la mort du commanditaire survenue le 20 août 1527. Dans cette histoire critique, il faut relever les exceptions de Venturi (1929, p. 317) et d'Arslan (1957, p. 261), partisans de ne pas situer l'intervention de Dosso trop au-

delà de 1522, ainsi que d'Antonelli Trenti (1964, p. 413), qui datait tout le retable « avant 1525 » car, en ce qui concerne la partie due à Dosso, « très proche de ses retables de Modène ». Dans le cadre de ses recherches sur Garofalo pour sa thèse universitaire (1985-86), A. Pattanaro a étudié le testament d'Antonio Costabili, daté du 30 juillet 1527, qu'elle a retrouvé à l'Archivio di Stato de Modène, et elle y a relevé une disposition aux termes de laquelle Costabili lègue « *tuti li soi pani del doso* », c'est-à-dire, à l'évidence, des toiles peintes par Dosso qu'il avait chez lui, à l'église Sant'Andrea pour en faire des « ornements à son grand autel où se trouve son retable », et, au cas où ces toiles se révéleraient inadaptées à cette fin, elles devraient être vendues et l'argent ainsi recueilli devrait servir à réaliser « ces ornements pour le service en l'honneur de Dieu et pour l'amélioration de ce grand autel où se trouve son retable ». Ce document a été ensuite publié intégralement par cette historienne d'art (1989-90). Cette découverte, qui ne disait malheureusement rien de la question de la double paternité de ce retable, venait confirmer ma conviction, premièrement, que celui-ci, commandé par Costabili à Dosso, a été conçu et réalisé par ce dernier dans tous ces compartiments en 1523, et terminé par Garofalo aussitôt après, entre 1523 et 1524 ou 1525 au plus tard (son intervention se limitant à certaines zones du compartiment central, au chœur des anges, au saint Jean-Baptiste enfant et à quelques autres détails secondaires dans le groupe des saints de gauche), et, deuxièmement, que le *Saint Sébastien*, dont l'accent protomaniériste ne s'accorde pas avec ces dates supposées d'exécution du retable et qui se relie mal aux autres panneaux, a été peint par Garofalo quelque temps après, dans les années 1530, pour remplacer le panneau original de Dosso qui entre-temps avait été retiré ou s'était détérioré.

Sans entrer davantage dans la discussion de la *vexata quaestio* d'une délimitation précise des deux mains dans ce retable Costabili — question moins compliquée au fond que celle relative aux raisons de cette collaboration singulière ou, je le répète, que celle qui regarde la véritable nature de ce *Saint Sébastien* —, et au vu de quelques exemples choisis uniquement dans les zones où il est le plus aisé de reconnaître la main de l'un ou de l'autre (pour Garofalo : le chœur des anges; pour Dosso : saint Jean l'Évangéliste au pied du trône, saint Jérôme et le jeune saint derrière lui, les très beaux paysages, le célèbre saint Georges, saint Augustin, le Christ ressuscité de la partie haute du retable), on ne pouvait guère aboutir à une conclusion différente quant à la date d'exécution du polyptyque : dans le cas de Garofalo, je comparais ce retable, comme le faisait également A. Pattanaro, avec des œuvres datant de 1524 environ, et en tout cas plus anciennes que la Madonna del Parto (*Vierge enceinte*) de la Pinacoteca de Ferrare (1525) ou que le *Sacrifice païen* de la National Gallery de Londres (1526), comme la *Sainte Conversation* dite la *Vierge à la mappe-*

monde de la Galleria Borghese ou *Vénus et Mars devant Troie* de Dresde; dans le cas de Dosso, j'observais tout d'abord que certaines figures de ce retable Costabili — le saint Georges légèrement voûté qui nous regarde d'un air ennuyé par-dessus son épaule tout au montant la garde auprès d'un dragon à l'air sournois, ou le saint Augustin visionnaire ou le saint Jean qui se rejette en arrière comme effrayé par ce qu'il voit, assis les jambes croisées à l'endroit habituellement réservé aux anges musiciens, l'une des inventions les plus remarquables du peintre, ou le saint, non moins remarquable, derrière saint Jérôme, dont les yeux se révulsent et louchent même tant il est absorbé dans son ravissement intérieur, la main sur la bouche et l'index pressent le gras de la joue —, j'observais donc, que ces figures ne sont pas telles que l'esprit de Dosso eût pu les créer après le *Retable Chigi*, mais je percevais aussi dans ce retable Costabili une continuité avec celui de la cathédrale de Modène — dans le traitement du paysage, dans la puissance du saint Jérôme, dans la facture à larges touches du Christ ressuscité, où est encore sensible l'expérience des *Astronomes*. Le dessin d'ensemble du compartiment central lui-même se révélait si bien éclairé par le proche retable de Garofalo pour l'église San Silvestro, aujourd'hui dans la cathédrale de Ferrare, daté 1524, qu'il est impossible de penser que ces deux œuvres sont apparues sur ces deux prestigieux autels de la ville à des dates trop éloignées l'une de l'autre. Il conviendrait de vérifier l'indication donnée par Gibbons en 1968 selon laquelle, dans la petite copie sur bois du compartiment central du *Retable Costabili* conservée au musée de Bucarest, la date qui suit les initiales *BT* se lirait 1525, et non pas 1625, car il se pourrait bien qu'il s'agisse là de la date à laquelle le polyptyque fut mis en place sur le maître-autel de l'église Sant'Andrea.

Pour qu'apparaisse plus clairement la continuité avec le retable de Modène, il faut parler ici du *Saint Jean-Baptiste* du Palazzo Pitti, où la matière même des couleurs s'imprègne d'un extraordinaire luminisme, dans le droit fil justement de ce retable de Modène. On ne peut le rapprocher à cette époque que du *Bacchus et Ariane* qui allait arriver à Ferrare, du *Bravo* de Vienne et de la *Résurrection* du polyptyque Averoldi, mais pour y constater, par comparaison avec les préoccupations antiquisantes de Titien et par rapport au classicisme antique et moderne, un fond d'une inquiétante passion que nous pourrions dire romantique et néogiorgionesque. Si l'on considère que l'artiste doté d'un tel tempérament était peintre de cour des Este, on mesure ce qu'étaient encore au début des années 1520 les idées et les humeurs qui pouvaient se mêler et coexister dans une cour de l'Italie de la plaine du Pô. Après la profusion de rouge et de jaune d'or à laquelle Dosso nous a habitués dans les années 1510 — que l'on pense à *Circé* —, la couleur rubis du vêtement de saint Jean-Baptiste et l'or de la bande damassée bordée de franges resplendissent avec

davantage de préciosité et de présence que jamais, parce que ces étoffes sont comme tissées par la lumière, qui imprègne et fond les couleurs des formes tout alentour. Le paysage est baigné et comme traversé de lumière — il s'ouvre à droite sur un étroit bassin d'eau où, entre transparences, reflets, vapeurs et nuages bas, et alors qu'une météorite parsème de matière incandescente les frondaisons des bois, a lieu le baptême du Christ —, et il est tout à fait différent de ceux que nous avons dit dater des années 1510, ceux des *Argonautes* ou de *Circé* dont la construction repose davantage sur le contraste des masses de couleurs et du clair-obscur, et différent aussi des paysages raffinés des frises *d'Énée*, alors qu'il est justement le même que celui du retable de Modène.

Mezzetti a supposé (1975) que le *Saint Georges*, vendu par Sotheby's à Londres (1er novembre 1978, no 22) et récemment présenté à une exposition par Harari & Johns (Roethlisberger, 1991, no 5), a dû être peint pour former une paire avec le *Saint Jean-Baptiste* : c'est possible mais pas nécessaire, les deux tableaux n'ayant pas vraiment les mêmes dimensions et le traitement du paysage y étant trop différent, mais il est sûr qu'ils sont contemporains. Le *Saint Georges* est représenté à l'instant où il se tourne vers nous, émergeant de l'ombre à la lumière, et il est alors tentant d'évoquer le souvenir de Giorgione : la bretelle de cuir ainsi que la cuirasse et la boucle rouge qui l'attache à l'épaule ressortent sur l'ombre du fond avec une présence tangible et une vérité optique qui constituent le plus bel hommage que Dosso ait jamais rendu à Giorgione, mais elles annoncent aussi les objets que peindront les Hollandais, par exemple Ter Borch. Ces miracles de la peinture sur le plan du *tonos* (ton) éclosent, comme chez Giorgione, sur une peinture sans dessin, faite de lumière et d'ombre mêlées, comme dans le cas de la main — l'une des plus belles de toute la peinture —. La tête, merveille d'*harmogé* (harmonie), où la chair semble brûler sous l'effet d'une lumière et d'un feu intérieur, est nourrie d'une passion intime, comme chez Giorgione encore, mais en retrouvant ce qui chez celui-ci vient de Léonard. Cette peinture, chargée d'une vérité visuelle magique et animée d'une sublime tension spirituelle, se trouve ici exaltée et rendue plus mystérieuse par l'introduction géniale d'une forme fantastique et irréelle, et pourtant si présente et si vraie, la tête du monstre, qui reprend l'exemple d'images célèbres de Giorgione nées de la connaissance familière que le maître de Castelfranco avait du monde du Bosch. Derrière le saint, un arc-en-ciel perce la brume qui se dissipe au-dessus du paysage marin bleuté caressé par la lumière basse de l'aurore. Le saint, lui-même effleuré par ces iridescences, émerge des ténèbres dans la lumière de l'aube avec le dragon monstrueux.

Il faut croire que, au lendemain du retable de saint Sébastien où Dosso, en se mesurant à Titien lui-même, s'est essayé, avec succès, à résoudre le conflit entre l'accumulation de vé-

rités naturelles, qu'a signifié pour lui l'étude des formes de Michel-Ange, et le pouvoir transfigurant de la lumière, qu'il a hérité de sa longue fréquentation de la peinture vénitienne, en dissolvant cette forme à la Michel-Ange dans l'atmosphère dense du paysage et du ciel emploi de la blancheur des nuages, il faut croire que Dosso a voulu, au lendemain de ce retable, essayer les possibilités de ce nouveau langage et de ce nouveau luminisme en revenant sur quelques aspects fondamentaux de sa formation de peintre moderne, acquis chez le Raphaël de la *Madone de Foligno*, connu lors de son premier séjour à Rome, et chez le Giorgione de la dernière manière. Du *Saint Jean-Baptiste* au *Saint Georges*, on perçoit un déplacement d'accent de Raphaël à Giorgione, mais ce déplacement pourrait être lié au sujet traité, et il est en tout cas tel qu'il ne met pas en cause la cohérence de ce moment de l'histoire de Dosso. Longhi avait parlé de la réinvention d'« un Raphaël bohémien » (1934 [1956]) dans le *Saint Jean-Baptiste* de la Galleria Palatina justement par référence au saint homonyme de la *Madone de Foligno*; et Dosso avait à l'esprit précisément cette œuvre de Raphaël à l'époque de ces demi-figures, comme le prouvent les citations frappantes de la météorite incandescente de la scène du baptême et celle de l'arc-en-ciel dans le paysage du *Saint Georges*.

Je pense aujourd'hui que cette période de l'histoire du peintre ferrarais peut être davantage éclairée par un tableau que, dans mes *Osservazioni sul percorso del Dosso* de 1986 (voir cat. **76**), je n'avais pas lu correctement à partir de sa photographie, en raison même des limites propres à ce support photographique, limites qui subsistent pour cette nouvelle tentative de lecture. Il s'agit du petit retable ayant autrefois appartenu à lord Wimborne et ensuite à la collection Gnecco, de Gênes, représentant *Saint Jean-Baptiste en pied dans un paysage*, publié par Longhi dans ses *Nuovi Ampliamenti* (1940 [1956]), et depuis longtemps considéré comme perdu. Dans ma conférence, je datais ce retable de 1519 environ, de l'époque de l'*Apparition de la Vierge à saint Georges et à saint Michel* de la Pinacoteca Estense, en le situant dans le contexte de la découverte de la manière tardive de Raphaël à la cour de Ferrare grâce aux cartons de l'*Incendie du Bourg* et du *Saint Michel*, et en y notant des affinités avec le saint de ce dernier tableau, sans me rendre compte que le style de la figure de saint Jean-Baptiste ne peut être que postérieur à la manière inspirée de Michel-Ange des *Astronomes*, que les structures de langage des années 1510 qui commandent encore magnifiquement le premier des deux retables modénais ont été mises en question et dépassées lors de nouvelles expériences accomplies entre ces deux retables de Modène, que les ressemblances, aussi bien dans le rapport entre paysage et figure que dans la morphologie même du paysage, sont assez marquées avec le *Saint Jean-Baptiste en demi-figure*, mais pas moins avec le *Saint Georges* compte tenu de la facture picturale *unie* et du dessin de la tête, et qu'ici, tout comme dans le *Saint Jean-Baptiste*, de la Galleria Palatina, s'exprime une nouvelle réflexion de Dosso sur la *Madone de Foligno*, réflexion compliquée en l'occurrence par l'interférence de l'influence des modèles de Léonard — de ses deux modèles de saint Jean-Baptiste, aussi bien celui en demi-figure que celui en pied dans un paysage, dit *Bacchus* — et de l'influence d'autres interprétations par Raphaël de ce même thème de saint Jean-Baptiste, comme le tableau du Louvre pour Adrien Gouffier.

On doit convenir que le saint Jean-Baptiste et le saint Georges sont peints comme les saints du second retable de Modène; mais comment ne pas voir la continuité, non seulement dans le masque tragique et dans l'interprétation psychologique mais aussi dans les moyens picturaux, avec le polyptyque de Sant'Andrea, quand on compare la tête de saint Jean-Baptiste et celle de saint Jérôme, ou encore la tête de saint Georges et celle du saint derrière saint Jérôme? A partir de ces deux tableaux, on comprend mieux l'invention même du saint Jean l'Évangéliste dans ce retable. Et le paysage du *Saint Jean-Baptiste*, tout comme celui du retable modénais et celui du petit retable autrefois Gnecco, peut avoir préparé celui du retable Costabili. On appréciera mieux la singularité de ce moment du paysagisme de Dosso quand on se rendra compte que son paysage après 1527 est encore différent, comme en témoigne dans la présente exposition le paysage de *Pan et Écho* (cat. **81**). On rejoint ici un point décisif de mes *Osservazioni sul percorso del Dosso*: la thèse selon laquelle il y a cohérence et continuité du propos du peintre du retable de saint Sébastien au retable Costabili s'est construite en totale complémentarité avec celle selon laquelle on doit concevoir que les *Astronomes* viennent non pas *après* le retable modénais (c'est ce qui avait été dit) mais *avant*. On aboutit d'ailleurs à la date proposée ici pour le retable Costabili si l'on considère la suite de l'œuvre de Dosso dans les années 1520, et en tout cas jusqu'au *Retable Chigi*. La succession que j'ai alors indiquée comprenait le *Jupiter peintre de papillons, Mercure et la Vertu* de Vienne (vers 1524), la *Sibylle* de Saint-Pétersbourg (vers 1524-25), l'*Apollon* de la Galleria Borghese (vers 1525), le *Portrait d'homme* (vers 1525) publié par Longhi dans ses *Nuovi Ampliamenti* (1956) comme ayant appartenu à une collection parisienne, et depuis lors dans la collection de la Waterman-Bic Pen Corporation de Milford (Connecticut), le *tondo* de la chambre du Balcon dont un fragment se trouve à la National Gallery de Londres (fin 1524-début 1526), le *Saint Sébastien* provenant de l'église Santa Maria Annunziata à Crémone et aujourd'hui à la Brera (vers 1526).

Cette succession mérite quelques mots de commentaire. La comparaison des *Astronomes* et du *Jupiter peintre de papillons* de Vienne est l'une de celles qui permettent de fonder la date précoce que j'ai donnée à ce cycle et de faire toucher du doigt quel est désormais, au-delà des retours continuels à Giorgione et au Raphaël le plus giorgionesque, le sens de l'évolu-

tion de Dosso, qui va de Michel-Ange à Raphaël: d'un Michel-Ange interprété avec un dynamisme protobaroque et une charge d'expressivité et de réalisme en harmonie avec Pordenone et Aspertini, à un Raphaël de plus en plus maître de style et de plus en plus compris en termes, pourrions-nous dire, néoraphaélesques. Cette évolution se dessine dans le groupe d'œuvres citées ci-dessus et se fait de plus en plus nette de l'*Apollon* au *Saint Sébastien* et enfin au *Retable Chigi;* mais Dosso commence déjà dans son *Jupiter* à «classiciser» son langage dans ce sens-là, comme le montrent le savoir-faire décoratif avec lequel les trois figures sont mises en page ainsi que les taches de lumière du paysage même, animées et éteintes, pour ainsi dire, par leur imbrication avec les figures, et les étoffes gonflées en volutes ou étendues en traînes, suspendues dans les aires ou disposées à terre comme dans la vitrine d'un tailleur, sans plus rien de la lourde matérialité qu'elles avaient dans les *Astronomes*, transmuées à présent en frémissements de lumière, en champs de couleurs lumineuses veinées par le mouvement des plis, pour en exalter davantage encore la texture luministe et la légèreté.

Je force peut-être la lecture du langage de ce *Jupiter* à la lumière de l'*Apollon* et du *Saint Sébastien*, mais il est sûr que Mercure est ici un astronome qui s'est civilisé et se permet même de faire le gracieux, et que ce récit des occupations quotidiennes des habitants de l'Olympe, de leurs déceptions et de leurs vanités, supporte très bien la comparaison avec les conversations animées des dieux sur l'histoire d'Amour et Psyché dans les pendentifs de la *Loggia* de la Farnesina, que Dosso a dû reprendre en considération à cette époque grâce aux gravures de Raimondi, comme semble le prouver la parenté entre le Jupiter peintre aux jambes croisées et le Jupiter caressant Cupidon dans l'un de ces pendentifs (B. XIV, 256, 342).

Ce que l'on vient de dire sur la couleur de ce *Jupiter peintre de papillons* conduit à une observation sur la manière dont Dosso a constamment réglé son pas sur celui de Titien: quiconque compare le retable de saint Sébastien de 1522 et le *Jupiter peintre de papillons* et connaît l'évolution du langage de Titien du *Bacchus et Ariane* aux *Andriens* ou, ce qui revient au même, à la *Mise au tombeau* du Louvre (cat. **159**) ne peut pas ne pas se demander si Dosso ne se fait pas alors comme le reflet de son ami, tirant lui-même les conséquences des problèmes rencontrés et résolus autour de ce retable de saint Sébastien. Comment ne pas voir en effet le lien entre, d'un côté, la qualité luministe du manteau bleu de la Vierge dans la *Mise au tombeau*, qui n'a pas la luminosité vive et resplendissante de morceaux analogues antérieurs de dix ans mais qui est à présent comme tissé de la lumière du couchant, ou de la robe rouge grenat du Joseph d'Arimathie de cette même *Mise au tombeau* entre la masse sombre de la paroi rocheuse et la zone d'ombre dans laquelle Titien plonge, de manière géniale, le buste du Christ mort, ou de la tunique rose du

jeune homme qui danse de dos dans les *Andriens*, et, de l'autre côté, les étoffes du *Jupiter*, ou bien encore le lien entre la légèreté (qui a une saveur de XVIIIᵉ siècle) de l'interprétation du récit mythologique par Titien et les finesses de Dosso? La *Mise au tombeau* et les *Andriens* ont été très probablement commandés l'un et l'autre à Titien en l'espace de quelques jours début 1523, le premier fin janvier lorsque Titien se trouve à Mantoue, officiellement invité par le marquis Federico Gonzaga, le second à Ferrare lorsque, sur le chemin de son retour à Venise, le peintre s'arrête à la Cour pour mettre le *Bacchus et Ariane* en place dans le cabinet du duc Alfonso d'Este, et ces tableaux ont dû être exécutés tous deux en 1523-24. On ne sait pas précisément quand les *Andriens*, dernière toile du cycle, ont été placés dans le cabinet du duc: sans doute pas avant novembre 1524, mais aussitôt après, probablement en janvier 1525 (Hope); mais cette raison n'est pas suffisante pour retarder la date que j'ai proposée pour l'exécution du *Jupiter:* comme je l'ai dit ailleurs, les rapports familiers qui s'étaient noués entre Dosso et Titien étaient tels qu'ils permettaient à celui-là d'être très bien informé sur ce que celui-ci était en train de peindre dans son atelier de Venise pour les palais de Mantoue et de Ferrare sans être obligé d'attendre que les toiles fussent arrivées à destination. La *Sibylle* de l'Ermitage n'est pas moins significative que le *Jupiter* des tendances de cette période-là, au milieu des années 1520: extrêmement marquée par l'influence de Titien, elle revient, deux ou trois ans après le *Saint Georges* en demi-figure, sur le thème des demi-figures féminines placées derrière un parapet, mais elle y revient après l'expérience de la manière de Michel-Ange dans les années 1520-1522 et à l'époque des recherches luministe que nous avons vues dans le *Jupiter*. Pour éclairer de point, que l'on observe comment Dosso construit sa figure sur le contraste entre les chairs, comme façonnées au tour et rendues plus vraies par un éclairage rasant, et les vêtements, en l'occurrence la tunique jaune d'or, conçus comme des champs de couleurs à la manière vénitienne à présent soumis à un précieux traitement de «tissage» luministe, et qu'on voie comment ce traitement, si l'on fait abstraction de l'utilisation de l'éclairage latéral qui est un trait typique de la peinture de la plaine du Pô et non de la peinture vénitienne, peut apparaître comme identique au traitement du nu féminin endormi des *Andriens*, où Titien oppose aux chairs intactes le drap baigné d'un luminisme argenté. La tunique de la Sibylle est peinte de la même façon que la robe de la Vertu dans le *Jupiter* de Vienne; ces deux tableaux pourraient être contemporains. La lumière y est toutefois plus pleine et il est par conséquent préférable de situer la *Sibylle* entre le *Jupiter* et le célèbre *Apollon* de la Galleria Borghese.

Dans ce dernier tableau, le choix d'un vif éclairage latéral répond manifestement à des exigences du sujet lui-même, la représentation d'Apollon en dieu de la musique: l'invention de la «*lira da braccio*» qui se découpe à contre-jour sur le flanc éclairé du dieu, et dont l'ombre portée étend la masse de manière fantastique sur le torse, transforme la perception de l'anatomie de la figure par le recours, inattendu en ces années-là, à ce contraste vibrant de lumière et d'ombre, tandis que le bras qui tient l'archet en l'air après le dernier accord reste suspendu dans la lumière et que le visage se découpe sur le fond de cette séparation de la lumière et de l'ombre avec l'expression exaltée de quelqu'un qui, au comble de la *furor*, écoute les vibrations intérieures des dernières notes. Le clair-obscur est maîtrisé avec habileté dans la figure d'Apollon comme dans le splendide paysage avec Daphné, plongé dans un bleu-noir profond qui fait ressortir l'éclat vert-jaune de la colline et des arbres au premier plan et au fond la lumière rosée et légèrement livide du ciel, tandis que les arbrisseaux blonds, comme foudroyés par la lumière, traversent ce bleu et ce rose tels des éclairs. La restauration du manteau vert, que Longhi avait souhaitée, a restitué la véritable nature de cette partie du tableau : un champ de couleur à la vénitienne, caractérisé par le raffinement du dessin des plis et du traitement de la lumière sur les surfaces, bordé d'une bande rouge et or (visible en partie encore), tel que nous pouvons l'attendre après ce qui a été dit des tableaux précédents. Ce raffinement du dessin et du traitement de la lumière s'allie à une répartition des masses du vêtement — regardons la bande sur la droite — qui révèle une sensibilité décorative à laquelle Dosso ne nous avait pas habitués auparavant et qui contraste avec les larges plages de lumière et d'ombre sur le torse d'Apollon. On voit que la figure elle-même, si on la compare avec le saint Jean-Baptiste du retable de Modène, par exemple, s'inspire de modèles de Raphaël : ce n'est pas un hasard si l'on a remarqué que ce qui peut sembler une anomalie dans la représentation d'Apollon — il joue non pas de la lyre antique mais d'une « lira da braccio », c'est-à-dire d'une sorte de violon — a un précédent dans l'Apollon du *Parnasse*.

Le *Saint Sébastien* éclaircit ce point de manière définitive. La grande science du dessin avec laquelle le mouvement du corps part du bas, des pieds joints, s'élève, s'incurve à la hauteur du bassin et s'achève en tenaille dans les bras au-dessus de la tête, pour redescendre le long de la courbe de la draperie verte, ouvre un champ d'expériences figuratives tout à fait inédit pour Dosso. La lumière semble découvrir un nouveau pouvoir de transfiguration de la réalité qui se conjugue avec cet esthétisme affiché. Un éclairage rasant, qu'on dirait celui d'un rai de lune filtrant dans un sous-bois bien qu'il n'émane pas de la lumière du paysage visible par l'ouverture du fond détaille avec douceur la beauté du nu (le nombril, le sein, le pli de l'aisselle, les muscles du bras, les côtes du thorax); c'est aussi avec douceur que se modulent les ombres, c'est avec douceur encore que le mouvement de l'œil suit l'épanouissement de la longue tige du corps dans la corolle des bras et les plis de la draperie faisant tour à

tour apparaître et disparaître la bordure dorée. C'est d'une profonde exigence de stylisation de la réalité que naît l'idée sublime de rompre l'arc du corps, après l'avoir si savamment tendu, en décentrant le torse au sein de la volute de la draperie pour accroître le charme qu'exerce la lumière de la pleine lune glissant sur les membres nus, et en laissant filer un pan de la draperie sur les longues jambes ramassées dans l'ombre. Cet éclairage du *Saint Sébastien* est tout différent du clair-obscur de l'*Apollon*, « romantique », animé et brûlant, mobile et inattendu; et Dosso abandonne aussi la richesse chromatique et luministe, à la manière de Venise et de Titien, du *Jupiter peintre de papillons* et de la *Sibylle*. Des accents naturalistes s'expriment aussi, mais comme s'ils résultaient d'une science trop marquée de la sculpture. Tout le bosquet d'arbres, des branches chargées de feuilles et de fruits lustrés par la lumière aux broussailles luisant d'étincelles argentées, fait irrésistiblement penser qu'il a dû retenir l'attention du jeune Caravage, tout comme ces vides et ces trous de pénombre au premier plan où resplendissent pour la dernière fois les flèches et le casque à la manière de Giorgione; mais comment ne pas voir qu'il y a trop de bon goût dans cette manière d'encadrer la pénombre des fils d'or de la bordure du drap, et qu'il y a trop de ciselure dans le traitement des effets de lumière eux-mêmes, comme si Dosso avait à cette époque-là doublé ses extraordinaires qualités de peintre de celles tout à la fois de grand couturier et de grand orfèvre.

Je suis convaincu que la présence à Mantoue de Giulio Romano à partir de la fin de 1524 n'est pas étrangère à ce nouveau langage de Dosso. La relation que nous voudrions immédiatement établir avec le retable de Santa Maria dell'Anima à Rome doit trouver sa justification dans la présence à Mantoue d'œuvres de ce peintre datant de ses dernières années romaines, arrivées à la cour des Gonzaga avec leur auteur même, et la superbe *Madone au chat* (Naples), dont nous savons qu'elle se trouve à Mantoue dans le courant du XVIᵉ siècle (Lo Bianco, 1984, pp. 94-96), en est un magnifique exemple en l'occurrence. Nous ne disposons pas d'une documentation abondante sur ce que durent être par ailleurs les toutes premières œuvres de Giulio Romano au lendemain de son arrivée à la cour de Federico Gonzaga, mais nous pouvons à présent nous fonder non seulement sur le *Portrait d'Isabelle* de Hampton Court et sur la *Vierge au bassin* de Dresde, mais aussi sur une œuvre comme les *Amants* de Saint-Pétersbourg, qui n'est pas moins intéressante pour notre propos que la *Madone au chat*. La présence de Giulio Romano à Mantoue a aussitôt retenti sur l'évolution de la peinture à Ferrare, comme le prouve la façon dont Garofalo modifie son propre langage dès 1525 : dans la *Vierge avec le portrait de Lionello del Pero (Madonna del parto)* datée 1525, dans la petite *Sainte Famille avec sainte Elisabeth et saint Jean-Baptiste* du Courtauld Institute (vers 1525), dans le *Sacrifice païen* daté 1526, toutes œuvres mar-

quées par sa réflexion sur le classicisme encore romain de Giulio Romano. Sans minimiser le rôle de la *Vierge au bassin*, on doit insister sur le fait que cette orientation nouvelle de Garofalo, qui se fait jour de ses œuvres de 1524 à celles de l'année suivante, résulte vraiment de l'étude de tableaux comme la *Madone au chat*. Il est déjà significatif que la *Vierge del Pero* s'inspire de la gravure de Marcantonio Raimondi tirée d'un dessin de Giulio Romano (Shoemaker, 1981, p. 178, nº 59 : 1520-25, avec renvoi à l'étude de B.F. Davidson), la *Vierge dite à la longue cuisse* (B. XIV, 64, 57) — ce rapport entre ces deux œuvres, sur lequel j'ai appelé l'attention de G. Ericani, est mentionné dans une note de l'une des études récentes de celle-ci (1988, note 10, pp. 11-12), mais sans indication de source —, mais les subtilités décoratives et luministes de ce tableau comme de celui du Courtauld Institute, l'idée d'un faisceau de lumière qui éclaire dans la nuit un fragment précieux d'architecture classique et l'idée d'une lumière qui détache ou, mieux, découpe les rideaux jaunes sur la structure classique d'un mur dans l'ombre, sont à mon avis inconcevables sans l'étude de la *Madone au chat*.

On se trouve ici dans l'une des circonstances où les trajectoires des deux peintres ferrarais se sont, je ne dirais pas rencontrées — parce qu'elles sont trop différentes et que, par conséquent, est trop différente aussi leur manière d'aborder cette nouvelle expérience —, mais au moins déroulées parallèlement. Il est extraordinaire de voir comment le *Saint Sébastien* permet d'embrasser les expériences que Dosso a accomplies durant le chapitre des années 1520-1526 : on y sent toute l'importance que dut avoir la rencontre avec Michel-Ange par laquelle s'est ouvert ce chapitre, au point même qu'y affleure manifestement le souvenir de l'un des *Esclaves* pour le tombeau de Jules II, c'est-à-dire du matériel figuratif que, pourrions-nous dire, il avait avec Titien recueilli et étudié à l'époque des *Astronomes* et du retable de la cathédrale de Modène, mais on y sent aussi comment, à partir de ces souvenirs, monte la vague du raphaélisme, non pas tant de Raphaël lui-même que d'une certaine interprétation de Raphaël, en l'occurrence celle apportée à Mantoue par Giulio Romano. Avec quelle rapidité monte cette vague, on le verra dans le chapitre suivant qu'ouvre le retable pour les Della Sale. Qu'on se souvienne enfin, pour corroborer cette reconstitution chronologique, que, situé vers 1526, ce retable, peint pour une église de Crémone, prend place de manière tout à fait pertinente à côté des modèles de Romanino dans la formation de Giulio Campi au moment où cet artiste crémonais s'apprête à peindre le retable de Sant'Abbondio, la *Vierge sur un trône entre saint Nazaire et saint Celse*, daté 1527; et, du rapprochement entre le retable Della Sale et le retable de Sant'Abbondio, quel profit ne tire-t-on pas pour la compréhension de certains aspects de cette dernière œuvre, en particulier des mètres de tissus de soie verte.

Où se situe le *Saint Guillaume* dans cette

trajectoire de Dosso ? Le rapport qui a été parfois établi avec le *Saint Georges* Costabili (Mezzetti, Shearman) donne assurément une première indication valable, qui résiste aussi à l'examen que l'on peut faire à la lumière de la reconstruction chronologique proposée en 1986 pour le retable de Sant'Andrea. Le *Saint Georges* est une page de peinture, marquée par Giorgione et le jeune Titien, qui se prête à la comparaison avec le *Saint Guillaume*, mais, pour ne pas se laisser abuser par certains aspects thématiques, il faut le considérer dans l'ensemble du retable auquel il appartient et avec les autres parties de la main de Dosso. Ajoutons que ce panneau, en raison de ce que nous avons dit un peu plus haut, vient après le *Saint Georges* en demi-figure, c'est-à-dire après une façon de repenser l'héritage de Giorgione assez différente de celle illustrée par le *Saint Guillaume* de Hampton Court. On touche ici un point crucial du plus grand intérêt dans l'histoire du giorgionisme. Ce *Saint Georges* et le *Saint Guillaume* présentent en effet deux façons très différentes de repenser l'héritage de Giorgione : avant et après le retable Costabili.

Une autre circonstance précieuse nous permet de mesurer l'évolution de Dosso et d'en contrôler le sens au cours du chapitre des années 1520-1526, ainsi que de vérifier la validité de la reconstruction chronologique déjà indiquée. Le *Saint Guillaume* est un cas extraordinaire de néogiorgionisme. Le saint, dont on a pensé qu'il pouvait aussi s'agir d'un portrait, se présente en armure de trois quarts derrière un parapet, où il s'appuie nettement du bras droit, mais cette position de trois quarts est corrigée par une légère rotation du buste vers le spectateur accompagnant le mouvement de la main gauche qui vient se poser au sommet du casque sur la balustrade ; le saint a la tête nue, surmontée d'une auréole. Une cape verte qui se gonfle dans son dos tend à donner au personnage une position plus frontale, et le rôle de cette masse de couleur dans la composition serait plus net si l'ombre portée de la figure sur le fond avait été mieux conservée, ombre bien visible dans les copies peintes et dans le dessin de 1536. Cette façon pleine d'aisance de placer la figure de trois quarts dans l'espace s'inspire de l'expérience des portraits de Raphaël de la seconde moitié des années 1510, dont on a vu l'aboutissement dans le *Portrait d'homme* du Louvre (cat. **79**) mais, à la différence de celui-ci, Dosso porte à présent la figure au premier plan, et il l'appuie même, pour ainsi dire, sur la balustrade, pour faire un portrait à la manière de Giorgione.

L'étude des effets de lumière sur l'armure et ses miroirs, mais aussi sur les belles mains — qui se reflètent sur le casque et sur le devant de l'armure dans la pénombre —, est menée avec une virtuosité et une précision qui captive notre regard. Le désir d'éprouver au maximum toutes les possibilités illusionnistes de la peinture ainsi que sa sensibilité de plus en plus raffinée inspirent à Dosso l'idée de confronter l'éclat de l'armure avec le brillant des bandes

de damas d'or froid, presque argenté, de la cape ; idée subtile qui vise à étudier les divers effets de la lumière, mais qui, à bien regarder comment ces fils de lumière se suivent d'une surface à l'autre, du tissu au métal, et se combinent en un dessin unifié sur un même plan, apparaît surtout dictée par des préoccupations esthétiques qu'on ne perçoit pas dans le *Saint Georges* Costabili. Le drapé avec lequel à présent Dosso décore et meuble l'espace derrière le saint n'est pas tant celui du saint Georges du retable Costabili que celui de Mercure dans le *Jupiter peintre de papillons*, et ce n'est pas un hasard si l'artifice de ce morceau de bravure n'a été nullement compris des copistes.

A beaucoup d'égards, nous nous trouvons devant une sorte de reprise philologique de modèles de Giorgione tels que l'*Autoportrait en David* (perdu ; il faut regarder la gravure qu'en a tirée Hollar pour retrouver aussi l'effet d'ombre portée sur le fond), le *Jeune Homme avec la main qui se reflète sur l'armure* d'Édimbourg, le *Portrait de Francesco Maria della Rovere* de Vienne (cat. **18**), qui est celui dont le peintre paraît se souvenir, plus que de tous les autres, dans le motif des mains doublées de leur reflet dans le miroir du casque posé sur le parapet. Peut-être Dosso avait-il aussi présents à l'esprit quelques modèles de portraits d'homme en armure peints par Giorgione et ses élèves autour de 1510, tels que le *Portrait d'homme en Saül avec David à ses côtés*, perdu, connu par la copie de la Galleria Borghese, ou le *Portrait d'homme en armure* de Sebastiano à Hartford (cat. **39**), quoiqu'il me semble que ce portrait se veuille plutôt la reprise de modèles de jeunesse du maître de Castelfranco. Ce tableau se rencontre aussi avec un autre plus célèbre, le *Portrait d'homme au miroir*, dit *Gaston de Foix*, du Louvre (cat. **74**), que Savoldo peint à Venise vers 1525, et l'un et l'autre viennent après la reprise par Titien lui-même de cette problématique dans la *Jeune Fille au miroir*, du Louvre (cat. **48**) qui se peigne entre deux miroirs (vers 1515), tableau probablement arrivé à Mantoue aussitôt après que se furent nouées des premières relations officielles entre l'artiste et le marquis Federico Gonzaga en janvier 1523.

Il faut à présent marquer ce qui distingue ce *Saint Guillaume* du *Saint Georges* en demi-figure, interprétation passionnée et pleine de génie des modèles de la manière tardive de Giorgione, mais aussi du *Saint Georges* Costabili, dont l'humeur fantastique est encore très vive. Il est alors du plus grand intérêt de réfléchir sur l'ordre de leur succession, parce que celui-ci signifie que la forme du *Saint Georges* en demi-figure, étincelant de lumière et d'ombre, trouble et aux lignes fondues, toutes de pâte et sans dessin, et en somme enflammée par un feu « romantique » au sens de Giorgione ou au sens du Raphaël de la *Madone de Foligno*, laisse place dans le *Saint Guillaume* à une forme plus nette, plus précieuse, plus minutieusement travaillée, où l'accent est mis non pas tant sur la vivacité des passions que sur la virtuosité de la main : pas moins giorgionesque, et même

délibérément giorgionesque, mais d'une autre teneur. Pour comprendre ce *Saint Guillaume*, il faut donc avancer dans la période qui conduit du *Jupiter peintre de papillons* au *Saint Sébastien* évoqué plus haut, et admettre que, par rapport à la facture encore très chargée de matière qui est celle du *Saint Georges* Costabili, même dans le rendu des lueurs de la cuirasse et de la substance de la cape rouge, les artifices recherchés ici évoquent surtout les effets de lumière, d'une extraordinaire virtuosité, sur la « lira da braccio » d'Apollon, sur les rubans de la coiffure de la *Sibylle*, sur le casque et sur d'autres détails du *Saint Sébastien*, au point que ce *Saint Guillaume*, qui est certainement antérieur aux trois œuvres qu'on vient de citer, perd son aspect de pièce isolée et devient même le signe annonciateur d'une orientation nouvelle. Mais le dessin du visage du saint n'est pas celui des œuvres des années 1525-26 : il suit encore les modèles mis au point par Dosso dans les années 1520-1522, c'est-à-dire ces masques tragiques où une expression de terreur se cache au fond du regard.

C'est donc une date située vers 1524, après le retable Costabili et à l'époque du *Jupiter peintre de papillons*, qui semble convenir au *Saint Guillaume*, et qui lui convient aussi en ce sens que, si l'on considère ce tableau dans le contexte de la peinture ferraraise, elle pourrait permettre de relier ce néogiorgionisme de Dosso à la reprise de la culture vénitienne de Giorgione et Titien qui se manifeste dans les œuvres de Garofalo autour de 1524, dans une œuvre datée de cette année-là, le *Christ au jardin des oliviers* de la City Art Gallery de Birmingham, dans la superbe *Ascension* de la Pinacoteca Nazionale de Bari provenant de l'église Santa Maria in Vado, le summum de cette période de reprise, dans la petite *Vierge entre saint Michel et saint Jean-Baptiste* de Würzbourg, dans la *Sainte famille à la mappemonde* de la Galleria Borghese, et surtout dans *Mars et Vénus devant Troie* de Dresde, tableau où la facture de Mars est extraordinairement influencée par Dosso, mais par le Dosso de ce *Saint Guillaume*, et tableau dont la matière thématique particulièrement chère au duc Alfonso d'Este et l'accent de cour — deux aspects inhabituels dans la peinture de Garofalo — ainsi que la provenance même, le château de Ferrare, conduisent à supposer qu'il a été commandé par la cour à Garofalo. Cette entente entre ces deux peintres, à cette date de 1524, sur le terrain d'un certain néogiorgionisme, qui me semble très profonde quand on rapproche ce Mars et ce saint Guillaume, et dans laquelle on peut supposer que Dosso a servi de guide à son confrère, permet de mieux apprécier l'entente qui se nouera encore entre 1525 et 1526 devant le classicisme de Giulio Romano, où l'initiative appartiendra cette fois-là à Garofalo.

A.B.

page 95

81

Giovanni de Lutero, dit Dosso Dossi
San Giovanni del Dosso (Quistello,
Mantoue)(?), vers 1489/1490- Ferrare, 1542

Pan et Écho
Toile. H. 1,638; L. 1,454
MALIBU,
COLLECTION OF THE J. PAUL GETTY MUSEUM

HISTORIQUE
Castle Ashby, Northampton, coll. du marquis de
Northampton, pour laquelle il aurait été acquis en
Italie vers 1850; J. Paul Getty Museum depuis 1983.
EXPOSITIONS
Londres, 1894, n° 56; Ferrare, 1933, n° 196; Bologne,
1986, n° 38.
BIBLIOGRAPHIE
Benson, 1894, pp. XXX, 18-19, n° 56; Harck, 1894,
pp. 315-316; A. Venturi, 1894, p. 248; Brinton, 1898,
p. 81; Berenson, 1907, p. 209; L. Venturi, 1913,
pp. 195-196; Mendelsohn, 1914, pp. 140-142; Phillips, 1915, p. 133; Cantalamessa, 1922-23, pp. 42-43;
A. Venturi, 1928(1), IX, 3, 1928, pp. 961, 975; Barbantini, 1933, pp. 160-161, 196; Longhi, 1934 (éd.
1956), p. 86; Berenson, 1936, p. 149; Bodmer, 1943,
p. XXXIX; Chastel, 1963, p. 332; Mezzetti, 1965,
pp. 45-46, 76, n° 25; Puppi, 1965, s.p.; Gibbons,
1968, pp. 86-89, 170, n° 11; Calvesi, 1969, pp. 168,
170-171, 173; Gentili, 1980, pp. 78-81; Humfrey,
1986, p. 121, n° 38; Fredericksen, 1988, n° 8.

Le sujet de ce tableau, très probablement
commandé par la cour de Ferrare, a été compris
de manières diverses, et son interprétation a été
liée à celle d'un autre tableau mythologique,
plus petit, qui reprend le thème central et n'est
pas moins énigmatique, le tableau dit *Callisto*
de la Galleria Borghese (dans la suite de cette
notice, je désignerai celui-ci sous ce titre, lequel
ne dit toutefois rien de son sujet véritable). On
a voulu voir ici l'histoire de Pomone poursuivie
par Vertumne sous les apparences d'une vieille
femme (Benson, 1894; Harck, 1894; Brinton,
1898; Phillips, 1915), ou celle d'Antiope séduite
par Jupiter sous les traits d'un satyre (L. Venturi, 1913; A. Venturi, 1928; Barbantini, 1933),
ou bien encore celle de Pomone, mais en la
rapprochant davantage d'éléments présents
dans la *Callisto* (Mendelsohn, 1914, qui renvoie
à l'avis de Förster; Mezzetti, 1965); mais aucune de ces interprétations, sans parler d'autres

incongruités, ne tient compte de la seule figure
vraiment reconnaissable, celle du dieu Pan avec
sa syrinx. Gibbons (1968), à qui je renvoie pour
l'examen critique de ces interprétations, proposait, en s'appuyant justement sur cette identification de la figure masculine, de voir dans
ce tableau la représentation de l'un des amours
malheureux de Pan, celui qu'il éprouva pour
Écho, endormie ici sur un lit de fleurs près d'un
recueil de partitions, qui aurait été élevée par
les nymphes dans le culte de la musique et de
la danse : Pan, envieux de ce talent, et son
amour n'étant pas payé de retour, aurait fait
déchiqueter le corps d'Écho par les bergers, qui
le dispersèrent à tous les vents. « La référence
explicitée à la musique dans le tableau de Castle
Ashby suggère que celui-ci relate l'amour de
Pan pour Écho, puisque leur relation était fondée sur la musique » (Gibbons, 1968). La vieille
femme assise entre Pan et la nymphe serait la
Terre qui protège Écho des flèches des petits
Amours et des pièges du dieu, tandis que l'identification de la quatrième figure resterait problématique. Gentili (1990) nous exhorte à ne
pas nous en tenir exclusivement à l'éventuel
thème mythologique de départ, « souvent dépassé dans une trame de variations allégoriques,
indépendamment de tout développement obéis-

sant à une logique narrative ». Cela lui permet
de reconsidérer la possibilité que soit représenté
le mythe de Pan et Syrinx tel que l'a interprété
Léon l'Hébreu dans ses *Dialoghi d'amore*, mais,
bien que je partage l'idée de principe, il ne me
semble pas que dans ce cas précis, soit démontré le lien avec le passage des *Dialoghi*. La
présence de la quatrième figure dans la version
finale du tableau, ne paraît pas avoir été prévue
par le peintre. C'est ce qui résulterait des examens radiographiques pratiqués lors de la restauration effectuée au J. Paul Getty Museum,
qui ont en effet apporté de nouveaux éléments
d'information et de réflexion. Je cite ici les observations de la Conservation du musée sur ces
radiographies (déjà présentées dans le catalogue
de l'exposition de Bologne). « L'examen aux
rayons X révèle un nombre surprenant de repentirs originels. Le plus étendu est visible
dans l'arbre, auquel étaient suspendues une
épée et une cotte de mailles. Le citronnier a été
lui-même repris entièrement au moins deux
fois. D'autres repentirs importants sont le petit
homme à gauche et la grande figure féminine
derrière le nu. Cette figure féminine tenait à
l'origine un violoncelle; la radiographie permet
de voir son bras gauche ainsi que le manche et
la volute de l'instrument. Après que Dosso eut

Radiographie de l'ensemble.
Laboratoire J. Paul Getty Museum, Malibu.

achevé cette figure, il changea manifestement d'avis et la recouvrit entièrement de l'arbre et du paysage (des traces des bleus et des verts que l'on voit sur le paysage restant subsistent encore à la surface de cette figure). Vraisemblablement lors de la restauration effectuée au XIXᵉ siècle, la peinture de ce paysage fut partiellement ôtée, ce qui remit au jour cette figure féminine. L'opération mécanique d'effacement du paysage endommagea la figure sous-jacente et fit disparaître partiellement la caisse de résonance du violoncelle. La figure de Pan et le vase bleu sont des ajouts ultérieurs dus à l'artiste lui-même. Preuves en sont, d'après la radiographie, le gros citron sous la tête de Pan et la décoloration partielle du fond. Le vase est peint par-dessus l'herbe et les graviers. La zone en haut à droite de l'arbre fut blanchie, puis repeinte par l'artiste. Les nuages qui recouvrent les corps des petits Amours en haut à gauche furent aussi ajoutés à ce moment par Dosso. A l'origine, la vieille femme abaissait son regard sur la jeune fille nue et sa main gauche était étendue. [...] Le nettoyage de la tête de la jeune femme nue révéla une couronne de laurier sous les cheveux tels que Dosso les peignit finalement. Les feuilles de cette couronne sont à peine visibles sous les zones les plus minces de la chevelure ». Le tableau était donc à l'origine davantage semblable à celui de la Galleria Borghese. Selon les observations mêmes de la Conservation du musée, seul le bord droit serait intact, alors que l'on peut supposer que le tableau a été diminué de vingt centimètres du côté gauche.

S'agissant de la lecture stylistique et de la datation qui ont été proposées pour ce tableau, il peut être significatif de l'état des études sur Dosso que cette œuvre ait été diversement située au sein d'une période qui couvre presque tout le parcours du peintre : vers 1520 par Gibbons (1968), après 1525 (et il semble qu'il faille comprendre : entre 1525 et 1530) par Puppi (1965), vers 1534 par Humfrey (1986), vers 1538 par Mezzetti (1965). Tandis que quelques spécialistes (Benson, Gibbons) l'ont considéré comme proche par sa date des tableaux mythologiques de Titien destinés au cabinet du duc Alfonso d'Este à Ferrare, surtout des *Andriens* (dont la date d'exécution alors supposée, vers 1520, a été cependant révisée par les études consacrées ultérieurement à Titien), Mezzetti a cru reconnaître dans le nu endormi un reflet de la *Vénus d'Urbin* de Titien (encore en cours de réalisation en 1538), selon une lecture stylistique qui semblait confirmer une datation aussi tardive : « [...] le subtil clair-obscur vraisemblablement inspiré de Gerolamo da Carpi dans lequel se fondent les influences de Michel-Ange et de Raphaël [...] ; l'intervention manifeste de Battista [...] dans le paysage fin, méticuleux et sec ; [cette] intervention [...] implique [...] une date postérieure à 1530-1532 ». De manière plus juste, Puppi a perçu ici, comme dans la *Callisto*, dans la *Sainte Famille au coq* de Hampton Court et dans la *Sainte Famille* de Pinacoteca Capitolina, les signes de l'influence exercée, après

1525, par le style romain de Raphaël dans la version que Giulio Romano en apporte à Mantoue, mais il semble avoir changé d'avis aussitôt après (1968) lorsque, dans son compte rendu de l'ouvrage de Mezzetti, il accepte la datation de la *Sainte Famille au coq* au milieu des années 1530 proposée, arguments à l'appui, par Gibbons (1968) et qu'il n'objecte rien aux datations repoussées par Mezzetti jusqu'à la fin des années 1530 pour cette *Pan et Écho* et la *Callisto*. La supposition, que l'on retrouve de manière plus ou moins constante dans les études consacrées à ce tableau, d'une collaboration de Battista avec son frère, pour le paysage mais pas seulement pour celui-ci, a été reprise, comme on l'a vu, par Mezzetti, mais elle me paraît dénuée de fondement.

Le retable Della Sale (Rome, Galleria Nazionale di Palazzo Barberini), de 1527 (voir cat. **80**), ouvre dans l'activité de Dosso un chapitre nouveau qui couvre les années 1527-1530. Le peintre se trouve alors dans un milieu culturel influencé par Raphaël, dont l'épicentre ne peut être que Mantoue au lendemain de l'arrivée de Giulio Romano fin 1524. Les figures sont à présent construites selon le motif d'un *contrapposto* plein d'aisance, où la torsion du buste et des bras s'oppose à celle des jambes, et elles sont disposées dans l'espace du tableau de manière à s'inscrire au sein du tracé bien perspectible d'une pyramide. Ces mouvements artificiels conçus dans un espace bidimensionnel, répétés d'une figure à l'autre, et amplifiés par un déploiement d'étoffes qui rappelle un peu trop celui d'un couturier, aboutissent à des formes qui, comparativement aux œuvres antérieures, paraissent d'une beauté fondée surtout sur des préoccupations décoratives. C'est dans ce même sens que va le processus de raffinement auquel sont soumises les figures : les visages eux-mêmes des personnages, qui avaient auparavant l'air sauvage et effrayé par leurs visions intérieures et leurs propres sentiments, sont à présent idéalisés suivant les canons de l'esthétique classique ; ils acquièrent ainsi une beauté générique et expriment un registre de sentiments conventionnels. Tandis que les groupes de figures sont caractérisés par une logique de la forme qui implique un espace bidimensionnel, le paysage alentour s'ouvre sur des vues à vol d'oiseau qui s'approfondissent en arrière-plans où l'œil se perd : il devient de plus en plus vaste et enveloppant, comme émietté en menues touches frémissant de lumière, et se dissout dans les lointains poudreux, c'est-à-dire recherche lui-même une beauté propre également décorative, sur laquelle il est à cette époque inéluctable qu'exerce son influence la tradition du paysage à la flamande.

On peut dire que l'histoire de ce chapitre de l'activité de Dosso est tout entière comprise dans le retable Della Sale, bien qu'il puisse sembler qu'elle ne le soit pas dans la morphologie de son paysage, mais en réalité sont bien ici réunies toutes les prémisses des développements ultérieurs de ce chapitre jusqu'à sa fin. Dans le ciel s'amassent des nuages noirs, que

des trouées de lumière rendent plus menaçants, tandis qu'à droite le village et le paysage marin sont encore baignés d'une lumière laiteuse et un peu spectrale, d'avant l'orage. Saint Jean l'Évangéliste et saint Barthélemy peints avec la connaissance du style romaniste ont l'air surpris par un soudain changement de temps au cours d'une promenade à la campagne. Les portraits des deux Delle Sale, placés dans la zone la plus fuligineuse du ciel, en émergent avec toute la vérité de leur physionomie, comme des spectres à la peau légèrement parcheminée, derrière la tête ébouriffée de saint Jean (malheureusement défigurée par une lacune ancienne sur un œil). La densité de l'air, l'élargissement panoramique du paysage, l'aspect quasi liquide des effets atmosphériques, le fractionnement des touches d'un luminisme frémissant, la façon dont les figures sont plongées dans ce scintillement de lumières qui vient embraser au tout premier plan l'or des larges bandes damassées de la cape de saint Jean, l'or sur le rouge du manteau, et l'or du calice et de la patène, font penser à ce que devait être l'explosion de lumière dans le bouquet d'arbre de la *Mort de saint Pierre Martyr*, tableau perdu de Titien, dont celui-ci n'avait toutefois remis en 1527 qu'un *modello* avec lequel il avait remporté contre Pordenone et Palma le concours ouvert pour ce retable. Le paysage des *Andriens*, depuis peu arrivé à Ferrare, a donc suffi à faire naître chez Dosso une conception aussi moderne qui relie Titien aux Carracci et à Guercino. Pour qui sait regarder le paysage de ce tableau, il ne devrait y avoir aucun doute que lui font suite le paysage nocturne velouté de la *Sainte Famille au coq* de Hampton Court et la mise en scène, éminemment artificielle, des lumières dans la *Callisto* de la Galleria Borghese.

A l'ouverture de ce chapitre de la vie de Dosso, une importance particulière pourrait s'attacher à la *Sainte Famille avec sainte Élisabeth et saint Zacharie* de Hampton Court, précisément cette *Sainte Famille au coq*. Ce tableau n'est pas daté, mais il devrait être contemporain du retable Della Sale (Shearman [1983, p. 88] semble le seul à s'en être rendu compte). S'il se trouve au XVIᵉ siècle dans les collections des Gonzaga, c'est qu'il a été probablement commandé à Dosso par Federico ou Isabella. On doit à mon avis reconnaître les preuves qu'il fut bien à l'origine destiné à la cour de Mantoue dans le fait que cette *Vierge au coq* est une réponse à la *Madone au chat* de Giulio Romano, dans la réflexion plus générale sur l'héritage de Raphaël lui-même que cette œuvre romaine de Giulio Romano, si proche de son maître, semble avoir suscitée chez le peintre de Ferrare, ainsi que dans la composition hautement élaborée de ce retable, sans aucun doute supérieure à celle de deux tableaux à peu près contemporains (le retable Della Sale justement, pour l'un des autels de la cathédrale de Ferrare, et la *Sainte Famille* de la Pinacoteca Capitolina, dont on ignore la localisation originelle), composition qui a été manifestement conçue en tenant compte du fait que le premier à la juger sur les lieux auxquels elle était destinée serait Giulio Romano. J'ai déjà parlé de la *Madone au chat*, dont la présence à Mantoue dès cette époque et l'influence sur l'évolution de la peinture à Ferrare continuent d'être prouvées (voir cat. **80**). Mais je me demande si Dosso ne bénéficie pas justement à ce moment-là de la présence sous ses yeux d'autres œuvres romaines, de Raphaël ou de Giulio Romano, d'œuvres, j'entends, dans le genre des « saintes familles » sorties de la main du maître ou de son atelier vers la fin des années 1510, qui lui permettent de remonter jusqu'à l'héritage du dernier Raphaël : précisément la *Vierge à la perle* de Raphaël (Prado), où la nuit fait place aux premières lumières de l'aurore, peinte vraisemblablement pour les Canossa de Vérone, et avec laquelle la comparaison ne pouvait être évitée à partir de la *Madone au chat*, comparaison qui se fit peut-être d'abord à Mantoue dans l'entourage de Giulio Romano.

Cette supposition, selon laquelle d'autres modèles de style romain de cette période (1518-1520) pouvaient se trouver à la cour des Gonzaga à la suite de l'arrivée de Giulio Romano, se fonde aussi sur le troisième retable dont il faut parler en suivant le fil de l'histoire de ce chapitre de la vie de Dosso, la *Sainte Famille* de la Pinacoteca Capitolina, retable qui, compte tenu du dessin de la Vierge, serait assez bien éclairé par une œuvre de Giulio Romano comme la *Vierge* Novar, la *Vierge et l'Enfant avec saint Jean-Baptiste enfant et saint Joseph* de la National Gallery d'Édimbourg, réplique, comme on le sait, de la *Vierge à la rose* de Raphaël (Prado). D'autre part, à Venise, chez Zuanantonio Venier, où Michiel la vie en 1528, se trouvait la *Sainte Marguerite* de Vienne, sur le *contrapposto* marqué de laquelle Dosso pourrait bien avoir de nouveau porté son regard à ce moment-là, tandis qu'il resterait à vérifier l'hypothèse de Sylvia Ferino Pagden (1989, note 64 des pp. 93-94) selon laquelle la *Vierge au chêne* (Prado), si cet arbre a bien en l'occurrence une valeur symbolique, aurait été peinte pour Francesco Maria della Rovere, exilé à Mantoue durant les années où il fut dépossédé du duché d'Urbino (1516-1523). Il est possible que cette *Sainte Famille* de la Pinacoteca Capitolina date de 1528 environ, car la tête de la Vierge y est la même que celle de la quatrième figure de l'*Histoire de Pan*, qui se situe à une date plus avancée encore. Entre 1529 et 1530 se situent la petite *Immaculée Conception* perdue de Dresde, le *saint Jérôme* autrefois Vitetti et aujourd'hui dans une collection privée de Turin, le *Paysage avec saint François, saint Jérôme, sainte Catherine, saint Christophe et saint Georges* du musée Pouchkine de Moscou, le *Pan et Écho*, la *Callisto*, la *sainte Catherine* en demi-figure de la Galleria Borghese et, enfin, en conclusion de ce chapitre, la décoration de la salle des Cariatides de la Villa Imperiale de Pesaro (vers 1530).

Le *Pan et Écho*, comme on le voit, se situe plutôt à la fin de ce chapitre, avec la *Callisto*, parce que c'est seulement à cette époque que s'élabore un type précis de paysage où se combi-nent l'expérience du paysage flamand, affinée entre-temps dans des tableaux peints justement à la manière des Flamands comme celui du musée Pouchkine cité ci-dessus, et l'étude renouvelée du paysage de Titien tel que celui-ci l'avait entre-temps développé, parallèlement à l'exécution du retable de saint Pierre Martyr, dans des tableaux apportés à Ferrare ou peints sur place, lors de son séjour à la cour du duc Alfonso d'Este, et aussi à Mantoue, à la cour de Federico Gonzaga, entre février et mai 1529, comme la réfection du paysage du *Festin des dieux* de Bellini et le *Mariage mystique de sainte Catherine* de la National Gallery de Londres. Sont très éclairantes à cet égard les comparaisons du paysage de la *Callisto* (le bouquet d'arbres traversé par la lumière, et le coude d'une rivière ombragé par les boqueteaux qui s'y reflètent) avec la forêt de la *sainte Catherine*, ou bien avec les bois qui dominent le *Festin des dieux*, ou bien encore — comparaison suggestive plus que toute autre si jamais Dosso a bien eu en mains des dessins de Titien — avec les *Buissons au bord d'une mare*, qui date à peu près de cette époque (cat. **216**).

Mais une raison plus solide encore de ne pas situer avant 1529 le *Pan et Écho* et la *Callisto* est que ces deux tableaux, à la différence des deux retables pour les Della Sale et pour les Gonzaga que nous avons dit dater de 1527, portent la marque de l'influence du Giulio Romano de la salle de Psyché, des fresques murales du *Banquet nuptial* qui ne sont pas terminées avant 1528. Il s'agit là d'un point capital pour la compréhension de cette période : tandis que des œuvres comme la *sainte Famille au coq* ou le retable Della Sale se réfèrent à un aspect de l'art de Giulio élaboré à Rome dans l'atelier ou sous le magistère de Raphaël, donc à un aspect où le nom de Giulio Romano peut passer pour celui de Raphaël, des œuvres comme *Pan et Écho* ou la *Callisto* rappellent la personnalité originale de Giulio Romano telle qu'elle se développe à Mantoue, pour ce que nous en savons aujourd'hui, dans la décoration à fresque des premières salles du Palazzo del Te. On perçoit en somme — et c'est une nouvelle preuve de la chronologie proposée — un glissement, au sein de ce groupe d'œuvres de Dosso, d'un raphaélisme plus générique à un raphaélisme devenu à présent le langage proprement mantouan de Giulio Romano. Pour indiquer des comparaisons qui fondent cette assertion, je ne saurais où diriger le regard du spectateur sur les fresques murales de la salle de Psyché, car tout en elles illustre mon propos, mais, s'il faut choisir, je désignerai le lit d'Amour et Psyché, la divinité fluviale et le bain de Mars et Vénus. Ce que Dosso voit alors dans ces peintures, c'est la manière — tout à fait caractéristique du premier style des fresques de Giulio à Mantoue — de lier les figures par la répétition de leurs gestes, de leurs torsions, de leurs vêtements, en une chaîne de formes d'une vitalité puissante mais aussi d'une grande richesse décorative. Dans *Pan et Écho*, la tête de la vieille femme est même inconcevable indépendamment des modèles de Giulio Romano : qu'on se souvienne de la vieille femme de la *Vierge au bassin* (Dresde, Gemäldegalerie) ou de celle des *Amants* (Ermitage), tableau qu'il faut aussi confronter avec *Pan et Écho* et la *Callisto* pour comprendre l'érotisme nouveau de Dosso dans ces deux œuvres, érotisme qui ne peut assurément pas se réduire au style mythologique de Titien tel que l'illustrent les tableaux pour le cabinet du duc Alfonso d'Este.

La fréquentation de la cour de Mantoue à cette époque a donné à Dosso l'occasion de regarder avec attention *Vénus avec Cupidon et un satyre* (Louvre), l'une des deux toiles commandées par le marquis Federico Gonzaga à Corrège sur le thème de la Vénus céleste et la Vénus profane (1523-24), et ce n'est pas un hasard si ce tableau a eu un grand retentissement chez Giulio Romano lui-même. Cette relation entre Dosso et Corrège, supposée par Richardson (1970, p. 310), doit sans aucun doute être admise. On pourrait même croire que la position très en biais du corps nu de Vénus chez Corrège a aidé Dosso à résister à la prédilection de Giulio Romano pour la frontalité des poses.

Il y a encore d'autres raisons de situer vers la fin des années 1520 ces deux peintures mythologiques de Dosso. La première est que leur monde figuratif est le même que celui de la salle des Cariatides de la Villa Imperiale : l'ampleur des paysages, le type des corps féminins, les *putti* des lunettes. La seconde raison est qu'on ne peut pas manquer d'y relever les signes d'un nouvel accord avec Garofalo, qu'on perçoit à comparer ces deux tableaux avec l'*Allégorie de l'Amour* de la National Gallery de Londres que Garofalo peint vraisemblablement vers 1530, à un moment où lui aussi est sous l'influence des fresques de la salle de Psyché.

Il est juste de conclure sur un tableau qui nous permet de résumer l'ensemble des intérêts figuratifs de Dosso pendant cette période où nous l'avons vu attiré par Mantoue et par son nouveau peintre de cour, l'élève le plus doué de Raphaël, et, à travers cet élève, par Raphaël lui-même, mais en même temps toujours si lié aux sources vénitiennes de son langage et à l'immense patrimoine de la peinture vénitienne qui s'était accumulé à Ferrare : ce n'est pas par hasard qu'a été autrefois attribué à Giulio Romano le *Portrait de femme à fourrure d'hermine* du musée Condé à Chantilly, dont le modèle est Laura Dianti, la maîtresse du duc Alfonso d'Este, par comparaison avec le portrait que Titien en avait fait quelques années auparavant (cat. **56**) : ce portrait de Dosso se situe entre le *Portrait de femme* (Strasbourg, musée des Beaux-Arts) de Raphaël (il me paraît impossible que Dosso ne l'ait pas vu, mais où ?), ledit *Portrait de Laura Dianti* de Titien et le *Portrait d'Isabella d'Este* (Hampton Court) de Giulio Romano (vers 1525).

A.B.

page 97

82

Alessandro Bonvicino, dit Moretto
Brescia, vers 1492/1495 - 1554

Portrait d'homme à la clepsydre
Toile. H. 0,87; L. 0,813
NEW YORK, METROPOLITAN MUSEUM OF ART,
ROGERS FUND, 1928

HISTORIQUE
Brescia, coll. Maffei (1760), comtesse Béatrice Erizzo Maffei Fenaroli (1853-avant 1862), comte Girolamo Fenaroli Avogadro (1862-avant 1873); Milan, coll. marquise Maria Livia Fenaroli Fassati (à partir de 1873), marquis Ippolito Fassati (1898-après 1912); Florence, Élia Volpi (jusqu'en 1916); New York et Londres, M. Knoedler & Co (1916-28); acquis par le Metropolitan Museum en 1928 avec le Rogers Fund.

EXPOSITIONS
Brescia, 1878, n° 73; Leningrad, 1975, n° 7; Moscou, 1975, n° 7; Londres, 1983-84, n° 58; Brescia, 1988, n° 14.

BIBLIOGRAPHIE
Carboni et Chizzola, 1760, p. 154; Odorici, 1853, p. 183; Crowe et Cavalcaselle, 1871, II, p. 412; Berenson, 1907, p. 264; Borenius, 1912, III, p. 300; Burroughs, 1928, pp. 216 ss.; A. Venturi, 1929, IX, 4, p. 203; Burroughs, 1931, p. 252; Gronau, 1931, p. 141; L. Venturi, 1931, pl. CCCXCIV; Berenson, 1932, p. 375; L. Venturi, 1933, pl. 534; Berenson, 1936, p. 322; Wehle et Salingen, 1940, p. 160; Boselli, 1943, p. 121; Gombosi, 1943, pp. 34, 105, 110, n° 158; Boselli, 1954, p. 71; Berenson, 1968, I, p. 278; Fredericksen et Zeri, 1972, p. 145; Guazzoni, 1983, p. 185; Zeri, 1986, p. 45 (avec bibl. compl.); Begni Redona, 1988(1), pp. 180-181, n° 23 (avec bibl. compl.); Begni Redona, 1988(2), pp. 51, 72, n° 14.

Mentionné comme une œuvre de Callisto Piazza par Carboni (1760) qui le voit dans la collection Maffei, ce tableau est attribué par Odorici (1853) à Moretto. Cette attribution, confirmée par Crowe et Cavalcaselle (1871), mais curieusement reniée par Cavalcaselle au profit de Romanino dans un texte manuscrit postérieur de quelques années (Libreria Marciana, Ms., Misc. C. 11272), sera acceptée par tous les spécialistes. Ceux-ci se poseront la question de l'identité du personnage représenté (peut-être un membre de la famille Martinengo pour Burroughs, 1928 et 1931, et pour A. Venturi, 1929), quoique rien ne permette de formuler des hypothèses à ce sujet, ainsi que le problème de la datation du tableau, pour laquelle prévaudra la période des années

1520-1525 (Boselli, 1943; Gombosi, 1943; Begni Redona, 1988(1) et 1988(2); Zeri, 1986). Ce tableau appartient certainement à cette période en ceci qu'il est postérieur à la *Bannière des croix* (1520) et antérieur au *Portrait* en pied de la National Gallery de Londres (daté 1526); mais, si l'on doit en préciser la date et la signification dans l'histoire de cette période, il faut au préalable dire, même à grands traits, quelle est cette histoire puisqu'on ne peut se fier aux études qui en ont été faites jusqu'à présent, y compris les plus récentes — je veux dire le catalogue de l'exposition de 1988 et la monographie de Begni Redona de cette même année 1988 —, toutes celles-ci étant en quelque sorte « brouillées » par l'erreur de datation de la décoration de la chapelle du Saint-Sacrement dans l'église San Giovanni Evangelista, qui date précisément du cœur de cette période. Je vais présenter cette histoire en reprenant la thèse exposée dans ma conférence de 1988 (voir cat. 69), dont la deuxième partie traçait un profil de l'activité de Moretto dans les années 1510 et 1520 et en esquissait les développements dans les années 1530 et 1540.

Je prends le fil de cette histoire en ce point capital de la jeunesse du peintre qu'est l'année 1518 : durant l'été, il met en place avec Ferramola les volets de l'orgue du Duomo Vecchio — ceux qui lui reviennent, les volets intérieurs, sont l'aboutissement d'une période passée, pourrions-nous dire, dans l'ombre de Romanino et donc achevée dans la mouvance des excentriques de la plaine de Pô —, et à une époque évidemment plus avancée de cette même année 1518, si nous ajoutons foi à la lecture faite au XIXᵉ siècle de sa date, qui n'existe plus aujourd'hui, il peint *Le Christ portant la croix avec un donateur* de l'Accademia Carrara de Bergame, qui ne tient en rien de Romanino, mais révèle une façon tout à fait différente à la fois de se situer par rapport à la peinture vénitienne et à la peinture lombarde et d'aborder le contenu même de ce sujet religieux. Rien n'empêche de penser, pour rendre compte de ce contraste, que ces volets d'orgue, commandés dans l'été 1515, étaient prêts, au moins ceux de Moretto, depuis l'année précédente, c'est-à-dire 1517, ou bien que la dernière barre de la date inscrite en chiffres romains sur le panneau de l'Accademia Carrara était déjà illisible au siècle dernier. Il reste néanmoins certain que 1518 clôt le premier chapitre de la jeunesse de Moretto et en ouvre le deuxième.

Un tableau témoigne déjà de ce nouveau rapport avec Venise, tableau en effet marqué par Titien et Palma, mais qui laisse encore voir tous les liens avec le chapitre précédent : la *Sainte Famille avec saint Jean-Baptiste enfant dans un paysage*, « sainte conversation » avec des figures en pied autrefois dans la collection Held, vendue à Berlin par Cassirer en 1929 et aujourd'hui perdue (Gombosi, 1930). Pour étayer le récit de ce cours nouveau de la peinture de Moretto, nous disposons de deux autres tableaux, datés ou très bien datables, qui confirment qu'il a pris ses distances vis-à-vis de l'autorité de Ro-

manino et qu'il a acquis une connaissance nouvelle de la peinture vénitienne (Titien, Giorgione, mais aussi le dernier Bellini) : d'une part le *Portrait de moine* du musée de Castelvecchio, daté janvier *anno incarnationis* 1519 (1519 et non pas 1524, comme on a voulu le lire récemment), c'est-à-dire janvier 1520 (l'année ayant été en l'occurrence calculée suivant le système dit « de l'Incarnation selon le mode florentin », ou simplement système « florentin », qui la faisait commencer le 25 mars et qui, dans cette région de la plaine de Pô de l'Italie à cette époque, était en usage dans peu de villes, par exemple à Crémone mais pas à Brescia), et d'autre part la *Bannière des croix*, c'est-à-dire l'*Exaltation des reliques de la Sainte Croix soutenue par saint Faustin et saint Jovite*, de la Pinacoteca de Brescia, qui devrait être la bannière commandée le 3 mars 1520 par le Conseil de la ville pour la chapelle des Croix dans la cathédrale. On doit ainsi supposer que Moretto, après avoir terminé les volets d'orgue pour le Duomo, est retourné à Venise et a posé sur la peinture vénitienne moderne un regard différent de celui avec lequel il l'avait regardée lors de son premier voyage d'étude, probablement accompli avec Romanino lui-même vers 1513. Le fait qu'il y ait dans l'église paroissiale de San Gregorio alle Alpi, près de Belluno, un tableau de Moretto, représentant la *Vierge sur un trône entre saint Grégoire pape et saint Valentin*, stylistiquement proche à la fois de la bannière de Brescia et de la *Sainte Famille* Held, situé dans la ligne de la problématique ouverte par le tableau de l'Accademia Carrara, et donc datable vers 1519, pourrait fournir un indice supplémentaire de la présence de l'artiste à Venise à la fin des années 1510.

C'est à ce point-ci de ce chapitre que j'ai voulu accorder une importance particulière à un tableau de Francfort, le grand retable de la *Vierge entre saint Antoine abbé, saint Sébastien et avec un petit ange musicien au pied du trône* (dont on ignore malheureusement la provenance ancienne, qui devrait être un autel latéral sur le côté gauche d'une nef plutôt que l'autel central d'une chapelle car le point de fuite est excentré pour s'offrir à une vision légèrement de côté) : il s'agit d'une étude magique des variations de la lumière, dorée et précieuse comme si elle était filtrée par d'épais vitraux dans l'intérieur d'une église, qui culmine dans le traitement des passages, sur le damas blanc derrière la Vierge, des pénombres, des lumières et des ombres portées, chef-d'œuvre (négligé bien qu'exposé dans les salles du musée, et avec l'attribution correcte) de la vocation lombarde pour une peinture illusionniste, qui s'épanouit ici à partir des acquis les plus élevés de la peinture vénitienne moderne, car Moretto, justement à regarder celle-ci, est remonté jusqu'aux retables de Giorgione à Castelfranco, de Boccaccino dans l'église San Zulian à Venise, de Lotto à Santa Cristina al Tivarone. Ce tableau de Francfort devrait se situer tout de suite après la *Bannière des croix*, à cheval sur 1520 et 1521, et je pense que date de cette même époque l'*Annonciation* des volets d'orgue peints à la détrempe de l'église Santi Nazzaro e Celso. Je pense en effet que doit être confirmée à Moretto l'attribution de ces volets extérieurs et non pas celle des volets intérieurs, représentant le *Martyre de saint Nazaire et saint Celse*, qui sont d'une autre main, peut-être celle de Paolo Caylina il Giovane.

Un nouveau modèle de Vierge, idéalisé sous l'influence de ceux de Francia, dirait-on, et tout à fait différent de celui du chapitre précédent inspiré de Romanino, s'esquisse dans le retable de Francfort et dans le volet d'orgue cité ci-dessus, et prend forme dans la grande bannière des Gallerie dell'Accademia de Venise, la *Vierge du Carmel* (vers 1521) : à l'époque de cette œuvre, étape importante du chapitre que nous sommes en train de reconstituer, on peut dire que Moretto dresse une sorte de bilan, reprend toutes les motivations d'un tableau plus ancien, le *Couronnement de la Vierge*, aujourd'hui dans la chapelle du Saint-Sacrement de l'église San Giovanni Evangelista (vers 1512), et retrouve, après s'être enrichi du grand enseignement assimilé auprès de la peinture moderne vénitienne, un point d'équilibre entre le Milan de Bramante et Bramantino, la Venise de Giorgione et Titien et la Brescia de Foppa, équilibre bien différent de celui enseigné par Romanino. C'est d'ailleurs avec ce Moretto-là que Romanino se mesurera après ses travaux de Crémone en 1520, et c'est en se confrontant à lui qu'il mûrira sa nouvelle manière : la *Vierge du Carmel* et l'*Institution du Saint-Sacrement* ainsi que la lunette que Romanino peint pour la chapelle du Saint-Sacrement, doivent être regardées ensemble mais en ayant présent à l'esprit ce qui a été dit plus haut. Avec cette bannière de la *Vierge du Carmel* et avec l'*Apparition du Christ mort à saint Jérôme et à sainte Dorothée* de l'église Santa Maria in Calchera (vers 1522), la personnalité de Moretto apparaît désormais sous sa forme définitive et nous sommes tout près de la *Cène* de cette chapelle : une fois que toutes les toiles pour celle-ci eurent été commandées en mars 1521 à Moretto et à Romanino, qui s'engageaient à les finir toutes pour le début de 1524, les deux artistes durent commencer par les lunettes, et je crois qu'ils y travaillèrent en 1522, et pas au-delà, car on n'y perçoit nulle trace de l'arrivée à Brescia dans le courant de cette année-là du polyptyque de Titien pour Averoldi destiné au maître-autel de l'église Santi Nazzaro e Celso, polyptyque auquel nous verrons que les deux artistes prêtèrent grande attention.

Moretto tournait alors plutôt ses pensées dans une autre direction : reprendre de manière plus nettement originale l'héritage de Foppa qui mène à la découverte de l'éclairage latéral et simultanément s'ouvrir sur le Milan de Léonard et de Luini, guidé dans cette direction non pas par Romanino mais, dirait-on, par Savoldo. S'ouvre en effet une phase d'extraordinaire épanouissement du peintre : nous allons le voir se confronter en l'espace de quelques années à une série de modèles qui lui étaient

jusqu'alors inconnus, d'abord Léonard, puis Raphaël. Une œuvre remarquable nous aide à voir clair dans cette période, autour de 1522 : la *Déploration du Christ* de Washington, révèle une grande intelligence du classicisme milanais, de Léonard lui-même, mais à travers le filtre de Luini, et elle constitue même comme une sorte de manifeste, sec et sévère, du classicisme dans son acception milanaise; mais elle témoigne aussi de l'attention particulière qu'il porte, pas par hasard pour la première fois, à la peinture de Savoldo, celui des trois peintres brescians qui s'était posé depuis assez longtemps le problème de Léonard et du «léonardisme» milanais. Il faut sans aucun doute parler de «savoldisme» devant la *Cène* et la *Pietà* de Washington, et je suis revenu sur ce point dans ma communication présentée au congrès organisé à Brescia en conclusion de l'exposition sur *Savoldo e la cultura figurativa del suo tempo tra Veneto e Lombardia* (1990). Le paysage, nourri de ces nouveaux apports tirés de Léonard et de Savoldo, acquiert une autonomie poétique qu'il n'avait jamais eue jusqu'alors, et semble annoncer Gentileschi, Saraceni, Elsheimer; à ce paysage s'ajoute celui, non moins exceptionnel, du *Saint Jérôme* de l'université de Stockholm (vers 1522), sur l'importance duquel, dans l'histoire du peintre et de la peinture de paysage, j'ai appelé l'attention en 1963 en le lisant précisément à la lumière de ces considérations.

Le polyptyque Averoldi arrivé en mai 1522 intéressera vivement Romanino pendant la période où il travaille au polyptyque de Sant'Alessandro (1524-25), à la décoration du buffet et du soubassement de l'orgue d'Asola (1525-26), et à la *Résurrection* de Capriolo (vers 1526); il touchera même Savoldo qui se trouvait à Venise; et il influera sur l'évolution de Moretto dès ses travaux pour la chapelle du Saint-Sacrement : on perçoit cette influence dans les six *Prophètes* (vers 1522) encadrant la *Cène*, qui sont toutefois construits encore, comme celle-ci, selon un dessin sec, avec un éclairage latéral et des effets vibrants de clair-obscur. Ces premiers travaux terminés, la suite restera en suspens, pour des raisons encore inconnues, et sera renvoyée à plus tard, aussi bien la partie de Moretto que celle de Romanino, qui avait aussi remis entre-temps ses six *Prophètes*. Cette réflexion sur la peinture de Titien, suscitée par ce polyptyque, mais pas seulement par lui — on sait que Moretto se trouve à Padoue en septembre 1522 —, donnera d'autres fruits dans les années qui font immédiatement suite à la chapelle du Saint-Sacrement, parallèlement donc à l'expérience de Romanino, fruits pleinement mûris à l'époque de l'*Assomption de la Vierge* du Duomo Vecchio (1525-26) et du retable bénédictin de Sant'Eufemia aujourd'hui à la Pinacoteca (vers 1527). Ce point doit être souligné : aussitôt après cette période où il a prêté l'attention la plus précise aux valeurs de la tradition lombarde et du nouveau classicisme milanais, période marquée par la *Cène* et la *Pietà*, Moretto, fort de cette expérience, s'engage à nouveau dans l'étude de la peinture vé-

nitienne qui, pour s'en tenir à des œuvres datées ou très bien datables, aboutit au langage hautement original de ces retables du Duomo Vecchio et de Sant'Eufemia, langage original aussi bien par rapport à la peinture vénitienne que par rapport à la tradition lombarde elle-même, et dans lequel la personnalité du peintre est désormais tout à fait épanouie.

Une petite œuvre est bien représentative de cette nouvelle orientation, le *Christ et la Samaritaine* (vers 1523), non pas la version de l'Accademia Carrara ayant autrefois appartenu à Morelli qui a plutôt l'allure d'une copie, mais celle du *Seminario patriarcale* de Venise où elle est exposée comme une copie du XVIIe siècle du tableau Morelli alors qu'elle en est l'original : ce n'est que devant cette version de Venise que l'on comprend la qualité extraordinaire, à la manière de Titien, de la facture picturale des vêtements du Christ, la noblesse et la vigueur du dessin de cette figure, où se perçoit encore le souvenir des *Prophètes*, et ce n'est que devant elle que le paysage prend soudain sens, avec ce souffle annonciateur du XVIIe siècle qu'on trouve dans le *Saint Jérôme* de Stockholm. Quant à lui, le personnage de la Samaritaine a un accent à la Pordenone qui ne doit pas surprendre — puisqu'on le perçoit aussi dans les *Prophètes*, et bien plus marqué encore dans ceux de Romanino, écho manifeste des œuvres de Crémone — et qui nous permet même d'apprécier correctement les huit détrempes de la cathédrale d'Asola (la *Vierge de l'Annonciation*, l'*Ange de l'Annonciation*, *Saint Antoine de Padoue*, *Sainte Catherine*, *Saint Jérôme*, *Saint Joseph*, le *Prophète Isaïe*, la *Sibylle d'Érythrée*) : contrairement à ce qu'on a dit, il est peu probable qu'à l'origine elles aient été destinées aux murs de la Loggia du Palazzo della Comunità. Je crois qu'elles ont été faites pour la cathédrale et qu'elles datent de la période des travaux pour lesquels Romanino fut engagé par le *Deputati della Comunità* (les volets de l'orgue, les panneaux de la tribune des chantres et la fresque du soubassement de l'orgue), c'est-à-dire de 1525. La preuve en est fournie par la détrempe de la *Vierge de l'Annonciation* qui cite celle du polyptyque Averoldi et qui constitue un essai exemplaire, à l'aisance nouvelle, d'assimilation du langage de Titien. Ces détrempes sont très abîmées et l'on risque donc de les lire de manière erronée; c'est pourquoi se révèle très précieux le dessin assez soigneusement fini que Panazza a attribué à Moretto en 1942 et qui a été aussitôt après (1946) reconnu comme une étude préparatoire pour le *Prophète Isaïe*: ce dessin me semble correspondre à la date (vers 1525) que je donne à l'ensemble car on voit bien dans cette feuille les liens avec Pordenone et même avec Romanino (le dessin ramassé de la jambe), et donc les raisons qui ont conduit à continuer de le classer sous le nom de Giulio Campi dans les collections du British Museum (inv. no Pp. 3-213). Au point que, en cherchant parmi les dessins attribués au peintre de Crémone, il ne m'a pas été difficile d'en trouver le jumeau, l'étude pour la *Sibylle d'Érythrée*, tout aussi soigneusement finie et au style tout aussi particulier : entre Titien, Pordenone, les Brescians et le Dosso de ces années-là. Cette étude se trouve au Louvre parmi les feuilles de Giulio Campi (inv. n° 3).

On a dit l'importance de l'*Assomption* du Duomo Vecchio (le paiement du solde, pour la partie qui revenait à la ville de Brescia, est attesté par des documents de novembre 1526 se référant à un contrat de 1524) : il est certain que la fréquentation de Savoldo, qui précisément à cette époque, entre 1524 et 1525, se trouvait à Venise où il peignait le grand retable pour les dominicains de Pesaro (Milan, Pinacoteca di Brera), dut aider Moretto à acquérir une conscience plus claire de son originalité propre au moment où il s'essayait à réinterpréter le grand modèle de Titien aux Frari : ce ciel soudain vrai où se produit l'événement de l'Assomption et sur lequel s'ouvriront les espaces d'autres retables célèbres des années 1526-1530, cette illusion d'une gigantesque fenêtre ouverte sur la nature au fond du chœur du *Duomo* ne pouvait pas ne pas être en profonde harmonie avec le védutisme de Savoldo dans son retable de la Brera.

Se pose alors pour Moretto, bien qu'avec un grand retard, le problème d'une confrontation avec les modèles de Raphaël, la *Vierge de Foligno* et la *Vierge Sixtine*. C'est à cette époque qu'il les a découverts, comme le prouvent non seulement cette *Assomption* mais aussi les deux grands retables qui lui font suite, la *Vierge à l'Enfant avec saint Jean-Baptiste enfant entre saint Benoît, sainte Euphémie, sainte Justine et saint Paterio* pour l'église bénédictine Sant'Eufemia et aujourd'hui à la Pinacoteca (vers 1527) et le *Couronnement de la Vierge entre saint Michel, saint Joseph, saint François et saint Nicolas* de l'église Santi Nazzaro e Celso (vers 1527), ainsi que la *Sainte Justine avec le donateur* de Vienne (vers 1527), tableaux qui nous conduisent, *via* cette œuvre fondamentale qu'est le *Repas d'Emmaüs* de la Pinacoteca de Brescia (vers 1528), aux remarquables expérimentations sur le thème de la lumière latérale de la fin des années 1520 – les tableaux (dispersés entre la Brera et le Louvre) du polyptyque pour l'église franciscaine Santa Maria degli Angeli à Gardone Valtrompia (vers 1529), *Sainte Marguerite entre saint Jérôme et saint François* de l'église San Francesco (datée 1530), *Saint Antoine de Padoue entre saint Antoine abbé et saint Nicolas de Tolentino* pour l'église Delle Grazie et aujourd'hui à la Pinacothèque (vers 1530) – et donc à la fin d'une période précise non seulement de la peinture de Moretto mais aussi de la peinture italienne. Le *Couronnement de la Vierge* cité ci-dessus, l'un des joyaux de la peinture de Moretto, a toujours été daté de 1534 au terme de raisonnements qui ne se fondent sur aucun document positif; il faut donc faire entrer en ligne de compte d'autres considérations. Il est déjà extraordinaire que cette admirable synthèse du classicisme de Titien, du classicisme de Raphaël et du classicisme milanais se soit épanouie deux ou trois ans environ

avant le couronnement de Charles Quint à Bologne, mais la situer au-delà des années 1520 n'a pas de sens. Du reste, la preuve en est fournie par l'histoire même de Moretto. Celui-ci, dans les années 1530, peint de manière tout à fait différente. De 1532 date le *Massacre des Innocents* de l'église San Giovanni Evangelista, tableau raphaélesque, mais d'un peintre qui a désormais tourné le dos à tout le classicisme du début du siècle et qui voit donc plutôt, dans les œuvres de Raphaël et de son école, les raisons de la crise de ce classicisme. Et si certains croient que ce *Massacre des Innocents* n'innove pas, il leur suffira de regarder le *Saint Pierre martyr* de la Pinacoteca Ambrosiana, qui n'est pas daté mais qui devrait venir aussitôt après, pour comprendre que ce tableau a signifié l'ouverture d'un nouveau chapitre de l'histoire de Moretto, d'une période difficile qui durera longtemps.

Tel est le profil de Moretto dans les années 1520 que j'ai voulu tracer en 1988, à la veille de l'exposition et de la parution de la monographie de Begni Redona, deux événements qui ont appelé l'attention sur d'autres œuvres, par exemple la *Vierge sur un trône entre saint Dominique, saint Joseph, saint Vincent Ferrer et sainte Lucie avec le portrait d'un ecclésiastique* de l'église de l'hôpital à Orzinuovi ou la *Sainte Famille avec sainte Élisabeth et saint Jean-Baptiste enfant et le portrait d'un chanoine* de l'église Sant'Andrea Apostolo à Pralboino, qu'il serait important d'étudier mais pour compléter et donner davantage d'épaisseur à ce profil, non pour le modifier. Ce que je disais alors se trouve confirmé, à savoir que les travaux dans la chapelle du Saint-Sacrement avec les toiles du registre inférieur durent reprendre pour les deux peintres vers 1543, et, s'agissant de Moretto, concerner d'abord les deux grandes toiles avec *La Manne dans le désert* et le *Prophète Élie*, puis, peut-être dès l'année suivante, celles avec les Évangélistes *Luc* et *Marc*, et se poursuivre dans l'église elle-même avec le grand retable de la *Vierge en gloire entre saint Jean l'Évangéliste, saint Augustin, sainte Agnès, saint Jean-Baptiste et deux chanoines réguliers du Latran*, les volets intérieurs de l'orgue peints à la détrempe avec *Saint Jean-Baptiste quittant ses parents* et la *Prédication de saint Jean-Baptiste*, et les volets extérieurs avec *Saint Jean l'Évangéliste* et *Saint Jean-Baptiste* aujourd'hui accrochés dans le chœur, retable et volets tout à fait contemporains les uns des autres au point qu'on doit supposer qu'ils ont été commandés en un seul contrat, et également contemporains des deux Évangélistes de la chapelle du Saint-Sacrement. Il se trouve aussi confirmé, justement par le style de ces œuvres, que tous ces travaux furent conduits dans un contexte marqué par la peinture de Venise dans les années 1540-1545, par la présence dans cette ville de Salviati et de Vasari, et par les conséquences que cette présence eut sur les peintres vénitiens, en premier lieu sur Titien – contexte que Moretto connaissait d'ailleurs et qui lui était même familier précisément pendant ces années-là, comme le

prouvent le portrait qu'il fit de l'Arétin en 1544, son amitié avec Sansovino à qui il envoya ce portrait pour le remettre au destinataire, et la façon dont ce dernier l'offrit au duc d'Urbino pour attirer ses faveurs sur Vasari.

Le *Portrait* du Metropolitan Museum présente un grand intérêt pour la solution des problèmes que nous avons indiqués en traçant le profil du peintre dans la première moitié des années 1520. Le personnage est représenté légèrement vu d'en bas, sous un angle qui est habituel chez les bramantesques et qui nous rappelle la *Bannière des croix* ou la *Vierge du Carmel*; et cette mise en page a certainement suggéré au peintre l'adoption d'un format presque carré – il faut tenir compte qu'une bande a été ajoutée en haut –, en fonction duquel sont savamment étudiées les lignes internes de la composition. Le personnage se dresse derrière une sorte de parapet, dont le plan d'appui – sur lequel est posée la clepsydre – échappe à notre regard, et, en raison de cette subtilité de perspective, nous ne savons pas si la feuille de papier effleure ce plan ou non. L'homme se tient un peu de biais entre deux formes qui se répondent, celle de la fenêtre qu'écorne son épaule gauche et celle du cube sur lequel il s'appuie du bras droit. La rotation de la tête contribue à rétablir la frontalité de l'image, tandis que l'axe légèrement oblique qui va de la tête à la main et à la feuille de papier contrebalance la ligne dessinée par le bord de la tenture. La technique picturale et la richesse de la couleur rappellent la manière de Titien, mais le registre plus froid, qui subordonne la couleur à la lumière et permet l'étude des valeurs dans la variation des surfaces, est lombard : relevons la beauté des rapprochements des noirs du vêtement, brillants et nuancés dans les moirures de la soie, avec la marron dense et opaque du manteau de drap bordé de velours noir, ou encore de ces mêmes noirs avec le blanc du papier comme brûlé par la lumière et avec l'ocre finement brossé de la main. Le rouge et le bleu du tapis persan ainsi que le vert de la tenture sont ainsi traités en nuances étudiées pour conférer une plus grande vérité aux surfaces. Le paysage, délicat et presque voilé, entre dans le tableau de manière plus sobre que dans un tableau vénitien. La facture picturale est aussi très soignée pour la tête, la barbe et les cheveux, ceux-ci étant coupés selon la mode de la coiffure en forme de casque avec une frange, très en vogue à Brescia au début des années 1520. Cette analyse, si on la rapporte au profil qu'on a tracé de Moretto dans les années 1520, fait comprendre que l'exécution de ce *Portrait* doit être certainement située après les travaux de la chapelle du Saint-Sacrement, après les *Prophètes* eux-mêmes – auxquels il a été souvent comparé, mais à tort, selon une vision du parcours de Moretto trop aplatie ou trop chargée de contradictions – et au moment où l'arrivée du polyptyque Averoldi provoque chez le peintre une réflexion nouvelle sur l'autorité de Titien.

Il faut en outre bien marquer la différence

entre ce *Portrait* et celui en pied de la National Gallery de Londres, dit *Avogadro*, daté 1526. Ce dernier ressortit au raphaélisme, dont nous avons dit qu'il entre dans l'histoire de Moretto à l'époque de l'*Assomption*, et annonce les portraits de la seconde moitié des années 1520 — le « scapolone » (« vieux garçon »; Longhi, 1929) de la *Sainte Justine*, le commanditaire du *Repas d'Emmaüs* et le donateur de la *Vierge* Johnson de Philadelphie (vers 1528) —, ce portrait de Londres nous fait sentir combien sont désormais lointaines, comme datant d'une autre époque, l'expérience d'où est né le portrait du Metropolitan Museum, les subtilités de perspective à la manière de Bramante, la technique picturale et la mise en page elle-même, emplie de couleurs (essentiellement celles de Titien dans les années 1510), et l'attitude d'esquive donnée au personnage à la manière de Giorgione. Mais il est vrai aussi que les célèbres variations des noirs et les accords de noirs et de bruns, de brillants et d'opaques, de ce portrait de Londres ont justement derrière eux ce qu'on a observé dans celui de New York.

Je suis convaincu que ce dernier peut être éclairé par l'ensemble des fresques, plafond et pendentifs, provenant d'une salle de la résidence à Brescia de l'évêque Mattia Ugoni piazza del Novarino (résidence plus célèbre comme ayant été celle des Martinengo Cesaresco), fresques bien connues des spécialistes de Moretto entre les XIX⁰ et XX⁰ siècles et encore présentées dans l'exposition de 1939 comme propriété de la famille noble Brognoli, mais auxquelles il ne fut ensuite plus possible d'avoir accès, à l'exception du compartiment du plafond en dépôt auprès de la Pinacoteca Tosio Martinengo qui le présente encore actuellement. Les fresques des pendentifs, qui ne furent pas présentées dans l'exposition de 1988, sont devenues la propriété de l'État aussitôt après celle-ci (1989) et elles ont été confiées à la Soprintendenza ai Beni Artistici e Storici de Mantoue qui les conserve dans le Palazzo Ducale. Nous savons que le propriétaire du palais, et par conséquent le commanditaire des fresques, était justement Ugoni (Fè' d'Ostiani, 1900, pp. 38-39; Boselli, 1953, p. 106; Lechi, 1976, V, p. 18). Il revient à Camillo Boselli (1976, I, p. 55) d'avoir prouvé, documents à l'appui, le présence de Moretto dans la maison de l'évêque comme témoin de la rogation d'un acte notarié daté du 13 décembre 1520, et à Valerio Guazzoni (1981, pp. 26-29) d'avoir constaté que la date traditionnellement liée à l'exécution de ces fresques (1529) est sans fondement, bien qu'il continue à juger plausible la période de 1525-1530, et d'avoir approfondi les relations ayant existé entre Moretto et l'évêque dans les années qui suivent le retour du peintre à Brescia en 1519, année où commencent les travaux de restructuration architecturale du palais. A son tour, Begni Redona (1988 *[Moretto]*, pp. 172-179), bien qu'il lui semblât plus pertinent du point de vue stylistique de situer la date de ce cycle à 1520-21, concluait qu'elle devait être avancée vers 1525 pour ménager la

possibilité que Moretto ait subi l'influence des *Prophètes* de Lotto à Trescore (1524), influence envisagée par Bossaglia (1963) mais inexistante. Je suis pleinement d'accord sur la nécessité d'avancer la date de l'ensemble à la première moitié des années 1520. Si l'on met un instant de côté le compartiment du plafond avec *Moïse et le buisson ardent* pour ne considérer que les dix *Prophètes* des pendentifs, on doit tout de suite dire que la comparaison avec les *Prophètes* de la chapelle du Saint-Sacrement, au-delà des différences des supports et des systèmes décoratifs, pourrait permettre de distinguer deux moments précis de l'histoire de ces cinq années. Dans ces dix fragments de fresque, il faut observer que les figures se présentent dans des *oculi* ouverts sur le ciel, traitées en larges plages de couleurs lumineuses, parfois même rehaussées par des ondes de *cangiantismo*, et pourtant toujours dans le registre de tons plus froids qui n'édulcore pas la beauté vénitienne de la couleur mais la soumet au principe d'un éclairage en mouvement, comme ce sera justement le cas dans l'*Assomption* ou dans le retable de Sant'Eufemia : je veux dire ainsi qu'il n'y a dans ces pendentifs rien de l'utilisation insistante de la lumière rasante ni des effets de clair-obscur qu'on voit dans les six toiles de San Giovanni. Toute la tradition lombarde, de Bramante à Foppa et à Bergognone, est donc ici présente, mais renouvelée par l'étude de la manière de Titien, et même par la reprise de celle de Giorgione dans la lignée de ce qui a été dit du *Portrait* du Metropolitan Museum. Car ce qui est plus extraordinaire encore, et qui marque davantage la distance vis-à-vis du cycle qui précède, c'est que ces figures, avec leur allure tantôt trop effrontée, tantôt trop introvertie, semblent sortir des portraits ou des demi-figures que le dernier Giorgione consacra à Saül, Jonathan, David et Goliath. Qui vient de voir l'accent austère de la *Cène* et de la *Déploration du Christ* n'est pas préparé à cette innovation. A l'inverse, qui va voir les *tempere* d'Asolo et l'*Assomption* peut mieux s'expliquer l'attitude et certaines caractéristiques de ces prophètes et de ces apôtres à partir de ces exemples. On comprend maintenant mieux l'opération stylistique représentée par le *Portrait* du Metropolitan Museum, opération à laquelle, pour conclure, pourrait convenir la date de 1524 environ, légèrement avant la décoration du palais Ugoni.

A.B.

page 96

83

Alessandro Bonvicino, dit Moretto
Brescia, vers 1492/1495-1554

Prophète « en armure »
Fresque détachée et transposée sur toile.
H. 1,29; L. 0,935

Prophète « mélancolique »
Fresque détachée et transposée sur toile.
H. 1,29; L. 0,935

Prophète « à la manche rose »
Fresque détachée et transposée sur toile.
H. 1,29; L. 0,935
MANTOUE, SOPRINTENDENZA
PER I BENI ARTISTICI
E STORICI DI BRESCIA, CREMONA, MANTOVA

HISTORIQUE
Coll. Mattia Ugoni, Brescia, vers 1525; coll. famille Gambara, depuis 1544; coll. famille Martinengo depuis 1641; coll. Ferdinando Martinengo Cesaresco, 1831); coll. famille Brognoli, avant 1838, jusqu'à 1989; Mantoue, Soprintendenza per i Beni Artistici e Storici di Brescia, Cremona, Mantova (depuis 1989).
EXPOSITIONS
Brescia, 1878; Brescia, 1898; Brescia, 1939, nᵒˢ 74, 79, 75; Brescia, 1992, nᵒˢ 4, 5, 6.
BIBLIOGRAPHIE
Fè d'Oristani, 1900, pp. 38-39; Paolucci, Il, 1986,

pp. 12, 23; A. Conti, 1988, p. 261; Begni Redona, 1988, pp. 172-179, n° 22 (avec bibl. ant.); Agosti et Zani, 1992, pp. 17-37; Capretti, 1992, p. 3.

Le septuagénaire Mattia Ugoni, évêque de Famagouste, après avoir passé sa vie à effectuer des missions en Proche-Orient et en l'Italie centrale, était définitivement rentré dans sa ville d'origine, Brescia, à la fin de la seconde décennie du XVIe siècle. Il demeurait sur la place du Novarino, l'actuelle Piazza del Foro. Sa maison, modifiée à plusieurs reprises au cours des siècles et au fur et à mesure que les propriétaires se succédaient, est devenue une partie de l'édifice, connu sous le nom de Palazzo Martinengo Cesaresco Novarino, actuellement propriété de l'Administration provinciale de Brescia. On peut affirmer que Mattia Ugoni habitait effectivement dans cette maison, comme L. Fè d'Ostiani l'a supposé le premier, à la suite de la découverte, dans une pièce du rez-de-chaussée, des blasons de la famille Ugoni surmontés par une mitre.

L'évêque demanda à Moretto, son peintre préféré − avec lequel il était entré en relation l'époque de la *Bannière des Saintes Croix* (Brescia, Pinacoteca Tosio Martinengo, vers 1520), et à qui il avait commandé le décor de sa chapelle dans l'église de San Giuseppe (retable perdu, composé de la *Vierge entre saint Matthieu et saint Jean-Baptiste*, d'avant 1526, et de la lunette peinte à fresque avec le Christ portant la croix, actuellement à la Pinacoteca Tosio Martinengo, vers 1521-22) − la décoration d'une pièce du palais, d'où proviennent les trois fresques détachées ici exposées. Les historiens ont, à tort, défini cette pièce comme une chapelle, alors que rien ne justifie cette désignation. Il s'agit d'un espace privé, une sorte de *studiolo* aux dimensions réduites, d'environ quatre mètres et demi sur un peu plus de cinq mètres. Les travaux en cours dans le palais, avec l'enlèvement partiel des enduits de la moitié du XIXe siècle, ont remis au jour les traces des peintures de Moretto et certains fragments de la décoration d'origine. Les fresques avaient été détachées, avec une adresse exceptionnelle, par le restaurateur originaire de Brescia, Bernardo Gallizioli, après 1853 mais avant 1861, puisque en cette année-là deux d'entre elles, envoyées à l'*Esposizione Italiana* de Florence, valurent une récompense à l'auteur du détachement. Ferdinando Martinengo Cesaresco, propriétaire à cette époque, put disposer ainsi de onze tableaux : le grand panneau du plafond, représentant *Moïse et le buisson ardent*, et les dix pendentifs avec des figures masculines vues à travers des *oculi* se montrent des oculus, immédiatement dénommées «Prophètes». Ces œuvres appartinrent ensuite à Cochard Brognoli et ce fut Paolina Brognoli veuve Cochard qui déposa en 1896 le panneau central à la Pinacoteca Civica de Brescia, tandis que les «Prophètes» restèrent en mains privées privées jusqu'en 1989. Ils furent alors acquis par l'État italien en payement d'une partie des droits de succession. A l'occasion des célébrations pour le centenaire de Moretto (1898) et de l'exposition sur la peinture à Brescia à la Renaissance (1939), l'ensemble fut recomposé à Brescia dans les salles de la Pinacoteca. Cependant la disposition des éléments fut faite sans respecter l'ordre d'origine. Les traces retrouvées sous les enduits posés au XIXe siècle permettent aujourd'hui de rétablir la séquence primitive des personnages.

Le fil d'un dialogue extrêmement libre, enfin reconstitué, lie ce groupe de figures viriles. Un éventail inépuisable de gestes et d'attitudes anime les personnages qui se montrent à travers les *oculi* et écarte toute monotonie. L'un d'entre eux braque son regard vers le spectateur; un autre contemple le plafond où, comme dans un trompe-l'œil, est la figure *Moïse et le buisson ardent*; deux d'entre eux s'interpellent; un autre encore se tourne brusquement et une mèche rebelle laisse une ligne d'ombre sur les faux marbres peints. Il y a même un qui, avec impudence, tourne le dos à la compagnie pour regarder le bleu du ciel. Recueillement, fureur, courroux, mélancolie. Une anthologie de sentiments, de barbes, plus ou moins longues, et de chapeaux. Plusieurs d'entre eux ont en effet des turbans et des bonnets aux formes les plus variées. On voit même une sorte de colback sur la tête d'une vieille mégère, qui regarde à la dérobée un magnifique jeune homme, habillé à la dernière mode. Les vieillards au contraire sont emmitouflés dans des tuniques et des manteaux de toutes les couleurs, qui conviennent parfaitement à des prophètes. Cette identification iconographique est en effet la plus probable pour les dix compagnons, et il semble même que l'on puisse discerner dans le visage de certains l'intention de Moretto d'exécuter des portraits. Ces «prophètes» nous observent ou s'observent l'un l'autre, guère intéressés par les papiers qu'ils ont en main. Du reste les signes sur ces feuilles ne sont que des gribouillis simulant l'ancienne langue de la Loi. Seul le rouleau dans les mains de «l'armé», où apparaissent des paroles hébraïques, fait exception : mais l'inscription, déchiffrée par le rabbin Toaff comme «*Ki Kol Aniecha Kechol Acheca*» («nous tous sommes tes pauvres, ainsi que tes frères») reste encore en quête d'auteur et pour le moment nous devons nous contenter du reflet de la main sur une cuirasse de Brescia, qui se rapproche, dans notre mémoire, de celle du *Gaston de Foix* de Savoldo, au Louvre (cat. **74**).

Le décor dans son ensemble est d'un grand intérêt : outre les faux marbres, surtout rouges, et les guirlandes de feuilles vertes élégamment entourées de rubans dorés, apparaissent ici les seules grotesques connues peintes par Moretto. Elles ne sont pas limitées au quelques centimètres aux bords des *oculi* qui nous étaient parvenus : quelques boucles ou caprices rouges d'une héraldique fantaisiste, sur fond doré. Dans les espaces entre les pendentifs on trouve en effet des vraies grotesques : monochromes grises sur un fond bleu et beaucoup d'or. Ces zones sont pour la plupart encore recouvertes par les enduits du siècle dernier : cependant ce que l'on peu déjà apercevoir montre que Moretto avait mis fort promptement à jour, ses répertoires décoratifs sur des modèles romains.

Jusqu'à maintenant les historiens ont concentré leurs recherches sur le seul élément accessible de la décoration : le panneau du plafond exposé à la Pinacoteca de Brescia. Le personnage féminin qui émerge du buisson ardent a été identifié tantôt avec la Vierge Marie tantôt, récemment, avec une personnification de l'Église. Cette dernière interprétation, qui pourrait aussi faire allusion aux débats religieux de l'époque, est en accord avec l'engagement du commanditaire. Du point de vue du choix du mode d'expression, il est peut-être intéressant de remarquer que la scène, si on l'imagine comme faisant encore partie de son contexte d'origine, se présente comme une grande tapisserie tendue sous le plafond, du type de celles que Raphaël avait conçues, vers la fin de sa carrière, pour la Loggia de Psyché de la Villa d'Agostino Chigi à Rome.

Jusqu'aux dernières, et fondamentales, recherches d'A. Ballarin auxquelles nous nous référons, le cycle Ugoni n'avait pas été correctement inséré à l'intérieur du parcours expressif de Moretto, c'est à dire dans le courant de cette troisième décennie du XVIe siècle au cours de laquelle se succèdent presque tous les travaux à fresque connus ou cités dans les sources. Pendant longtemps on a voulu dater le cycle Ugoni de 1529, sur la base d'une tradition sans fondement, tandis que la monographie la plus récente oscille entre 1520-21 et 1525, sans d'autre part résoudre le problème crucial du rapport entre cette série des «*Prophètes*» et celle peinte par Moretto dans l'intrados de la chapelle du Sacrement (San Giovanni Evangelista, Brescia), à partir de 1521. Les Prophètes de San Giovanni précèdent les *Prophètes* Ugoni et non l'inverse. Entre les deux séries − mais les effets en sont déjà perceptibles dans la série de San Giovanni − le *Polyptyque Averoldi* de Titien est arrivé à Brescia, en mai 1522, et Moretto est allé l'automne de la même année à Padoue. C'est le début d'une période de réflexion sur la grande tradition vénitienne, de Giorgione à Titien, le long d'une décennie pendant laquelle Moretto passe d'un exploit à l'autre, en une croissance vertigineuse; en même temps autour de lui la peinture de la vallée padane une époque d'extraordinaire liberté d'expériences. A. Ballarin situe le cycle Ugoni à côté de l'*Assomption* pour le Duomo, commandée en 1524 et payée en 1526. S'épuisent, au feu de la couleur vénitienne retrouvée, les souvenirs «cubistes» de Bramantino (encore très forts dans une autre commande Ugoni de Moretto, le *Christ portant la croix*, cité plus haut). Moretto brûle les étapes et en 1526 le premier portrait en pied de l'histoire de la peinture italienne voit le jour. Toutefois les Prophètes de la maison Ugoni, dans la liberté extrême de leur disposition, peuvent aussi être perçus comme une série d'«hommages» aux maîtres passés et futurs : tout d'abord à Giorgione (il suffit de penser au jeune homme frisé et mélancolique), mais aussi à Titien, Savoldo, Romanino, jusqu'à Paolo Veronese à qui, inconsciemment, Moretto rend un hommage prémonitoire dans la manche rose du «prophète» le plus beau de la compagnie.

La date «vers 1525» signifierait donc, dans le cas des fresques Ugoni, «en direction de Venise».

G.A. et C.Z.

page 98

84

Paris Bordon
Trévise, 1500 - Venise, 1571

Les Amants vénitiens
Toile. H. 0,95; L. 0,80
MILAN, PINACOTECA DI BRERA

HISTORIQUE
Coll. famille Prinetti, Milan; Pinacoteca di Brera en 1890.

EXPOSITIONS
Londres, 1930, n° 175; Paris, 1935, n° 60; Tokyo, 1938, n° 70; Venise, 1955, n° 134, Tokyo, 1973-74, n° 11; Baden-Baden, 1975, n° 6; Londres, 1983-84, n° 17; Trévise, 1984, n° 2; Leningrad, 1986, n° 2.

BIBLIOGRAPHIE
Frizzoni, 1890, pp. 419-420; Cust et Cook, 1906, pp. 73-75; Ricci, 1907, pp. 228, 287; Bailo et Biscaro, 1900, n° 53; Berenson, 1957, I, p. 47; Canova, 1964, p. 107; Wethey, 1975, III, p. 214; Matalon, 1977, p. 37; Fomiciova, 1978-79, p. 163; Mariani Canova, 1983, n° 17; Mariani Canova, 1984, pp. 29, 54, 59, 61; Davanzo Poli, 1987, p. 248; Valcanover, 1987, pp. 277-282, Pignatti, 1987, pp. 5-7; Fossaluzza, 1987, pp. 183-191, 200; Fossaluzza (avec bibl. ant.), 1990, pp. 79-81.

Le tableau a été transformé par la restauration de 1985, ce qui permit de renouveler son interprétation. En effet, libéré des vernis jaunes épais, il a retrouvé un tissu chromatique lumineux dont l'intensité et la variété avouent, davantage qu'autrefois, l'influence de Titien. La suppression du parapet, ajouté en bas au premier plan et, aujourd'hui, remis à sa place à un niveau supérieur auparavant caché par des repeints, redonne au tableau son aspect d'origine. Dans un espace plus restreint, l'attention se concentre davantage sur le couple saisi en pleine lumière tandis que la troisième figure, au second plan, émerge à peine de la pénombre.

Cette mise en page, l'éclairage, la composition d'une scène à trois personnages vus à mi-corps, rendent plus sensible aujourd'hui le rapport du tableau avec les portraits multiples de Giorgione tels qu'ils apparaissent dans le *Double Portrait Ludovisi* (cat. **23**) ou l'«*Appel*» de Detroit par Sebastiano del Piombo (cat. **34**). La disposition des figures, le sentiment qui les unit, rattachent directement le tableau de la Brera aux prototypes giorgionesques. Cependant ces données sont renouvelées avec originalité par Bordon qui transforme le thème du portrait multiple en une scène de genre d'un type alors inédit.

A l'exception de Bailo et Biscaro qui datèrent le tableau vers 1535-1540, on l'a généralement situé plus tôt: vers 1525 (Mariani Canova, 1983; Valcanover, 1987), vers 1530 (Pignatti, 1987). Ces auteurs ont relevé le rapport avec le *Double Portrait Ludovisi* (cat. **23**), avec les prototypes giorgionesques et titianesques (Casa Buonarroti; Hampton Court) mais aussi avec la *Femme à sa toilette* de Titien (cat. **48**) pour la pose de la jeune femme, d'une ampleur qui s'apparente à Pordenone et à Palma. Ils ont également noté l'analogie avec les portraits bourgeois néo-giorgionesques de Bernardino Licinio: cependant pour G. Fossaluzza (1990), qui situe les *Amants* vers 1525, cette dernière influence se réduit au partage, par deux artistes de sensibilité différente, d'un commun intérêt pour la même culture, la même thématique issue de Giorgione, caractères qui évoluèrent diversement pour chacun d'entre eux. Dans l'œuvre de Paris Bordon, dont la chronologie est souvent incertaine, l'unique référence comparable est le *Portrait d'homme* (Munich, Alte Pinakothek) de 1523. Une datation entre 1523 et 1525 du tableau de la Brera est soutenue par la comparaison des costumes avec ceux du *Portrait dit de la famille Albani* (cat. **65**), signé et daté 1519 par Giovanni Cariani, un artiste qui a été, parfois, confondu avec Bordon (Davanzi Poli, 1987). Dans cette phase de maturation stylistique, l'art de Bordon, formé, selon Vasari, par Titien, assimile la poétique de Giorgione: «*la cui maniera gli piaceva sommamente*» («dont la manière lui plaisait extrêmement») (Vasari, *Le Vite*, VII, p. 461).

Dans la collection milanaise Prinetti, on appelait le tableau «La Séduction». Ricci (1907), dans le catalogue de la Brera, lui donna le joli titre romantique des *Amants vénitiens*, probablement en raison de son rapprochement par Cust et Cook (1906) avec les tableaux de la Casa Buonarroti de Florence et d'Hampton Court, deux œuvres d'inspiration analogue, mettant également en scène trois figures (connus par de nombreuses copies et variantes, *cf.* Shearman, 1983, p. 70, n° 65). On admet généralement, aujourd'hui, que ces œuvres, aux attributions controversées, sont inspirées d'originaux perdus de Titien, sous l'influence de Giorgione. D'autre part, on a supposé que le tableau de la Casa Buonarotti représentait *Lucrèce* ou *Cornélie évanouie dans les bras de Pompée* et celui d'Hampton Court, un épisode tiré de la «*No-*

vella» de Matteo Bandello (Borinski, 1908, p. 906). Quoi qu'il en soit de ces interprétations, le tableau de Paris Bordon aurait-il, lui aussi, un sujet maintenant oublié? Nous sommes contraints de le deviner en le regardant attentivement. La femme n'est pas coiffée comme une courtisane qui porte, le plus souvent, une coiffure apprêtée à «tremuli» (sortes de bouclettes légères calamistrées) comme dans le célèbre tableau de Bartolomeo Veneto (Francfort, Städelsches Kunstinstitut). Sa coiffure, des nattes sagement enroulées sur la tête, est celle d'une femme de qualité, car elle est gantée comme une aristocrate. Elle se laisse aller, alanguie, contre son amant. Il pose délicatement, avec tact mais fermement, la main droite sur son épaule, geste d'amoureuse possession confirmé par sa main gauche qui saisit la ceinture qu'en témoignage de consentement elle lui remet de sa main dégantée, autre preuve de confiance. Les attitudes des personnages du tableau de la Brera ont été diversement interprétées. L'élégant cavalier, au second plan, à gauche, est, pour G. Mariani Canova (1984), «un ami cher qui assiste avec une aimable curiosité à l'idylle des amants», ou pour F. Valcanover (1987), un «témoin intéressé». Mais son visage exprime plutôt la tristesse, l'incompréhension ou le désarroi devant le départ, l'abandon ou la trahison de la personne aimée. Celle-ci n'accepte pas un présent de son amant, comme l'ont proposé Frizzoni (1890, cité par Bailo et Biscaro, 1900) et, un moment, G. Mariani Canova (1983), interprétant le tableau comme «une scène banale de séduction qui est exprimée par l'offre ambiguë d'un présent à la femme», mais, comme nous l'avons vu plus haut, tout au contraire, c'est cette dernière qui offre quelque chose à son amant: sa ceinture dorée, un élément très symbolique du costume féminin. Wethey (1975), croit y voir un rosaire. Il s'agirait alors d'un rosaire attaché à la ceinture comme on le voit sur le célèbre *Portrait d'Isabelle d'Este* de Giulio Romaro (Hampton Court). «La ceinture signifie attachement et fidélité. Elle est devenue le symbole de fonctions qui exigent dévouement et fidélité [...]. Détacher sa ceinture signifiait chez les Grecs et les Romains se donner en mariage [...] Le mari détache cette ceinture nouée par le nœud d'Hercule, comme présage qu'il sera aussi heureux par le nombre de ses enfants que le fut Hercule qui en laisse soixante-dix» (Festus, 1913, cité dans Chevalier et Gheerbrant, 1969, I, p.293). Les mains des deux amants sur le pendentif de la ceinture, «bijou précieux et chaîne d'amour» (Mariani Canova, 1983) sont beaucoup plus qu'un «tendre jeu» qui, secrètement, les rassemblerait. Dans le tableau de la Brera, l'offre de la ceinture est le symbole du don d'elle-même que fait la jeune femme à son amoureux et de leur union future et féconde. Ce geste capital, qui donne la clef de la peinture, est très intelligemment placé par Bordon au premier plan du tableau.

A l'annulaire de la main gauche, la jeune femme porte la bague ornée d'une pierre précieuse (de préférence un rubis) des femmes mariées, une coutume, semble-t-il non suivie à la Renaissance par leurs maris (Ricciardi, 1989, pp. 98-104): on ne peut donc rien déduire de la bague ornant le troisième doigt de la main droite de l'homme, bien qu'elle soit mise très en évidence; sa main gauche n'est que partiellement visible. Est-il le mari et vient-il d'offrir la bague du mariage ou la Belle la tient-elle de l'élégant cavalier qui assiste, en retrait, à la scène? Le visage de la jeune femme, en dépit de sa pose langoureuse, n'exprime pas la joie de l'amour partagé mais une certaine tristesse pensive proche de celle de l'homme au second plan. Elle semble encore le rechercher de son regard détourné qui fixe le spectateur comme si elle sollicitait son approbation. Plongé dans la pénombre, l'élégant cavalier appartient déjà au passé tandis que la femme et son nouveau partenaire sont dans la pleine lumière du présent, celle de leur amour. C'est avec gravité que la femme cède à l'attrait irrésistible qui la pousse vers son amant en s'abandonnant à celui-ci tout absorbé par la passion : *Omnia vincit Amor*. On voit combien la peinture se distingue d'une scène de séduction vulgaire comme Bordon l'a traitée dans la *Séduction* (Alte Pinakothek de Munich): cependant le titre ancien de « Séduction » pourrait lui convenir tout autant que celui des *Amants vénitiens*. Son message, comme c'est le cas pour nombre d'œuvres inspirées de motifs giorgionesques est, donc, extrêmement simple (Hope, 1980/1, p. 35). Bordon, dans les *Amants vénitiens*, en dosant subtilement la volupté et toutes les nuances du sentiment amoureux, a réussi un chef-d'œuvre d'un lyrisme raffiné typique de l'art aristocratique et courtois de cette période de l'art vénitien : le sujet pourrait être tiré de quelque galant « madrigal » rappelant que Bordon, comme Giorgione, était un excellent musicien (Vasari) et l'hôte des cercles raffinés de Venise.

S.B.

page 99

85

Paris Bordon
Trévise, 1500 - Venise, 1571

Saint Jérôme au désert
Toile. H. 0,702; L. 0,87
PHILADELPHIE, PHILADELPHIA MUSEUM OF ART,
JOHN G. JOHNSON COLLECTION

HISTORIQUE
Coll. Leuchtenberg à Munich, 1851, puis à Saint-Pétersbourg, 1896; coll. John G. Johnson, Philadelphie, 1905.
EXPOSITIONS
Londres, 1983-84, n° 16; Washington, 1988, n° 38.
BIBLIOGRAPHIE
Muxel, 1843, p. 22, n° 2; Harck, 1896, p. 430, n° 34; Bailo et Biscaro, 1900, p. 146, n° 66; Perkins, 1905, pp. 132-133; Berenson, 1913; I, pp. 128-129, n° 206; Reinach, 1918, p. 569; Venturi, 1928, p. 1032; Berenson, 1932, p. 432; Berenson, 1957, I, p. 48; Canova, 1964, p. 98; Bonicatti, 1964, p. 249; Sweeny, 1966, p. 114; Fredericksen et Zeri, 1972, p. 32; Rosand, 1988, p. 66.

Le thème de saint Jérôme fut très apprécié à Venise : Giorgione, Titien (cat. **162**), Lotto (cat. **8**) et Véronèse (cat. **200**), parmi d'autres, le traitèrent avec prédilection. Sa large dissémination par la gravure (Campagnola) atteste sa popularité.

Dans le *Saint Jérôme* de Bordon, le paysage occupe presque tout le champ du tableau. Le saint est logé dans l'angle inférieur droit et se retourne pour regarder son compagnon, le lion au premier plan à gauche. La vaste campagne vallonnée, ponctuée çà et là d'arbres ou d'arbustes, échelonne ses sinuosités en forme de vagues ondulantes jusqu'à l'horizon où quelques architectures se détachent sur un ciel nuageux embrasé par le soleil couchant. Le paysage est composé comme un jardin sélectionnant les beautés de la nature : l'arbre, la colline, le rocher, le lac. L'exemple de Giorgione, qui exalte le charme des motifs naturalistes, est ici évident. Cette verdoyante nature ressemble à celle que décrit Bembo dans les *Asolani* et le berger de la Pastorale n'y est pas oublié: le saint Jérôme de Bordon fait penser au saint ermite que rencontre Lavinello dans le merveilleux cadre d'Asolo (Bembo, 1505; éd. 1971, p. 169). La vie du saint se prêtait à cette évocation paradisiaque. Dans une de ses lettres, saint Jérôme décrit avec amour la nature où il a trouvé re-

fuge : « au printemps, les champs sont égayés par les fleurs et les notes plaintives du chant des oiseaux rendent plus doux le son de nos psaumes » (lettre 22 citée par Rosand, 1988). Un tel type de paysage, désert de « délices », a pu être appelé « pastorale religieuse » (Rosand, 1988). Un *Saint Jérôme lisant* de Giorgione appartenait en 1525 à Gerolamo Marcello, sans doute celui que Ridolfi (1648) signale au palais Malipiero. Giorgione peignit aussi un *Saint Jérôme au désert* dont il existait une copie à Venise en 1532 chez Andrea Odoni. Ces tableaux ont pu fournir des idées à Bordon, car la manière dont il a construit le paysage du *Saint Jérôme* de Philadelphie est caractéristique des compositions giorgionesques groupant les figures dans les angles pour permettre une vaste échappée sur la nature comme on le voit dans la *Nativité* dite Allendale (Washington, National Gallery), les *Trois Philosophes* (Vienne, Kunsthistorisches Museum). Titien adopte cette mise en page, par exemple dans le *Noli me tangere* (cat. **46**). L'*Orphée et Eurydice* (Bergame, Accademia Carrara) offre, dans les courbes sinueuses de ses plans, une analogie certaine avec le parti suivi par Bordon dans le paysage du tableau de Philadelphie. Cependant c'est surtout à Giorgione que fait penser l'épisode secondaire du monstre fabuleux près d'un lac qui rappelle un thème analogue dans le mystérieux *Tramonto* (cat. **20**).

La pose contournée, instable, de saint Jérôme dans le tableau de Philadelphie, qui, interrompant sa lecture d'un texte sacré, se retourne vivement vers le lion, est un exemple précoce de la tentation maniériste de Bordon. Pordenone avait déjà manifesté cette tendance entre 1515 et 1520 aux dômes de Pordenone et de Trévise (Pignatti, 1981, p. 6). G. Mariani Canova (1983) rattache cette figure à une possible influence des *Allégories* de Titien pour Alphonse d'Este, plus spécialement, sans doute, aux *Andriens* (Prado). D'autre part, elle relève (1988) les analogies du *Saint Jérôme* avec l'*Apollon et Daphné* (Venise, Seminario patriarcale). Toutes ces données permettent de situer le tableau de Philadelphie dans les années vingt, à un moment où Bordon assimile le message de Giorgione tout en restant sensible à la technique large et vibrante de Titien, comme à sa riche palette, d'une manière qui n'est pas sans rappeler Dosso Dossi.

S.B.

Le message de Giorgione et du jeune Titien dessinateurs

par Konrad Oberhuber

Parmi les dessins qui figurent dans la première partie de cette exposition, l'un des plus singuliers est, à coup sûr, le *Couple de musiciens* du British Museum (cat. **94**). Une toute jeune fille, à demi nue, vue de dos, tenant une flûte, dirige son regard vers un paysage lointain baigné de lumière, un paysage de Vénétie où se niche une petite ville entre une vaste plaine et de hautes montagnes rocheuses. Près de cette jeune fille, un homme vigoureux, à la peau brune, légèrement incliné, joue de la viole de gambe devant un buisson épais au milieu duquel se dresse un arbre protégeant de son ombre quelques moutons assoupis. C'est une représentation caractéristique de la scène pastorale : des bergers musiciens dans une Arcadie imaginaire où règnent l'amour et la tranquillité. Un tel dessin a parfaitement pu avoir été exécuté à l'occasion d'un mariage, de fiançailles, ou simplement en gage d'amour. C'est un dessin très achevé, mais rapidement jeté sur le papier, dont certains détails — le feuillage, les montagnes dans le lointain et le nuage — dénotent une grande virtuosité. Le corps lumineux de la jeune fille se détache nettement sur un paysage inondé de soleil, tandis que le corps sombre du berger est placé devant une épaisse frondaison. L'auteur de ce dessin témoigne d'une maîtrise parfaite des valeurs du clair-obscur qu'il utilise dans le rendu du premier plan et des lointains, dans l'indication des surfaces et dans la plénitude des formes. Le trait de chaque partie du dessin souligne pourtant davantage le contraste entre la douceur du corps féminin et la peau brune du berger. La silhouette de la jeune femme est délicatement tracée (Fig. 1), et le modelé est suggéré par des lignes extrêmement fines. Le volume même du corps, tendu et lumineux, est rendu par un jeu de hachures croisées légères et denses, et par des courbes parallèles qui en épousent la forme. Les proportions classiques

de cette nymphe, ou de cette bergère, font songer à un éventuel modèle antique, auquel la vie aurait été insufflée. Le voile léger et transparent, qui la couvre à demi, la délicatesse de la lumière, qui effleure sa chevelure, répondent à l'éclat de sa peau. La figure du jeune berger (Fig. 2), quant à elle, est modelée à l'aide de hachures assez espacées, appliquées librement. Les contours sont très marqués, épaissis parfois en plages plus sombres. Sa chevelure et ses vêtements

Fig. 1
Giorgione et Titien, *Couple de musiciens*,
(cat. 94, détail).

sont suggérés avec soin à l'aide d'une plume appliquant de petits points et traçant de légères volutes. Tout n'est que vibration d'ombre et de lumière. A côté de la silhouette féminine, dont le volume est souligné par le raccourci des membres et la finesse du relief, la forte présence spatiale du berger est rendue perceptible grâce au jeu du clair-obscur où se confondent son corps et la végétation de l'arrière-plan. A côté de la figure féminine, repliée dans sa rêverie, se tient le berger dont le dynamisme semble dominer le monde qui l'entoure. Le regard plein d'audace et le geste ample, il remplit tout l'espace de musique. La jeune femme, songeuse, a éloigné la flûte de ses lèvres : elle semble vivre intérieurement les charmes conjugués de la musique et de la nature.

Le sujet représenté n'est pas la seule cause des différences observées entre les deux protagonistes du dessin. La figure féminine a été dessinée avec une autre plume et une encre de couleur différente de celles du reste de la feuille. Elle figurait déjà sur le papier lorsque la partie du dessin tracée plus fermement a été ajoutée. Le rapport très étroit qu'entretiennent cette figure et la musicienne du *Concert Champêtre*, de 1510 environ (cat. **43**), indique qu'il ne peut s'agir que d'un dessin préparatoire pour l'une des deux al-

Fig. 2
Giorgione et Titien, *Couple de musiciens*,
(cat. **94**, détail).

légories féminines représentées dans le tableau. Le jeune berger est, en revanche, si proche du *Saint Christophe*, peint à fresque par Titien en 1523 au palais des Doges, à Venise, qu'il ne peut pas avoir été dessiné beaucoup plus tôt. La finesse de trait, sa délicatesse mais aussi la conception même du corps présentent, dans la figure de la musicienne, des particularités stylistiques analogues à celles d'un groupe de dessins longtemps attribués à Giulio Campagnola mais que nous devons ici rendre à Giorgione, auteur, selon nous, du *Concert champêtre*. Le berger, en revanche, est indiqué avec une force et un dynamisme proches des œuvres de la jeunesse de Titien qui avait d'emblée transformé l'héritage de Giorgione en l'orientant vers une vigueur et une monumentalité nouvelles.

C'est ainsi que cette feuille engage d'entrée de jeu notre réflexion sur le dessin vénitien de l'entourage de Giorgione et de Titien et met en évidence la force des deux maîtres comme le contraste de leurs personnalités. Tous deux sont parvenus à une poésie inconnue jusqu'alors et à une harmonie parfaite entre les figures et le paysage, évoquant les sites lumineux de la Vénétie, ses buissons, ses plaines et ses montagnes. Ils ont créé des figures douées d'un grand classicisme et d'une vitalité qui témoignent de la grandeur d'un passé riche de traditions religieuses et mythologiques, à laquelle la nostalgie du regard confère une telle beauté, idéalisée et lumineuse, qu'elle en devient prometteuse d'un avenir meilleur. Tous deux se sont attachés au rendu de la lumière et de la couleur, même dans le monochrome du dessin. Giorgione fait preuve d'une sensibilité plus grande et plus délicate dans son évocation infiniment subtile de la surface des corps. Titien témoigne d'un élan créatif plus riche, plus varié dans ses possibilités et d'une ardeur qui lui permet de rendre la richesse des textures et la beauté sensuelle des figures. Cet essai porte essentiellement sur l'art du dessin chez Giorgione, Titien, et leurs élèves, Giulio et Domenico Campagnola.

Giorgione : une nouvelle conception du paysage

Vers 1517-1518 apparurent, à Venise, les premiers dessins de paysages signés. Ils sont l'œuvre d'un maître très jeune, Domenico Campagnola, travaillant à Padoue et à Venise sous l'influence directe : Titien. Dès le début de la décennie suivante, les premières xylographies de paysages seront produites par l'atelier de Titien. Albrecht Altdorfer, à la même époque, gravait aussi sur métal des eaux-fortes représentant des vues romantiques de montagnes et de forêts.

Déjà, Albrecht Dürer avait publié sa célèbre eau-forte, le *Paysage au canon*, essentiellement consacrée au paysage, même si l'allusion au conflit avec les Turcs y était parfaitement claire et, à peine plus tard, au cours de son voyage aux Pays-Bas, il qualifiait Joachim Patinier de « bon peintre de paysages » (Panofsky, 1987, p. 319). Dès la première décennie du XVIᵉ siècle, apparurent des dessins de paysages à la plume portant le monogramme de Wolf Huber. L'existence de nombreuses copies de ces feuilles et d'autres encore, exécutées à la plume et rehaussées de blanc sur papier coloré, permet de suggérer qu'il existait déjà une clientèle pour ce type d'œuvres. Le petit nombre de documents conservés ne permet pas de savoir si ces feuilles étaient recherchées et acquises par des humanistes ou par des artistes. En revanche, il est probable qu'aux œuvres d'art, qui donnaient lieu à des échanges fréquents entre les centres du Nord et du Sud, s'adjoignirent, au même moment, des dessins, puis des estampes de paysages. Tandis qu'aux Pays-Bas, les paysages peints avaient précédé les eaux-fortes et les burins de Brueghel, en Allemagne du Sud et en Vénétie il existait une production autonome de dessins et de gravures de paysages.

Dürer a pris une part active à cette évolution. Il a assurément retenu pour lui-même ses paysages dessinés et aquarellés, toutefois ses observations sont consignées à l'arrière-plan de ses gravures religieuses et profanes. Elles furent répandues dans l'Europe entière dès la fin du XVᵉ siècle. Très peu d'artistes, dessinateurs ou peintres italiens contemporains de Dürer, ont échappé à son influence.

Rappelons que l'art du paysage tel qu'il était pratiqué par les frères Van Eyck avait été renouvelé et enrichi par Dürer dont l'ascendant avait rapidement supplanté celui qu'avaient exercé des maîtres tels que Rogier Van der Weyden et surtout Hans Memling, principaux modèles de l'Italie à la fin du siècle. Cela sera facilité par le fait que des œuvres des frères Van Eyck avaient déjà été introduites en Italie et avaient influencé de grands artistes, comme Léonard de Vinci. C'est avec le regard de Jan Van Eyck que Léonard de Vinci conçut, en 1473, la célèbre vue dessinée de la vallée de l'Arno. L'art de Dürer surpassa toutefois celui des frères Van Eyck, car il parvint à faire le lien entre paysages et figures en créant une unité dramatique. De la même façon il anima tous les plans de ses compositions, du premier au dernier, par des motifs végétaux et des éléments de paysage. L'herbe ou les troncs coupés du premier plan prirent pour les Italiens autant d'importance que les arbres et les buissons du centre, que les nuages et les montagnes dressées vers le ciel à l'arrière-plan. Dürer et les frères Van Eyck partageaient cependant la même perception de la dimension cosmique de la nature. Monts, fleuves et mers, rochers abrupts et prairies, châteaux, villes et hameaux sont réunis dans la même vision d'ensemble de l'univers. Dürer demeure toutefois attentif aux détails anecdotiques et pittoresques. C'est ainsi que s'élabora un style nouveau, à l'aube du XVIᵉ siècle.

Léonard de Vinci évoque la grandeur et l'harmonie de la nature, mais ne s'attarde point, comme Dürer, au détail directement observé et vivement rendu. Le lien de la figure avec ce qui l'entoure est, chez lui, imposé par la composition, au lieu d'être au service de l'unité ornementale recherchée par Dürer. Léonard, artiste de l'Italie Centrale, s'attache au rendu plastique des volumes, alors que Dürer, né en Allemagne, s'intéresse essentiellement aux contrastes de la lumière et aux effets de la couleur. C'est la raison pour laquelle Dürer joua un rôle aussi important, pour les Vénitiens surtout qui, sous son impulsion, parvinrent à créer un style indépendant de peinture de paysage, différent de celui venu d'Allemagne. Les dessins de Domenico Campagnola, les xylographies de Titien et plus tard les burins gravés d'après ses compositions obtinrent un réel succès parmi les amateurs de paysages. La production s'enrichit par la suite des eaux-fortes gravées à Vérone. Les artistes des environs de Venise demeurèrent attachés à ce genre, même lorsque les artistes des Pays-Bas tentèrent de les surpasser.

Il y avait naturellement, en Italie, d'autres centres de développement de l'art du paysage. Le célèbre cahier d'esquisses du Florentin Fra Bartolommeo est à peu près contemporain des premières feuilles vénitiennes. Ce cahier demeure cependant, comme les aquarelles et les dessins de Dürer, les feuilles de Léonard, de Raphaël et d'autres artistes du XVᵉ ou du début du XVIᵉ siècle, une suite d'études de paysages destinées à l'usage du maître et de ses élèves. Ces études ne quittaient pas l'atelier. Les dessins et les gravures offerts en cadeaux en Italie Centrale se concentraient, en règle générale, sur les figures, même s'ils accordaient une part importante au paysage.

Comment cet art, propre à Venise, du dessin de paysage s'est-il développé ? Les historiens admettent volontiers de nos jours que Giulio Campagnola, natif de Padoue et son fils adoptif Domenico, jouèrent à cet égard un rôle déterminant. Depuis le début de notre siècle, date à laquelle parut l'ouvrage fondamental de Paul Kristeller, on s'accorde pour attribuer à Giulio quelques-unes des plus belles études de paysages faites à la plume, conservées au musée du Louvre et aux Uffizi. Certaines sont, en fait, des dessins préparatoires aux gravures de Giulio Campagnola, exécutées dans une technique tout à fait particulière et de nature presque picturale : un réseau de hachures parallèles, très légères,

Fig. 3
Giorgione,
Paysage avec deux hommes à l'orée d'un bois,
(cat. 93, détail).

lumineuses, évoquant un tracé à la plume et, d'autre part, une utilisation du pointillé permettant de reproduire, sur la planche de cuivre, les nuances les plus fines des indications de lumière contenues dans le dessin.

Les témoignages dont nous disposons sur la vie de Giulio Campagnola nous permettent de savoir qu'il ne faisait pas de l'art son activité unique. Il semble qu'il ait fait figure de dilettante cultivé, ayant des ressources propres et réalisant en amateur des œuvres sur papier. Les paysages de ses gravures ne servent le plus souvent que d'arrière-plans encadrant des figures inspirées tout d'abord par l'art d'Andrea Mantegna, puis, de façon toujours plus sensible, par Titien et Giorgione. Toutes font preuve d'une finesse de métier qui ne se dément jamais, mais dont la densité, proche de celle des œuvres de Dürer, évolue progressivement vers une technique plus souple, d'inspiration vénitienne. Néanmoins, les figures et la composition des paysages varient de manière si surprenante que l'on ne peut rattacher leur invention à un seul et même artiste. On a constaté à plusieurs reprises que Giulio Campagnola ne se contentait pas d'interpréter librement les maîtres de son temps mais qu'il rendait en gravures, dans la limite de ses capacités, des modèles bien précis de ces maîtres. La question doit continuer à être posée : Giulio est-il véritablement, à Venise, l'inventeur du dessin de paysage dont le succès, grâce à sa diffusion à travers l'œuvre de Titien et de Domenico Campagnola, a été si grand et si largement porteur d'influences ?

Le *Paysage avec deux hommes à l'orée d'un bois* conservé au Louvre (cat. **93**), a été attribué à Giorgione par Morelli, Hadeln et les Tietze, tandis que Kristeller et la plupart des autres historiens d'art l'ont considéré comme une œuvre sûre de Giulio Campagnola. Le dessin a été piqué pour le transfert et gravé, en sens inverse, par Giulio sur une planche, demeurée inachevée à sa mort et terminée par Domenico (cat. **133**). Il s'agit assurément d'un des plus beaux paysages dessinés de la Haute Renaissance. Il réunit la scène, à caractère intimiste et énigmatique, qui se passe dans le bouquet d'arbres du premier plan à droite (Fig. 3), au vaste paysage de collines animé de fabriques qui se déploie sur plusieurs plans et entraîne le regard vers le lointain, où, au pied d'un site montagneux, délicatement évoqué, se blottissent quelques constructions entourées d'un mur d'enceinte (Fig. 4). L'ensemble est baigné d'une lumière subtile, aux ombres légères et fines, venant adoucir et modeler le profil de la montagne, dessiner les frondaisons et préciser l'appareil de construction des bâtiments. L'absence de netteté des contours est un élément important : presque toutes les parties hachurées sont « ouvertes ». Même le feuillage légèrement stylisé des buissons et des arbres est indiqué au moyen de petits traits courbes et de hachures appliqués très librement. Tout cela crée une atmosphère légère, très lumineuse à l'arrière-plan, mais plus dense à l'orée du bois. Les jeux de lumière sont saisissants : ombre et pénombre, lumière réfléchie et pleine lumière sont distribuées avec un art consommé. La qualité poétique qui s'en dégage ne se retrouve que chez Giorgione et ne se décèle pas dans la gravure de Giulio

Fig. 4
Giorgione,
Paysage avec deux hommes à l'orée d'un bois,
(cat. 93, détail).

Campagnola. Le bord des frondaisons, resté ouvert dans le dessin, est fermé dans la gravure, entraînant ainsi un effet de stylisation. Les parties hachurées se confondent entre elles, créant des plages sombres qui n'offrent pas la finesse des passages que l'on observe dans le dessin. Les façades des maisons ont tendance à perdre leur relief. Toute la composition semble aplatie. L'élément atmosphérique qui assurait l'unité de l'espace jusqu'à l'arrière-plan a disparu au profit d'une succession de plans un peu sèche et mécanique. Les collines ont perdu la netteté de leur volume et les buissons la vivacité de leur évocation. Giulio Campagnola s'est efforcé, en vain, mais avec insistance, de rendre la qualité du dessin. Il est très probable qu'il abandonna la gravure lorsqu'il s'aperçut qu'il ne parviendrait pas à interpréter le mystérieux motif du bosquet où se trouvent les deux figures.

Certes, il apparaît que la transposition d'un dessin sur une planche entraîne souvent une perte de qualité. Toutefois les peintres-graveurs aussi accomplis que Mantegna ou Dürer réussissent toujours à traduire leurs idées même dans les techniques nouvelles. Campagnola n'était pas doué du même talent, n'étant pas un créateur de génie. S'il n'était qu'un bon artisan, aurait-il pu être le créateur d'un chef-d'œuvre comme le dessin du Louvre ? Marcantonio Raimondi, le meilleur graveur de son époque, n'était pas, lui non plus, un artiste de génie, mais ses dessins sont, dans les meilleurs cas, aussi accomplis que ses gravures. En 1973, j'ai moi-même contribué à rendre cette question plus confuse encore. J'avais cru déceler dans le bouquet d'arbres et les deux figures

l'influence de dessins exécutés par Titien au cours des années 1510, tels que le *Paysage au bouquet d'arbres* du Metropolitan Museum (cat. **103**). Cependant, la manière dont sont rendus, dans le dessin du Louvre (cat. **93**), les troncs d'arbres et le feuillage est tout à fait différente de celle que l'on trouve chez Titien. Les arbres n'ont pas l'arrondi et le volume qui caractérisent les troncs puissants des premiers paysages de Titien, tels que le *Saint Jérôme* (cat. **97**). On n'y observe pas la liberté d'agencement des frondaisons inspirée des gravures sur bois de Dürer. L'évocation des feuilles et des branchages, dans le dessin du Louvre, rappelle bien davantage celle des buissons et des arbres, presque identique, de *La Tempête* de Giorgione, celle-ci dénotant, en outre, une connaissance probable de l'*Hercule* gravé par Dürer (Bartsch, VII, n° 73). Les troncs et la forme des ramures évoquent également ceux de la *Tempête*, mais surtout ceux des *Trois Philosophes* de Vienne. L'étude de branches, qui se trouve au verso du dessin présente enfin un aspect que l'on peut rapprocher de celui de l'arbre qui se trouve à gauche dans le tableau, près des rochers, bien que l'un et l'autre n'aient évidemment pas la même fonction.

Si l'on voulait tenter de situer ce dessin dans le développement du dessin de paysage, à cette même époque, il conviendrait de le rapprocher de ces deux peintures. L'échelle des figures, la variété du paysage sont proches de celles de la *Tempête*, même si son format diffère de celui de la peinture. Son mode de composition, avec l'échappée lumineuse du centre et le groupe du premier plan, est plus voisin des *Trois Philosophes*, où l'on remarque la même netteté des contours et une nette différenciation des plans. En revanche, le groupe de bâtiments représenté dans le plan intermédiaire est comparable à celui qui figure dans le *Paysage*, dit *Il Tramonto* (cat. **20**), où l'on aperçoit, en outre, sur une colline rocheuse, un bouquet d'arbres semblable à celui du dessin du Louvre. L'exécution est cependant plus dense que celle du *Tramonto*. Elle évoque davantage celle de la *Tempête*, dans laquelle les figures correspondent plutôt aux deux personnages du dessin. Elles ont la même massivité, la même rondeur que celles de la *Tempête*, différentes de la fragilité des figures du *Tramonto*. Enfin, la lumière distribuée sur les vêtements et les visages est, dans cette même peinture, identique à celle qui entoure les deux personnages du dessin, dont les effets sont si caractéristiques. Toutefois, on peut rapprocher le type physionomique de l'une des deux figures de celui du personnage central des *Trois Philosophes*, qui offre en outre des correspondances très précises dans l'indication des gestes.

La richesse et la science des raccourcis, la complexité de l'agencement des figures sont tout à fait surprenantes. Rien de tel n'apparaît dans aucune des gravures de Campagnola et Titien lui-même n'a jamais eu une telle conception de l'espace. Seul Giorgione s'attacha de façon suivie à ce type de recherche, dont le groupe si vivant du *Concert champêtre* (cat. **43**) marque la réussite la plus parfaite. La construction du paysage permet une comparaison probante entre la peinture et le dessin : dans ce dernier, les personnages sont assis sur une levée de terre qui s'incline ensuite vers le centre pour s'élever de nouveau de telle façon qu'elle cache en partie l'arrière-plan. Il semble que l'on puisse avancer que le dessin est, y compris pour des raisons thématiques, une anticipation du *Concert* du Louvre, contemporaine de la *Tempête* et des *Trois Philosophes*. Ainsi, les deux ensembles architecturaux du plan intermédiaire symboliseraient-ils deux modes de vie différents, l'un rural, l'autre citadin, et la discussion des deux personnages porterait-elle sur les mérites comparés de la poésie pastorale et d'une poésie plus noble, ou bien d'une perception plus élevée du monde.

Pour concevoir une telle œuvre, il eût fallu que Campagnola fût non seulement capable d'intervenir dans une phase bien précise du travail de Giorgione, mais fût, en outre, à même de créer une œuvre qui aurait eu, par la suite, une influence décisive sur le travail de ce dernier. Son dessin préfigurerait ainsi de nombreuses œuvres de Titien, et ferait le lien entre les études de lisières de forêts de Dürer et celles de Titien, telles que celle du British Museum (cat. **94**). Aussi me paraît-il aujourd'hui nécessaire de reconsidérer l'attribution de Morelli et des Tietze, et de se demander si Giorgione n'est pas lui-même l'auteur de cette feuille et, par là, de la suite entière de paysages avec figures attribuée à Giulio Campagnola. Le créateur du dessin de paysage vénitien serait alors le créateur de la peinture de paysage vénitien et il ne s'agirait pas de Giulio Campagnola, artiste assez peu connu mais très intéressant. C'est à Titien que devait revenir finalement le mérite de porter cette tradition à son expression la plus parfaite.

Une fois admise cette hypothèse, tous les dessins de la série trouvent leur place dans l'œuvre de Giorgione. Le célèbre dessin des Uffizi (cat. **90**) où la composition est dominée par un groupe important de constructions (Fig. 5), correspond exactement, comme on l'a relevé depuis longtemps, à l'arrière-plan du *Tramonto* (cat. **20**), et les effets de plan d'eau y sont tout à fait comparables. Il en est de même pour la perspective lointaine des collines, pour les pierres et le gravier du premier plan.

C'est à l'époque où fut peint le *Tramonto* que Giulio Campagnola découvrit la plupart des sources qui inspirèrent ses gravures. Ainsi le *Jeune berger* (cat. **125**) s'apparente-t-il au plus jeune des personnages du *Tramonto*, et l'*Astrologue* (cat. **127**) fait-il référence à la figure de l'homme plus âgé, dans la même peinture. Néanmoins, dans les deux cas, Campagnola n'a pas repris les raccourcis audacieux ni le développement en profondeur de l'espace. Dans ces gravures, dont le paysage est nettement stylisé, il s'est laissé inspirer par Giorgione, mais n'a pas utilisé de dessins achevés, comme il le fera ultérieurement avec un dessin de Titien, ainsi que nous le verrons plus tard.

Fig. 5
Giorgione, *Groupe de bâtiments au bord d'un fleuve*,
(cat. 90, détail).

Le projet dessiné par Giorgione pour le *Jeune Berger* peut être imaginé à travers le dessin de l'École des Beaux-Arts pour le *Joueur de viole* (cat. **91**). Cette étude, dont le tracé à la plume correspond de très près à celui du dessin des Uffizi, a été exécutée durant la période où Giorgione peignait le *Tramonto*. Les deux feuilles témoignent du même bonheur dans le rythme des hachures incurvées et dans le rendu des surfaces. Le *Couple de musiciens* du British Museum (cat. **94**) révèle, dans le dessin de la jeune femme, cette même finesse du trait. Giorgione, auquel il convient désormais d'attribuer la feuille de l'École des Beaux-Arts, comme Richter le proposait déjà, n'était pas encore suffisamment sûr de lui dans son évocation de l'espace, comme il le sera plus tard dans l'étude de la figure féminine du dessin du British Museum. Le raccourci du bras droit n'y est pas parfaitement réussi. Ainsi, il y a quelques années, ai-je suggéré qu'il s'agissait d'une copie et non de l'original, compte tenu du fait que le dessinateur était l'auteur des feuilles des Uffizi, que l'on pensait alors identifier à Giulio Campagnola.

Giorgione s'est souvent trouvé confronté avec la difficulté du rendu des raccourcis, même dans ses peintures, ainsi qu'en témoigne la *Madone de Castelfranco*. Le bras gauche de la Vierge, par sa longueur et sa position, y est aussi peu convaincant que l'est le bras droit du joueur de viole. On peut comparer la tête inclinée de l'Enfant aux cheveux bouclés avec celle du joueur de viole et, de la même

façon, le traitement des plis du vêtement chez le musicien, indiqué par un jeu d'ombre et de lumière argentée, et le manteau de la Vierge. D'autre part, le château qui se trouve à l'arrière-plan du tableau de Castelfranco offre une architecture dont la structure, obéissant au contraste des murs de pierre et des hangars de bois, présente de fortes analogies avec le dessin des Uffizi, où l'on distingue de petits arbres minces dressés vers le ciel. Il est donc possible d'envisager que le *Tramonto* et la *Madone de Castelfranco* soient des œuvres exécutées dans un même laps de temps. C'est au plus tard vers 1508, si ce n'est dès 1507, que Marcantonio Raimondi eut connaissance de ce style, dont *La Grammatica* et le *Songe de Raphaël* (cat. **122**), qui s'apparente clairement au *Tramonto*, offrent tous deux des traces.

Le dessin préparatoire, conservé au Louvre (cat. **89**), pour l'arrière-plan du *Saint Jean-Baptiste* gravé par Giulio Campagnola (cat. **124**), remonte encore plus loin dans l'activité de Giorgione. J'ai autrefois tenté de démontrer que ce dessin au pinceau, très aérien, d'une grande légèreté, était un chef-d'œuvre de Giorgione (Fig. 6 et 7). Il a, depuis, été attribué tantôt à Titien, tantôt à Giulio Campagnola. Je prends conscience aujourd'hui que le fait de séparer cette feuille de l'ensemble des paysages qui nous occupe ici, était une erreur. Toutes les remarques émises alors, tendant à souligner les différences qu'elle offrait avec les autres pièces du même groupe, demeurent valables mais nous savons dé-

Fig. 6
Giorgione,
Saint Jean-Baptiste dans un paysage,
(cat. 89, détail).

Fig. 7
Giorgione,
Saint Jean-Baptiste dans un paysage,
(cat. 89, détail).

Fig. 8
Giorgione, *Vue du château San Zeno de Montagnana*,
(cat. 92, détail).

sormais combien Giorgione modifia et affina constamment sa conception de l'espace. Tout ce qui distingue cette feuille du dessin des Uffizi (cat. **90**) et du *Paysage avec deux hommes* du Louvre (cat. **93**), à savoir le développement en profondeur de l'espace, plus marqué, la structure du bâtiment de l'arrière-plan, plus ramassée et plus soumise aux règles de la perspective, la forme des bouquets d'arbres et des buissons, plus resserrée, tout cela apparaît caractéristique de l'*Adoration des bergers*, dite *Nativité Allendale*, conservée à Washington, et la distingue du *Tramonto* et de la *Tempête*. Si, dans la *Nativité Allendale*, les détails de la végétation sont peut-être de la main d'un élève, d'une facture plus sèche, plus proche encore de l'esprit du Quattrocento que ne l'eût souhaité Giorgione, l'élaboration du paysage, ses différents éléments, sont en harmonie complète avec le dessin pour le *Saint Jean-Baptiste*.

Dès 1973, j'avais pu démontrer que Giulio Campagnola n'avait pas saisi l'idée de Giorgione en réalisant sa gravure (cat. **133**), qu'il avait surtout négligé, en particulier, de rendre la végétation fournie du premier plan, exécutée à la manière de Dürer et avait, selon son habitude, enserré la composition dans un contour plus appuyé et plus sec. Il avait ainsi altéré la cohérence accordée par la lumière à ce paysage idyllique, animé par des silhouettes de bergers. C'est toutefois dans cette estampe que Giulio s'est adonné avec le plus de bonheur à la nouvelle technique du pointillé et a laissé un chef-d'œuvre de l'art de la reproduction. S'il était lui-même l'auteur du dessin, il n'aurait pas éprouvé le besoin

de suivre si fidèlement les lignes perforées et il eût pu tirer parti de cette nouvelle technique pour renforcer la puissance et la poésie de ce paysage resplendissant de lumière, au lieu de lui conférer une sécheresse qui ne correspondait pas aux intentions de Giorgione.

La feuille du Louvre (cat. **89**) est la seule qui puisse soutenir une comparaison avec le dessin de Rotterdam (cat. **92**), qui est aujourd'hui l'unique pièce que l'on veuille bien attribuer à Giorgione. La raison principale de cette attribution reposait sur le fait que l'on croyait reconnaître le mur d'enceinte de Castelfranco à l'arrière-plan (Fig. 8). On sait désormais qu'il s'agit plutôt d'une vue du Castel San Zeno de Montagnana. Ainsi la difficulté de rapprochement de ce dessin avec les études à la plume et au pinceau, qui font l'objet de cet essai, s'explique-t-elle. Le dessin de Rotterdam est une étude d'après nature à laquelle on ajouta une figure, alors que les autres feuilles sont des dessins de paysages, très complets, élaborés au terme d'une longue observation du réel. Chez Claude Lorrain, ou encore chez Caspar David Friedrich, il y a lieu d'établir la même distinction entre deux types de paysages : l'étude d'après nature et le paysage composé.

Même dans ce dessin d'après nature, Giorgione utilisa pour les arbres et les buissons des formes caractéristiques de ses autres feuilles, mais avec peut-être une stylisation moins marquée et en les intégrant avec plus de cohérence dans l'espace. Le plan d'eau que l'on devine, le pont, les buissons, le château présentent une réelle unité qui apparaît rarement dans l'œuvre peint de Giorgione. L'arrière-plan de la *Vénus de Dresde* laisse percevoir des éléments comparables, mais sans le sentiment d'immédiateté que donne le dessin, alors que Giorgione, reprenant ici les schémas de composition adoptés par Dürer pour le paysage, réussit à unir mer et montagne. La lumière subtile qui effleure les tours et les murs du château dans le dessin est la même que celle qui baigne l'arrière-plan de la *Tempête*, mais en s'infiltrant dans un espace dont nous avons évoqué plus haut la complexité. Le dessin de Rotterdam est donc plus étranger à l'œuvre peint de Giorgione que les autres feuilles que nous avons eu l'occasion d'étudier ici. Il est cependant révélateur du nouveau regard porté par Giorgione sur les sites de son pays natal, vision qui sera déterminante pour la mise en place des paysages imaginaires de ses peintures et de ses dessins achevés. C'est elle qui donnera vie et réalité aux motifs empruntés par le peintre à la tradition vénitienne ou à Dürer. Avant la *Nativité Allendale*, Giorgione n'avait pas tenté de rendre le miroitement de l'eau sous l'ombre portée d'un pont et d'un buisson. Le résultat de ce type de recherches apparaît dans le *Tramonto* et dans le dessin des Uffizi qui lui est associé, ainsi que dans la *Tempête*, où cette vision nouvelle atteint la perfection.

On peut également rapprocher de la *Nativité Allendale* le dessin conservé à Windsor (cat. **88**). Il s'agit évidemment d'un dessin préparatoire sensiblement antérieur à la peinture, qui, pour cette raison, n'aurait pas dû susciter tant d'interrogations parmi les historiens. On se refuse simplement à admettre que Giorgione était un artiste issu de la culture du Quattrocento et qu'il était un contemporain de Carpaccio. Comme lui, il a conservé la technique vénitienne du dessin au pinceau et a souvent repris des schémas antérieurs. Le dessin de Windsor présente les mêmes étrangetés dans le rendu de l'espace que les études de paysages : les rapports d'échelle entre les figures sont aussi peu soumis aux lois de la perspective que le sont les buissons, les groupes de maisons et les ondulations de terrain dans les autres feuilles. En outre, les chercheurs supportent difficilement le fait que Giorgione ne soit pas florentin. Sa tentative de définition de l'espace, non pas à l'aide de la perspective mais par les seules nuances de la lumière − utilisant par exemple un éclairage très contrasté pour mettre en valeur le berger, de petite taille, pour respecter la hiérarchie des figures, en baignant la silhouette de la Vierge dans une lumière qui l'absorbe entièrement, afin d'accuser la spiritualité de ce motif − tout cela nous paraît, à nous dont le regard s'est formé au contact de l'art de l'Italie Centrale, presque maladroit. Nous sommes insensibles au génie dont il fait preuve. La différence qui

Fig. 9
Giorgione, *Paysage avec un fleuve,*
(cat. 87, détail).

oppose le dessin de Windsor à l'étude du Louvre pour l'arrière-plan du *Saint Jean-Baptiste* s'explique, de la même façon, par l'opposition des genres. La *Nativité* de Windsor est une étude préparatoire à un tableau et non, comme le dessin du Louvre, un dessin achevé, destiné à la reproduction. Quelques traits de pinceau suffisent à évoquer le rocher auquel s'appuie saint Joseph, mais la volonté de créer une forme vivante, de rendre la douceur des volumes sont les mêmes que celles qui président au tracé du rocher, à droite, dans la partie médiane de la feuille du Louvre. D'autre part, je considère le dessin de Windsor comme légèrement antérieur à la peinture, et celui du Louvre légèrement postérieur : ce décalage dans le temps suffirait à rendre compte de la liberté souveraine qui conduit le tracé du pinceau dans le paysage.

Le Louvre conserve un autre dessin de paysage exécuté au pinceau (cat. 87) qui, par la densité de son écriture, se rapproche davantage de la *Nativité* de Windsor. Tous deux sont dépourvus du rythme qui domine le tracé de la plume, de la cohérence et de la vivacité qui caractérisent l'ensemble et les détails, qualités qui se retrouvent dans le dessin pour le *Saint Jean-Baptiste* gravé par Campagnola, et qui, dès lors, seront indissociables de l'œuvre de Giorgione. Les buissons et les arbres ne sont pas encore aussi librement traités, ni avec autant de légèreté. Les constructions sont moins nettement définies. Les frondaisons, les crêtes montagneuses (Fig. 9) sont directement inspirées des gravures sur bois de Dürer, et n'ont pas encore tout à fait les volumes qui deviendront propres aux créations du maître vénitien. Cependant, le groupe d'arbres du premier plan à gauche annonce déjà celui de la partie médiane du dessin pour *Saint Jean-Baptiste*. Les rives rocheuses et ombragées, la grotte d'où s'échappe une source ont déjà la douceur du modelé que l'on remarque dans les lits de rochers du dessin cité. Quelques motifs du dessin du Louvre (cat. **87**), les montagnes escarpées, qui deviendront rares chez Giorgione, l'épaisse forêt qui s'étend à leurs pieds, apparaissent également dans une peinture, la *Vierge à l'Enfant* de Saint-Pétersbourg (cat. **17**). Là se retrouvent encore les rochers, la forme des arbres, au centre du dessin et la construction en oblique de la composition.

Le dessin au pinceau conservé au Louvre nous entraîne plus haut encore dans le temps, jusqu'à l'époque de la feuille que Kristeller considérait comme la plus ancienne de la série attribuée à Giulio Campagnola : le *Paysage maritime avec un groupe de voyageurs* (cat. **86**). Il s'agit de nouveau d'un dessin à la plume, ce qui permet de le rapprocher des autres. Morelli, comme Gronau, étaient convaincus qu'il s'agissait d'une œuvre de Giorgione. A la suite d'une remarque formulée par Kristeller, qui le considérait comme très proche du *Saint Jérôme* (Fig. 10), l'une des premières gravures de Campagnola, on attribua le dessin à ce dernier. Il est toutefois possible que Giorgione soit l'inventeur de cette gravure.

Comme pour les autres dessins, j'ai moi-même trop insisté sur la différence entre le dessin, alors attribué à Campagnola, et la gravure, dont l'origine me semblait remonter à Giorgione. Le *Saint Jérôme* offre une unité spatiale alors que la feuille du Louvre est construite en plans successifs, dans un esprit décoratif. Kristeller avait vu juste : les similitudes l'emportent sur les différences. C'est un seul et même maître qui a créé les deux, mais il s'agit, pour moi, de Giorgione et non de Giulio Campagnola, comme le pensait Kristeller.

Le dessin du Louvre, avec ses petits personnages d'un style proche encore du Quattrocento et la composition qui manque encore d'unité, apparaît clairement comme étant à l'origine de cette nouvelle conception du paysage. Giorgione délaisse les premiers plans, larges, développés en profondeur, que l'on doit à Giovanni Bellini, et dirige d'emblée, à la manière de Dürer, le regard vers le second plan qui occupe la plus grande partie de la feuille. Il l'anime de rochers, de collines, de bouquets d'arbres et de buissons dont l'origine revient aussi bien à la tradition allemande qu'à celle de l'Italie, tempérée par l'apport néerlandais. Les maison-fortes, de type nordique, que Dürer plaçait au sommet des montagnes ont cédé ici la place à une architecture méridionale inspirée de Bellini.

La ligne d'horizon, qui apparaît au-delà de la mer, derrière la ligne des collines, rendue sensible par la présence

Fig. 10
Giulio Campagnola, *Saint Jérôme*,
Hind 7.

Fig. 11
Giulio Campagnola, *Ganymède*,
Collection particulière.

Fig. 12
Giulio Campagnola, *Ganymède*,
Hind 4.

d'un navire, constitue un nouveau mode de représentation, dérivé de Dürer. La présence du moulin, situé sur le devant du dessin, laisse supposer que le plan d'eau se prolonge derrière la colline et le château, sans pour autant fournir une explication claire et rationnelle de l'aménagement de l'espace.

Il est important, à cette étape de notre démonstration, de mesurer combien la construction des paysages chez Giorgione, puis chez Titien, rompt de manière radicale avec les tendances de Bellini et de son entourage, de conception plus rationnelle et plus conforme aux principes de la perspective. Elles apparaissent dans des feuilles présentées dans l'exposition (cat. **11, 12**). Elles vont être remplacées par des motifs décoratifs, d'origine nordique immédiatement perceptibles au regard, provenant en particulier de Dürer, comme nous l'avons déjà exposé plus haut.

La complexité du problème se livre toute entière dans le dessin préparatoire pour le *Ganymède* (collection privée californienne; Fig. **11**) gravé par Giulio Campagnola. Dans cette feuille, exécutée à la manière de Mantegna, le vautour qui enlève Ganymède vole au-dessus d'une plaine qui évoque parfaitement les paysages d'Italie : vue en perspective avec des arbustes arrondis, elle est surplombée au loin par des collines, dans un ciel traversé de nuages stylisés. Campagnola, dans sa gravure (Fig. **12**), a substitué à ce paysage un autre panorama inspiré de Dürer, composé de buissons touf-

fus, de collines et d'architectures romantiques d'origine nordique. La perspective est soulignée par un plan d'eau claire.

Le dessin qui a servi d'étude pour le *Ganymède* n'a, jusqu'à présent, pas été attribué à Giulio Campagnola. Il se différencie trop des feuilles données à celui-ci par Kristeller, que nous entendons rendre ici à Giorgione. Il serait, maintenant, possible d'y voir une œuvre de Campagnola, associé très tôt au cercle de Mantegna à Mantoue, où il développe le style de ses débuts. La conception des figures, la manière de rendre les drapés correspondent très précisément à celles de la gravure de Campagnola, *Saturne* (cat. **123**). Saturne y est représenté, comme Ganymède, dans un paysage à la manière de Dürer. Campagnola, plus tard, lorsqu'il suivra depuis longtemps l'exemple de Giorgione et de Titien, conservera cette aisance dans le dessin des membres et leur mouvement dans l'espace, comme par exemple, dans le *Jeune Berger* exécuté à la manière de Giorgione (cat. **125**) ou dans le *Vieux Berger* (cat. **129**), à la manière de Titien. Parmi les premières œuvres, exécutées dans l'esprit de Mantegna, auxquelles se rattache la figure de *Saint Jean-Baptiste* (cat. **124**), mais dont le paysage est l'œuvre de Giorgione, il faut distinguer *Saint Jérôme* (Fig. **10**), dont le type physionomique et le vêtement semblent d'origine nordique. Il est très proche des premières œuvres de Giorgione, telles que la *Sainte Famille* (anc. coll. Benson, Washington; cat. **15**) ou la *Vierge à l'Enfant* d'une collection privée à Bergame, par exemple. La

Fig. 13
Giorgione,
Paysage maritime avec un groupe de voyageurs,
(cat. 86, détail).

déclivité du terrain qui se trouve derrière *Saint Jérôme* évoque déjà la *Nativité Allendale*, tandis que les constructions offrent le même dépouillement rigoureux que celles de la *Madone de Castelfranco*.

Le *Paysage maritime avec un groupe de voyageurs*, conservé au Louvre (cat. **86**), anciennement attribué à Giorgione, doit être l'une des premières œuvres de ce genre qui nous ait été conservée. Le groupe d'arbres à gauche de la colline, les buissons dressés sur des élévations du terrain ou en bordure des rochers, la majesté du château, sur la hauteur, le caractère familier du moulin, au pied de la montagne, la montagne elle-même, la plaine et la mer composent l'essentiel des motifs qui seront plus tard attachés aux paysages vénitiens (Fig. 13). La finesse et la subtilité du tracé, l'atmosphère élégiaque des frondaisons et des édifices baignés dans la lumière n'ont été surpassées ultérieurement que dans les dessins et les gravures que nous rendons ici à Giorgione. Seul le tout jeune Domenico s'en approchera mais sans parvenir, loin s'en faut, à rendre la tendresse poétique de ces œuvres. Le dessin du Louvre engage un processus qui va se poursuivre et se développer dans la gravure du *Saint Jérôme*, certainement conçue à partir d'un dessin préparatoire de Giorgione. Le peintre tente désormais de trouver sa voie entre une conception du paysage dérivée de Dürer et celle, plus rationnelle et rigoureuse, de Bellini. Sur la gauche du saint, vallons et buissons conduisent au loin le regard, vers la profondeur de la scène, jusqu'à la lagune où se trouve une île avec une petite église. A droite, le plan d'eau, le moulin et le château renforcent les axes horizontaux et verticaux du paysage.

Dans le paysage dessiné au pinceau (cat. **87**), Giorgione tente, sans le recours des figures et sans représentation d'un plan d'eau, de rendre toute l'étendue des plans successifs et de conduire le regard vers le haut, jusqu'aux sommets des montagnes. Pour la première fois, on remarque un grand bouquet d'arbres au premier plan et des crêtes en dents de scie à l'arrière-plan. Au centre, on distingue l'oblique d'un fleuve et de solides édifices à cheminées et toits de chaume.

Dans les paysages plus tardifs et plus élaborés, appartenant à la suite que nous étudions, certains motifs empruntés à Dürer n'apparaîtront plus, comme les échappées sur la mer ou les perspectives de montagnes. Titien et Domenico Campagnola ont su tirer parti de ces éléments, qui sont essentiels, par ailleurs, à certaines peintures de Giorgione comme la *Vénus* de Dresde ou le *Concert champêtre*. Giorgione, dans les autres dessins de la série, accorde davantage d'attention à la précision des éléments du second plan. Dans le *Saint Jean-Baptiste* (cat. **89**) et dans le dessin de Rotterdam (cat. **92**), le regard est arrêté par un pré vallonné avant de se laisser entraîner en contrebas pour remonter ensuite vers les lointains, à travers le rythme calme des plaines, pour être enfin arrêté par des buissons et des édifices qui délimitent et enserrent l'espace. Dans le *Saint Jean-Baptiste*, les cimes des montagnes occupent la partie la plus lointaine de la composition. Giorgione parvient ici à une cohérence parfaite des différents plans et à une composition d'ensemble extrêmement vivante.

Dans les deux dernières feuilles, le dessin des Uffizi (cat. **90**) et le *Paysage avec deux hommes à l'orée d'un bois* (cat. **93**), certains motifs d'inspiration romantique, appartenant au « vocabulaire » de Giorgione paysagiste, ont été plus développés. Ainsi en est-il des constructions, qui dans la diversité des matières utilisées – pierres ou planches –, celles des ponts, des toits et des tours, se prêtent aux effets de texture et aux jeux de lumière les plus variés. Les bouquets d'arbres s'épanouissent avec une profusion sans cesse accrue, jusqu'à atteindre une densité extrême, dans la lisière du bois qui apparaît dans le dessin du Louvre. La composition est articulée en une suite de plans imbriqués les uns aux autres qui retiennent l'attention jusqu'au moment où le regard est arrêté par la ligne des montagnes qui ferme le paysage. Les figures, dans le paysage du Louvre, sont parfaitement intégrées au cadre sylvestre qui les entoure. Elles sont, nous l'avons vu, identiques à celles de la *Tempête* et cette harmonie leur confère toute leur signification, comme c'est le cas dans le *Concert champêtre*. Premier dessin de paysage pur exécuté par Giorgione, il devait être gravé par Giulio Campagnola, mais la planche ne fut malheureusement pas achevée. Domenico Campagnola la reprendra en ajoutant, au premier plan, deux jeunes musiciens pleins de vie. Principal héritier de cet ensemble de dessins, il fera, entre 1510 et 1520, l'inventaire des idées qui s'y trouvaient contenues et les développera dans une suite de feuilles dont la variété ne parviendra pas à rendre la qualité poétique, la réalité des mythes et le mystère de leurs modèles. Titien lui-même reprendra ces recherches mais dans un style plus libre et inventif, largement redevable à sa connaissance de l'œuvre de Dürer.

Les premiers paysages de Domenico Campagnola

Domenico, dans le *Paysage avec rochers et fabriques* du Louvre (cat. **105**), la feuille la plus ancienne qui soit, dans cette exposition, présentée sous son nom, est encore fidèle aux modèles de Giorgione, qu'il connaissait à travers les dessins que conservait son père adoptif. Le *Paysage* fait clairement référence au dessin des Uffizi (cat. **90**), car on y remarque, au premier plan, des pierres de petite taille, d'inspiration giorgionesque, comme le sont également les collines et les arbres de ce même dessin. Les maisons ont une forme moins harmonieuse, mais mieux définie dans leurs volumes que dans le dessin au pinceau du Louvre, dont les édifices s'inspirent de ceux de Bellini tandis que les cimes arrondies des arbres de l'arrière-plan rappellent les montagnes à la Dürer. Ces deux particularités rappellent surtout la *Vénus de Dresde*, et l'on peut supposer que Giorgione exécuta, dans l'esprit de ce tableau, d'autres dessins de paysages, aujourd'hui disparus. Les grands rochers qui surplombent le paysage sont inspirés de l'œuvre de Dürer mais plus encore du *Tramonto* (cat. **20**) de Giorgione. Ces premières œuvres prouvent que Domenico dût avoir sous les yeux, non seulement les feuilles gravées par Giulio, mais l'œuvre dessiné de Giorgione. Il en est de même de ses premières compositions avec figures, telle que la *Vénus* du British Museum (n° 1896-6-2-1; Fig. 14), qui a servi de modèle à l'une de ses premières gravures, datée *1517* (cat. **135**). Bien qu'il ait employé la technique du pointillé pour rendre le modelé, le traitement

Fig. 14
Domenico Campagnola, *Vénus*,
Londres, British Museum, Inv. 1896-6-2-1.

Fig. 15
Domenico Campagnola, *Paysage avec des cavaliers*,
Londres, British Museum, Inv. 1848-11-25-10.

de cette feuille exprime déjà, par la nervosité du trait, un tempérament impétueux et une connaissance probable de l'art de Titien. On remarque encore, toutefois, dans le dessin, le premier plan caillouteux, l'arrondi des collines et une idéalisation des figures qui est directement issue des allégories du *Concert champêtre* (cat. **43**), dont, par ailleurs, le paysage a pu servir de modèle. Une fois encore, on est amené à se demander combien de dessins de Giorgione ne nous sont pas parvenus.

Le dessin des cavaliers, conservé au British Museum (n° 1848-11-25-10; Fig. 15), qui appartient à la première période de l'activité de Campagnola, a encore la délicatesse du trait, les architectures de fantaisie et les petites pierres caractéristiques des dessins et des peintures de Giorgione. Le lointain est occupé par une plaine, un paysage montagneux et marin, des navires, comparables à ce que l'on trouve à l'arrière-plan de la *Madone de Castelfranco*. A nouveau, nous sommes enclin à nous reporter aux peintures de Giorgione, plutôt qu'aux dessins et aux gravures de Giulio Campagnola. Un élément qui pourrait servir de réponse nous est fourni par un très beau paysage, conservé dans une collection

Fig. 16
Domenico Campagnola, *Paysage avec un village au bord de l'eau*,
Collection particulière.

privée parisienne (Fig. 16). On y reconnaît, simultanément, une vue de village dans la manière de Bellini, un relief montagneux dans le style du dessin au pinceau (cat. **87**), un lac qui rappelle l'arrière-plan du *Saint Jérôme* (Fig. 10), un cours d'eau, enfin, comparable à celui de la *Tempête* et de la *Nativité Allendale*. La conception de l'espace revient au jeune Giorgione, mais le style du dessin est celui des premières œuvres de Domenico. A-t-il donc fidèlement reproduit une feuille de Giorgione ? Il ne s'agit assurément pas d'une véritable copie, car le dessin semble absolument être un original.

Si notre compréhension des premières œuvres de Domenico s'avérait juste, on pourrait avancer que l'artiste s'attacha à étudier l'œuvre de Giorgione à partir de dessins appartenant à différentes périodes. Toutefois, il affirma très vite une manière de voir différente et proposa d'autres structures formelles. Giorgione manifeste une attention constante au rendu de chaque détail, à la définition des volumes, à la profondeur obtenue par un agencement rigoureux des plans grâce aux effets de lumière. En outre, il affirme toujours, dans ses motifs architecturaux, une prédilection pour les alignements en perspective même lorsqu'il évoque, dans ses œuvres tardives surtout, des façades pittoresques de préférence aux volumes cubiques de ses premiers édifices, inspirés de ceux de Bellini. Il s'emploie à décrire la vibration de la matière et le scintillement de la lumière, qui confèrent à ses œuvres tout leur mystère. Domenico, lui, ne dirige jamais directement son regard, comme le fait Giorgione, vers la profondeur de l'espace pour percevoir les objets qui changent dans le jeu des lumières et des ombres. Il se consacre essentiellement à la description de l'enveloppe des objets sur la surface de la feuille d'œuvre. Son regard est sans cesse en mouvement, balayant rapidement la composition de gauche à droite pour tenter de donner une unité aux différents plans. Les hachures de la plume donnent ainsi, très vite, d'une façon toute calligraphique, une direction à l'ensemble du tracé. Les édifices ne sont pas construits selon les lois de la perspective, ni baignés dans les dégradés de lumière. Ils sont traités en masse, indistincts les uns des autres et forment un tout à caractère décoratif. Les rochers et les arbres sont traités dans une sorte de mouvement abstrait. Tout le travail tend à une conception d'ensemble d'un paysage universel, comparable à celle de Dürer et non pas à une analyse calme et minutieuse des détails destinés à composer un tout cohérent, comme chez Giorgione. Les formes sont dessinées avec une précision et une netteté qui en oblitèrent la vibration. Domenico se rapproche davantage, à ce titre, de Giulio Campagnola, son père adoptif, qui a interprété, dans ses gravures, la lumière et la poésie de Giorgione de manière plus froide,

insistant sur le tracé appuyé des contours, et qui, aussi peu attentif que Domenico aux effets de la perspective, a donné à ses édifices un aspect plat, purement décoratif. L'œuvre de Giulio Campagnola semble cependant plus proche de celle de Giorgione par son caractère serein, à la fois simple et monumental. Domenico travaille avec plus de fantaisie, davantage d'attention accordée aux détails et couvre la surface entière de la feuille de courbes décoratives. C'est à lui cependant que revient le mérite d'avoir largement diffusé le paysage vénitien. Son interprétation, plus conceptuelle et, en même temps, plus élégante, était plus facilement accessible que la beauté calme mais mystérieuse de Giorgione.

Mais Domenico ne persévéra pas longtemps dans cette imitation du style de Giorgione. Les *Deux jeunes gens dans un paysage* du British Museum (cat. **107**) ou le *David et Bethsabée* de l'École des Beaux-Arts (cat. **109**), créés à la même époque, sont révélateurs de sa tendance à la vivacité du trait et à la simplification des détails. Les figures sont plus librement animées, les arbres, le vallonnement du terrain, les édifices, se transforment et le traitement de la plume se fait plus souple. Nous savons que vers 1517, époque à laquelle ces dessins furent exécutés, Domenico était déjà en relation avec Titien et interprétait les dessins du maître dans ses gravures. Il traduit l'œuvre du peintre en conférant à ses formes une certaine froideur décorative. Dans l'évolution de son style, qui le conduisit de Giorgione à Titien, il demeura fidèle à l'enseignement de son père adoptif, Giulio Campagnola, qui, hormis les œuvres de Giorgione, transposa également dans la gravure quelques œuvres du jeune maître vénitien.

Le jeune Titien paysagiste

Si l'on compare la gravure du *Vieux Berger* de Giulio Campagnola (cat. **129**) à l'*Astrologue* (cat. **127**), au *Jeune Berger* (cat. **125**) ou aux *Bergers dans un paysage* (cat. **133**), que Domenico a complétés, une autre vision se dessine. Les petites collines aux sommets arrondis, les bouquets d'arbres et les buissons ont disparu : la structure du paysage est plus simple, évoquée par des hachures plus distantes les unes des autres. Les édifices sont plus imposants, ils sont rendus avec moins d'attention accordée aux détails des façades. Ils donnent davantage le sentiment d'être conçus par masses et prennent davantage d'importance dans l'espace. Tout semble un peu plus vaste, plus grand, plus efficace mais aussi plus voluptueux. En revanche, le soin accordé à la subtilité du détail, la paix mystérieuse qui étaient propres aux gravures exécutées sous l'influence de Giorgione sont moins perceptibles. C'est une Arcadie beaucoup plus proche de la vie que celle qui était évoquée par le vieux maître et relevait d'une poésie appartenant déjà au passé.

La distinction est plus évidente encore si l'on compare le *Christ et la Samaritaine* (cat. **128**) à la *Vénus* exécutée d'après Giorgione (cat. **126**). La façon dont les figures et les objets, placés en évidence, tels le puits et l'arbre, impriment au premier plan un caractère dramatique, le lien entre le premier et le second plan, obtenu par la ligne oblique d'un vallon, la force avec laquelle le motif de l'église érigée sur l'île et le paysage lagunaire suggèrent la profondeur, tout cela s'oppose radicalement, dans la vigueur de l'agencement des plans, à la douceur avec laquelle, dans la gravure de *Vénus*, est suggérée la profondeur de l'espace, nettement creusé par le jeu des frondaisons derrière Vénus et par celui de la lumière éclairant le château à l'arrière-plan.

Deux gravures, le *Vieux Berger* (cat. **129**) et le *Christ et la Samaritaine* (cat. **128**) s'inspirent de dessins qui sont aujourd'hui généralement attribués à Titien, bien que le nom de Giulio Campagnola ait également été envisagé pour l'un d'entre eux. Le *Vieux Berger* et le *Paysage à la chèvre*, du Louvre (cat. **101**), doivent être rapprochés l'un de l'autre, en raison de nombreux motifs d'architecture de l'arrière-plan et du caractère accidenté du terrain que l'on remarque dans les deux œuvres. Giulio les adapte néanmoins à son propre style et l'influence de Giorgione est encore perceptible dans la figure du berger. Même le dessin de la chèvre, au premier plan, n'a pas encore la puissance de Titien, et Giulio recourt, pour le feuillage des arbres, à des formes qui lui étaient depuis longtemps familières. La feuille de Titien comporte des traits qui existent déjà dans les dessins tardifs de Giorgione, comme le *Groupe de bâtiments au bord d'un fleuve* des Uffizi (cat. **90**) ou le *Paysage avec deux hommes à l'orée d'un bois* du Louvre (cat. **93**), mais les constructions ont un volume plus important, plus dense aussi, comme dans les premières œuvres de Giorgione : le *Paysage avec un fleuve* (cat. **87**) ou le dessin préparatoire au *Saint Jean-Baptiste* (cat. **89**). Dans le dessin au pinceau du Louvre, le dessin des feuilles est également très semblable à ces dernières et cela donne à penser que le début de la démarche de Titien, inspirée des modèles de Giorgione, fut tournée vers des dessins semblables, appartenant à la première manière du maître. Il s'attacha également aux formes que Giorgione, dans ses dessins, donnait aux montagnes. Toutefois, la distinction que nous avons déjà observée, au début de cet essai, au sujet des deux figures du dessin du British Museum (cat. **94**), apparaît clairement à nouveau ici. Giorgione travaille les volumes en les modelant avec une lumière finement dégradée pour aller

vers le fond. Titien, à l'inverse, emploie de forts contrastes de lumière, laissant les formes lumineuses avancer depuis l'obscurité de l'arrière-plan. La manière dont la chèvre ou le rameau, à droite du dessin, se détachent du fond, le volume imposant des constructions de l'arrière-plan, devant le bouquet d'arbres, parcouru d'une sorte de frémissement, n'ont pas d'équivalent dans l'œuvre de Giorgione. Dans un espace, fortement rythmé par l'échelonnement des édifices et la courbe des vallons, les formes se dressent dans une verticalité puissante. L'œuvre de Titien témoigne d'une plus grande harmonie de formes avec l'espace qui les entoure, en revanche les objets ont, grâce aux contrastes de lumière, une plus grande force dans le rendu des volumes. Le *Saint Jérôme* des Uffizi (cat. **97**) en témoigne clairement et peut être rapproché, du point de vue stylistique, du *Christ et la Samaritaine* (cat. **128**). La densité du premier plan, occupé par un tronc d'arbre de grandes dimensions, lui est comparable, mais l'analogie réside surtout dans le paysage lagunaire de l'arrière-plan, parcouru de nuages sombres. Le dessin a été fait vers 1508-1509, car Marcantonio Raimondi, qui était à Venise à cette époque, l'emporta probablement avec lui à Rome. Il est très représentatif du style du jeune Titien et comporte des éléments de paysage − formes des nuages ou édifices à demi immergés − caractéristiques de la plus célèbre des gravures sur bois de Titien, le *Passage de la mer Rouge* (cat. **132**), exécutée quelques années plus tard. En revanche le traitement des troncs d'arbres semble préfigurer ceux du dessin du Metropolitan Museum (cat. **103**).

Le jeune Titien dessinateur de figures

Il apparaît clairement que Titien, jusque dans le dessin des figures, se différencie de Giorgione. La comparaison du *Saint Jérome* (cat. **97**) avec le *Paysage avec deux hommes à l'orée d'un bois* (cat. **93**) permet de mesurer à quel point le jeune artiste se préoccupe peu des effets de raccourcis dont la complexité avait si fortement requis les efforts de son maître. La silhouette du *Saint Jérôme* s'inscrit librement dans l'espace, ses membres, son corps tout entier sont disposés de manière à se détacher, en plans larges, sur un fond sombre. Les contours sont forts, vibrants, rompus par des jeux de lumière mais sans cette décomposition des volumes que l'on observe dans les deux personnages de Giorgione, par exemple, qui semblent comme absorbés par l'atmosphère qui les entoure. La distribution des hachures s'attache moins à décrire le volume des corps que les effets de la lumière sur eux. Des traits nombreux, courts et épais, sont utilisés pour le rendu des chairs, dans l'indication des jambes et des bras, d'une présence plus tangible que dans aucune des œuvres de Giorgione.

Il y a plusieurs années, lorsque j'ai attribué à Titien la *Sainte Famille* de l'Albertina (cat. **96**), j'ai déjà tenté de démontrer que cette approche du rendu des formes par de grands plans articulés dans une vaste composition, ce travail sur les contrastes de l'ombre et de la lumière pour obtenir l'effet de profondeur, sont caractéristiques de Titien. Le dessin de l'Albertina est si proche d'un petit tableau de la collection Kress (Raleigh, Caroline du Nord), qu'il peut en être considéré comme une première idée. Cette œuvre appartient à une série de petites peintures, rapidement exécutées − dont la *Circoncision* de l'ancienne collection Jarves (musée de New Haven) − considérées par la majorité des historiens comme des œuvres de la jeunesse de Titien. A propos de la *Sainte Famille* de l'Albertina, on a souvent évoqué le nom de Romanino. Pourtant, même si l'œuvre de ce dernier comporte également des formes larges, déployées dans un espace plan, elle diffère totalement du style de ce dessin.

Le répertoire des formes rappelle très nettement, en revanche, celui du dessin préparatoire à la *Nativité Allendale*, conservé à Windsor (cat. **88**), y compris pour le traitement du pinceau. Remarquons cependant comment l'auteur du dessin de Vienne inscrit ses figures dans un plan unique, les laisse prendre tout leur volume puis essaie d'évoquer l'espace par le seul travail des contrastes de la lumière. Les perspectives en raccourci le préoccupent alors mais il parvient à réussir pour la figure de la Vierge ce qu'il avait du mal à obtenir pour l'avant-bras droit de saint Joseph en prière. La position de la jambe gauche de saint Joseph, en avant du dessin, la vivacité et le mouvement de la tête et du torse sont des morceaux particulièrement saisissants. La distribution de la lumière sur la tête et la barbe du saint est proche de celle de *Saint Jérôme* (cat. **97**), d'un tracé cependant plus enveloppé. L'agencement des lointains, où s'élèvent des bâtiments, entraînant très loin le regard, y est comparable. Chez Giorgione, les figures sont solidement campées au sol, inscrites dans un espace agencé, plan par plan, jusque dans les lointains. Ici, au contraire, les contrastes engendrent une sorte de tension qui prolonge la scène en l'étirant en profondeur. Les figures semblent avancer du fond de la composition, elles ne sont pas ancrées au sol mais inscrites dans l'espace plan. Cet effet est renforcé encore par le tracé rapide de l'étable et celui des deux arbres, à droite, qui établissent la construction dans le plan.

Le rapport étroit entretenu par ce dessin et le contexte qui nous occupe ici, et non pas le milieu de Brescia, devient plus clair encore si nous comparons le saint Joseph avec l'*Astrologue* de Giulio Campagnola (cat. **127**), qui dérive également d'un modèle de Giorgione : le vieil homme de la scène à deux figures du *Tramonto*. Dans la feuille de Vienne, Titien retient le dynamisme de la figure de Giorgione et en accentue le mouvement. Campagnola, lui, s'attache davantage à l'atmosphère paisible et se perd un peu dans la subtilité des détails. Ce sont cependant les mêmes idées-force qui ont été utilisées pour les trois figures, mais chaque fois modifiées au gré des tempéraments respectifs de chacun des artistes. Campagnola vise avant tout l'effet décoratif de la mise en espace, Giorgione les raccourcis les plus audacieux et Titien le dynamisme de la figure inscrite dans l'ensemble de la composition. Titien, en construisant des formes de l'intérieur vers l'extérieur, telles des formes en expansion, s'est montré capable de répondre, mieux que tout autre, aux aspirations des peintres du XVIe siècle.

Le dessin des *Deux Satyres avec un disque astrologique* (cat. **99**) est aujourd'hui considéré comme un paradigme du jeune Titien. Il est lié à l'élaboration de la *Vénus du Pardo* (cat. **165**), que Titien achèvera bien plus tard et dont on peut reconstituer la forme initiale grâce à un dessin à la sanguine, conservé au musée de Darmstadt, où il était autrefois attribué à Giorgione (cat. **100**). Tous les éléments des débuts de Titien, que nous avons relevé dans le *Saint Jérôme* (cat. **97**) sont développés ici. Le contour des figures est tracé d'une ligne assurée et frémissante, le modelé des corps est rendu par de petites lignes nettes, qui définissent également les surfaces pleines. Le profil de la colline et du château − de forme cubique et qui, dans la lumière, apparaît d'une clarté presque cristalline − est indiqué d'un trait plus puissant encore. Le traitement du buisson est particulièrement caractéristique : Titien met en évidence la blancheur du papier, au centre, en l'entourant de traits sombres, de sorte que le feuillage semble se déplacer vers le spectateur. Le buisson de la gravure du *Christ et la Samaritaine* (cat. **128**) a dû être façonné de la même manière avant qu'il ne soit stylisé par Giulio Campagnola. Ces mêmes formes se retrouvent dans les fresques exécutées par Titien en 1510 à la Scuola del Santo de Padoue, et dans le *Noli me tangere* de la National Gallery de Londres (cat. **46**).

Les grandes gravures sur bois de Titien

Les hachures ne sont pas toujours, chez Titien, d'une facture aussi rêche. Elles prennent parfois une forme arrondie, comme on peut le voir dans le *Saint Jérôme* (cat. **97**) ou dans le *Couple de musiciens* (cat. **94**), du British Museum, que nous avons étudiés au début de cet essai. Dans le *Paysage au bouquet d'arbres*, du Metropolitan Museum (cat. **103**), étude de la lisière d'une forêt, dans l'esprit de Dürer et de Giorgione, non seulement les troncs d'arbres témoignent d'un modelé vigoureux et d'une exécution parfaitement aboutie, mais le feuillage, traité par grandes masses, est dépourvu de toute stylisation. Désormais, Titien accorde la même puissance d'évocation dramatique aux paysages qu'aux figures. A l'agencement des plans, il ajoute, pour chaque partie de la composition, un sens aigu du rendu des volumes. Malheureusement, l'état de conservation de la feuille de New York, dont une contre-épreuve a été tirée pour le report sur la planche du graveur, ne permet pas de mesurer l'effet saisissant qu'elle devait produire, à la différence du dessin, merveilleusement bien conservé, d'une collection particulière (cat. **216**). Une comparaison avec le dessin de la jeunesse de Domenico Campagnola, conservé à la Fondation Custodia (cat. **106**), permet de caractériser d'emblée le style de Titien : à la lisière d'une forêt, analogue à celle du dessin de New York, se dressent des arbres très hauts, qui n'évoquent pas un paysage réel. Le jeune artiste, trop attaché au rendu des détails, ne parvient pas, comme le fait Titien, à une synthèse harmonieuse de l'ensemble.

Titien a utilisé l'étude de New York pour l'élaboration de sa grande gravure sur bois des années 1514-1515, le *Sacrifice d'Abraham* (cat. **131**). La mise en place générale suit les schémas que Giorgione avait esquissés dans son *Paysage maritime avec un groupe de voyageurs* (cat. **86**) et qu'il développa au cours de sa courte vie. Titien obtient ici une tension saisissante entre les deux rochers abrupts du plan intermédiaire — celui du sacrifice et celui où se trouve le château — dressés jusqu'à la cime des montagnes, sur le bord supérieur du dessin. De la même façon que Giorgione dans le *Paysage avec deux hommes à l'orée d'un bois* (cat. **93**), Titien parvient à élaborer, pour les buissons du premier plan et les forêts de l'arrière-plan, les même formes, sans pratiquement les modifier. Pourtant, les formes de Titien sont plus naturalistes que celles, très stylisées, de son maître. L'arrondi des rochers, que l'on voyait dans le dessin de Giorgione, se transforme, et il en est de même pour les faibles ondulations de terrain, le lacis des sentiers se perdant au loin et les constructions imposantes. Cependant, tout est devenu plus grandiose, d'une réalité plus sensible, plus tendu, mais dépourvu du mystère et du silence de l'œuvre qui avait servi de modèle. Il n'en demeure pas moins que la xylographie de Titien laisse percevoir le terme final des idées et des découvertes de Giorgione, livré pour la première fois au public des amateurs, à grande échelle et dans une technique qui en permettait une large diffusion.

Si le *Sacrifice d'Abraham* illustre mieux l'héritage de Giorgione que les paysages dessinés plus tard, dans le but d'être gravés sur bois, par Titien ou par Domenico Campagnola, le *Passage de la mer Rouge* (cat. **132**) correspond plus exactement à l'accomplissement des recherches conduites par Titien dans ses premiers paysages lagunaires, le *Christ et la Samaritaine* (cat. **128**) et le *Saint Jérôme* (cat. **97**). La ville se dresse au dessus de la mer avec cette sorte d'immédiateté que l'on trouvait déjà dans les édifices érigés sur les îles. Nous avons relevé plus haut la similitude offerte par la forme des nuages. Le déferlement des vagues constitue un motif nouveau, qui s'annonçait déjà dans les dénivelés du sol des *Deux Satyres* (cat. **99**). Une fois encore, c'est par le biais de la gravure que cette nouvelle conception du paysage est révélée au public.

Le *Sacrifice d'Abraham* et le *Passage de la mer Rouge* illustrent non seulement le talent de Titien paysagiste mais son excellence dans le rendu des figures. Après son séjour à Padoue, il n'eut plus l'occasion de s'illustrer comme grand peintre d'histoire et vécut essentiellement de l'exécution de peintures à sujets religieux, de portraits ou d'allégories amoureuses pour le compte de commanditaires privés. Dans le *Sacrifice d'Abraham*, la figure du patriarche, portant une longue barbe est représentée deux fois, celle du paysan et du petit Isaac le sont également, avec des poses nouvelles et inattendues. Dans le *Passage de la mer Rouge*, on voit en outre des chevaux, des cavaliers, des nageurs, dont certains se noient, et surtout l'imposante figure de Moïse et la foule des Israélites.

Peu de temps après, Titien reçut la commande de l'*Assomption*, peinture monumentale destinée à l'église de Santa Maria dei Frari, à Venise, à laquelle il commença à travailler vers 1516. C'est à la même époque qu'il compléta sans doute le *Triomphe de la Foi* (cat. **130**), engagé beaucoup plus tôt. En effet, les deux groupes figurant les apôtres et les saints s'apparentent déjà au style de la peinture, alors que les autres planches, où se trouvent le Christ, les Pères de l'Église, les personnages de l'Ancien Testament et les Sibylles rappellent les fresques de la Scuola del Santo de Padoue et appartiennent probablement à cette première période de la carrière de Titien, comme le rapporte Vasari.

De la même manière que dans le dessin préparatoire pour le *Miracle de saint Antoine de Padoue*, conservé à la Fondation Custodia, à Paris (cat. **98**), l'une des rares esquisses de composition d'ensemble, Titien ménage, dans les premières planches de la gravure sur bois, les grandes surfaces claires que l'on remarque dans la *Sainte Famille* de l'Albertina (cat. **96**) et dans le *Saint Jérôme* (cat. **97**). Les hachures ne sont souvent, comme c'est le cas du dessin de la Fondation Custodia, que de simples traits parallèles, très allongés, suggérant, par le jeu des lignes, un effet dynamique qui s'étend à la composition entière. Titien se plaît à rendre cette élongation des formes qui caractérise les peintures de cette même période.

Dans la partie de la planche qui fut exécutée plus tard, les hachures sont plus rapprochées, la lumière plus parcimonieuse mais plus contrastée, les formes plus denses, comme estompées et distribuées avec moins de vigueur dans l'espace. Les têtes des personnages sont d'un modelé plus savant. Cette évolution est également sensible dans les études de paysages et dans le *Sacrifice d'Abraham* (cat. **131**). Titien rompt progressivement avec l'agencement des plans qui lui avait été inspiré par Bellini au profit d'un mode de construction lié à l'enseignement de Giorgione et à la leçon reçue des peintres de l'Italie Centrale. Son style atteignit ainsi un sens plus fort des volumes, sans perdre pour autant la valeur accordée à la lumière, reposant sur de forts contrastes.

Titien et Domenico Campagnola

Le sens d'une pure réalité visuelle, orientant la création d'une peinture à partir de l'observation de la nature et non à l'aide de schémas déjà élaborés, marque l'ensemble de la carrière de Titien. Là réside la principale différence qui oppose ses paysages comme ses figures à ceux de Domenico Campagnola, dont, cependant, on confondait encore, il y a vingt ans l'œuvre dessiné avec celui du maître. Vers 1517, en effet, Domenico commença à imiter les dessins de Titien et s'en servit pour ses gravures.

Il suffit de comparer les deux figures du dessin du British Museum (cat. **107**) aux *Deux Satyres* de la collection privée (cat **99**), pour mesurer combien Domenico est plus attaché, dans la mise en place de ses figures, au mouvement dans l'espace qu'à l'effet visuel qu'elle produit. Les membres sont allongés à l'extrême, les corps conçus comme des formes abstraites, géométriques, à l'instar des arbres, du feuillage ou des ondulations du sol. Le dessin de *David et Bethsabée*, appartenant à l'École des Beaux-Arts (cat. **109**), permet ainsi d'observer que le mouvement des figures est privilégié, au détriment de leur forme ou du traitement des surfaces. Cette analyse nous a permis, il y a quelques années, à W. R. Rearick et à moi-même, de retirer à Titien le *Paysage avec deux bergers* de l'Albertina (cat. **111**) et la *Scène de meurtre* de l'École des Beaux-Arts (cat. **110**), pour les attribuer à Domenico Campagnola. Toutefois, le thème de la *Scène de meurtre* coïncidant avec le sujet traité par Titien dans la fresque de la Scuola del Santo, on est amené à supposer que Domenico s'est inspiré là d'esquisses de Titien aujourd'hui disparues. Le lien entre Titien et Domenico est plus étroit encore dans le *Groupe d'apôtres* du Louvre (cat. **112**), à rapprocher d'un dessin perdu pour l'*Assomption* des Frari, ou dans l'étude des *Putti* (cat. **113**), assimilable à cette même peinture. Ces deux pièces ont servi d'études préparatoires à des gravures de Domenico.

L'étude des gravures réalisées entre 1517 et 1518 permet de prendre conscience de l'ascendant exercé par Giorgione sur Domenico Campagnola dans ses débuts, ainsi qu'en témoigne, par exemple, la *Vénus* (cat. **135**). La liberté du métier, acquise sous l'influence de Titien, s'affirme dans les ajouts apportés à la gravure de Giulio (cat. **133**), d'après le *Paysage avec deux hommes à l'orée d'un bois* du Louvre, mais surtout dans l'*Assomption* (cat. **136**). Une nouvelle rigueur, due une fois encore à l'exemple de Titien, se décèle enfin, en particulier dans la *Descente du Saint Esprit* (cat. **114**), œuvre plus monumentale et de caractère sculptural. Dans ses œuvres de la maturité, telles que le *Jugement de Pâris* du Louvre (cat. **114**), Campagnola utilisera un tracé moins impétueux, une écriture assagie et moins décorative, évidemment marqués par les dessins les plus achevés de Titien, le *Paysage au bouquet d'arbres* du Metropolitan Museum (cat. **103**) ou la *Vision de saint Eustache* du British Museum (cat. **208**).

On peut s'interroger sur la nature et le style des dessins de Titien que Campagnola imita, autour de 1517, lorsque sa manière était la plus emportée et dont l'esprit se reflète dans la souplesse du trait des feuilles de Palma Vecchio (cat. **118**), avec lequel Domenico était probablement en relations. L'esquisse du musée de Berlin pour *Saint Sébastien* (cat. **205**) est la seule étude exécutée relativement tôt que l'on puisse rapprocher des projets de Domenico pour une *Sainte Catherine* indiqués au verso du dessin de *David et Bethsabée* (cat. **109**). Il est évident que Titien utilisait parfois un tracé tout en courbes, comme en témoigne le croquis de la Vierge, en bas à gauche, tout en conservant un trait impérieux, fondé sur le rendu de la lumière, et un sens extrême de la clarté des formes. Il conviendrait d'imaginer l'étude de Domenico pour les *Apôtres*, dans une facture différente, imaginer des contours plus fortement marqués, des hachures et des obliques plus énergiques, une détermination sereine qui conduiraient à une meilleure interprétation des formes dans l'espace. Titien utilisa finalement, vers 1540, pour la peinture de S. Spirito, la *Descente du Saint Esprit* de Domenico Campagnola, piquée pour le transfert, ce qui permet de penser qu'il reprit un de ses dessins, aujourd'hui perdu, mais que

Domenico dut reproduire ou imiter. La relation étroite entre Titien et Domenico Campagnola, qui se vérifie dans le *Groupe d'apôtres*, suffit à rendre compte de la différence de ce dessin avec d'autres feuilles de Campagnola, comme la *Vierge à l'Enfant entourée de saints* (cat. **108**) qui, pour sa part, ne laisse pas vraisemblablement présumer d'un modèle de Titien et présente un agencement de formes moins clair et moins vivant. Toutefois ces études importantes, jadis données à Titien, doivent continuer à retenir l'attention des chercheurs, car elles permettent d'apprécier un aspect du style de Titien qui demeurerait insaisissable sans elles.

La *Bataille d'hommes nus* (cat. **138**) renvoie, comme le *Passage de la mer Rouge* de Titien, aux modèles venus d'Italie Centrale. Elle révèle le souci qu'avait Domenico de se mesurer à Titien et de s'affirmer comme un grand peintre d'histoire. Ce combat dans une clairière est une œuvre dont le dynamisme et la liberté n'ont pas d'équivalent en Italie à cette époque. Il est facilement concevable que les premières études de Titien pour la *Bataille de Spolète* (cat. **225**), aujourd'hui disparues, mais utilisées pour sa grande gravure sur bois, l'ont inspiré. Une comparaison avec la xylographie prouve que Domenico a imprimé, là encore, aux figures son style d'inspiration plus conceptuelle, une linéarité de formes, plus redevables aux modèles d'Italie Centrale que ne l'étaient celles de Titien, qui les interpréta dans son propre langage, au service d'une monumentalité purement visuelle. Les deux œuvres sont, au demeurant, essentielles car elles sont significatives du grand débat, engagé à Venise au milieu de la seconde décennie du siècle, sous l'impulsion de Léonard de Vinci et de Michel-Ange. Titien y joua un rôle de premier plan, dont le témoignage nous est laissé dans les quelques œuvres gravées qui nous sont parvenues.

L'évolution de l'art vénitien des dix premières années du siècle était marquée par la personnalité de Giorgione, révélée en partie grâce à l'œuvre de Giulio Campagnola. La décennie suivante est dominée par celle de Titien, dont la nouveauté des recherches est diffusée dans les dessins et les gravures de Domenico. D'autres dessinateurs, tels que Sebastiano del Piombo, Giovanni Cariani, Palma Vecchio, Pordenone ou des paysagistes anonymes de l'entourage de Giorgione, ont également contribué à cette évolution, même si leur rôle n'y fut pas décisif. Les textes de ce catalogue s'emploient à traiter cette question. Ces deux décennies furent dominées par l'élaboration d'un nouveau mode de représentation du paysage, d'une évocation vivante, purement visuelle, des figures, comme nous avons essayé de le montrer. Toutefois, c'est dans l'harmonie des figures et du paysage, au service de la plus haute expression poétique, que réside l'essentiel de l'apport vénitien. Le meilleur exemple en est fourni par le dessin du British Museum que nous avons décrit au début de cet essai. Dans l'Italie entière, l'art du dessin s'enrichit alors d'une floraison d'images nouvelles, allégoriques ou mythologiques, largement diffusées dans les cercles des humanistes et des artistes. Elles eurent, partout ailleurs, un caractère légèrement différent. Venise est le centre de l'inspiration bucolique, de la nouvelle Arcadie où se rencontrent bergers et vieux guerriers, jeunes gens et belles jeunes femmes, où philosophes et poètes s'entretiennent sous les ombrages, là où des astrologues méditent en solitaires sur la mort et le mal, mais là aussi où Vénus, s'allonge, radieuse, au pied d'un rocher ou d'un arbre. Ce monde idéal verra sa fin au terme de la seconde décennie du siècle, lorsque ce bonheur intemporel et idyllique sera brisé par des thèmes plus dramatiques venus d'Italie Centrale. Son souvenir est toujours présent, néanmoins, dans la mémoire culturelle de l'Europe contemporaine.

K.O.

Giorgione, Titien jeune, leur influence
Dessins et gravures
86 à 152

page 101

86

Giorgione
Castelfranco Veneto, vers 1476/1478 -
Venise, 1510

*Paysage maritime
avec un groupe de voyageurs*

Plume et encre brune. H. 0,171; L. 0,260
Angle inférieur gauche découpé et complété
Collé en plein. Annotation sur un papier rapporté : *Giorgione.*

PARIS, MUSÉE DU LOUVRE,
DÉPARTEMENT DES ARTS GRAPHIQUES

HISTORIQUE
J. Richardson S[r] (L. 2183), annoté au verso du montage : *L. 51. / 9.*; A.-Ch.-H. His de La Salle (L. 1333), Inv. ms. n° 64; Legs au Musée du Louvre en 1878; marque du Louvre (L. 1886 a). Inventaire RF 481.
EXPOSITIONS
Paris, 1881, n° 11; Paris, 1931, n° 130; Venise, 1976(1), n° 3.
BIBLIOGRAPHIE
Tauzia, 1881, pp. 18-19; Morelli, 1892-93, II, p. 225; Gronau, 1894, pp. 323-324; Kristeller, 1907, pp. 13-14; Hadeln, 1925(2), pp. 23, 31, pl. 5; Rouchès, 1931, p. 58; Walker, 1941, pp. 144-146; Tietze et Tietze-Conrat, 1944, n° 577, p. 135; Middeldorf, 1958, p. 149; Oberhuber, 1973, p. 399; Oberhuber, 1976, pp. 52-53; Rearick, 1976(1), p. 26 (avec un mauvais numéro d'inventaire); Rearick, (1976) 1977, n° 18a pp. 33-34; Saccomani, 1982, p. 82; Châtelet, 1984, p. 331.

Ce dessin, autrefois considéré comme une œuvre de Giorgione, a été attribué à Giulio Campagnola en 1907 par Kristeller. Cette attribution n'a, depuis, jamais été contestée. En dépit du style des figures, encore dans l'esprit du Quattrocento, W. R. Rearick situe la feuille aux alentours de 1510-1511, époque où ce style était déjà abandonné. Comme l'a fait remarquer Kristeller, il existe un lien étroit avec la gravure de *Saint Jérôme* de Giulio Campagnola (Hind, 1948, n° 7), elle-même régulièrement rappro-

chée de Giorgione, qui en aurait réalisé le dessin préparatoire. La figure de saint Jérôme de la gravure s'apparente beaucoup à celles de la *Sainte Famille «Benson»* à Washington (cat. **15**). Le château, dans le dessin du Louvre, est presque identique à celui qui figure dans la *Résurrection du Christ* de Giovanni Bellini (Berlin, Staatliches Museum, Gemäldegalerie). Les rochers et les groupes d'arbres présentent, quant à eux, des traits d'origine néerlandaise. La construction du paysage dans son ensemble rappelle cependant les gravures de Dürer, où l'horizon est souvent délimité par une étendue d'eau sur laquelle naviguent des bateaux. Par leur construction claire et précise, les bâtiments s'apparentent à ceux de l'arrière-plan de la *Madone de Castelfranco*, où Giorgione a, une fois encore, évoqué la mer à l'horizon. Le style des figures dans la scène familière représentée au premier plan du dessin nous ramène à une époque située au tout début de l'évolution artistique de Giorgione et dont ses tableaux ne semblent pas témoigner jusqu'à présent.

K.O.

page 101

87

Giorgione
Castelfranco Veneto, vers 1476/1478 -
Venise, 1510

Paysage avec un fleuve

Pinceau et encre brune, lavis brun. H. 0,168; L. 0,227. Collé en plein.

PARIS, MUSÉE DU LOUVRE,
DÉPARTEMENT DES ARTS GRAPHIQUES

HISTORIQUE
Légué par Mlle Fournier en 1911; décret du 12 février 1922; marque du Louvre (L. 1886 a). Inventaire RF 5906.
BIBLIOGRAPHIE
Fröhlich-Bum, 1929, p. 77; Suida, 1935(3), p. 88;

Tietze et Tietze-Conrat, 1944, n° 581, p. 136; Oberhuber, 1973, pp. 408, 409; Oberhuber, 1976, p. 43; Rearick, 1976(1), pp. 26-27; Rearick, (1976) 1977, p. 33; Saccomani, 1982, p. 84; Wethey, 1987, n° A-25 p. 191; Chiari, 1988(2), p. 43.

Ce dessin, peu commenté jusquà présent, est certainement de la même main que les autres feuilles attribuées à Giulio Campagnola et que nous aimerions, ici, restituer à Giorgione. Le vocabulaire formel diffère cependant beaucoup de celui des autres dessins de cet artiste. E. Saccomani, qui attribue également à Giulio Campagnola le dessin préparatoire au paysage du *Saint Jean-Baptiste* (cat. **89**), considère cette feuille comme une œuvre plus avancée et donc tardive, de Giulio. Elle la compare à un *Paysage avec bâtiments au bord d'un étang* de Domenico Campagnola (Paris, collection particulière; Oberhuber, 1976, n° 59), dont les arbres se présentent de façon assez semblable. Mais Domenico n'a par la suite plus conçu de bâtiments ou de groupes d'arbres comparables à ceux-ci. Dans les deux œuvres, il y a des montagnes qui s'élèvent au loin, une accentuation de la profondeur au premier plan. Ces dessins suivent donc plutôt des schémas du type de ceux de Bellini, en dépit des quelques éléments isolés inspirés de l'œuvre de Dürer. Ils ne cadrent ni avec les œuvres de la maturité de Giorgione, ni avec celles du jeune Titien ou du jeune Domenico. Ils sont plus proches de l'œuvre du jeune Giorgione, comme la *Vierge à l'Enfant dans un paysage* de Saint-Pétersbourg (cat. **17**). On retrouve le même type de maisons paysannes à l'arrière-plan de la *Vénus* de Dresde, qui, à notre avis, a été conçue plus tôt qu'on ne le croit généralement. Comme nous l'avons avancé dans notre essai, nous pensons que le dessin de Domenico s'inspire d'une feuille de la jeunesse de Giorgione, et qu'à cette époque le jeune Titien se formait déjà auprès de Giorgione. Le fait que Titien ait repris le paysage de la *Vénus* dans son *Noli me Tangere* (cat. **46**), semble accréditer cette thèse. En revanche, il s'est à peine inspiré des architectures plus complexes du *Tramonto* (cat. **20**) ou de *La Tempête*.

K.O.

page 102

88

Giorgione
Castelfranco Veneto, vers 1476/1478 -
Venise, 1510

L'Adoration des bergers

Pinceau, lavis brun, tracé préparatoire à la
pierre noire, rehauts de blanc, sur papier bleu.
H. 0,227; L. 0,194. Angle supérieur gauche
déchiré et complété.

WINDSOR CASTLE, ROYAL LIBRARY,
COLLECTION OF HER MAJESTY
QUEEN ELIZABETH II

HISTORIQUE
King George III coll., Inventaire A, p. 14; Royal
Library. Inventaire 12803.
EXPOSITIONS
Londres, 1953, n° 81; Londres, 1972-1973, n° 98;
Venise, 1976(1), n° 1; Londres, 1983-84, n° D19;
Londres, 1986, n° 10; Washington, 1987, n° 9.
BIBLIOGRAPHIE
Cavalcaselle et Crowe, 1871, II, p. 128 note 1; Gro-
nau, 1908, p. 508; Justi, 1908, I, p. 132; Hadeln,
1925(2), pp. 15, 32, pl. 1; Suida, 1935(3), p. 90 ;
Richter, 1937, pp. 256-258, n° 99; Morassi, 1942,
p. 164; Tietze et Tietze-Conrat, 1944, n° A 719,
pp. 175-176; Popham et Wilde, 1949, n° 343; Be-
nesch, 1964, p. 323; Pignatti, 1969, n° A 68 pp. 140-
141; Blunt, 1972, p. 48; Oberhuber, 1973, p. 407;
Wilde, 1974, p. 87 (éd. 1985, p. 88); Oberhuber,
1976, pp. 49-50; Muraro, 1977, p. 85; Gibbons, 1978,
pp. 28-30; Scrase, 1983, p. 127; Roberts, 1986, p. 28;
Wethey, 1987, n° 58X, pp. 70, 170-171.

La technique vénitienne traditionnelle, celle
du pinceau sur papier bleu, est employée ici
avec une virtuosité toute particulière, depuis les
grands lavis du fond de la scène aux ombres
très fines et délicates du cou de la Vierge en
passant par celles, très appuyées, sombres et
vigoureuses, du berger. Les rehauts de blanc
sont appliqués avec la même liberté.

Nous avons apparemment affaire à une étude
préparatoire à l'*Adoration des bergers* de l'ancienne collection Allendale (Washington, National Gallery): le dessinateur avait tout
d'abord envisagé de placer le berger beaucoup
plus bas — comme l'indique l'esquisse à la
pierre noire — et avait donné à la tête de l'Enfant une autre position. Dans le tableau de
Washington, l'artiste a donné au groupe une
plus grande harmonie et lui a conféré une plus

grande tension dramatique. Il a, en outre,
ajouté un berger. Les personnages, aux vêtements plus amples, sont davantage inclinés vers
l'Enfant. Dans le dessin, la façon dont sont
rendus les personnages fait songer aux figures
plus géométriques d'une peinture légèrement
antérieure, l'*Adoration des mages* de la National
Gallery de Londres. Plusieurs motifs sont représentés avec davantage de clarté dans le dessin que dans le tableau de Washington. Ainsi,
l'Enfant Jésus repose sur le manteau déployé
de la Vierge et regarde le berger, alors que dans
le tableau sa tête est posée sur une botte de foin
et n'est tournée que vers sa mère. La construction nettement triangulaire confère plus
d'intimité à la composition, et la manière dont
l'artiste oppose la figure tendre et délicate de la
Madone à celle, dure et réaliste, du berger, est
remarquable.

Ces observations ont conduit à diverses interprétations. Les premiers historiens d'art, Cavalcaselle, Gronau, Justi, Hadeln et Suida, et
plus tard O. Benesch, ont vu dans cette feuille
un dessin préparatoire au tableau, tandis que
Richter a pensé à une étude pour un autre
tableau de Giorgione, antérieur à celui-ci et aujourd'hui disparu. D'autres auteurs, comme
Popham et Morassi y ont vu une une copie du
tableau de Washington. Certains, parmi lesquels, récemment, H. Wethey, ont considéré
le dessin comme l'œuvre d'un maître du XVᵉ
siècle dont le style était proche de celui de
Carpaccio ou de Bellini.

Cependant, toutes les comparaisons que l'on
peut faire avec des dessins antérieurs, exécutés
par des artistes de l'entourage de Bellini ou de
Carpaccio, mettent en évidence le caractère
classique de cette feuille qui, par l'équilibre de
sa composition et l'aménagement complexe de
l'espace, appartient déjà au XVIᵉ siècle. Seul
Giorgione pouvait atteindre cette qualité presque picturale du rendu des vêtements et des
rochers.

K.O.

page 102

89

Giorgione
Castelfranco Veneto, vers 1476/1478 -
Venise, 1510
et main plus tardive (pour la figure)

Saint Jean-Baptiste dans un paysage

Paysage : pinceau, encre brune, piqué pour le
transfert; saint Jean-Baptiste : plume et encre
brune, lavis brun, tracé préparatoire à la pierre
noire. H. 0,314; L. 0,218. Collé en plein.

PARIS, MUSÉE DU LOUVRE,
DÉPARTEMENT DES ARTS GRAPHIQUES

HISTORIQUE
P. J. Mariette (L. 1852); Th. Lawrence (L. 2445);
L. Galichon (L. 1060); legs en 1876. Inventaire RF
1979.
EXPOSITION
Venise, 1976(1), n° 2.
BIBLIOGRAPHIE
Galichon, 1862, pp. 336, 339; Gronau, 1894, p. 238;
Frizzoni, 1905, pp. 249-252; Kristeller, 1907, pp. 15,
18; Borenius, 1923, p. 106; Hourticq, 1930, pp. 88-
91; Tietze et Tietze-Conrat, 1936(1), p. 159; Tietze
et Tietze-Conrat, 1944, n° 578, pp. 135-136; Hind,
1948, pp. 201-202; Oberhuber, 1973, pp. 399, 402,
406, 407; Oberhuber, 1976, pp. 51-52; Rearick,
(1976) 1977, n° 6, pp. 8-9, 24-26; Rearick, 1977,
p. 174 note 3; Pignatti, 1979(1), n° II; Byam Shaw,
1980(1), p. 390; Chiari, 1982, p. 5; Saccomani, 1982,
pp. 82, 84; Zucker, 1984, p. 470; Wethey, 1987,
n° A-27 pp. 192-194; Chiari, 1988(1), n° A-10
pp. 67-68; Rearick, 1991(1), pp. 14, 36 note 33.

Depuis que Galichon a souligné le lien de ce
dessin et de *Saint Jean-Baptiste* (cat. **124**) gravé
par Giulio Campagnola, la plupart des auteurs,
y compris H. Wethey, le considèrent comme
une œuvre de ce maître. Cependant Frizzoni a
observé que la figure de saint Jean, ajoutée
ultérieurement au paysage à une place demeurée vide à l'origine, et tout particulièrement la
première idée, légèrement indiquée à la pierre
noire, pour le dessin du bras droit, rappelle le
tableau de Titien conservé aux Gallerie dell'Accademia de Venise. C'est la raison pour laquelle
Hourticq a attribué la feuille à Titien, opinion
à laquelle W. R. Rearick, T. Pignatti et M. A.
Chiari se sont récemment ralliés. Rearick s'est
fondé sur le rapport étroit qu'entretiennent le
paysage de ce dessin et celui de l'*Adoration des
bergers* de l'ancienne collection Allendale (Was-

hington, National Gallery), qu'il considère, tout comme Freedberg (1979, p. 137), comme une œuvre de Titien. Il reconnaît également la main de ce dernier dans la figure de saint Jean-Baptiste, insérée ultérieurement, à une date qu'il suppose être de la fin des années 1530. Le dessin du paysage n'est certainement pas une copie de la gravure, quoiqu'aient pu avancer Kristeller et Borenius, mais au contraire le modèle ayant servi à la réalisation de la plus grande œuvre gravée par Giulio Campagnola. Lorsque le paysage a été dessiné, Campagnola devait déjà avoir gravé le saint Jean-Baptiste, inspiré de l'œuvre de Mantegna, et vraisemblablement fourni les grandes lignes du paysage. La figure a été ajoutée, dans le dessin, au milieu du siècle par un artiste déjà marqué par l'influence de l'Italie Centrale introduite à Venise par Giorgio Vasari et Francesco Salviati. On pourait penser à Giuseppe Salviati ou à des maîtres de l'école de Vérone, de préférence à Titien.

Le paysage dessiné au pinceau a été exécuté dans le style de Giorgione, et nous avons proposé, il y a déjà une vingtaine d'années, que ce dessin lui soit attribué. La façon dont sont rendus les groupes d'arbres, les vallonnement du terrain, l'herbe, les troncs d'arbres et les fabriques concorde exactement avec celle qui est adoptée par le peintre, tout particulièrement dans l'*Adoration des bergers* de Washington, où la conception de l'espace est très proche de celle que l'on perçoit dans ce dessin. Giulio Campagnola, qui a remplacé les touffes d'herbe prévues au premier plan par un sol légèrement accidenté, n'est pas parvenu dans sa gravure à rendre parfaitement l'extrême luminosité de ce dessin, bien qu'il ait là réalisé un véritable chef-d'œuvre. Les contours sont plus appuyés et l'ensemble paraît plus figé. Dans les tableaux de Giorgione, on retrouve, comme dans le dessin exposé, la même douceur enveloppant les formes. Dans notre tentative de reconstitution de son œuvre de dessinateur de paysages, cette feuille peut être considérée comme une étape capitale, en raison du réalismee qui marque le traitement des surfaces, de la profondeur de l'espace et de l'harmonie qui unit les différentes parties constituant le paysage. Cela apparaît tout particulièrement dans les groupes d'arbres et de buissons, qui serviront de modèles à Titien. Les touffes d'herbe et les souches d'arbres du premier plan s'inspirent ici, tout comme dans l'*Adoration des bergers* de Washington, du *Petit Courrier* de Dürer (Bartsch, VII, 80).

K.O.

page 103

90

Giorgione
Castelfranco Veneto, vers 1476/1478 - Venise, 1510

Groupe de bâtiments au bord d'un fleuve

Plume et encre brune. H. 0,175; L. 0,280. Collé en plein.

FLORENCE, GALLERIA DEGLI UFFIZI, GABINETTO DISEGNI E STAMPE

HISTORIQUE
Fonds Médicis-Lorraine; marque des Uffizi (L. 929). Inventaire n. 463 P.

EXPOSITIONS
Florence, 1914, n° 16; Venise, 1955, n° 13; Florence, 1961, n° 63; Florence, 1976(1), n° 8; Venise, 1976(1), n° 4; Londres, 1983-84, n° D10.

BIBLIOGRAPHIE
Ferri, 1890, p. 220; Kristeller, 1907, p. 14; Ferri, Gamba et Lœser, 1914, p. 16; Hadeln, 1925(2), p. 30, pl. 6; Walker, 1941, pp. 139-140; Tietze et Tietze-Conrat, 1944, n° 574, p. 134; Middeldorf, 1958, p. 149, note 20a; Forlani, 1961, p. 43; Rearick, 1976(1), pp. 25-27; Oberhuber, 1976, p. 54; Rearick, (1976) 1977, n° 18b p. 34; Saccomani, 1982, p. 83; McTavish, 1983, p. 253.

Pour Ferri, cette feuille était une œuvre de Marco Basaiti. P. Kristeller l'attribua cependant à Giulio Campagnola, suivi, jusqu'à présent, par l'ensemble de la critique. Il ne fait aucun doute que le dessin exposé soit de la même main que ceux conservés au Louvre (cat. **86**) et à l'École des Beaux-Arts (cat. **91**). L'œuvre de Giulio la plus proche est l'*Astrologue* (cat. **127**), mais lorsqu'on compare cette feuille à la gravure, on remarque immédiatement que la construction des collines, du bouquet d'arbres et des bâtiments est plus complexe dans le dessin. L'agencement subtil du groupe constitué par les tours, les maisons et les hangars en bois rappelle bien davantage l'arrière-plan du *Tramonto* de Giorgione (cat. **20**). On retrouve en effet dans ce tableau une précision dans le rendu du paysage et une structuration de l'espace tout à fait semblables. Comme dans le tableau, les arbres sont profondément enracinés au sol, qui est jonché de petites pierres, et les accidents du terrain offrent des zones d'ombres sombres et comme veloutées. Le trait ouvert et la liberté avec laquelle sont suggérés les détails au moyen de minuscules accents, diffèrent totalement du trait de Campagnola, aux contours nets et aux lignes longues. Ombres et lumières ont été traitées avec une

grande maîtrise, notamment dans le dessin des hangars. Campagnola n'a pa su rendre dans la gravure la succession des plans et l'infinie graduation des valeurs. Pour cette feuille, comme pour les deux autres, il convient donc de s'interroger sur la possibilité d'une attribution à Giorgione. Il s'agirait alors de son premier dessin de paysage, à la plume, sans figures, et l'on pourrait y reconnaître l'origine de toutes les feuilles ultérieures du même genre. Ce dessin est manifestement un paysage composé pouvant servir de modèle à d'autres maîtres. Outre les détails étudiés d'après nature, comme le groupe d'arbres à droite qui développe certains motifs du *Petit Courrier* de Dürer (Bartsch, VII, 80), l'artiste insère, au centre de la composition, le groupe de buissons et d'arbustes stylisés qui revient fréquemment dans l'œuvre de Giorgione, dans *La Tempête* et dans les *Trois Philosophes* par exemple.

En 1976, nous avons attiré l'attention sur la présence de groupes de bâtiments semblables, avec des hangars en bois aux poutres placées en biais, dans l'*Idylle Ashburton* (New York, coll. part.; Goldfarb, 1984), un tableau que nous attribuons à Titien jeune. Ce tableau ne peut certainement pas être postérieur aux années 1508/09. Le dessin exposé et le tableau *Il Tramonto* doivent être de la même époque ou légèrement antérieurs.

K.O.

page 104

91

Giorgione
Castelfranco Veneto, vers 1476/1478 - Venise, 1510

Joueur de viole

Plume et encre brune. H. 0,192; L. 0,143.

PARIS, BIBLIOTHÈQUE DE L'ÉCOLE NATIONALE SUPÉRIEURE DES BEAUX- ARTS

HISTORIQUE
R. Cosway (L. 628); Sir Th. Lawrence (L. 2445); W. Esdaile (L. 2617), vente Londres, 1840, n° 418; W. Major (L. 2779); Alfred Armand; Prosper Valton; Mme Valton; don en 1908; marque de l'École des Beaux-Arts (L. 829). Inventaire E.B.A. n° 61.

EXPOSITIONS
Paris, 1935(2), n° 42; Venise, 1976(1), n° 5; Paris, 1981, n° 11; Venise, 1988, n° 4; Stockholm, 1990(1) et Paris, 1990, n° 4.

BIBLIOGRAPHIE

Kristeller, 1907, supplément; Lavallée, 1917, p. 274; Hadeln, 1925(2), pp. 31-32, pl. 4; Justi, 1926, II, pp. 305-307; Lavallée et Huteau, 1935, pp. 11-12; Suida, 1935(3), p. 90; Richter, 1937, pp. 218, 234, n° 63; Tietze et Tietze-Conrat, 1944, n° 582, p. 136; Middeldorf, 1958, p. 149, note 20a; Pignatti, 1969, n° V. 26 p. 148; Zampetti, 1971, p. 102; Oberhuber, 1973, p. 400 note 25; Oberhuber, 1976, pp. 54-55; Bonicatti, 1980, p. 466 note 27; Brugerolles, 1981, p.24; Brugerolles, 1984, n° 25 p. 70; Wethey, 1987, p. 194, n° A-28; Brugerolles et Guillet, 1988, pp. 25-26; Brugerolles et Guillet, 1990, p. 8.

Kristeller avait attribué à Giulio Campagnola cette feuille, traditionnellement considérée comme une œuvre de Giorgione. Depuis, seuls Hadeln, Justi et Morassi ont maintenu l'attribution à Giorgione. Richter pensait qu'il pouvait s'agir d'une copie exécutée d'après une œuvre du maître. Nous avons, ainsi qu'E. Brugerolles et D. Guillet, penché en faveur d'une copie par Giulio Campagnola d'un dessin disparu de Giorgione.

Ce dessin est très proche du *Jeune berger* (cat. **125**) gravé par Giulio Campagnola, comme l'avait noté Kristeller. La figure présente un rapport évident avec celle qui est assise au centre du *Tramonto* de Giorgione (cat. **20**). Comme nous le verrons plus en détail dans la notice **125** du catalogue, Giulio s'attache à simplifier la façon dont le personnage du *Tramonto* s'inscrit dans l'espace, et réduit, dans la gravure, les formes ouvertes en un ensemble simple de courbes et de lignes. Le dessinateur du *Joueur de viole* a, en revanche, tracé des contours très pleins, les réduisant à de simples courbes pour obtenir des formes pleines et rondes dans certaines parties, comme par exemple dans le dessin des jambes. Le rendu des cheveux est souple et libre; la tête est penchée en avant. Le raccourci audacieux du bras et du torse ne se trouve alors à Venise que dans l'œuvre de Giorgione. Le maître rencontrait dans le rendu des raccourcis les mêmes difficultés que le dessinateur. Le trait est si proche des dessins qui ont toujours été attribués à Giulio, et en particulier du *Groupe de bâtiments au bord d'un fleuve* des Uffizi (cat. **90**), que l'on songe naturellement à la même main. Nous suggérons ici que ce dessinateur soit Giorgione. Il est certain que le personnage féminin du *Concert champêtre* représenté sur la feuille du British Museum (cat. **94**) est dessiné de façon extraordinairement semblable. On y perçoit toutefois une plus grande densité et un sens plus marqué des volumes. Si, comme nous le pensons maintenant, ce dessin est un original de Giorgione et non une copie par Giulio Campagnola, on peut alors proposer une datation voisine de celle du *Tramonto* de Giorgione. M. Bonicatti a identifié l'instrument dont joue le jeune homme comme une *lira da braccio*.

K.O.

page 105

92

Giorgione
Castelfranco Veneto, vers 1476/1478 -
Venise, 1510

*Vue du château San Zeno
de Montagnana*
Sanguine. H. 0,203; L 0,290. Collé en plein.
ROTTERDAM, MUSEUM
BOYMANS-VAN BEUNINGEN

HISTORIQUE
Padre S. Resta, annotation, en bas à gauche, à la plume et encre brune : *k. 44*; G. M. Marchetti, évêque d'Arezzo; Lord J. Somers; J. C. Robinson; J. W. Böhler; L. Böhler; F. Kœnigs (L. 1023a), acquis en 1929; don de D. G. van Beuningen en 1940. Inventaire I 485.
EXPOSITIONS
Londres, 1930, n° 700; Amsterdam, 1934, n° 554; Paris, 1935(1), n° 553; Amsterdam, 1953, n° T 18; Venise, 1955, n° D1; Paris, 1962(2), n° 72; Venise, 1985, n° 15; Washington, 1988(2), n° 4.
BIBLIOGRAPHIE
Becker, 1922, p. 12, pl. 36; Hadeln, 1925(2), p. 32, pl. 3; Justi, 1926, (et éd. 1936), II, p. 300; Popham, 1931, p. 70; Hadeln, 1933, n° 4; Sterling, 1935, p. 235; Richter, 1937, n° 34, p. 425; Tietze et Tietze-Conrat, 1944, n° 709, p. 173; Haverkamp Begemann, 1957, n° 38; Baldass et Heinz, 1964, p. 323; Pignatti, 1969, n° 14 pp. 101-102; Viatte, 1972, p. 13; Oberhuber, 1976, p. 52; Rearick, (1976) 1977, n° 1 p. 21; Centro Studi Castelli, 1978, pp. 40-52; Meijer, 1979, pp. 53-56; Hornig, 1980, p. 46; Meijer, 1985, pp. 33-35; Wethey, 1987, n° 64, pp. 173-174; Rosand, 1988, fig. 12, pp. 48, 80.

Cette feuille célèbre a appartenu au Padre Resta, puis passa dans la collection de Giovanni Matteo Marchetti, évêque d'Arezzo. Resta considérait que la figure représentée dans ce dessin était un autoportrait : il s'agissait selon lui de Giorgione, figuré sous les traits d'un berger en train de dessiner, dans la région de Castelfranco. L'attribution à Giorgione n'a jamais, depuis lors, été remise en question. Malheureusement, Resta a fortement endommagé le dessin en le lavant à l'eau chaude. La description qu'il en a laissée et un reste de tracé à la sanguine ont amené B. Meijer à proposer de reconnaître un livre sur les genoux du personnage, ce qui semble difficilement conciliable avec l'indication du bâton de berger. Resta pensait que le château de l'arrière-plan était le mur d'enceinte de Castelfranco, mais il a été identifié par le Centro Studi Castelli (1978, pp. 40-52) comme étant le château San Zeno de Montagnana.

Il ne peut s'agir en réalité d'un autoportrait.

B. Meijer a remarqué au-dessus du personnage l'indication d'un oiseau d'assez grande taille, tenant dans son bec un objet rond. Cet oiseau ressemblant davantage à un aigle qu'à un corbeau, Meijer a suggéré que le personnage pouvait être Eschyle, mort après avoir reçu sur la tête une tortue tombée du bec d'un aigle. D'autres y ont reconnu le prophète Élie nourri par un corbeau. L'utilisation de la sanguine était alors inhabituelle à Venise et peut-être Giorgione s'est-il inspiré, comme le fait remarquer W. R. Rearick, des paysages de Léonard de Vinci. Les effets de *sfumato* pourraient également porter à y croire, puisque, selon Vasari (1568, éd. Milanesi, IV, p. 92), Giorgione s'intéressait à cette technique employée par Léonard. En revanche, l'herbe et les buissons révèlent l'influence de Dürer. Un paysage aussi vaste est rare à Venise au début du XVIe siècle. Il diffère également du type de paysage étiré à l'horizontale caractéristique des œuvres tardives de Giovanni Bellini.

Le paysage qui, dans l'œuvre peint de Giorgione, se rapproche le plus de celui de cette feuille se trouve à l'arrière-plan de la *Vénus* de Dresde, mais, on ne trouve pas dans le dessin la ligne d'horizon venant clore la composition. Les buissons et l'architecture rappellent en revanche davantage *La Tempête*, dont l'espace est construit cependant de façon beaucoup plus complexe. L'étirement et l'élégance de la figure, au premier plan, son attitude et la disposition des plis du vêtement, sont proches de ceux de la femme tenant un enfant dans la peinture de Venise, bien qu'elle soit ici plus frêle et plus lointaine. Ce dessin a peut-être précédé de peu *La Tempête*.

K.O.

page 106

93

Giorgione
Castelfranco Veneto, vers 1476/1478 -
Venise, 1510

Recto :
*Paysage avec deux hommes
à l'orée d'un bois*
Verso :
Esquisse de paysage
Plume et encre brune. H. 0,134; L. 0,258.
Recto piqué pour le transfert.
PARIS, MUSÉE DU LOUVRE,
DÉPARTEMENT DES ARTS GRAPHIQUES

Avant que Gronau n'ait rapproché cette feuille de la gravure commencée par Giulio Campagnola (cat. **133**) et terminée par Domenico Campagnola, elle était considérée comme une œuvre de Giorgione. Le groupe mystérieux des deux hommes, assis à l'orée du bois et tenant des instruments de musique, n'a pas été gravé par Giulio, et Domenico l'a remplacé par des musiciens plus jeunes. C'est la feuille qui dénote le plus de maturité parmi celles attribuées, depuis Kristeller, à Giulio Campagnola, et que nous proposons ici de rendre à Giorgione. Comme nous l'avons longuement exposé dans notre essai, le lien de ce dessin avec *La Tempête*, les *Trois Philosophes* et le *Tramonto* (cat. **20**), est si étroit qu'il doit avoir été conçu à peu près à la même époque. Il annonce, en outre, le *Concert Champêtre* (cat. **43**). La manière surprenante dont les deux figures s'inscrivent dans l'espace et dont la lumière joue sur le feuillage de la forêt plaide en faveur de Giorgione. On ne retrouve cette légèreté des contours, cette vibration des formes et cette succession des plans ni dans les gravures de Campagnola, ni dans l'œuvre de Titien. L'entrelac des branches dessinées au verso s'inspire de Dürer, mais on le retrouve également dans les *Trois Philosophes*, tandis que le feuillage, légèrement stylisé, est comparable à celui de *La Tempête*.

Si ce dessin est bien de Giorgione, ce serait lui, et non Giulio ou Domenico Campagnola, qui serait à l'origine du «dessin de paysage ordonné» (Châtelet, 1984). Ces œuvres étaient certainement destinées à être offertes à des amateurs ou à d'autres artistes, soit comme de simples cadeaux, soit comme des pièces de collection. Le thème de ce dessin demeure énigmatique. Il semble qu'il y ait à côté de l'un des deux hommes des instruments de musique, un luth et, peut-être, un petit tambour. Il est malheureusement impossible de déterminer avec certitude ce que l'autre tient à la main, peut-être s'agit-il d'un petit livre. Le contraste entre l'architecture grandiose, où l'on distingue un théâtre antique, représentée en haut de la

feuille, et les bâtiments ruraux, fort simples, dessinés en bas, laisse à penser que le thème pourrait illustrer des modes de vie différents, la vie à la ville et la vie à la campagne, ou encore les arts majeurs et les arts mineurs, mais les vêtements assez semblables que portent les deux hommes, qui appartiennent apparemment à la même classe sociale, vont à l'encontre de cette hypothèse.

Nous avons pensé un temps que le groupe d'arbres s'inspirait déjà de compositions de Titien comme celle du dessin du Metropolitan Museum (cat. **103**). Mais, dans l'essai qui introduit cette partie du catalogue, nous avons essayé de réfuter cette idée. Les perforations que l'on perçoit sur la feuille, dues à des vers à bois, indiquent peut-être qu'elle était autrefois collée sur un support de bois.

K.O.

page 107

94

Giorgione
Castelfranco Veneto, vers 1476/1478 - Venise, 1510

et Tiziano Vecellio, dit Titien
Pieve di Cadore, vers 1488/1490 - Venise, 1576

Couple de musiciens

Plume et encres noire et brune, tracé préparatoire à la pointe de métal. H. 0,224; L. 0,226.

LONDRES, TRUSTEES OF THE BRITISH MUSEUM

Lorsqu'au XVIIᵉ siècle cette feuille fut reproduite par Valentin Le Febre (Catelli Isola, 1976, n° 182 p. 65; Chiari, 1982, n° 104), elle était déjà considérée comme une œuvre de Titien. Elle était cependant attribuée à Giorgione au XVIIIᵉ siècle. Depuis 1879, date à laquelle Chennevières a remarqué que la même figure de musicienne se retrouvait dans le *Concert Champêtre* (cat. **43**), les rapports qu'entretiennent le dessin et la peinture ont été longuement débattus. Morelli pensait que le dessin pouvait être une copie par Domenico Campagnola. L'observation formulée par les Tietze, qui remarquaient que le nu féminin était dessiné avec une encre grise, différente de celle utilisée pour le reste de la feuille et partiellement retravaillé ultérieurement, a été confirmée récemment par M. A. Chiari et par E. Buckley. M. A. Chiari estime que seuls le bas du dos, la jambe et le pied droits ont été retouchés, ainsi que la draperie placée sous la jambe gauche. Mais selon E. Buckley le contour aurait également été repris. Le même auteur a pu prouver que les traces d'encre grise de la partie gauche de la feuille ne sont pas contemporaines du nu féminin.

Depuis la découverte de Chennevières, seuls Justi et F. Benzi ont considéré ce nu féminin comme un dessin de Giorgione préparatoire au *Concert Champêtre*. Les autres historiens ont estimé qu'il s'agissait d'une copie d'après la figure qui se trouve dans le tableau. Dès 1976, nous avons nous-même insisté sur les différences que laissaient apparaître le dessin et le tableau — la draperie, la position de la tête, la coiffure et la disposition du bras gauche — et pensé que la figure nue était un dessin préparatoire au tableau. La draperie qui enveloppe la musicienne est très proche de celle de la femme placée près du puits dans la peinture. La position du bras gauche et de la tête de la musicienne annoncent clairement un mode de construction qui sera développé et simplifié dans l'œuvre achevée. Après avoir avancé en 1976 que Titien était l'inventeur et le peintre du *Concert Champêtre*, nous pensons aujourd'hui qu'il pourrait s'agir de Giorgione. La finesse du modelé, la délicatesse du tracé de la jeune femme, qui rappellent la façon dont est dessiné le *Joueur de viole* de l'École des Beaux-Arts (cat. **91**), sont différentes de la facture du *Saint Jérôme* de Titien (cat. **97**), et militent en faveur d'une attribution à Giorgione. Titien utilisait en effet des valeurs beaucoup plus contrastées dans les clairs-obscurs. L'autre partie du dessin est cependant caractéristique de Titien.

La thèse de F. Benzi, selon laquelle Titien aurait repris et retravaillé un dessin de Giorgione, semble donc très vraisemblable. Le style du dessin, dans le traitement des arbres, du musicien et du paysage, est proche de celui de

Titien dans les années 1520. M. A. Chiari, qui considère cette feuille, ainsi qu'une autre conservée aux Offices, comme une copie exécutée par un membre de l'atelier de Titien, la rapproche également de l'*Été, ou le berger endormi* du Louvre (cat. **217**), qui est pour nous, sans aucun doute, un original de Titien. La grande maîtrise que révèle le dessin dans le traitement des valeurs sont dignes du maître et la liberté de l'écriture surpasse de loin celle de la feuille du Metropolitan Museum, réalisée vers 1514 (cat. **103**). Le style de la figure du musicien fait déjà songer aux années 1520, notamment à celui du *Saint Christophe* peint à fresque en 1523 au palais des Doges. Si toutefois le style de cette feuille diffère de celui du *Saint Sébastien* conservé à Francfort (cat. **206**) et appartenant à la même époque, cela s'explique par le fait qu'il s'agit d'un dessin fini et non d'une esquisse.

Le thème du concert pastoral, réunissant deux musiciens, est un thème galant. Titien a choisi les instruments de musique pour rendre plus évident le contraste entre la virilité et la féminité des deux figures. Un nouvel examen de l'*Homme avec une viole* conservé à la Pierpont Morgan Library (cat. **142**) mériterait d'être conduit avec attention et son attribution traditionelle à Paris Bordon révisée, car ce dessin pourrait peut-être, lui aussi, être donné à Titien.

K.O.

page 107

95

Cercle de Giorgione
Castelfranco Veneto, vers 1476/1478
Venise, 1510
et de Tiziano Vecellio, dit Titien
Pieve di Cadore, vers 1488/1490 - Venise, 1576

Saint Jérôme dans un paysage
Plume et encre brune, lavis brun. H. 0,187; L. 0,258. Collé en plein. Annoté sur le montage : *Tiziano*.

NEW YORK, DIAN AND ANDREA WOODNER

HISTORIQUE
Padre S. Resta, annotation en bas, vers la droite, à la plume et encre brune : *i. 112*; G. M. Marchetti, évêque d'Arezzo; Cavaliere Marchetti de Pistoia; John, Lord Somers (L. 2981); S. Schwarz; J. Gaines, vente, New York, 16 janv. 1986, n° 35; I. Woodner. Inventaire WD-703.
EXPOSITIONS
Montréal, 1953, n° 50; New York, 1965, n° 40; Washington, 1988 (2), n° 11.

BIBLIOGRAPHIE
Fröhlich-Bum, 1930, p. 86; Tietze et Tietze-Conrat, 1944, n° 713, p. 174; Pignatti, 1955, p. 134; Bean et Stampfle, 1965, p. 37; Pignatti, 1969, n° A 37 p. 127; Pignatti, 1978, n° A 38; Wethey, 1987, pp. 72, n° 62X pp. 172- 173; Rosand, 1988, fig. 50, p. 66.

Ce dessin a d'abord été donné à Giorgione par Fröhlich-Bum. T. Pignatti, qui a été le premier à mettre en doute cette attribution, le considère comme une œuvre de l'entourage de Giulio Campagnola. H. Wethey semble, quant à lui, pencher en faveur de Giorgione. Il s'appuie, à juste titre, sur l'étroite parenté qu'offre ce dessin avec la *Sainte Élisabeth et le petit saint Jean* de Budapest (Szépmüvészeti Múzeum, n° 1783), que plusieurs historiens ont également attribué à Giorgione, mais que T. Pignatti (1969, n° A 8 p. 116) propose de donner à Titien. Ces deux feuilles diffèrent de la plupart des autres paysages exécutés à la plume étudiés ici. Il ne s'agit pas, en effet, d'études achevées, mais de dessins préparatoires à des peintures, un peu comme le dessin au pinceau de Titien conservé à l'Albertina (cat. **96**) mais avec, ici, une plus grande liberté et un tracé plus fluide. Le paysage s'inspire encore nettement du nouveau type créé par Giorgione mais sa construction fait plutôt songer à Titien : le vallonnement indiqué par les longues obliques et la mise en évidence d'un espace-plan par un arbre au premier plan, révèlent un parti qui s'affirmera par la suite. Le groupe de constructions, à l'arrière-plan, rappelle les premiers dessins de Campagnola, tandis que les figures sont plus proches encore de celles du Quattrocento. D. Rosand a présenté cette feuille à côté de la peinture du *Saint Jérôme* de Bellini, conservé à la National Gallery de Washington. La figure d'Élisabeth, dans le dessin de Budapest, rappelle celle de la servante de Judith dans le tableau de la collection Rasini, à Milan, que T. Pignatti attribue à un suiveur de Giorgione (1969, n° A 29, fig. 150). Ce tableau, ainsi que d'autres qui lui sont comparables, associent des éléments de paysage à des constructions conçues à la manière de Giorgione et renvoient au cercle des artistes qui constitue peut-être le milieu d'origine de Giorgione. Cette feuille, qui présente un intérêt certain, appartient cependant à l'école de Giorgione, et son auteur, non encore identifié, est certainement contemporain déjà de la génération de Titien.

K.O.

page 108

96

Tiziano Vecellio, dit Titien
Pieve di Cadore, vers 1488/1490 - Venise, 1576

La Sainte Famille dans un paysage
Pinceau et lavis brun, tracé préparatoire au fusain. H. 0,259; L. 0,216.

VIENNE, GRAPHISCHE SAMMLUNG ALBERTINA

HISTORIQUE
Prince Ch. de Ligne; A. von Sachsen-Teschen (L. 174); Graphische Sammlung. Inventaire Nr. 1649.
EXPOSITIONS
Venise, 1955, n° D5; Venise, 1961, n° 8; Brescia, 1965, n° 130; Paris, 1975, n° 52; Venise, 1976(1), n° 10.

BIBLIOGRAPHIE
Bartsch, 1794, p. 69, n° 1; Wickhoff, 1891, n° 235; Schönbrunner et Meder, 1896-1908, VIII, n° 953; Venturi, 1922, p. 114; Stix et Fröhlich-Bum, 1926, p. 28, n° 36; Morassi, 1942, p. 176; Tietze et Tietze-Conrat, 1944, n° A 718, p. 175; Benesch, 1961, pp. 19-20; Fiocco, 1961, p. 319; Kossoff, 1963, p. 72; Benesch, 1964, p. 322; Panazza, 1965, p. 246; Pignatti, 1969, n° A 59 p. 139; Oberhuber, 1971, n° 60; Oberhuber, 1975, p. 120; Oberhuber, 1976, pp. 22, 60-61; Pignatti, 1976(2), p. 266; Wethey, 1976, p. 796; Pignatti, 1977, p. 168; Rearick, 1977, p. 174 note 3; Gibbons, 1978, p. 27; Muraro, 1978, p. 137; Oberhuber, 1978, pp. 110-111; Pignatti, 1978, n° A 63, p. 142; Pignatti, 1979(1), p. 4; Ballarin, 1980, p. 496, 499 note 7; Furlan, 1980, p. 427; Rosand, 1981, p. 306 note 3; Goldfarb, 1984, p. 423; Knab, 1984, pp. 411-418; Wethey, 1987, n° A-41 p. 200; Chiari, 1988(1), n° A-21 p. 72; Birke, 1991, p. 102.

Tout dabord considérée comme une œuvre de Palma Vecchio, cette feuille a, par la suite, été attribuée par Wickhoff, ainsi que par les Tietze, à un successeur de Giovanni Bellini. Schönbrunner et Meder avaient songé, ainsi que Frizzoni, à un artiste de Brescia, et plus particulièrement à Girolamo Romanino, et cette attribution a été acceptée par de nombreux historiens, notamment G. Fiocco, G. Panazza, E. Knab, F. Gibbons, et plus récemment par M. Muraro et H. Wethey. F. Kossof a en revanche réfuté cette thèse et Venturi a proposé le nom de Savoldo de préférence à celui de Romanino. Stix et Fröhlich-Bum, qui avaient attribué l'œuvre à Giorgione, tout en émettant certaines réserves, ont été suivis par A. Morassi, P. Zampetti et plus récemment M. A. Chiari. Leur proposition a été, en outre, énergiquement défendue par O. Benesch. T. Pignatti, enfin, a songé à Giovanni Cariani. Dès 1971, nous avons attiré l'attention sur le rapport étroit qu'entretiennent cette feuille et des peintures, de petit format, représentant des *Nativités*, conservées à Raleigh (Caroline du Nord) et à Saint-Pétersbourg, récemment attribuées à Titien jeune. Seuls H. Goldfarb et A. Ballarin nous ont suivi dans cette voie. Nous rappelons une fois encore le lien étroit qui unit ce dessin à celui de Windsor (cat. **88**) et à d'autres représentations de figures comparables dans les œuvres de Giorgione et de son entourage, comme le vieil homme du *Tramonto* (cat. **20**) et l'*Astrologue* de Giulio Campagnola (cat. **127**), tous deux proches de la figure de saint Joseph. Dans cette feuille, le traitement des volumes et la mise en place des figures sont cependant fondamentalement différents, et caractéristiques du jeune Titien (voir cat. **42**). Les personnages sont dessinés en larges aplats, ils ne sont pas solidement ancrés au sol mais semblent planer, animés d'un mouvement qui les soulève. Cette feuille obéit à des valeurs d'ordre essentiellement visuel et cela de la manière la plus rigoureuse possible. Titien est le seul maître de l'entourage de Giorgione dont le style offre ces particularités. Les dessins de Romanino ne font jamais une part aussi importante à la couleur et ne sont jamais aussi proches de l'œuvre de Giorgione.

K.O.

page 108

97

Tiziano Vecellio, dit Titien
Pieve di Cadore, vers 1488/1490 - Venise, 1576

Saint Jérôme lisant, dans un paysage
Plume et encre gris foncé. H. 0,136; L. 0,167.
FLORENCE, GALLERIA DEGLI UFFIZI,
GABINETTO DISEGNI E STAMPE

HISTORIQUE
Fonds Médicis-Lorraine; marque des Uffizi (L. 929). Inventaire n. 14284 F.
EXPOSITIONS
Florence, 1961, n° 64; Florence, 1976(1), n° 17: Venise, 1976(1), n° 12.
BIBLIOGRAPHIE
Delaborde, 1888, pp. 136-137; Suida, 1944, p. 247; Middeldorf, 1958, pp. 141-152; Forlani, 1961, p. 43; Oberhuber, 1973, pp. 396-397; Meijer, 1974, pp. 86, 88; Oberhuber, 1976, pp. 22-23, 62-64; Pignatti, 1976(2), pp. 267, 268; Rearick, 1976(1), pp. 7-8, 29, 38-41; Wethey, 1976, p. 796; Rearick, 1977, pp. 174-

176; Muraro, 1978, p. 138 note 6; Oberhuber, 1978, pp. 111-112; Pignatti, 1979(1), p. 7 et n° I; Ballarin, 1980, pp. 496, 499 note 7; Rosand, 1981, p. 307 note 17; Chiari, 1982, p. 5; Saccomani, 1982, p. 94 note 19; Chiari, 1986-87, p. 323; Wethey, 1987, n° A-26 pp. 191-192; Chiari, 1988(1), p. 29, n° 5 pp. 37-38; Chiari, 1989, n° 5 pp. 82-83; Rearick, 1991(1), p. 16.

U. Middeldorf a reconnu dans cette feuille, autrefois attribuée à Rembrandt, un dessin préparatoire de Giulio Campagnola pour une gravure de Marcantonio Raimondi (Bartsch, XIV, p. 88, n° 102) et l'a rapprochée des *Deux Satyres* (cat. **99**), qu'il donnait également à Campagnola, bien que ce dessin soit préparatoire à la *Vénus du Pardo* de Titien (cat. **165**). Suida considérait déjà que la gravure était la copie d'un projet de Titien. En 1973, nous avons tenté de suggérer, au contraire, qu'il s'agissait d'un original du jeune Titien. Cet avis a, depuis lors, été partagé par la plupart des historiens à l'exception de M. Muraro qui a pensé que le dessin était de Giovanni Cariani, de D. Rosand qui a émis quelques doutes, de H. Wethey qui, comme Middeldorf, l'a attribué à Giulio Campagnola et de F. Heinemann, qui a proposé le nom de Domenico Campagnola. Selon W. R. Rearick et M. A. Chiari, ce dessin aurait été exécuté avant 1508, date à laquelle Marcantonio quitte Venise en emportant cette feuille. Il est fort possible, pour des raisons stylistiques, que ce dessin ait précédé les fresques de Padoue. La composition dynamique, l'ampleur de la figure et la force du modelé des troncs d'arbres sont caractéristiques du jeune Titien. Les arbres, proches de ceux représentés par Dürer, annoncent ceux du dessin du Metropolitan Museum (cat. **103**). On y retrouve, plus largement développé, le paysage lagunaire et les nuages épais de la xylographie du *Passage de la mer Rouge* (cat. **132**). On peut également le comparer à l'arrière-plan du *Christ et la Samaritaine* (cat. **128**), gravure de Giulio Campagnola que L. Hourticq pensait avoir été faite sur un modèle de Titien.

B. Meijer remarqua au verso de cette feuille, des traces de pierre noire correspondant aux contours de la figure et de l'arbre et qui auraient permis à Marcantonio le report sur la planche. Il a dû, en revanche, procéder d'une manière plus libre pour le dessin des nuages et du lion. W. R. Rearick considère cette feuille comme un dessin préparatoire à un tableau actuellement conservé dans une collection particulière à Vienne, qui est, en fait, une copie de la gravure. Il existe, à l'Akademie de Vienne et dans l'ancienne collection Rudolf, à Londres, d'autres copies de la gravure. Elle a en outre été copiée, en sens inverse, par Agostino Veneziano (Bartsch, XIV, p. 89, n° 103).

La représentation de saint Jérôme dans un paysage était un thème extrêmement populaire à la fin du XVᵉ et au début du XVIᵉ siècle, très apprécié des humanistes chrétiens. Le jeune Titien et Marcantonio Raimondi ont certainement prévu que la gravure connaîtrait un succès qui assurerait de bons revenus. Le fait d'intro-

duire dans un paysage réel, ici la lagune vénitienne, des éléments empruntés au monde religieux ou antique, est propre à d'autres graveurs de la même époque, notamment à Giulio Campagnola (cat. **128**) et à Girolamo Mocetto.

K.O.

page 108

98

Tiziano Vecellio, dit Titien
Pieve di Cadore, vers 1488/1490 - Venise, 1576

Un Miracle
de saint Antoine de Padoue
Plume et encre brune, lavis brun. H. 0,144; L. 0,307. Doublé Annoté à la plume et encre brune, en bas à gauche : *Giorgion de C. Franco*, au verso, sur le papier du doublage : *Tiziano*.
PARIS, FONDATION CUSTODIA,
INSTITUT NÉERLANDAIS

HISTORIQUE
N. Lanier (L. 2885); R. Cosway (L. 629); marque *C.M* non identifiée (L. 598 ou 598a); Rev. H. Wellesley, vente, Londres, 25 juin-10 juill. 1866, n° 2376 (à Locker); F. Locker, écriture (L. 1692), à la plume et encre noire, au verso du doublage : *Frederick Locke: / Bought at Dr Wellesley's Sale. July 1866*; G. Locker-Lampson, P. C., vente, Londres, 9 mars 1923, n° 127; S. R. Hibbard; Ch. Ferrault, vente, Paris, 25 fév. 1924, n° 32; acquis par F. Lugt (L. 1028); légué à la Fondation Custodia. Inventaire 1502.
EXPOSITIONS
Manchester, 1857, n° 66; Amsterdam, 1934, n° 685; Paris, 1962(2), n° 73; Florence, 1976(3) et Paris, 1976, n° 2; Venise, 1981(1), n° 36.
BIBLIOGRAPHIE
Cavalcaselle et Crowe, 1877-78, I, pp. 108-109; Hadeln, 1913, pp. 228-229; Venturi, 1927, pp. 241, 245; Venturi, 1934, p. 496; Tietze et Tietze-Conrat, 1936(1), p. 155 note 53; Richter, 1937, p. 234; Tietze et Tietze-Conrat, 1944, n° A 1921, pp. 307-318; Wethey, 1969-1975, I, p. 129, III, p. 262 n° 93; Oberhuber, 1973, p. 415 note 4; Meijer, 1976(1), pp. 5-6; Oberhuber, 1976, pp. 23-24, 62, 70, 121; Pignatti, 1976(2), pp. 268, 270 note 4; Ballarin, 1977, pp. 67-71; Pignatti, 1977, p. 168; Rearick, 1977, pp. 178-179; Muraro, 1978, p. 136; Pignatti, 1979(1), p. 7 et n° Xa, sous n° XII; Ballarin, 1980, p. 499; Byam Shaw, 1980(1), p. 390; Oberhuber, 1980, p. 524; Byam Shaw, 1981, pp. 30-32; Rosand, 1981, p. 302; Byam Shaw, 1983, n° 228 pp. 231-233; Wethey, 1987, n° X-29 pp. 235-236; Chiari, 1988(1), n° A-9 pp. 66-67; Monbeig Goguel, 1988, p. 611.

La nature de cette feuille est soumise à plusieurs hypothèses contradictoires. Tandis qu'un petit nombre d'historiens estiment qu'il s'agit d'un dessin préparatoire à la fresque de même sujet de la Scuola del Santo à Padoue, d'autres préfèrent y voir une copie de cette œuvre. Nous pensons, comme Venturi, J. Byam Shaw et A. Ballarin, qu'il y a trop de différences entre la fresque et le dessin pour ne pas reconnaître à celui-ci une fonction préparatoire. Ces différences ont été étudiées par A. Ballarin qui a réfuté les arguments de W. R. Rearick, selon lesquels le dessin serait une copie d'après la fresque. Grâce à de légères modifications, l'époux accusateur représenté dans le dessin a été transformé par Titien, dans la fresque, en un homme que condamne l'enfant qui parle miraculeusement et se trouve obligé d'admettre que sa femme ne l'a pas trompé. Une copie ne devrait pas présenter autant de variantes dans l'indication des vêtements et des coiffures et, s'il s'agissait d'une copie, elle aurait été exécutée d'après un dessin préparatoire aujourd'hui perdu. Cependant, il ne faut pas oublier que cette feuille n'est pas une première esquisse, comme l'est le dessin préparatoire pour le *Saint Sébastien* conservé à Berlin (cat. **205**), mais un *modello*, c'est-à-dire une étude complète de la composition et de la lumière, au terme d'un travail de recherches. C'est la seule œuvre de ce type que nous connaissons de la main de Titien. Un dessin, apparu dans une vente à Londres, chez Christie's, le 1er juillet 1969 (lot 122), constitue un fragment de cette feuille et prouve que toute la composition de la fresque devait s'y trouver à l'origine. Titien a donc, quoi qu'il en soit, réalisé un dessin d'ensemble, peut-être pour le soumettre au commanditaire. L'indication des valeurs du clair-obscur, défini par le jeu entre les parties lumineuses et les parties sombres, l'importance accordée aux figures, celle de l'enfant par exemple, en insistant sur les contours avec une grande subtilité, incitent à y reconnaître la main du maître. La liberté du trait, qui donne leur vitalité aux figures, évoque davantage celle d'un dessin préparatoire que la facture d'une copie. Il convient de remarquer la diversité du traitement des chevelures, contribuant, par son seul tracé, à situer les figures dans l'espace. On retrouve une écriture très proche, bien qu'un peu plus schématique, dans le groupe des sibylles du *Triomphe de la Foi* (cat. **130**).

K.O.

page 109

99

Tiziano Vecellio, dit Titien
Pieve di Cadore, vers 1488/1490 - Venise, 1576

Deux satyres avec un disque astrologique, dans un paysage
Plume et encre brune, rehauts de blanc. H. 0,227; L. 0,151. Annoté en bas à droite, à la plume et encre brune : *Lovini Milanese*.

COLLECTION PARTICULIÈRE

HISTORIQUE
Earls of Pembroke, vente, Londres, 5-10 juill. 1917, n° 318; H. Oppenheimer (L. 1351), vente, Londres, 10-14 juill. 1936, n° 42; E. et A. Silbermann; collection particulière.

EXPOSITIONS
Montréal, 1953, n° 51; New York, 1965-66, n° 59; Washington, 1974, n° 8; Venise, 1976(1), n° 13; Washington, 1988(2), n° 17.

BIBLIOGRAPHIE
Strong, 1900, VI, n° 54; Tietze, 1936, I, pp. 156, 239, II, p. 319; Tietze et Tietze-Conrat, 1936(1), p. 169; Tietze et Tietze-Conrat, 1944, n° 1948, pp. 322-323; Bean et Stampfle, 1965, pp. 45-46; Panofsky, 1969, pp. 192-193; Oberhuber, 1973, p. 415 Pignatti, 1974, pp. 9-10; Wethey, 1975, p. 56; Oberhuber, 1976, pp. 27, 64-66; Pignatti, 1976(2), p. 268; Rearick, 1976(1), pp. 40-43; Pignatti, 1977, p. 168; Rearick,(1976) 1977, p. 27; Rearick, 1977, pp. 182-185; Muraro, 1978, p. 140; Oberhuber, 1978, pp. 112-113; Pignatti, 1979(1), p. 7 et n° VII; Rosand, 1981, p. 307 note 17; Chiari, 1982, p. 8 note 13; Saccomani, 1982, pp. 81, 93 note 11; Wethey, 1987, pp. 18, 151, 159, n° 54 pp. 167-168; Chiari, 1988(1), p. 29, n° 6 p. 39; Rosand, 1988, fig. 66, p. 74; Chiari, 1989, pp. 14, 82, n° 6 p. 83; Rearick, 1991(1), p. 17.

La feuille était autrefois attribuée à Bernardino Luini, sur la foi de l'annotation qui figure au recto. Les Tietze furent les premiers à la considérer comme une première idée pour la *Vénus du Pardo* (cat. **165**), pour laquelle a également été réalisé le dessin de Darmstadt (cat. **100**). Cette attribution a fait l'objet de nombreuses discussions jusque dans les années soixante-dix. Les noms de Sebastiano del Piombo et de Domenico Campagnola ont été avancés et le dessin a été également rapproché de l'œuvre de Dosso Dossi. L'attribution à Titien, que nous avons nous-même féfendue ainsi que T. Pignatti et W. R. Rearick, est généralement acceptée aujourd'hui. Mais, la question de sa datation n'est pas résolue. W. R. Rearick

a proposé de le situer vers 1512-1513, mais pour M. A. Chiari, il est antérieur aux fresques de Padoue et date de l'époque du Fondaco dei Tedeschi. H. Wethey préfère, quant à lui, le rapprocher de l'*Astrologue*, gravé par Giulio Campagnola en 1509 (cat. **127**).

Le thème est lui-même, par ailleurs, sujet à controverses. Il semble qu'il devrait être considéré en fonction du contexte général de la scène. Les deux personnages pourraient, selon Panofsky, être Pan et Sylvain. Le disque astrologique a été interprété comme un horoscope dessiné pour les années 1512 ou 1513. H. Wethey y voit une simple représentation des éclipses de lune et de soleil telle qu'elles apparaissent dans les fresques de la Casa Pellizzari à Castelfranco.

Cette feuille, en raison de son lien avec une peinture de Titien, constitue un élément essentiel de notre connaissance de Titien jeune, pour les dessins de paysages et les figures. Sa facture est reconnaissable dans la force des contrastes, le volume presque cubiste des constructions, la structure du sol et surtout dans la sensualité avec laquelle est rendue le corps des personnages. La manière dont les buissons, à peine circonscrits de quelques ombres, se détachent sur le fond témoigne tout particulièrement du génie du maître. L'arrière-plan des fresques de Padoue comme celui du *Noli me Tangere* (cat. **46**) est construit d'une façon tout à fait comparable.

K.O.

page 109

100

Tiziano Vecellio, dit Titien (d'après)
Pieve di Cadore, vers 1488/1490 - Venise, 1576

Nymphe et berger dans un paysage
Sanguine. H. 0,140; L. 0,190. Annotation en bas à gauche, à la sanguine : *Man di zorzon da Castel francho*.

DARMSTADT, HESSISCHES LANDESMUSEUM

HISTORIQUE
P. J. Mariette (L. 1852), vente, Paris, 15 nov. 1775, partie du n° 445; Marquis de Lagoy (L. 1710); E. J. von Dalberg; Grand-duc Louis Ier de Hesse; Hessisches Landesmuseum. Inventaire AE 1328.

EXPOSITIONS
Darmstadt, 1964, n° 38; Paris, 1967, n° 66; Rome, 1972, n° 6; Washington, 1988(2), n° 12.

BIBLIOGRAPHIE
Freund, 1928-29, p. 175, n° 15; Richter, 1937, p. 214, n° 17; Tietze et Tietze-Conrat, 1944, n° 706, p. 173; Suida, 1956, pp. 79-80; Bergsträsser, 1964, n° 38; Meiss, 1966 (éd. 1976, pp. 216-217); Monbeig Goguel, 1967, pp. 67-68; Pignatti, 1969, n° 22 p. 107; Viatte, 1972, pp. 11, 13; Wethey, 1975, p. 5, pl. 8; Meijer, 1976(2), pp. 21-24; Oberhuber, 1976, p. 45; Oberhuber, 1978, p. 113; Wethey, 1987, n° 57X p. 170; Rosand, 1988, fig. 77, pp. 76, 81; Chiari, 1988(1), n° X-41 p. 77.

Ce dessin a longtemps fait partie des quelques œuvres attribuées avec certitude à Giorgione, malgré sa parenté, déjà mentionnée par les Tietze, avec la *Vénus du Pardo* de Titien (cat. **165**). B. Meijer en a conclu que le dessin devait être de la main de Titien. J. Gere a fait remarquer ultérieurement (comm. orale à l'auteur) que le style de cette feuille évoquait l'école de Parme et les premiers dessins du jeune Parmigianino. Jusqu'à présent, on avait cependant quelque peu négligé le fait qu'un autre petit dessin, monté par Mariette avec celui-ci et conservé à Darmstadt (n° AE 1327), figurant sous le nom de Giorgione à la vente Mariette (voir Monbeig Goguel, 1967), n'avait pas davantage un caractère vénitien. Mariette possédait deux autres feuilles de la même main, actuellement conservées à Darmstadt. L'une d'elles porte une ancienne inscription : *del Coregio* (n° AE 1310 et 1309). Toutes deux sont des copies exécutées d'après le *Tegurio* de Bramante, à Saint-Pierre de Rome, dont elles reproduisent une vue générale et un chapiteau (voir Dencker-Nesselrath, 1990, p. 43, et note 213, fig. 101). Elles ne peuvent pas être antérieures au 14 avril 1514, date de la consécration de l'édifice. La facture de ces trois petites esquisses évoque davantage le style d'un maître toscan comme Granacci ou Bacchiacca que celui de Corrège ou de Parmigianino. De toute façon, il ne peut s'agir que d'un maître ayant voyagé entre Venise et Rome dans les années 1510 ou 1520. La feuille de Darmstadt n'en demeure pas moins d'une importance exceptionnelle, car elle nous livre l'idée première de la *Vénus du Pardo*. Le jeune homme assis présente la même beauté idéale que les *Deux satyres* d'une collection particulière présenté ici (cat. **99**). La figure de la nymphe est proche de celle de la *Vénus* de Dresde, peinture de Giorgione, dont les historiens l'ont toujours rapprochée, mais elle révèle cependant que l'inspiration du jeune Titien était beaucoup moins classique que celle du maître dont il suivait l'exemple et trahit en outre la difficulté qu'il éprouvait dans le rendu des raccourcis. Le buste bombé, la jambe droite allongée, au repos et la position de la tête, qui trahit le sommeil, préfigurent la nymphe endormie de la *Bacchanale*, dite *Les Andriens* (Madrid, Prado), dans laquelle Titien modifiera la position de bras. Lorsque, bien plus tard, il exécuta cette peinture, Titien possédait une meilleure connaissance de l'art de Giorgione.

K.O.

page 110

101

Tiziano Vecellio, dit Titien
Pieve di Cadore, vers 1488/1490 - Venise, 1576

Paysage à la chèvre
Plume et encre brune. H. 0,157; L. 0,219.
PARIS, MUSÉE DU LOUVRE,
DÉPARTEMENT DES ARTS GRAPHIQUES

HISTORIQUE
E. Jabach; entré dans le Cabinet du Roi en 1671; paraphe des dessins remontés (L. 2961); paraphe de R. de Cotte (L. 1964); marques de la Commission du Museum (L. 1899) et du premier Conservatoire (ancien L. 2207). Inventaire 5539.
EXPOSITION
Venise, 1976(1), n° 19.
BIBLIOGRAPHIE
Inv. Ms. Morel d'Arleux, III, partie du n° 3251 (Titien); Fröhlich-Bum, 1930, p. 87; Tietze et Tietze-Conrat, 1936(1), p. 175 note 71; Tietze et Tietze-Conrat, 1944, n° 580, p. 136; Oberhuber, 1973, p. 393 note 13; Oberhuber, 1976, pp. 25, 68-69; Muraro, 1978, p. 137, n° 19; Oberhuber, 1978, p. 114; Pallucchini, 1978, p. 114; Pignatti, 1979(1), n° III; Rosand, 1981, p. 307; Chiari, 1982, p. 5; Saccomani, 1982, p. 83; Zucker, 1984, pp. 478-479; Emison, 1985; Wethey, 1987, n° 32 p. 151; Chiari, 1988(1), pp. 29, 35 note 1; Chiari, 1989, pp. 11, 13, n° 1 p. 81; Rearick, 1991(1), p. 16.

Cette feuille était attribuée à Titien lorsque le comte de Caylus la grava à l'eau-forte. Le dessin fut par la suite publié par L. Fröhlich-Bum comme une œuvre de Giulio Campagnola. Les Tietze, qui l'ont d'abord considéré comme la copie d'une œuvre de Campagnola, l'ont finalement attribué à Giorgione en raison de la grande qualité de son exécution. Nous sommes nous-même revenu à l'attribution traditionnelle, qui n'a été contestée depuis que par M. Muraro et D. Rosand. Sa datation demeure cependant problématique. Nous aurions tendance à la situer autour de 1511, à l'époque du *Noli me Tangere* (cat. **46**), mais M. A. Chiari préfère une date entre 1506 et 1508, essentiellement en raison de celle qu'elle propose pour le *Vieux berger* (cat. **129**) gravé, selon cet auteur, par Giulio Campagnola avant 1509 et certainement basé sur ce dessin ou sur un dessin similaire de Titien. P. Emison considère que cette feuille est une copie de la gravure, mais cette hypothèse est peu vraisemblable. Le dessin met nettement en valeur les constructions dans la définition de l'espace tandis les différents plans se distinguent difficilement les uns des autres dans la gravure. D'autre part, Campagnola in-

troduit ici des motifs de planches disposées à l'oblique, qui apparaissent déjà chez Giorgione. Il ne serait donc pas absolument exclu que les deux œuvres, le dessin et la gravure, aient été inspirés d'un dessin de Giorgione aujourd'hui perdu. Le sentiment de force massive qui se dégage des bâtiments laisse supposer que Titien est bien l'auteur de cette œuvre.

Cette feuille est plus riche, stylistiquement, dans le rendu des surfaces, plus sensible dans l'évocation de l'atmosphère que le *Couple enlacé* de Chatsworth (n° 749 B) ou l'*Étude avec des maisons et un aigle* des Uffizi (n. 937 P), très étroitement liés cependant aux fresques de Padoue, réalisées en 1511. Même le *Saint Jérôme* (cat. **97**) et les *Deux satyres* (cat. **99**) ne témoignent pas de ces recherches. Nous proposerions volontiers d'adopter une datation plus tardive pour le dessin comme pour la gravure de Campagnola.

K.O.

page 110

102

Tiziano Vecellio, dit Titien
(attribué à)
Pieve di Cadore, vers 1488/1490 - Venise, 1576

Femme allongée sur le dos
Pierre noire, rehauts de blanc, sur papier bleugris. H. 0,125; L. 0,240. Découpé irrégulièrement. Collé en plein. Annoté en bas à gauche, sur le montage, à la plume et encre brune : *1206.*, *35* et *21* (les deux derniers nombres barrés).

STOCKHOLM, NATIONALMUSEUM

HISTORIQUE
Cardinal A. Santa Croce, écriture sur le montage, en bas à droite, à la plume et encre brune : *Ticiano*; P. Crozat (?), vente, Paris, 10 avril 1741, partie du n° 655 (?, à Tessin); C. G. Tessin; Kunglia Bibliotheket; Kunglia Museum (L. 1638). Inventaire NM 1385/1863.
EXPOSITIONS
Stockholm, 1962-63, n° 221; Paris, 1970-71, n° 10; Venise, 1974, n° 12.
BIBLIOGRAPHIE
Sirén, 1902, n° 156 p. 65; Sirén, 1917, n° 464; Tietze et Tietze-Conrat, 1944, n° A 1967, p. 326; Tietze, 1952, p. 27; Bjurström, 1962, n° 221; Bean, 1969, p. 170; Bjurström, 1970, pp. 9-10; Bjurström, 1974, p. 26; Meijer, 1974, pp. 86, 92 note 53; Muraro, 1978, p. 132 note 3; Bjurström, 1979, p. 119; Pignatti, 1979(1), p. 11 et n° XLV; Rosand, 1981, p. 306 note 9; Wethey, 1987, n° A-5 pp. 180-181, p. 187; Chiari, 1988(1), n° A-16 p. 71.

Ce dessin appartient au groupe d'œuvres dont

l'attribution demeure la plus problématique. Sirén l'a tout d'abord considéré comme une œuvre de Tintoret, puis de son école. H. Tietze a été le premier à l'attribuer à Titien et, depuis, quelques adeptes de cette proposition y voient une œuvre de la jeunesse de Titien et l'estiment contemporaine des fresques de Padoue, considérant qu'il s'agit d'un dessin préparatoire à la scène dite du *Mari jaloux*. D'autres, comme T. Pignatti, pensent qu'il s'agit d'une œuvre plus tardive. Plusieurs auteurs, enfin, rejettent l'attribution à Titien, comme M. A. Chiari et dernièrement H. Wethey et proposent d'y reconnaître la main de Paris Bordon.

Il ne fait aucun doute que cette feuille, qui n'offre aucun lien précis avec une œuvre peinte par Titien, ne présente pas d'analogie avec les dessins à la pierre noire que Titien a esquissés, d'une facture libre, vers la fin de sa vie. L'indication de la lumière et la disposition des plis évoquent plutôt celles des œuvres de jeunesse, comme la petite *Sainte Famille* (Coll. Marquess of Bath, Longleat House). Le raccourci de la main de saint Joseph y est rendu de façon assez semblable à celle de la femme du dessin de Stockholm. La façon dont la draperie est disposée se retrouve dans d'autres œuvres du début des années 1510, comme la *Vierge à l'Enfant avec saint Jérôme et sainte Dorothée* de Glasgow. L'œuvre doit être, en tout cas, antérieure à l'*Amour sacré et l'Amour profane* de la Galleria Borghese à Rome, où l'on perçoit un nouveau mode d'utilisation de la lumière. Aucune des études à la pierre noire appartenant aux débuts de Titien qui nous sont parvenues ne ressemble à celle-ci. Mais aucune ne peut être considérée comme une étude de lumière comme c'est le cas ici. Si on essayait de s'imaginer à quoi aurait ressemblé une étude de lumière aussi libre que celle du *Couple enlacé* de Cambridge (cat. **234**) si elle avait été exécutée par Titien à ses débuts, on aboutirait certainement à une œuvre semblable au dessin de Stockholm. Les contrastes du clair-obscur sont ici trop forts et la façon dont les grandes formes sommaires sont associées aux détails pris sur le vif est trop convaincante pour qu'il puisse s'agir d'un dessin que Paris Bordon aurait exécuté à la manière de Titien. Sans lui attribuer une place définitive, je dirais que cette feuille doit au moins être mise en relation avec l'œuvre du jeune Titien. Il s'agit d'un dessin vénitien d'une grande force, digne d'attention.

K.O.

page 111

103

Tiziano Vecellio, dit Titien
Pieve di Cadore, vers 1488/1490 - Venise, 1576

Paysage au bouquet d'arbres
Plume et encre brune, sur papier beige. H. 0,218; L. 0,319. Annoté, en bas vers le centre, à la plume et encre brune : *Giorgione*.
NEW YORK, THE METROPOLITAN MUSEUM
OF ART

HISTORIQUE
Ch. Sackville (L. 640), vente, Londres, 9 juin 1881, n° 2298; Sir J. Knowles, vente, Londres, 27 mai 1908, n° 181; acquis par le Metropolitan Museum. Inventaire Rogers Fund. 1908. 08.227.38.

EXPOSITIONS
Toledo (Ohio), 1940, n° 95; Philadelphie, 1950-51, n° 35; New York, 1953, n° 8; New York, 1965, n° 58; Venise, 1976(1), n° 23; Washington, 1988(2), n° 20.

BIBLIOGRAPHIE
Fry, 1908, p. 224; Hadeln, 1924(1), p. 39; Stix et Fröhlich-Bum, 1926, p. 34; Tietze et Tietze-Conrat, 1936(1), pp. 167, 191, note 7; Tietze et Tietze-Conrat, 1944, n° 1943, pp. 321-322; Bean, 1964, n° 15; Bean et Stampfle, 1965, p. 45; Pallucchini, 1969, p. 331, pl. 557; Dreyer, 1971, p. 42; Oberhuber, 1973, p. 413; Meijer, 1974, p. 78; Wilde, 1974, p. 153; Karpinski, 1976, p. 260; Meijer, 1976(1), p. 4; Muraro et Rosand, 1976, p. 79; Oberhuber, 1976, pp. 23, 28, 29, 74-75; Pignatti, 1976(2), p. 268 Warick, 1976(1), p. 39; Rearick, (1976) 1977, p. 9, n° 8 pp. 26-27; Muraro, 1978, p. 134; Oberhuber, 1978, pp. 114-115; Rosand, 1978, fig. 61; Dreyer, 1979(2), pp. 367-369, 371-372; Pignatti, 1979(1), p. 8 et n° XV; Ballarin, 1980, p. 495; Dreyer, 1980, pp. 503, 510; Furlan, 1980, p. 428; Pallucchini, 1981(2), p. 537; Rosand, 1981, pp. 303-306; Bean et Turcic, 1982, n° 249 pp. 244-245; Saccomani, 1982, pp. 83, 96 note 39; Landau, 1983, p. 320; Rosand, 1983, p. 27; Wethey, 1987, pp. IX, 46, 47, 228, 229, n° 52 p. 166; Chiari, 1988(1), p. 30, n° 9 p. 41; Monbeig Goguel, 1988, pp. 611, 613; Rosand, 1988, fig. 21, pp. 51, 80 note 31; Chiari, 1989, n° 10 pp. 84-85; Rearick, 1991(1), p. 18.

 n 1908, Fry a donné à Titien ce dessin attribué jusqu'alors à Giorgione. Depuis, presque tous les historiens l'ont accepté comme une magnifique étude faite d'après nature par le jeune Titien, surtout après que les Tietze aient démontré qu'il s'agissait d'une étude préparatoire à certains motifs de la xylographie du *Sacrifice d'Abraham* (cat. **131**). On retrouve, inversés, la partie gauche du dessin en haut, au centre de la gravure et le tronc d'arbre coupé, tout à fait à droite, vers le bas. On a noté que le dessin avait souffert d'avoir été humidifié lorsqu'on en a tiré une contre-épreuve et il y a sur la feuille

un pli ancien qui indique une séparation entre les deux parties que l'on retrouve reproduite dans la gravure. Partant d'observations effectuées à partir d'une œuvre plus tardive, sans doute un faux (Francfort, Städelesches Kunstinstitut, n° 458), P. Dreyer a récemment émis l'hypothèse que cette feuille, une autre conservée à Édimbourg (National Gallery of Scotland, n° RSA 20), ainsi que d'autres du même type, sont des faux qui auraient été imprimés à partir d'une gravure sur bois, puis retravaillés. Un examen au microscope a effectivement fait apparaître des traces d'encre d'imprimerie dans les couches les plus profondes du dessin. Dernièrement, D. Rosand, J. Bean et M. A. Chiari ont cependant rejeté cette hypothèse. D. Rosand a étudié les différences entre le dessin et la gravure et attiré l'attention sur le tracé libre de la plume, caractéristique de Titien et absent dans la xylographie. La supériorité du dessin sur la gravure est évidente dans la façon toute naturelle avec laquelle la racine de l'arbre se détache de la souche, à droite, alors que dans la gravure elle est transformée en une simple indication de terrain vallonné, cette différence de facture étant également évidente dans le rendu des arbres. En outre, l'analyse chimique de toutes les couleurs de Titien n'a pas encore été effectuée et nous n'en connaissons donc pas encore les composants. Dans la mesure où P. Dreyer a démontré que les feuilles dont il est question avaient été exécutées avant 1530, sa théorie présente une double faille, car l'exécution de paysages de Titien par un faussaire à une époque où les esquisses de ce genre n'avaient pas véritablement de valeur marchande n'est guère vraisemblable.

Tout comme l'*Étude de rocher* d'Édimbourg, mentionnée ci-dessus, une *Étude d'arbre*, disparue (anciennement à Paris, collection Godefroy), le *Paysage au château* du musée Bonnat, à Bayonne (n° 1323) et surtout l'étude des *Buissons au bord d'une mare* (cat. **216**), la feuille du Metropolitan fait partie d'un groupe de dessins qui doivent être considérés comme les éléments d'un ancien cahier d'esquisses réunissant des détails d'après nature exécutés par un artiste pour une éventuelle utilisation dans une œuvre ultérieure. Ils présentent un tout autre caractère que les dessins de paysages achevés, que nous avons évoqués dans l'essai. Toutes les feuilles qui ont été utilisées pour les xylographies ont souffert d'avoir été humidifiées pour en tirer une contre-épreuve; seul le dessin de la collection privée (cat. **216**) est dans un excellent état de conservation. Toutefois, surtout dans ce cas, la thèse de Dreyer n'est pas satisfaisante. La feuille exposée, comme les autres mentionnées ci-dessus, témoignent de la force extraordinaire du regard de Titien, qui savait suggérer vie et dynamisme dans l'évocation d'un bouquet d'arbres et donner au feuillage un sentiment d'unité en dépit de la profusion des détails. Leur abondance et leur richesse surpassent celles des œuvres de Dürer dont Titien s'est inspiré.

K.O.

page 112

104

Sebastiano Luciani, dit Sebastiano del Piombo
Venise (?), vers 1485 - Rome, 1547

ou Battista Franco
Venise, 1510 - 1561

Polyphème
Plume et encre brune. H. 0,122; L. 0,128.
LILLE, MUSÉE DES BEAUX-ARTS

HISTORIQUE
J.-B. Wicar; Musée des Beaux-Arts. Inventaire Pl. 556.
EXPOSITIONS
Lille, 1968, n° 107; Florence, 1970, n° 108; Venise, 1976(1), n° 49.
BIBLIOGRAPHIE
Benvignat, 1856, n° 862; Pluchart, 1889, n° 556; Morelli, 1892-93, I, pp. 42-43, note 4; Delacre et Lavallée, 1927, p. 320; Tietze et Tietze-Conrat, 1936(1), pp. 174-175, 191; Fröhlich-Bum, 1938, p. 446; Berenson, 1938, I, p. 249, II, n° 2481; Dussler, 1942, pp. 93-94, 169, n° 155; Pallucchini, 1944, pp. 35, 80, 177; Tietze et Tietze-Conrat, 1944, n° 1926, p. 311; Suida, 1956, p. 80; Châtelet, 1968, p. 43; Châtelet, 1970, pp. 78-79; Pignatti, 1974, p. 10; Oberhuber, 1976, pp. 106-107; Rearick, 1976(1), p. 41; Muraro, 1978, p. 137; Pignatti, 1979(1), n° 8; Hirst, 1981, pp. 36-37; Wethey, 1987, n° A-42 p. 201.

L'attribution à Titien de ce dessin, dans lequel les historiens, suivis plus récemment par les Tietze et par W. R. Rearick, reconnaissaient autrefois la main du maître, a été rejetée par Morelli au profit d'une attribution à Sebastiano del Piombo. Presque tous les historiens ont accepté, depuis, cette proposition. M. Hirst a attiré l'attention sur l'œil situé sur le front du personnage et confirmé cette attribution en rapprochant le dessin du *Polyphème* peint à fresque par Sebastiano dans la Villa Farnesina à Rome. Cependant, comme A. Châtelet l'a déjà fait remarquer, le lien du dessin et de la fresque est extrêmement lâche et la seule feuille de cette époque attribuée avec certitude à Sebastiano, conservée à la Pinacoteca Ambrosiana, à Milan (F. 290 INF., n° 22), n'est pas particulièrement proche de celle-ci. Nous avons nous-même, dès 1976, attiré l'attention sur l'aspect calligraphique du trait, proche de celui de Parmigianino inhabituel chez les artistes vénitiens de la première décennie du XVIᵉ siècle, ainsi que sur la musculature de la figure inspirée

de Michel-Ange et suggéré que le dessin pourrait être une œuvre de la jeunesse de Battista Franco. Il faut cependant que cette feuille soit réexaminée dans le contexte du dessin vénitien.

K.O.

page 113

105

Domenico Campagnola
Venise (?), vers 1500 - Padoue, 1564

Paysage avec rochers et fabriques
Plume et encre brune. H. 0,233; L. 0,330. Collé en plein.

PARIS, MUSÉE DU LOUVRE,
DÉPARTEMENT DES ARTS GRAPHIQUES

HISTORIQUE
E. Jabach; entré dans le Cabinet du Roi en 1671, paraphe des dessins remontés (L. 2961); marques de la Commission du Museum (L. 1899) et du premier Conservatoire (ancien L. 2207). Inventaire 5531.
EXPOSITIONS
Paris, 1965, n° 103; Rome, 1972-73, n° 10.
BIBLIOGRAPHIE
Inv. Ms. Morel d'Arleux, III, n° 3133 (Giorgione); Fröhlich-Bum, 1929, p. 261; Tietze et Tietze-Conrat, 1944, n° 2000, p. 330; Bacou, 1965, p. 48; Viatte, 1972, pp. 18-19; Wethey, 1987, n° X-23 pp. 231-232.

Cette feuille, que L. Fröhlich-Bum fut la première à considérer comme une œuvre de Domenico, est, par l'exceptionnelle finesse et la densité de ses hachures, très proche des dessins attribués ici à Giorgione. Le traitement du rocher fait songer à une feuille signée par Domenico Campagnola, conservée au British Museum (n° 1848-11-25-10). La composition rappelle par ailleurs une feuille prouvant une plus grande maturité, de facture légèrement plus libre, conservée à la Pierpont Morgan Library, à New York (n° I, 59). Selon les Tietze, ces deux œuvres seraient directement inspirées de feuilles comparables, comme par exemple celle des Uffizi (cat. **90**), qu'ils considéraient comme étant de la main de Giulio Campagnola. Le tracé moins expressif et plus sec, comme le peu d'attention accordé à l'inscription des bâtiments dans l'espace, démarquent nettement cette feuille de la série de dessins attribuée à Giorgione et font songer aux gravures de Giulio. Giorgione s'attachait aux effets de contrastes du clair-obscur et à l'intensité de l'évocation des bâtiments, des arbres et des rochers. Domenico, en revanche, recherchait avant tout l'unité

du rythme de la surface de la feuille et excellait dans la précision calligraphique d'un tracé parfaitement dominé. Il a eu, aux côtés de Giorgione, les mêmes modèles : Giovanni Bellini pour le dessin des rochers, Dürer pour l'échappée de l'arrière-plan sur le fleuve et les montagnes.

K.O.

page 113

106

Domenico Campagnola
Venise (?), vers 1500 - Padoue, 1564

Paysage boisé
Plume et encre brune. H. 0,238; L. 0,362. Partie supérieure ajoutée à une date ancienne. Collé en plein. Annoté, en bas à droite, à la plume et encre brune : *35*.

PARIS, FONDATION CUSTODIA,
INSTITUT NÉERLANDAIS

HISTORIQUE
P.J. Mariette (L. 1852), vente, Paris, 15 nov. 1775, peut-être partie du n° 778, 779, 780 ou 782 (à Rémy ou à Chéreau); Rev. H. Wellesley, vente, Londres, 25 juin - 10 juill. 1866, n° 2370 (à Whitehead); F. Locker; G. Locker-Lampson, P. C., vente, Londres, 9 mars 1923, n° 126; S. R. Hibbard; Ch. Ferrault, vente, Paris, 25 fév. 1924, n° 60; acquis par F. Lugt (L. 1028); légué à la Fondation Custodia. Inventaire 1503.
EXPOSITIONS
Paris, 1976, n° V (h.c.); Venise, 1981(1), n° 39.
BIBLIOGRAPHIE
Godefroy, 1925, p. 50; Venturi, 1927(2), p. 241; Tietze et Tietze-Conrat, 1936(1), p. 178, note 74; Tietze et Tietze-Conrat, 1944, n° 1990, pp. 328-329; Byam Shaw, 1981, pp. 34-35; Saccomani, 1982, p. 85; Byam Shaw, 1983, n° 232 pp. 237-238; Meijer, 1983, p. 96; Chiari, 1988(1), n° X-118 p. 83.

Cette étude remarquable, que les Tietze ont été les premiers à considérer comme une œuvre de Domenico Campagnola, peut être rapprochée d'une feuille sur le même thème conservée aux Uffizi (n. 1407 E), elle-même manifestement inspirée de l'étude de Titien conservée au Metropolitan Museum (cat. **103**). Dans la feuille des Uffizi, Campagnola s'est attaché à représenter de grands troncs d'arbres. Ici, il a dessiné de petits arbustes, qu'il a placés entre des rochers. Les deux œuvres sont des dessins achevés, vraisemblablement inspirés par l'étude sur le motif ou par les impressions reçues dans la nature. Ils donnent clairement un sentiment d'unité malgré le traitement un peu stéréotypé du feuillage et des troncs. Il est possible que Giorgione ait exécuté des études semblables pour les bouquets d'arbres du *Concert champêtre* (cat. 43). Mais, c'est surtout le jeune Titien qui a fort bien pu, comme le prouve la *Fuite en Égypte* de Saint-Pétersbourg, avoir réalisé des dessins, aujourd'hui disparus, dans lesquels il aurait représenté des lisières de forêts avec la même opulence, la tradition issue de Giovanni Bellini demeurant toujours présente à son esprit. E. Saccomani situe le dessin aux alentours de 1516. Le traitement des détails, tout en finesse, encore à la manière de Giorgione, accrédite cette thèse. Des feuilles de ce type ont influencé le jeune Brueghel comme Girolamo Muziano et ont ainsi marqué la seconde moitié du siècle.

K.O.

page 112

107

Domenico Campagnola
Venise (?), vers 1500 - Padoue, 1564

Deux jeunes gens dans un paysage
Plume et encre brune. H. 0,182; L. 0,272. Collé en plein. Signé en haut à gauche, à la plume et encre brune : *Dominicus / Campagnola.* et annoté : 76.

LONDRES, TRUSTEES OF THE BRITISH MUSEUM

HISTORIQUE
P.J. Mariette (L. 1852); A. C. Poggi (L. 617); Comte M. von Fries (L. 2903); E. Durand (?); Sir Th. Lawrence (L. 2445); J. C. Robinson (?); J. Malcolm of Poltalloch (L. 1489, au verso); acquis en 1895. Inventaire 1895-9-15-836.
EXPOSITIONS
Venise, 1976(1), n° 63; Londres, 1983-84, n° D7.
BIBLIOGRAPHIE
Robinson, 1876, n° 388; Morelli, 1892-93, II, p. 292; Hadeln, 1911(2), p. 450; Hadeln, 1924(1), pp. 40, 56; Fröhlich-Bum, 1929, pp. 258-259; Hourticq, 1930, pp. 98-100; Tietze et Tietze-Conrat, 1936(1), p. 172; Popham, 1939, p. 322; Walker, 1941, pp. 107-109, appendice p. 7, n° 47; Tietze et Tietze-Conrat, 1944, n° 487, p. 128; Oberhuber, 1973, pp. 414-415; Oberhuber, 1976, p. 119; Saccomani, 1978, p. 106; Scrase, 1983, p. 249; Châtelet, 1984, p. 331; Wethey, 1987, n° A-21 p. 189.

Cette feuille, signée, témoigne déjà nettement du style bien affirmé de Domenico Campagnola. Il s'agit vraisemblablement d'un dessin achevé, destiné peut-être à être vendu ou offert. Les dessins signés sont extrêmement rares en Italie, mais courants dans le nord de l'Europe.

La signature est placée de la même manière que celle de Giulio Campagnola dans ses gravures. Cette feuille est un pur produit de la tradition arcadienne à caractère idyllique qui fleurissait alors à Venise et à laquelle on peut rattacher ce thème pastoral de deux bergers jouant, heureux d'exister et appréciant le paysage qui les entoure. Le site campagnard et ses bâtiments rustiques contrastent avec les lointains où se devinent une ville et un coucher de soleil. Il est difficile de savoir si la conversation des jeunes gens porte sur ce thème ou s'ils regardent simplement les personnages de la colline. On a récemment mis en relation les figures présentées dans des œuvres de ce genre (voir cat. 111) avec celles de Coridon et Thyrsis, les deux bergers de la VIIᵉ *Bucolique* de Virgile, qui s'essayent à chanter et à siffler. Toutefois, il est probable que l'artiste aurait dans ce cas indiqué plus clairement le jeux des deux bergers. La composition s'inspire enfin, encore une fois, des dessins de Giorgione, comme celui du *Groupe de bâtiments au bord d'un fleuve* des Uffizi (cat. 90). Domenico a pu, après avoir admiré les œuvres de Giorgione, étudier celles de Titien, notamment les paysages comme le *Paysage à la chèvre* (cat. 101) et tenté de rendre ici les mouvements de terrain plus vifs et moins compliqués, les maisons plus pittoresques. L'influence des peintures de Titien, comme celle des *Trois âges de l'homme* de la National Gallery d'Édimbourg, est cependant plus nette encore. Domenico démontre ici qu'il sait allier la délicatesse de métier, reçue de Giorgione, au dynamisme inspiré par la manière de Titien. Le British Museum conserve un autre dessin très fini (n° Cracherode F.f. 1-65), sur le même thème, mais d'un style plus évolué.

K.O.

page 114

108

Domenico Campagnola
Venise (?), vers 1500 - Padoue, 1564

Recto :
La Vierge à l'Enfant entourée de saints, études de têtes
Verso :
Trois putti musiciens, couple enlacé, tête de vieillard
Plume et encre brune, sur papier beige. H. 0,380; L. 0,260. Angles supérieurs arrondis.

PARIS, BIBLIOTHÈQUE DE L'ÉCOLE NATIONALE SUPÉRIEURE DES BEAUX-ARTS

HISTORIQUE
Coll. Viti-Antaldi (L. 2245, au verso); E. Desperet (L. 721), vente, Paris, 6-7 juin 1865, n° 106; Alfred Armand; Prosper Valton; Mme Valton don en 1908; marque de l'École des Beaux-Arts (L. 829). Inventaire E.B.A. n° 312.
EXPOSITIONS
Paris, 1935(2), n° 124; Paris, 1981, n° 12; Venise, 1988(3), n° 5; Stockholm 1990(1) et Paris, 1990, n° 5.
BIBLIOGRAPHIE
Lavallée et Huteau, 1935, p. 36; Tietze et Tietze-Conrat, 1939, pp. 331-333; Tietze et Tietze-Conrat, 1944, n° 551, p. 131; Oberhuber, 1973, p. 424; Saccomani, 1977, p. 73; Saccomani, 1978, p. 107; Brugerolles, 1981, p. 26; Brugerolles, 1984, p. 71; Brugerolles et Guillet, 1988, p. 26; Brugerolles et Guillet, 1990, p. 10.

Depuis l'attribution de cette feuille à Domenico Campagnola, par les Tietze, on y a reconnu soit une œuvre des débuts de l'artiste, soit une feuille de 1517 environ. Dans le catalogue de l'exposition de Washington, en 1973, nous avons mis ce dessin en rapport avec la gravure de Domenico sur le même sujet (Hind, 1948, p. 506, n° 7). La Vierge entourée de saints y est représentée dans un paysage et d'autres figures de saints y sont ajoutées. E. Saccomani a souligné, depuis, les liens qu'entretient ce dessin avec la xylographie de 1517, le *Massacre des Innocents* (Bartsch, XIII, pp. 487-488, n° 1; Zucker, 1984, p. 515, n° 016). On y retrouve, au centre, le motif de la Madone sous les traits d'une mère avec son enfant, et, dans les conseillers d'Hérode, les études de têtes qui figurent dans le dessin.

La composition où se trouvent la Vierge, debout sur un piédestal, saint Pierre et saint Paul à ses pieds, et saint Antoine dans la partie haute, la main de l'Enfant posée sur son visage, suit un schéma répandu à Venise depuis la fin du xvᵉ siècle. On pourrait établir un parallèle avec la *Vierge en trône avec saints* de Palma Vecchio dans l'église Sant'Elena, à Zerman (Mogliano Veneto). Cependant, il est assez inhabituel de voir la Madone représentée debout et non assise sur un trône, alors que c'est fréquemment le cas pour le Christ ou les saints. Il s'agit de l'un des moyens utilisés par Domenico pour obtenir l'unité de la scène et en accentuer l'effet dramatique. Les trois *putti* musiciens assis sur des marches, au verso du dessin, constituent apparemment une variante de l'ange jouant du luth du recto. Le couple enlacé pourrait peut-être se rapprocher des nombreuses gravures érotiques du début du xvıᵉ siècle, telle que celle de la *Famille de satyres à l'oiseau* du Maître I.B. (Zucker, 1984, p. 147, n° 009). Peut-être Domenico envisageait-il d'exécuter une gravure dans cet esprit. Ici, contrairement au *Groupe d'apôtres* (cat. **112**), il apparaît clairement qu'il a travaillé sans s'aider d'un modèle de Titien. Le dessin trahit d'ailleurs moins d'assurance que dans cette dernière feuille, bien que le traitement des hachures demeure très étroitement lié à celui de Titien.

K.O.

page 115

109

Domenico Campagnola
Venise (?), vers 1500 - Padoue, 1564

Recto :
David et Bethsabée
Verso :
*Études de femme agenouillée
et de jambes d'hommes*
Plume et encre brune. H. 0,227; L. 0,198.
PARIS, BIBLIOTHÈQUE DE L'ÉCOLE NATIONALE
SUPÉRIEURE DES BEAUX-ARTS

HISTORIQUE
Sir Th. Lawrence (L. 2445); W. Esdaile (L. 2617); Rev. H. Wellesley, vente, Londres, 25 juin 1866, n° 2372; Alfred Armand; Prosper Valton; Mme Valton; don en 1908; marque de l'École des Beaux-Arts (L. 829). Inventaire E.B.A. n° 59.

EXPOSITIONS
Paris, 1935(2), n° 41; Venise, 1976(1), n° 64; Paris, 1981, n° 13; Venise, 1988(3), n° 6; Stockholm, 1990(1) et Paris, 1990, n° 6.

BIBLIOGRAPHIE
Lavallée, 1917, p. 274; Hourticq, 1919, p. 9, n° 2 p. 90; Fröhlich-Bum, 1928, p. 198, n° 35; Lavallée et Huteau, 1935, p. 11; Suida, 1935-1936, p. 287; Tietze et Tietze-Conrat, 1936(1), pp. 158-159; Walker, 1941, pp. 151-156, appendice p. 9, n° 58; Tietze et Tietze-Conrat, 1944, n° 548, p. 131; Hind, 1948, p. 210; Oberhuber, 1973, p. 432; Oberhuber, 1976, pp. 119-120; Saccomani, 1977, p. 73; Saccomani, 1978, p. 110 note 9; Brugerolles, 1981, p. 28; Valcanover, 1981(1), pp. 100-101; Saccomani, 1982, pp. 87-88, p. 93 note 10; Châtelet, 1984, p. 332; Brugerolles, 1984, n° 27 pp. 6-7; Zucker, 1984, p. 505; Brugerolles et Guillet, 1988, pp. 26-27; Brugerolles et Guillet, 1990, p. 14.

En 1917, cette feuille a été publiée par Lavallée comme une œuvre de Titien, ce qu'aucun auteur n'a contesté à l'époque. Mais, en 1935, Huteau a noté le rapport de la figure agenouillée du verso et de la *Décapitation de sainte Catherine*, gravée par Domenico Campagnola en 1517 (Bartsch, XIII, p. 381, n° 6; Hind, 1948, p. 210, n° 2). Il s'agit d'une véritable étude de mouvement où apparaissent, inversées, de nombreuses variantes de l'attitude de la sainte agenouillée. L'étude qui se trouve en bas à droite a été reprise dans la gravure qui, selon Zucker (1984, p. 503), est l'une des dernières pièces gravées en 1517. Comme l'avait pressenti Hind, cette œuvre a été gravée sur la même planche que la *Descente du Saint Esprit* (cat. **140**), seule estampe exécutée en 1518. Elle fait partie, comme cette dernière, des feuilles soigneusement travaillées par le maître, et ce dessin aux figures délicates compte parmi ses études les plus classiques. Le recto n'a apparemment jamais été achevé, bien que cela eût certainement été prévu. La figure féminine, dans laquelle les Tietze ont reconnu une Suzanne et Huteau, de façon plus convaincante, une Bethsabée observée par David depuis la fenêtre, incarne le même idéal féminin et s'inspire peut-être du même modèle que la figure du verso. Le paysage est déjà exécuté avec une plus grande liberté que le *Deux jeunes gens dans un paysage* du British Museum (cat. **107**). Il est très proche déjà des *Deux bergers dans un paysage* du British Museum (n° Cracherode Ff. 1-65), œuvre d'une plus grande maturité, mais ne présente pas toutefois la même liberté d'écriture que la feuille de l'Albertina (cat. **111**). L'influence de Titien est ici tout à fait prédominante.

K.O.

page 116

110

Domenico Campagnola
Venise (?), vers 1500 - Padoue, 1564

Scène de meurtre
Plume et encre brune. H. 0,194; L. 0,143.
PARIS, BIBLIOTHÈQUE DE L'ÉCOLE NATIONALE
SUPÉRIEURE DES BEAUX-ARTS

HISTORIQUE
Earl of Spencer (L. 1530); A.-Ch.-H. His de La Salle (L. 1332); don en 1869; marque de l'École des Beaux-Arts (L. 829). Inventaire E.B.A. n° 401.

EXPOSITIONS
Paris, 1879, n° 199; Paris, 1935(2), n° 147; Paris, 1958, n° 54; Paris, 1965-66(1), n° 287; Venise, 1976(1), n° 68; Venise, 1988(3), n° 7; Stockholm, 1990(1) et Paris, 1990, n° 7.

BIBLIOGRAPHIE
Chennevières, 1879, p. 531; Ephrussi et Dreyfus, 1879, p. 53; Lafenestre, 1886, p. 57; Morelli, 1892-93, p. 293; Hourticq, 1919, n° 4 p. 91; Hadeln, 1924(1), pp. 20, 27, 53, pl. 1; Fröhlich-Bum, 1928, p. 195, n° 2; Lavallée et Huteau, 1935, p. 43; Tietze, 1936, I, p. 67; Tietze et Tietze-Conrat, 1936(1), pp. 173, 191; Richter, 1937, p. 233, n° 62; Walker, 1941, p. 163; Tietze et Tietze-Conrat, 1944, n° 1961, p. 325; Tietze, 1950, p. 406; Bouleau-Rabaud, 1958, n° 54; Bacou, 1965-66, p. 237; Pallucchini, 1969, p. 17, p. 330, pl. 554; Wethey, 1969, pp. 128-129; Valcanover, 1970, p. 93; Oberhuber, 1971, sous n° 61; Oberhuber, 1973, pp. 414-415; Meijer, 1974, pp. 86, 89 note 1; Wilde, 1974, p. 123; Oberhuber, 1976, pp. 26, 123-124; Pignatti, 1976(2), p. 267; Rearick (1976) 1977, p. 35; Rearick, 1977, p. 174; Valcanover, 1978, p. 68; Pignatti, 1979(1), pp. 2, 4; Byam Shaw, 1981, pp. 31-32; Rosand, 1981, pp. 301-302; Cocke, 1984, pp. 17, 29 note 23; Wethey, 1987, n° A-17 p. 187; Brugerolles et Guillet, 1988, pp. 27-28; Chiari, 1988(1), p. 30, n° X-117 p. 83; Monbeig Goguel, 1988, p. 611; Chiari, 1989, p. 12 note 49; Brugerolles et Guillet, 1990, p. 16; Joannides, 1990, p. 36 note 3; Rearick, 1991(1), p. 9; Saccomani, 1991, p. 32.

Cette esquisse rapide, au mouvement dynamique, était acceptée sans discussion comme un dessin de Titien pour la fresque de même sujet peinte à la Scuola del Santo de Padoue jusqu'au moment où nous l'avons attribuée, en 1971, puis en 1973, à Domenico Campagnola, hypothèse que les Tietze avaient déjà envisagée. Cette opinion est depuis généralement admise. La disposition des figures offre en effet peu de rapports avec la solution beaucoup plus intéressante imaginée par Titien dans la fresque :

le rapport entre les deux figures s'inscrit de manière totalement différente dans l'espace. Cette tension dramatique ne relève pas, par ailleurs, du style de la première décennie. Titien ne la développa lui-même que dans les années 1515-16, lorsqu'il commença l'*Assomption* de l'église Santa Maria dei Frari, à Venise, le *Passage de la mer Rouge* (cat. **132**) et les scènes mythologiques peintes pour Alfonso d'Este à Ferrare, c'est-à-dire lorsqu'il se confronta avec l'art de Léonard de Vinci et les idées venues d'Italie Centrale. Le style de cette feuille est très proche de celui du *Groupe d'apôtres* du Louvre (cat. **112**), lui-même en rapport avec l'*Assomption* de Titien et des pièces gravées par Domenico en 1517 et 1518 (cat. **136**, **140**), mais ne présente pas la complexité que ces dessins doivent à l'influence directe de Titien à cette date. Le type des figures et le rendu des raccourcis s'inspirent ici en revanche du Titien de la période de *Suzanne et Daniel* (cat. **42a**), peinture dans laquelle les corps présentent des formes fermées et peu déliées, comme celle du bras et de l'épaule de la figure de l'époux dans le dessin exposé. W. R. Rearick a certainement raison de suggérer que Domenico Campagnola a repris et retravaillé des dessins de la jeunesse de Titien.

K.O.

page *117*

III

Domenico Campagnola
Venise (?), vers 1500 - Padoue, 1564

Deux bergers dans un paysage
Plume et encre brune. H. 0,236; L. 0,213. Angle inférieur droit restauré.
VIENNE, GRAPHISCHE SAMMLUNG ALBERTINA

HISTORIQUE
P.J. Mariette (L. 1852), vente, Paris, 15 nov. 1775, partie du n° 779 (copie de ce dessin par A. Watteau, partie du même numéro, au département des Arts graphiques du Louvre, Inv. 33374); B. West (L. 419); Sir Th. Lawrence (L. 2445); W. Esdaile (L. 2617), vente, Londres, 30 juin 1840, n° 105; E. Hodgson; T. Agnew; acquis de F. Lugt en 1923. Inventaire Nr.: 24364.
EXPOSITIONS
Venise, 1961, n° 9; Paris, 1975, n° 53; Venise, 1976(1), n° 67; Washington, 1988(2), n° 31.

BIBLIOGRAPHIE
Constable, 1923, p. 192; Fröhlich-Bum, 1923, p. 33; Hadeln, 1924(1), pp. 28, 53-54; Stix et Fröhlich-Bum, 1926, p. 29, n° 38; Tietze, 1936, II, p. 320; Tietze et Tietze-Conrat, 1936(1), p. 190, n° 3; Walker, 1941, pp. 148-150; Tietze et Tietze-Conrat, 1944, n° 1970, p. 326; Benesch, 1961, pp. 20-21; Benesch, 1964, n° 17; Pallucchini, 1969, p. 330, pl. 553; Oberhuber, 1971, n° 61; Pignatti, 1973(2), p. 268; Oberhuber, 1975, p. 122; Oberhuber, 1976, pp. 122-123; Pignatti, 1977, p. 168; Rearick (1976) 1977, n° 20 p. 35; Rearick, 1977, p. 174; Meijer, 1983, p. 98; Saccomani, 1982, p. 89; Wethey, 1987, n° A-22 pp. 189-190; Chiari, 1988(1), n° X-165 p. 87; Rosand, 1988, fig. 25, p. 51; Méjanès, 1990, p. 88; Birke, 1991, p. 101.

En 1971, à l'instigation de R. Walker, nous avons attribué à Domenico Campagnola ce dessin, considéré jusqu'alors comme un original de Titien. Nous l'avons en outre rapproché de la *Scène de meurtre* (cat. **110**) de l'École des Beaux-Arts, et de manière plus générale des deux feuilles du British Museum (voir cat. **107**), dont une est signée. Alors que le nom de Titien continuait à être évoqué pour les figures, dont le style est proche de celui des premières œuvres du maître, Constable et Hadeln établissaient déjà un lien entre la façon dont l'architecture est intégrée dans le paysage et le style de Campagnola. Ainsi, le talent de Titien jeune, orienté vers une définition parfaite des volumes, n'apparaît-il ni dans le groupe des jeunes gens ni dans les constructions ajoutées plus tard, dont la force et la cohérence spatiale sont compromises par la présence des arbres. Dans la délicatesse du trait et le traitement de la lumière, l'architecture évoque davantage l'œuvre de Giorgione, comme, par exemple, le verso du *Paysage avec deux hommes à l'orée d'un bois* (cat. **93**), que celle de Titien, comme le *Paysage à la chèvre* (cat. **101**). Ce n'est que dans la souplesse du tracé que l'on dénote déjà l'influence de ce dernier, très nette dans le dessin des figures.

K.O.

page *118*

112

Domenico Campagnola
Venise (?), vers 1500 - Padoue, 1564

Groupe d'apôtres
Plume et encre brune. H. 0,233; L. 0,303. Bande supérieure postérieure. Collé en plein. Annoté, en bas à droite, à la plume et encre brune : *Titiano per l'altare maggiore dei Frari a Venezia* et d'une autre main : *18*.
PARIS, MUSÉE DU LOUVRE,
DÉPARTEMENT DES ARTS GRAPHIQUES

HISTORIQUE
P. Crozat (selon les Archives du Louvre); P.J. Mariette (L. 1852), montage avec cartouche : TITIEN VECELLI, vente, Paris, 15 nov. 1775, peut-être partie du n° 781; Cabinet du Roi; marques de la Commission du Museum (L. 1899) et du premier Conservatoire (ancien L. 2207). Inventaire 5516.
EXPOSITIONS
Paris, 1931, n° 126; Paris, 1935(1), n° 717; Venise, 1935, n° D V; Paris, 1967, n° 139; Venise, 1976(1), n° 70.

BIBLIOGRAPHIE
Inv. Ms. Morel d'Arleux, III, n° 3201 (Titien); Lafenestre, 1886, p. 83; Morelli, 1893, p. 293; Hadeln, 1924(1), pp. 20, 53, pl. 5; Rouchès, 1931, p. 57; Suida, 1933, p. 103; Sterling, 1935, p. 276; Tietze et Tietze-Conrat, 1944, n° 1952, p. 323; Monbeig Goguel, 1967, p. 100; Pallucchini, 1969, p. 331; Wethey, 1969, p. 76; Oberhuber, 1973, p. 434; Meijer, 1974, pp. 75-77; Oberhuber, 1976, pp. 125-127; Rearick, 1976(1), p. 6; Rearick, (1976) 1977, n° 21; Rearick, 1977, p. 174; Saccomani, 1978, p. 108; Rosand, 1981, pp. 301-302; Saccomani, 1982, p. 89; Zucker, 1984, p. 501; Wethey, 1987, n° A-7 pp. 181-182; Monbeig Goguel, 1988, p. 611; Rosand, 1988 (*Eidos*), pp. 19-20; Saccomani, 1991, p. 33, p. 36 note 8.

Comme l'indique l'annotation ancienne, ce dessin célèbre a été considéré dès le XVIIIe siècle comme une étude préparatoire de Titien pour l'*Assomption* de l'église des Frari, bien que le lien entre les deux œuvres soit assez ténu. La feuille est beaucoup plus proche de deux gravures de même sujet exécutées par Domenico Campagnola en 1517 et 1518. La figure du centre est le seul élément commun à ce dessin et à l'*Assomption* gravée en 1517 (cat. **136**), ce qui a conduit W. R. Rearick à penser que le dessin correspondait à un approfondissement des recherches de Domenico pour l'élaboration de l'*Assomption*, introduisant le motif des apôtres destiné à la *Descente du Saint Esprit* gravée en 1518 (cat. **140**). Dans cette estampe, les apôtres ne sont pas assis autour de la Vierge mais debout, sans Elle, comme dans une Assomption. Dans cette gravure, également, une seule figure correspond assez précisément à l'un des apôtres du dessin. Beaucoup plus tard, Titien reprendra quelques-unes des figures de Domenico, une fois modifiées, pour sa *Descente du Saint Esprit* de l'église Santo Spirito, actuellement conservée à S. Maria della Salute.

Le dessin qui, en raison de son style et de ses qualités d'exécution, peut se situer vers 1517 dans l'œuvre de Domenico, et plus exactement au moment où il réalise les *Deux jeunes gens dans un paysage* (cat. **107**) et la *Scène de meurtre* (cat. **110**), doit cependant dériver d'une étude de Titien pour l'*Assomption* de Santa Maria dei Frari. Cette étude, aujourd'hui disparue, a été écartée par le maître, qui l'inséra toutefois, plus tard, dans son tableau de la *Descente du Saint Esprit*. L'attribution à Campagnola avait été envisagée par W. R. Rearick dès 1959 dans un travail de recherches au cours d'un séminaire à l'Université de Harvard. Depuis que nous avons, tout à fait indépendamment, exprimé notre opinion, en 1973, puis en 1976, cette hypothèse est généralement admise, bien que H. Wethey considère que ce dessin est trop faible pour être de la main de Domenico. Si, par l'abondance des hachures incurvées, d'une facture toute expérimentale, ce dessin est assurément le plus complexe de ceux de Domenico, c'est que la confrontation avec la tension dramatique de l'œuvre de Titien a été particulièrement difficile. Ces figures puissantes, aux gestes expressifs et le dynamisme des poses sont certainement redevables au maître. Les esquisses de Berlin et de Francfort pour le *Saint Sébastien* (cat. **205**, **206**) laissent percevoir la qualité qui a dû être celle du modèle initial. Seule la maîtrise de Titien dans le rendu du clair-obscur, obtenu par un contour ferme et des formes apaisées, aux volumes massifs, donnerait toute sa signification à cet enchevêtrement déconcertant de figures.

K.O.

page 116

113

Domenico Campagnola
Venise (?), vers 1500 - Padoue, 1564

Recto :
Putti
Verso :
Figure acéphale assise et buste d'homme barbu de profil vers la gauche
Plume et encre brune. H. 0,152; L. 0,190, au verso, esquisse à la pierre noire.

PARIS, MUSÉE DU LOUVRE,
DÉPARTEMENT DES ARTS GRAPHIQUES

HISTORIQUE
A.-Ch.-H. His de La Salle (L. 1333), Inv. ms. n° 62; legs au Musée du Louvre en 1878. Inventaire RF 479.
EXPOSITIONS
Paris, 1881, n° 109; Florence, 1976(3), n° 3.
BIBLIOGRAPHIE
Tauzia, 1881, pp. 84-85; Tietze et Tietze-Conrat, 1944, n° 529, p. 130 [erhuber, 1973, p. 422; Meijer, 1974, pp. 75-77; Meijer, 1976(1), pp. 7-9; Muraro et Rosand, 1976, p. 194; Oberhuber, 1976, p. 27; Rearick, 1976(1), p. 111; Rearick, (1976) 1977, n° 22 pp. 36-37; Rearick, 1977, p. 174; Saccomani, 1978, pp. 108-109; Zucker, 1984, p. 512 note 1; Wethey, 1987, n° A-15 p. 186; Bury, 1989, p. 194.

Rearick a publié une étude détaillée de ce dessin et défendu l'attribution à Domenico Campagnola proposée en 1973 par nous-même, contre celle, plus ancienne, qui la donnait à Titien, position à laquelle B. Meijer demeure attaché. Ce dessin, qui est à mettre en relation avec les angelots de l'*Assomption* de Titien, pourrait avoir été inspiré d'une esquisse disparue du maître pour la peinture. Dans les *Douze putti dansant* (cat. **139**), gravure dans laquelle on retrouve, inversés et passablement modifiés, quelques motifs de ce dessin, les *putti* ne sont pas pourvus d'ailes. Il est facile de suivre ici la méthode d'apprentissage de Campagnola. Il tente dans la gravure, de donner aux *putti* du dessin un peu de cette fermeté de modelé caractéristique de l'Italie Centrale, qu'il avait pu admirer dans la gravure de Marcantonio Raimondi (Bartsch, XIV, p. 177, n° 217) et que Titien lui-même cherchait à atteindre dans l'*Offrande à Vénus* peinte pour Alfonso d'Este à Ferrare (Madrid, Prado). La gravure est plus proche, dans le groupe animé des *putti*, de cette peinture que des angelots de l'*Assomption*, dont on retrouve toutefois dans le dessin l'étirement

de la composition, l'extension et le dynamisme.

Au verso figurent des études pour un *Saint Jérôme*, qui, comme W. R. Rearick l'a remarqué à juste titre, s'apparente au saint Jérôme de la *Madone à l'Enfant avec saints* (Bartsch, XIII, p. 381, n° 5). On y distingue, en outre, une figure assise qui se réchauffe les mains, proche de celle de l'empereur figurant dans la *Décapitation de sainte Catherine* (Bartsch, XIII, p. 381, n° 6; Zucker, 1984, pp. 503-504, n° 007), comme l'a également indiqué Rearick.

K.O.

page 119

114

Domenico Campagnola
Venise (?), vers 1500 - Padoue, 1564

Le Jugement de Pâris
Plume et encre brune. H. 0,248; L. 0,200. Collé en plein.

PARIS, MUSÉE DU LOUVRE,
DÉPARTEMENT DES ARTS GRAPHIQUES

HISTORIQUE
E. Jabach, Inv. ms. Jabach, III, n° 98 (Domenico Campagnola); entré dans le Cabinet du Roi en 1671, paraphe des dessins remontés (L. 2961); marques de la Commission du Museum (L. 1899) et du premier Conservatoire (ancien L. 2207). Inventaire 5519.
EXPOSITIONS
Paris, 1965, n° 105; Paris, 1970, sans numéro; Paris, 1977-78, n° 47; Paris, 1988, n° 3.
BIBLIOGRAPHIE
Inv. Ms. Morel d'Arleux, III, n° 3233 (Titien); Morelli, 1893, p. 292; Gronau, 1894, p. 330; Hadeln, 1927, p. 18; Tietze et Tietze-Conrat, 1939, pp. 451-453; Tietze et Tietze-Conrat, 1944, n° 537, p. 130; Bacou, 1965, p. 49; Viatte, 1968, n° 47; Oberhuber, 1976, p. 128; Monbeig Goguel, 1977, p. 85; Saccomani, 1982, p. 91; Sérullaz, 1988, p. 33.

Dans cette feuille, Domenico Campagnola a cherché, à mettre davantage en évidence l'élément pastoral et idyllique ainsi que l'énergie dramatique de la scène plutôt que la beauté classique des trois déesses qui passe d'ordinaire pour essentielle dans un *Jugement de Pâris*. Appuyé sur une selle, le bâton du berger à la main, Pâris repose sous un arbre. Il tient la pomme d'or à bout de bras, apparemment dans la direction où il ira chercher Hélène. Pendant ce temps, l'Amour couronne Vénus, ne laissant ainsi aucune chance aux autres déesses. Dans cette œuvre de la maturité, que E. Saccomani date à juste titre des années 1520, Domenico a totalement assimilé le style des paysages exécutés par Titien autour de 1520, mais l'a rendu plus ornemental. Les tableaux mythologiques peints par Titien pour le *camerino d'alabastro* de Ferrare ont influencé le traitement ample du mouvement des personnages, pourtant leur typologie s'inspire finalement toujours de l'œuvre de Giorgione, en particulier du *Concert champêtre* (cat. **43**). L'idéal de beauté incarné par Vénus fait en tous points songer à la nymphe qui se tient près du puits, tandis que la tête de Pâris n'est autre que celle du berger dans cette même œuvre. Domenico fait donc, encore une fois, figure de lien entre Giorgione et Titien.

K.O.

page 119

115

Anonyme vénitien, XVIᵉ siècle

Le suicide de Lucrèce

Plume et encre brune, lavis brun. H. 0,169; L. 0,138. Collé en plein.

FLORENCE, GALLERIA DEGLI UFFIZI,
GABINETTO DISEGNI E STAMPE

HISTORIQUE
Acquis en 1653 par Paolo del Sera pour le cardinal Leopoldo de' Medici ♂rque des Uffizi (L. 930). Inventaire n. 697 E.

EXPOSITIONS
Florence, 1914, n° 98; Venise, 1955, n° D16; Florence, 1976(1), n° 64; Florence, 1976(2), n° 41; Ferrare, 1985, n° 26.

BIBLIOGRAPHIE
Lagrange, 1863, p. 284; Morelli, 1886, p. 225 note 1; Ferri, 1890, p. 229; Gronau, 1908, p. 508; Tietze et Tietze-Conrat, 1936(1), p. 172; Richter, 1937, p. 218; Dussler, 1942, pp. 93-94; Pallucchini, 1944, pp. 36-37, 176; Tietze et Tietze-Conrat, 1944, n° 730, pp. 172, 177; Muraro, 1965, p. 82; Pignatti, 1970, pp. 88-89; Petrioli Tofani, 1976, pp. 67-68; Rearick, 1976(1), pp. 107-108; Rearick (1976) 1977, n° 19a pp. 34-35; Saccomani, 1979, p. 44; Lodi, 1985, pp. 48-49; Petrioli Tofani, 1986, p. 305; Wethey, 1987, n° A-11 pp. 183-184.

Cette feuille est l'une des plus intéressantes d'un groupe important de feuilles vénitiennes attribuées tour à tour à Giorgione, à Sebastiano del Piombo et à Domenico Campagnola. L'attribution à Domenico, faite par W. R. Rearick en 1977, a finalement été acceptée par la plupart des historiens. Ces dessins demeurent cependant difficiles à situer dans l'œuvre de Domenico. Selon Rearick, il s'agirait de ses toutes premières œuvres, ce que confirmerait l'influence incontestable de Giorgione dont témoignent la délicatesse et la vibration de la lumière ainsi que le traitement du modelé, rappelant celui du *Paysage avec deux hommes à l'orée d'un bois* du Louvre (cat. **93**). Le trait est cependant beaucoup trop puissant et le mouvement du corps trop expressif pour être dus à la main de Giorgione ou du jeune Campagnola. On penserait plus volontiers à Titien, mais le traitement de la lumière diffère de celui du maître de Cadore : les contrastes des contours sont moins tranchés et le modelé plus sculptural. E. Saccomani a tenté de rapprocher ces feuilles des œuvres de la maturité de Campagnola, exécutées vers 1530, mais même à cette époque le style dont témoigne le reste de son œuvre est très différent et même s'il est tentant de les comparer à ses fresques ces rapprochements ne sont pas tout à fait convaincants.

L'artiste responsable de ces feuilles est donc probablement un élève de Giorgione, appartenant à la génération de Titien. On a songé à Sebastiano del Piombo, car le souci de monumentalité sculpturale qu'on y dénote concorde bien avec les formes idéalisées du maître. En outre, le type physionomique des figures et le dynamisme des attitudes rappellent ceux de l'étude à la sanguine conservée à la Biblioteca Ambrosiana de Milan (F. 290 INF., n° 22). Toutefois, cette attribution a été formellement rejetée par M. Hirst (1981, p. 36, note 19). W. R. Rearick a souligné le lien existant entre ce dessin et l'œuvre sculpté d'Antonio Lombardo et a remarqué, dans la partie gauche du dessin, des armes non identifiées qu'il a rapprochées de l'aigle d'Alfonso d'Este, pour lequel cet artiste a travaillé. L'ensemble des dessins pourrait-il être de la main de ce sculpteur, dont l'esprit s'est nourri de l'œuvre de Giorgione ? Rearick pense que cette figure, inspirée d'une Vénus antique, pourrait être Didon et non Lucrèce, car on devine l'indication d'un autel en bas à droite de la feuille.

K.O.

page 119

116

Anonyme vénitien, XVIᵉ siècle

Trois études de têtes

Plume et encre brune. H. 0,090; L. 0,205. Découpé irrégulièrement. Collé en plein.

FLORENCE, GALLERIA DEGLI UFFIZI,
GABINETTO DISEGNI E STAMPE

HISTORIQUE
Fonds Médicis-Lorraine (?); marque des Uffizi (L. 929). Inventaire n. 682 E.

EXPOSITION
Florence, 1976(1), n° 63.

BIBLIOGRAPHIE
Lagrange, 1863, p. 284; Morelli, 1886, p. 225 note 1; Ferri, 1890, p. 228; Gronau, 1908, p. 508; Hadeln, 1911(2), p. 450; Pallucchini, 1944, pp. 36-37, 175-176; Tietze et Tietze-Conrat, 1944, n° 725, pp. 172, 176; Pignatti, 1970, pp. 88-89; Oberhuber, 1976, p. 100; Rearick, 1976(1), pp. 106-107; Rearick, (1976) 1977, n° 19b p. 35; Saccomani, 1979, pp. 44, 48; Petrioli Tofani, 1986, p. 298; Wethey, 1987, pp. 182, 183.

En 1979, E. Saccomani a attiré l'attention sur le rapport étroit qui existe entre la tête du personnage portant une capuche, à droite et le *Prophète Abacuc* (Venise, Gallerie dell'Accademia) que Domenico Campagnola avait peint, vers 1530, pour l'oratoire de Santa Maria del Parto, à Padoue. Ce rapprochement a entraîné l'adhésion de H. Wethey. Pour ces deux historiens, ce lien confirme que l'ensemble des dessins, auquel appartient cette étude et le *Suicide de Lucrèce* (cat. **115**), doit être attribué à Domenico Campagnola. Morelli avait déjà émis cette hypothèse. Il a été récemment suivi en cela par W. R. Rearick, tandis que d'autres historiens ont avancé le nom de Giorgione ou celui de Sebastiano del Piombo. Comme nous l'avons déjà expliqué à propos du *Suicide de Lucrèce*, il nous semble que le lien avec les fresques relève de la tradition issue de Giorgione et de Titien. W. R. Rearick a souligné le lien qui existe entre les têtes des saints franciscains et les fresques de Titien à Padoue. Mais on ne parvient pas à déceler, dans les formes denses et très modelées de ces fresques, l'origine du style de Domenico Campagnola, qui s'intéresse avant tout au rendu des surfaces et à la liberté du tracé. Une *Étude de quatre têtes*, de Domenico, conservée à l'Ashmolean Museum (P II 134) offre de réelles analogies avec ce dessin, mais en diffère totalement par les volumes, le trait, et la traitement de la chevelure. Nous nous sommes, jusqu'à présent, prononcé en faveur d'un rapprochement de ces dessins avec l'œuvre de Sebastiano del Piombo, mais il n'est pas exclu que le dessinateur puisse être Antonio Lombardo, car Rearick a décelé de nombreuses correspondances entre des dessins de ce groupe et l'œuvre du sculpteur.

K.O.

page 122

117

Giovanni Cariani
San Giovanni Branco, près de Fuipiano al Brembo (Bergame), vers 1485/1490 - Venise, après 1547

Groupe de personnages
Plume et encre brune, aquarelle, rehauts de blanc, sur papier bleu décoloré. H. 0,280; L. 0,347. Bord gauche découpé et complété. Annoté en bas à gauche, à la plume et encre brune : *Giorgione*.

VENISE, GALLERIE DELL'ACCADEMIA

HISTORIQUE
G. Bossi; L. Celotti; Gallerie dell'Accademia (L. 188). Inventaire n. 113.
EXPOSITIONS
Venise, 1955, n° D11; Venise, 1976(1), n° 8.
BIBLIOGRAPHIE
Wilde, 1930, pp. 247-248; Troche, 1934, p. 124; Tietze et Tietze-Conrat, 1944, n° 585, p. 137; Gallina, 1954, p. 98; Bean, 1960, sous n° 18; Dessy, 1960, p. 161; Goldfarb, 1976, pp. 57-58; Rearick (1976) 1977, n° 4 p. 23; Muraro, 1978, p. 138; Hirst, 1981, p. 78; Pallucchini et Rossi, 1983, n° D3 pp. 250-251.

Cette feuille, longtemps considérée comme une œuvre de Giorgione en raison de l'ancienne inscription, qui s'y trouve apposée, a été attribuée à Cariani par J. Wilde. Cette proposition a été acceptée, avec quelques réserves, par la majorité des historiens. Un dessin très proche est conservé au Musée Bonnat, à Bayonne (n° 118). H. Goldfarb a souligné les analogies qui existent entre cette composition comportant des figures à mi-corps et des peintures comme le *Portrait, dit de la « famille Albani »*, daté 1519 (cat. **65**) ou la *Visitation* du Kunsthistorisches Museum de Vienne. W. R. Rearick perçoit un lien avec des tableaux de 1514, mais propose pour ce dessin une date aux alentours de 1510. Il souligne, à juste titre, le fait que le style du dessin s'inspire davantage de celui du jeune Titien que de celui de Giorgione. On peut, par exemple, comparer cette feuille au dessin du *Saint Jérôme* de Titien conservé aux Uffizi (cat.

97). Le rapport est d'autant plus manifeste que Cariani a copié (Bergame, Accademia Carrara) la peinture du musée de Glasgow, *Suzanne et Daniel* (cat. **42a**), peinte par Titien à peu près à l'époque où ce dessin a dû être exécuté. Cariani interprète le style de Titien dans une manière inspirée par Giovanni Bellini, attachée au rendu et à la brillance des matières.

Le thème du dessin n'est pas identifié, mais il s'agit vraisemblablement de la dispute d'une sainte avec un personnage de haut rang. L'architecture antique, qui rappelle celle des tombeaux mais évoque certainement la présence d'un temple, la représentation d'un philosophe derrière l'homme portant une cuirasse, laissent à penser qu'il s'agit d'une scène des premiers temps du christianisme, en dépit des vêtements, presque tous contemporains, que portent les personnages.

K.O.

page 120

118

Jacopo Nigreti, dit Palma Vecchio
Serina (Bergame), vers 1480 - Venise, 1528

La Sainte Famille
avec sainte Catherine et le petit saint Jean
Plume et encre brune, tracé préparatoire à la pierre noire. H. 0,181; L. 0,215. Annoté dans un cartel attaché au tronc d'un arbre : *Giac.° palma*; en bas, à droite, quelques opérations arithmétiques; annoté au verso, à la plume et encre brune : *Palma Vecchio / 3.2.* Angles supérieurs abattus.

LONDRES, TRUSTEES OF THE BRITISH MUSEUM

HISTORIQUE
Sir P. Lely (L. 2092); J. W. Malcolm; Trustees of the British Museum. Inventaire 1895-9-15-810.
EXPOSITION
Venise, 1976(1), n° 80.
BIBLIOGRAPHIE
Robinson, 1876, p. 131, n° 363*; Morelli, 1883, p. 40; Hadeln, 1923, p. 168; Hadeln, 1925(2), p. 33, pl. 9; Gombosi, 1929, p. 60 note 2; Spahn, 1932, p. 98; Gombosi, 1937, pp. 60, 73; Tietze et Tietze-Conrat, 1937, p. 84; Tietze et Tietze-Conrat, 1944, n° 983, p. 207; Ballarin, 1965, p. 3; Rowlands, 1966, p. 377 note 1; Mariacher, 1968, p. 117; Ballarin, 1970, p. 47; Goldfarb, 1976, pp. 134-135; Rearick, (1976) 1977, p. 71; Rearick, 1981, p. 28; Rylands, 1988, pp. 93, 130-132, 135, n° D2 pp. 260-261.

Bien que l'inscription qui figure sur le *cartellino* soit généralement considérée comme étant

la signature de Palma, opinion soutenue encore récemment par Ph. Rylands lui-même, les exemples de l'écriture de l'artiste reproduits dans l'ouvrage de cet auteur prouvent le contraire. Il s'agit ici, sans nul doute, d'une autre écriture. En outre, l'encre utilisée est différente de celle qui a été employée pour les figures et le paysage. Les chiffres, dans l'angle inférieur droit, sont en revanche vraisemblablement de la main de Palma. La Sainte Famille a certainement été dessinée avant le paysage, inspiré à la fois de ceux de Dürer et de ceux de Giorgione et ajouté ultérieurement. Spahn a rapproché le saint Joseph de la figure de la gravure de Dürer, la *Sainte Famille à la libellule*. Ph. Rylands a souligné le lien entre cette même figure et certaines œuvres de Léonard de Vinci, l'*Adoration des mages* en particulier et de Raphaël, comme le groupe de Pythagore dans l'*École d'Athènes*. L'artiste a groupé les enfants autour de l'agneau à la façon de Léonard de Vinci. Spahn a rapproché cette feuille d'une œuvre de la maturité de Palma, la *Sainte Famille* de Vienne, et proposé une date tardive, mais Gombosi a préféré la situer très tôt, vers 1510. G. Mariacher l'a datée des années 1520-1525 et A. Ballarin aux alentours de 1520. H. Goldfarb a proposé une date antérieure à 1520 et W. R. Rearick situe la feuille autour de 1515. Ph. Rylands a attiré l'attention sur le lien étroit existant entre ce dessin et la *Sainte Famille avec sainte Catherine et une sainte*, de Vaduz qu'il date entre 1515 et 1516. Sainte Catherine a, dans la peinture et dans le dessin, presque la même attitude et les jambes de l'Enfant sont disposées de la même façon. Saint Joseph est également représenté avec un bâton. On peut également comparer, dans ces deux œuvres, le mode de composition des paysages, inspirés de ceux de Dürer et de Giorgione. Cette feuille est beaucoup plus proche de Titien et de Giorgione que ne l'est le tableau de Vaduz, car les figures sont intégrées dans un grand paysage pastoral caractéristique des œuvres du jeune Palma. Le tracé, souple et délié, est très différent de celui des dessins de Titien, de Giorgione, et même de Campagnola.

K.O.

page 121

page 120

chée, car la pierre noire, dans les parties les plus profondes du dessin, semble très effacée et, de plus, Lucrèce se poignarde de la main gauche. Ceci pourrait aussi expliquer l'inhabituelle liberté du dessin, bien accordée à celle des esquisses à la plume de Palma. Le port de tête et le type du mouvement sont plus proches du style du peintre dans la deuxième décennie du siècle, que de celui de Titien ou même de Paris Bordon. L'attribution à Palma est donc sans aucun doute celle qui convient le mieux. Cette manière de placer les accents à l'aide de petits traits courts, puis de faire lentement apparaître le volume, dans une harmonie de tons gris, sans avoir recours à des contrastes prononcés, est proche de celle utilisée dans la feuille du Louvre (cat. **119**).

K.O.

page 123

119

Jacopo Nigreti, dit Palma Vecchio
Serina (Bergame), vers 1480 - Venise, 1528

Tête de femme de profil

Pierre noire, rehauts de blanc. H. 0,222; L. 0,137. Au verso, à la sanguine : *n° 263*, à la plume et encre brune, sur un papier rapporté : *Palma Vecchio* et dessous, sur l'ancien papier d'encadrement du dessin, à la sanguine, partiellement caché : *N 2261* (?).

PARIS, MUSÉE DU LOUVRE,
DÉPARTEMENT DES ARTS GRAPHIQUES

HISTORIQUE
A.-Ch.-H. His de La Salle (L. 1333), Inv. ms. n° 65; legs au Musée du Louvre en 1878; marque du Louvre (L. 1886 a). Inventaire RF 482.
EXPOSITIONS
Paris, 1881, n° 74; Londres, 1983-84, n° D32.
BIBLIOGRAPHIE
Tauzia, 1881, p. 54; Hadeln, 1923, p. 173; Hadeln, 1925(2), pp. 20, 34, pl. 10; Gombosi, 1937, p. 33; Tietze et Tietze-Conrat, 1944, n° 1269, p. 229; Ballarin, 1965, p. 3; Mariacher, 1968, p. 118; Ballarin, 1970, p. 47 Warick, 1976(1), p. 73; Rearick, (1976) 1977, n° 28 pp. 40-41; Rylands, 1983, p. 265; Rylands, 1988, pp. 135, 137, 198, n° D3 p. 261.

Depuis que ce dessin à été publié par Tauzia en 1881, il est généralement considéré comme une œuvre de Palma. Hadeln y a vu une étude pour sainte Lucie dans le retable de l'église S. Stefano, à Vicence et Gombosi, en 1937, pour Eve dans le tableau de Brunswick, *Adam et Ève*. Les Tietze, qui n'étaient, à juste titre, convaincus par aucune de ces deux hypothèses, y ont vu tout simplement une étude sur le vif. Ph. Rylands a souligné, avec raison, le lien étroit existant entre cette figure et la femme adultère du *Christ et la femme adultère* de l'Ermitage, à Saint-Pétersbourg, peinture qu'il date de 1520-22. Cette feuille est convaincante par la clarté et la précision des formes et des lignes. Palma a repris, vers 1520, le type des têtes réalisées vers 1510 par Giorgione et Titien, en leur donnant une forme plus simple, purement géométrique.

K.O.

120

Jacopo Nigreti, dit Palma Vecchio
Serina (Bergame), vers 1480 - Venise, 1528

Lucrèce

Pierre noire, rehauts de blanc, sur papier vénitien gris-vert. H. 0,187; L. 0,159. Annoté, à la plume et encre brune, en bas à gauche : *Tiziano.*, en haut à droite : *N : 14 :*

ZURICH, KUNSTHAUS, CABINET DES ESTAMPES

HISTORIQUE
P. H. Lankrink; Kunsthaus. Inventaire n. 55/3.
EXPOSITIONS
Venise, 1955, n° D10; Venise, 1976(1), n° 82; Genève, 1978, n° 77; Zurich, 1984, h.c.
BIBLIOGRAPHIE
Hugelshofer, 1933, p. 160; Tietze et Tietze-Conrat, 1944, n° 1271, p. 229; Rowlands, 1966, p. 377 note 1; Mariacher, 1968, p. 118; Pignatti, 1969, p. 246 note 8; Goldfarb, 1976, pp. 136-137; Rearick, (1976) 1977, n° 30 pp. 41-42; Natale, 1978, p. 161; Monbeig Goguel, 1988, pp. 594, 598; Rylands, 1988, n° D11 p. 264.

Hugelshofer a attribué à Palma, avec quelques hésitations, ce dessin autrefois considéré comme de la main de Titien. Tous les historiens, à l'exception de T. Pignatti, ont admis, parfois avec quelques réserves, cette attribution. Comme W. R. Rearick l'a clairement démontré, il ne peut s'agir que d'une œuvre tardive, datant d'une période où Palma avait déjà accentué la souplesse et la liberté de son trait et s'inspirait encore davantage de Titien. Le portrait de femme, dite *La Schiava*, autrefois dans la collection Barberini, est proche de ce dessin par la richesse et le caractère contemporain du vêtement dont la femme est revêtue, mais il lui manque encore le mouvement enlevé du trait. Au cours de la deuxième décennie du siècle, Palma a représenté plusieurs fois des femmes vues à mi-corps, dans un genre érotique qu'il cultivait avec bonheur, depuis la *Judith* des Uffizi à la *Lucrèce* de la Galleria Borghese. Mais elles sont plus animées et le traitement des vêtements est différent : il fait songer davantage aux œuvres de la jeunesse de Palma. Selon Ph. Rylands, cette souplesse du trait n'a pas d'équivalent dans l'œuvre de Palma. Depuis les Tietze, cette feuille est considérée comme une contre-épreuve très retou-

121

Giovanni Antonio de' Sacchis, dit Pordenone
Pordenone, vers 1483/1484 - Ferrare, 1539

Scène mythologique

Sanguine. Découpé irrégulièrement et collé en plein. Dimensions du support : H. 0,553; L. 0,298. Annoté en bas à droite, à la plume et encre brune : *Giorgion* et : *23* corrigé en *24*.

PARIS, MUSÉE DU LOUVRE,
DÉPARTEMENT DES ARTS GRAPHIQUES

HISTORIQUE
Ch.-P. de Saint-Morys; saisie des Émigrés en 1793, remise au Museum en 1796-1797; marques du second Conservatoire (ancien L. 2207) et du Louvre (L. 1886). Inventaire 4649.
EXPOSITIONS
Venise, 1955, n° D9; Londres, 1983-84, n° D36.
BIBLIOGRAPHIE
Inv. Ms. Morel d'Arleux, III, n° 3131 (Giorgione); Gamba, 1909, pp. 37-38; Fiocco, 1939, p. 152; Tietze et Tietze-Conrat, 1944, n° 714, pp. 174-175; Pignatti, 1969, n° A 43 pp. 130-131; Cohen, 1980, pp. 108-109; Scrase, 1983, pp. 268-269; Labbé et Bicart-Sée, 1987, II, p. 108; Furlan, 1988, n° D2 pp. 242-244.

Cette belle composition mythologique, représentant la découverte de la grossesse de Callisto par les nymphes et, en bas à droite, une scène avec des centaures, était considérée par les

Tietze comme une œuvre de Giorgione. Gamba, Fiocco, Ch. Cohen et pour finir C. Furlan l'ont cependant, à juste titre, attribuée à Pordenone. On peut facilement la rapprocher de dessins tels que la *Femme allongée*, conservée au Louvre (Inventaire 6811), le *Martyre de saint Pierre* du J. Paul Getty Museum (cat. **222**) ou encore la *Lamentation sur le Christ mort* du British Museum (n° 1958-2-8-1). Il est difficile de donner une date à cette feuille qui est certainement plus élaborée que le tableau appartenant à une collection privée de Rome, la *Famille du satyre*, réalisé dans les années 1515-16. D'autre part, ce dessin est certainement antérieur aux fresques exécutées par Pordenone, dans les années 1530-32, dans l'église S. Maria in Campagna, à Plaisance. L'artiste a utilisé assez tôt la sanguine, qu'il a certainement découverte grâce à Léonard de Vinci et aux artistes de son entourage, en Lombardie. Il a dessiné, dans cette technique, des figures extrêmement vivantes, très animées et d'une facture très achevée. Cette feuille constitue un enrichissement remarquable à l'histoire du dessin vénitien des premières décennies du siècle.

K.O.

page 125

122

Marcantonio Raimondi
Sant'Andrea in Argine, vers 1475 - Bologne, avant 1534

Le Songe de Raphaël
Burin. H. 0,238; L. 0,332.
PARIS, MUSÉE DU PETIT PALAIS

HISTORIQUE
Musée du Petit Palais. Inventaire G. Dut. 6179.
BIBLIOGRAPHIE
Bartsch, XIV, p. 274, n° 359; Passavant, 1864, VI, p. 35, n° 218; Delaborde, 1888, p. 207, n° 176; Wickhoff, 1895, pp. 37-38; Hirth, 1898, p. II; Hind, 1913, p. 252; Pittaluga, 1930, p. 138; Petrucci, 1937, pp. 392-394; Richter, 1937, p. 259; Suida, 1944, pp. 290-294; Tervarent, 1944, pp. 290-294; Suida, 1954, p. 153; Hartlaub, 1960, p. 78; Oberhuber, 1966, pp. 89-90; Gibbons, 1968, pp. 222-223; Pignatti, 1969, p. 158; Meiss, 1976, p. 217; Oberhuber, 1979, pp. 313-320; Shoemaker, 1981, p. 74; Landau, 1983, pp. 318- 319; Zucker, 1984, p. 474; Emison, 1985, p. 118; Hornig, 1987, pp. 26, 63-64; Faietti, 1988, pp. 156-158; exp. Londres, 1990, p. 129.

Depuis que Wickhoff, à la suite de Passavant et de Delaborde, a établi un lien entre cette

estampe et l'œuvre de Giorgione, elle a suscité la réflexion à plus d'un titre. Est-elle vraiment fondée sur une création de Giorgione? Ou bien est-ce plutôt une œuvre originale de Marcantonio Raimondi? D. Landau et P. Emison partagent ce dernier point de vue, tandis que nous-même et C. Hornig défendons la première hypothèse. Les rapports avec le *Tramonto* (cat. **20**) sont évidents: quelques monstres malfaisants, inspirés de ceux représentés par Jérôme Bosch et semblables à ceux du dessin, y surgissent de l'eau. Au premier plan à gauche, le sol, en pente et légèrement accidenté, dessine une oblique. Des éléments semblables figurent dans le plan central, à droite et à l'arrière-plan, au milieu, dans la gravure. Les architectures sont ici plus solides et plus massives, mais ce pourrait être dû à la contribution de Marcantonio. En regardant attentivement, on parvient tout à fait à reconstituer des édifices analogues à ceux représentés dans *La Tempête* et, de la même façon, les petites figures de l'arrière-plan s'accordent parfaitement avec l'œuvre de Giorgione. Il en va de même du style des deux nus féminins allongés, qui pourraient aisément être transformés en figures comparables à la femme nourrissant l'enfant du tableau, une fois adaptés au style de Marcantonio Raimondi. Comme l'a récemment souligné P. Emison, la *Vénus* de Giulio Campagnola (cat. **126**) est proche du nu vu de dos de l'estampe tout en étant d'un modèle différent.

Aucune des interprétations proposées jusqu'ici n'a été satisfaisante: Wickhoff a pensé à un passage du *Commentaire* fait par Servius de l'œuvre de Virgile et F. Hartlaub à Hécube rêvant que la naissance de Pâris causerait la perte de Troie. D. Landau a certainement raison d'y voir la représentation d'un nu féminin, vu sous deux angles différents et un paysage nocturne d'une grande tension dramatique. Richter a attiré l'attention sur une peinture de Giorgione intitulée *Incendie avec diverses figures*, qui se trouvait en 1707 dans la collection Gambatto à Venise. En 1510, il est mentionné dans la collection Beccato une *Nocte de meglior disegno e meglio finito*, qu'Isabelle d'Este avait l'intention d'acheter (Pignatti 1978 (1), p. 159). Il faut, pour l'instant, considérer cette feuille, à laquelle on donne traditionnellement le nom de *Songe de Raphaël*, comme la représentation d'une nuit et d'un rêve, comme l'avaient déjà proposé Tervarent et, récemment encore, M. Faietti. Tous deux se fondent sur les descriptions de rêves figurant dans la *Thebaïs* de Stace et dans les *Histoires vraies* de Lucien de Samosate.

K.O.

page 124

123

Giulio Campagnola
Padoue, vers 1482 - Venise, vers 1516

Saturne
Burin. H. 0,108; L. 0,137, au coup de planche.
Signée en haut à gauche: *IVLIVS / CAMPAGNOLA / ANTENOREVS / .F.*; inscription gravée sur une pierre: *SATVRNVS*.

PARIS, MUSÉE DU LOUVRE,
DÉPARTEMENT DES ARTS GRAPHIQUES,
COLLECTION ED. DE ROTHSCHILD

HISTORIQUE
Acquis de Danlos en avril 1869; collection Ed. de Rothschild; legs en 1935. Inventaire 4031 L.R.
EXPOSITION
Paris, 1965-66(2), n° 22.
BIBLIOGRAPHIE
Bartsch, XIII, n° 4 p. 372; Ottley, 1816, II, n° 3 p. 768; Galichon, 1862, n° 5 p. 340; Kristeller, 1907, n° 5; Borenius, 1923, n° 3 p. 97; Tietze et Tietze-Conrat, 1942, pp. 201-203; Hind, 1948, n° 2 p. 195, pl. 770; Jean-Richard, 1965, pp. 7-8; Viatte, 1972, p. 13; Oberhuber, 1973, p. 393; Zucker, 1984, n° 006 pp. 471-472; Emison, 1985, pp. 98, 102-103; Chiari, 1988(2), pp. 41, 43-45, 53 note 6.

La signature, où le mot ANTENOREVS évoque Anténor, le fondateur légendaire de Padoue, ville dont Campagnola était originaire, se retrouve sur deux autres gravures de Giulio Campagnola: une copie de la *Pénitence de saint Jean Chrysostome* de Dürer (Hind, 1948, n° 3 pp. 195-196) et le deuxième état de l'*Enlèvement de Ganymède* (id., n° 4 p. 196). Cette estampe, comme le *Saturne*, réunit une figure d'un type dérivé de Mantegna à un paysage entièrement emprunté à Dürer. Dans le *Saturne*, la souche de l'arbre vient du *Petit Courrier*, le rocher sur lequel s'accoude Saturne vient du *Saint Jérôme* et le reste du paysage du *Couple mal assorti*. Campagnola a cherché à relier le tout par une sombre ondulation de terrain. Nous avons, ici même, suggéré que *Saturne* et *Ganymède* pourraient être des créations de Giulio datant de sa période mantouane. Les deux figures se rapprochent également, par leur style linéaire, de celle du *Saint Jean-Baptiste* (cat. **124**) gravé d'après Mantegna. Certains éléments ont été empruntés à Dürer: la souche, les troncs d'arbre, l'horizon délimité par la mer et les bâtiments par exemple. Giorgione s'est également attaché à la représentation de ces éléments, mais Giulio n'avait pas, comme lui, le don d'harmoniser l'ensemble en y mêlant des motifs inspirés de la tradition de l'art du paysage issue de Giovanni Bellini. Sa compréhension du style de Dürer est plus superficielle. Plus tard, lorsqu'il travaillera d'une manière plus libre, il intégrera de la même façon les créations de Giorgione et de Titien. On note cependant ici une précision et une application de miniaturiste, une tendance à intégrer totalement le personnage dans le paysage, en recourant aux valeurs du clair-obscur. Cela révèle son affinité avec le jeune Giorgione, avec lequel il travailla.

Certains auteurs ont pensé que Saturne, représenté en dieu-fleuve, tirait son origine d'une figure de l'arc de triomphe de Trajan, à Bénévent. D'autres ont attiré l'attention sur les rapports de Saturne avec l'eau et les fleuves et ont vu dans son attribut un roseau. On y a reconnu, enfin, un brin de maïs et identifié Saturne comme le dieu de la fertilité.

Toutes les œuvres de Dürer dont cette feuille s'inspire sont antérieures à 1500. Une datation au début de la carrière de Giulio Campagnola, au tournant du siècle, peut donc être envisagée.

K.O.

page 124

124

Giulio Campagnola
Padoue, vers 1482 - Venise, vers 1516

Saint Jean-Baptiste dans un paysage
Burin. H. 0,344; L. 0,240, au coup de planche. Signé en haut à gauche: *IVLIVS CAMPAGNOLA / .F.*; inscription gravée, en bas à droite: *Appresso Nicolo nelli / in Venetia.*

PARIS, MUSÉE DU LOUVRE,
DÉPARTEMENT DES ARTS GRAPHIQUES,
COLLECTION ED. DE ROTHSCHILD

HISTORIQUE
Acquis en décembre 1873; collection Ed. de Rothschild; legs en 1935. Inventaire 4030 L.R.
EXPOSITION
Paris, 1954(2), n° 97.
BIBLIOGRAPHIE
Bartsch, XIII, n° 3 p. 371; Ottley, 1816, II, n° 2 p. 767; Galichon, 1862, n° 3 p. 339; Passavant, V, 1864, n° 3 p. 164; Kristeller, 1907, n° 3; Borenius, 1923, n° 11 pp. 105-106; Hind, 1948, n° 12 pp. 201-202, pl. 780; Oberhuber, 1973, pp. 402-409; Chiari, 1982, p. 5; Saccomani, 1982, p. 84; Landau, 1983, p. 315; Zucker, 1984, n° 005 pp. 470-471; Emison, 1985, pp. 90-98; Chiari, 1988(2), pp. 41-44, 46, 47, 50, 53 note 6.

Cette très grande estampe de Giulio n'est actuellement connue dans son intégralité que par des exemplaires publiés par Nicolò Nelli à Venise assez tardivement dans le XVIᵉ siècle. Dans un exemplaire incomplet, conservé au Bristish Museum, D. Landau a cependant découvert un filigrane du début du XVIᵉ siècle. Cette gravure est très souvent considérée comme l'une de celles qui dénotent le plus de maturité, car Campagnola a ici extraordinairement affiné sa technique du pointillé, qu'il a utilisée de manière quasi exclusive. Les parties qu'il a gravées selon la technique traditionnelle, comme par exemple les cheveux et la barbe de saint Jean-Baptiste, rappellent ses premières gravures exécutées dans la tradition née de Mantegna, tel que le *Ganymède* (Hind, 1948, p. 196 n° 4). Dans des œuvres comme *Le Christ et la Samaritaine* (cat. **128**), Campagnola a utilisé la technique du pointillé avec plus de force et le style linéaire avec plus de maturité et de liberté. La gravure a donc dû être commencée tôt et ce d'après un modèle de Mantegna, connu au travers d'une œuvre de facture moins précise de Girolamo Mocetto (Hind, 1948, p. 164 n° 9). Lorsque cette figure, ou tout au moins ses contours, ont été tracés sur la planche, Campagnola a dû demander à Giorgione d'exécuter pour le paysage un dessin préparatoire, actuellement au Louvre (cat. **89**). De manière à bien rendre la finesse des nuances obtenues au pinceau dans le dessin, Giulio a utilisé la technique du pointillé. Il n'a toutefois pas saisi cette continuité de l'espace qui, chez Giorgione, conduit du premier plan au plan central en passant par des éléments de végétation à la Dürer. Giulio a en effet créé une ondulation de terrain caractéristique du Quattrocento. Le style du paysage rappelle ici, comme dans le dessin préparatoire, celui de l'*Adoration des bergers*, dite la *Nativité Allendale*. La gravure pourrait bien avoir été exécutée peu après le dessin. Pour servir d'arrière-plan à la figure de style déjà archaïque, mais très impressionnante, de Mantegna, Giorgione et Giulio Campagnola ont créé ici un paysage d'une ampleur et d'une liberté toutes modernes.

K.O.

page 126

125

Giulio Campagnola
Padoue, vers 1482 - Venise, vers 1516

Jeune berger
Burin. H. 0,133; L. 0,079. Deuxième état. Signé en haut vers la droite, à la plume et encre brune: *IVLIVS CĀPAGNOLA.*

PARIS, MUSÉE DU LOUVRE,
DÉPARTEMENT DES ARTS GRAPHIQUES,
COLLECTION ED. DE ROTHSCHILD

HISTORIQUE
Coll. Bammeville; J. Marshall (L. 1494), vente, Londres, 30 juin 1864 et jss., n° 283 (à Clément); E. Galichon, vente, Paris, 10 mai 1875, n° 222 (à Clément); collection Ed. de Rothschild; legs en 1935. Inventaire 4033 L.R.
BIBLIOGRAPHIE
Bartsch, XIII, n° 6 p. 373; Ottley, 1816, II, n° 5 p. 768; Galichon, 1862, n° 8 pp. 341-342; Passavant, V, 1864, n° 5 p. 164; Kristeller, 1907, n° 8; Borenius, 1923, n° 9 p. 103; Justi, 1926, p. 296; Richter, 1937, p. 258 n° 104; Hind, 1948, n° 10/II pp. 199-200, pl. 778; Oberhuber, 1973, pp. 400-401; Oberhuber, 1979, p. 315; Saccomani, 1982, p. 82; Landau, 1983, p. 315; Zucker, 1984, n° 009 pp. 476-478; Emison, 1985, p. 12; Chiari, 1988(2), pp. 42-44, 48, 53 note 6; Rosand, 1988, p. 50.

Ce très beau tirage du deuxième état de la gravure porte une signature apposée à la main, tout comme les exemplaires de Bologne et de Londres. D'autres gravures, comme *Vénus* (cat. **126**) et le *Vieux berger* (cat. **129**) par exemple, portent aussi une signature manuscrite. Il existe des tirages d'un état gravé uniquement au trait, c'est-à-dire avant l'adjonction des petits points, comme c'est le cas pour l'*Astrologue*, de 1509, à cette différence près que dans l'*Astrologue* le travail du trait laisse déjà une impression d'achèvement, tandis que le premier état du *Jeune berger* n'est pas vraiment satisfaisant. Ici, Giulio imite le trait souple de dessins à la plume comme le *Joueur de viole* (cat. **91**), mais il ne dispose pas des possibilités de différenciation qu'offre le trait de la plume. Il faudra attendre le *Vieux berger* (cat. **129**) pour qu'il perfectionne un métier rappelant le travail à la plume et laissant — tout comme le trait à la Dürer par lequel il a commencé — une impression d'achèvement. Grâce à l'adjonction des points, il se dégage de l'œuvre du *Jeune berger* une atmosphère qui en fait l'une des œuvres les plus poétiques de l'époque où vivait Giorgione. La figure du berger est si proche du *Joueur de viole* (cat. **91**) et du jeune personnage représenté au centre dans le *Tramonto* (cat. **20**) que l'on pense inévitablement à l'œuvre de Giorgione comme source probable d'inspiration, même si Campagnola n'a pas osé exécuter des raccourcis aussi difficiles que ceux du maître. Il est cependant fort probable que Giorgione n'a fourni ici aucun modèle à Campagnola, comme ce fut le cas pour *Vénus* (cat. **126**) ou pour *Saint Jean-Baptiste* (cat. **124**) : le paysage est trop décoratif et manque trop de profondeur, tandis que la forme du berger est traitée avec trop de relâchement. Cette feuille se rattache à une série de gravures et de tableaux du début du XVIᵉ siècle illustrant l'opposition entre jeunesse et vieillesse, mais aussi entre la vie pastorale et la vie des personnages d'ambition, suggérée par le château. Un thème semblable est traité dans la gravure de Domenico Campagnola, le *Jeune homme et le vieux guerrier* (cat. **137**). Comme D. Landau l'a noté à propos de l'exemplaire de Munich, Campagnola crée l'effet des rehauts de blanc en conservant partout le ton de la planche sauf à l'emplacement des bras et des jambes du berger, où il l'efface soigneusement.

K.O.

page 127

126

Giulio Campagnola
Padoue, vers 1482 - Venise, vers 1516

Vénus
Burin. H. 0,120; L. 0,183.
PARIS, MUSÉE DU LOUVRE,
DÉPARTEMENT DES ARTS GRAPHIQUES,
COLLECTION ED. DE ROTHSCHILD

HISTORIQUE
W. Esdaile (L. 2617); vente H. G. Gutekunst, Stuttgart, 28 avril 1891 et jss., n° 182 (à Danlos); collection Ed. de Rothschild; legs en 1935. Inventaire 4039 L.R.
BIBLIOGRAPHIE
Ottley, 1816, II, n° 8 p. 769; Galichon, 1862, n° 13 pp. 344-345; Passavant, V, 1864, n° 11 p. 165; Kristeller, 1907, n° 13; Borenius, 1923, n° 14 p. 109; Justi, 1926, pp. 194-295; Richter, 1937, p. 258 n° 107; Tietze et Tietze-Conrat, 1942, p. 195; Hind, 1948, n° 13 p. 202, pl. 781; Pignatti, 1969, n° 3 p. 158; Oberhuber, 1973, pp. 398-400; Meiss, 1976, p. 217; Oberhuber, 1979, pp. 316-317; Saccomani, 1982, p. 82 n° 19; Landau, 1983, pp. 315-316; Zucker, 1984, n° 008 pp. 473-476; Emison, 1985, pp. 100, 116; Chiari, 1988(2), pp. 42, 47, 48, 53 note 6.

Il s'agit peut-être de la plus parfaite des gravures entièrement exécutées par Giulio Campagnola dans la technique du pointillé. Il n'a réussi à obtenir des contrastes plus saisissants que dans *Le Christ et la Samaritaine* (cat. **128**), où il a mélangé les traits aux points. Par comparaison avec le *Saint Jean-Baptiste* (cat. **124**) et le *Cerf* (Hind, 1948, n° 14), qui en est très proche, Campagnola est parvenu ici à si bien atténuer les contours qu'une continuité absolue apparaît dans le rendu du modelé. Les premiers historiens avaient déjà noté le lien que l'on pouvait établir entre cette estampe et une miniature peinte décrite comme « une femme nue, d'après Giorgione, allongée et vue de dos ». Même si, récemment, P. Emison a davantage insisté sur les différences que sur les similitudes qu'entretiennent les deux œuvres, la relation existant avec le nu vu de dos dans le *Songe de Raphaël* (cat. **122**), gravure de Marcantonio Raimondi que l'on pense également avoir été inspirée de Giorgione, n'a cessé d'être relevée. Nous ne pouvons pas suivre P. Emison dans son analyse, car elle rapproche plutôt cette œuvre du nu vu de dos dans le *Concert champêtre* (cat. **43**) que de la femme nourrissant l'enfant dans *La Tempête*. La figure de la gravure présente encore les formes dures et nettement définies du premier de ces nus et n'a pas la douceur qui enveloppe les formes amples du second. M. Zucker a cru voir dans cette gravure la copie d'un pendant de la *Vénus* de Dresde, aujourd'hui disparu, mais cette hypothèse est difficile à vérifier. Le style, en particulier celui du paysage, est très différent. La densité des buissons et des arbres, ainsi que l'échappée sur le bâtiment baigné d'une lumière romantique, font songer à *La Tempête*, mais également aux *Trois Philosophes* de Vienne. Si cette estampe reproduit fidèlement une œuvre de Giorgione aujourd'hui disparue, peut-être un dessin créé spécialement pour être gravé, elle doit être postérieure à *La Tempête* et antérieure aux *Trois Philosophes*. Elle daterait donc d'une époque où Giorgione tentait de construire ses compositions par plans successifs, rythmés par des silhouettes puissantes et étudiait le jeu de la lumière sur des drapés compliqués, presque gothiques encore. L'original de Giorgione, ou la gravure, ont constitué des sources d'inspiration extrêmement importantes. Titien s'en est servi dans l'une de ses dernières œuvres, *Nymphe et berger* (Vienne, Kunsthistorisches Museum), comme l'a souligné M. Zucker. Quelques années plus tard, Agostino Veneziano a exécuté une gravure pleine de charme (Bartsch XIV, p. 309, n° 410) montrant Vénus, vue de dos dans un paysage, accompagnée de Cupidon, mais son attitude y est toute différente.

K.O.

page 128

127

Giulio Campagnola
Padoue, vers 1482 - Venise, vers 1516

L'astrologue
Burin. H. 0,095; L. 0,155, au coup de planche. Deuxième état. Inscriptions sur le globe : *3 / 40* puis *21 / 50* et *13 / 1509*.
PARIS, MUSÉE DU LOUVRE,
DÉPARTEMENT DES ARTS GRAPHIQUES,
COLLECTION ED. DE ROTHSCHILD

HISTORIQUE
E. Galichon, vente, Paris, 10 mai 1875, n° 227 (à Clément); collection Ed. de Rothschild; legs en 1935. Inventaire 4037 L.R.
EXPOSITION
Paris, 1954(2), n° 98.
BIBLIOGRAPHIE
Bartsch, XIII, p. 376, n° 8 copie C; Ottley, 1816, II, p. 768, n° 7; Galichon, 1862, n° 11 pp. 343-344; Passavant, V, 1864, n° 8 p. 165; Kristeller, 1907, n° 11; Borenius, 1923, n° 10 p. 104; Richter, 1937, p. 258 n° 108; Hind, 1948, n° 9/II p. 199; Pignatti, 1969, n° 1 p. 151; Wind, 1969, pp. 6, 27; Oberhuber, 1973, pp. 391, 393-395, 400-401; Oberhuber, 1979, p. 315; Saccomani, 1982, p. 82; Landau, 1983, p. 312; Zucker, 1984, n° 011 pp. 482-485; Emison, 1985, pp. 110-111; Chiari, 1988(2), pp. 42, 44, 48, 53 note 6; Rosand, 1988, p. 51.

Cette feuille, la plus célèbre des estampes de Giulio Campagnola, est datée 1509, ce qui prouve qu'il travaillait déjà avant la mort de Giorgione. Les monstres, le vieil homme, les granges construites en planches et la butte plantée d'arbres font songer au *Tramonto* (cat. **20**), tandis que la vue de Venise à l'arrière-plan évoque le tableau conservé à l'Ashmolean Museum d'Oxford, la *Madone lisant*. L'ensemble ressemble toutefois davantage à une création de Campagnola qu'à une interprétation d'un dessin de Giorgione. Il y manque en effet la logique spatiale et la continuité des paysages du maître, ainsi que la force plastique de ses figures. Campagnola a cependant réussi à évoquer la poésie des œuvres de Giorgione. E. Wind a vu dans le monstre l'image du Diable, dans le crâne et les os celle de la Mort, dans l'astrologue l'idée du temps qui passe. Le thème de la gravure illustre, selon lui, le caractère éphémère du monde, tout comme dans *Le chevalier, la Mort et le Diable* de Dürer. D. Rosand a attiré l'attention sur le fait que l'*Arcadie* du poète Sannazaro compte un grand nombre d'astrologues, de magiciens et de philosophes. Cette estampe, qui n'a cessé d'être copiée, a dû connaître un grand succès à Venise. Agostino Veneziano (Bartsch, XIV, p. 307, n° 407) a repris ce thème d'une manière très intéressante : deux hommes se tiennent devant un cimetière jonché d'ossements. L'un d'entre eux tient des instruments qui permettent de l'identifier comme un astrologue et l'autre un crâne qui rappelle que l'homme est mortel. A l'arrière-plan de *L'astrologue* se dessine la silhouette de la ville de Venise.

K.O.

page 128

128

Giulio Campagnola
Padoue, vers 1482 - Venise, vers 1516

Le Christ et la Samaritaine
Burin. H. 0,135; L. 0,190, au coup de planche.
Deuxième état.

PARIS, MUSÉE DU LOUVRE,

DÉPARTEMENT DES ARTS GRAPHIQUES,

COLLECTION ED. DE ROTHSCHILD

HISTORIQUE
H. Dreux (L. 695), vente, Paris, 8 avril 1861, n° 56;
A. Alferoff (L. 1727), vente, Munich, 10 mai 1869 et jss., n° 122; collection Ed. de Rothschild; legs en 1935. Inventaire 4029 L.R.
EXPOSITION
Paris, 1954(2), n° 97.
BIBLIOGRAPHIE
Bartsch, XIII, n° 2 p. 370; Ottley, 1816, II, n° 1 p. 767; Galichon, 1862, n° 2 p. 338; Passavant, V, 1864, n° 2 p. 164; Kristeller, 1907, n° 2; Hourticq, 1919, p. 42; Borenius, 1923, n° 8 p. 102; Pallucchini, 1935-36, p. 44; Suida, 1935-36, p. 285; Richter, 1937, p. 258 n° 102; Suida, 1944, p. 247; Hind, 1948, n° 11/II pp. 200-201, pl. 779; Middeldorf, 1958, pp. 141-152; Oberhuber, 1973, pp. 395, 401; Oberhuber, 1976, p. 63; Chiari, 1982, p. 5; Châtelet, 1984, p. 331; Zucker, 1984, n° 002 pp. 466-467; Emison, 1985, pp. 108-110; Chiari, 1988(2), pp. 42, 44, 47, 48, 50, 53 note 6.

Cette gravure, pour laquelle ont été utilisées simultanément les techniques du trait et du pointillé, est une des estampes de Giulio Campagnola qui dénote le plus de maturité. En outre, il s'agit, en dépit de son petit format, de l'une de ses œuvres gravées les plus monumentales et les plus contrastées tant du point de vue de la composition que de la forme. L'auteur de cette estampe, où la figure du Christ est coupée par le bord de la feuille et où la forme claire du puits contraste avec les formes sombres de la

Samaritaine et de l'arbre, excellait dans l'art de donner aux surfaces un rythme dynamique et dans celui d'articuler l'espace. C'est ce dont témoigne le paysage lagunaire où l'on voit une île qui rappelle Torcello et une ondulation du terrain qui conduit le regard de droite à gauche, vers le lointain. Hourticq avait déjà avancé le nom de Titien, ce que Suida et Richter, puis nous-même, avons confirmé. Middeldorf avait déjà perçu le rapport de l'estampe avec le *Saint Jérôme* des Uffizi (cat. **97**), où l'on retrouve l'arbre, la construction de l'espace et le paysage lagunaire et attribué ces deux œuvres à Giulio Campagnola. La même manière de dessiner un buisson de façon telle qu'il est perçu dans toutes les nuances de l'ombre et de la lumière, se retrouve dans le *Paysage avec deux satyres* (cat. **99**) et dans le *Noli me tangere* de Londres (cat. **46**). Le style des figures du Christ et de la Samaritaine rappellent cependant davantage *Suzanne et Daniel* (cat. **42a**) et renvoient à une date antérieure aux fresques de la Scuola del Santo, à Padoue. Le motif du puits et de l'arbre placés sur l'un des côtés de la composition fait naturellement songer au *Concert champêtre* (cat. **43**). Notons que la façon dont le motif est utilisé avec une variante dans le tableau prouve une fois de plus que Giorgione est bien l'auteur de cette œuvre. Giorgione travaille avec des figures qui définissent elles-mêmes l'espace qui les entoure, Titien avec des formes composées de plans successifs orientant le regard dans l'espace par les seuls contrastes de la lumière et par leur relation dynamique.

Ce thème – la rencontre de Jésus avec une femme connue par ses mœurs dissolues, à laquelle il révèle le mystère du Christ – a dû trouver un écho dans la Venise de la Renaissance et favoriser une large diffusion de l'image.

K.O.

page 129

129

Giulio Campagnola
Padoue, vers 1482 - Venise, vers 1516

Vieux berger dans un paysage avec une chèvre
Burin. H. 0,080; L. 0,135, au coup de planche.
Deuxième état. Signé du monogramme en haut à droite : *Ic* (entrelacés).

PARIS, MUSÉE DU LOUVRE,

DÉPARTEMENT DES ARTS GRAPHIQUES,

COLLECTION ED. DE ROTHSCHILD

HISTORIQUE
Vente H. G. Gutekunst, Stuttgart, 11 avril 1893 et jss., n° 131 (à Danlos); collection Ed. de Rothschild; legs en 1935. Inventaire 4034 L.R.
BIBLIOGRAPHIE
Bartsch, XIII, n° 7 p. 374; Galichon, 1862, n° 12 p. 344; Passavant, V, 1864, n° 7 p. 164; Kristeller, 1907, n° 12; Borenius, 1923, n° 7 p. 101; Tietze et Tietze-Conrat, 1942, pp. 191-193; Hind, 1948, n° 8/II pp. 197-198, pl. 776; Oberhuber, 1973, p. 393; Chiari, 1982, p. 5; Saccomani, 1982, pp. 82-83; Landau, 1983, p. 312; Zucker, 1984, n° 010 pp. 478-481; Emison, 1985, p. 104; Chiari, 1988(2), pp. 41-44, 48, 53 note 6; Rosand, 1988, p. 50; Rearick, 1991(1), p. 16.

Il n'existe qu'un seul exemplaire du premier état de la gravure, avant l'adjonction des points et du monogramme. Conservé à la Bibliothèque nationale de Paris, il porte une signature manuscrite semblable à celle figurant sur quelques exemplaires du deuxième état du *Jeune berger* (cat. **125**), de l'*Astrologue* (cat. **127**) et de la *Vénus* (cat. **126**). Giulio n'a ajouté le monogramme *IC*, qui apparaît déjà sur le premier état de l'*Astrologue*, que sur le deuxième état du *Vieux berger*. D. Landau en a conclu que le premier état du *Vieux berger* devait être antérieur à l'*Astrologue*, daté 1509, ce qui, du point de vue de la technique utilisée, n'est cependant pas évident, cette feuille montrant une souplesse, une liberté et des effets beaucoup plus affirmés, que les deux autres. Les signatures manuscrites pourraient également permettre de tirer une conclusion contraire à la thèse de Landau. Il ne faut donc peut-être pas accorder autant d'importance à la forme des signatures. Lorsque nous avons étudié le dessin de Titien (cat. **101**), qui a certainement servi de modèle à cette feuille, nous avions déjà proposé une date proche de 1509-1510.

P. Emison et D. Rosand ont vu dans ce berger Tityre, le *fortunatus senex* de la Iʳᵉ *Bucolique* de Virgile (I, 46), personnage toutefois trop âgé pour siffler et chanter, tandis que ce berger joue joyeusement de la flûte.

K.O.

page 130 à 133

130

Tiziano Vecellio, dit Titien
Pieve di Cadore, vers 1488/1490 - Venise, 1576

Le Triomphe de la Foi
Xylographie en dix blocs. H. 0,385; L. 2,680.
Inscriptions en français en haut et au-dessus
des figures.

PARIS, BIBLIOTHÈQUE NATIONALE,
DÉPARTEMENT DES ESTAMPES
ET DE LA PHOTOGRAPHIE

HISTORIQUE
Bibliothèque nationale. Inventaire Eb 101a réserve.
EXPOSITION
Venise, 1976(2), n° 5.
BIBLIOGRAPHIE
Lampsonio, 1567 (*in* Gaye, 1839-40, III, pp. 242-
244); Lomazzo, 1584, II, p. 310; Vasari, 1568 (éd.
Milanesi, VII, p. 431); Ridolfi, 1648 (éd. Hadeln,
1914, p. 156); Mariette, 1740-1770 (éd. 1969, p. 298);
Bartsch, XII, p. 91, n° 1; Burckhardt, 1860 (éd.
Klein, 1958, II, p. 386); Kristeller, 1906; Mâle, 1908,
pp. 298-300; Mauroner, 1941, p. 25; Panofsky, 1969
(éd. 1989, pp. 91-95); Pallucchini, 1969, I, p. 336;
Dreyer, 1971, pp. 32-41; Pignatti, 1973(2), pp. 267-
268; Sinding Larsen, 1975; Benvenuti, 1976, pp. 13-
18; Byam Shaw, 1976, n° 720; Dreyer, 1976, p. 271;
Karpinski, 1976, p. 268; Muraro et Rosand, 1976,
pp. 53-54, 74-78; Pallucchini, 1976(2), p. XIV; Ballarin, 1977, p. 71; Muraro, 1977, p. 88; Pignatti,
1977, p. 170; Rearick, 1977, pp. 176-177; Muraro,
1978, p. 143; Pignatti, 1978(1), p. 33; Valcanover,
1978(2), pp. 170-176; Byam Shaw, 1980(2), pp. 411-
412; Dreyer, 1980, p. 504; Oberhuber, 1980, p. 524;
Rearick, 1980, p. 371 note 4; Rosand, 1981, pp. 302,
307 note 16; Chiari, 1982, pp. 27-28; Landau, 1983,
p. 319; Bury, 1989, pp. 188-197; Joannides, 1990,
p. 29; Pignatti, 1990(2), pp. 156-159; Rearick,
1991(1), p. 17; Benvenuti, 1992, p. 8; Cordellier et
Py, 1992, pp. 303-304.

Parmi les nombreuses éditions de cette œuvre,
quelle est la plus proche de la version exécutée
par Titien? Il y a peu de temps, M. Bury s'est
inscrit en faux contre une opinion couramment
répandue à ce sujet. Il est arrivé à une conclusion à laquelle nous avons entièrement souscrit:
l'édition de Gregorio de Gregoriis, de 1517
(Dreyer, 1971, I, II), qui valut un privilège à
l'éditeur, le 22 avril 1516, serait la première
version. La version connue grâce à deux éditions néerlandaises de très belle qualité (Dreyer
1971, I, I), parues en 1543, puis peu après
1545, comme celle exposée ici, ne serait donc
pas la première. Ces deux éditions avaient été
considérées comme les rééditions d'une gravure
antérieure, car Vasari date le *Triomphe* de l'année 1508, et Ridolfi (1648), situant la création
de l'œuvre à Padoue vers 1510-1511, signale
que Titien avait tout d'abord peint le *Triomphe*,
en forme de frise, dans une pièce de la maison

qu'il louait. Presque tous les historiens considèrent aujourd'hui qu'il s'agit d'une hypothèse
non recevable, car ce sujet n'a pas vraiment sa
place dans une demeure privée (Pignatti, 1990).
On voulait donc reconstituer une édition censée
dater d'environ 1510. Les blocs, dans les états
néerlandais, sont certes plus clairs mais le dessin est rendu avec moins de sensibilité que dans
l'édition vénitienne de 1517. M. Bury a en outre
insisté sur le fait que des pans importants de la
composition, la figure de saint Christophe par
exemple, ne peuvent avoir été conçus par Titien
avant 1516, date à laquelle est parue la gravure
d'Agostino Veneziano, inspirée d'un dessin de
Raphaël (Bartsch, XIV, p. 357, n° 482), qui a
servi de modèle pour le saint. En fait, le style
du groupe des apôtres, des saints évêques, des
martyrs, des ermites, des saints et des fidèles,
qui suivent le char triomphal du Christ, est
proche de celui de l'*Assomption* de l'église Santa
Maria dei Frari. Les parties où se trouvent les
deux figures de l'Ancien Testament (Adam et
Ève), les sibylles et les prophètes, le bon larron
et les Pères de l'Église − qui précèdent ou
poussent le char triomphal du Christ − rappellent en revanche les fresques de Padoue et pourraient même leur être antérieures. Mais elles ne
sont certainement pas contemporaines de *Suzanne et Daniel* (cat. **42a**) comme le pense A.
Ballarin, qui accepte la datation proposée par
Vasari. Il se pourrait que vers 1510 Titien ait
déjà eu connaissance, par des dessins, du carton
de la *Bataille de Cascina* de Michel-Ange, dont
il s'est clairement inspiré pour représenter Dismas, le bon larron. Le mouvement ne diffère
guère de celui de saint Sébastien dans le *Retable
de saint Marc*, actuellement dans l'église S. Maria della Salute, où les draperies de Cosme et
de Damien rappellent par leur ampleur celles
des Pères de l'Église, tandis que la tête de saint
Roch s'apparente à celle du Christ. Adam est
également, ici, proche de saint Sébastien. Il
diffère cependant du Christ ressuscité du *Noli
me tangere* (cat. **46**), qui dénote une plus grande
maturité. La seule peinture un peu plus tardive
rappelant cette partie du *Triomphe* est la *Madone avec sainte Dorothée et saint Jérôme* de Glasgow, œuvre dont la datation vers 1513-14 devra
certainement être revue et qui pourrait avoir
été conçue un peu plus tôt, quoique exécutée
en partie ultérieurement.

Non seulement les deux parties du *Triomphe*
dénotent dans l'ensemble deux conceptions différentes des personnages, des draperies et de
l'espace, mais le trait lui-même est tout autre:
dans la première partie, il prend essentiellement
la forme de hachures parallèles soulignant l'aspect plan; dans la seconde, il donne naissance
à des zones d'ombres complexes et à de nom-

breuses hachures croisées. Le style allemand de
la gravure sur bois avait, à cette époque, réussi
à s'imposer. Titien a donc certainement commencé sa xylographie dès les environs de 1510,
puis l'a achevée en 1516, peut-être à la demande
de l'éditeur. C'est une formidable démonstration de la diversité de ses personnages.

Cette œuvre vient enrichir l'iconographie du
triomphe, particulièrement appréciée depuis
Pétrarque et que S. Sinding-Larsen a été le
dernier en date à étudier. Burckhardt avait relevé la relation qui existait avec le *Triumphus
Crucis* de Savonarole. Déjà, avant Titien,
Jacques de Strasbourg avait exécuté, vers 1504,
une longue suite de xylographies sur le thème
du *Triomphe de César*, et Maximi-
lien Ier avait fait peindre et graver sur bois son
propre triomphe. A ces triomphes profanes, Titien oppose son triomphe spirituel, qui est aussi
une histoire du monde − depuis Adam et Ève
jusqu'aux nouveaux saints des ordres men-
diants, au sein duquel sont placés le Christ, les
Évangélistes et les Pères de l'Église. Dans
quelle mesure faut-il accorder une signification
théologique ou politique spécifique à cette représentation de tous les saints, alors très appréciée? La question reste posée. D. Rosand et
M. Muraro ont établi des parallèles avec les
processions vénitiennes du Corpus Christi et
ont souligné la relation de cette planche avec la
piété populaire. La gravure a connu de nombreuses versions, a souvent été copiée et même
peinte à l'échelle monumentale.

K.O.

page 136

131

Tiziano Vecellio, dit Titien
Pieve di Cadore, vers 1488/1490 - Venise, 1576

Le Sacrifice d'Abraham
Xylographie en quatre blocs. H. 0,795; L. 1,107.
Quatrième état. Inscriptions: *SAGRIFICIO* (sic)
DEL PATRIARCA / *ABRAMO* / *DEL CELEBRE TI-
ZIANO.*, et, sur une feuille du bloc, à droite, en
haut: *VGO.*

BASSANO DEL GRAPPA,
MUSEO, BIBLIOTECA, ARCHIVIO

HISTORIQUE
Coll. Remondini (1827); don au Museo Civico par
G. B. Remondini en 1849. Inventaire III/ 58/ 101.
EXPOSITION
Venise, 1976(2), n° 7.

BIBLIOGRAPHIE

Mariette, 1740-1770 (éd. 1969, p. 298); Baseggio, 1839, p. 17, n° 3; Passavant, VI, 1864, n° 3 p. 223; Korn, 1897, p. 33; Kristeller, 1912, pp. 47-48; Hourticq, 1919, p. 144; Tietze, 1936, I, pp. 100, 107; Tietze et Tietze-Conrat, 1936(1), pp. 167-168, 191, n° 7; Tietze et Tietze-Conrat, 1938(1), p. 353, n° 3; Tietze et Tietze-Conrat, 1938(2), p. 70 n° 1; Mauroner, 1941, pp. 16-17, 34, n° 4; Tietze et Tietze-Conrat, 1944, p. 322; Servolini, 1953, p. 108; Bean et Stampfle, 1965, p. 45; Oberhuber, 1966, n° 164; Pallucchini, 1969, I, p. 336; Wethey, 1969, p. 128 n° 93-95; Dreyer, 1971, pp. 42-43; Oberhuber, 1974, p. 51; Benvenuti, 1976, pp. 17-20; Beltrame Quattrocchi, 1976, p. 79; Karpinski, 1976, pp. 258-260; Muraro et Rosand, 1976, pp. 58-60, 78-80; Oberhuber, 1976, p. 74; Karpinski, 1977, pp. 637-641; Pignatti, 1977, p. 169, 170; Rearick, (1976) 1977, pp. 9, 26; Servolini, 1977, pl. II; Oberhuber, 1978, pp. 114-115; Smirnova, 1978, p. 118; Dreyer, 1979(2), pp. 367; Pignatti, 1979(1), p. 8; Byam Shaw, 1980(1), p. 388; Dreyer, 1980, pp. 503, 510; Oberhuber, 1980, p. 523; Rosand, 1981, p. 302; Benvenuti, 1982, pp. 27-28; Chiari, 1982, pp. 6, 28-31; Landau, 1983, pp. 320-321; Rosand, 1988, p. 52; Rearick, 1991(1), p. 18; Benvenuti, 1992, pp. 8-10.

Le nom de Titien n'apparaît dans l'inscription que dans le troisième état de cette gravure. Le premier état ne mentionne qu'Ugo da Carpi, ambitieux graveur sur bois qui se sépara de Titien pour travailler avec Raphaël, à Rome, puis avec Parmigianino. Il fut l'un des représentants les plus importants de la manière de Dürer, consistant à reproduire fidèlement sur le bloc de bois chaque mouvement de la plume. Titien a repris de façon assez précise, à l'arrière-plan en haut, un paysage provenant de la série de la *Vie de la Vierge* de Dürer et l'influence du maître se retrouve dans les puissants troncs d'arbres en haut à droite, en partie préparés par le *Paysage au bouquet d'arbres* de New York (cat. **103**). Les buissons mêlés de troncs, au premier plan à droite, se retrouvent également dans ce même dessin. Bernardo Benalio, qui a édité cette xylographie, cherchait au même moment, soit en 1515, à obtenir un privilège pour le *Passage de la mer Rouge*. La taille du bois et le style de ces deux gravures sont si différents que D. Landau a voulu retirer le *Sacrifice d'Abraham* de l'œuvre de Titien et l'attribuer à Giulio Campagnola. Cette grande composition constitue en fait l'apogée de la recherche de monumentalité liée à la tradition née de Giorgione, caractérisée par de vastes paysages de montagnes et de forêts peuplés de figures relativement petites, comme dans le *Concert champêtre*. Ici, les personnages ne laissent pas une impression d'unité et de monumentalité aussi forte que dans le *Passage de la mer Rouge*. Ils rappellent davantage les fresques de Padoue. Le type du berger assis ressemble beaucoup à celui du jeune homme dans *Saint Antoine guérissant un jeune homme* de la Scuola del Santo. Les gestes d'Abraham font encore quelque peu songer au Christ du *Noli me tangere* (cat. **46**) et à saint Jean dans la *Sainte Conversation* d'Édimbourg (Collection du Duke of Sutherland en prêt à la National Gallery of Art). Le *Baptême du Christ* de la Galleria Capitolina, à Rome, est

aussi particulièrement proche de cette œuvre. Titien a donc dû préparer cette xylographie avant 1515, soit après la première partie du *Triomphe de la Foi* (cat. **130**) et avant le *Passage de la mer Rouge* (cat. **132**). W. R. Rearick a pensé que Titien n'avait pas prévu d'exécuter quatre planches et n'avait réalisé dans un premier temps que la planche du haut à droite, signée *VGO*. Selon lui, l'artiste n'aurait ajouté les trois autres planches qu'ultérieurement. Aucune des compositions peintes par Titien n'est construite de la même manière que cette feuille isolée. En revanche, la construction de l'ensemble s'accorde davantage avec l'œuvre de Titien et de Giorgione.

K.O.

page 134-135

132

Tiziano Vecellio, dit Titien
Pieve di Cadore, vers 1488/1490 - Venise, 1576

Le Passage de la mer Rouge
Xylographie en douze blocs. H. 1,210; L. 2,210. Inscription dans un cartel, en bas : *La crudel persecutione del ostinato Re, contro il populo tanto da Dio / amato. Con la sommersione di esso Pharaone goloso dil inocente / sangue. Disegnata per mano del grande, et immortal Tiziano / In venetia p [er] domeneco dalle greche depentore Venetiano. / M. DXLIX.*

VENISE, COLLECTION PARTICULIÈRE

EXPOSITIONS
Venise, 1976(2), n° 8B; Venise, 1990(1), n° 10.

BIBLIOGRAPHIE
Ridolfi, 1648 (éd. Hadeln, 1914, p. 203); Passavant, VI, 1864, n° 4 p. 223; Kristeller, 1905, p. 295; Hourticq, 1919, p. 99; Tietze, 1936, p. 137; Tietze et Tietze-Conrat, 1938(1), p. 353, n° 5; Tietze et Tietze-Conrat, 1938(2), p. 70 n° 2; Mauroner, 1941, pp. 10, 17, 20, 48, n° 27; Tietze-Conrat, 1950, pp. 110-112; Oberhuber, 1966, n° 166; Dreyer, 1971, pp. 43-44; Pignatti, 1973(1); Benvenuti, 1976, pp. 17-20; Catelli Isola, 1976, p. 6; Dreyer, 1976, p. 271; Karpinski, 1976, pp. 271-274; Meijer, 1976(1), p. 13; Muraro et Rosand, 1976, pp. 81-83; Pignatti, 1976(2), pp. 269-270; Karpinski, 1977, p. 638; Muraro, 1977, p. 88; Pignatti, 1977, p. 170; Muraro, 1978, pp. 142-143; Oberhuber, 1978, p. 112; Pignatti, 1979(1), p. 5; Dreyer, 1980, p. 503; Oberhuber, 1980, p. 528; Olivato, 1980, pp. 529-537; Pignatti, 1980, p. 370; Chiari, 1982, pp. 7-8, 37-39; Landau, 1983, p. 321; Rosand, 1988, pp. 7, 20; Joannides, 1990, p. 29; Olivato, 1990, pp. 166-167; Benvenuti, 1992, p. 8.

Il n'existe de cette gravure sur bois, peut-être

la plus grande jamais exécutée dans le passé, selon D. Landau, que des tirages de 1549 dus à l'éditeur Domenico dalle Greche. Pourtant F. Marauner a découvert, en 1941, que l'éditeur Bernardino Benalio de Venise avait cherché dès 1515 à obtenir un privilège pour l'impression d'une « *submersione di pharaone* ». Dans son article de 1950, E. Tietze-Conrat s'est prononcée en faveur d'une date bien antérieure à 1549, ce qui a été accepté par la majorité des historiens, à l'exception de T. Pignatti, qui pense que la gravure n'a été exécutée que vers le milieu du siècle à partir d'esquisses plus anciennes. Récemment, M. Muraro et D. Rosand ont découvert un fragment d'un tirage ancien réalisé d'après des blocs qui n'avaient pas encore été attaqués par les vers à bois; cela prouve qu'un tirage a dû être effectué avant 1549. La relation avec l'*Assomption* de Santa Maria dei Frari est, en outre, tout à fait évidente. Non seulement la figure de Moïse correspond assez précisément à l'apôtre représenté au centre du tableau, mais les deux figures situées derrière ces deux personnages sont aussi proches l'une de l'autre. La femme en prière, tout à fait à droite, a le même geste que l'apôtre en prière dans l'*Assomption*; l'homme qui lève le bras au bord de la mer s'apparente à un autre des apôtres de la peinture, situé à gauche de la figure du centre. On a le sentiment que Titien a procédé ici de la même manière qu'avec le *Paysage au bouquet d'arbres* de New York (cat. **103**): il a découpé en plusieurs parties un dessin composé de figures puis a réparti ces figures dans sa composition sans se soucier des différences d'échelle. La partie droite a cependant toujours été mise en relation avec la demande d'autorisation adressée par Titien, en 1513, pour exécuter une peinture de la *Bataille de Spolète* au palais des Doges. Ce n'est qu'en 1537 qu'il achèvera finalement cette *Bataille*, disparue dans un incendie, en 1577. Dans cette peinture, connue notamment par le dessin du Louvre, (cat. **225**), une seule figure − le cavalier sur le pont − était très proche d'un des personnages de la gravure sur bois: le porte-drapeau situé à gauche. On a toujours pensé que Titien devait connaître les dessins exécutés d'après les cartons de batailles de Léonard de Vinci et de Michel-Ange.

Si cette xylographie a donné à Titien l'occasion de prouver sa capacité à créer des personnages, figures religieuses monumentales et figures réalistes et son talent à peindre de grandes scènes de bataille, le véritable protagoniste de cette feuille est cependant la mer Rouge, c'est-à-dire la lagune de Venise avec ses belles formations nuageuses et un paysage mystérieux représentant une ville émergeant des flots, à l'horizon. Titien développe ici les idées auxquelles il avait déjà commencé à donner forme dans le *Saint Jérôme* (cat. **97**) et dans *Le Christ et la Samaritaine* (cat. **128**). Dans le *Saint Christophe* du palais des Doges, en 1523, il leur avait donné un accent plus dramatique. Le mouvement agité des flots rappelle en outre d'autres réalisations vénitiennes comme la *Tempête en mer* de la Biblioteca dell'Ospedale Civile, à Venise, attribuée tantôt à Giorgione tantôt à Palma Vecchio (Pignatti 1978, A 58, fig. 200).

Pour la gravure du *Sacrifice d'Abraham* (cat. **131**), Ugo da Carpi s'était clairement inspiré de la technique allemande et en particulier de celle d'Albrecht Dürer. Ici, le graveur a utilisé une technique vénitienne, qui consiste à mettre en valeur le bois et le travail de la pointe, et à ne pas reproduire servilement le trait du dessin préparatoire. C'est à cette liberté que la feuille doit sa modernité. On retrouve le même style de gravure sur bois dans la xylographie de Dürer, les *Quatre Cavaliers* de l'*Apochalypsis Ihesu Christi* publiée à Venise en 1516 (Muraro et Rosand, 1976, p. 87).

K.O.

page 129

133

Giulio Campagnola
Padoue, vers 1482 - Venise, vers 1516

et Domenico Campagnola
Venise (?), vers 1500 - Padoue, 1564

Bergers et musiciens
Burin. H. 0,137; L. 0,254, au coup de planche.
Angles inférieurs du cuivre abattus.
PARIS, MUSÉE DU LOUVRE,
DÉPARTEMENT DES ARTS GRAPHIQUES,
COLLECTION ED. DE ROTHSCHILD

HISTORIQUE
H. J. Durazzo, vente, Stuttgart, 22 novembre 1872, n° 1170; collection Ed. de Rothschild; legs en 1935. Inventaire 4054 L.R.
BIBLIOGRAPHIE
Bartsch, XIII, n° 9 p. 383; Galichon, 1862, n° 9 p. 342, 1864, n° 12 p. 542; Passavant, V, 1864, n° 9 p. 168; Kristeller, 1907, n° 9; Borenius, 1923, n° 16 p. 111; Tietze et Tietze-Conrat, 1942, p. 193; Hind, 1948, n° 6 pp. 196-197, pl. 773; Viatte, 1972, p. 13; Oberhuber, 1973, pp. 393, 410-413; Saccomani, 1982, p. 95 note 26; Zucker, 1984, n° 012 pp. 508-510; Chiari, 1988(2), pp. 42, 43, 44, 47, 53 note 6.

Cette feuille est très importante, car elle réunit autour du travail d'une même planche deux artistes : le père et le fils adoptif. Domenico a certainement complété l'œuvre de son père au début de 1517. Cela ne peut guère avoir été plus tôt, comme le suggère E. Saccomani, car ces adjonctions ne semblent pas antérieures à la gravure de *Vénus* datée 1517 (cat. **135**), et sont très proches de l'*Assomption* (cat. **136**), également datée 1517. La mort a-t-elle empêché

Giulio d'achever son paysage ? Ou Giulio l'a-t-il laissé inachevé, se sentant incapable de reproduire le groupe de figures, extrêmement complexe, du dessin préparatoire conservé au Louvre ? Il est difficile de répondre à cette question et le problème reste entier. Comme l'ont démontré M. Zucker et d'autres historiens, le style de cette gravure est à rapprocher directement du premier état de l'*Astrologue* (cat. **127**), avant que les points n'aient été ajoutés. Il s'agit d'un style plus dur que celui, léger et souple du *Vieux berger* (cat. **129**), gravé d'après Titien, que nous considérons comme légèrement plus tardif, bien que de nombreux historiens ne partagent pas cette opinion. Certes la qualité de l'impression, qui semble quelque peu dure pour les tirages de Domenico, mais aussi le caractère inachevé des feuilles peuvent avoir influé sur ce jugement. Giulio n'avait vraisemblablement pas envisagé d'utiliser le pointillé. Lorsque Domenico a repris la planche — qui doit, par ailleurs, avoir été imprimée inachevée, car il en existe une copie inversée — il ne devait plus disposer du dessin préparatoire, à moins qu'il ne l'ait volontairement modifié. Il a remplacé les deux personnages d'âge mûr, philosophes ou poètes contemplatifs, figurant dans le dessin que nous aimerions ici attribuer à Giorgione, par de jeunes musiciens. Ces quatre figures, qui semblent directement extraites du *Concert champêtre* (cat. **43**), bien qu'elles ne soient pas porteurs d'un message allégorique aussi subtil, sont conformes à l'esprit de ses dessins de paysages peuplés de jeunes bergers, comme elles le sont à la liberté du style de Titien. Sur cette planche, se trouvent ainsi réunis les principaux traits des dix premières années du siècle et ceux de la décennie suivante.

K.O.

page 137

134

Domenico Campagnola
Venise (?), vers 1500 - Padoue, 1564

Paysage avec deux arbres et un groupe de maisons
Burin. H. 0,125; L. 0,170, au trait carré.
PARIS, MUSÉE DU LOUVRE,
DÉPARTEMENT DES ARTS GRAPHIQUES,
COLLECTION ED. DE ROTHSCHILD

HISTORIQUE
J. Reiss (L. 1522), vente, Londres, 7 mai 1901, n° 208 (à Danlos) hllection Ed. de Rothschild; legs en 1935. Inventaire 4061 L.R.
BIBLIOGRAPHIE
Galichon, 1862, p. 345; Passavant, V, 1864, n° 24 p. 171; Hind, 1948, n° 14 p. 214; Middeldorf, 1958, p. 145; Zucker, 1984, n° 015 p. 513.

D. Landau et M. Zucker pensent que cette gravure, que Hind a attribué à un artiste de l'entourage de Domenico Campagnola, est une œuvre de jeunesse du maître lui-même. Elle est à vrai dire beaucoup plus fine que la première gravure signée de Domenico, *Vénus* (cat. **135**), où apparaît déjà la manière, propre à l'artiste, d'organiser les volumes avec vivacité. Cependant, l'exécution du dessin des arbres et celle du vallonnement du terrain rendent cette feuille particulièrement proche des toutes premières œuvres que Domenico a exécutées à la manière de Giorgione et de Giulio Campagnola : le *Paysage avec cavaliers* du British Museum (n° 1848-11-25-10) ou le *Paysage avec bâtiments au bord d'un étang* (Paris, coll. privée). Le groupe de maisons s'inspire de modèles de Giorgione et de Giulio Campagnola, tels que le *Groupe de bâtiments au bord d'un fleuve* des Uffizi (cat. **90**), le *Paysage avec deux hommes à l'orée d'un bois* du Louvre (cat. **93**), l'*Astrologue* (cat. **127**) ou le *Vieux berger* (cat. **129**), mais dénote la même conception un peu froide et la même absence de relief que celles que l'on trouve dans des feuilles du jeune Domenico, comme celles du Louvre (cat. **105**) ou de la Pierpont Morgan Library (n° I 59). La gravure est donc certainement dérivée d'un dessin préparatoire de Domenico, datant de 1517. La thèse de M. Zucker et de D. Landau paraît donc extrêmement vraisemblable, même si l'on ne peut exclure l'éventualité que cette feuille ait été gravée beaucoup plus tard à Padoue ou à Venise, d'après un dessin plus ancien de Domenico.

K.O.

page 137

135

Domenico Campagnola
Venise (?), vers 1500 - Padoue, 1564

Vénus

Burin. H. 0,093; L. 0,132. Signé et daté, en bas à gauche, sur une feuille de papier : *.DO. / .CAMP. / .1517.* Très coupé sur la gauche.

PARIS, MUSÉE DU LOUVRE,
DÉPARTEMENT DES ARTS GRAPHIQUES,
COLLECTION ED. DE ROTHSCHILD

HISTORIQUE
Acquis de Danlos en octobre 1874; collection Ed. de Rothschild; legs en 1935. Inventaire 4052 L.R.

BIBLIOGRAPHIE
Bartsch, XIII, n° 7 p. 382; Ottley, 1816, II, n° 4 p. 770; Galichon, 1864, n° 14 pp. 542-543; Tietze et Tietze-Courat, 1944, n° 128; Hind, 1948, n° 13 pp. 213-214, pl. 796; Oberhuber, 1973, pp. 418-419; Oberhuber, 1976, pp. 113-114; Rearick, (1976) 1977, pp. 36, 37; Saccomani, 1978, p. 110 note 9; Saccomani, 1982, p. 88; Zucker, 1984, n° 010 pp. 506-507.

La gravure de *Vénus* est très vraisemblablement la première de celles qui furent exécutées en 1517-18 par Domenico Campagnola. La date et la signature sont mises en évidence. Le dessin préparatoire, conservé au British Museum (n° 1896-6-2-1), en sens inverse de la gravure, appartient au groupe des feuilles de la jeunesse du maître. Ce sont ces dessins qui sont le plus étroitement liés à l'œuvre de Giulio Campagnola et de Giorgione, ce qui a permis à Middeldorf de tenter d'attribuer la feuille à Giulio. E. Saccomani, qui soutient l'attribution à Domenico, a pensé qu'un laps de temps assez important pouvait séparer le dessin de la gravure. Domenico n'a reproduit fidèlement dans la gravure, comme les Tietze l'avaient déjà souligné, que la figure et la draperie et a utilisé pour cela une technique qui, par la multiplication des points, rappelle encore celle de Giulio. Le paysage est traité en revanche de façon beaucoup plus animée et plus harmonieuse.

Le rapport entre la gravure de *Vénus* et l'œuvre de Giorgione n'a cessé d'être souligné à propos du dessin du British Museum. L'opposition du corps clair de la déesse se détachant sur un talus sombre planté de quelques buissons et l'échappée de paysage faisant apparaître un bâtiment de bonnes proportions, rappellent nettement la *Vénus* de Giulio (cat. **126**). Le motif est déjà présent dans la *Vénus* de Giorgione, conservée à Dresde, à cette différence près que l'aperçu sur le paysage y est plus

grand. L'idéal de beauté incarné ici par Vénus correspond à celui du *Concert champêtre* (cat. **43**). Le motif de la déesse, à demi allongée, a été en revanche très tôt rapproché des tableaux de Palma Vecchio, qui pourraient à leur tour s'inspirer d'un modèle de Giorgione aujourd'hui disparu. La *Vénus* de Dresde est particulièrement proche de celle-ci (Mariacher, 1968, p. 53).

K.O.

page 138

136

Domenico Campagnola
Venise (?), vers 1500 - Padoue, 1564

L'Assomption

Burin. H. 0,288; L. 0,195, au coup de planche. Premier état. Signé en bas à droite sur une feuille de papier : *DOMINICVS / CAMPA / GNOLA / .1517.* Premier état.

PARIS, MUSÉE DU LOUVRE,
DÉPARTEMENT DES ARTS GRAPHIQUES,
COLLECTION ED. DE ROTHSCHILD

HISTORIQUE
Vente Obach, avril 1878; collection Ed. de Rothschild; legs en 1935. Inventaire 4048 L.R.

BIBLIOGRAPHIE
Bartsch, XIII, n° 4 p. 381; Ottley, 1816, II, n° 4 p. 770; Galichon, 1864, n° 6 pp. 539-540 : Passavant, V, 1864, n° 4 p. 167; Hind, 1948, n° 3 p. 211, pl. 789; Oberhuber, 1973, pp. 420-421; Rearick (1976) 1977, p. 36; Zucker, 1984, n° 004 pp. 501-502.

Domenico a choisi, pour la plus grande de ses gravures exécutées en 1517, le thème traité par Titien pour la plus importante de ses commandes, l'*Assomption* de l'église Santa Maria dei Frari, à laquelle il travailla de 1516 à 1518. Le groupe serré des apôtres, l'absence de tombeau et la Vierge debout entourée de *putti* sont autant d'éléments qui unissent la gravure à la peinture. Le geste de prière de la Vierge diffère de celui qu'elle a dans la peinture. Il réapparaît plus tard, comme les Tietze l'avaient à juste titre observé, dans l'*Assomption* de la cathédrale de Vérone, également peinte par Titien. On peut donc supposer que ce motif est lié à une esquisse de Titien, même si l'on relève de sérieuses différences avec la peinture des Frari. Aucun des apôtres de la gravure ne se

retrouve exactement dans le tableau. La composition, où se voit un jeune apôtre au centre à gauche et une figure, de dos, placée au premier plan, à droite au centre, qui, le corps rejeté en arrière, invite à lever les yeux, est très proche de celle de la peinture. Nous avons déjà tenté de montrer qu'il est possible de suivre l'évolution de certaines figures jusqu'à la peinture achevée, dont les principales étapes seraient constituées par le dessin des *Apôtres* conservé au Louvre (cat. **112**) et la *Descente du Saint Esprit* de Domenico (cat. **140**). La deuxième figure, à droite dans la gravure, se retrouve tout à fait à droite dans la feuille du Louvre, où elle n'apparaît plus de face mais de profil. Dans la gravure, elle prend une forme plus simple et occupe la troisième place à partir de la droite. Elle réapparaît enfin dans la peinture, où elle devient encore plus monumentale. Le dessin des *Apôtres* et la gravure de la *Descente du Saint Esprit* sont, par leur composition, très différents l'un de l'autre. Ils n'ont été repris qu'en partie dans la peinture : l'introduction d'une figure agenouillée dans le dessin du Louvre s'est finalement traduite dans la peinture par la présence d'une figure assise, placée au centre. Cette dernière reprend en sens inverse le geste du personnage du centre dans la gravure, qui, par ailleurs, se tient également debout dans le dessin du Louvre. L'*Assomption* de Domenico devrait donc avoir pour origine une première idée exécutée relativement tôt par Titien qui l'a ensuite développée dans de nombreuses esquisses et études de figures. Celles-ci nous ont été en partie transmises par Domenico avec la feuille du Louvre et la *Descente du Saint Esprit*. L'*Assomption* fait encore preuve d'un manque d'assurance dans le rendu des figures, alors que la *Descente du Saint Esprit* révèle déjà la portée de l'enseignement reçu de Titien.

K.O.

page 138

137

Domenico Campagnola
Venise (?), vers 1500 - Padoue, 1564

Jeune homme et vieux guerrier

Burin. H. 0,133; L. 0,095. Signé en bas à droite : *.DO. CĂP. / .1517.*

PARIS, MUSÉE DU LOUVRE,
DÉPARTEMENT DES ARTS GRAPHIQUES,
COLLECTION ED. DE ROTHSCHILD

HISTORIQUE
Vente Salamanca, mars 1869; collection Ed. de Rothschild; legs en 1935. Inventaire 4053 L.R.
BIBLIOGRAPHIE
Bartsch, XIII, n° 8 p. 382; Ottley, 1816, II, n° 8 p. 770; Galichon, 1864, n° 13 p. 542; Passavant, V, 1864, n° 8 p. 168; Hind, 1948, n° 9 p. 212, pl. 793; Oberhuber, 1973, pp. 426-427; Saccomani, 1982, p. 88; Zucker, 1984, n° 011 pp. 507-508.

La planche offre les mêmes dimensions que celle de *Vénus* (cat. **135**), ce qui a permis de penser qu'elle avait été gravée au verso de celle-ci. Sa parenté avec l'œuvre de Giorgione a été souvent soulignée. La facture est toutefois, notamment dans la régularité du modelé des vêtements, supérieure à celle de *Vénus* ou même de l'*Assomption* (cat. **136**). Elle s'apparente davantage à celle de la *Bataille d'hommes nus* (cat. **138**), par exemple. Les personnages eux-mêmes font déjà songer davantage à Titien qu'à Giorgione. Le thème lui-même rappelle l'art de Giorgione, dans la conception des figures, en particulier, dont l'attitude privilégie le contenu allégorique au détriment de la scène proprement dite. Le vieux guerrier regarde au loin, tandis que le jeune homme est perdu dans ses pensées. Jeunesse et vieillesse, guerre et paix, vie active et vie contemplative constituent autant d'interprétations possibles, que l'artiste et les amateurs ont vraisemblablement perçues en totalité ou en partie.

K.O.

page 139

138

Domenico Campagnola
Venise (?), vers 1500 - Padoue, 1564

Bataille d'hommes nus
Burin. H. 0,218; L. 0,227, au coup de planche. Signé en bas à gauche sur une feuille de papier: *DOMINICVS / CĀPAGNOLA / .1517.*

PARIS, MUSÉE DU LOUVRE,
DÉPARTEMENT DES ARTS GRAPHIQUES,
COLLECTION ED. DE ROTHSCHILD

HISTORIQUE
Holloway; collection Ed. de Rothschild; legs en 1935. Inventaire 4055 L.R.
BIBLIOGRAPHIE
Bartsch, XIII, n° 10 p. 384; Ottley, 1816, II, n° 10

p. 771; Galichon, 1864, n° 11 pp. 540-541; Passavant, V, 1864, n° 10 p. 169; Suida, 1935-36, p. 287; Tietze et Tietze-Conrat, 1939, p. 331; Hind, 1948, n° 4 p. 211, pl. 790; Oberhuber, 1973, pp. 428-431; Zucker, 1984, n° 013 pp. 510-511.

Cette gravure, représentant une scène inhabituelle, composée d'hommes nus se battant à l'orée d'un bois, est certainement la plus ambitieuse de toutes les gravures de Domenico Campagnola. Les origines de l'estampe sont très controversées. Les Tietze, suivis par nous-même, ont souligné le lien qu'elle présente avec l'art de l'Italie Centrale, et ont considéré que les sources d'inspiration de la gravure pouvaient être la *Bataille d'Anghiari* de Léonard de Vinci et les œuvres qui en dérivaient. Récemment M. Zucker a cependant repris des arguments autrefois avancés par Suida, selon lesquels Domenico aurait utilisé ici des idées formulées par Titien pour une scène de bataille exécutée en 1537, mais déjà projetée entre 1513 et 1516. Une comparaison avec l'ébauche de la composition effectuée ultérieurement par Titien (cat. **225**) indique que le peintre plaçait effectivement des nus dans ses esquisses de bataille de manière à bien en saisir le mouvement. Les différences entre cette gravure et le *Passage de la mer Rouge* de Titien (cat. **132**), œuvre dans laquelle on pense voir le reflet des premières études du maître pour la *Bataille*, s'expliqueraient par l'utilisation, chez Domenico, d'esquisses de Titien et non de *modelli* achevés comprenant des figures en costumes. Le mouvement de ces «figures idéales» d'hommes et de chevaux, ainsi que la dynamique des deux compositions sont extrêmement proches, bien que Domenico représente toujours ses figures dans des positions outrées et sous une lumière plus incertaine que ne le fait Titien. L'idée de créer une tension entre les personnages et le paysage — le mouvement des arbres venant prolonger les gestes des hommes — apparaît déjà chez Titien à titre expérimental dans le *Sacrifice d'Abraham* (cat. **131**) et atteint son plein développement dans le retable de *Saint Pierre Martyr* pour l'église S. Giovanni e Paolo, aujourd'hui disparu (voir cat. **219-223**). Cette gravure a certainement représenté, pour Domenico, une sorte de défi lancé depuis Venise aux peintres de batailles de l'Italie Centrale, comme l'était également le *Passage de la mer Rouge* de Titien, dans lequel la scène est littéralement absorbée dans un paysage dramatique.

K.O.

page 138

139

Domenico Campagnola
Venise (?), vers 1500 - Padoue, 1564

Douze putti dansant
A. Burin. H. 0,096; L. 0,123, au coup de planche. Premier état. Signé en bas au centre, sur une feuille de papier: *DOMINICVS / CĀPA-GNOLA / .1517.* Larges marges à droite et à gauche. B. Burin. Impression à la sanguine. H. 0,095; L. 0,124. Deuxième état. Signé en bas au centre, sur une feuille de papier: *DOMINI-CVS / CĀPAGNOLA / .1517.*

PARIS, MUSÉE DU LOUVRE,
DÉPARTEMENT DES ARTS GRAPHIQUES,
COLLECTION ED. DE ROTHSCHILD

HISTORIQUE
A. Ch. Marochetti, vente, Londres 31 mars 1868 et jss., n° 109; J. Reiss, vente, Londres, 6-10 mai 1901, n° 207; collection Ed. de Rothschild; legs en 1935. Inventaire 4056 L.R.
B. Clément, à Danlos, le 10 mai 1875; collection Ed. de Rothschild; legs en 1935. Inventaire 4056 L.R.
BIBLIOGRAPHIE
Ottley, 1816, II, n° 12 p. 771; Galichon, 1864, n° 15 pp. 543-544; Passavant, V, 1864, n° 16 p. 170; Hind, 1948, n° 12 p. 213, pl. 795; Oberhuber, 1973, pp. 422-423; Rearick, (1976) 1977, p. 36; Zucker, 1984, n° 014 p. 512.

Le thème de cette gravure était très apprécié depuis le XVe siècle, en particulier depuis la réalisation de la *Cantoria* de Donatello. Domenico Campagnola connaissait sûrement la gravure de Marcantonio Raimondi (Bartsch, XIV, p. 177, n° 217). La source de son inspiration a pu lui être fournie d'autre part par les recherches effectuées par Titien pour des motifs de *putti* destinés tout d'abord à l'*Assomption* de l'église Santa Maria dei Frari (1516-1518), puis à l'*Offrande à Vénus* peinte pour Alfonso d'Este, à Ferrare (1518-1519; Madrid, Prado). Le *putto* au tambourin, qui se trouve tout à fait à droite, ressemble beaucoup à l'un de ceux qui sont représentés dans l'*Assomption* gravée par Domenico (cat. **136**). Certains anges musiciens ont encore dans le dessin du Louvre (cat. **113**), comme l'a très justement fait remarquer W. R. Rearick, des ailes semblables à celles des *putti* de Titien dans la peinture, tandis que d'autres les ont déjà perdues, comme dans la gravure, mais aucune des figures n'est exactement semblable. Dans quelle mesure Domenico, qui par la suite dessinera et peindra souvent des *putti*, est-il le seul inventeur de cette ronde? Dans quelle mesure Titien l'a-t-il aidé? Il est difficile de le savoir. En tout cas, il est certain que, dans la gravure, la forme idéale du *putto*, bien articulé, correspond à celui qu'avait élaboré Titien pour l'*Offrande à Vénus* et diffère des *putti* de l'*Assomption* des Frari, conçus sur le même modèle. Ces derniers, portés par les nuages, ont un autre type de gestes et d'attitudes que ceux de la gravure, solidement campés sur le sol. Comme c'est le cas ici, Domenico a parfois imprimé la planche, tout comme il l'a fait pour le *Jeune homme et le vieux guerrier* (cat. **138**), avec une encre rouge-brun rappelant les tirages tardifs des gravures de Mantegna.

K.O.

page 140

140

Domenico Campagnola
Venise (?), vers 1500 - Padoue, 1564

La Descente du Saint Esprit
Burin. Forme ovale. H. 0,188; L. 0,175, au coup de planche. Premier état. Signé sur une feuille de papier: *DO. / CAP.* et daté, en dessous: *1518*.

PARIS, MUSÉE DU LOUVRE,
DÉPARTEMENT DES ARTS GRAPHIQUES,
COLLECTION ED. DE ROTHSCHILD

HISTORIQUE
A. Alferoff (L. 1727), vente, Munich, 10 mai 1869 n° 121; collection Ed. de Rothschild; legs en 1935. Inventaire 4047 L.R.

BIBLIOGRAPHIE
Bartsch, XIII, n° 3 p. 380; Ottley, 1816, II, n° 3 p. 770; Galichon, 1864, n° 5 pp. 538-539; Passavant, V, 1864, n° 3 p. 168; Hind, 1948, n° I/II p. 210, pl. 787; Oberhuber, 1973, pp. 434-436; Oberhuber, 1976, pp. 125-127; Rearick (1976) 1977, pp. 36, 37; Saccomani, 1978, p. 108; Zucker, 1984, n° 003 pp. 500-501; Saccomani, 1991, p. 33.

Cette gravure est la dernière de celles exécutées par le jeune Domenico Campagnola entre 1517 et 1518, et la seule datée 1518. Selon Hind, elle a été gravée au verso de la planche utilisée en 1517 pour la *Décapitation de sainte Catherine* (Bartsch, XIII, p. 381, n° 6). La technique, très maîtrisée, de ces deux estampes fait preuve d'une grande finesse d'exécution. Le rendu plastique des figures, aux volumes arrondis, assez surprenantes de la part de Domenico, montrent bien qu'il s'est formé au contact de Titien. On a souvent souligné le lien étroit qui existe entre cette gravure et le dessin du *Groupe d'apôtres* (cat. **112**). Ce dessin, autrefois considéré comme une œuvre de Titien préparatoire à l'*Assomption* de l'église Santa Maria dei Frari, est aujourd'hui tenu par la plupart des historiens pour une copie exécutée par Campagnola d'après une étude de Titien préparatoire à ce tableau. Il ne devait pas être prévu, initialement, de représenter la *Descente du Saint Esprit* sur l'une ou l'autre de ces feuilles, car la Vierge, qui occupe normalement la place centrale dans l'iconographie de l'Assomption, ne figure ni sur la gravure, ni sur le dessin, où, de plus, la scène a se situe dans un paysage. Mais Titien lui-même a plus tard utilisé le dessin de Campagnola dans sa *Descente du Saint Esprit* pour l'église S. Spirito. Dans la gravure, seul le groupe central est inversé par rapport au dessin. Le geste de prière de la figure située tout à fait à gauche dans le dessin devient chez l'apôtre, placé tout à fait à droite dans la gravure, un geste pour désigner l'Esprit Saint. La figure tout à fait à droite dans le dessin a les traits de la quatrième figure de droite dans la gravure. Elle est ainsi plus proche de la troisième de droite dans l'*Assomption* des Frari. Il y a en outre d'autres figures qu'on ne retrouve que dans le tableau. Le jeune apôtre au centre, Jean, correspond par exemple exactement au troisième apôtre de gauche de la peinture, où il est cependant représenté dans une attitude légèrement différente. Comme les mouvements des figures et leur groupement dans la composition rappellent aussi ceux du tableau, il est tentant de penser que la gravure de l'*Assomption* (cat. **136**) est proche de la composition définitive de la peinture, tandis que le dessin du Louvre (cat. **112**) et la *Descente du Saint Esprit* s'en rapprochent davantage par la gestuelle et la forme des figures. Mais cela s'explique également par l'évolution personnelle de Domenico.

K.O.

page 141

141

Lorenzo Lotto
Venise (?), 1480 - Lorette, après 1557

Déposition du Christ au pied de la Croix
Pierre noire, rehauts de blanc, sur papier bleu passé. H. 0,343; L. 0,245. Traces de mise au carreau à la pierre noire. Angle inférieur droit abattu et reconstitué.

PARIS, MUSÉE DU LOUVRE,
DÉPARTEMENT DES ARTS GRAPHIQUES

HISTORIQUE
N. Lanier (L. 2885); Ch.-P. de Saint-Morys; saisie des Émigrés en 1793, remise au Museum en 1796-97; marque du second Conservatoire (ancien L. 2207). Inventaire 5637.

EXPOSITIONS
Paris, 1970; Paris, 1978, n° 7; Cambridge, 1985, n° 31; Paris, 1987, n° 62.

BIBLIOGRAPHIE
Inv. Ms. Morel d'Arleux, III, n° 3141 (Sebastiano del Piombo); Pouncey, 1954, p. 333; Berenson, 1956, p. 125, pl. 339b; Pouncey, 1965, pp. 17-18, pl. 19; Bacou, 1968, n° 25; Pallucchini et Mariani Canova, 1975, sous n° 265 p. 121; Bacou, 1978, p. 1; Stock et Scrase, 1985, n° 31; Labbé et Bicart-Sée, 1987, I, p. 148, II, p. 129.

Le dessin était classé dans l'école vénitienne parmi les feuilles anonymes quand il a été reconnu comme une œuvre de Lorenzo Lotto par Philip Pouncey en 1954 et inclus par lui dans l'étude d'ensemble de l'œuvre dessiné du peintre en 1965.

Il figure dans la seconde édition de la monographie de Berenson (1956), mais ne semble avoir fait l'objet d'aucun commentaire détaillé depuis cette date (voir Rearick, 1981 et 1983).

Ph. Pouncey relevait déjà le fini de l'exécution, qui fait de cette feuille un dessin achevé. On ne peut avancer qu'il s'agit d'un *modello* au sens strict du terme, bien que l'on y distingue des traces de mise au carreau, et, même si l'on s'accorde sur sa datation, sa destination demeure inconnue. La composition est traversée par une diagonale qui s'infléchit sur la droite, entraînant la tête du Christ vers celle du personnage qui le soutient. Cet axe principal est compensé par la verticale suggérée par le tracé du bras et de la jambe gauches du Christ, l'appui du bras sur le genou étant situé sur le même plan que les bras des deux porteurs. Cet agencement géométrique met en évidence l'affaissement du corps détaché de la Croix, mais semblant doué d'un reste de vie, et lui confère une sorte de caractère intemporel, transposant l'épisode de la Passion dans une scène à vocation méditative réunissant les trois images de la Déposition, de la Lamentation et de la Mise au tombeau. La *Déposition* s'approche ainsi davantage de thème tridentin de l'*Imago Pietatis* et du *Christ porté par les anges*, dont Lorenzo Lotto avait, dans les premières années de son activité, donné une interprétation dans la lunette du polyptyque de Recanati (1508, Recanati, Pinacoteca Comunale).

Ph. Pouncey a relevé la monumentalité sculpturale du corps (« *monumentalità di una scultura petrigna* »), et le sentiment de pesanteur qui envahit l'ensemble de la composition comme pour faire valoir la force des deux figures soutenant le linceul. Le groupe principal est saisi dans un raccourci qui le projette en avant, resserré en demi-cercle, le premier plan étant brusquement relevé par l'indication des pieds du Christ et celle du genou de Joseph d'Arimathie en appui sur le bord du tombeau. A l'arrière-plan, les Saintes Femmes et la Vierge constituent une sorte de cortège et les visages semblent se décomposer dans la douleur. L'émotion des personnages est traduite avec économie, une distance pieuse, perceptible dans le jeu des bras et l'indication des regards. Le geste implorant de Marie, la main levée, apparaît déjà dans la *Déposition* de Lorenzo Lotto à la Pinacoteca de Iesi (1512) ou dans celle, plus tardive, de Sant'Alessandro in Colonna, à Bergame (vers 1521), dont le pathétisme avait déjà été évoqué par Marcantonio Michiel, qui la qualifiait de « *molto affettuosa* » et par Claudio Ridolfi qui employait les termes de « *pietosissimo deposto di croce* » (Pallucchini et Mariani Canova, 1975, n° 37 et 58).

Si l'on rapproche, avec Ph. Pouncey, la figure du Christ mort — en particulier le traitement du buste — d'autres motifs empruntés aux peintures de Lorenzo Lotto, tels que le saint Joseph et l'Enfant de la *pala* de San Francesco al Monte, de Iesi (1526), les larrons de la *Crucifixion* de Monte S. Giusto (Santa Maria in Telusiano, 1531) ou le *Saint Jérôme* de la Galleria Doria Pamphili à Rome (1544-46), on y retrouve la même façon de rendre les chairs, le même volume rond des figures, les mêmes raccourcis. Toutefois, la *Déposition* du Louvre appartient à la période tardive du peintre et fut probablement exécutée dans les dernières années, à Lorette, où il arrive en 1552, au terme d'une carrière itinérante. Il prendra deux ans plus tard l'habit d'oblat au sanctuaire de la Santa Casa (« *per non andarmi avvolgendo più in mia vecchiaia, ho voluto quetar la mia vita in questo sancto loccho...* »; voir Zampetti, 1981, p. 441).

Dans le dessin, les visages aigus, aux formes simplifiées, presque abstraites, des Saintes Femmes et de la Vierge, que l'on trouve déjà dans la *Rencontre du Christ et de la Vierge*, daté 1521 (Berlin, Staatliche Museen), anticipent ceux des personnages assistant à la *Présentation au Temple* du Palazzo Apostolico de Lorette (1554-55), ultime tableau de Lotto, demeuré inachevé, évocation d'« un mondo fatiscente, già contemplato con gli occhi della morte » (Pallucchini et Mariani Canova, 1975, n° 274).

Il est difficile de rapprocher ce dessin des autres œuvres actuellement attribuées au peintre, constituant un corpus qui ne compte guère plus d'une vingtaine de pièces. La fermeté du trait, renforcé encore dans le dessin de la tête de Joseph d'Arimathie, la justesse des rehauts de blanc sont comparables, toutefois, à ceux du projet pour le *Saint Matthieu*, conservé au British Museum, préparatoire à la figure du saint dans la *Vierge à l'Enfant et saints*, dite la *Pala d'Ancona*, exécutée en 1546 (Pallucchini et Mariani Canova, 1975, n° 226). La *Déposition* du Louvre a été étudiée par Philip Pouncey en relation avec un dessin pour un *Christ porté au tombeau*, à la plume et au lavis brun, de format oblong, appartenant à l'ancienne collection A. Scharf et aujourd'hui conservé dans une collection particulière (exp. New York et Londres, 1991, n° 3). Ce dessin, de format, de technique et de composition différents de ceux du dessin du Louvre, est une étude achevée pour le groupe principal d'une peinture conservée au Courtauld Institute, à Londres, publiée par Longhi en 1946, datée par lui et par Berenson des années 1550, lorsque Lorenzo Lotto se trouvait à Ancône (Longhi, 1946, pl. 96). Il convient de relever que le dessin de la collection particulière comme la peinture du Courtauld Institute sont des variantes d'un thème développé quelques années auparavant dans la partie gauche de l'*Évanouissement de la Vierge pendant le transport du Christ au tombeau*, conservé au musée de Strasbourg (vers 1545-46; exp. Ancône, 1981, n° 127). La *Déposition* du Louvre a été mentionnée par Pallucchini comme un éventuel projet pour une autre peinture sur le même thème, conservée en 1975 dans une collection privée milanaise et datée par le même auteur des années 1550. A la différence des deux précédentes versions peintes du *Christ porté au tombeau* et du dessin de la collection particulière, le tableau se développe en hauteur, un paysage occupe toute la partie haute et la scène principale se déroule en oblique au premier plan, en sens inverse des compositions de Londres et du dessin. Le motif du Christ enveloppé et porté dans un linceul est emprunté à la *Déposition* de Raphaël (Rome, Galleria Borghese), que Lotto avait pu voir à Rome où il fit deux séjours en 1509 et 1510, et qu'il avait interprétée dans la *Déposition* de Iesi, en 1512 à la fin de son séjour dans les Marches et avant son départ pour Bergame (voir Volpe, 1981, p. 132).

La *Déposition* du Louvre est tout autre et peut difficilement être considérée comme une étude préparatoire. Sa composition frontale, sa force et son caractère novateur, relèvent d'un autre propos, même si l'analogie du thème et la date accordée au dessin permettent de le situer parmi les recherches des dernières années de la vie du peintre, marquées par un sentiment de religiosité inquiète dont Titien donnera plus tard l'expression la plus achevée dans la *Mise au tombeau* du Musée du Prado (1559) et la *Pietà* conçue pour être placée au-dessus de son tombeau dans la Cappella del Crocifisso à Santa Maria dei Frari (1576, Venise, Gallerie dell'Accademia).

F. Vi

page 142

142

Paris Bordon
Trévise, 1500 - Venise, 1571

Homme avec une viole
Pierre noire, rehauts de blanc, sur papier beige.
H. 0,188; L. 0,084.
NEW YORK, THE PIERPONT MORGAN LIBRARY

HISTORIQUE
R. Udney; C. Fairfax Murray; J. Pierpont Morgan, New York; Pierpont Morgan Library (don de J. Scholz en 1975). Inventaire I, 75.
EXPOSITION
Venise, 1976 (I), n° 85.
BIBLIOGRAPHIE
Fairfax Murray, 1905, I, n° 75; Kurth, 1937, p. 142; Tietze et Tietze-Conrat, 1944, n° 403, pp. 274-275; Morassi, 1954, p. 186; Mrozinska, 1958, p. 27; Wethey, 1969, p. 15; Goldfarb, 1976, pp. 138-139; Rearick, 1987, p. 53; Wethey, 1987, p. 153.

P aris Bordon faisait sans doute son apprentissage dans l'atelier de Titien entre 1515 et 1518 environ, quand on lui attribua pour la première fois le titre de *pictor*. Il apprit à imiter le style de son maître avec une dextérité si trompeuse qu'il ne tarda pas à s'attirer une clientèle, sans doute parce que ses œuvres étaient beaucoup moins chères que celles de Titien. Cela lui valut l'hostilité durable de son aîné, et les liens entre les deux artistes furent bientôt rompus, Titien usant de son influence pour priver de commandes son rival impertinent. Bordon avait néanmoins réussi à se faire reconnaître comme un substitut de Titien et pendant le demi-siècle que durera sa carrière, il se consacrera à des variations sur le style élaboré vers 1518 par son maître.

En tant que dessinateur, Paris Bordon ne

cessera donc jamais d'être le rival de Titien. La chose n'est nulle part mieux illustrée que dans cette étude. Si Fairfax Murray considérait qu'il s'agissait d'une copie de Jacopo Bassano d'après Titien, les Tietze y ont reconnu avec raison la main de Paris Bordon, dont le modèle est un dessin à la plume du British Museum (cat. **94**). Kurth pensait que Bordon s'était inspiré d'un tableau de Titien aujourd'hui disparu, et H. Goldfarb a souligné les différences entre les deux dessins pour justifier l'opinion selon laquelle la source de Bordon doit se trouver ailleurs. A. Morassi et H. Wethey (1969) ont commencé par refuser d'y voir la main de Paris Bordon, tout en reconnaissant dans le dessin de Titien l'origine de cette œuvre, mais Wethey a fini par admettre qu'il s'agissait d'une copie de la main « d'un maître de second ordre, comme Bordon ». L'auteur de ces lignes a confirmé que le dessin de Titien servit effectivement de modèle à Bordon et a proposé pour cette feuille une date vers 1535-1540.

Les premières feuilles de Paris Bordon, dont l'esquisse d'un *Saint Joseph* vers 1525 (Londres, Victoria and Albert Museum) est un bel exemple, s'inspirent du grain et de la sensualité des premiers dessins à la pierre noire de Titien, tel le *Saint Pierre* (Londres, British Museum) réalisé pendant l'apprentissage de Bordon dans l'atelier du maître. Dès avant 1535, cependant, Bordon avait pu voir des esquisses d'une écriture plus abrupte, dont le *Saint Bernardin* (Florence, Uffizi, Gabinetto Disegni e Stampe, n. 1713 F), exécuté peu avant 1531, est un exemple caractéristique. Il réagira en prêtant moins d'attention au rendu des surfaces, en forçant un peu plus le fusain, et en ajoutant les éclats des rehauts de blanc. Toutefois, ses sources resteront traditionnelles, ainsi qu'en témoigne la feuille exposée. On ne connaît pas les circonstances exactes qui avaient amené Titien à reprendre la délicate esquisse à la plume, de 1511-1512 (cat. **94**), liée au *Concert du Louvre* (cat. **43**), mais vers 1520 il avait retravaillé la draperie entourant le torse de la figure féminine, puis avait ajouté la silhouette d'un homme habillé tenant une viole, et un fond de paysage. Cet ensemble de motifs, qui n'avait pas été exécutés en préparation à un tableau, se trouva bientôt à la disposition d'artistes étrangers à l'atelier du maître. On peut en conclure qu'il s'agissait d'une œuvre indépendante, donnée ou vendue à un amateur désirant une étude à la plume de Titien. Quoi qu'il en soit, Paris Bordon put la voir. Il admira la figure masculine qui avait été rajoutée, mais ignora la flûtiste qui pouvait apparaître quelque peu archaïque. Il modifia la pose de la première qui est ici plus redressée, comme il convient à une figure solitaire. Paris Bordon ne comprit cependant pas le geste de la figure de Titien, qui ne joue pas de son instrument mais pointe son archet dans la direction de l'entrejambe de la femme. En effet, les cordes de la viole ne sont pas visibles, mais se trouvent de l'autre côté de la caisse finement ciselée. Il déplaça donc la main pour simuler un coup d'archet

sans toutefois retourner l'instrument, qui n'est que vaguement esquissé, pour rendre ce geste vraisemblable. Bordon évitait généralement de se servir de la plume, à laquelle il préférait la pierre noire, et il est significatif qu'il utilise ici cette technique plutôt que celle employée dans l'original. C'est visiblement la figure, et non pas le style, qui l'intéresse. Bordon ne se hasardera pas à copier directement le joueur de viole de Titien dans un tableau, mais l'utilisera avec quelques variantes dans plusieurs œuvres qu'on peut dater de la cinquième décennie. La technique de cette esquisse rappelle avant tout celle de l'étude d'un *Jeune pêcheur* (Oxford, Ashmolean Museum, P II 120) que Paris Bordon utilisera pour le *Pêcheur donnant la bague au doge* (Venise, Gallerie dell'Accademia), projet pour lequel il présentera en 1534 un *modello* où ne figure pas encore le jeune pêcheur. Si le dessin de la Morgan Library n'a pas l'énergie brusque de la feuille d'Oxford, c'est sans doute parce que Paris Bordon copie un dessin de Titien. L'*Homme avec une viole* fut vraisemblablement réalisé peu de temps avant le *Pêcheur donnant sa bague au doge*, probablement vers 1530-1534. Il est intéressant de relever que Titien exécuta lui-même vers 1534, au dos de la toile qu'il utilisait pour l'*Annonciation* (Venise, Scuola di San Rocco), deux amants dont la pose et, dans une moindre mesure, la technique, rappellent le second stade de son travail sur la feuille du British Museum. Dès la fin de la décennie, Paris Bordon emploiera avec plus d'aisance la technique du dessin propre à Titien.

W.R.R.

page 142

143

Paris Bordon
Trévise, 1500 - Venise, 1571

Adam et Ève

Pierre noire avec rehauts de gouache blanche, sur papier bleu un peu passé. H. 0,464; L. 0,268. Annoté, à la plume et encre brune, en bas à gauche, d'une main du XVIIᵉ siècle : *250* (?), au verso : *Pordenon*. Partie inférieure endommagée par un pli horizontal; coin inférieur gauche coupé.

PARIS, MUSÉE DU LOUVRE,
DÉPARTEMENT DES ARTS GRAPHIQUES

HISTORIQUE
A. J. Dezallier d'Argenville, au recto, à la plume et encre brune : *612*, paraphe (L. 2951) et *Pordenon* (?), vente, Paris, 18 janv. 1779, nᵒ 156-8 (Pordenone); Ch.-P. de Saint-Morys, écriture, sur le montage, à la plume et encre brune : *Antonio Allegri. Le Corrège. École Lombarde*, au verso : *Adam et Ève / au crayon noir rehaussé de blanc*; saisie des Émigrés en 1793, remise au Museum en 1796-97; marque du Louvre (L. 1886). Inventaire 9900.
EXPOSITIONS
Paris, 1965, nᵒ 106; Paris, 1978, nᵒ 28; Paris, 1987, nᵒ 75.
BIBLIOGRAPHIE
Inv. Ms. Morel d'Arleux, nᵒ 12590/101; Châtelet, 1953, p. 89; Bacou, 1965, nᵒ 106, p. 49; Bacou, 1978, p. 1; Labbé et Bicart-Sée, 1987, II, p. 217.

L'attribution traditionnelle de cette feuille à Corrège ou à Pordenone est abandonnée depuis longtemps. A. Châtelet fut le premier à la publier comme une œuvre de Paris Bordon et la data de 1552 environ. Elle n'est pas mentionnée par la critique récente.

Le sujet est de toute évidence Ève, qui tient une pomme dans sa main gauche tandis qu'Adam tend la main pour cueillir le fruit défendu. La composition et la puissance de l'anatomie laissent penser que l'artiste connaissait la magnifique version de ce thème réalisée par Palma Vecchio (Brunswick, Herzog Anton Ulrich-Museum), mais la xylographie de Dürer (Bartsch, VII, 1, 17), appartenant à la suite de la *Petite Passion*, paraît également avoir joué un rôle dans le rapport des figures entre elles. A aucun moment de sa carrière, Bordon ne semble avoir peint un tableau d'Adam et Ève, quel qu'en soit le format. Il a cependant, à plusieurs reprises, représenté la figure de saint Sébastien dans une pose très proche de celle d'Adam dans ce dessin. L'exemple plus ancien se trouve dans la *Vierge en majesté avec quatre saints* (Berlin, Staatliche Museen, Preussischer Kulturbesitz, Bode Museum) de 1538-1540 environ. La même pose se retrouve dans le saint Sébastien de la fresque de Pialdier (Santa Croce), vers 1544, mais sa reprise ultérieure dans la *Sainte Conversation* (Rome, Galleria Colonna) ou le *Saint Laurent avec quatre saints* (Trévise, Duomo), de 1562, s'éloigne davantage du prototype dessiné, qui était certainement resté dans l'atelier comme œuvre de référence. Ainsi, il y a tout lieu de penser que cette étude, dans laquelle le geste d'Adam apparaît naturel et harmonieux, précède la variante proposée dans le saint Sébastien, dont la pose semble plus artificielle et maniérée. On peut donc suggérer pour cette feuille une date aux environs de 1538.

Le traitement ombré et le grain fort de la pierre noire rehaussée de blanc s'inspire de toute évidence d'exemples moins raffinés de la main de Titien, comme l'esquisse (Leeds, Harewood House, Earl of Harewood Collection) pour la première version de la *Descente du Saint Esprit* de 1541. Cela n'a rien de surprenant chez Paris Bordon, pour lequel Titien sera toujours un modèle. En réalité, nombre des maniérismes graphiques de cette feuille — la main un peu forte d'Ève, par exemple, ou les traits de son visage rapidement tracés — s'inspirent du style le plus synthétique de Titien mais s'accordent bien avec certains dessins à la pierre noire de Paris Bordon. La pierre noire est utilisée ici d'une façon moins hachée que dans l'*Homme avec une viole* (cat. **142**), d'environ 1530-1534, et l'effet plastique du modelé semble légèrement mieux rendu que dans l'*Étude de femme* du Fogg Art Museum de 1536-1538 environ. Ainsi Paris Bordon, peu de temps avant son séjour à Augsbourg, est, en tant que dessinateur, plus proche de Titien qu'il ne le sera jamais.

W.R.R.

page 142

144

Paris Bordon
Trévise, 1500 - Venise, 1571

Étude d'homme barbu en buste
Pierre noire avec rehauts de blanc, sur papier bleu. H. 0,345; L. 0,245. Coin supérieur gauche coupé.

PARIS, COLLECTION PARTICULIÈRE

HISTORIQUE
Inconnu.

Peu de dessinateurs vénitiens du XVIe siècle ont laissé autant de dessins en rapport direct avec leurs tableaux que Paris Bordon, et il est rare de rencontrer une feuille de l'artiste sans lien évident avec son œuvre peint. C'est pourtant le cas du magnifique dessin exposé ici pour la première fois, même s'il est traditionnellement attribué à l'artiste. Nous ne pouvons même pas déterminer avec précision son thème. La puissante musculature du torse, la tête et la barbe d'un patriarche, l'emphase du geste laissent penser qu'il s'agit d'un saint; la main gauche tient ce qui pourrait être un bâton, un crucifix ou un attribut de martyr. Bref, cette figure héroïque est vraisemblablement celle d'un saint. Toutefois, elle ne représente sans doute pas saint Jean-Baptiste, ce qui aurait pourtant été vraisemblable, mais que Paris Bordon a toujours représenté différemment.

La qualité et le style de ce dessin en font l'une des plus belles œuvres de Bordon réalisées dans cette technique. Il a rarement su aussi bien moduler le noir de la pierre et le blanc des rehauts en passant par le bleu du papier, et obtenir une cohérence plastique aussi sûre et continue. Il se sert du doigt pour estomper la surface du modelé, appuie fortement avec la pierre noire pour souligner les ombres, applique délicatement des rehauts de blanc dont la force ne nuit pas à la cohérence. Le soin apporté au rendu de la surface, allié à une mise en place des volumes, évoquant un espace en trois dimensions, concourent à donner à cette étude un caractère sculptural. Le type même de la figure suggère, de façon évidente, la connaissance, grâce à la gravure, de la sculpture monumentale de Sansovino. Toutefois, il évite soigneusement la rhétorique maniériste et la torsion exagérée des œuvres tardives de Sansovino, comme il adoucit la théâtralité extravertie d'Alessandro Vittoria. De fait, on trouve dans l'œuvre peint de Paris Bordon un type physionomique très proche de cette étude, bien qu'il n'en dérive pas directement. Ainsi en est-il dans les dieux marins sculptés en relief sur les deux côtés du dais du doge dans le *Pêcheur donnant la bague au doge* (Venise, Gallerie dell'Accademia), projet engagé en 1534. Dans la seule esquisse conservée (Oxford, Ashmolean Museum, P II 120) pour ce tableau, la pierre noire, utilisée d'une façon plus grossière, produit des effets de lumière proches de ceux de Titien. Aussi l'étude qui nous intéresse ici semble-t-elle légèrement plus tardive. Les volumes pleins rappellent la *Femme à demi drapée* (Cambridge, Fogg Art Museum, Harvard University, Lœser Collection 1938.283) que nous avons également datée autour de 1534, mais qui pourrait être légèrement plus tardive. Le dessin exposé paraît en outre refléter les accents plus héroïques des tableaux de Titien de 1538-1545, tels que le *Saint Jean-Baptiste* (cat. **170**) ou l'*Ecce Homo* (Vienne, Kunsthistorisches Museum). Il est vraisemblable que cette œuvre, qui compte parmi les dessins les plus maîtrisés de Paris Bordon, date de la même époque. Elle fut certainement conservée dans le fonds de dessins de l'atelier, car on retrouve la même pose dans plusieurs tableaux plus tardifs, alors que ce dessin ne porte aucune trace de la manière hésitante des derniers dessins de l'artiste. Il convient de le dater vers 1536-38.

W.R.R.

page 143

145

Paris Bordon
Trévise, 1500 - Venise, 1571

Homme nu assis
Pierre noire et rehauts de blanc, repassé au fusain, sur papier bleu. H. 0,340; L. 0,250. Collé en plein sur un montage avec filets à la plume et encadrement de papier bleu; annoté en bas à droite, à la plume et encre brune : *Dosse de ferrare* et *75*, à gauche : *Dosso*, sur le montage en bas au centre : *75*.

RENNES, MUSÉE DES BEAUX-ARTS

HISTORIQUE
Coll. marquis de Robien; Rennes, Bibliothèque de la Ville, 1792; Rennes, musée des Beaux-Arts, premier tiers du XIXe siècle. Inventaire 794.1.2947.
EXPOSITIONS
Rennes, 1987, n° 3a; Rennes, 1990, n° 25.
BIBLIOGRAPHIE
Béguin, 1985, pp. 181-182; Ramade, 1987, p. 20; Rearick, 1987, pp. 57- 58; Saccomani, 1990, p. 62.

Traditionnellement attribuée à Dosso Dossi, cette belle étude fut reconnue par S. Béguin et identifiée comme une œuvre de Paris Bordon contemporaine des études pour la *Bethsabée* (Hambourg, Kunsthalle) de 1552 (Florence, Uffizi, Gabinetto Disegni e Stampe, n. 1804 F et 1805 F). P. Ramade a confirmé cette appréciation et suggéré que l'étude avait pu être réalisée pendant un séjour de Bordon à l'étranger. L'auteur de ces lignes l'a rapprochée du *Vénus, Cupidon et Mars* de Hampton Court (Royal Collections) et l'a datée vers 1560. E. Saccomani, et de façon indépendante, S. Béguin et W. R. Rearick, y ont vu un travail préparatoire pour le *Saint Jean-Baptiste*, découvert récemment (collection privée) et publié par U. Ruggeri (1987, p. 33) mais non présenté au colloque Bordon de 1985. E. Saccomani a daté vers 1550 l'étude et le tableau.

Bien qu'il l'ait utilisée plus tard, selon son habitude et avec quelques variantes, pour son *Vénus, Cupidon et Mars*, tout laisse à penser que l'artiste a dessiné cette étude en préparation à son tableau du *Saint Jean-Baptiste*. Quelques légères modifications dans l'indication des jambes, l'angle de la tête et surtout le bras droit interviendront dans le tableau, et la légère esquisse de draperie sera remplacée par la traditionnelle mélote. Toutefois cette étude d'après nature porte essentiellement sur le geste de la main et du bras droit qui sera utilisé pour la mise en place d'un motif iconographique inhabituel : celui du couronnement de l'Agneau Pascal par un bandeau d'épines. Il faut sans doute identifier ce tableau au *Saint Jean-Baptiste* de Paris Bordon mentionné dans l'inventaire de la collection milanaise de Carlo da Rho, établi en 1553 à la mort de ce dernier, le plus important des commanditaires de Paris Bordon au cours de son séjour à Milan entre 1548 et 1550. Le style du *Saint Jean-Baptiste* est le même que celui d'autres œuvres exécutées pour Da Rho, comme *Vénus et Mars surpris par Vulcain* (Berlin, Staatliche Museen Preussischer Kulturbesitz), ou celui d'autres tableaux, datant de son séjour milanais ou légèrement postérieurs, comme le *Baptême du Christ* peint vers 1550 (Milan, Brera). L'utilisation de la pierre noire, dans l'étude de Rennes, reste redevable aux dessins réalisés par Titien à la même époque (voir cat. **229**). Cependant, dès 1550, un goût passéiste pour l'afféterie décorative se mêlera au naturalisme plutôt calme de Bordon. On retrouve ces deux aspects dans le dessin pour le *Saint Jean-Baptiste*, assez proche des esquisses de Florence (Uffizi, Gabinetto Disegni 'e Stampe, n. 15019 F et 15020 F) pour un *Baptême du Christ*, presque contemporain (Washington, National Gallery). Comme le tableau, ces dessins révèlent une sorte de palpitation d'origine léonardesque, toutefois moins prononcée dans la feuille de Rennes et le tableau qu'elle prépare. Paris Bordon revient ici à une matière plus sensuelle, au grain fort et à une simplicité naturaliste d'origine plus vénitienne. On n'y perçoit guère, cependant, l'alternance de douceur et de rudesse qui marquera les dessins plus tardifs (cat. **146**). La feuille exposée témoigne davantage des qualités qui font de Paris un émule séduisant mais superficiel de Titien.

W.R.R.

page 143

146

Paris Bordon
Trévise, 1500 - Venise, 1571

La Vierge de l'Annonciation

Pierre noire avec rehauts de gouache blanche, sur papier bleu. H. 5,289; L. 0,177. Inscription fragmentaire, à la plume et encre brune, peut-être de la main de l'artiste : … *dal demonio* (?). Collé sur une feuille d'album portant le numéro 79 en bas à droite, à la plume et encre brune.

PARIS, MUSÉE DU LOUVRE,
DÉPARTEMENT DES ARTS GRAPHIQUES

HISTORIQUE
Conquête révolutionnaire à Cologne en 1795; marque du Louvre (L. 1955). Inventaire 11902.

BIBLIOGRAPHIE
Inv. Ms. Morel d'Arleux, n° 12544 (vol. 33, provenant d'un album portant le titre *Disegni, studij di autori diversi*); Châtelet, 1953, pp. 89-92; Béguin, 1968, pp. 195-204; Mariani Canova, 1984, p. 90; Rearick, 1987, p. 56.

A. Châtelet fut le premier à publier sous le nom de Paris Bordon cette esquisse d'une *Vierge de l'Annonciation* que S. Béguin a identifiée comme une étude pour l'*Annonciation* du Musée des Beaux-Arts de Caen. L'inscription : *Paris. G. MDCL* est portée sur un repeint masquant une lacune ancienne du tableau mais la précision de cette inscription permet toutefois de penser qu'elle a été recopiée d'après une source sûre, peut-être sur le cadre original. La lettre *G* n'indique certainement pas la main de Giovanni Bordon, car le fils de Paris Bordon n'aurait jamais signé du prénom de son père suivi de sa propre initiale : c'est tout simplement le *B* de Bordon qui aura été pris pour un *G*. Le style du dessin et celui du tableau confirment la date de 1550, mais l'esquisse est peut-être légèrement antérieure.

Le caractère expressif de ce projet est inhabituel. La composition de l'*Annonciation* de Caen est dominée par une perspective architecturale inattendue : une fantaisie compliquée inspirée à la fois par les traités d'architecture de l'époque, et par les « caprices » que Bordon avait pu voir dans des tableaux français contemporains. La Vierge et l'archange semblent presque étrangers au sujet comme s'ils devaient mu-

tuellement s'ignorer. Cette absence de lien entre les figures et leur environnement n'a rien de vénitien et a certainement suscité une certaine inquiétude chez l'artiste. Utilisant comme à son habitude la pierre noire et les rehauts de blanc, Paris Bordon travaille ici à l'élaboration de la draperie et à la vivacité du *contrapposto* de la Vierge, en se servant de la pointe de la pierre et en limitant les zones d'ombre pour donner du relief à la figure. La touche nerveuse et rapide, aux accents brisés, crée une force expressive qui confine à l'irrationnel. Le visage est ignoré, comme s'il risquait d'absorber l'émotion dégagée par le traitement de la draperie, comme animée d'une force surnaturelle. Cette énergie inhabituelle tranche avec l'élégance légère des dessins réalisés à Milan vers 1548-1550. Son caractère insolite pourrait s'expliquer par le désarroi de Bordon, obligé, à son retour, de se réadapter à un milieu artistique vénitien profondément changé. Il réalise dans cette feuille ce qui peut apparaître comme le moins vénitien de ses dessins. Cette versatilité, conjuguée à l'impact exercé sur lui par la peinture – et non par le dessin – française est symptomatique du trouble éprouvé par l'artiste soumis à des influences contradictoires.

W.R.R.

page 143

147

Paris Bordon
Trévise, 1500 - Venise, 1571

Homme nu debout

Pierre noire avec rehauts de gouache blanche, sur papier bleu. H. 0,402; L. 0,291. Assez frotté, quelques taches, les coins supérieurs coupés. Collé sur une feuille d'album portant le numéro : *74* en haut à droite, à la plume et encre brune.

PARIS, MUSÉE DU LOUVRE,
DÉPARTEMENT DES ARTS GRAPHIQUES

HISTORIQUE
Conquête révolutionnaire à Cologne en 1795; marque du Louvre (L. 1955). Inventaire 12212.

BIBLIOGRAPHIE
Inv. Ms. Morel d'Arleux, n° 12551 (vol. 40; provenant d'un album portant le titre *Volumi di Academie*); Monbeig Goguel, 1988, p. 611.

C. Monbeig Goguel fut la première à reconnaître dans cette feuille, auparavant classée parmi les dessins italiens anonymes, une étude de Paris Bordon pour la *Résurrection*, peinture du Museo Civico de Trévise. Elle lui donna la date de 1555-1557 environ.

Comme Titien et Tintoret à la même époque, Bordon avait l'habitude de réaliser des études préparatoires d'après le modèle nu pour des figures destinées à être vêtues dans le tableau. Il pouvait ainsi parvenir à un rendu exact de la morphologie. Dans le cas présent, le soldat qui prend la fuite sur la gauche de la *Résurrection* était particulièrement propre à illustrer cette méthode, car il porte dans le tableau une armure à l'antique épousant étroitement son corps. La comparaison avec l'étude d'*Homme nu portant un gouvernail* de Titien (cat. 231), faite dix ans auparavant environ, témoigne de la distance toujours grandissante qui, au milieu du siècle, sépare le maître de son élève. Paris Bordon aborde le motif d'une façon hésitante, indiquant les contours à la pierre noire d'un trait souple, presque continu, avant d'indiquer la musculature du torse et des jambes en suivant minutieusement l'anatomie de son modèle. Puis il applique les rehauts de blanc qu'il écrase du doigt afin d'obtenir une image lumineuse mais surtout précise de son sujet. Titien, au contraire, va droit à l'essentiel, travaillant vite et sûrement pour obtenir un clair-obscur puissant où se devine déjà la forme idéale recherchée d'emblée par l'artiste. La lumière et l'espace qui entourent la figure sont rapidement esquissés au moyen de lignes parallèles tracées tout autour d'elle et sous la jambe gauche. On peut y voir la preuve que Bordon copiait sans relâche les dessins à la craie de Titien dans l'intention de suivre l'évolution du maître. En effet, Titien avait procédé de la même manière pour l'étude de jambe (Florence, Uffizi, Gabinetto Disegni e Stampe, n. 12907 F) destinée au *Martyre de saint Laurent* (Venise, Gesuiti), datable de 1548 environ.

La date à laquelle Paris Bordon a peint la *Résurrection* pour les Bénédictines du couvent d'Ognissanti à Trévise n'est pas connue. Généralement située vers 1555-1557, elle mérite, par la facture des empâtements et la gamme chromatique, d'être située à une époque légèrement plus tardive, soit autour de 1562-1565. Cette date serait confirmée par l'existence d'une esquisse de nu masculin (Bergame, Accademia Carrara, n° 790) utilisée pour le soldat endormi de ce même tableau. La main de l'artiste manque d'assurance et de précision, révélant les hésitations d'un artiste vieillissant dont l'inspiration et la maîtrise varient d'un dessin à un autre. La présence d'une autre version de cette composition (autrefois Trévise, collection Mandruzzato) est sans importance pour les dessins qui nous intéressent ici, car la *Résurrection* s'y trouve inversée.

W.R.R.

page 144

148

Giovanni Gerolamo Savoldo
Brescia, vers 1480/1485 - ?, après 1548

Tête de saint Jérôme
Pierre noire et craie ou pastel sur papier gris-beige autrefois bleu. H. 0,312; L. 0,229. Collé en plein sur une feuille qui porte un dessin d'une autre main au verso. Annotation ancienne à la gouache blanche en bas à gauche : *Titian*.

PARIS, MUSÉE DU LOUVRE,
DÉPARTEMENT DES ARTS GRAPHIQUES

HISTORIQUE
E. Jabach (L. 2959); entré dans le Cabinet du Roi en 1671; marques de la Commission du Museum (L. 1899) et du premier Conservatoire (ancien L. 2207). Inventaire 5525.
EXPOSITIONS
Paris, 1977, n° 14; Brescia, 1990, n° II.5.
BIBLIOGRAPHIE
Morelli, 1880, p. 254, n° 1; Layard, 1907, II, pp. 584-585; Hadeln, 1925(2), p. 39, pl. 20; Venturi, 1928(1), pp. 779-780; Tietze et Tietze-Conrat, 1944, n° 1415, p. 248; Gilbert, 1953, pp. 20-22; Gilbert, 1955, p. 20, n° 15, pp. 62, 182-183, 453; Boschetto, 1963, p. 40, pl. 76-77; Ruggeri, 1976, p. 12, n° 23; Viatte, 1977, p. 58; Frangi, 1986, p. 191; Gilbert, 1986, pp. 62, 555; Dillon, 1990(2), p. 202; Stradiotti, 1990, p. 156; Frangi, 1992, p. 80.

Depuis sa publication par Morelli, il est admis que ce dessin constitue une étude préparatoire pour la tête de saint Jérôme dans le tableau de la National Gallery de Londres. Le *Saint Jérôme pénitent* de Londres, signé, a été diversement daté; soit vers 1527 par Creighton Gilbert (1955), soit, par Longhi, Boschetto et Frangi notamment, d'après la *pala* de la *Vierge à l'Enfant en gloire avec les saints Pierre, Bernard, Zénon et Paul*, datée 1533, de Santa Maria in Organo à Vérone. Une hypothèse séduisante a été proposée grâce à la découverte (Boselli, 1972, pp. 234-236) d'un document d'archives, indiquant la commande à Savoldo d'un saint Jérôme, faite par Giovanni Paolo Averoldi, de Brescia, le 28 novembre 1527. Malheureusement la réapparition dans une collection privée de Bergame d'un autre saint Jérôme de Savoldo, dit *Autoportrait en saint Jérôme* (Gilbert, 1991, fig. 6) auquel la datation de 1527 pourrait également convenir, brouille la piste du saint Jérôme Averoldi. Un autre problème, d'importance, se pose quant à

la place du dessin dans la préparation de la peinture. La radiographie exécutée avant l'exposition consacrée à Savoldo en 1990 a mis en évidence les hésitations de l'artiste dans la mise au point définitive de la figure. Dans la première étape le visage était plus petit, la barbe et les cheveux moins abondants. Ainsi que l'a relevé R. Stradiotti, l'exécution du dessin du Louvre pourrait se situer à ce moment crucial de la décision lorsque l'artiste a pris le parti de ramasser la figure sur elle-même, lui donnant une présence plus forte, accentuant l'intensité dramatique de l'ensemble. Qu'à ce point de recherche, Savoldo ait fait appel à un modèle et exécuté un véritable portrait semble tout à fait cohérent avec sa démarche. C'est justement la juxtaposition de détails à la fois non conventionnels et réalistes : cheveux qui retombent sur le front, sourcils et moustaches mal peignés se détachant sur les rehauts de blanc et de rose pâle qui couvrent le papier bleu à droite, suggérant un fond lumineux, mèches de cheveux passant devant l'oreille, rides profondes du front et cernes sous les yeux, qui donne à ce profil, exactement transcrit dans la peinture, une force expressive dont on trouve peu d'exemples dans les dessins de cette époque. Oeuvre selon Gilbert «peut-être la plus titianesque de Savoldo», le *Saint Jérôme* de Londres doit beaucoup à l'étude des peintures de Titien et notamment du polyptyque Averoldi de 1522 commandé par le légat Altobello Averoldi (Brescia, Santi Nazaro e Celso) dont il paraît avoir médité plusieurs éléments tels l'ange modelé dans la lumière latérale, le saint Sébastien et le soldat de la Résurrection au profil détaché sur un ciel rougeoyant.

Quelle que soit la date exacte du dessin du Louvre, 1527 ou 1533-1535, une parenté indéniable le relie à la *Tête de saint Pierre* des Uffizi (Gabinetto Disegni e Stampe, n. 12805 F) pour la *Transfiguration* de la Pinacoteca Ambrosiana placée chronologiquement par Frangi (1992) vers 1534, date à laquelle on sait que Savoldo a effectué plusieurs travaux pour Francesco II Sforza à la Zecca de Milan.

Le dessin collé au verso est une copie de la partie gauche de la *Mise au tombeau*, un dessin de Luca Penni conservé au J. Paul Getty Museum (Goldner, 1988, n° 85.GG.235). Cette composition dérive d'un relief de Donatello à San Lorenzo à Florence et l'on en connaît une version donnée à Jean Cousin le père à la National Gallery of Scotland d'Édimbourg (n° D.3215). Curieusement un autre indice relie Savoldo à l'École de Fontainebleau. Il s'agit de l'annotation *Titian* à la gouache blanche qui appartient à la même série que les annotations *Bologne* sur un certain nombre de dessins de Primatice au Louvre (Inventaires 8540, 8550, 8551, 8552). On retrouve également cette graphie pour l'annotation *Julius Romanus* sur un grand dessin donné successivement à Giulio Romano et à Primatice (Inventaire 3497) et sur des dessins de Nicolò dell'Abate (*Nicolas Labady*, à l'encre rouge, Inventaire 5828, à la gouache blanche sur Inventaire 5826).

Il faut remarquer que la plupart de ces dessins ont appartenu à Jabach et une hypothèse séduisante consisterait à suggérer que cette série de mentions ait pu être placée sur les dessins par un collectionneur au XVIe siècle en France et par voie de conséquence la question de la présence en France, dès cette époque, du dessin de Savoldo est posée. Du reste les possibles relations de l'artiste avec des commanditaires français ont été évoquées par Creighton Gilbert (1991) à propos du *Portrait d'homme en armure*, dit *Gaston de Foix*, du Louvre (cat. **74**).

C.L.

page 144

149

Giovan Gerolamo Savoldo
(attribué à)
Brescia, vers 1480/1485 - ?, après 1548

Tête d'homme

Pierre noire et rehauts de craie blanche (ou pastel?) sur papier bleu découpé selon un format ovale. H. 0,222; L. 0,177. Collé en plein sur un montage bleu du XVIIIe siècle, nombreuses taches d'encre et de pigments de couleur, annotation ancienne, en bas à gauche, à la plume et encre brune : *Corrège*.

DIJON, MUSÉE DES BEAUX-ARTS

HISTORIQUE
Coll. de Cl.-A. Trimolet et L.-A. Saulnier, son épouse; legs en 1878 au Musée des Beaux-Arts (L. 1863 b). Inventaire Trimolet 72.

En dépit de l'annotation *Corrège* apposée par une main apparemment française au XVIIIe siècle, le nom de Savoldo semble s'imposer pour cette feuille d'une grande intensité pathétique, qu'une ressemblance frappante relie aux rares dessins connus de l'artiste, tant par le choix du motif que par la technique de modelage des volumes. Son intégration dans le corpus graphique de Savoldo constitué essentiellement d'études de visages, parfois véritables « têtes d'expression », exception faite de l'*Étude d'homme assis tourné vers la gauche* de Vienne (Albertina, Nr. : 22982) et de l'*Étude d'apôtre* de Stockholm (Nationalmuseum, n° 375-1973), est acceptée sur photographie par Creighton Gilbert, A. M. Petrioli Tofani et G. V. Dillon. Le dessin était en effet resté anonyme dans les

portefeuilles du musée de Dijon bien que D. McTavish ait proposé, dès 1976, de le relier à Savoldo (lettre au dossier), hypothèse reprise avec prudence par C. Baradel (1989, n° 82, p. 94). D'autre part, la matière du dessin est très proche à la fois de celle de la *Tête de saint Pierre* des Uffizi et de la *Tête de saint Jérôme* du Louvre (cat. **148**), bien que le papier du dessin de Dijon ait conservé sa teinte bleue à la différence des précédents.

L'extrême subtilité de traitement du modelé avec les passages très nuancés des parties les plus sombres à la réserve du papier est ici mise au service d'une volonté évidente de transcription d'un visage réel, d'un véritable portrait. En témoignent en particulier l'insistance sur les caractères distinctifs de la morphologie, l'arête du nez légèrement bombée, la bouche irrégulière, le cou très fort. Fait singulier, on peut remarquer que les deux yeux sont rendus différemment. La pupille de l'œil droit est dirigée de face et la paupière retombe en ligne droite sur l'œil alors que l'œil gauche est indubitablement levé vers le ciel accompagnant ainsi l'expression volontairement dramatique du visage et la paupière forme alors un arc de cercle très net. Cette dissociation dans la direction des deux yeux et la dissymétrie qu'elle crée pourrait s'expliquer par une transformation, en cours de travail, d'un portrait adapté à une destination iconographique spécifique. Une autre hypothèse, plus hasardeuse, permettrait d'envisager qu'il s'agit d'un autoportrait, vu dans un miroir, transformé peu à peu en œuvre religieuse. On sait que dans le cas de Savoldo la tentation de reconnaître des autoportraits est particulièrement fréquente (Gilbert, 1991). De part et d'autre du cou deux lignes ondulées semblent indiquer l'amorce d'une chevelure longue et bouclée à la manière d'un saint Jean-Baptiste.

La destination et la datation d'un tel dessin posent évidemment un problème. Le visage lui-même peut être rapproché de plusieurs figures d'hommes dans différentes peintures. La physionomie paraît très proche, d'une part, de celle de saint Paul de la *Pala Pesaro* conservée à la Brera, qui date de 1524-1525 : orbites enfoncés, nez légèrement bombé, chevelure, d'autre part des éléments comparables, sauf la chevelure, se retrouvent dans le profil de l'*Autoportrait en saint Jérôme*. Cependant, et c'est également l'avis de Creighton Gilbert (comm. écrite, 1992), les similitudes les plus frappantes relient le dessin de Dijon à la tête du Christ de la *Transfiguration* dans les deux versions de la Pinacoteca Ambrosiana à Milan et des Uffizi, où la figure est présentée également de face et *di sotto in su*, même si l'angoisse exprimée dans le dessin par la bouche entrouverte et les rides profondes du front se transforme dans la peinture en méditation sublimée d'un visage plus jeune. En fait la physionomie tragique de l'homme de Dijon conviendrait, par sa position frontale et l'invocation intérieure qu'expriment les yeux levés, à un thème iconographique fréquent dans le domaine vénitien, l'*Imago Pietatis* définie par Panofsky (1927), cette représenta-

tion du Christ portant les stigmates de la Passion, en dehors de tout contexte narratif, les yeux ouverts, comme le *Christ mort soutenu par deux anges* de Mantegna au Statens Museum for Kunst de Copenhague.

La datation des dessins de Savoldo constitue un problème épineux. Le corpus est quantitativement limité : douze dessins ont été présentés à l'exposition monographique de 1990, auxquels il faut ajouter la *Tête de saint Paul* de l'ancienne collection Lœser, une *Tête d'homme de profil*, acquise récemment par le J. Paul Getty Museum (n° 93.GB.17) et le dessin de Stockholm. Lorsqu'une feuille est reliée à une peinture, celle-ci est rarement datée avec certitude par référence d'archive. La parfaite maîtrise de la forme et de la lumière dans le dessin de Dijon indiquent une certaine maturité et probablement l'intégration des développements plastiques dans les dessins de Titien, par exemple la *Femme nue assise vue de dos* du Boymans-van Beuningen Museum de Rotterdam (perdue depuis la dernière guerre) datée par H. Wethey (1987, n° 12) de 1525. Cependant, aucun dessin de Titien n'est réellement comparable puisqu'on ne connaît pas de « tête d'expression » de sa main et aucune preuve réelle ne vient étayer l'hypothèse d'une influence de son style graphique sur celui de Savoldo. Toutefois L. Grassi (1956) et W. R. Rearick (1976 (1), n° 41) ont observé des relations très nettes entre les deux artistes à propos du dessin des Uffizi, la *Tête de jeune homme* (n. 572 F).

En raison des affinités dans le traitement « pictural » de la surface avec la *Tête de saint Jérôme*, il paraît raisonnable de proposer une datation oscillant entre 1525 et 1535.

C.L.

page 144

150

Giovan Gerolamo Savoldo
Brescia, vers 1480/1485 - ?, après 1548

Tête de vieillard aux yeux clos

Pierre noire et craie blanche (ou pastel?) sur papier bleu. H. 0,368; L. 0,268. Collé en plein et agrandi à la partie supérieure sur 16 mm et sur la partie inférieure du bord droit pour rattraper le format rectangulaire.

PARIS, MUSÉE DU LOUVRE,
DÉPARTEMENT DES ARTS GRAPHIQUES

HISTORIQUE
P. J. Mariette (L. 1852); vente, Paris, 15 nov. 1775, n° 776/2 (Titien; acquis par Lempereur pour le Cabinet du Roi); marque de la Commission du Museum (L. 1899) et du premier Conservatoire (ancien L. 2207). Inventaire 5524.

EXPOSITION
Brescia, 1990, n° II. 8.

BIBLIOGRAPHIE
Morelli, 1880, p. 254, n° 1; Hadeln, 1925(2), pp. 38-39, pl. 21; Suida, 1935(1), p. 55; Tietze et Tietze-Conrat, 1944, p. 248, n° 1414; Gilbert, 1955, p. 183, n° 31; Boschetto, 1963, p. 39, p. 41 fig. *p*; Viatte, 1977, p. 58; Bacou, 1981, p. 259; Gilbert, 1986, pp. 555-556; Dillon, 1990(2), p. 208; Frangi, 1992, p. 146.

Une tête de vieillard appuyée sur sa main droite, aux crayons noir et blanc, d'un beau caractère», tel est décrit ce dessin par Basan dans le catalogue de la vente Mariette sous l'attribution à Titien. L'encadrement d'une ligne à la plume et encre noire sur le pourtour indique que la feuille était collée sur un montage comme tous les dessins de la collection Mariette, et il est regrettable que ce montage ait été enlevé à une date indéterminée. Compte tenu des habitudes du collectionneur on peut penser que les bandes ajoutées en haut et à droite ont été posées par Mariette qui aimait donner un format régulier à ses dessins et n'hésitait pas à les agrandir (voire à les recouper les feuilles). Au cours de cette opération le sommet du crâne a été suggéré sur la bande ajoutée de la partie supérieure ce qui pose le problème des retouches portées sur l'ensemble de l'œuvre. Dès 1925 Hadeln a émis un doute sur l'authenticité de tous les accents posés à la craie blanche. Il semble certain cependant que l'auteur du forfait s'est borné à donner un accent de vraisemblance à la partie ajoutée car le blanc a été utilisé à plusieurs endroits, le front et la manche par exemple, mêlé au noir pour obtenir des accents nuancés du blanc au gris qui appartiennent à la matière originale de l'œuvre. Un examen très approfondi de la technique effectué au binoculaire en collaboration avec A. Le Prat et E. Menei, restaurateurs, permet de suggérer que la coloration jaune clair du visage et de la main a pu être obtenue par le passage d'une couleur au pastel sur le papier bleu. L'artiste semble même avoir utilisé un pinceau pour obtenir des accents de matité du noir dans certaines parties, notamment la manche.

Les relations avec la *Tête de saint Jérôme*, soulignées par la critique la plus récente (Gilbert, 1986 et Dillon, 1990) sont indéniables et ne tiennent pas seulement au sujet et à la typologie du visage. Un rapprochement a été proposé avec la figure du berger qui s'accoude à la fenêtre à l'arrière plan des deux *Nativités* de la Pinacoteca Tosio Martinengo à Brescia, vers 1540, et de l'église San Giobbe à Venise. Cependant par l'âge, la présence de rares cheveux longs descendant sur le front, le vieillard du dessin s'apparente plutôt à une représentation de saint Joseph, tel celui du tableau de San Giobbe. Le parallélisme semble plus évident

encore avec le saint Joseph endormi au second plan du *Repos pendant la fuite en Égypte* de la Pinacothèque épiscopale de Dubrovnik et qui réapparaît dans le *Repos pendant la fuite en Égypte* retrouvé récemment dans une collection privée (Martini, 1989), ces deux œuvres étant considérées comme très tardives dans la production de l'artiste.

La prédilection de Savoldo pour les physionomies graves et méditatives dont l'intériorité s'exprime en dépit ou grâce aux yeux clos correspond sans nul doute à une réflexion religieuse personnelle qui se manifeste avec une force exceptionnelle dans le domaine du dessin. On peut en effet remarquer qu'à plusieurs reprises il a choisi de représenter des visages aux paupières baissées, alors que les mêmes figures présentent des yeux ouverts dans la peinture correspondante, ainsi la *Tête de saint Paul*, de l'ancienne collection Lœser, étude pour la figure de la *Pala* de Santa Maria in Organo à Vérone (Malibu, J. Paul Getty Museum, n° 89.GB.54).

C.L.

page 145

151

Girolamo di Romano, dit Romanino
Brescia, 1484/1487 - après 1559

Tête d'homme de profil à gauche

Pierre noire, légers rehauts de craie blanche sur papier bleu. H. 0,396 ; L. 0,262. Annoté au verso, d'une écriture du XVIᵉ siècle : *questa val s/ Oldi / 5*. Tache brune sur le bord latéral gauche.

FLORENCE, GALLERIA DEGLI UFFIZI,
GABINETTO DISEGNI E STAMPE

HISTORIQUE
Fonds Médicis-Lorraine; marque des Uffizi (L. 929). Inventaire n. 2108 F.

EXPOSITION
Florence, 1976(1), n° 87.

BIBLIOGRAPHIE
Inventaire ms., 1793, vol. II (Mellone, da, Altobello); Ferri, 1890, p. 259; Gregori, 1957, p. 38, note 2; Ferrari, 1961, face pl. 25; Panazza, 1965, p. 235, sous n° 119; Rearick, 1976(1), p. 127; Frangi, 1986, p. 173.

Le dessin figurait sous son ancienne attribution à Altobello Melone lorsqu'il a été reconnu,

en 1957, par M. Gregori et identifié comme une étude de Romanino pour la tête de saint Roch dans la *Vierge à l'Enfant avec saint Roch et saint Louis de Toulouse*, anciennement conservée au Kaiser Friedrich Museum de Berlin, mais détruite en 1945 (Ferrari, 1961, pp. 26-27, 326 et pl. 25). Le tableau, provenant de la chapelle Martinengo di Villachiara de l'église San Francesco de Brescia, était encore en place en 1808 et entra au musée de Berlin avec la collection Solly en 1821. Si l'attribution du tableau n'a pratiquement jamais été mise en doute (il est mentionné pour la première fois en 1568, comme « *opera molto bella di Romanino* », par Vasari, éd. Milanesi, VI, p. 508), sa datation, en revanche, a fait l'objet de plusieurs hypothèses. Contrairement à l'opinion précédemment admise, qui consistait à y reconnaître une œuvre antérieure au départ de Romanino pour Padoue, en 1512, M. Gregori relève dans le tableau comme dans d'autres œuvres contemporaines de la *Vierge à l'Enfant avec saints* de l'église San Francesco d'Assisi de Brescia, une influence de l'œuvre de Titien appartenant à une période plus tardive qu'on ne l'avait pensé jusqu'alors.

Précédant de peu les travaux de décoration du Duomo de Crémone (1519-1520), la peinture de Berlin suivrait l'exécution des fresques de San Pietro à Tavernola Bergamasca (1515). Elle est représentative des liens qui unissent Romanino à l'école de Crémone − principalement à Altobello Melone − mais aussi à la culture lombarde dont l'influence est perceptible à Crémone avec Bramantino et surtout à l'art de Giorgione et de Titien, essentiellement à travers les fresques de la Scuola del Santo à Padoue (1511). Le tableau autrefois à Berlin, illustration parfaite de cette dialectique entre la Lombardie et Venise, composante essentielle de l'œuvre de Romanino dans ses débuts, serait daté par M. Gregori de 1516-1517, ou de 1517-1518 par A. Nova (comm. écr. 1992), qui décèle dans les visages de saint Louis et de l'ange musicien un écho des recherches d'Altobello Melone, précisément au moment où Romanino fait acte de réception des fresques de l'artiste dans le Duomo de Crémone, en octobre 1517.

Le dessin exposé est d'une grande importance, car il s'agit non seulement du premier dessin actuellement connu de Romanino, mais aussi de l'unique exemple qui nous soit parvenu d'études exécutées d'après le modèle vivant. Le portrait, réalisé à la pierre noire, relève selon W. R. Rearick, d'une conception du dessin propre à l'école de Brescia et plus précisément à Moretto. Il correspond parfaitement à la figure du saint tel qu'il est représenté dans la peinture, à l'exception du bâton et de l'auréole, mais indique avec précision le vêtement et le béret à large visière. Il laisse apparaître une mélancolie dont la douceur évoluera, dans la peinture, vers une expression plus inquiète et tendue. Saint Roch est décrit par Venturi dans une évocation du tableau antérieure à sa destruction : « *...veste azzurra e manto gialloro il cavaliere San Rocco, col volto diafano e il berretto* grigiazzurro scintillante... » (1928 (1), p. 815; cité par A. Nova, comm. écr. 1992). Le traitement de la lumière, estompant les contours, l'acuité du regard et l'expression lointaine du visage permettent de rapprocher cette étude des portraits peints par Romanino dans ces mêmes années 1515-1520, tels que l'*Officier* de Buckingham Palace, à Londres ou le *Portrait d'un gentilhomme* du musée de Budapest présenté dans cette exposition (cat. **70**). Ceux-ci laissent percevoir cette tendance à l'étrangeté à laquelle cède Romanino dans la période de ses travaux à Crémone et celle qui les précède immédiatement. Le dessin pour la figure de saint Roch pourrait être défini, si on le confronte avec les dessins à la pierre noire exécutés par Titien à l'époque des fresques de Padoue, tel que le *Portrait de femme en buste* des Uffizi (n. 718 E), comme une interprétation des portraits de Titien empreinte d'une « *bonarietà rurale e borghese tutta lombarda* » (Panazza, 1965, p. 257).

F. Vi.

page 145

152

Girolamo di Romano, dit Romanino
Brescia, 1484/1487 - après 1559

Concert champêtre avec deux femmes, un faune et un chevalier
Sanguine sur papier blanc partiellement reconstitué. H. 0,253; L. 0,409.

NEW YORK, THE PIERPONT MORGAN LIBRARY

HISTORIQUE
Collection Moscardo, Vérone (L. 2990a); acquis par Janos Scholz à Zürich en 1949; don à la Pierpont Morgan Library. Inventaire 1973.37.
EXPOSITIONS
Oakland, 1956, n° 76; Venise, 1957(1), n° 15; Bloomington, 1958, n° 31; Oakland, 1959, n° 60; Detroit, 1960, n° 45; Hagerstown, 1960, n° 22; Staten Island, 1961, n° 22; New Haven, 1964, n° 47; Colorado Springs, 1967, n° 3; New York, 1971, n° 77; Washington et New York, 1973-74, n° 75.
BIBLIOGRAPHIE
Scholz, 1950-58, pp. 415-416; Neumeyer et Scholz, 1956, n° 76; Muraro, 1957(1), p. 20; Gilbert, 1958, n° 31; Neumeyer et Scholz, 1959, n° 60; Scholz, 1960, n° 22; Snow, 1960, n° 45; Ferrari, 1961, face pl. 68; Scholz, 1961, n° 22; Begeman et Scharp, 1964, n° 47; Peters, 1965, pp. 151, 159-162, 161, repr. fig. 102; Bean et Stampfle, 1965, p. 43, sous n° 54; Puppi, 1965, p. 45; Ballarin, 1970, pp. 59, 60, 62 note 33; Scholz, 1971, n° 77; Oberhuber et Walker, 1973, pp. 91, 93; Cook, 1984, p. 134, 138, repr. fig. 7.

On s'entend généralement à reconnaître dans ce dessin l'une des expressions les plus heureuses du style de Romanino dans sa maturité. Son attrait réside essentiellement dans la vivacité de l'évocation, servie par un tracé rapide, économe, détachant en clair les formes balayées par une lumière oblique. La scène évoque le plein air sans le figurer. Pastorale rustique et intimiste, ce trio pour luth et flûtes réunit deux musiciennes surprises par un faune, offrant la sérénade à un chevalier portant sabre et panache, assis en surplomb, légèrement en retrait du groupe.

Il est d'ordinaire étudié en relation avec les fresques du château de Buonconsiglio, à Trente et, plus particulièrement, avec les scènes de concerts peintes en trompe-l'œil par Romanino dans les lunettes de la loggia, alternant avec les figures de divinités placées dans les pendentifs (Ferrari, 1961, pl. 63 et 65). Les travaux d'architecture et de décoration de ce château, commandés par Bernardo Cles, évêque de Trente et prince de cette ville, durèrent huit ans (1528-1536). Les peintures étaient confiées à Marcello Fogolino, Dosso et Battista Dossi, auxquels Romanino se joignit spontanément. Il semble que sa partie, qui fit l'objet de vives critiques, ait été terminée en 1531. Si l'on ne connaît pas de dessins directement en rapport avec les fresques de Buonconsiglio, notamment avec ceux de la loggia ouverte sur le cortile, trois ou quatre feuilles semblent cependant devoir s'y rattacher : le dessin exposé, deux autres conservés aux Uffizi (n. 691 E et n. 1758 F) et un concert en plein air avec cinq figures, dont un faune, dans la collection Lehman, au Metropolitan Museum de New York (Bean et Stampfle, 1965, loc. cit.). En 1970, Alessandro Ballarin, à l'occasion d'une découverte dans le fonds des anonymes vénitiens du Kupferstichkabinett de Berlin, a formulé de nouvelles propositions sur le rôle joué par Romanino à Buonconsiglio. En attribuant à l'artiste un grand dessin au pinceau et lavis brun, qu'il intitule « quartet de flûtes pour faunes seuls » (n. 4201), Ballarin a été amené à examiner cette thématique mêlant faunes et femmes, si étroitement liée à la pastorale vénitienne, pour y reconnaître, mieux qu'une simple scène de genre, l'illustration d'un thème historique ou légendaire.

Les influences allemandes, celles de l'art d'Altdorfer surtout, ont été souvent soulignées comme le rappelle A. Ballarin, non seulement à propos du cycle de Buonconsiglio, où Romanino n'intervint que dans une partie des espaces, au rez-de-chaussée et dans la *Sala dell'Udienza*, mais également à propos des ensembles peints par la suite à Pisogne et à Breno. Il y élabora un langage qui trouvait ses origines dans l'œuvre de jeunesse de Titien mais se caractérisait par la force incisive du trait et une volonté d'accentuation expressive dans les visages qui lui devinrent propres. En rapprochant, pour l'analogie des thèmes, le dessin de Berlin, comme le groupe des feuilles à sujets musicaux dont fait partie le dessin exposé, du décor de Trente, A. Ballarin met en lumière la situation particulière de Romanino autour des années trente, engageant une réflexion sur le message laissé par Giorgione et Titien dans la seconde décennie du siècle. La composition du groupe des dessins « *trentini* », à la sanguine, à la plume ou, pour la feuille de Berlin, au pinceau et au lavis, pourrait résumer les tendances et la complexité de cette étape de la carrière de Romanino. Les dessins des collections Scholz et Lehman, associés par leurs dimensions mais différents dans leur facture, pourraient être compris comme deux étapes différentes d'une même recherche, qui mêlerait le mythe à la légende courtoise. Le faune, dans le dessin exposé, fait irruption dans le groupe des musiciennes détournées vers le chevalier, comme dans le *quartet* de Berlin se confondent, sur deux registres, femmes, enfants et faunes réunis à la lisière d'un bois sombre.

Rien n'a disparu des décors du château de Trente, aussi, en l'absence d'une correspondance précise entre dessins et fresques, en est-on réduit à voir dans les feuilles « *trentine* » des projets écartés, si l'on accepte, en égard à la disposition des figures semblant indiquer une amorce de composition cintrée, qu'il s'agit bien d'esquisses pour des compositions pariétales. Rien n'y transparaît, toutefois, du groupement serré des personnages ni de l'illusionnisme des lunettes de la loggia de Buonconsiglio. En outre, les figures des divinités y sont reléguées dans les pendentifs et n'apparaissent pas dans les scènes de concerts, comme c'est le cas ici.

Alessandro Ballarin observe enfin que Romanino fut chargé d'autres travaux de décoration pour les palais de Trente ou les villas des environs. En 1984, C. Cook a suggéré un rapprochement de tout cet ensemble d'études à sujets musicaux et champêtres d'un autre cycle peint par Romanino dans un palais récemment restauré de la via delle Cossere à Brescia, mais cette hypothèse ne semble pas être retenue par la critique actuelle (voir Frangi, 1986, pp. 193-194).

F. Vi.

Lotto et Venise

par Sylvie Béguin

LOTTO, toute sa vie, revendiqua son origine vénitienne : dans le premier document connu (1503), l'artiste est appelé vénitien; il en est de même dans son testament rédigé à Venise en 1546, signé «*Laurentio Loto pictor veneziano de circha anni 66*». Lors de sa profession de foi, comme oblat de la Santa Casa de la basilique de Lorette, Lotto affirme encore cette origine : «*Io Lorenzo LOTTI di Tomaso, pittore veneziano* » («Lorenzo LOTTO di Tomaso, peintre vénitien»).

Qu'il soit né à Venise, vers 1480, est donc vraisemblable, même si les précisions concernant sa naissance, son père (un peintre?), n'ont pas encore été retrouvées. Vasari, très correctement, le dit vénitien dans l'édition des *Vies* de 1568, quelques pages du chapitre dédié à Palma Vecchio qui complètent heureusement la brève mention de son nom dans la première édition de 1550. Vasari, d'ailleurs, cite ses deux tableaux les plus célèbres à Venise, dans l'église des Carmini et des Santi Giovanni e Paolo, complétés par d'autres qu'il s'est donné la peine de rechercher à Recanati, Ancône et surtout à Lorette. Mais le fait qu'il l'étudie après le «peintre vénitien» Palma Vecchio, né à Serina près de Bergame, «ami fidèle et compagnon», dit-il, contribua peut-être à accréditer la thèse qui fit de Lotto un Bergamasque. C'est, en effet, ce que soutiennent Ridolfi (1648), Boschini (1660) et Tassi (1793) cependant que Lomazzo (1584) fait de lui un Lombard influencé par Léonard... Pourtant Lotto semble s'être formé à Venise, sous l'influence, sensible dans ses premières œuvres, de Bellini, puis de Giorgione, très vite mêlée à d'autres, celles d'Antonello, Vivarini, Jacopo de' Barbari et Dürer... probablement, entre 1498 et 1503, date à laquelle il apparaît dans les documents trévisans. Par la suite Lotto ne reviendra à Venise qu'entre 1522 et 1532, puis entre 1540 et 1542, enfin entre 1545 et 1549. En dépit de sa longue présence à Trévise, à Bergame, dans les Marches, de son

exil volontaire à Lorette, Lotto tenta de travailler à Venise et d'y réussir. Quand il parlait, par exemple dans son testament de 1546, de revenir à Venise, il employait l'expression «*rimpatriare*» («revenir dans la patrie»; Cecchetti, 1887. Il n'y renonça pas volontiers et souffrit d'être considéré par ses compatriotes comme un marginal...

Trévise fut une étape capitale dans son développement artistique : il y résidera entre 1503 et 1508 avec quelques voyages dans les Marches (Recanati, 1506-1508). A Trévise fleurissait une culture savante ouverte à tous les aspects de l'ancienne Rome qui se manifesta dans l'édition des auteurs latins, les études philologico-grammaticales, l'épigraphie et, évidemment, le goût des objets et des sculptures antiques. C'est là, certainement, puis à Rome, que Lotto développa sa passion de collectionneur et d'amateur de gemmes, son répertoire d'allusions savantes. Lotto fréquenta le Vénitien Lodovico Marcello, prieur de la Commanderia de San Giovanni del Tempio : il réunissait des artistes et des lettrés comme Giovanni Antonio Aproino, juriste, qui connaissait l'artiste dès 1504. Trévise comptait des humanistes érudits comme le notaire Girolamo Bologni, Giovan Aurelio Augurello. Là furent publiés, pour la première fois, les livres hermétiques, traduits par Ficino et Augurello y écrivit un poème alchimique, «Chrysopoeia» (1515). En 1545-1546, selon le *Livre des comptes*, Lotto fit le portrait d'Augurello et son couvercle pour le patricien vénitien Giovanni Lippomano : il conserva donc toujours des liens avec le milieu trévisan qui le marqua profondément.

C'est dans cette ambiance raffinée que l'évêque Bernardo Rossi, protecteur de Lotto, imposera un humanisme chrétien (Gentili, 1981). Rossi, forma une bibliothèque riche d'ouvrages théologiques, juridiques, de textes classiques et modernes. Son secrétaire, Galeazzo Facino, avait bien connu l'humaniste Ermolao Barbaro. C'est là, sans doute, que Lotto lut le *Poliphile* (*Hypnerotomachia Poliphili*) qui l'enchanta comme il avait enchanté Cima da Conegliano et Giorgione.

Rossi comprit vite le génie de Lotto : il le fit travailler et ne fut pas étranger aux commandes des tableaux d'autel de Santa Cristina et d'Asolo, ni, en tant que protonotaire apostolique, à l'offre qui lui fut faite de travailler à Rome, au Vatican, dans les appartements du pape Jules II.

Les expériences trévisane, puis romaine, marquèrent profondément Lotto et enrichirent sa personnalité artistique. Elles sont essentielles pour comprendre sa place dans le panorama de l'art vénitien. En 1512, Lotto est de retour dans les Marches où il restera jusqu'en 1522 : ce long séjour s'explique par son succès près du clergé et des amateurs. Lotto était connu pour sa piété : ses rapports avec les couvents facilitèrent certainement, à cette époque, sa carrière. Presque immédiatement après son retour, il eut l'opportunité de montrer son talent à Bergame, et, en même temps, de le signaler à Venise, « sa patrie », si le grand tableau d'autel, à l'origine dans l'église des Dominicains des Santi Stefano e Domenico de Bergame, a bien la signification, aujourd'hui oubliée, que lui assigne, avec vraisemblance, F. Cortesi Bosco (1983). Le tableau, aujourd'hui dans le chœur de l'église San Bartolomeo de Bergame, fut commandé en 1513 dans les journées qui précédèrent la paix de Cambrai et la ligue de Venise contre la France, par Alessandro Martinengo Colleoni, capitaine de Cavalerie au service de la Sérénissime, pour la chapelle majeure de l'église où il voulait être enterré. Il célébrait le triomphe de Venise que symbolisait la Vierge couronnée par les anges (un thème constant de l'iconographie de la cité) et l'excellence de son gouvernement de droit divin transmis par saint Marc. Lotto, préféré à d'autres peintres, peut-être parce qu'il avait travaillé pour Jules II, livra le tableau en 1516. Une œuvre aussi prestigieuse, liée à leur ville, n'avait pu échapper à l'attention des Vénitiens.

Le succès faisant boule de neige, Lotto commença à Bergame et dans les Marches une carrière brillante jalonnée de chefs-d'œuvre jusqu'à l'année 1521 où son talent s'affirme (*Adieu du Christ à sa mère*, Berlin, Staatliche Museen; tableaux pour San Bernardino in Pignolo et Santo Spirito de Bergame). En 1524 le *Mariage mystique de sainte Catherine* (Rome, Galleria Nazionale) montre son originalité dans la présentation d'un thème cher à la piété vénitienne, la sainte conversation. Par ailleurs les fresques de l'Oratorio Suardi à Trescore révèlent son mysticisme, son génie de la chronique et du récit empreint d'une intense méditation théologique, d'une piété fervente et d'une participation pleine de pitié à la souffrance quotidienne des humbles.

Les raisons qui poussèrent Lotto à quitter Bergame pour revenir à Venise sont inconnues. Ses rapports avec le « Consorzio della Misericordia » (MIA), c'est-à-dire les administrateurs chargés de surveiller l'exécution des marqueteries du dôme de Bergame, commandées à Lotto le 12 mars 1524, un travail qui l'occupera jusqu'en 1533 environ, rapports difficiles, pesèrent certainement sur sa décision. N'ayant alors en vue rien d'important, il brûlait de montrer ce dont il se sentait capable (comme il l'écrivait « *qualche fructo de li mei* »). Après la crise d'Agnadel, Venise connaissait une vive reprise susceptible de provoquer nombre d'initiatives artistiques intéressantes. Lié, depuis longtemps, avec l'ordre dominicain pour lequel il avait travaillé (à Trévise, à Recanati, à Bergame), Lotto se logea le 26 janvier 1526 au monastère des Santi Giovanni e Paolo qui avait coutume de louer des locaux, un lieu prestigieux, alors, dans la vie sociale, religieuse et culturelle de Venise. La même année, cependant, Lotto quitta le couvent en raison d'un différend malignement interprété. Ce changement d'habitation, coûteux et perturbant pour un artiste au tempérament inquiet, éclaire aussi la difficile insertion sociale de Lotto qui contribua beaucoup à lui nuire.

A Venise cependant, Titien occupait déjà le devant de la scène : Lotto subit le prestige de son art : l'*Annonciation* de Recanati (vers 1527) est une réponse à l'*Annonciation* de Titien au dôme de Trévise (1520), le *Saint Christophe* de Berlin, de 1531, celui de Lorette (*Saint Roch, saint Sébastien, saint Christophe*) de 1532-1534 s'inspirèrent de la fresque (1523) de Titien au palais des Doges (Cova, 1981).

Les commandes officielles de Lotto à Venise sont excessivement rares : aucun portrait de doge, aucun grand décor ne lui a jamais été ordonné. Le *Saint Marc* pour la coupole de l'atrium de la basilique Saint-Marc, projet d'une mosaïque réalisée par Francesco et Valerio Zuccato (1545), fut, par Ridolfi (1648) et Boschini (1660) suivis par les historiens postérieurs, attribué à tort à Titien, considéré comme le peintre officiel de la Sérénissime : cette attribution, basée sur des documents mal interprétés, s'avéra non fondée (Fontana, 1981, qui fait état des recherches de M. A. Muraro). C'est sans doute grâce à l'entremise amicale de Jacopo Sansovino que Lotto fut chargé de la figure monumentale du *Saint Marc*, en habits liturgiques, certainement modelée sur une représentation ancienne de l'évangéliste protecteur de Venise. On a souligné le sens éminent du *Saint Marc*, symbole de l'autonomie spirituelle de l'église vénitienne par rapport à Rome et dans quel climat religieux elle fut réalisée.

Le *Saint Nicolas en gloire avec saint Jean-Baptiste et sainte Lucie* (cat. **155**) est l'une des rares œuvres de Lotto peinte pour l'une des grandes églises, celle des Carmini (les

Fig. 1
Lorenzo Lotto, *La Charité de saint Antonin*,
Venise, église Santi Giovanni e Paolo.

Carmes). Le tableau fut avant tout admiré par un Lombard, Lomazzo (1590) et un Toscan, Vasari (1568) qui parle de son «paysage admirable», pour Longhi (1929) «le plus pur de la peinture italienne de la Renaissance déjà composé comme un Ruysdaël et un Rembrandt». Sur ce chef-d'œuvre, désavoué par les Vénitiens, on a retenu le blâme absurde et perfide de Dolce : «assez remarquable exemple du mauvais coloris». Visiblement Dolce, par comparaison avec l'harmonieuse palette de Titien, a détesté les tons hauts, dissonants des figures qui contrastent avec l'atmosphère nuancée enveloppant l'extraordinaire ouverture sur la nature, au premier plan, animée par de petits groupes de personnages qui soulignent sa vastitude, saisie sous un éclairage lunaire balayé par le vent poussant les nuages vers l'horizon. Pietro Aretino, grand admirateur des paysages de Titien, dans une lettre célèbre de mai 1544, ne dit pas un mot du sublime paysage du *Saint Nicolas en gloire*. Dans le *Dialogo*, l'interlocuteur de Dolce est précisément Pietro Aretino, auteur de la fameuse lettre de 1548 qui contient la sévère condamnation dont Lotto ne se relèvera pas. Dolce, certainement, connaissait les termes de cette lettre bien qu'il ne mette pas dans la bouche de l'Arétin le jugement si injuste sur le *Saint Nicolas* qu'il prononce lui-même. Le *Dialogo* fut

publié en 1557 : le premier juillet 1557, Lotto était déjà mort.

L'autre grand tableau de Lotto peint pour l'église Santi Giovanni e Paolo, l'*Aumône de saint Antonin* (Fig. 1) fut exécuté en 1542 à la fin de l'un des plus longs séjours à Venise de Lotto (Mariani Canova, 1981). Les contacts personnels très étroits de Lotto avec les Dominicains expliquent le choix de l'artiste par les religieux. Le *Livre des comptes* et le testament de 1546 précisent que Lotto renonça à une partie des paiements à condition que les Dominicains assurent les frais de sa sépulture, en habit de l'ordre, parmi les convers et les frères, dans le cimetière de l'église.

L'*Aumône de saint Antonin* montre le saint trônant au-dessus des moines qui reçoivent les suppliques ou distribuent l'argent, une compostion inspirée d'une gravure de Moretto de 1524 (Cortesi Bosco, 1984). Même si, dans ce tableau, le chromatisme, la largeur de l'exécution, en dépit des multiples détails et du nombre des figures, rapprochent Lotto de Titien, le saint Antonin, un vieillard au visage émacié dont la bouche a le rictus caractéristique des édentés, est loin d'avoir «l'héroïque majesté» des figures titianesques. Il est attentif aux suggestions des anges qui lui transmettent les supplications de la foule massée au premier plan où se pressent essentiellement des femmes et des enfants, veuves, épouses, filles abandonnées, vieilles filles, jeunes filles sans dot qui rappelaient sans doute à Lotto les filles pauvres des peintres dont il accepta, en 1531, de s'occuper avec Bonifacio Veronese, en administrant le legs à la Scuola dei Pittori de son collègue et ami Vincenzo Catena : « Madre Zuana », figure charismatique de l'hôpital des Santi Giovanni e Paolo, y apparaît sans doute (Stella, 1984; Mazza, 1981). Parmi tous les exploités et les humiliés, Lotto fut sans doute sensible à la vie difficile des femmes dont il décrit, avec la cruauté lucide d'un Goya (Longhi), les souffrances, pudiquement tues. A la date de 1541, dans le *Livre des comptes*, apparaît, plusieurs fois, la mention « *retrar poveri* » (« peindre les pauvres ») certainement en référence au *Saint Antonin* qu'il terminera l'année suivante. Une telle mention serait probablement absente des notes de Titien s'il avait rédigé, lui aussi, un *Livre des comptes*. Ses pauvres, par exemple la vieille marchande d'œufs de la *Présentation au Temple* des Gallerie dell'Accademia de Venise, sont conventionnels, voire caricaturaux. Titien s'est probablement souvenu du *Saint Antonin* de Lotto en peignant, en 1545, le *Saint Jean l'Aumônier* (cat. **175**) pour l'église San Giovanni Elemosinario autour duquel il dispose une draperie à la manière des rideaux rouges encadrant le *Saint Antonin*. Seul le saint Jean, puissant et majestueux comme un antique, avec une admirable emphase sur le geste, symbolise l'acte charitable, tandis que le pauvre est évoqué par une unique figure d'homme bien banale. Titien n'a pas cherché, comme Lotto, à peindre des pauvres sur le vif, même s'il a su donner, dans le *Saint Jean l'Aumônier*, une inoubliable image de la charité.

Dans une autre église de Venise, Lotto se trouvait confronté avec Titien : pour San Lio, ce dernier peignit, en 1540, un *Saint Jacques le Majeur*, un apôtre dont la passion visionnaire annonce Greco, et Lotto, en 1542, un *Saint Michel combattant Lucifer* connu aujourd'hui grâce à la version de 1545 de la basilique de Lorette. D'un thème, dont Raphaël imposa, en 1518, une image classsique d'une impressionnante sérénité, Lotto donne une interprétation tragique et si personnelle qu'elle ne pouvait guère séduire les Vénitiens. Ceci explique sans doute que le tableau de Lotto céda sa place, sur l'autel, au *Saint Jacques le Majeur* de Titien et fut perdu : aventure quasi symbolique illustrant le triomphe de Titien sur Lotto (Zampetti, 1984).

Le parallèle entre Titien et Lotto, peintre religieux, qui souligne leurs différences, est aussi éclairant à propos du portrait. Mais pour comprendre combien deux artistes qui tous deux, au départ, s'inspirent de Giorgione, peuvent parvenir à une approche si opposée du modèle, il importe de se

souvenir de la riche culture de Lotto, de son goût pour l'iconographie héritées de son inoubliable expérience trévisane, de sa personnalité introvertie d'écorché vif en quête de l'âme du modèle plutôt que de son rôle dans la société.

A Venise, Lotto continua, sans doute, les contacts très tôt noués avec des cercles humanistes trévisans : peut-être y fut-il aidé par des amis d'autrefois comme Lodovico Agolante dont il fit plusieurs portraits. Agolante était le frère de Bartolommeo Agolante, fameux physicien trévisan, familier des humanistes de la ville, de Padoue et de Venise. Lotto fut introduit à Venise dans le milieu érudit que fréquentait Sebastiano Serlio car il est mentionné avec Alessandro Cittolini da Serravalle comme témoin dans le testament de l'architecte (le 1er avril 1528). Alessandro Cittolini était le disciple dévoué de Giulio Camillo Delminio, ami de Serlio qui le nomma son légataire universel et de Paris Bordone. La personnalité singulière de Delminio intéressa les érudits et les mécènes comme François Ier. L'univers poétique et magique de Giulio Camillo ne pouvait qu'enchanter Lotto comme l'étourdissante érudition de l'inventeur du « théâtre du monde »: lorsque Lotto parle de « quitter l'Italie », « pour le Nord » (lettre du 21 novembre 1528), qu'il ne pense pas à l'Allemagne comme on l'avait supposé, mais à la France, à la suite de Giulio Camillo, est une hypothèse intéressante (Puppi, 1981).

Les conversations savantes de ces amis nourrirent la conception quasi emblématique du portrait qu'avait Lotto et qu'il illustra dès ses débuts. Elle était très éloignée de celle de Titien. Entre 1520 et 1530 Titien peignit quelques-uns de ses plus beaux portraits, l'*Homme au gant* (Louvre; cat. **54**), *Laura Dianti* (collection privée; cat. **56**); dans toutes ces œuvres, la simplicité magistrale de la pose, l'acuité psychologique, vont de pair avec le brio de l'exécution. Lotto ne pouvait rivaliser avec Titien dans le choix aristocratique des modèles bien qu'il ait aussi, à la même époque, représenté des personnalités remarquables comme l'*Évêque Tommaso Negri* (Spolète, Monastero delle Paludi). Il chercha donc, avec une vive intelligence et une grande lucidité, à imposer sa propre conception du portrait, même s'il ne manqua pas d'être influencé par la grande manière de Titien, par sa richesse tonale, comme on le voit dans le portrait d'*Andrea Odoni* de 1527 (Hampton Court; Fig. 2). Cependant, dans ce magnifique tableau, Lotto a évidemment su créer le portrait type du collectionneur, une formule que Titien lui-même reprendra dans le *Jacopo Strada* de 1569 (Vienne, Kunsthistorisches Museum), et qui inspira encore Palma Giovane dans le *Bartolommeo della Nave* (?) (Birmingham, Museum and Art Gallery).

Le portrait d'*Andrea Odoni* fut remarqué en 1532 par Marcantonio Michiel, en 1538 par l'Arétin, en 1542 par Vasari qui le cite dans les *Vies*; tous le virent dans la maison d'Odoni sur le Fondamenta del Gaffaro. A la différence de Titien, dont les portraits sont volontairement dépouillés, le déploiement des antiques autour du modèle, qui souligne sa réussite sociale, son amour des arts, ajoute une intention symbolique au portrait, d'autant plus que ces objets ne sont pas les plus précieux de sa collection (Shearman, 1983; Puppi, 1981). Lotto veut ainsi se montrer mieux qu'un simple portraitiste : il entend faire preuve de sa culture. Il reste dans la droite ligne de ses portraits trévisans et bergamasques, depuis le portrait de l'évêque Bernardo Rossi (Naples, Capodimonte) avec son couvercle, l'*Allégorie* de Washington (National Gallery), le portrait «rébus» de *Lucina Brembati* (Bergame, Accademia Carrara), les portraits de *Messer Marsilio et sa femme* (Madrid, Prado) ou le double portrait de l'Ermitage. Dans ces deux derniers portraits de 1522, Lotto avait déjà adopté un format en largeur très différent du format en hauteur habituel à Titien, à la même période, peut-être sous l'influence de Savoldo (cat. **74**). Il l'utilisera aussi dans le *Gentilhomme* (Venise, Gallerie dell'Accademia), le *Gentilhomme sur la terrasse* (Cleveland, Museum of Art), le *Gentilhomme à la griffe de lion* (Vienne, Kunsthistorisches Museum), portraits dont les intentions symboliques sont très évidentes et mystérieuses. Dans *Andrea Odoni*, le format en largeur permet à Lotto de présenter les antiques autour du modèle et de montrer sa maîtrise de l'espace, d'y magnifier la forme et la couleur, nouvelles caractéristiques

de son art dans cette période vénitienne. La pose animée d'Odoni rappelle les portraits «en action» de Giorgione dont Lotto retient aussi l'intériorité psychologique : dans cette optique se situe le *Saint Venceslas* (Lovere, Accademia Tadini), une copie semble-t-il, d'un Lotto perdu (Sgarbi, 1981). Mais le contraste avec Titien n'en demeure pas moins frappant... Les portraits de Lotto ne sont pas des portraits de cour, comme ceux de Titien, mais des portraits d'individus dont l'artiste cherche à percer le secret, sur lesquels il s'interroge comme il s'interroge sur lui-même. En 1533, le portrait de *Lucrezia Valier* (Londres, National Gallery) est le chef-d'œuvre des portraits emblématiques de Lotto. Lors de ses différents séjours à Venise, entre 1540 et 1542, puis entre 1545 et 1549, ces caractéristiques demeurent présentes même si l'influence du portrait vénitien sur Lotto devient plus importante dans la technique et la présentation (*Portrait de Mercurio Bua*, cat. **158**). L'emprise de Brescia reste toujours, toutefois, aussi sensible (vers 1543, *Febo da Brescia* et *Laura da Pola*, Brera) et la subtilité iconographique subsiste, le goût pour le portrait «chiffré», si remarquable dans l'*Homme âgé de trente-sept ans* [portrait de Lodovico Agolante ?] (Rome, Galleria Doria Pamphili) dont le Cupidon ailé sur la balance est copié d'après un camée de la collection de Lotto (Grabski, 1981).

Le Cupidon ailé sur la balance du portrait Doria fournit, tout naturellement, une transition pour comparer Lotto et Titien dans un domaine où ce dernier triompha, la peinture mythologique et la peinture de nus.

Le *Livre des comptes* et les mentions anciennes citent peu de peintures de Lotto dans ce genre et très peu sont

Fig. 2
Lorenzo Lotto, *Portrait d'Andrea Odoni*,
Hampton Court, Royal Collection, © Her Majesty Queen Elizabeth II.

connues : la *Vénus et Cupidon* (cat. **154**) est, à ce titre, exceptionnelle, avec la *Toilette de Vénus* (Milan, collection privée), sans doute le tableau que Lotto peignit pour son neveu Mario d'Armano ou le *Triomphe de la Chasteté* (Rome, Galleria Pallavicini). Toutes ces œuvres datent des séjours vénitiens de Lotto : des «couvercles» où apparaissent des motifs mythologiques, comme dans l'*Allégorie* de Washington peinte à Trévise, sont aussi marquées d'influence vénitienne. Des réminiscences titianesques sont indéniables dans la *Vénus et Cupidon*: cependant Lotto n'y interprète pas le nu avec la savoureuse sensualité d'un Titien. La Vénus du *Triomphe de la Chasteté* a la froideur du marbre du sarcophage antique que copia Lotto et la *Toilette de Vénus* reste toute proche des nus conventionnels de la gravure raphaélesque ou bellifontaine qui les inspira. Ni déesses, ni mortelles : dans aucune d'elles, par ailleurs, très remarquables, Sperone Speroni (*Dialoghi*) n'aurait pu trouver, comme dans les créatures épanouies de Titien, «le Paradis de nos corps». Ces peintures si rares, alors que la demande à Venise était grande pour ce genre de tableaux, montrent la situation très à part de Lotto dans l'art vénitien. N'aimait-il pas peindre les mythologies et les nus ou trouvait-on qu'il ne savait pas les peindre ? Sans doute pensait-on que Titien les peignait mieux que lui... En tout cas, Lotto était trop grand artiste pour se plier à suivre la mode. Il eut des problèmes pour trouver du travail et vendre ses œuvres : ses séjours vénitiens furent plusieurs fois interrompus pour répondre à la demande des couvents et des églises des Marches où il trouvait enfin des commandes. On a souvent fait le parallèle entre la vie besogneuse, difficile de Lotto et la brillante carrière de Titien, favori des grands. Dans ce contexte, la lettre de Pietro Aretino, datée de Venise en 1548 alors que Titien travaillait à Augsbourg pour Charles Quint, prend toute sa cruelle signification. S'agissait-il d'une lettre destinée à être publiée comme certaines autres lettres de l'Arétin ? On ne le sait.

Elle porte à Lotto le salut amical de Titien et de son compère l'Arétin et commence par la célèbre apostrophe : «O Lotto bon comme la Bonté et vertueux comme la Vertu». Les termes de cette lettre ne peuvent être tous interpétés de façon négative car elle souligne, en effet, l'excellence de la peinture de Lotto et son intelligence à comprendre l'œuvre des autres artistes, pour y saisir tout ce qu'elles contiennent de valable afin de l'aider à compléter et corriger sa propre peinture. Toutefois que Lotto y soit jugé le meilleur dans le domaine de la Vertu et de la Bonté, ne peut le consoler de ne pas être le premier dans son art, lui que le notaire Nicolò Tempesta désignait, le 7 avril 1505, comme «Pictor celeberrimus» et qui, lors des controverses avec le MIA en 1523 à

propos des marqueteries du chœur du dôme de Bergame, était encore appelé «Lotto famosissimus». Certes, ces flatteuses mentions lui avaient été adressées en «terre étrangère» et l'on a plus trace, par la suite, de tels éloges. Cependant Lotto, en 1548, était loin d'être méconnu, comme le rappelle opportunément une autre lettre de l'Arétin, de janvier 1549, adressée au célèbre collectionneur «Monsignor Martini» : il y est question d'un portrait sculpté de Lotto par Danese Cattaneo qui venait d'exécuter pour le compte du fameux Querini, des bustes de Martini, de Sansovino et de l'Arétin, c'est-à-dire des personnalités artistiques alors les plus en vue à Venise (Mascherpa, 1981). Rappeler l'existence de ce portrait perdu de Lotto éclaire la perfidie et le sens de la lettre de Pietro Aretino de 1548. Écrite par l'un de ceux qui «donnaient le ton», elle constitue un jugement accablant pour Lotto et sans appel, car elle émane d'un «connaisseur» qui ne l'aurait sans doute pas écrite si Lotto avait été un artiste négligeable à Venise.

En dépit de sa formation vénitienne, que sa manière de dessiner révèle clairement, et de ses longs séjours à Venise où il admira Giorgione, Titien et Palma, Lotto ne s'inséra jamais vraiment dans la cité. Sa facture, plus précise que celle des peintres vénitiens, ses couleurs influencées par les maîtres lombards, sa lumière plus froide, déroutaient, comme son inspiration mystique ou savante et son réalisme. Il s'attachait à peindre l'âme et ses secrets, l'humble réalité quotidienne plus que l'apparence et le faste dans un monde qui aimait le décor et les fêtes. Sa personnalité inquiète, sa pudeur et sa piété dérangeaient autant que son talent et le marginalisaient. L'importance de Lotto dans l'art de son temps ne fut pas comprise et malgré les grandes réhabilitations de notre siècle elle est encore mal appréciée : n'avait-il pas sa place, à bien des égards, dans l'évocation du maniérisme vénitien en 1981 où il fut oublié (Zampetti, 1984)?

On ne sait si Lotto, qui ne parle pas de la lettre de Pietro Aretino dans le *Livre des comptes*, l'a effectivement reçue mais tout se passe comme s'il en avait eu connaissance. En effet, en 1549, Lotto partit pour Ancône, puis pour Lorette et ne revint plus à Venise. On a donné d'autres explications à son départ, en particulier les procès pour hérésie de ses amis les Carpan, mais la conscience d'un échec dans sa «patrie» ne fut certainement pas étrangère à cet exil : cependant à Lorette, son paisible refuge, Lotto eut la consolation d'être accueilli par un ami, prélat vénitien.

S.B.

Lorenzo Lotto
Peintures
153 à 158

page 148

153

Lorenzo Lotto
Venise, 1480 - Lorette, 1557

Le Christ portant sa croix
Toile. H. 0,66; L. 0,60. Signé et daté en bas à
droite sur le bois de la croix : *LAUR. LOTUS 1526.*

PARIS, MUSÉE DU LOUVRE,
DÉPARTEMENT DES PEINTURES

HISTORIQUE
Coll. Pighetti, Bergame ou coll. Nicolas Régnier à
Venise; coll. Lelio Orsini, Rome; couvent des sœurs
de la Congrégation de Saint-Charles Borromée, Le
Puy-en-Velay; acquis de Mme Bourgeois, antiquaire,
par Mr Benoît-Helluy qui le vendit au musée du
Louvre, en 1982.
EXPOSITIONS
Paris, 1983, pp. 86-88; Paris, 1985, n° 33.
BIBLIOGRAPHIE
Ridolfi, 1648 (éd. Hadeln, 1914, I, p. 128 ou 129);
Bellori, 1664, p. 136; Zocca, 1976, p. 83; Rubsamen,
1980 (inventaire Lelio Orsini, 18 juin 1696, n° 59),
p. 20); Chastel, 1982, pp. 266-272; Béguin, 1983,
pp. 86-88.

La signature du *Christ portant sa croix* apparaît
sur le bois de la croix, à l'envers pour le spectateur, fait extrêmement rare. Van Eyck, dans
l'*Annonciation* (Washington, National Gallery)
et le polyptyque de Gand, représentait ainsi la
réponse de la Vierge au message évangélique :
«pour que Dieu puisse le lire du Ciel» (Panofsky [1953], qui cite également l'*Annonciation*
de Fra Angelico, à Cortone, église del Gesù).

La singularité de cette signature est peut-être
explicable par la destination de l'œuvre : fut-
elle commandée par un pieux commanditaire
comme le *Gentilhomme* (Nivaagaard, Scheven-
haag), peint par Lotto vers 1521-1523, en train
d'égrener son rosaire? Lotto l'a-t-il ainsi signée,
par modestie, car seul le Christ peut lire la

signature s'il daigne jeter les yeux sur elle?
S'agit-il d'une sorte d'«hommage pieux»
(Chastel)? Lotto peignit-il le *Christ portant sa
croix* pour lui-même? Le *Christ crucifié* (Setti-
gnano, I Tatti) porte, au revers, une inscription
attribuée à Giovanni Corvo, ami de Lotto, rappelant que l'artiste le peignit «pour sa propre
dévotion, pendant la semaine sainte, et le termina à l'heure de la Passion». Le tableau du
Louvre pourrait très bien correspondre à un
«exercice spirituel» comparable. Le Christ
ploie sous le poids de la croix où apparaît le
nom de Lotto, c'est-à-dire qu'il porte littéralement Lotto, avec ses péchés, sur son épaule.
En même temps, il lui adresse le réconfort de
son visage souffrant et de son infinie pitié, une
merveilleuse reconnaissance que l'artiste attendait vainement des hommes.

On ignore tout de la provenance du *Christ
portant sa croix* antérieurement à sa présence
dans le couvent des religieuses de la congrégation de saint Charles Borromée de Puy-en-Velay
où il fut conservé jusqu'en 1982. On a supposé
que les sœurs le tenaient de leur bienfaiteur,
l'évêque Armand de Béthune, qui possédait le
château de Monistrel où est signalé un *Christ
portant sa croix* sans nom d'auteur. Selon une
autre source, le tableau aurait pu être donné
aux sœurs par l'un de leurs pensionnaires. Cependant un *Christ portant sa croix* de Lotto est
cité dans la collection Lelio Orsini à Rome par
Bellori (1664) : «*Christo, que porta la croce in
mezze figure di Lorenzo Lotto*». Sa description
plus précise dans l'inventaire de Lelio Orsini
(Zocca, 1976, p. 20) «*Nostro Signore con la croce
in spalla con due altre figure di Lorenzo Lotto
veneziano*», ses dimensions, semblent indiquer
qu'il s'agit du tableau du Louvre ou d'une peinture analogue. Il n'y figure plus en 1723.

Chastel proposa d'identifier le tableau du
Louvre avec le tableau auparavant dans la collection du juriste et littérateur bergamasque Jacopo Pighetti, mais sa description par Ridolfi
(1648, p. 129), «*Pietoso Redentore con la croce
in ispalla*» — Tassi (1793, p. 129) l'appelle
même «*Pietosissimo Redentore*» —, semble
mieux correspondre au *Rédempteur* de la collection d'Arco (Mantoue, Palazzo d'Arco), rapprochement qui avait déjà été proposé par
C. Perina (1964, p. 309). Tassi (1793, p. 128)
cite aussi le tableau Pighetti. Lotto lui-même,
dans son *Livre des comptes*, décrit un tableau
d'un thème analogue, qu'il appelle Sauveur
(Rédempteur) : «*un triompho del Salvatore Jesu
in acto del Sacramento sparger el sangue*» («un

triomphe du Sauveur Jésus instituant le Sacrement de son sang versé») aujourd'hui au Kunsthistorisches Museum de Vienne. En effet le
terme de Rédempteur ou de Sauveur désigne
généralement le Christ ressuscité qui a déjà subi
la Passion et en porte les stigmates : le Christ
du Palazzo d'Arco est le Rédempteur, mais il
est aussi souffrant, c'est pourquoi l'épithète de
«*pietoso*» pourrait lui convenir…

Cependant on peut admettre, qu'au XVIIᵉ
siècle, Ridolfi ait employé l'expression «*pietoso
Redentore*» pour désigner toute représentation
du Christ souffrant. Toutefois, on ne peut
complètement écarter l'hypothèse que le tableau du Louvre ne corresponde pas plutôt au
«*Cristo condotto al monte Calvario da ministri*»,
un thème ne comprenant pas nécessairement de
nombreuses figures comme le croit Chastel,
également mentionné par Ridolfi, en 1648 chez
Nicolo Renieri à Venise, c'est-à-dire chez le
peintre collectionneur et marchand Nicolas Régnier, œuvre dont on perd ensuite la trace :
serait-elle passée ensuite dans la collection de
Lelio Orsini à Rome où un «*Cristo porta la
croce*» apparaît (cité par Bellori, en 1664) ?
Cette hypothèse est d'autant plus tentante
qu'en 1793, Tassi ne cite plus le tableau Régnier.

Le *Christ portant sa croix*, daté de 1526, fut
peint à Venise où Lotto résida du 20 décembre
1525 jusqu'en 1532. Il logea d'abord dans le
couvent dominicain des Santi Giovanni e Paolo
qu'il quitta en juin ou juillet 1526. Les relations
de Lotto avec les dominicains pour lesquels il
travailla dès 1506 (Recanati, polyptyque de San
Domenico), furent importantes et durables : en
1546, dans le testament rédigé au cours d'une
grave maladie, l'artiste demandait à être enseveli au convento dei Santi Giovanni e Paolo en
habit dominicain. La Passion du Christ était un
des thèmes d'élection de la spiritualité dominicaine. En 1521, le dominicain Alberto de Castello, du convento dei Santi Giovanni e Paolo,
où résida Lotto, publia le *Rosario della Gloriosa
Vergine Maria* dont la première page est illustrée
par un Christ portant sa croix suivi de fidèles
portant aussi chacun leur croix. Lotto possédait
un exemplaire de l'*Imitation de Jésus-Christ*, le
De Contempta mundi de Thomas de Kempis,
qu'il mentionne parmi ses livres en 1539 : dès
1521, il en cite une phrase en exergue à la
Déposition (Bergame, San Alessandro in Colonna).

Le thème du Christ portant sa croix, un des
mystères douloureux du Rosaire que Lotto re-

présenta dans un des médaillons de la *pala* de Cingoli (église San Domenico), était très diffusé au XVIᵉ siècle en Italie du Nord. A Venise, Lotto connaissait certainement le *Portement de croix* de la Scuola di San Rocco, attribué à Giorgione ou à Titien, qui fut gravé dès 1520 et, sans doute, les interprétations de ce thème par Giorgione et Bellini (Toledo, Museum of Art; Boston, Gardner Museum). Mais c'est avant tout de Léonard et de son école qu'il s'inspire : il a dû voir la *Tête de Christ* de Léonard (Venise, Gallerie dell' Accademia), ou bien un dessin ou un tableau qui en était inspiré. Lotto est le seul, en effet, à emprunter à Léonard le geste brutal du bourreau, qui saisit le Christ par les cheveux, un geste repris dans la *Femme adultère* du Louvre (cat. **156**) et peut être aussi dans le médaillon de la *pala* de Cingoli. Lotto minimise la présence des bourreaux, aux mimiques vulgaires, en les plongeant à demi dans l'ombre, s'attachant, surtout, à décrire leurs gestes violents. Sa mise en page, très éloignée de la disposition traditionnelle des figures en frise, adoptée par Giorgione, rappelle plutôt les disciples de Léonard, par exemple la mise en page de Luini dans la *Salomé* du Louvre. Ce parti permet à Lotto de mettre l'accent sur la haine aveugle dont Jésus est l'objet dans un impressionnant face à face qui nous impose le visage douloureux du Christ et la croix, instrument de son supplice. Romanino dans son *Christ portant la croix* (collection particulière) se conforme à cette représentation dramatique.

Selon Charles Sterling (lettre du 28.7.1984), l'audace de la composition pourrait être « inspirée de l'enluminure ganto-brugeoise du début du XVIᵉ siècle avec ses « close-up » très admirés à Venise (*Bréviaire Grimani*) comme dans toute la Lombardie.

Certes, dans ce type d'interprétation, Lotto se souvient des exemples nordiques (Bosch, Schongauer) mais il se distingue nettement des artistes vénitiens qui traitèrent le même thème et connurent les mêmes modèles.

S.B.

page 147

154

Lorenzo Lotto
Venise, 1480 - Lorette, 1557

Vénus et Cupidon
Toile. H. 0,924; L. 1,114. Signé sur le tronc de l'arbre sous la draperie LAURENT. LOTO.
NEW YORK, THE METROPOLITAN MUSEUM OF ART.
PURCHASE
MRS. CHARLES WRIGHTSMAN GIFT, 1986.

HISTORIQUE
Paris, 1912, coll. Granet (ou Grasset ?); Suisse, coll. privée; Don de Mrs. Charles Wrightsman, 1988.
BIBLIOGRAPHIE
Reinach, 1918, p. 652; Banti et Boschetto, 1953, p.113; Berenson, 1956, p. 83; Berenson, 1957, I, p.104, Pallucchini et Canova, 1975, p. 125, n° 379; Cortesi Bosco, 1980, p. 145 note 69; Christiansen, 1986, pp. 166-173; Cavalli-Björkman, 1987, pp. 93-106.

La peinture fut signalée pour la première fois par Salomon Reinach (1918) comme appartenant, en 1916, à la collection Granet à Paris. Elle fut cataloguée par Berenson dans ses listes (1932-1936), reproduite dans la dernière édition de sa monographie de *Lotto*, avec la précision, doublement erronée, d'un don au Louvre de la collection « Grasset ». Elle ne réapparut qu'en 1984, dans un collection privée suisse, avant son entrée au Metropolitan Museum de New York. Boschetto (1953) proposa de la rapprocher du « *Sposalitio d'amore* » cité par Ridolfi comme étant « casa Tassi » à Bergame, un collectionneur qui possédait cinq peintures de Lotto (1648, p.128); en 1793, F. M. Tassi se réfère à Ridolfi pour parler de la peinture dont il ne sait plus rien (I, p. 125). Ridolfi a pu ne pas comprendre le thème si particulier du tableau qu'il ne connaissait d'ailleurs pas directement : qu'il l'ait appelée « Sposalitio d'amore », identification non retenue par Christiansen, me paraît, au contraire, possible.

Selon K. Christiansen, auteur d'une brillante étude du tableau, Lotto le peignit problablement à Bergame (entre 1513 et 1526). F. Cortesi Bosco le date vers 1526. Christiansen n'exclut pas, finalement, que ce fût peut-être peu après cette date, à Venise même, où Lotto peignit d'autres rares compositions mythologiques. Le *Livre des comptes* mentionne la *Vénus* peinte vers 1540 pour son neveu Mario d'Armano (sans doute aujourd'hui à Milan, collection privée):

citons, aussi, l'*Apollon endormi avec les Muses* (Budapest, Szepmüvészeti Múzeum), l'*Allégorie* et *Pluton et la nymphe Rodi* (Washington, National Gallery of Art), enfin le *Triomphe de la Chasteté* (Rome, Galleria Pallavicini) qui date probablement de Venise (entre 1526 et 1530). Les proportions élancées de la Chasteté, inspirée d'une néréide d'un sarcophage romain, sont celles de la *Vénus* (Milan, collection privée) et de la Vénus du tableau du Metropolitan Museum.

La composition de ce dernier est singulière : Vénus porte une seule boucle d'oreille; sa tête est ornée d'une couronne d'or décorée de pierres précieuses et de perles, sa chevelure couverte d'un voile léger retombant tout autour de son corps. La déesse est à demi étendue, nue, devant une draperie rouge suspendue à un tronc d'arbre où s'accroche le lierre. Au-dessus de sa tête, un coquillage est attaché. Devant elle, une baguette et deux roses : l'une, à demi effeuillée, répand ses pétales sur son corps et la draperie sur laquelle il repose et d'où surgit un serpent. De sa main droite, Vénus tient, par un ruban bleu, une couronne de myrte à laquelle une cassolette d'encens brûlant est suspendue. A gauche, Cupidon, le carquois et l'arc sur l'épaule, soutient de la main gauche la couronne de myrte et, de la main droite, dirige, à travers elle, un jet d'urine vers le corps de la déesse.

Le symbolisme des différents attributs de la peinture est bien connu. La couronne et le voile de Vénus sont ceux des épouses vénitiennes au XVIᵉ siècle, tels que Cesare Vecellio les représente dans les *Habiti antichi e moderni* (Venise, 1598). Le lierre, sur le tronc d'arbre, signifie la fidélité. Le myrte, la cassolette sont des symboles de mariage. La rose est, par excellence, la fleur de Vénus : effeuillée, elle fait allusion à la brièveté de l'amour et du plaisir. Le serpent, signe de lasciveté, peut aussi indiquer les dangers menaçant l'amour. Tout ce symbolisme est présenté sans pédantisme, avec une finesse et un humour qui se reflètent dans le sourire de Vénus et dans le rire jubilatoire de Cupidon. Mais si les détails de la peinture sont clairs, sa signification est plus subtile. Christiansen, de façon convaincante, a montré qu'il s'agit d'un tableau de mariage dont le thème est inspiré de poèmes antiques liés à la célébration du mariage (*Épithalame*). L'*Épithalame* de Statius en l'honneur de Lucius Arruntius Stella et de sa femme (*Silvae*, I, II, Ins. 260-273) est l'un des plus connus. Ces poèmes expriment le désir que l'union du couple soit heureuse et surtout féconde, un aspect fondamental de l'amour. Ce point, dans la peinture, est représenté par Cupidon urinant sur le corps de Vénus, parodie de l'acte sexuel, une métaphore employée par Catulle (*Gai Valeri Catulli Liber*, LXVII, In. 30).

Le motif antique bien connu du « putto mingens », fréquent sur les sarcophages ou sur les vases, sera adopté par l'art chrétien : le putto est, alors, ivre de vin, c'est-à-dire du sang du Christ. Lotto connaissait bien ce thème qu'il traite à l'*Oratorio Suardi*, Trescore (1524) et

Michelangelo l'a représenté dans les *Bacchanales d'enfants* pour Tommaso Cavalieri (Windsor Castle, Royal Library, inv. 12777). Lotto a repris plusieurs fois le thème du « putto mingens » : il apparaît dans un groupe sculpté introduit parmi les antiquités du *Portrait d'Andrea Odoni* (Hampton Court) de 1527, à l'arrière-plan de la Vénus peinte pour son neveu Mario d'Armano (Milan, collection privée, vers 1540), au verso du dessin de *Saint Pierre et Saint Paul*, daté de 1543 (Cambridge, Fitzwilliam Museum). Dans *Vénus et Cupidon* du Metropolitan Museum (cat. **154**), une peinture érudite, dont le sujet a sans doute été dicté à Lotto par un commanditaire humaniste à l'occasion d'un mariage, le Cupidon hilare fait penser au génie du *Rire* de Philostrate et au putto urinant qui ornait une fontaine dans l'*Hypnerotomachia Poliphili*. Certes ces sources classiques étaient accessibles à Bergame comme à Venise. Mais les affinités de la *Vénus et Cupidon* avec la culture artistique vénitienne, sont assez étroites pour suggérer que le tableau y a vraisemblablement été peint. Giorgione et Titien, surtout, offraient à Lotto des suggestions et des modèles qu'il n'oublia évidemment pas. Pour ces thèmes sensuels, qu'il a peu traités, Lotto a pu connaître la *Bacchanale* dite *Les Andriens* (Madrid, Prado) peinte par Titien pour le « Camerino d'alabastro » de Ferrare (vers 1518-19) qui reprend le motif de la femme allongée (cette fois endormie) et du « putto mingens », un thème humaniste que Rosso introduit également, à la manière de Titien, au premier plan de *La Jeunesse perdue au profit des serpents* dans la galerie François Ier au château de Fontainebleau. Dans ces deux derniers exemples, la signification diffère de celle de la *Vénus et Cupidon* de Lotto : en effet le putto s'y détourne de la Vénus endormie : l'extase dionysiaque conduit les hommes et les femmes vers les plus hauts sommets, presque la mort. Le sommeil a toujours été appelé « le Frère de la mort » (Cavalli-Björkman). La Vénus éveillée et consentante du tableau de New York, le Cupidon souriant, sont, tout au contraire, le symbole de l'union pleinement consentie, féconde et heureuse, symbole de l'amour partagé et de la vie.

Si donc Lotto, pour une telle peinture, connaît bien les prototypes vénitiens (Giorgione dans la *Vénus* de Dresde qui comportait à l'origine un amour tenant un oiseau, évidente allusion érotique; Titien), il s'en distingue nettement en personnalisant les acteurs : Vénus ne ressemble plus à la déesse de Giorgione ou de Titien : c'est le touchant portrait d'une femme réelle. Cette qualité d'humanité, essentielle dans l'art de Lotto, est éminemment présente dans la *Vénus et Cupidon* en dépit de son symbolisme ésotérique : « Plus qu'aucune autre peinture profane de Lotto, elle illustre sa position unique parmi les peintres vénitiens » (Christiansen, 1986).

S.B.

page 151

155

Lorenzo Lotto
Venise, 1480 - Lorette, 1557

*Saint Nicolas en gloire
avec saint Jean-Baptiste et sainte Lucie*
Toile. H. 3,35; L. 1,88
VENISE, ÉGLISE SANTA MARIA DEI CARMINI

HISTORIQUE
Peint pour l'autel consacré à saint Nicolas, construit en 1527, comme on le lit sur le cartouche de la prédelle de l'autel, sur commande des dirigeants de la Confrérie des poissonniers : « *Jh. Batista Donati, guardiano, e Giorgio de'Mundis, vicario* » (« gardien » et « vicaire »).
EXPOSITION
Venise, 1953, n° 74.
BIBLIOGRAPHIE
Dolce, 1557 (éd. Barocchi, 1960, p. 107); Vasari, 1550 (éd. Ragghianti, p. 430); Lomazzo, 1584, p. 84; Ridolfi, 1648 (éd. Hadeln, 1914, p. 145); Berenson, 1895 (éd. 1955, pp. 104-105); Longhi, 1928, p. 115; Venturi, 1929, 9, IV, p. 1208; Pallucchini, 1945, p. 35; Longhi, 1946, p. 137; Zampetti, 1953, p. 120, n° 74; Pignatti, 1953, p. 132; Banti, 1955, pp. 37-39; Bianconi, 1955, p. 60, n° 133; Mariani Canova, 1975, p. 113, n° 196.

Ce tableau, peint pour l'autel consacré à saint Nicolas dans l'église Santa Maria del Carmelo (I Carmini), est la première œuvre publique de l'artiste à Venise, où il résidait depuis quelques années déjà, mais où il n'avait probablement travaillé jusqu'alors que pour des commanditaires privés, comme « *ne dimostrano molti quadri e ritratti che* [...] *sono per le case de'gentiluomini* » (« le démontrent de nombreux tableaux et portraits qui [...] sont dans les maisons des gentilshommes »), selon le témoignage de Vasari. Ce tableau est cité comme un exemple de très mauvaises couleurs par Dolce, adulateur de Titien trop aveugle pour comprendre d'autres expressions qui pouvaient peut-être éveiller d'inutiles préoccupations chez le peintre de Pieve di Cadore. Il fut au contraire grandement loué par Vasari, auquel la tradition toscane permettait d'apprécier aussi bien son coloris vif que le solide dessin de ses figures, et par Lomazzo. En 1648, Carlo Ridolfi lisait encore la signature de l'artiste et la date de 1529 sur le cartouche

d'où elles sont aujourd'hui disparues et où même les analyses les plus fines n'ont pas réussi à en révéler la moindre trace, au point de faire douter de l'affirmation de l'historien. Par ailleurs, si la date — 1527 — de la commande de l'autel par les dirigeants de la Confrérie des poissonniers marque le *terminus post quem* pour le tableau, la présence dans le paysage du saint Jean-Baptiste et du petit saint Georges qui font clairement référence aux prénoms des deux dirigeants commanditaires, Giovan Battista Donati et Giorgio Mundi, indique que le tableau a été exécuté peu après cette date et qu'il pourrait donc avoir été commandé à l'artiste en même temps que l'autel ou tout de suite après lui. Mais le peintre, notoirement lent, et occupé à ce moment-là, comme il ressort de sa correspondance, par les dessins préparatoires pour les marqueteries des stalles de Santa Maria Maggiore à Bergame et par d'autres œuvres en Lombardie, comme l'*Assomption* de Celana ou le polyptyque de Ponteranica, pourrait aussi l'avoir terminé plus tard. Et justement, par rapport à ces œuvres de la même époque, d'une palette vive bien éloignée du colorisme vénitien (Lotto les peint pourtant à Venise), et dans lesquelles, comme le souligne T. Pignatti (1953) à propos de l'*Assomption* de Celana, se manifeste une ultime résistance désespérée au « classicisme » vénitien, le *Saint Nicolas* des Carmini témoigne d'une certaine ouverture vis-à-vis de ce monde culturel si différent, comme le défi lancé à soi-même de se confronter avec le langage pictural des grands maîtres vénitiens.

La composition ressortit davantage au classicisme dans sa partie haute, surtout pour saint Jean-Baptiste et sainte Lucie, où se marque l'influence évidente de modèles de Titien exercée par l'intermédiaire des conceptions plus familières de Palma Vecchio, peut-être le seul peintre avec lequel l'artiste fut lié non seulement par une communauté d'intérêts culturels mais aussi par des rapports d'amitié, alors que saint Nicolas, siégeant hiératiquement dans une position strictement frontale, semble presque la réplique, en un style plus moderne, d'une statue de bois remontant à la seconde moitié du XVe siècle dans l'église voisine de San Niccolò dei Mendicoli. Mais le battement agité des ailes des trois angelots, dont la présence rompt immédiatement la disposition symétrique des saints en multipliant les espaces irréguliers, révèle la difficulté qu'éprouve Lotto à s'enfermer dans des schémas traditionnels rigides. La partie haute de la toile, de son sommet, jusqu'au bas des nuages sur lesquels les saints sont assis, présente une scène parfaitement frontale à hauteur normale du regard d'un spectateur, et seul le personnage de saint Nicolas, placé plus haut que les deux autres semble vu en un léger raccourci jusqu'au genou et en un raccourci plus faible dans le visage. Mais, du ciel, le regard tombe brusquement sur la terre, sur un paysage secoué par un orage qui s'achève à peine : la mer encore livide et les bourrasques qui agitent les arbres à droite s'apaisent dans la campagne à gauche du golfe, où la vie reprend avec ses activités humaines alors qu'une clarté lointaine annonce le retour du beau temps, la vie après la mort, comme semblent vouloir les symboliser l'arbre verdoyant et l'arbre sec. Ce paysage offre une perspective largement ouverte, qui domine le golfe avec son port, peut-être souvenir nostalgique du port d'Ancône, et qui s'étend loin vers l'horizon en un spectacle qui contraste vivement avec celui des saints immobilisés dans un espace aérien figé. Affleure ici de nouveau la composante nordique de la culture de Lotto, dans la conformité du paysage à la perspective flamande, dans sa manière analogue à celle de Patinir surtout, dans la façon dont les figures, petites mais très précises dans leurs détails, s'immergent dans la nature qui devient le seul véritable protagoniste du tableau bien au-delà de son sujet, dans la prépondérance des tons tournant autour des verts, des bleus froids, des violets, dans la liberté avec laquelle ce paysage mêle éléments réels et fantastiques. Cependant ces tonalités livides et chargées de tension « météorologique » ne peuvent pas ne pas rappeler la puissante *Tempête* de Giorgione, même si celle-ci reste un souvenir superficiel pour Lotto, qui est fondamentalement étranger à la conception essentiellement intellectuelle de Giorgione : contrairement à ce dernier, Lotto représente l'orage du tableau des Carmini comme un phénomène naturel, saisi dans sa puissance et son ampleur atmosphérique. Toutefois, les couleurs brillantes, mais plus chaudes, des vêtements et des chairs des saints attestent peut-être, malgré le jugement de Dolce, que Lotto comprit la peinture vénitienne, bien que celle-ci fût et restât profondément étrangère à son langage.

A.A.

page 148

156

Lorenzo Lotto
Venise, 1480 - Lorette, 1557

Le Christ et la femme adultère
Toile. H. 1,24; L. 1,56. Le format était à l'origine. H. 0,99; L. 1,26. Les agrandissements anciens ont été conservés et sont actuellement cachés sous l'encadrement.

PARIS, MUSÉE DU LOUVRE,
DÉPARTEMENT DES PEINTURES

HISTORIQUE
Le tableau fut mis en vente par Lotto à Ancône mais resta invendu. Il était certainement en France avant 1581, peut-être en possession de Marc Duval qui le grava à cette date ou peut-être de Philippe de Mornay (1549-1623) seigneur de Plessis-Marly; coll. de Mr. de la Feuille qui le vend à Louis XIV en 1671; coll. de Louis XIV (inv. Le Brun, 1683, n° 296).

EXPOSITION
Paris, 1980, n° 17.

BIBLIOGRAPHIE
Lépicié, 1752-1754, II, pp. 89-90; Tassi, 1793, p. 129; Villot, 1849, n° 238; Bailly (1709) et Engerand (1899), p. 124; Ricci, 1913, 1349; Hautecœur, 1926, 1349; Banti et Boschetto, 1953, n° 40; Adhémar, 1954, p. 63; Berenson, 1957, I, p. 104; Pallucchini et Canova, 1975, n° 202; Béguin, 1978, pp. 112-113; Béguin, 1981, p. 102; Bergeon et Mâle, 1980, n° 17; Brejon de Lavergnée et Thiébaut, 1981, p. 196; Brejon de Lavergnée, 1987, p. 320, n° 296.

L e *Christ et la femme adultère* est-il passé entre les mains de Marc Duval (mort en 1581), « marchand-peintre », qui le grava? Il aurait pu, ensuite, figurer dans la collection de Philippe de Mornay (1549-1623), protestant, seigneur du Plessis-Marly; il possédait le château de Saumur que Duval décora, avant d'appartenir à Mr. de la Feuille qui le vendit à Louis XIV (Brejon, 1987). En tous cas, la présence du tableau en France est ancienne; sa célébrité est attestée par un certain nombre de copies : parmi celles-ci, la copie du musée de Nantes est précieuse car elle restitue la composition dans ses proportions originales données par l'inventaire de Le Brun (1683), avant les agrandissements notés dans l'inventaire de Bailly (1709). L'*Adultère* est-elle le tableau auquel Tassi fait allusion (« *in Francia nel Gabinetto del Re ritrovasi una sua opera tenuta in molta estimazione* », 1793, p.129) ? Ou s'agit-il de la *Sainte Famille* également dans la collection de Louis XIV ? Tassi parle plus vraisemblablement de l'*Adultère*, seule œuvre qui figure sous le nom de Lotto dans l'inventaire de Le Brun tandis que la *Sainte Famille* y est attribuée à Dosso.

Dans l'*Adultère*, Lorenzo Lotto reprend un thème extrêmement populaire à Venise à cette époque, une « extension narrative du *Salvator Mundi* » (Ringböm, 1965, pp. 190-191). On y a noté, avec raison, l'influence de Dürer, mais celle de Léonard y est aussi très sensible : en particulier, le geste cruel et dérisoire du soldat qui saisit la femme adultère par les cheveux, reprend le geste de la main du bourreau dans le célèbre dessin du *Christ portant sa croix* de Léonard (Venise, Gallerie dell'Accademia), geste que Lotto représente aussi dans le *Christ portant sa croix*. Lotto traita plusieurs fois le thème de la *Femme adultère*. La version du Louvre, pour des raisons stylistiques, précède certainement celle qu'il peignit à Venise en 1548 pour Giovanni Dona Usper, mentionnée dans le *Livre des comptes* (Zampetti, 1969, p. 28). Avant cette date, il en avait peint une autre version, probablement de petit format, « un quadretto », pour lequel il acquit le 27 juin 1543 « un cristallo » qui lui coûta « 7 lire et 16 quattrini » (Giannizzi, 1894). On ignore, jusqu'ici, le commanditaire du tableau du Louvre : il resta dans les mains de Lotto si c'est bien ce tableau qui fut mis en loterie à Ancône en 1550. Enfin l'artiste reprit, plus tardivement, la version du Louvre (vers 1546-1555) dans une toile d'une exécution médiocre, assez mal conservée (Lorette, Palazzo Apostolico). L'*Adultère* du Louvre, par son coloris et son style, s'apparente aux œuvres peintes par Lotto entre 1530 et 1533, datation généralement admise.

Vasari ne connaît que la version de Lorette : elle est, dit-il, « condotta con grazia », un jugement qui souligne le maniérisme du tableau. L'effet de richesse visiblement recherché par Lotto, en parant les vêtements de bijoux, de camées et d'ornements, objets précieux qu'il collectionnait avec passion et dont il dut vendre une grande partie en 1549, y contribue grandement. La perfection technique de l'*Adultère* du Louvre, est typique d'un goût maniériste très raffiné. Ce goût est évident, aussi, dans l'harmonie, proche du *Saint Nicolas en gloire* (cat. 155) dont Lodovico Dolce déprécie les coloris dissonants « *assai notabile esempio di cattive tinte* ». Rappelons, à ce propos, les commentaires de Longhi sur les contrastes froids et dramatiques d'une couleur sublimée dans la lumière qui porte Lotto, au-delà de Caravage jusqu'au seuil de Rembrandt (1929, 1968); ces quelques remarques permettent de mesurer la complexité et l'importance d'une œuvre aussi singulière.

S.B.

page 149

157

Lorenzo Lotto
Venise, 1480 - Lorette, 1557

Sainte Famille
L'Adoration de l'Enfant Jésus
avec la Vierge Marie et Joseph,
Élisabeth et Zacharie et trois anges
ou
La Reconnaissance de la nature divine
de l'Enfant Jésus
Toile. H. 1,50; L. 2,37
(surface originale agrandie)
PARIS, MUSÉE DU LOUVRE,
DÉPARTEMENT DES PEINTURES

HISTORIQUE
Le tableau fut mis en vente à Ancône, 1550, mais resta invendu; coll. Jabach qui le vend à Louis XIV en 1662; coll. Louis XIV (Inv. Le Brun 1683, n° 114).

EXPOSITION
Paris, musée d'Art et d'Essai, 1978.

BIBLIOGRAPHIE
Lépicié, 1752-1754, II, p. 86; Bailly (1709-1710) et Engerand (1899), pp. 62-63; Villot, 1840; n° 1525; Tarral, 1850, p. 54; Ricci, 1913, n° 1351; Hautecœur, 1926, n° 1351; Longhi, 1929, pp. 288-320; Banti et Boschetto, 1953, p. 88, n° 109; Berenson, 1957, I, p. 104; Constans, 1976, note 30, p. 107; Pallucchini et Canova, 1975, n° 225; Béguin, 1981, note 35, p. 104; Brejon de Lavergnée et Thiébaut, 1981, p. 196; Brejon de Lavergnée, 1987, p. 171.

L'origine ancienne de la *Sainte Famille* est inconnue : la présence d'une copie à Rome dans la collection Barberini indiquerait-elle qu'elle a appartenu à une grande collection romaine ? En France, si l'on en croit Félibien, il existait un tableau analogue, presque de même format, « chez monsieur le président Ardier » (I, 1672, p. 69). Ce tableau était peut-être attribué à Dosso, comme l'était alors la *Sainte Famille* dans la collection de Louis XIV : ce n'est donc pas elle probablement que Tassi désigne (1793) mais le *Christ et la femme adultère* qui figurait dans la collection royale sous le nom de Lotto.

La *Sainte Famille* correspond exactement à la description du tableau que Lotto, selon le *Livre des comptes*, confia à Jacopo Sansovino à Venise en 1549 pour être vendu (Zampetti, 1969, p. 331); il fut mis en loterie à Ancône en 1550. Une telle origine a été aussi revendiquée, mais à tort, pour la version du Palazzo Apostolico de Lorette qui présente, avec la version du Louvre, nombre de variantes (en particulier deux anges au lieu de trois). Elle offrait aussi autrefois une draperie tendue entre les branches, derrière les figures : elle a été enlevée au cours d'une récente restauration qui a rendu au tableau ses proportions originales. Cette version, mal conservée, certainement plus tardive, d'exécution médiocre, fut probablement réalisée avec l'aide de collaborateurs. Boschetto croit à tort que la version du Louvre est une réplique de celle de Lorette.

La dénomination de *Sainte Famille*, sous laquelle on désigne généralement la peinture du Louvre, ne rend qu'imparfaitement compte de sa richesse iconographique. Berenson propose de l'appeler l'*Adoration de l'Enfant Jésus avec la Vierge Marie et Joseph, Élisabeth et Joachim et trois anges*, ou *La Reconnaissance de la nature divine de l'Enfant Jésus*. Le nom de Joachim est probablement un lapsus pour Zacharie, époux de sainte Élisabeth. La scène fait en effet allusion à la rencontre, durant la fuite en égypte, des parents du petit saint Jean avec ceux du Christ : Signorelli a représenté aussi leur rencontre (Berlin Dahlem) Cette scène s'est inspirée des évangiles apocryphes et de la vie de saint Jean-Baptiste de Fra Domenico Cavalca (Aronberg Lavin, 1955). Le thème du tableau de Lotto est lié aux modèles raphaélesques sur les préfigurations de la Passion. Elle se réclame d'ailleurs de Raphaël par sa composition équilibrée, symétrique par rapport au centre où l'Enfant Jésus, tendant les bras, évoque le célèbre motif de la *Madone* dite *de Lorette* (Chantilly, musée Condé). Mais Lotto, dans le ta-

bleau du Louvre, dont une restauration récente a révélé toute la beauté, est aussi sensible à des prototypes vénitiens, par exemple aux tableaux de Palma Vecchio qui fut son ami, un maître qu'il a admiré.

La *Sainte Famille* fut probablement peinte entre 1535 et 1539. Le motif des trois anges apparaît dans la *Madone d'Osimo* (Palazzo Ducale, disparue), autrefois dans l'église dei Minori Osservanti que Boschetto (1953) date vers 1535 et Berenson (1955) plutôt de 1538, lorsque Lotto se trouvait à Ancône. Lotto pourrait avoir repris plusieurs fois ce dernier motif : le *Livre des comptes* en 1542 parle en effet d'un tableau de « nostra Donna e Jesu Christo et certi anzoletti » peint pour Bartolomeo Capan à Venise.

Dans la *Sainte Famille*, Lotto se réfère aux prototypes vénitiens de la Sainte Conversation qu'il transforme « en une réunion intime mettant sur le même plan humain et divin » (Longhi, 1929). « Ses tons froids émaillés », leurs « valeurs luisantes », la monumentalité de la composition, ses figures humbles, dépouillées, anticipent Caravage dans le *Repos pendant la fuite en Égypte* (Rome, Galleria Doria Pamphili).

S.B.

page 150

158

Lorenzo Lotto
Venise, 1480 - Lorette, 1557

Portrait de Mercurio Bua
Toile. H. 1,18; L. 1,05
ROME, GALLERIA BORGHESE

HISTORIQUE
Coll. Borghèse; son appartenance au cardinal Ippolito Aldobrandini puis à Olimpia Aldobrandini et son identification dans l'inventaire de cette dernière (1682) avec l'autoportrait de Lotto sont, aujourd'hui, contestées.
EXPOSITIONS
Venise, 1953, n° 83; Londres, 1983-84, n° 48; Rome, 1988, pp. 20-36; Sydney, 1988, p. 44.
BIBLIOGRAPHIE
Mündler, 1869, p. 59; Berenson, 1905, p. 190-258; Banti et Boschetto, 1953, p. 84; Della Pergola, 1952, pp. 187-188; Coletti, 1953, pp. 3-16; Della Pergola, 1955, pp. 117-118, n° 210; Berenson, 1957, I, p. 105; Della Pergola, 1963, pp. 183, 191; Pope-Henessy, 1966, p. 228; Pallucchini et Canova, 1975, p. 113, n° 197; Wroski Galis, 1977, pp. 132-134; Cortesi Bosco, 1980, pp. 124-145; Gentili, 1981, p. 422; Mas-

cherpa, 1981, pp. 114, 144-145; Puppi, 1981, p. 398; Gentili et Ricciardi, 1988, pp. 20-36.

Ce portrait d'homme fut d'abord attribué à Pordenone avant que Mündler ne le rende à Lotto, une attribution qui n'a jamais, depuis, été contestée.

On y a reconnu d'abord l'autoportrait de Lotto provenant de la collection d'Olimpia Aldobrandini, qui le tenait du cardinal Ippolito Aldobrandini, mentionné dans un inventaire de 1682. P. della Pergola, le comparant avec le portrait gravé de Lotto dans la première édition de Ridolfi (1648), confirma cette identification. Cependant la ressemblance entre les visages n'est pas absolument probante : aucun portrait incontestable de l'artiste n'étant connu, on peut légitimement en douter. A. Gentili nota que le modèle porte au petit doigt un anneau féminin, signe de veuvage : il ne peut donc s'agir de Lotto qui ne fut jamais marié. Dans l'inventaire d'Olimpia Aldobrandini, l'autoportrait est cité sous le nom de Lotto; il était probablement signé comme l'est la *Judith* (collection particulière) du même inventaire, ce qui n'est pas le cas du portrait Borghèse. Selon A. Gentili, le tableau provenant de la collection Aldobrandini serait plutôt le *Portrait d'un gentilhomme âgé de trente-sept ans* (Rome, Galleria Doria Pamphili), une hypothèse déjà présentée par Rusconi (cité par P. della Pergola), qui ne la retient pas en raison de la différence des dimensions et du fait que cet inventaire, très précis par ailleurs, ne parle pas de l'inscription du tableau Doria.

Le portrait Borghèse représente un homme trapu, vêtu d'amples vêtements noirs, âgé d'une cinquantaine d'années environ. Il est deux fois veuf car il porte deux anneaux au petit doigt de la main gauche. De la main droite, ornée d'une bague armoriée, il s'appuie sur une table couverte de jasmin et de pétales d'une rose effeuillée d'où émerge un crâne miniature. A gauche, une fenêtre découvre dans un paysage, une ville (Trévise, par comparaison avec des gravures anciennes) et, au premier plan, saint Georges délivrant la princesse. Ces divers éléments, la bague armoriée, selon M. L. Ricciardi, permettent d'identifier le modèle du tableau avec le comte Mercurio Bua, un Grec d'origine épirote, ce qui explique la présence dans le paysage de Saint Georges, saint protecteur des Grecs et des Dalmates. Né vers 1478, ce condottiere se mit au service de Venise en 1513. Il se retira définitivement à Trévise en 1535 où il mourut entre 1541 et 1547. Bua fut enterré à Santa Maria Maggiore où une pierre gravée, placée en 1637, rappelle encore sa sépulture et ses mérites. La fascinante nature morte symbolique, disposée sur une draperie verte, couleur de deuil, fait allusion à son veuvage. Bua se remaria en 1525 et porte, à son doigt gauche, l'anneau de sa femme, une coutume que l'on retrouve dans les tableaux de l'époque et qu'observe Lotto (*Portrait de gentilhomme âgé de trente-sept ans*, Rome, Galleria Doria Pamphili).

Cette identification entraîne une nouvelle datation du tableau généralement situé vers 1530 : Berenson en effet, le rapprochait du *Saint Nicolas en gloire* (cat. **155**). Mais la restauration récente permet de mieux juger sa qualité, et son style puissant analogue aux *Saints Roch, Christophe et Sébastien* (Lorette, Palazzo Apostolico, vers 1532-1534), au *Portrait d'un architecte* (Berlin, Staatliche Museen, vers 1535), ou, un peu plus tard, au *Portrait d'homme âgé de trente-sept ans* (Rome, Galleria Doria Pamphili vers 1542), date à laquelle l'*Aumône de saint Antonin* (Venise, église Santi Giovanni e Paolo) fut terminée. La date de 1535 généralement

acceptée aujourd'hui pour le portrait est celle de l'installation définitive de Bua à Trévise. Elle est conjecturale puisque le tableau n'est pas documenté: il pourrait bien se situer un peu plus tard. Entre 1533 et 1539, Lotto, vit et travaille essentiellement dans les Marches, puis, à partir de 1540, à Venise, où Bua avait gardé des contacts; en 1541, Lotto est documenté à Trévise, où il réside sans interruption jusqu'en 1545, y déployant une grande activité : placer vers 1540 ou 1541 le portrait de Bua ne serait pas incompatible avec l'âge apparent du modèle (mort entre 1541 et 1547).

La mise en page suit un type de présentation

très diffusé dans l'Italie du Nord vers 1530: fréquent à Venise, il est aussi adopté par Dosso (*Portrait de guerrier*, Cambridge, Fogg Art Museum) et par Moretto dont le *Portrait de gentilhomme* (Brescia, Pinacoteca Tosio Martinengo), exécuté entre 1535 et 1540, est spécialement intéressant à confronter au portrait Borghèse pour sa mise en page et son intensité psychologique, certes tributaire des modèles vénitiens et, pour son exécution, picturale, influencée par Titien.

S.B.

Titien, les années 1520-1550

par Giovanna Nepi Scirè

En 1516, Giovanni Bellini meurt à Venise; en 1519, Léonard de Vinci s'éteint en France; le 6 avril 1520, Raphaël disparaît à Rome. Dans la cathédrale de Trévise, Giovanni Antonio Pordenone commence à peindre à fresque la chapelle Malchiostro, pour laquelle Titien exécute à peu près à la même époque une *Annonciation*. Carpaccio et Cima da Conegliano sont de plus en plus éloignés de la capitale qu'est Venise, à cause de leurs activités provinciales, alors que Titien va devenir, malgré la compétition avec son dangereux rival Pordenone, non seulement un des protagonistes de la scène vénitienne, mais aussi une figure de tout premier plan dans le panorama européen. Les institutions ecclésiastiques et publiques se le disputeront, ainsi que les commanditaires de plus en plus prestigieux: Pesaro, Gonzague, ducs d'Urbino, Farnèse, Habsbourg.

1520 est une date importante dans le long parcours artistique de Titien; marquant un tournant par rapport à l'activité de sa jeunesse, elle ouvre une période de production fébrile et considérable, à laquelle il travaille encore en grande partie seul. Le peintre commence à se mesurer avec Pordenone et les artistes de l'Italie centrale, ainsi qu'avec l'antiquité classique, dont l'influence ne se limitera pas à l'acquisition d'éléments accessoires mais pénètrera formes et contenus.

La première œuvre signée et datée de Titien est de 1520, c'est la *Vierge apparaissant à saint François et à saint Blaise avec le donateur Alvise Gozzi* (Ancône, Pinacoteca Civica; Fig. 1). Cette œuvre fut commandée par Alvise Gozzi, originaire de Raguse et marchand à Ancône, pour l'église San Francesco ad Alto. Titien a déjà peint la révolutionnaire *Assomption* des Frari, mais la grande peinture d'Ancône — une autre *Vierge* pour une autre église franciscaine — n'en est pas une dérivation, bien qu'on y retrouve des citations ponctuelles. On retrouve des précédents iconographiques

dans la *Vierge de Foligno* de Raphaël et, d'une manière plus générale, chez Andrea del Sarto. La sensibilité naturaliste de Titien est profondément différente. L'apparition de la Vierge est ici portée dans un vrai ciel, strié de bancs de nuages rougis par le couchant, avec à l'horizon une extraordinaire vue du bassin de Saint-Marc, et au premier plan, la tige dépouillée d'un figuier, symbole à la fois de Marie et de salut.

La vue de Saint-Marc, qui sera reprise dans le *Saint Christophe* du palais des Doges et, avec une facture « im-

Fig. 1
Titien, *Retable Gozzi*.
Ancône, Pinacoteca Civica.

Fig.2
Titien, *Polyptyque Averoldi*.
Brescia, église Santi Nazaro e Celso.

pressionniste», dans le grand tableau votif du *Doge Antonio Grimani agenouillé devant la Foi*, toile tardive et inachevée (palais des Doges, Sala delle Quattro Porte), a des antécédents dans la *Vierge lisant* de Giorgione (Oxford, Ashmolean Museum) et dans la *Mort d'Adonis* de Sebastiano del Piombo (Florence, Uffizi). Cependant, alors qu'il y a encore dans ces tableaux une sorte de fusion entre figures et paysage, la vue représentée dans le panneau d'Ancône semble marquer une frontière précise entre monde humain et sphère divine.

Entre-temps, en 1519, Altobello Averoldi, nonce apostolique à Venise, avait commandé à Titien, pour l'église Santi Nazaro e Celso de Brescia, le retable du maître-autel avec cinq panneaux : la Résurrection du Christ, saint Nazaire, saint Sébastien, l'ange et la Vierge de l'Annonciation, retable signé et daté 1522 (Fig. 2). Nous savons que ce *Saint Sébastien* était déjà en cours d'exécution en 1519 et fut achevé au plus tard en 1520 à Venise, où il fut admiré comme l'atteste la correspondance entre le duc Alphonse Ier d'Este et son agent à Venise, Jacopo Tebaldi, qui indique en effet que le panneau lui-même était achevé à cette date-là et pas seulement les dessins préparatoires, les feuilles bien connues de Berlin et de Francfort (cat. **205** et **206**). On a considéré comme sources iconographiques de ce *Saint Sébastien* l'*Esclave «mourant»* et plus encore l'*Esclave «rebelle»* de Michel-

Ange au Louvre, dont Titien dut voir un *modelletto* ou des dessins. Le polyptyque dans son ensemble témoigne assurément d'un intérêt attentif pour le classicisme romain, qu'atteste aussi le Christ ressuscité qui semble inspiré du *Laocoon*, découvert en 1506 et connu vers 1509 par la gravure qu'en

Fig.3
Titien *L'Offrande à Vénus*.
Madrid, Museo del Prado.

fit Giovanni Antonio da Brescia. Le rôle nouveau confié à la lumière sert à unifier l'ensemble, d'une conception moderne malgré l'archaïsme de son format, certainement imposé par le commanditaire. On retrouve ici la lumière du même type que celle qui éclaire le retable d'Ancône : même horizon bas, d'une clarté d'aurore, et même figuier, symbole de rédemption qui fait référence au sacrifice du Christ. Le retable de Brescia marque un moment crucial dans le parcours de l'artiste, qui se libère de l'influence de Giorgione et se tourne vers de nouveaux centres d'intérêt pour modifier les rapports de l'espace, de la lumière et de la couleur.

Cette importante commande à peine achevée, Titien est chargé d'exécuter les décorations murales, aujourd'hui perdues, pour la nouvelle chapelle du palais des Doges, décidée par le doge Andrea Gritti aussitôt après son élection en 1523 et déjà achevée le 6 décembre 1523.

C'est aussi à cette époque que doit remonter le *Saint Christophe*, d'un puissant plasticisme, quasi protomaniériste, seule fresque de Titien encore *in situ*, exécutée en trois *giornate* seulement. C'est à une œuvre comme celle-ci que Paris Bordon, formé, selon le témoignage de Vasari, dans l'atelier de Titien, se réfère pour peindre le saint Christophe de sa *Pala* de Lovere (Accademia Tadini). L'équilibre de ses *Saintes Conversations*, toujours d'inspiration titianesque, s'enrichit d'effets plus complexes dans l'articulation des formes, qui annoncent les futurs développements des perspectives et des effets spatiaux qui caractérisent la production postérieure de l'artiste trévisan.

Dans le même temps, Titien continuait à travailler aux toiles pour le « *camerino d'alabastro* » (« cabinet d'albâtre ») du duc Alphonse d'Este au château de Ferrare, pour lequel il avait déjà envoyé en 1518-19 l'*Offrande à Vénus* (Prado; Fig. 3) œuvre inspirée d'un dessin (Uffizi) de Fra' Bartolommeo, mort en 1517, ainsi qu'à peu près à la même époque les *Andriens [Bacchanale]* (Prado; Fig. 4). Raphaël, qui avait été sollicité pour ce projet de décoration du « *camerino* », étant mort en 1520, Titien acheva, avant janvier 1523, *Bacchus et Ariane* (Londres, National Gallery; Fig. 5). Ses sources iconographiques durent être surtout les *Erotes (Amours)* et les *Eikones (Images)* de Philostrate ainsi que les *Fastes* d'Ovide. Il est possible qu'il ait subi d'autres influences pour *Bacchus et Ariane*, notamment celles d'un dessin pour le *Triomphe de Bacchus aux Indes* de Raphaël, lequel avait pu en trouver l'idée chez les classiques ou l'entreprendre en s'inspirant de Laurent de Médicis et de Politien, qui avaient été à l'origine de la diffusion littéraire du récit mythologique des noces du dieu avec la fille de Minos. Dans ce *Bacchus et Ariane*, davantage encore que dans les deux premières bacchanales, le thème dionysiaque est traité avec un dynamisme impétueux, tandis qu'une sensualité « panique » imprègne ces images, mise en page avec une netteté quasi sculpturale et peintes en une exceptionnelle polyphonie chromatique.

Toujours à la même époque, Jacopo Pesaro, évêque de Paphos, dans l'île de Chypre, qui avait déjà commandé à Titien le tableau, aujourd'hui à Anvers (cat. **40**), commémorant sa victoire sur les Turcs, lui commanda en 1519 un grand retable, dit *Retable Pesaro*, pour l'autel de l'Immaculée Conception dans l'église des Frari de Venise (Fig. 6). Ce

Fig.4
Titien, *Les Andriens [Bacchanale]*.
Madrid, Museo del Prado.

Fig.5
Titien, *Bacchus et Ariane*.
Londres, National Gallery.

Fig.6
Titien, *Retable Pesaro*.
Venise, église Santa Maria Gloriosa dei Frari.

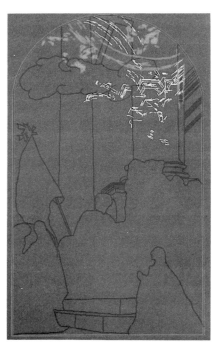

Fig.7
Titien, *Retable Pesaro*.
*Cette reconstitution radiographique à l'aide d'un ordinateur
met en évidence les traces des deux versions qui précédèrent probablement
la composition définitive du retable :
l'une avec les traits noirs, prévoyait deux chapiteaux et deux colonnes plus étroites
ainsi qu'une tenture devant celles-ci;
l'autre, en blanc, comportait une seule colonne, ou parastate (ou pilastre),
avec une arche et des lignes architectoniques
qui prolongent celles de l'architecture encadrant l'autel.*

Fig.8
Titien, *Retable Pesaro*.
*Réflectographie à l'infrarouge qui révèle la position différente des colonnes
par rapport à la composition définitive.*

Fig.9
Vue de la voûte de la sacristie de la basilique Saint-Marc.

tableau fut en réalité conçu pour la chapelle funéraire des Pesaro, en étroite relation avec le culte marial et la politique suivie à Venise par le puissant ordre franciscain. Comme l'indique un document des archives des Pesaro, ce travail occupa longtemps l'artiste, du 28 avril 1519 jusqu'en 1526. Ce long délai d'exécution est dû à la difficile élaboration de la composition, qui fut reprise au moins deux fois avant d'aboutir à la version définitive, comme l'ont confirmé les examens radiographiques et stratigraphiques (Fig. 7). Le choix final du grand trône décentré et des deux énormes colonnes fait sûrement allusion (Fig. 8) à l'Immaculée Conception et au texte de *L'Ecclésiastique* (24, 4) : «*Et tronus meum in columna nubis*» («Et mon trône était une colonne de nuées») . Ce n'est qu'après avoir adopté ce parti architectural que Titien se consacre aux groupes de figures. Dans cette composition extraordinaire, où se confondent dévotion et civisme, Titien réussit à concilier deux genres, la sainte conversation et le tableau votif, duquel l'église des Frari possédait justement un exemple ancien avec la lunette de Paolo Veneziano au-dessus du monument funéraire du doge Francesco Dandolo. L'abandon de la frontalité traditionnelle aboutit à ce tableau révolutionnaire, qui servira de modèle à Jacopo Tintoretto, Paolo Veronese, Jacopo Bassano, jusqu'à l'époque baroque. Titien restera d'ailleurs une source

constante d'information, surtout pour un artiste aussi inquiet et original que Jacopo Bassano, y compris dans ses pastorales. Dans celle qui compte parmi les plus fameuses, de la coll. Thyssen (cat. **189**), on trouve ainsi une citation ponctuelle d'un détail de la gravure de Britto d'après Titien, le *Paysage à la laitière* (cat. **210**). Mais l'interprétation de tels motifs sera traitée chez Bassano, avec une clé moins raffinée et arcadique, au bénéfice d'une vision plus réaliste, mais toujours construite intellectuellement, de la vie rustique.

Vers 1525, Titien exécute la dramatique *Mise au tombeau* du Louvre (cat. **159**). Si la composition rappelle celle adoptée par Raphaël dans un tableau peint sur le même sujet en 1507 (Rome, Galleria Borghese), lui-même inspiré d'une gravure de Mantegna, l'ombre qui absorbe le corps du Christ, et qui annonce l'obscurité du sépulcre, est une idée propre à Titien.

Dans les années qui suivirent immédiatement, c'est-à-dire entre 1526 et 1530, se situe la décoration de mosaïques (Fig. 9) du plafond de la sacristie de Saint-Marc, réalisée sous la supervision du contremaître Giorgio Spavento. Ces travaux firent peut-être partie du plan de «*renovatio urbis*» («rénovation de la ville») conçu par le grand mécène de Titien, le doge Andrea Gritti. Le thème christologique se développe sur toute la voûte. Outre Francesco et Valerio Zuccato, le prêtre Alberto Zio et Marco Luciano Rizzo travaillèrent à la réalisation des cartons de Titien. Il s'agit là, avec les fresques du Fondaco dei Tedeschi et celles du palais des Doges presque entièrement perdues, d'une importante commande publique, souvent négligée par l'historiographie de Titien. En effet, celui-ci a véritablement été l'un des protagonistes du renouvellement iconographique des mosaïques de Saint-Marc, notamment à la faveur de ses liens avec la famille Zuccato et en particulier avec les deux frères mosaïstes Valerio et Francesco, fils du peintre Sebastiano, à l'école duquel il se trouva très jeune, selon le témoignage de Dolce.

Durant ces années, Titien réalise une série de portraits splendides qui se caractérisent par «l'emploi de la couleur tonale pour l'économie des effets» (Pallucchini, 1969), par un détachement graduel vis-à-vis de Giorgione, ainsi que par la conquête d'un naturel harmonieux dans la disposition spatiale des personnages dont il rend à la fois le caractère moral et l'appartenance sociale. Parmi ces portraits, *Il Bravo* de Vienne (Kunsthistorisches Museum), que l'on peut dater entre 1520 et 1525 environ, inspiré d'un épisode de la *Vie de Marius* de Plutarque, où Caius Luscius attaque le jeune Trebonius, présente les figures de dos encore à la manière de Giorgione, et c'est en effet à Giorgione que l'attribuent Ridolfi et une partie des critiques du XIXe siècle. Toutefois, le caractère dramatique de l'action et l'acuité psychologique justifient mieux d'y reconnaître la paternité de Titien. Le portrait supposé de *Vicenzo Mosti*, du Palazzo Pitti, à situer vers 1520, présente une mise en page raffinée dans le goût de Raphaël, alors que la trame chromatique, quoique appauvrie dans le fond, et la présence immédiate du personnage, sont typiques de la manière de Titien. Cette œuvre présente la même exceptionnelle modernité d'exécution que l'*Homme au gant* du Louvre (cat. 54). La figure est présentée en plein air, sur un fond sombre, selon un précepte de Léonard de Vinci peut-être transmis par Giorgione, mais désormais sans plus aucune barrière qui s'interpose entre le spectateur et le personnage représenté. Le *Portrait de Federico Gonzaga* (Prado), de 1529 environ, constitue en quelque sorte la conclusion de l'ensemble de portraits des années 1520 et le préambule des commandes de cour des années suivantes, d'une inégalable «aisance» : le duc se détache sur le subtil jeu de lumière du fond gris avec une élégance consommée et l'orgueil serein de sa condition et de son pouvoir.

L'année 1530 vit la rencontre à Bologne du pape et de l'empereur, qui sanctionna la domination espagnole sur la péninsule italienne, ce qui en modifia profondément le panorama politique et culturel. Rome avait déjà été humiliée par le sac de 1527; la ferveur républicaine de Florence était punie par l'exil de nombreux membres de l'intelligentsia, qui se trouvaient à Rome ou à Venise même. Cette dernière, quoique ayant dû réduire ses aspirations et préoccupée par l'expansion de l'Empire, considérait pourtant celui-ci comme un sûr protecteur contre le Turc. Bercée de cette conviction illusoire, la cité s'épanouissait dans un bien-être sans précédent, dans une profusion d'initiatives créatrices et dans une extraordinaire vitalité intellectuelle, même si Mantoue, Ferrare et Urbino continuaient à constituer des foyers importants de la vie littéraire et artistique. Le sac avait conduit sur la lagune Jacopo Sansovino et l'Arétin, lequel deviendra bien vite le «propagandiste de l'art» de Titien, intermédiaire sans scrupules et irremplaçable entre celui-ci et les plus grands mécènes italiens et européens. Sebastiano Serlio, architecte et théoricien de l'architecture, se joindra à ces deux artistes, à partir du 1er avril 1528 et jusqu'à son départ pour Paris en 1541, constituant ainsi une sorte d'association fondée sur l'amitié et sur la communauté d'intérêts.

C'est à cette époque que la Confrérie de saint Pierre Martyr décida de remplacer par un nouveau retable le tableau de Jacobello del Fiore dans la chapelle de l'église dominicaine Santi Giovanni e Paolo. Selon Ridolfi, un concours fut lancé, que Titien remporta contre Palma Vecchio et Pordenone. La représentation du martyre, habituellement réservée à la pré-

Fig. 10
Martin Rota, *La Mise à mort de saint Pierre Martyr.*
Xylographie.

delle, comme chez Jacobello ou chez Giovanni Bellini, devient chez Titien le sujet principal. Ce tableau, commencé après 1525 et plus probablement vers 1528, fut mis en place le 27 avril 1530. Détruit par un incendie le 16 août 1867, il est connu par de nombreuses copies, dont une gravure de Martin Rota (Fig. 10), ainsi que par trois feuilles d'études autographes (cat. **219**). Dans une lettre adressée au sculpteur Tribolo le 29 octobre 1537, l'Arétin définit ce tableau comme « la plus belle chose d'Italie ». Et pour Vasari (1568), il s'agit de l'œuvre « *la più completa, la più celebrata e la maggior e meglio intesa e condotta, che oltre la quale in tutta la sua vita Tiziano abbia fatta ancor mai* » (« la plus achevée, la plus célébrée, la plus grande et la mieux entendue et conduite que Titien ait encore jamais faite dans toute sa vie »).

Dans ce tableau devaient déjà se trouver de nombreux éléments prémaniéristes, inspirés par la présence à Venise d'artistes de l'Italie centrale que les vicissitudes politiques de l'époque y avaient conduits. Michel-Ange lui-même y séjourna du 25 septembre au 9 octobre 1529. En outre, comme le rapporte Michiel, le cardinal Grimani possédait depuis 1521 le carton de Raphaël pour la *Conversion de saint Paul* ainsi que la tapisserie correspondante, et au moins depuis 1528 la tapisserie de la *Prédication de saint Paul*, dont la reproduction réduite gravée par Raimondi circulait déjà.

Mais, avec la violence dramatique de ce retable, coexiste l'émouvante sérénité, qui caractérise souvent les années 1530, d'une œuvre comme la *Vierge à l'Enfant avec saint Jean-Baptiste enfant et sainte Catherine* de Londres (National Gallery). Le paysage — peut-être un souvenir de la vallée du Piave, topos idéal des humanistes —, vaste malgré les dimensions modestes de la toile, les correspondances chromatiques calculées et la chaude humanité dont il est empreint feront de ce tableau, qui provient peut-être de la collection des Este, l'une des œuvres de Titien qui connaîtront le plus grand succès.

Autre œuvre datant de la même époque, la *Vierge au lapin* du Louvre (cat. **160**), dont l'examen radiographique révèle qu'elle fit l'objet d'une longue élaboration avant d'atteindre à sa touchante harmonie, établit un rapport nouveau entre figures et paysage, et elle servira de modèle aux *Saintes Conversations* à partir de 1530.

C'est à l'occasion du couronnement de Charles Quint à Bologne que Titien rencontre celui-ci et que, grâce aux bons offices de l'Arétin, comme le rapporte Vasari (1568) « il fit un très beau portrait de Sa Majesté tout armée ». Il entreprit peu après le *Saint Jérôme* du Louvre (cat. **162**), nimbé d'une clarté lunaire opalescente, sujet qu'il reprendra plusieurs fois par la suite en un format plus grand. On trouve un autre

exemple extraordinaire d'atmosphère nocturne, sur lequel méditera Savoldo, dans la *Nativité* ou l'*Adoration des bergers* (Palazzo Pitti), exécutée entre 1532 et 1533, première œuvre de Titien pour Francesco Maria della Rovere, duc d'Urbino, qui désirait en faire présent à sa femme pour la naissance de leur fils Giulio.

L'incendie survenu en 1574 au palais des Doges a malheureusement détruit le grand *Tableau votif du doge Andrea Gritti* pour la Sala del Collegio, le « *quadro nuovo* » (« tableau nouveau ») que vit Sanudo le 6 octobre 1531, jour de sa présentation officielle. Le souvenir en est conservé par une gravure sur bois, où le doge Gritti a été remplacé par son successeur Francesco Donà (Fig. 11), et par une étude préparatoire pour saint Bernardin, conservée aux Uffizi. D'une conception nouvelle et grandiose, cette œuvre servira de référence iconographique pour les tableaux votifs des doges suivants, à commencer par celui peint par Tintoret et son atelier en 1581-82.

Fig. 11
Tableau votif du doge Francesco Donà.
Xylographie d'après Titien, *Tableau votif du doge Andrea Gritti.*

Les années 1530 voient la propagande de l'Arétin entraîner l'accroissement du nombre des commandes de portraits, à partir de celui de *Charles Quint* avec son chien (Prado), peint en 1533, qui vaudra à son auteur, outre la faveur du souverain, l'affermissement de sa renommée en Europe. Dans la troisième édition, définitive, de son *Roland furieux*, l'Arioste se fait l'écho de cette renommée en des vers où il rapproche Titien des grands maîtres de son époque : « Léonard de Vinci, Andrea Mantegna, Giovanni Bellini, les deux Dossi, et celui qui sculpte et colorie également, Michel, davantage que mortel, Ange divin, Sebastiano del Piombo, Raphaël, Titien qui n'honore pas moins le Cadore que ceux-là Venise et Urbino. »

Titien se spécialise dans une peinture de portraits qui opère de mieux en mieux la synthèse entre imitation naturaliste, expression de l'identité sociale et morale, et raffinement chromatique, qualités qui correspondent bien aux souhaits des commanditaires. Les portraits d'*Eleonora Gonzaga* et de *Francesco Maria della Rovere* (cat. **167** et **168**) sont très représentatifs à cet égard.

Au cours de ces mêmes années, Titien peint aussi des œuvres visant à un idéal esthétique de beauté sereine qui incarne la splendeur quasi païenne des cours de la Renaissance, comme la *Jeune Fille à la fourrure* de Vienne (Kunsthistorisches Museum) ou *La Bella* du Palazzo Pitti. Il s'agit encore du modèle féminin, à l'évidence cher à Titien, de la *Vénus d'Urbin* (Florence, Uffizi; Fig. 12), commandée par Guidobaldo della Rovere, fils de Francesco Maria, qui était déjà en cours de réalisation le 9 mars 1538 et qui sera envoyée à la cour d'Urbino vers la fin de cette même année 1538. C'est là que Vasari (1568) la vit en 1548 : «une Vénus couchée, toute jeune, avec des fleurs, et entourée de fines étoffes d'un très beau fini». La grâce tendre de la *Vénus* de Dresde de Giorgione acquiert ici une sensualité glorieuse, accentuée par la sombre tenture qui sépare l'alcôve de la salle où des servantes vaquent à de banales tâches domestiques. Panofsky (1969) note, après Frankl, que les «morceaux» constitués par la fenêtre avec son myrte en pot et les deux femmes devant les coffres donnent l'impression d'être des scènes de genre indépendantes. Lambert Sustris, collaborateur de Titien et adepte de son langage, ne renonce pas aux éléments émiliens de sa culture ni à ses racines personnelles nordiques.

La traduisant en termes plus plastiques, il exécutera une variante de la *Vénus d'Urbin* (cat. **186**) dont il donne une interprétation plus réaliste, qui s'appuie sur une solide armature graphique. L'œuvre illustre un moment de transition pour l'artiste, encore fortement marqué par la leçon titianesque mais déjà attiré par la culture humaniste.

Quelques années auparavant, l'artiste avait traité le sujet de la *Madeleine pénitente* en lui conférant une charge ambiguë de sensualité et de sentiment religieux, qui correspondait bien à la fois au penchant érotique de l'époque et à son goût pour la dévotion. Il reprendra ce sujet dans de très nombreuses répliques, avec l'aide de son atelier. Sa *Madeleine pénitente* du Palazzo Pitti, probablement exécutée au début des années 1530, réunit la beauté de sa *Vénus anadyomène* (Édimbourg, National Gallery of Scotland, coll. du duc de Sutherland) et l'extase des *Sainte Cécile et sainte Catherine* de Raphaël, qui lèvent le regard vers le ciel pour indiquer le chemin de la conversion.

En 1538, Titien achève la *Bataille* destinée à la Sala del Maggior Consiglio du palais des Doges pour laquelle il s'était engagé en 1513, avec témérité et presque par défi car il s'agissait de : «la grande toile [...] du côté de la place [Saint-Marc] qui est le plus difficile [si bien] que personne, jusqu'à ce jour n'a[vait] voulu se charger d'une telle entreprise». Cette grande toile détruite dans l'incendie de 1577, est connue par une étude graphique d'ensemble conservée au Louvre (cat. **225**), une gravure de Giulio Fontana de 1569, une copie faite vers 1570 conservée aux Uffizi, ainsi que par deux splendides études de cavaliers (cat. **226** et **227**).

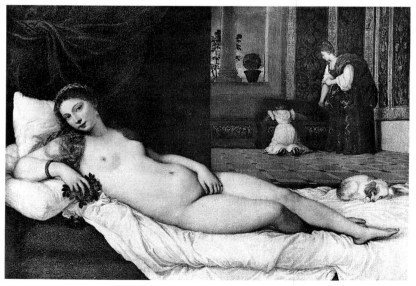

Fig. 12
Titien, *La Vénus d'Urbin*.
Florence, Galleria degli Uffizi.

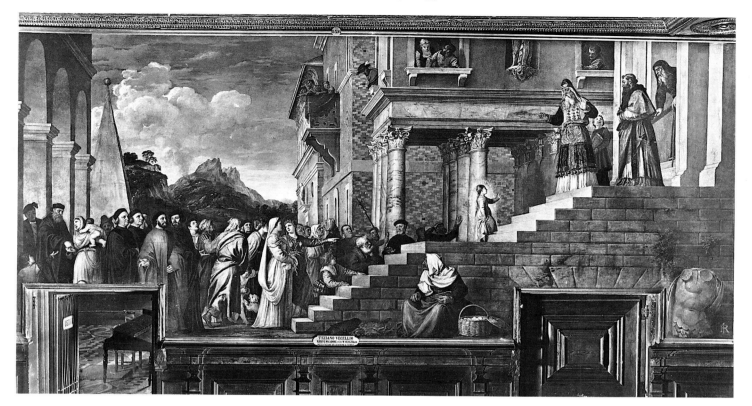

Fig.13
Titien, *La Présentation de la Vierge au Temple*.
Venise, Gallerie dell'Accademia.

Il ne semble pas que l'artiste ait pu concevoir cette œuvre, où la fureur du combat se concentre autour d'un pont, sans avoir connaissance, sinon du carton, au moins des dessins préparatoires de la *Bataille d'Anghiari* de Léonard de Vinci. Mais d'autres œuvres ont sans doute inspiré Titien, comme le carton de Raphaël pour la *Conversion de saint Paul* ou la tapisserie de la *Prédication de saint Paul*.

Une tension tout aussi vive que dans cette *Bataille* devait caractériser aussi une autre œuvre, perdue également, et connue par une gravure de Caraglio (voir cat. **251**), l'*Annonciation* que Titien exécuta en 1537 pour le couvent Santa Maria degli Angeli, à Murano. Les religieuses ayant refusé la toile, à cause de son prix trop élevé, au profit d'un tableau de Pordenone sur le même sujet, Titien fera don à l'impératrice Isabelle de cette œuvre, que l'Arétin décrit en détail et avec éloges dans une lettre du 9 novembre 1537.

Titien suit encore la tradition de la peinture narrative vénitienne, où l'ont précédé Jacopo Bellini, Carpaccio et Cima da Conegliano, dans la grande toile de la *Présentation de la Vierge au Temple*, exécutée entre le 21 août 1534 et le 6 mars 1539 pour la Sala dell'Albergo de la Scuola Grande de Santa Maria della Carità (Fig. 13). Les éléments architecturaux sont cependant inspirés de Serlio et, comme Battisti (1980) l'a noté avec acuité, bien que la composition soit encore marquée par la persistance du goût classique, l'in-

fluence de l'Italie centrale se marque déjà dans la continuelle opposition d'éléments qui rappelle les théories de Léonard de Vinci. Mais ce qui assure l'unité de l'œuvre en rachetant ses aspects maniéristes, c'est la qualité extraordinaire de la couleur : elle voile de bleu les montagnes du Cadore, y allume des feux qui font allusion à la virginité de Marie, éternelle comme le buisson ardent de Moïse, croise le vert et le noir sur la robe de l'enfant au pied de l'escalier, et nimbe d'un halo doré la petite Marie. Paris Bordon se souviendra de cette œuvre lorsqu'il peindra la *Remise de l'anneau au doge* pour la Scuola Grande de San Marco (Gallerie dell'Accademia), mais en utilisant une gamme froide et raffinée, bien différente du chaleureux chromatisme de Titien.

C'est cette même qualité chromatique qui devait compenser l'allure rhétorique des *Portraits des douze empereurs romains* que Federico Gonzaga lui avait commandés pour la salle de Troie, dans le palais ducal de Mantoue, peinte à fresque par Giulio Romano en 1536. L'année suivante, les quatre premiers portraits étaient prêts, mais la série n'était pas encore achevée en 1538, et le dernier portrait fut peint par Giulio Romano lui-même. Ces tableaux, transportés en Angleterre en 1628 avec le reste de la collection des Gonzague, puis en Espagne à l'Escorial, furent détruits. Outre de nombreuses copies, il reste des gravures qu'en fit Sadeler; celles-ci montrent que la composition n'était pas dépourvue de grandiloquence — qu'exagère un peu la reproduction par gravure —, comme si elle constituait une sorte d'hommage à Giulio Romano : Titien a dû en effet être frappé par la façon dont celui-ci combinait la violence maniériste et la perspective illusionniste.

En 1537, le cardinal Giovanni Grimani invite à Venise le Florentin Francesco Salviati et Giovanni da Udine pour décorer plusieurs salles de son palais Santa Maria Formosa. Le premier exécute un plafond avec *Psyché*, selon Vasari (1568) « la plus belle peinture qui soit dans tout Venise ». Les deux artistes décorent les voûtes et le plafond de la salle d'Apollon de « *storiette bellissime* » (« très belles petites histoires »), avec des figures d'une élégance raffinée où les emprunts à Michel-Ange et à Raphaël s'unissent en une interprétation qui rappelle aussi les rythmes sinueux de Parmigianino. Les compartiments, achevés en 1540, introduisent à Venise de nouveaux modèles de figuration. La même année, le jeune élève de Francesco Salviati, Giuseppe Porta, surnommé Salviati, grave sur bois une *Allégorie du Savoir* pour le frontispice des *Sorti* de Francesco Marcolini, ouvrage qui deviendra un utile répertoire iconographique, non seulement pour Titien mais aussi pour Lambert Sustris et Jacopo Bassano.

En 1541, Giorgio Vasari (1568), appelé à Venise par l'Arétin pour faire les décors de sa comédie *Talanta* pour la compagnie della Calza, apporte avec lui « deux tableaux de [sa] main, avec les cartons de Michel-Ange, qu'[il] donn[a] à Don Diego di Mendozza ». Il exécutera pour le plafond du palais Cornaro neuf tableaux avec des *Putti*, inspirés d'un haut-relief aujourd'hui au Museo Archeologico de Venise mais à l'époque apposé sur la façade d'un bâtiment place Saint-Marc, et des *Vertus* représentées sur des fonds de ciel, en une perspective « *di sotto in su* » (« de bas en haut ») qui perfectionne la solution spatiale adoptée par Pordenone pour les compartiments (dispersés) du plafond de la Scuola de San Francesco ai Frari.

L'influence des conceptions romaines et toscanes se fait de plus en plus profonde à la fin des années 1530 et au début des années 1540, grâce notamment aux choix d'une classe aristocratique cultivée et informée des nouveautés, ainsi qu'à la circulation des dessins et surtout d'estampes, extraordinaires moyens de diffusion. Titien qui était déjà ouvert à ces courants, ne reste pas insensible à de telles influences et au changement de goût des commanditaires. Pour faire face aux demandes, il est de plus en plus souvent contraint de recourir à l'aide de son atelier.

La « *Locuzione* » (« harangue »), selon le mot de Vasari, *d'Alphonse d'Avalos, marquis del Vasto* (Prado), fut probablement commandée en janvier 1539, date à laquelle le marquis était à Venise pour représenter l'empereur lors de l'élection du doge Pietro Lando. Ce tableau, que l'Arétin pouvait déjà décrire en détail le 20 novembre 1540, dut être achevé en 1541 au plus tard. C'est sans doute le commanditaire qui suggéra pour modèle une monnaie de l'empereur Gordien III représentant la harangue d'Auguste, mais l'artiste réussit à faire de cette minuscule image une composition monumentale — le marquis s'adresse aux soldats, suggérés par une forêts de piques et de lances sur le fond d'un ciel chargé de nuages —, invention sur laquelle méditera Velázquez.

Titien est désormais profondément éloigné du naturalisme classique de ses œuvres de la décennie précédente. Le *Saint Jean-Baptiste*, peint pour l'église Santa Maria Maggiore de Venise (cat. **170**), est conçu de manière à donner le plus grand relief à la figure, qui devait d'ailleurs apparaître avec encore davantage de présence sculpturale à son emplacement d'origine. L'artiste semble vraiment se mesurer ici avec les grands maîtres toscans et romains, en traitant cette commande de manière exemplaire par l'« invention » selon les termes élogieux de Dolce et conformément aux théories de celui-ci (1557).

Le 2 février 1540, Titien reçoit un premier acompte pour un tableau d'autel qu'il doit faire dans la chapelle de la Compagnie à l'église Santa Maria delle Grazie à Milan : il s'agit du *Couronnement d'épines*, aujourd'hui au Louvre (cat. **171**), pour le paiement duquel le solde lui est versé le 10 janvier 1542. Titien modifie la composition horizontale antérieure de Bernardino Luini (Milan, Pinacoteca Ambrosiana) en la resserrant sur un fond d'architecture à bossages rustiques, inspiré de Giulio Romano et rappelant un bois gravé de Dürer sur le même sujet. Le Christ incliné conserve encore quelque chose du *Laocoon*, et le bourreau musculeux de gauche est probablement inspiré d'une statue romaine de Barbare, dont Titien a peut-être vu un moulage ou un dessin à Mantoue. La combinaison de ces éléments aboutit à une œuvre d'une très grande tension et d'une extraordinaire vivacité d'expression. « Titien a poussé au stade ultime cette violence où la forme acquiert une autonomie abstraite par rapport à la couleur, stade qu'il ne dépassera que lorsque la lumière reviendra exalter d'une manière bien différente son goût chromatique instinctif » (Pallucchini, 1969).

Titien peignit entre 1542 et 1544 les trois toiles pour le plafond de l'église Santo Spirito in Isola, aujourd'hui dans la grande sacristie de la Salute, que les critiques du XVIIᵉ siècle admirèrent et que copièrent de nombreux artistes, de Tintoret à Fragonard en passant par Van Dyck et Piranèse. Ces toiles, peintes en quelques tons fondamentaux, ne font pas apparaître la technique complexe, faite de touches superposées, typique de l'artiste. Il est probable que la destination des toiles qui ne devaient pas être vues de près, ou l'exigence d'adapter ses compositions aux dessins préparatoires de Vasari, qui n'acheva pas la commande, aient déterminé Titien à prendre ce parti technique. Les toiles témoignent non seulement des rapports de Titien avec Giuseppe Porta et Vasari, ainsi qu'avec Salviati lui-même, Giulio Romano, Corrège et Michel-Ange, mais plus précisément de ses affinités avec Pordenone, mort en janvier 1539, qui avait exécuté entre 1532 et 1533 les fresques du cloître de l'église Santo Stefano illustrant des passages de l'Ancien et du Nouveau Testament. Les gravures de Jacopo Piccini nous révèlent, plus que les fragments subsistants, que Titien avait tiré de ces fresques ses chiasmes violents, ses musculatures puissantes et ses raccourcis audacieux. Le plafond, qui frappa tant plus tard la sensibilité des artistes baroques, influencera Véronèse pour le plafond de la salle du Consiglio dei Dieci du palais des Doges, surtout dans la partie centrale (*Jupiter*, Louvre).

Pour le maître-autel de l'église Santo Spirito in Isola, Titien exécuta la composition tourmentée de la *Pentecôte* (aujourd'hui à la Salute), commencée en 1529 ou 1530 et achevée en 1541. De manière inexplicable, cette toile se détériora rapidement par endroits, et elle fut retournée à l'atelier de l'artiste en 1543. Jusqu'à présent, on ne savait par clairement si Titien avait restauré la première version — dans ce cas, l'examen aux rayons X aurait dû révéler les portraits des prieurs recouverts par cette restauration — ou bien s'il avait exécuté une deuxième version. Les examens radiographiques et réflectographiques effectués à l'occasion de l'exposition de 1990 ont confirmé qu'il s'agit bien d'une œuvre nouvelle. Déjà informé des nouveaux thèmes humanistes, Andrea Schiavone s'intéresse lui aussi à ces nouvelles expériences figuratives. Il réussit ainsi à concilier l'élégance de Parmigianino et les solutions formelles et dramatiques de Titien, dont il récupère également le langage classique. En ce sens, l'*Annonciation* de Belluno (cat. **184 a** et **184 b**) est particulièrement caractéristique; elle s'inspire soit de l'*Annonciation* de Titien de la Scuola di San Rocco, soit de celle, perdue et connue par la gravure de Caraglio, peinte pour Santa Maria degli Angeli de Murano.

La «crise maniériste» se manifeste dans les portraits par un rendu des sujets plus objectif, parfois même impitoyable, par une recherche approfondie du caractère intérieur, ainsi que par une technique d'exécution plus rapide, qui confine parfois à l'esquisse, cependant que Titien y met lui-même la main davantage que dans les grandes compositions.

Titien peignit le portrait de son ami Pietro Bembo (Washington, National Gallery), célèbre humaniste et écrivain dont la réputation se fondait surtout sur les *Asolani* (dialogue sur l'amour platonique en trois volumes), probablement entre mars et octobre 1539, c'est-à-dire entre la nomination de celui-ci au cardinalat et son départ de Venise pour Rome. Bembo regarde vers la gauche, tout en faisant de la main droite un geste d'orateur pour ainsi dire, comme pour accompagner l'exposé rhétorique de ses théories littéraires. Le camail et la barrette écarlates lui confèrent une présence plastique qui le fait se détacher sur le fond sombre, tandis que le front haut, les joues creusées et le nez effilé veulent suggérer la finesse de son esprit.

Le portrait de *Ranuccio Farnese* (Washington, National Gallery), neveu du pape Paul III, était déjà achevé le 22 septembre 1542, pendant le séjour du jeune garçon à Venise. Commandé par Andrea Cornaro pour la mère de l'enfant, ce portrait marque le début des rapports de Titien avec la famille des Farnèse. Ce sont des chefs-d'œuvre comme celui-ci qui contribueront à répandre l'opinion que Titien est le premier grand portraitiste de l'enfance.

Le 6 juillet 1542, l'Arétin écrivait à Titien : «J'ai vu, compère, le portrait que vous avez fait de la fillette du sire Roberto Strozzi [qui] mérite d'être placé avant toutes les peintures qui seront jamais faites.» Le portrait de la petite Clarice Strozzi, représentée avec affection alors qu'elle donne avec une grâce inimitable un biscuit à manger à son petit chien, daté 1542 (Berlin, Staatliche Museen), est en effet un des exemples les plus attachants des portraits du maître.

D'après une lettre de l'Arétin adressée à Cosme Ier de Médicis le 10 avril 1543, c'est Paul III qui invita le peintre à Ferrare pour qu'il fasse son portrait. Paul III est représenté au faîte de son pontificat (cat. **172**). Ce n'est pas par hasard qu'il avait choisi, après et avec Michel-Ange, Titien, l'artiste préféré de l'empereur. Ce portrait, le premier de ceux du pape et le deuxième pour les Farnèse, devait être terminé en mai 1543. La mise en page est la même que celle des portraits semblables de Raphaël et Sebastiano del Piombo, mais la qualité et la couleur imprégnée de lumière, le visage aminci et «farouche», ainsi que les mains effilées, comme des griffes de rapaces, révèlent la force intérieure et la volonté de pouvoir du personnage.

La même volonté indomptable émane de l'imposante figure du doge Andrea Gritti (Washington, National Gallery), qui tient à peine dans les limites physiques de la toile. Ce portrait, sans aucun doute posthume, est construit en touches rapides et empâtées, avec une palette limitée, et il rend avec une extraordinaire présence la conscience qu'a cet homme d'être né pour dominer. L'emprunt de la grande main au *Moïse* de Michel-Ange pourrait permettre de situer ce tableau tout de suite après le voyage à Rome de 1545.

C'est en revanche entre 1540 et 1545 que dut être exécuté le *Portrait d'un gentilhomme*, intitulé encore le *Jeune Anglais* ou l'*Homme aux yeux glauques* (Palazzo Pitti), l'un des portraits les plus saisissants et insaisissables que fit Titien, qui reste encore anonyme malgré de nombreuses tentatives d'identification.

Le *Portrait de l'Arétin* (cat. **173**) fournit un autre exemple de cette nouvelle manière d'esquisser les figures en quelques tons vigoureux. Le caractère imposant de la figure dans son ample manteau lie-de-vin témoigne que Titien prêtait une attention particulière à la statuaire classique. Mais ce portrait innove par ses qualités, déjà annoncées par le *Portrait de Paul III*, que sont l'absence de toute flatterie, la désinvolture presque brutale et la rapidité d'exécution, dans laquelle se brise « la solidité de la forme au sens plastique ». Les portraits de cette période aussi « subtilement intellectualisés » (Pallucchini, 1969), intéressent profondément le jeune Tintoret, qui, tout en empruntant au maître ses schémas formels, en refusera en fait les composants épiques et héroïques, au profit d'une recherche pénétrante d'émotion et d'une interprétation plus simple, pleine d'humanité.

La crise qui avait frappé Titien semble déboucher sur un nouvel équilibre dans la *Danaé* de Capodimonte (Fig. 14), à laquelle il travaille en 1544. Dans le courant de 1543, le cardinal Alessandro Farnese avait vu à Pesaro la *Vénus d'Urbin* (Florence, Uffizi), qui lui avait tellement plu qu'il en avait demandé une réplique à l'artiste. L'examen radiographique de la *Danaé* montre que Titien voulut dans un premier temps satisfaire en effet à cette demande : sous la version définitive, on découvre une composition antérieure très semblable à celle de la *Vénus d'Urbin*. La pose de la splendide créature est inspirée d'une gravure de Léonard Thiry reproduisant la *Danaé* peinte par Primatice à Fontainebleau, mais on y voit aussi des accents à la Michel-Ange. Cependant, son abandon suggestif et la facture picturale sans support graphique préalable ne pouvaient pas être compris du milieu artistique romain, comme le prouvent les commentaires de Michel-Ange et de Vasari. Il est donc compréhensible que ce soit la charge de portraitiste officiel qui fut confiée à Titien, peu versé dans le « *disegno* » (le « dessin ») mais très capable de « *contraffare il vivo* » (d'« imiter [peindre sur] le vif »), lorsqu'il se rendit à la cour pontificale à Rome, où il arriva le 9 octobre 1545 et où il fut accueilli avec de grands honneurs.

Le *Portrait de Paul III avec ses neveux Alexandre et Octave* (Naples, Capodimonte; Fig. 15), de 1546, seulement esquissé en certains endroits, révèlent toutes les tensions entre le vieux pontife encore inflexible et les jeunes gens avides et intrigants. Il constitue un document historique d'un caractère dramatique terrible, un dialogue impitoyable « déjà digne de Shakespeare » (Pallucchini, 1969) profondément différent du portrait que Raphaël fit de Léon X avec les cardinaux Giulio de' Medici et Luigi de' Rossi, qui avait pourtant influencé le premier projet de Titien.

Le peintre reçoit la citoyenneté romaine au Capitole en mars 1546, à la fin de son séjour, sans qu'il soit parvenu à obtenir le bénéfice ecclésiastique désiré pour son fils Pom-

Fig. 14.
Titien, *Danaé*.
Naples, Museo e Gallerie Nazionali di Capodimonte.

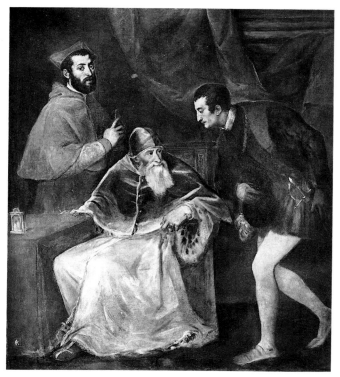

Fig.15
Titien, *Portrait de Paul III avec ses neveux Alexandre et Octave.*
Naples, Museo e Gallerie Nazionali di Capodimonte.

ponio. Après avoir fait étape à Florence, il rentre fin juin à Venise, où il exécute avec l'atelier le décor pour le plafond de la Sala dell'Albergo de la Scuola de San Giovanni Evangelista, qui comporte notamment la *Vision de saint Jean l'Évangéliste à Patmos* (Washington, National Gallery).

C'est probablement peu avant la mort de son frère Andrea, survenue en janvier 1547, que Gabriele Vendramin, qui possédait la *Tempête* de Giorgione, commanda le grand tableau votif (Londres, National Gallery; Fig. 16), où, selon un inventaire de sa collection dressé en 1567 et 1569, sont représentés «messire Andrea Vendramin avec ses sept fils et messire Gabriele». Ce portrait de famille d'une grande humanité contraste avec celui des trois Farnèse : il exalte en effet les vertus civiques, la maîtrise de soi, la conscience du

Fig.16
Titien, *Tableau votif de la famille Vendramin.*
Londres, National Gallery.

devoir accompli et de son état, caractéristiques du patriciat vénitien de l'enfance à la vieillesse. Titien, tout à fait détaché de la syntaxe maniériste, y atteint à une extraordinaire liberté expressive, notamment au moyen d'un coloris de plus en plus vibrant de lumière.

En janvier 1548, à l'invitation de Charles Quint, Titien se rend à Augsbourg avec son fils Orazio, son neveu Cesare et Lambert Sustris, en emportant un *Ecce Homo* (Prado) et « une figure de Vénus tout à fait unique » (Ridolfi, 1648). Au printemps, il assiste à l'installation de la Diète, à laquelle participent rois, ducs et comtes électeurs. Il fera des portraits pour beaucoup d'entre eux , mais d'abord pour l'empereur. Le *Charles Quint à cheval* (Prado), commencé en avril 1548 et achevé en septembre, comme l'atteste une lettre de l'Arétin, rappelle la statue équestre antique de Marc Aurèle au Capitole. Ce portrait officiel offre un extraordinaire exemple de la célébration d'un mythe : le chroniqueur Avila y Zúniga, présent sur le champ de bataille, rapporte en effet que l'empereur, paraphrasant César après sa victoire, déclara : « *Vine, ví y Dios venció* » (« Je vins, je vis et Dieu vainquit »).

C'est aussi lors de ce séjour à Augsbourg que la sœur de l'empereur, Marie de Hongrie, régente des Flandres, commanda à Titien une série de tableaux des *Furies* ou des *Damnés,* inspirés des *Métamorphoses* d'Ovide. N'en subsistent aujourd'hui que *Tityos* et *Sisyphe* (Prado) achevés entre 1548 et juin 1549; la massivité des héros peints pour l'église Santo Spirito in Isola se défait ici dans un chromatisme émietté, d'une gamme presque pauvre, où sont encore bien évidentes les influences du gigantisme de Michel-Ange.

Pendant l'absence de Titien, le jeune Tintoret s'affirma grâce à une œuvre qui fit sensation, *Saint Marc libérant un esclave,* pour la Scuola Grande de San Marco, aujourd'hui aux Gallerie dell'Accademia de Venise. Mais les deux peintres suivent des voies différentes : le plus jeune est occupé à satisfaire une clientèle locale de plus en plus nombreuse, le plus âgé est accaparé par les commandes des Habsbourg.

C'est juste après la série des *Damnés* que doit se situer le tableau d'autel de *Saint Jean l'Aumônier* (cat. **175**) exécuté avec un empâtement pictural dans lequel la matière se décompose déjà sous la lumière « *con tenero modo* » (« avec douceur »), selon le mot de Ridolfi (1648), sans atteindre encore au « chromatisme dissous » des dernières œuvres, mais l'annonçant déjà. Cependant, comme l'a révélé l'examen réflectographique, l'artiste a exécuté au préalable un très beau dessin préparatoire, peut-être parce qu'il subit encore l'influence de Pordenone, qui avait peint entre 1530 et 1535 dans la même église les fresques de la coupole avec les pères de l'Église et les évangélistes : Titien semble avoir surtout médité sur le dessin de *Saint Augustin assisté par les anges* (Windsor, Royal Library), étude probable pour ces fresques récemment redécouvertes.

Mais Philippe, prince d'Espagne, invite de nouveau Titien à Augsbourg, où Charles Quint avait réuni la Diète en juillet pour lui annoncer son prochain retrait de la vie publique. En novembre, l'artiste le rejoint.

G.N.S.

page 153

159

Tiziano Vecellio, dit Titien
Pieve di Cadore, vers 1488/1490 - Venise, 1576

Le Transport du corps de Jésus
dit *La Mise au tombeau*

Toile. H. 1,48; L. 2,12 (bandes d'agrandissement en haut et en bas dissimulées par le cadre, surface originale : H. 1,27; L. 2,10).

PARIS, MUSÉE DU LOUVRE,
DÉPARTEMENT DES PEINTURES

HISTORIQUE

Coll. Gonzague, Mantoue, jusqu'en 1627 (Luzio, 1913, p. 92, n° 11); coll. Charles Iᵉʳ d'Angleterre, jusqu'en 1649 (inv. Van der Doort, 1639, n° 7); vendu au colonel Webb, Londres, 25 oct. 1649 (Ms Harley, British Museum, n° 4898, 1649-1652, fol. 151, n° 32); coll. Jabach, Paris, vers 1649; acquis par Louis XIV en 1662 (inv. Le Brun, 1683, n° 46); au Louvre depuis 1785 (inv. Duplessis, n° 49).

EXPOSITIONS

Paris, 1935, n° 461; Venise, 1935, n° 18; Paris, 1945, n° 80; Paris, 1976 (Louvre), n° 8.

BIBLIOGRAPHIE

Vasari, 1568 (éd. Milanesi, 1881, VII, p. 458, note 4); Lépicié, II, 1754, p. 25; Tarral, 1850, Deuxième Lettre, p. 42; Crowe et Cavalcaselle, 1877, I, pp. 283-287; Villot, 1864, I, n° 465; Jouin, 1883, pp. 14-18; Engerand, 1899, p. 68-69, 620, n° 864; Tauzia, 1888, I, n° 446; Gronau, 1911, pp. 67-68, 283-284; Fischel, 1911, pp. XXI, 49, 250; Hourticq, 1919, p. 10 note 1, pp. 13, 23, 30, 69, 192-197, 285; Venturi, IX, 3, 1928, pp. 266-267; Ricci, 1913, p. 160, n° 1584; Hautecœur, 1926, p. 133, n° 1584; Suida, 1935, p. 60, 164; Tietze, 1936, I, p. 142, 222, II, p. 305; Mayer, 1938, p. 305; Curtius, 1938, t. 28, pp. 233-241; Tietze, 1950, pp. 28, 389; Mirimonde, 1953, pp. 37-39; Hulftegger 1955, pp. 128-129; Brendel, 1955, p. 119; Berenson, 1957, I, p. 189; Teyssèdre, 1957, pp. 77-80, 160, 305; Millar, 1958-1960, p. 15; Valcanover, 1960, I, p. 66, n° 125; Pallucchini, 1969, I, pp. 64-65, 163, 259-260; Wethey, I, 1969, pp. 5, 89-90, n° 36, III, 1975, p. 95; Valcanover, 1970, p. 105, n° 127; Constans, 1976, pp. 162, 170 note 48; Rosand, 1978, pp. 29, 37, 102, 142; Hope, 1980(2), pp. 47-48; Rudel, 1980, pp. 197-198; Ruhmer, 1980, p. 457; Brejon de Lavergnée et Thiébaut, 1981,

p. 246, Inv. 749; Pignatti, 1981, I, p. 54; Thornton, 1982, p. 172-175; Brejon de Lavergnée, 1987, p. 124, n° 46; Rylands, 1988, p. 148; Habert, 1992, n° 21.

La bande d'agrandissement de 20 centimètres en haut de la toile, actuellement dissimulée par le cadre, est déjà présente dans les dimensions indiquées par Le Brun (1683).

Si l'inventaire de la collection de Mantoue, dressé pour la vente de 1627, semble mentionner l'œuvre (Luzio, 1913, n° 11), ni la correspondance ni les archives des Gonzague ne conservent la trace, vers 1523-25, d'une commande d'Isabelle d'Este ou de son fils Frédéric II d'un tableau de ce sujet. C'est Gronau (1911) qui suppose une exécution tardive de la toile, vers 1523-25, en raison des ressemblances de style avec la seconde version de l'*Assomption* (Vérone, cathédrale), généralement placée après 1530, mais dont la datation reste incertaine puisque Mayer (1938) en situe l'exécution avant cette année. Gronau introduit également le parallèle avec la *Mise au tombeau* (en fait également un *Transport du corps de Jésus*) de Raphaël (1507, Rome, Galleria Borghese). Hourticq (1913) recule encore la date à 1525-1527, parce qu'il croit reconnaître dans le personnage barbu de Joseph d'Arimathie, à la suite de Tarral (1850), — qui identifie aussi la figure de saint Jean à un portrait de Giorgione —, un autoportrait de Titien, qui aurait alors trente-cinq ou trente-sept ans, et suppose, sous prétexte que le marquis de Mantoue «demandait des baigneuses plutôt que des madones», ou, comme le dit l'Arétin avec plus d'élégance dans une lettre de 1527, des œuvres «sans hypocrisie, sans stigmates et sans clous», que c'est Isabelle d'Este qui commanda la toile pour son fils vers 1525; l'auteur revient aussi sur la comparaison avec la création de Raphaël conservée à la Galleria Borghese, où «les porteurs montrent trop que ce cadavre pèse», alors que chez Titien «ce n'est pas un fardeau indifférent qu'ils soulèvent».

Venturi (1928) classe cependant le tableau plus justement à côté de la *Pala Gozzi* (1520, Ancône, Museo Civico) et du *Polyptyque Averoldi* (1520-1522, Brescia, Santi Nazaro e Celso), c'est-à-dire dans un ensemble de compositions qu'il qualifie de «fulgurantes» en raison du caractère dramatique de leurs horizons bas et de leurs ciels incandescents au soleil levant ou couchant, dont les éclats de lumière rasante créent un clair-obscur mystérieux et d'éton-

nants effets de contre-jour; l'amorce de torsion en spirale du corps musculeux de Jésus, inspirée de Michel-Ange, évoque en outre celle de la Vierge du tableau d'Ancône et du Christ ressuscité ou du saint Sébastien de l'œuvre de Brescia. C'est ce type de représentation que le peintre met au point vers 1520 pour ses premières compositions abordant le drame de la souffrance et de la mort. Ce regroupement d'œuvres tend ainsi à avancer la date de la toile avant 1523 et la situer avec ou même avant la *Pala Gozzi* et le *Polyptyque Averoldi*, c'est-à-dire vers 1520.

Malgré cela, Mayer (1938), F. Valcanover (1960, 1969), Pallucchini (1969) et T. Pignatti (1981) maintiennent la datation de Gronau vers 1523-1525/26, que Wethey (1969) recule encore sans explication (à cause de la mauvaise datation, trop tardive, de l'*Assomption* de Vérone?), vers 1526-1532. Si Pallucchini fait le rapprochement avec le *Polyptyque Averoldi*, il évoque en même temps les *Pèlerins d'Emmaüs* de la collection Yarborough à Brocklesby Park, qui montrent certes, comme la version plus connue du Louvre (cat. **161**), un ciel crépusculaire à l'arrière-plan, mais ni aussi bas ni avec une lumière aussi dramatique et fulgurante, l'atmosphère étant déjà celle, moins démonstrative, plus recueillie, qui apparaît avec la reméditation du giorgionisme effectuée par Titien vers 1525. C. Hope (1980), qui souligne les similitudes de la mise en page du tableau du Louvre avec celle de *L'Amour sacré et l'Amour profane* (Rome, Galleria Borghese), opère un renversement de la datation, suivant une proposition émise dans la première monographie de Tietze (1936), qui avançait la date de l'œuvre vers 1516 parce qu'il y remarquait une qualité atmosphérique dépendante de Giorgione et une référence à l'art antique rappelant la phase du «classicisme chromatique» (Pallucchini, 1969) de Titien dans la deuxième décennie du siècle, vérifiée peu après par Curtius (1938), qui note l'influence de la composition en frise du *Sarcophage* dit *de Méléagre* (Rome, Museo del Capitolino), à laquelle Titien donne toutefois une forme de tympan par la position des deux porteurs et de saint Jean penchés en sens opposé sur le corps du Christ : Tietze suppose l'œuvre commencée à cette date et terminée plus tard pour la cour de Mantoue, tandis que C. Hope pense qu'elle est la première d'une série de toiles exécutées en même temps que l'*Assomption des Frari* (1516-1518), dont elle contient la même charge émotive et reproduit le dynamisme.

Pour prendre deux comparaisons extrêmes dans la carrière de Titien, l'on remarque des points de convergence : avec le *Concert champêtre* (Louvre; cat. **43**), entre le visage de saint Jean vu de trois quarts et celui à moitié dans l'ombre du berger assis aux cheveux roux ébouriffés; et avec l'*Assomption* de la cathédrale de Vérone, entre le type de Joseph d'Arimathie et celui de l'apôtre barbu debout, au centre, derrière le tombeau, ou encore entre l'attitude de Nicodème et celle des deux disciples de dos au premier plan. Mais, si l'on suit P. Rylands (1988), qui croit à la datation précoce de C. Hope et à l'attraction de la création de Titien sur le tableau de Palma Vecchio de même sujet (Bruxelles, Musées royaux des Beaux-Arts) — qu'il place dans un groupe d'œuvres exécutées entre 1518 et 1522 environ et plus précisément en 1520 —, l'existence du tableau du Louvre est ainsi attestée vers cette date.

L'hypothèse de C. Hope, qui avance la datation du tableau du Louvre avec raison, a aussi le mérite d'établir définitivement l'idée, confirmée par les archives, que la toile, même si elle provient de Mantoue, n'a pas été commandée par les Gonzague : la création d'une image en réponse à l'invention d'un autre maître, ici Raphaël, plutôt qu'en réponse à une commande précise, est conforme à l'esprit de Titien et de son milieu humaniste aimant les confrontations. Lorsque le peintre reprend le thème en 1559, avec la *Mise au tombeau* du Prado (cat. **253**), la réflexion sur la mort perd en monumentalité tragique et devient théâtrale : la composition s'inverse de manière à placer le Christ en pleine lumière et l'émotion se transmet par un effet de foule.

J.H.

page 154

160

Tiziano Vecellio, dit Titien
Pieve di Cadore, vers 1488/1490 - Venise, 1576

La Vierge à l'enfant
avec sainte Catherine
dite *La Vierge au lapin*

Toile H. 0,71; L. 0,87. Signé en bas à gauche sur la roue de sainte Catherine : *Ticianus /. F.*

PARIS, MUSÉE DU LOUVRE,
DÉPARTEMENT DES PEINTURES

HISTORIQUE
Coll. des Gonzague, Mantoue, jusqu'en 1627; peut-être donnée par Vincenzo Gonzaga au cardinal de Richelieu vers 1624-27; coll. du cardinal jusqu'en 1642; coll. du duc de Richelieu, héritier du cardinal; acheté par Louis XIV en 1665 (inv. Le Brun, 1683, n° 157); au Louvre depuis 1785 (inv. Duplessis, 1785, n° 48).

EXPOSITIONS
Venise, 1935, n° 21; Paris, 1945, n° 78; Paris, 1976 (Louvre), n° 9; Paris, 1978-79, sans n°; Nice, 1979, n° 14; Londres, 1981-82, n° 155.

BIBLIOGRAPHIE
Fréart de Chantelou, (éd. Lalanne, Paris, 1885), p. 233; Félibien, II, 1679, pp. 69-70; Lépicié, II, 1754, pp. 19-20; Villot, I, 1864, p. 282, n° 459; Crowe et Cavalcaselle, 1877, I, pp. 336-341, 446; Jouin, 1883, pp. 207-214; Tauzia, 1883, p. 250, n° 440; Cosnac, 1884, pp. 198-199, 203, 243; Grouchy, 1894, p. 54; Engerand, 1899, p. 73; Gronau, 1911, p. 86, 283; Fischel, 1911, p. 55, 251, note 55; Ricci, 1913, p. 157, n° 1578; Hourticq, 1919, p. 214-215; Hautecœur, 1926, p. 132, n° 1578; Suida, 1933, p. 154; Tietze, 1936, I, pp. 141, 152-153, 156, 161; Fogolari, 1938, p. 61; Ferraton, 1949, pp. 439, 444; Tietze, 1950, p. 30; Hours, 1976, pp. 12-15; Hulftegger, 1954 (1955), p. 132 note 1; Berenson, I, 1957, p. 189; Teyssèdre, 1957, pp. 128-129, 133, 137, 141, 144, 147-148, 159, 248-249, 338-339, 545; Valcanover, 1960, I, p. 66; Pallucchini, 1969, I, pp. 57, 71-72, 75, 87, 264-265, 383, 400; Wethey, I, 1969, pp. 17, 105-106, n° 60, III, 1975, p. 95, 260, n° 60; Béguin, Valcanover, 1970, p. 6-7, 106, n° 142, p. 143-144; Béguin, 1980, pp. 480-484; Hope, 1980(2), pp. 74-75; Hope, 1981, p. 75; Brejon de Lavergnée et Thiébaut, 1981, p. 245, Inv. 743; Brejon de Lavergnée, 1987, pp. 37, 54, 67, 211, n° 157; Bercé et Boubli, 1988, p. 47 note 6; Habert, 1990, pp. 209-212, n° 23.

L'histoire de la toile du Louvre a été quelquefois confondue avec celle de la *Vierge à l'Enfant avec le petit saint Jean et sainte Catherine* conservée à la National Gallery de Londres, proche par la date, mais de plus grand format, qui provient de la collection des ducs de Ferrare.

Crowe et Cavalcaselle (1877) publient une lettre du chargé d'affaires du marquis de Mantoue à Venise, Giambattista Malatesta (voir cat. **54** et **55**), adressée à Frédéric II le 5 février 1530, qui mentionne une « Vierge avec sainte Catherine » que Titien doit terminer pour ce prince à Pâques et que ces auteurs identifient au tableau du Louvre. Alors que Suida (1933) pense inexplicablement que la lettre de Malatesta se réfère au tableau londonien, Fogolari (1938), Tietze (1936), Berenson (1957), F. Valcanover (1960, 1970), Pallucchini (1969), Wethey (1969), C. Hope (1980, 1981) et A. Brejon (1987) pensent logiquement, à la suite de Crowe et Cavalcaselle, que la *Vierge au lapin* est bien l'œuvre commandée par le marquis vers 1530, dont C. Hope (1981) semble avoir retrouvé le paiement reçu par Titien en mars 1530 (AS-MAG, b. 1464, fol. 387 v.).

On trouve plus tard dans l'inventaire des Gonzague de 1627 (Luzio, 1913, n° 315) une « Madone avec l'Enfant dans un bras et sainte Catherine » de Titien. Alors que Cosnac (1884) affirme à tort que le tableau du Louvre a appartenu au cardinal Mazarin, chez qui il y avait cependant, selon la liste estimative dressée par Colbert en vue de l'achat par le roi, une « petite Vierge, du Titien », Hautecœur (1926) et Hulftegger (1954) supposent que la *Vierge au lapin* est bien l'œuvre de l'inventaire des Gonzague et qu'elle est donc passée dans les collections de Charles Ier d'Angleterre et de Jabach, avant de rejoindre celle de Louis XIV.

Ferraton (1949) démontre que le tableau provient au contraire de la collection du duc de Richelieu, héritier du cardinal (mais cet héritage n'est pas documenté), tandis que Wethey (lettre adressée le 25 juin 1972 à S. Béguin) estime que le n° 315 de l'inventaire des Gonzague correspond à une autre composition, exécutée par le frère de Titien Francesco Vecellio (Wethey, 1969, n° X-20), et que le tableau du Louvre, donné peut-être, vers 1624-27, en même temps que les cinq Allégories de Mantegna, Costa et Pérugin ayant décoré le « studiolo » d'Isabelle d'Este, à Richelieu par Vincent de Gonzague — qui espérait obtenir de la monarchie française le titre d'Altesse —, ne figure pas plus que ces dernières sur la liste de 1627. On remarque pourtant que le n° 315 de cet inventaire ne se retrouve pas dans celui de la collection de Charles Ier d'Angleterre, dressé par Van der Doort en 1639 : ce tableau serait-il la *Vierge au lapin*, qui aurait été retiré de la vente à la dernière minute pour être offert au cardinal ? Selon Loménie de Brienne, le duc de Richelieu, ayant joué sa collection à la paume contre Louis XIV, perdit la partie et dut vendre au roi pour 50 000 livres vingt-cinq tableaux, dont la *Vierge au lapin*.

La restauration semble confirmer l'impression de Wethey que la toile a été légèrement coupée des deux côtés, car, au cours de la restauration effectuée par le Service de restauration des Musées de France à l'occasion de cette exposition, deux petites figures masculines sont réapparues en haut à gauche, dont l'une est anormalement entamée par le bord, de même que l'est la flûte de Pan, suspendue à droite à un arbre invisible; cette diminution du tableau en largeur date d'avant l'achat par Louis XIV, puisque les dimensions sont les mêmes que celles de l'inventaire de Le Brun (1683).

La Vierge, assise au milieu d'un pré pour manger des fruits, immobilise un lapin blanc et le montre à l'enfant remuant que sainte Catherine, un genou appuyé sur sa roue à crocs, lui tend; plus loin, un berger surveille ses moutons. Le ciel strié de bandes oranges et azurées constitue une adaptation, sur un mode idyllique, de ceux des puissantes compositions sacrées du début des années 1520 (voir cat. **159**), la torsion du berger à droite reproduisant en petit celle du saint Sébastien du *Polyptyque de Brescia*. Ce genre de peinture témoigne d'un nouveau rapport avec la nature, qui, perdant son aspect simplement décoratif, assume un rôle plus actif préludant au paysage pur. La composition fortement décentrée et la situation de sainte Catherine émergeant de la bordure gauche semblent être un reflet des inventions de Corrège (*Pietà*, Parme, Galleria Nazionale); cette asymétrie cherche peut-être à opposer la vraie foi, incarnée au premier plan par le groupe de la *Vierge à l'Enfant*, à quelque divinité païenne des troupeaux, le berger lauré embrassant au second plan une brebis noire.

Si Lépicié (1754) croit à tort que ce berger est saint Joseph, erreur répétée dans les anciens catalogues du Louvre jusqu'en 1926, Crowe et Cavalcaselle (1877) imaginent qu'il s'agit d'un portrait du commanditaire, Frédéric II de Gonzague, les sources précisant que Titien était justement en train de peindre le portrait de celui-ci vers 1530. Hourticq (1919), S. Béguin (1976) et A. Brejon (1987) acceptent cette identification séduisante, alors que Suida (1935) et F. Valcanover (1960, 1969) pensent qu'il s'agit de saint Jean-Baptiste. La radiographie révèle que, dans une première idée, la Vierge avait la tête tournée vers ce personnage, représenté lauré dès ce stade, ce qui exclut saint Joseph et saint Jean-Baptiste, mais confirme l'importance plus qu'anecdotique de ce berger; couronné de laurier et embrassant une brebis noire, il pourrait faire allusion, dans un second degré de lecture, aux ambitions culturelles du marquis de Mantoue et au gouvernement éclairé de ce prince ramenant à l'ordre les sujets égarés, une idée chère aux Gonzague. Crowe, Cavalcaselle et Hourticq voient également dans la figure de sainte Catherine un portrait de l'épouse de Titien, Cecilia avec son dernier fils, morte précisément au moment où le peintre, très affecté, selon Malatesta, par cette disparition, terminait le tableau; Tietze (1936) fait justice de cette hypothèse romantique.

La radiographie révèle aussi que, dans une première idée, la Vierge, qui tournait la tête, comme il a été dit, vers le berger, avait le bras replié sur la poitrine; le panier ne contenait d'abord ni pomme ni raisin, qui ont été ajoutés après coup par Titien comme allusion à la rédemption par l'eucharistie; un deuxième lapin s'ébattait derrière la Vierge du côté du berger et fut sans doute supprimé parce que la multiplication des lapins peut être un symbole de lascivité, tandis qu'un seul lapin blanc était devenu à Venise, depuis le passage de Dürer, une allégorie de la pureté mariale et du mystère de l'incarnation. On remarque également des lapins dans *L'Amour sacré et l'Amour profane* (Rome, Galleria Borghese). Enfin un fraisier, plante du paradis, pousse aux pieds de sainte Catherine, tandis que ce qui apparaît comme l'arrière-train d'un lapin, en bas à droite, est interprété dans une gravure de Chataigner de 1810 et par Crowe et Cavalcaselle (1877) comme une citrouille. S. Béguin (1976-1980) pense que ces changements indiquent une exécution du tableau en deux temps: la première version, dont la radiographie porte la trace, aurait été exécutée plus tôt qu'on ne le dit, entre 1520 et 1530, tandis que la seconde serait bien de cette dernière année. On peut cependant hésiter à remonter si haut pour expliquer les transformations apportées par un peintre coutumier des repentirs, alors que le style et l'esprit de la composition sont tout à fait cohérents avec ceux des autres œuvres de cette période.

La toile montre le retour vers Giorgione et le renouveau du sentiment de la nature qui apparaît dans les créations sacrées ou profanes de Titien vers la fin de la décennie 1520-1530, perceptibles surtout dans des compositions de petit ou moyen format comme ici, destinées à un public de connaisseurs privés, ce qui en souligne le caractère expérimental; ce développement est peut-être lié à l'évolution personnelle du peintre, pour qui la vie familiale s'intensifie alors : les saintes conversations prennent un aspect intime et élégiaque, les personnages ne sont plus vus à mi-corps au premier plan et n'oblitèrent plus, — comme, par exemple, dans *La Vierge avec trois saints* (Louvre; cat. **50**) —, l'horizon; celui-ci s'élève et enveloppe les figures, qui reculent au sein d'une nature idéale modelée sur les paysages réels du piémont vénitien dans la vallée de la Piave, que Titien suivait chaque fois qu'il rentrait chez lui à Pieve di Cadore.

J.H.

page 155

161

Tiziano Vecellio, dit Titien
Pieve di Cadore, vers 1488/1490 - Venise, 1576

Les Pèlerins d'Emmaüs
Toile. H. 1,69; L. 2,44 (légèrement agrandie des quatre côtés). Signature en bas à gauche sur le pied du tréteau, près de la tête du chat, en lettres bleues : *tiCiAn.*

PARIS, MUSÉE DU LOUVRE,
DÉPARTEMENT DES PEINTURES

HISTORIQUE
Sans doute peint pour la famille Maffei de Vérone (blason recouvert sur le tabouret à droite); probablement dans la coll. des Gonzague, Mantoue, jusqu'en 1627; coll. Charles Ier d'Angleterre, Londres, jusqu'en 1649 (inv. Van der Doort, 1639, n° 9, « *a Mantua piece...* »); coll. Webb, Londres, 25 oct. 1649 (Ms. Harley, British Museum, n° 4898, fol. 151, n° 32); coll. Jabach, Paris, avant 1656; acheté par Louis XIV en 1662 (inv. Le Brun, 1683, n° 45); transporté au Louvre en 1792.
EXPOSITIONS
Paris, 1976 (Louvre), n° 11.
BIBLIOGRAPHIE
Lépicié, II, 1754, pp. 25-26; Mariette, 1858-59, p. 311; Villot, 1864, I, pp. 283-284, n° 462; Gautier, pp. 1867, p. 345-346; Marcy, 1867, p. 50-51, n° 462; Crowe et Cavalcaselle, 1877, II, pp. 152-155; Tauzia, 1888, I, n° 443; Cosnac, 1885, p. 416, n° 333; Grouchy, 1894, p. 23; Engerand, 1899, pp. 67-68, 620, n° 863; Ricketts, 1910; Gronau, 1911, pp. 168-170, 283; Fischel, 1911, p. 99, 254, note 99; Ricci, 1913, pp. 158-159, n° 1581; Ingersoll-Smouse, 1923,

pp. 285-286; Hautecœur, 1926, p. 133, n° 1581; Wilczek, 1928, pp. 159-166; Stechow, 1934, pp. 330-332, 338-340; Tietze, 1936, t. I, p. 142, II, p. 305; Mayer, 1938, pp. 302-303; Parker, 1952, pp. 19, 22, 25; Hulftegger, 1955, p. 128 note 4; Rudrauf, I, 1955, pp. 145-147, II, n°s 130, 159; Berenson, 1957, p. 189; Teyssèdre, 1957, pp. 247-248, 553, 580; Millar, 1958-1960, p. 16; Valcanover, 1960, I, p. 70, n° 147; Quenot, 1964; Morassi, 1966; Fomiciova, 1967; Valcanover, 1970, p. 111, n° 201; Pallucchini, 1969, I, p. 263; Wethey, I, 1969, pp. 160-161, n°s 142-143; Constans, 1976, pp. 162, 169 note 44; Brejon de Lavergnée et Thiébaut, 1981, p. 246, Inv. 746; Brejon de Lavergnée, 1987, p. 123, n° 45.

Le tableau est mentionné par Van der Doort (1639) comme provenant de Mantoue, mais ne se retrouve pas dans l'inventaire de la vente de la collection des Gonzague à Charles Ier d'Angleterre en 1627. L'œuvre est considérée, dans la collection royale anglaise, comme un pendant de la *Mise au tombeau* du Louvre (cat. **159**) et les deux toiles sont signalées par Le Brun (1683) comme couvertes de volets dorés. La restauration, effectuée à l'occasion de cette exposition, a démontré que la signature, jugée douteuse par Mayer (1938) et Parker (1952) en raison de sa graphie mélangeant les minuscules et les majuscules et surtout de l'absence de la forme latinisée habituelle se terminant en « us », date bien de l'exécution de l'œuvre, est parfaitement intégrée au réseau général des craquelures de vieillissement de la couche picturale et occupe bord à bord l'étroit pied du tréteau gauche, ce qui expliquerait l'absence du suffixe latin par manque de place et pour que l'inscription, déjà petite, reste lisible.

Deux peintures de Titien très voisines, l'une conservée dans la collection du comte de Yarborough à Brockelsby Park, et celle-ci, traitent le sujet des *Pèlerins d'Emmaüs*, c'est-à-dire de l'histoire de saint Luc et de Cléophas, qui, après la Crucifixion, rencontrèrent un inconnu sur le chemin d'Emmaüs (Luc, 24, 28-31): « Reste avec nous, car le soir tombe et le jour déjà touche à son terme. Il entra donc pour rester avec eux. Et il advint, comme il était à table avec eux, qu'il prit le pain, dit la bénédiction, puis le rompit et le leur donna. Leurs yeux s'ouvrirent et ils le reconnurent… mais il avait disparu de devant eux. » Le problème est de comprendre les rapports entre les deux tableaux et leur chronologie respective.

Dans sa conférence de 1676 à l'Académie royale de Peinture et de Sculpture, J.-B. de Champaigne (1676; Teyssèdre, 1957) dit que l'œuvre fut peinte pour Charles Quint et que l'élégant page à gauche serait un portrait du fils de l'empereur, le futur Philippe II; Lépicié (1754) amplifie cette légende en rapportant « une espèce de tradition », selon laquelle seraient présents, outre le prince Philippe: Charles Quint, sous l'aspect de saint Luc assis à gauche, et le cardinal Jiménez, sous celui de Cléophas à droite. Mariette (*Abecedario*) affirme au contraire, sans preuve, que le tableau a été exécuté pour Alphonse d'Avalos et que c'est ce général de Charles Quint qui apparaît sous la figure de saint Luc. Villot (1864), suivi par les auteurs des catalogues du Louvre jusqu'à Seymour de Ricci (1913), écrit que l'œuvre provient de la chapelle des Pregadi au palais des Doges à Venise, confondant sa provenance avec celle de la version jumelle appartenant au comte de Yarborough et qui, selon Wethey (1969), est probablement le tableau donné par la famille Contarini à la Seigneurie dès 1531, date attestée par Sanudo.

Théophile Gautier (1867) inaugure le parallèle, souvent répété depuis, avec la *Cène* de Léonard (1497, Milan, Santa Maria delle Grazie), comparant la qualité de la nappe blanche dans les deux compositions : le superbe quadrillage de losanges damassés de celle de Titien était célèbre, puisqu'une copie gravée par Antoine Masson (vers 1636-1700) privilégiant ce motif était simplement appelée *la Nappe*. Le premier à remarquer le repentir de la colonne à droite, qui a été recouverte mais transparaît, est Marcy (1867). Commence alors la longue et complexe discussion sur la date respective des deux versions des *Pèlerins d'Emmaüs*, — où le détail de la colonne supprimée joue un rôle important —, poursuivie laborieusement de génération en génération, et aboutissant à déplacer le tableau dans une fourchette d'environ trente ans entre 1520 et 1550.

Crowe et Cavalcaselle (1877) tentent une première datation du tableau vers 1547 et pensent que la variante de Brockelsby Park est celle citée par Vasari en 1568 au palais des Doges, qu'ils croient être une répétition d'atelier de Cesare Vecellio (vers 1521-1601) achetée par les Contarini en 1547. Ricketts (1910) prend le contre-pied de cette date trop tardive en situant l'exécution de la plus grande partie du tableau en 1528-30, à cause du Christ bellinesque et des suggestions léonardesques, mais estime que la toile ne fut achevée qu'en 1540. La critique se divise désormais en deux écoles de datation, celle issue de Crowe et Cavalcaselle, qui milite pour une exécution dans la décennie 1540-1550, et celle issue de Ricketts, qui situe l'œuvre beaucoup plus tôt, avant 1530.

Gronau (1911) et Fischel (1911) reculent à nouveau la datation après 1543. Hourticq (1919), suivi par Hautecœur (1926), fait définitivement justice de l'hypothèse de la provenance Pregadi formulée par Villot, puisque l'œuvre sœur est mentionnée au palais des Doges dans tous les guides de Venise jusqu'en 1771 (Zanetti); mais, s'en tenant à la seule origine Gonzague, il en conclut à tort que le tableau du Louvre fut sans doute commandé par la famille de Mantoue et peint, conformément à la datation trop tardive proposée par Crowe, Cavalcaselle, Gronau et Fischel, après la mort du duc Frédéric en 1540, donc à la demande de son frère, le cardinal Hercule, devenu régent du duché cette année-là; réfutant les identifications traditionnelles, Hourticq reconnaît par conséquent un portrait posthume de Frédéric II de Gonzague dans les traits de saint Luc et l'aigle unicéphale de Mantoue dans les armes peintes sur le mur en haut à gauche; il

suggère en outre que le pèlerin de droite, Cléophas, est une effigie de Hercule de Gonzague vêtu de la robe de saint François, un saint vénéré dans la famille, et que ce personnage porte, avec la bague que le pape lui a passée à l'index gauche, ce que l'auteur interprète comme le chapeau cardinalice plat, à larges bords et sans fond, retenu au cou par les deux cordons à cinq nœuds, pourtant invisibles ici, qui semble n'être en fait que la coiffure habituelle des voyageurs; quant au page de gauche, ce serait le fils de Frédéric, le futur François II, et l'aubergiste, un membre d'une famille de serviteurs dévoués aux Gonzague, les Agnello.

Malgré le détail de la clé en partie dorée pendant à la ceinture de Cléophas à côté du somptueux chapelet à gros grains, qui semble confirmer que ce pèlerin n'est pas ordinaire, F. Ingersoll-Smouse (1923) corrige cette vision trop romancée du tableau en soulignant que le motif peint sur la paroi n'est pas l'aigle de Mantoue, mais une moitié de l'aigle impériale à deux têtes, la même qui orne en entier l'*Ecce Homo* de Vienne (1543, Kunsthistorisches Museum) et la *Résurrection* d'Urbino (1542-1544, Galleria Nazionale); cet auteur en conclut que l'œuvre fut, comme celles-là, commencée pour Charles Quint en 1543, mais terminée en 1544, sans doute pour les Gonzague, plus généreux que l'empereur à un moment où Titien était en délicatesse avec ce monarque pour des paiements qui lui étaient dus. Ce raisonnement, qui rejoint la datation de Gronau, n'explique pas la disparité entre le style précoce de l'œuvre parisienne et les tableaux protomaniéristes d'Urbino et de Vienne.

Wilczek (1928) freine encore l'évolution vers une date avancée en retardant l'exécution vers 1545, alors qu'il remarque avec raison la proximité du type « spiritualisé » du Christ d'Emmaüs avec celui, souvent repris par la suite, du *Denier de César*, généralement daté très tôt, vers 1516 (Dresde, Gemäldegalerie); l'auteur développe aussi la comparaison avec Léonard proposée par Théophile Gautier : l'idée de la longue tache blanche de la nappe traversant la composition sur presque toute sa largeur est inspirée de la *Cène* de Léonard et le geste de surprise de saint Luc rappelle celui de Judas. Wilczek compare la version Yarborough, qu'il accepte comme l'exemplaire Contarini mentionné par Vasari, avec la première idée du tableau du Louvre visible par la radiographie, étudiant les transformations importantes apportées à l'architecture de ce dernier : le panneau de Brockelsby Park, qui reflète, avec des variantes, la composition sous-jacente de la version française puisqu'il comporte notamment la seconde colonne au-dessus de Cléophas effacée dans l'exemplaire du Louvre, lui est-il antérieur ou postérieur ?

Ce dialogue entre deux créations, dont l'une reproduit la face cachée de l'autre révélée par la radiographie, surgit plusieurs fois dans la carrière de Titien, qui aime reprendre et remanier une idée à plusieurs années de distance. Wilczek considère la variante de Brockelsby

Park comme une œuvre postérieure d'un élève, malgré l'archaïsme de la nappe flottant et retombant mollement de chaque côté de la table ou le conformisme de la figure de Cléophas placée derrière et non pas devant celle-ci : cet auteur, qui conclut que l'état original du tableau du Louvre a été gravement altéré vers la fin du XVIᵉ siècle ou dans la première moitié du XVIIᵉ siècle, se sert de l'exemplaire Yarborough pour en proposer une reconstitution contestable. L'hypothèse de Wilczek est entièrement démentie par la récente restauration de l'œuvre effectuée à l'occasion de cette exposition par le Service de restauration des Musées de France, qui a mis en lumière la qualité optimale de son exécution, la faible étendue des repeints et la bonne intégration des transformations, qui furent apportées par le peintre lui-même au cours de la réalisation et s'analysent comme d'authentiques repentirs, typiques de l'« iter » (Pallucchini, 1969) de Titien. Tietze (1936), élargissant à 1525-1545 la fourchette suggérée par Ricketts, revient à l'idée d'une commande des Gonzague, mais l'attribue à Frédéric, la datant donc plutôt avant 1540, année de la mort du duc, alors qu'il maintient l'acquisition tardive par les Contarini, en 1548, de l'autre version.

L'importante étude de Mayer (1938) marque un bond considérable, puisqu'elle avance de solides arguments en faveur d'une exécution au plus tard en 1530 : le critique suppose logiquement que la variante anglaise précède la française et la situe avant 1521, plus précisément vers 1510-1515 en raison des résonnances à la fois léonardesques et belliniennes, démontrées en outre par la publication d'un dessin du British Museum attribué à Titien qui serait le témoin d'une troisième version, — conservée autrefois dans la collection de l'archiduc Léopold-Guillaume (gravée par Lisebetius et par Prenner), réquisitionnée à Vienne par les Français et placée à Paris dans l'église de la Madeleine, d'où elle a disparu —, précédant celle de Brockelsby Park, mais ressemblant trait pour trait à cette dernière; le tableau du Louvre serait l'ultime variante de cette série, datable peu avant 1530 pour des raisons de style, l'auteur plaçant l'œuvre dans la suite immédiate de la *Mise au tombeau* du Louvre, qu'il date de 1523-1525 (cat. **159**), la rapprochant aussi de l'*Assomption* de Vérone, qu'il situe avant 1530, et faisant remarquer avec raison que le dessin minutieux de la nappe et du tapis de table n'est plus pensable chez Titien après cette année; dans l'œuvre parisienne, cet auteur identifie en outre, à l'aide d'une radiographie, sur le tabouret à droite, sous Cléophas, le blason recouvert de peinture de la grande famille véronaise des Maffei; il publie en même temps une copie fidèle des *Pèlerins* du Louvre conservée dans la collection Martinengo à Milan qui montre en clair, en même temps que l'aigle impériale en haut à gauche, l'écusson des Maffei placé au même endroit que dans la version parisienne; cette copie milanaise est en outre plus large à droite que l'original du Louvre, qu'il croit donc, à tort, coupé de ce côté. Mayer, qui accepte l'origine Gonzague du tableau, conclut que Frédéric l'acquit des Maffei, dont il fit couvrir les armes, mais que ceux-ci, comme c'était souvent le cas lors d'une aliénation, en firent exécuter, avant de s'en dessaisir, une copie avec l'écusson, qui passa par héritage dans la collection Martinengo. Parker (1952) et Pallucchini (1969) datent plus prudemment le tableau Yarborough vers 1525-1530. Tandis que le premier estime déjà que les changements dans l'architecture de la toile du Louvre sont très anciens et effectués par Titien lui-même, le second place la version parisienne vers 1528-1530. Wethey (1969) situe l'exécution de l'exemplaire anglais plus tard, en 1531, et celui du Louvre vers 1535.

Cette longue suite de recherches permet de conclure que le panneau de Brockelsby Park, qui est signé, semble avoir été exécuté avant l'exemplaire du Louvre par Titien ou un membre de son atelier; que la variante française est entièrement autographe et date de la décennie 1520-1530, peut-être de 1528-1530 selon la proposition stylistiquement cohérente de Pallucchini, mais pas au-delà de 1530; qu'elle fut peut-être commandée par Charles Quint, ce que rappellerait la moitié d'aigle impériale, mais terminée pour les Maffei de Vérone, qui y firent ajouter leurs armes; qu'elle fut enfin acquise de cette famille par les Gonzague, qui firent supprimer le blason véronais.

Ainsi peut-on appliquer à la fortune critique mouvementée du tableau la définition que donne Hourticq du charme mystérieux et obsédant de l'œuvre elle-même, dont la restauration a révélé la beauté de la nature morte symbolique peu connue, l'une des plus belles de la peinture italienne, dispersée sur la nappe parsemée de violettes recouvrant un splendide tapis persan à la Holbein, motif rare chez Titien, et construite autour de la signification conviviale et apostolique de la pyramide de sel dans la salière : « après le drame violent de la Passion, les cris et les larmes, le récit s'apaise et s'efface, les phrases glissent, immatérielles et lumineuses comme le blanc fantôme de Jésus », alors que « cette étrange aventure... passe devant nos yeux comme ces visions du dernier sommeil où le rêve et la réalité ne se discernent pas ». Le tableau du Louvre, la plus connue des deux versions, fut souvent copié ou imité au cours des siècles (Rudrauf, 1955-56), en premier lieu dans un dessin remarquable de Romanino (Florence, Fondation Horne), qui s'est montré au long de sa carrière particulièrement impressionné par le type du jeune page au chapeau à plume et le coloris ocre jaune de son pourpoint. Titien lui-même a repris la composition frontale et l'architecture à colonnes de l'œuvre pour la *Cène* terminée pour Philippe II en 1564 (Escorial, monastère de Saint Laurent).

J.H.

page 156

162

Tiziano Vecellio, dit Titien
Pieve di Cadore, vers 1488/1490 - Venise, 1576

Saint Jérôme pénitent
Toile. H. 0,80; L. 1,02.
PARIS, MUSÉE DU LOUVRE,
DÉPARTEMENT DES PEINTURES

HISTORIQUE
Probablement commandé par Isabelle d'Este en 1523, mais livré seulement en 1531; coll. des Gonzague, Mantoue; coll. Frizell? Londres, jusqu'en 1637; coll. de Charles Iᵉʳ d'Angleterre? jusqu'en 1649; coll. Turbridge? 1650 (Ms Harley, British Museum, n° 4898, 1649-1652, fol. 287, n° 65); coll. La Feuille, Paris; acheté par Louis XIV en 1671 (inv. Le Brun, 1683, n° 307); au Louvre depuis 1785 (inv. Duplessis, 1785, n° 46).
EXPOSITION
Paris, 1976 (Louvre), n° 10.
BIBLIOGRAPHIE
Lépicié, II, 1754, p. 27; D'Arco, 1857, I, p. 112; Villot, I, 1864, pp. 285-286, n° 466; Crowe et Cavalcaselle, I, 1877, pp. 348, 351-352; Tauzia, 1888, I, n° 447; Phillips, 1898, p. 14; Engerand, 1899, p. 76; Ricketts, 1910; Gronau, 1911, pp. 166-167; Fischel, 1911, pp. 162, 258 note 162; Ricci, 1913, pp. 160-161, n° 1585; Hourticq, 1919, pp. 218-220; Hautecœur, 1926, p. 134, n° 1585; Suida, 1933, p. 156; Tietze, 1936, I, p. 155, II, 305; Hulftegger, 1955, p. 134; Berenson, 1957, p. 189; Millar, 1958-1960, pp. 183, 235 note 21; Valcanover, 1960, I, pp. 66; Valcanover, 1970, p. 107, n° 150; Pallucchini, 1969, pp. 74, 77, 147, 265; Wethey, I, 1969, pp. 133-135, n° 104; Rearick, 1976(1), p. 115; Brejon de Lavergnée et Thiébaut, 1981, p. 246, Inv. 750; Brejon de Lavergnée, 1987, p. 328, n° 307; Chiari Moretto Wiel, 1988, pp. 45-46, n° 16.

Le cheminement classique de nombreux tableaux acquis par Louis XIV, c'est-à-dire provenant de la collection des Gonzague puis passés par celle de Charles Iᵉʳ d'Angleterre, n'est pas démontrée pour celui-ci, dont l'histoire avant et après son entrée dans les collections royales françaises n'est qu'une suite d'hypothèses due à la nature de l'œuvre, une petite toile austère de dévotion privée, destinée à la chambre à coucher.

D'Arco (1857) signale qu'Isabelle d'Este commanda à Titien un *Saint Jérôme* en 1523. Crowe et Cavalcaselle (1877) font état ensuite d'une lettre adressée le 5 mars 1531 au peintre par le duc de Mantoue, Frédéric II de Gonzague, qui déclare avoir bien reçu le *Saint Jérôme* et demande au peintre une *Madeleine*, aussi belle et émouvante que possible, qu'il

voulait offrir à Alphonse d'Avalos. Luzio (1913, p. 29) reproduit de son côté une lettre écrite un peu plus tard, le 28 octobre 1531, par Ippolito Calandra, qui décrit les préparatifs du mariage du duc avec Marguerite Paléologue : dans la nouvelle aile du palais construite par Giulio Romano, le « Camerino » destiné à la future duchesse a été décoré de quatre tableaux, un *Christ mort* de Mantegna (Milan, Brera), une *Sainte Catherine* de Giulio Romano, une œuvre de Léonard non spécifiée, donnée par le comte Nicola Maffei, et un *Saint Jérôme* de Titien.

Pourtant l'œuvre n'apparaît pas dans l'inventaire dressé en 1627 sur l'ordre de Vincent de Gonzague pour la vente de la collection à Charles Iᵉʳ d'Angleterre. Un *Saint Jérôme* de Titien est en fait catalogué en 1637 par Van der Doort parmi les œuvres achetées par Charles Iᵉʳ à William Frizell et se trouve à Hampton Court avec d'autres peintures de cette origine, accroché dans la chambre du roi au-dessus de la cheminée (Millar, 1958-1960). L'héritier des Gonzague aurait-il également vendu des tableaux à des particuliers? Un *Saint Jérôme* de Titien de la collection royale anglaise est ensuite vendu le 30 avril 1650 à « Turbridge » pour 22 livres au cours des Commonwealth Sales (Millar, 1972, p. 190, n° 65). La mention « Turbridge » désigne-t-elle un marchand?

La seule certitude est que Louis XIV achète en 1671 le *Saint Jérôme* du Louvre dans un lot de trente-quatre œuvres « des meilleurs peintres d'Italie et autres représentant plusieurs histoires, portraits et paysages » de la collection La Feuille, payées 30 000 livres. A. Hulftegger (1955) identifie ces tableaux aux numéros 294 à 326 de l'inventaire Le Brun (1683), le *Saint Jérôme* portant le numéro 307. La provenance Jabach, parfois avancée, est donc erronée.

Si Phillips (1898) et Fischel (1911) classent le tableau à tort parmi les œuvres peintes pour Philippe II vers 1558-1560, Ricketts (1910) et Gronau (1911), suivis par Tietze (1936), Pallucchini (1969), Valcanover (1960, 1969) avec quelque réserve, Wethey (1969) et Rearick (1976), acceptent l'origine Gonzague et datent donc l'œuvre du début des années 1530, c'est-à-dire qu'ils la placent dans la suite logique du nouveau sentiment de la nature apparu vers cette date chez Titien avec la *Vierge au lapin* (cat. **160**), sous l'influence d'une remédiation de Giorgione. Engerand (1899) signale que le *Saint Jérôme pénitent* avait un pendant supposé, qui a en effet à peu près les mêmes dimensions mais provient des collections Ludovisi et Mazarin, la *Sainte Famille avec le petit saint Jean dans un paysage*, attribué autrefois à Titien et conservé de nos jours au Louvre sous le nom de Polidoro Lanzani (inv. 745), un imitateur du maître. Quant au *Saint Jérôme*, Wethey suggère curieusement, en faveur d'une origine Gonzague, que la provenance Frizell indiquée par Van der Doort serait une erreur de catalogage.

Hourticq (1919) souligne à juste titre que cette scène nocturne — peut-être la première de la carrière de Titien, qui va développer ce genre surtout vers la fin de sa vie −, s'inspire directement de Giorgione, dont Marcantonio Michiel signale en 1532 dans la maison d'Andrea Odoni un *Saint Jérôme* nu dans le désert au clair de lune; les sources indiquent qu'Isabelle d'Este avait essayé en vain d'acquérir une merveilleuse «nuit» du même peintre parmi les tableaux de cette collection, ce qui expliquerait la commande en 1523 d'une toile de même sujet à Titien. Bellini (Londres, National Gallery), Lotto (cat. **8**) et Giorgione, dans *Il Tramonto* (Londres, National Gallery; cat. **20**), avaient déjà peint des personnages en miniature perdus au milieu d'une nature immense et austère. Suivant cet exemple, Titien attribue ici un rôle actif au paysage, dont l'aspect hostile est souligné par le contre-jour fantastique de la lumière lunaire vue de face, derrière les arbres, qui fait à peine luire dans l'ombre le crucifix et le torrent. La restauration effectuée par le Service de restauration des Musées de France à l'occasion de cette exposition a rendu ce fait encore plus sensible : la masse sombre et indistincte de la falaise à droite, où brille le Christ minuscule, s'oppose à la figurine de l'auteur de la Vulgate, dont la force et la détermination s'expriment, malgré le combat inégal avec la nature, par une musculature puissante.

Le thème de Saint Jérôme pénitent jouit d'une faveur spéciale dans la peinture de Titien, qui semble s'être identifié à l'ermite, qu'il représente toujours d'une manière poignante et dans des attitudes d'imploration déséperée, en particulier dans sa dernière création, la grandiose *Pietà* des Gallerie dell'Accademia. Le peintre va reprendre plusieurs fois le sujet à la fin de sa vie, en grand format (Milan, Brera; Madrid, coll. Thyssen-Bornemisza; l'Escorial, monastère de Saint Laurent, cat. **262**), mais toujours selon le schéma mis au point dans le prototype du Louvre, qui assume ainsi, comme la *Vierge au lapin*, un caractère expérimental.

J.H.

page 157

163

Tiziano Vecellio, dit Titien
Pieve di Cadore, vers 1488/1490 - Venise, 1576

Allégorie conjugale
Toile. H. 1,00; L. 1,01. Dessin préparatoire, avec variantes, à l'*Allégorie conjugale* dite à tort *Allégorie d'Alphonse d'Avalos* (cat. **164**).

PARIS, MUSÉE DU LOUVRE,
DÉPARTEMENT DES PEINTURES

HISTORIQUE
voir cat. **164**; apparu sur la toile originale au cours de la transposition de 1935.
EXPOSITIONS
Paris, 1976, n° 7; Paris, 1978-79, sans n°.
BIBLIOGRAPHIE
Panofsky, 1969, pp. 128-129, note 50; Béguin et Valcanover, 1970, pp. 7-8; Béguin, 1976, n° 6; Meijer, 1981, pp. 276-277, 281-282, 287, notes 2, 4.

Le dessin préparatoire avait les mêmes dimensions que la surface originale de la peinture finale, mais une bande supérieure d'environ 0,10 m n'a pu être sauvée lors de la transposition de 1935.

Panofsky (1969) remarque que les variantes du dessin par rapport à l'œuvre achevée suggèrent une première idée moins mélancolique qui modifie la signification de l'*Allégorie conjugale*, qui était d'abord plus conforme à un tableau de mariage : l'homme y est nettement affirmé comme un guerrier par son armure, plus effective que la cuirasse finale, et ressemblant, par exemple, à celle du *Portrait d'Alphonse d'Avalos* (cat. **166**), et par son bâton et l'écharpe de commandement indiquant un rang militaire élevé; la femme est plus parée, car elle porte notamment une perle à l'oreille; elle n'a pas non plus le sein dénudé et l'homme ne pose pas la main sur l'autre sein comme pour retenir la femme; surtout, celle-ci ne tient pas le globe en verre comme pour y lire l'avenir, l'Amour ne lui présente pas ses flèches liées en faisceau en signe d'union indéfectible, l'autre femme n'a pas une attitude de dévotion et n'est pas couronnée de myrte; enfin, la figure de l'Hymen offrant des fleurs manque.

Tous ces détails, différents de l'œuvre terminée, portent à penser que la mort de la femme assise est intervenue avant l'achèvement du tableau, lui donnant un tour commémoratif

proche d'une *Allégorie de la Fortune*, et a motivé les transformations impliquant une réflexion sur l'instabilité de la destinée humaine et la fragilité du bonheur, en particulier par l'ajout de la boule de cristal. Ces différences excluent l'hypothèse de Hourticq (1919) selon laquelle il s'agit d'un autoportrait de Titien et l'importance centrale donnée à la boule de cristal par Hartlaub (1941-1957). La version initiale ressemble beaucoup plus à une représentation intime et sereine d'un couple récemment marié, représenté en Mars et Vénus, que la peinture finale, à laquelle Titien ajoute les signes de la tristesse nostalgique : le geste de l'époux, l'expression absente et réfléchie de la mariée penchée sur le globe, la sollicitude empressée de l'Amour, la nouvelle attitude consolatrice de Vesta, l'Hymen exprimant l'espoir d'une réunion dans l'au-delà.

B. W. Meijer (1981) compare le dessin à d'autres dessins préparatoires ou études de Titien, qui confirment le temps et le soin que le peintre prenait à étudier ses compositions, brossant sur la préparation, à traits étonnamment rapides, fermes et larges, les contours de ses compositions, comme l'écrit Boschini rapportant le témoignage de Palma Giovane. On peut ajouter que le dessin préparatoire est plus proche d'œuvres ultérieures du maître que le tableau fini, en particulier la femme de droite, qui annonce la figure monumentale, confisquant l'arc de l'Amour au même emplacement dans l'*Éducation de l'Amour* de la Galleria Borghese (cat. **258**).

J.H.

page 157

164

Tiziano Vecellio dit Titien
Pieve di Cadore, vers 1488/1490 - Venise, 1576

Allégorie conjugale,
dite à tort
Allégorie d'Alphonse d'Avalos
Toile. H.1,21; L.1,07 (surface originale H.1,00; L.1,07; bandes d'agrandissement en haut et en bas dissimulées par le cadre).

HISTORIQUE
Coll.de Charles Ier d'Angleterre jusqu'en 1649, acheté aux enchères en Espagne (inv. Van der Doort, 1639, n° 10); acheté à la vente du 24 mai 1650 par le colonel Hutchinson; coll. Jabach, Paris, avant 1660; acquis par Louis XIV en 1662 (inv. Le Brun, 1683, n° 54).

EXPOSITION
Venise, 1935, n° 30; Paris, 1976 (Louvre), n° 6.

BIBLIOGRAPHIE
Félibien, III, éd. 1705, p. 50; Lépicié, II, 1754, pp. 34-35; Villot, I, 1864, pp. 288-289, n° 470; Crowe et Cavalcaselle, I, 1877, pp. 349, 373-375; Milanesi, VII, 1881, pp. 442, 476; Tauzia, 1888, I, pp. 253-254, n° 451; Engerand, 1899, pp. 72-73, 620-621, n° 865; Gronau, 1911, pp. 87-89; Fischel, 1911, pp. XXIX, 59, 251 note 59; Ricci, 1913, pp. 162-163, n° 1589; Hourticq, 1919, pp. 23, 31, 220, 222-232, 265-266, 274, 278; Hautecœur, 1926, pp. 134-135, n° 1589; Wilczek, 1929-1930, p. 241; Fogolari, 1935, p. 79; Suida, 1935, pp. 74, 175; Hetzer, 1935, pp. 118, 125, 228-229; Tietze, 1936, I, p. 161, II, p. 306; Panofsky, 1939 (éd. fr. 1967, pp. 233 note 5, pp. 234-239); Hartlaub, 1941, n° 11, pp. 250-253; Hartlaub, 1951, pp. 135, 170-171; Möller, II, 1952, pp. 168-171; Hulftegger, 1955, p. 128; Hartlaub, 1957, pp. 18-23; Berenson, 1957, I, p. 190; Millar, 1958-1960, pp. 16, n° 10, p. 104; Valcanover, 1960, I, pp. 66-67; Friedländer, 1967, pp. 51-52; Pallucchini, I, 1969, pp. 76-77, 265; Panofsky, 1969, pp. 126-133; Valcanover et Béguin, 1970, pp. 7-8, 107, n° 154); Van Gelder, 1971, pp. 211, 255 note 10; Wethey, III, 1975, pp. 127-128, n° 1; Gould, 1976, p. 117; Brejon de Lavergnée, Thiébaut, 1981, p. 247, Inv. 754; Schnapper, 1984, pp. 85-86; Brejon de Lavergnée, 1987, pp. 131-132, n° 54.

Dès sa première mention, par Van der Doort (Millar, 1958-60), le tableau, restauré à l'occasion de cette exposition, est dit représenter Alphonse d'Avalos, marquis del Vasto (1502-46), le célèbre lieutenant-général des armées de Charles Quint en Italie. L'œuvre est cataloguée comme ayant été achetée par Charles Ier d'Angleterre en Espagne, avec la précision « Almonedo » (à une vente aux enchères, selon Millar). Après l'exécution du monarque en 1649, elle est acquise en 1650 par le colonel Hutchinson (Brejon, 1987), cette fois sous le nom : « La famille du marquis del Vasto », sans doute par rapprochement avec une lettre du 11 novembre 1531 (Milanesi, 1881) adressée par Alphonse d'Avalos à l'Arétin, dans laquelle le général exprime le désir de faire venir Titien à Correggio, avant son départ comme commandant en chef de l'expédition contre les Turcs avec Charles Quint en Hongrie, pour que le peintre fasse un portrait collectif le représentant avec sa femme, Marie d'Aragon, et son fils, Ferdinando Francesco (Ferrante) sous l'aspect de l'Amour.

On retrouve ensuite la toile, avant 1660, dans la collection de Jabach (gravure de Natalis, Reniers 10), qui, après l'avoir proposée en vain en 1661, avec d'autres tableaux de sa collection, successivement à Mazarin et à Fouquet (Schnapper, 1984), la vend à Louis XIV en 1662 (Brejon, 1987). J. G. Van Gelder (1971) suggère un passage possible de l'œuvre dans la collection du peintre néerlandais David Beck, mort à La Haye en 1656, avant l'acquisition par Jabach. Dans l'inventaire de 1683, Le Brun précise qu'il s'agit d'un portrait du « Marquis du Guast, sa femme et ses enfants », tandis que Félibien (1705) embellit encore l'histoire en opérant l'amalgame avec la lettre d'Alphonse à l'Arétin, puisqu'il dit que d'Avalos est montré dans l'action de faire ses adieux à son épouse

avant de livrer bataille aux Turcs en 1532. Milanesi (1881) entérine cette identification ancienne de l'*Allégorie* du Louvre avec la peinture souhaitée par d'Avalos, qu'il croit en outre être le portrait du général mentionné par Vasari dans les *Vies*. Ainsi naît la confusion de trois tableaux différents, qui va se révéler tenace.

Bailly n'est pourtant pas impressionné par l'interprétation de Félibien et ramène l'affaire à des proportions raisonnables : lorsqu'il dresse l'inventaire de la collection royale en 1709-10, il se contente prosaïquement de mentionner d'Avalos et « une femme ». Lépicié (1754) est le premier à insister sur l'aspect allégorique de la scène : après avoir averti que « l'explication des sujets allégoriques est si arbitraire, quand l'auteur lui-même n'en a pas découvert le sens, que dans l'incertitude de ne pas rencontrer juste, j'aime mieux en laisser le mérite aux curieux », il constate que le marquis, posant « la main droite sur le sein d'une femme habillée galamment », qui tient un globe de verre et « écoute avec attention ce que lui dit une jeune femme couronnée de lauriers et qui semble désigner la Victoire », soit un premier essai d'identification d'une des trois figures de droite.

L'auteur de la *Notice* du Muséum central des Arts de 1796 imagine cependant d'Avalos à un moment différent, datant ainsi le tableau plus tard : le général, « partant de Milan pour aller livrer la bataille de Cérisoles (1544), qu'il perdit, donne à sa femme un globe de verre. A l'instant même l'Amour, accompagné des plaisirs, va briser du faisceau de ses flèches, cet emblème de la fragilité sur les genoux de l'épouse attristée ». Cette affirmation hasardeuse sur la fin de l'amour et des plaisirs, qui a néanmoins le mérite de souligner l'atmosphère mélancolique de la scène, est corrigée en 1802 : l'Amour ne brise plus le globe de ses flèches, mais rend au contraire hommage à la femme. Enfin, le rédacteur de la *Notice* de 1810 accentue cette interprétation allégorique, en proposant pour la première fois des noms précis pour les deux figures de droite, en dehors de l'Amour : Flore (au lieu de la Victoire de Lépicié) et Zéphyr rendant hommage à la maîtresse du marquis. Villot (1864) met l'accent sur les portraits d'Alphonse d'Avalos et d'une jeune femme, qui n'est pas Marie d'Aragon, accompagnés de trois figures allégoriques non identifiées, dont une, couronnée de myrte. Si Crowe et Cavalcaselle (1877) rejettent l'identité du tableau avec le portrait familial cité dans la lettre d'Alphonse de 1531, ils croient qu'il s'agit bien d'un double portrait allégorique du marquis et de sa femme, commandé après le retour du général de Hongrie, soit après 1532, où la ressemblance compte peu et s'efface derrière la volonté symbolique, et qui fut à cause de cela souvent imité, avec de nombreuses variantes; Marie d'Aragon tient une boule de verre, symbole de la fragilité de l'existence humaine, tandis que l'Amour, la Victoire main sur la poitrine et l'Hymen tendant une corbeille de fleurs la consolent; les identifications des figures secondaires sont ainsi fixées pour de longues années.

Both de Tauzia (1888), suivi par Gronau (1911), qui date l'œuvre vers 1530-1535, et par Seymour de Ricci (1913), est le premier à mettre en doute qu'il s'agisse d'une effigie d'Alphonse d'Avalos, sans doute par comparaison avec le seul portrait connu à cette époque du marquis, la *Harangue d'Alphonse d'Avalos à ses soldats* (1540-41, Madrid, Prado). Le lien avec ce personnage est désormais rompu. Fischel (1911), qui date le tableau vers 1533, accepte l'élimination d'Alphonse d'Avalos, mais continue à voir dans la scène un guerrier prenant congé de son épouse, avec la Victoire amenant vers eux l'Hymen tenant une corbeille de fruits et l'Amour avec ses flèches. La légende d'Avalos est démentie de nos jours avec d'autant plus d'évidence que le prêt de longue durée au Louvre de la vraie effigie d'Alphonse d'Avalos (cat. **166**), très probablement celle mentionnée par Vasari, permet de faire clairement la différence.

Une fois cette certitude acquise, Hourticq (1919) avance la thèse surprenante qu'il pourrait s'agir d'un autoportrait de Titien rendant hommage à sa femme, cadorine comme lui, Cecilia di Perarolo, mariée en 1525 et morte en août 1530, et date le tableau par conséquent vers 1531. Hourticq rapproche à juste titre le type du modèle de celui, très comparable, des deux figures de sainte Catherine dans la *Vierge au lapin* (cat. **160**), où il croit déjà reconnaître un hommage à Cecilia, et dans la *Vierge à l'enfant avec le petit saint Jean et sainte Catherine* de Londres (National Gallery); ces trois gracieuses figures féminines portent des perles dans les cheveux et une écharpe légère en mousseline autour du cou. Hourticq indique qu'à cet hommage participent l'Amour avec ses flèches, l'Hymen couronné de myrte et la Fécondité tendant ses fruits. Cecilia cherche à empêcher la boule de verre, symbole de la fragilité du bonheur prématurément brisé et de l'instabilité de la fortune (« *Fortuna vitrea est* »), inspiré de la *Fortune inconstante* de Bellini (Venise, Gallerie dell' Accademia), de se briser. Hourticq remarque enfin que la composition ressemble à une sorte de sainte conversation profane, une idée confirmée par le rapprochement opéré par C. Gould (1967) avec le *Mariage mystique* de Corrège au Louvre : la nouvelle méditation, autour de 1530, de la leçon de Giorgione se fait alors pour Titien sous le signe du maître de Parme. L'apparition de personnages situés en contrebas de la figure principale et observant celle-ci avec dévotion est également une idée reprise aux portraits d'apparat créés par le peintre vénitien au début des années 1520 (cat. **56**).

Mais l'hypothèse romantique de l'autoportrait de Titien n'est suivi par aucun critique. Wilczek (1929-30) retarde la datation aux années 1540, tandis que Fogolari (1935) la replace vers 1532 et y voit une *Allégorie de la Fortune*, du mirage du bonheur, influencée par Corrège. Suida (1935) situe le tableau vers 1535 et accepte l'idée de la Fortune avec la boule de cristal, devant laquelle s'inclinent Vénus, l'Amour et l'Abondance, et dont un homme de guerre prend possession, puisque « celui qui est assuré de l'aide de la Fortune jouira toujours de l'amour et de la richesse ».

Tietze (1936) avance l'œuvre vers 1532, affirmant qu'elle constitue une pure allégorie, sans portraits, comme la *Vénus d'Urbin*, puisqu'elle a servi au XVIe de prototype pour de nombreuses adaptations de tous les genres, ce qui ne serait pas arrivé si elle avait été connue comme un portrait.

Panofsky (1939, 1969), dans deux brillantes études, renouvelle la perception de la composition : elle célèbre, d'après lui, l'union heureuse d'un couple récemment marié, en présence de l'Amour, de la Foi et de l'Espérance. Le geste possessif de l'homme se retrouve dans d'autres tableaux de fiançailles, de même que le sein dénudé de la femme, par exemple dans le *Portrait de mariée* de Bartolomeo Veneto (Francfort, Städelsches Kunstinstitut), où la jeune épouse est en outre couronnée de myrte. Selon Ripa, le faisceau de l'Amour représente la Concordia, symbole d'union; la couronne de myrte (*Myrtus coniugalis*) de la Foi, l'Amour éternel qui fait le geste, main posée à plat sur la poitrine doigts écartés, de la fidélité conjugale; l'Espérance au regard extatique (« *occhi alzati* »), la « *speranza divina e certa* », dont les fleurs qu'elle offre sont les attributs de l'Espoir parce qu'elles constituent « l'anticipation des fruits », les roses désignant aussi « les plaisirs d'une communion permanente »; le globe, enfin, figure l'Harmonie, à cause de sa « forme parfaite par excellence », mais cette entente est fragile comme le verre, qui signifie, « par sa fragilité, la vanité de toutes choses ici-bas ». Panofsky décrit donc l'image ainsi : « ...l'homme, tout en prenant solennellement possession de sa fiancée, lui consacre son amour, sa foi, et son espérance; elle, en acceptant à la fois sa domination et sa dévotion, se trouve responsable d'un élément aussi parfait que délicat : leur bonheur commun », ce qui explique l'atmosphère mélancolique de la scène.

Mais l'érudit remarque avec raison que Titien ajoute à ce symbolisme l'innovation d'un couple récemment marié montré sous l'aspect de Mars (avec l'armure) et de Vénus (avec Cupidon), qui a fait du tableau le modèle de tous les couples travestis en Mars et Vénus de la peinture vénitienne, par exemple ceux de Bordon. L'idée que l'Harmonie est née de l'union de ces deux divinités (selon Hésiode), c'est-à-dire que l'amour et la beauté neutralisent la lutte et la haine, et que « Vénus modère par sa douceur la férocité de Mars » est une notion néoplatonicienne. Panofsky note enfin l'influence probable des marbres romains montrant le couple impérial sous les traits de Mars et Vénus (*Commode et Crispine*, Rome, Museo Capitolino) en conjonction astrale, Vénus précédant toujours Mars. Si Botticelli (*Mars et Vénus*, Londres, National Gallery), et Piero di Cosimo avaient déjà représenté des mariés sous cet aspect sur des panneaux de « *cassone* » (coffre de mariage), Titien fut le premier à faire

revivre la coutume romaine de représenter des portraits de hauts personnages travestis en divinités. Ainsi, Panofsky, qui opte pour une datation beaucoup plus tôt que celle de Wilczek, vers 1530, démontre qu'il s'agit bien d'une Allégorie conjugale pure et non d'un portrait de groupe allégorique. Les différences que l'on constate entre le dessin préparatoire (cat. **163**) et la peinture finale confirment cette idée.

Hartlaub (1941, 1951, 1957) insiste pour sa part sur le motif de la boule de cristal, signe de la « Vanitas », le symbolisme du miroir constituant le sujet véritable du tableau : quand, dans les autres versions de l'œuvre, qui a été souvent imitée, la boule est absente, elle est remplacée par un autre objet brillant et réfléchissant, carafe, vase ou miroir, comme dans la variante de Vienne (Kunsthistorisches Museum), les reflets, notamment sur la cuirasse de l'homme, jouant un rôle important dans le tableau. La femme tenant le globe est à la fois la Vanité/Fortune et la Mélancolie/Prudence (une des vertus cardinales), le modèle de la Mélancolie étant la célèbre gravure de Dürer. La femme de Titien est accompagnée de l'Amour, de la Foi et de l'Espérance, soit les trois vertus chrétiennes ou théologales selon saint Paul (*Ire Épître aux Corinthiens*, chap. 13). Cette théorie, fondée exclusivement sur le symbolisme du globe en verre, si elle interprète elle aussi le tableau comme une pure allégorie sans portraits, est cependant mise à mal par le dessin préparatoire, qui précisément omet le détail jugé fondamental de la boule. Hartlaub imagine en outre que le geste de possession de l'homme, qui contredit, selon lui, la thèse d'un adieu ou d'une séparation, et s'explique mal dans le contexte exposé plus haut, serait celui d'un mari mettant en garde son épouse contre une « spéculation » exagérée, une sorte de geste d'empêchement invitant la femme à se confier aux vertus qui s'inclinent vers elle : la sibylle mélancolique est en somme conviée à devenir la sibylle moderne qui s'abandonne aux vertus chrétiennes. L. Möller (1952), suivie par Wethey (1975), accepte l'interprétation en termes de Vanité, parce qu'elle y voit un « portrait moralisé » dont les modèles ne sont pas identifiables, rejoignant la notion d'Allégorie conjugale.

Celle-ci est acceptée par Valcanover (1960, 1969) et Pallucchini (1969), qui datent l'œuvre vers 1530-1532; le rapprochement judicieux opéré par Hourticq avec la *Vierge au lapin* et la *Sainte Conversation* de Londres confirme cette datation. Wethey (1975) suit la même voie, situant l'œuvre vers 1530-1535, et remarque avec raison que la tristesse ambiante implique que la mort de l'un des deux époux est venu troubler ce bonheur, transformant ce tableau de mariage en toile commémorative, ce qui peut aussi expliquer les changements intervenus entre le dessin préparatoire et la composition achevée.

Friedländer (1967) reprend l'idée de l'*Allégorie conjugale*, mais en y reconnaissant, contre l'évidence, les portraits d'Alphonse d'Avalos et de Marie d'Aragon; il propose cependant d'identifier logiquement la figure couronnée de

myrte comme Vesta, déesse de la paix domestique, tandis que celle à la corbeille de fleurs désigne l'Hymen. A. Brejon de Lavergnée et D. Thiébaut (1981), tout en refusant à juste titre le portrait du marquis, acceptent l'idée d'une Allégorie conjugale avec les figures telles que les identifie Friedländer : l'Amour, Vesta et l'Hymen, mais cet épithalame semble, comme le pensent Panofsky et Wethey, avoir subi des modifications dans un sens commémoratif.

L'œuvre doit se situer, comme le proposent F. Valcanover et R. Pallucchini, vers 1530-1532, et, si l'on en juge par les nombreuses copies et variations anciennes, a joui d'une renommée immédiate, au point de devenir le prototype des tableaux de mariage vénitiens — en particulier ceux qui montrent les époux travestis en Mars et Vénus —, et de servir de modèle à d'autres créations de Titien lui-même, comme l'*Éducation de l'Amour* (vers 1565, Rome, Galleria Borghese; cat. **258**). On peut ainsi se demander dans quelle collection célèbre et accessible l'œuvre pouvait se trouver pour avoir un tel succès avant son arrivée dans la collection de Charles Ier d'Angleterre : Habsbourg, d'Avalos, Gonzague ? L'œuvre, qui avait été fort malmenée au cours des siècles et avait pâti d'une transposition mal conduite, a fait l'objet d'une longue et minutieuse restauration, à l'occasion de cette exposition par le Service de restauration des Musées de France, qui l'a débarrassée de la plupart des repeints qui la défiguraient.

J.H.

page 159

165

Tiziano Vecellio, dit Titien
Pieve di Cadore, vers 1488/1490 - Venise, 1576

Jupiter et Antiope,
dit la *Vénus du Pardo*
Toile. H. 1,96; L. 3,85
PARIS, MUSÉE DU LOUVRE,
DÉPARTEMENT DES PEINTURES

HISTORIQUE
Coll. de Philippe II, Madrid, avant 1564; donné par Philippe IV à Charles Ier d'Angleterre, en 1623 (inv. Van der Doort, 1639, no 16); coll. du colonel John Hutchinson, Londres, 1649 (Ms. Harley, British Museum, no 4898, fol. 218, no 184); coll. du cardinal Mazarin, Paris, en 1653; donné par le duc de Mazarin à Louis XIV en 1661 (inv. Le Brun, 1683, no 119); au Louvre depuis 1785 (inv. Duplessis, 1785, no 45).
EXPOSITION
Venise, 1935, no 82; Paris, 1961, no 469; Paris, 1976 (Louvre), no 13.

BIBLIOGRAPHIE
Loménie de Brienne, 1682-1684 (éd. Bonnefon, 1916-
1919, III, pp. 88-90, 288-302); Lépicié, II, 1754,
pp. 29-30; Villot, I, 1864, pp. 286-287, n° 468; Crowe
et Cavalcaselle, 1877, II, pp. 262, 316-319, 405; Cosnac, 1885, pp. 200, 203-204; Tauzia, 1888, I, p. 253,
n° 449; Engerand, 1899, pp. 69-72; Roblot-Delondre,
1910, pp. 54, 62; Gronau, 1911, pp. 184-185; Fischel,
1911, pp. XXX-XXXI, 169-170, 258 note 169; Ricci,
1913, pp. 161-162, n° 1587; Hourticq, 1919, pp. 10,
31, 157, 255-283; Hautecœur, 1926, p. 134, n° 1587;
Sánchez Cantón, 1934, p. 71; Suida, 1935, pp. 73,
123, 167; Tietze, 1936, I, pp. 81, 156-157, II, 305-
306; Nordenfalk, 1950, pp. 44, 59-60; Hulftegger,
(1954) 1955, pp. 131-132, note 6; Fehl, 1957,
pp. 167-168; Millar, 1958-1960, p. 19; Valcanover,
1960, II, p. 70; Hofer, 1972, p. 310, n° 184; Bâle-
Stuttgart, 1961, pp. 346-350; Pallucchini, 1961,
p. 291; Kahr, 1966, pp. 119 ss.; Meiss, 1966, pp. 348
ss.; Pallucchini, 1969, I, pp. 86-87, 276-277; Panofsky, 1969, p. 153 note 38, pp. 190-193; Valcanover, 1970, p. 111, n° 208; Millar, 1972, p. 310,
n° 184; Wethey, III, 1975, pp. 53-56, 79, 161-162,
n° 21; Oberhuber, 1976; Meijer, 1976, pp. 21-24;
Millar, 1977, pp. 30, 56, 59; Hope, 1980, pp. 123-
125, 142; Brejon de Lavergnée et Thiébaut, 1981,
p. 246, Inv. 752; Brejon de Lavergnée, 1987,
pp. 45, 63-64, pp. 176-178, n° 119; Chiari Moretto
Wiel, 1988(1), p. 39, n° 6, p. 47, n° 19, p. 59, n° 36,
p. 69, n° A-13.

L'œuvre est mentionnée pour la première fois en 1564 dans un inventaire du pavillon de chasse de Philippe II près de Madrid, le Pardo, sous le nom de *Danaé* (Sánchez Cantón, 1934). Titien, récapitulant dans une lettre adressée au secrétaire du roi, Antonio Pérez, en 1574 (Brejon, 1987), les «poésies d'amour» qu'il a envoyées sans être payé, parle simplement d'une *Femme nue avec le paysage et le satyre*, qui semble avoir été peinte juste après le *Martyre de saint Laurent* (Escorial, monastère de Saint Laurent). Le sujet est ensuite identifié comme *Jupiter et Antiope* dans l'inventaire du Pardo de 1582 (Argote de Molina, 1582, p. 2), puis comme *Vénus* ou *Danaé* dans celui de 1614-1617. Crowe et Cavalcaselle (1877) proposent d'identifier le tableau à celui que cite le peintre en 1574, identité admise depuis par la majorité de la critique en raison de la provenance espagnole de l'œuvre, mais ces deux auteurs sont les premiers à émettre des réserves sur la datation, estimant que le souvenir évident des *Bacchanales* exécutées pour Alphonse d'Este autour des années 1520 implique le réemploi d'une idée de jeunesse, voire d'une esquisse datant de l'époque ferraraise.

C'est finalement le nom de *Vénus* qui l'emporte, jusqu'au début du XVIIIᵉ siècle. Le tableau est conservé au palais du Pardo, échappant à l'incendie de 1604 qui détruit plus d'une dizaine de portraits célèbres (la plupart de Titien), jusqu'en 1623, date à laquelle Philippe IV, usant d'une politique de dons d'œuvres d'art entre souverains courante dans la diplomatie de cette époque, fait cadeau de la toile à Charles Stuart, prince de Galles et futur Charles Iᵉʳ d'Angleterre, en visite à Madrid pour un projet de mariage avec l'Infante qui n'a pas de suite. C'est en fait Van der Doort qui, dans l'inventaire des collections royales an-

glaises de 1639, nomme l'œuvre *Vénus du Pardo*, fixant l'appellation courante qui a fait fortune jusqu'à nos jours.

Après l'exécution du roi en 1649, l'œuvre est rachetée à Londres en 1653 par Mazarin (Brejon, 1987), puis donnée à Louis XIV par l'héritier du cardinal, le duc de Mazarin, qui ne supporte pas, selon Brienne (éd. Bonnefon, 1916-1919), la vue de la nudité. En 1729 apparaît pour la première fois sur une gravure de Baron le titre d'*Antiope ou dormeuse*, qui remplace ou côtoie désormais, sous la forme de *Jupiter et Antiope*, l'appellation *Vénus du Pardo* dans les inventaires royaux et dans les catalogues du Louvre. C'est ce nom de *Jupiter et Antiope* que la majorité de la critique trouve, sinon parfait, du moins le plus proche de la vérité. Lépicié (1754) apprécie spécialement l'expression de Jupiter métamorphosé en satyre soulevant le voile de la princesse et la beauté du paysage. Tels sont les prémices de la polémique sur le thème de l'œuvre, qui se trouve étroitement liée au problème de la date.

Hourticq (1919) engage le fer en refusant le nom d'*Antiope*. Il note la récurrence chez Titien de l'image de la Belle, assoupie et indifférente au monde, sur le modèle de la *Vénus* de Dresde (Gemäldegalerie) ou de l'Ariane des *Andriens* (Madrid, Prado). Cet auteur remarque que la femme du tableau du Louvre s'inspire du personnage de Lotis endormie au milieu des bruyantes réunions en plein air décrites dans les *Fastes* d'Ovide et *L'Arcadie* de Sannazaro (publié en 1504), deux sources essentielles de la bacchanale vénitienne depuis le *Festin des dieux* de Bellini (Washington, National Gallery). Cette influence d'esprit néoplatonicien court à travers les dessins arcadiens des peintres de la génération de Giorgione et les Vénus ou Danaé allongées de Titien (Dresde, Gemäldegalerie; Florence, Uffizi; Naples, Capodimonte; Madrid, Prado, cat. **176** et **177**). Hourticq note dans le tableau la césure de l'arbre sous lequel dort la jeune femme partageant la scène en deux parties inégales et indépendantes qui se tournent le dos. L'irruption tumultueuse des chasseurs et des chiens, surgissant, comme chez Corrège, des bords du tableau, en gros plan, à gauche, et en plan plus éloigné, à droite, permet d'encadrer l'image de groupes qui se répondent en diagonale par-dessus la dormeuse, créant une dissymétrie dynamique mais équilibrée, apparue dans la *Vierge au lapin* (cat. **160**) et servant à relier entre elles non seulement les deux parties du tableau, mais aussi les différents plans du paysage en profondeur. Comme dans le *Concert champêtre* (cat. **43**), ces visiteurs de dernière minute ne semblent pas voir le peuple des sources et des bois animant la campagne ni être aperçus par lui, comme si deux mondes, l'un contemplatif et serein, l'autre agité et cruel, vivaient dans des sphères différentes s'entremêlant sans se rencontrer. Hourticq pense ainsi que le vrai sujet est caché et qu'il s'agit de l'histoire, tirée des *Métamorphoses* d'Ovide, d'Actéon, changé en cerf et livré à ses propres chiens par Diane, qui se baigne près

de la rivère sous les arbres avec ses nymphes; les compagnons du malheureux jeune homme immolé à la divinité accourent, surpris de sa disparition et de l'arrivée d'une proie imprévue, le cerf attaqué par des chiens à l'arrière-plan.

On peut se demander s'il ne s'agit pas, comme dans l'*Allégorie* du Louvre (cat. **164**), d'une autre forme de réflexion sur l'inconstance de la Fortune, symbolisée par la mort injuste d'Actéon au sein d'une nature idyllique, dont Vénus couchée personnifie l'âme selon P. Fehl (1957). Ce que Hourticq considère comme l'action principale serait ainsi, en conformité avec l'esthétique maniériste, traité en vignette au second plan du tableau, servant de prétexte à un paysage pur; Hourticq imagine que l'*Actéon déchiré par ses chiens*, dont il est question dans la lettre adressée par Titien à Philippe II en 1558, est peut-être le même tableau que celui de la missive de 1574, dont le titre est purement descriptif: *La Femme nue avec le paysage et le satyre*. Cette solution aboutit à avancer la date du tableau.

Si Gronau (1911) maintient le thème de *Jupiter et Antiope*, il s'interroge, comme Crowe et Cavalcaselle, sur la date tardive supposée: la fraîcheur naturelle de l'œuvre, ramenant trente ans en arrière, et l'absence de liens stylistiques avec les autres poésies peintes pour Philippe II indiquent que Titien a peut-être réemployé pour ce tableau de chasse commandé par le roi pour son palais suburbain une œuvre commencée plus tôt et laissée inachevée dans son atelier. Fogolari (1935), tout en réaffirmant une datation vers 1560, insiste sur l'intuition de Crowe et Cavalcaselle. Suida (1935), commentant lui aussi l'idée exprimée par ces derniers, suggère que le tableau a été commencé vers 1520 pour Alphonse d'Este, en raison de l'affinité évidente du groupe du satyre et de la nymphe de gauche avec les figures des *Bacchanales* de Ferrare. Tietze (1936) avance encore la date vers 1535-1540, à cause des liens avec la *Vénus* de Dresde et sutout des analogies avec le dessin de Darmstadt (Hessisches Landesmuseum; cat. **100**), avec celui provenant de l'ancienne collection Oppenheimer (cat. **99**), et avec celui du Louvre, provenant de Jabach (inv. 5528), où l'on observe exactement le même chien que celui au premier plan à gauche qui lève la tête, annonçant ceux des différentes versions de *Vénus et Adonis* (par exemple celle de New York, Metropolitan Museum; cat. **256**), un sujet qui correspond à l'une des interprétations données du tableau.

Une bonne partie de la critique s'oriente désormais vers la solution, proposée par Tietze, d'une exécution en deux temps: d'abord en 1530-1540 et ensuite vers 1560. Nordenfalk (1947-1948) voit Diane dans la femme allongée, à cause du carquois suspendu à l'arbre au-dessus de sa tête, renforçant par ricochet les partisans d'*Actéon*. P. Hofer (1961) démontre sans équivoque l'identité du tableau à l'œuvre citée par Titien dans sa lettre de 1574 et semble donner raison à P. Fehl, préférant le titre laconique indiqué par le maître lui-même; il étudie en outre la bande de peinture à gauche, large de 0,60 m et courant sur toute la hauteur du tableau, où sont peints le sonneur de trompe et le chien le plus à gauche, dans un style assez différent de celui du reste de la composition, mais pas incompatible avec celui de Titien.

La plus ancienne gravure d'après le tableau, due à Michel-Ange Corneille – qui inverse l'original –, montre que le format de la toile était le même avant 1708, date de la mort de cet artiste : P. Hofer pense donc que l'agrandissement a été posé à la fin du XVIIᵉ ou au début du XVIIIᵉ siècle. L'examen attentif du tableau ne permet pourtant pas d'affirmer que cette bande n'est pas d'origine : elle peut dater de Titien lui-même, la différence s'expliquant par la restauration ancienne d'un accident ayant affecté l'original sur tout le côté gauche de la toile ; Lépicié (1754) décrit une intervention salutaire du premier peintre du roi, Antoine Coypel, qui a rétabli le « tableau dans son premier état » et lui a rendu « sa première vie ». Quant au reste de la toile, P. Hofer évoque une exécution possible de la partie originale (selon lui, sans la bande de gauche) en deux temps, la césure entre ces moments différents étant matérialisée par l'arbre traversant de haut en bas la toile au premier plan ; l'auteur conclut que l'œuvre a été créée vers 1530-33, c'est-à-dire après la *Vierge au lapin* et avant la *Vénus d'Urbin* (Florence, Uffizi), c'est-à-dire à peu près à l'époque de l'*Allégorie* du Louvre ou de *La Bella* de Florence (Pitti), mais qu'elle est restée inachevée dans l'atelier puis a été retravaillée vers 1567, comme le montre, par exemple, le bras droit de la dormeuse, qui rappelle celui de l'*Andromède* de Londres (Wallace Collection).

La datation en 1530-1533 suggérée semble cependant si bien correspondre au style et à l'ambiance de l'œuvre, proches de ceux de l'*Allégorie*, qu'une exécution en deux temps, un tiers, deux tiers, devient difficile à soutenir, y compris pour le joueur de trompe, sans doute retouché, mais qui occupe une position cohérente par rapport au reste de la composition, en particulier par son lien avec le conducteur de la meute qui se retourne pour lui signaler l'hallali. Si l'on imagine la toile sans cette partie, comme l'a fait Pallucchini en publiant la photographie de l'œuvre sans la bande de 0,60 m (1969, II), la composition perd une partie de son dynamisme et donne l'impression d'être tronquée de ce côté, confirmant que l'agrandissement existait lorsque la composition fut créée. Si les deux temps d'exécution ont existé, ils ne se seraient pas non plus répartis forcément selon une logique géographique dont la césure serait le signe, mais plutôt selon un impératif iconographique : Titien aurait changé vers 1560 une allégorie ou une bacchanale inachevée de l'époque de sa maturité, autour de 1530, en scène de chasse, ajoutant ou transformant certains personnages répartis à travers la composition, chasseurs, chiens, cerfs, qui présenteraient ainsi des divergences de style avec les figures plus anciennes, mais ce résultat n'est pas évident actuellement.

Pallucchini (1969), estimant que l'ampleur de la mise en scène n'est pas pensable sans le précédent de la *Présentation de la Vierge au temple* (1534-1538), Venise, Gallerie dell'Accademia), situe l'œuvre au début des années 1540 (entre 1540-1542). Est-il vraiment inconcevable que l'*Antiope* anticipe la *Présentation* et se rapproche de l'*Allégorie* ? Si l'on songe au *Couronnement d'épines* (Louvre, cat. **171**), dont l'exécution est attestée dès 1540 et montre encore une fois la précocité du génie de Titien dans toutes les phases de sa carrière par rapport à l'évolution générale des peintres à Venise, il est difficile de placer le tableau à la même date. Enfin, Panofsky (1969), rejoignant en somme Hourticq, ne croit pas au thème d'*Antiope*, parce qu'il imagine trois temps d'exécution : un premier moment très tôt, vers 1515, où Titien aurait commencé une allégorie des âges de l'homme du type de celle d'Édimbourg (en dépôt à la National Gallery of Scotland) et opposant la vie active (le chasseur aux chiens à gauche, quelquefois pris pour Apollon), la vie sensuelle (le groupe de Vénus avec le satyre) et la vie contemplative (le couple assis par terre à gauche) ; puis, création ou reprise, vers 1540, du paysage ; enfin, achèvement pour le Pardo, avec ajout de détails ayant trait à la chasse. Wethey (1975) rejette cette réalisation en plusieurs temps, ne croit pas plus que Hourticq et Panofsky au thème d'*Antiope* et estime, non sans logique, que mieux vaut s'en tenir à l'interprétation sans ambiguïté donnée par Titien lui-même en 1574 : *Une femme nue dans un paysage avec un satyre* ; il cite, à l'appui de cette position raisonnable, un dessin du musée Bonnat à Bayonne (Bean, 1960, nᵒ 172), très proche du tableau du Louvre et montrant un simple *Paysage avec nymphes et satyres*.

J.H.

page 158

166

Tiziano Vecellio, dit Titien
Pieve di Cadore vers 1488/1490 - Venise 1576

*Portrait d'Alphonse d'Avalos,
marquis del Vasto*

Toile. H. 1,10 ; L. 0,84. Propriété d'AXA, groupe français d'assurance.

PRÊTÉ AU MUSÉE DU LOUVRE DEPUIS 1990

HISTORIQUE
Coll. Potocki, Paris ; coll. de Behague, Paris, vers 1925 ; coll. de Ganay, Paris, 1939 ; acheté par le groupe AXA en 1990.
EXPOSITIONS
Naples, 1954, nᵒ 14 ; Paris, 1956, nᵒ 99 ; Paris, 1976, sans nᵒ ; Washington, 1990, sans nᵒ.
BIBLIOGRAPHIE
Vasari, 1568 (Milanesi, VII, 1881, pp. 441-442, note 1, p. 450 ; Chastel, 10, 1986, pp. 28, 53-54, note 70) ; Kenner, 1897, p. 224, nᵒ 83 ; Leprieur, 1909, p. 201 ; Wilczek, 1929-30, pp. 240-247 ; Suida, 1933, p. 159 ; Tietze, 1936, I, p. 161, II, p. 306 ; Mayer, 1938, pp. 291, 294-295 ; Tietze, 1950, pp. 34, 390 (éd. fr., 1950 pp. 390, 416) ; Pallucchini, I, 1952-53, p. 177 ; Dell'Acqua, 1956, pp. 29, 121 ; Berenson, I, 1957, p. 190 ; Braunfels, 1960, pp. 109, 111 ; Valcanover, 1960, I, p. 69, 108 ; Shearman, CVII, 1965, p. 173, note 16 ; Panofsky, 1965, p. 191 ; Valcanover, 1970, p. 113, nᵒ 231 ; Pallucchini, 1969, I, pp. 80-81, 272 ; Panofsky, 1969, pp. 74-75 note 43 ; Wethey, II, 1971, pp. 20, 22, 32, 40, 78-79, nᵒ 9 ; Wethey, 1980, p. 289 ; Sunderland-Wethey et Wethey, 1980, pp. 78-79, note 9 ; Habert, 1990.

Lᴀ collection de la famille polonaise des Potocki fut constituée à partir du XVIIIᵉ siècle (Wilczek, 1929-30) et la tradition familiale rapporte que le portrait aurait appartenu aux rois de Pologne Jean III Sobieski (1629-1696) et/ou Stanislas Auguste II Poniatowski (1732-1798) (Paris, 1956), dernier souverain du pays ; mais l'inventaire des collections de Stanislas Auguste II, publié par Tadeusz Mankowski (Galerja Stanislawa Augusta, Lwow, 1932), ne comprend aucun portrait de Titien. Mankowski explique que les collections de ce roi furent dispersées soit par les nombreuses libéralités qu'il fit à ses familiers, parmi lesquels on trouve Stanislas Auguste II Potocki (vers 1751/1753-1805), Palatin de Russie, grand-père de Félix-Nicolas, soit surtout par la liquidation des biens royaux polonais en plusieurs ventes s'échelonnant de 1815 à 1821, au cours desquelles les grandes familles du pays, dont les Potocki et leurs parents, achetèrent des œuvres. On peut penser que le portrait fut transporté en France par Mieczyslaw Potocki, père de Félix Nicolas, qui s'installa à Paris. Le comte Potocki prêta temporairement le tableau, en vue de son entrée éventuelle dans les collections nationales françaises, au Louvre, où l'œuvre est signalée comme exposée en mars 1909 par Paul Leprieur, conservateur des Peintures : celui-ci mentionne « l'admirable et intrigant Portrait d'homme, de superbe allure décorative... et qu'on saurait difficilement attribuer à d'autres que Titien », mais le tableau ne figure pas parmi les œuvres léguées par le comte Potocki au Louvre en 1922. L'œuvre fut achetée vers 1925 par la comtesse Martine de Behague (1870-1939), un des collectionneurs les plus remarquables de son temps. L'un de ses familiers, Charles de Noailles, note dans ses souvenirs qu'il admira dans la précieuse bibliothèque du premier étage un « important tableau du Titien », qui doit être le *Portrait d'Alphonse d'Avalos*. L'ensemble prestigieux réuni par Martine de Behague passa par héritage à son neveu le marquis Hubert de Ganay, puis, à la mort de ce dernier en 1974, à Charles de Ganay et à ses quatre frères, qui vendirent le portrait au propriétaire actuel, le groupe français d'assurance AXA; ce groupe a prêté l'œuvre au Musée du Louvre pour une longue durée.

La première mention du tableau semble être celle faite par Leprieur en 1909, qui accepte l'attribution traditionnelle à Titien; cette attribution est confirmée par Wilczek (1929-30), dans l'étude fondamentale qu'il consacre au tableau (première publication); elle n'a jamais été remise en cause depuis. Wilczek rapproche l'œuvre d'un des portraits miniatures d'hommes célèbres que l'archiduc autrichien Ferdinand II de Tyrol (1529-1595), frère de l'empereur d'Allemagne Maximilien II, rassembla dans son château d'Ambras près d'Innsbruck entre 1578 et 1590; la majeure partie de cet ensemble est conservée de nos jours au cabinet des médailles (Münzkabinett) du Kunsthistorisches Museum de Vienne; cette miniature porte à sa partie supérieure, comme la plupart des portraits en réduction provenant de la galerie de l'archiduc, une inscription authentique (Wilczek, 1929-30) en lettres majuscules argentées indiquant en latin le nom du modèle : « ALPHONSVS DAVALOS MARCH. GVASTO ».

La genèse de la collection des miniatures de l'archiduc Ferdinand II de Tyrol est étudiée par Friedrich Kenner (1893, pp. 37 à 61; 1897, p. 224, n° 83); cet auteur pressent que l'original qui a servi de modèle à la miniature viennoise devait être le portrait d'*Alphonse d'Avalos* par Titien dont parle Vasari en 1568 dans les *Vite* (Milanesi, 1881) : le critique florentin mentionne dans la « Vie de Titien » un portrait exécuté à Bologne en 1533 au cours du second séjour dans cette ville de Charles Quint, venu rencontrer le pape Clément VII pendant l'hiver 1532-1533; le marquis avait alors trente et un ans; mais Kenner identifie le portrait dont parle Vasari à l'*Allégorie* de Titien conservée au Louvre (Milanesi, 1881; cat. **164**), dite à tort *Allégorie d'Alphonse d'Avalos* depuis son passage dans la collection de Charles Ier d'Angleterre inventorié en 1639 par Van der Doort. Wilczek démontre que la réduction autrichienne constitue la copie fidèle, mais partielle, d'après le tableau conservé aujourd'hui au Louvre, établissant ainsi l'identité du modèle; il soutient en outre que l'œuvre parisienne est bien le portrait d'Alphonse d'Avalos par Titien dont parle Vasari.

Cette identification est corroborée par la comparaison avec un autre tableau de Titien décrit par Vasari, la *Harangue d'Alphonse d'Avalos à ses soldats*, commandé par le marquis et en 1539 terminé par le peintre en 1541 (Madrid, Prado); cette toile, d'un style plus tardif que le portrait, montre d'Avalos en armure, âgé d'environ trente-neuf ans et accompagné de son fils. Les datations des deux œuvres concordent ainsi avec l'âge attesté du modèle dans les deux cas. Le général du tableau madrilène ressemble, malgré les dommages qu'il a subis (la toile du Prado a été restaurée récemment), au personnage du portrait parisien mais avec les traits vieillis de quelques années et épaissis. Ces deux images certaines du marquis del Vasto confirment l'affirmation de Hourticq (1919, pp. 220-227) que l'homme en armure dans l'*Allégorie* de Titien au Louvre ne peut représenter ce personnage. On connaît en outre deux autres images d'Alphonse d'Avalos, probablement inspirés d'un même portrait disparu, de composition différente de celle du tableau parisien, mais qui ne sont pas contradictoires avec l'effigie présentée au Louvre : une copie en buste par Cristofano dell'Altissimo (actif à Florence entre 1552 et 1605), exposée dans le corridor des Uffizi et portant à sa partie supérieure le nom du modèle, et une gravure illustrant les *Elogia* de Paolo Giovio, évêque de Nocera, un recueil de commentaires sur les personnages représentés dans sa galerie des hommes illustres de Borgo Vico à Côme, publié par Pietro Perna à Bâle en plusieurs éditions de 1575 à 1596.

L'identification du portrait parisien par Wilczek, et le fait que Vasari ne mentionne que deux œuvres de Titien montrant d'Avalos (le portrait de 1533 et la *Harangue*) paraissent confirmer que le tableau correspond au portrait cité par Vasari comme peint à Bologne en 1533; cet avis est accepté par Tietze (1936, 1950), Panofsky (1969) et Wethey (1971, 1976, 1980); il est même possible de préciser que l'exécution date de janvier ou de février de cette année, les deux mois que Titien passa dans la ville durant son second séjour. Cette datation est cependant contestée par un certain nombre de spécialistes, qui estiment que l'œuvre est de facture plus tardive : ainsi Mayer (1938), Tietze dans sa monographie de Titien de 1950, Pallucchini (1969) et Shearman (1965), qui proposent de dater la toile entre 1536 et 1538. Shearman (1965) se fonde sur une lettre de Titien à l'Arétin (citée par Stefano Ticozzi, *Vite dei pittori Vecelli di Cadore*, Milan, 1817, p. 309) pour situer l'exécution de l'œuvre au cours de la rencontre du peintre avec d'Avalos en mai 1536 à Asti; mais Vasari ne mentionne aucun portrait d'Alphonse d'Avalos peint par Titien entre 1536 et 1538. Tandis que Bologna (Naples, 1954), suivi par Valcanover (1970, p. 113, n° 231), pense que le portrait fut peint à la même époque que la *Harangue*, c'est-à-dire entre 1539 et 1541, ou au plus tard en 1543 à Bologne ou à Busseto, au moment de la rencontre du pape Paul III avec Charles Quint dans cette dernière ville, Titien et d'Avalos se trouvant alors ensemble dans la suite de l'empereur; mais Vasari n'en parle pas et Wethey (1971) estime que ce séjour fut trop bref pour l'exécution de portraits.

Le style du tableau ne contredit pas la date de 1533 : le désir de caractérisation sociale ayant tendu chez Titien, vers le milieu des années 1520 et sous la pression d'une nouvelle clientèle aristocratique soucieuse d'affirmation, à prendre autant d'importance que l'effort de pénétration psychologique, le peintre représente les figures d'*Alphonse I, duc de Ferrare* (New York, Metropolitan Museum), et de *Frédéric II de Gonzague, marquis de Mantoue* (Madrid, Prado), vues de plus loin dans un format agrandi, la main gauche posée sur un objet significatif de pouvoir ou de raffinement placé au premier plan et séparant les modèles du spectateur; contrairement à l'esprit des portraits du début des années 1520, la position sociale des personnages tend à se révéler par l'insistance grandissante sur le vêtement; avec le portrait de *Laura Dianti* (Kreuzlingen, coll. Kisters; cat. **56**), la préoccupation sociale est ouvertement affirmée par la majesté de la pose, la richesse ostentatoire de l'habillement et l'apparition d'un personnage secondaire placé en contrebas, un jeune serviteur noir dont le rôle consiste à exalter par contraste la position élevée du modèle. Titien est bientôt consacré peintre de cour lors de sa première rencontre, à Bologne, en 1530, avec Charles Quint, dont il peint une effigie hiératique à mi-corps (perdue) qui déclenche jusque vers 1550 l'afflux des commandes princières pour des images similaires, tel le cardinal guerrier *Ippolito de' Medici* (Florence, Palazzo Pitti), légat du pape à Vienne en 1532, rentré de Hongrie avec Charles Quint à Bologne en 1533, se faisant représenter dans un habit rouge à la hongroise.

L'image d'*Alphonse d'Avalos*, très proche par l'esprit de celle d'*Ippolito de'Medici*, que Vasari signale comme exécutée en même temps, trouve sa place stylistique dans ce moment précis de la carrière de Titien. Le portrait perdu de *Charles Quint à mi-corps*, en armure de parade et avec la Toison d'or au ras du cou, exécuté en 1530 au cours du premier séjour bolonais et largement diffusé par de nombreuses copies et gravures, devint le prototype des effigies vénitiennes du guerrier triomphant. Le modèle du portrait parisien est cependant représenté de façon moins frontale, par souci d'espace et de dynamisme : dans un lieu sombre et indéfini, le personnage, vu légèrement par en-dessous, est placé en biais sur la toile selon une oblique s'enfonçant en profondeur vers le haut depuis le coin inférieur gauche jusqu'à l'angle supérieur droit, tenant subtilement le spectateur à distance par ce procédé; la lumière, tombant d'en haut à droite, concentre l'attention sur les détails significatifs, l'expression hautaine, énergique, imbue de pouvoir, assez peu sympathique, de la tête nimbée d'un léger halo de lumière, le regard sévère se perdant au loin à droite, la somptueuse armure de parade décorée de rinceaux dorés, le collier de la Toison d'or fixé au ras du cou comme le prototype perdu montrant Charles Quint (dans une première ébauche, révélée par la radiographie, la Toison pendait au bout d'une longue chaîne); Titien, devenu grand maître du genre à la suite de Giorgione, pose sur l'armure, motif significatif de la fonction du modèle se détachant contre le fond marron foncé, un jeu virtuose de reflets lumineux différenciés selon le métal, or ou acier.

Répétant le procédé déjà utilisé dans le portrait de *Laura Dianti*, le peintre a ajouté en bas à gauche une figure secondaire, personnage repoussoir venant s'interposer entre le spectateur et le modèle, un nain selon Panofsky (1969) et

Wethey (1971), dont la difformité sert à exalter par contraste la majesté arrogante du militaire victorieux. Braunfels (1960) et Shearman (1965) sont les seuls à penser que ce page pourrait être le fils du marquis, Francesco Ferrante (1531-1571), futur vice-roi de Sicile, représenté dans la *Harangue* à l'âge de neuf ou dix ans selon l'Arétin (lettre du 20 novembre 1540, *Lettere sull'arte di Pietro Aretino*, éd. Pertile, Milan, 1957), ce qui donne à l'enfant à peine trois ans d'âge; cela ne convient pas au petit serviteur, qui paraît plus vieux de deux ou trois années. Braunfels estime cependant qu'il n'a pas plus de quatre ans, datant le tableau de 1534 au plus tard. Si l'hypothèse du fils d'Alphonse d'Avalos était acceptée, il faudrait alors reculer l'exécution du tableau vers 1536, comme le propose Shearman.

Tassé dans l'angle inférieur gauche de la toile, le page présente timidement à d'Avalos un casque, que le marquis prend d'un geste à peine perceptible du bras droit (la radiographie montre que les positions du casque et des yeux du page ont été modifiées de manière à mieux diriger le regard craintif du petit personnage vers l'austère visage du militaire): ce serviteur, qui ne semble pas exister aux yeux de son maître, peut rendre d'Avalos antipathique; le modèle avait en effet une réputation de fausseté et de cupidité, voire d'intolérance et de cruauté. Mais il était dans le génie de Titien, à quarante ans passés, de s'intéresser, au-delà des réalités physiques, aux petitesses d'un grand caractère, à l'ambition dévorante, au pan obscur et fascinant de ceux qui tiennent le destin du monde entre leurs mains. Titien établit, tel un chirurgien, le constat de l'âme d'un des plus puissants personnages de son temps: les grands, d'abord déconcertés, se soumettent désormais volontiers à l'épreuve de son pinceau.

Alphonse d'Avalos fut l'un des généraux les plus célèbres de Charles Quint, commandant des armées impériales en Italie, réputé pour son audace guerrière et sa culture. Il est né en 1502 au large de Naples dans l'île d'Ischia, qui était le fief de sa famille, et mourut prématurément en 1546. Il fut décoré de la Toison d'or le 3 décembre 1531 (Kenner, 1897, p. 224) et participa en 1532 à une campagne contre les Turcs en Hongrie aux côtés de l'empereur, qu'il suivit ensuite à Bologne. Il profita de la présence de Titien dans la ville au début de 1533 pour se faire représenter tel que nous le voyons dans le tableau, à l'âge de trente et un ans dans l'attitude du chevalier vainqueur et décoré, fier de ses récents états de service hongrois. Intimement lié à Frédéric de Gonzague, il se conduisait en souverain, s'entourant à Milan d'une cour fastueuse qui devint un centre de culture artistique et littéraire. Il avait épousé en 1528 Marie d'Aragon, sœur cadette de la fameuse Jeanne d'Aragon, vice-reine de Naples, dont Giulio Romano a laissé le magnifique portrait exposé au Salon Carré du Louvre.

Le marquis se flattait d'être un mécène averti et avait réuni dans son fief d'Ischia une collection de tableaux; Vasari parle de cette collection à plusieurs endroits des *Vite* et indique que d'Avalos protégeait un élève de Raphaël installé à Naples qui avait travaillé au Vatican avec Giulo Romano, Giovanfrancesco dit il Fattore; le biographe florentin précise que d'Avalos possédait à Ischia un *Sacrifice d'Abraham* d'Andrea del Sarto, un carton du *Christ apparaissant à sainte Marie-Madeleine (Noli me tangere)* de Michel-Ange, acquis directement de l'artiste et qu'il fit transposer en peinture par Pontormo (Milanesi, 1881, p. 277) et « d'autres peintures remarquables ». Le premier contact connu d'Alphonse d'Avalos avec Titien est attesté par une lettre que le marquis adressa le 11 novembre 1531 à l'Arétin (Milanesi, 1881, p. 476), par laquelle il sollicitait la venue du maître auprès de lui pour exécuter son portrait en compagnie de ceux de sa femme et de son fils en Amour que l'on a longtemps identifié à l'*Allégorie* du Louvre (cat. 164), dite à tort, à cause de cela, *Allégorie d'Alphonse d'Avalos*, mais l'invitation ne semble pas avoir été suivie d'effet. D'après Vasari (Milanesi, 1881, p. 448), il commanda à Titien, outre ce portrait et la *Harangue* du Prado, des effigies de Charles Quint, du « roi Catholique » (Philippe II) et de « beaucoup d'autres ». Dans une lettre adressée à Titien le 5 mars 1531 (voir cat. **162**), Frédéric de Gonzague, ami intime d'Alphonse d'Avalos, commande au maître une *Madeleine pénitente* pour en faire cadeau au marquis (Milanesi, 1881, p. 476).

J.H.

page 161

167

Tiziano Vecellio, dit Titien
Pieve di Cadore, vers 1488/1490 - Venise, 1576

Portrait d'Eleonora Gonzaga
Toile. H. 1,12; L. 1,02
FLORENCE, GALLERIA DEGLI UFFIZI

HISTORIQUE
Dans l'atelier de Titien en novembre 1537; au Palazzo dell'Imperiale à Pesaro en avril 1538; transporté d'Urbino à Florence en 1631; transporté de la Guardaroba de Vittoria della Rovere dans la salle dite « della Cappella » à Poggio Imperiale en 1652; au Palazzo Pitti à Florence de 1716 à 1723; à la Galleria degli Uffizi le 10 mai 1796.

EXPOSITIONS
Venise, 1990(1), n° 26; Washington, 1990-91, n° 26.
BIBLIOGRAPHIE
L'Arétin, 1537 (éd. Pertile et Camesasca, 1957, I, pp. 77-78); Gronau, 1936, pp. 5, 86, 90-94, 139; Pallucchini, 1969, pp. 122, 271; Panofsky, 1969, pp. 88-90; Wethey, 1971, p. 134; Wethey, 1975, pp. 249-250; Squellati, 1978, pp. 121-124 (avec bibl. ant.); Cecchi, 1990, pp. 220-222; Natali, 1990, pp. 227-228; Costanzi, 1990, pp. 72-73; Varese, 1990, p. 53.

On connaît bien les circonstances de la commande, le moment de l'exécution et les déplacements de ce tableau (Squellati, 1978), toujours lié à son pendant, le *Portrait de Francesco Maria della Rovere* (cat. **168**). Le 28 janvier 1536, Eleonora, fille de Francesco I Gonzaga et d'Isabelle d'Este, sœur de Federico Gonzaga, duc de Mantoue, mariée en 1509 à Francesco Maria della Rovere, duc d'Urbino, exprime à Giangiacomo Leonardi, ambassadeur du duc à Venise, le désir que Titien exécute son portrait, sans toutefois que celui « *se metta a venir a posta nostra* » (« se déplace exprès »), mais seulement s'il passe par Pesaro en allant à Naples rencontrer Charles Quint, rencontre alors envisagée mais qui ne s'est pas produite (Gronau, 1936; Varese, 1990). Titien eut en revanche l'occasion de faire le portrait de la duchesse lorsque celle-ci séjourna à Venise de septembre 1536 aux premiers mois de l'année suivante.

A l'automne 1537, le portrait d'Eleonora et celui de son mari, Francesco Maria étaient déjà terminés, puisque l'Arétin leur consacre deux sonnets qu'il joint à sa lettre du 7 novembre 1537 à Veronica Gambara où il fait l'éloge du portrait du duc d'Urbino. Selon l'hypothèse d'A. Cecchi (1990), appuyée par les recherches d'A. Natali (1990), le portrait d'Eleonora Gonzaga précéda de peu celui de Francesco Maria della Rovere.

Titien représente la duchesse assise légèrement de trois quarts sur un fauteuil, dans un cadre dépouillé d'ornements, qui s'ouvre à gauche sur un paysage où les verts des prairies et des bois s'estompent dans les premières ombres du couchant. Sur le gris-beige lumineux du fond, ressortent le visage mélancolique d'Eleonora et ses vêtements à la dernière mode. A. Cecchi (1990) voit dans le noir et l'or de cette robe une référence héraldique à la maison de Montefeltro à laquelle Francesco Maria della Rovere appartenait par sa mère. Tous les détails du vêtement, rendus avec une « habileté [...] pleine de virtuosité » (Pallucchini, 1969), témoignent par leur élégance raffinée du haut rang social du personnage représenté: la coiffe ronde, le corsage aux broderies en nid d'abeille, la robe noire rayée de gris aux manches brodées de nœuds d'or, la fourrure de martre, l'ornement à la tête dorée et incrusté de rubis et de perles, le grand bijou de cristal et de perles qui semble former sur la poitrine le monogramme IHS. Devant la fenêtre, sur le drap vert de la table, sommeille le petit chien au pelage blanc et fauve que l'on reverra dans de nombreux tableaux de Titien, jusque dans le tardif *Supplice de Marsyas* de Kroměříž (cat. **265**).

Derrière le chien, la pendule de table, motif fréquent dans les portraits du XVIᵉ siècle en Europe, indique, selon Panofsky (1969), le rang social du modèle en même temps qu'elle fait allusion à la tempérance et à la fugacité du temps. Pour Wethey (1971), cette pendulette, qui apparaît dans d'autres portraits de Titien, aurait appartenu à l'artiste lui-même, alors qu'A. Cecchi (1990) la rapporte au goût de collectionneur des ducs d'Urbino. Pour F. P. Squellati (1978), la présence simultanée de l'horloge et du chien fait allusion à « la constance et la fidélité dans l'amour tempéré, c'est-à-dire consacré par le mariage, ainsi qu'à la prudence dans la conduite réglée de la vie personnelle ». Cette interprétation correspond bien aux qualités morales de la duchesse, excellente mère et sage administratrice du duché après la mort de son mari, survenue en 1538, vertus que l'Arétin célèbre en même temps que la qualité picturale du tableau dans son sonnet de 1537 :

L'unione dei colori, che lo stile
Di Tiziano ha distesi, esprime fora
La concordia, che regge in Lionara
Le ministre del spirito gentile.

Seco siede modestia in atto umile
Onesta nel suo abito dimora,
Vergogna il petto e il crin le vela e onora,
Le affigge Amore il guardo signorile.

Pudicizia e beltà, nimiche eterne,
Le spazian nel sembiante, e fra le ciglia
Il trono de le Grazie si discerne.

Prudenza il valor suo guarda, e consiglia
Nel bel tacer, l'altre virtuti interne
L'ornan la fronte d'ogni meraviglia.

(L'union des couleurs, que le pinceau de Titien a disposées, exprime la concorde, qui gouverne en Éléonore les ministres de son doux esprit.
En elle la modestie siège humblement, l'honnêteté réside en son habit, la réserve voile et honore son sein et sa chevelure, l'Amour se montre dans son noble regard.
La pudeur et la beauté, ennemies éternelles, s'épandent en tout son aspect, et entre ses cils on voit le trône des Grâces.
La prudence veille sur sa valeur et la conseille par son beau silence ; les autres vertus intérieures ornent son front de toutes les merveilles.)

Utilisant une palette de tons restreinte et d'une indicible intensité chromatique, que lui a rendue une toute récente restauration (1990), Titien donne dans cette effigie l'un des exemples les plus représentatifs de la manière dont il cherche à capter avec une objectivité idéale l'aspect physique et l'humeur intérieure de ses modèles pour répondre aux désirs de dignité et de faste de la société de son temps.

F.V.

page 160

168

Tiziano Vecellio, dit Titien
Pieve di Cadore, vers 1488/1490 - Venise, 1576

Portrait de Francesco Maria della Rovere

Toile. H. 1,14; L. 1,005. Signé en bas à gauche : *TITIANVS F.*; en bas à droite inscription : *TICIANVS;* sur le phylactère en haut à droite : *SE SIBI.*

FLORENCE, GALLERIA DEGLI UFFIZI

HISTORIQUE
Dans l'atelier de Titien en novembre 1537; à Pesaro en avril 1538; transporté d'Urbino à Florence en 1631, d'abord dans la Guardaroba, puis, en 1652, dans la salle dite « della Cappella »; après la mort, en 1694, de Vittoria della Rovere, transporté au Palazzo Pitti; entré à la Galleria degli Uffizi le 4 février 1795.

EXPOSITIONS
Venise, 1935, n° 25; Venise, 1990(I), n° 28; Washington, 1990-91, n° 28.

BIBLIOGRAPHIE
L'Arétin, 1537 (éd. Pertile et Camesasca, 1957, I, pp. 77-78); Cavalcaselle et Crowe, I, 1877, pp. 387-389; Hadeln, 1924(I), pp. 30, 49-50; Gronau, 1936, pp. 92-94; Pallucchini, 1969, pp. 70, 81, 271; Panofsky, 1969, pp. 88-89; Wethey, 1971, pp. 22-23, 135-136; Bernini Pezzini, 1976, pp. 38-39; Rearick, 1976(I), pp. 46-49; Squellati, 1978, pp. 116-121 (avec bibl. ant.); Seracini, 1979, pp. 25-26; Sunderland-Wethey et Wethey, 1980, pp. 76-89; Dillon, 1990(I), pp. 224-226; Natali, 1990, pp. 227-228 (avec bibl. suppl.); Costanzi, 1990, pp. 68-69.

F̲rancesco Maria della Rovere (1480-1538), fils de Giovanni, seigneur de Senigallia, et de Giovanna de Montefeltro, héritier en 1508 du duché d'Urbino à la mort de son oncle Guidobaldo I de Montefeltro, commanda à Titien son propre portrait avant celui de sa femme, Eleonora Gonzaga (cat. **167**). En effet, le 17 juillet 1536, il réclamait instamment à Giangiacomo Leonardi, son ambassadeur à Venise, que Titien rende l'armure dont il avait dû se servir « secondo il bisogno » (« en tant que de besoin ») pour la peindre (Gronau, 1936). C'est avec cette armure que Francesco Maria della Rovere est représenté sur le tableau que l'Arétin a vu dans l'atelier de Titien et décrit élogieusement dans la lettre, accompagnée d'un sonnet, qu'il adresse le 7 novembre à Veronica Gambara. Avant d'être envoyé à Pesaro en avril 1538 avec

son pendant, le portrait d'Eleonora Gonzaga, celui-ci put être admiré chez Titien par le duc d'Urbino lors de son séjour à Venise en janvier 1538, à l'occasion de sa nomination au commandement des troupes de la ligue fondée pour s'opposer au danger turc par la République de Venise, Paul III et Charles Quint.

On considère désormais comme préparatoire pour ce tableau le dessin n° 20767 F des Uffizi (Dillon, 1990/I). La différence entre cette étude, à la plume et mise au carreau, avec le duc en pied dans une niche, et la peinture, qui représente Francesco Maria à mi-corps, a suscité diverses hypothèses. Hadeln (1924/I) a, le premier, supposé que le portrait, d'abord peint en pied, a été ensuite réduit d'un tiers pour créer un pendant au portrait d'Eleonora Gonzaga, et que le dessin, fait d'après la peinture, a servi de modèle à une gravure sur bois. Pour Panofsky (1969), le dessin serait au contraire à mettre en rapport avec une statue commémorative du duc après sa mort, survenue en 1538. G. Bernini Pezzini (1976), en se fondant sur la mention de deux portraits de Francesco Maria dans la « liste des bons tableaux » dressés en 1631, de l'héritage della Rovere transporté à Florence, émet l'hypothèse que ce dessin a servi pour un portrait du duc dont la trace est perdue et dont le tableau des Uffizi serait une deuxième version partielle.

C'est à juste raison que W. R. Rearick (1976/I), réfutant le premier l'hypothèse de Hadeln après avoir constaté que le bord inférieur de la toile est intact, identifie le dessin avec la « *carta* » (le « papier ») de Titien que le duc d'Urbino, dans sa lettre à Leonardi du 17 juillet 1536, demande évidemment à avoir, afin de connaître les projets du peintre pour son portrait.

L'examen radiographique (Seracini, 1979; Sunderland-Wethey et Wethey, 1980) confirme que le portrait a été conçu dans sa version définitive pour une figure à mi-corps. L'artiste se servit pour ce tableau d'une toile déjà utilisée pour un autre portrait, peut-être celui d'une jeune femme, qu'il agrandit et plaça sur un nouveau châssis en fonction du format du portrait d'Eleonora Gonzaga dont il devait être le pendant (Natali, 1990).

Si Titien saisit dans le portrait d'Eleonora la conscience des responsabilités familiales, dans celui de Francesco Maria, comme le rappelle l'Arétin dans sa lettre de 1537 à Gasparo Stampa, il exalte les vertus du condottiere. Revêtu de son armure, qui est d'une mode passée mais qui lui est « extrêmement chère » pour l'avoir accompagné dans tant de campagnes militaires (Squellati, 1978), le duc tient fermement dans son poing droit le bâton de capitaine général de la République de Saint-Marc; sur le haut meuble derrière lui à gauche, le dragon qui somme le casque renvoie probablement aux liens avec la maison d'Aragon (Sunderland-Wethey et Wethey, 1980), tandis qu'à droite la branche de chêne avec la devise « SE SIBI », claire référence aux succès des della Rovere, est placée entre les *verghe* (verges) avec les armes papales et florentines qui rappellent les autres commandements qu'il a exercés.

Le récent nettoyage (1990), qui a retiré l'épaisse couche de vernis non originels et fortement jaunis, a permis de mieux comprendre le chromatisme et les effets de lumière de ce portrait. Sur le rouge laqué de la tenture, le corps du duc se détache avec force, dans la posture impérieuse du commandement et sanglé dans son armure qu'ornent de multiples reflets, cependant que la lumière isole sur la pénombre grise du mur et explore avec une subtile pénétration psychologique le visage marqué par l'âge et les vicissitudes de la vie. La grandeur héroïque de cette pose, symbolique de l'existence entière de Francesco Maria della Rovere, rappelle, par le naturalisme suggestif propre au classicisme, et pour autant qu'on puisse se fier aux gravures qu'en fit Sadeler, les *Césars* perdus à la série desquels Titien travaillait à la même époque pour Federico Gonzaga, duc de Mantoue.

F.V.

page 162

169

Tiziano Vecellio, dit Titien
Pieve di Cadore, vers 1488/1490 - Venise, 1576

Portrait de François Iᵉʳ, roi de France
Toile. H. 1,09; L. 0,89
PARIS, MUSÉE DU LOUVRE,
DÉPARTEMENT DES PEINTURES

HISTORIQUE
Peint en Italie en 1538 à la demande de l'Arétin, d'après une médaille de Benvenuto Cellini réalisée en France en 1537; envoyé par l'Arétin à François Iᵉʳ en 1538?; coll. de François Iᵉʳ au château de Fontainebleau?; sorti des collections royales à une date inconnue?; coll. du cardinal Mazarin, avant 1635 (inv. Mazarin, 1653, inv. n° 129 et 1661, n° 969); acheté par Louis XIV aux héritiers du cardinal en 1661 (inv. Le Brun, 1683, n° 130); exposé au Louvre en 1804.
EXPOSITIONS
Paris, 1972, n° 6 F; Paris, 1976 (Louvre), n° 12.
BIBLIOGRAPHIE
Ridolfi, 1648 (Hadeln, 1914, I, pp. 192, 200) ♂riette, II, 1742, p. 58; Lépicié, II, 1754, p. 33; Villot, 1864, I, p. 287, n° 469; Crowe et Cavalcaselle, 1877, I, pp. 357-359; Cosnac, 1885, p. 298; Tauzia, 1888, I, p. 253, n° 450; Engerand, 1899, pp. 76-77; Milanesi, VIII, 1906, pp. 437, 444, 450; Gronau, 1911, pp. 126, 284; Fischel, 1911, pp. XXIV, 79, 220, 253; Ricci, 1913, p. 162, n° 1588; Hourticq, 1919, pp. 268-

270; Hautecœur, 1926, p. 134, n° 1588; Suida, 1935, pp. 84, 169; Tietze, 1936, II, pp. 166, 305-306; Tietze, 1950, pp. 83-85; Hulftegger, 1955, p. ; Berenson, 1957, I, p. 190, Valcanover, 1960, I, p. 190; Mariacher, 1963, pp. 210-221; Pallucchini, 1969, I, pp. 81, 272; Valcanover, 1970, p. 110, n° 188; Wethey, 1971, II, p. 102, n° 37; Cox-Rearick, 1972, p. 10, n° 6 F; Brejon de Lavergnée et Thiébaut, 1981, p. 246, Inv. 753; Brejon de Lavergnée, 1986, pp. 270-271; Brejon de Lavergnée, 1987, pp. 188-189, n° 130; Scailliérez, 1992, pp. 16, 27, 50-51.

L'histoire de cette toile n'offre pas la clarté habituelle de celle des tableaux de la collection royale. Une lettre de l'Arétin, adressée à François Iᵉʳ (1494-1547) le 7 octobre 1538 (Cox-Rearick, 1972), mentionne l'envoi de deux œuvres, «... l'une magnifie l'honneur des hommes et l'autres magnifie la gloire de Dieu»: s'agit-il de tableaux? Si oui, sont-ils de Titien? Puisque la deuxième œuvre citée semble avoir un sujet religieux (il s'agit peut-être de la *Madeleine pénitente* d'après Titien provenant de Fontainebleau et conservée au musée des Beaux-Arts de Bordeaux), la première est-elle un portrait, «l'honneur des hommes» étant le roi lui-même? L'Arétin adresse un an plus tard, en décembre 1539, un poème au roi (Tietze, 1950), annonçant «que Titien Apelle... par la vertu de notre amitié m'a peint d'un pinceau admirable l'image sacrée de Votre Altesse» (Wethey, 1969). Ce second écrit concerne clairement un *Portrait de François Iᵉʳ* par Titien, mais est-ce le même que celui de la lettre précédente — et cette œuvre-là n'est-elle pas déjà parvenue à la cour depuis un an? Enfin, le tableau du Louvre est-il à identifier au portrait célébré en vers? La critique (Tietze, 1950; Valcanover, 1960; Pallucchini, 1969; Wethey, 1969) considère en général que le poème fait bien allusion au portrait de François Iᵉʳ commandé à Titien par l'Arétin en 1538, que celui-ci a été envoyé en décembre 1539 au roi accompagné du poème et que le portrait en question est celui qui est conservé au Louvre. Le peintre n'ayant pu l'exécuter en présence du modèle, Mariette (1742) suppose que la tête a été peinte d'après une médaille, expliquant la position en profil pur, unique dans la carrière de Titien, dont les recherches consistaient précisément à éliminer les archaïsmes empêchant de rendre le relief d'un visage. Tietze (1950) publie la médaille qui a servi de modèle à Titien: elle a été réalisée sur le vif par Benvenuto Cellini au cours de son premier voyage en France en 1537 et l'inventaire des biens du sculpteur, dressé lors de l'incarcération de celui-ci au château Saint-Ange à Rome, prouve qu'il en possédait un modèle en plomb. Un bon exemplaire de la médaille est conservé à la Bibliothèque nationale. Le roi est figuré en empereur romain, de profil et couronné de laurier; le revers est décoré d'un cavalier à l'antique soumettant la Fortune (Scailliérez, 1992). Cellini fournit peut-être lui-même la médaille à Titien. Ce n'est pas la première fois que le peintre est obligé de travailler sans modèle, la pratique est assez courante dans les relations

diplomatiques et entre hauts personnages. Titien en inverse l'image et, dans une démarche typique, en atténue l'aspect hiératique en remplaçant le feuillage par une toque de velours noir ornée d'une plume blanche et d'une agrafe, qui, comme le pourpoint grenat à crevés blancs et le manteau doublé de fourrure, donne au portrait une apparence contemporaine et familière conforme à la bonhomie légendaire du personnage; le peintre s'arrange pour que les mains, détails expressifs habituellement importants et personnalisés, apparaissent peu en l'absence du modèle.

Mais le portrait a-t-il réellement appartenu à François Iᵉʳ? Vasari n'écrit pas que le roi de France possédait son portrait par Titien, alors qu'il en cite deux du monarque par ce peintre. Le premier est pris sur le vif lorsque François Iᵉʳ quitte l'Italie pour la France, ce qui ne peut être qu'en 1516, après l'entrevue avec Léon X à Bologne (alors que Vasari situe l'œuvre après les portraits des doges Leonardo Loredano et Antonio Grimani exécutés en 1523). Cette datation est évidemment trop tôt quant au style du tableau du Louvre et à l'habillement du roi, qui correspondent bien aux années 1538-39, la toile se situant en mode mineur dans la lignée des grands portraits d'apparat de Titien: *La Bella* (Florence, Palazzo Pitti), *Francesco Maria della Rovere, duc d'Urbin* et *Eleonora Gonzaga* (Florence, Uffizi; cat. **167** et **168**). Il n'y a donc pas trace du premier portrait de François Iᵉʳ mentionné par Vasari. Le second portrait du roi cité par le biographe est commandé par le duc d'Urbin, en même temps qu'un *Charles Quint* et un *Soliman II*, que le duc veut accrocher tous les trois ensemble. Cette œuvre est identifiée par certains critiques au *Portrait de François Iᵉʳ* conservé à Lausanne (collection Maurice de Coppet), mais la radiographie de la tête, dans ce tableau, publiée par G. Mariacher (1963), laisse une impression désagréable par comparaison avec la radiographie du même détail dans le portrait du Louvre, qui révèle une technique éblouissante typique du maître, si magistrale qu'il est difficile d'imaginer que Titien travaillait sans modèle.

En fait, le *Portrait de François Iᵉʳ* du Louvre n'est mentionné pour la première fois qu'en 1653, non dans la collection royale, mais dans l'inventaire des Meubles du cardinal Mazarin, n° 129, et dans l'inventaire Mazarin de 1661, n° 969, avec une curieuse attribution à «Dossi» (Brejon, 1987). Cette provenance est signalée par Hautecœur (1926) et Hulftegger (1955). L'attribution à Titien est rétablie dans les *Mémoires de divers meubles choisis dans le palais Mazarin* pour Louis XIV, dressé par Colbert, et n'a pas été contestée depuis. Si l'on admet que le tableau se trouvait à Fontainebleau au XVIᵉ siècle, comment expliquer qu'il en soit sorti avant 1653? François Iᵉʳ ou l'un de ses successeurs l'a-t-il donné à quelque visiteur de marque? Il existe d'autres exemples d'œuvres qui ont soit quitté les collections royales et la France à un moment de leur histoire, soit jamais été réellement acquise par le roi (la *Vierge* à *l'Enfant avec sainte Anne* de Léonard et même peut-être la *Joconde*). L'absence de copies du XVIe siècle en France et de témoignages sur la présence de la toile à Fontainebleau à ces époques est troublante, concernant l'image d'un personnage aussi illustre réalisé par un peintre non moins célèbre.

Lomazzo (*Trattato dell'Arte della Pittura Scoltura et Architettura*, 1584), enfin, est l'autre auteur du XVIe qui décrit un portrait de François Ier, mais il s'agit d'un portrait en armure.

Fischel (1911) n'arrive pas à croire que Titien ait pu exécuter le portrait du Louvre sans avoir le modèle sous les yeux et va jusqu'à suggérer que le peintre serait venu en France dans la suite de Charles Quint lors de la visite de l'empereur à Paris. Hourticq (1919) pense que François Ier récompensa l'Arétin pour son rôle d'intermédiaire dans l'affaire en lui offrant la chaîne d'or que le poète porte dans son portrait par Titien conservé à New York (Frick Collection); il date le tableau du Louvre vers 1530 ou peu après parce qu'il croit que le modèle doit avoir trente-six ans et que le style se rapproche de celui de l'*Allégorie* (cat. **164**), supposant que l'ambassadeur de Venise, Navagero, a pu l'apporter avec lui en 1529. Tietze (1950) publie ce qu'il croit être une esquisse restée dans l'atelier de Titien puis passée dans la collection Barbarigo (coll. comte de Harewood), montrant le roi très simplement et tête nue; les deux versions du Louvre et de Lausanne (collection Maurice de Coppet) seraient, d'après cet auteur, des répliques autographes de la version de Londres.

J.H.

page 164

170

Tiziano Vecellio, dit Titien
Pieve di Cadore, vers 1488/1490 - Venise, 1576

Saint Jean-Baptiste
Toile. H. 2,01; L. 1,34. Signé sur la pierre en bas: *TICIANVS*.

VENISE, GALLERIE DELL'ACCADEMIA

HISTORIQUE
Au-dessus de l'autel consacré à saint Jean-Baptiste, dans la chapelle à gauche du chœur de l'église Santa Maria Maggiore à Venise, jusqu'au 30 septembre 1807; demandé par la Pinacoteca di Brera de Milan

en 1808, il resta à Venise, où il est mentionné le 4 juillet 1808 dans les collections des Gallerie dell'Accademia.

EXPOSITIONS
Venise, 1935, n° 35; Venise, 1946, n° 230; Venise, 1981, n° 15; Londres, 1983-84, n° 119; Venise, 1990(1), n° 32; Washington, 1990-91, n° 32.

BIBLIOGRAPHIE
L'Arétin, 1531 (éd. Pertile et Camesasca, I, p. 19); Dolce, 1557 (éd. Barocchi, p. 203); Cavalcaselle et Crowe, 1878, II, pp. 212-214; Hourticq, 1919, pp. 10, 88 ss.; Frölich-Bum, 1928, pp. 158-159; Hourticq, 1930, pp. 88-92; Tietze et Tietze-Conrat, 1936, pp. 158-159; Mayer, 1937, p. 178; Moschini Marconi, 1962, pp. 259-260 (avec bibl. ant.); Pallucchini, 1969, pp. 97, 281; Wethey, 1969, pp. 136-137; Wilde, 1974, pp. 168-169; Beschi, 1976, p. 43; Hope, 1980(2), pp. 69-70; Valcanover, 1981(1), pp. 100-101; Valcanover, 1981(2), pp. 286-288; Chiari, 1982, pp. 88, 103, 199, 207, 227; Spadavecchia, 1990, pp. 240-242.

En 1557, Dolce note: « *Nella chiesa di S. Maria Maggior fece [Tiziano] una tavoletta di un San Giovanni nel deserto di cui credasi pure che non fu mai veduta cosa più bella nè migliore nè di disegno nè di colorito* » (« Dans l'église de Santa Maria Maggiore, il [Titien] fit un petit tableau d'un saint Jean-Baptiste dans le désert — dont je crois bien qu'on ne vit jamais chose plus belle, ni meilleure par son dessin ni par son coloris »). Depuis cette première mention, le caractère autographe du tableau n'a jamais été mis en question, alors qu'il n'y a pas d'unanimité sur sa date ni sur l'appréciation de sa qualité. Se fondant sur la mention de Dolce, Cavalcaselle et Crowe (1878) pensent qu'il a été exécuté par Titien « à un âge avancé », « avant 1557 ». Mayer (1937) penche au contraire pour une datation vers 1530-1532 en raison d'affinités stylistiques avec le polyptyque de 1523 de Brescia, et aussi à cause de la graphie de la signature: « *TICIANVS* », présente uniquement sur des œuvres antérieures à 1533, année où l'artiste fut nommé par Charles Quint « *comes palatinum* » et « *eques romanus* » (« comte palatin » et « chevalier romain »).

Cette datation précoce est aussi retenue par C. Hope (1980/2), qui voit dans l'œuvre une parenté de langage avec le retable, perdu, de *Saint Pierre Martyr* achevé par Titien en 1530 pour l'église des Santi Giovanni e Paolo. La plupart des auteurs penchent cependant pour une date située entre 1540 et 1544 en raison de rapprochements convaincants avec des œuvres de ces années-là, d'égale qualité plastique et de dessin, comme le *Couronnement d'épines* du Louvre (cat. **171**), les toiles pour le plafond de l'église Santo Spirito in Isola, aujourd'hui à la Salute, et la *Résurrection* de la bannière de la confrérie du Corpus Domini d'Urbino.

De ces deux datations, il semble qu'on doive préférer la première après la restauration de 1981 qui a redonné à la surface peinte son intégrité originelle (Valcanover, 1981; Spadavecchia, 1990). En effet, le chromatisme resplendissant, dans la figure comme dans le paysage d'une extrême fraîcheur, rappelle aussi le naturalisme suggestif et maîtrisé de la *Présentation*

de la Vierge au Temple mise en place à la fin de 1538 dans la Sala dell'Albergo de la Scuola Grande de Santa Maria della Carità (aujourd'hui aux Gallerie dell'Accademia). Ce *Saint Jean-Baptiste* se situe donc parmi les premiers exemples manifestes où Titien, alors seul protagoniste de la peinture à Venise, cherche à renouveler son langage sous l'influence du romanisme de Pordenone et surtout à la faveur de la présence à Venise de Francesco Salviati en 1539 et de Vasari en 1541, sans cependant renoncer à la somptuosité de la couleur.

Tout comme dans les œuvres de Venise, du Louvre, et d'Urbino citées ci-dessus, le chromatisme d'une richesse éclatante impose avec autorité le caractère sculptural de la figure du saint, dont on a souligné les rapports avec Michel-Ange (Wilde, 1974) et l'art classique (Beschi, 1976). L'élaboration de la figure s'épanouit avec liberté et sûreté après une légère modification de la position primitive des bras et de la jambe droite, comme le montre l'examen radiographique (Valcanover, 1981). La vivacité du tracé pictural, retrouvée en 1981 sous l'épaisse couche de vernis non originels fortement jaunis, justifie les éloges que Dolce fait du « dessin » comme du « coloris » de la figure athlétique, et affaiblit la pertinence des réserves de ceux qui ont vu alors chez Titien, surtout dans cette figure intentionnellement « rhétorique », l'expression d'un moment d'académisme déclaré (Pallucchini, 1969).

Titien avait déjà abordé le même sujet en 1531, alors que sa manière était différente, comme l'apprend la lettre que l'Arétin adresse le 8 octobre de cette année-là au comte Massimiano Stampa pour l'aviser qu'il vient de lui envoyer en présent un *Saint Jean* avec « *l'agnello* [...] *in braccio* » (avec [...] l'Agneau dans les bras »). La version bien postérieure de l'Escorial, où elle est mentionnée en 1574, est plus proche par l'iconographie de la toile des Gallerie dell'Accademia bien qu'elle soit d'une facture plus libre et déliée. Certaines sources gardent la trace d'autres versions (Wethey, 1969). La proposition de Frölich-Bum (1928) de considérer le dessin n° 34780 de l'École nationale des Beaux-Arts de Paris comme une étude préparatoire pour les jambes du saint et l'hypothèse d'Hourticq (1919, 1930) selon laquelle le dessin n° 1979 du Louvre (cat. **89**) se rapporte à la figure entière n'ont pas rencontré l'adhésion des spécialistes après la mise au point de Tietze et Tietze-Conrat (1936).

De nombreuses gravures témoignent de la fortune de l'œuvre du XVIe au XIXe siècle (Chiari, 1982), et l'une des copies a une importance particulière, celle qui se trouve aujourd'hui à la National Gallery of Ireland à Dublin, que Cavalcaselle et Crowe (1878) attribuent à Salvator Rosa, alors qu'elle est certainement l'œuvre de Giannantonio Guardi, exécutée en 1738-39 pour la collection de Johann Matthias von der Schulemburg, commandant de l'armée de terre de la République de Venise (Valcanover, 1981/2).

F.V.

page 165

171

Tiziano Vecellio, dit Titien
Pieve di Cadore, vers 1488/1490 - Venise, 1576

Le Couronnement d'épines
Bois. H. 3,03; L. 1,81. Signé vers le bas au
milieu de la marche supérieure, sous le pied du
Christ : *TITIANVS· F* Inscription sur le linteau
de la porte, sous le buste : *TIBERIVS· CAESAR*

PARIS, MUSÉE DU LOUVRE,
DÉPARTEMENT DES PEINTURES

HISTORIQUE
Commandé à Titien par la Confrérie de Santa Corona
en février 1540; placé dans la chapelle Santa Corona,
église Santa Maria delle Grazie, Milan; réquisitionné
par les commissaires français, 24 mai 1796; entré au
Louvre en 1797; exposé dans le Salon Carré en 1798,
n° 137 (*Notice des principaux tableaux recueillis dans la
Lombardie*).

EXPOSITIONS
Paris, 1801, n° 940; Venise, 1935, n° 45; Paris, 1976,
n° 14.

BIBLIOGRAPHIE
Vasari, 1568 (éd. Milanesi, VI, p. 519, VII, p. 453);
Ridolfi, 1648 (Hadeln, I, 1914, p. 177); Crowe et
Cavalcaselle, I, p. 264-266; Tauzia, 1888, I, p. 252;
Villot, 1864, I, p. 284, n° 464; Gronau, 1911; Fischel,
1911, XXXIV, p. 254; Ricci, 1913, pp. 159-160,
n° 1563; Hourticq, 1919, p. 166; Hautecœur, 1926,
p. 133, n° 1583; Suida, 1935, p. 66; Blumer, 1936,
p. 319, n° 390; Tietze, 1936, I, pp. 197-198, 237, II,
p. 305; Berenson, 1957, I, p. 189, n° 36; Valcanover,
1960, I, pp. 23-24, n° 170; Forssmann, 1967, pp. 108-
111; Valcanover, 1970, p. 115, n° 243; Pallucchini,
1969, I, pp. 92-93, 97, 192, 279, 537; Panofsky, 1969,
pp. 23-24, 33, 49; Wethey, I, 1969, pp. 27, 35-36,
74, n° 26, II, 1975, pp. 61, 258; Siebenhüner, 1978,
pp. 123-126; Passavant, 1980, pp. 343-349; Hope,
1980, pp. 98-99, 107; Brejon de Lavergnée et Thiébaut, 1981, p. 246, Inv. 748; Freedberg, 1983, pp.
504-505; Zuffi, 1991, pp. 11-13, 42, n° 20.

Le duc Ludovico Sforza avait confié à la
Confrérie de Santa Corona, créée à cet effet en
1497, la garde d'une épine de la couronne du
Christ, qui était conservée dans l'église Santa
Maria delle Grazie à Milan. La Confrérie disposait pour cela de la quatrième chapelle du
bas-côté droit, qui porte le même nom. Il fut
décidé le 10 octobre 1539 de décorer cette chapelle d'un cycle de fresques illustrant des scènes

de la Passion. Le gouverneur du Milanais, Alphonse d'Avalos, marquis del Vasto, en visite
officielle à Venise la même année, ayant commandé à Titien la *Harangue* (Madrid, Prado),
et le peintre s'étant rendu à Milan pour cela en
janvier 1540, Titien reçut également de la Confrérie la commande d'un tableau pour l'autel de
la chapelle Santa Corona; le document, daté du
9 février 1540, existe toujours dans les archives
de la Confrérie (Siebenhüner, 1978); le paiement fut fixé à 200 ducats. La *Harangue* fut
terminée en 1541 et apportée à Milan par Titien
en personne. Le peintre étant occupé au même
moment à la décoration de San Spirito in Isola
à Venise et à la série des portraits d'empereurs
romains pour le Palazzo Ducale de Mantoue
(disparus), il ne reçut le deuxième quart de la
somme qu'en avril 1541 et les deux autres
quarts en janvier 1542. Le tableau fut donc
peint entre 1540 et 1542. Le cycle des fresques
comprenant une *Flagellation*, un *Ecce Homo* et
une *Crucifixion* sur les murs, et un *Ange avec
les instruments de la Passion* sur la voûte, avait
été confié en avril 1540 pour 80 ducats à Gaudenzio Ferrari, qui reçut le dernier paiement
en décembre 1542, date de la fin des travaux
de décoration de la chapelle. Lorsque Vasari
visite la chapelle, il y trouve aussi un *Saint Paul*
de Gaudenzio Ferrari, signé près 1543 (Lyon,
musée des Beaux-Arts), à peu près des mêmes
dimensions que le panneau de Titien. Siebenhüner estime que le *Couronnement d'épines* de
Titien suivit immédiatement la réalisation de la
suite des empereurs romains et fut peint en
même temps que la *Harangue d'Alphonse d'Avalos à ses soldats*.

Pour la composition du *Couronnement*, Titien
s'est inspiré de la partie centrale de la fresque
de même sujet de Bernardino Luini dans l'oratoire de la Confrérie, notamment l'idée du
Christ assis au sommet de trois marches et les
bourreaux montant vers lui, dont il dynamise
la disposition suivant un schéma complexe de
diagonales entrecroisées; la fresque de Luini
existe toujours, englobée dans les bâtiments de
la Biblioteca Ambrosiana de Milan; elle montre
de chaque côté les membres de la Confrérie
agenouillés, assistant au supplice du Christ.
Mais la violence herculéenne des deux tortionnaires enfonçant la couronne d'épines avec des
bâtons est influencée par les *Titans* de Giulio
Romano au Palazzo del Tè à Mantoue, qui inspirent ainsi à Titien l'œuvre la plus « romaniste » de sa carrière, véritable tournant de son
style. A l'exemple de l'estampe de Dürer de
même sujet, le maître vénitien réduit à quatre
le nombre des bourreaux, insiste sur l'effort
brutal suggérant un mouvement tournant et sur
la torsion douloureuse du corps athlétique de
Jésus, influencée par le *Laocoon* du Vatican et
Michel-Ange. Il multiplie les signes situant la
scène dans l'histoire par des citations de la
sculpture antique : le buste de Tibère (imité de
celui de Néron) et l'inscription au-dessus de la
porte, le costume de barbare du bourreau de
gauche, l'énorme architecture à bossage réinterprétée par Sanmicheli, dont la pesanteur ma-

gnifie la souffrance du Christ (Forssmann,
1967). Il utilise enfin le motif des bâtons pour
suggérer autour de la tête du Christ une sorte
d'auréole triangulaire. La restauration effectuée
par le service de restauration des musées de
France révèle chez lui un nouvel usage de la
couleur, jaune citron, bleu, vert acide, violet
qui annonce l'*Ecce Homo* de Vienne (1543,
Kunsthistorisches Museum), alors que le soldat
de dos à la cotte de mailles fragmentant la lumière répète en plus monumental un motif apparu dans la *Harangue*.

Titien va reprendre la composition avec des
variantes en 1570 (Munich, Alte Pinakothek),
mais sans références antiques et militaires, et
surtout en plaçant la scène de nuit, créant une
atmosphère fantastique, muette, embrumée, où
les formes se dissolvent dans la lumière des
torches, et préfigurant les créations ultimes de
Jacopo Bassano (cat. **278** et **279**). Avec la *Harangue*, le *Couronnement d'épines* met un terme
aux derniers souvenirs nostalgiques du giorgionisme, remédité dans les années 1530, et
marque le point culminant de la crise provoquée par l'irruption du maniérisme.

J.H.

page 163

172

Tiziano Vecellio, dit Titien
Pieve di Cadore, vers 1488/1490 - Venise, 1576

Portrait du pape Paul III Farnèse
Toile. H. 1,37; L. 0,888

NAPLES, MUSEO E GALLERIE NAZIONALI
DI CAPODIMONTE

HISTORIQUE
Dans la Guardaroba du Palazzo Farnese, Rome, 1568;
dans le Palazzo del Giardino, Parme en 1680; transporté à Naples ou dans le Palazzo Reale de Portici
vers le milieu du XVIIIᵉ siècle; transporté de Portici à
Palerme en 1798; revenu à Naples en 1815.

EXPOSITIONS
Londres, 1930, n° 81; Venise, 1935, n° 57; San Francisco, 1938(I), n° 56; Belgrade, 1938, n° 65; Naples,
1960, n° 19; Los Angeles, 1979-80, n° 20; Venise,
1990(I), n° 34; Washington, 1990-91, n° 34.

BIBLIOGRAPHIE
L'Arétin, 1543 (éd. Pertile et Camesasca, 1957, II,
p. 8); Vasari, 1568 (éd. Milanesi, 1878-1885, VII,
p. 446); Cavalcaselle et Crowe, 1878, pp. 11-12;
Tietze-Conrat, 1946, pp. 76-88; Ortolani, 1948,
pp. 50-53; Pope-Henessy, 1966, pp. 146-148; Palluchini, 1969, pp. 101-102, 107, 208; Wethey, 1971,
pp. 28-29, 122-124; Mucchi, 1977, p. 300; Pignatti et

Donahue, 1979, pp. 74, 162 (avec bibl. ant.); Hope, 1980(2), p. 86; Rossi, 1990, p. 246 (avec bibl. suppl.); Zapperi, 1990, pp. 28-29, 34, 41, 43; Zapperi, 1991, p. 40.

On s'accorde aujourd'hui à penser que ce portrait est celui que Titien peignit en 1543 lors de la rencontre du pape et de l'empereur Charles Quint à Busseto. Seule Tietze-Conrat (1946) doute que ce tableau soit de l'invention de Titien et pense qu'il s'agit d'une réplique par celui-ci d'un original perdu de Sebastiano del Piombo ou même que c'est une œuvre de ce dernier. Pour sa part, Ortolani (1948) suppose, sans être suivi, que le portrait, donné pour perdu dans sa version de 1543 par Cavalcaselle et Crowe (1878), aurait été exécuté par Titien pendant son séjour à la cour pontificale à Rome en 1545 et 1546 (Pallucchini, 1969; Wethey, 1971; Rossi, 1990). Préparés depuis longtemps par l'Arétin et aussi probablement par Pietro Bembo, les rapports de travail de Titien avec les Farnèse, dont l'artiste attendait un bénéfice ecclésiastique pour son fils Pomponio, commencèrent par le *Portrait de Ranuccio Farnese* de la National Gallery de Washington, exécuté en 1542 lors du séjour à Padoue et à Venise du neveu de Paul III, et commandé par l'évêque Andrea Corner, l'un des tuteurs du jeune garçon alors âgé de douze ans (Zapperi, 1990, 1991). La qualité de ce portrait, qui confirmait l'autorité que Titien avait acquise dans ce « genre » particulier avec le portrait de Charles Quint de 1533, contribua à convaincre Paul III de faire faire son portrait par Titien en invitant celui-ci le 10 avril 1543 à Ferrare, comme le rapporte l'Arétin à Cosme Ier de Médicis. Titien rejoignit le pape le 22 de ce mois, puis il le suivit à Bologne et à Busseto, où se déroulèrent du 21 au 24 juin les pourparlers entre Paul III et Charles Quint sur le sort du duché de Milan (Zapperi, 1991). Titien avait déjà achevé le portrait avant cette rencontre historique, puisque le 27 mai le trésorier du pape, Bernardino della Croce, est remboursé des deux ducats d'or qu'il avait donnés à « *M.ro Tiziano pittore venetiano per far portare el quadro del ritratto di Sua Santità ch'ha fatto* » (Maître Titien, peintre vénitien, pour faire porter le tableau du portrait de Sa Sainteté qu'il a fait ») (Cavalcaselle et Crowe, 1878).

Dans la première et très libre esquisse exécutée sur le vif, et révélée par l'examen radiographique, les traits du visage sont plus conformes à l'âge et au caractère revêche du pape que dans la version définitive (Mucchi, 1977).

Ce portrait n'en reste pas moins un extraordinaire document « historique » sur l'indomptable et soupçonneuse volonté de pouvoir de Paul III, alors âgé de soixante-cinq ans et presque au terme d'un pontificat commencé en 1534, durant lequel, avec une détermination sans scrupules, il fait front aux événements politiques et religieux ainsi qu'à ceux survenus sur le plan personnel, visant à « fonder une

dynastie farnésienne et à assurer un État à sa propre famille » (Zapperi, 1990).

De manière bien différente par rapport aux précédents portraits officiels des papes, de Sebastiano del Piombo et de Raphaël en particulier, à l'iconographie desquels celui-ci renvoie de toute évidence (Pope-Henessy, 1966), Paul III est campé en diagonale, imposant et tout juste contenu dans les limites physiques du tableau, voûté par l'âge dans un fauteuil, mais encore plein d'énergie dans son regard pénétrant et dans ses longs doigts nerveux. L'immédiateté et le dynamisme avec lesquels l'image impose sa présence au spectateur résultent essentiellement de la trame des blancs éteints et des rouges violacés, parcourus de vifs accents de lumière, de reflets et d'ombres. La liberté déliée du dessin et le luminisme de la couleur caractérisent le nouveau langage de Titien en ces années où se manifeste le plus son adhésion au style maniériste.

Dans sa lettre de juillet 1543 à Titien où il fait l'éloge de ce portrait de Paul III, l'Arétin relate le refus de l'artiste d'accepter en récompense la charge des bulles pontificales qui impliquait son installation à la cour papale. Titien ne devait se rendre à Rome que deux années plus tard, et seulement pour une brève période, alors qu'il jouissait d'une renommée européenne.

Les nombreuses copies de ce portrait ont été recensées par Wethey (1971); quant à la réplique que Titien en fit aussitôt pour le cardinal Guido Ascanio Sforza, neveu de Paul III (Vasari, 1568), C. Hope estime « avec de solides arguments » (Zapperi, 1990) qu'il s'agit du *Portrait de Paul III avec une barrette* de Capodimonte.

F.V.

page 168

173

Tiziano Vecellio, dit Titien
Pieve di Cadore, vers 1488/1490 - Venise, 1576

Portrait de l'Arétin
Toile. H. 0,967; L. 0,776
FLORENCE, PALAZZO PITTI, GALLERIA PALATINA

HISTORIQUE
Envoyé à Florence en 1545; au Palazzo Vecchio jusqu'en 1637 et transporté cette année-là aux Uffizi; au Palazzo Pitti en 1697; transporté à Palerme en 1800; ramené à Florence le 22 avril 1803.

EXPOSITIONS
Venise, 1935, n° 62; Paris, 1954, n° 51; Venise, 1981(2), n° 17; Sydney, 1988, p. 46.
BIBLIOGRAPHIE
Vasari, 1568 (éd. Milanesi, VII, p. 445); l'Arétin, 1545 (éd. Pertile et Camesasca, 1957, II, pp. 61, 106, 108; III, pp. 211-219); Cavalcaselle et Crowe, 1878, pp. 42-44; Pallucchini, 1953-54, pp. 14-15; Ballarin, 1968(1), p. 23; Pallucchini, 1969, pp. 102-103; Wethey, 1971, pp. 75-76; Mucchi, 1977, p. 298; Pallucchini, 1977, p. 293; Allegri, 1978, pp. 31 ss. (avec bibl. ant.); Gregori, 1978, pp. 271 ss.; Rosand, 1978, p. 120; Valcanover, 1981(1), p. 104; Paolucci, 1990, p. 101.

Titien exécuta ce tableau sur une toile qu'il avait déjà utilisée pour le portrait d'un jeune garçon (Mucchi, 1977) « ressemblant », selon Pallucchini (1977), au *Martino Pasqualigo* de la Corcoran Gallery of Art de Washington.

Pietro Aretino, dit l'Arétin, né à Arezzo en 1492, fut d'abord lié au milieu artistique et littéraire de Pérouse, puis, vers 1517, il s'intégra à celui de Rome. Il y fit bientôt montre de qualités naturelles d'écrivain efficace et de pamphlétaire redouté, qui s'affirmèrent avec vivacité et trouvèrent leur plein épanouissement dans son activité d'épistolier à propos des événements et des principaux acteurs de l'Europe de son temps tout au long des années qu'il vécut à Venise, de 1527 jusqu'à sa mort, survenue en 1556. Titien noua très vite avec l'Arétin ainsi qu'avec Jacopo Sansovino, architecte et sculpteur toscan lui aussi réfugié à Venise après le sac de Rome en 1527, des liens d'amitié qui dominèrent la scène artistique de Venise durant les années centrales du Cinquecento (Gregori, 1978). Cette longue amitié entre Titien et l'Arétin résulta non seulement de l'affinité de leurs idéaux esthétiques mais aussi de la concordance de leurs intérêts. Plus s'étendait la renommée de Titien grâce aux éloges du « secrétaire du monde », plus celui-ci bénéficiait des succès croissants de son « compère » peintre.

Des portraits de l'Arétin peints par Titien et mentionnés par Vasari, par l'Arétin lui-même et par d'autres sources (l'Arétin, éd. Pertile et Camesasca, 1959), le seul qui soit sûrement de la main du peintre est celui du Palazzo Pitti, la critique ne s'accordant pas sur l'attribution du portrait, pourtant extraordinaire, de la Frick Collection de New York qui représente le « compère » à un âge plus avancé. Le portrait du Palazzo Pitti est selon toute vraisemblance celui que l'Arétin envoya en présent au grand-duc de Florence et de Toscane, Cosme Ier de Médicis, en octobre 1545 (Allegri, 1978), mais déjà exécuté en avril de l'année précédente puisqu'à cette date, l'Arétin en parle à Paolo Giovio comme d'une « *terribile meraviglia* » (« merveille terrible »). L'Arétin se reconnut bien dans son effigie et, dans sa lettre d'envoi à Cosme Ier, il loue l'œuvre qui « *respira, batte i polsi e muove lo spirito nel modo ch'io faccio in vita* » (« respire, palpite et agite l'esprit comme je le fais dans la vie »), tout en observant avec causticité que, « *se più fussero stati gli scudi che gliene ho conti, invero i drappi sariano lucidi, morbidi e rigidi, come il da senno raso, velluto et broccato»* («si les écus que je lui ai comptés avaient été plus nombreux, les étoffes seraient en vérité brillantes, douces et pleines de tenue, comme en donnent l'impression le satin, le velours et le brocart»). Et il ne manque pas de souligner la prétendue précipitation de l'exécution dans sa lettre d'octobre de la même année à Titien, alors hôte de la cour pontificale à Rome, en se plaignant que *«il ritratto è più tosto abozzato che fornito»* («le portrait est plutôt ébauché que bien terminé»). Il échappait à l'Arétin, toscan de formation, avec quelle précision immédiate et sans flatterie Titien avait saisi l'aspect physique et le mouvement de l'esprit de son ami, et avait su les rendre grâce au traitement rapide et sommaire du corps massif, enveloppé dans une large houppelande laissée ouverte pour bien montrer la chaîne d'or offerte par le roi de France François Ier, et grâce à la facture plus contrôlée du visage, détourné vers la gauche comme en une moue irritée.

Titien atteint à cette compréhension pénétrante du caractère violent et cynique de son «compère» au moyen des nouveaux modes picturaux avec lesquels il s'affirme de nouveau, après la «crise» du début des années 1540, la suprématie de la couleur éclatant de lumière sur les modèles formels maniéristes.

F.V.

page 166

174

Tiziano Vecellio, dit Titien, et atelier (Lambert Sustris ?)
Pieve di Cadore, vers 1488/1490 - Venise, 1576

Portrait de Nicolas Perrenot de Granvelle

Toile. H. 1,06; L. 0,90 (raccourcie en bas de quelques centimètres). Sur la lettre en bas, on lit, quoique amputée, l'inscription suivante relative au personnage : « *All' Ill...* ».

BESANÇON, MUSÉE DU TEMPS

HISTORIQUE
Legs Boisot, 1694 (c'est-à-dire reliquat des collections des Granvelle, rassemblé par l'abbé Boisot et légué à la ville de Besançon en 1694).

EXPOSITIONS
Bruges, 1907, n° 2; Paris, 1935, n° 466; Strasbourg, 1951, n° 47; Shaffhouse, 1953, n° 50; Gand, 1955,

n° 117; Besançon, 1957, n° 96; Malines, 1961, n° 25; Nuremberg, 1983, n° 623.

BIBLIOGRAPHIE
Castan, 1866, p. 128; Cavalcaselle et Crowe, 1877, II, pp. 174-175; Zarco del Valle, 1888, pp. 223-224; Gronau, 1904, pp. 153-282; Peltzer, 1925, pp. 44-45; Suida, 1933, p. 162; Venturi, 1934, t. IX, VIIe partie, p. 766; Suida, 1935(I), pp. 109, 170; Tietze; 1936, II, p. 284; Berenson, 1957, p. 184; catalogue du musée des Beaux-Arts de Besançon, 1957, pp. 52-53 (avec bibl. ant.); Ballarin, 1962, p. 62; Pallucchini, 1969, I, pp. 289-290; Valcanover, 1969, n° 293; Wethey, 1971, II, pp. 176-177.

Ce tableau fut peint en 1548, lors du premier séjour de Titien à Augsbourg, où il s'était rendu avec son fils Orazio, son neveu Cesare et l'un de ses élèves, Lambert Sustris, pour peindre plusieurs portraits de l'empereur Charles Quint. Envoyé à Augsbourg par Titien le 14 septembre 1548 au fils du personnage représenté, Antoine de Granvelle, évêque d'Arras, qui le reçut le 4 novembre et en fit un éloge particulier (Zarco del Valle, 1888), ce portrait était accompagné de deux autres de dimensions semblables exécutés par Titien. Mentionné dans l'inventaire de 1607 du palais Granvelle de Besançon comme œuvre de Titien, peut-être sous le n° 173 du fait que les dimensions de celui-ci (H. 1,22; L. 0,99) correspondent plus aux mesures actuelles, ce tableau figurait avec un autre portrait de Titien (inv. n° 175) et une copie (inv. n° 201; Castan, 1866). Ces deux dernières œuvres sont identifiables respectivement avec le *Portrait d'Antoine Perrenot de Granvelle*, aujourd'hui au musée de Kansas City, et, peut-être, avec la réplique du portrait du père mentionné en 1872 à la Galleria Borromeo d'Isola Bella (catalogue du musée des Beaux-Arts de Besançon, 1957, p. 53), ou bien avec le portrait, perdu, de la femme de ce dernier, Nicole Bonvalot (Cavalcaselle et Crowe, 1877, II, pp. 184-185).

Entré en possession de l'abbé Boisot, supérieur des Bénédictins de Besançon, avec le reliquat de la collection des Granvelle, il fut légué par celui-ci à son couvent (1694) à condition d'être accessible au public. A la Révolution, il devint la propriété de l'État, qui le destina au musée de Besançon.

La critique a généralement accepté, dans le passé comme récemment, le caractère autographe de cette œuvre, attesté comme nous l'avons souligné, par des documents historiques et par les inventaires anciens, même si certains auteurs, comme Suida (1935) et Tietze (1936) restent réservés dans leur jugement en raison des conditions, assurément non optimales, dans lesquelles le tableau nous est parvenu.

Font exception Adolfo Venturi (1934), qui a soutenu qu'il s'agit d'une copie d'un tableau de Titien exécutée par Scipione Pulzone, et A. Ballarin (1962), qui a proposé, quoique avec prudence, d'y voir l'œuvre de Lambert Sustris en sa qualité de meilleur élève et suiveur de Titien. Par la suite, la critique a de nouveau cité le nom de Titien, même si Wethey (1971) qui a nettement réfuté l'affirmation de Venturi,

incline à accepter au moins en partie la thèse d'A. Ballarin et à voir en Sustris le collaborateur d'une œuvre conçue et partiellement réalisée par Titien lui-même. A l'appui de cette interprétation, qui nous paraît la plus plausible, peuvent être avancées d'autres considérations susceptibles de mieux éclairer les rôles respectifs du maître et de l'élève dans cette œuvre ainsi que la méthode suivie par Titien pour faire face en un bref laps de temps à de multiples commandes officielles en exploitant au mieux, à la façon d'un «manager», comme nous dirions aujourd'hui, ses potentialités créatives en recourant fréquemment à l'aide spécifique des assistants de son atelier.

Au cours de son premier séjour à Augsbourg (1548), Titien, hôte de l'empereur Charles Quint qui avait vaincu les protestants à la bataille de Mühlberg l'année précédente, peignit pour son commanditaire une série de portraits officiels et d'autres sujets, acceptant aussi de nombreuses commandes de la part des membres influents de la cour impériale. Sur la droite des deux grands portraits de *Charles Quint à cheval* du Prado et de *Charles Quint assis* de l'Alte Pinakothek de Munich, des paysages lointains se découpent comme des morceaux autonomes, d'une qualité stylistique particulière dans l'économie de ces toiles qui sont, pour la plus grande partie, de la main de Titien. Dans une œuvre de la même période, *Vénus avec Cupidon et un organiste* du Prado (cat. **176**), commandée à Titien par les Granvelle avec d'autres sujets de caractère profane, comme la *Vénus du Pardo* du Louvre (cat. **165**), des paysages se détachent, qui diffèrent morphologiquement de ceux de Titien et concordent de manière significative avec ceux des œuvres de la maturité de Sustris, comme le *Baptême du Christ* du musée de Caen (cat. **187**) et *Io et Jupiter* de l'Ermitage.

Sur la base de ces considérations, on peut supposer que Titien, pour faire face à l'afflux croissant de nouvelles commandes au cours de son premier séjour à Augsbourg, a recouru pour l'exécution de ses tableaux à la pratique, habituelle chez la plupart des artistes vénitiens, qui consiste pour un peintre, afin d'accélérer l'exécution et d'alléger son propre travail, à répartir quelques tâches particulières entre ses collaborateurs, en l'occurrence son fils Orazio et son neveu Cesare, âgés d'à peine plus de vingt ans, et Lambert Sustris, assistant hollandais plus mûr et d'une solide formation artistique. Alors que se perdent dans l'anonymat indistinct du travail de l'atelier les préparations sombres et les couches pour les fonds dues aux jeunes gens dans les tableaux de Titien, on peut facilement reconnaître dans ces mêmes tableaux les zones de paysage que le maître, conscient des qualités et du savoir-faire pictural du Hollandais, confia à l'invention et à la facture de son collaborateur tout en conservant la haute main sur l'ensemble de l'exécution.

Dans les portraits de Titien de ces mêmes années, on peut aussi reconnaître la trace, quoique plus nuancée et cachée, d'une collaboration de l'atelier avec le maître dans l'exécution, mais il est rarement possible de déterminer de façon plausible le nom des aides et de distinguer leur intervention de celle du maître. Tel est précisément le cas du *Portrait de Nicolas Perrenot de Granvelle* de Besançon et du *Portrait d'Antoine Perrenot de Granvelle* de Kansas City : tout en appartenant au répertoire le plus typique de Titien, ces œuvres annoncent la sécheresse de dessin et la froide préciosité matérielle des incarnats du *Portrait du cardinal Cristoforo Madruzzo* de Sao Paulo (1552), œuvre attribuée pour la plus grande partie à Titien, mais sur le plan stylistique très proche des portraits contemporains exécutés par Sustris, comme le *Portrait de Hans Christopf*, le *Portrait de Veronika Vohlin* de l'Alte Pinakothek de Munich et le *Portrait d'Erhart Vohlin* du musée de Cologne. Dans ses portraits ultérieurs, dont est bien représentatif le *Portrait de gentilhomme* du Metropolitan Museum de New York, Sustris suivra encore les modèles des portraits des Granvelle dont la pose et l'expression servent de paradigmes.

Nicolas Perrenot de Granvelle naquit en 1485 à Ornans, en Franche-Comté et mourut à Augsbourg en 1550. Fils d'un notaire de la cour de Besançon, il fit de brillantes études de droit à l'université de Dole où enseignait Mercurino da Gattinara, qui le fit entrer en qualité de maître des requêtes au Conseil des Pays-Bas et au Conseil de Marguerite d'Autriche. Conseiller au parlement de Dole, il devint enfin Premier ministre de Charles Quint et garde des Sceaux des royaumes de Naples et de Sicile. De lui relevaient les affaires des Pays-Bas, de Bourgogne et d'Allemagne, charges politiques qu'il exerça toujours avec équité et modération, dispensant ses bons conseils à l'empereur Charles Quint dont il soutint les visées.

Entre 1535 et 1540, il fit construire à Besançon un fastueux palais pour sa famille, où il rassembla bientôt une importante collection d'œuvres d'art.

C'est certainement en raison de ses liens politiques étroits avec Charles Quint, dont Titien fit plusieurs fois le portrait au cours de son premier séjour à Ausbourg (1548), que Nicolas Perrenot de Granvelle commanda au peintre son propre portrait, celui — perdu — de sa femme Nicole Bonvalot, et celui de son fils Antoine, évêque d'Arras. Dans ce tableau de Titien, il est représenté en demi-figure, avec la barbe du vieil homme de soixante-trois ans qu'il était alors. Il est tourné vers sa droite, de trois quarts, le regard attiré par une soudaine lumière, comme par la brusque ouverture d'une porte et sur le point d'adresser la parole à son interlocuteur, dans sa tunique verte brodée des insignes de l'ordre d'Alcantara, symbole répété sur le pendentif d'argent accroché au collier d'or qui orne sa poitrine.

Deux ans après que Titien eut peint son portrait à Augsbourg, Nicolas Perrenot de Granvelle mourut dans cette même ville, le 28 août 1550.

E.M.

page 167

175

Tiziano Vecellio, dit Titien
Pieve di Cadore, vers 1488/1490 - Venise, 1576

Saint Jean l'Aumônier
Toile. H. 2,29; L. 1,56
VENISE, ÉGLISE SAN GIOVANNI ELEMOSINARIO

HISTORIQUE
Dès l'origine dans le chœur de l'église San Giovanni Elemosinario : le format du tableau a été modifié pour s'adapter à l'autel construit en 1633.

EXPOSITIONS
Venise, 1935, n° 24; Venise, 1945, n° 85; Lausanne, 1947, n° 46; Paris, 1954, n° 78; Stockholm, 1962-63, n° 93; Venise, 1981(2), n° 18; Moscou, 1986, n° 15; Leningrad, 1986, n° 15; Venise, 1990(1), n° 45; Washington, 1990-91, n° 45.

BIBLIOGRAPHIE
Vasari, 1568 (éd. Milanesi, VII, p. 441); Cavalcaselle et Crowe, 1877, pp. 353-356; Fogolari, 1935, p. 65; Tietze, 1936, I, p. 149, II, fig. 132; Longhi, 1946, p. 24; Tietze, 1950, p. 397, fig. 81; Pallucchini, 1953-54, pp. 31-33; Friedländer, 1965, pp. 120-121; Pallucchini, 1969, pp. 116-117; Wethey, 1969, pp. 138-139; Furlan, 1981, p. 74; Valcanover, 1981(1) p. 106; Valcanover, 1990(1), pp. 286-287 (avec bibl. suppl.); Nepi Scirè, 1990(1), p. 122.

Dans ses *Vies* (1568), Vasari cite ce retable après le portrait de Charles Quint exécuté par Titien à Bologne en 1530 [1533], ajoutant que l'artiste, à son retour à Venise, « *trovò che molti gentiluomini i quali avevano tolto a favorire il Pordenone, lodando molto l'opere da lui state fatte nel palco della sala de' Pregai ed altrove, gli avevano fatto allogare nella chiesa di San Giovanni Elemosinario una tavoletta, acci che egli la facesse a concorrenza di Tiziano, il quale nel medesimo luogo aveva poco innanzi dipinto il detto San Giovanni Elemosinario in abito di vescovo* » (« découvrit que la faveur de nombreux gentilshommes allait à Pordenone dont le travail au plafond de la Sala dei Pregai et ailleurs recevait beaucoup d'éloges. Ils lui avaient fait allouer à San Giovanni Elemosinario un petit tableau à peindre en concurrence avec Titien qui avait fait peu auparavant au même endroit un Saint Jean l'Aumônier habillé en évêque »). La date indiquée par Vasari, avalisée par une erreur de lecture de la date 1633, qui est en fait relative à la construction de l'autel actuel (Tietze, 1936), a été longtemps retenue par la critique. Fogolari (1935) date encore la toile entre 1530 et 1535, alors que Friedländer (1965) pense à une datation entre 1535 et 1537 en se fondant sur le témoignage de Vasari selon lequel le tableau aurait été exécuté par Titien « *poco innanzi* » (« peu avant ») le petit tableau avec « saint Sébastien, saint Roch et sainte Catherine », préparé pour la même église par Pordenone en 1535 ou peu après (Furlan, 1981).

Deux dessins de Windsor (Friedländer, 1965) et d'Oxford (Furlan, 1981) attribués à Pordenone pour les fresques de la coupole de l'église San Giovanni Elemosinario et datables de 1529 environ ont été rapprochés du saint du tableau de Titien pour prouver l'influence sur celui-ci de Pordenone.

Tietze fut, en 1936, le premier à contester cette datation et à proposer une date entre 1540 et 1545 (curieusement avancée à 1530 dans l'édition française de 1950). Roberto Longhi (1946) retarda cette date à 1545 en s'appuyant sur des observations critiques bien fondées, que partagent la plupart des auteurs : « Par rapport à la candeur innocente du saint Marc dont le hâle ambré resplendit sur le petit retable de jeunesse de la Salute, quel orgueil moral, quelle hauteur obstinée ! Florence et Rome ont désormais convaincu Titien que l'humanité, jusque dans la figure d'un mendiant, ne peut agir que si elle est investie de dignité et de puissance; mais plus le geste est de violence surveillée (et ici d'opposition méditée entre lecture et bienfaisance), plus Titien le dompte en l'attaquant de toute part à coups cinglants de vive lumière rasante, en une espèce, dirais-je, de flagellation chromatique. »

C'est justement en raison de ce style plus tardif que celui de la *Danaé* de Capodimonte que Pallucchini (1969) situe l'œuvre vers 1547 et Wethey (1969) vers 1550.

Depuis la restauration effectuée en 1989-90, qui a débarrassé les surfaces peintes de l'épaisse couche de vernis disposés aux XIXe et XXe siècles et fortement jaunis, et qui a, autant qu'il était possible, rendu à la toile ses dimensions originelles (Nepi Scirè, 1990), ces termes chronologiques : 1547-1550, semblent les plus convaincants, en raison notamment des affinités de facture entre le tableau et les *Tityos* et *Sisyphe* du Prado qui datent de 1549. Reprenant la composition « protobaroque » du *Retable Pesaro* de l'église des Frari à Venise qui date de vingt ans auparavant, l'artiste fait siéger saint Jean d'Alexandrie au centre d'une diagonale qui, du mendiant recevant l'aumône, monte jusqu'à la croix de procession tenue par un jeune assistant.

Dans l'articulation complexe des figures, la tension plastique est allégée par la préciosité sensuelle des tons, qui se fondent dans l'atmosphère dense et s'enflamment en gradations changeantes. La liberté des touches, croisées et superposées en couches soignées et ouvertes au libre jeu de la couleur et de la lumière, annonce déjà quelques traits de la décennie suivante dans laquelle se manifestera de plus en plus l'inquiétude qui éloigne Titien de la confiance en la destinée assurée de l'homme dont se nourrissaient ses débuts et sa maturité (Valcanover, 1990/1).

F.V.

page 169

176

Tiziano Vecellio, dit Titien
Pieve di Cadore, vers 1488/1490 - Venise, 1576

Vénus avec Cupidon et un organiste
Toile. H. 1,48; L. 2,17. Signé au centre du rebord de l'ouverture : *TITIANVS F.*

MADRID, MUSEO DEL PRADO

HISTORIQUE
A l'Alcazar de Madrid (ancien Palais royal) en 1626; A l'Academia de San Fernando entre 1796 et 1827; entré au Museo del Prado en 1827.

BIBLIOGRAPHIE
Cavalcaselle et Crowe, II, 1878, p. 106; Gronau, 1904, p. 304; A. Venturi, 1928, pp. 316-317; Richter, 1931, pp. 53-55; Suida, 1933, p. 113; Tietze, 1936, II, p. 298; Beroqui, 1946, pp. 78-81; Brendel, 1946, pp. 65 ss.; Brendel, 1947, pp. 67-69; Hamil, 1947, p. 65; Middeldorf, 1947, pp. 65-67; Tietze, 1950, p. 382; Pallucchini, 1953-54, pp. 42-43; Berenson, 1957, p. 187; Valcanover, 1960, II, pp. 42-43; Pallucchini, 1969, pp. 124-125, 290; Panofsky, 1969, pp. 122-123; Wind, 1971, p. 178, n° 7; Wethey, 1975, I, pp. 81-82, 196-197, II, pp. 199-200; Hope, 1980(1), pp. 157-158; Hope, 1980(2), pp. 120-133; Studdert-Kennedy, 1987, pp. 27-40; Fabbro, 1989, pp. 84/1, 119/2; Giorgi, 1990 (avec bibl. ant.); Urrea, 1990, p. 294.

Dans la lettre que Titien adresse de Rome le 8 décembre 1547 à Charles Quint (Fabbro, 1989/1) pour l'assurer qu'il s'occupe à admirer et à étudier les monuments de l'Antiquité pour pouvoir mieux célébrer avec son « art » les prochaines « victoires » de l'empereur « en Orient », il l'informe aussi qu'il veut lui présenter à la première occasion « une figure de Vénus ». Il s'agit certainement du tableau que Titien emporta avec lui à Augsbourg en janvier 1548 pour en faire présent à Charles Quint en même temps que l'*Ecce Homo* aujourd'hui au Prado. L'artiste l'indique lui-même le 1er septembre 1548 (Fabbro, 1989/2) à Antoine Perrenot de Granvelle, évêque d'Arras et fils de Nicolas (cat. **174**), le puissant secrétaire de l'empereur et

président de la Diète réunie à Augsbourg après la victoire remportée à Mühlberg le 18 janvier 1547 par les troupes impériales sur la ligue protestante de Smalkalde.

Alors que l'*Ecce Homo* peint sur ardoise fut bien accueilli par Charles Quint, qui l'emporta avec quelques autres tableaux dans sa retraite au couvent de Yuste en Estrémadure après son abdication en 1556, la *Vénus*, dont on a perdu toute trace, ne dut pas rencontrer la faveur de l'empereur, qui avait peu d'inclination pour les sujets « profanes », en particulier érotiques, puisque ce tableau ne figure dans aucun inventaire des Habsbourg (Wethey, 1975).

Cette « figure de Vénus » pour Charles Quint a été identifiée avec la toile des Uffizi de Florence (Panofsky, 1969), ou avec l'autre version, contemporaine, de cette *Vénus avec Cupidon et un organiste* également au Prado, ou même carrément avec ce tableau lui-même (Wethey, 1975). Ces identifications ne peuvent être acceptées parce qu'elles concernent des œuvres d'une facture plus tardive que celle de Titien autour de 1547-48 (le tableau qu'il avait emporté à Augsbourg en 1548 avait probablement été exécuté quelque temps auparavant). L'hypothèse la plus convaincante est avancée par C. Hope (1980), qui voit dans la *Vénus et Cupidon* des Uffizi une version du tableau perdu — même s'il semble que doivent être mis en doute son caractère autographe et la datation de 1546-47 proposée par C. Hope —, tableau dont dériveraient les nombreuses autres versions auxquelles l'atelier du peintre collabora plus ou moins, et qu'il divise, comme Panofsky (1969), en deux types; l'un avec l'organiste (Madrid, Prado, n°s 420 et 421; Berlin, Gemäldegalerie) datable du début des années 1550, et l'autre avec un joueur de luth (Cambridge, Fitzwilliam Museum; New York, Metropolitan Museum) qu'il situe dans la première moitié des années 1560. Les vicissitudes compliquées de ces versions, l'importance des interventions des assistants, et l'interprétation des significations cachées ont donné lieu à de larges discussions, résumées et commentées par R. Giorgi (1990).

En ce qui concerne la *Vénus avec Cupidon et un organiste* du Prado, Cavalcaselle et Crowe (1878) jugent sans aucune raison que la signature n'est pas authentique et considèrent l'œuvre comme étant « de quelque peintre vénitien imitateur de la manière de Titien ». Tietze (1936, 1950) l'attribue à l'atelier de Titien, tandis que Gronau (1904) incline à y voir la main de Titien, dans le paysage. La plupart des auteurs ne partagent pas ces avis, injustifiés, négatifs ou restrictifs à l'égard du caractère autographe de l'œuvre, et, situant généralement celle-ci à cheval sur les années 1540 et 1550, ils estiment que l'intervention de l'atelier est peu étendue (Beroqui, 1946; Borenius, 1957; Valcanover, 1960; Panofsky, 1969; Pallucchini, 1969; Wethey, 1975; Hope, 1980), même en la comparant avec l'autre version de peu postérieure conservée au Prado, où Cupidon est remplacé par un petit chien (Wethey, 1975; Urrea, 1990), qui est jugée d'ailleurs d'une qualité su-

périeure par Venturi (1928), Tietze (1936, 1950) et Berenson (1957).

Le tableau du Prado comporte encore des souvenirs évidents de la *Vénus endormie* de Giorgione, à la Gemäldegalerie de Dresde, et de *la Vénus d'Urbin* exécutée par Titien en 1538 pour Guidobaldo della Rovere. Mais les intentions et les moyens stylistiques sont à présent tout à fait différents. On ne retrouve plus la pureté intacte du nu de Giorgione, que la lumière modèle doucement en lignes ondulées dans le paysage silencieux. Pas plus qu'on ne retrouve la sensualité lyrique du nu des Uffizi, saisi dans son mouvement pudique, qui anime de la splendeur de sa jeune chair la pénombre de son aristocratique appartement. Traitée selon une facture bien davantage libre et élaborée, encadrée par l'orgue et la riche tenture, en deçà d'un large parapet qui ouvre sur un paysage dont la convergence des doubles rangées d'arbres accentue la profondeur, la Vénus du Prado est paresseusement étendue sur le côté, sur un lit défait, montrant avec une indifférence désinvolte la nudité d'un corps plantureux encore dans toute sa maturité, et elle écoute distraitement les conseils que le petit Cupidon lui susurre à l'oreille, cependant que le jeune musicien assis au pied du lit se retourne et fixe son regard sur l'objet de son désir.

La lumière dense et enveloppante d'une fin d'après-midi, qui éclaire encore au loin les verts de la plaine et les bleus des montagnes, incite la vie des sens à une sorte de langoureux abandon, comme y invitent aussi les détails qui animent la large allée bordée d'arbres : à droite, à l'entrée d'une double rangée d'arbres, l'âne (ou le faon) tout occupé à paître, et la fontaine au satyre, sur le rebord de laquelle se perche un paon; à gauche, le cerf étendu au repos et les deux amants qui s'éloignent, abandonnés l'un à l'autre dans leur étroit enlacement.

La critique se divise sur la signification de ces détails et des figures du premier plan. Pour certains auteurs, surtout Hamil (1947), Middeldorf (1947), Hope (1980/2) et en partie Studdert-Kennedy (1987), les aspects érotiques du tableau sont les plus importants; d'autres, à commencer par Richter (1931), y découvrent, quoique sur divers plans d'interprétation, de subtiles références à des textes littéraires et philosophiques du XVIe siècle liées à la conception néoplatonicienne du beau, et confèrent à Vénus la signification allégorique tantôt de la musique, tantôt de la beauté qui charme l'œil et l'oreille (Brendel, 1946, 1947; Panofsky, 1969; Wind, 1971; Giorgi, 1990).

F.V.

page 170

177

Tiziano Vecellio, dit Titien
Pieve di Cadore, vers 1488/1490 - Venise, 1576

Danaé
Toile. H. 1,29; L. 1,80
MADRID, MUSEO DEL PRADO

HISTORIQUE
Déjà à Madrid à l'été 1554; à l'Alcazar de Madrid (ancien Palais royal) en 1626; au palais du Buen Retiro en 1747; à la Casa de Reveque en 1776; à l'Academia de San Fernando entre 1796 et 1827; entré au Museo del Prado en 1827.

BIBLIOGRAPHIE
Dolce, 1554, pp. 229 ss.; Vasari, 1568 (éd. Milanesi, VII, p. 447); Cavalcaselle et Crowe, 1878, pp. 181-183; Gronau, 1904, pp. 141, 303; Suida, 1933, pp. 112, 166; Tietze, 1936, II. p. 298; Beroqui, 1946, pp. 137-140; Pallucchini, 1953-54, pp. 71-73; Tietze, 1954, p. 206; Keller, 1969, pp. 113-115, 134-142; Pallucchini, 1969, pp. 139-140, 300; Panofsky, 1969, pp. 23, 144-150; Ferrarino, 1975, p. 34; Wethey, 1975, pp. 57-58, 133-135; Ferrarino, 1977, p. 251; Hope, 1977, pp. 188-189; Mucchi, 1977, p. 302; Fehl, 1980, pp. 139-147; Gentili, 1980, pp. 107-110, 176; Ginzburg, 1980, pp. 125 ss.; Hope, 1980(1), pp. 117-118, 142, n° 6, 125-127 Padoan, 1980, pp. 98 ss.; Fehl, 1981, pp. 4, 10 ss.; Nash, 1981, pp. 157 ss.; Valcanover, 1981, pp. 108-109; Ginzburg, 1986, p. 157; Hope, 1988, pp. 59-60; Fabbro, 1989, p. 171; Hope, 1990, p. 81; Zapperi, 1991, pp. 42, 47, n° 9.

EXPOSITION
Genève, 1939, n° 168.

A la fin de l'été 1554, Titien adresse ses compliments au prince Philippe d'Espagne pour son mariage avec Marie Tudor, reine d'Angleterre, et l'informe qu'il lui a envoyé la « *pittura* » (« peinture ») avec Vénus et Adonis, ajoutant : « *E perchè la Danaé che io mandai già a Vostra Maestà, si vedeva tutta da la parte dinanzi, ho voluto in quest'altra poesia variare e farle mostrare la contraria parte, acciocchè riesca il camerino, dove hanno da stare, più grazioso a la vista. Tosto le manderò la poesia di Perseo e Andromeda, che avrà un'altra vista diversa da queste; e così Medea e Jasone* » (« Et parce que la Danaé que j'ai déjà envoyée à votre Majesté se voyait toute de devant, j'ai voulu dans cette autre poésie changer et lui faire montrer la partie contraire, afin que le *camerino* [petit salon], où elles doivent se trouver, soit plus gracieux à regarder. Je vous enverrai bientôt la poésie de Persée et Andromède, qui aura une autre vue différente de celles-là; et aussi Médée et Jason ») (Fabbro, 1989). Cette lettre est d'une

grande importance car elle précise que Titien s'était depuis longtemps engagé auprès de l'infant d'Espagne à peindre pour lui une série de « poésies » destinées à décorer une salle du vieux Palais royal de Madrid. Titien s'était déjà acquitté d'une entreprise semblable de nombreuses années auparavant en exécutant entre 1518 et 1524 une grande partie de la décoration, commencée en 1516 par Giovanni Bellini, du « *camerino* » de Ferrare voulue par Alphonse Ier d'Este selon un programme de sujets mythologiques déterminé par celui-ci.

Il ressort clairement de la lettre de 1554 que, pour le « *camerino* » privé du prince Philippe, Titien fut laissé libre du choix des sujets et de la manière de les traiter pour rendre le salon « où ils doivent se trouver plus gracieux à regarder ». Dans un premier temps, cette série de tableaux librement inspirés des *Métamorphoses* d'Ovide devait comprendre outre *Danaé* et *Vénus et Adonis*, *Persée et Andromède* ainsi que *Médée et Jason*. Au fil des années, Titien étendit le programme de 1554 tout en le modifiant, achevant en 1559 la paire de pendants avec *Diane et Actéon* et *Diane et Callisto* (collection duc de Sutherland, exposés à Edimbourg, National Gallery of Scotland) ainsi qu'avant 1562 l'autre paire de pendants avec *Persée et Andromède* (Londres, Wallace Collection) et l'*Enlèvement d'Europe* (Boston, Isabella Stewart Gardner Museum).

La décoration du « *camerino* », dont on a mis en doute la réalisation et dont on a proposé plusieurs reconstitutions (Keller, 1969; Fehl, 1980, 1981; Nash, 1981), fut mise au point par Titien très probablement lors de son séjour à Augsbourg en 1550-51 à la demande instante du prince Philippe par deux fois exprimée (Ferrarino, 1977). Pour sa part, C. Hope (1980, 1988), se fondant sur une lettre de Dolce (1554), dont il ressortirait que le tableau était déjà en possession de Philippe avant l'été 1553, et sur d'autres considérations tirées de la correspondance entre l'artiste et le prince héritier d'Espagne, croit très probable que Titien ait en 1550 emmené en présent au futur roi d'Espagne la première « poésie » tout juste achevée, la *Danaé* aujourd'hui au Prado, laquelle est au contraire communément datée entre 1553 et 1554 (Cavalcaselle et Crowe, 1878; Tietze, 1936, 1950; Pallucchini 1969; Wethey, 1975) car identifiée avec l'une des « poésies » que Titien dit mettre « *al ordine* » (qu'il est en train de terminer) dans la lettre bien connue du 23 mars 1553 adressée au prince Philippe (Ferrarino, 1975).

Un peu plus de cinq ans après la *Danaé* peinte pour Alessandro Farnese, Titien reprend ici le sujet en modifiant substantiellement l'iconographie et la facture. Le tableau Farnèse devait être à l'origine une variante de la *Vénus d'Urbin* de 1538, comme le montre la radiographie (Mucchi, 1977; Valcanover, 1981). Giovanni della Casa, nonce apostolique à Venise, dans sa lettre du 24 septembre 1544, rassure le cardinal Alessandro Farnese en lui disant que l'œuvre commandée est bien avancée. L'hom-

me de lettres rapporte aussi dans cette correspondance que Titien lui a donné un portrait de Paul III et qu'il se sent donc obligé de seconder le vif désir de l'artiste d'obtenir pour son fils Pomponio le bénéfice ecclésiastique de San Pietro in Colle près de Ceneda dont jouissait jusqu'alors Giulio Sartorio, archevêque de Santa Severina en Calabre, et il ajoute que, pour l'obtenir, Titien est prêt « *a ritrar l'Illustrissima Casa di Vostra Signoria Reverendissima* in solidum *tutti fino alle gatte* » (« à faire le portrait de la très illustre famille de Votre Très Révérende Seigneurie in solidum [tout entière] jusqu'aux chattes ») ainsi qu'à faire le portrait d'une courtisane dont le cardinal était alors épris. Giovanni della Casa précise aussi que Titien est prêt à donner les traits de cette courtisane au visage d'un nu « *presso che fornita, per commission di Vostra Signoria Reverendissima [...] che faria venir il diavolo addosso al cardinale San Sylvestro; et quella che Vostra Signoria Reverendissima vide in Pesaro nelle Camere del Signor Duca di Urbino è una teatina appresso a guesta* » (« presque terminé, par commande de Votre Très Révérende Seigneurie [...], qui ferait venir le diable au corps du cardinal San Sylvestro [Uberto Gambara]; et celle que Votre Très Révérende Seigneurie vit à Pesaro dans les appartements de monsieur le duc d'Urbino [*La Vénus d'Urbin*], est une théatine à côté de celle-ci »). La *Danaé* sous les traits de Vénus, était donc déjà en cours d'exécution en 1544, peut-être commandée à Titien à Bologne en juillet 1543 (Zapperi, 1991), et certainement terminée à Rome.

La lettre de Giovanni della Casa indique on ne peut mieux les attentes des augustes commanditaires, auxquelles Titien, après cette première « poésie », répondra avec des tableaux aux sujets mythologiques ouvertement érotiques en dépit de subtiles références littéraires et allégoriques (Gentili, 1980; Padoan, 1980/1: Hope, 1980/1; Ginzburg, 1980). Pour conférer une présence monumentale au « nu » de Capodimonte de manière bien autre que dans la *Vénus* des Uffizi, saisie dans l'intimité quotidienne d'une chambre, Titien s'inspire de nombreuses sources, dont il a probablement connu quelques-unes pendant son séjour à Rome (Valcanover, 1981). Toute trace des intentions plastiques qui caractérisaient certaines œuvres antérieures ou contemporaines, comme les peintures pour le plafond de l'église Santo Spirito in Isola, aujourd'hui à la Salute, a disparu de la lumineuse figure féminine qui se déploie dans l'ombre de l'alcôve. Vasari (1568) rappelle que le naturalisme sensuel dont Titien voulait donner une illustration dans la Rome de Michel-Ange, n'y rencontra pas la faveur des milieux artistiques.

La « Venere » du Prado est exécutée en un format bien plus grand que celui du tableau de Capodimonte. Après avoir éliminé la puissante colonne, Titien remplace Cupidon par la vieille nourrice qui tend avidement son tablier pour recueillir au moins une partie des pièces d'or dont Jupiter a pris la forme afin de tourner toutes les précautions imaginées par Acrisios, roi d'Argos, pour empêcher que les hommes n'approchent sa fille Danaé. Celle-ci, sans plus aucun voile et dans une pose encore plus sensuelle que dans la version Farnèse, repose allongée dans l'attente de l'étreinte avec le père des dieux, dont naîtra Persée, cependant qu'à gauche le petit chien favori sommeille, lové sur le drap.

Ces changements apportés par Titien à la «poésie» pour le «*camerino*» du prince de la couronne, Philippe, par rapport à la version Farnèse antérieure, en particulier le remplacement de Cupidon par la vieille nourrice, qui a tout l'air d'une entremetteuse, chargent l'image de Danaé de significations plus érotiques encore (Ginzburg, 1980); Panofsky (1969) pense d'ailleurs, tout en les reconnaissant, qu'elles soulignent «la nature miraculeuse d'un événement qui, s'il ne suscite que de l'avidité chez la vieille servante, transforme sa jeune maîtresse en un "vase d'élection" destiné à donner au monde un sauveur [Persée] ». Pour Wethey (1975), il se peut que Titien, en introduisant le personnage de la vieille nourrice, ait eu présent à l'esprit le mythe de Danaé tel qu'il est décrit par Apollonios de Rhodes au IIIᵉ siècle avant J.-C. A. Gentili (1980) estime au contraire que la source de Titien est très probablement iconographique et il la reconnaît dans la *Danaé avec Cupidon et la nourrice* de Primatice peinte pour la galerie de François Iᵉʳ à Fontainebleau, connue surtout par la gravure aisément diffusable de Léonard Davent. Selon A. Gentili, Titien, qui avait des années auparavant abordé ce même sujet «de manière tout à fait acritique» «prend évidemment en compte [dans ce tableau du Prado] l'interprétation moraliste établie par la tradition mythologique selon laquelle cet épisode fait allusion à l'immense pouvoir corrupteur de l'argent», même s'il laisse «Danaé dans l'espace pur de la sublimation» et rejette «sur la nourrice tout le poids de la condamnation morale».

La *Danaé* de Madrid est, picturalement, tout à fait différente du tableau Farnèse et, par rapport à lui, innove. Dans celui-ci, une conception classique de la forme sous-tend encore la trame des notes chromatiques fondues dans une atmosphère lumineuse adoucie. Dans la présente version, les images se présentent à la surface en une combinaison articulée de motifs figuratifs et en touches déliées et vibrantes dans l'atmosphère animée et trouble créée par les éclats de lumière et les gouffres d'ombre, qui expriment avec justesse le contraste dramatique entre la splendeur juvénile de la fille d'Acrisios et la vieillesse décrépite de la nourrice. Titien exploite ainsi l'expressivité immédiate de la couleur pour réinterpréter des traditions littéraires et iconographiques et créer une représentation nouvelle, ayant valeur universelle, d'un moment de l'existence humaine, «l'abandon [...] à la vie profonde des sens» (Pallucchini, 1969).

F.V.

page 171

178

Tiziano Vecellio, dit Titien
Pieve di Cadore, vers 1488/1490 - Venise, 1576

Vénus à sa toilette
Toile. H. 1,245; L. 1,041
WASHINGTON, NATIONAL GALLERY OF ART,
ANDREW W. MELLON COLLECTION

HISTORIQUE
Dans l'atelier de Titien en 1576; Vendu par Pomponio, fils de Titien, à Cristoforo Barbarigo, de San Polo, en 1581; dans les coll. de l'Ermitage, à Saint-Pétersbourg en 1850; acquis par A. Mellon en 1931; donné par A. Mellon à la National Gallery of Art de Washington en 1937.

EXPOSITIONS
Los Angeles, 1979-80, nᵒ 21; Venise, 1990(1), nᵒ 51; Washington, 1990-91, nᵒ 51.

BIBLIOGRAPHIE
Ridolfi, 1648 (éd. Hadeln, 1914, pp. 181, 194); Cavalcaselle et Crowe, 1878, pp. 314-317; Poglayen et Neuwall, 1934, pp. 358-384; Pallucchini, 1953-54, pp. 77-80; Valcanover, 1960, II, pp. 39-40; Pallucchini, 1969, I, pp. 143, 302; Shapley, 1971-72, pp. 93 ss.; Wethey, 1975, pp. 200-203, 242-245; Fomiciova, 1977, pp. 195-199; Rosand, 1978, pp. 33-36; Pignatti et Donahue, 1979, pp. 76, 162 (avec bibl. ant.); Shapley, 1979, pp. 476-480; Hope, 1980(2), pp. 149, 158-160; Goodman-Soellner, 1983, pp. 426 ss.; Traversari, 1986, p. 53; Hope, 1988, p. 64; Rearick, 1988(1), pp. 172-173; Fabbro, 1989, p. 269; Brown, 1990, pp. 302-303.

Comme en témoignent les répliques recensées par les sources et les nombreuses versions d'atelier et copies de l'époque, *Vénus à sa toilette* fut l'un des sujets profanes traités par Titien qui rencontrèrent le plus la faveur de ses contemporains. Pour la figure de Vénus, Titien s'inspira très vraisemblablement d'exemples de la *Venus pudica* à demi vêtue de la statuaire hellénistique et romaine, très répandus et admirés au XVIᵉ siècle, qu'il put étudier à Rome lors de son séjour en 1545-46 ainsi qu'à Venise même grâce à la présence d'un exemplaire dans la célèbre collection Grimani, aujourd'hui au Museo Archeologico de Venise (Traversari, 1986).

La question des versions originales et des nombreuses répliques d'atelier ou copies et de leur évolution dans le temps a été traitée en particulier par Poglayen et Neuwall (1934),

Shapley (1971-72), Wethey (1975) et Fomiciova (1977). Pour l'essentiel, ces versions se rattachent, avec d'innombrables variantes, à un type de Vénus nue (*Venus pudica*) avec un ou deux amours tenant le miroir, et à un autre type de Vénus vêtue (*Venus genetrix*) avec un seul amour. C'est à ce second type qu'appartient la *Vénus avec l'Amour lui tendant un miroir* que Titien mentionne le 22 décembre 1574 dans la liste de ses œuvres envoyées à Philippe II «*in diversi tempi da anni venticinque in qua*» («à diverses époques depuis vingt-cinq ans jusqu'à présent») (Fabbro, 1989), alors que c'est du premier type que relève la toile citée par Ridolfi (1648) chez le jurisconsulte Niccolò Grasso à Venise. Au second type appartient aussi ce tableau de Washington, où Vénus est représentée tournant le regard vers le miroir que lui présente un amour tandis qu'un second amour se tend vers elle pour la coiffer d'une couronne de fleurs.

Cette toile, dont l'origine est attestée par des documents, est l'unique version subsistante sur le caractère totalement autographe et la haute qualité de laquelle se fait l'accord unanime de la critique depuis Cavalcaselle et Crowe (1878).

Datée généralement de 1555 environ ou peu après, en raison des affinités stylistiques et iconographiques avec les œuvres de la période 1550-1555, en particulier avec les «poésies» pour Philippe II et d'autres commanditaires, parmi lesquelles les versions de la *Vénus avec Cupidon et un organiste* (cat. **176**), cette toile est datée par C. Hope (1980, 1988) de 1567 environ et considérée, par lui ainsi que par d'autres auteurs, comme celle qui servit de prototype aux autres versions et qui resta dans l'atelier de Titien à sa mort.

Les récents examens techniques fournissent un argument de poids en faveur d'une datation autour de 1555. On savait depuis longtemps que la composition avait été peinte par Titien sur une toile, utilisée horizontalement, représentant le portrait à mi-corps d'une femme et d'un homme, et datable du milieu des années 1550 environ. Les examens radiographiques avaient aussi indiqué que le corps de la déesse était, dans une première idée de composition, vêtu d'une tunique comme dans les versions de la *Venus genetrix* (Shapley, 1971-72). Il résulte à présent d'examens techniques plus approfondis que, pour le manteau que Vénus retient de sa main gauche, Titien a utilisé partiellement celui de l'homme du portrait sous-jacent. Cela indique que l'exécution de la *Vénus* suivit de peu celle du double portrait, et conduit D. Brown (1990) à supposer avec raison que la *Venus pudica* de Washington précède celles où apparaît ce manteau, hypothèse qui, selon cet auteur, se trouve aussi renforcée par le repentir dans la position des jambes de Cupidon.

Vénus et les deux amours occupent l'étroit espace baigné d'une lumière dense et calme en une composition d'un grand naturel, quoique résultant d'un agencement élaboré de rythmes opposés. L'ivoire chaud de leur carnation est mis en valeur par le rouge profond du manteau, enrichi par l'or et l'argent des broderies ainsi que par le brun fauve de la fourrure; et ces tons, comme les autres notes de couleur: le vert sombre de la tenture, les jaunes et les bleus éteints de la couverture, le rose du carquois, s'accordent tous en une heureuse harmonie chromatique.

Le dédoublement du visage de Vénus reflété dans le miroir rappelle une thématique que trai-tèrent dans la première moitié du XVIᵉ siècle Giovanni Bellini, Giorgione, Lorenzo Lotto, Savoldo (cat. **74**) et Titien lui-même (cat. **48**), pour fournir la preuve que la peinture pouvait, contrairement à la sculpture, donner en un seul coup d'œil plusieurs points de vue sur une même image.

Dans son opulente beauté, cette *Vénus*, au-trefois au palais Barbarigo della Terrazza à Ve-nise et certainement connue de Véronèse puis-qu'il en donna « sa » version dans le tableau tardif du Joslyn Museum d'Omaha (Rearick, 1988/1), est l'une des plus séduisantes représen-tations de l'idéal féminin de Titien, idéal mûri au cours des années 1550 et riche, en chacune de ses expressions stylistiques, des nombreuses significations de l'amour, tour à tour morales, sensuelles, voire érotiques.

F.V.

Le rayonnement de Titien à Venise
Peintures
179 à 204

page 173

179

Paris Bordon
Trévise, 1500 - Venise, 1571

Portrait dit *de Jérôme Kraffter*
Toile. H. 1,07; L. 0,86. Daté sur le pilastre à gauche: [*AET*]*ATIS SUAE ANNO. XXVII MDXXXX*; un blason, un griffon tenant dans ses serres un filet en barre timbré des lettres *T. S.* Signé sur la chaise à droite: *PAR* [*IDIS*]. Le modèle tient une lettre «*Sp. Domino Ieronimo Crofft* (ou *Crafft) Magior suo semper observans Augusta*».

PARIS, MUSÉE DU LOUVRE,
DÉPARTEMENT DES PEINTURES

HISTORIQUE
Collection Jabach qui le vendit à Louis XIV en 1662; collection de Louis XIV (inv. Le Brun, 1683, nº 93).
EXPOSITIONS
Paris, 1978-79; Augsbourg, 1980, nº 461; Trévise, 1984, nº 10.
BIBLIOGRAPHIE
Lépicié, 1752-1754, II, p. 8; Bailly (1709-10) Enge-rand (1899), pp. 124-125; Villot, 1849, nº 89; Tarral, 1850, p. 28; Bailo et Biscaro, 1900, p. 142, nº 59; Ricci, 1913, nº 1179; Hautecœur, 1926, nº 1349; Be-renson, 1957, I, p. 47; Canova, 1961, pp. 77-88; Béguin, 1964, pp. 1-6; Canova, 1964, pp. 36-37, 85; Löcher, 1967, p. 43; Brejon de Lavergnée et Thié-baut, 1981, pp. 155-156; Brejon de Lavergnée, 1987, pp. 158-159, nº 93; Béguin, 1987, p. 20; Garas, 1987, p. 74; Kultzen, 1987, p. 79; Canova, 1987, p. 143.

Ce célèbre portrait, signé et daté, reste encore énigmatique: fut-il peint en 1540 à Augsbourg comme on l'a généralement déduit de l'inscrip-tion portée sur la lettre que tient le modèle où se lisent le nom de « Ieronimo Craff » et l'indi-cation d'Augsbourg? La présence dans cette ville du riche marchand Hieronimus Kraffter y est documentée entre 1525 et 1568. Le modèle est-il sûrement Kraffter? Sur la lettre que tient le personnage, il y a l'inscription «*Sp. Domino Ieronimo Crofft* [ou *Crafft*] *Magior suo semper observans Augusta* ». Kraffter pourrait être aussi le correspondant du personnage représenté. Jacques Brejon propose de cette phrase latine les deux traductions suivantes: «plus grande que son Jérôme Kraffter, Augsbourg [l'] a tou-jours en respect » et la seconde qu'il pense meil-leure: « Augsbourg [décerne] toujours plus de louanges (ou: témoigne toujours plus de res-pect, ou d'admiration) à son Jérôme Kraffter ». J. Brejon pense que Kraffter est bien le per-sonnage représenté (Brejon, 1987). Le nom de « *Crafft* » (ou « *Crofft* ») sur la lettre est plus vraisemblablement celui du correspondant du modèle, une opinion partagée par K. Garas (1987). La nature morte sur la table est compo-sée d'objets nécessaires pour écrire: l'encrier, encore ouvert, semble indiquer qu'on vient d'écrire la lettre destiné à « Ieronimo Crofft ».

Selon Vasari, pendant le séjour à Augsbourg (entre 1540 et 1543), Bordon aurait travaillé pour les banquiers Fugger, pour le cardinal Otto Truchsess et pour d'autres riches familles inconnues comme les Priner. Ces œuvres n'ont pas été identifiées avec certitude. Par ailleurs, Pietro Aretino, dans une lettre expédiée de Ve-nise en décembre 1548, parle des magnifiques tableaux de Bordon qu'il a vus chez les Fugger à Venise. Le portrait du Louvre pourrait très bien correspondre à l'un d'eux: son rapport avec les portraits de Christoph Amberger d'Augsbourg (Mariani Canova, 1987) n'est pas, en effet, déterminant, comme l'a noté Kultzen (1987). Bordon pouvait connaître les portraits qu'Amberger avait peint à Venise, entre 1525 et 1528: déjà dans le *Portrait de Nikolaus Kobler von Judenburg* (Vaduz, galerie Lichtenstein), peint en 1532, Bordon montre une nette assi-milation des prototypes allemands; l'analogie relevée entre certaines œuvres d'Amberger comme les *Portraits de Konrad et Marguerite Peutiger* de 1543 (Augsbourg, Städtische Kunstsammlungen) et le tableau du Louvre n'est donc pas suffisante pour affirmer que ce dernier ait été peint à Augsbourg, ce qu'admet cependant, en dernière analyse, G. Mariani Ca-nova (1987). De même, rappelons-le, les preuves manquent pour y reconnaître le mar-chand Kraffter: sur le pilastre, à gauche, les lettres T et S, les armes qui ont été identifiées, de manière hypothétique, avec celles de la fa-mille Spindler (Tarral, 1850) et Dargestellten (Löcher, 1967) semblent désigner un autre mo-dèle que Kraffter. Le tableau reste donc encore mystérieux.

Pour ce portrait, Bordon a utilisé une toile sur laquelle il avait déjà peint une figure de *Christ* (ou de *Moïse*, selon Mariani Canova, 1987) parfaitement lisible à la radiographie: sa facture ressemble à celle du *Christ bénissant* (Londres, National Gallery) et sa mise en page à celle du *Rédempteur* (Ravenne, Pinacoteca). Ce type de représentation dut avoir un certain succès comme le prouve le *Christ Sauveur* (Au-tun, musée Rolin), copie tardive d'un thème connu à travers les répétitions de Bergame (Ac-cademia Carrara) et de l'abbazia de Polirone. Ces originaux et ces copies nombreuses en Italie (le tableau d'Autun provient de la collection Campana) militent en faveur de l'origine ita-lienne du portrait du Louvre, un des chefs-d'œuvre de l'artiste et de l'art du portrait vé-nitien.

S.B.

page 174

180

Paris Bordon
Trévise, 1500 - Venise, 1571

Vénus, Mars et Cupidon
couronnés par la Victoire
Toile. H. 1,115; L. 1,745
VIENNE, KUNSTHISTORISCHES MUSEUM,
GEMÄLDEGALERIE

HISTORIQUE
Coll. Staininger (1643); coll. de l'archiduc Léopold-
Guillaume, Vienne, en 1783.
EXPOSITION
Tokyo, 1984, n° 120.
BIBLIOGRAPHIE
Mechel, 1783, p. 71, n° 16; Krafft, 1854, p. 118;
Berenson, 1894, p. 92; Bailo et Biscaro, 1900, p. 186,
n° 113; Arslan, 1938, p. 80; Berenson, 1957, I, p. 49;
Oberhammer, 1960, p. 23, n° 470; Canova, 1961,
p. 88, note 58; Mariani Canova, 1964, pp. 60-61, 115;
Oberhammer, 1965, n° 470; Hope 1980(1), p. 116;
Mariani Canova, 1981, p. 121; Béguin, 1987, p. 15;
Garas, 1987, pp. 74-75; Grabski, 1987, pp. 203-211;
Wazbinski, 1987, p. 109, Vienne, *Catalogue*, 1991,
pl. 37.

Ce tableau a fait partie d'un ensemble de six
— quatre de mêmes dimensions, deux plus petits —, qui ornaient probablement à l'origine
une salle décorée en 1550 par Paris Bordon à
Augsbourg (Garas, 1987). En 1643 les peintures
appartenaient aux Staininger, marchands bien
connus d'Augsbourg, riches collectionneurs. A
la mort d'Hans Staininger (1639), Girolamo (ou
Jeremias) Staininger vendit certains tableaux à
l'archiduc Leopold-Guillaume. K. Garas (1987)
a retrouvé dans le catalogue de Vienne de 1783
la trace de *Mars (?) qui dérobe l'arc de Cupidon*
à Vénus avec Flore et Cupidon (Vienne, Kunsthistorisches Museum), pendant du *Vénus,*
Mars et Cupidon couronnés par la Victoire, deux
œuvres qui furent autrefois identifiées comme
deux des six tableaux mentionnés dans une liste
de 1643 (aujourd'hui perdue) des tableaux «
Staigner » (pour Staininger) « in Augusta »
(Krafft, 1854): appartenaient aussi à cette série
Diane et ses nymphes (autrefois au château de
Prague, acquis en 1749 par le musée de Dresde,
aujourd'hui détruit), *Apollon, Marsyas et Midas*
(Dresde, *id.*), un des deux petits tableaux de
l'ensemble dont le pendant représentait deux
figures féminines, qui provient aussi de Prague,
a disparu. Ces œuvres firent-elles antérieurement partie des collections Fugger ? On ne peut
le dire dans l'état actuel de nos connaissances.
Vasari cite, aussi une peinture « de cabinet » de

Bordon à Augsbourg, chez le cardinal Otto
Truchsess von Waldburg dont nous ne savons
rien.

On a relevé dans ces tableaux allégorico-my-
thologiques, ainsi que dans un certain nombre
d'autres (*Persée armé par Mercure et Minerve*,
Birmingham, Museum of Art; *La Vanité*,
Édimbourg, National Gallery of Scotland), l'influence des modèles français et le maniérisme
érotique et raffiné de la cour de Fontainebleau.
Cette interprétation présuppose que la date de
1538 donnée par Vasari pour le séjour en
France de Bordon, est correcte : certes Vasari
est venu à Venise en 1541 et, en 1542, pour y
peindre un plafond au Palazzo Corner Spinelli,
mais a-t-il eu des informations sur le séjour en
France de Bordon à cette date ou plus tard, en
1566 ? Entre mars 1538 et avril 1539, Bordon,
non documenté en Italie, pourrait être en
France. Cependant la date de 1538 est généralement contestée, elle fut acceptée avec difficulté par Canova (1964) et l'amena à supposer,
pour des raisons stylistiques, un second séjour
en France de l'artiste en 1558 : cependant lors
du congrès de 1985, s'inspirant des objections
d'A. Ballarin au cours de la discussion sur la
formation du langage maniériste de Bordon,
Mariani Canova revint uniquement à la date de
1538 pour le voyage en France, sans discuter
ni prendre en compte les informations réunies
par G. Fossaluzza au moment de l'exposition
(Bordon, 1984, pp. 119-120). Elles soutiennent
la datation d'un voyage en 1558 : il s'agit du
témoignage d'Orlandi (1704, p. 311), de Federici (1803, III, pp. 41-42), de l'éloge prononcé par Prospero Aproino, parent de Bordon,
à l'occasion du départ de l'artiste pour la
France, et, enfin, de la « bonne occasion » (Vasari), offerte par Alvise Bonrizzo, secrétaire de
Michele Surian, ambassadeur à la cour de
France, qui accompagna son maître. La famille
Bonrizzo était, en effet, liée d'amitié depuis
longtemps avec Bordon, qui désirait alors s'éloigner de Venise (lettre du 2 décembre 1558).

Les documents concernant la présence à Venise de Bordon, entre 1559 et début 1561, manquent, à une période suffisamment longue pour
permettre l'exécution, lors du règne de François II, des œuvres citées par Vasari, en particulier celles qui furent commandées par les
Guise dont le mécénat fut important entre 1550
et 1560 (Béguin, 1987). Plusieurs sont maintenant identifiées (Wazbinski, 1987): *Jupiter et Io*
(Göteborg, Konstmuseum), *Vénus et Cupidon*
(Varsovie, Muzeum Narodowe), et l'*Ecce Homo*
(New York, galerie Piero Corsini, 1989; *cf.* Dabell, 1990, pp. 38-43 et 1991, pp. 42, 134). Le
style et la technique de ces tableaux indiquent
une date tardive, comme le pensent K. Garas
(1987) ou Wazbinski (1987): elle paraît incompatible avec celle du groupe de peintures my-
thologico-allégoriques auquel appartient le
Mars et Vénus couronné par la Victoire. Par ailleurs, il n'est pas indispensable, en tous cas,
pour comprendre l'inspiration de ces œuvres,
de se référer à un séjour en France de Bordon
en 1538, à l'époque de François Ier. Leur ma-

niérisme est typique du maniérisme européen
de années 1540-1550 : à cette date, les modèles
français (Rosso, Primatice, Penni) étaient largement connus en Italie par la gravure dont
L. Larcher Crosato a, fort justement, rappelé
le rôle sur Bordon (1987, pp. 65-70).

L'extrême difficulté pour dater tout ce
groupe d'œuvres est sensible dans la contribution de G. Mariani Canova (1987): dans l'*Apol-*
lon et Midas de Dresde, elle remarque l'analogie de la pose de l'Apollon avec celle du *Moïse* (?)
révélé par les rayons X sous le *Portrait* dit *de*
Jérôme Kraffter (Louvre), daté de 1540. L'*Apol-*
lon et Midas, comme la *Diane et ses nymphes*
(autrefois à Dresde), furent, à son avis, peints
à Augsbourg à la même date que le portrait du
Louvre, ce qui n'est pas évident comme nous
l'avons vu (cat. **179**). Par ailleurs, c'est-à-dire
entre 1543 et 1545 lors du retour de Bordon à
Venise, elle place les deux *Allégories* de Vienne,
la *Vanité* d'Édimbourg, la *Vénus, Flore et Mars*
de Saint-Pétersbourg. Elle note dans ces deux
tableaux, avec raison, les citations raphaélesques (Béguin, 1987), certaines, sans doute,
transmises par l'intermédiaire de la gravure
(Raimondi) et également le néo-vénézianisme
des compositions, par exemple le rapport entre
la Vénus du *Mars et Vénus couronnés par la Vic-*
toire avec le nu de *L'Amour sacré et l'Amour*
profane de Titien.

Le « cabinet Staininger », qui réunissait certains des tableaux cités, aurait-il été peint en
deux temps ? C'est possible, mais non prouvé :
la dispersion des œuvres, la perte de la *Diane*
et ses nymphes, qui n'est plus connue que par
d'anciennes photographies, ne facilitent guère
l'étude. On peut, toutefois, objecter à la chronologie proposée que le *Vulcain et Minerve* (Honolulu, Academy of Arts) que G. Mariani Canova, rapproche des *Allégories* de Vienne est,
vraisemblablement, de la même période que le
Jupiter et Io de Göteborg qui fut sans doute
peint pour le cardinal de Lorraine, c'est-à-dire
soit en 1538 (Mariani Canova, 1987), soit plutôt, comme nous le pensons, en 1558. Le style
d'un maniérisme accentué, des drapés plus
secs, des poses stéréotypées, un coloris plus
froid et une facture moins savoureuse, une disposition décorative des figures liées l'une à
l'autre sur un seul plan, distinguent nettement
les tableaux de Göteborg et d'Honolulu de la
conception spatiale des figures des *Allégories* de
Vienne, d'une exécution plus sensuelle, davantage modelées dans un espace en profondeur.
Les caractères des tableaux de Göteborg et Honolulu sont ceux des œuvres tardives de Bordon
(*Ognissanti*, Trévise, Museo Civico; *Nativité*,
Trévise, Duomo, etc.), très différents du style
brillant, de la riche technique et du chromatisme vibrant des *Allégories* de Vienne en particulier du *Mars et Vénus couronnés par la Vic-*
toire.

Selon Vasari, Bordon était cultivé, musicien,
lié familialement et socialement avec l'aristocratie; il fréquentait des cercles raffinés. Grabski
(1987) a noté l'analogie des thème des peintures
du type du *Mars et Vénus couronnés par la Vic-*

toire avec les « sonnets d'amour » inspirés de Pétrarque et avec les *Asolani* de Bembo. Le tableau de Vienne exalte, en effet, l'amour de deux jeunes gens représentés en Mars et Vénus. La Victoire ou la Renommée (à moins que ce ne soit une allégorie liée au mariage) couronne les héros de myrte ; les deux couronnes, qui ressemblent à des auréoles, font d'eux « quasi deux saints de la Vertu conjugale » (Grabski, 1987). A droite, l'arbre et ses fruits symbolisent l'union féconde tandis que Cupidon, qui a accroché son carquois et ses flèches aux branches, verse sur la jeune femme les roses de Vénus.

Selon Hope (1980/1), il n'est pas certain que le guerrier soit un portrait : cependant, comparé à la stylisation plus conventionnelle des figures féminines, son visage paraît assez personnalisé. S'il représente bien Mars, ce ne peut être ce dernier qui apparaît dans l'homme plus âgé du pendant de Vienne (Garas, 1987). En tous cas, le thème du tableau semble être la célébration du triomphe des vertus pacifiques de l'Amour sur les forces brutales des armes (Mariani Canova, 1981). On a justement remarqué qu'à la Renaissance, derrière le voile subtil de la fable mythologique et des allégories savantes commandées par des mécènes pour des cercles privilégiés et fermés, se cachent des situations amoureuses aux suggestions érotiques, par ailleurs prohibées, ou des portraits de courtisanes célèbres (Ginzburg, 1980, p. 127).

Les peintures de « cabinet » de Bordon exécutées pour la France, l'Allemagne (Augsbourg), l'Italie (Milan), toujours pour des amateurs raffinés, répondaient aux mêmes exigences. Mais le prototype des *Allégories* de Vienne et leur érotisme très particulier est à rechercher à Venise même. Il s'agit de l'*Allégorie d'Alphonse d'Avalos* de Titien (cat. **164**) qui chante un amour où la sensualité accompagne les vertus conjugales. Motivation et style rattachent donc nettement à Venise le *Vénus, Mars et Cupidon couronnés par la Victoire* de Vienne.

S.B.

page 175

181

Johann Stephan von Calcar, dit Giovanni Calcar
Kalkar, Basse-Rhénanie, vers 1510 - Naples, vers 1546

Portrait de Melchior von Brauweiler
Toile. H. 1,09 ; L. 0,89. (agrandi des quatre côtés, surface originale : H. 0,97 ; L. 0,83). Inscriptions : en bas à gauche sur le socle de la colonne, « *ANNO*. 1.5.4.° /*AETATIS* .26. » ; et sur la chevalière à l'index de la main droite du modèle, *MVB*.

PARIS, MUSÉE DU LOUVRE,
DÉPARTEMENT DES PEINTURES

HISTORIQUE
Coll. Jabach, Paris ; coll. de Louis XIV, acquis à la première vente Jabach en 1662 (inv. Le Brun n° 48).
EXPOSITION
Paris, 1978-79, sans n°.
BIBLIOGRAPHIE
Lépicié, II, 1754, p. 78, n° VI ; Waagen, 1839, 3 vol., III, p. 470 ; Villot, 1849, I, pp. 32-33, n° 88 (1864, p. 59-60, n° 95) ; Tarral, 1850, pp. 23-24, n° 88, p. 26 ; Waagen, t. IV, 1857, pp. 511-512 ; Blanc, 1868, p. 4 ; Tauzia, 1888, I, pp. 71-72, n° 88 ; Engerand, 1899, pp. 123-124 ; Ludwig, 1902, p. 52 ; Ricci, 1913, pp. 26-27, n° 1185 ; Spielmann, 1925, pp. 59-72, 184 ; Hautecœur, 1926, p. 41, n° 1185 ; Suida, 1934, pp. 11-13 ; Pallucchini, 1969, I, pp. 215, 274 ; Volpe, 1979, p. 76 ; Mason Rinaldi, 1979, p. 65 ; Brejon de Lavergnée et Thiébaut, 1981, p. 159, Inv. 134 ; Brejon de Lavergnée, 1987, p. 126, n° 48 ; Ausserhofer, 1992, 91 p.

Ce portrait manifestement officiel constitue la seule œuvre certaine et un chef-d'œuvre de Calcar, peintre allemand peu connu, qui vécut la plus grande partie de sa vie en Italie ; le peintre fut, selon van Mander, un des rares élèves de Titien (avant 1537) et mourut prématurément à Naples. Le Brun donne à l'œuvre la bonne attribution, qu'il devait tenir de son ami colonais Jabach, et indique comme dimensions 3 pieds sur 2 pieds 7 pouces (H. 0,97 ; L. 0,84), c'est-à-dire la surface originale de la toile, mais il ne connaît pas l'identité du modèle, se contentant d'appeler l'œuvre « un portrait d'homme ». Bailly, dans son inventaire des tableaux du roi de 1709-1710, indique comme dimensions 3 pieds 6 pouces sur 2 pieds

6 pouces et demi, ce qui laisse supposer un premier agrandissement en hauteur. L'attribution est cependant perdue ou ignorée à partir de l'inventaire de Lépicié (1754), où l'œuvre, devenue le « Portrait d'un Vénitien » est donnée à Tintoret, la tête et les mains étant jugées cependant « dignes du pinceau du Titien » ; la toile est encadrée à l'ovale et agrandie en largeur : 3 pieds 7 pouces et demi sur 3 pieds. La taille actuelle, qui correspond à 3 pieds 4 pouces sur 2 pieds 8 pouces, apparaît sous le premier Empire, l'œuvre semblant retrouver alors sa forme rectangulaire. Le tableau conserve l'attribution à Tintoret jusqu'à ce que Waagen (1839) y discerne une des plus belles effigies de Bordon, « dont le talent de portraitiste approche souvent de très près celui de Titien », et que Villot (1864) enfin, rejetant ces hypothèses, rétablisse dès 1849 l'ancienne attribution de ce « Portait d'homme » à Calcar.

L'identification du modèle connaît une évolution mouvementée. Un écusson, timbré d'un casque d'acier, grillé, fermé, surmonté d'un cimier typiquement germanique formé de deux pavots d'or recourbés l'un dans l'autre et accompagné de lambrequins azur et or, est suspendu en évidence à un crochet sur la colonne en haut à gauche et porte clairement d'azur à trois têtes de pavot (Villot, 1864) ; le motif héraldique est répété sans cimier sur la chevalière à l'index de la main gauche du personnage et sur le cachet de la lettre que celui-ci tient dans la main droite ; l'écu de la chevalière est en outre surmonté d'initiales bien lisibles « MVB » ; une épée pend au côté gauche du personnage ; la date et l'âge du modèle sont enfin inscrits clairement sur le socle de la colonne, à gauche : 1540 et vingt-six ans.

Ce luxe presque maniaque de détails identificatifs, dont peu de portraits bénéficient, donna lieu à une controverse retentissante durant la deuxième moitié du XIXᵉ siècle.

Alors que Tarral (1850) fait part d'une communication de Mündler, qui croit reconnaître les armes de la famille vénitienne des Del Buono, information reprise dans le catalogue des peintures du Louvre par Both de Tauzia (1888) et dans plusieurs publications jusqu'au milieu du XXᵉ siècle, Blanc (1868) propose pour la première fois par écrit le nom de l'illustre anatomiste bruxellois Vésale (Andreas Vesalius, 1514-1564), qui est né par coïncidence la même année que Melchior de Brauweiler (1514-1569) et enseigna à Padoue, Bologne et Pise, devenant ensuite le chirurgien de Charles Quint et de Philippe II : Calcar est en effet connu, depuis Vasari dont il fut l'ami et qui le loue pour cela et pour ses portraits, pour avoir participé à l'illustration du célèbre traité anatomique de ce médecin, *De Humanis Corporis Fabrica*, publié pour la première fois à Bâle en 1543. Les obstacles à cette identification prestigieuse, notamment le blason et le monogramme, sont surmontés par Blanc, qui interprète les initiales « MVB » comme signifiant « Magister Vesalius Bruxellensis » et décèle dans les pavots, qui ne figurent pas dans les armes de Vésale décorant le frontispice du traité, un emblème de la profession de chirurgien faisant allusion à l'anesthésie pratiquée à l'aide de cette plante; l'effigie de l'anatomiste, gravée au début l'ouvrage, montre par ailleurs une ressemblance avec le personnage du Louvre.

L'identification du personnage à Vésale assure la notoriété de l'œuvre, en particulier dans les milieux médicaux, jusqu'à l'étude de Ludwig (1902), qui reconnaît le conseiller colonais Melchior de Brauweiler. Ricci (1913) donne la description précise des armes « d'or à trois bulbes de coquelicot de sinople » de la grande famille patricienne des Brauweiler de Cologne, dont la date de naissance d'un des membres les plus connus, Melchior, correspond à l'âge inscrit sur le tableau. Les travaux récents de M. Ausserhofer (1992) ont confirmé cette identité et établissent sans équivoque la biographie du modèle, en particulier la date de sa mort; contrairement à ce qu'écrivent Ricci (1913), Hautecœur (1926) et Brejon (1987), le jeune homme n'exerça pas la fonction de bourgmestre de la métropole rhénane; c'est son père, le conseiller Arnold von Brauweiler, qui fut élu dans cette charge treize fois entre 1516 et sa mort en 1552; le Wallraf-Richartz Museum de Cologne conserve un portrait d'Arnold peint vers 1535 par Barthel Bruyn (1493-1555), où le père porte la même bague que le fils; la mère, Helena Brüggen, était elle-même la fille d'un conseiller de ville. Melchior occupa les postes de conseiller de 1548 à 1554, d'échevin de 1552 à 1555 et de président du tribunal de 1557 à 1569, épousa successivement deux filles de bourgmestre, dont il n'eut pas de descendance, et mourut en 1569. Les Brauweiler avaient la réputation, comme les Jabach qu'ils connaissaient bien, d'être une famille d'amateurs d'art et de mécènes éclairés.

Lorsque, à l'âge de vingt-six ans, Melchior commande, sans doute au cours d'un voyage à Venise, son portrait à son compatriote Calcar, il n'est donc pas encore conseiller de la ville de Cologne, mais donne à la toile un aspect solennel en faisant répéter son blason trois fois. Le peintre, un des rares élèves nordiques de Titien, s'inspire des portraits officiels que son maître multiplie depuis 1523, adoptant le type utilisé par le Vénitien pour les plus grands personnages, *Alphonse I*ᵉʳ, *duc de Ferrare* (copie à New York, Metropolitan Museum), *Frédéric II, marquis de Mantoue* (Madrid, Prado) ou *Laura Dianti* (Kreuzlingen, collection Kisters; cat. **56**). Ces constatations soulignent la haute idée que le modèle se faisait de lui-même. Dans les effigies d'apparat de cette époque, Titien montre la figure de trois quarts jusqu'à hauteur des genoux exécutant des gestes lents et élégants contre des fonds neutres, généralement sombres et sans modulations; la nouveauté de ces tableaux est l'insistance sur les mains, dont le raffinement aristocratique est mis en évidence au premier plan de la composition; sous la pression de commanditaires désireux de manifester leur statut éminent, les vêtements tendent à devenir plus précieux, les coloris plus subtils et

variés, les attributs plus nombreux et plus riches. Calcar assimile ces leçons, atténue la minutie flamande par une technique plus large, apprend à diffuser la douce lumière du soir sur la peau et traite les étoffes ton sur ton avec le même raffinement que Titien, détaillant ici l'exquise harmonie noire et mauve de la soie damassée du pourpoint et du manteau. Il y ajoute le pouvoir structurant des ombres appris dans le Nord, notamment sur le visage de Melchior, et, surtout, introduit une imposante architecture inspirée de l'antique, une colonne qui surgit de la nuit et repose sur un socle élevé; cette mise en scène offre au modèle un rebord commode sur lequel s'accouder d'un geste élégant et naturel, et au blason, suspendu au fût de la colonne à l'aide d'un crochet comme un objet métallique en trompe-l'œil, un support plausible et flatteur.

M. Ausserhofer (1992) remarque avec raison une influence du portrait florentin, où l'architecture et les mains jouent un rôle structurel, ce qui suppose un voyage de Calcar en Toscane qui n'est pas documenté. Le peintre peut notamment s'inspirer, dans la typologie des gestes, de compositions comme le *Hallebardier* de Pontormo (vers 1529, Malibu, J. Paul Getty Museum) ou surtout le *Jeune Homme au livre* de Bronzino (vers 1529 ou 1535-1540, New York, Metropolitan Museum): la position maniérisante du bras gauche, le coude en avant et la main aux doigts souplement étalés sur la hanche au-dessus de la poignée de l'épée, constitue une pose qui n'existe pas chez Titien, mais qui permet de bien détailler la chevalière et la double bague ornée de pierres précieuses; celle de la main droite, que l'on trouve dans l'*Homme au gant* (cat. **54**), mais recouverte du gant tenant l'autre gant, met en évidence le cachet de la lettre. Malgré la légère maladresse de cette main droite un peu trop petite par rapport à l'autre main, le peintre opère dans cette image une synthèse inédite et brillante de ces influences, s'attirant les louanges aussi bien de Vasari, qui vante ses portraits, que plus tard de Sandrart, qui admire l'habileté des mains, ou que de Titien lui-même, à qui Pallucchini (1969) estime qu'il donna l'idée d'introduire des motifs architecturaux dans ses propres portraits, le premier étant le *Giacomo Doria* de Lutton Hoo (collection Wernher), peint vers la même date: ce succès ferait de Calcar l'introducteur du motif à Venise. La synthèse s'enrichit enfin du souvenir de Giorgione, sensible dans le regard voilé et peu passionné que le modèle dirige sur le spectateur avec une mélancolie muette. Ce point semble correspondre à un trait de caractère de Brauweiler, qui vers la fin de sa vie abandonna par ennui ses fonctions pourtant prestigieuses de président du tribunal et peu après mourut noyé dans la Sieg.

Le portrait fut un succès, non seulement dès sa création, mais aussi parce qu'il eut la réputation d'être celui de Vésale, apparemment dès le XVIIᵉ siècle: on en recense plus de dix copies, dont une de Fantin-Latour exécutée en 1860. La plus intéressante, par sa qualité élevée et sa

fidélité, notamment dans le regard du modèle difficile à imiter, est celle de la collection Kisters à Kreuzlingen, qui reproduit le blason, mais non l'inscription sur le socle de la colonne, et insère de façon un peu inconfortable, dans le coin en haut à droite de la composition, un paysage de ville côtière. Le dessin incisif de cette version du portrait et ses couleurs, plus froides que dans l'original du Louvre, incitent à penser qu'il s'agit d'une copie nordique. Par ailleurs, Waagen (1857), Hautecœur (1926) et Suida (1934) citent à tort le petit exemplaire sur bois de la collection du duc de Portland à Welbeck Abbey, Nottinghamshire (Ausserhofer, 1992, fig. 55), comme une esquisse de l'œuvre.

J.H.

page 176

182

Andrea Meldolla, dit Schiavone
Zara, vers 1510/1515 - Venise, 1563

Diane et Callisto
Toile. H. 0,187; L. 0,49
AMIENS, MUSÉE DE PICARDIE

HISTORIQUE
Coll. Francesco Algarotti (?) au XVIIIᵉ siècle; coll. Vivant-Denon, jusqu'en 1826 (vente, Paris, 12 février 1827, n° 43); entré au musée de Picardie en 1894 par donation des frères E. et O. Lavalard.
EXPOSITIONS
Paris, 1965-66, n° 255; Londres, 1983-84, n° 90.
BIBLIOGRAPHIE
Ridolfi, 1648, I, p. 98; Pérignon, 1826, pp. 19-20, n° 43; Berenson, 1897, p. 124; cat. musée de Picardie, 1899, p. 165, n° 241; cat. musée de Picardie, 1911, n° 238; A. Venturi, 1929, IX, 4, p. 741; Berenson, 1932, p. 518; Berenson, 1936, p. 445; Longhi, 1946, p. 24; Berenson, 1957, p. 159; Gould, 1959, p. 75; Rosenberg, 1965, pp. 208-209, n° 255; Ballarin, 1968(1), pp. 73, 90; Panofsky, 1969, p. 160; Richardson, 1980, pp. 37, 152; Rossi, 1981, p. 137; Pallucchini, 1981(2), p. 24; McTavish, 1983, pp. 206-207.

Le sujet du tableau est tiré des *Métamorphoses* d'Ovide (II, 442-453). Les nymphes de Diane, déesse de la Chasteté, devaient rester chastes comme elle. Mais l'une de celles-ci, Callisto, fut séduite par Jupiter, qui avait pris pour l'approcher l'apparence de Diane. Lorsque la déesse s'aperçut de la grossesse de la nymphe, elle la punit en la changeant en ourse et lança les chiens à ses trousses, mais Jupiter la sauva en la plaçant parmi les astres du ciel.

L'artiste représente ici l'instant où Diane tend vers Callisto un doigt accusateur et ordonne aux autres nymphes de la dépouiller de ses vêtements, ce qui révèle la réalité de son état. Toute honteuse, Callisto cherche à fuir ou à se cacher, tandis que les autres nymphes expriment leur stupeur et leur réprobation. Ce sont précisément le geste de commandement et le trouble agité de Callisto qui caractérisent le plus la manière dont Schiavone traite son sujet. Dans une version postérieure du même sujet peinte par Titien en 1559 pour Philippe II, aujourd'hui à Édimbourg, on retrouve ces mêmes motifs iconographiques, dont Panofsky (1969) juge qu'ils font l'originalité du tableau de Titien, alors qu'il semble plus vraisemblable (McTavish, 1983) que ce soit la composition de Schiavone (vers 1550) qui a influencé celle de Titien (1557).

Le tableau, repertorié dans le catalogue du musée de Picardie sous l'étiquette École « vénitienne », a été attribué à Schiavone pour la première fois par Berenson (1897), suivi par Venturi (1929). F. L. Richardson a découvert un élément utile pour sa datation dans une autre œuvre de Schiavone : la figure de Perséphone est identique à celle de Diane aussi bien par la position, debout de profil et le bras gauche tendu vers l'avant, que par les amples plis circulaires du manteau, gravure qui s'inspire d'une estampe sur le même sujet d'Enea Vico de 1548, elle-même inspirée d'un dessin de Parmigianino que Schiavone peut aussi avoir vu et dans lequel il a pu trouver sa source. Selon F. L. Richardson, une date un peu postérieure à 1548 paraîtrait plus conforme au style de Schiavone à cette période-là. Les corps des figures sont dessinés avec une clarté calligraphique et peints avec soin, dans des postures typiques de la « *maniera* », cependant que les drapés et le paysage révèlent un traitement pictural plus moelleux et riche, et que la tonalité lumineuse produit des effets presque resplendissants. Vers 1550, l'artiste approche de sa période classique d'harmonie et de stabilité, où la maturation stylistique de son langage atteint à son équilibre expressif. L'élégance raffinée, les formes lentes et étudiées de Parmigianino, l'allongement des figures caractérisent les tableaux de cette période, comme *Psyché et Cupidon* de New York, mais aussi, suggère P. Rossi (1981), ceux qui témoignent de l'assimilation de l'influence de Titien, comme la *Sainte Famille* de Vienne, de Titien encore « classique », qui incite à parvenir à cette harmonie expressive « en conjuguant [...] Titien [...] avec Parmigianino ». F. L. Richardson trouve confirmation de cette inflexion de l'art de Schiavone vers 1548 dans deux dessins de la *Déploration du Christ* datables de 1550 ; l'un à l'Albertina (V60, 1579) et l'autre au Victoria and Albert Museum (legs Dalton, 1050-1900), le premier portant une inscription ancienne : « A.S.F. 1550 », qui mérite crédit du fait que ces dessins s'inspirent d'une estampe d'Enea Vico, d'après Raphaël, datée 1548. La grâce et le raffinement, l'équilibre de la composition et les relations complexes entre les figures sont tempérées par la sobriété de Raphaël. Le jeu des ombres et des lumières sur les formes est

aussi calculée subtilement, et l'atmosphère est d'une tonalité moins dense. Dans cette *Diane et Callisto*, l'artiste atteint à cette « conciliation aisée entre élégance de la forme et animation de la couleur », dont parlait Longhi (1946).

Dans ce tableau de petites dimensions, la composition est conduite comme sur une frise. Deux autres petites toiles au sujet mythologique, *Apollon* et *Homme et femme*, aujourd'hui à la National Gallery de Londres, constituaient peut-être ses pendants, comme l'a observé C. Gould (1959) et se trouvaient ensemble dans la collection Algarotti au XVIIIᵉ siècle.

De semblables petites frises, comportant des figures de taille réduite sur fond de paysage étaient assez communes à Venise pendant la Renaissance pour décorer des appartements ou des panneaux de meubles. Giorgione lui-même avait peint un *tondo* pour des armoires avec des histoires tirées d'Ovide, dont l'une représentait « *Diana con molte ninfe ignude a una fonte, che della bella Callisto le violate membra scoprivano* » (« Diane avec de nombreuses nymphes nues près d'une source, qui découvraient le corps violenté de la belle Callisto » [Ridolfi, 1648]), *tondo* qui est malheureusement perdu et qu'il est donc impossible de comparer avec le tableau de Schiavone. Au début de sa carrière, celui-ci avait exécuté de nombreux décors pour *cassoni* (coffres), en perfectionnant dans ce format particulier « ses effets picturaux déliés, réalisés en touches effilées, dégouttant de lumières » (Pallucchini, 1981/2). Son style fluide — cette rapidité et souplesse de son faire pictural que lui reprochait l'Arétin en avril 1548 — se fond admirablement avec le linéarisme de Parmigianino et le prédispose, selon P. Rossi, à assimiler le style élégant des deux Salviati, également inspiré de Parmigianino.

Mais il dut être aussi intéressé par la manière de Giuseppe Porta, comme l'observent R. Pallucchini (1981/2), F. L. Richardson (1980) et A. Ballarin (1968/1), lequel a d'ailleurs souligné le rôle fondamental d'intermédiaire avec le style de Parmigianino que Porta aurait pu jouer dans la formation de Schiavone. Influence raffinée et délicate de Parmigianino, que McTavish (1983) perçoit avec précision dans ce tableau, dont il rapproche la composition, d'un point de vue pictural et naturaliste, de l'une des fresques peintes en 1540 par Francesco Salviati au plafond de la salle d'Apollon du palais Grimani à Venise.

Mûri par les influences de Giorgione et de Titien, l'artiste atteint dans cette petite œuvre à un heureux équilibre entre l'élégance décorative à la manière de Salviati et de Parmigianino et un colorisme brillant, « *un si bel modo di colorire che arreca ad ogn'uno stupore* » (« une si belle façon de colorier qu'elle frappe chacun de stupeur » [Ridolfi, 1648]).

A.P.T.

page 176

183

Andrea Meldolla, dit Schiavone
Zara, vers 1510-1515 - Venise, 1563

Le Christ et la femme adultère
Toile. H. 0,60 ; L. 0, 825
MILAN, COLLECTION G. ROSSI

HISTORIQUE
Mentionné par Ridolfi en 1648 chez Domenico Ruzzini à Venise (?); J. W. Neeld, 1854; Rundell, vers 1945; Agnew; coll. E. Schapiro, Londres; coll. G. Rossi, Milan.
EXPOSITION
Manchester, 1965, n° 214.
BIBLIOGRAPHIE
Ridolfi, 1648 (éd. Hadeln, 1914, vol. I, p. 252); Waagen, 1857, p. 244; Richardson, 1980, p. 166, n° 274.

Ridolfi (1648) mentionne comme œuvre de Schiavone une « *picciola tela, l'adultera condotta al Salvatore dagli Scribi e Farisei* » (« une petite toile, la femme adultère conduite devant le Sauveur par les scribes et les pharisiens ») au nombre des tableaux « *nella Galeria del Signor Domenico Ruzzini Senatore meritissimo* » (« dans la galerie de messire Domenico Ruzzini, sénateur de très grand mérite »). Il s'agit donc d'un tableau réservé à la dévotion privée, auquel *Diane et Callisto* d'Amiens (cat. **182**), quoique d'un sujet mythologique et non religieux, peut fournir, comme le suggère F. L. Richardson (1980), le terme d'une comparaison stylistique : la grâce des figures, disposées comme sur une frise sur le fond noir est encore celle de Parmigianino, tandis que la luminosité des couleurs montre que l'artiste a assimilé l'éclat et le raffinement du colorisme vénitien. C'est pourquoi F. L. Richardson propose de dater cette toile vers 1549, la situant ainsi parmi les œuvres de Schiavone qui semblent occuper une position intermédiaire entre la phase « classique » de 1550 environ et les œuvres de 1547, de plus grand dynamisme et plus mouvementées, compositions encore maniéristes aux figures serpentines et au clair-obscur saisissant, comme le *Jugement de Midas* de Hampton Court, d'un style tout à fait maniériste du type et l'attitude des figures, mais d'une composition ample et équilibrée, rationnelle et sereine. F. L. Richardson (1980) voit aussi dans cette œuvre une révision brillante de la « *maniera* » de la phase de jeunesse, où les figures acquièrent une élégance plus robuste et naturelle et où les couleurs deviennent plus lumineuses et harmonieuses; elle atteint donc à un heureux équilibre entre élan et retenue, entre grâce délicate et intensité du coloris naturel, synthèse picturale représentative de l'art de Schiavone peu avant la moitié du siècle.

A.P.T.

page 177

184 a
184 b

Andrea Meldolla, dit Schiavone
Zara, vers 1510/1515 - Venise, 1563

L'Annonciation
Deux panneaux sur toile. H. 2,72; L. 1,56 chacun.

BELLUNO, ÉGLISE SAN PIETRO

HISTORIQUE
Les deux toiles constituaient les volets extérieurs du buffet de l'orgue de l'église San Pietro de Belluno et sont aujourd'hui accrochées sur le mur d'entrée au-dessus de la porte; les deux volets intérieurs, représentant saint Pierre et saint Paul, sont actuellement présentés dans le chœur.

EXPOSITIONS
Belluno, 1950, nᵒˢ 27-28; Los Angeles, 1979-80, nᵒ 28 (l'ange seul); Venise, 1981(2), nᵒˢ 32-33; Londres, 1983-84, nᵒˢ 92-93.

BIBLIOGRAPHIE
Doglioni, 1816, p. 36; Florio Miari, 1843, p. 146; Fiocco, 1950, p. 42; Valcanover, 1950, pp. 31-32, nᵒˢ 27-28; Berenson, 1957, I, p. 159; Ballarin, 1968(3), p. 253; Pignatti, 1979, p. 90; Richardson, 1980, pp. 47-48, 154 nᵒ 248; Rossi, 1980, p. 96, pp. 96, 224, nᵒˢ 134-135; Fletcher, 1981, p. 491; Pallucchini, 1981(2), p. 25; McTavish, 1983, p. 208; Rossi, 1984, p. 201; Rama, 1987, II, p. 768.

L'attribution à Schiavone des volets de l'église San Pietro de Belluno est due à Doglioni en 1816, mais c'est seulement en 1950, à l'occasion de l'exposition sur l'art de Belluno organisée dans cette ville, qu'ils furent publiés par F. Valcanover, lequel y voit « le meilleur de l'art figuratif d'Andrea Schiavone qui, d'un coup, alors qu'on est encore vers le milieu du siècle, semble dépasser la tradition du Cinquecento ». Selon F. L. Richardson (1980), cette *Annonciation*, qui donne peut-être le plus grand

exemple de « monumentalité atmosphérique », est la première des *Annonciations* crépusculaires de l'art vénitien qui vont suivre, comme celle de Titien à San Domenico de Naples (cat. **251**). En particulier dans le paysage au-dessous de l'ange, « l'un des plus superbes fonds de paysage du Cinquecento » (Valcanover, 1950), l'artiste réussit à créer une évocation « impressionniste » d'arbres, de collines et de villages indistincts dans le crépuscule, que F. L. Richardson considère comme inégalée en son siècle en raison de la fraîcheur de son dessin : les modulations des couleurs décrivent les formes de l'atmosphère du crépuscule, qui irradie des nuages d'or et roses, faisant descendre un début d'obscurité sur la nature, laissant encore dans la claire lumière les incarnats de l'ange, et se reflétant dans le jaune doré des pans flottants de sa tunique.

C'est cette harmonie établie entre forme et atmosphère, entre monumentalité et émotion, qui constitue pour F. L. Richardson la caractéristique du style pictural de l'artiste dans les œuvres de sa maturité entre 1553 et 1557, et il date ces volets vers 1555, donc avant l'*Annonciation* de l'église des Carmini à Venise, datation généralement acceptée depuis lors. P. Rossi (1980) souligne qu'ils sont contemporains de la *Sainte Famille avec sainte Catherine et saint Jean-Baptiste enfant* du Kunsthistorisches Museum de Vienne, et que le paysage, par son « impressionnisme », annonce celui qui palpite dans la chaude lumière du couchant du *Christ et la fille de Jaïre* du Chrysler Museum de Norfolk.

C'est précisément ce paysage ouvert sous le vol de l'ange qui renouvelle le schéma des *Annonciations*, sujet fréquent sur les volets d'orgue, comme ceux de l'église Santa Maria dei Miracoli à Venise peints au début du siècle par Giovanni Bellini, ou ceux de Cima da Conegliano pour l'église San Giovanni Battista sur l'île de la Giudecca, aujourd'hui au Museo di Castello de Conegliano, où les figures sont encore cependant enfermées dans une structure architecturale. La réduction au minimum du cadre architectural, y compris dans le panneau de la Vierge, permet à l'artiste d'user d'une facture « impressionniste », par touches, par exemple pour le traitement savant de la transparence du voile jaune, technique de la « touche fluctuante » que T. Pignatti (1979) compare aussi à celle des œuvres tardives de Titien. La douceur et le caractère enveloppant de l'atmosphère sont plus marqués dans les références typologiques précises, soulignées par F. L. Richardson. L'attitude de la Vierge est inspirée de celle peinte par Titien en 1537 pour l'église Santa Maria degli Angeli de Murano, aujourd'hui perdue mais connue par une gravure de Caraglio (Bartsch, XV, p. 67, nᵒ 2), tandis que les pans agités de la tunique de l'ange et sa chevelure flottante rappellent l'*Annonciation* de Titien pour la Scuola Grande di San Rocco, et que le geste impérieux des bras ouverts fait penser à la gravure d'Enea Vico, de 1548, qui reproduit peut-être le tableau perdu de la « *Nunziata col disegno di Tiziano* » (« l'*Annoncia-*

tion sur le dessin de Titien ») pour l'église Santa Maria Nova à Venise mentionné par Vasari (1568).

Dans une eau-forte de Schiavone lui-même représentant l'*Annonciation* (Budapest, Szép-müvészeti Múzeum). Les deux colonnes sur leur haut socle décoré dérivent aussi de la gravure de Vico, laquelle indique par conséquent le *terminus post quem* pour la datation de la feuille de Schiavone, ainsi datable vers 1552.

Un dessin pour une *Annonciation* (cat. **235**), est attribué à Schiavone par W. R. Rearick.

L'influence de Titien est donc très sensible dans cette œuvre, mais, comme l'observe Pallucchini, contrairement à Titien qui refuse la séduction exercée par Parmigianino, ici la marque de ce dernier se révèle particulièrement dans la souple virtuosité et le dynamisme nerveux avec lesquels l'ange est traité. Deux des principales composantes de l'art de Schiavone se rencontrent donc et se conjuguent dans ces volets d'orgue : la grâce et l'élégance inventive de Parmigianino et le naturalisme pictural de Titien.

A.P.T.

page 178

185

Andrea Meldolla, dit Schiavone
Zara, vers 1510/1515 - Venise, 1563

Le Christ devant Hérode
Toile. H. 1,30; L. 2,02
NAPLES, MUSEO E GALLERIE NAZIONALI DI CAPODIMONTE

HISTORIQUE
Dans les collections royales de Naples depuis 1821.

EXPOSITION
Londres, 1983-84, nᵒ 94.

BIBLIOGRAPHIE
De Rinaldis, 1911, pp. 171-172 nᵒ 92; Fröhlich-Bum, 1913, p. 201, fig. 53; De Rinaldis, 1928, p. 477; A. Venturi, 1929, vol. IX, IVᵉ partie, p. 742; Berenson, 1932, p. 521; Pallucchini, 1944, p. IX; Fiocco, 1950, p. 39; Pallucchini, 1950, p. 30, pl. 14; Berenson, 1957, I, p. 160; Molajoli, 1958, p. 45; Moschini Marconi, 1962, II, p. 191; Richardson, 1980, p. 40, 167; Rossi, 1980(1), p. 224; Rossi, 1980(2), XXXIV, p. 88; Pallucchini, 1981(2), p. 25; Rossi, 1981, p. 130; Causa, 1982, pp. 6, 135; McTavish, 1983, p. 208.

La destination originale de cette œuvre est inconnue, mais il s'agit probablement d'un tableau réservé à la dévotion privée, de dimensions réduites, comme les versions d'un sujet très semblable, le *Christ devant Pilate*, conservées aujourd'hui à Hampton Court, à Stockholm, à Vienne et à Venise, la première étant justement identifiable avec un tableau de la collection vénitienne de Jan Reynst (Richardson, 1980, p. 162). Le sujet ici choisi par l'artiste, assurément beaucoup plus rare que celui du *Christ devant Pilate*, est tiré de l'Évangile de Luc (XXIII, 8-12).

Le format horizontal, d'une largeur à peu près double de la hauteur a été repris par Schiavone vers 1550 à la tradition de Giorgione, inaugurée par des œuvres de celui-ci comme le *Christ portant sa croix* de la Scuola Grande di San Rocco, les *Trois Ages de l'homme* (cat. **21**) du Palazzo Pitti à Florence. Cette référence à Giorgione se fonde non seulement sur le resserrement de la composition, mais aussi sur l'atmosphère apparemment simple ainsi que sur les sentiments intenses et l'émotion profonde que crée le clair-obscur lourd et pourtant comme mœlleux. Cette adroite ambivalence à la manière de Giorgione, qui sait provoquer des sensations vives au moyen d'un clair-obscur dense, fait ici, dans une atmosphère beaucoup plus complexe, émerger du fond ces demi-figures en un impalpable contraste de lumières et d'ombres.

La scène statique est centrée sur un espace vide traversé par le sceptre d'Hérode, comme F. L. Richardson (1980, p. 148) en voit aussi dans l'*Allégorie de l'Empire* de la Biblioteca Marciana de Venise, qui paraît relier les regards intenses du Christ et d'Hérode en mettant en valeur l'atmosphère silencieuse d'une attente dramatique.

Les formes sont modelées d'une manière floue, en touches rapides, et avec des couleurs d'une gamme chaude et assez recherchée, bleu foncé, bronze, argent, vibrant d'ombres profondes, dont la sombre tonalité crée ce clair-obscur tranché mais adouci que F. L. Richardson (1980) appelle « clair-obscur atmosphérique », bien éloigné du clair-obscur de Tintoret, qui à cette même époque s'attachait à faire ressortir la plasticité des formes.

Une atmosphère chaude et enveloppante dissout la matière qui, dans les *tondi* de la Biblioteca Marciana (1556-57), avait acquis une sorte de plénitude plastique; ce traitement des formes, de plus en plus dématérialisées, est très représentatif du style tardif de Schiavone. La grâce et l'élégance du langage de Parmigianino, qui avaient caractérisé ses œuvres de jeunesse, et les contorsions exagérées des figures sont ici remplacées par un naturalisme plus uniforme inspiré de Titien, qui modifie aussi l'éclairage de la scène, ne parvenant pas, comme le souligne Pallucchini (1981), à comprendre le rôle structurant du clair-obscur de Tintoret. Schiavone est attiré par Titien et, dans des œuvres comme celle-ci, de composition monumentale, l'obscurcissement des couleurs s'accompagne d'un goût pour une touche déliée et négligée, qui paraît, comme le note P. Rossi (1980), annoncer certains « effets de l'impressionnisme

magique » de la dernière période de Titien lui-même. L'extraordinaire personnalité de Titien, poursuit P. Rossi, ne pouvait vraiment pas ne pas reconnaître la puissance implicite d'expression et la portée des innovations de Schiavone, qui lui convenaient d'autant mieux que l'inflexion du style de celui-ci était justement l'aboutissement extrême, dans les tons et l'atmosphère, de la tradition picturale héritée de Giorgione et de lui-même. P. Rossi envisage donc les rapports entre les deux artistes sous un angle nouveau, dont la pénétrante mise en lumière est due à F. L. Richardson. Même si, toujours selon P. Rossi, F. L. Richardson accorde trop d'importance au rôle qu'auraient joué les nouveautés de la synthèse formelle de Schiavone, devenues sources de suggestions pour la dernière manière de Titien, qui les développa plus avant dans la voie ouverte par Schiavone. Alors qu'au contraire, observe toujours P. Rossi, les artistes de la génération suivante, de formation maniériste, Bassano, Tintoret et Véronèse, retenaient surtout les innovations de Schiavone inspirées de Parmigianino.

F. L. Richardson (1980) propose pour cette œuvre une datation entre 1558 et 1562, en reconnaissant d'étroites parentés stylistiques avec le tableau d'autel de l'église San Sebastiano à Venise de 1557 environ, cependant que, par sa composition simple et statique, elle semble annoncer les œuvres des années 1562-63. F. L. Richardson ajoute que ce tableau, où de nombreux personnages entourent les deux protagonistes et émergent du fond traité en profondes ombres brunes, fait penser, de manière presque inexplicable, aux œuvres de la maturité de Rembrandt, postérieures d'un siècle; il est toutefois possible que le Hollandais ait vu à Amsterdam des tableaux de Schiavone, peut-être le *Christ devant Pilate* de Hampton Court, « *nelle sue case in Amsterdamo* » (« dans ses appartements à Amsterdam »), comme l'écrivait Ridolfi (1648).

A.P.T.

page 179

186

Lambert Sustris
Amsterdam, vers 1515 - Venise, après 1591 (?)

Vénus
Toile. H. 1,16; L. 1,86
AMSTERDAM, RIJKSMUSEUM

HISTORIQUE
Rome, Villa Borghese (avant 1824), où il fut acheté

par W. Buchanan ; coll. M. Willett; coll. M. Neeld après 1829; vente publique de la coll. Neeld (Londres, 10 juillet 1945); coll. T. Harris; acheté en 1946 par le Rijksmuseum d'Amsterdam.

EXPOSITIONS
Venise, 1981(2), n° 36; Londres, 1983-84, n° 98.

BIBLIOGRAPHIE
Buchanan, 1824, I, p. 223; Hume, 1829; pp. 67-68; Waagen, 1854, II, p. 244; *Art Prices Current*, 1945, n° 3644; Berenson, 1957, I, p. 167; *Rijksmuseum Amsterdam. Catalogue of Paintings*, 1961, p. 296, n° 2279; Ballarin, 1962, pp. 64, 68, 79 n° 14; Ballarin, 1967, p. 86; Ballarin, 1968(2), p. 122; Crosato Larcher, 1974, pp. 241-242; Wethey, 1975, III, p. 204; *All the Paintings of the Rijksmuseum in Amsterdam*, 1976, pp. 529-530; Fantelli, 1981, pp. 26, 139 (avec bibl. ant.); Mason Rinaldi, 1983, p. 211; Lucco, 1984, p. 167; Mancini, 1987, pp. 63, 67, 72, n° 37; Pedrocco, 1990, p. 86.

Dans la faible lumière qui éclaire à peine l'alcôve séparée par une tenture de la salle à l'arrière-plan, Vénus est étendue nue sur un lit soigneusement tendu d'un drap. A la déesse de l'Amour conviennent la simplicité naturelle de ce drap, semé de fleurs, ainsi que l'élégance avec laquelle elle appuie le bras et le côté droits sur le mol oreiller. La jambe droite est passée, non sans une torsion exagérée, sous la gauche. Le poignet droit porte un bracelet incrusté de pierres précieuses. La main gauche, avec une bague à l'annulaire, tire un coin du drap en un geste pudique. Le visage de trois quarts fixe le spectateur avec fierté. Les cheveux bouclés sont soigneusement tirés en arrière de chaque côté et peignés en une coiffure classique.

A l'arrière-plan, sur la droite, tandis que le jour décline et que rentre dans l'ombre le vase posé au rebord de la triple fenêtre, deux servantes rangent des vêtements dans un coffre (symbole nuptial ?). Près d'elles, une dame (la mère ?) est absorbée à jouer de l'épinette, assistée par une enfant (symbole de la musique en tant qu'enseignement). Au fond, à la fenêtre, deux amoureux de dos contemplent le couchant. Ce tableau a très probablement été exécuté à leur intention et il a pour sujet l'amour conjugal, qui assure la naissance d'une progéniture à laquelle il convient de dispenser un enseignement esthétique et moral comme celui qu'offre la musique.

F. Pedrocco (1990) propose une autre interprétation du sujet du tableau : le portrait d'une courtisane dans l'alcôve, et donc le symbole de l'amour charnel.

D'abord attribué à la « manière la plus raffinée » de Titien (Hume, 1829), ce tableau a été par la suite donné à son élève hollandais Lambert Sustris lors de la vente de la collection Neeld (1945) et situé vers 1550 (Ballarin, 1962), date avancée à 1538-1540 (Fantelli, 1981) et acceptable compte tenu du très étroit rapport avec le modèle de Titien, la *Vénus d'Urbin* des Uffizi, à l'exécution de laquelle Sustris peut avoir lui-même collaboré, en particulier pour la salle au second plan. Toutefois, on doit aussi observer comment la pose de la figure annonce, par certains aspects, les inventions de Titien dans la *Danaé* de Naples (1544) — qui doit beaucoup par ailleurs à *Léda et le Cygne* et à la sculpture de *La Nuit* de Michel-Ange — et dans *Vénus avec Cupidon et un organiste* (1548-1550; cat. **176**).

On ignore les circonstances de la commande de ce tableau, qui finit par arriver dans la collection romaine du cardinal Scipione Borghese, circonstances qui devraient toutefois être recherchées en tenant compte du fait qu'il s'agit d'un sujet pour tableau de cour, comme c'est aussi le cas de l'œuvre de Titien exécutée en 1538 pour Guidobaldo II della Rovere, duc de Camerino.

Sur ce même sujet, d'autres versions, qui diffèrent partiellement de celle-ci, comme *Vénus et Cupidon*, avaient été exécutées, trente ans avant celle de Titien, par Palma Vecchio (Cambridge, Fitzwilliam Museum) et par Giorgione (Dresde, Gemäldegalerie). Dans ce dernier tableau, que Michiel vit chez Gerolamo Marcello à Venise en 1525, Titien intervint aussitôt après la mort de Giorgione en y apportant des modifications et des compléments, révélés par les examens radiographiques, que les restaurations ultérieures ont voulu respecter.

Sustris dut aussi tenir compte de ces précédents iconographiques, au moins en partie, lorsqu'il s'apprêta, probablement vers 1540, à exécuter sa *Vénus*, s'écartant de la conception canonique de la vénusté professée par ses illustres prédécesseurs pour construire un nouveau modèle féminin, le buste un peu gracile et le visage de face au regard peu idéalisé. A cet égard, ont pu servir de modèle la *Judith* de Giorgione à l'Ermitage de Saint-Pétersbourg et la fresque dite du *Nu*, du même Giorgione, pour le Fondaco dei Tedeschi, conservée aujourd'hui sous forme fragmentaire dans la Galleria Franchetti à la Ca' d'Oro.

Sur ce thème du *Nu* et de *Vénus* inspiré de Giorgione et de Titien, Sustris donna encore deux variations dans *Deux Nymphes et deux Amours dans un paysage* de la National Gallery de Londres et dans la *Vénus* de l'Ermitage à Saint-Pétersbourg, œuvres vraisemblablement exécutées lors de son séjour à Padoue (1542-1545) et alors marquées par le maniérisme romain introduit à Venise quelques années auparavant par Giuseppe Porta et Giorgio Vasari, et qui précèdent de quelques années *Vénus avec l'Amour attendant Mars* du Louvre, où se manifestent les influences prépondérantes de Tintoret et de Schiavone.

E.M.

page 179

187

Lambert Sustris
Amsterdam, vers 1515 - Venise, 1591 (?)

Le Baptême du Christ

Toile. H. 1,294; L. 2,361. Signé en bas au centre, sous les pieds de saint Jean : « *Lambertus de Amsterdam* ». Dans l'angle inférieur gauche, armoiries d'Otto Truchsess von Waldburg avec la devise : « *Sic his qui diligunt* » (qui fait allusion à la Contre-Réforme catholique dont le cardinal d'Augsbourg fut un partisan acharné).

CAEN, MUSÉE DES BEAUX-ARTS

HISTORIQUE
Coll. du cardinal Otto Truchsess von Waldburg; coll. des Fugger (Augsbourg)?; coll. du duc de Richelieu, vendue au roi en 1665; coll. de Louis XIV (Inv. Le Brun, 1683, n° 156; Inv. Bailly, 1709, n° 3); passé dans les coll. nationales à la Révolution; déposé au musée des Beaux-Arts de Caen en 1802.

EXPOSITIONS
Paris, 1965-66, n° 272; Augsbourg, 1980, n° 481.

BIBLIOGRAPHIE
Le Brun (éd. Brejon de Lavergnée, 1987), n° 156; Menegoz, 1907, p. 54; Peltzer, 1913, p. 227, n° 142; Berenson, 1957, I, p. 168; Ballarin, 1962, pp. 67-68, 79, n° 7, 16; Ballarin, 1963, pp. 344-345, 350-351, 354; Béguin, 1965, pp. 224-225 (avec bibl. ant.); Crosato Larcher, 1974, pp. 241-242.

Cette œuvre a toujours été attribuée à Sustris du fait qu'elle est signée et qu'elle porte, peinte sur un faux panneau en bas à gauche, les armoiries de la famille du commanditaire, le cardinal d'Augsbourg, Otto Truchsess von Waldburg. La critique en a toutefois discuté la date, qui doit d'ailleurs être située vers la fin du deuxième séjour de l'artiste à Augsbourg, où il s'était rendu en 1552 — peut-être de nouveau à la suite de Titien —, comme l'a souligné A. Ballarin. Celui-ci pense que le tableau a été peint à Padoue compte tenu du caractère vénète bien reconnaissable du paysage, proche de ceux que l'on voit chez Domenico Campagnola (Ballarin, 1962).

Bien informé des modes maniéristes de composition et de figuration de Parmigianino et de Nicolò dell'Abate, Sustris met ici à profit l'expérience longuement acquise auprès de Titien, pour trouver aussi de suggestives consonances avec le maniérisme romaniste de Giuseppe Porta et de Battista Franco, et annoncer la poétique du jeune Tintoret et de Schiavone.

Ce sujet dut connaître une extraordinaire faveur puisque, outre la réplique vendue à Co-

penhague en 1963 et la variante postérieure de Munich (Crosato Larcher, 1974, p. 242), on connaît trois versions différentes d'une reprise iconographique, la *Prédication de saint Jean-Baptiste*, que l'artiste hollandais exécuta à partir de ce tableau en y resserrant de manière plus organisée les groupes des figures à l'écoute attentive de saint Jean-Baptiste, lui aussi redessiné et en sens inversé, par rapport au prototype de Caen.

Les deux versions de la *Prédication de saint Jean-Baptiste* sont presque identiques, non seulement par leurs dimensions, mais aussi par leur composition et du point de vue pictural, la première, autrefois chez l'antiquaire Piero Corsini, à New York (H. 0,755; L. 1,32), et la deuxième, autrefois en Angleterre, et présentée à Venise à la vente Semenzato du 10 décembre 1989 (H. 0,835; L. 1,325) qui est peut-être celle que publia A. Ballarin (1962, p. 76, fig. 87). Toutefois, on observe une plus grande qualité picturale dans une troisième version, inédite, dans une collection particulière (H. 0,40; L. 0,60), provenant elle aussi d'Angleterre, qui présente quelques petites variantes par rapport aux deux autres, peinte avec des traits ondulants et des couleurs claires et nuancées, tout à fait propres à Sustris, en utilisant le support inhabituel d'un parchemin très fin.

Une variante, appartenant autrefois à la collection Panther de Vienne a été vendue à Copenhague le 19 septembre 1963 (n° 312).

E.M.

page 180

188

Jacopo dal Ponte, dit Bassano
Bassano del Grappa, vers 1510 - 1592

L'Annonce faite aux bergers
Toile. H. 1,16; L. 0,94
BELVOIR CASTLE (GRANTHAM, LEICESTERSHIRE),
DUC DE RUTLAND

HISTORIQUE
Mentionné pour la première fois par Waagen (1854),
dans la collection du duc de Rutland à Belvoir Castle,
sous le titre de l'*Adoration des bergers.*
BIBLIOGRAPHIE
Waagen, 1854, III, p. 400.

Cette peinture, totalement inconnue jusqu'ici, m'a été signalée en 1991 par Jack Baer, de Hazlitt, Gooden and Fox, de Londres, alors qu'elle était en cours de restauration. Je l'ai présentée à l'occasion d'une conférence à Venise, dans le cadre de la commémoration de Bassano organisée par la Fondation Cini (*Genesi e sviluppo del dipinto biblico-pastorale nelle pitture di Jacopo Bassano*, 1er septembre 1992).

Le thème est l'un des plus célèbres de Jacopo, connu par les versions de la National Gallery de Washington (Collection Kress, toile, 1,06; 0,83), par celle de l'Académie de Saint-Luc à Rome (toile, 0,97; 0,80; coupée en bas), par un bon nombre de copies sur lesquelles nous reviendrons et aussi par une gravure en contre-épreuve d'Egidius Sadeler d'après l'exemplaire de la collection Gerolamo Giusti de Vérone; une autre épreuve, tirée dans le sens du tableau, porte l'inscription «*Sadeler excudit Venetijs*» (Pan, 1992, p. 21, n° 1). J'ai précisé à plusieurs reprises (1965(2), 1969, 1973) que la peinture de Washington était contemporaine du *Bon Samaritain* de la National Gallery de Londres et du *Saint Jean-Baptiste* du musée de Bassano, que les documents d'archives situent en 1558 : cette dernière œuvre est capitale parce qu'elle permet de fixer autour de cette date l'apparition des pastorales bibliques de Bassano, à un moment où affleurent un certain retour à Salviati et les signes d'une attention naissante à la peinture de Véronèse, dans une sorte de néo-maniérisme qui coexiste avec les premières tentatives d'une peinture plus naturelle, menées surtout à travers la redécouverte du paysage et

la recherche d'un nouveau pouvoir expressif de la lumière. Des préoccupations formelles similaires rapprochent le corps «forcé» du blessé dans le *Bon Samaritain*, le pasteur jouant de la flûte au premier plan de l'*Annonce* et la silhouette sinueuse, efflanquée du Baptiste. Le visage du berger qui reçoit le message divin peut se superposer à celui de l'ermite, tandis que le tracé préliminaire pour le blessé du *Samaritain* est exactement comparable au nu de saint Jean. De même si l'on inverse la version esquissée du *Bon Samaritain* conservée à Prague (Galerie du Château, inv. o 129), dont les dimensions sont celles de l'*Annonce*, on trouve un berger identique à celui de la toile de Washington, et ceci prouve bien que les deux compositions ont été créées ensemble, vers 1557-58. Les rapports sont tellement évidents qu'il est inutile d'y insister : mieux vaut contribuer à enrichir notre connaissance de cette phase dans l'évolution du peintre, comme je l'ai fait dans ma communication à la conférence de Venise, en présentant deux œuvres nouvelles : le *Christ porté par les anges*, apparue sur le marché de New York (Christie's, 11 février 1991, n° 18 : Leandro Bassano; toile, 0,52; 0,326; restauré ensuite et ramené à son format cintré d'origine; auj. dans une collection privée) et un petit triptyque de même sujet (mais, à mon avis, cette disposition et le cadre sont très probablement postérieurs), que m'a signalé, il y a bien des années, mon ami Giorgio Faggin.

Actuellement, la version de l'*Annonce faite aux bergers* de l'Académie de Saint-Luc — dont la composition coïncide avec celle de Washington — est difficile à juger sous les épais vernis jaunes qui la recouvrent. Mais en voyant le tableau du duc de Rutland, on sent immédiatement qu'il exprime une pensée différente. La plus grande partie de la composition est baignée dans la lumière froide, limpide, argentée, d'un clair de lune silencieux, magique, qui donne à l'œuvre une profondeur et une transparence nouvelles. C'est ce qu'avait bien indiqué Waagen (1854) qui, en attribuant le tableau à Bassano, le commentait ainsi : «Une excellente peinture, admirablement traitée dans sa merveilleuse tonalité d'argent.» Tandis que la composition de Washington est comme «retournée» au premier plan, et dominée par le nœud constitué par la masse des figures et des animaux, il apparaît ici un sens nouveau de l'espace, plus transparent et plus optique, rendu par une exécution qui atténue le contraste du clair-obscur et le diffuse grâce à une conception nouvelle de la lumière en nappes liquides, presque d'aquarelle : le peintre obtient ainsi des subtilités picturales et d'exquises variations de tons, bien différentes des effets accentués, tendant plutôt au «pittoresque» de la toile américaine. Les montagnes d'un bleu nacré et le ciel superbement modulé jusqu'aux tons laiteux de l'horizon, prennent une distance nouvelle; ils se détachent au-dessus des zones brunes, très minces, presque plates, avec une grande force et une grande justesse de tons. Dans ce tableau, le visage du jeune berger, au centre, traité avec

une extrême légèreté, en touches froides et pâles de rose sur une base de gris argenté, prend une noblesse inattendue. La tache d'ombre transparente sur le cou et les joues, le halo de lumière diffuse sur le profil, lui donnent une attitude de retenue pensive qui fait penser à Giorgione. Devant lui, la robe de la génisse, d'une extraordinaire finesse dans les passages du brun froid au gris offre des nuances de gris bleuté qui préparent la variante — absente des versions connues jusqu'alors — de la moucheture blanc argenté en haut de la croupe, et aux coulées, argentées elles aussi, sur ses cornes. Ceci pourrait apparaître sans importance mais prend, en fait, une signification précise, tenant justement à l'exigence d'un espace plus transparent et défini optiquement. A droite, près de la tête brun-rouge du bœuf, presque impalpable, le jeune berger est un morceau inoubliable, extrêmement révélateur de la nouveauté que représente cette interprétation du sujet : la tête est placée à demi dans l'ombre par les bords du chapeau et, dans cette ombre, sur le blanc de la pupille, brille une touche de bleu pur qui répond aux transparences azurées de la chemise : un joyau serti dans les touches rouges et brunes des zones d'ombre. L'atténuation du clair-obscur sous l'effet du rayonnement lunaire donne une nouvelle autonomie spatiale à la figure de la bergère, qui n'est plus envahie, presque dévorée, par les bruns foncés à peine modulés de la génisse du tableau de Washington; ici, les couleurs des vêtements se détachent, plus soutenues et plus vives, les blancs argentés des chemises scintillent, mais toujours sur un fond gris et en glacis minces, transparents, qui délitent les formes. Avec le berger assis au premier plan, on passe des modulations de gris tissées de petites touches bleues, dans le pantalon rapiécé et les bas, qui éteignent l'orange chaud du manteau jeté par terre, à la zone plus intense du blanc presque crémeux de la chemise, très éclairée, qui laisse voir l'épaule fermement modelée. L'impression d'une ambiance différente est accentuée par le détail du visage qu'envahit une barbe rousse insolite et dont le profil trahit déjà une véhémence annonçant l'«exploit» du morceau pictural offert par le berger debout à gauche, peint en larges touches d'ocre, de rouges chauds et orangés, comme vissé sur lui-même, et vêtu d'une tunique de ton rose-lilas, le même rose que celui porté par la femme, mais transformé par la qualité de la lumière chaude et vive dont il est éclairé, contrastant avec le bleu froid du ciel. Ainsi s'explique l'imprévisible «virage» de la peinture qui reprend ici vigueur et densité — il suffit de s'arrêter au superbe détail de la main, qui évoquerait presque Fragonard — développant un nouveau registre émotionnel, en rupture avec l'atmosphère de rêverie silencieuse, nocturne, qui imprègne le reste de la peinture : cette rupture est évidemment suscitée par l'irruption de la lumière divine et le dialogue de l'ange qui arrache ce berger à la quiétude d'une nuit sous la lune dans laquelle sont immergés ses compagnons et les troupeaux. A travers cette lecture dynamique des compositions, basée sur le rôle et la qualité différente de la lumière dans l'un et l'autre cas, la version Rutland de l'*Annonce aux bergers* fait comprendre pour la première fois la richesse de cette invention : peut-être justement parce que le peintre en prend alors conscience; nous sommes donc au-delà du tableau de Washington, plus en avant dans le parcours qui le mène à se libérer de l'antinomie entre manière et nature, artifice et vérité, dont avait été marquée la phase médiane de sa carrière, un pas de plus vers l'achèvement que représente, en 1562-1563, la *Crucifixion* de San Paolo (aujourd'hui au musée de Trévise). Tant de subtiles variations argentées, tant de modulations de gris et de bruns froids annoncent le *Voyage de Jacob* de Hampton Court, autre tableau que Waagen jugeait « entièrement construit sur ses tons argentés ». De même, le profil perdu de la bergère, les tempes grises, maigres, les nuances roses de ses joues, qui préparent l'accent lumineux sur l'oreille, les filets de lumière sur les nœuds de ses tresses rappellent la jeune fille vue de dos à gauche dans le tableau des collections royales anglaises.

L'étude des nombreuses copies connues du sujet – toutes considérées jusqu'ici comme dérivant des exemplaires de Washington et de Rome – confirme l'importance du tableau exposé ici; on peut constater aujourd'hui que certaines dérivent en réalité de la version Rutland, dont elles répètent exactement les variantes. C'est le cas de la peinture de l'Ashmolean Museum (inv. A 905; toile, 1,31; 0,97, prov. de la collection Madan), autrefois considérée par Arslan (1960, I, p. 359) comme une copie due à un émule et attribuée, avec réserves, à Francesco Bassano dans le (*Catalogue of painting*, 1961, p. 17); de même pour la copie appartenant aujourd'hui encore, à la collection de George Christie à Glyndebourne (toile, 1,05; 0,76) vendue anonymement chez Sotheby à Londres, le 19 juillet 1922 (n° 101) et qui ne peut donc être identifiée (voir Rusk Shapley, 1979, I, pp. 30-32) avec la toile de Washington. Il faut ajouter à ces exemplaires le tableau récemment apparu sur le marché anglais comme de l'atelier de Bassano (Christie's, 9 décembre 1986, n° 18; toile, 1,275; 1,188) mentionné antérieurement par Fröhlich-Bum (1930, p. 243, fig. 254) qui le donnait à Francesco, puis attribué par Van Marle (1935, p. 400) à Jacopo lui-même, et enfin tenu par Arslan (1960, I, p. 327) pour une bonne version d'atelier d'après l'original de l'Académie de Saint-Luc.

A.B.

page 181

189

Jacopo da Ponte, dit Bassano
Bassano del Grappa vers 1510-1592

Pastorale
Toile. H. 138,5; L. 127,5
MADRID, THE THYSSEN-BORNEMISZA
COLLECTION

HISTORIQUE
Sir Thomas Baring [*Catalogue of Pictures*, 1839], jusqu'en 1843; William Conningham (qui l'achète à Baring en 1843 et le vend chez Christie's à Londres le 9 mai 1849, n° 33, et le 12 avril 1851, n° 58); comte de Northbrook (vendu à Londres chez Christie's le 12 décembre 1919, n° 110); comte de Harewood; acquis par le baron Thyssen-Bornemisza vers 1935. La tradition critique identifie le tableau avec celui que Thomas Baring aurait acquis dans les années 1850 pour sa résidence de Stratton et que Waagen, lorsqu'il revisita la collection pour l'édition de son *Supplemental volume* (1857, p. 96), décrit en ces termes : « Giacomo Bassano. Une peinture où, comme cela est habituel chez lui, le bétail joue le rôle principal, avec un paysage particulièrement beau à l'arrière-plan». Ce tableau n'est pas vu par Waagen en 1851, alors qu'à l'occasion de cette première visite, il mentionne les quelques tableaux vénitiens de la collection (1854, II, pp. 178-179), justement parce que Baring l'aurait acheté après cette date. Il ne peut donc pas être confondu avec celui que sir Thomas Baring, le père, a prêté pour l'exposition londonienne de 1839, et vendu en 1843.

EXPOSITIONS
Londres, 1839, n° 13; Venise, 1957(2), n° 45 bis; Rotterdam, 1959-60, n° 26; Essen, 1960, n° 26; Londres, 1961, n° 9; Los Angeles, 1979-80, n° 50; Venise, 1981, n° 58; Stuttgart, 1983-84, n° 4; Londres, 1988, n° 5; Moscou, Leningrad, Kiev, 1988-89, n° 25.

BIBLIOGRAPHIE
Catalogue of Pictures..., 1939, p. 8, n° 13; Waagen, 1857, p. 96; Weale et Richter, 1889, p. 110, n° 153; Suida, 1930, pp. 175-180; *Sammlung Schloss Rohonsz*, 1937, p. 13; Berenson, 1957, I, p. 18, fig. 92; Muraro, 1957, p. 299, p. 299 note 21; Pallucchini, 1957, p. 106; Zampetti, 1957, p. 208, n° 45 bis; Zampetti, 1957 (2ᵉ éd.), pp. XXXII, 214; Berenson, 1958, I, p. 19; Heinemann, 1958, pp. 8-9, n° 22; Zampetti, 1958, pp. 36-37; *Collection Thyssen...*, 1959, pp. 35-36, n° 26; Arslan, 1960, I, pp. 108-109, 170; Ballarin, 1964, pp. 60, 68-70, 71; Hendy, 1964, pp. 165-167; Ballarin, 1965, pp. 65, 67; Ballarin, 1968, p. 42; Rearick, 1968, p. 242; Ballarin, 1969, p. 106; Ballarin, 1973, pp. 93, 95-96, 109-110; Pignatti, 1979, p. 138, n° 50; Rearick, 1980, p. 373; Magagnato, 1981, p. 179, n° 58; Pallucchini, 1981, pp. 37-38; Rearick, (1981), 1984, pp. 309, 311; Pallucchini, 1982, p. 38; Rearick, 1986, p. 184; Mason Rinaldi, 1987 (éd. 1988), I, pp. 183-184; Ballarin, 1988 (éd. 1992), p. CXCVII; Ekserdijan, 1988, n° 5; Ballarin, 1990, pp. 118, 134; Ballarin, 1992, p. CCVIII; Rearick, 1992, pp. CXXV-CXXVI; Romani, 1992, p. 72.

Le sujet du tableau est une représentation de la parabole du semeur selon l'Évangile de Saint Mathieu (13, 3-8). L'œuvre mit longtemps à être citée par la littérature spécifique sur le peintre; les premières monographies remontant aux années 1930, celles d'Arslan et Bettini, ainsi que le long chapitre de Venturi dans sa *Storia dell'arte italiana* ne la mentionnent pas, pas plus que les catalogues de Berenson avant 1957. Le tableau, signalé par W.R. Rearick, est présenté la même année à l'exposition vénitienne consacrée au peintre. Zampetti (1957), soulignant son intérêt exceptionnel à une époque où les peintures à thème pastoral attribuées au peintre étaient, il est vrai, peu nombreuses, propose de le situer peu avant la *Crucifixion* de saint Paul (vers 1562-63, Trévise, Museo Civico), en raison des tons froids et argentés des couleurs.

Pallucchini (1957) confirme cette datation, tout en approuvant la nouvelle chronologie du parcours de Bassano proposée par Longhi dans son *Calepino veneziano* (1948). C'est sur cette base que les premières créations biblico-pastorales du peintre vénitien furent situées à la fin de la période maniériste, avant le retable de Trévise, véritable frontière au-delà de laquelle le peintre élabora son style tardif. Ma brève intervention de 1964, qui demeura cependant isolée, se situe également sur le même plan que cette thèse. Arslan (1960), dont on connaît la tendance à imputer la plupart de la production pastorale à l'atelier, proposa déjà dans la seconde édition de sa monographie une date plus tardive (vers 1565). Le tableau serait ainsi contemporain du *Voyage de Jacob* de Hampton Court et de l'*Annonce aux Bergers* de Washington (National Gallery), et se situerait peu après l'*Adoration des bergers* de San Giuseppe (1568, Bassano, Museo Civico), qui marquerait selon Ridolfi et Verci le début du style tardif du peintre. Rearick (vers 1563 : 1968); (1976) 1980; (1986), comme Pallucchini (vers 1565 : 1981; 1982) ont par la suite opté pour une datation moins tardive, quoique toujours postérieure à la *Crucifixion*, c'est-à-dire après 1563.

Cette dernière période correspond à mon avis (si l'on se réfère à mon intervention de 1990) à une seconde phase, différente, dans l'évolution du tableau pastoral, que j'ai définie comme « classique », et qui reste marquée par des œuvres comme *Jacob et Rebecca au puits* (coll. part.) et son pendant disparu, le *Départ de Jacob* (auparavant à Cologne), et plus tard par la *Pastorale* (vers 1568, Budapest). Je me permets d'insister sur ces distinctions car je m'aperçois qu'elles ne font pas encore l'unanimité, tandis que les faits tendant à les renforcer sont toujours plus nombreux. Deux nouvelles œuvres de Bassano, d'inspiration pastorale, sont présentes pour la première fois dans cette exposition (cat. **188, 190**). Elles me paraissent pouvoir confirmer, sinon du moins mieux articuler, mes hypothèses : entre autres, ma conviction du caractère central du tableau pastoral dans le parcours de Bassano, sa création en étroite relation avec les problèmes stylistiques débattus sur les retables d'autel à la fin des années cinquante, et enfin son rôle déterminant dans la définition de la nouvelle facette du peintre après le tournant des années 1562-1563.

L'*Annonce aux bergers* de Washington peut être datée de 1558 environ, en raison d'importantes affinités avec le *Saint Jean-Baptiste* du Museo Civico de Bassano, sans doute de la même année. Cette chronologie est d'ailleurs confirmée par la nouvelle version de ce thème présentée ici. Le *Départ de Jacob* de Hampton Court est lui contemporain du retable de Santa Giustina d'Enego (vers 1560), hommage final au style parmesan. A la suite de ces quatre tableaux, la *Pastorale* (vers 1561), écrivais-je en 1973, « est un retour sur le thème biblico-pastoral après le retable de Modène (les *Saints Pierre et Paul* de la Galleria Estense) et le dépassement du dernier envol maniériste. Les analogies avec la *Sainte Conversation* (Sihtola, aujourd'hui à l'Alvar Aalto Museum de Jyväskylä) sont très étroites, en particulier dans la composition de la partie figurative (bergers et génisses) en un bloc qui s'inscrit dans un triangle presque parfait. Le dessin de chaque figure s'écarte à peine du niveau encore élaboré de celles des tableaux de Modène et d'Helsinki [Jyväskylä], dans le sens d'une dimension plus équilibrée [...]. La peinture de Lugano, une peinture de paysage davantage encore que les « pastorales » précédentes, peut être comparée au retable de Modène et au tableau d'Helsinki, en ce sens également qu'elle participe d'une même redécouverte temporaire de la tradition vénitienne, engendrée par la commande du retable par une église vénitienne et patronnée par Véronèse [...]. La *Sainte Conversation* semble un hommage rendu à un thème vénitien par excellence, ancré dans la tradition du début du XVIe siècle. Le tableau Thyssen pourrait être à son tour un clin d'œil à une tradition vénitienne de peinture de paysage qui se reconnaissait en Giorgione [...]. La fonction d'abstraction que possède le paysage de la *Pastorale*, entièrement axé sur la tension expressive de la couleur, trouve son origine dans le retable [...] mais vient en quelque sorte s'inscrire dans cette nouvelle affirmation du paysage et de la lumière, avec une tension extraordinaire entre l'élément naturel et l'hyperbole de la couleur, tension d'autant plus forte que la présence de l'élément naturel paraît être désormais plus importante. Cette concentration chromatique et luministe envahit tout le tableau et se concrétise dans l'invention qui consiste à reprendre le bleu lumineux et émaillé du ciel parmi le groupe des bergers, dans les vêtements de deux des figures, le jeune homme à gauche et la jeune fille au centre. Ce bleu se mêle aux taches brunes du terrain et des génisses, et aux blancs argentés de la table, donnant ainsi à l'espace du tableau une dimension abstraite. Une autre invention, réalisable uniquement grâce au peu d'importance

accordée à la forme (donc aux figures), consiste à reléguer dans un angle du tableau toute la partie figurative, dans laquelle se concentre la lumière (sur les blancs de la table et des vêtements). Ce type de composition permet ainsi d'enfermer les figures dans une construction en plages de couleur, selon un rapport entre les blancs argentés intenses et les larges taches brunes du terrain, froid, sombre et splendide comme le bleu du ciel... Dès que la tension de la couleur diminuera et que cette abstraction s'estompera, la lumière « naturelle » prendra alors le dessus, l'intensité lumineuse des blancs s'apaisera, s'adaptant à cette nouvelle lumière, et la touche sera plus riche, plus naturaliste ». Cette remarque s'applique en particulier à l'inédite *Adoration des bergers* (cat. **190**).

Quoique adoptant une perspective chronologique différente, W.R. Rearick ([1981] 1984 et [1976] 1980) a également souligné la nouveauté de la redécouverte du paysage par Bassano et son adhérence aux expériences du classicisme vénitien : « Si nouveaux que ces paysages de campagne semblent être dans la peinture vénitienne de la seconde moitié du Cinquecento, ils sont en fait une adaptation de la poésie alcyonienne de Giorgione et du jeune Titien. Ce n'est donc pas un hasard si la *Pastorale* trouve son origine dans la gravure sur bois de Niccolò Boldrini, *Paysage à la laitière* (cat. **210**) d'après un dessin de Titien des années 1530 ». Il ne s'agit pas en fait d'un cas isolé à l'époque où le peintre s'engage dans la recherche d'un langage plus naturel, tandis qu'il redécouvre la dimension du paysage et d'une lumière moins abstraite et moins provocante. Il s'agit plutôt, comme j'ai déjà eu l'occasion de le dire (1990), d'une réflexion profonde menée sur quelques dessins d'inspiration pastorale, réalisés par Titien dans les années vingt et trente, la *Laitière*, ou le *Berger flûtiste menant son troupeau sur la rive de la lagune* (Vienne, Albertina, inv. 1447; connu également grâce à une estampe qui le reproduit en contre-partie), ainsi que sur « toute la tradition qui, à travers Titien, remonte à Giorgione jusqu'à la *Découverte de Moïse*, aujourd'hui disparue ».

On perçoit la signification d'une telle tentative en comparant l'*Annonce aux bergers* de Washington, dont l'espace est rempli au premier plan par l'enchevêtrement des figures et des animaux, au *Voyage de Jacob* de Hampton Court, caractérisé par une nouvelle profondeur du paysage, soulignée par le flux diagonal du cortège des troupeaux, ou à la toile exposée ici, véritable récit silencieux et solennel d'un déjeuner de paysans dans la soirée. Cette tentative continuera de se développer dans les panoramas, dilatés au-delà des limites du cadre, et dans l'extrême naturel des pastorales de l'époque classique, vers le milieu des années soixante.   A.B.

page 182

190

Jacopo da Ponte, dit Bassano
Bassano del Grappa vers 1510 - 1592

L'Adoration des bergers

Toile. H. 0,72; L. 1,12 (la hauteur indiquée comprend environ 5 à 6 cm au total de toile non peinte, en bas et en haut de la toile). Signé sous Saint-Joseph : *iac.ˢ / bassà [...]*

COLLECTION PARTICULIÈRE

BIBLIOGRAPHIE
Ballarin, 1992, p. CCXI

J'ai parlé de ce tableau, jusque-là inédit, lors de ma conférence à la Fondation Cini de Venise dans le cadre des manifestations en l'honneur des Bassano (*Genesi e sviluppo del dipinto biblico-pastorale nella pittura di Jacopo Bassano*, 1er septembre 1992). Deux versions de cette œuvre sont connues : l'une autrefois conservée à Dresde, puis détruite au cours de la seconde guerre mondiale (inv. 278; toile, cm 67 × 109), l'autre appartenant aux collections du Musée Bode de Berlin (inv. 2176; toile, 74 × 118 cm). Posse (1930, p. 136) estime que le premier de ces deux tableaux, qu'il juge à l'examen de l'œuvre, est de Francesco Bassano, opinion qui concorde dans un premier temps avec celle d'Arslan (1931, p. 229) qui l'attribuera par la suite à Gerolamo (1960, I, pp. 281, 288). Lors de son intervention consacrée à l'activité de Bassano dans les années 1568-69, Rearick (1962, p. 526, notes 8 et 11) souligne la qualité du tableau de Berlin dont il revendique le caractère autographe, et le considère comme une sorte de prélude à l'*Adoration des bergers* de San Giuseppe, aujourd'hui au Museo Civico de Bassano, daté de 1568; par ailleurs, il catalogue l'œuvre de Dresde comme réplique, peut-être autographe. Puis (1982, p. 23, note 4), tandis qu'il réattribue cette dernière à Francesco, en considérant qu'elle dérive d'un original de son père, il précise (1989, III, n° 5) la date de la toile du Bode Museum consécutivement à la découverte du dessin de Berlin (inv. Kdz 24630 *recto e verso*; Dreyer, 1983, pp. 145-146) représentant deux études du même sujet, exécutées au pastel sur papier bleu, datées de 1569. Celles-ci correspondraient à une adaptation des éléments de la *Nativité* de 1568 dans l'optique d'un format horizontal et auraient servi au tableau du Bode Museum. Dans son essai de 1992 (p. CXXXVII), en se livrant à la comparaison avec une troisième version du même thème si-gnée de Jacopo et signalée comme ayant autre-fois circulé sur le marché londinien, mais non reproduite, et que l'on pourrait peut-être iden-tifier comme étant le tableau examiné ici, Rea-rick, bien qu'il confirme pour cette nouvelle version la date de 1569, relègue au rang de répliques les toiles de Dresde et de Berlin. Tan-dis que, comme je l'ai déjà dit (1992), il me semble difficile de se prononcer sur le tableau de Dresde qui n'est désormais connu que grâce à des reproductions photographiques, le tableau de Berlin ne m'a jamais paru d'une qualité digne de Jacopo. Il est davantage du niveau de Francesco, ce que vient à présent confirmer l'exemple signé dont la récupération est d'une grande importance, non pas tant en ce qui concerne la signature (même si, dans la suite, nous sommes amenés à souligner le fait que les œuvres signées par Jacopo et qui remontent à une date aussi reculée que celle que je vais proposer sont rares) qu'en raison de sa grande qualité, de son état de conservation exception-nel et des possibilités qu'il offre permettant de faire le point sur l'histoire du peintre entre la fin des années cinquante et les années soixante du XVIᵉ siècle. Afin de recueillir les données autorisant une datation crédible, il convient avant tout de procéder à la comparaison avec l'*Adoration des bergers* de la Galleria Corsini de Rome. Dans cette œuvre, nonobstant le fait que la froide tonalité des lueurs de l'aube tente d'en atténuer la violence, la couleur conserve une force d'expression autonome, comme on le per-çoit encore mieux, après la récente restauration, au niveau de détails tels que celui du berger qui se découvre sur la gauche. Avançant le buste, le personnage intercepte le rayon doré d'origine surnaturelle, et le vert de sa chemise s'illumine des éclats et se charge de la transparence d'une pierre précieuse, révélant une beauté propre qui répugne à se soumettre à la force unificatrice de la lumière. Nous nous trouvons donc encore dans la phase qui débute en 1555 et qui est un renouveau de la force expressive de la couleur, phase au cours de laquelle certains aspects forcés du dessin se justifient, comme par exemple l'expression satirique des visages de certains bergers. Dans le tableau qui fait l'objet de cette notice, Jacopo revient aussi sur l'in-vention des deux sources lumineuses, mais en aboutissant à des résultats totalement nou-veaux. Désormais, il fait clair alentour, et une lumière transparente envahit la scène de ma-nière caressante, éclaircissant les ombres et affaiblissant, précisément faute d'obscurité, l'effet de la lumière artificielle encore si spectaculaire dans le tableau Corsini. La sug-gestion du contraste entre cette lumière blanche et pure, valorisée par l'effet de contre-jour du toit de branchages gris-brun de la cabane, et l'or froid du rayon qui tombe d'en haut, est admirable. Ce dernier parvient maintenant à peine à donner une tonalité dorée à la chemise verte du berger, au niveau de l'épaule d'où émerge la tête du personnage, minutieusement peinte par touches d'ombres brèves faites à la

pointe du pinceau, les touches de rose posées sur les touches de blanc. Ce travail en trans-parence de roses et de gris sur la tonalité froide du vêtement vert est splendide. Les cheveux gris décoiffés, les pantalons rapiécés et les chaussures de l'homme agenouillé à terre sont peints avec beaucoup de naturel et avec une rigueur optique que l'on retrouve dans la ma-nière de décrire les museaux des animaux, de même qu'au niveau des surfaces variées des pelisses, tandis que pour la chemise, la peinture devient plus consistante et empâtée, rappelant certains modes passés. Mais il est désormais évident que l'intérêt porté par Bassano à la matière picturale, qui mettait en jeu des effets d'ordre pittoresque (la chemise du berger qui se trouve au premier plan de l'*Adoration* Corsini en donne un exemple), s'est déplacé en direc-tion d'une résolution de ces effets et de la cou-leur froide et irréelle qui caractérise les œuvres postérieures à 1555 par le biais d'une force nou-velle et d'une capacité unificatrice conférées à la lumière. Qu'il nous suffise d'observer, pour en avoir la preuve, le jeune berger debout sur la gauche, le dessin élégant mais équilibré et sans excès, le rouge lumineux du vêtement tra-vaillé à l'aide de vernis magnifiques qui contras-tent avec la couleur argentée de la chemise, rouge dont la beauté paraît comme fatiguée, sans être pour autant mortifiée, par une lumière qui l'inscrit parfaitement dans le registre trans-parent de l'atmosphère, et par le visage qui prend forme par touches de lumière transpa-rente, avec cet éclat bleu sur la cornée. Les cheveux bruns formant casque, brillants car eux aussi ponctués de touches de couleur bleue, apportent une preuve supplémentaire de cet extraordinaire moment d'acuité optique que l'on constate chez le peintre. Ce détail du jeune berger peut être justement comparé, de manière ponctuelle, avec la tête de la Madeleine aux pieds de la croix dans la *Crucifixion* de San Paolo de Trévise, façonnée sur fond de ciel, lumière contre lumière. Le visage de saint Joseph dont le vêtement bleu cobalt, d'une tonalité noc-turne, se détache sur le bleu pâle du ciel, est peint avec le même souci de vérité que s'il s'agissait d'un portrait, par juxtaposition de touches de rose, d'ocre, de blanc, de rouge-brique, de rouge-laque, de rouge-rose, de bleu, de brun chaud et de noir, comme pour un dessin exécuté avec des craies de couleur, broyé par la lumière de la même façon que la tête du Saint-Jérôme aux pieds de la croix dans le ta-bleau de Trévise, ou que la tête du même saint qui sert de protagoniste au tableau des Gallerie dell'Accademia et que l'on doit absolument considérer, ce que j'ai dit à plusieurs reprises, comme une œuvre contemporaine (1973, p. 95; 1990, pp. 118). En vertu justement de ces as-pects et de la qualité de la couleur faite de rouges à peine dorés, de jaunes clairs comme des jades, de verts émeraude ou de verts prés, de bleu cobalt, mais ramenée à un registre uni-taire par la nouvelle force accordée à la lumière, la toile signée représentant l'*Adoration des ber-gers* se rattache aux œuvres qui, aux alentours

de 1562-1563, date fournie par la *Crucifixion*, marquent la fin de la saison maniériste et posent les jalons de l'évolution de la manière du peintre en direction de la dernière période. Elle stig-matise, dans le domaine du tableau de collec-tion d'inspiration pastorale, le point de transi-tion entre les premiers pas du peintre dans le genre en question, documentés par l'*Annonce aux bergers* (cat. **188**) et par la *Pastorale* de la collection Thyssen (cat. **189**), et la saison « clas-sique » de la pastorale. La confrontation avec le rétable de Sant'Eleuterio des Gallerie dell' Accademia, œuvre selon moi (1990, pp. 120-121) fondamentale pour la compréhension de l'évolution qui a lieu entre 1563 et 1568, fournit les raisons de la préséance de notre tableau. A partir de ce rétable, le peintre approfondit avec une extrême cohérence sa conquête d'une lu-mière unitaire et d'un principe de construction de la forme sur le mode « impressionniste », désormais loin de toute abstraction intellectua-liste, et expérimente le nouveau parti-pris d'une lumière crépusculaire capable d'apprivoiser la force que la couleur garde encore, alors qu'il valorise au contraire les demi-teintes et le lu-minisme des blancs. L'*Adoration* se trouve donc en amont de ce processus et introduit de façon extraordinaire la seconde phase de l'histoire de la peinture pastorale, constituant un prémisse nécessaire à la compréhension d'œuvres telles que le *Voyage de Jacob*, autrefois à Cologne, et la *Rencontre de Jacob et Rachel* appartenant à une collection particulière. Ce n'est qu'après ces expériences que le peintre a pu aborder un tableau tel que l'*Adoration* de San Giuseppe de 1568, moment de synthèse entre deux genres, d'une part celui du tableau d'autel et d'autre part la pastorale, solennel et classique dans sa répartition de la composition, mais infiniment naturel quant à la matière picturale, entière-ment ourdie d'air et de lumière, où la couleur a acquis une préciosité soumise, voire muette.

La récupération de cette *Adoration des bergers* m'a aidé à résoudre les dernières incertitudes qui planaient sur le beau *Portrait d'un prélat* conservé à Boston, œuvre dont il n'a pas été facile de comprendre la place qu'elle occupe dans la production de portraits peints par l'ar-tiste. Lors de son importante contribution sur ce sujet, W.R. Rearick (1980, pp. 112-113) sug-gère la date de 1570 environ, date qu'il reporte ensuite à une époque ultérieure, à savoir à l'an-née 1575 (1992, pp. CL-CLI). Comme je l'ai dit lors de ma conférence à Venise, ces deux dates me semblent, l'une comme l'autre, trop avancées dans la carrière du peintre si l'on considère le parfum de *High Renaissance* qui s'exhale encore de l'œuvre et qui rappelle l'es-prit de certains portraits de Titien comme l'*Aré-tin* (cat. **173**), de Véronèse, ou encore de Sal-viati. La comparaison entre la tête du saint Joseph de l'œuvre examinée ici et celle du saint Jérôme de la *Crucifixion* m'ont pleinement convaincu de la date de 1563. On y retrouve le même principe de construction de la forme sur le mode « impressionniste », la même conduite du travail par touches légères et transparentes rompues par des roses, des rouges, des gris et des bleus. Du reste, la suite du parcours de Bassano en tant que portraitiste, suite à laquelle peut être rattachée une série d'œuvres documentées, à savoir le *Tasse* de la collection Kisters, peint en 1566, les portraits des recteurs vicentins dans la grande lunette qui se trouve aujourd'hui au Museo Civico et qui datent de 1573, ainsi que le portrait du podestat de Bassano Sante Moro dans le petit retable votif du Museo Civico, peint en 1576, me paraît exclure un résultat stylistique semblable à celui décrit ici et prouve même l'appartenance de ce tableau à une époque antérieure.

A.B.

page 183

191

Jacopo Robusti, dit Tintoret
Venise, 1514 ou 1518/1519-1594

Autoportrait
Toile. H. 0,457; L. 0,381
PHILADELPHIE, PHILADELPHIA MUSEUM OF ART,
GIFT OF MARION ASCOLI
AND THE MARION AND MAX ASCOLI FUND

HISTORIQUE
Coll. A. Vittoria; coll. Manfrini; coll. Charles Eliot Norton, Boston, de 1896 à 1908, coll. des demoiselles Norton; Wildenstein & Co., New York, en 1948; coll. Max Ascoli, New York, en 1957; donné en 1983 au Museum of Art de Philadelphie par Marion Ascoli et le Fonds Marion et Max Ascoli en l'honneur de Lessing Rosenwald.

EXPOSITIONS
Boston, 1896, n° 289; Boston, 1939, n° 131; Toledo (Ohio), 1940, n° 57; Los Angeles, 1979-80, n° 31.

BIBLIOGRAPHIE
Ridolfi, 1648 (éd. Hadeln, 1914-1924, II, p. 56); Hadeln, 1924(1), p. 93; Constable, 1939, p. 77; Tietze, 1940, n° 57; Tietze, 1948, p. 352; Pallucchini, 1950, p. 118; Berenson, 1957, I, p. 182; De Vecchi, 1970, n° 62a, p. 91; Kauffmann, 1973, pp. 272-273; Rossi, 1973, pp. 99, 117; Pignatti, 1979, n° 31, pp. 164-165; Pignatti et Valcanover, 1985, fig. 1, p. 21.

Bien qu'exposé pour la première fois à Boston en 1896, ce tableau est ignoré des études de l'époque consacrées à Tintoret et même de F. P. B. Osmaston (*Art and Genius of Tintoret*, 1915), qui dresse pourtant un répertoire soigneux des œuvres authentiques de l'artiste conservées dans les collections publiques et privées.

Ce tableau fut de nouveau présenté à Boston en 1939 et l'année suivante à Toledo (Ohio) dans l'exposition *Four Centuries of Venetian Painting* (*Quatre Siècles de peinture vénitienne*), dans le catalogue où Tietze mentionnait que, selon Suida, il s'agissait d'un autoportrait de Tintoret en raison de sa parenté avec celui du Victoria et Albert Museum de Londres. Cette œuvre, publiée comme autoportrait par Hadeln (1924), était identifiée sous réserves, avec celui qui avait appartenu au sculpteur Alessandro Vittoria, mentionné dans un inventaire posthume des biens de celui-ci (Predelli, « *Le memorie e carte di Alessandro Vittoria* » *Archivio Trentino*, XXIII, 1908 p. 223). Par ailleurs, Carlo Ridolfi (1648), mentionne un autoportrait de l'artiste « *nella giovanile età* » (« dans son jeune âge ») appartenant à la collection de Nicolò Crasso à Venise. Cette mention pourrait se rapporter au tableau qui avait appartenu à Vittoria mort en 1608. En l'absence de documents, il est en tout cas difficile d'établir avec certitude auquel de ces deux tableaux se référait cette mention.

Une copie flamande, datant de 1600 environ, portant l'inscription : « Iacomo Tintoret Pintor Veneciano » (Paris, collection C. Benedict), contribua ultérieurement à établir l'identité de l'autoportrait de Londres (Kauffmann, 1973) et donc aussi celui de Philadelphie. On a considéré que ce dernier était étroitement lié au petit tableau du Victoria and Albert Museum. Il ne s'agit toutefois pas d'une réplique, mais d'une autre version.

R. Pallucchini défendait déjà le caractère autographe de ce portrait, dont il admirait l'orgueilleuse fierté et la pénétration psychologique plus aiguë que dans celui de Londres, et il rapprochait ces deux tableaux du petit *Portrait d'homme barbu* des Uffizi, signé et daté 1546.

Une datation antérieure à 1548, et, plus précisément, entre 1545 et 1548, qui sont les dates limites indiquées par Coletti (1940, p. 9) pour l'autoportrait de Londres, a par la suite été aussi acceptée par P. Rossi (1973). T. Pignatti (1979), soulignant combien l'autoportrait de Philadelphie est proche des apôtres de la *Cène* de l'église San Marcuola à Venise, de 1547, le situe vers cette date.

La qualité de l'œuvre, où la souplesse de la touche rend par les contrastes de lumières et d'ombres l'extrême sensibilité du visage au regard empli d'une orgueilleuse conscience de soi, exclut qu'il puisse s'agir d'une réplique du tableau de Londres et confirme que c'est bien une œuvre originale. Les examens aux rayons X et infrarouges, effectués avant la restauration de 1984, ne semblent pas avoir apporté d'éléments nouveaux, si ce n'est qu'ils indiquent une technique picturale beaucoup plus rapide et instinctive que celle que l'on trouve habituellement dans la production de la maturité de l'artiste.

Cet autoportrait semble plutôt légèrement antérieur à la maturité. En effet, si l'on considère l'aspect du peintre, qui n'a pas encore trente ans, on observe que les boucles rebelles ont été soigneusement peignées dans le tableau de Londres où les joues paraissent un peu plus creusées, le visage plus fin, les yeux moins vifs, alors que déjà des rides commencent à se dessiner.

Bien que cette petite toile révèle une originalité remarquable et semble éloignée des modèles de Titien dont les schémas formels inspirèrent cependant Tintoret, elle reprend, en la renouvelant, la position légèrement de dos de nombreux portraits de Giorgione et du cercle de celui-ci. Le mouvement de la tête et du buste sur le fond sombre ne résulte pas simplement de la nécessité d'utiliser un miroir pour faire un autoportrait (la vue de face aurait été beaucoup plus pratique à cette fin), mais il est extrêmement proche de l'attitude du vieillard dans les *Trois Ages de l'homme* de Florence (Palazzo Pitti; cat. **21**) ou l'*Autoportrait* de Giorgione de Brunswick (Herzog Anton Ulrich-Museum).

G.N.S.

page 183

192

Jacopo Robusti, dit Tintoret
Venise, 1514 ou 1518/1519-1594

Caïn et Abel
Toile. H. 1,49; L. 1,96
VENISE, GALLERIE DELL'ACCADEMIA

HISTORIQUE
Sala dell'Albergo de la Scuola della Santa Trinità à Venise; après 1630, au nouveau siège de la Scuola della Santa Trinità; entré en 1812 aux Gallerie dell'Accademia.

EXPOSITIONS
Paris, 1935, n° 448; Venise, 1937, n° 15; Rome, 1945, n° 38; Tokyo et Kyoto, 1981, p. 13.

BIBLIOGRAPHIE
Borghini, 1584, p. 451; Ridolfi, 1648 (éd. Hadeln, 1914-1924, II, pp. 18, 71); Sansovino et Martinioni, 1663, p. 227; Boschini, 1664, p. 352; Ludwig et Hadeln, 1911, pp. 136-139; Bercken et Mayer, 1923, I, p. 267; Tietze, 1948, p. 360; Moschini Marconi, 1962, n° 328, pp. 225-228 (avec bibl. ant.); Pallucchini, 1965, *Tintoret*; A. Pallucchini, 1969, pp. 12, 31; De Vecchi, 1970, pp. 94-95, n° 82 E; Pallucchini, 1974-75, pp. 105-106; Rossi, 1978, p. 184; Pallucchini et Rossi, 1982, I, n° 152, pp. 162-163; Pignatti et Valcanover, 1985, pp. 24-25; Nepi Scirè et Valcanover, 1985, n° 242, p. 159; Nepi Scirè, 1991, n° 93, p. 175.

Cette toile fait partie d'un cycle peint pour la Scuola della Santa Trinità fondée par l'ordre des Chevaliers teutoniques et installée près de la Dogana da Mar (Douane). Son siège ayant été détruit pour faire place à la basilique Santa Maria della Salute, la confrérie le reconstruisit non loin de là « *dove termina la dogana* » (« où se termine la douane ») (Sansovino et Martinioni, 1663). Borghini (1584), le premier, cite « *nella Trinità cinque quadri, contenenti istorie di Adamo e Eva, ed una di Caino e Abello* » (« dans la Trinité, cinq tableaux, contenant des histoires d'Adam et Ève, et une de Caïn et Abel »). Ridolfi (1648) décrit plus en détail « *cinque quadri continenti la creatione del mondo : e tra questi sono celebratissimi quelli ov'è dipinto l'errore de' primi nostri padri, che a persuasione del serpente mangiano il vietato pomo e Caino, che uccide il fratello. Negli altri divise la Creatione de' pesci, degli animali, e la formatione di Eva* »

Des (« cinq tableaux contenant la création du monde : et parmi ceux-là sont extrêmement célèbres ceux qui représentent le péché originel, où Adam et Ève mangent le fruit défendu à l'instigation du serpent; et Caïn, qui tue son frère. Dans les autres, la Création des poissons, celle des animaux et celle d'Ève »). Martinioni (Sansovino et Martinioni, 1663) précise à propos de la Scuola reconstruite : « *e' posti in essa, li cinque quadri del Tintoretto, che sono la Creatione de' pesci, quella degl'animali, la formatione di Eva, l'istessa con Adamo, che mangiano il pomo, e la morte violenta di Abel, quali erano in chiesa* » (« Y sont mis les cinq tableaux de Tintoret, qui sont la Création des poissons, celle des animaux, la formation d'Ève, cette dernière avec Adam, qui mangent la pomme, et la mort violente d'Abel, qui étaient dans l'église »), répétant ainsi l'erreur de Ridolfi qui présente la *Création des poissons* comme un tableau différent de la *Création des animaux*.

Boschini (1664), un an plus tard seulement, mentionne « *tredici quadri del Tintoretto intorno alla Scuola. Cioè L'Eterno Padre che crea il mondo; lo stesso che forma Adamo e Eva; Quando gli proibisce il Pomo; Eva che tenta Adamo; Cain che uccide Abelle; Li quattro Evangelisti; Due Apostoli; Due quadri : nell'uno l'Angelo e nell'altro Maria Annunziata. Vi sono poi altri quattro quadri appartenenti alla Creazione del Mondo della Scuola di Martin de Vos* » (« Treize tableaux de Tintoret autour de la Scuola. A savoir Dieu le Père qui crée le monde; le même qui forme Adam et Ève; quand il leur défend de manger la pomme; Ève qui tente Adam : Caïn qui tue Abel; les quatre Évangélistes; deux apôtres; deux tableaux : dans l'un, l'Ange, et, dans l'autre, la Vierge de l'Annonciation. Il y a ensuite quatre autres tableaux appartenant à la Création du monde de l'École de Martin de Vos. »)

Cette description fut ponctuellement reprise par les guides ultérieurs et même, avec une « *S. Trinità con Serafini del Tentoreto Vechio* » (« Sainte Trinité avec des séraphins de Tintoret le Vieux »), dans un inventaire des œuvres de la Scuola dressé le 20 mai 1722 (P. Rossi, 1982).

Il est en tout cas probable que, à la suite des déménagements opérés pour la construction du nouvel édifice, des tableaux de la Scuola aient été réunis et confondus avec ceux de l'église homonyme (Moschini Marconi, 1962).

Des cinq tableaux mentionnés dans les références, trois se trouvent aujourd'hui aux Gallerie dell'Accademia : *Caïn et Abel*, la *Création des animaux* et le *Péché originel*. *Adam et Ève devant Dieu le Père*, dont ne subsistent que des fragments, se trouve aux Uffizi de Florence. La *Création d'Ève*, perdu, est connu par un dessin de Paolo Farinati (coll. Janos Scholz, Pierpont Morgan Library, à New york), qui reproduit fidèlement aussi dans sa partie supérieure le *Péché originel*.

Ces tableaux devaient compléter le cycle consacré à la Genèse commandé le 2 janvier 1545 (1546, selon le calendrier vénitien) à Francesco Torbido, à qui il revenait évidemment d'illustrer la création de la matière primitive : « *da esser fatti in pichtura con la instoria della santissima Ternità zovè la creation del mondo da la banda destra intrando in Schuolla* » (« pour être faits en peinture avec l'histoire de la Très Sainte Trinité là où est la création du monde du côté droit en entrant dans la Scuola ») (Ludwig et Hadeln, 1911). Le 8 décembre 1547, Torbido fut chargé d'exécuter un quatrième tableau. Le 24 septembre 1550, sont mentionnés sur un relevé de dépenses cinq tableaux déjà exécutés, quatre sûrement par Torbido, la paternité du cinquième n'étant pas clairement indiquée. Le 25 novembre 1553, la décoration de la Sala dell'Albergo de la Scuola est complètement achevée : il ne manque que deux tableaux sur les côtés de l'autel. Par conséquent, Tintoret, qui n'est jamais expressément cité, dut exécuter les commandes aussitôt après 1550 et avant 1553. La figure de Caïn semble reprise dans la *Tentation de saint Antoine* de Véronèse exécutée en 1552 pour la cathédrale de Mantoue (aujourd'hui au musée de Caen).

Ce tableau, gravé par A. Zucchi pour le *Gran Teatro* de Lovisa (1720) et par Viviani (Zanotto, 1833), restauré en 1935 (Mauro Pelliccioli), en 1967 (Antonio Lazzarini) et en 1990 (Maida, Michieleto, Tranquilli), paraît légèrement réduit en largeur et en hauteur (Edwards, catalogue de 1812 : 4,5 x 6 pieds vénitiens).

Il s'agit de l'une des œuvres les plus significatives de l'artiste, aussi bien par sa réalisation stylistique que par la conception nouvelle du paysage qui restera une constante de son langage. Tintoret avait déjà traité le même sujet, au caractère fortement dramatique, dans une fresque de l'église Santa Maria dei Servi, aujourd'hui détruite (Ridolfi, 1648), située sous l'orgue. Mais dans ce tableau pour la Scuola della Santa Trinità, il semble surtout se référer aux solutions adoptées par Titien entre 1542 et 1544, pour les tableaux du plafond de l'église Santo Spirito in Isola, aujourd'hui à la sacristie de la basilique Santa Maria della Salute. Du reste, comme le rapporte Ridolfi, Tintoret « *non tralasciava di copiare di continuo le pitture di Tiziano, sopra le quali stabil il modo di ben colorire* » (« n'omettait pas de copier continuellement les peintures de Titien, d'après lesquelles il constitua sa façon de bien colorier »).

De Titien viennent l'audace des raccourcis, la mise en évidence de la musculature ainsi que l'idée du contrepoint mouvementé des corps et des gestes qui, davantage que les visages presque invisibles, suggèrent la violence des sentiments (Bercken et Mayer, 1923; Tietze, 1948). L'autel des offrandes, représentées par la tête du veau derrière l'arbre, lequel n'est plus relégué au bord du tableau, est utilisé d'une manière impie par Caïn pour le sacrifice d'Abel.

Cependant, la tentation émotive, presque exagérée, et la synthèse de Titien se relâchent ici selon une conception plus narrative, avec la minuscule figure de Caïn errant dans le lointain, et moyennant une facture picturale plus douce, quoique recourant au contraste marqué du clair-obscur. Le corps éclairé d'Abel, au premier plan, s'oppose en effet au corps plus sombre de Caïn, qui se détache lui-même sur le feuillage plus clair. Et toute la composition est rythmée par cette alternance de lumière et d'ombre, jusque dans les couleurs pâles du paysage à droite, avec les montagnes azur au loin, le miroir d'eau et la petite cascade, qui rappelle le paysage semblable à gauche du *Saint Jean-Baptiste* de Titien aux Gallerie dell'Accademia (cat. **170**).

A propos de *Caïn et Abel*, ainsi que d'*Adam et Ève*, Ridolfi rapporte que « *ragionando il Tintoretto di que' due, soleva dire, che ritrasse que' corpi con molta applicatione dal naturale, ponendovi sopra una grata di filo, per osservare puntualmente, ove ferivano le parti delle membra, a' quali per aggiunse certo accrescimento di gratia ne' contorni, che appreso da' rilievi, haveva* » (« Tintoret, discutant de ces deux [tableaux], avait l'habitude de dire qu'il avait peint ces corps sur le vif avec beaucoup d'application, posant sur ceux-ci un quadrillage de fil, pour observer précisément où ressortaient les parties des membres, auxquels il ajouta une certaine grâce dans les contours, ce qu'il avait appris sur les bas-reliefs »).

Les examens réflectographiques et à rayons infrarouges ont révélé un repentir pour le contour de la cuisse d'Abel, d'abord envisagée plus large.

G.N.S.

page 184

193

Jacopo Robusti, dit Tintoret
Venise, 1514 ou 1518/1519-1594

Portrait du procurateur Jacopo Soranzo
Toile. H. 1,06; L. 0,90. Inscription en haut:
« *JACOBVS SVPERANTIO MDX(X)II* ».

VENISE, GALLERIE DELL'ACCADEMIA

HISTORIQUE
Procuratie de Supra en 1581; entré en 1812 aux Gallerie dell'Accademia.
EXPOSITION
Rome, 1945, n° 24.
BIBLIOGRAPHIE
Sansovino, 1581, c. III; Manfredi, 1602, p. 24; Stringa (ajouts à Sansovino), 1604, p. 217; Boschini, 1664, p. 96; Zanotto, 1833, I, fasc. 39; Burckhardt, 1855 (1952), p. 1055; Cavalcaselle et Crowe, I, 1877, p. 255; Botti, 1891, p. 295; Berenson, 1894, p. 120; Jacobsen, 1899, pp. 347 ss.; Thode, 1901, p. 13; Paoletti, 1903 (Titien), p. 80; Hadeln, 1911, p. 45; Pittaluga, 1925 (Titien), p. 235; Venturi, 1929, 4, p. 593; Coletti, 1940 (Titien), p. 9; Bercken, 1942 (Titien), p. 129; Moschini Marconi, 1962, n° 396, pp. 224-225 (avec bibl. ant.); De Vecchi, 1970, p. 94; Rossi, 1973, p. 124; Nepi Scirè et Valcanover, 1985, n° 239, p. 158.

Ce tableau provient des Procuratie de Supra, siège situé place Saint-Marc, de l'administration des procurateurs chargés de la basilique Saint-Marc et de son trésor. L'œuvre est mentionnée dans les Procuratie de Supra par Sansovino (1581), Manfredi (1602) et Stringa (1604), tandis que Boschini (1664), le premier, l'attribue à Tintoret.

Il s'agit presque certainement du *Portrait d'un sénateur à mi-corps* que P. Edwards, premier conservateur des collections, attribue à Titien dans le répertoire des œuvres remises aux Gallerie dell'Accademia en 1812. Les auteurs se sont longtemps trompés au XIXe siècle sur la paternité de ce tableau à cause de cette attribution (Zanotto, Burckhardt, Cavalcaselle) et aussi à cause de son état de conservation, résultant de diverses altérations et interventions en 1823, 1829 (Corniani), 1839 (Brancaleon) et 1902 (L. Betto). Seul Botti propose de rendre l'œuvre à Tintoret dans le catalogue de 1891. Par la suite, les avis divergent encore: il s'agit d'une œuvre de Tintoret pour Berenson (1894), Jacobsen (1899), Thode (1901) et Venturi (1929), alors que penchent toujours pour Titien

Paoletti (1903), Hadeln (1911), Pittaluga (1925), Coletti (1940) et Bercken (1942), jusqu'à ce que la restauration, effectuée par Mauro Pelliccioli en 1957, vienne confirmer définitivement la paternité de Tintoret (Moschini Marconi, 1962).

Divers paiements attestent d'ailleurs que Tintoret travailla activement comme portraitiste pour les Procuratie di San Marco: le 26 février 1550 (calendrier vénitien) et le 9 juillet 1552, il reçoit 10 ducats d'or pour « *li quadri che si hanno a poner in Procuratoria* » (« les tableaux qu'il faut accrocher dans les Procuratie »), et le 31 juillet 1571, il reçoit 70 ducats pour solde de divers travaux et portraits de onze procurateurs (Hadeln, 1911).

Le nettoyage, qui a débarrassé le visage et les mains des repeints, a mis en évidence, à la place de l'ancien fond terne et uniforme, une tenture rouge dont une ouverture laisse apercevoir la perspective oblique d'une façade de palais et, plus à droite, l'épaule d'une autre figure.

Comme l'ont révélé les examens aux rayons X et infrarouges, ce tableau avait originellement la forme cintrée d'une lunette, et, pour lui donner celle d'un rectangle et encadrer ainsi la figure, on lui ajouta un triangle de toile en haut à gauche et une étroite bande à droite. Cette modification fut probablement apportée à la fin du XVIe siècle lorsque plusieurs tableaux furent réadaptés par Tintoret et son fils Domenico pour les nouvelles salles des Procuratie reconstruites. En effet, le 28 juillet 1590, Tintoret reçoit la rémunération de 60 ducats « *a' buon conto de lavori fa nelle nove procuratie cioè nel racconzar tutti li ritratti di Procuratori et Dosi, quali erano nella procuratia vecchia* » (« pour solde des travaux faits dans les Procuratie neuves, à savoir l'adaptation de tous les portraits de Procurateurs et Doges, qui étaient dans les anciennes Procuratie »). D'autres paiements lui sont faits le 4 avril 1592, tandis que, le 29 mars 1596 (calendrier vénitien), Domenico reçoit 29 ducats « *per aver restaurato li 32 quadri di dozi et procuratori che furno levati dalla procuratia nova dove ora si abita* » (« pour avoir restauré les trente-deux tableaux de doges et procurateurs qui furent ôtés de la Procuratia neuve, qui sert à présent d'habitation ») (Hadeln, 1911).

La restauration a aussi permis de retrouver une inscription avec une date lacunaire (Moschini et Marconi, 1962). Cette inscription: « JACOBVS SVPERANTIO MDX[X]II » atteste qu'il s'agit du portrait du procurateur Jacopo Soranzo il Vecchio, élu en 1522. Cette date est celle de son entrée en fonction et non pas celle de l'exécution du tableau qui se situe vers 1550. Par contre, le portrait de Soranzo avec des membres de sa famille, aujourd'hui au Castello Sforzesco de Milan, a été exécuté un peu avant, mais ces deux portraits étant de toutes façons antérieurs à 1551, année de la mort du procurateur.

Le choix de Tintoret comme portraitiste officiel des Soranzo, famille noble vénitienne dont

les membres occupaient les plus hautes charges du gouvernement et pour qui il exécutera plus d'une commande, témoigne de l'affermissement de la réputation de l'artiste, qui peindra aussi à la même époque les portraits du procurateur Nicolò Priuli (Venise, Galleria G. Franchetti à la Ca' d'Oro) et du doge Francesco Donato (autrefois à Brême, Kunsthalle), parmi les membres les plus illustres de l'aristocratie vénitienne.

Le tableau des Gallerie dell'Accademia est un portrait officiel, de « parade » par rapport auquel la version du Castello Sforzesco, de structure formelle simplifiée, semble d'une subtilité psychologique plus aiguë. Toutefois, les traits du visage creusé, le regard pénétrant, l'ample manteau de velours cramoisi, les éléments du décor contribuent à lui conférer une grande puissance expressive qui touche le spectateur. Malgré la mise en page inspirée de Titien, Tintoret se distingue de ce dernier par le jeu raffiné des lumières qui fait vibrer la forme et anime le personnage représenté d'une tension inquiète.

G.N.S.

page 186

194

Jacopo Robusti, dit Tintoret
Venise 1514 ou 1518/1519-1594

Portrait d'homme
dit *Lorenzo Soranzo*
Toile. H. 1,16; L. 1,00. Porte l'inscription, sur le petit pilastre à gauche, « *MDLIII* », un monogramme « *L* » avec, à côté, une petite étoile, et « *ANI XXXV* ».

VIENNE, KUNSTHISTORISCHES MUSEUM,
GEMÄLDEGALERIE

HISTORIQUE
Coll. de l'archiduc Léopold-Guillaume en 1659; entré au musée en 1824.
EXPOSITION
Paris, 1947, n° 158.
BIBLIOGRAPHIE
Wickhoff, 1893, p. 140; Berenson, 1894, p. 122; Thode, 1901, p. 37; Osmaston, 1915, II, p. 202; Bercken et Mayer, 1923, I, pp. 57, 258; Pittaluga, 1925, p. 288; A. Venturi, 1929, pp. 408, 511, 619; Berenson, 1932, p. 567; Bercken, 1942, p. 134, n° 566; Suida, 1946, p. 290; Chamson, 1947, p. 56; Tietze, 1948, p. 381; Gould, 1949, p. 227; Palluc-

chini, 1950, pp. 142-143, 164; Berenson, 1958, I, p. 188; *Katalog...*, 1965, pp. 131-132; De Vecchi, 1970, p. 96, n° 102; Rossi, 1973, pp. 37, 127, 128, pl. VII; Pignatti et Valcanover, 1985, p. 90, pl. 13; Vienne, *Catalogue*, 1991, pl. 63.

L'inscription sur le tableau indique la date : 1553, et l'âge du personnage représenté : trente-cinq ans. Comme ces indications peuvent se référer aussi à Tintoret, né en 1518 et donc âgé de trente-cinq ans en 1553, et que le monogramme peut se lire : « S I F », et se traduire : « *Se ipsum fecit* » (« Il se fit [peignit] lui-même »), ce tableau a été à tort considéré comme un autoportrait de l'artiste (Schubart, cité in cat. exp. *Trésors des Musées de Vienne*, Paris, 1947). C'est Suida (1946) qui proposa le premier d'identifier ce gentilhomme de trente-cinq ans avec Lorenzo Soranzo, membre d'une puissante famille de l'aristocratie vénitienne, en se fondant sur une lecture correcte des initiales : « L. S. » Suida signala en même temps un autre portrait, autrefois dans la collection Lazzaroni de Rome (vendu chez Sedelmeyer à Paris en 1907, n° 176), dont on a perdu la trace, portant l'inscription : « *Laurentius Superantius* ». Gould (1949) partage l'avis de Suida, et considère même qu'on peut identifier Lorenzo Soranzo dans le premier personnage masculin à droite du panneau de droite de la *Famille Soranzo* du Castello Sforzesco de Milan. En revanche, il ne semble pas que puisse être retenue l'hypothèse de Pallucchini (1950), reprise par P. Rossi (1973), selon laquelle le *Portrait d'homme à la barbe blonde* du musée de Nantes représenterait ce même Lorenzo et serait même une étude sur le vif pour ce tableau de Vienne. Les deux personnages représentés n'ont en effet pas le même âge ni les mêmes traits.

Lorenzo Soranzo, né en 1519 et mort en 1575, occupa des charges publiques importantes : en 1553, il fut nommé Camerlengo di Comun (camerlingue de la commune, c'est-à-dire fonctionnaire affecté à l'administration de la ville), et il est probable que ce portrait ait été exécuté à l'occasion de cette nomination; en 1558, il devint l'un des dix Savi alla Mercanzia (littéralement : sages veillant aux marchandises, c'est-à-dire une sorte d'administrateur du commerce); l'année suivante Provveditore alla Sanità (inspecteur de la santé et de l'hygiène publiques); en 1568, Provveditore alle Biade (inspecteur des moissons, c'est-à-dire responsable de l'administration chargée de l'importation, de l'entreposage et de la vente du blé); en 1572, conseiller de la ville pour le *sestiere* de San Polo (l'un des six quartiers, ou subdivisions administratives, de Venise); et, enfin, entre 1567 et 1570, il fut électeur du doge.

Ce tableau constitue un excellent exemple de portrait officiel et fournit un point de repère précis dans la chronologie des portraits de Tintoret.

La figure appuie la main droite sur la colonnette, le buste et la tête légèrement tournés vers la gauche, et ce sont surtout les parements de la fourrure du manteau noir qui détachent la silhouette sur le fond, sombre lui aussi.

La lumière se concentre sur le beau visage, au regard pensif et fier, et sur les mains, à peine ébauchées, ce qui est d'ailleurs habituel dans les autres portraits de Tintoret. On pense à l'Arétin qui, faisant en 1548 l'éloge de *Saint Marc libérant un esclave* pour la Scuola Grande de San Marco (aujourd'hui aux Gallerie dell' Accademia de Venise), conseillait avec malignité à son auteur de transformer « *la prestezza del fatto in pazienza del fare* » (« la prestesse du fait en patience du faire », in : *Lettere*, CDII, IV, 420, car. 181 r.).

Cette toile présente une parenté manifeste avec les portraits de Titien de peu antérieurs ou contemporains, comme le *Portrait de Daniele Barbaro* du Prado ou celui d'un présumé chevalier de l'ordre de Malte dans le même musée. Toutefois, la mise en page instable de ce « portrait en mouvement » rappelle aussi l'élégance raffinée du *Portrait d'un homme barbu* de Francesco Salviati conservé au J. Paul Getty Museum.

Les sondages exécutés au cours de la récente restauration ont révélé que le portrait de ce gentilhomme a été peint sur une figure différente. Je remercie Silvia Ferino, qui étudie l'œuvre, d'avoir fourni ce renseignement.

G.N.S.

page 185

195

Jacopo Robusti, dit Tintoret
Venise, 1514 ou 1518/1519-1594

Danaé
Toile. H. 1,42; L. 1,825
LYON, MUSÉE DES BEAUX-ARTS

HISTORIQUE
Coll. du duc de Buckingham de 1624 à 1649; 1649, coll. de l'empereur Ferdinand III, d'abord à Prague, puis à Vienne; à Florence, aux Uffizi de 1794 à 1796, puis de nouveau à Vienne; depuis 1809, en France, et depuis 1811 au musée des Beaux-Arts de Lyon.
EXPOSITIONS
Venise, 1937, n° 25; Paris, 1965-66, n° 280.
BIBLIOGRAPHIE
Reymond, 1887, p. 43; Bercken et Mayer, 1923, I, p. 245; Pittaluga, 1925, p. 270; A. Venturi, 1929, pp. 475-476, 615; Berenson, 1932, p. 561; Focillon, 1936, p. 11; Barbantini, 1937, pp. 75-77, n° 25; Wilde, 1938, p. 151; Coletti, 1940, pp. 30-31; Bercken, 1942, p. 114, n° 183; Tietze, 1948, p. 353; Berenson, 1957, I, p. 174; Pedrazzi Tozzi, 1960, p. 389; Ballarin, 1965(3), p. 239; Rosenberg, 1965,

p. 231, n° 280; Chiarini, 1966, p. 90; Heinemann, 1966, p. 90; Garas, 1967, p. 47; De Vecchi, 1970, pp. 122-123, n° 242; Palluchini et Rossi, 1982, pp. 88, 210; Durey, 1988, p. 59; Pedrocco, 1990, p. 85; Lavergne-Durey, 1992, p. 28.

La critique ne s'accorde pas sur l'attribution de ce tableau à Tintoret. Pittaluga (1925), Tietze (1948), Pedrazzi Tozzi (1960), Heinemann (1966) et De Vecchi (1970) l'attribuent à son fils Domenico. P. Rossi (1982) a reconfirmé l'attribution à Jacopo et elle souligne « la proximité stylistique » avec la *Tentation de saint Antoine* de l'église San Trovaso à Venise (toile avec laquelle Coletti [1940] avait déjà noté la ressemblance, confirmant ainsi l'observation faite par Reymond dans le catalogue de 1887) ainsi qu'avec les *Allégories* féminines pour la salle de l'Anticollegio du palais des Doges. Cette analogie avec les toiles exécutées pour le palais des Doges, en particulier avec *Mercure et les Trois Grâces*, semble assez convaincante : l'utilisation du clair-obscur et la disposition des figures en diagonale sont communes aux deux œuvres, tandis que la simplification accentuée de la composition dans le tableau de Lyon répond certainement à des exigences iconographiques précises qu'il fallait respecter dans le traitement du sujet de l'amour de Jupiter pour Danaé.

Il résulte de ces considérations que l'œuvre se situe bien avant 1577, date à laquelle son auteur réclamait le paiement des *Allégories* du palais des Doges (De Vecchi, 1978, p. 116), et trouve bien sa place dans la production profane qui caractérise l'activité du peintre durant les années 1570.

Danaé, fille d'Acrisios, roi d'Argos, est destinée, selon un oracle, à engendrer un fils qui tuera Acrisios. Bien qu'enfermée par ce dernier dans un souterrain ou, suivant une autre version, dans une tour, Danaé sera pourtant fécondée par Jupiter transformé en pluie d'or. Persée, le fils de cette union, accomplira la prophétie.

Le modèle iconographique de Tintoret est la *Danaé* de Titien envoyée à Philippe II entre 1553 et 1554 et aujourd'hui au Prado (cat. 177). C'est en effet dans cette version que Titien introduit la figure de la vieille servante gardienne prompte à recueillir dans son tablier la pluie de pièces d'or.

Ce personnage, qui n'apparaît pas dans la version de Titien aujourd'hui à Naples, n'a pas de précédent dans la *Danaé* de Corrège, où la présence d'amours conserve à la scène une atmosphère exclusivement surnaturelle, ni dans le tableau du Primatice, où cette figure de femme est bien introduite dans la scène, mais sans aucun réalisme.

La figure de Danaé occupe presque entièrement la diagonale du tableau. Appuyée sur un lit aux lourds rideaux, elle offre sa chaste nudité à la pluie d'or qui tombe en son sein, tout étonnée du prodige, et beaucoup plus attentive au geste de la femme près d'elle occupée à recueillir le plus possible de pièces d'or.

Le petit chien tranquillement pelotonné sur

le dallage aux pieds de Danaé, insoucieux du prodige, est le symbole extrêmement répandu de la fidélité, et est certainement une citation de Titien.

Sur le rebord de la double fenêtre par laquelle on aperçoit un paysage à peine esquissé, est posé un luth, allusion à la sublimation de l'expérience érotique par la noble musique de l'instrument à cordes qui, avec la harpe, le cistre et la lyre, était considéré comme source de la musique céleste, par opposition aux instruments à vent tenus pour inférieurs (Gentili, 1980/2, pp. 26-27).

La lumière divine du prodige est la principale source d'éclairage du tableau : manifestation même de la divinité, elle baigne tout le corps de Danaé, qu'elle modèle en un jeu varié de clair-obscur, effleurant à peine la servante.

La parenté avec les choix iconographiques de Titien est très étroite, mais pas aussi précise dans les détails que pourrait le donner à penser un premier examen de la composition. Les différences fondamentales dans le choix du personnage de la servante et dans l'attitude de celle-ci : ce n'est plus la vieille femme fortement caractérisée du tableau du Prado, « emblème de l'avidité jointe à la sottise » selon A. Gentili (1980/2, p. 109), élément clef du tableau, qui en détermine justement la signification ultime : « le contraste entre la mesquinerie morale et intellectuelle des hommes et la sérénité supérieure du rapport avec le divin », incarnée par Danaé.

Plus qu'une servante gardienne, celle de Tintoret est une compagne tout aussi jeune et aussi belle que sa maîtresse, portant des bracelets aussi précieux que ceux de la fille d'Acrisios, et Danaé n'a plus rien de commun avec la protagoniste douce et sensuelle des « poésies » de Titien, représentée en un abandon languide, symbolique d'un rapport privilégié avec le divin ; elle fait plutôt penser à une jeune courtisane au corps sculptural et lisse, qui semble davantage préoccupée de voir toutes les pièces d'or recueillies par sa servante compagne qu'attentive à jouir du privilège de l'amour d'un dieu.

L'image intentionnellement érotique (et les amours de Jupiter et de Danaé, grâce à la condamnation prononcée par saint Augustin, pouvaient être considérée au XVIᵉ siècle comme le prototype même de l'image érotique) est traitée selon un code culturellement et stylistiquement raffiné, celui de la mythologie, mais immédiatement déchiffrable : l'impossibilité pour l'homme de résister aux passions non plus qu'aux appas et aux séductions du corps féminin.

Dans une récente étude consacrée à l'iconographie de la courtisane de Venise, ce tableau fait l'objet d'une interprétation très précise : l'auteur (Pedrocco, 1990), partant du présupposé que l'accouplement mythologique de Jupiter avec Danaé est l'un des thèmes qui se prêtent bien à la représentation sous forme allégorique du rapport vénal, non seulement relie explicitement Danaé au monde des courtisanes, mais aussi propose de reconnaître dans la gar-

dienne compagne de la fille d'Acrisios la courtisane bien connue Veronica Franco.

De celle-ci, Tintoret fit un portrait, considéré comme perdu, que Pedrocco voudrait identifier avec ce tableau de Lyon qui devrait alors célébrer la rencontre en 1574 de la fameuse courtisane avec le roi de France Henri III. Une confirmation supplémentaire de cette hypothèse serait fournie par le sonnet que Veronica Franco, versée dans l'art du luth comme dans la poésie, écrivit à cette occasion et qui comprend ces vers : « *Come talor dal ciel sotto umil tetto / Giove tra noi quaggiù benigno scende* » (« comme Jupiter bienveillant descend parfois du ciel ici-bas parmi nous sous un humble toit »).

Ces arguments ne semblent pas suffisamment convaincants pour autoriser une identification aussi précise. Ils confirment cependant la signification érotique de ce tableau destiné à un cercle privé, restreint et de haut niveau social, qui trouvait dans la mythologie classique, connue par les *Métamorphoses* d'Ovide, ou plutôt, par les vulgarisations du texte latin, un répertoire de sujets et de formes érotiques immédiatement compréhensibles (Ginzburg, 1980, pp. 125-126).

Un dessin que P. Rossi signale comme préparatoire de la figure féminine agenouillée (1982), peut être mis en rapport avec ce tableau de Lyon.

F.S.

page 187

196

Paolo Caliari, dit Véronèse
Vérone, 1528 - Venise, 1588

Vénus et Adonis
Toile. H. 1,22 ; L. 1,78
AUGSBOURG, STÄDTISCHE KUNSTSAMMLUNGEN
(KARL UND MAGDALENE HABERSTOCK-STIFTUNG)

HISTORIQUE
Vente Lebrun, Paris, 19 janvier 1778, n° 7 (en provenance du Cabinet Lassay) ; coll. duc de Praslin (vente, Paris, 1793) ; coll. Reber, Bâle ; Darmstadt Hessisches Landesmuseum, de 1809 à 1941 ; marché de l'art suisse (gal. Fischer, Lucerne) ; coll. Karl Haberstock, 1941 ; entré au musée d'Augsbourg avec la Karl und Magdalene Haberstock-Stiftung en 1983.
EXPOSITION
Venise, 1939, n° 49.
BIBLIOGRAPHIE
Caliari, 1888, pp. 213, 221 ; Back, 1914, p. 68 ; Hadeln, 1915, p. 128 ; Osmond, 1927, pp. 88, 111 ;

Fiocco, 1928, p. 196 ; Berenson, 1932, p. 420 ; Fiocco, 1934, p. 119 ; Berenson, 1936, p. 361 ; Pallucchini, 1939, pp. 123-125 ; Coletti, 1941, pp. 229, 254 ; Pallucchini, 1943, p. 30 ; Hetzer, 1957, p. 135 ; Deusch, 1960, p. 33 ; Pallucchini, 1963, p. 300 ; Pallucchini, 1963-64, pp. 64- 65 ; Pallucchini, 1966, p. 728 ; Bushart, 1967, pp. 64, 158 ; Marini, 1968, n° 97 ; Schmidt, 1971, II, p. 111 ; Pignatti, 1976(1), p. 123 ; Pallucchini, 1984, pp. 76-77 ; Rearick, 1988(1), p. 108 ; Bialostocki, 1990, p. 222 ; Gould, 1990, pp. 285-287 ; Pignatti et Pedrocco, 1991, p. 158.

Il est possible que l'on puisse identifier cette toile à celle que Bernini vit dans le Cabinet Lassay en 1665.

La critique moderne — à partir de Caliari (1888) — s'accorde à reconnaître en cette belle fable mythologique une œuvre certaine de Paolo : seul Osmond (1927) a émis quelques doutes quant à son caractère autographe. En ce qui concerne la datation, Fiocco (1928) la considère comme une œuvre tardive, tandis que, le premier, Pallucchini (1943), suivi ensuite par la critique, la situe immédiatement après l'exécution des fresques de la Villa Maser. De très nombreux éléments relient en effet l'œuvre à la décoration entreprise par Paolo, sans doute entre 1561 et 1562, de la Villa conçue par Andrea Palladio pour les frères Marcantonio et Daniele Barbaro : la typologie, les poses des personnages, et même le riche paysage composé de grands arbres feuillus constituent autant de traits que l'on retrouve dans les fresques de la Villa.

Ainsi que l'a déjà observé Marini (1968), le tableau d'Augsbourg rappelle, de près, par son thème et sa composition, les « poésies mythologiques » de Titien, et plus particulièrement, comme le note Rearick (1988/1), la toile sur le même sujet envoyée par Vecellio à Philippe II en 1553, et dont Paolo pourrait avoir eu connaissance à travers la gravure de Cornelis Cort, image inversée par rapport au tableau maintenant au Prado, et donc dans le même sens que le toile d'Ausbourg. Toutefois, il importe également de souligner l'autonomie absolue du style de Véronèse qui, en comparaison du climat dramatique, dense et comme chargé, de la toile de Titien, emploie des couleurs chaudes et fastueuses, d'une éclatante plénitude chromatique. La Gemäldegalerie de Dresde conserve une version avec variantes de cette toile d'Augsbourg, sans doute attribuable à Giambattista Zelotti.

T.P.

page 188

197

Paolo Caliari, dit Véronèse
Vérone, 1528 - Venise, 1588

Portrait de gentilhomme à la pelisse
Toile. H. 1,40; L. 1,07
FLORENCE, PALAZZO PITTI, GALLERIA PALATINA

HISTORIQUE
Vendu par l'antiquaire Paolo del Sera au cardinal
Leopoldo de' Medici peu après 1659.

EXPOSITIONS
Venise, 1939, nº 50; Vérone, 1988, nº 9; Washington,
1988, nº 7.

BIBLIOGRAPHIE
Chiavacci, 1881, p. 105; Caliari, 1888, pp. 78, 356;
Berenson, 1894, p. 128; Meissner, 1897, p. 875; Hadeln, 1911, p. 396; Hadeln, 1924, p. 209; Ingersoll-
Smouse, 1927, p. 223; Osmond, 1927, pp. 28, 113;
Fiocco, 1928, p. 125; Nicodemi, 1928, p. 338; Venturi, 1928, pp. 86-98; Venturi, 1929, IX-4, pp. 826-
832; Berenson, 1932, p. 421; Fiocco, 1934, p. 112;
Rusconi, 1937, pp. 179-180; Pallucchini, 1939,
pp. 126-127; Coletti, 1941, pp. 233-234; Pallucchini,
1943, p. 31; Chiarelli, 1956, p. 13; Rossi, 1957,
nº 93; Pallucchini, 1963-64, p. 75; Pallucchini, 1966,
p. 729; Marini, 1968, nº 113; Pignatti, 1976(1),
p. 129; Badt, 1981, p. 178; Pallucchini, 1984, pp. 90,
178; Marinelli, 1988, pp. 207-208; Rearick, 1988(2),
p. 35; Gisolfi Pechukas, 1989-90, p. 32; Pignatti et
Pedrocco, 1991, p. 182.

Le personnage représenté dans cet extraordinaire portrait ne peut être identifié. L'hypothèse traditionnelle selon laquelle il s'agirait de
Daniele Barbaro, le docte commanditaire de
Paolo, est infirmée par une confrontation avec
le véritable portrait de l'humaniste vénitien, du
même Véronèse, conservé au Rijksmuseum
d'Amsterdam.

La toile florentine constitue à coup sûr l'une
des réalisations majeures de Paolo dans le domaine du portrait : la figure monumentale de
l'homme, richement vêtu d'un manteau bordé
de fourrure de lynx, se détache sur un fond
architectural simple. A droite, s'ouvre une fenêtre, source lumineuse du jeu raffiné d'ombres
et de lumières qui anime l'arrière-plan. Fortement détaché par le contraste qu'il offre avec
la couleur sombre du vêtement, le visage du
personnage est traité, dans les détails physionomiques aussi bien que pour l'étude psychologique, avec beaucoup d'attention et de virtuosité picturale. Conformément à l'hypothèse

avancée par Pallucchini (1939), surtout si l'on
considère le souci de monumentalité qui caractérise la composition, il est possible que Paolo
se soit ici inspiré des œuvres d'artistes antérieurs, en particulier, des portraits de Sebastiano del Piombo et aussi de Titien.

Si la critique a toujours été unanime dans son
appréciation de l'œuvre, il n'en a pas été de
même pour sa datation. En effet, Osmond
(1927) la date à peu près de 1560 tandis que
Pallucchini (1963-64 et 1984) la situe plus tard,
dans la seconde moitié des années 1560, concor-
dant ainsi avec l'opinion de T. Pignatti
(1976/1). Au contraire, W.R. Rearick (1988/2)
la situe antérieurement, en 1549-50, se fondant
sur une comparaison avec d'autres œuvres de
Véronèse de cette époque, telles que le *Portrait
de gentilhomme à la pelisse de lynx*, aujourd'hui
au Szépmüvészeti Múzeum de Budapest, qu'il
date aux environs de 1548. Cette hypothèse est
partagée par D. Gisolfi Pechukas (1989-90),
alors que S. Marinelli (1988) suppose que la
toile se rapporte à la production des années
1555-1560, non loin des fresques de San Sebastiano et de la *Présentation au temple*, peinte sur
les volets d'orgue de cette église. Enfin, T. Pignatti et F. Pedrocco (1991) prennent le parti
d'une datation plus tardive, de la seconde moitié de la décennie 1560, arguant des analogies
avec le *Portrait de Daniele Barbaro* déjà cité,
d'Amsterdam, certainement exécuté en 1566-
67, ainsi qu'avec d'autres portraits du même
groupe à la Gemäldegalerie de Dresde (*Portrait
dit d'Alessandro Contarini*), et un autre, autrefois
dans la collection Goudstikker à Amsterdam
(*Portrait d'homme assis*) : de telles analogies
portent aussi bien sur le traitement pictural,
digne du style de la maturité de Paolo, que sur
la position des figures toujours représentées de
trois quarts dans ces portraits, le visage légèrement désaxé.

T.P.

page 189

198

Paolo Caliari, dit Véronèse
Vérone, 1528 - Venise, 1588

Persée et Andromède
Toile. H. 2,60; L. 2,11
RENNES, MUSÉE DES BEAUX-ARTS

HISTORIQUE
Coll. du surintendant Nicolas Fouquet, Paris; acquis
par Louis XIV vers 1665 (vu en 1665 aux Gobelins
par Bernini); coll. royales à Versailles (Inv. Le Brun,
1683, nº 183); au château de Meudon, au XVIIIᵉ siècle,
puis à la Surintendance en 1760; envoi de l'État au
musée de Rennes en 1801.

EXPOSITIONS
Rennes, 1978, nº 123; Rennes, 1987, nº 29a; Washington, 1988, nº 86; Paris, 1990, nº 34.

BIBLIOGRAPHIE
Chantelou, 1665 (éd. Lalanne, 1885, p. 220); Le Brun
(éd. Brejon de Lavergnée, 1987) nº 183; Mariette,
1729-1742, II, p. 65; Lépicié, 1752, pp. 122-123;
Landon, 1803, IV, pp. 105-106; Taine, 1863-1865,
p. 53; Caliari, 1888, p. 389; Ingersoll-Smouse, 1927,
II, p. 211; Ingersoll-Smouse, 1928, II, p. 45; Berenson, 1932, p. 424; Vertova, 1952, n. p.; Berenson,
1958, p. 139; Crosato Larcher, 1968, p. 223; Marini,
1968, nº 282; Crosato Larcher, 1972, p. 79; Pignatti,
1976(1), pp. 203-204; Constans, 1976, p. 165; Cocke,
1977, p. 786; Ramade, 1980, pp. 1-12; Rearick,
1988(2), p. 171; Béguin, 1990, p. 214; Pignatti et
Pedrocco, 1991, p. 232.

Bien qu'au XVIIIᵉ siècle elle ait été considérée
comme l'un des chefs-d'œuvre majeurs de Véronèse et ait inspiré plus ou moins directement
quelques grands peintres français de l'époque,
de Lemoyne à Natoire jusqu'à Ingres (Rearick
1988/2), et bien que Caliari (1888), premier biographe scrupuleux de Paolo, l'ait placée parmi
les œuvres autographes du peintre, cette toile a
mis du temps à s'imposer auprès de la critique
moderne. Ingersoll-Smouse (1927) la considère
comme une œuvre d'école, peut-être due à
Francesco Montemezzano, tandis que Berenson, dans un premier temps (1932), et L. Vertova (1952) pensent que l'atelier a pris part à
son exécution. Si, par la suite, Berenson (1958)
modifie son opinion, reconnaissant cette toile
comme étant de la main même de Véronèse,
R. Marini (1968) reprend l'hypothèse avancée
par Ingersoll-Smouse et confirme l'attribution
à Francesco Montemezzano, d'après un dessin

de Véronèse. L. Crosato Larcher (1968), quant à elle, y voit la main de Carletto Caliari, alléguant une affinité présumée entre la figure d'Andromède, « opulente de corps et menue de visage », et les figures de saintes qui apparaissent dans la *pala* exécutée par le fils de Paolo pour l'église San Nicolò al Lido et aujourd'hui conservée à la fondation Cini de Venise. Cette hypothèse — par ailleurs démentie plus tard par L. Crosato Larcher elle-même (1972) — était également, malgré quelques doutes, celle de T. Pignatti (1976/1), qui jugeait possible l'exécution de cette œuvre par Carletto, d'après un dessin du père. Toutefois, la restauration récente du tableau (Ramade, 1980) a permis d'en améliorer la lisibilité et d'en retrouver les qualités chromatiques. Ainsi nous pouvons aujourd'hui tenir pour caduc tout jugement qui remettrait en cause la paternité de l'œuvre. A notre avis, la toile offre toutes les caractéristiques stylistiques et chromatiques de la peinture de Véronèse dans sa phase classique, à laquelle peuvent être rattachées, parmi d'autres œuvres, les quatre *Allégories de l'Amour*, conservées à la National Gallery de Londres, que la critique date unanimement vers 1576-1578. En considérant la cohérence stylistique de ces œuvres entre elles, il semble raisonnable d'attribuer une situation chronologique analogue ou légèrement postérieure au *Persée* de Rennes. W. R. Rearick (1988/2), propose de son côté de la retarder jusqu'en 1584, s'appuyant sur la confrontation avec d'autres peintures qu'il date de cette époque, telles que la *Vénus au miroir*, du Joslyn Art Museum d'Omaha, qui appartient certainement au milieu des années 1580, et le *Calvaire* du Louvre, que, par ailleurs, la critique tend plutôt à situer dans la seconde moitié des années 1570 (Pignatti, 1976/1; Pallucchini, 1984; Pignatti et Pedrocco, 1991).

T.P.

page 190

199

Paolo Caliari, dit Véronèse
Vérone, 1528 - Venise, 1588

Crucifixion avec la Vierge et saint Jean
Toile cintrée. H. 3,05; L. 1,65
VENISE, SAN LAZZARO DEI MENDICANTI

HISTORIQUE
Église des Incurabili alle Zattere, Venise; San Lazzaro dei Mendicanti, Venise, après 1806.

EXPOSITIONS
Venise, 1939, n° 78; Venise, 1981, n° 67

BIBLIOGRAPHIE
Sansovino, 1581, f. 97 v.; Verucchino, 1593, p. 189; Ridolfi, 1648 (éd. Hadeln, 1914, p. 325); Caliari, 1888, p. 130; Osmond, 1927, pp. 80 et 117; Ingersoll-Smouse, 1928, II, p. 34; Fiocco, 1934, p. 107; Pallucchini, 1939, p. 185; Coletti, 1941, pp. 251-252, 254; Berenson, 1958, p. 41; Pallucchini, 1959-60, p. 55; Pallucchini, 1963-64, pp. 116-117; Ballarin, 1965, p. 71; Pignatti, 1966, p. 59; Marini, 1968, n° 235; Pignatti, 1976(1), p. 152; Pignatti, 1981, p. 191; Pallucchini, 1984, pp. 139-144; Aikema, 1990, p. 200; Pignatti et Pedrocco, 1991, p. 252.

La *pala* est mentionnée pour la première fois par Francesco Sansovino (1581) dans l'église des Incurabili alle Zattere à Venise, comme le confirment Ridolfi (1648) et les guides de la ville datant du XVIIIe siècle. Elle est parvenue à son emplacement actuel peu après 1806, lorsque l'église des Incurabili fut, en application des décrets napoléoniens, fermée au culte et partiellement dépouillée de sa décoration.

Cette œuvre aux couleurs intactes a été unanimement reconnue par la critique comme étant de la main de Véronèse. Seul Berenson (1958) y voit une intervention de l'atelier. En l'absence d'indications documentaires spécifiques, la date doit être rapportée à la fin des années 1570. La toile présente des affinités avec des œuvres datant certainement de cette époque, telles que les toiles destinées à l'église vénitienne de San Nicolò della Lattuga (aujourd'hui réparties entre l'église des Santi Giovanni e Paolo, les Gallerie dell'Accademia de Venise et la Brera de Milan), antérieures à septembre 1582, ou les *Crucifixions* du Szepmüvészeti Múzeum de Budapest et de l'église San Sebastiano à Venise.

Les figures de ces peintures partagent une même intensité dramatique, soulignée par une recherche approfondie des effets luministes naturels — l'une des conquêtes formelles fondamentales de l'artiste dans la dernière phase de son activité. La croix, haute, se détache sur un ciel obscur parcouru de nuages sombres et orageux; le Christ est entouré d'une gloire de chérubins, dont émane une lumière éblouissante; au pied de la croix, à gauche, la Madone est enveloppée dans un manteau bleu foncé, dont le chromatisme contraste avec celui du manteau rouge vif de saint Jean, à droite. A l'arrière-plan, l'artiste a suggéré un paysage lourd et comme enfumé, typique lui aussi de Véronèse à l'époque de sa maturité.

Pallucchini (1939) estime que la *pala* a été exécutée en 1576, c'est-à-dire l'année même où Greco abandonne Venise, emportant avec lui l'image du ciel sulfureux et incandescent de la toile vénitienne, qu'il reproduira dans sa *Crucifixion*, aujourd'hui au Louvre. A cette occasion, Pallucchini suggère aussi que Véronèse a subi la fascination de la *Crucifixion* (cat. **252**), toile de Titien placée, le 22 juillet 1558, sur l'autel de l'église San Domenico à Ancône. Mais il paraît improbable que Véronèse ait pu connaître directement cette œuvre. B. Aikema (1990) pense, avec plus de raison, que la toile de même sujet, exécutée en 1562-63, par Jacopo Bassano pour l'église San Teonisto à Trévise, a constitué un modèle pour Véronèse. Leur analogie tient non seulement aux caractères formels, tels que l'attitude des personnages et les effets de lumière, mais surtout aux éléments iconographiques. Les deux artistes ont notamment accentué de manière insolite, dans ces tableaux, l'aspect purificateur du sang du Christ, coulant abondamment des plaies ouvertes sur les mains et le flanc. Il s'agit probablement d'un hommage à la croyance, chère aux milieux réformistes dont les Incurabili formaient un des groupes les plus importants à Venise, selon laquelle le salut éternel des hommes dérive du sacrifice du Rédempteur, qui par son sang, est la « source capable de laver les péchés de tout l'univers » (Verucchino, 1593).

T.P.

page 191

200

Paolo Caliari, dit Véronèse
Vérone, 1528 - Venise, 1588

Saint Jérôme pénitent
Toile cintrée. H. 2,51; L. 1,67
VENISE, ÉGLISE SANT'ANDREA DELLA ZIRADA
(En dépôt aux Gallerie dell'Accademia)

HISTORIQUE
Sant'Andrea della Zirada, Venise; déposé aux Gallerie
dell'Accademia en 1971.
EXPOSITIONS
Venise, 1939, n° 77; Venise, 1988(2), sans n°.
BIBLIOGRAPHIE
Ridolfi, 1648 (éd. Hadeln, 1914, p. 325); Sansovino
et Martinioni, 1663, p. 209; Boschini, 1664, p. 508;
Boschini, 1674, p. 8; Zanetti, 1733, p. 431; Zanetti,
1771, pp. 190, 549; Moschini, 1815, II, p. 99; Caliari,
1888, p. 141; Hadeln, 1911, p. 396; Osmond, 1927,
pp. 81, 116; Fiocco, 1928, p. 137; Fiocco, 1934,
p. 106; Berenson, 1936, p. 366; Pallucchini, 1939,
p. 183; Coletti, 1941, p. 263; Berenson, 1958, p. 141;
Marini, 1968, n° 284; Pignatti, 1976(1), p. 138; Pallucchini, 1984, p. 180; Perissa Torrini, 1988, pp. 134-
143; Valcanover, 1990, p. 170; Aikema, 1990,
pp. 198-199; Pignatti, et Pedrocco, 1991, p. 246.

Exécutée pour l'église Sant'Andrea della Zirada à Santa Croce à Venise, cette œuvre formait le retable du petit autel qui se trouvait
jadis à droite du maître-autel détruit par la
suite. Ce retable est mentionné à cet endroit
par Ridolfi (1648) et par Zanetti (1733 et 1771),
qui le décrit comme « le plus beau nu jamais
réalisé par ce maître insigne ». Il est resté à cet
emplacement sans interruption jusqu'en 1971,
date à laquelle l'église, aujourd'hui fermée au
culte, a été, pour des raisons de sécurité et de
conservation, dépouillée de sa décoration,
transférée aux Gallerie dell'Accademia de Venise.

Le retable a subi de nombreuses restaurations au cours du temps, dont la première remonte à la fin du XVIIIe siècle; viennent ensuite,
après deux autres interventions entre le XVIIIe
et le XIXe siècle, le nettoyage et la consolidation
à l'occasion de l'exposition de 1939, et une intervention en 1988, qui a permis de libérer
l'œuvre des anciens repeints, de la saleté accu-
mulée à sa surface et des taches de moisissure
provoquées par l'humidité. La toile a ainsi re-

trouvé dans une large mesure sa richesse chromatique d'origine (Perissa Torrini, 1988).

L'attribution à Véronèse, déjà soutenue par
Hadeln (1911) et Fiocco (1928), a fait l'unanimité parmi les spécialistes. En ce qui concerne
la chronologie, la critique moderne semble retenir une date s'inscrivant dans la phase de
maturité du peintre. Une telle hypothèse est
reprise, entre autres, par Pallucchini (1939 et
1984), Marini (1968), Pignatti (1976/1) et Pignatti et Pedrocco (1991). En effet, le traitement par touches franches du superbe nu masculin et du vaste paysage qui s'ouvre derrière
la cabane misérable du saint, identifié par ses
attributs traditionnels (le lion apprivoisé couché
à ses pieds, le crucifix, le crâne, les livres et le
chapeau de cardinal accroché à l'un des troncs
qui soutiennent l'appentis oblique), semble caractéristique de cette phase de l'œuvre de l'artiste. C'est précisément la qualité magistrale de
ces morceaux naturalistes, largement traités,
qui appelle la comparaison avec d'autres œuvres
peintes de la même façon, telles les toiles avec
Vénus et Adonis de l'Art Museum de Seattle et
du Nationalmuseum de Stockholm, que l'on
peut dater de la fin des années 1570. Ce qui
permet de situer l'œuvre aux alentours de 1580.

Le *Saint Jérôme* de Sant'Andrea della Zirada
constitue la plus tardive des trois peintures exécutées par Véronèse sur ce thème (traité à plusieurs reprises par Titien : voir cat. **162 et 262**),
qui nous sont parvenues. Elle est en effet précédée par la *pala* exécutée en 1566 à la demande
de Francesco degli Alberi pour la chapelle de
San Girolamo, dans l'église Santa Maria degli
Angeli à Murano, et transférée au XIXe siècle à
San Pietro Martire, dans cette même île de la
lagune vénitienne, et du tableau, aujourd'hui à
la National Gallery de Washington, provenant
peut-être de l'église San Sebastiano, et que l'on
peut dater de la fin des années 1560.

Une lecture iconographique du tableau, que
nous pouvons partager, a récemment été proposée par B. Aikema (1990). Le tableau illustrerait l'idée, très répandue dans la spiritualité
du XIXe siècle et particulièrement chère aux religieuses du couvent de Sant'Andrea, selon laquelle l'homme ne peut atteindre le salut éternel qu'en combattant âprement les faiblesses de
la chair. Cette lecture se fonde sur la figure de
saint Jérôme, représenté au moment où il médite sur la passion du Christ crucifié et où il se
frappe d'une pierre, mais aussi sur le paysage
rupestre escarpé qui rend difficile toute tentative d'atteindre le haut plateau, où, emblé-
matiquement, se trouvent un obélisque, symbole
d'éternité, et une église.

Moschini (1815) signale dans la sacristie de
l'église Sant'Andrea della Zirada un *modello* du
retable, aujourd'hui disparu. Fiocco (1928) propose d'identifier comme un dessin préparatoire
une feuille de l'Albertina de Vienne, où l'image
apparaît inversée, mais il s'agit en fait d'une
copie réalisée à partir d'une gravure.

T.P.

page 192

201

Paolo Caliari, dit Véronèse
Vérone, 1528 - Venise, 1588

Hercule et Déjanire
Toile. H. 0,68; L. 0,53
VIENNE, KUNSTHISTORISCHES MUSEUM,
GEMÄLDEGALERIE

HISTORIQUE
Coll. Bartolomeo della Nave, Venise (inv. 1636,
n° 81); coll. Lord Fielding, Londres, 1638; coll. ar-
chiduc Léopold-Guillaume, Bruxelles, 1649 (inv.
1659, n° 271); entré dans la galerie des Habsbourg et,
de là, au Kunsthistorisches Museum de Vienne.
EXPOSITIONS
Venise, 1939, n° 79; Venise, 1988(1), n° 69.
BIBLIOGRAPHIE
Ridolfi, 1648 (éd. Hadeln 1914, p. 336); Mechel, 1783,
p. 105; Engerth, 1884, p. 412; Caliari, 1888, p. 400;
Wickhoff, 1893, I, p. 140; Schaeffer, Wartenegg et
Dollmayr, 1894, p. 121; Berenson, 1907, p. 216;
Fiocco, 1928, p. 199; Berenson, 1932, p. 428; Fiocco,
1934, p. 123; Pallucchini, 1939, p. 187; Coletti, 1941,
p. 255; Pallucchini, 1943, p. 42; Berenson, 1958,
p. 143; Klauner, 1960, I, pp. 160-1651; Pallucchini,
1963-64, p. 130; Pallucchini, 1966, p. 731; Marini,
1968, n° 276; Demus, 1973, p. 197; Pignatti, 1976(1),
p. 151; Goldner, 1981, p. 120; Pallucchini, 1984,
p. 187; Rearick, 1988(1), pp. 107-108; Pignatti et
Pedrocco, 1991, p. 248; Vienne, *Catalogue*, 1991, pl. 77.

Cette œuvre constitue le pendant de *Vénus et
Adonis* (cat. **202**) également au Kunsthistorisches Museum de Vienne. L'ancienne attribution de ces deux tableaux à Véronèse, confirmée par Mechel (1783), Engerth (1884) et
Caliari (1888), est contestée par Wickhoff
(1893), qui les assigne à un élève du peintre.
Le catalogue du musée, rédigé en 1894, avance
le nom du Véronais Paolo Farinati, proposition
reprise par Berenson (1907). On doit à Fiocco
(1928) d'avoir restitué à Véronèse la paternité
de cette paire de tableaux, reconnue par l'ensemble de la critique moderne.

En ce qui concerne la datation des deux
toiles, la théorie qui prévaut consiste à les situer
vers 1580, se fondant, d'une part, sur « le fractionnement des touches de lumière, qui reflète
la technique de Tintoret » (Pallucchini, 1939),
et d'autre part, sur « l'impression d'un paysage
naturel s'élargissant dans un registre nouveau »
qui révèle également une attention nouvelle

pour les œuvres des Bassano (Pignatti, 1976/1). Récemment, W.R. Rearick (1988/1) a proposé une datation des deux toiles aux alentours de 1586. Il y distingue en effet les « signes de la phase stylistique extrême du maître » dans la tension dramatique dont la scène est animée, tension soulignée par la qualité des couleurs, les touches de vert et de brun étincelant sur le fond noir. Cependant, les tableaux ne paraissent pas si éloignés du style classique, caractéristique des peintures de la fin des années 1570 ; le traitement chromatique, tout en scintillements, reflets subtils et *velature* changeantes, correspond parfaitement à la manière des œuvres de cette période. Ainsi, comme Pallucchini (1984), nous préférons confirmer une date plus précoce, vers 1580. Nous les estimons contemporaines de tableaux tels que le *Saint Jérôme pénitent* de Sant'Andrea della Zirada (cat. **200**), ou les « fables mythologiques » du Nationalmuseum de Stockholm et de l'Art Museum de Seattle, dont le caractère autographe, récemment contesté, doit être bien au contraire confirmé.

T.P.

page 193

202

Paolo Caliari, dit Véronèse
Vérone, 1528 - Venise, 1588

Vénus et Adonis
Toile. H. 0,68 ; L. 0,52
VIENNE, KUNSTHISTORISCHES MUSEUM,
GEMÄLDEGALERIE

HISTORIQUE
Voir *Hercule et Déjanire* (cat. **201**). coll. archiduc Léopold-Guillaume (inv. 1659, n° 267).
EXPOSITION
Venise, 1988(1), n° 70.
BIBLIOGRAPHIE
Ridolfi, 1648 (éd. Hadeln, 1914, p. 336) ; Mechel, 1783, pp. 5, 6 ; Engerth, 1884, p. 143 ; Caliari, 1888, pp. 231, 400 ; Wickhoff, 1893, I, p. 140 ; Schaeffer, Wartenegg et Dollmayr, 1894, p. 121 ; Berenson, 1907, p. 216 ; Fiocco, 1928, p. 149 ; Fiocco, 1934, p. 123 ; Berenson, 1958, p. 143 ; Klauner, 1960, I, p. 161 ; Pallucchini, 1963-64, p. 130 ; Pallucchini, 1966, p. 731 ; Marini, 1968, n° 277 ; Demus, 1973, p. 198 ; Pignatti, 1976(1), p. 151 ; Goldner, 1981, p. 126 ; Pallucchini, 1984, pp. 129, 187 ; Rearick, 1988(1), p. 108 ; Pignatti et Pedrocco, 1991, p. 248 ; Vienne, *Catalogue*, 1991, pl. 77.

Cette toile est le pendant d'*Hercule et Déjanire* (cat. **201**) dont elle partage l'histoire et les vicissitudes critiques. Si le thème de cette dernière peinture, tiré des *Métamorphoses* d'Ovide, est assez rare dans la peinture vénitienne de la seconde moitié du XVIe siècle, et constitue, de ce point de vue, une exception dans l'œuvre de Véronèse, le thème de Vénus et Adonis a été souvent repris par le peintre à des moments différents de son activité, à partir du tableau du début des années 1560, aujourd'hui à Ausbourg (cat. **196**). Dans cette dernière œuvre, Véronèse a tenu compte des « poésies mythologiques » de Titien, tandis que dans la toile de Vienne, il paraît s'être complètement dégagé des exemples de Vecellio, reprenant, pour une nouvelle élaboration, les figures principales de sa propre composition, antérieure de quelques années et de format légèrement inférieur, aujourd'hui à la Galleria Sabauda de Turin. Véronèse a fait ici disparaître l'alcôve de Vénus où se trouvaient les amants, et la scène se situe maintenant à l'orée d'un bois plutôt sombre, illuminé seulement en partie par les rayons dorés du soleil couchant. Cependant, la scène demeure explicite, et le fait que les amants se rencontrent en plein air n'altère en rien la signification érotique du tableau. Il paraît donc difficile de saisir le rapport entre la thématique de ce tableau et celle de sa toile jumelle, qui exalte, au contraire, un célèbre exemple de fidélité conjugale : Hercule, armé de flèches, va se lancer à la poursuite du centaure Nessus qui, après avoir enlevé Déjanire, épouse du héros, l'emmène au galop loin de l'orée du bois. Il ne faut pas exclure, comme le suggère W.R. Rearick (1988/1), un parallèle de type moral entre les deux toiles.

T.P.

page 194

203

Paolo Caliari, dit Véronèse
Vérone, 1528 - Venise, 1588

Vénus et Adonis dormant
Toile, H. 2,12 (1,62) ; L. 1,91
MADRID, MUSEO DEL PRADO

HISTORIQUE
Acquis par Velázquez en 1641 pour Philippe IV à

Venise ; resté à l'Alcazar à Madrid (inv. Alcazar, 1666, n° 595) jusqu'à son transfert au Museo del Prado.
EXPOSITION
Londres, 1983-84, n° 145.
BIBLIOGRAPHIE
Borghini, 1584, p. 563 ; Ridolfi, 1648 (éd. Hadeln, 1914, p. 337) ; Boschini, 1660 (éd. A. Pallucchini, 1966, p. 78) ; De Madrazo, 1872, I, p. 294 ; Caliari, 1888, pp. 210, 265, 370 ; Lefort, 1890, I, p. 473 ; Osmond, 1927, pp. 87, 118 ; A. Venturi, 1929, IX, p. 950 ; Fiocco, 1934, p. 125 ; Arslan, 1946-47, I, pp. 120-121 ; Berenson, 1958, p. 137 ; Levey, 1960, p. 111 ; Pallucchini, 1963-64, p. 113 ; Sánchez Cantón, 1963, p. 756 ; Pallucchini, 1966, pp. 731 ; Marini, 1968, n° 209 ; Pignatti, 1976(1), p. 149 ; Cocke, 1983, p. 241 ; Pallucchini, 1984, pp. 120 et 128-129 ; Rearick, 1988(2), p. 122 ; Gould, 1990, pp. 287-289 ; Pignatti et Pedrocco, 1991, p. 273.

La composition avait été autrefois agrandie en hauteur de 50 cm, ce qui donnait plus d'importance à la partie supérieure du paysage. Récemment restauré, le tableau est désormais montré dans ses dimensions d'origine. Ces mesures (1,62 × 1,91) correspondent à celles de la *Mort de Procris* (cat. **204**) du musée des Beaux-Arts de Strasbourg, dont il constituait à l'origine le pendant. Comme l'a précisé Fiocco (1934), les deux œuvres sont mentionnées par Borghini dans son *Riposo*, imprimé en 1584 mais achevé deux ans plus tôt (Pallucchini, 1984), comme étant à peine terminées. La date de 1582 constitue donc le terme *ante quem* de l'exécution des peintures. La critique moderne a toujours mis en évidence l'adéquation du style à celui de Véronèse autour de 1580. Le fond de paysage, animé de lueurs qui se font crépusculaires, et qui fournit non seulement une trame chromatique, mais sentimentale à l'événement, revêt ici une grande importance. La typologie du paysage, que caractérise le grand écran d'arbres sur le côté, est d'ailleurs semblable à celles d'autres œuvres de Véronèse que l'on peut certainement dater de cette période, par exemple les pendants *Hercule et Déjanire* et *Vénus et Adonis* de Vienne (cat. **201** et **202**).

Comme pour le tableau de même sujet, aujourd'hui à Augsbourg (cat. **196**), C. Gould (1990) a identifié, dans des dessins et des gravures de l'Italie centrale datant du début du XVIe siècle, les sources iconographiques dont Véronèse s'est en partie inspiré pour cette œuvre. L'attitude d'Adonis, notamment, pourrait dériver de celle d'Endymion — représenté sur un sarcophage classique — que Michel-Ange a également utilisé pour son *Holopherne décapité*, à la chapelle Sixtine. En revanche, la figure du *putto* qui retient le chien, provient directement d'une statue antique représentant un enfant avec une oie.

Le tableau du Prado est sans doute celui qui, d'après Ridolfi (1648), fut acquis par Velázquez en 1641, quand il faisait partie de la collection Housset à Venise, pour le compte de Philippe IV : c'est probablement à ce moment que les toiles jumelles furent séparées. Celle aujourd'hui au Prado se trouvait en 1666 à l'Alcazar, exposée dans la Galería di Mediodia.

Une copie tardive est conservée aux Bayerische Staatsgemäldesammlungen de Munich; l'original de Madrid a été gravé par P. Viel.

T.P.

page 195

204

Paolo Caliari, dit Véronèse
Vérone, 1528 - Venise, 1588

La Mort de Procris
Toile H. 1,62; L. 1,90
STRASBOURG, MUSÉE DES BEAUX-ARTS

HISTORIQUE
Acquis par Velázquez à Venise en 1641 pour Philippe IV; inventaire de l'Alcazar, 1666 (probablement n° 601: mêmes dimensions, mais le sujet n'est pas donné); à l'Alcazar jusqu'en 1784 au moins; transféré au Museo de Madrid dans le Palacio de Buenvista v. 1809; passé en possession de Joseph Bonaparte; vente Joshua Bates, Christie's, Londres, 24 mai 1845, lot 69; vente William Coningham (avec mention de la provenance Joseph Bonaparte), Christie's, Londres, 12 avril 1851 (lot 59); G. Pulsford; acquis par le musée des Beaux-Arts de Strasbourg en 1912.

EXPOSITION
Londres 1983-1984, n° 146.

BIBLIOGRAPHIE
Borghini, 1584, p. 563; Ridolfi, 1648 (éd. Hadeln, 1914, p. 334); Caliari, 1888, p. 125; Ingersoll-Smouse, 1927, II, p. 219; Osmond, 1927, pp. 89, 110; Ingersoll-Smouse, 1928, II, pp. 45-48; Fiocco, 1934, p. 118; Haug, 1938, p. 152; Suida, 1938, I, p. 176; Berenson, 1958, p. 140; Marini, 1968, n° 219; Pignatti, 1976(I), p. 149; Cocke, 1983, p. 241; Pallucchini, 1984, pp. 128-129; Rearick, 1988(2), p. 122; Pignatti et Pedrocco, 1991, p. 274.

Cette œuvre est le pendant de *Vénus et Adonis dormant*, aujourd'hui au Prado (cat. **203**), comme l'a démontré Fiocco (1934), citée avec elle dans le *Riposo* de Borghini (1582-1584). Cette identification n'est admise par la critique que depuis peu de temps. La paire de tableaux a sans doute été séparée en 1641, lors de leur acquisition par Velázquez à Venise pour le compte de Philippe IV.

Les deux toiles ont déjà été réunies en 1983-1984, à la Royal Academy de Londres, lors de l'exposition *The Genius of Venice*. Depuis catte date la peinture de Strasbourg a elle aussi été allégée des vernis inégaux qui l'alourdissaient. Pour la chronologie du tableau, on peut se reporter à la notice relative à son pendant. Il est intéressant de remarquer que la toile de Strasbourg a été bien moins appréciée par la critique que sa jumelle, au point que Fiocco (1934) a émis l'hypothèse qu'il s'agirait en partie d'une œuvre d'atelier, tandis que R. Marini (1968) va jusqu'à l'attribuer à Francesco Montemezzano. Ces incertitudes sont levées par T. Pignatti (1976/I), qui attribue pleinement la paternité de l'œuvre à Véronèse, comme la critique ultérieure.

T.P.

Titien : la fortune du dessinateur

par W. Roger Rearick

L'ATMOSPHÈRE élégiaque et la poésie qui se dégageaient des pastorales de Giorgione, évoquant les paysages d'une Arcadie heureuse, furent développées par Titien, puis diffusées par Giulio et Domenico Campagnola. Elles ne purent, toutefois, demeurer longtemps le mode d'expression privilégié de la peinture et du dessin vénitiens. C'est à Titien lui-même que revint le mérite d'effectuer une transition, en affirmant un style nouveau, délibérément subversif. L'*Assomption* de l'église de Santa Maria dei Frari, à Venise, terminée en 1518, donna à l'art vénitien une nouvelle orientation et un dynamisme dont le caractère héroïque était lié au choix même du thème. Le traitement infiniment subtil de la plume, qui convenait parfaitement à l'idylle rustique des *Deux Satyres dans un paysage* (cat. **99**), n'était plus de mise lorsque Titien, autour de 1520, donna libre cours à sa propre conception du dessin, dont il entendait privilégier avant tout le caractère expérimental. Ainsi la force et la spontanéité de ses esquisses (cat. **205, 206**) pour le *Saint Sébastien* de l'église des Santi Nazaro e Celso, à Brescia (Fig. 1), réalisées vers 1520, sont-elles débarrassées de toute évocation à caractère idyllique et sont-elles jetées sur le papier avec une force qui met en valeur la dimension monumentale de la figure. La recherche du beau métier s'efface désormais devant l'étude du geste, la justesse de l'attitude et de l'expression, destinées à être intégrés dans le tableau achevé. Une énergie plus violente encore apparaît dans les notations rapides de thèmes relevant de la fiction pure, comme, par exemple, dans les *Aigles attaquant un dragon* (cat. **207**). L'exécution soignée, qui convenait à l'illustration narrative, n'avait plus désormais sa place. A la réserve et au mystère de Giorgione succédait la détermination la plus librement exprimée.

Fig. 1
Titien, *Saint Sébastien*,
Polyptyque Averoldi, détail,
Brescia, San Nazaro e Celso.

Les dessinateurs vénitiens, autour de 1520, se souciaient moins des conventions théoriques sur la pratique du métier que leurs contemporains d'Italie Centrale, pour lesquels chaque étape de l'élaboration d'un tableau était soumise à une technique particulière. On trouve à Venise et chez Titien en particulier, de fréquentes utilisations de techniques mixtes. La pierre noire, ou souvent le fusain, était appliquée sur la feuille d'un bleu intense et la liberté des rehauts de blanc en exaltait l'effet coloré. Les modifications de mise en place des attitudes, ou le *primo pensiero* d'un détail de la composition, étaient le plus souvent tracés à la plume, sans le lavis que l'on réservait de préférence aux dessins plus achevés, ou à des parties très travaillées, qui pouvaient être retenus comme des œuvres à part entière. A Vérone, en particulier, on réalisait des feuilles en clair-obscur, très élaborées, qui témoignaient de l'influence de Parmigianino. La sanguine était utilisée dans la province du Frioul, ou bien par des artistes qui avaient fait une partie de leur carrière hors de la Vénétie, mais les Vénitiens eux-mêmes l'employaient rarement. Les pierres colorées, d'origine lombarde, que Léonard de Vinci adopta à la fin du Quattrocento, ne furent d'usage courant que plus tard en Vénétie.

La veine pastorale qui marquait les œuvres de Titien dans la seconde décennie du siècle, ne disparut pas brusquement après 1520, mais évolua vers un langage plus réaliste. Les milieux littéraires se détournaient de la poésie arcadienne, celle des *Églogues* de Virgile, ou du lyrisme de Sannazzaro pour s'attacher aux évocations rustiques des *Géorgiques*. Titien fut le premier à interpréter cette nouvelle tendance dans ses dessins et cela grâce à la collaboration, engagée alors et longtemps suivie, avec des maîtres de la gravure sur bois. Les dessins très achevés, qu'il donna alors à Giovanni Britto pour être gravés, ne sont connus que grâce

à quelques copies (cat. **209**) qui permettent de saisir le passage de l'étude à la planche gravée et de mesurer, surtout, la part importante qui revient à Titien dans ce travail. Ces dessins achevés, aujourd'hui disparus, étaient eux-mêmes conçus à partir d'études de détails susceptibles de servir à plusieurs compositions (Fig. 2, 3). Certaines feuilles semblent appartenir à ce dernier groupe (cat. **207**), alors que d'autres sont de véritables panoramas (cat. **208**, **215**) que l'on peut en partie rapprocher de motifs gravés sur bois. L'écriture de Titien se fait, à cette époque, plus assurée, les lignes sont plus amples, sa touche plus dense et plus variée. La xylographie du *Paysage à la laitière* (cat. **210**), exercera une influence durable, non seulement sur les artistes et les graveurs de Venise, mais sur ceux de l'Europe entière. En l'espace d'une décennie, la collaboration de Titien et de Britto évoluera avec bonheur pour trouver, vers 1530, sa plus grande réussite dans la xylographie du *Saint Jérôme*, dotée d'une grande force dramatique (cat. **211**). Domenico Campagnola, toujours enclin à exploiter les découvertes de son maître, donna bientôt sa propre interprétation du thème (cat. **212**), mais son charme un peu prosaïque ne fit que souligner la force suggestive de son modèle. A l'inverse, Titien, attentif probablement au succès remporté par les dessins de Domenico Campagnola, s'essaya lui-même au grand format en produisant des dessins à la plume, très

Fig. 2
Titien, *Paysage avec château*,
Bayonne, Musée Bonnat. Inv. 1323.

Fig. 3
Titien, *Étude d'arbre*,
Localisation actuelle inconnue.

complets, qui n'ont pas de fonction préparatoire mais sont des œuvres conçues pour elles-mêmes (cat. **215, 217, 218**). Quelque peu énigmatiques dans leurs sujets, l'*Été*, ou *Paysage avec un berger endormi* (cat. **217**), l'*Automne*, ou la *Lamentation de Vénus* (cat. **218**) font partie de ces œuvres destinées à des amateurs érudits et raffinés, recherchant des pièces strictement réservées à leur usage personnel. Un peu après 1530, Titien se sépara de Britto et s'adressa à d'autres graveurs, comme Jacopo Caraglio, qui travaillaient plutôt directement d'après ses tableaux que d'après ses dessins. Aussi, ses paysages à la plume devinrent-ils plus rares. Campagnola, lui, se spécialisa dans ce genre et ses évocations à caractère pittoresque atteignirent des proportions de plus en plus importantes, tout en s'étirant en largeur, un peu à la manière des panoramas (cat. **213, 214**). Se laissant peu à peu gagner par la facilité, il produisit des centaines de feuilles, très peu différentes les unes des autres. La portée de son influence fut toutefois sans mesure avec la qualité même de ces œuvres tardives et, vers la fin du siècle, ce type de paysage fut repris par des maîtres de grand talent.

Le plaisir évident qu'éprouvait Titien à utiliser la pierre noire ou le fusain, dont il aimait le grain pour leurs qualités tactiles et qu'il appliquait sur le papier bleu, se retrouve chez les dessinateurs vénitiens et tout particulièrement chez Paris Bordon. Élève de Titien, il était moins attiré par la plume et l'encre que par la pierre noire, aussi n'y a-t-il rien de surprenant dans sa transcription d'une étude à la plume de Titien (cat. **94**) pour laquelle il a utilisé, brièvement mais avec précision, le tracé de la pierre (cat. **142**). Ses premières études réalisées dans cette technique sont souvent empreintes d'une sorte de vivacité et d'un élan contenu. En vieillissant, Paris Bordon perdra malheureusement une partie de son énergie et son dessin, moins ferme, deviendra plus décoratif. En pleine possession de ses moyens, il égale presque, toutefois, la vigueur et l'assurance de son modèle (cat. **144**).

Le concours pour le grand retable de la *Mort de saint Pierre Martyr* fut probablement lancé en 1526 et permit à plusieurs grands peintres de soumettre des *modelli* au comité chargé de la mise en œuvre du projet. Cette exposition permet de réunir, pour la première fois, les dessins de trois d'entre eux. Titien est représenté par une notation rapide de l'attitude et du mouvement des figures, dont le caractère elliptique ne doit rien aux principes établis à la Renaissance par les théoriciens du style. Palma Vecchio, artiste d'un grand talent mais plus simple que Titien, a laissé quelques croquis sur le thème imposé, pleins de grâce et d'élégance, mais un peu dépourvus de conviction (cat. **220, 221**). Complètement différents et d'une intensité presque inquié-

tante, les dessins de Pordenone pour *Saint Pierre Martyr*, se démarquent radicalement du milieu vénitien. Personnalité inquiète et agitée, d'une inlassable curiosité pour toute nouvelle forme de dessin, il saisit l'occasion de ce concours pour tenter de s'imposer à Venise. A son esquisse à la sanguine (cat. **222**), d'une grande puissance analytique, succédèrent une série d'études de détails, puis un *modello* (cat. **223**) d'un dépouillement saisissant. Il n'est pas surprenant que le jury, déconcerté devant l'audace d'un tel projet, ait préféré Titien à Pordenone. Loin de se laisser décourager, ce dernier, dix ans plus tard, après avoir remporté à Venise des succès notoires, sera confronté de nouveau à Titien dans le projet pour l'*Annonciation* (cat. **224**) de Santa Maria degli Angeli, à Murano, qui remplaça la peinture de Titien, refusée par les religieuses en raison du prix élevé demandé par l'artiste. Intentionnellement, il n'employa pas alors la sanguine, rarement utilisée à Venise et lui préféra la pierre noire rehaussée de craie blanche sur papier bleu, technique favorite des Vénitiens. L'adoption de ce nouveau matériau demeura toutefois sans suite pour l'artiste qui mourut l'année suivante, à Ferrare, d'un poison administré, dit-on, par un rival, inquiet de l'arrivée de ce nouveau venu.

Le défi lancé par Pordenone à la suprématie exercée par Titien à Venise ne tarda pas à inciter celui-ci à reprendre un projet engagé dix ans plus tôt mais qui ne fut réellement mis en œuvre qu'à partir de 1538, sous la pression des menaces formulées par le gouvernement vénitien. Titien se consacra dès lors à l'immense peinture de la *Bataille de Spolète* destinée à la salle du Maggior Consiglio du palais des Doges. Les dessins préparatoires qu'il conçut pour la *Bataille* affirment nettement la conception nouvelle et originale qu'il entendait proposer. Sa composition d'ensemble (cat. **225**), l'un des sommets du dessin de la Renaissance à Venise, s'écarte délibérément des formules intellectuelles de la production maniériste pour atteindre d'emblée l'expression la plus ambitieuse et la plus picturale du schéma initial. Le dessin constitue ici un substitut, rapidement noté, de la peinture, donnant un aperçu général de la vision proposée par l'artiste et allant jusqu'à évoquer les effets conjugués de la bataille qui fait rage et de la fulgurance de l'éclair balayant le ciel chargé de nuages. Une fois cette première trame arrêtée, Titien reprit certains détails, plus calmement, tels que ceux des cavaliers (cat. **225, 226**), dans des feuilles d'une violence à peine plus contenue. Peu de temps après l'achèvement de la *Bataille*, Francesco Salviati, le premier des maniéristes d'Italie Centrale arrivant à Venise, introduisit une nouvelle étape dans l'évolution du dessin vénitien.

Certes, le maniérisme du centre de l'Italie n'est pas le

sujet traité dans cette exposition, toutefois plusieurs dessins témoignent de l'intérêt qu'il suscita parmi les artistes vénitiens. Titien lui-même retint, dès l'élaboration du *Saint Sébastien* (cat. **205**, **206**), certaines idées dont le mérite revenait à Michel-Ange, mais il demeura fidèle à lui-même dans son traitement de la plume, même après 1540 lorsque plusieurs grands artistes méridionaux vinrent travailler à Venise. S'il est vrai que dans un *modello* comme le *Sacrifice d'Abraham* (cat. **228**), l'utilisation de la pierre vise à rendre avant tout l'effet descriptif de la scène, s'il est clair que les *Deux Prophètes* (cat. **229**) traduisent, dans un modelé puissant, une sorte de mélancolie rêveuse, il n'en reste pas moins que tous deux exaltent, par des moyens qui relèvent proprement de l'art pictural, les qualités sensibles de la lumière et des matières. A cet égard, la force et la monumentalité du *Casque* (cat. **230**) sont significatives : nul artiste florentin n'eût été capable d'accorder une telle présence à un simple objet à caractère profane, ni à le doter d'une telle connotation « héroïque ».

D'autres maîtres vénitiens de la jeune génération réagirent avec enthousiasme aux influences étrangères. Il faut citer en premier lieu Andrea Schiavone, qui s'était très tôt intéressé à la gravure et s'était tourné vers Parme, retenu par l'éblouissante virtuosité des dessins de Parmigianino. Il s'essaya, dans ses esquisses sur papier (cat. **235**, **236**), à des techniques mixtes, allant jusqu'à rehausser de lavis coloré de simples croquis à la pierre noire. Aussi élégants et légers soient-ils, ses dessins conservent toujours une transparence lumineuse et leur liberté de touche, toute picturale, est de nature essentiellement vénitienne.

Tintoret, qui atteignit la maturité dans les années quarante, représente un cas différent. Il avait, dit-on, inscrit sur le mur de son atelier la devise suivante : « La couleur de Titien et le dessin de Michel-Ange ». En réalité, il fit tout le contraire. Il passe pour avoir interrompu brusquement son apprentissage auprès de Titien sous le prétexte que le maître se servait abusivement de ses élèves sans leur dispenser un réel enseignement. Toutefois, son approche de dessinateur restera, sa vie durant, redevable au style de Titien. L'étude de modèle, qui appartient au début de sa carrière (cat. **237**), est d'une facture noueuse bien reconnaissable, mais le grain fort de la pierre noire rehaussée de blanc est visiblement inspiré par les dessins de Titien. Les études de nu appartenant à la maturité de Tintoret (cat. **238**) reprennent ces caractéristiques de facture, bien que les contours y soient tracés de manière plus sèche. Son dessin dut alors s'adapter aux exigences imposées par des compositions comportant un grand nombre de figures, peintes, le plus souvent, par des assistants. La création de l'œuvre était donc subordonnée à l'exécution de plusieurs douzaines d'esquisses, d'après le modèle vivant, indéfiniment combinées pour être intégrées dans des compositions d'ensemble. A la fin de sa carrière, Tintoret aborda la composition de la *Bataille sur le Taro* (cat. **240**) avec un mordant et une détermination dont la force expressive est redevable à l'étude de Titien pour la *Bataille de Spolète*. De tempérament individualiste, méthodique dans l'utilisation de ses dessins, Tintoret est peut-être, à Venise, le dessinateur le moins marqué par les influences extérieures. Son étude d'après un moulage de la célèbre figure de Michel-Ange, *Le Jour* (cat. **239**), conçue en

Fig. 4
Titien, *Paysage avec nymphes et satyres*,
Bayonne, Musée Bonnat. Inv. 150.

contrastes de lumière et d'ombre, de pure tradition vénitienne, ne pourrait, en aucun cas, être prise pour une œuvre florentine.

Titien resta fidèle, dans sa maturité, à la conception du dessin qu'il avait élaborée dès les premières années de son activité. Ses feuilles à la plume, très achevées, comme le *Paysage avec nymphes et satyres* du musée Bonnat, à Bayonne (Fig. 4), réalisé peu avant 1565 et d'un style volontairement archaïque, ou *Roger et Angélique* du même musée (Fig. 5), que l'on date vers 1565, demeurent destinées à être gravées, cette fois par Cornelius Cort, mais la tension et la rigueur nécessaires au vieux maître pour remédier au tremblement de sa main, sont perceptibles dans la touche, régulière jusqu'à l'obsession, ainsi que dans l'uniformité du modelé. Paradoxalement, c'est dans cette tension que le dessin puise sa force expressive. Les dessins préparatoires à la pierre noire n'exigeant pas une telle contrainte, les œuvres tardives, exécutées dans cette technique qu'il privilégiait par dessus tout, font preuve d'une fragilité délicate dans la touche (cat. **231**), d'une écriture brouillée dans les détails (cat. **232**) et d'une sorte de palpitation vibrante dans le rendu des expressions (cat. **233**). Tout ceci présente des analogies avec sa manière de peindre, marquée par la même dissolution de la facture. Une feuille tardive (cat. **234**) traduit la nostalgie du vieux maître tentant de retrouver, d'une main impatiente, les évocations du bonheur sensuel de sa jeunesse. Un dessin encore plus tardif, l'*Adoration des bergers* des Uffizi, à Florence (Fig. 6), recherche des effets de lumière dans la nuit. Regroupées ici pour la première fois, ces pièces de la dernière période du peintre soulignent la continuité du dessin vénitien.

L'école de Vérone était, en 1550, plus traditionnellement attachée à la technique du dessin à la plume et au lavis, propre à Mantoue et à Parme, qu'à celle que l'on pratiquait à Venise. Les deux foyers s'enrichirent mutuellement lors de l'arrivée de Paolo Caliari, dit Véronèse, qui, dans les années cinquante, quitta sa ville natale pour s'installer à Venise. Passé maître dans les techniques de la plume et du clair-obscur, il n'avait pas encore employé, semble-t-il, la pierre noire rehaussée de blanc avant son départ. Il se tourna alors tout naturellement vers Titien et, dans une étude datant de ses débuts à Venise (cat. **241**), rendit hommage au maître dans son traitement des pierres et des craies, adouci par un rendu très subtil de la texture enveloppant les formes. Contrastant avec les études de nus de Tintoret, très directes, les esquisses à la pierre noire exécutées par Véronèse d'après nature (cat. **242**) dénotent un sens aigu du pouvoir descriptif de l'image dans la justesse de notation du geste. La pierre noire rehaussée de blanc est aussi appropriée, par la maîtrise de son utilisation, au naturalisme de l'étude d'un détail (cat. **243**) qu'aux esquisses rapidement jetées pour des compositions entières (cat. **244**). La plume et le lavis demeurent cependant le mode d'expression le plus adapté à conduire la fertilité de son imagination jusqu'à l'expression achevée de ses idées (cat. **245**). Cette technique fut étudiée et imitée par les dessinateurs vénitiens, en particulier et de façon originale, par Palma Giovane, principal représentant de l'éclectisme du dessin vénitien du dernier quart du siècle. L'influence de Titien diminua au cours de la dernière décennie de sa longue carrière et après sa mort, en 1576, la jeune génération tourna ailleurs ses regards. Giuseppe Porta intro-

Fig. 5
Titien, *Roger et Angélique*,
Bayonne, Musée Bonnat. Inv. 652.

Fig. 6
Titien, *L'Adoration des bergers*,
Florence, galleria degli Uffizi, Gabinetto disegni e stampe, n. 12910 F.

duisit à Venise le maniérisme florentin, Lambert Sustris l'apport des Pays-Bas, les écoles de Vérone et de Vicence suivirent leurs propres orientations. Tous, cependant, adaptèrent leur savoir et leurs aptitudes à la nécessité de s'affirmer très vite comme des dessinateurs vénitiens au sens traditionnel du terme. C'est ainsi que, de façon paradoxale, naquit un besoin d'harmonie et de synthèse qui eut pour effet d'amoindrir l'individualisme forcené qui avait marqué le dessin vénitien jusqu'au dernier quart du siècle. Ainsi se dégagea un style d'apparence plus homogène, comparable, dans son principe sinon dans sa nature, au maniérisme tardif pratiqué à Florence.

Jacopo Bassano occupe une position tout à fait à part parmi les dessinateurs vénitiens du Cinquecento, puisqu'il choisit de demeurer dans son village natal plutôt que de se mêler à la compétition vénitienne. Toutefois il témoigna, dès le début de sa carrière, d'une vénération particulière à l'égard de Titien et, comme ce dernier, refusa toute approche académique du dessin, conçu au contraire et tout simplement comme une étape préliminaire à la peinture. Il employa très tôt la pierre noire, fermement mais régulièrement appliquée, à laquelle il mêlait des rehauts de blanc, de rouge et de tons chair (cat. **246**) afin d'obtenir l'effet chromatique du tableau achevé. Les dessins de la maturité (cat. **248**, **249**) apportent une contribution originale au dessin de la Renaissance en introduisant la gamme entière du pastel, dont la fluidité approchait celle des pigments de la peinture. D'une autorité et d'une force expressive dont on ne trouve d'équivalence que chez Titien, ces feuilles saisissantes évoquent la virtuosité de touche de la peinture à fresque. L'isolement de Jacopo Bassano, qui se tenait volontairement à l'écart du milieu vénitien, empêcha ces dessins d'obtenir le succès qu'ils méritaient et ce n'est que plus tard qu'ils retinrent l'attention des connaisseurs et des collectionneurs. Ils sont néanmoins parfaitement accordés au propos retenu à Venise pour le dessin : la préfiguration d'une peinture en devenir.

Une fois évanouie la magnificence de l'été que représentait l'œuvre dessiné de Titien, aussi divers que remarquable par sa puissance, une fois éteints les feux de l'automne, subtilement évoqués par Tintoret, Véronèse et Jacopo Bassano, le dessin vénitien s'enferma dans une routine convenable et bien ordonnée, que seuls quelques tempéraments séditieux, comme celui de Domenico Tintoretto, parviendront occasionnellement à troubler. Palma Giovane, qui semble avoir dessiné nuit et jour et a laissé des centaines de feuilles, évoque la nostalgie d'un âge plein de vitalité. Venise, dans le dessin comme dans la peinture, ne tenait plus le flambeau, mais sa gloire ne s'éteignait pas pour autant.

W.R.R.

Titien, la maturité et les dernières années
Dessins et gravures
205 à 234

page 197

205

Tiziano Vecellio, dit Titien
Pieve di Cadore, vers 1488/1490 - Venise, 1576

Études pour un Saint Sébastien et pour une Vierge à l'Enfant

Plume et encre brune, sur papier ivoire. H. 0,162 ; L. 0,136. Collé en plein. A la plume et encre brune, en haut à gauche, cinq lignes de lettres et numéros, et, au centre : *E*.

BERLIN, STAATLICHE MUSEEN PREUSSISCHER KULTURBESITZ, KUPFERSTICHKABINETT

HISTORIQUE
Coll. Beckerath (L. 2504) iquis en 1902 par le Kupferstichkabinett. Inventaire KdZ 5962.

EXPOSITIONS
Venise, 1976(1), n° 27; Venise, 1990(1), n° 14.

BIBLIOGRAPHIE
Hadeln, 1924(1), pp. 28-29; Hadeln, 1927, p. 4, 19; Fröhlich-Bum, 1928, p. 196; Tietze, 1936, p. 103; Tietze et Tietze-Conrat, 1936(1), p. 191; Hetzer, 1940, p. 167; Tietze et Tietze-Conrat, 1944, n° 1880, p. 313; Arnolds, 1949, pp. 50-54; Tietze, 1954, p. 200; Valcanover, 1960, I, p. 62; Pallucchini, 1969, p. 331, pl. 561; Valcanover, 1969, n° 105, p. 102; Wethey, 1969, n° 92, p. 127; Karpinski, 1976, pp. 261-262; Meijer, 1976(1), p. 12; Oberhuber, 1976, pp. 30, 78; Tassi, 1976, p. 11; Meller, 1977, p. 133; Muraro, 1978, p. 219; Oberhuber, 1978, p. 115; Rosand, 1978, fig. 69; Dreyer, 1979(1), n° 34; Pignatti, 1979(1), n° XX, pp. 8-9; Battisti, 1980, pp. 214-216; Byam Shaw, 1980(1), p. 387; Dreyer, 1980, p. 510; Furlan, 1980, p. 429; Gilbert, 1980, pp. 38-41; Meijer, 1981, p. 286; Rosand, 1981, p. 306; Rosand, 1983, fig. 64; Wethey, 1987, n° 21, pp. 22, 145; Chiari, 1988(1), n° 12, pp. 31, 42-44; Chiari, 1989, n° 12, pp. 13, 85; Chiari, 1990, pp. 181-182; Rearick, 1991(1), pp. 19-20.

Pendant une décennie, les dessins de Titien à l'encre et à la pierre noire furent presque entièrement consacrés à l'évocation d'un monde pastoral, idyllique, inspiré des *Églogues* de Virgile, dont la verve poétique venait d'être mise au goût du jour par la publication de l'*Arcadia* de Sannazaro. Cependant, si l'*Assomption* de 1516-1518, peinte pour l'église Santa Maria dei Frari, avait révélé, chez Titien, une agressivité toute nouvelle dans la quête d'un réalisme pictural puissant et mouvementé, l'esquisse du *Saint Pierre* (Londres, British Museum; n° 1895-9-15-823), réalisée en préparation à ce tableau, avait introduit une nouvelle vigueur dans l'utilisation de la pierre noire. Si la douceur poétique allait se prolonger un peu plus longtemps dans les dessins à la plume, jusque dans des feuilles comme le *Satyre et chèvre dans un paysage* (New York, Frick Collection), elle n'allait pas pour autant échapper à cette évolution. Les deux dessins liés au *Saint Sébastien* sont les signes avant-coureurs d'une verve toute nouvelle.

Légat du pape à Venise, Altobello Averoldi avait commandé à Titien, en 1520, le polyptyque de la *Résurrection*, pour sa ville natale de Brescia (Santi Nazaro e Celso). Cette même année, Alfonso d'Este pria son agent vénitien de demander à Titien de lui céder le *Saint Sébastien* de l'autel Averoldi, mais rapidement y renonça, de crainte d'offenser un ecclésiastique aussi influent. La lettre du 23 décembre prouve néanmoins que, alors qu'il porte la date de 1522, année où le retable fut achevé, ce tableau était non seulement commencé mais, pour l'essentiel, terminé dès 1520. On a pu suggérer qu'un premier *Saint Sébastien* fut cédé à Alfonso et que la toile aujourd'hui à Brescia fut exécutée par Titien en 1522 pour le remplacer, hypothèse qui serait justifiée par une lettre écrite le 1er décembre par l'agent du duc décrivant la figure comme étant vue de dos et attachée à une colonne. On observera, cependant, que dans l'étude de Berlin la figure est attachée à un fût qui pourrait bien être une colonne ou un arbre, mais qui est vraisemblablement un madrier faisant partie de la charpente de l'atelier. Le pied est posé sur un bloc, sans doute un accessoire d'atelier placé à l'endroit où Titien mettra ultérieurement la colonne, quand le madrier commencera à prendre la forme de l'arbre que l'on devine déjà dans une étude plus tardive, aujourd'hui à Francfort (voir cat. **206**). Puisque saint Sébastien était presque toujours représenté de face, le corps, vu ici latéralement,

de façon à laisser tout le haut du dos visible, était susceptible de passer pour une figure vue de dos. Saint Sébastien n'était jamais montré entièrement de dos. Bref, nos deux esquisses documentent l'évolution du tableau de Titien. La description de 1520 est celle d'un tableau inachevé mais qui est bien celui de Brescia et il est ainsi possible d'attribuer une date précise aux deux dessins préparatoires.

A la différence de la plupart des dessins à la plume antérieurs, qui étaient considérés par Titien comme des œuvres achevées, la feuille saisit un moment où l'esprit et l'œil de l'artiste travaillent en synchronie parfaite et rapide avec la main qui dessine, afin d'éprouver et de préciser son idée, annotée sur un modèle qui a déjà la pose prévue pour le tableau. Titien commence en haut à gauche par une figure plus détaillée que les autres, puis répète cette même figure un peu plus à droite, avec une plume plus appuyée pour en accentuer l'ombre. Préoccupé par le modelé, il se déplace ensuite jusqu'à l'extrémité droite de la feuille, où la place lui manque cependant. Il dessine donc une tête et un torse de plus en plus massifs, mais se contente de suggérer rapidement la cuisse droite par quelques coups de plume incurvés. Titien ressent alors clairement la nécessité d'une touche plus sobre qui lui permette d'affiner son idée, comme il le fait en bas de la feuille, exécutant encore une fois de gauche à droite une série de modifications progressives. Il est intéressant d'observer que ces indications rapides deviendront à leur tour un sujet de réflexion pour l'artiste et que la plus petite des figures — celle qui se trouve en bas, au milieu — lui servira de point de départ lorsqu'il se servira à nouveau d'autres feuilles, dont celle de Francfort, pour développer davantage sa composition. Ce qu'il y a peut-être de plus surprenant dans l'esquisse berlinoise, ce n'est pas qu'à un stade aussi précoce de son projet, qui n'est cependant pas nécessairement le premier, Titien travaille déjà sur le modèle dans un style naturaliste ne rappelant que de loin le type de dessin alors en vogue en Italie Centrale, qui privilégiait la clarté et le fini, mais qu'il a déjà à l'esprit son effet poétique et expressif. La force et la résignation d'un visage, rendu pathétique par le traitement en cascade de la chevelure et celui de la barbe éparse, provoquent d'emblée une émotion qui se prolonge dans l'évocation d'un corps vigoureux affronté à la douleur sans perdre pour autant sa noblesse idéale. Ce n'est qu'ultérieurement, dans l'étude de Francfort comme dans la peinture achevée, que l'exemple du style héroïque de Michel-Ange deviendra réellement décisif.

Après ce premier travail de notations jetées avec vigueur pour la figure de saint Sébastien, Titien continuera à donner libre cours à l'inépuisable fécondité de son imagination, mais avec une énergie désormais moins soutenue. A l'extrémité inférieure gauche de la feuille, il esquissera rapidement la Vierge assise sur le sol, l'Enfant allongé devant elle. On a souvent rapproché ce motif de la *Madone à la rose* de Parmigianino (Dresde, Gemäldegalerie), peinte à Bologne entre 1529 et 1530. Il convient pourtant d'inverser le sens de l'influence habituellement suggérée. En 1520, Titien avait peint une *Sainte Conversation*, aujourd'hui perdue, suivie vers 1529 de plusieurs répliques (Vienne, Kunsthistorisches Museum; Paris, Louvre, cat. **50**) intégrant des variantes mais conservant le motif de l'Enfant allongé devant la Vierge. Le *Mariage mystique de sainte Catherine* de Schiavone, peint vers 1538 (Philadelphie, Museum of Art), reprend la première version. Ainsi convient-il de conclure que ce fut en réalité Parmigianino qui transformera les figures de Titien, qu'il avait pu voir à Bologne en 1530, pour les adapter à sa propre manière, méticuleuse et raffinée.

Titien continuera à dessiner, mais en pensant à autre chose. Il tracera sur sa feuille la lettre *E*, deux cercles qui pourraient être des yeux caricaturaux, une console et enfin une série de traits parallèles destinés à mettre en valeur le poteau de gauche. Ce faisant, il s'amusera à contourner la lettre *E*, qui n'a pourtant aucun rapport avec ce poteau. Puis Titien abandonnera la feuille. Peu de temps après, on la ramassera dans l'atelier dans le but de noter, en haut à gauche, quelques comptes — en lires — en prenant soin d'éviter la figure, mais on renoncera à ce projet faute de place. Les études berlinoises pour *Saint Sébastien* nous montrent, sans doute pour la première fois dans un instant de créativité aussi intense, la verve hautement personnelle de Titien désormais en pleine possession de ses moyens et témoignent de sa contribution au dessin vénitien aux alentours de 1520.

W.R.R.

page 197

206

Tiziano Vecellio, dit Titien
Pieve di Cadore, vers 1488/1490 - Venise, 1576

Recto :
Études pour un Saint Sébastien,
Verso :
Études d'une tête, de pieds et d'un bras
Plume et encre brune, sur papier gris-bleu pâli. H. 0,180; L. 0,115. Coupé le long du bord supérieur et légèrement sur la droite. Annoté au recto, à la plume et encre brune, au XIXe siècle : *n° 24*, et, d'une écriture ancienne : *ga* (?), et, au verso : *03.0* et paraphe.

FRANCFORT, STÄDELSCHES KUNSTINSTITUT

HISTORIQUE
Städelsches Kunstinstitut (avant 1864), (L. 2357). Inventaire Nr. : 5518.

EXPOSITION
Francfort, 1980, n° 7.

BIBLIOGRAPHIE
Catalogue Francfort, 1912, n° 6; Hadeln, 1924(I), pp. 28-29, 47; Hadeln, 1927, pp. 4, 19; Fröhlich-Bum, 1928, p. 196; Tietze et Tietze-Conrat, 1936(I), p. 191; Hetzer, 1940, p. 167; Tietze et Tietze-Conrat, 1944, n° 1915, p. 317; Pallucchini, 1969, p. 331, pl. 562; Valcanover, 1969, p. 102; Wethey, 1969, p. 127; Rosand, 1975, p. 245; Karpinski, 1976, pp. 261-262; Meijer, 1976(I), p. 12; Muraro et Rosand, 1976, pp. 55, 65, 85; Oberhuber, 1976, pp. 28, 79; Pignatti, 1976(2), p. 268; Rearick, 1976(I), p. 49; Meller, 1977, p. 133; Pignatti, 1977, p. 168; Rosand, 1978, fig. 65-66; Walther, 1978, p. 46; Pignatti, 1979(I), n° XXI, pp. 8-9; Gilbert, 1980, pp. 38-41; Malke, 1980, pp. 28-29; Rosand, 1981, p. 306; Rosand, 1983, fig. 65-66; Wethey, 1987, n° 22, pp. 22-23, 39, 146-147; Chiari, 1988(I), n° 13, p. 44; Chiari, 1989, n° 13, pp. 16, 86; Chiari, 1990, pp. 181, 182; Rearick, 1991(I), p. 20.

Ce dessin est entré dans les collections de Francfort, avant 1862, comme une œuvre de Jacob de Gheyn. L'attribution fut modifiée avant 1912, la feuille étant alors donnée, avec un point d'interrogation, à Titien. Depuis Hadeln, cette attribution fait l'unanimité, le dessin étant considéré comme une étude pour le *Saint Sébastien* de Brescia (Santi Nazaro e Celso) de 1520.

Ce dessin puissant fait suite aux improvisations rapides de l'esquisse berlinoise (cat. **205**) dans la préparation du *Saint Sébastien* de Bres-

cia, qui peut, sans risque d'erreur, être daté de 1520. Même si Titien connaissait de toute évidence la sculpture dite l'*Esclave rebelle* de Michel-Ange (Louvre) à travers une petite copie sculptée ou peut-être un dessin d'après l'original, il n'avait pas pu voir la sculpture qui se trouvait encore dans l'atelier romain du sculpteur, où Titien n'était jamais allé. Quoi qu'il en soit, l'*Esclave* ne constitue pas initialement une source pour la feuille berlinoise et ne commence à jouer un rôle significatif que dans le dessin exposé ici, à un moment où l'artiste est parvenu à un stade de création plus avancé et où il a une vision plus précise de son tableau. Choisissant la petite étude qui se trouve en bas au centre du premier dessin, Titien prend une feuille de ce papier bleu qu'il utilise de préférence pour ses études de figure à la pierre noire, et commence à la plume et encre brune l'élaboration méthodique mais vigoureuse de l'image qu'il a en tête. La lourde musculature de la figure en marbre de Michel-Ange commence alors à jouer son rôle, mais Titien ne perd pas de vue pour autant les préoccupations naturalistes et expressives qui avaient présidé aux débuts de sa recherche. Le visage plongé dans l'ombre, la chevelure et la barbe éparses, la tension physique et l'incommodité de la pose expriment toujours le drame humain d'une lutte héroïque contre la douleur et la mort. Toutefois, la tension musculaire, le volume exagéré des cuisses, la torsion à peine contenue des bras, donnent à ce drame une force et une énergie supplémentaires, perceptibles jusque dans le traitement de l'étoffe, empreinte d'un mouvement ondulatoire vers la droite, à l'image, dirait-on, de l'agonie du saint, provoquant un effet surnaturel qui ne sera pas retenu dans le tableau. Une incertitude reste à résoudre. Si le poteau qui se trouve derrière la figure conserve la forme carrée qu'il avait dans l'atelier, il est en passe de devenir l'arbre sombre que Titien peindra dans le tableau. L'appui de la jambe droite, pliée, n'est pas définitivement arrêté, ce dont témoigne, dans la partie inférieure gauche, un repentir énergique recouvert de lavis. Cependant, sous l'influence d'une inspiration subite, l'artiste insère une colonne renversée sous les orteils étendus du saint : solution qui manifestement ne lui convient pas, même s'il conserve, ultérieurement, la colonne dans le tableau, mais à un emplacement mieux adapté. Titien retourne et renverse ensuite sa feuille pour entamer une série d'esquisses consacrées à certains détails qui doivent encore être précisés. Le premier de ces détails est d'ailleurs sans rapport avec le projet en cours. En haut, Titien dessine, de profil, une tête d'homme qui disparaîtra en partie lorsque la feuille sera coupée. Correctement identifiée comme étant d'inspiration antique, cette tête fut sans doute exécutée d'après une monnaie ou une médaille. Titien s'en souviendra en 1537 lorsqu'il entreprendra, pour Federico Gonzaga, la série des *Douze Césars* et plus particulièrement le *Claude*. Il est possible que Titien ait dessiné cette tête vers 1520, pour une première série dessinée des *Césars* qui servira de source à Battista del Moro pour les têtes de la suite des *Césars* gravée vers 1570. L'*Octavien* révèle des maniérismes graphiques si ressemblants qu'ils ne sauraient être fortuits. Titien rajouta, comme par jeu, sur l'esquisse de Francfort une barbe qui ne figure pas dans l'original. Puis il traça à l'intérieur d'un carré une ligne sans signification apparente, avant de revenir au problème qui l'occupait avant tout : l'évocation du héros et martyr. Titien dessine alors le pied gauche de saint Sébastien en haut de la feuille, au milieu, puis l'esquisse de nouveau plus bas, à droite, d'un trait plus assuré. Comme ni l'une ni l'autre de ces solutions ne le satisfaisait, il revint dans le tableau à la position suggérée au recto. Le pied droit, quant à lui, présentera davantage de difficultés. En haut à gauche, Titien lui consacre une étude très soignée, plus proche de la forme qu'il aura dans la toile mais qui ne correspond pas encore exactement à son aspect définitif. Enfin, en bas à gauche, il dessine un bras encore une fois légèrement coupé mais, chose curieuse, ce bras n'est pas vu du même côté que dans le tableau. Cela laisse entendre que Titien se servait d'un modèle alors même qu'il savait que ses études ne le conduiraient pas directement à la dernière étape de son travail.

De toute évidence, le *Saint Sébastien* de Brescia exigea de Titien un effort particulier, qu'il considéra peut-être comme un défi à Michel-Ange, qui travaillait après tout à Rome pour le maître de son propre commanditaire, c'est-à-dire le pape. Ce sera finalement cet attachement de Titien à l'évocation de la nature et de la condition humaine qui affranchira sa peinture et son dessin des exemples fournis par l'Italie Centrale. Le *Saint Sébastien* de Francfort témoigne de l'orientation décisive prise par le maître vénitien au moment où il se libère d'un univers empreint de bonheur paisible et de « poésie » juvénile et s'engage avec détermination dans la quête d'une vision héroïque. Nul ne s'étonnera qu'Alfonso d'Este ait désiré posséder cette œuvre, pas plus qu'il n'attribuera au hasard le fait que les figures qui se trouvent sur la droite du *Bacchus et Ariane* (Londres, National Gallery) puissent lui faire écho. Il s'agit en effet d'un tableau promis au duc, mais qui ne sera pas exécuté avant 1522.

W.R.R.

page 198

207

Tiziano Vecellio, dit Titien
Pieve di Cadore, vers 1488/1490 - Venise, 1576

Aigles attaquant un dragon
Plume et encre brun foncé sur papier ivoire. H. 0,200; L. 0,180. Collé en plein. Annoté à la plume et encre brune, au XVIIIe siècle : *Tiziano*.
ORLÉANS, MUSÉE DES BEAUX-ARTS

HISTORIQUE
Abbé C. Bianconi, Bologne; Conte Sanvitale, Bologne; Comte J.-P. van Suchtelen (L. 2332), vente, Paris, 1862; E. Rodrigues (L. 897), vente, Paris, 1900; P. Fourché (L. 1039a); don au Musée des Beaux-Arts en 1907. Inventaire 1641 F.
EXPOSITION
Florence, 1976(3), n° 6.
BIBLIOGRAPHIE
Tietze, 1936, I, p. 262; Tietze et Tietze-Conrat, 1944, n° 1881, p. 313; Suida, 1956, pp. 78-80; Bauch, 1965, p. 38; Pignatti, 1973(1), p. 14; Meijer, 1976(1), pp. 11-13; Muraro et Rosand, 1976, fig. LV; Muraro, 1978, pp. 133-134; Pignatti, 1979(1), n° XXIV; Wethey, 1987, n° 26, pp. 51, 57, 94, 148-149. Chiari, 1988(1), n° 14, pp. 44-45; Chiari, 1989, n° 14, pp. 16, 86-87; Rearick, 1991(1), p. 11.

Une gravure reproduisant les *Aigles attaquant un dragon* fut exécutée alors que l'original se trouvait, vers la fin du XVIIIe siècle, dans la collection Bianconi à Bologne. On perdit peu après la trace du dessin, mais de nombreux spécialistes continuèrent de mentionner l'étude, qu'ils connaissaient à travers la gravure (voir bibliographie in Wethey). Jusqu'à ce que, en 1976, B. Meijer expose ce dessin, l'original n'avait pas été situé dans l'ensemble de l'œuvre dessiné de Titien. Les spécialistes s'accordent presque tous à y reconnaître une esquisse originale du maître même si l'on propose un très large éventail de dates, allant de 1520 à 1550 environ.

Des aigles et des oiseaux d'un type semblable figurent à maintes reprises dans l'œuvre peint de Titien, des prédateurs assez menaçants du *Baptême du Christ* (Rome, Pinacoteca Capitolina), vers 1513, jusqu'au pélican aquilin de la dernière *Pietà* (Venise, Gallerie dell'Accademia). Les dragons sont également souvent représentés, mais aucun ne correspond vraiment aux animaux que l'on voit sur l'esquisse d'Orléans. Le contenu symbolique de cette esquisse est clair, au moins dans ses grandes lignes : on

y voit les forces du Bien livrant bataille au Mal. Il est toutefois difficile d'y reconnaître des allusions plus précises à des événements contemporains, même si B. Meijer a établi des comparaisons fort intéressantes et propose d'y voir des aigles chrétiens en lutte avec le dragon turc. La présence des deux aigles suggère une référence aux Habsbourg, le dragon comme symbole de la méchanceté et de l'erreur pouvant être compris comme une allusion à l'hérésie, communément dépeinte sous la forme d'un serpent. Le dessin pourrait ainsi illustrer les efforts entrepris par Charles Quint pour venir à bout de l'hérésie luthérienne. Toutefois, il ne s'agit là que d'une hypothèse, en l'absence de symboles plus spécifiques ou plus évidents. Le dessin a le style rapide d'une improvisation et la violence de son énergie suggère qu'il fut exécuté à la hâte au cours d'une démonstration destinée à mettre en valeur la virtuosité de l'artiste et sa capacité d'invention. L'analogie la plus claire se trouve sans doute dans la vigueur des motifs d'enroulements obtenus par l'accumulation de lignes circulaires que l'on observe dans le *Saint Sébastien* de Francfort (cat. **206**); tandis que l'*Aigle* de Washington (National Gallery) semble plus sobre et plus archaïque. Si la feuille de Francfort peut être datée de 1520, l'esquisse de Washington est en rapport avec le *Paysage à la laitière*, datable vers 1525 (cat. **209**, **210**), ce qui prouve que Titien était tout à fait capable d'adapter sa plume aux conditions et à la nature du projet à exécuter. Il est néanmoins probable que la feuille présentée ici est un peu plus tardive que ces deux études, même si la prudence s'impose puisque les oiseaux ressemblent tout à fait à l'aigle ou au vautour rapace du *Tityos* de 1548 (Madrid, Prado), commande exécutée pour les Habsbourg. En revanche, l'étroite ressemblance du dragon avec celui du dessin de *Roger et Angélique* de 1565 (Bayonne, musée Bonnat, n° 652) est contredite par la facture nettement plus fouillée de la feuille de Bayonne, conçue comme modèle pour la gravure de Cornelis Cort. A titre de conclusion, il est possible de suggérer que la rencontre, en 1529-1530, de Charles Quint et du pape Clément VII, à Bologne, a pu présider à l'inspiration qui engagea la création de cette esquisse pleine de verve. Le fait que l'on trouve une première trace du dessin dans l'inventaire des collections d'une famille noble de Bologne pourrait donc ne pas relever d'un simple hasard. Une telle datation serait en partie confirmée par le fait que la ligne est aussi vigoureuse dans la xylographie de *Saint Jérôme dans le désert* (cat. **211**), que nous aurions tendance à dater des environs de 1531, par comparaison avec le *Saint Jérôme* réalisé pour les Gonzaga la même année (cat. **162**).

W.R.R.

page 198

208

Tiziano Vecellio, dit Titien
Pieve di Cadore, vers 1488/1490 - Venise, 1576

La Vision de saint Eustache

Plume et encre brun-rouge, légèrement mis au carreau à la pierre noire, sur papier ivoire. H. 0,216; L. 0,315. Collé en plein. Annoté à la plume et encre brune, au recto, au XVIIIe siècle : *titian* et *22*, au verso, au XIXe siècle : *Titian D 10*.

LONDRES, TRUSTEES OF THE BRITISH MUSEUM

HISTORIQUE
D. Vivant-Denon (Dubois, 1826, n° 356); W. Esdaile (L. 2617), vente, Londres, 18-25 juin 1840, n° 85; Reverend Dr. H. Wellesley, vente, Londres, 25 juin 1866, n° 2109 L. 42; J. Malcolm of Poltalloch (L. 1489, au verso); acquis par les Trustees du British Museum. Inventaire 1895-9-15-818.

EXPOSITIONS
Paris, 1879, n° 191; Venise, 1976(1), n° 28; Londres, 1983-84, n° D 69.

BIBLIOGRAPHIE
Dubois, 1826, n° 356; Denon, 1829, n° 125; Robinson, 1869, n° 373, p. 141; Chennevières, 1879, p. 525; Morelli, 1893, p. 292; Ricketts, 1910, p. 159; Hadeln, 1924(1), pp. 38-39, 55; Hadeln, 1927, fig. 44; Suida, 1933, pp. 17, 147; Popham, 1939, p. 44; Tietze et Tietze-Conrat, 1944, n° 1991, p. 329; Oberhuber, 1976, pp. 79-81; Oberhuber, 1978, p. 115; Pignatti, 1979(1), n° XVII, p. 8; Byam Shaw, 1980(1), p. 387; Rosand, 1981, p. 307; Scrase, 1983, n° D 69, p. 290; Wethey, 1987, n° 48, pp. 163-164; Chiari, 1988(1), n° 18, pp. 32, 46-47; Chiari, 1989, n° 18, pp. 17, 88; Rearick, 1991(1), p. 35.

Ce dessin évoque l'instant où le noble chasseur Eustache est converti à la foi chrétienne par la vision d'un crucifix apparaissant entre les bois d'un cerf. Bien que les premiers collectionneurs aient maintenu l'attribution traditionnelle à Titien, Morelli l'attribua à Domenico Campagnola. Hadeln, puis les Tietze y voyaient plutôt l'œuvre d'un dessinateur anonyme de l'entourage de Titien. Suida le rendit à Titien, mais en le rapprochant d'un tableau qui n'est pas de Titien et n'a aucun rapport avec l'esquisse. Les arguments très solides de K. Oberhuber, qui a défendu l'attribution à Titien, ont été acceptés par toute la critique, qui a proposé une datation vers 1515-1520.

Cette étude de composition porte une trace légère de mise au carreau, ce qui laisse à penser qu'elle prépare un tableau, ou qu'elle a été utilisée pour inverser le dessin en vue de la réalisation d'une gravure. Il n'existe cependant ni

tableau ni estampe correspondant à l'esquisse et aucun travail de Titien consacré à ce thème, somme toute assez rare, n'est mentionné dans les sources les plus anciennes. Dans la *Sainte Conversation* de 1513 (Edimbourg, National Gallery of Scotland, prêt Ellesmere), une diagonale dégageant à droite un large paysage et la figure du donateur agenouillé préfigurent déjà la mise en place plus achevée de ce dessin. Un *terminus ante quem* est suggéré à la fois par la xylographie du *Saint Jérôme* dont le dessin fut réalisé par Titien vers 1528-1530 et par un tableau du même thème (cat. **162**), pouvant être daté de 1531, ces deux œuvres étant d'un style héroïque plus tumultueux. De fait, le dessin du British Museum peut être situé par comparaison avec des dessins et des gravures des années 1518-1522. Travaillant à partir d'une formule ébauchée dans le *Satyre et chèvre dans un paysage* (New York, Frick Collection), œuvre de transition réalisée vers 1518, Titien campe ici la figure au premier plan de la composition, puis esquisse quelques traits souples pour suggérer un second plan, avant d'évoquer avec plus de détails la tension dramatique provoquée à l'horizon par un paysage de ruines et de montagnes sur un fond de ciel orageux. La plume de Titien est très variée, appliquée en longs traits effilés et ténus ou en hachures denses et croisées figurant les ombres. Ce sont toutefois la richesse et la variété des motifs tracés pour Eustache, ou la force expressive des contours très appuyés du dessin du cerf, qui sont les plus évocateurs du caractère du projet. Le traitement de la plume évoque de près la tête de l'homme dans le *Couple de musiciens* du British Museum (cat. **94**), qui est presque contemporain. Mais si ce dessin n'a plus la langueur sensuelle des premières esquisses à l'encre, il n'est pas encore parvenu à la fermeté héroïque du *Saint Sébastien* de Francfort de 1520 (cat. **206**). Cela s'expliquerait en partie par l'exécution plus achevée du *Saint Eustache*, qui témoigne du soin plus attentif accordé à l'exécution de feuilles préparatoires à une gravure. C'est encore le cas du *Paysage avec un château* (Bayonne, musée Bonnat, n° 1762), dessin préparatoire à la xylographie du *Paysage à la Laitière* (cat. **210**), très proche dans sa conception et son traitement de la feuille qui nous intéresse ici. Nous proposerons donc pour la *Vision de saint Eustache* une date voisine de 1520, voire légèrement plus tardive.

W.R.R.

page 199

209

Tiziano Vecellio, dit Titien (d'après)
Pieve di Cadore, vers 1488/1490 -Venise, 1576

Paysage à la laitière

Plume et encre brune, lavis de bistre clair, sur papier ivoire jauni. H. 0,370; L. 0,528. Partiellement piqué pour transfert. Collé en plein.

PARIS, MUSÉE DU LOUVRE,
DÉPARTEMENT DES ARTS GRAPHIQUES

HISTORIQUE
E. Jabach; entré dans le Cabinet du Roi en 1671, paraphe de Robert de Cotte (L. 1964), paraphe des dessins remontés (L. 2961); marques de la Commission du Museum (L. 1899) et du premier Conservatoire (ancien L. 2207). Inventaire 5573.

EXPOSITIONS
Venise, 1976(1), n° 89; Washington, 1988(2), n° 18.

BIBLIOGRAPHIE
Mariette, *Abecedario* (éd. 1851-1860, V, p. 336); Caylus, 1749, I, n° 7; Inv. Ms. Morel d'Arleux, III, n° 3241 (école vénitienne); Tietze et Tietze-Conrat, 1944, n° A 1959, pp. 324-325; Dreyer, 1971, pp. 51-52; Meijer, 1974, pp. 83-84; Keyes, 1976, p. 171; Muraro et Rosand, 1976, pp. 61-62, 101-102; Oberhuber, 1976, pp. 141-142; Dreyer, 1979(2), pp. 370-371; Pignatti, 1979(1), n° XXVI, p. 9; Byam Shaw, 1980(1), pp. 388-390; Rosand, 1981, p. 308; Wethey, 1987, n° X-20, pp. 229-230; Chiari, 1988(1), n° A-11, p. 68; Chiari, 1989, p. 17; Rearick, 1991(1), p. 18; Rearick, 1992(2), p. 155.

Mariette pensait peut-être à cette feuille problématique lorsqu'il fit mention d'un dessin ayant servi de modèle pour l'arrière-plan de la gravure généralement connue sous le nom de *Paysage à la laitière* (cat. **210**). Toutefois, la feuille présentée ici ne constitue pas un détail mais reprend l'ensemble de la composition. Aussi se peut-il que Mariette ait plutôt eu à l'esprit le dessin du *Paysage avec un château* (Bayonne, musée Bonnat, n° 1323), dont on sait qu'il fut utilisé pour l'arrière-plan de l'estampe. Les Tietze voyaient dans ce dessin un travail d'atelier, une copie faite d'après un dessin entier de Titien ou d'après plusieurs dessins fragmentaires. Pour P. Dreyer (1971), il s'agirait d'une contre-épreuve d'après un dessin original. Pour B. Meijer, qui souligne l'absence de l'aigle et du cheval, ce serait un dessin original de Titien, utilisé par Boldrini pour préparer la planche de la gravure. M. Muraro et D. Rosand ont également pensé qu'il s'agissait d'un original de Titien, mais K. Oberhuber a énergiquement rejeté l'attribution à Titien et vu dans le dessin une copie d'atelier ou une copie faite par le graveur, peut-être une contre-épreuve préparatoire à la planche. Selon P. Dreyer (1979) cette feuille, ainsi que d'autres présentant certains rapports avec des estampes, est un faux réalisé un peu plus tard, mais bien au XVIe siècle, suivant un procédé qui aurait consisté à tirer une épreuve légère de la xylographie avant d'en retracer tous les traits. J. Byam Shaw a soutenu cette position, mais D. Rosand a insisté sur le fait qu'il s'agit bien d'un original. H. Wethey n'est pas parvenu à décider si cette feuille endommagée est une copie ou un original, mais il l'a classée parmi les attributions rejetées. M. A. Chiari, enfin, (1988, 1989) l'a cataloguée de la même façon, mais s'est rangée à l'avis de D. Rosand pour qui les considérations techniques plaident en faveur de l'authenticité. Il s'agit pour nous d'un dessin grossier, exécuté d'une façon mécanique à un quelconque stade de la préparation de la xylographie et qui n'est certainement pas de la main du maître.

En effet, il n'y a ni cheval ni aigle dans le dessin et, de plus, comme dans d'autres dessins considérés par Dreyer comme des faux réalisés d'après des épreuves légères tirées d'une planche originale, on remarque ici une continuité dans l'indication du paysage et de la souche, là où sont placés les animaux dans la xylographie. S'il s'agissait d'une gravure contre-tirée et redessinée, le cheval et l'aigle seraient visibles, ne serait-ce que faiblement. Qui plus est, un faussaire n'aurait eu aucun intérêt à éliminer de tels éléments. Il faut donc conclure que la feuille du Louvre appartient à un stade préliminaire de la conception et de l'exécution de la xylographie. Toutefois, il suffit de la comparer soigneusement à des dessins de Titien appartenant à la même époque (cat. **208**, **215**, **217**) pour voir qu'elle ne peut en aucune façon être de la main du maître. Si le dessin du Louvre est très usé et pâli, il n'est pas pour autant trop gravement endommagé. Il est évident qu'il s'agit d'une contre-épreuve d'après un dessin original qui aura sans doute été sérieusement abîmé et que l'on aura fait disparaître, ou du moins cessé de considérer comme une œuvre d'art à proprement parler. Si la contre-épreuve est en sens inverse de l'original, c'est pour permettre à la gravure de retrouver le sens du dessin de Titien. La contre-épreuve fut très soigneusement redessinée avec une plume fine pour en rehausser le tracé, d'une faible intensité. A un stade ultérieur, sans doute au moment de la préparation de la planche, Titien ou l'un des assistants de Boldrini se référera au *Cheval effrayé par un serpent d'eau* original du maître, conservé à Chatsworth (cat. **215**), mais également à un dessin aujourd'hui perdu représentant un aigle très proche des autres aigles dessinés par Titien à la même époque (cat. **207**), afin d'intégrer ces motifs allégoriques dans la xylographie. On peut attribuer à l'estampe, comme au dessin préparatoire, une date très proche de 1525.

Le sujet de la composition reste difficile à identifier. Il semble indiquer un changement de goût dans l'inspiration littéraire de l'artiste, préférant à la nostalgie langoureuse et pastorale inspirée des *Églogues* de Virgile le monde plus prosaïque du travail rustique tel qu'il est décrit dans les *Géorgiques* du même poète. Le dessin n'illustre cependant aucun passage précis de ce texte. Le titre se contente d'évoquer l'action qui se déroule sur la droite, au premier plan. Toutefois le jeune homme qui apporte de l'eau ou du fourrage aux chèvres, au centre de la composition (car, contrairement à ce que l'on a pu prétendre, il n'est pas occupé à semer), joue un rôle tout aussi important dans la xylographie. La présence de l'aigle et du cheval indique que, malgré son apparente simplicité d'inspiration pastorale, ce dessin est très certainement allégorique. Ainsi pourrait-il représenter l'Abondance placée sous la protection impériale (l'aigle des Habsbourg), la sauvegardant d'un danger réel, qui pourrait être l'Hérésie. Il est cependant impossible, de nos jours, de découvrir une signification plus claire et plus précise.

W.R.R.

page 199

210

Giovanni Britto
Venise (?), vers 1500 - après 1550

Paysage à la laitière
Xylographie. H. 0,375; L. 0,525. Impression tardive lourdement encrée, tirée alors que la planche s'était écaillée à deux endroits au second plan du paysage et avait perdu une partie de la marge et certains de ses coins. Ces pertes sont compensées à la plume sur cet exemplaire.

VENISE, MUSEO CIVICO CORRER

HISTORIQUE
Museo Civico Correr. Vol. st. E 53/49.

BIBLIOGRAPHIE
Vasari, 1568 (éd. Milanesi, V, p. 433); Ridolfi, 1648 (éd. Hadeln, 1914, p. 156); Mariette, 1740-1770 (éd. 1969, n° 15, p. 290); Baseggio, 1839, n° 21, p. 19; Baseggio, 1844, n° 24, p. 38; Passavant, 1864, VI, n° 96, p. 242; Ruland, 1877-78 (éd. 1974, II, p. 627); Korn, 1897, n° 2, p. 45; Gheno, 1905, n° 17, p. 112; Tietze et Tietze-Conrat, 1938(1), n° 14, p. 355; Tietze et Tietze-Conrat, 1938(2), p. 71; Mauroner, 1941, n° 17, pp. 19, 43; Tietze et Tietze-Conrat, 1944, pp. 312, 324-325; Petrucci, 1953, pp. 30-31; Oberhuber, 1966, n° 176; Turner, 1966, p. 127; Petrucci, 1969, p. 263; Pallucchini, 1969, I, p. 336; Dreyer, 1971, n° 20, p. 51; Meijer, 1974, pp. 78, 83-86; Benvenuti, 1976, pp. 21-27; Beltrame Quattrocchi, 1976, n° 19, p. 80; Dreyer, 1976, pp. 270-273; Meijer, 1976(1), n° 14, p. 22; Muraro et

Rosand, 1976, n° 28, pp. 60-62, 101; Oberhuber, 1976, pp. 28, 104, 141; Rigon, 1976, n° A-6, p. 9; Karpinski, 1977, p. 632; Oberhuber, 1978, p. 116; Dreyer, 1979(2), pp. 370-371; Pignatti, 1979(1), p. 9; Byam Shaw, 1980(1), pp. 388-390; Dreyer, 1980, pp. 510-511; Oberhuber, 1980, p. 525; Rearick, 1980, p. 373; Rosand, 1981, p. 308; Chiari, 1982, n° III, pp. 31-32; Wethey, 1987, pp. 229-230; Rearick, 1992(2), p. 153.

Du vivant de Titien, lorsque cette feuille figurait sans doute parmi les «*molti paesi*» fournis, selon Vasari, par l'artiste aux graveurs sur bois, cette xylographie était déjà considérée comme l'une des plus belles du maître et l'une de celles dont la portée, sur les artistes, a été la plus grande. La taille de la planche était généralement attribuée à Nicolò Boldrini jusqu'au moment où K. Oberhuber l'attribua à Giovanni Britto. A ce propos, il convient de noter que l'un des exemplaires (Venise, Museo Civico Correr, Vol. st. A 15/37) porte le monogramme de Boldrini, *B*, ajouté à l'encre dans le coin inférieur gauche. L'estampe correspond exactement, mais en contre-partie, au dessin du Louvre (cat. **209**) dans lequel ne figurent pas l'aigle et le cheval. Ce dessin ne peut donc, comme l'a avancé P. Dreyer (1979), être une impression légère tirée de la planche puis repassée à l'encre par une autre main avec l'intention de produire un faux. D'autre part, son exécution mécanique rend impossible une attribution à Titien. Il s'agit probablement d'une contre-épreuve, réalisée lors du transfert du dessin autographe à la planche, puis retravaillée.

Le thème de cette xylographie est resté obscur: Vasari l'appelle simplement un «paysage». Elle a, cependant, une signification allégorique certaine car la présence de l'aigle convient mal à une simple scène rustique. Il ne s'agit vraisemblablement pas de Jupiter et Ganymède, car le garçon n'est pas l'unique protagoniste de la scène et il ne garde pas seul son troupeau, comme le ferait un berger. Peut-être pourrait-il s'agir de l'aigle des Habsbourg, symbole ici de la bienfaisante protection impériale étendue sur un paysage idyllique. Ce thème à signification politique conviendrait parfaitement à une époque où la réconciliation intervenue entre Charles Quint et la République de Venise permettait à cette dernière de recouvrer ses propriétés sur la «*terra ferma*». Quelle qu'en soit sa portée allégorique, cette estampe fut très vite considérée comme une simple représentation de la vie champêtre et du bonheur calme. A ce titre, elle fut toujours admirée.

Aux environs de 1520, le goût des Vénitiens se détournait de la poésie pastorale des *Églogues* de Virgile comme de leur interprétation moderne à caractère idyllique, faite par Sannazaro. Les *Géorgiques* de Virgile suscitaient un regain d'intérêt et entraînaient des artistes comme Titien à évoquer les réalités plus simples du labeur rustique. Cette xylographie est la manifestation la plus ancienne et la plus importante de ce changement de goût. Comme telle, elle a influencé la jeune génération des dessinateurs, qui, dans leurs gravures, représenteront la vie champêtre en insistant sur l'importance du travail manuel. Trente-cinq ans plus tard, cette gravure sera l'une des principales sources d'inspiration de Jacopo Bassano pour l'élaboration de ses peintures biblico-pastorales (cat. **189**).

Giovanni Britto est certainement, de tous les graveurs ayant travaillé avec Titien, celui qui a le mieux réussi à rendre l'aisance et la souplesse des traits de plume du maître en dépit du tracé plus lourd de la xylographie. Le lien entre la *Paysage à la laitière* et les dessins de Titien de la troisième décennie du siècle permet de suggérer une date proche de 1525 pour cette xylographie.

W.R.R.

page 200

211

Giovanni Britto
Venise (?), vers 1500 - après 1550

Saint Jérôme dans le désert
Xylographie. L. 0,395; L. 0,536
VENISE, COLLECTION PARTICULIÈRE

HISTORIQUE
Collection particulière, Venise (avant 1976).
EXPOSITION
Venise, 1976(2), n° 29.
BIBLIOGRAPHIE
Vasari, 1568 (éd. Milanesi, V, p. 433); Ridolfi, 1648 (éd. Hadeln, 1914, p. 156); Mariette, 1740-70 (éd. 1969, n° 17, p. 291); Mariette, 1741, p. 69; Baseggio, 1839, n° 19, p. 19; Baseggio, 1844, n° 22, p. 37, Passavant, 1864, VI, n° 58, p. 235; Ruland, 1877-78 (éd. 1974, II, p. 625); Morelli, 1891, p. 378; Korn, 1897, pp. 55-57; Gheno, 1905, n° 16, p. 12; Tietze et Tietze-Conrat, 1938(1), n° 7, p. 358; Tietze et Tietze-Conrat, 1938(2), p. 70; Mauroner, 1941, n° 18, pp. 19, 43; Tietze et Tietze-Conrat, 1944, p. 317; Andrews, 1968, n° 1002; Pallucchini, 1969, I, p. 337; Petrucci, 1969, p. 236; Dreyer, 1971, p. 51; Meijer, 1974, pp. 78-79; Beltrame Quattrocchi, 1976, p. 80; Dreyer, 1976, p. 270; Muraro et Rosand, 1976, pp. 102-103; Oberhuber, 1976, pp. 31-32, 91; Pignatti, 1976(2), p. 268; Rearick, 1976(1), p. 26; Gould, 1977, p. 47; Pignatti, 1977, p. 169; Muraro, 1978, p. 138; Oberhuber, 1978, p. 119; Dreyer, 1979(2), pp. 366-367; Pignatti, 1979(1), p. 9; Dreyer, 1980, p. 510; Oberhuber, 1980, pp. 524-525; Chiari, 1982, n° IV, pp. 32-33; Wethey, 1987, pp. 165, 237, 242-243; Chiari, 1988(1), p. 31; Chiari, 1989, p. 87.

Cette xylographie imposante est probablement la gravure mentionnée par Vasari comme une œuvre de Titien sous le titre de *Saint Jérôme dans le désert*. Le saint n'est pas très grand, il

prie avec ferveur devant une croix, sur la droite d'un paysage escarpé dans lequel, dérogeant avec l'iconographie habituelle, sont représentés deux lions et une lionne, à gauche au premier plan. Un dessin – une falaise et des buissons (Edimbourg, National Gallery of Scotland, n° RSA 20) – semble préparatoire à ces mêmes motifs dans l'estampe, bien qu'aucun détail ne soit exactement identique. Par contre, une étude à la plume pour un arbre (autrefois Paris, collection Godefroy) correspond exactement, jusque dans ses dimensions, au grand arbre que l'on voit ici sur la gauche. P. Dreyer (1979) en a conclu que le dessin de Paris était un faux, exécuté vers la fin du XVIᵉ siècle à partir d'une impression légère tirée de la planche. Cette hypothèse est toutefois peu vraisemblable, car on distingue dans le dessin une partie du château que l'on aperçoit au loin dans la feuille de Bayonne, *Paysage avec un château* (Musée Bonnat, n° 1323), et dans la xylographie du *Paysage à la laitière* (cat. **210**).

Ce paysage est la plus puissante des créations de Titien sur ce thème. Bien que les rapports entre les deux dessins qui nous sont parvenus soient loin d'être clairs, surtout en raison de la disparition de l'*Étude d'arbre* depuis plus d'un demi-siècle, il ne fait aucun doute que l'invention de cette planche revienne bien à Titien. Le *Saint Jérôme dans le désert* (Paris, Louvre; cat. **162**) a été peint en 1531 pour Federico Gonzaga de Mantoue. Le sentiment dramatique de la nature, la petite taille du saint, l'inspiration romantique, y sont semblables, tout en étant plus calmes, à ceux de la gravure. La reprise, dans l'étude de l'*Arbre*, du motif du château que l'on voit dans le dessin de Bayonne, établit un lien supplémentaire entre la gravure du *Saint Jérôme* et celle du *Paysage à la laitière*, exécutée par le même xylographe. Toutefois, le dessin de la *Laitière* est moins élaboré et l'on n'y trouve pas la même virtuosité dans la taille de la planche. Ce sont les raisons pour lesquelles nous sommes enclins à situer le *Saint Jérôme dans le désert* immédiatement après la gravure de la *Laitière*, mais avant qu'il ne soit développé dans le tableau du Louvre, c'est-à-dire autour de 1530. La xylographie de Domenico Campagnola sur le même thème (cat. **212**) fournit un exemple significatif du fait que Domenico, dans la gravure comme dans le dessin, demeure, malgré sa fidélité au maître, un imitateur superficiel de Titien.

Jusqu'à l'étude de K. Oberhuber (1980) consacrée à l'étude du style et de la qualité de taille de ces planches, elles étaient toutes deux attribuées à Nicolò Boldrini. Il les a, de façon convaincante, rendues à Giovanni Britto et proposé une datation autour de 1530-1531. Ainsi, l'activité de Britto comme xylographe a-t-elle débuté beaucoup plus tôt qu'on ne le pensait jusqu'alors. De tous les collaborateurs du maître dans le domaine de la gravure, nul, à l'exception d'Ugo da Carpi, n'égala Britto dans sa façon de traduire l'ampleur et le rythme des dessins de Titien.

W.R.R.

page 200

212

Domenico Campagnola
Venise (?), vers 1500 - Padoue, 1564

Saint Jérôme dans le désert
Xylographie. H. 0,283; L. 0,416 au trait carré.
Signé, en bas à droite : *DOMINCVS*.
PARIS, MUSÉE DU LOUVRE,
DÉPARTEMENT DES ARTS GRAPHIQUES,
COLLECTION ED. DE ROTHSCHILD

HISTORIQUE
Au verso, à la mine de plomb, paraphe : *z c n*; vente Montmorillon, Munich, 8 mai 1874, n° 107; Clément, vente Munich, mai 1874; collection Ed. de Rothschild; legs en 1935. Inventaire 4044 L.R.
BIBLIOGRAPHIE
Mariette, *Abecedario* (éd. 1851-1860, VI, p. 311); Heinecken, 1790, p. 548; Bartsch, XIII, n° 2, p. 385; Brulliot, 1832-1834, III, n° 298, p. 46; Nagler, 1858-1879, II, n° 15, p. 398; Galichon, 1864, n° 11 p. 547; Korn, 1897, p. 68; Tietze, 1936, p. 178; Tietze et Tietze-Conrat, 1939, n° 9, pp. 459, 469; Oberhuber, 1966, n° 180; Dreyer, 1971, p. 58; Muraro et Rosand, 1976, pp. 106-107; Landau, 1983, pp. 303-305; Rosand, 1988, p. 66.

Cette xylographie, qui a toujours été reconnue comme une œuvre de Domenico Campagnola, comporte une particularité iconographique : la méditation du saint est interrompue par le combat que livre le lion à un autre animal, sur la droite du paysage. La victime semble être un ours, allusion peut-être au symbole héraldique de Titien. La complexité des rapports de Campagnola avec son ancien maître justifierait peut-être cette interprétation audacieuse mais vraisemblable et la gravure pourrait alors être considérée comme la réponse de Domenico Campagnola à la xylographie magistrale de Titien (cat. **211**).

Domenico avait déjà dessiné, de façon assez convenue, un *Saint Jérôme dans le désert*, dans une feuille d'un achèvement extrême (Francfort, Städelsches Kunstinstitut, Nr.: 13567), datant vraisemblablement des débuts de sa carrière, aux alentours de 1516. Il traita ce sujet à plusieurs reprises dans des dessins qui s'échelonnent sur une trentaine d'années. En reprenant, entre 1525 et 1530, sa collaboration avec des xylographes et en particulier avec Giovanni Britto, Titien stimula, comme par défi, la production de Domenico Campagnola destinée à la vente, ce qui entraîna ce dernier à publier ses propres xylographies. Entre l'époque de son abondante production d'estampes, dans les années 1517-18 et celle où il avait approfondi sa technique de la taille du bois comme dans la *Vision de saint Augustin*, vers 1525, manifestement inspirée du *Saint Roch* gravé par Titien vers 1524, Campagnola était devenu un véritable dessinateur. Ses dessins de paysages dans les années 1518-1525 avaient suscité un regain d'intérêt chez les collectionneurs, auquel pouvait répondre la publication de suites de gravures. Les premières xylographies de Campagnola sont soignées mais un peu ennuyeuses, comme le *Paysage avec des putti et des chiens* d'environ 1528-1530, mais, dès 1530, l'exemple de Titien lui inspire des créations plus ambitieuses, dont celle-ci constitue un excellent exemple.

On ignore si Domenico taillait lui-même ses planches. Le métier et l'habileté dont fait preuve le *Saint Jérôme* incitent pourtant à croire que, à l'instar de la plupart de ses contemporains, y compris Titien, il collaborait avec un xylographe aujourd'hui anonyme. Il est étonnant, mais significatif, de constater à quel point dans son *Saint Jérôme*, Domenico retient peu de chose de l'intensité dramatique de la gravure de Titien sur le même thème (cat. **211**). Le saint devant sa grotte observe avec une irritation mêlée de curiosité le combat livré devant lui, sur la plaine inondée. Un couple de paysans conduisant un âne, passe, indifférent à la scène, à quelque distance de là et un pèlerin gravit une pente escarpée, en haut à gauche, sans y prêter davantage d'attention. En résumé, la conception par Titien d'une scène illustrant un conflit d'ordre spirituel, dans un paysage grandiose, fait place chez Campagnola à la simple description d'un paysage animé de figures et d'animaux étranges. L'intérêt que manifestait Campagnola pour la xylographie, alors très populaire, semble avoir été aussi vif, mais tout aussi bref, que sa passion pour la gravure entre 1516 et 1518. Dès 1540, il reprit son activité de dessinateur, en se spécialisant dans les grandes compositions, à la plume, à caractère décoratif (cat. **213, 214**), qu'il produira par centaines jusqu'à la fin de ses jours. Titien, s'il en eut connaissance, n'eut pas à s'inquiéter de cette concurrence.

W.R.R.

page 201

213

Domenico Campagnola
Venise (?), vers 1500 - Padoue, 1564

Paysage arcadien
Plume et encre brune sur papier ivoire.
H. 0,377; L. 0,605. Doublé.
PARIS, MUSÉE DU LOUVRE,
DÉPARTEMENT DES ARTS GRAPHIQUES

HISTORIQUE
E. Jabach; entré dans le Cabinet du Roi en 1671, paraphe des dessins remontés (L. 2961); marques de la Commission du Museum (L. 1899) et du premier Conservatoire (ancien L. 2207). Inventaire 5550.
EXPOSITIONS
Paris, 1977-78, n° 48; Washington, 1988(2), n° 35.
BIBLIOGRAPHIE
E. Jabach, Inv. Ms., III, n° 105 (Domenico Campagnola); Inv. Ms. Morel d'Arleux, III, n° 3240 (Titien); Monbeig Goguel, 1977, p. 85; Rosand, 1988, fig. 160, 161, p. 167.

Le comte de Caylus (1692-1765) grava plusieurs dessins, dont celui-ci, qui se trouvaient dans la collection royale sous le nom de Titien. Cette grande feuille est, comme l'indique D. Rosand, un exemple très caractéristique des dessins tardifs, à la plume, de Domenico Campagnola représentant des paysages pastoraux à caractère idyllique. Il n'est pas étonnant que son sujet n'ait pas été identifié : un jeune berger, au premier plan, semble faire signe à un homme plus âgé qui, accompagné d'un petit garçon, a du mal à gravir la colline. La présence d'un couple d'amants, de la famille d'un berger, d'un troupeau de vaches en débandade, suggère que la source de notre dessin se trouve peut-être dans les *Églogues* de Virgile, utilisées par Domenico avec une grande sensibilité poétique dans sa jeunesse. Toutefois, il est difficile de déterminer quel est l'épisode tiré de Virgile susceptible d'être rapproché de cette feuille, car, dans ses années de maturité, Domenico usa de références littéraires dans ce qui était essentiellement des dessins de paysage pur.

Alors qu'il avait commencé en imitant ouvertement les dessins à la plume de Titien exécutés dans la seconde décennie du Cinquecento, Domenico acquit rapidement son propre langage, fondé sur la fluidité et la continuité de la ligne, sur le raffinement du détail et un goût marqué pour un traitement de la plume par traits incurvés, séduisant mais purement décoratif. Des dessins achevés, caractéristiques de son style, signés et conçus pour eux-mêmes,

comme les *Deux jeunes gens dans un paysage* (cat. **107**), établissent une sorte de *topos* que l'artiste se contentera d'utiliser, à partir de 1520 environ, en y introduisant des variantes. Ces formules, à force d'être répétées, deviendront automatiques et Campagnola compensera une certaine perte de vitalité en utilisant une échelle de plus en plus grande. Ces dessins avaient l'avantage de plaire et furent collectionnés pour la qualité de leur évocation idyllique d'un monde pastoral au sein duquel l'homme et la nature sont en harmonie. Le sujet perdra peu à peu de son importance et finira presque par se dissoudre dans l'exubérance d'un paysage à grande échelle. Les figures, qui avaient occupé une place importante au premier plan, ne seront plus que des accessoires de taille réduite au milieu de la nature. Elles évolueront vers 1530, quand une foule bigarrée de savoyards pittoresques, visiblement inspirée de Ruzzante, remplacera la douceur des bergers amoureux de sa jeunesse. Des exemples tels que les *Pèlerins dans un paysage* (Florence, Uffizi, Gabinetto Disegni e Stampe, n. 480 P) ou les *Chasseurs dans un paysage* (Detroit, Institute of Arts, n° 09.1S-Dr43) semblent dater des années trente et rappellent les dessins à la plume réalisés par Titien dans la décennie précédente (cat. **101, 208**). La feuille de Detroit, aux figures très proches de celles de ce dessin, pourrait être légèrement antérieure à celui-ci en raison du traitement moins exubérant du paysage.

C'est à peu près à cette époque que Campagnola découvrit les gravures de paysages nordiques. On ignore de quelle façon il put connaître les dessins de Patinir ou de Matsys, avec leurs pics déchiquetés et leurs collines ondoyantes, mais les gravures de Hirschvogel et d'autres artistes avaient commencé à répandre ce type d'œuvre dès 1540. Dans cette feuille, le point de vue élevé, qui permet au paysage de se déployer en un vaste panorama, est un témoignage de leur influence. Il faut y voir probablement, en outre, l'origine des profils montagneux et de la stylisation extrême de l'effet produit par les rayons du soleil disparaissant derrière le sommet, qui se remarquent dans ce dessin. Paradoxalement, la touche est ici plus variée, avec moins de réserves et des ombres plus denses dans la forêt sur la gauche. Elle est également moins libre et plus régulière, et fait preuve de moins de virtuosité technique que celle qui avait présidé au travail de Campagnola aux alentours de 1520. Produits en grande quantité, ces dessins eurent beaucoup de succès auprès des collectionneurs comme des amateurs et ils sont aujourd'hui nombreux dans tous les grands cabinets de dessins. Comme Domenico avait cessé de signer et de dater ses dessins, leur chronologie reste incertaine, mais ce *Paysage arcadien* est proche d'autres feuilles qui semblent se situer vers 1540 ou un peu plus tard.

W.R.R.

page 201

214

Domenico Campagnola
Venise (?), vers 1500 - Padoue, 1564

L'Enlèvement d'Europe
Plume et encre brune, sur papier ivoire.
H. 0,392; L. 0,679. Collé en plein. Annoté au
verso du montage, à la plume et encre brune :
titien -.

PARIS, MUSÉE DU LOUVRE,
DÉPARTEMENT DES ARTS GRAPHIQUES

HISTORIQUE
P. Crozat (?), vente, Paris, 10 avril 1741, partie du
n° 665 (?; Titien); Ch.-P. de Saint-Morys; saisie des
Émigrés en 1793; remise au Museum en 1796-1797;
marque du second Conservatoire (ancien L. 2207).
Inventaire 5526.
EXPOSITIONS
Paris, 1931, n° 128; Paris, 1970, sans numéro; Rome,
1972-73, n° 13.
BIBLIOGRAPHIE
Inv. Ms. Morel d'Arleux, III, n° 3242 (Titien); Morelli, 1892-1893, II, p. 377; Gronau, 1894, p. 330;
Rouchès, 1931, p. 57; Tietze et Tietze-Conrat, 1944,
n° 538, p. 130; Viatte, 1972, pp. 21-22; Rearick,
1976(I), p. 114; Rearick, (1976) 1977, n° 24, pp. 11-
12, 38. Muraro, 1984, p. 337; Labbé et Bicart-Sée,
1987, II, p. 127; Gibson, 1989, p. 45.

Si l'on pensait autrefois, pour des raisons tout
à fait compréhensibles, que cette grande feuille
était de la main de Titien, la critique moderne
est unanime pour y reconnaître une œuvre de
la maturité de Domenico Campagnola. Les
Tietze croyaient, à tort, qu'il s'agissait, à cause
de ses faiblesses, d'une œuvre d'atelier, alors
que Campagnola n'avait, au sens propre, ni
atelier, ni apprentis.

Dans les *Métamorphoses*, Ovide raconte, dans
un récit plein de vivacité, comment Jupiter,
transformé en taureau, proposa à la jeune Europe de la transporter sur son dos, puis lui fit
traverser la mer afin de la séduire. Ce récit
connut une vogue littéraire considérable à Venise au début du Cinquecento. Les artistes y
aperçurent vite les possibilités d'une interprétation picturale et Domenico Campagnola tenta
de l'illustrer dans un dessin à la plume d'un
grand charme (Florence, Uffizi, Gabinetto Disegni e Stampe, n. 472 P), imitant directement
les paysages à la plume de Titien exécutés vers
1520-1530 (cat. 215-217). Le dessin de Florence
n'a pas toutefois la vivacité ni la concision des
imitations de Titien, d'une meilleure qualité,
réalisées, lors de la décennie précédente, par
Domenico, bientôt remplacées par des reprises

un peu mécaniques d'idées anciennes, d'une
technique aussi efficace que dépourvue de réelle
inspiration.

Le talent de Domenico ne le portait pas à
l'invention. Il ne possédait pas non plus une
virtuosité technique suffisante pour se permettre de peindre à grande échelle. A la suite,
sans doute, de son apprentissage auprès de son
père adoptif, Giulio Campagnola, et de son bref
passage dans l'atelier de Titien, il passa maître
dans l'évocation de paysages dessinés à la plume
seule. Grâce au burin puis à la xylographie,
Domenico fournit des œuvres sur papier tout à
fait dignes d'intérêt aux amateurs de Padoue
dont il sera l'artiste favori à partir de 1520,
milieu intellectuellement ambitieux mais dont
les moyens financiers étaient limités. Sans que
l'on en sache exactement la raison, il abandonna
peu à peu la gravure au profit du dessin dans
sa production destinée à être vendue. Il continua à peindre mais il est évident, d'après ce
que nous savons des collections comme celle de
Mantova-Benevides, qu'il obtint le succès grâce
à ses dessins conçus comme des œuvres achevées, destinées à être encadrées et accrochées
par des amateurs avertis.

L'œuvre dessiné de Domenico se ressent inévitablement de son manque de curiosité intellectuelle et de la lassitude provoquée par le
caractère répétitif des sujets. D'autre part, les
échanges entre le nord et le sud de l'Europe
facilitèrent la création d'une sorte de maniérisme international, dans lequel le paysage était
conçu comme un vaste panorama aperçu de très
haut, où le regard plongeait dans des vallées et
des bois infiniment détaillés. Tout cela se retrouve dans l'*Enlèvement d'Europe*. En bas à
gauche, les compagnes d'Europe se bousculent
pour suivre Jupiter, transformé en taureau,
s'enfonçant dans le lac, la nymphe agrippée à
ses cornes s'employant, avec une détermination
plaisante, à ne pas tomber de sa monture. Plus
loin, les troupeaux qu'on retrouve dans toutes
les représentations vénitiennes de ce thème,
paissent tranquillement, tandis que bergers et
troupeaux entraînent le regard vers la ville lointaine, au bord de la mer. Les pics montagneux,
étrangement découpés, les rayons de soleil qui
transpercent les nuages, confèrent à l'ensemble
une atmosphère de lyrisme et de poésie idyllique. L'évocation est plaisante, très peu encline à l'âpreté des paysages presque contemporains de Brueghel, qui les réduit à une
métaphore de l'indifférence de la nature cosmique à l'égard de la condition humaine.

Bien que l'admiration qu'il éprouvait pour
les paysages dessinés par Titien (cat. 215, 217)
dans la troisième décennie du siècle soit restée
pour Domenico une source d'inspiration, son
maniérisme un peu provincial s'imposera, dès
le milieu du siècle et lui assurera le succès. Il
ne faut pas cependant sous-estimer l'importance de Domenico pour les jeunes dessinateurs
qui s'intéressaient alors au paysage, comme
Battista del Moro et Giovanni-Battista Pittoni à
Vérone, Girolamo Muziano à Rome, ou encore
les Carrache à Bologne. Ces artistes et leurs

suiveurs continuèrent, jusqu'à la fin du siècle,
à reconnaître dans les paysages à la plume haute-
tement ambitieux de Domenico, comme l'est
cet *Enlèvement d'Europe*, un modèle de perfection technique.

W.R.R.

page 203

215

Tiziano Vecellio, dit Titien
Pieve di Cadore, vers 1488/1490 - Venise, 1576

Paysage avec un cheval effrayé
par un serpent d'eau
Plume et encre brun foncé, sur papier ivoire.
H. 0,199; L. 0,298. Collé en plein.

CHATSWORTH, DUKE OF DEVONSHIRE

HISTORIQUE
William, IInd Duke of Devonshire. Inventaire 751.
EXPOSITIONS
Venise, 1976(I), n° 47; Alexandria (Virginia), 1987,
n° 74; Washington, 1990-91, n° 38a; Amsterdam,
1991, n° 15.
BIBLIOGRAPHIE
Passavant, 1836, II, p. 146; Waagen, 1854, III,
p. 358; Walker, 1941, n° 99, p. 15; Oberhuber, 1976,
pp. 39-40, 104-105; Pignatti, 1976(2), pp. 269, 270;
Rearick, 1976(I), p. 31; Gould, 1977, p. 46; Pignatti,
1977, p. 169 [erhuber, 1978, pp. 124-125; Pignatti,
1979(I), n° LIV, p. 11; Byam Shaw, 1980(I), p. 390;
Rosand, 1981, p. 307; Jaffé, 1987, p. 122; Wethey,
1987, n° 38, p. 155; Chiari, 1988(I), n° 33, pp. 56-
57; Chiari, 1989, n° 33, pp. 20, 94-95; Schneider,
1990, p. 158; Meijer, 1991, pp. 42-43; Rearick,
1991(I), p. 22.

Ce magnifique dessin était attribué à Domenico Campagnola dans le catalogue de Chatsworth. K. Oberhuber l'attribua avec conviction
à Titien, le datant peu après 1565, tout en
soulignant de nombreux rapports avec les premières œuvres de l'artiste, telle que la xylographie du *Paysage à la laitière* (cat. 210). Nous
avons nous-même, mais de façon indépendante,
reconnu dans ce dessin l'œuvre de Titien, en
lui attribuant une date légèrement antérieure à
1545, attribution acceptée par les historiens,
qui ont généralement daté la feuille vers 1565.
L'étude de Chatsworth était une œuvre célèbre
et sans doute reconnue, au XVIIe siècle, comme
un original de Titien lorsqu'elle fut copiée à
plusieurs reprises, en particulier par Rembrandt (Berlin, Staatliche Museen Preussischer
Kulturbesitz, Kupferstichkabinett, n° KdZ
17598).

Le sujet du dessin reste énigmatique. Le cheval s'est emballé, effrayé par une bête de petite

taille qui semble être un serpent d'eau, que l'on voit sur la droite rompant la surface plane du lac. Hormis l'âne conduit par un paysan qui traverse une fragile passerelle sur la gauche, son fardeau sur le dos, le reste du paysage a la tranquillité d'une scène pastorale, surplombée par le nuage orageux qui s'enroule sur lui-même en haut à gauche. Malgré l'apparente simplicité du dessin, il est évident que le cheval et le serpent ont une portée emblématique, même si leur signification reste cachée.

K. Oberhuber décèle un lien entre la genèse de ce dessin et la création de la xylographie du *Paysage à la laitière*. Le cheval effrayé figure également, à quelques variantes près, sur la gauche de cette xylographie, au second plan, où il conserve la même orientation, ce qui laisse entendre, soit que le cheval fut inversé pour la xylographie, soit qu'il en dérive. Il ne figure cependant pas sur le dessin du Louvre pour le *Paysage à la laitière* (cat. **209**). Le nuage orageux, la montagne et certaines parties du paysage sont si proches de la xylographie qu'ils paraissent être des études préparatoires et ils sont en effet inversés dans la gravure. Tout cela laisse entendre une certaine simultanéité de conception. Titien aurait d'abord exécuté un premier projet pour la xylographie, puis aurait parallèlement avancé d'autres idées sur la feuille qui nous retient ici, il aurait enfin réalisé une synthèse dans l'état final de la gravure. Le motif du cheval et certains traits du paysage pastoral avaient été ébauchés à l'arrière-plan de l'*Amour sacré et l'Amour profane* de 1514 (Rome, Galleria Borghese) et de la *Vénus du Pardo* (Paris, Louvre, cat. **165**), toile commencée vers 1513 mais poursuivie et complétée à une date nettement plus tardive. Deux animaux tout à fait ressemblants figurent à l'extrémité gauche du paysage rajouté par Titien, en 1523, au *Festin des dieux* de Giovanni Bellini (Washington, National Gallery of Art). La fine bordure d'architecture, sur la gauche du dessin, est un mode d'encadrement inhabituel, mais se retrouve dans d'autres œuvres, telle l'*Offrande à Vénus* de 1518-19 (Madrid, Prado). Cette composition semblerait ainsi témoigner du développement d'idées élaborées quelques années plus tôt, mais doit être saisie dans le contexte du style de la maturité de Titien. On pourrait citer, à ce propos, un dessin légèrement antérieur, la *Vision de saint Eustache* du British Museum (cat. **208**) dont l'atmosphère est plus idyllique. Certaines esquisses de paysage, comme celle de la National Gallery d'Edimbourg (n° RSA 20) et celle de New York (cat. **216**), sont également d'un style très proche. Par contre, la densité et le traitement serré de la plume dans l'*Automne, ou la lamentation de Vénus*, du J. Paul Getty Museum (cat. **218**) semblent témoigner d'une maturité un peu plus grande. Nous suggérons donc de dater vers 1525 ce *Cheval effrayé par un serpent d'eau*.

W.R.R.

page 202

216

Tiziano Vecellio, dit Titien
Pieve di Cadore, vers 1488/1490 - Venise, 1576

Buissons au bord d'une mare
Plume et encre brune sur traces légères de pierre noire sur papier ivoire. H. 0,234; L. 0,200. Angle inférieur gauche coupé.

COLLECTION PARTICULIÈRE

HISTORIQUE
Acheté en 1976.
EXPOSITIONS
Venise, 1976(1), n° 36 bis; Cambridge (Mass.), 1977, n° 31; New Haven (Conn.), 1986, n° 46; Washington, 1988(2), n° 21; Amsterdam, 1991, n° 14.
BIBLIOGRAPHIE
Oberhuber, 1976, pp. 90-91; Pignatti, 1976(2), p. 268; Pignatti, 1977, n° XXXI; Muraro, 1978, p. 137; Oberhuber, 1978, p. 118; Pignatti, 1979(1), n° XXX; Serros, 1986, p. 110; Wethey, 1987, n° 53, pp. 166-167; Chiari, 1988(1), n° A-19, p. 72; Meijer, 1991, pp. 40-41; Rearick, 1991(1), p. 35.

Oberhuber fut le premier à publier cette étude comme un original de Titien à la dater vers 1530, suivant en cela une suggestion de J. Stock, et à souligner les rapports très étroits qu'elle présente avec différents dessins et gravures des années 1520. Il s'agissait plutôt, selon nous, d'une œuvre de Giulio Campagnola, réalisée vers 1515, opinion partagée, avec quelques réserves, par M. A. Chiari. M. Muraro préfère y reconnaître l'œuvre d'un dessinateur nordique. Le reste de la critique avalise l'attribution à Titien, ainsi que la date proposée par K. Oberhuber.

Très bien conservée et d'une lisibilité exceptionnelle, cette étude d'une réelle liberté d'inspiration, tente de saisir un aspect de la nature, sans prétendre modifier son apparence sensible, pour lui donner une portée dramatique en l'idéalisant. Titien réduit donc le mouvement rythmique de sa plume pour se consacrer à une description plus précise des détails. Ce rendu presque prosaïque explique que le dessin rappelle, par le traitement soigné de la plume, les dessins de paysage de Giulio Campagnola. Si l'on se souvient qu'autour de 1515 Giulio s'était fait l'émule de Titien, cet échange s'explique clairement. Il n'y a d'ailleurs rien de surprenant à voir Titien se souvenir, dans un moment de

réflexion rétrospective, des formules poétiques qui étaient les siennes au cours de la décennie précédente, même si ici l'assurance et la maîtrise technique témoignent d'une date plus tardive. L'évocation parfaite de l'ombre des arbustes dans l'eau est obtenue à l'aide de quelques hachures verticales, tracées de haut en bas. Elle est tout à fait comparable à l'effet obtenu dans la partie droite du *Cheval effrayé par un serpent d'eau* de Chatsworth (cat. **215**). Mais le dessin est plus proche encore de la *Falaise boisée* (Edimbourg, National Gallery of Scotland, n° RSA 20), dans laquelle la construction du sous-bois a une qualité descriptive analogue. Même si ce second dessin est antérieur à la xylographie du *Saint Jérôme* (cat. **211**), datable vers 1530, cette série d'œuvres serait plutôt liée à d'autres travaux que nous situerions autour de 1525. En effet, plusieurs maniérismes graphiques se retrouvent aussi bien dans ces dessins que dans les détails « dessinés » d'un paysage qui apparaît dans le lointain du *Saint Christophe*, peint à fresque par Titien au palais des Doges, en 1523.

W.R.R.

page 203

217

Tiziano Vecellio, dit Titien
Pieve di Cadore, vers 1488/1490 - Venise, 1576

L'Été,
ou *Paysage avec un berger endormi*
Plume et encre brun foncé sur traces de pierre noire, sur papier ivoire. H. 0,250; L. 0,400. Annoté au verso au crayon : *323*. Collé en plein.

PARIS, MUSÉE DU LOUVRE,
DÉPARTEMENT DES ARTS GRAPHIQUES

HISTORIQUE
E. Jabach; entré dans le Cabinet du Roi en 1671, paraphe des dessins remontés (L. 2961); marques de la Commission du Museum (L. 1899) et du premier Conservatoire (ancien L. 2207). Inventaire 5534.
EXPOSITIONS
Rome, 1972-73, n° 9; Venise, 1976(1), n° 29.
BIBLIOGRAPHIE
E. Jabach, Inv. Ms., III, n° 24 (Titien); Le Febre, 1682, n° 32; Caylus, 1749, n° 32; Mariette, *Abecedario* (éd. 1851-1860), V, p. 337; Morel d'Arleux, Inv. Ms., III, n° 3236 (Titien); Chennevières, 1882-83, *Le Titien*, n° 8; Lafenestre, 1886, p. 183; Morelli, 1893, II, pp. 291-293; Tietze, 1936, I, p. 107; Tietze et Tietze-Conrat, 1936(1), p. 180; Mayer, 1937, p. 310; Fröhlich-Bum, 1938, p. 445; Tietze et Tietze-Conrat, 1944, n° 1955, p. 324; Morassi, 1954, p. 186; Pallucchini, 1969, p. 340; Dreyer, 1971, p. 51; Viatte, 1972, pp. 17-18; Oberhuber, 1974, pp. 88-89; Keyes, 1976,

p. 171; Oberhuber, 1976, pp. 81-82; Chastel, 1976 (1990), p. 114; Rearick, 1976(1), p. 45; Wethey, 1976, p. 796; Oberhuber, 1978, p. 116; Pignatti, 1979(1), n° XXXII, p. 9; Byam Shaw, 1980(1), p. 391; Rosand, 1981, p. 307; Chiari, 1982, p. 122; Saccomani, 1982, pp. 92, 98, 99; Wethey, 1987, n° 45, pp. 160-161; Chiari, 1988(1), n° A-14, p. 70; Chiari, 1989, pp. 17-18 Warick, 1991(1), p. 11-12.

Ce dessin célèbre fut longtemps considéré comme un chef-d'œuvre de Titien avant d'être attribué par Morelli à Domenico Campagnola. Les Tietze l'attribuèrent de nouveau à Titien, en le datant vers 1520. L. Fröhlich-Bum rejette cette attribution, qui est cependant acceptée par F. Viatte. K. Oberhuber et T. Pignatti soulignent comme nous même que, même s'il est un peu pâli, il s'agit d'un dessin d'une excellente qualité. J. Byam Shaw pense éventuellement à une contre-épreuve, et D. Rosand rejette l'attribution à Titien. M. A. Chiari le considère comme une copie, d'un style proche de certaines œuvres de Domenico Campagnola. Nous avons nous-même suggéré qu'il pouvait représenter l'*Été*.

La finesse et le réalisme d'origine flamande, que l'on décèle dans les enluminures du *Livre d'Heures*, conservé à la Libreria Marciana de Venise, peint au début du siècle par Simon Bening et ses élèves, constituaient, pour les artistes vénitiens du XVIᵉ siècle, une source d'inspiration aussi «exotique» que captivante. Apporté à Venise par le cardinal Domenico Grimani peu avant 1521, le *Livre d'Heures*, dit *Bréviaire Grimani*, était accessible à quiconque s'intéressait au raffinement des manuscrits à peinture. Nous savons, par d'autres sources d'inspiration fournies à Titien par les richesses de la collection Grimani, qu'il avait librement accès au palais de Santa Maria Formosa. Aussi apparaît-il clairement, grâce à ses peintures, qu'il étudia les enluminures du *Bréviaire Grimani*. Y avait-il pour lui de meilleure occasion d'adapter leur naturalisme rustique que la suite des thèmes pastoraux, dont le *Paysage à la laitière* (cat. **210**), xylographie de 1525 environ, est l'un des plus beaux exemples ? Sur la page du calendrier représentant le mois d'*Août*, Bening avait représenté un berger profondément endormi dans un vert pâturage, pendant que son troupeau paissait calmement dans les buissons. Vers 1569, Jacopo Bassano adaptera cette miniature dans son *Été* (Budapest, Szépmüvészeti Múzeum), mais il est possible qu'il se soit alors également inspiré du dessin de Titien, son modèle favori. Il est vrai que l'on trouve également des bergers endormis dans des illustrations nordiques du thème du *Berger négligent*, mais il s'y trouve toujours, dans ce cas, un loup qui rôde. Nous pensons donc que cette feuille soigneusement achevée fut réalisée par Titien comme une œuvre d'art autonome et que son thème en est l'*Été*.

Si le style de l'*Été* est proche de celui de la xylographie du *Paysage à la laitière* et de ses études préliminaires, comme le *Paysage avec un château* (Bayonne, musée Bonnat, n° 1323), Ti-

tien cherche néanmoins ici à accorder une place plus importante aux formes douées de vie en groupant les moutons et les deux chèvres en un seul groupe, au premier plan, évitant ainsi de les disperser dans un espace en profondeur qui confère à la xylographie un caractère de naturalisme bon enfant. Comme par contraste avec l'agitation du bétail, la forme ramassée du jeune homme endormi est reléguée dans un angle du dessin, pour mieux évoquer la langueur qui a envahi le dormeur dans la chaleur accablante de l'après-midi. Au-delà du second plan, esquissé avec une économie de moyens caractéristique de Titien, on distingue le même amoncellement de bâtiments de fermes qui, depuis plus de vingt ans, servait à l'artiste de cadre pastoral, surmonté d'un tourbillon de nuages annonçant l'orage. A cette époque, l'exemple de Dürer était déjà assimilé par Titien. Plus élaboré que le *Cheval effrayé par un serpent d'eau* de Chatsworth (cat. **215**), qui le précède de peu, ce dessin laisse apparaître une grande richesse et une extrême variété de texture. Il témoigne en outre d'un contrôle magistral du clair-obscur. L'autorité de la plume, la sobriété de son traitement, lui confèrent une atmosphère d'idéalité recherchée qui le distingue de l'esprit narratif des *Buissons au bord d'une mare* (cat. **216**). La chèvre figure déjà dans la *Laitière* et dérive peut-être d'un dessin original pour la xylographie, aujourd'hui disparu, qui aurait précédé la contre-épreuve (cat. **209**) et aurait été orienté dans le même sens que la gravure. La maturité technique que révèle l'*Été* témoigne cependant d'une réalisation plus tardive. La xylographie du *Saint Jérôme* (cat. **211**), datable vers 1530, puissante et dramatique, étant d'un style plus monumental encore. Le fait que l'*Étude d'arbre* (autrefois à Paris, collection Godefroy) ait servi au *Saint Jérôme*, mais fasse écho au *Paysage avec un château* de Bayonne dessiné par Titien au moment où il préparait la xylographie de la *Laitière*, met en évidence l'étroitesse des liens qui unissent ces trois œuvres. Il est clair que Titien travailla avec fougue et enthousiasme à ces projets, qui préparaient tous une xylographie, entre 1525 et 1530. L'*Été* fut certainement conservé, sous une forme ou une autre, dans le fonds de l'atelier, puisque Titien utilisera le motif du berger pour le soldat endormi au milieu de la partie inférieure de la *Résurrection* (Urbino, Galleria Nazionale delle Marche), à laquelle il travaillait en 1542.

W.R.R.

page 204

218

Tiziano Vecellio, dit Titien
Pieve di Cadore, vers 1488/1490 - Venise, 1576

L'Automne,
ou *La lamentation de Vénus*

Plume et encre brun foncé sur traces légères de pierre noire, arbre au centre légèrement retravaillé à la gouache blanche sur pierre noire à peine visible, sur papier ivoire. H. 0,196; L. 0,301. Annoté à la plume et encre brune vers la fin du XVIIᵉ siècle : *Titiano*.

MALIBU, CALIFORNIE,
COLLECTION OF THE J. PAUL GETTY MUSEUM

HISTORIQUE
William, IIⁿᵈ Duke of Devonshire, Chatsworth (avant 1792); Devonshire Collection, Chatsworth (Inv. n° 750), vente Londres, 3 juill. 1984, n° 44; J. Paul Getty Museum. Inventaire 85.GG.98.

EXPOSITIONS
Londres, 1953, n° 89; Manchester, 1961, n° 60; Édimbourg, 1969, n° 46; Washington, 1969-70, n° 68; Venise, 1976(1), n° 46; Jérusalem, 1977, n° 8; Richmond, 1979-80, n° 64.

BIBLIOGRAPHIE
Strong, 1902, p. 14, n° 59; Parker et Byam Shaw, 1953, n° 89; Morassi, 1954, p. 184; Byam Shaw, 1969, p. 80; Pallucchini, 1969, pp. 340-341; Byam Shaw, 1973, pp. 34-35; Keyes, 1976, p. 170; Oberhuber, 1976, pp. 39, 103-104 Warick, 1976(1), p. 45; Wethey, 1976, p. 796; Pignatti, 1977, n° 169; Muraro, 1978, p. 140; Pignatti, 1979(1), n° LIII, p. 11; Byam Shaw, 1980(1), p. 387; Pignatti et Chiari, 1981, p. 137; Rosand, 1981, p. 307; Chiari, 1982, p. 108; Walsh, 1986, p. 234; Wethey, 1987, n° 47, p. 162; Chiari, 1988(1), n° 34, pp. 33, 57; Goldner, 1988, n° 51, p. 124; Rosand, 1988, fig. 80, p. 77; Chiari, 1989, n° 34, pp. 20, 95; Hulse, 1989, pp. 29-38.

Ce dessin présente une forte analogie avec l'*Été*, ou *Paysage avec un berger endormi* (cat. **217**) et fut, comme cette feuille, très tôt considéré comme une œuvre originale de Titien. Il fut toutefois rejeté par Strong qui le tenait pour une œuvre de Domenico Campagnola dans une phase de son évolution très proche de Titien. La feuille fut, un temps, ignorée par la critique. J. Byam Shaw l'attribua de nouveau à Titien et la data de la deuxième décennie. K. Oberhuber la déplaça vers 1565. A l'exception de M. Muraro et de D. Rosand, presque toute la critique accepte aujourd'hui l'attribution à Titien et la date de la période tardive. Cette composition fut gravée, sans doute par Battista del Moro, vers 1560-1565. Cet artiste, graveur à Vérone, reproduisait alors non seulement des dessins originaux, comme celui-ci, mais également des imitations de Titien, comme son *Saint Théodore* (New York, Pierpont Morgan Library) réalisé en préparation à une gravure. L'estampe de Valentin Le Febre (1682, n° 15) présente un problème complexe, puisqu'elle reproduit la feuille qui nous intéresse ici tout en lui apportant de nombreuses modifications, substituant en particulier au berger endormi la figure féminine et les deux lapins qui se trouvent à ses pieds. Une copie partielle du dessin de la collection Getty (Florence, Uffizi, Gabinetto Disegni e Stampe, n. 502 P) laisse apparaître un blanc à l'emplacement du motif de la femme, ce qui permet de suggérer qu'elle pourrait illustrer un stade intermédiaire de la préparation de la gravure, la variante se justifiant par une manifestation de pruderie. Un autre dessin complet d'après la version gravée par Del Moro (Rennes, Musée des Beaux-Arts, n° 794-1-3039) serait également lié à cette falsification. Quoi qu'il en soit, il n'y a jamais eu d'original de Titien comprenant la figure du berger, même s'il est possible que le changement de thème ait été inspiré par la feuille du Louvre (cat. **217**), qui a elle-même fourni le sujet d'une gravure de Valentin Le Febre.

L'iconographie du dessin de la collection Getty a fait l'objet de nombreuses spéculations. C. Hulse a récemment proposé de voir dans la figure drapée Vénus se lamentant de la mort d'Adonis, tué par le sanglier représenté au centre du dessin. La chèvre, placée légèrement en retrait, représenterait leur passion. Le même critique ajoute que le dessin illustrerait en outre le passage de la fertilité de l'été à la stérilité de l'hiver. Macrobius et plus tard Boccace, voyaient dans la mort d'Adonis la métamorphose provoquée par le changement des saisons. Titien avait lui-même réalisé, dans un style semblable, un dessin très fini de l'*Été* (cat. **217**). Dans la feuille exposée, il relègue au second plan les deux bergers endormis (et non, comme le suggère Hulse, un homme et une femme), et la mise en évidence de Vénus recouverte d'un drapé, qui semble glacée par l'air froid autant que par son chagrin, évoque l'arrivée de l'automne. La théorie de Hulse est tout à fait exacte, mais il conviendrait d'en souligner davantage la signification allégorique, personnifiant l'*Automne*. Ce dessin développerait ainsi un thème que Titien avait commencé à traiter avec l'*Été*, mais il est peu probable, compte tenu de la différence de format entre les deux feuilles, qu'elles aient été conçues comme des pendants. Elles pourraient avoir été réalisées afin de servir de modèle à un graveur. Elles furent toutes deux gravées par la suite.

Les avis divergent sur la place à donner à ce dessin dans la chronologie de l'œuvre de Titien, les propositions de datation allant de 1510 et des années suivantes jusqu'à 1565, un demi-siècle plus tard. Il est vrai que la figure féminine enveloppée d'une draperie apparaît dans la bacchanale dite *Les Andriens* (Madrid, Prado), vers 1519, que les bergers endormis et leur chien

ressemblent à ceux qu'on peut apercevoir à l'arrière-plan du tableau, ou encore que la figure féminine, à droite de l'*Offrande à Vénus*, vers 1518 (Madrid, Prado), semble préfigurer celle de notre dessin. Il n'en demeure pas moins que ce dessin est d'un style plus sûr et d'une écriture plus complexe que les feuilles de cette époque (cat. **215, 217**). En fait, la série de dessins et de xylographies (cat. **210, 211, 216**) que nous avons située autour de 1525 serait antérieure à cette feuille, avec laquelle elle offre cependant des analogies. Ainsi, dans ce dessin le motif de la chèvre évoque l'animal qui se trouve au centre de la xylographie du *Paysage à la laitière*. Ce fait n'est cependant pas déterminant, puisque Titien avait certainement gardé des copies de la gravure dans son atelier. Qui plus est, il est bien connu qu'en 1565 l'artiste éprouvait la nostalgie de la poésie pastorale de sa jeunesse. Il est ainsi significatif que cette chèvre figure également dans l'*Été*, dont l'exécution soignée semble présager le style de notre dessin. En revanche, les seuls dessins à la plume tardifs que l'on connaisse : le *Paysage avec nymphes et satyres* et *Roger et Angélique*, d'environ 1565 (Bayonne, musée Bonnat), sont d'une conception et d'un traitement fort différents. Titien est alors un artiste âgé, son style est lyrique mais sévèrement maîtrisé. Il cherche à réaliser dans le dessin une œuvre comparable à une grande toile : un vaste panorama au sein duquel des figures à plus petite échelle seraient disposées avec bonheur dans un espace bien ordonné, d'un agencement minutieusement détaillé. Dans ces dernières feuilles, très monumentales, la plume de Titien est plus fine, régulière, pondérée, suprêmement rationnelle. Dans le dessin du J. Paul Getty Museum, elle est encore empreinte d'un esprit de recherche particulièrement frappant dans la façon, inégale, dont est appliquée la gouache blanche pour accuser un clair-obscur déjà très fortement indiqué. En bref, la volonté dont Titien fait preuve ici, dans sa quête d'un ordre pictural, paraît anticiper directement l'*Étude d'arbre* (autrefois Paris, collection Godefroy) qui prépare elle-même la xylographie aux effets dramatiques du *Saint Jérôme* (cat. **211**). Celle-ci, enfin, reprend le motif apparaissant dans le *Paysage avec un château* (Bayonne, musée Bonnat), utilisé dans le *Paysage à la laitière*. Nous proposerons donc une date entre 1525 et 1530 pour ce dessin magistral.

W.R.R.

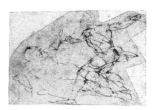

page 206

219

Tiziano Vecellio, dit Titien
Pieve di Cadore, vers 1488/1490 - Venise, 1576

Études pour la mort de saint Pierre Martyr

Plume et encre brune sur papier ivoire. Trois fragments d'une même feuille, *a.*: H. 0,145; L. 0,191; *b.*: H. 0,064; L. 0,089 (maximum); *c.*: H. 0,057; L. 0,087. La trace de pastel rouge sur *b.* est plus tardive et n'a pas de rapport avec le dessin original.

LILLE, MUSÉE DES BEAUX-ARTS

HISTORIQUE
J.-B. Wicar (L. 2568, sur chaque fragment); legs en 1836 au Musée des Beaux-Arts. Inventaire Pl. 552 a, b, c.
EXPOSITIONS
Lille, 1968, n° 106; Florence, 1970, n° 107; Venise, 1976(1), n° 35; Nice, 1979, n° 44.
BIBLIOGRAPHIE
Benvignat, 1856, n° 864; Cavalcaselle et Crowe, 1877, I, p. 333; Gonse, 1877, p. 388; Lafenestre, 1886, pp. 1, 135, 136; Pluchart, 1889, n° 552, p. 131; Ricketts, 1910, p. 101; Hadeln, 1924(1), pp. 21, 51, pl. 9-10; Fröhlich-Bum, 1924, p. 280; Hadeln, 1927, pp. 21-22, pl. 9-10; Fröhlich-Bum, 1928, n° 21, p. 197; Tietze et Tietze-Conrat, 1936(1), n° 18, pp. 152, 191; Kieslinger, 1934-1937, p. 174; Tietze et Tietze-Conrat, 1944, n° 1923, 1924, 1925, pp. 318-319; Brendel, 1955, p. 119; Valcanover, 1960, I, p. 82; Châtelet, 1968, p. 44; Pallucchini, 1969, p. 332, pl. 564; Valcanover, 1969, p. 105; Wethey, 1969, p. 154; Châtelet, 1970(2), pp. 77-78; Oberhuber, 1976, pp. 88-89 Warick, 1976(1), p. 49; Gould, 1977, p. 46; Muraro, 1978, p. 134; Pignatti, 1978(1), p. 168; Pignatti, 1979(1), n° XXIII, p. 5; Provoyeur, 1979, p. 57; Bacou, 1981, sous n° 10; Byam Shaw, 1980(1), pp. 389, 391; Rearick, 1985(1), p. 132; Wethey, 1987, n° 19, pp. 25-26, 143; Chiari, 1988(1), n° 21, pp. 32, 48; Chiari, 1989, n° 21, pp. 18, 89.

La confrérie vénitienne de Saint Pierre Martyr possédait dans l'église Santi Giovanni e Paolo un autel au-dessus duquel elle avait placé un tableau représentant le martyre de leur saint patron, peint par Jacobello del Fiore vers 1416. En 1525, la décision fut prise de remplacer ce petit tableau — que l'on peut reconstituer grâce à un panneau (Washington, Dumbarton Oaks) — par un retable monumental. Cependant, le concours ne fut probablement pas lancé avant la fin de l'été 1527. On sait qu'au moins trois artistes proposèrent alors des *modelli*: Jacopo Palma, qui appartenait à la confrérie, Pordenone, qui faisait ses débuts sur la scène vénitienne et Titien, qui venait de se couvrir de gloire dans l'église rivale appartenant aux franciscains : Santa Maria dei Frari. Titien remporta la commande et son immense tableau sera installé au-dessus de l'autel le 27 avril 1530, avant d'être détruit dans l'incendie de 1867.

Fait remarquable, les dessins de Palma (cat. **220, 221**), de Pordenone (cat. **222, 223**), et de Titien nous sont parvenus, ce qui nous offre l'occasion unique de comparer ces trois grands dessinateurs à l'œuvre sur un seul et même projet, même si ces dessins représentent des phases d'étude différentes. Les esquisses de Lille ont fait l'objet de doutes et entraîné une certaine confusion, dus en partie à la dissemblance évidente qu'elles offrent avec les dessins de Palma conservés au Louvre, attribués à Titien par la critique. Cavalcaselle a, le premier, rapproché les feuilles de Lille du projet pour *Saint Pierre Martyr* et l'attribution à Titien fut alors acceptée par tous les historiens, jusqu'au moment où K. Oberhuber, frappé par le contraste qu'elles présentaient avec les études du Louvre, exprima des doutes sur leur authenticité, suivi, sur ce point, par T. Pignatti, qui préférait y reconnaître des dérivations du tableau de Titien. H. Wethey et M. A. Chiari les rendirent toutefois à Titien.

A l'origine, ces rapides et brillantes esquisses, faisaient partie de la même feuille. Lorsque celle-ci fut découpée, quelques études consignées sur les bords disparurent probablement. Ces dessins sont les seuls exemples qui nous soient parvenus, révélant le stade initial du projet, au moment où Titien connaît les principaux protagonistes et leur rôle, mais où les gestes et les attitudes sont encore à préciser. Il commença par dessiner les deux figures sur le dessin *c.*, qui se trouvait à l'origine dans l'angle inférieur gauche de la feuille, sa plume se déplaçant avec une rapidité extrême pour esquisser le geste de l'assassin et le mouvement de recul de la victime en train de tomber. Puis l'artiste poursuivit sur le dessin *b.*, à l'origine un peu plus à droite et légèrement plus haut, où il précisa la figure brandissant l'épée, la pliant et la faisant pivoter vers la gauche, en diagonale, livrant ainsi le saint à l'attaque de son assaillant. Titien ajouta ensuite le motif de l'homme en fuite, sans s'arrêter vraiment encore à la place qui lui sera accordée dans le drame. Enfin, plus haut encore et sur la droite, c'est-à-dire aujourd'hui vers le bas du dessin *a.*,

sa touche devient plus précise et la forme est élaborée de façon à laisser entrevoir le modelé. Il parvint alors à la synthèse des attitudes arrêtées dans ses deux premières études et se concentra davantage sur le mouvement pathétique du moine qui pivote sur la droite. A ce stade de son travail, des éléments secondaires — sans doute projetés plus tôt, mais qui n'auraient pas été pertinents dans ses premières recherches — sont brièvement indiqués: notamment, la pente du terrain incliné vers la gauche, ou les vêtements, comme le manteau du moine en fuite, plus visible à la place qui lui est assignée ici. Si le paysage n'apparaît pas encore, Titien a déjà ébauché en esprit la place qu'il lui assignera, car la dernière esquisse laisse percevoir la source de la lumière et le clair-obscur qu'on retrouvera dans le tableau. Ces recherches sont traitées d'une façon si éloignée du « style » et de la « grâce », dont on se souciait tant en Italie Centrale, qu'elles paraissent intemporelles. C'est la vision conceptuelle de Titien qui s'élabore ici, probablement sans références aux modèles. Cette feuille a probablement été accompagnée de plusieurs autres esquisses dessinées à la plume, alors considérées comme non utilisables et sans valeur. Toutefois, on retrouve dans un dessin des débuts de Titien, les *Amants dans un paysage* (Chatsworth, Trustees of the Chatsworth Settlement, n° 749A), des figures traitées de façon tout aussi sommaire et, dans le *Saint Sébastien* de Berlin (cat. **205**), exactement la même énergie et la même concision de touche que dans la troisième étude de figures de Lille.

Plus tard seulement, peut-être même à un autre stade de la mise en place de son projet, Titien dessina dans un style différent, une série d'études pour les deux *putti* qui, dans la peinture, s'échappent des rayons d'une nuée céleste, tenant la palme du martyr. Commençant alors par le *putto* le plus grand, sur la gauche, il ajouta ensuite celui qui est tourné de l'autre côté, en bas à droite, avant d'opter pour le couple de *putti* dessiné au centre et utilisé pratiquement sans changements dans la version finale. Toutefois, cédant à son élan créateur, Titien dessina encore des *putti* dans différentes attitudes, dont celle qui fut retenue, de manière insolite, pour celui qui vole en bas à droite du dessin *a*. Aucun de ces *putti* ne lui paraissant convenir, le peintre revint donc au couple qui se trouve au centre. Le *putto* sur la gauche lui permit cependant de poser le motif de l'Enfant dans la *Vierge au lapin* du Louvre (cat. **160**), commencée en 1530 au moment où Titien achevait le *Saint Pierre Martyr*. Le traitement de la plume, dans cette sorte d'étude, témoigne d'une certaine délicatesse de tracé, d'un contour rythmé et d'un souci d'élégance dans la composition. Tout ceci, comme le maniérisme des yeux, dessinés comme des sphères, donne à penser que Titien connaissait peut-être les dessins à la plume de Perino del Vaga. Et, effectivement, le graveur Jacopo Caraglio avait apporté à Venise, en 1527, des dessins de Perino, au moment précis où Titien préparait son

modello pour le concours de *Saint Pierre Martyr*. Plus tard, en 1537, Caraglio travaillera directement avec Titien à la gravure de l'*Annonciation* (voir cat. **251**). C'est cette diversité extrême de la technique qui fait de la feuille lilloise un témoignage essentiel du travail de l'artiste, saisi dans un moment d'intense créativité et de complète concentration.

W.R.R.

page 207

220

Jacopo Nigreti, dit Palma Vecchio
Serina (Bergame), vers 1480 - Venise, 1528

Étude pour la mort de saint Pierre Martyr

Plume et encre brune sur papier ivoire. H. 0,170; L. 0,171. Taches d'huile en haut et à droite. Collé en plein. Annoté, en bas à droite, à la plume et encre brune : *17*. Monté avec le dessin Inventaire 5517.

PARIS, MUSÉE DU LOUVRE,
DÉPARTEMENT DES ARTS GRAPHIQUES

HISTORIQUE
E. Jabach, Inv. Ms. de la seconde collection Jabach, 1696, f° 66 verso, n° 239 (Inventaire 5517 bis) et n° 238 (Inventaire 5517) (Titien); P. Crozat; P. J. Mariette (L. 1852), montage avec cartouche : *TITIANUS VECELLI / Pro tabulà D. Petrum Martyr. / in aede SS. Joan & Pauli exprim.* et annotation en bas, à gauche : *Fuit Everardi Jabach, & deinde D. Crozat:*, à droite : *nunc ex colletione P.J. Mariette. 1741.*; Cabinet du Roi; marques de la Commission du Museum (L. 1899) et du premier Conservatoire (ancien L. 2207). Inventaire 5517 bis.

EXPOSITION
Venise, 1976(1), n° 33.

BIBLIOGRAPHIE
Inv. Ms. Morel d'Arleux, III, partie du n° 3208 (Titien); Lafenestre, 1886, p. 133; Fröhlich-Bum, 1924, p. 285; Tietze et Tietze-Conrat, 1936(1), pp. 154-155; Tietze et Tietze-Conrat, 1944, n° 1997, p. 529; Wethey, 1969, p. 154; Oberhuber, 1976, pp. 86-88; Gould, 1977, p. 46; Bacou, 1978, p. 142; Muraro, 1978, pp. 137, 138. Pignatti, 1979(1), n° XXIIa; Bacou, 1981, n° 10 Warick, 1981, p. 35 note 1; Rearick, 1985(1), p. 132; Wethey, 1987, n° 20, pp. 144-145; Chiari, 1988(1), n° A-12, p. 68; Rylands, 1988, p. 79; Chiari, 1989, p. 18; Rearick, 1991(1), p. 11.

L'annotation apposée par Mariette au recto du montage confirmait l'attribution traditionnelle à Titien et proposait d'y voir une étude pour la *Mort de saint Pierre Martyr*, peinture détruite, autrefois à Venise, église Santi Giovanni e Paolo. L. Fröhlich-Bum accepta cette attribution, rejetée toutefois par les Tietze (1936) qui pensaient (1944) qu'il s'agissait plutôt d'un dessin de Verdizotti d'après une version tardive, aujourd'hui disparue, envoyée au pape Pie V en 1567. K. Oberhuber soutint l'attribution à Titien, ainsi que le lien avec le retable de Santi Giovanni e Paolo. H. Wethey, après avoir reconnu (1969) dans cette feuille une œuvre de l'entourage de Titien, proposa avec hésitation (1987) d'envisager une attribution à Verdizotti. C. Gould refusa d'y voir une œuvre de Titien, M. Muraro la pensait de Verdizotti, mais T. Pignatti, enfin, considéra qu'il s'agissait bien d'un dessin de Titien pour le tableau disparu. Nous avons, en 1980, 1985 et 1991 attribué cette œuvre à Palma Vecchio, qui avait également participé au concours pour le *Saint Pierre Martyr*. P. Rylands considéra que si le dessin n'était pas de la main de Titien, il était inspiré du tableau. M. A. Chiari reconnut dans cette feuille un exemple du renouveau de l'influence de Titien à la fin du XVIᵉ siècle, comprise dans une veine déjà baroque.

On ne connaît pas tous les détails des circonstances qui conduisirent la Confrérie de Saint Pierre Martyr à commander un nouveau retable pour l'église Santi Giovanni e Paolo. Il est cependant clair que la décision fut prise en 1525, le financement du projet ayant fait l'objet d'une autorisation particulière en novembre de la même année et il est probable, malgré l'absence de documents, qu'un concours fut lancé au printemps 1527. Les *modelli* furent vraisemblablement soumis au jugement de la Scuola à l'automne de la même année. Les sources anciennes s'accordent en général pour notifier que Pordenone, Palma et Titien présentèrent tous trois des dessins. Titien remporta évidemment le concours et son tableau fut mis en place le 27 avril 1530.

Cette feuille, comme son pendant (cat. **221**), surprend car elle s'écarte du sujet tel qu'il est esquissé par Titien (cat. **219**) et Pordenone (cat. **223**). Étant donné que les deux autres peintres sont – dès les tout premiers stades, comme en témoignent les études de Titien conservées à Lille – en parfait accord dans leur façon de concevoir le sujet, il paraît évident que l'épisode choisi par les commanditaires illustrait le moment où l'assassin lève l'épée pour la plonger dans le corps du saint tombé à terre, alors qu'à gauche son compagnon terrorisé prend la fuite. Le décor boisé et les *putti* tenant la palme du martyr semblent également avoir été inclus dans l'iconographie telle qu'elle était exigée. Dans cette feuille, la figure terrassée, à droite, est certainement celle du saint, le thème principal portant sur l'assassinat du second moine. Comme il est peu probable que l'artiste se soit permis de prendre des libertés avec le sujet imposé, on doit se contenter de supposer qu'il donne libre cours à son imagination afin d'étudier un épisode ultérieur qui lui permettra peut-

être de mieux saisir celui qui était exigé par les commanditaires. Quoi qu'il en soit, H. et E. Tietze soulignèrent à juste titre que ce dessin présente fort peu de rapports avec la version de Titien, aujourd'hui disparue. Bien que le traitement de la plume s'inspire de très près de celui de Titien, les analogies les plus fortes se trouvent dans certaines feuilles du maître de Cadore dessinées un peu avant 1520, comme le *Couple de musiciens* (cat. **94**). Pour sa part, K. Oberhuber remarqua très justement que la technique n'est en rien compatible avec les feuilles de Titien conservées au musée de Lille. Elle rejoint plutôt le caractère vaguement titianesque des dessins à la plume de Jacopo Palma. On peut clairement établir un rapprochement entre ce dessin et les *Nus masculins* qui se trouvent au verso de la *Sainte Famille avec sainte Catherine* (cat. **118**), œuvre tardive liée à l'*Adoration des bergers* du Louvre (cat. **59**). La torsion du corps, rendue par le jeu des muscles, l'équilibre entre la nervosité du contour et le modelé irrégulier mais énergique, au moyen de lignes parallèles, l'évocation du mouvement à la fois ambitieuse et anarchique, se retrouvent aussi bien dans l'esquisse de *Saint Pierre Martyr* que dans ces *Nus*. De toute évidence, ils appartiennent aux travaux préparatoires de Palma pour la *Tempête infernale* (Venise, Scuola Grande di San Marco, Sala dell'Albergo), bien qu'aucun des nus puissants figurés dans la barque, au premier plan de ce tableau, ne corresponde précisément aux types ou aux poses des personnages du dessin. L'histoire de la *Tempête* est certes complexe. On peut cependant affirmer sans risque d'erreur que Palma commença à y travailler peu après la mort de Mansueti (après mars 1527) et que le tableau était inachevé au moment de sa propre mort, le 30 juillet 1528. Il est donc postérieur de moins d'un an au concours pour le *Saint Pierre Martyr*. En dépit d'une plus grande liberté d'exécution, il peut être rapproché du recto de l'étude du British Museum (cat. **118**) : même souplesse maniérée des contours, mêmes traits de plume arrondis servant à préciser la structure, mêmes visages en raccourci, même utilisation énergique de parallèles légèrement incurvées pour rendre le modelé. On retrouve ici les étranges volumes triangulaires des études de têtes d'une feuille bien plus ancienne, projet pour une *Adoration des bergers* (Florence, Uffizi, Gabinetto Disegni e Stampe, n. 1808 F). Le traitement du paysage et celui des troncs d'arbres en particulier, témoigne de nouveau d'une interprétation plus libre des modèles de Titien que Palma avait si soigneusement étudiés. Bref, si les doutes exprimés par certains critiques sont compréhensibles, les circonstances de la participation de Palma au concours de l'automne 1527 pour la *Mort de saint Pierre Martyr* suggèrent que cette feuille est une improvisation libre, rapidement réalisée au moment où l'artiste étudiait la mise en place du motif exigé pour le *modello*. A en croire le récit fait par Paolo Pino en 1548, Palma proposa celui-ci en même temps que Titien et Pordenone. Quant au rapport que présente ce

dessin avec le retable monumental peint par Palma sur le même thème (Alzano Lombardo, San Martino), nous aurions tendance à penser que ce dernier fut commandé à l'artiste immédiatement après qu'il eût été évincé dans le concours vénitien par Titien. Désireux, manifestement, d'éviter toute citation de ses propres esquisses comme de son *modello* et plus encore des *modelli* de Titien et de Pordenone, Palma ne conservera pas grand-chose pour son tableau d'Alzano, à l'exception du moine en fuite que, toutefois, il inversera, mais il répétera inconsciemment certains détails du costume, de la pose et de la tonsure du bourreau qui se trouvent dans l'esquisse du Louvre. Nous suggérerions volontiers que le haut des épaules et le cou dessinés au recto de la feuille du British Museum, après que celle-ci eut été tournée d'un quart de tour vers la gauche, représentent l'étude de Palma pour la figure du saint dans le tableau d'Alzano. L'esquisse du Louvre propose, avec son pendant, une conception nouvelle du style de Palma dessinateur à la veille de sa mort prématurée. Elle confirme que, loin de se contenter de copier tout simplement Titien, l'artiste avait alors atteint une maîtrise du traitement de la plume tout à fait particulière, à la fois tumultueuse et séduisante.

W.R.R.

page 207

221

Jacopo Nigreti, dit Palma Vecchio
Serina (Bergame), vers 1480 - Venise, 1528

Étude pour la mort de saint Pierre Martyr

Plume et encre brune, tache sur la tête à gauche, sur papier ivoire. H. 0,120; L. 0,117. Collé en plein. Monté avec le dessin Inventaire 5517 bis.

PARIS, MUSÉE DU LOUVRE,
DÉPARTEMENT DES ARTS GRAPHIQUES

HISTORIQUE
Même historique que cat. **220**. Inventaire 5517.
EXPOSITION
Venise, 1976(1), n° 34.
BIBLIOGRAPHIE
Voir cat. **220**.

La feuille figure, depuis le XVIIᵉ siècle au moins, sur le même montage que son pendant (cat. 220). La critique a étudié les deux dessins ensemble, même si les Tietze, suivis de L. Fröhlich-Bum et de K. Oberhuber, ont reconnu dans cette étude l'origine de la fresque de Titien, l'*Époux jaloux* (Padoue, Scuola del Santo), exécutée en 1511.

Palma connaissait et admirait la fresque de Titien. Il y fait souvent référence dans le choix des poses et dans la façon de draper les figures allongées. Ici, les vêtements de la figure étendue sur le sol sont cependant de toute évidence ceux d'un frère dominicain, le pan avant de la robe, la cape et la ceinture en corde étant les mêmes que ceux qui apparaissent sur les autres études pour la *Mort de saint Pierre Martyr*. La blessure est nettement visible, mais l'artiste modifia la position de la tête et sa plume, trop chargée d'encre, tacha la feuille. Le bourreau, une fois accompli son sinistre ouvrage, commence à rengainer son épée dans le fourreau qu'on devine à la hauteur de sa hanche gauche. Mais, chose curieuse, le dessinateur lui fait lever le bras droit, qu'il dirige sans doute vers les *putti* tenant la palme du martyr, dont la présence en haut du tableau faisait partie des motifs exigés par la Scuola. Cette étude, moins vigoureuse, moins dynamique que la précédente, a plus de douceur et d'élégance. Comme à son habitude, Palma choisit la beauté lyrique de préférence à l'emphase dramatique. Les maniérismes graphiques de cette feuille sont semblables à ceux de la plupart des derniers dessins à la plume de l'artiste. Mais, de toute évidence, ce dessin ne représente pas un stade définitif, la plume ne précisant pas les détails, en particulier les troncs d'arbres à peine indiqués. Ce projet pour la *Mort de saint Pierre Martyr* peut être daté, comme son pendant, du début de l'automne 1527.

W.R.R.

page 208

222

Giovanni Antonio de' Sacchis, dit Pordenone
Pordenone, vers 1483/1484 - Ferrare, 1539

Étude pour la mort de saint Pierre Martyr
Sanguine sur papier blanc. H. 0,244; L. 0,207. Collé en plein.

HISTORIQUE
N. A. Flinck (L. 959); William, IIⁿᵈ Duke of Devonshire (L. 718); The Trustees of the Chatsworth Settlement (Inventaire 746), vente, Londres, 6 juill. 1987, n° 9; The J. Paul Getty Museum, Inventaire 87.GB.91.

EXPOSITIONS
Londres, 1930, n° 673; Washington, 1962-63, n° 51; Londres, 1969, n° 51; Londres, 1983-84, n° D40; Pordenone, 1984, n° 4.10.

BIBLIOGRAPHIE
Morelli, 1890, p. 400; Strong, 1902, n° 24; Gamba, 1909, pp. 38-39; Fröhlich-Bum, 1925, pp. 72-73; Hadeln, 1925(2), pp. 34-35, pl. 37; Popham, 1931, p. 75; Schwarzweller, 1935, p. 78; Fiocco, 1939, pp. 102, 153, 177; Tietze et Tietze-Conrat, 1944, n° 1301, p. 235; Popham, 1962, p. 28; Pignatti, 1967, p. 311; Fiocco, 1969, p. 177; Popham, 1969, p. 28; Pignatti, 1970, pp. 8-9; Furlan, 1976, p. 429; Rearick, 1976(1), p. 132; Gibbons, 1977, p. 162; Cohen, 1980, pp. 29, 66-67; Chastel, 1983, p. 179; Scrase, 1983, pp. 270-271; Cohen, 1984, p. 201; Furlan, 1988, n° D 16, pp. 256-258; Goldner et Hendrix, 1992, n° 36 p. 97.

Si Morelli accepta l'attribution traditionnelle de cette feuille à Pordenone, Strong suggéra qu'elle pourrait être de Francesco Cariani. L. Fröhlich-Bum et Hadeln la reconnurent comme une étude de Pordenone pour son *modello* des Uffizi (cat. 223) présenté au concours ouvert en 1526 pour la *Mort de saint Pierre Martyr*. Cette attribution fut ultérieurement admise par la majorité de la critique.

Pordenone avait longtemps travaillé dans son Frioul natal, puis à Mantoue et Crémone, avant de se mesurer, en 1528, aux artistes vénitiens lors de la réalisation des fresques et des tableaux destinés à l'église San Rocco. Avant de s'attaquer à ce projet et à une date que nous sommes à même de situer au début de l'automne 1527, il avait préparé son arrivée sur la scène véni-

tienne en présentant en même temps que Titien et Palma Vecchio un *modello* pour le retable de la *Mort de saint Pierre Martyr* que la Scuola de San Pietro Martire voulait commander pour l'église Santi Giovanni e Paolo. Le *modello* (cat. 223) fut préparé par deux dessins importants, celui qui est exposé étant le plus beau des deux.

Le choix de la sanguine est significatif. Les dessinateurs vénitiens s'en servaient rarement, préférant la pierre noire pour les études de figure et, en général, la plume pour les études de composition. Pendant le premier quart du siècle, la sanguine avait été beaucoup utilisée dans le Frioul, jusqu'à Trévise, dans le sud de la province. Même dans un dessin précoce comme la *Scène mythologique* du Louvre (cat. 121), Pordenone utilise cette technique pour mettre en place une figure de type vénitien. Son séjour à Mantoue, immédiatement avant son arrivée à Venise, le mettra en contact avec les artistes de l'école de Parme, notamment avec Corrège, dont la sanguine était le matériau de prédilection. Lors de son arrivée à Venise en 1527, la préférence de Pordenone pour la sanguine s'affirma, en dépit ou peut-être en raison du fait que le concours pour le *Saint Pierre Martyr* était pour lui l'occasion de rivaliser avec Titien qui, pour ce type de travail, utilisait toujours la pierre noire rehaussée de blanc. La feuille du J. Paul Getty Museum nous révèle une seconde étape d'élaboration du thème par Pordenone, qui avait jeté auparavant les grandes lignes de sa composition sur d'autres feuilles, aujourd'hui disparues, en respectant scrupuleusement les directives des commanditaires. Les deux figures principales sont arrêtées ici avec une rigueur formelle et une force expressive caractéristiques de l'artiste. Le saint est terrassé par le premier assaut d'un assassin à la carrure impressionnante, auquel un turban prête un air vaguement oriental. Le raccourci saisissant qu'offre la silhouette du saint constitue un témoignage à valeur démonstrative des expériences non vénitiennes de l'artiste. La vulnérabilité des figures, la violence de la scène se démarquent nettement ici de la tradition vénitienne encline, parfois, à prêter aux martyres des airs de fête.

Pordenone ne s'arrête pas encore aux détails. Dans l'étape suivante de ce projet, les formes seront dessinées une à une et leur anatomie rendue avec toute la précision requise. Dans l'une de ces feuilles (Florence, Uffizi, Gabinetto Disegni e Stampe, n. 1740 F), la tête du saint sera reprise pour en préciser la structure. Les yeux sans regard témoignent du fait que Pordenone ne s'intéresse pas ici à l'expression. Arrivera enfin le moment de terminer le *modello* et d'y intégrer ces études, ce sera l'objet de l'un des dessins les plus précieux du Cinquecento vénitien : la feuille (cat. 223) présentée par Pordenone aux juges de la Scuola.

W.R.R.

page 209

223

Giovanni Antonio de' Sacchis, dit Pordenone
Pordenone, vers 1483/1484 - Ferrare, 1539

La Mort de saint Pierre Martyr

Pinceau et lavis brun, lavis de gris et de bleu sur les figures, rehauts de gouache blanche sur traces de pierre noire sur papier bleu un peu passé. H. 0,561; L. 0,405. Annoté au verso, à la plume et encre brune, d'une main du XVIIe siècle : *Pordenone*.

FLORENCE, GALLERIE DEGLI UFFIZI,
GABINETTO DISEGNI E STAMPE

HISTORIQUE
Cardinal Leopoldo de' Medici (1654); marque des Uffizi (L. 929). Inventaire n. 725 E.
EXPOSITIONS
Udine, 1939, D n° VII; Florence, 1976(1), n° 91; Florence, 1976(2), n° 44.
BIBLIOGRAPHIE
Ridolfi, 1648, I, p. 167; Scanelli, 1657 (éd. 1966, p. 217); Ramirez di Montalvo, 1849, n° 17; Ferri, 1890, p. 247; Gamba, 1909, p. 38; Hadeln, 1914, I, p. 167; Fröhlich-Bum, 1925, pp. 69-72; Hadeln, 1925(2), pp. 11, 35, pl. 38; Troche, 1934, n° 3, p. 118; Schwarzweller, 1935, pp. 777-778; Giglioli, 1936, p. 316; Tietze, 1936, I, p. 113; Fiocco, 1939, pp. 77, 102, 126, 153; Molajoli, 1939, p. 126; Tietze et Tietze-Conrat, 1944, n° 1311, pp. 14, 236; Grassi, 1956, pp. 98-99; Muraro, 1965, p. 82; Furlan, 1976, pp. 131-133; Petrioli Tofani, 1976, p. 70; Rearick, 1976(1), pp. 131-133; Rearick, (1976) 1977, n° 35, pp. 13, 46; Cohen, 1980, pp. 17, 29, 73-75; Cohen, 1984, pp. 187, 201-202; Furlan, 1988, n° D-18, pp. 258-260; Rylands, 1988, pp. 74-76.

Les circonstances qui présidèrent à l'ouverture d'un concours pour le retable de la *Mort de Saint Pierre Martyr* de l'église Santi Giovanni e Paolo à Venise ont été rappelées à propos des esquisses de Titien (cat. **219**), de Palma Vecchio (cat. **220**, **221**), et de l'étude de Pordenone (cat. **222**) qui précède la feuille exposée. Ridolfi rapporte que Pordenone présenta à la Scuola de San Pietro Martire un *modello*, identifié par Scanelli dans une collection particulière à Bologne. Cette feuille, achetée par Bonaventura Bisi pour le cardinal Leopoldo de' Medici, est décrite dans une lettre du 3 janvier 1654 comme une

œuvre de grandes dimensions, mais achevée et soignée comme une miniature. Presque toute la critique reconnaît dans la feuille des Uffizi le *modello* de Pordenone, bien que P. Rylands, notant que l'artiste était absent de Venise à cette époque, la relie à autre projet d'une date plus tardive. Ch. Cohen, C. Furlan et nous-même avons souligné l'importance de cette feuille exceptionnelle.

Il est très rare de trouver à Venise, dans la première moitié du Cinquecento, des *modelli* achevés, réalisés en concurrence par plusieurs artistes pour une même commande. Parmi ceux qui nous sont parvenus, celui-ci est sans doute le plus important; il fournit, avec les esquisses préliminaires de Pordenone et de ses rivaux, une documentation très complète pour un projet qui donna lieu à une compétition. La disparition des *modelli* de Palma et de Titien en est d'autant plus regrettable. Si l'utilisation de la sanguine, pour des études préparatoires, n'appartient qu'à Pordenone dans le contexte vénitien, la technique très élaborée de ce *modello* lui est également personnelle et témoigne de l'esprit d'indépendance de l'artiste. Il a tout d'abord délicatement tracé ses figures à la pierre noire, puis les a travaillées minutieusement, à la pointe du pinceau, pour donner au modelé et au détail cette perfection picturale que Bisi décrit à juste titre comme celle d'un miniaturiste. Jusque dans les dégradés du bistre au bleu rehaussé de blanc, en passant par le gris, les recherches conduites dans ce dessin l'assimilent à une peinture. Si le raffinement des dessins de composition produits dans les ateliers de Gentile Bellini ou Carpaccio au début du siècle peut fournir des exemples comparables, Pordenone élabore ici une technique du clair-obscur qui lui est propre. Peut-être eut-il l'occasion, lors de son passage à Crémone puis à Mantoue, au début de 1523, d'étudier les clairs-obscurs d'artistes de l'entourage de Mantegna, de Corrège, comme le *Martyre des saints Placide et Flavia* (Paris, Louvre, département des Arts Graphiques, Inventaire 5914), ou encore de Parmigianino, tel que le *Martyre de saint Paul* (Londres, British Museum, n° 1904-12-1-2). Peut-être conviendrait-il de situer le dessin de Corrège à une date légèrement antérieure à 1524, qui est celle qui lui est habituellement donnée. Quant au dessin de Parmigianino, il sera utilisé en 1527, avec d'autres feuilles, pour une xylographie de Nicolò Vicentino. Peut-être était-il déjà disponible en Vénétie à cette époque. Enfin la *Conversion de saint Paul* de Raphaël, autrefois à Venise dans la collection Grimani, était elle-même connue de Pordenone. Dans ce *modello*, Pordenone travaille d'une façon exceptionnellement élaborée, ses motifs sont traités d'un pinceau appliqué en touches très fines, parallèles, qui donnent aux figures un aspect émaillé. En revanche, le paysage est d'une liberté aérienne mais traité avec une précision destinée à en remplacer l'effet mystérieux. En résumé, la puissance et l'énergie de l'esquisse du musée Getty, reconduites dans l'étude de détail des Uffizi, trouvent ici leur

terme dans une tension dramatique d'une intensité presque irréelle. La description minutieuse des détails, comme celui de la lourde armure, l'emporte sur le mouvement expressif. Immobilisées dans l'éclair de la lueur céleste, les figures de Pordenone acquièrent une intensité qui confine au cauchemar.

On ignore si, au moment de livrer ses projets pour la *Mort de saint Pierre Martyr*, Titien prit en considération la notoriété obtenue par Pordenone grâce aux dessins qui avaient précédé sa venue à Venise, d'une grande violence de composition. Il est clair, cependant, que les premières esquisses de Titien (cat. **219**) anticipent déjà sa composition finale et qu'il devait en être de même du *modello* disparu, que l'on peut, sans risque d'erreur, imaginer comme une composition aussi libre et expressive. Quoi qu'il en soit, les contradictions de Pordenone n'ont pu qu'effrayer et déplaire profondément à la majorité des membres du comité de sélection. Celui-ci eut vraisemblablement peu de mal à choisir la proposition de Titien, qui sera même préférée à celle de Palma, pourtant lui-même membre de la Scuola.

W.R.R.

page 205

224

Giovanni Antonio de' Sacchis, dit Pordenone
Pordenone, vers 1483/1484 - Ferrare, 1539

L'Annonciation

Pierre noire avec rehauts de blanc sur papier bleu. H. 0,389; L. 0,350. Quelques taches.

WINDSOR CASTLE, ROYAL LIBRARY,
COLLECTION OF HER MAJESTY
QUEEN ELIZABETH II

HISTORIQUE
Royal Collections, Windsor Castle (L. 901). Inventaire 6658.
EXPOSITIONS
Londres, 1972-73, n° 100; Venise, 1980, n° 10; Londres, 1983-84, n° D46; Pordenone, 1984, n° 4.48.
BIBLIOGRAPHIE
Hadeln, 1925(2), p. 38, pl. 53; Schwarzweller, 1935, p. 142; Fiocco, 1939, pp. 103, 139, 155; Tietze et Tietze-Conrat, 1944, n° 1362, pp. 240-241; Popham et Wilde, 1949, n° 743, p. 301; Friedländer, 1965,

pp. 120-121 ♂riacher, 1971, p. 56; Blunt, 1972, p. 49; Cohen, 1972, p. 19; Cohen, 1980, pp. 23, 127-128; Stock, 1980, pp. 28-29; Scrase, 1983, pp. 274-275; Cohen, 1984, pp. 229-230; Furlan, 1988, n° D-94, pp. 319-320.

Toute la critique, depuis Hadeln, s'accorde pour reconnaître dans ce dessin une étude de Pordenone pour l'*Annonciation* de Santa Maria degli Angeli à Murano, qu'il réalisa en 1537-1538, pour remplacer celle de Titien. J. Stock a relevé le maniérisme et la stylisation de ses courbes et C. Furlan le décrit comme une œuvre inspirée par Parmigianino.

Pendant plus de dix ans après son échec au concours ouvert pour la *Mort de saint Pierre Martyr*, remporté par Titien, Pordenone chercha toutes les occasions de s'attaquer à l'hégémonie du maître plus jeune que lui mais déjà d'une notoriété bien établie. Il réalisa son coup le plus audacieux fin 1537, lorsque les religieuses de Santa Maria degli Angeli à Murano hésitèrent à payer les cinq cents *scudi* réclamés par Titien pour l'*Annonciation* commandée pour le maître-autel de l'église du couvent. Comme l'atteste une lettre de l'Arétin, du 9 novembre 1537, Titien offrit le grand tableau à l'épouse de Charles Quint, Isabelle de Portugal, qui le remercia par un cadeau de deux mille *scudi*. Avant l'envoi de ce retable en Espagne, où il disparaîtra au cours de l'invasion française du début du XIXᵉ siècle, Titien autorisa Jacopo Caraglio à le graver. Pordenone proposera alors aux religieuses de leur fournir, à un prix abordable, un retable qui se trouve toujours *in situ*. On peut imaginer la réaction de Titien.

Cette composition, aujourd'hui conservée à Windsor, doit dater de la fin 1537 ou du début de 1538. Elle fut précédée de quelques croquis (Paris, Louvre, département des Arts Graphiques, Inventaire 10829 recto et verso), à la sanguine, technique favorite du peintre. Au verso se trouvent des recherches pour la Vierge et l'Archange, proches des figures de Titien. Au recto, quelques *putti* en vol et l'archange Gabriel, prêt à s'envoler et non plus fermement implanté au sol, comme chez Titien. A ce stade de sa recherche, Pordenone s'éloigne délibérément de la composition de Titien, sans toutefois laisser libre cours à sa propre imagination. Après avoir sans doute réalisé des études de détail, l'artiste aborda enfin l'étude de la composition. Pordenone rompit nettement avec sa façon habituelle de procéder, en choisissant une feuille bleu-gris et en dessinant à la pierre noire, rehaussée de blanc. Il s'agit de l'une des techniques préférées de Titien, utilisée de la même façon par le maître quatre ans plus tard dans le *Sacrifice d'Abraham* (cat. **228**) de l'École des Beaux-Arts. On peut en outre y relever des analogies de facture avec les *Cavaliers* d'Oxford et de Munich (cat. **226, 227**), même si la sûreté de main et la rapidité d'exécution de Titien témoignent d'une plus grande familiarité avec cette technique. Une approche semblable dans les types et la technique se retrouve dans la *Madeleine* à la pierre noire du musée de Rot-

terdam (Boymans-van Beuningen Museum, n° I-292) qui, aussi surprenant que cela puisse paraître, semble faire écho aux recherches de Palma Vecchio. Les tableaux à sujets érotiques de ce dernier, comme la *Courtisane* (autrefois à l'Art Institute de Chicago), révèlent le caractère plus lyrique qu'il donna plus tard à des thèmes voisins de celui de la Madeleine. Si, comme l'étude pour la *Madeleine*, l'*Annonciation* de Windsor reste essentiellement marquée par sa recherche formelle et la science de ses effets, son style révèle que, dans cette stratégie vénitienne, mise en œuvre aux dépens de Titien, Pordenone n'entendait pas se départir du profit qu'il pouvait tirer des recherches techniques de son rival. Il reprit, dans la peinture, la touche un peu sèche et l'austérité de son coloris, où domine le gris. Quelques mois plus tard, son besoin constant de déplacement conduisirent Pordenone à Ferrare, où il mourut subitement, d'un poison administré, dit-on, par un peintre local effrayé par l'arrogance de cet étranger.

W.R.R.

page 210

225

Tiziano Vecellio, dit Titien
Pieve di Cadore, vers 1488/1490 - Venise, 1576

La Bataille de Spolète
Fusain et pierre noire avec rehauts de blanc et, par endroits, un lavis brun, sur papier bleuvert, mis au carreau à la pierre noire. H. 0,381; L. 0,442. Déchiré sur le bord droit, vers le bas. Collé en plein. Annoté au verso du montage, à la plume et encre brune, d'une main du XVIIᵉ siècle (?): *Rubbens* et dessous : AC (?)

PARIS, MUSÉE DU LOUVRE,
DÉPARTEMENT DES ARTS GRAPHIQUES

HISTORIQUE
P. P. Rubens (?); Monseigneur A. Triest, évêque de Gand, selon le catalogue de la vente Crozat; P. Crozat, vente, Paris, 10 avril 1741, n° 814/3 (Rubens); J. D. Lempereur (L. 1741), vente, Paris, 19 oct. 1775, n° 19 (Rubens); Nourri (?), montage caractéristique (LBS. 090); Ch.-P. de Saint-Morys; saisie des Émigrés en 1793, remise au Museum en 1796-1797; marque du Louvre (L. 1886). Inventaire 21788.
EXPOSITIONS
Paris, 1962(1), n° 18; Paris, 1965, n° 104; Paris, 1978, n° 15; Londres, 1983-84, n° D72; Paris, 1987, n° 66.

BIBLIOGRAPHIE
Inv. Ms. Morel d'Arleux, n° 10601; Tietze-Conrat, 1948, pp. 237-242; Tietze, 1950, p. 403; Parker, 1956, p. 385; Bouchot-Saupique, 1962, p. 22; Bacou, 1965, p. 48; Bacou, 1968, n° 46; Pallucchini, 1969, p. 332, pl. 565; Panofsky, 1969, pp. 179-182; Valcanover, 1969, p. 109; Pignatti, 1973(1), n° 16; Wethey, 1975, pp. 47-52, 225-229; Muraro et Rosand, 1976, pp. 20, 81; Oberhuber, 1976, pp. 33, 35, 44, 95; Rearick, 1976(1), p. 64; Rearick (1976) 1977, n° 12, pp. 13, 29-30; Gould, 1977, p. 46; Muraro, 1977, p. 92; Pignatti, 1977, p. 169; Bacou, 1978, p. 1; Rosand, 1978, p. 19; Bjurström, 1979, sous n° 120; Pignatti, 1979(1), n° XXXV, p. 10; Rosand, 1981, p. 306; Wethey, 1982, pp. 177-183; Rosand, 1983, fig. 68; Scrase, 1983, p. 292; Wolters, 1983, p. 193; Labbé et Bicart-Sée, 1987, I, pp. 132, 148, II, p. 406; Wethey, 1987, n° 5, pp. 63-68, 130; Wolters, 1987, pp. 188-189; Chiari, 1988(2), n° 24, pp. 32, 50; Chiari, 1989, n° 24, pp. 19, 90-91; Harprath, 1990, p. 230; Whistler, 1990, p. 235; Rearick, 1991(1), p. 23.

Si l'inventaire des biens de Rubens (Muller, 1975, n° 10, p. 372) fait état d'un «dessin de Chevaulx de Titian [sic]», rien ne permet d'affirmer que cette feuille corresponde au dessin exposé, qui comporte assurément des chevaux mais aussi beaucoup d'autres motifs. Le dessin était classé parmi les copies et les travaux de l'école de Titien jusqu'au jour où Ph. Pouncey écrivit sur le carton du montage qu'il s'agissait d'un original. E. Tietze-Conrat le publia comme tel et l'identifia comme une étude de Titien pour la peinture murale représentant une bataille, aujourd'hui disparue, peinte pour la Sala del Maggior Consiglio au palais des Doges de Venise. Cette identification a été acceptée par l'ensemble de la critique.

En 1494, Pietro Perugino avait signé un contrat pour une peinture murale qui devait remplacer la *Bataille de Spolète* de Guariento dans la Sala del Maggior Consiglio, côté lagune. Ce projet n'aboutit pas, et le 31 mai 1513 Titien fut autorisé à peindre une bataille à ce même emplacement. Le 18 janvier 1516, l'artiste prétendit avoir commencé à y travailler depuis déjà longtemps. La promesse d'un brevet de courtier au Fondaco dei Tedeschi, faite en 1513 en attendant qu'un brevet se libère, mais retirée en mars 1514 avant d'être renouvelée en novembre de la même année, était liée à l'achèvement de cette peinture, pour laquelle Titien affirma alors avoir réalisé les *modelli* et embauché des assistants. A la mort de Giovanni Bellini en novembre 1516, Titian reçut la *sensaria*, ou brevet, tant convoitée. Mais à cette époque il était retenu par les travaux de l'*Assomption* des Frari. Il semble que le projet ait alors été reporté, malgré les sollicitations, puis les menaces répétées, du Consiglio dei Dieci. Enfin, le 23 juin 1537, le Consiglio réclama à Titien le remboursement de toutes les sommes avancées pour le projet, sommation qui galvanisera l'artiste soucieux de ses intérêts et qui se mettra enfin au travail. En août 1538 la *Bataille de Spolète* était presque terminée. Comme s'il voulait doubler d'un affront ses réclamations insistantes, le Conseil attribua en outre à Pordenone les espaces situés des deux côtés de la

Bataille, le jour même où Titien était autorisé à mettre la dernière main à son œuvre. Cette décision intervenait de surcroît après le conflit opposant les deux artistes à propos de l'*Annonciation* de Santa Maria degli Angeli (voir cat. **224**). Cette fois, la mort de Pordenone prévint toute comparaison désobligeante.

Si Titien utilisa vraisemblablement dans sa magistrale xylographie du *Passage de la mer Rouge* (cat. **132**), de 1513-1515 environ, certaines idées et peut-être des dessins, aujourd'hui perdus, destinés à la peinture du palais des Doges, ce matériel d'études n'était plus d'actualité en 1537, quand l'artiste reprit soudainement son projet. Avec l'acharnement qui le caractérisait, Titien consacra toute son énergie à l'immense défi que représentait la réalisation d'une toile monumentale destinée à occuper un espace entre les deux fenêtres de la Sala del Maggior Consiglio, côté lagune, où se posaient des problèmes de visibilité. Il est intéressant de relever qu'en 1536 Federico Gonzaga avait commandé à Titien les portraits des *Douze Césars* et que, peu de temps avant de reprendre sa *Bataille*, celui-ci s'était peut-être rendu à Mantoue, où il avait pu voir, non seulement des dessins déjà anciens se rapportant aux œuvres romaines de Giulio Romano, comme la *Bataille du pont Milvius*, mais aussi le projet récent pour le plafond de la Sala di Troia du Palazzo Ducale, œuvre conçue par Giulio en 1536 et réalisée par ses élèves au printemps 1538. Il n'y a cependant pas de précédent à l'imposante évocation de violence guerrière que Titien conçut quand il s'empara de cette grande feuille de papier bleu pour y réaliser cette synthèse étourdissante. En bas, à droite, le général, dont la pose est empruntée au *Vespasien*, réalisé à la même époque par Titien pour les *Douze Césars*, dirige les armées du pape Alexandre qui s'élancent, traversent une rangée de canons et accélèrent leur charge, franchissant l'étroit pont de pierre, qui sert de pivot à toute la composition. Un chevalier, au casque empanaché, est sur le point de suivre le porte-étendard engagé sur le pont déjà franchi par les cavaliers de l'avant-garde qui se heurtent à la cavalerie impériale. Les guerriers impériaux se défendent, prennent la fuite ou tombent, dessinant une cascade qui semble traverser la composition et s'en dégager en bas, à gauche. Toute cette masse humaine et animale forme un arc, un U parfait tracé par une poussée qui traverse la toile de bout en bout, entrant par un côté et sortant par l'autre. Plus loin, en haut à gauche, les forces de Frédéric Barberousse, les étendards au vent, quittent la ville de Spolète ravagée par les flammes et dévalent la pente pour plonger dans la mêlée. Pour orchestrer ce tourbillon humain, Titien imagine un éclairage nocturne déchiré par les flammes du conflit des hommes mais dominé par la colère de Dieu, sous la forme d'un éclair flamboyant qui fend le ciel sur la droite. Dans leurs représentations d'événements historiques, même aussi légendaires que celui de la bataille de Spolète, les commanditaires et les peintres vénitiens cher-

chaient le plus souvent à éviter tout effet allégorique et à privilégier le caractère naturaliste de l'évocation. Ceci conférait à leurs tableaux d'histoire un ton solennel, calme et majestueux. L'apport de Titien consista à transformer cette pondération, héritée du Quattrocento, en un tourbillon propre à l'esprit du Cinquecento, dans lequel et l'homme et la nature sont emportés dans un même élan, avec la même force d'expression.

Ce dessin ne représente pas le « *primo pensiero* » de Titien dans lequel le maître avancerait un concept d'ordre général. Ce n'est pas non plus un *modello* achevé, le commanditaire semblant d'ailleurs ne pas en avoir exigé. C'est une étape décisive, d'une importance capitale pour le processus de l'élaboration, arrêtée au moment où le format et certains des groupes de figures sont déjà clairement arrêtés mais qu'il reste à les intégrer dans un ensemble. Ainsi Titien travaille-t-il rapidement — simultanément ou en succession — au fusain pour les groupes de figures et les ombres, à la pierre noire plus fine pour les contours, ajoutant des rehauts de blanc pour l'essentiel des effets lumineux. L'artiste évoque tout cela avec une force et une énergie dépourvues de toute volonté rhétorique, sans nulle concession à la « *grazia* » ou aux motifs décoratifs, sans le moindre détail anecdotique susceptible de détourner l'attention. Cette étude de composition est unique, parmi les dessins de Titien, par sa concision vigoureuse et sa force expressive. Admettant désormais la nécessité d'arrêter des études de détails, il traça une mise au carreau à la pierre noire qui permettra un développement ultérieur des motifs de chevaux et de cavaliers. Par chance, deux de ces dessins nous sont parvenus (cat. **226, 227**).

W.R.R.

page 211

226

Tiziano Vecellio, dit Titien

Pieve di Cadore, vers 1488/1490 - Venise, 1576

Cavalier tombant de cheval

Pierre noire avec rehauts de blanc, mis au carreau à la sanguine, sur papier bleu-gris assez passé. H. 0,274; H. 0,262. Annoté à la plume d'une main du XVIIe siècle : *T.an*, d'une autre

main du XVIIe siècle (Van Dyck ?) : *Titiano*, et d'une autre main, plus tardive : *T...*

OXFORD, THE VISITORS
OF THE ASHMOLEAN MUSEUM

HISTORIQUE
N. Lanier (L. 2886); J. Richardson Sr (L. 2184); B. West (L. 419), vente, Londres, 10 juin 1820, n° 85; Th. Lawrence (L. 2445); W. Esdaile (L. 2617); H. Wellesley, vente, Londres, 4 juill. 1866, n° 1598; J. Gilbert; don de Mrs. J. Gilbert en 1895. Inventaire P II 718.

EXPOSITIONS
Paris, 1935(1), n° 720; Venise, 1958(1), n° 20; Londres, 1969, n° 15; Venise, 1976(1), n° 39; Londres, 1983-84, n° D73; Venise, 1990(1), n° 29-b; Rome, 1991, n° 16.

BIBLIOGRAPHIE
Gilbert, 1869, pp. 185-191; Carr, 1877, n° 522; Cavalcaselle et Crowe, 1877-78, II, pp. 16-17; Colvin, 1903-07, II, pl. 40; Frizzoni, 1907, pp. 93-95; Hadeln, 1913, pp. 239-241; Baumeister, 1924, pp. 20-25; Hadeln, 1924(1), pp. 22-23, 52-53, pl. 26; Hadeln, 1927, p. 22, pl. 27; Fröhlich-Bum, 1928, n° 28, p. 197; Sterling, 1935, p. 277; Tietze, 1936, I, pp. 131, 233, 257; Tietze et Tietze-Conrat, 1936(1), n° 39, pp. 155-158, 192; Tietze-Conrat, 1936, pp. 54-57; Tietze et Tietze-Conrat, 1944, n° 1949, p. 323; Tietze, 1950, p. 408; Parker, 1956, n° 718, pp. 384-386; Parker, 1958, p. 23; Valcanover, 1961, I, p. 75; Ames, 1962, n° 213; Pallucchini, 1969, I, p. 173-174; Sutton et Garlick, 1969, n° 15; Pignatti, 1973(1), pl. 19; Wethey, 1975, p. 230; Meijer, 1976(1), p. 9; Oberhuber, 1976, pp. 33, 93; Pignatti, 1976(2), pp. 268-269; Pignatti, 1976(3), n° 36; Rearick, (1976) 1977, p. 30; Pignatti, 1977, p. 169; Rosand, 1978, p. 19; Pignatti, 1979(1), n° XXXVI, p. 10; Byam Shaw, 1980(1), p. 387; Hope, 1980(2), p. 96-97; Macandrew, 1980, n° 78 p. 287; Rosand, 1981, p. 306; Rosand, 1983, fig. 69; Scrase, 1983, p. 293; Cocke, 1984, p. 17; Wethey, 1987, n° 5-c, pp. 67, 68, 134; Chiari, 1988(1), n° 25, pp. 32, 51-52; Chiari, 1989, n° 25, pp. 19, 91; Whistler, 1990, pp. 232-235; Rearick, 1991(1), p. 23; Whistler, 1991, p. 38.

A la différence des deux autres dessins (cat. **225, 227**) liés à la *Bataille de Spolète* (autrefois Venise, palais des Doges), que l'on n'identifia que récemment, l'attribution de cette feuille à Titien remonte à l'époque où son nom y fut inscrit par Van Dyck. C. Gilbert la publia comme une étude pour la peinture de la Sala del Maggior Consiglio. Mis à part Cavalcaselle, toute la critique a accepté l'attribution à Titien et la suggestion faite par E. Tietze-Conrat (1936) qu'il pouvait s'agir d'une esquisse de Titien préparatoire à la *Bataille de Porta Sant'Angelo* d'Orazio Vecellio de 1562-1564 et non à sa propre *Bataille de Spolète* de 1537-38, n'a jamais été acceptée.

Après la brillante synthèse donnée dans l'étude de composition du Louvre (cat. **225**), Titien réalisa une série de dessins pour préciser les figures isolées, parmi lesquels le *Cavalier terrassant un ennemi* (cat. **227**), sans énergie et mal défini. Puis, à un stade ultérieur, l'artiste représenta, dans la feuille exposée ici d'un très bon état de conservation, le cheval et le cavalier se ruant hors de l'espace, en bas et à gauche de la composition. Dans un style énergique très proche de celui du dessin du Louvre, Titien perfectionne ici sa première idée, repoussant un peu plus à gauche et vers le fond le cheval blanc qui se cabre, afin de faire place au cavalier qui tombe. Cette chute entraînera la cascade de formes déferlant sur le mur démoli qui a déjà été mis en place sur la feuille. L'artiste commence par esquisser les chevaux et les cavaliers en reprenant plus ou moins les mêmes solutions que sur la feuille du Louvre, puis laissant tel quel, tout juste ébauché, le cheval se cabrant, il développe le motif du cavalier et sa monture qui tombent, en utilisant la pierre noire et des rehauts de blanc pour en accentuer le modelé. Le guerrier porte toujours la cuirasse à l'antique des toutes premières esquisses, mais il revêtira dans le tableau une armure Renaissance. Le geste qu'il fait ici avec sa lance sera alors remplacé par un coup d'épée vers l'arrière et il tournera la tête dans le sens de sa chute. La modification la plus importante consistera à détourner la tête du cheval vers la droite, pour terminer la trajectoire des figures guerrières qui semblent prêtes à se déverser sur la tête des spectateurs. La feuille d'Oxford nous fournit ainsi un nouvel aperçu du travail de Titien, à la fois impétueux et puissant et parfaitement maîtrisé dans sa technique. L'étude terminée, l'artiste tracera à la sanguine, qu'il semble n'avoir jamais utilisée pour le dessin mais qui contraste avec les craies noire et blanche, la mise au carreau qui lui permettra d'intégrer ces études de détails dans une nouvelle étape vers la réalisation du tableau.

W.R.R.

page 211

227

Tiziano Vecellio, dit Titien
Pieve di Cadore, vers 1488/1490 - Venise, 1576

Cavalier terrassant un ennemi
Pierre noire avec rehauts de blanc, mis au carreau à la pierre noire, sur papier bleu-vert passé. H. 0,350; L. 0,251. Annoté à la plume et encre brune, d'une main du XVIIIe siècle : *...toretto*, et, d'une autre main : *410*. Plusieurs taches. Coin inférieur gauche coupé.

MUNICH, STAATLICHE GRAPHISCHE SAMMLUNG

HISTORIQUE
Prince Électeur Palatin Karl Theodor von der Pfalz, Mannheim (avant 1758); Staatliche Graphische Sammlung. Inventaire 2981.

EXPOSITIONS
Londres, 1930, n° 876; Munich, 1967, n° 78; Munich, 1977, n° 93; Munich, 1983, n° 36; Venise, 1990(1), n° 29a.

BIBLIOGRAPHIE
Beckerath, 1909, pp. 219-230; Baumeister, 1924, pp. 20-25; Hetzer, 1926, pp. 158-172; Hadeln, 1927, p. 22, pl. 28; Fröhlich-Bum, 1928, n° 30, pp. 163-198; Popham, 1931, p. 268; Tietze, 1936, I, p. 233; Tietze-Conrat, 1936, pp. 54-57; Tietze et Tietze-Conrat, 1936(1), pp. 137-197; Dussler, 1938, n° 33, p. XXI; Tietze et Tietze-Conrat, 1944, n° A 1941, p. 321; Dussler, 1948, n° 33, p. XXI; Tietze, 1950, p. 488; Parker, 1956, p. 385; Degenhart, 1958, p. 46; Ames, 1962, n° 212; Schmitt, 1967, pp. 79-80; Pallucchini, 1969, pp. 173-174, 333, pl. 573; Pignatti, 1970, p. 82; Pignatti, 1973(3), n° 20; Wethey, 1975, n° 3, pp. 225-232; Oberhuber, 1976, pp. 33, 93-95; Pignatti, 1976(3), n° 36; Rearick (1976) 1977, pp. 29-30; Harprath, 1977, pp. 136-137; Pignatti, 1979(1), n° XXXVII, p. 10; Chiari, 1982, pp. 37-39; Harprath, 1983, p. 41; Scrase, 1983, p. 294; Wethey, 1987, n° 5-b, pp. 67, 68, 133-134; Chiari, 1988(1), n° 26, pp. 32, 52; Chiari, 1989, n° 26, pp. 19, 91-92; Harprath, 1990, n° 29a, pp. 230-232; Rearick, 1991(1), p. 23.

Ce dessin, attribué à Tintoret dans les registres de Mannheim, fut donné par Baumeister à Titien à cause des analogies qu'il présentait avec la feuille conservée à l'Ashmoleau Museum d'Oxford (cat. **226**) dans laquelle il reconnut une étude pour la peinture murale, perdue, de la *Bataille de Spolète*, autrefois au palais des Doges de Venise. Cette attribution fut acceptée par presque toute la critique, même si les Tietze voyaient plutôt dans ces deux feuilles des projets de Titien pour une *Bataille* de 1562-1564, elle aussi perdue mais peinte par son fils Orazio pour la Sala del Maggior Consiglio, proposition qui n'est plus acceptée aujourd'hui.

Entre la fin de 1537 et août 1538, Titien travaillait à la grande peinture murale de la *Bataille de Spolète* pour la Sala del Maggior Consiglio du palais des Doges de Venise. Ayant exécuté environ la moitié des dessins préparatoires, il groupa ses idées dans une extraordinaire esquisse de composition (cat. **225**) qui arrêtait les grandes lignes de sa tragique évocation. Il lui restait alors à définir plus clairement les figures isolées, ce qu'il fera dans une série d'esquisses de détails à laquelle appartient cette feuille. Sans doute influencé par la façon dont étaient vêtues les personnages des peintures de Giulio Romano, qu'il venait de voir à Mantoue, Titien avait d'abord envisagé d'habiller à l'antique les protagonistes de cette bataille du XIIe siècle et le guerrier porte ici une cuirasse romaine, des cothurnes et un casque empanaché. Ensuite et par souci de vérité historique, l'artiste remplacera la plupart des costumes romains de son tableau par une tenue militaire de l'époque. Dans le dessin de Munich, il étudie le seul passage de la feuille du Louvre où rien n'a vraiment été précisé : celui du groupe de cavalerie précédant le cavalier arrivé à l'extrémité gauche du pont. En cet endroit, le mouvement des troupes du pape, qui pivotent à gauche vers le premier plan, est mal défini : de toute évidence, un appui était nécessaire pour

donner de l'élan. Dans cette recherche, Titien reprend l'ébauche d'un cavalier se ruant sur un adversaire au sol, qui figurait déjà sur la feuille du Louvre, un peu loin plus sur la gauche. Ce chevalier, revêtu d'une armure d'époque, qu'on retrouvera dans une copie (Florence, Uffizi, Gabinetto Disegni e Stampe, n. 12915 F) parfois à tort rapprochée de ce projet, a une pose presque identique à celle de l'œuvre achevée, mais la tête du cheval sera ultérieurement tournée vers la gauche. Dans son exploration nerveuse, préfigurant les valeurs picturales de l'œuvre en devenir, cette esquisse témoigne de la fébrilité de l'artiste lorsqu'il passe du général au particulier dans sa recherche de solutions pour mener à bien sa peinture. Si cette étude n'a pas l'assurance de la feuille précédente (cat. **226**), elle est mise au carreau aux mêmes dimensions pour faciliter son transfert sur un autre feuille où le peintre développera une phase plus avancée du projet.

W.R.R.

page 212

228

Tiziano Vecellio, dit Titien
Pieve di Cadore, vers 1488/1490 - Venise 1576

Le Sacrifice d'Abraham
Pierre noire avec rehauts de gouache blanche, mis au carreau à la sanguine, sur papier bleu-gris assez passé. H. 0,232; L. 0,258. Annoté en bas à droite, à la plume et encre brune, d'une main du XVIIe siècle : *Di Titiano*.

PARIS, ÉCOLE NATIONALE SUPÉRIEURE
DES BEAUX-ARTS

HISTORIQUE
P. Lely (L. 2092); Sir Th. Lawrence (L. 2445), The Lawrence Gallery... VIIIth Exhibition..., Londres, mai 1836, n° 67; W. Esdaile (L. 1617), vente, Londres, 30 juin 1840, n° 126; H. Wellesley (L. 1384), vente, Londres, 4 juill. 1866, n° 1948; Alfred Armand; Prosper Valton; Mme Valton; don en 1908; marque de l'École des Beaux-Arts (L. 831). Inventaire E.B.A. n° 402.

EXPOSITIONS
Paris, 1935(2), n° 148; Paris, 1958, n° 55; Paris, 1965-66(1), n° 288; Venise, 1976(1), n° 40; Nice, 1979, n° 43; Paris, 1981-82, n° 47; Venise, 1988(3), n° 15; Stockholm, 1990(2) et Paris, 1990, n° 15.

BIBLIOGRAPHIE
Lavallée, 1917, p. 274; Hourticq, 1919, p. 94; Fröhlich-Bum, 1928, p. 197; Lavallée et Huteau, 1935,

pp. 43-44; Tietze, 1936, II, p. 319; Tietze et Tietze-Conrat, 1936(1), n° 29, p. 191; Tietze et Tietze-Conrat, 1944, n° 1962, pp. 305, 325; Tietze, 1950, p. 406; Bouleau Rabaud, 1958, n° 55; Schulz, 1961, p. 511; Ames, 1964, p. 77; Bacou, 1965-66, p. 237; Kahr, 1966, p. 204; Manteuffel, 1966, p. 77; Schulz, 1968, p. 79; Pallucchini, 1969, p. 332, pl. 569; Wethey, 1969, p. 121; Béguin et Valcanover, 1970, p. 114; Oberhuber, 1976, pp. 95-96; Pignatti, 1976(2), p. 268; Rearick, 1976(1), p. 64; Pignatti, 1977, p. 169; Rosand, 1978, fig. 76; Pignatti, 1979(1), n° XXXVIII, pp. 9-10; Provoyeur, 1979, p. 56; Brugerolles, 1981, p. 94; Rosand, 1981, p. 306; Rosand, 1983, fig. 76; Brugerolles, 1984, n° 114, p. 99; Cocke, 1984, p. 17; Wethey, 1987, n° 1, p. 28, 127; Brugerolles et Guillet, 1988, pp. 32-33; Chiari, 1988(1), n° 28, pp. 33, 53; Chiari, 1989, n° 28, pp. 19, 92; Brugerolles et Guillet, 1990, pp. 30-31.

Cette feuille, traditionnellement attribuée à Titien, vraisemblablement depuis l'époque où elle figurait dans les collections de Peter Lely, fut publiée pour la première fois par Lavallée comme une étude de composition du maître pour le *Sacrifice d'Abraham* (Venise, église de la Salute). Cette identification et une datation légèrement postérieure à 1542, ont été acceptées ultérieurement par la critique.

La prétendue « crise maniériste » de la cinquième décennie du Cinquecento à Venise, est un faux problème, et cette feuille montre parfaitement qu'elle n'a pas marqué les dessins réalisés à cette époque. Giorgio Vasari, appelé à Venise pour concevoir les décors de *La Talanta* de l'Arétin lors du Carnaval de 1542, y était resté pour peindre les compartiments de l'un des plafonds du Palazzo Corner Spinelli. Il reçut également la commande de trois grands tableaux pour le plafond de la nef de l'église Santo Spirito in Isola, construite sur les plans d'un autre Toscan, Jacopo Sansovino. Toutefois, il était reparti pour Florence en août 1542, abandonnant le projet à Titien. Il pourrait paraître raisonnable, dans ce contexte, de chercher dans les tableaux que Titien réalisa à cette occasion, comme dans le dessin exposé, les marques de l'intérêt pour la *maniera* de l'Italie Centrale. Toutefois, si l'illusionnisme de ces œuvres et la perspective *di sotto in su* font écho aux formules de Vasari, rien dans les formes et les attitudes, d'inspiration michélangélesque, n'est différent de ce que Titien avait déjà pu observer dans les fresques de Giulio Romano à Mantoue, ou dans les panneaux peints par Pordenone pour les plafonds de la bibliothèque du palais des Doges, à Venise même. En outre, le dessin ne montre pas la moindre trace de l'académisme de Vasari. Ce dernier, pendant son séjour à Venise, semble avoir dessiné surtout — sinon exclusivement — à la plume et au lavis, et la pierre noire rehaussée de blanc utilisée par Titien semble être un témoignage de son attachement à une vieille tradition vénitienne. L'artiste, qui prête ici une attention particulière au fini et au détail du clair-obscur, a déjà largement dépassé le stade de la conception d'ensemble et des esquisses de détail. Si les dessins pour la *Bataille de Spolète* offrent quelques exemples de ce type de travail, la feuille exposée

semble au contraire préparer ce qui deviendra, pour Titien, le *modello* pour son tableau. Néanmoins, toutes les attitudes et tous les détails n'ont pas encore été arrêtés. Les tentatives de Titien pour fixer de manière convaincante aux épaules d'Abraham la draperie qui flotte au-dessus d'Isaac, en lui donnant la forme d'une cape, ont donné lieu à deux repentirs. Comme Titien n'a pas dessiné ici l'ange intercesseur en haut à gauche, vraisemblablement parce qu'il utilisera la figure d'une gravure de Marcantonio Raimondi d'après Raphaël et n'aura donc pas besoin d'esquisses, il n'a pas calculé l'équilibre des formes à l'intérieur de la composition. Dans un dessin postérieur, ou peut-être directement sur la toile, l'artiste introduira, à gauche d'Abraham, une draperie moins importante et éliminera la grande cape flottante dont l'emplacement sera occupé par une nuée lumineuse. Cette feuille ne peut donc être comprise comme un *modello* au sens qu'avait ce terme en Italie Centrale, où il évoquait le concept achevé de l'artiste et où seule manquait la couleur pour être transféré sur la surface à peindre.

Titien a toujours traité par l'improvisation les rapports entre les différents stades d'un projet, passant des dessins préparatoires à l'œuvre achevée avec une liberté et une aisance propres à décourager toute codification des techniques du dessin, ou toute volonté de dresser entre elles des séparations étanches. Dans la feuille exposée, l'énergie et la rapidité avec lesquelles est conduite la figure d'Isaac rappellent certains passages de l'étude pour la *Bataille de Spolète* (cat. **225**), alors que la recherche des effets atmosphériques de la lumière sur la draperie d'Abraham a une qualité à la fois vibrante et lumineuse. En bref, ici comme à son habitude, Titien glisse librement d'une manière à une autre, en fonction du problème pictural qu'il cherche à résoudre. Au moment de préparer l'étape suivante, il prendra un bâton de sanguine pour mettre son dessin au carreau, ce choix de couleur s'expliquant de toute évidence par le souci de bien distinguer la grille du dessin à proprement parler. En dépit du caractère héroïque de la rhétorique qui présida au *Sacrifice d'Abraham*, cette étude préliminaire ne témoigne en aucune façon d'une prétendue « crise maniériste ».

W.R.R.

page 212

229

Tiziano Vecellio, dit Titien
Pieve di Cadore, vers 1488/1490 - Venise, 1576

Deux Prophètes
Fusain et pierre noire avec rehauts de blanc, sur papier bleu un peu passéH. 0,285; L. 0,415.
Annoté, en bas à droite, à la plume et encre brune, d'une main du XIXᵉ siècle : *Titiano*.

FLORENCE, GALLERIA DEGLI UFFIZI,
GABINETTO DISEGNI E STAMPE

HISTORIQUE
Probablement coll. Médicis-Lorraine; marque des Uffizi (L. 930). Inventaire n. 717 E.

EXPOSITIONS
Venise, 1935, D. n° 15; Paris, 1950, n° 432; Florence, 1976(1), n° 23.

BIBLIOGRAPHIE
Ferri, 1890, p. 254; Lœser, 1912-1921, I, II, n° 3; Hadeln, 1924(1), pp. 23, 43, pl. 28; Hadeln, 1927, p. 19, pl. 30; Fröhlich-Bum, 1928, p. 195; Hadeln, 1928, pp. 23-47; Tietze et Tietze-Conrat, 1936(1), p. 189; Mayer, 1938, p. 200; Tietze et Tietze-Conrat, 1944, n° A-1898, p. 315; Sinibaldi, 1950, n° 432; Pignatti, 1976(2), p. 269; Rearick, 1976(1), pp. 51-53; Rearick, (1976) 1977, n° 13, p. 30; Gould, 1977, p. 47; Muraro, 1978, p. 132; Pignatti, 1979(1), n° XXXIX; Rosand, 1981, p. 306; Wethey, 1987, n° A-43, pp. 201-202. Rearick, 1991(1), pp. 25-27.

Ferri, Lœser et Hadeln ont confirmé l'attribution traditionnelle de cette feuille à Titien et l'ont datée vers 1540. L. Fröhlich-Bum préférait y reconnaître la main de Tintoret, opinion que les Tietze ont d'abord acceptée (1936) puis rejetée (1944), au bénéfice d'une proposition d'attribution à Pietro Malombra. Nous avons nous-même rendu la feuille à Titien et l'avons datée de la fin de l'année 1546 en la rapprochant de deux tableaux (Venise, Gallerie dell'Accademia) provenant du plafond de la Sala dell'Albergo de la Scuola di San Giovanni Evangelista. C. Gould et D. Rosand ont refusé de reconnaître une œuvre de Titien dans ce dessin qui, serait pour M. Muraro, d'un artiste postérieur au maître de Cadore. T. Pignatti l'attribua à Titien, avec quelques doutes, mais M. A. Chiari a soutenu H. Wethey pour lequel il ne fait guère de doute qu'il s'agit d'un dessin de... Tintoret, vers 1560.

Les deux figures représentent des hommes à moitié nus, d'un type idéalisé, celui de gauche est en train de lire tandis que la figure principale a l'air songeur et ne regarde plus l'ouvrage, tout juste esquissé par l'artiste, sur lequel elle repose sa main gauche. Tout ceci indique clairement qu'il s'agit de prophètes de l'Ancien Testament, plongés dans la contemplation du futur. Ils sont adossés à un simple muret suggérant un espace rectangulaire allongé et l'angle de vue implique qu'ils doivent être vus d'en dessous. Il pourrait donc s'agir d'une étude pour un compartiment de plafond sur le modèle de celui créé par Vasari, en 1541-1542, avec la *Justice et la Patience* (Venise, Gallerie dell'Accademia), pour le plafond du Palazzo Corner Spinelli, à Venise. Le type physionomique des figures semble même évoquer celui des figures masculines accompagnant les *Allégories* de Vasari. Le format en largeur laisse penser qu'il pourrait s'agir d'un dessin préparatoire pour l'un des quatre panneaux, destinés, comme chez Vasari, à entourer un espace central, rectangulaire ou octogonal.

En 1542, lors du départ de Vasari, Titien reçut à son tour la commande de toiles en trompe-l'œil destinées au plafond de l'église Santo Spirito à Isola (voir cat. **228**). Elles furent achevées en décembre 1544. La même année, la Scuola di San Giovanni Evangelista sollicita l'avis de l'artiste au sujet du percement de deux portes dans les peintures murales de la Sala dell'Albergo de la Scuola, dont la construction, commencée en 1540, était presque terminée en avril 1544. Il est probable qu'à cette date le schéma du plafond de cette salle était déjà arrêté et que Titien avait commencé à envisager une *Vision de saint Jean à Patmos* (Washington, National Gallery). Conçu, à l'instar du plafond de Vasari deux ans auparavant, selon un principe de perspective illusionniste *di sotto in su* quelque peu modifiée, le tableau central devait être entouré de quatre tableaux en largeur représentant les symboles des Évangélistes et d'une série d'éléments décoratifs de moindre dimension. A mon avis, chacun de ces tableaux latéraux devait, initialement, représenter deux prophètes contemplant la Nouvelle Jérusalem annoncée dans la vision de saint Jean. Lorsque l'œuvre évoluera, les symboles des Évangélistes remplaceront les prophètes et quand Titien aura l'idée de les entourer de quatre nus portant des vases d'or, décrits au livre IV de l'*Apocalypse* (et non plus de simples phylactères), il se servira des figures de prophètes inutilisées. Si aucun des nus ne correspond exactement à l'une ou l'autre des figures du dessin des Uffizi, tous en sont des variantes.

En l'espace d'une génération, notre connaissance des débuts de Tintoret dessinateur a beaucoup évolué. Son étude d'*Homme nu allongé* de 1549 (cat. **238**), qui doit beaucoup à des dessins comme celui-ci, montre combien il est impossible d'attribuer au jeune maître, qui reste toutefois la seule alternative tant soit peu crédible que l'on peut opposer à Titien, un dessin de ce type et de cette qualité. Les différences entre la feuille exposée et le *Sacrifice d'Abraham* (cat. **228**) sont néanmoins assez évidentes pour nécessiter une explication. Tout d'abord, elles ne sont pas conçues dans le même but et ne correspondent pas au même stade de travail, le *Sacrifice* étant à peu de choses près un véritable *modello*, alors que les *Prophètes* re-

présentent une idée encore à ses débuts et à peine ébauchée. Sur la même feuille des Uffizi, Titien commence par esquisser sommairement les figures, ne suggérant les ombres que de façon très générale. Il laissera d'ailleurs dans cet état la figure du second plan, qui ressemble étroitement à la partie haute et aux détails de l'esquisse (Florence, Uffizi, Gabinetto Disegni e Stampe, n. 12907 F recto) pour le *Martyre de saint Laurent* (Venise, Gesuiti), exécuté vers 1548. Puis, passant à la figure principale, Titien applique un mélange de pierre noire et de rehauts de blanc, très dense, qu'il écrase du doigt pour accentuer la luminosité jouant sur les volumes et suggérer un effet de relief puissant. Cette figure, fondée sur l'étude directe du modèle, mais tendant en même temps à une idéalisation héroïque de la forme, offre une synthèse entre la réalité tactile et la force expressive que d'autres dessinateurs, comme Paris Bordon (cat. **142**, **146**), chercheront, mais en vain, à réaliser. Avec maîtrise et énergie, Titien épaissit les ombres par une application réitérée de la pierre noire qui confère au visage un pathétisme contenu mais intense. La technique est très comparable à celle de l'étude d'Oxford (cat. **226**) pour la *Bataille de Spolète* de 1538, comme à d'autres dessins de la même époque.

Il y a cependant dans cette étude quelque chose que l'on pourrait qualifier de romain, une noblesse et une force adoucies par un rendu riche et sensuel, plus prononcé ici que dans des feuilles plus précoces ou plus tardives. En avril 1543, Titien s'était rendu à Ferrare et à Bologne, où il avait rencontré Paul III et la cour papale (voir cat. **172**). Le 21 juin, il avait accompagné le pontife à Busseto lors de son entrevue avec l'empereur Charles Quint. De passage à Parme, où le cortège papal avait fait halte, Titien aura eu l'occasion, peut-être pour la première fois de sa vie, d'étudier les peintures de Corrège, mort presque dix ans plus tôt. La *Vision de saint Jean à Patmos* (Parme, San Giovanni Evangelista) semble l'avoir particulièrement frappé non seulement par l'efficacité de l'illusionnisme de ses figures vues en raccourci, mais aussi par la façon, unique à Corrège dans la fresque de cette coupole, de créer, par la grâce et la luminosité des formes inspirées des nus héroïques de Michel-Ange, un univers poétique. Titien ne semble pas avoir vu à Parme les dessins du maître pour la coupole, mais comme ils étaient presque tous à la sanguine, il ne les aurait pas appréciés. La connaissance de la fresque de Corrège est manifeste dans la toile centrale pour San Giovanni Evangelista, mais, en outre, dans la version finale des tableaux du pourtour, on peut déceler le souvenir des apôtres et des symboles des Évangélistes peints par Corrège dans le tambour de la coupole. De retour à Venise, à l'automne 1543, Titien rendit témoignage, avec son magnifique *Ecce Homo* (Vienne, Kunsthistoriches Museum), de ce qu'il avait appris à Parme. Dans ce tableau, signé et daté fin 1543, le jeune homme assis sur les marches, à gauche, représente la synthèse des deux figures de la feuille exposée. On peut

donc en conclure que le dessin date de cette même époque. En fait, Titien avait peut-être reçu la commande du plafond de la Scuola, dès la fin de l'année 1543 mais son exécution et la transformation des panneaux latéraux auraient été interrompus par le voyage à Rome en 1545-46 et n'auraient été achevés qu'en 1547, avec la collaboration de l'atelier. Il faut, de nouveau, rendre à Titien ce magnifique dessin et le dater de la fin de l'année 1543.

W.R.R.

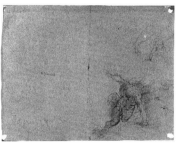

page 213

230

Tiziano Vecellio, dit Titien
Pieve di Cadore, vers 1488/1490 - Venise, 1576

Recto :
Étude de casque.
Verso :
Esquisses pour un « Apollon tuant les enfants de Niobé »

Fusain avec rehauts de blanc (recto), pierre noire avec légers rehauts de blanc (verso), sur papier bleu un peu passé. H. 0,452; L. 0,358. Inscriptions de la main de l'artiste au fusain, au recto : *24* [*o*?], et au verso, tourné sur le côté : *I*. Annoté à la plume et encre brune, d'une main du XVIIe siècle : *Tizian*.

FLORENCE, GALLERIA DEGLI UFFIZI,
GABINETTO DISEGNI E STAMPE

HISTORIQUE
Probablement coll. Médicis-Lorraine, Florence; marque des Uffizi (L. 930). Inventaire n. 566 Orn.
EXPOSITIONS
Venise, 1935, D n° 12; Paris, 1950, n° 433; Florence, 1960, n° 100; Florence, 1976(I), n° 24; Venise, 1990(I), n° 57.
BIBLIOGRAPHIE
Ferri, 1890, p. 257; Ricketts, 1910, p. 161; Lœser,

1912-1921, I, II, n° 6; Hadeln, 1924(1), pp. 34, 47, pl. 25; Hadeln, 1927, p. 19, pl. 26; Fröhlich-Bum, 1928, p. 197; Suida, 1933, p. 76; Tietze et Tietze-Conrat, 1944, n° 1897, pp. 203, 314-315; Sinibaldi, 1950, n° 433; Sinibaldi, 1960, p. 19; Valcanover, 1960, I, pp. 68-69; Pallucchini, 1969, p. 332, pl. 568; Valcanover, 1969, p. 110; Petrioli Tofani, 1972, n° 65; Oberhuber, 1976, p. 44; Pignatti, 1976(2), p. 267; Rearick, 1976(1), pp. 53-56; Rearick (1976) 1977, n° 15, pp. 17, 31-32; Muraro, 1978, p. 132; Rosand, 1978, fig. 70; Pignatti, 1979(1), n° XXXXVII; Wethey, 1987, n° 10, pp. 16-17, 136; Chiari, 1988(1), n° 30, pp. 31, 54; Chiari, 1989, n° 30, pp. 19, 93; Dillon, 1990(1), p. 322.

L'attribution traditionnelle à Titien de ce singulier dessin a été confirmée par Ferri, qui le considérait comme une étude préparatoire au *Portrait de Francesco Maria della Rovere* (cat. **168**). Quoique Ricketts l'ait donné à Tintoret et L. Fröhlich-Bum à Véronèse, la critique récente a adopté cette attribution à Titien, pour le recto en tout cas. Le verso a été donné à Palma Giovane par les Tietze, suivis par quelques historiens. Sa datation oscille entre 1537, comme l'avait avancé Suida, le rapprochant de l'étude pour la *Bataille de Spolète* (voir cat. **225-227**) et 1560, date proposée par les Tietze.

Si des casques semblables se trouvent dans plusieurs portraits réalisés par Titien à Augsbourg en 1548, comme celui de l'Empereur Ferdinand Ier, aujourd'hui disparu, celui qui est représenté dans cette feuille est d'une facture plus simple et ne comporte pas les motifs décoratifs, appliqués à l'or fin, qui étaient destinés aux casques des personnages illustres. On pourrait le comprendre comme un objet de la vie quotidienne, directement et simplement traduit du réel. La jugulaire détachée et la visière baissée sont représentées telles que l'artiste les avait vues. Les casques que fabriquaient les armuriers, au milieu du XVIe siècle, ayant bien souvent la même forme, il n'est guère possible d'attribuer une origine précise à celui que Titien a dessiné ici. Il s'agit cependant d'un modèle très courant vers 1550, chez les célèbres artisans d'Augsbourg. Titien a rarement atteint l'assurance et la maîtrise dont il fait preuve dans cette feuille, où il utilise le fusain et les rehauts de blanc sur le support de ton soutenu que lui offrait le papier bleu. Avec une précision extrême, il saisit le jeu subtil des reflets, et même la présence physique de son sujet, mais il ne s'agit pas toutefois d'une simple nature morte, représentée telle quelle, sans allusions à sa fonction. Titien a reproduit, au contraire, son caractère martial avec un effet de monumentalité telle que l'on est étonné en découvrant l'armure vide. Cette maîtrise impressionnante des techniques évoque celle de la synthèse, rapide et picturale, livrée dans l'étude du Louvre pour la *Bataille de Spolète* (cat. **225**). Toutefois, la texture est plus proche ici des effets très travaillés des *Deux Prophètes* (cat. **229**). C'est probablement avec la sûreté de modelé de l'esquisse de 1548 pour le *Martyre de saint Laurent* (Venise, Gesuiti), conservée à Florence (Uffizi, Gabinetto Disegni e Stampe, n. 12907 F), que

l'on peut la comparer. Dès la décennie suivante, la facture de Titien se modifiera, ce dont témoignent la facture adoucie de l'*Homme portant un gouvernail* de la collection Getty (cat. **231**) ou encore le frémissement du *Christ au jardin des Oliviers* (cat. **232**), que l'on ne perçoit pas encore ici. On peut vraisemblablement dater la feuille de 1548, date du séjour de l'artiste à Augsbourg.

Les croquis du verso sont indubitablement de la main de Titien et la critique récente a rejeté, avec raison, l'attribution à Palma Giovane. Le sujet n'apparaît pas clairement. La figure masculine en vol, à demi nue, tenant un arc et des flèches et la femme aux atours de fête, qu'on voit sur la droite en train de tirer à l'arc, représentent sans doute Apollon et Diane foudroyant les enfants de la présomptueuse Niobé. On ne connaît pas de tableau de Titien sur ce sujet qui, à partir de 1550, fut très en vogue à Venise. L'aspect et l'attitude d'Apollon sont assez proches de ceux du *Tityos* du Prado, à Madrid, commandé par Marie de Hongrie à Augsbourg en 1548. Cette date s'accorderait bien avec celle que nous suggérons ici pour le recto. Ainsi est-il possible qu'au cours de son séjour à Augsbourg Titien ait envisagé et peut-être développé un projet sur le thème d'Apollon et Diane tuant les enfants de Niobé.

W.R.R.

page 214

231

Tiziano Vecellio, dit Titien
Pieve di Cadore, vers 1488/1490 - Venise, 1576

Homme nu portant un gouvernail sur les épaules

Pierre noire avec rehauts de gouache blanche sur papier bleu un peu passé. H. 0,287; L. 0,155. Collé en plein. Annoté sur l'ancien montage, à la plume et encre noire : *Titian* (de la main de Van Dyck?) et au verso du montage, à la plume et encre brune : *Tiziano, L. n.39* et *19.4750*, et une marque de collection non identifiée.

MALIBU, CALIFORNIE,
COLLECTION OF THE J. PAUL GETTY MUSEUM

HISTORIQUE
Sir A. Van Dyck (?); Sir P. Lely (L. 2092); Dr et Mrs F. Springel, vente, Londres, 28 juin 1962, n° 20; Lord Wharton; J. Paul Getty Museum (1986). Inventaire 87.GB.35.

EXPOSITIONS
Londres, 1935, n° 63; Londres, 1959, n° 25; Londres, 1960, n° 561.
BIBLIOGRAPHIE
Popham, 1960, p. 218; Rearick, 1991(1), pp. 27-29; Goldner et Hendrix, 1992, n° 48 p. 124.

Ce dessin, qui appartint peut-être à Van Dyck, est traditionnellement attribué à Titien. Il fut exposé comme tel à la Galerie Colnaghi et à la Royal Academy de Londres. Nous suggérons ici d'y voir un travail préparatoire pour le tableau votif du doge Antonio Grimani (Venise, palais des Doges), commandé en 1555.

Comme nombre des grandes commandes de l'État vénitien exigeant d'énormes efforts de la part de Titien, ce tableau demeura longtemps en chantier. Antonio Grimani avait quatre-vingt-sept ans quand il fut élu doge en 1521 et il mourut en 1523 sans avoir accompli grand-chose. Il n'y a donc rien d'étonnant au fait qu'il n'ait jamais commandé le tableau votif que tout nouveau doge devait, selon la tradition, prévoir pour le palais des Doges. Le doge Francesco Venier remédia à cet oubli en commandant à Titien, le 22 mars 1555, le *Doge Antonio Grimani agenouillé devant la Foi et saint Marc* (Venise, palais des Doges). Il semblerait que Titien se soit presque immédiatement mis au travail. Toutefois le tableau n'était pas encore achevé en 1566, quand Vasari le vit dans l'atelier du peintre. En 1574, un incendie dévasta l'aile du Palazzo où devait prendre place la peinture et le nouveau programme décoratif entraîna le déplacement de plusieurs œuvres en cours, dont le tableau Grimani, désormais destiné au long mur de la nouvelle Sala delle Quattro Porte. L'œuvre était toujours dans l'atelier de Titien en 1575, lorsque Jacopo Bassano copia le lion de saint Marc, dans une esquisse au pastel, sa technique favorite (Rotterdam, Boymans-van Beuningen Museum, n° 157). A la mort du maître en 1576, les autorités vénitiennes réquisitionnèrent son neveu Marco Vecellio. Le tableau fut terminé vers 1581, année où le jeune Vecellio était admis dans la Fraglia dei Pittori. La toile fut probablement achetée juste après que la commande ait été passée à Titien. Ses dimensions (3,73 x 4,96 m) laissent à penser que le tableau était à l'origine destiné à la Sala del Collegio, à l'emplacement aujourd'hui occupé par le tableau votif du doge Francesco Donato, de dimensions à peine plus réduites (3,60 x 4,70 m), exécuté par Tintoret entre 1581 et 1584 à l'occasion des réparations des dommages causés par l'incendie. Dans un premier temps, Titien esquissa une idée de composition centrée sur la figure de la Foi apparaissant dans les cieux, saint Marc se trouvant à gauche, le doge, agenouillé, à droite. Il est probable que l'artiste avait également prévu deux niches latérales, chacune occupée par une allégorie en relief feint représentant les vertus dont aurait fait preuve le doge Grimani dans l'exercice de ses fonctions. On trouve un écho lointain de ce motif dans un tableau votif, plus tardif, peint par Véronèse pour le doge Venier, où se remarque précisément ce motif latéral du trompe-l'œil architectural décoré de sculptures. Marco Vecellio abandonna cet élément du projet de son oncle, mais il peignit une allégorie féminine dans le *Prophète*, tableau placé à côté de la toile de Titien finalement installée, peu après 1595, peut-être à l'instigation du doge Marino Grimani, dans la Sala delle Quattro Porte. A sa mort, en 1576, Titien avait presque terminé la figure du doge, une grande partie de saint Marc et du lion, ainsi que la vue plongeante de Venise. Mais la Foi, la croix et les *putti* étaient loin d'être achevés. Sur la droite, la statue de l'allégorie masculine était à peine esquissée et, sans doute parce qu'il n'en comprenait pas le sens, Marco la transforma en un soldat portant un drapeau, figure qui ne convient guère à un doge connu pour son incompétence militaire.

Cette figure du soldat permet toutefois de comprendre ce que Titien avait à l'esprit en utilisant pour ce dessin une de ces feuilles de papier bleu à grain épais qu'il affectionnait. Dans une niche feinte mais cependant bien lisible, dénuée de toute ornementation architecturale, il a réalisé une étude d'homme nu, se détournant nettement vers la gauche. Il porte sur l'épaule droite, protégée par une draperie, un objet imposant, qui a été à juste titre identifié comme un gouvernail, mais auquel les volutes et d'autres détails donnent un air antique. Il s'agit, en fait, du même objet que celui qui est porté par un *putto* dans le *Trône de Saturne*, l'un des antiques les plus célèbres de la collection donnée à l'État vénitien par les héritiers du doge Grimani en 1532. On sait aujourd'hui que cet objet, que l'on croyait, à l'époque de Titien, être un gouvernail, est le fourreau d'une épée. Ce dessin représente donc une allégorie du bon gouvernement du doge, tenant d'une main ferme le gouvernail du vaisseau de l'État; elle reviendra fréquemment dans l'iconographie du palais des Doges au cours des décennies suivantes. Si Titien avait transféré son dessin sur la toile, il devait l'avoir fait sommairement puisqu'une trentaine d'années plus tard, le pauvre Marco se révélera incapable, dans son incompétence, de comprendre ce qu'avait voulu son illustre parent. Il s'est contenté de modifier la position du bras gauche de la figure, de lui faire regarder le spectateur et enfin de la transformer en un soldat qui n'a rien à voir avec le sujet. Si Titien avait esquissé sur sa toile le gouvernail, ce dernier a été complètement recouvert par le neveu du peintre et, pour ajouter encore à la confusion, Marco peignit ensuite des tableaux représentant un second soldat et un prophète.

La pierre noire, si familière à Titien, est ici rehaussée de gouache blanche, appliquée au pinceau ce qui confère au dessin tout entier un aspect plus enveloppé et plus pictural. Si la pose ressemble à celle de la figure qui se trouve dans une copie à la plume, exécutée par Titien en 1546, d'après l'*Hercule et Cacus* de Bandinelli (Haarlem, Teylers Stichting, n° A X 20), la monumentalité inspirée de Michel-Ange, propre à tant de dessins de cette décennie

(cat. **228**, **229**), y est moins évidente. A l'inverse, une délicatesse de touche, frémissante, presque picturale, donne à cette feuille un caractère ténu, à la limite du visible. Le dessin qui en est le plus proche est une étude, plus énergique, de 1551, représentant un *Bras* (Florence, Uffizi, Gabinetto Disegni e Stampe, n. 12917 F), utilisée par Titien dans « *La Gloria* » du Prado. D'autre part, la dissolution de la forme que l'on observe dans des esquisses datables de la fin de la décennie se remarque à peine ici. Il semble donc plus juste de donner au dessin du musée Getty une date remontant au tout début du projet Grimani, c'est-à-dire 1555 ou 1556.

W.R.R.

page 214

232

Tiziano Vecellio, dit Titien
Pieve di Cadore, vers 1488/1490 - Venise, 1576

Recto :
Le Christ au jardin des Oliviers
Verso :
Esquisse pour (?) Persée et Andromède
Fusain et pierre noire avec rehauts de blanc (recto et verso), sur papier bleu un peu passé. H. 0,232; L. 0,199. Traces de déchirures.
FLORENCE, GALLERIA DEGLI UFFIZI,
GABINETTO DISEGNI E STAMPE

HISTORIQUE
Coll. Médicis-Lorraine; marque des Uffizi (L. 929). Inventaire n. 12911 F.
EXPOSITIONS
Londres, 1930, n° 678; Venise, 1935, D n° 18; Florence, 1976(I), n° 28.
BIBLIOGRAPHIE
Lœser, 1912-1921, I, I, n° 9; Hadeln, 1924(I), p. 48, pl. 36; Hadeln, 1927, p. 20, pl. 42; Fröhlich-Bum, 1928, p. 198; Popham, 1931, p. 74; Tietze et Tietze-Conrat, 1936(I), p. 187; Degenhart, 1937, p. 284; Hetzer, 1940, p. 167; Tietze et Tietze-Conrat, 1944, n° 393, pp. 119-120; Wethey, 1969, p. 69; Oberhuber, 1976, pp. 34, 44; Pignatti, 1976(2), pp. 267, 268; Rearick, 1976(I), pp. 11, 61; Gould, 1977, p. 47; Pignatti, 1979(I), n° XLII, p. 10; Wethey, 1987, n° X-2, p. 222; Chiari, 1988(I), n° 31, pp. 33, 55; Chiari, 1989, n° 31, pp. 20, 93-94; Rearick, 1991(I), p. 29.

L'attribution traditionnelle de ce dessin à Ti-

tien a été acceptée par Lœser, Hadeln et Fröhlich-Bum, cette dernière l'associant à l'une ou l'autre des versions du *Christ au jardin des Oliviers* (Madrid, Prado et Escorial). Les Tietze y ont reconnu la main de Paris Bordon, tandis que H. Wethey (1969), après s'être rallié à leur opinion, l'a simplement considéré comme l'œuvre d'un artiste vénitien anonyme de la fin du Cinquecento (1987). K. Oberhuber, T. Pignatti, M. A. Chiari, et nous-même l'avons rendu à Titien.

Il n'y a pas lieu de mettre en cause le fait que le recto de cette feuille est une étude de Titien pour la figure du Christ agenouillé dans le *Christ au jardin des Oliviers* (Escorial, Museo Nuevo), que le peintre, dans une lettre de 1559, dit avoir presque terminé. La version du Prado, où se perçoit clairement l'influence de Jacopo Bassano, notamment dans les figures du premier plan, est très certainement celle qui fut envoyée à Philippe II en 1562. Le dessin des Uffizi correspond, avec quelques repentirs importants, à la première version, que la seconde se contentera de reprendre à plus petite échelle. Titien n'avait donc guère de raisons de la dessiner à nouveau. Encore une fois, il s'inspire de Corrège et précisément du tableau actuellement à Londres (Apsley House, Wellington Museum) bien qu'il n'ait pas connu les dessins du maître. En fait, l'étude attentive de la lumière comme moyen d'expression y est essentielle et lui revient complètement, dans le dessin comme dans le tableau. On y retrouve une certaine simplification des formes, qui remonte à trente ans auparavant, comme par exemple dans le dessin triangulaire de la tête. Mais ici, la forme disparaît dans le papillonnement des touches de fusain et de blanc qui n'enveloppent plus des corps solides mais traduisent la fulgurance de l'éclair foudroyant le Christ agenouillé dans la nuit. Bien qu'averti de la conception académique du dessin telle qu'elle était définie en Italie Centrale, Titien a désormais renoncé à toute concession, même passagère, à des valeurs de ce type. Il s'adonne ici librement au principe qui depuis toujours prête à ses dessins leur vitalité naturelle : son esquisse est uniquement au service de l'expression picturale.

L'esquisse rapide du verso est d'une nature et d'une intention tout autres. Il s'agit d'une étude de composition aussi énergique qu'approximative. Toutefois, la portée de certains de ses éléments est claire. Un nu, vraisemblablement féminin mais d'un type indifférencié, semble être ligoté, sur la droite de la feuille. Il se trouve près d'une falaise avec une saillie de roches stratifiées qu'on voit clairement dans l'angle inférieur droit. On voit également sur la ligne tracée en diagonale vers la gauche l'ébauche d'un promontoire se détachant sur la mer. Une simple indication au fusain laisse deviner une figure en suspension près du centre. Les rehauts de blanc, rapidement appliqués, paraissent évoquer une lumière brumeuse. Ici la technologie moderne nous vient en aide. En effet, la restauration du *Persée et Andromède* de la Wallace Collection, à Londres, a révélé

(Gould, 1963, p. 413) que Titien avait d'abord placé Andromède attachée à une falaise rocheuse sur la droite, avec une échappée sur la mer vers la gauche et situé Persée, volant vers elle, dans une pose légèrement différente, au centre. L'ensemble de la composition et certains détails, comme celui d'Andromède, correspondent au verso de la feuille des Uffizi. En 1554, Titien avait promis à Philippe II un tableau sur ce thème, dont Philippe accusa réception le 7 septembre 1556. En 1568, une seconde version fut présentée à l'empereur Maximilien II. Il s'agit probablement du *Persée et Andromède* de la Wallace Collection, Titien ayant commencé par esquisser sur sa toile la composition de la première version, dans laquelle Andromède était placée à droite. Si l'on a pu suggérer que la version de la Wallace Collection est celle qui a appartenu à Philippe II, on ne sait pourtant rien de sa provenance avant sa première mention, nettement plus tard, dans la collection de Van Dyck. En effet, ce dernier, grand admirateur des « *poesie* » de Titien, a dessiné la figure d'Andromède dans son carnet d'esquisses (Adriani, 1940, p. 73). Andromède y figure à droite, dans la même pose que sur le dessin exposé et dans l'esquisse sous-jacente du tableau de la Wallace Collection. Tout ceci prouve l'existence d'un tableau dans lequel Andromède se trouvait à droite, sans doute la version de 1556. Titien fait clairement référence à ce tableau antérieur dans la *Sainte Marguerite* (cat. **250**), qu'il réalisa entre les deux *Persée*. Enfin, nombreux sont les artistes vénitiens qui reprennent cette première version (voir cat. **198**) dans leurs interprétations ultérieures du thème. Si, comme on peut le penser, la version qui n'était pas encore commencée en 1554 et était à peine terminée en 1556, était conçue sur la base du schéma qui nous intéresse ici, la date de 1556 serait également celle où fut entreprise la réalisation du *Christ au jardin des Oliviers*, que prépare l'étude du recto de la feuille exposée ici.

W.R.R.

page 215

233

Tiziano Vecellio, dit Titien
Pieve di Cadore, vers 1488/1490 - Venise, 1576

Recto :
L'Ange de l'Annonciation
Verso :
Études pour une Crucifixion

Fusain et pierre noire avec rehauts de blanc (recto et verso) sur papier bleu un peu passé. H. 0,422; L. 0,279. Recto assez frotté et taché.

FLORENCE, GALLERIA DEGLI UFFIZI,
GABINETTO DISEGNI E STAMPE

HISTORIQUE
Coll. Médicis-Lorraine (?); marque des Uffizi (L. 929). Inventaire n. 12903 F.

EXPOSITIONS
Londres, 1930, n° 670; Paris, 1935(1), n° 718; Venise, 1935, D n° 17; Florence, 1960, n° 101; Florence, 1976(1), n° 27; Londres, 1983-84, n° D74; Venise, 1990(1), n° 55.

BIBLIOGRAPHIE
Lœser, 1912-1921, I, II, n° 11; Hadeln, 1924(1), p. 48, n° 35; Hadeln, 1927, p. 20, pl. 41; Fröhlich-Bum, 1928, n° 44, p. 198; Popham, 1931, p. 74; Sterling, 1935, p. 277; Tietze et Tietze-Conrat, 1936(1), n° 37, pp. 186, 192; Mayer, 1937, p. 311; Tietze et Tietze-Conrat, 1944, n° 1905, p. 316; Dell'Acqua, 1955, p. 135; Sinibaldi, 1960, p. 19; Valcanover, 1960, p. 47; Pallucchini, 1969, pp. 178, 333, pl. 574; Valcanover, 1969, p. 131; Wethey, 1969-1975, I, p. 72, III, p. 257; Wilde, 1974, p. 194; Oberhuber, 1976, pp. 34-35; Rearick, 1976(1), pp. 60-61; Rearick, (1976) 1977, n° 6, pp. 17-18, 32; Rosand, 1978, fig. 78; Pignatti, 1979(1), n° XLIII, p. 11; Scrase, 1983, p. 295; Wethey, 1987, n° 3, pp. 29-30, 128; Chiari, 1988(1), n° 37, pp. 34, 59; Chiari, 1989, n° 37, pp. 21, 96; Dillon, 1990(1), p. 316.

Lʼensemble de la critique attribue cette feuille célèbre à Titien, mais l'indécision demeure quant à la date et à la destination des études qui s'y trouvent. Après avoir peint, en 1537, l'*Annonciation*, qui connut un sort malheureux et qui est aujourd'hui disparue, pour Santa Maria degli Angeli (voir cat. **224**), Titien reprit le même thème dans un polyptyque (Dubrovnik, cathédrale), un retable (Naples, San Domenico Maggiore; cat. **251**) exécuté en 1557 et une peinture commandée en 1559 pour l'église San Salvatore, à Venise (cat. **257**). Bien que la critique s'accorde pour reconnaître dans le recto de la feuille exposée un dessin préparatoire à

cette dernière peinture, il faut observer que l'aspect et l'attitude de la figure diffèrent de ceux de l'ange du tableau. La main droite levée en signe de salutation, la main gauche baissée, tenant un lys, la pose des pieds, s'apparentent davantage à ceux de l'ange de la version de Dubrovnik. En outre, certains détails, le profil par exemple, rappellent plutôt le tableau de Naples. Cependant, la légèreté vaporeuse de la facture semble plus évoluée que celle des œuvres ou des dessins de ces mêmes années. Le traitement du verso permet également d'envisager une datation aux environs de 1558. Nous souhaiterions donc suggérer ici que Titien dessina cette étude en ayant à l'esprit ses interprétations antérieures du thème, mais qu'il les transforma radicalement pour le retable de San Salvatore.

Le traitement du verso est fort différent. Les contours sont nets et précis, le clair-obscur de la figure centrale est d'une facture très dense. Son geste évoque celui du Christ dans une *Incrédulité de saint Thomas*, mais on ne connaît pas d'œuvre peinte par Titien sur ce thème. L'étude de mains jointes, que l'on distingue à peine, en bas à droite, pourrait constituer une première idée pour le geste de la Vierge en pleurs dans la *Crucifixion* (cat. **252**), commandée, vraisemblablement en mai 1559, par Antonio Cornovi della Vecchia, qui venait précisément de confier à Titien l'*Annonciation* de San Salvatore. La figure principale de ce verso pourrait donc être un premier projet pour saint Jean l'Évangéliste, qui, dans le tableau, se tient au pied de la Croix, le regard levé. Cette pose, conforme à l'iconographie traditionnelle, aurait ensuite été abandonnée au profit d'une attitude plus théâtrale, représentant le saint les bras largement ouverts. Toutefois, Titien, par souci d'économie de ses propres inventions, aurait repris la pose esquissée dans cette feuille, sous une forme plus vivante, dans un *Saint Jacques* (Venise, San Lio), tableau inachevé et nettement plus tardif. Enfin, sur ce même verso, il étudia de nouveau le bras droit de la figure, mais cette fois baissé.

Si, comme nous le pensons, l'*Ange de l'Annonciation* est une esquisse qui fait la synthèse des *Annonciations* précédentes de l'artiste, en vue de l'élaboration du retable de San Salvatore et si le verso présente bien des idées pour la *Crucifixion* d'Ancône, il convient de dater cette feuille vers 1558-59. Le contraste entre l'irréalisme visionnaire du recto et l'objectivité du verso souligne à quel point Titien était capable de subordonner son style à son inspiration et surtout à la destination de l'œuvre à exécuter.

W.R.R.

page 215

234

Tiziano Vecellio, dit Titien
Pieve di Cadore, vers 1488/1490 - Venise, 1576

Couple enlacé

Fusain et pierre noire avec rehauts de gouache
blanche, sur papier bleu assez passé. H. 0,252;
L. 0,258. Angle inférieur gauche coupé.

CAMBRIDGE, FITZWILLIAM MUSEUM

HISTORIQUE
P. P. Rubens (?); J. Richardson Sr (Lugt 2183); Ricketts et Ch. Haslewood Shannon; legs en 1937. Inventaire 2256.

EXPOSITIONS
Londres, 1930, n° 669; Londres, 1959, n° 56; Cambridge, 1960, n° 54; Venise, 1976(1), n° 43; Cambridge, 1976, n° 45; Cambridge, 1979, n° 202; Cambridge 1980, p. 3; London, 1983-84, n° D-75; Cambridge, 1991, n° 10; Venise, 1992, n° 10.

BIBLIOGRAPHIE
Hadeln, 1924(1), p. 52, pl. 33; Hadeln, 1927, pp. 4, 22, pl. 38. Fröhlich-Bum, 1928, n° 39, p. 198; Popham, 1931, p. 73; Tietze, 1936, I, pp. 215, 257; Tietze et Tietze-Conrat, 1936(1), n° 36, pp. 186, 192; Tietze et Tietze-Conrat, 1944, n° 1886, pp. 313-314; Tietze, 1950, p. 407; Winter, 1959, n° 56; Van Hasselt, 1960, n° 54; Valcanover, 1960, II, p. 43; Ames, 1962, p. 215; Pallucchini, 1969, p. 333, pl. 572; Pignatti, 1970, p. 89; Jaffé, 1976, n° 45; Meijer, 1976(1), pp. 9, 26; Oberhuber, 1976, pp. 33, 99-100; Pignatti, 1976(2), p. 269; Rearick, 1976(1), p. 63; Gould, 1977, p. 46; Pignatti, 1977, p. 169; Rosand, 1978, fig. 79; Darracot, 1979, n° 202; Pignatti, 1979(1), n° XLIV, p. 11; Jaffé, 1983, p. 230; Scrase, 1983, p. 295; Wethey, 1987, n° 11, pp. 39, 137; Chiari, 1988(1), n° 38, pp. 34, 60; Chiari, 1989, n° 38, pp. 21, 97; Rearick, 1991(1), p. 29; Scrase, 1992, n° 10, p. 38.

Jordaens a copié ce très beau dessin et Rubens lui-même en a repris la composition, ce qui permet de penser qu'il faisait autrefois partie de l'importante collection de dessins réunie par ce dernier. Wickhoff (1909, p. 24) publia la copie de cette feuille (Paris, Louvre, département des Arts Graphiques, Inventaire 5660) comme un original de Titien réalisé vers 1518. Hadeln (1913, p. 245), après avoir exclu la composition de l'œuvre de Titien, l'accepta avec enthousiasme comme une contribution importante à l'œuvre du maître, dès la découverte et l'attribution, par Charles Ricketts qui en était le propriétaire, de la feuille exposée ici. A l'exception de C. Gould, la critique est unanime pour accepter cette attribution, et s'accorde depuis peu pour proposer une datation tardive.

Le sujet de cette esquisse vigoureuse est loin d'être clair. La nature même, amoureuse ou hostile, de l'étreinte de l'homme est sujette à discussion. Des nus féminins, de proportions semblables, apparaissent dans plusieurs tableaux tardifs de Titien : le plafond de la *Minerve* du Palazzo del Comune de Brescia (disparu; connu par le dessin de Rubens au British Museum, Londres) de 1564-1568, le *Tarquin et Lucrèce* de Bordeaux (musée des Beaux-Arts), vers 1568-1570, ou encore, la seconde version de *Diane et Callisto* (Vienne, Kunsthistorisches Museum) qui figurait sans doute parmi les tableaux mythologiques présentés à l'empereur Maximilien II en 1568. L'esquisse de Cambridge est peut-être un dessin préparatoire pour *Vénus et Mars*, disparu, mais connu par une copie d'atelier à Vienne (Kunsthistorisches Museum) et sans doute peint vers 1570. Dans ce dessin la forme, dissipée dans une sorte de tonalité brumeuse comme dans l'*Ange* (cat. **233**), les touches nerveuses de pierre noire qui rappellent celles du *Christ au jardin des Oliviers* (cat. **232**) sont, d'une façon inattendue, plus déterminées, mais cela peut simplement être dû au désir de Titien de mettre de l'ordre dans ses idées sur l'œuvre en devenir. Les contours sont très appuyés, plusieurs fois repris, par exemple dans le dos de l'homme, mais les mains et les pieds ne sont que vaguement indiqués. Le nu, d'une grande luminosité, exprime une vitalité sensuelle qui pourrait témoigner de la nostalgie du dessinateur vieillissant, rêvant des beautés radieuses de sa jeunesse. On ne connaît qu'une seule feuille postérieure à cette évocation heureuse et juvénile : la *Nativité* des Uffizi (Gabinetto Disegni e Stampe, n. 12901 F), toute en scintillements et en légèreté, qui date de 1574.

W.R.R.

page 217

235

Andrea Meldolla, dit Schiavone
Zara, vers 1510/1515 - Venise, 1563

L'Annonciation

Pinceau, lavis brun et jaune, rehauts de gouache blanche sur pierre noire, sur papier préparé jaune. H. 0,170; L. 0,249. Collé en plein.

PARIS, MUSÉE DU LOUVRE,
DÉPARTEMENT DES ARTS GRAPHIQUES

HISTORIQUE
Ch.-P. de Saint-Morys; saisie des Émigrés en 1793, remise au Museum en 1796-1797; marque du Louvre (L. 1886). Inventaire 9954.

EXPOSITIONS
Paris, 1964, n° 102; Paris, 1978, n° 45; Londres, 1983-84, n° D54.

BIBLIOGRAPHIE
Inv. Ms. Morel d'Arleux, n° 12593/51; Châtelet, 1953, p. 90; Bacou, 1964, pp. 77-78; Viatte, 1968, n° 62; Bacou, 1978, p. 2; Richardson, 1980, n° 191, p. 131; McTavish, 1983, p. 280; Labbé et Bicart-Sée, 1987, II, p. 218.

Parmi les artistes vénitiens, Schiavone ne fut pas le seul à s'intéresser à l'élégante stylisation qui se manifestait dans d'autres écoles, telle que celle de Parme, au sud-ouest de Venise. Mais il fut sans doute le seul dessinateur vénitien qui étudia méthodiquement les dessins de Parmigianino, ce qui en fit un artiste plus émilien que vénitien, du moins pendant la première décennie de sa carrière. Il semblerait que Schiavone fut, pour l'essentiel, autodidacte, ce qui l'empêcha de trop s'enraciner dans la tradition locale. Cette indépendance allait d'ailleurs se retrouver dans la gravure et ses expériences en matière d'eau-forte et de pointe sèche comptent parmi les plus originales des années 1540. Ses figures délicates et raffinées, la fluidité transparente de ses lavis, sa volonté de ne pas utiliser la pierre noire, technique préférée de Titien, donnent à ses dessins un caractère original dans le contexte vénitien. Cette approche du dessin très influencée par Parmigianino, avait toujours été nourrie principalement par les gravures et les dessins et ce n'est qu'à partir du milieu du siècle que Schiavone commença à changer et à accepter la tonalité naturaliste de la tradition vénitienne utilisée par Titien et les artistes de son cercle, comme Paris Bordon. Il s'intéressa également à Tintoret et aux autres artistes révolutionnaires de la jeune génération. Il a cependant utilisé la pierre noire d'une manière très personnelle et a toujours été enclin à faire des essais. Ainsi, l'étude (Florence Uffizi, Gabinetto Disegni e Stampe, n. 13597 F), pour la grande eau-forte de la *Vierge à l'Enfant avec des saints* exécutée vers 1550-1553 (Bartsch, XVI, 64, 65), est floue au point d'en paraître incohérente. De toute évidence inspirée par la technique du dessin à la pierre noire, vibrante et expressive, élaborée par Titien au cours des années cinquante (voir cat. **232, 233**), cette esquisse de Schiavone va encore plus loin dans la recherche de l'effet atmosphérique. Quoi qu'il en soit, dès 1550 Meldolla commença à se libérer d'une discipline graphique trop étroite pour s'adonner à un vénitianisme délibéré.

Schiavone a réalisé deux tableaux (voir cat. **184 a** et **b**) et une eau-forte représentant l'Annonciation, mais aucune de ces œuvres ne reprend exactement le format ou les figures du dessin exposé. La petite *Annonciation*, autrefois intégrée dans le *barco* de l'église vénitienne des Carmini, semble être la première de la série. La critique s'est souvent trompée sur l'emplacement des tableaux de Schiavone pour ce *barco*, une tribune surélevée qui traversait la nef à un point situé légèrement au-delà du centre, en direction de l'abside. Seule une partie de ces tableaux a été conservée dans le décor des tribunes du chœur situées de part et d'autre de la nef et qui ont remplacé le *barco* en 1653. A l'origine, les tableaux de Schiavone décoraient l'avant, l'arrière et le dessous de ce *barco*. Le dessin préparatoire de Schiavone pour le dessous de cette tribune a été conservé (Vienne, Albertina, Nr.: 1580). C'est une étude à la plume rehaussée de lavis, dans un style rigoureusement analogue au dessin préparatoire (Londres, British Museum, n° 1938-12-10-2) pour un *paliotto* destiné à recouvrir l'avant de l'autel de la basilique San Marco de Venise. D'autres tapisseries destinées à l'autel de la basilique et liées à ce même *paliotto* furent tissées en 1551. Il convient donc de dater de 1551, ou un peu avant, non seulement le dessin pour la tapisserie, mais aussi le *barco* des Carmini et la petite *Annonciation* qui en faisait partie. De fait, le dessin du Louvre et l'eau-forte (Bartsch, XVI, 42, 5) sont clairement liés à la genèse du tableau des Carmini. Dans l'esquisse, l'ange fait son entrée sur la droite, solution peu canonique mais pas inédite pour autant. Il pourrait donc s'agir d'une première idée en sens inverse, pour la gravure où l'ange serait, comme il convient, placé à gauche. La plupart des détails du dessin ont été, cependant, reformulés, dans l'eau-forte, en des termes plus conservateurs, inspirés d'une gravure réalisée par Enea Vico en 1548 (Bartsch, XV, 282, 3), d'après un dessin de Titien. Bien que les rapports entre le dessin et l'eau-forte soient assez approximatifs, cette succession dans l'ordre des œuvres permettrait d'expliquer la situation de l'ange sur la droite du tableau des Carmini et l'utilisation, dans cette peinture, de plusieurs détails représentés sur le dessin. La figure de l'ange est pratiquement identique et la Vierge a la même pose et reprend le motif inhabituel du livre tenu à bout de bras. Le décor est pratiquement le même dans presque tous les détails. On retrouve la table placée en évidence et recouverte d'un tapis, le livre sur la table, les draperies du lit derrière la Vierge, le panier à ouvrage rond à ses pieds, la colombe au-dessus de la main de l'ange, les marches sur la droite, la balustrade, et la colonne qui, dans le tableau, a été déplacée vers la gauche. On peut donc en conclure que Schiavone a, vers 1551, dessiné ce dessin en ayant à l'esprit l'estampe, mais qu'il l'a employé presque en même temps pour le *barco* des Carmini, sans prendre soin de l'inverser. Les deux toiles plus monumentales (voir cat. **184 a** et **b**) qui décoraient l'extérieur des volets d'orgue de la cathédrale de Belluno reprennent, quant à elles, le format traditionnel. La touche plus libre de ces tableaux correspond cependant à un stade ultérieur de l'approche de Titien effectuée par Schiavone.

L'étude pour l'*Annonciation* est une œuvre typiquement hybride. Les granulations, l'escamotage de la ligne, la netteté des contours et la qualité descriptive du détail qui témoignent toutes d'une nouvelle sensibilité à la lumière et à l'atmosphère sont typiquement d'inspiration vénitienne et s'opposent à l'élégance et à la finesse émiliennes de l'œuvre antérieure de Schiavone. Pourtant, le papier préparé jaune, les accents dorés du lavis et l'élégance mondaine des figures restent fidèles au concept parmigianinesque du dessin précieux et raffiné, considéré comme une œuvre d'art autonome. De toute évidence, la technique de Schiavone est ici en pleine évolution et n'a pas encore atteint la force picturale qui ne va pas tarder à se manifester dans son œuvre (voir cat. **236**).

W.R.R.

page 217

236

Andrea Meldolla, dit Schiavone
Zara, vers 1510/1515 - Venise, 1563

L'Adoration des bergers

Pinceau et lavis rouge-brun, rehauts de gouache blanche, tracé préparatoire à la pierre noire, sur papier beige. H. 0,301; L. 0,210. Collé en plein. Annoté à la plume et encre brune, en bas à gauche, à la fin du XVIIIe siècle : *Andre Schivan*, et au XIXe siècle, sur le montage, en bas : *andre Melotta dit Le Schiavon*, et à droite : *116*.

RENNES, MUSÉE DES BEAUX-ARTS

HISTORIQUE
Collection marquis de Robien; Rennes, Bibliothèque de la Ville, 1792; Musée des Beaux-Arts, premier tiers du XIXe siècle. Inventaire 794.1.2518.
EXPOSITIONS
Paris, 1965-66(1), n° 256; Paris, 1972, n° 18 Wnnes, 1978, n° 198; Nice, 1979, n° 40; Rennes, 1987, n° 15; Rennes, 1990, n° 32.
BIBLIOGRAPHIE
Tietze et Tietze-Conrat, 1944, n° 1450, p. 253; Coulanges-Rosenberg, 1965, p. 211; Bergot, 1972, p. 30; Ramade, 1978, p. 108; Provoyeur, 1979, p. 55; Richardson, 1980, n° 199, p. 132; Ramade, 1987, p. 50; Saccomani, 1990, n° 32, p. 76.

L'attribution à Schiavone de cette feuille remonte au moins au XVIIIe siècle et elle est cataloguée sous ce nom dans les inventaires du musée (1859, 1863, 1871, 1876, 1884). Cette attribution a été acceptée par toute la critique mais la feuille n'a jamais été datée avec précision.

On n'a jamais établi clairement le thème de ce dessin, certains auteurs y reconnaissant une *Adoration des mages*, d'autres une *Adoration des bergers*. Mais s'il est vrai que la verticalité un peu tassée du format rappelle différents traitements du premier thème par Schiavone, les

objets représentés ne peuvent appartenir qu'au second. La figure masculine au premier plan évoque la silhouette familière du berger portant en offrande un agneau aux pattes liées et les compagnons de ce berger ne portent pas le moindre insigne royal. La femme en haut à droite n'a pas sa place dans la suite des rois mages. Schiavone est l'auteur de quatre versions peintes, deux eaux-fortes et au moins trois dessins sur le thème de l'*Adoration des bergers*, mais la feuille de Rennes ne prépare pas directement l'une ou l'autre de ces compositions. Elle présente toutefois des analogies formelles avec l'eau-forte (Bartsch, XVI, 42, 6), généralement considérée comme une œuvre tardive, de 1560 environ. La richesse du lavis, passé en couche épaisse, ainsi que le peu d'attention accordé au détail, sont de toute évidence postérieurs à la légèreté plus sage de la forme et à la technique qui caractérisent ses dessins au lavis des années quarante, époque où il est encore très influencé par Parmigianino. On n'y trouve pas encore la rapidité désinvolte des études de composition très tardives, comme celle du *Miracle de saint Marc* (Windsor Castle, Royal Library, n° 6677), de 1562. Le caractère pictural du dessin exposé rappelle plutôt celui de la *Lamentation* (Vienne, Albertina, Nr. : 1579; Stix et Fröhlich-Bum, 1926, n° 60), qui porte la date *1550*, même si le lavis est ici plus dense et plus fluide. L'analogie la plus étroite est sans doute fournie par les fresques monochromes de la chapelle Grimani de San Sebastiano à Venise, dont la facture à la fois libre et lourde, en pleine pâte, ressemble beaucoup à celle de ce dessin. Qui plus est, les figures de ces fresques sont elles aussi de conception maniérée mais d'exécution réaliste. Un testament de 1555 évoque la chapelle Grimani en des termes laissant entendre que sa décoration était alors achevée. Ainsi, l'*Adoration des bergers* de Rennes pourrait être datée vers 1553-1555. Le thème rustique évoqué par certains aspects l'œuvre de Jacopo Bassano à la même époque, mais rien chez ce dernier n'indique qu'il se soit jamais intéressé aux dessins de Schiavone. Tintoret, toutefois, a étudié avec attention ce genre de dessin qui influença longtemps ses études de composition (voir cat. **240**).

W.R.R.

page 218

237

Jacopo Robusti, dit Tintoret
Venise, 1514 ou 1518/1519 - 1594

Recto et verso :
Homme nu assis

Fusain ou pierre noire avec légers rehauts de gouache blanche, mis au carreau à la pierre noire (en partie effacée) sur papier bleu passé. H. 0,371; L. 0,240. Annoté en bas à gauche à la plume et encre brune, d'une main du XVIIIe siècle : *J. Tintoretto*, répété au verso avec : *n 603*.

PARIS, MUSÉE DU LOUVRE,
DÉPARTEMENT DES ARTS GRAPHIQUES

HISTORIQUE
F. Baldinucci, IIe volume de sa collection, p. 16; acquis en 1806; marque du Louvre (L. 1886). Inventaire 5385.
EXPOSITION
Paris, 1977, repr. p. 1.
BIBLIOGRAPHIE
Inv. Ms. Morel d'Arleux, 12598/22; Mayer, 1923, p. 34; Tietze et Tietze-Conrat, 1944, n° 1540, p. 267; Labbé et Bicart-Sée, 1987, II, p. 124.

A. Mayer a accepté l'attribution traditionnelle de ce dessin à Jacopo Tintoretto, alors que, selon les Tietze, il s'agirait d'une œuvre sans doute précoce de Domenico Robusti. P. Rossi l'a ignoré et la critique récente de Jacopo n'en fait pas mention.

Le problème des débuts de Tintoret dans l'art du dessin reste difficile à résoudre, mais il semble clair aujourd'hui que, même s'il s'avéra être, très tôt, ambitieux, enclin à la recherche et plus que réceptif aux techniques picturales du maniérisme d'Italie Centrale, il resta néanmoins très vénitien dans sa façon de dessiner. Évitant d'utiliser la plume et le lavis, il adopta presque exclusivement la pierre noire rehaussée de blanc sur papier bleu, la technique préférée de Titien. Dans l'une des feuilles les plus précoces qui nous soient parvenues (autrefois Pittsburg, Török Collection), Jacopo esquissa un cheval terrassé pour la *Conversion de saint Paul* de Washington (National Gallery of Art; vers 1544), dans laquelle le clair-obscur s'inscrit parfaitement dans la tradition des études de chevaux de Titien (voir cat. **226, 227**) réalisées six ans plus tôt. Mais c'est cependant dans les études de figures que Tintoret avait déjà commencé à développer cette technique d'une manière indépendante. Vers 1546, il réalisa, d'après un modèle à moitié nu, un dessin (Florence, Uffizi, Gabinetto Disegni e Stampe, n. 12983 F) pour la figure de saint Louis de Toulouse dans la *Sainte Conversation avec un donateur* (Lyon, musée des Beaux-Arts). Il s'agissait, pour lui, d'étudier dans cette pose l'anatomie de la figure. Ce ne sera qu'après avoir rapidement tracé les contours, d'une ligne ferme et presque continue, qu'il esquissera l'habit du religieux. Dans le dessin exposé, Tintoret arrête déjà le type morphologique qui lui sera tout à fait propre : sinueux, longiligne, souple, élégant dans les mouvements malgré les articulations noueuses. L'artiste utilise deux pierres noires : une première, légèrement grise, pour le tracé préliminaire; puis une seconde, plus noire et plus grasse, pour renforcer et corriger sa première idée. Environ un an plus tard, Tintoret fera preuve d'une assurance accrue, voire d'une certaine impatience, dans une étude rapide (autrefois Milan, Galerie Salomen, 25 novembre 1985, n° 26) pour l'apôtre retirant ses chaussures sur la gauche du *Lavement des pieds* (Madrid, Prado) de 1547. Cette esquisse est également faite à partir d'un modèle à moitié nu, mais la draperie y est plus largement suggérée, sans doute parce qu'elle allait jouer un rôle plus important dans la torsion de la silhouette.

Le *Miracle de l'esclave* (Venise, Gallerie dell'Accademia) de 1548, est une tentative éblouissante de Tintoret pour attirer l'attention du public, une sorte de démonstration de son nouveau style. Aucune étude préparatoire n'en a cependant été conservée. Moins d'un an plus tard, Jacopo peindra le *Saint Roch guérissant les pestiférés* (Venise, San Rocco), dont Vasari (1568, éd. Milanesi, VI, p. 590) écrira qu'il contient des nus qui sont très bien rendus (« ... *fra questi sono alcuni ignudi molto bene intesi...* »). Il est évident que le jeune artiste, sans doute piqué au vif par la lettre ouverte de l'Arétin (éd. Chastel et Blamoutier, 1988, pp. 469-470) lui conseillant de ne pas travailler trop rapidement et de ne pas négliger le fini, tenait à démontrer sa maîtrise dans une discipline essentiellement toscane : la figure nue étudiée sous différents angles. Le message ne fut pas perdu pour Vasari. A cet effet, Tintoret a réuni au premier plan et en particulier sur la gauche du tableau, avec une virtuosité extraordinaire, un ensemble d'académies, en pied, assises, vues d'en haut ou vues d'en bas. Ce parti délibérément adopté exigea de travailler avec soin à tout un répertoire de poses exécutées d'après modèle auquel appartient précisément ce dessin. Le modèle est assis sur un lit élevé, les jambes pendantes et croisées. Le corps est incliné vers la droite, le bras droit est replié et repose sur un support à hauteur d'épaule, la tête penchée, avec une expression pathétique, vers saint Roch, venu en guérisseur. Tintoret utilise une pierre noire bien grasse pour dessiner son modèle, afin d'accentuer les effets de la lumière pénétrante d'une fin d'après-midi, tels qu'il les prévoyait pour le

tableau. Le traitement noueux du corps est moins outré que celui de l'étude pour saint Louis, ce qui s'explique sans doute par le réalisme plus objectif de ce dessin. En fait, ce corps mûr aux chairs un peu molles semble avoir été choisi pour sa capacité à exprimer la maladie et la souffrance. Cette étude est l'une des premières à avoir été réalisées pour cette composition; la tête et le bras gauche portent des traces de repentirs, en particulier de deux changements apportés au bras qui, dans un premier temps, pendait, inerte, le long du torse. Au fur et à mesure que le tableau se précisera, Tintoret modifiera l'attitude de la figure à partir de la taille, redressant le bras droit pour le faire passer au-dessus de la tête, qui s'inclinera alors à gauche et ramenant la main gauche à une position proche de celle indiquée au début. Cette modification était rendue nécessaire par l'insertion d'un nouveau motif : celui d'une femme, apportant des pansements, qui occupe l'espace pris par le support du bras dans le dessin. Tintoret, par souci d'économie, adaptera cependant la tête et le bras gauche de cette étude pour arrêter le raccourci du nu, en bas du tableau, à gauche. Le bas du corps et les jambes du modèle du Louvre seront utilisés dans la toile sans grands changements.

La tradition, confirmée ultérieurement par des témoignages d'hostilité réciproque, veut que, fort mécontent du peu d'instruction qu'il y recevait, Tintoret ait mis fin à son apprentissage dans l'atelier de Titien. Il n'en reste pas moins que Jacopo est largement redevable au vieux maître de Cadore. S'il fut vraisemblablement mal accueilli dans l'atelier de Biri Grande, il eut certainement l'occasion de voir les derniers dessins de Titien comme le confirme la comparaison de son dessin avec les *Deux Prophètes* (cat. **229**), de 1547 environ. En effet, dans cette dernière feuille, qu'il convient d'inclure parmi les études précoces du maître, le tracé sommaire et énergique de la pierre noire met en évidence une plasticité inspirée de Michel-Ange, empreinte d'un naturalisme précisément analogue aux effets qu'obtient Tintoret dans le clair-obscur avec lequel est traité le torse, qui devient plus linéaire dans le contour des pieds. Ce dessin, certainement antérieur à l'achèvement du tableau en 1549, pourrait être daté de 1548.

W.R.R.

page 218

238

Jacopo Robusti, dit Tintoret
Venise, 1514 ou 1518/1519 - 1594

Recto :
Étude d'homme nu allongé
Verso :
Étude d'après un moulage de la tête dite de Vitellius

Pierre noire avec légers rehauts de gouache blanche, mis au carreau (recto), pierre noire avec rehauts de blanc (verso), sur papier bleu passé. H. 0,255; L. 0,417.

PARIS, MUSÉE DU LOUVRE,
DÉPARTEMENT DES ARTS GRAPHIQUES

HISTORIQUE
F. Baldinucci, II⁰ volume de sa collection, p. 16; acquis en 1806; marque du Louvre (L. 1886). Inventaire 5382.

EXPOSITIONS
Venise, 1937, D n° XXVII; Paris, 1962(1), n° 25; Paris, 1965, n° 109; Paris, 1977, repr. p. 4.

BIBLIOGRAPHIE
Inv. Ms. Morel d'Arleux, n° 12561; Mayer, 1923, p. 34; Tietze et Tietze-Conrat, 1944, n° 1738, p. 291; Tietze, 1948, p. 383; Bouchot-Saupique, 1962, p. 26; Sérullaz, 1965, pp. 50-51; Bacou, 1968, n° 61; Rossi, 1975, pp. 51-52; Rearick, (1976) 1980, p. 39; Valcanover, 1985, p. 60.

A. Mayer, qui fut le premier à publier cette étude comme étant un original de Tintoret, la considérait comme un travail préparatoire à une composition en relation avec le mythe de Prométhée. Pour les Tietze, il s'agissait d'une étude pour l'homme mort au centre de *Saint Georges et le dragon* (Londres, National Gallery), et donc d'une œuvre précoce. Cette identification est maintenant acceptée par toute la critique, qui formule néanmoins des hypothèses très diverses sur sa datation. L'esquisse du verso est habituellement considérée comme une œuvre de second ordre, peut-être le fait de l'atelier.

Carpaccio avait fourni aux artistes vénitiens un précédent en introduisant des cadavres dans sa représentation de *Saint Georges combattant le dragon*. Au premier plan de son tableau (Venise, Scuola di San Giorgio degli Schiavoni) sont dispersés les reliefs macabres et pittoresques du repas du dragon. Les artistes de la génération suivante se plurent à l'évocation de ce « caprice ». Dans la peinture de Londres, Tintoret fait discrètement allusion aux maîtres du passé, et notamment à Carpaccio. Il choisit toutefois, presque à titre emblématique, de n'inclure qu'un seul cadavre, disposé au second plan, telle une offrande expiatoire au dragon. Un modèle de l'atelier, nu et allongé, posera pour ce dessin que Tintoret utilisera presque sans modifications dans le tableau. Le propos de l'artiste n'est pas tout à fait le même ici que celui qui, quelque temps plus tôt, avait requis une tension plus grande et un tracé plus appuyé dans l'étude pour le *Saint Roch* (cat. **237**). Comme la figure ne jouera qu'un rôle secondaire, bien qu'indispensable à l'ensemble et qu'elle ne sera dans le tableau qu'à peine plus grande que sur le dessin, Jacopo l'étudie avec une certaine désinvolture. Il esquisse, avec facilité et d'une main sûre, un premier tracé à la pierre grise, puis reprend ce contour avec une pierre d'un ton plus foncé et ajoute enfin, les touches de gouache blanche pour obtenir un effet pictural. Les dimensions de la feuille ne lui permettent pas d'inclure l'avant-bras gauche et la main tendue du modèle, il se déplace vers le bas de la feuille pour les rajouter à la pierre grise, comme au premier stade de son travail. N'accordant pas d'attention à l'émotion qu'aurait pu suggérer le visage de la victime, il se contente de l'évoquer par quelques raccourcis. Même si Tintoret travaille ici d'après modèle, son esquisse est déjà proche de la forme qu'il retiendra. Il y ajoutera une étole bleue, très décorative, qui s'enroule autour des épaules et entre les jambes du jeune homme, produisant un effet inattendu. Ce motif de l'étole était déjà envisagé dans l'étude, puisque les doigts de la main droite, que l'on aperçoit à la hauteur de la taille, ne sont pas retravaillés à la pierre noire car ils seront dissimulés par la draperie.

Moins redevable ici aux études de nus de Titien (voir cat. **229**), Tintoret semble avoir atteint alors un style et une méthode bien adaptés à son propos. Véronèse, son futur rival, ne manquera pas, quelques années plus tard, au début de sa carrière vénitienne, d'étudier avec profit les études de figure de Tintoret (cat. **242**). Le désordre régnant dans l'atelier du peintre est révélé par le fait qu'un apprenti ait pu s'emparer de cette feuille, abandonnée parmi beaucoup d'autres et l'utiliser. Il la retournera pour s'exercer à dessiner un moulage de la tête, dite de Vitellius. Jacopo s'adonnait rarement à des exercices de ce type mais Jacopo Bassano s'y emploiera un quart de siècle plus tard (voir cat. **248**).

La date du *Saint Georges et le dragon* n'est pas documentée. Il s'agissait sans doute d'une commande privée, peut-être de l'amateur vénitien Pietro Corner dans le Palais duquel le verra Claudio Ridolfi (1648, II, p. 50). Son style délicat, soumis à une évocation poétique et lumineuse, semble postérieur à la manière, d'une énergie presque agressive, des années 1548-1549. Il n'atteint pas toutefois la maturité qui marquera la suite de la *Genèse*, entamée dès septembre 1550. L'analogie la plus étroite pourrait être trouvée dans l'*Assomption* des Gallerie dell'Accademia à Venise, à peine plus grande, et que l'on date entre 1549 et 1550.

W.R.R.

page 219

239

Jacopo Robusti, dit Tintoret

Venise, 1514 ou 1518/1519 - Venise, 1594

Recto et verso :
*Études d'après un moulage
de la sculpture de Michel-Ange
dite « Le Jour »*

Fusain, légers rehauts de gouache blanche, sur papier au grain inégal (recto et verso). H. 0,265; L. 0,376. Annoté en haut à droite, à la plume et encre brune, d'une main du XVIIᵉ siècle : *Tintoretto*.

PARIS, MUSÉE DU LOUVRE,
DÉPARTEMENT DES ARTS GRAPHIQUES

HISTORIQUE
F. Baldinucci, IIᵉ volume de sa collection, p. 16; marque du Louvre (L. 1886). Inventaire 5384.
EXPOSITIONS
Venise, 1937, D nᵒ XXVIII; Paris, 1965, nᵒ 110.
BIBLIOGRAPHIE
Inv. Ms. Morel d'Arleux, nᵒ 12561; Mayer, 1923, p. 34; Tietze et Tietze-Conrat, 1944, nᵒ 1739, pp. 271, 291; Tietze, 1948, p. 383; Bacou, 1968, sous nᵒ 61; Sérullaz, 1965, p. 51; Rossi, 1975, p. 52.

A. Mayer a reconnu dans cette feuille un dessin d'après un moulage de la figure du *Jour* sculpté par Michel-Ange pour le tombeau de Giuliano de' Medici dans la Sacrestia Nuova de l'église San Lorenzo, à Florence. L'ensemble de la critique a accepté cette identification et attribué, de façon presque unanime, le recto à Jacopo. Les Tietze l'ont cité comme étant l'une de deux études d'après Michel-Ange qu'ils pouvaient considérer comme originales. Pour P. Rossi, le verso, d'une exécution plus faible, ne serait pas de la main du maître.

Le dessin d'après la sculpture était une pratique courante dans les ateliers de la Renaissance où la formation de jeunes apprentis était une tâche importante et quotidienne. Titien avait utilisé la pierre noire reprise à la plume pour l'unique esquisse exécutée d'après une sculpture que l'on connaisse de lui : la belle et lumineuse étude réalisée à Florence en 1546 d'après l'*Hercule et Cacus* de Bandinelli (Haarlem, Teylers Stichting, nᵒ A X 20). Le choix de cette technique était de toute évidence d'ordre pratique : la pierre noire était plus facile à utiliser sur le motif, alors que la plume exigeait une réflexion préalable. Tintoret comprit très tôt que dessiner d'après une sculpture à la pierre noire rehaussée de gouache ou de craie blanche sur un papier bleu d'un grain épais, constituait un excellent entraînement dans sa recherche du clair-obscur. Il eut d'abord à sa disposition les moulages de plusieurs bustes du célèbre ensemble d'antiques de la collection Grimani, qui se trouvait alors dans la Sala delle Teste au palais des Doges. Son choix se porta sur les bustes qui passaient pour représenter Vitellius, Jules César, Claude et Vespasien. Le buste de Vitellius, dont on conserve au moins vingt études, eut le plus grand succès, suivi de peu par celui de Jules César. Il y a, au verso de l'*Étude d'homme nu allongé* (cat. **238**), pour le *Saint Georges et le dragon* de Londres, de 1550 environ, un faible dessin de l'atelier de Tintoret d'après le *Vitellius*. Comme la feuille de Jacopo fut vraisemblablement utilisée à cette fin peu de temps après être passée dans les mains du maître, on peut supposer que cette série de moulages faisait partie du matériel d'étude de l'atelier de Tintoret au milieu du siècle. Une nouvelle série, fort bien documentée cette fois, sera commandée par Tintoret à Daniele da Volterra en 1557. Les sources anciennes indiquent que parmi ces moulages, très vraisemblablement à échelle nettement plus réduite que celle des marbres originaux et peut-être réalisés d'après des *modelli* de Michel-Ange, se seraient trouvés plusieurs plâtres. Nous ne connaissons toutefois que des dessins d'après *La Nuit* et *L'Aurore*. De petits *modelli* en terre cuite, réalisés soit pour, soit d'après la sculpture de *Giuliano de' Medici*, serviront assez souvent dans l'atelier, la pièce le plus souvent dessinée étant sans doute le moulage grandeur nature de la tête de *Giuliano*. Ces moulages seront tous utilisés à partir de 1557 et serviront encore de modèles pour l'étude bien après la mort de Jacopo. Le *Samson et les Philistins*, probablement un petit bronze d'après le modèle perdu de Michel-Ange, exécuté en 1529-30 et la figure, dite *Atlas*, réalisée d'après un original de Sansovino, semblent être des acquisitions plus tardives et seront dessinés ultérieurement. On se servit également d'autres sculptures, en particulier de petites figures de cire modelées par Jacopo lui-même.

Au recto de la feuille présentée ici, le moulage du *Jour* est étudié de dos, d'un point situé à gauche de la figure, en vue légèrement plongeante, comme si la sculpture était posée sur le sol ou sur une table basse. Cet angle ne semble pas avoir été envisagé par Michel-Ange, aussi les plans inachevés de la partie inférieure, sur le côté de la sculpture, créèrent plusieurs difficultés au dessinateur qui préféra ne pas préciser certains passages. Le bras posé en travers du torse donna lieu à un repentir très visible, sans doute parce que sa torsion peu naturelle paraissait trop laborieuse. Utilisant presque simultanément le fusain et le blanc appliqué au doigt pour estomper le modelé dans les parties claires, l'artiste indiqua les ombres au moyen de lignes parallèles, particulièrement heurtées dans l'angle inférieur gauche. Quelques indications, comme celle de l'ombre projetée par l'épaule gauche ou celle de la tête sur le bras droit, demeurent floues, sans que l'on sache s'il s'agit d'un accident ou d'une négligence. Le verso est d'une main manifestement moins impérieuse, qui ne maîtrise qu'imparfaitement la forme de la tête et trace presque mécaniquement des hachures qui ne recouvrent pas le contour des formes. Néanmoins l'artiste s'applique davantage à dessiner le bras replié derrière le torse que dans l'étude du recto. L'angle de vue adopté est situé un peu plus à gauche que celui retenu au recto. On peut suggérer que, une première étude s'y trouvant déjà, la feuille fut offerte à un second artiste qui la retourna afin d'en reproduire une partie de mémoire. Qui pouvaient bien être ces deux dessinateurs ? On serait tenté de dire que l'étude très maîtrisée du recto est de la main de Tintoret, qui aurait ensuite retourné la feuille pour permettre à un élève attentif et peut-être intimidé de tenter de rivaliser, en dépit de son inexpérience, avec les effets obtenus par Jacopo. Il est certain que le recto est sans doute le dessin le plus solide de la douzaine de feuilles réalisées d'après *Le Jour* qui nous soient parvenues. Toutefois une comparaison attentive permet de suggérer que chacun des dessins est d'une main différente. S'il est certain qu'au cours des innombrables leçons de dessin données devant cette sculpture, ou d'autres encore, certains élèves de Tintoret durent se montrer hésitants, il est tout aussi certain que d'autres, plus expérimentés ou plus doués, auront mieux réussi. En fait, les rares dessins d'après des moulages de Michel-Ange que nous sommes enclins à attribuer au maître lui-même, exécutés à titre d'exemple, sont autrement plus soignés et précis que cette feuille. D'autres, comme la *Tête de Giuliano de' Medici* (Oxford, Christ Church College, n° 0357), allient harmonieusement la subtilité du modelé à la compréhension de la forme sculptée et parviennent à rendre compte de l'idéal poétique et héroïque de l'œuvre de Michel-Ange. Ni le recto ni le verso de notre feuille n'atteignent cette maîtrise ni cette concision. Nous conclurons donc que, comme c'est le cas de la quasi-totalité des dessins de ce type, cette feuille donne un précieux aperçu des modes d'enseignement propres à l'atelier de Tintoret. Lorsqu'un jeune homme étrange mais ambitieux, venu de Crète, s'assiéra devant *Le Jour* pour le dessiner (Munich, Graphische Sammlung, n° 41597), sa vision transformera le modèle. La plupart des élèves de Tintoret étaient cependant loin d'avoir le génie de Domenikos Theotokopoulos.

W.R.R.

page 219

240

Jacopo Robusti, dit Tintoret
Venise, 1514 ou 1518/1519 - Venise, 1594

La bataille sur le Taro

Huiles brune, grise, chair et blanche sur pierre noire, mis au carreau à la pierre noire, sur papier bleu passé (mieux conservé au verso). H. 0,242; L. 0,380. Annoté au verso à la pierre noire, de la main de l'artiste (?): *battaglia g....ina/.... .....* (illisible), et à la plume et encre brune, d'une main du début du XIXᵉ siècle: *Tentoretto* (sic).

NAPLES, MUSEO E GALLERIE NAZIONALI
DI CAPODIMONTE,
GABINETTO DEI DISEGNI E DELLE STAMPE

HISTORIQUE
Rome, coll. Farnese ; Naples, coll. Bourbon (inventaire Arditi, 1824, n° 831); Gabinetto dei Disegni e delle Stampe (1824). Inventaire n° 1031.

BIBLIOGRAPHIE
Tietze et Tietze-Conrat, 1944, n° 1724, p. 290; Forlani, 1956, p. 9; Muraro, 1957(1), p. 23; Eikemeier, 1969, p. 112; Eikemeier, 1971, p. 154; Rossi, 1975, pp. 7, 63; Rearick, (1976) 1980, p. 37; Pallucchini et Rossi, 1982, p. 214; Muzii, 1987, p. 76.

L'inventaire dressé par Arditi des dessins des collections Farnese et Bourbon attribua cette *Bataille* à Tintoret. Ortolani confirma cette attribution et B. Molajoli rapprocha la feuille de la *Bataille sur le Taro* (Munich, Alte Pinakothek). Les Tietze acceptèrent aussi bien l'attribution à Jacopo que le lien avec le tableau. G. Fiocco jugea le dessin trop maladroit pour être de la main du maître, mais A. Forlani et M. Muraro ont, depuis, confirmé l'attribution à Tintoret. P. Eikemeier proposa de donner le dessin et le tableau à Domenico Tintoretto, suivi par P. Rossi. Toutefois nous-même attribuons de nouveau à Jacopo ce travail préparatoire pour un tableau qui aurait été en partie peint par l'atelier de Tintoret. R. Pallucchini et P. Rossi, enfin, reconnaissent dans le dessin une idée de Domenico pour la composition, mais laissent entendre, avec un certain illogisme, que les études de détails qui lui feront suite sont de la main de Jacopo lui-même. F. Valcanover (1985, p. 57) semble rejeter l'attribution à Jacopo lorsqu'il déclare que le *Vénus et Vulcain* de Berlin (Staatliche Museen, Preussischer Kulturbesitz, Kupferstichkabinett, n° KdZ 4193) est la seule étude de composition exécutée par le maître qui nous soit parvenue. R. Muzii attribue le dessin à Domenico.

Guglielmo Gonzaga avait commandé à Tintoret huit grandes toiles représentant des événements liés à l'histoire de la famille Gonzaga. Une première série de quatre tableaux sera achevée avant la fin mars 1579, la seconde, avant le 10 mai 1580. D'après l'importante correspondance (voir Eikemeier, 1969, pp. 75-79) entre Sangiorgio, Surintendant des travaux pour le Palazzo et Moro, agent de la famille Gonzaga à Venise, décrivant les préparatifs de la seconde série, quatre études de composition furent commandées à Tintoret en octobre et envoyées avant la mi-novembre 1579. Il s'agissait d'éviter toute modification des tableaux achevés, ce qui n'avait pu être obtenu pour la première série. Ceci laisse entendre que Tintoret n'avait pas réalisé de *modelli* achevés pour les premières toiles, dont le fini fut par ailleurs jugé insuffisant. Il reste que la feuille qui nous intéresse ici est une œuvre expérimentale et spectaculaire, que l'artiste n'aurait jamais montrée à un commanditaire qui n'aurait guère été en mesure de comprendre la singularité de ses raccourcis. L'inscription à la pierre noire, au verso, d'une main aussi peu lisible que les inscriptions qui se trouvent sur d'autres dessins de Jacopo, pourrait être une identification originale du sujet comme celui d'une bataille commandée par Gonzaga. La bataille sur le Taro s'était déroulée sur les rives du fleuve en 1495. Le marquis Francesco Gonzaga, à la tête des troupes vénitiennes, avait alors vaincu l'envahisseur français, Charles VIII. C'est le sujet du dernier tableau de la première série, habituellement cité comme étant le meilleur. Il fut exécuté avant mars 1579 et donc sans doute commandé dans la seconde moitié de 1578. Comme les sept autres tableaux commandés de la suite, il quittera la Sala dei Marchesi du palais des Doges pour entrer dans la collection de l'Electeur Max-Emmanuel de Bavière.

L'étude de composition conservée à Naples pour la *Bataille sur le Taro* est l'un des dessins les plus audacieux et les plus puissants de Jacopo. Il se servait jusqu'alors pour ses dessins préparatoires d'une technique plus sage et plus analytique en utilisant la plume, le lavis, les rehauts de blanc sur pierre noire, qui témoignait de son admiration pour les dessins de Schiavone (voir cat. **236**). Une seule de ces feuilles nous est parvenue: l'étude de Berlin pour *Vénus et Mars* (Munich, Alte Pinakothek), de 1560 environ. Peu après, Tintoret simplifiera sa technique pour ne plus utiliser que la pierre noire rehaussée de touches de gouache blanche, comme dans le *Saint Martin* (Florence, Uffizi, Gabinetto Disegni e Stampe, n. 13009 F), vers 1565, parti qu'il conservera pour les esquisses de composition sommaires dont, de nouveau, fort peu nous sont parvenues. En 1578 Titien était mort depuis deux ans, mais le jeune rebelle était toujours attiré par l'exemple du maître qui le fascinait. La feuille de Naples apparaît non seulement comme un manifeste de sa fidélité à l'égard du talent de son défunt maître, mais aussi comme le signe de son désir de le surpasser en énergie et en vitalité. On ignore si Tintoret avait pu voir le dessin de Titien pour la *Bataille de Spolète* (cat. **225**), mais la ressemblance entre les deux feuilles plaide en faveur de cette thèse. La première idée de Tintoret pour cette composition suit de près la disposition adoptée par Titien, les figures étant séparées en deux groupes de guerriers et de chevaux, l'un s'enfonçant dans la composition à partir de l'angle inférieur droit alors que l'autre se précipite de l'avant-gauche de la feuille, l'impulsion étant soulignée par le guerrier pivotant et vu du dos, qui occupe une position importante sur la gauche de la feuille. La césure au centre, audacieusement soulignée par une réserve, est en partie comblée par la horde militaire, étendards au vent, étalée à l'horizon. L'analogie avec la *Bataille* de Titien est évidente, mais l'importance accordée au guerrier nu sur la gauche, qui a la même importance dans le dessin de Titien mais la perd dans le tableau du palais des Doges, laisse penser que Tintoret avait à l'esprit l'esquisse de Titien et non pas le seul tableau, qui avait brûlé dans l'incendie de 1577. Il semble évident que l'énergie impétueuse avec laquelle Titien avait employé le fusain et le blanc sur le papier bleu pour exposer sa conception dramatique de la peinture inspira à Tintoret le mélange détonnant de l'huile et du papier. Le choix de cette technique trouve ses origines chez Schiavone, dans les études de composition antérieures de Tintoret lui-même, mais sa liberté et sa fluidité renvoient également à la force expressive de la « *pittura a macchia* » décelable dans des œuvres comme le *Christ au jardin des Oliviers* (cat. **232**) de 1579.

Une fois esquissées les grandes lignes de la composition que Tintoret devait déjà avoir plus nettement en tête que ne le suggère la feuille napolitaine, l'artiste s'emploie à camper les figures isolées. Travaillant rapidement à la pierre noire avec quelques rehauts de blanc, il trace une esquisse du cavalier qui apparaît sur la droite (New York, Pierpont Morgan Library, Scholz Bequest), précisera le guerrier debout à gauche (Florence, Uffizi, Gabinetto Disegni e Stampe, n. 12969 F) et essaiera une variante pour un archer à l'arrière-plan (Florence, Uffizi, Gabinetto Disegni e Stampe, n. 13036 F). Ces esquisses légères, toutes originales, succèdent à l'étude de Naples et précèdent son transfert sur la toile. La feuille présentée ici a été mise au carreau à la pierre noire, selon les procédés utilisés dans les nombreux dessins de figures isolées préparatoires à d'autres tableaux du cycle Gonzaga. Ces dessins serviront donc tous à Tintoret pour esquisser ses idées sur la toile préparée. Malheureusement, le nombre de commandes que Jacopo avait alors en cours, et plus particulièrement celle relative à la restauration du palais des Doges, obligeront le peintre à confier la réalisation du tableau à des membres de son atelier. En 1578, son principal assistant est son fils Domenico, né vers 1560 et sans doute prêt à prendre ses responsabilités dès 1578. La main de Domenico se fait sans aucun doute sentir dans certains passages des huit

toiles du cycle Gonzaga, mais l'exécution de ce tableau sera surtout confiée aux apprentis plus âgés, très nombreux dans l'atelier de Tintoret à cette époque particulièrement chargée. Même s'il fut le plus admiré du cycle, ce tableau mal articulé, sans unité, témoigne à peine de la force et de la concentration mises en œuvre par Jacopo dans l'exécution de ce remarquable dessin.

Domenico était un observateur avisé, un apprenti certainement empli d'une admiration toute filiale devant l'intensité avec laquelle Jacopo avait défini son idée. Il assimilera cette technique, qui lui fournira le point de départ de douzaines d'études de composition à l'huile sur papier, aussi brillantes que communes. La feuille d'étude de Naples lui servira de modèle ; la place qu'elle occupe dans l'élaboration du tableau Gonzaga témoigne bien de son importance au cœur de l'évolution de Jacopo dessinateur.

W.R.R.

page 220

241

Paolo Caliari, dit Véronèse
Vérone, 1528 - Venise, 1588

Étude de chapeau et de manche

Pierre noire, rehauts de blanc, sur papier beige. H. 0,165 ; L. 0,180. Annoté, au verso, à la plume et encre brune, au XVIIᵉ siècle : *P. nº 59*.

PARIS, MUSÉE DU LOUVRE,
DÉPARTEMENT DES ARTS GRAPHIQUES

HISTORIQUE

Coll. Sagredo, Venise (du XVIIᵉ au XIXᵉ siècle) ; coll. particulière, Lyon (du milieu du XIXᵉ siècle à 1983) ; acquis en 1983 ; marque du Louvre (L 1886 a) ; Inventaire RF 39034.

BIBLIOGRAPHIE

Bacou, 1984, p. 124 ; Cocke, 1984, nº 153 p. 327 ; Rearick, 1992(1), p. 147.

Lorsque la famille Sagredo, qui collectionna avec assiduité le dessin pendant plusieurs générations, fit l'acquisition d'un lot important de dessins, provenant probablement de la succession du dernier héritier de Paolo, dont l'inventaire avait été rédigé en 1682, elle avança une première série d'attributions, qui furent inscrites en même temps que le numéro d'inventaire sur chaque dessin. Cette feuille fut alors reconnue comme étant de la main de Paolo et non pas d'un membre quelconque de la famille Caliari. On lui donna le numéro 59. Le montage

en papier blanc fut retiré à une date ultérieure, provoquant probablement la perte d'un second numéro d'inventaire qui, pour être moins élevé que le premier, n'en maintenait pas moins l'attribution à Paolo. Dans de nombreux cas, cette seconde attribution est conservée (voir cat. **244**), la baisse de chiffre s'expliquant sans doute par la vente de certains des Véronèse de la collection Sagredo au cours du XVIIIᵉ siècle. Lorsque ce dessin passa dans une collection particulière lyonnaise, l'attribution à Paolo Caliari fut conservée. Lors de l'entrée du dessin au Louvre en 1983, cette attribution fut maintenue par R. Bacou, et confirmée ensuite par R. Cocke et d'autres historiens. R. Cocke donna à cette feuille une date proche de celle d'une étude (Allentown, Penn., Muriel and Philip Berman Collection) que l'on peut placer vers 1569.

Si Paolo travaillait déjà pour des mécènes vénitiens en 1551, ce ne fut que vers 1555 qu'il installa son atelier à Venise. Il semble avoir adopté la pierre noire rehaussée de blanc, qui avait les faveurs de Titien à la même époque. Cette technique convenait bien aux esquisses de figures ou de détails isolés, où l'intérêt portait avant tout sur l'effet pictural de la lumière sur la texture de la surface. Depuis près d'un demi-siècle l'exemple de Titien exerçait une influence prédominante sur le dessin vénitien, et Paolo devait certainement sentir que la réussite de sa nouvelle carrière dans la métropole était liée à la maîtrise de cette technique. Ses premiers essais (Brême, Kunsthalle et autrefois Londres, marché de l'art), études préparatoires pour la *Transfiguration* du Duomo de Montagnana, de 1555, révèlent une touche hésitante et fragile. En revanche, la partie supérieure d'une esquisse (Paris, Louvre, département des Arts Graphiques, Inventaire RF 38930) pour le *Repas chez Simon* (Turin, Galleria Sabauda) témoigne déjà d'une plus grande assurance. Et lorsque, dans la partie inférieure de cette feuille, Paolo étudie une autre figure pour le même tableau, sa main se libère subitement et il suggère le miroitement de la lumière sur le vêtement de l'homme d'une façon beaucoup plus naturelle. On peut, grâce aux études de la feuille exposée, se rendre compte de la maîtrise qu'il a acquise dans l'utilisation de la pierre noire, et également entrevoir de quelle manière Paolo a préparé son tableau. Prenant un petit carnet de croquis, l'artiste a commencé par étudier le chapeau que porte Simon, assis au centre de la toile à gauche de la Madeleine. Le visage est à peine esquissé, mais quelques touches de pierre noire rehaussées d'une simple tache de blanc lui suffisent pour saisir le poids, la qualité et la douceur de la laine. La feuille étant trop petite pour qu'il soit possible de réaliser une étude de la manche de Simon tout en respectant son rapport anatomique avec la tête, Paolo se déplace donc tout simplement sur la gauche, où il évoque les brisures, les plis et le modelé de cette manche avec la même économie de moyens. Ce ne sont là que des détails sans grande signification, saisis rapidement sur le modèle, mais ils témoignent d'une façon éclatante de la nouvelle maîtrise acquise par Paolo dans la technique favorite de Titien. Il ne saurait rivaliser avec le coup de craie rapide et énergique du vieux maître (voir cat. **229, 234**), ce qu'il ne cherche d'ailleurs pas à faire. La comparaison avec l'imitateur de Titien qu'était Paris Bordon (voir cat. **143, 147**) souligne néanmoins que non seulement Paolo possède désormais un style vénitien, mais qu'il sait s'en servir avec habileté et sans afféteries décoratives et superficielles. Paolo reçut en décembre 1556 un premier versement pour le *Repas chez Simon* de Turin. Cette esquisse fut donc vraisemblablement réalisée début 1557.

W.R.R.

page 220

242

Paolo Caliari, dit Véronèse
Vérone, 1528 - Venise, 1588

Cinq Hommes nus

Pierre noire, rehauts de blanc, sur papier bleugris légèrement passé; découpé irrégulièrement. H. 0, 175; L. 0,295. Doublé et collé aux quatre coins avec des onglets; annoté sur le montage, à droite à la plume et encre brune, au début du XVIIᵉ: *P. nᵒ 57 (ou 55)*.

PARIS, MUSÉE DU LOUVRE,
DÉPARTEMENT DES ARTS GRAPHIQUES

HISTORIQUE
Coll. Sagredo, Venise (du XVIIᵉ au XIXᵉ siècle); coll. particulière, Lyon (du milieu du XIXᵉ siècle à 1982); acquis en 1982; marque du Louvre (L. 1886a). Inventaire RF 38932.

EXPOSITIONS
Londres, 1983-84, nᵒ D76; Paris, 1984, nᵒ 17; Venise, 1988(1), nᵒ 12.

BIBLIOGRAPHIE
Bacou, 1983, p. 257; Scrase, 1983, p. 296; Bacou, 1984, pp. 17-18; Cocke, 1984, nᵒ 151, p. 325; Coutts, 1986, p. 402; Rearick, 1988(1), p. 57; Rearick, 1988(2), p. 95; Rearick, 1992(1), p. 157.

Lors de son acquisition par la famille Sagredo, cette feuille fut attribuée au maître lui-même et non pas à un membre de l'atelier familial, comme ce fut cas pour la majorité du lot de dessins provenant des héritiers Caliari. R. Bacou a établi qu'il s'agissait d'une esquisse de Paolo pour la *Famille de Darius devant Alexandre* (Londres, National Gallery) et que les trois études sur la gauche représentaient Hephaeston s'effaçant devant la figure pourtant moins imposante d'Alexandre, objet des deux

études sur la droite. Tout ceci a été accepté par la critique, exception faite de R. Cocke qui catalogue la feuille parmi les dessins d'attribution incertaine.

Titien était devenu le protecteur et l'ami de Paolo en 1557, quand il avait attribué à ce dernier la chaîne d'or si convoitée, que Véronèse avait obtenue pour son excellence parmi les sept peintres engagés pour la décoration du plafond de la Libreria Marciana de Sansovino, à Venise. Paolo avait donc pu étudier de près les dessins de Titien et ce sont vers les esquisses de figures à la pierre noire (cat. **228**) de ce dernier que Paolo s'est tourné pour approfondir cette technique qui ne lui était pas familière. Ici, toutefois, il est clair que les études de nu rapides et souples de Tintoret (cat. **237, 238**) ont également joué un rôle dans l'évolution de Paolo dans ses dessins à la pierre noire rehaussée de blanc. Avec tout le savoir-faire d'un metteur en scène, Paolo explore ici différentes idées qui l'amèneront à établir sa version définitive. Dans le tableau, la famille du souverain perse vaincu, Darius, s'agenouille en signe d'obéissance devant la superbe figure d'Hephaeston; l'ami d'Alexandre, à la fois ravi et gêné d'être pris pour le conquérant, dirige le regard des vaincus vers la droite, où se trouve la rude silhouette militaire d'Alexandre, qui lève la main vers sa poitrine en signe de confirmation. Commençant, comme à son habitude, son dessin sur la gauche de la feuille, Paolo a esquissé rapidement le modèle avec les bras largement écartés. Mécontent de l'effet dramatique trop faible, l'artiste redessina la figure un peu plus loin à droite, en prenant garde d'éviter la main de la première esquisse, lui donnant cette fois-ci un effet de tension plus soutenu. Toujours à la recherche de la façon la plus claire de s'exprimer, Paolo se déplaça encore une fois vers la droite et reprit la première des deux figures, mais à plus petite échelle et d'une façon plus concise. Cette étude le satisfaisant, Paolo esquissa ensuite Alexandre et son geste désinvolte d'auto-identification. Peut-être trouva-t-il cette étude insuffisamment appuyée, car il se déplaça une nouvelle fois vers la droite, jusqu'au bord de la feuille, afin d'esquisser un Alexandre vu presque complètement de dos dans un *contrapposto* plus marqué. Ultérieurement, l'artiste, se rendant compte qu'un mouvement aussi athlétique ne saurait s'harmoniser avec le caractère majestueux et imposant de son idée de composition solennelle, abandonna cette solution, et reprenant les deux figures esquissées au centre de cette feuille, il les développa dans une suite d'études détaillées (voir cat. **243, 244**). L'utilisation d'un modèle nu pour une figure, ensuite vêtue dans l'œuvre achevée, est un principe déjà très largement suivi dans les dessins de Titien, mais qui est encore plus caractéristique de Tintoret. Comme ce dernier, il est tout d'abord soucieux du rendu musculaire naturel et bien compris de la figure, grâce auquel le geste atteindra, dans la peinture, sa pleine signification dramatique. Mais Tintoret consacrait rarement une seule feuille à une suite d'études pour la

même figure. La subtilité psychologique dont fait preuve Paolo lorsqu'il choisit le détail le plus révélateur de l'état d'esprit de son sujet est évidente, dès ce premier stade de sa recherche, dans son esquisse de l'expression du visage. Ce dessin peut être daté grâce à une autre feuille (Cleveland, Museum of Art, nᵒ 39670) qui comporte au verso une première idée pour le pilier au centre de la partie gauche du tableau de Londres. Le recto du dessin de Cleveland pouvant être daté avec certitude de 1569, on peut donc avancer pour cette esquisse comme pour le tableau de Londres une date proche de 1569.

W.R.R.

page 221

243

Paolo Caliari, dit Véronèse
Vérone, 1528 - Venise, 1588

Tête de jeune noir

Fusain, sanguine, avec une touche de blanc, sur papier beige. H. 0,278; L. 0,204. Collé en plein.

PARIS, MUSÉE DU LOUVRE,
DÉPARTEMENT DES ARTS GRAPHIQUES

HISTORIQUE
Abbé de Camps; P. Crozat, vente, Paris, 10 avril 1741, partie du nᵒ 688; P.-J. Mariette (L. 1852), montage avec cartouche : *PAULI CALLIARI VER./ Ex Collect. Abb. de Camps & Crozat, / nunc penes P.J. Mariette. 1741*, vente, Paris, 15 nov. 1775, nᵒ 247; Prince de Conti, vente, Paris, 8 avril 1777, nᵒ 1134; Ch.-P. de Saint-Morys; saisie des Émigrés en 1793, remise au Museum en 1796-1797; marques du second Conservatoire (ancien L. 2207) et du Louvre (L. 1886a). Inventaire 4679.

EXPOSITIONS
Paris, 1931, nᵒ 142; Paris, 1935(1), nᵒ 729; Venise, 1939, nᵒ D4; Venise, 1971(1), nᵒ 70; Paris, 1987, nᵒ 87; Washington, 1988(1), nᵒ 51.

BIBLIOGRAPHIE
Inv. Ms. Morel d'Arleux, III, nᵒ 3507 (Paolo Veronese); Hadeln, 1911(2), p. 397; Hadeln, 1926(1), nᵒ 51, p. 32; Osmond, 1927, p. 104; Fiocco, 1928, p. 210; Pallucchini, 1939, p. 216; Tietze et Tietze-Conrat, 1944, nᵒ A 2133, p. 349; Marini, 1968, p. 108; Mullaly, 1971, nᵒ 70; Pignatti, 1976(1), I, p. 132; Rearick, (1976) 1980, p. 53; Cocke, 1983, p. 235; Cocke, 1984, nᵒ 54, p. 137; Crosato-Larcher, 1986, p. 253; Labbé et Bicart-Sée, 1987, II, p. 109; Rearick, 1988(2), nᵒ 51, pp. 100-101; Rearick, 1992(1), p. 151.

Dans le catalogue de la vente Mariette, cette belle feuille était décrite comme une étude de Paolo Veronese pour le *Martyre de sainte Justine* (Padoue, Santa Giustina). Toutefois, R. Pallucchini y a reconnu une étude pour le jeune noir du *Miracle de saint Barnabé* (Rouen, Musée des Beaux-Arts), peint par Paolo pour l'église San Giorgio in Braida, dans sa Vérone natale. Seuls les Tietze ont mis en doute cette attribution. Ce retable a peut-être été commandé à l'artiste lors de l'un de ses séjours à Vérone en 1555 ou 1556. Il ne semble toutefois pas avoir été exécuté avant 1570. Une esquisse à la plume (Francfort, Städelsches Kunstinstitut, Nr. : 4461) met en place la disposition générale des figures, qui fut sans doute l'objet de plusieurs changements. Paolo était alors prêt à entreprendre des études à la pierre noire rehaussée de blanc pour les différentes figures et les détails. Le seul de ces dessins conservé (Allentown, Penn., Muriel and Philip Berman Collection), est une étude pour le jeune homme nu qui se fait soigner et, en haut de la feuille, on devine les jambes du malade qui se trouve au fond et à droite du tableau. C'est à ce moment que Paolo se tourna vers l'étude des détails et la tête du jeune noir, qui devait servir de repoussoir au coin inférieur gauche du tableau, fut sans doute faite d'après un modèle.

Dans ce dessin, Paolo utilise une combinaison inhabituelle de techniques : de la pierre noire pour définir la forme en clair-obscur, de la sanguine pour la carnation et les lèvres, et aussi de discrets rehauts de blanc. Cette gamme naturaliste avait été employée par Jacopo Bassano dès 1538, mais celui-ci avait depuis cette époque élargi sa technique et utilisait une gamme très picturale de pastels de toutes les couleurs (voir cat. **246, 247**). Il est clair que Paolo et Jacopo s'admiraient mutuellement, mais, le maître de Vérone, dont l'esprit était plus rationnel et plus analytique, résista à la tentation du dessin en couleurs. Il semble, au contraire, s'être plié à une discipline romaine introduite à Venise dès 1561 par Federico Zuccaro et qui prit ultérieurement le nom de *trois crayons*. Ces différentes sources d'inspiration étaient indubitablement hétérogènes, et c'est en fin de compte dans la puissante utilisation de la pierre noire faite par Titien déjà âgé (voir cat. **233, 234**) que Paolo allait finalement puiser l'essentiel de son inspiration. En 1569, Véronèse se laissa brièvement tenter par des pratiques du dessin venues de l'extérieur; mais au bout de quelques années la technique et le caractère de ses études à la pierre noire (voir cat. **244**) allaient redevenir purement vénitiens, c'est-à-dire titianesques.

W.R.R.

page 220

244

Paolo Caliari, dit Véronèse

Vérone, 1528 - Venise, 1588

La Chasteté

Pierre noire, rehauts de fusain et de blanc, sur papier gris-bleu. H. 0,221; L. 0,182. Doublé et collé aux quatre coins avec des onglets. En haut à gauche, inscription à la pierre noire de l'artiste : *Casti*[*tà*]; annoté au verso du papier de doublage, à la plume et encre brune au XVIIe siècle : *P. n° 61*; et au recto du montage, annoté au début du XVIIIe siècle : *P.n° 56*.

PARIS, MUSÉE DU LOUVRE,
DÉPARTEMENT DES ARTS GRAPHIQUES

HISTORIQUE
Coll. Sagredo, Venise (du XVIIe au XIXe siècle); coll. particulière, Lyon (du milieu du XIXe siècle à 1982); acquis en 1982; marque du Louvre (L. 1886a). Inventaire RF 38931.
EXPOSITIONS
Paris, 1984, n° 18; Venise, 1988(1), n° 20.
BIBLIOGRAPHIE
Bacou, 1983, pp. 257-258; Bacou, 1984, p. 18; Cocke, 1984, n° 84, pp. 200-201; Rearick, 1988(1), p. 64.

L'incendie qui dévasta les salles du gouvernement de l'aile est du palais des Doges de Venise le 11 mai 1574 fut à l'origine d'un vaste programme de reconstruction et de redécoration du palais. Le 23 décembre 1575, Paolo reçut un paiement pour les toiles du plafond de la Sala del Collegio. D'autres versements furent effectués en 1576 et 1577, alors que le travail était achevé depuis un certain temps. Une étude à la plume (Kassel, Staatliche Kunstsammlungen, n° 1124) pour la fresque de *Venise distribuant des honneurs* au plafond de l'Anticollegio contient un texte relatif au plafond du Collegio (voir Sinding-Larsen, 1990, pp. 36-41). Puisque le cadre en stuc de cette fresque est daté de février 1576, il semble certain que le projet fut mis en chantier à la fin de 1575, ou au début de l'année suivante. Comme l'a écrit R. Bacou, le dessin exposé est une étude pour une des huit *Vertus* du plafond de la Sala del Collegio et date donc de la même époque.

Titien est mort en 1576. Il ne subsiste qu'un seul dessin de la dernière période de sa vie, l'*Adoration des bergers* (Florence, Uffizi, Gabinetto Disegni e Stampe, n. 12901 F), qui date probablement de 1574. Ce dessin permet de comprendre non seulement la dette de Paolo envers une tradition établie par le vieux maître soixante ans plus tôt, mais aussi l'interprétation personnelle qu'il fit de la technique de la pierre noire et de la craie blanche. Éclatée, visionnaire, d'une touche vivante et frémissante, l'étude de Titien a presque totalement abandonné la mise en valeur sensuelle de la présence physique ou perspective du sujet, et souligne plutôt la puissance expressive de la lumière. Paolo, quant à lui, restera profondément attaché à la sensation tactile de la chair et des tissus, même dans cette évocation rapide et spontanée de l'effet pictural et général de sa figure. Les contours restent plutôt fermés, le modelé définit la forme de façon analytique, les textures granulées communiquent vivement la luminosité de la surface. Il est clair que Paolo entrevoit déjà la beauté physique, à la fois sereine et somptueuse, de la figure telle qu'elle va se développer, grâce à la couleur, dans la peinture. Les trois autres études préparatoires pour les allégories féminines du plafond du Collegio témoignent de la richesse et de la variété des effets que Paolo savait obtenir avec la pierre noire. Dans l'étude pour l'*Industrie* (France, collection particulière), la description graphique de l'attitude et les effets spatiaux sont encore mieux calculés, alors que le dessin pour la *Modération* (Londres, British Museum, n° 1969-4-12-4) s'intéresse surtout aux miroitements de la lumière sur le tissu épais du vêtement. Enfin, le clair-obscur de l'esquisse de la *Vigilance* (Rotterdam, Boymans-van Beuningen Museum, n° I 95) est à la fois vigoureux, énergique et insistant. Encore plus que les autres, cette dernière étude évoque certains dessins tardifs de Titien, comme le *Christ au jardin des Oliviers* des Uffizi (cat. **232**), de 1558. Il est intéressant de relever que le dessin de Titien avait été exécuté près de vingt ans plus tôt, c'est-à-dire au moment même où Paolo apprenait à maîtriser cette technique essentiellement vénitienne.

W.R.R.

page 222

245

Paolo Caliari, dit Véronèse
Vérone, 1528 - Venise, 1588

Un miracle de saint Pantaléon

Plume et encre brune et lavis brun, sur papier ivoire. H. 0,214; L. 0,245. Doublé et collé aux quatre coins avec des onglets sur papier blanc épais. Au recto, inscription à la plume de la main de l'artiste : *1587 / 1159 / 428*. Au verso, une lettre écrite à la plume, antérieure au dessin, est visible à travers le papier et ne semble pas être de Véronèse. Annoté, sur le doublage, à la plume et encre brune, au recto, en bas, d'une écriture de la fin du XVIIe siècle : *Carletto Caliari*, au verso : *C.C. n° 7*. Annoté au recto du montage, à la plume au début du XVIIIe siècle : *C.C. n° 30*.

PARIS, MUSÉE DU LOUVRE,
DÉPARTEMENT DES ARTS GRAPHIQUES

HISTORIQUE
Coll. Sagredo, Venise (du XVIIe au XIXe siècle); coll. particulière, Lyon (du milieu du XIXe siècle à 1982); acquis en 1982; marque du Louvre (L. 1886a). Inventaire RF 38928.

EXPOSITIONS
Londres, 1983-84, n° D82; Paris, 1984, n° 22; Washington, 1988(1), n° 102.

BIBLIOGRAPHIE
Bacou, 1983, pp. 260-261; Scrase, 1983, p. 300; Bacou, 1984, p. 20; Cocke, 1984, n° 127, pp. 296-297; Byam Shaw, 1985, p. 309; Crosato-Larcher, 1986, p. 256; Rearick, 1988(2), p. 197; Rearick, 1991(2), pp. 248-249.

Après la mort du dernier des héritiers Caliari et après l'inventaire, en 1682, du fonds accumulé par les divers membres de l'atelier, la majeure partie des dessins fut acquise pour la collection Sagredo. Celle-ci n'ayant pas les moyens de procéder à des attributions rigoureuses, l'inventaire Sagredo est souvent assez fantaisiste. Cette feuille, que la critique moderne, à la suite de sa publication par R. Bacou, est unanime à attribuer au maître, fut alors attribuée à Carletto, son fils doué d'un réel talent. Il s'agit en fait d'idées pour le *Miracle de saint Pantaléon* (Venise, San Pantaleone; cat. **271**), un retable qui est peut-être la dernière œuvre achevée de l'artiste et qui fut commandé par Bartolomeo Borghi, curé de la paroisse, en

1587. La date est inscrite de la main de Paolo sur la feuille, dans une soustraction comprenant également le chiffre : *1159* et le résultat : *428*, date qui renvoie peut-être à la légende des reliques du Saint, car elle ne peut se référer ni à son martyre, qui eut lieu un siècle plus tôt, ni à l'église où se trouve le tableau, car on pensait alors que Venise avait été fondée en 451, c'est-à-dire vingt-trois ans après cette date de 428. Exécutées à la plume et rehaussées d'un lavis lumineux, les annotations de Paolo permettent de suivre l'évolution de ses idées pour la toile. En bas à droite, la figure fortement animée du saint lève les yeux au ciel pour implorer Dieu de secourir l'enfant mourant. Celui-ci est déjà soutenu par un adulte, qui, dans la toile deviendra Borghi, le mécène de Paolo. Jugeant trop forte la torsion donnée dans cette première étude, Paolo l'abandonne et, plus bas à gauche, réalise une seconde étude du même groupe, le jeune homme étant ici transformé en enfant. Toujours à gauche, il esquisse de nouvelles études du motif de l'enfant, tout à fait en bas et un peu plus haut. Le groupe évoque maintenant plutôt une Vierge à l'Enfant, et, de fait, le motif d'une Vierge à l'Enfant, à échelle normale, vient maintenant prendre place, comme une vision, au-dessus, et également à droite du second groupe. Se rendant compte que le format du retable ne permettait pas une composition aussi verticale, d'autant plus qu'il devait y avoir dans la partie supérieure des anges en vol portant une couronne, il abandonna le motif de la Madone et recommença à étudier le groupe principal au milieu de sa feuille. Le saint, qui domine ce groupe, est agrandi, et contemple maintenant les anges qui portent la couronne. Mais Paolo réalisant soudain que la couronne n'est pas l'attribut qui convient au martyr, plante une palme dans sa main droite, restée ouverte et tournée vers le sol. Dans le tableau, un *putto* solitaire, en haut à droite, apporte cette palme à saint Pantaléon. Tout ce courant complexe d'idées, en évolution permanente, témoigne de la fluidité et de la richesse de l'imagination de l'artiste lorsqu'il recherche la solution appropriée à son sujet. Tout se fait en quelques minutes : juste le temps nécessaire à sa plume pour parcourir la feuille.

Cette feuille figure dans l'exposition pour illustrer la créativité de Paolo lorsqu'il utilise la plume et l'encre au moment de formuler ses idées pour la peinture. Elle témoigne en outre de sa dette envers Titien ainsi que de sa propre synthèse des autres traditions liées à la technique de la plume et du lavis. Paolo avait commencé à travailler à la plume et au lavis sous l'influence de Parmigianino et avait pu voir d'excellents exemples de ses études dans diverses collections à Vérone. Dans sa jeunesse, il avait également pu observer plus directement les feuilles élégantes et décoratives de Nicolò dell'Abate. Avant même son installation définitive à Venise vers 1553, Paolo avait donc acquis une parfaite compétence dans le dessin à la plume et au lavis mais sans devoir grand-chose à la tradition vénitienne établie par Titien

soixante ans plus tôt et toujours diffusée à Padoue par Domenico Campagnola (voir cat. **213**, **214**). À la fin de sa vie, Titien lui-même avait orienté sa technique de la plume vers des dessins très élaborés (Bayonne, Musée Bonnat, n° 150 et n° 652), qui étaient conçus comme des œuvres d'art en eux-mêmes et non plus comme des travaux préparatoires pour des peintures. Mais, en 1587, Titien était mort depuis plus de dix ans et l'emploi de la plume était passé de mode chez les dessinateurs vénitiens, exception faite de Palma Giovane qui, de toute évidence, s'inspira très largement de l'exemple de Paolo. L'étude pour le *Miracle de Saint Pantaléon* témoigne ainsi d'un renouveau de la technique, chère à Titien, de l'utilisation de la plume et du lavis dans l'improvisation de nouvelles recherches. Technique brillante et souple qui, en effet, n'est plus directement redevable au maître de Cadore, mais qui, néanmoins, occupe une position clef dans l'histoire du dessin entre Renaissance et Baroque.

W.R.R.

page 223

246

Jacopo dal Ponte, dit Bassano
Bassano del Grappa, vers 1510 - 1592

L'Arrestation du Christ

Fusain et pastel sur papier gris-bleu légèrement passé. H. 0,415; L. 0,555. Daté à deux reprises, au fusain, de la main de l'artiste : *1568*. Annoté, au verso, au XVIIe siècle, à la plume et encre brune : *Bassan* et *B.B. n.° 86*. Annoté au recto du montage, au début du XVIIIe siècle, à la plume et encre brune : *B.B. n.° 21*.

PARIS, MUSÉE DU LOUVRE,
DÉPARTEMENT DES ARTS GRAPHIQUES

HISTORIQUE
Coll. Sagredo, Venise (du XVIIe au XIXe siècle); coll. particulière, Lyon (du milieu du XIXe siècle jusqu'en 1981); acquis en 1981; marque du Louvre (L. 1886a). Inventaire RF 38815.

EXPOSITIONS
Paris, 1984, n° 10; Paris, 1985-86, n° 38.

BIBLIOGRAPHIE
Bacou, 1984, p. 14; Monbeig Goguel, 1985, p. 110; Bacou, 1987, pp. 105-106; Rearick, 1989, n° III, 4.

Cette importante et ambitieuse étude de composition provient de la collection Sagredo de Venise. Elle y fut inventoriée à deux reprises sous la rubrique générale de *Bottega Bassanese*, ce qui indique qu'elle faisait partie du fonds de l'atelier dal Ponte, dont l'essentiel était passé dans cette collection, probablement dans la seconde moitié du XVIIe siècle quand l'atelier avait mis fin à ses activités. Ridolfi (1648, éd. Hadeln, 1914, p. 401) avait signalé quelques années auparavant que le petit-fils de Jacopo, Carlo dal Ponte, conservait le fonds de l'atelier dans la demeure familiale. Des lots entiers de dessins de la collection Sagredo furent vendus dès le XVIIIe siècle, processus qui fut accéléré dans le premier quart du XIXe siècle quand un nombre important de ces dessins passa dans une collection privée française; plusieurs de ces dessins ont été acquis par le Louvre à l'initiative de R. Bacou.

On sait que Jacopo réorganisa son fonds en 1568 et que pendant deux ans il prit l'habitude de dater ses dessins, aussi bien les études préparatoires que les *ricordi* faits d'après des tableaux achevés et destinés à servir de référence. Cette remise en ordre s'explique certainement par le fait que ses quatre fils, à commencer par Francesco qui avait déjà dix-neuf ans en 1568, allaient tous épouser la carrière de peintre et seraient appelés à participer à la production de l'atelier, qui ne pourrait alors qu'augmenter. Les dessins allaient servir de modèles pour la réalisation de répliques et devaient être datés et classés. Ce ne peut qu'être un effet du hasard si aucune peinture de l'*Arrestation du Christ* produite par l'atelier dal Ponte en 1568 n'a survécu. Ce n'est d'ailleurs pas la seule des six feuilles (au minimum) datées 1568 ou 1569 par Jacopo qui soit dans ce cas.

Les événements se bousculent dans cette étude. Judas embrasse le Christ, les soldats s'approchent pour l'arrêter, saint Pierre s'y oppose et coupe une oreille à l'un des soldats (devant, à droite). Jacopo ne semble pas avoir traité ce thème avant 1568. Sa feuille témoigne à nouveau de son admiration pour la fresque de Giotto dans la chapelle Scrovegni à l'Arena de Padoue et pour une xylographie de Dürer de la suite de la *Petite Passion*, même si elle ne cite directement aucun détail de ces deux œuvres. Jacopo avait probablement également vu la petite fresque monochrome en *terra gialla* de Schiavone dans la chapelle Grimani de San Sebastiano à Venise, mais là encore il se contente d'une simple réminiscence de ses formes souples. Au cours des trois années précédentes, la peinture de Jacopo s'était métamorphosée, acquérant une tonalité sévère où le clair-obscur du demi-jour produisait des effets dramatiques. L'*Arrestation du Christ* est peut-être la première véritable scène nocturne de l'artiste. Elle tire l'essentiel de son effet pictural de la lumière des flambeaux, qui accentue l'intensité dramatique des formes. Ainsi la silhouette simplifiée et puissante de saint Pierre est réellement menaçante; le désarroi sournois d'un Judas frémissant et simulant la sollicitude, pathétique. Quelques touches de couleur sur le visage suffisent à évoquer l'angoisse du Christ au moment où il se sait trahi, tandis que le groupe des soldats observant la scène apparaît plus mena-

çant dans la lumière phosphorescente du flambeau sur le point de s'éteindre.

Cette feuille est peut-être la plus ancienne de toutes les études de composition au pastel de Jacopo qui soit conservée. Sa technique plus prudente suggère qu'elle est antérieure au *Christ aux outrages* (Washington, National Gallery of Art, no 1980.3.1), grande feuille assez proche du dessin exposé, datée du 1er août 1568. L'*Arrestation du Christ* du Louvre n'a peut-être pas servi directement à la réalisation d'un tableau. Toutefois, elle est certainement restée dans l'atelier dal Ponte où elle servit de référence à Jacopo vers 1584, quand celui-ci l'inversa et lui donna un format en hauteur pour un *modello* (Stourhead House, National Trust) traitant du même sujet. L'œuvre servit à son tour pour l'*Arrestation du Christ* (Crémone, Museo Civico) appartenant à l'important cycle de toiles réalisé par Jacopo et ses fils pour l'église de Sant'Antonio de Brescia. La vigueur des effets, presque picturaux, déjà perceptible dans le dessin du Louvre, était désormais indissociable du style de Jacopo.

W.R.R.

page 224

247

Jacopo dal Ponte, dit Bassano
Bassano del Grappa, vers 1510 - 1592

Un Évangéliste

Fusain et pastel sur papier gris-beige. H. 0,242; L. 0,312. Annoté au verso, à la plume et encre brune, au XVIIe siècle : *Bassan*. Anciennement collé aux quatre coins avec des onglets sur un montage annoté à la plume et encre brune, à la fin du XVIIe siècle ou au début du XVIIIe siècle : *B.B. no 78*.

COLLECTION PARTICULIÈRE

HISTORIQUE
Coll. Sagredo, Venise (du XVIIe au XIXe siècle); coll. particulière, Lyon (du milieu du XIXe siècle jusqu'à 1971 environ); collection particulière, Paris (vers 1973).
BIBLIOGRAPHIE
Ballarin, 1973, pp. 112-122; Rearick, (1976) 1980, p. 31; Bacou, 1987, p. 106; Rearick, 1991(2), no IV, 1.

Tout comme les autres études pour les fresques de la voûte de Cartigliano, cette feuille,

d'une fraîcheur extraordinaire, provient de la collection Sagredo de Venise. L'inscription *B.B. no 78*, figurant sur le montage d'un type souvent utilisé dans cette collection, indique que le dessin a appartenu à un lot important provenant de l'atelier Bassano, acheté à un héritier de la famille dal Ponte, probablement au début de la seconde moitié du XVIIe siècle. Ce montage, malheureusement enlevé vers 1971, a sans doute été perdu.

Ce dessin fut d'abord publié par A. Ballarin comme une étude de Jacopo pour une figure allongée, la tête tournée vers la droite, dans la partie inférieure droite du *Christ chassant les marchands du Temple* (Bassano, collection particulière), œuvre que Ballarin considère comme une copie d'atelier d'un original datable vers 1561, aujourd'hui perdu. Il avance la date de 1560 pour l'esquisse, qui avait précédemment été associée à la fresque de la voûte de Cartigliano. L'auteur de ces lignes a proposé d'y voir un étude préparatoire pour un des Évangélistes de la voûte de Cartigliano, ce que R. Bacou a confirmé.

A Cartigliano, Jacopo suivit certainement la méthode habituelle, qui voulait que l'on commençât par les fresques de la voûte. Il avait prévu pour chacun des segments triangulaires de cette voûte d'arêtes un couple formé d'un Évangéliste sur la gauche et d'un des Docteurs de l'Église sur la droite. Cette feuille correspond visiblement à une première étape de la recherche de l'artiste, préalable à la décision de représenter tel ou tel Évangéliste en particulier. Le vêtement biblique, la barbe blanche du patriarche, le livre ouvert représentent tous des traits génériques. Au moment d'élaborer les différents tableaux, Jacopo adapta cette pose pour saint Marc et saint Luc, les jambes et la draperie étant utilisées pour le premier, l'épaule dénudée et le bras pour le second. Plus tard encore, au moment d'attribuer une banderole à chacun des Évangélistes, le livre sera donné à saint Matthieu, dont la barbe blanche apparaît également dans cette esquisse. Dans un bon état de conservation, comme on peut le voir dans les annotations de couleur légèrement à gauche du centre, il s'agit d'une première exploration d'un concept pictural, exécutée très rapidement par Jacopo. C'est la première d'une série remarquable d'études préparatoires pour la voûte de Cartigliano. Le *Saint Grégoire le Grand* (Paris, Louvre, département des Arts Graphiques, RF 38936) est trapu, abstrait, d'une touche assurée, l'artiste ayant déjà l'essentiel bien à l'esprit. Le *Saint Jean l'Évangéliste* (Londres, British Museum, no 1943-11-13-2) correspond à un état plus avancé, comme on peut en juger par le scintillement de la matière picturale déjà évoqué, et dans les formes plus complètes. Enfin, le *Saint Matthieu* (Frederikssund, Willumsen Museum, no G.S. 1308) est la plus achevée de toutes ces études, et réussit à être naturaliste et descriptif sans pour autant perdre la touche vibrante qui fait de l'esquisse exposée un témoignage si éclatant de la vitalité créative de Jacopo. Comme ce fut souvent le cas dans l'atelier dal Ponte, cette feuille fut classée et rangée pour servir de référence. Jacopo y revint et la révisa trois ans plus tard, dans une étude (autrefois dans une collection particulière à Stockholm) pour le *Christ chassant les marchands du Temple* de 1578. Il est caractéristique que dans la peinture il ait alors repris la toute première position de la tête, mais qu'il changea en noir la couleur de la barbe.

W.R.R.

page 225

248

Jacopo dal Ponte, dit Bassano
Bassano del Grappa, vers 1510 - 1592

Recto :
Abraham
Verso :
Tête, dite *de Vitellius*

Fusain et pastel (recto), fusain et blanc (verso), sur papier bleu légèrement passé. H. 0,510 ; L. 0,382. Annoté au verso, à la plume et encre brune, au XVIe siècle : *Al Sig. no Frac a Ponte [pictor?]*.

PARIS, MUSÉE DU LOUVRE,
DÉPARTEMENT DES ARTS GRAPHIQUES

HISTORIQUE
Ch.-P. de Saint-Morys ; saisie des Émigrés en 1793, remise au Museum en 1796-1797 ; marque du Louvre (L. 1886, au recto et au verso). Inventaire 2913.
EXPOSITION
Paris, 1965, n° 108.
BIBLIOGRAPHIE
Inv. Ms. Morel d'Arleux, n° 12603 ; Muraro, 1952, pp. 52-53 ; Muraro, 1956, p. 10 ; Arslan, 1960, I, pp. 138, 174 ; Bacou, 1965, p. 50 ; Bacou, 1968, n° 60 ; Rearick, 1968, p. 246 ; Ballarin, 1971, pp. 139, 149 ; Rearick, (1976) 1980, pp. 31-32 ; Bacou, 1987, p. 107 ; Labbé et Bicart-Sée, 1987, II, p. 74 ; Rearick, 1991(2), n° IV, 5.

Comme son pendant (cat. **249**), ce grand dessin fut traditionnellement attribué à Federico Barocci, sans doute à cause de sa technique. Q. van Regteren Altena l'a attribué toutefois à Jacopo Bassano, et M. Muraro y a reconnu une étude pour Abraham dans la fresque du *Sacrifice d'Isaac*, en haut à gauche du mur de l'autel de la Cappella del Rosario, de l'église paroissiale de Cartigliano. Jacopo et sa famille s'étaient réfugiés dans ce village à la fin de l'été 1575. Grâce à ses relations avec Don Iseppo Rolandini, curé de la paroisse mais originaire de Bassano, Jacopo reçut une commande pour des fresques pour la voûte et trois des murs de la tribune de l'église gothique. Quarante ans plus tôt, entre 1535 et 1536, il avait déjà peint dans cette église des fresques (aujourd'hui perdues) : le *Christ chassant les marchands du Temple* et la *Résurrection*. S'attaquant d'abord à la voûte, Jacopo fit des esquisses (voir cat. **247**) pour les Évangélistes et les Docteurs de l'Église, qui devaient être disposés deux par deux. Puis il passa au mur de l'autel où, en rapport avec un retable remplacé aujourd'hui par la *Vierge en majesté avec des saints* de Bartolomeo Montagna, il réalisa une exèdre architecturale en trompe-l'œil, devant laquelle il plaça de part et d'autre saint André et saint Judas Thaddée. Dans le paysage au-dessus de la colonnade, il peignit sur la droite *Moïse recevant les Tables de la Loi* daté de 1575 et, en haut à gauche, *Abraham et Isaac*. Pour l'étude de la figure imposante du patriarche, peut-être inspirée d'une gravure de Marcantonio Raimondi (Bartsch, XIV, pp. 5-6, n° 3 et 4), Jacopo employa sa gamme habituelle de pastels, avec quelques griffonnages hâtifs au fusain pour esquisser la draperie et des accents simples sur le visage et la main. La carnation est librement appliquée, comme l'est le passage sensuel du blanc mêlé de pastel lavande sur la partie supérieure de la veste. L'effet ainsi produit anticipe la fraîcheur et la luminosité picturale de la fresque.

Le verso, qui est fréquemment ignoré par la critique, semble antérieur au recto d'un mois ou deux. Jacopo s'était rendu à Venise, sans doute à la fin du printemps 1575, et il avait reçu la commande d'un *Saint Jérôme dans le désert* pour un retable (perdu ; copie par Leandro Bassano, Padoue, Museo Civico) destiné à San Cristoforo della Pace, une église aujourd'hui détruite dans une île entre Venise et Murano. Pendant son séjour dans la métropole, Jacopo est peut-être allé voir les sculptures antiques de la célèbre collection Grimani, alors hébergée dans la Sala delle Teste du palais des Doges, aujourd'hui conservée au Museo Archeologico. Un buste romain que l'on pensait à tort représenter l'empereur Vitellius faisait partie des trésors les plus admirés de cette collection. Il fut copié et on en fit des moulages pour permettre aux artistes de s'exercer au dessin, comme en témoigne tout particulièrement l'œuvre de Tintoret (voir cat. **239**). Les volumes plastiques du modèle de Jacopo sont toutefois plus abstraits et plus monumentaux que le marbre traité de façon plus naturaliste, ce qui

suggère que l'artiste, qui réalisa aussi des sculptures à la glaise ou au plâtre, a peut-être exécuté sa propre copie de l'œuvre romaine. Sa technique rappelle davantage le clair-obscur et la sensualité des dessins de Titien que le modelé analytique utilisé par Tintoret et ses élèves. Que le dessin ait été fait à Venise est néanmoins suggéré par l'inscription du verso — contemporaine, mais pas nécessairement autographe — mentionnant un envoi à son fils aîné et principal collaborateur, Francesco, alors à Bassano au domicile familial.

W.R.R.

page 227

249

Jacopo dal Ponte, dit Bassano
Bassano del Grappa, vers 1510 - 1592

Recto :
*Le Bon Larron,
Saint Jean l'Évangéliste dormant*
Verso :
Saint Pierre dormant

Fusain et pastel sur papier bleu légèrement passé. H. 0,523 ; L. 0,372.

PARIS, MUSÉE DU LOUVRE,
DÉPARTEMENT DES ARTS GRAPHIQUES

HISTORIQUE
Ch.-P. de Saint-Morys ; saisie des Émigrés en 1793, remise au Museum en 1796-1797 ; marque du Louvre (L. 1886). Inventaire 2897.
EXPOSITIONS
Venise, 1957(1), n° D15 ; Paris, 1978, n° 43 ; Paris, 1987, n° 85.
BIBLIOGRAPHIE
Inv. Ms. Morel d'Arleux, n° 12603 ; Muraro, 1952, pp. 52-55 ; Muraro, 1956, pp. 9-11 ; Muraro, 1957(2),

p. 296; Pallucchini, 1957, p. 118; Zampetti, 1958, p. 56; Arslan, 1960, I, pp. 138-139; Muraro, 1960, pp. 117-118; Rearick, 1968, p. 246; Ballarin, 1971, pp. 139, 149; Rearick, (1976) 1980, pp. 31-32; Sgarbi, 1980, p. 90; Bacou, 1987, p. 107; Labbé et Bicart-Sée, 1987, II, p. 74; Rearick, 1991(2), n° IV, 6.

Cette étude a été attribuée à Jacopo Bassano par Q. van Regteren Altena et rapprochée de la fresque de la *Crucifixion* à Cartigliano par M. Muraro, ce que toute la critique a accepté. Nous avons nous-même établi que l'étude à la pierre noire en haut, au recto et l'esquisse du verso se rapportent toutes deux à un *Christ au jardin des Oliviers*.

La fresque de la *Crucifixion* (église paroissiale de Cartigliano) se trouve sur le mur gauche de la Cappella del Rosario. C'est en 1575, sans doute entre août et septembre, quand ils avaient dû fuir l'épidémie de peste qui sévissait à Bassano, que Jacopo et son fils Francesco réalisèrent la décoration de cette chapelle voûtée, qui formait autrefois le chœur de l'église. Les études de Jacopo pour un *Christ au jardin des Oliviers*, connu aujourd'hui grâce à une copie signée de Francesco (Bassano, Museo Civico), furent exécutées à la même époque que les fresques. Le tableau était peut-être un retable destiné à être placé au centre du mur de l'autel. On observe que Jacopo esquissa d'abord sur cette feuille la figure de saint Jean, exécutée en haut du recto à la pierre noire et à la craie blanche, la technique préférée de Titien qui, depuis plus de quarante ans, était l'idole de Jacopo. Au verso se trouve une étude de saint Pierre pour le même tableau, Jacopo utilisant ici le fusain et une large gamme de pastels, technique très originale qu'il avait complètement adoptée. L'esquisse du *Larron en croix* compte parmi les dessins les plus vigoureux et les plus expressifs de Jacopo. La beauté et la richesse que l'artiste cherche habituellement dans le pastel cèdent ici la place à une gamme sourde où prédominent le rouge-brique, les tons de chair et le blanc de cendre. Le dessin est exécuté avec une rapidité, une force et un emportement qui sont en parfaite harmonie avec la rapidité que requiert la réalisation d'une fresque. Comme à son habitude, Jacopo a réalisé ici une esquisse dont les couleurs, la touche et la force expressive préfigurent celles de la peinture achevée.

W.R.R.

Le dernier Titien
et la fin du siècle à Venise

par Francesco Valcanover

Le 3 JUILLET 1550, dans une lettre expédiée d'Ulm à Juan de Mendoza, ambassadeur espagnol à Venise, le prince d'Espagne Philippe exprime le désir que Titien le rejoigne à Augsbourg, et se montre assuré «que, bien que plus âgé, celui-ci ne manquera pas de prendre cette peine» pour lui être agréable. Cette invitation, que le fils de Charles Quint répéta le 12 septembre en termes plus pressants encore, ne resta pas sans effet, et pour la deuxième fois Titien rejoint en novembre 1550 la ville souabe où la Diète est réunie depuis quelques mois pour mettre fin aux sanglants conflits religieux.

A la cour impériale, l'atmosphère joyeuse de 1548 a changé. Fatigué et malade, Charles Quint est à présent enclin à se retirer de la scène politique européenne, dont il fut l'un des protagonistes plus de trente ans durant, et à désigner son fils pour successeur, malgré l'opposition de son frère Ferdinand et de son neveu Maximilien.

Comme en 1548, Titien jouit des privilèges d'un personnage de haut rang. Son portrait est peint par Lucas Cranach le Vieux, alors octogénaire. Il intervient pour que la pourpre cardinalice soit conférée à l'Arétin. Il accepte de nouveaux travaux importants et il reçoit le paiement de nombreuses commandes antérieures. Il noue des relations privilégiées avec le prince Philippe, qui sera jusqu'à la fin le destinataire préféré de ses œuvres. Il s'emploie surtout à peindre des portraits, et ceux, peu nombreux, qui subsistent donnent la preuve de sa capacité, acquise durant la première moitié des années 1540, à rendre avec une justesse éloquente, dans le portrait «historique», les aspects physiques et les singularités psychologiques des modèles en leur conférant une caractérisation idéale, tantôt selon un style noble, tantôt avec une facture rapide et sobre.

Dans le *Portrait du prince Philippe* (Prado; Fig. 1), qui émerge de l'ombre pour s'offrir à la lumière comme une silhouette héraldique, dressé sur ses jambes graciles et gainé de son armure au riche décor doré, Titien fixe définitivement le caractère soupçonneux et introverti du jeune homme, alors âgé de vingt-quatre ans, qui héritera bientôt une grande partie du pouvoir absolu de son père. Avec une palette plus restreinte et plus sévère, mais avec une égale efficacité, le *Portrait de Jean-Frédéric de Saxe* (Vienne, Kunsthistorisches

Fig. 1
Titien, *Philippe II en armure*,
Madrid, Museo del Prado.

Museum) montre à la fois la corpulence imposante et le tempérament opiniâtre du chef des troupes protestantes, défait à Mühlberg en 1547 par Charles Quint et encore prisonnier de celui-ci.

Avec ce second séjour à Augsbourg, qui s'achève en août 1551, Titien met fin à la série de ses longues absences de Venise, commencée en 1545 par son fécond voyage à Rome. Depuis longtemps consacré par la renommée internationale, et toujours soutenu par l'amitié nouée à la fin des années 1520 avec Jacopo Sansovino et l'Arétin, Titien reprend avec autorité son rôle stimulant de référence sur la scène artistique vénitienne. C'est ce que reconnaît Dolce dans son *Dialogo* de 1557 qui met fin aux disputes théoriques sur la suprématie de la « couleur » vénitienne ou du « dessin » florentin. A la fin de 1551, Titien est accueilli parmi les membres de la Scuola Grande di San Rocco; il touche de nouveau le revenu de la Senseria dell'Ufficio del Sale (droits de courtage de l'administration du sel), ayant satisfait aux obligations que comporte cette charge en peignant pour la collection officielle de la République les portraits des doges nouvellement élus, celui de Marcantonio Trevisan en 1553 et celui de Francesco Venier en 1555. Pendant ces mêmes années, il prépare le tableau votif du doge Marcantonio Trevisan et commence celui du doge Antonio Grimani destinés à la Sala del Senato du palais des Doges.

C'est à cette époque que la *renovatio urbis* (« rénovation de la ville ») voulue par la Sérénissime sous la direction du doge Andrea Gritti et sous les auspices des représentants de l'élite culturelle vénitienne, les Giustiniani, les Corner, les Pisani, les Barbaro, les Soranzo, les Grimani, prend un élan extraordinaire à la faveur de la longue période de paix relative avec l'empire ottoman et de la non-ingérence dans les relations, d'un équilibre toujours instable, entre les grands États européens. Le commerce maritime et continental continue, en dépit de difficultés, à être fructueux; la recherche de ressources financières plus fiables se développe dans les activités agricoles; des mesures diligentes assurent la protection de l'habitat de la lagune contre les incursions des marées et contre le comblement provoqué par les dépôts alluviaux des rivières.

L'indépendance politique, la sage organisation interne et le bien-être économique général font de Venise, malgré un climat d'inquiétude latente traversé de signes contradictoires, la capitale européenne la plus ouverte et la plus accueillante, à une époque où se développe la contestation à l'encontre de la science officielle et de l'Église romaine. La philosophie et la littérature continuent à bénéficier de la liberté de pensée; la musique et le théâtre prospèrent; et le

développement révolutionnaire de l'architecture, certes non exempt de désaccords et de polémiques, vise à donner à la ville un visage triomphal, qui rivalise avec celui de la Rome antique.

Tandis que, sur la toute proche terre ferme, la « civilisation de la villa » s'épanouit dans de splendides demeures — lieux de repos et d'agrément, mais aussi de rencontres culturelles et d'activités économiques productives — auxquelles se consacrent Jacopo Sansovino, Michele Sanmicheli et Andrea Palladio, de majestueux édifices publics et privés s'élèvent dans la capitale, dus aux mêmes architectes et selon le même goût classique infusé dans la tradition vénitienne. Les interventions de l'État dans le tissu urbain sont plus significatives encore de cette volonté de rendre Venise « illustre par-dessus toutes les autres villes ». Après l'achèvement des nouveaux bâtiments, sièges de nombreuses administrations dans le centre économique du Rialto, la piazza et la piazzetta de Saint-Marc sont restructurées au cours des années 1550. Ce projet, confié à Jacopo Sansovino, prévoit une scénographie qui se déploie, sans rupture, de la Zecca (la Monnaie) aux Nouvelles Procuraties, reculées par rapport au Campanile, à l'église San Geminiano, aux Vieilles Procuraties, surélevées d'un étage, et enfin à la tour de l'Horloge, due à Mauro Codussi. L'édifice le plus remarquable de cet ensemble est la Libreria de San Marco, bibliothèque et foyer d'études humanistes, construite par l'architecte toscan en 1554 jusqu'à la seizième arcade en un style non moins triomphal et riche d'effets picturaux que le gothique tardif de la façade du palais des Doges, siège du pouvoir politique de la République.

A ce profond renouvellement architectural et urbain, auquel concourent des sculpteurs partageant le même goût classique, Bartolomeo Ammanati, Danese Cattaneo, Tiziano Minio, Alessandro Vittoria et Jacopo Sansovino lui-même, correspond une production picturale sans équivalent dans tout l'Occident. Palais et édifices « mineurs » s'ornent à l'extérieur et à l'intérieur de peintures murales, et les collections s'enrichissent de tableaux profanes et religieux dus à la nouvelle génération d'artistes formés dans le goût maniériste de l'Italie centrale. D'importantes commandes, œuvres isolées ou cycles entiers, sont confiées à ces artistes par l'État pour célébrer la puissance de sa domination sur terre et sur mer, par les riches confréries pour rappeler leurs missions fondamentales d'aide matérielle et spirituelle, et par les églises et les puissants ordres religieux pour renouveler les images du culte dans l'esprit du concile de Trente. Les artistes qui avaient pendant les années 1530 et 1540 confronté leur sensibilité inquiète avec le maniérisme de l'Italie centrale participent peu à cette floraison d'œuvres publiques. Paris Bordon y reste presque étranger : nourri de la subtile culture picturale éclose à Fontainebleau sous l'impulsion de Rosso et de Primatice, il se consacre à une peinture de type intellectualiste, appréciée surtout pour ses sujets mythologiques par des connaisseurs raffinés, mais située en marge de la tradition figurative vénitienne. Le Hollandais Lambert Sustris exerce une activité elle aussi élitaire : après avoir été très proche de Titien, proximité dont témoigne bien sa *Vénus* d'Amsterdam (cat. **186**) — reprise, vers le milieu des années 1540, de la *Vénus d'Urbin* de 1538 (Uffizi) —, il passe, dans des œuvres postérieures au séjour à Augsbourg de 1548, comme sa *Vénus* du Louvre, à un style pictural international marqué par son affinité formelle avec l'abstraction raffinée du maniérisme parisien de l'École de Fontainebleau.

Le concours d'Andrea Schiavone n'est guère davantage recherché pour les nouveaux chantiers qui s'ouvrent à Venise. Diffuseur enthousiaste du maniérisme de Parmigianino en Vénétie, il instille de plus en plus, vers le milieu du siècle, cette élégance rare dans la richesse des empâtements chromatiques de Titien, et crée un langage d'un heureux effet décoratif qui fait preuve d'une force poétique singulière dans les volets de l'orgue de l'église San Pietro de Belluno (cat. **184 a** et **184 b**).

Parmi les artistes locaux et étrangers qui se consacrent à renouveler la peinture vénitienne dans son contenu et dans ses modes d'expression en dehors de la suprématie affirmée de la couleur de Titien, émergent immédiatement Tintoret et Véronèse. Dès la fin de la première moitié du siècle, dans la *Cène* de l'église San Marcuola et dans *Saint Marc délivrant un esclave* de la Scuola Grande di San Marco, le premier avait affirmé un langage narratif dans le goût de Bonifacio Veronese et d'Andrea Schiavone mais caractérisé par sa tension plastique à la fois inspirée de Michel-Ange et toute nouvelle par le luminisme dramatique du clair-obscur qui gouverne l'expressivité des teintes vives.

Au début des années 1550, le dynamisme violent que Tintoret imprime à la lumière et à la couleur grâce à la vigueur du dessin maniériste semble s'atténuer et prendre des accents plus sereins dans certaines scènes bibliques de la Scuola della Trinità, dont *Caïn et Abel* (Venise, Gallerie dell'Accademia; cat. **192**) où apparaît le souvenir du «maniérisme» de Titien dans ses toiles pour le plafond de l'église Santo Spirito in Isola (Venise, sacristie de la Salute). Tintoret aime à user du luminisme pour exprimer la réalité en des transparences chromatiques : c'est ce qu'il réussit avec la plus haute poésie dans la *Suzanne* de Vienne (vers 1556), où est encore perceptible une certaine proximité avec Titien aussi bien qu'avec Véronèse. Mais bien vite, dans des œuvres comme le *Saint Georges* de Londres et les volets de l'orgue de l'église de la Madonna dell'Orto à Venise, prévaut la recherche anxieuse d'un clair-obscur dynamique et fantastique qui, en mouvements frénétiques, plonge les hommes et la nature dans des scénographies complexes dont l'espace échappe aux canons naturalistes.

Tintoret montre aussi dans les portraits de la même époque — celui du *Procurateur Jacopo Soranzo* est l'un des plus intenses (Venise, Gallerie dell'Accademia; cat. **193**) — qu'il se rapproche de Titien par la simplicité de la mise en page. Mais il n'aborde pas ses modèles avec le détachement du témoin objectif que Titien obtient par son chaud chromatisme; il s'engage plutôt dans un dialogue d'une proximité dramatique, qui trouve son langage adéquat dans la rapidité des touches et des lignes, interrompues et tout de suite reprises dans l'incessante palpitation créatrice de la lumière.

Le bonheur de la couleur chez Véronèse, à peine arrivé à Venise, à l'âge de vingt-trois ans, au début des années 1550, se montre d'emblée tout différent du dynamisme de la forme chez Tintoret. Dans sa première œuvre publique, le *Retable Giustiniani* de l'église San Francesco della Vigna, dont la composition en diagonale s'inspire de celle du *Retable Pesaro* de Titien dans l'église des Frari, se manifeste son goût pour l'effet décoratif des couleurs froides et acidulées dont il recouvre la trame graphique maniériste des figures. Immédiatement après, les leçons tirées de Parmigianino et de Giulio Romano lors de sa formation initiale à Vérone laissent place, au contact du style figuratif de Venise et surtout du classicisme chromatique des œuvres de jeunesse de Titien, à la richesse des teintes changeantes, qui s'accordent en valeurs complémentaires et que rend précieuses la luminosité de ciels purs d'une limpidité abstraite. En témoignent les toiles pour le plafond de la Sala del Consiglio dei Dieci du palais des Doges exécutées entre 1553 et 1554, dont la qualité poétique éclipse le maniérisme scolaire des autres compartiments peints par Ponchino et Zelotti.

Véronèse s'applique à créer de telles images imprégnées d'une «joie resplendissante» pour les plafonds de la sacristie (1555) et de l'église (1556) San Sebastiano, où il sera, plus de vingt ans durant, le seul peintre à travailler. Ainsi, dès le milieu des années 1550, par la sérénité olympienne de sa vision tout à fait étrangère à l'inquiétude existentielle où s'enfoncent alors les pensées de Titien, Véronèse s'affirme, à côté de l'architecte Andrea Palladio, comme le représentant le plus génial du classicisme tardif vénitien.

Cependant que Tintoret exprime le sentiment religieux et aussi les contradictions de la Venise de la seconde moitié

Fig. 2
Titien, *L'Adoration de la Trinité* («*Gloria*»),
Madrid, Museo del Prado.

du seizième siècle, et que Véronèse en exalte les mythes et les rêves de faste et de splendeur, Jacopo da Ponte, travaillant solitairement dans sa ville natale de Bassano — quoique toujours informé des nouveautés, qui rapidement se succèdent dans la capitale —, dispose à la manière de mosaïques les volumes colorés dont la préciosité scintille dans la palpitation de lumières froides. Même dans les œuvres où il manifeste l'adhésion la plus convaincue au maniérisme appris auprès de Bonifacio Veronese, il affirme ainsi son inclination native pour l'appréhension de la réalité dans ses aspects les plus quotidiens.

Même si Titien est bien conscient des profonds changements du climat culturel de Venise et ne manque pas de se confronter à ceux-ci en un échange d'influences réciproques, il poursuit avec cohérence l'affinement de son langage propre selon l'orientation prise au milieu des années 1540. Le formalisme du dessin maniériste affleure encore dans les œuvres religieuses et profanes destinées pour la plupart aux Habsbourg et aux membres de leur entourage, mais la liberté de la couleur l'entraîne de plus en plus dans un rapport renouvelé entre forme et espace, entre figures et environnement. Entre 1553 et 1554, Titien exécute pour la reine Marie de Hongrie le *Noli me tangere* dont subsiste un fragment avec le Christ en buste (Prado) et pour Charles Quint la *Vierge de douleur* (aux mains ouvertes, Prado), œuvre pieuse dont le pathos emphatique est racheté par la richesse moelleuse de la couleur, comme dans l'*Ecce Homo* (Prado) offert à l'empereur en 1548. L'*Adoration de la Sainte Trinité* (Prado; Fig. 2) est plus marquée encore par la Contre-Réforme; la réalisation de cette œuvre, commandée par Charles Quint en 1551, occupe Titien pendant quatre ans, et elle est rendue difficile par les instructions précises envoyées d'Espagne concernant l'iconographie complexe à mettre en œuvre : à côté des figures sacrées, doivent être représentés en prière Charles Quint avec son épouse défunte Isabelle, sa sœur Marie, son fils Philippe et l'infante Jeanne. Aux portraits de ces augustes personnages, Titien ajoute, de sa propre initiative et pour preuve du haut rang social auquel il s'est désormais élevé, son autoportrait de profil et le portrait de l'ambassadeur espagnol à Venise, Francisco de Vargas, son intermédiaire auprès de l'empereur. Titien parvient à concilier l'édification religieuse rhétorique et la glorification des Habsbourg en faisant contraster, d'une part, l'atténuation progressive des teintes pâles de la Sainte Trinité qui vont s'estompant dans les tons sulfureux de l'empyrée et, d'autre part, la juxtaposition animée de teintes chaudes et froides sur les figures des saints et des hommes, construites en une opposition dynamique de gestes et de raccourcis audacieux dont on perçoit encore l'origine romaine.

Bien qu'inspirée, elle aussi, d'une source maniériste (le tableau de Giulio Romano de Vienne), la *Sainte Marguerite* de l'Escorial se révèle une création davantage personnelle; envoyée au prince Philippe en 1552, elle est le modèle des versions postérieures, conservées au Prado et dans une collection suisse (cat. **250**), baignées d'un luminisme chromatique.

Cette nouvelle sensibilité chromatique s'affirme avec davantage de plénitude dans les tableaux mythologiques de cette époque, inspirés de sources littéraires antiques et de leurs vulgarisations du XVIe siècle, d'Ovide surtout, et appelés «*poesie*» («poésies») parce que l'imagination peut s'y exprimer plus directement que chez les poètes. Les premiers de ces tableaux, destinés à un «*camerino*» (cabinet) du prince d'Espagne, dont Titien établit le programme décoratif en 1554, témoignent d'une grande liberté d'invention. Les formes et l'espace représentés selon les conceptions de la

Renaissance dans la *Danaé* de 1545 pour Alexandre Farnèse font place dans celle du Prado (cat. **177**), peut-être présentée au prince Philippe en 1550 à Augsbourg, à des formes dont le caractère monumental se dissout dans des empâtements de couleurs travaillés et morcelés par la lumière.

Par ce renouvellement de ses moyens picturaux, Titien cherchait à retrouver l'idéal classique de la figure féminine dans toute sa beauté naturelle et sensuelle, telle qu'elle ressortait alors des exemples subsistants et des textes de l'Antiquité. Il a très probablement mûri cette recherche au cours de l'exécution de la *Vénus* promise de Rome à Charles Quint en 1545 et portée à celui-ci en présent à Augsbourg en 1548. Ce tableau, dont l'empereur se défit tout de suite car il était peu ou pas sensible aux sujets érotiques, servit de prototype entre la fin des années 1540 et le début des années 1550 à de nombreuses variantes avec l'ajout d'un organiste, dont les deux du Prado (cat. **176**) et celle de Berlin sont les versions auxquelles l'atelier a le moins collaboré. Leur atmosphère de

Fig. 3
Titien, *Le Martyre de saint Laurent*,
Venise, église des Gesuiti.

ravissement sensuel et de mélancolie pensive — qui, au-delà des significations érotiques explicites, peut renvoyer subtilement aux thèmes de la femme et de l'amour alors débattus par des humanistes raffinés — imprègne aussi la deuxième « poésie » avec *Vénus et Adonis*, parvenue fin 1554 à Londres au prince Philippe qui vient d'épouser Marie Tudor, reine d'Angleterre. Dans ce tableau, tout de suite apprécié des contemporains et modèle de nombreuses versions dont la meilleure est certainement celle du Metropolitan Museum de New York (cat. **256**), se manifeste davantage encore la communion « panique » entre les figures et la nature environnante, à laquelle Titien vise dans les années 1550, grâce à la texture du coloris chargé de tonalités embrasées dans l'atmosphère dense et voilée. C'est au même style, et avec une richesse d'accords plus séduisante encore, qu'appartient la *Vénus à sa toilette* de Washington (cat. **178**), interprétation très heureuse de modèles hellénistiques et romains où s'exprime le nouvel idéal de beauté féminine recherché à cette époque par Titien et auquel Véronèse ne reste pas insensible.

Après le milieu des années 1550, Titien est de plus en plus seul dans ses affections familiales, tandis que se brisent de longues et solides amitiés. Lavinia, sa fille préférée, se marie en 1555 et abandonne la maison paternelle. L'année suivante meurt l'Arétin, le « compère » avec qui Titien a vécu tant d'événements humains et artistiques. Au monastère de Yuste, en Estrémadure, Charles Quint s'éteint en 1558, avec le réconfort de quelques-unes des tableaux « *devotissimi* » (« très pieux ») de son « *primero* » (« premier ») peintre, dont l'*Adoration de la Sainte Trinité*. L'année suivante, Titien perd son frère Francesco, tandis que son fils Orazio, son assistant irremplaçable, échappe heureusement à l'attentat mortel perpétré à Milan par Leone Leoni, graveur de la Monnaie impériale.

A ces événements attristants, Titien réagit avec un élan créateur renouvelé et il s'emploie à une activité fébrile. De l'atelier de Biri Grande continuent à sortir de nouvelles œuvres pour Philippe II, qui est monté sur le trône d'Espagne en 1556 tandis que son oncle Ferdinand devenait empereur. A la même époque, est achevé (avant 1558) le *Martyre de saint Laurent* (Venise, Gesuiti; Fig. 3) commandé dix ans auparavant, et sont livrés une série de grands tableaux d'autel.

La manière dont sont traitées la mythologie et la religion chrétienne est à présent caractérisée par une inquiétude qui témoigne, dans la tension renouvelée des figures, de la profonde conscience du drame existentiel de la condition humaine. Dans les deux « poésies » avec *Diane et Actéon* et *Diane et Callisto* (Édimbourg, National Gallery, dépôt de la coll.

duc de Sutherland; Fig. 4 et 5) achevées entre 1556 et 1559 pour le monarque espagnol, la signification tragique de la source littéraire, les *Métamorphoses* d'Ovide, prend vie par la force expressive de la facture imprégnée de lumière, traversée de prestes touches enflammées et voilée de glacis liquides. Le rythme brûlant de sa texture chromatique raffinée confère des accents d'un caractère dramatique angoissant (cat. **253**), exempt de tout pathétisme dévot, à la *Mise au tombeau* du Prado (envoyée en 1559 à Philippe II en même temps que les deux « poésies » précédentes) : la vision de Titien alors septuagénaire y apparaît toute différente du naturalisme illusionniste plein d'éloquence de la version bien antérieure du même sujet conservée au Louvre (cat. **159**).

La capacité de Titien de reprendre d'anciens sujets avec une nouvelle motivation spirituelle et selon de nouveaux modes stylistiques se manifeste tout aussi clairement dans l'*Annonciation* de 1557 environ peinte pour l'église San Domenico de Naples (cat. **251**). Les figures y prennent forme non plus selon le dessin maniériste comme dans le prototype (perdu) refusé en 1527 par les religieuses de Santa Maria degli Angeli à Murano, mais sous la pression interne des couleurs, dont la lumière exalte l'émergence dans l'ombre enveloppante de l'atmosphère nocturne.

C'est avec cette même « maniera fatta di macchie » (manière faite de taches), selon la définition de Vasari, qu'est construite la *Crucifixion* de 1558 pour l'église San Domenico d'Ancône (cat. **252**). Sur le fond d'un ciel plombé, déchiré de brefs éclairs de rose et d'azur, la scène se resserre sur le

groupe à la fois simplifié et monumental constitué par les figures affligées de douleur et le corps inanimé du Christ cloué tout au haut de la croix. Sans artifice aucun, la lumière tire de la couleur les résonances les plus émouvantes, effleure comme de phosphorescences le profil des figures et exprime avec une justesse aiguë les sentiments éprouvés par chacune d'elles. L'évocation du mystère chrétien de la mort du fils de Dieu est plus saisissante encore dans le tableau de la sacristie de l'Escorial : dans une solitude absolue, le Christ mort surplombe le paysage à peine éclairé de lueurs mystérieuses qui se figent dans l'obscurité soudainement descendue sur la Terre.

La *Crucifixion* de l'église San Domenico d'Ancône est depuis peu mise en place, lorsque le *Martyre de saint Laurent*, après une longue gestation commencée en 1548, est installé sur l'autel des Massolo dans l'église des Crociferi (aujourd'hui des Gesuiti) à Venise. Par sa conception grandiose et par ses éléments inspirés de souvenirs d'architectures et de sculptures de l'Antiquité, ce tableau témoigne à l'évidence de la méditation admirative de Titien sur les «*meravigliosissassi antichi*» («merveilleuses pierres antiques») lors de son séjour à Rome antérieur d'à peine deux ans à la commande de cette œuvre. Et la source maniériste du tourbillon agité des gestes et des réactions émotives du martyr et de ses bourreaux n'est pas moins évidente. Mais par ses nombreux détails vibrant de contrepoints animés et de soudains reflets provoqués par les lueurs qui percent les ténèbres de la nuit, la version finale appartient bien à la fin des années 1550,

Fig. 4
Titien, *Diane et Actéon*,
Édimbourg, National Gallery of Scotland,
coll. duc de Sutherland.

Fig. 5
Titien, *Diane et Callisto*,
Édimbourg, National Gallery of Scotland,
coll. duc de Sutherland.

quand Titien pratique une peinture de plus en plus décomposée en diaprures, empâtements et touches que fragmente la force de la lumière.

Au cours de cette période où Titien développe la force de ses représentations grâce à la valeur dramatique et parfois hallucinante qu'il confère aux atmosphères nocturnes — ce à quoi s'intéressent tout de suite Tintoret et Bassano, comme Greco le fera avec une non moins grande attention lors de son arrivée à Venise vers 1567 —, les œuvres réalisées entre 1556 et 1557 pour les compartiments du plafond de la Sala Grande de la Libreria (Marciana) constituent le manifeste de la seconde génération de peintres maniéristes. Travaillent à ce décor Giovanni De Mio, Giuseppe Porta, Battista Franco, Giulio Licinio, Giambattista Zelotti, Véronèse, auxquels, en l'absence de Tintoret, se joint le vieil Andrea Schiavone. Cet édifice, exemple le plus célèbre et le plus célébré de l'architecture classique à Venise, correspondait certainement très bien au goût de ces artistes, que Jacopo Sansovino et Titien avaient retenus pour la tâche difficile de concilier les traditions toscano-romaine et vénitienne dans la mise en œuvre du programme iconographique complexe établi par l'État pour exalter notamment la valeur prééminente du savoir dans l'action et la spéculation. Parmi ces artistes, c'est à Véronèse que le «collier d'or» du vainqueur est remis par les Procuratori. Titien n'est certainement pas étranger à ce choix : il retrouve avec nostalgie le bonheur du classicisme chromatique de sa jeunesse dans la couleur libre et aérée de Véronèse, bien qu'il perçoive combien le but ouvertement décoratif de celui-ci est étranger à la vitalité de son naturalisme. Et c'est le sens de la réponse qu'il ne manque pas de donner à ces splendides images de Véronèse avec son *Allégorie du Savoir* placée, fin 1560 ou peu après, au centre du magnifique décor illusionniste de Cristoforo Rosa pour le plafond du vestibule de la bibliothèque.

A partir de cette époque, Titien semble perdre le goût du portrait, genre devenu l'apanage de Tintoret, destinataire de commandes qui ne sont pas seulement vénitiennes. Dans les quelques portraits que peint encore Titien, ses modèles d'origine sociale différente ne sont plus représentés de manière idéalisée, même si la mise en page et l'attitude sont toujours traitées avec le même sens du décorum et de la dignité, et ils sont saisis dans l'intimité de leur existence avec une sympathie pleine d'humanité. La touche déliée et vibrante révèle une facette psychologique secrète, comme la conscience de la dignité compromise par le mal dans le *Portrait du doge Francesco Venier* de la collection Thyssen, ou la vitalité d'un tempérament physique, comme dans le *Portrait de Fabrizio Salvaresio* de Vienne daté de 1558. Parfois, dans le *Portrait d'homme à la palme* de Dresde de 1561 (cat. **254**) et dans le *Gentilhomme* de Baltimore datant de la même époque, Titien semble retrouver la formule simplifiée du rapport entre forme et couleur de ses portraits de jeunesse, bien qu'il la reprenne selon des modes picturaux nouveaux acquis après des décennies d'expérience.

Titien utilise au contraire une écriture rapide et abrégée, qui ne se soucie guère de laisser tout juste ébauchés de nombreux détails, pour se représenter, vers 1562 si l'on en croit Vasari, dans l'*Autoportrait* de Berlin (cat. **255**), dont la farouche énergie physique et psychologique démontre combien étaient injustes les soupçons de déclin jetés par certains contemporains sur son état physique et ses capacités de création. Celles-ci, tout à fait intactes, lui permettent, dans la première moitié des années 1560, d'approfondir encore son style dans le sens de cette «alchimie chromatique», selon la très heureuse expression de Lomazzo (1584), avec laquelle il tourne sa vision vers un monde d'images de plus en plus pénétrées de la conscience du caractère tragique de la condition humaine. C'est ce que montrent les deux dernières «poésies» pour Philippe II qui interrompent la série des tableaux religieux de plus en plus demandés par le monarque espagnol : l'*Adoration des Rois mages*, prototype de nombreuses autres versions envoyé en Espagne en 1559 avec la *Mise au tombeau*, les versions du *Christ au jardin des Oliviers* du Prado et de l'Escorial, la grandiose *Cène* de 1564, toutes œuvres auxquelles ont collaboré ses assistants.

Aussi bien dans *Persée et Andromède* de la Wallace Col-

Fig. 6
Titien, *L'Enlèvement d'Europe*,
Boston, Isabella Stewart Gardner Museum.

lection de Londres — mentionné par Dolce en 1557 au nombre des tableaux envoyés à Philippe II, mais probablement conservé dans l'atelier de Biri Grande et terminé plus tard — que dans l'*Enlèvement d'Europe* de Boston de 1562 (Fig. 6), les fables mythologiques prennent une résonance existentielle dramatique grâce au colorisme de la composition, ouverte et comme «fluctuante» dans la dynamique luministe qui unit organiquement les figures du premier plan et les mystérieux paysages marins du fond. Dans l'*Éducation de l'Amour* (Rome, Galleria Borghese; cat. **258**), l'ancien bonheur du naturel païen se colore, avec une égale intensité, vers le milieu des années 1560, d'une nostalgie subtilement évocatrice, grâce à la palpitation des tonalités rouges ambrées du jour mourant qui baignent d'une même lumière poudreuse les figures et la silhouette des montagnes lointaines.

Presque contemporaines de ce chef-d'œuvre de la Galleria Borghese et datant peut-être de 1564, année de la mort de Michel-Ange qui met ainsi fin à la rivalité avec Titien, l'*Annonciation* de l'église San Salvatore de Venise (cat. **257**) conclut le développement de son luminisme chromatique et inaugure en même temps son sublime «*non finito*» («inachevé»). La maîtrise de la couleur pure fondue en diaprures vibrantes, déjà si manifeste dans l'*Annonciation* de Naples, est ici portée à son plus haut point de perfection. Les formes terrestres et célestes et chacun de leurs détails se consument comme sous l'effet d'une lente combustion dans la texture dramatique du clair-obscur en une expression totalisante et réellement cosmique du visible.

L'époque donne de nombreux témoignages de l'incompréhension qui accueillit le changement de langage avec lequel Titien exprime sa profonde inquiétude spirituelle dans ces années où il sent la vie lui échapper. Le témoignage le plus explicite est celui du marchand d'art Niccolò Stoppio dans une lettre de 1568 adressée à Max Fugger, membre de la puissante famille de banquiers d'Augsbourg : «Chacun dit qu'il [Titien] ne voit pas ce qu'il fait et que sa main tremble tellement qu'il ne peut rien achever et laisse ce soin à ses aides.» Giorgio Vasari fait aussi montre de perplexité devant les innovations radicales du dernier style de Titien, même si c'est au nom des préjugés toscans à l'encontre de la «couleur» des Vénitiens plutôt qu'en raison d'arguments simplistes tirés des infirmités physiques du peintre. Il exprime ces réserves justement devant l'*Annonciation* et la *Transfiguration* de l'église San Salvatore, vues peu après leur achèvement lors de son séjour à Venise en 1566, où il ne retrouve pas «cette perfection qu'ont les autres peintures» de Titien. Vasari ne reste cependant pas indifférent à la séduction des tableaux presque achevés ou en cours d'exécution vus dans

l'atelier de Titien — il en donne une liste précieuse — et il montre qu'il en comprend l'originalité singulière en comparant «la finesse et le soin incroyable» des œuvres de jeunesse, qui peuvent être vues «de près et de loin», avec la liberté d'exécution des dernières œuvres, les «poésies» de 1559, «exécutées à grands traits, brossées grossièrement et avec des taches, de manière telle qu'on ne peut pas les voir de près, mais que de loin elles apparaissent parfaites; et ce mode d'exécution a été la raison pour laquelle beaucoup, en voulant imiter [Titien] en cela et montrer qu'ils sont experts, ont fait des peintures gauches [...] parce que, s'il semble à beaucoup que [les œuvres de Titien] sont faites sans peine, ce n'est pas vrai, et l'on se trompe; car on reconnaît qu'elles sont refaites, et que [le peintre] est revenu sur elles avec les couleurs de si nombreuses fois que le travail se voit. Et cette manière de faire est tout à fait judicieuse, belle et merveilleuse parce qu'elle fait paraître vivantes les peintures, et faites avec grand art, tout en en cachant les difficultés d'exécution. »

C'est toutefois Boschini qui fait preuve de la compréhension la plus juste — reprise par les critiques contemporains et confirmée avec précision par les résultats des examens effectués avec les moyens modernes — du travail pictural continu et extrêmement minutieux avec lequel Titien donne vie à ses ultimes visions poétiques d'une grandeur désespérée : «Giacomo Palma Giovane me disait [...] que celui-ci [Titien] couvrait ses tableaux d'une couche de couleurs d'une telle épaisseur qu'elles servaient [...] de lit ou de base à ce qu'il voulait ensuite représenter par-dessus; et j'en ai vu, moi-aussi, [des couches faites] de coups de pinceau résolus avec des touches grossières de couleurs; parfois il utilisait une touche de terre rouge pure [...] pour un demiton, d'autres fois une touche de blanc de céruse; avec le même pinceau, portant du rouge, du noir et du jaune, il formait le relief d'une zone claire, et en suivant ces règles, il faisait apparaître en quatre coups de pinceau la promesse d'une figure exceptionnelle [...]. Après avoir étalé ces précieux fonds, il retournait les tableaux contre le mur, et il les laissait là parfois plusieurs mois sans les regarder; et quand ensuite il voulait de nouveau y mettre le pinceau, il les examinait d'un œil rigoureux, comme s'ils eussent été ses ennemis mortels, pour voir s'il pouvait y trouver un défaut, et découvrant quelque chose qui ne correspondait pas à la délicatesse de son intention, il soignait le malade comme un chirurgien bienfaisant [...]. En opérant de cette façon, et en corrigeant ces figures, il les ramenait à la plus parfaite symétrie qui pût représenter la beauté de la nature et de l'art; et après, cela fait, jusqu'à ce que ce tableau fût sec, il en prenait un autre et faisait de même; [...] et il ne fit jamais une figure d'un seul et premier coup [...]. Mais les dernières retouches consistaient de temps en temps à frotter du bout des doigts les zones les plus claires pour les rapprocher des demi-tons et à unir une teinte avec l'autre; d'autres fois, il posait aussi avec le doigt une touche d'un ton sombre dans un coin, pour le renforcer, plus loin une touche de rouge clair, comme une goutte de sang, qui rehaussait l'expression d'un sentiment; et il amenait ainsi à la perfection ses figures pleines d'animation. Et Palma m'assurait qu'à la vérité, dans les finitions, il peignait davantage avec les doigts qu'avec les pinceaux. »

La complexité de cette technique avec laquelle Titien s'efforce de donner progressivement l'expression la plus exacte à ses pensées poétiques, moyennant des corrections continuelles et parfois aussi des modifications substantielles de ses intentions premières, ne lui permet pas de satisfaire des commandes de plus en plus nombreuses sans l'aide de ses collaborateurs depuis longtemps organisés en un atelier efficace. Pour les œuvres particulièrement difficiles par la technique d'exécution et par les dimensions, il se limite à la conception des projets, comme pour les fresques de l'abside de l'ancienne église paroissiale de Pieve di Cadore, réalisées d'après ses dessins entre 1566 et 1568 sous la direction de Gerolamo Dente et détruites lors de la démolition de l'édifice en 1813. Comme le donne à penser le long contentieux entre les commanditaires et Titien, l'intervention de celui-ci est certainement limitée aussi dans les trois grandes toiles mises en œuvre en 1568 par son fils Orazio pour le plafond, décoré par Cristoforo Rosa, du Palazzo Pubblico de Brescia et détruites dans l'incendie de 1575. La collaboration de ses assistants lui est utile aussi pour l'exécution de répliques et de variantes, surtout des œuvres profanes et religieuses destinées à Philippe II, notamment la *Madeleine pénitente* de 1561, qui connaissent une faveur particulière. Pour les « authentifier », il les revoit souvent en cours d'exécution « en deux coups de pinceau », comme le rapporte Jacopo Strada, amateur d'antiquités originaire de Mantoue et visiteur assidu, y compris pour des raisons d'affaires, de l'atelier de Biri Grande.

Mais le caractère pleinement autographe des œuvres auxquelles Titien travaille orgueilleusement tout seul se perçoit d'emblée au charme qu'exerce l'inimitable qualité de son langage de plus en plus dominé par le désespoir et le sens de la mort, même lorsqu'il reprend le sujet de tableaux précédents. Dans le *Martyre de saint Laurent* de l'Escorial, expressément demandé par Philippe II en 1554 et terminé en 1567, les effets de climat nocturne halluciné du tableau de l'église des Gesuiti de Venise sont poussés à leur extré-

Fig. 7
Titien, *Le Couronnement d'épines*,
Munich, Alte Pinakothek.

mité. La tardive *Mise au tombeau* du Prado s'enfonce dans une douleur plus tendue et plus tragique encore que dans la version de 1559. La sûreté plastique et chromatique du lointain prototype du Louvre se dissout dans le *Couronnement d'épines* de Munich (Fig. 7) en une danse hallucinée de formes qui apparaissent comme des fantômes dans l'atmosphère nocturne quasi totale. Parfois, les empâtements, posés à larges coups de pinceau ou avec les doigts, font place à de fines textures diaprées d'iridescences lumineuses et chargées d'un lyrisme émouvant par la simplicité du quotidien, comme dans la *Vierge à l'Enfant* de Londres (cat. **259**). C'est avec une facture semblablement légère que Titien se représente en prière dans le petit tableau votif de sa famille pour l'église de Pieve di Cadore et, peu après, c'est avec une palette extraordinairement économe qu'il peint l'*Autoportrait* du Prado (Fig. 8). Il ne se tourne plus, plein d'énergie, vers un interlocuteur survenant soudain comme dans l'*Autoportrait* de Berlin, mais, affaibli par l'âge, et le visage émacié saisi de profil comme dans une médaille commémorative, il semble dresser avec une attention tendue le bilan des évé-

Fig. 8
Titien, *Autoportrait*,
Madrid, Museo del Prado.

ment la maturité de leur langage. Après avoir donné avec les fresques de l'église San Sebastiano à Venise et de la Villa Barbaro à Maser (près de Trévise) à la fin des années 1550 et au début des années 1560 la démonstration décisive et la plus haute de sa prodigieuse manière de faire chanter la couleur, manière qu'il avait révélée dès ses débuts à Venise, Véronèse en développe sans trouble ni rupture toute la richesse éclatante. Il en trouve des occasions particulièrement heureuses dans les *Cènes* pour les couvents vénitiens de San Giorgio Maggiore (vers 1563, Louvre), de San Sebastiano (vers 1567-1570, Milan, Brera), des Serviti (1572, Versailles) et des Santi Giovanni e Paolo (1573, Venise, Gallerie dell'Accademia) ainsi que pour la basilique de Monteberico à Vicence (1572). Dans ces amples compositions déployées en d'extraordinaires scénographies théâtrales, des teintes nouvelles conjuguent d'un bout à l'autre de la toile leur luminosité radieuse en des *largo* chromatiques qui rappellent, par l'interaction harmonique de leurs rapprochements et de leurs accords, la majesté des complexes polyphonies qu'Andrea Gabrieli invente à cette époque même. Ce savoir-faire décoratif de la plus vive invention chromatique insuffle une vitalité séduisante à chaque sujet profane ou religieux, ainsi qu'à la densité émotive des inventions de Titien auxquelles Véronèse recourt surtout dans les portraits et les tableaux mythologiques.

Autant Véronèse encourage les rêves et les aspirations de la joie de vivre de la Venise du XVIᵉ siècle, autant Tintoret en saisit la tension spirituelle suscitée par la Contre-Réforme. La peinture de ce dernier implique physiquement le spectateur avec de plus en plus de force dans des scènes grandioses qui se fondent, grâce à la dynamique impétueuse et continue des raccourcis, des rythmes et des cadences des figures, en des espaces que rend vertigineux la dialectique ininterrompue du clair-obscur dramatisée par les faisceaux et les rayons rasants émanant de sources lumineuses fantastiques. Des exemples bien représentatifs de cette nouvelle manière sont fournis par les deux immenses toiles du chœur de l'église de la Madonna dell'Orto, l'*Adoration du veau d'or* et le *Jugement dernier* (vers 1562-63), ainsi que par les nouvelles grandes toiles (1562-1566) pour la Scuola Grande di San Marco, aujourd'hui réparties entre la Brera et les Gallerie dell'Accademia de Venise.

L'inclination de Tintoret pour les images d'une religiosité populaire immédiatement accessibles à tout un chacun par leur intelligibilité visuelle trouve la meilleure occasion de s'exprimer dans les grandes toiles illustrant les pieuses missions charitables de la Scuola Grande di San Rocco. Les premières sont les scènes de la Passion du Christ pour la Sala

nements heureux et tristes de sa longue existence. Le seul attribut de son métier, toujours exercé avec la pleine conscience de sa valeur, est le pinceau qu'il tient de la main droite, au repos mais encore capable de dominer avec une souveraine maîtrise toutes les possibilités expressives de la matière picturale. C'est décrépit par l'extrême vieillesse que Titien, presque octogénaire, se représente pour la dernière fois avec son fils Orazio et son petit-fils adoptif Marco dans l'*Allégorie du Temps et de la Prudence* (Londres, National Gallery; Fig. 9), peinte pour lui-même, et constituant aussi un enseignement et un testament spirituel pour sa famille comme l'indique l'inscription en haut de la petite toile : « EX PRAETERITO PRAESENS PRUDENTER AGIT, NI FUTURU[M] ACTIONE[M] DETURPET » (« [Tirant la leçon] du passé, le présent agit avec prudence pour ne pas compromettre l'action future »). Ces portraits, avec celui de *Jacopo Strada* de 1568 (Vienne), dans lequel Titien représente son ami amateur d'antiquités dans l'exercice de sa passion, constituent les derniers exemples d'un « genre » sur lequel s'est en grande partie bâtie sa renommée d'artiste sans que, même dans les portraits de cour les plus rhétoriques, s'émousse jamais sa capacité de saisir et de rendre le sens d'une existence entière.

Tandis que Titien reste tout à fait à l'écart des commandes publiques vénitiennes, c'est dans celles-ci que les autres protagonistes de la seconde moitié du siècle affir-

Fig. 9
Titien, *Triple Allégorie du Temps*,
Londres, National Gallery.

dell'Albergo, achevées entre 1565 et 1567, commande qu'il s'était assurée, non sans soulever des oppositions, grâce à un stratagème : il avait mis en place au plafond la toile ovale de *Saint Roch en gloire*, exécutée en à peine un mois, et gagné ainsi le concours de *modelli* ouvert le 31 mai 1564 par les membres de la Scuola et auquel avaient été appelés à participer également Giuseppe Porta, Véronèse et Federico Zuccari.

Au cours des mêmes années, Jacopo Bassano, répugnant toujours à accepter des charges astreignantes dans la capitale, s'emploie dans son atelier de province à apaiser la tension du formalisme raffiné de sa période maniériste en recourant à un luminisme chromatique précieux pour exprimer plus librement son goût de l'observation concrète et laïque des aspects réalistes de la nature qu'il traite dans un éventail limité de sujets, surtout des *Adorations des bergers*, des *Épiphanies* et des *Fuites en Égypte*. Son «réalisme» magique et lyrique s'inspire aussi, avec une liberté géniale, des modèles de Titien. Qu'il suffise de citer la *Crucifixion* de 1562-63 du Museo Civico de Trévise qui rappelle tant le chef-d'œuvre de Titien de 1558 pour Ancône, ou bien la *Pastorale* de la collection Thyssen (cat. **189**) inspirée des inventions de la gravure sur bois, peut-être de Britto, représentant un *Paysage à la laitière* (cat. **210**), tirée de dessins de Titien de la seconde moitié des années 1520. Cette pastorale, le plus

souvent interprétée comme la *Parabole du semeur*, lui sert de prétexte pour représenter le goûter de paysans qui interrompent leur dur labeur aux champs; cette scène rustique de plein air donne un des premiers et excellents exemples de la façon dont Jacopo Bassano traite une thématique de «genre» bucolique, inspirée d'un sujet biblique et centrée sur la vie agreste, qui rencontrera une faveur particulière et à laquelle se consacreront surtout ses fils Francesco et Leandro en des interprétations prosaïques.

Après des années de tranquillité relative, la crise politique et religieuse se fait plus aiguë en Europe au début des années 1570 et elle implique aussi Venise. La menace de l'empire ottoman se fait plus pressante contre l'Occident, et la victoire de Lépante, remportée le 7 octobre 1571 par la flotte chrétienne grâce surtout aux galères vénitiennes commandées par Sebastiano Venier, se révèle bien vite d'une portée éphémère. Affaiblie dans son économie, la République de Saint-Marc est contrainte en 1573 de céder au Turc l'île de Chypre, sa possession la plus riche et de l'importance la plus vitale en Méditerranée orientale. Un an auparavant, les conflits religieux jamais assoupis s'étaient rallumés en Europe, culminant en France avec le massacre des protestants dans la nuit de la Saint-Barthélemy. Dans le domaine des arts, le climat instauré par le concile de Trente se fait sentir à Venise particulièrement dans le procès que l'Inqui-

Fig. 10
Titien, *Pietà*,
Venise, Gallerie dell'Accademia.

sition intente en 1573 à Véronèse, soupçonné d'hérésie pour sa *Cène* tout juste mise en place dans le réfectoire des Santi Giovanni e Paolo. Seul le changement du titre en *Repas chez Lévi* permet à l'artiste de ne pas apporter à sa toile les modifications réclamées par les inquisiteurs.

Titien est pour sa part touché de plus près encore par des événements malheureux. La mort de Jacopo Sansovino en 1570 le laisse dernier survivant du triumvirat qui avait présidé aux destinées des arts à Venise tout au long des décennies centrales du XVIᵉ siècle. Trois ans plus tard, la mort de Guidobaldo II lui rappelle certainement la longue familiarité avec la cour d'Urbino et avec les autres cours italiennes qui lui avait fourni l'occasion de si nombreux tableaux tout au long de sa jeunesse et de sa maturité. C'est avec exaspération qu'il apprend la destruction entre 1571 et 1575 de beaucoup de ses œuvres dans des incendies survenus à l'église Santi Giovanni e Paolo et au palais des Doges de Venise ainsi qu'au Palazzo Pubblico de Brescia. Dans cette toute dernière période de sa vie, il est tourmenté d'angoisse par l'épidémie de peste qui, ayant éclaté fin juin 1575, en un peu plus d'un an réduit d'un tiers la population de Venise et frappe aussi son fils Orazio, le seul membre de sa famille resté auprès de lui dans la maison désertée.

« Les calamités des temps présents où chacun souffre de la guerre continuelle », comme Titien l'écrit à Philippe II en 1571, ne le détournent pas de son travail quotidien dans son atelier, qu'il n'ouvre qu'en de rares occasions, comme pour la célèbre visite d'Henri de Valois en 1574. Il s'évertue à satisfaire les continuelles demandes de Philippe II, et il consume ses dernières forces à travailler à un petit nombre d'œuvres où, comme le dernier Michel-Ange, il se mesure, seul, avec ses visions poétiques. La première de celles-ci est la grande *Pietà* (Venise, Gallerie dell'Accademia; Fig. 10) qui aurait dû décorer son tombeau aux Frari, à côté de deux chefs-d'œuvre capitaux de sa jeunesse et de sa maturité, l'*Assomption* et le *Retable Pesaro*. Mais il doit continuellement interrompre ce travail pour achever les tableaux que Philippe II attend avec impatience. Il traite sujets profanes, religieux ou allégoriques en une admirable synthèse de significations et de styles, et l'irrésistible vigueur « expressionniste » de sa dernière manière enrichit son imaginaire de réflexions nouvelles qui expriment l'anxiété, les doutes, les conflits et les rêves caducs de son siècle, qui est sur le point de s'achever comme son existence. Il exprime l'émotion de chaque situation avec une intensité pathétique saisissante : la violence physique dans *Tarquin et Lucrèce* de Cambridge

arrivé en Espagne en 1571, la solitude recueillie de la pénitence dans le *Saint Jérôme* de l'Escorial (cat. **262**), la cruauté
barbare des mythes païens dans la *Mort d'Actéon* de Londres
(Fig. 11), la singularité extraordinaire de cérémonies et
d'événements historiques dans *La Religion secourue par l'Espagne* et dans l'*Allégorie de la bataille de Lépante* du Prado.

Tout en s'employant à ces dernières œuvres pour Philippe II, qui parviennent en Espagne en 1575, Titien travaille
au grand tableau votif du doge Antonio Grimani pour le
palais des Doges qui lui a été commandé vingt ans auparavant, dans le bas duquel il brosse avec une rapidité «impressionniste» un ultime souvenir de la silhouette des édifices
qui se reflètent dans le bassin de Saint-Marc. Mais surtout
il explore toutes les possiblités du «*non finito*» et pousse
jusqu'à ses plus extrêmes conséquences la peinture «sans
dessin» inaugurée par Giorgione au début du siècle. Son
inépuisable puissance créatrice donne naissance à d'ultimes
œuvres, qui confèrent une dignité idéale à la vie des sens.
Restées pour la plupart dans l'atelier après sa mort, on en
ignore la destination parce qu'il s'agit très probablement
d'œuvres réservées à lui seul. Purifiées de toutes scories et
chargées d'une infinie puissance émotive, ces images ne se
révèlent jamais et ne peuvent pas se révéler définitives et
achevées. Dans l'environnement resserré et mystérieux du
tableau de Rotterdam (cat. **263**), bâti en quelques larges
coups de brosse, l'enfant semble gauche entre les deux
chiens. Le *Tarquin et Lucrèce* de l'Akademie de Vienne

Fig. 12
Titien, *Saint Sébastien*,
Saint-Pétersbourg, musée de l'Ermitage.

(cat. **264**), où le sujet est réduit à son noyau et où le tour-
billonnement des empâtements rougeâtres est travaillé du
bout des doigts, reprend de façon plus saisissante encore la
scène de terreur du tableau de Cambridge. Les figures et le
paysage de *La Nymphe et le berger* de Vienne (Fig. 13) se
dissolvent de la même manière en surfaces bouillonnant de
notes chromatiques qui s'éteignent en un dernier salut nostalgique adressé au bonheur irrévocablement révolu des années de jeunesse, salut souligné encore par le fait que le nu
féminin est tiré d'une gravure de Giulio Campagnola inspirée
de Giorgione (cat. **126**). Le *Saint Sébastien* de Saint-Pétersbourg (Fig. 12) se consume à l'unisson de la nature boule-
versée par la lumière. Dans le *Supplice de Marsyas* de Kroměříž (cat. **265**), embrasement de bruns rougeâtres sur
l'incendie du ciel, la texture des touches, tantôt vigoureuses
pour le tracé de l'image, tantôt légères et à peine posées,
provoque avec une semblable force l'émotion du spectateur
et l'entraîne à méditer sur la cruauté du récit mythologique.
Avec le même désespoir tragique et avec la même véhémence
de touche qui, jamais satisfaite, superpose en couches les
couleurs mêlées d'ombre et de lumière, la pitié chrétienne
souffrante donne de la mort et de la résurrection l'expression
la plus haute et la plus dramatique dans la toile grandiose

Fig. 11
Titien, *La mort d'Actéon*,
Londres, National Gallery.

des Gallerie dell'Accademia de Venise que Titien destinait à son tombeau des Frari et à laquelle il s'appliqua certainement à travailler jusqu'au dernier jour de sa vie.

La grandeur avec laquelle se clôt l'immense activité créatrice de Titien ne manque pas aujourd'hui encore de susciter des incompréhensions. Certaines se justifient parfois parce qu'on croit repérer ici ou là que des assistants ont aidé ou même parfois remplacé le peintre dans la réalisation de mondes si nouveaux et à jamais uniques par le passionné et passionnant credo dans les valeurs de l'art et de la vie. Que ces dernières œuvres de Titien représentent l'aboutissement de son très long labeur d'homme et d'artiste, c'est ce que souligna André Chastel avec une justesse remarquable lors de la célébration à Venise en 1976 du quatrième centenaire de la mort du peintre : «Main tremblante, vision incertaine. Peut-être. Mais l'important est ailleurs : cette énergie qui aurait permis autrefois de réaliser dix ouvrages ne lui consent plus maintenant que de reprendre et enrichir les mêmes toiles. Titien est trop lucide pour s'acharner sur une seule, trop désespéré pour admettre que ses dernières forces puissent aboutir à autre chose qu'à des ouvrages singuliers, uniques, rayonnant de ce qui constitue son dernier enchantement. Désespéré, pourquoi ? Parce que c'est la fin du jour. La vie, la longue vie, de Titien cherche et trouve un "finale" inédit et poignant. Ce peintre de la vitalité et de la saveur du monde, ne peut le quitter que dans une sorte d'embrasement. Il consume son trésor de formes, son art même, dans ce qu'il faut bien nommer un flamboiement d'incendie... Comme dans le dernier Rembrandt, qui — c'est bien établi — devait tant à Titien, l'univers flambe et le peintre y savoure son propre bûcher. Ou je me trompe fort, ou il faut comprendre ce surprenant style final de Titien comme le dernier retournement de sa conscience d'artiste : ces œuvres veulent démontrer cette chose inouïe que la détresse devant la vieillesse et la mort peut être aussi riche d'inspiration qu'autrefois l'ivresse de vivre. »

Titien s'éteint le 27 août 1576, et, un peu plus d'un an après, dans l'incendie du palais des Doges du 20 décembre 1577, plus dévastateur encore que le précédent du 11 mai 1574, qui avait détruit la décoration des salles du Collegio et du Sénat, disparaissent d'autres de ses œuvres «officielles» peintes pour les salles du Maggior Consiglio et du Scrutinio. Disparaissent en même temps des témoignages capitaux de la civilisation figurative vénitienne, depuis les peintures murales de Gentile da Fabriano et de Pisanello jusqu'aux grandes toiles de Gentile et de Giovanni Bellini, d'Alvise Vivarini et de Vittore Carpaccio, de Tintoret et de Véronèse, cependant qu'est irrémédiablement endommagée la gran-

diose fresque du *Paradis* peinte par Guariento en 1365 sur le mur du fond de la Sala del Maggior Consiglio. La République prend alors l'opportune et prompte décision de recréer une décoration imposante. Dès la fin de l'été 1578, les plafonds et les murs des salles du Maggior Consiglio et du Scrutinio peuvent accueillir dans de somptueux encadrements dorés les nouveaux tableaux qui, selon un programme iconographique précis et cohérent, commémorent, entre mythe et réalité, les entreprises politiques et actions militaires qui ont donné gloire et puissance à la République de Saint-Marc dès sa naissance, suivant les desseins bienveillants de la volonté divine.

Cette dernière intervention grandiose de l'État vénitien dans l'aménagement du palais des Doges, qui s'achèvera en un peu moins de vingt ans, occupe immédiatement Véronèse et Tintoret, flanqués de Francesco Bassano, de Domenico Tintoretto et des représentants du courant maniériste tardif ouverts aux modes stylistiques des protagonistes majeurs. Palma Giovane est le plus influent des représentants de ce courant grâce à sa faculté d'élaborer un langage autonome, au moins durant les dernières années du siècle. L'importance et le caractère grandiose des cycles picturaux nouvellement commandés, en même temps que la nécessité d'une certaine uniformité stylistique, conduisent Véronèse et Tintoret à recourir largement à l'assistance de leur atelier, se réservant la conception des projets dans les dessins préparatoires et les *modelli*, comme pour l'immense *Paradis* (cat. **269**) de la Sala del Maggior Consiglio. Véronèse travaille encore personnellement au somptueux chromatisme des toiles du plafond (1578) et de l'*Allégorie de la bataille de Lépante* (1579) pour la Sala del Collegio, mais, à peine deux ans plus tard, il laisse au soin de ses assistants une bonne partie de l'exécution des grandioses tableaux pour le plafond de la Sala del Maggior Consiglio, cependant que, dans les quelques zones où l'on repère sa main, l'orchestration chromatique s'apaise dans des tonalités d'une luminosité adoucie. Ce changement de langage est perceptible dans le lyrisme à l'émotion plus intérieure de ses tableaux de la même époque qui échappent à la contrainte d'un programme iconographique.

Dans les compositions simplifiées, les images se déploient en rythmes vibrant de subtiles nuances émotives sur le fond de paysages et de ciels qui se creusent en de mystérieuses profondeurs à l'approche de la nuit. Cette intériorisation des pensées de Véronèse n'est pas sans rapport avec les œuvres du dernier Titien ainsi qu'avec les expériences sur le «nocturne» conduites par Tintoret et Bassano depuis longtemps, bien qu'avec des résultats stylistiquement différents. Mais, dans ces atmosphères crépusculaires, même si les couleurs ne se font plus mutuellement ressortir par la juxtaposition de leurs teintes claires, Véronèse tend toujours à des compositions chromatiques qui se résolvent en accords sereins jaspés de marbrures précieuses dans le jeu raffiné des lumières, contre-jours, reflets et pénombres. Continuant à traiter dans les années 1580 des sujets mythologiques, comme *Hercule et Déjanire* et *Vénus et Adonis* de Vienne (cat. **201** et **202**), ainsi que des sujets religieux de plus en plus souvent liés à la mort, comme les *Crucifixions* de Budapest, de San Lazzaro dei Mendicanti (cat. **199**) et de San Sebastiano, et comme les *Pietà* de Saint-Pétersbourg, de San Zulian à Venise et de Berlin, Véronèse voile de plus en plus d'une sorte de langueur pathétique l'expression de sa vision, qui trouve sa manifestation la plus émouvante dans le tableau d'autel de *Saint Pantaléon* (cat. **271**) achevé quelques mois avant sa mort, survenue le 19 avril 1588.

Comme Véronèse mais d'une manière différente, Jacopo Bassano médite, dans la dernière partie de son activité jusqu'à sa mort survenue en 1592, sur la signification de la peinture du dernier Titien, aux œuvres antérieures duquel il avait souvent porté attention pour en tirer surtout des idées et en nourrir son invention. Avec une sensibilité nouvelle attentive au caractère dramatique de la réalité, il décompose la texture chromatique en parcelles de couleurs et l'émiette en étincelles de lumières qui trouent l'obscurité quasi complète des atmosphères nocturnes. Dans cette expression dernière de son luminisme chromatique, attribuée par ses contemporains, comme pour Titien, à la vieillesse et à la baisse de sa vue, Jacopo Bassano, avec une inspiration poétique intacte, condense toutes ses recherches précédentes en une vision dépouillée et ramassée de l'existence humaine comprise dans toute sa vérité complexe et angoissée. C'est ce dont témoignent ses dernières œuvres, généralement consacrées à des scènes de la Passion du Christ, ainsi que, de la façon la plus exemplaire, *Suzanne et les vieillards* de 1585 (Nîmes; cat. **275**), où il semble retrouver encore un écho du monde «panique» de Giorgione, mais comme dégagé de tout mystère et ramené au concret terrestre par la prestesse de la touche qui se dissout dans la poignante atmosphère nocturne où s'enfonce la nature.

Tintoret aussi, après s'être consacré aux quatre *Allégories* lumineuses de l'Atrio Quadrato (Vestibule) et à quelques-unes des toiles de la Sala del Collegio, intervient, tout comme Véronèse, de moins en moins directement dans le chantier entrepris dans le palais des Doges après les incendies de 1574 et 1577. L'exécution même de son tableau le plus prestigieux, l'immense *Paradis* qui domine la tribune réservée au doge et aux membres de la Seigneurie dans la Sala del Mag-

gior Consiglio, est menée en grande partie par son fils Domenico et son atelier suivant les dessins et les *modelli* de sa main (Louvre; collection Thyssen).

Tintoret, comme Titien, est détourné de ces commandes d'État, dont les sujets «commémoratifs» constituent désormais pour lui un travail de routine, par le souci anxieux d'approfondir dans de nouvelles œuvres la tension spirituelle des années qui lui restent à vivre. Son laboratoire d'idées demeure la Scuola Grande di San Rocco. Entre 1575 et 1581, il exécute les treize toiles du plafond et les non moins importantes dix grandes toiles des murs de la Salle haute, où la ferveur religieuse de la Sala dell'Albergo s'élève à la grandeur : la piété chrétienne et la compassion humaine s'y expriment en touches au rythme fiévreux de plus en plus dramatique et pressant, dans un espace que la texture tourbillonnante du clair-obscur agrandit et creuse sans fin. Puis, entre 1582 et 1587, la dynamique dialectique s'approfondissant entre invention et exécution, il renouvelle dans la Salle basse le traitement le plus traditionnel de la thématique mariale dans le sens d'un mysticisme populaire qui interprète avec liberté, peu après le concile de Trente clos en 1563, les prescriptions de la Contre-Réforme relatives à la piété. Dans le mouvement incessant des sources lumineuses, les images et leur environnement sont traversés d'éclairs soudains, de lueurs phosphorescentes, de scintillements tout juste esquissés, et semblent privés de tout relief plastique, tantôt flottant à la surface, tantôt plongeant dans la profondeur de la couleur, qui n'est pas posée selon une échelle tonale harmonique mais morcelée en un tourbillon de touches et de fondus luminescents. A la fin, dans *Sainte Marie l'Égyptienne*, l'ombre gagne la couleur à sa palette quasi monochrome de tons brûlés où chaque forme du visible se consume en une apparition hallucinatoire et fugace. C'est aussi dans ce même style que Tintoret, animé d'une inquiétude spirituelle non moins tragique, reprend des sujets empruntés au dernier Titien, comme le *Christ au jardin des Oliviers* (cat. **266**) aujourd'hui dans la sacristie de Santo Stefano ou dans le *Martyre de saint Laurent* d'Oxford (cat. **267**), et conçoit ses ultimes chefs-d'œuvre pour San Giorgio Maggiore, les tableaux du chœur et la *Mise au tombeau* (cat. **268**) de la sacristie. C'est à celle-ci qu'il consacre ses derniers jours de travail, interrompu par le mort le 31 mai 1594.

Avec la disparition de Tintoret se clôt le «siècle d'or» de la peinture vénitienne. Inauguré par Giorgione, inventeur de la peinture au sens moderne dans le sillage de Giovanni Bellini et de Vittore Carpaccio, il s'épanouit d'emblée et, tout au long de son cours, en une succession ininterrompue de personnalités créatrices à la sensibilité diversement orientée, idéaliste ou réaliste, décorative ou dramatique, intellectuelle ou concrète. Ces personnalités trouvent, dans la dialectique des rapprochements, des correspondances, des divergences et des compromis aussi avec la culture de l'Italie centrale, leur point de repère le plus sûr et leur dénominateur commun en Titien. Ces artistes s'appliquent, comme Titien, à l'expérimentation et à la réflexion continuelles sur le sens de la vie et du monde, attaché aux valeurs formelles chargées de l'émotion la plus immédiate, la couleur et la lumière, qui président dès l'origine au *Kunstwollen* de Venise dans chacune de ses expressions artistiques.

Cet immense patrimoine d'images et d'idées picturales contribua à nourrir, par rencontres directes, dialogues détournés et affinées électives, selon les divers moments historiques et les diverses singularités de langage, certains des protagonistes majeurs de la peinture européenne des siècles suivants et jusqu'à nos jours, de Poussin à Rubens, Van Dyck, Rembrandt et Velázquez, de Tiepolo à Watteau, Chardin et Fragonard, de Hogarth à Turner, de Goya à Delacroix, Renoir et Van Gogh.

F.V.

Fig. 13
Titien, *La Nymphe et le berger*,
Vienne, Kunsthistorisches Museum.

Titien, les dernières années
Peintures

250 à 265

page 230

250

Tiziano Vecellio, dit Titien
Pieve di Cadore, vers 1488/1490 - Venise, 1576

Sainte Marguerite
Toile H. 1,98; L. 1,676. Signé en bas à droite :
TITIANV [S].

SAMMLUNG HEINZ KISTERS

HISTORIQUE
Coll. Charles Iᵉʳ d'Angleterre en 1639; vicomte Harcourt, Nuneham Park en 1806; Londres, Frank Sabin, (vente coll. Harcourt, Londres, 11 juin 1948, n° 184); Sammlung Heinz Kisters (vente, Londres, 27 juin 1958).

EXPOSITION
Genève, 1978, n° 76.

BIBLIOGRAPHIE
Waagen, 1857, p. 350; Cavalcaselle et Crowe, 1878, pp. 177-178; Phillips, 1896, pp. 50, 91; Beroqui, 1946, pp. 131-135; Llorente Junquera 1951 p. 67, Pallucchini, 1959-60, pp. 47-50; Pallucchini, 1969, pp. 159, 178, 298, 307, 320; Wethey, 1969, pp. 142-143; Natale, 1978, p. 115 (avec bibl. ant.); Hope, 1980(2) pp. 123, 128, 142, n° 10; Fabbro, 1989, p. 155.

Ce tableau se rapporte à la légende de sainte Marguerite : s'étant proclamée chrétienne et vouée à la chasteté, la jeune fille refusa l'offre de mariage du préfet d'Antioche. Ce refus lui valut d'être torturée, puis jetée en prison, où elle fut attaquée et dévorée par Satan qui avait pris la forme d'un dragon. Elle en sortit cependant miraculeusement indemne grâce au crucifix qu'elle tenait mais elle subit ensuite le martyre par décapitation. Elle fut très longtemps, jusqu'au XVIIᵉ siècle, la sainte protectrice des femmes enceintes, qui l'invoquaient pour que leur accouchement se déroulât sans peine.

C'est au début des années 1550 que Titien illustra pour la première fois ce moment où la sainte martyre d'Antioche, le crucifix à la main, sort des entrailles déchirées de l'animal infernal : en effet, à peine un an après être rentré à Venise, en août 1551, de son deuxième séjour à Augsbourg à la cour de Charles Quint, Titien écrit, dans une lettre du 11 octobre 1552 (Fabbro, 1989) au « prince d'Espagne » Philippe, qu'il vient de lui envoyer, par l'intermédiaire de l'ambassadeur Francisco de Vargas, « *Il Paessaggio et il retratto di Santa Margarita* » (« le Paysage et le portrait de sainte Marguerite »). Alors que le premier de ses deux tableaux est considéré avec quelques réserves comme étant la *Vénus du Pardo* du Louvre (cat. **165**), le second est certainement la *Sainte Marguerite* que Philippe II fit transporter en 1574 au monastère de l'Escorial (Beroqui, 1946; Llorente Junquera, 1951) et qui est aujourd'hui en si mauvais état qu'il est difficile de se prononcer sur l'étendue de l'intervention de l'atelier. Pour son tableau, Titien dut avoir présent à l'esprit celui de Giulio Romano sur le même sujet, aujourd'hui au Kunsthistorisches Museum de Vienne et qui, au début du XVIᵉ siècle, se trouvait dans la collection de Zuanantonio Venier sous l'attribution à Raphaël, qui lui fut longtemps conservée (Pallucchini, 1969).

Très vraisemblablement, Titien fit, entre 1554 et 1558 (Hope, 1980/2), pour la reine Marie de Hongrie, sœur de Charles Quint, une seconde version, aujourd'hui au Prado, de ce tableau de l'Escorial (Beroqui, 1946), qui en différait par la forme du dragon et surtout par l'arrière-plan. La *Sainte Marguerite* de la collection privée suisse est très proche, notamment par ses dimensions, de cette deuxième version, qui fut agrandie en haut après les dommages subis lors de l'incendie de l'Alcazar en 1734 (Wethey, 1969; Hope, 1980).

La toile suisse, dont Waagen (1857) pensait qu'elle était une copie de la version du Prado, et que Cavalcaselle et Crowe (1878) croyaient perdue, a été considérée après sa restauration comme autographe par Pallucchini (1959-60, 1969), avec qui s'accordent Wethey (1969) et Natale (1978), même si la datation entre 1565 et 1570 proposée par ces deux auteurs semble trop tardive. Pallucchini situe plus raisonnablement la toile entre le tableau de l'Escorial et la version du Prado qu'il date de « quelques années avant 1570 », datation qui semble d'ailleurs devoir être avancée à 1554-1558, comme le propose C. Hope (1980/2). Cette date plus précoce

convient aussi pour la toile suisse (Pallucchini, 1969) qui, tout comme la version du Prado, par les types figuratifs fort recherchés de la sainte et du dragon, par le traitement pictural riche d'effets luministes et surtout par le superbe paysage à l'arrière-plan, semble annoncer les deux dernières « poésies » pour Philippe II achevées avant 1562, l'*Enlèvement d'Europe*, du Stewart Gardner Museum de Boston, et *Persée et Andromède* de la Wallace Collection de Londres.

Davantage encore que dans la version du Prado, notamment en raison de la différence à la fois de l'état de conservation et du degré de nettoyage visé dans la restauration de chacun de ces deux tableaux, la sainte Marguerite de la collection suisse se détache en pleine lumière, avec les tons rosé des chairs, vert-jaune de la tunique et violet foncé de l'écharpe, sur le fond dense des marrons, bruns, gris et beiges du monstre infernal et des rochers. Sa victoire sur le mal reçoit un mystérieux accent dramatique du grand feu nocturne qui, attisé par le vent, détruit la ville dont on distingue à peine la silhouette sur la lagune éclairée par les lueurs de l'embrasement. Ce morceau est assurément le plus saisissant du tableau par sa facture déliée et « impressionniste », qui rappelle tant, en particulier par le motif de l'incendie, la petite vue de la lagune à l'arrière-plan du *Portrait du doge Francesco Venier* (collection Thyssen-Bornemisza), généralement situé peu après le milieu des années 1550.

F.V.

page 229

251

Tiziano Vecellio, dit Titien

Pieve di Cadore, vers 1488/1490 - Venise, 1576

L'Annonciation

Toile H. 2,74; L. 1,895. Signé en bas du prie-Dieu : *TITIANVS F.* Les armoiries en bas à droite, ajoutées probablement en 1721 sont, les premières, celles de la famille Pinelli et, les secondes, celles d'une branche cadette des Pignatelli.

NAPLES, ÉGLISE SAN DOMENICO MAGGIORE;

MUSEO E GALLERIE NAZIONALI DI CAPODIMONTE

(en dépôt temporaire pour raisons de sécurité)

HISTORIQUE
Naples, église San Domenico Maggiore, chapelle de Cosmo Pinelli en 1624; en dépôt temporaire au Museo e Gallerie Nazionali di Capodimonte depuis 1977.

EXPOSITION
Naples, 1960, n° 17.

BIBLIOGRAPHIE
L'Aretin, 1537 (éd. Pertile et Camesasca, I, 1957, pp. 78-79); D'Engenio Caracciolo, 1624, p. 287; De Dominici, 1742-43, I, p. 67; Volpicella, 1850, pp. 157, 354-355; Longhi, 1925, p. 40; Suida, 1933, pp. 62-63, 155; Tietze, 1936, I, p. 240; Tietze, II, p. 302; Hetzer, 1940, p. 166; Pallucchini, 1953-54, pp. 96-97; Causa, 1960, pp. 58-61; Valcanover, 1960, pp. 16, 41; Ballarin, 1968(I), p. 32; Wethey, 1969, pp. 72-73 (avec bibl. ant.); Pallucchini, 1969, pp. 156, 158-159, 162, 177, 305; Dall'Acqua, 1978, p. 80; Rosand, 1978, p. 146; Hope, 1980(2), p. 164.

Ce tableau est mentionné pour la première fois en 1624 par Cesare d'Engenio Caracciolo, qui l'attribue explicitement à Titien et indique sa localisation dans l'église San Domenico Maggiore à Naples, sur l'autel de la chapelle consacrée à saint Antoine abbé, cédée par la famille des Abenanti au Génois Cosmo Pinelli, lequel la consacra à la Vierge Marie en 1557, onze ans avant sa mort, survenue à Padoue (Causa, 1960).

L'attribution à Titien, confirmée par d'autres sources datant du XVIIᵉ siècle et des toutes premières années du XVIIIᵉ, est mise en doute par De Dominici (1743), selon qui « *La Nunziata di Tiziano [...] in San Domenico Maggiore si suppone fatta copiare da Luca Giordano e portato via l'originale* » (*L'Annonciation* de Titien [...] à

San Domenico Maggiore est, suppose-t-on, une copie qu'on a fait faire par Luca Giordano, et l'original a été enlevé »). Ce soupçon, déjà écarté par Volpicella (1850), a été rejeté de manière définitive avec des arguments de poids par Roberto Longhi (1925), qui situe le tableau vers 1557, date de la consécration de l'autel.

Omis par Cavalcaselle et Crowe dans leur monographie (1877-78) et absent jusqu'en 1925 des études consacrées à Titien, le tableau est accepté au nombre des œuvres autographes de Titien par Suida (1933) et Tietze (1936, 1950), mais ne l'est pas par Hetzer (1940) qui incline à l'attribuer à un artiste anonyme auquel reviendrait aussi *Diane et Actéon* de la National Gallery de Londres (ancienne collection Harewood). La restauration effectuée en 1958-59 a permis de débarrasser la toile des nombreux repeints et de l'épaisse couche de vernis non originels altérés, et d'y reconnaître le caractère original de Titien. Malgré les réserves de R. Causa (1960) sur certains détails qu'il croit achevés par l'atelier, en particulier la Vierge et la partie inférieure de l'ange, la critique est quasi unanime à juger le tableau de la main de Titien (Valcanover, 1960; Ballarin, 1968; Pallucchini, 1969; Dall'Acqua, 1976; Rosand, 1978). Selon Wethey (1969), il s'agirait d'une œuvre de « Titien et son atelier » parce qu'elle est de moindre qualité que les versions du même sujet de la Scuola Grande di San Rocco et de l'église San Salvatore à Venise. C. Hope (1980/2) y voit aussi, comme dans la version plus tardive exécutée pour Antonio Cornovì della Vecchia à l'église San Salvatore, une large intervention d'assistants, et il accepte aussi, pour le visage de la Vierge, le rapprochement qu'Hetzer a suggéré (1940) avec *Diane et Actéon* de Londres.

L'Annonciation de Naples fut certainement exécutée à la toute fin des années 1550, au début d'une période de cinq ans qui voit Titien particulièrement occupé à de nombreuses œuvres; utilisant un langage rénové par ses recherches luministes, il charge de profondes significations affectives quelques sujets propres à la piété chrétienne : la *Mise au tombeau* (1559) pour Philippe II (cat. **253**), la *Crucifixion* (1556-1558) d'Ancône (cat. **252**), le *Martyre de saint Laurent* (1548-vers 1558) pour l'église des Crociferi (aujourd'hui l'église des Gesuiti) à Venise, *Saint François recevant les stigmates et un donateur* pour l'église San Francesco d'Ascoli Piceno (aujourd'hui au Museo Civico de cette ville) et *l'Annonciation* (vers 1564) de l'église San Salvatore à Venise (cat. **257**).

Dans le tableau de Naples, Titien reprend en grande partie la composition de *l'Annonciation* exécutée en 1537 pour le couvent de Santa Maria degli Angeli à Murano (Venise). Selon Vasari, ce dernier tableau fut refusé par les religieuses à cause de son prix élevé et remplacé par un autre du même sujet commandé à Pordenone (cat. **224**). Titien envoya le sien en présent à la reine Isabelle, femme de Charles Quint, comme l'atteste la lettre que l'Arétin adressa le 9 novembre 1537 à son « compère »

pour lui faire compliment et de son tableau et de son geste généreux. Ce tableau était encore en Espagne en 1794, mais sa trace se perdit pendant la Révolution française, et il n'en reste qu'un témoignage visuel, la gravure qu'en fit Caraglio. A partir de cette gravure et de la description précise et enthousiaste que l'Arétin fit du tableau perdu, on comprend que Titien choisit une composition de goût classique, avec des figures aux formes mouvementées et chargées d'une grande force plastique, ainsi qu'une palette aux tons éclatants. La toile de Naples est bien éloignée de ce tableau par le traitement de l'espace et de la perspective. Comme l'élément architectural unique, la large colonne élevée sur un socle très haut, et le paysage qu'on aperçoit tout juste sur la gauche, les figures de l'ange et de la Vierge au premier plan sont traitées avec des pâtes chromatiques qui se fondent dans l'atmosphère dense de l'heure avancée du crépuscule. En haut, la ronde des anges semble se défaire dans la lumière qui irradie de la colombe; à gauche, l'ange, aux couleurs diaprées d'or et de rouge, se déploie, imposant, incliné dans le geste de l'annonciation, le visage de profil presque perdu dans l'ombre, qui rappelle tant celui, non moins extraordinaire par sa substance chromatique, de Diane tirant une flèche sur Actéon dans la « poésie » de la National Gallery de Londres. A entendre l'annonce divine inattendue, la Vierge se recule dans l'ombre et semble se plier sur elle-même en un geste d'humble acceptation du message divin.

Dans l'espace qui n'est désormais plus traité selon la perspective de la Renaissance mais comme une surface bidimensionnelle, et dans la construction picturale morcelée et comme consumée par la palpitation des ombres et des lumières jusque dans les moindres détails, le naturel, qui gouverne encore l'imagination de Titien dans la première moitié des années 1550, est remplacé par une brûlante immédiateté d'expression, qui relie le sens profondément religieux de l'image à une vision de plus en plus consciente du destin tragique de l'homme.

Wethey (1969) signale la copie exécutée par Luca Giordano, de taille à peu près identique à celle du tableau de Naples, et aujourd'hui dans la chapelle du Santo Cristo de l'église San Ginès de Madrid, et il rappelle aussi une deuxième copie, considérée comme étant de l'école napolitaine et datée vers 1660, dans le couvent carmélitain de Penaranda de Bracamonte près de Salamanque.

F.V.

page 231

252

Tiziano Vecellio, dit Titien
Pieve di Cadore, vers 1488/1490 - Venise, 1576

La Crucifixion

Toile. H. 3,75; L. 1,97. Signé sur le pied de la croix : *TITIANVS F.*

ANCÔNE, COMUNE DI ANCONA,
ÉGLISE SAN DOMENICO

HISTORIQUE
1558, sur le maître-autel de l'église San Domenico, Ancône; 1715, exposé dans le chœur de San Domenico; dans la nouvelle église San Domenico (1765-1788); 1884, à la Pinacoteca Comunale dans l'ex-couvent de San Domenico; transporté pendant la Seconde Guerre mondiale à la Galleria Nazionale d'Urbino; rendu à l'église San Domenico en 1950; volé dans la nuit du 1er mars 1972 et retrouvé le 14 du même mois; mis en dépôt à la Soprintendenza d'Urbino et dans la nouvelle Pinacoteca Comunale d'Ancône; réinstallé dans l'église San Domenico en 1989.

EXPOSITIONS
Ancône, 1950, n° 52; Schaffhouse, 1953, n° 51; Amsterdam, 1953, n° 115; Bruxelles, 1953-54, n° 109; Paris, 1954, n° 53.

BIBLIOGRAPHIE
Vasari, 1568 [éd. Milanesi, VII, pp. 418(1), 453(2)]; Cavalcaselle et Crowe, 1878, p. 306; Suida, 1933, p. 139; Elia, 1936, pp. 85, 87; Tietze, 1936, I, pp. 240-241; Tietze, II, p. 283; Pallucchini, 1939, p. 183; Zampetti, 1950, p. 34; Pallucchini, 1953-54, pp. 94-96; id., 1969, I, pp. 157-159, 178, 204, 305-306; Wethey, 1969, pp. 36, 85-86; Maschio, 1975, p. 180; Battisti, 1980, p. 221; Hope, 1980(2), pp. 127-128; Rearick, 1980, p. 373; Emiliani, 1985, I, pp. 35-43; Hope, 1988, p. 62; Zampetti, 1989, II, p. 306; Polverari, 1990 (avec bibl. ant.).

Ce tableau dans lequel Titien traite le sujet de la Crucifixion pour la première fois avec une monumentalité grandiose a récemment fait l'objet d'une étude précise de la part de M. Polverari (1990), qui a notamment éclairci la question de la commande en partant d'une mention de Vasari (1568, p. 418) à peu près oubliée de la critique. A propos de l'activité à Ancône de Pellegrino Tibaldi (1527-1596), Vasari rapporte que cet architecte, peintre et sculpteur natif de Côme, formé à l'école de Michel-Ange, « *ha fatto nella medesima città un ornamento di stucco grandissimo e bellissimo all'altar maggiore di San*

Domenico : ed arebbe anco fatto la tavola, ma perchè venne in differenza col padrone di quell' opera ella fudata a fare a Tiziano Vecellio » (« il a exécuté dans cette ville un superbe décor de stuc, très grand, pour le maître-autel de San Domenico; il devait aussi en exécuter la peintue, mais à la suite d'un différend avec le commanditaire, elle fut finalement commandée à Titien »). Vasari (1568/2, p. 453) mentionne de nouveau ce tableau dans la « *descrizione dell' opere di Tiziano* » (« description des œuvres de Titien ») en précisant qu'il est peint selon l'« *ultima maniera fatta di macchie* » (« la dernière manière faite de taches ») de l'artiste. C'est seulement en 1936 qu'Elia, se fondant sur un document précis, put indiquer que le tableau, généralement daté jusqu'alors de la première moitié des années 1560, fut exécuté sur la commande de la « famille des Cornovì della Vecchia, de Venise », à cette époque habitant à Ancône », et placé sur le maître-autel de l'église San Domenico le 22 juillet 1558.

Ni Vasari ni les autres sources n'indiquent quel membre de la famille Cornovì fut le commanditaire de l'œuvre. R. Maschio (1975) suppose qu'il s'agit d'Antonio Cornovì della Vecchia qui prescrivit dans son testament de 1559 de confier à Titien l'exécution de l'*Annonciation* pour l'autel de la chapelle familiale dans l'église San Salvatore à Venise (cat. **257**). M. Polverari rejette cette hypothèse en se fondant sur le rapport de la Commissaria instituée à la fin du XVIIe siècle auprès de la Scuola Grande di San Rocco pour les nombreux legs de Pietro Cornovì della Vecchia. Il y avait deux familles de marchands Cornovì, originaires de Bergame, établies à Venise au début du XVIe siècle « avec négoce dans une boutique sise place San Bartolomeo à l'enseigne de la Vieille [della Vecchia], d'où leur nom ». A la première branche appartenaient Venturino et son fils Antonio, « qui restèrent à la tête du négoce », et, à la seconde les frères Tomaso et Pietro, qui s'installèrent à Ancône au début des années 1540 et développèrent leurs affaires jusqu'au Levant, surtout grâce à Pietro. Le 17 avril 1555, Tomaso obtint le patronat de la chapelle du maître-autel de l'église San Domenico avec l'intention de l'orner d'un grand tableau. A sa mort, survenue, « croit-on, en l'an 1556 », son héritier fut son frère Pietro, lequel transféra vraisemblablement de Pellegrino Tibaldi à Titien la commande du tableau, décision qui, comme le souligne M. Polverari (1990), fait de 1556 le *terminus post quem* de la *Crucifixion*.

Pendant les deux années où Titien exécute et livre ce tableau d'autel pour Ancône, l'atelier de Biri Grande connaît une activité fébrile. L'artiste est occupé à plusieurs « poésies » et aux deux versions de la *Mise au tombeau* (cat. **253**) pour Philippe II, à l'*Annonciation* pour l'église San Domenico Maggiore de Naples (cat. **251**), et surtout au *Martyre de saint Laurent*, que lui a commandé Lorenzo Massolo peu avant 1548 pour sa sépulture dans l'église des Crociferi (aujourd'hui église des Gesuiti) à Venise et qui est alors presque achevé. La facture des

zones achevées à la fin de la très longue élaboration de ce dernier tableau — traitement luministe de la couleur et de la touche, comme effritée — se retrouve dans la *Crucifixion* d'Ancône. Mais rien n'y rappelle l'agitation nocturne au goût de nécromancie dans laquelle saint Laurent subit le martyre. L'événement de la mort du Christ se déploie au tout premier plan, sans que le cadre environnant soit indiqué, en rythmes calmes et solennels, dans l'évocation la plus poignante de la charge émotive provoquée par le mystère divin. Contre le ciel d'un gris de plomb, à peine traversé de quelques déchirures de bleus sombres, de jaune de soufre et de roses profonds, le Christ incline la tête dans l'ombre, inaccessible dans sa solitude tragique. A ses pieds, chacune des figures désolées se recueille dans l'intensité de ses sentiments : la Vierge se voûte sous la douleur maternelle; saint Dominique, effrayé, s'accroche au pied de la croix; saint Jean, pétrifié de stupeur incrédule, tend le bras gauche comme pour éprouver la profondeur de l'espace extérieur. Dans l'obscurité soudain tombée à l'instant de la mort de l'homme-Dieu, les figures semblent prendre forme avec la lumière, en une liberté d'empâtements chromatiques qui inaugure « la dernière manière faite de taches » de Titien.

Si le « nocturne » du tableau d'autel d'Ancône se révèle proche de la conception luministe de Tintoret, encore qu'il s'en distingue nettement car il se fonde sur l'intensification des valeurs chromatiques (Pallucchini, 1969), sa composition figurative au caractère souverain fut reprise par Jacopo Bassano dans le tableau de 1561-1563 (Rearick, 1980) pour le couvent de camaldules de San Paolo à Trévise, aujourd'hui au Museo Civico de cette ville, par Véronèse vers 1565 dans le tableau d'autel de l'église San Lazzaro dei Mendicanti à Venise (cat. **199**) (Pallucchini, 1939), et aussi par Barocci dans la toile (1566-67) pour l'église du Crocefisso d'Urbino, aujourd'hui à la Galleria Nazionale de cette ville (Emiliani, 1985). Titien lui-même, avec des accents encore plus angoissés, reprendra la figure du Christ cloué sur la croix et dominant un paysage éclairé par les reflets magiques du couchant dans le tableau de la Sacristie de l'Escorial, daté généralement du début des années 1560 en raison de la structure chromatique plus méditée, mais daté vers 1555 par C. Hope (1980, 1988), en accord avec Suida (1933) et Wethey (1969) parce que identifié avec l'« *opera devotissima* » (« l'œuvre très pieuse »), fruit de dix années de travail, que Titien se propose d'envoyer à Philippe II, comme il ressort de la lettre de septembre 1554 dans laquelle l'artiste promet au futur souverain espagnol la « poésie » de *Persée et Andromède*.

Parmi les sources iconographiques utilisées par Titien pour le tableau d'autel d'Ancône, cintré à l'origine, puis réduit à une forme rectangulaire et coupé aussi en bas pour être installé dans l'ex-couvent des Dominicains, Battisti (1980) a indiqué quelques estampes nordiques, en particulier une de Hans Brosamer de 1542 et une autre de Heinrich Aldegrever de 1553. Mais M. Polverari (1990) reconnaît à juste titre de plus grandes affinités avec la *Crucifixion* gravée en 1556 par Giuseppe Salviati qui peut difficilement, en raison même de sa date, être postérieure au tableau de Titien.

F.V.

page 233

253

Tiziano Vecellio, dit Titien
Pieve di Cadore, vers 1488/1490 - Venise, 1576

La Mise au tombeau
Toile. H. 1,37; L. 1,75. Signé sur la tablette en bas : *TITIAN⁵ / VECELLI ⁱ / VS AEQVES / CAES.*
MADRID, MUSEO DEL PRADO

HISTORIQUE
Envoyé de Venise à Madrid en 1559; transporté à l'Escorial en 1574; exposé au Prado en 1837.
EXPOSITION
Londres, 1983-84, n° 127.
BIBLIOGRAPHIE
Cavalcaselle et Crowe, 1878, pp. 258-260; Longhi, 1925, pp. 45, 48; Beroqui, 1936, pp. 155-156; Pallucchini, 1953-54, pp. 102-103; Pallucchini, 1969, pp. 163-164, 307; Wethey, 1969, pp. 89-90, 90-91 (avec bibl. suppl.), 91-93; Ferrarino, 1975, pp. 49, 52-55, 57-58; Rosand, 1978, p. 142; Hope, 1980(2), pp. 37, 128, 131, 133; Robertson, 1983, p. 228; Hope, 1988, p. 62.

Dans la lettre qu'il adresse à Philippe II le 19 juin 1559 (Ferrarino, 1975), Titien informe le souverain espagnol qu'il a achevé les deux « poésies » de *Diane et Callisto* et *Diane et Actéon* (Édimbourg, National Gallery of Scotland, coll. du duc de Sutherland), et il lui demande des instructions pour les lui expédier afin qu'elles ne soient pas égarées en route comme il était arrivé en 1557 pour *Le Christ mort au sépulcre* dans le voyage entre Trente et les Flandres. Philippe II devait beaucoup tenir au sujet de cette œuvre « pieuse » car il répond aussitôt à Titien, de Gand, le 13 juillet 1559 (Ferrarino, 1975), qu'il a donné ses instructions à Garcia Hernandez, ambassadeur espagnol à Venise, pour que l'envoi des trois œuvres se fasse par Gênes. Les correspondances ultérieures entre Garcia Hernandez, Titien et Philippe II (Ferrarino, 1975) apprennent que les deux « poésies » et la *Mise au tombeau* furent expédiées de Venise à la fin de l'automne 1559.

Le sujet de la mise au tombeau du Christ avait déjà été traité par Titien de nombreuses années auparavant dans le tableau aujourd'hui au Louvre (cat. **159**), généralement daté d'un peu avant le milieu des années 1520, et rapproché, parce qu'il provient du palais ducal de Mantoue (Wethey, 1969), d'une commande des Gonzague, laquelle n'est d'ailleurs pas attestée par des documents. La toile du Louvre représente le transport du corps inanimé du Christ vers le tombeau; dans celle du Prado, le Christ mort est sur le point d'être déposé dans le tombeau même. Bien davantage que par l'iconographie, ces deux chefs-d'œuvre diffèrent par la facture et la puissance émotive. Le premier, qui rappelle la composition classique de la *Mise au tombeau* exécutée en 1507 par Raphaël pour Atalanta Baglioni, de Pérouse, et aujourd'hui à la Galleria Borghese à Rome, est représentatif de la période où Titien, vers la moitié des années 1520, élabore son naturalisme « réaliste », d'une plénitude de formes et d'une richesse de tons fermement maîtrisées, jusque dans les rythmes les plus vifs, ainsi que dans la construction des figures tout à fait fidèle à la conception de l'espace de la Renaissance. Dans le tableau du Prado, considéré par la critique comme un très grand chef-d'œuvre et comme l'un des principaux points d'inflexion de la manière de Titien à la fin des années 1550, la construction picturale fait éprouver de manière bien plus immédiate le caractère tragique du sujet. La composition est enserrée dans les limites physiques de la toile, et sans aucune indication du cadre environnant si ce n'est le ciel bleuâtre aux traînées fuligineuses qu'une sombre paroi rocheuse masque entièrement à gauche; elle occupe tout le premier plan dans une sorte d'atmosphère fuligineuse qui enveloppe les figures, aux tonalités embrasées piquetées de lumières, penchées, comme écrasées par le cri déchirant de Marie-Madeleine, sur le corps du Christ abandonné dans la mort, que soutient Joseph d'Arimathie auquel Titien a manifestement voulu donner ses traits. Comme D. Rosand le fait observer (1978), le bas-relief le plus éclairé du sarcophage représente le sacrifice d'Isaac, qui annonce dans l'Ancien Testament le sacrifice du Christ, et l'autre bas-relief représente Caïn et Abel.

Pour être assuré que cette toile fut exécutée au cours des mêmes mois et avec le même propos que la *Crucifixion* d'Ancône (cat. **252**), il suffit de comparer dans ces deux tableaux le corps et le visage du Christ, centre psychologique de l'événement et source de tous les sentiments, traité par le même jeu du luminisme contrasté et avec une égale intensité dramatique.

Cavalcaselle et Crowe (1878) concluent ainsi leur confrontation de la *Mise au tombeau* du Prado et de celle du Louvre : « De l'un à l'autre tableau, se marque cette différence que l'on pourrait relever entre le style grandiose de la musique de Rossini et la mélodie agréable et séduisante de Bellini, ou entre la peinture profonde mais réaliste de Rembrandt et celle brillante et vive de Van Dyck. » Cette comparaison

entre l'activité tardive de Titien et celle de Rembrandt reviendra fréquemment chez les auteurs contemporains.

L'autre *Mise au tombeau* du Prado, davantage encore chargée d'angoisse, a été rendue à Titien par Longhi (1925) et doit probablement être identifiée avec celle que Vasari vit en 1566 dans l'atelier de l'artiste. Wethey (1969) recense les nombreuses copies et variantes d'atelier de ces deux tableaux.

F.V.

page 232

254

Tiziano Vecellio, dit Titien
Pieve di Cadore, vers 1488/1490 - Venise, 1576

Portrait d'homme à la palme
Toile. H. 1,38; L. 1,16. Inscription dans l'angle inférieur gauche : *MDLXI / ANNO... NATVS / AETATIS SVAE XLVI / TITIANVS PICTOR ET / AEQVES CAESARIS.*
DRESDE, STAATLICHE KUNSTSAMMLUNGEN, GEMÄLDEGALERIE, ALTE MEISTER

HISTORIQUE
Venise, famille Marcello; Dresde, cité alors dans l'inventaire Guarienti en 1750.
EXPOSITIONS
Venise, 1935, n° 88; Londres, 1983-84, n° 129.
BIBLIOGRAPHIE
Cavalcaselle et Crowe, 1878, pp. 430-431; Tscheuschner, 1901, pp. 292-293; Gronau, 1904, pp. 199, 287; Cook, 1904-1905, pp. 451-452; Cook, 1912, pp. 75-79; Posse, 1929, p. 88; Fogolari, 1935, p. 179; Tietze, 1936, II, p. 287; Tieze, 1950, p. 370; Pallucchini, 1953-54, pp. 113, 116; Valcanover, 1960, II, pp. 18, 45; Pallucchini, 1969, pp. 172, 311; Wethey, 1971, pp. 120-121; Walther, 1982, p. 323; Robertson, 1983/1, pp. 228-229; Davis, 1984, p. 48.

Même si l'inscription est à juste titre considérée comme non originelle, bien que tracée par une main de l'époque (Robertson, 1983), le caractère autographe de ce tableau n'est pas mis en question, et la date (1561) est aussi acceptée en raison de comparaisons stylistiques convaincantes avec d'autres portraits d'homme de cette même période, en particulier celui du Museum of Art de Baltimore (collection Esptein). En revanche, l'identification du personnage est encore incertaine. Cavalcaselle et Crowe (1878) jugent ce portrait « de la facture solide et forte du Maître telle qu'on la rencontre dans les œuvres de sa dernière période, comme [ils] l'on observée, par exemple, dans la *Madeleine* de Saint-Pétersbourg », la meilleure des nombreuses versions de ce sujet, envoyée à Philippe II en 1561. Rappelant ensuite l'inscription antérieure, supprimée par la restauration dont ils rendent compte, et qui désignait dans ce personnage l'Arétin, ils affirment que si « cette figure d'allure martiale, avec un nimbe autour de la tête, une palme à la main, et une boîte posée sur la table, avait été désignée comme celle du frère de Titien, Francesco, mort en 1559, représenté sous l'aspect d'un saint, [ils] aur[aient] pu le croire ». Tscheuschner (1901), sans tenir compte que « la boîte sur la table » est manifestement pour Cavalcaselle et Crowe l'attribut d'un peintre, pense pour sa part que cet objet fait partie des ustensiles d'un médecin ou d'un pharmacien désireux d'être représenté sous l'aspect de son saint patron avec la palme du martyre. A la même époque, Gronau (1904) et Cook (1904-1905, 1912) supposent de leur côté que le personnage représenté est Antonio Palma (entre 1510 et 1515-1575), peintre dans la tradition de Bonifacio, neveu de Palma Vecchio et père de Palma Giovane en raison de l'âge qu'il paraît avoir et de celui indiqué par l'inscription, et surtout à cause des attributs de la palme et de la boîte de couleurs, avec la spatule posée en travers qui sert à tracer les premières esquisses ainsi qu'à mélanger les divers pigments et à obtenir des teintes particulières.

Cette hypothèse séduisante, retenue par les catalogues du musée antérieurs à l'édition de Posse (1929) et encore acceptée par Fogolari (1935), est mise en doute, même si elle est parfois considérée comme « raisonnable » (Pallucchini, 1953-54, 1969; Wethey, 1971; Davis, 1984), par la plupart des auteurs en raison de l'absence d'une quelconque confirmation, laquelle ne pourrait venir que de la comparaison avec un portrait certain d'Antonio Palma.

Si cette toile cache encore la véritable identité de son personnage, elle est à coup sûr l'un des rares portraits de Titien datant de la période charnière entre les années 1550 et 1560, marquée par l'appréhension subtile de l'intimité du modèle, même si elle en rend toujours avec vérité et précision les traits physiques et les sentiments intérieurs.

Comme dans le portrait d'homme de Baltimore cité ci-dessus et dans ceux de l'Institute of Arts de Detroit et du Statens Museum for Kunst de Copenhague, le personnage est ici présenté à mi-corps, de biais par rapport au plan du tableau, construit par des rapports simplifiés de tonalités dans la luminosité diffuse, et comme entraîné dans la mélancolie par ses pensées secrètes. Mais ce qui met particulièrement en relief l'imposante figure de l'homme à la palme, enveloppé dans le bleu profond de son manteau, et sa physionomie aux traits aristocratiques, c'est le paysage vivement « esquissé » dans les lueurs vagues du couchant, qui rappelle tant celui de la *Vierge à l'Enfant* de l'Alte

Pinakothek de Munich. Ce portrait est l'un des derniers « entretiens » de Titien avec ses contemporains, auquel ne fera suite dans les années 1560 que le *Portrait de Jacopo Strada* (1567-68) du Kunsthistorisches Museum de Vienne. L'artiste, pour la perpétuation de son souvenir, réservera à ses descendants sa propre image à travers ses autoportraits de Berlin (cat. **255**) et du Prado.

F.V.

page 234

255

Tiziano Vecellio, dit Titien
Pieve di Cadore, vers 1488/1490 - Venise, 1576

Autoportrait
Toile H. 0,96; L. 0,75
BERLIN, STAATLICHE MUSEEN,
GEMÄLDEGALERIE

HISTORIQUE
Bien de la famille Barbarigo de la branche de San Raffaele, Venise; acquis par Leopoldo Cicognara en 1814; vendu en 1816 à Edward Solly, Berlin; entré au musée lors de l'acquisition de la coll. Solly en 1821.

EXPOSITIONS
Washington, 1948, n° 190; Detroit, Cleveland, Minneapolis, San Francisco, Los Angeles, Saint Louis, Pittsburgh, Toledo, 1948-49, n° 133; Wiesbaden, 1949, n° 179; Berlin, 1950-51, n° 139; Schaffhouse 1951, n° 76; Wiesbaden, 1954, n° 159; Los Angeles, 1979-80, n° 22; Venise, 1990(1), n° 59.

BIBLIOGRAPHIE
Vasari, 1568 (éd. Milanesi, VII, p. 458); Cavalcaselle-Crowe, 1877, pp. 480-483; Gronau, 1904, p. 286; Fischel, 1924, frontispice; A. Venturi, 1928, pp. 319-320; Suida, 1933, pp. 108, 173, 181; Tietze, 1936, II, p. 284; Pallucchini, 1953-54, pp. 117-118; Valcanover, 1960, II, p. 45; Valcanover, 1969, p. 131; Pallucchini, 1969, I, pp. 173, 313; Wethey, 1971, pp. 49-50, 143-144; Muraro et Rosand, 1976, pp. 121-122; Dell'Acqua, 1978, p. 85; Rosand, 1978, pl. I; Mucchi, 1977, p. 304; Pignatti et Donahue, 1979, pp. 78, 162 (avec bibl. ant.); Hope, 1980(2), p. 164; Rossi, 1990, p. 326; Freedman, 1990.

Il n'est pas certain que cet *Autoportrait* soit entré au palais Barbarigo de San Raffaele avec l'héritage de Titien vendu en 1581 par son fils Pomponio, tandis que l'analyse stylistique semble permettre d'identifier cette toile avec l'autoportrait que Vasari (1568) dit avoir été exécuté en 1562, quatre ans avant sa visite à

l'atelier de Titien lors de son séjour à Venise en mai 1566.

A cette datation de 1562 environ, s'opposent, à la suite de Cavalcaselle et Crowe (1877), Gronau (1904), Fischel (1924), A. Venturi (1928), Tietze (1936), Wethey (1971) et Hope (1980/2) qui proposent une datation vers 1550 ou peu après en raison de l'âge et de la vigueur de Titien ainsi que de sa ressemblance avec l'*Autoportrait* gravé sur bois, d'après un dessin de l'artiste, par Giovanni Britto et datable de 1550 selon le témoignage de l'Arétin (Muraro et Rosand, 1976). D. Rosand (1978) pense de son côté à une date vers 1555 en raison de l'affinité de la facture picturale « en taches » avec des œuvres du début des années 1560, les dernières « poésies » pour Philippe II et l'*Annonciation* de l'église San Salvatore à Venise (cat. **257**). Que la toile soit d'une date proche de 1562 indiquée par Vasari, c'est ce qu'estiment pour leur part Suida (1933), Pallucchini (1953-54, 1969), Valcanover (1960, 1969), Dell'Acqua (1978), Rossi (1990) et aussi Luba Freedman (1990) qui a contribué de manière fondamentale à l'étude des autoportraits de Titien de Berlin et de Madrid dans le contexte de la culture figurative et de la civilisation du XVIᵉ siècle.

Comme le montre l'examen radiographique (Mucchi, 1977), Titien s'est d'abord représenté coiffé d'une toque d'une forme différente et avec des traits plus fatigués et plus marqués par l'âge que dans la version définitive. Mais d'emblée il esquisse avec sûreté l'attitude du corps pleine d'énergie. Dans l'œuvre achevée, l'artiste se présente au spectateur avec autorité, le visage volontaire creusé par les ans, le large corps penché emplissant tout l'espace jusqu'aux limites du tableau, les mains puissamment appuyées sur la table et sur la cuisse gauche. Plus encore que dans le *Portrait de l'Arétin* du Palazzo Pitti exécuté presque vingt ans plus tôt (cat. **173**), Titien, alors qu'il exécute le visage avec un soin médité, utilise pour les vêtements une touche rapide et ramassée, et il laisse même les mains carrément à l'état d'ébauche. Dans ce portrait qu'il faut croire laissé volontairement « *non finito* », Titien offre un document captivant sur l'intensité avec laquelle il vécut, en toute conscience de sa valeur d'artiste. Il ne montre ici aucun attribut de son métier, au contraire de ce qui apparaît dans la gravure sur bois de Britto et dans l'*Autoportrait* du Prado. Mais pour rappeler sa renommée européenne, tôt acquise, il fait vibrer sur le blanc grisâtre de sa tunique les reflets mats de l'or du collier que Charles Quint lui offrit en 1533 lorsqu'il le nomma chevalier de l'Éperon d'or et comte palatin.

F.V.

page 238

256

Tiziano Vecellio, dit Titien
Pieve di Cadore, vers 1488/1490 - Venise, 1576

Vénus et Adonis
Toile H. 1,067; L. 1,333
NEW YORK, THE METROPOLITAN MUSEUM
OF ART, JULES S. BACHE COLLECTION, 1949

HISTORIQUE
Rome, palais Mariscotti en 1804; coll. Lord Darnley
à Cobham Hall de 1804 à 1925; vente Christie's,
n° 79, Londres, 1ᵉʳ mai 1925; Knoedler & Co. News
York, de 1925 à 1927; acheté à New York par Jules
Bache en 1927 et légué par celui-ci en 1944 au Metropolitan Museum, où il entre en 1949.

EXPOSITIONS
Londres, 1876, n° 119; Detroit, 1928, n° 19; Toronto,
1935, n° 26; San Francisco, 1938(2), n° 71; New York,
1939, n° 384; Stockholm, 1962-63, n° 97 Washington,
1990-91, n° 60.

BIBLIOGRAPHIE
Dolce, 1554, pp. 530-534; Cavalcaselle et Crowe,
1878, pp. 95-96; Suida, 1932, p. 166; Tietze, 1950,
pp. 403-404; Pallucchini, 1953-54, p. 77; Tietze,
1954, pp. 201-202; Brendel, 1955, p. 112; Berenson,
1957, I, p. 189; Gould, 1959, pp. 99-102; Panofsky,
1969, pp. 150-151; Valcanover, 1960, II, pp. 44-45;
Gould, 1963, pp. 281, 413-414; Pallucchini, 1969, I,
pp. 142, 315; Rosand, 1972, pp. 242, n° 4, 535-540;
Zeri et Gardner, 1973, pp. 81-82 (avec bibl. ant.);
Ferrarino, 1975, p. 42; Rosand, 1975(2), pp. 242-245;
Wethey, 1975, pp. 188-190, fig. 88, 192-193, 241-
242; Shapley, 1979, pp. 492-496; Fehl, 1980, pp. 139-
147; Gentili, 1980(1), pp. 110-117, 176; Gentili,
1980(2), pp. 169 ss.; Ginzburg, 1980, pp. 125 ss.;
Hope, 1980, p. 142, n° 6; Zerner, 1980, p. 89, fig. 21;
Fehl, 1981, pp. 4, 11-19; 21; Fabbro, 1989, p. 171;
Brown, 1990, pp. 329-330; Gentili, 1990, pp. 42-44.

Comme Titien l'indique dans sa lettre de 1554
à Philippe, « roi d'Angleterre » (*Danaé*, Prado,
cat. 177), la deuxième « poésie » pour le décor
du « camerino » est *Vénus et Adonis*. Le tableau
arriva endommagé à Londres, comme on le
constate encore aujourd'hui en examinant l'original au Prado, ce qui suscita l'irritation de
Philippe, qui écrivit le 6 décembre 1554 à Francisco de Vargas pour lui donner l'ordre que les
autres tableaux ne soient pas expédiés sans ses
instructions précises (Ferrarino, 1975). Dans
cette « poésie », Titien traite librement un autre
sujet tiré des *Métamorphoses* d'Ovide, l'amour
de Vénus pour le bel Adonis, passionné de
chasse, qui, désobéissant à l'avertissement de
la déesse de ne pas se livrer à son passe-temps

favori, mourra déchiré par le sanglier qu'il
poursuivait. Le tableau représente le moment
où Adonis se dégage de l'étreinte de Vénus qui
tente en vain de l'empêcher d'aller vers son
destin tragique. Pour cet épisode, absent du
texte d'Ovide, on a indiqué différentes sources :
le bas-relief classique avec Cupidon et Psyché,
dit *Le Lit de Polyclète*, célèbre au XVIᵉ siècle
(Panofsky, 1969; Rosand, 1975), l'Hébé, vue
de dos, des *Noces de Psyché* dans la fresque de
Raphaël (1517-18) pour la Villa Farnesina à
Rome (Gould, 1963; Panofsky, 1969), le panneau avec *Satyre et Ménades* de l'autel Grimani,
de style hellénistique, au Museo Archeologico
de Venise (Brendel, 1955), ainsi que des gravures érotiques de l'époque (Zerner, 1980).

Dans cette scène, qui peut appeler de subtiles
interprétations (Gentili, 1980/1 et 1980/2), relatives à « la signification négative de la chasse,
métaphore de la vie humaine moralement er-
rante et inévitablement sujette au caprice de la
fortune et à l'injustice des dieux », les contemporains, même dans le contexte rigoureux de la
Contre-Réforme (Gentili, 1990), soulignèrent
les aspects érotiques (Ginzburg, 1980, 1986),
comme le rapporta Dolce dans la lettre qu'il
adressa en 1554 à Alessandro Contarini pour
l'informer du contenu du tableau : « *La Venere
è volta di schena, non per mancamento d'arte, [...]
ma per dimostrar doppia arte. Perchè nel girar del
viso verso Adone, sforzandosi con amedue le braccia di ritenerlo, e mezza sedendo sopra un drappo
sollo di pavonazzo, mostra da per tutto alcuni
sentimenti dolci e vivi, e tali, che non si vedono
fuori che in lei; dove è ancora mirabile accortezza
di questo spirito divino [Tiziano], che nell'ultime
parti ci si conosce l'ammacatura della carne cau-
sata dal sedere. Ma che? Puossi con verità dire,
che ogni colpo di pennello sia di que' colpi, che
suol far di sua mano la Natura [...]. Vi giuro,
signor mio, che non si truova uomo tanto acuto di
vista e di giudicio, che veggendola non la creda
viva; niuno cosi raffreddato dagli anni, o si dura
di complessione, che non si senta riscaldare inte-
nerire, e commuoversi nelle vene tutto il sangue.
Né è meraviglia : che se una statua di marmo potè
in modo con gli stimoli della sua bellezza penetrare
nelle midolle d'un giovane, ch'egli vi lasciò la macchia, or, che dee far questa ch'è di carne, ch'è la
beltà stessa, che par che spiri?* » (« Vénus a le dos
tourné, non par défaut d'art, [...] mais pour
montrer deux fois plus d'art. Car, en tournant
la tête vers Adonis, en s'efforçant de le retenir
avec les deux bras, et à demi assise sur un drap
violet foncé, elle montre de partout certains
sentiments doux et vifs, et tels qu'on n'en voit
pas ailleurs que chez elle; ce en quoi est encore
admirable l'adresse de cet esprit divin [Titien],
c'est qu'on voit la marque causée sur sa chair
par la position assise. Mais quoi? on peut dire
en vérité que chaque coup de pinceau est de
ceux que la Nature est accoutumée de donner
elle-même [...]. Je vous jure, messire, qu'on ne
trouve pas homme à l'œil et au jugement si
aigus que, la voyant, il ne la croie vivante, ni
si refroidi par les ans ou d'un tempérament si
dur qu'il ne se sente s'échauffer, s'attendrir et

tout son sang s'émouvoir dans ses veines. Et il
n'y a pas à s'en étonner : si une statue de marbre
put, par l'excitation de sa beauté, pénétrer les
moelles d'un jeune homme, au point qu'il en
garda la marque, alors que doit faire celle-ci qui
est de chair, qui est la beauté même, au point
qu'elle paraît respirer? »).

La sensualité du sujet, qui montre la « partie
contraire » de Vénus, comme promis par Titien
en 1554, ne fut assurément pas étrangère au
grand succès obtenu par le tableau, dont témoignent les multiples versions exécutées par
l'atelier de Biri Grande avec la participation
plus ou moins étendue de Titien. Les nombreuses versions subsistantes sont réparties
(Gould, 1959; Wethey, 1975) en deux types,
selon le format et suivant les différences dans
quelques détails et dans le rapport entre les
figures et le paysage. Dans le tableau du Prado
et dans sa réplique de la National Gallery de
Londres, la plus autographe et de peu postérieure, le paysage est plus vaste et construit,
Cupidon est représenté endormi, Adonis retient
trois chiens en laisse, le char de Vénus (ou de
l'Aurore — Rosand, 1975) paraît tout éclatant
dans le ciel entre les nuages. Les versions du
type Farnèse, ainsi dénommées par référence à
une réplique exécutée pour cette famille et aujourd'hui perdue (Cavalcaselle et Crowe, 1878;
Wethey, 1975), sont de dimensions plus petites
et d'un format plus allongé : l'arrière-plan est
moins étendu et moins riche de détails, le char
de Vénus (ou de l'Aurore) est remplacé par un
faisceau de lumière éblouissante, Cupidon s'en-
fuit en retenant une colombe, Adonis s'apprête
à partir pour la chasse tragique avec seulement
deux chiens tenus en laisse, et il n'y a plus
d'urne renversée aux pieds de Vénus. C'est à
ce second type qu'appartient le tableau de New
York, longtemps considéré comme de moindre
qualité que la version de la National Gallery de
Washington, à la suite de l'appréciation négative de Cavalcaselle et Crowe (1878) qui le jugeaient une « copie médiocre ou une imitiation »
postérieure à la mort de Titien, en rappelant
qu'il provenait de la « collection Mariscotti, de
Bologne »; et Tietze le tient encore en 1950 pour
une « réplique d'atelier » de la version de Washington.

La restauration effectuée en 1976 (Brown,
1990) a permis de porter un jugement neuf sur
sa qualité, certainement supérieure à celle de la
version contemporaine de Washington (Wethey, 1975 : Shapley, 1979), et de confirmer
l'opinion de Suida (1932), Berenson (1936,
1957), Pallucchini (1953-54, 1969) et Valcanover (1960, 1969), pour lesquels il s'agit d'une
œuvre de la main de Titien, datable des années
1560-1565, où l'intervention de l'atelier fut limitée, surtout au paysage selon Zeri et Gardner
(1973).

Bien qu'appartenant au même type, le tableau de New York diffère par quelques détails
de la version de Washington. Dans celle-ci,
comme dans la gravure de Sadeler de 1610, il
manque l'arc et le carquois avec les flèches sur
l'arbre, les sandales d'Adonis sont d'une forme

différente et à la mode de l'époque, et Adonis ne porte pas la tunique couleur lilas violacé qui couvre en partie son torse dans le tableau de New York. Mais surtout la facture picturale des deux œuvres est différente. Autant la toile de Washington est traitée d'une manière lourde et comme éteinte dans les détails, ce qui n'est pas à mettre sur le seul compte de son état de conservation, autant le tableau de New York présente une trame chromatique limpide et lumineuse, qui met en évidence le naturel des formes, leur articulation et la précision minutieuse des détails, grâce à la gradation changeante des tons violacés, bruns, blancs et gris des figures des trois protagonistes et des deux chiens, tons qui s'accordent harmonieusement avec les verts-bruns du paysage et l'azur profond du ciel chargé de nuages couleur de plomb. Dans cette matière picturale comme piquetée de lumières, caractéristique du début des années 1560, Titien semble revenir, avec des accents plus dramatiques encore au naturel plein de vitalité de la première version pour le prince de la couronne, Philippe, qui exprime si bien la séparation forcée des deux amants voulue par le destin. Une autre version du même sujet, acquise récemment par le J. Paul Getty Museum (Malibu, USA) est d'une qualité remarquable. Mais il faudra attendre la fin de la restauration en cours pour mieux comprendre la place qu'elle occupe parmi les nombreuses versions de *Vénus et Adonis*.

Le sujet mythologique des amours de Vénus et d'Adonis a été plusieurs fois traité par Véronèse, mais c'est dans une seule version, datable des années 1560, tout de suite après les fresques de la Villa Barbaro à Maser, et conservée aux Städtische Kunstsammlungen d'Augsbourg, (cat. **196**) qu'il s'inspire de l'invention « inédite » de Titien, la « fuite » d'Adonis pour la chasse sans retour (Panofsky, 1969). Mais dans cette œuvre aussi, comme l'observe A. Gentili (1980), la tension plastique du sujet emprunté à Titien se relâche et sa palette embrasée s'allège pour faire place à une situation d'une saveur arcadienne raffinée, où les sentiments se sont adoucis, les gestes et les poses apaisés, et la couleur éclaircie. Pour les très nombreuses autres copies, réélaborations et gravures de ce thème à grand succès, voir Panofsky (1969) et Wethey (1975).

F.V.

page 235

257

Tiziano Vecellio, dit Titien
Pieve di Cadore, vers 1488/1490 - Venise, 1576

L'Annonciation

Toile. H. 4,03; L. 2,35. Au centre de la marche du bas, sous l'inscription : *TITIANUS FECIT FECIT*, partie de la signature originale : *FACIEBAT;* à droite de la deuxième marche, l'inscription : *IGNIS ARDENS NON COM / B [U] RENS,* entièrement réécrite une deuxième fois.

VENISE, ÉGLISE SAN SALVADOR

HISTORIQUE
Dès l'origine sur l'autel consacré à saint Augustin de l'église San Salvador, Venise.

EXPOSITIONS
Venise, 1935, n° 87; Venise, 1945, n° 86; Lausanne, 1947, n° 47; Venise, 1990(1), n° 56; Washington, 1990-91, n° 56.

BIBLIOGRAPHIE
Vasari, 1568 (éd. Milanesi, VII, p. 449); Ridolfi, 1648 (éd. Hadeln, I, p. 205); Boschini, 1664 (éd. A. Pallucchini, p. 134); Cavalcaselle et Crowe, 1878, pp. 338-340; Berenson, 1894, p. 44-48, 127; Borenius, 1922, pp. 87 ss.; Dvořák, 1928, p. 92; Fry, 1924, pp. 234-236; Longhi, 1925, p. 44; A. Venturi, 1928, pp. 354, 386; Suida, 1933, p. 124; Fogolari, 1935, p. 175; Tietze, 1936, I, pp. 237, 240, II, p. 313; Longhi, 1946, p. 24; Tietze, 1950, p. 399; Fiocco, 1953-1954, p. 197; Kennedy, 1956, p. 237; Valcanover, 1960, II, pp. 20, 47; Pallucchini, 1969, pp. 177-178, 319; Wethey, 1969, pp. 71-72; Maschio, 1975, pp. 178-182; Rosand, 1975(1), pp. 63-64; Oberhuber, 1976, pp. 34-35; Dell'Acqua, 1978, p. 80; Rosand, 1978, p. 146; Hope, 1980(2), pp. 141, 164; Dillon, 1990(1), p. 316; Nepi Scirè, 1990, pp. 124-126(1), 318-320(2) (avec bibl. ant.); Rosand, 1990, pp. 41, 44; Boucher, 1991, pp. 119-120, 267; Pedrocco et Montecuccoli degli Erri, 1992, pp. 123-124.

Antonio Cornovì della Vecchia, membre d'une des deux familles de marchands originaires de Bergame installées à Venise au début du XVIᵉ siècle (cat. **252**), prescrit dans son testament du 7 mai 1559 l'achat de la chapelle de saint Augustin dans l'église San Salvador, où se trouvait déjà la sépulture de son père Venturino, et précise que l'autel, à construire « en pierre taillée selon le dessin et l'accord fait avec le tailleur de pierre », doit être décoré par Titien du « tableau de l'Incarnation de Notre Sei-

gneur ». Dans ce testament, très vraisemblablement dicté en un moment particulièrement délicat, Cornovì demande que les travaux soient terminés six mois après sa mort. Au vu de ce testament, R. Maschio (1975) avance l'hypothèse que l'autel et le tableau ont été terminés dans le délai de six mois demandé par Antonio Cornovì, lequel ne mourra d'ailleurs qu'en 1572. A l'appui de son hypothèse, acceptée par Nepi Scirè (1990), R. Maschio cite, comme *terminus ante quem* pour l'exécution du tableau par Titien, la date de 1560, proposée par Fiocco (1953-54) car c'est l'année de la mort du frère de Titien, Francesco Vecellio, que Boschini (1664) considère comme l'auteur des fresques de la coupole. Mais, outre le fait que Francesco avait depuis longtemps abandonné la peinture pour se consacrer aux affaires de la famille dans la cité natale de Pieve di Cadore, il semble peu vraisemblable que Titien ait pu exécuter cette commande en six mois à peine précisément en une période où des travaux pressants étaient en cours de réalisation ou en voie d'achèvement dans son atelier de Biri Grande. Et il ne faut pas non plus oublier que l'acte définitif d'acquisition de la chapelle par les Cornovì ne date que du 24 octobre 1560 (Boucher, 1991).

Comme l'observe Pallucchini (1969), puisque le monopole concédé à Titien le 5 mars 1566 par le Consiglio dei Dieci n'apparaît pas sur la gravure de Cort, il convient mieux de situer entre 1564 et 1565 l'exécution de ce tableau qui est d'une intensité expressive plus poussée que le tableau de Naples sur le même sujet (cat. **251**).

Il est certain que l'*Annonciation* était déjà en 1566 installée sur l'autel, construit très vraisemblablement suivant le dessin de Jacopo Sansovino entre la fin des années 1550 et le début des années 1560, époque à laquelle Sansovino complétait de sculptures le mausolée de Francesco Venier dans cette même église San Salvatore et fournissait les dessins pour le portail du monastère adjacent (Boucher, 1991). C'est en effet en 1566 que Vasari (1568) vit cette *Annonciation* et exprima des réserves sur sa qualité en observant que ce tableau et *la Transfiguration* voisine, « *opere ultime* » (« derniers ouvrages ») de Titien, « *ancorchè in loro si veggia del buono, non sono molto stimate da lui, e non hanno di quella perfezione che hanno l'altre sue pitture* » (« encore que l'on voie du bon en eux, ne sont pas très estimés de lui et n'ont pas de cette perfection qu'ont ses autres peintures »). Ce jugement, que Vasari corrigea d'ailleurs en voyant les œuvres en cours dans l'atelier de Titien, ne laissa pas d'influencer la critique moderne, à commencer par Cavalcaselle et Crowe (1878) qui, bien qu'ayant loué le tableau pour son exécution menée « avec bravoure et une grande facilité de main » et pour sa « composition pleine de brio et qu'on peut dire nouvelle », le considèrent comme « en grande partie, si non entièrement » œuvre de l'atelier. La sévérité de l'appréciation portée par Cavalcaselle et Crowe sur la qualité de l'*Annonciation*, certainement due en partie aux repeints de Lattanzio Quarena lors de la « restauration » de 1821-1823, ne fut plus partagée par la critique, à l'exception de C. Hope (1980/2), après que la toile eut été présentée à l'exposition de Venise de 1935, qui fournit l'excellente occasion de réévaluer le dernier développement de l'art de Titien, réévaluation à laquelle avaient contribué, de manière limitée mais pénétrante, Berenson (1894), Borenius (1922), Fry (1924), Longhi (1925) Dvořák (1928), et A. Venturi (1928).

La restauration de 1988-89 a rendu sa lisibilité au tableau en le débarrassant de la couche de repeint et de vernis non originels altérés. Elle a mis en lumière une composition bien conservée pour l'essentiel et a aussi détruit la légende accréditée par Ridolfi (1648) selon laquelle le double « FECIT » après la signature avait été tracé par Titien pour confirmer le caractère pleinement autographe du tableau en réponse aux insinuations polémiques sur sa prétendue incapacité, due à son âge avancé, de mener ses travaux à bonne fin sans le large concours de l'atelier. Sous le deuxième « FECIT », déjà considéré par Tietze (1936, 1950) comme dû à une restauration, l'examen radiographique a aussi fait clairement apparaître une partie de la signature originelle : « FACIEBAT », et a révélé que l'inscription « IGNIS ARDENS NON COMBURENS » a été répétée, peut-être parce que l'inscription originelle était presque effacée (Nepi Scirè, 1990).

Pour l'*Annonciation* de San Salvador, Titien renouvelle profondément dans son contenu et dans son langage la composition du tableau de San Domenico Maggiore à Naples. Il représente la simultanéité de l'annonce à Marie de la conception du fils de Dieu et la réalisation soudaine de celle-ci. La position relative des deux figures évoque le mystère de l'Incarnation, auquel Cornovì se réfère expressément dans son testament de 1559. L'ange vient à peine de transmettre le message divin et, les bras croisés sur la poitrine — ou, dans une première ébauche, tendus en un geste de prière (Nepi Scirè, 1990) —, il s'incline avec piété vers Marie. Celle-ci, d'un geste vif qui rappelle un exemple antique de la collection Grimani au Museo Archeologico de Venise (Kennedy, 1956), écarte son voile ; elle est consciente que l'événement divin qui vient de se produire ne la privera pas d'une virginité perpétuelle comme le buisson ardent par lequel Dieu se manifesta à Moïse et auquel font allusion les fleurs flamboyantes dans la cruche de verre soufflé d'une pure transparence sur sa gauche ainsi que l'inscription au-dessous : « IGNIS ARDENS NON COMBURENS » (« Feu qui brûle sans consumer », Ex. 3, 2 ; Office de la Vierge).

La composition générale est, ici plus encore que dans la version de Naples, proche du tableau perdu de 1537. Comme dans celui-ci, des éléments architecturaux grandioses délimitent la scène à gauche, les marches et le dallage constituent l'avant-scène de l'événement sacré, les anges rassemblés en un cercle agité autour de la colombe surplombent Marie de près.

Titien tint certainement compte de la forme de l'autel qui devait recevoir le tableau, et peut-être vit-il le dessin préparatoire de son ami Jacopo Sansovino avant même sa construction. A gauche, les cannelures de la colonnade qui s'éloigne obliquement reprennent en effet le motif des colonnes corinthiennes qui flanquent l'autel, tandis que les deux marches se révèlent parallèles à la corniche en pierre d'Istrie, dont elles semblent la continuation naturelle. mais dans le tableau, il n'y a pas trace de la manière classique dont l'espace est plastiquement traité dans l'autel et dans le tableau perdu de 1537 ; ici, le caractère bidimensionnel de l'image créé par le traitement des surfaces en empâtements chromatiques témoigne d'une liberté d'expression encore plus poussée que dans l'*Annonciation* de Naples.

En haut, les anges s'attroupent en un désordre tumultueux autour de la flamme de lumière dans laquelle le Verbe fait irruption, et qui fait pâlir la faible lueur palpitante du jour mourant dans le couchant qui rougeoie. Ce brusque éclair projette lueurs, ombres et reflets sur les rouges et bleus profonds de la Vierge et sur les roses violacés de l'ange, nuancés d'iridescences nacrées qui semblent annoncer celles qui revêtent la *Vierge à l'Enfant* à la National Gallery de Londres (cat. **259**).

Représentée en tons effervescents que la lumière pénètre d'une vitalité bouillonnante, la soumission de la Vierge à la volonté divine charge d'une signification dramatique cette atmosphère d'intimité qui était déjà celle de l'*Annonciation* de Naples. Cette vive animation lumineuse de la composition picturale du tableau de Venise rappelle la grande feuille au fusain et à la craie blanche avec l'*Ange de l'Annonciation* des Uffizi (cat. **233**), considérée à juste titre par K. Oberhuber (1976) comme le plus heureux exemple des derniers dessins de Titien, et mise en rapport avec l'*Annonciation* de San Domenico Maggiore de Naples, avec celle de San Salvador, et aussi, pour les figures du verso, avec la *Crucifixion* de San Domenico d'Ancône (Dillon, 1990/1 ; cat. **252**), toutes œuvres qui datent des années où Titien aboutit à son « impressionnisme magique » (Longhi, 1946). Durant l'année 1729, Giovanni Paolo et Giovanni Benedetto Giovannelli, comtes de Marengo, commanditèrent une série de peintures pour l'église de San Salvador, à Morengo, près de Bergame. Antonio Guardi exécuta une « copie » de l'ange et de la Vierge de Titien, ce qui témoigne de la fascination exercée par le retable de San Salvador au début du XVIIIe siècle (Pedrocco et Montecuccoli degli Erri, 1992).

F.V.

page 236

258

Tiziano Vecellio, dit Titien
Pieve di Cadore, vers 1488/1490 - Venise, 1576

*L'Éducation de l'Amour
(Vénus bandant les yeux de l'Amour)*
Toile H. 1,18 ; L. 1,85
ROME, GALLERIA BORGHESE

HISTORIQUE
Palazzo Borghese ai Borghi, à Rome en 1613 ; au XVIIIe siècle, Palazzo Borghese du Campo Marzio ; à la fin du siècle, transporté avec d'autres œuvres à Turin et à Paris après le mariage de Camillo Borghese avec Pauline Bonaparte ; retourné à Rome en 1813, fait partie du fidéicommis de 1833 du prince Francesco Aldobrandini ; acquis par l'État italien avec la Galleria, la Villa et la Palazzina Borghese en 1902.

EXPOSITIONS
Venise, 1935, n° 84 ; Tokyo, 1980, n° 11 ; Rome, 1985, n° 14 ; Moscou, Leningrad, 1986, n° 16 ; Venise, 1990(I), n° 66 ; Washington, 1990-91, n° 66.

BIBLIOGRAPHIE
Francucci, 1613, pp. 107-117 ; Cavalcaselle et Crowe, 1878, II, pp. 342-344 ; A. Venturi, 1893, p. 110 ; Gronau, 1904, p. 295 ; Fischel, 1907, p. 180 ; L. Venturi, 1932, p. 484 ; Hetzer, 1935, pp. 146, 170-171 ; Fogolari, 1935, p. 171 ; Tietze, 1936, I, pp. 241-242 II, p. 308 ; Panofsky, 1939, pp. 155-169 ; Tietze-Conrat, 1945, p. 270 ; Tietze, 1950, p. 392 ; Suida, 1952, pp. 36-38 ; Pallucchini, 1953-54, pp. 113, 128-129 ; Della Pergola, 1955, pp. 131-132 (avec bibl. ant.) ; Wind, 1958, pp. 76-78 ; Friedländer, 1967, pp. 50-52 ; Valcanover, 1960, II pp. 20-21 48 ; Valcanover, 1969, p. 131 ; Pallucchini, 1969, pp. 180-181, 322 ; Panofsky, 1969, pp. 129-137 ; Wethey, 1975, pp. 85, 131-132, fig. 186 ; Catelli Isola, 1976, n°s 155, 318, 334 ; Hermann Fiore, 1990, pp. 343-346 (avec bibl. suppl.).

Ce tableau fait probablement partie de l'ensemble de soixante et onze œuvres que le cardinal Scipione Borghese acquit en 1608 pour 4 000 écus par l'intermédiaire de son trésorier Pallavicini auprès du collectionneur raffiné Paolo Sfondrato, cardinal de Santa Cecilia et neveu du pape Grégoire XIV. Il est mentionné pour la première fois comme œuvre de Titien dans un document de 1613 ainsi que dans le poème que Scipione Francucci consacra cette même année à la « Galleria » du cardinal Borghèse (Della Pergola, 1955 ; Hermann Fiore, 1990).

Ce tableau, que Cavalcaselle et Crowe (1878) décrivent juste avant de mentionner que Titien concéda en 1566 le monopole de la gravure de ses œuvres à Cornelis Cort et Nicoló Boldrini, est daté vers 1565 par Adolfo Venturi le premier (1893), suivi par Hetzer (1935), Tietze (1936,

1950), Della Pergola (1955), Valcanover (1960, 1969) et Wethey (1975). Cette date est avancée vers 1560 par Fogolari (1935), retardée vers 1568 par Gronau (1904), et située vers 1565-1568 par Fischel (1907) et Pallucchini (1953-54, 1969).

K. Hermann Fiore (1990) recense les divers titres donnés à la composition depuis le XVIIᵉ siècle et fondés pour l'essentiel sur l'identification du sujet avec Vénus ou les Trois Grâces, et il résume aussi la question, toujours ouverte, des sources littéraires et des interprétations iconographiques. Pour Panofsky, qui considère qu'il s'agit d'un tableau nuptial, Cupidon aux yeux ouverts (Antéros) renvoie à l'Amour divin, et Cupidon aux yeux bandés (Éros) à l'amour terrestre, tandis que les deux Nymphes seraient des allégories de l'Amour conjugal ou de la Chasteté (1939), ou bien encore du Plaisir et de la Chasteté (1969). Wind (1958), qui croit identifier Diane en la figure qui tient l'arc, pense à une allégorie de l'initiation à l'amour, « personnifié par Vénus sous la double représentation de la claire vision et de la passion aveugle ». Lionello Venturi (1932) et Tietze (1936), se fondant notamment sur une lunette de Giulio Romano au Palazzo del Tè à Mantoue, croient reconnaître la source iconographique du tableau dans un passage de la traduction publiée à Florence en 1603 mais avec une dédicace de 1549 qu'Angelo Firenzuola fit de *L'Ane d'or* d'Apulée (Luci Apulei, *Metamorphoseon*, I.v.c. 29), passage dans lequel Vénus punit l'Amour pour s'être épris de Psyché en le privant de son arc et de son carquois qui seront remis à l'autre enfant derrière elle, un petit esclave adopté ou bien le frère non encore né de l'Amour. A cette hypothèse séduisante s'opposent Tietze-Conrat (1945) ainsi que Friedländer (1967 pour lequel la déesse serait non pas Vénus mais Vesta, qui dépouille l'Amour de ses armes avec l'aide de deux de ses prêtresses. Cette interprétation, pas plus que les autres, n'est acceptée par K. Hermann Fiore (1990) qui observe à juste titre que les « vestales » semblent apporter et non retirer l'arc et le carquois, dont il relève notamment que les dimensions correspondent « davantage à la taille d'Apollon qu'à celle de l'Amour ».

La publication prochaine des résultats de l'examen radiographique apportera des éléments nouveaux pour la compréhension du sujet de ce tableau et montrera notamment combien sa première esquisse est étroitement liée au fragment de *Vénus et l'Amour* de la National Gallery de Washington considéré par Suida (1952) comme une première version datable de 1555 du groupe de gauche de la version finale du tableau de la Galleria Borghese ainsi qu'aux multiples répliques d'atelier et copies avec nombreuses variantes (Wethey, 1975) de l'*Allégorie d'Alphonse d'Avalos* du Louvre (cat. **164**). Des souvenirs de cette dernière œuvre apparaissent aussi dans la version définitive du tableau de la Galleria Borghese et sont déjà signalés par Cavalcaselle et Crowe (1878), qui s'appuient sur ce rapprochement pour souligner

avec une grande pénétration critique, que reprennent les études contemporaines, la force d'expression de la dernière manière de Titien : « quelques réminiscences çà et là nous remettent en mémoire la manière qu'avait Titien vingt ans auparavant, quand il peignit l'*Allégorie d'Alphonse d'Avalos*. [...] Mais quelle extraordinaire différence ne découvre-t-on pas dans la facture ! En repensant un moment aux jours lointains du *Christ au denier*, lorsqu'on pouvait regarder ce tableau de près comme de loin, nous pouvons bien nous souvenir comment les détails les plus petits, les plus minuscules, qu'on pouvait discerner de près, se perdaient dans l'ensemble quand on regardait le tableau de plus loin. A présent au contraire, en examinant de près l'œuvre de l'artiste, on ne découvre rien d'autre qu'un mélange de touches de couleurs, tantôt rouges, tantôt bleu turquin et noires, et aussi, çà et là, grisâtres et bleu clair, ainsi qu'une exécution qu'on dirait négligée, des formes sans contours bien définis : mais, comme nous reculons à la bonne distance, voici que le tableau se transforme, acquiert formes et couleurs, au point de paraître presque la nature vivante. [...] La technique d'exécution que nous voyons sur cette toile fait preuve d'un art moins réaliste et plus noble que celui de Véronèse, mais tel qu'on peut juger ce tableau de la galerie Borghèse comme l'un des chefs-d'œuvre de Titien. »

Au vrai, le sujet de ce tableau renvoie, et davantage encore aujourd'hui après la restauration effectuée dans le cadre de cette exposition, au monde heureux de la jeunesse de Titien. Mais la sérénité à la Phidias de cette époque désormais irréversiblement passée revêt ici la signification d'un drame existentiel dans la trame vive et raffinée des tons qui se dissolvent lentement dans les lueurs enflammées du couchant. Dans le climat de la Contre-Réforme instauré par le concile de Trente, le mythe de la beauté païenne, que ce tableau fait revivre avec intensité par la fusion sublime de la nature et de l'idée, reste presque isolé dans la production du dernier Titien et recevra un ultime et nostalgique salut dans *La Nymphe et le Berger* du Kunsthistorisches Museum de Vienne.

Ce tableau, que Titien exécuta deux ou trois ans après avoir envoyé en 1562 à Philippe II sa dernière « poésie », l'*Enlèvement d'Europe* de Boston, et que Scipione Borghese voulut s'assurer pour sa collection, connut un succès dont témoignent les gravures et surtout les nombreuses copies, la plupart du XVIIᵉ siècle (Wethey, 1975 ; Catelli Isola, 1976 : Hermann Fiore, 1990), dont une de Van Dyck qui se servit d'un dessin fait directement d'après l'original pendant son séjour en Italie de 1622 à 1627.

F.V.

page 242

259

Tiziano Vecellio, dit Titien
Pieve di Cadore, vers 1488/1490 - Venise, 1576

La Vierge à l'Enfant
Toile. H. 0,756 ; L. 0,632
LONDRES, THE TRUSTEES
OF THE NATIONAL GALLERY

HISTORIQUE
Rome, coll. Bisenzio ; Lord Ward, premier comte de Dudley en 1850 ; vente Dudley, 25 juin 1892, nº 89 ; coll. Ludwig Mond, Londres ; legs Mond à la National Gallery de Londres en 1924.
EXPOSITIONS
Dublin, 1854, nº 101 ; Londres, 1871, nº 331 ; Londres, 1894, nº 110 ; Londres, 1913-14, nº 47.
BIBLIOGRAPHIE
Vasari, 1568 (éd. Milanesi, VII, p. 442) ; Cavalcaselle et Crowe, 1878, pp. 440-441 ; Borenius, 1922, pp. 87-91 ; Fry, 1924, pp. 234-236 ; Hadeln, 1928, pp. 55-56 ; Tietze, 1950, p. 377 ; Gould, 1959, pp. 116-117 ; Pallucchini, 1969, p. 198 ; Wethey, 1969, p. 101 ; Gould, 1975, pp. 297-298 ; Dell'Acqua, 1978, pp. 80, 88 ; Walther, 1978, fig. 92 ; Chiari, 1982, p. 98 ; Valcanover, 1984, p. 187.

Dans leur monographie (1878), Cavalcaselle et Crowe recensent cette toile au nombre des « tableaux authentiques de Titien » non attestés par des « documents sûrs de l'époque ». Ils indiquent qu'elle figure dans la « galerie de lord Dudley » à Londres, qu'ils l'ont vue « en bien meilleur état » dans la collection Bisenzio à Rome « avant qu'elle ne fût restaurée », et ils la jugent « de la dernière manière du grand maître ». Le caractère autographe et l'historique indiqué par Cavalcaselle et Crowe sont unanimement acceptés par la critique, tandis que l'état de conservation de la toile s'est heureusement révélé « *very good* » après la restauration de 1962 (Gould, 1975).

Ce motif de la Vierge allaitant l'Enfant a un précédent, en sens inverse, au centre du petit retable votif de la famille Vecellio de l'Arcipretale de Pieve di Cadore, décrit par Vasari (1568) avec une telle précision dans les détails que l'on pense que celui-ci a bien pu le voir en 1566 à Venise dans l'atelier de Titien. Comme ce tableau de Pieve di Cadore et comme l'*Autoportrait* du Prado, encore qu'elle soit d'une date plus tardive que ceux-ci, entre 1570 et 1575 (Pallucchini, 1969 ; Wethey, 1969 ; Dell'Acqua,

675

1978; Walther, 1978; Valcanover, 1984), Titien exécuta cette toile de Londres presque sans préparation et avec une trame de coups de pinceau d'une extrême finesse et comme déliés en impalpables touches nacrées dans le gris doré de la luminosité diffuse d'un goût « pré-impressionniste » (Borenius, 1922; Fry, 1924). Avec cette technique, bien différente de celle aux empâtements denses et tumultueux avec laquelle, durant ces mêmes années, il donne forme à ses dernières pensées de grandeur désespérée, Titien parvient à créer ici une intimité d'un lyrisme poignant. La construction simple et naturelle de cette image lui confère une familiarité quotidienne, ce qui laisse penser qu'elle fait partie des tableaux que Titien exécuta pour luimême pendant ses dernières années de méditation solitaire dans son atelier de Biri Grande.

Tietze (1950) et Gould (1959) nient à juste titre le caractère autographe de la toile de la collection Henniker-Heaton, dont Hadeln (1928) considère la partie centrale comme une étude préparatoire pour la présente *Vierge*. Wethey (1969) et Gould (1959) rendent compte des copies et des versions non originales, tandis que Gould (1975) rappelle l'hypothèse de C. White selon laquelle ce tableau de Londres se serait trouvé en France au XVIIe siècle puisque c'est en français qu'est rédigée l'inscription au verso de la gravure qu'en fit Pieter de Jode le Jeune, actif à Paris en 1631-32 (Chiari, 1982). Une « copie » fidèle de l'œuvre, pas inversée comme l'est la gravure de Pieter de Jode, a été identifiée par R. Godfrey (communication écrite de Nicholas Penny) dans la xylographie en trois planches (H. 0,216; L. 0,162) de Vienne que Bartsch (1866, 12, 8, p. 54; 1983, 48, p. 69) attribue à un anonyme « d'après un maître qui pourrait être André del Sarto ».

F.V.

page 239

260

Tiziano Vecellio, dit Titien
Pieve di Cadore, vers 1488/1490 - Venise, 1576

Judith
Toile. H. 1,128; L. 0,945
DETROIT, THE DETROIT INSTITUTE OF ARTS,
GIFT OF EDSEL B. FORD

HISTORIQUE
Marquis Andrea Gerini, Florence, en 1759; John Rodwell, Londres, en 1829; colonel W. Cornwallis-West, Londres, en 1915; A. L. Nicholson, Londres, en 1923; donné par Edsel B. Ford à l'Institute of Arts de Detroit en 1935.
EXPOSITIONS
Londres, 1915, n° 47; New York, 1939, n° 388; New York, 1956, n° 7; Toronto, 1960, n° 5; Venise, 1990(1), n° 69; Washington, 1990-91, n° 69.
BIBLIOGRAPHIE
Borenius, 1922, pp. 88-91; Suida, 1933, pp. 130, 172: Valentiner, 1935, pp. 102-104; Tietze, 1950, p. 369; Pallucchini, 1953-54, pp. 122-123; Morassi, 1968, pp. 465; Pallucchini, 1969, pp. 176-177, 318; Wethey, 1969, p. 95; Frederiscksen et Zeri, 1972, p. 202; Marandel, 1990, p. 352 (avec bibl. ant.); Fredericksen (à paraître).

B. Fredericksen (1990) identifie cette Judith avec le tableau mentionné dans la description de 1677 de la collection Gerini, qui indique d'ailleurs que l'héroïne de l'Ancien Testament est assistée d'une « vieille femme » au lieu du page noir qui apparaît dans la toile de Detroit. J.-P. Marandel (1990) en se référant aussi à la *Salomé* d'une collection privée en Suisse, publiée par Morassi (1968) et identifiée par celui-ci avec un tableau de la collection de l'archiduc Léopold Guillaume gravée par Voesterman dans le *Theatrum Pictorium* de Teniers, accepte l'hypothèse de Fredericksen, sans d'ailleurs « exclure la possibilité qu'il se soit trouvé dans la collection Gerini une autre œuvre de Titien, peut-être une autre version de la *Salomé* de Vienne ».

Présenté comme une œuvre de Titien dans l'exposition du Burlington House Club à Londres en 1915, ce tableau a été ensuite publié par Borenius (1922), qui ne manque pas de rappeler les rapports avec la *Salomé* possédée en 1660 par l'archiduc Léopold Guillaume ni de souligner la différence évidente de facture picturale entre le visage de Judith, d'un fini soigné, et les autres parties du tableau, surtout la tête d'Holopherne, traitées en touches rapides et ramassées.

Cette différence de facture a suscité la perplexité sur les dates d'exécution de l'œuvre et aussi sur son caractère pleinement autographe. Pour Suida (1933), il s'agirait d'une version tardive d'un prototype de Titien datant des années 1530, tandis que, selon le catalogue de 1944 de l'Institute of Arts de Detroit, la toile, commencée par la figure de Judith vers 1550, aurait été terminée par Titien vingt ans après environ. Tietze (1950) va jusqu'à penser que « le contraste entre les deux techniques [...] peut s'expliquer si l'on admet qu'un *modello* de Titien — du genre de la *Lucrèce* de Vienne — a été complété par des élèves pour en faire un tableau achevé ».

L'hypothèse d'un intervalle de vingt ans entre les deux périodes de l'exécution, avec laquelle la critique n'est guère d'accord, a été reprise, bien que de manière dubitative, par J.-P. Marandel (1990) qui se fonde sur l'existence, sous l'actuelle version de Judith, d'un sujet différent, dont tout donne à penser qu'il

s'agit d'un portrait de Charles Quint avec les attributs du pouvoir. J.-P. Marandel rappelle cependant que, comme pour la *Salomé* de la collection privée suisse, aussi bien A. Morassi que B. Frederiksen soulignent dans cette *Judith* la même diversité de facture, davantage finie dans les visages et « impressionniste » pour le reste.

Pareil « expédient » technique, fréquent dans la dernière période de Titien, trouve une explication satisfaisante dans le fait que l'artiste cherchait à conférer une forte signification à ses images. Ici, comme le note Pallucchini (1969), il semble que Titien s'appuie sur le contraste entre le visage « fini » de Judith, lumineux sur le lie-de-vin de la tenture, et la tête tranchée d'Holopherne, empâtement informe de tons entre ombre et lumière, pour créer une brusque opposition de sentiments entre la sereine détermination de l'héroïne d'Israël et la fin sanglante de l'oppresseur de son peuple.

F.V.

page 240

261

Tiziano Vecellio, dit Titien
Pieve di Cadore, vers 1488/1490 - Venise, 1576

Ecce Homo
Toile. H. 1,092; L. 0,927
SAINT LOUIS (MISSOURI),
THE SAINT LOUIS ART MUSEUM
MUSEUM PURCHASE

HISTORIQUE
Coll. particulière en Angleterre (comte d'Effingham); R. Heinemann et A. Loewi, Londres en 1935; Robert Franck, Londres; Arnold Seligmann, Rey and Co., New York, 1936, acquis par le musée.
EXPOSITIONS
Venise, 1935, n° 96; New York, 1936, sans n°; Detroit, 1941, n° 59; Omaha, 1956-57, sans n°; New York, 1958, n° 2; New York, 1967, n° 22; Saint Louis, 1972, n° 2.
BIBLIOGRAPHIE
Campori, 1870, p. 144; Suida, 1927, pp. 206-207 Suida, 1933, pp. 124, 172; Fogolari, 1935, p. 193; Mayer, 1935, p. 53; Dussler, 1935, p. 238; Serra, 1934-35, p. 561; Beroqui, 1946, pp. 165-166; Tietze, 1936, II, p. 292; Mayer, 1937, p. 307; Suida, 1938, p. 226; Tietze-Conrat, 1946(1), pp. 86-87; Tietze, 1950, pp. 393-394; Pallucchini, 1953-1954, pp. 145-146; Berenson, 1957, I, p. 190; Valcanover, 1960, II,

p. 135; Pallucchini, 1969, I, pp. 192, 326; Wethey, 1969, pp. 83-84; Kultzen, 1971, pp. 193-194; Fredericksen et Zeri, 1972, p. 630.

Selon Mayer (1937), ce tableau pourrait être identifié avec « l'*Ecce Homo* de Titien, en partie fini et en partie ébauché, très véritablement de sa main », que, dans une lettre du 9 janvier 1644, Gabriele Balestrieri, de Parme, peintre et célèbre pourchasseur d'œuvres d'art, dit avoir acheté à Venise, en déboursant « moins de trente ducats », pour les collections de l'amateur raffiné Paolo Coccopani (1584-1650), nommé évêque de Reggio nell'Emilia en 1625 (Campori, 1870).

Attribué à Tintoret dans la collection anglaise dont il provient, le tableau fut daté de la fin de l'activité de Titien par Mayer en 1935 et dans l'exposition de Ca'Pesaro à Venise cette même année. Cette attribution du tableau fut discutée par Serra (1935), Dussler (1935) et Tietze (1936), mais, après les analyses critiques approfondies menées sur la dernière période d'activité de Titien à la suite de cette exposition de Venise, il est presque unanimement accepté dans le catalogue des œuvres assurément autographes de Titien par la critique, y compris par Tietze qui révise en 1950 son jugement de 1936. Berenson le mentionne cependant encore en 1957 comme dû en partie à l'atelier, alors que Wethey (1969) le considère comme non fini par l'artiste et achevé par un assistant vers 1575. Tietze-Conrat (1946/I) pense au contraire qu'il s'agit d'une esquisse restée dans l'atelier de Titien pour que les assistants en tirent des répliques. Cette hypothèse semblerait confirmée par l'existence de nombreuses versions d'atelier et de copies, comportant presque toutes des variantes (Wethey, 1969), parmi lesquelles celle du Prado — considérée comme autographe par Suida, (1927, 1933), par Beroqui (1946) et en partie aussi par Berenson (1957) — et celle de Munich, dont une très fidèle (Kultzen, 1971). Mais, à part le fait qu'on ne connaît aucune version autographe postérieure à l'*Ecce Homo* de Saint Louis, celui-ci, même s'il peut être considéré comme un *modello*, exprime avec une souveraineté accomplie les dernières pensées de Titien, bien qu'apparaissent par endroits de visibles repentirs. C'est ce que reconnaît déjà en 1935 Fogolari, qui juge que le tableau de Saint Louis est, parmi les nombreuses répliques et variantes, un «exemple surprenant de la manière de la toute vieillesse de Titien, dans une atmosphère de bitume ardent, qui projette alentour cendres et étincelles».

Pour la figure du Christ du tableau de Saint Louis, Titien se retourne vers l'*Ecce Homo* sur ardoise qu'il apporta en présent à Charles Quint lors de son premier séjour à Augsbourg en 1548-49 et aujourd'hui au Prado : entre l'indifférence agnostique de Pilate et l'ironie railleuse du tout jeune bourreau, il reprend l'expression de douloureuse résignation du Christ au sacrifice proche, avec une force et une vivacité nouvelles, et selon un traitement « expressionniste »

très proche des effets de présence hallucinée obtenus au début des années 1570 dans le *Couronnement d'épines* de l'Alte Pinakothek de Munich. C'est ce dernier tableau que rappellent aussi l'atmosphère nocturne déchirée par la flamme fuligineuse de la torche et les éléments architecturaux tout juste esquissés, sur le fond desquels les tons et les formes des figures de Pilate, du Christ et du jeune garçon semblent se défaire dans le scintillement de lueurs crépitantes. Par l'expression mauvaise de son visage griffé d'ombre, l'enfant rappelle ceux du *Jeune Garçon aux chiens* de Rotterdam (cat. **263**) et du *Supplice de Marsyas* de Kroměříž (cat. **265**).

La vigueur « expressionniste » du tableau de Saint Louis suggère à Mayer (1937) une comparaison avec les ultimes œuvres de Rembrandt : « Tout ce tableau, dans son sentiment et sa touche puissante, libre et comme enfumée, annonce véritablement la dernière manière de Rembrandt. »

F.V.

page 241

262

Tiziano Vecellio, dit Titien
Pieve di Cadore, vers 1488/1490 - Venise, 1576

Saint Jérôme

Toile. H. 2,16; L. 1,75. Signé sur le rocher en bas à droite : *TITIANVS F.*

PATRIMONIO NACIONAL,
REAL MONASTERIO
DE SAN LORENZO DE EL ESCORIAL

HISTORIQUE
Envoyé en Espagne à l'automne 1575; transporté à l'Escorial par Philippe II en 1584; transporté au Museo del Prado à Madrid en 1843; ramené à l'Escorial en 1960; exposé au Real Monasterio de San Lorenzo en 1968.

BIBLIOGRAPHIE
Cavalcaselle et Crowe, 1878, pp. 313-314; Suida, 1933, p. 138, n° 66; Tietze, 1936, II, p. 288; Longhi, 1946, p. 65, n° 119; Tietze, 1950, p. 370; Pallucchini, 1953-54, pp. 111, 112; Wethey, 1969, p. 136 (avec bibl. ant.); Pallucchini, 1969, pp. 168-169, 313; Ferrarino, 1975, p. 127; Hope, 1980(2), pp. 123, 125; Robertson, 1983, pp. 230-231; Hope, 1988, pp. 65-66; Briganti, 1990, p. 350.

Cavalcaselle et Crowe (1878) ne reconnaissent la main de Titien que dans quelques endroits du *Saint Jérôme* de l'Escorial en raison de son état de conservation, tout en admettant que, « bien qu'abîmé […], il devait être une des plus belles œuvres sur toile » de l'artiste. Ce jugement réservé sur le caractère autographe du tableau, jugement plus sévère encore chez Tietze (1936, 1950), n'est pas partagé par la critique qui considère aujourd'hui cette œuvre comme l'une des plus représentatives de la dernière période de l'activité de Titien.

L'artiste a plusieurs fois traité ce sujet. Parmi les versions assurément autographes, qui subsistent, la première est celle du Louvre (cat. **162**), que les auteurs identifient généralement, pour des raisons stylistiques, avec le *Saint Jérôme* envoyé à Federico Gonzaga, qui en accuse réception dans une lettre à Titien le 5 mars 1531, où il lui exprime sa pleine satisfaction et le désir d'avoir une « sainte Madeleine en pleurs » de la même taille ou de « deux doigts de plus » que cette toile tout juste arrivée de Venise. La deuxième version, qui est en hauteur et qui, en raison de sa destination, est bien plus grande que celle du Louvre réservée à la dévotion privée, est le tableau d'autel sur bois exécuté par Titien au début des années 1550 pour l'église Santa Maria Nuova à Venise et aujourd'hui à la Brera de Milan. C'est à cette version de la maturité tardive — dont le tableau de l'Accademia di San Luca à Rome, considéré comme autographe par Wethey (1969), est une copie — que Titien se réfère de nombreuses années plus tard dans la toile de la collection Thyssen-Bornemisza et dans celle de l'Escorial. Alors que les attributs du saint qui figurent à gauche du tableau de la Brera sont absents de la toile de la collection Thyssen, ils sont repris, limités aux livres et à la clepsydre, dans le tableau de l'Escorial, qui a été expédié en Espagne en 1575 avec l'*Allégorie de Lépante* et l'*Allégorie de la Religion*, comme il ressort de la lettre adressée à Philippe II le 24 septembre de cette année-là par Guzman de Silva, ambassadeur espagnol à Venise (Ferrarino, 1975). Dans le tableau de l'Escorial, un lion, autre attribut du saint, apparaît sur la gauche, comme dans la toile du Louvre, alors qu'il est placé à droite dans les versions de la Brera et de la collection Thyssen.

Mais la différence principale entre ces deux versions de la toute dernière période de l'activité de Titien, entre 1570 et 1575, réside dans la facture et dans le rapport établi entre la figure de saint Jérôme et le paysage environnant. Dans le tableau Thyssen, le saint occupe une place prééminente, et il est traité avec les mêmes empâtements de tons fondus et pétris de lumière que le paysage dans lequel il est comme absorbé (Briganti, 1990). Dans la composition pour Philippe II, saint Jérôme est placé dans un paysage bien plus vaste et construit, et, comme la clepsydre et les livres, il se révèle d'une relative homogénéité plastique adoucie par la lumière tout à fait absente de l'anfractuosité rocheuse envahie de végétation où il fait pénitence; par sa facture et par le tourbillon des touches, cette anfractuosité est très proche des fourrés où Actéon, atteint par la flèche de Diane, se transforme en cerf dans la « poésie » Harewood de la National Gallery de Londres, tableau déjà mentionné en 1559 mais dont le paysage a été selon toute vraisemblance achevé après 1570 (Hope, 1980/2). Cette différence de traitement des couleurs a suggéré à Pallucchini (1969) l'hypothèse que, comme le tableau de Londres, la toile de l'Escorial a été exécutée dans la première moitié des années 1560, selon l'opinion de Longhi (1946), puis reprise en 1575 par Titien qui a « terminé le paysage en touches incandescentes de lumières ». Cette hypothèse, qui se révèle plausible en raison de l'habitude de Titien de conserver longtemps dans son atelier des œuvres commencées, et même portées à un stade très avancé d'exécution, pour les reprendre des années plus tard et les terminer, ne semble pas pouvoir s'appliquer au tableau de l'Escorial, qui présente notamment la même « dichotomie » d'exécution entre la figure et le fond que celle que l'on rencontre dans les deux autres œuvres avec lesquelles il fut envoyé à Philippe II en 1575.

De ces différentes versions, celle de l'Escorial, qui précéda probablement de peu la version Thyssen datable des toutes dernières années de l'activité de Titien, est celle qui représente le mieux et avec le plus d'émotion la vie de pénitence que le saint docteur de l'Église mena dans le désert de Nitrie après avoir été chassé de Rome en 384. La figure de saint Jérôme et son manteau lie-de-vin sont toujours au cœur de la composition chromatique, mais sa solitude est particulièrement émouvante dans l'étendue du paysage crépitant de lueurs et traversé du rayon de la lumière divine qui vient frapper le crucifix, paysage dont la végétation sauvage évoque la région du Cadore, pays natal de Titien, et certes pas le « désert sans limites et brûlé d'un soleil torride » que le saint décrit dans une lettre à son disciple Eustache (22.7.30, saint Jérôme, *Le Lettere* [trad. Silvano Cola], 1961).

Dans cette invention de la grotte, qui s'ouvre sur un paysage de montagne, si suggestif et tout à fait nouveau par rapport aux autres versions du même sujet plusieurs fois mentionnées ci-dessus, certains ont voulu reconnaître un souvenir du célèbre *Saint Jérôme* d'Albrecht Dürer gravé sur bois et daté 1512 (ce rapprochement a été suggéré par Hetzer à Suida, 1933). Robertson (1983) ne manque pas de souligner qu'un motif semblable apparaît dans le tableau sur le même sujet de la National Gallery de Washington, attribué à Giovanni Bellini et datable vers 1505.

F.V.

page 244

263

Tiziano Vecellio, dit Titien
Pieve di Cadore, vers 1488/1490 - Venise, 1576

Jeune Garçon aux chiens
Toile. H. 0,995; L. 1,17
ROTTERDAM, MUSEUM BOYMANS-
VAN BEUNINGEN

HISTORIQUE
Coll. Serbelloni, Milan?; galerie Goudstikker, Amsterdam en 1930; Arnold Seligman, New York, et Van Beuningen, Rotterdam en 1931; acquis par le musée avec la coll. D.G. Van Beuningen en 1958.

EXPOSITIONS
Amsterdam, 1930, n° 61; Rotterdam, 1930-31, n° 16; Amsterdam, 1934, n° 386; Amsterdam, 1936, n° 158; Rotterdam, 1938, n° 48; Rotterdam, 1949, n° 103; Paris, 1952, n° 32; Rotterdam, 1955, n° 34; Londres, 1983-84, n° 128; Leningrad, 1986(1) n° 34; Rotterdam, 1988-89, n° 3; Venise, 1990(1), n° 72; Washington, 1990-91, n° 72.

BIBLIOGRAPHIE
L. Venturi, 1931, ill. CCCLXXXVIII; Tietze, 1936, I, pp. 247-248, II, p. 308; Tietze, 1950, p. 393; Pallucchini, 1953-54, pp. 149-150; Ballarin, 1964, pp. 55-56; Pallucchini, 1969, p. 328; Panofsky, 1969, p. 171; Valcanover, 1969, p. 135; Wethey, 1975, pp. 90-91, 129-130; Ost, 1982, pp. 49-66; Giltaij, 1982; Hope, 1983, p. 228; Pallucchini, 1983, pp. 281-282; Giltaij, 1990, p. 358 (avec bibl. ant.); Gentili, 1991(1), p. 25.

Ce tableau, dont la tradition veut qu'il ait appartenu à la collection Serbelloni de Milan, apparaît pour la première fois en 1930 à Amsterdam, et il est publié cette même année par Lionello Venturi (1931) comme une œuvre tardive de Titien, postérieure à 1560. La critique s'accorde sur son caractère autographe, excepté les doutes de Panofsky (1969), mais sa date, située vers 1565 par Tietze (1936-1950), qui avalise sa provenance de la collection Serbelloni, est généralement retardée à 1570-1575 dans les études récentes (Pallucchini, 1969; Valcanover, 1969; Wethey, 1975; Hope, 1983; et Giltaij, 1990). L'hypothèse de Tietze (1950), reprise par Panofsky (1969) et Wethey (1975), selon laquelle il s'agirait d'un fragment d'une grande composition mythologique n'a pas été suivie, excepté par Gentili (1991).

Le sujet reste encore mystérieux : selon la tradition, il s'agit du sauvetage d'un enfant de la maison Serbelloni par deux chiens lors de l'incendie du palais familial (Giltaij, 1990). Pour Panofsky (1969), il faut le relier à « Cupidon maîtrisant deux chiens de tempérament

différent ». Pour sa part, H. Ost (1982), qui souligne les affinités entre le chien de droite et celui qui figure dans le *Portrait de gentilhomme* de la Staatliche Gemäldegalerie de Kassel, établit une relation étroite entre ces deux tableaux. Ce *Portrait*, qui représenterait Gabriele Serbelloni, aurait été commencé par Titien lors de son séjour à Augsbourg en 1548 et achevé, en ce qui concerne le paysage, de nombreuses années après dans l'atelier de Venise, et le chien aurait servi de modèle pour celui du tableau de Rotterdam. Cette hypothèse est à juste raison rejetée par C. Hope (1983) qui ne considère pas comme plus acceptable l'autre supposition du même H. Ost relative à une signification allégorique liée à l'histoire de Rome, la chienne allaitant ses deux chiots rappelant la très célèbre sculpture de la louve avec Romulus et Remus. J. Giltaij aussi (1990) juge peu convaincantes les suggestions de H. Ost et se borne à observer que la présence du garçon avec des grappes de raisin peut faire penser à une bacchanale.

Les examens radiographiques menés lors de la restauration de 1982 ont aussi mis en lumière comment Titien a longuement élaboré cette composition (Giltaij, 1982).

Sur le dégradé des bruns du paysage, traité en larges touches rapides dans le ciel du couchant et dans la colline où s'accroche le bourg en flammes, les blancs éteints s'harmonisent avec les gris diaprés de blanc des chiens et le rose soutenu veiné de lumières de la tunique de l'enfant, si proche, par son « expressionnisme » intense, de l'enfant qui apparaît tout à droite dans le *Supplice de Marsyas* de Kroměříž (cat. **265**).

Ce même sujet, qui correspond peut-être à une pensée secrète de Titien, sera repris par Véronèse, au début des années 1580, en un style bien différent, décoratif et raffiné, dans *Cupidon et deux chiens* de l'Alte Pinakothek de Munich (Panofsky, 1969), alors qu'ici les deux bêtes, saisies avec un naturel si véridique dans l'attitude et dans le caractère propres à cette espèce de chiens de chasse (qui donnera naissance à la race des setters), rappellent les observations concrètes de Jacopo Bassano dans les deux tableaux sans sujet d'« histoire » des Uffizi et d'une collection privée, datables du début des années 1550 (Ballarin, 1964).

F.V.

page 243

264

Tiziano Vecellio, dit Titien
Pieve di Cadore, vers 1488/1490 - Venise, 1576

Tarquin et Lucrèce
Toile. H. 1,14; L. 1,00
VIENNE, GEMÄLDEGALERIE DER AKADEMIE
DER BILDENDEN KÜNSTE

HISTORIQUE
Coll. Jauner von Schroffenegg; vente Pisko, n° 114, 11 novembre 1907; acquis par l'Akademie.

EXPOSITIONS
Venise, 1935, n° 97; Amsterdam, 1947, n° 181; Bruxelles, 1947, sans n°; Paris, 1948, n° 97; Londres, 1949, n° 180; Washington, New York, Chicago, San Francisco, Saint Louis, Toledo, Toronto, Boston, Philadelphie, 1951-52, sans n°; Oslo, 1952, n° 167; Vienne, 1953, n° 255; Venise, 1990(I), n° 73; Washington, 1990-91, n° 73.

BIBLIOGRAPHIE
Boschini, 1660 (éd. A. Pallucchini, pp. 711-712); Bode, 1915, p. 17; Eigenberger, 1927, p. 407; Suida, 1933, pp. 120, 145, 169; Tietze, 1936, I, p. 244, II, p. 314; Tietze, 1950, pp. 53, 400; Pallucchini, 1953-54, pp. 140-142; Dell'Acqua, 1955, p. 132; Valcanover, 1960 II, p. 51; Barnaud et Hours, 1964, pp. 19-23; Morassi, 1964, p. 53, fig. 38; Pallucchini, 1969, I, pp. 189-191, 326; Panofsky, 1969, p. 139; Wethey, 1975, p. 220; Dell'Acqua, 1978, pp. 83-84; Walther, 1978, p. 70; Pallucchini, 1980, pp. 397-398; Valcanover, 1981(I), p. 117; Jaffé, 1983, p. 229; Jaffé-Groen, 1987, pp. 161-171; Fleischer, 1990, pp. 361-362 (avec bibl. suppl.).

D'après la légende rapportée par Tite-Live (*Ab Urbe Condita*, I, 50) et Ovide (*Fastes*, II, 725-850), Sextus Tarquin, prince étrusque, fils du roi Tarquin le Superbe, tenta, pendant l'absence de son père, de faire violence à Lucrèce, patricienne romaine fille de Spurius Lucrèce et femme de Tarquin Collatin, cousin du roi. Pour échapper au déshonneur, Lucrèce se suicida et sa mort provoqua un soulèvement populaire qui mit fin au règne de Tarquin le Superbe. Dans les trois tableaux consacrés à ce sujet, Titien saisit le moment où Sextus Tarquin menace de tuer Lucrèce et un esclave de celle-ci, double meurtre qu'il voudra justifier en le présentant comme le châtiment de la jeune femme surprise en flagrant délit d'adultère.

La version unanimement acceptée comme autographe est le tableau du Fitzwilliam Museum de Cambridge, exécuté par l'artiste pour Philippe II entre 1570 et les premiers mois de 1571, et gravé cette même année 1571 par Cornelis Cort, tandis que la version du musée des Beaux-Arts de Bordeaux est considérée par quelques auteurs comme autographe seulement en partie, même après la restauration de 1964 (Valcanover, 1981/1). Si des réserves sur le caractère autographe sont justifiées dans le cas du tableau de Bordeaux en raison de son état de conservation, elles sont incompréhensibles dans le cas de celui de Vienne, dont la composition, de dimensions réduites, se limite aux figures à mi-corps de Tarquin et de Lucrèce.

Présenté à la vente Pisko comme un *Othello* attribué à Véronèse, relégué dans les réserves de l'Akademie de Vienne après avoir été exposé avec l'attribution exacte à Titien, exposé de nouveau en 1915 avec cette attribution due à Bode, il n'est pas cité par Berenson (1957) ni par Hope (1980), tandis que Wethey (1975) pense même à un suiveur de Titien, peut-être Palma Giovane. Le degré de finition et les rapports avec les deux autres versions, surtout avec celle envoyée à Philippe II, ont aussi fait l'objet de larges discussions. L'examen des bords de la toile (Fleischer, 1990) permet d'écarter définitivement l'hypothèse selon laquelle il se serait agi d'un fragment d'une composition de plus grandes dimensions, hypothèse que soutenaient encore G. Barnaud et M. Hours (1964). Pour Tietze (1950), il s'agirait « d'une version d'une légèreté inouïe, qui ne veut retenir que l'essentiel, d'une composition de dimensions plus importantes dont un exemplaire se trouve au Fitzwilliam Museum ». Plus récemment, M. Jaffé (1983) et M. Jaffé et K. Groen (1988) ont pensé à une œuvre laissée inachevée par Titien. Qu'il s'agit au contraire d'une conception essentiellement complète en elle-même et fondamentale pour la compréhension de la dernière manière de Titien, c'est ce que soutiennent ceux qui reconnaissent dans la facture tumultueuse du tableau l'un des modes d'expression les plus éloquents par lesquels Titien accentue l'intensité dramatique de ses ultimes fantasmes poétiques. La trame des couleurs est comme déchirée par le pinceau ou même directement du bout des doigts, selon la technique que Boschini décrit en 1674 avec une grande précision d'après le témoignage de Palma Giovane. M. Fleischer (1990) rappelle les jugements critiques allant dans le sens d'Eigenberger (1927), Suida (1933) Dell'Acqua (1955, 1978), Valcanover (1960), Morassi (1964), Pallucchini (1969, 1980) et Walther (1978), et elle souligne, en se fondant sur les résultats d'examens radiographiques « qui doivent être prochainement publiés », combien le processus d'élaboration des deux tableaux a été long et étudié, avec le même repentir pour la position du bras de Tarquin armé du poignard que celui que l'examen radiographique a révélé dans le tableau de Bordeaux. Ces examens radiographiques permettent encore à M. Fleischer de mener une étude technique particulièrement affinée du tableau, ainsi conclue : « Quant au degré d'achèvement auquel cette œuvre a été conduite, même si les figures individuelles n'ont pas été finies à la perfection, nous nous trouvons devant une composition dont le processus de maturation a été achevé pas à pas et qui présente déjà les premiers glacis en vue du travail de finition. » Elle s'accorde avec la plupart des auteurs pour placer le tableau en raison de son style, au nombre des œuvres ultimes de Titien, à côté de *La Nymphe et le berger* du Kunsthistorisches Museum de Vienne.

Grâce à la puissance poétique d'une conception coloriste touchant désormais aux limites de l'informel, en une synthèse pénétrante d'une extraordinaire immédiateté, Titien saisit dans toute sa force dramatique l'affrontement entre la violence brute de Tarquin et la résistance terrifiée de Lucrèce.

La scène d'agression sauvage des tableaux « finis » de Cambridge et de Bordeaux est ici débarrassée de toute indication sur le cadre environnant et repensée pour se concentrer sur le vif de l'action. Elle provoque ainsi une angoisse plus inouïe encore dans la toile « non finie », où s'amalgament d'épais grumeaux de couleur d'une vitalité « expressionniste ». Il s'agit peut-être du souvenir « privé » que Titien conserva de l'œuvre qu'il avait envoyée à Philippe II (Dell'Acqua, 1978).

Les sources iconographiques d'où est tiré le sujet de ces tableaux ont été reconnues par M. Jaffé (1983) dans les gravures de Heinrich Aldegrever (1539, d'après une invention de George Pencz et de Léon Davent (École de Fontainebleau, avant 1547).

Dans la conception et la composition de la scène, Titien semble reprendre, quelque soixante ans plus tard, l'idée, d'une audace expressive alors inédite, de la fresque du *Miracle du mari jaloux* de la Scuola del Santo à Padoue.

F.V.

page 245

265

Tiziano Vecellio, dit Titien
Pieve di Cadore, vers 1488/1490 - Venise, 1576

Le Supplice de Marsyas
Toile. H. 2,12; L. 2,07. Sur la pierre en bas à droite, signature fragmentaire : *TITIA NUS P.*
KROMĚŘÍŽ (RÉPUBLIQUE TCHÈQUE),
CHÂTEAU ARCHIÉPISCOPAL

HISTORIQUE

Coll. de Thomas Howard, comte d'Arundel, Amsterdam en 1655; en possession du marchand Franz von Imstenraed, de Cologne vers 1655; acquis en vente publique avec d'autres tableaux de F. von Imstenraed par Karl von Liechtenstein-Castelcorn, évêque d'Olomouc en 1673, puis transporté dans le palais archiépiscopal de Kroměříž, où il est mentionné dans l'inventaire de 1800.

EXPOSITIONS

Londres, 1983-84, n° 132; Venise, 1990, n° 76; Washington, 1990-91, n° 76.

BIBLIOGRAPHIE

Cox, 1911, pp. 280, 284; Cust, 1911, pp. 279; Dostal, 1924, pp. 24 ss.; Suida, 1933, pp. 119-120, 169-170; Hetzer, 1940, p. 167; Pallucchini, 1953-54, pp. 152-153; Hartt, 1958, p. 111; Neumann, 1961 pp. 325 ss.; Pallucchini, 1961, pp. 294-295; Neumann, 1962, (avec bibl. ant.); Winternitz, 1967, p. 167; Fehl, 1968, pp. 1387-1415; Wind, 1968, pp. 171-176; Pallucchini, 1969, pp. 197-198, 329; Panofsky, 1969, p. 171, n° 85; Wethey, 1975, pp. 91-93, 153-154 (avec bibl. suppl.); Gentili, 1980(2), pp. 147-158, ill. 100-102; Robertson, 1983, pp. 231-233; Mason Rinaldi, 1984, p. 77; Freedberg, 1986, pp. 140-152; Rapp, 1987, pp. 70-89; Gentili, 1988(2), p. 242, n° 9; Prohaska, 1989, pp. 286-288, fig. VI/9; Rossi, 1990, pp. 370-372 (avec bibl. suppl.); Rosand, 1990, pp. 41, 44; Gentili, 1991(1), pp. 22-29.

Ce tableau fut très probablement acheté à Venise par lady Alethea Talbot, femme de Thomas Howard, comte d'Arundel, lors de son séjour en Italie au début des années 1620. Il est attribué à Titien dans l'inventaire de 1655 de la collection Arundel (Cox 1911; Cust, 1911) transportée à Amsterdam après la mort de lady Arundel, survenue en 1654, et dans les inventaires des collections auxquelles il appartint par la suite. La plupart des auteurs de notre siècle, à commencer par Frimmel (1909) et par Dostal (1924) qui le publia le premier, le considèrent comme un chef-d'œuvre entièrement autographe et fini, ce qu'atteste la signature, et datant de la toute fin de l'activité de Titien. Seul Hartt (1958), après Hetzer (1940), met en question son caractère autographe, tandis que Wethey (1975) y voit l'intervention importante d'un assistant, probablement Gerolamo Dente. A. Gentili (1980/2, 1988, 1991), reprenant les doutes de Panofsky (1969), qui ne vit d'ailleurs jamais la toile, ne croit pas non plus qu'elle soit totalement autographe et avance l'hypothèse que, laissée inachevée par Titien à sa mort, elle a été terminée par Palma Giovane, à gauche, dans le personnage qui joue de la « lira da braccio », et par un autre peintre de qualité plus modeste, à droite, pour le groupe du tout jeune satyre et du chien qu'il retient par le collier. Mais la qualité stylistique et la facture homogène et inimitable de ce tableau conduisent à écarter l'intervention de Palma Giovane et d'autres artistes (Mason Rinaldi, 1984; Rossi, 1990). C'est ce que montrent aussi les résultats des examens réflectographiques effectués lors de l'exposition Titien de 1990, qui confirment également l'existence, sous la figure du joueur de « lira da braccio » d'importants repentirs, déjà révélés par les examens radiographiques menés en 1961-62 lors de la restauration du tableau, se rapportant à un joueur de lyre antique, pour A. Gentili (1980). Cette reconstitution semble confirmée par le tableau d'une collection privée de Venise présenté sous l'attribution à Giuseppe Porta, dit Il Salviati (Prohaska, 1989), dans l'exposition de Vienne de 1989-90 consacrée à *Giulio Romano und die Klassische Tradition (Gulio Romano et la tradition classique)*, mais, selon A. Gentili (1991), « copie » du tableau de Titien non achevé et terminé par « un autre peintre ou un groupe de peintres ».

J. Neumann (1961-62), à qui revient le mérite d'avoir appelé de nouveau l'attention de la critique sur l'importance du *Supplice de Marsyas* dans la dernière manière de Titien, a montré que sont minimes les mutilations subies par la toile au dix-huitième siècle — d'à peine six ou sept centimètres en haut et en bas —, écartant ainsi l'hypothèse avancée par Tietze (1936) selon laquelle, en raison de la présence du joueur de lyre-Apollon, la composition aurait à l'origine compris aussi sur la gauche le concours musical entre le dieu et le satyre phrygien, en un tableau beaucoup plus large, comme *La Vénus du Pardo* du Louvre (cat. **165**).

On ignore si ce tableau sur un sujet aussi insolite et brutal résulte d'une commande ou d'un choix personnel de Titien. S.-J. Freedberg (1986) avance cependant une hypothèse très séduisante, selon laquelle la mise à mort de Marcantonio Bragadin, l'héroïque défenseur de Famagouste écorché vif par les Turcs le 17 août 1571 après la chute de la forteresse vénitienne, aurait suggéré à Titien l'idée d'en évoquer toute la cruauté barbare en illustrant dans le tableau aujourd'hui à Kroměříž la conclusion tragique du récit mythologique — fréquemment traité dans la culture figurative du seizième siècle — d'après lequel le satyre phrygien Marsyas, ayant perdu le concours musical dans lequel il avait voulu se mesurer avec Apollon, est puni d'écorchement par le dieu vainqueur. Titien représente ce tragique épilogue et ajoute à la scène la figure du roi Midas, roi de Phrygie, l'un des arbitres du concours musical auquel Pan, dieu de la légendaire Arcadie et inventeur de la flûte, avait défié Apollon de participer : Midas jugea que la palme de la victoire devait revenir à Marsyas, ce pour quoi Apollon le punit en le gratifiant d'oreilles d'âne, et Titien représente Midas méditant assis, à droite dans le tableau de Kroměříž.

Dans les lignes générales de sa composition, où se trouvent réunis les deux récits mythologiques concernant Marsyas et Pan, comme c'est d'ailleurs le cas dans de nombreuses sources littéraires et iconographiques de l'Antiquité et de la Renaissance, Titien reprend l'une des fresques inspirées d'Ovide que Giulio Romano et son atelier peignirent en 1527-28 sur le mur sud de la dernière salle de l'appartement des Métamorphoses dans le Palazzo del Tè à Mantoue (Hartt, 1958). Peut-être même Giulio Romano donna-t-il à son ami Titien le dessin préparatoire, conservé au Louvre (Inv. 3487), beaucoup plus lisible que la fresque aujourd'hui très abîmée (Wethey, 1975; Freedberg, 1986).

Ce motif iconographique du Palazzo del Tè connut un succès particulier et fut aussi repris dans l'une des fresques du palais Torelli à Mantoue exécutées par l'atelier de Giulio Romano de 1545 à 1550.

Cet emprunt iconographique évident est, comme toujours, soigneusement réélaboré par Titien : après avoir remplacé par le jeune joueur de « lira da braccio » le probable joueur de lyre antique conçu dans un premier temps (Gentili, 1980/2), il ajoute en bas au centre le petit chien qui lape la mare du sang de Marsyas et à droite le jeune satyre qui retient le gros chien.

La signification de l'œuvre a donné lieu à de nombreuses interprétations, qui varient surtout en fonction de l'identification du jeune joueur de lyre qui lève les yeux vers le ciel tout en abaissant son archet. Selon Neumann (1961, 1962), cette figure représenterait Apollon, vainqueur du concours musical, et son instrument à cordes serait l'emblème de la suprématie de l'art divin sur l'art naturel de l'instrument à vent de Marsyas, dont la flûte est accrochée à l'arbre. Pour Neumann, que reprend P. Rossi (1990), cette allégorie artistique « s'élargit » et revêt la signification d'« allégorie morale et cosmologique », en relation avec la pensée néoplatonicienne » (Apollon victorieux personnifie aussi « l'état d'harmonie divine » de l'âme libérée des liens terrestres) et d'« allégorie eschatologique et en même temps "messianique" (le supplice de Marsyas ferait aussi allusion à la rédemption de la victime)». Reconnaissant en Midas un autoportrait de Titien, Neumann pense encore que l'artiste a voulu se représenter méditant sur le « triomphe de l'art divin » et sur la signification de sa vie d'homme et d'artiste désormais proche de sa fin.

Winternitz (1967) et Wind (1968) s'écartent de cette interprétation religieuse de Neumann, fondée en grande partie sur la double présence présumée d'Apollon : selon eux, seul le jeune musicien serait Apollon. Wind voit ainsi dans le tableau la représentation « des pouvoirs relatifs de l'obscurité dionysiaque et de la clarté apollinienne, [...] une épreuve tragique de purification ». P. Fehl (1969) met pour sa part l'accent sur la signification musicale du tableau et se demande si le jeune musicien ne serait pas Olympus, élève de Marsyas, converti à l'instrument du dieu vainqueur de son ancien maître, tandis que, pour Rapp (1987), le musicien devrait représenter Orphée, dont la musique, selon les conceptions christiano-néoplatoniciennes, est un des moyens les plus importants pour exprimer la suprématie des valeurs de l'âme sur celles du corps.

L'interprétation d'A. Gentili innove radicalement (1980/2); soulignant combien Titien s'écarte de Giulio Romano dans les détails figuratifs et dans les attitudes expressives des sentiments, il met en relief comment, à la « cruauté sanguinaire et arrogante d'Apollon et à celle professionnelle et froide du Scythe » à droite du tableau, s'opposent « la compassion profonde de Midas-Titien et celle plus immédiate et instinctive du satyre ». Il voit ainsi en Midas la clef de lecture de toute la composition et considère son expression comme « synonyme d'un jugement humain qui met en doute la prétendue supériorité de l'harmonie divine ». Et puisque, comme d'autre auteurs, il voit Titien sous les traits de Midas, il affirme que « le jugement du dionysiaque roi phrygien est en réalité le jugement même de l'artiste ».

Suida (1933), peu après la « redécouverte » du *Supplice de Marsyas*, avait déjà compris son impressionnante force d'expression, dont le siècle suivant serait l'héritier : « La frénésie qu'on ne retrouve que dans les fréquentes reprises de ce sujet par la peinture baroque est inhérente à ce tableau picturalement si grandiose. » Comme dans d'autres de ses œuvres de la même période, datables entre 1570 et 1576. Le *Jeune Garçon aux chiens* de Rotterdam (cat. 263), *La Nymphe et le berger* du Kunsthisto-

risches Museum de Vienne, *Tarquin et Lucrèce* de l'Akademie de Vienne (cat. **264**), le *Saint Sébastien* de Saint-Pétersbourg et la *Pietà* des Gallerie dell'Accademia de Venise, Titien rejette ici la conception de la Renaissance de la représentation de l'espace et des formes, et il s'abandonne à la vitalité poétique de la couleur pure qui transfigure en d'indicibles accents dramatiques l'élégance formelle maniériste du modèle de Giulio Romano.

C'est avec un sens tragique de l'*horror vacui* que le tourbillon des couleurs, posées au pinceau et frottées du bout des doigts, crée cette atmosphère hallucinée, grouillante de formes dépourvues de consistance corporelle et serrées autour du corps renversé de Marsyas, torturé sur un fond d'arbres aux empâtements relevés de lueurs couleur de soufre et de sang. Dans la tonalité générale tissée de gris brunâtres, de marrons et de verts sombres, le cramoisi de la tunique du musicien et le rouge laque du man-

teau de Midas s'enflamment de chaque côté du tableau, scintillant de lueurs incertaines, d'ombres confuses et de reflets vagues.

Cette expressivité subjugante de la couleur ennoblit jusqu'à chaque détail brutal, comme le petit chien tacheté de blanc et de beige fauve, autrefois symbole de la fidélité conjugale (voir le *Portrait d'Eleonora Gonzaga*, cat. **167**) et de l'abandon sensuel (voir la *Danaé* du Prado, cat. **177**), qui apparaît ici pour la dernière fois tout occupé à se désaltérer du sang qui jaillit du corps écorché de Marsyas.

Le tableau de Kroměříž naît dans le temps même où Titien s'applique à la *Pietà* des Gallerie dell'Accademia de Venise : c'est que l'artiste, au terme de son immense activité créatrice, médite sur les mythes païens et sur les mystères chrétiens avec une égale conscience du tragique de la vie, bien loin désormais des certitudes de l'homme de la Renaissance.

F.V.

La fin du siècle à Venise
Tintoret, Véronèse, Jacopo Bassano, les dernières années
Peintures

266 à **279**

page 247

266
Jacopo Robusti, dit Tintoret, et atelier
Venise, 1514 ou 1518/1519-1594

Le Christ au jardin des Oliviers
Toile. H. 3,34; L. 2,93
VENISE, ÉGLISE SANTO STEFANO

HISTORIQUE
Peint pour l'église Santa Margherita de Venise où il resta jusqu'en 1810, année où il entra en possession des Domaines après les réquisitions napoléoniennes;

mis en dépôt dans l'église Santo Stefano le 4 août 1837.

EXPOSITIONS
Venise, 1937, n° 69; New York, Naples, 1985, n° 14.

BIBLIOGRAPHIE
Sansovino, 1581, p. 88 b.; Borghini, 1584, p. 553; Ridolfi, 1648, II, p. 64, Boschini, 1674, *Dorsoduro*, p. 50; Zanetti, 1771, p. 160; Tosi, 1793, p. 301; Berenson, 1894, p. 122; Lafenestre, 1896, p. 114; Soprintendenza, Venezia, fiche d'inv. 1897, pp. 124-125; Thode, 1901, p. 114; Thode, 1901, p. 439, n° 181; Osmaston, 1915, II, p. 211; Bercken et Mayer, 1923, I, p. 210; Pittaluga, 1925, pp. 257-258; Lorenzetti, 1926, p. 474; Berenson, 1932, p. 567; Arslan, 1937, p. XXX; Barbantini, 1937, pp. 191-193, n° 69; Wilde, 1938, p. 149; Coletti, 1940, p. 30; Bercken, 1942; p. 125, n° 367; Tietze, 1948, p. 373; Lorenzetti, 1956, p. 499; Berenson, 1957, I, p. 181; Pedrazzi Tozzi, 1960, p. 388; Pallucchini, 1965, col. 945; De Vecchi, 1970, pp. 123-124, n° 243 C; Zorzi, 1972, II, pp. 517-518; Olivato, 1974, p. 88; Rossi, 1975, p. 43; Niero, 1978, p. 62; Pallucchini et Rossi, 1982, p. 219 (avec bibl. ant.); Rearick, 1985, p. 86, n° 14.

Ce tableau fut exécuté vers 1579-80 par Tintoret, non sans la collaboration de son atelier, en même temps qu'un autre tableau ayant pour sujet le *Lavement des pieds*, pour la paroi latérale droite de la chapelle absidiale de l'église Santa Margherita de Venise — leur faisait face la *Cène* peinte par Tintoret à la même époque —,

comme le relate le premier Francesco Sansovino (1581), qui en confond cependant le sujet avec celui d'une *Adoration*, méprise répétée par Borghini (1584).

Localisé à son emplacement d'origine par toutes les sources vénitiennes des XVIIᵉ et XVIIIᵉ siècles, ce tableau ne fut pas touché, non plus que les deux autres, par le réaménagement de la chapelle effectué vers 1647 sur la décision du curé Giovanni Maria Moro — travaux qui comportèrent la destruction des mosaïques anciennes de l'abside (Sansovino, éd. Martinioni, 1663, p. 245) — ni par la réfection ultérieure de toute l'église entreprise en 1687 sous la direction du peintre et architecte Giambattista Lambranzi (Zorzi, 1972). C'est sans doute à ces derniers travaux qu'est due l'interprétation erronée du sujet du tableau, qu'on modifia pour qu'il fasse pendant au *Lavement des pieds* en lui ajoutant une bande horizontale et en peignant sur le bord droit une fausse colonne cachant la zone où se trouvaient les figures des soldats guidés par Judas (Soprintendenza alle Belle Arti di Venezia, fiche d'inv. n° 22/3/1897). Après une restauration exécutée en 1788 par Antonio Marinetti (Olivato, 1974), on redonna à la fin du XIXᵉ siècle ses dimensions originales au tableau et on en élimina les repeints du XVIIᵉ siècle. La dernière restauration, effectuée exclusivement à des fins de conservation, a été exécutée par l'État en 1971 (S. et F. Volpin). Un dessin préparatoire autographe pour l'apôtre Jean (en bas au centre du tableau), conservé au British Museum (inv. n° 1913.3.31.199), démontre que Tintoret conçut personnellement cette œuvre dans chacune de ses parties et reporta aussi très probablement le dessin des figures sur la toile, comme à l'accoutumée, à grands et larges traits noirs, en confiant cependant à l'atelier dirigé par son fils Domenico la pose des couleurs et le traitement de l'éclairage nocturne.

L'apôtre Pierre, en bas à gauche du tableau, qui observe avec vénération l'apparition de l'ange tout en se protégeant avec son manteau de l'éclat de la lumière divine, appartient davantage à la manière de Domenico qu'à celle de son père, comme il ressort de la comparaison avec l'apôtre endormi du *Christ au jardin des Oliviers* du Ringling Museum of Art de Sarasota ou avec celui qui dort dans *Pax tibi, Marce* des Gallerie dell'Accademia de Venise, cependant que, sur la droite, l'apôtre Matthieu, dont le visage est pour moitié frappé par la lumière et pour l'autre moitié brouillé par les ténèbres, semble vaincu par le sommeil.

On a aussi observé que le luminisme nocturne très marqué, lointainement inspiré de Titien et davantage proche de la manière de Jacopo Bassano, associé ici à une excessive rapidité de facture, qu'on peut relever en quelques endroits des figures et des paysages, suppose la présence auprès de Domenico d'un autre collaborateur de l'atelier, caractérisé par un *ductus* plus calligraphique et extravagant, comme, par exemple, dans le rendu naturaliste du feuillage.

Il faut souligner, à titre d'hypothèse de travail qui demande à être vérifiée par la recherche d'autres éléments de preuve, qu'il est possible de reconnaître le nom des autres collaborateurs potentiels intervenus dans ce tableau parmi ceux des élèves Leonardo Corona, Antonio Aliense et Giovan Francesco Crivelli (dont la personnalité artistique est encore indiscernable) qui en 1580 soutinrent leur maître contre le soupçon non fondé d'avoir par trop recours à l'aide de collaborateurs pour le *Triomphe du doge Niccolò Da Ponte* au plafond de la Sala del Maggior Consiglio du palais des Doges (Zanotto, 1853, III, pl. CLXII / 6).

Quoi qu'il en soit, même si l'on peut déceler la présence de collaborateurs dans l'exécution, la qualité picturale du tableau dans son ensemble et ses effets luministes si calculés indiquent clairement que l'œuvre est bien due à Jacopo Tintoretto et à son contrôle direct.

E.M.

page 248

267

Jacopo Robusti, dit Tintoret
Venise, 1514 ou 1518/1519-1594

Le Martyre de saint Laurent
Toile. H. 1,26; L. 1,91
OXFORD, CHRIST CHURCH PICTURE GALLERY

HISTORIQUE
Legs de John Guise en 1765.
EXPOSITIONS
Birmingham, 1955, n° 103; Londres, 1960, n° 77; Liverpool, 1964, n° 45.
BIBLIOGRAPHIE
Ridolfi, 1648 (éd. Hadeln, 1914-1924, II, p. 52); Osmaston, 1915, II, pp. 169, 180; Borenius, 1916, n° 213; Hadeln, 1926(2), p. 115, fig. 13; Pallucchini, 1962-63, p. 118; Pallucchini, 1965, col. 951; Byam Shaw, 1967, p. 76, n° 101; Rossi, 1975, pp. 45, 63; Grigorieva, 1982, n° 38, pp. 39-40; Pallucchini et Rossi, 1982, n° 453, p. 230 (avec bibl. ant.); Rossi, 1992, pp. 45-47

Ce tableau, considéré avec quelques réserves par Osmaston (1915) et attribué à l'école de Tintoret par Borenius (1916) dans le catalogue de la collection de Christ Church, a ensuite été généralement accepté par la critique comme une œuvre autographe de Tintoret.

Ridolfi (1648) mentionne parmi les œuvres appartenant au procurateur Morosini « *una piccola historia di San Lorenzo sopra la graticola, di fierissima maniera, fatta dal Tintoretto per lo Altar de' Bonomi in San Francesco della Vigna* » (« une petite histoire de saint Laurent sur le gril, à la manière violente, faite par Tintoret pour l'autel des Bonomi à [l'église] San Francesco della Vigna ») et refusée par les commanditaires. Selon Hadeln (1926), il est possible qu'il s'agisse de la toile aujourd'hui à Oxford, mais l'épithète de « petite » utilisée par Ridolfi ne semble s'appliquer à l'œuvre. Un tableau sur le même sujet est par ailleurs mentionné dans un inventaire du château de Prague dressé en 1718 (Hadeln, 1926). P. Rossi a publié une autre version, exposée à la Walpole Gallery de Londres en 1992, qui pourrait, selon elle, être la « piccola historia ». Ses dimensions (0,93 x 1,18) correspondent en effet à la copie par Gerolamo da Santacroce (0,88 x 1,20), qui se trouve sur l'autel des Bonomi dans l'église San Francesco della Vigna à Venise.

Cette hypothèse est convaincante, bien qu'elle ne soit pas soutenue par des preuves documentaires. P. Rossi exclut qu'il s'agisse

d'un *modelletto* pour la toile d'Oxford qui est de dimensions plus grandes et qu'elle estime postérieure. Elle observe que le chromatisme plus vif et son modelé plus accentué la mettent en rapport avec les figures de l'arrière-plan de *Saint Roch prisonnier, réconforté par un ange* (1567) dans l'église San Rocco à Venise, et avec la *Descente aux limbes* (1568) de San Cassiano.

Le tableau d'Oxford, daté par Hadeln de la fin des années 1570, est à juste titre situé par Pallucchini (1962-63, 1965) dans la seconde moitié des années 1580. Le tableau représente une scène nocturne d'une extraordinaire tension dramatique, que ses effets luministes rapprochent d'œuvres comme *Hercule chassant le faune hors du lit d'Omphale*, du Szépművészeti Múzeum de Budapest, de la *Flagellation* du Kunsthistorisches Museum de Vienne, ou encore du *Songe de saint Marc* aux Gallerie dell'Accademia de Venise, auquel a collaboré son fils Domenico.

Hadeln a, le premier, soutenu que la composition s'inspire en grande partie du tableau que Titien fit sur le même sujet pour l'église des Crociferi (aujourd'hui aux Gesuiti), surtout de sa version plus tardive pour l'Escorial. Même s'il est vrai que Tintoret a continué de manière cohérente sur la voie qu'il s'était ouverte dans les tableaux de la salle basse de la Scuola Grande di San Rocco, il n'est pas niable que s'exerce ici également l'influence du modèle de Titien, célèbre au point que Philippe II — qui réussira plus tard à obtenir la variante de l'Escorial — désira une copie de la toile de l'église des Gesuiti, exécutée par le médiocre Gerolamo Dente.

Le catalogue de l'exposition de Birmingham (1955) souligne que l'idée des trois personnages assis sur la petite estrade à l'arrière-plan, qui assistent à l'accomplissement du sacrifice, est tirée de la célèbre gravure sur le même sujet de Marcantonio Raimondi d'après Baccio Bandinelli (Bartsch, XIV, p. 89, n° 104).

A l'agitation des bourreaux qui montrent un mouvement quasi rotatoire autour du corps du martyr violemment éclairé par les flammes, s'oppose, au second plan, la rangée des spectateurs qui participent, figés, à la scène.

Quelques dessins se rapportent à cette composition : une étude pour l'homme qui apporte le bois, au Victoria and Albert Museum (Dyce, 241), un dessin préparatoire pour les bourreaux au musée Boymans-van Beuningen de Rotterdam (I, 452, collection Kœnigs, autrefois collection Bœhler, et un dernier dessin à l'Ermitage de Saint-Pétersbourg (19814) pour la figure de saint Laurent, dont le caractère autographe, mis en doute à tort par Byam Shaw (1967) et P. Rossi (1975), a été confirmé par I. Grigorieva en 1982.

Les dessins de Rotterdam et de Saint-Pétersbourg ont été utilisés par Tintoret et son atelier pour la *Bataille navale* du Prado, connue aussi sous le titre l'*Enlèvement d'Hélène*.

Malgré les travaux graphiques préparatoires, l'artiste semble viser davantage à obtenir dans cette peinture des effets de lumière et de clair-obscur, de telle sorte que l'apparence plastique habituelle s'atténue et se dissout dans le jeu de l'ombre et de la lumière.

Le tableau a été nettoyé en 1951 par H. Buttery.

G.N.S

page 249

268

Jacopo Robusti, dit Tintoret
Venise, 1514 ou 1518/1519-1594

La Mise au tombeau
Toile cintrée. H. 2,88; L. 1,66
VENISE, ÉGLISE SAN GIORGIO MAGGIORE,
CHAPELLE DES MORTS

HISTORIQUE
Retable de la chapelle consacrée à saint Pierre Martyr, ou des Morts, dans l'église San Giorgio Maggiore, Venise.
EXPOSITIONS
Venise, 1937, n° 74 ; Londres, 1983-84, n° 112.
BIBLIOGRAPHIE
Ridolfi, 1648, éd. 1837, II, p. 240; Sansovino et Martinioni, 1663 (éd. , 1968, I, p. 224); Boschini, 1664, p. 566; Boschini, 1674, p. 56; Zanetti, 1771, p. 160; Moschini, 1815, II, pp. 515-516; Cicogna, 1834, vol. IV, pp. 349, 353, n°s 270, 385, n°s 40, 388; Berenson, 1894, p. 121; Thode, 1901, pp. 62, 429, n° 112; Osmaston, 1915, II, p. 207; Bercken et Mayer, 1923, I, pp. 216-217; Pittaluga, 1925, p. 241; Lorenzetti, 1926, p. 729; A. Venturi, 1929, pp. 613, 618; Berenson, 1932, p. 565; Barbantini, 1937, pp. 208-212, n° 74; Wilde, 1938, p. 150; Coletti, 1940, p. 39; Moschini, 1940, p. 256; Bercken, 1942, p. 123; Tietze, 1948, p. 368; Damerini, 1956, p. 77; Lorenzetti, 1956, p. 769; Berenson, 1957, I, p. 180; Pallucchini, 1962-63, pp. 120-121; Pallucchini, 1965, p. 951; De Vecchi, 1970, p. 133, n° 292 c; Pallucchini et Rossi, 1982, I, p. 234; Rylands, 1983, p. 218; Pignatti et Valcanover, 1985, pp. 54, 158.

Dans les dernières années de son activité artistique, après avoir achevé vers 1592 l'entreprise colossale du *Paradis* pour le palais des Doges à Venise, Tintoret travaille aux deux grandes toiles pour le chœur de l'église San Giorgio Maggiore et à cette *Mise au tombeau* de la chapelle des Morts dans cette même église, chapelle qui fut commencée en 1592, cette date indiquant donc le *terminus post quem* de l'exécution du tableau, achevé en 1594, année où

lui sont payés 70 ducats, comme le mentionne Cicogna (1834). C'est très probablement la dernière œuvre réalisée par l'artiste peu avant sa mort, survenue le 31 mai 1594. Tintoret y peint ces personnages sacrés auxquels il s'adresse dans son testament, le 30 mars de cette même année 1594, « au Dieu éternel, notre Sauveur Jésus-Christ, à la glorieuse Vierge Marie », comme le souligne T. Pignatti (1985) qui reconnaît le peintre dans le vieillard qui se penche sur le visage du Christ, avec son haut front couronné d'une épaisse chevelure et sa barbe blanche bouclée, comme dans l'*Autoportrait* du Louvre.

Aussi bien T. Pignatti que F. Valcanover (1985) réaffirment le caractère autographe de ce testament pictural, avis que partage aussi P. Rossi qui y reconnaît la sensibilité typique de Jacopo tout en admettant la possibilité d'une intervention très marginale de son fils Domenico, intervention déjà supposée par Venturi en 1929, suivi par Lorenzetti (1956) et Pallucchini (1962-63). Tintoret a déjà traité le sujet de la *Mise au tombeau* dans un tableau aujourd'hui en Suède, dans une collection privée, centré exclusivement sur le groupe des figures autour du Christ, et sans la construction articulée de la présente toile, qui se développe verticalement, tandis qu'il a peint plusieurs fois le sujet de la *Déposition*, en inventant à chaque fois une solution différente, comme on le voit dans les tableaux de Vienne, La Spezia, Caen, Édimbourg, Venise et Strasbourg.

Dans ce retable pour la chapelle des Morts, l'artiste dispose la scène sur trois plans, qui correspondent aux trois moments suivant lesquels s'articule la composition : le groupe de figures au premier plan avec Joseph d'Arimathie et Nicodème qui mettent au tombeau le corps supplicié du Christ enveloppé dans le suaire blanc taché de sang, la Vierge abîmée de douleur et soutenue par les saintes femmes, et le haut du Golgotha avec les trois croix tragiquement éclairées par les reflets du couchant. La lumière suit en effet la disposition en paliers de la scène, éclairant de rayons soudains les trois moments du récit, mais elle est en même temps l'élément qui unifie l'ensemble en accentuant le pathétique de la scène et le trouble agité des figures. Le traitement pictural si cru du corps livide du Christ accroît la force dramatique de sa mort tragique. L'intense spiritualité de l'atmosphère chargée d'émotion est savamment mise en relief par le jeu subtil des faisceaux de lumière qui déchirent de lueurs éclatantes la tonalité crépusculaire de la scène. La *Mise au tombeau* (cat. **253**) de Titien au Prado est bien éloignée de ce drame agité.

Il est possible d'établir une comparaison, non pas thématique mais limitée à la seule mise en page, entre ce tableau de Tintoret et celui qu'il peignit sur un sujet mythologique, *Hercule chassant le faune du lit d'Omphale*, au Szépművészeti Múzeum de Budapest, où la position d'Hercule suit la même diagonale que la Vierge et croise l'oblique opposée tracée par le corps nu de la nymphe, correspondant à celle du corps dé-

centré du Christ, selon un jeu semblable de lignes qui se coupent et s'opposent. Le rythme apparemment dysharmonique ainsi créé s'alentit dans la *Mise au tombeau* en une atmosphère ténébreuse dont de brusques éclairs intensifient le tragique et le pathétique.

A.P.T.

page 250

269

Paolo Caliari, dit Véronèse
Vérone, 1528 - Venise 1588

Le Paradis
Toile. H. 0,87; L. 2,34
LILLE, MUSÉE DES BEAUX-ARTS

HISTORIQUE
Donné au musée en 1879 par Mlles Cottini.
EXPOSITIONS
Berlin, 1964, n° 48; Paris, 1965-66, n° 315; Nice, 1979, n° 16; Rotterdam, 1983-84, n° 2; Venise, 1988(1), n° 65.
BIBLIOGRAPHIE
Ridolfi, 1648 (éd. Hadeln 1914, pp. 345, 409); Caliari, 1888, p. 164; Hadeln, 1919, pp. 119-121; Hautecœur, 1926, n° 1465; Ingersoll-Smouse, 1927, II, p. 213; Fiocco, 1928, p. 194; Ingersoll-Smouse, 1928, II, pp. 26, 44-45; Berenson, 1932, p. 422; Fiocco, 1934, p. 116; Berenson, 1936, p. 363; Berenson, 1957, p. 132; Berenson, 1958, p. 136; Rosenberg, 1965, pp. 257-259; Marini, 1968, n° 197; Châtelet, 1970, pp. 64-65; Pignatti, 1971, p. 163; Sinding Larsen, 1974, pp. 57, 61-62; Pignatti, 1976, p. 145; Pignatti et Donahue, 1979, pp. 108-110; Cocke, 1984, pp. 221-223; Pallucchini, 1984, p. 183; Wolters, 1987, pp. 287-289; Rearick, 1988(1), pp. 103-104; Rearick 1988(2), pp. 163-164; Pignatti, 1989, p. 225; Béguin, 1990, pp. 217-219; Pignatti, 1990(1), pp. 333-343; Pignatti et Pedrocco, 1991, p. 250.

Peut-être faut-il identifier cette peinture avec l'une des deux « *invenzioni del Paradiso* » dont Ridolfi (1648) mentionne la présence dans la maison de Giuseppe Caliari, descendant direct de Véronèse. L'histoire de l'œuvre reste inconnue jusqu'en 1879, date à laquelle les demoiselles Cottini en font don au musée de Lille.

L'exécution de cette toile est liée à un épisode important de l'histoire du palais des Doges, le renouvellement de la décoration picturale de la Sala del Maggior Consiglio, destinée à remplacer celle qui avait été détruite lors du violent incendie survenu le 20 décembre 1577. Depuis 1368, figurait dans la salle — sur la paroi derrière le trône du doge — la grande fresque représentant le *Couronnement de la Vierge*, du Padouan Guariento, sans doute déjà dans un état de dégradation avancée au milieu du XVI° siècle. Entre 1563 et 1565, se trouvant à

Venise à la demande du patriarche Grimani, pour décorer la chapelle de famille dans l'église San Francesco della Vigna, Federico Zuccari avait présenté deux dessins (aujourd'hui au Louvre et au Metropolitan Museum), projets pour une peinture destinée à remplacer la fresque du XIVe siècle. Mais il ne fut pas donné suite aux propositions de Zuccari, et c'est seulement après l'incendie de 1577 qu'on décida d'ouvrir un concours pour une toile devant représenter le Paradis, selon le programme iconographique élaboré par deux patriciens de Venise, Jacopo Marcello et Jacopo Contarini, et par le moine camaldule Gerolamo Bardi. Faute d'une documentation précise, le déroulement et les modalités de ce concours n'ont pas encore été complètement éclaircis; toutefois, la reconstitution la plus récente, proposée par T. Pignatti (1990/1), permet de penser qu'il a eu lieu entre 1578 et 1582. Les principaux artistes vénitiens contemporains y participèrent, de Tintoret à Véronèse, de Francesco Bassano à Palma Giovane — plusieurs esquisses de ces artistes sur ce sujet ont survécu. Comme en témoigne Ridolfi (1648), la victoire fut attribuée « conjointement » à Véronèse et à Francesco Bassano. Plus précisément, à Véronèse était confiée l'exécution du groupe central, avec le couronnement de la Vierge, et à Bassano, les figures des saints, de part et d'autre. Pour des raisons inconnues, les peintres ne se sont jamais mis à l'œuvre, tant et si bien qu'après la mort de Véronèse, en avril 1588, un nouveau concours fut lancé, remporté par Jacopo Tintoretto, auteur, avec son fils Domenico et son atelier, de la grande toile encore en place aujourd'hui.

La toile de Lille constitue probablement la première proposition de Véronèse pour le concours; elle prévoit en effet la totalité de la composition, y compris la partie que les juges attribueront ensuite à Francesco Bassano. Elle peut donc être datée d'avant 1582, comme le confirme, du reste, le style de trois dessins préparatoires (deux au Kupferstichkabinett de Berlin et un dans une collection privée à New York) qui présentent des affinités avec des dessins datant certainement de cette époque (Cocke, 1984).

Lorsqu'elle parvint au musée de Lille, la toile était indûment attribuée à Tintoret. C'est Hadeln (1919) qui, le premier, l'attribue à Véronèse, attribution qui fait, par la suite, l'unanimité de la critique. Récemment, diverses hypothèses ont été avancées quant à sa datation : Pallucchini (1984) situe en effet le tableau entre 1578 et 1580, W. R. Rearick (1988/1), en 1582, date adoptée par T. Pignatti et F. Pedrocco (1991), tandis que Cocke (1984) l'estime plus tardif, vers 1585-86. L'œuvre vient de faire l'objet d'une restauration qui, grâce à un allègement des vernis obscurcis, a dégagé la subtilité du chromatisme.

T.P.

page 250

270

Paolo Caliari, dit Véronèse
Vérone, 1528 - Venise, 1588

*La Prière du Christ
au jardin des Oliviers*
Toile. H. 1,08; L. 1,80
MILAN, PINACOTECA DI BRERA

HISTORIQUE
Santa Maria Maggiore, Venise; transféré à la Brera en 1808 après la fermeture de l'église au culte en 1806.
EXPOSITIONS
Venise, 1939, n° 65; Washington, 1988, n° 91.
BIBLIOGRAPHIE
Ridolfi, 1648 (éd. Hadeln, 1914, p. 380); Boschini, 1674, p. 62; Zanetti, 1733, p. 365; Cicogna, 1830, III, p. 419; Caliari, 1888, pp. 52, 138; Malamani, 1888, p. 378; Ricci, 1907, pp. 40, 58; Malaguzzi-Valeri, 1908, p. 139; Osmond, 1927, pp. 81, 114; Coletti, 1928, p. 45; Ingersoll-Smouse, 1928, 2, pp. 32-53; Venturi, 1928, p. 207; Berenson, 1932, p. 423; Morassi, 1932, p. 28; Fiocco, 1934, p. 114; Modigliani, 1935, p. 38; Morassi, 1935, p. 257; Pallucchini, 1939, p. 155; Coletti, 1941, pp. 261-262; Pallucchini, 1943, p. 42; Arslan, 1946-47, pp. 121-122; Berenson, 1958, p. 133; Vertova, 1960, p. 68; Pallucchini, 1963-64, p. 125; Ballarin, 1965(2), p. 76; Modigliani, 1966, p. 2; Pallucchini, 1966, p. 731; Marini, 1968, n° 256A; Pignatti, 1976(1), pp. 98-99, 167; Badt, 1981, p. 47; Cocke, 1984, p. 256; Pallucchini, 1984, p. 152; Gregori, 1985, p. 227; Rearick, 1988(1), p. 105; Rearick, 1988(2), p. 178; Cocke, 1989, p. 62; Aikema, 1990, p. 197; Baldissin Molli, 1991, pp. 256-257 (avec bibl. ant.); Pignatti et Pedrocco, 1991, p. 299.

À l'origine, le tableau se trouvait dans l'église Santa Maria Maggiore à Venise, à la base de la première colonne à gauche, comme le mentionnent Ridolfi (1648), Boschini (1674) et Zanetti (1733). C'est à Hadeln (Ridolfi, 1914) que l'on doit d'avoir établi le lien entre la toile milanaise et la mention faite par Ridolfi. Cependant, l'attribution à Véronèse n'a pas immédiatement reçu l'aval de la critique. Osmond (1927) émet des doutes sur le caractère autographe du tableau et Fiocco (1928 et 1934) le tient pour œuvre d'atelier. Mais à la même époque, Coletti (1928) en relève la très grande qualité chromatique, analysant « une composition nouvelle et audacieuse, toute en déséquilibre, d'un lyrisme sublime et poignant par ses couleurs, que l'on ne pourrait retrouver que chez le Greco », et propose une datation autour de 1570. Berenson quant à lui, qui reconnaît là une œuvre entiè-

rement autographe de Véronèse, la qualifie, dans un premier temps (1932), d'œuvre de jeunesse, puis (1958) la situe parmi les œuvres tardives. De même Pallucchini (1963-64 et 1984) considère que la date proposée par Coletti doit être retardée d'une douzaine d'années. Selon lui, en effet, la toile serait à rattacher aux expériences luministes, caractéristiques de la dernière période d'activité de Véronèse. Une telle hypothèse est acceptée par A. Ballarin (1965/2), par R. Marini (1968), qui situe la toile vers 1581, et par T. Pignatti (1976/1), tandis que W.R. Rearick (1988/1 et 1988/2) l'estime encore plus tardive, de 1583-84, se fondant sur l'existence d'un legs que dans son testament, rédigé le 2 janvier 1584, le « cavalier et secrétaire du doge », Simone Lando, fait à l'église Santa Maria Maggiore, afin d'en décorer la chapelle principale. La liste des peintures léguées par Lando ne comporte pas le nom de leurs auteurs, mais W. R. Rearick identifie précisément, parmi elles, diverses œuvres de Bassano, de Véronèse et de son atelier. La dernière toile mentionnée dans la liste est une *Preghiera nell'orto dei Getsemani*, que W. R. Rearick reconnaît avec raison dans la toile aujourd'hui à la Brera, que l'on peut donc dater d'une époque proche de la rédaction du testament.

K. Badt (1981) a identifié la « première idée » du tableau dans un dessin (plume, encre et lavis brun, 0,131 x 0,170) conservé au Kupferstichkabinett de Berlin, au dos d'une lettre adressée « *al flo.mo pitor Paulo Verones* », où figurent cinq esquisses rapides qui constituent des études, bien qu'inversées, pour les figures destinées à apparaître sur la toile.

T.P.

page 251

271

Paolo Caliari, dit Véronèse
Vérone, 1528 - Venise, 1588

Saint Pantaléon guérissant un enfant
Toile. H. 2,77; L. 1,60
VENISE, ÉGLISE SAN PANTALON

HISTORIQUE
Peint en 1587 pour le maître-autel de la première église San Pantalon; resté à son emplacement d'origine, devenu la chapelle consacrée à saint Pantaléon, dans l'église remaniée et agrandie.

EXPOSITIONS
Venise, 1939, n° 89; Venise, 1971, n° 31; Londres, 1983-84, n° 147; Venise, 1988(2), p. 195; Washington, 1988, n° 103.
BIBLIOGRAPHIE
Sansovino et Stringa, 1604, p. 179; Sansovino et Martinioni, 1663, p. 246; Ridolfi, 1648 (éd. Hadeln, 1914, p. 325); Boschini, 1664, p. 337; Zanetti, 1733, p. 357; Zanetti, 1771, p. 195; Salsi, 1837, II, p. 13; Berenson, 1932 (éd. 1957), p. 173; Fiocco, 1934, p. 107; Gallo, 1939, p. 146; Pallucchini, 1939, p. 146; Pallucchini, 1943, p. 43; Marini, 1968, p. 131; Mariacher, 1971, p. 68; Pignatti, 1976(1), p. 168; Cocke, 1983, p. 242; Pallucchini, 1984, p. 164; Ruggeri Augusti, 1988, pp. 195-198; Aikema, 1990, pp. 193-194; Pignatti et Pedrocco, 1991, p. 158.

Comme l'attestent les archives de l'église de San Pantalon, ce tableau fut commandé en 1587 par le curé Bartolomeo Borghi, qui s'y fit représenter à gauche, soutenant l'enfant, pour le maître-autel de l'église primitive, plus petite que l'actuelle et orientée différemment, la nef étant alors parallèle au *campo* adjacent. En 1667, l'église fut agrandie et remaniée suivant les plans de l'architecte Comino, son orientation subissant une rotation de 90°: l'abside de l'ancienne église devint ainsi la chapelle latérale consacrée à saint Pantaléon. En 1720, l'autel de la chapelle fut reconstruit beaucoup plus grand que l'autel original et enrichi de marbres polychromes. Le tableau se trouva ainsi éloigné du spectateur, si bien qu'il était difficile de le voir correctement, comme s'en plaignit Zanetti (1733).

Composée selon une diagonale qui tombe du buste de marbre sur le jeune garçon mourant, la scène représente, avec une certaine liberté, l'épisode fondamental de la vie du saint: Pantaléon, médecin de l'empereur Maximien, se convertit à la foi chrétienne, pour laquelle il subira le martyre, en intercédant pour le salut d'un enfant mordu par une vipère. Saint Pantaléon, célèbre dans l'Antiquité pour ses soins étrangers à la médecine traditionnelle et pour sa grande générosité à l'égard des malades, ce qui suscitait l'envie de ses confrères, est ici représenté au moment où il s'approche du jeune garçon sans connaissance, que soutient le prêtre commanditaire saisi d'effroi. A droite, le jeune assistant tend au médecin sa boîte de remèdes, que le saint ignore, frappé qu'il est par la soudaine lumière divine, qui descend et glisse silencieusement sur lui, puis sur le prêtre et sur le visage de l'enfant, en éclairant par reflet l'angelot porteur de la palme annonciatrice du martyre et le buste de marbre à l'arrière-plan. Le moment est chargé de tension: la décision et l'action des hommes restent en suspens en cet instant extraordinaire où la présence et la volonté de Dieu, invoqué là où la science humaine est impuissante, se manifestent par la médiation d'un homme, choisi pour être l'instrument de cette volonté; et ce n'est pas par hasard qu'il s'agit d'un médecin que nous appellerions aujourd'hui «alternatif». Un symbolisme complexe marque l'instant où se produit cette illumination divine: le serpent semble bien incarner le mal, c'est-à-dire le

monde païen auquel le saint appartenait aussi jusqu'à cet instant, et auquel seule la force divine peut disputer la vie de l'enfant. La sculpture à droite, peut-être un portrait assez libre d'Esculape, le dieu païen de la Médecine, souligne l'impuissance de la science traditionnelle face à la mort: en effet, le buste amputé de ses bras semble vouloir se tourner lui aussi vers la source de lumière, comme pour accentuer le caractère extraordinaire de la guérison, qui relève de l'impossible pour la science médicale.

Au-delà de cette signification symbolique, l'origine archéologique de cette sculpture est extrêmement intéressante. Il existe aujourd'hui au Museo Archeologico de Venise un buste de Silène qui provient de la collection Grimani, rassemblée au XVIᵉ siècle et constituant le premier noyau du musée. Ce buste (qui me fut signalé par mon regretté collègue Michele Tombolani) était parvenu dans la collection Grimani amputé des bras, comme la sculpture représentée ici par Véronèse, et sans tête non plus, état dans lequel a pu le voir le peintre, intime de la famille Grimani. Cette sculpture fut complétée à la fin du XVIᵉ siècle par l'adjonction de la jambe droite, de la gauche jusqu'à la cuisse, et de la tête. Ce choix d'une pièce «vénitienne», au-delà de sa signification allégorique, peut aussi constituer une sorte d'hommage rendu au collectionneur de grande culture.

La scène est enveloppée d'une atmosphère nocturne, éclairée des seules vibrations d'une froide lumière lunaire, qui se mêle à la lumière divine et parcourt comme un frisson les personnages et les objets. Cette œuvre tardive et son atmosphère nocturne constituent l'aboutissement de l'évolution de l'artiste, dans ses dernières années d'activité, qui l'a conduit à assombrir de plus en plus ses tonalités. Cet obscurcissement des couleurs, cette adhésion au message chrétien ainsi confessé, le soin attentif mis à illustrer littéralement le texte évangélique, que l'on retrouve dans la *Crucifixion* des Gallerie dell'Accademia, témoignent d'une profonde critique existentielle chez le peintre, touché alors par les événements survenus dans sa ville, sur laquelle commençait à peser l'ombre de la Contre-Réforme et dont les vicissitudes politiques avaient amorcé le lent et irrésistible déclin. Dans ses ultimes œuvres, plutôt que du dernier Titien, c'est de Tintoret que Véronèse se rapproche par ses tons foncés, ses éclats de lumière, ses teintes grisâtres; mais ce rapprochement n'est que superficiel, car les mondes des deux artistes sont profondément différents. Tintoret construit des scènes qui, dans les ombres de la nuit, vivent d'une lumière chargée d'une immense énergie, élément fondamental de son langage. Les figures de Véronèse sont touchées par une lumière ambiguë et fuyante, qui ne semble apparaître que pour s'éteindre lentement dans l'ombre d'une nuit complète. Il s'agit assurément d'une vision plus pessimiste du monde, ce monde de couleurs et de lumière que l'artiste avait peint dans de si nombreuses œuvres, mais qui semble à présent définitivement disparu.

Le département des arts graphiques du Louvre conserve une feuille (R. F. 38928; cat. **245**) qui présente une série de projets de l'artiste pour ce tableau. Dans l'un d'eux, apparaît au ciel la figure de la Vierge, qui occupe cependant une grande partie de l'espace. Le choix de donner la plus grande importance à l'épisode représenté fit renoncer à ce projet en faveur de la composition actuelle, où les figures du premier plan sont réunies en un schéma pyramidal au sommet duquel se trouve le saint à qui l'église est consacrée.

A.A.

page 252

272

Jacopo dal Ponte, dit Bassano
Bassano del Grappa, vers 1510-1592

La Mise au tombeau
Toile. H. 2,58; L. 1,43
VICENCE, S. CROCE CARMINI

HISTORIQUE
Église Santa Croce à Vicence jusqu'à la dernière guerre; à la Pinacoteca Civica de cette ville (Inv. A. 353), puis mis en dépôt à l'église des Carmini.
EXPOSITIONS
Vicence, 1949, n° 12; Vicence, 1980, p. 87; Vicence, 1989, p. 28.
BIBLIOGRAPHIE
Borghini, 1584, p. 563; Ridolfi, 1648, p. 378; Boschini, 1676, p. 120; Magagnato, 1949, p. 193; Muraro, 1949, p. 64; Arslan, 1960, p. 178; Rearick, 1976(1), pp. 106-108; Sgarbi, 1980, pp. 87-88 (avec bibl. ant.); Pallucchini, 1982, n° 35; Lazzarini, 1983, pp. 134-144; Avagnina, 1989, pp. 28, 29, 30; Alberton Vinco da Sesso, 1992, p. 144.

Ce tableau est généralement daté par la critique entre 1574, date de la *Mise au tombeau* de l'église Santa Maria in Vanzo à Padoue, œuvre signée et datée, dont le présent tableau est une variante de forme cintrée, et 1580.
L. Magagnato (1949) penchait pour une datation vers la moitié des années 1570. L'argumentation d'Arslan (1960) conduit à le dater avant la fin des années 1570. W. R. Rearick (1976) le situe dans les années 1578-79, A. Ballarin vers 1574 et enfin E. Avagnina (1989) le considère comme exécuté à une date peu éloi-

gnée de celle du tableau de Padoue et de toute façon avant 1580.

Dans leurs ouvrages cités ci-dessus, L. Magagnato, A. Ballarin et E. Avagnina s'accordent sur le caractère autographe du tableau, alors qu'Arslan y voit la contribution de Leandro, et W. R. Rearick « la collaboration étendue de Francesco ».

La récente restauration qui a suivi les interventions de 1949 et 1980 (Avagnina, 1989) a révélé la présence de larges repeints, surtout sur la végétation du fond, dont les plus anciens n'ont pas été ôtés, et une accumulation de vernis oxydés, en particulier dans la zone du ciel. C'est pourquoi il est difficile de déterminer les interventions de mains autres que celle de Jacopo Bassano.

L'étude de la technique picturale de ce tableau montre qu'elle consiste en « *velature trasparenti di bitume mescolato con lacche rosse su colori già campiti* » (« couches transparentes de bitume mêlé de rouges laque [étendues] sur des couleurs déjà posées »), exactement celle que décrit Verci (1775, p. 59) rapportant comment Bassano utilisait « *assai ocra, lacca, cinabro e asfalto che mescolato con lacca negli ultimi ritocchi, andava velando gli oscuri per il più indifferentemente tanto nelle carni quanto ne' panni, ed in ogni altra cosa* » (« beaucoup d'ocre, de rouge laque, de cinabre, et d'asphalte qui, mélangés au rouge laque dans les ultimes retouches, voilaient les zones obscures généralement de manière indifférenciée aussi bien sur les chairs que sur les vêtements, et sur toute autre chose »).

La prise en considération de ce fait et de l'étroit rapport entre cette toile et la *Mise au tombeau* de Padoue, unanimement attribuée à Jacopo Bassano, rapport non pas de copie ou d'imitation à modèle, mais bien de variation réfléchie sur un même thème, semble raisonnablement conduire à accepter le caractère autographe de la toile et à situer celle-ci à une date peu éloignée de 1574, comme on l'a dit, année de l'exécution du tableau de Santa Maria in Vanzo.

Dans cette toile, sont présents les principaux éléments du répertoire maniériste : chiasmes, torsions, construction extrêmement plastique des figures, raccourcis recherchés, et rejet de la représentation de l'espace selon les conceptions de la Renaissance. On y perçoit bien la méditation sur le dernier Titien, en particulier sur ses nocturnes, la référence évidente à Tintoret dans la figure de Joseph d'Arimathie, prototype de vieillard si facilement reconnaissable dans les tableaux pour la Sala dell'Albergo, l'emprunt à Parmigianino du motif de rubans de l'habit de Nicodème, et l'étude des dessins de Raphaël, « *marciti nell'intelletto* » (« macérés dans son esprit »), selon une expression de Verci : tous ces éléments trouvent ici leur expression la plus achevée en un langage original et cohérent avec les recherches luministes que le peintre conduit dans les années 1570.

Le corps du Christ mort ne constitue pas seulement le centre iconographique de la composition. Il est aussi l'intermédiaire qui relie le vieux Joseph d'Arimathie et le jeune Nicodème, la nature, qui occupe une grande partie de la scène, et l'humanité, qui s'exprime face à l'événement par des attitudes diverses, par la désolation des saintes femmes qui soutiennent la Vierge et par le calme réfléchi de Marie-Madeleine. C'est la lumière qui souligne ces relations et qui marque le rythme de la composition.

Au-delà de la différence dans la mise en page des éléments naturels et symboliques du paysage (le déplacement sur la gauche des arbres qui se trouvent à droite dans la version de Padoue, et, réciproquement, celui de l'arbre cassé d'où a poussé une branche nouvelle), la différence la plus remarquable que le peintre introduit dans cette toile des Carmini par rapport au tableau de Santa Maria in Vanzo est la correction efficace apportée à l'éclairage dans le sens d'un plus grand réalisme.

Les deux torches sont disposées symétriquement de chaque côté de la scène, ce qui justifie mieux la gradation de la lumière, « l'artifizio » (« l'artifice ») selon lequel comme l'observe Verci, « *la figura riceverà pochi lumi, ma pieni e principali, come la sommità delle teste, le spalle, i ginocchi e simili, poichè tutti i suoi moti sono angolari, e la punta dell'angolo è quella che riceve il lume fiero, e per produre questo lume, che solo in quelle parti si facesse evidente, osservasi che i suoi panni sono tutti cadenti giù dalle spalle a' ginocchi, e cos il lume si produce solo in queste sommità, che disposte con quella regola riescono di gran forza* » (« les figures recevront peu de lumières, mais pleines et directes, sur le sommet des têtes, les épaules, les genoux et les autres membres, puisque tous leurs mouvements forment un angle, et que la pointe de l'angle reçoit en plein la lumière, et, pour produire cette lumière, qu'on ne doit voir que sur ces parties-là, on remarque que les vêtements tombent tous des épaules aux genoux et qu'ainsi la lumière n'accroche que les parties saillantes qui, disposées selon cette règle, ressortent avec une grande force ») (Verci, 1755, p. 51).

Le peintre atteindra « à des variations de lumière plus réalistes encore » (Rearick, 1976) dans la *Mise au tombeau* du Kunsthistorisches Museum de Vienne (cat. **273**), autre variante, de taille plus réduite, du tableau de Padoue, et témoignage supplémentaire de la manière dont le mystère de la mort et de la résurrection, sujet qu'il avait abordé dès sa jeunesse dans le tableau de l'église paroissiale de Crosara, devient chez Jacopo Bassano à la fin de sa maturité l'objet d'une méditation plus profonde et plus urgente.

Les nombreuses répliques de ce sujet de la mise au tombeau sont recensées par Rearick (1976), dont l'une à l'Alte Pinakothek de Munich qu'il attribue à Leandro et d'autres attribuées à l'atelier, surtout à Giambattista (Bergame, Accademia Carrara; Saint-Pétersbourg, Ermitage; Madrid, Prado; Munich, Alte Pinakothek; New York, dans le commerce de l'art; Oxford, Christ Church Library; Padoue, Museo Civico; Prague, Národni Galeri; Venise, Gallerie dell'Accademia). Sur le même sujet, il existe un dessin conservé au Louvre (Inv. 5308), qui a été gravé par Cochin et par Jackson.

F.S.

page 253

273

Jacopo dal Ponte, dit Bassano
Bassano del Grappa, vers 1510-1592

La Mise au tombeau
Toile. H. 0,82; L. 0,65
VIENNE, KUNSTHISTORISCHES MUSEUM,
GEMÄLDEGALERIE

HISTORIQUE
Inventaire des coll. royales de Prague en 1685; transporté ultérieurement au château d'Ambras, où il est encore mentionné par l'inventaire de 1773; propriété de l'archiduc Ferdinand du Tyrol, d'où il parvient au Kunsthistorisches Museum de Vienne.

EXPOSITIONS
Bruxelles, 1953, n° 3; Venise, 1957, n° 68.

BIBLIOGRAPHIE
Zottman, 1908, p.38; Baldass, 1924, p. 45; Longhi, 1926, I, p. 142; Arslan, 1931, p. 170; Berenson, 1932, p. 51; Pallucchini, 1953, p. 53; Zampetti, 1957, p. 170; Arslan, 1960, p. 186; Rearick, 1976(I), p. 108; Alberton Vinco da Sesso, 1992, p. 144.

Cette petite toile a été publiée pour la première fois par Zottman (1908) comme œuvre préparatoire de Jacopo Bassano pour son retable de l'église de Santa Maria in Vanzo à Padoue (œuvre signée et datée 1574 : voir F. Spadavecchia, cat. **272**), attribution que confirma aussi Baldass (1928) et que maintinrent les catalogues du Kunsthistorisches Museum de Vienne jusqu'au plus récent, celui de 1991, qui la donne à Leandro Bassano. L'attribution à Jacopo avait d'ailleurs déjà été contestée par Arslan (1931 et 1960), alors que cette petite toile avait été présentée à l'exposition de Venise en 1957 comme un chef-d'œuvre de la vieillesse de Jacopo Bassano, l'un des meilleurs exemples de sa dernière manière. Plus récemment, W.R. Rearick (1976), dans le sillage d'Arslan, soutient l'hypothèse qu'il s'agit non pas d'une esquisse préparatoire, mais plutôt d'une variante du grand tableau de Padoue à attribuer à la main plus faible de Leandro. Cette petite toile de Vienne se distingue en effet du tableau de Padoue non pas tant par des différences dans le détail des attitudes de quelques figures comme celle de Nicodème penché sur le Christ, que par la composition générale dont la modification découle de ces différences apparemment vienne peu significatives. Dans le tableau de Padoue, l'ample composition s'ouvre en un grand arc qui englobe la figure du Christ et les deux personnages, Nicodème et Joseph d'Arimathie, qui le soutiennent avec effort pour le transporter au tombeau. La scène semble se passer dans le silence total de la nature environnante, où tout bruit paraît étouffé; la lumière livide du crépuscule et l'étendue du paysage, qui se perd au loin dans l'ultime lueur du jour, accentuent la mélancolie de cet instant. Dans la petite toile de Vienne, la modification de l'attitude de Nicodème, penché avec une douloureuse stupeur sur le corps supplicié du Christ qu'il s'apprête à recouvrir pieusement du linceul, resserre dramatiquement en une structure plus ramassée le groupe de figures qui vient occuper presque entièrement le premier plan, tandis que le paysage ne joue à l'arrière-plan qu'un rôle tout à fait secondaire; à la douleur intérieure et résignée de la Vierge dans le tableau de Padoue s'oppose ici la vive tension qui marque le visage de la mère à l'instant où elle voit le corps de son fils, et la sainte femme se retourne vers elle en un sursaut sous le coup d'une brusque émotion bien éloignée de la pitié guindée avec laquelle cette même figure se penche sur la Vierge dans la toile de Santa Maria in Vanzo. Une lumière lunaire, toute différente de celle qui baigne l'immobilité de l'autre toile, semble ici pleuvoir sur les corps et dissoudre leurs formes en traînées de couleurs, mêlées de lueurs, mais non lumineuses. Ce luminisme est bien éloigné de celui du dernier Tintoret qui, en quelques traits de lumière, tire des figures de l'ombre de la nuit et construit la réalité : même dans les toiles les plus nocturnes de la Scuola Grande di San Rocco, chaque chose est pleine de vie, de l'eau qui court dans la rivière aux frondaisons qu'agite la moindre brise. Jacopo Bassano détruit cette réalité qui paraît se consumer dans la lumière. En cela aussi, la petite toile de Vienne diffère profondément de la *Mise au tombeau* de l'église de Santa Maria in Vanzo, qu'éclaire encore la lumière constructrice de Tintoret que l'on voit dans la *Crucifixion* de la Scuola Grande di San Rocco. Et assurément, avec ses profondes différences de composition, d'éclairage et d'émotion, la petite toile de Vienne ne peut être l'esquisse du grand tableau de Padoue. Elle apparaît plutôt comme une étude supplémentaire de l'artiste désormais âgé, qui avait déjà traité ce sujet plusieurs fois et à chaque fois de manière différente. Il se livre à un ultime renouvellement qui laisse s'éteindre les couleurs vives de la maturité devant le gris qu'entraîne la cécité, et pour faire écho aux dernières œuvres de Titien.

Sur ce même sujet de la Mise au tombeau, les variantes autographes et d'atelier sont nombreuses : ces dernières mêlent des éléments tirés des diverses versions selon des formules répétitives où manquent cette invention et cette force de communication qui va au-delà du simple énoncé iconographique et que l'on reconnaît au contraire, malgré la facture hâtive de certains détails, dans la petite toile de Vienne.

A.A.

page 254

274

Jacopo dal Ponte, dit Bassano
Bassano del Grappa, vers 1510-1592

La Flagellation du Christ
Toile. H. 1,39; L. 1,002
FREDERIKSSUND (DANEMARK),
J.F. WILLUMSENS MUSEUM

HISTORIQUE
Acheté en Italie par la coll. Hamilton, Stockholm; coll. Karl Madsen, Copenhague, par achat en vente publique de la coll. Hamilton, jusqu'en 1938; coll. J. F. Willumsen, de 1938 à 1947, vente chez Art Dealers Winkel et Magnussen; acheté en 1947 par le J. F. Willumsens Museum, Frederikssund.

EXPOSITIONS
Copenhague, 1947, sans n°; Frederikssund, 1975, n° 11; Bassano del Grappa, 1992, n° 69.

BIBLIOGRAPHIE
Willumsen, 1927, I, pp. 551-552; Venturi, 1929, pp. 1200-1203, 1259; Bettini, 1933, pp. 93, 177; Zampetti, 1957, p. 170; Zampetti, 1958, p. 50; Arslan, 1960, I, pp. 195, 343; Ballarin, 1966-67, p. 159; Pallucchini, 1977-78, p. 8; Pallucchini, 1982, p. 52; Marini, 1992, pp. 185-186.

Cette œuvre, dont la critique n'avait jusqu'alors que soupçonné l'importance (Ballarin, 1967), n'avait pas été présentée dans les expositions consacrées aux Bassano en 1952 et en 1957. Après avoir retrouvé ses valeurs chromatiques originelles grâce à une restauration récente, elle a été présentée à l'exposition de Bassano del Grappa en 1992, qui en a confirmé l'attribution à Jacopo, acceptée d'ailleurs par la plupart des auteurs, à l'exception de Willumsen (1927) qui hésitait à l'attribuer à Bassano ou à Greco, et d'Arslan (1960) qui affirmait catégoriquement qu'il s'agit d'une « œuvre remarquable [...] mais pas de Jacopo ».

Ce tableau, un des rares exemples de *modelletto* réalisé par Jacopo, se situe dans un groupe d'œuvres sacrées fortement inspirées de Titien, comme la *Mise au tombeau* dans les versions de Padoue, de Vienne (cat. **273**) et de Vicence (cat. **272**), le *Couronnement d'épines* autrefois dans la collection Tinozzi, le *Sacrifice d'Abraham* de la collection Suida, *Actéon et les nymphes* de Chicago et la *Mise au tombeau* Lansdowne, proches de *Suzanne et les vieillards* de Nîmes (cat. **275**), toutes œuvres que Zampetti (1958) situe « entre la fin des années 1570 et les années 1580 », et que Marini (1992) date plus précisément peu après la fin des années 1570, en mettant en lumière l'affinité de cette petite toile avec *Saint Martin avec le mendiant et saint Antoine abbé* et la *Vierge en gloire entre sainte Agathe et sainte Apolline* du musée de Bassano del Grappa.

On connaît bien (Arslan, 1960) la relation de ce *modelletto* avec les tableaux pour l'église Sant'Antonio Abate de Brescia décrits par Ridolfi (1648, I, p. 379) et par les guides de la ville datant du XVIIIᵉ siècle. Sur les neuf toiles que ce cycle comprenait à l'origine, huit se trouvent actuellement dans les collections publiques ou privées (Arslan, 1960, p. 207), dont la *Flagellation* du Castello Sforzesco de Milan attribuée par Arslan à Francesco et par W. R. Rearick à Leandro, version fidèle, quoique d'une taille différente, du tableau de Frederikssund.

Dans ce tableau, ce sont les mouvements de l'âme humaine qui sont les protagonistes : la fureur idiote des geôliers qui se jettent sur le Christ et l'encerclent, l'indifférence de la femme qui assiste à la scène accoudée « comme à la petite fenêtre d'un tableau hollandais du dix-septième siècle » (Venturi, 1929), et l'inconscience avec laquelle l'enfant participe aux sévices.

La nature est totalement absente, remplacée par une architecture imposante. La composition est organisée en plans parallèles très rapprochés.

L'effet produit est celui d'un espace exagérément réduit, dont les gestes des figures donnent la mesure, et délimité, d'un côté, par le mur en perspective dans lequel s'ouvre la petite fenêtre et, de l'autre côté, par l'obscurité des ténèbres, hors desquelles la lumière fait émerger les bourreaux comme des oasis aux couleurs merveilleuses.

Le corps entier du Christ est fait de lumière : les chairs et l'étoffe qui lui ceint les reins captent le rayon qui l'éclaire obliquement et le réfléchissent en traits dispersés et vibrants. La source est encore une fois Titien : le sujet, les personnages et leurs mouvements sont ceux du *Couronnement d'épines* de Munich; la souple tenture rouge qui recouvre la colonne en la privant de toute signification architectonique rappelle, par son inspiration maniériste, plus d'un tableau de Titien; même le personnage à la fenêtre (expédient d'ailleurs utilisé par Parmigianino, par exemple) renvoie à la *Présentation de la Vierge au Temple*, avec cette différence que les personnages accoudés aux fenêtres dans le tableau des Gallerie dell'Accademia prennent part à l'événement, tandis que la femme introduite dans son tableau par Jacopo Bassano frappe par son indifférence. A l'originalité de cette composition, qui témoigne d'une géniale liberté d'invention, concourent non seulement ces éléments inspirés de Titien, mais aussi le luminisme de Tintoret et le chromatisme de Véronèse, dont Jacopo Bassano a su élaborer une précieuse synthèse.

F.S.

page 255

275

Jacopo dal Ponte, dit Bassano
Bassano del Grappa, vers 1510-1592

Suzanne et les vieillards
Toile. H. 0,85; L. 1,25
Inscription en bas à droite : J. B. f. 1585
NIMES, MUSÉE DES BEAUX-ARTS

HISTORIQUE
Coll. Gower (n° 580); au musée des Beaux-Arts de Nîmes depuis 1875.
EXPOSITIONS
Amsterdam, 1953, n° 2; Bordeaux, 1953, n° 56; Bruxelles, 1953-54, n° 2; Venise, 1957, n° 59; Paris, 1965-66, n° 33; Nice, 1979, n° 2; Londres, 1983-84, n° 11; Bassano, 1992, n° 72.
BIBLIOGRAPHIE
Longhi, 1928, p. 79; Venturi, 1929, p. 1202; Arslan, 1931, pp. 142-143; Bettini, 1933, pp. 92, 175; Arslan, 1960, pp. 119-120, 173, 377; Mariacher, 1957, p. 28; Zampetti, 1957, pp. 34, 148; Zampetti, 1958, pp. 49-50; Ballarin, 1966, pp. 114-115; Shearman, 1966, p. 67; Rosenberg, 1965, p. 23; Ballarin, 1966-67, p. 159; Pallucchini, 1977-78, pp. 79-84; Hope, 1983, p. 43; Magagnato, 1981, p. 65; Magagnato, 1983, p. 151; Aliberti Gaudioso, 1992, pp. 191-192.

Ce tableau, qui porte l'inscription : « J. B. f. », et dont la date a été diversement lue dans le passé: « 1571, ou 1575, ou 1576, ou 1579 [...], en se fondant davantage sur l'analyse stylistique du [tableau] que sur le déchiffrement [de l'inscription] » (Ballarin, 1966-67; Magagnato, 1983), est l'une des œuvres les plus connues de Jacopo, chef-d'œuvre de sa vieillesse situé au milieu de sa dernière décennie d'activité.

Dès 1933, Bettini avait saisi le sens, que nous pourrions dire «conclusif», de ce tableau «nourri de toutes les sèves du Cinquecento vénitien [...], profondément marqué par Titien dans la couleur», et cette caractéristique avait été soulignée par Zampetti à l'occasion de l'exposition de Venise de 1957. Le déchiffrement de la date: 1585 (Shearman, 1966; Ballarin,

1966-67) a confirmé les intuitions critiques antérieures, et détruit le mythe selon lequel en 1581 Jacopo n'aurait plus été en mesure de peindre « sia per la vista, come anco per essere di molti anni » (« à cause de sa vue et de son âge avancé ») (selon la lettre bien connue de 1581, justement adressée par Francesco Bassano à Gaddi); mais reste ouverte la question du caractère plus ou moins autographe de cette œuvre, que T. Pignatti et R. Pallucchini affirmaient exécutée avec l'aide de son fils Francesco dans le paysage (Rosenberg, 1965) et dont la récente exposition de Bassano del Grappa a confirmé, selon l'opinion presque unanime de la critique, qu'elle devait être intégralement attribuée à Jacopo (Aliberti Gaudioso, 1992).

A la différence des œuvres du Moyen Age, qui préféraient illustrer le moment du long récit biblique où Daniel démontre la fausseté des accusations des vieillards à l'encontre de Suzanne, l'iconographie de Bassano, comme cela était déjà établi dans la peinture vénitienne du Cinquecento, privilégie le passage du récit où le corps de la femme de Joachim s'offre aux regards des vieillards. « Le petit nu de Suzanne est assailli par l'ombre, comme encore empêtré par les cauchemars de la nuit, mais dans le poids et dans la vérité de ses jeunes seins à peine marqués et de cette cuisse à demi nue modelée par la lumière, se révèle le sens d'une présence humaine, comme d'une tendresse offensée et d'une féminité touchante » (Ballarin, 1966). On se trouve ici très loin de la malicieuse protagoniste du tableau de Tintoret qui faisait partie du cycle des « histoires » bibliques de Madrid, ou de la femme consciente de sa beauté faite pour être regardée, que représente la Suzanne du même peintre, au Kunsthistorisches Museum de Vienne.

Dans ce tableau comme dans la *Flagellation du Christ* de Frederikssund (cat. **274**) dont il a été souvent rapproché, mais pour d'autres aspects, les protagonistes sont les mouvements de l'âme humaine et les actions des personnages que le peintre sait saisir dans l'instant de leur plus grande agitation : le brusque recul de Suzanne surprise par l'approche des deux vieillards, marqué par le flottement du très léger voile qui lui couronne la tête (comment ne pas penser ici, malgré la profonde différence des effets obtenus, à certaines figures de Lotto, saisies elles aussi au plus vif de l'action?), le déséquilibre des corps des vieux juges dont les gestes, en particulier chez celui du premier plan, accompagnent les menaces qu'ils semblent adresser à la jeune femme.

Les animaux, qui «pointent leur museau alarmé entre les troncs», semblent concourir au caractère dramatique de la scène. Dans le fond, un édifice de style palladien, éclairé par la faible clarté de la lune, équilibre la composition.

Après avoir beaucoup sacrifié au maniérisme, Bassano médite sur le dernier Titien, en particulier sur ses nocturnes, ce qui le conduit à cet aboutissement inattendu caractérisé par la « décomposition de la couleur sous la variation de la lumière [...], de la simplification des formes

et de la composition » (Magagnato, 1981). Les dimensions de la toile ont amené P. Rosenberg (1965) à supposer qu'elle a été légèrement réduite sur le côté gauche et en bas, hypothèse que F. Aliberti Gaudioso met en doute (1992).

P. Rosenberg (1965) signale un dessin se rapportant à la figure de Suzanne, mentionné par Tietze dans la collection Marignone, et deux variantes ultérieures du tableau : l'une, au Museo Correr, attribuée à Giacomo Apollonio par Arslan (1960) et à Leandro Bassano par Mariacher (1957), l'autre, dans la collection Brass, à Venise également, signée de Leandro (Arslan, 1960, pl. 310), dont les caractérisques sont par ailleurs différentes de celles du tableau de Nîmes.

F. Aliberti Gaudioso (1992) signale enfin une réplique présentée à la vente Christie's du 19 mars 1965, n° 99.

F.S.

page 256

276

Jacopo dal Ponte, dit Bassano
Bassano del Grappa, vers 1510 - 1592

La Déposition
Toile. H. 1,54; L. 2,25
PARIS, MUSÉE DU LOUVRE,
DÉPARTEMENT DES PEINTURES

HISTORIQUE
Coll. du cardinal Mazarin, Paris; coll. de Louis XIV, acquis en 1661 des héritiers du cardinal (inv. Le Brun, 1683, n° 150); au palais du Louvre depuis 1785 (inv. Duplessis, n° 51).
EXPOSITION
Paris, 1978-79, sans n°.
BIBLIOGRAPHIE
Lépicié, II, 1754, pp. 66-67; Villot, I, 1864, p. 187, n° 303; Tauzia, 1888, I, p. 179, n° 300; Engerand, 1899, p. 111; Jacobsen, 1902, p. 272; Zottmann, 1908, p. 61; Ricci, 1913, p. 106, n° 1427; Hadeln (Ridolfi), 1914, p. 395 note 3; Hautecœur, 1926, p. 100, n° 1427; Arslan, 1931, p. 238-241, 348; Hulftegger, 1955, p. 131; Zampetti, 1957, p. 174, n° 70; Pallucchini, 1957, pp. 97-118; Pallucchini, 1959-60, pp. 58 ss.; Arslan, 1960, I, pp. 193-194, 229-230, note 10, p. 361; Ballarin, 1966, pp. 112-136; Ballarin, 1966-67, pp. 151-193; cat. Munich, 1971, pp. 56-57, n° 916; Brejon de Lavergnée et Thiébaut, 1981, p. 149, Inv. 433; Pallucchini, 1981(3), pp. 271, 274-277, notes 9, 22; Pallucchini, 1982, pp. 49, 52-53; Brejon de Lavergnée, 1987, pp. 63-64, 204, n° 150; Ballarin, 1992, p. CIC; Rearick, 1992, p. CLXXVI et note 355; Pan, 1992, p. 57, n° 41.

L'attribution de ce tableau à Jacopo Bassano est une tradition ancienne remontant à la collection du cardinal Mazarin. Louis XIV acheta l'œuvre en 1661, dans un lot de vingt-six objets achetés 40 000 livres aux héritiers du cardinal. Le roi ne possédait pas moins de quinze toiles des Bassan, ce qui démontre le succès international de cette école au XVIIe siècle. La *Déposition* est l'œuvre la plus frappante de cet ensemble. Colbert, qui dresse les estimations de la vente Mazarin, lui attribue une valeur élevée, 2 000 livres, dépassée seulement par le *Mariage mystique* de Corrège (estimée, il est vrai, dix fois plus...). Deux siècles et demi plus tard, Jacobsen (1902) et Arslan (1931) mettent cependant en doute l'attribution, le premier penchant pour Francesco Bassano (Bassano, 1549 - Venise, 1592), le meilleur élève de Jacopo, le second pensant à une copie de Luca Martinelli (vers 1570-73), élève de Giambattista, d'après un original perdu du maître. Cette dernière opinion prévaut jusqu'à ce qu'Arslan (1960), renonçant à sa première hypothèse, accepte l'attribution à Francesco ou plutôt à un artiste de son école, ou encore à Gerolamo. Mais la controverse est relancée par Pallucchini (1982), qui revient à Jacopo, suivi par A. Brejon (1987), A. Ballarin ([1988] 1992) et E. Pan (1992), alors que W.R. Rearick (1992) maintient l'œuvre à Francesco.

La discussion est de savoir si l'œuvre est de Jacopo ou de son fils préféré Francesco, ou le produit d'une collaboration entre les deux peintres. La solution réside dans le rapport qui existe entre la *Déposition* de Lisbonne (Museu Nacional de Arte Antiga; cat. 277) et celle de Paris : la première, acceptée depuis une vingtaine d'années comme un original de Jacopo, constitue probablement l'esquisse du thème pour toute l'école et a été exécutée par le maître au début des années 1580. L'usage familial veut qu'à cette époque le patriarche vieillissant se contente de produire quelques modèles, qui sont ensuite, soit copiés sur place, soit plutôt, pour les meilleurs, envoyés de Bassano à Venise à l'atelier florissant dirigé par Francesco, qui en exécute des répliques à la taille voulue par les commanditaires : la plupart des versions des œuvres tardives de Jacopo sont sorties de cet atelier vénitien. Est-ce le cas du tableau du Louvre ? Ou le maître en exécute-t-il lui-même une version agrandie à Bassano ?

L'exemplaire français est plus compliqué que l'esquisse de Lisbonne, dont la belle économie de moyens est affaiblie à Paris par l'adjonction à droite d'une sainte Marie-Madeleine avec le flacon de parfum, créant par l'élargissement de la scène un effet de « *sacra rappresentazione* » en frise qui n'existe pas dans le modèle et un alignement des têtes en diagonale qui perturbe l'habile structure circulaire de l'esquisse centrée sur le flambeau, comme si l'agrandissement du style visionnaire en gestation était une expérience nouvelle appelant quelques précautions narratives : le visage du Christ devient plus visible, révélant un rictus de souffrance, et saint Jean, se retrouvant seul derrière la Vierge, peut

tendre les mains dans un geste de désespoir; le coloris précieux de l'esquisse se transforme en même temps et tend à devenir un austère monochrome brun argenté. Ces changements sont-ils voulus par le maître ou imposés par un atelier moins audacieux que lui ? Ces altérations sont-elles aussi souhaitées par un commanditaire soucieux de se conformer notamment à la tradition de la Madeleine au pied de la croix ? Compte tenu de ces interrogations, la différence de facture entre la chair translucide de Jésus, la belle tête de Joseph d'Arimathie, peintes dans une technique fondue qui absorbe et renvoie la lumière comme chez Titien, d'une part, et l'apparence anguleuse, heurtée, du groupe des quatre personnages de droite, d'autre part, pourrait faire penser à une différence de mains, − Jacopo, pendant un de ses séjours dans l'atelier de Venise, ne reprenant que le corps de Jésus et le visage de Joseph d'Arimathie dans une composition par ailleurs de Francesco −, mais la qualité nerveuse et la cohérence générale du tracé préparatoire, révélé par la radiographie, réalisée à l'occasion de la restauration effectuée par le Service de restauration des Musées de France pour cette exposition, peut laisser soupçonner de la part du maître une volonté délibérée d'opposer techniquement le recueillement de la mort et la douleur des vivants.

Le sujet n'a pas été plus clairement perçu que l'auteur : dans les deux inventaires de la collection Mazarin, l'œuvre porte le titre impropre de « Piété ». Quant à Le Brun, il qualifie à tort la toile de Mise au tombeau, appellation qui reste attachée au tableau jusqu'au début du XIXe siècle : d'autres exemples montrent que le premier peintre du roi a eu du mal à déchiffrer les toiles des Bassan. Villot (1864) lui donne un titre rare, mais plus prudent : « Les apprêts de la sépulture de Jésus ». Il s'agit en fait d'une Déposition, scène qui se place après la Descente de croix et avant la Déploration (ou Lamentation) et la Mise au tombeau, ce dernier épisode étant quelquefois précédé du Transport du corps; les quatre scènes évangéliques montrant le Christ mort sont dites vespérales parce qu'elles se passent à la tombée de la nuit et sont commémorées à l'heure des Vêpres.

Dans la Déposition, le Christ est détaché de la croix et repose à terre au pied de l'instrument de son martyre; il est généralement entouré du jeune Nicodème, qui finit ici de descendre de l'échelle à gauche, du vieux Joseph d'Arimathie, qui soutient le corps à l'aide du linceul, d'une ou généralement deux saintes femmes, ici une seule qui retient la Vierge, de sainte Marie-Madeleine, agenouillée, les mains jointes, le flacon à parfum devant elle, et de saint Jean, qui manifeste sa douleur en tendant les bras. Un grand flambeau, posé par terre au centre de la composition, éclaire le corps du supplicié, d'où la lumière semble irradier sur les autres personnages. La position caractéristique du Christ, jambes pliées, est réinterprétée de la *Mise au tombeau* de Santa Maria in Vanzo à Padoue (1574; voir cat. 272 la variation au-

tographe postérieure de Vicence), point de départ iconographique des Bassan pour le corps inerte de Jésus, inspiré des scènes analogues de Titien au Louvre (cat. 159) et au Prado (cat. 254), où cette attitude évoque l'angle aigu et le chiasme de la mort; Jacopo avait imaginé en 1574 de compléter ce symbolisme par la tragique pliure du cou renversant la tête du Christ en arrière, une position que l'on retrouve ici et dans un certain nombre de scènes de la Passion du maître, notamment dans la *Mise au tombeau* de Vienne (cat. 273), autre variante autographe du thème.

La restauration récente a révélé la qualité élevée de la toile du Louvre, en particulier dans le torse du Christ, et permet de confirmer que le tableau, que Hadeln (Ridolfi, 1914) considérait déjà comme « la meilleure version du sujet », constitue un prototype important du thème au sein de l'école. L'œuvre représente ainsi une étape dans la reconstitution de la carrière tardive de Jacopo, entre 1580 et sa mort en 1592, période qui n'est vraiment étudiée que depuis une trentaine d'années.

Une lettre de Francesco, adressée en mai 1581 au collectionneur florentin Niccolò Gaddi, est à l'origine de la confusion qui a entouré la fin de la vie du maître, puisque l'auteur prétend que son père ne « dessine » plus en raison d'une vue trop basse et de la vieillesse, ce qui a été compris comme voulant dire qu'il a cessé toute activité. Van Mander en 1604 et Ridolfi en 1648 (Hadeln, 1914, I, pp. 394-395) soulignent par ailleurs que de nombreuses scènes nocturnes de la Passion du Christ sont sorties des mains de Jacopo, le dernier critique les résumant ainsi : « la prière au jardin; trahi par Judas, arrêté par les Prêtres, conduit devant Caïphe, flagellé, couronné d'épines, crucifié et détaché de la Croix; imaginant ces sujets de nuit avec peu de lumières et des ombres profondes, éclairés par les flambeaux et les torches... ». Or l'inventaire après décès de Jacopo, dressé en avril 1592, publié par Verci en 1775 et étudié par A. Ballarin (1966), mentionne beaucoup de scènes de la Passion et montre que ce goût date de la dernière période de la vie de l'artiste. Que sont devenues ces œuvres trouvées dans l'atelier après la mort de Bassano et vendues par le descendant de la famille, le peintre Carlo Scaiaro Dal Ponte, en 1651 ?

Elles ont été le plus souvent attribuées à ses fils, notamment à Francesco, ou aux suiveurs de l'école, à cause de la lettre de Gaddi. En 1926, Longhi lance le débat en donnant la *Suzanne et les vieillards* (Nîmes, musée des Beaux-Arts; cat. 275) à Jacopo. En 1933, Bettini publie côte à côte le tableau de Nîmes et une *Flagellation* (Frederikssund, J.F. Willumsens Museum; cat. 274), qu'il attribue aussi au maître, soulignant pour les deux tableaux leur dette envers le vieux Titien, mort en 1576, à travers notamment le *Couronnement d'épines* (Munich) et la *Pietà* (Venise, Gallerie dell'Accademia); en 1936, cet auteur ajoute au premier groupe d'œuvres le *Couronnement d'épines* conservé alors dans une collection particulière à Milan (Rome, collection particulière; cat. **278**). Après l'exposition Bassano de Venise en 1957, qui poursuit le regroupement de ces tableaux en leur adjoignant la *Mise au tombeau* de Vienne et le petit *Couronnement d'épines* de la collection Lansdowne (Londres), Pallucchini (1957, 1959-60, 1982) rend à la dernière partie de la vie de Jacopo deux *Dépositions*, celle de Lisbonne (cat. **277**) et celle du Louvre, qui ne figuraient pas à la manifestation, tandis que W.R. Rearick (1992) y ajoute le *Martyre de saint Laurent* de l'église de Poggiana, qu'il date de la fin des années 1580. Enfin, dans deux études fondamentales, A. Ballarin (1966, 1966-67), à la faveur de l'exposition *Le Seizième Siècle européen* à Paris en 1965-66, publie la vraie date inscrite sur la *Suzanne* de Nîmes restaurée, communiquée par P. Rosenberg, 1585 au lieu de 1571, et place autour de cette date, avec la *Dérision du Christ* d'Oxford (cat. **279**), – dans ce qu'il appelle la « *quinta e ultima maniera* » de Jacopo –, toutes les scènes nocturnes caractérisées par un luminisme systématique et marquant, à partir de la *Suzanne*, le passage d'une « dimension onirique »... « aux inventions terrifiantes, où ne subsiste que l'urgence du sentiment de l'angoisse », celle de la vieillesse. Pallucchini (1982), d'accord avec cette position, discerne en outre dans cette phase l'influence de la Contre-Réforme.

Si la *Suzanne* nîmoise de 1585 marque ainsi le tournant inoubliable de la « quinta maniera » de Jacopo, le tableau du Louvre en constitue un jalon. Les premières scènes crépusculaires, où la lumière commence à pleuvoir d'en haut sur les objets, sont apparues en force vers 1571 avec le *Martyre de saint Laurent* (Belluno, cathédrale), directement influencé par la grande toile de Titien de ce sujet (Venise, Gesuiti). Le jour jette ensuite ses dernières lueurs dans la *Mise au tombeau* de Vienne et dans la *Suzanne*, avant de céder entièrement le pas, comme ici, à la seule lumière artificielle des flambeaux ou des torches, qui tombe et rejaillit sur les formes, faisant saillir d'un fond nocturne peuplé de fantômes les aspérités qui les évoquent; « l'impressionnisme magique » (Longhi) de la vieillesse de Titien, dont le crépitement disperse les contours dans l'atmosphère, devient chez Jacopo un expressionnisme halluciné, dont les soulèvements gonflent, lacèrent les formes en épais filets de couleurs incandescentes, qui luisent dans l'ombre comme des braises.

La restauration de la *Déposition* a mis ainsi au jour, à l'arrière-plan à droite, l'étonnante déformation de la figure de saint Jean, dont le visage et surtout les mains, aux traits et aux doigts tordus par le désespoir, sont brossés en quelques coups de pinceau transparents étalés rapidement sur le fond sombre des rochers. La phrase de Francesco disant que son père ne « dessine » plus veut donc dire que, comme Titien et Tintoret, Jacopo, dont la vue baisse, construit désormais la forme dans la couleur et non par le dessin.

Les *Dépositions* française et portugaise sont à l'origine de deux lignées différentes de dériva-tions bassanesques, le tableau du Louvre, plus célèbre que l'esquisse de Lisbonne, ayant donné lieu à de nombreuses copies et variations avec la sainte Madeleine, dont la meilleure (Munich, Alte Pinakothek) a la particularité d'être agrandie en hauteur jusqu'à avoir un format presque carré qui diminue l'effet de frise. Cette version bavaroise (cat. Munich, 1971) est considérée comme une copie, proche du style de Francesco ou de Gerolamo, d'après un original perdu gravé par Pieter de Jode (Anvers 1570-1634; Pan, 1992), qui semble en fait démontrer l'existence d'une troisième variante, inconnue, du thème.

J.H.

page 257

277

Jacopo dal Ponte, dit Bassano
Bassano del Grappa, vers 1510 - 1592

La Déposition
Toile. H. 0,60; L. 0,76
LISBONNE, MUSEU NACIONAL DE ARTE ANTIGA

HISTORIQUE
Coll. Georges Demotte, Paris; acquis en 1921.
BIBLIOGRAPHIE
Couto, 1941; cat. Lisbonne, 1956, p. 120, nº 337-A; Pallucchini, 1957, pp. 115-116; Arslan, I, 1960, p. 349; Vieira, 1965, pp. 152-153; cat. Munich, 1971, p. 56; Rearick, 1992(3), p. CLXXVI et note 355; Pan, 1992, p. 57, nº 41.

Ce petit tableau peu connu figure pour la première fois dans une exposition. Alors que le catalogue du musée de Lisbonne (1956) avance dubitativement le nom de Jacopo Bassano, Pallucchini (1957) lui confirme cette attribution, mais Arslan (1960) pense qu'il s'agit d'une des nombreuses dérivations de La *Déposition* jumelle du Louvre (cat. **276**), qu'il ne reconnaît pas plus comme étant de la main du maître. Le catalogue des peintures vénitiennes de l'Alte Pinakothek de Munich (1971), qui conserve une des meilleures versions du thème, très proche de celle de Paris mais considérée comme une réplique d'atelier, mentionne la toile portugaise comme une autre réplique ou une copie. W.R. Rearick (1992), enfin, l'accepte comme autographe et la situe au début des années 1580, un peu avant la *Flagellation* (Frederikssund, Willumsens Museum; cat. **274**); cet auteur pense que Jacopo l'envoya sans doute à Venise pour qu'elle serve de modèle dans l'atelier de son fils Francesco, d'où sont sorties la plupart des versions connues du thème, au nombre desquelles il place celle de Paris.

La qualité de l'œuvre donne raison à Pallucchini et à W.R. Rearick : l'aisance et la simplicité de la mise en page en largeur, centrée sur le flambeau qui troue la nuit en profondeur et jette juste ce qu'il faut de lumière dorée pour éclairer l'action, la souplesse des attitudes, la sûreté de la touche, dont la finesse s'accorde au format réduit, la délicatesse des couleurs allant du carmin lumineux du manteau de Joseph d'Arimathie au bleu pâle du voile de la Vierge en passant par la plaisante gradation rouge sombre, blanc laiteux et bleu du corsage de la sainte femme blonde soutenant Marie, la justesse de la superposition de tons roses, ivoire, bleus, construisant le corps livide du Christ, tout contribue à l'intensité spirituelle de la toile, symbolisée par le regard tragique, baissé et oblique, de la Vierge et la sollicitude attentive de la femme auprès d'elle, et indique un chef-d'œuvre du début de la période tardive de Bassano.

Le sentiment intérieur de cette *Déposition* portugaise, exprimé par une technique picturale nerveuse et délicate, rappellent en effet le tableau de Nîmes et la *Flagellation* Willumsen. L'œuvre semble devoir être placée vers 1585, entre le raffinement halluciné de la *Suzanne* et la facture plus large et plus déliée de la puissante toile Willumsen. Il s'agit d'une de ces esquisses autographes des scènes de la Passion de la fin de la vie de Jacopo, dont les ateliers de Francesco et de Leandro se sont abondamment inspirés. On y retrouve la technique de ces compositions nocturnes influencées par la vieillesse de Titien : les détails, notamment les nez, les doigts, les plis des étoffes, sont brossés d'un coup de pinceau unique, énergiquement appliqué sur la toile avec plus ou moins d'épaisseur selon l'exposition à la lumière, depuis l'audacieux empâtement jaune sur le front violemment éclairé de la sainte femme debout, jusqu'aux longs traits blancs et immatériels (tracés avec les doigts ?) figurant les plis du suaire sous le corps du Christ et rappelant la facture du linge du Sauveur dans la *Flagellation* danoise.

Le tableau présente des variantes par rapport à l'exemplaire du Louvre : la tête du Christ se perd dans l'ombre, sainte Marie-Madeleine et le flacon de parfum sont absents, il y a un personnage supplémentaire au fond à côté de saint Jean et celui-ci ne tend pas les mains. Les deux compositions ont connu un succès considérable, celle du Louvre encore plus que celle de Lisbonne, et ont donné naissance à deux lignées de dérivations bassanesques. Une gravure de Pieter de Jode (Pan, 1992) témoigne de l'existence d'une troisième variante.

J.H.

page 258

278

Jacopo dal Ponte, dit Bassano
Bassano del Grappa, vers 1510 - 1592

La Dérision du Christ
Toile. H. 1,10; L. 0,90
ROME, COLLECTION PARTICULIÈRE

HISTORIQUE
Coll. part., Milan; coll. Tinozzi, Bologne, jusqu'en 1957.

EXPOSITIONS
Cleveland, 1936, p. 65; Venise, 1957, p. 176; Bassano, 1992, n° 77.

BIBLIOGRAPHIE
Bettini, 1936, pp. 146-147; Pallucchini, 1957, pp. 114-115; Zampetti, 1958, pp. 45, 52; Arslan, 1960, I, p. 332; Ballarin, 1966(3), p. 130; Ballarin, 1966-67, pp. 159 ss.; Pallucchini, 1981, p. 271; Pallucchini, 1982, pp. 45, 52; Rearick, 1992(3), p. CLXXXIV note 384; Aliberti Gaudioso, 1992, pp. 181, 198, n° 75.

Publié pour la première fois par Bettini (1936) comme une œuvre de la fin de la vie de Jacopo Bassano, le tableau est exposé avec cette attribution par P. Zampetti (Venise, 1957) et accepté par Pallucchini (1957), qui souligne le lien avec le *Couronnement d'épines* de Titien (Munich, Alte Pinakothek). Si la toile de Rome s'inspire dans ses grandes lignes de la composition circulaire du maître de Cadore, elle décentre la mise en page et reporte sur le côté gauche le motif principal, selon une tradition vénitienne créée par Titien lui-même, à laquelle celui-ci avait pourtant renoncé dans ses deux versions du thème (Paris, Louvre, cat. **171**; Munich, Alte Pinakothek) par un souci de monumentalisation maniériste permettant de mieux situer la figure du Christ au milieu du tourbillon frénétique des bourreaux acharnés à lui enfoncer la couronne d'épines. Arslan (1960) enlève cependant le tableau à Jacopo, le jugeant une production d'école, tandis que A. Ballarin (1966, 1966-67), Pallucchini (1981, 1982), W.R. Rearick et F.M. Aliberti Gaudioso le situent dans la dernière phase d'activité de Jacopo, vers 1589-90, à côté de la *Flagellation* (Frederickssund, J.F. Willumsens Museum, cat. **274**).

La technique de l'œuvre semble indiquer qu'elle fut exécutée après la toile Willumsen, mais avant la *Dérision* d'Oxford (Christ Church Picture Gallery, cat. **279**). Pour illustrer cet épisode de la Passion, qui suit immédiatement le *Couronnement d'épines*: «L'ayant dévêtu, ils lui mirent une chlamyde écarlate, puis, ayant tressé une couronne avec des épines, ils la placèrent sur sa tête, avec un roseau dans sa main droite. Et, s'agenouillant devant lui, ils se moquèrent de lui en disant: "Salut, roi des Juifs!" et, crachant sur lui, ils prenaient le roseau et en frappaient sa tête» (Matthieu, 27, 28-30), Jacopo montre le Christ, comme l'avait fait Titien, dans une position de majesté dérisoire, assis de nuit sur un perron haut de quelques marches devant la porte monumentale du prétoire ou d'une prison et en but aux avanies des soldats romains. On retrouve les signes de brutalité aveugle inventés par le maître vénitien: le bourreau obséquieux agenouillé au premier plan, vu de dos et en profil perdu tourné vers la droite, le bras noueux et menaçant d'un autre tortionnaire levé au-dessus de la tête du supplicié comme une épée de Damoclès, résumant la forêt de bras de la composition de Titien.

Le décentrement de la scène permet cependant de créer une diagonale qui ménage une percée en profondeur, où s'agitent des ombres mystérieuses, et dégage à l'avant-scène un espace pour des détails caractéristiques de la peinture bassanesque: le petit garçon à gauche soufflant sur des braises, créant une nouvelle source de lumière, le chien et les ustensiles de cuisine brossés en quelques traits de matière transparente, technique que l'on retrouve dans la main gauche à peine esquissée de l'homme vu de dos et qui rappelle les mains de saint Jean dans la *Déposition* du Louvre. Comme dans le *Couronnement* de Munich, l'éclairage artificiel tombe d'en haut, non d'une lampe suspendue, mais d'une torche tenue par un jeune homme à toque, dont la lumière parcimonieuse fait émerger les aspérités de couleur construisant les formes et suggère des reflets sur les objets métalliques, par exemple sur l'armure du soldat de gauche. L'incurvation des marches permet en outre à la diagonale de participer au mouvement giratoire se développant autour du Christ.

Ce luminisme suggestif, qui fait surgir de la nuit en quelques coups de pinceau crépitants et dans une gamme colorée restreinte de blancs, d'ocres et de marrons, une scène d'horreur au mouvement suspendu, correspond plus à une vision intérieure angoissée qu'à une commande précise d'un client, à ce que W.R. Rearick (1992) appelle un «*ricordo*» nostalgique d'une composition antérieure (dont le souvenir est conservé dans une toile des Gallerie dell'Accademia), remédiée à la lumière des dernières inventions de Titien.

J.H.

page 259

279

Jacopo dal Ponte, dit Bassano
Bassano del Grappa, vers 1510 - 1592

La Dérision du Christ
Toile. H. 1,07; L. 1,39
OXFORD, CHRIST CHURCH PICTURE GALLERY

HISTORIQUE
Coll. Guise, Londres, jusqu'en 1765 (probablement acquis à la vente de la collection de Stephen Rougent, 1755, 3e journée, lot 49).

EXPOSITION
Bassano, 1992, n° 78.

BIBLIOGRAPHIE
Dodsley, 1761, p. 21; Borenius, 1916, p. 82, n° 209; Arslan, 1931, p. 347; Bettini, 1936, p. 254; Arslan, 1960, I, p. 359; Ballarin, 1966, pp. 124-131; Byam Shaw, 1967, p. 74, n° 92; Pallucchini, 1982, pp. 51, 54; Aliberti Gaudioso, 1992, p. 204, n° 78.

Le tableau a été restauré à l'occasion de cette exposition par l'Oxford Conservation.

L'attribution à Jacopo Bassano est une tradition ancienne (Dodsley, 1761, communication de N. Penny) et tous les catalogues de Christ Church la mentionne jusqu'à Borenius (1916), qui propose comme auteur Francesco Bassano (Bassano, 1549 - Venise, 1592), avec une forte influence de Tintoret. Cette solution est rejetée par Arslan (1931), mais il ne suggère pas d'autre attribution. A. Ballarin (1966), dans son étude fondamentale sur la période tardive de Jacopo après la découverte de la vraie date de la *Suzanne* (1585, Nîmes, musée des Beaux-Arts; cat. **275**), rend l'œuvre au maître et la situe parmi les derniers tableaux créés par Jacopo, à la fin de sa «quinta e ultima maniera» au cours de laquelle il peint sous l'influence des créations tardives de Titien des scènes de la Passion d'une violence visionnaire se déroulant la nuit; cet auteur propose une datation vers 1590. J. Byam Shaw (1967) persiste cependant à ne voir dans la toile qu'une production d'atelier, tandis que Pallucchini (1982) et F.M. Aliberti Gaudioso (1992) acceptent sans réserve l'attribution à Jacopo.

Le sujet du tableau n'a pas toujours été compris: le guide de Londres édité pour les Dodsley (1761) le décrit comme illustrant l'arrestation du Christ au jardin des oliviers, mais la scène montre clairement Jésus couronné d'épines et l'un de ses tortionnaires le revêtant par dérision de la chlamyde rouge du «roi des

Juifs». La comparaison avec la *Dérision* de Rome (cat. **278**) est instructive : l'œuvre ressemble à un agrandissement avec variantes du détail central de cette toile, comme si le peintre cherchait à se concentrer sur l'essentiel de l'histoire, opérant un gros plan étouffant sur la violence à l'état pur, sur la douleur hébétée, combien humaine, du Sauveur, et laissant très peu de place, contrairement à l'habitude de l'école, aux accessoires, réduits à la corde que les soldats passent au cou de leur victime et surtout à la torche éclairant la scène depuis le coin supérieur droit de la composition. On retrouve cette manière très moderne d'aborder un sujet, par plans de plus en plus rapprochés se centrant sur les personnages vus à mi-corps, dans le dernier *Tarquin et Lucrèce* (Vienne, Akademie der bildenden Künste; cat. **264**) peint par Titien à la fin de sa vie dans une explosion de couleur dorée presque monochrome, ce qui est ici aussi le cas, dans des teintes ocre, rouges et bruns. Mais, chez Jacopo, ce ne sont pas seulement les figures qui sont agrandies à la taille naturelle par rapport au prototype de Rome, c'est aussi la facture qui se rend plus visible, comme observée à la loupe; les traces de couleur s'agrandissent en proportion, prennent une consistance obsédante et paraissent jetées sur la toile non pas à l'aide du pinceau, mais avec la brosse ou la spatule, faisant surgir d'un ou deux traits chargés le nez, la bouche, l'oreille, le front du tortionnaire chauve vu de face à contre-jour, ou encore les coiffures rouges, les nez, l'armure et les mèches de cheveu des autres bourreaux; cette technique expressive contraste avec l'assemblage de tons superposés composant le torse meurtri du Christ.

Cette démarche utilise la technique d'agrandissement des esquisses dont Jacopo a l'habitude, où la largeur de la facture s'adapte au format, comme le montre le passage du «*modello*» de Lisbonne (cat. **277**) au tableau du Louvre (cat. **276**), mais elle prend ici un sens spirituel précis sous l'influence de Titien et traduit un sentiment d'angoisse personnelle, intime, plaçant le spectateur dans une position de voyeur qui crée le malaise. Il ne s'agit certes ni d'une commande ni même d'une toile proposée à une vente éventuelle, mais, comme le *Tarquin et Lucrèce* de Titien, d'une image intérieure destinée à rester dans le secret de l'atelier. Qui d'autre que Jacopo lui-même peut pousser un tel cri de révolte, de désespoir devant la mort, et projeter sur la toile cette vision d'une cérémonie de brutes ivres vues à mi-corps au fond d'un cachot, annonçant Caravage ?

J.H.

Venise au XVIe siècle

Éléments de chronologie établis par George Wanklyn

vers 1476-1478

Naissance de Giorgione à Castelfranco Veneto, sur la *terra ferma*.

vers 1485

Naissance de Sebastiano Luciani (plus tard del Piombo), probablement à Venise.

vers 1488-1490

Naissance de Titien à Pieve di Cadore, à la limite septentrionale de la *terra ferma* vénitienne.

1492

Première expédition de Christophe Colomb vers l'Amérique. Avec la prise de Grenade, les Rois Catholiques achèvent la reconquête de l'Espagne.

1494

Invasion de l'Italie par le roi de France Charles VIII. Premier séjour d'Albrecht Dürer à Venise, jusqu'à l'année suivante.

1495

Venise se ligue avec le Saint Empire, le royaume d'Espagne, le duché de Milan et la papauté contre la France.

1499

Venise s'allie avec la France contre le duché de Milan. Louis XII envahit l'Italie et s'empare de Milan. Vasco de Gama rentre au Portugal après avoir atteint les Indes en passant par le cap de Bonne-Espérance, ouvrant ainsi une nouvelle route commerciale qui va bientôt compromettre la prospérité de Venise.

1500

Séjour de Léonard de Vinci à Venise.

1504

Le traité de Blois scelle l'alliance entre la France, le Saint Empire et la papauté contre Venise.

1505

Giovanni Bellini peint une *Sainte Conversation* pour l'église San Zaccaria à Venise.

1506

Dürer, de nouveau à Venise, achève la *Fête du Rosaire* pour San Bartolomeo di Rialto, l'église de la communauté allemande.

1508

Giorgione et Titien exécutent les fresques du Fondaco dei Tedeschi, respectivement sur la façade orientée vers le Grand Canal et sur la façade latérale. Vers cette date, Titien commence le dessin de sa grande xylographie du *Triomphe de la Foi* (cat. **130**). Début de la constitution de la ligue de Cambrai unissant le Saint Empire, la France, l'Espagne, la papauté, Ferrare et Mantoue contre Venise.

1509

Victoire des Français sur les Vénitiens à Agnadel, entraînant pour un temps la perte de presque tout le territoire vénitien sur la *terra ferma*. Le mémorialiste Marin Sanudo dit qu'il y a 11 654 courtisanes à Venise. La cité compte quelque 105 000 habitants et l'Italie tout entière quelque dix millions, selon les estimations.

1510

La peste sévit à Venise. Giorgione est l'une des nombreuses victimes.

1511

Venise s'allie avec la France et la papauté. Sebastiano Luciani s'installe à Rome. Titien travaille à des fresques pour la Scuola del Santo à Padoue (voir cat. **98, 102** et **110**).

1514 ou 1518-1519

Naissance de Tintoret à Venise.

1515

Les soldats vénitiens se battent aux côtés de l'armée française victorieuse à Marignan. Marcantonio Michiel commence ses *Notizie d'opere di disegno*, particulièrement précieuses pour leurs informations sur Giorgione. L'imprimeur Alde Manuce meurt à Venise.

1516

Instauration de la résidence forcée au Ghetto nuovo pour tous les juifs vénitiens. Rétablissement du pouvoir vénitien sur la quasi-totalité du territoire de la *terra ferma*. Mort de Giovanni Bellini. Titien noue des liens avec la cour d'Alfonso d'Este à Ferrare. Il reçoit par ailleurs la commande du retable de l'*Assomption de la Vierge* (voir cat. **112**) pour le maître-autel de Santa Maria Gloriosa dei Frari à Venise, où le tableau sera installé en 1518.

1517

Martin Luther épingle ses «95 thèses» de dénonciation sur la porte de la chapelle du château de Wittenberg. Titien obtient une *sensaria* (rente associée à une charge de courtier) au Fondaco dei Tedeschi. Ce privilège détenu auparavant par Bellini lui a été promis depuis quatre ans par le *Consiglio dei Dieci*.

1519

Mort de Léonard de Vinci au Clos-Lucé, près d'Amboise. Titien reçoit la commande d'un retable pour la famille Pesaro, destiné à l'église des Frari, où il sera mis en place en 1526.

1520

Sacre de Charles Quint à Aix-la-Chapelle. Il devient le chef du Saint Empire romain germanique. Mort de Raphaël à Rome.

1521

Venise signe un traité avec le jeune sultan Soliman le Magnifique.

1522

Titien, menacé de perdre sa *sensaria*, est sommé de peindre une scène de bataille (cat. **225-227**) pour la Sala del Maggior Consiglio dans le Palazzo Ducale. Il ne la terminera pas avant 1538.

1523

Titien rencontre Francesco Gonzaga, marquis de Mantoue, et peint son portrait.

1524

Après un rapide renversement d'alliances, Venise s'associe à la France pour contrecarrer les ambitions des Habsbourg en Italie.

1525

François Ier vaincu par l'armée impériale à Pavie, est fait prisonnier.

1527

Les troupes impériales conduites par le connétable de Bourbon mettent à sac la ville de Rome. Le sculpteur et architecte Jacopo Sansovino, l'architecte Sebastiano Serlio et l'écrivain Pietro Bacci dit l'Arétin (voir cat. **173**) s'installent à Venise.

1528

Naissance à Vérone de Paolo Caliari, dit Véronèse. Titien remporte un concours, face à Palma Vecchio et à Pordenone, pour la peinture de la *Mort de saint Pierre Martyr* destinée à Santi Giovanni e Paolo à Venise (cat. **219-223**). Le tableau (détruit par un incendie en 1867) reçoit les éloges de l'Arétin, puis du peintre et chroniqueur Giorgio Vasari, qui le désigne comme l'œuvre la plus célèbre et la plus réussie de Titien.

1529

Venise adopte une politique de neutralité vis-à-vis de la péninsule italienne. Titien travaille à Mantoue et à Ferrare, et rencontre pour la première fois Charles Quint, à Parme. Michel-Ange fait un bref séjour à Venise.

1530

Charles Quint se fait couronner par le pape Clément VII à Bologne, en tant que chef du Saint Empire romain germanique et roi d'Italie. Mort de Cecilia, épouse de Titien, mère de ses fils Pomponio et Orazio, et de sa petite fille Lavinia.

1531

Titien quitte sa maison de la paroisse de San Samuele pour une maison-atelier de Biri grande, dans la paroisse de San Canciano, où il restera jusqu'à sa mort.

1532

Titien peint ses premières œuvres pour un nouveau mécène, Francesco Maria della Rovere, duc d'Urbino (voir cat. **18, 167, 168**).

1533

Titien peint Charles Quint à Bologne. Peu après, l'empereur lui confère le titre de comte palatin.

1535

L'architecte Michele Sanmicheli reçoit l'autorisation de reconstruire les fortifications sur la lagune et de bâtir de nouveaux édifices.

1536-1537

Sur les instances du doge Andrea Gritti, Sansovino, devenu *proto* (architecte en chef) des *Procuratori di San Marco*, commence la *Zecca* (hôtel de la monnaie), la Libreria Marciana et la *Loggetta* au pied du *Campanile*, à l'angle de la place Saint-Marc et de la *Piazzetta*. Serlio commence la publication à Venise de son traité, l'*Architettura*. Titien est à Mantoue, où il peint un portrait de l'artiste de la cour, Giulio Romano.

1538

Venise, alliée au Saint Empire, à Gênes et à la papauté, est battue par les Turcs dans le combat naval de Préveza. Elle perd ses possessions de la Morée et de Nauplie en Grèce. Titien peint un portrait de François Ier, peut-être un cadeau que l'Arétin offre au roi de France (cat. **169**).

1539

Titien achève la *Présentation de la Vierge au Temple* pour la Scuola grande di Santa Maria della Carità à Venise (englobée depuis dans l'Accademia).

1540

Des tribunaux de l'Inquisition se mettent en place sur le territoire vénitien. Cependant, les ressortissants vénitiens ne peuvent être convoqués à Rome, et des représentants de la République siègent dans les tribunaux inquisitoriaux vénitiens. En 1542, une nouvelle administration centralisée, le Saint-Office, commence à coordonner les procès engagés par l'Inquisition. Titien peint le *Couronnement d'épines* (cat. **171**) pour Santa Maria delle Grazie à Milan.

1541

Vasari est à Venise, où il prépare un décor de théâtre pour la comédie de l'Arétin *La Talanta*.

1542

La République signe un traité de paix avec Soliman le Magnifique. Titien commence à travailler à son important cycle de peintures pour les plafonds de Santo Spirito in Isola, à Venise (voir cat. **228**).

1543

Titien peint le pape Paul III Farnèse (cat. **172**), rencontré à Busseto en compagnie de Charles Quint.

1545

Un concile œcuménique se réunit à Trente, après bien des demandes pressantes de Charles Quint et maintes manœuvres de Paul III. Il durera jusqu'en 1563, avec de longues interruptions, examinera la doctrine religieuse, la réforme ecclésiastique et la question de l'autorité pontificale et épiscopale. A Rome, Titien est reçu à la cour pontificale de Paul III, et peint plusieurs portraits de la famille Farnèse, ainsi que des sujets religieux. Vasari, Sebastiano del Piombo et Michel-Ange viennent lui rendre visite.

1546

Titien, élevé au rang de citoyen romain, rentre à Venise.

1547

Mort de François Ier. Charles Quint écrase à Mühlberg une armée levée par des princes protestants allemands. L'empereur envoie Titien à Augsbourg. Sebastiano meurt à Rome.

1548

Parution à Venise du *Dialogo della pittura* de Paolo Pino, premier ouvrage consacré par un Vénitien à la théorie de l'art. Titien étant absent de Venise, Tintoret peint le *Miracle de l'esclave* pour la Scuola grande di San Marco, suscitant des éloges mitigés de l'Arétin. Titien et ses collaborateurs peignent diverses personnalités à la Diète d'Augsbourg, notamment Charles Quint et Nicolas Perrenot de Granvelle (cat. **174**). L'artiste commence un portrait du fils de l'empereur, le futur Philippe II d'Espagne, marquant ainsi le début de relations lucratives pour le peintre, qui dureront près de trente ans.

1549

Lorenzo Lotto quitte définitivement Venise. Titien exécute d'autres portraits pour le prince Philippe.

1550

Vasari publie la première édition de ses célèbres *Vies des plus excellents peintres, sculpteurs et architectes*. Titien retourne à Augsbourg sur l'invitation du prince Philippe. Lucas Cranach l'Ancien peint le portrait de Titien, qui rentre à Venise l'année suivante.

1553

Le prince Philippe se rend à Londres, où il restera jusqu'en 1555, pour épouser sa cousine Marie Tudor, reine d'Angleterre. Titien travaille à des *poésie* (cat. **177**) pour le prince et, l'année suivante, achève quelques peintures religieuses commandées par Charles Quint.

1555

Un traité de paix met fin aux guerres de religion entre Charles Quint et les princes luthériens. Véronèse, installé depuis peu à Venise, commence la décoration de San Sebastiano, où il va travailler pendant quinze ans.

1556

Charles Quint abdique. Il se retire dans le monastère de Yuste. Philippe, déjà souverain de Naples et de Sicile et des Pays-Bas, monte sur le trône d'Espagne, prenant sous son autorité les possessions espagnoles dans le Nouveau Monde et Milan. Les États des Habsbourg en Allemagne sont transmis à Ferdinand Ier, frère de Charles Quint. L'Arétin meurt à Venise. Titien et Sansovino président le jury pour la décoration du plafond de la *Sala grande* dans la Libreria Marciana, où les travaux commencent. Véronèse reçoit en récompense une chaîne d'or. L'architecte Andrea Palladio, exécute des illustrations pour la traduction du traité d'architecture de Vitruve établie par Daniele Barbaro.

1558

Mort de Marie Tudor et de Charles Quint.

1559

La France, l'Espagne et l'Angleterre signent le traité de Cateau-Cambrésis. La France accepte la domination de l'Espagne sur Milan, Naples, la Sicile et la Sardaigne. Venise, restée neutre, se distingue du reste de l'Italie par son indépendance. Le pape Paul IV Carafa, qui fut le premier organisateur du Saint-Office, établit un Index notablement augmenté, où sont inscrits tous les livres interdits afin de protéger les mœurs et la foi. Par la suite, des libraires vénitiens prennent le risque de vendre sous le manteau des exemplaires d'ouvrages proscrits.

1561

Le gouvernement déclare que l'on ne peut construire à Venise aucun monastère, hôpital ou église sans l'accord du *Consiglio dei Dieci*.

1563

La population de Venise s'élève à environ 169 000 habitants. Philippe II commence à faire construire le monastère de l'Escorial. Véronèse termine ses gigantesques *Noces de Cana* pour le réfectoire du monastère vénitien de San Giorgio Maggiore.

1564

Le gouvernement de Venise accepte les résolutions du concile de Trente. Michel-Ange meurt à Rome. Tintoret commence ses peintures pour la Scuola grande di San Rocco, où il va travailler jusqu'en 1588.

1565

Parution du *Catalogo de tutte le principali e più honorate cortigiane di Venezia* (voir cat. **195**).

1566

Mort de Soliman le Magnifique. Palladio commence à édifier l'église de San Giorgio Maggiore. Titien obtient des droits sur les estampes réalisées d'après ses peintures. Vasari revient à Venise, pour préparer une édition revue et corrigée de ses *Vies* (édition qui paraîtra en 1568). Encore une fois, Titien reçoit sa visite. Titien est élu à l'Accademia del Disegno de Florence, fondée trois ans plus tôt à l'initiative de Vasari.

1570

Les Turcs se lancent à la conquête de Chypre, possession vénitienne depuis le siècle précédent. Sansovino meurt à Venise. Palladio publie à Venise ses *Quattro Libri di Architettura*.

1571

L'Espagne, Gênes et la papauté se liguent avec Venise contre les Turcs, qui achèvent brutalement la conquête de Chypre. La flotte alliée bat les Turcs au large de Lépante.

1573

Venise admet la perte de Chypre. Véronèse peint un grand *Repas chez Simon* pour le réfectoire du monastère de Santi Giovanni e Paolo, où il remplace la *Cène* de Titien détruite par un incendie deux ans auparavant. Véronèse est convoqué par un tribunal de l'Inquisition pour répondre d'accusations concernant quelques manquements aux bienséances dans cette œuvre. Il argue du droit de l'artiste à la licence poétique, et se contente de changer le titre de la peinture, qui devient le *Repas chez Lévi*.

1574

Un incendie détruit plusieurs œuvres dans le Palazzo Ducale, dont un certain nombre de peintures de Titien. Le lendemain, on décide de reconstruire et de remplacer les décorations perdues. La Sala del Collegio est confiée à Véronèse (voir cat. **244**). Henri III séjourne à Venise sur le chemin de retour en France de Pologne, et rend visite à Titien. La *Cène* de Titien, commencée seize ans plus tôt, est enfin installée dans le réfectoire de l'Escorial. Titien écrit pour exiger le paiement de diverses œuvres expédiées au roi.

1575

Une nouvelle épidémie de peste frappe Venise. Elle dure environ un an et tue quelque cinquante mille personnes. Titien fait un dernier envoi d'œuvres à Philiphe II (cat. **262**), assortie d'une autre demande de paiement.

1576

Titien meurt le 27 août dans sa maison de Biri grande. Le lendemain, il est inhumé en l'église des Frari. Après sa mort, et celle de son fils Orazio deux mois plus tard, sa maison est pillée. Son autre fils Pomponio la vendra cinq ans après, avec les peintures qu'elle abrite encore. On commence à construire, sur des plans de Palladio, l'église du Redentore pour commémorer la fin de la peste.

1577

Un autre incendie catastrophique au Palazzo Ducale anéantit des œuvres de Titien, dont sa *Bataille*, ainsi que des peintures de Bellini, Véronèse, Tintoret et d'autres. Deux ans après, de nouvelles décorations sont exécutées pour la Sala del Maggior Consiglio. Francesco Bassano et Véronèse remportent tous deux le premier concours pour un immense *Paradis* (cat. **269**).

1580

Mort de Palladio.

1588

Véronèse meurt à Venise le 19 avril, peu après avoir achevé le retable de *Saint Pantaléon guérissant un enfant* (cat. **245, 271**) pour l'église San Pantaleone à Venise.

1594

Tintoret meurt à Venise le 31 mai, juste après avoir achevé la *Mise au tombeau* (cat. **268**) pour San Giorgio Maggiore.

262, détail

Biographies

Marco Basaiti
Venise, vers 1470 - Venise, après 1530

Né vers 1470, Marco Basaiti a été apprenti chez Alvise Vivarini. Vers 1500, il s'établit à son compte mais reste proche de l'atelier d'Alvise à Murano. A la mort de Vivarini, fin 1505 ou en 1506, on lui confie les deux retables inachevés du maître, dont la *Vocation des fils de Zébédé* (Venise, Gallerie dell'Accademia) qu'il signe de son propre nom et date 1510. Cette œuvre témoigne d'une approche personnelle du paysage peint ou dessiné, inspirée en partie par l'exemple de Dürer. A partir de 1518, toutefois, Basaiti fait machine arrière et adopte un style rétrograde. On ne lui connaît pas d'œuvre datée postérieure à 1520.   W.R.R.

Jacopo Bassano
Bassano del Grappa, vers 1510 - Bassano del Grappa, 1592

Selon Ridolfi et Verci, Jacopo Dal Ponte serait né en 1510, selon Borghini, en 1518, mais lors du recensement de 1561, l'artiste déclare avoir quarante-cinq ans et lors celui de 1589, soixante-dix ans, ce qui permetterait de situer l'année de sa naissance en 1516 ou 1519. Fils de Francesco (il vecchio), qui était peintre et exerçait son art à Bassano près du pont sur le Brenta (auquel la famille doit son nom), Jacopo s'est peut-être formé dans l'atelier paternel. Il serait ensuite entré dans l'atelier de Bonifacio de' Pitati, à Venise, en 1530 (Ridolfi). Il est en tout cas documenté, en 1535, dans cette ville où il présente au Sénat une invention hydrologique. Peu après (1535-36), il peint deux tableaux pour le Palazzo Pretorio de Bassano, cité dont désormais il ne s'éloigne guère que pour de brefs séjours à Venise. A Bassano, où il est une personnalité reconnue, plusieurs fois exempté des taxes (1541, 1551), et appelé à exercer les charges de conseiller et de consul (1549), il se trouve à la tête d'un important atelier dont l'activité jusqu'en 1550 est reflétée par le livre de comptes de la famille Dal Ponte. Dans cet atelier quatre de ses septs enfants, Francesco, Giovanni Battista, Leandro et Giacomo, se distinguent, avant d'aller, pour certains d'entre eux travailler à Venise.

Giovanni Bellini
Connu à Venise en 1459 - Venise, 1516

Fils du peintre Jacopo Bellini (qui meurt en 1470 ou 1471) et frère du peintre Gentile Bellini (qui meurt en 1507), beau-frère d'Andrea Mantegna qui épousa sa sœur, Nicolosia, en 1453 ou 1454, Giovanni Bellini n'apparaît dans les documents qu'en 1459. Sa naissance a été hypothétiquement située soit vers 1425-26, soit vers 1433-34 selon qu'il a été considéré comme l'aîné ou le cadet de Gentile. Ce n'est qu'en 1460 que son activité de peintre est pour la première fois attestée. A cette date, il signe avec son père et son frère le retable de la chapelle Gattamelata à la basilique San Antonio de Padoue et cette collaboration familiale est également mentionnée par Ridolfi pour des œuvres vénitiennes achevées de payer en 1465. Longtemps encore par la suite Giovanni et Gentile travailleront soit parallèlement soit alternativement à la réalisation de grands ensembles décoratifs aujourd'hui perdus que ce soit à la Sala del Maggior Consiglio au palais des Doges de Venise (1479-80, 1482, 1492, 1501-02, 1507, 1515; chantier sur le quel il côtoie une dizaine d'artistes dont Alvise Vivarini d'abord et Vittore Carpaccio ensuite) ou à la Scuola Grande di San Marco (1470, 1492, 1515). A partir de 1487-88, les repères deviennent assez rapprochés pour suivre l'évolution de sa carrière à Venise, notamment à travers la réalisation de grands retables pour les églises de la ville, à Santa Maria dei Frari (1488), San Giovanni e Paolo (disparu), San Zaccaria (1505), San Francesco della Vigna (1507) et San Giovanni Crisostomo (1513). En dehors de Padoue (en 1460) et de Venise, Giovanni Bellini a travaillé pour Pesaro (1471-74), Vicence (1483), Mantoue (où Isabelle d'Este et Francesco Gonzaga voulurent lui commander plusieurs tableaux entre 1496 et 1504), Zara (1497), Ferrare (où son *Festin des dieux*, daté 1514 et aujourd'hui à la National Gallery de Washington, devait s'intégrer dans le décor du *Camerino d'alabastro* d'Alfonso Ier d'Este) et enfin, preuve de sa renommée, pour la France (*Madone* pour la sœur de François Ier, 1516). Institutionnellement reconnu par la *Signoria* de Venise depuis 1483 — ce qui lui valut d'être exempté de la redevance à la *Fraglia dei Depentori* — Giovanni Bellini a été salué comme le meilleur peintre de Venise par Albrecht Dürer et Mario Sanuto en 1506-07.

Bonifacio de' Pitati, dit Bonifacio Veronese
Vérone, vers 1487 - Venise, 1553

Les documents restent silencieux sur la formation de Bonifazio de' Pitati, que l'on a autrefois confondu avec Bonifazio Pasini. Originaire de Vérone, où son père semble habiter jusque vers 1505, Bonifacio est mentionné à Venise en 1528, sans doute longtemps après son arrivée dans cette ville. Il entreprend en 1529 le décor, aujourd'hui démembré, du Palazzo dei Camerlinghi au Rialto qui ne sera achevé que vingt-quatre ans plus tard, à la veille de sa mort. Sa réputation à Venise peut se déduire, d'une part, de l'importance de son atelier vers 1530-1550 (souvent porté vers une production «de série» de caractère principalement décoratif), et, d'autre part, du fait qu'en 1531 il est, avec Titien et Lotto, garant de la bonne exécution de certaines dispositions testamentaires de Vincenzo Catena. Il a eu pour collaborateur Domenico Biondo et pour élèves, Jacopo Bassano et peut-être Tintoret.

Alessandro Bonvicino,
voir Moretto da Brescia

Paris Bordon
Trévise, 1500 - Venise, 1571

Notre connaissance de Paris Bordon est essentiellement tirée de la *Vie* du peintre rédigée par Vasari qui visita le vieil artiste en 1566. Ces informations sont d'autant plus précieuses que les œuvres de Bordon sont rarement signées ou datées et très peu documentées :

son étude stylistique fait donc l'objet de discussions et la chronologie est souvent incertaine. Né à Trévise, il se forma à Venise près de Titien dont l'influence est capitale à ses débuts, puis dans les années vingt, Bordon fut attiré par Giorgione. Vers 1530, sa manière se diversifie. Il montre un vif intérêt pour le paysage et le cadre architectural grâce aux dessins de Serlio dont il interprète les dessins avec un sentiment maniériste très raffiné. Selon Vasari, Bordon vint en France en 1538 au service de François Ier et des Guise : on a discuté la date de ce voyage que certains (Orlandi; Federici; Fossaluzza) préfèrent situer vers 1559, sous François II. Quelques historiens admettent que Bordon fit deux voyages différents en France. Quoi qu'il en soit, vers 1540, Bordon travaillait à Augsbourg pour les Fugger et d'autres riches familles, créant pour eux des peintures de cabinet aux thèmes mythologiques et allégoriques d'un érotisme recherché qui connurent un vif succès. Entre 1548-1550, Bordon est à Milan et il peint pour Carlo del Rho des portraits et des mythologies. Entre 1557 et 1559, son art décline; il réside alors à Trévise avant de revenir à Venise où il mourra en 1571.

S.B.

Johannis Breit,
voir Britto

Johannis Breit, dit Giovanni Britto
Venise ?, vers 1500 - Venise ?, après 1550

Graveur, Breit est né en Allemagne, où, en outre, il s'est formé à son métier de xylographe. C'est en Allemagne qu'il taille un portrait de Johann von Schwarzenberg, qui figurera ultérieurement dans la traduction faite par celui-ci du *De Officiis* de Cicéron, publiée à Augsburg en 1531. Selon Oberhuber (1980), Breit semble s'être rendu à Venise où on le retrouve aux alentours de 1520. Il y est connu sous le nom de Giovanni Britto. C'est lui qui taille les planches de certaines des xylographies les plus célèbres de Titien, la collaboration entre les deux hommes se poursuivant dans l'*Adoration des bergers* de 1532, le *Sultan Suliman le Magnifique* et l'*Empereur Charles Quint*, tous deux de 1532-33, ou encore dans des œuvres bien plus tardives, comme l'*Autoportrait de Titien* de 1550. On pense que Britto mourut peu de temps après. Il a également, mais avec moins de succès, taillé des planches pour des dessinateurs de moindre envergure.

W.R.R.

Giovanni de' Busi,
voir Cariani

Johann Stephan von Calcar
Kalkar, Basse-Rhénanie, vers 1510 ? - Naples, vers 1546

Johann Stephan ou Stevens est un peintre allemand peu connu, qui a vécu la plus grande partie de sa vie en Italie. Il est originaire de la petite ville de Kalkar, près de Clèves en Basse Rhénanie, qui lui a donné son surnom, et a été confondu pour cela avec Jan Jœst von Calcar. Il est le seul élève de Titien nommé par Vasari, qui l'a rencontré personnellement en 1545 à Naples, où l'artiste est mort prématurément peu après. Si l'on suit Michiel, qui cite des œuvres d'un «Stefano, disciple de Titien» dans deux collections vénitiennes, il serait parvenu sur la lagune avant 1532. Calcar est cité

plus tard dans le *Schilderbœk* de van Mander (1604), qui prétend qu'il serait né en 1499, serait arrivé à Venise en passant par les Pays-Bas et aurait été l'un des rares élèves de Titien, qu'il imitait à s'y méprendre. Il doit surtout sa célébrité au fait qu'il est réputé avoir contribué, avec Titien et d'autres artistes, à l'illustration du célèbre traité d'anatomie du chirurgien bruxellois André Vésale (1514-1564), *De Humani Corporis Fabrica*, publié pour la première fois à Bâle en 1543, et dessiné pour ce médecin les *Tabulae anatomicae*, planches gravées destinées aux cours de dissection à l'université de Padoue.

J.H.

Paolo Caliari,
voir Véronèse

Domenico Campagnola
Venise (?), vers 1500 - Padoue, 1564

Mort en 1564 à l'âge de soixante-quatre ans, Domenico Campagnola serait donc né, sauf erreur du notaire qui prit acte de son décès, en 1500. Fils d'un cordonnier allemand, Domenico, comme l'indiquent des documents padouans de 1527 et 1529, adopte le patronyme de son père adoptif Giulio Campagnola, auprès de qui il commence son apprentissage vers l'âge de dix ans. Il s'exerce à la peinture, au dessin, mais surtout à la gravure sur bois et sur cuivre, où il acquiert vite une parfaite maîtrise technique. Sa précocité est attestée par la signature de plusieurs gravures dès 1517. A la mort de Giulio, il devient pour quelques années le premier graveur de Venise. Malgré l'influence certaine de Giorgione et de Titien sur ses premières œuvres, aucun document ne prouve qu'il ait jamais fait partie de l'atelier de celui-ci. Déjà installé en 1523 à Padoue, où il demeurera toute sa vie, il y devient le premier peintre de la ville, travaillant pour la Scoletta del Carmine, l'église du Séminaire (1528), l'Oratoire de Santa Maria del Prato (1531), la Scuola del Santo (1533), l'Oratorio del Redentore, la Loggia del Consiglio (1537), la Sala dei Giganti au Palazzo del Capitano (1540-41), le Palazzo degli Specchi et San Giustina (1563). En 1537, Marcantonio Michiel remarque que plusieurs paysages de sa main appartenaient à la collection de Marco Mantova Benavides. Plusieurs autres références littéraires témoignent de sa renommée auprès de ses contemporains, qu'atteste aussi, d'une moindre manière, son activité hors de Padoue, notamment à Praglia (1550-51).

R.T.

Giulio Campagnola
Padoue, vers 1482 - Venise, vers 1516

Des lettres des humanistes Matteo Bosso et Michele de Placiola permettent de situer la naissance de Giulio Campagnola vers 1482; elles témoignent par ailleurs de ses dons précoces, de ses connaissances en latin, en grec et en hébreu, ainsi que de ses talents de chanteur et de joueur de luth. Des témoignages contemporains suggèrent en outre qu'il fut peintre, même si les gravures, dont sept sont signées, restent aujourd'hui les principales traces de son activité. En 1497, son père Girolamo, humaniste et amateur d'art, a voulu le placer à la cour de Mantoue, avec l'espoir qu'il travaillerait sous la direction de Mantegna. Les archives de la ville ducale ne gardent cependant aucune trace de sa présence supposée. On est en revanche certain qu'en 1499 il fut appelé à la cour de Ferrare, et qu'il se rendit à Venise en 1507. Il fut à cette occasion très influencé par Giorgione. Son nom apparaît en janvier 1515 dans le testament d'Aldo Manuzio. On ne possède aucun document relatif à sa biographie après cette date. Une de ses gravures, datable aux alentours de 1517 (cat. **133**), a sans doute été achevée par son fils adoptif Domenico, ce qui laisserait supposer qu'il meurt vers cette époque.

R.T.

Giovanni Busi, dit Giovanni Cariani
San Giovanni Bianco, près de Fuipiano al Brembo (Bergame),
vers 1485/1490 - Venise, après 1547

Bien qu'il soit mentionné comme maître à Venise dès 1509 (où il serait arrivé en 1506 ou avant), Cariani a plusieurs fois revendiqué son origine bergamasque en ajoutant à sa signature le mot «*Bergameus*». Sa carrière vénitienne, bien documentée pour les années 1517, 1523-1525, 1536 et 1537-38, est d'ailleurs entrecoupée de retours à Bergame d'abord en 1517- 1520 (où il reçoit la commande de la *Pala di San Gottardo*, Milan, Brera), puis entre 1528 et 1530. Si les études récentes sur l'artiste ont permis de mieux comprendre ses débuts, son activité tardive, notamment à Venise, où il est documenté jusqu'en 1547, reste en partie à reconstruire.

Vincenzo Catena
Connu en 1506 - Venise, 1531

On ignore le lieu et la date de naissance exacte de Vincenzo di Biagio Catena, mais on la situe communément à Venise vers 1480. Il est cité en 1506 dans une inscription au revers de la *Laura* de Giorgione (cat. **27**) comme un «collegue» de celui-ci et divers documents à partir de 1515 font état de liens avec les milieux humanistes. Antonio di Marsilio, Giovanni Battista Egnazio, Marcantonio Michiel, Pietro Bembo doivent en effet être comptés parmi ses proches. Moins de dix tableaux religieux signés (mais non datés), un *Portrait d'homme*, également signé (Vienne, Kunsthistorisches Museum) et un *Martyre de sainte Catherine*, daté de 1520 sur le cadre et attribué à Catena par les sources anciennes (Venise, Santa Maria Materdomini) ont servi de points de référence pour la compréhension de son style. Il semble avoir passé toute sa vie, sauf peut-être le temps d'un voyage à Rome, à Venise où il mourut.

M.L.

Cima da Conegliano
Conegliano, 1459/1460 - Conegliano, 1517 ou 1518

Cima qui, comme son nom l'indique, est originaire de Conegliano (au Nord de Trévise) et qui restera toujours en relation avec cette cité, a travaillé essentiellement à Venise où sa présence est attestée peut-être dès 1486 (si on le reconnaît dans le «magister Zambattista pictor» qui envoie une bannière à une confrérie de Conegliano) et sûrement à partir de 1492. Il ne reste aucune trace documentaire de sa formation et l'on a supposé un apprentissage à Conegliano sous la tutelle de Dario da Treviso, peut-être complété par un passage dans l'atelier soit de Giovanni Bellini ou d'Alvise Vivarini, à Venise, soit dans celui de Bartolomeo Montagna, à Vicence. Cette dernière hypothèse tient à ce que la première œuvre datée de Cima a été faite pour Vicence (1489). L'argument n'est pas très significatif, puisque beaucoup des œuvres de Cima à ses débuts ont été peintes pour des cités de l'arrière-pays vénitien, et non seulement pour Vicence mais aussi pour Olera (près de Bergame), Oderzo

(près de Trévise), Conegliano et Portogruaro. Ce n'est qu'à partir de 1492 que, progressivement, la position du peintre se consolide à Venise et lui offre la possibilité de peindre pour des églises comme la Madonna dell'Orto, Santa Maria della Carità, le Corpus Domini ou Santa Maria dei Carmini. En dehors de la Vénétie, l'art de Cima a été apprécié en Émilie, dès 1495, notamment par Alberto Pio, seigneur de Carpi, et plus tard par Bartolomeo Montini, chanoine de Duomo de Parme.

Bartolomeo Cincani,
voir Montagna

Jacopo Dal Ponte,
voir Bassano

Giovanni di Niccolò Luteri (ou de Lutero), dit Dosso Dossi
San Giovanni del Dosso (Quistello, Mantoue) (?),
vers 1489-1490 - Ferrare, 1542

L'hypothèse de l'origine modénaise du peintre et d'une date antérieure à 1479, que l'on a récemment formulée à partir de documents de l'Archivio di Stato de Modène (Baracchi, *in* Benati, 1990), et à laquelle on a fait allusion dans la première édition de ce catologue, s'est révélée sans fondement (Giovannini, 1992); en revanche, la provenance mantouane (territoire de Quistello) du peintre s'en trouve confirmée. Dosso se forme dans la Venise de Giorgione, de Titien et de Sebastiano, à la fin de la première décennie du XVIe siècle. Vasari le dit élève de Lorenzo Costa, et le plus ancien document connu concernant son activité de peintre est un paiement fait à Mantoue en 1512. Depuis Ferrare où sa position est établie avec certitude à partir de 1514, il fait de nombreux voyages à Venise, entre 1516 et 1519, à Florence en 1517, à Mantoue, avec Titien, en 1519 et à Rome vers 1517 et 1520. Après son contrat de 1518 pour le retable de San Sebastiano, où il est dit habiter Ferrare, l'activité de Dosso se concentre en Émilie, même s'il participe, sans doute en 1530, au décor de la Villa Imperiale à Pesaro.

Battista Franco, dit il Semolei
Venise, vers 1510 - Venise, 1561

Peintre, graveur et surtout dessinateur, Battista Franco naît à Venise vers 1510 et il y exécute ses premières œuvres. On ne sait pas qui fut son maître. En 1530 il part pour Rome où il dessine un grand nombre d'études d'après l'art antique et les fresques de Michel-Ange, Raphaël et Polidoro da Caravaggio. En 1536, il participe avec Raffaello da Montelupo à l'*apparato* conçu par Antonio da Sangallo pour l'entrée de Charles Quint à Rome, puis avec Vasari, à Florence, aux préparatifs du mariage entre Alexandre de Médicis et Marguerite d'Autriche, et enfin en 1539 de Cosme Ier et d'Éléonore de Tolède. Ces travaux ne nous sont connus que par les descriptions de Vasari. De retour à Rome, il peint en 1541-1542 une *Arrestation de saint Jean-Baptiste* pour l'oratoire de San Giovanni Decollato, et réalise une copie d'après le *Jugement dernier* de Michel-Ange. Après un bref passage dans les Marches, à Urbino (1545, 1551), Osimo (1547) et Fabriano, il rentre à Venise (dès 1552?), où il travaille, entre autres lieux, à la Libreria Marciana (1556-57), au palais des Doges, au Foncaco dei Tedeschi et à la Libreria Vecchia de Sansovino (1559-60).

R.T

Giorgio da Castelfranco, dit Giorgione
Castelfranco Veneto, vers 1476/1478 - Venise, 1510

Vasari, qui significativement intercale la biographie de ce peintre entre celle de Léonard de Vinci et celle de Corrège, affirme que Giorgione est né en 1477 ou 1478 à Castelfranco Veneto près de Trévise et qu'il est mort à Venise en 1511. Mais un échange de lettres entre Taddeo Albano et Isabelle d'Este (qui souhaitait acquérir un tableau de l'artiste) permet de situer la mort de Giorgione peu avant novembre 1510. Antérieurement à cette date les repères biographiques sont très rares et le situent tous à Venise : une inscription datée de juin 1506 au revers du portrait de femme dite «*Laura*» (Vienne, Kunsthistorisches Museum; cat. **27**) mentionne Giorgione comme «*cholega de maistro vizenzo Chaena*» [c'est-à-dire Vincenzo Catena]. En août 1507, vingt ducats lui sont versés par le Consiglio dei Dieci pour faire un tableau destiné à la Sala dell'Audientia au palais des Doges et un nouveau paiment intervient en 1508. Cette année là, entre mars et novembre, il travaille aux fresques extérieures du Fondaco dei Tedeschi qui sont payées en décembre cent trente ducats sur avis de trois peintres (Vittore Carpaccio, Lazzaro Bastiani et Vittore Belliniano) désignés par Giovanni Bellini. Les *Vite* de Vasari (1550 et 1568), qui restent avec les *Notizie* de Marcantonio Michiel (entre 1525 et 1543), le *Dialogo di Pittura* de Paolo Pino (1548) et le *Dialogo della Pittura* de Ludovico Dolce (1557), l'une des sources essentielles sur Giorgione, signalent que Titien et Sebastiano del Piombo ont été ses élèves.

Lorenzo Lotto
Venise, 1480 - Lorette, 1557

Lorenzo Lotto, dans son testament (1546), se dit vénitien, âgé de près de 66 ans : tous les documents le désignent en effet, comme peintre vénitien. Cependant cette origine, attestée par Vasari (1568) et Lanzi (1796), fut niée par Ridolfi (1648) et Tassi (1793) qui le croient bergamasque sans doute en raison de son long séjour à Bergame et de son art qui diffère de la tradition vénitienne dominée par Bellini, Giorgione et Titien. La formation de Lotto reste obscure : dans ses premières œuvres, on a justement relevé l'influence de Bellini, Antonello de Messine, Alvise Vivarini, Jacopo de'Barbari, et de l'art nordique, spécialement de Dürer. En 1503, il travaille à Trévise où il réside certainement depuis plusieurs années puisqu'à cette date, il est déjà citoyen de la ville, qualifié de «pictor celeberrimus». En 1506, Lotto se rend dans le Marches (Recanati), puis à Rome où il est payé, en 1509, pour des travaux (inconnus) dans les Chambres du Vatican. On le retrouve dans les Marches (Recanati, Jesi) et, en 1513, à Bergame, où il habitera jusqu'en 1525. Ce n'est qu'après cette date qu'il revient à Venise avec de fréquentes visites dans les Marches (1534-1539), à Trévise (1542-1544), à Ancône (1549). Le *Livre des Comptes*, que Lotto rédigea depuis 1538 jusqu'à sa mort, est une précieuse source d'informations sur son activité et ses états d'âme. Profondément religieux, sans cesse insatisfait et en quête d'enrichissements spirituels et artistiques, Lotto, proche des humbles dont il décrit la vie et la foi, fut incompris de ses contemporains. Ses difficultés financières, ses luttes incessantes, son inquiétude l'amenèrent, en 1552, à rechercher la paix de l'âme et le repos à Lorette : il devient, en 1554, oblat de la Santa Casa et mourut peu après (fin 1556 ou début 1557).

Pietro Aretino (l'Arétin) dans une lettre célèbre (1549) montre bien que, de son vivant, Lotto fut apprécié davantage pour ses qualités morales que pour son œuvre critiquée par Lodovico Dolce, dès 1557.

S.B.

Luciani,
voir Sebastiano del Piombo

Lutero,
voir Dosso Dossi

Marc-Antoine,
voir Raimondi

Andrea Meldolla,
voir Schiavone

Bartolomeo Cincani, dit Bartolomeo Montagna
Vicence, vers 1450 - Vicence, 1523

Bartolomeo Cincani, qui sera plus tard connu sous le nom de Montagna, naquit, probablement à Vicence, vers 1450. Dès 1469, on le trouve à Venise, où il travaille vraisemblablement dans l'atelier de Giovanni Bellini. Cependant, mis à part la commande de deux peintures murales pour la Scuola Grande di San Marco, Montagna semble avoir préféré vivre et travailler à Vicence, dont il sera le principal maître jusqu'à sa mort en 1523. Travaillant à la Scuola del Santo de Padoue, il y vit les fresques dynamiques du jeune Titien. Ses dernières œuvres sont imbues d'une mélancolie provoquée par le sentiment que la jeune génération avait fait de lui une voix obsolète plongée dans le passé.

W.R.R.

Alessandro Bonvicino, dit Moretto da Brescia
Brescia, vers 1492/1495 - 1554

Si l'on en croit un document de 1548 qui le dit âgé de cinquante ans environ, Moretto serait né vers 1488, mais comme l'artiste est cité comme maître dès 1516, on est tenté de reporter sa naissance vers 1492-1495. En 1515-1518, il travaille à Brescia auprès de Floriano Ferramola puis, en 1521-22, avec Romanino (collaboration reprise sans doute vers 1543). En 1522, Moretto est à Padoue. Après cette date Moretto, qui est comme Foppa avant lui, un membre assidu puis influent de la Scuola del Sacramento del Duomo de Brescia, répond avec régularité aux nombreuses commandes d'œuvres religieuses pour les églises de sa ville. En 1529, il travaille, comme Andrea Previtali l'avait fait en 1523-27, à Santa Maria Maggiore de Bergame à la demande de Lorenzo Lotto alors occupé à Venise, et une œuvre pour Bergame lui sera encore payée en 1537. Durant les années 1540, l'activité de Moretto se manifeste dans d'autres villes que Brescia et Bergame : à Milan et Vérone (1540-41) puis à Venise (1549). Peintre recherché, Moretto a été en contact avec le fameux organiste G.B. Antegnati, avec Isabelle d'Este et les Gonzague (1535), et avec Pietro Aretino (1543-44).

Jacopo Nigreti,
voir Palma Vecchio

Jacopo Nigreti, dit Palma Vecchio
Serina (Bergame), vers 1480 - Venise, 1528

Mort en 1528, âgé de quarante-huit ans selon Vasari, Palma Vecchio n'est documenté à Venise qu'à partir de mars 1510. Ses débuts, parfois reconstruits à l'aide de trois tableaux portant son nom et, dans un cas, la date *1500* (Chantilly, Ottawa et Berlin), restent difficiles à saisir dans la mesure où, dans tous les cas, l'authenticité des signatures a été contestée. Son activité des années 1510-1528, toute entière concentrée à Venise et dans le Veneto, semble avoir été particulièrement florissante dans le genre des grandes *Saintes Conversations*, dont le marché, laissé libre par la mort de Giovanni Bellini, a été repris après Palma par Bonifacio de' Pitati. Son appartenance à la Scuola Grande di San Marco (1512) et à celle de San Pietro Martire (1525) témoigne d'une vie rangée et les documents laissent par ailleurs transparaître la réelle aisance matérielle du peintre à la fin de sa vie.

Pitati,
voir Bonifacio de' Pitati

Giovanni Antonio de' Sacchis, dit Pordenone
Pordenone, vers 1483/1484 - Ferrare, 1539

Ni la date de naissance ni la formation de Giovanni Antonio de' Sacchis, que l'on désigne aujourd'hui du nom de sa ville d'origine en Frioul, ne sont établies avec certitude. Il n'est documenté qu'à partir de 1504, et sa plus ancienne œuvre sûre, peinte à Valeriano, est datée 1506. Si l'on s'en tient aux repères les plus solides, Pordenone a été successivement actif au Castello di Collalto (1511-1513), à Pordenone (1516), à Travesio (1517), peut-être à Rome (1518?), à Alviano en Ombrie, à Trévise et à Crémone (1520-1522) où il succède à Romanino sur le chantier du Duomo. Sa présence comme peintre est ensuite notée à Spilimbergo et plus largement en Frioul (1524-1529), même si en 1528, à Venise, il participe au concours pour la *Mort de saint Pierre Martyr* pour l'église Santi Giovanni e Paolo (cat. **222-223**) et travaille pour la Scuola di San Rocco. Les années 1529-1532 le voient actif dans la région de Piacenza. Après un retour à Venise (entre 1532 et 1538), un séjour à Gênes (1533) et de nouvelles commandes frioulanes pour Pordenone et sans doute Udine, Pordenone reviendra d'ailleurs en Émilie où il meurt à Ferrare en 1539.

Andrea Previtali
Brembate di Sopra, vers 1480 - Bergame, 1528

Andrea Previtali, qui dans les premiers documents que l'on connaisse signe du nom de Cordeleiaghi, naquit près de Bergame, vers 1480. Il fit son apprentissage auprès de Giovanni Bellini entre 1496 et 1500, et se présenta comme un disciple du maître au moment de signer sa *Vierge à l'Enfant avec un donateur* (Padoue, Museo Civico) datée 1502. Entre 1508 et 1512, il adoptera un style superficiellement giorgionesque, mais en fait plus directement tributaire de Lorenzo Lotto et de Titien. En 1512, on le retrouve à Bergame, où il pratique un amalgame entre un style visiblement inspiré de Lorenzo Lotto et le style conservateur de ses propres origines dans le Quattrocento. Previtali meurt pendant la peste de 1528.

W.R.R.

Marcantonio Raimondi
Sant'Andrea in Argine, vers 1475 - Bologne, avant 1534

Né entre 1475 et 1480 près de Bologne, Marcantonio apprend son métier dans l'atelier du peintre et orfèvre Francesco Francia. Il est mentionné en 1504 dans le *Viridario* de Giovanni Achillini comme graveur de talent et amateur de statues antiques; la même année il est nommé *patrono* de la chapelle Giovanni Battista à San Pietro de Bologne. Durant son séjour à Venise en 1506, il subit, à travers l'œuvre de Giulio Campagnola, l'influence de Giorgione et de Dürer, dont il traduit sur cuivre les xylographies de la *Vie de la Vierge*. Cela lui vaut, selon Vasari, d'être accusé de contrefaçon. Un séjour à Florence aux alentours de 1508-09 lui permet d'étudier la *Bataille de Cascina* et les gravures de Lucas de Leyde. Il s'installe à Rome en 1509 et s'y affirme comme l'interprète et le divulgateur des œuvres de Raphaël que gravent également Agostino Veneziano et Marco Dente da Ravenna. Son activité connaît un coup d'arrêt définitif avec le Sac de Rome en 1527. Ruiné, il se retire à Mantoue, puis à Bologne; il y meurt avant 1534.

R.T.

Jacopo Robusti,
voir Tintoret

Girolamo di Romano, dit Romanino
Brescia, 1484/1487 - Brescia, après 1559

Les incertitudes qui entourent la date de naissance de Romanino sont dues à trois documents datés 1517, 1534 et 1548 qui, respectivement, disent le peintre âgé de 33, 47 et 62 ans. Aucune de ses œuvres conservées n'est signée et datée avant la *Déploration sur le Christ mort* de 1510 (Venise, Gallerie dell'Accademia) qui provient de Brescia, et l'on en est réduit à des conjectures pour reconstituer sa formation et ses débuts, bien qu'on le sache à la tête d'un atelier florissant dès 1508. Tout en maintenant sa principale résidence à Brescia (où il collabore avec Moretto en 1521-22, et sans doute encore en 1543), Romanino a déployé une importante activité dans nombre de cités de l'arrière-pays vénitien : Padoue (1513, et peut-être jusqu'en 1516), Crémone (où il prend la suite d'Altobello Melone et précède Pordenone, 1517 et 1519-20), Asola (1524-25 et 1536-37), Salò (1529), Trente (où il travaille aux côtés de Fogolino et des frères Dossi, 1531-32), Pisogne (avant 1534), Breno, Bienno, Montichiari et Vérone (1540). Après 1550, son gendre Lattanzio Gambara est parfois associé à la réalisation de certaines de ses entreprises décoratives.

Giovanni Antonio de' Sacchis,
voir Pordenone

Giovan Gerolamo Savoldo
Brescia, vers 1480/1485 - ?, après 1548

L'origine bresciane de Savoldo, dont les racines familiales sont sans doute à rechercher à Orzi, est indiquée par les archives et se trouve confirmée dans plusieurs signatures de ses tableaux. Néanmoins, le lieu et la nature de son activité de jeunesse n'est pas documentée. Il apparaît pour la première fois comme «maître» en 1506 à Parme où il habite chez le peintre Alessandro Araldi et il figure en 1508 dans l'Arte de' Medici e degli Speziali à Florence. Les années suivantes apportent à Savoldo des commandes venant tant de Brescia (1513) que de Trévise (1521) ou de Pesaro (1524), non sans qu'il y ait parallèlement, notamment en 1521, des indices d'une présence du peintre à Venise. Quand il rédige son testament en 1526, il déclare d'ailleurs résider à Venise et les documents, parmi lesquels figure une lettre de Girolamo Genga, l'y mentionnent ensuite régulièrement en 1530, 1532, 1537, 1539 et 1548. En 1548, l'Arétin parle de Savoldo dans l'une de ses lettres comme d'un peintre diminué par les ans et, la même année, Paolo Pino, qui avait été l'élève de Savoldo, donne, dans son *Dialogo di Pittura*, un témoignage de première main sur l'activité de son maître.

Andrea Meldolla, dit Schiavone
Zara (Dalmatie), vers 1515 - Venise, 1563

Andrea Meldolla naît à Zara d'une famille originaire de Meldolla en Romagne. On sait peu de choses sur ses débuts et l'on a supposé une formation auprès soit de Bonifacio de' Pitati à Venise, soit d'une peintre de Feltre, Lorenzo Luzzo, soit encore auprès de Parmigianino, soit une formation, seul, à l'aide des œuvres de ce dernier. En 1540, Vasari lui commande une *Bataille*, aujourd'hui perdue. Son œuvre conservée la plus ancienne est une eau-forte de 1547. Il produira de nombreuses gravures tout au long de sa carrière. Parallèlement, il poursuit son activité de peintre, réalisant notamment des volets d'orgues à Belluno (cat. **184**; 1553-55) et une partie d'un plafond à la Biblioteca Marciana à Venise. A Venise, sa position est d'ailleurs remarquable : l'année même de sa mort, en 1563, il est désigné comme expert dans la querelle opposant les procureurs de San Marco à la famille de mosaïstes des Zuccati.

Sebastiano del Piombo
Venise (?), vers 1485 - Rome, 1547

Les sources, et notamment Vasari qui a connu personnellement le peintre, font de Sebastiano un élève ou un collaborateur d'abord de Giovanni Bellini puis de Giorgione. Les volets d'orgue de San Bartolomeo di Rialto (cat. **37a, b, c, d**), commandés en 1508-09 et la *Pala* de San Giovanni Crisostomo (cat. **38**) sont les principales œuvres sûres de ses années vénitiennes. Dès 1511, Sebastiano gagne Rome, où il entre en contact avec Raphaël, Peruzzi et Michel-Ange, peignant parfois d'après des dessins de ce dernier. Entre la mort de Raphaël (1520) et le Sac de Rome (1527), Sebastiano a certainement occupé une place d'exception parmi les peintres présents à Rome. En 1527, il se réfugie à Venise mais rentre bientôt à Rome où Clément VII lui accorde en 1531 la sinécure de *Piombatore* pontifical à laquelle il doit son surnom. Il meurt en 1547, âgé de soixante-deux ans au dire de Vasari, ce qui permet de situer sa naissance en 1485.

Semolei,
voir Franco

Lambert Sustris
Amsterdam, vers 1515/1520 - Venise ou Padoue, vers 1568

On sait peu de choses sur les débuts de Lambert Sustris : né à Amsterdam, il aurait été formé chez Jan Van Scorel ou chez Heemskerck à Utrecht. Parti très tôt pour l'Italie, il va certainement à Rome (où son nom apparaît parmi les graffiti des voûtes de la Domus Aurea) et à Venise, où il arrive probablement entre 1534 et 1538. Entre 1542 et 1546, il décore à fresque la villa Vescovile à Luvigliano, près de Padoue et peint dans cette ville la grande *Sainte Conversation* de Santa Maria in Vanzo. C'est comme collaborateur de Titien qu'il se rend à Augsbourg à deux reprises en 1548 puis en 1550-1552. Il y réalise des portraits de l'entourage impérial puis prolonge seul son séjour en Bavière, travaillant pour le cardinal Otto Truchsess von Waldburg et les Fugger. De retour en Italie, Sustris se fixe successivement à Venise puis à Padoue en 1554. En 1560, il retourne à Venise. Il est mentionné pour la dernière fois à Padoue en 1568.

Jacopo Robusti, dit Tintoret
Venise, 1518 - Venise, 1594

Jacopo Robusti est né à Venise d'une famille originaire de Lucques. Son père était teinturier de soieries et l'artiste lui doit son surnom de *Tintoretto*. Il n'y a pas de document relatif à sa formation mais, selon Ridolfi, il serait brièvement passé dans l'atelier de Titien. Dès 1539, il apparaît dans les archives comme un peintre indépendant. Le style de ses premières œuvres (Modène, Galleria Estense) laisse supposer un voyage à Mantoue vers 1540, tandis qu'un peu plus tard son admiration pour Michel-Ange a pu faire croire, à tort, à un voyage à Rome. En 1545, il peint pour l'Arétin deux plafonds à sujets mythologiques (aujourd'hui démembrés) avant de réaliser, en 1548, pour la Scuola Grande di San Marco, le *Miracle de l'Esclave* qui, en suscitant admiration et polémique, l'imposera définitivement. Après les volets d'orgues pour la Madonna dell'Orto (1552-53) et Santa Maria Zobenigo (1557-58), et parallèlement à la réalisation de grandes peintures pour la Scuola Grande di San Marco (1562-66), Tintoret entreprend en 1564 ses grands décors pour la Scuola di San Rocco (Sala dell'Albergo, 1564-67, et Sala Grande, 1575-87) et pour le palais des Doges (différentes salles vers 1559-67; 1576, 1578-84 et 1588), travaillant simultanément pour les églises de Venise. Apprécié de la *Signoria* et introduit dans le milieu des Scuole, comme l'atteste son mariage en 1550 avec la fille d'un marguillier influent de la Scuola Grande di San Marco, Tintoret a également travaillé pour les princes, notamment pour Guglielmo Gonzaga à la demande duquel il se rend à Mantoue en 1580.

Responsable de grandes entreprises décoratives, Tintoret a développé un atelier important. Outre ses propres enfants, et notamment Marietta et Domenico, beaucoup de peintres y travaillent ou y passent, qu'ils soient originaires du Sud (comme Antonio Vassillachi, dit Aliense) ou du Nord (comme Paolo Fiammingo, Ludovic Tœput, dit Pozzoserrato et Martin de Vos).

Tiziano Vecellio, dit Titien
Pieve di Cadore, vers 1488/1490 - Venise, 1576

Titien, qui est issu d'une famille de notables, est né à Pieve di Cadore au nord de Belluno. Il aurait été placé à Venise chez le maître mosaïste Sebastiano Zuccato à l'âge de neuf ans, avant de passer dans les ateliers de Gentile et Giovanni Bellini. Il devint ensuite l'élève de Giorgione au côté duquel il peignit en 1508 les fresques de la façade du Fondaco dei Tedeschi. En 1511, il est à Padoue où il réalise des fresques à la Scuola del Santo et en 1513 il se propose pour peindre une grande *Bataille* pour la Sala del Maggior Consiglio au palais des Doges (achevée en 1538, et aujourd'hui perdue; voir cat. **225**). Après l'*Assomption* de Santa Maria de' Frari (1516-18), il travaille pour Ferrare (*Bacchanales* pour Alfonso d'Este, 1518-23). En 1527, le Sac de Rome contraint Sansovino et l'Arétin à se réfugier à Venise et Titien se lie étroitement avec eux. Plus tard, en 1529-30, il rencontre à Bologne Charles Quint dont il peint le portrait et qui le nommera comte palatin en 1533. Les mêmes années voient la réalisation de grandes *Pale* pour Ancône (1520), Brescia (1520-22) et Venise, à Santa Maria dei Frari (1519-26) et San Giovanni e Paolo (*Mort de saint Pierre Martyr*, perdu, 1528-30; voir cat. **219**), type d'activité que Titien poursuit encore dans les années 1540-1550, alors qu'il bénéficie plus largement encore du mécénat princier. En 1545-46, il est à Rome et peint le portrait du pape Paul III Farnèse; puis en 1548, il est à Augsbourg où il travaille pour Charles Quint et où il retournera en 1550-51. C'est à cette époque qu'il commence à répondre aux commandes du futur Philippe II d'Espagne pour lequel il peindra beaucoup de tableaux après 1554. En dehors de ces voyages, Titien a travaillé de nouveau pour Ancône en 1558, à Brescia en 1564 (œuvre perdue) et à Pieve di Cadore en 1565. Dix ans avant sa mort en 1576, Titien a été, en 1566, élu membre de l'Académie florentine.

Tiziano Vecellio,
voir Titien

Paolo Caliari, dit Véronèse
Vérone, 1528 - Venise, 1588

Paolo di Gabriele, fils d'un tailleur de pierres véronais d'origine lombarde, entre vers 1541 dans l'atelier d'Antonio Badile, dont il va épouser plus tard la fille, Elena. Il devient peintre indépendant dès 1545 et se joint à d'autres jeunes artistes de Vérone qui collaborent avec l'architecte Sanmicheli : celui-ci lui confie en 1551 les peintures de la villa Soranzo, près de Castelfranco, qui établissent sa réputation de décorateur à fresque. Le peintre reçoit la même année sa première grande commande vénitienne, un tableau d'autel pour l'église San Francesco della Vigna, et deux ans plus tard se voit confier les parties principales du prestigieux décor des trois salles du Conseil des Dix au palais des Doges. Vers 1555, il prend le nom de Caliari, probablement en hommage à une famille noble de Vérone qui le soutient, et s'installe définitivement à Venise, où il est connu sous le nom de Véronèse. Il entame alors le vaste cycle décoratif de l'église du couvent hiéronymite de San Sebastiano, qui va se poursuivre pendant vingt ans.

S'instaure alors avec l'architecte Andrea Palladio une collaboration étroite et fructueuse, qui aboutit au succès du décor qu'il exécute dans la villa Barbaro à Maser et de la vaste toile des *Noces de Cana* peinte pour le réfectoire des bénédictins de San Giorgio Maggiore, inaugurant l'étonnante série des grands banquets évangéliques dont la liberté de ton et d'invention lui attireront en 1573 la suspicion de l'Inquisition. Il termine sa vie accablé de commandes, notamment pour les nouvelles décorations des salles d'apparat du palais des Doges, ayant gagné en particulier, avec Francesco Bassano, le concours pour l'immense toile du *Paradis* de la salle du Maggior Consiglio. Il meurt prématurément d'un refroidissement sans avoir pu commencer l'œuvre, dont la commande échoit finalement, après sa mort, à son rival Tintoret.   J.H.

Vicenzo di Biagio Catena,
voir Catena

Alvise Vivarini
Murano, après 1446 - Murano, 1505/1506

Alvise Vivarini naquit peu après 1446. Fils du peintre Antonio Vivarini de Murano, il fut l'élève de son oncle Bartolomeo. Sous l'influence d'Antonello de Messine, il modernisa la tradition familiale, au point de fournir, vers 1490, ce qui passera pour une alternative viable au naturalisme de Giovanni Bellini. Sa *Vierge en majesté avec des saints* (autrefois Berlin, Kaiser Friedrich Museum), peinte pour Santa Maria dei Battuti à Belluno au début des années 1490, fournit un résumé de son évolution, mais ce style cédera bientôt la place à l'expérience plus dynamique du *Christ ressuscité* (Venise, San Giovanni in Bragora) de 1498, et de la *Sainte Conversation* (Amiens, Musée de Picardie) de 1500. A sa mort en 1505 ou début 1506, Vivarini laisse deux retables monumentaux inachevés, le *Saint Ambroise avec des saints* (Venise, Santa Maria dei Frari) et la *Vocation des fils de Zébédée*. Son élève Marco Basaiti les achèvera tous deux en l'espace de quelques années.   W.R.R.

Bibliographie

Ouvrages cités en abrégé

Adhémar, 1954
Adhémar, J., « Chronique de l'Art ancien et moderne, Peinture et arts graphiques », *Revue des Arts*, 1954, n° 202, p. 63.

Adriani, 1940, 1965
Adriani, G., *Anton van Dyck - Italienisches Skizzenbuch*, Vienne, 1940; autre éd., 1965.

Agnelli, [1734]
Agnelli, J., *Galleria di pitture dell'E.mo e Rmo Signor Cardinale Tommaso Ruffo*, Ferrare, [1734].

Agosti, 1990
Agosti, G., *Bambaia e il classicismo lombardo*, Turin, 1990.

Agosti, 1991
Voir exp. Brescia, 1991.

Agosti et Zani, 1992
Voir exp. Brescia, 1992.

Aikema, 1990
Aikema, B. « L'immagine devozionale nell'opera di Paolo Veronese », in *Nuovi Studi su Paolo Veronese*, Venise, 1990, pp. 191-203.

Alazard, 1953-54
Alazard, J., « Léonard de Vinci et Giorgione », in *Études d'Art*, VIII-X, 1953-54, pp. 35-42.

Alberton Vinco da Sesso, 1992
Voir exp. Bassano del Grappa, 1992.

Alciati, 1551
Alciati, A., *Emblemata D. A. Alciati, denuo ab ipso Autore recognita, ac, quae desiderabantur, imaginibus locupletata. Accesserunt nova aliquot ab Autore Emblemata suis quoque eiconibus insignita*, Lyon, 1551.

Alciati, 1591
Alciati, A., *Emblemata : cum Claudii Minois Diuionensis ad eadem commentariis []*, Lyon, 1591; éd. Cl. Mignault, Paris, 1608.

Alciati, 1621
Alciati, A., *Emblemata cum commentariis Claudii Misois I. C. Francisci Sancti Brocensis, et notis Laurentii Pignorii Patavini [...] et plusquam dimidia parte auctis, opera et vigiliis Ionannis Thuilii Mariaemontani Tirol. []*, Padoue, 1621.

Alfo, 1796
Alfo, I., *Il Parmigianino servitor di Piazza*, Parme, 1796.

Aliberti Gaudosio, 1992
Voir exp. Bassano del Grappa, 1992.

Alizeri, 1847
Alizeri, F., *Guida artistica per la città di Genova*, 2 vol., Gênes, 1847.

Alizeri, 1875
Alizeri, F., *Guida illustrativa ... per la città di Genova e sue adiacenze*, Gênes, 1875.

Allegri, 1978
Voir exp. Florence, 1978-79.

Allen et Gardner, 1954
Allen, J. J. et Gardner, E., *A Concise Catalogue of the European Paintings in the Metropolitan Museum of Art*, New York, 1954.

Altan, 1772
Altan, F., « Del vario stato della pittura in Friuli », in *Nuova raccolta di opuscoli scientifici e filologici*, XXIII, 1772, n° 4, pp. 1-29.

Ames, 1962
Ames, W., *Great Drawings of All Time*, New York, 1962.

Ames, 1964
Ames, W., *Les Plus Beaux Dessins italiens*, Paris, 1964.

Ames-Lewis, 1982
Ames-Lewis, F., *Drawing in Early Renaissance Italy*, New Haven et Londres, 1982.

Anderson, 1973
Anderson, J., « Some New Documents relating to Giorgione's "Castelfranco Altarpiece" and his Patron Tuzio Costanzo », in *Arte Veneta*, XXVII, 1973, pp. 290-299.

Anderson, 1977
Anderson, J., « "Christ carrying the Cross" in San Rocco : Its Commission and Miraculous History », in *Arte Veneta*, XXXI, 1977, pp. 186-188.

Anderson, 1978
Voir exp. Castelfranco Veneto, 1978.

Anderson, 1979
Anderson, J., « L'année Giorgione », in *Revue de l'Art*, 43, 1979, pp. 83-90.

Anderson, 1979 (*Inventory*)
Anderson, J., « A further inventory of Gabriel Vendramin's collection », in *The Burlington Magazine*, CXXI, 1979, pp. 639-648.

Anderson, 1979 (*Portrait*)
Anderson, J., « The Giorgionesque Portrait : from Likeness to Allegory », in *Giorgione*, Atti del Convegno internazionale di studio per il 5° centenario della nascita, Castelfranco Veneto, 29-31 mai 1978; Asolo, 1979, pp. 153-158.

Anderson, 1980
Anderson, J., « Giorgione, Titian and the Sleeping Venus », in *Tiziano e Venezia...*, Atti del Convegno Internazionale di Studi, Venise, 1976; Vicence, 1980, pp. 337-342.

Anderson, 1981
Anderson, J., « Mito e realtà di Giorgione nella storiografia artistica : da Marcantonio Michiel ad Anton M. Zanetti » et « Mito e realtà di Giorgione nella storiografia artistica : dal senatore Giovanni Morelli ad oggi », in *Giorgione e l'umanesimo veneziano*, Atti del Corso d'alta cultura, Venise, 26 août-16 sept. 1978; éd. par R. Pallucchini, Florence, 1981, pp. 615-631 et 637-653.

Anderson, 1984
Anderson, J., « La contribution de Giorgione au génie de Venise », in *Revue de l'Art*, 66, 1984, pp. 59-68.

Anderson, 1984
Anderson, J., « The Genius of Venice 1500-1600 », in *Art International*, XXVII, 1984, pp. 15-22.

Anderson, 1985
Anderson, J., « Otto Mündler and his Travel Diary », in *The Walpole Society*, 51, Glasgow, 1985, pp. 7-67.

Anderson, 1989
Anderson, J., « Christian Hornig, *Giorgiones Spätwerk*, München,... 1987... », in *Kunstchronik*, XLII, 8, 1989, pp. 432-436.

Anderson, 1991
Voir Morelli, 1897.

Andrews, 1947
Andrews, J. Gethamn, *Fine Arts Society of San Diego. A Catalogue of European Paintings, 1300-1870*, San Diego (Cal.), 1947.

Andrews, 1968
Andrews, K., *National Gallery of Scotland. Catalogue of Italian Drawings*, Cambridge, 1968.

Angelini, 1720
Angelini, G. B., *Bergamo descritta*, ms., Bergame, Bibl. Civica; partiellement éd. par Locatelli Milesi, 1928.

Antonelli Trenti, 1964
Antonelli Trenti, M. G., « Notizie e precisioni sul Dosso giovane », in *Arte Antica e Moderna*, 28, 1964, pp. 404-415.

Anzelewski, 1971
Anzelewski, F., *Albrecht Dürer. Das malerische Werk*, Berlin, 1971; éd. anglaise, 1982.

Anzelewski, 1984
Anzelewski, F., *Albrecht Dürer. Kritischer Katalog der Zeichnungen*, Staatliche Museen Preussischer Kulturbesitz. Die Zeichnungen alter Meister im Berliner Kupferstichkabinett, Berlin, 1984.

Arasse et Sveva Barberis
Arasse, D. et Sveva Barberis, O., « Giovanni Bellini et la mythologie de Noé », in *Venezia Cinquecento*, I, 1991, n° 2, pp. 157-183.

Arb, 1963
Arb, R., « Shades of Dürer in an unknown drawing attributed to Peruzzi », in *The Burlington Magazine*, CV, 1963, p. 121.

Arétin (Aretino)
Lettres de l'Arétin (1492-1556), traduites par A. Chastel et N. Blamoutier, Mayenne, 1988.

Aretino, 1526-57
Aretino, *Lettere sull'arte, 1526-1557*; éd. par F. Pertile, E. Camesasca, 4 vol., Milan, 1957-1960.

Argan, 1984
Argan, G. C., « Giorgione », in *Comunità*, 1955; rééd. in *Studi e note dal Bramante al Canova*, Biblioteca di storia dell'arte, I, Rome, pp. 91-99, et dans *Classico e anticlassico. Il Rinascimento da Brunelleschi a Bruegel*, Opere di Giulio Carlo Argan, Milan, 1984, pp. 307-312.

Arnolds, 1949
Arnolds, G., *Italienische Zeichnungen. Zeichnungen des Kupferstichkabinetts in Berlin*, Berlin, 1949.

Arnolds, 1959
Arnolds, G., « Dürer's "Opus quinque dierum" », in *Festschrift Friedrich Winkler*, Berlin, 1959, pp. 187-190.

Aronberg-Lavin, 1955
Aronberg-Lavin, M., « Giovannino Battista : a Study in Renaissance Religious Symbolism », in *The Art Bulletin*, XXXVII, 1955, pp. 85-101.

Arquié-Bruley, Labbé et Bicart-Sée, 1987
Arquié-Bruley, F., Labbé, J., Bicart-Sée, L., *La Collection Saint-Morys au Cabinet des Dessins du musée du Louvre*, Notes et documents des musées de France, 19, 2 vol., Paris, 1987.

Arslan, 1931
Arslan, W., *I Bassano*, Bologne, 1931

Arslan, 1932
Arslan, E., «Contributi alla storia della pittura veronese. Il rinvenimento di una preziosa pala del Torbido a Potsdam», in *Bollettino della Società Letteraria di Verona*, VIII, 6, 1932, pp. 210-213.

Arslan, 1933
Arslan, W., «Pordenone», in Thieme et Becker, *Allgemeines Lexikon der bildenden Künstler...*, XXVII, Leipzig, 1933, pp. 271-272.

Arslan, 1937
Arslan, W., «Argomenti per la cronologia del Tintoretto», in *Critica d'Arte*, II, 1937, n° 4, pp. XXVII-XXX.

Arslan, 1938
Arslan, W., «Osservazioni su Niccolò, dell'Abate, Paris Bordone, Girolamo Forabosco», in *Le Arti*, I, pp. 75-78.

Arslan, 1946-47
Arslan, W., *I collaterali di Paolo Veronese*, Pavie, 1946-47.

Arslan, 1957
Arslan, E., «Una Natività di Dosso Dossi», in *Commentari*, VIII, 1957, pp. 257-261.

Arslan, 1960
Arslan, W., *I Bassano*, Milan, 1960.

Arslan, 1964
Arslan, E., «La "Madonna del libro" del Romanino», in *Arte Lombarda*, IX, 1964, pp. 103-105.

Artem'eva, 1990
Voir exp. Milan, 1990.

Art Treasures..., 1937
Voir exp. Londres, 1937-38.

Astorffer, 1720-1733
Astorffer, F., *Neu Eingerichtetes Inventarium der Kayl.-Bilder Gallerie in der Stallburg......*, ms. I, 1720, II, 1730, III, 1733, Vienne, Kunsthistorisches Museum, Gemäldegalerie.

Aumale, 1861
Aumale, duc d', *Inventaire de tous les meubles du Cardinal Mazarin dressé en 1653 et publié d'après l'original conservé dans les Archives de Condé*, Londres, 1861.

Auner, 1958
Auner, M., «Randbemerkungen zu zwei Bildern Giorgiones und zum Broccardo-Porträt in Budapest», in *Jahrbuch der Kunsthistorischen Sammlungen in Wien*, 54, 1958, pp. 151-172.

Ausserhofer, 1992
Ausserhofer, M., *Johann Stephan von Calcar - Das Porträt des Melchior von Brauweiler von 1540*, Clèves, 1992.

Avagnina, 1989
Voir exp. Vicence, 1989.

Babelon, 1950
Babelon, J., *Titien*, Paris, 1950.

Back, 1914
Back, F., *Verzeichnis der Gemälde des Grossherzglich... Darmstadt*, Darmstadt, 1914.

Bacou, 1962
Bacou, R., «Dessins italiens dans les collections hollandaises», in *L'Œil*, 85, 1962, pp. 56-61.

Bacou, 1964
Voir exp. Paris, 1964.

Bacou, 1965
Voir exp. Paris, 1965.

Bacou, 1965-66.
Voir exp. Paris, 1965-66 (1).

Bacou, 1968
Bacou, R., *Dessins du Louvre. Ecole italienne*, avec la collaboration de F. Viatte, Paris, 1968.

Bacou, 1977
Voir exp. Paris, 1977.

Bacou, 1978
Voir exp. Paris, 1978.

Bacou, 1981
Bacou, R., *The famous italian drawings from the Mariette Collection at the Louvre in Paris*, Milan, 1981.

Bacou, 1982
Bacou, R., *I grandi disegni italiani della collezione Mariette al Louvre di Parigi*, Milan, 1982.

Bacou, 1983
Bacou, R., «Ten Unpublished Drawings by Veronese Recently Acquired by the Cabinet des Dessins du Louvre», in *Master Drawings*, XXI, 1983, pp. 255-262.

Bacou, 1984
Voir exp. Paris, 1984.

Bacou, 1987
Bacou, R., «Pastels de Jacopo Bassano au Cabinet des dessins», in *Hommage à Hubert Landais*, Paris, 1987, pp. 104-109.

Badt, 1981
Badt, K., *Paolo Veronese*, Cologne, 1981.

Baetjer, 1980
Baetjer, K., *European Paintings in the Metropolitan Museum of Art by artists born in or before 1865. A summary Catalogue*, 3 vol., New York, 1980.

Bailly, 1709
Voir Engerand.

Bailo et Biscaro, 1900
Bailo, L. et Biscaro, G., *Della vita e delle opere di Paris Bordon*, Trévise, 1900.

Baldass, 1924
Baldass, L., «Neuaufgestellte Venetianische Bilder», in *Belvedere*, II, 1924.

Baldass, 1929
Baldass, L., «Ein unbekanntes Hauptwerk des Cariani», in *Jahrbuch der Kunsthistorischen Sammlungen in Wien*, 3, 1929, pp. 91-110.

Baldass, 1955
Baldass, L., «Die Tat des Giorgione», in *Jahrbuch der Kunsthistorischen Sammlungen in Wien*, 51, 1955, pp. 103-144.

Baldass, 1957
Baldass, L., «Tizian im Banne Giorgiones», in *Jahrbuch der Kunsthistorischen Sammlungen in Wien*, 53, 1957, pp. 101-156.

Baldass, 1961
Baldass, L., «Zur Erforschung des "Giorgionismo" bei den Generationsgenossen Tizians», in *Jahrbuch der Kunsthistorischen Sammlungen in Wien*, 57, 1961, pp. 69-88.

Baldass et Heinz, 1964, 1965
Baldass, L. et Heinz, G., *Giorgione und der Giorgionismus*, Vienne et Munich, 1964; éd. anglaise, Londres, 1965.

Baldinucci, 1673
Baldinucci, F., *Lista de' nomi de' pittori di mano de' quali si hanno disegni...*, ms., Florence, 1673.

Baldissin Molli, 1990
Baldissin Molli, G., in *Pinacoteca di Brera, Scuola veneta*, Milan, 1990.

Ballarin, 1962
Ballarin, A., «Profilo di Lamberto d'Amsterdam (Lambert Sustris)», in *Arte Veneta*, XVI, 1962, pp. 51-81.

Ballarin, 1962
Ballarin, A., «Cima at Treviso», in *The Burlington Magazine*, CIV, 1962, pp. 483-486.

Ballarin, 1963
Ballarin, A., «Lamberto d'Amsterdam (Lambert Sustris): Le fonti e la critica», in *Atti dell'Istituto Veneto di Scienze, Lettere ed Arti*, CXXI, 1962-63, pp. 335-366.

Ballarin, 1963
Ballarin, A., «Un quadro trascurato del Moretto a Stoccolma», in *Arte Lombarda*, VIII, 2, 1963, pp. 157-160.

Ballarin, 1964
Ballarin, A., «L'orto del Bassano (a proposito di alcuni quadri e disegni inediti singolari)», in *Arte Veneta*, XVIII, 1964, pp. 55-72.

Ballarin, 1965 (1)
Ballarin, A., *Palma il Vecchio*, Milan, 1965.

Ballarin, 1965 (2)
Ballarin, A., «Osservazione sui dipinti veneziani del Cinquecento nella Galleria del Castello di Praga», in *Arte Veneta*, XIX, 1965, pp. 59-82.

Ballarin, 1965 (3)
Ballarin, A. «I veneti all' esposizione "Le Seizième Siècle Européen" del Petit Palais», in *Arte Veneta*, XIX, 1965, pp. 238-240.

Ballarin, 1965 (4)
Ballarin, A., *Palma Vecchio*, Maestri del colore, Milan, 1965.

Ballarin, 1966
Ballarin, A., «Chirurgia bassanesca (I)», in *Arte Veneta*, XX, 1966, pp. 112-136.

Ballarin, 1966 (Savoldo)
Ballarin, A., *Giovanni Girolamo Savoldo*, I Maestri del colore, 116, Milan, 1966.

Ballarin, 1966-67
Ballarin, A. «La vecchiaia di Jacopo Bassano: le fonti e la critica» in *Atti dell'Instituto Veneto di Scienze, Lettere ed Arte*, CXXV, 1966-67, pp. 151-193.

Ballarin, 1967
Ballarin, A., *Jacopo Bassano e lo studio di Raffaello e dei Salviati*, in *Arte Veneta*, XXI, 1967, pp. 77-101.

Ballarin, 1968 (1)
Ballarin, A., *Tiziano*, Florence, 1968.

Ballarin, 1968 (2)
Ballarin, A., «La decorazione ad affresco della villa veneta nel quinto decennio del Cinquecento: la villa di Luvigliano», in *Bollettino del Centro Int. di Studi A. Palladio*, X, 1968, pp. 115-126.

Ballarin, 1968 (3)
Ballarin, A., «Pittura veneziana nei Musei di Budapest, Dresda, Praga e Varsavia», in *Arte Veneta*, XXII, 1968, pp. 237-255.

Ballarin, 1969
Ballarin, A., «Introduzione ad un catalogo dei disegni di Jacopo Bassano.-I...», in *Arte Veneta*, XXIII, 1969, pp. 85-114.

Ballarin, 1970
Ballarin, A., «Tre disegni: Palma il Vecchio, Lotto, Romanino (e alcune osservazioni sul ruolo del Romanino al Buonconsiglio)», in *Arte Veneta*, XXIV, 1970, pp. 47-62.

Ballarin, 1970-71
Ballarin, A., *La "Salomè" del Romanino*, Corso di lezioni sulla giovinezza del pittore bresciano tenuto... nell'anno accademico 1970-71. Dispense, Università degli Studi di Ferrara, Facoltà di Magistero, Storia dell'arte medievale e moderna, 1970-71.

Ballarin, 1971
Ballarin, A., «Introduzione ad un catalogo dei disegni di Jacopo Bassano - II», in *Studi di Storia dell'Arte in onore di Antonio Morassi*, éd. par Arte Veneta, Venise, 1971, pp. 138-151.

Ballarin, 1973
Ballarin, A., «Introduzione ad un catalogo dei disegni di Jacopo Bassano - III», in *Arte Veneta*, XXVII, 1973, pp. 91-124.

Ballarin, 1977
Ballarin, A., «Il "Miracolo del neonato": Tiziano dal disegno all'affresco», in *Per Maria Cionini Visani. Scritti di amici*, Turin, 1977, pp. 67-71.

Ballarin, 1978 (1981)
Voir Ballarin, 1981.

Ballarin, 1979
Ballarin, A., « Una nuova prospettiva su Giorgione : la ritrattistica degli anni 1500-1503 », in *Giorgione*, Atti del Convegno internazionale di studio per il 5° centenario della nascita, Castelfranco Veneto, 29-31 mai 1978; Asolo, 1979, pp. 227-252.

Ballarin, 1980
Ballarin, A., « Tiziano prima del Fondaco dei Tedeschi », in *Tiziano e Venezia...*, Atti del Convegno Internazionale di Studi, Venise, 1976; Vicence, 1980, pp. 493-499.

Ballarin, 1981
Ballarin, A., « Giorgione : per un nuovo catalogo e una nuova cronologia », in *Giorgione e la cultura Veneta tra '400 e '500*, Atti del Convegno, Rome, nov. 1978; Rome, 1981, pp. 26-30.

Ballarin, 1981-82
Ballarin, A., *Giorgione...; Tiziano...; Sebastiano del Piombo. Appunti delle sezioni*, a cura di P. Munarini, Université de Padoue, 1981-82.

Ballarin, 1983
Ballarin, A., « Giorgione e la compagnia degli Amici; il "Doppio ritratto" Ludovisi » in *Storia dell'arte italiana*, III/5, Turin, 1983, pp. 479-541.

Ballarin, 1985
Ballarin, A., « La "Salomé" del Romanino quindici anni dopo : addenda et corrigenda », conférence de la *Giornata di studio sulla pittura padana fra Quattro e Cinquecento*, 11 juin 1985, Accademia Patavina di Scienze Lettere ed Arti di Padova, année académique 1984-85; dact. pour le cours di Storia dell'arte moderna de l'année académique 1989-90.

Ballarin, 1987
Ballarin, A., « Un'opera giovanile di Dosso Dossi », in *Arte all'incanto, Mercato e prezzi dell'arte e dell'antiquariato alle aste Finarte 1986-1987*, Milan, 1987, pp. 18-20.

Ballarin, 1988
Voir exp. Londres, 1988.

Ballarin, 1988
Voir exp. Londres, 1988 (Colnaghi).

Ballarin, 1990
Ballarin, A., « Profilo del Savoldo », in *Savoldo e la cultura figurativa del suo tempo tra Veneto e Lombardia*, Atti del Convegno, Brescia, 25-27 mai 1990.

Ballarin, 1990
Voir exp. Madrid, 1990.

Ballarin, 1990-91
Ballarin, A., *Pittura del Rinascimento nell'Italia Settentrionale (1480-1540)*, Corso di laurea in Lettere; testo delle lezioni... dact. (a cura di E. Arregui, T. Carpené, A. Ferrerini, S. Momesso, G. Pacchioni, A. Pellizzari), Università degli Studi di Padova, 1990-91.

Ballarin, 1991
Voir exp. Padoue, 1991-92.

Ballarin, 1992
Voir exp. Bassano del Grappa, 1992.

Balniel, Clark et Modigliani, 1931
Balniel, M. P., Clark, K. et Modigliani, E., *A Commemorative catalogue of the Exhibition of Italian Art... 1930*, 2 vol., Oxford et Londres, 1931.

Banti et Boschetto, 1953, 1955
Banti, A. et Boschetto, A., *Lorenzo Lotto*, Florence, 1953, autre éd., Florence, 1955.

Baradel, 1989
Baradel, C., *Recherche sur les dessins italiens de la collection Trimolet conservés au musée des Beaux-Arts de Dijon*, DEA d'Histoire de l'art, Université de Paris IV (dactylographié), 1989.

Barbantini, 1933
Voir exp. Ferrare, 1933.

Barbantini, Fogolari, 1935
Voir exp. Venise, 1935.

Barbier de Montault, 1870
Barbier de Montault, X., *Les musées et galeries de Rome. Catalogue général de tous les objects d'art qui y sont exposés*, Rome, 1870.

Barezzani, 1985
Barezzani, M. T. R., « Musica e strumenti musicali nelle opere del Savoldo », in *Giovanni Gerolamo Savoldo pittore bresciano*, Atti del Convegno, Brescia, 21-22 mai 1983; éd. par G. Panazza, Brescia, 1985, pp. 113-127.

Barnaud et Hours, 1964
Barnaud, G., Hours, M., « Études sur deux tableaux du Titien intitulés "Tarquin et Lucrèce" », in *Bulletin du Laboratoire du Musée du Louvre*, 9, 1964, pp. 19-30.

Baroni et Dell'Acqua, 1948
Voir exp. Zurich, 1948.

Bartsch, 1794
Bartsch, A., *Catalogue raisonné des dessins originaux des plus grands maîtres ... du cabinet de feu Le Prince Charles de Ligne*, Vienne, 1794.

Bartsch
Bartsch, A., *Le Peintre graveur*, 21 vol., Vienne, 1803-1821.

Basch, 1918
Basch, V., *Titien*, Paris, 1918; 2e éd., 1927.

Baseggio, 1839, 1844
Baseggio, G. B., *Intorno a tre celebri intagliatori in legno Vicentini. Memoria*, Bassano, 1839; 2e éd. 1844.

Battilotti et Franco, 1978
Battilotti, D. et Franco, M. T., « Regesti di committenti e dei primi collezionisti di Giorgione », in *Antichità viva*, XVII, 4-5, 1978, pp. 58-86.

Battisti, 1960
Battisti, E., *Rinascimento e Barocco*, [Turin], 1960.

Battisti, 1962
Battisti, E., *L'Antirinascimento*, Milan, 1962.

Battisti, 1970
Battisti, E., *Hochrenaissance und Manierismus*, Baden-Baden, 1970.

Battisti, 1980
Battisti, E., « Di alcuni aspetti non veneti di Tiziano », in *Tiziano e Venezia...*, Atti del Convegno Internazionale di Studi, Venise, 1976; Vicence, 1980, pp. 213-225.

Batz, 1942
Voir exp. Baltimore, 1942.

Bauch, 1965
Bauch, K., « Zu Tizian als Zeichner », in *Walter Friedlaender zum 90. Geburtstag*, Berlin, 1965, pp. 36-41.

Baumeister, 1924
Baumeister, E., « Eine Studie Tizians für die "Schlacht von Cadore" », in *Münchner Jahrbuch der bildenden Kunst*, I, 1924, pp. 20-25.

Baumeister, 1940
Baumeister, E., « Neue bestimmte italienische Zeichnungen in der Graphischen Sammlung München », in *Die Graphischen Kunste*, V, 1940, pp. 22-27.

Bazin, 1958
Bazin, H., *Musée de l'Ermitage. Les Grands maîtres de la Peinture*, Paris, 1958.

Bazin, 1969
Bazin, G., *Histoire de l'avant-garde en peinture du XIIIe au XXe siècle*, Paris, 1969.

Bean, 1960
Bean, J., *Bayonne. Musée Bonnat. Les dessins italiens de la collection Bonnat*, Paris, 1960.

Bean, 1964
Bean, J., *100 European Drawings in the Metropolitan Museum of Art*, New York, [1964].

Bean, 1969
Bean, J., « Drawings from Stockholm : A Loan Exhibition from the Nationalmuseum », in *Master Drawings*, VII, 1969, pp. 169-170.

Bean et Stampfle, 1965
Voir exp. New York, 1965-66.

Bean et Turčić, 1982
Bean, J., *15th and 16th Century Italian Drawings in The Metropolitan Museum of Art*, with the assistance of L. Turčić, New York, 1982.

Becker, 1922
Becker, F., *Handzeichnungen Alter Meister in Privatsammlungen*, Leipzig, 1922.

Beckerath, 1909
Beckerath, A. von, « Über einige altitalienische Zeichnungen in der Kgl. Graphische Sammlung in München », in *Repertorium für Kunstwissenschaft*, XXXII, 1908, pp. 219-230.

Beckerath, 1910
Beckerath, A. von, « Die Ausstellung in der Grafton Gallery », in *Repertorium für Kunstwissenschaft*, XXXIII, 1910, pp. 278 ss.

Begemann
Voir Haverkamp Begemann.

Begni Redona, 1988 (1)
Begni Redona, P. V., *Alessandro Bonvicino. Il Moretto da Brescia*, Brescia, 1988.

Begni Redona, 1988 (2)
Voir exp. Brescia, 1988.

Begni Redona, 1990
Voir exp. Brescia, 1990.

Béguin, 1964
Béguin, S., « A propos de quelques peintures attribuées à Paris Bordon au musée du Louvre », in *Bulletin du Laboratoire du musée du Louvre*, VIII, n° 9, 1964, pp. 31-47.

Béguin, 1965
Voir exp. Paris, 1965-66 (1).

Béguin, 1968
Béguin, S., « Musée des Beaux-Arts de Caen. I, Une "Annonciation" de Paris Bordon », in *La Revue du Louvre et des Musées de France*, XVIII, 1968, pp. 95-104

Béguin, 1970
Béguin, S., « Dosso and Battista Dossi par F. Gibbons », in *L'Œil*, mars 1970, pp. 58-59.

Béguin, 1976
Voir exp. Paris, 1976 (Louvre).

Béguin, 1978
Béguin, S., « Brèves remarques sur Lorenzo Lotto », in *Arte Veneta*, XXXII, 1978, pp. 112-113.

Béguin, 1979
Voir exp. Nice, 1979.

Béguin, 1980
Béguin, S., « A propos de la Sainte Conversation et de la Vierge au lapin de Titien du Louvre », in *Tiziano e Venezia...*, Atti del Convegno Internazionale di Studi, Venise, 1976; Vicence, 1980, pp. 479-484.

Béguin, 1981
Béguin, S., « A propos des peintures de Lorenzo Lotto au Louvre », in *Lorenzo Lotto*, Atti del Convegno Internazionale di Studi per il V centenario di Lorenzo Lotto, Asolo, 18-21 septembre 1980; éd. par P. Zampetti et V. Sgarbi, Venise, 1981, pp. 99-105.

Béguin, 1983
Voir exp. Paris, 1983.

Béguin, 1985
Béguin, S., « Deux dessins inédits du Musée de Rennes », in *Paragone*, 419-423, 1985, pp. 180-183.

Béguin, 1987
Béguin, S., « Paris Bordon en France », in *Paris Bordon e il suo tempo*, Atti del Convegno Internazionale di Studi, Trévise, 28-30 oct. 1985; Trévise, 1987, pp. 1-27.

Béguin, 1987
Voir exp. Paris, 1987.

Béguin, 1990
Béguin, S., « Tableaux de Véronèse dans les musées français », in *Nuovi Studi su Paolo Veronese*, Venise, 1990, pp. 214-221.

Bellori, 1664
  Bellori, G. P., *Nota dei Musei, Librerie, Gallerie, e ornamenti di Statue e pitture nè palazzi, nelle case e nè giardini di Roma*, appendice à *Relazione della corte di Roma*, par Girolamo Minadoro, Rome, 1664, préface et commentaire d'E. Zocca, Rome, 1976.

Belting, 1988
  Belting, H., *Giovanni Bellini Pietà Ikone und Bilderzählung in der venezianischen Malerei*, Francfort, 1985; éd. 1988.

Beltrame Quattrocchi, 1976
  Voir exp. Rome, 1976.

Bembo, 1505
  Bembo, P., *Gli asolani di Messer Pietro Bembo*, Venise, 1505; éd. par C. Dionisotti, *Prose e Rime di Pietro Bembo*, Turin, 1966; par M. Marti : Pietro Bembo, *Opere in Volgare*, Florence, 1961, d'après des éditions postérieures à celle de 1505.

Benati, 1990
  Benati, D., *Francesco Bianchi Ferrari e la pittura a Modena fra '4 e '500*, Modène, 1990.

Benesch, 1926
  Benesch, O., «An early and late portrait by Gerolamo Romanino», in *The Burlington Magazine*, XLVIII, 1926, p. 98.

Benesch, 1961
  Voir exp. Venise, 1961.

Benesch, 1964
  Benesch, O., *Meisterzeichnungen der Albertina*, Salzbourg, 1964.

Benkard, 1907
  Benkard, E. A., *Die venezianische Frühzeit des Sebastiano del Piombo (1505-1510)*, Diss. Heidelberg, 1907.

Benkard, 1908
  Benkard, E. A., «D'Achiardi, Sebastiano del Piombo...», in *Repertorium für Kunstwissenschaft*, XXXI, 1908.

Benson, 1894
  Voir exp. Londres, 1894 (Burlington).

Benvenuti, 1976
  Voir exp. Venise, 1976 (3).

Benvenuti, 1982
  Benvenuti, F., «Il "Sacrificio del Patriarca Abramo" di Tiziano», in *Titianus Cadorinus. Celebrazioni in onore di Tiziano. Pieve di Cadore 1576-1976*, éd. par M. Muraro, Vicence et Belluno, 1982, pp. 27-29.

Benvenuti, 1992
  Benvenuti, F., «Tiziano nella lente delle stampe. Stampe di e da Tiziano», in *Eidos*, 10, juill. 1992, pp. 4-15.

Benvignat, 1856
  Benvignat, C., *Musée Wicar, Catalogue des dessins et objets d'art légués par J. B. Wicar*, Lille, 1856.

Benzi, 1982
  Benzi, F., «Un disegno di Giorgione a Londra e il "Concerto Campestre" del Louvre», in *Arte Veneta*, XXXVI, 1982, pp. 183-187.

Berce et Boubli, 1988
  Voir exp. Paris, 1988.

Bercken, 1927
  Bercken, E. von der, *Malerei der Renaissance in Italien. Die Malerei der Früh-und Hochrenaissance in Oberitalien*, Wildpark-Potsdam, 1927.

Bercken, 1942
  Bercken, E. von der, *Die Gemälde des Jacopo Tintoretto*, Munich, 1942.

Bercken et Mayer, 1923
  Bercken, E. von der, Mayer, A. L., *Jacopo Tintoretto*, Munich, 1923.

Berenson, 1894, 1897, 1899, 1907, 1911
  Berenson, B., *The Venetian Painters of the Renaissance*, Londres et New York, 1894; 3e éd., 1897; autres éd., 1899, 1907, 1911.

Berenson, 1895
  Berenson, B., *Venetian Painting, chiefly before Titian [At the Exhibition of Venetian Art, New Gallery, 1895]*, rééd. in Berenson, 1901, pp. 90-146.

Berenson, 1897
  Berenson, B., «De quelques copies d'après des originaux perdus de Giorgione», in *Gazette des Beaux-Arts*, XVIII, 1897, pp. 265-282; rééd. in Berenson, 1901, pp. 70-89.

Berenson, 1895, 1955
  Berenson, B., *Lorenzo Lotto*, Londres, 1895; autres éd. 1901; Milan, 1955.

Berenson, 1901, 1920
  Berenson, B., *The Study and Criticism of Italian Art*, Londres, 1901; autre éd., 1920.

Berenson, 1903
  Berenson, B., *The Drawings of Florentine Painters*, 2 vol., Paris, 1903.

Berenson, 1905
  Berenson, B., *Lorenzo Lotto*, Londres, 1905.

Berenson, 1907
  Berenson, B., *The North Italian Painters of the Renaissance*, New York, Londres, 1907.

Berenson, 1913
  Berenson, B., *The Johnson Collection. Catalogue of a Collection of Paintings and Some Art Objects* I, *Italian Paintings*, Philadelphie, 1913.

Berenson, 1916, 1919
  Berenson, B., *Venetian Painting in America*, New York, 1916; éd. ital. 1919.

Berenson, 1928
  Berenson, B., «The Missing Head of the Glasgow "Christ and Adulteress"», in *Art in America*, XVI, 1928, pp. 147-154.

Berenson, 1932
  Berenson, B., *Italian Pictures of the Renaissance*, Oxford, 1932.

Berenson, 1936
  Berenson, B., *Pittori italiani del Rinascimento*, Milan, 1936.

Berenson, 1936
  Berenson, B., *Pitture italiane del Rinascimento*, Milan, 1936.

Berenson, 1938
  Berenson, B., *The Drawings of the Florentine Painters*, 2e édition, Chicago, 1938.

Berenson, 1951
  Berenson, B., «Une "Sacra Conversazione" de l'école de Giorgione au Louvre», in *La Revue des Arts*, 1951, n° 2, pp. 67-76.

Berenson, 1954
  Berenson, B., «Notes on Giorgione», in *Arte Veneta*, VIII, 1954, pp. 145-152.

Berenson, 1954, 1957
  Berenson, B., «Attribuzioni nostalgiche», in *Corriere della Sera*, 15 avr. 1954, p. 3; rééd. in *Valutazioni. Saggi dal 1945 al 1956*, Milan, 1957, pp. 117-124.

Berenson, 1955, 1956
  Berenson, B., *Lorenzo Lotto*, Milan, 1955; éd. angl., Londres, 1956.

Berenson, 1957, 1958
  Berenson, B., *Italian Pictures of the Renaissance, a list of the principal artists and their works. Venetian School*, 2 vol., Londres, 1957; éd. italienne, Florence, 1958.

Berenson, 1958
  Berenson, B., *Pitture italiane del Rinascimento. La scuola veneta*, Florence, 1958.

Berenson, 1968
  Berenson, B., *Italian Pictures of the Renaissance. Central and North Italian School*, 3 vol., Londres, 1968.

Bergamini, 1973
  Voir Cavalcaselle-Bergamini.

Bergamini, 1980
  Bergamini, G., «Il Rinascimento», in *Enciclopedia monografica del Friuli-Venezia Giulia*, III/3, Udine, 1980, pp. 1591-1636.

Bergamini et Tavano, 1984
  Bergamini, G. et Tavano, S., *Storia dell'arte nel Friuli-Venezia Giulia*, Reana del Rojale, 1984.

Bergeon et Mâle, 1980
  Voir exp. Paris, 1980.

Berger, 1883
  Berger, A. von, «Inventar der Kunstsammlung des Erzherzogs Leopold Wilhelm von Österreich nach der Originalhandschrift im Fürstl. Schwarzenberg'schen Centralarchive», in *Jahrbuch der Kunsthistorischen Sammlungen des Allerhöchsten Kaiserhauses*, I, 1883, n° 495, pp. LXXIX-CLXXVII.

Bergot, 1972
  Voir exp. Paris, 1972.

Bergsträsser, 1964
  Voir exp. Darmstadt, 1964.

Bernardini, 1908
  Bernardini, G., *Sebastiano del Piombo*, Bergame, 1908.

Bernarth, 1914-15
  Bernarth, M. H., «Dosso Dossi, Landschaft mit mythologischen Figuren», in *Archiv für Kunstgeschichte*, II, 1914-15.

Bernini Pezzini, 1976
  Bernini Pezzini, G., «Ritratto di Francesco Maria Gonzaga Duca d'Urbino» et «Ritratto di Eleonora Gonzaga Duchessa d'Urbino», in Bernini Pezzini et alii, *Tiziano per i Duchi d'Urbino*, Urbino, 1976, pp. 38-39, et pp. 40-41.

Beroqui, 1946
  Beroqui, P., *Tiziano en el Museo del Prado*, Madrid, 1946.

Bertelli, 1983
  Voir exp. Milan, 1983

Bertini, 1985
  Bertini, Ch., «I committenti della pala di S. Giovanni Christomo di Sebastiano del Piombo», in *Storia dell'Arte*, 53, 1985, pp. 23-31.

Beschi, 1976
  Beschi, L., «Collezioni d'antichità a Venezia al tempo di Tiziano», in *Aquilea Nostra*, XLVIII, 1976, pp. 1-44.

Beschreibendes Verzeichnis der Gemälde im Kaiser-Friedrich-Museum, Berlin, 1931.

Bettini, 1933
  Bettini, S., *L'arte di Jacopo Bassano*, Bologne, 1933.

Bettini, 1936
  Bettini, S., «Quadri dei Bassani», in *Critica d'Arte*, I, 1936, pp. 143-147.

Bettini, 1939 (1)
  Bettini, S., «Giovanni Antonio da Pordenone», in *Emporium*, XLV, 1939, pp. 63-76.

Bettini, 1939 (2)
  Bettini, S., «La pittura friulana del Rinascimento e Giovanni Antonio Pordenone», in *Le Arti*, I, 1939, pp. 464-480.

BFAC Catalogue
  Voir expositions Londres, Burlington Fine Arts Club, à l'année correspondant.

Biagi, 1826
  Biagi, P., *Memorie storico-critiche intorno alla vita e alle opere di F. Sebastiano Luciani soprannominato del Piombo*, Venise, 1826; rééd. in *Sopra la vita e i dipinti di Fra Sebastiano del Piombo*, Esercitazioni scientifiche e letterarie dell' Ateneo di Venezia, I, Venise, 1827.

Bialostocki, 1959
  Bialostocki, J., «"Opus Quinque Dierum": Dürer's "Christ among the Doctors" and its Sources», in *Journal of the Warburg and Courtauld Institutes*, XXII, 1959, pp. 17-34.

Bialostocki, 1977
  Bialostocki, J., «Man and Mirror in Painting. Reality and Transience», in *Studies in Late Medieval and Renaissance Painting in Honor of Millard Meiss*, 3 vol., New York, 1977; I, pp. 61-72.

Bialostocki, 1990
Bialostocki, J., «I cani di Paolo Veronese», in *Nuovi Studi su Paolo Veronese*, Atti del Convegno, Venise, 1988; Venise, 1990, pp. 222-230.

Biancale, 1914
Biancale, M., «Giovan Battista Moroni e i pittori bresciani», in *L'Arte*, XVII, 1914, pp. 289-300.

Bianconi, 1955
Bianconi, P., *Tutta la pittura di Lorenzo Lotto*, Milan, 1955.

Birke, 1991
Birke, V., *Der italienischen Zeichnungen der Albertina*, Munich, 1991.

Bjurström, 1962
Voir exp. Stockholm, 1962-63.

Bjurström, 1970
Voir exp. Paris, 1970-71.

Bjurström, 1974
Voir exp. Venise, 1974.

Bjurström, 1979
Bjurström, P., *Italian Drawings in Swedish Public Collections. 3, Venice, Brescia, Parma, Milano, Genoa*, Stockholm, 1979.

Blanc, 1868
Blanc, Ch., *Histoire des Peintres de toutes les écoles. Ecole Vénitienne*, Paris, 1868.

Bloch, 1946
Bloch, E. M., «Rembrandt and the Lopez Collection», in *Gazette des Beaux-Arts*, XXIX, 1946, pp. 175-186.

Blumer, 1936
Blumer, M. L., «Catalogue des peintures transportées d'Italie en France de 1796 à 1814», in *Bulletin de la Société d'Histoire de l'Art Français*, 1936, pp. 244-338.

Blunt, 1972
Voir exp. Londres, 1972-73.

Bober et Rubinstein, 1986
Bober Ph. Pray et Rubinstein, R., *Renaissance Artists & Antique Sculpture*, Londres, 1986.

Boccia, 1980
Boccia, L. G., «L'armatura lombarda tra il XIV e il XVII secolo», in L. G. Boccia, F. Rossi et M. Morin, *Armi e Armature Lombarde*, Milan, 1980, pp. 13-177.

Bocconi, 1914
Bocconi, S., *Musei Capitolini. Pinacoteca e Tabularium*, Rome, 1914.

Bode, 1898
Bode, W., *Königliche Museen zu Berlin, Beschreibendes Verzeichnis der Gemälde*, Berlin, 1898.

Bode, 1913
Bode, W., «Portrait of a venetian nobleman by Giorgione in the Altman Collection», in *Art in America*, 1913.

Bode, 1915
Bode, W., «Ein Tizian im Magazin der Wiener Akademie-Galerie», in *Kunstchronik*, N.F., XXVII, 2, 1915, p. 17.

Bodmer, 1942, 1943
Bodmer, E., *Correggio und die Malerei der Emilia*, Vienne, 1942; éd. it., *Il Correggio e gli Emiliani*, Novare, 1943.

Boehm, 1985
Boehm, G., *Bildnis und Individuum. Über den Ursprung der Porträtsmalerei, in der italienischen Renaissance*, Munich, 1985.

Boehn, 1908
Boehn, M. von, *Giorgione und Palma Vecchio*, Bielefeld et Leipzig, 1908.

Boggs, 1971
Boggs, J. S., *The National Gallery of Canada*, Toronto, 1971.

Boilo et Biscaro, 1900
Boilo, L., Biscaro, G., *Della vita e delle opere di Paris Bordon*, Trévise, 1900.

Boissard et Lavergne-Durey, 1988
Boissard, E. de et Lavergne-Durey, V., *Chantilly, musée Condé. Peintures de l'École italienne*, Inventaire des collections publiques françaises, 34, Paris, 1988.

Boll, 1913
Boll, F., «Die Lebensalter», in *Neue Jahrbücher für das klassische Altertum*, 1913, pp. 89 et ss.

Bonicatti, 1964 (1)
Bonicatti, M. «Per la formazione di Paris Bordone», in *Bollettino d'Arte*, XLIX, 1964, pp. 249-250.

Bonicatti, 1964 (2)
Bonicatti, M., *Aspetti dell'Umanesimo nella Pittura Veneta dal 1455 al 1515*, Rome, 1964.

Bonicatti, 1969
Bonicatti, M., *Aspetti dell'Umanesimo, Secoli XIV-XVI*, Florence, 1969.

Bonicatti, 1971
Bonicatti, M., «Dürer nella storia delle idee umanistiche fra Quattrocento e Cinquecento», in *The Journal of Medieval and Renaissance Studies*, I, 2, 1971, Fall, pp. 131-250.

Bonicatti, 1980
Bonicatti, M., «Tiziano e la cultura musicale del suo tempo», in *Tiziano e Venezia*, Atti del Convegno Internazionale di Studi, Venise, 1976; Vicence, 1980, pp. 461-477.

Bonomi, 1973
Bonomi, I., «Il personaggio di un quadro esposto alla "Carrara". Identificato dopo 450 anni», in *L'Eco di Bergamo*, 1973.

Bora, 1992
Voir exp. Venise, 1992 (1).

Borenius, 1909
Borenius, T., *The Painters of Vicenza. 1480-1550*, Londres, 1909.

Borenius, 1912 (mostra)
Borenius, T., «La mostra di dipinti veneziani primitivi al "Burlington Fine Art Club"», in *Rassegna d'Arte*, XII, 1912, pp. 88-92.

Borenius, 1912 (Crowe)
Borenius, T., éd. de Crowe et Cavalcaselle, *A History of Painting in North Italy*, Londres, 1871; 3 vol., Londres, 1912.

Borenius, 1913
Borenius, T., *A Catalogue of the Paintings at Doughty House*, éd. par H. Cook, Londres, 1913.

Borenius, 1913
Borenius, T., «The Venetian School in the Grand-Ducal Collection Oldenburg», in *The Burlington Magazine*, XXIII, 1913, pp. 25-35.

Borenius, 1914
Borenius, T., *Catalogue of Italian Pictures... Benson*, Londres, 1914.

Borenius, 1916
Borenius, T., *Pictures by the Old Masters in the Library of Christ Church Oxford*, Oxford, 1916.

Borenius, 1920
Borenius, T., «One North-Italian Altarpiece», in *The Burlington Magazine*, XXXVII, 1920, p. 95.

Borenius, 1922
Borenius, T., «Some Reflections on the Last Phase of Titian», in *The Burlington Magazine*, XLI, 1922, pp. 87-91.

Borenius, 1923
Borenius, T., *Four Early Italian Engravers*, Londres, 1923.

Borenius, 1923
Borenius, T., *The Picture Gallery of Andrea Vendramin*, Londres, 1923.

Borenius, 1930
Borenius, T., «Die italienische Ausstellung in London», in *Pantheon*, V, 1930, pp. 88-92.

Borenius, 1932
Borenius, T., «Pellegrino da San Daniele», in Thieme et Becker, *Allgemeines Lexikon der bildenden Künstler...*, XXVI, Leipzig, 1932, pp. 363-364.

Borghini, 1584
Borghini, R. *Il Riposo di Raffaello Borghini in cui della Pittura, e della scultura si favella, de' più illustri Pittori, e Scultori, e delle più famose opere loro si fa menzione; e le cose principali appartenenti a dette arti s'insegnano*, Florence, 1584 (reproduction anastatique; «Saggio biobibliografico e Indice analitico», éd. par M. Rosci, *Gli storici della litteratura artistica italiana*, XIII-XIV, 2 vol., Milan, 1967).

Borinski, 1908
Borinski, K., «Studien und Forschungen das Novellenbild in der Casa Buonarroti», in *Monatshefte für Kunstwissenschaft*, I, 1908, pp. 906-909.

Borroni, 1972
Borroni, F., «Giovanni Britto», in *Dizionario biografico degli italiani*, XIV, 1972, pp. 351-352.

Boschetto, 1963
Boschetto, A., *Giovan Girolamo Savoldo*, Milan, 1963.

Boschini, 1660
Boschini, M., *La carta del navegar pitoresco...*, Venise, 1660; éd. par A. Pallucchini, Venise et Rome, 1966 (éd. avec la *Breve Istruzione*, premessa alle *Ricche Minere della pittura veneziana*, Venise, 1674).

Boschini, 1664
Boschini, M., *Le minere della Pittura...*, Venise, 1664.

Boschini, 1674
Boschini, M., *Le ricche minere della Pittura...*, Venise, 1674.

Boselli, 1941
Boselli, C., «Savoldo o Moretto? (Appunti di arte bresciana», in *L'Italia*, XXX, 26 juin 1941, p. 4.

Boselli, 1942
Boselli, C., «Disegni del Moretto da Brescia», in *L'Arte*, XIII, 4, 1942, pp. 201-204.

Boselli, 1943
Boselli, C., «Alexander Brixiensis. La formazione artistica del Moretto», in *L'Arte*, XLVI, 1943, pp. 95-129.

Boselli, 1946
Voir exp. Brescia, 1946.

Boselli, 1947
Boselli, C., «Il "Moretto da Brescia" del Gombosi», in *Arte Veneta*, IV, 1947, pp. 297-302.

Boselli, 1953
Boselli, C., «Il Gonfalone delle SS.me Croci», in *Commentari dell'Ateneo di Brescia per l'anno 1953*, pp. 101-109.

Boselli, 1954
Boselli, C., «Il Moretto, 1498-1554», in *Commentari dell'Ateneo di Brescia per l'anno 1954, Supplemento*, 1954, pp. 71 et ss.

Boselli, 1965
Boselli, C., «La mostra del Romanino a Brescia», in *Arte Veneta*, XIX, 1965, pp. 201-210.

Boselli, 1972
Boselli, C., «Nuovi documenti sull'arte veneta del secolo XVI nell'archivio della famiglia Averoldi di Brescia», in *Arte Veneta*, XXVI, 1972, pp. 234-236.

Boselli, 1977
Boselli, C., *Regesto artistico dei notai roganti in Brescia dall'anno 1500 all'anno 1560*, supplément aux *Commentari dell'Ateneo di Brescia*, 1976; 2 vol., Brescia, 1977.

Bossaglia, 1963
Bossaglia, R., « La pittura bresciana del Cinquecento : i maggiori e i loro scolari », in *Storia di Brescia*, II, *La dominazione veneta (1426-1575)*, Brescia, 1963, pp. 1011-1101.

Bossaglia, 1983
Bossaglia, R., « Problemi aperti sul Savoldo », in *Giovanni Gerolamo Savoldo pittore bresciano*, Atti del Convegno, Brescia, 21-22 mai 1983; éd. par G. Panazza, Brescia, 1985, pp. 9-12.

Both de Tauzia
Voir Tauzia.

Bottari, Ticozzi
Bottari, M. Gio. et Ticozzi, S., *Raccolta di lettere sulla pittura, scultura ed architettura scritte da' più celebri personaggi dei secoli XV, XVI e XVII, pubblicata da M. Gio. Bottari e continuata fino ai nostri giorni da Stefano Ticozzi*, 8 vol., Milan, 1822 (vol. I-VII), 1825 (vol. VIII).

Bottari, 1963
Bottari, S., *Tutta la pittura di Giovanni Bellini*, Milan, 1963.

Botti, 1891
Botti, G., *Catalogo delle R. R. Gallerie di Venezia*, Venise, 1891.

Boucher, 1991
Boucher, B., *The Sculpture of Jacopo Sansovino*, I, New Haven, Londres, 1991.

Bouchot-Saupique, 1962
Voir exp. Paris, 1962.

Bouleau-Rabaud, 1958
Voir exp. Paris, 1958.

Bousquet, 1964
Bousquet, J., *La peinture maniériste*, Neuchâtel; éd. ital., Milan, 1963.

Bragard, 1957
Bragard, A.-M., « Verdelot en Italie », in *Revue belge de Musicologie*, XI, 1957, pp. 109-124.

Bragard, 1959-60
Voir exp. Rotterdam, 1959-60.

Bragard, 1961
Bragard, A.-M., « Philippe Verdelot », in *Encyclopédie de la Musique*, 1961, III.

Bragard, 1961
Bragard, A.-M., *Catalogue of Paintings in the Ashmolean Museum*, Oxford, 1961.

Bragard, 1964
Bragard, A.-M., *Etude bio-bliographique sur Philippe Verdelot, musicien français de la Renaissance*, Bruxelles, 1964.

Braham et Dunkerton, 1981
Braham, A. et Dunkerton, J., « Fragments of a Ceiling Decoration by Dosso Dossi », in *National Gallery Technical Bulletin*, 5, 1981, pp. 27-37.

Brandi, 1979
Brandi, C., « Il principio formale di Giorgione », in *Giorgione*, Atti del Convegno Internazionale di Studi per il 5° centenario della nascita, Castelfranco Veneto, 29-31 mai, 1978; Asolo, 1979, pp. 77-81.

Braunfels, 1964
Braunfels, W. « Die "Inventio" des Künstlers, Reflexionen über den Einfluss des neuen Schaffensideals auf die Werkstatt Raffaels und Giorgiones », in *Studien zur toskanischen Kunst, Festschrift für Ludwig Heinrich Heydenreich zum 23. März 1963*, Munich, 1964, pp. 20-28.

Braunfels, 1980
Braunfels, W. « I quadri di Tiziano nello studio a Biri Grande (1530-1576) », in *Tiziano e Venezia*, Atti del Convegno Internazionale di Studi, Venise, 1976; Vicence, 1980, pp. 407-410.

Braunschweig-Lüneburg. Alte und neuere Meister der Fideikommiss-Galerie des Gesamthauses Braunschweig-Lüneberg, Hanovre, 1926.

Breck, 1910
Breck, J., « Un dipinto di Cavazzola », in *Rassegna d'Arte*, X, 9, 1910, p. 146.

Brejon de Lavergnée, 1980
Brejon de Lavergnée, A., *Dijon, Musée Magnin. Catalogue des tableaux et dessins italiens*, Paris, 1980.

Brejon de Lavergnée, 1986
Brejon de Lavergnée, A., « Note sur la collection de peintures du Cardinal Mazarin, sa formation et son sort après 1661 », in *La France et l'Italie au temps de Mazarin*, 15ᵉ colloque du C.N.R. 17, Grenoble, 25-27 janv. 1985; Grenoble, 1986, pp. 265-274.

Brejon de Lavergnée, 1987
Brejon de Lavergnée, A., *L'Inventaire de Le Brun de 1683. La collection de tableaux de Louis XIV*, Paris, 1987.

Brejon de Lavergnée et Thiébaut, 1981
Brejon de Lavergnée, A. et Thiébaut, D. et alii, *Catalogue sommaire illustré des peintures du musée du Louvre*, II, *Italie, Espagne, Allemagne, Grande-Bretagne et divers*, Paris, 1981.

Brendel, 1946
Brendel, O., « The Interpretation of the Holkham Venus », in *The Art Bulletin*, XXVIII, 1946, pp. 65-75.

Brendel, 1947
Brendel, O., « Letters to the Editor », in *The Art Bulletin*, XXIX, 1947, pp. 67-69.

Brendel, 1955
Brendel, O., « Borrowings from Ancient Art in Titian », in *The Art Bulletin*, XXXVII, 1955, pp. 113-125.

Briganti, 1990
Voir exp. Venise, 1990 (1).

Brinton, 1898
Brinton, S., *The Renaissance in Italian Art (Sculpture and Painding). A Handbook for Students and Travellers in three Parts, each Part completed in Itself, ... Part II : Padua, Verona, Ferrara, Parma, Venice*, Londres, 1898.

Brion, 1950
Brion, M., *Titien*, Paris, 1950.

Brognoli, 1826
Brognoli, P., *Nuova guida per la città di Brescia*, Brescia, 1826.

Broun, 1986
Broun, F., « The Louvre *Concert Champêtre*. A Neoplatonic Interpretation », in *Ficino and Renaissance Neoplatonism*, Atti del convegno, Toronto, 13-14 oct. 1984, éd. par K. Eisenbichler et O. Zorzi Pugliese, University of Toronto Italian Studies I, Ottawa, 1986, pp. 29-38.

Brown, C., 1991
Voir exp. Berlin, 1991-92.

Brown, 1977
Brown, D. A., « A Drawing by Zanetti after a Fresco on the Fondaco dei Tedeschi », in *Master Drawings*, XV, 1977, pp. 31-44.

Brown, 1980
Brown, D. A., « A Drawing by Zanetti after a Fresco on the Fondaco dei Tedeschi », in *Tiziano e Venezia*, Convegno Internazionale di Studi, Venise, 1976; Vicence, 1980, pp. 513-522.

Brown, 1987
Brown, D. A.., « On the Camerino », in *Bacchanals by Titian and Rubens*, symposium in Nationalmuseum, Stockholm, 18-19 mars, 1987; éd. par G. Cavalli-Björkman, Stockholm, 1987, in *Nationalmusei skriftserie*, 10, pp. 43-56.

Brown, 1990
Voir exp. Venise, 1990 (1).

Brown, 1990 (à paraître)
Brown, D. A., « Leonardo e Savoldo », in *Savoldo e la cultura figurativa del suo tempo tra Veneto e Lombardia*, Atti del Convegno, Brescia, 25-27 mai, 1990 (à paraître).

Brown, 1992
Voir exp. Venise, 1992 (*Leonardo*).

Brugerolles, 1981
Voir exp. Paris, 1981.

Brugerolles, 1984
Brugerolles, E., *Les Dessins de la collection Armand-Valton*, Paris, 1984.

Brugerolles et Guillet, 1988
Voir exp. Venise, 1988 (3).

Brugerolles et Guillet, 1990
Voir exp. Paris, 1990 (1).

Brulliot, 1832-1834
Brulliot, F., *Dictionnaire des monogrammes, marques, figures, lettres, initiales, noms abrégés...*, 3 vol., Munich, 1832-1834.

Brunetti, 1935
Brunetti, M., « Una strana interpretazione del Concerto della Galleria Pitti », in *Rivista di Venezia*, XIV, 1935, pp. 119-122.

Buchanan, 1824
Buchanan, W., *Memories of Painting*, 2 vol., Londres, 1824.

Buckley, 1978
Buckley, E. Trimble, *Poesia Muta : Allegory and Pastoral in the Early Paintings of Titian*, Diss., University of California, Los Angeles, 1977; Ann Arbor (Mich.), University Microfilms International, 1978.

Burckhardt, 1855
Burckhardt, J., *Der Cicerone. Eine Anleitung zum Genuss der Kunstwerke Italiens*, Bâle, 1855; trad. ital., Florence, 1952.

Burckhardt, 1860
Burckhardt, J., *Die Kultur der Renaissance*, Bâle, 1860; éd. ital., Florence, 1927; éd. Klein, 3 vol., Paris, 1958.

Burckhardt, 1905
Burckhardt, R., *Cima da Conegliano...*, Leipzig, 1905.

Bull et Plesters, 1990
Bull, D. et Plesters, J., *"The Feast of the Gods": Conservation, Examination, and Interpretation*, Studies in the History of Art, 40, Washington, National Gallery of Art, 1990.

Burckhardt, 1949-1974
Burckhardt, J., *Briefe*, 8 vol., Bâle et Stuttgart, 1949-1974.

Burroughs, 1926
Burroughs, B., « The Three Ages of Man by Dosso Dossi », in *Bulletin of the Metropolitan Museum of Art*, XXI, 1926, pp. 152-154.

Burroughs, 1928
Burroughs, B., « A portrait by Moretto da Brescia », in *Bulletin of the Metropolitan Museum of Art*, 23, 1928, p. 216.

Burroughs, 1931
Burroughs, B., *The Metropolitan of Art. Catalogue of Paintings*, New York, 1931.

Burroughs, 1938
Burroughs, A., *Art criticism from a Laboratory*, Boston, 1938.

Bury, 1989
Bury, M., « The "Triumph of Christ" after Titian », in *The Burlington Magazine*, CXXXI, 1032, 1989, pp. 187-197.

Buscaroli, 1935
Buscaroli, R., *La pittura di paesaggio in Italia*, Bologne, 1935.

Buschbeck, 1954
Buschbeck, E. H., in *Kunsthistorisches Museum Gemälde-Galerie : Die italienischen, spanischen, französischen und englischen Malerschulen*, éd. par E. H. Buschbeck, F. Klauner et G. Heinz, Vienne, 1954.

Bushart, 1967
Bushart, B., *Kunstarbeiten aus den Kunstsammlungen der Stadt Augsburg*, Augsbourg, 1967.

Buzzoni, 1988
Buzzoni, A., « La pittura a Bologna, Ferrara e Modena nel Cinquecento », in *La Pittura in Italia. Il Cinquecento*, 2 vol., Milan, 1988 (2ᵉ éd.), I, pp. 255-277.

Byam Shaw, 1955
Voir exp. Birmingham, 1955.

Byam Shaw, 1967
Byam Shaw, J., *Paintings by Old Masters at Christ Church Oxford*, Londres, 1967.

Byam Shaw, 1969
Voir exp. Washington, 1969-1970.

Byam Shaw, 1973
Voir exp. Londres, 1973.

Byam Shaw, 1976
Byam Shaw, J., *Drawings by Old Masters at Christ Church, Oxford*, Oxford, 1976.

Byam Shaw, 1980 (1)
Byam Shaw, J., « Titian's Drawings : A Summing-up », in *Apollo*, CXII, 1980, pp. 386-391.

Byam Shaw, 1980 (2)
Byam Shaw, J., « A derivation from Titian's "Trionfo della Fede" », in *Tiziano e Venezia...*, Atti del Convegno Internazionale di Studi, Venise, 1976; Vicence, 1980, pp. 411-412.

Byam Shaw, 1981
Voir exp. Venise, 1981 (1).

Byam Shaw, 1983
Byam Shaw, J., *The Italian Drawings of the Frits Lugt Collection*, Paris, 1983.

Byam Shaw, 1985
Byam Shaw, J., « Veronese's Drawings », in *The Burlington Magazine*, CXXVII, 1985, pp. 308-309.

Cadogan, 1991
Cadogan, J. K., in *Wadsworth Atheneum Paintings*, II, Italy and Spain. Fourteenth through Nineteenth Centuries, par J. K. Cadogan et M. T. T. Mahoney, Hartford (Conn.), 1991.

Cagnola, 1905
Cagnola, G., « A proposito di un ritratto di Bernardino de' Conti » et « "Rittrato di un Cariani." G. Cariani », in *Rassegna d'Arte*, 1905, n° 4 et n° 5; pp. 61-62, 79.

Caliari, 1888
Caliari, P., *Paolo Veronese*, Rome, 1888.

Calvesi, 1969
Calvesi, M., « Felton Gibbons, *Dosso and Battista Dossi courts painters at Ferrara..* », in *Storia dell'arte*, 1-2, 1969, pp. 168-174.

Calvesi, 1970
Calvesi, M., « La "Morte di Bacio". Saggio sull'ermetismo di Giorgione », in *Storia dell'Arte*, 7/8, 1970, pp. 179-233.

Campbell, 1981
Campbell, L., « Notes on Netherlandish pictures in the Veneto in the fifteenth and sixteenth centuries », in *The Burlington Magazine*, CXXIII, 941, 1981, pp. 467-473.

Campori, 1870
Campori, G., *Raccolte di Cataloghi ed Inventarii... inediti...*, Modène, 1870; rééd., Bologne, 1975 .

Campori, 1874
Campori, G., « Tiziano e gli Estensi », in *Nuova Antologia*, XXVII, 1874, pp. 581-620.

Campori, 1881
Campori, G., « Michelangelo Buonarroti e Alfonso I d'Este », in *Atti e Memorie della Deputazione di Storia Patria dell'Emilia*, VI, 1881, pp. 127-140.

Candiani, 1881
Candiani, V., *Catalogo degli oggetti d'arte comunali e di altri non comunali*, Pordenone, 1881.

Cannata et Vicini, s.d. [1992]
Cannata, R., et Vicini, M. L., *La Galleria di Palazzo Spada. Genisi e storia di una collezione*, Rome, s.d. [1992].

Canova
Voir aussi Mariani Canova.

Canova, 1961
Canova, G., « I viaggi di Paris Bordon », in *Arte Veneta*, XV, 1961, pp. 77-88.

Canova, 1964
Canova, G., *Paris Bordon*, Venise, 1964.

Cantalamessa, 1894
Cantalamessa, G., « Le gallerie fidecommissarie romane », in *Le Gallerie Nazionali italiane*, I, 1894.

Cantalamessa, 1914
Cantalamessa, G., « L'opera delle sovrintendenze dei monumenti, delle gallerie, dei musei e degli scavi (quinquennio 1909-14). R. Galleria Borghese », in *Supplemento al Bollettino d'Arte*, I, 12, 1914, p. 91.

Cantalamessa, 1922-23
Cantalamessa, G., « David, Saul o Astolfo ?... », in *Bollettino d'Arte*, II, 1, 1922-23, pp. 37-43.

Capelli, 1950
Capelli, U., « Appunti sul Savoldo », in *Studia ghisleriana*, 1, 1950, pp. 403-415.

Capelli, 1951
Capelli, U., « Nota sul Savoldo », in *Emporium*, LVII, 1951, pp. 13-24.

Cappi Bentivegna, 1962
Cappi Bentivegna, F., *Abbigliamento e costume nella pittura italiana. Rinascimento*, Rome, 1962.

Capretti, 1992
Capretti, « Ritornano i Profeti del Moretto », in *Il Giornale di Brescia*, 16 déc. 1992.

Capuccio, 1939
Capuccio, L., *Girolamo Savoldo. La vita e l'opera*, Milan 1939.

Carboni et Chizzola, 1760
Carboni, L. et Chizzola, L., *Le pitture e sculture di Brescia che sono esposte al pubblico con un'appendice di alcune private gallerie*, Brescia, 1760 (reproduction anastatique, Bologne, 1977).

Carpeggiani, 1978
Voir exp. Castelfranco Veneto, 1978.

Carr, 1877
Carr, J. C., *The Grosvenor Gallery. Illustrated Catalogue*, Londres, 1877.

Carrà, 1978
Carrà, C., « La mostra del Rinascimento a Brescia », in *L'Ambrosiana*, 1978; rééd. dans *Tutti gli scritti*, Milan, 1978.

Carrara, 1969
Carrara, E., « La poesia pastorale », *Storia dei Generi Letterari Italiani*, Milan, 1908.

Casadio, 1988
Casadio, P., « Pordenone/Giovanni Antonio de' Sacchis », in *La Pittura in Italia, Il Cinquecento*, Milan, 1988, II, pp. 810-811.

Castan, 1866
Castan , A., *Monographie du palais Granvelle à Besançon*, Paris, 1866.

Castelfranco, 1955
Castelfranco, G., « Note su Giorgione », in *Bollettino d'Arte*, XL, 1955, pp. 298-310.

Castiglione
Castiglione, B., *Le lettere*, éd. par G. La Rocca; I : [1497-marzo 1521], *Tutte le Opere di Baldassare Castiglione*, I, Milan, 1978.

Castiglione, 1528
Castiglione, B., *Il libro del Cortegiano*, Venise, 1528; éd. par B. Maier, *Il libro del Cortegiano con una scelta delle Opere minori*, (1ʳᵉ éd., 1955), Turin, 1964.

Catalogo dei quadri posti sotto il Palazzo Vecchio dell' Città e per le feste straordinarie ai Santi Alessandro, Fermo, Rustico e Procolo, l'anno 1799 in Bergamo, Bergame, 1799.

Catalogo dei quadri esistenti nelle Gallerie della Accademia Carrara di Belle Arti, Bergame, 1881.

Catálogo de las pinturas, par F. J. Sánchez Cantón, Museo del Prado, Madrid, 1963.

Catalogo Gallerie dell'Accademia, 1887.

Catalogo Gallerie dell'Accademia, 1924.

Catalogue des tableaux de la Galerie Electorale de Dresde, Dresde, 1765.

Catalogue of the Orléans Italian Pictures which will be exhibited for sale by private contract on Wednesday, the 26th of December, 1798, and following day, at Mr. Bryan's Gallery.....

Catalogue Descriptive and Historical of the Pictures in the Glasgow Art Galleries and Museum, Glasgow, 1935.

Catalogue descriptif. Maîtres anciens, Musée Royal des Beaux-Arts, Anvers, éd. par A. J. J. Delen, Anvers, 1948; 2ᵉ éd., éd. par W. Vanbeselaere, 1958.

Catalogue of Italian Paintings, with which is included a small group of Spanish pictures, Art Gallery and Museum Glasgow, avant-propos par A. Hannah, 1970.

Catalogue of Paintings. 13th-18th Century. Picture Staatlichen Museen Preussischer Kulturbesitz Berlin, 1ʳᵉ éd. all. 1975; Berlin, 1978.

Catalogue, Lisbonne, 1956
Museo Nacional de Arte Antiga, *Roteiro das Pinturas*, 2ᵉ éd., Lisbonne, 1956.

Catalogue Munich, 1971
Katalog der Venezianischen Gemälde des 15. und 16. Jahrunderts, Munich, 1971.

Catelli Isola, 1976
Voir exp. Rome, 1976-77.

Causa, 1960
Voir exp. Naples, 1960.

Causa, 1982
Causa, R., *Collezione del Museo di Capodimonte*, Milan, 1982.

Cavalcaselle, 1876
Cavalcaselle, G. B., *Vite ed opere dei Pittori friulani dai primi Tempi sino alla Fine del Secolo XVI illustrate da G. B. C. alle quali fa seguito l'Inventario delle Opere d'Arte del Friuli*, Mscr., Udine, Biblioteca Civica; éd. Bergamini, voir infra.

Cavalcaselle-Bergamini, 1973
G. Bergamini, éd., G. B. Cavalcaselle, *La pittura friulana del Rinascimento*, Vicence, 1973.

Cavalcaselle et Crowe, 1871
Cavalcaselle, G. B. et Crowe, J. A., *A History of Painting in North Italy*, Londres, 1871.

Cavalcaselle et Crowe, 1877-78
Cavalcaselle, G. B. et Crowe, J. A., *Tiziano, la sua vita e i suoi tempi ...*, 2 vol., Florence, 1877-78.

Cavalli-Björkman, 1987
Cavalli-Björkman, G., « Worship of Bacchus and Venus : Variations on a Theme. Bacchanals by Titian and Rubens », in *Papers given to a symposium in Nationalmuseum*, Stockholm, 18-19 mars 1987; Nationalmusei Skriftserie N. S. 10, 1987, pp. 93-106.

Cavalli-Björkman, 1987
Cavalli-Björkman, G., « Camerino d'Alabastro. A Renaissance room in Ferrara », in *Nationalmuseum Bulletin*, XI, 2, 1987, pp. 69-90.

Cavalli-Björkman, 1990
Cavalli-Björkman, G., *Nationalmuseum Stockholm. Illustrated Catalogue. European Paintings*, Stockholm, 1990.

Caviggioli, 1955
Caviggioli, A., « Tutto Giorgione ed i Giorgioneschi a Venezia », in *Arte figurativa antica e moderna*, III, 5, 1955, 5, pp. 19-24, 51.

Caylus, 1749
Caylus, A. C. P., *Dessins du Cabinet du Roy, gravés par le comte de Caylus*, 2 vol., [Paris], 1749.

Caylus, A. C. P., *Le Cabinet du Roy. 222 gravures à l'eau-forte d'après les originaux dans le cabinet du Roy*.

Ceán Bermúdez, 1800
Ceán Bermúdez, J. A., *Diccionario histórico de los màs ilustres profesores de las bellas artes en España*, 6 vol., Madrid, 1800.

Cecchetti, 1887
Cecchetti, B., « Testamento di Lorenzo Lotto pittore veneziano, 25 marzo 1546 », in *Archivio veneto*, 34, 1887, pp. 351-357.

Cecchi, 1990
Voir exp. Venise, 1990 (1).

Centro Studi Castelli, 1978
Centro Studi Castelli (plusieurs auteurs groupés), « Castel S. Zeno di Montagnana in un disegno attribuito a Giorgione », in *Antichità Viva*, XVII, 1978, pp. 40-52.

Ceschi, 1967
Ceschi, P., in G. Vasari, *Le Vite...*, éd. P. Della Pergola, L. Grassi et G. Previtali, III, 1967, pp. 415-421.

Chamson, 1947
Voir exp. Paris, 1947-48.

Chantelou, 1665
Voir Fréart de Chantelou.

Chastel, 1963
Chastel, A., *L'Europe de la Renaissance : l'âge de l'humanisme*, Bruxelles, 1963; éd. anglaise : *The Age of Umanism : Europe, 1480-1530*, Londres, 1963.

Chastel, 1976
Chastel, A., « Titien et les humanistes », in *Tiziano Vecellio*, Atti del Convegno, Rome, Accademia dei Lincei, 1976, pp. 33-48.

Chastel, 1977
Chastel, A., « Titien, », in *Tiziano nel quarto centenario della nascita*, Venise, 1977, pp. 11-26; rééd. in Chastel, 1978, II, pp. 325-339.

Chastel, 1978, 1988
Chastel, 1978, *Fables, Formes, Figures*, 2 vol., Paris, 1978; éd. ital., Turin, 1988.

Chastel, 1979
Chastel, A., « Giorgione et la génération romantique », in *Giorgione*, Atti del Convegno, internazionale di studio per il 5° centenario della nascita, Castelfranco Veneto, 29-31 mai 1978; Asolo, 1979. pp. 7-15.

Chastel, 1982
Chastel, A., « Le "Portement de Croix" de Lorenzo Lotto », in *La Revue du Louvre et des musées de France*, XXXI, 1982, pp. 266-272.

Chastel, 1983
Chastel, A., « Rivalités à Venise : le concours du Saint Pierre-Martyr (1528-1530) », in *Chronique de la Peinture italienne à la Renaissance, 1280-1580*, Fribourg, 1983, pp. 170-187.

Chastel, 1983
Voir exp. Berlin, 1983.

Chastel, (1976) 1990
Chastel, A., *L'arcipelago di San Marco*, éd. par A. Bettagno, Venise, 1990.

Châtelet, 1953
Châtelet, A., « Alcuni disegni veneti del Cinquecento al Museo del Louvre », in *Arte Veneta*, VII, 1953, pp. 89-92.

Châtelet, 1968
Voir exp. Lille, 1968.

Châtelet, 1970 (1)
Châtelet, A., *Cent Chefs-d'œuvre du musée de Lille*, Lille, 1970.

Châtelet, 1970 (2)
Voir exp. Florence, 1970.

Châtelet, 1984
Châtelet, A., « Domenico Campagnola et la naissance du paysage ordonné », in *Interpretazioni Veneziane*, Studi di Storia dell'arte in onore di Michelangelo Muraro, Venise, 1984, pp. 331-341.

Chennevières, 1879
Chennevières, Ph. de, « Les dessins des maîtres anciens exposés à l'École des Beaux-Arts », in *Gazette des Beaux-Arts*, XIX, 1879, pp. 505-535.

Chennevières, 1882-83
Chennevières, Ph. de, *Les dessins du Louvre. École italienne*, VI, Paris, 1882-83.

Chevalier et Gheerbrant, 1969
Chevalier, J., Gheerbrant, A., *Dictionnaire des symboles*, Paris, 1969.

Chiarelli, 1956
Chiarelli, R., *La Galleria Palatina a Firenze*, Rome, 1956.

Chiari, 1982
Chiari, M. A., *Incisioni da Tiziano, Catalogo del fondo grafico a stampa del Museo Correr*, Venise, 1982.

Chiari, 1986-87
Chiari, M. A., *Per un catalogo dell'incisione a Venezia (1500-1515)*, Tesi di D., Università degli Studi di Venezia, 1986-87.

Chiari, 1988 (1)
Chiari Moretto Wiel, M. A., « Per un catalogo ragionato dei disegni di Tiziano », in *Saggi e memorie di storia dell'Arte*, 16, 1988, pp. 21-99, 211-271.

Chiari, 1988 (2)
Chiari Moretto Wiel, M. A., « Per una nuova cronologia di Giulio Campagnola incisore », in *Arte Veneta*, XLII, 1988, pp. 41-57.

Chiari, 1989
Chiari Moretto Wiel, M. A., *Tiziano. Corpus dei disegni autografi*, Milan, 1989.

Chiari, 1990
Voir exp. Venise, 1990 (1).

Chiari Moretto Wiel
Voir Chiari.

Chiarini, Gl., 1978
Voir exp. Florence, 1978-79.

Chiarini, 1966
Chiarini, M., « Il Cinquecento europeo a Parigi », in *Bollettino d'Arte*, LI, 1966.

Chiarini, 1975
Chiarini, M., « I quadri della collezione del Principe Ferdinando di Toscana, I. II. III », in *Paragone*, 1975, 301, pp. 57-98; 303, pp. 75-108; 305, pp. 53-88.

Chiarini, 1980
Chiarini, M., « Tre dipinti restaurati di Tiziano a Palazzo Pitti », in *Tiziano e Venezia...*, Atti del Convegno Internazionale di Studi, Venise, 1976; Vicence, 1980, pp. 293-296.

Chiarini de Anna, 1975
Chiarini de Anna, Gl., « Leopoldo de' Medici e la sua raccolta di disegni nel "Carteggio d'artisti" dell'Archivio di Stato di Firenze », in *Paragone*, 307, 1975, pp. 38-64.

Chiavacci, 1881
Chiavacci, E., *Guida alla Galleria Pitti*, Florence, 1881.

Christiansen, 1986
Christiansen, K., « Lorenzo Lotto and The Tradition of Epithalamic Painting », in *Apollo*, CXXIV, 1986, pp. 166-173.

Christiansen, 1987
Christiansen, K., « Dates and non-dates in Savoldo's paintings », in *The Burlington Magazine*, CXXIX, 1987, pp. 80-81.

Christina Drotting av Sverige. En europeisk kulturpersontighet, Natonalmusei Utslällningskatalog, 305, Stockholm, 1966.

Christoffel, 1952
Christoffel, U., *Italienische Kunst, die Pastorale*, Vienne, 1952.

Cicogna, 1824-1853
Cicogna, E. A., *Delle Iscrizioni veneziane*, 6 vol., Venise, 1824-1853.

Clark, 1930
Clark, K., « Die londoner italienische Ausstellung », in *Zeitschrift für bildende Kunst - Kunstchronik*, LXIII, 1930, pp. 137-139.

Clark, 1937
Clark, K., « Four Giorgionesque Panels », in *The Burlington Magazine*, LXXI, 1937, pp. 199-206.

Clark, 1949
Clark, K., *Landscape into Art*, Londres, 1949.

Clark, 1966
Clark, K., *Rembrandt and Italian Renaissance*, New York, 1966.

Clark, 1969
Clark, K., *Civilisation, A Personal View*, Londres, 1969.

Cleveringe et Meijer, 1953
Voir exp. Amsterdam, 1953.

Cocke, 1977
Cocke, R., « Veronese, L'opera completa by T. Pignatti », in *The Burlington Magazine*, CXIX, 1977, pp. 786-787.

Cocke, 1981
Cocke, R., « F. L. Richardson, Andrea Schiavone », in *Art History*, 1981, p. 352.

Cocke, 1983
Voir exp. Londres, 1983-84.

Cocke, 1984
Cocke, R., *Veronese's Drawings*, Londres, 1984.

Cocke, 1989
Cocke, R. « Washington Paolo Veronese », in *The Burlington Magazine*, CXXXI, 1989, pp. 61-64.

Cogliati Arano, 1992
Voir exp. Venise, 1992 (1).

Cohen, 1972
Cohen, Ch. E., « Pordenone's Saint Roch and Magdalene », in *Record of the Art Museum Princeton University*, 1972, pp. 12-19.

Cohen, 1978
Cohen, Ch. E., « Meaning in Pordenone's Susegana Alterpiece », in *Essays Presented to Myron Gilmore*, Florence, 1978, pp. 107-119.

Cohen, 1980
Cohen, Ch. E., *The Drawings of Giovanni Antonio da Pordenone*, Florence, 1980.

Cohen, 1984
Voir exp. Pordenone, 1984.

Colet, 1862-64
Colet, L., *L'Italie des Italiens*, 4 vol., Paris, 1862-64.

Coletti, 1928
Coletti, L., « Risposta alla recensione della Brizio », in *L'Arte*, XXXI, 1928, pp. 42-46.

Coletti, 1936
Coletti, L., « Gerolamo da Treviso il Giovane », in *La Critica d'Arte*, I, 1936, pp. 172-180.

Coletti, 1940
Coletti, L., *Il Tintoretto*, 2 vol., Bergame, 1940.

Coletti, 1941
Coletti, L., *Paolo Veronese e la pittura a Verona del suo tempo*, Pise, 1941.

Coletti, 1953
Coletti, L., « Problemi lotteschi. Il sentimento, il mondo di Lorenzo Lotto », in *Emporium*, CXVII, 1953, pp. 3-16.

Coletti, 1953
Coletti, L., *Lotto*, Bergame, 1953.

Coletti, 1955
Coletti, L., *Tutta la pittura di Giorgione*, Milan, 1955.

Coletti, 1959
Coletti, L., *Cima da Conegliano*, Venise, 1959.

Coletti, 1960-61
Coletti, L., « Giunte a G. Gerolamo Savoldo », in *Acropoli*, I, 1960-61, pp. 39-53.

Collins Baker, 1929
Collins Baker, C. H., *Catalogue of the Pictures at Hampton Court*, Glasgow, 1929.

Collobi Ragghianti, 1954
Collobi Ragghianti, L., «Arte», in *Le Vite d'Italia*, Milan, 1954.

Coltellacci, 1981
Coltellacci, S., «Studi belliniani : la *Derisione di Noe* di Besançon», in *Giorgione e la cultura veneta tra' 400 e 500: Mito, allegoria, analisi iconologicae*, Atti del Convegno, Rome, 1978; Rome, 1981, pp. 80-87.

Coltellacci, 1991
Coltellacci, S., «Oboedite praepositis vestris, et / subiacete/ illis. Fonti letterarie e contesto storico della Derisione di Noe di Giovanni Bellini», in *Venezia Cinquecento*, I, 1991, n° 2, pp. 119-156.

Colvin, 1903-1907
Colvin, S., *Selected Drawings from Old Masters in the University Galleries and in the Library at Christ Church Oxford*, 3 vol., Oxford, 1903-1907.

Conca, 1793
Conca, A., *Descrizione ode porica della Spagna*, Parme, 1793.

Constable, 1923
Constable, W. G., «A Drawing by Titian», in *The Burlington Magazine*, XLII, 1923, pp. 192-197.

Constable, 1929-30
Constable, W. G., «Dipinti di raccolte inglesi alla Mostra d'arte italiana a Londra», in *Dedalo*, X, 1929-30, II, pp. 723-767.

Constable, 1930
Constable, W. G., «Quelques aperçus suggérés par l'Exposition italienne de Londres», in *Gazette des Beaux-Arts*, LXXII, III, 1930, pp. 277-301.

Constable, 1939
Constable, W. G., «New England Collections», in *The Burlington Magazine*, LXXV, 1939, p. 77.

Constans, 1976
Constans, C., «Les Tableaux du Grand Appartement du Roi», in *La Revue du Louvre et des Musées de France*, XXV, 1976, p. 157-173.

Conti, 1894
Conti, A., *Giorgione*, Florence, 1894.

Conti, 1979 (1)
Conti, A., «L'evoluzione dell'artista», in *Storia dell'arte italiana*, II, *L'artista e il pubblico*, Turin, 1979, pp. 165-282.

Conti, 1979 (2)
Conti, A., «*Mostra d'arte restaurate nelle province di Siena e Grosseto*, Siena, luglio-ottobre 1979», in *Prospettiva*, 19, oct. 1979, pp. 101-103.

Conti, 1988
Conti, A., *Storia del restauro e della conservazione delle opere d'arte*, Milan, 1988.

Conway, 1929
Conway, M., *Giorgione. A New Study of His Art as a Landscape Painter*, Londres, 1929.

Cook, 1900
Cook, H., *Giorgione*, Londres, 1900 (2e éd. augmentée, Londres 1907).

Cook, 1902
Cook, H., «Did Titian live to be ninety-nine years old ?», in *The Nineteenth Century*, LV, 299, 1902, pp. 123-130.

Cook, 1902
Cook, H., «When was Titian born ?», in *Repertorium für Kunstwissenschaft*, XXV, 1-2, 1902, pp. 98-100.

Cook, 1903
Cook, H., «Two Alleged "Giorgiones"», in *The Burlington Magazine*, II, 1903, pp. 78-84.

Cook, 1904-1905
Cook, H., «Two Early Giorgiones in Sir Martin Conway's Collection», in *The Burlington Magazine*, VI, 1904-1905, pp. 156-161.

Cook, 1904-1905
Cook, H., «The Portrait of Antonio Palma by Titian», in *The Burlington Magazine*, VI, 1904-1905, pp. 450-452.

Cook, 1905
Cook, H., «The true Portrait of Laura de' Dianti by Titian», in *The Burlington Magazine*, VII, 1905, pp. 449-455.

Cook, 1905-1906
Cook, H., «Some Venetian Portraits in English Possession», in *The Burlington Magazine*, VIII, 1905-1906, pp. 338-344.

Cook, 1906-1907
Cook, H., «Notes on the Study of Titian», in *The Burlington Magazine*, X, 1906-1907, pp. 102-110.

Cook, 1908
Cook, H., «L'esposizione invernale al Burlington Fine Arts Club», in *L'Arte*, XI, 1908, pp. 57-59.

Cook, 1909-10
Cook, H., «Venetian Portraits and Some Problems», in *The Burlington Magazine*, XVI, 84, 1909-10, pp. 328-334.

Cook, 1912
Cook, H., *Reviews and Appreciations*, Londres, 1912.

Cook, 1926
Cook, H., «A Giorgione Problem», in *The Burlington Magazine*, XLVIII, 274, 1926, pp. 23-24.

Cook, 1926
Cook, H., «Dr. Justi on Giorgione», in *The Burlington Magazine*, XLVIII, 279, 1926, pp. 311-312.

Cook, 1984
Cook, C., «A New Secular Fresco Cycle by Girolamo Romanino», in *Arte Lombarda*, 68-69, 1984, pp. 134-138.

Cordellier et Py, 1992
Cordellier, D. et Py, B., *Dessins italiens du Musée du Louvre - Raphaël, son atelier, ses copistes*, Paris, 1992.

Cortesi-Bosco, 1980
Cortesi-Bosco, F., *Gli affreschi dell'oratorio Suardi. Lorenzo Lotto nella crisi della Riforma*, Bergame, 1980.

Corti, 1969
Corti, M., «Metodi e fantasmi», *Critica e filologia. Studi e Manuali*, 4, Milan, 1969.

Cosnac, 1884
Cosnac, G.-J., *Les Richesses du Palais Mazarin*, Paris, 1884.

Costantini, 1939
Costantini, V., «L'originalità del Savoldo», in *L'Illustrazione italiana*, LXVI, 1939, pp. 1105-1107.

Costanzi, 1990
Costanzi, C., «Ritratto di Eleonora Gonzaga della Rovere», et «Ritratto di Francesco Maria della Rovere», in Costanzi et alii, *Ancona e le Marche per Tiziano - 1490-1990*, Ostravetere (AN), 1990, pp. 66-73.

Couché, 1786-1808
Couché, J., *Galerie des tableaux du Palais Royal*, 3 vol., Paris, 1786-88, 1808.

Coulanges-Rosenberg, 1965
Voir exp. Paris, 1965-66 (1).

Couto, 1941
Couto, J., «A arte italiana no Museu das Janelas Verdes» (conférence à l'Instituto Italiano de Cultura), in *Estudos Italianos en Portugal*, n° 5, 1941.

Coutts, 1986
Coutts, H., «Richard Cocke : Veronese's Drawings», in *Master Drawings*, XXIII-XXIV, 1986, pp. 398-404.

Cova, 1981
Cova, M., «Lotto, Tiziano, Pordenone», in *Lorenzo Lotto*, Atti del Convegno Internazionale di Studi per il V centenario di Lorenzo Lotto, Asolo, 18-21 septembre 1980; éd. par P. Zampetti et V. Sgarbi, Venise, 1981, pp. 163-168.

Cox, 1911
Cox, M. L., «Notes on the Collections formed by Thomas Arundel. Inventory of pictures, etc., in the possession of Alethea, countess of Arundel, at the Time of her Death at Amsterdam in 1654», in *The Burlington Magazine*, XIX, 1911, pp. 282-287, 323-325.

Cox Rearick, 1972
Voir exp. Paris, 1972 (Louvre).

Crosato Larcher, 1968
Crosato Larcher, L., «L'opera completa del Veronese», in *Arte Veneta*, XXII, 1968, pp. 220-224.

Crosato Larcher, 1972
Crosato Larcher, L., «Proposte per Francesco Montemezzano», in *Arte Veneta*, XXVI, 1972, pp. 73-91.

Crosato Larcher, 1974
Crosato Larcher, L., «Un nuovo "Battesimo di Cristo" di Lamberto Sustris», in *Arte Veneta*, XXVIII, 1974, pp. 241-244.

Crosato Larcher, 1977
Crosato Larcher, L., «Disegni del Cinquecento esposti a Monaco», in *Arte Veneta*, XXXI, 1977, pp. 304-306.

Crosato Larcher, 1986
Crosato Larcher, L., «I disegni di Paolo Veronese», in *Arte Veneta*, XL, 1986, pp. 249-258.

Crowe et Cavalcaselle, 1871
Crowe, J. A. et Cavalcaselle, G. B., *A History of Painting in North Italy*, 2 vol., Londres, 1871.

Crowe et Cavalcaselle, 1876
Crowe, J. A., Cavalcaselle, G. B., *Geschichte der italienischen Malerei*, Leipzig, VI, 1876.

Crowe et Cavalcaselle, 1877
Crowe, J. A., Cavalcaselle, G. B., *Titian. His Life and Times*, 2 vol., Londres, 1877.

Crowe et Cavalcaselle, 1912
Crowe, J. A., Cavalcaselle, G. B., *A History of Painting in North Italy*, 3 vol., Londres, 1912.

Crozat
Recueil Crozat, voir Mariette, 1729, 1742.

Cunningham, 1960
Cunningham, C., «Portrait of a Man in Armor by Sebastiano del Piombo», in *Wadsworth Atheneum Bulletin*, été 1960, pp. 15-16.

Curtius, 1938
Curtius, L., «Zum Antikenstudium Tizians», in *Archiv für Kulturgeschichte*, XXVIII, 1938, pp. 235-238.

Cust, 1907
Cust, L.F., «La Collection de M. R. H. Benson», in *Les Arts*, VI, 1907, pp. 2-32.

Cust, 1911, 1912
Cust, L., «Notes on the Collections formed by Thomas Howard, Earl of Arundel and Surrey», in *The Burlington Magazine*, XIX, 1911, pp. 278-281; XX, 1911, pp. 97-100; XX, 1912, pp. 233-236, 341-343.

Cust et Cook, 1906
Cust, L. et Cook, H., «Notes on Pictures in the Royal Collection. IX, The Lovers at Buckingham Palace», in *The Burlington Magazine*, IX, 1906, pp. 71-79.

Dabell, 1990
Dabell, F., in P. Corsini, *Venetian Paintings*, New York, 1990.

D'Achiardi, 1908
D'Achiardi, P., *Sebastiano del Piombo*, Rome, 1908.

D'Achiardi, 1912
D'Achiardi, P., « Nuovi acquisti della R. Galleria Borghese », in *Bollettino d'Arte*, I, 1912, pp. 92-93.

Da Mosto, 1939
Da Mosto, A., *I dogi di Venezia con particolare riguardo alle loro tombe*, Venise, 1939.

Dan, 1642
Dan, R. Père, *Le Trésor des Merveilles de la Maison royale de Fontainebleau*, Paris, 1642.

D'Ancona et Gengaro, 1940
D'Ancona, P. et Gengaro, M. L., *Umanesimo e Rinascimento*, Turin, 1940 (2e éd. 1955).

Da Ponte, 1878
Voir exp. Brescia, 1878.

Da Ponte, 1898
Da Ponte, P., *L'opera del Moretto*, Brescia, 1898.

Da Ponte et Canossi, 1898
Da Ponte, P. et Canossi, A., *Ricordo del sommo pittore bresciano Alessandro Bonvicino soprannominato il Moretto*, Brescia, 1898.

D'Arco, 1857
D'Arco, C., *Delle arti e degli artefici di Mantova, Notizie raccolte*, Mantoue, 1857.

Darracot, 1979
Voir exp. Cambridge, 1979.

Davanzo Poli, 1985-1987
Davanzo Poli, D., « Abbigliamento veneto attraverso un'iconografia datata 1517-1571 », in *Paris Bordon e il suo tempo*, Atti del Convegno Internazionale di Studi, Trévise, 28-30 oct. 1985; Trévise, 1987, pp. 243-254.

Davis, 1984
Davis, Ch., « La grande "Venezia" a Londra », in *Antichità Viva*, XXIII, 2, 1984, pp. 45-52.

Davis, 1984
Davis, Ch., « The Genius of Venice, 1500-1600 », in *Kunstchronik*, XXXVII, 3, 1984, pp. 81-88.

De Batz, 1942
Voir exp. Baltimore, 1942.

Debrunner, 1928
Debrunner, H., « A Masterpiece by Lorenzo Lotto », in *The Burlington Magazine*, LIII, 1928, pp. 116-127.

De Dominici, 1742-43
De Dominici, B., *Le vite dei pittori, scultori ed architetti napoletani*, 3 vol., Naples, 1742-43; Naples, 1844.

Degani, [1924] 1977
Degani, A., *La Diocesi di Concordia*, 1924; éd. par G. Vale, Brescia, 1977.

Degenhart, 1937
Degenhart, B., « Zur Graphologie der Handzeichnung », in *Kunstgeschichtliches Jahrbuch der Bibliotheca Hertziana*, I, 1937, pp. 225-343.

Degenhart, 1940
Degenhart, B., « Dürer oder Basaiti. Zu einer Handzeichnung der Uffizien », in *Mitteilungen des Kunsthistorischen Institut in Florenz*, 5, 1940, pp. 423-428.

Degenhart, 1958
Voir exp. Munich, 1958.

Delaborde, 1888
Delaborde, H., *Marc-Antoine Raimondi, étude historique et critique suivie d'un catalogue raisonné des œuvres du maître*, Paris, s.d. [1888].

Delacre et Lavallée, 1927
Delacre, H. et Lavallée, P., *Dessins de maîtres anciens*, Paris, 1927.

Les Delices des Chateaux Royaux : or a Pocket Companion to the Royal Palaces of Windsor, Kensington, Kew and Hampton Court, éd. par C. Knight, 1785.

Dell'Acqua, 1955
Dell'Acqua, G. A., *Tiziano*, Milan, 1955.

Dell'Acqua, 1967
Dell'Acqua, G. A., « Tiziano », in *Rinascimento Europeo e Rinascimento Veneziano*, Legioni del III Corso internazionale di alta cultura, Venise, sept. 1961; éd. par V. Branca, Florence, 1967, pp. 209-222.

Dell'Acqua, 1977
Dell'Acqua, G. A., « Tiziano e il Cavalcaselle », in *Tiziano nel quarto centenario della sua morte*, Venise, 1977, pp. 203-221.

Dell'Acqua, 1978
Dell'Acqua, G. A., « L'ultimo Tiziano », in *Tiziano e il Manierismo europeo*, éd. par R. Pallucchini, Florence, 1978, pp. 71-90.

Dell'Agnese Tenente, 1972
Dell'Agnese Tenente, L., « Sull'attività giovanile del Pordenone : la formazione e le esperienze romane », in *Arte Veneta*, XXVI, 1972, pp. 39-50.

Della Pergola, 1950
Della Pergola, P., *Galleria Borghese in Roma (Il Fiore)*, Milan, 1950.

Della Pergola, 1952
Della Pergola, P., « Il ritratto n. 185 della Galleria Borghese », in *Arte Veneta*, VI, 1952, pp. 187-188.

Della Pergola, 1954
Della Pergola, P., « Un quadro de man de Zorzon de Castelfranco », in *Paragone*, V, 49, 1954, pp. 27-35.

Della Pergola, 1955, 1959
Della Pergola, P., *Galleria Borghese. I Dipinti*, 2 vol., Rome, I, 1955, II, 1959.

Della Pergola, 1955, 1957
Della Pergola, P., *Giorgione*, Milan, 1955; autre éd. 1957.

Della Pergola, 1960
Della Pergola, P., « Gli inventari Aldobrandini, I », in *Arte Antica e Moderna*, III, 1960, pp. 425-444.

Della Pergola, 1963
Della Pergola, P., « Gli inventari Aldobrandini del 1682 », in *Arte Antica e Moderna*, VI, 1963, pp. 61-97, 175-191.

Della Pergola, 1964, 1965
Della Pergola, P., « L'inventario Borghese del 1693. I », « [...]. II » et « [...]. III », in *Arte Antica e Moderna*, 26, 1964, pp. 219-230; 28, 1964, pp. 451-467; 30, 1965, pp. 202-217.

Della Rovere, [1888]
Della Rovere, A., *Guida alla R. Galleria di Venezia con note storiche e critiche*, Venise, s.d. [1888].

Della Rovere, 1903
Della Rovere, A., « Zorzi da Castelfranco, S. Girolamo al lume della luna », in *Rassegna d'Arte*, III, 1903, pp. 90-94.

De Logu, 1936
De Logu, G., « Arte italiana in Ungheria », in *Emporium*, LXXXIII, 496, 1936, pp. 171-186.

De Logu, 1939
De Logu, G., *Pittura veneziana dal XIV al XVIII secolo*, Bergame, 1939.

De Logu, 1958
De Logu, G., *Pittura veneziana dal XIV al XVIII secolo*, Bergame, 1958.

De Madrazo, 1872
De Madrazo, P., *Catalogo descriptivo e historico de los cuadros del Prado de Madrid*, Madrid, 1872.

De Marchi, 1986
De Marchi, A., « Sugli esordi veneti di Dosso Dossi », in *Arte Veneta*, XL, 1986, pp. 20-28.

Demus, 1973
Demus, K., *Kunsthistorisches Museum, Wien. Verzeichnis der Gemälde*, Vienne, 1973.

D'Engenio Caracciolo, 1624
D'Engenio Caracciolo, C., *Napoli sacra*, Naples, 1624.

Denker et Nesselrath, 1990
Denker, C. et Nesselrath, A., *Die Saeulenordnungen bei Bramante*, Worms, 1990 (Römische Studien der Bibliotheca Hertziana, vol. 4).

Dennistoun, 1851
Dennistoun, J., *Memoirs of the Dukes of Urbino, illustrating the Arms, Arts and Literature of Italy from 1440 to 1630*, 3 vol., Londres, 1851.

Denon, 1829
Denon, Baron Vivant Denon, *Monuments des arts du dessin...recueillis par le Baron Vivant-Denon*, Décrits et expliqués par Amaury Duval, Paris, 1829.

Denucé, 1932
Denucé, J., *De Antwerpsche Konstkanners. Inventarissen... 16 en 17 Eeuven*, La Haye, 1932.

De Renaldis, 1798
De Renaldis, G., *Della Pittura friulana. Saggio storico*, Udine, 1798.

De Rinaldis, 1911
De Rinaldis, A., *Museo Nazionale di Napoli, Pinacoteca*, Naples, 1911.

De Rinaldis, 1928
De Rinaldis, A., *Pinacoteca del Museo Nazionale di Napoli*, Naples, 1928.

De Rinaldis, 1935
De Rinaldis, A., *La R. Galleria Borghese in Roma*, Rome, 1935.

De Rinaldis, 1948
De Rinaldis, A., *Catalogo della Galleria Borghese*, Rome, 1948.

Dessy, 1960
Dessy, P., *Giovanni Busi detto Cariani*, Tesi di laurea, Université de Padoue, 1960/1961.

Deusch, 1960
Deusch, W. P., *Gemälde der Stiftung K. und M. Haberstock*, Augsbourg, 1960.

De Vecchi, 1970
De Vecchi, P., *L'opera completa del Tintoretto*, Milan, 1970.

Dezallier d'Argenville, 1762
Dezallier d'Argenville, A. J., *Abrégé de la vie des plus fameux peintres*, 4 vol., Paris, 1762.

Díaz Padrón et Royo-Villanova, 1992
Voir exp. Madrid, 1992.

Dillon, 1980
Voir exp. Trévise, 1980.

Dillon, 1990 (1)
Voir exp. Venise, 1990 (1).

Dillon, 1990 (2)
Voir exp. Brescia, 1990.

Di Maniago, 1819
Di Maniago, F., *Storia delle belle arti friulane*, Venise, 1819.

Di Manzano, 1884-1887
Di Manzano, F., *Cenni biografici dei letterati e artisti friulani dal secolo. IV al XIX*, Udine, 1884-1887.

Dionisotti, 1987
Dionisotti, C., Letteratura di corte nel Veneto », in *La letteratura, la Rappresentazione, la Musica al tempo e nei luoghi di Giorgione*, Atti del Convegno internazionale di studi per il V centenario della nascita di Giorgione, Castelfranco Veneto et Asolo, 1-3 sept. 1978; éd. par M. Muraro, Rome, 1987, pp. 11-15.

Doglioni, 1816
Doglioni, L., *Notizie istoriche e geografiche della città di Belluno e sua provincia con dissertazioni due dell'antico stato, et intorno al sito di Belluno*, Belluno, 1816.

Dolce, 1554
Dolce, L., *Lettere di diversi eccellentissimi huomini raccolte da diversi libri tra le quali se ne leggono molte non più stampate*, Venise, 1554.

Dolce, 1557
Dolce, L., *L'Aretino, ovvero dialogo della Pittura*, Venise, 1557 (éd. P. Barocchi, in *Trattati d'arte del Cinquecento*, II, Florence, 1960).

D'Onofrio, 1964
D'Onofrio, C., «Inventario dei dipinti del Cardinal Pietro Aldobrandini, compilato da G. G. Agucchi nel 1603», in *Palatino*, VIII, 1964, pp. 15-22, 158-162, 202-211.

Dostal, 1924
Dostal, E.,« Studien aus der erzbischöflichen Galerie in Kremsier », in *Casopis Matice Moravské*, XLVIII, 1924, pp. 32-40.

Douglas
Voir Langton Douglas.

Dreyer, 1964
Dreyer, P., « Die Entwicklung des jungen Dosso : ein Beitrag zur Chronologie der Jungendwerke des Meisters bis zum Jahre 1522 », in *Pantheon*, XXII, 1964, pp. 220-232, 363-375.

Dreyer, 1965
Dreyer, P., « Die Entwicklung des jungen Dosso : ein Beitrag zur Chronologie der Jungendwerke des Meisters bis zum Jahre 1522 », in *Pantheon*, XXIII, 1965, pp. 22-30.

Dreyer, 1971
Dreyer, P., *Tizian und sein Kreis; 50 Venezianische Holzschnitte aus dem Berliner Kupferstichkabinett Staatliche Museen Preussischer Kulturbesitz*, Berlin, [1971].

Dreyer, 1976
Dreyer, P., « Xilografie di Tiziano a Venezia », in *Arte Veneta*, XXX, 1976, pp. 270-273.

Dreyer, 1979 (1)
Dreyer, P., *I Grandi disegni italiani del Kupferstichkabinett di Berlino*, Milan, 1979.

Dreyer, 1979 (2)
Dreyer, P., « Tizianfälschungen des sechzehnten Jahrhunderts », in *Pantheon*, XXXVII, 1979, pp. 365-375.

Dreyer, 1980
Dreyer, P., « Sulle silografie di Tiziano », in *Tiziano e Venezia...*, Atti del Convegno Internazionale di Studi, Venise, 1976; Vicence, 1980, pp. 503-511.

Dreyer, 1983
Dreyer, P., « Ein Blatt von Jacopo Bassano aus dem Jahre 1569 », *Pantheon*, XLI, 2, avril-mai-juin 1983, pp. 145-146.

Dreyfous, 1914
Dreyfous, G., *Giorgione*, Paris, 1914.

Drost, 1958
Drost, W., « Strukturwandel von der frühen zur hohen Renaissance, Giambellino, Giorgione, Tizian », in *Konsthistorisk Tidskrift*, XXVII, 1958, pp. 30-51.

Dubois, 1826
Dubois, L. J. J., *Description des objets d'art qui composent le Cabinet de feu M. le Baron V. Denon*, Paris, 1826.

Dubois de Saint Gelais, 1727
Dubois de Saint Gelais, L.-F., *Description des tableaux du Palais Royal avec la Vie des Peintres à la tête de leurs Ouvrages*, Paris, 1727.

Dülberg, 1990
Dülberg, A., *Privat Portraits Geschichte und Ikonologie einer Gatlung im 15 und 16 Jahrhundert*, Berlin, 1990.

Dundas, 1985
Dundas, J., « A Titian enigma », in *Artibus et Historiae*, VI, 12, 1985, pp. 39-55.

Durand-Gréville, 1905
Durand-Gréville, E., « Trois portraits méconnus de la jeunesse de Raphaël », in *Revue de l'Art Ancien et Moderne*, XVII, 1905, pp. 377-380.

Durey, 1988
Durey, P., *Le Musée des Beaux-Arts de Lyon*, Paris, 1988.

Dussler, 1935 (1)
Dussler, L., *Giovanni Bellini*, Francfort, 1935.

Dussler, 1935 (2)
Dussler, L., « Tizians Ausstellung in Venedig », in *Zeitschrift für Kunstgeschichte*, IV, 1935, pp. 236-239.

Dussler, 1938
Dussler, L., *Italienische Meisterzeichnungen*, Francfort, 1938.

Dussler, 1942
Dussler, L., *Sebastiano del Piombo*, Bâle, 1942.

Dussler, 1948
Dussler, L., *Italienische Meisterzeichnungen*, Munich, 1948.

Dussler, 1949
Dussler, L., *Giovanni Bellini*, Vienne, 1949.

Dussler, 1956
Dussler, L., « Die Giorgione-Ausstellung in Venedig », in *Kunstchronik*, 1956, pp. 1-5.

Dussler, 1964
Dussler, L., « Sebastiano del Piombo », in *Enciclopedia universale dell'arte*, XII, Venise et Rome, 1964, col. 365-369.

Dussler, 1970
Dussler, L., « Buchbesprechungen : Rodolfo Pallucchini, Tiziano. Harold E. Wethey, Titian », in *Pantheon*, XXVIII, 1970, pp. 549-550.

Dussler, 1971
Dussler, L., *Raphael. A Critical Catalogue...*, Londres et New York, 1971; 1re éd. all., Munich, 1966.

Duveen Pictures...
Duveen Pictures in Public Collections of America, New York, 1941.

Dvořák, 1928
Dvořák, M., *Italienische Kunst*, II, Munich, 1928.

Dyke, J.C. van, *Vienna, Budapest. Critical notes on the Imperial Gallery and Budapest Museum*, New York, 1914.

Egan, 1959
Egan, P., « *Poesia* and the *Fête champêtre* », in *The Art Bulletin*, XLI, 1959, pp. 303-313.

Egan, 1961
Egan, P., « Concert Scenes in Musical Paintings of the Renaissance », in *journal of the American Musicological Society*, XIV, 1961, pp. 184-195.

Eigenberger, 1927
Eigenberger, R. *Die Gemäldegalerie der Akademie in Wien*, Vienne, 1927.

Eikemeier, 1969
Eikemeier, P., « Der Gonzaga-Zyklus des Tintoretto in der alten Pinakothek », in *Münchner Jahrbuch der bildenden Kunst*, XX, 1969, pp. 75-142.

Eikemeier, 1971
Eikemeier, P., *Katalog der Venezianischen Gemälde des 15. u. 16. Jh.s*, Munich, 1971.

Einem, 1972
Einem, H. von, *Giorgione der Maler als Dichter Abhandlungen der geistes- und wissenschaflichten Klasse*, 2, Mayence, 1972.

Einstein, 1971
Einstein, A., *The Italian Madrigal*, 3 vol., Princeton, 1971 (rééd. de l'édition de 1949).

Eisenmann-Köhler, 1902, 1905
Eisenmann-Köhler, *Katalog der zur Fideikommiss-Galerie des Gesamthauses Braunschweig und Lüneberg, ...in Provinzial-Museum*, Hanovre, 1902; autre éd. 1905.

Ekserdjian, 1988
Voir exp. Londres, 1988.

Ekserdjian, 1992
Voir exp. Londres, 1992.

Elia, 1936
Elia, R., « La quadreria della famiglia Storiani di Ancona », in *Studiana Picena*, XII, 1936, pp. 81-88.

Emiliani, 1985
Voir exp. Bologne, 1985.

Emison, 1985
Emison, P. A., *Invention and the Italian Renaissance Prints. Mantegna to Parmigianino*, Columbia University Th., 1985; University Microfilm Ann Arbor, 1985.

Emison, 1991
Emison, P., « The "Concert champêtre" and gilding the lily », in *The Burlington Magazine*, CXXXIII, 1991, pp. 195-196.

Emison, 1992
Emison, P., « Asleep in the Grass of Arcady : Giulio Campagnola's Dreamer », in *Renaissance Quarterly*, XLV, 2, 1992, pp. 271-292.

Engerand, 1899
Engerand, F., *Inventaire des collections de la Couronne. Inventaire des tableaux du roy rédigé en 1709 et 1710 par Nicolas Bailly*, publié pour la première fois avec des additions et des notes par F. Engerand, Paris, 1899.

Engert, 1858, 1864
Engert, E., *Catalog der K.K. Gemälde Gallerie im Belvedere zu Wien*, Vienne, 1858; 2e éd. 1864.

Engerth, 1882-1884
Engerth, E. R., *Gemälde. Beschreibendes Verzeichnis*, 3 vol., Vienne, 1882-1884, I, 1882, *Italienische, spanische und französische Schulen*.

Engerth, 1884
Engerth, E. R., *Gemälde. Beschreibendes Verzeichnis*, Vienne, 1884.

Ephrussi, 1882
Ephrussi, C., « Les Dessins de la collection His de la Salle », in *Gazette des Beaux-Arts*, XXIV, 1882, pp. 225-245, 297-309.

Ephrussi et Dreyfus, 1879
Voir exp. Paris, 1879.

Erffa, 1976
Erffa, H. M., « Der Nürnberger Stadtpatron auf italienischen Gemälden », in *Mitteilungen des Kunsthistorischen Institutes in Florenz*, XX, 1976, pp. 1-12.

Ericani, 1988
Voir exp. Vérone, 1988.

Eroli, 1879
Eroli, G., *Erasmo Gattamelata da Narni*, Rome, 1879.

Exposition de l'art italien...
Voir exp. Paris, 1935 (1).

Fabbro, 1989
Fabbro, C., *Tiziano. Le Lettere*, éd. G. Gandini, Rome, 1989.

Faggin, 1963
Faggin, G., « Bonifacio ai Carmerlenghi », in *Arte Veneta*, XVII, 1963, pp. 79-95.

Fahy, 1979
Voir exp. Washington, 1979.

Faietti, 1988
Voir exp. Bologne, 1988.

Fairfax Murray, 1905
Fairfax Murray, C., *A Selection from the Collection of Drawings by the Old Masters Formed by C. Fairfax Murray*, Londres, 1905.

Fantelli, 1974
Fantelli, R., « Nicolò Renieri "Pittor Fiamengo" », in *Saggi e Memorie di Storia dell'Arte*, IX, 1974, pp. 77-115.

Fantelli, 1981
Voir exp. Venise, 1981.

Federici, 1803
Federici, D. M., *Memorie trevigiane sulle opere di disegno*, Venise, 1803.

Fè d'Ostiani, 1900
Fè d'Ostiani, L., *Indice cronologico dei vicari vescovili e capitolari di Brescia*, Brescia, 1900.

Fehl, 1957
Fehl, Ph., « The Hidden Genre : a Study of the *Concert Champêtre*, in the Louvre », in *Journal of the Aesthetics and Art Criticism*, XVI, 2, 1957, pp. 153-168; rééd. in Ph. Fehl, « *Concert champêtre. Decorum and Wit : The Poetry of Venetian Paintings. Essays in the history of the classical tradition* », in *Bibliotheca Artibus et Historiae*, Vienne, 1992, pp. 18-29.

Fehl, 1969
Fehl, P. P., « Realism and Classicism in the Representation of a Painful Scene : Titian's "Flaying of Marsia"... » in *Czechoslovakia Past and Present; Essays on the Arts and Sciences*, II, La Haye, 1969, pp. 1387-1415.

Fehl, 1980
Fehl, P. P., « Titian and the Olympian Gods : the "Camerino", for Philip II », in *Tiziano e Venezia*, Atti del Convegno Internazionale di Studi, Venise, 1976; Vicence, 1980, pp. 139-147.

Fehl, 1981
Fehl, P. P., « The Rape of Europa and Related Ovidian Pictures by Titian (Part.II) », in *Fenway Court. Isabella Stewart Gardner Museum*, Boston, 1981, pp. 3-19.

Fehl, 1987, 1992
Fehl, Ph., « Imitation as a Source of Greatness. Rubens, Titian and the painting of the Anciens », in *Bacchanals by Titian and Rubens*, symposium in Nationalmuseum, Stockholm, 18-19 mars 1987; éd. par G. Cavalli-Björkman, Stockholm, 1987, in *Nationalmusei skriftserie*, 10, pp. 107-132; rééd., « Rubens' Bacchanals », in Ph. Fehl, *Decorum and Wit : the poetry of Venetian Painting. Essays in the history of the classical tradition*, Vienne, 1992, pp. 284-304.

Félibien, 1666-1688
Félibien, A., *Entretiens sur les vies et sur les ouvrages des plus excellents peintres anciens et modernes*, Paris, Iʳᵉ partie (Entretiens I et II), 2 vol., I, 1666, II, 1668; 2ᵉ partie (Entretiens III et IV), 1672; 3ᵉ partie (Entretiens V et VI), 1679; 4ᵉ partie (Entretiens V et VI), 1685; 5ᵉ partie (Entretiens VII et VIII), 1688.

Félibien, 1705
Félibien, A., *Entretiens sur les vies et sur les ouvrages des plus excellents peintres anciens et modernes* (nouvelle édition revue et corrigée...), Londres, 1705.

Félibien, 1725
Félibien, A., *Entretiens sur les vies et sur les ouvrages des plus excellents peintres anciens et modernes* (nouvelle édition revue et corrigée, avec des textes de R. de Piles et de J.-F. Félibien), Trévoux, 1725.

Felici, 1952
Felici, G., *Villa Ludovisi in Roma*, Rome, 1952.

Fenaroli, 1875
Fenaroli, S., *Alessandro Bonvicino soprannominato il Moretto pittore bresciano. Memoria letta all'Ateneo di Brescia il giorno 27 luglio 1873*, Brescia, 1875.

Fenlon, 1992
Fenlon, I., « Music in Italian Renaissance paintings », in *Companion to Medieval and Renaissance Music*, éd. par T. Knighton et D. Fallow, Londres, 1992, pp. 189-209.

Fenlon et Haar, 1988
Fenlon, I. et Haar, J., *The Italian madrigal in the early sixteenth century. Sources and interpretation*, Cambridge, 1988; (trad. ital. de la première partie : *L'invenzione del madrigale italiano*, Turin, 1992).

Ferino Pagden, 1989
Voir exp. Mantoue, 1989.

Ferino Pagden, 1992
Ferino Pagden, S., « Neues in alten Bildern », in *Neues Museum*, 3-4, 1992, pp. 17-21.

Ferrara, 1954
Ferrara, L., « Note d'arte [...] Il Cantore e il Cantore appassionato di Giorgione nella Galleria Borghese di Roma », in *Nuova antologia*, LXXXIX, avril 1954, pp. 567-569.

Ferrari, 1961
Ferrari, M. L., *Il Romanino*, Milan, 1961.

Ferrarino, 1975
Ferrarino, L., *Tiziano e la corte di Spagna nei documenti dell'archivio generale di Simancas*, Madrid, 1975.

Ferrarino, 1977
Ferrarino, L., « Il Caso Tiziano », in Ferrarino et alii, *Tiziano nel quarto centenario della sua morte*, Ateneo Veneto, Venise, 1977, pp. 246-257.

Ferraton, 1949
Ferraton, Cl., « La collection du duc de Richelieu au musée du Louvre », in *Gazette des Beaux-Arts*, XXXV, 1949, pp. 437-448.

Ferri, 1890
Ferri, P. N., *Catalogo riassuntivo della Raccolta di disegni antichi e moderni posseduta dalla R. Galleria degli Uffizi....*, Rome, 1890.

Ferri, Gamba et Loeser, 1914
Voir exp. Florence, 1914.

Ferriguto, 1933
Ferriguto, A., *Attraverso i "misteri" di Giorgione*, Castelfranco Veneto, 1933.

Ferriguto, 1956
Ferriguto, A., « Giorgione e il dramma », in *Venezia e l'Europa*, Atti del XVIII congresso internazionale di storia de l'arte, Venise, 1955; Venise, 1956, pp. 246-249.

Ffoulkes, 1888
Ffoulkes, C. J., *Handbook of the Italian Schools in the Dresden Gallery*, Londres, 1888.

Ffoulkes, 1895
Ffoulkes, C. J., « L'esposizione dell'arte veneta a Londra », in *Archivio Storico dell'Arte*, I, 1895, pp. 70-86, 245-267.

Ffoulkes, 1910
Ffoulkes, C. J., « Corrieri. Notizie d'Inglterra. Esposizioni di antichi maestri a Londra », in *L'Arte*, 13, 1910, pp. 298-305.

Ffoulkes, 1911
Ffoulkes, C. J., « La Collezione Mond », in *L'Arte*, XIV, 1911, pp. 161-180.

Ficino, 1484
Ficino, M., *Commentarium Marsilii Ficini Florentini in Convivium Platonis sive De amore*, dans l'*editio princeps* des œuvres de Platon en langue latine réalisée par Ficino pour Laurent le Magnifique; éd. R. Marcel, *Marsile Ficin. Commentaire sur le banquet de Platon*, Paris, 1956.

Ficino, 1544
Ficino, M., *Sopra lo amore o ver' Convito di Platoni*, Florence, 1544.

Fidekommiss-Galerie Catalogo, 1905
Katalog der zur Fidekommiss-Galerie des Gesamthausess Braunschweig und Lüneberg... im Provinzial-Museum, 1905.

Fiftieth Anniversary Exhibition
Voir exp. New York, 1920.

Fiocco, 1912
Fiocco, G., « Sebastiano del Piombo e Cima da Conegliano », in *L'Arte*, XV, 1912, pp. 293-298.

Fiocco, 1914
Fiocco, G., « L'esposizione d'arte venetia al Burlington Fine Arts Club di Londra », in *L'Arte*, 1914.

Fiocco, 1921
Fiocco, G., « Pordenone ignoto », in *Bollettino d'Arte*, 1921, pp. 193-210.

Fiocco, 1928
Fiocco, G., *Paolo Veronese*, Bologne, 1928.

Fiocco, 1929
Fiocco, G., « Pier Maria Pennacchi », in *Rivista del R. Istituto d'Archeologia e Storia dell'Arte*, I, 1929, pp. 97-135.

Fiocco, 1931
Fiocco, G., « Cariani Giovanni », in *Enciclopedia Italiana*, IX, Milan, 1931, p. 7.

Fiocco, 1934
Fiocco, G. *Paolo Veronese*, Rome, 1934.

Fiocco, 1934
Fiocco, G., « Louis Hourticq, "Le problème de Giorgione", Arnaldo Ferriguto, "Attraverso i misteri di Giorgione", Federico Hermanin, "Il mito di Giorgione" », in *Pan. Rassegna di Lettere Arte e Musica*, II, 4, 1934, pp. 787-788.

Fiocco, 1936, 1949
Fiocco, G., « Romanino, Girolamo da Romano », in *Enciclopedia Italiana*, XXX, Rome, 1936, éd. 1949, p. 56.

Fiocco, 1939
Fiocco, G., *Giovanni Antonio Pordenone*, Udine, 1939; 2ᵉ éd., Padoue, 1941, reprint, 1970.

Fiocco, 1941, 1948
Fiocco, G., *Giorgione*, Bergame, 1941; autre éd., 1948.

Fiocco, 1947
Fiocco, G., « Postille a : Hans Tietze, La mostra di Giorgione e la sua cerchia a Baltimora », in *Arte Veneta*, I, 1947, pp. 141-142.

Fiocco, 1950
Fiocco, G., « Nuovi aspetti dell'arte di Andrea Schiavone », in *Arte Veneta*, IV, 1950, pp. 33-42.

Fiocco, 1950-51
Fiocco, G., *I pittori Vecellio*, Dispense di Storia dell'Arte moderna, Padoue, 1950-51.

Fiocco, 1954
Fiocco, G., « Polemica su Giorgione », in *Scuola e vita*, 8, 1954, p. 11.

Fiocco, 1955
Fiocco, G., « Il mio Giorgione », in *Rivista di Venezia*, I, 1, 1955, pp. 5-22.

Fiocco, 1961
Fiocco, G., « La mostra dei disegni veneti dell'Albertina di Vienna », in *Arte Veneta*, XV, 1961, pp. 318-321.

Fiocco, 1969
Fiocco, G., *Il Pordenone*, Pordenone, 1969.

Fischel, 1904, 1906, 1907, 1911, 1924
Fischel, O., *Tizian* (Klassiker der Kunst), Stuttgart, 1904; autres éditions, 1906, 1907, 1911; éd. fr., 1924.

Fischel, 1925
Fischel, O., « Raphaels Auferstelhung Christi », in *Jahrbuch der Preussischen Kunstsammlungen*, XLVI, 1925, pp. 191-200.

Fischel, 1948
Fischel, O., *Raphael*, Londres, 1948.

Fischer, 1992
Fischer, B., « Venezianisch um 1510: "Bildnis eines Knaben mit Helm" », in *Neues Museum*, 3-4, 1992, pp. 21-23.

Fischer, 1974
Fischer, E., « Orpheus and Calaïs, On the Subject of Giorgione's *Concert champêtre* », in *Liber Amicorum, Karel G. Boon*, Amsterdam, 1974, pp. 71-77.

Fleischer, 1990
Voir exp. Venise, 1990 (1).

Fleres, 1899
Fleres, U., « La Pinacoteca dell'Ateneo in Brescia », in *Le gallerie nazionali italiane*, IV, 1899, pp. 263-291.

Fletcher, 1981
Fletcher, J., « Marcantonio Michiel : his friends and collection », in *The Burlington Magazine*, CXXIII, 941, 1981, pp. 453-467.

Fletcher, 1981
Fletcher, J., « Marcantonio Michiel, "che ha veduto assai" », in *The Burlington Magazine*, CXXIII, 943, 1981, pp. 602-608.

Fletcher, 1981
Fletcher, J., « *Andrea Schiavone* by F. L. Richardson », in *The Burlington Magazine*, CXXIII, 1981, pp. 491-493.

Fletcher, 1989
Fletcher, J., « Bernardo Bembo and Leonardo's portrait of Ginevra de' Benci », in *The Burlington Magazine*, CXXXI, 1041, 1989, pp. 811-816.

Floriani, 1966
Floriani, P., « La giovinezza umanistica di Pietro Bembo », *Giornale storico della letteratura italiana*, CXLIII, 1966 (rééd. Floriani, P., *Bembo e Castiglione, Studi sul classicismo del Cinquecento*, Rome, 1976, pp.29-74).

Floriani, 1974
Floriani, P., « Primo petrarchismo bembiano », *Studi e problemi di critica testuale*, IX, 1974, (rééd. Floriani, P., *Bembo e Castiglione, Studi sul classicismo del Cinquecento*, Rome, 1976, pp. 75-98).

Florio Miari, 1843
Florio Miari, *Dizionario storico-artistico-letterario bellunese*, Belluno, 1843.

Florisoone, 1954 (1)
Voir exp. Paris, 1954.

Focillon, 1936
Focillon, H., *Le Musée de Lyon*, Paris, 1936.

Fogolari, 1934
Fogolari, G., « La Venere di Dresda è quella di Giorgione in casa Marcello ? (Collezioni e restauri a Venezia nel secolo XVIII) », in *Ateneo Veneto*, CXVI, 1934, pp. 322 et ss.; rééd. in G. Fogolari, *Scritti d'arte*, Milan, 1946, pp. 281-289.

Fogolari, 1935
Fogolari, G., *Le Regie Gallerie dell'Accademia in Venezia*, Rome, 1935.

Fogolari, 1935
Voir exp. Venise, 1935.

Fomiciova, 1967
Fomiciova, T., « I dipinti di Tiziano nelle raccolte dell'Ermitage », in *Arte Veneta*, XXI, 1967, pp. 57-70.

Fomiciova, 1973
Fomiciova, T., « The History of Giorgione's "Judith" and its Restoration », in *The Burlington Magazine*, CXV, 844, 1973, pp. 417-420.

Fomiciova, 1974
Fomiciova, T., « Venetian Painting from the Fifteenth to the Eighteenth Centuries », in *Apollo*, C, 1974, pp. 468-479.

Fomiciova, 1977
Fomiciova, T., « Lo sviluppo compositivo della "Venere allo specchio con due amorini" nell'opera di Tiziano e la copia dell'Ermitage », in *Arte Veneta*, XXXI, 1977, pp. 195-199.

Fomiciova, 1979
Fomiciova, T., « Giorgione e la formazione della pittura di genere nell'arte veneziana del XVI secolo », in *Giorgione*, Atti del Convegno Internazionale di Studio per il 5° centenario della nascita, Castelfranco Veneto, 29-31 mai 1978; Asolo, 1979, pp. 159-164.

Foratti, 1910
Foratti, A., « L'arte di Giovanni Cariani », in *L'Arte*, XIII, 1910, pp. 177-190.

Foratti, 1912
Foratti, A., *Note su Jacopo Palma il Vecchio*, Padoue, 1912.

Foratti, 1931
Foratti, A., « Montagna, Bartolomeo », in Thieme et Becker, *Allgemeines Lexicon der bildenden Künstler...*, XXV, Leipzig, 1931, pp. 74-76.

Forlani, 1956
Voir exp. Florence, 1956.

Forlani, 1961
Voir exp. Florence, 1961.

Forlani Tempesti, 1962
Forlani Tempesti, A., *Disegni italiani. Il '500 nell'Italia centromeridionale*, Venise, 1962.

Forssmann, 1967
Forssmann, E., « Über Architekturen in der Venezianischen Malerei des Cinquecento », in *Wallraf-Richartz Jahrbuch*, 29, 1967, pp. 108-111.

Forster, 1868
Forster, G., *Ansichten vom Niederrhein*, Leipzig, 1868.

Fossaluzza, 1984
Voir exp. Trévise, 1984.

Fossaluzza, 1985
Fossaluzza, G., « Vittore Belliniano, Fra' Marco Pensaben e Giovan Girolamo Savoldo : la "Sacra Conversazione" in San Nicolò a Treviso », in *Studi Trevisani*, II, 1985, n° 4, pp. 43-54.

Fossaluzza, 1987
Fossaluzza, G., « Qualche recupero al catalogo ritrattistico del Bordon », in *Paris Bordone e il suo tempo*, Atti del Convegno Internazionale di Studi, Trévise, 28-30 oct. 1985; Trévise 1987, pp. 183-203.

Fossaluzza, 1989
Voir exp. Lodi, 1989.

Fossaluzza, 1990
Fossaluzza, G., in *Pinacoteca di Brera, Scuola Veneta*, 1990.

Francastel, 1987
Francastel, G., « Le concert champêtre du Louvre et les espaces signifiants », in *La letteratura, la Rappresentazione, la Musica al tempo e nei luoghi di Giorgione*, Atti del Convegno internazionale di studi per il V centenario della nascita di Giorgione, Castelfranco Veneto et Asolo, 1-3 sept. 1978; éd. par M. Muraro, Rome, 1987, pp. 215-221.

Francini Ciaranfi, 1955
Francini Ciaranfi, A. M., *Pitti Galleria Palatina*, Novare, 1955; autre éd., 1964.

Francini Ciaranfi, 1964
Francini Ciaranfi, A. M., *La Galleria Palatina (Pitti)*, Florence, 1964.

Francucci, 1647
Francucci, S., *La galleria dell'illustrissimo Signore Scipione Cardinale Borghese* (Rome, 1613), publié à Arezzo, 1647.

Frangi, 1986
Frangi, F., in *Pittura del Cinquecento a Brescia*, éd. par M. Gregori, Milan, 1986.

Frangi, 1988
Frangi, F., « Sulle tracce di Altobello giovane », in *Arte cristiana*, LXXVI, 1988, pp. 389-404.

Frangi, 1991
Voir exp. Florence et Rome, 1991-92.

Frangi, 1992
Frangi, F., *Savoldo. Catalogo completo dei dipinti*, Florence, 1992.

Frankfurter, 1942
Frankfurter, A. M., « Treasures of San Diego », in *Art News*, fév. 1942, p. 13.

Fréart de Chantelou, 1665
Fréart de Chantelou, P., *Journal du voyage du Cavalier Bernin en France*, 1665; éd. L. Lalanne, Paris, 1885.

Fredericksen (à paraître)
Fredericksen, B., *Catalogue of the Early Italian Paintings in the Detroit Institute of Arts*, à paraître.

Fredericksen et Zeri, 1972
Fredericksen, B. et Zeri, F., *Census of Pre-Nineteenth Century Italian Paintings in North American Public Collections*, Cambridge, 1972.

Freedberg, 1961
Freedberg, S. J., *Painting of the High Renaissance in Rome and Florence*, Cambridge (Mass.), 1961.

Freedberg, 1971, 1975, 1979
Freedberg, S. J., *Painting in Italy. 1500 to 1600*, The Pelican History of Art, Penguin Books, Harmondsworth, 1re édition, 1971; autres éd. 1975, 1979, 1983.

Freedberg, 1986
Freedberg, S. J., « Il musicista punito. Il supplizio di Marsia », in *FMR*, 45, 1986, pp. 139-152.

Freedberg, 1988
Freedberg, S. J., *La pittura in Italia dal 1500 al 1600* (1re éd. anglaise, 1971), Bologne, 1988.

Freedmann, 1990
Freedmann, L., *Titian's Independent Self-Portraits*, Città di Castello, 1990.

Freund, 1929
Freund, K., « Zeichnungen aus dem Kupferstichkabinett des Hessischen Landesmuseums zu Darmstadt », in *Stift und Feder*, 1929, n° 4.

Friedeberg, 1917
Friedeberg, M., « Über "Das Konzert" im Palazzo Pitti », in *Zeitschrift für bildende Kunst*, XXVIII, 1917, pp. 169-176.

Friedeberg, 1923
Friedeberg, M., « Ein Doppelbildnis des Giorgione », in *Kunst und Künstler*, XXI, 1923, pp. 92 et ss.

Friedeberg, 1925
Friedeberg, M., « Ancora del ritratto asserito di Sebastiano del Piombo nel Museo del malazzo Venezia », in *Roma*, 1925, pp. 25 et ss.

Friedländer, 1955
Friedländer, W., *Caravaggio studies*, Princeton, 1955.

Friedländer, 1965
Friedländer, W., « Titian and Pordenone », in *The Art Bulletin*, XLVII, 1965, pp. 118-121.

Friedländer, 1967
Friedländer, W., « The Domestication of Cupid », in *Studies in Renaissance and Baroque Art presented to Anthony Blunt*, Londres, New York, 1967, pp. 50-52.

Friedmann, 1946
Friedmann, H., *The Symbolic Goldfinch*, New York, 1946.

Frimmel, 1892
Frimmel, Th. von, *Kleine Galerie Studien*, I, Bamberg, 1892.

Frimmel, 1898
Frimmel, T., *Geschichte der Wiener Gemäldesammlungen*, Leipzig, 1898.

Frimmel, 1899
Frimmel, Th. von, *Geschichte der Wiener Gemäldesammlungen*, Liepzig et Berlin, 1899.

Frimmel, 1909
Frimmel, Th. von, *Blätter für Gemäldekunde*, I, Vienne, 1909.

Frizzoni, 1871
Frizzoni, G., « Del Palazzo della Galleria Spada e di una recente scoperta fattavi », in *Il Buonarroti*, VI, 1871, pp. 240-245.

Frizzoni, 1889
Frizzoni, G., « La pinacoteca comunale Martinengo di Brescia », in *Archivio storico dell'arte*, II, 1889, pp. 24-33.

Frizzoni, 1890
Frizzoni, G., « I nuovi acquisti dei Musei del Palazzo di Brera in Milano », in *Archivio storico dell'Arte*, III, fasc. XI-XII, 1890, pp. 417-423.

Frizzoni, 1893
Frizzoni, G., « I capolavori della pinacoteca del Prado in Madrid », in *Archivio Storico dell'arte*, 1893, pp. 180-196, 268-289.

Frizzoni, 1895
Frizzoni, G., « "The Guide to the Italian Pictures at Hampton Court" by Mary Logan, 1894 », in *Archivio Storico dell'Arte*, I, 4, 1895, pp. 322-328.

Frizzoni, 1896
Frizzoni, G., « Lorenzo Lotto Pittore », in *Archivio Storico dell'Arte*, II, 1896, pp. 1-24, 195-224.

Frizzoni, 1902
Frizzoni, G., « Ricordi di un viaggio artistico oltralpe », in *L'Arte*, V, 1902, pp. 197-210, 290-301.

Frizzoni, 1905 (1)
Frizzoni, G., « Disegni di antichi maestri », in *L'Arte*, VIII, 1905, pp. 241-253.

Frizzoni, 1905 (2)
Frizzoni, G., « Osservazioni critiche intorno ad alcuni quadri delle Gallerie degli Uffizi e Pitti », in *Rassegna d'Arte*, V, 1905, pp. 84-87.

Frizzoni, 1907
Frizzoni, G., « Disegni di antichi maestri », in *L'Arte*, X, 1907, pp. 81-96.

Frizzoni, 1909
Frizzoni, G., « I nuovi acquisti della Galleria Imperiale dell'Ermitage », in *Rassegna d'Arte*, IX, 1, 1909, pp. 2-3.

Fröhlich-Bum, 1913
Fröhlich-Bum, L., « Andrea Meldolla genannt Schiavone », in *Jahrbuch der Kunsthistorischen Sammlungen des Allerhöchsten Kaiserhauses*, XXXI, 1913-14, pp. 137-220.

Fröhlich-Bum, 1923
Fröhlich-Bum, L., « Some Unknown Venetian Drawings in the Albertina », in *The Burlington Magazine*, XLIII, 1923, pp. 28-33.

Fröhlich-Bum, 1924
Fröhlich-Bum, L., « Five Drawings for Titian's Alterpiece of St. Peter Martyr », in *The Burlington Magazine*, XLV, 1924, pp. 280-285.

Fröhlich-Bum, 1925
Fröhlich-Bum, L., « Beiträge zum Werke des Giovanni Antonio Pordenone », in *Münchner Jahrbuch der bildenden Kunst*, II, 1925, pp. 68-90.

Fröhlich-Bum, 1928
Fröhlich-Bum, L., « Studien zu Handzeichnungen der italienischen Renaissance », in *Jahrbuch der Kunsthistorischen Sammlungen in Wien*, N. S., II, 1928, pp. 163-198.

Fröhlich-Bum, 1929
Fröhlich-Bum, L., « Zur Giorgione », « Die Landschaftszeichnungen Tizians » et « Die Landschaftszeichnungen des Domenico Campagnola » in *Belvedere*, VIII, 1929, pp. 8-13, 71-78, 258-261.

Fröhlich-Bum, 1930
Fröhlich-Bum, L., « Neuaufgetauchte Gemälde des Jacopo Bassano », *Jahrbuch des Kunsthistorischen Sammlungen in Wien*, N.F., IV 1930, pp.231-244.

Fröhlich-Bum, 1930
Fröhlich-Bum, L., « Venezianische Landschaftszeichnungen : Giorgione, Campagnola, Schiavone, Savoldo », in *Belvedere*, IX, 1930, pp. 85-89.

Fröhlich-Bum, 1938
Fröhlich-Bum, L., « Tietze H., *Tizian, Leben und Werk* », in *The Art Bulletin*, XX, 1938, pp. 444-446.

Fry, 1908
Fry, R., « Recent Acquisitions of Drawings », in *Metropolitan Museum of Art Bulletin*, III, 1908, pp. 223-224.

Fry, 1909
Fry, R. E., « On a Picture attributed to Giorgione », in *The Burlington Magazine*, XVI, 79, 1909, pp. 6-9.

Fry, 1910
Fry, R., « La Mostra di Antichi Dipinti alle Grafton Galleries di Londra », in *Rassegna d'Arte*, X, 3, 1910, pp. 35-38.

Fry, 1912
Fry, R. E., « Exhibition of Pictures of the Early Venetian School at the Burlington Fine Arts Club. I », « [...]. II » et « [...]. III », in *The Burlington Magazine*, XX, 108, 1912, pp. 346-359; XXI, 109, 1912, pp. 47-48; XXI, 110, 1912, pp. 95-96, complété par T. Borenius, pp. 96-101.

Fry, 1924
Fry, R., « The Mond Pictures in the National Gallery », in *The Burlington Magazine*, XLIV, 1924, pp. 234-246.

Furlan, 1980
Furlan, C., « Aspetti del disegno in Tiziano e Pordenone », in *Tiziano e Venezia...*, Atti del Convegno Internazionale di Studi, Venise, 1976; Vicence, 1980, pp. 425-431.

Furlan, 1981
Voir exp. Venise, 1981 (2).

Furlan, 1983
Furlan, C., « Il Pordenone, Raffaello e Roma : un rapporto rivisitato (1515-1522) », in *La Madonna per San Sisto di Raffaello e la cultura piacentina della prima metà del Cinquecento*, 1983; éd. par P. Ceschi Lavagetto, Piacenza, 1985.

Furlan, 1984 (1)
Voir exp. Passariano, 1984.

Furlan, 1984 (2)
Voir Furlan, 1984 (1).

Furlan, 1984 (3)
Furlan, C., in C. Furlan et M. Bonelli, *Il Pordenone a Travesio*, Udine, 1984.

Furlan, 1985
Voir exp. Crémone, 1985.

Furlan, 1988 (1)
Furlan, C., *Il Pordenone*, Milan, 1988.

Furlan, 1988 (2)
Furlan, C., « La pittura in Friuli e in Venezia Giulia nel Cinquecento », in *La Pittura in Italia. Il Cinquecento* (2e éd.), Venise, 1988, pp. 219-228.

Furlan, 1990
Furlan, C., in *Pinacoteca di Brera, Scuola Veneta*, Milan, 1990.

Furlan et Bonelli, 1982
Furlan, C. et Bonelli, M., *Il Pordenone a Vacile*, Udine, 1982.

Furlan, 1956
Furlan, I., « La Natività di Pescincanna », in *Il Noncello*, 7, 1956, pp. 39-58.

Furlan, 1966
Furlan, I., *Giovanni Antonio Pordenone*, Bergame, 1966.

Furlan, 1969
Furlan, I., « Cultura architettonica e figurale in Friuli dall'età di mezzo all'epoca della Rinascita », in *Pordenone. Storia, Arte, Cultura e Sviluppo Economico delle Terre tra il Livenza e il Tagliamento*, Turin, [1969], pp. 181-228.

Fusco, 1982
Fusco, L., « The Use of Sculptural Models by Painters in Fifteenth-Century Italy », in *The Art Bulletin*, LXIV, 1982, pp. 175-194.

Gábor, 1924
Gábor, T., *Az Országos Magyar Szépmüvészeti Mùzeum. Régi Képtárának Katalógusa*, Budapest, 1924.

Galichon, 1862
Galichon, E., « Giulio Campagnola, peintre-graveur du XVIe siècle », in *Gazette des Beaux-Arts*, XIII, 1862, pp. 332-346.

Galichon, 1864
Galichon, E., « Domenico Campagnola, peintre-graveur du XVIe siècle », in *Gazette des Beaux-Arts*, XVII, 1864, pp. 456-461, 536-553.

Galli, 1977
Galli, G., « Una proposta di risarcimento per due dipinti di Dosso Dossi (ed una scheda di restauro) », in *Musei ferraresi. Bollettino annuale*, VII, 1977, pp. 54-59.

Gallina, 1954
Gallina, L., *Giovanni Cariani (Materiale per uno studio)*, Bergame, 1954.

Gallo, 1939
Gallo, R., « Per la datazione delle opere di Paolo Veronese », in *Emporium*, I, 1939, pp. 145-152.

Gallo, 1953
Gallo, R., « Per la datazione della pala di San Giovanni Crisostomo di "Sebastian Viniziano" », in *Arte Veneta*, VII, 1953, p. 152.

Gamba, 1905
Gamba, C., « Paolo Morando detto il Cavazzola », in *Rassegna d'Arte*, V, 3, 1905, pp. 33-40.

Gamba, 1909
Gamba, C., « A proposito di alcuni disegni del Louvre », in *Rassegna d'Arte*, IX, 1909, pp. 37-41.

Gamba, 1912
Gamba, C., « Cavazzola. Paolo Morando, gen. il Cavazzola », in Thieme et Becker, *Allgemeines Lexicon der bildenden Kunstler...*, VI, Leipzig, 1912, pp. 230-231.

Gamba, 1914
Gamba, C., *Scuola veneta. I Disegni della R. Galleria degli Uffizi*, III, fasc. I, Florence, 1914.

Gamba, 1937
Gamba, C., *Giovanni Bellini*, Milan, 1937.

Gamba, 1939
Gamba, C., « Pittori bresciani del Rinascimento. Gian Girolamo Savoldo », in *Emporium*, LXXXIX, 534, 1939, pp. 373-388.

Gamba, 1954
Gamba, C., « Il mio Giorgione », in *Arte Veneta*, VIII, 1954, pp. 172-177.

Gamulin, 1963
Gamulin, G., « Tre Quadri di Palma il Vecchio », in *Scritti di Storia dell'Arte in Onore di Mario Salmi*, 3 vol., Rome, 1963, III, 95-101.

Gamulin, 1972
Gamulin, G., « Per il Cariani », in *Arte Veneta*, XXVI, 1972, pp. 193-195.

Gandolfo, 1978
Gandolfo, F., *Il "dolce tempo". Mistica, Ermetismo e Sogno nel Cinquecento*, Rome, 1978.

Garas, 1948
Garas, K., « Tableaux provenant de la collection de l'Archiduc Léopold Guillaume », in *Bulletin du Musée Hongrois des Beaux-Arts*, 2, 1948, pp. 22-26.

Garas, 1960
Garas, K., *Meisterwerke der alten Malerei im Museum der bildenden Künste Budapest*, Leipzig, 1960.

Garas, 1964
Garas, K. « Giorgione et Giorgionisme au XVIIe siècle, I », in *Bulletin du Musée Hongrois des Beaux-Arts*, 25, 1964, pp. 51-80.

Garas, 1965
Garas, K., *Olasz Renaszánsz Portrék*, Budapest, 1965; éd. fr., 1974; éd. angl., 1981.

Garas, 1965
Garas, K., « Giorgione et Giorgionisme au XVIIe siècle, II », in *Bulletin du Musée Hongrois des Beaux-Arts*, 27, 1965, pp. 33-58.

Garas, 1966
Garas, K., « Giorgione et Giorgionisme au XVIIe siècle, III », in *Bulletin du Musée Hongrois des Beaux-Arts*, 28, 1966, pp. 69-93.

Garas, 1967
Garas, K., « Le tableau du Tintoret du Musée de Budapest et le cycle peint pour l'empereur Rodolphe II », in *Bulletin du Musée Hongrois des Beaux-Arts*, 30, 1967, pp. 29-48.

Garas, 1967
Garas, K., « Die Entstehung der Galerie des Erzherzogs Leopold Wilhelm », in *Jahrbuch der Kinsthistorischen Sammlungen in Wien*, 63, 1967, pp. 39-80.

Garas, 1967 (*Ludovisi*)
Garas, K., « The Ludovisi Collection of pictures in 1633, I, et II », in *The Burlington Magazine*, CIX, 1967, pp. 287-289, 339-348.

Garas, 1968
Garas, K., « Das Schicksal der Sammlung der Erzherzogs Leopold Wilhelm », in *Jahrbuch der Kunsthistorischen Sammlungen in Wien*, 64, 1968, pp. 181-278.

Garas, 1969
Garas, K., « La Collection de tableaux au Château Royal de Buda au XVIIIe siècle », in *Bulletin du Musée Hongrois des Beaux-Arts*, 32-33, 1969, pp. 91-121.

Garas, 1972
Garas, K., « Bildnisse der Renaissance. II. Dürer und Giorgione », in *Acta historiae artium Academiae scientiarum hungaricae*, XVIII, 1-2, 1972, pp. 125-135.

Garas, 1974
Garas, K., *Portraits de la Renaissance italienne*, 2e éd., Budapest, 1974 (1re éd., 1965).

Garas, 1977
Garas, K., *The Budapest Gallery. Paintings in the Museum of Fine Arts*, 2e éd., Budapest, 1977 (1re éd., 1973).

Garas, 1979
Garas, K., « Giorgione e il giorgionismo : ritratti e musica », in *Giorgione*, Atti del Convegno Internazionale di Studio per il 5° centenario della nascita, Castelfranco Veneto, 23-31 mai 1978; Asolo, 1979, pp. 165-170.

Garas, 1985
Garas, K., « Musici, adultere e conversioni. La "fortuna" del Pordenone nel collezionismo europeo tra sei e settecento », in *Il Pordenone*, Atti del convegno internazionale di studio, Pordenone, 1984; Pordenone, 1985, pp. 111-116.

Garas, 1987
Garas, K., « Opere di Paris Bordon di Augusta », *Paris Bordon e il suo tempo*, Atti del Convegno Internazionale di Studi, Trévise, 28-30 oct. 1985; Trévise, 1987, pp. 9-27.

Garberi, 1977
Voir exp. Milan, 1977.

Gardner, 1911
Gardner, E. G., *The Painters of the Schools of Ferrara*, Londres, 1911.

Gärms, 1972
Gärms, J., *Kuellen aus dem Archiv Doria Pamphilj zur Kunstätiigbeit in Rom unter Innocenz X*, Rome et Vienne, 1972.

Gautier, 1867
Gautier, Th., in *Le Musée du Louvre*, Guide par les principaux écrivains et artistes de la France, Paris, 1867.

Gaye, 1840
Gaye, G., *Carteggio inedito di artisti dei secoli XIV, XV, XVI*, Florence, 3 vol., 1839-40; III, 1840.

Gemäldegalerie Berlin. Gesamtverzeichnis der Gemälde. Staatliche Museen Preussischer Kulturbesitz, Berlin, 1986.

Gemäldegalerie. Alte Meister, Dresden. Katalog der ausgestellten Werke, Dresde, 1983.

Gemin et Pedrocco, 1990
Gemin, M. et Pedrocco, F., *Ca' Vendramin Calergi*, Venise, 1990.

Gengaro, 1940
Gengaro, M. L., *Umanesimo e Rinascimento*, Turin, 1940 (2e éd. par P. D'Ancona et M. L. Gengaro, Turin, 1955).

Gentili, 1978
Voir exp. Castelfranco Veneto, 1978.

Gentili, 1980 (1)
Gentili, A., « Il significato allegorico della caccia nelle "Poesie" di Tiziano », in *Tiziano e Venezia*, Atti del Convegno Internazionale di Studi, Venise, 1976; Vicence, 1980, pp. 169-178.

Gentili, 1980 (2), 1988
Gentili, A., *Da Tiziano a Tiziano. Mito e allegoria nella pittura veneziana del Cinquecento*, Milan, 1980; 2e éd., 1988.

Gentili, 1981
Gentili, A., « La cultura antiquaria del secondo '400 a Treviso e il problema del monumento Onigo », in *Lorenzo Lotto*, Atti del Convegno Internazionale di Studi per il V centenario della nascita, Asolo, 18-21 sept. 1980; éd. par P. Zampetti et V. Sgarbi, Venise, 1981, pp. 65-71.

Gentili, 1981
Gentili, A., « Per la demitizzazione di Giorgione : documenti, ipotesi, provocazioni », in *Giorgione e la Cultura Veneta tra '400 e '500, Mito, Allegoria, Analisi iconologica*, Atti del Convegno, Rome, nov. 1978; Rome, 1981, pp. 12-25.

Gentili, 1985
Gentili, A., *I giardini della contemplazione : Lorenzo Lotto 1503-1512*, Rome, 1985.

Gentili, 1990
Voir exp. Brescia, 1990.

Gentili, 1990
Gentili, A., « Tiziano », in *Art Dossier*, 47, 1990.

Gentili, 1991 (1)
Gentili, A., « Pratica della finitura e rifiuto dell'« unione » nella pittura veneziana del Cinquecento. Il paradigma Tiziano », in *L'Asino d'oro*, II, 1991, pp. 17-37.

Gentili, 1991 (2)
Gentili, A., « Giovanni Bellini, la bottega, i quadri di devozione », in *Venezia Cinquecento*, I, 1991, n° 2, pp. 27-60.

Gentili et Bertini, 1985
Gentili, A. et Bertini, *Sebastiano del Piombo, pala di S. Giovanni Crisostomo*, collection *Hermia*, n° 4, Venise, 1985.

Gentili et Ricciardi, 1988
Gentili, A., Ricciardi, M. L., « Lorenzo Lotto. Il Ritratto e la Memoria », in *Laboratorio di Restauro*, Palazzo Barberini, Rome, 1988, pp. 20-28.

Geoffrey, 1855
Geoffrey, A., *Notices et extraits des manuscrits…dans les bibliothèques ou archives de Suède, Danemark et Norvège*, Paris, 1855.

Georgel et Lecoq, 1987
Georgel, P. et Lecoq, A. M., *La pittura nella pittura*, Milan, 1987.

Gethman Andrews, 1947
Gethman Andrews, J., *Fine Arts Society of San Diego. A Catalogue of European Paintings, 1300-1870*, San Diego (Cal.), 1947.

Gheno, 1905
Gheno, A., « Nicolò Boldrini Vicentino (incisore in legno del secolo XVI) », in *Rivista del Collegio Araldico*, juin 1905.

Gianferrari, 1983
Gianferrari, C., *Metropolitan Museum New York*, Milan, 1983.

Giannizzi, 1894
Giannizzi, P., « Lorenzo Lotto e le sue opere nelle Marche », in *Nuova Rivista Misena*, VII, 1894, p. 45.

Gibbons, 1965
Gibbons, F., « Two Allegories by Dosso for the Court of Ferrara », in *The Art Bulletin*, XLVII, 1965, pp. 493-499.

Gibbons, 1968
Gibbons, F., *Dosso and Battista Dossi Court Painters at Ferrara*, Princeton, 1968.

Gibbons, 1977
Gibbons, F., *Catalogue of the Italian Drawings in the Art Museum, Princeton University*, Princeton, 1977.

Gibbons, 1978
Gibbons, F., « Further Thoughts on the Allendale Nativity », in *Studies on the History of Art*, 8, 1978, pp. 23-34.

Gibson, 1989
Gibson, W. S., *Mirror of the Earth*, Princeton, New Jersey, 1989.

Gibbons et Puppi, 1965
Gibbons, F. et Puppi, L., « Dipinti inediti o poco noti di Dosso e Battista Dossi : con qualche nuova ipotesi », in *Arte antica e moderna*, XXXI-XXXII, 1965, pp. 311-323.

Giglioli, 1909
Giglioli, O. H., « Notiziario. R. Galleria Pitti », in *Rivista d'arte*, VI, 2, 1909, pp. 150-155.

Giglioli, 1936
Giglioli, O. H., « Della provenienza di alcuni disegni del Gabinetto degli Uffizi », in *Rivista d'Arte*, XVIII, 1936, pp. 311-318.

Gilbert, 1949
Gilbert, C. E., « Ritrattistica apocrifa savoldesca », in *Arte Veneta*, III, 1949, pp. 103-110.

Gilbert, 1952
Gilbert, C. E., « On Subject and Not-Subject in Italian Renaissance Pictures », in *The Art Bulletin*, XXXIV, 1952, pp. 204-205.

Gilbert, 1953
Gilbert, C. E., « Savoldo's Drawings Put to use. A Study in Renaissance Workshop Practises », in *Gazette des Beaux-Arts*, XLI, 1953, pp. 5-23.

Gilbert, 1955
Gilbert, C. E., *The Works of Gerolamo Savoldo*, Ph. D. Thesis, New York (dactylographiée), 1955.

Gilbert, 1956
Gilbert, C. E., « Alvise e compagni », in *Scritti di storia dell'arte in onore di Lionello Venturi*, Rome, 1956, pp. 277-308.

Gilbert, 1958
Voir exp. Bloomington, 1958.

Gilbert, 1959
Gilbert, C. E., « Portrait by and near Romanino », in *Arte Lombarda*, IV, 1959, pp. 261-267.

Gilbert, 1980
Gilbert, C. E., « Some Findings on Early Works of Titian », in *The Art Bulletin*, LXII, 1980, pp. 36-75.

Gilbert, 1983
Voir exp. Londres, 1983-84.

Gilbert, 1985
Gilbert, C. E., « Lo stile nelle firme del Savoldo », in *Giovanni Gerolamo Savoldo pittore bresciano*, Atti del Convegno, Brescia, 21-22 mai, 1983; éd. par G. Panazza, Brescia, 1985, pp. 21-28.

Gilbert, 1986
Gilbert, C. E., *The Works of Girolamo Savoldo*, The 1955 Diss. with a Review of Research 1955-1985, New York et Londres, 1986.

Gilbert, 1991
Gilbert, C. E., « Newly Discovered Paintings by Savoldo in relation to their Patronage », in *Arte Lombarda*, 96-97, 1991, pp. 29-46.

Gilbert, 1869
Gilbert, J., *Cadore or Titian's Country*, Londres, 1869.

Giltaij, 1982
Giltaij, J., *Titian Jongen met honden in een land schap*, Rotterdam, 1982.

Giltaij, 1990
Voir exp. Venise, 1990 (1).

Ginzburg, 1980
Ginzburg, C., «Tiziano, Ovidio e i codici della figurazione erotica nel '500», in *Tiziano e Venezia*, Atti del Convegno Internazionale di Studi, Venise, 1976; Vicence, 1980, pp. 125-135.

Ginzburg, 1986
Ginzburg, C., *Miti Emblemi Spie-Morfologia e storia*, Turin, 1986.

Giorgi, 1990
Giorgi, R., *Tiziano. Venere, Amore e il musicista in cinque dipinti*, Rome, 1990.

Giovannini, 1988
Giovannini, C., «Notizie inedite sull'altare di San Sebastiano e sul presepio del Begarelli nel Duomo di Modena», dans O. Baracchi et C. Giovannini, *Il Duomo e la Torre di Modena. Nuovi documenti e ricerche*, Modène, 1988, pp. 207-226.

Giovannini, 1992
Giovannini, C., «Nuovi documenti sul Dosso», *Prospettiva*, 68, octobre 1992, pp. 57-60.

Gioseffi, 1959
Gioseffi, D., *Tiziano*, Bergame, 1959.

Gisolfi Pechukas, 1989-90
Gisolfi Pechukas, D., «L'"anno veronesiano", and some Questions about Early Veronese and His Circle», in *Arte Veneta*, XLIII, 1989-90, pp. 30-42.

Glasgow Catalogue
Catalogue Descriptive and Historical of the Pictures in the Glasgow Art Galleries and Museum, Glasgow, 1911; autre éd. 1935.

Glasgow Art Gallery and Museum, introduction par A. A. Auld, Londres et Glasgow, 1987.

Glendel, 1954
Glendel, M., «Art news from Rome», in *Art News*, LIII, 2, 1954, p. 48.

Gli Uffizi. Catalogo generale, 1980
Florence, 1980 (2ᵉ éd.); coordinamento generale e direzione scientifica, L. Berti.

Glück, 1908
Glück, *Führer durch die Gemäldegalerie. Alte Meister*, I. *Italienische, französische und spanische Schulen*, par A. Schaeffer et G. Glück, Vienne, 1908.

Gnudi, 1954
Gnudi, C., «Polemica su Giorgione», in *Scuola e Vita*, 10, 1954, p. 7.

Godefroy, 1925
Godefroy, L., «Notes sur une estampe de Nicolas Boldrini», in *L'Amateur d'Estampes*, IV, 1925, pp. 48-50.

Goffen, 1975
Goffen, R., «Icon and Vision : Giovanni Bellini's Half-Length Madonnas», in *The Art Bulletin*, LVII, 1975, pp. 487-518.

Goffen, 1989
Goffen, R., *Giovanni Bellini*, New Haven, 1989.

Goffen, 1991
Goffen, R., «Bellini's nude with mirrors», in *Venezia Cinquecento*, I, 1991, n° 2, pp. 185-199.

Goi, 1988
Goi, P., «Documenti», in C. Furlan, *Il Pordenone*, Milan, 1988, pp. 354-367.

Goldfarb, 1976
Voir exp. Venise, 1976 (2).

Goldfarb, 1984
Goldfarb, H. T., «An early masterpiece by Titian rediscovered and its stylistic implications», in *The Burlington Magazine*, CXXVI, 1984, pp. 420-423.

Goldner, 1981
Goldner, G. R., «A "Baptism of Christ", by Veronese in the Getty Museum», in *The J. Paul Getty Museum Journal*, 9, 1981, pp. 111-126.

Goldner, 1988
Goldner, G. R., with the assistance of L. Hendrix et G. Williams, *European Drawings. 1. Catalogue of the Collections. The J. Paul Getty Museum, Malibu*, Vérone, 1988.

Goldner et Hendrix, 1992
Goldner, G. R. et Hendrix, L., *European Drawings. 2. Catalogue of the Collections*, with the assistance of K. Pask, Malibu, 1992.

Golzio, 1936
Golzio, V., *Raffaello nei documenti, nelle testimonianze dei contemporanei e nella letteratura del suo secolo*, Città del Vaticano, 1936; rééd., Westmead (Farnborough, Hants.), 1971.

Gombosi, 1929
Gombosi, G., «Palma Vecchio», in *Old Master Drawings*, III, 1929, pp. 60-61.

Gombosi, 1932
Gombosi, G., «Palma, Jacopo Palma [il] Vecchio», in Thieme et Becker, *Allgemeines Lexikon der bildenden Künstler...*, XXVI, Leipzig, 1932, pp. 172-176.

Gombosi, 1933
Gombosi, G., «Piombo, fra Sebastiano del», in Thieme et Becker, *Allgemeines Lexikon der bildenden Künstler...*, XXVII, Leipzig, 1933, pp. 71-74.

Gombosi, 1935
Gombosi, G., «Palma Vecchio», in *Pantheon*, XV, 1935, pp. 185-192.

Gombosi, 1937
Gombosi, G., *Palma Vecchio*, Klassiker der Kunst, Stuttgart et Berlin, 1937.

Gombosi, 1937 (Venezianische)
Gombosi, G., «Über venezianische Bildnisse», in *Pantheon*, XIX, 1937, pp. 102-110.

Gombosi, 1943
Gombosi, G., *Moretto da Brescia*, Bâle, 1943.

Gombrich, 1976, 1986
Gombricht, E., *The Heritage of Apelles. Studies in the Art of the Renaissance*, Oxford, 1976; éd. ital., Turin, 1986.

Goncourt, 1894
Goncourt, E. et J. de, *L'Italie d'hier. Notes de voyage, 1855-56*, Paris, 1894.

Gonse, 1877
Gonse, L., «Le Musée Wicar», in *Gazette des Beaux-Arts*, XV, 1877, pp. 80-85, 386-481.

Goodgal, 1978
Goodgal, D., «The camerino o alfonso I d'Este», in *Art History*, I, 2, 1978, pp. 162-190.

Goodgal, 1987
Goodgal, D., «Titian repairs Bellini», in *Bacchanal by Titian and Rubens*, symposium in Nationalmuseum, Stockholm, 18-19 mars, 1987; éd. par G. Cavalli-Björkman, in *Nationalmusei skriftserie*, 10, 1987, pp. 17-24.

Goodman-Soellner, 1983
Goodman-Soellner, E. L., «Poetic Interpretations of the "Lady and Her Toilet" Theme in Sixteenth Century Painting», in *The Sixteenth Century Journal*, 14, 4, 1983, pp. 426-442.

Gosvdarsvtennyl Ermitaz. Odtel'zapadnoevropefskogo iskusstava. Katalog zivopisi, Leningrad et Moscou, 1958.

Gottheiner, 1965
Gottheiner, T., «Rediscovery of Old Masters at Prague Castle», in *The Burlington Magazine*, CVII, 1965, pp. 601-606.

Gotti, 1872
Gotti, A., *Le Gallerie di Firenze. Relazione al Ministro della Pubblica Istruzione in Italia*, Florence, 1872.

Gould, 1949
Gould, C., «A Tintoretto Portrait Identified», in *The Burlington Magazine*, XCI, 1949, p. 227.

Gould, 1958
Gould, C., «A Famous Titian Restored», in *The Burlington Magazine*, C, 1958, pp. 44-48.

Gould, 1959
Gould, C., *National Gallery Catalogues, The Sixteenth-Century Venetian School*, Londres, 1959.

Gould, [1962]
Voir exp. Londres, [1962].

Gould, 1963
Gould, C., «The Perseus and Andromeda and Titian's Poesie», in *The Burlington Magazine*, CV, 1963, pp. 112-117.

Gould, 1966
Gould, C., «Lorenzo Lotto and the Double Portrait», in *Saggi e Memorie di Storia dell'Arte*, 5, 1966, pp. 43-51.

Gould, 1969
Gould, C., *The Studio of Alfonso d'Este and Titian's "Bacchus and Ariadne": a Re-examination of the Chronology of the Bacchanals and of the Evolution of One of Them*, Londres, 1969.

Gould, 1969
Gould, C., «The Pala di S. Giovanni Crisostomo and the Late Giorgione», in *Arte Veneta*, XXIII, 1969, pp. 205-209.

Gould, 1975
Gould, C., *National Gallery Catalogues-The Sixteenth-Century Italian Schools*, Londres, 1975.

Gould, 1976
Gould, C., *Titian as Portraitist*, Londres, 1976.

Gould, 1976
Gould, D., *The Paintings of Correggio*, Londres, 1976.

Gould, 1977
Gould, C., «Three Titian Exhibitions», in *Master Drawings*, XV, 1977, pp. 45-48.

Gould, 1979
Gould, C., «Giorgionesque Problems in the National Gallery (with some reference to craquelure)», in *Giorgione*, Atti del Convegno Internazionale di Studio per il 5° centenario della nascita, Castelfranco Veneto, 23-31 mai 1978; Asolo, 1979, pp. 253-255.

Gould, 1990
Gould, C., «Veronese. Venere e Adone. Influssi dell'antichità e dell'Italia centrale», in *Nuovi Studi su Paolo Veronese*, Venise, 1990, pp. 285-289.

Grabski, 1981
Grabski, J., «Il rapporto fra ritratto e simbolo nella ritrattistica del Lotto», in *Lorenzo Lotto*, Atti del Convegno Internazionale di Studi per il V centenario della nascita, Asolo, 18-21 sept. 1980; éd. par P. Zampetti et V. Sgarbi, Venise, 1981, pp. 383-392.

Grabski, 1987
Grabski, J., «Rime d'amore di Paris Bordon : strutture visuali e poesia rinascimentale», in *Paris Bordon e il suo tempo*, Atti del Convegno Internazionale di Studi, Trévise, 28-30 oct. 1985; Trévise, 1987, pp. 203-211.

Grafton Galleries Catalogue, 1909-10
Voir exp. Londres, 1909-10.

Granberg, 1896
Granberg, O., *Drottning Kristinas Tafvelgalleri pa Stockholms slott och i Rom...*, Stockholm, 1896.

Granberg, 1897
Granberg, O., *La Galerie de tableaux de la Reine Christine de Suède*, Stockholm, 1897.

Grassi, 1954
Grassi, L., «Polemica su Giorgione», in *Scuola e Vita*, 8, 1954, p. 11.

Grassi, 1956
Grassi, L., *Il disegno italiano dal Trecento al Seicento*, Rome, 1956.

Grate, 1966
Voir exp. Stockholm, 1966.

Gregori, 1955
Gregori, M., « Altobello, Romanino e il Cinquecento cremonese », in *Paragone*, IV, 69, 1955, pp. 3-28.

Gregori, 1957
Gregori, M., « Altobello e Francesco Bembo », in *Paragone*, 93, 1957, pp. 16-40.

Gregori, 1978
Gregori, M. « Tiziano e l'Aretino », in *Tiziano e il Manierismo europeo*, éd. par R. Pallucchini, Florence, 1978, pp. 271-306.

Gregori, 1978
Voir exp. Florence, 1978-79.

Gregori, 1985
Voir exp. Crémone, 1985.

Gregori, 1986
Gregori, M., « Riflessioni sulla pittura bresciana della prima metà del Cinquecento », in *Pittura del Cinquecento a Brescia*, par M. Gregori, V. Guazzoni, B. Passamani, Ch. Parisio, F. Saba et G. Testori, Milan, 1986, pp. 7-16.

Grignani, 1973
Grignani, M. A., « Badoer, Filenio, Pizio : un trio bucolico a Venezia », *Studi di filologia e di letteratura italiana offerti a carlo Dionisotti*, Milan-Naples, 1973, pp. 77-115.

Grigorieva, 1982
Grigorieva, I., Kuznetsov, J., Novoselskaya, I., *Disegni dell'Europa Occidentale dall'Ermitage di Leningrado*, Florence, 1982.

Grohn, 1968
Grohn, H. W., « Bemerkungen zu zwei Bildern von Giovanni Cariani im Bode-Museum zu Berlin », in *Festschrift zu Ulrich Middeldorf*, 1968, pp. 308-313.

Gronau, 1894
Gronau, G., « Notes sur les dessins de Giorgione et des Campagnola », in *Gazette des Beaux-Arts*, XII, 1894, pp. 322-334, 433-434.

Gronau, 1895
Gronau, G., « L'Art vénitien à Londres, à propos de l'exposition de la New Gallery », in *Gazette des Beaux-Arts*, XIII, 1895, pp. 161-167, 247-264, 427-440.

Gronau, 1900, 1904
Gronau, G., *Titian*, Londres, 1900; autre éd. 1904.

Gronau, 1901
Gronau, G., « Tizian's Geburtsjahr », in *Repertorium für Kunstwissenschaft*, XXIV, 6, 1901, pp. 457-462.

Gronau, 1908
Gronau, G., « Kritische Studien zu Giorgione », in *Repertorium für Kunstwissenschaft*, XXXI, 1908, pp. 403-436, 503-521.

Gronau, 1908
Gronau, G., « Bernardini, Sebastiano del Piombo », in *Monatshefte für Kunstwissenschaft*, 1908.

Gronau, 1909
Gronau, G., *Die Künstlerfamilie Bellini*, Leipzig, 1909.

Gronau, 1911
Gronau, G., *Giorgione*, Berlin, 1911.

Gronau, 1912
Gronau, G., « Raffaello ritratto di Francesco Maria della Rovere », in *Rivista d'Arte*, VIII, 1912, pp. 52-53.

Gronau, 1921
Gronau, G., « Giorgione », in Thieme et Becker, *Allgemeines Lexicon der bildenden Künstler...*, XIV, Leipzig, 1921, pp. 86-90.

Gronau, 1930
Gronau, G., *Giovanni Bellini*, Des Meisters Gemälde, New York et Stuttgart, 1930.

Gronau, 1931
Gronau, G., « Moretto, Alessandro », in Thieme et Becker, *Allgemeines Lexicon der bildenden Künstler...*, XXV, Leipzig, 1931, pp. 140-142.

Gronau, 1936
Gronau, G., *Documenti artistici urbinati*, Florence, 1936.

Gronau, 1938
Gronau, G., « The Allendale Nativity », in *Art in America*, XXVI, 1938, pp. 95-102.

Gronau, 1949
Gronau, H. D., « Pitture veneziane in Inghilterra, 1949 », in *Arte Veneta*, III, 1949, pp. 182-184.

Grouchy, 1894
Grouchy, vicomte de, « Everhard Jabach, collectionneur parisien (1695) », in *Mémoires de l'Histoire de Paris et de l'Ile de France*, XXI, 1894, pp. 1-76.

Grüber et Spielmann, 1894-95
Voir exp. Londres, 1894-95.

Gruyer, 1897
Gruyer, G., *L'art ferrarais*, 2 vol., Paris, 1897.

Gualandi, 1844-1856
Gualandi, M., *Nuova Raccolta di Lettere*, 3 vol., Bologne, 1844-1856.

Guarino, 1991
Voir exp. Rome, 1991 (*Guercino*).

Guazzoni, 1981
Guazzoni, V., *Moretto. Il tema sacro*, Brescia, 1981.

Guazzoni, 1983
Guazzoni, V., « L'iconografia di san Francesco comme "alter Christus" in area bresciana », in *Il Francescanesimo in Lombardia. Storia e arte*, Milan, 1983, pp. 217-231.

Guazzoni, 1983
Voir exp. Londres, 1983-84.

Guillaume, 1980
Guillaume, M., *Catalogue raisonné du Musée des Beaux-Arts de Dijon. Peintures italiennes*, Dijon, 1980.

Günther-Troche, 1934
Günther-Troche, E., « Giovanni Cariani », in *Jahrbuch der Preussischen Kunstsammlungen*, 1934, pp. 97-125.

Haar, 1979-80
Haar, J., « Music in 16th-century Florence and Venice : some points of comparison and contrast », in *Florence and Venice : Comparisons and Relations*, Acts of two Conferences at Villa I Tatti, sept. 1976 et sept. 1977; 2 vol., I, *Quattrocento*, II, *Cinquecento*, Florence, 1979-80; II, pp. 267-284.

Habert, 1990
Voir exp. Venise, 1990 (1) et Washington, 1990-91.

Habert, 1991
Voir exp. Tokyo, 1991.

Habert, 1992
Habert, J., in *La peinture au Louvre. 100 chefs-d'œuvre présentés par les conservateurs du Louvre*, Paris, 1992.

Hadeln, 1907
Hadeln, D. von, « Domenico Campagnola and the "Concert" in the Pitti », in *Sitzungsberichte d. Kunstgesch. Ges. Berlin*, 9, 1907, pp. 52 et ss.

Hadeln, 1910
Hadeln, D. von, « Sansovinos Venetia als Quelle für die Geschichte der venezianischen Malerei », in *Jahrbuch der Königlichen Preussischen Kunstsammlungen*, 1910, XXXI, pp. 149-158.

Hadeln, 1911
Hadeln, D. von, « Tizians Bildnis der Laura de' Dianti in Modena », in *Münchner Jahrbuch der Bildenden Kunst*, VII, 1911, pp. 65-72.

Hadeln, 1911 (1)
Hadeln, D. von, *Italienische Forschungen des Kunsthistorischen Institutes in Florenz. Archivalische Beiträge zur Geschichte der venezianischen Kunst aus dem Nachlass G. Ludwigs* (éd. W. Bode, G. Gronau, D. von Hadeln), Berlin, 1911.

Hadeln, 1911 (2)
Hadeln, D. von, « Caliari, Benedetto, Carlo, Gabriele, Paolo » et « Campagnola, Domenico », in Thieme et Becker, *Allgemeines Lexicon der bildenden Künstler...*, V, Leipzig, 1911, pp. 390-397, 449-451.

Hadeln, 1911
Hadeln, D. von, « Cariani, Giovanni », in Thieme et Becker, *Allgemeines Lexicon der bildenden Künstler...*, V, Leipzig, 1911, pp. 594-596.

Hadeln, 1912
Hadeln, D. von, « Catena », in Thieme et Becker, *Allgemeines Lexicon der bildenden Künstler...*, VI, Leipzig, 1912, pp. 182-183.

Hadeln, 1913
Hadeln, D. von, « Über Zeichnungen der früheren Zeit Tizians », in *Jahrbuch der Königlich Preussischen Kunstsammlungen*, 34, 1913, pp. 224-250.

Hadeln, 1914, 1924
Voir Ridolfi, 1648.

Hadeln, 1915
Hadeln, D. von, « Veronese und Zelotti », in *Jahrbuch der Königlich Preussischen Kunstsammlungen*, 36, 1915, pp. 97-218.

Hadeln, 1923
Hadeln, D. von, « Drawings by Palma Vecchio », in *The Burlington Magazine*, XLII, 1923, pp. 168-173.

Hadeln, 1924 (1)
Hadeln, D. von , *Zeichnungen des Tizians*, Berlin, 1924.

Hadeln, 1924 (2)
Hadeln, D. von, « Two Portraits by Paolo Veronese », in *The Burlington Magazine*, XLV, 1924, pp. 209-210.

Hadeln, 1924 (3)
Hadeln, D. von, « A Self-Portrait by Tintoretto », in *The Burlington Magazine*, XLIV, 1924, p. 93.

Hadeln, 1925 (1)
Hadeln, D. von, *Venezianische Zeichnungen des Quattrocento*, Berlin, 1925.

Hadeln, 1925 (2)
Hadeln, D. von, *Venezianische Zeichnungen der Hochrenaissance*, Berlin, 1925.

Hadeln, 1926 (1)
Hadeln, D. von, *Venezianische Zeichnungen der Spätrenaissance*, Berlin, 1926.

Hadeln, 1926 (2)
Hadeln, D. von, « Some Paintings and Drawings by Tintoretto », *The Burlington Magazine*, XLVIII, 1926, pp. 115-116.

Hadeln, 1927
Hadeln, D. von, *Titian's Drawings*, Londres, 1927.

Hadeln, 1928
Hadeln, D. von, « Two Unknown Works by Titian », in *The Burlington Magazine*, LIII, 1928, pp. 55-57.

Hadeln, 1929
Hadeln, D. von, « Die Vorgeschichte von Tintorettos Paradies im Dogenpalast », in *Jahrbuch der Preussischen Kunstsammlungen*, 50, 1929, pp. 119-125.

Hadeln, 1933
Hadeln, D. von, *Meisterzeichnungen aus der Sammlung F. Koenigs, Venezianische Meister*, Francfort, 1933.

Hahn, 1946
Hahn, H., *The Rape of La Belle*, Kansas (Miss.), 1946.

Hamill, 1947
Hamill, « Letters to the Editor », in *The Art Bulletin*, XXIX, 1947, p. 65.

Hannah, 1970
Hannah, A., *Catalogue of Italian Paintings, with which is included a small group of Spanish pictures. Illustrations*, Art Gallery and Museum Glasgow, 1970.

Hannah, 1971
Hannah, A., « "Head of a man" by Giorgio da Castelfranco, called Giorgione », in *Scottish Art Review*, XIII, 1971, pp. 17-19.

Harck, 1894
Harck, F., « Austellungen und Versteigerungen Burlington Fine Arts Club, London », in *Repertorium für Kunstwissenschaft*, XVII, 1894, pp. 312-319.

Harck, 1896
Harck, H., « Notizien über italienische Bilder in Petersburger Sammlungen », in *Repertorium für Kunstwissenschaft*, XIX, 1896, pp. 413-436.

Harprath, 1977
Voir exp. Munich, 1977.

Harprath, 1983
Voir exp. Munich, 1983.

Harprath, 1990
Voir exp. Venise, 1990 (I).

Hartlaub, 1925
Hartlaub, G. F., *Giorgiones Geheimnis, ein kunstgeschichtlicher Beitrag zur Mystik der Renaissance*, Munich, 1925.

Hartlaub, 1927
Hartlaub, G. F., « Giorgione und der Mythos der Akademien », in *Repertorium für Kunstwissenschaft*, XLVIII, 1927, pp. 233-257.

Hartlaub, 1941
Hartlaub, G. F., « Antike Wahrsagungsmotive in Bildern Tizians », in *Pantheon*, XI, 1941, pp. 250-253.

Hartlaub, 1951
Hartlaub, G. F., *Zauber des Spiegels, Symbolik und Geschichte des Spiegels in der bildenden Kunst*, Munich, 1951.

Hartlaub, 1953-54
Hartlaub, G. F., « Zu den Bildmotiven des Giorgione », in *Zeitschrift für Kunstwissenschaft*, 7-8, 1953-54, pp. 57 et ss.

Hartlaub, 1954
Hartlaub, G. F., « Zu den Bildmotiven des Giorgione », in *Zeitschrift für Kunstwissenschaft*, 7-8, 1953-54, pp. 57-84.

Hartlaub, 1957
Hartlaub, G. F., « La cristallomancienne du Titien », in *Le Bulletin de Parapsychologie*, janv.-fév. 1957, pp. 14-23.

Hartlaub, 1960
Hartlaub, G. F., « Giorgione im graphischen Nachbild », in *Pantheon*, XVIII, 1960, pp. 76-85.

Hartt, 1958
Hartt, F., *Giulio Romano*, New Haven, 1958.

Hartt, 1970
Hartt, F., *History of Italian Renaissance Art*, Londres, 1970; 2ᵉ éd., New York, 1979.

Haskell, 1971
Haskell, F., « Giorgione's *Concert champêtre* and its admirers », in *Journal of the Royal Society for the encouragement of Arts, Manufactures and Commerce*, 1971, pp. 543-555; rééd. in F. Haskell, *Past and Present in Art and Taste Selected Essays*, New Haven et Londres, 1987, pp. 141-153; trad. ital. in *Arte Illustrata*, VI, 1973, pp. 369-376.

Haskell, 1989
Haskell, F., « Charles I's Collection of Pictures », in *The Late King's Goods. Collections, Possessions and Patronage of Charles I in the Light of the Commonwealth Sale Inventories*, éd. par A. Macgregor, Londres et Oxford, 1989, pp. 203-231.

Haug, 1938
Haug, H., *Musée des Beaux-Arts de la ville de Strasbourg. Catalogue des peintures*, Strasbourg, 1938.

Hausmann Catalogue, 1931
Verzeichniss der Hausmann'schen Gemälde-Sammlung in Hannover, Brunswick, 1831.

Hautecœur, 1926
Hautecœur, L., *Musée national du Louvre. II. École italienne et école espagnole*, Paris, 1926.

Hautecœur, 1927
Voir Hautecœur, 1926.

Haverkamp Begemann, 1957
Haverkamp Begemann, E., *Viif Eeuwen Tekenkunst. Tekeningen van Europese Meesters in het Museum Boymans te Rotterdam*, Rotterdam, 1957.

Haverkamp Begemann et Scharp, 1964
Voir exp. New Haven, 1964.

Heinecken, 1789
Heinecken, K.-H. von, *Dictionnaire des artistes dont nous avons des estampes...*, 4 vol., Leipzig, 1778-1790; III, 1789.

Heinemann, 1928
Heinemann, F., *Tizian, die zwei ersten Jahrzehnte seiner Kunstlerischen Entwicklung, Inauguraldissertation....*, Université de Munich, 1928.

Heinemann, 1958
Heinemann, *Sammlung Schloss Rohoncz*, Lugano, 1958.

Heinemann, 1962
Heinemann, F., *Giovanni Bellini e i Belliniani, Saggi e memorie di storia dell'Arte*, 6, 2 vol., Venise [1962].

Heinemann, 1966
Heinemann, F., « Europäische Malerei des 16. Jahrhunderts », in *Kunstchronik*, 19, 1966, pp. 85-95.

Heinemann, 1967
Heinemann, F., « Palma il Vecchio », in *Kindlers Malerei Lexikon*, IV, Zurich, 1967.

Heinemann, 1969
Heinemann, F., *The Thyssen-Bornemisza Collection*, Lugano-Castagnola, 1969.

Heinemann, 1991
Heinemann, F., *Giovanni Bellini e i Belliniani, III, Supplemento e Ampliamenti*, Hildesheim, Zurich, New York, 1991.

Held, 1961
Held, J. S., « Flora, Goddess and Courtesan. Die Artibus Opuscola X 2 », in *Essays in Honor of Erwin Panofsky*, éd. par M. Meiss, New York, 1961, pp. 201-218.

Hendy, 1954
Hendy, Ph., « More about Giorgione's "Daniel and Susannah" at Glasgow », in *Arte Veneta*, VIII, 1954, pp. 167-171.

Hendy, 1964
Hendy, Ph., *Some Italian Renaissance Pictures in the Thyssen-Bornemisza Collection*, Lugano, 1964.

Hermanin, 1925
Hermanin, F., *Inventario di stima per l'acquisto della Galleria Spada da parte dello Stato italiano*, Ms., Archivio della Soprintendenza alle Gallerie di Roma, 12 sept. 1925.

Hermanin, 1931
Hermanin, F., « Zur Wiederöffnung der Gemäldegalerie im Palazzo Spada », in *Pantheon*, VIII, 1931, pp. XLI-XLII.

Hermanin, 1933
Hermanin, F., *Il mito di Giorgione*, Spolète, 1933.

Hermanin, 1948
Hermanin, F., *Il palazzo di Venezia*, Rome, 1948.

Herrmann Fiore, 1990
Voir exp. Venise, 1990 (I).

Hervey, 1921
Hervey, M., *The Life of Thomas Howard, Earl of Arundel*, Cambridge, 1921.

Hetzer, 1920
Hetzer, T., *Die frühen Gemälde des Tizians*, Bâle, 1920.

Hetzer, 1926, 1940
Hetzer, T., « Vecellio, Tiziano », in Thieme et Becker, *Allgemeines Lexicon der bildenden Künstler...*, Leipzig, XXXIV, 1926; 1940, pp. 158-172.

Hetzer, 1929
Hetzer, T., *Das deutsche Element in der italienischen Malerei des sechzehnten Jahrhunderts*, Berlin, 1929.

Hetzer, 1935
Hetzer, T., *Tizian : Geschichte seiner Farbe*, Francfort, 1935; autres éd. 1948, 1969.

Hetzer, 1940
Hetzer, T., « Vecellio, Tiziano », in Thieme et Becker, *Allgemeines Lexikon der Bildenden Künstler...*, XXIV, Leipzig, 1940, pp. 158-168.

Hetzer, 1957
Hetzer, T., « Tizians Bildnisse », in *Aufsätze und Vorträge*, I, Leipzig, 1957, pp. 43-74.

Hetzer, 1985
Hetzer, T., *Venezianische Malerei, von ihren Anfängen bis zum Tode Tintorettos, Schriften Theodor Hetzers*, VIII, éd. par G. Berthold, Stuttgart, 1985, pp. 320, 487-498.

Heydenreich et Passavant, 1975
Heydenreich, L. U. et Passavant, G., *Italienische Renaissance, Die grossen Meister in der Zeit von 1500-1540*, Munich, 1975; éd. fr., *Le temps des Génies. Renaissance italienne 1500-1540*, Paris, 1974; éd. ital., Milan, 1975.

Hibbard, 1980
Hibbard, H., *The Metropolitan Museum of Art*, Londres, 1980.

Hind, 1913
Hind, A., « Marcantonio Raimondi (1480 [?] - 1530 [?]) », in *The Print Collector's*, 3, 1913, pp. 243-276.

Hind, 1948
Hind, A., *Early Italian Engravings. A critical catalogue with complete reproductions for all the prints described*, II, vol. V (texte), VII (planches), Londres, 1948.

Hirst, 1979
Hirst, M., « The Kingston Lacy "Judgment of Solomon" », in *Giorgione*, Atti del Convegno Internazionale di Studio per il 5ᵒ centenario della nascita, Castelfranco Veneto, 23-31 mai 1978; Asolo, 1979, pp. 257-262.

Hirst, 1981
Hirst, M., *Sebastiano del Piombo*, Londres, 1981.

Hirst, 1983
Voir exp. Londres, 1983-84.

Hirt, 1830
Hirt, A., *Kunstbermerkungen*, Berlin, 1830.

Hirth, 1898
Hirth, H., *Marcanton und sein Stil. Eine kunstgeschichtliche Studie*, Ph. D. Dissertation, Leipzig et Munich, 1898.

Hoffman, 1984
Hoffman, J., « Giorgione's "Three ages of man" », in *Pantheon*, XLII, 1984, pp. 238-244.

Holbertson, 1985-86
Holbertson, P., « La Bibliotechina e la Raccolta d'Arte di Zuanantonio Venier », in *Atti dell'Istituto Veneto di Scienze, Lettere ed Arti*, CXLIV, 1985-86, pp. 173-193.

Holmes, 1909
Holmes, C. J., « The School of Giorgione at the Grafton Galleries », in *The Burlington Magazine*, XVI, 1909, pp. 72-74.

Holmes, 1923
Holmes, C. J., « "Giorgione" Problems at Trafalgar Square. I » et « [...]. II », in *The Burlington Magazine*, XLII, 241, 1923, pp. 169-181; 242, 1923, pp. 230-239.

Hood et Hope, 1977
Hood, W. et Hope, Ch., « Titian's Vatican Altarpiece and the Pictures underneath », in *The Art Bulletin*, LIX, 4, 1977, pp. 534-552.

Hope, 1971
Hope, Ch., « The "Camerini d'Alabastro" of Alfonso d'Este. I » et « [...]. II », in *The Burlington Magazine*, CXIII, 824, 1971, pp. 641-650, et 825, pp. 712-721.

Hope, 1977
Hope, C., « A Neglected Document about Titian's "Danae" in Naples » in *Arte Veneta*, XXX, 1977, pp. 188-189.

Hope, 1980
Hope, Ch., « Tiziano nelle Gallerie fiorentine », in *The Burlington Magazine*, CXXII, 932, 1980, p. 772.

Hope, 1980 (1)
Hope, Ch., « Problems of Interpretation. Titian's Erotic Paintings », in *Tiziano e Venezia*, Atti del Convegno Internazionale di Studi, Venise, 1976; Vicence, 1980, pp. 111-124.

Hope, 1980 (2)
Hope, Ch., *Titian*, Londres, 1980.

Hope, 1981
Voir exp. Londres, 1981-82.

Hope, 1983-84
Voir exp. Londres, 1983-84.

Hope, 1987
Hope, Ch., « The Camerino d'Alabastro. A reconsideration of the evidence », in *Bacchanal by Titian and Rubens*, symposium in Nationalmuseum, Stockholm, 18-19 mars, 1987; éd. par G. Cavalli-Björkman, in *Nationalmusei skriftserie*, 10, 1987, pp. 25-42.

Hope, 1988
Hope, Ch., « La produzione pittorica di Tiziano per gli Asburgo », in *Venezia e la Spagna*, Milan, 1988.

Hope, 1990
Voir exp. Venise, 1990 (1).

Horb, 1956
Horb, F., *Zu Vincent Sellaers Ekletismus*, Stockholm, 1956.

Hornig, 1976 (1)
Hornig, C., *Cavazzola*, Munich, 1976.

Hornig, 1976 (2)
Hornig, C., « Giorgiones Spätwerk », in *Annali della Scuola Normale Superiore di Pisa*, VI, 3, 1976, pp. 877-927.

Hornig, 1980
Hornig, C., « Unterzeichnungen Giorgiones », in *Pantheon*, XXXVIII, 1980, pp. 46-49.

Hornig, 1984
Hornig, C., « Technische Gemäldeuntersuchungen : Giorgione-Unterzeichnungen entdeckt », in *Pantheon*, XLII, 1, 1984, pp. 94-95.

Hornig, 1987
Hornig, C., *Giorgiones Spätwerk*, Munich, 1987.

Hours, 1955
Hours, M., « Examen sommaire fait au Laboratoire d'études scientifiques de la peinture du musée du Louvre sur le tableau de Giorgione : "Le Concert champêtre" », in *Bollettino d'arte*, XL, 1955, p. 310.

Hours, 1964
Hours, M., *Les Secrets des chefs-d'œuvre*, Paris, 1964; éd. ital., 1989.

Hours, 1968
Hours, M., « Titien. Portrait d'une femme à sa toilette », in *Bulletin du Laboratoire du musées du Louvre*, 12, 1968, pp. 52-53.

Hours, 1976
Hours, M., « Contributions à l'étude de quelques œuvres du Titien », in *Laboratoire de Recherche des Musées de France*, Annales, 1976, pp. 7-31.

Hourticq, 1914
Hourticq, L., « Promenades au Louvre. Le "Concert Champêtre" », in *La Revue de l'art ancien et moderne*, XXXVI, 1914, pp. 81-100.

Hourticq, 1919
Hourticq, L., *La Jeunesse de Titien*, Paris, 1919.

Hourticq, 1923
Hourticq, L., « Promenades au Louvre, Sebastiano del Piombo », in *La Revue de l'art ancien et moderne*, XLIII, 1923, pp. 341-352.

Hourticq, 1930
Hourticq, L., *Le Problème de Giorgione*, Paris, 1930.

Hourticq, 1935
Hourticq, L., « L'Art italien à Paris : au Petit Palais et au Jeu de Paume », in *La Revue de l'art ancien et moderne*, LXVIII, 1935, pp. 15-34.

Hübner, 1880
Hübner, J., *Catalogue de la Galerie Royale de Dresde*, trad. et revu par Ch. Sevin, Dresde, 1880.

Hugelshofer, 1933
Hugelshofer, W., « Handzeichnungen alter Meister im Kunsthaus Zürich », in *Pantheon*, XI, 1933, pp. 159-161.

Hugelshofer, 1971
Hugelshofer, W., « A propos de Giorgione », in *Studi di Storia dell'Arte in onore di Antonio Morassi*, Venise, 1971, pp. 106-110.

Huggler, 1963
Huggler, M., *Great Private Collections*, Londres, 1963.

Hulftegger, 1955
Hulftegger, A., « Notes sur la formation des collections de peintures de Louis XIV », in *Bulletin de la Société de l'Histoire de l'art français*, 1954; Paris, 1955, pp. 124-134.

Hulse, 1989
Hulse, C., « The Significance of Titian's *Pastoral Scene* », in *The J. Paul Getty Museum Journal*, 17, 1989, pp. 29-38.

Hume, 1829
Hume, A., *Notices of the Life and Times of Titian*, Londres, 1829.

Humfrey, 1982
Humfrey, P., « Cima da Conegliano a Parma », in *Saggi e Memorie di Storia dell'Arte*, 13, 1982, pp. 44-45.

Humfrey, 1983
Humfrey, P., *Cima da Conegliano*, Cambridge University Press, 1983.

Humfrey, 1986
Voir exp. Bologne, 1986.

Humfrey, 1990
Humfrey, P., in *Musei e Gallerie di Milano. Pinacoteca di Brera, Scuola veneta*, Milan, 1990.

Humfrey, 1990
Humfrey, P., « Co-ordinated Altarpieces in Renaissance Venice : the Progress of an Ideal », in *The Altarpiece in the Renaissance*, éd. par P. Humfrey et M. Kemp, Cambridge, 1990, pp. 190-211.

Humfrey, 1992
Voir exp. Venise, 1992 (*Leonardo*).

Huse, 1972
Huse, N., *Studien zu Giovanni Bellini*, Berlin et New York, 1972.

Hüttinger, 1959
Hüttinger, E., *La peinture vénitienne*, Lausanne, 1959.

Incerpi, 1978
Voir exp. Florence, 1978-79.

Ingersoll-Smouse, 1923
Ingersoll-Smouse, F., « A propos de trois tableaux du Titien », in *Gazette des Beaux-Arts*, LXV, II, 1923, pp. 282-286.

Ingersoll-Smouse, 1927
Ingersoll-Smouse, F., « L'Œuvre peint de Paul Véronèse en France », in *Gazette des Beaux-Arts*, LXIX, II, 1927, pp. 211-235.

Ingersoll-Smouse, 1928
Ingersoll-Smouse, F. « L'Œuvre peint de Paul Véronèse en France », in *Gazette des Beaux-Arts*, LXX, II, 1928, pp. 25-48.

Inghirami, 1828
Inghirami, F., *L'imp. e Reale Palazzo Pitti, descritto da Cav. Francesco Inghirami*, Fiesole, 1828.

Inv. Ms. Morel d'Arleux
Voir Morel d'Arleux.

Italian Art..., 1960
Voir exp. Londres, 1960.

Ivanoff, 1975
Ivanoff, N., « Disegni veneti nei musei di Rennes e Orléans », in *Arte Veneta*, XXIX, 1975, pp. 187-190.

Jacob, 1980
Voir exp. Brunswick, 1980.

Jacobs, 1922
Jacobs, E., in *Kunstchronik und Kunstmarkt*, 1922, p. 423.

Jacobs, 1925
Jacobs, E., « Das Museo Vendramin und die Sammlung Reynst », in *Repertorium für Kunstwissenschaft*, XLVI, 1925, pp. 15-38.

Jacobsen, 1897
Jacobsen, E., « Versteigerung der Galerie Manfrin », in *Repertorium für Kunstwissenschaft*, XX, 1897, pp. 335-340.

Jacobsen, 1899
Jacobsen, E., « Bilderbenennungen in Venedig », in *Repertorium für Kunstwissenschaft*, XXII, 1899, pp. 341-363.

Jacobsen, 1902
Jacobsen, E., « Italienischen Gemälde im Louvre », in *Repertorium für Kunstwissenschaft*, XXV, 1902, pp. 178-197.

Jaffé, 1962
Jaffé, M., « Italian Drawings from Dutch Collections », in *The Burlington Magazine*, CIV, 1962, pp. 231-238.

Jaffé, 1966
Jaffé, M., *Van Dyck's Antwerp Sketchbook*, 2 vol., Londres, 1966.

Jaffé, 1976
Voir exp. Cambridge, 1976-77.

Jaffé, 1983
Voir exp. Londres, 1983-84.

Jaffé, 1987
Voir exp. Alexandria (Virginie), 1987.

Jaffé et Groen, 1987
Jaffé, M. et Groen, K., « Titian's Tarquin and Lucretia in the Fitzwilliam », in *The Burlington Magazine*, CXXIX, 1987, pp. 162-172.

Jameson, 1838
Jameson, A., *The diary of an ennuyée* (3ᵉ éd.), Londres, 1838.

Jameson, 1842
Jameson, A., *A Handbook to the Public Galleries of Art in and near London*, 2 vol., Londres, 1842.

Janitschek, 1882
Janitschek, H., « Pest. Nationalgalerie, "Berichte und Mitteilungen aus Sammlungen und Museen, über staatliche Kunstpflege und Restaurationen, neue Funde" », in *Repertorium für Kunstwissenschaft*, V, 1882, pp. 80-83.

Jarvis, 1957
Jarvis, A., *The National Gallery of Canada. Catalogue of Paintings and Sculptures. Other Schools*, Ottawa, 1957.

Jean-Richard, 1965
Voir exp. Paris, 1965-66 (2).

Joannides, 1990
Joannides, P., «On some Borrowings and non-Borrowings from Central Italian and Antique Art in the Work of Titien c. 1510-c. 1550», in *Paragone*, XLI, 487, 1990, pp. 21-45.

Joannides, 1991
Joannides, P., «Titian's "Daphnis and Chloe": a search for the subject of a familiar masterpiece», in *Apollo*, CXXXIII, 352, 1991, pp. 374-382.

Jones et Penny, 1983
Jones, R. et Penny, N., *Raphael*, New Haven et Londres, 1983.

Joppi, 1892
Joppi, V., *Contributo terzo alla storia dell'arte nel Friuli ed alla vita dei pittori e intagliatori friulani*, Venise, 1892.

Jouin, 1883
Jouin, H., *Conférences de l'Académie Royale de Peinture et de Sculptures, recueillies, annotées et précédées d'une étude sur les artistes écrivains*, Paris, 1883.

Jullian, 1960
Jullian, R., *Caravage*, Lyon et Paris, 1961.

Justi, 1889
Justi, K., «Verzeichnis der früher in Spanien befindlichen jetzt verschollenen oder ins Ausland gekommenen Gemälde Tizians», in *Jahrbuch der Königlich Preussischen Kunstsammlungen*, X, 1889, pp. 181-186.

Justi, 1899
Justi, K., «Laura de' Dianti», in *Jahrbuch der Königlich Preussischen Kunstsammlungen*, XX, 1899, pp. 183-192.

Justi, 1908
Justi, L., *Giorgione*, 2 vol., Berlin, 1908.

Justi, 1913
Justi, L., «Lionello Venturi über Giorgione», in *Monatshefte für Kunstwissenschaft*, 6, 1913, pp. 391-400.

Justi, 1926
Justi, L., *Giorgione*, 2 vol., Berlin, 1926 (2ᵉ éd.).

Justi, 1927-28
Justi, L., «Giorgione oder Campagnola», in *Zeitschrift für bildende Kunst*, LXI, 1927-28, pp. 79-84.

Justi, 1936
Justi, L., *Giorgione*, 2 vol., Berlin, 1936 [Neuausgabe mit einem Nachwort des Verfassers].

Justi, 1955
Justi, L., *Meisterwerke der Dresdner Galerie, ausgestellt in der National-Galerie, Anregungen zu genauem Betrachten*, Berlin, 1955.

Kahr, 1966
Kahr, M., «Titian's Old Testament Cycle», in *Journal of the Warburg and Courtauld Institutes*, 1966, pp. 202-205.

Kahr, 1966
Kahr, M., «Titian, the "Hypnerotomachia Poliphili" Woodcuts and Antiquity», in *Gazette des Beaux-Arts*, LXVII, 1966, pp. 119-127.

Kákay Szabó, 1960
Kákay Szabó, G., «Giorgione o Tiziano?», in *Bollettino d'Arte*, XLV, 4, 1960, pp. 320-324.

Karling, 1965
Karling, S., «Girolamo Marrettis Barettsmycke. Kring en målning i Nationalmuseum ur drottning Kristinas samling», in *Konsthistorisk tidskrift*, XXXIV, 1965, pp. 42-59.

Karpinski, 1976
Karpinski, C., «Some Woodcuts after Early Designs of Titian», in *Zeitschrift für Kunstgeschichte*, XXXIX, 1976, pp. 258-274.

Karpinski, 1977
Karpinski, C., «D. Rosand - M. Muraro, Titian and the Venetian Woodcut», in *The Art Bulletin*, IV, 1977, pp. 637-641.

Katalog der zur Fideikommiss-Galerie des Gesamthauses Braunschweig und Lüneburg gehörigen Sammlung von Gemälden und Skulpturen im Provinzial-Museum [...] zu Hannover, Hanovre, 1905.

Katalog der ausgestellten Werke, Gemäldegalerie. Alte Meister. Dresden, Dresde, 1983.

Katalog der Gemäldegalerie, Führer durch die Kunsthistorischen Sammlungen in Wien, nº 8, éd. par L. Baldass, E. H. Buschbeck, G. Glück et J. Wilde, Vienne, 1928.

Katalog der Gemäldegalerie, Führer durch die Kunsthistorischen Sammlungen in Wien, nº 8, éd. par L. Baldass, E. H. Buschbeck, J. A. Graf Raczynski et J. Wilde, Vienne, 2ᵉ éd., Vienne, 1938.

Katalog der Gemäldegalerie, Vienne, 1960, 1965
Katalog der Gemäldegalerie, Vienne, 1960, I, *Italiener, Spanier, Franzosen, Engländer*, éd. par G. Heinz, F. Klauner, 1960, 2 vol., Vienne, 2ᵉ éd. 1965.

Kauffmann, 1973
Kauffmann, J., *Victoria and Albert Museum Catalogue of Foreign Paintings*, vol. I., Londres, 1973.

Keller, 1960
Keller, H., *Die Kunstlandschaften Italiens*, Munich, 1960.

Keller, 1969
Keller, A., *Tizians poesie für König Philipp II von Spanien*, Wiesbaden, 1969.

Kennedy, 1956
Kennedy, R. W. «Tiziano in Roma», in *Il mondo antico nel Rinascimento*, Florence, 1956, pp. 237-243.

Kennedy, 1963
Kennedy, R. Wedgwood, *Novelty and Tradition in Titian's Art*, The Katharine Asher Engel Lectures, Northampton (Mass.), 1963.

Kenyon Cox, 1913
Kenyon Cox, «On certain portraits generally ascribed to Giorgione», in *Art in America*, 1913, pp. 115 et ss.

Keyes, 1976
Keyes, G. S., «A New Titian's Drawing», in *Arte Veneta*, XXX, 1976, pp. 167-172.

Kieslinger, 1934-1937
Kieslinger, F., «Tizian Zeichnungen», in *Belvedere*, XII, 1934-1937, pp. 170-174.

Kieslinger, 1938-43
Kieslinger, F., «Gedanken zu einem neuanfgefundenen Giorgione-Bild», in *Belvedere*, XIII, 1-4, 5-8, pp. 1938-43, pp. 61-66.

Klauner, 1955
Klauner, F., «Zur Symbolik von Giorgiones "Drei Philosophen"», in *Jahrbuch der Kunsthistorischen Sammlungen in Wien*, 51, 1955, pp. 145-168.

Klauner, 1958
Klauner, F., «Venezianische Landschaftsdarstellungen von Jacopo Bellini bis Tizian», in *Jahrbuch der Kunsthistorischen Sammlungen in Wien*, 54, 1958, pp. 121-150.

Klauner, 1960
Klauner, F., *Katalog der Gemäldegalerie*, I, Vienne, 1960.

Klauner, 1978
Klauner, F., *Die Gemäldegalerie des Kunsthistorischen Museums in Wien*, Vienne, 1978; 2ᵉ éd., Vienne, 1981.

Klauner, 1979
Klauner, F., «Über die Wertschätrung Giorgiones», in *Giorgione*, Atti del Convegno Internazionale di Studi per il 5º centenario della nascita, Castelfranco Veneto, 29-31 mai, 1978; Asolo, 1979, pp. 263-268.

Klein, 1967
Klein, R., «Die Bibliothek von Mirandola und das Giorgione zugeschriebene "Concert champêtre"», in *Zeitschrift für Kunstgeschichte*, XXX, 1967, pp. 199-206; rééd. in R. Klein, *La Forme et l'intelligence*, Paris, 1970; éd. ital., Turin, 1975, pp. 200-211.

Klibansky, Panofsky et Saxl, 1964
Klibansky, R., Panofsky, E. et Saxl, F., *Saturn and Melancoly*, Édimbourg, 1964; éd. ital., Turin, 1983.

Klinge, 1991
Voir exp. Anvers, 1991.

Knab, 1984
Knab, E., «Appunti su alcuni disegni Veneziani dell'Albertina», in *Interpretazioni Veneziane*, Studi di Storia dell'Arte in onore di Michelangelo Muraro, éd. par D. Rosand, Venise, 1984, pp. 411-418.

Knab, Mitsch et Oberhuber, 1983
Knab, E., Mitsch, E. et Oberhuber, K., *Raphael. Die Zeichnungen*, avec la collaboration de S. Ferino Pagden, Stuttgart, 1983.

Knackfuss, 1898
Knackfuss, K., *Tizian*, Bielefeld et Leipzig, 1898.

Köpl, 1889
Köpl, K., «Urkunden, Alten Registers und Inventare aus dem K.K. Statthalterei-Archiv in Prag», *Jahrbuch der Kunsthischen Sammlungen der Allerhöchsten Kaiserhause*, X, 1889, pp. CXXXII et ss.

Korn, 1897
Korn, W., *Tizians Holzschnitte*, Breslau, 1897.

Koschatzky, 1972
Voir exp. Munich, 1972.

Kossoff, 1963
Kossoff, F., «A New Book on Romanino», in *The Burlington Magazine*, CV, 1963, pp. 72-77.

Krafft, 1837, 1849
Krafft, A., *Verzeichnis der kais. kön. Gemälde-Gallerie im Belvedere*, Vienne, 1837; 3ᵉ éd. 1849; 5ᵉ éd. 1855.

Krafft, 1854
Krafft, K., *Historisch-Kritischer Katalog der K. Gemäldegalerie im Belvedere zu Wien*, Vienne, 1854.

Kristeller, 1905
Kristeller, P., *Kupferstich und Holzschnitt in vier Jahrhunderten*, Berlin, 1905.

Kristeller, 1906
Kristeller, P., *Il Trionfo della Fede*, Berlin, 1906.

Kristeller, 1907
Kristeller, P., *Giulio Campagnola. Kupferstiche und Zeichnungen*, Berlin, 1907.

Kristeller, 1912
Kristeller, P., «Carpi, Ugo da», in Thieme et Becker, *Allgemeines Lexicon der bildenden Künstler...*, VI, Leipzig, 1912, pp. 47-49.

Krumrine, 1981
Krumrine, M.L., «Alcune osservazioni sulle radiografie del "Concerto campestre"», in *Antichità viva*, XX, 1981, nº 3, pp. 5-9.

Kugler, 1847
Kugler, F., *Handbuch der Geschichte der Malerei* (Berlin, 1838); 2ᵉ éd., Berlin, 1847

Kultzen et Eikemeir, 1971
Kultzen, R. et Eikemeir, P., *Katalog der Venezianischen Gemälde des 15. und 16. Jahrhunderts, Bayerische Staatsgemäldesammlungen*, Munich, 1971.

Kultzen, 1987
     Kultzen, « Relazioni fra Paris Bordon e
     Christoph Amberger », in *Paris Bordon e il suo
     tempo, Atti del convegno internazionale di Studi*,
     Trévise, 28-30 oct. 1985; Trévise, 1987,
     pp. 79-157.
Künstler, 1966
     Künstler, G., « Landschaftsdarstellung und
     religiöses Weltbild in der Tafelmalerei der
     Übergangsepoche um 1500 », in *Jahrbuch der
     Kunsthistorischen Sammlungen in Wien*, 62, 1966,
     pp. 103-156.
Kurth, 1926-27
     Kurth, B., « Über ein verschollenes Gemälde
     Tizians », in *Zeitschrift für bildende Kunst*, LX,
     1926-27, pp. 288-293.
Kurth, 1937
     Kurth, B., « Ein Verschollenes Gemälde
     Tizians », in *Die Graphischen Künste*, II, 1937,
     pp. 139-142.

L.
     Voir Lugt, 1921, 1956
Labbé et Bicart-Sée, 1987
     Voir Arquié-Bruley, Labbé et Bicart-Sée, 1987.
Lafenestre, 1886, 1909
     Lafenestre, G., *La Vie et l'œuvre de Titien*, Paris,
     1886; 2ᵉ éd. 1909.
Lafenestre, 1896
     Lafenestre, G., *La Peinture en Europe*, Venise,
     Paris, 1896.
Lagrange, 1863
     Lagrange, L., « Catalogue des dessins de
     maîtres exposés dans la Galerie des Uffizi, à
     Florence », in *Gazette des Beaux-Arts*, XIII,
     1863, pp. 276-284.
Laing, 1988
     Laing, K, « The First ten Years. The
     Examination and conservation of paintings
     1977-1987 », in *The Hamilton Kerr Institute
     Bulletin*, 1, 1988, pp. 23-29.
Laing et Hirst, 1986
     Laing, K. et Hirst, M., « The Kingston Lacy
     Judgment of Salomon », in *The Burlington
     Magazine*, CXXVI, 1986, pp. 273-282.
Landau, 1983
     Voir exp. Londres, 1983-84.
Landon, 1803
     Landon, C. P., *Annuaire du musée*, Paris, 1803.
Landon, 1824
     Landon, C. P., *Annales du Musée ou Recueil
     complet de Gravures...*, Écoles Italiennes, IV,
     Paris, 1824
Langton Douglas, 1948
     Langton Douglas, R., « The date of Titian's
     Birth », in *The Art Quarterly*, XI, 1948,
     pp. 144-152.
Langton Douglas, 1949
     Langton Douglas, R. « Giorgione's later
     period », in *The Connoisseur*, CXXIV, sept.
     1949, pp. 3-7.
Langton Douglas, 1950
     Langton Douglas, R., « Some Early Works of
     Giorgione », in *The Art Quarterly*, XIII, 1950,
     pp. 23-33.
Lanzi, 1796
     Lanzi, *Storia pittorica della Italia*, II, Bassano,
     1795.
Lanzi, 1808, 1809
     Lanzi, *Storia pittorica della Italia*, Bassano, 1808,
     3ᵉ éd., 1809, 6 vol.; éd. par M. Capucci, 3 vol.,
     Florence, 1970.
Larcher Crosato
     Voir aussi Crosato Larcher.
Larcher Crosato, 1987
     Larcher Crosato, L., « Le origini grafiche di un
     gruppo di dipinti di Paris Bordon », in *Paris
     Bordon e il suo tempo, Atti del convegno
     internazionale di Studi*, Trévise, 28-30 oct. 1985;
     Trévise, 1987, pp. 65-69.

Laskin et Pantazzi, 1987
     Laskin et Pantazzi, *Catalogue of the National
     Gallery of Canada...*, vol. *I, 1300-1800*, Ottawa,
     1987.
Lattanzi, 1988
     Voir exp. Rome, 1988.
Lavallée, 1804-1828
     Lavallée, J., *Galerie du Musée Napoléon*, gravé
     et publié par Filhol et rédigé par J. Lavallée,
     11 vol., Paris, 1804-1828.
Lavallée, 1917
     Lavallée, P., « La Collection de dessins de
     l'École des Beaux-Arts. I », in *Gazette des
     Beaux-Arts*, XIII, 1917, pp. 265-283.
Lavallée et Huteau, 1935
     Voir exp. Paris, 1935 (2).
Lavergne-Durey, 1992
     Lavergne-Durey, V., *Chefs-d'œuvre de la peinture
     italienne et espagnole*, Lyon et Paris, 1992.
Law, 1881
     Law, E., *A Historical Catalogue of the Pictures
     in the Royal Collection at Hampton Court*,
     Londres, 1881.
Law, 1898
     Law, E., *The Royal Gallery of Hampton Court
     Illustrated*, Londres, 1898.
Layard, 1887
     Layard, A. H., *Handbook of Painting. The
     Italian Schools. Based on the Handbook of Kugler*,
     2 vol., Londres, 1887.
Layard, 1907
     Layard, A. H., *The Italian Schools of Painting
     based on the Handbook of Kugler*, 6ᵉ éd., 2 vol.,
     Londres, 1907.
Lazareff, 1941
     Lazareff, V., « A Dosso Problem », in *Art in
     America*, XXIX, 1941, pp. 128-138.
Lazzarini, 1978
     Voir exp. Castelfranco Veneto, 1978.
Lazzarini, 1983
     Lazzarini, L. « Il colore nei pittori veneziani tra
     il 1480 ed il 1580 », in *Bollettino d'Arte*,
     suppl. 5, 1983, pp. 135-144.
LBS.
     Voir Labbé, Bicart-Sée, 1987.
Le Brun, 1683
     Le Brun, C., *Inventaire des tableaux du cabinet
     du Roi*, Versailles, 1683, voir Brejon de
     Lavergnée, 1987.
Lechi, 1973-1983
     Lechi, F., *Le dimore bresciane in cinque secoli di
     storia*, 8 vol., Brescia, 1973-1983; V, 1976: *Il
     Seicento*.
Lechi et Panazza, 1939
     Voir exp. Bergame, 1939.
Le Comte, 1699-1700
     Le Comte, Fl., *Cabinet des Singularitez
     d'Architecture, Peinture, Sculpture, et Gravure*,
     3 vol., Paris, 1699-1700.
Lederer, 1906
     Lederer, S., « A Szépművészeti Múzeum oloasz
     mesterei », in *Muzeum das Mesterei Müvészet*,
     1906, pp. 272-276.
Lee, 1977
     Lee, R. W., *Names on trees, Aristo into art*,
     Princeton, 1977.
Le Febre, 1682
     Le Febre V., *Opera Selectiora quae Titianus
     Vecellius Cadubrensis et Paulus Caliari Veronensis...*,
     Venise, 1682.
Lefort, 1890
     Lefort, P., « Les Peintures de Véronèse au
     musée de Madrid », in *Gazette des Beaux-Arts*,
     XXXII, I, 1890, pp. 470-473.
Legrand, 1990
     Voir exp. Paris, 1990.
Lehninger, 1782
     Lehninger, J. A., *Abrégé de la vie des peintres
     dont les tableaux composent la Galerie Electorale
     de Dresde*, Dresde, 1782.

Leone de Castris, 1988
     Leone de Castris, P., « Indagini sul giovane
     Dosso », in *Antichità Viva*, XXVII, 1, 1988,
     pp. 3-7.
*Le Regie Gallerie dell'Accademia. Catalogo a cura
     della Direzione*, Bologne, 1924.
Lépicié, 1752, 1754
     Lépicié, F. B., *Catalogue raisonné des tableaux
     du Roy avec un abrégé de la vie des peintres*,
     Paris, 2 vol., 1752, 1754.
Leporini, 1925
     Leporini, H., *Die Stilentwicklung der
     Handzeichnung XIV. bis XVIII.*, Vienne, 1925.
Lermolieff
     Voir aussi Morelli.
Lermolieff, 1876
     Lermolieff, I, « Die Galerien Roms. I, Die
     Galerie Borghese », in *Zeitschrift für bildende
     Kunst*, XI, 1876, p. 136.
Lesser, 1926
     Lesser, E., « A Giorgione Problem », in *The
     Burlington Magazine*, XLVIII, 275, 1926, p. 12.
Levey, 1960
     Levey, M., « An Early Dated Veronese and
     Veronese's Early Work », in *The Burlington
     Magazine*, CII, 1960, pp. 105-111.
Levi, 1900
     Levi, C. A., *Le collezioni veneziane d'arte e
     d'antichità dal secolo XIV ai giorni nostri*, 2 vol.,
     Venise, 1900.
Levi, 1984
     Levi, D., « Autografia e analisi stilistica : gli
     appunti di G. G. Cavalcaselle sul Pordenone »,
     in *Il Pordenone*, Atti del convegno
     internazionale di studio, Pordenone, 1984;
     Pordenone, 1985, pp. 175-181.
Levi d'Ancona, 1977
     Levi d'Ancona, M., *The Garden of the
     Renaissance. Botanical Symbolism in Italian
     Painting*, Florence, 1977.
Levinson-Lessing, 1957
     Levinson-Lessing, V. F., *The Hermitage,
     Leningrad. Medieval and Renaissance Masters*,
     2ᵉ éd., Londres, 1957; autre éd., 1967.
Lhotsky, 1941-1945
     Lhotsky, A., « Die Geschichte der
     Sammlungen », in *Festschrift des
     Kunsthistorischen Museums zur Feier des
     Fünfzigjährigen Bestandes*, Vienne, 1941-1945.
Liberali, 1963
     Liberali, G., « Lotto, Pordenone e Tiziano a
     Treviso. Cronologie, interpretationi ed
     ambientamenti inediti », in *Memorie dell'Istituto
     veneto di scienze, lettere ed arti, Classe di Scienze
     morali e lettere*, XXXIII, 1963, pp. 1-121.
Liberali, 1981
     Liberali, G., « Gli inventari delle suppellettili
     del vescovo Bernardo de' Rossi, nell'episcopio
     di Treviso (1506-1524) », in *Lorenzo Lotto*, Atti
     del Convegno Internazionale di Studi per il V
     centenario della nascita, Asolo, 18-21 sept.
     1980; éd. par P. Zampetti e V. Sgarbi, Venise,
     1981, pp. 73-92.
Liphart, 1910
     Liphart, E., « L'Ermitage Impérial.
     Acquisitions et accrochages », in *Stary Gody*,
     janv.-mars 1910, p. 20.
Liphart, 1910
     Liphart, E., « La peinture italienne », in *Les
     anciennes écoles de peinture dans les Palais et
     Collections privées Russes représentées à
     l'exposition organisée à St-Pétersbourg en 1909 par
     la Revue d'Art Ancien "Starye Gody"*, Bruxelles,
     1910, pp. 17-39.
Liphart, 1910
     Liphart, E., « Imperatorkij Ermitaz -
     Priobretenija i pereveski [Acquisitions et
     remaniements à l'Ermitage Impérial] », in
     Starye Gody, 1910, janv., pp. 5-23.

Liphart, 1912
Lipahrt, E., *Imperatorskij Ermitaz. Kratkij katalog kartinnoj galerej. c. 1. Ital'janskaja i ispanskaja zivopis'*, Saint-Pétersbourg, 1912.

Liphart, 1916
Lipahrt, E., in *Kratjij katalog kartinnoj galerej*, Pietrograd, 1916.

Llorente Junquera, 1951
Llorente Junquera, M., «La Santa Margarita de Tiziano en el Escorial», in *Archivio español de arte*, XXIV, 1951, pp. 67-72.

Lo Bianco, 1984
Voir exp. Rome, 1984.

Locatelli, 1890
Locatelli, P., *Notizie intorno a Giacomo Palma il Vecchio ed alle sue pitture*, Bergame, 1890.

Löcher, 1967
Löcher, K., «Studien zur oberdeutschen Bildnismalerei», in *Jahrbuch der Staatlichen Kunstsammlungen in Baden Württemberg*, IV, 1967, pp. 31-84.

Lockwood, 1984
Lockwood, L., *Music in Renaissance Ferrara 1400-1505*, Oxford, 1984 (éd. ital.: *La musica a Ferrara nel Rinascimento. La creazione di un centro musicale nel XV secolo*, Bologne, 1987).

Lodi, 1985
Voir exp. Ferrare, 1985.

Loeser, 1912-1921
Loeser, C., *Disegni di Tiziano e Jacopo Robusti detto il Tintoretto*, I disegni della R. Galleria degli Uffizi, I, fasc. II, Florence, 1912-1921.

Logan, 1894
Logan, M., *Guide to the Italian Pictures at Hampton Court*, Londres, 1894.

Logan Berenson, 1915
Logan Berenson, M., «Dipinti italiani a Cracovia», in *Rassegna d'Arte Antica e Moderna*, II, 1, 1915, pp. 1-4, 25-29.

Lomazzo, 1584
Lomazzo, G. P., *Trattato dell'arte della pittura...*, Milan, 1584.

Lombardo Petrobelli, 1966
Lombardo Petrobelli, E., *Giorgione*, Florence, 1966.

Longhi, 1925
Longhi, R., «Giunte a Tiziano», in *L'Arte*, XXVIII, 1925, pp. 40-45.

Longhi, 1926
Longhi, R., «Precisioni nelle gallerie italiane. I. R. Galleria Borghese: il gruppo delle opere bassanesche e in particolare il n. 26», in *Vita Artistica*, I, 1926, pp. 142-143.

Longhi, 1927
Longhi, R., «Precisioni nelle gallerie italiane. I. R. Galleria Borghese, G. Antonio Pordenone», in *Vita Artistica*, II, 1927, pp. 13-15.

Longhi, 1927
Longhi, R., «Precisione nelle Gallerie italiane. R. Galleria Borghese. Domenico Mancini» et «Precisione nelle Gallerie italiane. R. Galleria Borghese. Un Problema di Cinquecento ferrarese (Dosso Giovine)», in *Vita Artistica*, II, 1927, pp. 14-15 et 31-35; Rééd. in *Opere Complete*, Florence, 1967, I. pp. 298-300 et 306-311.

Longhi, 1927
Longhi, R., «Due dipinti inediti di G. G. Savoldo», in *Vita Artistica*, II, 1927, pp. 72-75; rééd. in *Opere Complete*, Florence, 1967, I, pp. 149-156.

Longhi, 1927
Longhi, R., «Una favola del Dosso», in *Vita Artistica*, II, 1927, pp. 92-95; rééd. in *Opere Complete*, Florence, 1967, I, pp. 157-161.

Longhi, 1927
Longhi, R., «Un chiaroscuro e un disegno di Giovanni Bellini», in *Vita Artistica*, II, 1927, pp. 133-138; rééd. in *Opere Complete*, Florence, 1967, I, pp. 179-188.

Longhi, 1927
Longhi, R., «Cartella Tizianesca», in *Vita Artistica*, II, 1927, pp. 216-226; rééd. in *Opere complete*, II: *Saggi e Ricerche*, 2 vol., Florence, 1967, I, pp. 233-244.

Longhi, 1928
Longhi, R., *Precisioni nelle gallerie italiane. I, La Galleria Borghese*, Rome, 1928.

Longhi, 1929
Longhi, R., «Quesiti caravaggeschi. II. I precedenti», in *Pinacotheca*, I, 5-6, 1929, pp. 258-320; rééd. in *Opere complete*, IV, Florence, 1968, pp. 97-143.

Longhi, 1929
Longhi, R., «Precisioni nelle Gallerie italiane. La Galleria Borghese», in *Pinacotheca*, Rome, 1929, pp. 1-254.

Longhi, 1934
Longhi, R., *Officina Ferrarese*, Rome, 1934; rééd., Florence, 1956.

Longhi, 1940
Longhi, R., «Ampliamenti nell'officina Ferrarese», in *La Critica d'Arte*, 1940; rééd. in *Opere complete*, V, Florence, 1956.

Longhi, 1946
Longhi, R., *Viatico per cinque secoli di pittura veneziana*, Florence, 1946; rééd. in *Opere complete*, Florence, 1978, pp. 3-63.

Longhi, 1954
Longhi, 1949
Longhi, R., «The Giovanni Bellini Exhibition», in *The Burlington Magazine*, XCI, 559, 1949, pp. 274-283; rééd. in *Edizione delle Opere complete di Roberto Longhi*, X, *Ricerche sulla Pittura Veneta, 1946-1969*, Florence, 1978, pp. 99-109.

Longhi, 1952
Longhi, R., *Il Caravaggio*, Milan, 1952 (rééd. Rome, 1982).

Longhi, 1954
Longhi, R., «Polemica su Giorgione», in *Scuola e Vita*, 1956, n° 9, p. 13.

Longhi, 1956
Longhi, R., «I primitivi italiani all'Orangerie», in *Il Giorno*, 26 mai 1956.

Longhi, 1956
Longhi, R., «Nuovi ampliamenti (1940-1955)», *Officina Ferrarese*, Florence, 1956.

Longhi, 1967
Longhi, R., *Opere Complete di Roberto Longhi*, II, éd. in *Saggi e Ricerche*, 2 vol., Florence, 1967.

Longhi, 1968
Longhi, R., «Quesiti caravaggeschi. I precedenti», in *Pinacotheca*, 1929, pp. 258-320; réédité in R. Longhi, *"Me Pinxit" e Quesiti caravaggeschi, 1928-1934*, in *Opere complete*, Florence, 1968, pp. 97-138, 141-143.

Longhi, 1978
Longhi, R., «Viatico per cinque secoli di pittura veneziana», 1946-1969, *Ricerche sulla Pittura veneta*, vol. XI, Florence, 1978.

Lorenzetti, 1926
Lorenzetti, G., *Venezia e il suo estuario*, Lint, Venise, 1926.

Lorenzetti, 1934
Lorenzetti, G., *Donà Delle Rose a Venezia*, in G. Lorenzetti et L. Planiseig, *La Collezione dei Conti*, Venise, 1934, pp. VI-IX.

Lorenzetti, 1956
Lorenzetti, G., *Venezia e il suo estuario*, 2e éd., Rome, 1956.

Lorenzetti, 1963
Lorenzetti, G., *Venezia e il suo estuario*, Venise, 1963.

Lübke, 1878
Lübke, W., *Geschichte der italienischen Malerei vom vierten bis ins sechzehnte Jahrhundert*, 2 vol., Stuttgart, 1878.

Lucchesi Ragni, 1990
Voir exp. Brescia, 1990.

Lucco, 1975
Lucco, M., «Pordenone a Venezia», in *Paragone*, 309, 1975, pp. 3-38.

Lucco, 1980
Lucco, M., *L'opera completa di Sebastiano del Piombo*, presentazione di C. Volpe, Milan, 1980.

Lucco, 1981
Lucco, M., «La giovinezza del Pordenone (nuove riflessioni su vecchi studi), in *Giornata di studio per il Pordenone*, 1981; éd. par P. Ceschi Lavagetto, Piacenza, 1982, pp. 26-42.

Lucco, 1983
Lucco, M., «Venezia fra Quattrocento e Cinquecento», in *Storia dell'Arte italiana*, V, *Dal medioevo al Quattrocento*, Turin, 1983, pp. 447-477.

Lucco, 1984
Lucco, M., «Il Cinquecento», in *Le Pitture del Santo di Padova*, éd. par C. Semenzato, Vicence, 1984, pp. 167-171.

Lucco, 1987
Lucco, M., «Il Giudizio di Salomone di Kingston Lacy», in *Eidos*, 1, 1987, pp. 4-11.

Lucco, 1987, 1988
Lucco, M., «La pittura a Venezia nel primo Cinquecento», in *La pittura in Italia. Il Cinquecento*, 2 vol. (1re éd., 1987); 2e éd., Milan, 1988, I, pp. 149-170.

Lucco, 1989
Voir exp. Florence, 1989.

Lucco, 1990
Lucco, M., «Savoldo», in *Osservatorio delle Arti*, 5, 1990, pp. 88-93.

Lucco, 1990
Lucco, M., *La pittura nel Veneto. Il Quattrocento*, Milan, 1990.

Ludwig, 1902
Ludwig, G., «Antonello da Messina und deutsche und niederländische Künstler in Venedig», in *Jahrbuch der Königlich Preussischen Kunstsammlungen*, XXIII, 1902, p. 52.

Ludwig, 1903
Ludwig, G., «Archivalische Beiträge zur Geschichte der venezianischen Malerei», in *Jahrbuch der Königlich Preussischen Kunstsammlungen*, XXIV, 1903, Beiheft, pp. 1-109.

Ludwig, 1911
Ludwig, G., «Archivalische Beiträge zur Geschichte der venezianischen Kunst», in *Italienische Forschungen des Kunsthistorischen Institutes in Florenz* (éd. W. Bode, G. Gronau, D. F. Hadeln), IV, 1911, pp. 136-139.

Lugt, 1921, 1956
Lugt, F., *Les Marques de collection de dessins & d'estampes*, Amsterdam, 1921. *Supplément*, La Haye, 1956.

Lumbroso, 1875
Lumbroso, G., *Notizie sulla vita di Cassiano del Pozzo*, Turin, 1975.

Lunghi, 1983
Lunghi, E., in *Pittura in Umbria tra il 1480 et il 1540*, éd. par C. Pirovano, Milan, 1983.

Luzio, 1913
Luzio, A., *La Galleria dei Gonzaga venduta all'Inghilterrra nel 1627-28*, Milan, 1913.

Macandrew, 1980
Macandrew, J., *Venetian Architecture of the Early Renaissance*, Cambridge, 1980.

Macioce, 1987
Voir exp. Rome, 1987.
McTavish, 1983
Voir exp. Londres, 1983-84.
Madoz, 1847
Madoz, P., *Diccionario histórico-estadístico-geográfico de España*, Madrid, 1847.
Madrazo, 1843, 1910
Madrazo, P. de, *Catálogo de los cuadros del Real Museo de Pintura y de Escultura de S. M. [...]*, Madrid, 1843; 10ᵉ éd., 1910.
Madrazo, 1913
Madrazo, P. de, *Catalogue des tableaux du Musée du Prado*, Madrid, 1913 (1ʳᵉ éd. française [...] d'après la 10ᵉ éd. espagnole).
Magagnato, 1949
Magagnato, L., «Recensione alla mostra del restauro a Vicenza», in *Arte Veneta*, III, 1949, p. 193.
Magagnato, 1981
Voir exp. Venise, 1981 (2).
Magnabosco, 1986
Magnabosco, O., «Un'aggiunta per il Moretto esordiente», in *Paragone*, 431-433, 1986, pp. 54-58.
Magugliani, 1970
Magugliani, L., *Introduzione a Giorgione e alla pittura veneziana del Rinascimento*, Milan, 1970.
Malagutti, 1968
Malagutti, E., «Un ritratto inedito di Girolamo Romanino (e tre ritratti attribuiti)», in *Arte illustrata*, 1, 1968, p. 29.
Malaguzzi, 1908
Malaguzzi-Valeri, F., *Catalogo della R. Pinacoteca di Brera*, Milan, 1908.
Malamani, 1888
Malamani, V., *Memorie del conte Leopoldo Cicognara*, 2 vol., Venise, 1888.
Mâle, 1908
Mâle, E., *L'Art religieux de la fin du Moyen Age en France*, Paris, 1908.
Malke, 1980
Voir exp. Francfort, 1980.
Malvasia, 1678
Malvasia, C. C., *Felsina pittrice. Vite de' pittori bolognesi ...*, 2 vol., Bologne, 1678.
Mamino, 1982
Mamino, S., «Il metodo iconologico in alcuni contributi recenti», in *Rivista di Estetica*, 1982, oct., pp. 118-132.
Mancini, 1987
Mancini, V. «Nota sugli esordi di Lambert Sustris», in *Per ricordo di Sonia Tiso*, Ferrare, Rome, 1987, pp. 61-72.
Manfredi, 1602
Manfredi, F., *Degnità Procuratoria di San Marco di Venetia...*, in Venetia appresso Dom. Nicolini, 1602.
Maniago, 1819
Maniago, F. di, *Storia delle belle arti friulane*, Venise, 1819.
Manilli, 1650
Manilli, J., *Villa Borghese fuori di Porta Pinciana*, Rome, 1650.
Mann, 1962
Mann, J., *European Arms and Armour. Text with Historical Notes and Illustrations*, Wallace Collection Catalogues, 2 vol., Londres, 1962, I, *Armour*.
Manteuffel, 1966
Manteuffel, C. Z. von, *Italienische Zeichnungen*, Berlin, 1966.
Manzano, 1884-1887
Manzano, F. di, *Cenni biografici dei letterati e artisti friulani dal sec. IV al XIX*, Udine, 1884-1887.
Marandel, 1990
Voir exp. Venise, 1990 (1).
Marani, 1992
Voir exp. Venise, 1992 (*Leonardo*).

Marceau, 1941
Marceau, H., *John G. Johnson Collection. Catalogue of Paintings*, éd. par H. Marceau, Philadelphie (Penn.), 1941.
Marchetti, 1959
Marchetti, G., *Il Friuli. Uomini e tempi*, Udine, 1959.
Marcy, 1867
Marcy, P., *Guide populaire dans les musées du Louvre*, Paris, 1867.
Mares, 1887
Mares, F., «Beiträge zur Kenntniss der Kunstbestrebungen des Erzherzogs Leopold Wilhelm», in *Jahrbuch der Kunsthistorischen Sammlungen des Allerhöchsten Kaiserhauses*, V, 1887, pp. 343-363.
Mariacher, 1963
Mariacher, G., «Il ritratto di Francesco I di Tiziano per la corte di Urbino», in *Pantheon*, XXI, 1963, pp. 210-221.
Mariacher, 1968
Mariacher, G., *Palma il Vecchio*, Milan, 1968.
Mariacher, 1971
Voir exp. Venise, 1971 (2).
Mariacher, 1975
Mariacher, G., «Giovanni Busi detto il Cariani», in *I Pittori Bergamaschi. Il Cinquecento*, Bergame, 1975, pp. 245-315.
Mariani Canova
Voir aussi Canova.
Mariani Canova, 1975
Mariani Canova, *Lotto. L'opera completa*, Milan, 1975.
Mariani Canova, 1981
Mariani Canova, G., «Lorenzo Lotto e la spiritualità domenicana», in *Lorenzo Lotto*, Atti del Convegno Internazionale di Studi per il V centenario della nascita, Asolo, 18-21 sept. 1980; éd. par P. Zampetti et V. Sgarbi, Venise, 1981, pp. 337-345.
Mariani Canova, 1983
Voir exp. Londres, 1983-84.
Mariani Canova, 1984
Voir exp. Trévise, 1984.
Mariani Canova, 1987
Mariani Canova, G., «Paris Bordon : problematiche cronologiche», in *Paris Bordon e il suo tempo*, Atti del Convegno Internazionale di Studi, Trévise, 28-30 oct. 1985; Trévise, 1987, pp. 137-157.
Mariette, 1729, 1742
Mariette, P. J., *Recueil d'estampes d'après les plus beaux tableaux...*, 2 vol., Paris, 1729, 1742; dit aussi *Recueil Crozat*.
Mariette, 1740-1770
Mariette, P. J., «Notes mss. sur les Peintres et les Graveurs», in *Les Grands Peintres. I. École d'Italie*, Paris, 1969, pp. 271-299.
Mariette, 1741
Mariette, P. J., *Description sommaire des dessins ..... du Cabinet de feu M. Crozat. ....* [catalogue de la vente de P. Crozat], Paris, 1741.
Mariette
Abecedario de P. J. Mariette et autres notes inédites de cet amateur..., publié par Ph. de Chennevières et A. de Montaiglon, Archives de l'Art français, 6 vol., Paris, 1851-1860.
Marinelli, 1988
Voir exp. Vérone, 1988.
Marini, 1958
Marini, R., «Non è giorgionesco il primo Tiziano», in *Emporium*, CXXIV, 763, 1958, pp. 3-16.
Marini, 1968
Marini, R., *Tutta la pittura di Paolo Veronese*, Milan, 1968.
Van Marle, 1935
Van Marle, R., «La pittura all' esposizione d'arte antica italina di Amsterdam», *Bollettino d'arte*, 1935, pp. 389 et ss.

Martini, 1883
Martini, A., *Manuale di metrologia ossia Misure, pesi e monete in uso attualmente e anticamente presso tutti i popoli*, Turin, 1883.
Martini, 1978
Martini, E., «Opere inedite del Cariani con alcune osservazioni», in *Notizie da Palazzo Albani*, 7, 1978, pp. 61-69.
Martini, 1989
Martini, E., «Un altro Riposo nella fuga in Egitto di Girolamo Savoldo», in *Paragone*, 473, 1989, pp. 61-66.
Martinioni, 1663
Martinioni, G., *Venetia Città nobilissima et singolare descritta con nove e copiose aggiunte di D. Giustinian Martinioni*, Venise, 1663.
Martinoni, 1983
Martinoni, R., *Gian Vincenzo Imperiale politico; letterato e collezionista genovese del Seicento*, Medioevo e Umanesimo, 51, Padoue, 1983.
Mascherpa, 1980
Mascherpa, G., *Invito a Lorenzo Lotto*, Rusconi, 1980.
Mascherpa, 1981
Mascherpa, G., «Il Lotto, il Nord e l'identità smarrita», in *Lorenzo Lotto*, Atti del Convegno Internazionale di Studi per il V centenario della nascita, Asolo, 18-21 sept. 1980; éd. par P. Zampetti et V. Sgarbi, Venise, 1981, pp. 181-186.
Maschio, 1975
Maschio, R. «Una data per l'Annunciazione di Tiziano a San Salvador», in *Arte Veneta*, XXIX, 1975, pp. 178-182.
Mason Perkins
Voir Perkins.
Mason Rinaldi, 1979
Mason Rinaldi, S., «Art vénitien en Suisse et au Liechtenstein, Pfäffikon-Genève 1978», in *Prospettiva*, 19, 1979, p. 65.
Mason Rinaldi, 1983
Voir exp. Londres, 1983-84.
Mason Rinaldi, 1984
Mason Rinaldi, S., *Palma il Giovane. L'opera completa*, Milan, 1984.
Mason Rinaldi, 1987
Mason Rinaldi, S., «La pittura a Venezia nel secondo Cinquecento», dans *La pittura in Italia. Il Cinquecento*, 2 vol., Milan, 1987 (2ᵉ éd. mise jour et augmentée : Milan, 1988, I, pp. 171-196).
Masterpieces from the Alte Pinakothek..., 1949
Voir exp. Londres, 1949.
Matalon, 1977
Matalon, S., *Pinacoteca di Brera*, Milan, 1977.
Mather, 1926-27
Mather, F. J. Jr., «An enigmatic Venetian picture at Detroit», in *The Art Bulletin*, 1926, pp. 70-75.
Mather, 1936
Mather, F. J. Jr., *Venetian Painters*, New York, 1936.
Mather, 1938
Mather, F. J. Jr, «When was Titian born?», in *The Art Bulletin*, XX, 1938, pp. 13-25.
Mátray, 1851
Mátray, G., *Bildersammlung des Johann Ladislav Pyrker weiland Patriarch-Erzbischof zu Erlau, in der Gemälden-Gallerie des Ungarischen National-Museums*, Pest, 1851.
Mauroner, 1941
Mauroner, F., *Le incisioni di Tiziano*, Venise, 1941.
Maxon, 1970
Maxon, J., «Three New Books on Titian», in *The Burlington Magazine*, CXII, 813, 1970, pp. 829-832.
Maxon, 1973
Maxon, J., «Wethey, vol. II», in *The Burlington Magazine*, CXV, 1973, pp. 254-255.

Mayer, 1923
Mayer, A. L., «Tintoretto's Drawings in the Louvre», in *The Burlington Magazine*, XLIII, 1923, pp. 33-34.

Mayer, 1932
Mayer, A. L., «Zur Giorgione-Tizian Frage», in *Pantheon*, X, 1932, pp. 369-380.

Mayer, 1935
Mayer, A. L., «An Unknown Ecce Homo by Titian», in *The Burlington Magazine*, LXVII, 1935, p. 52.

Mayer, 1937 (1)
Mayer, A. L., «Two Pictures by Titian», in *The Burlington Magazine*, LXXI, 1937, pp. 178-183.

Mayer, 1937 (2)
Mayer, A. L., «A propos d'un nouveau livre sur Titien», in *Gazette des Beaux-Arts*, XVIII, 1937, pp. 304-311.

Mayer, 1938
Mayer, A. L., «Quelques Notes sur l'œuvre de Titien», in *Gazette des Beaux-Arts*, XX, 1938, pp. 289-308.

Mazza, 1934
Mazza, E., «Palma il Vecchio», in *Rivista di Bergamo*, XII, 1934, pp. 195-199.

Mazza, 1981
Mazza, A., «La pala dell'Elemosina di San Antonio nel dibattito cinquecentesco sul pauperismo», in *Lorenzo Lotto*, Atti del Convegno Internazionale di Studi per il V centenario della nascita, Asolo, 18-21 sept. 1980; éd. par P. Zampetti et V. Sgarbi, Venise, 1981, pp. 347-364.

Mechel, 1783
Mechel, C., *Verzeichnis der Gemälde der Kaiserlich Königlichen Bilder Galerie in Wien*, Vienne, 1783; éd. fr., 1784.

Meder, 1932
Meder, J., *Dürer-Katalog*, Vienne, 1932.

Meijer, 1972-73
Meijer, B., «Harmony and Satire in the Work of Niccolò Frangipane : problems in the depiction of music», in *Simolius*, VI, 2, 1972-73, pp. 94-112.

Meijer, 1974
Meijer, B. W., «Early Drawings by Titian : Some Attributions», in *Arte Veneta*, XXVIII, 1974, pp. 75-92.

Meijer, 1976 (1)
Voir exp. Florence, 1976 (3).

Meijer, 1976 (2)
Meijer, B. W., «A Drawing by Titian», in *Pantheon*, XXXIV, 1976, pp. 21-24.

Meijer, 1979
Meijer, B. W., «Due proposte iconografiche per il "Pastorello" di Rotterdam», in *Giorgione*, Atti del Convegno Internazionale di Studio per il 5° centenario della nascita, Castelfranco Veneto, 23-31 mai 1978; Asolo, 1979, pp. 53-56.

Meijer, 1979
Meijer, B. W., «Tiziano nelle Gallerie fiorentine», in *Prospettiva*, 19, 1979, pp. 104-109.

Meijer, 1981
Meijer, B. W., «Titian's Sketches on Canvas and Panel», in *Master Drawings*, XIX, 1981, pp. 276-289.

Meijer, 1983
Voir exp. Florence, 1983.

Meijer, 1985
Voir exp. Venise, 1985.

Meijer, 1991
Voir exp. Amsterdam, 1991.

Meiss, 1976
Meiss, M., *The Painter's Choice* (1re éd., in *Proceedings of the American Philosophical Society*, CX, 1966), pp.212-239; New York, 1976.

Meissner, 1897
Meissner, F. H., *Veronese*, Leipzig, 1897.

Meisterwerke, 1958
Voir exp. Stuttgart, 1958-59.

Meisterwerke, 1965
Voir exp. Bregenz, 1965.

Méjanès, 1990
Voir exp. Paris, 1990.

Mellencamp, 1969
Mellencamp, E. H., «A note on the Costume of Titian's Flora», in *The Art Bulletin*, LI, 1969, pp. 174-177.

Meller, 1977
Meller, P., «Tiziano e la scultura», in *Tiziano nel quarto centenario della sua morte 1576-1976*, Venise, 1977, pp. 123-156.

Meller, 1979
Meller, P., «La "Madre di Giorgione"», in *Giorgione*, Atti del Convegno internazionale di studio per il 5° centenario della nascita, Castelfranco Veneto, 29-31 mai 1978; Asolo, 1979, pp. 109-118.

Meller, 1901
Meller, S., «Notizie d'Ungheria. La Galleria di Budapest», in *L'Arte*, IV, 1901, p. 201.

Mendelsohn, 1914
Mendelsohn, H., *Das Werk der Dossi*, Munich, 1914.

Menegazzi, 1981
Menegazzi, L., *Cima da Conegliano*, Trévise, 1981.

Menegoz, 1907
Menegoz, G., *Catalogue des tableaux, sculptures, dessins, graveurs et aquarelles... du musée de Caen*, Caen, 1907.

Menz, 1968
Menz, H., «"Die Jakob und Rakel-Begegnung" von Palma il Vecchio in Dresden. Ein Motivenlehnung von Thomas Mann», in *Bulletin du Musée National de Varsovie*, 9, 1968, pp. 87-92.

Merkel, 1978
Voir exp. Venise, 1978.

Mesnil, 1934
Mesnil, G., «Le "Déjeuner sur l'herbe" di Manet ed il "Concerto campestre" di Giorgione, in *L'Arte*, V, 3, 1934, pp. 250-257.

Meyer zur Capellen, 1980
Meyer zur Capellen, J., «Beobachtungen zu Jacopo Pesaros Ex Voto in Antwerpen», in *Pantheon*, XXXVIII, 1980, pp. 144-152.

Mezzetti, 1965
Mezzetti, A., *Il Dosso e Battista ferrarese*, Ferrare, 1965.

Michiel, 1884
Michiel, M., *Notizia d'opere di disegno, pubblicata e illustrata da D. Jacopo Morelli*, 2e revue et augmentée par G. Frizzoni, Bologne, 1884.

Middeldorf, 1947
Middeldorf, V., «Letter to Editor about the Holkham Venus», in *The Art Bulletin*, XXIX, 1947, pp. 65-67.

Middledorf, 1958
Middledorf, V., «Eine Zeichnung von Giulio Campagnola ?», in *Festschrift Martin Wackernagel zum 75. Geburtstag*, Cologne, 1958, pp. 141-152.

Milanesi, 1878-1885
Voir Vasari, 1568.

Millar, 1958-60
Millar, O., *Abraham van der Doort's catalogue of the collections of Charles I*, The Walpole Society, vol. 37, 1958-1960; Glasgow, 1960.

Millar, 1965
Millar, O., *Italian Drawings and Paintings in the Queen's Collection*, 1965.

Millar, 1972
Millar, O., *The inventories and valuations of the King's Goods, 1649-1651*, The Walpole Society, vol. 43, 1970-1972; Glasgow, 1972.

Millner Kahr, 1978
Millner Kahr, M., «"Danae": Virtuous, Voluptuous, Venal Woman», in *The Art Bulletin*, LX, 1978, pp. 43-55.

Mirimonde, 1953
Mirimonde, A. de, *Pour mieux comprendre la peinture*, Paris, 1953.

Mirimonde, 1966, 1967
Mirimonde, A. P. de, «La musique dans les allégories de l'amour. I. Vénus» et «[...]. II. Eros», in *Gazette des Beaux-Arts*, LXVIII, 1966, pp. 265-290 et LXIX, 1967, pp. 319-346.

Mirimonde, 1968, 1969
Mirimonde, A. P. de, «Les allégories de la musique. I. La musique parmi les arts libéraux» et «[...]. II. Le retour de Mercure et les allégories des beaux-arts», in *Gazette des Beaux-Arts*, LXXII, 1968, pp. 295-324 et LXXIII, 1969, pp. 343-362.

Modigliani, 1935
Modigliani, E., *Catalogo della R. Pinacoteca di Brera*, Milan, 1935; 2e éd., 1950.

Modigliani, 1966
Modigliani, E., *Catalogo della Pinacoteca di Brera*, Milan, 1966.

Molajoli, 1939
Voir exp. Udine, 1939.

Molajoli, 1958
Molajoli, B., *Notizie su Capodimonte*, Soprintendenza alle Gallerie, Naples, 1958.

Möller, 1952
Möller, L., «Bildgeschichtliche Studien zu Stammbuchbildern, II, Das Kugel als Vanitas Symbol», in *Jahrbuch der Hamburger Kunstsammlungen*, 1952, pp. 157-177.

Molmenti, 1878
Molmenti, P., «Giorgione», in *Bollettino di Arti, Industrie e Curiosità Veneziane*, 1878, pp. 17 et ss.

Molmenti, 1880
Molmenti, P., *La Storia di Venezia nella Vita Privata*, Turin, 1880; 3 vol., éd. Bergame, 1927-1929.

Monbeig Goguel, 1967
Voir exp. Paris, 1967.

Monbeig Goguel, 1977
Voir exp. Paris, 1977-78.

Monbeig Goguel, 1984
Voir exp. Paris, 1984.

Monbeig Goguel, 1985
Voir exp. Paris, 1985-86.

Monbeig Goguel, 1988
Monbeig Goguel, C., «Il disegno italiano nel Cinquecento», in *La pittura in Italia. Il Cinquecento*, Milan, 1988, II, pp. 593-614.

Monneret de Villard, 1904
Monneret de Villard, U., *Giorgione da Castelfranco*, Bergame, 1904.

Monod, 1910
Monod, F., «L'exposition nationale de maîtres anciens à Londres», in *Gazette des Beaux-Arts*, III, 1910, pp. 43-65, 242-261.

Morassi, 1930
Morassi, A., «La mostra d'Arte Italiana a Londra», in *Emporium*, LXXI, 423, 1930, pp. 131-157.

Morassi, 1932
Morassi, A., *La R. Pinacoteca di Brera*, Rome, 1932.

Morassi, 1934
Morassi, A., *Itinerario artistico della Accademia Carrara*, Rome, 1934.

Morassi, 1935
Morassi, A., *La Regia Pinacoteca di Brera*, Milan, 1935.

Morassi, 1935
Morassi, A., «Opere ignote od inedite di Paolo Veronese», in *Bollettino d'Arte*, XXIX, 1935, pp. 249-258.

Morassi, 1939
Morassi, A., « Esame radiografico della Tempesta di Giorgione », in *Le Arti*, I, 1939, pp. 567-570.

Morassi, 1942
Morassi, A., *Giorgione*, Milan, 1942.

Morassi, 1946 (1)
Voir exp. Gênes, 1946.

Morassi, 1946 (2)
Morassi, A., « Un Tiziano riscoperto a Genova », in *Illustrazione italiana*, 9, juin 1946, pp. 3-6.

Morassi, 1946 (3)
Morassi, A., « Il Tiziano di Casa Balbi », in *Emporium*, CIII, 1946, pp. 207-228.

Morassi, 1951
Morassi, A., « The Ashmolean "Madonna reading" and Giorgione's Chronology », in *The Burlington Magazine*, XCIII, 1951, pp. 212-216.

Morassi, 1951
Morassi, A., *Capolavori della pittura a Genova*, Milan, 1951.

Morassi, 1954
Morassi, A., « Esordi di Tiziano », in *Arte Veneta*, VIII, 1954, pp. 178-198.

Morassi, 1955
Morassi, A., « Un disegno inedito e un dipinto sconosciuti di Giorgione », in *Emporium*, CXXI, 1955, pp. 147-159.

Morassi, 1956
Morassi, A., *Tiziano. Gli affreschi della Scuola del Santo a Padova*, coll. Silvana, XVI, Milan, 1956; 2e éd. 1958.

Morassi, 1956
Morassi, A., « Ritratti del periodo giovanile di Tiziano », in *Festschrift W. Sas-Zaloziecky zum 60. Geburtstag*, Graz, 1956, pp. 125-131.

Morassi, 1956-57
Morassi, A., « L'arte del Pordenone », in *Memorie Storiche Fotogiuliesi*, XLII, 1956-57, pp. 123-138.

Morassi, 1964
Morassi, A., *Tiziano*, Milan, 1964.

Morassi, 1966
Morassi, A., « Tiziano Vecellio », in *Enciclopedia Universale dell'Arte*, XIV, Venise-Rome, 1966, col. 15-45.

Morassi, 1967
Morassi, A., « Giorgione », in *Rinascimento Europeo e Rinascimento Veneziano*, Lezioni del III Corso internazionale di alta cultura, Venise, sept. 1961; éd. par V. Branca, Florence, 1967, pp. 187-205.

Morassi, 1968
Morassi, A., « Una "Salome" di Tiziano riscoperta », in *Pantheon*, XXVI, 1968, pp. 456-466.

Morassi, 1969
Morassi, A., « Ritratti giovanili di Tiziano », in *Arte illustrata*, 17-18, 1969, pp. 21-35.

Morel d'Arleux
Morel d'Arleux, *Inventaire manuscrit des dessins du Louvre*, établi par Morel d'Arleux, conservateur au cabinet des Dessins du Louvre de 1797 à 1827, 9 vol. (inédit).

Morelli, 1880
Morelli, G., *Die Werke italienischer Meister in dem Galerien von München, Dresden und Berlin*, Leipzig, 1880.

Morelli, 1883
Morelli, G., *Italian Masters in German Galleries … Munich, Dresden, Berlin*, Londres, 1883.

Morelli, 1886
Morelli, G., *Le opere dei maestri italiani nelle Gallerie di Monaco Dresda e Berlino*, Bologne, 1886.

Morelli, 1890
Morelli, G. B., *Kunstkritische Studien über italienische Malerei : Die Galerien Borghese und Doria Panfili in Rom*, Leipzig, 1890.

Morelli, 1891
Morelli, G., *Die Galerie zu München und Dresden*, Leipzig, 1891.

Morelli, 1892-93
Morelli, G. B., *Italian Painters, Critical Studies of Their Works*, I. *The Borghese and Doria Pamphili Galleries in Rome*, II. *The Galleries of Munich and Dresden*, Londres, 1892-93.

Morelli, 1893
Morelli, G. B., *Kunstkritische Studien über italienische Malerei : Die Galerie zu Berlin*, Leipzig, 1893.

Morelli, 1897
Morelli, G., *Della pittura italiana, Studi storico-critici. Le gallerie Borghese e Doria Pamphili in Roma*, Milan, 1897; éd. J. Anderson, Milan, 1991.

Morelli, 1907
Morelli, G., *Critical Studies*, Londres, 1907.

Morelli, Richter, [lettres], 1960
Morelli, G. et Richter, J. P., *Italienische Malerei der Renaissance im Briefwechsel von Giovanni Morelli und Jean Paul Richter 1876-1891*, éd. par I. et G. Richter, Baden-Baden, 1960.

Moretti, 1973
Voir exp. Venise, 1973.

Moro, 1989
Moro, F., « Giovanni Agostino da Lodi ovvero l'Agostino di Bramantino : appunti per un'unico percorso », in *Paragone*, 473, 1989, pp. 23-61.

Moschini, 1815
Moschini, G. A., *Guida per la città di Venezia*, Venise, 2 vol., 1815.

Moschini, 1940
Moschini, V., « Restauri tintoretteschi », in *Le Arti*, 1940, II, vol. II, fasc. IV.

Moschini, 1949
Moschini, V., « La "Vecchia" di Giorgione nel sus aspetto genuino », in *Arte Veneta*, III, 1949, pp. 180-182.

Moschini, 1958
Moschini, V., « Venetian Painters of the Renaissance », in *The Burlington Magazine*, C, 1958, pp. 359-360.

Moschini Marconi, 1962
Moschini Marconi, A., *Gallerie dell'Accademia di Venezia. Opere d'arte del secolo XVI*, Rome, 1962.

Moschini Marconi, 1978
Voir exp. Venise, 1978.

Mravik, 1971
Mravik, L., « Contribution à quelques problèmes du portrait de "Brokardus" de Budapest », in *Bulletin du Musée Hongrois des Beaux-Arts*, 36, 1971, pp. 47-60.

Mrozinska, 1958
Voir exp. Venise, 1958 (2).

Mucchi, 1977
Mucchi, L., « Radiografie di opere di Tiziano », in *Arte Veneta*, XXXI, 1977, pp. 297-304.

Mucchi, 1978
Voir exp. Castelfranco Veneto, 1978.

Mullaly, 1971
Voir exp. Venise, 1971 (1).

Muller, 1975
Muller, J. M., « Oil Sketches in Rubens' Collection », in *The Burlington Magazine*, CXVII, 1975, pp. 371-377.

Müller Hofstede, 1956
Müller Hofstede, C., « Das Selbstbildnis von Giorgione in Braunschweig », in *Venezia e l'Europa*, Atti del XVIII Congresso internazionale di storia dell'arte, Venise, 12-18 sept. 1955; Venise, 1956, pp. 252-253.

Müller Hofstede, 1957-1959
Müller Hofstede, C., « Untersuchungen über Giorgiones Selbstbildinis in Braunschweig », in *Mitteilungen der Kunsthistorischen Institutes in Florenz*, VIII, 1-4, oct. 1957-mai 1959, pp. 13-34.

Mündler, 1850
Mündler, E., *Essai d'une analyse critique de la notice des tableaux italiens du Musée national du Louvre, accompagné d'observations et des documents relatifs à ces mêmes tableaux*, Paris, 1850.

Mündler, 1867
Mündler, O., in *Kunstchronik*, III, 1867, p. 14.

Mündler, 1869
Mündler, O., « Beiträge zu Jacob Burckhardt's Cicerone », in *Jahrbuch für Kunstwissenschaft*, II, 1869.

Mündler, 1875
Mündler, O., « Beiträge zu Burckhardt Cicerone », in *Kunstchronik*, 1875.

Müntz, 1885
Müntz, E., « Le château de Fontainebleau en 1625 d'après le Diarium du Commandeur Cassiano dal Pozzo », in *Mémoires de la Société de l'Histoire de Paris et le l'Ile-de-France*, XII, 1885; Paris, 1886, pp. 255-278.

Muraro, 1949
Voir exp. Venise, 1949

Muraro, 1952
Muraro, M., « Gli affreschi di Jacopo e Francesco da Ponte a Cartigliano », in *Arte Veneta*, VI, 1952, pp. 42-62.

Muraro, 1953
Voir exp. Florence, 1953.

Muraro, 1956
Muraro, M., *Affreschi di Jacopo e Francesco da Ponte a Cartigliano*, Vicence, 1956.

Muraro, 1957 (1)
Voir exp. Venise, 1957 (1).

Muraro, 1957 (2)
Muraro, M., « The Jacopo Bassano Exhibition », in *The Burlington Magazine*, XCIX, 1957, pp. 291-299.

Muraro, 1960
Voir exp. Venise, 1960.

Muraro, 1963
Muraro, M., « Affreschi veneti, Restauri e ritrovamento », in *Emporium*, CXXXVIII, 1963, pp. 99-117.

Muraro, 1965
Muraro, M., « Studiosi, collezionisti e opere d'arte veneta dalle lettere al Cardinale Leopoldo de' Medici », in *Saggi e Memorie di Storia dell'Arte*, IV, 1965, pp. 65-83.

Muraro, 1971
Muraro, M., « Del Pordenone e della principale linea di sviluppo della sua arte », in *Ateneo Veneto*, IX, 1971, pp. 163-180.

Muraro, 1977
Muraro, M., « Tiziano pittore ufficiale della Serenissima », in *Tiziano nel quarto centenario della sua morte 1576-1976*, Venise, 1977, pp. 83-100.

Muraro, 1978
Muraro, M., « Grafica tizianesca », in *Tiziano e il Manierismo europeo*, éd. par R. Pallucchini, Florence, 1978, pp. 127-149.

Muraro, 1979
Muraro, M., « Giorgione e la civiltà delle ville Venete », in *Giorgione*, Atti del convegno internazionale per il V° centenario della nascità, Castelfranco Veneto, 29-31 mai 1978, Asolo, 1979, pp. 171-180.

Muraro, 1984
Muraro, M., *Interpretazioni veneziane*, Venise, 1984.

Muraro et Grabar, 1963
Muraro, M. et Grabar, A., *Les Trésors de Venise*, Genève, 1963.

Muraro et Rosand, 1976
Voir exp. Venise, 1976 (2).

Murray, 1957
Murray, B., « New Light on Jacob Obrecht's Development. A Biographical Study », in *The Musical Quarterly*, oct. 1957, pp. 500 et ss.

Musée de l'Ermitage. Département de l'art occidental. Catalogue des peintures, 2 vol., Leningrad et Moscou, 1958.

Musée de l'Ermitage. Peinture de l'Europe occidentale. Catalogue, 2 vol., Leningrad, 1976-1981. I [1976]: Italie, Espagne, France, Suisse, introduction par V. F. Levinson Lessing.

Mutini, 1972
Mutini, Cl., « Brocardo, Antonio », in *Dizionario biografico degli italiani*, XIV, Rome, 1972, pp. 383-384.

Muxel, 1843
Muxel, *Catalogue des tableaux de la Galerie de feu son altesse Royale monseigneur le Prince Eugène de Leuchtenberg*, Munich, 1843.

Muzii, 1987
Muzii, R., *I grandi disegni italiani nella Collezione del Museo di Capodimonte a Napoli*, Milan, 1987.

Muzzati, 1956
Muzzati, V., *Piccola guida artistica di Pordenone. Note d'arte e di storia*, Pordenone, [1956].

Nagler, 1835
Nagler, G. K., *Neues allgemeines Künstler-Lexicon...*, 22 vol., Munich, 1835-1852.

Nagler, 1858-1879
Nagler, G. K., *Monogrammisten*, 5 vol., Munich, 1858-1879.

Nardini, 1788
Nardini, A., *Series historico-chronologica praefectorum qui ecclesiam titulo S. Dimitrii Mar. Thessalonicensis fondatam, deinceps S. Bartholomaei...*, Venise, 1788.

Nash, 1981
Nash, J. C., *Titian's "Poesie" for Philip II*, The Johns Hopinks University, Ph.D., 1981.

Natale, 1978
Voir exp. Genève, 1978.

Natali, 1990
Voir exp. Venise, 1990 (1).

National Gallery Report [January 1960-May 1962], Londres, 1962.

Nepi Scirè
Voir aussi Scirè Nepi.

Nepi Scirè, 1987
Nepi Scirè, G., « Giorgione, "La vecchia" », in *Restauri alle Gallerie dell'Accademia*, Quaderni della Soprintendenza ai Beni Artistici e Storici di Venezia, XIII, 1987, pp. 23-29.

Nepi Scirè, 1988
Voir exp. Sidney, 1988.

Nepi Scirè, 1990
Voir exp. Venise, 1990 (1).

Nepi Scirè, 1992
Voir exp. Venise, 1992 (*Leonardo*).

Nepi Scirè, G. et Valcanover, F., 1985
Nepi Scirè et Valcanover, *Gallerie dell'Accademia di Venezia*, Milan, 1985.

Neumann, 1961
Neumann, J., « Tizianuv Apèollo a Marsyas v Kromerizi Z umelcovy pozdni tvorby », in *Umeni*, IX, 1961, pp. 325-327.

Neumann, 1962
Neumann, J., *Le Titien Marsyas écorché vif*, Prague, 1962.

Neumann, 1967
Neumann, J., « La Galerie des tableaux du Château de Prague », in *Monuments d'art du château de Prague*, I, Prague, 1967, pp. 295-304.

Neumayer et Scholz, 1956
Voir exp. Oakland (Cal.), 1956.

Neumayer et Scholz, 1959
Voir exp. Oakland (Cal.), 1959.

Nicco Fasola, 1940
Nicco Fasola, G., « Lineamenti del Savoldo », in *L'Arte*, XLIII, 1940, pp. 51-81.

Nicodemi, 1925
Nicodemi, G., *Gerolamo Romanino*, Brescia, 1925.

Nicodemi, 1928
Nicodemi, G., « Centenari di grandi artisti. Paolo Veronese », in *Emporium*, 68, 1928, II, pp. 327-344.

Nicodemi, 1939
Nicodemi, G., « Pittori bresciani del Rinascimento : Gerolamo Romani detto il Romanino », in *Emporium*, LXXIX, 534, 1939, pp. 359-372.

Niero, 1965
Niero, A., *La Chiesa dei Carmini*, Venise, 1965.

Niero, 1978
Niero, A., *Chiesa di S. Sefano in Venezia*, Padoue, 1978.

Noë, 1960
Noë, H. A., « Messer Giacomo en zijn "Laura" (een dubbelportret von Giorgione ?) », in *Nederlands Kunsthistorisch J. Jaarboek*, 11, 1960, pp. 1-35.

Nonis, 1978
Nonis, P., « Secoli di storia e di cultura nel Duomo rinnovato di Pordenone », in *Itinerari*, XII, 1978, pp. 42-43, 49-53.

Nordenfalk, 1949
Nordenfalk, C., *Stockholm. National Museum. Foreign Painters*, Stockholm, 1949.

Nordenfalk, 1952
Nordenfalk, C., « Titian's Allegories on the Fondaco de' Tedeschi », in *Gazette des Beaux-Arts*, XL, 1952, pp. 101-108.

Nordenfalk, 1958
Nordenfalk, C., *Stockholm. Nationalmuseum. Peintures et sculptures des écoles étrangères antérieures à l'époque moderne*, Stockholm, 1958.

Norman, 1986
Norman, A. V. B., *European Arms and Armour Supplement*, Wallace Collection Catalogues, Londres, 1986.

Norris, 1935
Norris, Ch., « Titian : Notes on the Venice Exhibition », in *The Burlington Magazine*, LXVII, 1935, pp. 127-131.

Nova, 1986
Nova, A., *Girolamo Romanino*, tesi di dottorato, Milan, 1986.

Nova, 1989
Nova, A., « Lodi. The Piazza Family », in *The Burlington Magazine*, CXXXI, 1041, 1989, pp. 874-876.

Nova, 1990
Nova, A., « Brescia and Frankfurt. Savoldo », in *The Burlington Magazine*, CXXXII, 1990, pp. 431-434.

Nuttal, 1965
Nuttal, « King Charles I's pictures and the Commonwealth sale », in *Apollo*, LXXXII, 1965, pp. 302-309.

Oberhammer, 1960
Oberhammer, V., *Kunsthistorisches Museum, Gemäldegalerie*, I, Vienne, 1960.

Oberhammer, 1964
Oberhammer, V., « Christus und die Ehebrecherin, ein Frühwerk Tizians », in *Jahrbuch der Kunsthistorischen Sammlungen in Wien*, 60, 1964, pp. 101-136.

Oberhammer, 1965
Oberhammer, V., *Kunsthistorisches Museum, Gemäldegalerie*, II, Vienne, 1965.

Oberhuber, 1966
Voir exp. Vienne, 1966.

Oberhuber, 1971
Oberhuber, K., in *I grandi disegni italiani dell'Albertina di Vienna*, par W. Koschatzky, K. Oberhuber et E. Knab, Milan, 1971.

Oberhuber, 1973
Oberhuber, K., in *Early Italian Engravings from the National Gallery of Art*, par J. A. Levenson, K. Oberhuber, J. L. Sheehan, Washington, 1973.

Oberhuber, 1974
Voir exp. Cambridge, Mass., 1974.

Oberhuber, 1975
Voir exp. Paris, 1975.

Oberhuber, 1976
Voir exp. Venise, 1976 (1).

Oberhuber, 1978
Oberhuber, K., « Tiziano disegnatore di paesaggi », in *Tiziano e il Manierismo europeo*, éd. par R. Pallucchini, Florence, 1978, pp. 109-125.

Oberhuber, 1979
Oberhuber, K., « Giorgione and the graphic Arts of his time », in *Giorgione*, Atti del Convegno Internazionale di Studi per il 5° centenario della nascita, Castelfranco Veneto, 29-31 mai 1978; Asolo, 1979, pp. 313-320.

Oberhuber, 1980
Oberhuber, K., « Titian woodcuts and drawings : some problems », in *Tiziano e Venezia*, Atti del Convegno Internazionale di Studi, Venise, 1976; Vicence, 1980, pp. 523-528.

Oberhuber, 1982
Oberhuber, K., *Raffaello*, Milan, 1982.

Oberhuber et Walker, 1973
Voir exp. Washington et New York, 1973-74.

Odorici, 1853
Odorici, F., *Guida da Brescia*, Brescia, 1853.

Oettinger, 1944
Oettinger, K., « Die wahre Giorgione Venus », in *Jahrbuch der Kunsthistorischen Sammlung en in Wien*, 1944, 13, pp. 113-139.

Offner, 1924
Offner, R., « A remarkable exhibition of Italian Paintings », in *The Arts*, 5, 1924, pp. 241-264.

Olivato, 1974
Olivato, L., « Provvedimenti della Repubblica Veneta per la salvaguardia del patrimonio pittorico nei secoli XVII e XVIII », in *Memorie dell'Ist. Veneto di Scienze ed Arti*, XXXVII, fasc. 1. Venise, 1974.

Olivato, 1980
Olivato, L., « La Submersione di Pharaone », in *Tiziano e Venezia*, Atti del Convegno Internazionale di Studi, Venise, 1976; Vicence, 1980, pp. 529-537.

Olivato, 1990
Voir exp. Venise, 1990 (1).

Ongaro, 1988
Ongaro, G., « Sixteenth-Century Patronage at St. Mark's, Venice », *Early Music History*, VIII, 1988, pp. 81-115.

Orlandi, 1704
Orlandi, P., *Abecedario Pittorico*, Bologne, 1704.

Ortolani, 1948
Ortolani, S., « Restauro di un Tiziano », in *Bollettino d'Arte*, XXXIV, 1948, pp. 44-53.

Osmaston, 1915
Osmaston, F. P. B., *The Art and Genius of Tintoret*, 2 vol., Londres, 1915.

Osmond, 1927
Osmond, P., *Paolo Veronese*, Londres, 1927.

Ost, 1981
Ost, H., « Tizians sogennante "Venus von Urbino" und andere Buhlerinnen », in *Festschrift für Eduard Trier zum 60. Geburtstag*, Berlin, 1981, pp. 129-149.

Ost, 1982
Ost, H. *Tizians Kasseler Kavalier. Ein Betrage zum höfischen Portrait unter Carlo V*, Cologne, 1982.

Osten et Vey, 1969
    Osten, G. von der et Vey, H., *Painting and Sculpture in Germany and the Netherlands : 1500 to 1600*, The Pelican History of Art, Harmondsworth, 1969.

Ottino della Chiesa, 1953
    Ottino della Chiesa, A., *Brera*, Novare, 1953.

Ottino della Chiesa, 1968
    Ottino della Chiesa, A., *L'opera completa di Dürer*, Milan, 1968.

Ottley, 1816
    Ottley, W. Y., *An Inquiry into the Origin and Early History of Engraving upon Copper and Wood*, 2 vol., Londres, 1816.

Ozzola, 1932
    Ozzola, L., « Il S. Pietro di Tiziano al museo di Anversa e la sua data », in *Bollettino d'Arte*, XXVI, 1932, pp. 128-130.

Paatz, 1959
    Paatz, W., *Giorgione im Wetteifer mit Mantegna, Leonardo und Michelangelo*, Heidelberg, 1959.

Pace, 1970
    Voir exp. Narni, 1970.

Padoan, 1980
    Padoan, G., « Ut pictura poesis : le pitture di Ariosto, le "poesie" di Tiziano », in *Tiziano e Venezia*, Atti del Convegno Internazionale di Studi, Venise, 1976; Vicence, 1980, pp. 92-102.

Padoan, 1981
    Padoan, G., « Il mito di Giorgione intelletuale », in *Giorgione e l'umanesimo veneziano*, Atti del Corso d'alta cultura, Venise, 26 août-16 sept. 1978; éd. par R. Pallucchini, Florence, 1981, pp. 425-455.

Padovani, 1990
    Voir exp. Venise, 1990 (1).

Pallucchini, 1935-36
    Pallucchini, R., « La formazione di Sebastiano del Piombo », in *La Critica d'Arte*, I, 1935-36, pp. 40-47.

Pallucchini, 1937
    Pallucchini, R., « H. Tietze : Tizian », in *Arte*, 1937, pp. 330-334.

Pallucchini, 1939
    Voir exp. Venise, 1939.

Pallucchini, 1941
    Pallucchini, R., « Vicende delle ante d'organo di Sebastiano del Piombo per S. Bartolomeo a Rialto », in *Le Arti*, III, 1941, pp. 448-456.

Pallucchini, 1943
    Pallucchini, R., *Veronese*, Bergame, 1943.

Pallucchini, 1944 (*Sebastian*)
    Pallucchini, R., *Sebastian Viniziano*, Milan, 1944.

Pallucchini, 1944 (*Pittura*)
    Pallucchini, R., *La Pittura Veneziana del Cinquecento*, 2 vol., Novare, 1944.

Pallucchini, 1945
    Voir exp. Venise, 1945.

Pallucchini, 1947
    Voir exp. Lausanne, 1947.

Pallucchini, 1949
    Voir exp. Venise, 1949.

Pallucchini, 1949 (*Arte*)
    Pallucchini, R., « Un nuovo Giorgione a Oxford », in *Arte Veneta*, III, 1949, pp. 178-180.

Pallucchini, 1950
    Pallucchini, R., *La Giovinezza del Tintoretto*, Milan, 1950.

Pallucchini, 1951
    Pallucchini, R., « Veneti alla Royal Academy di Londra », in *Arte Veneta*, V, 1951, p. 219.

Pallucchini, 1952-1954
    Pallucchini, R., *Tiziano. Lezioni tenute alla facoltà di lettere dell'Università di Bologna durante gli anni 1952-53, 1953-54*, éd. par O. Fanti et L. Mandelli Puglioli, 2 vol., Bologne, 1953-54.

Pallucchini, 1953
    Pallucchini, R., *Tiziano*, Bologne, 1953.

Pallucchini, 1954
    Pallucchini, R., « Un capolavoro del Tintoretto : La Madonna del doge Alvise Mocenigo », in *Arte Veneta*, VIII, 1954, pp. 222-235.

Pallucchini, 1955
    Pallucchini, R., *Giorgione*, Milan, 1955.

Pallucchini, 1955
    Voir exp. Venise, 1955.

Pallucchini, 1955
    Pallucchini, R., « Guida alla mostra di Giorgione », in *Le Arti*, 3, 1955, pp. 1-35.

Pallucchini, 1957
    Pallucchini, R., « Commento alla mostra di Jacopo Bassano », in *Arte Veneta*, XI, 1957, pp. 97-118.

Pallucchini, 1957
    Pallucchini, R., « La mostra del centenario a Manchester », in *Arte Veneta*, XI, 1957, pp. 257-258.

Pallucchini, 1958
    Pallucchini, R., « Un nuovo ritratto di Tiziano », in *Arte Veneta*, XII, 1958, pp. 63-69.

Pallucchini, 1959
    Pallucchini, R., *Giovanni Bellini*, Milan, 1959.

Pallucchini, 1959-60 (1)
    Pallucchini, R., « Contributi alla pittura veneta del Cinquecento. Un inedito di Paolo Veronese », in *Arte Veneta*, XIII-XIV, 1959-60, pp. 54-56.

Pallucchini, 1959-60 (2)
    Pallucchini, R., « Un' altra redazione della Santa Margherita di Tiziano » in *Arte Veneta*, XIII-XIV, 1959-60, pp. 47-50.

Pallucchini, 1959-60 (3)
    Pallucchini, R., « Contributi alla pittura veneta del Cinquecento. », in *Arte Veneta*, XIII-XIV, 1959-1960, pp. 39-61.

Pallucchini, 1961
    Pallucchini, R., « Studi tizianeschi », in *Arte Veneta*, XV, 1961, pp. 286-295.

Pallucchini, 1962
    Pallucchini, R., « Il restauro del ritratto di gentiluomo veneziano K 475 della National Gallery of Art di Washington », in *Arte Veneta*, XVI, 1962, pp. 234-237.

Pallucchini, 1962-63
    Pallucchini, R., *Jacopo Tintoretto*, dispense ciclostilate, Istituto di Storia dell'Arte, Università di Padova, 1962-63.

Pallucchini, 1963
    Pallucchini, R., « Un capolavoro inedito di Paolo Veronese », in *Acropoli*, 3, 1963, pp. 393-403.

Pallucchini, 1963-64
    Pallucchini, R., *Paolo Veronese*, Padoue, 1963-64.

Pallucchini, 1965
    Pallucchini, R., « Giorgione », in *Le Muse*, V, 1965, pp. 263-266.

Pallucchini, 1965
    Pallucchini, R., « Tintoretto », in *Enciclopedia Universale dell'Arte*, XIII, Venise et Rome, 1965.

Pallucchini, 1966
    Pallucini, R., « Due Concerti bergamaschi del Cinquecento », in *Arte Veneta*, XX, 1966, pp. 87-97.

Pallucchini, 1966
    Pallucchini, R., « Veronese Paolo », in *Enciclopedia Universale dell'Arte*, XIV, Venise et Rome, 1966, col. 723-735.

Pallucchini, 1966
    Pallucchini, R., *Sebastiano del Piombo*, Milan, 1966.

Pallucchini, 1969
    Pallucchini, R., *Tiziano*, 2 vol., Florence, 1969.

Pallucchini, 1974-75
    Pallucchini, R., *La Giovinezza del Tintoretto. La Giovinezza del Greco*, dispense ciclostilate, a cura di Paola Rossi, Università di Padova, Istituto di Storia dell'Arte. Cattedra di Storia dell'Arte Moderna, 1974-75.

Pallucchini, 1977
    Pallucchini, R., *Profilo di Tiziano*, Florence, 1977.

Pallucchini, 1977
    Palluccchini, R., « L'omaggio a Tiziano della città di Milano », in *Arte Veneta*, XXXI, 1977, pp. 292-297.

Pallucchini, 1977-78
    Palluccchini, R., *Jacopo Bassano e il Manierismo*, dispense a cura di Paola Rossi, Università degli Studi di Padova, 1977-78.

Pallucchini, 1978
    Voir exp. Venise, 1978.

Pallucchini, 1980
    Palluccchini, R., « Tiziano e la problematica del Manierismo », in *Tiziano e Venezia*, Atti del Convegno Internazionale di Studi, Venise, 1976; Vicence, 1980, pp. 397-405.

Pallucchini, 1981 (1)
    Voir exp. Venise, 1981 (2).

Pallucchini, 1981 (2)
    Pallucchini, R., « Due eccellenti suoi creati : Sebastiano Viniziano ... e Tiziano da Cadore », in *Giorgione e l'umanesimo veneziano*, éd. par R. Pallucchini, Florence, 1981, pp. 513-554.

Pallucchini, 1981 (3)
    Pallucchini, R., « Aggiunte all'ultimo Bassano », in *Ars Auro Prior, Studia Joanni Bialostocki Sexagenario Dicata*, Varsovie, 1981, pp. 271-277.

Pallucchini, 1982
    Palluccchini, R., *Bassano*, Bologne, 1982.

Pallucchini, 1982
    Pallcchini, R., « Note carianesche », in *Arte Veneta*, XXXVI, 1982, pp. 192-196.

Pallucchini, 1983
    Pallucchini, R., « "The Genius of Venice : 1500-1600" alla Royal Academy of Arts di Londra », in *Arte Veneta*, XXXVII, 1983, pp. 279-285.

Pallucchini, 1984
    Palluccchini, R., *Veronese*, Milan, 1984.

Pallucchini, 1984
    Voir exp. Passariano, 1984.

Pallucchini et Canova, 1975
    Pallucchini, R. et Mariani Canova, G., *L'opera completa del Lotto*, Milan, 1975.

Pallucchini et Rossi, 1982
    Pallucchini, R. et Rossi, F., *Tintoretto. Le opere sacre e profane*, Milan, 1982.

Pallucchini et Rossi, 1983
    Pallucchini, R. et Rossi, F., *Giovanni Cariani*, Bergame, 1983.

Pan, 1992
    Voir exp. Bassano del Grappa, 1992.

Panazza, 1965
    Voir exp. Brescia, 1965.

Panofsky, 1927
    Panofsky, E., « "Imago Pietatis", Ein Beitrag zur Typengeschichte des "Schmerzensmanns" und der "Maria Mediatrix" », in *Festschrift für Max J. Friedlaender zum 60. Geburstag*, Leipzig, 1927, pp. 261-308.

Panofsky, 1939
    Panofsky, E., *Studies in Iconology*, Oxford, 1939.

Panofsky, 1943
    Panofsky, E., *Albrecht Dürer*, 2 vol., Princeton, 1943.

Panofsky, 1948
    Panofsky, E., *Albrecht Dürer*, Princeton, 1948.

Panofsky, 1953
    Panofsky, E., *Early Netherlandish Painting*, 2 vol., Cambridge, Mass., 1953.

Panofsky, 1967
  Panofsky, E., *Essais d'iconologie*, Paris, 1967
  (1re éd. angl., Oxford, 1939).
Panofsky, 1969, 1990
  Panofsky, E., *Problems in Titian, Mostly
  Iconographic*, Londres, New York, 1969; éd. fr.,
  Paris, 1990.
Panofsky & Saxl, 1926
  Panofsky, E. & Saxl, F., « A Late Antique
  Religious Symbol in Works by Holbein and
  Titian », *The Burlington Magazine*, XLIX, 283,
  octobre 1926, pp. 177-181.
Paoletti, 1903
  Paoletti, P., *Catalogo delle RR. Gallerie di
  Venezia*, Venise, 1903.
Paolucci, 1986
  Paolucci, A., *Il Laboratorio del Restauro a
  Firenze*, Turin, 1986.
Paolucci, 1990
  Voir exp. Venise, 1990 (1).
Papetti, 1992
  Papetti, S., « Il ruolo di Giulio Cantalamessa
  nell'incremento delle raccolte veneziane e
  romane : l'acquisto del "Tobiolo e l'angelo" del
  Savoldo per la Galleria Borghese », in *Paragone*,
  493-495, 1992, pp. 137-146.
Pardo, 1989
  Pardo, M., « The subject of Savoldo's
  Magdalene », in *The Art Bulletin*, LXXI, 1989,
  pp. 67-91.
Parker, 1949
  Parker, K. T., « The Tallard Madonna », in
  *Report of the Keeper of the Department of Fine
  Arts for the year 1949 : Pictures Purchased*,
  University of Oxford, Ashmolean Museum.
  Report of the Visitors, 1949, pp. 43-45.
Parker, 1952
  Parker, K. T., « La Cena in Emmaus di
  Tiziano a Brockelsby Park », in *Arte Veneta*, VI,
  1952, pp. 19-26.
Parker, 1956
  Parker, K. T., *Catalogue of the Collection of
  Drawings in the Ashmolean Museum, II. Italian
  School*, Oxford, 1956; 1re éd. 1956.
Parker, 1958
  Voir exp. Venise, 1958 (1).
Parker et Byam Shaw, 1953
  Voir exp. Londres, 1953.
Parronchi, 1977
  Parronchi, A., « La prospettiva a Venezia tra
  Quattro et Cinquecento », in *Prospettiva*, 9,
  1977, pp. 7-16.
Parronchi, 1989
  Parronchi, A., *Giorgione e Raffaello*, Bologne,
  1989.
Parthey, 1864
  Parthey, G., *Deutscher Bildersaal*, 2 vol., 1864.
Paschini, 1926-27
  Paschini, P., « Le collezioni archeologiche dei
  prelati Grimani del Cinquecento », in *Atti della
  Pontificia Accademia di archeologia. Rendiconti*,
  V, 1926-27, pp. 149-190.
Paschini, 1956
  Paschini, P., « Il mecenatismo artistico del
  patriarca Giovanni Grimani », in *Studi in onore
  di Aristide Calderini e Roberto Paribeni*, Milan,
  1956, pp. 851-862.
Passavant, 1836
  Passavant, J. D., *Tour of a German Artist in
  England*, Londres, 1836.
Passavant, 1851
  Passavant, J. D., *Galerie Leuchtenberg. Gemälde
  Sammlung [...] des Herzog von Leuchtenberg in
  München in umrissengestochen*, Francfort, 1851.
Passavant, 1853
  Passavant, J. D., *Die Christliche Kunst in
  Spanien*, Leipzig, 1853.
Passavant, 1860-1864
  Passavant, J. D., *Le Peintre-Graveur*, 6 tomes
  en trois volumes, Leipzig, 1860-1864.

Pasta, 1775
  Pasta, A., *Le pitture notabili di Bergamo*,
  Bergame, 1775.
Pater, 1877
  Pater, W., « The School of Giorgione », in
  Fortnightly Review, XXII, 1877, pp. 526-538;
  rééd. in *The Renaissance. Studies in Art and
  Poetry*, 1893 (4e éd.); éd. D. L. Hill, *The
  Renaissance. Studies in Art and Poetry. The 1893
  Text*, Berkeley, Los Angeles, Londres,
  University of California Press, 1980.
Pattanaro, 1985-86
  Pattanaro, A., *Benvenuto Tisi detto "Il
  Garofalo": gli anni della formazione e della prima
  maturità (1497-1526)*, tesi di laurea, Università
  di Padova, Facoltà di Lettere e Filosofia, anno
  accademico 1985-86.
Pattanaro, 1989-90
  Pattanaro, A., « Il testamento di Antonio
  Costabili : per il polittico di Dosso e Garofalo
  già a Sant'Andrea di Ferrara », in *Arte Veneta*,
  XLIII, 1989-90, pp. 130-141.
Pattanaro, 1991
  Pattanaro, A., « La "scuola" del Boccaccino a
  Ferrara », in *Prospettiva*, 64, 1991, pp. 60-74.
Pedrazzi Tozzi, 1960
  Pedrazzi Tozzi, « La maturità di Domenico
  Tintoretto in alcune tele ritenute di Jacopo », in
  Arte Antica e Moderna, 1960, 9, pp. 386-396.
Pedretti, 1979
  Pedretti, C., « Ancora sul rapporto Giorgione-
  Leonardo e l'origine del ritratto di spalla », in
  Giorgione, Atti del Convegno Internazionale di
  Studi per il 5° centenario della nascita,
  Castelfranco Veneto, 29-31 mai, 1978; Asolo,
  1979, pp. 181-186.
Pedretti, 1983
  Voir exp. Milan, 1983.
Pedrocco, 1990
  Voir exp. Venise, 1990 (2).
Pedrocco et Montecuccoli degli Erri, 1992
  Pedrocco, F. et Montecuccoli degli Erri,
  Antonio Guardi, Milan, 1992.
Pellizzari, 1979
  Pellizzari, P., « Autobiografia nei dipinti di
  Giorgione », in *Giorgione*, Atti del Convegno
  Internazionale di Studi per il 5° centenario della
  nascita, Castelfranco Veneto, 29-31 mai, 1978;
  Asolo, 1979, pp. 67-69.
Pellizzer, 1991
  Pellizzer, S., « Dianti Laura », in *Dizionario
  Biografico degli italiani*, XXXIX, Rome, 1991,
  pp. 660-661.
Peltzer, 1913
  Peltzer, R. A., « Lamberto von Amsterdam »,
  in *Jahrbuch der Kunsthistorischen Sammlungen
  des Allerhöchsten Kaiserhauses*, XXI, 1913,
  pp. 221-246.
Peltzer, 1925
  Peltzer, R. A., « Tizian in Augsburg », in *Das
  Schwäbische Museum, Zeitschrift für Bayerisch-
  Schwaben, seine Kultur, Kunst und Geschichte*,
  Augsbourg, 1925, pp. 31-45.
Penther, s.d.
  Penther, D., *Kritischer Besuch in der Ermitage
  zu St. Petersburg*, Vienne, s.d. [1883].
Perger, 1874
  Perger, A. von, « Studien zur Geschichte d. K.
  K. Gemäldegalerie im Belvedere zu Wien », in
  *Berichte und Mitteilungen des Altertums-Vereins zu
  Wien*, VII, 1874, pp. 101-168.
Perignon, 1826
  Pérignon, N., *Description des objets d'art qui
  composent le cabinet de feu M. le baron Vivant-
  Denon. Tableaux, dessins et miniatures*, Paris,
  1826.
Perissa Torrini, 1988
  Voir exp. Venise, 1988 (2).

Perkins, 1905
  Perkins, F. Mason, « Miscellanea », in *Rassegna
  d'Arte Antica e Moderna* », XV, 6, 1915,
  pp. 121-125.
Perkins, 1915
  Perkins, F. Mason, « Miscellanea », in *Rassegna
  d'arte antica e moderna*, XV, 6, 1915, pp. 121-
  125.
Perocco, 1955
  Perocco, G., « La Mostra di Giorgione
  e i giorgioneschi al Palazzo Ducale di Venezia »,
  in *Emporium*, CXXII, 1955, pp. 3-23.
Pertile et Camesasca, 1957-1960
  Pertile F., et Camesasca, E., *Lettere sull'Arte di
  Pietro Aretino*, Milan, 1957-1960.
Peters, 1965
  Peters, H. A., « Bemerkungen zu
  oberitalienischen Zeichnungen des XV. und
  XVI. Jahrhunderts. I. Teil », in *Wallraf-
  Richartz-Jahrbuch*, 1965, pp. 129-190.
Petersen, 1968
  Petersen, M. E., *Master Works from the
  Collection of the Fine Arts Gallery of San Diego*,
  éd. par M. E. Petersen, San Diego (Cal.), 1968.
Petrioli Tofani, 1972
  Petrioli Tofani, A.M., *I Grandi disegni italiani
  degli Uffizi*, Milan, 1972.
Petrioli Tofani, 1976
  Voir exp. Florence, 1976 (2).
Petrioli Tofani, 1986
  Petrioli Tofani, A. M., *Gabinetto disegni e
  stampe degli Uffizi. Inventario, 1. Disegni esposti*,
  Florence, 1986.
Petrucci, 1937
  Petrucci, A., « Il mondo di Marcantonio », in
  Bollettino d'Arte, XXXI, 1937, pp. 31-44.
Petrucci, 1969
  Petrucci, A., « Nicola Boldrini », in *Dizionario
  Biografico degli Italiani*, II, Rome, 1969.
Pfeiffer, 1987
  Voir exp. Rome, 1987.
Phillips, 1893
  Phillips, Cl., « L'Exposition des maîtres anciens
  à la Royal Academy », in *Gazette des Beaux-Arts*,
  IX, 1893, pp. 221-237.
Phillips, 1895
  Phillips, Cl., « A Probable Giorgione », in
  Magazine of Art, 16, 1895, p. 347.
Phillips, 1896
  Phillips, Cl., *The Picture Gallery of Charles I*,
  Londres, 1896.
Phillips, 1897
  Phillips, Cl., *The Earlier Works of Titian*,
  Londres, 1897.
Phillips, 1898
  Phillips, Cl., *The Later Works of Titian*,
  Londres, 1898.
Phillips, 1899, 1900
  Phillips, Cl., « The Picture Gallery of The
  Hermitage. I » et « The Imperial Gallery of The
  Hermitage. II », in *North American Review*,
  CLXIX, 515 et 516, 1899, pp. 454-472 et 712-
  719; « [...] III » et « [...] IV », in *North
  American Review*, CLXX, 518 et 527, 1900,
  pp. 134-144 et 600-608.
Phillips, 1905
  Phillips, Cl., « The "Ariosto of Titian" », in *The
  Art Journal*, 1905, pp. 1-9.
Phillips, 1905-1906
  Phillips, Cl., « Dramatic Portraiture », in *The
  Burlington Magazine*, VIII, 1905-1906,
  pp. 299-314.
Phillips, 1909
  Phillips, Cl., in *The Daily Telegraph*, 6 oct.
  1909.
Phillips, 1909
  Phillips, Cl., « Some figures by Giorgione (?) »,
  in *The Burlington Magazine*, XIV, 1909,
  pp. 331-337.

Phillips, 1910
Phillips, Cl., « Two Pictures at the Hermitage »,
in *The Burlington Magazine*, XVII, 1910,
pp. 261-268.

Phillips, 1912
Phillips, Cl., « The Venetian "Temperance" of
the Diploma Gallery », in *The Burlington
Magazine*, XXI, 1912, pp. 270-272.

Phillips, 1912
Phillips, Cl., in *The Daily Telegraph*, 24 janv.
1912.

Phillips, 1913
Phillips, Cl., « Some Portraits by Cariani », in
The Burlington Magazine, XXIV, 1913,
pp. 157-164.

Phillips, 1915
Phillips, Cl., « An "Adoration of the Magi" by
Battista Dossi », in *The Burlington Magazine*,
XXVII, 1915, pp. 133-134.

Phillips, 1937
Phillips, D., *The Leadership of Giorgione*,
Washington, 1937.

Piancastelli, 1888-1891
Piancastelli, G., éd., *Catalogo dei Quadri della
Galleria Borghese Iscritti nelle Note
Fidecommissarie*, 1888-1891, ms. Archivio
Galleria Borghese [copie dactylographiée
commencée en 1888 et mise à jour par
G. Piancastelli, avec des annotations, en 1891].

Pigler, 1954
Pigler, A., *Orszàgos Szépmüvészeti Múzeum.
A Régi Képtàr Katalógusa*, 2 vol. Budapest,
1954.

Pigler, 1968
Pigler, A., *Museum der bildenden Künste,
Budapest. Katalog der Galerie alter Meister*, 2 vol.,
Tübingen, 1968.

Pignatti, 1953
Pignatti, T., *Lotto*, Vérone, 1953.

Pignatti, 1955
Pignatti, T., *Giorgione*, Milan, 1955.

Pignatti, 1955
Pignatti, T., « Giorgione pittore aristocratico »,
in *Nuova Antologia*, CCCCLXV, 1860, 1955,
pp. 489-506.

Pignatti, 1957
Pignatti, T., *Pittura veneziana del Cinquecento*,
Bergame, 1957.

Pignatti, 1966
Pignatti, T., *Le pitture di Paolo Veronese nella
chiesa di San Sebastiano a Venezia*, Milan, 1966.

Pignatti, 1967
Pignatti, T., « La grafica veneta del
Cinquecento », in *Rinascimento europeo
e veneziano*, Lezioni del III Corso internazionale
di alta cultura, Venise, sept. 1961; éd. par
V. Branca, Florence, 1967, pp. 309-318.

Pignatti, 1969
Pignatti, T., *Giorgione*, Venise, 1969; éd. angl.,
Londres, 1971.

Pignatti, 1969 (Bellini)
Pignatti, T., *L'opera completa di Giovanni
Bellini*, Milan, 1969.

Pignatti, 1970
Pignatti, T., *La scuola veneta*, I Disegni dei
Maestri, 2, Milan, 1970.

Pignatti, 1971
Pignatti, T. « Cinque secoli di pittura nel
Palazzo dei Dogi », in *Il Palazzo Ducale di
Venezia*, Turin, 1971, pp. 91-168.

Pignatti, 1971-72
Pignatti, T., « über die Beziehungen zwischen
Dürer und der junge Tizian », in *Anzeiger der
germanischen Nationalmuseums Nürnberg*, 1971-
72, pp. 61-69.

Pignatti, 1973 (1)
Pignatti, T., *Il "Passaggio del Mar Rosso" di
Tiziano Vecellio*, Vicence, 1973.

Pignatti, 1973 (2)
Pignatti, T., « The Relationship between
German and Venetian Painting in the Late
Quattrocento and Early Cinquecento », in
Renaissance Venice, éd. par J. Hale, Londres,
1973, pp. 244-273.

Pignatti, 1974
Voir exp. Washington, 1974-75.

Pignatti, 1975
Pignatti, T., « Il paggio di Giorgione », in
Pantheon, XXXIII, 1975, p. 314-318.

Pignatti, 1976 (1)
Pignatti, T., *Veronese. L'opera completa*, Venise,
1976.

Pignatti, 1976 (2)
Pignatti, T., « Disegni di Tiziano : tre mostre
a Firenze e a Venezia », in *Arte Veneta*, XXX,
1976, pp. 266-270.

Pignatti, 1976 (3)
Pignatti, T., *I grandi disegni italiani nelle
collezioni di Oxford, Ashmolean Museum and
Christ Church Picture Gallery*, Milan, 1976.

Pignatti, 1977
Pignatti, R., « Fondazione Giorgio Cini.
Esposizioni : Disegni di Tiziano e della sua
cerchia. Tiziano e la silografia veneziana del
Cinquecento », in *Pantheon*, XXXV, 1977,
pp. 266-270.

Pignatti, 1978 (1)
Pignatti, T., *Giorgione*, 2ᵉ éd., Milan, 1978.

Pignatti, 1978 (2)
Pignatti, T., « Giorgione e Tiziano » et « Tiziano
e il Veronese », in *Tiziano e il Manierismo
europeo*, éd. par R. Pallucchini, Florence, 1978,
pp. 29-41 et pp. 193-204.

Pignatti, 1978
Pignatti, T., « Anton Maria Zanetti Jr. da
Giorgione », in *Bollettino dei Musei civici
veneziani*, XXIII, 1978, pp. 73-77.

Pignatti, 1978, *Gli inizi*
Voir exp. Venise, 1978.

Pignatti, 1979
Pignatti, T., « Per la recente fortuna critica di
Giorgione », in *Giorgione*, Atti del Convegno
Internazionale di Studi per il 5° centenario della
nascita, Castelfranco Veneto, 29-31 mai, 1978;
Asolo, 1979, pp. 37-40.

Pignatti, 1979 (1)
Pignatti, T., *Tiziano. Disegni*, Florence, 1979.

Pignatti, 1979 (2)
Voir exp. Los Angeles, 1979-80.

Pignatti, 1980
Pignatti, T., « Tiziano e le figure della "Lingua
romana" del Priscianese », in *Tiziano e Venezia*,
Atti del Convegno Internazionale di Studi,
Venise, 1976; Vicence, 1980, pp. 369-370.

Pignatti, 1981 (corpus)
Pignatti, T., « Il "corpus" pittorico di
Giorgione », in *Giorgione e l'umanesimo veneziano*,
Atti del Corso d'alta cultura, Venise, 26 août -
16 sept. 1978; éd. par R. Pallucchini, Florence,
1981, pp. 131-160.

Pignatti, 1981
Pignatti, T., *Tiziano*, 2 vol., Milan, 1981.

Pignatti, 1981
Pignatti, T., « Il primo Giorgione », in *Giorgione
e la Cultura Veneta tra '400 e '500, Mito,
Allegoria, Analisi iconologica*, Atti del Convegno,
Rome, nov. 1978; Rome, 1981, pp. 9-11.

Pignatti, 1982
Pignatti, T., « Gli inizi di Tiziano », in *Titianus
Cadorinus. Celebrazioni in onore di Tiziano.
Pieve di Cadore 1576-1976*, éd. par M. Muraro,
Vicence et Belluno, 1982.

Pignatti, 1983
Voir exp. Londres, 1983-84.

Pignatti, 1987
Pignatti, T., « "Giorgionismo" in Paris
Bordon ? », in *Paris Bordon e il suo tempo*, Atti
del Convegno Internazionale di Studi, Trévise,
28-30 oct. 1985; Trévise, 1987, pp. 5-7.

Pignatti, 1989
Pignatti, T., « La mostra di Paolo Veronese alla
National Gallery di Washington », in *Venezia
Arti*, 3, 1989, pp. 144-145.

Pignatti, 1990 (1)
Pignatti, T., « Pittura », in Franzoi, U.,
Pignatti, T., Wolters, W., *Il Palazzo Ducale di
Venezia*, Trévise, 1990, pp. 226-363.

Pignatti, 1990 (2)
Voir exp. Venise, 1990 (1).

Pignatti et Chiari, 1981
Pignatti, T., Chiari, M. A., *Master Drawings.
From Cave Art to Picasso*, Milan, 1981.

Pignatti et Donahue, 1979
Voir exp. Los Angeles, 1979.

Pignatti et Pedrocco, 1991
Pignatti, T. et Pedrocco, F., *Veronese. Catalogo
completo*, Florence, 1991.

Pignatti et Valcanover, 1985
Pignatti, T. et Valcanover, F., *Tintoretto*, Milan,
1985.

Pilo, 1980
Pilo, G. M., « Lotto, Sebastiano del Piombo,
Pordenone : significato di tre esperienze
romane », in *Lorenzo Lotto*, Atti del Convegno
Internazionale di Studi per il V centenario della
nascita, Asolo, 1980; éd. par P. Zampetti et
V. Sgarbi, Venise, 1981, pp. 147-162.

Pino, 1548
Pino, P., *Dialogo di Pittura*, Venise, 1548.

Pittaluga, 1925
Pittaluga, M., *Il Tintorettto*, Bologne, 1925.

Pittaluga, 1930
Pittaluga, M., *L'incisione italiana nel
Cinquecento*, Milan, s.d. [1930].

Pittaluga, 1931
Pittaluga, M., *La pittura italiana del Cinquecento*,
Florence, 1931.

Plesters, 1955-56
Plesters, J., « Cross-sections and chemical
analysis of paint samples », in *Studies in
Conservation*, II, 1955-56, pp. 110-157.

Pline l'Ancien
*C. Plinii Secundi Naturae historiarum libri
XXXVII e castigationibus Hermolai Barbari ...*,
Venise, 18 mai 1499.

Pline l'Ancien
Plinii Naturalis Historiae Liver XXXV; coll.
Loeb Classical Library, 10 vol., IX, Londres,
1952.

Pline l'Ancien
*Historia Naturale di C. P. Secondo tradocta di
lingua latina in fiorentina per Christophoro
Landino...*, Venise, 30 oct. 1501.

Pluchart, 1889
Pluchart, H., *Musée Wicar. Notices des dessins,
cartons, pastels, miniatures et grisailles exposés*,
Lille, 1889.

Pochat, 1970
Pochat, G., « Giorgione's Tempesta, Fortuna
and Neo-Platonism », in *Konsthistorisk Tidskrift*,
XXXIX, 1970, pp. 14-34.

Pochat, 1973
Pochat, G., *Figur und Landschaft*, Berlin et
New York, 1973.

Poglayen-Neuwall, 1934
Poglayen-Neuwall, S., « Titian's Pictures of the
Toilet of Venus and Their Copies », in *The Art
Bulletin*, XVI, 1934, pp. 358-384.

Polverari, 1990
Polverari, M., *Tiziano. La Crocifissione di
Ancona*, Ancône, 1990.

Ponz, 1772-1788
Ponz, A., *Viaje de España, o carta en que se da noticia de las cosas mas apreciables y dignas de saberse che hay en ella*, Ire éd., Madrid, 1772-1788, 15 vol.

Pope-Hennessy, 1964
Pope-Hennessy, J., *The Portrait in the Renaissance*, New York, 1964.

Pope-Hennessy, 1966
Pope-Hennessy, J., *The Portrait in the Renaissance*, Washington, 1966.

Popham, 1931
Popham, A. E., *Italian Drawings Exhibited at the Royal Academy, Burlington House, 1930*, Londres, 1931.

Popham, 1939
Popham, A. E., *British Museum. A Handbook to the Drawings and Watercolours in the Department of Prints and Drawings*, Londres, 1939.

Popham, 1960
Voir exp. Londres, 1960.

Popham, 1962
Voir exp. Washington, 1962-63.

Popham, 1969
Voir exp. Londres, 1969.

Popham et Wilde, 1949
Popham, A. E. et Wilde, J., *The Italian Drawings of the XV and XVI Centuries in the Collection of His Majesty the King at Windsor Castle*, Londres, 1949.

Poppelreuter, 1917
Poppelreuter, J., «Giorgiones Porträt im Kaiser-Friedrich-Museum und das "Konzert" im Palazzo Pitti», in *Amtliche Berichte aus den Konil. Kunstsammlungen*, XXXVIII, 1917, pp. 103-115.

Posse, 1924
Posse, H., *Meisterwerke der Staatlichen Gemäldegalerie in Dresden*, Munich, 1924.

Posse, 1929
Posse, H., *Die staatliche Gemäldegalerie zu Dresden, Katalog der alten Meister*, Dresde et Berlin, 1929.

Posse, 1930
Posse, H., *Die staatliche Gemäldegalerie zu Dresden. Katalog der alten Meister*, Dresde, 1930.

Pouncey, 1954
Pouncey, Ph., «A drawing of the Entombment by Lotto in the Louvre», in *The Burlington Magazine*, XCVI, 1954, p. 333.

Pouncey, 1965
Pouncey, Ph., *Lotto disegnatore*, Vicence, 1965.

Powell, 1853
Powell, W., *An Account of the Palace and Picture Galleries of Hampton Court*, 1853.

Pozzi, 1981
Pozzi, G., «Il ritratto della donna nella poesia d'inizio Cinquecento e la pittura di Giorgione», in *Giorgione e l'umanesimo veneziano*, Atti del Corso d'alta cultura , Venise, 26 août-16 sept. 1978; éd. par R. Pallucchini, Florence, 1981, pp. 309-341; précédemment paru in *Lettere italiane*, II, 1979, pp. 3-30.

Predelli, 1908
Predelli, R., «Le memorie e carte di Alessandro Vittoria», in *Archivio Trentino*, XXIII, 1908, p. 233.

Preliminary Catalogue of Paintings and Sculpture, National Gallery of Art, 1941.

Prestini, 1990
Voir exp. Brescia, 1990.

Prodromus, 1735
Voir Stampart-Prenner.

Prohaska, 1989
Voir exp. Vienne, 1989.

Propping, 1892
Propping, F., *Die künstielische Laufbahn des Sebastiano del Piombo bis zum Tode Raphaels*, Diss., Leipzig, 1892.

Provoyeur, 1979
Voir exp. Nice, 1979.

Prunières, 1922
Prunières, H., «Un Portrait de Hobrecht et de Verdelot par Sebastiano del Piombo», in *La Revue musicale*, III, 8, 1922, pp. 193-198.

Pujmannová, 1988
Pujmannová, O., «Dosso Dosso v Narodni galerii v Praze», in *Umèni*, XXXVI, 2, 1988, pp. 161-164.

Puppi, 1962
Puppi, L., *Bartolomeo Montagna*, Venise, 1962.

Puppi, 1964
Puppi, L., «Dosso al Buonconsiglio», in *Arte Veneta*, XVIII, 1964, pp. 19-36.

Puppi, 1964
Puppi, L., «Schedule per la storia della pittura veronese tra la fine del '400 e l'inizio del '500», in *Arte antica e moderna*, 28, 1964, pp. 416-427.

Puppi, 1965
Puppi, L., *Dosso Dossi*, Milan, 1965.

Puppi, 1965
Puppi, L., «Novità e Proposte per il Romanino grafico», in *Arte Veneta*, XIX, 1965, pp. 44-52.

Puppi, 1968
Puppi, L., «A Monograph on Dosso Dossi», in *The Burlington Magazine*, CX, 783, 1968, pp. 360-361.

Puppi, 1981
Puppi, L., «Riflessioni su temi e problemi della ritrattista del Lotto», in *Lorenzo Lotto*, Atti del Convegno Internazionale di Studi per il V centenario della nascita, Asolo, 1980; éd. par P. Zampetti et V. Sgarbi, Venise, 1981, pp. 393-399.

Quenot, 1964
Quenot, M.-J., *Contribution à l'Histoire du Chien de compagnie d'après les peintures du Louvre*, Alfort, 1964.

Querini, 1979
Querini, V., «Giovanni Antonio da Pordenone», in *Il Noncello*, 49, 1979, pp. 109-174.

Quitin, 1980
Quitin, J., «Naich, Hubert [Hubertus,? Robertus]», in *The New Grove Dictionary of Music and Musicians*, éd. par Stanley Sadie, 20 vol.; XIII, 1980, pp. 15-16.

Ragghianti Collobi, 1974
Ragghianti Collobi, L., *Il Libro de' Disegni del Vasari*, 2 vol., Florence, 1974.

Rama, 1987
Rama, E., «Meldolla, Andrea, detto Schiavone», in *Pittura del Cinquecento in Italia*, Milan, 1987.

Ramade, 1978
Voir exp. Rennes, 1978.

Ramade, 1980
Ramade, P., «Veronèse : Persée délivrant Andromède», *Dossier de l'œuvre du mois*, 9, Rennes, musée des Beaux-Arts, 1980.

Ramade, 1987
Voir exp. Rennes, 1987.

Ramirez di Montalvo, 1849
Ramirez di Montalvo, A., *Catalogo dei disegni scelti della R. Galleria di Firenze*, cat. ms. Biblioteca del Gabinetto Disegni e Stampe degli Uffizi, Florence, 1849.

Ramsden, 1983
Ramsden, E. H., *"Come, take this lute". A quest fot identities in Italian portraiture*, Tisbury (Salisbury), 1983.

Rannells, 1945
Rannells, E. W., «Extensic and Intrinsic Values in Painting», in *Gazette des Beaux-Arts*, XXVI, 1945, pp. 357-373.

Rapp, 1987
Rapp, J., «Titian's Marsyas in Kremsier. Ein neuplatonisch-orphisches Mysterium von Leiden des Menschen und seiner Erlösung», in *Pantheon*, XLV, 1987, pp. 70-89.

Rapp, 1987
Rapp, J., «Der Titian-Porträt in Kopenhagen : ein Bildnis des Giovanni Bellini», in *Zeitschrift für Kunstgeschichte*, 50, 1987, pp. 359-374.

Ratti, 1766, 1780
Ratti, C. G., *Istruzione Di quanto può vedersi di più bello in Genova in pittura, scultura, ed architettura ecc.*, Gênes, (Ire éd. 1766), 1780.

Ravà, 1920
Ravà, A., «Il "Camerino delle Antigaglie" di Gabriele Vendramin», in *Nuovo Archivio Veneto*, XXXIX, 1920, pp. 155-181.

Rava, 1956
Rava, C.E., «Giorgione e i giorgioneschi a Venezia», in *Prospettive*, 1956, pp. 55 et ss.

Ravaglia, 1922
Ravaglia, A., «Un quadro inedito di Sebastiano del Piombo...», in *Bollettino d'Arte*, 1922, pp. 474-477.

Rearick, 1962
Rearick, W.R., «Jacopo Bassano : 1568-9», *The Burlington Magazine*, CIV, 717, décembre 1962, pp. 524-533.

Rearick, 1968
Rearick, W.R., «Jacopo Bassano's Later Genre Paintings», in *The Burlington Magazine*, CX, 1968, pp. 241-249.

Rearick, 1976 (1)
Voir exp. Florence, 1976 (1).

Rearick, 1976 (2)
Voir exp. Padoue, 1976.

Rearick, (1976) 1977
Rearick, W.R., *Maestri veneti del Cinquecento*, Biblioteca di disegni, V, Florence, (1976) 1977.

Rearick, 1977
Rearick, W.R., «Titian's Drawings, 1510-1512», in *Tiziano nel quarto centenario della sua morte, 1576-1976*, Venise, Ateneo Veneto, 1977, pp. 173-185.

Rearick, 1979
Rearick, W.R., «Chi fu il maestro di Giorgione ?», in *Giorgione*, Atti del Convegno internazionale di studio per il 5° centenario della nascita, Castelfranco Veneto, 29-31 mai 1978; Asolo, 1979, pp. 187-193.

Rearick (1976) 1980
Rearick, W.R., *Maestri veneti del Cinquecento*, Biblioteca di disegni, VI, Florence, (1976) 1980.

Rearick, 1980
Rearick, W.R., «Tiziano e Jacopo Bassano», in *Tiziano e Venezia*, Atti del Convegno Internazionale di Studi, Venise, 1976; Vicence, 1980, pp. 370-374.

Rearick, 1980
Rearick, W.R., «The Portraits of Jacopo Bassano», *Artibus et Historiae*, I, 1981, pp. 99-114.

Rearick, 1981
Rearick, W.R., «Lorenzo Lotto : the Drawings 1500-1525», in *Lorenzo Lotto*, Atti del Convegno Internazionale di Studi per il V centenario della nascita, Asolo, 1980; éd. par P. Zampetti et V. Sgarbi, Venise, 1981, pp. 23-36.

Rearick, 1982
Rearick, W.R., «Leandro Bassano, *Adoration of the Shepherds*», *Bulletin of Rhode Island School of Design*, LXIX, 2, octobre 1982, pp. 22-27.

Rearick, 1983
Rearick, W.R., «A drawing by Lorenzo Lotto», in *Notizie da Palazzo Albani*, XII, 1983, pp. 92-97.

Rearick, 1984
Rearick, W.R., « Jacopo Bassano and Mannierism », *Cultura e società del Rinascimento tra riforme e manierismi*, (*Lezioni del XXIII Corso Internazionale d'Alta Cultura*, Venise, Fondazione Cini, 29 août - 16 septembre 1981), éd. par V. Branca et C. Ossola, « Civiltà veneziana. Saggi, 32 », Florence, 1984, pp. 289-311.

Rearick, 1984
Rearick, W.R., « Observations on the Venetian Cinquecento in the light of the Royal Academy Exhibition », in *Artibus et Historiae*, V, 9, 1984, pp. 59-75.

Rearick, 1984
Voir aussi Rearick, 1985 (1).

Rearick, 1985 (1)
Rearick, W.R., « Pordenone Romanista ? », in *Il Pordenone*, Atti del Convegno Internazionale di Studio, Pordenone, 1984; 1985, pp. 127-134.

Rearick, 1985 (2)
Voir exp. New York, 1985.

Rearick, 1987
Rearick, W.R., « The Drawings of Paris Bordon », in *Paris Bordon e il suo tempo*, Atti del Convegno Internazionale di Studi, Trévise, 28-30 oct. 1985; Trévise, 1987, pp. 47-63.

Rearick, 1988 (1)
Voir exp. Venise, 1988 (1).

Rearick, 1988 (2)
Voir exp. Washington, 1988 (1).

Rearick, 1989
Rearick, W.R., *Jacobus a Ponte Bassanensis. I disegni della tarda maturità (1568-1574)*, III, Bassano del Grappa, 1989.

Rearick, 1991 (1)
Rearick, W.R., « Titian Drawings : A Progress Report », in *Artibus et Historiae*, XII, 23, 1991, pp. 9-37.

Rearick, 1991 (2)
Rearick, W.R., *Jacobus a Ponte Bassanensis. Da Cartigliano a Civezzano (1575-1576)*, IV, Bassano del Grappa, 1991.

Rearick, 1991 (3)
Rearick, W.R., « The "Twilight" of Paolo Veronese », in *Crisi e rinnovamenti nell'autunno del Rinascimento a Venezia*, éd. par V. Branca et C. Ossola, Florence, 1991, pp. 237-253.

Rearick, 1992 (1)
Rearick, W.R., « Black Chalk Drawings by Paolo Veronese », in *Master Drawings*, XXX, 1992, pp. 143-173.

Rearick, 1992 (2)
Rearick, W.R., « From Arcady to the Barnyard », in *The Pastoral Landscape*, Washington, pp. 137-157.

Rearick, 1992 (3)
Voir exp. Bassano del Grappa, 1992.

Reber, 1895
Reber, F. von, *Katalog der Gemäldegalerie*, Munich, 1895.

Redford, 1888
Redford, G., *Art Sales*, 2 vol., Londres, 1888.

Reese, 1969
Reese, G., *Music in the Renaissance*, Londres, 1969 (1re éd. 1954).

Reinach, 1905-1923
Reinach, S., *Répertoire de peintures du Moyen Age et de la Renaissance*, 6 vol., Paris, 1905-1923.

Reiset, 1866
Reiset, F., *Notice des dessins, cartons, pastels, miniatures et émaux exposés dans les salles... au Musée du Louvre...*, Paris, 1866.

Repetto Contaldo, 1984
Repetto Contaldo, M., « Francesco Torbido detto "Il Moro" », in *Saggi e Memorie di storia dell'arte*, XIV, 1984, pp. 43-76.

Reposati, 1772-1773
Reposati, R., *Della Zecca di Gubbio e delle Geste de' Conti, e Duchi di Urbino*, 2 vol., Bologne, 1772-1773.

Reymond, 1887
Reymond, M., *Musée de Lyon*, Lyon, 1887.

Reymond, 1913
Reymond, M., « Le Concert champêtre de Giorgione », in *Gazette des Beaux-Arts*, X, 1913, pp. 431-436.

Ricci, 1907
Ricci, C., *La Pinacoteca di Brera*, Bergame, 1907.

Ricci, 1899
Ricci, Seymour de, « Rascas de Bagarris. Les plus rares peintures de Fontainebleau... », in *Revue archéologique*, 1899, p. 342.

Ricci, 1913
Ricci, Seymour de, *Description raisonnée des peintures du Louvre. Italie et Espagne*, Paris, 1913.

Ricciardi, 1989
Ricciardi, M. L., « Lorenzo Lotto, Il Gentiluomo della Galleria Borghese », in *Artibus et Historiae*, X, 19, 1989, pp. 85-105.

Riccoboni, 1955
Riccoboni, A., « Rettifiche. Un'altra restituzione al Romanino », in *Emporium*, CXXI, 722, 1955, pp. 59-64.

Riccoboni, 1955
Riccoboni, A., « Giorgione, Cavazzola e Romanino », in *Emporium*, CXXI, 724, 1955, pp. 169-171.

Riccomini, 1966
Riccomini, E., *Giorgione*, Milan, 1966.

Richardson, 1722
Richardson, J., Sen. et Jun., *An Account of some of the Statues, Bas-Reliefs, Drawings and Pictures in Italy, Etc., with Remarks*, Londres, 1722; éd. fr. *Traité de la Peinture et de la Sculpture*, 3 vol., Amsterdam, 1728; 2e éd., Londres, 1754.

Richardson, 1941
Voir exp. Detroit, 1941.

Richardson, 1970
Richardson, F. L., « Felton Gibbons, "Dosso and Battista Dossi, Court Painters at Ferrara", Princeton, 1968 », in *The Art Quarterly*, XXXIII, 3, 1970, pp. 309-311.

Richardson, 1980
Richardson, F. L., *Andrea Schiavone*, Oxford, 1980.

Richardson, 1983
Voir exp. Londres, 1983-84.

Richter, 1929
Richter, G. M., « The "Portrait of Isabella d'Este" by Cavazzola », in *The Burlington Magazine*, LIV, 311, 1929, pp. 85-82.

Richter, 1931
Richter, G. M., « Titian's Venus and the Lute Player », in *The Burlington Magazine*, LIX, 1931, pp. 53-59.

Richter, 1932
Richter, G. M., « A Clue to Giorgione's Late Style », in *The Burlington Magazine*, LX, 1932, pp. 123-132.

Richter, 1933
Richter, G. M., « Landscape motifs in Giorgione's Venus », in *The Burlington Magazine*, LXIII, 1933, pp. 211-223.

Richter, 1934
Richter, G. M., « Unfinished Pictures by Giorgione », in *The Art Bulletin*, XVI, 1934, pp. 272-290, 401.

Richter, 1934 (Problem), 1935
Richter, G.M., « The Problem of the Noli Me Tangere », in *The Burlington Magazine*, LXV, 1934, pp. 4-16, LXVI, 1935, p. 46.

Richter, 1936
Richter, G.M., « A Portrait of Ferruccio by Sebastiano Veneziano », in *The Burlington Magazine*, LXIX, 1936, pp. 88-91.

Richter, 1937
Richter, G. M., *Giorgio da Castelfranco, called Giorgione*, Chicago, 1937.

Richter, 1942
Voir exp. Baltimore, 1942.

Richter, 1942 (Lost)
Richter, G. M., « Lost and Rediscovered Works by Giorgione, I et II », in *Art in America*, XXX, 1942, pp. 141-157, 211-224.

Richter, 1883
Richter, J.P., *Italian Art in the National Gallery*, Londres, 1883.

Richter, 1910
Richter, J.P., *The Mond Collection*, 2 vol., Londres, 1910.

Richter, 1970
Richter, J P., *The Literary of Works of Leonardo da Vinci compiled and edited from the original manuscripts*, 2 vol., Londres, 1970 (3e éd.).

Ricketts, 1910
Ricketts, C., *Titian*, Londres, 1910.

Ridolfi, 1648
Ridolfi, C. *Le Maraviglie dell'arte ovvero le vite degli illustri veneti e dello Stato...*, Venise, 1648; éd. D. von Hadeln, 2 vol., Berlin, I, 1914, II, 1924.

Rigon, 1976
Voir exp. Bassano del Grappa, 1976.

Ringböm, 1965
Ringböm, S., *Icon to narrative : the Rise of the Dramatic close-up in Fifteenth-Century devotional Painting*, Acta Academiae Aboensis, ser. A. Humanoria, vol. 31, n° 2, Åbo, 1965.

Ringböm, 1983
Ringböm, S., *Icon to Narrative : the Rise of the Dramatic Close-up in Fifteenth-Century Devotional Painting*, 2e éd. revue et augmentée, Doornspijk, 1983.

Rizzi, 1976
Rizzi, A., voir exp. Passariano, 1976.

Rizzi, 1979
Rizzi, A., *Profilo di Storia dell'Arte in Friuli, 2. Il Quattrocento e il Cinquecento*, Udine, 1979.

Rizzi, 1978
Rizzi, Alb., voir exp. Venise, 1978.

Roberts, 1986
Voir exp. Londres, 1986.

Robertson, 1949
Robertson, G., « Art Treasures from Munich and Vienna : Giorgione's Portrait of a Young Woman », in *The Burlington Magazine*, XCI, 1949, pp. 222-223.

Robertson, 1954
Robertson, G., *Vincenzo Catena*, Edimbourg, 1954.

Robertson, 1955
Robertson, G., « The Giorgione Exhibition in Venice », in *The Burlington Magazine*, CXVII, 1954, pp. 272-277.

Robertson, 1968
Robertson, G., *Giovanni Bellini*, Oxford, 1968.

Robertson, 1971
Robertson, G., « New Giorgione Studies », in *The Burlington Magazine*, CXIII, 1971, pp. 475-477.

Robertson, 1971
Robertson, G., « The X-Ray Examination of Titian's "Three Ages of Man" in the Bridgewater House Collection », in *The Burlington Magazine*, CXIII, 825, 1971, pp. 721-726.

Robertson, 1979
Robertson, G., « Giorgione and Leonardo », in *Giorgione*, Atti del Convegno Internazionale di Studi per il 5° centenario della nascita, Castelfranco Veneto, 29-31 mai, 1978; Asolo, 1979, pp. 195-199.

Robertson, 1983
Voir exp. Londres, 1983-84.

Robinson, 1869, 1876
Robinson, J. C., *Descriptive Catalogue of the Drawings by the Old Masters, forming the Collection of John Malcolm Poltalloch, Esq.*, Londres, 1869; 2ᵉ éd., 1876.

Roethlisberger, 1991
Voir exp. Londres, 1991.

Rognoni, 1990
Voir exp. Brescia, 1990.

Catalogue Rohoncz, 1937
Sammlung Schloss Rohoncz, Lugano, 1937.

Roisecco, 1725
Roisecco, G., *Roma ampliata e rinnovata o sia descrizione dell'antica e moderna Città di Roma e di tutti gli edifici notabili che sono in essa*, Rome, 1725; autre éd., 1750.

Romani, 1988
Romani, V., *Problemi di michelangiolismo padano : Tibaldi e Nosadella*, Quaderni del Seminario di Storia dell'arte moderna, 1, Padoue, 1988.

Romani, 1992
Voir exp. Bassano del Grappa, 1992.

Rosa, 1796
Rosa, J., *Gemälde der k. k. Gallerie*, Erste Abtheilung : *Italienische Schulen*, Zweite Abtheilung : *Niederländische Schulen*, Vienne, 1796.

Rosand, 1972
Rosand, D. «Ut Pictor Poeta : Meaning in Titian's "Poesie"», in *New Litterary History*, III, 3, 1972, pp. 527-546.

Rosand, 1975 (1)
Rosand, D., «Titian's Light as Form and Symbol», in *The Art Bulletin*, LVII, 1975, pp. 58-64.

Rosand, 1975 (2)
Rosand, D., «Titian and the "Bed of Polyclitus"», in *The Burlington Magazine*, CXVII, 1975, pp. 242-245.

Rosand, 1977
Rosand, D., «Harold E. Wethey, *The Paintings of Titian*, Vol. III. ...», in *The Art Bulletin*, 1977, pp. 430-434.

Rosand, 1978
Rosand, D., *Titian*, New York, 1978.

Rosand, 1980
Rosand, D., «Ermeneutica amorosa : Observation on the Interpretation of Titian's Venuses» in *Tiziano e Venezia*, Atti del Convegno Internazionale di Studi, Venise, 1976; Vicence, 1980, pp. 375-381.

Rosand, 1981
Rosand, D., «Alcuni pensieri sul ritratto e la morte», in *Giorgione e l'umanesimo veneziano*, Atti del Corso d'alta cultura, Venise, 26 août-16 sept. 1978; éd. par R. Pallucchini, Florence, 1981, pp. 293-308.

Rosand, 1981
Rosand, D., «Titian Drawings : A Crisis of Connoisseurship ?», in *Master Drawings*, XIX, 1981, pp. 300-308.

Rosand, 1982 (1)
Rosand, D., *Painting in Cinquecento Venice : Titian, Veronese, Tintoretto*, New Haven, Londres, 1982.

Rosand, 1982 (2)
Rosand, D., «Titian and the Critical Tradition», in *Titian. His World and His Legacy*, éd. par D. Rosand, New York, 1982, pp. 1-38.

Rosand, 1983
Rosand, D., *Tiziano*, Milan, 1983.

Rosand, 1988
Voir exp. Washington, 1988 (2).

Rosand, 1988 (*Eidos*)
Rosand, D., «L'Assunta», in *Eidos*, 3, 1988, pp. 4-23.

Rosand, 1990
Rosand, «The Challenge of Titian's "Senile Sublime"», in *The New York Times*, 28 oct. 1990.

Rosenauer, 1984
Rosenauer, A., «London, Venice at the Royal Academy», in *The Burlington Magazine*, CXXVI, 1984, pp. 305-307.

Rosenberg, 1965
Voir exp. Paris, 1965-66 (1).

Rosenbaum, 1979
Voir exp. Washington, 1979-91.

Rosini, 1839-1843
Rosini, G., *Storia della Pittura italiana*, 7 vol., Pise, 1839-1847.

Roskill, 1976
Roskill, M.W., *What is Art History ?*, Londres, 1976.

Rossi, 1957
Rossi, F., *La Galleria degli Uffizi e Pitti*, Milan, 1957.

Rossi, 1979
Rossi, F., *Accademia Carrara. Catalogo generale dei dipinti*, Bergame, 1979.

Rossi, 1983
Voir exp. Londres, 1983-84.

Rossi, 1985
Rossi, F., «Armi e cronologia in Gian Girolamo Savoldo», in *Giovanni Gerolamo Savoldo pittore bresciano*, Atti del Convegno, Brescia, 21-22 mai, 1983; éd. par G. Panazza, Brescia, 1985, pp. 99-103.

Rossi, 1973
Rossi, P., *Jacopo Tintoretto. I Ritratti*, Venise, 1973.

Rossi, 1975
Rossi, P., *I disegni di Jacopo Tintoretto*, Florence, 1975.

Rossi, 1978
Rossi, P., «Tiziano e Jacopo Tintoretto», in *Tiziano e il Manierismo europeo*, éd. par R. Pallucchini, Florence, 1978, pp. 171-192.

Rossi, 1979
Rossi, P., «Tiziano nelle Gallerie fiorentine», in *Arte Veneta*, XXXIII, 1979, pp. 190-193.

Rossi, 1980 (1)
Rossi, P., «In margine a una nuova monografia su Andrea Schiavone e qualche aggiunta al catalogo dell'artista», in *Arte Veneta*, XXXIII, 1980, pp. 78-94.

Rossi, 1980 (2)
Voir exp. Venise, 1980.

Rossi, 1981
Voir exp. Venise, 1981.

Rossi, 1984
Rossi, P., «Andrea Schiavone e l'introduzione del Parmigianino a Venezia», in *Cultura e Società nel Rinascimento tra riforme e manierismi*, Florence, 1984, pp. 189-206.

Rossi, 1987
Voir exp. Rome, 1987.

Rossi, 1990
Voir exp. Venise, 1990 (1).

Rossi, 1991
Voir exp. Londres, 1991 (*Cinquecento*).

Rotondi, 1952
Voir exp. Gênes, 1952.

Rouchès, 1931
Voir exp. Paris, 1931.

Rowlands, 1966
Rowlands, J., «Two Unknown Works by Palma Vecchio», in *Pantheon*, XXIV, 1966, pp. 372-377.

Rubsamen, 1980
Rubsamen, G., *The Orsini Inventories*, The J. Paul Getty Museum, Malibu, 1980.

Ruckelshausen, 1975
Ruckelshausen, O., «Typologie des oberitalienischen Porträts im Cinquecento», in *Giessener Beiträge zur Kunstgeschichte*, III, 1975, pp. 63-138.

Rudel, 1980
Rudel, J., «Quelques remarques sue la technique de la composition chez Titien. Schèmes et structures plastiques», in *Tiziano e Venezia*, Atti del Convegno Internazionale di Studi, Venise, 1976; Vicence, 1980, pp. 193-199.

Rudrauf, 1955
Rudrauf, L., *Le Repas d'Emmaüs. Étude d'un thème plastique et de ses variations en peinture et en sculpture*, 2 vol., Paris, 1955.

Ruggeri, 1976
Ruggeri, U., *Maestri lombardi e lombardo-veneti del Rinascimento*, Florence, 1976.

Ruggeri, 1987
Ruggeri, U., «Due nuove opere di Paris Bordon», in *Paris Bordon e il suo tempo*, Atti del Convegno Internazionale di Studi, Trévise, 28-30 oct. 1985; Trévise, 1987, pp. 133-136.

Ruggeri Augusti, 1988
Voir exp. Venise, 1988 (2).

Ruhemann, 1954
Ruhemann, H., «"The Alduteress brought before Christ": The Story of its Restoration», in *Scottish Art Review*, V, I 1954, pp. 13-21.

Ruhemann, 1955
Ruhemann, H. «The Cleaning and Restoration of the Glasgow Giorgione», in *The Burlington Magazine*, XCVII, 1955, pp. 278-282.

Ruhmer, 1980
Ruhmer, E., «Tiziano e l'Ottocento», in *Tiziano e Venezia*, Atti del Convegno Internazionale di Studi, Venise, 1976; Vicence, 1980, pp. 455-459.

Ruland, 1877-78
Ruland, C., «Catalogo delle stampe tratte dalle pitture e dai disegni di Tiziano...», in *Tiziano, la sua vita e i suoi tempi*, par G. B. Cavalcaselle et J. A. Crowe, Florence, 1877-78; éd. 1974.

Rusconi, 1937
Rusconi, A. J., *La R. Galleria Pitti in Firenze*, Rome, 1937.

Ruskin, [1844]
Ruskin, J., *The Diaries of John Ruskins, 1835-1847*, éd. par J. Evans et J. H. Whitehouse, 1835-1847; Oxford, 1956.

Russel, 1985
Voir exp. Washington, 1985-86.

Rylands, 1983
Voir exp. Londres, 1983-84.

Rylands, 1988
Rylands, P., *Palma il Vecchio. L'opera completa*, Milan, 1988.

Saccomani, 1977
Saccomani, E., «Un disegno inedito di Domenico Campagnola», in *Per Maria Cionini Visani. Scritti di amici*, Turin, 1977, pp. 72-75.

Saccomani, 1978
Saccomani, E., «Alcune proposte per il catalogo dei disegni di Domenico Campagnola», in *Arte Veneta*, XXXII, 1978, pp. 106-111.

Saccomani, 1979
Saccomani, E., «Ancora su Domenico Campagnola : una questione controversa», in *Arte Veneta*, XXXIII, 1979, pp. 43-49.

Saccomani, 1981
Saccomani, E., «Disegni tardi di Domenico Campagnola, 1552-1564», in *Arte Veneta*, XXXV, 1981, pp. 62-70.

Saccomani, 1982
Saccomani, E., «Domenico Campagnola disegnatore di "paesi" dagli esordi alla prima maturità», in *Arte Veneta*, XXXVI, 1982, pp. 81-99.

Saccomani, 1990
Voir exp. Rennes, 1990.

Saccomani, 1991
Saccomani, E., «Apports et précisions au catalogue des dessins de Domenico Campagnola», in *Disegno*, Actes du Colloque du Musée des Beaux-Arts de Rennes, 9 et 10 nov. 1990; Rennes, 1991, pp. 31-36.

Safarik, 1972
Safarik, E., «Busi Giovanni, detto il Cariani», in *Dizionario Biografico degli Italiani*, XIV, Rome, 1972, pp. 527-529.

Salerno, 1960
Salerno, L., «The Picture Gallery of Vincenzo Giustiniani. I : Introduction»; «[...] II : The Inventory, Part I»; «[...] III : The Inventory, Part II», in *The Burlington Magazine*, CII, 682, pp. 21-27; 684, pp. 93-104; 685, pp. 135-148.

Salmina, 1964
Voir exp. Venise, 1964.

Salsi, 1988
Salsi, A., *Cenni sui giovani di S. Pantaleone*, II, Venise, 1988.

Saltillo, 1935
Saltillo, Marqués de (Lasso de la Vega), *M. Frédéric Quillet*, Madrid, 1935.

Salvini, 1954
Salvini, R., *Galleria degli Uffizi*, Florence, 1954.

Salvini, 1961
Salvini, R., «Giorgione : un ritratto e molti problemi», in *Pantheon*, XIX, 1961, pp. 226-239.

Salvini, 1978
Salvini, R., «Leonardo, i Fiamminghi e la cronologia di Giorgione», in *Arte Veneta*, XXXII, 1978, pp. 92-99.

Sánchez Cantón, 1963
Sánchez Cantón, F. J., *Museo del Prado. Catalogo de las Pinturas*, Madrid, 1963 (précédentes éd. 1942, 1945, 1949, 1952).

Sangiorgi, 1973
Sangiorgi, F., «La "Muta" di Raffaello : considerazioni storico-iconografiche», in *Commentari*, XXIV, 1-2, 1973, pp. 90-97.

Sangiorgi, 1976
Sangiorgi, F., *Documenti urbinati. Inventari del palazzo ducale (1582-1631)*, Collana di studi e testi, 4, Urbin, 1976.

Sangiorgi, 1933
Sangiorgi, G., «Scoperta di un'opera di Giorgione», in *La Rassegna Italiana*, XVI, 186, 1933, pp. 789-793.

Sangiorgi, 1933
Sangiorgi, G., «Scoperta di un'opera di Giorgione», in *Giornale d'Italia*, Rome, 26 oct. et 1er nov. 1933.

Sangiorgi, 1933
Sangiorgi, G., in *Illustrated London News*, 4 nov. 1933.

Sannazaro, 1504
Sannazaro, I., *Arcadia*, Naples, mars 1504; éd. A. Mauro : *Iacobo Sannazaro, Opere volgari*, Scrittori d'Italia, 220, Bari, 1961.

Sansovino, 1581
Sansovino, F., *Venetia città nobilissima et singolare...*, Venise, 1581; éd. G. Stringa, Venise, 1604.

Sansovino et Martinioni, 1663
Sansovino, F. et Martinioni, D., *Venetia città nobilissima et singolare...*, Venise, 1663, éd. L. Moretti, 2 vol., Venise, 1968.

Santangelo, 1946
Santangelo, A., *Catalogo del Museo di Palazzo Venezia*, I, *I Dipinti*, Rome, 1946.

Santangelo, s.d.
Santangelo, A., *Museo di Palazzo Venezia. Catalogo. I. I dipinti*, Rome, s.d. [1948].

Santos, 1657, 1667
Padre Fray Francisco de los Santos, *Descripción breve del monasterio de S. Lorenzo el Real del Escorial*, Madrid, 1657; autre éd., Madrid, 1667.

Sanuto
Sanuto, M., *I diarii (MCCCCXVI-MDXXXIII) ...*, éd. par R. Fulin, F. Stefani, N. Barozzi, G. Berchet, M. Allegri, auspice la R. Deputazione Veneta di Storia Patria, I-LVIII, Venise, 1879-1903.

Sargeaunt, 1929
Sargeaunt, G. M., *Classical Studies*, Londres, 1929.

Savini Branca, 1964
Savini Branca, S., *Il collezionismo veneziano nel '600*, Padoue, 1964.

Savini Branca, 1965
Savini Branca, S., *Il collezionismo veneziano nel '600*, Università di Padova. Pubblicazioni della Facoltà di Lettere e Filosofia, XLI, Padoue, 1965.

Savorgnan-Bembo, 1950
Maria Savorgnan-Pietro Bembo, Carteggio d'amore (1500-1501), éd. par C. Dionisotti, Florence, 1950.

Saxl, [1935] 1957
Saxl, F., «Titian and Pietro Aretino», in F. Saxl, *Lectures*, 2 vol., Londres, 1957, pp. 161-173.

Scalini, 1990-91
Scalini, M., «Una tradizione d'acciaio : Milano e l'armatura», in *Gazzetta Antiquaria*, 9, 1990-91, pp. 10-17.

Scalliérez, 1992
Scalliérez, C., *François Ier et ses artistes dans les collections du Louvre*, Paris, 1992.

Scannelli, 1657
Scannelli, F., *Il microcosmo della pittura*, Cesena, 1657; éd. G. Giubbini, Milan, 1966.

Schaar, 1977
Schaar, E., *Stiftung Ratjen. Italienische Zeichnungen des 16.-18. Jahrhunderts*, Munich, 1977.

Schaeffer, Wartenegg et Dollmayr, 1884
Schaeffer, A., Wartenegg, W., et Dollmayr, H., *Führer durch die Gemäldegalerie. Alte Meister*, Vienne, 1884.

Scharf, 1939
Scharf, A., «Giorgione in the Light of New Research», in *Apollo*, XXIX, 174, 1939, pp. 287-289.

Schaufuss, 1884
Schaufuss, L. W., *Giorgione' Werke...*, Leipzig, 1884.

Schlegel, 1803
Schlegel, F., «Nachricht von den Gemälden in Paris [1802], in *Europea. Eine Zeitschrift*, VI, 1803, pp. 108-157; rééd. avec d'autres écrits de 1803 et 1804: «Gemäldebeschreibungen aus Paris und den Niederlanden in den Jahren 1802-1804», in F. Schlegel, *Ansichten und Ideen von der christlichen Kunst*, Sammtliche Werke, VI, Vienne, 1823, p. 1-61, rééd. par H. Eichner, *Kritische Griedrich-Schlegel-Ausgabe*, IV, Paderborn, Munich et Vienne, 1959, pp. 9-47.

Schleier, 1978
Schleier, E., in *Picture Gallery Staatliche Museen Preussischer Kulturbesitz Berlin, Catalogue of Paintings 13th-18th Century*, Berlin, 1978 (1re éd. all., 1975).

Schleier, 1986
Schleier, E., in *The Gemäldegalerie, Berlin. A History of the Collection and Selected Masterworks*, Londres, 1986 (1re éd. all., Berlin, 1984).

Schmidt, 1971
Schmidt, H. M., «Gottfried Kindel und die Gemäldegalerie in Darmstadt», in *Kunst in Hessen und am Mittelrhein*, XI, 1971, pp. 107-114.

Schmidt, 1903
Schmidt, W., «Giorgione und Correggio», in *Monatsberichte über Kunst und Kunstwissenschaft*, III, 1903, p. 1-4.

Schmidt, 1904
Schmidt, W., «Zu Giorgione», in *Repertorium für Kunstwissenschaft*, XXVII, 1904, p. 160.

Schmidt, 1908
Schmidt, W., «Zur Kenntnis Giorgione», in *Repertorium für Kunstwissenchaft*, XXXI, 1908, pp. 115-119.

Schmitt, 1967
Voir exp. Munich, 1967.

Schnapper, (1982) 1984
Schnapper, A., «Jabach, Mazarin, Fouquet, Louis XIV», in *Bulletin de la Société de l'Histoire de l'Art français*, 1982; Paris, 1984, pp. 85-86.

Schneider, 1990
Voir exp. Washington, 1990-91.

Scholz, 1950-1958
Scholz, J., «Notes on Brescian Renaissance Drawings», in *Essays in honor of Hans Tietze, 1880-1954*, publié par la Gazette des Beaux-Arts, 1950-1958, pp. 411-418.

Scholz, 1960
Voir exp. Hagerstown, 1960.

Scholz, 1961
Voir exp. Staten Island, 1961.

Scholz, 1971
Voir exp. New York, 1971.

Schönbrunner et Meder, 1895-1908
Schönbrunner, J. et Meder, J., *Handzeichnungen alter Meister in der Albertina und anderen Sammlungen*, Vienne, 1895-1908.

Schrey, 1914-15
Schrey, R., «Tizians Gemälde "Jupiter und Kallisto" bekannt als "Die himmlische und irdische Liebe"», in *Kunstchronik*, L, 1914-15, pp. 567-574.

Schubring, 1916
Schubring, F., «Zwei Bilder der Parissage von J. Palma in der Dresdner Galerie», in *Mitteilungen aus den Sächsischen Kunstsammlungen*, VII, 1916, pp. 28-34.

Schubring, 1926
Schubring, P., *Die Kunst der Hochrenaissance in Italien*, Propyläen-Kunstgeschichte, IX, 1926.

Schubring, 1926
Schubring, F., «A Surmise Concerning the Subject of the Venetian Figure Painting in the Detroit Museum», in *Art in America*, XV, 1926, pp. 35-40.

Schubring, 1926
Schubring, F., «Ludwig Justi, Giorgione», in *Repertorium für Kunstwissenschaft*, XLVII, 1926, pp. 6 et ss.

Schubring, 1936
Schubring, F., *Die Kunst der Hochrenaissance in Italien*, Berlin, 1936.

Schulz, 1961
Schulz, J., «Vasari in Venice», in *The Burlington Magazine*, CIII, 1961, pp. 500-511.

Schulz, 1968
Schulz, J., *Venetian painted Ceilings of the Renaissance*, Berkeley et Los Angeles, 1968.

Schupbach, 1978
Schupbach, W., «Doctor Parma's Medicinal Macaronic : Poem by Bertolotti, Pictures by Giorgione and Titian», in *Journal of the Warburg and Courtauld Institutes*, XLI, 1978, pp. 147-191.

Schütz, 1993
Voir exp. Cologne, 1993.

Schwarzweller, 1935
Schwarzweller, K., *Giovanni Antonio da Pordenone*, Lübeck, 1935.

Sciolla, 1989
Voir exp. Lodi, 1989.

Scirè Nepi, 1991
Scirè Nepi, G., *I capolavori dell'arte veneziana. Le Gallerie della Accademia*, Venise, 1991.

Scolari, 1860
Scolari, F., *Nuove opere di abbellimento e di ristauro nella chiesa vicariale di S. Giovanni Crisostomo in Venezia*, Venise, 1860.

Scrase, 1983
Voir exp. Londres, 1983-84.

Scrase, 1992
Voir exp. Venise, 1992 (*Leonardo*).

Seibt, 1992
Seibt, G., «Kunst als verborgenes Zentrum des Kults. Salvatore Settis rekonstruiert ein verschollenes Meisterwerk Giorgiones», in *Frankfurter Allgemeine Zeitung*, 20 mai 1992, p. 5.

Seidlitz, 1895
Seidlits, W. von, «Die Ausstellung venezianischer Kunst in der New Gallery zu London im Winter 1894-1895», in *Repertorium für Kunstwissenschaft*, XVIII, 1895, pp. 209-216.

Sellers et Ulrichs, 1896
Sellers, E. et Ulrichs, H. L., *The Elder Pliny's Chapters on the History of Art*, Londres, 1896; rééd. par R. V. Schoder, Chicago, 1968 et 1977.

Seracini, 1979
Seracini, M., «La tecnologia al servizio dell'Arte», in *Gazzetta Antiquaria*, XVIII, 1979, pp. 25-26.

Serra, 1934-35
Serra, L., «La mostra di Tiziano a Venezia», in *Bollettino d'Arte*, XXVIII, 1934-35, pp. 549-563.

Serros, 1986
Voir exp. New Haven, Conn., 1986.

Sérullaz, 1965
Voir exp. Paris, 1965.

Servolini, 1953
Servolini, L., «Le xilografie di Ugo da Carpi», in *Gutenberg Jahrbuch*, 1953, pp. 105-110.

Servolini, 1977
Servolini, L., *Ugo da Carpi*, Florence, 1977.

Settis, 1978
Settis, S., *La "Tempesta" interpretata, Giorgione, i committenti, il soggetto*, Turin, 1978; éd. all., Berlin, 1982.

Sgarbi, 1980
Voir exp. Vicence, 1980.

Sgarbi, 1981
Sgarbi, V., «Ricognizione del catalogo di Giorgione : con proposte per la sua formazione e per l'opera della maturità», in *Giorgione e la Cultura Veneta tra '400 e '500, Mito, Allegoria, Analisi iconologica*, Atti del Convegno, Rome, nov. 1978; Rome, 1981, pp. 31-34.

Sgarbi, 1981
Sgarbi, V., «Aggiunte al catalogo di Lorenzo Lotto», in *Lorenzo Lotto*, Atti del Convegno Internazionale di Studi per il V centenario della nascita, Asolo, 1980; éd. par P. Zampetti et V. Sgarbi, Venise, 1981, pp. 225-235.

Sgarbi, 1981
Sgarbi, V., «Pordenone e la maniera : tra Lotto e Correggio», in *Giornata di studio per il Pordenone*, 1981; éd. par P. Ceschi Lavagetto, Piacenza, 1982, pp. 66-69.

Sgarbi, 1982
Sgarbi, V., «Cariani a Ferrara e Dosso», in *Paragone*, 389, 1982, pp. 3-18.

Sgarbi, 1984
Voir exp. Reggio Emilia, 1984.

Sgarbi, 1987
Sgarbi, V., «Note su Paris Bordon», in *Paris Bordon e il suo tempo*, Atti del Convegno Internazionale di Studi, Trévise, 28-30 oct. 1985; Trévise, 1987, pp. 171-172.

Shakeshaft, 1986
Shakeshaft, P., « "To much bewiched with thoes intysing things": the letters of James, third Marquis of Hamilton, and Basil, Viscount Feilding, concerning collecting in Venice 1635-1639, Documents for the History of Collecting, I », in *The Burlington Magazine*, CXXVIII, 995, 1986, pp. 114-132.

Shapley, 1955
Shapley, F. Rusk, « "The Holy Family" by Giorgione», in *The Art Quarterly*, XVIII, 1955, pp. 383-389.

Shapley, 1968
Shapley, F. Rusk, *Paintings from the Samuel H. Kress Collection. Italian Schools XV-XVI*, Londres et New York, 1968.

Shapley, 1971-72
Shapley, F. Rusk, «Titian's Venus with a Mirror», in *Studies in the History of Art*, 4-5, 1971-72, pp. 93-105.

Shapley, 1979
Shapley, F. Rusk, *National Gallery of Art, Washington. Catalogue of the Italian Paintings*, Washington, 1979.

Sheard, 1978
Voir exp. Northampton, 1978.

Sheard, 1978
Sheard, W. Stedman, «The Widener "Orpheus": Attribution, Type, Invention», in *Collaboration in Italian Renaissance Art*, éd. par W. Stedman Sheard et J. T. Paoletti, New Haven et Londres, 1978, pp. 189-219.

Sheard, 1983
Sheard, W. Stedman, «Giorgione's Tempesta : External vs. Internal Texts», in *Italian Culture*, IV, 1983, pp. 145-157.

Shearman, 1970
Shearman, J., «Raphael at the Court of Urbino», in *The Burlington Magazine*, CXII, 803, 1970, pp. 72-78.

Shearman, (1979) 1983
Shearman, J., «Il ritratto di Baldassare Castiglione», in *Funzione e Illusione. Raffaello Pontormo Correggio*, éd. par Alessandro Nova, Milan, 1983, pp. 99-113; traduction it. de «Le portrait de Baldassare Castiglione par Raphaël», in *La Revue du Louvre et des Musées de France*, XXVIII, 1979, pp. 261-270.

Shearman, 1983
Shearman, J., *The Early Italian Pictures in the Collection of Her Majesty the Queen*, Cambridge, 1983.

Shearman, 1987
Shearman, J., «Alfonso d'Este's Camerino», in *"Il se rendit en Italie". Études offertes à André Chastel*, Rome et Paris, 1987, pp. 209-230.

Shoemaker, 1981
Voir exp. Lawrence, Kansas, 1981.

Siebenhüner, 1978
Siebenhüner, H., «Tizians *Dornenkrönung Christi* für S. Maria delle Grazie in Mailand», in *Arte Veneta*, XXXII, 1978, pp. 123-126.

Silk et Green, 1982
Silk, G. et Green, A., *Museums Discovered : The Wadsworth Atheneum*, Fort Lauderdale, 1982.

Simonetti, 1986
Simonetti, S., «Profilo di Bonifacio de' Pitati», in *Saggi e Memorie di Storia dell'Arte*, 15, 1986, pp. 83-134.

Simonetto, 1988
Simonetto, L., «Lo Pseudo-Boccaccino fra Milano e Venezia : certezze e dubbi di una cronologia», in *Arte Lombarda*, 84-85, 1988, pp. 73-84.

Sinding-Larsen, 1962
Sinding-Larsen, S., «Titian's Madonna di Ca' Pesaro», in *Institutum Romanum Norwegiae. Acta ad archaelogiam et artium historiam pertinentia*, I, 1962, pp. 139-169.

Sinding-Larsen, 1974
Sinding-Larsen, S., «Christ in the Council Hall. The Doge's Palace after 1574-1577. Studies in the Religious Iconography of the Venetian Republic», in *Institutum Romanum Norwegiae. Acta ad archaelogiam et artium historiam pertinentia*, V, 1974, pp. 1-119.

Sinding-Larsen, 1975
Sinding-Larsen, S., «Titians of the Glory of Christ», in *Institutum Romanum Norwegiae. Acta ad archaelogiam et artium historiam pertinentia*, VI, 1975, pp. 315-351.

Sinding-Larsen, 1990
Sinding-Larsen, S., «Paolo Veronese tra rituale e narrativo. Note a proposito di un disegno per il Palazzo Ducale», in *Nuovi studi su Paolo Veronese*, atti del Convegno, Venise, 1988; éd. par M. Gemin, 1990, pp. 37-41.

Sindona, 1957
Sindona, M. E., «E' Hubert Naich e non Jacob Hobrecht il compagno cantore del Verdelot nel quadro della Galleria Pitti», in *Acta musicologica*, XXIX, 1, 1957, pp. 1-9.

Singer, 1913
Singer, H. W., *Die Meisterwerke der Königl. Gemälde-Galerie zu Dresden*, Londres, Munich et New York, 1913.

Sinibaldi, 1950
Voir exp. Paris, 1950.

Sinibaldi, 1960
Voir exp. Florence, 1960.

Sirén, 1902
Sirén, O., *Dessins et tableaux de la Renaissance italienne dans les collections de Suède*, Stockholm, 1902.

Sirén, 1917
Sirén, O., *Italienska Handteckningar Från 1400-och 1500. Talen I, National museum*, Stockholm, 1917.

Sirén, 1933
Sirén, O., *Italienska tavlor och teckningar i Nationalmuseum och andra svenska och finska samlingar*, Stockholm, 1933.

Slim, 1935
Slim, H. C., «Giovanni Gerolamo Savoldo's Portrait of a man with a recorder», in *Early Music*, XIII, 1935, pp. 398-406.

Slim, 1972
Slim, H. C., *A Gift of Madrigals and Motets*, 2 vol., Chicago et Londres, 1972.

Slim, 1980
Slim, H. Colin, «Verdelot [Deslouges], Philippe», in *The New Grove Dictionary of Music and Musicians*, éd. par St. Sadie, 20 vol.; XIX, 1980, pp. 631-635.

Smirnova, 1964
Smirnova, I., *Tician i veneciansky portrait XVI* [Titien et le portrait vénitien du XVIe siècle], Moscou, 1964.

Smirnova, 1978
Smirnova, I., «Alcuni appunti sulle "scene campestri di Tiziano"», in *Arte Veneta*, XXXII, 1978, pp. 117-122.

Smith, 1976
Smith, A., «Titian's portraiture», in *The Connoisseur*, 192, 1976, pp. 255-263.

Smyth, 1979
Smyth, Craigh H., «Michelangelo and Giorgione», in *Giorgione*, Atti del Convegno Internazionale di Studi per il 5° centenario della nascita, Castelfranco Veneto, 29-31 mai, 1978; Asolo, 1979, pp. 213-220.

Someda De Marco, 1948
Voir exp. Udine, 1948.

Somov, 1899
Somov, A., *Ermitage impérial. Catalogue de la galerie des tableaux, Première partie, les Écoles d'Italie et d'Espagne*, Saint-Pétersbourg, 1899.

Spadavecchia, 1990
Voir exp. Venise, 1990 (1).

Spahn, 1932
Spahn, A. M., *Palma Vecchio*, Leipzig, 1932.

Spezzani, 1978
Voir exp. Castelfranco Veneto, 1978.

Spielmann, 1925
Spielmann, M. H., *The Iconography of Andreas Vesalius (André Vésale), Anatomiste and Physician* 1514-1564, Londres, 1925.

Squellati, 1978
Voir exp. Florence, 1978-79.

Stampart-Prenner, 1735
Stampart, F. von et Prenners, A. von, *Prodromus zum Theatrum Artis Pictoriae*, Vienne, 1735; voir Zimmermann, 1888.

Stechow, 1934
Stechow, W., « Rembrandts Darstellungen des Emmausmahles », in *Zeitschrift für Kunstgeschichte*, III, 1934, pp. 330-332, 338-340.

Steer, 1961
Steer, J., « Some influences from Alvise Vivarini in the Art of Giorgione », in *The Burlington Magazine*, CIII, 699, 1961, pp. 220-225.

Steer, 1982
Steer, J., *Alvise Vivarini : His Art and Influence*, Cambridge, 1982.

Stefani, 1871
Stefani, F., « L'Adorazione dei Magi di Palma Vecchio », in *Archivio Veneto*, I, 1871, pp. 166-168.

Steiner, 1977
Steiner, R., « Il "Trionfo di Bacco" di Raffaello », in *Paragone*, XXVIII, 325, 1977, pp. 85-99.

Steingräber, 1985
Steingräber, E., *Zweitausend Jahre Europäische Lanschaftmalerei*, Munich, 1985.

Stella, 1984
Stella, A., « Tenzioni religiose e movimenti di riforma (durante il dogado di Andrea Gritti », in *Renovatio Urbis*, éd. par M. Tafuri, Rome, 1984.

Sterling, 1935
Voir exp. Paris, 1935 (1).

Sterling, 1954
Sterling, Ch., « Notes brèves sur quelques tableaux vénitiens inconnus à Dallas », in *Arte Veneta*, VIII, 1954, pp. 265-271.

Stix et Fröhlich-Bum, 1926
Stix, A. et Fröhlich-Bum, L., *Beschreibender Katalog der Handzeichnungen in der Graphischen Sammlung Albertina : I. Die Zeichnungen der Venezianischen Schule*, Vienne, 1926.

Stock, 1980
Voir exp. Venise, 1980 (1).

Stock et Scrase, 1985
Voir exp. Cambridge, 1985.

Storffer, 1720-1733
Storffer, A., *Gemaltes Inventarium der Ausstellung der Gemäldegalerie in der Stallburg*, 3 vol., ms., Kunsthistorisches Museum, Vienne, 1720-1733.

Stradiotti, 1990
Voir exp. Brescia, 1990.

Strieder, 1982
Strieder, P., *Dürer. Paintings, Prints, Drawings*, Londres, 1982; éd. ital., Milan, 1992.

Stringa, 1603
Stringa, G., *Venetia città nobilissima, et singolare descritta già in XIII libri da M. Francesco Sansovino...*, Venise, 1603.

Strong, 1900
Strong, S. A., *Reproductions of Drawings by Old Masters in the Collection of the Earl of Pembroke and Montgomery at Wilton House*, Londres, 1900.

Strong, 1902
Strong, S. A., *Reproductions of Drawings by Old Masters in the Collection of the Duke of Devonshire at Chatsworth*, Londres, 1902.

Stryienski, 1913
Stryienski, C., *La Galerie du Régent*, Paris, 1913.

Studdart-Kennedy, 1987
Studdart-Kennedy, W. G., « Titian : Metaphors, of Love and Renewal », in *Word & Image*, 3, I, Londres, 1987.

Stuffmann, 1968
Stuffmann, M., « Les tableaux de la collection de Pierre Crozat. I. Tableaux figurant dans l'inventaire après décès de Pierre Crozat, 30 mai 1740 », in *Gazette des Beaux-Arts*, LXXI, juill.-sept. 1968, pp. 11-141.

Suida, 1927
Suida, W., « Rivendicazioni a Tiziano », in *Vita artistica*, II, 1927, pp. 206-215.

Suida, 1930
Suida, W., « Die Ausstellung italienischer Kunst in London », in *Belvedere*, IX, 1930, pp. 35 et ss.

Suida, 1930
Suida, W.E., « Die italienschien Bilder in der Sammlung Schloss Rohoncz », *Belvedere*, IX, 12, 1930, pp. 175-180.

Suida, 1930-31
Suida, W., « Alcune opere sconosciute di Tiziano », in *Dedalo*, II, 1930-31, pp. 894-901.

Suida, 1931
Suida, W., « Zum Werke des Palma Vecchio », in *Belvedere*, X, 1931, pp. 135-142.

Suida, 1932
Suida, W., « Tizian's "Kind mit Taube" », in *Belvedere*, XI, 1932, pp. 164-166.

Suida, 1933
Suida, W., *Tizian*, Leipzig et Zurich, 1933; éd. ital., Rome, 1933.

Suida, 1934
Suida, W., « Fremde Meister um Tizian, I. Jan Stephan von Calcar », in *Belvedere*, XII, 1934, pp. 11-13.

Suida, 1934
Suida, W., « Romanino, Girolamo », in Thieme et Becker, *Allegemeines Lexikon der bildenden Künstler*, XXVIII, 1934, pp. 549-551.

Suida, 1934-1936
Suida, W., « Gemälde aus römischem Privatbesitz », in *Belvedere*, XII, 9-12, 1934-1936, pp. 174 et ss.

Suida, 1934-35
Suida, W., « Studien zu Palma », in *Belvedere*, XII, 1934-35, pp. 85-101.

Suida, 1935 (1)
Suida, W., *Titien*, Paris, 1935.

Suida, 1935 (2)
Suida, W., « Savoldo, Giovanni Girolamo », in Thieme et Becker, *Allgemeines Lexicon der bildenden Künstler...*, Leipzig, XXIX, 1935, pp. 510-512.

Suida, 1935 (3)
Suida, W., « Giorgione. Nouvelles attributions », in *Gazette des Beaux-Arts*, XIV, 1935, pp. 75-94.

Suida, 1935-36
Suida, W., « Titian, die beiden Campagnola und Ugo da Carpi », in *Critica d'Arte*, I, 1935-36, pp. 285-288.

Suida, 1938 (1)
Suida, W., « Notes sur Paolo Véronèse », in *Gazette des Beaux-Arts*, XIX, 1938, pp. 169-184.

Suida, 1938 (2)
Suida, W., « Ausstellung in Venedig », in *Pantheon*, XVI, 1938, pp. 219-226.

Suida, 1939
Suida, W., « Torbido, Francesco di Marco India »,in Thieme et Becker, *Allgemeines Lexicon der bildenden Künstler...*, Leipzig, XXXIII, 1939, pp. 283-285.

Suida, 1944
Suida, W., « Marcantonio Raimondi, His Portrait Painted by Raphael, His Connection with Venetian Painters », in *The Art Quarterly*, VII, 1944, pp. 239-249.

Suida, 1946
Suida, W., « Clarifications and Identifications of Works by Venetian Painters », in *The Art Quarterly*, IX, 1946, pp. 283-299.

Suida, 1951
Voir exp. Washington, 1951-52.

Suida, 1952
Suida, W., « Miscellanea Tizianesca. I », in *Arte Veneta*, VI, 1952, pp. 27-41.

Suida, 1954
Suida, W., « Spigolature giorgionesche », in *Arte Veneta*, VIII, 1954, pp. 153-166.

Suida, 1955
Suida, W., *The Samuel H. Kress Collection (Catalogue). M. H. De Young Memorial Museum*, San Francisco (Cal.), 1955.

Suida, 1956
Suida, W., « Kooperation in alten Gemälden », in *Festschrift W. Sas-Zaloziecky zum 60. Geburtstag*, Graz, 1956, pp. 163-168.

Suida, 1956
Suida, W., « Miscellanea Tizianesca. II », in *Arte Veneta*, X, 1956, pp. 71-81.

Suida, 1956
Suida, W., « Giorgione in American Museums », in *The Art Quarterly*, XIX, 1956, pp. 145-152.

Suida, 1957
Suida, W., « Miscellanea Tizianesca. III », in *Arte Veneta*, XI, 1957, pp. 71-74.

Summers, 1977
Summers, D., « Figure comme Fratelli : a Transformation of Symmetry in Renaissance Painting », in *The Art Quarterly*, I, 1, 1977, pp. 59-88.

Sunderland-Wethey et Wethey, 1980
Sunderland-Wethey, A. et Wethey, H. E., « Titian : Two Portraits of Noblemen in Armour and Their Heraldry », in *The Art Bulletin*, LXII, 1980, pp. 76-89.

Sureda i Pons, 1992
Voir exp. Siviglia (Séville), 1992.

Suter, 1929-30
Suter, K. F., « Dürer und Giorgione », in *Zeitschrift für bildende Kunst*, LXIII, 1929-30, pp. 182 et ss.

Sutton, 1984
Sutton, D., « Venetian Art at the Royal Academy », in *Apollo*, CXIX, 264, 1984, pp. 82-96.

Sutton et Garlick, 1969
Voir exp. Londres, 1969 (2).

Sweeny, 1966
Sweeny, B., *Johnson G. Johnson Collection. Catalogue of Italian Paintings*, Philadelphie, 1966.

Szabó Kákay, 1960
Szabó Kákay, G., « Giorgione o Tiziano », in *Bollettino d'Arte*, XLV, 1960, pp. 320-324.

Taine, 1863-1865
Taine, H., *Voyage en Italie*, Paris, 1863-1865.

Tanner, 1979
Tanner, M., « Ubi sunt : an elegiac topos in the "Fête champêtre" », in *Giorgione*, Atti del convegno internazionale per il 5º centenario della nascita, Castelfranco Veneto, 29-31 mai 1978; Asolo, 1979, pp. 61-66.

Tanzi, 1991
Tanzi, M., *Boccaccio Boccaccino*, Soncino, 1991.

Tardito, 1987
Tardito, R. et alii, *Giovanni Bellini a Milano*, Milan, 1987.

Tarral, 1850
Tarral C., *Observations sur le classement actuel des tableaux du Louvre et analyse du nouveau catalogue, Première lettre*, Paris, 1850.

Tassi, 1793
Tassi, F. M., *Vite dei Pittori, Scultori e architetti Bergamaschi*, Bergame, 2 vol., 1793, rééd. F. Mazzini, 2 vol. Milan, 1970.

Tassi, 1976
Tassi, R., *Tiziano. Il Polittico Averoldi in San Nazaro*, Brescia, 1976.

Tatrai, 1991
Tatrai, V., *Museum of Fine Arts Budapest. Old Masters' Gallery. A Summary Catalogue of Italian, French, Spanish and Greek Paintings*, éd. par V. Tatrai, Londres et Budapest, 1991.

Tauzia, 1881
Voir exp. Paris, 1881.

Tauzia, 1883, 1888
Tauzia, Both de, *Notice des tableaux exposés dans les galeries du Musée National du Louvre, Première partie, Écoles d'Italie et d'Espagne*, Paris (1re éd. 1877), autres éditions, 1883, 1888.

Tellini Perina, 1964
Tellini Perina, C., «Un pietoso Redentore con la croce in spalla, del Lotto», in *Arte antica e moderna*, 27, 1964, pp. 308-310.

Tempestini, 1979
Tempestini, A., *Martino da Udine detto "Pellegrino da San Daniele"*, Udine, 1979.

Tempestini, 1992
Tempestini, A., *Giovanni Bellini*, Milan, 1992.

Teniers, 1660
Teniers, D. il Giovane, *Theatrum Pictorium*, Anvers, 1660.

Térey, [1902]
Térey, G. de, in *Die Galerien Europas*, I, 3, Leipzig, s.d. [1902].

Térey, 1916
Térey, G. de, *Die Gemäldegalerie des Museums für bildende Künste in Budapest*, I, *Abteilung : byzantinische, italienische, spanische, portugiesische und französische Meister*, Berlin, 1916.

Térey, 1924
Térey, G. de, *Catalogue of the Paintings by Old Masters. Budapest Museum of Fine Arts*, Budapest, 1924 (2e éd., 1931).

Tervarent, 1944
Tervarent, G. de, «Instances of Flemish Influence in Italian Art», in *The Burlington Magazine*, LXXXV, 1944, pp. 290-294.

Teyssèdre, 1957
Teyssèdre, B., *Roger de Piles et les débats sur le coloris au siècle de Louis XIV*, Paris, 1957.

Thausing, 1884
Thausing, M., *Wiener Kunstbriefe*, Leipzig, 1884.

Theatrum Pictorium
Davidis Teniers Antwerpiensis, pictoris [...] Theatrum Pictorium, Bruxelles, 1660.

The Stranger's Guide to Hampton Court Palace and Gardens, 1839 (2e éd., 1849).

The Venetian School, 1915
Voir exp. Londres, 1915.

Thode, 1901 (1)
Thode, H., «Tintoretto Kritische Studien über des Meisters Werke», in *Repertorium für Kunstwissenschaft*, XXIV, 1901, pp. 426-447.

Thode, 1901 (2)
Thode, H., *Tintoretto*, Bilefeld et Leipzig (Künstler Monographien, XLIX), 1901.

Thomas et Gamber, 1958
Thomas, B. et Gamber, O., «L'arte milanese dell'armatura», in *Storia di Milano*, XI, Milan, 1958, pp. 697-830.

Thomson de Grummond, 1975
Thomson de Grummond, N., «VV and related inscriptions in Giorgione, Titian and Dürer», in *The Art Bulletin*, LVII, 1975, pp. 346-356.

Thornton (1979) 1982
Thornton, J. A., *Renaissance Color Theory and Some Paintings by Veronese*, Ph.d. University of Pittsburgh, 1979; Ann Arbor Microfilms et Londres, 1982.

Tieri, 1982
Tieri, M., «Presenze musicali nelle opere di Tiziano Vecellio», in *Titianus Cadorinus. Celebrazioni in onore di Tiziano. Pieve di Cadore 1576-1976*, éd. M. Muraro, Vicence et Belluno, 1982.

Tietze, 1935
Tietze, H., *Meisterwerke Europäischer Malerei in Amerika*, Vienne, 1935.

Tietze, 1936
Tietze, H., *Tizian, Leben und Werk*, 2 vol., Vienne, 1936.

Tietze, 1936
Tietze, H., «Die öffentlichen Gemäldesammlungen in Kanada», in *Pantheon*, XIII, 1936, p. 184.

Tietze, 1940
Voir exp. Toledo, 1940.

Tietze, 1947
Tietze, H., «La mostra di Giorgione e la sua cerchia a Baltimora», in *Arte Veneta*, I, 1947, pp. 140-141.

Tietze, 1948
Tietze, H., *Tintoretto. Paintings and Drawings*, Londres, 1948.

Tietze [1949]
Tietze, H., *Titien. Peintures et dessins*, Innsbruck, [1949].

Tietze, 1950
Tietze, H., *Titian. Paintings and Drawings*, Londres, 1950; éd. fr., Londres, 1950, éd. all., Londres, 1950.

Tietze, 1950
Tietze, H., «Titian's Portrait of King Francis I», in *The Connoisseur*, oct. 1950, pp. 83-85.

Tietze, 1952
Tietze, H., «Studies from Nature by Titian», in *Nationalmusei Årsbok*, XIX-XX (1949-50), 1952, pp. 29-37.

Tietze, 1954
Tietze, H., «An Early Version of Titian's "Danae": an Analysis of Titian's Replica», in *Arte Veneta*, VIII, 1954, pp. 199-208.

Tietze et Tietze-Conrat, 1928, 1937-38
Tietze, H. et Tietze-Conrat, E., *Kritisches Verzeichnis der Werke Albercht Dürer*, I, *Der junge Dürer*, Augsbourg, 1928, II, *Der reife Dürer*, 2 vol., Bâle et Leipzig, 1937-38.

Tietze et Tietze-Conrat, 1936 (1)
Tietze, H. et Tietze-Conrat, E., «Tizian Studien», in *Jahrbuch der Kunsthistorischen Sammlungen in Wien*, X, 1936, pp. 137-192.

Tietze et Tietze-Conrat, 1936 (2)
Tietze, H. et Tietze-Conrat, E., «Albrecht Dürer (1471-1528)», in *Old Master Drawings*, XI, 1936, pp. 34-35.

Tietze et Tietze-Conrat, 1937
Tietze, H. et Tietze-Conrat, E., «Contributi critici allo studio organico dei disegni veneziani del Cinquecento», in *Critica d'Arte*, II, 1937, pp. 77-88.

Tietze et Tietze-Conrat, 1938 (1)
Tietze, H. et Tietze-Conrat, E., «Titian's Woodcuts», in *The Print Collectors' Quarterly*, XXV, 1938, pp. 332-360, 464-477.

Tietze et Tietze-Conrat, 1938 (2)
Tietze, H. et Tietze-Conrat, E., «Tizian-Graphik, ein Beitrag zur Geschichte von Tizians Erfindungen», in *Die graphischen Künste*, III, 1938, pp. 8-16, 52-71.

Tietze et Tietze-Conrat, 1939
Tietze, H. et Tietze-Conrat, E., «Domenico Campagnola's Graphic art», in *The Print Collectors' Quarterly*, 26, 1939, pp. 311-333, 444-469.

Tietze et Tietze-Conrat, 1942
Tietze H. et Tietze-Conrat, E., «Giulio Campagnola's Graphic Art», in *The Print Collectors' Quartely*, XXIX, 1942, pp. 201-203.

Tietze et Tietze-Conrat, 1944
Tietze, H. et Tietze-Conrat, E., *The Drawings of the Venetian Painters in the 15th and 16th centuries*, New York, 1944; rééd., 1970, 1979.

Tietze et Tietze-Conrat, 1946
Tietze, H., Tietze-Conrat, E., «Titian's Workshop in his Late Years», in *The Art Bulletin*, XXVIII, 1946, pp. 76-88.

Tietze et Tietze-Conrat, 1949
Tietze, H. et Tietze-Conrat, E., «The "Allendale Nativity" in the National Gallery», in *The Art Bulletin*, XXXI, 1, 1949, pp. 11-20.

Tietze-Conrat, 1925
Tietze-Conrat, E., «Zur Schlacht von Cadore», in *Mitteilungen der Gesellschaft für Vervielfältigende Kunst*, XLVIII, 1925, pp. 42-44.

Tietze-Conrat, 1936
Tietze-Conrat, E., «Titian's Cavalli», in *Old Master Drawings*, X, 1936, pp. 54-57.

Tietze-Conrat, 1945 (1)
Tietze-Conrat, E., «Titian's Battle of Cadore», in *The Art Bulletin*, XXVII, 1945, pp. 205-208.

Tietze-Conrat, 1945 (2)
Tietze-Conrat, E., «The Wemyss Allegory in the Art Institute of Chicago», in *The Art Bulletin*, XXVII, 1945, pp. 269-271.

Tietze-Conrat, 1945
Tietze-Conrat, E., «The so-called "Adulteress" by Giorgione», in *Gazette des Beaux-Arts*, XXVII, 1945, pp. 189-190.

Tietze-Conrat, 1946 (1)
Tietze-Conrat, E., «Titian's Workshop in his late years», in *The Art Bulletin*, XXVII, 1946, pp. 76-88.

Tietze-Conrat, 1946 (2)
Tietze-Conrat, E., «Titian's Portrait of Paul III», in *Gazette des Beaux-Arts*, XXIX, 1946, pp. 73-84.

Tietze-Conrat, 1948
Tietze-Conrat, E., *Genuine and False*, Londres, 1948.

Tietze-Conrat, 1948
Tietze-Conrat, E., «Two Dosso Puzzles in Washington and New York», in *Gazette des Beaux-Arts*, XXXIII, 1948, pp. 129-136.

Tietze-Conrat, 1948
Tietze-Conrat, E., «Titian' Design for the Battle of Cadore», in *Gazette des Beaux-Arts*, XXIV, 1948, pp. 237-242.

Tietze-Conrat, 1950
Tietze-Conrat, E., «La xilografia di Tiziano "Il passaggio del Mar Rosso"», in *Arte Veneta*, IV, 1950, pp. 110-112.

Tofanelli, 1817
Tofanelli, A., *Catalogo delle sculture antiche e de quadri esistenti nel Museo e Gallerie di Campidoglio*, Rome, 1817.

Tofanelli, 1819
Tofanelli, A., *Descrizione delle sculture, e pitture che si trovano al Campidoglio*, Rome, 1819.

Tolnay, 1969
Tolnay, Ch. de, *Michelangelo. II. The Sistine Chapel*, Princeton, 1969 (rééd. de la 1re éd. de 1945).

Torriti, 1978
Torriti, P., *La Pinacoteca Nazionale di Siena. Dipinti dal XV al XVII secolo*, Gênes, 1978.

Torriti, 1979
Voir exp. Sienne, 1979.

Torriti, 1990
Torriti, P., *La Pinacoteca Nazionale di Siena. I dipinti*, Gênes, 1990.

Tosi, 1793
Tosi, F., *Cronaca veneta sacra e profana della città di Venezia*, 2 vol., Venise, 1793.

Townsend, 1786-87
Towsend, J., in *Viaje de extranjeros por España*, 1786-87; éd. Madrid, 1962.

Tramontin, 1968
Tramontin, S., *San Giovanni Crisostomo*, Venise, 1968.

Traversari, 1986
Traversari, G., *La statuaria ellenistica del Museo archeologico di Venezia*, Rome, 1986.

Tressider, 1979
Tressider, W., *The Classicism of the Early Work of Titian : its Sources and Character*, Ph.D., 2 vol., University of Michigan, 1979.

Trevisani, 1984
Voir exp. Rovigo, 1984.

Troche, 1932
Troche, E. G., «Giovanni Cariani als Bildnismaler», in *Pantheon*, IX, 1932, pp. 1-7.

Troche, 1934
Troche, E. G., «Giovanni Cariani», in *Jahrbuch der Preussischen Kunstsammlungen*, 55, 1934, pp. 97-125.

Tscheuschner, 1901
Tscheuschner, K., «Über den Tizian n.172 der Dresden Galerie», in *Repertorium für Kunstwissenschaft*, XXIV, 1901, pp. 192-293.

Tschmelitsch, 1962
Tschmelitsch, G., «Neue Bezüge in alten Bildern Giorgiones», in *Speculum Artis*, XIV, 4, 1962, pp. 14-23.

Tschmelitsch, 1965
Tschmelitsch, G., «Dürer bei Giorgione», in *Speculum Artis*, XVII, 9, 1965, pp. 9-20.

Tschmelitsch, 1966
Tschmelitsch, G., *"Harmonia est discordia concors". Ein Deutungsversuch zur Tempesta des Giorgione*, Vienne, 1966.

Tschmelitsch, 1975
Tschmelitsch, G., *Zorzo, genannt Giorgione. Der Genius und sein Bannkreis*, Vienne, 1975.

Turner, 1966
Turner, R., *The Vision of Landscape in Renaissance Italy*, Princeton, 1966.

Turner, 1973
Turner, A. R., «T. Pignatti, "Giorgione. Complete Edition"», in *The Art Bulletin*, LV, 3, 1973, pp. 457-458.

Turner et Brown, 1978
Turner, N. et Brown, D. A., «Letters to the Editor», in *Master Drawings*, XV, 1978, pp. 31-34.

Urrea, 1990
Voir exp. Venise, 1990 (1).

Valcanover, 1950
Valcanover, F., *Settembre bellunese; mostra d'arte antica. Dipinti della provincia di Belluno dal XIV al XVI secolo*, Belluno, 1950.

Valcanover, 1960
Valcanover, F., *Tutta la pittura di Tiziano*, 2 vol., Milan, 1960.

Valcanover, 1967
Valcanover, F., «Gli affreschi di Tiziano al Fondaco dei Tedeschi», in *Arte Veneta*, XXI, 1967, pp. 266-268.

Valcanover, 1968
Valcanover, F., *Tutta la pittura di Tiziano*, 2 vol., (2e éd.) Milan, 1968.

Valcanover, 1969
Valcanover, F., introduction par C. Cagli, *L'opera completa di Tiziano*, Milan, 1969.

Valcanover, 1970
Valcanover, F., introduction par S. Béguin, *Tout l'œuvre peint de Titien*, Paris, 1970.

Valcanover, 1978 (1)
Valcanover, F., «Il classicismo cromatico di Tiziano», in *Tiziano e il Manierismo europeo*, éd. par R. Pallucchini, Florence, 1978, pp. 43-56.

Valcanover, 1978 (2)
Voir exp. Venise, 1978.

Valcanover, 1981 (1)
Voir exp. Venise, 1981 (2).

Valcanover, 1981 (2)
Valcanover, F., «Aggiunte al catalogo di Antonio Guardi "copista"», in *The Shape of the Past, Studies in Honour of Franklin D. Murphy*, Los Angeles, 1981, pp. 286-288.

Valcanover, 1984
Valcanover, F., «Tiziano e la crisi manieristica», in Branca V., Ossola, C., *Cultura e società nel Rinascimento tra riforme e manierismi*, Florence, 1984, pp. 167-188.

Valcanover, 1985
Valcanover, F., in *Tintoretto*, par F. Valcanover et T. Pignatti, New York, 1985.

Valcanover, 1987
Valcanover, F., «Gli Amanti veneziani di Paris Bordon», in *Paris Bordone e il suo tempo*, Atti del Convegno Internazionale di Studi, Trévise, 28-30 oct. 1985; Trévise, 1987, pp. 272-282.

Valcanover, 1990 (1)
Voir exp. Venise, 1990 (1).

Valcanover, 1990 (2)
Valcanover, F., «Paolo Veronese : restauri», in *Nuovi Studi su Paolo Veronese*, Atti del Convegno, Venise, 1988; éd. par M. Gemin, Venise, 1990, pp. 183-188.

Valcanover et Cagli, 1969
Voir Valcanover, 1969.

Valentiner, 1922
Valentiner, W. R. V., *The H. Goldman Collection*, New York, privately printed, 1922.

Valentiner, 1926
Valentiner, W. R., *Early Italian Paintings*, catalogue de l'exposition de New York, 1924; New York, 1926.

Valentiner, 1926
Valentiner, W. R. V., «A combined Work by Titian, Giorgione and Sebastiano del Piombo», in *Bulletin of the Detroit Institute of Arts*, VI, 1926, pp. 62-65.

Valentiner, 1935
Valentiner, W. R., «Judith with the Head of Holofernes», in *Detroit Institute of Arts Bulletin*, XIV, 8, 1935, pp. 102-104.

Valentiner, 1939
Voir exp. New York, 1939.

Valeriano Bolzani, 1556
Baleriano Bolzani, G. P., *Hieroglyphica, seu de Sacris Aegyptiorum Aliarumque Gentium Literis Commentarii*, Bâle, 1556, Livre LIV : *D e malo*; éd. Lyon, 1602, pp. 573-577.

Valsecchi, 1955 (L'enigma)
Valsecchi, M., «L'enigma di Giorgione», in *L'illustrazione italiana*, 7 juill. 1955, pp. 54-58.

Valsecchi, 1955
Valsecchi, M., «Giorgione a Palazzo Ducale», in *Lo Smeraldo. Rivista letteraria e di cultura*, IX, 4, 30 juill. 1955, pp. 27-31.

Vandamme, 1990
Voir exp. Venise, 1990 (1).

Van Gelder, 1971
Van Gelder, J. G., «Jan de Bisschop 1628-1671», in *Oud Holland*, 4, 1971, pp. 188.

Van Hasselt, 1960
Voir exp. Cambridge, 1960.

Van Mander, 1604
Van Mander, K., *Het Schilder-Boeck*, Haarlem, 1604.

Van Marle, 1932
Marle, R. van, *Iconographie de l'art profane...*, 2 vol., La Haye, 1931-32; I [1931], *La vie quotidienne*, II, [1932], *Allégories et symboles*.

Van Marle, 1935, 1936
Van Marle, R., *The Development of the Italian Schools of Paintings*, XVII, XVIII, La Haye, 1935, 1936.

Varese, 1990
Varese, R., «Tiziano e i Della Rovere : alcuni considerazioni», in Varese, R. et alii, *Ancona e le Marche per Tiziano*, Ostratevere (AN), 1990, pp. 47-57.

Vasari, 1550
Vasari, G., *Le Vite de' più eccellenti architetti, pittori, et scultori italiani, da Cimabue insino a' Tempi nostri...*, Florence, 1550; éd. Bellosi et Rossi, Turin, 1986.

Vasari, 1568
Vasari, G., *Le Vite de' più eccellenti pittori, scultori, ed architettori scritte da M. Giorgio Vasari...*, Florence, 1568; éd. par G. Milanesi, 9 vol., Florence, 1878-1885, rééd. en 1906 et 1981; éd. P. della Pergola, L. Grassi, G. Previtali et A. Rossi, 9 vol., Milan, 1962-1966; éd. Barocchi et Bettarini, 8 vol., Florence, 1966-1987; éd. A. Chastel, 11 vol., Paris, 1981-1987.

Vasi, 1792
Vasi, M., *Itinéraire instructif de Rome*, Rome, 1792.

Venetian Art, 1894-95
Voir exp. Londres, 1894-95.

Venetian Pictures, 1915
Voir exp. Londres, 1915.

Venturi, 1889
Venturi, A., «La Galleria del Campidoglio», in *Archivio storico dell'arte*, II, 1889, pp. 441-454.

Venturi, 1890
Venturi, A., *La Galleria del Campidoglio*, Rome, 1890.

Venturi, 1893
Venturi, A., *Il Museo e la Galleria Borghese*, Rome, 1893.

Venturi, 1894
Venturi, A., «Una mostra artistica a Londra (nel "Burlington Fine Arts Club")», in *Nuova Antologia. Rivista di Scienze, Lettere ed Arti*, LII, 14, 15 juill. 1894, pp. 237-249.

Venturi, 1900
Venturi, A., «I quadri di scuola italiana nella Galleria Nazionale di Budapest», in *L'Arte*, III, 5-8, 1900, pp. 185-240.

Venturi, 1900
Venturi, A., *La Galleria Crespi*, Milan, 1900.

Venturi, 1915
Venturi, A., *Storia dell' arte italiana*, VII-3 et VII-4, *La pittura del Quattrocento*, Milan, 1915.

Venturi, 1921
Venturi, A., *Guida alle Gallerie di Roma*, Rome, 1921.

Venturi, 1922
Venturi, A., «Disegni di Stefano da Zevio, del Savoldo, di Lorenzo Lotto, di Raffaello nella Albertina di Vienna», in *L'Arte*, XXV, 1922, pp. 112-115.

Venturi, 1925
Venturi, A., «Arte ferrarese del Rinascimento», in *L'Arte*, XXVIII, 1925, pp. 89-109.

Venturi, 1927
Venturi, A., «Giorgione», in *Vita Artistica. Studi di storia dell'arte*, II, 7, 1927, pp. 89-109.

Venturi, 1927 (1)
Venturi, A., *Studi dal vero*, Milan, 1927.

Venturi, 1927 (2)
Venturi, A., «La Biblioteca di Sir Robert Witt», in *L'Arte*, XX, 1927, pp. 239-251.

Venturi, 1928 (1)
Venturi, A., *Storia dell'arte italiana*, IX-3, *La pittura del Cinquecento*, Milan, 1928.

Venturi, 1928 (2)
Venturi, A., *Paolo Veronese per il IV centenario della nascita*, Milan, 1928.

Venturi, 1929
Venturi, A., *Storia dell'arte italiana*, IX-4, *La pittura del Cinquecento*, Milan, 1929.

Venturi, 1932
Venturi, A., *Storia dell'arte italiana*, IX-5, *La pittura del Cinquecento*, Milan, 1932.

Venturi, 1934
Venturi, A., *Storia dell'arte italiana*, IX-7, *La pittura del Cinquecento*, Milan, 1934.

Venturi, 1950
Venturi, A., *Storia dell'Arte italiana*, Milan, 1950.

Venturi, 1907
Venturi, L., *Le origini della pittura veneziana 1300-1500*, Venise, 1907.

Venturi, 1909
Venturi, L., «Note sulla Galleria Borghese», in *L'Arte*, XII, 1909, pp. 31-50.

Venturi, 1910
Venturi, L., «Pietro, Lorenzo Luzzo e il Morto da Feltre», in *L'Arte*, XIII, 1910, pp. 362-376.

Venturi, 1912
Venturi, L., «Saggio sulle opere d'arte italiana a Pietroburgo», in *L'Arte*, XV, 1912, pp. 121-140, 209-217, 305-313.

Venturi, 1913
Venturi, L., *Giorgione e il giorgionismo*, Milan, 1913.

Venturi, 1914
Venturi, L., «L'auteur du Concert champêtre du Louvre», in *Gazette des Beaux-Arts*, XI, 1914, pp. 170-172.

Venturi, 1931
Venturi, L., *Pitture italiane in America*, 2 vol., Milan, 1931.

Venturi, 1932
Venturi, L., «Contributi a Tiziano», in *L'Arte*, XXXV, 1932, pp. 481-497.

Venturi, 1933
Venturi, L., *Italian Paintings in America*, New York et Milan, 3 vol., 1933.

Venturi, 1950-1952
Venturi, L., *La peinture italienne*, I. *Les créateurs de la Renaissance*, II. *La Renaissance*, III. *Du Caravage à Modigliani*, 3 vol., Genève, Paris et New York, 1950-1952.

Venturi, 1954
Venturi, L., *Giorgione*, Rome, 1954.

Venturi, 1956
Venturi, L., *Four Steps towards Modern Art : Giorgione, Caravaggio, Manet, Cézanne*, Bampton Lectures in America, 8, New York, 1956.

Venturi, 1956
Venturi, L., *La peinture du XVI⁰ siècle en Europe*, Genève, 1956 (éd. angl., *Renaissance Painting*, I, *From Leonardo to Dürer*, II, *From Brueghel to El Greco*, Londres, 1979).

Venturi, 1958
Venturi, L., «Giorgione», in *Enciclopedia Universale dell'Arte*, VI, Venise et Rome, 1958, colonnes 207-219.

Venuti, 1766, 1767
Venuti, R., *Accurata e succinta descrizione topografica e istorica di Roma Moderna*, Rome, 1766; autre éd. 1767.

Verci, 1775
Verci, G., *Notizia intorno alla vita e alle opere de' Pittori... della città di Bassano*, Venise, 1775.

Verheyen, 1966
Verheyen, E., «Tizians "Eitelkeit des Iridischen". Prudentia et Vanitas», in *Pantheon*, XXIV, 1966, pp. 88-99.

Verheyen, 1968
Verheyen, E., «Der Sinngehalt von Giorgiones "Laura"», in *Pantheon*, XXVI, 1968, pp. 220-227.

Vertova, 1952
Vertova, L., *Veronese*, Milan, Florence, 1952.

Vertova, 1960
Vertova, L., «Some Late Works by Veronese», in *The Burlington Magazine*, CII, 1960, pp. 68-71.

Verucchino, 1593
Verucchino, C., *Compendio di cento meditazioni...*, Venise, 1593.

Verzeichniss der von Seiner Majestät dem Könige angekauften Hausmann'schen Gemälde-Sammlung in Hannover, Hanovre, 1857.

Verzeichniss der Gemälde. Die Gemäldegalerie des Kunsthistorischen Museums in Wien, Vienne, 1991.

Viana, 1933
Viana, D., *Francesco Torbido*, Vérone, 1933.

Viatte, 1968
Voir Bacou, 1968.

Viatte, 1972
Voir exp. Rome, 1972-73.

Viatte, 1977
Voir exp. Paris, 1977-78.

Vicchi, 1889
Vicchi, L., *Dieci Quadri della Galleria Sciarra*, Rome, 1889.

Vieira Santos, 1965
Vieira Santos, A., *Obras Primas da Pintura Estrangeira no Museu Nacional de Arte Antiga*, Lisbonne, 1965.

Villot, 1849, 1864
Villot, F., *Notice des tableaux exposés dans les Galeries...*, I, *Écoles d'Italie*, Paris, 1ʳᵉ éd., 1849, 14ᵉ éd., 1864.

Volpe, 1963
Volpe, C., *Giorgione*, Maestri del colore, Milan, 1963.

Volpe, 1964
Volpe, C., *Giorgione*, Milan, 1964.

Volpe, 1974
Volpe, C., «Dosso : segnalazioni e proposte per il suo primo itinerario», in *Paragone*, XXV, 293, 1974, pp. 20-29.

Volpe, 1975
Volpe, C., «Il "Cristo portacroce" di Vienna al Pordenone», in *Paragone*, 309, 1975, pp. 100-103.

Volpe, 1979
Volpe, C., «Il naturalismo di Giorgione e la tradizione critica. I rapporti con l'Emilia e con Raffaello», in *Giorgione*, Atti del Convegno internazionale di studio per il 5⁰ centenario della nascita, Castelfranco Veneto, 29-31 mai 1978; Asolo, 1979, pp. 221-225.

Volpe, 1979
Volpe, C., «Dipinti veneti nelle collezioni svizzere : una mostra a Zurigo e Ginevra», in *Paragone*, 347, 1979, p. 76.

Volpe, 1980
Voir Lucco, 1980.

Volpe, 1981
Volpe, C., «La "maniera moderna" e il Naturalismo nel Cinquecento da Giorgione a Caravaggio», in *Giorgione e l'umanesimo veneziano*, Atti del Corso d'alta cultura, Venise, 26 août-16 sept., 1978; Florence, 1981, pp. 399-424.

Volpe, 1981
Volpe, C., «Lotto a Roma e Raffaello», in *Lorenzo Lotto*, Atti del Convegno Internazionale di Studi per il V centenario della nascita, Asolo, 18-21 sept. 1980; éd. par P. Zampetti et V. Sgarbi, Venise, 1981, pp. 127-146.

Volpe, 1981
Volpe, C., «Una pala d'altare del giovane Dosso», in *Cultura ferrarese tra XV e XVI secolo*, Ferrare, 1981, pp. 137-155.

Volpe, 1982
Volpe, C., «Una pala d'altare del giovane Dosso», in *Paragone*, XXXIII, 383-385, 1982, pp. 3-14.

Volpicella, 1850
Volpicella, S., *Descrizione storica di alcuni principali edifici della città di Napoli*, Naples, 1850.

Vsevolozkaja, 1981
Vsevolozkaja, S., *Italian Painting from the Ermitage Museum 13ᵗʰ to 18ᵗʰ Century*, New York et Leningrad, 1981.

Waagen, 1837-1839
Waagen, G.F., *Kunstwerke und Künstler in England und Paris*, 3 vol., Berlin, 1837-1839.

Waagen, 1838
Waagen, G. F., *Works of Art and Artists in England*, Londres, 1838; rééd., Londres, 1970.

Waagen, 1854
Waagen, G. F., *Treasures of Art in Great in Great Britain...*, 3 vol., Londres, 1854; rééd. Londres, 1970.

Waagen, 1854
Waagen, G.F., *Life of Titian*, 3 vol., Londres, 1854; rééd. Londres, 1970.

Waagen, 1857
Waagen, G.F., *Galleries and Cabinets of Art in Great Britain...*, Londres, 1857.

Waagen, 1864
Waagen, G.F., *Die Gemäldesammlung in der Kaiserlichen Ermitage zu St. Petersburg*, Munich, 1864.

Wagner, 1983
Wagner, H.F., «"Die Trunkenheit Noahs" von Giovanni Bellini», in *Michael Stettler zum 70. Geburtsag, Von Angesicht zu Angesicht : Porträtstudien*, éd. par F. Deuchler, M. Flury-Lemberg et K. Otavsky, Berne, 1983, pp. 182-189.

Waldmann, 1922
Waldmann, E., *Tizians*, Munich.

Walker, 1941
Walker, R., *Domenico Campagnola, Venetian Landscape Draughtsman of the Sixteenth Century*, Harvard University, Ph. D., Cambridge (Mass.), 1941.

Walker, 1956
Walker, J., *Bellini and Titian at Ferrara. A study of styles and taste*, Londres, 1956.

Walsh, 1986
Walsh, J., «Acquisitions 1985», in *The J. Paul Getty Museum Journal*, 14, 1986, p. 234.

Walther, 1965
Walther, A., *Venezianische Malerei in der Dresdenen Gemäldegalerie*, Leipzig, 1965.

Walther, 1968
Voir exp. Varsovie, 1968.

Walther, 1978
Walther, A., *Tizian*, Leipzig, 1978.

Walther, 1982
Walther, A., *Gemäldegalerie Alte Meister Dresden. Italienische Gemälde*, Dresde, 2ᵉ édition, 1982.

Waterhouse, 1952
Waterhouse, E. K.,«Paintings from Venice for Seventeenth-Century England : Some records of a forgotten transaction», in *Italian Studies*, VII, 1952, pp. 1-23.

Waterhouse, 1966
Waterhouse, E. K., «Queen Christina's Italian Pictures in England», in *Queen Christina of Sweden. Documents and Studies*, éd. par M. von Platen, Analecta reginensia, I, Stockholm, 1966, pp. 372-375.

Waterhouse, 1974
Waterhouse, E. K., «Paintings from Venice for Seventeenth-Century England : some records of a forgotten transaction», in *Italian Studies*, VII, 1952, pp. 1-23.

Waterhouse, 1974
Waterhouse, E. K., *Giorgione*, Glasgow, 1974 (W. A. Cargill Memorial Lectures in Fine Art).

Wazbinski, 1979
Wazbinski, Z., «Il Giorgione. Un precursore dell'Accademia», in *Giorgione*, Atti del Convegno internazionale di studi per il 5° centenario dalla nascita, Castelfranco Veneto, 29-31 mai, 1978; Asolo, 1979, pp. 141-152.

Wazbinski, 1987
Wazbinski, Z., «"... un [quadro] da camera di Venere e Cupido" di Paris Bordon per il duca Francesco di Lorena», in *Paris Bordon e il suo tempo*, Atti del Convegno Internazionale di Studi, Trévise, 28-30 oct. 1985; Trévise, 1987, pp. 109-118.

Wazbinski, 1987
Wazbinski, Z., «"... un (quadro) da camera di Venere e Cupido" di Paris Bordon per il duca di Lorena», in *Paris Bordon e il suo tempo*, Atti del Convegno Internazionale di Studi, Trévise, 28-30 oct., 1985; Trévise, 1987, pp. 109-118.

Weale & Richter, 1889
Weale, W.H. & Richter J.P., *Catalogue of the Northbrook Collection*, Londres, 1889.

Wehle, 1936
Wehle, H.B., «Titian's Venus from Holkham», in *Bulletin of the Metropolitan Museum of Art*, XXXI, 1936, pp. 183-187.

Wehle, 1945
Wehle, H.B., «Letters to the Editor», in *Art Bulletin*, XXVII, 1945, pp. 82-83.

Wehle et Salinger, 1940
Wehle, G. B. et Salinger, M. M., *The Metropolitan Museum of Art. A Catalogue of Italian, Spanish and Byzantine Paintings*, New York, 1940.

Weiner, 1910
Weiner, P. P., «Notizie di Russia», in *L'Arte*, XIII, 1910, pp. 144-150.

Weiner, 1923
Weiner, P. P., *Meisterwerke der Gemäldesammlung in der Ermitage zu Petrograd*, Munich, 1923.

Weizsäker, 1900
Weizsäker, H., *Katalog der Gemälde-Galerie des Städelschen Kunstinstituts in Frankfurt am Main*, 2 vol., Francfort, 1900-1903; I, *Die Werke der alteren Meister von 14. bis zum 18. Jahrhundert.*, 1900.

Wescher, 1966
Wescher, P., *Catalogue of the Paintings*, New Orleans (Louisiane), Isaac Delgado Museum of Art, 1966.

Wescher, 1988
Wescher, P., *I furti d'arte. Napoleone e la nascità del Louvre*, Turin, 1988.

West, 1818
West, B., *A Descriptive Catalogue of the Collection of Pictures in the Palace from a survey taken by the late B. West...*, 1818, in T. Faulkner, *History and Antiquities of Kensington*, 1820.

Westphal, 1931
Westphal, D., *Bonifacio Veronese*, Munich, 1931.

Wethey, 1969, 1971, 1975
Wethey, H. E., *The Complete Paintings of Titian*, 3 vol., Londres, I, *The Religious Paintings*, 1969, II, *The Portraits*, 1971, III, *The Mythological and Historical Paintings*, 1975.

Wethey, 1976
Wethey, H. E., «Drawings by Titian and His Circle», in *The Burlington Magazine*, CXVIII, 1976, pp. 795-796.

Wethey, 1982
Wethey, H. E., «Tiziano e la decorazione della sala del Maggior Consiglio nel Palazzo Ducale di Venezia», in *Atti del XXIV Congresso Internazionale di Storia dell'Arte*, Bologne, 1979; Bologne, 1982, pp. 177-183.

Wethey, 1987
Wethey, H. E., *Titian and His Drawings with Reference to Giorgione and some Close contemporaries*, Princeton, 1987.

Whistler, 1990
Voir cat. exp. Venise, 1990 (1).

Whistler, 1991
Voir exp. Rome, 1991.

White, 1975
White, C., «A Rembrandt Copy after a Titian Landscape», in *Master Drawings*, XIII, 1975, pp. 375-379.

Whitfield, 1966
Whitfield, J. H., «Leon Battista Alberti, Ariosto and Dosso Dossi», in *Italian Studies*, XXI, 1966, pp. 16-30.

Wickhoff, 1891
Wickhoff, F. «Die italienische Handzeichnungen der Albertina», in *Jahrbuch der Kunsthistorischen Sammlungen des Allerhöchsten Kaiserhauses*, XII, 1891.

Wickhoff, 1893
Wickhoff, F., «Les Écoles d'Italie au Musée impérial de Vienne», in *Gazette des Beaux-Arts*, IX, 1893, pp. 5-18, 130-147.

Wickhoff, 1895
Wickhoff, F., «Giorgiones Bilder zu römischen Heldengedichten», in *Jahrbuch der Königlich Preussischen Kunstsammlungen*, 16, 1895, pp. 34-43.

Wickhoff, 1908
Wickhoff, F., «Die Sammlung Tucher», in *Münchner Jahrbuch der bildenden Kunst*, 1908.

Wickhoff, 1909
Wickhoff, F., «Eine Zeichnung Tizians», in *Kunstgeschichtliches Jahrbuch der D. D. Zentral-Kommission*, III, 1909, p. 24.

Wickhoff, 1909
Wickhoff, F., «Ludwig Justi, "Giorgione"», in *Kunstgeschichte Anzeigen*, 1909, pp. 34 et ss.

Wilckens, 1971
Voir exp. Nuremberg, 1971.

Wilczek, 1928
Wilczek, K., «Tizians Emmauswunder im Louvre», in *Jahrbuch der Preussischen Kunstsammlungen*, 49, 1928, pp. 159-166.

Wilczek, 1929-30
Wilczek, K., «Ein Bildnis des Alfonso d'Avalos von Tizian», in *Zeitschrift für bildende Kunst*, LXIII, 1929-30, pp. 240-247.

Wilde, 1930
Wilde, J., «Wiedergefundene Gemälde aus der Sammlung des Erzherzogs Leopold Wilhelm», in *Jahrbuch der Kunsthistorischen Sammlungen in Wien*, 4, 1930, pp. 245-266.

Wilde, 1931
Wilde, J., «Ein unbeachtetes Werk Giorgione», in *Jahrbuch der Preussischen Kunstssamlungen*, 52, 1931, pp. 91-100.

Wilde, 1933
Wilde, J., «Die Probleme um Domenico Mancini», in *Jahrbuch der Kunsthistorischen Sammlungen in Wien*, 7, 1933, pp. 97-135.

Wilde, 1934
Wilde, J., «Über einige venezianische Frauenbildnisse der Renaissance», in *Hommage à Alexis Petrovics*, Budapest, 1934, pp. 206-212.

Wilde, 1938
Wilde, J., «Die Mostre del Tintoretto zu Venedig», in *Zeitschrift für Kunstgeschichte*, 1938.

Wilde, 1950
Wilde, J., «The Date of Lotto's St Jérôme in the Louvre», in *The Burlington Magazine*, XCII, 1950, pp. 350-351.

Wilde, 1974, 1985
Wilde, J., *Venetian Art from Bellini to Titian*, Londres, 1974; 2ᵉ édition, 1985; éd. fr., *De Bellini à Titien*, Paris, 1993.

Wilk, 1969
Wilk, S., «Titian's Paduan Experience and Its Influence on His Style», in *The Art Bulletin*, LXV, 1, 1983, pp. 51-61.

Willumsen, 1927
Willumsen, J. F., *La Jeunesse du peintre El Greco*, Paris, 1927.

Wind, 1958, 1967
Wind, E., *Pagan Mysteries of the Renaissance*, New Haven, 1958; autres éd. Londres, 1967, 1968; éd. italienne, Milan, 1971; éd. française, 1992.

Wind, 1969
Wind, E., *Giorgione's Tempesta, with Comments on Giorgione's Poetic Allegories*, Oxford, 1969.

Winkler, 1936-1939
Winkler, F., *Die Zeichnungen Albrecht Dürer*, 4 vol., Berlin, 1936-1939.

Winner, 1973
Voir exp. Berlin, 1973.

Winter, 1959
Voir exp. Londres, 1959.

Winternitz, 1967, 1979
Winternitz, E., *Musical Instruments and Their Symbolismus in Western Art*, Londres, 1967; autre éd., 1979.

Winzinger, 1952
Winsinger, F., *Albrecht Altdorfer. Zeichnungen. Gesamtausgabe*, Munich, 1952.

Wischnitzer-Bernstein, 1945
Wischnitzer-Bernstein, R., «The "Three Philosophers" by Giorgione», in *Gazette des Beaux-Arts*, LXXXVII, 27, 1945, pp. 193-212.

Witt, 1968
Witt, A. de, *Marcantonio Raimondi, incisioni scelte e annotate*, Florence, 1968.

Wittgens, 1954
Wittgens, F., «Polemica su Giorgione», in *Scuola e Vita*, 1954, 8, pp. 11-13.

Wittkower, 1924-1927
Wittkower, R., «Studien zur Geschichte der Malerei in Verona. I und II : Domenico Morone» et «[...]. III : Die Schüler des Domenico Morone», in *Jahrbuch dür Kunstwissenschaft*, 1924-25, pp. 269-289 et 1927, pp. 185-222.

Wittkower, 1938-39
Wittkower, R., «Transformations of Minerva in Renaissance Imagery», in *Journal of the Warburg Institute*, II, 1938-39, pp. 194-205.

Wittkower, 1963, 1978
Wittkower, R., «Arcadia e il giorgionismo», in *Umanesimo europeo e Umanesimo veneziano*, éd. par V. Branca, Florence, 1963, pp. 473-484; éd. angl., «Giorgione and Arcady», in R. Wittokower, *Idea and Image. Studies in the Italian Renaissance*, Londres, 1978, pp. 161-173.

Woermann, 1887
Woermann, K., *Katalog der königlichen Gemäldegalerie zu Dresden*, Dresde, 1887.

Wolf, 1876
Wolf, A., «Das Altarbild von Sebastiano del Piombo in San Giovanni Crisostomo zu Venedig und die sogenannte Fornarina in der Uffizien», in *Zeitschrift für bildende Kunst*, XI, 1876, pp. 161-167.

Wölfflin, 1899
Wölfflin, H., *Die klassische Kunst*, Munich, 1899; autre éd. 1924.

Wollheim, 1987
Wollheim, R., *Painting as an Art*, Princeton University Press, 1987.

Wolters, 1983
Wolters, *Der Bilderschmuck des Dogenpalastes*, Wiesbaden, 1983.

Wolters, 1987
Wolters, W., *Storia e politica nei dipinti di Palazzo Ducale*, Venise, 1987.
Wroski Galis, 1977
Wroski Galis, D.W., *Lorenzo Lotto : A Study of His Career and Character with Particular Emphasis on His Emblematic and Hieroglyphic Works*, Microfilm of D. D., Bryn Mawr College, 1977.

Yriarte, 1891
Yriarte, Ch., *Autour des Borgia... Études d'histoire et d'art*, Paris, 1891.
Young, 1967
Young, M.S., «Sublime and Beauteous Shapes», in *Apollo*, 86, 1967, pp. 65-69.

Zampetti, 1950
Voir exp. Ancône, 1950.
Zampetti, 1955 (1)
Zampetti, P., «Postille alla mostra di Giorgione», in *Arte Veneta*, IX, 1955, pp. 54-70.
Zampetti, 1955 (2)
Voir exp. Venise, 1955.
Zampetti, 1957
Voir exp. Venise, 1957 (1).
Zampetti, 1958
Zampetti, P., *Jacopo Bassano, 1515-1599*, Rome [1958].
Zampetti, 1966
Zampetti, P., *Vittore Carpaccio*, Venise, 1966.
Zampetti, 1968
Zampetti, P., *L'opera completa di Giorgione*, Milan, 1968.
Zampetti, 1969
Zampetti, P. éd., *Il «Libro di Spese Diverse»*, con aggiunta di lettere ed altri documenti, Venise et Rome, 1969.
Zampetti, 1977
Zampetti, P., «Giorgione e Tiziano : considerazioni», in *Tiziano. Nel Centenario della sua morte, 1576-1976*, Venise, 1976; Venise, 1977, pp. 29-34.
Zampetti, 1978
Zampetti, P., «Qualche considerazione sul colore di Tiziano», in *Tiziano e il manierismo europeo*, éd. par R. Pallucchini, Venise, 1978, pp. 91-97.
Zampetti, 1979
Zampetti, P., «Bergamo tra Lotto e Giorgione (Appunti per una ricerca)», in *Giorgione*, Atti del Convegno internazionale di studi per il 5° centenario dalla nascita, Castelfranco Veneto, 29-31 mai, 1978; Asolo, 1979, pp. 299-302.

Zampetti, 1981
Voir exp. Ancône, 1981.
Zampetti, 1983
Voir exp. Urbin, 1983.
Zampetti, 1984
Zampetti, P., «Due mostre e la pala di San Lio : Lorenzo Lotto, Tiziano, il manierismo a Venezia», in *Scritti di Storia dell'Arte in onore di Roberto Salvini*, Florence, 1984.
Zampetti, 1988
Voir exp. Ancône, 1988
Zampetti, 1988
Zampetti, P., *Tout l'œuvre peint de Giorgione*, éd. mise à jour par M. Brock, Paris, 1988.
Zampetti, 1989
Zampetti, *Pittura nelle Marche*, II, Florence, 1989.
Zanetti, 1733
Zanetti, A. M., *Descrizione di tutte le pubbliche pitture della città di Venezia*, Venise, 1733; Milan, éd. 1972.
Zanetti, 1760
Zanetti, *Varie pitture a fresco de' pricipali maestri veneziani*, Venise, 1760.
Zanetti, 1771
Zanetti, A. M., *Della pittura veneziana e delle opere pubbliche de' veneziani maestri*, Venise, 1771; Milan, éd. 1972.
Zanotto, 1833-34
Zanotto, F., *Pinacoteca della I. R. Accademia di Belle Arti*, Venise, 2 vol., 1833-34.
Zanotto, 1853
Zanotto, F., *Il Palazzo Ducale di Venezia*, Venise, 1853.
Zanotto, 1856
Zanotto, F., *Nuovissima guida di Venezia e delle isole della sua laguna...*, Venise, 1856.
Zapperi, 1990
Zapperi, R., *Tiziano, Paolo III e suoi nipoti*, Turin, 1990.
Zapperi, 1991
Zapperi, R., «Tiziano e i Farnese. Aspetti economici del rapporto di committenza», in *Bollettino d'Arte*, LXXVII, 1991, pp. 39-48.
Zapperi, 1991
Zapperi, R., «Cardinal Farnese, Giovanni della Casa and Titian's. *Danae* in Naples», in *Journal of the Warburg and Courtauld Institutes*, LIV, 1991, pp. 159-171.
Zarco del Valle, 1888
Zarco del Valle, «Unveröffenthichte Beiträge zur Geschichte der Künstbestrebungen Karl V und Fhilipp II», in *Jahrbuch der Kunsthistorischen Sammlungen des Allerhöchsten Kaiserhauses*, VII, 1888, pp. 221-237.

Zeri, 1954
Zeri, F., *La Galleria Spada in Roma*, Florence, 1954.
Zeri, 1954
Zeri, F., «Polemica su Giorgione», in *Scuola e Vita*, 10, 1954, pp. 6-7.
Zeri, 1976
Zeri, *Italian Paintings in the Walters Art Gallery*, notes par E. C. G. Packard, éd. par U. E. McGracken, 2 col., Baltimore, 1976.
Zeri, 1986
Zeri, F. with the assistance of E. E. Gardner, *Italian Paintings. A Catalogue of the Collection of The Metropolitan Museum of Art. North Italian School*, New York, 1986.
Zeri et Gardner, 1973
Zeri, F. with the assistance of E. E. Gardner, *Italian Paintings. A Catalogue of the Collection of The Metropolitan Museum of Art, Venetian School*, New York, 1973.
Zerner, 1980
Zerner, H., «L'estampe érotique au temps de Titien», in *Tiziano e Venezia*, Atti del Convegno Internazionale di Studi, Venise, 1976; Vicence, 1980, pp. 85-90.
Zimmerman, 1888
Zimmerman, H., «F. von Stampart und A. von Prenners, Prodromus Zum Theatrum Artis Pictoriae von der Originalplatten in der K. K. Hofbibliothek zu Wien...», in *Jahrbuch der Kunsthistorischen Sammlungen des Allerhöchsten Kaiserhauses in Wien*, VII, 1888, pl. I-XXX.
Znamerovskaia, 1975
Znamerovskaia, T., *Titian*, Leningrad, 1975; autres éd. 1977, 1983.
Zocca, 1976
Voir Bellori.
Zorzi, 1972
Zorzi, A., *Venezia scomparsa*, 2 vol., Milan, 1972.
Zottmann, 1908
Zottmann, L., *Zur Kunst der Bassani*, Strasbourg, 1908.
Zucker, 1984
Zucker, M.J., *The Illustrated Bartsch*, 25 [Commentaire au Bartsch, XIII], *Early Italian Masters*, New York, 1984.
Zuffi, 1991
Zuffi, S., *Tiziano*, Milan, 1991.
Zwanziger, 1911
Zwanziger, W. C., *Dosso Dossi*, Leipzig, 1911.

Expositions citées en abrégé

Alexandria, Virginie, 1987
(Exp. itinérante : Pittsburgh, Frick Art Museum; Cleveland, Museum of Art; Fort Worth, Kimbell Art Museum; Los Angeles County Museum; Miami Center of Fine Arts), *Old Master Drawings from Chatsworth.*

Amsterdam, 1930
Galerie J. Goudstikker, *Catalogue des nouvelles acquisitions de la collection Goudstikker.*

Amsterdam, 1934
Stedlijk Museum, *Italianske Kunst in Nederlandish bezit.*

Amsterdam, 1936
Rijksmuseum, *Oudekunst.*

Amsterdam, 1947
Rijksmuseum (exp. itinérante : Paris, Bruxelles), *Kunst-Schatten uit Wenen.*

Amsterdam, 1953
Rijksmuseum, *De Venetiaanse Meesters.*

Amsterdam, 1991
Museum het Rembrandthuis, *Rembrandt en Titiaan.*

Ancône, 1950
Palazzo degli Anziani, *Pittura veneta nelle Marche.*

Ancône, 1981
Chiesa del Gesù, Chiesa di San Francesco alle Scale, Loggia dei Mercanti, *Lorenzo Lotto nelle Marche. Il suo tempo, il suo influsso.*

Ancône, 1988
Pinacoteca Cumunale "F. Podesti", *Tiziano. La pala Gozzi di Ancona. Il restauro e il nuovo allestimento espositivo.*

Anvers, 1991
Koninklijk Museum voor Schone Kunsten, *David Teniers the Younger. Paintings. Drawings.*

Augsbourg, 1980
Rathaus und Zeughaus, *Welt im Umbruch.*

Baden Baden, 1975
Staatliche Kunsthalle, *Von Bembo bis Guardi. Meisterwerke oberitalienischer Malerei aus der Pinacoteca di Brera in Mailand und aus einigen Privatsammlungen.*

Baltimore, 1942
The Johns Hopkins University, *Giorgione and His Circle.*

Bassano del Grappa, 1976
Museo Civico, *Iconografia Tizianesca al Museo di Bassano. Incisioni. Disegni. Tele.*

Bassano del Grappa, 1992
Museo Civico (puis Fort Worth, Texas, Kimbell Art Museum, 1993), *Jacopo Bassano.*

Belgrade, 1938
Museo del Principe Paolo, *La mostra del Ritratto italiano nei secoli.*

Belgrade, 1968-69
Museo Popolare di Beograd, *Le opere dei pittori dell'Europa occidentale dei secoli 16-18 dalla collezione del Museo dell'Ermitage.*

Belluno, 1950
Auditorium, *Mostra d'arte antica.*

Bergame, 1799
Catalogo dei quadri posti sotto il Palazzo Vecchio della Città e per le feste straordinarie ai Santi Alessandro, Fermo, Rustico e Procolo, l'anno 1799.

Bergame, 1870
Espozione provinciale bergamasca. Elenco degli espositori e oggetti esposti.

Bergame, 1875
Esposizione d'arte antica.

Bergame, 1939
Palazzo della Pinacoteca Comunale Tosio Martinengo, *La pittura bresciana del Rinascimento.*

Berlin, 1964
Charlottenburger Schlosses, *Meister aus dem Museum in Lille.*

Berlin, 1973
Staatliche Museen Preussischer Kulturbesitz, *Vom späten Mittelalter vis zu Jacques Louis David. Neuerworbene und neubestimmte Zeichnungen im Berliner Kupferstichkabinett.*

Berlin, 1983
Charlottenburger Schlosses, *Bilder vom irdischen Glück.*

Berlin, 1991-92
(exp. itinérante, Amsterdam puis Londres), *Rembrandt il maestro e la sua bottega. Dipinti.*

Berne, 1949-50
Kunstwerke der Münchner Museen.

Birmingham, 1955
City Museum and Art Gallery, *Italian Art from the 13th to the 17th Century.*

Bloomington, 1958
Indiana University Art Museum, *Drawings of the Italian Renaissance from the Janos Scholz Collection.*

Bologne, 1985
Museo Civico, *Federico Barocci.*

Bologne, 1986
Pinacoteca Nazionale (exp. itinérante : Washington, National Gallery of Art et New York, Metropolitan Museum), *Nell'età di Correggio e dei Carracci. Pittura in Emilia dei secoli XVI e XVII.*

Bologne, 1988
Pinacoteca Nazionale (puis Vienne, Graphische Sammlung Albertina), *Bologna e L'Umanesimo.*

Boston, 1896
Copley Hall, *Exhibition of Portraits.*

Boston, 1939
Museum of Fine Arts, *Paintings from Private Collections in New England.*

Bregenz, 1965
Künstlerhaus, Palais Thurn und Taxis, *Meisterwerke der Malerei.*

Brescia, 1878
Crocera di San Luca, *Esposizione della pittura bresciana a cura dell'Ateneo Veneto.*

Brescia, 1898
Ateneo di Scienze Lettere ed Arti, Palazzo Martinengo, *L'opera del Moretto.*

Brescia, 1939
Pinacoteca Tosio Martinengo, *La pittura bresciana del Rinascimento.*

Brescia, 1946
Gallerie del Monastero di Santa Giulia, *Pitture in Brescia dal Duecento all'Ottocento.*

Brescia, 1965
Duomo Vecchio et Chiesa di S. Antonio di Breno, *Mostra di Girolamo Romanino.*

Brescia, 1988
Gallerie del Monastero di Santa Giulia, *Alessandro Bonvicino, Il Moretto.*

Brescia, 1990
Gallerie del Monastero di Santa Giulia (puis Francfort, Schirn Kunsthalle), *Giovanni Gerolamo Savoldo.*

Brescia, 1991
Gallerie del Monastero di Santa Giulia, *Il polittico Averoldi di Tiziano restaurato.*

Brescia, 1992
Gallerie del Monastero di Santa Giulia, *Il ritorno dei Profeti. Un ciclo di affreschi del Moretto per Brescia.*

Bruges, 1907
Palais Provincial, *Exposition de la Toison d'or.*

Brunswick, 1980
Herzog Ulrich-Museum, *Selbstbildnisse und Künstlerporträts von Lucas van Leyden bis Anton Raphael Mengs.*

Bruxelles, 1947
Palais des Beaux-Arts, *Les Relations artistiques austro-belges illustrées par les chefs-d'œuvre des musées de Vienne.*

Bruxelles, 1953-54
Palais des Beaux-Arts (exp. itinérante : Amsterdam, Rijksmuseum et Sciaffusa), *De venetiaanse meesters.*

Cambridge, 1960
Fitzwilliam Museum, *15th and 16th Century Drawings.*

Cambridge, 1976-77
Fitzwilliam Museum (exposition itinérante internationale), *European Drawings from the Fitzwilliam.*

Cambridge, 1979
Fitzwilliam Museum, *All for Art.*

Cambridge, 1980
Fitzwilliam Museum, *Venetian Drawings.*

Cambridge, 1985
Fitzwilliam Museum, *The Achievement of a Connoisseur : Philip Pouncey. Italian Old Master Drawings.*

Cambridge, 1985
Fitzwilliam Museum, Hamilton Kerr Institutes, *First Ten Years.*

Cambridge, 1991
Fitzwilliam Museum, *Venetian Drawings.*

Cambridge, Mass., 1974
Fogg Art Museum, *Rome and Venice, Prints of the High Renaissance.*

Cambridge, Mass., 1977
Fogg Art Museum, (exp. itinérante, 1978: Williamstown, Clark Museum; Malibu, J. Paul Getty Museum), *Renaissance and Baroque Drawings from the Collection of John and Alice Steiner.*

Castelfranco Veneto, 1978
I tempi di Giorgione.

Cleveland, 1936
Museum of Art, *Catalogue of the twentieth anniversary Exhibition of the Cleveland Museum of Art. The official Art Exhibit of the Great lakes.*

Cleveland, 1956
Cleveland Museum of Art, *The Venetian Tradition.*

Cologne, 1993
Wallraf-Richartz Museum, *Von Bruegel bis Rubens. Das goldene Jahrhundert der flämischen Malerei.*

Colorado Springs, 1967
Colorado College Library, *Italian Master Drawings from the Janos Scholz Collection.*

Columbus, 1946
Columbus Gallery of Fine Arts, *The Age of Titian.*

Copenhague, Charlottenborg, 1947
Royal Academy of Fine Arts, *Willumsen's Old Art Collection.*

Crémone, 1985
Santa Maria della Pietà, *I Campi e la cultura artistica cremonese del Cinquecento.*

Darmstadt, 1964
Hessisches Landesmuseum, *Zeichnungen alter und neue Meister aus dem Hessischen Landesmuseum in Darmstadt.*

Detroit, 1928
Institute of Arts, *Sixth Loan Exhibition of Old Masters.*

Detroit, 1941
Institute of Fine Arts, *Masterpieces of Art from European and American Collections.*

Detroit, 1948-49
Institute of Fine Arts (exp. itinérante: Cleveland, Minneapolis, San Francisco, Los Angeles, Saint-Louis, Pittsburg, Toledo), *Masterpieces from the Berlin Museums.*

Detroit, 1960
Instiute of Fine Arts, *Master Drawings of the Italian Renaissance.*

Dublin, 1854
Royal Hibernian Academy, *Exhibition of Ancient and Modern Paintings.*

Edimbourg, 1969
Scottish Arts Council, *Italian 16th Century Drawings from British Private Collections.*

Essen, 1960
Museum Folkwang, *Sammlung Thyssen-Bornemisza.*

Ferrare, 1933
Palazzo dei Diamanti (?), *La pittura ferrarese del Rinascimento.*

Ferrare, 1985
Palazzo dei Diamanti, *Bastianino e la pittura a Ferrara nel secondo Cinquecento.*

Florence, 1911
Galleria degli Uffizi, *Catalogo dei ritratti eseguiti in disegno ed in incisione da artisti italiani fioriti dal sec. XV alla prima metà del sec. XIX, esposti nella R. Galleria degli Uffizi.*

Florence, 1914
Galleria degli Uffizi, *Mostra di disegni e di stampe di scuola veneziana dei secoli XV e XVI.*

Florence, 1956
Galleria degli Uffizi, Gabinetto Disegni e Stampe, *Mostra di disegni di Jacopo Tintoretto e della sua scuola.*

Florence, 1960
Galleria degli Uffizi, Gabinetto Disegni e Stampe, *Mostra dei disegni dei grandi maestri.*

Florence, 1961
Palazzo Strozzi, *Mostra del disegno italiano di cinque secoli.*

Florence, 1970
Galleria degli Uffizi, Gabinetto Disegni e Stampe, *Disegni di Raffaello e di altri italiani del museo di Lille.*

Florence, 1976 (1)
Galleria degli Uffizi, *Gabinetto Disegni e Stampe, Tiziano e il disegno veneziano del suo tempo.*

Florence, 1976 (2)
Galleria degli Uffizi, Gabinetto Disegni e Stampe, *Omaggio a Leopoldo de' Medici. I. Disegni.*

Florence, 1976 (3)
Istituto Universitario Olandese (puis Paris, Institut Néerlandais), *Omaggio a Tiziano.*

Florence, 1978-79
Palazzo Pitti, *Tiziano nelle Gallerie fiorentine.*

Florence, 1983
Istituto Universitario Olandese di Storia dell'Arte (puis Rome, Istituto Nazionale per la Grafica, 1984), *Disegni italiani del Teylers Museum Haarlem.*

Florence, 1989
Palazzo Pitti, *Le cosidette «Tre età dell'uomo» di Palazzo Pitti.*

Florence et Rome, 1991-1992
Palazzo Pitti (puis Rome, Palazzo Ruspoli), *Michelangelo Merisi da Caravaggio. Come nascono i capolavori.*

Francfort, 1980
Städelsches Kunstinstitut und Städtische Galerie, *Italienische Zeichnungen des 15. und 16. Jahrhunderts.*

Frederikssund, 1975
J.F. Willumsen Museum, *Willumsen Old Art Collection.*

Gand, 1955
Museum voor Schone Kunsten, *Exposition Charles Quint et son temps.*

Gênes, 1946
Palazzo Reale, *Mostra della pittura antica in Liguria dal Trecento al Cinquecento.*

Gênes, 1952
La Madonna nell'arte di Liguria.

Genève, 1939
Musée d'Art et d'Histoire, *Les chefs-d'œuvre du Musée du Prado.*

Genève, 1978
Musée d'Art et d'Histoire, *Art vénitien en Suisse et au Liechtenstein.*

Hagerstown, 1960
Washington County Museum, *Four Centuries of Italian Drawings from the Scholz Collection.*

Indianapolis, 1970-71
Indianapolis Museum of Art, *Treasures from the Metropolitan.*

Jérusalem, 1977
Israel Museum, *A Loan from the Collection of the Duke of Devonshire.*

Lausanne, 1947
Musée Cantonal des Beaux-Arts, *Trésors de l'art vénitien.*

Lawrence (Kansas), 1981
The Spencer Museum of Art, The University of Kansas (puis The Ackland Art Museum, The University of North Carolina, Chapel Hill), *The engravings of Marcantonio Raimondi.*

Leningrad, 1938
Ermitage, *Il ritratto del Rinascimento e del Barocco.*

Leningrad, 1972
Ermitage, *L'arte del ritratto. Antico, Egitto, Antichità, Oriente, Europa occidentale.*

Leningrad, 1973
Ermitage, *Caravaggio e i caravaggeschi.*

Leningrad, 1986 (1)
Ermitage, *Meesterwerken van Westeuropese schilderkunst van de XVI-XIX eeuw uit de Collectie van het Museum Boymans-van Beuningen.*

Leningrad, 1986 (2)
Ermitage, *Capolavori del Rinascimento veneziano nei Musei Vaticani.*

Leningrad, 1986
Ermitage (puis Moscou), *Pittura Veneta del' 500.*

Lille, 1968
Palais des Beaux-Arts (exp. itinérante: Amsterdam, Rijksmuseum, 1967-68; Bruxelles, Bibliothèque Royale, 1968), *Dessins italiens du musée de Lille.*

Liverpool, 1964
Walker Art Gallery, *Masterpieces from Christ Church.*

Lodi, 1989
Museo Civico, Chiesa di San Cristoforo, Tempio dell'Iconorato, *I Piazza da Lodi. Una tradizione di pittori nel Cinquecento.*

Londres, 1871
The Royal Academy of Arts, *Exhibition of the Works of the Old Masters.*

Londres, 1876
The Royal Academy of Arts, *Old Masters Winter Exhibition.*

Londres, 1893
The Royal Academy, *Winter Exhibition.*

Londres, 1894 (Burlington)
Burlington Fine Arts Club, *Exhibition of... the School of Ferrara-Bologna 1440-1550.*

Londres, 1894-95
New Gallery, *Venetian Art.*

Londres, 1905-1906
Burlington Fine Arts Club.

Londres, 1907
Burlington Fine Arts Club, *Winter Exhibition.*

Londres, 1909-10
Grafton Galleries, *National Loan Exhibition. Exhibition of Old Masters.*

Londres, 1912
Burlington Fine Arts Club, *Early Venetian Pictures and Other Works of Art.*

Londres, 1913-14
Grosvenor Gallery, *The Second National Loan Exhibition Woman and Child in Art.*

Londres, 1914
Burlington Fine Arts Club, *Pictures of the Venetian School, including works by Titian and his Contemporaries.*

Londres, 1915
Burlington Fine Arts Club, *The Venetian School. Pictures by Titian and His Contemporaries.*

Londres, 1930
The Royal Academy of Arts, *Exhibition of Italian Art 1200-1900.*

Londres, 1937
Burlington Fine Arts Club, *Pictures, drawings, furniture and other objects of art. Winter Exhibition.*

Londres, 1945
Art Prices Current.

Londres, 1946
The Royal Academy of Arts, *The King's Pictures.*

Londres, 1949
Tate Gallery, *Art Treasures from Vienna.*

Londres, 1949
National Gallery (et Paris, Petit Palais), *Masterpieces from the Alte Pinakothek at Munich.*

Londres, 1950-51
The Royal Academy of Arts, *Exhibition of Works by Holbein and Other Masters of the 16th and 17th Centuries.*

Londres, 1953
National Gallery.

Londres, 1953
The Royal Academy of Arts, *Drawings by Old Masters.*

Londres, 1959
Goldsmith's Hall, *Treasures from Cambridge.*

Londres, 1960
The Royal Academy of Arts, *Italian Art and Britain.*

Londres, 1961
National Gallery, *From Van Eyck to Tiepolo.*

Londres, [1962]
National Gallery, *Acquisitions 1953-62.*

Londres, 1964
Buckingham Palace, The Queen's Gallery, *Italian Art in the Royal Collection.*

Londres, 1969 (1)
The Royal Academy of Arts, *Old Master Drawings from Chatsworth.*

Londres, 1969 (2)
Wildenstein (et New York, *ibidem*), *Italian Drawings from the Ashmolean Museum, Oxford.*

Londres, 1972-73
Buckingham Palace, *Drawings by Michelangelo Raphael & Leonardo and Their Contemporaries.*

Londres, 1973
Victoria and Albert Museum, *Old Master Drawings from Chatsworth.*

Londres, 1980
Wildenstein Gallery, *Paintings from Glasgow Art Gallery.*

Londres, 1981
Victoria and Albert Museum, *Splendors of the Gonzaga.*

Londres, 1983-84
The Royal Academy of Arts, *The Genius of Venice 1500-1600.*

Londres, 1984
Matthiesen Fine Art, *Exhibition in aid of The Courtauld Institute of Art Trust Appeal.*

Londres, 1986
Buckingham Palace, *Master Drawings in The Royal Collection.*

Londres, 1988
The Royal Academy of Arts, *Old Master Paintings from the Thyssen-Bornemisza Collection.*

Londres, 1988
Colnaghi, *Gothic to Renaissance. European Painting 1300-1600.*

Londres, 1990
British Museum, *Fake? the Art of Deception.*

Londres, 1991
Harari & Johns, *Five Centuries of Old Master Paintings. An Exhibition.*

Londres, 1991
Walpole Gallery, *The Cinquecento.*

Londres, 1992
The Royal Academy of Arts, *Andrea Mantegna.*

Los Angeles, 1979-80
Los Angeles County Museum of Art, *The Golden Century of Venetian Painting.*

Lugano, 1985
Collection Thysse-Bornemisza, Capolavori da musei ungheresi.

Madrid, 1988
Academia de San Fernando, *Maestros Antiguos de la Coleccion Thyssen-Bornemisza.*

Madrid, 1990
Museo del Prado, *Coleccion Cambo.*

Madrid, 1992
Museo del Prado, *David Teniers, Jan Brueghel y las Gabinetes de Pinturas.*

Malines, 1961
Centre culturel, *Quatre Siècles de ville archiépiscopale.*

Manchester, 1857
Museum of Ornamental Art, *Exhibition of the Art Treasures of the United Kingdom....*

Manchester, 1957
City Art Gallery, *Art Treasures Centenary: European Old Masters.*

Manchester, 1961
City Art Gallery, *Old Master from Chatsworth.*

Manchester, 1965
City Art Gallery, *Between Renaissance and Baroque.*

Mantoue, 1989
Palazzo Te et Palazzo Ducale, *Giulio Romano.*

Milan, 1977
Palazzo Reale, *Omaggio a Tiziano. La cultura artistica milanese nell'età di Carlo V.*

Milan, 1983
Santa Maria delle Grazie, *Leonardo. Studi per il Cenacolo dalla Biblioteca Reale nel Castello di Windsor.*

Milan, 1990
Palazzo Reale, *Da Leonardo a Tiepolo. Collezioni italiane dell'Ermitage di Leningrado.*

Montréal, 1949
Montreal Museum of Fine Arts, *Masterpieces from the National Gallery.*

Montréal, 1953
Montreal Museum of Fine Arts, *Five Century Drawings.*

Modène, 1990
Galleria Estense (puis Rennes, Musée des Beaux-Arts), *Disegno. Les dessins italiens du musée de Rennes.*

Moscou, 1972
Musée Puchkine, *Il ritratto nella pittura europea XV secolo-inizio XX secolo.*

Moscou, 1983-84
Musée Pouchkine, *Old Masters from the Thyssen-Bornemisza Collection.*

Moscou, 1986
Musée Pouchkine, *Capolavori del Rinascimento veneziano nei Musei italiani.*

Munich, 1958
Staatliche Graphische Sammlung, *Hundert Meisterzeichnungen aus der Staatlichen Graphischen Sammlung.*

Munich, 1967
Staatliche Graphische Sammlung, *Italienische Zeichnungen 15.- 18. Jahrundert.*

Munich, 1972
Haus der Kunst, *Das Aquarell 1400-1950.*

Munich, 1977
Staatliche Graphische Sammlung, *Italienische Zeichnungen.*

Munich, 1983
Staatliche Graphische Sammlung, *Zeichnungen aus der Sammlung des Kurfürsten Carl Theodor.*

Naples, 1960
Palazzo Reale, *IV Mostra del restauro.*

Narni, 1970
San Domenico, *VI centenario della nascita di Erasmo da Narni detto il Gattamelata.*

New Delhi, 1985
Masterpieces of Western European Art from the Hermitage.

New Haven, Conn., 1964
Yale University Art Gallery, *Italian Drawings from the Janos Scholz Collection.*

New Haven, Conn., 1986
Yale University Art Gallery (exp. itinérante : 1987, Santa Barbara, Californie; Springfield, Mass.; Williamsburg, Virginie), *Old Master Drawings from the collection of John and Alice Steiner.*

New York, 1920
Metropolitan Museum of Art, *Fiftieth Anniversary Exhibition.*

New York, 1924
Duveen Galleries, *Early Italian Paintings.*

New York, 1926
Union League Club.

New York, 1934
The Metropolitan Museum of Art, *Landscape in Painting.*

New York, 1936
Arnold Seligman, Rey and Co., *Titian, Tintoretto and Veronese.*

New York, 1939
World's Fair, *Masterpieces of Art.*

New York, 1941
Knoedler Galleries, *Royal Cortissoz Exhibition.*

New York, 1943
The Metropolitan Museum of Art, *The Bache Collection.*

New York, 1953
The Pierpont Morgan Library, *Landscape Drawings and Watercolours, Bruegel to Cézanne.*

New York, 1956
Brooklyn Museum, *Religious Paintings 15th-19th Century.*

New York, 1958
CRIA, Wildenstein and Co., *Fifty Masterworks from the City Art Museum of Saint Louis.*

New York, 1965-66
The Metropolitan Museum of Art et Pierpont Morgan Library, *Drawings from New York Collections. I, The Italian Renaissance.*

New York, 1967
CRIA, Wildenstein and Co., *The Italian Heritage.*

New York, 1971
The New School, Art Center, *One Hundred Italian Drawings from the Collection of Janos Scholz.*

New York, 1985
The Metropolitan Museum of Art (puis, Naples, Galleria Nazionale di Capodimonte), *The Age of Caravaggio.*

New York et Londres, 1991
Colnaghi, *An exhibition of Master Drawings Presented by Jean-Luc Baroni.*

Nice, 1979
Musée Chagall, *L'Art religieux à Venise 1500-1600.*

Northampton (Mass.), 1978
Smith College Museum of Art, *Antiquity in the Renaissance.*

Nuremberg, 1971
Germanisches National Museum, *1471 - Albrecht Dürer - 1971.*

Nuremberg, 1983
Veran staltetvon Germanischen National Museum, *Martin Luther und die Reformation in Deutschland.*

Oakland (Cal.), 1956
Mills College Art Gallery (exp. itinérante : Los Angeles Conty Museum; San Francisco, De Young Museum of Art; Seattle Museum of Art), *Drawings from Lombardy and Adjacent Aereas 1480-1620.*

Oakland (Cal.), 1959
Mills College Art Gallery, *Venetian Drawings 1400-1630.*

Omaha, 1956-57
Joslyn Art Museum, *Notable Paintings from Midwestern Collections.*

Oslo, 1952
Nasjonalgalleriet, *Kunstkatter frai Wien.*

Padoue, 1976
Palazzo della Ragione, *Dopo Mantegna. Arte a Padova e nel territorio nei secoli XV e XVI.*

Padoue, 1991-92
Musei Civici, *Da Bellini a Tintoretto. Dipinti dei Musei Civici di Padova dalla metà del Quattrocento ai primi del Seicento.*

Paris, 1801
Musée Central des arts, *Supplément à la notice des tableaux des trois écoles...*

Paris, 1881
Musée du Louvre, *Notice des dessins de la collection His de la Salle exposés au Louvre.*

Paris, 1931
Musée de l'Orangerie, *Exposition de dessins italiens XIV*, *XV* et *XVI* siècles.*

Paris, 1935 (1)
Petit Palais, *Exposition de l'art italien de Cimabue à Tiepolo.*

Paris, 1935 (2)
École nationale supérieure des Beaux-Arts, *Art italien des XV* et *XVI* siècles.*

Paris, 1945
Musée du Louvre, *Les Chefs-d'œuvre de la Peinture.*

Paris, 1947-48
 Petit Palais, *Trésors des musées de Vienne.*
Paris, 1950
 Bibliothèque nationale, *Trésors des bibliothèques d'Italie. IVᵉ-XVIᵉ siècle.*
Paris, 1952
 Petit Palais, *Chefs-d'œuvre de la collection van Beuningen.*
Paris, 1954 (1)
 Musée de l'Orangerie, *Chefs-d'œuvre vénitiens. De Paolo Veneziano à Tintoret.*
Paris, 1954 (2)
 Musée de l'Orangerie, *Chefs-d'œuvre de la Collection Edmond de Rothschild du musée du Louvre. Dessins et gravures.*
Paris, 1956
 Musée de l'Orangerie, *De Giotto à Bellini.*
Paris, 1957
 Musée des Arts décoratifs, *Besançon, le plus ancien musée de France.*
Paris, 1958
 École nationale supérieure des Beaux-Arts, *La Renaissance italienne et ses prolongements européens.*
Paris, 1960
 Musée du Louvre, *Exposition de 700 tableaux de toutes les écoles antérieurs à 1800 tirés des Réserves du Département des Peintures.*
Paris, 1961
 Bibliothèque nationale, *Mazarin 1602-1661.*
Paris, 1962 (1)
 Musée du Louvre, *Première exposition des plus beaux dessins du Louvre et de quelques pièces célèbres des collections de Paris.*
Paris, 1962 (2)
 Institut Néerlandais (exp. itinérante : Rotterdam, Museum Boymans-van Beuningen et Haarlem, Teylers Museum), *Le Dessin italien dans les collections hollandaises.*
Paris, 1964
 Musée du Louvre, *Dessins de l'école de Parme.*
Paris, 1965
 Musée du Louvre, *Le Seizième Siècle européen. Dessins du Louvre.*
Paris, 1965-66 (1)
 Petit Palais, *Le Seizième Siècle européen.*
Paris, 1965-66 (2)
 Musée du Louvre, *Le XVIᵉ Siècle Européen. Gravures et Dessins du Cabinet Edmond de Rothschild.*
Paris, 1966
 Orangerie des Tuileries, *Dans la lumière de Vermeer.*
Paris, 1967
 Musée du Louvre, *Le Cabinet d'un Grand Amateur P. J. Mariette 1694-1774.*
Paris, 1970
 Musée du Louvre, *Dessins vénitiens du XVᵉ au XVIIIᵉ siècle.*
Paris, 1970-71
 Musée du Louvre (exp. itinérante : Bruxelles, Bibliothèque Royale Albert-Iᵉʳ, 1971, et Amsterdam, Rijksmuseum, 1971), *Dessins du Nationalmuseum de Stockholm.*
Paris, 1972
 Musée du Louvre (puis Rennes, Musée des Beaux-Arts), *Dessins de la collection du marquis de Robien conservés au musée de Rennes.*
Paris, 1972
 Musée du Louvre, *La collection de François Iᵉʳ.*
Paris, 1975
 Musée du Louvre (puis Vienne, Albertina), *Dessins italiens de l'Albertina de Vienne.*
Paris, 1976
 Institut Néerlandais, *Hommage à Titien. Dessins, gravures, lettres autographes.*
Paris, 1976 (Louvre)
 Musée du Louvre, *Hommage à Titien.*

Paris, 1977
 Musée du Louvre, *Le Corps et son image - Anatomies, académies... Dessins dans les collections du musée du Louvre* (Le petit Journal des grandes Expositions).
Paris, 1977-78
 Orangerie des Tuileries, *Collections de Louis XIV.*
Paris, 1978
 Musée du Louvre, *Cabinet des Dessins. Nouvelles attributions. Dessins du XVIᵉ au XVIIIᵉ siècle* (Le petit Journal des grandes Expositions).
Paris, 1978-79
 Musée d'Art et d'Essai, Palais de Tokyo, présentations temporaires d'œuvres du musée du Louvre (sans catalogue).
Paris, 1980
 Musée du Louvre, *Restauration des peintures.*
Paris, 1981-82
 Musée du Louvre, *Tableaux italiens, anglais, allemands et espagnols du Louvre : à propos d'un récent catalogue.*
Paris, 1981-82
 École nationale supérieure des Beaux-Arts, *De Michel-Ange à Géricault. Dessins de la donation Armand-Valton.*
Paris, 1982
 Musée du Petit Palais, *Collection Thyssen-Bornemisza. Maîtres anciens.*
Paris, 1983
 Musée du Louvre, *Nouvelles Acquisitions du département des Peintures.*
Paris, 1984
 Musée du Louvre, *Acquisitions du Cabinet des Dessins 1973-1983.*
Paris, 1985
 Sorbonne, *Richelieu et le monde de l'esprit.*
Paris, 1985-86
 Galeries nationales du Grand Palais, *Anciens et nouveaux : choix d'œuvres acquises par l'État ou avec sa participation de 1981 à 1985.*
Paris, 1987
 Musée du Louvre, voir Arquié-Bruley, Labbé et Bicart-Sée, 1987.
Paris, 1987
 Musée du Louvre, *Nouvelles acquisitions du Département des Peintures (1983-1986).*
Paris, 1988
 Grand Palais, *Anciens et nouveaux : choix d'œuvres acquises par l'État ou avec sa participation, de 1981 à 1985-1986.*
Paris, 1990 (1)
 École nationale supérieure des Beaux-Arts (et Stockholm, Nationalmuseum), *Les Dessins vénitiens de l'École des Beaux-Arts.*
Paris, 1990 (2)
 Musée du Louvre, *Le Peintre, le héros, le roi. L'Andromède de Pierre Mignard.*
Paris 1990 (3)
 Musée du Louvre, *Le Paysage en Europe du XVIᵉ au XVIIIᵉ siècle.*
Passariano, 1976
 Villa Manin, *Capolavori nei secoli.*
Passariano, 1984
 Voir Pordenone, 1984.
Philadelphie, 1950-51
 Philadelphia Museum of Art, *Masterpieces of Art.*
Pordenone, 1984
 Ancien couvent de S. Francesco et Passariano, Villa Manin, *Il Pordenone.*

Reggio Emilia, 1984
 Fondazione Magnani-Rocca. *Capolavori della pittura antica.*
Rennes, 1978
 Musée des Beaux-Arts, *L'Art maniériste. Formes et Symboles 1520-1620.*

Rennes, 1987
 Musée des Beaux-Arts, *Première Idée.*
Rennes, 1990
 Voir Modène, 1990.
Richmond, 1979-80
 Virginia Museum of Fine Arts (exp. itinérante), *Treasures from Chatsworth : The Devonshire Inheritance.*
Rome, 1972-73
 Villa Medici, *Il paesaggio nel disegno del Cinquecento europeo.*
Rome, 1976-77
 Gabinetto Nazionale delle Stampe, *Immagini da Tiziano.*
Rome, 1984
 Palazzo Venezia, *Aspetti dell'arte prima e dopo Raffaello.*
Rome, 1985
 Palazzo Venezia, *Paesaggio con figure. Dipinti della Galleria Borghese.*
Rome, 1987
 Palazzo Barberini, *Gatti nell'arte. Il magico e il quotidiano.*
Rome, 1988
 Palazzo Venezia, *Tesori d'arte della civiltà cristiana.*
Rome, 1988
 Palazzo Barberini, *Laboratorio di Restauro, 2.*
Rome, 1991
 Palazzo Ruspoli, *Il segno del genio. Cento disegni di grandi Maestri del passato dall'Ashmolean Museum di Oxford.*
Rome, 1991 (Guercino)
 Pinacoteca Capitolina, *Guercino e le collezioni Capitoline.*
Rotterdam, 1938
 Museum Boymans-van Beuningen, *Meesterwerken vit vier eenwen, 1400-1800.*
Rotterdam, 1948
 Museum Boymans-van Beuningen, *Meesterwerken vit de Verzameling D.G. Van Beuningen.*
Rotterdam, 1955
 Museum Boymans-van Beuningen, *Kunstschtten uit Nederlandse Verzamelingen.*
Rotterdam, 1959-60
 Museum Boymans-van Beuningen, *Collectie Thyssen-Bornemisza.*
Rotterdam, 1983-84
 Museum Boymans-van Beuningen, *Schilderkunst uit de eerste hand Olieverfschetsen van Tintoretto tot Goya.*
Rotterdam, 1988-89
 Museum Boymans-van Beuningen, *Van Titiaan tot Tiepolo - Italiaanse Schilderkunst in Nederlands besitz.*
Rovigo, 1984
 Accademia dei Concordi, *Restauri nelle Polesine. Dipinti : documentazione e conservazione.*

Saint Louis, 1972
 Saint Louis Art Museum, *Venice in Saint Louis.*
San Francisco, 1938 (1)
 Golden Gate International Exposition, *Masterworks of Five Centuries.*
San Francisco, 1938 (2)
 California Palace of the Legion of Honor, *Venetian Painting from the Fifteenth Century through the Eighteeenth Century.*
Schaffhouse, 1953
 Museum zu Allenheiligen, *500 Jahre Venezianische Malerei.*
Seattle, 1957
 Seattle Art Museum, *2500 Years of Italian Art and Civilization.*
Sienne, 1979
 Pinacoteca Nazionale, *Mostra di opere restaurate nelle province di Siena e Grosseto.*

Siviglia (Séville), 1992
Arte e Cultura intorno al 1492.
Staten Island, 1961
Museum of Art, *Italian Drawings from the Collection of Janos Scholz.*
Stockholm, 1948
Nationalmuseum, *Konstskatter frn Wien.*
Stockholm, 1962-63
National Museum, *Konstens Venedig.*
Stockholm, 1966
Nationalmuseum, *Christina Queen of Sweden, a personalty of European civilisation.*
Strasbourg, 1951
Bibliothèque nationale, *Exposition du Cardinal de Granvelle.*
Stuttgart, 1958-59
Staatsgalerie Meisterwerke aus badenwürttenbergischen Privatbesitz.
Stuttgart, 1988-1989
Stuttgart Staatsgalerie, *Meisterwerke der Sammlung Thyssen Bornemisza. Gemälde des 14. - 18. Jahrhunderts.*
Sydney, 1988
Art Gallery of New South Wales, *Renaissance in Venice.*
Sydney, 1988
Art Gallery of New South Wales (et Melbourne, National Gallery of Victoria), *Masterpieces of Western European Art from the Hermitage of the 15th-20th Centuries.*

Tokyo, 1973-74
Daimaru (exp. itinérante : Kyoto, Osaka et Kobe), *Mostra dell'Arte veneta del Rinascimento in Lombardia.*
Tokyo, 1977
Musée national occidental (puis Kyoto), *Master Paintings from the Hermitage Museum Leningrad.*
Tokyo, 1980
Musée d'art occidental, *Capolavori del Rinascimento italiano.*
Tokyo, 1984
Musée d'art occidental (puis Kyoto), *Meistergemälde aus dem Kunsthistorischen Museum in Wien.*
Tokyo, 1991
Musée d'art occidental, *Portraits du Louvre.*
Toledo, Ohio, 1940
Museum of Art, *Four Centuries of Venetian Painting.*
Toronto, 1935
Art Gallery of Toronto, *Loan Exhibition of Paintings.*
Trévise, 1980
S. Nicolò (et Quinto, S. Cristina; Asolo, Duomo), *Lorenzo a Treviso, Ricerche e Restauri.*
Trévise, 1984
Palazzo dei Trecento, *Paris Bordon.*
Turin, 1990
Da Biduino ad Algardi. Pittura e scultura a confronto.

Udine, 1939
Castello, *Mostra del Pordenone e della pittura friulana del Rinascimento.*
Udine, 1948
Loggia del Lionello, *Cinque secoli di pittura friulana dal sec. XV alla metà del sec. XIX.*
Udine, 1984
Il Pordenone a Travesio.
Urbin, 1983
Palazzo Ducale et Chiesa S. Domenico, *Urbino e le Marche prima e dopo Raffaello.*

Varsovie, 1968
Muzeum Narodowe (exp. itinérante : Dresde, Prague et Budapest), *Malarstwo Weneckie XV-XVIII.*

Venise, 1935
Ca' Pesaro, *Mostra di Tiziano.*
Venise, 1937
Ca' Pesaro, *La mostra del Tintoretto.*
Venise, 1938
Voir Belgrade, 1938.
Venise, 1939
Ca' Giustiniani, *Paolo Veronese.*
Venise, 1945
Procuratie Nuove, *Cinque secoli di pittura veneziana.*
Venise, 1946
Procuratie Nuove, *I capolavori dei musei veneti.*
Venise, 1949
Palazzo Ducale, *Giovanni Bellini.*
Venise, 1953
Palazzo Ducale, *Mostra di Lorenzo Lotto.*
Venise, 1954
Fondazione Giorgio Cini, *Disegni veneti del Museo di Leningrad.*
Venise, 1955
Palazzo Ducale, *Giorgione e i giorgioneschi.*
Venise, 1957 (1)
Fondazione Giorgio Cini, *Disegni veneti della collezione Janos Scholz.*
Venise, 1957 (2)
Palazzo Ducale, *Jacopo Bassano.*
Venise, 1958
Fondazione Giorgio Cini, *Disegni veneti di Oxford.*
Venise, 1960
Fondazione Giorgio Cini, *Pitture murali nel Veneto e technica dell'affresco.*
Venise, 1961
Fondazione Giorgio Cini, *Disegni veneti dell'Albertina di Vienna.*
Venise, 1964
Fondazione Giorgio Cini, *Disegni veneti del Museo di Leningrad.*
Venise, 1971 (1)
Fondazione Giorgio Cini, *Disegni veronesi del Cinquecento.*
Venise, 1971 (2)
Procuratie Nuove, *Arte a Venezia dal Medioevo al Settecento.*
Venise, 1973
Fondazione Giorgio Cini, *G. B. Cavalcaselle. Disegni da antichi maestri.*
Venise, 1974
Fondazione Giorgio Cini, *Disegni veneti del Museo di Stoccolma.*
Venise, 1976 (1)
Fondazione Giorgio Cini, *Disegni di Tiziano e della sua cerchia.*
Venise 1976 (2)
Fondazione Giorgio Cini, *Tiziano e la silografia veneziana del Cinquecento.*
Venise, 1978
Gallerie dell'Accademia, *Giorgione a Venezia.*
Venise, 1980 (1)
Fondazione Giorgio Cini, *Disegni veneti di collezioni inglesi.*
Venise, 1980 (2)
Palazzo Ducale, *Architettura e Utopia nella Venezia del Cinquecento.*
Venise, 1981 (1)
Fondazione Giorgio Cini, *Disegni veneti della collezione Lugt.*
Venise, 1981 (2)
Palazzo Ducale, *Da Tiziano a el Greco. Per la storia del Manierismo a Venezia, 1540-1590.*
Venise, 1985
Fondazione Giorgio Cini (puis Florence, Istituto Universitario olandese di Storia dell'arte), *Disegni veneti di collezioni olandesi.*
Venise, 1988 (1)
Fondazione Giorgio Cini, *Paolo Veronese. Disegni e dipinti.*

Venise, 1988 (2)
Gallerie dell'Accademia, *Paolo Veronese. Restauri.*
Venise, 1988 (3)
Fondazione Giorgio Cini, *Disegni veneti dell'École des Beaux-Arts di Parigi.*
Venise, 1990
Palazzo Ducale (puis Washington, National Gallery of Art), *Tiziano.*
Venise, 1990 (2)
Palazzo Vendramin Calergi, *Le cortigiane di Venezia.*
Venise, 1992
Fondazione Giorgio Cini, *Da Pisanello a Tiepolo. Disegni veneti dal Fitzwilliam Museum di Cambridge.*
Venise, 1992 (Leonardo)
Palazzo Grassi, *Leonardo a Venezia.*
Vérone, 1988
Museo di Castelvecchio, *Veronese e Verona.*
Vicence, 1980
Tempio di Santa Corona, *Palladio e la Maniera. I pittori vicentini del Cinquecento e i collaboratori del Palladio, 1530-1630.*
Vicence, 1989
Restituzioni. 10 Opere Restaurate.
Vienne, 1953
Kunsthistorisches Museum, *Kunstschätze aus Wien.*
Vienne, 1966
Graphische Sammlung Albertina, *Die Kunst der Graphik. III, Renaissance in Italien, 13. Jahrundert.*
Vienne, 1989
Kunsthistorischen Museum, *Fürstenhöfe der Renaissance. Giulio Romano und die klassische Tradition.*

Washington, 1948
National Gallery of Art, *Paintings from the Berlin Museums.*
Washington, 1951-52
National Gallery of Art (exp. itinérante : New York, Chicago, San Francisco, Saint-Louis, Toledo, Toronto, Boston, Philadelphie), *Art Treasures from Vienna.*
Washington, 1951-52
National Gallery of Art, *Paintings and Sculpture from the Kress Collection.*
Washington, 1962-63
National Gallery of Art (exp. itinérante : New York, The Pierpont Morgan Library; Boston, Museum of Fine Arts; Cleveland, The Cleveland Museum of Art; Ontario, Canada, National Gallery of Canada; Chicago, The Art Institute of Chicago; San Francisco, California Palace of the Legion of Honor), *Old Master Drawings from Chatsworth.*
Washington, 1969-70
National Gallery of Art (exp. itinérante, États-Unis et Canada), *Old Master Drawings from Chatsworth.*
Washington, 1974-75
National Gallery of Art (exp. itinérante : Fort Worth (Texas), Kimbell Art Museum; St. Louis (Missouri), The St. Louis Art Museum), *Venetian Drawings from American Collections.*
Washington, 1978
National Gallery of Art (exp. itinérante : New York, The Metropolitan Museum of Art, et San Francisco, The Fine Arts Museums of San Francisco, California Palace of the Legion of Honor, *The Spendor of Dresden : Five Centuries of Art Collecting).*
Washington, 1979
National Gallery of Art (puis Los Angeles et New York), *The Legacy of Leonardo. Italian Renaissance Painting from Leningrad.*

Washington, 1979-1981
    National Gallery of Art (exp. itinérante : Detroit, The Detroit Institute of Arts; Minneapolis, The Minneapolis Institute of Arts; Cleveland, The Cleveland Museum of Art; Los Angeles, Los Angeles County Museum of Art; Denver, The Denver Art Museum; Fort Worth, Kimbell Art Museum; Kansas City, William Rockhill Nelson Gallery of Art-Atkins Museum of Art), *Old Master Paintings from the Collection of Baron Thyssen-Bornemisza.*
Washington, 1985-86
    National Gallery of Art, *The Treasure Houses of Britain.*
Washington, 1987
    National Gallery of Art (exp. itinérante : San Francisco, The Fine Arts Museums; Chicago, The Art Institute, 1987-1988), *Italian Master Drawings. Leonardo to Canaletto.*

Washington, 1988 (1)
    National Gallery of Art, *The Art of Paolo Veronese, 1528-1588.*
Washington, 1988 (2)
    National Gallery of Art, *Places of Delight.*
Washington, 1990
    National Gallery of Art, *Rembrandt's Landscapes.*
Washington, 1990-91
    National Gallery of Art, *Titian, Prince of Painters.*
Washington et New York, 1973-74
    National Gallery of Art (puis, New York, The Pierpont Morgan Library), *Sixteenth Century Italian Drawings from The Collection of Janos Scholz.*
Wiesbaden, 1949
    Museum, *Züruckgekehrte Meisterwerke aus dem Besitz Berliner Museen.*

Wiesbaden, 1954
    Neue Museum Wiesbaden, *Meisterwerke Italienischer Kunst.*
Worcester, 1948
    Worcester Art Museum, *Fiftieth Anniversary Exhibition.*

York, 1951
    Corporation Art Gallery and Museum, *Festival of Britain : Masterpieces from Yorkshire Houses.*

Zurich, 1946
    Kunsthaus, *Meisterwerke aus Oesterreich, Zeichnungen Gemälde Plastik.*
Zurich, 1948
    Kunsthaus, *Kunstschätze der Lombardei.*

82, détail

Index des œuvres exposées par nom d'artiste

Les chiffres en gras renvoient aux numéros du catalogue.

Index des œuvres exposées par lieu de conservation

Les chiffres en gras renvoient aux numéros du catalogue.

Crédits photographiques

ALLEMAGNE
Augsbourg, Städtische Kunstsammlungen : **196.**
Berlin, Staatliche Museen Preubischer Kulturbesitz, Berlin : **205.**
Berlin, Staatliche Museen, Gemäldegalerie : **16, 255.**
Darmstad, Hessisches Landesmuseum : **100.**
Dresde, Deutsche Fotothek, © A. Rous : **60, 254.**
Francfort, Städelsches Kunstinstitut, © Kurt Haase : **206.**
Münich, Artothek Münich, Alte Pinakotek : **53.**
Münich, Staatliche Graphische Sammlung : **277.**

AUTRICHE
Vienne, Graphische Sammlung Albertina : **11, 96, 111.**
Vienne, Kunsthistoriches Museum : **18, 19, 26, 27, 58, 180, 194, 201, 202, 273.**
Vienne, Gemäldegalerie der Akademie der Bildenden Künste : **264.**

BELGIQUE
Anvers, Musée Royal des Beaux-Arts : **40.**

CANADA
Ottawa, Musée des Beaux-Arts du Canada : **67.**

DANEMARK
Frederikssund, J.-F. Willunsens Museum : **274.**

ESPAGNE
Madrid, Museo del Prado : **44, 176, 177, 203, 253.**
Madrid, the Thyssen-Bornemisza : **57, 189.**
San Lorenzo de El Escorial © Patrimonio Nacional, Madrid : **262.**

ÉTATS-UNIS
Atlanta, © Mickael Mc Kelvey : **99.**
Detroit, The Detroit Institute of Art : **34, 260.**
Wadsworth Atheneum, Hartford. The Ella Gallup Sumner and Mary Cattin Sumner Collection : **39.**
Malibu, The Paul Getty Museum : **81, 218, 222, 231.**
New Orleans, Museum of Art : **69.**
New York, The Metropolitan Museum of Art : **35, 78** (Maria Dewitt Jesup Fund), **82, 103** (Rogers Fund), **154** (Purchase, Mrs Charles Wrightsman Gift, 1986), **256** (The Jules Bache Collection, 1949)
New York, © Giuseppe Pennisi : **64.**
New York, © Jim Strong, INC : **95.**
New York, The Pierpont Morgan Library : **142, 152.**
Philadelphie, Philadelphia Museum of Art : **76** (The John G. Johnson Collection), **85, 191** (Gift of Marion R. Ascoli & Max Ascoli Fund)
San Diego, Museum of Art, © Louis Meluso : **28.**
Saint-Louis, The Saint-Louis Art Museum : **261.**
Washington, The National Gallery of Art : **15, 41, 178.**

FRANCE
Amiens, musée de Picardi, © David Rosenfeld : **182.**
Besançon, musée des Beaux-Arts : **3.**
Besançon, musée du Temps, © photo C. Choffet : **174.**
Caen, musée des Beaux-Arts, © Martine Seyve : **187.**
Dijon, musée des Beaux-Arts : **149.**
Lille, musée des Beaux-Arts, © Ph. Bernard : **104, 219, 269.**
Lyon, musée des Beaux-Arts, © Studio Basset : **195.**
Nîmes, musée des Beaux-Arts, © Giraudon : **275.**
Orléans, musée des Beaux-Arts, © Patrice Delatouche : **27.**
Paris, Bibliothèque Nationale : **130.**
Paris, ENSBA : **91, 108, 109, 110, 228.**
Paris, Fondation Custodia : **10, 98, 106.**
Paris, musée Jacquemart-André : **2.**
Paris, musée du Louvre, © Agence photographique de la Réunion des musées nationaux : **5, 6, 7, 8, 9, 14, 36, 43, 48, 50, 54, 55, 59, 62, 68, 74, 79, 86, 87, 89, 93, 101, 105, 112, 113, 114, 119, 121, 123, 124, 125, 126, 127, 128, 129, 133, 134, 135, 136, 137, 138, 139, 140, 141, 143, 146, 147, 148, 150, 153, 156, 157, 159, 160, 161, 162, 163, 164, 165, 166, 169, 171, 179, 181, 209, 212, 213, 214, 217, 220, 221, 225, 235, 237, 238, 239, 241, 242, 243, 244, 245, 246, 248, 249, 276.**
Paris, musée du Petit Palais, musée de la ville de Paris, © Spadem : **122.**
Paris, © Marc Jeanneteau : **247.**
Rennes, musée des Beaux-Arts, © Louis Deschamps : **145, 198, 236.**
Strasbourg, musée des Beaux-Arts, © Agence photographique de la Réunion des musées nationaux : **204.**

GRANDE-BRETAGNE
Cambridge, The Fitzwilliam Museum, University of Cambridge : **234.**
Chatsworth, © The Librarian Chatsworth, Bakewell-Derbyshire : **215.**
Glasgow, Art Gallery and Museum : **42a, 42b.**
Kingston Lacy, The Bankes Collection, © National Trust Photographic Library/Christopher Hurst : **33.**
Londres, The British Museum : **94, 107, 118, 208.**
Londres, the National Gallery : **20, 46, 259.**
Londres, © Prudence Coming Associates Limited : **188, 190.**
Hampton Court, © The Royal Collection, Royal Library : **32, 80.**
Oxford, Ashmolean Museum : **226.**
Oxford, Christ Church : **267, 279.**
Windsor Castle, The Royal Library : **88, 224.**
York, © The Earl of Halifax : **52.**

HONGRIE
Budapest, Szpémüvészeti Muzeum : **25, 70.**

ITALIE
Ancône, Pinacoteca Francesco Podesti : **252.**
Bassano del Grappa, Museo-Biblioteca-Archivio, © Fondazione Giorgio Cini, Istituto di Stodia dell'Arte : **131.**
Belluno, © Fototecnica : **184a, 184b.**
Bergame, Accademia Carrarà : **66.**
Bergame, © Domenico Lucchetti : **65.**
Brescia, © Archivio Fotografico Bresciano : **83a, 83b, 83c.**
Florence, Galleria degli Uffizi : **12, 13, 49, 90, 97, 115, 116, 151, 223, 229, 230, 232, 233** (© Francesco Lazzeri); **22, 167, 168** (© Scala)
Florence, Palazzo Pitti, © Scala : **21, 45, 173, 197.**
Mantoue, Fondation Magnani Rocca, © foto Amoretti (Parme) : **47.**
Milan, Pinacoteca Brera : **1, 84,.** (© Cesare Somaini) **270.**
Naples, Museo Nazionale di Capodimonte, © Claudio Garofalo : **172, 185, 240, 251.**
Pordenone, © Archivio Foto Elio Ciol, Casarsa : **63.**
Rome, Galleria Borghese : **30, 31, 72, 73** .(© Scala), **158, 258.**
Rome, Galleria Spada : **51.**
Rome, Pinacoteca Capitolina, © Scala : **75.**
Rome, Museo di Palazzo Venezia, © Scala : **23.**
Sienne, Pinacoteca Nazionale : **71.**
Venise, © photo Osvaldo Böhm : **4, 38, 155, 175, 199, 266, 268.**
Venise, © Galileo Industrie Ottiche : **257.**
Venise, Gallerie dell'Accademia, © Osvaldo Böhm : **24, 37, 117, 170, 192, 193, 200.**
Venise, Museo Correr : **210.**

PAYS-BAS
Amsterdam, Rijkmuseum : **186.**
Rotterdam, Musée Boymans-Van Beuningen : **92, 263.**

PORTUGAL
Lisbonne, Museu Nacional de Arte Antiga, © Studio PH3 : **277.**

RÉPUBLIQUE TCHÈQUE
Kroměříž, Château archiépiscopal : **265.**

RUSSIE
Saint-Pétersbourg, Musée de l'Ermitage : **17, 61.**

SUÈDE
Stockholm, Nationalmuseum : **77, 102.**

SUISSE
Zurich, Kunsthaus : **120.**

Tous droits réservés pour l'ensemble des figures

Cet ouvrage a été achevé d'imprimer
en mai 1993
sur les presses de l'imprimerie Mame à Tours.
Le texte a été composé en Plantin par Bussière - Paris
Les illustrations ont été gravées par Bussière - Paris

Mise en pages de Jean-Pierre Rosier

Dépôt légal : mai 1993